LA CONSTITUCIÓN DE 1999:
EL ESTADO DEMOCRÁTICO Y SOCIAL DE DERECHO

TRATADO DE DERECHO CONSTITUCIONAL - TOMO VII

Colección Tratado de Derecho Constitucional

I. *Historia constitucional de Venezuela*, Caracas 2013, 1096 páginas.

II. *Orígenes del constitucionalismo moderno en Hispanoamérica*, Caracas 2014, 980 páginas

III. *Cambio político y consolidación del Estado de derecho (1958-1998),* Caracas 2015, 1162 páginas

IV. *Instituciones del Estado democrático de derecho. Constitución de 1961*, Caracas 2015, 1180 páginas

V. *Derechos y garantías constitucionales en la Constitución de 1961 (La Justicia Constitucional),* Caracas 2015, 1022 páginas

VI. *Asamblea Constituyente y Proceso Constituyente (1999)*, Caracas 2013, 1198 páginas

VII. *La Constitución de 1999: El Estado Democrático y Social de Derecho*, Caracas 2014, 1190 páginas

VIII. *Golpe de Estado Constituyente, Estado Constitucional y Democracia,* Caracas 2015, 1018 páginas

IX. *Concentración y centralización del poder y régimen autoritario,* Caracas 2015, 1198 páginas

X. *Derechos y garantías constitucionales y la acción de amparo,* Caracas 2017, 1196 páginas.

XI. *El derecho y la acción de amparo en el derecho constitucional comparado,* Caracas 2017, 1150 páginas.

XII. *La justicia constitucional y Jurisdicción Constitucional,* Caracas 2017, 1198 páginas.

XIII. *Práctica y distorsión de la justicia constitucional,* Caracas 2017, 954 páginas.

XIV. *El juez legislador y la patología de la justicia constitucional,* Caracas 2017, 1060 páginas.

XV. *El desmantelamiento de la democracia y el Estado Totalitario,* Caracas 2017, 1050 páginas.

XVI. *La Destrucción del Estado de derecho, la ruina de la democracia y la dictadura judicial,* Caracas 2017, 1146 páginas

Allan R. Brewer–Carías

Profesor de la Universidad Central de Venezuela (desde 1963)
Simón Bolívar Professor, University of Cambridge (1985–1986)
Professeur Associé, Université de Paris II (1989–1990)
Adjunct Professor of Law, Columbia Law School, New York (2006–2008)

LA CONSTITUCIÓN DE 1999: EL ESTADO DEMOCRÁTICO Y SOCIAL DE DERECHO

Segunda Edición

COLECCIÓN

TRATADO DE DERECHO CONSTITUCIONAL

TOMO VII

Fundación de Derecho Público
Editorial Jurídica Venezolana
Caracas, 2014

La primera edición de la obra que conforma este Tomo VII de la ***Colección Tratado de Derecho Constitucional***, fue publicada con el título *La Constitución de 1999. Derecho Constitucional Venezolano*, 2 Tomos, Editorial Jurídica Venezolana, Caracas 2004,1349 pp. ISBN: 980-365-074-2, Depósito Legal: lf5402004340826

http://www.allanbrewercarias.com
Email: allan@brewercarias.com
Segunda Edición, 2014

Hecho el Depósito de Ley
ISBN: 978-980-365-254-8
Depósito Legal: lf54020143401194

Editado por: Editorial Jurídica Venezolana
Avda. Francisco Solano López, Torre Oasis, P.B., Local 4, Sabana Grande,
Apartado 17.598 – Caracas, 1015, Venezuela
Teléfono 762.25.53, 762.38.42. Fax. 763.5239
http://www.editorialjuridicavenezolana.com.ve
Email fejv@cantv.net

Impreso por: Lightning Source, an INGRAM Content company
para Editorial Jurídica Venezolana International Inc.
Panamá, República de Panamá.
Email: editorialjuridicainternational@gmail.com

Diagramación, composición y montaje
por: Francis Gil, en letra Times New Roman, 10,5
Interlineado 11, Mancha 19 x 12.5 cm., libro: 22.9 x 15.2 cm.

CONTENIDO GENERAL

TOMO VII

TERCERA PARTE

LA CONSTITUCIÓN Y EL ESTADO: LOS PRINCIPIOS FUNDAMENTALES DE LA ORGANIZACIÓN DEL ESTADO Y DEL SISTEMA POLÍTICO

CUARTA PARTE

LA CONSTITUCIÓN DEL PODER PÚBLICO

QUINTA PARTE

LA CONSTITUCIÓN FEDERAL: LA DISTRIBUCIÓN DEL PODER PÚBLICO EN UN MARCO CENTRALISTA

SEXTA PARTE

LA CONSTITUCIÓN POLÍTICA DE LA REPÚBLICA: LA SEPARACIÓN ORGÁNICA DE PODERES Y SUS LIMITANTES

SÉPTIMA PARTE

LA CONSTITUCIÓN DE LAS PERSONAS: DERECHOS, LIBERTADES Y DEBERES

OCTAVA PARTE

LA CONSTITUCIÓN DE LAS GARANTÍAS

NOVENA PARTE

LA CONSTITUCIÓN SOCIAL

DÉCIMA PARTE
LA CONSTITUCIÓN ECONÓMICA Y FINANCIERA

DÉCIMA PRIMERA PARTE
LA CONSTITUCIÓN GARANTIZADORA DE LA CONSTITUCIÓN: LA JUSTICIA CONSTITUCIONAL

DÉCIMA SEGUNDA PARTE
EL RÉGIMEN TRANSITORIO EN LA CONSTITUCIÓN DE 1999

PRESENTACIÓN

Este Tomo VII del *Tratado de Derecho Constitucional*, está conformado por el texto actualizado de la obra *La Constitución de 1999: Derecho Constitucional Venezolano*, publicada en dos Tomos por la Editorial Jurídica Venezolana en 2004. Dicha obra, a su vez, fue el resultado de la reelaboración y ampliación del estudio sobre *La Constitución de 1999,* que elaboré y que publicó la misma Editorial en 2000, apenas la Constitución de 1999 fue sancionada, y que resultó del trabajo que asumí como miembro de la Asamblea Nacional Constituyente. La redacción del mismo, obviamente la había comenzado aún antes de la publicación definitiva de la Constitución. Se trató, por tanto, del primer libro con comentarios sobre el nuevo texto constitucional, el cual por lo demás, tuvo un gran éxito editorial.

En aquella primera edición explicaba que se trataba de comentarios a la Constitución número 26 de todas las que habían regido en la República desde la Constitución Federal de los Estados de Venezuela de 1811, y que a su vez, había sido seguida por las Constituciones de 1819, 1821, 1830, 1857, 1858, 1864, 1874, 1881, 1891, 1893, 1901, 1904, 1909, 1914, 1922, 1925, 1928, 1931,1936, 1945, 1947, 1953 y 1961, ésta última, entre todas, la de más tiempo de vigencia en nuestra historia constitucional, la cual fue sustituida precisamente por la de 1999.[*] Explicaba entonces, al presentar la edición de 2004, además, lo siguiente:

Por supuesto, ese excesivo número de textos constitucionales no significa que en Venezuela hubiera habido literal y jurídicamente hablando tantos textos constitucionales, pues en realidad, en la mayoría de los casos se trató de meras enmiendas o reformas puntuales de los textos precedentes, muchas provocadas por factores circunstanciales del ejercicio del Poder, pero que por no existir en la tradición constitucional, salvo en el texto de 1961, el mecanismo formal de la "Enmienda," todas aquellas reformas parciales dieron origen a la publicación sucesiva de Constituciones como si fueran totalmente diferentes unas de otras, pero de contenido casi idéntico.

La realidad, sin embargo, si se analiza globalmente la evolución constitucional del país, es que hasta 1999 sólo tuvimos, estrictamente hablando, cuatro grandes períodos políticos, como resultado de verdaderos pactos políticos de la sociedad, diferentes sustancialmente unos de otros, y que fueron los siguientes:[(**)]:

---

* Véase Allan R. Brewer-Carías, *Las Constituciones de Venezuela*, Biblioteca de la Academia de Ciencias Políticas y Sociales, Caracas, 1997, 1.210 pp.

(**) Ha sido, en esta forma, como hemos analizado la evolución político-constitucional del Estado Venezo-

El primer período (1811-1863)fue el de la estructuración del Estado independiente y autónomo que comprendió dos lapsos: en primer lugar, el que correspondió a las Constituciones del proceso primario de formación del Estado independiente (1811-1819), incluso como formando parte de la Gran Colombia (1821); y en segundo lugar (1830-1863), el marcado por la Constitución que consolidó la República Autónoma (1830) y conservadora, con un esquema semi centralizado, con reformas parciales en dos oportunidades (1857-1858). Este período concluyó con las guerras federales (1858-1863).

El segundo período (1863-1901), fue el de la federalización del Estado, que se inició con la Constitución que configuró el Estado Federal (1864), en cuyo marco se desarrolló la autocracia liberal, con modificaciones parciales en múltiples ocasiones (1874, 1881, 1891, 1893). Este período concluyó con la Revolución Liberal Restauradora (1899) y las guerras libradas contra los caudillos regionales.

El tercer período (1901-1945) fue el de la consolidación del Estado Nacional, signado por las Constituciones que dieron forma al Estado centralizado y autocrático (1901, 1904, 1909, 1914, 1922) con su versión más acabada producto de la dictadura petrolera (1925), reformada, luego, parcialmente, en varias ocasiones (1928, 1929, 1931), incluso al final de la época del predominio de los gobernantes andinos (1936-1945). Este período concluyó con la Revolución de Octubre de 1945.

El cuarto período (1945-1999) fue el de la democratización del Estado Petrolero, signado por la Constitución de 1947, la cual a pesar de su corta vigencia, inspiró al texto de 1961, y éste, a su vez, el de 1999. Este período comprende la etapa inicial del populismo (1945-1948), el interregno militarista del gobierno (1948-1958), el período del Estado Democrático Centralizado de Partidos que comenzó en 1958 y que se desarrolló al amparo del texto constitucional 1961 hasta la reforma constitucional de 1999, y el período del deterioro progresivo del Estado democrático hacia un autoritarianimso constitucional desarrollado en violación de la misma Constitución de 1999.

En los cambios políticos radicales que permitieron pasar de cada uno de esos períodos constitucionales a otro, siempre intervinieron Asambleas Constituyentes[(***)]*; es decir, cuerpos de representantes convocados con el objeto de constituir o reconstituir el Estado, o establecer o restablecer la organización política de la sociedad dada.*

Pero entre todas ellas, la verdad es que en sentido estricto, podría decirse que sólo dos fueron Asambleas efectivamente constituyentes: el Congreso General de 1811 reunido en Caracas con el objeto de constituir el Estado venezolano independiente de la Corona Española, con la sanción de la Constitución Federal para los Estados de Venezuela 21-12-1811; y el Congreso Constituyente convocado en Valencia, en 1830, por el General José Antonio Páez, para constituir el Estado venezolano separado de la Gran Colombia, y la sanción de la Constitución del Estado venezolano (22-9-1830). Con esas dos Constituciones se desarrolló el señalado primer período de nuestra historia política: el del Estado Semi centralizado (1811-1864).

---

lano: Véase Allan R. Brewer-Carías, *Evolución histórica del Estado,* Tomo I, *Instituciones Políticas y Constitucionales,* Universidad Católica del Táchira-Editorial Jurídica Venezolana, Caracas-San Cristóbal, 1996, 715 p.

(***) Véase Allan R. Brewer-Carías, "Las Asambleas Constituyentes en la Historia de Venezuela", *El Universal,* Caracas, 08-09-98, pp. 1-5.

Una vez constituido el Estado venezolano independiente y autónomo a partir de 1830, ha habido muchas otras Asambleas Constituyentes pero no en el sentido estricto de "constituir" un Estado, sino de reconstituir un sistema político en crisis y reformar la Constitución, lo que en toda nuestra historia política siempre ocurrió, en general, después de una ruptura de hilo constitucional.

En efecto, la Constitución de 1830 fue reformada por el Congreso en 1857 conforme al procedimiento que preveía la misma (art. 227). A los pocos meses, como consecuencia del golpe de Estado contra el gobierno del Presidente José Tadeo Monagas, con la denominada Revolución de Marzo de 1858 comandada por Julián Castro, se convocó a una Gran Convención Nacional reunida en Valencia que sancionó la Constitución de 31-12-1858.

Fue como consecuencia de la anulación de dicha Constitución de 1858 por José Antonio Páez, en 1862, y de las Guerras Federales, que otra Asamblea Constituyente reunida en Caracas en 1864, sancionó la Constitución de los Estados Unidos de Venezuela (13-4-1864), con la cual se inició el indicado segundo período constitucional de Venezuela, el del Estado Federal (1864-1901).

Después de múltiples vicisitudes políticas que afectaron la vigencia de la Constitución de 1864, como la Revolución Azul de 1868 comandada por José Tadeo Monagas y la Revolución de Abril de 1870 comandada por Antonio Guzmán Blanco; conforme a sus normas (art. 122,) el Congreso modificó, en 1874, la Constitución de 1864. Igual sucedió después de la Revolución Reivindicadora comandada por Guzmán Blanco en 1879, correspondiendo al Congreso modificar de nuevo, en 1881, la Constitución de los Estados Unidos de Venezuela (27-4-1881).

El Congreso volvió a reformar la Constitución en 1891, conforme al artículo 118 de la reforma de 1881, y luego de la Revolución Legalista de 1892 comandada por Joaquín Crespo, se convocó una Asamblea Nacional Constituyente que se reunió en Caracas en 1893, la cual sancionó la Constitución de los Estados Unidos de Venezuela de 1893 (21-6-1893).

Luego de la Revolución Liberal Restauradora comandada por Cipriano Castro en 1899, en 1900 se convocó una nueva Asamblea Nacional Constituyente que sancionó la Constitución de 1901 (29-3-01), con lo que se inició el ya indicado tercer período constitucional de Venezuela, el del Estado Centralizado Autocrático (1901-1945).

Después de la Revolución Reivindicadora comandada por Manuel Antonio Matos, y del triunfo militar de Gómez contra los caudillos liberales, en 1904 el Congreso asumió las funciones, facultades y derechos que correspondían al Poder Constituyente, y sancionó la Constitución de 1904. Posteriormente, con la definitiva asunción del poder por Gómez y el exilio de Castro, conforme lo preveía la Constitución de 1904 (art. 127), el Congreso enmendó la Constitución en 1909.

La consolidación de Juan Vicente Gómez en el poder originó la convocatoria de un Congreso de Diputados Plenipotenciarios que promulgó un Estatuto Constitucional Provisorio de 1914 y luego sancionó la Constitución de 1914 (19-6-1914). Dicha Constitución, como lo establecía su texto, (art. 130), fue enmendada o reformada en varias ocasiones durante el régimen de Gómez, en 1922, 1925, 1928, 1929 y 1931. Luego de su muerte, en diciembre de 1935, la Constitución fue objeto de otras reformas por el Congreso, en 1936 (20-7-1936) durante el gobierno del General Eleazar López Contreras; y en 1945, durante el gobierno del General Isaías Medina Angarita (5-5-1945).

El 18 de Octubre de 1945 estalló la Revolución de Octubre comandada por militares con la participación del Partido Acción Democrática. La Junta Revolucionaria de Gobierno convocó, en1946 la elección de una Asamblea Constituyente que se reunió en Caracas y sancionó la Constitución de 1947 (5-7-1947), iniciándose en esta forma el cuarto de los mencionados períodos políticos de nuestra historia, el del Estado Democrático Centralizado.

El 24 de noviembre de 1948, sin embargo, se produjo un golpe de Estado contra el gobierno del Presidente Gallegos, disponiendo la Junta Militar en el Acta de Constitución del Gobierno Provisorio la aplicación de la Constitución de 1936, reformada en 1945. Se instaló así un régimen militar en cuyo marco, en 1953, se eligió una Asamblea Constituyente de los Estados Unidos de Venezuela, que sancionó la Constitución de 1953 (15-4-1953).

Luego de un nuevo golpe de Estado que provocó una revolución democrática, en 1958, una Junta Militar y la subsiguiente Junta de Gobierno asumieron el poder, continuando en aplicación la Constitución de 1953, hasta que el Congreso electo popularmente ese mismo año 1958, conforme a dicho texto (art. 140 y sigts.), reformó totalmente la Constitución, sancionando la Constitución del 23-1-1961, que tuvo como modelo la de 1947 y que estuvo en vigencia hasta la entrada en vigor de la Constitución de 1999.

Y finalmente, se convocó la Asamblea Constituyente de 1999, electa sin ruptura militar del hilo constitucional, pero si mediante ruptura constitucional efectuada por la propia Asamblea Constituyente respecto de lo que establecía la Constitución de 1999, y al margen de lo que se estaba regulando en el texto de 1999.

Del panorama histórico antes descrito, resulta que después de las dos iniciales Asambleas constituyentes del Estado venezolano independiente (1811) y autónomo (1830), que dieron inicio al primer período político de nuestra historia, la del Estado Semicentralizado (1811-1864); todas las otras Asambleas Constituyentes posteriores, con excepción de la de 1999, fueron consecuencia de golpes de Estado o Revoluciones.

Así sucedió con la Asamblea Constituyente de 1858, dentro de dicho primer período histórico, que concluyó con las Guerras Federales (1858-1863). Sucedió también con la Asamblea Constituyente de 1864,electa como resultado de estas guerras, y que dio inicio al segundo período de nuestra historia política que fue la del Estado Federal (1864-1901). En ese período, luego de la Revolución Legalista de 1892 se celebró la Asamblea Constituyente de 1893, concluyendo el período con la Revolución Liberal Restauradora (1899).

También sucedió con la Asamblea Constituyente de 1901, convocada como resultado de esa Revolución Liberal Restauradora, con la que se dio inicio al tercer período histórico de la vida política venezolana, la del Estado Autocrático Centralizado,. En ese período histórico, en 1904 el Congreso asumió el Poder Constituyente reformando la Constitución, concluyendo dicho período con la Revolución de Octubre de 1945.

Y también ocurrió con la Asamblea Constituyente de 1947, electa como resultado de esta Revolución de 1945, con la que se inició el cuarto período de nuestra historia política, el del Estado Democrático Centralizado, particularmente con la reconstitución del sistema político con la Revolución Democrática de 1958.

Cuarenta y un años después, en medio de la crisis del sistema político establecido en 1945 y reestablecido en 1958, resultaba inevitable una nueva reconstitución del sistema político y del Estado. Por primera vez en nuestra historia se planteó claramente la posibi-

lidad de convocar una Asamblea Constituyente pero en democracia para, precisamente, evitar la ruptura del hilo constitucional y reconstituir el sistema político en libertad. Los venezolanos de esos tiempos, en un país democratizado como el nuestro, no nos merecíamos tener que soportar una ruptura del hilo constitucional, para que luego se tuviera que convocar la Asamblea Constituyente.

En este contexto, por tanto, la convocatoria de la Asamblea Nacional Constituyente en 1999, se configuró como un hecho inédito en nuestra historia política. Por ello, puede decirse que la Constitución del 30 de diciembre de 1999[****]*, fue la primera que fue producto de una Asamblea Nacional Constituyente electa democráticamente en medio de un proceso de cambio político radical que comenzó a experimentando el sistema político.*

El 7 de enero de 2000, al presentar el libro sobre La Constitución de 1999, que fue mi primer comentario sobre La Constitución de 1999 *dije: "Si es la última del cuarto de los períodos político-republicanos o la primera del quinto período histórico político del país, como antes señalamos, ello sólo lo dirá la historia," y aún no lo ha dicho. En todo caso, su aprobación, mediante el referéndum del 15-12-99, se efectuó con el voto de sólo el 32% de los venezolanos con derecho a voto.*

Después de la primera edición de la obra de 2000, en la cual se publicó el texto de la Constitución contenido en la Gaceta Oficial *N° 36.860 del 30-12-99, el mismo fue "reformado" por una supuesta reimpresión por errores materiales y de estilo, que se publicó en la* Gaceta Oficial *N° 5453 de 24-3-2000, a la cual se incorporó, además, el texto de la Exposición de Motivos, que nadie conoció con anterioridad, y mucho menos cuando la Constitución se sometió al referéndum aprobatorio del 15-12-99. El libro de febrero de 2000, tuvo nuevas ediciones, en las cuales se incluyó éste último texto.*

Esas ediciones de 2000, cumplieron su cometido de tratar de explicar en forma breve la nueva normativa constitucional, por uno de los que habían participado, como Constituyente, en la elaboración de la misma, tal como había sido plasmada en el Texto Constitucional. Sin embargo, en los primeros años después de comenzar su vigencia, el Tribunal Supremo dictó muchas sentencias interpretativas, lo que nos impuso la necesidad de actualizar el text. Y así lo que hicimos en lo que en su momento calificamos como una Cuarta Edición, con el título de La Constitución de 1999. Derecho Constitucional Venezolano, *actualizado y acotado con la doctrina jurisprudencial sentada por el Tribunal Supremo de Justicia, y particularmente de la Sala Constitucional, la cual ha sido abundantísima.*

Ha sido del texto de esa edición de 2004, del cual hemos partido para preparar esta nueva edición, que como se dijo se publica ahora formando parte del *Tratado de Derecho Constitucional*, en este Tomo VIII que hemos titulado como *El régimen de la Constitución de 1999: El Estado de Derecho y la práctica autoritaria de gobierno*, volumen en el cual, actualizando el texto conforme a los cambios constitucionales y legales ocurridos desde 2004 hasta 2014, hemos seguido sin embargo, básicamente, la misma estructura y sistemática de la obra, dividida en trece partes:

(****)Citamos la Constitución por la fecha de su promulgación (1999). La Constitución, en todo caso, se aprobó por la Asamblea Nacional Constituyente el 16-11-99 y por referéndum aprobatorio el 15-12-99; se proclamó el 20-12-99 y se publicó en *Gaceta Oficial* (en lo adelante *G.O.),* N° 36.860 de 30-12-99. Posteriormente, se republicó el texto constitucional en marzo de 2000, por corrigiéndose "errores de gramática, sintaxis y estilo", en *G.O.* N° 5.453 Extra. del 24-3-2000; y luego, con ocasión de la aprobación de la Enmienda Constitucional N°1 de 2009, se publicó en *G.O.* N° 5.908 Extra. de 19-02-2009.

*En la **Primera Parte**, analizamos los condicionantes políticos de la Constitución de 1999, estudiando las características del sistema político en 1998 y la necesidad que había de reconstruir la democracia; la crisis del sistema político de Estado democrático centralizado de partidos; la posibilidad de la vía democrática para el cambio político y la configuración judicial del proceso constituyente; y la Asamblea Nacional Constituyente de 1999, la Constitución de 1999 y el fracaso del proceso constituyente como instrumento de conciliación.*

*En la **Segunda Parte** estudiamos la Constitución y su supremacía, con referencias a las funciones de la Constitución, su imperatividad y obligatoriedad y el principio de la desobediencia civil; su poder derogatorio; la garantía objetiva de la Constitución y la nulidad de los actos estatales inconstitucionales; la vigencia permanente de la Constitución y el régimen de los estados de excepción; y la rigidez constitucional y la reforma de la Constitución*

*En la **Tercera Parte**, nos referimos a los principios fundamentales de la organización del estado y del sistema político, analizándose las ideas del Preámbulo; la denominación de la república como "República Bolivariana de Venezuela" y los fundamentos del estado; el territorio nacional y demás espacios geográficos del estado; la forma del estado; la soberanía popular y el régimen democrático; el estatuto de las personas y de los ciudadanos; el sistema político de democracia representativa y participativa; la actuación internacional del estado y el régimen de la seguridad y defensa de la nación.*

*En la **Cuarta Parte** nos referimos a la Constitución del Poder Público, analizando el sistema constitucional de la distribución vertical del Poder Público: Nacional, Estadal y Municipal; las personas jurídicas en la Constitución y las personas jurídicas estatales; y el régimen del ejercicio del poder público en los tres niveles territoriales.*

*En la **Quinta Parte**, estudiamos la Constitución Federal, analizando los principios del Estado Federal, la distribución de competencias entre los órganos del Poder Público; el régimen constitucional de la organización del Poder Público Estadal y del Poder Público Municipal; finalizando con una apreciación final sobre la contradicción constitucional entre federalismo y centralismo*

*En la **Sexta Parte,** analizamos la Constitución Política de la República, mediante el estudio de la organización del Poder Público Nacional, en todas sus ramas: el Poder Legislativo Nacional: la Asamblea Nacional; el Poder Ejecutivo Nacional; el Poder Judicial; el Poder Ciudadano, y el Poder Electoral.*

*En la **Séptima Parte**, nos referimos a la Constitución de las personas, estudiando el régimen general de los derechos humanos y libertades públicas, en particular, los derechos individuales, y los deberes constitucionales.*

*En la **Octava Parte,** estudiamos la Constitución de las garantías constitucionales, en particular las garantías judiciales: el derecho de acceso a la justicia, el debido proceso y la tutela judicial efectiva; el derecho y la acción de amparo; la acción de habeas corpus, y la acción de habeas data.*

*En la **Novena Parte**, analizamos la Constitución Social y el Estado Social, con particular referencia a los derechos sociales y de las familias; los derechos laborales; los derechos culturales y educativos; los derechos ambientales; los derechos de los pueblos indígenas; los deberes constitucionales; y los problemas de una Constitución social concebida para el paternalismo y el populismo.*

*En la **Décima Parte,** analizamos la Constitución Económica y Financiera, con especial referencia a los principios del sistema económico; al régimen de los derechos económicos; al régimen de la intervención del Estado en la economía; al régimen fiscal y económico del Estado; del régimen tributario, y al régimen de los bienes públicos.*

*En la **Décima Primera Parte,** estudiamos la Constitución garantizadora de la Constitución, analizando la supremacía de la Constitución y la justicia constitucional; los métodos de control de la constitucionalidad; los instrumentos de la justicia constitucional; y la Jurisdicción Constitucional atribuida a la Sala Constitucional y sus competencias*

*En la **Décima Segunda Parte,** analizamos el régimen transitorio en la Constitución de 1999, con el estudio del régimen constitucional de las disposiciones transitorias de la Constitución; del régimen de transición de los Poderes Públicos con motivo de la entrada en vigencia de la nueva Constitución, tanto el establecido en la propia Constitución como el establecido por la Asamblea Nacional Constituyente después de la aprobación popular de la nueva Constitución, y al margen de la misma, y el doble régimen constitucional resultante con la prolongación de la transitoriedad constitucional.*

Concluyo esta presentación, recogiendo lo que dije en la edición de 2004, en el sentido de que esta obra me ha exigido muchas horas de dedicación, por lo que quiero reiterar mi agradecimiento, ante todo, a Beatriz, por haber comprendido la importancia del esfuerzo que su redacción me exigió y, además, por haber protegido la dedicación que tuve que invertir en la tarea. Mi agradecimiento, también a mis secretarias en *Baumeister y Brewer*, Arelis Torres y Francis Gil, por su constante asistencia, en particular a Francis por su siempre invalorable ayuda en el levantamiento y corrección de los textos; a Gabriela Oquendo, de la Fundación Editorial Jurídica Venezolana, por haberme insistido una y otra vez en la necesidad de la preparación de la edición de 2004; a Mary Ramos Fernández y Marianella Villegas, de la *Revista de Derecho Público*, por la valiosa recopilación jurisprudencial que han hecho de las sentencias del Tribunal Supremo y que se utilizaron para la edición de 2004; y a Yusby Méndez Apolinar, quien estaba en el Centro de Investigaciones de la Academia de Ciencias Políticas y Sociales, por la ayuda que en su momento me prestó en completar la bibliografía referencial de aquella edición.

New York, enero de 2014

PRIMERA PARTE

LOS CONDICIONANTES POLÍTICOS DE LA CONSTITUCIÓN DE 1999

La Constitución de 30 de diciembre de 1999 fue elaborada por la Asamblea Nacional Constituyente convocada por el Presidente de la República, Hugo Chávez Frías, luego de que la Corte Suprema de Justicia, mediante sentencia de 19 de enero de 1999, dictada en Sala Político Administrativa[1], admitiera la posibilidad de que, mediante *referéndum consultivo,* el pueblo pudiera "crear" dicha instancia política no prevista ni regulada en la Constitución de 1961, para revisar la Constitución[2]. Con esta sentencia, por demás ambigua, se inició entonces formalmente el proceso constituyente en Venezuela de 1999, el cual, a pesar de los esfuerzos que haría posteriormente la propia Corte Suprema, desbordó los límites que intentó ponerle, asumió un carácter originario que el pueblo no le había dado, dio un golpe de Estado interviniendo los poderes constituidos del Estado, y terminó con la propia Corte Suprema que le había dado nacimiento. La sentencia de 19 de enero de 1999, por tanto, fue la primera página de la sentencia de muerte del propio Poder Judicial de la República.

En todo caso, ese proceso fue producto del momento constituyente que venía condicionando al país desde hacía algunos años, con motivo de la crisis terminal del sistema político-constitucional del *Estado Centralizado de Partidos,* el cual se había consolidado al amparo de la Constitución del 23 de enero de 1961, sancionada con la participación de todos los partidos políticos, como consecuencia del denominado

---

1 Véase el texto de la sentencia y los comentarios a la misma en Allan R. Brewer-Carías, *Poder Constituyente Originario y Asamblea Nacional Constituyente,* Editorial Jurídica Venezolana, Caracas, 1999, pp. 15 a 114. Véase también en *Bases Constitucionales de la Supranacionalidad*, Tribunal Supremo de Justicia, Colección de Estudios Jurídicos, Caracas, 2002, pp. 19-36; y en *Revista de Derecho Público*, N° 77-80, Editorial Jurídica Venezolana, Caracas, 1999.

2 Con esta sentencia, como lo ha señalado Jesús María Casal, la antigua Corte Suprema avaló ir a un proceso constituyente desarrollado al margen de los procedimientos de reforma previstos en la Constitución de 1961. Véase Jesús M. Casal, "La apertura de la Constitución al proceso político y sus implicaciones", en *Constitución y Constitucionalismo Hoy*, Fundación Manuel García-Pelayo, Editorial Ex Libris, Caracas, 2000, p. 146. Véase además, Norbert Lôsing, "El guardián de la Constitución en tiempo de crisis. Logros y límites de la jurisdicción constitucional. Los ejemplos de Guatemala 1993 y Venezuela 1999/2002", en *Anuario de Derecho Constitucional Latinoamericano,* Editorial Gran Charoff J.A., Buenos Aires, 2000, pp. 139-162.

Pacto de Punto Fijo de 1958[3], en el cual la élite política del momento resolvió establecer en el país un régimen democrático representativo.

Dicho Pacto, firmado por los líderes políticos de los tres partidos políticos fundamentales de la época (Acción Democrática, Copei y Unión Republicana Democrática) fue producto, por una parte, del fracaso de dicha elite en haber pretendido establecer un régimen democrático a partir de 1945, sobre la hegemonía de un partido político dominante, exclusivista y exclusionista, sin tener en cuenta que toda democracia debe construirse sobre el pluralismo partidista, donde el diálogo, la tolerancia, la negociación y la conciliación sean instrumentos de acción; y por la otra, de la consecuencial y dolorosa experiencia del régimen militar que sucedió a dicho fracaso en la década 1948-1958.

La lección aprendida condujo a la inmodificable voluntad del liderazgo político, en 1958, de implantar un régimen democrático en Venezuela, país que en esa época era de los que menos tradición y cultura democrática tenía en toda América Latina.

En esa tarea los partidos políticos asumieron el papel protagónico; por eso el Estado que comenzó a desarrollarse en 1958 fue un *Estado Democrático Centralizado de Partidos;* y tuvieron un extraordinario éxito: la democracia se implantó en Venezuela; pero, lamentablemente, de Estado de Partidos se pasó a Partidocracia, pues los partidos se olvidaron que eran instrumentos para la democracia y no su finalidad. Dicho Estado estaba montado sobre los siguientes elementos relativos a la ordenación del Poder: una democracia de partidos; el centralismo de Estado; y un sistema de gobierno presidencial con sujeción parlamentaria[4].

En primer lugar, en cuanto al régimen político establecido a partir de los años sesenta, de democracia representativa y pluralista, el mismo, progresivamente fue monopolizado por los partidos políticos. A ellos, sin duda, se le debió la implantación de la democracia, pero no entendieron después de implantada, que los efectos de la democratización exigían que la misma se tornara en un sistema más representativo y más participativo. La representatividad democrática terminó así, siendo un asunto exclusivo de los partidos políticos, concibiéndose el sistema electoral para que sólo fueran elegidos los representantes de partidos, progresivamente desligados del pueblo y de sus comunidades (sistema de representación electoral proporcional de método d'Hondt).

Pero además de convertirse en una democracia exclusivamente representativa de partidos, en ella la participación política también terminó siendo un monopolio de los partidos políticos. No había otra forma de participar políticamente en los asuntos públicos, que no fueran a través de los partidos políticos. Estos, además, progresi-

---

3 Véase sobre el Pacto de Punto Fijo y los orígenes de la Constitución de 1961, Juan Carlos Rey, "El sistema de partidos venezolano" en J.C. Rey, *Problemas socio políticos de América Latina,* Caracas, 1980, pp. 255 a 338; Allan R. Brewer-Carías, *Evolución histórica del Estado,* Tomo I, *Instituciones Políticas y Constitucionales, op. cit.,* pp. 394 y ss.; Allan R. Brewer-Carías, *Las Constituciones de Venezuela,* Biblioteca de la Academia de Ciencias Políticas y Sociales, Caracas, 1997, pp. 201 y ss.; Allan R. Brewer-Carías, *La Constitución y sus Enmiendas,* Colección Textos Legislativos, N° 4, Editorial Jurídica Venezolana, Caracas, 1991, pp. 13 y ss.; y Allan R. Brewer-carías, *Historia Constitucional de Venezuela,* Ediciones Alfagil, Tomo II, Caracas 2008, pp. 24 y ss.

4 Véase lo expuesto en Allan R. Brewer-Carías, *Reflexiones sobre el constitucionalismo en América,* Editorial Jurídica Venezolana, Caracas, 2001, pp. 169 y ss; y Allan R. Brewer-Carías, *La crisis de la democracia en Venezuela,* Ediciones Libros El Nacional, Caracas, 2002, pp. 224 y ss

vamente fueron penetrando, intermediando y apoderándose de todas las sociedades civiles intermedias, desde los sindicatos y los gremios profesionales, hasta asociaciones de vecinos[5].

En todo caso, después de dos décadas de implantación y estabilización de la democracia, hasta comienzos de la década de los ochenta, puede decirse que la democratización del país había dado sus frutos, por lo que se comenzaron a plantear nuevas y diversas exigencias de representatividad y de participación política, y no sólo de los partidos o a través de ellos, las cuales lamentablemente no fueron satisfechas. La crisis de la democracia representativa de partidos planteaba entonces, en Venezuela, la necesidad de su sustitución, para que sin dejar de ser representativa, se convirtiera en una democracia más participativa, en la cual el ciudadano encontrara instrumentos cotidianos para participar en los asuntos locales. Ese debió haber sido uno de los objetivos del proceso constituyente de 1999.

En cuanto a la forma de Estado, debe señalarse que Venezuela siempre tuvo la forma federal, desde la primera de las Constituciones de los países de América Latina, que fue la "Constitución de la Confederación de los Estados de Venezuela" de 21-12-1811. Con posterioridad, toda la historia política venezolana ha estado signada por el movimiento pendular entre centralización y descentralización: al inicio de la República, las orientaciones centralistas de Simón Bolívar (1819-1821) terminaron por ceder (1830), dando paso a la forma federal que se consolidó definitivamente en 1864 con los Estados Unidos de Venezuela. La federación del siglo XIX, por su parte, también cedió a partir de 1901, produciéndose durante todo el siglo XX un proceso de centralización política, primero autocrática, hasta 1935, y luego democrática, hasta el presente.

A finales del siglo XX, la forma del Estado en Venezuela era y (sigue siendo) la de una Federación centralizada, que concentraba casi todo el poder en el nivel nacional (federal), con un vaciamiento sustancial de competencias y poder de los Esta dos federados[6]. El centralismo del Estado, por otra parte, fue de la mano del centralismo democrático como forma de organización interna de los partidos, dominados por "cúpulas" centrales y centralizantes.

La manifestación pública de la crisis del sistema político centralista a partir de 1989, obligó a acelerar las reformas del Estado para acentuar su democratización, partiendo de lo que permitía la Constitución de 1961, con lo cual, en 1989, se estableció aceleradamente la elección directa de los Gobernadores de Estados (lo que no había ocurrido en los 100 años precedentes), y la elección directa de los Alcaldes municipales, superándose el sistema de gobiernos municipales colegiados.

---

5 Véase Allan R. Brewer-Carías, "La crisis de las instituciones: responsables y salidas", en *Revista de la Facultad de Ciencias Jurídicas y Políticas,* N° 64, Caracas, 1985, pp. 130 a 155; Allan R. Brewer-Carías, *Problemas del Estado de Partidos,* Editorial Jurídica Venezolana, Caracas, 1988; Allan R. Brewer-Carías, *Reflexiones sobre el constitucionalismo en América, op. cit.,* pp. 169 y ss.

6 Véase Allan R. Brewer-Carías, "Los problemas de la Federación Centralizada en Venezuela", en *Revista Ius et Praxis,* N° 12, Lima 1988, pp. 49 a 96; Hildegard Rondón de Sansó, *Análisis de la Constitución venezolana de 1999,* Caracas, 2001, pp. 67-68.

Esos "remedios" democráticos, sin duda, fueron los que contribuyeron a oxigenar el sistema, lo que en la década de los noventa permitió la sobrevivencia de la democracia. Sin embargo, sólo se avanzó en materia de descentralización política, hasta 1993[7], abandonándose luego las reformas, con lo cual el sistema político entró en la crisis terminal de finales de los años noventa. Esa crisis también fue la que provocó la convocatoria a la Asamblea Nacional Constituyente, a la cual debía corresponder hacer realidad la descentralización del poder para consolidar la democracia.

En cuanto al tercer aspecto de la crisis política, el mismo deriva del sistema de separación (horizontal) de poderes, del sistema de gobierno y de los instrumentos de control y contrapeso que han existido entre los poderes del Estado.

En cuanto a la separación de poderes como forma de distribución horizontal del Poder Público, además de los clásicos poderes Legislativo, Ejecutivo y Judicial, es evidente que en el constitucionalismo americano de las últimas décadas, han aparecido una serie de órganos con autonomía constitucional, no sujetos a los clásicos tres poderes del Estado. Estos órganos han requerido consolidación constitucional como Poderes del Estado, tal y como ha sucedido con las Contralorías Generales, con los Defensores del Pueblo o de los Derechos Humanos, con el Ministerio Público y con los órganos de conducción electoral. El equilibrio, balance y contrapeso entre todos esos poderes del Estado había sido una de las exigencias de reforma en Venezuela desde finales de la década de los noventa. Lograrlo, sin duda, debió haber sido un objetivo del proceso constituyente de 1999.

En cuanto al sistema de gobierno, es decir, a las relaciones entre el Poder Ejecutivo y el Parlamento, la tradición del constitucionalismo venezolano, como el de toda América Latina, ha sido el del presidencialismo, pero de carácter moderado por la sujeción parlamentaria y la incorporación a la Constitución de varios injertos de parlamentarismo[8]. La crisis del sistema de gobierno, por tanto, en realidad y paradójicamente, no estaba en el propio presidencialismo, sino en el excesivo parlamentarismo, particularmente por el control férreo del poder que existía por parte de los partidos políticos.

En particular, en cuanto a la designación por el Congreso de los titulares de los órganos de los poderes públicos no electos (Corte Suprema de Justicia, Consejo de la Judicatura, Contralor General de la República, Fiscal General de la República, Consejo Supremo Electoral), se habían formulado graves críticas por el excesivo partidismo evidenciado en dichas designaciones, sin participación alguna posible de otras organizaciones sociales intermedias.

Las exigencias de reforma, en todo caso, apuntaban a asegurar un mayor balance, contrapeso e independencia entre los poderes, y a la despartidización de su conformación. En materia de control de la constitucionalidad y de garantías judiciales de los derechos constitucionales, las exigencias de reforma apuntaban a la consolidación de la jurisdicción constitucional y al perfeccionamiento de la acción de amparo.

---

7 Véase Allan R. Brewer-Carías, *Informe sobre la Descentralización en Venezuela, 1993. Memoria del Ministro de Estado para la Descentralización,* Editorial Arte, Caracas, 1994.

8 Véase Allan R. Brewer-Carías, *El Poder Nacional y el Sistema Democrático de gobierno,* Tomo III, *Instituciones Políticas y Constitucionales,* Universidad Católica del Táchira-Editorial Jurídica Venezolana, Caracas-San Cristóbal, 1996.

La convocatoria de una Asamblea Nacional Constituyente en 1998-1999, en consecuencia, constituía una necesidad política para introducir las reformas necesarias para recomponer y abrir la democracia y, en consecuencia, permitir la efectiva participación en el proceso político de todos aquellos sectores que habían sido excluidos de la práctica democrática por el monopolio de la representatividad y participación políticas que habían asumido los partidos políticos tradicionales.

Se trataba, en definitiva, de una propuesta para incluir y conciliar a todos los sectores políticos más allá de los partidos políticos tradicionales, en el rediseño del sistema democrático, el cual tenía que reafirmar, más allá de las solas elecciones, sus elementos esenciales, como los precisa ahora la Carta Democrática Interamericana.

I. LA CRISIS DEL SISTEMA POLÍTICO DE ESTADO DEMOCRÁTICO CENTRALIZADO DE PARTIDOS

Ahora bien, al final del último período constitucional de la década de los ochenta, la crisis del sistema estalló[9] cuando el centro del poder político definitivamente se ubicó afuera del Gobierno y del aparato del Estado, en la cúpula del Partido Acción Democrática que en ese momento dominaba el Ejecutivo Nacional, el Congreso y todos los cuerpos deliberantes representativos; que había nombrado como Gobernadores de Estado incluso a sus Secretarios Generales regionales, y que designaba hasta los Presidentes de cada uno de los Concejos Municipales del país. El gobierno del Partido Acción Democrática durante el período 1985-1989 hizo todo lo contrario de lo que reclamaban las más de dos décadas de democracia que teníamos cuando se instaló, que era la apertura frente a la autocracia partidista que se había desarrollado, y la previsión de nuevos canales de participación y representatividad. Fue el Gobierno donde más se habló de reforma del Estado[10] para precisamente no ejecutar nada en ese campo, sino todo lo contrario, pues en ese período de gobierno fue que apareció la Partidocracia con todo su espanto autocrático[11]. Afortunadamente, al menos de esa época quedaron los estudios de la Comisión Presidencial para la Reforma del Estado.

El Caracazo del 27 de febrero de 1989, a escasos días de la toma de posesión del nuevo Presidente electo por segunda vez, Carlos Andrés Pérez, fue el signo trágico del estallido de la crisis del sistema de Estado de Partidos, seguido de los dos intentos militaristas de golpe de Estado del 4 de febrero y del 27 noviembre de 1992, los cuales, además de atentatorios contra la Constitución, costaron centenares de vidas.

---

9 Véase Allan R. Brewer-Carías, *El Estado. Crisis y Reforma,* Colección Ensayos, N° 4, Academia de Ciencias Políticas y Sociales, Caracas, 1982; Allan R. Brewer-Carías, *El Estado Incomprendido. Reflexiones sobre el sistema político y su reforma,* Vadel Hermanos Editores, Caracas, 1985.

10 Durante el mismo se nombró la Comisión Presidencial para la Reforma del Estado COPRE. Véase Allan R. Brewer-Carías, *Problemas del Estado de Partidos*, Editorial Jurídica Venezolana, Caracas 1988, pp. 9-35.

11 Véase Allan R. Brewer-Carías, *Problemas del Estado de Partidos,* Editorial Jurídica Venezolana, Caracas 1988, 339 p.

Se trataba, en definitiva, de la crisis terminal del sistema político[12] que había sido instaurado a partir de los años cuarenta, y que montado sobre un esquema de *Estado Centralizado de Partidos,* como dijimos, tuvo como proyecto político la implantación de la democracia en el país de América Latina que para entonces era el que menos tradición democrática tenía. Cuarenta años después de la Revolución democrática de 1958 y cincuenta años después del fin del primer ensayo democrático en 1948, en Venezuela teníamos una de las democracias más viejas de América Latina, pero ante el asombro de otros países latinoamericanos que nos la envidiaban, era de las instituciones que menos prestigio tenía en nuestro propio país. Lamentablemente, la crisis del sistema político de partidos condujo a que se la confundiera con una supuesta crisis de la democracia como régimen político, contribuyendo a su desprestigio, cuando en realidad de lo que se trataba era de perfeccionar la democracia y liberarla del despotismo o autocracia de los partidos. Por ello, hemos insistido en que no es la democracia la que ha estado en crisis, pues régimen político democrático no es lo mismo que sistema político de Estado de Partidos, que si es el que ha estado en crisis[13].

El proyecto político ideado por el liderazgo que asumió el poder a partir de los años cuarenta, y luego a partir de 1958, indudablemente que se desarrolló y el país se democratizó. El problema es que ese mismo liderazgo y los partidos políticos que contribuyeron a la consolidación y mantenimiento de la democracia, décadas después no llegaron a entender la obra que habían realizado y todavía aún muchos no la entienden.

Los venezolanos nos habituamos a la democracia y la gran mayoría de los votantes en las elecciones posteriores a 1998 han nacido en democracia. Nos hemos habituado tanto a ella que a pesar de su desprestigio, nos parecía natural el disfrute de la libertad sin que el riesgo de perderla fuera motivo de particular preocupación.

Pensamos que tenía que cambiar, aun cuando la gran mayoría no sabía cómo; y el liderazgo político de los partidos encargados de orientar, no comprendió que para continuar y sobrevivir, la democracia tenía que perfeccionarse, y al contrario, siguió tratando de conducir al país como si estuviéramos en la etapa inicial de la democratización. Esta incomprensión fue, precisamente, la que nos condujo a la crisis histórica y terminal de los últimos años, que originó que ell hecho electoral de 1998, se configurara en nuestra historia como una disidencia histórica. La voluntad popular de cambio expresada democráticamente, produjo la elección de Hugo Chávez Frías, quien también amenazaba, ciertamente, con desplazar del poder a los viejos partidos

12 Véase lo que expusimos en Allan R. Brewer-Carías, *Cinco Siglos de Historia y un País en Crisis,* Academia de Ciencias Políticas y Sociales y Comisión Presidencial del V Centenario de Venezuela, Caracas, 1998, pp. 95 a 117; Allan R. Brewer-Carías, "La crisis terminal del sistema político" en *Una evaluación a estos cuarenta años de democracia, El Globo,* Caracas, 24-11-97, pp. 12 y 13; Allan R. Brewer-Carías, *La crisis terminal del sistema político venezolano y el reto democrático de la descentralización,* Ponencia al IV Congreso Venezolano de Derecho Constitucional, Caracas, noviembre 1995. Dicho texto está publicado en Allan R. Brewer-Carías, *El Poder Nacional y el Sistema democrático de gobierno,* Tomo III, *Instituciones Políticas y Constitucionales, op. cit.,* pp. 655 a 678; Allan R. Brewer-Carías, *Reflexiones sobre el constitucionalismo en América, op. cit.,* pp. 169 y ss; y Allan R. Brewer-Carías, *Asamblea Constituyente y ordenamiento constitucional,* Biblioteca de la Academia de Ciencias Políticas y Sociales, Serie Estudios N° 53, Editorial Arte, Caracas, 1999, pp. 13-23.

13 Véase Allan R. Brewer-Carías, "La crisis de las instituciones: responsables y salidas" en *Revista de la Facultad de Ciencias Jurídicas y Políticas,* N° 64, Caracas, 1985, pp. 130 a 155. Dicho texto está publicado en Allan R. Brewer-Carías, *Evolución Histórica del Estado,* Tomo I, *Instituciones Políticas y Constitucionales, op. cit.,* pp. 523 a 541.

políticos. Pero el cambio, en este caso, a diferencia de otros tiempos, se expresó electoralmente y tuvo un inicio democrático, aún cuando demasiado tarde, sin anticiparnos a la crisis como debió haber ocurrido, y más bien en medio de ella.

Por ello, en 1998-1999 la crisis de la democracia, de su consolidación y afianzamiento, ya no se podía solucionar con una simple reforma constitucional, sino abriendo efectivamente nuevos canales de representatividad y participación democrática para llenar el vacío que nos había dejado el deterioro de los partidos políticos tradicionales y que de nuevo colocaron al país en una orfandad política. El reto que teníamos los venezolanos era el de formular un nuevo proyecto político democrático que sustituyera el Estado Centralizado de Partidos por un Estado Descentralizado Participativo.

Ahora bien, la tarea de hacer o rehacer el Estado era la tarea de al menos una generación, para lo cual en democracia no había otra forma de lograrlo que no fuera sino mediante un acuerdo político de largo alcance. El asunto, entonces, era mucho más complejo, por lo que para resolver la crisis de la segunda transición democrática en la cual nos encontrábamos, no teníamos otra salida que la de realizar un proceso de reconstitución democrática del sistema político, convocando democráticamente a una Asamblea Constituyente. La idea de la Asamblea Constituyente, por tanto, no fue una propuesta partidaria de uno u otro candidato presidencial; nosotros mismos y muchos otros, la planteamos a los pocos días del intento de golpe militar de febrero de 1992 que motorizó el entonces Teniente Coronel Hugo Chávez Frías[14].

El referido intento de golpe militar fue seguido de otro intento similar en noviembre de 1992, y fue el principio efectivo del fin del sistema político que se había consolidado al amparo del Pacto de Punto Fijo. Con posterioridad, un año después, en 1993 el Presidente de la República Carlos Andrés Pérez fue enjuiciado y lo sustituyó transitoriamente el Presidente Ramón J. Velázquez hasta terminar el período del primero; lapso durante el cual le dimos un gran impulso institucional al proceso de descentralización[15].

La elección presidencial de 1993 pudo haber constituido la apertura de la vía democrática para el cambio político que ya resultaba indispensable y que podía superar el centralismo partidocrático, pero lamentablemente, la opción popular se inclinó por la elección del menos indicado de los candidatos para poder motorizar cambio alguno: el Presidente Rafael Caldera, bajo cuya segunda presidencia, lamentablemente, el sistema político de Estado Centralizado de Partidos entró en la etapa definitiva de crisis terminal.

La exigencia de cambio político al final del período constitucional del Presidente Caldera era incontenible, y ante el deterioro y desmoronamiento de los partidos políticos tradicionales, en particular Acción Democrática y Copei, y el consecuente vacío político que dejaron, el candidato popular que había enarbolado la bandera del cambio, Hugo Chávez Frías, como se dijo, ganó la elección presidencial en diciembre de 1998. Con ello se abrió la posibilidad de una vía democrática para el cambio político en el país, la cual lamentablemente fue desperdiciada.

---

14 Véase en *El Nacional*, Caracas, 01-03-92, p. D-2. Véase el texto de la declaración en el libro Allan R. Brewer-Carías, *Asamblea Constituyente y ordenamiento constitucional, op. cit.*, pp. 30 y ss.

15 Véase Allan R. Brewer-Carías, *Informe sobre la Descentralización en Venezuela 1993. Memoria del Ministro de Estado para la Descentralización 1993-1994*, Caracas, 1994.

II. LA POSIBILIDAD DE LA VÍA DEMOCRÁTICA PARA EL CAMBIO POLÍTICO Y LA CONFIGURACIÓN JUDICIAL DEL PROCESO CONSTITUYENTE

1. *La Asamblea Constituyente en democracia*

Ahora bien, en Venezuela, el planteamiento de convocar una Asamblea Nacional Constituyente para que sirviera de vehículo de conciliación de todos los sectores políticos y contribuyera a la recomposición del sistema democrático, si bien se materializó en 1998[16], en realidad se comenzó a formular antes, a partir del afloramiento de la crisis política del sistema democrático, en 1989, y luego, particularmente, como consecuencia de los dos intentos de golpes de Estado militaristas de 1992 motorizados, entre otros, por el entonces Teniente Coronel Hugo Chávez Frías, posteriormente electo en diciembre de 1998, como Presidente de la República.

El tema, en efecto, se discutió públicamente a partir de ese año 1992, pero los líderes de los partidos políticos dominantes no entendieron la magnitud de la crisis política, y lejos de reformar las instituciones para abrir la democracia, procuraron mantener la situación existente. Con ello, paralelamente, se produjo el deterioro manifiesto del propio liderazgo partidista. Además, con el derrumbamiento de los otrora poderosos partidos, se produjo progresivamente un vacío de liderazgo político en el país, que había estado habituado a su conducción exclusivamente partidista.

En medio de dicha crisis política, en 1998, el Teniente Coronel Hugo Chávez Frías, como candidato presidencial, enarboló la bandera de la convocatoria de una Asamblea Nacional Constituyente. Ello no sólo no fue disputada por los partidos políticos tradicionales, sino que, inclusive, fue ignorada y rechazada por los mismos. Incluso, el planteamiento de que fuera el propio Congreso electo en diciembre de 1998 el que pudiera asumir la conducción del proceso constituyente, fue totalmente ignorado[17].

En consecuencia, la convocatoria de la Asamblea Nacional Constituyente se convirtió en un proyecto político exclusivo del entonces candidato presidencial Hugo Chávez Frías, y luego, del Presidente electo en diciembre de 1998. Su ejecución, sin embargo, presentaba un escollo constitucional que lucía insalvable: la institución de una Asamblea Nacional Constituyente, como mecanismo de revisión constitucional, no estaba prevista ni regulada en el propio texto de la Constitución de 1961, la cual establecía expresamente sólo dos mecanismos para su revisión: la enmienda y la reforma general.

Una Asamblea Constituyente cuando no es producto de una guerra ni, por tanto, de una ruptura fáctica del orden constitucional, para poder ser convocada tiene que estar regulada constitucionalmente. Así sucede, por ejemplo, con la Convención Constitucional regulada en la Constitución de los Estados Unidos de América o con la Asamblea Constituyente regulada en la Constitución de Paraguay.

---

16 Véase Allan R. Brewer-Carías, "Reflexiones sobre la crisis del sistema político, sus salidas democráticas y la convocatoria a una Constituyente", "Presentación" del libro *Los Candidatos Presidenciales ante la Academia,* Academia de Ciencias Políticas y Sociales, Caracas, 1998, pp. 11 a 66.

17 Véase Allan R. Brewer-Carías, *Asamblea Constituyente y ordenamiento constitucional, op. cit.*, pp. 78 y ss.

En todo caso, el reto que teníamos los venezolanos entonces, era darnos cuenta definitivamente de cual era la disyuntiva real que teníamos planteada: o convocábamos democráticamente la Constituyente para reconstituir el sistema político en ejercicio de nuestros propios derechos democráticos, o nos la iban a convocar quizás después de conculcárnoslos por algún tiempo o por ahora, que siempre es un tiempo impreciso por arbitrario.

No era la primera vez que en la historia de Venezuela se producía un proceso de esta naturaleza. En primer lugar, están los procesos constituyentes iniciales, realizados, en 1811, de constitución del Estado al declararse la independencia de las colonias españolas que formaban la Capitanía General de Venezuela y crearse la Confederación de los Estados de Venezuela[18], y en 1830, al reconstituirse el Estado de Venezuela como separación territorial y política de la República de Colombia (que en 1819 y 1821 había promovido Simón Bolívar); luego, en segundo lugar, se realizaron siete procesos constituyentes, en 1858, 1863, 1893, 1901, 1914, 1946, y 1953, mediante la convocatoria de Asambleas o Congresos Constituyentes y la sanción de nuevas Constituciones[19]. En todos esos casos, los procesos constituyentes fueron consecuencia de la ruptura fáctica del hilo constitucional, como consecuencia de un golpe de Estado, de una revolución o de una guerra.

Por ello, el proceso constituyente de 1999, en contraste con todos los anteriores en nuestra historia política, como antes se dijo, tuvo una peculiaridad que lo diferencia de todos los otros en nuestra historia e, incluso, de procesos similares ocurridos en otros países en las últimas décadas, y es que no fue producto de la ruptura fáctica del hilo constitucional como consecuencia de una revolución, una guerra o un golpe de Estado[20]. Dicho proceso constituyente de 1999, en realidad, se desarrolló en democracia, aún cuando en medio de la severa crisis política del funcionamiento del régimen democrático que se había instituido desde 1958. El golpe de Estado, en realidad, lo dio la propia Asamblea Nacional Constituyente electa en julio de 1999, al irrumpir contra la Constitución vigente en ese momento, que era la de 1961[21].

Ahora bien, en medio de la crisis terminal del sistema político de democracia centralizada de partidos que venía funcionando, y de los conflictos políticos originados por la falta de evolución del sistema, el proceso constituyente de 1999 no podría ni debía tener otra motivación distinta que no fuera la necesidad de recomponer el sistema democrático y asegurar su gobernabilidad. Ello requería de un pacto político de todos los componentes de la sociedad que asegurara la participación de todos los sectores, para diseñar el funcionamiento de la democracia y la reforma del Estado. Para ello era que debía elegirse la Asamblea Constituyente.

---

18 Véase Irene Loreto González, "Proceso Constituyente y Constitución de 1811", en *El Derecho Público a comienzos del siglo XXI. Estudios Homenaje al Profesor Allan R. Brewer-Carías,* Tomo I, Instituto de Derecho Público, UCV, Civitas Ediciones, Madrid, 2003, pp. 133-155.

19 Véase Allan R. Brewer-Carías, "Las Asambleas Constituyentes en la Historia de Venezuela", *El Universal,* Caracas 08-09-98, p. 1-5.

20 Véase sobre la Asamblea Nacional Constituyente convocada bajo la vigencia de una Constitución y, por tanto, sin rompimiento del hilo constitucional en Alfonso Rivas Quintero, *Derecho Constitucional,* Paredes Editores, Valencia-Venezuela, 2002, pp. 90 y ss.

21 Véase en general, Allan R. Brewer-Carías, *Golpe de Estado y Proceso Constituyente en Venezuela,* UNAM, México 2002, 405 p.

La fórmula legal para llegar a ella, la cual no existía en 1992, estaba en el *referéndum consultivo* que regulaba la Ley Orgánica del Sufragio y Participación Política, que atribuía la decisión para convocarlo al Presidente de la República en Consejo de Ministros; a las Cámaras Legislativas en sesión conjunta o a un grupo equivalente al 10% de los electores[22].

De nuevo el país se encontró en la situación de que estaba en manos de los Poderes del Estado la decisión para que, por ejemplo, en las elecciones de noviembre o diciembre de 1998 se hubiera podido incluir una tercera tarjeta para efectuar la consulta sobre el tema de la convocatoria a una Constituyente, y se hubiera podido resolver el asunto en forma democrática, de manera que si el voto era afirmativo, como lo hubiera sido según lo que informaban las encuestas, el Congreso que se elegiría en noviembre hubiera tenido como tarea inmediata prioritaria, por mandato popular, no por un acuerdo de partidos o por una propuesta política aislada, proceder a la reforma de la Constitución para regular la Constituyente y así poder convocarla constitucionalmente en 1999.

En esta situación de crisis terminal estimamos que no había que temerle a una Constituyente convocada democráticamente, es decir, no había que temerle a la democracia, siempre que tuviésemos claro que su sola convocatoria y funcionamiento no iba a acabar con los problemas del país; a lo que teníamos que temerle era a la incomprensión del liderazgo político sobre lo que estaba ocurriendo.

En todo caso, lo que sí consideramos que se debía evitar era que se procediera a su convocatoria sin previsión constitucional, como se había anunciado; y que de golpe fuéramos a resucitar otra Revolución Legalista como la de fines del siglo pasado que tuvo su origen, precisamente, en una reforma constitucional hecha irregularmente.

Una Asamblea Constituyente en estos tiempos de crisis política generalizada, consideramos que no era otra cosa que un mecanismo democrático para formular un proyecto de país, como lo fueron las grandes Constituyentes de 1811, 1830, 1864, 1901 y 1947, pero con la diferencia de que aquellas fueron el resultado de una ruptura política y no el mecanismo para evitarla. En estos tiempos de crisis de la democracia, estimamos que una Constituyente era para que las fuerzas políticas pudieran llegar democráticamente a un consenso sobre ese nuevo proyecto de país. Por eso, lo importante era que la democracia la asumiera como cosa propia, por supuesto con el riesgo para el liderazgo tradicional de poder perder el control del poder que los partidos tradicionales habían tenido durante 40 años. Ese era el precio que había que pagar para que la democracia continuara.

La Constituyente así planteada, por supuesto que no era para destruir ni para excluir como se había sugerido por algunos, pues para establecer cualquier forma de autocracia o de autoritarismo no era necesario Constituyente alguna, más bien constituía un estorbo y un enredo.

La vía democrática para la convocatoria a la Asamblea Constituyente, por tanto, era la única opción que teníamos los venezolanos para producir los cambios políticos en democracia. Por ello, en agosto de 1998 volvimos a proponer a los Poderes

22 Véase Allan R. Brewer-Carías, *Asamblea Constituyente y ordenamiento constitucional, op. cit.*, pp. 52-75.

Públicos la convocatoria al *referéndum* para la Constituyente[23], para que coincidiera con las elecciones de noviembre y diciembre de 1998, la cual no se hizo.

Con el triunfo electoral del Presidente Chávez en diciembre de 1998 y la falta de disposición del liderazgo mayoritario del Congreso electo en noviembre de 1998, en asumir el proceso de cambio constitucional[24], la convocatoria de la Asamblea Nacional Constituyente quedó en manos y bajo el liderazgo del Presidente electo, máxime cuando esa había sido su bandera electoral más destacada.

Con la toma de posesión del Presidente Chávez de la Presidencia de la República el 2 de enero de 1999, se inició entonces la batalla legal por encauzar el proceso constituyente dentro del marco de la constitucionalidad, de manera que la necesaria convocatoria de la Asamblea se hiciese sin la ruptura constitucional que había caracterizado las Asambleas Constituyentes en toda nuestra historia.

2. *La bandera electoral (1998) de la Asamblea Constituyente y los obstáculos constitucionales para convocarla*

La posición voluntarista del Presidente de la República electo en diciembre de 1998, de convocar la Asamblea Nacional Constituyente como había sido su bandera electoral, presentaba un escollo constitucional que lucía como insalvable: la institución de una Asamblea Nacional Constituyente como mecanismo de revisión constitucional, no estaba prevista ni regulada en el texto de la Constitución de 1961, la cual establecía expresamente sólo dos mecanismos para su revisión, que eran la enmienda y la reforma general. Una Asamblea Constituyente cuando no es producto de una guerra ni en general de una ruptura fáctica del orden constitucional, para poder ser convocada tiene que estar regulada constitucionalmente, como lo está ahora en la Constitución de 1999.

Por tanto, a comienzos de 1999, aún bajo la vigencia de la Constitución de 1961, la única forma de poder convocar una Asamblea Constituyente, era mediante una interpretación constitucional de la Corte Suprema de Justicia como juez constitucional para, precisamente, evitar una confrontación entre la soberanía popular y la supremacía constitucional. Y ello ocurrió mediante las antes mencionadas ambiguas sentencias de 19 de enero de ese año, con las cuales finalmente se permitió la elección y constitución de una Asamblea Nacional[25] en democracia y sin ruptura constitucional. El golpe de Estado, en realidad, lo daría la propia Asamblea Nacional Constituyente electa el 25 de julio de 1999, al irrumpir contra la Constitución vigente en ese momento, que era la de 1961[26], y al intervenir los poderes constituidos sin autoridad alguna para ello, incluyendo la propia Corte Suprema que le había dado nacimiento, la cual terminó siendo eliminada.

---

23 Véase la propuesta en Allan R. Brewer-Carías, "Reflexiones sobre la crisis del sistema político, sus salidas democráticas y la convocatoria a una Constituyente", *loc. cit.*, Academia de Ciencias Políticas y Sociales, Caracas, 1998, pp. 46 a 51.

24 Véase lo expuesto en Allan R. Brewer-Carías, *Asamblea Constituyente y ordenamiento... op. cit.*, pp. 78 y ss.

25 Véase sobre la Asamblea Nacional Constituyente convocada bajo la vigencia de una Constitución y, por tanto, sin rompimiento del hilo constitucional en Alfonso Rivas Quintero, *Derecho Constitucional,* Paredes Editores, Valencia-Venezuela, 2002, pp. 90 y ss.

26 Véase en general, Allan R. Brewer-Carías, *Golpe de Estado y Proceso Constituyente en Venezuela,* México, 2002.

La Constitución venezolana de 1961, como se dijo, no preveía la posibilidad de convocar una Asamblea Constituyente para reformar la Constitución y recomponer el sistema político democrático. Por ello, en diciembre de 1998 y en enero de 1999, después de la elección del Presidente Chávez, el debate político no fue realmente sobre si se convocaba o no la Asamblea Constituyente, sino sobre la forma de hacerlo: o se reformaba previamente la Constitución, para regularla y luego elegirla, o se convocaba sin regularla previamente en la Constitución, apelando a la soberanía popular[27]. Se trataba, en definitiva de un conflicto constitucional entre supremacía constitucional y soberanía popular que había que resolver[28], y sólo el juez constitucional podía hacerlo.

Pero lo cierto es que aún antes de que se pudiera asumir que la Corte había resuelto el conflicto, el Presidente electo fue quien optó por la segunda vía, manifestando públicamente su decisión de convocar la Asamblea Constituyente apenas asumiera la Presidencia de la República, el 2 de febrero de 1999, sin necesidad de reformar previamente la Constitución de 1961 para regularla. En el ínterin, además, y apoyado por la popularidad que en ese momento tenía, formulaba amenazas y ejercía públicamente presiones indebidas ante la Corte Suprema de Justicia en apoyo de su propuesta.

Para diciembre de 1998, en efecto, la Corte Suprema conocía precisamente de sendos recursos de interpretación que habían sido intentados para que resolviera, justamente, sobre si era necesario o no reformar la Constitución para regular la Asamblea Constituyente para poder ser convocada. El resultado de la presión política que se originó, fue precisamente la emisión de las dos sentencias indicadas por la Corte Suprema, el 19 de enero de 1999[29], dos semanas antes de la toma de posesión de su cargo por el Presidente de la República, en las cuales si bien la Corte no resolvió expresamente lo que se le había solicitado interpretar, glosó ampliamente en forma teórica la doctrina constitucional sobre el poder constituyente, desencadenando así el proceso que luego no pudo ni contener ni limitar, costándole como se dijo, su propia existencia.

La Sala Político Administrativa que fue la que dictó dichas sentencias, en esos casos, al resolver los recursos de interpretación de la norma de la Ley Orgánica del Sufragio y Participación Política sobre el referéndum consultivo, sin duda, actuó como juez constitucional, dado que a la vez interpretó el artículo 4 de la Constitución que regula soberanía popular. El juez constitucional, ante todo, es un guardián de la Constitución y su supremacía; y como tal, sus decisiones son jurídicas y políticas, pero siempre ajustadas al texto constitucional.

---

27 Sobre los problemas jurídicos que precedieron a la conformación de la Asamblea Nacional Constituyente, véase Hildegard Rondón de Sansó, *Análisis de la Constitución venezolana de 1999,* Editorial Ex Libris, Caracas, 2001, pp. 3-23.

28 Véase en Allan R. Brewer-Carías, *Asamblea Constituyente y Ordenamiento... cit.*, pp.153 a 227; Allan R.Brewer-Carías, "El desequilibrio entre soberanía popular y supremacía constitucional y la salida constituyente en Venezuela en 1999, en la *Revista Anuario Iberoamericano de Justicia Constitucional,* Nº 3, 1999, Centro de Estudios Políticos y Constitucionales, Madrid 2000, pp. 31-56. Sobre el Poder constituyente y la soberanía popular, véase Ricardo Combellas, *Derecho Constitucional: una introducción al estudio de la Constitución de la República Bolivariana de Venezuela,* Mc Graw Hill, Caracas, 2001, pp. 6 y ss.

29 Véase el texto de esas sentencias, en Allan R. Brewer-Carías, *Asamblea Constituyente y Ordenamiento... cit.*, pp. 25 y ss.

No debe olvidarse que la propia justicia constitucional nació en la historia del constitucionalismo moderno como un instrumento sustitutivo de la revolución y del derecho de rebelión o resistencia del pueblo frente a los poderes constituidos[30]. Es decir, en el constitucionalismo moderno, la única forma de resolver los conflictos político-constitucionales entre el pueblo y los gobernantes, entre la soberanía popular y la supremacía constitucional e, incluso, entre los poderes constituidos, es precisamente mediante la decisión de tribunales constitucionales que eviten la revolución o la rebelión.

Por ello, las decisiones de los jueces constitucionales siempre son, además de jurídicas, políticas; y así tiene que ser cuando el orden constitucional no da mucho margen por si sólo, sin necesidad de interpretación judicial, para resolver los conflictos políticos.

Después de las elecciones de 1998, sin duda, Venezuela se encontraba en medio de un conflicto político-constitucional que debía resolverse por la fuerza o por el juez constitucional; conflicto derivado, precisamente, del dilema entre, por una parte, la necesidad de que la soberanía popular se manifestase para propiciar los inevitables y necesarios cambios político-constitucionales exigidos por el fin del sistema de Estado centralizado de partidos y, por la otra, la supremacía constitucional que exigía someterse a los procedimientos de reforma y enmienda prescritos en la Constitución.

La ocasión para resolver el conflicto, como se ha señalado, la tuvo la Corte Suprema de Justicia con motivo de los antes mencionados recursos de interpretación que se presentaron ante su Sala Político-Administrativa, a los efectos de decidir si era constitucionalmente posible pasar a la convocatoria y elección de una Asamblea Nacional Constituyente, como consecuencia de un referendo consultivo a tal fin efectuado conforme al artículo 181 de la Ley Orgánica del Sufragio y Participación Política, sin la previa reforma de la Constitución que regulara dicha Asamblea, como poder constituyente instituido.

La Corte Suprema de Justicia en las sentencias dictadas el 19-1-99[31], si bien desde el punto de vista jurídico no resolvió abierta y claramente el conflicto[32], con ellas, desde el punto de vista de la opinión pública, resultaba un espaldarazo a las pretensiones del Presidente de la República[33]. Pero además, desde el punto de vista político, las sentencias dejaron establecidos diversos argumentos que desatarían fuerzas constituyentes que por más esfuerzos posteriores que la Corte haría por controlarlas, no sólo no lo lograría sino que pagaría con su propia existencia la ambigüedad inicial.

---

30 Véase en este sentido, Sylva Snowiss, *Judicial Review and the Law of the Constitution,* Yale University, 1990, p. 113.

31 Véanse los textos en Allan R. Brewer-Carías, *Poder Constituyente Originario y Asamblea Nacional Constituyente, cit.,* pp. 25 a 53.

32 Véase en sentido coincidente, Lolymar Hernández Camargo, *La Teoría del Poder Constituyente. Un caso de estudio: el proceso constituyente venezolano de 1999,* UCAT, San Cristóbal, 2000, pp. 54, 56, 59.

33 En 1999, Luis José Uzcátegui señaló lo siguiente sobre estas sentencias: "Este pronunciamiento de la Corte Suprema de Justicia es todo un caudal de significados psicológicos que el pueblo recibe sobre Chávez, líder lleno de emocionalidad y magia, a quién con esta decisión le es 'bendecida' por la ley y el 'saber', la prédica y la bandera más grande que utilizó en su campaña y en los días de Presidente electo". Véase Luis José Uzcátegui, *Chávez. Mago de las emociones. Análisis psicosocial de un fenómeno político,* Caracas, 1999, p. 87.

3. *El dilema entre soberanía popular y supremacía constitucional y la omisión del juez constitucional en resolverlo*

En todo caso, en el dilema que existía en ese momento político entre supremacía constitucional y soberanía popular, la solución del mismo en medio de la crisis política existente, como hemos dicho, sólo podría resultar de una interpretación constitucional que diera la Corte Suprema; y ello fue, precisamente, lo que se concretó en las sentencias mencionadas del 19 de enero de 1999[34]. De ellas, se dedujo que se podía convocar un *referéndum consultivo* sobre la Constituyente, la cual en definitiva se podía crear mediante la sola voluntad popular al margen de la Constitución de 1961[35].

El dilema que enfrentó la Corte Suprema consistió entonces en dilucidar cuál principio de los dos que constituyen los dos pilares fundamentales que rigen al Estado Constitucional, debía prevalecer: o el principio democrático representativo o el principio de la supremacía constitucional, lo que en todo caso exigía que se mantuviera el equilibrio entre ambos[36]. En ese dilema, si la Corte se atenía al sólo principio democrático de democracia representativa que está a la base del Estado constitucional, el pueblo soberano sólo podía manifestarse como poder constituyente instituido mediante los mecanismos de modificación constitucional previstos en la Constitución (art. 246). Sin embargo, de acuerdo con el criterio expresado por la Corte Suprema de Justicia en su mencionada sentencia *Caso Referendo Consultivo I*:

> Si la Constitución, como norma suprema y fundamental puede prever y organizar sus propios procesos de transformación y cambio..., *el principio democrático quedaría convertido en una mera declaración retórica....*

Es decir, para que el principio democrático no fuera una mera declaración retórica, los procesos de cambio o transformación constitucional no debían quedar reducidos a los que se preveían en la Constitución como norma suprema y fundamental.

Pero si la Corte se atenía al otro principio del constitucionalismo moderno, el de la supremacía constitucional, es decir, el necesario respeto de la Constitución adoptada por el pueblo soberano que obliga y se impone por igual, como lo dijo la Corte, tanto a los gobernantes (poderes constituidos) como a los gobernados (poder constituyente), toda modificación de la voluntad popular plasmada en la Constitución sólo

---

34 Véase el texto de las sentencias en Allan R. Brewer-Carías, *Poder Constituyente Originario y Asamblea Nacional Constituyente, op. cit.*, pp. 25 a 53; y véanse los comentarios a dichas sentencias en ese mismo libro, pp. 55 a 114 y en Allan R. Brewer-Carías, *Asamblea Constituyente y Ordenamiento Constitucional, op. cit.*, pp. 153 a 228.

35 Con esta sentencia, como lo ha señalado Jesús María Casal, la antigua Corte Suprema avaló ir a un proceso constituyente desarrollado al margen de los procedimientos de reforma previstos en la Constitución de 1961. Véase Jesús M. Casal, "La apertura de la Constitución al proceso político y sus implicaciones", en *Constitución y Constitucionalismo Hoy*, Fundación Manuel García-Pelayo, Editorial Ex Libris, Caracas, 2000, p. 146. Véase además, Norbert Lôsing, "El guardián de la Constitución en tiempo de crisis. Logros y límites de la jurisdicción constitucional. Los ejemplos de Guatemala 1993 y Venezuela 1999/2002", en *Anuario de Derecho Constitucional Latinoamericano,* Editorial Gran Charoff J.A., Buenos Aires, 2000, pp. 139-162.

36 Véase los comentarios sobre el dilema en Lolymar Hernández Camargo, *La Teoría del Poder Constituyente. Un caso de estudio: el proceso constituyente venezolano de 1999,* UCAT, San Cristóbal, 2000, pp. 53 y ss; Claudia Nikken, *La Cour Suprême de Justice et la Constitution vénézuélienne du 23 Janvier 1961.* Thése Docteur de l'Université Panthéon Assas, (París II), París, 2001, pp. 366 y ss.

podía realizarse a través de los mecanismos de reforma o enmienda que establecía la misma Constitución que era, precisamente, obra de la soberanía popular.

Sin embargo, también de acuerdo al criterio expresado por la Corte Suprema de Justicia, en la referida sentencia *Caso Referendo Consultivo I*,

> Si se estima que para preservar la soberanía popular, es al pueblo a quien corresponderá siempre, como titular del poder constituyente, realizar y aprobar cualquier modificación de la Constitución,... *la que se verá corrosivamente afectada será la idea de supremacía.*

Es decir, para que el principio de la supremacía constitucional no se viera corrosivamente afectado, las modificaciones a la Constitución sólo las podían realizar el pueblo a través de los mecanismos previstos en la propia Constitución.

Era claro, por tanto, cual era el dilema abierto desde el punto de vista constitucional en ese momento histórico de Venezuela: o la soberanía popular era pura retórica si no podía manifestarse directamente fuera del marco de la Constitución; o la supremacía constitucional se veía corrosivamente afectada si se permitía que el pueblo soberano, como titular del poder constituyente, pudiera modificar la Constitución fuera de sus normas.

La solución del dilema podía ser relativamente fácil en una situación de hecho o de ruptura constitucional: el pueblo, como poder constituyente puede manifestarse siempre, particularmente porque no existe el principio de la supremacía constitucional al haber sido roto el hilo constitucional.

Ello sin embargo, no ocurría así en un proceso constituyente de derecho sometido a una Constitución. En efecto, no estando el país, a comienzos de 1999, en una situación de hecho sino de vigencia del orden constitucional del texto de 1961, el dilema planteado entre soberanía popular y supremacía constitucional, frente a un proceso de cambio político incontenible como el que se estaba produciendo, no podía tener una solución que derivase de la sola discusión jurídica, sino que necesaria y básicamente tenía que tener una solución de carácter político, pero guiada por el órgano del Estado constitucional, al que correspondía la Jurisdicción constitucional, es decir, a la Corte Suprema de Justicia.

En todo caso, en la discusión jurídica que se había abierto en el país, para enfrentar el mismo dilema, habían quedado claras dos posiciones: *por una parte*, la de quienes sostenían y sostuvimos que derivado del principio de la supremacía constitucional, en el Estado constitucional democrático de derecho representativo la Constitución establece los mecanismos para su revisión (reforma y enmienda); y al no regular a la Asamblea Constituyente como medio para la reforma, para que ésta pudiera convocarse debía previamente crearse y establecerse su régimen en el texto constitucional, mediante una reforma constitucional que le diese *status* constitucional; y *por otra parte,* la de quienes sostenían, encabezados por el Presidente de la República, que derivado del principio de que la soberanía reside en el pueblo, la consulta popular sobre la convocatoria y régimen de la Asamblea Constituyente, como manifestación de dicha soberanía popular declarada por el pueblo como poder constituyente originario mediante referendo, era suficiente para que la misma se convocara y eligiera, y acometiera la reforma constitucional sin necesidad de que previamente se efectuase una reforma constitucional para regularla. Se trata, en definitiva, del debate sobre el poder constituyente en el Estado constitucional democrático representativo que intermitentemente ha dominado la discusión constitucional en todos los Estados modernos, y que siempre ha estado en la precisa frontera que existe entre los hechos y el derecho.

La Sala Político Administrativa de la Corte Suprema de Justicia, como se ha dicho, en la misma fecha 19 de abril de 1999 resolvió en sendas sentencias dos recursos de interpretación (*Referéndum Consultivo I,* Ponente: Humberto J. La Roche y *Referéndum Consultivo II*, Ponente: Héctor Paradisi) sobre el artículo 181 de la Ley Orgánica del Sufragio y Participación Política en concordancia con el artículo 4° de la Constitución, en relación con la posibilidad de una consulta popular (referendo consultivo) sobre la convocatoria de la Asamblea Nacional Constituyente en los cuales se solicitó a la Corte, como petitorio final:

> Determine qué sentido debe atribuirse a las referidas normas, en cuanto a la posibilidad real o no de llevar a cabo dicha convocatoria a una Asamblea Constituyente.

Con relación al fondo del asunto objeto del recurso de interpretación, conforme lo resumió la sentencia *Referéndum Consultivo I,* los directivos de la Fundación recurrente plantearon lo siguiente:

> Existen dos posiciones en cuanto a la forma como deba convocarse la Asamblea Constituyente: Una Primera, propuesta por el Presidente Electo (la cual ha sido señalada ya anteriormente), quien considera que basta la convocatoria del referendo previsto en el artículo 181 de la LOSPP, para convocar la Asamblea Constituyente, en base al principio de soberanía contenido en el artículo 4 de la Constitución de la República que reconoce al pueblo como constituyente primario, y; una segunda que considera que el soberano también tiene a su vez una normativa prevista en la Constitución Nacional, que debe respetar para producir un referendo, en razón de que el artículo 4 de la Constitución de la República refiere su soberanía a los poderes constituidos, y que por lo tanto hace falta una reforma puntual de la Constitución de la República que cree la figura de la Asamblea Constituyente para llevar a cabo dicha convocatoria".

Concluyeron los solicitantes señalando que:

> Sin pronunciarnos por ninguna de las dos posiciones antes enunciadas, consideramos que la propuesta del Presidente Electo se basa tanto en el artículo 181 de la LOSPP, como en el artículo 4 de la Constitución (...) por lo que no sería lógico pronunciarse en relación a la viabilidad constitucional de esta propuesta interpretando sólo el primero de estos artículos (...) sino que debe incluirse forzosamente la interpretación también del artículo 4 de la Constitución de la República tal y como lo estamos solicitando.

La Sala Político Administrativa, al decidir sobre su competencia para conocer del recurso de interpretación que le fue interpuesto, en la sentencia *Caso Referendo Consultivo I* precisó el alcance del recurso, conforme a su propio criterio, en los términos siguientes:

> Se ha interpuesto recurso de interpretación en relación con los artículos 181 de la Ley Orgánica del Sufragio y de Partición Política y 4 de la Constitución de la República, a los fines de que la Sala emita pronunciamiento acerca del alcance de la primera de las normas invocadas, en el sentido de precisar si, a través de un referendo consultivo, se puede determinar *la existencia de voluntad popular para un fu-*

> *tura reforma constitucional* y, en caso afirmativo, si ese mecanismo legal de participación puede servir de fundamento a los efectos de convocar a una Asamblea Constituyente, de manera tal que se respete el ordenamiento constitucional vigente.

Luego, en la misma sentencia, la Corte precisó la doble cuestión que ya hemos señalado y que estaba planteada en el recurso de interpretación:

> Si la Constitución, como norma suprema y fundamental puede prever y organizar sus propios procesos de transformación y cambio, en cuyo caso, el principio democrático quedaría convertido en una mera declaración retórica, o si se estima que, para preservar la soberanía popular, es al pueblo a quien corresponderá siempre, como titular del Poder Constituyente, realizar y aprobar cualquier modificación de la Constitución, en cuyo supuesto la que se verá corrosivamente afectada será la idea de supremacía.

Precisamente por ello, a pesar de que el recurso de interpretación se interpuso conforme al artículo 234 de la Ley Orgánica del Sufragio y Participación Política respecto del artículo 181 de la misma Ley Orgánica, en virtud de que los recurrentes exigieron que la interpretación solicitada debía implicar su adecuación al artículo 4 de la Constitución, la Corte precisó que en todo caso de interpretación de una ley, como acto de "ejecución directa de la Constitución", debía atenderse "en un todo a los principios fundamentales del orden jurídico vigente", debiendo tenerse en cuenta y conciliando la decisión "con el orden constitucional".

Es decir, la Corte consideró que "en nuestro Estado constitucional de derecho, fundado en la supremacía del estatuto constitucional" la interpretación de la ley y de la Constitución:

> Conducen a una interpretación constitucional -que no interpretación de la Constitución- en virtud de la cual se determina el alcance de la norma jurídica a partir de los principios y valores constitucionales, incluso más allá del texto positivo de ésta.

La Corte Suprema, en consecuencia, en este caso fijó la técnica interpretativa que utilizaría para resolver la cuestión planteada: interpretar el ordenamiento jurídico, más que interpretar la Ley Orgánica aisladamente, "combinando principios, valores y métodos en orden a integrar los textos en el proceso de aplicación del derecho".

En todo caso, en la sentencia *Referéndum Consultivo I*, después de realizar algunas citas doctrinales genéricas, la Corte precisó el dilema que tenía que resolver, así:

> El asunto planteado es el dilema de si la propia Constitución, le es dado regular sus propios procesos de modificación y de reforma o si se considera que la soberanía corresponde directamente al pueblo, como titular del poder constituyente, reordenando al Estado. En el primer caso estaríamos en presencia del poder constituido. En el segundo, el poder constituyente tendría carácter absoluto e ilimitado.

De este dilema concluyó la Corte señalando que:

> Pareciera ocioso indicar que la idea de supremacía deja de tener sentido cuando se considera que poder constituyente y poder constituido se identifican y que el poder constituyente es creado por la Constitución, en lugar de considerarse a la Constitución como obra del poder constituyente.

La verdad es que de estos párrafos no se entiende constitucionalmente la conclusión del dilema entre soberanía popular y supremacía constitucional que planteó la

Corte, pues la Constitución siempre es la obra del poder constituyente que la ha sancionado; y fue ese poder constituyente el que organizó políticamente a la sociedad prescribiendo un régimen democrático representativo, en el cual el pueblo sólo podría actuar mediante sus representantes conforme a la Constitución que es obra del poder constituyente.

Este, el poder constituyente, al dictar la Constitución, era el que ha resuelto subsumirse en el marco de una Constitución otorgándole supremacía y prescribiendo la forma de su modificación, la cual no se verifica en forma alguna, por los poderes constituidos, sino por el poder constituyente instituido en la propia Constitución de 1961, que se manifiesta finalmente mediante un referendo aprobatorio de la reforma constitucional (art. 246 de la Constitución), que implicaba la manifestación directa y final del pueblo soberano. No era acertado, por tanto, como lo hizo la Corte en la sentencia, confundir el poder constituyente instituido de reforma de la Constitución con los poderes constituidos, los cuales no podían reformarla en ningún caso.

Pero al final, en la decisión *Caso Referendo Consultivo I*, que la Corte Suprema adoptó "de conformidad con el orden constitucional vigente (Preámbulo, artículo 4 y artículo 50), artículos 234 de la Ley Orgánica del Sufragio y Participación Política y 42 ordinal 24 de la Ley Orgánica de la Corte Suprema de Justicia", lo que la Corte hizo fue formular esta declaración::

> La interpretación que debe atribuirse al artículo 181 de la Ley Orgánica del Sufragio y Participación Política, respecto del alcance del referendo consultivo que consagra, en cuanto se refiere al caso concreto objeto del recurso que encabeza las presentes actuaciones, es que: a través del mismo puede ser consultado el parecer del cuerpo electoral sobre cualquier decisión de especial trascendencia nacional distinto a los expresamente excluidos por la propia Ley Orgánica del Sufragio y Participación Política en su artículo 185, incluyendo la relativa a la convocatoria de una Asamblea Constituyente.

Es decir, la Corte Suprema de Justicia en esta sentencia, muy lamentablemente, no sólo no resolvió de manera expresa el dilema constitucional que se le había planteado y que ella misma había identificado, sino que se limitó sólo a decidir que conforme al artículo 181 de la Ley Orgánica del Sufragio y Participación Política, en efecto, sí se podía realizar un referendo consultivo, para consultar el parecer del cuerpo electoral sobre la convocatoria de una Asamblea Constituyente.

La verdad es que para decidir eso no era necesario producir tan extensa decisión, ni argumentar demasiado jurídicamente, integrando el ordenamiento jurídico, incluso la Constitución, pues era evidente que la convocatoria de una Asamblea Constituyente era y es una materia de especial trascendencia nacional conforme a lo indicado en el artículo 181 de la Ley Orgánica del Sufragio y Participación Política. En consecuencia, nada nuevo dijo la Corte y menos aún resolvió y decidió en forma precisa y clara sobre el asunto que le había sido planteado, es decir, en definitiva, si para convocar la Asamblea Constituyente bastaba el referendo consultivo o era necesario, además, reformar previamente la Constitución.

En realidad, sobre este asunto, tanto en la sentencia *Caso Referendo Consultivo I* como en la *Caso Referendo Consultivo II*, la Sala llegó a la conclusión de que una vez efectuado un referendo consultivo conforme al artículo 181 de la Ley Orgánica del Sufragio y Participación Política,

Aún cuando el resultado de la decisión popular adquiera vigencia inmediata, *su eficacia solo procedería* cuando, mediante los *mecanismos legales establecidos se de cumplimiento a la modificación jurídica aprobada*. Todo ello siguiendo procedimientos ordinarios previstos en el orden jurídico vigente, a través de los órganos del Poder Público *competentes* en cada caso. Dichos órganos estarán en la *obligación de proceder* en ese sentido.

De este párrafo, sin duda, surgía una perplejidad en el sentido de que lo que derivaba de la afirmación de la Corte Suprema, era que una consulta popular sobre la convocatoria a una Asamblea Constituyente no bastaba para efectivamente convocarla y reunirla. La consulta popular sólo sería un mandato político obligatorio, conforme al criterio de la Corte, para que los órganos del Poder Público *competentes* pudieran proceder a efectuar las modificaciones jurídicas derivadas de la consulta popular, siguiendo los procedimientos ordinarios previstos en el orden jurídico vigente, tanto constitucional como legal. Sólo después de que estas modificaciones se efectuasen, conforme al criterio de la Corte, que no podían ser otras que no fueran las de una revisión constitucional (reforma o enmienda), era que la consulta popular sería efectiva.

El tema de los órganos del Poder Público *competentes* para implementar los resultados de la consulta popular, por supuesto, entonces se convertía en crucial, pues de acuerdo con la Constitución, que es parte del "orden jurídico vigente", el único órgano del Poder Público competente para efectuar las modificaciones necesarias al ordenamiento jurídico para establecer el régimen jurídico de la Asamblea Constituyente, era el poder constituyente instituido (Reforma constitucional), que combinaba la participación de los diputados y senadores y de las Cámaras Legislativas, con la participación del pueblo vía referendo aprobatorio conforme a los artículos 245 y 246 de la Constitución de 1961.

Es decir, lejos de decidir con precisión la cuestión constitucional planteada respecto de la posibilidad constitucional de la convocatoria de una Asamblea Constituyente y de la necesidad o no de reformar previamente la Constitución, tanto la sentencia *Caso Referendo Consultivo I* como la *Caso Referendo Consultivo II,* dejaron abierta la discusión constitucional.

Como ya lo hemos analizado detenidamente con anterioridad y, además, en otro lugar[37], la Corte Suprema de Justicia, al dictar su nada precisa y más bien ambigua decisión del 19 de enero de 1999[38], abrió la vía jurídico-judicial para la convocatoria de un referendo consultivo para que el pueblo se pronunciara sobre la convocatoria de una Asamblea Nacional Constituyente, sin que esta institución estuviese prevista en la Constitución de 1961, vigente en ese momento, como un mecanismo de revisión constitucional[39].

Con esta decisión, la Corte Suprema no sólo sentó las bases para el inicio del proceso constituyente venezolano de 1999, sino que dio comienzo al proceso que condujo al golpe de Estado perpetrado por la Asamblea Constituyente y, casi un año después, a que los nuevos titulares del Poder Público decretaran su propia extinción.

37 Véase Allan Brewer-Carías, *Poder Constituyente Originario y Asamblea Nacional Constituyente,* Editorial Jurídica Venezolana, Caracas 1999.

38 Véase el texto íntegro de la sentencia en *idem,* pp. 25 a 53

39 Véase Jesús María Casal, "La apertura de la Constitución al proceso político", en *Constitución y Constitucionalismo Hoy,* Fundación Manuel García-Pelayo, Caracas 2000, pp. 127 y ss.

Esa sentencia, en medio de su ambigüedad, a pesar de estar plagada de citas de todo tipo, de libros viejos y nuevos, sin mucho concierto, de consideraciones generales sobre el significado del poder constituyente originario y derivado, totalmente innecesarias, salvo para originar confusión e interpretaciones variadas; y de precisiones sobre el derecho ciudadano a la participación política como inherente a la persona humana; no llegó a resolver lo esencial de la interpretación que le había sido requerida.

A la Corte se le había consultado mediante un recurso de interpretación en relación con las normas sobre referendos de la Ley Orgánica del Sufragio y de Participación Política, sobre si para convocar una Asamblea Constituyente era o no necesario reformar previamente la Constitución de 1961, para regularla en su texto. La Corte Suprema, sin embargo, sólo dijo que se podía consultar al pueblo, mediante referendo, sobre la convocatoria de una Asamblea Constituyente, pero nada dijo sobre si para convocarla debía o no previamente reformarse la Constitución de 1961 para regular dicha institución en la misma.

La ausencia de decisión de la Corte, sin embargo, como hemos dicho, en la práctica fue suplida por los titulares de primera página de los diarios nacionales de los días 20 de enero de 1999 y siguientes, los cuales fueron los que abrieron efectiva e insólitamente dicha vía hacia el proceso constituyente, al "informar" en grandes letras que supuestamente, la Corte Suprema de Justicia había decidido que se podía proceder a convocar una Asamblea Nacional Constituyente para revisar la Constitución, sin necesidad de reformar previamente la Constitución de 1961, que la regulara[40].

En ese momento, la euforia de los que de ello derivaron un "triunfo" jurídico[41], y la incredulidad y duda de otros, que no encontraban la "decisión" que anunciaba la prensa en el texto de la sentencia, impidieron precisar con exactitud el contenido de la misma. La verdad es que, como lo advertimos en su momento[42], eso no había sido

---

40 *El Nacional*, Caracas 21-01-99, p. A-4 y D-1; *El Universal*, Caracas 21-01-99, p. 1-2 y 1-3; *El Universal*, Caracas 20-01-99, p. 1-15. El titular de primera página del diario *El Nacional* del 20-01-99 rezó así: "CSJ, considera procedente realizar un referéndum para convocar la Constituyente"; el titular del cuerpo de *Política* del mismo diario, del 21-01-99, rezó así: "No es necesario reformar la Constitución para convocar el referéndum" y el del día 22-01-99 rezó así: "La Corte Suprema no alberga dudas sobre la viabilidad de la Constituyente". Véase los comentarios coincidentes de Lolymar Hernández Camargo, *La Teoría del Poder Constituyente, cit.*, p. 63

41 Ello se deducía de la propia Exposición de Motivos del Decreto Nº 3 del 02-02-99 del Presidente de la República convocando al referendo consultivo sobre la Asamblea Nacional Constituyente en la se dijo que:

"b) La Corte Suprema de Justicia, en sus decisiones del 19 de enero de 1999, ha establecido que para realizar el cambio que el país exige, es el Poder Constituyente, como poder soberano previo y total, el que puede, en todo momento, modificar y transformar el ordenamiento constitucional, de acuerdo con el principio de la soberanía popular consagrado en el artículo 4 de la Carta Fundamental;

c) El referendo previsto en la Ley Orgánica del Sufragio y Participación Política, es un mecanismo democrático a través del cual se manifiesta el poder originario del pueblo para convocar una Asamblea Nacional Constituyente y un derecho inherente a la persona humana no enumerado, cuyo ejercicio se fundamenta en el artículo 50 del Texto Fundamental y que, ese derecho de participación, se aplica no sólo durante elecciones periódicas y de manera permanente a través del funcionamiento de las instituciones representativas, sino también en momentos de transformación institucional que marcan la vida de la Nación y la historia de la sociedad". (*G.O.* Nº 36.634 de 02-02-99).

42 Véase Allan R. Brewer-Carías, *Poder Constituyente Originario y Asamblea Nacional Constituyente, cit.*, pp. 66 y ss. Véase además, lo expuesto en Allan R. Brewer-Carías, *Golpe de Estado y proceso constituyente en Venezuela,* UNAM, México 2002, pp.85 y ss.

lo que había decidido la Corte Suprema de Justicia en las sentencias de su Sala Político Administrativa del 19 de enero de 1999. La Corte, en efecto, como hemos dicho anteriormente, debía decidir un recurso de interpretación de las normas de la Ley Orgánica del Sufragio y Participación Política sobre referendos, en el cual se le habían formulado *dos preguntas* muy precisas: *primera,* si se podía convocar un referendo relativo a una consulta popular sobre la convocatoria de una Asamblea Nacional Constituyente; y *segunda,* si se podía convocar dicha Asamblea para dictar una nueva Constitución, sin que se reformarse previamente la Constitución de 1961, la cual no preveía la existencia de dicha Asamblea.

La Corte, como ya lo hemos analizado anteriormente, resolvió claramente sólo la primera pregunta, pero simplemente, *no se pronunció sobre la segunda.*

Esto lo confirmó *ex post facto* con claridad, la magistrado Hildegard Rondón de Sansó en su voto salvado a la sentencia de la Corte Plena de 14-10-99 (*Caso: impugnación del Decreto de la Asamblea Nacional Constituyente de Regulación de las Funciones del Poder Legislativo*) al afirmar que en aquella sentencia de 19-01-99, la Sala:

> Únicamente se limitó a establecer la posibilidad de consulta al cuerpo electoral sobre la convocatoria a una Asamblea Nacional Constituyente sin reformar la Constitución.

Es decir, la sentencia se limitó a señalar que para realizar un referendo sobre el tema no era necesario reformar previamente la Constitución; pero la Sala no se pronunció sobre si luego de realizada la consulta refrendaria, para poder convocar efectivamente la Asamblea Nacional Constituyente, que no estaba regulada en norma alguna, como mecanismo para la revisión constitucional, debía o no reformarse la Constitución de 1961 precisamente para regularla en ella como uno de dichos mecanismos.

Esta carencia, como se dijo, la suplió la "opinión pública" manifestada en los mencionados titulares de prensa antes mencionados, que seguramente se redactaron con el animo de querer expresar lo que en criterio de los periodistas debió haber sido lo que debía haber decidido la sentencia, que no lo fue. En todo caso, la prensa interpretó así lo que podía considerarse que opinaba y esperaba la mayoría opinante del país, pues de lo contrario, quizás en ese momento el país se encaminaba a un conflicto abierto de orden constitucional: la convocatoria de una Asamblea Nacional Constituyente, como lo quería y había prometido el recién electo Presidente de la República y como lo había formulado en su voluntarista Decreto N° 3 de 2 de febrero de 1999, sin que la Constitución vigente para el momento (la de 1961) previera tal Asamblea y permitiera tal convocatoria. Ello hubiera constituido, en sí mismo, el golpe de Estado.

Por tanto, a pesar de que la sentencia no resolvió el problema jurídico que se le planteó, al suplir la opinión pública esa falsa, ninguna duda política quedó en la práctica, dejando entonces de tener mayor sentido todo planteamiento sobre la posibilidad constitucional o no, no sólo de la convocatoria al referendo consultivo sobre la Asamblea Nacional Constituyente, sino de su elección posterior para dictar una nueva Constitución en sustitución de la de 1961. La decisión de la Corte Suprema, sin decirlo, contribuyó a resolver fácticamente la controversia y así cesó del debate constitucional en tal sentido, pasando la controversia constitucional a otros terrenos.

4. *La apertura de la "Caja de Pandora"*[43] *constituyente por la Corte Suprema de Justicia*

Como se ha dicho, si bien en las decisiones de las sentencias *Caso Referendo Consultivo I y Caso Referendo Consultivo II,* la Corte Suprema no resolvió definitivamente la discusión constitucional, sino que la dejó abierta, si debe señalarse que en la parte motiva de la sentencia *Caso Referendo Consultivo I,* la Corte hizo una serie de consideraciones sobre el poder constituyente y las revisiones constitucionales que tocaron aspectos esenciales del constitucionalismo y que permitían vaticinar una posición jurídica futura en caso de nuevos conflictos, por lo cual estimamos necesario estudiarlas.

En *primer lugar*, la Corte Suprema trató el tema de la democracia directa. En efecto, al referirse al artículo 4° de la Constitución lo interpretó conforme a lo que consagraba, que no era otra cosa que el principio de la democracia representativa conforme al cual el pueblo soberano solo puede actuar mediante sus representantes electos. Pero frente a este principio constitucional, la Corte, en su sentencia, se refirió sin embargo al principio de la democracia directa, señalando que:

> Un sistema participativo, por el contrario, consideraría que el pueblo retiene siempre la soberanía ya que, si bien puede ejercerla a través de sus representantes, también puede por sí mismo hacer valer su voluntad frente al Estado. Indudablemente quien posee un poder y puede ejercerlo delegándolo, con ello no agota su potestad, sobre todo cuando la misma es originaria, al punto que la propia Constitución lo reconoce.

De esta apreciación sobre la democracia directa, que la sentencia confundió con democracia participativa, que contrasta con el principio de la democracia representativa que adoptaba la Constitución, la Corte continuó su argumentación sobre la posibilidad que tenía el pueblo de manifestarse directamente y no a través de representantes, en la forma siguiente:

> De allí que el titular del poder (soberanía) tiene implícitamente la facultad de hacerla valer *sobre aspectos para los cuales no haya efectuado su delegación.* La Constitución ha previsto a través de sufragio la designación popular de los órganos de representación; pero no ha enumerado los casos en los cuales esta potestad puede directamente manifestarse.
>
> Ahora bien, no puede negarse la posibilidad de tal manifestación si se estima que ella, por reconocimiento constitucional, radica en el ciudadano y sólo cuando la misma se destina a la realización de funciones del Estado específicamente consagrados en el texto fundamental (funciones públicas), se ejerce a través de los delegatarios. De allí que, la posibilidad de delegar la soberanía mediante el sufragio en los representantes populares, no constituye un impedimento para *su ejercicio directo en las materias en las cuales no existe previsión expresa de la norma sobre el ejercicio de la soberanía a través de representantes.* Conserva así el pueblo su po-

43 De Pandora se dice que fue "la primera mujer, según el mito griego, que abrió una caja que contenía todos los males y estos se derramaron sobre la tierra", *Diccionario de la Lengua Española,* Real Academia Española, Vigésima segunda edición, Tomo II, Madrid 2001, p. 1664. Y la "Caja de Pandora" se define como la "acción o decisión de la que, de manera imprevista, derivan consecuencias desastrosas", *idem*, Tomo I, p. 391.

testad originaria para casos como el de ser consultado en torno a materias objeto de un referendo.

Conforme a este razonamiento de la Corte, resultaba entonces, sin duda, la posibilidad de efectuar un referendo consultivo sobre la convocatoria de una Asamblea Constituyente; pero no resulta posibilidad alguna de que mediante una consulta se pudiera "crear" y regular con rango constitucional y convocar una Asamblea Constituyente no prevista ni regulada en la propia Constitución, que acometiera la reforma constitucional, pues, precisamente, era la Constitución *la que regulaba expresamente* que la reforma constitucional debía realizarse por el poder constituyente instituido[44] mediante la participación de representantes electos integrantes de las Cámaras Legislativas y la aprobación de la misma por el pueblo mediante un referendo aprobatorio (art. 146 de la Constitución). Precisamente, en este supuesto de reforma de la Constitución estábamos en presencia de un caso en el cual, conforme lo indicó la sentencia, el pueblo soberano, al sancionar la Constitución mediante sus representantes, reguló *expressis verbis* la forma para la realización de la reforma constitucional a través de sus delegados y de un referendo aprobatorio.

De manera que en este caso, conforme a lo que señaló la Corte, si bien la consulta popular sobre la convocatoria de una Asamblea Constituyente podía hacerse; sin embargo, la misma, si se convocaba, no tenía autoridad constitucional para reformar la Constitución, pues en forma expresa ésta regulaba cómo podía reformarse por el poder constituyente instituido.

Se insiste, conforme al criterio de la Corte, la soberanía popular podría manifestarse directamente "cuando *no existe previsión expresa* de la norma sobre el ejercicio de la soberanía a través de representantes"; por lo que, en sentido contrario, cuando existía previsión expresa de la norma constitucional sobre el ejercicio de la soberanía a través de representantes, no podría manifestarse directamente dicha soberanía popular.

Precisamente en relación con la reforma constitucional, el artículo 246 establecía *en forma expresa* cómo había de manifestarse la soberanía popular a tales efectos, previendo la participación de los representantes electos (Senadores y Diputados) que integraban las Cámaras Legislativas y la participación directa del pueblo soberano mediante un referendo aprobatorio de la reforma constitucional.

Por tanto, en esta parte de la motivación de la sentencia *Caso Referendo Consultivo I*, lejos de deducirse que se podría modificar la Constitución vía una Asamblea Constituyente no prevista en la misma como consecuencia de una consulta popular, en realidad resulta todo lo contrario.

Conforme a la Constitución, el pueblo, mediante sus representantes constituyentes, en 1961 había determinado que la reforma general de dicho texto sólo se podía hacer en un proceso constituyente instituido, donde el pueblo tenía que manifestarse en dos formas: primero, mediante sus representantes, en el Congreso; y segundo, mediante un referendo aprobatorio de la nueva Constitución.

---

44 De lo contrario ocurriría un fraude constitucional que, como lo definió G. Liet Veaux, ocurre cuando se produce la revisión de las cláusulas de revisión de la Constitución, con el fin de crear un nuevo órgano de revisión encargado de dictar una nueva Constitución; en "La fraude à la Constitution", *Revue du Droit Public*, Paris 1943, p. 143. *Cfr*. Claudia Nikken, *La Cour Suprême de Justice et la Constitution... cit.*, p. 385.

La consecuencia de ello era que todo intento de efectuar una reforma constitucional apartándose del procedimiento constituyente antes indicado, constituía una violación de la voluntad popular expresada en la Constitución. Esta no admitía que se pudiera reformar trastocándose la voluntad popular.

Un referendo aprobatorio, como el que regulaba en la Constitución, después que el Congreso -que estaba constituido por representantes electos popularmente- adoptase la reforma constitucional, no podía ser sustituido en forma alguna por un referendo consultivo, que no era más que eso, una consulta regulada en la Ley Orgánica del Sufragio (art. 181). Nadie, ni siquiera poder constituido alguno, tenía el poder conforme a la Constitución, para transformar un referendo consultivo establecido en una Ley, en un procedimiento de reforma constitucional.

En tal sentido es que se había planteado que mediante un referendo consultivo convocado conforme a la Ley Orgánica del Sufragio, se podría consultar al pueblo sobre si quería o no una Asamblea Constituyente para reformular el sistema político y sancionar una nueva Constitución, pero quedaba pendiente el tema de que si la consulta arrojaba una votación favorable, ello podía o no bastar para convocarla y atribuirle el poder constituyente. Siempre consideramos que ello no era posible constitucionalmente, pues para que la soberanía popular manifestada en un referendo consultivo se materializase en la convocatoria de una Asamblea Constituyente, el régimen de la Constituyente tenía necesariamente que estar consagrado con rango constitucional. Es decir, sólo la Constitución o una norma de rango constitucional podría establecer, por ejemplo, el carácter de dicha Asamblea (unicameral o bicameral); la forma de elección (uninominal, plurinominal, por cooptación, por representación corporativa); las condiciones de elegibilidad de los constituyentistas; las condiciones de postulación de los mismos (por firmas abiertas, por partidos políticos, por grupos de electores); la duración de su mandato; y sus funciones y poderes, particularmente en relación con los poderes constituidos (Congreso, Corte Suprema de Justicia, Poder Ejecutivo, Poderes estadales, Poderes municipales).

En nuestro criterio, por tanto, siempre consideramos que no bastaba un referendo consultivo para que pudiera convocarse una Asamblea Constituyente, pues el régimen de la misma no podía ser establecido por los poderes constituidos, ni por Ley del Congreso, ni por Decreto Ejecutivo.

El referendo consultivo lo que significaba era, sólo, la manifestación de voluntad del pueblo dirigida al poder constituyente instituido para que pudiera proceder a regular la Constituyente en la Constitución, y poder convocarla. Por consiguiente, el poder constituyente instituido -como consecuencia de dicho mandato- debía ser el encargado de reformar la Constitución para regular la Constituyente, conforme al procedimiento previsto en el artículo 246; reforma que debía someterse a referendo aprobatorio.

En consecuencia, consideramos que todo intento de convocar una Asamblea Constituyente, basado en una consulta popular (referendo consultivo), sin que interviniera la representación popular recién electa constituida en el Congreso, y sin que interviniera el pueblo mediante un referendo aprobatorio como poder constituyente instituido, de acuerdo con la Constitución, era una violación de la misma y, en consecuencia, del derecho ciudadano a su supremacía constitucional.

Esto, incluso, derivaba de los propios razonamientos de las sentencias *Caso Referendo Consultivo I y II*. En efecto, como se ha dicho, la sentencia *Caso Referendo*

Consultivo I precisó con claridad, sobre el referendo consultivo regulado en el artículo 181 de la Ley Orgánica del Sufragio y Participación Política, que:

> Aún cuando el resultado de la decisión popular adquiere *vigencia inmediata,* (se refiere a la voluntad popular manifestada a través de la consulta), *su eficacia sólo procedería cuando, mediante los mecanismos legales establecidos,* se dé cumplimiento a la modificación jurídica aprobada.

Es decir, la consulta popular debía considerarse en forma inmediata como la manifestación del pueblo (vigencia), pero conforme al criterio de la Corte, ello no bastaba para considerar que tenía eficacia si la consulta conducía a una reforma del ordenamiento jurídico, en cuyo caso, la eficacia de la manifestación de la voluntad popular sólo se producía cuando mediante los mecanismos legales o constitucionales se diere cumplimiento a la modificación jurídica aprobada en el referendo consultivo. Un ejemplo aclara el planteamiento formulado por la Corte: imaginémonos que hubiera podido convocarse a un referendo consultivo sobre el establecimiento de la pena de muerte en el país; ello tendría vigencia inmediata, como consulta popular, pero no tendría efectividad sino hasta tanto el poder constituyente instituido reformase el artículo 58 de la Constitución que no sólo regulaba el derecho a la vida como inviolable, sino que prohibía el establecimiento de la pena de muerte. En este sentido, la eficacia del referendo consultivo solo procedía cuando se hiciese la reforma constitucional; como lo dijo la Corte:

> Siguiendo los procedimientos ordinarios previstos en el orden jurídico vigente, a través de los órganos del Poder Público *competentes* en cada caso. Dichos órganos estarán en la obligación de proceder en ese sentido.

Por supuesto, las modificaciones al orden jurídico para hacer eficaz la voluntad popular manifestada en el referendo, sólo podían adoptarse por los órganos del Poder Público que tuvieran constitucional y legalmente *competencia* para hacer las reformas. Dicha competencia, en ningún caso podía derivar del propio referendo consultivo, a menos que se persiguiera delegar el poder constituyente originario en un órgano de los poderes constituidos, lo que hubiera sido atentatorio con el principio democrático de la soberanía popular.

En la sentencia *Caso Referendo Consultivo II,* como ya se ha dicho, se insistió en este mismo argumento, pero específicamente referido al referendo consultivo sobre la convocatoria a una Asamblea Constituyente, al destacarse que ello tenía especial trascendencia nacional:

> En la medida en que los resultados de una consulta popular como la que se pretende, sería factor decisivo para que los órganos *competentes* del Poder Público Nacional diseñen los mecanismos de convocatoria y operatividad de una Asamblea a los fines propuestos; o para que, previamente, tomen la iniciativa de enmienda o de reforma que incluya la figura de una Asamblea de esta naturaleza.

En esta decisión, sin embargo, se abrieron dos posibilidades concretas para que el referendo sobre la Asamblea Constituyente adquiriera eficacia. En primer lugar, que los órganos competentes del Poder Público Nacional diseñasen los mecanismos de convocatoria y operatividad de una Asamblea a los fines propuestos. En este caso, por supuesto, lo importante era determinar si algún órgano del Poder Público Nacional (Ejecutivo o Legislativo) tenía *competencia* para "diseñar los mecanismos de convocatoria y operatividad de una Asamblea Constituyente" a los fines de reformar la Constitución. La respuesta evidentemente que era negativa, pues conforme al ordenamiento jurídico vigente, ningún órgano del Poder Público tenía competencia para ello y menos aún cuando los mecanismos de convocatoria de una Asamblea Constituyente sin duda comportaban modificaciones a la Constitución. Este era el caso, por ejemplo, del establecimiento de un sistema puramente uninominal para la elección de los constituyentistas, lo que implicaba la reforma del artículo 113 de la Constitución de 1961, que consagraba el derecho político a la representación proporcional de las minorías.

Pero en segundo lugar, la sentencia *Caso Referendo Consultivo II* planteó la alternativa, como consecuencia de la consulta popular sobre la convocatoria de la Asamblea Constituyente, de que previamente los órganos del Poder Público Nacional (se refería al Congreso) tomasen la iniciativa de enmienda o de reforma de la Constitución que incluyera la figura de la Asamblea Constituyente.

No se olvide que conforme al mencionado artículo 246 de la Constitución de 1961, la reforma constitucional una vez sancionada por las Cámaras como cuerpos colegisladores, se debía aprobar mediante referendo aprobatorio. Ninguna norma autorizaba en la Constitución, a cambiar dicho régimen por un referendo consultivo, cuyo texto -el de la consulta- se formulase sin una sanción previa por los representantes del pueblo en el Congreso, y que fuera producto de la sola voluntad del Ejecutivo Nacional.

Nada, por tanto, impedía que se convocara a un referendo consultivo para consultar al pueblo sobre el tema de la convocatoria a una Constituyente; en cambio, la Constitución nada regulaba para que una reforma constitucional sólo se derivase de una consulta popular, sin que su texto hubiera sido discutido y sancionado por las Cámaras que integraban el Congreso y luego sancionado mediante referendo aprobatorio.

La Corte Suprema de Justicia, sin embargo, señaló que las normas constitucionales relativas a la reforma constitucional no ataban al poder constituyente manifestado mediante un referendo consultivo, de lo que derivaba la posibilidad de que mediante este se pudiera estructurar otra vía para la reforma de la Constitución, mediante una Asamblea Constituyente, no prevista expresamente en ella.

Para llegar a esta conclusión, la Corte Suprema de Justicia, en la sentencia *Caso Referendo Consultivo I,* dedicó un Capítulo (V) a la "técnica interpretativa de la Ley Orgánica del Sufragio y Participación Política", cuyo artículo 181 había sido objeto del recurso de interpretación intentado. Conforme al criterio de la Corte:

> Ello se circunscribe a determinar si de conformidad con dicha norma, puede convocarse a un referendo consultivo, a los fines de determinar si corresponde a la voluntad popular que se convoque a Asamblea Constituyente.

Al precisar sus consideraciones sobre este tema, la Corte puntualizó que el "análisis interpretativo" que hacía, "versa sobre la convocatoria a referendo" y nada más; precisando que la interpretación que realizó no versaba ni se refería "a consulta plebiscitaria", sobre lo cual agregó:

> En realidad, si bien ambas figuras tienden a confundirse teóricamente, mientras el referendo se refiere a un texto o proyecto, el plebiscito tiende a ratificar la confianza

en un hombre o gobernante (*Cfr*. Leclerq, Claude, *Institutions Politiques et Droit Constitutionnels,* París 3 ème Edition, pág. 137).

La Corte, en esta forma, deslindó los conceptos y precisó el mecanismo de participación política que regulaba el artículo 181 de la Ley Orgánica del Sufragio y Participación Política, que quedaba reducido a un referendo consultivo que, como se ha dicho antes, tenía por objeto consultar la opinión del pueblo sobre una decisión que, por supuesto, normalmente estaba plasmada en un proyecto por escrito. Por eso, la Corte señaló que el referendo consultivo se refería a un texto o proyecto, que era el que debía someterse a consulta.

En cuanto al plebiscito, no sólo se traducía en un voto de confianza "a un hombre o gobernante" como lo dijo la Corte, sino que su carácter nunca era consultivo sino decisorio; con el plebiscito se le pedía al pueblo que decidiera; con el referendo consultivo se le pedía al pueblo su opinión sobre una decisión que debía adoptar el órgano del Poder Público que formulaba la consulta. Hechas estas precisiones y analizado el artículo 181 de la Ley Orgánica del Sufragio y Participación Política, la Corte concluyó señalando que de dicha norma se desprendía:

> La consagración jurídica de la figura del referendo consultivo como mecanismo llamado a canalizar la participación popular en los asuntos públicos nacionales.

Al constatar que la duda planteada por los solicitantes del recurso de interpretación "viene fundamentalmente referida al aspecto sustancial del referendo consultivo"; con el objeto de determinar:

> Si la materia objeto del mismo podría estar referida a la voluntad popular de reformar la Constitución mediante la convocatoria de una Asamblea Constituyente.

Y luego de analizar las materias que conforme al artículo 181 de la Ley Orgánica del Sufragio y Participación Política no pueden someterse a referendo, la Corte concluyó señalando que:

> El principio general en materia de participación democrática radica en que la globalidad de los asuntos de especial trascendencia nacional puede ser consultado a través de este mecanismo.

Sin embargo, a renglón seguido, la Corte hizo el razonamiento ya referido anteriormente en varias oportunidades, de que el resultado del referendo consultivo *no tenía efectos de inmediato*, sino:

> Sólo procedería cuando, mediante los mecanismos legales establecidos, se dé cumplimiento a la modificación jurídica aprobada.

Es decir, el referendo consultivo sobre la convocatoria de una Asamblea Constituyente podía hacerse y adquiría vigencia, pero no era eficaz para reformar la Constitución sino una vez regulada dicha Asamblea en la propia Constitución o en otro instrumento acorde con la consulta popular como mecanismo político del poder constituyente instituido para hacer la reforma general.

Si bien el razonamiento lógico de la sentencia conducía a la primera conclusión, la misma podía interpretarse también en el segundo sentido, dada la consideración que hizo sobre la distinción entre poder constituyente y poderes constituidos.

Pero en *segundo lugar,* la Corte Suprema en su decisión también hizo una serie de precisiones sobre el poder constituyente y los poderes constituidos, lo que daría origen a nuevas discusiones jurídicas posteriores.

En efecto, en su sentencia *Caso Referendo Consultivo I* señaló lo siguiente:

> El poder constituyente originario se entiende como potestad primigenia de la comunidad política para darse una organización jurídica y constitucional. En este orden de motivos, la idea del poder constituyente presupone la vida nacional como unidad de existencia y de decisión. Cuando se trata del gobierno ordinario, en cualquiera de las tres ramas en que se distribuye su funcionamiento, estamos en presencia del poder constituido. En cambio, lo que organiza, limita y regula normativamente la acción de los poderes constituidos es función del poder constituyente. Este no debe confundirse con la competencia establecida por la Constitución para la reforma de alguna de sus cláusulas. La competencia de cambiar preceptos no esenciales de la Constitución, conforme a lo previsto en su mismo texto, es poder constituyente instituido o constituido, y aun cuando tenga carácter extraoficial, está limitado y regulado, a diferencia del poder constituyente originario, que es previo y superior al régimen jurídico establecido.

Se refirió así la Corte, en su sentencia, uno de los conceptos esenciales del constitucionalismo moderno, el del poder constituyente originario el cual, a decir verdad, en los Estados constitucionales estables solo se manifiesta una vez, al constituirse el Estado como "potestad primigenia de la comunidad política para darse una organización jurídica y constitucional". Así concebido, el poder constituyente originario es *supra leges* y queda *legibus solutus*, fuera de toda limitación. Es un hecho que preexiste al derecho que dicho poder crea y ordena en una Constitución.

Sin embargo, este poder constituyente originario, en el mundo contemporáneo es una mera representación histórica. Ese fue por ejemplo, el que asumieron las Asambleas coloniales norteamericanas para crear, *ex novo,* Estados soberanos y ese fue el que asumió la Asamblea Nacional francesa con la Revolución, para transformar radicalmente el Estado francés. Así también actuó el Congreso General de las Provincias de Venezuela, cuando organizó la Confederación de Estados de Venezuela en 1811 y antes, así fueron las manifestaciones de los Cabildos Capitales de las Provincias de la Capitanía General de Venezuela que adoptaron las Constituciones Provinciales.

Pero una vez constituidos los Estados modernos, el poder constituyente originario, así concebido, difícilmente aparece de nuevo, salvo que sea como manifestación *fáctica,* producto de una revolución y, por tanto, de situaciones de hecho y de rupturas constitucionales. Las Constituciones, en cambio, lo que reglan es el poder constituyente instituido o derivado, expresando la voluntad popular hacia futuro sobre cómo es que se puede reformar la propia Constitución, por ejemplo, a través de los procedimientos de reforma y de enmiendas.

Distintos al poder constituyente originario y al poder constituyente instituido, son los poderes constituidos; estos son el producto de la voluntad del poder constituyente manifestada a través de la Asamblea, están sometidos esencialmente a la Constitución y no pueden modificarla.

Ahora bien, en cuanto al poder constituyente instituido, es decir, el poder de modificar la Constitución, este es el resultado constitucional de la tensión que deriva de los dos principios señalados que son pilares del Estado Constitucional, ya comentados: el principio de la democracia representativa y el principio de la supremacía constitucional, y que se encuentran insertos en el constitucionalismo desde la primera Constitución de la República francesa de 1791, que estableció:

> La Asamblea nacional constituyente declara que la Nación tiene el derecho imprescriptible de cambiar su Constitución; sin embargo, considerando que es más conforme con el interés nacional usar solamente, por los medios expresados en la propia Constitución, del derecho de reformar los artículos que, según la experiencia, se estime deben ser cambiados, decreta que se procederá a ello por medio de una Asamblea de revisión en la forma siguiente...[45].

En consecuencia, es de la esencia del constitucionalismo moderno tanto el concepto de poder constituyente originario como el de poder constituyente instituido para reformar la Constitución, distintos al de los poderes constituidos, los cuales no pueden reformar la Constitución y se encuentran sometidos a ésta. Por ello, tenía razón la Corte Suprema cuando en la sentencia *Caso Referendo Consultivo I* expresó que:

> En este sentido, se observa que el hecho de estar enmarcado históricamente el Poder Constituyente en la normativa constitucional, no basta para entenderlo subrogado permanentemente al Poder Constituido.
>
> Pretender lo contrario, o sea, que las facultades absolutas e ilimitadas que en un sistema democrático corresponden por definición a la soberanía popular puedan ser definitivamente abdicados en los órganos representativos constituidos, equivaldría, en palabras de Berlia: "que los elegidos dejan de ser los representantes de la nación soberana para convertirse en los representantes soberanos de la nación". (*Cfr.* Berlia, G. "De la compétence Constituante" en *Revue de droit public,* 1945 p. 353, citado por Pedro De Vega en *La reforma constitucional y la problemática del poder constituyente*, Editorial Tecnos, Madrid, 1985, p. 231).

De ello resulta, por tanto, que el poder constituyente tanto originario como instituido no pueden quedar subrogados a los poderes constituidos; y que si bien el poder constituyente originario corresponde al pueblo, éste es el que, como tal, tiene facultades absolutas e ilimitadas; no así sus representantes electos en una Asamblea Constituyente, los cuales no pueden confundirse con el propio pueblo soberano, ni la Asamblea Constituyente puede ser confundida en forma alguna con el poder constituyente originario, ni nunca podría ser "soberana".

Por último, en *tercer lugar*, en el Capítulo de la sentencia *Caso Referendo Consultivo I* relativo a la "técnica interpretativa de la Ley Orgánica del Sufragio y Participación Política", la Corte Suprema entró a hacer algunas consideraciones sobre la reforma constitucional confundiendo, lamentablemente, el poder constituyente instituido con los poderes constituidos. En efecto, la Corte señaló:

> Nuestra Carta Magna, no sólo predica la naturaleza popular de la soberanía sino que además se dirige a limitar los mecanismos de reforma constitucional que se atribuyen a los Poderes Constituidos, en función de constituyente derivado.

---

45 Art. Primero, Título VII, Véase en Jacques Godechot (ed), *Les Constitutions de la France, depuis* 1789, París 1979, pp. 65-66.

Así, cuando los artículos 245 al 249 de la Constitución consagran los mecanismos de enmienda y reforma general, está regulando los procedimientos conforme a los cuales el Congreso de la República puede modificar la Constitución. Y es por tanto, a ese Poder Constituido y no al Poder Constituyente, que se dirige la previsión de inviolabilidad contemplada en el artículo 250 *ejusdem.*

De allí, que cuando los poderes constituidos propendan a derogar la Carta Magna a través de "cualquier otro medio distinto del que ella dispone" y, en consecuencia, infrinjan el límite que constitucionalmente se ha establecido para modificar la Constitución, aparecería como aplicable la consecuencia jurídica prevista en la disposición transcrita en relación con la responsabilidad de los mismos, y en modo alguno perdería vigencia el Texto Fundamental.

Ante estas afirmaciones debe dejarse muy claramente establecido que conforme a la Constitución de 1961, era incorrecto decir que la reforma constitucional se atribuía a "los poderes constituidos, en función de poder constituyente derivado".

Al contrario, en la Constitución de 1961 se distinguía con toda precisión, entre los poderes constituidos (de los cuales formaban parte, en particular, a nivel nacional, el Congreso o a nivel estadal, las Asambleas Legislativas), y el poder constituyente instituido para la reforma constitucional que no se podía confundir con aquellos. Una cosa era constatar que algunos poderes constituidos, en alguna forma, participaran en el poder constituyente instituido de reforma constitucional; y otra es decir que el poder constituyente instituido de reforma constitucional se atribuía a los poderes constituidos, lo cual no era correcto.

En efecto, el poder constituyente instituido para la reforma constitucional, conforme al artículo 246 de la Constitución de 1961, funcionaba como un proceso complejo, con la participación de las siguientes instituciones: los representantes populares electos; las Cámaras Legislativas Nacionales; y el pueblo directamente mediante referendo aprobatorio.

Así, en la reforma constitucional, por ejemplo, *primero,* debían participar los miembros del Congreso, es decir, los Senadores y Diputados electos. Eran estos, a título de representantes populares individualmente considerados, los que podían tener la iniciativa para la reforma constitucional, siempre que sumasen al menos una tercera parte de los miembros del Congreso. En sentido similar la iniciativa de la reforma también podía partir de los diputados de las Asambleas Legislativas, considerados individualmente como representantes populares, siempre que adoptasen acuerdos en cada Asamblea, con no menos de dos discusiones, por la mayoría absoluta de los miembros de cada Asamblea, y siempre que se manifestasen la mayoría absoluta de las Asambleas Legislativas.

Segundo, en el poder constituyente instituido también debían participar las Cámaras Legislativas, es decir, el Senado y la Cámara de Diputados, las cuales, en sesión conjunta convocada con tres días de anticipación por lo menos, debían pronunciarse sobre la procedencia de la iniciativa, la cual sólo era admitida por el voto favorable de las dos terceras partes de los presentes;

Tercero, una vez admitida la iniciativa, el proyecto respectivo se debía comenzar a discutir en la Cámara señalada por el Congreso, y se debía tramitar con la participación, en el proceso constituyente instituido, de las dos Cámaras, según el procedimiento establecido en la Constitución para la formación de las leyes, quedando excluidos los procedimientos de urgencia; y

Cuarto, por último, en el poder constituyente instituido para la reforma constitucional, también debía participar el pueblo soberano, al cual debía someterse el proyecto de reforma constitucional sancionado para que mediante referendo aprobatorio, se pronunciase en favor o en contra de la reforma, de manera que la nueva Constitución se declaraba sancionada si era aprobada por la mayoría de los sufragantes de la República.

Como se puede apreciar, por tanto, no es cierto que la Constitución de 1961 atribuyera al Congreso de la República (poder constituido) la potestad de poder modificar la Constitución; y tampoco es cierto que la reforma constitucional se atribuía a los poderes constituidos, en función de constituyente derivado; al contrario, se atribuía al poder constituyente instituido en cuya formación participaban, en un acto complejo, tanto los representantes electos popularmente considerados individualmente, como las Cámaras Legislativas Nacionales y el pueblo soberano mediante referendo aprobatorio.

Siendo errada la premisa de la cual había partido la Corte al confundir el poder constituyente instituido para la reforma constitucional con los poderes constituidos, en nuestro criterio, era igualmente errada la apreciación que formuló en el sentido de que el artículo 250 de la Constitución de 1961 sobre la inviolabilidad de la Constitución, solo estaba dirigido a los poderes constituidos y no al poder constituyente. Al contrario, mientras la Constitución estuviese vigente, el artículo 250 se aplicaba al poder constituyente instituido para la reforma constitucional y era, conforme a los principios de la democracia representativa y de la supremacía constitucional, un freno a la aparición del poder constituyente originario, que solo podría manifestarse *de facto.*

Sin embargo, la Corte Suprema, en su sentencia *Caso Referendo Consultivo II,* continuó en su línea de razonamiento sobre el poder constituyente originario, no limitado y absoluto, señalando lo siguiente:

> Sin embargo, en ningún caso podría considerarse al poder constituyente originario incluido en esa disposición (art. 250), que lo haría nugatorio, por no estar expresamente previsto como medio de cambio constitucional. Es inmanente a su naturaleza de poder soberano, ilimitado y principalmente originario, el no estar regulado por las normas jurídicas que hayan podido derivar de los poderes constituidos, aún cuando éstos ejerzan de manera extraordinaria la función constituyente.
>
> Esta, indudablemente, es la tesis recogida por el propio constituyente de 1961, el cual, consagró normas reguladoras de la reforma o enmienda de la Constitución dirigidas al Poder Constituido y a un tiempo, incluso desde el Preámbulo, la consagración de la democracia como sistema político de la nación, sin soslayar, coherentemente, el reconocimiento de la soberanía radicada directamente en el pueblo.
>
> Ello conduce a una conclusión: la soberanía popular se convierte en supremacía de la Constitución cuando aquélla, dentro de los mecanismos jurídicos de participación, decida ejercerla.

Tres aspectos deben destacarse de estos párrafos de la sentencia.

En *primer lugar,* la afirmación de que el poder constituyente no estaba regulado por las normas jurídicas que hubieran podido emanar de los poderes constituidos. Ello es evidente y entendemos que nadie lo niega, pues sería contrario al principio de la soberanía popular. Sin embargo, una cosa es que el poder constituyente originario no este sometido a las normas jurídicas que puedan emanar de los poderes constituidos y otra es que el poder constituyente no esté sometido a su propia obra, que es la Constitución. Lo primero nadie lo refuta, pero lo segundo es totalmente refutable pues sería contrario al principio de la supremacía constitucional. Una vez que en un país, el poder constituyente sanciona una Constitución, la constitucionalización del Estado y del orden jurídico implica que el texto es supremo y que, como lo afirmó la Corte en la misma sentencia "obliga tanto a los gobernantes como a los gobernados a someterse a ella" y los gobernados son, precisamente, el pueblo soberano que al sancionar la Constitución se autolimita y se somete a su propia norma. Como también lo dijo la Corte en el párrafo antes trascrito, es la soberanía popular la que se convierte en supremacía constitucional cuando aquélla lo decida a través de los mecanismos de participación previstos en el ordenamiento jurídico.

En consecuencia, no es cierto que en la Constitución de 1961, las normas reguladoras de la reforma constitucional estuviesen sólo "dirigidas al poder constituido". Constituían, sin duda, manifestaciones de la rigidez constitucional que proscribía que la Constitución pudiera ser modificada mediante la legislación ordinaria adoptada por las Cámaras Legislativas como poder constituido, pero no podía decirse que sólo estaban dirigidas a los poderes constituidos. Al contrario, esencialmente regulaban al poder constituyente instituido y constituían una autolimitación que el poder constituyente originario se había impuesto.

Por ello, insistimos, la conclusión que se formuló en el último de los párrafos transcritos de la sentencia es precisamente la manifestación de la autolimitación mencionada del poder constituyente originario: la soberanía popular (poder constituyente originario) se convierte en supremacía de la Constitución cuando aquélla (soberanía popular, poder constituyente originario) dentro de los mecanismos jurídicos de participación, decida ejercerla (la soberanía popular).

Y así, efectivamente, cuando se sancionó la Constitución de 1961 el Congreso constituyente en representación de la soberanía popular, decidió ejercerla, y convertir el proceso de reforma constitucional, en supremacía constitucional.

En *segundo lugar,* debe mencionarse, de nuevo, la afirmación de la Corte de que los poderes constituidos pueden ejercer "de manera extraordinaria la función constituyente". Ello, se insiste, es incorrecto. De acuerdo con la Constitución de 1961, las Cámaras Legislativas como poderes constituidos, jamás ejercían ni ordinaria ni extraordinariamente la función constituyente. Participaban en el poder constituyente instituido, como también participaba el pueblo soberano al aprobar mediante referendo aprobatorio la reforma constitucional. Pero de allí a atribuirle a los poderes constituidos la función constituyente, había una gran distancia.

En *tercer lugar,* debe destacarse la referencia que hizo la Corte al Preámbulo de la Constitución, como consagratorio de la democracia como sistema político de la Nación, con el reconocimiento de que la soberanía radicaba directamente en el pueblo. Ello llevó a la sentencia a dedicarle un Capítulo (VI) al "Preámbulo de la Constitución", particularmente por lo que se refiere a la declaración relativa al orden democrático "como único e irrenunciable medio de asegurar los derechos y la dignidad de los ciudadanos". El Preámbulo, sin duda, constituía expresión de un "proyecto político nacional", que era el de la democracia representativa que estaba plasmado en el artículo 4 del Texto constitucional de 1961, la cual siempre debía conciliarse con el principio de la supremacía constitucional que informaba todo el articulado de la Constitución.

Finalmente, de nuevo, debe hacerse particular referencia al último párrafo de la cita anterior de la sentencia, *Caso Referendo Consultivo I,* donde se afirmó, con razón, que "la soberanía popular se convierte en supremacía de la Constitución cuando aquélla, dentro de los mecanismos jurídicos de participación, decida ejercerla".

De ello deriva, en *primer lugar*, el principio de autolimitación del poder constituyente originario cuando adopta la Constitución, y convierte la soberanía popular en supremacía constitucional, lo que implica que el pueblo soberano debe también regirse por la Constitución que él mismo ha adoptado. En consecuencia, la Constitución de 1961 regía incluso para el pueblo, que era quien se había impuesto la autolimitación de que la misma fuera reformada, con su directa participación (referendo aprobatorio), en el poder constituyente instituido.

Pero en *segundo lugar,* el mencionado párrafo de la sentencia permitía que en caso de que la soberanía popular se manifestase mediante los mecanismos jurídicos de participación, como un referendo consultivo, a través del mismo pudiera instituirse otra forma de reforma constitucional, cediendo allí el principio de la supremacía constitucional frente a la soberanía popular.

Este, en definitiva, fue el punto medular de la solución política que el máximo órgano jurisdiccional busco darle al conflicto que estaba planteado entre soberanía popular y supremacía constitucional: aún cuando la Constitución no regulaba expresamente la Asamblea Constituyente como poder constituyente instituido para la reforma constitucional, la misma podía ser convocada como resultado de una consulta popular realizada mediante referendo consultivo regulado en la Ley Orgánica del Sufragio y Participación Política; convirtiéndose entonces la soberanía popular, de nuevo, en supremacía constitucional.

Por último, en *cuarto lugar*, en el Capítulo VII de la sentencia *Caso Referendo Consultivo I,* la Corte se refirió al "derecho a la participación" a los efectos de considerar que conforme al artículo 50 de la Constitución de 1961, el derecho a la consulta popular sobre la convocatoria al pueblo para una Asamblea Constituyente, era un derecho no enumerado o implícito, inherente a la persona humana[46].

Esta conclusión de la Corte derivó de la integración de la laguna constitucional originada en la no enumeración expresa de tal derecho, considerando en general, que:

> El referendo previsto en la Ley Orgánica del Sufragio y Participación Política, es un derecho inherente a la persona humana no enumerado, cuyo ejercicio se fundamenta en el artículo 50 de la Constitución.

Por ello, sin duda, para que quedase reconocido el derecho a la participación y para realizar un referendo consultivo conforme al artículo 181 de la Ley Orgánica del Sufragio, no era necesario realizar reforma constitucional alguna.

---

46 Claudia Nikken argumentó, con razón, que considerar que el referendo consultivo es un derecho inherente a la persona humana se tradujo por un artificio que sirvió para justificar que la Corte Suprema de Justicia admitiese que se trataba de una vía de ejercicio del poder constituyente, en *La Cour Suprême de Justice et la Constitution... cit.,* p. 376. *Cfr.* M.E. Lares, *Contribution à l'étude du processus constituant vénézuélien de 1999,* OEA de droit public interne, Université Panthéon Sorbonne (París I), París 1999, p. 47.

Ahora bien, la Corte, en su sentencia, al considerar el referendo como un derecho inherente a la persona humana, señaló que:

> Ello es aplicable, no sólo desde el punto de vista metodológico sino también ontológicamente, ya que si se considerara que el derecho al referendo constitucional depende de la reforma de la Constitución vigente, el mismo estaría supeditado a la voluntad del poder constituido, lo que pondría a éste por encima del poder soberano. La falta de tal derecho en la Carta Fundamental tiene que interpretarse como laguna de la Constitución, pues no podría admitirse que el poder soberano haya renunciado *ab initio* al ejercicio de un poder que es obra de su propia decisión política.

De este párrafo, sin embargo, de nuevo surge la observación que ya hemos efectuado: la reforma constitucional prevista en la Constitución no se atribuía al poder constituido como impropiamente se afirmó en la sentencia, sino al poder constituyente instituido en cuya conformación participaban los representantes y las Cámaras Legislativas, pero también participaba el pueblo directamente mediante referendo aprobatorio.

Por lo demás, y salvo esta precisión, la conclusión del párrafo es evidente: conforme al criterio de la Corte no era necesaria reforma constitucional alguna para que se pudiera reconocer como derecho constitucional al referendo o la consulta popular sobre la convocatoria al pueblo para una Asamblea Constituyente. En realidad, ese no era el problema; este resultaba de la secuela de la consulta popular.

Ahora bien, si la mayoría (que había que determinar si era sobre los electores inscritos en el Registro Electoral o los votantes efectivos) la obtenía el "si" para la convocatoria a la Asamblea Constituyente, como lo dijo la Corte en las dos sentencias analizadas, ello tenía "vigencia inmediata" en cuanto a mandato popular obligatorio para los órganos del Estado. Ese mandato popular, sin embargo, en sí mismo no tenía eficacia, como lo afirmó la Corte en la sentencia *Caso Referendo Consultivo I,* sino:

> Cuando, mediante los mecanismos legales establecidos, se dé cumplimiento a la modificación jurídica aprobada. Todo ello siguiendo *procedimientos ordinarios previstos en el orden jurídico vigente,* a través de los órganos del Poder Público *competentes* en cada caso.

He aquí el problema jurídico que quedaba por resolver y que dependía de la forma cómo se hiciera la consulta popular o de la manera cómo se manifestara la voluntad popular. Una vez que el pueblo, mediante el referendo consultivo, se manifestare a favor de la convocatoria de una Asamblea Constituyente, venía ineludiblemente la tarea de establecer formalmente el régimen de la misma por los órganos del Poder Público Nacional *con competencia* para ello, los cuales debían, obligatoriamente, mediante los mecanismos legales *establecidos,* dar cumplimiento a la modificación jurídica aprobada en el referendo.

Sin embargo, en el ordenamiento constitucional y legal que estaba vigente no había atribución de competencia alguna, a órgano alguno del Poder Público Nacional, para establecer el régimen de una Asamblea Constituyente con poder para reformar la Constitución de 1961 por una vía distinta a la de los artículos 245 y 246 de la misma.

Ese régimen no podía establecerse ni por una Ley del Congreso ni por un Decreto del Presidente de la República, salvo que en la consulta popular se preguntase expresamente sobre los diversos elementos que configuraban dicho régimen (carácter, número de miembros, forma de elección, condiciones de elegibilidad, duración, mandato acorde con la Constitución vigente) y sobre el órgano del Poder Público que debía regular la Constituyente. Sin embargo, en dicho régimen no se podían establecer condiciones de elegibilidad de los constituyentistas distintos a los previstos en el artículo 112 de la Constitución; ni un sistema electoral totalmente uninominal, por ejemplo, que no garantizase el derecho a la representación proporcional de las minorías, como lo preveía el artículo 113 de la Constitución.

Para establecer un régimen de esa naturaleza, indudablemente que en la Constitución de 1961, la competencia la tenía el poder constituyente instituido para la reforma constitucional conforme al artículo 246 de la Constitución.

Precisamente, por este escollo jurídico, quizás, la sentencia *Caso Referendo Consultivo II,* expresamente se refirió a las dos vías que se abrían para hacer efectivo el referendo consultivo sobre la convocatoria a una Asamblea Constituyente:

La *primera*, era que "los órganos *competentes* del Poder Público Nacional diseñen los mecanismos de convocatoria y operatividad de una Asamblea Constituyente", por supuesto, conforme a los términos de la consulta. Para que esta primera vía fuera factible, tenía que existir en el ordenamiento jurídico la atribución de *competencia* a algún órgano del Poder Público Nacional para establecer el régimen de una Constituyente para modificar la Constitución en una forma distinta a la prevista en los artículos 245 y 246 de la Constitución, y esa atribución no existía. La única posibilidad que quedaba, sin embargo, desde el punto de vista jurídico-constitucional, era que en la propia consulta popular no sólo se formularan las preguntas sobre el régimen de la Constituyente, sino se inquiriera al pueblo sobre el órgano del Poder Público que debía formalizar ese régimen, y siempre que el mismo no implicara modificaciones a la Constitución que estaba vigente.

La *segunda*, como alternativa, era que previamente a la convocatoria efectiva de la Asamblea Constituyente, los órganos del Poder Público Nacional "tomen la iniciativa de enmienda o de reforma que incluya la figura de una Asamblea Constituyente"; lo cual resultaba necesario si el régimen de la Constituyente implicaba reformas a la misma Constitución (por ejemplo, conforme a lo señalado, a los artículos 112 y 113).

La Corte, en definitiva, lo que resolvió fue la constitucionalidad del referendo consultivo sobre la convocatoria de una Asamblea Constituyente, pero no resolvió expresamente la constitucionalidad de su convocatoria sin que se estableciera previamente su régimen mediante una reforma constitucional. Textualmente expresó una de dichas sentencias, al interpretar el artículo 181 de la Ley Orgánica del Sufragio y Participación Política que fue la norma que constituyó el fundamento del Decreto, lo siguiente:

> Se desprende así del texto aludido (art. 181 LOSPP), la consagración jurídica de la figura del *referendo consultivo* como mecanismo llamado a canalizar la participación popular en los asuntos públicos nacionales. De allí que la regla se dirija fundamentalmente a establecer las distintas modalidades para la iniciativa en la convocatoria de la *consulta* popular. (Sentencia *Caso Referendo Consultivo I* del 19-1-99, Ponencia del Magistrado Humberto J. La Roche)

En dicha sentencia se expresó, además, lo siguiente, a propósito del referendo consultivo:

> A través del mismo puede ser *consultado el parecer* del cuerpo electoral sobre cualquier decisión de especial trascendencia nacional distinto a los expresamente excluidos por la Ley Orgánica del Sufragio y Participación Política, en su artículo 185, incluyendo la relativa a la convocatoria a una Asamblea Constituyente.

La otra sentencia de la Sala, de la misma fecha, señaló lo siguiente:

> Sí es procedente convocar a un referendo, en la forma prevista en el artículo 181 de la Ley Orgánica del Sufragio y de Participación Política *para consultar* la opinión mayoritaria respecto de la posible convocatoria a una Asamblea Constituyente, en los términos expuestos en este fallo". (*Caso Referendo Consultivo II* del 19-1-99, Ponencia del Magistrado Héctor Paradisi)

Sin embargo, todos los argumentos de la motivación de las sentencias apuntaban a que, dependiendo de cómo se hiciera la consulta popular, se legitimase posteriormente el instrumento político de la Asamblea Constituyente convocada para reformar la Constitución, incluso sin que se produjese una reforma constitucional previa[47].

El paso inicial para dilucidar la situación, con el cual se abrió el proceso constituyente, como se dijo, lo dio el Presidente de la República, Hugo Chávez Frías, el día 2 de febrero de 1999, día de la toma de posesión de su cargo, lo que ocurrió sólo semanas después de la publicación de las sentencias comentadas de la Corte Suprema de Justicia. Con dicha sentencia, en definitiva se abrió el camino para la estructuración de una tercera vía para reformar la Constitución de 1961, distinta a la Reforma General y la Enmienda previstas en sus artículos 245 y 246, como consecuencia de una consulta popular para convocar una Asamblea Constituyente[48].

5. *La convocatoria al referéndum sobre la Asamblea Constituyente y los intentos de secuestro del derecho a la participación popular*

Las sentencias de 19 de enero de 1999, en todo caso, fueron las que dieron pie para que el Presidente de la República, sin autorización constitucional alguna, en lo que fue su primer acto de gobierno dictado al tomar posesión de su cargo, el 2 de febrero de 1999, emitiera un Decreto convocando un "referendo consultivo" en el cual pretendía que el pueblo no sólo lo autorizara a convocar la Asamblea Constituyente sino que lo autorizara a él mismo y sólo él, para definir la composición, el régimen, la duración y la misión de la Asamblea[49]. Se pretendía, así, que se produjera un referendo ciego sobre una Asamblea Constituyente que nadie sabía cómo se iba a elegir, quién la conformaría, cuáles eran sus poderes, cuál era su misión o su duración. Así se pretendió confiscar el derecho a la participación política, cuyo re-

---

47 La Corte Suprema de Justicia, en definitiva, como lo dijo Claudia Nikken, validó, de entrada, la decisión de iniciativa presidencial del Presidente electo, en *La Cour Suprême de Justice et la Constitution..., cit.*, p. 363.

48 Sobre el referéndum consultivo previsto en la Ley Orgánica del Sufragio y Participación Política como una ventana abierta para la convocatoria de una Asamblea Constituyente, véase Alfonso Rivas Quintero, *Derecho Constitucional,* Paredes Editores, Valencia-Venezuela, 2002, pp. 95 y ss.

49 Véase el texto del Decreto en *G.O.* N° 36.634 de 02-02-99.

conocimiento judicial había sido precisamente, lo que había abierto la vía hacia el referendo consultivo sobre la Constituyente.

Por ello, la discusión sobre si era necesaria o no una reforma constitucional previa para convocar la Asamblea Constituyente, sin duda, después de las sentencias de enero de 1999, había cesado, habiéndose trasladado a otros dos aspectos: primero, sobre quién debía tomar la iniciativa de convocar al *referéndum consultivo* sobre la convocatoria de la Asamblea Constituyente: el Congreso o el Presidente de la República; y cuál debía ser el texto de la consulta popular para que el régimen de la Constituyente fuera el producto del Poder Constituyente Originario, es decir, de la manifestación de voluntad del pueblo mediante el ejercicio del derecho a la participación política a través de la consulta popular.

Pronto estos aspectos de la discusión serían enfrentados: el Presidente de la República, el día 02 de febrero de 1999, como se dijo, dictó el Decreto Nº 3 mediante el cual tomó la iniciativa de decretar "la realización de un referendo para que el pueblo se pronuncie sobre la convocatoria de una Asamblea Nacional Constituyente" (art. 1). En esta forma, el primer aspecto de la discusión había sido resuelto, y el Congreso ni siquiera tuvo tiempo de comenzar a discutir el tema. Es decir, el Presidente de la República asumió la iniciativa de convocar al referendo.

Pero el segundo punto de la discusión no fue resuelto, pues conforme al criterio de las sentencias de la Corte Suprema de Justicia, el Poder Constituyente Originario (el pueblo) para crear una Asamblea Constituyente con el objeto de reformar la Constitución, mediante un *referéndum consultivo,* debía pronunciarse sobre los diversos aspectos que debían configurar el régimen de la Asamblea Constituyente. Sin embargo, el Decreto Nº 3 del 02-09-99 no satisfizo estas exigencias y, al contrario, omitió toda referencia al régimen de la Constituyente, sustituyendo este aspecto por una solicitud al pueblo de delegación al propio Presidente de la República para regular, él sólo, "las bases del proceso comicial" en el que se debían elegir los integrantes de la Asamblea Nacional Constituyente[50].

En efecto, la primera pregunta que se proponía en el artículo 3º del Decreto, decía:

> PRIMERA: ¿*Convoca usted* una Asamblea Nacional Constituyente con el propósito de transformar el Estado y crear un nuevo ordenamiento jurídico que permita el funcionamiento efectivo de una democracia social y participativa?.

Por supuesto, en cuanto a la forma cómo se formuló la pregunta, lejos de ser una consulta al pueblo sobre una decisión que luego debía adoptar un órgano del Poder Público, conllevaba a que se pretendiera que fuera el mismo pueblo el que adoptase la decisión directamente; es decir, el que decidiera. La pregunta era ¿*Convoca usted* una Asamblea Nacional Constituyente.....?; lo que significaba que responder con un "sí", era decidir convocar la Asamblea. No se trataba de dar un voto favorable para que se la convocara conforme a un texto o proyecto que estableciera su régimen y que también debía ser objeto de la consulta, como lo dijo la Corte Suprema en las sentencias de 19-1-99, sino convocarla directamente.

Por tanto, con la pregunta lo que se perseguía era que fuera el pueblo, directamente mediante referendo decisorio o plebiscitario, el que convocara la Asamblea

50 Véase los comentarios críticos a este Decreto en Allan R. Brewer-Carías, *Asamblea Constituyente y Ordenamiento Constitucional, op. cit.*, pp. 229 a 254.

Nacional Constituyente, pero sin que dicho órgano existiera, pues no estaba previsto en parte alguna y ni siquiera su creación se derivaba de la propia pregunta al pueblo; y sin que siquiera se estableciera la mayoría requerida para que la supuesta decisión de convocarla fuera considerada adoptada. Pero lo más grave de todo era que al momento de votar no sólo no existía la institución que se pretendía convocar, sino que no se sabía cuál podía ser su régimen o configuración.

Es decir, se le pretendía pedir al pueblo *que convocara* una institución que no existía pues no había sido creada y ni siquiera esbozada en un proyecto, lo que viciaba el acto en su objeto, por ser de imposible ejecución como lo establece el Artículo 19, ordinal 3° la Ley Orgánica de Procedimientos Administrativos. Simplemente nadie puede convocar una institución que no existe y eso es lo que se pretendía con la primera pregunta del Artículo 3° del Decreto. Por ello, en este caso, se desfiguraba así la noción de referendo consultivo, en abierta violación de la Ley Orgánica del Sufragio y Participación Política.

En cuanto a la forma como también se formuló la segunda pregunta para el referendo, en el artículo 3°, decía:

> SEGUNDA: *¿Autoriza usted* al Presidente de la República para que mediante un acto de gobierno fije, oída la opinión de los sectores políticos, sociales y económicos, las bases del proceso comicial en el cual se elegirán los integrantes de la Asamblea Nacional Constituyente?

En este caso, se preguntaba *¿Autoriza usted* al Presidente de la República...?, por lo que tampoco se estaba en presencia de un referendo consultivo, sino de un referendo también decisorio, por "autorizatorio", que tampoco preveía ni regulaba el ordenamiento jurídico.

En ese caso, responder con un "sí" significaba autorizar al Presidente de la República para que hiciera algo para lo cual no tenía competencia constitucional, sin que el pueblo siquiera le fijase algunos parámetros de actuación; lo que equivalía a hacerlo supuestamente depositario del poder constituyente originario, cuya expresión a través de una Asamblea Constituyente quedaba a su completa discreción "oída la opinión de los sectores políticos, sociales y económicos" innominados y escogidos también a su arbitrio.

En relación con esta segunda pregunta del Artículo 3° del Decreto, debe señalarse que debiendo tratarse de un referendo consultivo, conforme a la interpretación que le dio la Sala Político Administrativa de la Corte Suprema de Justicia al Artículo 182 de la Ley Orgánica del Sufragio y Participación Política, el texto de la pregunta debió contener los elementos necesarios y fundamentales para poder configurar, como producto de la soberanía popular, el régimen de la Asamblea Constituyente para poder convocarla.

Al contrario, se pretendía que el pueblo *autorizase* al Presidente de la República para que mediante un "acto de gobierno" (término erróneamente utilizado, según la doctrina sentada por la Corte Suprema) fuera el que fijase "las bases del proceso comicial en el cual se elegirán los integrantes de la Asamblea Nacional Constituyente", lo cual, además, desde el punto de vista lógico conforme a la pregunta, debía hacer *después de ser autorizado* por el referendo. Se pretendía así, que mediante un referendo decisorio no previsto en la Ley, el pueblo soberano renunciase a su derecho a participar y delegase o transfiriera al Presidente de la República, sólo, sin siquiera la participación del Consejo de Ministros, para que éste fuera el que fijase posteriormente al referendo, "las bases del proceso comicial" para elegir a los integrantes de la Asamblea Constituyente que constituía parte del régimen de la misma, es decir, las condiciones de elegibilidad, la forma de postulación y las condiciones para la elección. Con ello se pretendía trasladar el poder constituyente al Presidente de la República lo cual era inconstitucional, por no tener competencia para ello.

Pero volviendo a la primera pregunta prevista en el artículo 3 del Decreto N° 3, al someterse a decisión del pueblo el convocar la Asamblea Nacional Constituyente, se precisaba que el objeto o propósito que tendría la que se convocara, si resultaba un "sí" mayoritario (sin saberse en qué proporción), sería la de "*transformar el Estado* y *crear un nuevo ordenamiento jurídico* que permitiera el funcionamiento de una democracia social y participativa".

De acuerdo con esta pregunta, por tanto, la Asamblea Constituyente que se pretendía convocar popularmente, tenía una misión distinta a la Asamblea Constituyente que conforme a la sentencia de la Corte Suprema del 19-01-99 podía resultar de un referendo consultivo, como un mecanismo para reformar la Constitución distinto a los regulados en los artículos 245 y 246 de la Constitución de 1961. La misión de la Asamblea Constituyente producto del derecho a la participación, conforme a esas sentencias, era reformar la Constitución, por lo que mientras eso no ocurriera, continuaba vigente la Constitución de 1961 y con ella, el régimen de funcionamiento del Estado que ella establecía, es decir, del Poder Público conforme a la forma del Estado federal y a la separación orgánica de poderes. Ambas sentencias lo habían expresado sin que pudiera quedar duda alguna sobre su sentido, ni pretenderse que eran párrafos inexistentes en ellas. Así, en la decisión de la Corte Suprema del 19-01-1999 (*Caso Referendo Consultivo I*) en la que fue ponente el Magistrado Humberto J. La Roche, se estatuyó:

> Aún cuando el resultado de la decisión popular adquiera vigencia inmediata, *su eficacia sólo procedería cuando, mediante los mecanismos legales establecidos, se dé cumplimiento a la modificación jurídica aprobada. Todo ello siguiendo procedimientos ordinarios previstos en el orden jurídico vigente, a través de los órganos del Poder público competentes en cada caso.* Dichos órganos estarán en la obligación de proceder en ese sentido.

Por su parte, la sentencia *Caso Referendo Consultivo II* de la misma fecha cuyo ponente fue el Magistrado Héctor Paradisi, concluyó:

> Ciertamente que el asunto que se debate en el presente caso, tiene una especial trascendencia nacional, en la medida en que los resultados de una consulta popular como la que se pretende, *sería factor decisivo para que los Órganos competentes del Poder Público Nacional diseñen los mecanismos de convocatoria y operatividad de una Asamblea a los fines propuestos; o para que previamente, tomen la iniciativa de enmienda o de reforma que incluya la figura de una Asamblea de esta naturaleza.*

En consecuencia, era totalmente incompatible con una Asamblea Constituyente cuyo mandato era reformar la Constitución, la Primera Pregunta del artículo 3° del Decreto N° 3 que pretendía que el pueblo, mediante referendo decisorio, convocara una Asamblea Nacional Constituyente pura y simplemente "con el propósito de transformar el Estado y crear un nuevo ordenamiento jurídico".

Ahora bien, el Decreto N° 3, como acto administrativo que era, fue objeto de impugnación mediante diversas acciones contencioso-administrativas de nulidad por inconstitucionalidad e ilegalidad que se ejercieron por ante la Corte Suprema de Justicia en Sala Político Administrativa. Dichas acciones, sin embargo, fueron declaradas inadmisibles por el Juzgado de Sustanciación de la Sala considerando que el Decreto del Presidente de la República convocando la realización del referendo, *no era un acto administrativo recurrible* por ante la jurisdicción contencioso-administrativa, en virtud de que no producía "efectos externos". La Sala consideró que se trataba de una simple "solicitud" formulada por el Presidente ante el Consejo Nacional Electoral, órgano que conforme al artículo 184 de la misma Ley Orgánica del Sufragio y Participación Política, era al que correspondía poner fin al procedimiento administrativo correspondiente relativo a la convocatoria de los referendos. Es decir, era el que con su decisión de fijar la fecha de realización del mismo, una vez verificada que la "solicitud" cumplía con los requisitos legales, ponía fin a la vía administrativa y, en consecuencia, era el que podía ser revisado jurisdiccionalmente mediante un recurso contencioso electoral[51].

Independientemente de las críticas u observaciones que se podían formular a las decisiones del Juzgado de Sustanciación, al considerar que un Decreto presidencial de convocatoria de un referendo ordenando además las preguntas que debían formularse, no tenía efectos jurídicos "externos"; la consecuencia de la decisión fue entonces, y conforme con la doctrina sentada por el Juzgado de Sustanciación, la introducción por los interesados de sendas acciones de nulidad (con los mismos argumentos de derecho) pero esta vez contra la Resolución N° 990217-32 del Consejo Nacional Electoral de 17-02-99 dictada en conformidad con el mismo Decreto N° 3 del Presidente de la República, que a su vez había reproducido íntegramente su texto y había fijado la realización del referendo para el día 25-04-99. Una de dichas acciones de nulidad, fue la decidida por la Sala Político Administrativa de la Corte Suprema de Justicia en sentencia de 18-03-99, mediante la cual el Supremo Tribunal, conforme a lo antes dicho, anuló la Segunda Pregunta de la convocatoria al referendo[52].

En efecto, el acto administrativo dictado por el Consejo Nacional Electoral el 17 de febrero de 1999, contenido en la Resolución N° 990217-32[53], conforme a lo decidido por el Presidente de la República en el Decreto N° 3 antes mencionado, había resuelto:

> *Primero:* Convocar para el día 25 de abril del año en curso, el referendo para que el pueblo se pronuncie sobre la convocatoria de una Asamblea Nacional Constituyente, *de conformidad con el Decreto N° 3 de fecha 2 de febrero de 1999 de fecha 02-02-99,* dictado por el Presidente de la República, en Consejo de Ministros.

---

51 El primero de los autos del Juzgado de Sustanciación, en el sentido indicado, fue dictado el 02-03-99.

52 Véase el texto de la sentencia en Allan R. Brewer-Carías, *Poder Constituyente Originario y Asamblea Nacional Constituyente,* Caracas 1999, pp. 169 a 185.

53 Véase Allan R. Brewer-Carías, "Comentarios sobre la inconstitucional convocatoria a referendo sobre una Asamblea Nacional Constituyente efectuada por el Consejo Nacional Electoral en febrero de 1999", *Revista Política y Gobierno,* FUNEDA Vol. I, N° 1, Caracas, Enero-Junio 1999, pp. 29 a 92.

Este acto administrativo[54], ante todo, estaba viciado en su causa al fundamentarse en el mencionado Decreto N° 3 de 02-02-99, el cual, al igual que la Resolución, era ilegal e inconstitucional pues violaba los artículos 3, 4, 50, 117 y 139 de la Constitución y los artículos 181 y 184 de la Ley Orgánica del Sufragio y Participación Política; estaba viciado de desviación de poder; era ineficaz y de imposible ejecución, lo que lo hacía nulo conforme al artículo 19, ordinal 3° de la Ley Orgánica de Procedimientos Administrativos; y, en definitiva, por configurarse, en sí mismo, como un instrumento que podía conducir a un fraude a la Constitución.

En efecto, la Resolución del Consejo Nacional Electoral, al ordenar que se realizase el referendo "de conformidad con el Decreto N° 3 de fecha 02-02-99", es decir, tomando en consideración las bases establecidas en el mismo, no convocaba en realidad un referendo consultivo, que era el único que autorizaban los artículos 181 y siguientes de la Ley Orgánica del Sufragio y Participación Política, sino que desviando los poderes que derivaban de lo dispuesto en dichas normas, y contrariándolas, tanto el Presidente de la República en Consejo de Ministros como el Consejo Nacional Electoral, en definitiva, se habían valido de las normas que regulaban la figura del referendo consultivo en dicha Ley, pero para convocar un referendo decisorio, autorizatorio o plebiscitario, cuando ello no estaba autorizado en la Ley Orgánica del Sufragio y Participación Política[55].

Con motivo de la impugnación en vía contencioso administrativa de dicha Resolución del Consejo Supremo Electoral, en sentencia de la misma Sala Político Administrativa de la Corte Suprema de fecha 18 de marzo de 1999 (Caso: *Gerardo Blyde*), anuló la segunda pregunta que pretendía delegar en el Presidente dictar el Estatuto de la Constituyente contenida en el Decreto N° 3 y en la consecuencial Resolución del Consejo Nacional Electoral N° 990217-32 del 17 de febrero de 1999[56], considerando que ello violaba el derecho a la participación política de los ciudadanos al excluirlas del mecanismo del *referéndum consultivo*[57]. La Corte Suprema en dicha sentencia (Ponente Magistrado Hermes Harting), exigió, así, que también se sometiera a consulta popular el propio "estatuto" de la Asamblea Constituyente (sistema de elección, número de miembros, misión, régimen y duración), para que el pueblo, se pronunciara sobre ello.

En efecto, en la sentencia, la Sala declaró *con lugar* el recurso que se había interpuesto contra la mencionada Resolución del Consejo Nacional Electoral y, en consecuencia, *anuló* la segunda pregunta destinada al *referendo* convocado, contenida en dicha Resolución[58]. Los argumentos en los cuales que se basó la Sala Políti-

---

54 Curiosamente dicha Resolución no fue publicada en la *Gaceta Oficial.* La referencia a la misma sólo aparece en las Resoluciones del Consejo Nacional Electoral de marzo de 1999 publicadas en *G.O.* N° 36.669 de 25-03-99.

55 Véase el texto del recurso de inconstitucionalidad que interpusimos ante la Corte Suprema en Allan R. Brewer-Carías, *Asamblea Constituyente y Ordenamiento Constitucional, op. cit.*, pp. 255 a 321.

56 Véase los comentarios en Allan R. Brewer-Carías, "Comentarios sobre la inconstitucional convocatoria a Referéndum sobre una Asamblea Nacional Constituyente efectuada por el Consejo Nacional Electoral en febrero de 1999", en *Revista Política y Gobierno*, FUNEDA, Vol. I, N° 1, Caracas, Enero-Junio 1999, pp. 29 a 92.

57 Véase los comentarios a la sentencia y el texto de la misma, así como de su aclaratoria, en Allan R. Brewer-Carías, *Poder Constituyente Originario y Asamblea.... op. cit.*, pp. 117 a 217.

58 Véase el texto de la sentencia en Allan R. Brewer-Carías, *Poder Constituyente Originario y Asamblea Nacional Constituyente*, Caracas 1999, pp. 169 a 185.

co Administrativa fueron que dado que la pregunta del referéndum era "sobre la conveniencia de instalar una Asamblea Nacional Constituyente", de acuerdo al derecho a la participación política que conforme a sus anteriores sentencias del 19-1-99, habían permitido que mediante un referendo consultivo se originase el mecanismo de la Asamblea Constituyente para reformar la Constitución; debía necesariamente procederse "a consultarse sobre aquellas reglas fundamentales que detallen su organización y régimen general". En consecuencia, al haber ignorado la pregunta segunda tales postulados, y

> Al pretender delegar, en el ciudadano Presidente de la República, la fijación de las bases del proceso comicial por el que se elegirán los integrantes de la Asamblea Nacional Constituyente,

la Corte Suprema concluyó considerando que dicha pregunta segunda era inconstitucional,

> Por vulneración del derecho a la participación política implícito en el artículo 50 de la Constitución de la República, como derecho inherente a la persona humana, y así expresamente se declara.

En definitiva, sobre si debía o no garantizarse el derecho a la participación política en la formulación del "estatuto" de la Asamblea Nacional Constituyente (las llamadas bases comiciales), que el Presidente de la República había querido confiscar, al pretender que el pueblo le "delegara la potestad de formular, él solo, exclusivamente, dichas "bases", la Corte Suprema de Justicia en la sentencia del 18 de marzo de 1999, rechazó tal pretensión presidencial, anulando la Resolución N° 990217-32 de 17 de febrero de 1999 del Consejo Supremo Electoral que reproducía las preguntas que el Presidente había formulado; o sea, consideró indirectamente que el Decreto del Presidente había sido inconstitucional como lo habíamos alegado y, en definitiva, ordenó que las mismas bases comiciales debían someterse a la consulta popular, y debían ser aprobadas por el pueblo.

En todo caso, la decisión de la Sala Político Administrativa obligó tanto al Presidente de la República como al Consejo Nacional Electoral a reelaborar la segunda pregunta del *referéndum,* en la cual se enumeraron las *bases comiciales* que regulaban el estatuto de la Asamblea, que debían someterse a la consulta popular[59]. En cuanto al Presidente, éste, anticipándose quizás a lo que quizás ya sabía que venía en dicha decisión judicial, una semana antes tuvo el cuidado de emitir un nuevo acto administrativo[60] el cual, sin la menor duda, también era un Decreto (aún cuando sin ese nombre y sin número)[61] mediante el cual ordenó publicar en *Gaceta Oficial* una propuesta del Ejecutivo Nacional fijando las bases de la convocatoria de la Asam-

59 Véase el texto de las bases propuestas por el Presidente en la "Orden" de 10-3-99 publicada en la *G.O.* N° 36.660 de 12-03-99 y las Resoluciones del Consejo Nacional Electoral N° 990323-70 y 990323-71 de 23-03-99 (*G.O.* N° 36.669 de 25-03-99) y N° 990324-72 de 24-03-99 (*G.O.* N° 36.672 de 30-03-99).

60 Véase el "Aviso Oficial" publicado en *G.O.* N° 36.658 de 10-03-99, que contiene la "orden" de: *Publicación de la propuesta del Ejecutivo Nacional que fija las bases de la convocatoria de la Asamblea Nacional Constituyente, analizada en el Consejo de Ministros del 9 de marzo de 1999, la cual será sometida para la aprobación del pueblo en el referéndum convocado por el Consejo Nacional Electoral a celebrarse el 25 de abril de 1999.*

61 Se trataba de un Decreto en los términos de los artículos 14 y 15 de la Ley Orgánica de Procedimientos Administrativos.

blea Nacional Constituyente, para ser *sometida para la aprobación del pueblo en el referendo* convocado.

Con este Decreto, sin duda, el Presidente sin decirlo expresamente, había modificado el Decreto N° 3 de 02 de febrero de 1999, eliminando entonces la segunda pregunta que buscaba que se le delegara la fijación de las bases comiciales. Reconoció, así, el Presidente de la República el error constitucional que había cometido, como se había denunciado; y ello obligaba, por tanto, al Consejo Nacional Electoral a modificar la Resolución N° 990217-32 del 17-02-99, a los efectos de *incorporar a las preguntas del referendo* los elementos contenidos en las bases mencionadas que conformaban el régimen o estatuto de la Constituyente, y permitir así, al pueblo, ejercer su derecho a la participación.

El Presidente de la República, en esta forma, acogió las objeciones fundamentales que se le había y que habíamos formulado respecto del Decreto N° 3 y de la Resolución del Consejo Nacional Electoral en cuanto a la no inclusión en las preguntas contenidas en dichos actos administrativos, de las bases del régimen de la Constituyente. Correspondía después al Consejo Nacional Electoral, modificar la Resolución N° 990217-32 del 17-02-99 para que, con la autorización de la Sala Político Administrativa de la Corte Suprema de Justicia conforme al artículo 239 de la Ley Orgánica del Sufragio y Participación Política, se incorporase a las preguntas del referendo el régimen de la Constituyente, en la forma de consulta popular.

Por otra parte, debe destacarse que en la sentencia de 18-3-99, además, la Sala Político Administrativa argumentó y decidió que el referendo regulado en el artículo 181 de la Ley Orgánica del Sufragio y Participación Política, era un referendo eminentemente consultivo, es decir, que tenía por objeto conocer la opinión o el parecer del pueblo sobre determinada cuestión o texto, y que, por tanto, con fundamento en dicha norma no se podía convocar un referendo autorizatorio y, por supuesto, tampoco un referendo decisorio.

Por ello, incluso, la Corte, al resolver y declarar la nulidad de la pregunta segunda del referendo, se refirió a la pregunta primera contenida en la Resolución que había sido impugnada, aún cuando la misma no había sido objeto de impugnación por el recurrente. Sin embargo, la Corte consideró que era:

> Menester referirse a la primera de las preguntas formuladas que deberán responder los votantes, a fin de fijar el marco referencial e interpretativo bajo el cual ha de estudiarse la segunda pregunta;

y, en consecuencia, la interpretó acorde con la Constitución, derivando que en la misma -a pesar de su redacción- no se estaba convocando a un referendo decisorio, sino eminentemente consultivo.

Es decir, la Corte estableció clara y expresamente, a pesar de la forma de redacción de la misma, su carácter propio de un referendo consultivo. Señaló así la Corte, en relación con la primera pregunta, que:

> Esa primera cuestión está dirigida a indagar sobre la convocatoria a una Asamblea Nacional Constituyente... Con tal iniciativa se pretende, entonces, *conocer la opinión* de los electores en cuanto a una materia, ciertamente, de especial trascendencia nacional: la conveniencia de convocar una Asamblea Nacional Constituyente;

Es decir, a pesar de que la pregunta, como estaba formulada: *¿Convoca Ud.* una Asamblea Nacional Constituyente...? implicaba un referendo decisorio; la Corte

Suprema lo interpretó en el sentido de que el mismo era sólo de carácter consultivo, destinado a indagar o conocer la opinión de los votantes sobre la conveniencia o no de convocar la Asamblea Constituyente.

Por ello, la Corte insistió en que conforme a sus anteriores sentencias del 19-1-99, (*Caso: Referendo Consultivo I y II*), lo que se podía realizar conforme a la Ley Orgánica del Sufragio, era un referendo para ser "consultado el parecer del cuerpo electoral sobre cualquier decisión de especial trascendencia nacional", por lo que concluyó señalando que:

> Es perfectamente compatible con la anterior concepción *el interrogar al soberano si está de acuerdo* con la convocatoria a una Asamblea Nacional Constituyente...

Más adelante, al analizar sus anteriores sentencias del 19-1-99, la Corte señaló que ese:

> Ejercicio de soberanía no delegado encuentra su cauce precisamente en los mecanismos de participación política directa, el *referendo consultivo,* entre otros, como manifestación concreta que permite conocer de primera mano, *cuál es la opinión del* cuerpo consultado respecto a determinadas materias de evidente trascendencia nacional.

Por ello, en otra parte de la decisión, al hacer referencia a la anterior sentencia del 19-1-99 (*Casos Referendo Consultivos I y II)*, la Corte señaló que:

> Se circunscribió a determinar si de conformidad con el artículo 181 de la Ley Orgánica del Sufragio y Participación Política puede convocarse a un referendo consultivo, a los fines de determinar si corresponde a la voluntad popular que se convoque a Asamblea Constituyente.

En tal sentido, insistió la Corte en su sentencia:

> Que un mecanismo de consulta directo, llamado a resolver sobre materias que no han sido previamente delegadas en representantes, debe preservar, mantener y defender como principal valor, el ser fiel expresión de la verdadera voluntad popular.

De ello concluyó la Corte en que:

> Entonces, es indispensable, que formulada la pregunta sobre la conveniencia de instalar una Asamblea Nacional Constituyente, proceda a consultarse sobre aquellas reglas fundamentales que detallen su organización y régimen general.

Pero además, sobre el carácter consultivo del referendo regulado en el artículo 181 de la Ley Orgánica del Sufragio, la Sala Político Administrativa en su sentencia del 18-3-99, insistió en lo siguiente:

> El pronunciamiento de la Sala en fecha 19 de enero de 1999, se circunscribió a determinar si de conformidad con el artículo 181 de la Ley Orgánica del Sufragio y Participación Política puede convocarse a un referendo consultivo, a los fines de determinar si corresponde a la voluntad popular que se convoque a Asamblea Constituyente. En aquella oportunidad la Sala se pronunció, dentro del análisis interpretativo solicitado, diferenciando la figura de referendo contenida en el precepto de la Ley electoral, del mecanismo de consulta plebiscitaria, estableciendo que el primero se refiere a la consulta sobre un texto o proyecto, en tanto que el segundo, esto es, el plebiscito, tiende a ratificar la confianza en un hombre o gobernante; y concluyó:

Se desprende así del texto aludido (artículo 181), la consagración jurídica de la figura del referendo consultivo como mecanismo llamado a canalizar la participación popular en los asuntos públicos nacionales. De allí que la regla se dirija fundamentalmente a establecer las distintas modalidades para la iniciativa en la convocatoria de la consulta popular.

Retomando, entonces, esta apreciación inicial en cuando a la naturaleza de la figura consagrada en la norma antes aludida, reitera la Sala, que dicho mecanismo reviste un *carácter eminentemente consultivo*, a diferencia de otras modalidades bajo las cuales se presentan consultas de tipo autorizatorio dirigidas a delegar en determinado funcionario o persona la realización de específicas tareas y gestiones.

Precisamente, por ello, por estar, "claro entonces el carácter consultivo del referendo previsto en el artículo 181 de la Ley Orgánica del Sufragio y Participación Política", la Corte Suprema al:

> Dilucidar si la estructura de la segunda pregunta del Referendo fijado por el Consejo Nacional Electoral, por iniciativa del Presidente de la República, se ajusta o no a la figura consagrada legalmente,

concluyó señalando con toda precisión que:

> Para la Sala, no cabe duda, que el planteamiento contenido en la cuestión segunda *no responde al referendo consultivo* que utiliza de fundamento.

En relación con dicho asunto, la Corte concluyó respecto de la mencionada segunda pregunta que:

> Es evidente que, en modo alguno, se está sometiendo al criterio de los electores el examen sobre una materia determinada y específica, por el contrario lo que se persigue es que se delegue en una sola persona, la decisión sobre ese asunto, lo cual escapa al mecanismo consagrado en el artículo 181 de la Ley Orgánica del Sufragio y Participación Política, y así se declara.

De lo anterior deriva, por tanto, el carácter eminentemente consultivo del referendo regulado en los artículos 181 y siguientes de la Ley Orgánica del Sufragio y Participación Política, por lo cual no era posible conforme a dicha norma, convocar un referendo ni decisorio ni autorizatorio, sino solo consultivo.

Por ello, precisamente, la Corte anuló la segunda pregunta formulada para el referendo, que regulaba una consulta autorizatoria; y por ello, también, interpretó la primera pregunta redactada en la forma de un referendo decisorio, señalando que sólo podía tratarse de una consulta destinada a "indagar" el parecer o la opinión del pueblo sobre la convocatoria a una Asamblea Constituyente, en el sentido de "interrogar al Soberano si está de acuerdo con la convocatoria" de la misma, lo que, significaba que, conforme al criterio de la Corte, a pesar de la redacción de la primera pregunta, nunca podía derivarse de una respuesta afirmativa de la misma, que se estaba convocando dicha Asamblea.

6. *Los intentos por recoger los "demonios constituyentes" desatados y la inefectividad en definirle límites de la Asamblea Nacional Constituyente convocada con fundamento en el referendo consultivo*

La Sala Político Administrativa de la Corte Suprema, además de haber dejado claramente establecido el carácter eminentemente consultivo del referendo regulado en los artículos 181 y siguientes de la Ley Orgánica del Sufragio y Participación Política, en su sentencia del 18-3-99 intentó precisar con toda claridad los límites de la Asamblea Constituyente que se podía convocar con fundamento en dicha norma y de acuerdo al derecho a la participación política que deriva del artículo 50 de la Constitución; y ello lo hizo al interpretar la pregunta primera del referendo convocado.

En efecto, la Sala en la misma sentencia que comentamos, dijo que:

> La circunstancia de la posibilidad, por vía de ese mecanismo (referendo consultivo) convocado conforme a la Ley Orgánica del Sufragio de celebración de una Asamblea Constituyente, *no significa, en modo alguno, por estar precisamente vinculada su estructuración al propio espíritu de la Constitución vigente, bajo cuyos términos se producirá su celebración, la alteración de los principios fundamentales del Estado Democrático de Derecho.*

De ello se derivan los siguientes postulados en relación con la Asamblea Constituyente cuya celebración se convocó como resultado de un referendo consultivo del 25 de abril de 1999, y cuyos miembros se eligieron el 25 de julio de 1999:

En *primer lugar,* que la estructuración de la misma estaba vinculada al propio espíritu de la Constitución de 1961. Es decir, que la misma era resultado de la interpretación de la Constitución de 1961 y su estructuración tenía que responder al propio espíritu de dicho texto. La Asamblea, por tanto, no estaba autorizada para apartarse del texto de la Constitución de 1961 y mucho menos para violarlo.

En *segundo lugar,* que durante el funcionamiento y la celebración de la Asamblea Constituyente, seguía en vigor la Constitución de 1961, texto que limitaba la actuación de la Asamblea Nacional Constituyente en el sentido de que no podía ser desconocido por la Asamblea.

En *tercer lugar*, que la celebración de la Asamblea Constituyente no significaba, en modo alguno, la alteración de los principios fundamentales del Estado democrático de derecho, es decir, de la organización del Poder Público tal como estaba regulado en la Constitución, tanto en su división vertical (Poder Nacional, Estadal y Municipal), como en la separación orgánica de poderes que existía en esos tres niveles, entre los órganos del Poder Legislativo, del Poder Ejecutivo y del Poder Judicial.

Lo anterior significaba entonces, que de acuerdo al criterio de la Corte Suprema, la Asamblea Constituyente cuyos miembros fueron electos como consecuencia del referendo consultivo del 25 de abril de 1999, no podía en forma alguna, durante su celebración y funcionamiento, desconocer, apartarse, suspender o derogar norma alguna de la Constitución de 1961.

Conforme a este postulado, la Sala Político Administrativa interpretó la forma genérica y ambigua del texto de la primera pregunta del referendo, precisando la "finalidad" o misión de la Asamblea en la siguiente forma:

En cuanto al cometido de "la transformación del Estado" a que se refería la primera pregunta, la Sala señaló que ello era:

> En base a la primacía del ciudadano, lo cual equivale a la consagración de los derechos humanos como norte fundamental del nuevo Texto Constitucional;

y en cuanto a la creación de "un nuevo ordenamiento jurídico", como cometido de la Asamblea, ello era con el objeto de:

Que consolide el Estado de derecho a través de un mecanismo que permita la práctica de una democracia social y participativa, debiendo la *nueva Constitución* satisfacer las expectativas del pueblo, y al mismo tiempo cumplir los requerimientos del derecho constitucional democrático, lo cual implica, esencialmente, el mantenimiento de los principios fundamentales del Estado democrático de derecho, con sus diferentes estructuras de poder y sus cometidos específicos.

De lo anterior se derivaba, por tanto, que la misión y finalidad esencial de la Asamblea Nacional Constituyente cuyos miembros fueron electos el 25 de julio de 1999, era producir un nuevo texto constitucional donde se reflejase la transformación del Estado y se creare un nuevo ordenamiento jurídico; es decir, que esa misión era para reflejarla en una nueva Constitución; y que en el cumplimiento de esa tarea de proyectar un nuevo texto constitucional, la Asamblea Constituyente debía darle primacía al ciudadano; consagrar los derechos humanos como norte del nuevo texto constitucional; consolidar el Estado de derecho a través de un mecanismo que permitiera la práctica de una democracia social y participativa; satisfacer los requerimientos del derecho constitucional democrático; y mantener los principios fundamentales del Estado democrático de derecho, con sus diferentes estructuras de poder y sus cometidos específicos, lo que no era otra cosa que la distribución vertical del Poder Público (descentralización política y federalismo) y la separación orgánica de poderes.

En este sentido, la sentencia de la Sala reiteró que la futura Constitución, es decir,

> El establecimiento de este naciente orden jurídico-político deberá responder -conforme al sentido que se infiere de la redacción de la pregunta- a que el texto constitucional respete, y aún estimule, el desarrollo de aquellos valores que insufla una "democracia social y participativa", en virtud del principio de progresividad a que está sometida la materia.

En consecuencia, la misión y los cometidos indicados en la primera pregunta del referendo consultivo, sólo estaban destinados a guiar la actuación de la Asamblea Nacional Constituyente en la elaboración del nuevo texto constitucional, como límites a la misma y, en ningún caso, podían dar origen a poderes de la Asamblea, durante su funcionamiento, que pudieran afectar o alterar las regulaciones de la Constitución de 1961. Por ello la Corte fue enfática al señalar que:

> Es la Constitución vigente (1961) la que permite la preservación del Estado de derecho y la actuación de la Asamblea Nacional Constituyente, en caso de que la voluntad popular sea expresada en tal sentido en la respectiva consulta.

Es decir, lo que había permitido la creación y actuación de la Asamblea Nacional Constituyente convocada como consecuencia de un referendo consultivo efectuado el 25 de abril de 1999, era la Constitución que en ese momento estaba vigente, de 1961, la cual, además, permitía la preservación del Estado de derecho. Dicha Constitución de 1961, por tanto, no perdía vigencia alguna durante la actuación de la Asamblea Nacional Constituyente, la cual debía encontrar en dicho texto el límite de su actuación, lo que significaba que los poderes constituidos, durante el funcionamiento de la Asamblea, debían continuar actuando conforme a la Constitución que estaba vigente, no pudiendo la Asamblea ni disolverlos ni asumir directamente sus competencias constitucionales. En consecuencia, la Asamblea Constituyente convocada en esta forma no podía legislar, ni gobernar, ni juzgar, funciones que sólo correspondían a las Cámaras Legislativas, al Presidente de la República y sus Ministros y a la Corte Suprema de Justicia y demás Tribunales de la República, respectivamente. Al final, sin embargo hizo todo eso, sin constitucional autoridad alguna.

Como lo precisó la misma Corte Suprema de Justicia en Sala Político Administrativa en la "aclaratoria" a la referida sentencia del 18-3-99, dictada el 23-3-99[62], calificando la afirmación como una "interpretación vinculante":

> La Asamblea Nacional Constituyente, *por estar vinculada al propio espíritu de la Constitución vigente* (1961), está limitada por los principios fundamentales del Estado democrático de derecho.

La Asamblea Nacional Constituyente cuya convocatoria se había permitido realizar por las interpretaciones de la Corte Suprema de Justicia, conforme a las sucesivas decisiones de esta, por tanto, comenzaba a ser definida como una institución limitada, sometida a la Constitución de 1961 cuya interpretación le había dado origen, y sin posibilidad de tener el carácter de poder constituyente originario, el cual en democracia sólo el pueblo lo puede ejercer.

Ahora bien, una vez dictada la sentencia de 18-03-1999, anulándola segunda pregunta del artículo 3° del Decreto presidencial N° 3 del 02-02-99 que ya había sido derogada por el acto administrativo (Decreto sin número) dictado por el propio Presidente de la República, en Consejo de Ministros el 10-03-99; sin embargo, la misma pregunta antes había sido reproducida en la Resolución del Consejo Nacional Electoral que fue el acto impugnado en el juicio de nulidad que concluyó con la sentencia de la Corte Suprema del 18-03-99, y fue la que fue anulada por la Corte, con la orden al Consejo de reformular dicha pregunta, examinando las mencionadas bases y decidiendo sobre su incorporación a las preguntas del referendo consultivo.

En tal sentido, y en cumplimiento al mandato judicial recibido, el Consejo Nacional Electoral, en nuestro criterio, debió haber examinado cada una de las referidas bases. Pero no lo hizo, y reprodujo literalmente la nueva propuesta del Presidente de la República, incurriendo en nuevas inconstitucionalidades.

En efecto, en las mencionadas *bases comiciales,* el Consejo Nacional Electoral había incorporado la base octava tal como venía (Décima) de la propuesta presidencial[63], en la cual se había incluido una frase que calificaba a la Asamblea "como poder originario que recoge la soberanía popular".

Debe destacarse que ello, a su vez, había sido objeto de impugnación ante la Sala, siendo *anulada dicha frase* por la propia Corte mediante una nueva sentencia del 13 de abril de 1999[64], dictada en ejecución de la anterior, en la cual la Corte precisó

---

62 Véase el texto en Allan R. Brewer-Carías, *Poder Constituyente Originario y Asamblea Nacional Constituyente, op. cit.,* pp. 186 a 188.

63 *Décimo:* Una vez instalada la Asamblea Nacional Constituyente, *como poder originario que recoge la soberanía popular,* deberá dictar sus propios estatutos de funcionamiento, teniendo como límites los valores y principios de nuestra historia republicana, así como el cumplimiento de los tratados internacionales acuerdos y compromisos válidamente suscritos por la República, el carácter progresivo de los derechos fundamentales del hombre y las garantías democráticas dentro del más absoluto respeto de los compromisos asumidos.

64 Véase el texto de la sentencia en Allan R. Brewer-Carías, *Poder Constituyente Originario y Asamblea... op. cit.,* pp. 190 a 198.

que una Asamblea Constituyente electa en el marco del Estado de derecho regulado en la Constitución de 1961, no podía tener los poderes de una Asamblea Constituyente originaria, como los que pretendía el Presidente en su proyecto[65].

Pero ello, por supuesto, no fue pacíficamente aceptado. La Asamblea que debía convocarse e integrarse conforme a los criterios de la Corte Suprema era para reformar la Constitución de 1961, la cual quedaría derogada cuando se aprobara por referéndum el nuevo texto constitucional. Pero mientras ello ocurriera, el tema de discusión era si la Asamblea podía adoptar "actos constitucionales", o actos constituyentes al margen de la Constitución de 1961 que era la que estaba en vigencia y la que, conforme a la doctrina de la Corte Suprema, le había podido dar nacimiento. En otras palabras, como hemos dicho, se trataba de determinar si la Asamblea tendría carácter de poder constituyente "originario" o si sería un órgano que sólo tendría la misión de elaborar una nueva Constitución como resultaba de las bases comiciales sometidas a aprobación popular el 25-04-99.

Debe señalarse que a pesar de lo poco precisa que fue la Sala Político Administrativa en su decisión de 19-01-99, algunos de los Magistrados que la habían adoptado intentaron precisar, *ex post facto*, en pleno funcionamiento de la Asamblea Nacional Constituyente que ya había sido electa en julio de 1999, en sendos Votos Salvados que presentaron a la sentencia de la Corte Suprema en Sala Plena de 14-10-99 (Caso: *Impugnación del Decreto de la Asamblea Constituyente de Regulación de las funciones del Poder Legislativo*), que en la mencionada sentencia de enero de 1999 y en otras posteriores, nada se había dicho sobre un pretendido carácter de poder constituyente originario de la Asamblea Constituyente cuya consulta refrendaria se había autorizado judicialmente.

En su voto salvado a la sentencia, el magistrado Hermes Harting señaló, en efecto, que las sentencias de 18-03-99, 23-03-99 y 13-04-99, las cuales en su criterio no contradecían la sentencia de 19-01-99, en relación con los poderes de la Asamblea, que:

> Patentizan la naturaleza de la Asamblea Nacional Constituyente como procedimiento o mecanismo extra-constitucional, *limitado exclusivamente* a la redacción de una nueva Constitución, y cuya *derivación de la Constitución de 1961* lo vincula infragablemente al cumplimiento de los requerimientos del derecho constitucional democrático.

La magistrado Hildegard Rondón de Sansó, por su parte, también en voto salvado, al calificar a la sentencia del 19-01-99 como "el punto de partida de todo el proceso constituyente" -y así había sido-, consideró que la sentencia había reconocido que:

> El deseo de lo que se denominara "el soberano" de transformaciones básicas del sistema, podría canalizarse en una modalidad diferente a la prevista en la Constitución vigente, como lo es la manifestación mayoritaria de su voluntad de cambio, a través de un referendo.

---

65 Véase sobre las Bases comiciales propuestas por el Presidente de la República y la decisión de la Corte Suprema ordenando se reformulase la Base Comicial Octava, que comtemplaba el carácter originario de la Asamblea Nacional Constituyente, véase Alfonso Rivas Quintero, *Derecho Constitucional,* Paredes Editores, Valencia-Venezuela, 2002, pp. 98 y ss., 104 y ss.

Pero las más importantes precisiones sobre el significado de lo que lo que había sido realmente decidido en esta materia en la sentencia del 19-01-99, (*Caso Referendo Consultivo I*), provinieron del Magistrado ponente de la misma, Humberto J. La Roche, quien consideró que las citas y referencias que a la sentencia de la cual había sido Ponente, que se hacían en la sentencia de la Sala Plena del 14-10-99, habían tergiversado el contenido de aquélla, pretendiendo utilizársela indebidamente como fundamento de este fallo. Señaló el magistrado La Roche que:

> La confusión reside esencialmente no sólo en considerarla en su verdadero contexto sino en atribuir a la Asamblea Nacional Constituyente el *poder soberano que reside en el pueblo y sólo en este*, el cual, aunque puede ejercerlo a través de representantes ordinarios como el Congreso de la República, o extraordinarios como la Asamblea Nacional Constituyente, *jamás se desprende de él* o en otros términos, identificando las nociones de poder constituyente y Asamblea Constitu-yente....

El magistrado La Roche, en esta misma línea, insistió en lo siguiente:

> Conviene observar que precisamente, *siendo el pueblo el titular de la soberanía* en el marco del Estado democrático de derecho, su poder *-el constituyente- es el único verdaderamente originario*. En consecuencia, tanto *los poderes constituidos* ordinarios como incluso la propia Asamblea Constituyente *-poder constituido extraordinario-* está conformada por quienes también determine el soberano, *reflejo del Poder Público derivado o delegado.*

Estas precisiones que hizo el magistrado La Roche en octubre de 1999, en realidad, eran las que hubiera necesitado el texto mismo de la primigenia sentencia de 19 de enero de 1999, y que debían haber estado incorporadas en su texto, en aquél momento antes de que se abriera la "Caja de Pandora" constituyente. Si allí se hubiese expresado esta posición con claridad por el propio magistrado La Roche, quien había sido su ponente el 19-01-99, el país se hubiera ahorrado múltiples controversias interpretativas y desviaciones sobre el proceso constituyente. Pero diez meses después ya era demasiado tarde, pues ya la Asamblea Nacional Constituyente había dado el golpe de Estado al intervenir todos los poderes constituidos violando la Constitución de 1961. En todo caso, era tan tarde que el magistrado La Roche tuvo que conformarse con salvar su voto a la sentencia citada de la Corte en Pleno de 14-10-99, lamentablemente en relación con uso, con interpretaciones diferentes, que se habían hecho de la sentencia de la cual había sido ponente el 19-01-99, cuya imprecisión había sido la causa de la misma. En su Voto Salvado, en efecto, el magistrado La Roche señaló lo siguiente en torno al criterio expuesto en la sentencia de 14-10-99, que no compartía, sobre el pretendido carácter de poder constituyente originario de la Asamblea Nacional Constituyente:

> A los fines de concluir que la Asamblea Nacional Constituyente es un órgano superior al régimen constitucional vigente, dado su pretendido carácter originario, el fallo del que se disiente cita de manera reiterada la referida sentencia de la Sala Político Administrativa de fecha 19 de enero de 1999. No obstante las facultades y la naturaleza jurídica que en la nombrada decisión de la Sala se consideran inmanentes al poder constituyente, esto es, *al pueblo* como máximo soberano, la sentencia de la Corte en Pleno *las atribuye al órgano elegido* por ese soberano como su representante para ejercer el máximo poder de organización político-jurídica, lo cual es, a todas luces diferente.

Por supuesto que se trataba de asuntos diferentes, pero ello no había quedando claro del texto de la sentencia de 19-01-99; si ese poder constituyente originario correspondía únicamente al pueblo, y nunca a una Asamblea Constituyente integrada por representantes electos del pueblo, como lo expresó el magistrado La Roche en el 14 de octubre de 1999, hubiera quedado expreso en su Ponencia del 19-01-99, la discusión sobre el carácter de poder constituyente originario de la Asamblea Nacional Constituyente, jamás se hubiera planteado en los términos que dominaron la discusión en el país.

Pero no fue así; al contrario, desde el momento en el cual que se dictó la sentencia del 19-01-99 de la Sala Político Administrativa, la discusión sobre ese supuesto carácter de poder constituyente originario y soberano de la propia Asamblea Nacional Constituyente, que defendía con ardor desafiante el Presidente de la República, se había abierto. La creación de la Asamblea como consecuencia de la sentencia, en todo caso, abría el camino del proceso constituyente sin necesidad de reformar la Constitución. El propio Presidente de la República, por ello, realizó intentos por otorgarle a la Asamblea Nacional Constituyente algún poder constituyente de carácter originario.

Como se ha dicho, el Consejo Supremo Electoral, mediante Resolución N° 990323-71 de 23 de marzo de 1999[66], en cumplimiento de la sentencia de la Corte Suprema de Justicia de 18 de marzo de 1999 antes indicada, resolvió establecer las "bases comiciales para el referendo consultivo sobre la convocatoria de la Asamblea Nacional Constituyente a Celebrarse el 25 de abril de 1999", las cuales, en definitiva eran el "estatuto" de la Asamblea que debía someterse a la votación en el referendo. Por ello, el Consejo, sumiso como siempre a la voluntad presidencial, como se dijo, copió las "bases" que el Presidente había publicado días antes[67], anticipándose a la sentencia de la Corte, entre las cuales se establecía el carácter de la Asamblea Nacional Constituyente, *como poder originario que recoge la soberanía popular".*

Con esta propuesta de "base comicial" que, como se dijo, recogía en su totalidad lo que el Presidente de la República había propuesto y publicado, por supuesto se volvía a plantear la discusión sobre el "tema pendiente" del carácter de poder constituyente originario o derivado de la Asamblea Nacional Constituyente que se iba a elegir.

La referida "base comicial" que pretendía atribuir a la Asamblea Nacional Constituyente carácter de "poder constituyente originario", como se dijo, fue cuestionada ante la Corte Suprema de Justicia, Sala Político-Administrativa, y este alto Tribunal, mediante sentencia de fecha 13 de abril de 1999[68] declaró inconstitucional la frase "como poder originario que recoge la soberanía popular" ordenando su eliminación de las "bases" con fundamento en los siguientes argumentos:

> Resulta incontestable que el contenido de la base comicial identificada bajo el literal octavo -reproducida en la Resolución N° 990323-71 del 23 de marzo de 1999,

---

66 *G.O.* N° 36.669 de 25-03-99. Véanse los comentarios en el texto en Allan R. Brewer-Carías, *Golpe de Estado y Proceso Constituyente en Venezuela*, UNAM, México 2001, pp. 155 y ss.

67 "Propuestas del Ejecutivo Nacional", *G.O.* N° 36.660 de 12-03-99. Véase el texto en Allan R. Brewer-Carías, *Golpe de Estado y Proceso Constituyente en Venezuela*, UNAM, México 2001, nota 117, pp. 147 y ss.

68 Véase los comentarios en *Idem*. pp. 162 y ss..

> e incorporada posteriormente a la segunda pregunta del Referendo Consultivo, por remisión ordenada en la Resolución Nº 990324-72 del 24 de marzo de 1999, ambas dictadas por el Consejo Nacional Electoral-, y específicamente en lo referente a calificar la Asamblea Nacional Constituyente *como poder originario que recoge la soberanía popular, está en franca contradicción con los principios y criterios vertidos en la sentencia pronunciada por esta Sala el 18 de marzo de 1999, y su aclaratoria del 23 de marzo de 1999*, citados anteriormente, induciendo a error al electorado y a los propios integrantes de la Asamblea Nacional Constituyente, si el soberano se manifestase afirmativamente acerca de su celebración, en lo atinente en su alcance y límites.

La Corte Suprema de Justicia advertía, así, que una frase de ese tipo no sólo podía inducir a error a los electores, quienes podían pensar que votando afirmativamente en el referendo podían estar atribuyéndole a la Asamblea Nacional Constituyente el poder soberano que sólo puede tener el propio pueblo, no siendo la soberanía delegable; sino que también podía inducir a error a los propios miembros de la Asamblea Nacional Constituyente que resultasen electos si el referendo aprobaba las bases comiciales, quienes podían llegar a pensar que la Asamblea podía ser detentadora de un poder constituyente originario, sin sujeción a norma alguna, lo cual no era correcto constitucionalmente hablando.

Precisamente para evitar que se produjera tal error, la Corte Suprema había ordenado que se quitara de la "base comicial octava" impugnada la expresión cuestionada de que supuestamente la Asamblea podía considerarse "como poder originario que recoge la soberanía popular".

No podía entonces haber duda alguna sobre el tema, el cual había sido resuelto expresamente por la Corte Suprema en dicha sentencia, la cual, además había sido dictada en ejecución de la sentencia de fecha 18 de marzo de 1999. La Sala Político-Administrativa determinó con precisión el carácter *no originario* de la Asamblea eliminando la referida frase, teniendo como base para ello los postulados señalados en esta última decisión, en la cual precisó, además, la misión y finalidad de la Asamblea Nacional Constituyente, y determinó la necesaria vigencia de la Constitución de 1961 durante la actuación de la misma. Sobre esto, tampoco podía haber duda alguna, quedando expresado por la Corte, en la citada decisión del 18-03-99, como ya hemos indicado, lo siguiente:

> La circunstancia de la posibilidad, por vía de ese mecanismo, de celebración de una Asamblea Nacional Constituyente, no significa, en modo alguno, por estar precisamente vinculada su estructuración al propio espíritu de la *Constitución vigente,* bajo cuyos términos se producirá su celebración, la alteración de los principios fundamentales del Estado democrático de derecho.

Así mismo, la Sala señaló que:

> Es la *Constitución vigente la que permite* la preservación del Estado de derecho y *la actuación de la Asamblea Nacional Constituyente*, en caso de que la voluntad popular sea expresada en tal sentido en la respectiva consulta.

Por tanto, la Asamblea Nacional Constituyente se debía configurar como un instrumento de revisión constitucional y nada más, cuyo producto (la nueva Constitución), incluso, sólo podía entrar en vigencia cuando posteriormente fuera aprobada por el pueblo en referendo. La Asamblea, por tanto, ni siquiera tenía potestad para poner en vigencia la nueva Constitución, precisamente porque no tenía carácter de poder constituyente originario, quedando sujeta a la Constitución de 1961, por lo cual no podía afectar el funcionamiento de los órganos constitucionales constituidos del Poder Público.

Como consecuencia de la decisión de fecha 13 de abril de 1999, la Corte Suprema de Justicia ordenó al Consejo Supremo Electoral, la publicación del nuevo contenido de la "base comicial octava", el cual, con la corrección impuesta por la Corte se publicó mediante Aviso Oficial; sólo cuatro días antes de la fecha del referendo[69].

En el referendo del 25 de abril de 1999, por tanto, resultó aprobado el texto de la "base comicial octava", *con la corrección anotada*, en la siguiente forma:

> *Octava:* Una vez instalada la Asamblea Nacional Constituyente, ésta deberá dictar sus propios estatutos de funcionamiento, teniendo como límites los valores y principios de nuestra historia republicana, así como el cumplimiento de los tratados internacionales, acuerdos y compromisos válidamente suscritos por la República, el carácter progresivo de los derechos fundamentales del hombre y las garantías democráticas dentro del más absoluto respeto de los compromisos asumidos.

Pero conforme a lo decidido por la Corte Suprema de Justicia, en Sala Político Administrativa, en otra sentencia posterior, la Nº 639 de 3 de junio de 1999 dictada con motivo de la impugnación de la "base comicial tercera" indicada en la Resolución Nº 990323-70 de 23 de marzo de 1999 del Consejo Supremo Electoral; una vez aprobadas en referendo, las bases comiciales pasaron a ser "una decisión del cuerpo electoral que aprobó convocar a una Asamblea Nacional Constituyente".

Conforme a este criterio, las bases comiciales debían considerarse como una manifestación del pueblo, al aprobarlas en el referendo, en ejercicio de su soberanía. Se trataba de una materia que había sido objeto de una consulta popular y que había sido aprobada por el pueblo. Como tal decisión del pueblo, la Corte, en esta sentencia, consideró inadmisible la acción de nulidad que había sido intentada contra la mencionada "base comicial", por considerar que "la misma ha sido asumida como una decisión propia del cuerpo electoral, en ejercicio del poder constituyente". Esa "expresión popular" a juicio de la Corte, se había traducido "en una decisión de obligatorio e inmediato cumplimiento", pues poseía "validez suprema", situándose el ejercicio del poder constituyente originario sólo en el pueblo, al aprobar en el referendo las referidas bases comiciales.

En efecto, la Corte estimó que el pueblo, como "cuerpo electoral", al expresarse en el referendo, había actuado como "poder constituyente", por supuesto de carácter originario, capaz de adoptar decisiones con "validez suprema".

Estas bases comiciales, por tanto, se podían considerar como de rango constitucional, al haber emanado directamente de la voluntad del pueblo expresada mediante referendo. Por ello, la Corte Suprema de Justicia en Sala Plena, en sentencia del 14 de octubre de 1999, dictada con motivo de la impugnación del Decreto de la Asamblea Nacional Constituyente de Regulación de las Funciones del Poder Legislativo, al analizar los mecanismos de reforma constitucional previstos en la Constitución de 1961 (arts. 245 y 246) e invocar lo que la propia Corte ya había resuelto en Sala Político Administrativa, en la sentencia de 19 de enero de 1999, con motivo de la

69 *G.O.* Nº 36.684 de 21-04-99.

interpretación del artículo 181 de la Ley Orgánica del Sufragio y Participación Política, sobre el referendo consultivo sobre la Asamblea Constituyente, dijo que la Corte Suprema:

> Arribó a la conclusión de que en ejercicio del derecho de participación a través de referendo, *se podía consultar al pueblo sobre la convocatoria a la Asamblea Nacional Constituyente*. Según se desprende de las citadas sentencias existe un *tercer mecanismo constitucional para modificar la Constitución*. Tal mecanismo no es otro que el de la convocatoria, por parte del pueblo -quien detenta la soberanía y no la pierde por el hecho de delegarla- a una Asamblea Nacional Constituyente. La Asamblea Nacional Constituyente electa el 25 de junio de 1999, tiene definido su régimen fundamental en las preguntas y bases comiciales consultadas en el referendo del 25 de abril de 1999. Esas bases por haber sido aprobadas en ejercicio de la soberanía popular son de *similar rango y naturaleza que la Constitución*.

En esta forma, la Corte Suprema reconoció rango constitucional similar al de la Constitución de 1961, al contenido de las bases comiciales que se aprobaron por referendo el 25 de abril de 1999, donde se regulaba una Asamblea Nacional Constituyente expresamente *sin carácter de poder constituyente originario*, la cual ni siquiera podía poner en vigencia la nueva Constitución que sancionara, sino que ésta debía ser aprobada por el propio pueblo mediante referendo, quien se había reservado ese poder originario.

Ahora bien, conforme a dichas bases comiciales con validez suprema, el Consejo Supremo Electoral, sin embargo, dictó las "Normas para la Elección de Representantes a la Asamblea Nacional Constituyente"[70] mediante Resolución N° 990519-154 de 19 de mayo de 1999, en la cual partió del *falso supuesto* de:

> Que las bases comiciales contenidas en la Resolución N° 990323-71 de fecha 23 de marzo de 1999 y publicada en *Gaceta Oficial de la República de Venezuela* N° 36.669 de fecha 25 de marzo de 1999, contenidas en la segunda pregunta del Referendo Consultivo Nacional, celebrado el 25 de abril de 1999, *quedaron aprobadas por el soberano*.

Esta afirmación, en realidad, era completamente falsa, por lo que el Consejo Supremo Electoral, con esta Resolución, le mintió al país, pues en el referendo consultivo no se aprobaron las bases comiciales tal como aparecieron publicadas en la *Gaceta Oficial* de 25 de marzo de 1999, ya que la Corte Suprema de Justicia en Sala Político Administrativa, en su sentencia de fecha 13 de abril de 1999, antes comentada, había introducido la corrección de anular y eliminar una frase de la base comicial octava, precisamente la que rezaba "como poder originario que recoge la soberanía popular".

Como consecuencia de ello, las bases comiciales que se habían aprobado en el referendo del 25-04-99 habían sido las "corregidas", publicadas en la *Gaceta Oficial* N° 36.684 del 21-04-99, cuatro días antes de su realización, y no las publicadas en la *Gaceta Oficial* N° 36.669 del 25-03-99, como con toda falsedad, rayana en la mala fe, lo afirmó el Consejo Nacional Electoral en su Resolución comentada del 19-5-99.

En todo caso, tan no se concebía a la Asamblea Nacional Constituyente como un poder constituyente originario que sólo puede corresponder al pueblo, que en la base

---

70 *G.O.* N° 36.707 de 24-05-99.

comicial novena, como se dijo, se indicó expresamente que la Constitución que elaborara la Asamblea Nacional Constituyente, para entrar en vigencia también debía ser aprobada por el pueblo mediante referendo aprobatorio. Es decir, fue voluntad del pueblo, manifestada expresamente en el referendo de 25 de abril de 1999 como poder constituyente originario, la que prescribió que tal poder constituyente originario continuara en el pueblo, disponiendo que sólo el pueblo podía poner en vigencia la nueva Constitución, no otorgándole tal potestad a la Asamblea, la cual, en consecuencia, sólo quedó como poder constituyente derivado aún cuando de carácter extraordinario, con la sola misión de elaborar un texto constitucional en el cual se plasmara la transformación del Estado y se creara un nuevo ordenamiento jurídico que permitiera el funcionamiento efectivo de una democracia social y participativa, como lo señalaba la pregunta primera del referendo del 25 de abril de 1999, que luego de sancionado por la Asamblea, para que entrara en vigencia, debía ser aprobado por el pueblo mediante referendo.

Pero la discusión del tema del poder constituyente originario como atributo de la Asamblea Nacional Constituyente puede decirse que no llegó a cesar, a pesar de las decisiones de la Corte Suprema. En efecto, incluso debe destacarse la nueva inconstitucionalidad derivada del desacato del Consejo Nacional Electoral en cumplir la orden judicial que derivaba de la anulación de la Resolución N° 990217-32 con relación al carácter "originario" de la Asamblea.

En efecto, el Consejo Nacional Electoral, como consecuencia de la anulación parcial de su Resolución N° 990217-32 por la Corte Suprema de Justicia, dictó una nueva Resolución, N° 990323-70 de 23 de marzo de 1999, en la cual, materialmente, reprodujo las bases fijadas por el Presidente de la República para la realización del referendo, tal como se habían publicado[71].

Como se señaló, el abogado Gerardo Blyde había acudido de nuevo a la Sala Político Administrativa solicitando la ejecución de la sentencia anulatoria del 18-3-99, con fundamento, entre otros aspectos, en que la base comicial décima propuesta por el Ejecutivo, y reproducida por el Consejo Nacional Electoral, desacataba el fallo de la Corte del 18 de marzo de 1999, cuando le atribuía "carácter originario" a la futura Asamblea Nacional Constituyente.

La Sala Político Administrativa, en respuesta a este requerimiento, dictó la sentencia de 13 de abril de 1999 (Ponencia del Magistrado Hermes Harting)[72], en la cual observó que ciertamente, el Consejo Nacional Electoral había omitido pronunciamiento expreso acerca del examen que debió haber efectuado, de acuerdo a la orden contenida en la citada sentencia, y que originó la Resolución N° 990323-70 del 23 de marzo de 1999, tanto de la mencionada base, como de la establecida en el literal undécimo, de la referida "propuesta" del Ejecutivo Nacional.

Agregó la Sala:

> Sin embargo, la circunstancia de haber dictado dicho ente, el mismo 23 de marzo de 1999, la Resolución N° 990323-71, a través de la cual estableció las bases comi-

71 Véase el texto en Allan R. Brewer-Carías, *Golpe de Estado y Proceso Constituyente en Venezuela*, UNAM, México 2001, la nota N° 118 de las pp. 150 y ss .

72 Véase el texto en Allan R. Brewer-Carías, *Poder Constituyente Originario y Asamblea Nacional Constituyente*, *op. cit.*, pp. 190 a 198.

ciales para el referendo consultivo a celebrarse el 25 de abril de 1999, incluyendo literalmente el contenido de las referidas bases, modificando únicamente su numeración, a saber: literales octavo y noveno, revela, a juicio de esta Sala, la conformidad del órgano electoral, vale decir, la aceptación implícita de aquellas proposiciones, tal y como fueron presentadas por el Ejecutivo Nacional.

Ahora bien, la base comicial designada bajo el literal octavo reza textualmente:

> Una vez instalada la Asamblea Nacional Constituyente, *como poder originario que recoge la soberanía popular,* deberá dictar sus propios estatutos de funcionamiento, teniendo como límites los valores y principios de nuestra historia republicana, así como el cumplimiento de los tratados internacionales, acuerdos y compromisos válidamente suscritos por la República, el carácter progresivo de los derechos fundamentales del hombre y las garantías democráticas dentro del más absoluto respeto de los compromisos asumidos.
>
> Sobre este particular, en la sentencia dictada por esta Sala el 18 de marzo de 1999 se expresó con *meridiana claridad* que la Asamblea Constituyente a ser convocada, "... no significa, en modo alguno, por estar precisamente vinculada su estructuración al propio espíritu de la Constitución vigente, bajo cuyos términos se producirá su celebración, la alteración de los principios fundamentales del Estado democrático de derecho...", y que "...En consecuencia, es la Constitución vigente la que permite la preservación del Estado de derecho y la actuación de la Asamblea Nacional Constituyente, en caso de que la voluntad popular sea expresada en tal sentido en la respectiva consulta....
>
> A su vez, en el fallo aclaratorio del 23 de marzo de 1999, emanado de esta Sala, se ratificó claramente la naturaleza vinculante de tal criterio interpretativo, referido a la primera pregunta del referendo consultivo nacional 1999, y cuyo contenido debía fijar el marco referencial y alcance de la segunda pregunta del mismo.

Por todo lo anterior, la Corte Suprema consideró que resultaba incontestable que el contenido de la base comicial identificada bajo el numeral octavo -reproducida en la Resolución Nº 990323-71 del 23 de marzo de 1999, e incorporada posteriormente a la segunda pregunta del referendo consultivo, por remisión ordenada en la Resolución Nº 990324-72 del 24 de marzo de 1999, ambas dictadas por el Consejo Nacional Electoral-, y específicamente, en lo referente a calificar la Asamblea Nacional Constituyente *"como poder originario que recoge la soberanía popular",* estaba en franca "contradicción con los principios y criterios" vertidos en la sentencia pronunciada por esta Sala el 18 de marzo de 1999, y su aclaratoria del 23 de marzo de 1999,

> Induciendo a error al electorado y a los propios integrantes de la Asamblea Nacional Constituyente, si el soberano se manifestase afirmativamente acerca de su celebración, en lo atinente a su alcance y límites.

En consecuencia de lo anterior, la Sala Político-Administrativa concluyó su sentencia del 13 de abril de 1999, resolviendo, en ejecución de su precedente sentencia fechada 18 de marzo de 1999, la eliminación de la frase *"como poder originario que recoge la soberanía popular",* y, por tanto, corrigiendo el texto de la base comicial octava, en la forma siguiente:

Se reformula la base comicial *octava* para el referendo consultivo sobre la convocatoria de la Asamblea Nacional Constituyente a realizarse el 25 de abril de 1999, en los términos siguientes:

> Octavo: *Una vez instalada la Asamblea Nacional Constituyente, ésta deberá dictar sus propios estatutos de funcionamiento, teniendo como límites los valores y principios de nuestra historia republicana, así como el cumplimiento de los tratados internacionales, acuerdos y compromisos válidamente suscritos por la República, el carácter progresivo de los derechos fundamentales del hombre y las garantías democráticas dentro del más absoluto respeto de los compromisos asumidos.*

Quedó en esta forma abierto el proceso constituyente en el país, mediante la celebración del referendo consultivo que se efectuó el 25 de abril de 1999, en el cual se consultó al pueblo sobre la convocatoria de una Asamblea Nacional Constituyente, con una misión y unos límites específicos fijados por el mismo pueblo al responder afirmativamente a las preguntas y las bases comiciales que conforman su estatuto. En dicho referendo, votaron 4.137.509 de los 11.022.936 electores registrados con una abstención electoral del 62.2%. La votación "*sí*" representó un 92,4% y la votación "no" un 7,6%[73].

Conforme a las bases comiciales, la Asamblea Nacional Constituyente fue electa el 25 de julio de 1999 y quedaba sometida a las normas supraconstitucionales que derivaban del *poder constituyente originario* (el pueblo) que se había expresado en el referendo consultivo del 25 de abril de 1999. Durante su funcionamiento debió respetar la vigencia de la Constitución de 1961, la cual sólo debió perder dicha vigencia cuando el pueblo soberano, es decir, el poder constituyente originario se pronunciara aprobando, mediante posterior referendo aprobatorio, la nueva Constitución que elaborase la Asamblea, tal como se precisó en la base comicial novena del referendo de 25 de abril de 1999.

7. *Los intentos tardíos de la Corte Suprema en pretender someter el proceso constituyente a la Constitución de 1961*

Lo anterior significaba entonces, que de acuerdo al criterio de la Corte Suprema, la Asamblea Constituyente cuyos miembros se eligieron como consecuencia del *Referéndum Consultivo* del 25 de abril de 1999, no podía en forma alguna durante su celebración y funcionamiento, desconocer, apartarse, suspender o derogar norma alguna de la Constitución de 1961.

Conforme a este postulado, la Sala Político Administrativa interpretó la forma genérica y ambigua del texto de la *Primera Pregunta del Referéndum,* precisando la "finalidad" o misión de la Asamblea en la siguiente forma:

En cuanto al cometido de "la transformación del Estado" a que se refiere la *Primera Pregunta,* la Sala señaló que ello era:

> en base a (*sic*) la primacía del ciudadano, lo cual equivale a la consagración de los derechos humanos como norte fundamental del *nuevo Texto Constitu-cional*;

---

73 Véase José E. Molina V. y Carmen Pérez Baralt, "Procesos Electorales. Venezuela, abril, julio y diciembre de 1999" en *Boletín Electoral Latinoamericano,* CAPEL-IIDH, Nº XXII, julio-dic. 1999, San José, 2000, pp. 61 y ss.

y en cuanto a la creación de "un nuevo ordenamiento jurídico", como cometido de la Asamblea, ello era con el objeto de:

> que consolide el Estado de Derecho a través de un mecanismo que permita la práctica de una Democracia Social y Participativa, debiendo la *nueva Constitución* satisfacer las expectativas del pueblo, y al mismo tiempo cumplir los requerimientos del Derecho Constitucional Democrático, lo cual implica, esencialmente, el mantenimiento de los principios fundamentales del Estado Democrático de Derecho, con sus diferentes estructuras de poder y sus cometidos específicos.

De lo anterior se derivaba, por tanto, que la misión y finalidad esencial de la Asamblea Nacional Constituyente cuyos miembros fueron electos el 25 de julio de 1999, *era producir un nuevo texto constitucional donde se reflejase la transformación del Estado y se crease un nuevo ordenamiento jurídico;* es decir, que esa misión era para reflejarla en una nueva Constitución; y que en el cumplimiento de esa tarea de proyectar un nuevo texto constitucional, la Asamblea Constituyente debía darle primacía al ciudadano; consagrar los derechos humanos como norte del nuevo texto constitucional; consolidar el Estado de Derecho a través de un mecanismo que permitiera la práctica de una democracia social y participativa; satisfacer los requerimientos del Derecho Constitucional Democrático; y mantener los principios fundamentales del Estado Democrático de Derecho, con sus diferentes estructuras de poder y sus cometidos específicos, lo que no es otra cosa que la distribución vertical del Poder Público (descentralización política y federalismo) y la separación orgánica de poderes.

En este sentido, la sentencia de la Sala reiteró que la futura Constitución, es decir,

> el establecimiento de este naciente orden jurídico-político deberá responder -conforme al sentido que se infiere de la redacción de la pregunta- a que el texto constitucional respete, y aún estimule, el desarrollo de aquellos valores que insufla una "Democracia Social y Participativa", en virtud del principio de progresividad a que está sometida la materia.

En consecuencia, la misión y los cometidos indicados en la *Primera Pregunta* del *Referéndum Consultivo*, sólo estaban destinados a guiar la actuación de la Asamblea Nacional Constituyente en la elaboración del nuevo texto constitucional, como límites a la misma, y en ningún caso podían dar origen a poderes de la Asamblea, durante su funcionamiento, que pudieran afectar o alterar las regulaciones de la Constitución de 1961. Por ello la Corte fue enfática al señalar que:

> es la Constitución vigente la que permite la preservación del Estado de Derecho y la actuación de la Asamblea Nacional Constituyente, en caso de que la voluntad popular sea expresada en tal sentido en la respectiva consulta.

Es decir, lo que permitió la actuación de la Asamblea Nacional Constituyente convocada como consecuencia del *Referéndum Consultivo* efectuado el 25 de abril de 1999, fue la Constitución de 1961, la cual además, permitía la preservación del Estado de Derecho. Dicha Constitución de 1961, por tanto, no perdía vigencia alguna durante la actuación de la Asamblea Nacional Constituyente, la cual encontraba en dicho texto el límite de su actuación, lo que significaba que los Poderes Constituidos, durante el funcionamiento de la Asamblea, debían continuar actuando conforme a la Constitución de 1961, no pudiendo la Asamblea ni disolverlos ni asumir directamente sus competencias constitucionales. En consecuencia, la Asamblea Constituyente convocada en esta forma no podía legislar, ni gobernar, ni juzgar, funciones que sólo correspondían a las Cámaras Legislativas, al Presidente de la República y sus Ministros y a la Corte Suprema de Justicia y demás Tribunales de la República, respectivamente.

Como resultó de las decisiones de la Corte Suprema de Justicia antes indicadas, el proceso constituyente venezolano, al contrario de lo que sucedió con todas las experiencias constituyentes del pasado en la historia política de país, no fue producto de una ruptura constitucional con ocasión de una guerra, un golpe de Estado o una Revolución, sino de la interpretación dada por el máximo Tribunal de la República a la Constitución de 1961 y de la voluntad popular expresada, como *Poder Constituyente Originario,* en el *Referéndum Consultivo* del 25 de abril de 1999. La ruptura constitucional la provocó la propia Asamblea nacional Constituyente al violar la Constitución de 1961, al asumir poderes constituyentes originarios, violando las bases comiciales que, como lo había resuelto la Corte Suprema, tenían rango supraconstitucional.

La Corte Suprema de Justicia en otra sentencia del 21 de julio de 1999 con ocasión de resolver un recurso de interpretación intentado por los Candidatos Nacionales a la Asamblea Nacional Constituyente (Caso: *Alberto Franceschi, Jorge Olavarría y Gerardo Blyde*), acerca del régimen jurídico que regía el proceso electoral, había destacado el carácter *de jure* del proceso constituyente, señalado que:

> Lo novedoso -y por ello extraordinario- del proceso constituyente venezolano actual, es que el mismo no surgió como consecuencia de un suceso fáctico (guerra civil, golpe de estado, revolución, etc.), sino que, por el contrario, fue concebido como un "Proceso Constituyente de Iure" esto es, que se trata de un proceso enmarcado dentro del actual sistema jurídico venezolano[74].

La consecuencia de lo anterior estaba en que la Asamblea Nacional Constituyente no sólo derivó "de un proceso que se ha desarrollado dentro del actual marco del ordenamiento constitucional y legal", sino que en su actuación estaba sometida al orden jurídico establecido por la voluntad popular en el *Referéndum* del 25 de abril de 1999, expresada en el conjunto de normas que derivaron de las preguntas del *Referéndum* y de las *Bases Comiciales* aprobadas en el mismo, y que la misma Corte Suprema de Justicia en la sentencia antes mencionada "por su peculiaridad e importancia", catalogó "como *normas de un rango especial";* y en anterior sentencia del 3 de junio de 1999 (Caso: *Celia María Colón de González*) consideró como una "expresión popular" que "se tradujo en una *decisión de obligatorio cumplimiento, pues posee, validez suprema"*, es decir, de rango supraconstitucional. Dicha sentencia se cita, además, en la de 17 de junio de 1999 en la cual se declaró *sin lugar* el recurso contencioso administrativo de anulación que había sido ejercido por un conjunto de ciudadanos contra un artículo de la Resolución N° 990519-154 del 19-05-99 del Consejo Nacional Electoral, que había negado la posibilidad de incluir símbolos, signos, siglas o colores que identificasen a los candidatos a la Asamblea Nacional Constituyente postulados por organizaciones políticas[75].

---

74 Véase en *Revista de Derecho Público,* N° 77-80, Editorial Jurídica Venezolana, Caracas, 1999.

75 *Idem.*

La Asamblea Nacional Constituyente que se eligió el 25 de julio de 1999, en consecuencia, estaba sometida a las normas (Bases Comiciales) aprobadas en el *Referéndum Consultivo* del 25 de abril de 1999, que eran de obligatorio cumplimiento y de rango y validez suprema (supraconstitucional), como manifestación del poder constituyente originario que sólo corresponde al pueblo, conforme a las cuales no sólo se precisó la misión de la Asamblea, sino sus límites.

Sobre ello se pronunció además, la Corte Suprema de Justicia, como se ha señalado, en sus decisiones de 17 de junio de 1999[76]; y luego, la Sala Constitucional del Tribunal Supremo de Justicia, en sentencia Nº 6 de 27 de enero de 2000, la cual señaló que las bases comiciales referidas "que fijaron los límites de actuación de la Asamblea Nacional Constituyente, son de similar rango y naturaleza que la Constitución, como la cúspide de las normas del proceso constituyente", y además, que eran "supraconstitucionales respecto de la Constitución de 1961, lo cual no quiere decir que la Constitución estaba sujeta a estos, sino que se trataba de un ordenamiento no vinculado con las normas que rigen el Poder Constituyente"[77].

8. *De cómo la Asamblea Nacional Constituyente asumió el control total del poder, haciendo caso omiso a las doctrinas de la Corte Suprema que habían fundamentado su propia creación*

Entre las bases comiciales establecidas y aprobadas en el referéndum consultivo del 25 de abril de 1999, en la *Base Comicial Tercera* se reguló el sistema para la elección de 131 constituyentes así: 104 constituyentes distribuidos en las 24 circunscripciones regionales correspondientes a las entidades políticas del territorio (Estados y Distrito Federal), 24 constituyentes en la circunscripción nacional, y 3 constituyentes en representación de los pueblos indígenas, que en Venezuela son muy exiguos desde el punto de vista de la población y presencia en la dinámica social. Conforme a tal sistema, el día 25 de julio de 1999 se eligieron los miembros de la Asamblea Nacional Constituyente, resultando la Asamblea dominada por los 125 constituyentes electos con el directo y abierto del apoyo del Presidente Chávez, quedando configurada la "oposición" con sólo 6 constituyentes[78]. Una Asamblea Constituyente conformada por una mayoría de esa naturaleza, por supuesto, impidió toda posibilidad de que se convirtiera en un instrumento válido de diálogo, conciliación política y negociación. Fue, en realidad, un instrumento político de imposición por un grupo que la dominaba, al resto de la sociedad, de sus propias ideas, con exclusión total respecto de los otros grupos. Fue, además, un instrumento para lograr el control total del poder por los que conformaban la mayoría y que habían sido electos constituyentes gracias al apoyo y a la campaña del propio Presidente de la República. En la Asamblea, dichos constituyentes estuvieron a su servicio y al diseño de cuantos mecanismos sirvieron para el control del poder por parte de los nuevos actores políticos que habían aparecido en escena de la mano del Presidente Chávez, en medio del más terrible deterioro de los partidos políticos tradicionales,

---

76 Véase el texto de esas sentencias en Allan R. Brewer-Carías, *Poder Constituyente Originario y Asamblea... op. cit.*, pp. 221 y ss.

77 Caso: *Milagros Gómes y otros*. Véase en *Revista de Derecho Público*, Nº 81, (enero-marzo), Editorial Jurídica Venezolana, Caracas, 2000, p. 82.

78 Allan R. Brewer-Carías, Alberto Franceschi, Claudio Fermín y Jorge Olavarría como Constituyentes Nacionales y Antonio Di'Giampaolo y Virgilio Avila Vivas como Constituyentes Regionales

que materialmente desaparecieron de la escena política durante el proceso constituyente.

La Asamblea se instaló el 3 de agosto de 1999, teniendo su primera sesión plenaria formal el día 8 de agosto de 1999, en la cual se discutió su *Estatuto de Funcionamiento*, tal como lo exigía la *Base Comicial Octava* del *referéndum del 25 de abril de 1999.*

En dicha primera sesión plenaria, por supuesto, se planteó de nuevo la discusión sobre el pretendido carácter de poder originario de la Asamblea, en cual había sido descartado por la doctrina de la Corte Suprema de Justicia que le había dado nacimiento[79]. El único poder constituyente originario en el proceso constituyente era la manifestación popular del *referéndum del 25 de abril de 1999,* la cual adquirió rango supra constitucional[80], por lo que la Asamblea tenía los límites contenidos en las *bases comiciales* del mismo, a los cuales estaba sometida.

Sin embargo, prevaleció el criterio de la mayoría que quedó plasmada, contra toda la doctrina jurisprudencial de la Corte Suprema, en el artículo 1° de los Estatutos con el siguiente texto:

> *Artículo 1. Naturaleza y misión. La asamblea nacional constituyente* es la depositaria de la voluntad popular y expresión de su Soberanía con las atribuciones del Poder Originario para reorganizar el Estado Venezolano y crear un nuevo ordenamiento jurídico democrático. La Asamblea, en uso de las atribuciones que le son inherentes, podrá limitar o decidir la cesación de las actividades de las autoridades que conforman el Poder Público.
>
> Su objetivo será transformar el Estado y crear un nuevo ordenamiento jurídico que garantice la existencia efectiva de la democracia social y participativa.
>
> *Parágrafo Primero*: Todos los organismos del Poder Público quedan subordinados a la Asamblea Nacional Constituyente, y están en la obligación de cumplir y hacer cumplir los actos jurídicos estatales que emita dicha Asamblea Nacional.
>
> *Parágrafo Segundo*: La Constitución de 1961 y el resto del ordenamiento jurídico imperante, mantendrán su vigencia en todo aquello que no colida o sea contradictorio con los actos jurídicos y demás decisiones de la Asamblea Nacional Constituyente[81].

En esta forma, la Asamblea se auto atribuyó carácter de "poder originario", asignándose a sí misma la atribución de poder "limitar o decidir la cesación de las actividades de las autoridades que conforman el Poder Público"[82], desvinculando

79 Véase los textos en Allan R. Brewer-Carías, *Debate Constituyente, (Aportes a la Asamblea Nacional Constituyente),* Tomo I, (8 agosto-8 septiembre 1999), Caracas, 1999, pp. 15 a 39. Así mismo, en *Gaceta Constituyente (Diario de Debates),* Asamblea Nacional Constituyente, (agosto-septiembre 1999), Caracas, 1999, pp. 6 a 13 de la sesión del 07-08-99.

80 Véase la sentencia de la Sala Constitucional N° 6 de 25-01-2000, *Revista de Derecho Público,* N° 81, (enero-marzo), Editorial Jurídica Venezolana, Caracas, 2000, pp. 81-82.

81 Véase en *Gaceta Constituyente (Diario de Debates),* agosto-sep. 1999, pp. 144 de la sesión del 07-08-99. Véase el texto, además, en *G.O.* N° 36.786 de 14-09-99.

82 Una Asamblea Constituyente no puede tener poder originario o soberano alguno; el soberano es el pueblo, como poder constituyente originario, y este no puede trasladar o delegar su soberanía en una Asamblea; es decir, constitucionalmente no existe una Asamblea Constituyente originaria pues es el pueblo, como poder constituyente, el único que puede ser originario. Sobre ello, Ricardo Combellas, uno de los miembros de la Comisión Presidencial Constituyente que había nombrado el Presidente Chávez, había señalado claramente en 1998, que la Asamblea Constituyente es "un poder limitado, lo que quiere decir que la actividad de revisión no puede ser entendida nunca como una actividad soberana y libre"82;

dichas decisiones de la elaboración del Proyecto de Constitución. Como consecuencia de ello resolvió que "todos los organismos del Poder Público quedaban subordinados a la Asamblea" y en consecuencia, que estaban en la obligación de cumplir y hacer cumplir los "actos jurídicos estatales" que emitiera[83].

La Asamblea, además, se auto atribuyó potestades públicas por encima de la Constitución de 1961, la cual formalmente continuó vigente durante su funcionamiento, pero sólo en todo aquello que no colidiera o fuera contrario con los actos jurídicos y demás decisiones de la Asamblea Nacional Constituyente. Se produjo, así, un golpe de Estado contra la Constitución de 1961, la cual fue desconocida por la Asamblea[84].

Posteriormente, la Sala Constitucional del Tribunal Supremo de Justicia, producto ella misma de los actos constituyentes de la Asamblea Constituyente, elaboraría la teoría necesaria para justificar la inconstitucionalidad, basándose en la doctrina del régimen de transitoriedad constitucional en una etapa previa a la entrada en vigencia de la Constitución de 1999, la cual al decir de la Sala, habría comenzado "el 25 de abril de 1999, con la finalidad no sólo de discutir y aprobar una nueva Constitución, por medio de la Asamblea Nacional Constituyente, sino que según la Pregunta Primera del Referéndum Consultivo, la Asamblea se convirtió en un órgano para transformar el Estado y crear un nuevo ordenamiento jurídico que permitiera el funcionamiento efectivo de una democracia social y participativa". La Sala Constitucional, de esta manera, *ex post facto*, justificó la reorganización de todos los Poderes Públicos que asumió la Asamblea el 12 de agosto de 1999 en violación de lo establecido en la Constitución de 1999, la cual, sin embargo, continuaba vigente[85]. La Sala

---

agregando que "La Asamblea Constituyente no reviste como algunos con ignorancia sostienen, el rango de poder constituyente originario sino derivado, por la sencilla razón de que se trata de un cuerpo representativo. La teoría democrática sólo reconoce un poder constituyente originario, el pueblo, cuya voluntad genuina se manifiesta a través del referendo, en virtud de lo cual la Constitución más legítima es aquella ratificada refrendariamente por los ciudadanos". Véase en Ricardo Combellas, *¿Qué es la Constituyente? Voz para el futuro de Venezuela,* Caracas 1998, p. 101. Muchas de las afirmaciones formuladas en este libro sobre la naturaleza de la Asamblea Constituyente fueron radicalmente distintas a las formuladas por el mismo autor en su libro Ricardo Combellas, *Poder Constituyente (Presentación, Hugo Chávez Frías),* Caracas, 1999. En todo caso, meses más tarde, Combellas cambiaría de opinión y se colocaría del lado de los "ignorantes" a los cuales se había referido, al votar en la Asamblea Nacional Constituyente como miembro de la mayoría electa con el apoyo del Presidente Chávez, a favor de que la Asamblea adquiriera poderes originarios. Véase *Gaceta Constituyente (Diario de Debates), Agosto-Septiembre 1999, cit.,* Sesión de 07-08-99, Nº 4, pp. 16 y ss. Esa Asamblea fue, precisamente la que asaltó el poder y sentó las bases del autoritarismo constitucional en el país. Pero cuatro años después de haber apoyado los poderes de esa Asamblea, en febrero de 2004, el mismo Combellas reconocería la existencia en Venezuela de una "dictadura que se ampara tras la Constitución" identificando entre los culpables de ello, precisamente, a "La Asamblea Nacional Constituyente, cuando aprobó el régimen transitorio, el TSJ al declarar la supraconstitucionalidad de ese régimen y también la complicidad sutil, y a veces descarada, de los poderes del Estado en función de un proyecto hegemónico y personalista". Véase entrevista con Roberto Giusti, *El Universal*, Caracas 23-02-2004, p. 1-4. *¿Qué es la Constituyente? Voz para el futuro de Venezuela, cit.,* p. 101.

83 Véase Julio C. Fernández Toro, "Comentarios sobre los poderes de control político de la Asamblea Nacional previstos en la Constitución de 1999 sobre la actuación de los órganos de los otros poderes nacionales", en *Revista de Derecho Constitucional, Nº 6 (enero-diciembre).* Editorial Sherwood, Caracas, 2002, pp. 89-103.

84 Véase Allan R. Brewer-Carías, *Golpe de Estado y Proceso Constituyente en Venezuela*, UNAM, México, 2002.

85 Véase las sentencias de 28 de marzo de 2000 y Nº 1560 de 19 de julio de 2001, en *Revista de Derecho Público,* Nº 85-88, Editorial Jurídica Venezolana, Caracas, 2001.

Constitucional fue más precisa en cuanto a esta coexistencia de la Constitución de 1999 con actos de la Asamblea Nacional Constituyente que la violaban, al señalar en sentencia de 12 de diciembre de 2000, lo siguiente:

> A partir de la aprobación de las bases comiciales y la instalación de la Asamblea Nacional Constituyente surge una situación inédita en el constitucionalismo nacional. En una primera fase, hasta la promulgación de la actual Constitución, sin ruptura constitucional de ninguna especie, siguió vigente la Constitución de la República de Venezuela de 1961, coexistiendo con los actos que dictó la Asamblea Nacional Constituyente, en lo que contrariaren a dicha Constitución, adquirieron la categoría de actos constitucionales, ya que es el pueblo soberano, por medio de sus representantes, quien deroga puntualmente disposiciones constitucionales, creando así un régimen doble, donde como ya lo ha señalado esta Sala, coexistía la Constitución de 1961 con los actos constituyentes[86].

La consecuencia de esta doctrina fue la consideración de que los actos de la Asamblea Nacional Constituyente no estaban sujetos a la Constitución de 1961[87], y de que tenían "carácter supra-constitucional"[88], por lo que la coexistencia de la Constitución de 1999 con actos constituyentes afectó el funcionamiento del Estado, y los derechos de los titulares de los órganos constituidos. En efecto, no debe olvidarse que en diciembre de 1998, conforme a lo establecido en la Constitución de 1961, el Presidente de la República, H. Chávez, había sido electo, así como los senadores y diputados al Congreso Nacional. También habían sido electos los gobernadores de los 23 Estados y los diputados de las Asambleas Legislativas estadales, así como los Alcaldes Municipales y los miembros de los Concejos Municipales de los 338 Municipios del país. Es decir, todos los titulares de los poderes públicos regulados en la Constitución, habían sido electos popularmente. Los otros titulares de los poderes públicos no electos, como los Magistrados de la Corte Suprema de Justicia, el Fiscal General de la República, el Contralor General de la República y los miembros del Consejo Supremo Electoral, habían sido designados por el Congreso Nacional, como lo establecía la Constitución.

Por tanto, cuando se eligió e integró en julio de 1999 a la Asamblea Nacional Constituyente, en paralelo estaban funcionando los poderes públicos constituidos, los cuales tenían misiones distintas. La Asamblea había sido electa, conforme al referendo de abril de 1999, para diseñar la reforma del Estado y un nuevo ordenamiento para hacer efectiva la democracia social y participativa, lo cual debía elaborar y someter a la aprobación popular por un referendo final.

La Asamblea Constituyente no había sido electa para gobernar ni para sustituir ni intervenir los poderes constituidos, ni para violar la Constitución. No tenía carácter de poder constituyente originario, como expresamente lo había resuelto la Corte Suprema de Justicia.

---

86 Sentencia Nº 1562 de la sala Constitucional de 12-12 2000, *Revista de Derecho Público*, Nº 84, (octubre-diciembre), Editorial Jurídica Venezolana, Caracas, 2000.

87 Véase sentencia Nº 6 de la Sala Constitucional de 27-01-2000, *Revista de Derecho Público*, Nº 81, (enero-marzo), Editorial Jurídica Venezolana, Caracas, 2000, p. 95-96

88 Véase sentencia de la Sala Penal del Tribunal Supremo de 30-05-2000, *Revista de Derecho Público*, Nº 82, (abril-junio), Editorial Jurídica Venezolana, Caracas, 2000, p. 151.

Sin embargo, como se dijo, en su primera decisión, que fue la aprobación de su Estatuto de Funcionamiento, la Asamblea Constituyente, dominada por la mayoría que respaldaba al Presidente y que había sido electa para su respaldo, se autoproclamó como "poder constituyente originario", auto-atribuyéndose la facultad de "limitar o decidir la cesación de las actividades de las autoridades que conforman el Poder Público" y estableciendo que "todos los organismos del Poder Público quedan subordinados a la Asamblea Nacional Constituyente y están en la obligación de cumplir y hacer cumplir los actos jurídicos estatales que emita la Asamblea"[89]. Ese carácter de poder constituyente originario le sería reconocido posteriormente, validando las decisiones, por la Sala Constitucional designada por la propia Asamblea Constituyente[90].

En esta forma, la Asamblea Nacional Constituyente se auto proclamó como un superpoder estatal, contrariando lo dispuesto en el estatuto de su elección contenido en las bases aprobadas en el referendo de abril de 1999 y violando la Constitución de 1961, al amparo de la cual y de su interpretación, había sido electa. La Asamblea Nacional Constituyente que funcionó entre julio de 1999 y enero de 2000, por tanto, usurpó el poder público y violó la Constitución de 1961. En definitiva, dio un golpe de Estado, el cual como se dijo, fue justificado posteriormente por la Sala Constitucional del Tribunal Supremo, al señalar expresamente que la Asamblea Nacional Constituyente había ejercido un poder constituyente originario[91], el cual, al contrario le había sido negado por la Corte Suprema de Justicia en 1999.

9. *La Asamblea Nacional Constituyente como instrumento político para el de asalto al poder*

En efecto, durante el primer período de su funcionamiento, entre agosto y septiembre de 1999, la Asamblea, lejos de conciliar y buscar conformar un nuevo pacto político de la sociedad, se dedicó a intervenir los poderes constituidos que habían sido electos en diciembre de 1998 y que estaban en funcionamiento conforme a la Constitución en ese entonces vigente de 1961. Así, en agosto de 1999, la Asamblea decretó la reorganización de todos los poderes públicos; decretó la intervención del Poder Judicial creando una Comisión de Emergencia Judicial que lesionó la autonomía e independencia de los jueces; decretó la regulación de las funciones del Poder Legislativo, eliminando tanto al Senado como a la Cámara de Diputados y a las Asambleas Legislativas. Además, intervino a los Concejos Municipales, suspendiendo, incluso, las elecciones municipales[92].

El primer período de funcionamiento de la Asamblea, por tanto, fue un período de confrontación y conflictividad política entre los poderes públicos y los diversos sectores políticos del país. El proceso constituyente, en esta etapa inicial, no fue un

---

89 Véase Allan R. Brewer-Carías, *Golpe de Estado y Proceso Constituyente en Venezuela, cit.*, pp. 207 y ss.

90 Véase sentencia N° 179 de la Sala Constitucional de 28-03-2000, *Revista de Derecho Público*, N° 81, (enero-marzo), Editorial Jurídica Venezolana, Caracas, 2000, pp. 82-86.

91 La Sala Constitucional como se dijo, reconoció el "poder originario" de la Asamblea Nacional Constituyente y la "naturaleza constitucional" de los actos de la misma "por ser creación originaria de derecho". Véase por ejemplo, sentencia N° 4 de 26-01-2000, *Revista de Derecho Público,* N° 81, (enero-marzo), Editorial Jurídica Venezolana, Caracas, 2000, p. 93-95 y sentencia N° 1563 de 13-12-2000 en *Revista de Derecho Público*, N° 84, (octubre-diciembre), Editorial Jurídica Venezolana, Caracas, 2000.

92 Véase Allan R. Brewer-Carías, *Golpe de Estado y Proceso Constituyente en Venezuela, cit.*, pp. 213 y ss.

vehículo para el diálogo y la consolidación de la paz ni un instrumento para evitar el conflicto. Al contrario, fue un mecanismo de confrontación, conflicto y aplastamiento de toda oposición o disidencia y de apoderamiento de todas las instancias del poder. El proceso constituyente, por tanto, antes de ser un instrumento para la reducción del conflicto, acentuó la confrontación y contribuyó al dominio exclusivo del poder por parte de un solo partido político, el de gobierno, que respondía a las instrucciones del Presidente de la República. En definitiva, el proceso constituyente se utilizó para acabar con la clase política que había dominado la escena en las décadas anteriores.

En la primera etapa de su funcionamiento, como se dijo, la Asamblea pretendió asumir el rol de poder constituyente originario, reorganizando e interviniendo los Poderes Públicos, violando con ello las previsiones de la Constitución de 1961. El asalto al poder se evidenció en los siguientes actos y actuaciones:

En *primer lugar,* el 09-09-99, la Asamblea resolvió ratificar al Presidente de la República en su cargo "para el cual fue electo democráticamente el pasado 6 de diciembre de 1998", decretando recibir la juramentación del Presidente[93]. Nos abstuvimos de votar dicha propuesta, pues consideramos que la legitimidad del Presidente estaba fuera de discusión, no teniendo la Asamblea nada que decidir respecto del gesto del Presidente de poner su cargo a la orden de la Asamblea[94].

En *segundo lugar,* el 12-08-99, la Asamblea decretó la reorganización de todos los órganos del Poder Público, decisión respecto de la cual argumentamos oralmente sobre su improcedencia y salvamos nuestro voto, razonándolo negativamente[95].

En *tercer lugar,* el 19-08-99, la Asamblea decretó la reorganización del Poder Judicial, sobre lo cual manifestamos nuestro acuerdo con que la Asamblea debía *motorizar* las reformas inmediatas e indispensables en el Poder Judicial, pero argumentamos oralmente y en voto negativo razonado, en contra de la forma de la intervención, que lesionaba la autonomía e independencia del Poder Judicial, con la creación de una Comisión de Emergencia Judicial que suplantara los órganos regulares de la Justicia[96]. En general, sin embargo, a pesar del texto del Decreto de la Asamblea, las medidas respectivas conforme a las reformas legislativas en la materia que habían sido aprobadas en 1998, se adoptaron por los órganos del Consejo de la Judicatura con el impulso político de la Comisión[97].

---

93 Véase en *Gaceta Constituyente, cit.,* p. 3 de la sesión del 09-08-99.

94 Véase nuestra posición en Allan R. Brewer-Carías, *Debate Constituyente,* Tomo I, *op cit.,* pp. 41 y 42; y en *Gaceta Constituyente, cit.,* pp. 3 y 4 de la sesión del 09-08-99.

95 Véase en Allan R. Brewer-Carías, *Debate Constituyente,* Tomo I, *op. cit.,* pp. 43 a 56; y en *Gaceta Constituyente, op. cit.,* pp. 2 a 4 de la sesión del 12-08-99. Véase el texto del Decreto en *G.O.* Nº 36.764 de 13-08-99.

96 Véase en Allan R. Brewer-Carías, *Debate Constituyente,* Tomo I, *op. cit.,* pp. 57 a 73; y en *Gaceta Constituyente, op. cit.,* pp. 17 a 22 de la sesión del 18-08-99. Véase el texto del Decreto en *G.O.* Nº 36.782 de 08-09-99

97 Lo insólito de la intervención del Poder Judicial, violando su autonomía y haciendo a casi todos los jueces unos dependientes del Poder es que a finales de 2003, la referida Comisión continuaba funcionando en paralelo al Tribunal Supremo, órgano que no asumió su rol constitucional en cuanto al gobierno de la Administración de la Justicia. Dicha Comisión, y no el Tribunas Supremo, en efecto, fue la que en octubre de 2003 destituyó a los Magistrados de la Corte Primera de lo Contencioso Administrativo.

En *cuarto lugar,* el 25-08-99, la Asamblea dictó el Decreto de regulación de las funciones del Poder Legislativo, decisión mediante la cual materialmente se declaraba la cesación de las Cámaras Legislativas (Senado y Cámara de Diputados), cuyos miembros habían sido electos en noviembre de 1998, y se atribuía la potestad legislativa a la Comisión Delegada y a la propia Asamblea. Nos opusimos a este Decreto por considerarlo inconstitucional, por violar las *bases comiciales del referéndum del 25 de abril de 1999,* tanto oralmente como en el voto salvado negativo que razonamos por escrito[98]. Con posterioridad, sin embargo, y con la intermediación de la Iglesia Católica, el 9-9-99 la directiva de la Asamblea llegó a un acuerdo con la directiva del Congreso, con el cual, de hecho, se dejó sin efecto el contenido del Decreto, siguiendo el Congreso funcionando formal, aún cuando precariamente, conforme al régimen de la Constitución de 1961[99].

En *quinto lugar,* el 26-08-99, la Asamblea decretó la suspensión de las elecciones municipales, que debían convocarse en el segundo semestre de 1999, a lo cual nos opusimos, no porque políticamente no debían suspenderse, con lo cual estábamos de acuerdo, sino porque para ello era necesario reformar la Ley Orgánica del Sufragio, lo que sólo correspondía a las Cámaras Legislativas. Argumentamos nuestra posición oralmente y salvamos por escrito nuestro voto negativo, razonándolo[100].

En consecuencia, durante el primer mes de funcionamiento de la Asamblea puede decirse que la primera etapa de la misma se dedicó a la intervención de los Poderes Constituidos, irrumpiendo contra la Constitución de 1961 que no había sido derogada ni sustituida, sin que en las Plenarias de la Asamblea se hubiese prestado fundamental atención a la elaboración del Proyecto de Constitución. Por tanto, la Asamblea Nacional Constituyente de 1999, en las relaciones de poder, lejos de constituir un instrumento de conciliación e inclusión, fue un instrumento de exclusión y control hegemónico del poder. En efecto, el asalto y control hegemónico del poder por el grupo político que controlaba la Asamblea Nacional Constituyente y que respondía a la voluntad del Presidente de la República, no sólo se comenzó a realizar durante los primeros meses de funcionamiento de la Asamblea, violándose la Constitución vigente de 1961, sino también al final, luego de aprobado popularmente el nuevo texto constitucional el 15 de diciembre de 1999, violándose esta vez, el nuevo texto aprobado.

Incluso, durante los 5 meses de funcionamiento que tuvo la Asamblea en la segunda mitad de 1999, puede decirse que todo el debate político del país, giró en torno a la misma. La Asamblea se había constituido en el centro del poder, el Presidente la calificaba de "soberanísima" y la Corte Suprema de Justicia, al decidir sendos recursos de inconstitucionalidad contra actos de la Asamblea Constituyente de intervención de los poderes públicos constituidos, incluso del propio Poder Judicial, en una sentencia del 14 de octubre de 1999, que fue su propia sentencia de muerte,

---

98 Véase en Allan R. Brewer-Carías, *Debate Constituyente,* Tomo I, *op. cit.,* pp. 75 a 113; y en *Gaceta Constituyente, op. cit.,* pp. 12 a 13 y 27 a 30 de la sesión del 25-08-99 y pp. 16 a 19 de la sesión del 30-08-99. Véase el texto del Decreto en *G.O.* Nº 36.772 de 26-08-99.

99 Véase el texto del Acuerdo en *El Nacional,* Caracas, 10-9-99, p. D-4.

100 Véase en Allan R. Brewer-Carías, *Debate Constituyente,* Tomo I, *op. cit.,* pp. 115 a 122; y en *Gaceta Constituyente, op. cit.,* pp. 7 a 8, 11, 13 y 14. Véase el texto en *G.O.* Nº 36.776 de 31-08-99.

la Corte Suprema llegó a reconoció casi supuestos poderes "supraconstitucionales" a la Asamblea[101].

Como se ha dicho, violando abiertamente tanto la Constitución de 1961, que la Corte Suprema había considerado que continuaba vigente y que debía ser respetada por la Asamblea Nacional Constituyente (sentencia del 18 de marzo de 1999); como el contenido de la sentencia de la propia Corte Suprema que consideró que la Asamblea no podía tener carácter "originario" (sentencia del 13 de abril de 1999); así como la voluntad popular expresada como efectivo y único poder constituyente originario en el referendo consultivo del 25 de abril de 1999, según el criterio de la misma Corte Suprema; la Asamblea Nacional Constituyente se declaró a sí misma como poder constituyente originario y con potestad para apartarse de la Constitución de 1961 vigente en ese momento (derogarla, suspenderla, violarla) y para intervenir todos los Poderes constituidos pudiendo cesar el mandato popular de los mismos.

A partir de ese momento comenzó en el país un sistemático proceso de ruptura del orden constitucional, mediante la emisión de actos constituyentes, que lamentablemente luego fueron reconocidos como de rango constitucional, primero, por la propia antigua Corte Suprema de Justicia hasta que fue cesada, víctima de su debilidad y, luego, por el Tribunal Supremo de Justicia creado y dominado por el nuevo poder.

Todos los actos constituyentes o constitucionales dictados por la Asamblea Nacional Constituyente, por supuesto, tuvieron como fundamento su propio Estatuto, dictado por ella misma, en el cual la Asamblea, ilegítimamente, se había autoatribuido el carácter de poder constituyente originario; y nunca las bases comiciales aprobadas popularmente, que eran las únicas que podían tener rango constitucional e, incluso, supraconstitucional.

En primer lugar, fue la antigua Corte Suprema de Justicia, en una confusa sentencia del 14-10-99 (*Caso: Impugnación del Decreto de la Asamblea Nacional Constituyente de Regulación de las Funciones del Poder Legislativo*) la cual cambiando el criterio sustentado en la sentencia de la Sala Político Administrativa de 18-03-99, desligó a la Asamblea de las previsiones de la Constitución de 1961, permitiendo que aquélla pudiera desconocerla, con lo que ilegítimamente "legitimó" el golpe de Estado que la Asamblea había dado al desconocer la Constitución de 1961.

Por tanto, la Asamblea Nacional Constituyente de 1999, en las relaciones de poder, lejos de constituir un instrumento de conciliación e inclusión, fue un instrumento de exclusión y control hegemónico del poder. El asalto y control hegemónico del poder por el grupo político que controlaba la Asamblea Nacional Constituyente y que respondía a la voluntad del Presidente de la República, no sólo se comenzó a realizar durante los primeros meses de funcionamiento de la Asamblea, violándose la Constitución vigente de 1961, sino al final, luego de aprobado popularmente el nuevo texto constitucional el 15 de diciembre de 1999, violándose esta vez, el nuevo texto aprobado.

Durante los 5 meses de funcionamiento que tuvo la Asamblea en la segunda mitad de 1999, puede decirse que todo el debate político del país, giró en torno a la misma. La Asamblea se había constituido en el centro del poder, el Presidente la calificaba de

---

101 Véase las referencias en Allan R. Brewer-Carías. *Golpe de Estado y Proceso Constituyente en Venezuela, op. cit.*, p. 233 y ss.

"soberanísima" y la Corte Suprema de Justicia, al decidir sendos recursos de inconstitucionalidad contra actos de la Asamblea Constituyente de intervención de los poderes públicos constituidos, incluso del propio Poder Judicial, en una sentencia del 14 de octubre de 1999, que fue su propia sentencia de muerte, la Corte Suprema le reconoció supuestos poderes "supraconstitucionales" a la Asamblea[102].

Se trataba, por tanto, del centro del poder más poderoso que había en el país[103], que escapaba a toda posibilidad efectiva de control judicial sobre sus actos y que actuaba como brazo político del Presidente de la República, para el asalto final al poder. Ello ocurrió una semana después de aprobada la Constitución por referendo popular, el 22 de diciembre de 1999, con la sanción, por la propia Asamblea Nacional Constituyente que a pesar de ello siguió funcionando, de un "Régimen de Transición del Poder Público"[104] paralelo, el cual se analiza en la *Décima Segunda Parte* de este libro, y que no fue sometido a referendo aprobatorio, pues quizás de haber ocurrido, se habría podido presentar el riesgo de que la nueva Constitución no fuera aprobada[105].

En ese Régimen Transitorio, que violaba la propia nueva Constitución, la Asamblea ratificó al Presidente de la República y nombró directamente y sin someterse a lo que la Constitución establecía, a los integrantes del nuevo Tribunal Supremo de Justicia, a nuevos miembros del Consejo Nacional Electoral y a los titulares de la Fiscalía General de la República, de la Contraloría General de la República y del Defensor del Pueblo.

Todo el poder, por tanto, quedó en manos de la mayoría que controlaba la Asamblea y que respondía a los dictados de Presidente. La Asamblea Nacional Constituyente, además, creó una Comisión Legislativa que no estaba regulada en la Constitución, para que actuara como órgano legislativo hasta que se eligiera la nueva Asamblea Nacional, para lo cual, la propia Asamblea Constituyente asumió funciones legislativas que no tenía, cambiando la Ley electoral.

Todas estas inconstitucionalidades, por supuesto, fueron avaladas y lavadas por el nuevo Tribunal Supremo de Justicia, cuyos Magistrados habían sido nombrados a la medida para defender el poder. El Tribunal, así, nuevamente en sentencia de 26 de enero de 2000[106] reconoció un supuesto carácter originario de la Asamblea, con poderes supraconstitucionales, justificando la transitoriedad constitucional que no ha cesado y que ha permitido avalar muchas otras acciones contrarias a la Constitución por parte de los órganos del Estado. En la Décima Parte se analizan las diversas

---

102 Véase las referencias en Allan R. Brewer-Carías. *Golpe de Estado y Proceso Constituyente en Venezuela, op. cit.*, p. 233 y ss.

103 Véase Ricardo Antela Garrido, "La transición constitucional (o cómo la Asamblea Nacional Constituyente se transformó en un poder suprapopular)", en *Revista de Derecho Constitucional,* N° 2 (enero-junio). Editorial Sherwood, Caracas, 2000, pp. 19-45; y en general, sobre el rol político de la Asamblea, en Diego B. Urbaneja, "El proceso constituyente venezolano de 1999 y el concepto de lo político de Carl Schmitt", en *Constitución y Constitucionalismo Hoy*. Editorial Ex Libris, Caracas, 2000, pp. 761-784.

104 *G.O.* N° 36.859 de 29-12-1999.

105 Allan R. Brewer-Carías, *Golpe de Estado y Proceso Constituyente en Venezuela, op. cit.*, pp. 343 y ss.

106 Véase en *Revista de Derecho Público,* N° 81, (enero-marzo), Editorial Jurídica Venezolana, Caracas, 2000, pp. 93 y ss.

decisiones de la Sala Constitucional del Tribunal Supremo avalando la transitoriedad constitucional *sine die* a la que ha estado sometido el país en los últimos años.

El caso más destacado fue el de la sanción, en 2000, por la Asamblea Nacional electa en agosto de ese año, de una Ley Especial Ley Especial para la Ratificación o Designación de los Funcionarios y Funcionarias del Poder Ciudadano y Magistrados y Magistradas del Tribunal Supremo de Justicia para el primer período constitucional de 14-11-00[107], contrariando el texto expreso de la Constitución que exige que se constituyan sendos Comités de Postulaciones integrados por representantes de los diversos sectores de la sociedad civil. Esos Comités son los que deben postular candidatos a esos cargos ante la Asamblea Nacional para que ésta los designe. La Ley Especial violó este mecanismo de participación de la sociedad civil que regula la Constitución, y reguló una Comisión parlamentaria ampliada para efectuar los nombramientos. Lo insólito del proceso de asalto al poder es que una vez que la Defensora del Pueblo atacó la Ley por inconstitucional ante el Tribunal Supremo, éste en sentencia Nº 1562 de 12 de diciembre de 2000[108], decidió en su propia causa, actuando como juez y parte, avalando la inconstitucionalidad en nombre de la supuesta "transitoriedad constitucional" que ha servido como traje a la medida para el control del poder por quienes han seguido al Presidente de la República.

10. *La sumisión de la Corte Suprema al poder constituyente de la Asamblea y su extinción final a manos de la Asamblea que había creado*

Con fundamento, entonces, en el pretendido carácter de poder constituyente originario que la Asamblea Nacional Constituyente había asumido en su propio Estatuto, sin fundamento en las bases comiciales del referendo del 25-4-99 que le había dado origen; y que luego, el Tribunal Supremo de Justicia en su Sala Constitucional se había encargado de otorgarle, olvidándose de sus funciones de juez constitucional; la Asamblea, como se ha reseñado, irrumpió contra el orden constitucional mediante diversos actos constituyentes que consolidaron el golpe de Estado contra la Constitución de 1961, que estaba vigente; y todo con la anuencia del nuevo Tribunal Supremo de Justicia.

Entre los actos constituyentes que dictó estuvo el "Decreto de Regulación de las Funciones del Poder Legislativo", evidentemente contrario a lo que regulaba la Constitución de 1961, mediante el cual se eliminaba al Congreso y a las Asambleas Legislativas de los Estados; se cambiaba la estructura del Parlamento de bicameral a unicameral, y se intervenía la autonomía e independencia de los órganos del Poder Público que regulaba la Constitución).

Dicho Decreto fue impugnado ante la Corte Suprema de Justicia por el Presidente de la Cámara de Diputados, y esta en Sala Plena, y con ponencia del Magistrado Iván Rincón Urdaneta, en sentencia de fecha 14 de octubre de 1999 (*caso*: *H. Capriles Radonski, Decreto de Reorganización del Poder Legislativo)* resolvió el recurso declarando "improcedente la acción de nulidad intentada". La Corte, con esta sentencia, se plegó al nuevo poder, avaló los desaguisados constitucionales que había cometido la Asamblea y, con ello firmó su sentencia de muerte y la remoción de sus

107 *G.O.* Nº 37.077 de 14-11-00.

108 Véase en *Revista de Derecho Público*, Nº 84, (octubre-diciembre), Editorial Jurídica Venezolana, Caracas, 2000, pp. 108 y ss.

integrantes con excepción, por supuesto, del magistrado Urdaneta, Presidente ponente, quien luego siguió de presidente del nuevo Tribunal Supremo de Justicia.

En la sentencia, luego de unas confusas argumentaciones basadas en citas bibliográficas que, por supuesto incluyeron al Abate Sièyes, sobre el poder constituyente en la teoría y práctica políticas de la historia universal; y sobre la distinción entre el poder constituyente y los poderes constituidos, la Corte Suprema, en esta sentencia, concluyó observando que:

> El poder constituyente no puede ejercerlo por sí mismo el pueblo, por lo que la elaboración de la Constitución recae en un cuerpo integrado por sus representantes, que se denomina Asamblea Constituyente, cuyos títulos de legitimidad derivan de la relación directa que exista entre ella y el pueblo.

Con este "descubrimiento" la Corte lo que hizo fue observar que la Asamblea Nacional Constituyente electa el 25 de julio de 1999 tenía como límites las bases comiciales aprobadas por el poder constituyente originario (el pueblo) mediante referendo, bases a las cuales la Corte, en la misma sentencia, le había reconocido "similar rango y naturaleza que la Constitución", y en las cuales se encomendó a la Asamblea "la elaboración de la Constitución", mas no su adopción o puesta en vigencia, que se reservó el pueblo como poder constituyente originario mediante referendo aprobatorio en la base comicial novena.

Sin embargo, en la misma sentencia, la Corte Suprema pasó de reconocerle a las bases comiciales "similar rango y naturaleza que la Constitución" (de 1961), a otorgarle rango "supraconstitucional". La Corte, en efecto, en la sentencia, luego de constatar las denuncias de inconstitucionalidad del Decreto impugnado, señaló:

> Como puede observarse, la pregunta N° 1 del referendo consultivo nacional aprobado el 25 de abril de 1999 y la base comicial octava del mismo referendo, *consagra la supraconstitucionalidad de sus prescripciones*, ya que en ningún momento remite a la Constitución de 1961 sino a la tradición de la cultura...

Por supuesto, en esta línea de razonamiento, la Corte Suprema se encontraba con el escollo de la sentencia del 13 de abril de 1999, de la Sala Político Administrativa de la propia Corte Suprema, que había ordenado eliminar de la base comicial octava, para evitar toda confusión, toda referencia al pretendido carácter originario del poder constituyente que ejercía la Asamblea, pero dijo lo siguiente:

> Si bien la sentencia de la Corte Suprema de Justicia en Sala Político Administrativa de fecha 13 de abril de 1999, excluyó de la base comicial octava "como poder constituyente originario que recoge la soberanía popular", es claro que la Asamblea Nacional Constituyente, no es un poder derivado, pues su función de sancionar una nueva Constitución implica el ejercicio del poder constituyente, el cual no puede estar sujeto a los límites del orden jurídico establecido, incluyendo la Constitución vigente.

De lo anterior resulta una contradicción abierta de criterios. La Corte reconocía que la sentencia de 13 de abril había dejado claro que la Asamblea Nacional Constituyente *no era un poder constituyente originario* (que sólo el pueblo lo es), lo que conducía entonces a considerarla como un poder constituyente "derivado", regulado por el pueblo en las bases comiciales a las cuales le reconoció rango "supraconstitucional". La Corte dijo, en definitiva, que la Asamblea no era ni poder constituyente originario ni poder constituyente derivado. Entonces, ¿de qué se trataba? Si toda la bibliografía citada en la sentencia establecía esta dicotomía, debía ser una cosa o la otra, pero lo que no podía era no ser alguna de las dos.

La inconsistencia de la sentencia, en todo caso, condujo a la Corte Suprema, luego de citar párrafos sueltos de la antigua sentencia del 19 de enero de 1999, a cambiar su propio criterio establecido en la sentencia del 13 de abril de 1999 sobre la ausencia del carácter originario del poder constituyente otorgado a la Asamblea.

Debe señalarse que es cierto que la Asamblea no tenía más límites que los establecidos en las bases comiciales para sancionar una nueva Constitución; pero sólo para eso es que ello implicaba el ejercicio del poder constituyente: para elaborar el texto de una nueva Constitución la cual no se podía poner en vigencia con la sola voluntad de la Asamblea, porque ésta no tenía poder constituyente para ello. Por eso, las comparaciones que hizo la Corte en su sentencia, con el proceso de la Asamblea Constituyente de Colombia de 1991, eran totalmente impertinentes, pues en ese país, al contrario de lo que sucedió en Venezuela, la Constitución sí fue puesta en vigencia por la Asamblea Constituyente, sin aprobación popular. En Venezuela, al contrario, el pueblo como poder constituyente originario, en las bases comiciales mencionadas se reservó la potestad de aprobar la Constitución mediante referendo aprobatorio posterior.

Sin embargo, incluso contrariando sus propias palabras (que la función de la Asamblea era "sancionar una nueva Constitución") la Corte Suprema en la sentencia, le atribuyó otras tareas (indefinidas) a la Asamblea así:

> El cambio constitucional dirigido a la supresión de la Constitución *vigente*, es un proceso que, como tal, no se limita a la sanción de la nueva Constitución, sino al interregno durante el cual, la Asamblea Nacional Constituyente actúa dentro del contexto jurídico donde rige, transitoriamente, la Constitución anterior...

Es decir, la Corte contradictoriamente reconoció en la sentencia la "vigencia" de la Constitución de 1961, así fuera "transitoriamente" hasta que se aprobara la nueva Constitución mediante referendo, y agregó luego, sin embargo, que:

> El hecho de que la supresión de la Constitución actual se produce sólo cuando es refrendada y sancionada por el pueblo la Constitución nueva, el tiempo de vigencia de la primera no puede impedir ni obstaculizar el cumplimiento de la función de la Asamblea Nacional Constituyente que es la creación de un nuevo ordenamiento jurídico a que se refiere la pregunta N° 1 del referendo consultivo nacional del 25 de abril de 1999. Si el cambio constitucional es un proceso, que se inicia con dicho referendo y si este proceso implica forzosamente la coexistencia de poderes (del poder constituido y la Asamblea Nacional Constituyente), los Estatutos de Funcionamiento de ésta, basados, como se ha dicho, en normas presupuestas o supraconstitucionales, deben definir el modo de esta coexistencia, siendo la Constitución de 1961, el límite del poder constituido, pero no el criterio de solución de las controversias que puedan ocurrir entre ambos poderes.

Es decir, la Corte Suprema cambió el criterio que había sentado en la sentencia del 18 de marzo de 1999, según el cual la Constitución de 1961 era un marco límite de la Asamblea cuya elección debía aprobarse por el referendo del 25 de abril de 1999; y pasó a señalar, ya en medio del proceso constituyente, que esa misma Constitución de 1961 sólo era un límite a la actuación "de los poderes constituidos", pero no de la propia Asamblea Nacional Constituyente, cuya actuación pasaba a estar regulada por su Estatuto de Funcionamiento, que ella misma se había dictado, autoatribuyéndose "poder constituyente originario".

Como conclusión de estas contradicciones, sin más, la Corte Suprema, en su sentencia del 14 de octubre de 1999, afirmó que la pretensión de nulidad del "Decreto de Regulación de las Funciones del Poder Legislativo", al violar la Constitución de 1961, era "improcedente":

> Pues el fundamento del acto impugnado no puede ser la Constitución vigente, desde que la soberanía popular se convierte, a través de la Asamblea Nacional Constituyente, en supremacía de la Constitución, por razón del carácter representativo del poder constituyente, es decir, como mecanismo jurídico de producción originaria del nuevo régimen constitucional de la República, así se declara.

Con esta confusa declaración, de la que podía deducirse cualquier cosa por quien quiera que la lea, la Corte Suprema cambió los criterios que dieron origen al mismo proceso constituyente sentados por la misma Corte y, en definitiva, decretó su futura extinción. Sólo pasaron algo más de dos meses para que fuera cerrada y extinguida por la propia Asamblea Nacional Constituyente, precisamente en ejercicio de los "poderes" que la misma Corte le atribuyó a partir de esta sentencia.

Esta sentencia de la Corte en Pleno, en todo caso, fue objeto de severas criticas por parte de los siguientes Magistrados que salvaron su voto: Hermes Harting, quien había sido ponente de las sentencias de 18-03-99, 23-03-99 y 13-04-99 de la Sala Político Administrativa; Hildegard Rondón de Sansó; Belén Ramírez Landaeta; Héctor Grisanti Luciani, y Humberto J. La Roche, quien había sido el ponente de la sentencia inicial del proceso constituyente de 19-01-99.

El magistrado Harting insistió en la tesis de que la Asamblea Nacional Constituyente se había originado "en función de la Constitución de 1961, fuente de su nacimiento", por lo que estaba sujeta a la Constitución, lo que implicaba:

> El no poder ejercer la Asamblea Nacional Constituyente potestades correspondientes a los Poderes del Estado, ni realizar actuaciones atribuidas específicamente a estos por la Constitución y las Leyes, ni siquiera invocando circunstancias excepcionales.

Sobre este mismo tema, la magistrado Hildegard Rondón de Sansó también fue precisa al afirmar que la Asamblea Nacional Constituyente

> Está -ante todo- sujeta al sistema de la Constitución de 1961, al orden vigente y a las bases comiciales en el ejercicio y límites de su competencia.

Por ello, la magistrado Sansó consideró que la sentencia de 14-10-99 había tergiversado la base comicial octava al considerar que la Asamblea estaba exonerada del bloque normativo de la Constitución de 1961; afirmando que:

> La posición supraconstitucional de la Asamblea Nacional Constituyente radica en la facultad de erigir instituciones futuras, diferentes del texto constitucional vigente: no en la facultad de violar las normas que rigen el sistema dentro del cual opera.

La magistrado Sansó también denunció el "flagrante desconocimiento" que evidenció la sentencia de un Acuerdo que había adoptado la Corte en Pleno, días antes, el 23-08-99, en el cual la Corte declaró que:

> Se mantiene firme en su convicción de que dicha Asamblea no nació de un gobierno de facto, sino que surgió en un sistema de iure mediante un procedimiento al cual ella misma ha dado su respaldo.

Ahora bien, la acción de nulidad del Decreto que reguló la reorganización del Poder Legislativo se había fundamentado, entre otros aspectos, en la violación de la base comicial octava que la sentencia consideró como de rango y naturaleza constitucional e, incluso, supraconstitucional. Al declarar improcedente la acción sólo indicando que el Decreto no estaba sometido a la Constitución de 1961, pero sin confrontar su texto con la base comicial octava, la Corte en Pleno incurrió en denegación de justicia o quizás en absolución de la instancia, lo que fue destacado por los magistrados Humberto J. La Roche e Hildegard Rondón de Sansó en sus votos salvados.

La sentencia, en todo caso, fue dictada con un apresuramiento inconcebible; como lo destacó en su voto salvado la magistrada Belén Ramírez Landaeta:

> La sentencia fue reformada y a menos de media hora de su distribución -violando el Reglamento de Reuniones de la Corte Suprema de Justicia en Pleno dictado por la Corte Suprema de Justicia en fecha 26 de noviembre de 1996- fue votada sin derecho a examinar, con la cordura requerida, el contenido de la misma.

Ello condujo, conforme al criterio de la magistrado Ramírez, a un "fallo lleno de errores, tanto formales como conceptuales" en cuya emisión, la Corte no ejerció "la virtud de la prudencia" ni tomó en cuenta la trascendencia que la decisión tenía "para el país y para la historia".

El apresuramiento por complacer al nuevo poder hizo a la Corte incurrir en los desafortunados desaguisados que sus propios Magistrados denunciaron en los votos salvados.

Por último, los magistrados Héctor Grisanti Luciani, Humberto J. La Roche y Belén Ramírez Landaeta, quienes también salvaron su voto, destacaron la omisión del fallo en considerar el contenido del Acuerdo que había sido firmado entre representantes del Congreso y de la Asamblea Nacional Constituyente el 09-09-99, mediante el cual materialmente se había dejado sin efecto la médula del Decreto impugnado, estableciéndose un sistema de cohabitación o coexistencia pacífica de las dos instituciones.

En todo caso, con el "Decreto de Regulación de las funciones del Poder Legislativo" se materializó jurídicamente el golpe de Estado dado por la Asamblea Nacional Constituyente, al violar la Constitución de 1961, extinguir un órgano constitucional constituido y electo como era el Congreso, intervenir sus funciones legislativas, limitar la autonomía de los Estados y Municipios y lesionar la autonomía de las Contralorías. La Asamblea Nacional Constituyente, como lo destacó la magistrado Rondón de Sansó en su voto salvado a la sentencia de la Corte en Pleno del 14-10-99, ciertamente había nacido a raíz de la sentencia de 19-01-99 como una Asamblea sometida a un "régimen de *iure*". Por ello, al usurpar la autoridad del Congreso y violar la Constitución, la Asamblea Nacional Constituyente se constituyó a sí misma en un órgano bajo *régimen de facto,* actuando como una *Asamblea de facto,* al margen de la Constitución.

En esta forma, a partir de ese momento en adelante, se sucedieron diversos actos constituyentes que significaron la violación sistemática de la Constitución de 1961 y luego, de la propia Constitución de 1999.

Entre esos actos, también debe destacarse el adoptado el fecha 19 de agosto de 1999, cuando le tocó su turno al Poder Judicial, incluida la propia Corte Suprema de Justicia, mediante el cual la Asamblea Nacional Constituyente resolvió declarar "al Poder Judicial en emergencia" (art. 1°), creando una Comisión de Emergencia Judicial, que asumió el proceso de intervención [109].

Este Decreto tuvo la misma fundamentación que los anteriores: el ejercicio del poder constituyente originario supuestamente otorgado por éste a la Asamblea mediante referendo; el artículo 1° del Estatuto de Funcionamiento de la propia Asamblea y el artículo único del Decreto de la Asamblea que declaró la reorganización de todos los Poderes Públicos constituidos. Es decir, el fundamento del Decreto fue el que la propia Asamblea Constituyente se había construido a la medida, sin vínculo alguno con las normas supraconstitucionales como eran las bases comiciales aprobadas en el referendo consultivo del 25 de abril de 1999[110].

En todo caso, el Decreto de Reorganización del Poder Judicial fue aprobado, atribuyendo a la Comisión de Emergencia Judicial amplias facultades de intervención del Poder Judicial, las cuales pueden resumirse así:

1. La proposición a la Asamblea de las medidas necesarias para la reorganización del Poder Judicial y "la ejecución de las aprobadas por la Asamblea de conformidad con su Estatuto de Funcionamiento" (art. 3,1).

2. La evaluación del desempeño de la Corte Suprema de Justicia (arts. 3,3 y 4).

3. La instrucción al Consejo de la Judicatura para la ejecución de sus decisiones (art. 3,4). Tanto el Consejo de la Judicatura como el Inspector General de Tribunales estaban obligados a acatar las instrucciones de la Comisión (art. 5), y la Comisión tenía la facultad de proponer a la Asamblea la sustitución de los Consejeros y del Inspector General de Tribunales (art. 5).

4. La destitución de cualquier funcionario judicial que obstaculizare su actividad o incumpliera sus instrucciones (art. 5).

5. La suspensión en forma inmediata a los funcionarios judiciales que tuvieran procedimientos iniciados por causas de corrupción (art. 6) y la destitución, también en forma inmediata, de jueces y funcionarios judiciales en caso de retardo judicial, de revocación de sus sentencias, de incumplimiento grave de sus obligaciones o que poseyeran signos de riqueza de procedencia no demostrada (art. 7).

6. La designación, a criterio de la Comisión, de suplentes o conjueces para sustituir a los jueces destituidos o suspendidos (art. 8).

El Decreto estableció que los jueces destituidos o suspendidos por la Comisión podían "apelar" de la decisión ante la Asamblea Nacional Constituyente (art. 9), con

---

109 *G.O.* N° 36.772 de 25-08-99 reimpreso en *G.O.* N° 36.782 de 08-09-99.

110 En el debate ante la Asamblea, expusimos nuestra opinión y las objeciones a la forma como se procedía a la intervención de la justicia, señalando que: "Si bien la Asamblea Nacional Constituyente debe ser la instancia política para motorizar las reformas inmediatas al Poder Judicial, y para propender a la renovación de la Judicatura, ello no lo puede hacer directamente sustituyendo los órganos con competencia legal para ello, sino instruyendo, vigilando y haciendo el seguimiento de sus propuestas. De lo contrario, corremos el grave riesgo de desencadenar iniciativas indeseadas por violación de los Tratados Internacionales que obligan al Estado Venezolano a proteger la independencia judicial, la cual lejos de salvaguardarse, se lesiona abiertamente con el Proyecto de Decreto". Véase Allan R. Brewer-Carías, *Debate Constituyente,* Tomo I, *op. cit.* p. 73.

lo cual se pretendía convertir a la Asamblea en un órgano de alzada en el procedimiento administrativo.

Además, el Decreto destinó un conjunto de normas para regular la selección de jueces mediante evaluaciones y concursos públicos que, por supuesto, no se realizaron (art. 10 a 24).

En todo caso, la declaratoria de Emergencia Judicial tendría vigencia hasta que se sancionara la nueva Constitución (art. 32), sin embargo, fue prorrogada de hecho por más de un año, por la falta del Tribunal Supremo de Justicia en asumir el gobierno judicial conforme a la competencia que le asignó la nueva Constitución de 1999 (art. 267). El Tribunal Supremo de Justicia, a partir de enero de 2000, fue así complaciente con la forma irregular de intervención del Poder Judicial, y se abstuvo deliberadamente de asumir sus propias funciones.

Con posterioridad a la aprobación del Decreto de Reorganización del Poder Judicial, se emitió por la Junta Directiva de la Asamblea otro Decreto complementario de la intervención del Poder Judicial denominado "Decreto de Medidas Cautelares Urgentes de Protección al Sistema Judicial". El mismo ni siquiera fue aprobado por la Asamblea, ni publicado en *Gaceta Oficial,* sino que fue dictado por la "Junta Directiva de la Asamblea Nacional Constituyente y la Comisión de Emergencia Judicial autorizadas por la Asamblea en una sesión extraordinaria del 7 de octubre de 1999". O sea, la Asamblea se permitió, incluso, "delegar" en su Junta Directiva el supuesto poder constituyente originario que había asumido, hecho clandestino del cual no tuvieron conocimiento ni siquiera los mismos constituyentes. En todo caso, lo insólito de esta "delegación" fue que la fecha de emisión del Decreto fue el mismo día 7 de octubre de 1999, y ese mismo día fue reformado[111], razón por la cual no se entiende el porqué de tal delegación ni el porqué no fue sometido a la consideración de la plenaria de la Asamblea para su adopción por ella.

En este Decreto, en todo caso, se ordenó la inmediata suspensión de jueces contra quienes pesaran siete denuncias o más, o que tuvieran averiguaciones penales abiertas (art. 1), siendo el objeto inmediato de la suspensión, como medida cautelar, la separación del cargo de los jueces y su sometimiento a procedimientos disciplinarios (art. 3). El Decreto ordenaba, además, la incorporación de los suplentes de los jueces suspendidos (art. 2). Por otra parte, el Decreto ordenó la suspensión de los Inspectores de Tribunales por conductas omisivas (art. 4) y facultó a la Inspectoría General de Tribunales para la designación de inspectores interinos (art. 5). Por último, el Decreto facultó a la Comisión de Emergencia Judicial -el mismo órgano que participó en su adopción- para extender las medidas dictadas a otras situaciones graves (art. 9). Este Decreto de medidas cautelares, sin embargo, reguló un recurso contra las medidas ante la Sala Plena de la Corte Suprema de Justicia (art. 10), buscando garantizar de alguna manera el derecho a la defensa que había sido olvidado en el Decreto anterior.

Contra las medidas que al efecto dictaron los órganos comisionados para ello, se recurrió ante la Sala Político Administrativa del Tribunal Supremo de Justicia, que había sido creado por la propia Asamblea Nacional Constituyente luego de extinguir la antigua Corte Suprema de Justicia. Esta Sala en fecha 24 de marzo de 2000, dictó la sentencia N° 659, (*Caso: Rosario Nouel*), en la cual declaró que:

---

111 *G.O.* N° 36.825 de 09-11-99.

La Comisión de Emergencia Judicial, la Sala Administrativa del extinto Consejo de la Judicatura, así como la Inspectoría General de Tribunales ejercieron una competencia que les fue atribuida por la Asamblea Nacional Constituyente, y en consecuencia su competencia emanó de una *voluntad soberana.*

Esta vez fue la Sala Político Administrativa del nuevo y renovado Tribunal Supremo, que había sido creado el 22-12-99 por la propia Asamblea Nacional Constituyente en el Decreto sobre el "Régimen de Transición de los Poderes Públicos", la que en esta sentencia le atribuyó a las decisiones de la Asamblea, carácter de "voluntad soberana", es decir, directamente reconoció a la Asamblea la supuesta titularidad de la soberanía, lo que no tenía sentido, pues la única "voluntad soberana" que podía haber en el régimen constitucional era la que emanaba del pueblo, único titular de la soberanía, mediante el sufragio (elecciones) o votaciones (referenda).

En todo caso, con fundamento en estos Decretos se produjo la intervención del Poder Judicial, se destituyeron y suspendieron jueces, con precaria garantía al derecho a la defensa, se designaron suplentes e interinos sin sistema alguno de selección que no fuera la voluntad del designante, con lo cual, el Poder Judicial quedó signado por la provisionalidad, con su secuela de dependencia respecto del nuevo Poder, sin que se hubiera realizado concurso alguno para la selección de jueces[112].

El Decreto de Medidas Cautelares de Protección al Sistema Judicial fue impugnado por inconstitucionalidad ante la Corte Suprema de Justicia el 19 de noviembre de 1999, habiéndose decidido la causa por el nuevo Tribunal Supremo de Justicia, pero en Sala Constitucional, mediante sentencia del 2 de noviembre de 2000 N° 1320, (Caso: *Gisela Aranda Hermida*), en la cual al declarar la inadmisibilidad de la acción, consideró que el Decreto era:

> Un producto del proceso constituyente recientemente vivido en Venezuela y que se encuentra dentro de los denominados actos constituyentes, respecto de los cuales esta misma Sala ha dejado sentado en anteriores oportunidades con fundamento en algunas sentencias pronunciadas por al entonces Corte Suprema de Justicia en Pleno- que, al tener "(...) su régimen fundamental en las preguntas y Bases Comiciales consultadas en el Referendo del 25 de abril de 1999", tales actos "(...) son para el ordenamiento que rige el proceso constituyente, 'de similar rango y naturaleza que la Constitución' como la cúspide de las normas del Proceso Constituyente", concluyendo así que, "(...) habiendo sido asimilado el rango de las Bases Comiciales con el más alto escalafón de la jerarquía normativa en el proceso constituyente, es esta Sala Constitucional el Tribunal competente para decidir las acciones intentadas contra los actos de ejecución de dichas Bases...

Se destaca de esta sentencia la insólita decisión de atribuir carácter de "acto constituyente" de igual rango y naturaleza que la Constitución, no ya a una decisión de la Asamblea Nacional Constituyente, sino de su Junta Directiva y de una Comisión creada por la Asamblea. La complacencia al nuevo poder no encontró límites.

Por último, también como parte de la intervención del Poder Judicial, la Asamblea Nacional Constituyente, esta vez "en uso a la atribución a que se contrae el

---

112 Casi dos años después, en agosto de 2001, Magistrados del Tribunal Supremo de Justicia admitían que más del 90% de los jueces de la República eran provisionales. Véase *El Universal*, Caracas 15-08-01, p. 1-4. En mayo de 2001 otros Magistrados del Tribunal Supremo reconocían el fracaso de la llamada "emergencia judicial". Véase *El Universal,* Caracas 30-05-01, p. 1-4.

artículo 1° del Estatuto de Funcionamiento de la Asamblea y en conformidad con el artículo 1° del Decreto de Reorganización del Poder Judicial del 25 de agosto de 1999", dictó otro Decreto que confirió facultades a la Comisión de Emergencia Judicial "hasta el 16 de diciembre del presente año" (1999) para reglamentar el plan de evaluación de los jueces, determinar la permanencia o sustitución de los mismos y el régimen de selección y concursos (art. único)[113].

El resultado de toda esta intervención del Poder Judicial fue la designación indiscriminada de "nuevos" jueces sin concursos, muchos de los cuales quedaron dependientes del nuevo Poder que los había designado.

Pero lo más lamentable de todo este asalto al Poder Judicial, llevado a cabo por la Asamblea nacional Constituyente, con el cómplice silencio del la Corte Suprema, fue el Acuerdo adoptado por la propia Corte Suprema de Justicia de 23-08-99 y lo que produjo materialmente su "autodisolución"

En efecto, la Corte Suprema de Justicia, en fecha 23 de agosto de 1999, y con motivo de la decisión de la Asamblea de intervenir el Poder Judicial, adoptó un desafortunado Acuerdo[114], elaborado con ponencia de la magistrado Hildegard Rondón de Sansó, en el cual "fijó posición" ante el Decreto de Reorganización del Poder Judicial dictado por la Asamblea Nacional Constituyente; y sobre la designación de uno de sus propios magistrados (Alirio Abreu Burelli) como integrante de la ilegítima Comisión de Emergencia Judicial; con lo cual, como lo expresó la magistrado Cecilia Sosa Gómez, quien hasta ese momento presidía la Corte Suprema, al salvar su voto: "Estimo que al acatar el Decreto de la Asamblea Nacional Constituyente, la Corte Suprema de Justicia se autodisuelve".

Y así ocurrió, de hecho, tres meses después.

En efecto, en el Acuerdo, la Corte, sin duda ingenuamente y en un último intento de detener la avalancha inconstitucional que había provocado con sus imprecisiones, ratificó su "convicción" sobre el hecho de que la Asamblea Nacional Constituyente no había nacido "de un gobierno de *facto*, sino que surgió en un sistema de *iure* mediante un procedimiento al cual ella ha dado su respaldo"; y procedió a evaluar el Decreto "independientemente de los vicios que puedan afectarlo", lo cual resultaba a todas luces extraño, por sólo decir lo menos. No es concebible que un Tribunal Supremo que es juez constitucional pueda "evaluar" un acto estatal que sospecha viciado, independientemente de sus vicios, no pudiendo un Tribunal Supremo desdoblarse así, acomodaticiamente.

En todo caso, de esa "aséptica" evaluación, la Corte Suprema captó el compromiso de la Asamblea Nacional Constituyente de proceder de inmediato, a través de la citada Comisión, a la revisión de los expedientes de los jueces y a su evaluación. Consideró, además, la Corte, que la ejecución del proceso de reorganización judicial debía respetar los principios fundamentales del derecho a la defensa, de la racionalidad y proporcionalidad de las decisiones y de la independencia y autonomía del Poder Judicial, lo cual precisamente no se había hecho ni se garantizaba en el Decre-

113 *G.O.* N° 36.832 de 18-11-99.

114 Véanse nuestros comentarios sobre el Acuerdo en Allan R. Brewer-Carías, *Debate Constituyente,* Tomo I, *op. cit.*, pp. 141 y ss. Véanse además, los comentarios de Lolymar Hernández Camargo, *La Teoría del Poder Constituyente, cit,* pp. 75 y ss.

to que evaluaba, ofreciendo sin embargo, "su contribución para el objetivo fundamental perseguido por el Decreto", para lo cual, aunque parezca mentira, autorizó al magistrado Abreu Burelli para integrar la Comisión, lo cual también, en forma increíble, fue aceptado por éste.

De nuevo, el lenguaje impreciso y ambiguo utilizado en el Acuerdo condujo a que varios Magistrados salvaran su voto. El magistrado Héctor Paradisi León estimó que el pronunciamiento de la Corte no respondía al ejercicio de sus atribuciones, dada las "motivaciones altamente políticas" del Decreto. El magistrado Hermes Harting consideró contradictorio el Acuerdo, pues el Decreto de la Asamblea "transgrede derechos como el ser juzgado por sus jueces naturales y la garantía del debido proceso" al atribuir a la Comisión de Reorganización Judicial, en desmedro de las atribuidas a la Corte Suprema de Justicia y al Consejo de la Judicatura. Similares contradicciones identificó el magistrado Héctor Grisanti Luciani. Finalmente, la magistrado Cecilia Sosa Gómez denunció la incoherencia del Acuerdo, al estimar que "Pretende convalidar el Decreto de la Asamblea dirigido directamente a desconocer el Estado de Derecho en el cual ha nacido".

Denunció, además, la Magistrada Sosa la contradicción del Acuerdo, pues al:

> Respaldar el contenido del Decreto de Emergencia Judicial dictado por la Asamblea, (la Corte) desconoce rotundamente no sólo el contenido de sus sentencias sino los límites demarcados en las bases comiciales que gobiernan el funcionamiento de la Asamblea y el ordenamiento constitucional y legal, enteramente vigente y cuya garantía ha sido confiada a este Alto Tribunal.

Consideró, además, que la Corte, con el Acuerdo:

> Reniega su propia jurisprudencia, que fijó la competencia de la Asamblea Nacional Constituyente, y, consecuentemente, ha mostrado su fragilidad y debilidad ante el Poder Político y, deberá su precaria permanencia al Presidente de la República, que magnánimamente no ha ordenado su disolución.

La magistrado Sosa, sin duda, tenía claro el panorama futuro de la Corte, cuyos magistrados fueron removidos tres meses después por la propia Asamblea Nacional Constituyente. Por ello, denunció, además, que con el Acuerdo, la Corte había permitido que la Asamblea enervara las facultades que el pueblo soberano:

> Donde reside el único y verdadero poder originario", confirió a la Asamblea, pues a la Asamblea no se la había autorizado "para intervenir o sustituir los poderes constituidos, erigiéndose en una suerte de "superpoder" donde se concentran todas las potestades públicas.

Consideró que ello lo había logrado la Asamblea "con el respaldo del Acuerdo" cuyo contenido deploró.

Advirtió la magistrado Sosa que la Corte, "mediante un artilugio jurídico", se había sometido "a los designios de la Asamblea, aceptando que ella pueda sustituirse a la Corte Suprema de Justicia y al Poder Judicial, a través de una falsa colaboración". La Asamblea "no está por encima de la Constitución que le permitió existir" -dijo-, por lo que la Magistrado disidente denunció que con el Decreto, la Asamblea:

> Se arrogó atribuciones del poder constituido, y olvidó que debe responder sólo a lo que el pueblo soberano le autorizó...; ...ha violentado con esta actuación -validada

por la Corte- esa Constitución, desconociendo abierta y flagrantemente sus postulados. Y, sin una Constitución simplemente no hay Democracia... con ese Decreto la Asamblea Nacional Constituyente rompió el equilibrio de esa Democracia.

La verdad es que ya lo había roto con anterioridad al haber perpetrado el golpe de Estado del cual el Decreto era una manifestación más, pero no la única. Finalmente, la magistrado Sosa denunció que más que "sumisión al Estado de Derecho", la Corte con el Acuerdo, había declarado su "sumisión a la Asamblea Nacional Constituyente"; y con ello, en definitiva su disolución, como en efecto ocurrió tres meses después. Por último, la magistrado Sosa hizo esta definitiva afirmación, que patentizó la actuación de la Corte:

> El miedo a desaparecer como Magistrados y el ansia de colaborar con una mayoría que se ha arrogado todos los poderes fue más grande que la dignidad y la defensa de los valores fundamentales que el Derecho y la Democracia imponen a la Corte Suprema de Justicia.

Basta glosar este voto salvado, tremendamente crítico, para entender la naturaleza del acto de sumisión de la Corte Suprema de Justicia a la Asamblea Nacional Constituyente. La magistrado Sosa, el mismo día del Acuerdo, renunció a su condición de Magistrado; y poco tiempo después, como se dijo, la mayoría de los otros Magistrados fueron sacados inmisericordemente de sus cargos, por el nuevo poder que ellos contribuyeron a entronizar, y del cual fueron sus primeras víctimas.

Como resulta de todo lo anteriormente expuesto, el proceso constituyente venezolano de 1999, institucionalmente comenzó a raíz de la sentencia de la Sala Político Administrativa de la Corte Suprema de Justicia de 19-1-99, en la cual fundamentándose en la consideración del derecho a la participación política como un derecho inherente a la persona humana, el Supremo Tribunal abrió la vía para que mediante referendo, la soberanía popular se manifestara para establecer un tercer mecanismo de revisión constitucional, distinto a la reforma y a la enmienda que regulaba la Constitución de 1961, consistente en la elección de una Asamblea Nacional Constituyente que cumpliera tal tarea.

Las sentencias de la Sala Político Administrativa que siguieron a las de 19-1-99, de marzo y abril de 1999[115], dejaron claramente sentado el criterio de que la Asamblea Nacional Constituyente, que se originaría del referendo del 25-4-99, surgía al calor de la interpretación de la Constitución de 1961, quedando sometida a la misma y a las bases comiciales (estatuto de la Constituyente) que se aprobaran en el referendo. Estas bases comiciales, como manifestación de la voluntad popular, es decir, del pueblo como soberano poder constituyente originario, adquirieron entonces rango constitucional (naturaleza igual y similar a la Constitución).

La Asamblea Nacional Constituyente, así, se configuraba como un instrumento para la revisión constitucional y nada más. Se trataba de un poder constituido que, aunque extraordinario, no podía usurpar la autoridad de los poderes constituidos ordinarios (los regulados en la Constitución de 1961) y, por supuesto, no podría tener carácter alguno de "poder constituyente originario" que sólo tiene el pueblo.

115 Véase en Allan R. Brewer-Carías, *Poder Constituyente Originario y Asamblea Nacional Constituyente, cit.*, pp. 25 a 55; 169-198; 223 a 250. Véanse los comentarios en Véase el texto en Allan R. Brewer-Carías, *Golpe de Estado y Proceso Constituyente en Venezuela*, UNAM, México 2001, Segunda Parte.

El intento del Presidente de la República y del Consejo Supremo Electoral de pretender incorporar a las bases comiciales una expresión que buscaba atribuir a la Asamblea algún poder constituyente originario en la base comicial octava, fue debidamente frustrado por la Sala Político Administrativa de la Corte Suprema de Justicia en la sentencia de 18-3-99, en la cual ordenó eliminar de la base comicial octava la frase que calificaba a la Asamblea "como poder originario que recoge la soberanía popular".

En todo caso, las imprecisiones y ambigüedades de las sentencias de la Sala, comenzando por las de 19-1-99, habrían de costarle caro, porque apenas se instaló la Asamblea Nacional Constituyente electa el 25-7-99, al aprobar su Estatuto de Funcionamiento, como se ha dicho, se autoatribuyó el carácter de "depositaria de la voluntad popular y expresión de su soberanía, con las atribuciones del poder originario".

Atrás quedaron los esfuerzos imprecisos de la Sala Político Administrativa. Con esta decisión se produjo un golpe de Estado, es decir, la asunción por un órgano constitucional de la potestad de desconocer la Constitución que en ese momento estaba vigente; auto atribuyéndose la facultad, supuestamente:

> En uso de las atribuciones que se le son inherentes, para limitar o decidir la cesación de las actividades de las autoridades que conformen el Poder Público.

De poder constituido extraordinario, la Asamblea decidió convertirse a sí misma en poder constituyente originario, usurpándoselo al pueblo, violentando su voluntad expresada en la Constitución que estaba vigente de 1961. En esta forma, se autoatribuyó el poder de desconocerla y violarla a su antojo y medida, al someter a todos los órganos del poder constituido ordinario a su voluntad. Precisamente fue por ello que en el Estatuto de Funcionamiento, la Asamblea dispuso que:

> Todos los organismos del Poder Público quedan sometidos a la Asamblea Nacional Constituyente, y están en la obligación de cumplir y hacer cumplir los actos jurídicos estatales que emita dicha Asamblea.

En cuanto a la Constitución de 1961, que era el texto vigente, como se ha dicho, la Asamblea resolvió que la misma, así como el resto del ordenamiento jurídico imperante:

> Mantendrán su vigencia en todo aquello que no colida o sea contradictorio con los actos jurídicos y demás decisiones de la Asamblea Nacional Constituyente.

La Asamblea así, se autoatribuyó potestad constituyente para modificar la Constitución de 1961, no mediante la elaboración de un nuevo proyecto de Constitución que luego debía ser aprobado por el pueblo mediante referendo, sino directa e inmediatamente durante su funcionamiento mediante los llamados actos constituyentes, todo lo cual violaba las bases comiciales que habían sido aprobadas por el referendo, que habían dado origen a la propia Asamblea, a las que luego la Corte Suprema le atribuiría carácter supraconstitucional.

Con la aprobación del Estatuto de Funcionamiento, como hemos dicho, sin duda, la Asamblea dio un golpe de Estado contra la Constitución, desconociéndola, lo cual la Corte Suprema de Justicia no fue capaz de corregir. La Corte, quizás, creyó que podía salvarse de la guillotina constituyente, y como siempre sucede en estos procesos, fue la primera cabeza que rodó.

La Corte Suprema de Justicia, en efecto, fue llamada a pronunciarse sobra la violación, por el Decreto de regulación de las funciones del Poder Legislativo dictado por la Asamblea Nacional Constituyente, de las bases comiciales que se habían aprobado en el referendo del 25-4-99; pero la Corte en un acto de denegación de justicia, se abstuvo de considerar tal violación. Esta técnica de avestruz se produjo con la sentencia de la Corte Plena del 14-10-99, que lejos de corregir la usurpación de autoridad realizada por la Asamblea, "legitimó" la inconstitucionalidad.

Por ello, en los actos constituyentes posteriores, la Asamblea Nacional Constituyente siempre invocaría, precisamente, esta sentencia para ejercer sus pretendidos poderes de desconocer la Constitución. En todo caso, el primero de estos actos fue, también precisamente, el acto constituyente del 22-12-99, que destituyó a los propios Magistrados de la Corte Suprema de Justicia, que eliminó a la propia Corte y que creó, en su lugar, un Tribunal Supremo de Justicia, con nuevas Salas, designando a su gusto a los nuevos Magistrados. Muy pocos de la antiguos Magistrados de la Corte Suprema de Justicia aparecieron en el nuevo Tribunal Supremo de Justicia, pero uno que sí apareció seguro fue el Magistrado Presidente, Iván Rincón, ponente de la desafortunada sentencia de la Corte Plena del 14-10-99.

En todo caso, posteriormente, sería el Tribunal Supremo de Justicia creado el 22-12-99 por la propia Asamblea Nacional Constituyente e integrado por Magistrados afectos al nuevo poder, el que convalidaría todas las actuaciones de la Asamblea Nacional Constituyente adoptadas al margen y desconociendo la Constitución de 1961, admitiendo una supuesta "supremacía de la Asamblea Nacional Constituyente como poder constituyente".

En efecto, la sentencia N° 4 de 26-01-00 (*caso: Impugnación del Decreto de Régimen de Transición del Poder Público*), en esta forma, la Sala Constitucional del nuevo Tribunal Supremo de Justicia declaró improcedente el recurso, señalando expresamente que:

> Dado el *carácter originario del poder* conferido por el pueblo de Venezuela a la Asamblea Nacional Constituyente, mediante la pregunta N° 1 y la base comicial octava del referido referendo consultivo nacional, aprobado el 25 de abril de 1999, y por tanto, *la no sujeción de este poder al texto constitucional* vigente para la época...

Posteriormente, el mismo Tribunal Supremo de Justicia en la misma Sala Constitucional consideró los actos de la Asamblea Nacional Constituyente como de naturaleza "supraconstitucional". Así lo señaló en la sentencia de 21-01-00 con motivo de otra impugnación del Decreto sobre "Régimen de Transición del Poder Público"; y de nuevo en otra sentencia con el mismo objeto de 20-06-00 (*caso: Mario Pesci Feltri*), en la cual la Sala Constitucional señaló que:

> Las normas sancionadas por la Asamblea Nacional Constituyente tienen un fundamento supraconstitucional respecto de la Constitución de 1961 y constitucional respecto de la de 1999.

Hasta ese momento, lo que se había considerado como de carácter supraconstitucional era únicamente la voluntad popular expresada en el referendo del 25-4-99; ahora, el Tribunal Supremo "equiparaba" los actos de la Asamblea, que era un órgano representativo del pueblo, a los del propio pueblo y reconociéndole tal igual carácter, se derivaba, entonces, que la Asamblea podía modificar la propia voluntad popular, lo cual era una aberración constitucional.

La misma Sala Constitucional, posteriormente, agregó lo siguiente al considerar la denuncia de violación por el "Decreto de Régimen de Transición del Poder Público", de la Asamblea, del artículo 262 de la Constitución de 1999:

> Esta Sala una vez más sostiene que la Asamblea Nacional Constituyente, como órgano del poder originario y en ejercicio de la competencia que es inherente a la organicidad de ese poder originario, podía dentro de la segunda etapa de transitoriedad antes referida -además de dictar, abrogar, derogar o modificar normas-, disponer la integración provisional de las nuevas estructuras políticas creadas por el nuevo Texto Fundamental, en aquello no definido de manera expresa por dicho cuerpo de normas.

Posteriormente, la misma Sala Constitucional del Tribunal Supremo consolidó el carácter de "poder constituyente originario" de la Asamblea Nacional al dictar la sentencia N° 180 de 23 de marzo de 2000 (*Caso: Allan R. Brewer-Carías y otros, impugnación del Estatuto Electoral del Poder Público*), en el cual señaló entre otros aspectos, bajo la ponencia del magistrado Jesús Eduardo Cabrera, lo siguiente:

> Desde el 25 de abril de 1999, comenzó un régimen transitorio cuya finalidad no sólo era discutir y aprobar una nueva Constitución, por medio de la Asamblea Nacional Constituyente sino que según la pregunta 1° del Referendo Consultivo, la Asamblea se convirtió en un órgano con potestad para transformar el Estado y crear un nuevo ordenamiento jurídico que permitiera el funcionamiento efectivo de una democracia social y participativa. Ese régimen transitorio finalizó con la aprobación de la Constitución de la República Bolivariana de Venezuela, pero dentro de este devenir, la Asamblea Nacional Constituyente decretó, el 12 de agosto de 1999 (publicado en la Gaceta Oficial de la República de Venezuela N° 36.764, del 13 de agosto de 1999) la reorganización de todos los Poderes Públicos y reformó las funciones del Poder Legislativo.
>
> Durante este régimen transitorio, estuvo vigente la Constitución de la República de Venezuela de 1961, en lo que no colidiese con el régimen jurídico que creaba la Asamblea, ya que ésta ejercía en forma originaria el poder constituyente, por ser emanación del pueblo soberano, y por tanto, no existía norma superior preestablecido por encima de sus determinaciones, lo cual fue reconocido por sentencia de fecha 14 de octubre de 1999, emanada de la Sala Plena de la extinta Corte Suprema de Justicia. Así, las normas sancionadas por la Asamblea Nacional Constituyente tuvieron un fundamento supracons-titucional con respecto a la Constitución de la República de Venezuela de 1961, y conforman un sistema de rango equivalente a la Constitución, pero de vigencia determinada, con respecto a la Constitución que elaboraba. Tal sistema, nacido de un poder constituyente e indivisible, situado por encima de las ramas del Poder Público, está destinado a regir toda la transitoriedad, hasta el momento en que los Poderes Públicos sean electos e inicien el ejercicio de sus competencias; es decir, que su teleología, consiste en "*la implantación efectiva de la organización y funcionamiento de las instituciones previstas en la Constitución aprobada*" (artículo 3 del decreto que creó el Régimen de Transición del Poder Público, publicado con anterioridad a la entrada en vigencia de la Constitución de 1999).

Así, progresivamente, el juez constitucional, de "guardián de la Constitución", que debía ser, primero representado en la Corte Suprema de Justicia por su ingenuidad al abrir la "Caja de Pandora" constituyente y llegar a someterse a la propia

Asamblea Nacional Constituyente; y luego, representado en el nuevo Tribunal Supremo de Justicia, creado por dicha Asamblea cuando extinguió a la Corte Suprema, y que ha sido el instrumento para la consolidación del autoritarismo; pasó a ser el amanuense de la Constitución del guardián, y durará en sus funciones hasta que le sirva y no le estorbe.

III. LA ASAMBLEA NACIONAL CONSTITUYENTE Y LA CONSTITUCIÓN DE 1999

Después de las sentencias de la Corte Suprema, el carácter de la Asamblea Nacional Constituyente puede decirse que había quedado delineado: de acuerdo a las mismas, se trataba de un nuevo medio de reforma constitucional, distinto a los previstos en la Constitución de 1961 (art. 245 y 246), que podía derivarse de una consulta al pueblo, es decir, de una manifestación de la soberanía popular. Conforme a ello, la Asamblea Constituyente tenía que actuar con sujeción a la Constitución de 1961, hasta que este texto fuese sustituido por uno nuevo, producto, precisamente de la actividad de la Asamblea; por lo que la Asamblea Constituyente convocada bajo el marco de la Constitución de 1961 luego de un *referéndum consultivo,* no podía tener otras funciones que no fueran las de elaborar una nueva Constitución producto del pacto político-social-constitucional a que llegara la Asamblea.

Pero del total de los 131 constituyentes que conformaron la Asamblea sólo 4 de los electos en la circunscripción nacional y 2 de los electos en las circunscripciones regionales recibieron el voto popular sin formar parte de las listas electorales que apoyó el Presidente de la República y los partidos políticos de la coalición de gobierno. La Asamblea, así, resultó dominada por los 125 constituyentes electos con el directo y abierto del apoyo del Presidente Chávez, quienes imponiendo su mayoría la convirtieron en órgano aparentemente con poderes imprecisos e ilimitados para "transformar el Estado y crear un nuevo orden jurídico que permita el funcionamiento efectivo de una democracia social y participativa" (art. 3, Primera). Ese carácter exclusivo de la Asamblea se debió, entre otros factores, al sistema electoral que fue diseñado especialmente.

1. *El sistema electoral escogido y el exclusivismo político de la Asamblea*

Ese sistema electoral que se estableció, definitivamente no fue producto de algún acuerdo político entre los diversos sectores del país[116]. Lo definió sólo el Presidente de la República, como un sistema de carácter nominal mediante postulación individual de cada candidato, y una elección personificada. Los 104 constituyentes regionales debían elegirse en cada región, en un número variable según la población de cada una. Una vez concluida la fase de postulaciones individuales, la autoridad electoral elaboró una lista alfabética de todos los postulados en cada región, y el elector tenía derecho a votar, escogiendo de la lista hasta un número igual a los que correspondía elegir. En la circunscripción nacional, la postulación también fue nominal y una vez elaborada la lista de todos los candidatos que se postularon individualmente se dispuso que cada elector tendría derecho a votar sólo por 10 candidatos y no por los 24 que debían ser electos.

---

116 Véase lo expuesto en Allan R. Brewer-Carías, *La crisis de la democracia en Venezuela*, Ediciones Libros El Nacional, Caracas, 2002, pp. 234 y ss.

Este sistema electoral, aparentemente nominal y personalizado, se convirtió en el más diabólico mecanismo de control de la Asamblea Nacional Constituyente por parte del Presidente de la República y sus seguidores. El Presidente, personalmente, hizo campaña electoral en todo el país, y propuso su propia lista en cada región, con los candidatos a elegir. Por otra parte, para la elección de los constituyentes nacionales, propuso a los electores de los Estados orientales una lista de 10 candidatos y a los electores de los Estados occidentales otra lista con otros 10 candidatos. En consecuencia, el Presidente de la República, en una multimillonaria campaña electoral (que ahora, en 2002, se sabe que fue financiada por el Banco Bilbao Vizcaya de España), en cada circunscripción regional presentó y apoyó una lista de los candidatos a elegir en la región, más la lista de los 10 candidatos nacionales correspondientes.

Efectuada la votación el 25 de julio de 1999[117], en la cual se produjo una abstención del 53%, el resultado fue que el Presidente de la República logró la elección de todos los candidatos regionales, menos dos, es decir, un total de 102 de los 104 que correspondían; y los 20 candidatos nacionales que conformaban sus listas. Por tanto, sólo llegaron a ser electos sin el respaldo del Presidente Chávez y más bien adversándolo, 4 constituyentes nacionales (ello fue posible, porque la votación por elector sólo podía hacer por 10 candidatos). Los tres representantes indígenas fueron electos de acuerdo con "las costumbres ancestrales" respectivas, y los mismos resultaron adeptos al partido de gobierno.

El sistema electoral establecido por el Presidente de la República en la convocatoria al referendo, por tanto, fue el menos indicado para conformar una Asamblea Constituyente pluralista que incluyera a todos los grupos y actores políticos. Lejos de contribuir al pluralismo y a la representación plural, el sistema electoral impuesto por el Presidente de la República en su convocatoria, condujo a la instalación de una Asamblea Constituyente exclusivista, en la cual quedaron excluidos de representación todos los partidos políticos tradicionales, quedando dominada por el partido de gobierno y por los seguidores del Presidente. De 131 miembros, sólo 2 tenían pertenencia partidista respecto de los partidos tradicionales desplazados (un constituyente nacional y uno regional) y otros cuatro habían sido candidatos independientes postulados por iniciativa propia. Entre ellos, incluso, no había un proyecto común. Se convirtieron en el grupo opositor en la Asamblea, por reflejo, por no formar parte del grupo que apoyaba al Presidente de la República.

Una Asamblea Constituyente conformada por una mayoría de esa naturaleza, por supuesto, impidió toda posibilidad de convertirse en un instrumento válido de diálogo, conciliación política y negociación. Fue, en realidad, un instrumento político de imposición por un grupo que la dominaba, al resto de la sociedad, de sus propias ideas, con exclusión total respecto de los otros grupos. En realidad, debió haberse tratado de un medio o instrumento político de conciliación, necesario para recomponer el sistema democrático y asegurar su gobernabilidad, para lo cual era necesario asegurar la participación de todos los sectores de la sociedad, lo que sin embargo, no se logró. Al contrario, por esa falta de participación, acentuó las diferencias fundamentales entre los sectores políticos, y profundizó la fraccionalización del país. Por tanto, lejos de haber constituido un mecanismo para promover el diálogo y consoli-

117 Véase José E. Molina y Carmen Pérez Baralt, "Procesos electorales. Venezuela abril, julio y diciembre 1999", en CAPEL-IIDH, *Boletín Electoral Latinoamericano,* N° XXII, San José, 2000, pp. 63 y ss.

dar la paz, permitiendo la competitividad y convivencia, sirvió para acentuar las diferencias y agravar la crisis política.

Por ello, la Asamblea Constituyente que se eligió en julio de 1999 y se instaló el 3 de agosto de 1999, fue un instrumento para lograr el control total del poder por los que conformaban la mayoría y que habían sido electos constituyentes gracias al apoyo y a la campaña del propio Presidente de la República. En la Asamblea, dichos constituyentes estuvieron a su servicio y al diseño de cuantos mecanismos sirvieron para el control del poder por parte de los nuevos actores políticos que habían aparecido en escena de la mano del Presidente Chávez, en medio del más terrible deterioro de los partidos políticos tradicionales, que materialmente desaparecieron de la escena política durante el proceso constituyente.

2. *Las etapas en el funcionamiento de la Asamblea Constituyente*

El funcionamiento de la Asamblea Nacional Constituyente durante el lapso previsto en la *base comicial novena* del *referéndum del 25 de abril de 1999, que* era por 180 días, puede distribuirse en cuatro etapas hasta el momento de la sanción de la nueva Constitución, ya que con posterioridad se abrió una quinta etapa de "régimen de transición del Poder Público" desvinculada, incluso, de lo dispuesto en las *Disposiciones Transitorias* de la propia Constitución de 1999 y totalmente ilegítima desde el punto de vista constitucional:

En la *primera*, como se dijo anteriormente, que duró el primer mes de funcionamiento (del 08 de agosto al 02 de septiembre de 1999), la Asamblea asumió la tarea de reorganizar los Poderes Públicos constituidos; en la *segunda,* que duró del 02 de septiembre al 18 de octubre, el trabajo se concentró en las Comisiones Permanentes y en la Comisión Constitucional, tendiente a la elaboración del Proyecto de Constitución; en la *tercera,* que duró desde el 21 de octubre al 14 de noviembre, la Asamblea, en sesiones plenarias se dedicó a la aprobación del Proyecto de Constitución; y la *cuarta,* desde el 15 de noviembre al 15 de diciembre, se dedicó a la difusión del texto del *Proyecto* para el *referéndum aprobatorio* que se efectuó en esa oportunidad.

Ya nos hemos referido a la primera etapa del funcionamiento de la Asamblea, que duró entre el 8 de agosto y el 2 de septiembre de 1999, durante la cual intervino todos los poderes públicos irrumpiendo contra la Constitución de 1999. La elaboración del proyecto de Constitución fue una tarea posterior, que se desarrolló en las etapas subsiguientes.

En efecto, en la *segunda etapa* de funcionamiento de la Asamblea, que duró del 2 de septiembre al 18 de octubre de 1999, no se realizaron sesiones plenarias de la Asamblea, habiéndose concentrado el trabajo de la misma en las 20 Comisiones Permanentes que se habían designado, las cuales elaboraron las partes correspondientes del Proyecto de articulado, que se remitieron a la Comisión Constitucional, la cual durante el período comprendido entre el 28 de septiembre y el 18 de octubre de 1999, pretendió realizar la labor de integración normativa necesaria para, de los 20 informes de las Comisiones, elaborar un Anteproyecto de Constitución.

Lamentablemente, desde el inicio no se llegó a adoptar una metodología adecuada para elaborar un Proyecto de Constitución. Debió, ante todo, partirse de un Anteproyecto concebido como un todo orgánico, sobre el cual las diversas Comisiones debieron haber trabajado para la elaboración de las ponencias respectivas. Lamentablemente no fue así, y no se siguió la experiencia de la Constituyente de 1947, que partió de un Anteproyecto elaborado por una Comisión que había sido nombrada por la Junta Revolucionaria de Gobierno el 17-11-45 (Decreto N° 53) y que presidió Andrés Eloy Blanco, quien luego presidió la Asamblea Constituyente de 1946-1947. Asimismo sucedió en 1958, cuando el Congreso, para la elaboración de la Constitución de 1961, adoptó como Anteproyecto el texto de la Constitución de 1947.

En la Asamblea Nacional Constituyente, lamentablemente no se partió de algún Anteproyecto elaborado previamente, a pesar de que el Presidente de la República había designado una Comisión Constituyente para ello. Del Presidente, sin embargo, la Asamblea recibió un documento intitulado *Ideas Fundamentales para la Constitución Bolivariana de la V República* (agosto 1999), el cual, en realidad, no podía considerarse un Anteproyecto de Constitución y ni siquiera fue considerado como tal por la Asamblea para que las Comisiones iniciaran su trabajo, como incluso lo propusimos en la Comisión de Coordinación.

Metodológicamente, por tanto, el trabajo de la Asamblea, se inició con la falla fundamental de carecer de un Anteproyecto como punto de partida, por lo que la Comisión Constitucional, con la premura y presión que se le imprimió, no pudo realizar adecuadamente en los 15 días que sesionó, la tarea de elaborar un Proyecto acabado de Constitución, totalmente integrado y coherente.

El 18 de octubre de 1999, en todo caso, la Comisión consignó ante la Asamblea el Proyecto de Constitución para la discusión en la plenaria, el cual sin embargo, fue revisado y reformulado por otras Comisiones especiales, razón por la cual la discusión en las sesiones plenarias se iniciaron el 20 de octubre de 1999.

La *tercera etapa* del funcionamiento de la Asamblea Nacional Constituyente, en consecuencia, duró desde el 19 de octubre al 17 de noviembre de 1999, cuando se firmó el Proyecto de Constitución, sesión a la cual deliberadamente no concurrimos por estar en desacuerdo globalmente con el Proyecto.

Durante esa etapa, la *primera discusión* del Proyecto, en una forma inusitadamente rápida y con celeridad casi irracional, se efectuó en 19 sesiones plenarias que se desarrollaron entre los días 20 de octubre y 09 de noviembre de 1999, y la *segunda discusión* se desarrolló en sólo tres sesiones plenarias, entre los días 12 al 14 de noviembre de 1999. En las discusiones desarrolladas en dichas sesiones intervenimos en todos los Títulos, Capítulos y Secciones del Proyecto y en materialmente, todos los artículos del mismo.

3. *La atropellada elaboración de la nueva Constitución y la ausencia real de participación política*

Una vez intervenidos los poderes públicos y en medio del conflicto político que ello ocasionó, la segunda etapa de funcionamiento de la Asamblea Nacional Constituyente (septiembre-octubre 1999) se destinó a la elaboración del texto de un proyecto para una nueva Constitución. Ese proceso no siguió ningún modelo que pudiera permitir la efectiva discusión pública y participación popular. La Asamblea Nacional Constituyente, incluso, comenzó a elaborar el proyecto de nueva Constitución, desde el principio, colectivamente, sin que hubiera habido un proyecto inicial.

Por tanto, en la elaboración de la nueva Constitución no se siguió la vía ortodoxa en procesos similares de haberse elaborado previamente un proyecto de Constitución por una Comisión constitucional pluralista, para luego ser discutida por una Asamblea plenaria.

El Presidente de la República, efectivamente, había creado, al instalarse en el gobierno, un Consejo Constituyente integrado por personas del mundo político independiente, pero que en realidad dedicaron su tiempo a la elaboración de las bases para la elección de la Asamblea Constituyente. Dicho Consejo no elaboró ningún proyecto de Constitución, ni sus trabajos fueron públicos ni participativos. Consistieron, sólo, en reuniones cerradas con el Presidente de la República H. Chávez, durante las semanas previas y posteriores a la instalación de su gobierno.

En el proceso de elaboración del proyecto de Constitución por la Asamblea Nacional Constituyente, por tanto, no se partió de un proyecto previo, y si bien el Presidente presentó un documento a la Asamblea[118], fue sólo eso, un documento que fue a engrosar otros muchos documentos de trabajo que presentaron algunos grupos e individualidades. Por tanto, en el proceso, si bien hubo un Consejo Constituyente que diseñó las bases de funcionamiento de la Asamblea, no fue de efectiva integración plural, pero no hubo una Comisión Constitucional que hubiera elaborado un proyecto de Constitución, mediante un proceso de consulta pública, para ser sometido a la discusión de la Asamblea.

En consecuencia, la Asamblea Nacional Constituyente, después de dos meses de funcionamiento, comenzó el proceso de elaboración de un proyecto de Constitución mediante el método menos adecuado, que consistió en nombrar 20 comisiones que trataron los 20 temas esenciales de cualquier Constitución, y a ellas se encargó la elaboración en forma aislada, de sus propuestas en cada tema. Eso se hizo durante el mes de septiembre de 1999, es decir, un período excesivamente corto, durante el cual cada Comisión actuó aisladamente, realizando escasas consultas y propiciando esporádicamente la participación en la elaboración de proyectos, de los grupos que consideraron apropiados.

Para finales de septiembre de 1999, las 20 Comisiones sometieron a la Comisión Constitucional los 20 proyectos de articulado constitucional, que en conjunto sumaban casi 800 artículos. La Comisión Constitucional de la Asamblea era la encargada de conformar el proyecto de Constitución; pero lamentablemente se le impuso que en un lapso de sólo 2 semanas realizara la integración de todos aquellos textos redactados aisladamente, en un solo proyecto. La rapidez atropellada del proceso de elaboración de un anteproyecto de Constitución, dominado por un solo grupo que constituía mayoría abrumadora en todas las comisiones, por supuesto, impidió toda posibilidad de discusión pública del proyecto y de participación de la sociedad civil en la elaboración del texto que debía someterse a las discusiones de la Asamblea en plenaria. El texto que la Comisión Constitucional presentó el 18 de octubre ante la Asamblea, en todo caso, y por la premura impuesta, lamentablemente resultó ser muy deficiente, por constituir un agregado o catálogo de deseos, peticiones y buenas intenciones integrados en un texto excesivamente extenso.

De nuevo, la premura en tener listo el nuevo texto constitucional se impuso por presiones del gobierno, exigiéndose a la Asamblea Nacional Constituyente la tarea de discutir y aprobar el proyecto de Constitución en sólo un mes, lo que ocurrió entre el 19 de octubre y el 17 de noviembre de 2000. Es decir, en sólo 19 sesiones de primera discusión (20 de octubre a 9 noviembre) y de 3 sesiones de segunda dis-

118. *Ideas fundamentales para la Constitución Bolivariana de la V República*, Caracas, 1999.

cusión (12 al 14 de noviembre) lo que equivale a sólo 22 días de discusión, en Venezuela se aprobó una nueva Constitución![119].

La manera inusitadamente rápida con que se elaboró la Constitución, con una celeridad irracional exigida e impuesta por el Presidente de la República, condujo a que fuera completamente imposible que se asegurara la posibilidad de participación pública en el proceso constituyente.

A pesar de algunas buenas intenciones y una corta propaganda política, la verdad es que por lo reducido del tiempo, fue imposible toda participación política y pública efectiva en la elaboración del proyecto. Antes de la elaboración del proyecto, no hubo discusión pública, ni participación para la definición de las cuestiones constitucionales básicas que debían resolverse en la Asamblea (presidencialismo, bicameralismo, separación de poderes, descentralización, federalismo, municipalismo), ni sobre la misión básica de la misma. Tampoco hubo un programa de educación pública, para permitir la incorporación de propuestas de grupos de la sociedad civil y de organizaciones no gubernamentales. Estos no se incorporaron efectivamente al proceso constitucional, y sólo las organizaciones indigenistas tuvieron posibilidad de participar, por el hecho de contar directamente con 3 constituyentes indígenas.

El escaso tiempo que se impuso a la Asamblea para su trabajo, en todo caso, disipó toda posibilidad real de participación. Quienes controlaron el proceso optaron más por un proceso rápido sin participación, que por un proceso participativo que era más lento.

La participación popular en el proceso constituyente de 1999, en consecuencia, quedó realmente reducida a votaciones populares generales: en abril de 1999, en el referendo consultivo sobre las bases y misión de la Asamblea Constituyente; en julio de 1999, en la elección de los miembros de la Asamblea; y finalmente, en diciembre de 1999, en el referendo aprobatorio del proyecto de Constitución que se había divulgado durante sólo tres semanas previas.

La Constitución fue aprobada el 15 de diciembre de 1999, en un referendo aprobatorio[120] en el cual hubo una abstención del 55%. Ese texto, en todo caso, no se configuró como un documento que como lo había precisado el referendo consultivo de abril de 1999, asegurara la transformación del Estado y del sistema democrático venezolano. Es decir, el texto aprobado no llegó a constituir la nueva visión de la sociedad que se exigía, con la definición de los principios fundamentales que se requerían para la reorganización política del país y la redistribución del poder, de manera que se pudiera reemplazar el sistema de Estado centralizado de democracia de partidos por un Estado descentralizado de democracia participativa.

En realidad, el gran debate que no se dio en la Asamblea Nacional Constituyente y que era el que se imponía en el momento de crisis que vivía el país, era el relativo a la descentralización política y a la democracia participativa. Más democracia exigía más descentralización política, que era la única forma de lograr que fuera más representativa y más participativa. Para ello se debía construir un nuevo modelo de Estado descentralizado, con un nuevo sistema de distribución del poder y de demo-

---

119 Véase en Allan R. Brewer-Carías, *Golpe de Estado y proceso constituyente en Venezuela,* UNAM, México 2002, p. 239 y ss.

120 Véase José A. Molina y Carmen Pérez Baralt, *loc. cit.,* pp. 67 y ss.

cracia participativa, que no podía quedar reducida a referendos, y que eliminara el monopolio de la representatividad y de la participación que tenían los partidos. Lamentable-mente nada de esto se logró.

El proceso constituyente, por tanto, lejos de conciliar políticamente al país, acentuó las diferencias fundamentales y condujo a un mayor fraccionamiento y polarización extrema, al servir de instrumento para que un grupo asumiera el control total del poder[121]. Además, la Constitución que fue aprobada por la Asamblea, lamentablemente, en nuestro criterio, no aseguraba la transformación que requería el sistema político para perfeccionar la democracia, de manera de garantizar el reemplazo del Estado *Centralizado de Partidos*, que estaba y sigue estando en crisis terminal, por uno *Descentralizado y Participativo*[122].

Siempre pensamos que el gran debate del momento constituyente que vivía el país era el relativo a la descentralización política y por la democracia participativa. Más democracia exigía y exige más descentralización, única forma de lograr que sea más representativa y más participativa. Para ello debíamos construir un nuevo modelo de Estado Descentralizado, con un nuevo sistema de democracia de participación, la cual no podía quedar reducida a referendos, que eliminara el monopolio de la representatividad y de la participación que detentan los partidos políticos.

Lamentablemente, nada de ello se logró. La nueva Constitución, a pesar de que denomina al Estado como Federal descentralizado (art. 4), no pasa de consagrar el anhelo de siempre, no alcanzado. La verdad es que el texto aprobado no logra superar el esquema centralista de la Constitución de 1961, con Estados minimizados políticamente, sin recursos tributarios propios que se le quitaron en la *segunda discusión* y con entes legislativos regionales que no pasan de ser las Asambleas Legislativas tradicionales con otros nombres, pero reguladas por el Poder Nacional.

El centralismo del Estado, en todo caso, ahora aparece agravado con la eliminación del Senado, institución que podía haber permitido una representación igualitaria de los Estados para participar en la formulación de las políticas nacionales. Con una Asamblea Nacional Unicameral, los Estados poco poblados están en la posición de poder ser aplastados por la representación popular de los cinco o seis Estados densamente poblados del país, que pueden dominar la Asamblea.

La descentralización política, como condición para el perfeccionamiento de la democracia, la verdad es que quedó pospuesta, defraudándose así al país en su conjunto.

121. Durante la discusión del Proyecto de Constitución, el autor elaboró 127 votos salvados en relación con la aprobación de 132 artículos del Proyecto de Constitución, que formuló tanto en *Primera* como en *Segunda discusión,* y presentó sucesivamente y por escrito, conforme al artículo 77 del Estatuto de Funcionamiento de la Asamblea, ante el Secretario de la misma. El país fue testigo del tiempo que le dedicó a los trabajos de la Asamblea, así como de las propuestas que formuló en diversas ocasiones para tratar de mejorar el texto constitucional. El autor hubiera querido que el mismo estuviese redactado en otra forma y lo más importante, hubiera querido que en el texto se hubiesen sentado, efectivamente, las bases para la transformación del sistema político-democrático venezolano. Véase el texto de los votos salvados en Allan R. Brewer-Carías, *Debate Constituyente, (Aportes a la Asamblea Nacional Constituyente),* Tomo III, (18-octubre-30 noviembre 1999), Fundación de Derecho Público-Editorial Jurídica Venezolana, Caracas, 1999, pp. 107 a 308.

122 Por ello el autor firmó el Proyecto de Constitución del 17 de Noviembre de 1999. Sólo firmó el texto constitucional en el acto de su proclamación el 20-12-99, una vez que fue aprobado en el referéndum del 15-12-99, en virtud de que ya había una decisión popular.

Pero no sólo no se superó el centralismo del Estado, sino que la Asamblea no cambió nada en relación con la partidocracia, es decir, el sistema en el cual los partidos políticos han ejercido el monopolio de la representación popular y de la participación política.

De acuerdo con el texto aprobado, la elección de las Juntas Parroquiales, Concejos Municipales y Comisiones Legislativas Estadales, tendrá que seguir realizándose mediante el sistema de representación proporcional, el cual conduce, inexorablemente, a la sola representación de partidos políticos, los cuales podrán así seguir mediatizando la voluntad popular. La Asamblea no quiso introducir la elección uninominal a nivel local y asegurar la efectiva representatividad popular territorial por la que tanto se ha clamado.

En esta forma, el gran cambio político por el cual hemos venido luchando tantos años, no encontró cabida en la nueva Constitución, por lo que con ella difícilmente podrá superarse la crisis del Estado Centralizado de Partidos y llegar a perfeccionarse la democracia, lo que sólo puede lograrse con un sistema político descentralizado y participativo, que ha quedado ausente de la Constitución.

Y es que al centralismo y a la partidocracia, en la nueva Constitución se agrega una concepción fuertemente estatista del sistema socio económico, contrario a toda idea de libertad y solidaridad social, en el cual el Estado sustituye a la propia Sociedad civil y a las iniciativas particulares. El signo de la Constitución de 1999 es el paternalismo estatal que minimiza la educación privada, los servicios médicos particulares y la participación de los individuos, incluso los asegurados, en el manejo de la seguridad social. En nuestro criterio, los Constituyentes de 1999 no habíamos sido electos para formar parte de una Asamblea Constituyente que en definitiva se limitaría a constitucionalizar los fracasos del Estado en el seguro social o en los servicios públicos de salud, ni para reducir las iniciativas privadas en la educación.

Por supuesto no nos arrepentimos de haber formado parte de la Asamblea, donde hicimos nuestro mejor esfuerzo por cumplir a cabalidad el mandato popular que nos confiaron más de un millón doscientos mil electores. Sin embargo, en el referéndum aprobatorio de la Constitución no pudimos votar[123] por una Constitución que, como luego ocurrió, abría la vía al autoritarismo y que, en definitiva, cambiaba un centralismo por otro y una partidocracia de unos partidos por otros; que además, acentuaba el estatismo y que mezclaba el presidencialismo con el militarismo. Ese no había sido el cambio político por el cual habíamos luchado y por el cual hemos continuado y continuaremos luchando. En ese sentido, la Asamblea Nacional Constituyente puede considerarse que fue un fracaso político[124]: no fue un instrumento para la conciliación democrática ni fue un mecanismo político para transformar el sistema político y perfeccionar la democracia; al contrario, en forma absolutamente exclusivista, consolidó los peores vicios del sistema político que se había querido cambiar, estableciendo las bases para el autoritarismo.

---

123 Véase las razones de la campaña del autor por el voto "No" en el referendo de diciembre de 1999, en Allan R. Brewer-Carías, *Debate Constituyente,* Tomo III, *op. cit.*, pp. 309 a 340.

124 Véase lo expuesto en tal sentido en Allan R. Brewer-Carías, *La Crisis de la democracia venezolana,* Ediciones Libros El Nacional, Caracas, 2002.

IV. EL FRACASO DEL PROCESO CONSTITUYENTE DE 1999 COMO INSTRUMENTO DE CONCILIACIÓN

De todo lo anteriormente expuesto, se evidencia, que si bien en Venezuela se han producido cambios políticos de importancia con motivo del proceso constituyente de 1999, ellos han consistido fundamentalmente en el apoderamiento de todas las instancias de poder por un nuevo grupo político que gira en torno al Presidente H. Chávez y en desplazamiento del poder de los partidos tradicionales que lo controlaron por cuatro décadas. Sin embargo, en cuanto a las reformas políticas y del Estado que motivaron la convocatoria de la Asamblea Constituyente, a pesar de la reforma constitucional efectuada, no se produjo ninguna. Nada de lo que había que cambiar[125] en el sistema político fue cambiado; y más bien el resultado constitucional del proceso constituyente, fue la acentuación de los aspectos más negativos del sistema.

Por ello, el proceso constituyente puede decirse que fue un fracaso[126], y si bien se han realizado cambios políticos de gran importancia, los mismos lo que provocaron fue la acentuación de los elementos de la democracia que estaban en crisis[127], pero con un cambio de los actores políticos por el acceso al poder de nuevos líderes que han contribuido a acentuar las diferencias entre los venezolanos y extremar la polarización política, haciendo cada vez más difícil la conciliación. El proceso constituyente de 1999, por tanto, sirvió para legitimar una Constitución[128], pero por sobre todo, para permitir el apoderamiento de la totalidad del poder por un grupo que ha aplastado a todos los otros, abriendo heridas y rivalidades sociales y políticas, que no se habían presenciado en décadas, y acentuando los conflictos sociales y políticos del país.

Sin duda, insistimos, en 1999 se produjo un cambio político sin precedentes en la historia política del país desde los años cuarenta, en el sentido de que aparecieron nuevos partidos políticos, que asumieron el poder con carácter casi monopólico, habiendo sido materialmente barridos los partidos tradicionales.

Un nuevo liderazgo político se entronizó en todos los niveles del Poder, habiendo quedado desplazado el liderazgo partidista y no partidista anterior. A parte de

125 Véase Allan R. Brewer-Carías, "América Latina: retos para la Constitución del Siglo XXI", en *Anuario de Derecho Constitucional Latinoamericano*, Edición 2000, Konrad Adenauer Stiftung, Ciedla, Caracas, 2000, pp. 13-33. Publicado también en *Reflexiones sobre el constitucionalismo en América, op. cit.*, pp. 11-39; y como «Retos constitucionales para el siglo XXI» en *Revista Politeia (Constitución y Constitucionalismo hoy. Bicentenario del Derecho Constitucional Comparado de Manuel García Pelayo)*, Nº 26, enero-junio 2001, Instituto de Estudios Políticos, Universidad Central de Venezuela, Caracas, 2001, pp. 47-68

126 Véase Allan R. Brewer-Carías, "El proceso constituyente y la fallida reforma del Estado en Venezuela" en *Estrategias y propuestas para la reforma del Estado,* Universidad Nacional Autónoma de México, México 2001, pp. 25-48; y Allan R. Brewer-Carías, *Reflexiones sobre el constitucionalismo en América, op. cit.*, pp. 243-253.

127 Véase en general, Allan R. Brewer-Carías "Reflexiones sobre la crisis del sistema político, sus salidas democráticas y la convocatoria a una constituyente", en Presentación del libro *Los Candidatos Presidenciales ante la Academia,* Academia de Ciencias Políticas y Sociales, Caracas, 1998, pp. 11 a 66.

128 Véase Lolymar Hernández Camargo, "El Poder Constituyente como principio legitimador de la Constitución", en *El Derecho Público a comienzos del siglo XXI. Estudios Homenaje al Profesor Allan R. Brewer-Carías,* Tomo I. Instituto de Derecho Público, UCV, Civitas Ediciones, Madrid, 2003, pp. 113-130. Sobre el proceso constituyente y la nueva Constitución, véase Allan R. Brewer-Carías, *Reflexiones sobre el constitucionalismo en América, op. cit.*, pp. 153 y ss. Véase además, Alfonso Rivas Quintero, *Derecho Constitucional,* Paredes Editores, Valencia-Venezuela, 2002, pp. 93 y ss.

haberse conservado disposiciones fundamentales del constitucionalismo anterior[129], además, se produjeron importantes cambios y reformas constitucionales como, por ejemplo, la separación pentapartita del Poder Público, la eliminación del Senado como parte del Poder Legislativo Nacional, la consagración de la reelección presidencial, la creación de la figura del Vicepresidente de la República, la creación del Defensor del Pueblo, y la constitucionalización de los tratados internacionales sobre derechos humanos con lo cual la regulación de los mismos fue perfeccionada y ampliada en muchos aspectos.

Sin embargo, ninguna de esas reformas produjeron un cambio efectivo en el sistema político de Estado democrático centralizado representativo de partidos[130]. A pesar del verbalismo constitucional, el Estado continúa montado sobre una democracia meramente representativa de partidos (sólo que ahora son nuevos partidos); el Estado sigue siendo centralizado a pesar de que se lo denomine "descentralizado"; y el presidencialismo se ha exacerbado, agregándose a los poderes del Estado, el poder militar, sin sujeción a la autoridad civil como nunca antes había ocurrido en nuestro constitucionalismo. En definitiva, hay un nuevo y acentuado centralismo y partidismo, con un acentuado presidencialismo y un nuevo militarismo constitucionalizado.

Esas reformas constitucionales que se introdujeron en el texto de la Constitución de 1999 para dejar todo igual o peor desde el punto de vista democratizador; pueden agruparse en relación con los mismos tres aspectos respecto de los cuales se requería y continúa requiriéndose una reforma política para perfeccionar la democracia.

1. *La pervivencia de la democracia representativa de partidos*

La partidocracia o democracia monopolizada en forma exclusiva por los partidos políticos, sistema en la cual los partidos políticos monopolizan la representatividad, controlan la participación política y todas las manifestaciones del poder, ha continuado en Venezuela a pesar del proceso constituyente de 1999 o quizás, como consecuencia de la forma hegemónica como aquél se desarrolló.

En efecto, como hemos señalado anteriormente, la Asamblea Nacional Constituyente electa el 25 de julio de 1999, se constituyó con 141 miembros de los cuales 135 fueron electos de las listas de candidatos apoyados abiertamente por el Presidente de la República que había sido electo meses antes, en diciembre de 1998, y de su partido de gobierno. La Asamblea, por tanto, fue un instrumento de imposición y exclusión y lejos estuvo de ser un instrumento constitucional para establecer un pacto político de la sociedad venezolana que se plasmara en una nueva Constitución. Al contrario, la Constitución de 1999 puede considerarse como un texto impuesto por la mayoría partidista y partidaria del Presidente de la República en la Asamblea Nacional Constituyente, que estuvo sometida a sus designios.

Como consecuencia del proceso constituyente, es cierto, los partidos políticos tradicionales casi desaparecieron, habiéndose trastocado el sistema multipartidista tradicional por un sistema de partido hegemónico, cuyo Presidente es el propio Pre-

---

129 Véase Eva Lozada Caraballo, "Persistencia de principios en la Constitución venezolana", *Libro Homenaje a Enrique Tejera París, Temas sobre la Constitución de 1999,* Centro de Investigaciones Jurídicas (CEIN), Caracas, 2001, pp. 11 a 50.

130 Véase lo expuesto en Allan R. Brewer-Carías, *La crisis de la democracia en Venezuela*, Ediciones Libros El Nacional, Caracas, 2002, pp. 246 y ss.

sidente de la República y cuyo coordinador o director nacional ha sido el Ministro de Relaciones Interiores y de Justicia. La Constitución dispone que los funcionarios públicos no pueden estar al servicio de parcialidad alguna, sino al servicio del Estado (art. 145), pero ello parece que no ha importado a los nuevos controladores del poder. Además, el sistema electoral no fue cambiado en la nueva Constitución, conservándose el sistema de representación proporcional personificado, que es un instrumento de dominio partidista.

La nueva Constitución, sin embargo, formalmente estableció un conjunto de regulaciones que evidenciaron lo que puede denominarse una reacción contra los partidos políticos, pero las cuales en la práctica han constituido letra muerta. Entre estas se destacan las siguientes: primero, la eliminación del léxico constitucional de la misma expresión "partidos políticos" y su sustitución por el de organizaciones con fines políticos (art. 67); segundo, la imposición constitucional a los diputados de representar al pueblo en su conjunto y del voto a conciencia, sin estar sujetos a mandatos ni instrucciones, ni a ataduras partidistas (art. 201) lo cual no se cumple; tercero, la pretendida eliminación de las fracciones parlamentarias en la Asamblea Nacional, existiendo en su lugar "bloques de opinión", los cuales controlan los votos en la misma forma; cuarto, la obligación de los representantes de rendir cuenta pública de su gestión (art. 197) y de acompañar su candidatura con un programa (art. 66), lo cual no se ha cumplido; quinto, la obligación de los partidos políticos de escoger sus directivos y candidatos mediante procesos de votación internos (art. 67), lo cual tampoco se ha cumplido; sexto, la atribución al Consejo Nacional Electoral de la organización de las elecciones internas de los partidos políticos (art. 293,6), lo cual si bien constituye una intolerable ingerencia estatal en la sociedad política tampoco se ha cumplido; y séptimo, la prohibición constitucional del financiamiento público a los partidos políticos (art. 67) lo cual lamentablemente ha provocado no sólo al financiamiento privado ilegítimo (narcotráfico, comisiones de partidos), sino al financiamiento público irregular y corrupto, difícil de identificar en un sistema donde no existe control fiscal ni parlamentario del ejercicio del poder, precisamente por su control hegemónico partidista que el gobierno ejerce en todos los niveles.

Pero a pesar de todas estas normas "reactivas" contra los partidos políticos, sin embargo, estos siguen siendo el eje del proceso político, aún cuando ahora se trate de nuevos partidos, entre ellos el del Presidente de la República. Se trata de su instrumento electoral y político, a través del cual, incluso, el Presidente de la República quiso imponer políticamente a un candidato gubernamental a la presidencia de la Confederación de Trabajadores de Venezuela.

La democracia venezolana, por tanto, sigue siendo esencialmente representativa de los partidos políticos, los cuales la controlan totalmente. Nada ha cambiado en el sistema, salvo que ahora hay nuevos partidos, con nuevos nombres y nuevos líderes, y un Presidente de la República que impunemente actúa como Presidente de un partido político.

Además, el sistema se ha configurado con nuevas e intolerables ingerencias en la sociedad civil, al atribuirse por ejemplo al Consejo Nacional Electoral, la potestad de organizar todas las elecciones sindicales y de gremios profesionales (art. 293,6). Ello ha originado un permanente conflicto irresoluble, entre las organizaciones sindicales y el gobierno, con la frecuente intervención de la OIT en defensa de los sindicatos.

Pero por otra parte, es cierto, la Constitución de 1999 es quizás el texto constitucional que más emplea la palabra "participación", regulando el derecho constitucional a la participación política (art. 62) y calificando al sistema de gobierno como democracia participativa, sentando incluso las bases para un municipalismo que concrete la participación (art. 184). Sin embargo, nada de ello ha ocurrido y con un régimen con tendencia a la centralización y concentración del poder, no habrá efectiva descentralización política a pesar de que, incluso, la Constitución califica como una política nacional (art. 158).

Sin embargo, debe destacarse que en un aspecto la Constitución de 1999 materializó directamente el espíritu de participación que la verbaliza, estableciendo directamente un mecanismo de participación "de los diversos sectores de la sociedad civil" para la designación de los titulares de los Poderes Públicos que no son elegidos por vía de sufragio universal, es decir, de los Magistrados del Tribunal Supremo de Justicia (Poder Judicial), del Contralor General de la República, del Fiscal General de la República y del Defensor del Pueblo (Poder Ciudadano) y de los miembros del Consejo Nacional Electoral (Poder Electoral). En todos estos casos, y como una reacción contra los partidos políticos que tradicionalmente habían escogido y se repartían esas posiciones mediante el control de los votos de diputados en el antiguo Congreso Nacional; la Constitución de 1999 le quitó expresamente a la Asamblea Nacional el voto discrecional para tales designaciones, y estableció un complejo sistema conforme al cual las postulaciones para esos cargos sólo la pueden hacer sendos Comités de Postulaciones integrados "por representantes de los diversos sectores de la sociedad" (arts. 264, 279, 295). En esta forma, la Asamblea Nacional no puede recibir directamente postulaciones para esos cargos y no puede designar a nadie que no haya sido postulado por los Comités de Postulaciones.

Por supuesto, este sistema de participación política previsto en la Constitución, fue concebido como reacción contra el tradicional control de los partidos políticos en el parlamento y en los referidos nombramientos; pero como el actual partido de gobierno ejercía una hegemonía partidista en la Asamblea Nacional, no renunció a ella y simplemente dictó, en el año 2000, una Ley Especial mediante la cual no sólo no se desarrolló la Constitución, sino que más bien se la violó, atribuyéndose, a si misma, como Asamblea Nacional, mediante una Comisión parlamentaria, tales designaciones. Ello, lamentablemente fue amparado por la supuesta e indefinida transitoriedad constitucional, convalidada por la Sala Constitucional del Tribunal Supremo de Justicia, a pesar, incluso, de la acción de nulidad y amparo que ejerció contra dicha Ley, la entonces Defensora del Pueblo.

Aparte de lo anterior, sin embargo, no puede dejar de mencionarse que la Constitución de 1999 incorporó al constitucionalismo todos los mecanismos imaginables de democracia directa, regulando todos los referendos imaginables (arts. 71 a 74).

Pero en relación con la forma de gobierno democrático, el aspecto de las reformas constitucionales de 1999 que podía considerarse como parte de la reforma del Estado, era el de la atribución a los representantes de los diversos sectores de la sociedad civil la potestad exclusiva de postular a los candidatos para ocupar las altas posiciones en los órganos del Poder Público no electos popularmente. Sin embargo, como hemos señalado, se trató de una reforma fallida, por burlada, por la Asamblea Nacional y la Sala Constitucional del Tribunal Supremo de Justicia. Sobre ello, véase lo expuesto en las *Sexta* y *Décima Segunda Parte.*

2. *La pervivencia de la Federación centralizada con el nombre de Federación descentralizada*

La gran reforma política del Estado que debió haber signado los debates de la Asamblea Nacional Constituyente, era la concerniente al reforzamiento del federalismo mediante la descentralización política de la Federación. Se trataba de avanzar en las reformas que se habían iniciado en 1989, con la elección directa de los gobernadores de Estado y con el inicio de transferencias de competencias nacionales a los Estados. Era necesario prever una más precisa distribución de competencias exclusivas entre el nivel nacional, el de los Estados y el de los Municipios, así como la identificación, también más precisa, de las competencias concurrentes entre las diversas entidades político-territoriales.

Por lo demás, el aspecto más importante en el cual se debía avanzar para hacer realidad la descentralización política de la Federación, era la previsión expresa de competencias tributarias propias para los Estados.

En esta materia, sin embargo, nada se avanzó respecto de lo que ya había ocurrido con las reformas iniciadas en 1989[131]. Más bien hubo notables retrocesos: primero, se eliminó el Senado y el bicameralismo en el Parlamento nacional, eliminándose, en consecuencia, toda posibilidad de igualdad entre los Estados (art. 159), pues la única instancia en la cual podrían ser iguales es cuando tienen un mismo voto, con igual valor, en una Cámara Federal; segundo, la competencia tradicionalmente residual de los Estados de la Federación fue trastocada, estableciéndose además, una competencia residual a favor del Poder Nacional en toda materia tributaria no atribuida expresamente a los Estados y Municipios (art. 156,12); tercero, ninguna competencia tributaria fue asignada expresamente a los Estados, por lo que incluso la competencia tradicional en materia de impuestos al consumo que tenían como competencia originaria, fue eliminada totalmente (art. 156,12); cuarto, se estableció que los Estados sólo podrán tener competencias tributarias en las materias que le sean asignadas expresamente por ley nacional (art. 167,5); quinto, las competencias que se identifican como exclusivas de los Estados de orden sustantivo, sólo pueden ejercerse de conformidad con la legislación nacional que se dicte (art. 164); sexto, la autonomía de los Estados fue duramente lesionada, al prescribirse que la regulación de las materias de competencia concurrente sólo pueden dictarlas los Consejos Legislativos, cuando en el nivel nacional se dicten leyes de base y sólo conforme a ellas (art. 165); y séptimo, la autonomía estadal fue seriamente limitada al atribuirse a la ley nacional (art. 162) la regulación del régimen y funcionamiento de los Consejos Legislativos de los Estados que son parte de sus poderes públicos, y respecto de los cuales debía corresponder a los Estados regularlos en su propia Constitución (art. 164,1).

La Federación, en Venezuela, por tanto, sólo es formalmente "descentralizada" en el calificativo inserto en el artículo 4 de la Constitución; pues en la práctica, está tanto o más centralizada que en la Constitución de 1961. En esta materia, la reforma política que se realizó fue regresiva, acentuándose el centralismo, tal y como se analiza en la *Quinta Parte*.

---

131 Véase Allan R. Brewer-Carías, *Federalismo y Municipalismo en la Constitución de 1999,* Universidad Católica del Táchira-Editorial Jurídica Venezolana, Caracas, 2001.

3. *La concentración del Poder Público, el presidencialismo exacerbado y el militarismo*

El tercer aspecto en el cual resultaban necesarias reformas políticas y constitucionales para perfeccionar la democracia, es el que concierne a la separación orgánica de poderes, para el establecimiento de sus autonomías, balances, contrapesos y controles.

En esta materia, en la Constitución de 1999 se introdujo una reforma constitucional de importancia, consistente en la sustitución de la clásica división tripartita del Poder Público (Legislativo, Ejecutivo y Judicial) por una división pentapartita, al agregarse al Poder Ciudadano y al Poder Electoral como parte de la separación orgánica de Poderes.

Sin embargo, es de la esencia de todo sistema de separación orgánica de poderes la consagración efectiva de la autonomía e independencia entre los poderes, lo que implica, fundamentalmente, que la permanencia de los titulares de los Poderes Públicos no puede estar sujeta a decisiones de los otros poderes del Estado, salvo por lo que respecta a las competencias del Tribunal Supremo de enjuiciar a los altos funcionarios del Estado. Pero salvo estos supuestos de enjuiciamiento, los funcionarios públicos designados como titulares de los órganos del Poder Público, sólo deberían cesar cuando se les revoque su mandato mediante referendo; por lo que los titulares de los Poderes Públicos no electos, tendrían derecho a permanecer en sus cargos durante todo el período de tiempo de su mandato. Esta era la tradición del constitucionalismo venezolano.

Ahora, sin embargo, en la Constitución de 1999, esta autonomía entre los poderes del Estado ha quedado trastocada, distorsionándose la propia esencia de la separación de poderes al atribuirse a la Asamblea Nacional la potestad de remover tanto a los Magistrados del Tribunal Supremo de Justicia (art. 265), como a los titulares de los órganos del Poder Ciudadano, es decir, al Contralor General de la República, al Fiscal General de la República y al Defensor del Pueblo (art. 279) y a los Miembros del Consejo Nacional Electoral (art. 296). Es decir, los titulares de los órganos del Poder Electoral, del Poder Judicial y del Poder Ciudadano han quedado a la merced de la Asamblea Nacional, la cual, como órgano político, puede disponer la remoción de aquellos. Esto es la negación de la separación de poderes, y más bien es un signo de concentración del Poder en una Asamblea que, además, está controlada por el partido de gobierno y por tanto, directamente por el Presidente de la República, quien es el Presidente en ejercicio de dicho partido. Esto ha sido la negación a la separación de poderes y, más bien, es el signo más evidente de su concentración en una sola Magistratura, con grave riesgo para la libertad.

Pero en otro aspecto de la separación de poderes, entre el Legislativo y el Ejecutivo que concierne al sistema de gobierno, tampoco se introdujeron reformas esenciales, salvo las que han provocado la exacerbación del presidencialismo, abandonándose así el sistema tradicional del presidencialismo moderado o con sujeción parlamentaria que con todos sus problemas operativos, era la tradición de nuestro constitucionalismo reciente. Esta exacerbación del presidencialismo, en efecto, resulta de los siguientes elementos: primero, la elección presidencial por mayoría relativa (art. 228), abandonándose la propuesta de la elección por mayoría absoluta y doble vuelta, para buscar una mayor legitimidad que se había propuesto durante el proceso constituyente; segundo, la extensión del período presidencial de 5 a 6 años (art. 230); tercero, la previsión por primera vez en más de un siglo, de la reelección presidencial inmediata (art. 230); cuarto, la atribución al Presidente de la República de la potestad de legislar, cuando sea habilitado mediante ley, sin que haya límites en cuanto a las materias que pueden ser objeto de la delegación legislativa (arts. 203 y 236,8); y quinto, la posibilidad que tiene el Presidente de la República para disolver las Cámaras Legislativas en el caso de que se produzcan tres votos de censura contra el Vicepresidente de la República (art. 236,21).

Por último, debe señalarse en relación con la separación de poderes, que en la Constitución de 1999 lamentablemente se trastocó la tradicional concepción constitucional de la sujeción del poder militar al poder civil, estableciéndose, al contrario, un régimen específico sobre la "seguridad de la Nación" y de la Fuerza Armada (arts. 322 y sigts.), cuyo único vínculo con el poder civil, materialmente, es la coincidencia de la figura del Presidente de la República con el de Comandante en Jefe de la Fuerza Armada Nacional (art. 236,5). Además, se atribuyó al Presidente de la República la potestad de ejercer el mando supremo de la Fuerza Armada Nacional, la de promover sus oficiales a partir del grado de coronel o capitán de navío (arts. 236, 5 y 6), correspondiendo a la propia Fuerza Armada Nacional las otras promociones.

La Constitución de 1999, por tanto, está imbuida de un militarismo nunca conocido en el constitucionalismo venezolano anterior, el cual se concretiza, entre otros, en las siguientes regulaciones que apuntan a la eliminación de la tradicional subordinación de la autoridad militar a la civil: primero, la eliminación de la prohibición que establecían las Constituciones anteriores del ejercicio simultáneo de autoridad civil y autoridad militar; segundo, la eliminación del control por parte del Parlamento de los ascensos militares; tercero, el abandono de la previsión constitucional del carácter no deliberante y apolítico de la institución militar; cuarto, la eliminación de la obligación constitucional de velar por la estabilidad de las instituciones democráticas que preveía la Constitución de 1961; quinto, la atribución a los militares del derecho al sufragio activo (art. 330); sexto, el establecimiento del privilegio del antejuicio de mérito ante el Tribunal Supremo de Justicia para el enjuiciamiento de altos oficiales (art. 266,3); séptimo, la atribución a la Fuerza Armada del control sobre todas las armas, incluso las civiles (art. 324); octavo, la atribución a la Fuerza Armada Nacional de competencias generales la materia de policía administrativa (art. 329); y por último, la introducción a la Constitución de principios relativos a la doctrina de la seguridad nacional, globalizante y omnicomprensiva, abandonada en el constitucionalismo latinoamericano de las últimas décadas (art. 322 y sigts)[132].

Lamentablemente, las reformas constitucionales antes referidas relativas a aspectos de concentración del poder y debilitamiento de la autonomía e independencia entre los poderes públicos; al presidencialismo exacerbado, y al militarismo; han configurado un marco constitucional abierto al autoritarismo "democrático" o de presidencialismo plebiscitario, que puede llegar a impedir toda idea de democracia basada en la participación política, y pretender centrar las relaciones de poder en una

132 Véase en general, "Reflexiones críticas sobre la Constitución de Venezuela de 1999" en el libro de Diego Valadés, Miguel Carbonell (Coordinadores), *Constitucionalismo Iberoamericano del Siglo XXI*, Cámara de Diputados. LVII Legislatura, Universidad Nacional Autónoma de México, México 2000, pp. 171-193; en *Revista Facultad de Derecho, Derechos y Valores*, Volumen III N° 5, Universidad Militar Nueva Granada, Santafé de Bogotá, D.C., Colombia, Julio 2000, pp. 9-26; y en el libro *La Constitución de 1999*, Biblioteca de la Academia de Ciencias Políticas y Sociales, Serie Eventos 14, Caracas 2000, pp. 63-88; y en *Revista de Derecho Público,* N° 81, (enero-marzo), Editorial Jurídica Venezolana, Caracas, 2000, pp. 7-21.

supuesta relación directa entre un líder y el pueblo, sin siquiera la intermediación de partidos, y sólo con un "partido militar" que, con el apoyo de la fuerza, apuntale un sistema político populista. Todas esas reformas constitucionales, por supuesto, en nada han contribuido a la democratización del Estado y del país.

Del panorama anterior resulta, por tanto, que la reforma política para el perfeccionamiento de la democracia, todavía es una tarea pendiente en Venezuela. En 1999, luego de un proceso constituyente, se adoptó una nueva Constitución, sin duda, con un conjunto importante de reformas constitucionales; sin embargo, las mismas no llegan a configurarse como el proceso de reforma que exigía la democracia venezolana, para sustituir el Estado democrático centralizado de partidos por un Estado, igualmente democrático, pero descentralizado y participativo[133].

El proceso constituyente de Venezuela, en 1999, por tanto, no condujo a una mayor democratización del país y, al contrario fue utilizado para constitucionalizar el autoritarismo, el cual, en definitiva, ha demostrado ser un instrumento profundamente antidemocrático.

Por ello, puede decirse que el régimen constitucional de 1999, no es un régimen constitucional definitivo y consolidado; pues ni siquiera logró ser el producto de un consenso político. Al contrario, fue el resultado de la imposición de un grupo político sobre el resto de la población. Su duración, por tanto, es previsible que sea corta, tanta como dure en el control del poder, el grupo que lo asaltó en 1999.

La Constitución de 1999, por tanto, puede considerarse como una Constitución de transición, dictada en medio de la crisis de un sistema político, pero que no ha producido su solución. En el futuro, por tanto, continúa pendiente la realización de la reforma del sistema político para su democratización, la cual no se logró realizar por la Asamblea Nacional Constituyente de 1999.

No es de extrañar, por tanto, que en poco tiempo se pueda volver a plantear en Venezuela la necesidad de convocar una Asamblea Constituyente para que se configure como instancia de conciliación política y de reforma política para perfeccionar la democracia; es decir, para que asuma la tarea en la cual la Asamblea de 1999 fracasó. Ojalá, en todo caso, que Venezuela no tenga que pasar por una guerra para llegar a ello.

---

133 *Idem.*

SEGUNDA PARTE

LA CONSTITUCIÓN Y SU SUPREMACÍA

I. LAS FUNCIONES DE LA CONSTITUCIÓN

La Constitución de 1999, como toda Constitución contemporánea, es la ley suprema a los efectos de la integración política de la Nación, de la normación de la sociedad y de la organización del Estado[1]. En relación con estas funciones de la Constitución, la Sala Constitucional del Tribunal Supremo de Justicia en sentencia de N° 23 de 22 de enero de 2003 (Caso: *Interpretación del artículo 71 de la Constitución*), las ha precisadas en el marco de la actividad política del Estado venezolano, en los siguientes términos:

En cuanto a la función integradora, precisado el término integración, como "el proceso mediante el cual las fuerzas políticas, económicas, culturales o de otra índole, que participan en el debate público, forman una unidad política", entonces,

> La Constitución es, en este sentido, el punto en el cual convergen y se reconocen grupos de opinión, partidos políticos, asociaciones o sindicatos con lineamientos ideológicos, doctrinarios o teóricos diversos, incluso enfrentados, pero en el que, no obstante la diversidad en la opinión o en las ejecutorias, se ha convenido en la implementación de mecanismos institucionales indispensables para hacer posible la gobernabilidad y el pluralismo en el ejercicio del Poder; y se ha dotado, de paso, a dichos mecanismos de los instrumentos que garanticen la participación de las mayorías en la toma de decisiones, el respeto a los derechos fundamentales y el relevo pacífico de las élites gubernamentales.

En cuanto a la función normadora, ha dicho la Sala que:

---

1 Véase en general, Ricardo Combellas, *Derecho Constitucional: una introducción al estudio de la Constitución de la República Bolivariana de Venezuela,* Mc Graw Hill, Caracas, 2001, pp. 9 y ss.; Jesús M. Casal H., *Constitución y justicia constitucional: los fundamentos de la justicia constitucional en la nueva Carta Magna,* Universidad Católica Andrés Bello, Caracas, 2000, pp. 19 y ss.; Marcela I. Basterra, "Nuevas reflexiones en torno a la Constitución venezolana de 1999", en *Revista Científica de Universidad de Ciencias Empresariales y Sociales,* Vol. IV, N° 2, Buenos Aires, 2000, pp. 44 a 69, y en *Revista de Derecho Constitucional,* N° 7, enero-junio 2003, Editorial Sherwood, Caracas, 2003, pp. 23 a 43; Marcela I. Basterra, "La nueva Constitución de la República Bolivariana de Venezuela en *Boletín Informativo. Asociación Argentina de Derecho Constitucional,* N° 165, Buenos Aires, 2000, pp. 15 a 23. Gustavo Linares Benzo, "Las innovaciones de la Constitución de 1999", *Revista de Derecho Público,* N° 81 (enero-marzo), Editorial Jurídica Venezolana, Caracas, 2000, pp. 23-28.

> Si bien la Constitución surge, o se explica, sobre la base de un acuerdo político, o de un hecho político, es necesario que luego de concluido el momento constituyente, se imponga la normalidad que contribuya a la realización de dichos objetivos; nada mejor para ello que la prevalencia de una normatividad que, en última instancia, funde su legitimidad en el acuerdo constituyente y en la aceptación por la mayoría de las reglas de juego allí convenidas. El carácter prescriptivo de la Constitución, que está asociado también con la necesidad de encontrar día a día el punto de convergencia o de reconocimiento entre las diversas tendencias que actúan en el ámbito de lo público y con el mantenimiento de la paz social, exige que los actores de mayor peso en la escena nacional, así como las instituciones públicas y los ciudadanos en general, amolden sus conductas y ordenen sus iniciativas en el marco de las normas y los principios establecidos en la misma.

Por último, en cuanto a la función organizadora, la Sala Constitucional precisó que:

> ...de la Constitución se desprenden, a su vez, tres principios básicos acerca del modo como se relacionan los órganos titulares de los Poderes Públicos. En primer lugar, el *principio de competencia*, el cual actúa como un instrumento ordenador del ejercicio del poder una vez que éste es legitimado; seguidamente, el *principio de separación de poderes*, conforme al cual la Constitución le asigna a diversas instituciones la operación de determinadas funciones públicas en torno a un ámbito objetivo más o menos específico; y tercero: *el principio de legalidad*, elemento esencial del Estado de Derecho y del sistema democrático. Dichos principios, en tanto fundamentales del Estado de Derecho, exigen la distribución de funciones entre diversos órganos y la actuación de éstos con referencia a normas prefijadas, ya sea como un modo de interdicción de la arbitrariedad o como mecanismos de eficiencia en el cumplimiento de los cometidos del Estado; pero, al mismo tiempo, y a través de su correcta aplicación y de su recto desempeño, garantizan los objetivos de unidad política y convivencia pacífica[2].

Ahora bien, con todas estas funciones, la Constitución de 1999 fue aprobada para ser la ley suprema del país, lo que implica que por estar en la cúspide del ordenamiento jurídico, sus normas prevalecen sobre todas las otras normas que lo integran[3]. Además, las normas constitucionales son directamente aplicables a los funcionarios del Estado y a los habitantes y a los ciudadanos, siendo de obligatorio cumplimiento por parte de todos.

Siendo la ley suprema, la garantía de dicha supremacía se manifiesta en dos aspectos: en primer lugar, en que la Constitución tiene en si misma un poder derogatorio respecto de todas las normas anteriores a su entrada en vigor que contradigan sus postulados; y en segundo lugar, en que todos los actos estatales dictados por los órganos del Estado con posterioridad a su entrada en vigencia y que contradigan sus postulados se consideran nulos.

---

2 Véase en *Revista de Derecho Público*, Nº 93-96, Editorial Jurídica Venezolana, Caracas 2003.

3 Véase sobre la supremacía constitucional Alfonso Rivas Quintero, *Derecho Constitucional,* Valencia 2002, pp. 210 y ss; Hildegard Rondón de Sansó, *Análisis de la Constitución venezolana de 1999,* Editorial Ex Libris, Caracas 2001, pp. 80-82; Esther García Bigott, "Supremacía de la Constitución" en *Derecho Constitucional. General y Particular. Actualizado con la Constitución de la República Bolivariana de Venezuela del 24-03-2000,* Tomo I, Universidad Santa María, Caracas, pp. 420-444.

La supremacía implica además, que las normas constitucionales, tanto las relativas a la organización y funcionamiento del Estado como las relativas a las garantías y derechos constitucionales, tienen una vigencia permanente, no pudiendo ser alteradas ni suspendidas, salvo en circunstancias excepcionales que la propia Constitución regula como sucede en los estados de excepción.

Esta supremacía implica, además, rigidez constitucional en el sentido de que el texto constitucional es inmutable mediante los mecanismos ordinarios de formación de las leyes, siendo sólo modificables mediante los procedimientos de revisión constitucional (poder constituyente derivado) que la Constitución prevé expresamente con participación popular, reservándole al pueblo el poder constituyente originario.

Por último, la supremacía constitucional otorga a la Constitución el carácter de fuente de interpretación de todo el ordenamiento jurídico conforme a sus normas. Ello ha llevado a la Sala Constitucional del Tribunal Supremo de Justicia, en sentencia N° 23 del 22 de enero de 2003 (Caso: *Interpretación del artículo 71 de la Constitución*) ha indicar lo siguiente que la interpretación constitucional posibilita el giro del proceso hermenéutico alrededor de las normas y principios básicos que la Constitución, agregando que:

> Ello significa que la protección de la Constitución y la jurisdicción cons-titucional que la garantiza exigen que la interpretación de todo el ordenamiento jurídico ha de hacerse conforme a la Constitución. Tal conformidad requiere del cumplimiento de varias condiciones, unas formales, como la técnica fundamental (división del poder, reserva legal, no retroactividad de las leyes, generalidad y permanencia de las normas, soberanía del orden jurídico, etc.) [Ripert, Les Forces créatrices du droit, Paris, LGDJ, 1955, pp. 307 y ss.]; y otras axiológicas (Estado social de derecho y de justicia, pluralismo político y preeminencia de los derechos fundamentales, soberanía y autodeterminación nacional), pues el carácter dominante de la Constitución en el proceso interpretativo no puede servir de pretexto para vulnerar los principios axiológicos en que descansa el Estado constitucional venezolano. Interpretar el ordenamiento jurídico conforme a la Constitución significa, por tanto, salvaguardar a la Constitución misma de toda desviación de principios y de todo apartamiento del proyecto político que ella encarna por voluntad del pueblo.
>
> Por ello, un sistema de principios, supuestamente absoluto y suprahistórico, no puede colocarse por encima de la Constitución, ni que su interpretación llegue a contrariar la teoría política propia que la sustenta. Desde esta perspectiva es nugatoria cualquier teoría que postule derechos o fines absolutos y, aunque no se excluyen las antinomias intraconstitucionales entre normas y entre éstas y los principios jurídicos (normas constitucionales inconstitucionales), la interpretación o integración debe hacerse según la tradición de cultura viva cuyo sentido y alcance dependan del análisis concreto e histórico de los valores compartidos por el pueblo venezolano. Parte de la protección y garantía de la Constitución de la República Bolivariana de Venezuela radica, pues, en una perspectiva política *in fieri,* reacia a la vinculación ideológica con teorías que puedan limitar, so pretexto de valideces universales, la soberanía y la autodeterminación nacional, como lo exige el artículo 1° *eiusdem*[4].

---

4 Véase en *Revista de Derecho Público*, N° 93-96, Editorial Jurídica Venezolana, Caracas 2003.

II. LA SUPREMACÍA CONSTITUCIONAL

Siguiendo los principios fundamentales de la organización del Estado esenciales al constitucionalismo moderno, conforme a su artículo 7, por tanto, la Constitución de 1999 debe considerarse como "la norma suprema y el fundamento el ordenamiento jurídico", a la cual quedan sujetos "todas las personas y los órganos que ejercen el Poder Público"[5]; constituyendo, además, uno de los deberes constitucionales de los ciudadanos y funcionarios, el "cumplir y acatar" la Constitución (art. 131).

Es indudable, por supuesto, que para que una Constitución sea efectivamente la ley suprema de una sociedad, debe ser producto de ella misma, sin imposiciones. Las Constituciones impuestas por un grupo político al resto de los integrantes de la sociedad tienen, por tanto, no sólo una precaria supremacía, sino una duración limitada a la presencia en el poder del grupo que la impuso. La Sala Constitucional del Tribunal Supremo en sentencia de 9 de noviembre de 2000 ha destacado lo que considera un "hecho fundamental" aunque no siempre "evidente a simple vista", que:

> La Constitución es suprema en tanto es producto de la autodeterminación de un pueblo, que se la ha dado a sí mismo sin intervención de elementos externos y sin imposiciones internas. Así, la Constitución viene a ser, necesariamente, la norma fundamental a la cual se encuentran vinculadas las múltiples formas que adquieren las relaciones humanas en una sociedad y tiempo determinados[6].

Esta idea de la Constitución como norma suprema y fundamento del ordenamiento jurídico, conforme a una tradición normativa que se remonta al texto de la Constitución de 1811, se acompaña con la prescripción expresa de la obligatoriedad de sus normas para todos los órganos que ejercen el Poder Público y los particulares. Por eso la Sala Constitucional en la misma sentencia citada ha señalado que dela supremacía deriva que:

> Que la Constitución ostente, junto con el ordenamiento jurídico en su totalidad, un carácter normativo inmanente; esto es, un deber ser axiológico asumido por la comunidad como de obligatorio cumplimiento, contra cuyas infracciones se activen los mecanismos correctivos que el propio ordenamiento ha creado. La Constitución, también, sin que pueda ser de otro modo, impone modelos de conducta encaminados a cumplir pautas de comportamiento en una sociedad determinada[7].

La consecuencia de la consagración expresa del principio de la supremacía constitucional es, por una parte, la previsión en el propio texto constitucional, de todo un sistema para la protección y garantía de esa supremacía constitucional frente a las leyes a través del control de su constitucionalidad, lo cual, sin duda, constituye uno de los pilares fundamentales del constitucionalismo contemporáneo y del Estado de

---

5 Nos correspondió proponer en la Asamblea la consagración en forma expresa de dicho principio constitucional. Véase Allan R. Brewer-Carías, *Debate Constituyente, (Aportes a la Asamblea Nacional Constituyente),* Tomo II, (9 septiembre-17 octubre 1999), Fundación de Derecho Público-Editorial Jurídica Venezolana, Caracas, 1999, p. 24.

6 Sentencia de la Sala Constitucional N° 1347 de 9 de noviembre de 2001, en *Revista de Derecho Público,* N° 81, (enero-marzo), Editorial Jurídica Venezolana, Caracas 2000, p. 265.

7 *Idem,* p. 264.

Derecho[8]. Entre ellos está por una parte, la previsión del control difuso y concentrado de la constitucionalidad de las leyes[9]; y por la otra, la obligación de todos los jueces de asegurar la integridad de la Constitución (art. 334). Será en la *Décima Primera Parte*, donde analizaremos el sistema de justicia constitucional en la Constitución, como la garantía por excelencia de su supremacía

Ahora bien, en materia de derechos humanos, el principio de la supremacía constitucional cede ante las normas de los tratados, pactos y convenciones internacionales relativos a derechos humanos, suscritos y ratificados por Venezuela, los cuales también tienen jerarquía constitucional, pero que incluso prevalecen en el orden interno, conforme lo establece el artículo 23 de la propia Constitución, "en la medida en que contengan normas sobre su goce y ejercicio más favorables a las establecidas en esta Constitución y en las leyes de la República", siendo además "de aplicación inmediata y directa por los tribunales y demás órganos del Poder Público".

Sobre esta norma que le otorga rango constitucional e incluso supra constitucional a esos instrumentos internacionales, la Sala Constitucional del Tribunal Supremo, ha puntualizado en sentencia N° 1942 de 15 de julio de 2003 (Caso: *Impugnación de diversos artículos del Código Penal*), que del artículo 23 constitucional se desprenden dos elementos claves:

> 1) Se trata de derechos humanos aplicables a las personas naturales; 2) Se refiere a normas que establezcan derechos, no a fallos o dictámenes de instituciones, resoluciones de organismos, etc., prescritos en los Tratados, sino sólo a normas creativas de derechos humanos... Repite la Sala, que se trata de una prevalencia de las normas que conforman los Tratados, Pactos y Convenios (términos que son sinónimos) relativos a derechos humanos, pero no de los informes u opiniones de organismos internacionales, que pretendan interpretar el alcance de las normas de los instrumentos internacionales.

La Sala, por lo demás, reivindicó en la materia su carácter de máximo y último interprete de la Constitución y de los Tratados, Pactos y Convenios sobre derechos humanos los cuales por adquirir jerarquía constitucional e integrarse a la Constitución vigente, "el único capaz de interpretarlas, con miras al Derecho Venezolano, es el juez constitucional, conforme al artículo 335 de la vigente Constitución, en especial, al intérprete nato de la Constitución de 1999, y, que es la Sala Constitucional, y así se declara". De allí la Sala señaló que "es la Sala Constitucional quien determina cuáles normas sobre derechos humanos de esos tratados, pactos y convenios, prevalecen en el orden interno; al igual que cuáles derechos humanos no contemplados en los citados instrumentos internacionales tienen vigencia en Venezuela".

En realidad, debe señalarse que esa potestad no sólo corresponde a la Sala Constitucional, sino a todos los tribunales de la República cuando actúen como juez constitucional, por ejemplo, al ejercer el control difuso de la constitucionalidad de las leyes o al conocer de acciones de amparo.

---

8 Véase Allan R. Brewer-Carías, *Evolución Histórica del Estado*, Tomo I, *Instituciones Políticas y Constitucionales*, Universidad Católica del Táchira-Editorial Jurídica Venezolana, Caracas-San Cristóbal, 1996, pp. 47 y ss.

9 Véase en general Allan R. Brewer-Carías, *Justicia Constitucional,* Tomo VII, *Instituciones Políticas y Constitucionales,* Universidad Católica del Táchira-Editorial Jurídica Venezolana, Caracas-San Cristóbal, 1997, 658 pp.

La posición de la Sala en esa sentencia, en todo caso, fue una inadmisible reacción contra los órganos jurisdiccionales de orden internacional en materia de derechos humanos, invocando el principio de la supremacía constitucional, pero ignorando la propia disposición constitucional que garantiza la prevalencia de las normas internacionales sobre derechos humanos si contienen disposiciones más favorables que las previstas en la propia Constitución. En ese orden de ideas, la Sala señalado sobre su propia competencia, que:

> No puede quedar disminuida por normas de carácter adjetivo contenidas en Tratados ni en otros textos Internacionales sobre Derechos Humanos suscritos por el país, que permitan a los Estados partes del Tratado consultar a organismos internacionales acerca de la interpretación de los derechos referidos en la Convención o Pacto, como se establece en el artículo 64 de la Ley Aprobatoria de la Convención Americana sobre Derechos Humanos, Pacto de San José, ya que, de ello ser posible, se estaría ante una forma de enmienda constitucional en esta materia, sin que se cumplan los trámites para ello, al disminuir la competencia de la Sala Constitucional y trasladarla a entes multinacionales o transnacionales (internacionales), quienes harían interpretaciones vinculantes.
>
> Lo declarado inmediatamente no contradice el artículo 31 constitucional, que está referido al derecho de toda persona a dirigir peticiones o quejas a los organismos internacionales reconocidos por la República, conforme a los tratados, pactos o convenios suscritos por ella, a fin que sean amparados por ellos en sus derechos humanos.
>
> A las decisiones de esos organismos se les dará cumplimiento en el país, conforme a lo que establezcan la Constitución y las leyes, siempre que ellas no contraríen lo establecido en el artículo 7 de la vigente Constitución, el cual reza: "La Constitución es la norma suprema y el fundamento del ordenamiento jurídico. Todas las personas y los órganos que ejercen el Poder Público están sujetos a esta Constitución" siempre que se ajusten a las competencias orgánicas, señaladas en los Convenios y Tratados. Debido a ello, a pesar del respeto del Poder Judicial hacia los fallos o dictámenes de esos organismos, éstos no pueden violar la Constitución de la República Bolivariana de Venezuela, así como no pueden infringir la normativa de los Tratados y Convenios, que rigen esos amparos u otras decisiones.
>
> Si un organismo internacional, aceptado legalmente por la República, amparara a alguien violando derechos humanos de grupos o personas dentro del país, tal decisión tendría que ser rechazada aunque emane de organismos internacionales protectores de los derechos humanos. Es posible que si la República así actúa, se haga acreedora de sanciones internacionales, pero no por ello los amparos o los fallos que dictaran estos organismos se ejecutarán en el país, si ellos resultan violatorios de la Constitución de la República y los derechos que ella garantiza.
>
> Al fin y al cabo, el artículo 19 constitucional garantiza a toda persona el goce y ejercicio de los derechos humanos, siendo el respeto de ellos obligatorio para los órganos del Poder Público, de conformidad con la Constitución de 1999, con los Tratados sobre Derechos Humanos suscritos por la República y las leyes venezolanas, siempre que éstos cuerpos normativos no colidan con principios constitucionales sobre Derechos Humanos, o atenten contra los Principios Fundamentales de la Constitución[10].

---

10 Véase en *Revista de Derecho Público*, Nº 93-96, Editorial Jurídica Venezolana, Caracas 2003..

III. LA IMPERATIVIDAD Y OBLIGATORIEDAD DE LA CONSTITUCIÓN Y EL PRINCIPIO DE LA DESOBEDIENCIA CIVIL

1. *La imperatividad y obligatoriedad constitucional*

Una vez que fue publicada en la *Gaceta Oficial*[11] luego de la aprobación por referéndum el 15 de diciembre de 1999, la Constitución comenzó a regir como norma suprema (art. 7) y, en consecuencia, desde que entró en vigencia goza de *imperatividad*, es decir, de fuerza coactiva inmediata y por sí misma, lo que implica que sus normas son de aplicación inmediata[12]. Es decir, la Constitución es una norma que crea derechos y obligaciones directamente ejercibles y exigibles. Como lo ha señalado la Sala Constitucional en sentencia N° 963 de 5 de junio de 2001 (Caso: *José A. Guía y otros vs. Ministerio de Infraestructura*), en virtud de que el constituyentista ha acentuado el carácter normativo de la Constitución, puede inferirse que la misma:

> En primer lugar, que la Carta Magna es un instrumento con aliento jurídico que vincula, en grado a la naturaleza del precepto aplicable, tanto a los órganos del Poder Público como a los particulares; en segundo lugar, que la propia Constitución otorga o impone situaciones jurídicas constitucionales -según se trate de derechos o deberes- con referencia a valores indispensables al aseguramiento de la libertad, la igualdad y la dignidad humanas; y finalmente, que la Constitución ha diseñado un sistema garantizador de tales situaciones jurídicas constitucionales, en el cual el Poder Judicial juega un papel de primer orden[13].

Esto tiene particular importancia en materia de derechos humanos, respecto de los cuales la jurisprudencia de la antigua Corte Suprema de Justicia ya había establecido que no caben las llamadas cláusulas programáticas. Esto se ratifica expresamente en el artículo 22 de la Constitución al disponer que la falta de ley reglamentaria de los derechos humanos no menoscaba el ejercicio de los mismos. Sobre ello, sin embargo, la Sala Constitucional, reservándose en forma inapropiada la justiciabilidad de ciertos derechos, ha señalado que:

> Las normas constitucionales tienen vigencia plena y aplicación directa, y que cuando las leyes no han desarrollado su ejercicio y se requiere acudir a los tribunales de justicia, debido a la aplicación directa de dichas normas, es la jurisdicción constitucional, representada por esta Sala Constitucional, la que conocerá de las controversias que surjan con motivo de las normas constitucionales aun no desarrolladas legislativamente, hasta que las leyes que regulan la jurisdicción constitucional, decidan lo contrario[14].

En todo caso, en cuanto a los preceptos orgánicos de la Constitución, es decir, las normas relativas a los órganos de los Poderes Públicos y sus competencias, la Sala Constitucional, los ha considerado también como de vigencia inmediata, no siendo necesaria, la sanción previa de las leyes que desarrollen lo dispuesto en la Constitución, para que tengan efectividad. Así lo sostuvo en sentencia N° 1 de 20 de

11 *Gaceta Oficial* N° 36.860 de 30 de diciembre de 1999.

12 *Ibídem*, pp. 501 a 505.

13 Véase *Revista de Derecho Público*, N° 85-88, Editorial Jurídica Venezolana, Caracas, 2001, p. 447.

14 Véase sentencia N° 332 de 14-03-2001 (Caso: *INSACA vs. Ministerio de Sanidad y Asistencia Social*), en *Revista de Derecho Público*, N° 85-88, Editorial Jurídica Venezolana, Caracas, 2001, p. 492.

enero de 2000 (Caso: *Emery Mata Millán*), al expresar que "los preceptos orgánicos son de inmediata aplicación por todos los poderes públicos, y, en particular, por los órganos a los que la disposición constitucional se refiere. Exista o no las normas que desarrollen la regulación constitucional, ésta es plenamente eficaz por si misma y, por lo tanto, establece pautas para el funcionamiento del órgano al que se refiera la norma constitucional"[15].

En definitiva, la Sala Constitucional ha estimado que siendo la Constitución es un "sistema de normas", ello:

> Conduce a descartar la reapertura de la discusión acerca del carácter programático de las disposiciones que la integran, no podría considerarse como un documento político contentivo de "programas", que sólo podrían ser ejecutados una vez que éstos se hicieren operativos mediante el proceso legislativo, por tanto, considera esta Sala, que no se requiere la intermediación de la legislación para ser aplicada directamente... De esta manera, sería inaceptable calificar una norma como programática por no haberse promulgado legislación que la desarrolle, dado que en definitiva sería negar la aplicación de una disposición constitucional[16].

Con base en estos argumentos, en la noción de supremacía constitucional y en el "efecto directo de la Constitución", la Sala concluyó en esa sentencia citada N° 51 de 19 de mayo de 2000, que "el Consejo Nacional Electoral, erigido por efecto de ese mismo texto normativo como el órgano rector del nuevo Poder Electoral, está obligado a ejercer las atribuciones constitucionalmente conferidas, aún en ausencia de textos legislativos que lo desarrollen".

En todo caso, la publicación tardía del texto constitucional (30-12-99) después de haber transcurrido 15 días desde su aprobación popular el 15-12-99 mediante referendo, permitió a la Asamblea Nacional Constituyente adoptar una serie de "actos constituyentes" que adquirieron rango constitucional en virtud de sentencias dictadas por la Sala Constitucional del Tribunal Supremo, creada precisamente mediante esos mismos "actos constituyentes". Esta Sala Constitucional llegó a decidir, que los actos dictados por la Asamblea Nacional Constituyente antes de la publicación de la Constitución de 1999, no estaban sujetos "ni a ésta, ni a la Constitución de 1961" es decir, eran "aconstitucionales", y que "sólo los actos dictados por la Asamblea Nacional Constituyente con posterioridad a la publicación de la nueva Constitución estarían sujetos a ésta"[17]. La misma Sala Constitucional, sin embargo, respecto de actos de la Asamblea Nacional Constituyente que violaron la nueva Constitución, justificó posteriormente su validez, aduciendo la vigencia de una transitoriedad constitucional, que la propia Asamblea Constituyente había creado sin aprobación popular mediante el Decreto de Régimen de Transición del Poder Público el 21 de diciembre de 1999[18], para supuestamente "evitar el vacío institucional"[19]

---

15 Véase en *Revista de Derecho Público*, N° 81, (enero-marzo), Editorial Jurídica Venezolana, Caracas 2000, p. 226.

16 Véase sentencia de la Sala Constitucional N° 51 de 19-05-2000, *Revista de Derecho Público*, N° 82, (abril-junio), Editorial Jurídica Venezolana, Caracas, 2000, pp. 139-141.

17 Véase sentencia de la Sala Constitucional N° 6 de 27-1-2000, *Revista de Derecho Público,* N° 81, (enero-marzo), Editorial Jurídica Venezolana, Caracas, 2000 p. 95-96.

18 Véase sentencia de la sala Constitucional N° 1560 de 19-07-2001, *Revista de Derecho Público*, N° 85-88, Editorial jurídica Venezolana, Caracas, 2001.

que la propia Asamblea había creado. En todo caso, el régimen transitorio constitucional se analizará ampliamente en la *Décima Segunda Parte*.

La Constitución, en todo caso, como ley suprema, es de obligatorio acatamiento no sólo por parte de los ciudadanos y personas en general, sino en particular para los funcionaros públicos. Esta obligatoriedad de la Constitución es la que en definitiva fundamenta por una parte, el deber ciudadano de obediencia respecto de la autoridad, pero por la otra, el derecho también ciudadano a la desobediencia civil que también consagra la Constitución, respecto de regímenes, legislación y autoridades que contraríen la Constitución.

A tal efecto, el artículo 350 de la Constitución dispone que:

> El pueblo de Venezuela, fiel a su tradición republicana, a su lucha por la independencia, la paz y la libertad, desconocerá cualquier régimen, legislación o autoridad que contraríe los valores, principios y garantías democráticas o menoscabe los derechos humanos.

Este artículo consagra constitucionalmente lo que la filosofía política moderna ha calificado como desobediencia civil[20], que es una de las formas como se manifiesta el derecho de resistencia, cuyo origen histórico está en el derecho a la insurrección, que tuvo su fuente en la teoría política difundida por John Locke[21]. Además, tiene su antecedente constitucional remoto en la Constitución Francesa de 1793 en el último de los artículos de la Declaración de los Derechos del Hombre y del Ciudadano que la precedía, en el cual se estableció que:

> *Artículo 35.* Cuando el gobierno viole los derechos del pueblo, la insurrec-ción es, para el pueblo y para cada porción del pueblo, el más sagrado de los derechos y el más indispensable de los deberes.

Esta norma, típica de un gobierno revolucionario (como el del Terror), fue anómala y desapareció de los anales del constitucionalismo.

Sin embargo, ello no ha impedido la aparición en las Constituciones de algunas versiones contemporáneas, no del derecho a la insurrección, sino del derecho a la rebelión contra los gobiernos de fuerza, como el consagrado, por ejemplo, en el

---

19 Véase sentencia de la Sala Constitucional N° 1562 de 12-12-2000, *Revista de Derecho Público*, N° 84, (octubre-diciembre), Editorial Jurídica Venezolana, Caracas, 2000 pp. 108-111.

20 Sobre la desobediencia civil y el artículo 350 de la Constitución, véase: María L. Álvarez Chamosa y Paola A. A. Yrady, "La desobediencia civil como mecanismo de participación ciudadana", en *Revista de Derecho Constitucional,* N° 7 (Enero-Junio). Editorial Sherwood, Caracas, 2003, pp. 7-21; Andrés A. Mezgravis, "¿Qué es la desobediencia civil?", en *Revista de Derecho Constitucional,* N° 7 (enero-junio), Editorial Sherwood,Caracas, 2003, pp. 189-191; Marie Picard de Orsini, "Consideraciones acerca de la desobediencia civil como instrumento de la democracia", en *El Derecho Público a comienzos del siglo XXI. Estudios homenaje al Profesor Allan R. Brewer-Carías,* Tomo I, Instituto de Derecho Público, UCV, Civitas Ediciones, Madrid, 2003, pp. 535-551; y Eloisa Avellaneda y Luis Salamanca, "El artículo 350 de la Constitución: derecho de rebelión, derecho resistencia o derecho a la desobediencia civil", en *El Derecho Público a comienzos del siglo XXI. Estudios homenaje al Profesor Allan R. Brewer-Carías,* Tomo I, Instituto de Derecho Público, UCV, Civitas Ediciones, Madrid, 2003, pp. 553-583. Véase además, Allan R. Brewer-Carías, "El derecho a la desobediencia y a la resistencia contra la opresión, a la luz de la *Declaración de Santiago,* " en Carlos Villán Durán y Carmelo Faleh Pérez (directores), *El derecho humano a la paz: de la teoría a la práctica,* CIDEAL/AEDIDH, Madrid 2012, pp. 167-189.

21 Véase John Locke, *Two Treaties of Government* (ed. P. Laslett), Cambridge 1967, p. 211.

artículo 333 de nuestra Constitución que establece el deber de "todo ciudadano investido o no de autoridad, de colaborar en el restablecimiento de la efectiva vigencia de la Constitución", si la misma perdiera "su vigencia o dejare de observarse por acto de fuerza o porque fuere derogada por cualquier otro medio distinto al previsto en ella". Es el único caso en el cual una Constitución pacifista como la de 1999, admite que pueda haber un acto de fuerza para reaccionar contra un régimen que por la fuerza haya irrumpido contra la Constitución. Sobre ello, ha señalado la Sala Constitucional en sentencia N° 24 de 22 de enero de 2003 (Caso: *Interpretación del artículo 350 de la Constitución*) que:

> "El derecho de resistencia a la opresión o a la tiranía, como es el caso de los regímenes de fuerza surgidos del pronunciamiento militar, que nacen y actúan con absoluta arbitrariedad, está reconocido en el artículo 333 de la Constitución, cuya redacción es casi idéntica al artículo 250 de la Carta de 1961. Esta disposición está vinculada, asimismo, con el artículo 138 *eiusdem*, que declara que "Toda autoridad usurpada es ineficaz y sus actos son nulos."
>
> El derecho a la restauración democrática (defensa del régimen constitucional) contemplado en el artículo 333, es un mecanismo legítimo de desobediencia civil que comporta la resistencia a un régimen usurpador y no constitucional." [22]

Pero frente a leyes inconstitucionales, ilegítimas e injustas dictadas por los órganos del Poder Público, en realidad, no estamos en presencia de este deber-derecho a la rebelión, sino del derecho a la resistencia y, particularmente, del derecho a la desobediencia civil, que tiene que colocarse en la balanza de la conducta ciudadana junto con el deber constitucional de la obediencia a las leyes[23]. Ese derecho es el que consagra el mencionado artículo 350 de la Constitución disposición que en definitiva, consagra de un derecho a que la Constitución, donde están establecidos los valores, principios y garantías democráticos, no se vulnere, y a que si su supremacía no es capaz de ser garantizada por los órganos de la Jurisdicción Constitucional, entonces toda persona individualmente o en grupo, tiene derecho a procurar que se restablezca el orden constitucional violado. El derecho a la desobediencia civil y a la resistencia a la opresión, por tanto, derivan del derecho ciudadano a la supremacía constitucional, y su ejercicio encuentra justificación cuando los mecanismos institucionales del Estado dispuestos para garantizar dicha supremacía no funcionan. Es en ese contexto, en nuestro criterio, que además de identificarse a la paz como derecho fundamental, y el derecho de todas las personas a vivir y convivir en paz, se identifica la obligación primordial del Estado de garantizar dichos derechos, el deber de los ciudadanos de contribuir a su satisfacción, y además, su derecho a desobedecer y resistir todo régimen que contraríe el valor fundamental de vivir en paz, los valores democráticos y el respeto a los derechos humanos.

2. *El derecho a la supremacía constitucional y la ausencia de efectividad de la Jurisdicción Constitucional como fundamento del derecho a la desobediencia y a la resistencia a la opresión*

En efecto, si la Constitución es la manifestación más suprema de la voluntad del pueblo como poder constituyente originario, la misma con sus principios y valores

---

22 Véase en *Revista de Derecho Público*, N° 93-96, Editorial Jurídica Venezolana, Caracas 2003, pp. 126-127.

23 Véase expuesto en Allan R. Brewer-Carías, *La crisis de la democracia en Venezuela*, *cit.*, pp. 33 y ss.

democráticos y sus derechos y garantías debe prevalecer sobre la voluntad de los órganos constituidos del poder, por lo que su modificación sólo puede llevarse a cabo conforme se dispone en su propio texto, como expresión-imposición de la voluntad popular producto de ese poder constituyente originario.

Este postulado de la supremacía de la Constitución en tanto que norma fundamental, que además se encuentra expresado en forma expresa en el texto de muchas Constituciones, lo que implica que ya no es una deducción lógica, es uno de los pilares fundamentales del Estado Constitucional que comenzó a desarrollarse desde los propios albores del constitucionalismo moderno. Así fue cuando en 1788, Alexander Hamilton en *The Federalist,* afirmó que "ningún acto legislativo contrario a la Constitución, puede ser válido", al punto de que "negar esto significaría afirmar que "los representantes del pueblo son superiores al pueblo mismo; que los hombres que actúan en virtud de poderes, puedan hacer no sólo lo que sus poderes no les autorizan sino también lo que les prohíben."[24]

La contrapartida de la obligación de los órganos constituidos de respetar la Constitución, de manera que el poder constituyente originario prevalezca sobre la voluntad de dichos órganos estatales constituidos, es el derecho constitucional que todos los ciudadanos tienen en un Estado Constitucional, a que se respete la voluntad popular expresada en la Constitución, es decir, *el derecho fundamental a la supremacía constitucional.*[25] Nada se ganaría con señalar que la Constitución, como manifestación de la voluntad del pueblo, debe prevalecer sobre la de los órganos del Estado, si no existiere el derecho de los integrantes del pueblo de exigir el respeto de esa Constitución, y además, la obligación de los órganos jurisdiccionales de velar por dicha supremacía.

El constitucionalismo moderno, por tanto, no sólo está montado sobre el principio de la supremacía constitucional, sino que como consecuencia del mismo, también está montado sobre el derecho del ciudadano a esa supremacía,[26] que se concreta, conforme al principio de la separación de poderes, en un derecho fundamental a la tutela judicial efectiva de la supremacía constitucional, es decir, a la justicia constitucional.

Por ello, el mismo Hamilton, al referirse al papel de los Jueces en relación con dicha supremacía constitucional también afirmó:

> "Una Constitución es, de hecho, y así debe ser considerada por los jueces, como una ley fundamental. Por tanto, les corresponde establecer su significado así como el de cualquier acto proveniente del cuerpo legislativo. Si se produce una situación irreconciliable entre ambos, por supuesto, la preferencia debe darse a la que tiene la mayor obligatoriedad y validez, o, en otras palabras, la Constitución debe preva-

---

24 *The Federalist* (ed. B.F. Wright), Cambridge, Mass. 1961, pp. 491-493.

25 Véase Allan R. Brewer-Carías "El juez constitucional vs. la supremacía constitucional. (O de cómo la jurisdicción constitucional en Venezuela renunció a controlar la constitucionalidad del procedimiento seguido para la "reforma constitucional" sancionada por la Asamblea Nacional el 02 de noviembre de 2007, antes de que fuera rechazada por el pueblo en el referendo del 02 de diciembre de 2007)," en *Revista de Derecho Público*, N° 112, Editorial Jurídica Venezolana, Caracas, 2007, pp. 661-694.

26 Véase Allan R. Brewer-Carías, "El amparo a los derechos y libertades constitucionales (una aproximación comparativa)" en *La protección jurídica del ciudadano Estudios en Homenaje al Profesor Jesús González Pérez,* Madrid 1993, Tomo III, pp. 2.696 y 2.697

lecer sobre las Leyes, así como la intención del pueblo debe prevalecer sobre la intención de sus representantes."

Con base en estos postulados se desarrolló no sólo la doctrina de la supremacía de la Constitución, sino también, aún más importante, la doctrina de "los jueces como guardianes de la Constitución," tal como lo expresó el mismo Hamilton al referirse a la Constitución como limitación de los poderes del Estado y, en particular, de la autoridad legislativa, afirmando que:

> "Limitaciones de este tipo sólo pueden ser preservadas, en la práctica, mediante los Tribunales de justicia, cuyo deber tiene que ser el de declarar nulos todos los actos contrarios al tenor manifiesto de la Constitución. De lo contrario, todas las reservas de derechos o privilegios particulares, equivaldrían a nada."[27]

De estos postulados puede decirse que en el constitucionalismo moderno surgió el sistema de justicia constitucional en sus dos vertientes, como protección de la parte orgánica de la Constitución, y como protección de su parte dogmática, es decir, de los derechos y libertades constitucionales, lo que en definitiva, no es más que la manifestación de la garantía constitucional del derecho fundamental del ciudadano al respecto de la supremacía constitucional. El sistema, por otra parte, y si bien tuvo sus raíces como se ha dicho, en el constitucionalismo norteamericano a comienzos del siglo XIX,[28] también se consolidó en Europa continental durante el siglo pasado, con las adopción de la noción de Constitución rígida, el principio de su supremacía, la garantía de la nulidad de los actos estatales que la vulneren, la consagración constitucional de los derechos fundamentales, la consideración de la Constitución como norma de derecho positivo directamente aplicable a los ciudadanos[29], cuya aceptación, incluso, fue calificada hacia finales del Siglo pasado como producto de una "revolución,"[30] que los países europeos sólo en las últimas décadas de dicho siglo comenzaron a "redescubrir,"[31] y con la atribución del control de la constitucionalidad a órganos superiores especializados como los Tribunales Constitucionales.

Ahora bien, la justicia constitucional, es decir, la posibilidad de control judicial de la constitucionalidad de las leyes y demás actos estadales, deriva precisamente de esa idea de la Constitución como norma fundamental y suprema, que debe prevalecer sobre toda otra norma o acto estatal; lo que implica el poder de los jueces o de ciertos órganos constitucionales en ejercicio de funciones jurisdiccionales, de controlar la constitucionalidad de los actos estatales, incluidas las leyes, declarándolos inclu-

---

27 *The Federalist* (ed. B.F. Wright), Cambridge, Mass. 1961, pp. 491-493.

28 Véase en particular A. Hamilton, *The Federalist* (ed. B. F. Wright), Cambridge Mass. 1961, *letter* Nº 78, pp. 491–493. Véanse además, los comentarios de Alexis de Tocqueville, *Democracy in America* (ed. J. P. Mayer and M. Lerner), London, 1968, vol. I, p. 120.

29 Véase Eduardo García de Enterría, *La Constitución como norma y el Tribunal Constitucional*, Madrid, 1981.

30 Véase J. Rivero, "Rapport de Synthèse", en L. Favoreu (ed.), *Cours constitutionnelles européennes et droits fundamentaux,* París, 1982, p. 520, donde califica la aceptación de muchos de esos principios por el Consejo Constitucional como una "revolución".

31 El término lo usó con razón Louis Favoreu, al señalar que ha sido sólo después de la Primera Guerra Mundial, y particularmente, después de la Segunda Guerra Mundial, que los países europeos han "redescubierto" la Constitución como texto de carácter jurídico y como norma fundamental, en "Actualité et légitimité du contrôle juridictionnel des lois en Europe Occidentale", *Revue du Droit Public et de la Science Politique en France et á l'étranger,* 1984, p. 1.176.

so nulos cuando sean contrarios a la Constitución. Ese fue el gran y principal aporte de la Revolución Norteamericana al constitucionalismo moderno, y su desarrollo progresivo ha sido el fundamento de los sistemas de justicia constitucional en el mundo contemporáneo.

Como lo expresó en su momento Manuel García Pelayo:

> "La Constitución, en tanto que norma fundamental positiva, vincula a todos los poderes públicos incluidos el Parlamento y por tanto, la ley no puede ser contraria a los preceptos constitucionales, a los principios de que éstos arrancan o que se infieren de ellos, y a los valores a cuya realización aspira. Tal es lo que configura la esencia del Estado constitucional de derecho…"[32].

Es decir, como en su momento también lo señaló Mauro Cappelletti, la Constitución concebida "no como una simple pauta de carácter político, moral o filosófico, sino como una ley verdadera, positiva y obligante, con un carácter supremo y más permanente que la legislación positiva ordinaria."[33] O como lo puntualizó Eduardo García de Enterría al iniciarse el proceso democrático en España en las últimas décadas del siglo pasado, las Constituciones son normas jurídicas efectivas, que prevalecen en el proceso político, en la vida social y económica del país, y que sustentan la validez a todo el orden jurídico[34]. Se trata, siempre, de una ley suprema, real y efectiva, que contiene normas directamente aplicables tanto a los órganos del Estado como a los individuos. Dicha supremacía, por lo demás, no sólo se refiere a las previsiones establecidas en el texto mismo de la Constitución, como podría ser el elenco de derechos y garantías enumerados en la misma, sino por ejemplo, conforme al artículo 335 de la Constitución de Venezuela, a los "principios constitucionales" conforme a las interpretaciones efectuadas por la Jurisdicción Constitucional, y a los derechos humanos declarados en los tratados, pactos y convenciones internacionales suscritos y ratificados por Venezuela, los cuales conforme al artículo 23 de la Constitución tienen "jerarquía constitucional y prevalecen en el orden interno, en la medida en que contengan normas sobre su goce y ejercicio más favorables a las establecidas en la Constitución y en las leyes de la República."[35] Es lo que se ha denominado como el "bloque de la constitucionalidad" en la terminología acuñada hace años, entre otros, por Louis Favoreu.[36]

---

32 Véase Manuel García Pelayo, "El Status del Tribunal Constitucional", en *Revista Española de Derecho Constitucional,* N° 1, Madrid, 1981, p. 18.

33 Véase Mauro Cappelletti, *Judicial Review of Legislation and its Legitimacy. Recent Developments.* General Report. International Association of Legal Sciences. Uppsala, 1984 (mimeo), p. 20; también publicado como "Rapport général" en L. Favoreu y J.A. Jolowicz (ed), *Le contrôle juridictionnel des lois Légitimité, effectivité et développements récents,* París 1986, pp. 285–300.

34 Véase Eduardo García de Enterría, *La Constitución como norma y el Tribunal Constitucional,* Madrid, 1981, pp. 33, 39, 66, 71, 177 y 187.

35 Sobre el tema de la jerarquía constitucional de los tratados en materia de derechos humanos, véase Allan R. Brewer-Carías, "La aplicación de los tratados internacionales sobre derechos humanos en el orden interno", en *Revista IIDH,* Instituto Interamericano de Derechos Humanos, N° 46, San José 2007, pp. 219-271; y "La interrelación entre los Tribunales Constitucionales de América Latina y la Corte Interamericana de Derechos Humanos, y la cuestión de la inejecutabilidad de sus decisiones en Venezuela," en *Anuario Iberoamericano de Justicia Constitucional,* Centro de Estudios Políticos y Constitucionales, N° 13, Madrid 2009, pp. 99-136.

36 Véase Louis Favoreu, "Le principe de constitutionalité. Essai de définition d'après la jurisprudence du Conseil constitutionnel," en *Recueil d'études en l'honneur de Charles Eisenmann,* Paris 1977, p. 33.

Todo ello, lo que confirma es que el derecho fundamental a la supremacía constitucional se concreta, en definitiva, en un sistema de control de la constitucionalidad de los actos y actuaciones del Estado que violen dicho derecho, que comprende tanto un derecho al control jurisdiccional de la constitucionalidad de los actos estatales, sea mediante sistemas de justicia constitucional concentrados o difusos, y en un derecho al amparo judicial de los derechos fundamentales de las personas, sea mediante acciones o recursos de amparo u otros medios judiciales de protección inmediata de los mismos. La consecuencia de este derecho fundamental a la supremacía constitucional, por tanto, implica el poder atribuido a los jueces o a determinados órganos jurisdiccionales de asegurar la supremacía constitucional, sea declarando la nulidad de los actos contrarios a la Constitución, sea restableciendo los derechos fundamentales vulnerados por acciones ilegítimas, tanto de los órganos del Estado como de los particulares.

Ahora bien, tratándose de un derecho fundamental de los ciudadanos el que se asegure la supremacía constitucional mediante la tutela judicial de la misma, dado el principio de la reserva legal es evidente que sólo la Constitución podría limitar dicho derecho, es decir, sería incompatible con la idea misma del derecho fundamental de la supremacía constitucional que se postula, cualquier limitación legal al mismo, sea manifestada en actos estatales que se lleguen a excluir del control judicial de constitucionalidad; sea en derechos constitucionales cuya violación no fuera amparable en forma inmediata mediante recursos judiciales de protección.

La supremacía constitucional es una noción absoluta, que no admite excepciones, por lo que el derecho constitucional a su aseguramiento tampoco puede admitir excepciones, salvo por supuesto, las que establezca la propia Constitución.

De lo anterior resulta que, en definitiva, en el derecho constitucional contemporáneo, la justicia constitucional se ha estructurado como una garantía adjetiva al derecho fundamental del ciudadano a la supremacía constitucional, y como el instrumento jurídico para canalizar los conflictos entre la voluntad popular y los actos de los poderes constituidos.

En esta forma, como lo señaló Sylvia Snowiss en su análisis histórico sobre los orígenes de la justicia constitucional, ésta puede decirse que surgió como un "sustituto a la revolución."[37] En efecto, frente al principio de la soberanía y omnipotencia del Parlamento que provenía del derecho inglés, y que Blackstone defendía en Inglaterra,[38] conforme al cual no había otro recurso para el cambio político frente a la tiranía, que no fuera el recurso a la revolución; el desarrollo progresivo y alternativo del principio de la soberanía popular y la supremacía constitucional en Norteamérica, llevó progresivamente a la posibilidad de que el régimen político pudiera ser cambiado, fuera apelando al pueblo mediante una Convención Constitucional (o constituyente) o mediante el desarrollo del poder de los jueces de poder defender la Constitución y juzgar y controlar las acciones del Congreso por las violaciones a la Constitución.[39] En tal sentido, si los ciudadanos tienen derecho a la supremacía

37 Véase Sylvia Snowiss, *Judicial Review and the Law of the Constitution,* Yale University Press, 1990, pp. 2, 3, 6, 113 ss.

38 Véase William Blackstone, *Commentaries on the Laws of England*, 4 vols, 1765-1769, Ed. Facsimilar University of Chicago Press, 1979.

39 Véase Sylvia Snowiss, *Judicial Review and the Law of the Constitution,* Yale University Press, 1990, pp.11 ss., 33, 34, 38 ss. 113.

constitucional, al ser la Constitución emanación del pueblo soberano, entonces frente al derecho de los ciudadanos a rebelarse, a desobedecer leyes injustas o resistir a la opresión frente a cualquier violación de la Constitución, con el objeto de logar la revocatoria del mandato a los representantes que la violen o a su sustitución por otros, en aplicación del derecho de resistencia o revuelta que defendía John Locke;[40] se fue desarrollando el sistema de justicia constitucional, mediante el poder atribuido a los jueces para conocer de la constitucionalidad de las leyes y poder decidir no aplicarlas cuando violen la Constitución

En caso de opresión de los derechos, de abuso o de usurpación, de violaciones masivas a los derechos fundamentales, antes del desarrollo de los sistemas de justicia constitucional, entonces, la revolución era la solución o la vía de solución de conflictos entre el pueblo y los gobernantes. Sin embargo, como sustituto de la misma fue precisamente que surgió con el constitucionalismo moderno, ese poder atribuido a los jueces para dirimir los conflictos constitucionales entre los poderes constituidos o entre éstos y el pueblo. Esa es, precisamente, la tarea del juez constitucional, quedando configurada la justicia constitucional como la principal garantía al derecho ciudadano a la supremacía constitucional como la calificó Sylvia Snowiss, "como sustituto de la revolución."[41]

En el caso de Venezuela, por ejemplo, como resultado de un proceso evolutivo que se remonta al siglo XIX, se organiza en la Constitución un completísimo sistema de justicia constitucional que combina, basado en el principio de la universalidad del control, un control concentrado de la constitucionalidad de las leyes y demás actos dictados en ejecución directa e inmediata de la Constitución, atribuido a la Jurisdicción Constitucional que ejerce la Sala Constitucional del Tribunal Supremo de Justicia (art. 336); con el control difuso de la constitucionalidad de los actos normativos que está a cargo de todos los jueces con potestad de desaplicar en los casos concretos las leyes que juzguen inconstitucionales (art. 334); y el derecho de amparo respecto de todos los derechos constitucionales que se ejerce ante todos los tribunales de instancia, por tanto, en forma igualmente difusa (art. 27).[42] Conforme a ese sistema, en el texto de la Constitución, todos los actos estatales, incluso aquellos que se dicten con motivo de los procedimientos de revisión o reforma constitucional, cualquiera que sea su naturaleza, en tanto que sean manifestaciones de voluntad de los poderes públicos constituidos, están sometidos a la Constitución y al control judicial de constitucionalidad. De lo contrario, no tendría sentido ni la supremacía constitucional ni el derecho ciudadano a dicha supremacía constitucional.

Si un sistema de justicia constitucional, y particularmente, uno de tal amplitud funcionase adecuadamente, entonces, es obvio que el derecho a la desobediencia civil o a la resistencia frente a regímenes, legislación o autoridad que contraríen los valores, principios y garantías democráticos o menoscabasen los derechos humanos no tendía operatividad, pues los jueces mediante el control de constitucionalidad funcionarían como sustitutos a la desobediencia o a la resistencia.

---

40 Véase John Locke, *Two Treatises of Government* (ed. Peter Laslett), Cambridge UK, 1967, pp. 221 y ss.

41 Véase Sylvia Snowiss, *Judicial Review and the Law of the Constitution,* Yale University Press, 1990, pp. 2.

42 Véase sobre el sistema venezolano de justicia constitucional, Allan R. Brewer-Carías, *La justicia constitucional (Procesos y procedimientos constitucionales)*, Editorial Porrúa/ Instituto Mexicano de Derecho procesal Constitucional, México 2007.

Sin embargo, cuando el sistema de justicia constitucional, a pesar de su amplitud, no funciona, o es inocuo por el control político que se ejerce desde el poder sobre los jueces, o cuando en general el mismo se llega a configurar como un sistema puesto al servicio del autoritarismo,[43] entonces, ante la ausencia de poder alguno que pueda controlar la constitucionalidad de los actos de los órganos constituidos del Estado, frente a un régimen político, a una legislación o a una autoridad que contraríen los valores, principios y garantías democráticos o menoscabasen los derechos humanos, resurge con toda su fuerza y valor el derecho a la desobediencia civil o el derecho a la resistencia contra la opresión.

3. *Sobre el conflicto entre el deber de obediencia y el derecho a la desobediencia civil y a la resistencia ante la opresión*

Los ciudadanos de cualquier Estado, como integrantes de una sociedad regulada por leyes, tienen el deber de obediencia a las mismas, lo que no excluye que el Estado tenga, a la vez, la obligación de garantizar el goce y ejercicio irrenunciable, indivisible e interdependiente de los derechos de las personas, conforme al principio de la progresividad y sin discriminación, por lo que el respeto y garantía de los derechos humanos son obligatorios para los órganos que ejercen el Poder Público.

Además, muchas Constituciones, como la de Venezuela, por ejemplo, declaran expresamente como nulos todos los actos dictados en ejercicio del Poder Público que violen o menoscaben los derechos que la misma garantiza (art. 25), haciendo responsables en lo penal, civil y administrativo a los funcionarios públicos que ordenen o ejecuten esos actos violatorios.

Por tanto, ante la violación de la Constitución por las autoridades constituidas, en cualquier Estado en el cual no hay garantía de que los órganos del Poder Público que ejercen funciones constitucionales de balance, contrapeso y control realmente funcione, y en particular, de que el sistema de justicia constitucional no funcione por habérselo puesto al servicio del autoritarismo; particularmente cuando el régimen autoritario tiene su origen en elecciones, sin duda se plantea el dilema o conflicto democrático y constitucional que tiene que condicionar la conducta de los ciudadano, entre rechazar, desobedecer o resistir frente a leyes y autoridades ilegítimas, inconstitucionales e injustas; u obedecerlas de acuerdo con la obligación constitucional, acatándolas y cumpliéndolas. Este es el meollo del ejercicio del derecho a la desobediencia civil y a la resistencia frente a la opresión, que conforme a la *Declaración de Santiago* corresponde con razón a toda persona, individualmente o en grupo.

---

43 Es el caso en Venezuela, durante la última década. Véase sobre ello, lo que hemos expuesto en Allan R. Brewer-Carías, *Dismantling Democracy. The Chávez Authoritarian Experiment*, Cambridge University Press, New York 2010; *Reforma constitucional y fraude a la Constitución (1999-2009)*, Academia de Ciencias Políticas y Sociales, Caracas 2009; *Reforma Constitucional, Asamblea Constituyente, y Control Judicial: Honduras (2009), Ecuador (2007) y Venezuela (1999)*, Universidad Externado de Colombia, Bogotá 2009; *Crónica sobre la "In" Justicia Constitucional. La Sala Constitucional y el autoritarismo en Venezuela*, Colección Instituto de Derecho Público, Universidad Central de Venezuela, N° 2, Editorial Jurídica Venezolana, Caracas 2007; "La justicia sometida al poder [La ausencia de independencia y autonomía de los jueces en Venezuela por la interminable emergencia del Poder Judicial (1999-2006)]" en *Cuestiones Internacionales. Anuario Jurídico Villanueva 2007*, Centro Universitario Villanueva, Marcial Pons, Madrid 2007, pp. 25-57; "La progresiva y sistemática demolición institucional de la autonomía e independencia del Poder Judicial en Venezuela 1999-2004", en *XXX Jornadas J.M Domínguez Escovar, Estado de derecho, Administración de justicia y derechos humanos*, Instituto de Estudios Jurídicos del Estado Lara, Barquisimeto, 2005, pp. 33-174.

Frente a este conflicto, una norma constitucional como la del artículo 350 de la Constitución venezolana y el derecho ciudadano que consagra, encuentra entonces toda su operatividad frente para garantizar la resistencia a cumplir y acatar leyes que son ilegítimas, inconstitucionales e injustas.[44]

El tema central en esta materia, por supuesto, es la determinación de cuándo desaparece la obligación de la obediencia a las leyes y cuándo se reemplaza por la también obligación-derecho de desobedecerlas y esto ocurre, en general, cuando la ley es injusta; cuando es ilegítima, porque por ejemplo emana de un órgano que no tiene poder para legislar, o cuando es nula, por violar la Constitución; y no hay un sistema de justicia constitucional que funcione.

La actitud del ciudadano en esta situación de derecho a la desobediencia de la ley, como manifestación del derecho a resistencia, puede expresarse de diversas formas y entre ellas, individualmente mediante la objeción de conciencia que se expresa en la declaración de Santiago, y también individual o colectivamente mediante la desobediencia civil, y la resistencia pasiva o activa, todas como manifestaciones cívicas no violentas.

La objeción de conciencia es una conducta individual; de carácter omisivo, en el sentido que consiste en no hacer lo que se ordena; en forma pública; pacífica; parcial, porque está dirigida al cambio de una norma; y de orden pasivo, porque la resistencia a la norma y el derecho de incumplirla se hace con conciencia de aceptar las consecuencias o sanciones que se imponen por la violación. El derecho a la objeción de conciencia está regulado –mal regulado– en el artículo 61 de la Constitución de Venezuela, que establece que "la objeción de conciencia no puede invocarse para eludir el cumplimiento de la ley o impedir a otros su cumplimiento o el ejercicio de sus derechos," cuando en realidad, lo que debió decir es que no puede invocarse para eludir la aplicación de las sanciones derivadas del incumplimiento de la ley. De lo contrario, no sería tal derecho.

Sobre este derecho a la objeción de conciencia, *la Declaración de Santiago* lo consagra como un derecho de toda persona, individualmente o en grupo, frente a actividades que supongan amenazas contra la paz, y en particular, a obtener el estatuto de objeción de conciencia frente a las obligaciones militares; y a la objeción laboral y profesional, así como a la objeción fiscal al gasto militar, ante operaciones de apoyo a conflictos armados que sean contrarias al derecho internacional de los derechos humanos o al derecho internacional humanitario. En estos caso, dispone la *Declaración de Santiago*, que los Estados proporcionarán alternativas aceptables a los

---

44 Sobre la desobediencia civil y el artículo 350 de la Constitución, véase: María L. Álvarez Chamosa y Paola A. A. Yrady, "La desobediencia civil como mecanismo de participación ciudadana", en *Revista de Derecho Constitucional,* N° 7 (Enero-Junio). Editorial Sherwood, Caracas, 2003, pp. 7-21; Andrés A. Mezgravis, "¿Qué es la desobediencia civil?", en *Revista de Derecho Constitucional,* N° 7 (enero-junio), Editorial Sherwood,Caracas, 2003, pp. 189-191; Marie Picard de Orsini, "Consideraciones acerca de la desobediencia civil como instrumento de la democracia", en *El Derecho Público a comienzos del siglo XXI. Estudios homenaje al Profesor Allan R. Brewer-Carías,* Tomo I, Instituto de Derecho Público, UCV, Civitas Ediciones, Madrid, 2003, pp. 535-551; y Eloisa Avellaneda y Luis Salamanca, "El artículo 350 de la Constitución: derecho de rebelión, derecho resistencia o derecho a la desobediencia civil", en *El Derecho Público a comienzos del siglo XXI. Estudios homenaje al Profesor Allan R. Brewer-Carías,* Tomo I, Instituto de Derecho Público, UCV, Civitas Ediciones, Madrid, 2003, pp. 553-583. Véase además, lo que hemos expuesto en Allan R. Brewer-Carías, *La Constitución de 1999. Derecho Constitucional Venezolano.* Editorial Jurídica Venezolana, Caracas 2004, Tomo I, pp 133 ss

contribuyentes que se opongan a la utilización de sus impuestos para fines militares; y además, que consagra el derecho de toda persona, individualmente o en grupo, a ser protegida en el ejercicio efectivo de este derecho a la objeción de conciencia.

Por otra parte, en cuanto a la resistencia pasiva, como la definió el propio Mahatma Gandhi "es un método que consiste en salvaguardar los derechos mediante la aceptación del sufrimiento" lo que es "lo contrario de la resistencia mediante las armas."[45] Consiste en la negativa a obedecer los dictados de la ley, aceptando la sanción punitiva que resulta de la desobediencia, pero con la certidumbre de no estar obligado a obedecer la ley que desaprueba la conciencia.[46]

En la misma línea se ubica la resistencia activa, la cual también es una conducta no sólo contra la parte perceptiva de una Ley sino contra su parte punitiva; y no sólo de carácter individual sino muchas veces colectiva, como por ejemplo, la conducta comisiva de *hacer lo que la ley prohíbe* y, además, buscando eludir la pena. En todo caso, es de carácter público y parcial. La resistencia activa se materializó, por ejemplo, en los movimientos por la integración racial que liderizó Martín Luther King en la década de los cincuenta.[47]

La resistencia pasiva o activa, en todo caso, se diferencia de la desobediencia civil en cuanto a que esta es fundamentalmente una manifestación colectiva, que lo que persigue de inmediato es demostrar públicamente la injusticia, la ilegitimidad o la inconstitucionalidad de la ley o de un régimen o una autoridad, con el fin de inducir, por ejemplo, al legislador a reformarla o al régimen o a la autoridad a transformarse.[48]

La desobediencia civil, por ello, es una acción que se justifica o que debe considerarse licita, debida e, incluso, tolerada, a diferencia de cualquier otra trasgresión o violación de la ley, pues lo que persigue es el restablecimiento de la justicia, de la legitimidad o de la constitucionalidad, mediante una reforma legal o una trasformación política. Por ello, la desobediencia civil no se considera destructiva sino innovativa, y quienes la asumen no consideran que realizan un acto de trasgresión del deber ciudadano de cumplir la ley, sino que lo que cumplen es con el deber ciudadano de velar porque los regímenes políticos sean democráticos o porque las leyes sean justas, legítimas y acorde con la Constitución.[49] La desobediencia civil, por tanto, es una actitud propia de los buenos ciudadanos.

---

45 M. K. Gandhi, *La Civilización occidental y nuestra Independencia*, Buenos Aires, 1959, p. 84 y ss.

46 *Idem*, pp. 85-86

47 El movimiento por los derechos civiles liderado, entre otros, por M. L. King, se desarrolló a partir de la sentencia de la Corte Suprema de los Estados Unidos, *Brown vs. Topeka Bord of Education,* 1954.

48 La expresión desobediencia civil comenzó a difundirse en los Estados Unidos luego del clásico ensayo de Henry David Thoreau, *Civil Disobedience,* 1849. Véase las referencias en Norberto Bobbio, "Desobediencia Civil" en Norberto Bobbio y Nicola Matteucci (directores). *Diccionario de Política,* 1982, Vol. I, p. 535.

49 A finales de 2001, en Venezuela se dieron dos manifestaciones colectivas que puede considerarse que encuadran en la desobediencia civil: en primer lugar, con la realización del proceso electoral del directorio de la Conferencia de Trabajadores de Venezuela, a pesar de que el Consejo Nacional Electoral había ordenado que no se realizaron dichas elecciones y había dicho que desconocería a la directiva electa; *El Universal,* Caracas, 17-08-01, p. 1-6; en segundo lugar, con la realización de la elección de los jueces de paz en diversos Municipios, entre ellos Chacao, organizada por las autoridades municipales a pesar de la posición en contra del Consejo Nacional Electoral que reclamaba para si la organización de esas elecciones y desconociendo la medida cautelar en contra adoptada por el Tribunal Supremo de Justicia.

El efecto demostrativo de la desobediencia civil exige, en todo caso, su carácter colectivo y publicitado al máximo;[50] de lo contrario, sería una desobediencia común, que por lo general es secreta, como la que hace el evasor de impuestos. La desobediencia civil, por tanto, tiene que ser expuesta al público, evidenciando que el deber que tiene todo ciudadano de cumplir la ley, sólo puede existir cuando el legislador respete la obligación de sancionar leyes justas y constitucionales.

La desobediencia civil, así, a pesar de que pueda ser considerada formalmente como una acción que se aparta de la ley, es sin embargo legítima, colectiva, pública y pacífica, es decir, no violenta, que tiene su fundamento, precisamente, como decía Norberto Bobbio[51] en "principios éticos superiores para obtener un cambio de las leyes" o en los valores que establece el artículo 350 de la Constitución, cuando se considere que el régimen, la legislación o la autoridad contraríe los valores, principios y garantías democráticos o menoscabe los derechos humanos; y el conflicto no pueda ser resuelto por la Jurisdicción Constitucional. Como lo ha resumido Juan Ignacio Ugartemedia Eceizabarrena en la primera frase de su libro sobre el tema, la desobediencia civil "es un fenómeno que se configura como una forma peculiar de protesta contra determinadas actuaciones del poder público llevada a cabo por motivos de justicia."[52]

Por ello, en Venezuela, la desobediencia civil no sólo es un tema de filosofía política, sino de derecho constitucional, pues es la propia Constitución la que consagra expresamente el derecho ciudadano a la desobediencia civil, incluso más allá de la sola resistencia a la ley.

Las condiciones para la aplicación del antes mencionado artículo 350 de la Constitución, en todo caso, serían las siguientes:

En *primer lugar*, se establece como un derecho constitucional del "pueblo de Venezuela", es decir, se trata de un derecho de ejercicio colectivo y, consecuencialmente, público. No se puede justificar en esta norma, cualquier violación individual de una ley.

Ahora bien, en cuanto a qué debe interpretarse por "pueblo" como titular de este derecho, la Sala Constitucional del Tribunal Supremo de Justicia, en sentencia N° 24 de 22 de enero de 2003 (Caso: *Interpretación del artículo 350 de la Constitución*) ha señalado que "debe vincularse al principio de la soberanía popular que el Constituyente ha incorporado al artículo 5 del texto fundamental", agregando que "el sentido que debe asignarse al pueblo de Venezuela es el conjunto de las personas del país y no una parcialidad de la población, una clase social o un pequeño poblado, y menos individualidades". De allí, la Sala Concluyó señalando que:

---

50 Un típico ejemplo en Venezuela del carácter demostrativo de ruptura contra un ordenamiento, fue la ruptura en público de la *Gaceta Oficial* que contenía la Ley de Tierras y Desarrollo Rural, por el Presidente de la Federación de Ganaderos, Dr. José Luis Vetancourt, noviembre 2001; y la ruptura de la boleta electoral en el referendo sindical de diciembre de 2000 por Carlos Melo, *El Universal,* Caracas, 04-12-00, p. 1-8.

51 Véase Norberto Bobbio, "Desobediencia Civil" en Norberto Bobbio y Nicola Matteucci (directores). *Diccionario de Política,* 1982, Vol. I, pp. 533 ss.

52 Juan Ignacio Ugartemedia Eceizabarrena, *La desobediencia civil en el Estado constitucional democrático*, Marcial Pons, Madrid 1999, p. 15.

Por otra parte, en la medida en que la soberanía reside de manera fraccionada en todos los individuos que componen la comunidad política general que sirve de condición existencial del Estado Nacional, siendo cada uno de ellos titular de una porción o alícuota de esta soberanía, tienen el derecho y el deber de oponerse al régimen, legislación o autoridad que resulte del ejercicio del poder constituyente originario que contraríe principios y garantías democráticos o menoscabe los derechos humanos; y así se decide.

En *segundo lugar*, siguiendo con el contenido del artículo 350 de la Constitución, consagra un derecho basado en la tradición republicana del pueblo, su lucha por la independencia, la paz y la libertad. Se trata, por tanto, de un derecho ciudadano democrático, de carácter pacífico y no violento. No se pueden justificar en esta norma, acciones violentas que son incompatibles con los principios constitucionales que rigen al Estado, a la sociedad y al ordenamiento jurídico.

En *tercer lugar*, el derecho colectivo a la desobediencia civil ("desconocerá", dice la norma) surge cuando el régimen, la legislación o la autoridad, primero, "contraríe los valores, principios y garantías democráticas"; y segundo, "menoscabe los derechos humanos". Sin embargo, la Sala Constitucional del Tribunal Supremo de Justicia, en la citada sentencia N° 24 de 22 de enero de 2003, ha aclarado a fin de que la interpretación aislada del artículo 350 "no conduzca a conclusiones peligrosas para la estabilidad política e institucional del país, ni para propiciar la anarquía"[53], que:

> El argumento del artículo 350 para justificar el "desconocimiento" a los órganos del poder público democráticamente electos, de conformidad con el ordenamiento constitucional vigente, es igualmente impertinente. Se ha pretendido utilizar esta disposición como justificación del "derecho de resistencia" o "derecho de rebelión" contra un gobierno violatorio de los derechos humanos o del régimen democrático, cuando su sola ubicación en el texto Constitucional indica que ese no es el sentido que el constituyente asigna a esta disposición[54].

Luego de analizar el sentido de la ubicación de la norma en el Título sobre la revisión de la Constitución, en particular, de la Asamblea Nacional Constituyente, la Sala señaló:

> El derecho de resistencia a la opresión o a la tiranía, como es el caso de los regímenes de fuerza surgidos del pronunciamiento militar, que nacen y actúan con absoluta arbitrariedad, está reconocido en el artículo 333 de la Constitución, cuya redacción es casi idéntica al artículo 250 de la Carta de 1961. Esta disposición está vinculada, asimismo, con el artículo 138 *eiusdem*, que declara que "Toda autoridad usurpada es ineficaz y sus actos son nulos".

53 Véase Giuseppe Rosito Arbía, "Consideraciones sobre la desobediencia civil a propósito de la sentencia de la Sala Constitucional del Tribunal Supremo de Justicia del 22 de enero de 2003, que interpreta el artículo 350 de la Constitución de 1999", en *Revista de Derecho Constitucional,* N° 6, enero-diciembre-2002, Editorial Sherwood, Caracas, 2003, pp. 233 a 239; y Addendum Jurisprudencial, "Sentencia del Tribunal Supremo de Justicia-Sala Constitucional del 22-01-2003. (Nueva interpretación del artículo 350 de la Constitución)", en *Revista de Derecho Constitucional,* N° 7, enero-junio 2003, Editorial Sherwood, Caracas, 2003, pp. 223 a 231.

54 Véase en *Revista de Derecho Público*, N° 93-96, Editorial Jurídica Venezolana, Caracas 2003.

El derecho a la restauración democrática (defensa del régimen constitucional) contemplado en el artículo 333, es un mecanismo legítimo de desobediencia civil que comporta la resistencia a un régimen usurpador y no constitucional.

Aparte de la hipótesis antes descrita sólo debe admitirse en el contexto de una interpretación constitucionalizada de la norma objeto de la presente decisión, la posibilidad de desconocimiento o desobediencia, cuando agotados todos los recursos y medios judiciales, previstos en el ordenamiento jurídico para justiciar un agravio determinado, producido por "cualquier régimen, legislación o autoridad", no sea materialmente posible ejecutar el contenido de una decisión favorable. En estos casos quienes se opongan deliberada y conscientemente a una orden emitida en su contra e impidan en el ámbito de lo fáctico la materialización de la misma, por encima incluso de la propia autoridad judicial que produjo el pronunciamiento favorable, se arriesga a que en su contra se activen los mecanismos de desobediencia, la cual deberá ser tenida como legítima sí y solo sí -como se ha indicado precedentemente- se han agotado previamente los mecanismos e instancias que la propia Constitución contiene como garantes del estado de derecho en el orden interno, y a pesar de la declaración de inconstitucionalidad el agravio se mantiene.

No puede y no debe interpretarse de otra forma la desobediencia o desconocimiento al cual alude el artículo 350 de la Constitución, ya que ello implicaría sustituir a conveniencia los medios para la obtención de la justicia reconocidos constitucionalmente, generando situaciones de anarquía que eventualmente pudieran resquebrajar el estado de derecho y el marco jurídico para la solución de conflictos fijados por el pueblo al aprobar la Constitución de 1999.

En otros términos, sería un contrasentido pretender como legítima la activación de cualquier medio de resistencia a la autoridad, legislación o régimen, por encima de los instrumentos que el orden jurídico pone a disposición de los ciudadanos para tales fines, por cuanto ello comportaría una transgresión mucho más grave que aquella que pretendiese evitarse a través de la desobediencia, por cuanto se atentaría abierta y deliberadamente contra todo un sistema de valores y principios instituidos democráticamente, dirigidos a la solución de cualquier conflicto social, como los previstos en la Constitución y leyes de la República, destruyendo por tanto el espíritu y la esencia misma del Texto Fundamental[55].

En *cuarto lugar,* la desobediencia civil que tiene su fundamento en el artículo 350 de la Constitución, como derecho ciudadano colectivo, de ejercicio público y pacífico, se puede plantear no sólo respecto de la legislación, sino de "cualquier régimen… o autoridad" que, como se dijo, contraríe los valores, principios y garantías democráticos o menoscabe los derechos humanos.

Este derecho constitucional del pueblo, se establece, por tanto, no sólo frente a las leyes (legislación), sino frente a cualquier régimen o autoridad que contraríe los valores, principios y garantías democráticas o menoscabe los derechos humanos, lo que lo amplía considerablemente respecto del tradicional ámbito político institucional de la misma conocido en la ciencia política, que la reduce a la desobediencia de las leyes para lograr su reforma.

En todo caso, este derecho a la desobediencia civil puede decirse que fue interpretado en forma restrictiva por la Sala Constitucional en la misma sentencia N° 24 de 22 de

55 *Idem.*

enero de 2003 (Caso: *Interpretación del artículo 350 de la Constitución*) al señalar que el desconocimiento al cual alude la norma del artículo 350, sólo:

> puede manifestarse constitucionalmente mediante los diversos mecanismos para la participación ciudadana contenidos en la Carta Fundamental, en particular los de naturaleza política, preceptuados en el artículo 70, a saber: "la elección de cargos públicos, el referendo, la consulta popular, la revocación del mandato, las iniciativas legislativa, constitucional y constituyente, el cabildo abierto y la asamblea de ciudadanos y ciudadanas[56].

En nuestro criterio, al contrario, la desobediencia civil en la Constitución no sólo tiene el efecto demostrativo de buscar la reforma de leyes injustas, ilegítimas o inconstitucionales, sino de buscar cambiar el régimen o la autoridad que contraríe los valores, principios y garantías democráticos establecidos en la Constitución o los definidos en la Carta Democrática Interamericana; o que menosprecie los derechos humanos enumerados en la Constitución y en los tratados, pactos y convenciones relativas a derechos humanos suscritos y ratificados por Venezuela, los cuales tienen jerarquía constitucional y prevalecen en el orden interno en la medida en que contengan normas sobre su goce y ejercicio más favorables a las establecidas en la Constitución y en las leyes (art. 23).

En todo caso, tratándose de un derecho constitucional colectivo, del pueblo de Venezuela, la desobediencia civil tiene que ser motorizada por las organizaciones sociales, por los organismos de la sociedad civil, por los sectores de la sociedad, es decir, por toda organización que sea de carácter no estatal. He aquí el gran valor y poder de la sociedad civil organizada, esa que está fuera del alcance del Estado.

El pueblo organizado es la sociedad civil y esta es la organización que se contrapone al Estado. Como lo ha dicho la Sala Constitucional en sentencia Nº 1395 de 21 de noviembre de 2000 (Caso: *Gobernación del Estado Mérida y otras vs. Ministerio de Finanzas*),

> "la sociedad civil es diferente al Estado y a los entes que lo componen (Estados, Municipios, Institutos Autónomos, Fundaciones Públicas, Sociedades con capital de los Poderes Públicos, etc). En consecuencia, el Estado no puede formar parte, bajo ninguna forma directa o indirecta, de la sociedad civil. Fundaciones, Asociaciones, Sociedades o grupos, totalmente financiados por el Estado, así sean de carácter privado, no pueden representarla, a menos que demuestren que en su dirección y actividades no tiene ninguna influencia el Estado." [57]

La sociedad civil así, es la esfera de las relaciones entre individuos, entre grupos y entre sectores de la sociedad, que en todo caso se desarrollan fuera de las relaciones de poder que caracterizan a las instituciones estatales. En este ámbito de la sociedad civil, en consecuencia, entre otras están las organizaciones con fines políticos (partidos políticos); las organizaciones religiosas; las organizaciones sociales; las organizaciones ambientales; las organizaciones comunitarias y vecinales; las organizaciones educativas y culturales; las organizaciones para la información (medios de comunicación) y las organizaciones económicas y cooperativas que el Estado, por otra parte, tiene la obligación constitucional de respetar y proteger e, incluso, de

56 *Idem*.

57 Véase en *Revista de Derecho Público*, Nº 84, Editorial Jurídica Venezolana, Caracas 2000, p. 315 ss.

estimular, facilitar y promover (arts. 52, 57, 59, 67, 100, 106, 108, 112, 118, 127, 184 y 308).

En definitiva, conforme a la sentencia de la sala Electoral del Tribunal Supremo de Justicia N° 30 del 28 de marzo de 2001 (Caso: *Victor Maldonado vs. Ministerio de la Familia*) la llamada 'sociedad civil', debe ser entendida "como la organización democrática de la sociedad, no estatal, política, religiosa o militar, que busca fines públicos coincidentes con los del Estado."[58]

Sin embargo, en forma contradictoria, en la mencionada sentencia N° 1395 de 21 de noviembre de 2000 (Caso: *Gobernación del Estado Mérida y otras vs. Ministerio de Finanzas*), la Sala Constitucional le negó a los partidos políticos el ser parte de la sociedad civil, indicando:

> "Que estando el Estado conformado por ciudadanos que pertenecen a fuerzas políticas, la sociedad civil tiene que ser diferente a esas fuerzas, cuyos exponentes son los partidos o grupos políticos. Consecuencia de ello, es que las organizaciones políticas no conforman la sociedad civil, sino la sociedad política cuyos espacios están delimitados por la Constitución y las leyes. Por lo tanto, todo tipo de participación partidista en personas jurídicas, desnaturaliza su condición de organizaciones representativas de la sociedad civil.
>
> La sociedad civil la forman los organismos e instituciones netamente privados, mientras que la sociedad política es el dominio directo que se expresa en el Estado y en el gobierno jurídico, en el cual contribuyen los partidos en un régimen democrático."[59]

Aparte, de esta restrictiva afirmación, lo cierto es que frente al derecho a la desobediencia civil y a la resistencia a la opresión, son las organizaciones de la sociedad civil,[60] las que precisamente en nombre del pueblo pueden motorizar la reacción

---

58 Véase en *Revista de Derecho Público*, N° 85-88, Editorial Jurídica Venezolana, Caracas 2001, pp.338-343. Sin embargo, debe advertirse que en la Sala Constitucional del Tribunal Supremo de Justicia, en 2012, los criterios parecen apuntar hacia otra dirección completamente autoritaria. Eso es lo que se desprende, al menos, de lo que expuso el magistrado Arcadio Delgado Rosales en el acto de apertura del Año Judicial en enero de 2012. Allí expuso, basándose nada menos que en Carl Schmitt, que: "... debemos advertir desde el inicio que la sociedad como condición existencial del Estado es una sola y la insistencia en pretender excluir o distinguir de la globalidad a "ciudadanos" integrantes de la "sociedad civil" es una construcción ideológica liberal, en la cual hay reminiscencias censitarias, de desprecio a las clases populares y de odio al Estado como unidad política que, como veremos más adelante, es concebido como una amenaza latente contra la concepción individualista. Por tanto, rechazamos la escisión de la totalidad social (sociedad civil/sociedad militar; sociedad civil/sociedad política) y, en consecuencia, la pretendida división entre actores e interacciones sociales al interior del sistema político y los actores e interacciones al "exterior" del mismo. Todos los ciudadanos y demás integrantes del cuerpo social están dentro del Estado y, como tales, son actores sociales y, potencialmente, políticos". Esta afirmación no sólo demuestra el desconocimiento de la Constitución en donde se evidencia y describe precisamente la separación entre relaciones entre sectores de la sociedad y relaciones de la sociedad para con el Estado, sino además evidencia el desconocimiento de sentencias antes referidas, proponiendo una fórmula clásica de los movimientos totalitarios, en los cuales el individuo se instrumentaliza al servicio del Estado, eliminando la distinción Estado /sociedad, lo cual es violatorio de los derechos humanos . *Cfr.* Arcadio Delgado Rosales, "Reflexiones sobre el sistema político y el Estado Social" en Sesión solemne. Apertura Actividades Judiciales. Discurso de Orden, Tribunal Supremo de Justicia, Caracas, 2012. http://www.tsj.gov.ve/informacion/miscelaneas/DiscursoMagADR.pdf

59 Véase en *Revista de Derecho Público*, N° 84, Editorial Jurídica Venezolana, Caracas 2000, p. 315 ss.

60 Por ejemplo, la sociedad civil organizada, por ejemplo, realizó una muy importante movilización contra el Decreto 1011 de 04-10-00 que contiene el Reglamento del Ejercicio de la Profesión Docente (*G.O.* N° 5496 *Extra.* de 31-10-00), en el cual se reguló a los Supervisores Itinerantes Nacionales, a los efectos de

contra las leyes injustas o inconstitucionales y, en última instancia, ejercer el derecho a la desobediencia civil que regula la Constitución, también, contra el régimen o la autoridad que contraríe los valores, principios y garantías democráticas o menoscabe los derechos humanos.

Sin embargo, incluso respecto de las organizaciones de la sociedad civil, la Sala Constitucional en Venezuela le ha dado una interpretación restrictiva al término, expresando en la sentencia N° 1050 de 23 de agosto de 2000 (Caso: *Ruth Capriles y otros vs. Consejo Nacional Electoral*), que "mientras la ley no cree los mecanismos para determinar quiénes pueden representar a la sociedad civil en general o a sectores de ella en particular, y en cuáles condiciones ejercer tal representación, no puede admitirse como legítimos representantes de la sociedad civil, de la ciudadanía, etc., a grupos de personas que por iniciativa propia se adjudiquen tal representación, sin que se conozca cuál es su respaldo en la sociedad ni sus intereses; y sin que pueda controlarse a qué intereses responden: económicos, políticos, supranacionales, nacionales o internacionales."[61]

La Sala, por tanto, a pesar de que reiteró el principio de que las normas constitucionales sobre participación ciudadana tienen aplicación inmediata, a pesar de que no tengan desarrollo legislativo, "ello no se extiende a cualquier grupo que se autoproclame representante de la sociedad civil, y que sin llenar requisito legal alguno, pretenda, sin proporcionar prueba de su legitimidad, más allá del uso de los medios de comunicación para proyectarse públicamente, obrar por ante la Sala Constitucional, sin ni siquiera poder demostrar su legitimación en ese sentido;" concluyendo con la siguiente afirmación reductiva del derecho a la participación:

> "La función pública se haría caótica, si cualquier asociación o grupo de personas, arrogándose la representación de la ciudadanía o de la sociedad civil, pretendiere fuese consultada antes de la toma de cualquier decisión; o exigiere de los poderes del Poder Público la entrega de documentos, datos o informaciones sin que la ley los faculte para ello; o quisiera ingresar a dependencias del Estado a indagar sobre lo que allá acontece sin que ninguna disposición legal se lo permita. Tal situación caótica se acentuaría si estos entes mediante el uso de los medios de comunicación tratasen de formar matrices de opinión pública favorables a sus pretensiones cuando

---

realizar "supervisiones integrales en todos los planteles establecidos a nivel nacional". Como consecuencia de esas supervisiones de cada plantel, esos supervisores podían recomendar la intervención del plantel y la suspensión de los miembros de sus cueros directivos (art. 32,6). La movilización fue contra la posibilidad de aplicación de esta norma respecto de los planteles privados. Véase, en particular, *El Universal,* Caracas, 07-12-00, p. 1-9; 12-12-00, p. 1-12; 13-12-00, p. 1-9; 14-12-00, pp. 1-6, 1-10; 15-12-00, p.1-2; 17-12-00, p. 1-8; 18-12-00, p. 1-6; 19-12-00, p. 1-10 y 20-12-00, p. 1-2. El Ministro de Educación, a pesar de haber señalado que el Decreto si se aplicaba a la educación privada, *El Universal,* Caracas, 12-12-00, p. 1-12, luego señaló que no se aplicaba, *El Universal,* Caracas, 18-12-00, p. 1-6. Pretendió el Ministro "aclarar" esto en un "reglamento del reglamento", totalmente improcedente, *El Universal,* Caracas, 12-12-00, p. 1-8. El Decreto fue impugnado ante el Tribunal Supremo, *El Universal,* Caracas, 22-12-00, p. 1-2, cuya Sala Constitucional un año después (19-12-01) decidió sin lugar la acción aclarando el contenido del Decreto, *El Nacional,* Caracas, 20-12-01, p. C-2, en virtud de la "reglamentación" realizada por el Ministerio mediante Resolución, en el cual subsanó las fallas del Decreto, *El Nacional,* Caracas, 27-12-01, p. 1-4. Otra movilización de la sociedad civil organizada que debe destacarse fue la realizada en caracas, el 11 de abril de 2002 exigiendo la renuncia del Presidente de la República. Véae sobre la misma y los sucesos políticos derivados en Allan R. Brewer-Carías, *La Crisis de la democracia venezolana (La Carta Democrática Interamericana y los sucesos de abril de 2002)*, Ediciones El Nacional, Caracas 2002.

61 Véase en *Revista de Derecho Público*, N° 83,Editorial Jurídica Venezolana, Caracas 2000, pp. 182-184.

ellas carecen de fundamento legal. De allí, que se hace impretermitible, para el desarrollo de los derechos de tales organizaciones ciudadanas, que la ley establezca los requisitos y condiciones a cumplir para que puedan ser considerados representantes de la sociedad civil y de la ciudadanía."[62]

A pesar de estos diversos esfuerzos restrictivos del juez constitucional en Venezuela de reducir y restringir el ejercicio del derecho a la desobediencia civil y a la resistencia frente a la opresión, el mismo ha adquirido cada vez más importancia, porque en ausencia de una justicia constitucional efectiva[63] que asegure la tutela judicial efectiva de los derechos, dichos derechos no sólo se puede ejercer constitucionalmente ante leyes inconstitucionales como muchas de las que han sido dictadas en Venezuela en la última década mediante decretos leyes,[64] sino ante el régimen y autoridad que tenemos, que cada vez más contradice los valores, principios y garantías democráticas y menoscaba los derechos humanos. Por ello, incluso, más que un derecho a la desobediencia civil, comenzamos a estar en presencia de un deber ciudadano que debe cumplirse para salvaguardar nuestra democracia y proteger nuestros derechos.

4. *El esfuerzo realizado por el Juez Constitucional para enmarcar y reducir el derecho constitucional ciudadano a la desobediencia civil y a la resistencia a la opresión*

No sólo en Venezuela, la Sala Constitucional del Tribunal Supremo de Justicia, como Jurisdicción Constitucional, durante la última década ha dejado de ser el garante último de la supremacía constitucional, dado el sometimiento al poder que ha sufrido convirtiéndose en un mero agente ejecutor de las políticas públicas. Ello se confirma, por ejemplo, con lo expresado en el discurso de "apertura del Año Judicial" pronunciado el 5 de febrero de 2011 pronunciado por un Magistrado de la Sala Electoral del Tribunal Supremo, en el cual destacó que "el Poder Judicial venezolano está en el deber de dar su aporte para la eficaz ejecución, en el ámbito de su competencia, de la Política de Estado que adelanta el gobierno nacional" en el sentido de desarrollar "una acción deliberada y planificada para conducir un socialismo bolivariano y democrático," y que "la materialización del aporte que debe dar el Poder Judicial para colaborar con el desarrollo de una política socialista, conforme a la Constitución y la leyes, viene dado por la conducta profesional de jueces, secretarios, alguaciles y personal auxiliar."[65]

---

62 Véase en *Revista de Derecho Público*, Nº 83, Editorial Jurídica Venezolana, Caracas 2000, p. 182 ss.

63 Véase Allan R. Brewer-Carías, *Crónica sobre la "In" Justicia Constitucional. La Sala Constitucional y el autoritarismo en Venezuela*. Colección Instituto de Derecho Público, Universidad Central de Venezuela, Nº 2, Caracas, 2007, 702 pp.

64 Véase por ejemplo, sobre los dictados en 2000, en Allan R. Brewer-Carías, "Apreciación general sobre los vicios de inconstitucionalidad que afectan los Decretos Leyes Habilitados,". en *Ley Habilitante del 13-11-2000 y sus Decretos Leyes*, Academia de Ciencias Políticas y Sociales, Serie Eventos Nº 17. Caracas , 2002 . pp. 63-103; y sobre los dictados en 2008, los trabajos publicados en *Revista de Derecho Público*, Nº 115 *(Estudios sobre los Decretos Leyes)*, Editorial Jurídica Venezolana. Caracas, 2009.

65 El Magistrado Fernando Vargas, quien fue el Orador de Orden, además agregó que "Así como en el pasado, bajo el imperio de las constituciones liberales que rigieron el llamado estado de derecho, la Corte de Casación, la Corte Federal y de Casación o la Corte Suprema de Justicia y demás tribunales, se consagraban a la defensa de las estructuras liberal-democráticas y combatían con sus sentencias a quienes pretendían subvertir ese orden en cualquiera de las competencias ya fuese penal, laboral o civil, de la misma manera este Tribunal Supremo de Justicia y el resto de los tribunales de la República, deben

Con ello ha quedado claro cuál ha sido la razón del rol asumido por el Tribunal Supremo en Venezuela, y que como se anunció en dicha apertura del Año Judicial de 2011, no es otro que la destrucción del "llamado estado de derecho" y "de las estructuras liberales-democráticas," con el objeto de la "construcción del Socialismo Bolivariano y Democrático."

En esta forma la Jurisdicción Constitucional controlada por el poder, no sólo ha dejado de ser la garante suprema de la Constitución, sino que se ha convertido en agente activo de mutaciones constitucionales ilegítimas, por ejemplo, para cambiar la forma federal del Estado,[66] o para desmontar el bloque de la constitucionalidad, al reservarse la decisión sobre la aplicación preferente de los tratados internacionales en materia de derechos humanos[67] e, incluso, para implementar las reformas constitucionales que fueron rechazadas por el pueblo mediante referendo en 2007 mediante interpretaciones constitucionales vinculantes.[68] Y precisamente, mediante una de esas interpretaciones constitucionales vinculantes, que además en Venezuela se pueden solicitar "a al carta" mediante el ejercicio de un recurso autónomo de interpretación abstracta de la Constitución, con objeto completamente desligado de algún caso concreto o controversia constitucional,[69] la Sala Constitucional del Tribunal Supremo de Justicia, mediante sentencia N° 24 de 22 de enero de 2003 (Caso: *Interpretación del artículo 350 de la Constitución*)[70] se ha encargado de enmarcar y restringir el ejercicio del derecho ciudadano a la desobediencia civil y a la resisten-

---

aplicar severamente las leyes para sancionar conductas o reconducir causas que vayan en desmedro de la construcción del Socialismo Bolivariano y Democrático." Véase la Nota de Prensa oficial difundida por el Tribunal Supremo. Véase en http://www.tsj.gov.ve/informacion/notasdeprensa/notasdeprensa.asp?codigo=8239

66 Véase Allan R. Brewer-Carías, "La Sala Constitucional como poder constituyente: la modificación de la forma federal del estado y del sistema constitucional de división territorial del poder público, en *Revista de Derecho Público*, N° 114, Editorial Jurídica Venezolana, Caracas 2008, pp. 247-262.

67 Véase Allan R. Brewer-Carías, "El juez constitucional vs. La justicia internacional en materia de derechos humanos," en *Revista de Derecho Público*, N° 116, (julio-septiembre 2008), Editorial Jurídica Venezolana, Caracas 2008, pp. 249-26

68 Véase en general sobre estas mutaciones constitucionales lo que hemos expresado en Allan R. Brewer-Carías, "El juez constitucional al servicio del autoritarismo y la ilegítima mutación de la Constitución: el caso de la Sala Constitucional del Tribunal Supremo de Justicia de Venezuela (1999-2009)", en *Revista de Administración Pública*, N° 180, Madrid 2009, pp. 383-418; "La fraudulenta mutación de la Constitución en Venezuela, o de cómo el juez constitucional usurpa el poder constituyente originario,", en *Anuario de Derecho Público*, Centro de Estudios de Derecho Público de la Universidad Monteávila, Año 2, Caracas 2009, pp. 23-65; "La ilegítima mutación de la Constitución por el juez constitucional y la demolición del Estado de derecho en Venezuela.," *Revista de Derecho Político*, N° 75-76, Homenaje a Manuel García Pelayo, Universidad Nacional de Educación a Distancia, Madrid, 2009, pp. 291-325; "El juez constitucional al servicio del autoritarismo y la ilegítima mutación de la Constitución: el caso de la Sala Constitucional del Tribunal Supremo de Justicia de Venezuela (1999-2009)", en *IUSTEL, Revista General de Derecho Administrativo*, N° 21, junio 2009, Madrid, ISSN-1696-9650.

69 Véase sobre este recurso de interpretación, que además, fue "creado" por la propia Sala Constitucional sin fundamento en la Constitución, lo que hemos expuesto en Allan R. Brewer-Carías, ""*Quis Custodiet Ipsos Custodes*: De la interpretación constitucional a la inconstitucionalidad de la interpretación," en *VIII Congreso Nacional de derecho Constitucional, Perú*, Fondo Editorial 2005, Colegio de Abogados de Arequipa, Arequipa, septiembre 2005, pp. 463-489; y en *Revista de Derecho Público*, N° 105, Editorial Jurídica Venezolana, Caracas 2006, pp. 7-27.; y en "Le recours d'interprétation abstrait de la Constitution au Vénézuéla", en *Le renouveau du droit constitutionnel, Mélanges en l'honneur de Louis Favoreu*, Dalloz, Paris, 2007, pp. 61-70.

70 Véase en *Revista de Derecho Público*, N° 93-96, Editorial Jurídica Venezolana, Caracas 2003, pp. 126-127.

cia a la opresión, vaciando materialmente de contenido la norma del artículo 350 de la Constitución.

Así, en relación con la expresión "pueblo" en dicha norma como titular del derecho, que es de ejercicio colectivo, la Sala Constitucional ha interpretado que "debe vincularse al principio de la soberanía popular que el Constituyente ha incorporado al artículo 5 del texto fundamental," agregando que "el sentido que debe asignarse al pueblo de Venezuela es el conjunto de las personas del país y no una parcialidad de la población, una clase social o un pequeño poblado, y menos individualidades." De allí, la Sala concluyó señalando que "en la medida en que la soberanía reside de manera fraccionada en todos los individuos que componen la comunidad política general que sirve de condición existencial del Estado Nacional, siendo cada uno de ellos titular de una porción o alícuota de esta soberanía, tienen el derecho y el deber de oponerse al régimen, legislación o autoridad que resulte del ejercicio del poder constituyente originario que contraríe principios y garantías democráticos o menoscabe los derechos humanos; y así se decide."

De ello, resultó, en definitiva, que la Sala Constitucional redujo el ejercicio del derecho a la desobediencia civil y a la resistencia a la opresión en un ejercicio de la soberanía por el pueblo, lo que apunta a que en general sólo podría ejercerse mediante el sufragio de la totalidad de los componentes del pueblo, distorsionando totalmente el sentido de la norma. Así, señaló la Sala en la misma sentencia Nº 24 de 22 de enero de 2003 que el desconocimiento al cual alude la norma del artículo 350, sólo:

> "puede manifestarse constitucionalmente mediante los diversos mecanismos para la participación ciudadana contenidos en la Carta Fundamental, en particular los de naturaleza política, preceptuados en el artículo 70, a saber: "la elección de cargos públicos, el referendo, la consulta popular, la revocación del mandato, las iniciativas legislativa, constitucional y constituyente, el cabildo abierto y la asamblea de ciudadanos y ciudadanas."[71]

Por ello, la Sala Constitucional, en la citada sentencia Nº 24 de 22 de enero de 2003, al interpretar la norma del mencionado artículo 350, primero, aclaró, que la misma al ser aislada no debía conducir "a conclusiones peligrosas para la estabilidad política e institucional del país, ni para propiciar la anarquía;" y luego, contra el "argumento del artículo 350 para justificar el 'desconocimiento' a los órganos del poder público democráticamente electos," ello lo consideró "impertinente" "de conformidad con el ordenamiento constitucional vigente," advirtiendo que:

> "se ha pretendido utilizar esta disposición como justificación del 'derecho de resistencia' o 'derecho de rebelión' contra un gobierno violatorio de los derechos humanos o del régimen democrático, cuando su sola ubicación en el texto Constitucio-nal indica que ese no es el sentido que el constituyente asigna a esta disposición."[72]

Luego de analizar el sentido de la ubicación de la norma en el Título sobre la revisión de la Constitución venezolana, en particular, el referido a la institución de la Asamblea Nacional Constituyente, la Sala señaló que aparte del supuesto de derecho a la rebelión regulado en el artículo 333 de la Constitución respecto de gobiernos de

71 *Idem.*

72 Véase en *Revista de Derecho Público*, Nº 93-96, Editorial Jurídica Venezolana, Caracas 2003, 128-130.

fuerza, sobre los otros supuestos que puedan derivarse del artículo 350 de la Constitución, respecto del derecho a la desobediencia civil o a la resistencia frente a la opresión, y que puedan implicar "la posibilidad de desconocimiento o desobediencia," sólo "debe admitirse en el contexto de una interpretación constitucionalizada de la norma objeto de la presente decisión," objeto precisamente de la citada sentencia N° 24 de 22 de enero de 2003:

> "cuando agotados todos los recursos y medios judiciales, previstos en el ordenamiento jurídico para justiciar un agravio determinado, producido por "cualquier régimen, legislación o autoridad", no sea materialmente posible ejecutar el contenido de una decisión favorable."

En esta forma, la Sala Constitucional, materialmente redujo la posibilidad de ejercicio de la desobediencia civil, sólo frente a autoridades que desconozcan las decisiones judiciales, señalando que:

> "En estos casos quienes se opongan deliberada y conscientemente a una orden emitida en su contra e impidan en el ámbito de lo fáctico la materialización de la misma, por encima incluso de la propia autoridad judicial que produjo el pronunciamiento favorable, se arriesga a que en su contra se activen los mecanismos de desobediencia, la cual deberá ser tenida como legítima sí y solo sí -como se ha indicado precedentemente- se han agotado previamente los mecanismos e instancias que la propia Constitución contiene como garantes del estado de derecho en el orden interno, y a pesar de la declaración de inconstitucionalidad el agravio se mantiene."

De esta aproximación restrictiva para la interpretación del artículo 350 de la Constitución, la Sala Constitucional concluyó indicando que:

> "No puede y no debe interpretarse de otra forma la desobediencia o desconocimiento al cual alude el artículo 350 de la Constitución, ya que ello implicaría sustituir a conveniencia los medios para la obtención de la justicia reconocidos constitucionalmente, generando situaciones de anarquía que eventualmente pudieran resquebrajar el estado de derecho y el marco jurídico para la solución de conflictos fijados por el pueblo al aprobar la Constitución de 1999.
>
> En otros términos, sería un contrasentido pretender como legítima la activación de cualquier medio de resistencia a la autoridad, legislación o régimen, por encima de los instrumentos que el orden jurídico pone a disposición de los ciudadanos para tales fines, por cuanto ello comportaría una transgresión mucho más grave que aquella que pretendiese evitarse a través de la desobediencia, por cuanto se atentaría abierta y deliberadamente contra todo un sistema de valores y principios instituidos democráticamente, dirigidos a la solución de cualquier conflicto social, como los previstos en la Constitución y leyes de la República, destruyendo por tanto el espíritu y la esencia misma del Texto Fundamental."[73]

Esta interpretación, por supuesto, sólo podría tener sentido si existiera un régimen político democrático donde la independencia y autonomía judicial estuviese realmente garantizada, y en el cual, como señalamos al inicio, la justicia constitucional fuera realmente el "sustituto de la revolución." Sin embargo, frente a un juez constitucional sometido, la interpretación de la Sala es la negación misma del dere-

---

73 *Idem.*

cho a la desobediencia civil y a la rebelión consagrado en el artículo 350 de la Constitución venezolana.

Por lo demás, y precisamente por el sometimiento del juez constitucional al poder en Venezuela, fue frente y contra una ilegítima decisión de la propia sala Constitucional que en febrero de 2012 puede decirse que se produjo un acto de desobediencia civil, a los efectos de desconocerla, y así evitar que se pudiera configurar un nuevo esquema de discriminación política como el que se había desarrollado en 2004.

En efecto, el 30 de enero de 2004, luego de que un grupo de más de tres millones y medio de electores solicitaron con su firma, la realización de un referendo revocatorio del mandato del Presidente de la República Hugo Chávez, este se dirigió al Presidente del Consejo Nacional Electoral para autorizar se entregara al Sr. Luis Tascón las planillas utilizadas con dichas firmas. El Presidente del Consejo Nacional Electoral que en ese momento era el abogado Francisco Carrasquero, procedió a la entrega de esa documentación, con la cual el Sr. Tacón, en ese momento Diputado en la Asamblea nacional, publicó lo que se denominó "Lista Tascón," con base a la cual se efectuó en el país un masivo y abierto proceso de discriminación política, que excluyó a dichos ciudadanos en sus relaciones con la Administración.[74]

Quienes firmaron ejerciendo su derecho de participación política, fueron debidamente "castigados" y estigmatizados como enemigos del régimen, de manera que, por ejemplo, se les negó el acceso a cargos públicos o a contratar con el Estado, y las gestiones que podrían tener la necesidad de realizar ante la Administración, como la simple solicitud de sus documentos de identificación personal, fueron sistemáticamente obstaculizadas.

El "fantasma" de la "Lista Tascón"[75] volvió a aparecer en Venezuela a raíz de las elecciones primarias que se realizaron el 12 de febrero de 2012, para escoger el candidato de la oposición a las elecciones presidenciales de octubre de 2012, proceso en el cual votaron 3.079.284 personas. Dicho proceso de votación se desarrolló con la participación colaborativa del Consejo Nacional Electoral, y en las bases que llevaron a su desarrollo se convino en que los cuadernos de votación serían destruidos dentro de las 48 horas siguientes a la conclusión del proceso, para evitar que las listas de votantes pudieran ser utilizada con fines de discriminación o amenaza políticas contra quienes participaran en dicho proceso de votación.

Sin embargo, horas después de finalizado el proceso de votaciones, a raíz de una acción de "amparo" ejercida el día 13 de febrero de 2012 contra la "Comisión Electoral de la Mesa de la Unidad" que había sido la organización que había organizado las elecciones primarias de la oposición, la Sala Constitucional del Tribunal Supremo de Justicia el día siguiente, 14 de febrero de 2012, dictó una sentencia (N° 66) acordando una medida cautelar innominada a favor del peticionario,[76] ordenando a dicha Comisión Electoral de la Mesa de la Unidad que en un lapso de 24 horas rea-

74 Véase por ejemplo, Ana Julia Jatar, *Aparheid del Sig;lo XXI, La informática al servicio de la discriminación política en Venezuela,* Súmate, Caracas 2006, en http://www.anajuliajatar.com/apartheid/

75 Véase Pedro García Otero, "Chávez revive las amenazas de recrear nuevas listas discriminatorias," en La Voz de galicia, 19-02-2012, en http://www.lavozdegalicia.es/noticia/internacional/2012/02/19/chavez-revive-amenazas-crear-nuevas-listas-discriminatorias/0003_201202G19P27991.htm

76 http://www.tsj.gov.ve/decisiones/scon/Febrero/66-14212-2012

lizara "la entrega de los referidos cuadernos a las diversas Direcciones Regionales del Consejo Nacional Electoral en las correspondientes circunscripciones electorales," a los efectos de que el Poder Electoral procediera a "resguardar" dicho material electoral, ordenándose "al Plan República, en la persona del General en Jefe Henry Rangel Silva, girar las instrucciones pertinentes a los fines de garantizar la custodia del material antes señalado y hacerlo llegar a las correspondientes sedes del Poder Electoral." El Ponente de la decisión de la Sala Constitucional fue el magistrado "Francisco Antonio Carrasquero López," es decir, el mismo abogado "Francisco Carrasquero" quien seis años antes, como Presidente del Consejo Nacional Electoral había sido el vehículo para la confección de la "Lista Tascón." Con ello, sin duda, se buscaba procurar la confección de una nueva lista,[77] con el objeto de poder discriminar y perseguir políticamente a quienes habían participado en el acto electoral de las primarias de la oposición.

La decisión judicial del Juez Constitucional, que en este caso se dictó con una celeridad judicial inusitada, respondió la solicitud de amparo que había sido interpuesta por un ciudadano Rafael Antonio Velásquez Becerra, a título personal y en su carácter de "candidato a las elecciones primarias celebradas el día 12 de febrero de 2012," contra la referida Comisión Electoral de la Mesa de la Unidad, "por la presunta violación de los derechos a la seguridad jurídica, a la información, al sufragio y a la defensa, a consecuencia del anuncio de destrucción de los cuadernos electorales utilizados en el referido proceso comicial, luego de 48 horas de realizado el proceso comicial," para lo cual solicitó como medida cautelar de urgencia la "suspensión del acto que conlleve la destrucción de los cuadernos electorales que contienen los nombres y números de cédulas de los votantes, con ocasión a la realización de las elecciones primarias por parte de la Unidad Nacional en Venezuela, en fecha 12 de febrero de 2012."

Sin mayor análisis, la Sala Constitucional consideró que la acción interpuesta cumplía "con las exigencias del artículo 18 de la Ley Orgánica de Amparo," y que se encontraban "satisfechas las condiciones de admisibilidad," pasando la Sala, sin embargo, no a proseguir un proceso de amparo, sino a "trasformar" la acción de amparo individual interpuesta (para cuyo conocimiento no tenía competencia pues ella correspondía a la Sala Electoral del Tribunal Supremo), en una acción de protección de derechos e intereses colectivos al considerar que la situación denunciada presentaba "los rasgos característicos de difusividad propios de las demandas por intereses difusos y colectivos, toda vez que podría afectar a un número indeterminado de ciudadanos que participaron en las denominadas primarias celebradas el 12 de febrero de 2012."

Como consecuencia de ello, la Sala "recondujo," o sea, trasformó, por supuesto de oficio, "la demanda interpuesta a una demanda por intereses colectivos y difusos y conforme a lo dispuesto en el artículo 25.21 de la Ley Orgánica del Tribunal Supremo de Justicia," declarándose entonces "competente para conocer" de la misma.

---

77 La presidenta de la Comisión Electoral de las Primarias, Teresa Albanes, señaló "que de acuerdo al artículo 23 del Reglamento de Selección de Candidatos de la Unidad, se establece que este ente debe hacer cumplir las normas relacionadas con la destrucción de todo el material electoral. "Nuestro compromiso de impedir una nueva lista de la infamia sigue en pie", afirmó en referencia a la sentencia del Tribunal Supremo de Justicia (TSJ) de prohibir la quema de los cuadernos de votación." En Globovisión. Com, 14-02-2012, en http://www.globovision.com/news.php?nid=219016

Ello, de por sí ilegítimo, además, lo decidió la Sala en abierta violación del mismo artículo 25.21 de la Ley Orgánica del Tribunal Supremo de Justicia que la Sala invocó para atribuirse la competencia que no tenía, pues en dicha norma precisamente se dice lo contrario. Es decir, en la misma se dispone la competencia a la Sala para "conocer de las demandas y las previsiones de amparo para la protección de intereses difusos o colectivos cuando la controversia tenga trascendencia nacional, salvo lo que disponen leyes especiales y las pretensiones que, por su naturaleza, correspondan al contencioso de los servicios públicos o al contencioso electoral." Y el caso planteado, precisamente, era uno que "por su naturaleza" correspondía "al contencioso electoral" de manera que en virtud de texto expreso la Sala carecía de competencia para conocer del asunto. Pero como a la Sala Constitucional no hay quien la controle, la pregunta de siempre frente al abuso de poder del órgano de control sigue sin respuesta: *Quis Custodiet Ipsos Custodes?*

En todo caso, después de asumir, ilegalmente, una competencia que no tenía, la Sala pasó a considerar la pretensión cautelar innominada formulada, refiriéndose al artículo 130 de la misma Ley Orgánica del Tribunal Supremo, que la faculta para "acordar, aun de oficio, las medidas cautelares que estime pertinentes," para lo cual cuenta "con los más amplios poderes cautelares como garantía de la tutela judicial efectiva, para cuyo ejercicio tendrá en cuenta las circunstancias del caso y los intereses públicos en conflicto." Con base en ello, frente a la solicitud formulada de "suspensión del acto de destrucción de los cuadernos electorales," pero sin análisis jurídico sobre las condiciones elementales para la procedencia de medidas cautelares, la Sala procedió a otorgarla olvidándose de su propia doctrina sentada en sentencia Nº 1946 de 16 de julio de 2003, en la cual recogiendo "reiterada jurisprudencia" de la propia Sala "en cuanto a que los extremos requeridos por el artículo 585 del Código de Procedimiento Civil," consideró que eran "necesariamente concurrentes junto al especial extremo consagrado en el Parágrafo Primero del artículo 588 *eiusdem*," señalando que "debe existir fundado temor de que se causen lesiones graves o de difícil reparación" de manera tal que "faltando la prueba de cualquier de estos elementos, el Juez constitucional no podría bajo ningún aspecto decretar la medida preventiva, pues estando vinculada la controversia planteada en sede constitucional con materias de Derecho Público, donde puedan estar en juego intereses generales, el Juez debe además realizar una ponderación de los intereses en conflicto para que una medida particular no constituya una lesión de intereses generales en un caso concreto."[78] En la misma decisión, la Sala estableció como premisas fundamentales para el otorgamiento o no de solicitudes cautelares innominadas, que se cumpliera con requisitos como:

> "la verosimilitud del derecho que se dice vulnerado o amenazado, la condición de irreparable o de difícil reparación por la definitiva de la situación jurídica o derecho que se alega como propio, y la necesidad de evitar perjuicios en la satisfacción de intereses comunes a todos los integrantes de la sociedad."[79]

---

78 Caso: *Impugnación de la Ley de Tierras*. Doctrina reiterada en la sentencia Nº 653 de la Sala Constitucional de 04-04-2003 (Caso: *Impugnación de las Leyes de Reforma Parcial de las Leyes que establecen el Impuesto al Débito Bancario y el Impuesto al Valor Agregado*).

79 *Idem*.

Sobre ello, lo único que apreció la Sala fue que era "evidente que de no acordarse la medida se vulnerarían de forma irreparable los derechos denunciados por lo que se ordena la suspensión del proceso de destrucción de los cuadernos electorales del proceso comicial celebrado el 12 de febrero de 2012." Y eso fue todo.

La consecuencia, fue la orden judicial dada a la Comisión Electoral de la Mesa de la Unidad de entregar en un lapso de 24 horas los cuadernos de votación respectivos a las dependencias del Consejo Nacional Electoral, para que el Poder Electoral procediera a resguardarlo, ordenándose "al Plan República, en la persona del General en Jefe Henry Rangel Silva, girar las instrucciones pertinentes a los fines de garantizar la custodia del material antes señalado y hacerlo llegar a las correspondientes sedes del Poder Electoral." A tales efectos, se ordenó notificar del proceso a la Defensoría del Pueblo, el Ministerio Público, al Poder Electoral, y al Plan República"

La reacción frente a esta ilegítima intromisión judicial no se hizo esperar,[80] habiendo sido sin embargo lo más importante, el hecho de que los cuadernos de votación fueron debidamente destruidos e incinerados, como se había acordado inicialmente con el Consejo Nacional Electoral, en gran parte en abierta desobediencia civil frente a la ilegítima e infundada decisión judicial de la Jurisdicción Constitucional.[81] Con ello, afortunadamente, la maniobra política no se concretó, y quienes querían elaborar una nueva "Lista" para la discriminación y persecución políticas no pudieron lograr sus objetivos. En este caso, el acto de desobediencia civil mediante la incineración en todo el país de los cuadernos de votación, fue contra el propio Juez Constitucional y su ilegítima decisión.

Y tampoco la reacción de la Sala Constitucional contra el acto de desobediencia civil se hizo esperar, y en sentencia de 23 de febrero de 2012, afirmando que como desde "el mismo 14 de febrero de 2012, la comunidad nacional sabía de la decisión cautelar dictada por esta Sala;" y como para el momento en el cual la Comisión Electoral de la Mesa de la Unidad conoció de las actuaciones de la Sala, "no habían transcurrido las 48 horas luego de las cuales debía destruirse el material electoral," de ello, a juicio de la Sala, resultó "patente que no sólo se violó la normativa que se había dictado para reglamentar el proceso de las primarias, sino que se desconoció el mandato cautelar que era, incluso, de conocimiento público." Ello, a juicio de la Sala Constitucional evidenciaba que la referida Comisión:

> "incumplió con la [medida] cautelar dictada por esta Sala, lo cual, además, es un desacato susceptible de sanción, de conformidad con lo establecido en el artículo 122 de la Ley que rige las funciones de este Supremo Tribunal, que afecta grave-

---

80 Por ejemplo, la Magistrada del Tribunal Supremo de Justicia, Blanca Rosa Mármol de León expresó públicamente su opinión en el sentido de que "el fallo emitido por el poder judicial de ordenar la no destrucción de los cuadernos electorales, es una burla para los electores que confiaron en que este proceso se realizaría luego de depositar su voto en los comicios del pasado domingo." Véase en El Informador.com.ve, 14 -02-2012, en http://www.elinformador.com.ve/noticias/venezuela/poder-judicial/fallo-burla-electores-asegura-magistrada-marmol-leon/53186. Igualmente en NoticieroDigi-tal.com de 14-02-2012, en http://www.noticierodigital.com/forum/viewtopic.php?t=841847

81 En la Nota Editorial de la página web de *Apertura Venezuela*, del 16 de febrero de 2012, titulada "Quemar los cuadernos o someternos a Carrasqueño," se afirmaba que "La destrucción de los cuadernos de votación es el primer acto de desobediencia civil que la Alianza Democrática ejecuta este año 2012, simplemente no estaban dispuestos a someterse a la justicia que impartiría el Magistrado Francisco Carrasquero." Véase en http://aperturaven.blogspot.com/2012/02/quemar-los-cuadernos-o-some-ternos.html

mente el carácter ejecutorio de las sentencias, en cuanto a garantías básicas de toda Administración de Justicia y, al mismo tiempo, a la institucionalidad y la garantía de juridicidad a la cual se encuentran sometidos los particulares y el propio Estado.

Efectivamente, uno de los presupuestos básicos del Estado social de derecho y de justicia es la sumisión de todos los particulares, así como de las instituciones del Estado, al sistema judicial del cual este Tribunal es la cúspide, y dicha sumisión se extiende al acatamiento de lo decidido, pues el cumplimiento y ejecución de las sentencias, forma parte tanto del derecho a la tutela judicial efectiva, como de los principios de seguridad jurídica y estabilidad institucional, y su quebrantamiento, vulnera las bases mismas del Estado."

En consecuencia de todo ello, y "atendiendo a la trascendencia de lo ocurrido," la Sala impuso, no a la Comisión Electoral de la Mesa de la Unidad, sino a su Presidenta multa en su límite máximo. "atendiendo a que esta Sala estima de suma gravedad el desacato a la tutela cautelar dictada." [82]

Con ello se confirma que en casos como el venezolano, el los cuales ella Jurisdicción Constitucional está al servicio del autoritarismo, cuando dicta sentencias que atenten los derechos ciudadanos, no hay otro recurso ciudadano que no sea recurrir al derecho a la desobediencia civil.

IV. EL PODER DEROGATORIO DE LA CONSTITUCIÓN

La supremacía constitucional implica por una parte, el *poder derogatorio* de la Constitución respecto de toda norma previa que contradiga las previsiones del texto constitucional.

En efecto, la Disposición Derogatoria, "Única" de la Constitución dispone:

> Queda derogada la Constitución de la República de Venezuela decretada el veintitrés de enero de mil novecientos sesenta y uno. El resto del ordenamiento jurídico mantendrá su vigencia en todo lo que no contradiga a esta Constitución.

Ahora bien, como lo ha señalado la Sala Constitucional del Tribunal Supremo, "la pérdida de la vigencia del orden preexistente o la denominada 'inconstitucionalidad sobrevenida' del ordenamiento, no acontece de manera inmediata a la promulgación de un nuevo Texto Fundamental" sino que por el contrario, tal y como lo ha previsto adecuadamente el Constituyente, la Disposición Derogatoria si bien deroga expresamente la Constitución de 1961, "el resto del ordenamiento jurídico preserva su vigencia en todo lo que no contradiga la Constitución, pero adicionalmente también, continúan vigentes las instituciones existentes y los mecanismos de actuación hasta tanto se de cumplimiento a las disposiciones del nuevo Texto constitucional y sus procedimientos"[83].

---

82 Sentencia N° 145 de 23 de febrero de 2012, en http://www.tsj.gov.ve/decisiones/scon/Febrero/145-23212-2012-12-0219.html . Véase sobre esta y la anterior sentencia en este caso los comentaros en Allan R. Brewer-Carías, "El Juez Constitucional vs. El derecho a la desobediencia civil, y de cómo dicho derecho fue ejercido contra el Juez Constitucional desacatando una decisión ilegítima (El caso de los Cuadernos de Votación de las elecciones primarias de la oposición democrática de febrero de 2012)", en *Revista de Derecho Público*, No 129 (enero-marzo 2012), Editorial Jurídica Venezolana, Caracas 2012, pp. 241-249.

83 Véase sentencia de la Sala Constitucional N° 1560 de 19-07-2001, *Revista de Derecho Público*, N° 85-88, Editorial Jurídica Venezolana, Caracas, 2001.

Por supuesto, en esta labor de actualización del ordenamiento, tiene particular importancia tanto la labor legislativa de la Asamblea Nacional como la competencia de control de constitucionalidad de las leyes que corresponde a la Sala Constitucional, lo que ha llevado a esta Sala a señalar que "La validez, aplicabilidad y eficacia de ciertas normas anteriores y posteriores a la Constitución, lo determinará este máximo órgano de la Jurisdicción Constitucional"[84].

V. LA GARANTÍA OBJETIVA DE LA CONSTITUCIÓN: LA NULIDAD DE LOS ACTOS INCONSTITUCIONALES

Siguiendo una tradición que se remonta a la Constitución de 1811[85], la garantía de la supremacía constitucional puede considerarse como una garantía objetiva, en el sentido de que todo acto estatal que se dicte en contravención con sus disposiciones debe considerarse nulo. Así está expresamente establecido en diversas normas del texto constitucional, respecto de los actos del Poder Público que violen o menoscaben los derechos garantizados en la Constitución y la ley, los cuales se declaran nulos (art. 25); respecto de los actos de los patronos que sean contrarios a la Constitución, los cuales también se declaran "nulos y no generan efecto alguno" (art. 89,4) y los despidos contrarios a la Constitución, los cuales también se declaran nulos (art. 93); y respecto de la autoridad usurpada, la cual la Constitución declara "ineficaz y sus actos nulos"(art. 138).

En todo caso, el monopolio para la declaratoria de nulidad de los actos contrarios a la Constitución la tiene el Poder Judicial, a través de la Jurisdicción Constitucional que a se atribuye a la Sala Constitucional del Tribunal Supremo de Justicia (arts. 266,4 y 336) y de la Jurisdicción Contencioso Administrativa (art. 259), que se atribuye a las Salas Político Administrativa y Electoral del Tribunal Supremo de Justicia y demás tribunales que establece la ley. En particular, en la *Décima Primera Parte* se analizará el sistema de justicia constitucional como garantía por excelencia de la supremacía constitucional.

VI. LA VIGENCIA PERMANENTE DE LA CONSTITUCIÓN Y EL RÉGIMEN DE LOS ESTADOS DE EXCEPCIÓN

La Constitución, como ley suprema ordenadora de la sociedad tiene que tener una vigencia permanente, cuyo aseguramiento compete y compromete no sólo a los funcionarios públicos sino a todos los ciudadanos, de manera que si la Constitución dejare de observarse por acto de fuerza o fuere derogada por cualquier otro medio distinto al previsto en ella, todo ciudadano investido o no de autoridad, tiene "el deber de colaborar en el restablecimiento de su efectiva vigencia". Así lo dispone el artículo 333 de la Constitución, siguiendo lo que regulaba el artículo 250 de la Constitución de 1961.

1. *Los estados de excepción*

Por otra parte, el Capítulo II del Título VIII de la Constitución, relativo a la "Protección de la Constitución", está destinado a regular las circunstancias excepcionales

---

84 *Idem.*

85 Véase Allan R. Brewer-Carías, *Los Derechos humanos en Venezuela: Casi 200 años de historia,* Biblioteca de la Academia de Ciencias Políticas y Sociales, Serie Estudios, N° 38, Caracas 1990, p. 139.

que pueden originar situaciones de excepción que afecten gravemente la seguridad de la Nación, de las instituciones y de las personas, y que ameriten la adopción de medidas político constitucionales para afrontarlas. Conforme al artículo 338 de la Constitución una ley orgánica (LO) debe regular los estados de excepción y determinar las medidas que pueden adoptarse con base en los mismos; por lo que la Asamblea Nacional sancionó la Ley Orgánica sobre Estados de Excepción de 15-08-2001[86] que no sólo los regula en sus diferentes formas, sino que además, regula "el ejercicio de los derechos que sean restringidos con la finalidad de restablecer la normalidad en el menor tiempo posible" (art. 1).

Ahora bien, el artículo 337 de la Constitución califica expresamente como estados de excepción,

> Las circunstancias de orden social, económico, político, natural o ecológico, que afecten gravemente la seguridad de la Nación, de las instituciones y de los ciudadanos y ciudadanas, a cuyo respecto resultan insuficientes las facultades de las cuales se disponen para hacer frente a tales hechos.

La Ley Orgánica precisa que "los estados de excepción *son circunstancias* de orden social, económico, político, natural o ecológico, que afecten gravemente la seguridad de la Nación, de sus ciudadanos y ciudadanas o de sus instituciones", por lo que "solamente pueden declararse ante situaciones objetivas de suma gravedad que hagan insuficientes los medios ordinarios que dispone el Estado para afrontarlos" (art. 2) y en caso de "estricta necesidad para solventar la situación de anormalidad" (art. 6).

Por otra parte, la misma Ley Orgánica exige que "toda medida de excepción debe ser proporcional a la situación que se quiere afrontar en lo que respecta a gravedad, naturaleza y ámbito de aplicación" (art. 4), debiendo además "tener una duración limitada a las exigencias de la situación que se quiere afrontar, sin que tal medida pierda su carácter excepcional o de no permanencia" (art. 5).

Se trata, por tanto, de circunstancias excepcionales que sobrepasan las posibilidades de su atención mediante los mecanismos institucionales previstos para situaciones normales, pero que solo pueden dar lugar a la adopción de medidas que estén enmarcadas dentro de principios de logicidad, racionalidad, razonabilidad y proporcionalidad, lo que se configura como un límite al ejercicio de las mismas.

Además, debe señalarse que la declaratoria del estado de excepción en ningún caso interrumpe el funcionamiento de los órganos del Poder Público (art. 339 C.); lo que se confirma la Ley Orgánica respectiva (art. 3).

Por último, debe señalarse que la declaración de los estados de excepción no modifica el principio de la responsabilidad del Presidente de la República, ni la del

86. *G.O.* Nº 37.261 de 15-08-2001. Véase en general sobre los estados de excepción en la Constitución: Jesús M. Casal H., "Los estados de excepción en la Constitución de 1999", en *Revista de Derecho Constitucional,* Nº 1 (septiembre-diciembre), Editorial Sherwood, Caracas, 1999, pp. 45-54; Salvador Leal W., "Los estados de excepción en la Constitución", en *Revista del Tribunal Supremo de Justicia,* Nº 8, Caracas, 2003, pp. 335-359; María de los Ángeles Delfino, "El desarrollo de los Estados de Excepción en las Constituciones de América Latina", en *Constitución y Constitucionalismo Hoy*. Editorial Ex Libris, Caracas, 2000, pp. 507-532; Alfonso Rivas Quintero, *Derecho Constitucional,* Valencia 2002, pp. 579 y ss; Ricardo Combellas, *Derecho Constitucional: una introducción al estudio de la Constitución de la República Bolivariana de Venezuela,* Mc Graw Hill, Caracas, 2001, pp. 239 y ss; Hildegard Rondón De Sansó, *Análisis de la Constitución venezolana de 1999,* Editorial Ex Libris, Caracas, 2001, pp. 355-365.

Vicepresidente Ejecutivo, ni la de los Ministros de conformidad con la Constitución y la ley (art. 232 C.).

2. *Las diversas formas de los estados de excepción*

Las diversas formas específicas de estados de excepción, se enumeran en el artículo 338 de la Constitución, en el cual se distingue el estado de alarma, el estado de emergencia económica, el estado de conmoción interior y el estado de conmoción exterior; las cuales se regulan en los arts. 8 a 14 de la Ley Orgánica.

A. *El estado de alarma*

Conforme al artículo 338 de la Constitución y el artículo 8 de la Ley Orgánica puede decretarse el estado de alarma en todo o parte del territorio nacional cuando se produzcan catástrofes, calamidades públicas u otros acontecimientos similares que pongan seriamente en peligro la seguridad de la Nación o de sus ciudadanos. La Ley Orgánica incluye también, como motivo, el peligro a la seguridad de las instituciones de la Nación (art. 8).

Dicho estado de excepción sólo puede tener una duración de hasta treinta días, siendo prorrogable por treinta días más desde la fecha de su promulgación.

B. *El estado de emergencia económica*

El estado de emergencia económica puede decretarse en todo o parte del territorio nacional cuando se susciten circunstancias económicas extraordinarias que afecten gravemente la vida económica de la Nación (art. 338 C; art. 10 LO).

Su duración no puede ser mayor a sesenta días, prorrogables, sin embargo, por un plazo igual.

C. *El estado de conmoción interior*

También puede decretarse el estado de conmoción interior en caso de conflicto interno, que ponga seriamente en peligro la seguridad de la Nación, de sus ciudadanos o de sus instituciones (art. 338 C; art. 13 LO).

De acuerdo con el artículo 13 de la Ley Orgánica, constituyen causas para declarar el estado de conmoción interior entre otras, todas aquellas circunstancias excepcionales que impliquen grandes perturbaciones del orden público interno y que signifiquen un notorio o inminente peligro para la estabilidad institucional, la convivencia ciudadana, la seguridad pública, el mantenimiento del orden libre y democrático, o cuando el funcionamiento de los Poderes Públicos esté interrumpido.

En este caso, la duración puede ser de hasta noventa días, siendo prorrogable hasta por noventa días más.

D. *El estado de conmoción exterior*

El estado de conmoción exterior puede decretarse en caso de conflicto externo, que ponga seriamente en peligro la seguridad de la Nación, de sus ciudadanos o de sus instituciones (art. 338 C; 14 LO).

De acuerdo con el artículo 14 de la Ley Orgánica constituyen causas, entre otras, para declarar el estado de conmoción exterior todas aquellas situaciones que impliquen una amenaza a la Nación, la integridad del territorio o la soberanía.

El estado de conmoción exterior tampoco puede exceder de noventa días, siendo prorrogable hasta por noventa días más.

3. *El decreto de estado de excepción*

En las circunstancias excepcionales antes mencionadas, corresponde al Presidente de la República, en Consejo de Ministros, decretar los estados de excepción. (art. 337)[87].

Este decreto, como lo precisa el artículo 22 de la Ley Orgánica, tiene "rango y fuerza de Ley" y entra "en vigencia una vez dictado por el Presidente de la República, en Consejo de Ministros", agregando la norma que "deberá ser publicado en la Gaceta Oficial de la República Bolivariana de Venezuela y difundido en el más breve plazo por todos los medios de comunicación social, si fuere posible".

Esta previsión legal, sin duda, es inconstitucional, pues no puede establecerse que un Decreto que tiene rango y fuerza de Ley pueda entrar en vigencia antes de su publicación, es decir, desde que se dicte por el Presidente de la República. Conforme al artículo 215 de la Constitución, la ley sólo queda promulgada al publicarse con el correspondiente "Cúmplase" en la *Gaceta Oficial*, disponiendo el Código Civil, en su artículo 1, que "la Ley es obligatoria *desde su publicación* en la Gaceta Oficial" o desde la fecha posterior que ella misma indique (art. 1).

En decreto de estado de excepción, por tanto, sólo puede entrar en vigencia desde su publicación en la *Gaceta Oficial*, no pudiendo entenderse este requisito publicación y vigencia, como una mera formalidad adicional de divulgación como parece derivarse del texto del artículo 22 de la Ley Orgánica.

Por otra parte, el decreto debe cumplir con las exigencias, principios y garantías establecidos en el Pacto Internacional de Derechos Civiles y Políticos y en la Convención Americana sobre Derechos Humanos (art. 339 C).

Conforme al artículo 4 del Pacto Internacional de Derechos Civiles y Políticos, el estado de excepción debe ser "proclamado oficialmente". Con base en ello sólo se pueden "adoptar disposiciones" que, en la medida estrictamente limitada a las exigencias de la situación, suspendan las obligaciones contraídas (por los Estados) en virtud de este Pacto. Las medidas, además, no pueden "ser incompatibles con las demás obligaciones que les impone el derecho internacional y no entrañen discriminación alguna fundada únicamente en motivos de raza, color, sexo, idioma, religión u origen social". En igual sentido se dispone en el artículo 27 de la Convención Americana sobre Derechos Humanos.

Por otra parte, el Pacto exige que todo Estado "que haga uso del derecho de suspensión" debe informar inmediatamente a todos los demás Estados Partes en el Pacto, por conducto del Secretario General de las Naciones Unidas, "de las disposiciones cuya aplicación haya suspendido y de los motivos que hayan suscitado la suspensión". Igualmente, deben comunicar la fecha "en que haya dado por terminada tal suspensión" (art. 4,3). La Convención Americana establece una disposición simi-

87 Véase Allan R. Brewer-Carías, *Reflexiones sobre el constitucionalismo en América,* Editorial Jurídica Venezolana, Caracas, 2001, pp. 201 y ss; y Allan R. Brewer-Carías, "Los actos ejecutivos en la Constitución venezolana de 1999 y su control judicial" en *Acto Administrativo y Reglamento. Jornadas Organizadas por la Universidad Austral, Facultad de Derecho*, 30-31 mayo y 1° junio 2001, Ediciones RAP S.A., Argentina 2002, pp. 531-579.

lar de información a los Estados Partes en la Convención, por conducto del Secretario General de la Organización de Estados Americanos (art. 27,3).

Por último, la Ley Orgánica dispone que el Presidente de la República puede solicitar a la Asamblea Nacional la prórroga del Decreto por un plazo igual, correspondiendo a la Asamblea la aprobación de dicha prórroga (art. 338). Este puede ser revocado por el Ejecutivo Nacional o por la Asamblea Nacional o por su Comisión Delegada, antes del término señalado, al cesar las causas que lo motivaron.

4. *Medidas que pueden adoptarse en virtud del decreto de estado de excepción*

A. *Régimen general*

Conforme al artículo 15 de la Ley Orgánica, el Presidente de la República, en Consejo de Ministros, tiene las siguientes facultades:

a) Dictar todas las medidas que estime convenientes en aquellas circuns-tancias que afecten gravemente la seguridad de la Nación, de sus ciudadanos y ciudadanas o de sus instituciones, de conformidad con los artículos 337, 338 y 339 de la Constitución de la República Bolivariana de Venezuela.

b) Dictar medidas de orden social, económico, político o ecológico cuando resulten insuficientes las facultades de las cuales disponen ordinaria-mente los órganos del Poder Público para hacer frente a tales hechos.

Además, en particular, en el caso del decreto que declare el estado de emergencia económica, conforme al artículo 11 de la Ley Orgánica, en el mismo se pueden disponer "las medidas oportunas, destinadas a resolver satisfactoriamente la anormalidad o crisis e impedir la extensión de sus efectos".

Asimismo, en el caso del decreto que declare el estado de conmoción exterior, se pueden tomar "todas las medidas que se estimen convenientes, a fin de defender y asegurar los intereses, objetivos nacionales y la sobrevivencia de la República" (art. 14).

En todo caso, decretado el estado de excepción, el Presidente de la República puede delegar su ejecución, total o parcialmente, en los gobernadores, alcaldes, comandantes de guarnición o cualquier otra autoridad debidamente constituida, que el Ejecutivo Nacional designe (art. 16)[88].

B. *La restricción de las garantías constitucionales*

Conforme se establece en el artículo 337 de la Constitución, en los casos en los cuales se decreten estados de excepción, el Presidente de la República en Consejo de Ministros también puede restringir temporalmente las garantías consagradas en la Constitución,

> Salvo las referidas a los derechos a la vida, prohibición de incomunicación o tortura, el derecho al debido proceso, el derecho a la información y los demás derechos humanos intangibles.

---

88 Sobre las medidas de excepción véase Hildegard Rondón de Sansó, *Análisis de la Constitución venezolana de 1999,* Editorial Ex Libris, Caracas, 2001, pp. 364-365.

Este es el único supuesto establecido en la Constitución de 1999 conforme al cual el Presidente puede restringir las garantías constitucionales (art. 236, ord. 7), habiéndose eliminado toda posibilidad de "suspender" dichas garantías como lo autorizaba la Constitución de 1961 (art. 241). De ello deriva, además, que tampoco podrían restringirse los derechos constitucionales, sino sólo sus "garantías"[89].

Ahora bien, en relación con la restricción de garantías constitucionales con motivo de un decreto de estado de excepción[90], el artículo 6 de la Ley Orgánica dispone que

> *Artículo 6*: El decreto que declare los estados de excepción será dictado en caso de estricta necesidad para solventar la situación de anormalidad, ampliando las facultades del Ejecutivo Nacional, con la restricción temporal de las garantías constitucionales permitidas y la ejecución, seguimiento, supervisión e inspección de las medidas que se adopten conforme a derecho. El Presidente de la República, en Consejo de Ministros, podrá ratificar las medidas que no impliquen la restricción de una garantía o de un derecho constitucional. Dicho decreto será sometido a los controles que establece esta Ley.

Por otra parte, en relación con la enumeración de las garantías constitucionales de derechos que no pueden ser objeto de restricción, en forma alguna, conforme al antes mencionado artículo 337 de la Constitución (regulados en los artículos 43; 43, ord. 2; 46, ord. 1; 49 y 58 de la Constitución), sin duda, debe considerarse que forman parte de "los demás derechos humanos intangibles" cuyas garantías tampoco pueden restringirse, los indicados como no restringibles en el Pacto Internacional de Derechos Civiles y Políticos (art. 4), y en la Convención Americana de Derechos Humanos (art. 27), que son: la garantía de la igualdad y no discriminación; la garantía de no ser condenado a prisión por obligaciones contractuales; la garantía de la irretroactividad de la ley; el derecho a la personalidad; la libertad religiosa; la garantía de no ser sometido a esclavitud o servidumbre; la garantía de la integridad personal; el principio de legalidad; la protección de la familia; los derechos del niño; la garantía de la no privación arbitraria de la nacionalidad y el ejercicio de los derechos políticos al sufragio y el acceso a las funciones públicas[91].

Ahora bien, en relación con esta materia, el artículo 7 de la Ley Orgánica indica que:

> *Artículo 7:* No podrán ser restringidas, de conformidad con lo establecido en los artículos 339 de la Constitución de la República Bolivariana de Venezuela, 4.2 del Pacto Internacional de Derechos Civiles y Políticos y 27.2 de la Convención Americana sobre Derechos Humanos, las garantías de los derechos a:
>
> 1. La vida.
> 2. El reconocimiento a la personalidad jurídica.
> 3. La protección de la familia.
> 4. La igualdad ante la ley.

---

89. Véase Allan R. Brewer-Carías, "Consideraciones sobre la suspensión o restricción de las garantías constitucionales", en *Revista de Derecho Público,* N° 37, Editorial Jurídica Venezolana, Caracas, 1989, pp. 5 y ss.

90 Sobre la significación y alcance conceptual de la "restricción de garantías constitucionales", véase Alfonso Rivas Quintero, *Derecho Constitucional,* Valencia 2002, pp. 590 y ss.

91. Véase Allan R. Brewer-Carías, *La Constitución de 1999, cit.,* pp. 236 y 237.

5. La nacionalidad.
6. La libertad personal y la prohibición de práctica de desaparición forzada de personas.
7. La integridad personal física, psíquica y moral.
8. No ser sometido a esclavitud o servidumbre.
9. La libertad de pensamiento, conciencia y religión.
10. La legalidad y la irretroactividad de las leyes, especialmente de las leyes penales.
11. El debido proceso.
12. El amparo constitucional.
13. La participación, el sufragio y el acceso a la función pública.
14. La información.

Lamentablemente, en esta enumeración, la Ley Orgánica omitió la "prohibición de incomunicación o tortura" que establece el artículo 337 de la Constitución; la garantía a no ser condenado a prisión por obligaciones contractuales; y los derechos del niño que enumeran las Convenciones Internacionales mencionadas, que tienen rango constitucional (art. 23).

En todo caso, de las anteriores regulaciones relativas a la restricción de garantías constitucionales como consecuencia de un decreto de estado de excepción, debe destacarse lo siguiente:

En *primer lugar*, debe insistirse en el hecho de que se eliminó de la Constitución la posibilidad de que se pudiesen "suspender" las garantías constitucionales, como lo autorizaba el artículo 241, en concordancia con el artículo 190, ordinal 6 de la Constitución de 1961, y que dio origen a tantos abusos institucionales[92], quedando la potestad de excepción, a la sola posibilidad de "restringir" (art. 236, ord. 7) las garantías constitucionales.

En *segundo lugar*, la Constitución exige expresamente que el Decreto que declare el estado de excepción y restrinja garantías constitucionales, obligatoriamente debe "regular el ejercicio del derecho cuya garantía se restringe" (art. 339). Es decir, no es posible que el decreto "restrinja" una garantía constitucional pura y simplemente, sino que es indispensable que en el mismo decreto se regule en concreto el ejercicio del derecho. Por ejemplo, si se restringe la libertad de tránsito, por ejemplo, en el mismo decreto de restricción, que tiene entonces que tener contenido normativo, debe especificarse en qué consiste la restricción, estableciendo por ejemplo, la prohibición de circular a determinadas horas (toque de queda), o en determinados vehículos. [93].

---

92 Véase Allan R. Brewer-Carías, "Consideraciones sobre la suspensión o restricción de las garantías constitucionales," *loc. cit.*, pp. 5-25; y Allan R. Brewer-Carías, *Derecho y acción de amparo*, Tomo V, *Instituciuones Políticas y Constitucionales*, Universidad Católica del Táchira-Editorial Jurídica Venezolana, Caracas 1997, pp. 11-44.

93 Véase las críticas a la suspensión no regulada de las garantías constitucionales con motivo de los sucesos de febrero de 1989, en Allan R. Brewer-Carías, "Consideraciones sobre la suspensión o restricción de las garantías constitucionales," *loc cit*, pp. 19 ss; y en Allan R. Brewer-Carías, "Prólogo" al libro de Daniel Zovatto G., *Los Estados de excepción y los derechos humanos en América latina*, *cit.*, pp. 24 ss.

Lamentablemente, sin embargo, en la Ley Orgánica no se desarrolló esta exigencia constitucional, quizás la más importante en materia de restricción de garantías constitucionales. Sólo regulándose normativamente su ejercicio, en el decreto que restrinja las garantías constitucionales, es que podría tener sentido la previsión del artículo 21 de la Ley Orgánica que dispone que:

> *Artículo 21*: El decreto que declare el estado de excepción suspende temporalmente, en las leyes vigentes, los artículos incompatibles con las medidas dictadas en dicho decreto.

Para que esta "suspensión" temporal de normas legales pueda ser posible, por supuesto, es necesario e indispensable que el decreto establezca la normativa sustitutiva correspondiente.

C. *La movilización*

Conforme al artículo 23 de la Ley Orgánica, decretado el estado de excepción, el Presidente de la República en su condición de Comandante en Jefe de la Fuerza Armada Nacional puede, además, ordenar la movilización de cualquier componente o de toda la Fuerza Armada Nacional, operación que debe regirse por las disposiciones que sobre ella establece la ley respectiva.

D. *La requisición*

Con motivo de la declaración de estado de excepción, conforme al artículo 24 de la Ley Orgánica, el Ejecutivo Nacional tiene la facultad de requisar los bienes muebles e inmuebles de propiedad particular que deban ser utilizados para restablecer la normalidad[94].

En estos supuestos, para que se ejecutase cualquier requisición, es indispensable la orden previa del Presidente de la República o de la autoridad competente designada, dada por escrito, en la cual se debe determinar la clase, cantidad de la prestación, debiendo expedirse una constancia inmediata de la misma.

En todo caso, terminado el estado de excepción, deben restituirse los bienes requisados a sus legítimos propietarios, en el estado en que es encuentren, sin perjuicio de la indemnización debida por el uso o goce de los mismos. En los casos que los bienes requisados no pudieren ser restituidos, o se trate de bienes fungibles o perecederos, la República debe pagar el valor total de dichos bienes, calculados con base en el precio que los mismos tenían en el momento de la requisición (art. 25 LO).

E. *Las medidas relativas a los artículos de primera necesidad y a los servicios públicos*

Por otra parte, una vez decretado el estado de excepción, también se puede limitar o racionar el uso de servicios o el consumo de artículos de primera necesidad, tomar las medidas necesarias para asegurar el abastecimiento de los mercados y el funcionamiento de los servicios y de los centros de producción (art. 19 LO).

---

94. Sobre la requisición véase Allan R. Brewer-Carías, "Adquisición de propiedad privada por parte del Estado en el Derecho Venezolano" en Allan R. Brewer-Carías, *Jurisprudencia de la Corte Suprema 1930-1974* y *Estudios de Derecho Administrativo,* Tomo VI, Caracas, 1979, pp. 24 y 33.

Salvo que el decreto regule otra cosa, estas medidas deben adoptarse conforme a la Ley de Protección al Consumidor o al Usuario.

F. *Las medidas de orden presupuestarias en cuanto al gasto público*

Conforme al artículo 20 de la Ley Orgánica,

> Decretado el estado de excepción, el Ejecutivo puede hacer erogaciones con cargo al Tesoro Nacional que no estén incluidas en la Ley de Presupuesto y cualquier otra medida que se considere necesaria para regresar a la normalidad, con fundamento en la Constitución de la República Bolivariana de Venezuela y la presente Ley.

Se pretendió, en esta forma, establecer una excepción al principio constitucional del artículo 314 de la Constitución que, al contrario, prescribe terminantemente y sin posibilidad de excepción, que "No se hará ningún tipo de gastos que no haya sido previsto en la Ley de Presupuesto".

Esta excepción del artículo 20 de la Ley Orgánica, por tanto, sin duda, es inconstitucional, pues la Constitución no autoriza en forma alguna que puedan hacerse gastos o erogaciones no previstos en la Ley de Presupuesto, salvo mediante la utilización del mecanismo de "créditos adicionales" que autoriza al artículo 314 de la propia Constitución.

G. *Los efectos jurídicos de los estados de excepción respecto de los ciudadanos: la obligación de cooperar*

Como se ha señalado, el decreto de estado de excepción tiene rango y valor de ley, por lo que sus disposiciones, tienen el mismo valor vinculante de las leyes respecto de los ciudadanos.

Pero además, conforme al artículo 17 de la Ley Orgánica, toda persona natural o jurídica, de carácter público o privado, está obligada a cooperar con las autoridades competentes para la protección de personas, bienes y lugares, pudiendo imponerles servicios extraordinarios por su duración o por su naturaleza, con la correspondiente indemnización de ser el caso.

El incumplimiento o la resistencia de esta obligación de cooperar conforme al artículo 18 de la Ley Orgánica, "será sancionado con arreglo a lo dispuesto en las respectivas leyes" pudiéndose así acudir al tipo delictivo de desacato a la autoridad, por ejemplo.

En todo caso, si esos actos fuesen cometidos por funcionarios, las autoridades pueden suspenderlos de inmediato en el ejercicio de sus cargos y deben notificar al superior jerárquico, a los efectos del oportuno expediente disciplinario. Cuando se trate de autoridades electas por voluntad popular, el artículo 18 sólo indica que "se procederá de acuerdo con lo contemplado en la Constitución de la República Bolivariana de Venezuela y en las leyes". Sin embargo, lo único en esta materia que regula la Constitución es el referendo revocatorio de mandato (art. 72).

5. *El control de los decretos de estados de excepción*

De acuerdo con el artículo 339, el decreto que declare el estado de excepción debe ser presentado, dentro de los 8 días siguientes de haberse dictado, a la Asamblea Nacional o a la Comisión Delegada, para su consideración y aprobación, y a la Sala

Constitucional del Tribunal Supremo de Justicia, para que se pronuncie sobre su constitucionalidad (art. 336,6)[95].

Este doble régimen general de control parlamentario y judicial, lo desarrolla la Ley Orgánica, estableciendo normas particulares en relación con el control por parte de la Asamblea Nacional, por parte de la Sala Constitucional del Tribunal Supremo y por parte de los jueces de amparo.

A. *El control por la Asamblea Nacional*

a. *El sometimiento del decreto a la Asamblea*

Como se ha dicho, el decreto que declare el estado de excepción debe ser remitido por el Presidente de la República a la Asamblea Nacional, dentro de los 8 días continuos siguientes a aquel en que haya sido dictado, para su consideración y aprobación.

En el mismo término, deben ser sometidos a la Asamblea Nacional los decretos mediante los cuales se solicite la prórroga del estado de excepción o aumento del número de garantías restringidas.

Si el Presidente de la República no diere cumplimiento al mandato establecido en el lapso previsto, la Asamblea Nacional se debe pronunciar de oficio (art. 26).

b. *La aprobación por la Asamblea*

El decreto que declare el estado de excepción, y la solicitud de prórroga o aumento del número de garantías restringidas, deben ser aprobados por la mayoría absoluta de los diputados presentes en sesión especial que se debe realizar sin previa convocatoria, dentro de las 48 horas de haberse hecho público el decreto (art. 27). El tema de la publicidad, de nuevo, tiene que vincularse a la publicación del decreto en la Gaceta Oficial.

Si por caso fortuito o fuerza mayor la Asamblea Nacional no se pronunciare dentro de los 8 días continuos siguientes a la recepción del decreto, éste se debe entender aprobado. Se establece así, un silencio parlamentario positivo con efectos aprobatorios tácitos.

Si el decreto que declare el estado de excepción, su prórroga o el aumento del número de garantías restringidas, se dicta durante el receso de la Asamblea Nacional, el Presidente de la República lo debe remitir a la Comisión Delegada, en el mismo término fijado en el artículo 26 de la Ley Orgánica. En este caso, conforme al artículo 29, la Comisión Delegada sólo puede considerar la aprobación del decreto que declare el estado de excepción, su prórroga, o el aumento del número de garantías restringidas, si por las circunstancias del caso le resulta imposible convocar una sesión ordinaria de la Asamblea Nacional, dentro de las 48 horas a que hace referencia el artículo 27 de la Ley Orgánica, o si a la misma no concurriere la mayoría absoluta de los diputados.

En todo caso, dice el artículo 30 de la Ley Orgánica, que el acuerdo dictado por la Asamblea Nacional "entra en vigencia inmediatamente, por lo que debe ser publi-

---

95 Alfonso Rivas Quintero, *Derecho Constitucional*, Valencia, 2002, pp. 600 y ss; y Allan R. Brewer-Carías, *Reflexiones sobre el constitucionalismo en América, op. cit.*, p. 279.

cado en la *Gaceta Oficial* de la República Bolivariana de Venezuela y difundido en el más breve plazo, por todos los medios de comunicación social, al día siguiente en que haya sido dictado, si fuere posible" (art. 30). De nuevo encontramos aquí la incongruencia de que pueda considerarse que un acto parlamentario de aprobación de un decreto "con rango y fuerza de ley", pueda entrar en vigencia antes de su publicación en la *Gaceta Oficial*, lo cual es totalmente inadmisible.

B. *El control por el Tribunal Supremo de Justicia*

De acuerdo con el artículo 336,6 de la Constitución, compete a la Sala Constitucional "revisar en todo caso, aún de oficio, la constitucionalidad de los decretos que declaren estados de excepción dictados por el Presidente de la República". Se trata de un control de la constitucionalidad automático y obligatorio que la Sala, incluso, puede ejercer de oficio.

La Ley Orgánica desarrolla el ejercicio de este control, estableciendo diferentes regulaciones que deben destacarse.

a. *La remisión del decreto a la Sala Constitucional*

Conforme al artículo 31 de la Ley Orgánica, el decreto que declare el estado de excepción, su prórroga o el aumento del número de garantías restringidas, deben ser remitidos por el Presidente de la República dentro de los 8 días continuos siguientes a aquél en que haya sido dictado, a la Sala Constitucional del Tribunal Supremo de Justicia, a los fines de que ésta se pronuncie sobre su constitucionalidad. En el mismo término, el Presidente de la Asamblea Nacional debe enviar a la Sala Constitucional, el Acuerdo mediante el cual se apruebe el estado de excepción.

Si el Presidente de la República o el Presidente de la Asamblea Nacional, según el caso, no dieren cumplimiento al mandato establecido en el presente artículo en el lapso previsto, la Sala Constitucional del Tribunal Supremo de Justicia se pronunciara de oficio (art. 31). Por supuesto, estimamos que este no es el único supuesto en el cual la Sala Constitucional puede revisar de oficio el decreto, lo cual puede hacer desde que se dicte y se publique en la *Gaceta Oficial*, y no sólo al final del lapso indicado ni sólo si no se le remite oficialmente al decreto.

Debe destacarse que con la previsión de este sistema de control de constitucionalidad automático y obligatorio, una vez que el mismo se efectúa por la Sala Constitucional y ésta, por ejemplo, declara la constitucionalidad del decreto, no podría entonces ejercerse una acción popular de inconstitucionalidad contra el decreto, pues contrariaría la cosa juzgada constitucional.

Por otra parte, debe destacarse que el artículo 33 de la Ley Orgánica dispone que:

> *Artículo 33*: La Sala Constitucional del Tribunal Supremo de Justicia omitirá todo pronunciamiento, si la Asamblea Nacional o la Comisión Delegada desa-probare el decreto de estado de excepción o denegare su prórroga, declarando extinguida la instancia.

Esta norma, sin duda, también puede considerarse como inconstitucional pues establece una limitación al ejercicio de sus poderes de revisión por la Sala, no autorizada en la Constitución. La revisión, aún de oficio, del decreto de estado de excepción puede realizarse por la Sala Constitucional, independientemente de que la Asamblea Nacional haya negado su aprobación, máxime si el decreto, conforme a la

Ley Orgánica al entrar en vigencia "en forma inmediata" incluso antes de su publicación, ha surtido efectos.

b. *Motivos de control*

La Sala Constitucional tiene competencia para revisar la constitucionalidad de los decretos de excepción, es decir, que en su emisión se hubieran cumplido los requisitos establecidos en la Constitución (constitucionalidad formal) y en la Ley Orgánica; y segundo, que el decreto no viole la normativa constitucional ni la establecida en la Ley Orgánica. Los motivos de inconstitucionalidad a ser considerados por la Sala, por otra parte, pueden ser alegados por interesados en la constitucionalidad, como se señala más adelante.

Es de destacar, en relación con estos motivos de inconstitucionalidad, por ejemplo, el incumplimiento por el decreto de estado de excepción que restrinja una garantía constitucional, de la exigencia de que el decreto debe "regular el ejercicio del derecho cuya garantía se restringe" (art. 339); es decir, que tiene que tener contenido normativo en relación con las restricciones al ejercicio del derecho constitucional respectivo. Se trata, en definitiva, de una exigencia constitucional que busca suplir el principio de la reserva legal.

En efecto, como se ha dicho, el principio básico de la regulación constitucional de los derechos y libertades públicas en Venezuela, es decir, la verdadera "garantía" de esos derechos y libertades radica en la reserva establecida a favor del legislador para limitar o restringir dichos derechos. Sólo por ley pueden establecerse limitaciones a los derechos y libertades consagrados en la Constitución. Pero la propia Constitución admite la posibilidad de que las garantías constitucionales puedan ser restringidas en circunstancias excepcionales, por decisión del Presidente de la República en Consejo de Ministros, lo que implica que durante el tiempo de vigencia de estas restricciones, las garantías de los derechos y libertades podrían ser regulados por vía ejecutiva.

Por ello, la consecuencia fundamental del decreto de excepción que establezca la restricción de garantías constitucionales, es la posibilidad que tiene el Poder Ejecutivo de regular el ejercicio del derecho, asumiendo competencias que normalmente corresponderían al Congreso. Si la esencia de la garantía constitucional es la reserva legal para su limitación y reglamentación; restringida la garantía constitucional, ello implica la restricción del monopolio del legislador para regular o limitar los derechos, y la consecuente ampliación de los poderes del Ejecutivo Nacional para regular y limitar, por vía de Decreto, dichas garantías constitucionales[96].

Por supuesto, tal como lo aclara la propia Constitución, la declaración del estado de excepción (y la eventual restricción) de garantías "no interrumpe el funcionamiento de los órganos del Poder Público" (art. 339); es decir, si bien amplía las competencias reguladoras del Poder Ejecutivo, no impide ni afecta las competencias legislativas ordinarias del Congreso.

---

96. *Cfr.*, Allan R. Brewer-Carías, *Las garantías constitucionales de los derechos del hombre,* Caracas, 1976, pp. 33, 40 y 41.

c. *Procedimiento y la participación de interesados*

Conforme al artículo 32, la Sala Constitucional del Tribunal Supremo de Justicia debe decidir la revisión del decreto de estado de excepción en el lapso de 10 días continuos contados a partir de la comunicación del Presidente de la República o del Presidente de la Asamblea Nacional, o del vencimiento del lapso de 8 días continuos previsto en el artículo anterior.

Si la Sala Constitucional no se pronuncia en el lapso mencionado, conforme al artículo 32 de la Ley Orgánica, los Magistrados que la componen "incurren en responsabilidad disciplinaria, pudiendo ser removido de sus cargos de conformidad con lo establecido en el artículo 265 de la Constitución". Este es el primer supuesto de "falta grave" para la remoción de los Magistrados del Tribunal Supremo que se regula en la legislación, por parte de la Asamblea Nacional.

En el curso del procedimiento, para cuyo desarrollo todos los días y horas se consideran hábiles (art. 39 LO), los interesados, durante los 5 primeros días del lapso para decidir que tiene la Sala Constitucional, pueden consignar los alegatos y elementos de convicción que sirvan para demostrar la constitucionalidad o la inconstitucionalidad del decreto que declare el estado de excepción, acuerden su prórroga o aumente el número de garantías restringidas.

No precisa el artículo, sin embargo, quienes pueden ser considerados "interesados", por lo que debe entenderse que al tratarse de un juicio de inconstitucionalidad relativo a un decreto "con rango y valor de ley", debe dársele el mismo tratamiento que el establecido para la acción popular, es decir, que para ser interesado basta alegar un simple interés en la constitucionalidad.

En todo caso, la Sala Constitucional del Tribunal Supremo de Justicia, dentro de los 2 días siguientes debe admitir los alegatos y elementos de prueba que resulten pertinentes y desechar aquellos que no lo sean. Contra esta decisión, dispone la Ley Orgánica, "no se admitirá recurso alguno", lo cual es absolutamente superfluo, pues no existe recurso posible alguno en el ordenamiento jurídico constitucional, contra las decisiones de la Sala Constitucional.

d. *Decisión*

La Sala Constitucional del Tribunal Supremo de Justicia debe decidir dentro de los 3 días continuos siguientes a aquel en que se haya pronunciado sobre la admisibilidad de los alegatos y las pruebas presentadas por los interesados (art. 36).

En su decisión, conforme al artículo 37 de la Ley Orgánica:

> *Artículo 37*: La Sala Constitucional del Tribunal Supremo de Justicia declarará la nulidad total o parcial del decreto que declara el estado de excepción, acuerda su prórroga o aumenta el número de garantías restringidas, cuando no se cumpla con los principios de la Constitución de la República Bolivariana de Venezuela, tratados internacionales sobre derechos humanos y la presente Ley.

En relación con los efectos de la decisión de la Sala Constitucional en el tiempo, la ley orgánica expresamente prescribe los efectos *ex tunc*, disponiendo que:

> *Artículo 38*: La decisión de nulidad que recaiga sobre le decreto tendrá efectos retroactivos, debiendo la Sala Constitucional del Tribunal Supremo de Justicia restablecer inmediatamente la situación jurídica general infringida, mediante la anula-

ción de todos los actos dictados en ejecución del decreto que declare el estado de excepción, su prórroga o aumento del número de garantías constitucionales restringidas, sin perjuicio del derecho de los particulares de solicitar el restablecimiento de su situación jurídica individual y de ejercer todas las acciones a que haya lugar. Esta decisión deberá ser publicada íntegramente en la *Gaceta Oficial* de la República Bolivariana de Venezuela.

C. *El control por los demás tribunales*

De acuerdo con el artículo 27 de la Constitución, el ejercicio del derecho de amparo "no puede ser afectado en modo alguno por la declaratoria de estado de excepción o de la restricción de garantías constitucionales", derogándose en forma tácita el ordinal del artículo de la Ley Orgánica de Amparo sobre Derechos y Garantías Constitucionales de 1988 que restringía el ejercicio de la acción de amparo en las situaciones de restricción de Garantías Constitucionales[97]. Por ello, incluso, la propia Ley Orgánica enumera, entre las garantías no restringibles "el amparo constitucional" (art. 7, ord. 12).

En consecuencia, el artículo 40 de la Ley Orgánica dispone que:

> *Artículo 40*: Todos los jueces o juezas de la República, en el ámbito de su competencia de amparo constitucional, están facultados para controlar la justificación y proporcionalidad de las medidas adoptadas con base al estado de excepción.

Esta norma, sin embargo, puede considerarse como inconvenientemente restrictiva, pues parecería que los jueces de amparo no podrían ejercer su potestad plena de protección frente a las violaciones de derechos y garantías constitucionales en estas situaciones de los estados de excepción, sino sólo en los aspectos señalados de justificación y proporcionalidad de las medidas que se adopten con motivo de los mismos.

D. *El control por la comunidad organizada y las organizaciones públicas no estatales*

La Ley Orgánica de la Administración Pública, como hemos señalado, establece un mecanismo preciso de participación ciudadana al regular el procedimiento de consulta obligatoria a las comunidades organizadas y a las organizaciones políticas no estatales, respecto de los anteproyectos de normas legales o reglamentarias que se proponga dictar el Presidente de la República (arts. 135, 136). Como hemos señalado, esencialmente, un decreto de estado de excepción debe contener la regulación legal relativa al ejercicio del derecho cuya garantía se restringe, por lo que en el ámbito de los decretos de estados de excepción esa consulta debe realizarse obligatoriamente.

En este supuesto de los decretos de estado de excepción, sin embargo, la consulta obligatoria para promover la participación ciudadana no es previa sino posterior a la emisión del acto. En efecto, el artículo 137 de la Ley Orgánica de la Administración Pública dispone que "en casos de emergencia manifiesta y por fuerza de la obligación del Estado en la seguridad y protección de la sociedad" el Presidente de la República podría dictar esos decretos con contenido normativo sin consulta pre-

97. Véase Allan R. Brewer-Carías, "El amparo a los derechos y la suspensión o restricción de garantías constitucionales", *El Nacional*, Caracas, 14-4-89, p. A-4.

via; pero en todo caso, está obligado a consultar seguidamente "bajo el mismo procedimiento" de consultas públicas, a las comunidades organizadas y a las organizaciones públicas no estatales; estando obligado a considerar el resultado de la consulta.

VII. LA RIGIDEZ CONSTITUCIONAL Y LA REFORMA DE LA CONSTITUCIÓN

La Constitución, como ley suprema, es por supuesto inmutable mediante los mecanismos ordinarios de formación de las leyes, gozando por tanto sus normas de *rigidez constitucional*, lo que implica que la misma sólo puede ser modificadas o reformadas por los medios que se indican expresamente en el texto, por lo que se insiste, este no pierde su vigencia "si dejare de observarse por acto de fuerza o porque fuere derogada por cualquier otro medio distinto al previsto en ella" (art. 333), es decir, por los establecidos en el Título IX sobre Reforma Constitucional (arts. 340 a 349)[98].

La rigidez de la Constitución se concretiza en la previsión de procedimientos y vías institucionales específicas para la reforma de la Constitución, (poder constituyente derivado) la cual en ningún caso puede hacerse por la Asamblea Nacional mediante el solo procedimiento de formación de las leyes, ni mediante el ejercicio de un recurso de nulidad de normas constitucionales[99]. Dichos procedimientos, además, aseguran la participación del pueblo como poder constituyente originario.

En la Constitución de 1999 se han establecido tres mecanismos institucionales para la reforma constitucional que se distinguen según la intensidad de las transformaciones que se proponen, y que son las Enmiendas Constitucionales, las Reformas Constitucionales y la Asamblea Nacional Constituyente. Sobre estos, la Sala Constitucional ha señalado lo siguiente:

> Cada uno de estos mecanismos de reforma tiene sus peculiaridades, los cuales con una somera lectura del texto constitucional se puede apreciar que, por ejemplo, el procedimiento de enmienda, va a tener por objeto la adición o modificación de uno o varios artículos de la Constitución, tal como lo señala el artículo 340 de la Carta Magna. Por su parte, la reforma constitucional, se orienta hacia la revisión parcial de la Constitución, así como la sustitución de una o varias de sus normas (artículo 342). Ambos mecanismos, están limitados por la no modificación de la estructura fundamental del texto constitucional, y por un referéndum al cual debe estar sometido para su definitiva aprobación, Ahora bien, en el caso de que se quiera transformar el Estado, crear un nuevo ordenamiento jurídico y redactar una nueva Constitución, el texto constitucional vigente consagra la posibilidad de convocatoria a una Asamblea Nacional Constituyente (Artículo 347 *eiusdem*). Igualmente, las iniciativa

98 Véase en general, Allan R. Brewer-Carías "Los procedimientos de revisión constitucional en Venezuela" en *I Procedimenti di revisione costituzionale nel Diritto Comparato*, Atti del Convegno Internazionale organizzato dalla Facoltà di Giurisprudenza di Urbino, 23-24 aprile 1997, a cargo del Prof. Eduardo Rozo Acuña, Università Degli Studi di Urbino, pubblicazioni della Facoltá di Giurisprudenza e della Facoltá di Scienze Politiche, Urbino, Italia, 1999, pp. 137-181; y en *Boletín de la Academia de Ciencias Políticas y Sociales*, N° 134, Caracas 1997, pp. 169-222; y Allan R. Brewer-Carías, *Asamblea Constituyente y ordenamiento constitucional*, Biblioteca de la Academia de Ciencias Políticas y Sociales, Serie Estudios N° 53, Editorial Arte, Caracas, 1999, pp. 87-116.

99 Véase sentencia N° 1140 de la Sala Constitucional de 05-19-2000, *Revista de Derecho Público*, N° 84, (octubre-diciembre), Editorial Jurídica Venezolana, Caracas, 2000.

para proceder a la enmienda, reforma o convocatoria de la Asamblea Constituyente, están consagradas en el texto constitucional de manera expresa[100].

Analizaremos a continuación la normativa constitucional en relación con los tres procedimientos para la revisión constitucional, así como la ilegítima e irregular modificación del texto constitucional realizada mediante su republicación en marzo de 2000 con supuestas correcciones de estilo. Y a continuación analizaremos la práctica de las reformas constitucionales con referencias a la fracasada reforma constitucional propuesta en 2007 y rechazada por el pueblo mediante referendo; a la Enmienda Constitucional N° 1 sancionada en 2009; a la ilegítima mutación de la Constitución realizada mediante interpretaciones constitucionales por la Sala Constitucional del Tribunal Supremo; y a la inconstitucional "reforma" de la Constitución realizada mediante leyes ordinarias en 2010, al establecerse el Estado del "Poder Popular" en paralelo al Estado Constitucional del Poder Público.

1. *Las Enmiendas Constitucionales*

A. *Objeto*

El procedimiento de la Enmienda[101] para la revisión constitucional, tiene por objeto la adición o modificación de uno o varios artículos de la Constitución, sin alterar su estructura fundamental (art. 340).

B. *La iniciativa*

De acuerdo con el artículo 341, ordinal 1, la iniciativa para la Enmienda puede partir del quince por ciento de los ciudadanos inscritos en el registro civil y electoral; o de un treinta por ciento de los integrantes de la Asamblea Nacional o del Presidente de la República en Consejo de Ministros.

C. *La discusión parlamentaria*

El ordinal 2° del artículo 341 establece lo siguiente:

> Cuando la iniciativa parta de la Asamblea Nacional, la enmienda requerirá la aprobación de ésta por la mayoría de sus integrantes y se discutirá, según el procedimiento establecido en esta Constitución para la formación de leyes.

De esta norma se deduce, por tanto, que la discusión legislativa de las enmiendas sólo se produce cuando la iniciativa parta de la Asamblea Nacional. Por tanto, si la enmienda parte de una iniciativa popular o del Presidente de la República, no se somete a discusión ni a aprobación por la Asamblea Nacional, sino que directamente se debe someter a referéndum aprobatorio.

D. *El referendo aprobatorio*

De acuerdo con el mismo artículo 341 de la Constitución:

---

100 *Idem.*

101 Sobre las enmiendas véase, en general, Alfonso Rivas Quintero, *Derecho Constitucional,* Valencia 2002, pp. 613 y ss; Ricardo Combellas, *Derecho Constitucional: una introducción al estudio de la Constitución de la República Bolivariana de Venezuela,* Mc Graw Hill, Caracas, 2001, pp. 249 y ss.

3. El Poder Electoral someterá a referendo las enmiendas a los treinta días siguientes a su recepción formal.
4. Se considerarán aprobadas las enmiendas de acuerdo con lo establecido en esta Constitución y la ley respecto al referendo aprobatorio.

El artículo 73 de la Constitución exige que en los referendos aprobatorios deben concurrir al menos el 25% de los electores inscritos, bastando para la aprobación que haya mayoría de votos afirmativos.

E. *La promulgación*

Conforme a lo establecido en el artículo 346, el Presidente de la República está obligado a promulgar las Enmiendas dentro de los 10 días siguientes a su aprobación. De lo contrario se aplica lo previsto en el artículo 216 de la Constitución.

F. *Las formalidades*

Por último, la Constitución exige que las enmiendas sean numeradas consecutivamente. Se deben publicar a continuación de la Constitución sin alterar el texto de ésta, pero anotando al pie del artículo o artículos enmendados la referencia de número y fecha de la enmienda que lo modificó.

2. *Las reformas constitucionales*

A. *Objeto*

En cuanto a las reformas constitucionales[102], conforme al artículo 342 de la Constitución, tienen por objeto una revisión parcial de la Constitución y la sustitución de una o varias de sus normas que no modifiquen la estructura y principios fundamentales del texto constitucional.

De lo anterior resulta que la diferencia entre la enmienda y la reforma es muy sutil: aquella tiene por objeto "la adición o modificación de uno o varios artículos de la Constitución, sin alterar su estructura fundamental"; ésta tiene por objeto, "la sustitución de una o varias de sus normas que no modifiquen la estructura y principios fundamentales del texto constitucional". En definitiva, podría decirse que la enmienda tiene por objeto "añadir o modificar" unos artículos y la reforma la "sustitución" de unos artículos, pero en uno u otro caso, sin alterar o modificar la estructura fundamental de la Constitución.

Sin embargo, el procedimiento para la reforma es más complejo, pues requiere que el texto sea discutido y aprobado por la Asamblea Nacional antes de ser sometido a referendo.

B. *La iniciativa*

En efecto, la iniciativa de la Reforma de la Constitución la puede ejercer la Asamblea Nacional mediante acuerdo aprobado por el voto de la mayoría de sus integrantes; el Presidente de la República en Consejo de Ministros o a solicitud de

---

102 Sobre las reformas véase, Alfonso Rivas Quintero, *Derecho Constitucional,* Valencia 2002, pp. 609 y ss.; Ricardo Combellas, *Derecho Constitucional: una introducción al estudio de la Constitución de la República Bolivariana de Venezuela,* Mc Graw Hill, Caracas, 2001, pp. 245 y ss.

un número no menor del quince por ciento de los electores inscritos en el registro civil y electoral (art. 342).

C. *La discusión parlamentaria*

Conforme al artículo 343, la iniciativa de reforma constitucional debe ser tramitada por la Asamblea Nacional en la forma siguiente:

El Proyecto de Reforma Constitucional debe tener una primera discusión en el período de sesiones correspondiente a la presentación del mismo; una segunda discusión por Título o Capítulo, según fuera el caso; y una tercera y última discusión artículo por artículo.

La Asamblea Nacional debe aprobar el proyecto de reforma constitucional en un plazo no mayor de dos años, contados a partir de la fecha en la cual conoció y aprobó la solicitud de reforma.

El proyecto de reforma se considerará aprobado con el voto de las dos terceras partes de los integrantes de la Asamblea Nacional.

D. *El referendo aprobatorio*

Tal como lo dispone el artículo 344 de la Constitución, el proyecto de reforma constitucional aprobado por la Asamblea Nacional debe ser sometido a referendo dentro de los treinta días siguientes a su sanción.

El pueblo, en el referendo, se debe pronunciar en conjunto sobre la reforma, pero puede votarse separadamente hasta una tercera parte de ella, si así lo aprueba un número no menor de una tercera parte de la Asamblea Nacional o si en la iniciativa de reforma así lo hubiere solicitado el Presidente de la República o un número no menor del cinco por ciento de los electores inscritos en el registro civil y electoral.

La Reforma Constitucional se debe declarar aprobada si el número de votos afirmativos es superior al número de votos negativos (art. 345).

En caso de que no sea aprobada la reforma, el artículo 345 dispone que la iniciativa de la reforma no puede presentarse de nuevo en un mismo período constitucional a la Asamblea Nacional[103].

E. *La promulgación*

El Presidente de la República debe promulgar las reformas dentro de los diez días siguientes a su aprobación. Si no lo hiciere, se aplica lo previsto en el artículo 216 de la Constitución (art. 346).

3. *La Asamblea Nacional Constituyente*

Por último, como mecanismo de reforma constitucional, la Constitución de 1999, producto de una Asamblea Nacional Constituyente que como institución para la reforma constitucional no estaba prevista ni regulada en la Constitución de 1961; prevé precisamente dicho mecanismo en los artículos 347 y siguientes, siguiendo la experiencia de la propia Asamblea Nacional Constituyente de 1999.

---

103 Estimamos que la palabra "revisada" en el artículo 345 es un error, y que debió decir "rechazada." De lo contrario no tendría sentido.

A. *El poder constituyente originario y la Asamblea Nacional Constituyente*

El artículo 347 comienza precisando lo que es lo esencial en este proceso: que el pueblo de Venezuela es el depositario del poder constituyente originario[104]; y que en consecuencia, en ejercicio de dicho poder, puede convocar una Asamblea Nacional Constituyente "con el objeto de transformar al Estado, crear un nuevo ordenamiento jurídico y redactar una nueva Constitución".

La Asamblea Nacional Constituyente en la Constitución de 1999, por tanto, no está concebida como "poder constituyente originario" alguno, el cual queda reservado al pueblo, en forma "intransferible". Sin embargo, se especifica en el artículo 349 que los poderes constituidos no pueden en forma alguna impedir las decisiones de la Asamblea Nacional Constituyente[105].

B. *La iniciativa*

La iniciativa de convocatoria a la Asamblea Nacional Constituyente corresponde al Presidente de la República en Consejo de Ministros; a la Asamblea Nacional, mediante acuerdo de las dos terceras partes de sus integrantes; a los Concejos Municipales en cabildos, mediante el voto de las dos terceras partes de los mismos; y al quince por ciento de los electores inscritos en el registro electoral (art. 348).

C. *La promulgación de la nueva Constitución*

El Presidente de la República no puede objetar la nueva Constitución. A efectos de la promulgación de la nueva Constitución, ésta se debe publicar en la *Gaceta Oficial* de la República de Venezuela o en la *Gaceta* de la Asamblea Constituyente (art. 349).

4. *Las ilegítimas modificaciones al texto constitucional introducidas mediante su nueva publicación el 24-3-2000 y la "Exposición de Motivos" elaborada ex post facto*

A pesar de la rigidez constitucional que deriva de los procedimientos previstos para su reforma o enmienda, a los tres meses de haberse publicado la Constitución (30-12-99), apareció publicado en *Gaceta Oficial* una nueva versión del texto constitucional, que modificaba la aprobada por el pueblo en el referendo de diciembre de 1999[106].

---

104 Véase todo lo expuesto sobre el tema en Allan R. Brewer-Carías, *Poder Constituyente Originario y Asamblea Nacional Constituyente*, Editorial Jurídica Venezolana, Caracas 1999.

105 Véase en general, Alfonso Rivas Quintero, *Derecho Constitucional,* Paredes Editores, Valencia-Venezuela, 2002, pp. 618 y ss; Ricardo Combellas, *Derecho Constitucional: una introducción al estudio de la Constitución de la República Bolivariana de Venezuela,* Mc Graw Hill, Caracas, 2001, pp. 251 y ss; y Lolymar Hernández Camargo, "El Poder Constituyente como principio legitimador de la Constitución", en *El Derecho Público a comienzos del siglo XXI. Estudios en homenaje al Profesor Allan R. Brewer-Carías,* Tomo I, Instituto de Derecho Público, UCV, Civitas Ediciones, Madrid, 2003, pp. 113-130.

106 Véase en general, los comentarios de Hildegard Rondón de Sansó, *Análisis de la Constitución venezolana de 1999,* Editorial Ex Libris, Caracas, 2001, pp. 28-50. Allan R. Brewer-Carías, "Comentarios sobre la ilegítima 'Exposición de Motivos' de la Constitución de 1999 relativa al sistema de justicia constitucional", en *Revista de Derecho Constitucional*, N° 2, enero-junio 2000, Editorial Sherwood, Caracas 2000, pp. 47-59.

Este nuevo hecho constitucional, de insólitas consecuencias, en efecto fue la publicación, de nuevo, del texto de la Constitución de 30-12-99, en *Gaceta Oficial* N° 5453 Extraordinario de 24 de marzo de 2000, con la publicación adicional del texto de una *Exposición de Motivos* el cual supuestamente habría sido adoptado por la Asamblea Nacional Constituyente en su sesión final del 30 de enero de 2000, celebrada en Ciudad Bolívar, sesión a la cual no asistimos, como expresamente dejaron constancia los redactores de la mencionada Exposición de Motivos[107].

Dos aspectos deben destacarse en relación con esta publicación de la Constitución, en marzo de 2000:

En *primer lugar,* la Exposición de Motivos no fue discutida en forma alguna por la Asamblea Nacional Constituyente con anterioridad a la aprobación de la Constitución, ni fue sometida a la aprobación popular en el referéndum del 15 de diciembre de 1999. Se trata, en realidad, de una explicación, apreciación o interpretación realizada *ex post facto,* quien sabe por quién, que sólo fue dada a conocer tres meses después de proclamada la Constitución, mediante su publicación en *Gaceta Oficial.* Se trató de una explicación que su o sus autores dieron de las normas constituciona-

---

107 En la *Gaceta Oficial* N° 5453 Extraordinario de 24-03-2000, además de publicarse, de nuevo, el texto de la Constitución del 30-12-1999 para corregir supuestos "errores de gramática, sintaxis y estilo" -lo que, en sí mismo, es completamente impropio-; se publicó una "Exposición de Motivos" supuestamente "decretada" por la Asamblea Nacional Constituyente el día de su sesión de clausura, el 30-01-2000. Quienes ordenaron publicar dicha "Exposición de Motivos" se cuidaron de dejar constancia en la *Gaceta Oficial* (pág. 15) que estuvimos "ausente", en dicha sesión, como en efecto así ocurrió. La palabra "ausente", sin embargo, no se puso a continuación del nombre de los otros veintiocho (28) Constituyentes que no asistieron a la Sesión, según consta de la *Gaceta Constituyente (Diario de Debates),* Noviembre 1999-Enero 2000, Caracas 2000, Sesión del 30-01-2000, p. 2. En todo caso, consideramos ilegítimos todos los supuestos "actos constituyentes" dictados por la Asamblea Nacional Constituyente luego de haber sido *proclamada* la Constitución de 1999, por la misma Asamblea, el 20-12-99, razón por la cual la última oportunidad en la que asistimos a sus sesiones fue, precisamente, ese día 20-12-99; excepción hecha de la Sesión del 25-01-2000, después de publicada la Constitución, en la cual se inició la discusión de la Ley Especial sobre el Régimen del Distrito Capital, *Única competencia* que se asignó a la Asamblea Nacional Constituyente en la Disposición Transitoria Primera de la Constitución.

En todo caso, la "Exposición de Motivos" decretada por la Asamblea Nacional Constituyente, definitivamente no fue discutida ni aprobada seriamente por la Asamblea, ni su texto fue conocido con anterioridad al 30-01-2000, fecha en la cual supuestamente fue "decretada"; y ni siquiera con anterioridad al 24-03-2000, fecha de su publicación en la *Gaceta Oficial.* Dicha "Exposición de Motivos" por tanto, no es tal. Mal podría tratarse de una Exposición de Motivos aprobada el 30-01-2000, supuestamente de una Constitución publicada en un mes antes, el 30-12-99, cuando en realidad hace referencia al texto "corregido", publicado el 24-03-2000.

Pero leído su contenido, lo que se aprecia es que el texto es, en unos aspectos, una simple e incompleta glosa de las normas constitucionales, con un notorio y desconcertante desbalance, que se aprecia, por ejemplo, en el caso de los artículos que regulan los derechos laborales (arts. 87 a 97) a los cuales sólo se les dedican tres (3) líneas; y en otros aspectos, una "interpretación" de la Constitución que no "explica" nada sobre los diversos artículos, sino que expresa el criterio personal de quien o quienes redactaron la "Exposición", lo que los lleva, incluso, a establecer arbitrariamente supuestas "orientaciones" que deberían ser seguidas por el legislador, y que nunca fueron siquiera consideradas en la Asamblea, ni en sus Comisiones ni en las discusiones o comentarios informales de quienes intervinieron en la redacción del articulado. Esto último sucede, particularmente, precisamente con la parte de la "Exposición de Motivos" relativa al Capítulo I *(De la garantía de esta Constitución)* del Título VIII *(De la protección de esta Constitución),* en la cual, si bien se explica correctamente la orientación general del sistema de justicia constitucional mixto o integral que se consolida en la Constitución; sin embargo, se hacen afirmaciones, se emiten conceptos y se proponen futuras regulaciones legales que no responden a lo que fue la intención de los Constituyentes.

les, pero el texto, definitivamente, no constituye una Exposición de Motivos, es decir, un documento que expone las razones o motivos que auténticamente originaron cada norma y que, por tanto, tenía que haber sido discutido y aprobado al momento de adoptarse definitivamente la Constitución. Por ello, la Sala Constitucional del Tribunal Supremo, ha considerado que ese texto no tiene carácter normativo por no ser parte integrante de la Constitución, siendo su consulta sólo a título referencial e ilustrativo, expresando que:

> La naturaleza de ese documento, en el sentido que lo expresado en el mismo se consulta sólo a título referencial e ilustrativo para el análisis de la norma constitucional, ya que él constituye un documento independiente al Texto Constitucional propiamente dicho y, no siendo parte integrante de la Constitución, no posee carácter normativo. No puede entonces fundamentarse en la Exposición de Motivos la justificación jurídica para interpretar una modificación, ampliación o corrección de lo expresado en el Texto Fundamental. No puede igualmente otorgarse un carác-ter interpretativo de la Constitución a la Exposición de Motivos cuando la misma Constitución le otorga dicho carácter expresamente a esta Sala. La Exposición de Motivos constituye simplemente una expresión de la intención subjetiva del Constituyente, y tiene el único fin de complementar al lector de la norma constitucional en la comprensión de la misma[108].

Esta Sala, no obstante, dentro de su carácter de máximo intérprete de la Constitución establecido en el artículo 335 del Texto Fundamental, puede señalar lo establecido en la Exposición de Motivos como soporte de su interpretación y otorgarle carácter interpretativo a lo establecido en ésta o, sencillamente, desechar o no considerar lo establecido en tal documento, en aras a la interpretación progresiva del Texto Fundamental.

El *segundo lugar,* el texto constitucional publicado el 24 de marzo de 2000, supuestamente para corregir "errores de gramática, sintaxis y estilo", en realidad, en muchos casos, es un nuevo texto constitucional, que no fue aprobado por el pueblo en el referéndum del 15 de diciembre de 1999, no pudiendo por tanto considerarse como la Constitución. Pero en medio del manejo irresponsable de la información por parte de quienes controlaron la Asamblea Nacional Constituyente y luego, la ilegítima Comisión Legislativa Nacional (transitoria), tal hecho no puede considerarse como un hecho aislado. Debe recordarse que entre el texto constitucional publicado y difundido masivamente por el Consejo Nacional Electoral para el referéndum del 15 de diciembre de 1999, el cual, en definitiva, fue aprobado en la votación; y el mismo texto publicado en la *Gaceta Oficial* N° 36.860 del 30 de diciembre de 1999, ya se habían introducido, subrepticiamente, modificaciones indebidas, la más notoria de las cuales fue la modificación del artículo 317 que regula el principio de la legalidad tributaria: en el texto aprobado en el referéndum, se estableció que las rebajas y exenciones de impuestos sólo podían ser establecidas "por la ley que cree el tributo correspondiente"; sin embargo, en el texto publicado quince días después, el 30 de diciembre de 1999, se indicó que dichas rebajas y exenciones de impuestos debían ser establecidas "por las leyes". Se cambió, así, sustancialmente, un concepto tributario que tal como fue aprobado por el pueblo, acababa con las zonas francas y

---

108 Véase sentencia N° 93 de 06-02-2001, *Revista de Derecho Público,* N° 85-88, Editorial Jurídica Venezolana, Caracas, 2001, p. 407.

con todos los beneficios fiscales que estaban previstos en leyes distintas a las que creaban los respectivos tributos. Sin duda, el texto originalmente aprobado por el pueblo podía considerarse inconveniente, pero así fue aprobado, y nadie tenía la potestad de cambiar la voluntad popular, salvo el propio pueblo.

En todo caso, el texto constitucional publicado oficialmente como el aprobado por el pueblo era el que contiene la *Gaceta Oficial* N° 36.860 de 30 de diciembre de 1999. Después de marzo de 1999, sin embargo, con la publicación de una nueva versión de la Constitución que, además de tener corregidos supuestos "errores de gramática, sintaxis y estilo", introdujo una serie de cambios en el texto constitucional, que excedían las simples correcciones, la confusión constitucional fue mayúscula. Ello motivó a que el propio Fiscal General de la República introdujera un recurso de interpretación ante la Sala Constitucional para determinar cuál era el texto constitucional vigente, el cual habría sido resuelto en junio de 2003, según fue anunciado en la prensa[109], pero la anunciada sentencia que habría establecido que el texto vigente era el que se había publicado el 30 de diciembre de 1999, nunca fue publicada.

Por supuesto, ante todo debe señalarse que el texto aprobado en el referéndum es el texto oficial, aún cuando hubiese tenido errores de gramática, sintaxis o estilo. Una reimpresión por error de copia, no puede "corregir" el texto aprobado por el pueblo. Incluso, conforme al artículo 4 de la vieja Ley de Publicaciones Oficiales de 22-7-41, que se invocó en el *Aviso Oficial* para la nueva publicación de la Constitución, es sólo "cuando haya evidente discrepancia entre el original y la impresión de una ley" cuando la misma puede volver a publicarse corregida en la *Gaceta Oficial.* En el caso de la Constitución, la publicación del 24 de marzo de 2000 no obedeció a que hubiera discrepancia entre el original aprobado en el referéndum y la publicación en *Gaceta Oficial* el 30 de diciembre de 1999, sino que, en realidad, de lo que se trató fue de un texto que es distinto al original aprobado por el pueblo y al publicado el 30-12-99, y que se publicó por supuestos "errores de gramática, sintaxis o estilo" del texto original. Esto significó, en definitiva, que alguien o algunos se erigieron en órgano constituyente, usurparon la soberanía popular y pretendieron dar una nueva versión de la Constitución distinta a la aprobada en el referéndum del 15 de diciembre de 1999.

En algunos casos, la versión publicada el 24 de marzo de 2000, pretendía "corregir" errores de sintaxis y de gramática. Así sucedía, por ejemplo, con la eliminación del texto de la Constitución de la palabra "Fiscala" (art. 284) y "estudiantas" (art. 109) que no existen en castellano. Igualmente en el nuevo texto se corrigieron múltiples errores de redacción.

En otros casos, la versión del 24 de marzo de 2000, agregó, eliminó y cambió palabras y frases, en muchos casos incluso modificando el sentido de la regulación. Entre las modificaciones más destacadas al texto constitucional, las mismas se indican en cada uno de los artículos de la Constitución en el texto publicado al final de este Libro, mediante las correspondientes notas (*) al pié de páginas.

De todas esas "correcciones" hay algunas que pretendían cambiar totalmente el sentido de la Constitución. Por ejemplo, no es lo mismo, por ejemplo, en los artículos 84 y 85, hacer referencia, al "servicio público de salud", lo que implica una

109 Véase en *El Universal*, Caracas 13 de junio de 2003.

competencia concurrente entre los órganos de los Poderes Nacional, Estadal y Municipal; que haber "corregido" el texto, y poner "servicio público *nacional* de salud", lo que constituye una inadmisible "nacionalización" del servicio público de salud, contrario a la idea misma de un "Estado Federal Descentralizado" (art. 4) y a las competencias que en la materia se atribuyen a los Estados (art. 164, ordinal 8), y a los Municipios (art. 178, ordinal 5°). Quizás lo que debió ocurrir era eliminar la palabra "nacional" en la expresión en el encabezamiento del artículo 84, en lugar de agregarla en ese mismo artículo y en el artículo 85.

En igual forma, no es lo mismo que el artículo 170 diga que los Municipios podrán agruparse en distritos a que diga que podrán agruparse en "distritos metropolitanos"; y no es lo mismo que artículo 214 diga que el veto presidencial a las leyes debe ser decidido por el Presidente de la República "*con acuerdo del* Consejo de Ministros" que es una de las maneras de decidir del Presidente, pues él preside el Consejo de Ministros; a establecer que la decisión del Presidente en la materia debe adoptarla "*en acuerdo con el* Consejo de Ministros" como si este fuera un órgano aparte en la estructura orgánica del Poder Ejecutivo.

La Constitución es el cuerpo normativo de mayor jerarquía en el país; y se caracteriza, además, por su rigidez, es decir, que su modificación sólo puede ser adoptada conforme a los procedimientos de revisión constitucional regulados en la propia Constitución (arts. 340 y siguientes). No tiene sentido, entonces, que se hayan introducido modificaciones al texto constitucional, como las indicadas, mediante una supuesta corrección de errores de gramática, sintaxis y estilo, que son inconstitucionales. La Constitución es algo serio, pero por lo visto así no la perciben quienes hicieron las "correcciones" reseñadas.

VIII. LA ILEGÍTIMA PRÁCTICA AUTORITARIA EN MATERIA DE REFORMA O MUTACIÓN CONSTITUCIONAL

1. *La supremacía y la rigidez y el rol del juez constitucional*

La Constitución de 1999, como se ha dicho y lo precisa su propio texto (art. 7), es la ley suprema y fuente de todo el ordenamiento jurídico, lo que implica no sólo que la misma obliga a todos los poderes públicos a respetarla y a garantizar su supremacía, y a todos los ciudadanos a acatarla, sino además, que los ciudadanos tienen un derecho fundamental a dicha supremacía. Además, otra consecuencia fundamental del principio de la supremacía constitucional, es el principio de la rigidez de la Constitución, lo que implica que las modificaciones a la misma sólo pueden realizarse mediante los procedimientos establecidos en el propio texto constitucional, no pudiendo por supuesto ni la Asamblea Nacional, ni el Ejecutivo ni la Jurisdicción Constitucional realizar "reforma" alguna de la Constitución.

Para garantizar tal rigidez constitucional, en la Constitución se establecen tres procedimientos específicos para reformarla, garantizándose en todos la intervención del pueblo como poder constituyente originario: primero, el procedimiento de "enmienda constitucional", que tienen por objeto agregar o modificar uno o varios artículos de la Constitución (artículo 340), para cuya aprobación se estableció la sola participación del pueblo manifestado mediante referendo aprobatorio; segundo, el procedimiento de "reforma constitucional", orientado a la revisión parcial de la Constitución, o a la sustitución de una o varias de sus normas (artículo 342), para cuya aprobación se estableció además de la participación del pueblo manifestado mediante referendo, la participación de la Asamblea Nacional como poder constituido, la cual debe discutir y sancionar el proyecto antes de su sometimiento a aprobación popular; y tercero, el procedimiento de convocatoria y desarrollo de una "Asamblea Nacional Constituyente," que es necesario en caso de que se proponga transformar el Estado, crear un nuevo ordenamiento jurídico y redactar una nueva Constitución (Artículo 347), para cuyo funcionamiento se estableció la necesaria participación del pueblo como poder constituyente originario, tanto en la definición del Estatuto de la Constituyente como en la elección de sus miembros.

Cualquier modificación de la Constitución efectuada fuera de estos tres procedimientos o en violación a los mismos, es inconstitucional e ilegítima, razón por la cual la Sala Constitucional del Tribunal Supremo, como Jurisdicción Constitucional, es el órgano llamado a ejercer el control de constitucionalidad del procedimiento adoptado.

Ahora bien, en contraste con todos estos principios y previsiones constitucionales, si algo ha caracterizado el proceder del régimen autoritario en Venezuela durante los últimos tres lustros, a partir de la entrada en vigencia de la Constitución de 1999, ha sido el desprecio más absoluto de su texto, de su supremacía y de su rigidez. La Constitución se ha convertido, en realidad, en un conjunto normativo maleable por absolutamente todos los poderes públicos, cuyas normas tienen la vigencia y el alcance que los órganos del Estado han dispuesto, sea mediante leyes ordinarias, decretos leyes e incluso mediante sentencias de la Jurisdicción Constitucional, todas hechas a la medida, y con la "garantía" de que dichas actuaciones constitucionales no serán controladas por la sujeción de la Jurisdicción Constitucional al control político.

La consecuencia de ello ha sido, por ejemplo, que los procedimientos de reforma constitucional regulados en la Constitución han sido utilizados a conveniencia, violándose las normas que los regulan, lo que ocurrió con la "reforma constitucional" que se presentó ante la Asamblea Nacional en 2007, y con la "enmienda constitucional" propuesta por la misma Asamblea en 2009. La primera, por su contenido, requería más bien del procedimiento de "convocatoria de una Asamblea Constituyente," y en todo caso, sometida a voto popular, fue rechazada por el pueblo; y la segunda, por su contenido, requería más bien de una "reforma constitucional," por lo cual además, no podía formularse luego del rechazo de la anterior. Sin embargo, ésta, luego de sometida a voto popular, fue aprobada.[110]

El rechazo popular de la amplísima propuesta de "reforma constitucional" de 2007, sin embargo, no impidió que los órganos de los poderes públicos procedieran a implementarla desde 2008, violando la Constitución, mediante la sanción de leyes ordinarias o decretos leyes, cuya inconstitucionalidad la Jurisdicción Constitucional se abstuvo o se negó a controlar, habiendo incluso llegado dicha Jurisdicción a ser el instrumento para efectuar las reformas constitucionales mediante mutaciones constitucionales; todo ello, en abierto desprecio y violación al principio de la rigidez constitucional que el Juez Constitucional se ha negado a controlar.

110 Véase en general, Allan R. Brewer-Carías, *Reforma Constitucional y fraude a la Constitución (1999-2009)*, Academia de Ciencias Políticas y Sociales, Caracas 2009, 278 pp.

No debe olvidarse, en relación con la Jurisdicción Constitucional, que en general los constructores del Estado Constitucional nunca pensaron que el máximo órgano judicial podía llegar a usurpar el poder constituyente o violar la Constitución, por lo que le control de constitucionalidad más bien se concibió como el instrumento para corregir las desviaciones de los otros órganos del Estado, en particular de los órganos legislativos y ejecutivos. De allí, incluso la previsión de que las decisiones de los Tribunales Supremos o Tribunales Constitucionales, respecto de los cuales no se concibe que violen la Constitución, no están sujetas a control alguno.

Por ello, en Venezuela, la Sala Constitucional del Tribunal Supremo de Justicia de Venezuela es, sin duda, el instrumento más poderoso diseñado para garantizar la supremacía de la Constitución y el Estado de Derecho, para lo cual, por supuesto, como guardián de la Constitución, también está sometida a la Constitución. Como tal guardián, y como sucede en cualquier Estado de derecho, el sometimiento del tribunal constitucional a la Constitución es una preposición absolutamente sobreentendida y no sujeta a discusión, ya que es inconcebible que el juez constitucional pueda violar la Constitución que esta llamado a aplicar y garantizar. Esa la pueden violar los otros poderes del Estado, pero no el guardián de la Constitución. Pero por supuesto, para garantizar que ello no ocurra, el Tribunal Constitucional debe gozar de absoluta independencia y autonomía, pues un Tribunal Constitucional sujeto a la voluntad del poder en lugar del guardián de la Constitución se convierte en el instrumento más atroz del autoritarismo. El mejor sistema de justicia constitucional, por tanto, en manos de un juez sometido al poder, es letra muerta para los individuos y es un instrumento para el fraude a la Constitución.

Lamentablemente, sin embargo, esto último es lo que ha venido ocurriendo en Venezuela en los últimos años, donde la Sala Constitucional del Tribunal Supremo, como Juez Constitucional, lejos de haber actuado en el marco de las atribuciones expresas constitucionales antes indicadas, ha sido el instrumento más artero para la destrucción de la institucionalidad democrática y el apuntalamiento del autoritarismo, particularmente al ejercer su facultad de interpretación del contenido y alcance de las normas constitucionales (art. 334). Así, en ejercicio de estas competencias y poderes, como máximo intérprete de la Constitución, al margen de la misma y mediante interpretaciones inconstitucionales, la Sala Constitucional al ejercer su facultad de interpretación del contenido y alcance de las normas constitucionales, y sin que se trate de normas ambiguas, imprecisas, mal redactadas y con errores de lenguaje, ha venido ilegítimamente modificando el texto constitucional, legitimando y soportando la estructuración progresiva de un Estado autoritario. Es decir, ha falseado el contenido de la Constitución, mediante una "mutación" ilegítima y fraudulenta de la misma.[111]

111 La Sala Constitucional del Tribunal Supremo de Justicia en la sentencia N° 74 de 25-01-2006 señaló que un *fraude a la Constitución* ocurre cuando se destruyen las teorías democráticas "mediante el procedimiento de cambio en las instituciones existentes aparentando respetar las formas y procedimientos constitucionales", o cuando se utiliza "del procedimiento de reforma constitucional para proceder a la creación de un nuevo régimen político, de un nuevo ordenamiento constitucional, sin alterar el sistema de legalidad establecido, como ocurrió con el *uso fraudulento de los poderes* conferidos por la ley marcial en la Alemania de la Constitución de *Weimar*, forzando al Parlamento a conceder a los líderes fascistas, en términos de dudosa legitimidad, la plenitud del poder constituyente, otorgando un poder legislativo ilimitado"; y que un *falseamiento de la Constitución* ocurre cuando se otorga "a las normas constitucionales una interpretación y un sentido distinto del que realmente tienen, que es en realidad una modificación

Esa ha sido la trágica experiencia venezolana en la materia que queremos resumir en estas páginas, analizando, *primero*, el inconstitucional procedimiento que se utilizó para sancionar y someter a referendo la rechazada "reforma constitucional" de 2007, y la renuncia de la Jurisdicción Constitucional a ejercer el control de constitucionalidad sobre el mismo; *segundo*, el inconstitucional procedimiento utilizado para la "enmienda constitucional" de 2009, con la anuencia de la jurisdicción constitucional; *tercero*, la inconstitucional implementación de la rechazada "reforma constitucional" de 2007 por parte de la Jurisdicción Constitucional mediante mutaciones constitucionales ilegítimas; y *cuarto*, la inconstitucional implementación de la rechazada "reforma constitucional" de 2007 mediante leyes y decretos leyes (legislación ordinaria), no controlados por la jurisdicción constitucional.

2. *El rechazado proyecto de reforma constitucional de 2007, y el inconstitucional procedimiento utilizado para su sanción, que la Jurisdicción Constitucional se negó a controlar*

En agosto de 2007, Hugo Chávez Frías, a los pocos meses de haber sido reelecto en la Presidencia de la República, después de haber nombrado una Comisión Constitucional para elaborarla integrada por representantes de todos los poderes públicos, incluido el Tribunal Supremo, todos sometidos a un "pacto de confidencialidad," con base en las propuestas que recibió,[112] presentó formalmente ante la Asamblea Nacional un proyecto de "reforma constitucional,"[113] que luego de haber sido discutido y sancionado por la misma el 15 de noviembre de ese mismo año, fue sometido a referendo aprobatorio el 7 de diciembre de 2007. Con la misma, como lo indicamos en su oportunidad, se pretendía transformar radical al Estado, es decir, ni más ni menos, trastocar el Estado Social y Democrático de Derecho y de Justicia de orden civil, y convertirlo en un Estado Socialista, Centralizado, Policial y Militarista.[114]

---

no formal de la Constitución misma", concluyendo con la afirmación de que "*Una reforma constitucional sin ningún tipo de límites, constituiría un fraude constitucional*". Véase en *Revista de Derecho Público*, Editorial Jurídica Venezolana, N° 105, Caracas 2006, pp. 76 ss. Véase Néstor Pedro Sagües, *La interpretación judicial de la Constitución*, Buenos Aires 2006, pp. 56-59, 80-81, 165 ss

112 El documento circuló en junio de 2007 con el título *Consejo Presidencial para la Reforma de la Constitución de la República Bolivariana de Venezuela, "Modificaciones propuestas"*. El texto completo fue publicado como *Proyecto de Reforma Constitucional. Versión atribuida al Consejo Presidencial para la reforma de la Constitución de la república Bolivariana de Venezuela*, Editorial Atenea, Caracas 01 de julio de 2007, 146 pp. Véase mis comentarios al proyecto en Allan R. Brewer-Carías, *Hacia la Consolidación de un Estado Socialista, Centralizado, Policial y Militarista. Comentarios sobre el sentido y alcance de las propuestas de reforma constitucional 2007*, Colección Textos Legislativos, N° 42, Editorial Jurídica Venezolana, Caracas 2007.

113 Véase el documento *Proyecto de Exposición de Motivos para la Reforma Constitucional, Presidencia de la República, Proyecto Reforma Constitucional. Propuesta del presidente Hugo Chávez Agosto 2007;* y la publicación: *Proyecto de Reforma Constitucional. Elaborado por el ciudadano Presidente de la República Bolivariana de Venezuela, Hugo Chávez Frías* Editorial Atenea, Caracas agosto 2007. Véase mis comentarios a la propuesta de reforma constitucional, en Allan R. Brewer-Carías, *La Reforma Constitucional de 2007 (Comentarios al Proyecto Inconstitucionalmente sancionado por la Asamblea Nacional el 2 de Noviembre de 2007)*, Colección Textos Legislativos, N° 43, Editorial Jurídica Venezolana, Caracas 2007.

114 Véase Allan R. Brewer-Carías, *Hacia la Consolidación de un Estado Socialista, Centralizado, Policial y Militarista. Comentarios sobre el sentido y alcance de las propuestas de reforma constitucional 2007*, Colección Textos Legislativos, N° 42, Editorial Jurídica Venezolana, Caracas 2007.

Las pautas para la reforma constitucional que en diversos discursos y alocuciones fue dando el Presidente de la República durante 2007, apuntaron, por una parte, a la conformación de un nuevo "Estado del Poder Popular" o del Poder Comunal, o Estado Comunal, estructurado desde los Consejos Comunales que ya desde 2006 habían sido creados al margen de la Constitución[115], como unidades u organizaciones sociales no electas mediante sufragio universal, directo y secreto y sin autonomía territorial, supuestamente dispuestos para canalizar la participación ciudadana, pero conforme a un sistema de conducción centralizado desde la cúspide del Poder Ejecutivo Nacional; y por la otra, a la estructuración de un "Estado socialista," con una doctrina socialista y "bolivariana" como doctrina oficial, sustituyendo al sistema plural de libertad de pensamiento y acción que siempre ha existido en el país y, en particular, sustituyendo la libertad económica y el Estado de economía mixta que siempre ha existido, por un sistema de economía estatista y colectivista, de capitalismo de Estado, sometido a una planificación centralizada, minimizando el rol del individuo y eliminando todo vestigio de libertad económica y de propiedad privada. Es decir, con la reforma constitucional de 2007, de haber sido aprobada, hubiera desaparecido la democracia representativa, la alternabilidad republicana y toda idea de descentralización del poder, se hubiera retrocedido en materia de protección de los derechos humanos, y se hubiera concentrado todo el poder en la Jefatura del Estado, desapareciendo la libertad económica y el derecho de propiedad

En síntesis, el proyecto de reforma constitucional sancionado por la Asamblea Nacional en Noviembre de 2007, que fe rechazado por el pueblo, buscaba efectuar una radical transformación del Estado y sentar las bases para la creación de un nuevo ordenamiento jurídico, para:

Primero, transformar el Estado en un Estado Socialista, con una doctrina política oficial de carácter socialista, que se denominaba además como "doctrina bolivariana", con lo cual se eliminaba toda posibilidad de pensamiento distinto al oficial y, por tanto, toda disidencia, pues la doctrina política oficial se quería incorporar en la Constitución, como política y doctrina del Estado y la Sociedad, hubiera constituido un deber constitucional de todos los ciudadanos cumplir y hacerla cumplir. Con ello, se buscaba sentar las bases para la criminalización de la disidencia.

Segundo, transformar el Estado en un Estado Centralizado, de poder concentrado bajo la ilusión del Poder Popular, lo que implicaba la eliminación definitiva de la forma federal del Estado, imposibilitando la participación política y degradando la democracia representativa; todo ello, mediante la supuesta organización de la población para la participación en los Consejos del Poder Popular, como los Comunales, que son instituciones sin autonomía política alguna, cuyos miembros se pretendía declarar en la propia Constitución, que no fueran electos. Dichos Consejos, creados por Ley en 2006, están controlados desde la Jefatura del gobierno y para cuyo fun-

115 Ley de Consejos Comunales *Gaceta Oficial*, N° 5.806 *Extraordinario*, 10-04-2006. Véase mis comentarios sobre esta Ley y su significado en "El inicio de la desmunicipalización en Venezuela: La organización del Poder Popular para eliminar la descentralización, la democracia representativa y la participación a nivel local", en *AIDA, Opera Prima de Derecho Administrativo. Revista de la Asociación Internacional de Derecho Administrativo*, Universidad Nacional Autónoma de México, Facultad de Estudios Superiores de Acatlán, Coordinación de Postgrado, Instituto Internacional de Derecho Administrativo "Agustín Gordillo", Asociación Internacional de Derecho Administrativo, México, 2007, pp. 49 a 67.

cionamiento, el instrumento preciso es el partido socialista unificado que el Estado comenzó a crear durante 2007.

Tercero, transformar el Estado en un Estado de economía estatista, socialista y centralizada, propia de un capitalismo de Estado, con lo que se buscaba eliminar la libertad económica y la iniciativa privada, y desaparecía la propiedad privada, que con la reforma dejaban de ser derechos constitucionales, buscándose darle al Estado la propiedad de los medios de producción, la planificación centralizada y la posibilidad de confiscar bienes de las personas materialmente sin límites, configurándolo como un Estado del cual todo dependía, y a cuya burocracia quedaba sujeta la totalidad de la población. Ello choca, sin embargo, con las ideas de libertad y solidaridad social que se proclaman en la propia Constitución, y lo que se buscaba era sentar las bases para que el Estado sustituyera a la propia sociedad y a las iniciativas particulares, minimizándoselas.

Cuarto, transformar el Estado en un Estado Policial (represivo), con la tarea fundamental de someter a toda la población a la doctrina oficial socialista y "bolivariana" que se pretendía constitucionalizar, y velar por que la misma se cumpliera en todos los órdenes, lo que se buscaba asegurar mediante la regulación, con acentuado carácter regresivo y represivo, del ejercicio de los derechos civiles en situaciones de excepción, para lo cual se preveían amplios márgenes de restricción y suspensión.

Quinto, transformar el Estado en un Estado Militarista, dado el rol que se le pretendía dar a la "Fuerza Armada Bolivariana" en su configuración y funcionamiento, toda sometida al Jefe de Estado, y con la propuesta de creación en la Constitución de la Milicia Popular Bolivariana como nuevo componente.[116]

En definitiva, el objetivo era consolidar en el propio texto de la Constitución un Estado Centralizado del Poder Popular, como Estado Socialista, de economía estatal y centralizada, y como Estado Militarista y Policial de ideología única oficial, lo que se apartaba radicalmente de la concepción del Estado descentralizado, civil, social, democrático y pluralista de derecho y de justicia, y de economía mixta que regula la Constitución de 1999.

Se trataba, por tanto, sin duda de una propuesta que buscaba *transformar radicalmente al Estado y crear un nuevo ordenamiento jurídico*, lo que no podía realizarse mediante el mecanismo de "reforma constitucional" que fue utilizado en fraude a la Constitución, sino que exigía, conforme a su artículo 347, que se convocara y eligiera una Asamblea Nacional Constituyente, lo que por supuesto, hubiera podido implicar que la reforma se le escapara de su control férreo. Tan era una reforma constitucional que implicaba originar un nuevo texto constitucional, que la Asamblea Nacional, al sancionarla, dispuso que con la misma se sustituyera completamente la Constitución de 1999, ordenando a tal efecto en la Disposición Final que la Constitución –de haber sido aprobada por el pueblo– se imprimiera "íntegramente en un solo texto [...] con la reforma aquí sancionada y en el correspondiente texto único corríjanse los artículos aplicando la nueva terminología señalada en esta Reforma Constitucional, en cuanto sea aplicable suprimiéndose y sustituyéndose de acuerdo al contenido de esta Reforma así como las firmas, fechas y demás datos de

116 Véase Allan R. Brewer-Carías, *La Reforma Constitucional de 2007 (Comentarios al Proyecto Inconstitucionalmente sancionado por la Asamblea Nacional el 2 de Noviembre de 2007),* Colección Textos Legislativos, N° 43, Editorial Jurídica Venezolana, Caracas 2007.

sanción y promulgación". Es decir, de haberse aprobado la reforma por referendo, la Constitución hubiera tenido que conocerse como la "Constitución de 2007", es decir, una Constitución diferente, como efectivamente resultaba de su contenido

Esa transformación radical del Estado y la creación de un nuevo ordenamiento jurídico que se propuso en 2007, se insiste, de haber sido aprobada, hubiera sido, sin duda, una de las más sustanciales de toda la historia constitucional del país, cambiándose formalmente el modelo de Estado descentralizado, democrático, pluralista y social de derecho que está regulado en la Constitución de 1999, por el de un Estado Socialista, centralizado, policial y militarista, con una doctrina oficial "bolivariana" identificada como "el Socialismo del Siglo XXI" y un sistema económico de capitalismo de Estado.

De haber sido aprobada la propuesta de reforma a la Constitución se habría establecido formalmente en Venezuela, una ideología y doctrina de Estado, de corte socialista y supuestamente "bolivariana", la cual en consecuencia, a pesar de su imprecisión – y he allí lo más peligroso-, como doctrina "oficial" no hubiera admitido disidencia alguna. No se olvide que todos los ciudadanos tienen un deber constitucional esencial y es cumplir y hacer cumplir la Constitución (art. 131), por lo que de haberse aprobado la reforma, todos los ciudadanos hubieran tenido el deber de contribuir activamente en la implementación de la doctrina oficial del Estado. En ello no hubiera podido admitirse ni siquiera la neutralidad. Por tanto, todo pensamiento, toda expresión del pensamiento, toda acción o toda omisión que pudiera considerarse como contraria a la doctrina oficial socialista y "bolivariana", o que simplemente la "autoridad" no considerase que contribuía a la construcción y siembra del socialismo, hubiera constituido una violación a un deber constitucional, y hubiera podido, por tanto, ser criminalizada, es decir, hubiera podido haber dado lugar a sanciones incluso penales. Se trataba de crear un pensamiento único, que constitucionalmente no hubiera admitido disidencia.

Por lo demás, con las reformas que fueron sancionadas por la Asamblea Nacional, y que el pueblo rechazó en el referendo, materialmente desaparecía la democracia representativa y las autonomías político territoriales, que se buscaba sustituir por un esquema estatal centralizado supuestamente montado sobre una democracia "participativa y protagónica" que estaba controlada total y centralizadamente desde arriba, por el Jefe de Estado, en la cual quedaba proscrita toda forma de descentralización política y autonomía territorial, y que a la vez, restringía los mecanismos de participación política que están directamente regulados en la Constitución, como son los referendos y la participación de la sociedad civil en los Comité de Postulaciones de altos funcionarios.

Todo ello evidencia que las propuestas que contenía el proyecto de "reforma constitucional" tocaban aspectos medulares de la organización del Estado, por lo que las mismas no podían ser aprobadas siguiéndose el procedimiento establecido para las reformas constitucionales", sino más bien el procedimiento de convocatoria de una Asamblea Constituyente. Por ello, contra el procedimiento utilizado para la reforma se intentaron múltiples acciones de nulidad por inconstitucionalidad y amparo contra el inconstitucional procedimiento seguido, todas las cuales fueron declaradas inadmisibles, e incluso, "improponibles," renunciando así la Jurisdicción Constitucional a controlar el inconstitucional proceder que escogieron tanto el Presidente de la República, como la Asamblea Nacional y el Consejo Nacional Electoral al convocar el referendo aprobatorio.[117]

Ello, por lo demás, ya lo había anunciado la Presidenta de la Sala Constitucional el 17 de agosto de 2007, sólo dos días después de presentado el proyecto de reforma a la Asamblea Nacional, adelantándose a cualquier impugnación, al declarar públicamente que "la Sala Constitucional no tramitará ninguna acción relacionada con las modificaciones al texto fundamental, hasta tanto éstas no hayan sido aprobadas por los ciudadanos en el referendo" agregando que "Cualquier acción debe ser presentada después del referendo cuando la reforma ya sea norma, porque no podemos interpretar una tentativa de norma. Después de que el proyecto sea una norma podríamos entrar a interpretarla y a conocer las acciones de nulidad"[118].

La consecuencia de este anuncio público anticipado, com se dijo, fue la declaración como inadmisibles e "improponibles" por la Sala Constitucional, con la participación de su Presidenta quien había adelantado opinión pública en la materia, de numerosos recursos de amparo y nulidad que se habían interpuesto contra todos los actos de los poderes constituidos que había intervenido en el procedimiento de "reforma constitucional". Entre dichas sentencias se puede mencionar la dictada en el caso de la acción de nulidad por inconstitucionalidad que la Confederación de Profesionales Universitarios de Venezuela y el Colegio de Abogados del Estado Carabobo presentaron contra el acto de la Asamblea Nacional sancionatorio del proyecto de reforma constitucional (N° 2189) de 22 de noviembre de 2007 (Exp. N° 07-1596), en la cual, luego de referirse a previas sentencias (Nos. 2108/2007 y

117 Véase Allan R. Brewer-Carías, *El juez constitucional vs. la supremacía constitucional. O de cómo la Jurisdicción Constitucional en Venezuela renunció a controlar la constitucionalidad del procedimiento seguido para la "reforma constitucional" sancionada por la Asamblea Nacional el 2 de noviembre de 2007, antes de que fuera rechazada por el pueblo en el referendo del 2 de diciembre de 2007*, en Eduardo Ferrer Mac Gregor y César de Jesús Molina Suárez (Coordinadores), *El juez constitucional en el Siglo XXI*, Universidad nacional Autónoma de México, Suprema Corte de Justicia de la Nación, México 2009, Tomo I, pp. 385-435.

118 Véase la reseña del periodista Juan Francisco Alonso, en *El Universal*, Caracas 18-08-07. Esto, por lo demás, fue lo que decidió la Sala Constitucional en su sentencia N° de 22-11-07 (Expediente N° 07-1596) al declarar "inproponible" una acción de inconstitucionalidad contra el acto de la Asamblea nacional sancionando la reforma constitucional, con la participación y firma de la misma Presidente de la Sala, quien no se inhibió a pesar de haber adelantado públicamente opinión sobre lo decidido. Por otra parte, luego de varias solicitudes de recursos de interpretación sobre el artículo 342 de la Constitución, y de nulidad del acto sancionatorio de la reforma por la Asamblea Nacional, con motivo de la recusación que efectuaron los peticionantes contra la Presidenta de la Sala por estar comprometida su imparcialidad en la materia al haber formado parte de la Comisión Presidencial para la Reforma Constitucional, en decisión de 01-11-07, el magistrado Jesús Eduardo Cabrera de la misma Sala, decidió que de la lectura del Decreto de creación del Consejo de Reforma (art. 5), "se desprende que la Secretaria Ejecutiva, cumplía funciones administrativas y no de redacción, corredacción, o ponencia sobre el contenido de un anteproyecto de reforma constitucional; por lo que la Dra. Luisa Estella Morales Lamuño no es –necesariamente- promovente del "Proyecto de Reforma Constitucional" que ha presentado el Presidente de la República, y los recusantes no señalan cuál aporte de la Secretaria Ejecutiva fue incorporado al Proyecto de Reforma, ni siquiera alguno que haga presumir la intervención de la Dra. Morales"; agregando que "Además, por ser parte del Consejo Presidencial, la Secretaria Ejecutiva no está dando ninguna recomendación sobre el juicio de nulidad de que trata esta causa, ya que nada ha manifestado en ese sentido, ni se le imputa declaración alguna de su parte que adelante opinión sobre la inconstitucionalidad denunciada en esta causa". Véase también, la Reseña periodística de JFA, *El Universal*, Caracas 2-11-07. Posteriormente, en sentencia de 22-11-07, el mismo Magistrado Cabrera declaró sin lugar otra recusación contra la Presidenta de la Sala por motivos similares (Exp. 07-1597).

2147/2007), la Sala Constitucional precisó que "el procedimiento para la reforma constitucional es un *"proceso complejo"* que comienza con la iniciativa (artículo 342); continúa con la discusión y aprobación, que corresponde a la Asamblea Nacional (artículo 343); sigue con el referendo constitucional, regulado en el artículo 344, que corresponde ejercerlo al pueblo *"como validante definitivo de la reforma"*; y, finalmente, la promulgación por el Presidente de la República, según lo dispuesto en el artículo 346 constitucional"; concluyó, erradamente, afirmando que siendo "un proceso complejo de formación de actos normativos ... se asemeja al ordinario de formación de leyes; y una de las coincidencias absolutas es que no se puede hablar de un acto definitivo si no se han cumplido todos los pasos de este trámite procedimental"; y que dicho procedimiento complejo, "no causa gravamen hasta tanto no exteriorice sus efectos (mediante la promulgación y publicación en Gaceta Oficial)".

Con base en estas erradas premisas, confundiendo el proceso de reforma constitucional con el procedimiento de formación de las leyes, la Sala Constitucional renunció por tanto, en contra del principio de la universalidad del control, a ejercer el control de constitucionalidad respecto del acto definitivo de iniciativa presidencial al presentar el proyecto de reforma ante la Asamblea Nacional; del acto definitivo de la Asamblea Nacional al sancionar el proyecto de reforma constitucional y del acto definitivo del Consejo Nacional Electoral que lo sometió a referendo, considerando que "mientras el proyecto de reforma esté en proceso de trámite no es susceptible de control jurisdiccional, salvo que el proceso de reforma *"aborte"* en alguna de esas etapas sucesivas y no se perfeccione el acto normativo (Vid. sentencia N° 2147 del 13 de noviembre de 2007, caso: *Rafael Ángel Briceño*)"; y concluyendo que "el proyecto de reforma constitucional sancionado por la Asamblea Nacional el día 2 de noviembre de 2007, al tratarse de un acto normativo no perfeccionado, no puede producir efectos jurídicos externos y, por lo tanto, no es posible controlar jurisdiccionalmente a *priori* su contenido". De todo estos ilógicos argumentos, la Sala concluyó declarando "improponible en derecho la presente acción popular de inconstitucionalidad".[119]

Al contrario de la afirmado por la Sala, sin embargo, cuando las Constituciones han establecido precisos procedimientos que los poderes constituidos, cuando ejercen funciones de poder constituyente derivado, deben seguir para la revisión constitucional, los cuales se constituyen en límites constitucionales adjetivos o procedimentales para la revisión constitucional, la consecuencia lógica de estas regulaciones y obligación de sometimiento a la Constitución, es precisamente que el cumplimiento de dichos procedimientos de reforma o enmienda constitucional por los órganos del poder constituidos, dado el principio de la supremacía constitucional, debe y tiene que estar sujeto a control de constitucionalidad por parte de los órganos de la Jurisdicción Constitucional antes de que se manifieste la voluntad popular, es decir, antes de que se manifieste el poder constituyente originario.[120] Es absurdo

---

119 Véase sobre todas las referidas sentencias los comentarios en Allan R. Brewer-Carías, *El juez constitucional vs. la supremacía constitucional. O de cómo la Jurisdicción Constitucional en Venezuela renunció a controlar la constitucionalidad del procedimiento seguido para la "reforma constitucional" sancionada por la Asamblea Nacional el 2 de noviembre de 2007, antes de que fuera rechazada por el pueblo en el referendo del 2 de diciembre de 2007*, en Eduardo Ferrer Mac Gregor y César de Jesús Molina Suárez (Coordinadores), *El juez constitucional en el Siglo XXI*, Universidad nacional Autónoma de México, Suprema Corte de Justicia de la Nación, México 2009, Tomo I, pp. 385-435.

120 Véase sobre el control de constitucionalidad de las reformas constitucionales en Allan R. Brewer-Carías, "La reforma constitucional en América Latina y el control de constitucionalidad", en *Reforma de la*

pretender, en cambio, que una vez efectuado un referendo, es decir, manifestado el poder constituyente originario, un órgano del poder constituido como es la Sala Constitucional del Tribunal Supremo, pueda pretender ejercer el control de constitucionalidad de la voluntad popular, es decir, del poder constituyente originario, que es el pueblo, manifestada en referendo.

La propuesta de Reforma Constitucional de 2007, en todo caso, luego de haber sido sometida a referendo aprobatorio el 2 de diciembre de 2007, fue abrumadoramente rechazada por el pueblo.[121] Ello no impidió, sin embargo, su sistemática implementación por el régimen autoritario, en fraude a la Constitución y, además, en fraude a la voluntad popular.

3. *La Enmienda Constitucional N° 1 de 2009, y el inconstitucional procedimiento utilizado para aprobarla, con la anuencia de la Jurisdicción Constitucional*

Una de las "reformas constitucionales" que contenía el proyecto de reforma constitucional de 2007, y que como todas fue rechazada por el voto popular, fue la que pretendía acentuar el presidencialismo y la concentración del poder mediante la reforma del artículo 230 de la Constitución con el objeto de establecer la posibilidad de la reelección indefinida del Presidente de la República, que afectaba el principio de la alternabilidad republicana del gobierno, y el aumento de su período constitucional de 6 a 7 años. Dicha "reforma constitucional," una vez que fue rechazada por el pueblo, conforme a artículo 345 de la Constitución, no se podía volver a presentar de nuevo ante la Asamblea Nacional durante "el mismo período constitucional," lo que implicaba que dicha reforma sobre la elección presidencial no se podía volver a presentar en el período constitucional 2007-2013; y tampoco podía presentarse de nuevo dicha reforma utilizando la vía de la "enmienda constitucional" pues tocaba principios fundamentales del gobierno democrático.

Pero nada de ello importó, habiendo correspondido a la Sala Constitucional del Tribunal Supremo de Justicia en decisión N° 53 de 3 de febrero de 2009,[122] allanar el camino constitucional para la aprobación popular mediante referendo aprobatorio

---

Constitución y control de constitucionalidad. Congreso Internacional, Pontificia Universidad Javeriana, *Bogotá Colombia, junio 14 al 17 de 2005*, Bogotá, 2005, pp. 108-159.

121 El proyecto de reforma constitucional sólo recibió el voto favorable del 28% de los votantes inscritos en el Registro Electoral. Como aún en julio de 2008 no se conocen los resultados definitivos de la votación en el referendo, si sólo se toma en cuenta los resultados anunciados por el Consejo Nacional Electoral el día 2 de diciembre de 2007 en la noche, del un universo de más de 16 millones de electores inscritos, sólo acudieron a votar 9 millones doscientos mil votantes, lo que significó un 44% de abstención; y de los electores que votaron, sólo votaron por aprobar la reforma (voto SI), 4 millones trescientos mil votantes, lo que equivale sólo al 28 % del universo de los electores inscritos en el Registro Electoral o al 49,2% de los electores que fueron a votar. En dicho referendo, por tanto, en realidad, no fue que "triunfó" el voto NO por poco margen, sino que lo que ocurrió fue que la propuesta de reforma fue rechazada por el 72% de los electores inscritos, quienes votaron por el NO (50,7%) o simplemente no acudieron a votar para aprobar la reforma.

122 Véase la sentencia nº 53, de la Sala Constitucional de 2 de febrero de 2009 (Caso: *Interpretación de los artículos 340,6 y 345 de la Constitución)*, en http:/www.tsj.gov.ve/decisions/scon/Febrero/ 53-3209-2009-08-1610.html . Véase sobre esta sentencia, Allan R. Brewer-Carías, "La Sala Constitucional vs. el derecho ciudadano a la revocatoria de mandatos populares: de cómo un referendo revocatorio fue inconstitucionalmente convertido en un "referendo ratificatorio", publicado en el libro *Crónica sobre la "in" justicia constitucional. La Sala Constitucional y el autoritarismo en Venezuela*, Colección Instituto de Derecho Público, Universidad Central de Venezuela, N° 2, Caracas 2007, pp. 349-378.

que se realizó el 15 de febrero de 2009, de una "Enmienda Constitucional" relativa al mismo artículo 230 de la Constitución (y además de los artículos 160, 162, 174 y 192 y 230) para establecer el principio de la reelección continua del Presidente de la República y de todos cargos electivos, contrariando el principio constitucional de la alternabilidad republicana (art. 6), y violando la prohibición constitucional de realizar una consulta popular sobre "reformas" a la Constitución ya rechazadas por el pueblo en un mismo período constitucional (art. 345).

La Sala Constitucional, en efecto, sobre el primer aspecto, de la prohibición constitucional de poder someter de nuevo a consulta popular, una reforma rechazada por el pueblo, durante el mismo período constitucional, olvidó que el propósito de la misma está dirigido a regular los efectos de la voluntad popular expresada mediante referendo, en el sentido de que no se debe consultar al pueblo, de nuevo, la misma modificación constitucional que el pueblo ya ha rechazado en un mismo período constitucional. Al contrario, la Sala Constitucional confundiendo el sentido de la prohibición del artículo 345 de la Constitución, sostuvo que la misma no estaba destinada a regular los efectos de la manifestación de rechazo popular de la reforma propuesta, sino que sólo dirigida a regular a la Asamblea Nacional, en el sentido de que lo que no podría era exigírsele que debatiera una reforma constitucional una vez que ya la había debatido en el mismo período constitucional y había sido rechazada por el pueblo. La Sala olvidó que la norma constitucional, a lo que estaba dirigida, era a regular las consultas a la voluntad popular en materia de modificación de la Constitución y sus efectos, y no los efectos de los debates en la Asamblea Nacional.

Lo importante de la prohibición establecida en un Título de la Constitución relativo a la "Reforma Constitucional" que en Venezuela sólo puede realizarse con la participación del pueblo, es que la misma se refiere precisamente a los efectos de la expresión de la voluntad popular que es manifestación del poder constituyente originario, y no a los efectos del debate que pueda haber habido en la Asamblea Nacional en la materia, que no es poder constituyente, ni siquiera derivado, ya que no puede haber modificación constitucional alguna sin aprobación popular.

La decisión de la Sala Constitucional fue una nueva burla a la Constitución al ignorar la prohibición de sucesivas consultas populares, basándose en dos artilugios que se utilizaron en ese caso de la Enmienda 2008-2009: primero, el utilizado por la Asamblea Nacional, en su iniciativa de Enmienda, al extenderla a otros artículos constitucionales además del 230, para tratar de diferenciar la Enmienda de 2008-2009 de la rechazada Reforma Constitucional de 2007; y segundo, el utilizado por la Sala Constitucional al considerar que la prohibición constitucional de consultar al pueblo sobre reformas rechazadas era sólo formal respecto de las discusiones en la Asamblea Nacional, ignorando su propósito esencial de respetar la voluntad popular una vez que esta se ha expresado en forma negativa respecto de una modificación de la Constitución. Esa voluntad había que respetarla, que era lo que perseguía la Constitución, por lo que una vez que el pueblo se manifestó rechazando la modificación al texto constitucional en 2007 no se lo podía convocarlo sucesivamente sin límites en el mismo período constitucional para volver a pronunciarse sobre lo mismo. Sin embargo, con base en la decisión de la Sala Constitucional, en febrero de 2009 bajo la iniciativa de 'la Asamblea Nacional el Consejo nacional Electoral sometió la Enmienda Constitucional N° 1 al voto popular, la cual fue aprobada,[123] en burla a la Constitución

Pero aparte de esa burla a la prohibición constitucional, en la misma sentencia, la Sala Constitucional procedió a mutar ilegítimamente la Constitución, eliminando el carácter de principio fundamental del gobierno que además de "democrático" y "electivo" conforme al artículo 6 de la Constitución, debe ser *siempre* "alternativo," considerando que dicho principio no se alteraba con la reforma propuesta en la Enmienda Constitucional de 2009[124] que estableció la posibilidad de la reelección continua y sin límites de los cargos electivos alterando un principio fundamental del constitucionalismo venezolano establecido desde 1830 en casi todas las Constituciones, que es el de la "alternabilidad" en el gobierno, y que en el artículo 6 de la Constitución de 1999 se formula como uno de los principios fundamentales del mismo, con una formula que lo convierte en una de las llamadas "cláusulas pétreas" o inmodificables. Dispone la norma que "El gobierno *es y será siempre* [...] alternativo [...]", lo que implica que ello nunca podría ser alterado. Esa fue la voluntad del pueblo al aprobar la Constitución en 1999. Recuérdese por lo demás, que ese principio fue incorporado como reacción al continuismo en el poder y entre otros aspectos, con base en la propia "doctrina de Simón Bolívar" en la cual la República se fundamenta conforme al artículo 1 de la Constitución, al expresar en su Discurso de Angostura que:

> "...La continuación de la autoridad en un mismo individuo frecuentemente ha sido el término de los gobiernos democráticos. Las repetidas elecciones son esenciales en los sistemas populares, porque nada es tan peligroso como dejar permanecer largo tiempo en un mismo ciudadano el poder. El pueblo se acostumbra a obedecerle y él se acostumbra a mandarlo; de donde se origina la usurpación y la tiranía [...] nuestros ciudadanos deben temer con sobrada justicia que el mismo Magistrado, que los ha mandado mucho tiempo, los mande perpetuamente."[125].

De acuerdo con esta doctrina, en el constitucionalismo venezolano, la palabra usada al expresar el principio del gobierno "alternativo" o de la "alternabilidad" en el poder, siempre ha tenido el significado que la misma tiene en castellano cuando se refiere a cargos, y que implica la idea de que las personas deben *turnarse sucesivamente* en los cargos o que los cargos deben desempeñarse *por turnos* (*Diccionario de la Real Academia Española).*[126] Como lo señaló la Sala Electoral del Tribunal Supremo de Justicia en sentencia n° 51 de 18-3-2002, alternabilidad significa "*el ejercicio sucesivo de un cargo por personas distintas, pertenezcan o no a un mismo partido.*" El principio de "gobierno alternativo," por tanto, no es equivalente al de "gobierno electivo." La elección es una cosa, y la necesidad de que las personas se turnen en los cargos es otra.

---

123 Véase en *Gaceta Oficial* N° 5908 Extra de 19-02-2009.

124 Véase los comentarios sobre esta sentencia en Allan R. Brewer-Carías, "El Juez Constitucional vs. La alternabilidad republicana (La reelección continua e indefinida), en *Revista de Derecho Público*, N° 117, (enero-marzo 2009), Caracas 2009, pp. 205-211. Publicado también en http://www.analitica.com/va/politica/opinion/6273405.asp

125 Véase en Simón Bolívar, *Escritos Fundamentales*, Caracas, 1982.

126 Véase el Voto Salvado a la sentencia N° 53, de la Sala Constitucional de 2 de febrero de 2009 (Caso: *Interpretación de los artículos 340,6 y 345 de la Constitución)*, en http:/www.tsj.gov.ve/ decisions/scon/Febrero/53-3209-2009-08-1610.html

Ha sido este principio de la alternabilidad, como principio fundamental del constitucionalismo venezolano, el que ha implicado la inclusión en las Constituciones de limitaciones a las posibilidades de reelección en cargos electivos. Así sucedió en casi todas nuestras Constituciones, como las de 1830, 1858, 1864, 1874, 1881, 1891, 1893, 1901, 1904, 1909, 1936, 1845 y 1947[127] en las que se estableció, por ejemplo, la prohibición de la reelección del Presidente de la República para el período constitucional inmediato. En la historia constitucional del país, en realidad, la prohibición de la reelección presidencial inmediata solamente dejó de establecerse en las Constituciones de los gobiernos autoritarios: en la efímera Constitución de 1857; en las Constituciones de Juan Vicente Gómez de 1914, 1922, 1925, 1928, 1929 y 1931, y en la Constitución de Marcos Pérez Jiménez de 1953.La prohibición, en cambio, respecto del Presidente de la República, en el período democrático iniciado en 1958[128] fue más amplia y se extendió en la Constitución de 1961 a los dos períodos siguientes (10 años). La flexibilización del principio, en cambio, se produjo en la Constitución de 1999, en la cual se permitió la posibilidad de reelección presidencial de inmediato y por una sola vez, para un nuevo período. Conforme a ella, fue que se reeligió al Presidente Chávez en 2006, y a pesar de que fue sancionada por una Asamblea Nacional Constituyente enteramente controlada por él, diez años después el mismo Presidente ya reelecto, fue quien propuso reformarla. Sin embargo, como se dijo, alternabilidad del gobierno es un principio histórico del constitucionalismo venezolano y además, propio de los sistemas presidenciales de gobierno, que se opone al continuismo o a la permanencia en el poder por una misma persona, por lo que toda previsión que permita que esto ocurra, es contraria a dicho principio.

Este principio, por tanto, no se puede confundir con el principio "electivo" del gobierno o el más general principio "democrático" que el mismo artículo 6 de la Constitución establece. Una cosa es poder elegir a los gobernantes, y otra cosa es el principio de alternabilidad que impide poder escoger al mismo gobernante ilimitadamente.

Es contrario a la Constitución, por tanto, interpretar, como lo hizo la Sala Constitucional en su sentencia nº 53 de 3 de febrero de 2009, que el principio de la alternabilidad "lo que exige es que el pueblo como titular de la soberanía tenga la posibilidad periódica de escoger sus mandatarios o representantes", confundiendo "gobierno alternativo" con "gobierno electivo." Por ello es falso lo que afirmó la Sala Constitucional en el sentido de que "sólo se infringiría el mismo si se impide esta posibilidad al evitar o no realizar las elecciones". Con su sentencia, la Sala Constitucional de nuevo lo que hizo fue mutar ilegítimamente el texto de la Constitución, y al contrario de lo que afirmó, la eliminación de la causal de inelegibilidad para el ejercicio de cargos públicos derivada de su ejercicio previo por parte de cualquier ciudadano, sí trastocó el principio de alternabilidad en el ejercicio del poder.

Se insiste, lo expuesto por la Sala Constitucional se refirió al principio de gobierno "electivo" que en los términos del mismo artículo 6 de la Constitución, es el que implica que "el electorado, como actor fundamental del proceso democrático,

---

127 Véase el texto de todas las Constituciones en Allan R. Brewer-Carías, *Las Constituciones de Venezuela*, 2 vols., Academia de Ciencias Políticas y Sociales, Caracas 2008.

128 Ver Allan R. Brewer-Carías, *Historia Constitucional de Venezuela*, 2 vols., Editorial Alfa, Caracas 2008.

acuda a procesos comiciales periódicamente en los que compitan, en igualdad de condiciones, las diversas opciones políticas que integran el cuerpo social;" pero no al principio de gobierno "alternativo" que implica que no se pueda elegir indefinidamente una misma persona para el mismo cargo, así haya hecho un "buen gobierno." El principio de la alternabilidad, para evitar el continuismo en el poder, precisamente implica la limitación que el pueblo, como poder constituyente originario, se ha impuesto a si mismo, en cuanto a que supuestamente pueda tener la "oportunidad de decidir entre recompensar a quienes estime como sus mejores gobernantes, o bien renovar completamente las estructuras del poder cuando su desempeño haya sido pobre." Esta supuesta "oportunidad," por el principio de la alternabilidad en la Constitución, pudo ejercerse antes de 1999, sólo después de que, en sus casos, transcurrieron uno o dos períodos constitucionales siguientes al ejercicio de la Presidencia por quien pretendiera de nuevo optar a dicho cargo, y en la Constitución de 1999 sólo ocurrió en 2006, por una sola vez para un período inmediato, mediante la reelección ya efectuada del Presidente Chávez. Pero establecer dicha "oportunidad" como reelección continua, sin límite, sería contrario al principio de la alternabilidad.

Por tanto, al contrario de que decidió la Sala Constitucional, la posibilidad de reelección continúa sí alteraba el principio fundamental del gobierno "alternativo", que es uno de los valores democráticos que informan nuestro ordenamiento jurídico. Dicho principio, que se alteraba si se establecía la posibilidad de elección continua de cargos electivos y que es distinto del principio del gobierno "electivo," al tener una formulación pétrea en el artículo 6 de la Constitución (es y será siempre) no podía ser objeto de modificación constitucional alguna, y en el supuesto negado de que pudiera ser modificado, ello ni siquiera podía hacerse por los procedimientos de Enmienda ni de Reforma Constitucional, y en realidad, sólo mediante la convocatoria de una Asamblea Nacional Constituyente.

La Sala Constitucional, sin embargo, con su sentencia nº 53 de 3 ew febrero de 2009, una vez más al servicio del autoritarismo, mutó la Constitución a través de una interpretación, modificando ilegítimamente el sentido del principio del gobierno 'alternativo" que los venezolanos dispusieron *que siempre* debía regir sus gobiernos, obviando la prohibición constitucional de que se pudiera consultar en un mismo período constitucional, la voluntad popular sobre modificaciones constitucionales que ya el pueblo ha rechazado. La inconstitucional sentencia, en todo caso, lo que tuvo por objeto fue despejar el camino para que el régimen autoritario pudiera someter a referendo la Enmienda Constitucional No. 1 relativa a un principio fundamental, pétreo, de la Constitución, que sólo podía modificarse mediante la convocatoria a una Asamblea Nacional Constituyente.

En todo caso, mediante estos artilugios interpretativos y constitucionales utilizados por el régimen autoritario, con la complicidad de la Sala Constitucional, una de las "reformas constitucionales" rechazadas por el pueblo en 2007 (la posibilidad de reelección presidencial indefinida), fue implementada mediante esta Enmienda Constitucional N° 1 de 2009.

4. *La inconstitucional implementación de la rechazada Reforma Constitucional de 2007 por parte de la Sala Constitucional del Tribunal Supremo mediante mutaciones constitucionales ilegítimas*

Además, la rechazada la reforma constitucional de 2007, ha sido parcialmente implementada por la misma Sala Constitucional mediante interpretaciones constitucionales establecidas con carácter vinculante, mutando la Constitución, en fraude a la misma,[129] en general, al decidir recursos autónomos de interpretación abstracta de la Constitución, el cual sin haber estado dentro de sus atribuciones constitucionales, la propia Sala lo creó en una de sus sentencias.[130]

En efecto, entre las "reformas constitucionales" propuestas en 2007 y que fueron rechazadas por el pueblo en el referendo del 7 de diciembre de 2007, estaban entre otras, la reforma del artículo 164.10 de la Constitución para modificar la forma federal del Estado al eliminar, entre otras, la "competencia exclusiva" de los Estados de la federación, para la conservación, administración y aprovechamiento de carreteras y autopistas nacionales, así como de puertos y aeropuertos de uso comercial, en coordinación con el Poder Nacional; la reforma del artículo 67, para eliminar la prohibición constitucional al financiamiento de las asociaciones con fines políticos con fondos provenientes del Estado; la reforma del artículo 23 para eliminar el rango constitucional de los tratados internacionales en materia de derechos humanos y su aplicación inmediata; la reforma del artículo 31 para eliminar el derecho de acceso a la protección internacional de los derechos humanos; y la reforma del artículo 72 sobre referendos revocatorios.

Estas y todas las reformas propuestas, como se dijo, fueron rechazadas en el referendo del 2 de diciembre de 2007, por lo que las normas constitucionales pertinentes quedaron con la misma redacción que tienen en la Constitución de 1999, estableciendo lo que establecen, y diciendo lo que dicen, sin que exista duda alguna sobre su redacción o sentido. La claridad de las normas fue lo que originó, precisamente, que el régimen autoritario propusiera las reformas constitucionales que precisamente fueron rechazadas por el pueblo.

Sin embargo, en fraude a la Constitución, el régimen autoritario, burlado la voluntad popular y en fraude a la misma, logró efectuar las mismas modificaciones constitucionales rechazadas pero utilizando para ello al Juez Constitucional, que ha estado a su servicio,[131] el cual mediante "mutaciones constitucionales" efectuada por la vía de la "interpretación" constitucional, sin cambiar formalmente el texto de la

129 Véase Allan R. Brewer-Carías, "El juez constitucional al servicio del autoritarismo y la ilegítima mutación de la Constitución: el caso de la Sala Constitucional del Tribunal Supremo de Justicia de Venezuela (1999-2009)", en *IUSTEL, Revista General de Derecho Administrativo*, N° 21, Madrid junio 2009.

130 Véase Allan R. Brewer-Carías, "La ilegítima mutación de la constitución por el juez constitucional: la inconstitucional ampliación y modificación de su propia competencia en materia de control de constitucionalidad," en *Libro Homenaje a Josefina Calcaño de Temeltas*. Fundación de Estudios de Derecho Administrativo (FUNEDA), Caracas 2009, pp. 319-362. Véase igualmente, Allan R. Brewer-Carías, "*Quis Custodiet Ipsos Custodes*: De la interpretación constitucional a la inconstitucionalidad de la interpretación", en *Revista de Derecho Público*, N° 105, Editorial Jurídica Venezolana, Caracas 2006, pp. 7-27.

131 Véase Allan R. Brewer-Carías, *Crónica sobre la "In" Justicia Constitucional. La Sala Constitucional y el autoritarismo en Venezuela*, Caracas 2007.

Constitución,[132] en diversas e ilegítimas sentencias dictadas a partir de 2008, ha cambiado el contenido de las normas constitucionales pertinentes, y ha resuelto al contrario de lo establecido en la Constitución, que la "competencia exclusiva" de los Estados antes mencionada, ya no es una competencia exclusiva, sino concurrente y sujeta a la voluntad del Ejecutivo Nacional, el cual puede intervenirla y reasumirla; que la prohibición de financiar con fondos públicos a las asociaciones con fines políticos, ya no es tal, reduciendo la prohibición de la norma a sólo financiar el "funcionamiento interno" de los partidos, pero estableciendo, en cambio, que las actividades electorales de los mismos si son financiables por el Estado, por lo que la norma que dejó entonces de ser prohibitiva; que los tratados internacionales sobre derechos humanos no tienen prevalencia sobre el derecho interno sino sólo cuando la sala Constitucional lo decida, y que no tienen aplicación inmediata por los jueces; que sólo los tribunales nacionales pueden controlar las violaciones a derechos humanos, siendo las sentencias de la Corte Interamericana de Derechos Humanos inejecutables en Venezuela; y que el referendo revocatorio ha pasado a ser un "referendo ratificatorio" no previsto en la Constitución.

Para dictar las sentencias mencionadas, la Jurisdicción Constitucional no sólo desconoció el principio de la supremacía constitucional que se impone a todos los órganos del Estado, incluyendo al Juez Constitucional, sino que ejerció ilegítimamente su potestad de interpretación de la Constitución para mutarla, es decir, modificarla sin alterar su texto.

A. *La modificación de del sistema federal de distribución de competencias entre los niveles territoriales de los Poderes Públicos*

El artículo 4 de la Constitución de 1999 declara que "la República Bolivariana de Venezuela es un *Estado federal descentralizado* en los términos consagrados en esta Constitución." Con ello, y a pesar de las contradicciones en que incurre la Constitución que permiten calificar la forma de Estado como la de una "federación Centralizada","[133] en la misma se prevé un núcleo esencial de distribución de competencias entre los niveles territoriales, municipal, estadal y nacional, que no puede cambiarse sino mediante una reforma constitucional (artículos 136, 156, 164, 178 y 179).[134]

---

132 Una mutación constitucional ocurre cuando se modifica el contenido de una norma constitucional de tal forma que aún cuando la misma conserva su contenido, recibe una significación diferente. Véase Salvador O. Nava Gomar, "Interpretación, mutación y reforma de la Constitución. Tres extractos" en Eduardo Ferrer Mac-Gregor (coordinador), Interpretación Constitucional, Tomo II, Ed. Porrúa, Universidad Nacional Autónoma de México, México 2005, pp. 804 ss. Véase en general sobre el tema, Konrad Hesse, "Límites a la mutación constitucional", en *Escritos de derecho constitucional*, Centro de Estudios Constitucionales, Madrid 1992.

133 Véase nuestros estudios sobre el tema, elaborados apenas la Constitución fue sancionada: Allan R. Brewer-Carías, *Federalismo y Municipalismo en la Constitución de 1999 (Alcance de una reforma insuficiente y regresiva)*, Editorial Jurídica Venezolana, Caracas-San Cristóbal 2001; "El Estado federal descentralizado y la centralización de la federación en Venezuela. Situación y perspectiva de una contradicción constitucional" en Diego Valadés y José María Serna de la Garza (Coordinadores), *Federalismo y regionalismo*, Universidad Nacional Autónoma de México, Tribunal Superior de Justicia del Estado de Puebla, Instituto de Investigaciones Jurídicas, Serie Doctrina Jurídica Nº 229, México 2005, pp. 717-750

134 Véase Allan R. Brewer-Carías, "Consideraciones sobre el régimen de distribución de competencias del Poder Público en la Constitución de 1999" en Fernando Parra Aranguren y Armando Rodríguez García

Específicamente, en materia de infraestructura para la circulación y el transporte, la Constitución establece que corresponde en forma exclusiva a los Estados, "La conservación, administración y aprovechamiento de carreteras y autopistas nacionales... en coordinación con el Poder Nacional;" competencia que deben ejercer sujetos a "la coordinación con el Poder Nacional," que éste debe regular.

Este tema de la forma federal del Estado y de la distribución territorial de competencias establecidas en los artículos 156 y 164 de la Constitución, como se dijo, fue uno de los que se quiso cambiar con la rechazada "reforma constitucional" de 2007, terminando de centralizar materialmente todas las competencias del Poder Público en el nivel nacional; particularmente con la "nacionalización" de la referida competencia exclusiva de los Estados. Al haber sido rechazada la reforma constitucional de 2007, entonces, la competencia de los Estados establecida en el referido artículo 164,10 de la Constitución, quedó sin modificación.

Sin embargo, la Sala Constitucional, mediante sentencia N° 565 de 15 de abril de 2008[135], dictada con motivo de decidir un recurso autónomo de interpretación de dicho artículo formulado por el Procurador General de la República, pura y simplemente ha modificado el contenido de esta norma constitucional y dispuso, como interpretación vinculante de la misma, que esa "competencia exclusiva" *no es tal competencia exclusiva*, sino una competencia concurrente y que, incluso, el Poder Nacional puede revertirla a su favor eliminando toda competencia de los Estados.

La Sala Constitucional, en efecto, decidió que la Administración Nacional "en ejercicio de la potestad de coordinación pueda asumir directamente la conservación, administración y el aprovechamiento de las carreteras y autopistas nacionales, así como los puertos y aeropuertos de uso comercial," y que "corresponde al Ejecutivo Nacional por órgano del Presidente de la República en Consejo de Ministros, decretar la intervención para asumir la prestación de servicios y bienes de las carreteras y autopistas nacionales, así como los puertos y aeropuertos de uso comercial," en aquellos casos que la prestación del servicio "por parte de los Estados es deficiente o inexistente."

Con esta interpretación, lo que el Juez Constitucional hizo fue mutar el texto constitucional usurpando la soberanía popular a la cual está reservado el poder constituyente, cambiado la forma federal del Estado al trastocar el sistema de distribución territorial de competencias entre el Poder Nacional y los Estados, y en particular "nacionalizando," contra lo que expresamente dispone la Constitución, competencias atribuidas en forma exclusiva a los Estados. La reforma constitucional de 2007 que fue rechazada por el pueblo, en fraude a la Constitución, y a solicitud del

---

Editores, *Estudios de Derecho Administrativo. Libro Homenaje a la Universidad Central de Venezuela, Facultad de Ciencias Jurídicas y Políticas, con ocasión del Vigésimo Aniversario del Curso de Especialización en Derecho Administrativo*, Tomo I, Tribunal Supremo de Justicia, Colección Libros Homenaje N° 2, Caracas 2001, pp. 107-136.

135 *Cfr.* Sentencia de la Sala Constitucional, N° 565, caso Procuradora General de la República, recurso de interpretación del artículo 164.10 de la Constitución de 1999 de fecha 15 de Abril de 2008, en http://www.tsj.gov.ve/decisiones/scon/Abril/565-150408-07-1108.htm. Véase mis comentarios sobre esta sentencia, en Allan R. Brewer-Carías, "La Sala Constitucional como poder constituyente: la modificación de la forma federal del estado y del sistema constitucional de división territorial del poder público, en *Revista de Derecho Público*, N° 114, (abril-junio 2008), Editorial Jurídica Venezolana, Caracas 2008, pp. 247-262

representante del Poder Nacional (Procurador General de la República) fundamentándose en la existencia de una supuesta "incertidumbre jurídica en cuanto al alcance y límites de su competencia" que existía en el Ministerio de Infraestructura." El Procurador General de la República, en efecto, consideró que la norma "no era lo suficientemente clara para lograr establecer de una forma eficiente y precisa el ámbito y forma de actuación del Ejecutivo Nacional, respecto a la coordinación con los Estados de la administración, conservación y aprovechamiento de carreteras y autopistas nacionales, así como de puertos y aeropuertos de uso comercial."

El resultado de la petición de interpretación, fue que la Sala Constitucional, de oficio, reformó la Constitución, y pura y simplemente, eliminó la competencia exclusiva de los Estados en la materia, y la convirtió en una competencia concurrente sujeta a la técnica puntual de "descentralización" que puede ser intervenida, revertida y reasumida por el Poder Nacional. Después de una ilegítima "modificación constitucional" de esta naturaleza, realizada mediante interpretación vinculante, que trastocó el orden jurídico o, como lo dijo la propia Sala, la misma "genera una necesaria revisión y modificación de gran alcance y magnitud del sistema legal vigente." Por supuesto, después de lo que hizo, la Sala Constitucional no pudo concluir en otra forma que no fuera advirtiendo "de oficio y por razones de orden público constitucional, ... que el contenido de la presente decisión debe generar una necesaria revisión y modificación del ordenamiento jurídico legal vigente," para lo cual exhortó a la Asamblea Nacional que "proceda a la revisión y correspondiente modificación de la normativa legal vinculada con la interpretación vinculante establecida en la presente decisión[136], en orden a establecer una regulación legal congruente con los principios constitucionales y derivada de la interpretación efectuada por esta Sala en ejercicio de sus competencias." Es decir, la Sala conminó al legislador a legislar en contra de la Constitución de 1999, y conforme a una ilegítima modificación constitucional de la misma impuesta por la propia Sala. Ello provocó que después del triunfo electoral de la oposición en Estados y Municipios claves, desplazando los Gobernadores oficialistas en las elecciones de diciembre de 2008, la Asamblea Nacional muy diligentemente reformara en marzo de 2009, entre otras, la Ley Orgánica de Descentralización, Delimitación y Transferencia de Competencias del Poder Público,[137] a los efectos de eliminar las competencias exclusivas de los Estrados establecidas en los ordinales 3 y 5 del artículo 11 de dicha Ley, agregando dos nuevas normas en dicha Ley en las cuales se dispone que "el Poder Público Nacional por órgano del Ejecutivo Nacional, podrá revertir por razones estratégicas, de mérito, oportunidad o conveniencia, la transferencia de las competencias concedidas a los estados, para la conservación, administración y aprovechamiento de los bienes o servicios considerados de interés público general, conforme con lo previsto en el ordenamiento jurídico y al instrumento que dio origen a la transferencia" (art. 8); y que "El Ejecutivo Nacional, por órgano del Presidente o Presidenta de la República en Consejo de Ministros, podrá decretar la intervención conforme al ordenamiento jurídico, de bienes y prestaciones de servicios públicos transferidos para su conser-

136 De ello resultó, según la sentencia, "la necesaria revisión general de la Ley Orgánica de Descentralización, Delimitación y Transferencia de Competencias del Poder Público, Ley General de Puertos y la Ley de Aeronáutica Civil, sin perjuicio de la necesaria consideración de otros textos legales para adecuar su contenido a la vigente interpretación."

137 *Gaceta Oficial* N° 39 140 del 17 de marzo de 2009

vación, administración y aprovechamiento, a fin de asegurar a los usuarios, usuarias, consumidores y consumidoras un servicio de calidad en condiciones idóneas y de respeto de los derechos constitucionales, fundamentales para la satisfacción de necesidades públicas de alcance e influencia en diversos aspectos de la sociedad" (art. 9). Con ello se completó el fraude constitucional dispuesto por la Sala Constitucional, trastocándose el régimen federal.

B. *La eliminación de la prohibición constitucional de financiamiento público de las actividades de los partidos políticos.*

Otra de las normas constitucionales que se quiso reformar mediante la rechazada reforma constitucional de 2007, fue el artículo 67 de la Constitución de 1999 que prohíbe "el financiamiento de las asociaciones con fines políticos con fondos provenientes del Estado", al establecer enfáticamente que el mismo "no se permitirá".[138] Con ello, el constituyente de 1999 cambió radicalmente el régimen de financiamiento público a los partidos políticos que se había previsto en el artículo 230 de la Ley Orgánica del Sufragio y Participación Política de 1998.[139] Con la prohibición constitucional, al derogarse este artículo de la Ley Orgánica, quedó derogado con el régimen de financiamiento público a los partidos políticos, abandonándose la tendencia inversa que predomina en el derecho comparado.

Con la rechazada reforma constitucional de 2007, se pretendía establecer en la Constitución, al contrario, que "el Estado podrá financiar las actividades electorales", pero sin indicarse si se trata de un financiamiento a los partidos políticos en general. En todo caso, con el rechazo popular de la reforma, el régimen de financiamiento a los partidos políticos, a su funcionamiento interno y a sus actividades electorales continuó prohibida en la Constitución.

Sin embargo, a pesar de dicha prohibición constitucional y del rechazo popular a modificarla, la Sala Constitucional del Tribunal Supremo de Justicia, actuando como Jurisdicción Constitucional, en fraude a la Constitución y a la voluntad popular expresa, en sentencia N° 780 de 8 de mayo de 2008 (Exp. n° 06-0785),[140] mediante una interpretación constitucional vinculante, de nuevo mutó la Constitución, sustituyéndose a la voluntad popular y al poder constituyente originario, disponiendo que "en lo que respecta al alcance de la prohibición de financiamiento público de asociaciones políticas" contenida en la mencionada norma, la misma:

> "se circunscribe a la imposibilidad de aportar fondos a los gastos corrientes e internos de las distintas formas de asociaciones políticas, pero ...dicha limitación, no resulta extensiva a la campaña electoral, como etapa fundamental del proceso electoral".

---

138 Véase sobre la versión inicial de esta norma y sobre nuestra propuesta para su redacción en Allan R. Brewer-Carías *Debate Constituyente (Aportes a la Asamblea Nacional Constituyente),* Tomo II (9 septiembre - 17 octubre 1999). Fundación de Derecho Público - Editorial Jurídica Venezolana. Caracas, 1999. p. 129.

139 Véase en general sobre el tema, Allan R. Brewer-Carías, "Consideraciones sobre el financiamiento de los partidos políticos en Venezuela" en *Financiamiento y democratización interna de partidos políticos. Memoria del IV Curso Anual Interamericano de Elecciones,* San José, Costa Rica, 1991, pp. 121 a 139.

140 Véase mis comentarios sobre esta sentencia, en Allan R. Brewer-Carías, "El juez constitucional como constituyente: el caso del financiamiento de las campañas electorales de los partidos políticos en Venezuela," en *Revista de Derecho Público*, N° 117, (enero-marzo 2009), Caracas 2009, pp. 195-203

Es decir, la Sala Constitucional, ante una norma tan clara e igualmente tan criticable como la contenida en el artículo 67 de la Constitución, cuya reforma se había intentado hacer en 2007 pero sin lograrse por ser rechazada por la voluntad popular, en esta sentencia, ni más ni menos se erigió en poder constituyente, sustituyendo al pueblo, disponiendo la reforma de la norma, vía su interpretación, en el mismo sentido que se había pretendido en la rechazada reforma constitucional, disponiendo en definitiva, que la prohibición constitucional "no limita que en el marco del proceso electoral y como gasto inherente a una fase esencial del mismo, el Estado destine fondos con el objeto de financiar el desarrollo de las campañas electorales, de los partidos y asociaciones políticas," es decir, lo contrario de lo que dispone la Constitución.

Es evidente que siendo el financiamiento de las campañas electorales la motivación fundamental del financiamiento de los partidos políticos, pues los mismos tienen por objeto conducir a la ciudadanía en las opciones democráticas que necesariamente desembocan en elecciones, la Ley Orgánica del Sufragio y participación Política había dispuesto el financiamiento de los paridos políticos; y ello fue lo que sin embargo, se eliminó expresamente en la Constitución de 1999.[141] Y eso fue precisamente lo que se quiso corregir, de nuevo, con la proyectada Reforma Constitucional de 2007, la cual, sin embargo, fue rechazada por el pueblo.

Pero la Sala Constitucional, sin límite alguno, se sustituyó al pueblo y asumió el rol de poder constituyente originario, disponiendo que lo que la Constitución prohíbe cuando establece en el artículo 67 que no se permite "el financiamiento de las asociaciones con fines políticos con fondos provenientes del Estado", es sólo una prohibición al financiamiento por el Estado de "los gastos corrientes e internos de las distintas formas de asociaciones políticas", pero no de la "campaña electoral, como etapa fundamental del proceso electoral."

Es decir, el Juez Constitucional, simplemente, dispuso que la Constitución no dice lo que dice, sino todo lo contrario; que cuando dice que no se permite "el financiamiento de las asociaciones con fines políticos con fondos provenientes del Estado", no es eso lo que establece, sino que lo que prohíbe es solamente "el financiamiento de los gastos corrientes e internos de las asociaciones con fines políticos con fondos provenientes del Estado"; y que los gastos de las campañas electorales de dichas asociaciones con fines políticas, en cambio, si pueden ser financiadas con fondos provenientes del Estado. Se trata por lo demás, de una conclusión absurda, que contra toda lógica democrática se deriva de una premisa falsa, y es que en sistemas democráticos supuestamente podría ocurrir que el Estado financie los gastos corrientes e internos de los partidos. Ello no se concibe en las democracias, por lo que no requiere de prohibición alguna. En democracias lo que se financia es el funcionamiento de los partidos pero con miras siempre a las campañas electorales, al punto de que este se suspende si los mismos no llegan a obtener un determinado porcentaje de votación en las elecciones.

141 Por ello fue, incluso, que entre otros aspectos salvamos nuestro voto en relación con dicha norma. Véase Allan R. Brewer-Carías, *Debate Constituyente (Aportes a la Asamblea Nacional Constituyente)*, Tomo III (18 octubre-30 noviembre 1999). Fundación de Derecho Público - Editorial Jurídica Venezolana. Caracas, 1999. pp. 239, 259. Véase además, Allan R. Brewer-Carías, "Regulación jurídica de los partidos políticos en Venezuela" en *Estudios sobre el Estado Constitucional (2005-2006)*, Cuadernos de la Cátedra Fundacional Allan R. Brewer Carías de Derecho Público, Universidad Católica del Táchira, N° 9, Editorial Jurídica Venezolana. Caracas, 2007, pp. 655-686.

Pudo ser muy loable la intención del Juez Constitucional de permitir el financiamiento de las campañas electorales de los partidos políticos con fondos provenientes del Estado, pero habiendo sido ello prohibido expresamente por la Constitución, sólo reformándola es que se podría lograr lo contrario; y el pueblo, además, en 2007 había rechazado expresamente la reforma. Sin embargo, la misma fue inconstitucionalmente implementada por el Juez Constitucional, reformando la Constitución, usurpando el poder constituyente originario que es del pueblo e, incluso contra su propia voluntad expresada cinco meses antes al rechazar precisamente esa reforma constitucional en igual sentido, estableció la posibilidad de financiar las campañas electorales de los partidos políticos.

C. *La eliminación del rango supra constitucional de los Tratados internacionales en materia de derechos humanos con previsiones más favorables y del principio de la aplicación inmediata de los tratados internacionales en materia de derechos humanos*

Otra de las normas constitucionales que se quiso reformar en 2007, fue la contenida en el artículo 23, en el cual se estableció, no sólo la jerarquía constitucional de los tratados internacionales en materia de derechos humanos,[142] sino su jerarquía supranacional en caso de establecer previsiones más favorables a las previstas en el derecho interno, incluida la Constitución. Dispone, en efecto, dicha norma, lo siguiente:

> *Artículo 23.* Los tratados, pactos y convenciones relativos a derechos humanos, suscritos y ratificados por Venezuela, tienen jerarquía constitucional y prevalecen en el orden interno, en la medida en que contengan normas sobre su goce y ejercicio más favorables a las establecidas en esta Constitución y en las leyes de la República, y son de aplicación inmediata y directa por los tribunales y demás órganos del Poder Público.

Esta previsión significó, sin duda, un avance significativo en la construcción del esquema de protección de los derechos humanos, que se aplicó por los tribunales declarando la prevalencia de las normas de Convención Americana de Derechos Humanos en relación con normas constitucionales y legales.[143] Ello fue así, sin em-

---

142 Sobre este véase: Rodolfo E. Piza R., *Derecho internacional de los derechos humanos: La Convención Americana*, San José 1989; y Carlos Ayala Corao, "La jerarquía de los instrumentos internacionales sobre derechos humanos", en *El nuevo derecho constitucional latinoamericano*, IV Congreso venezolano de Derecho constitucional, Vol. II, Caracas 1996 y *La jerarquía constitucional de los tratados sobre derechos humanos y sus consecuencias*, México, 2003; Humberto Henderson, "Los tratados internacionales de derechos humanos en el orden interno: la importancia del principio *pro homine*", en *Revista IIDH*, Instituto Interamericano de Derechos Humanos, N° 39, San José 2004, pp. 71 y ss. Véase también, Allan R. Brewer-Carías, *Mecanismos nacionales de protección de los derechos humanos*, Instituto Internacional de Derechos Humanos, San José, 2004, pp.62 y ss.

143 Fue el caso, por ejemplo, del derecho a la revisión judicial de sentencias, a la apelación o derecho a la segunda instancia que en materia contencioso administrativa se excluía en la derogada Ley Orgánica de la Corte Suprema de Justicia de 1976 respecto de la impugnación de actos administrativos ante la Jurisdicción contencioso administrativa emanados de institutos autónomos o Administraciones independientes'. La Constitución de 1999 solo reguló como derecho constitucional el derecho de apelación en materia de juicios penales a favor de la persona declarada culpable (art. 40,1); por lo que en el mencionado caso de juicios contencioso administrativos, no existía una garantía constitucional expresa a la apelación, habiendo sido siempre declarada inadmisible la apelación contra las decisiones de única instancia de la Corte Primera de lo Contencioso. La aplicación del artículo 23 de la Constitución llevó finalmente

bargo, hasta 2008 cuando en sentencia N° 1.939 de 18 de diciembre de 2008 (Caso *Gustavo Álvarez Arias y otros*) la Sala Constitucional al declarar inejecutable una sentencia de la Corte Interamericana de Derechos Humanos, de fecha 5 de agosto de 2008, dictada en el caso de los ex-magistrados de la Corte Primera de lo Contencioso Administrativo (*Apitz Barbera y otros ("Corte Primera de lo Contencioso Administrativo") vs. Venezuela*), decidió en contra de lo que dispone la norma, que:

> "el citado artículo 23 de la Constitución no otorga a los tratados internacionales sobre derechos humanos rango "supraconstitucional", por lo que, en caso de antinomia o contradicción entre una disposición de la Carta Fundamental y una norma de un pacto internacional, correspondería al Poder Judicial determinar cuál sería la aplicable, tomando en consideración tanto lo dispuesto en la citada norma como en la jurisprudencia de esta Sala Constitucional del Tribunal Supremo de Justicia, atendiendo al contenido de los artículos 7, 266.6, 334, 335, 336.11 eiusdem y el fallo número 1077/2000 de esta Sala."

A los efectos de fundamentar su decisión, y rechazar la existencia de valores superiores no moldeables por el proyecto político autoritario, la Sala aclaró los siguientes conceptos:

> "Sobre este tema, la sentencia de esta Sala N° 1309/2001, entre otras, aclara que el derecho es una teoría normativa puesta al servicio de la política que subyace tras el proyecto axiológico de la Constitución y que la interpretación debe comprometerse, si se quiere mantener la supremacía de la Carta Fundamental cuando se ejerce la jurisdicción constitucional atribuida a los jueces, con la mejor teoría política que subyace tras el sistema que se interpreta o se integra y con la moralidad institucional que le sirve de base axiológica (*interpretatio favor Constitutione*). Agrega el fallo citado: "en este orden de ideas, los estándares para dirimir el conflicto entre los principios y las normas deben ser compatibles con el proyecto político de la Constitución (Estado Democrático y Social de Derecho y de Justicia) y no deben afectar la vigencia de dicho proyecto con elecciones interpretativas ideológicas que privilegien los derechos individuales a ultranza o que acojan la primacía del orden jurídico internacional sobre el derecho nacional en detrimento de la soberanía del Estado".
>
> Concluyo la sentencia que: "no puede ponerse un sistema de principios supuestamente absoluto y suprahistórico por encima de la Constitución" y que son inaceptables las teorías que pretenden limitar "so pretexto de valideces universales, la soberanía y la autodeterminación nacional".
>
> En el mismo sentido, la sentencia de esta Sala N° 1265/2008 estableció que en caso de evidenciarse una contradicción entre la Constitución y una conven-ción o tratado internacional, "deben prevalecer las normas constitucionales que privilegien el interés general y el bien común, debiendo aplicarse las disposiciones que privilegien los intereses colectivos...(...) sobre los intereses particulares..." [144]

---

a la Sala Constitucional del Tribunal Supremo, a resolver en 2000 la aplicación prevalente de la Convención Interamericana de Derechos Humanos garantizando el principio de las dos instancias. Véase sentencia N° 87 del 13 de marzo de 2000, Caso: C.A. Electricidad del Centro (Elecentro) y otra vs. Superintendencia para la Promoción y Protección de la Libre Competencia. (Procompetencia), en *Revista de Derecho Público*, N° 81, Editorial Jurídica Venezolana, Caracas 2000, pp. 157. Véase los comentarios en Allan R. Brewer-Carías y Josefina Calcaño de Temeltas, *Ley Orgánica de la Corte Suprema de Justicia*, Editorial Jurídica Venezolana, Caracas 1978.

144 Véase en http://www.tsj.gov.ve/decisiones/scon/Diciembre/1939-181208-2008-08-1572.html

En esta forma, la Sala Constitucional en el Venezuela dispuso una ilegítima mutación constitucional, reformando el artículo 23 de la Constitución al eliminar el carácter supranacional de la Convención Americana de Derechos Humanos en los casos en los cuales contenga previsiones más favorables al goce y ejercicio de derechos humanos respecto de las que están previstas en la propia Constitución.

Debe advertirse, por otra parte, que tan se trató de una reforma constitucional ilegítima, que esa fue otra de las propuestas de reforma que se formularon en 2007 por el "Consejo Presidencial para la Reforma de la Constitución," designado por el Presidente de la República,[145] en el cual, en relación con el artículo 23 de la Constitución, lo que se buscaba era eliminar totalmente la jerarquía constitucional de las previsiones de los tratados internacionales de derechos humanos y su prevalencia sobre el orden interno, proponiéndose la formulación de la norma sólo en el sentido de que: "los tratados, pactos y convenciones relativos a derechos humanos, suscritos y ratificados por Venezuela, mientras se mantenga vigentes, forma parte del orden interno, y son de aplicación inmediata y directa por los órganos del Poder Público".

Esa propuesta de reforma constitucional que afortunadamente no llegó a cristalizar, era un duro golpe al principio de la progresividad en la protección de los derechos que se recoge en el artículo 19 de la Constitución, que no permite regresiones en la protección de los mismos.[146] Sin embargo, lo que no pudo hacer el régimen autoritario mediante una reforma constitucional, la cual al final fue rechazada por el pueblo, lo hizo la Sala Constitucional del Tribunal Supremo mutando la Constitución.

Igual ocurrió con la previsión de la misma norma del artículo 23 que declara además expresamente que los mismos son "de aplicación inmediata y directa por los tribunales y demás órganos del Poder Público" (art. 23).

Sobre esta norma, la Sala Constitucional del Tribunal Supremo, al reivindicar un carácter de máximo y último intérprete de la Constitución y de los tratados, pactos y convenios sobre derechos humanos que no tiene, pues todas las Salas del Tribunal Supremo lo tienen, estableció en sentencia N° 1492 de 15 de julio de 2003 (Caso: *Impugnación de diversos artículos del Código Penal*), que por adquirir los mencionados tratados jerarquía constitucional e integrarse a la Constitución vigente, "*el único capaz de interpretarlas*, con miras al derecho venezolano, es el juez constitucional, conforme al artículo 335 de la vigente Constitución, en especial, al intérprete nato de la Constitución de 1999, y, que es la Sala Constitucional, y así se declara". De allí la Sala señaló que

> "es la Sala Constitucional quien determina cuáles normas sobre derechos humanos de esos tratados, pactos y convenios, prevalecen en el orden interno; al igual que

---

145 Véase Decreto N° 5138 de 17-01-2007, *Gaceta Oficial* N° 38.607 de 18-01-2007`. El documento circuló en junio de 2007 con el título Consejo Presidencial para la Reforma de la Constitución de la República Bolivariana de Venezuela, "Modificaciones propuestas". El texto completo fue publicado como *Proyecto de Reforma Constitucional. Versión atribuida al Consejo Presidencial para la reforma de la Constitución de la república Bolivariana de Venezuela*, Editorial Atenea, Caracas 01 de julio de 2007, 146 pp.

146 Véase esta proyectada reforma constitucional Allan R. Brewer-Carías, *Hacia la consolidación de un Estado Socialista, Centralizado, Policial y Militarista. Comentarios sobre el sentido y alcance de las propuestas de reforma constitucional 2007*, Colección Textos Legislativos, N° 42, Editorial Jurídica Venezolana, Caracas 2007, pp. 122 ss.

cuáles derechos humanos no contemplados en los citados instrumentos internacionales tienen vigencia en Venezuela"[147].

Con esta decisión inconstitucional, la Sala Constitucional también mutó ilegítimamente la Constitución, pues conforme a la norma de su artículo 23, esa potestad no sólo corresponde a la Sala Constitucional, sino a todos los tribunales de la República cuando actúen como juez constitucional, por ejemplo, al ejercer el control difuso de la constitucionalidad de las leyes o al conocer de acciones de amparo. La pretensión de la Sala Constitucional en concentrar toda la justicia constitucional no se ajusta a la Constitución y al sistema de justicia constitucional que regula, de carácter mixto e integral; y menos aún en materia de derechos humanos, cundo es la propia Constitución la que dispone que los tratados, pactos e instrumentos internacionales sobre derechos humanos ratificados por la República son "de aplicación inmediata y directa por los tribunales" (art. 23).

D. *La negación del derecho ciudadano a la protección internacional de los derechos humanos y la "inejecutabilidad" de las sentencias de la Corte interamericana de derechos humanos*

En los proyectos de reforma constitucional de 2007, también se busca reformar el mismo artículo 23 de la Constitución mediante la propuesta que formuló el "Consejo Presidencial para la Reforma de la Constitución," designado por el Presidente de la República, agregándole, también en forma regresiva, un párrafo precisando que "corresponde a los tribunales de la República conocer de las violaciones sobre las materias reguladas" en los Tratados Internacionales sobre derechos humanos; con lo que en realidad se buscaba establecer una prohibición constitucional para que la Corte Interamericana de Derechos Humanos pudiera conocer de las violaciones de la Convención Americana de Derechos Humanos. Es decir, con una norma de este tipo, Venezuela hubiera quedado excluida constitucionalmente de la jurisdicción de dicha Corte internacional y del sistema interamericano de protección de los derechos humanos,[148] ello contrariando lo que el propio texto de la Constitución establece.

En efecto, la Constitución de 1999 garantizó expresamente el derecho de las personas a la protección internacional en materia de derechos humanos, imponiéndole al Estado la obligación de ejecutar las decisiones de los órganos internacionales. A tal efecto el artículo 31 de de la Constitución dispone:

> *Artículo 31.* Toda persona tiene derecho, en los términos establecidos por los tratados, pactos y convenciones sobre derechos humanos ratificados por la Repú-blica, a dirigir peticiones o quejas ante los órganos internacionales creados para tales fines, con el objeto de solicitar el amparo a sus derechos humanos.
>
> El Estado adoptará, conforme a procedimientos establecidos en esta Constitución y en la ley, las medidas que sean necesarias para dar cumplimiento a las decisiones emanadas de los órganos internacionales previstos en este artículo.

---

147 Véase en *Revista de Derecho Público*, N° 93-96, Editorial Jurídica Venezolana, Caracas 2003, pp. 135 ss.

148 Véase sobre esta proyectada reforma constitucional Allan R. Brewer-Carías, *Hacia la consolidación de un Estado Socialista, Centralizado, Policial y Militarista. Comentarios sobre el sentido y alcance de las propuestas de reforma constitucional 2007,* Colección Textos Legislativos, N° 42, Editorial Jurídica Venezolana, Caracas 2007, p. 122.

Este derecho constitucional, que se buscaba minimizar con las fracasadas propuestas de reforma constitucional de 2007, sin embargo, ha sido la Sala Constitucional del Tribunal Supremo, la que se ha encargado de vaciarlo al decidir mediante sentencia N° 1.939 de 18 de diciembre de 2008 (Caso *Gustavo Álvarez Arias y otros*, o más bien, Caso: *Estado venezolano vs. La Corte Interamericana de Derechos Humanos*), la eficacia de las decisiones de la Corte Interamericana de Derechos Humanos, declarándolas "inejecutables" en el país, contrariando así el régimen internacional de los tratados y el propio texto de la Constitución.[149]

Con dicha sentencia, dictada en juicio iniciado por la Procuraduría General de la República que es un órgano dependiente del Ejecutivo Nacional, la Sala Constitucional comenzó a declarar "inejecutables" en Venezuela las sentencias de la Corte Interamericana de Derechos Humanos, en ese caso, la sentencia dictada el 5 de agosto de 2008," en el caso de los ex-magistrados de la Corte Primera de lo Contencioso Administrativo (*Apitz Barbera y otros ("Corte Primera de lo Contencioso Administrativo") vs. Venezuela*).[150] Con ello, además, la Sala Constitucional violó el artículo 68.1 de la Convención Americana de Derechos Humanos, que dispone que los Estados Partes que han reconocido la jurisdicción de la Corte Interamericana de Derechos Humanos, "se comprometen a cumplir la decisión de la Corte en todo caso en que sean partes."[151]

No fue esta, sin embargo, la primera vez que un Estado a través de su Poder Judicial se ha rebelado contra las decisiones de la Corte Interamericana, buscando eludir su responsabilidad en el cumplimiento de las mismas. La sentencia de la Corte Interamericana en el *Caso Castillo Petruzzi* de 30 de mayo de 1999 (Serie C, núm. 52), contra Perú es prueba de ello, pues después de que declarar que el Estado peruano había violado en un proceso los artículos 20; 7.5; 9; 8.1; 8.2.b,c,d y f; 8.2.h; 8.5; 25; 7.6; 5; 1.1 y 2,[152] la Sala Plena del Consejo Supremo de Justicia Militar del

---

149 Véanse mis comentarios a dicha sentencia en Allan R. Brewer-Carías, "La interrelación entre los Tribunales Constitucionales de America Latina y la Corte Interamericana de Derechos Humanos, y la cuestión de la inejecutabilidad de sus decisiones en Venezuela," en *Gaceta Constitucional.* Análisis multidisciplinario de la jurisprudencia del Tribunal Constitucional, Gaceta Jurídica, Tomo 16 Año 2009, Lima 2009, pp. 17-48.

150 Véase en www.corteidh.or.cr . Excepción Preliminar, Fondo, Reparaciones y Costas, Serie C N° 182.

151 Como lo señaló la Corte Interamericana de Derechos Humanos en la decisión del *Caso Castillo Petruzzi*, sobre "Cumplimiento de sentencia" del 7 de noviembre de 1999 (Serie C, núm. 59), "Las obligaciones convencionales de los Estados parte vinculan a todos los poderes y órganos del Estado," (par. 3) agregando "Que esta obligación corresponde a un principio básico del derecho de la responsabilidad internacional del Estado, respaldado por la jurisprudencia internacional, según el cual los Estados deben cumplir sus obligaciones convencionales de buena fe (*pacta sunt servanda*) y, como ya ha señalado esta Corte, no pueden por razones de orden interno dejar de asumir la responsabilidad internacional ya establecida." (par. 4). Véase en Sergio García Ramírez (Coord.), *La Jurisprudencia de la Corte Interamericana de Derechos Humanos*, Universidad Nacional Autónoma de México, Corte Interamericana de Derechos Humanos, México, 2001, pp. 628-629

152 Como consecuencia, en la sentencia la Corte Interamericana declaró "la invalidez, por ser incompatible con la Convención, del proceso en contra de los señores Jaime Francisco Sebastián Castillo Petruzzi" y otros, ordenando "que se les garantice un nuevo juicio con la plena observancia del debido proceso legal," y además, "al Estado adoptar las medidas apropiadas para reformar las normas que han sido declaradas violatoria de la Convención Americana sobre Derechos Humanos en la presente sentencia y asegurar el goce de los derechos consagrados en la Convención Americana sobre derechos Humanos a todas las personas que se encuentran bajo su jurisdicción, sin excepción alguna." Véase en http://www.tsj.gov.ve/decisiones/scon/Diciembre/1939-181208-2008-08-1572.html

Perú se negó a ejecutar el fallo, considerando que la misma desconocía la Constitución Política del Perú y la sujetaba a "la Convención Americana sobre Derechos Humanos en la interpretación que los jueces de dicha Corte efectúan *ad-libitum* en esa sentencia."[153]

A partir de 2008 le correspondió la labor a Venezuela, siguiendo los pasos del régimen autoritario de Fujimori en el Perú, siendo la Sala Constitucional del Tribunal Supremo, la que declaró en la mencionada decisión N° 1.939 de 18 de diciembre de 2008 (Caso *Abogados Gustavo Álvarez Arias y otros*), como "inejecutable" la sentencia de la Corte Interamericana de Derechos Humanos Primera de 5 de agosto de 2008 en el caso *Apitz Barbera y otros ("Corte Primera de lo Contencioso Administrativo") vs. Venezuela* acusando a la Corte Interamericana de haber usurpado el poder del Tribunal Supremo.[154]

En su decisión, la Sala Constitucional, citando la previa decisión N° 1.942 de 15 de julio de 2003, y considerando que se trataba de una petición de interpretación formulada por la República, precisó que la Corte Interamericana de Derechos Humanos no podía "pretender excluir o desconocer el ordenamiento constitucional interno," y que había dictado "pautas de carácter obligatorio sobre gobierno y administración del Poder Judicial que son competencia exclusiva y excluyente del Tribunal Supremo de Justicia" y establecido "directrices para el Poder Legislativo, en materia de carrera judicial y responsabilidad de los jueces, violentando la soberanía del Estado venezolano en la organización de los poderes públicos y en la selección de sus funcionarios, lo cual resulta inadmisible." Acusó además, a la Corte Interamericana de haber utilizado su fallo "para intervenir inaceptablemente en el gobierno y administración judicial que corresponde con carácter excluyente al Tribunal Supremo de Justicia," argumentando que con la "sentencia cuestionada" la Corte Interamericana pretendía "desconocer la firmeza de decisiones administrativas y

---

153 Precisamente frente a esta declaratoria por la Sala Plena del Consejo Supremo de Justicia Militar del Perú sobre la inejecutabilidad del fallo de 30 de mayo de 1999 de la Corte Interamericana de Derechos Humanos en el Perú, fue que la misma Corte Interamericana dictó el fallo subsiguiente, antes indicado, de 7 de noviembre de 1999, declarando que "el Estado tiene el deber de dar pronto cumplimiento a la sentencia de 30 de mayo de 1999 dictada por la Corte Interamericana en el caso Castillo Petruzzi y otros." Sergio García Ramírez (Coord.), *La Jurisprudencia de la Corte Interamericana de Derechos Humanos*, Universidad Nacional Autónoma de México, Corte Interamericana de Derechos Humanos, México, 2001, p. 629 Ello ocurrió durante el régimen autoritario que tuvo el Perú en la época del Presidente Fujimori, y que condujo a que dos meses después de dictarse la sentencia de la Corte Interamericana del 30 de mayo de 1999, el Congreso del Perú aprobase el 8 de julio de 1999 el retiro del reconocimiento de la competencia contenciosa de la Corte, lo que se depositó al día siguiente en la Secretaría General de la OEA/ Este retiro fue declarado inadmisible por la propia Corte Interamericana, en la sentencia del caso *Ivcher Bronstein* de 24 de septiembre de 1999, considerando que un "Estado parte sólo puede sustraerse a la competencia de la Corte mediante la denuncia del tratado como un todo." Idem, pp. 769-771. En todo caso, posteriormente en 2001 Perú derogó la Resolución de julio de 1999, restableciéndose a plenitud la competencia de la Corte interamericana para el Estado.

154 El tema, ya lo había adelantado la Sala Constitucional en su conocida sentencia N° 1.942 de 15 de julio de 2003 (Caso: *Impugnación de artículos del Código Penal, Leyes de desacato*) (Véase en *Revista de Derecho Público*, N° 93-96, Editorial Jurídica Venezolana, Caracas 2003, pp. 136 ss.) en la cual al referirse a los Tribunales Internacionales "comenzó declarando en general, que en Venezuela "por encima del Tribunal Supremo de Justicia y a los efectos del artículo 7 constitucional, no existe órgano jurisdiccional alguno, a menos que la Constitución o la ley así lo señale, y que aun en este último supuesto, la decisión que se contradiga con las normas constitucionales venezolanas, carece de aplicación en el país, y así se declara."

judiciales que han adquirido la fuerza de la cosa juzgada, al ordenar la reincorporación de los jueces destituidos." Para realizar estas afirmaciones, la Sala Constitucional recurrió como precedente para considerar que la sentencia de la Corte Interamericana de Derechos Humanos era inejecutable en Venezuela, precisamente la decisión antes señalada de 1999 de la Sala Plena del Consejo Supremo de Justicia Militar del Perú, que consideró inejecutable la sentencia de la Corte Interamericana de 30 de mayo de 1999, dictada en el caso: *Castillo Petruzzi y otro*.

Pero no se quedó allí la Sala Constitucional, sino en una evidente usurpación de poderes, ya que las relaciones internacionales es materia exclusiva del Poder Ejecutivo, instó "al Ejecutivo Nacional proceda a denunciar esta Convención, ante la evidente usurpación de funciones en que ha incurrido la Corte Interamericana de los Derechos Humanos con el fallo objeto de la presente decisión; y el hecho de que tal actuación se fundamenta institucional y competencialmente en el aludido Tratado." Así se inició el proceso de Venezuela de desligarse de la Convención Americana sobre Derechos Humanos, y de la jurisdicción de la Corte Interamericana de Derechos Humanos por parte del Estado Venezolano, utilizando para ello a su propio Tribunal Supremo de Justicia. La rebelión de la Sala Constitucional se repitió de nuevo en la sentencia No. 1547 de fecha 17 de octubre de 2011 (Caso *Estado Venezolano vs. Corte Interamericana de Derechos Humanos*),[155] al declarar inejecutable la sentencia de la Corte Interamericana de Derechos Humanos dictada en el 1° de septiembre de 2011 (caso *Leopoldo López vs. Estado de Venezuela*), todo lo cual condujo a que en septiembre de 2012, Venezuela denunciara la Convención.

En esta materia, también, lo que no pudo hacer el régimen autoritario mediante una reforma constitucional, la cual al final fue rechazada por el pueblo, lo hizo la Sala Constitucional del Tribunal Supremo en su ya larga carrera al servicio del autoritarismo.

E. *La modificación del régimen del referendo revocatorio de mandatos de representación popular*

Por último, otras de las reformas constitucionales rechazadas por el pueblo, fueron las que se refirieron a las restricciones que se buscaba establecer respecto de los mecanismos de democracia directa mediante referendos, y en particular, respecto del refrendo revocatorio de mandatos.

En relación con ello, el artículo 72 de la Constitución fue muy preciso al disponer que transcurrida la mitad del período para el cual fue elegido un funcionario, a instancia popular de un número no menor del 20% de los electores inscritos en la correspondiente circunscripción, se puede solicitar la convocatoria de un referendo para revocarle su mandato. La Constitución dispuso expresamente que "*Cuando igual o mayor número de electores* que eligieron al funcionario hubieren votado a favor de la revocación, siempre que haya concurrido al referendo un número de electores igual o superior al 25 % de los electores inscritos, se considerará revocado

155 Véase en http://www.tsj.gov.ve/decisiones/scon/Octubre/1547-171011-2011-11-1130.html. Véase mis comentarios sobre esta sentencia en Allan R. Brewer-Carías, "El ilegítimo "control de constitucionalidad" de las sentencias de la Corte Interamericana de Derechos Humanos por parte la Sala Constitucional del Tribunal Supremo de Justicia de Venezuela: el caso de la sentencia *Leopoldo López vs. Venezuela, 2011*," en *Constitución y democracia: ayer y hoy. Libro homenaje a Antonio Torres del Moral*. Editorial Universitas, Vol. I, Madrid, 2013, pp. 1.095-1124

su mandato y se procederá de inmediato a cubrir la falta absoluta conforme a lo dispuesto en esta Constitución y en la ley."

Es decir, que los votos necesarios para que se produzca la revocatoria del mandato deben ser en un número igual o mayor de los votos de los electores que eligieron al funcionario, con independencia del número de votos que se puedan depositar contra la revocación. Ello, incluso lo ratificó la Sala Constitucional en varias sentencias,[156] ya que de lo que se trata es de un referendo "revocatorio" de mandatos de elección popular y no de un referendo "ratificatorio" o plebiscito respecto de tales mandatos, el cual no existe en el texto constitucional. Precisamente por ello, nada previó la Constitución para el caso de que votando a favor de la revocación de un mandato un número de electores superior al número de votos que obtuvo el funcionario cuando fue electo, sin embargo, se hubiesen pronunciado por la "no revocación" un número mayor de votos. Ello podría ocurrir, pero conforme al texto de la Constitución, no tendría efecto jurídico alguno, pues la regulación constitucional lo que establece es un referendo "revocatorio", de manera que basta que la votación favorable a la revocación sea igual o mayor que la que el funcionario obtuvo cuando fue electo, para que el mandato quede revocado. Y ello es así, incluso a pesar de que el Registro Electoral haya variado con el transcurso del tiempo.

Sin embargo, debe observarse que de manera evidentemente inconstitucional, en las *Normas para regular los procesos de Referendos Revocatorios de mandatos de Elección Popular* dictadas por el Consejo Nacional Electoral en 25 de septiembre de 2003[157], luego de ratificarse que se considera revocado el mandato "si el número de votos a favor de la revocatoria es igual o superior al número de los electores que eligieron al funcionario", se agregó una frase indicando: "y no resulte inferior al número de electores que votaron en contra de la revocatoria" (Art. 60). Con este agregado, en una norma de rango sublegal, se restringió el derecho ciudadano a la participación política mediante la revocación de mandatos populares, al establecerse un elemento que no está en la Constitución relativo a los votos por la "no revocación," trastocándose la naturaleza "revocatoria" del referendo que regula el artículo 72 de la Constitución, y en evidente fraude a la Constitución, convirtiéndolo en un referendo "ratificatorio" de mandatos de elección popular.

Lo inaudito de este fraude constitucional, es que dicha "reforma" constitucional ilegítima fue avalada por la Sala Constitucional del Tribunal Supremo al decidir un recurso de interpretación abstracta de la Constitución en la sentencia Nº 2750 de 21 de octubre de 2003 (Caso: *Carlos E. Herrera Mendoza, Interpretación del artículo 72 de la Constitución*), en la cual señaló que:

> "Se trata de una especie de relegitimación del funcionario y en ese proceso democrático de mayorías, incluso, *si en el referendo obtuviese más votos la opción de*

156 Véase sentencia Nº 2750 de 21 de octubre de 2003, Caso: *Carlos Enrique Herrera Mendoza, (Interpretación del artículo 72 de la Constitución (Exp. 03-1989). Sentencia* Nº 1139 de 5 de junio de 2002 (Caso: *Sergio Omar Calderón Duque y William Dávila Barrios)* Véase en *Revista de Derecho Público,* Nº 89-92, Editorial Jurídica Venezolana, Caracas 2002, p. 171. Criterio seguido en la sentencia Nº 137 de 13-02-2003 (Caso: *Freddy Lepage Scribani y otros*) (Exp. 03-0287).

157 Resolución Nº 030925-465 de 25-09-2003.

su permanencia, debería seguir en él, aunque voten en su contra el número suficiente de personas para revocarle el mandato."[158]

En realidad, en un referendo "revocatorio" no puede haber votos por "la permanencia" del funcionario; lo que puede haber son votos por la "revocación" (votos SI) del mandato o por la "no revocación" (votos NO). El voto por la "no revocación" del mandato es un voto negativo (No); y un voto negativo no puede ser convertido en un voto positivo (Si) por la permanencia del funcionario. Con esta mutación de la Constitución, la Sala Constitucional cambió la naturaleza del referendo revocatorio, ratificando el trastocamiento de la naturaleza de la revocación del mandato, convirtiéndolo en un voto para "relegitimar" o para "ratificar" mandatos de elección popular, cuando ello no sólo no fue la intención del constituyente, sino que no puede derivarse del texto del artículo 72 de la Constitución. Lo único que la Constitución regula es la revocación de mandatos, y para ello, lo único que exige en materia de votación es que un número "igual o mayor de electores que eligieron al funcionario hubieren votado a favor de la revocación."

Sin embargo, la Constitución fue cambiada sin seguirse los procedimientos de reforma, y ello, específicamente para evitar que en 2004, el mandato del Presidente de República, Hugo Chávez, fuera revocado. El mismo había sido electo en agosto de 2000 con 3.757.774 votos, por lo que bastaba para que su mandato fuese revocado, que el voto a favor de la revocación superara esa cifra. Como lo anunció el Consejo Nacional Electoral el 27 de agosto de 2004, el voto a favor de la revocación del mandato del Presidente de la República en el referendo efectuado ese mismo mes y año, fue de 3.989.008, por lo que constitucionalmente el mandato de Chávez había quedado revocado.[159]

Sin embargo, para cuando se realizó el referendo, ya se había cambiado ilegítimamente la Constitución, e independientemente de las denuncias de fraude que se formularon respecto del referendo revocatorio del 15 de agosto de 2004, el Consejo Nacional Electoral el mencionado día 27 de agosto de 2004, no sólo dio los datos definitivos de la votación efectuada en el referendo revocatorio, sino que acordó "ratificar" al Presidente de la República en su cargo hasta la terminación del período constitucional en enero de 2007.[160]

---

158 Exp. 03-1989.

159 Sin embargo, como "por la no revocación" supuestamente votaron 5.800.629 de electores, el Consejo Nacional Electoral, conforme a la doctrina hecha a la medida del caso por la Sala Constitucional, decidió "ratificar" al Presidente de la República en su cargo hasta 2007. Véase en *El Nacional*, Caracas, 28-08-2004, pp. A-1 y A-2.

160 En efecto, en la *página web* del Consejo Nacional Electoral del día 27 de agosto de 2004, apareció la siguiente nota: "El presidente del Consejo Nacional Electoral, Francisco Carrasquero López, se dirigió al país en cadena nacional para anunciar las cifras definitivas y oficiales del evento electoral celebrado el pasado 15 de agosto, *las cuales dan como ratificado en su cargo al Presidente de la República*, Hugo Rafael Chávez Frías, con un total de 5 millones 800 mil 629 votos a favor de la opción "No". En la contienda electoral participaron 9 millones 815 mil 631 electores, de los cuales 3.989.008 se inclinaron por la opción "Sí" para revocar el mandato del Presidente Chávez. La totalización arrojó que la opción "No" alcanzó el 59,25% de los votos, mientras el "Sí" logró el 40,74% del total general, y la abstención fue del 30,02%. Vale destacar que para estos comicios el Registro Electoral se incrementó significativamente, alcanzando un universo de 14. 027.607 de electores con derecho a sufragar en el RR. Con base en la expresión de la voluntad popular, el Consejo Nacional Electoral, este viernes 27 de agosto, *ratificará en la Presidencia de la República* Bolivariana de Venezuela a Hugo Chávez Frías, quien culminará su per-

5. *La inconstitucional implementación de la rechazada reforma constitucional de 2007 mediante Decretos Leyes (Legislación Ordinaria), no controlados por la Jurisdicción Constitucional*

La reforma constitucional de 2007, sancionada por la Asamblea nacional y rechazada popularmente mediante referendo de 7 de diciembre de 2007, sin embargo, en forma evidentemente inconstitucional ha sido también implementada sistemáticamente durante el último lustro, mediante legislación ordinaria, tanto a través de leyes sancionadas por la Asamblea nacional como mediante decretos leyes dictados con ocasión de delegaciones legislativas (leyes habilitantes) a partir de 2008.[161]

Esa inconstitucional implementación de la rechazada reforma constitucional mediante legislación ordinaria ha ocurrido en muchos campos, de los cuales a continuación sólo nos referiremos a unos cuantos significativos, en relación con la inconstitucional estructuración del Estado Comunal o Socialista en paralelo al Estado Constitucional; con la inconstitucional eliminación de órganos democráticos de representación local en el Distrito Capital y de las Juntas Parroquiales a nivel municipal; y con la inconstitucional implementación de las reformas constitucionales al sistema económico para establecer un sistema de economía socialista.

Todas esas leyes fueron impugnadas por ante la Sala Constitucional por razones de inconstitucionalidad, y en ningún caso ha habido sentencia. Más bien, en la mayoría de los casos, las acciones ni siquiera han sido admitidas por la Sala Constitucional.

A *La inconstitucional implementación de la estructuración de un Estado Socialista del Poder Popular en paralelo al Estado Constitucional del Poder Público*

El Presidente de la República, durante todo el año 2007, y en particular en su "Discurso de Presentación del Anteproyecto de reforma a la Constitución ante la Asamblea Nacional" en agosto de 2007[162], señaló con toda claridad que el objetivo

---

íodo constitucional en el año 2006. Y en efecto, en acto solemne efectuado ese día, el Consejo Nacional Electoral acordó "ratificar" al Presidente de la República en su cargo, a pesar de que un número de electores mayor que los que lo eligieron hubieran votado a favor de la revocación de su mandato. Otro tanto haría la Asamblea Nacional, sin que esa figura de la ratificación estuviese prevista en norma constitucional alguna." Véase además, *El Nacional*, Caracas, 28-08-2004, pp. A-1 y A-2.

161 Véase sobre ese proceso: Lolymar Hernández Camargo, "Límites del poder ejecutivo en el ejercicio de la habilitación legislativa: Imposibilidad de establecer el contenido de la reforma constitucional rechazada vía habilitación legislativa," en *Revista de Derecho Público*, N° 115, Editorial Jurídica Venezolana 2008, pp. 51-56; Jorge Kiriakidis, *"Breves reflexiones en torno a los 26 Decretos-Ley de Julio-Agosto de 2008, y la consulta popular refrendaría de diciembre de 2007," Idem,* pp. 57-62; José Vicente HARO GARCÍA, "Los recientes intentos de reforma constitucional o de cómo se está tratando de establecer una dictadura socialista con apariencia de legalidad (A propósito del proyecto de reforma constitucional de 2007 y los 26 decretos leyes del 31 de julio de 2008 que tratan de imponerla)," *Idem*, pp. 63- 76; Aurilivi Linares Martínez, "Notas sobre el uso del poder de legislar por decreto por parte del Presidente venezolano," *Idem, pp.* 79- 92; Carlos Luis Carrillo Artiles, "La paradójica situación de los Decretos Leyes Orgánicos frente a la Ingeniería Constitucional de 1999" *Idem, pp.* 93-100; y Freddy J. Orlando S., "El *paquetazo", un conjunto de leyes que conculcan derechos y amparan injusticias," Idem.* 101 ss.

162 Véase *Discurso de Orden pronunciado por el ciudadano Comandante Hugo Chávez Frías, Presidente Constitucional de la República Bolivariana de Venezuela en la conmemoración del Ducentésimo Segundo Aniversario del Juramento del Libertador Simón Bolívar en el Monte Sacro y el Tercer Aniversario del Referendo Aprobatorio de su mandato constitucional*, Sesión especial del día Miércoles 15 de

central de la reforma que estaba proponiendo era "la construcción de la Venezuela bolivariana y socialista"[163]; es decir, como lo expresó, se trataba de una propuesta para sembrar "el socialismo en lo político y económico"[164], lo que –dijo- no se había hecho en la Constitución de 1999. Cuando ésta se sancionó –dijo el Jefe de Estado- "no proyectábamos el socialismo como camino", agregando, que "así como el candidato Hugo Chávez repitió un millón de veces en 1998, "Vamos a Constituyente", el candidato Presidente Hugo Chávez dijo: "Vamos al Socialismo", y todo el que votó por el candidato Chávez, votó por ir al socialismo"[165]. Por ello, el proyecto de Constitución que presentó ante la Asamblea Nacional, era para "la construcción del Socialismo Bolivariano, el Socialismo venezolano, nuestro Socialismo, nuestro modelo socialista"[166], cuyo "núcleo básico e indivisible" era "la comunidad", "donde los ciudadanos y las ciudadanas comunes, tendrán el poder de construir su propia geografía y su propia historia"[167]. Y todo ello bajo la premisa de que "sólo en el socialismo será posible la verdadera democracia"[168], pero por supuesto, una "democracia" sin representación que, como lo propuso el Presidente y fue sancionado por la Asamblea Nacional en la rechazada reforma del artículo 136 de la Constitución, que decía que "no nace del sufragio ni de elección alguna, sino que nace de la condición de los grupos humanos organizados como base de la población". Es decir, se buscaba establecer una "democracia" que no era democracia, pues en el mundo moderno no hay ni ha habido democracia sin elección de representantes.

Todas estas propuestas que fueron rechazadas por el pueblo en diciembre de 2007, las resumió el Presidente en su Discurso del 15 agosto de 2007, así:

> "en el terreno político, profundizar la democracia popular bolivariana; en el terreno económico, preparar las mejores condiciones y sembrarlas para la construc-ción de un modelo económico productivo socialista, nuestro modelo, lo mismo en lo político la democracia socialista; en lo económico, el modelo productivo socialista; en el campo de la Administración Pública incorporar novedosas figuras para aligerar la carga, para dejar atrás el burocratismo, la corrupción, la ineficiencia adminis-

---

agosto de 2007, Asamblea Nacional, División de Servicio y Atención legislativa, Sección de Edición, Caracas 2007.

163 *Idem*, p. 4.

164 *Idem*, p. 33.

165 *Idem*, p. 4. Es decir, se pretende imponer al 56% de los votantes que no votaron por la reelección presidencial, la voluntad expresada por sólo el 46% de los votantes inscritos en el Registro Electoral que votaron por la reelección del Presidente. Según las cifras oficiales del CNE, en las elecciones de 2006, de un universo de 15.784.777 votantes inscritos en el Registro Electoral, sólo 7.309.080 votaron por el Presidente.

166 Véase *Discurso*... p. 34

167 *Idem*, p. 32.

168 *Idem*, p. 35. Estos conceptos se recogen igualmente en la *Exposición de Motivos* para la Reforma Constitucional, Agosto 2007, donde se expresa la necesidad de "ruptura del modelo capitalista burgués" (p. 1), de desmontar la superestructura que le da soporte a la producción capitalista"(p. 2); de "dejar atrás la democracia representativa para consolidad la democracia participativa y protagónica"(p. 2); de "crear un enfoque socialista nuevo" (p. 2) y "construir la vía venezolana al socialismo"(p. 3); de producir "el reordenamiento socialista de la geopolítica de la Nación" (p. 8); de la "construcción de un modelo de sociedad colectivista" y "el Estado sometido al poder popular"(p. 11); de "extender la revolución para que Venezuela sea una República socialista, bolivariana", y para "construir la vía venezolana al socialismo; construir el socialismo venezolano como único camino a la redención de nuestro pueblo"(p. 19).

trativa, cargas pesadas del pasado, que todavía tenemos encima como rémoras, como fardos en lo político, en lo económico, en lo social"[169].

En todo caso, la reforma constitucional sancionada por la Asamblea Nacional y rechazada popularmente, tocaba las bases fundamentales del Estado, en particular, con la sustitución del Estado democrático y social de derecho por el Estado Socialista, montado sobre una "doctrina bolivariana socialista."

Esa reforma Constitucional pretendía trastocar el principio del artículo 2 de la Constitución de 1999, que define a Venezuela como un Estado democrático y social de derecho y de justicia *no socialista*, para en su lugar crear un Estado Socialista mediante la reforma del artículo 16 constitucional, donde se buscaba crean las comunas y comunidades como "el núcleo territorial básico e indivisible del Estado Socialista Venezolano"; del artículo 70, donde al definirse los medios de participación y protagonismo del pueblo en ejercicio directo de su soberanía mediante todo tipo de consejos, se pretendía indicar que era "para la construcción del socialismo", haciéndose mención a las diversas asociaciones "constituidas para desarrollar los valores de la mutua cooperación y la solidaridad socialista", de manera que quien no quisiera construir socialismo alguno, hubiera quedado excluido del derecho a la participación política, que sólo estaba destinado a desarrollar los valores de "la solidaridad socialista" y no era libre como indica el artículo 62; del artículo 112 donde se proponía indicar, en relación con el modelo económico del Estado, que era para crear "las mejores condiciones para la construcción colectiva y cooperativa de una economía socialista"; del artículo 113 en el cual se buscaba indicar la necesidad de la constitución de "empresas mixtas o unidades de producción socialistas"; del artículo 158, del que se buscaba eliminar toda mención a la descentralización como política nacional, y definir como política nacional, "la participación protagónica del pueblo, restituyéndole el poder y creando las mejores condiciones para la construcción de una democracia socialista"; del artículo 168 relativo al Municipio, en el que se buscaba precisar la necesidad de incorporar "la participación ciudadana a través de los Consejos del Poder Popular y de los medios de producción socialista"; del artículo 184 en el que se buscaba orientar la descentralización de Estados y Municipios para permitir "la construcción de la economía socialista"; del artículo 299, relativo al régimen socioeconómico de la República, en el que se pretendía indicar que se debía fundamentar "en los principios socialistas"; del artículo 300 relativo a la creación de empresas públicas, que se pretendía orientar sólo "para la promoción y realización de los fines de la economía socialista"; del artículo 318, sobre el sistema monetario nacional en el cual se pretendía indicar que debía "propender al logro de los fines esenciales del Estado Socialista", todo de acuerdo con el Plan de Desarrollo Integral de la Nación cuyo objetivo, se pretendía indicar que era "para alcanzar los objetivos superiores del Estado Socialista"; y del artículo 321 sobre el régimen de las reservas internacionales, respecto de las cuales los fondos que se pretendía regular, se buscaba declarar que fueran sólo para "el desarrollo integral, endógeno, humanista y socialista de la Nación".

En particular, el proyecto de reforma constitucional estaba destinado a la construcción del socialismo, de una sociedad colectivista y de supuesta "participación

169 *Idem*, p. 74

protagónica"[170], eliminando de la Constitución toda referencia a la descentralización política, y por tanto, de efectiva posibilidad de participación, y además, la sustitución de la democracia representativa por una supuesta "democracia participativa". Para ello, lo que se buscaba era acabar con la propia democracia como régimen político, tratando de sustituirla por un régimen autoritario, centralizador y concentrador del Poder que hubiera impedido la real participación política, al no existir entidades locales autónomas, y depender los consejos comunales de la cúspide del poder ejecutivo nacional. Ello se pretendía lograr con la eliminación de los entes territoriales descentralizados políticamente, sin las cuales no puede haber efectivamente democracia participativa, y la creación en su lugar de consejos del poder popular que no pasan de ser una simple manifestación de movilización controlada desde el Poder Central. Ello incluso fue lo que comenzó a ocurrir con los Consejos Comunales que se crearon con la Ley de los Consejos Comunales de 2006[171], cuyos miembros no son electos mediante sufragio, sino que son designados por Asambleas de ciudadanos controladas por el propio Poder Ejecutivo Nacional. Ello era lo que con la rechazada reforma constitucional de 2007 se pretendía consolidar en el texto constitucional, al proponerse una "nueva geometría del poder" en la cual se sustituía a los Municipios, por las comunidades, como el "núcleo territorial básico e indivisible del Estado Socialista Venezolano", que debían agrupar a las comunas (socialistas)[172] como "células sociales del territorio", las cuales se debían agrupar en ciudades que eran las que se pretendía concebir como "la unidad política primaria de la organización territorial nacional". En la rechazada reforma constitucional se buscaba establecer en forma expresa que los integrantes de los diversos Consejos del Poder Popular no nacían "del sufragio ni de elección alguna, sino que nace de la condición de los grupos humanos organizados como base de la población".

Con ello, en definitiva, en nombre de una "democracia participativa y protagónica", lo que se buscaba era poner fin en Venezuela a la democracia representativa a nivel local, y con ello, de todo vestigio de autonomía política territorial que es la esencia de la descentralización.

Ahora bien, a pesar de que dicha reforma constitucional de 2007 fue rechazada por el pueblo, lo cierto es que todo su contenido ha sido implementado en Venezue-

---

170 En la *Exposición de Motivos del Proyecto de Reforma Constitucional* presentado por el Presidente de la República en agosto 2007, se lee que el Poder Popular "es la más alta expresión del pueblo para la toma de decisiones en todos sus ámbitos (político, económico, social, ambiental, organizativo, internacional y otros) para el ejercicio pleno de su soberanía. Es el poder constituyente en movimiento y acción permanente en la construcción de un modelo de sociedad colectivista de equidad y de justicia. Es el poder del pueblo organizado, en las más diversas y disímiles formas de participación, al cual está sometido el poder constituido. No se trata del poder del Estado, es el Estado sometido al poder popular. Es el pueblo organizado y organizando las instancias de poder que decide las pautas del orden y metabolismo social y no el pueblo sometido a los partido políticos, a los grupos de intereses económicos o a una particularidad determinada", *cit.*, p 11.

171 Véase los comentarios sobre ello en Allan R. Brewer-Carías et al, *Ley Orgánica del Poder Público Municipa*l, Editorial Jurídica Venezolana, Caracas 2007, pp. 75 y ss.,

172 En la *Exposición de Motivos* del Proyecto de Reforma Constitucional presentado por el Presidente de la República en agosto 2007, a las comunas se las califica como "comunas socialistas", y se la define como "Es un conglomerado social de varias comunidades que poseen una memoria histórica compartida, usos, costumbres y rasgos culturales que los identifican, con intereses comunes, agrupadas entre sí con fines político-administrativos, que persiguen un modelo de sociedad colectiva de equidad y de justicia", cit., p. 12

la, no sólo en fraude de la Constitución sino en fraude de la voluntad popular que la rechazó, mediante la multitud de leyes y decretos leyes que se han dictado en los últimos años, particularmente desde 2010, luego de que el Presidente de la República, su gobierno, la Asamblea Nacional que controlaba y el partido oficial que presidía perdieron las elecciones parlamentarias de septiembre de 2010. Con ocasión de ese hecho, la Asamblea Nacional ya deslegitimada, en fraude a la voluntad popular y a la Constitución, y en los últimos días de su mandato, procedió en diciembre de 2010, procedió atropelladamente a sancionar un conjunto de leyes sobre el Poder Popular, en particular, las Leyes Orgánicas del Poder Popular, de las Comunas, del Sistema Económico Comunal, de la Planificación Pública y Comunal y de la Contraloría Social;[173] y a reformar la Ley Orgánica del Poder Público Municipal, y las Leyes de los Consejos Estadales de Planificación y Coordinación de Políticas Públicas, y de los Consejos Locales de Planificación Pública,[174] completando mediante legislación ordinaria la institucionalización del Estado Comunista que no su pudo formalizar en la reforma constitucional de 2007, denominado Estado Comunal, el cual por lo demás, ya se había esbozado en la Ley de los Consejos Comunales de 2006 y en la Ley Orgánica del Consejo Federal de Gobierno.[175]

Con estas leyes puede decirse que se terminó de definir, sin reformarse la Constitución y al margen de la misma, el marco normativo de un nuevo Estado, *paralelo al Estado Constitucional*, que se denomina "Estado Comunal" y que si nos atenemos a las experiencias históricas precedentes, todas fracasadas, unas desaparecidas como el de la Unión Soviética, y otros en vías de extinción como el de Cuba, no es otra cosa que un Estado Comunista, para el cual se adopta al Socialismo como doctrina oficial pública, impuesta a los ciudadanos para poder participar, montado sobre un sistema político centralizado, militarista y policial para el ejercicio del poder. El objetivo fundamental de estas leyes es la organización del "Estado Comunal" que tiene a la Comuna como a su célula fundamental, suplantando inconstitucionalmente al Municipio en el carácter que tiene de "unidad política primaria de la organización nacional" (art. 168 de la Constitución). A través de la organización de ese Estado Comunal o Comunista, se ejerce en Venezuela el Poder Popular, el cual se concreta en el ejercicio de la soberanía popular supuestamente sólo directamente por el pueblo, y no mediante representantes. Se trata por tanto, de un sistema político estatal en el cual se ignora la democracia representativa violándose así abiertamente la Constitución de la República.

El Estado Comunista o Estado Comunal que se ha implantado con estas leyes, *en paralelo* al Estado Constitucional, se basa en este simple esquema: como el artículo

---

173 Véase en *Gaceta Oficial* N° 6.011 Extra. de 21-12-2010. Sobre estas leyes véase mis comentarios en Allan R. Brewer-Carías, "Las leyes del Poder Popular dictadas en Venezuela en diciembre de 2010, para transformar el Estado Democrático y Social de Derecho en un Estado Comunal Socialista, sin reformar la Constitución," en *Cuadernos Manuel Giménez Abad,* Fundación Manuel Giménez Abad de Estudios Parlamentarios y del Estado Autonómico, N° 1, Madrid, Junio 2011, pp. 127-131. Véase en general los comentarios de Allan R. Brewer-Carías, Claudia Nikken, Luis A. Herrera Orellana, Jesús María Alvarado Andrade, José Ignacio Hernández y Adriana Vigilanza, en *Leyes Orgánicas sobre el Poder Popular y el Estado Comunal (Los Consejos Comunales, Las Comunas, La Sociedad Socialista y el Sistema Económico Comunal),* Colección Textos Legislativos N° 50, Editorial Jurídica Venezolana, Caracas 2011, 720 pp.

174 Véase en *Gaceta Oficial* N° 6.017 Extra. de 30-12-2010.

175 Véase en *Gaceta Oficial* N° 5.963 Extra. de 22-02-2010.

5 de la Constitución dispone que "La soberanía reside intransferiblemente en el pueblo, quien la ejerce *directamente* en la forma prevista en esta Constitución y en la ley, e *indirectamente*, mediante el sufragio, por los órganos que ejercen el Poder Público," habiéndose estructurado el Estado Constitucional basado en el concepto de democracia representativa, es decir, el ejercicio de la soberanía en forma indirecta mediante el sufragio; entonces ahora se estructura el Estado Comunal, basado en el ejercicio de la soberanía en forma directa.

Ello incluso ha sido "legitimado" por las sentencias dictadas por la Sala Constitucional del Tribunal Supremo de Justicia cuando al analizar el carácter orgánico de las leyes, como en la dictada en relación con la Ley Orgánica de las Comunas, señaló que la misma se dictó:

> "en desarrollo del principio constitucional de la democracia participativa y descentralizada que postula el preámbulo constitucional y que reconocen los artículos 5 y 6 de la Constitución de la República Bolivariana de Venezuela, de cuyo contenido se extrae el principio de soberanía, cuyo titular es el pueblo, quien está además facultado para ejercerla "*directamente*" y no sólo "*indirectamente*" por los órganos del Poder Público; así como del artículo 62 *ejusdem*, que estatuye el derecho de las personas a la libre participación en los asuntos públicos y, especial-mente, el artículo 70 del mismo texto fundamental, que reconoce expresamente medios de autogestión como mecanismos de participación popular protagónica del pueblo en ejercicio de su soberanía, medios que son sólo enunciativos en los términos de la predicha norma."[176]

Es con base en estos principios que en el artículo 8.8 de la LOPP, se define al Estado comunal, como la:

> "Forma de organización político social, fundada en el Estado democrático y social de derecho y de justicia establecido en la Constitución de la República, en la cual el poder es ejercido directamente por el pueblo, con un modelo económico de propiedad social y de desarrollo endógeno sustentable, que permita alcanzar la suprema felicidad social de los venezolanos y venezolanas en la sociedad socialista. La célula fundamental de conformación del estado comunal es la Comuna.[177]

Se ha establecido así, un Estado Comunal en paralelo al Estado Constitucional: el primero basado en el ejercicio de la soberanía directamente por el pueblo; y el segundo, basado en el ejercicio de la soberanía indirectamente por el pueblo, mediante representantes electos por sufragio universal; en un sistema, en el cual el primero irá vaciando progresivamente de competencias al segundo. Todo ello es inconstitucional, particularmente porque en la estructura del Estado Comunal que se

---

176 Véase la sentencia Nº 1.330, Caso: Carácter Orgánico de la Ley Orgánica de Comunas, de fecha 17/12/2010. Véase en http://www.tsj.gov.ve/decisiones /scon/Diciembre/1330-171210-2010-10-1436.html

177 En la Ley Orgánica de las Comunas, sin embargo, se define al Estado Comunal de la siguiente manera: "Forma de organización político-social, fundada en el Estado democrático y social de derecho y de justicia establecido en la Constitución de la República, en la cual el poder es ejercido directamente por el pueblo, a través de los autogobiernos comunales, con un modelo económico de propiedad social y de desarrollo endógeno y sustentable, que permita alcanzar la suprema felicidad social de los venezolanos y venezolanas en la sociedad socialista. La célula fundamental de conformación del estado comunal es la Comuna" (art. 4.10).

ha montado legalmente, el ejercicio de la soberanía en definitiva es indirecta mediante "representantes" que se "eligen" para ejercer el Poder Popular en nombre del pueblo, y que son denominados "voceros" o "vocerías," pero no son electos mediante sufragio.

El sistema que se ha montado, en definitiva, controlado todo por un Ministerio del Ejecutivo Nacional, lejos de ser un instrumento de descentralización –concepto que está indisolublemente unido a la autonomía política– es un sistema de centralización y control férreo de las comunidades por el Poder Central. Por ello la aversión al sufragio.[178] En ese esquema, una verdadera democracia participativa sería la que garantizaría que los miembros de los Consejos Comunales, las comunas y todas las organizaciones e instancias del Poder Popular fueran electas por sufragio universal, directo y secreto, y no a mano alzada por asambleas controladas por el partido oficial y el Ejecutivo Nacional, en contravención al modelo de Estado democrático y social de derecho y de justicia descentralizado establecido en la Constitución.

pues bien, es en este contexto, y buscando establecer en paralelo al Estado Constitucional en el cual el pueblo ejerce indirectamente el Poder Público mediante representantes electos por sufragio universal directo y secreto, un Estado Comunal en el cual el pueblo supuestamente ejercería directamente el Poder Popular mediante voceros que no son electos por sufragio universal, directo y secretos, sino en asambleas de ciudadanos, el artículo 2 de la LOPP, define al Poder Popular, como:

> "el ejercicio pleno de la soberanía por parte del pueblo en lo político, económico, social, cultural, ambiental, internacional, y en todo ámbito del desenvolvimiento y desarrollo de la sociedad, a través de sus diversas y disímiles formas de organización, que edifican el estado comunal."

Todo lo cual no es más que una falacia, pues en definitiva en ese "edificio" del Estado Comunal se le niega al pueblo el derecho de elegir libremente, mediante sufragio universal, directo y secreto a quienes van a representarlo en todos esos ámbitos, incluyendo el internacional; y además, se niega toda idea de pluralismo al imponerse a los ciudadanos una ideología única compulsiva como es el socialismo. Se trata más bien de un "edificio" de organizaciones para evitar que el pueblo realmente ejerza la soberanía e imponerle mediante férreo control central políticas por las cuales nunca tendrá la ocasión de votar.

Por otra parte, según el artículo 4 de la LOPP, la finalidad de este Poder Popular que se ejerce por los órganos del Estado Comunal,

> "garantizar la vida y el bienestar social del pueblo, mediante la creación de mecanismos para su desarrollo social y espiritual, procurando la igualdad de condiciones para que todos y todas desarrollen libremente su personalidad, dirijan su destino, disfruten los derechos humanos y alcancen la suprema felicidad social; sin discriminaciones por motivos de origen étnico, religioso, condición social, sexo, orientación sexual, identidad y expresión de genero, idioma, opinión política, nacionalidad u

---

178 Véase lo expuesto en los estudios de José Ignacio Hernández G., "Descentralización y Poder Popular," y Adriana Vigilanza García, "La descentralización política de Venezuela y las nuevas leyes del 'Poder Popular'," en Allan R. Brewer-Carías *et al.*, *Leyes Orgánicas sobre el Poder Popular y el Estado Comunal (Los Consejos Comunales, Las Comunas, La Sociedad Socialista y el Sistema Económico Comunal),* Colección Textos Legislativos N° 50, Editorial Jurídica Venezolana, Caracas 2011, pp. 459 ss. y 477 ss., respectivamente.

origen, edad, posición económica, condición de discapacidad o cualquier otra circunstancia personal, jurídica o social, que tenga por resultado anular o menoscabar el reconocimiento, goce o ejercicio de los derechos humanos y garantías constitucionales."

Por supuesto todos estos principios de igualdad se rompen desde que el sistema de Estado Comunal o Comunista, paralelo al Estado Constitucional, se monta, como se ha dicho, sobre una concepción única, que es el Socialismo, de manera que quien no sea socialista está automáticamente discriminado y no puede participar. No es posible, por tanto, en el marco de esta Ley, poder conciliar el pluralismo que garantiza la Constitución y el principio de la no discriminación por razón de "opinión política" a que se refiere este artículo, con el resto de las disposiciones de la Ley que persiguen todo lo contrario, es decir, el establecimiento de un Estado Comunista o Comunal, cuyas instancias sólo pueden actuar en función del Socialismo y en las cuales todo ciudadano que tenga otra opinión queda excluido.[179]

Es decir, mediante esta Ley Orgánica se ha establecido el marco definitorio de un nuevo modelo de Estado paralelo y distinto al Estado Constitucional, denominado el Estado Comunal basado en forma exclusiva y exclusionista en el socialismo como doctrina y práctica política, que es la organización política a través de la cual se produce el ejercicio del Poder Popular que es a la vez "el ejercicio pleno de la soberanía por parte del pueblo."

Ese Poder Popular se fundamenta, como se declara en el artículo 3 de la LOPP, "en el principio de soberanía y el sentido de progresividad de los derechos contemplados en la Constitución de la República, cuyo ejercicio y desarrollo está determinado por los niveles de conciencia política y organización del pueblo" (art. 3).

Con esta declaración, sin embargo, lejos de la universalidad, prevalencia y progresividad de los derechos humanos que se garantizan la Constitución, lo que se ha establecido es la desaparición total de la concepción universal de los derechos humanos, el abandono a su carácter prevalente y el retroceso ante los principios *pro homines* y *favor libertatis*, al condicionarse su existencia, alcance y progresividad a lo que se determine "por los niveles de conciencia política y organización del pueblo," es decir, por lo que dispongan y prescriban las organizaciones del Poder Popular con las que se busca "organizar" al pueblo, todas sometidas al Socialismo. Con ello desaparece la concepción de los derechos humanos como esferas que son innatas al hombre e inmunes frente al poder; pasándose a una concepción de los dere-

---

179 En el diario *El Nacional* del 12 de febrero de 2011, se reseñó lo siguiente: "Representantes de 120 consejos comunales del Distrito Capital y de Miranda denunciaron en una asamblea celebrada en presencia del diputado William Ojeda que son víctimas de discriminación por razones políticas. Aseguraron que aunque cumplieron con los requisitos para registrarse en Fundacomunal no pudieron iniciar el proceso porque no presentaron la planilla de inscripción en el PSUV, que es un requisito indispensable. "El Gobierno está aplicando una política de discriminación y exclusión. Está ocurriendo un *apartheid* político. Hay centenares de consejos comunales en el país que están organizados y que no han podido registrarse porque no militan en la tolda roja", indicó Ojeda." Véase en Diana Lozano Parafán, "Consejos Comunales rechazan discriminación. El diputado William Ojeda se reunió con representantes de 120 comunidades que no han podido inscribirse por razones partidistas," en *El Nacional*, Caracas 12-02-2011. Véase en http://impresodigital.el-nacional.com/ediciones/011/02/12/default.asp?cfg=1081-FGHH666&iu=757. En todo caso, en la "Ficha de caracterización de las Comunas" (2013) elaborada por el Ministerio del Poder Popular para las Comunas y Protección Social, un dato de obligatoria información es la inscripción en el Partido oficial PSUV.

chos humanos dependientes de lo que ordene un poder central, que en definitiva controla todo el "edificio" del Estado Comunal o Estado Socialista, como clara demostración del totalitarismo que está a la base de esta Ley.

En el mismo sentido se dispone en el artículo 5 de la LOPP, que "la organización y participación del pueblo en el ejercicio de su soberanía se inspira en la doctrina del Libertador Simón Bolívar, y se rige por los principios y valores socialistas,"[180] con lo cual, como se ha dicho, se vincula la organización del Estado Comunal que se organiza en paralelo al Estado Constitucional, con la ideología política socialista, es decir, con el *socialismo*, el cual se define en el artículo 8.14 como:

> "un modo de relaciones sociales de producción centrado en la convivencia solidaria y la satisfacción de necesidades materiales e intangibles de toda la sociedad, que tiene como base fundamental la recuperación del valor del trabajo como productor de bienes y servicios para satisfacer las necesidades humanas y lograr la suprema felicidad social y el desarrollo humano integral. Para ello es necesario el desarrollo de la propiedad social sobre los factores y medios de producción básicos y estratégicos que permita que todas las familias, ciudadanos venezolanos y ciuda-danas venezolanas posean, usen y disfruten de su patrimonio, propiedad individual o familiar, y ejerzan el pleno goce de sus derechos económicos, sociales, políticos y culturales."[181]

Lo primero que debe observarse respecto de esta norma, es la insostenible pretensión de vincular "la doctrina del Libertador Simón Bolívar" con los principios y valores socialistas. En la obra de Bolívar y en relación con su concepción del Estado nada puede encontrarse al respecto,[182] no siendo la norma sino una pretensión más de continuar manipulando el "culto" a Bolívar para justificar los autoritarismos, como tantas veces ha ocurrido antes en nuestra historia.[183] Con la norma, por otra

---

180 La misma expresión se utilizó en la Ley Orgánica de las Comunas respecto de la constitución, conformación, organización y funcionamiento de las mismas (art. 2); en la Ley Orgánica de los Consejos Comunales respecto de los mismos (art. 1), en la Ley Orgánica de Contraloría Social (art. 6); en la Ley Orgánica de Planificación Pública y Popular (art. 3), que regula la planificación pública, popular y participativa como herramienta fundamental para construcción de la nueva sociedad (art. 3); y en la Ley Orgánica del Sistema Económico Comunal respecto del mismo (art.5).

181 Igual definición se encuentra en el artículo 4.14 de la Ley Orgánica de las Comunas. También en el artículo 3 del Reglamento de la Ley Orgánica del Consejo federal de Gobierno se define el socialismo como "un modo de relaciones sociales de producción centrado en la convivencia solidaria y la satisfacción de las necesidades materiales e intangibles de toda la sociedad, que tiene como base fundamental la recuperación del valor del trabajo como productor de bienes y servicios para satisfacer las necesidades humanas y lograr la Suprema Felicidad Social y el Desarrollo Humano Integral. Para ello es necesario el desarrollo de la propiedad social sobre los factores y medios de producción básicos y estratégicos que permita que todas las familias y los ciudadanos y ciudadanas venezolanos y venezolanas posean, usen y disfruten de su patrimonio o propiedad individual o familiar, y ejerzan el pleno goce de sus derechos económicos, sociales, políticos y culturales."Véase en *Gaceta Oficial* N° 39.382 del 9 de marzo de 2010. Muchas son las definiciones de socialismo, pero en todas, se pueden identificar sus elementos básicos: (i) un sistema de organización social y económico, (ii) basado en la propiedad y administración colectiva o estatal de los medios de producción, y (iii) en regulación por el Estado de las actividades económicas y sociales y de la distribución de los bienes, (iv) buscando la progresiva desaparición de las clases sociales.

182 Véase Allan R. Brewer-Carías, "Ideas centrales sobre la organización el Estado en la Obra del Libertador y sus Proyecciones Contemporáneas," en *Boletín de la Academia de Ciencias Políticas y Sociales*, N° 95-96, enero-junio 1984, pp. 137-151.

183 Fue el caso de Antonio Guzmán Blanco en el siglo XIX y de Cipriano Castro, Juan Vicente Gómez, Eleazar López Contreras y Marcos Pérez Jiménez en el siglo XX. John Lynch ha señalado que: "El tra-

parte y por supuesto, se viola abiertamente la garantía del derecho de propiedad que está en la Constitución (art. 115) que no permite su restricción sólo a la propiedad colectiva o social excluyendo la propiedad privada de los medios de producción.

En todo caso, a partir de todas las Leyes sobre el Poder Popular dictadas en 2010, todas las leyes y decretos leyes posteriores han sido dictadas en fraude a la Constitución y a la voluntad popular, conforme al mismo principio de establecer un Estado Socialista en sustitución del Estado democrático y social de derecho; todas con la impronta de lograr la implantación del socialismo en Venezuela, al punto de que en diciembre de 2013 la Asamblea Nacional ha aprobado el llamado "*Plan de la Patria. Proyecto Nacional Simón Bolívar, Segundo Plan Socialista de Desarrollo Económico y Social de la Nación 2013-2019*"[184] en el cual por ejemplo se establece, entre sus objetivos: "1.1. Garantizar la continuidad y consolidación de la Revolución Bolivariana en el poder," y "2.4. Convocar y promover una nueva orientación ética, moral y espiritual de la sociedad, basada en los valores liberadores del socialismo." Dicho Plan se aprobó mediante "Acuerdo" por la Asamblea Nacional, es decir, sin las discusiones propias del procedimiento de formación de las leyes, indicándose, sin embargo, en forma evidentemente inconstitucional, como si se hubiese aprobado con forma de ley, que el mismo "se aprueba en todas sus partes y para que surta efecto jurídico, y sea de obligatorio cumplimiento en todo el territorio de la República Bolivariana de Venezuela".

Con ello, se consolidan los mecanismos de vaciamiento progresivo del Estado Constitucional cuyos órganos son electos por votación popular, por el Estado Comunal que fue implementado en paralelo al mismo, cuyos órganos, integrados por órganos no electos por sufragio universal directo y secreto, dependen del Ejecutivo Nacional. Se trata de dos Estados establecidos en paralelo, uno en la Constitución y otro en una ley inconstitucional, pero con previsiones en las leyes del Poder popular que permiten al Estado Comunal ahogar y secar al Estado Constitucional.

A tal efecto, en la LOPP se establecen las siguientes previsiones para regular las relaciones entre el Estado o el Poder Público y el Poder Popular:

En *primer lugar*, se establece como obligación legal para los órganos, entes e instancias del Poder Público el promover, apoyar y acompañar las iniciativas populares para la constitución, desarrollo y consolidación de las diversas formas organizativas y de autogobierno del pueblo (art. 23).[185] En particular, incluso, la Ley

---

dicional culto a Bolívar ha sido usado como ideología de conveniencia por dictadores militares, culminando con los regímenes de Juan Vicente Gómez y Eleazar López Contreras; quienes al menos respetaron, más o menos, los pensamientos básicos del Libertador, aún cuando tergiversaron su significado." Concluye Lynch señalando que en el caso de Venezuela, en la actualidad, el proclamar al Libertador como fundamento de las políticas del régimen autoritario, constituye una distorsión de sus ideas. Véase John Lynch, *Simón Bolívar: A Life*, Yale University Press, New Haven 2007, p. 304. .Véase también, Germán Carrera Damas, *El culto a Bolívar, esbozo para un estudio de la historia de las ideas en Venezuela*, Universidad Central de Venezuela, Caracas 1969; Luis Castro Leiva, *De la patria boba a la teología bolivariana*, Monteávila, Caracas 1987; Elías Pino Iturrieta, *El divino Bolívar. Ensayo sobre una religión republicana*, Alfail, Caracas 2008; Ana Teresa Torres, *La herencia de la tribu. Del mito de la independencia a la Revolución bolivariana*, Editorial Alfa, Caracas 2009. Sobre la historiografía en relación con estos libros véase Tomás Straka, *La épica del desencanto*, Editorial Alfa, Caracas 2009.

184 *Gaceta Oficial* N° 6118 Extraordinario de 4 de diciembre de 2011

185 Una norma similar está en el artículo 62 de la Ley Orgánica de las Comunas, a los efectos de "la constitución, desarrollo y consolidación de las comunas como forma de autogobierno."

Orgánica de Comunas dispone que "los órganos integrantes del Poder Ciudadano apoyarán a los consejos de contraloría comunal a los fines de contribuir con el cumplimiento de sus funciones" (art. 48).

En *segundo lugar*, se sujeta a todos los órganos del Estado Constitucional que ejercen el Poder Público, a los mandatos de las organizaciones del Poder Popular, al instaurarse un nuevo principio de gobierno, consistente en "gobernar obedeciendo." El artículo 24 de la LOPP en efecto dispone:

> *Artículo 24.* Actuaciones de los órganos y entes del Poder Público. Todos los órganos, entes e instancias del Poder Público guiarán sus actuaciones por el principio de gobernar obedeciendo, en relación con los mandatos de los ciudadanos, ciudadanas y de las organizaciones del Poder Popular, de acuerdo a lo establecido en la Constitución de la República y las leyes.

Como las organizaciones del Poder Popular no tienen autonomía política pues no sus "voceros" no son electos democráticamente mediante sufragio universal, directo y secreto, sino designados por asambleas de ciudadanos controladas e intervenidas por el partido oficial y el Ejecutivo Nacional que controla y guía todo el proceso organizativo del Estado Comunal, en el ámbito exclusivo de la ideología socialista, sin que tenga cabida vocero alguno que no sea socialista, o que no esté inscrito en el Partido Socialista Unificado de Venezuela (PSUV); en definitiva esto de "gobernar obedeciendo" es una limitación a la autonomía política de los órganos del Estado Constitucional electos, como la Asamblea Nacional, los Gobernadores y Consejos Legislativos de los Estados y los Alcaldes y Concejos Municipales, a quienes se le impone en definitiva la obligación de obedecer lo que disponga el Ejecutivo Nacional y el partido oficial enmarcado en el ámbito exclusivo del socialismo como doctrina política.[186] La voluntad popular expresada en la elección de representantes del Estado Constitucional, por tanto, no tiene valor alguno, y al pueblo se le confisca su soberanía trasladándola de hecho a unas asambleas que no lo representan.

En *tercer lugar*, en particular, se establece la obligación para el Poder Ejecutivo Nacional, para que "conforme a las iniciativas de desarrollo y consolidación originadas desde el Poder Popular," planifique, articule y coordine "acciones conjuntas con las organizaciones sociales, las comunidades organizadas, las comunas y los sistemas de agregación y articulación que surjan entre ellas, con la finalidad de mantener la coherencia con las estrategias y políticas de carácter nacional, regional, local, comunal y comunitaria"(art. 25).

En *cuarto lugar*, se establece la obligación para los órganos y entes del Poder Público en sus relaciones con el Poder Popular, de dar "preferencia a las comunidades organizadas, a las comunas y a los sistemas de agregación y articulación que surjan entre ellas, en atención a los requerimientos que las mismas formulen para la satisfacción de sus necesidades y el ejercicio de sus derechos, en los términos y lapsos que establece la ley" (art. 29). Igualmente se prevé que los órganos, entes e instancias del Poder Público, en sus diferentes niveles político-territoriales, deben adoptar "medidas para que las organizaciones socio-productivas de propiedad social

186 Véase por ejemplo, Allan R. Brewer-Carías, "La Ley Orgánica del Poder Popular y la desconstitucionalización del Estado de derecho en Venezuela," en *Revista de Derecho Público*, N° 124, (octubre-diciembre 2010), Editorial Jurídica Venezolana, Caracas 2010, pp. 81-101

comunal, gocen de prioridad y preferencia en los procesos de contrataciones públicas para la adquisición de bienes, prestación de servicios y ejecución de obras" (art. 30).[187]

En *quinto lugar*, se establece la obligación para la República, los estados y municipios, de acuerdo con la ley que rige el proceso de transferencia y descentralización de competencias y atribuciones, la obligación de trasferir "a las comunidades organizadas, a las comunas y a los sistemas de agregación que de éstas surjan; funciones de gestión, administración, control de servicios y ejecución de obras atribuidos a aquéllos por la Constitución de la República, para mejorar la eficiencia y los resultados en beneficio del colectivo" (art. 27).[188]

Con ello, se dispone legalmente el vaciamiento de competencias de los Estados y Municipios, de manera que queden como estructuras vacías, con gobiernos representativos electos por el pueblo pero que no tienen materias sobre las cuales gobernar.

Este proceso, por lo demás, se completó con la reforma de la Ley Orgánica de Régimen Municipal (LOPPM) y con la Ley Orgánica del Consejo Federal de Gobierno (LOCGR). En esta última, la trasferencia de competencias de los Estados a los Municipios, a las comunidades y a los grupos vecinales que se prevé en la Constitución (art.184), y que en la Ley Orgánica del Poder Público Municipal se atribuía a los Consejos Legislativos de los Estados para establecer el procedimiento a dichos fines, se ha cambiado radicalmente, asignándose esa función al Consejo Federal de Gobierno, el cual ha sido organizado de manera tal que está completamente controlado por el Ejecutivo Nacional (art. 11). En esta forma, además, se limitó inconstitucionalmente la autonomía de los Estados y Municipios que les garantiza la Constitución.

B *La inconstitucional eliminación mediante ley, de órganos democráticos de representación local, con la recreación del desaparecido "Distrito Federal" sin autonomía política ni gobierno democrático local en la organización del Distrito Capital; y con la eliminación de las Juntas Parroquiales*

La Constitución de 1999, además de regular al Poder Público Municipal, como una de las ramas del Poder Público, con su propio gobierno democrático local a cargo de Consejos Legislativos y Alcaldes electos, aseguró definitivamente la existencia de un régimen de gobierno local descentralizado y democrático tanto en el régimen político de la ciudad capital, Caracas, garantizando en el mismo la autonomía municipal y la participación política de las diversas entidades que componen la ciudad; como en el nivel sub-municipal de las Parroquias.

En cuanto al gobierno municipal en Caracas, la Constitución estableció un gobierno metropolitano a dos niveles, con órganos electos democráticamente mediante sufragio universal directo y secreto, eliminando definitivamente la figura vieja y tradicional figura territorial del "Distrito Federal" que había quedado como vestigio

187 En particular, conforme al artículo 61 de la Ley Orgánica de las Comunas, se dispone que "todos los órganos y entes del Poder Público comprometidos con el financiamiento de proyectos de las comunas y sus sistemas de agregación, priorizarán aquéllos que impulsen la atención a las comunidades de menor desarrollo relativo, a fin de garantizar el desarrollo territorial equilibrado.

188 Esta misma norma se repite en la Ley Orgánica de las Comunas (art. 64). El 31 de diciembre de 2010, aún estaba pendiente en la Asamblea Nacional la segunda discusión del proyecto de Ley Orgánica del Sistema de Transferencia de Competencias y atribuciones de los Estados y Municipios a las organizaciones del Poder Popular.

decimonónico del esquema tradicional de las federaciones, en el cual la ciudad capital carecía de autogobierno.

Con la rechazada reforma constitucional de 2007, sin embargo, de acuerdo con el modelo centralista que la caracterizó, en esta materia de régimen político de la capital, Caracas, se propuso volver al mismo esquema del siglo XIX, restableciendo el Distrito Federal sin garantía alguna de la autonomía municipal o territorial ni sistema democrático y participativo de gobierno, cuyas autoridades se pretendía quedaran totalmente sujetas y controladas por el Poder Nacional y, en particular, por el Presidente de la República a quien se buscaba atribuir la designación y remoción de sus autoridades. La reforma constitucional rechazada, además, buscaba "nacionalizar" totalmente las competencias públicas respecto de todos los asuntos que concernieran a la ciudad capital, asignándose al "Poder Nacional por intermedio del Poder Ejecutivo" (con la colaboración y participación de todos los entes del Poder Público Nacional, Estadal y Municipal, así como del Poder Popular) la competencia para disponer "todo lo necesario para el reordenamiento urbano, reestructuración vial, recuperación ambiental, logros de niveles óptimos de seguridad personal y pública, fortalecimiento integral de la infraestructura del hábitat de las comunidades, sistemas de salud, educación, cultura, deporte y recreación, recuperación total de su casco y sitios históricos, construcción de un sistema de pequeñas y medianas ciudades a lo largo de sus ejes territoriales de expansión". Es decir, todo lo que era propio de los gobiernos locales, se pretendía asignar al Ejecutivo Nacional.

De nada sirvió sin embargo, el rechazo popular a dicha reforma constitucional de 2007, pues mediante la Ley Especial Sobre la Organización y Régimen del Distrito Capital[189], lejos de haber establecido una organización democrática de una entidad política de la Republica, se implementó inconstitucionalmente la reforma y se reguló dicho Distrito Capital como una dependencia del Poder Nacional, con ámbito territorial según se indica en el artículo 4, igual al que "correspondían al extinto Distrito Federal a la fecha de entrada en vigencia de la Constitución de la República Bolivariana de Venezuela y que comprende el territorio del actual Municipio Bolivariano Libertador."

Por otra parte, en cuanto al régimen del gobierno municipal, en la Constitución de 1999 en el marco de regulación de la autonomía municipal y de los diversos entidades locales, en su artículo 173, además del Municipio, reguló expresamente a las "parroquias" como entidades locales, en el nivel territorial sub-municipal, que aún se regulaban ampliamente en la Ley Orgánica del Poder Público Municipal de 2009.

En el modelo centralista de la rechazada reforma constitucional de 2007, sin embargo, con motivo de la propuesta de estructuración del Estado Comunal, montado sobre órganos no electos popularmente como son los Consejos Comunales, se propuso formalmente eliminar como entidad local territorial, dentro del ámbito municipal, a las parroquias y por tanto a las juntas parroquiales que eran tradicionalmente electas popularmente.

189 *Gaceta Oficial* N° 39.156 de 13 de abril de 2009. Véase sobre esta Ley, Allan R. Brewer-Carías, Manuel Rachadell, Nelson Socorro, Enrique Sánchez Falcón, Juan Carmona Borjas, Tulio Álvarez, *Leyes sobre el Distrito Capital y el Área Metropolitana de Caraças*, Colección Textos Legislativos N° 45, Editorial Jurídica Venezolana. Caracas 2009, 209 pp.

Dicha reforma constitucional rechazada, sin embargo, ha sido inconstitucionalmente implementada mediante la reforma de la Ley Orgánica de Régimen del Poder Público Municipal de 2010,[190] de cuya normativa simplemente desapareció toda mención a la existencia de las parroquias y de las juntas parroquiales (las cuales, en las Disposiciones Transitorias se dispuso su cesación) habiendo legalmente desaparecido de la organización territorial del país, habiéndose atribuido a las Comunas (art. 19) integradas por "voceros" no electos las funciones y competencias de aquéllas, en lesión abierta a la democracia representativa local que buscaba garantizar la Constitución.

C. *La inconstitucional implementación de reformas constitucionales al sistema económico para establecer un sistema de economía socialista.*

Uno de los componentes normativos esenciales de toda Constitución contemporánea, es la llamada *Constitución Económica* que deriva de los principios constitucionales que guían el régimen de las relaciones económicas y el papel que, en las mismas, corresponde a la iniciativa privada y al propio Estado, y que conforme al constitucionalismo desarrollado desde mitades del siglo pasado, está montada sobre un modelo económico de economía mixta, basado en el principio de la libertad como opuesto al de economía dirigida, similar al que existe en todos los países occidentales. Este sistema económico, por tanto, se fundamenta en la libertad económica, la iniciativa privada y la libre competencia, pero con la participación del Estado como promotor del desarrollo económico, regulador de la actividad económica, y planificador con la participación de la sociedad civil.

Conforme a esa orientación, la Constitución de 1999 establece un sistema económico de economía mixta, es decir, de economía social de mercado que se fundamenta en la libertad económica, pero que debe desenvolverse conforme a principios de justicia social, que requiere de la intervención del Estado. Ese régimen socioeconómico, conforme al artículo 299 de la Constitución de 1999, se fundamenta en los siguientes principios: justicia social, democratización, eficiencia, libre competencia, protección del ambiente, productividad y solidaridad, a los fines de asegurar el desarrollo humano integral y una existencia digna y provechosa para la colectividad. Por ello, el mismo artículo constitucional dispone expresamente que el Estado, "conjuntamente con la iniciativa privada", debe promover "el desarrollo armónico de la economía nacional con el fin de generar fuentes de trabajo, alto valor agregado nacional, elevar el nivel de vida de la población y fortalecer la soberanía económica del país, garantizando la seguridad jurídica, solidez, dinamismo, sustentabilidad, permanencia, equidad del crecimiento de la economía, para garantizar una justa distribución de la riqueza mediante una planificación estratégica democrática, participativa y de consulta abierta".

Como lo precisó la Sala Constitucional del Tribunal Supremo de Justicia en sentencia N° 117 de 6 de febrero de 2001, se trata de "un sistema socioeconómico intermedio entre la economía de libre mercado (en el que el Estado funge como simple programador de la economía, dependiendo ésta de la oferta y la demanda de bienes y servicios) y la economía interventora (en la que el Estado interviene activamente como el "empresario mayor")", conforme al cual, el texto constitucional promueve "expresamente la actividad económica conjunta del Estado y de la iniciativa privada

190 Véase en *Gaceta Oficial* N° 6.015 Extraordinario del 28 de diciembre de 2010.

en la persecución y concreción de los valores supremos consagrados en la Constitución"; persiguiendo "el equilibrio de todas las fuerzas del mercado y la actividad conjunta del Estado e iniciativa privada". Conforme a este sistema, dijo además la Sala Constitucional en esa sentencia, la Constitución: "propugna una serie de valores normativos superiores del régimen económico, consagrando como tales la libertad de empresa en el marco de una economía de mercado y fundamentalmente el del Estado Social de Derecho (*Welfare State*, Estado de Bienestar o Estado Socialdemócrata), esto es un Estado social opuesto al autoritarismo"[191].

Ahora bien, con el rechazado proyecto de reforma constitucional de 2007, se pretendió cambiar radicalmente este modelo, transformándolo en un sistema de economía estatal, de planificación centralizada, propia de un Estado y economía socialista, donde desaparecía la libertad económica y el derecho de propiedad como derechos constitucionales. Para ello se propuso, sin más, la eliminación del artículo 112 de la Constitución que regula el derecho y la libertad económica, sustituyéndola por otra en la cual lo que se establecía era una definición de la política estatal para promover "el desarrollo de un modelo económico productivo, intermedio, diversificado e independiente, fundado en los valores humanísticos de la cooperación y la preponderancia de los intereses comunes sobre los individuales, que garantice la satisfacción de las necesidades sociales y materiales del pueblo, la mayor suma de estabilidad política y social y la mayor suma de felicidad posible"; proponiéndose agregar que el Estado, asimismo, "fomentará y desarrollará distintas formas de empresas y unidades económicas de propiedad social, tanto directa o comunal como indirecta o estatal, así como empresas y unidades económicas de producción o distribución social, pudiendo ser estas de propiedad mixta entre el Estado, el sector privado y el poder comunal, creando las mejores condiciones para la construcción colectiva y cooperativa de una economía socialista".

Con ello, se buscaba eliminar el derecho al libre ejercicio de las actividades económicas y la propia libertad económica y, además, eliminar la garantía de la reserva legal para establecer las limitaciones o restricciones al mismo, abriendo la posibilidad de limitaciones mediante decretos reglamentarios del Ejecutivo.

Además, con la rechazada reforma constitucional respecto del artículo 299, se buscaba eliminar de la Constitución, como fundamentos del sistema económico, los principios de justicia social, libre competencia, democracia y productividad y en su lugar se buscaba establecer, entre otros, los principios socialistas, antiimperialistas, humanistas, a los fines asegurar el desarrollo humano integral y una existencia digna y provechosa para la colectividad.

En cuanto al derecho de propiedad regulado en el 115 de la Constitución, cuya regulación también está signada por el principio de la reserva legal y la garantía de la expropiación "sólo por causa de utilidad pública o interés social, mediante sentencia firme y pago oportuno de justa indemnización", la misma también se buscó cambiar

191 Esos valores aludidos conforme a la doctrina de la Sala Constitucional "se desarrollan mediante el concepto de libertad de empresa, que encierra, tanto la noción de un derecho subjetivo "a dedicarse libremente a la actividad económica de su preferencia", como un principio de ordenación económica dentro del cual se manifiesta la voluntad de la empresa de decidir sobre sus objetivos. En este contexto, los Poderes Públicos, cumplen un rol de intervención, la cual puede ser directa (a través de empresas) o indirecta (como ente regulador del mercado)". Véase en *Revista de Derecho Público,* N° 85-88, Editorial Jurídica Venezolana, Caracas, 2001, pp. 212-218.

radicalmente, eliminándose como derecho constitucional, y reduciéndolo sólo respecto de "bienes de uso, consumo y medios de producción legítimamente adquiridos, quedando por tanto minimizada y marginalizada en relación con la propiedad pública.[192]. Además, se pretendía eliminar con la rechazada reforma constitucional la garantía de la propiedad al proponerse eliminar la exigencia de que "sólo" mediante expropiación podía extinguirse la propiedad como se ha establecido siempre en el ordenamiento constitucional, lo que abría la vía para que por ley se pudiera establecer otras formas de extinción de la propiedad.

Ante el rechazo de la reforma constitucional para cambiar de raíz el sistema económico de economía mixta montado sobre las garantías de la libertad económica y la propiedad privada, la misma comenzó a ser inconstitucionalmente implementada mediante diversas leyes destinadas a regular las bases de un sistema socialista, progresivamente regulando poderes exorbitantes del Estado en los diversos sectores de la economía que materialmente eliminaron toda libertad económica, estableciendo además mecanismos de ocupación y apropiación administrativa de la propiedad privada, sin la garantía constitucional de la expropiación. Ello comenzó a ocurrir a partir de 2008, mediante los decretos leyes dictados en uso de la delegación legislativa (ley habilitante) de 2007, justo después del rechazo de la reforma constitucional de 2007, entre ellos, el Decreto Ley N° 6.130 de 2008, contentivo de la Ley para el Fomento y Desarrollo de la Economía Popular.[193]

Todo ese proyecto de establecer un sistema económico socialista, se completó posteriormente, al margen de la Constitución, con la regulación del Sistema Económico Comunal, mediante la Ley Orgánica del Sistema Económico Comunal (LOSEC),[194] dictada con la finalidad, entre otras, de "impulsar el sistema económico

---

192 Sobre esto, el magistrado Jesús Eduardo Cabrera en el Voto salvado a la sentencia N° 2042 de la Sala Constitucional de 2 de noviembre de 2007 en la cual se declaró inadmisible un amparo constitucional ejercido contra el Presidente de la República y la Asamblea Nacional, con motivo de la inconstitucional "reforma constitucional", sostuvo lo siguiente:"El artículo 113 del Proyecto, plantea un concepto de propiedad, que se adapta a la propiedad socialista, y que es válido, incluso dentro del Estado Social; pero al limitar la propiedad privada solo sobre bienes de uso, es decir aquellos que una persona utiliza (sin especificarse en cual forma); o de consumo, que no es otra cosa que los fungibles, surge un cambio en la estructura de este derecho que dada su importancia, conduce a una transformación de la estructura del Estado. Los alcances del Derecho de propiedad dentro del Estado Social, ya fueron reconocidos en fallo de esta Sala de 20 de noviembre de 2002, con ponencia del Magistrado Antonio García García". Véase Caso *Néstor Luis Ramírez* en http://www.tsj.gov.ve/decisiones/scon/Noviembre/2042-021107-07-1374.htm

193 La Ley derogó expresamente la Ley la Ley para el Fomento y Desarrollo de la Economía Popular, publicado en la *Gaceta Oficial de la República Bolivariana de Venezuela* N° 5.890 Extraordinario de fecha 31 de julio de 2008. Véase sobre dicha Ley, Alfredo Morles Hernández, "El nuevo modelo económico del socialismo del siglo XXI y su reflejo en el contrato de adhesión," en *Revista de Derecho Público*, N° 115, Editorial Jurídica Venezolana, Caracas, 2008, pp. 229 y ss.e

194 Véase en *Gaceta Oficial* N° 6.011 Extraordinario del 21 de diciembre de 2010. Véase mis comentarios sobre esta Ley Orgánica, en Allan R. Brewer-Carías, "Sobre la Ley Orgánica del Sistema Económico Comunal o de cómo se implanta en Venezuela un sistema económico comunista sin reformar la Constitución," en *Revista de Derecho Público*, N° 124, (octubre-diciembre 2010), Editorial Jurídica Venezolana, Caracas 2010, pp. 102-109; y Jesús María Alvarado Andrade, "La 'Constitución económica' y el sistema económico comunal (Reflexiones Críticas a propósito de la Ley Orgánica del Sistema Económico Comunal)," en *Leyes Orgánicas sobre el Poder Popular y el Estado Comunal (Los Consejos Comunales, Las Comunas, La Sociedad Socialista y el Sistema Económico Comunal),* Colección Textos Legislativos N° 50, Editorial Jurídica Venezolana, Caracas 2011, pp. 375 ss.

comunal a través de un modelo de gestión sustentable y sostenible para el fortalecimiento del desarrollo endógeno (art. 3.2); "fomentar el sistema económico comunal en el marco del modelo productivo *socialista*, a través de diversas formas de organización socio-productiva, comunitaria y comunal en todo el territorio nacional (art. 3.3); e "incentivar en las comunidades y las comunas los valores y principios *socialistas* para la educación, el trabajo, la investigación, el intercambio de saberes y conocimientos, así como la solidaridad, como medios para alcanzar el bien común.(art. 3.8). Para ello, el sistema de economía comunal se lo define en el artículo 2, como:

> "el conjunto de relaciones sociales de producción, distribución, intercambio y consumo de bienes y servicios, así como de saberes y conocimientos, desarrolladas por las instancias del Poder Popular, el Poder Público o por acuerdo entre ambos, a través de organizaciones socio-productivas bajo formas de propiedad social comunal."

Se trata, por tanto, de la regulación legal de un sistema económico que contraría el establecido en la Constitución, que se desarrolla exclusivamente "a través de organizaciones socio-productivas bajo formas de propiedad social comunal" que conforme a dicha Ley son solamente las empresas del Estado Comunal creadas por las instancias del Poder Público, las empresas públicas creadas por los órganos que ejercen del Poder Público, las unidades productivas familiares o los grupos de trueque, donde está excluida toda iniciativa privada y la propiedad privada de los medios de producción y comercialización de bienes y servicios.

Con ello, mediante ley, se ha establecido un sistema económico socialista, contrario completamente el sistema de economía mixta que garantiza la Constitución basado, al contrario, en la libertad económica, la iniciativa privada, y la libertad de trabajo, empresa, comercio, industria, "sin perjuicio de su facultad para dictar medidas para planificar, racionalizar y regular la economía e impulsar el desarrollo integral del país;" (art. 112), así como en el derecho de propiedad privada (art. 115), limitándose este último materialmente sólo sobre los bienes de uso y de consumo, así como de los medios de producción estrictamente familiar.

Una reforma constitucional de esa naturaleza, sin duda, sólo podría realizarse mediante la convocatoria de una Asamblea Constituyente (ni siquiera mediante reforma o enmienda constitucional), pues simplemente, elimina el sistema constitucional de economía mixta, sustituyéndolo por un sistema económico estatista o controlado por el Estado, mezclado con previsiones propias de sociedades primitivas y lugareñas que presuponen la miseria como forma de vida, como regular y justificar el trueque como sistema, o la llamada "moneda comunal" como medio de intercambio de bienes y servicios. Por ello es que este sistema económico comunal se lo concibe como la "herramienta fundamental para construcción de la nueva sociedad," que supuestamente debe regirse sólo "por los principios y valores socialistas" que en esta LOSEC también se declara que supuestamente se inspira en la doctrina de Simón Bolívar (art. 5). A tal efecto, la propiedad privada se reduce a la mínima expresión, regulándose en sustitución un sistema económico comunal basado en la "propiedad social" como derecho de la "sociedad" (art. 6.15), pero montado casi exclusivamente en la propiedad pública, del Estado (dominio del Estado), sobre los medios de producción, de manera que en la práctica, no se trata de ningún derecho "de la sociedad," sino del aparato Estatal, cuyo desarrollo, regido por un sistema de planificación centralizada, elimina toda posibilidad de libertad económica e iniciativa privada, y convierte a las "organizaciones socio-productivas" en meros apéndices del aparato estatal. El sistema omnicomprensivo que se regula, al contrario está basado en la "propiedad social comunal" y que debe ser desarrollada tanto por el Estado Constitucional (los órganos del Poder Público) como por el Estado Comunal (instancias del Poder Popular), como se dijo, exclusivamente a través de "organizaciones socio-productivas bajo formas de propiedad comunal."

En este contexto socialista, la Ley Orgánica define el "modelo productivo socialista" como el

> "modelo de producción basado en la *propiedad social*, orientado hacia la *eliminación de la división social del trabajo* propio del modelo capitalista. El modelo de producción socialista está dirigido a la satisfacción de necesidades crecientes de la población, a través de nuevas formas de generación y apropiación así como de la *reinversión social del excedente*." (art. 6.12)

Se trata en consecuencia, de una Ley mediante la cual se ha cambiado de raíz el sistema capitalista y se lo ha sustituido a la fuerza por un sistema socialista, imponiendo un sistema comunista, para lo cual sus redactores, pura y simplemente han parafraseado lo que escribieron Carlos Marx y Federico Engels, en 1845 y 1846, sobre la sociedad comunista, en su libro *La Ideología Alemana*, refiriéndose a la sociedad primitiva de la época, en muchas partes aún esclavista y en todas, preindustrial,[195] y basándose en los clásicos principios utópicos comunistas de la "propiedad social de los medios de producción," la "eliminación de la división social del trabajo" y la "reinversión social del excedente," los cuales se han copiado en la Ley para implantar en Venezuela el sistema comunista como contrario al sistema capitalista.

7 *Apreciación final*

Todo lo anteriormente expuesto podía hacerse pero sólo reformando la Constitución conforme al procedimiento de convocatoria de una Asamblea Constituyente establecido en el artículo 347 de la Constitución. Como incluso lo advirtió uno de los Magistrados de la Sala Constitucional, Jesús Eduardo Cabrera, quien con sus ponencias durante años había sido uno de los que más había contribuido a asegurar el afianzamiento del régimen autoritario en Venezuela, expresando en un Voto salvado a la sentencia N° 2042 de la Sala Constitucional de 2 de noviembre de 2007 (Caso *Néstor Luis Romero*)[196] que decidió la "inadmisibilidad" de una acción de amparo contra la "reforma constitucional" de 2007, lo siguiente:

> "En criterio de quien disiente, un sistema de organización social o económico basado en la propiedad y administración colectiva o estatal de los medios de producción, como lo es básicamente el socialista, en sus distintas concepciones, cual es el propuesto en el Proyecto de Reforma, chocaría con lo que quien suscribe, y la propia Sala, era considerado Estado Social, y ello -en criterio del disidente- puede afec-

---

195 Véase en Karl Marx and Frederich Engels, "The German Ideology," en *Collective Works*, Vol. 5, International Publishers, New York 1976, p. 47. Véanse además los textos pertinentes en http://www.educa.madrid.org/cms_tools/files/0a24636f-764c-4e03-9c1d-6722e2ee60d7/Texto%20Marx%20y%20 Engels.pdf

196 Véase sentencia del Tribunal Supremo de Justicia en Sala Constitucional N° 2042 del 2 de Noviembre de 2007, *Caso Néstor Luis Romero Méndez* en http://www.tsj.gov.ve/decisiones/scon/Noviembre/2042-021107-07-1374.htm

tar toda la estructura y los principios fundamentales del Texto Constitucional, hasta el punto que un nuevo ordenamiento jurídico tendría que ser creado para desarrollar la construcción del socialismo.

No es que Venezuela no puede convertirse en un Estado Socialista. Si ello lo decide el pueblo, es posible; pero a juicio del voto salvante, tal logro sería distinto al que la Sala ha sostenido en el fallo de 24 de enero de 2002 (Caso: *Créditos Indexados*) y ello conduciría no a una reforma de la Constitución sino a una nueva Constitución, la cual debería ser votada por el Poder Constituyente Originario. Al menos, en nuestro criterio esto es la consecuencia del fallo N° 85 de 24 de enero de 2002."[197]

En esta apreciación, el Magistrado disidente no se equivocó, pues evidentemente que una reforma constitucional que trastocara todo el ordenamiento y estructura del Estado, conforme a la Constitución venezolana, sólo podía hacerse mediante la convocatoria de una Asamblea Constituyente.

Sin embargo, como hemos visto, y ello es precisamente la consecuencia de haber contribuido a afianzar el autoritarismo en Venezuela, no sólo la reforma constitucional de 2007 se sancionó contrariándose el procedimiento constitucional pautado, sino que luego del rechazo popular, fue impunemente implementada mediante leyes y decretos leyes, es decir, mediante una inconstitucional legislación ordinaria, y mediante ilegítimas mutaciones constitucionales efectuadas por la propia Sala Constitucional del Tribunal Supremo. Para que ello fuera posible, por supuesto, la propia Sala Constitucional, violando la misma Constitución, renunció a ejercer el control de la constitucionalidad de los actos de los poderes constituidos cumplidos para llevar adelante la "reforma constitucional" de 2007 y, en particular, del acto del Presidente de la República de presentación del anteproyecto de reforma ante la Asamblea Nacional el 15 de agosto de 2007; del acto definitivo de ésta de sanción del proyecto de reforma de la Constitución del día 2 de noviembre de 2007, y de la convocatoria a referendo por parte del Consejo Nacional Electoral el mismo día, todo conforme al procedimiento de "reforma constitucional regulado en los artículos 342 y siguientes de la Constitución", cuando por las trasformaciones fundamentales que contenía el proyecto debía haberse sometido al procedimiento de la Asamblea Nacional Constituyente conforme al artículo 347 y siguientes del texto fundamental. Y luego, después de que el pueblo rechazó el proyecto de reforma constitucional en el "referendo aprobatorio" del 2 de diciembre de 2007, en el cual dicho proyecto sólo recibió el voto favorable del 28% de los votantes inscritos en el Registro Electoral, la misma Sala Constitucional renunció a ejercer el control de constitucionalidad de las diversas leyes y decretos leyes que implementaron la reforma constitucional, y además, procedió ella misma a implementar aspectos de la misma mediante mutaciones constitucionales ilegítimas.

Todo ello demuestra cómo en un sistema donde no hay control del poder, no puede haber Estado de derecho ni democracia; y cómo, cuando quien está llamado a controlar el poder que es la Jurisdicción Constitucional, está controlada políticamente y está al servicio del mismo, de nada valen los principios de la Constitución, ni su supremacía ni su rigidez, que pasan a ser pura retórica, como actualmente ocurre en Venezuela.

---

197 *Idem.*

TERCERA PARTE

LA CONSTITUCIÓN Y EL ESTADO: LOS PRINCIPIOS FUNDAMENTALES DE LA ORGANIZACIÓN DEL ESTADO Y DEL SISTEMA POLÍTICO

I. LAS IDEAS DEL PREÁMBULO

Siguiendo la tradición de las Constituciones de 1811, 1947 y 1961, la Constitución de 1999 también está precedida de un *Preámbulo* relativamente extenso en el cual se detallan una serie de propósitos. Según la Exposición de Motivos del Proyecto de Constitución de 1961 el Preámbulo "constituye la base fundamental, el presupuesto que sirve de fundamento a la norma constitucional; señala los valores sociales y económicos, políticos y jurídicos que inspiran la acción del Estado".

En palabras de la antigua Corte Suprema de Justicia, "el Preámbulo de la Constitución contiene los "considerandos" o "motivos que guían al constituyente para decretar una Constitución en los términos como lo hizo, vale decir, configura el propósito que se tuvo en cuenta para tales términos"[1].

En el *Preámbulo*, por tanto, se establecen los objetivos del pacto de organización política del Texto Constitucional, objetivos que, por supuesto, son guía de obligatoria conducta para los órganos del Estado. Por tanto, las declaraciones del *Preámbulo*[2] forman el conjunto de principios y políticas que los órganos del Estado deben necesariamente seguir, a pesar de que los gobiernos tengan diversos signos ideológicos, y que pueden identificarse como objetivos *políticos, sociales e internacionales.*

Estos objetivos o propósitos constituyen, sin duda, los principios constitucionales fundamentales que inspiran el Texto Constitucional y que, como tales, gozan de la

---

1 Véase sentencia de la Sala Político Administrativa de 08-08-89 en *Revista de Derecho Público*, N° 39, Editorial Jurídica Venezolana, Caracas, 1989, p. 102.

2 Véase Antonio Canova González, "El preámbulo de la Constitución venezolana de 1999", en *Revista de Derecho Constitucional,* N° 3 (julio-diciembre), Editorial Sherwood, Caracas, 2000, pp. 45-75; Govea & Bernardoni, *Las respuestas del Supremo T.S.J sobre la Constitución venezolana de 1999. 250 preguntas y sus respuestas.* Editorial La Semana Jurídica, Caracas, 2002, pp. 35-92; Alfonso Rivas Quintero, *Derecho Constitucional,* Paredes Editores, Valencia-Venezuela, 2002, pp. 163 y ss; Hildegard Rondón de Sansó, *Análisis de la Constitución venezolana de 1999,* Editorial Ex Libris, Caracas, 2001, pp. 53-86; Ricardo Combellas, *Derecho Constitucional: una introducción al estudio de la Constitución de la República Bolivariana de Venezuela,* Mc Graw Hill, Caracas 2001, pp. 27 y ss.

misma imperatividad, obligatoriedad y rigidez constitucional que las normas contenidas en el articulado de la Constitución[3]. Esto significa que su violación por un acto estatal, podría dar lugar a una acción de inconstitucionalidad[4].

1. *Declaraciones iniciales*

A. *La Constitución como emanación del pueblo*

La Constitución de 1999, como lo dice su propio texto, fue dictada por "el pueblo de Venezuela", lo que significa que es emanación del Poder Constituyente originario que corresponde al pueblo, el cual no sólo ordenó elaborar el proyecto a una Asamblea Nacional Constituyente conforme se manifestó en el referéndum consultivo del 25 de abril de 1999 (Asamblea que actuó en representación de dicho Poder originario), sino que aprobó el texto constitucional "mediante el voto libre y en referendo democrático el 15 de diciembre de 1999".

B. *El Poder originario del pueblo y la invocación de Dios*

El pueblo de Venezuela, para decretar la Constitución, lo hizo "en ejercicio de sus poderes creadores" precisamente como poder constituyente originario, e "invocando la protección de Dios", con lo cual se respetó la tradición constitucional de invocación al Ser Supremo que se remonta al texto de 1811 que se dictó "en nombre de Dios Todopoderoso".

C. *La invocación al Libertador, y a los forjadores de la Nación*

En las invocaciones iniciales, además de la protección de Dios, se invoca "el ejemplo de nuestro Libertador Simón Bolívar", con lo que se hace una mención similar a la del Preámbulo de la Constitución de 1961 respecto de "la acción de los grandes servidores de la patria, cuya expresión más alta es Simón Bolívar, el Libertador". Ahora, sin embargo, se precisa más la referencia "al ejemplo" de la actuación del Libertador; y quizás nada más preciso y conciso para identificar ese ejemplo de Libertador desde el punto de vista constitucional -ya que la invocación se hace en una Constitución-, que recordar lo que dijo quien fue uno de sus contemporáneos, el Presidente José Antonio Páez, en la ceremonia de inhumación de los restos de Bolívar en la Catedral de Caracas en 1842 y que resume parte de su pensamiento político; al señalar, que el monumento más digno de su gloria que había que consagrarle era:

> La consolidación de las instituciones de Venezuela por la sabiduría de los Legisladores, por la prudencia de la Administración ejecutiva, por la integridad de los Magistrados, por la ilustración del pueblo, por la unión de todos los venezolanos"[5].

---

3 Véase Jacqueline Lejarza A., "El carácter normativo de los principios y valores en la Constitución de 1999", en *Revista de Derecho Constitucional,* N° 1 (septiembre-diciembre), Editorial Sherwood, Caracas, 1999, pp. 195-220.

4 Véase en tal sentido, los comentarios al Preámbulo de la Constitución de 1961 en Allan R. Brewer-Carías, *Debate Constituyente, (Aportes a la Asamblea Nacional Constituyente),* Tomo I, *(8 Agosto-8 Septiembre)*, Fundación de Derecho Público-Editorial Jurídica Venezolana, Caracas, 1999, pp. 125 a 139; y los comentarios al Proyecto de Preámbulo de la Constitución de 1999, en *idem,* pp. 207 y 208.

5 Véase la cita en Fermín Toro, *Descripción de los honores fúnebres consagrados a los restos del Libertador Simón Bolívar, en cumplimiento del Decreto Legislativo de 30 de abril de 1842*, Caracas, Im-

Todo lo contrario, lamentablemente, a lo que ha ocurrido durante los cuatro años de vigencia de la Constitución de 1999.

Pero además, en el *Preámbulo* se invoca tanto al "heroísmo y sacrificio de nuestros pasados aborígenes" como al de "los precursores y forjadores" de la patria libre y soberana. Lo novedoso es la referencia a los aborígenes, coincidente con los 500 años del descubrimiento de Venezuela en el tercer viaje de Colón; siendo bien general la invocación a los precursores y forjadores de la República, como patria libre y soberana, lo que permite traer al texto a todos los que contribuyeron a la formación de la nacionalidad y la República, al menos durante los últimos 200 años, desde la misma Revolución de Gual y España (1797).

2. *Los fines políticos*

La Constitución de 1999, como toda Constitución, se dictó con el objeto de alcanzar una serie de fines, entre ellos diversos fines políticos.

A. *La refundación de la República*

El primero de dichos fines es la "refundación de la República", lo que sugiere que se trata de una Constitución para llevar a cabo un cambio político radical, de las instituciones y del sistema político. Dicha expresión, por lo demás, fue la utilizada con frecuencia durante el proceso electoral de 1998 y el proceso para la elección de la Asamblea Constituyente en 1999, como frase fuerza del mismo, por quienes controlarían la Asamblea.

Sobre el tema la Sala Constitucional del Tribunal Supremo de Justicia, en sentencia N° 23 del 22 de enero de 2003 (Caso: *Interpretación del artículo 71 de la Constitución*) ha señalado que:

> El Preámbulo de la Constitución de la República Bolivariana de Venezuela, que integra con fuerza normativa al Texto Fundamental, de acuerdo con la doctrina de la sentencia del 19 de enero de 1999, Caso: *Referendo Consultivo*, dictada por la antigua Corte Suprema de Justicia en Sala Político-Administrativa, que ha sido mantenida por esta Sala Constitucional, aclara que la intención del constituyente de 1999, siguiendo el mandato popular que le fue conferido por los electores y electoras en referéndum del 25 de abril de 1999, fue refundar la República para establecer una sociedad democrática, participativa y protagónica, con lo cual ya no sólo es el Estado el que ha de adoptar y someterse a la forma y principios de la democracia, sino también la sociedad (integrada por los ciudadanos y ciudadanas venezolanas), quien debe desempeñar un rol decisivo y responsable en la conducción de los derroteros de la Nación[6].

Lamentablemente, esta noción de "refundación de la República", que había sido utilizada política y electoralmente, se enquistó en la Constitución como una manifestación de rechazo a todo lo anterior, queriendo hacer desaparecer de la historia toda la vida republicana desde 1830 hasta el presente[7]

---

prenta de Valentín Espinal, 1843; *cit.*, en Elías Pino Iturrieta, *El divino Bolívar. Ensayo sobre una religión republicana*, Los Libros de la Catarata, Segunda Edición, Madrid 2004, p. 35.

6 Véase en *Revista de Derecho Público*, N° 93-96, Editorial Jurídica Venezolana, Caracas 2003.

7 Véase Elías Pino Iturrieta, *El divino Bolívar. Ensayo sobre una religión republicana*, Los Libros de la Catarata, Segunda Edición, Madrid, 2004, pp. 216 y ss.

B. *El perfeccionamiento de la democracia*

La refundación de la República, como "fin supremo" de la Constitución de acuerdo con el Preámbulo, busca establecer una sociedad democrática, es decir, una sociedad en la cual la democracia sea más que un sistema político, una forma de vida que no sólo configure las instituciones políticas sino también las sociales. Además, la sociedad que se busca consolidar debe ser "participativa", de manera que la participación de la sociedad y del individuo en todo lo que le concierne sea la guía fundamental para la refundación de la República. También la sociedad debe ser "protagónica", de manera que más que Estado lo que se persigue es el protagonismo democrático de la sociedad civil[8] y de los individuos, para que lleguen a ser dueños y conductores de su destino. En el texto constitucional, sin embargo, lamentablemente se margina a la sociedad civil en relación con el Estado, y los mecanismos para su directa participación en la gestión de asuntos públicos (comités de postulaciones de altos funcionarios de los Poderes Públicos) han sido distorsionados en la práctica legislativa.

La Sala Constitucional del Tribunal Supremo de Justicia, en sentencia N° 23 del 22 de enero de 2003 (Caso: *Interpretación del artículo 71 de la Constitución*) ha señalado sobre el tema del perfeccionamiento de la democracia como fin del texto constitucional, que:

> Partiendo de tal premisa, de acuerdo con el artículo 2 de la Constitución, la Nación venezolana se constituye en un Estado democrático y social de Derecho y de Justicia, cuyos valores superiores son la vida, la libertad, la justicia, la igualdad, la solidaridad, la democracia, la responsabilidad social, la ética, el pluralismo político y la preeminencia de los derechos humanos; siendo la garantía y respeto de dichos postulados axiológicos obligación irrenunciable de todos los órganos que ejercen el Poder Público, y responsabilidad compartida de éstos con la totalidad de las personas que habitan o residen en el territorio de la República, según lo establecido, entre otros, en los artículos 55, 62, 70, 79, 80, 83, 84, 102, 127, 131, 132, 135, 141, 166, 168, 182, 184, 185, 204, 205, 211, 253, 270, 279, 295, 299 y 326 de la Norma Fundamental.
>
> Lo anterior, encuentra su fundamento en el artículo 5, según el cual la soberanía reside intransferiblemente en el pueblo, quien la ejerce directamente (democracia directa) en la forma prevista en la propia Constitución (ver artículos 62 y ss.) y en la ley, e indirectamente -mediante el sufragio- por los órganos que ejercen el Poder Público, y en el artículo 6, que consagra de manera definitiva como forma de gobierno de la República y de las demás entidades político-territoriales la democracia participativa y electiva, descentralizada, alternativa, responsable, pluralista y de mandatos revocables, con lo que no es posible ninguna organización del Estado que niegue o inobserve tal configuración institucional.
>
> De conformidad con lo anterior, la Constitución de 1999, reimpresa en Gaceta Oficial n° 5.453, Extraordinaria, del 24 de marzo de 2000, funda las bases axiológicas e institucionales para profundizar la democracia en Venezuela, al completar las tradicionales formas e instancias representativas de los sistemas democráticos contemporáneos, con novedosos y efectivos mecanismos y medios de participación a

---

8 Véase en general Jesús R. Quintero, "Teoría y práctica de la sociedad civil", en *Revista de derecho del Tribunal Supremo de Justicia,* N° 4, Caracas, 2002, pp. 131 a 295.

través de los cuales los ciudadanos y ciudadanas pueden, en los distintos niveles político-territoriales, ser protagonistas en las actividades estatales y en la toma de decisiones para la gestión del interés público y el bien común, rompiendo con la "ilusión de participación" que se creó durante la vigencia de la Constitución de 1961, y que tantas veces conspiró contra la estabilidad del sistema democrático en nuestro país (Ver, Juan Carlos Rey, *El Futuro de la Democracia en Venezuela*, UCV, Caracas, pp. 332 y ss).

De este modo, como bien lo aclara la Exposición de Motivos de la Constitución, el régimen constitucional vigente responde a una sentida aspiración de la sociedad civil organizada que pugna por cambiar la negativa cultura política generada por décadas de un Estado centralizado de partidos (*Cfr.* Allan R. Brewer-Carías, *Problemas del Estado de Partidos*, Caracas, 1988, pp. 39 y ss) que mediatizó el desarrollo de los valores democráticos, a través de la participación ciudadana que ya no se limita a procesos electorales, pues se reconoce la necesidad de la intervención del pueblo en los procesos de formación, formulación y ejecución de políticas públicas, como medio para superar los déficits de gobernabilidad que han afectado nuestro sistema político debido a la carencia de armonía entre el Estado y la sociedad.

Ello indica, que el modelo democrático electivo, participativo y protagónico instaurado en Venezuela a partir de la entrada en vigencia de la Constitución de 1999, concibe a la gestión pública y la preservación y fomento del bien común como un proceso en el cual se establece una comunicación permanente entre gober-nantes y ciudadanos, entre los representantes y sus representados, lo cual implica una modificación radical, a saber, de raíz, en la orientación de las relaciones entre el Estado y la sociedad, en la que se devuelve a esta última su legítimo e innegable protagonismo, a través del ejercicio de sus derechos políticos fundamentales, enunciados en el Capítulo IV del Título III de la Norma Suprema.

Dicho proceso de profundización de la cultura democrática del pueblo venezolano, vía proceso constituyente y Constitución, se ve además reforzado en sus propósitos por el marco jurídico internacional, suscrito y ratificado por la República Bolivariana de Venezuela, en materia de derechos humanos, siendo ejemplo de ello lo dispuesto en los artículos 21 de la Declaración Universal de Derechos Humanos, XX de la Declaración Americana de los Derechos y Deberes de Hombre, 25 del Pacto Internacional de Derechos Civiles y Políticos y 23 de la Convención Americana sobre Derechos Humanos, integrantes todos ellos del llamado bloque de la constitucio-nalidad de acuerdo con el artículo 23 del Texto Fundamental.

De tal manera que, como lo afirma la Carta Democrática Interamericana suscrita el 11 de septiembre de 2001 en Lima, capital de la República del Perú, el carácter participativo de la democracia en Venezuela en los diferentes ámbitos de la actividad pública tiende progresivamente a la consolidación de los valores democráticos y a la libertad y la solidaridad en los distintos niveles político-territoriales en que se distribuye el Poder Público a lo largo y ancho de la República, y por ello mismo, si bien la democracia representativa es la base del Estado de derecho y de los regímenes constitucionales de los Estados Miembros de la Organización de los Estados Americanos, ésta se refuerza y profundiza únicamente con la participación y protagonismo permanente, ético y responsable de la ciudadanía[9].

9 *Idem.*

C. *Las características socioculturales de la sociedad*

La sociedad venezolana que se define en el Preámbulo, además, se la califica como "multiétnica y pluricultural", lo que implica el reconocimiento de la existencia de múltiples etnias y culturas; sin duda, haciendo referencia a las comunidades indígenas, las cuales sin embargo, en Venezuela, al contrario de lo que sucede muchos otros países de América Latina, sólo representan menos del 1.5% de la población. Sin embargo, no se encuentra en el Preámbulo referencia alguna de orden cultural al mestizaje, que es quizás la característica más destacada de la formación del pueblo venezolano.

D. *Las características del Estado*

En el contexto de la sociedad, en el Preámbulo se hace referencia expresa a que la misma ha de desarrollar su actividad en el marco institucional de "un Estado de justicia, federal y descentralizado". Con ello, se destaca, en primer lugar, el valor de la justicia que se quiere reforzar, de manera que el Estado sea más que un Estado sometido al derecho (Estado de Derecho), un Estado donde la justicia sea realidad, de manera que cada persona pueda obtener lo que le corresponda, más allá del formalismo de la ley o de la legalidad. Esto, sin embargo, en manos de magistrados que no sean íntegros moral y jurídicamente o que sean dependientes del poder político, puede significar el mismo descalabro de la justicia.

El Estado, además, debe ser Federal, es decir, debe responder a una efectiva distribución vertical del Poder Público en el territorio, es decir, descentralizado (frente a la "Federación Centralizada" que hemos tenido durante un Siglo), en el cual, por supuesto, tiene que garantizarse constitucionalmente la autonomía territorial de las entidades políticas que lo componen (Estados y Municipios). No hay descentralización política sin autonomía, y en el texto constitucional, lamentablemente esta autonomía está limitada. La Constitución, en esta materia, también es contradictoria: continúa regulando incluso en forma reforzada, una "Federación Centralizada" pero en medio de declaraciones sobre la federación y la descentralización.

E. *Los valores de la sociedad política*

La nueva República, por otra parte, debe consolidar "los valores de la libertad, la independencia, la paz, la solidaridad, el bien común, la integridad territorial, la convivencia y el imperio de la Ley, para ésta y las futuras generaciones".

Estos son los valores fundamentales de la sociedad democrática que se busca establecer: la libertad, entendida en su expresión más clásica, como el derecho de todos de hacer lo que no perjudique a otro y de no estar obligado a hacer lo que la Ley no ordene ni impedido de ejecutar lo que ella no prohíba; es decir, el derecho al libre desenvolvimiento de la personalidad.

En cuanto a la independencia, se trata de reafirmar la vida misma de la República, independiente desde 1810 y no sujeta a dominación extranjera de la naturaleza que sea, con la nación venezolana asentada en el territorio, cuya "integridad territorial" se configura como otro valor fundamental, lo que impide su modificación. La paz, como valor fundamental, implica el rechazo existencial a la guerra. La solidaridad, busca que todos los componentes del pueblo tengan además de derechos, deberes para con el prójimo, aún no escritos, derivados de la relación social y la convivencia, como otro valor, de manera que el derecho de cada quien encuentra necesariamente su límite en el derecho de los demás.

Otro valor esencial es el bien común, que por supuesto debe procurar el Estado pero en el cual debe participar la sociedad en general, a los efectos que satisfacer las necesidades individuales y colectivas, estando éstas por encima de aquellas.

Por último, se hace referencia a la ley, o más precisamente, al imperio de la ley, como un valor fundamental, lo que consolida la idea del Estado de Derecho, pues en toda sociedad, la forma elemental de configurar su organización y convivencia es mediante la definición de normas comunes y obligatorias.

3. *Los fines sociales*

A. *Los derechos humanos esenciales*

La refundación de la República además de los fines políticos mencionados, debe responder a una serie de fines sociales que se precisan con el objeto de asegurar "el derecho a la vida, al trabajo, a la cultura, a la educación, a la justicia social y a la igualdad sin discriminación ni subordinación alguna".

Se invoca, así, como principios esenciales y fines de la sociedad, los derechos humanos fundamentales a la vida, al trabajo, a la cultura y a la educación, que encuentran desarrollo sustancial en el texto constitucional.

B. *La justicia social*

Además, se hace referencia al fin social de la sociedad y el Estado de asegurar la justicia social, con el objeto de asegurar la participación equitativa de todos en el disfrute de la riqueza, impidiendo que ésta se concentre en pocas manos, provocando injustas diferencias de ingreso, y buscando asegurar a todos una existencia digna y provechosa para la colectividad.

C. *La igualdad*

Por último, se hace mención como objetivo social fundamental, el asegurar la igualdad sin discriminación ni subordinación alguna, lo que responde al carácter igualitario de la sociedad venezolana, que rechaza la discriminación de cualquier tipo y el servilismo.

4. *Los fines internacionales*

Además de fines políticos y sociales, también se mencionan en el Preámbulo, como fines de la sociedad venezolana y del Estado, una serie de fines internacionales.

A. *La cooperación internacional*

En primer lugar, se menciona como fin del Estado promover la cooperación pacífica entre las naciones, lo que implica el compromiso con las soluciones pacíficas de las controversias, y el rechazo de la guerra.

La cooperación internacional, por otra parte, debe realizarse de acuerdo con los principios de la no intervención en los asuntos de otros países y de la autodeterminación de los pueblos. Además, la consagración internacional debe realizarse conforme a la garantía universal e indivisible de los derechos humanos y la democratización de la sociedad internacional.

También se hace referencia en el Preámbulo a otros valores que deben guiar las relaciones internacionales de la República, como el desarme nuclear, el equilibrio ecológico y los bienes jurídicos ambientales como patrimonio común e irrenunciable de la humanidad.

B. *La integración latinoamericana*

Otro fin fundamental indicado en el Preámbulo, que debe guiar la acción del Estado es el impulso y consolidación de la integración latinoamericana, lo que hacía referencia, sin duda, al proceso de integración de la Comunidad Andina, de la cual era parte Venezuela, con todas sus consecuencias de consolidación de la supranacionacionalidad a las que se hace referencia en el Texto Constitucional; proceso de integración del cual sin embargo, Venezuela fue sacada por decisión del gobierno en 2006.

Con fundamento en todos estos principios del Preámbulo, la Constitución de 1999 comienza con el Título I dedicado a los "Principios Fundamentales", en los cuales se regulan los aspectos esenciales de la organización del Estado y del sistema democrático.

II. LA REPÚBLICA Y LOS FUNDAMENTOS DEL ESTADO

1. *La configuración de la República*

El artículo 1° de la Constitución no sólo define a la República, sino que precisa su independencia, los valores esenciales y los derechos irrenunciables de la Nación.

A. *La denominación de la República como "República Bolivariana de Venezuela"*

La innovación más destacada del artículo 1° de la Constitución de 1999, es la denominación de la República como "República Bolivariana de Venezuela", sobre lo cual pueden darse múltiples interpretaciones[10].

Esto había sido propuesto por el Presidente de la República electo en diciembre de 1998, en el texto *Ideas Fundamentales para la Constitución Bolivariana de la V República,* (Caracas 05-08-99), que sometió a la Asamblea Constituyente, en un artículo que señalaba:

> Venezuela se declara República Bolivariana, irrevocablemente libre e independiente y fundamenta su patrimonio moral, así como los valores de libertad, igualdad, justicia y paz internacional en la doctrina de Simón Bolívar, el Libertador.

Tal propuesta fue rechazada en la primera discusión del Proyecto de Constitución, por abrumadora mayoría, la cual cambió radicalmente en la segunda discusión, al acogerse la redacción mencionada, también con mayoría abrumadora[11]. Fueron los

---

10 Véase sobre la "doctrina bolivariana" y la denominación de la República Ricardo Combellas. *Derecho Constitucional: una introducción al estudio de la Constitución de la República Bolivariana de Venezuela,* Mc Graw Hill, Caracas, 2001, pp. 31 y ss; y Alfonso Rivas Quintero, *Derecho Constituciona,* Paredes Editores, Valencia-Venezuela, 2002, pp. 169 y ss; e Hildegard Rondón de Sansó, *Análisis de la Constitución venezolana de 1999,* Editorial Ex Libris, Caracas, 2001, pp. 57-61.

11 Véase nuestro voto salvado sobre este artículo en Allan R. Brewer-Carías, *Debate Constituyente, (Aportes a la Asamblea Nacional Constituyente),* Tomo III, (*18 Octubre- 30 Noviembre 1999)*, Fundación de

mismos seguidores del Presidente de la Republícalos quienes rechazaron primero y luego aprobaron la propuesta.

Sin embargo, en la versión del texto que fue publicado por el Consejo Nacional Electoral apareció una redacción distinta a la aprobada, en la cual se comienza el artículo 1° con la denominación de la República, pura y simplemente, como *República Bolivariana de Venezuela*. Ello, con razón, ha sido considerado por Elías Pino Iturrieta como un "despropósito" o una "tropelía", agregando que "identificar oficialmente a la república con el nombre del Libertador significa la creación de una calificación errónea, falaz y perjudicial de los hechos sucedidos dentro de nuestros contornos desde el Descubrimiento, por lo menos"[12].

Ahora bien, al contrario de esa denominación, puede decirse que el nombre de República de Venezuela, en verdad, nos ha acompañado durante toda nuestra historia política constitucional desde 1811 cuando se constituyó la Confederación de Estados de Venezuela, con la sola excepción del período constitucional que transcurrió desde el Congreso de Angostura, en 1819 y la reconstitución de la República de Venezuela por la Convención de Valencia de 1830. En 1819, en efecto, el Libertador hizo sancionar por el Congreso, la Ley Fundamental de la República de Colombia y luego, en 1821, la Ley Fundamental de la Unión de los Pueblos de Colombia[13] con las cuales se decretó la desaparición de la República de Venezuela, lo que se consolidó en 1821 cuando la Constitución de Cúcuta estableció la "República de Colombia" cuyo territorio comprendió tanto el de la Capitanía General de Venezuela como el del Virreinato de Nueva Granada. Con ello se hizo realidad parte de lo que había sido el sueño el Libertador en cuanto a la unión de los pueblos de América, lo que implicaba la desaparición de Venezuela como República.

La idea de la República Bolivariana, por tanto, históricamente apunta a una organización política que implicó la desaparición de Venezuela como Estado autónomo, por lo que bajo dicho ángulo el cambio de nombre es totalmente inadmisible y contrario a la idea de la independencia de nuestro país.

En todo caso, sería demasiado torpe pensar que la motivación del cambio de nombre propuesto, el cual no ha sido justificado, pudiera responder a esa idea de la desaparición de la República de Venezuela.

Pero igualmente superfluo sería el que se pretendiera fundamentar el cambio de nombre en algún deseo romántico de evocar el pensamiento y la acción del Libertador en la formación de nuestra República. Para ello hubiera bastado con hacer esa indicación tanto en el Preámbulo como en el artículo 1°, como se aprobó en primera discusión.

El cambio de nombre, por tanto, tiene que tener otra explicación y esa no puede ser otra que una motivación política, partidaria, partisana o partidista, que deriva de la denominación inicial del Movimiento político que estableció el Presidente de la República electo en 1998, Hugo Chávez F., y que como partido político, pretendió

Derecho Público-Editorial Jurídica Venezolana, Caracas, 1999, p. 251. Véase además, sobre la nueva denominación de la República en Allan R. Brewer-Carías, *Reflexiones sobre el constitucionalismo en América*, Editorial Jurídica Venezolana, Caracas, 2001, pp. 157 y ss.

12 Véase Elías Pino Iturrieta, *El divino Bolívar. Ensayo sobre una religión republicana*, Los Libros de la Catarata, Segunda edición, Madrid febrero 2004, pp. 232 y ss.

13 Véase el texto en Allan R. Brewer-Carías, *Las Constituciones de Venezuela,* Biblioteca de la Academia de Ciencias Políticas y Sociales, Caracas, 1997, pp. 373 a 376.

funcionar con el nombre de Movimiento Bolivariano, denominación que tuvo que se cambiada por exigencias de la Ley Orgánica del Sufragio. El partido del Presidente de la República entonces ha sido el "partido bolivariano" y es por ello que se le pretendió imponer como nombre de la República. Ello debe ser rechazado no sólo por ser antibolivariano (no se olvide que el último grito del Libertador, en la víspera de su muerte, fue por que cesaran los partidos) sino porque pretende consolidar, desde el primer artículo de la Constitución, la división del país, entre bolivarianos y los que no lo son; entre patriotas y realistas; entre buenos y malos; entre puros y corruptos; entre revolucionarios y antirrevolucionarios; y todo ello manipulando la historia y los sentimientos populares con el control del Poder.

Como lo observó el profesor John Lynch, uno de los destacados biógrafos de Bolívar, "en 1999 los venezolanos supieron con asombro que su país habia sido renombrado Chávez como 'República Bolivariana de Venezuela' por decisión del Presidente Hugo Chávez, quien se llamó a si mismo como "revolucionario bolivariano." Agregando que "Populistas autoritarios, neocaudillos, o militares bolivarianos, sea cual fuere su nombre, invocan a Bolívar en forma tan ardiente como lo hicieron anteriores gobernantes, aún cando es dudoso que él hubiese respondido a sus llamados... Pero los nuevos herederos, lejos de mantener continuidad con las ideas constitucionales de Bolívar, como se ha alegado, le han inventado un nuevo atributo, el de Bolívar populista, y en el caso de Cuba le dieron una nueva identidad, la de Bolívar socialista. Explotando la tendencia autoritaria, la cual ciertamente existió en las ideas y las acciones de Bolívar, los regímenes de Cuba y Venezuela proclaman al Libertador como el patrón de sus políticas, distorsionando sus ideas en el proceso." [14] Es decir, concluyó Lynch, "nunca antes la adhesión a Bolívar condujo al cambio de nombre de una república y a la invención de una "doctrina bolivariana" para justificar las políticas de un gobierno como Chávez lo ha hecho en relación con el "socialismo del Siglo XXI." [15]

B. *La Independencia*

En el artículo 1° de la Constitución, en relación con la independencia, sólo se señala que la República "es irrevocablemente libre e independiente", lo que sin duda constituye una reafirmación de la independencia como elemento esencial de la existencia del Estado.

Lamentablemente, sin embargo, al redactarse el artículo 1° de la Constitución, se eliminó la tradicional frase que contenía el artículo 1°, de la Constitución de 1961 conforme a la cual, la República de Venezuela "es *para siempre* e irrevocablemente libre e independiente *de toda dominación o protección de potencia extranjera*", y que se configuraba como una cláusula "pétrea", al señalar "para siempre" y, por tanto, no

---

14 See John Lynch, *Simón Bolívar: A Life*, Yale University Press, New Haven, CT, 2007, p. 304. See also A.C. Clark, *The Revolutionary Has No Clothes: Hugo Chávez's Bolivarian Farce*, Encounter Books, New York 2009, pp. 5-14.

15 Otro de los intentos para apropiarse completamente de Simón Bolívar para la "revolución Bolivariana" además de cambiar la imagen oficial iconográfica del Libertador, fue la exhumación televisada de sus restos mortales en el Panteón Nacional en Caracas, el 26 de Julio de 2010, conducida por el propio Chávez y otros altos funcionarios, entre otros propósitos, para determinar si Bolívar había muerto envenenado con arsénico en Santa Marta en 1830, en vez de la causa de la tuberculosis. Véase Simon Romero, "Building a New History By Exhuming Bolívar," *The New York Times*, August 4, 2010, p. A7.

modificable mediante cualquier reforma o enmienda constitucional, que no podría referirse a este aspecto de la independencia. En el nuevo texto, lamentablemente desapareció el referido carácter pétreo de la cláusula constitucional.

C. *Los valores de la República*

La República Bolivariana de Venezuela, conforme al artículo 1°, fundamenta "su patrimonio moral y sus valores de libertad, igualdad, justicia y paz internacional en la doctrina de Simón Bolívar, el Libertador".

Se invoca, así, de nuevo la doctrina del Libertador como fundamento del patrimonio moral y de los valores de la República, con especial indicación de la libertad, la igualdad y la justicia conforme a toda la influencia del constitucionalismo y reforma política de la época, que derivaron de las revoluciones francesa y norteamericana, que sin duda, inspiraron el pensamiento del Libertador; y de la paz internacional, que responde además a la tradición de Venezuela que nunca ha estado en guerra con país alguno.

D. *Los derechos de la Nación*

La Nación, en el concepto de pueblo organizado que responde a vínculos indisolubles de unión social y política, aparece en este artículo 1° de la Constitución, después de definirse a la República como organización política, atribuyéndosele como conjunto de "derechos irrenunciables", "la independencia, la libertad, la soberanía, la inmunidad, la integridad territorial y la autodeterminación nacional".

Estos derechos de la Nación venezolana, en cuanto a la independencia, integridad territorial y la libertad, son reafirmaciones de los conceptos del *Preámbulo* y del propio artículo 1°. En cuanto a la soberanía, la misma, que reside intransferiblemente en el pueblo (art. 5), es el supremo poder de la organización social y política de la Nación y, por tanto, irrenunciable como potestad. La inmunidad tiene que ver con el principio de la inmunidad jurisdiccional, en cuanto a que el Estado, como organización política de la Nación, no podría ser juzgado por Tribunales que no sean de la República y conforme a las leyes nacionales. Esta inmunidad jurisdiccional, sin embargo, es relativa en los términos del artículo 151 de la Constitución cuando se trate de cuestiones comerciales del Estado.

Por lo que se refiere a la autodeterminación nacional como derecho irrenunciable de la Nación, se refiere al derecho del pueblo soberano de definir su propia organización política e independencia.

2. *La configuración del Estado en la Constitución*

A. *El Estado Democrático y Social de Derecho y de Justicia*

Al margen de la desfiguración del Estado en la práctica autoritaria de gobierno, en el texto de la Constitución, y específicamente en su artículo 2, se define a Venezuela, como un *Estado Democrático y Social de Derecho y de Justicia*[16], siguiendo

16 Véase Allan R. Brewer-Carías, *Debate Constituyente, (Aportes a la Asamblea Nacional Constituyente)*, Tomo II, *(9 septiembre –17 de octubre 1999)*, Fundación de Derecho Público-Editorial Jurídica Venezolana, Caracas, 1999, *cit.*, pp. 21, 30 y 31. Sobre el Estado democrático de derecho y de justicia en la Constitución, véase Alfonso Rivas Quintero, *Derecho Constitucional*, Paredes Editores, Valencia-Venezuela, 2002, pp.

la tradición del constitucionalismo contemporáneo, tal como está expresado, por ejemplo, en la Constitución española (art. 1°), en la Constitución de Colombia (art. 1°) y en la Constitución de la República Federal de Alemania (art. 20,1).

La idea de Estado Social es la de un Estado con obligaciones sociales, de procura de la justicia social, lo que lo lleva a intervenir en la actividad económica y social, como Estado prestacional. Tal carácter social deriva principalmente del valor fundamental de la igualdad y no discriminación que deriva del Preámbulo y del artículo 1° de la Constitución, que además de derecho fundamental (art. 21) es el pilar de actuación del Estado (art. 2); y de la declaración del principio de la justicia social como base del sistema económico (art. 299)[17].

El Estado democrático, es el que fundamenta toda la organización política de la Nación en el principio democrático. Ello deriva también del *Preámbulo* (sociedad democrática) y de los artículos 2, 3, 5 y 6 de la Constitución. El primer valor, por tanto, del constitucionalismo es la democracia, quedando plasmado el Estado Democrático en los principios fundamentales del texto constitucional, comenzando por la forma de ejercicio de la soberanía mediante mecanismos de democracia directa y de democracia representativa[18].

El Estado de Derecho es el Estado sometido al imperio de la Ley como lo señala el *Preámbulo,* es decir, el Estado sometido a la legalidad. Ello deriva no sólo del principio de la supremacía constitucional consagrado en el artículo 7 y del sometimiento de los órganos del Poder Público a la Constitución y las leyes (art. 137), sino de los sistemas de control de constitucionalidad (arts. 334 y 336) y de control contencioso-administrativo (art. 259) que constituyen la garantía de la Constitución[19].

Por último, el Estado de Justicia es el Estado que tiende a garantizar la justicia por encima de la legalidad formal, estableciendo no sólo el valor justicia en el Preámbulo y en el artículo 1°, sino regulando expresamente el derecho de acceso a la justicia y a la obtención de una tutela efectiva de los derechos e intereses de las personas, organizando unos tribunales que deben garantizar una justicia gratuita, accesible, imparcial, idónea, transparente, autónoma, independiente, responsable, equitativa y expedita, sin dilaciones indebidas, sin formalismos o reposiciones inútiles (art. 26)[20].

La Sala Constitucional del Tribunal Supremo de Justicia, en sentencia N° 85 de 24-01-2002 (Caso: *Deudores hipotecarios vs. Superintendencia de Bancos*), desarrolló muy extensamente los conceptos contenidos en la expresión "Estado De-

---

173 y ss.; Ricardo Combellas, *Derecho Constitucional: una introducción al estudio de la Constitución de la República Bolivariana de Venezuela,*. Mc Graw Hill, Caracas, 2001, pp. 35 y ss.; e Hildegard Rondón de Sansó, *Análisis de la Constitución venezolana de 1999*, Editorial Ex Libris, Caracas 2001, pp. 61-67.

17 Véase lo expuesto sobre el tema en Allan R. Brewer-Carías, *Evolución histórica del Estado,* Tomo I, *Instituciones Políticas y Constitucionales,* Universidad Católica del Táchira-Editorial Jurídica Venezolana, Caracas-San Cristóbal, 1996, pp. 508, 513 a 516, y 593 y ss.

18 *Idem*, pp. 507, 510 a 513, y 599.

19 *Ibídem*, pp. 509, 516 a 521, y 600.

20 Véase en general, Carlos J. Sarmiento Sosa, *La justicia en la Constitución de la República Bolivariana de Venezuela* (Extradición). Vadell Hermanos Editores, Caracas, 2000, pp. 147 y ss.; Emilio Spósito Contreras, "Implicaciones del Estado de derecho y justicia en algunos aspectos de la relación súbdito-gobierno, en *Revista de derecho del Tribunal Supremo de Justicia,* N° 4, Caracas, 2002, pp. 53 a 84.

mocrático y Social de Derecho y de Justicia", partiendo del concepto de Estado de Derecho que la Sala definió como consistente en que:

> "El poder se ejerce únicamente a través de normas jurídicas, por lo que la ley regula toda la actividad Estatal y en particular la de la administración; y parte de la esencia del concepto consiste en el control judicial de la legalidad desde lo que se va a considerar la norma suprema: la Constitución la cual encabeza una jerarquía normativa, garantizada por la separación de poderes. Tal concepción está recogida en la vigente Constitución, donde toda la actividad Estatal está regida por la ley: leyes que emanan del Poder Legislativo y otros Poderes, y reglamentos que dicta el Poder Ejecutivo, sin que estos últimos puedan contradecir la letra o el espíritu de la ley; mientras que la constitucionalidad es controlada judicialmente mediante el control difuso o el control concentrado de la Constitución"[21].

En cuanto al concepto de Estado Social, después de analizar su evolución doctrinal y constitucional, la Sala consideró que:

> Persigue la armonía entre las clases, evitando que la clase dominante, por tener el poder económico, político o cultural, abuse y subyugue a otras clases o grupos sociales, impidiéndoles el desarrollo y sometiéndolas a la pobreza y a la ignorancia; a la categoría de explotados naturales y sin posibilidad de redimir su situación.
>
> A juicio de esta Sala, el Estado Social debe tutelar a personas o grupos que en relación con otros se encuentran en estado de debilidad o minusvalía jurídica, a pesar del principio del Estado de Derecho Liberal de la igualdad ante la ley, el cual en la práctica no resuelve nada, ya que situaciones desiguales no pueden tratarse con soluciones iguales. El Estado Social para lograr el equilibrio interviene no solo en el factor trabajo y seguridad social, protegiendo a los asalariados ajenos al poder económico o político, sino que también tutela la salud, la vivienda, la educación y las relaciones económicas, por lo que el sector de la Carta Magna que puede denominarse la Constitución Económica tiene que verse desde una perspectiva esencialmente social.
>
> El Estado Social va a reforzar la protección jurídico-constitucional de personas o grupos que se encuentren ante otras fuerzas sociales o económicas en una posición jurídico-económica o social de debilidad, y va a aminorar la protección de los fuertes. El Estado está obligado a proteger a los débiles, a tutelar sus intereses amparados por la Constitución, sobre todo a través de los Tribunales; y frente a los fuertes, tiene el deber de vigilar que su libertad no sea una carga para todos. Como valor jurídico, no puede existir una protección constitucional a expensas de los derechos fundamentales de otros. Tal como decía Ridder, "...el Estado se habilita para intervenir compensatoriamente, desmontando cualquier posición de poder siempre que lo estime conveniente", pero, agrega la Sala, fundado en la ley y en su interpretación desde el ángulo de los conceptos que informan esta forma de Estado.
>
> El Estado Social, trata de armonizar intereses antagónicos de la sociedad, sin permitir actuaciones ilimitadas a las fuerzas sociales, en base al silencio de la ley o a ambigüedades de la misma, ya que ello conduciría a que los económicos y socialmente mas fuertes establezcan una hegemonía sobre los débiles, en la que las posiciones privadas de poder se convierten en una disminución excesiva de la libertad

---

21 Véase en *Revista de Derecho Público*, N° 89-92, Editorial Jurídica Venezolana, Caracas 2002.

real de los débiles, en un subyugamiento que alienta perennemente una crisis social[22].

La Sala, después de analizar el concepto de Estado Social de Derecho en el derecho constitucional venezolano, concluyó indicando que el mismo tiene que adaptarse a los valores finalistas del Preámbulo, del cual se colige que el Estado Social está destinado a fomentar la consolidación de la solidaridad social, la paz, el bien común, la convivencia, el aseguramiento de la igualdad, sin discriminación ni subordinación, anteponiéndose el bien común (el interés general) al particular, y reconociendo que ese bien común se logra manteniendo la solidaridad social, la paz y la convivencia. De allí concluyó la Sala que "En consecuencia, las leyes deben tener por norte esos valores, y las que no lo tengan, así como las conductas que fundadas en alguna norma, atenten contra esos fines, se convierten en inconstitucionales"[23].

En cuanto a la noción de Estado de Justicia, entre los múltiples fallos dictados por el Tribunal Supremo de Justicia, se destaca la sentencia Nº 949 de la Sala Político Administrativa de 26 de abril de 2000, en la cual se señaló:

> En consecuencia, cuando el Estado se califica como de Derecho y de Justicia y establece como valor superior de su ordenamiento jurídico a la Justicia y la preeminencia de los derechos fundamentales, no está haciendo más que resaltar que los órganos del Poder Público -y en especial el sistema judicial- deben inexorablemente hacer prelar una noción de justicia material por sobre las formas y tecnicismos, propios de una legalidad formal que ciertamente ha tenido que ceder frente a la nueva concepción de Estado.
>
> Y esta noción de Justicia material adquiere especial significación en el fértil campo de los procesos judiciales en los que el derecho a la defensa y debido proceso (artículo 49 del texto fundamental), la búsqueda de la verdad como elemento consustancial a la Justicia, en los que no se sacrificará ésta por la omisión de formalidades no esenciales (artículo 257), y el entendimiento de que el acceso a la Justicia es para que el ciudadano haga valer sus derechos y pueda obtener una tutela efectiva de ellos de manera expedita, sin dilaciones indebidas y sin formalis-mos o reposiciones inútiles (artículo 26), conforman una cosmovisión de Estado justo, del justiciable como elemento protagónico de la democracia, y del deber ineludible que tienen los operadores u operarios del Poder Judicial de mantener el proceso y las decisiones dentro del marco de los valores y principios constitucio-nales.
>
> Todo esto nos lleva a que el proceso deja de ser un laberinto, con trabas y obstáculos, donde el Juez es un simple espectador de argucias y estrategias, y se convierte en un instrumento viable para la paz social y el bien común. Esto reafirma al proceso y al derecho procesal como un área jurídica que forma parte del derecho público y que está íntimamente vinculada a la sensibilidad social. En consecuencia, al cambiar el rol del Estado y de la sociedad, con la entrada en vigencia de la Constitución de la República Bolivariana de Venezuela, el Juez y el proceso pasan a ser elementos esenciales en la conformación de un Estado de Justicia[24].

---

22 *Idem*

23 *Idem*

24 Véase en *Revista de Derecho Público*, Nº 82, (abril-junio), Editorial Jurídica Venezolana, Caracas, 2000, pp. 163 y ss.

Esta concepción del Estado de Justicia también ha sido analizada por la Sala Constitucional del Tribunal Supremo de Justicia, particularmente en la sentencia N° 389 de 7 de marzo de 2002, en la cual reiteró el principio de la informalidad del proceso en los siguientes términos:

> La justicia constituye uno de los fines propios del Estado Venezolano, conforme lo estatuye el artículo 2 de la Constitución de la República Bolivariana de Venezuela, fin que realiza a través del proceso, como un instrumento fundamental.
>
> El propio Texto Constitucional se ha encargado de desarrollar las garantías y principios que deben imperar en todo proceso, dentro de las cuales se encuentran la garantía de una justicia "sin formalismos o reposiciones inútiles" o la del no sacrificio de la justicia por "la omisión de formalidades no esenciales", previstas expresamente en sus artículos 26 y 257.
>
> De allí que, por mandato constitucional, el principio de la informalidad del proceso se constituye en una de sus características esenciales.
>
> El principio de la informalidad del proceso ha sido estudiado por la doctrina y la jurisprudencia constitucional, como un elemento integrante del derecho a la tutela judicial efectiva, específicamente al derecho de acceso a la justicia, pues debe garantizársele a todo ciudadano que desee someter un asunto a los órganos jurisdiccionales, que obtendrá una respuesta motivada, proporcionada y conforme al ordenamiento legal preexistente.
>
> A la par del derecho del justiciable a obtener un pronunciamiento de fondo, el propio ordenamiento jurídico ha establecido una serie de formalidades que pueden concluir con la terminación anormal del proceso, ya que el juez puede constatar que la irregularidad formal se erige como un obstáculo para la prosecución del proceso.
>
> Así, el juez puede constatar el incumplimiento de alguna formalidad y desestimar o inadmitir la pretensión de alguna de las partes, sin que ello se traduzca, en principio, en una violación al derecho a la tutela judicial efectiva, ya que esas formalidades han sido establecidas como una protección de la integridad objetiva del procedimiento.
>
> Pero no todo incumplimiento de alguna formalidad puede conducir a la desestimación o inadmisión de la pretensión, ya que para ello el juez debe previamente analizar: a) la finalidad legítima que pretende lograse en el proceso con esa formalidad; b) constatar que esté legalmente establecida, c) que no exista posibili-dad de convalidarla; d) que exista proporcionalidad entre la consecuencia jurídica de su incumplimiento y el rechazo de la pretensión.
>
> Solamente cuando el juez haya verificado que no se cumplan con los elementos antes descritos es que debe contraponer el incumplimiento de la formalidad con el derecho fundamental a la tutela judicial efectiva, específicamente de acceso a la justicia, para desechar o inadmitir la pretensión del justiciable y en caso de dudas interpretarse a favor del accionante, ello en cumplimiento del principio del *pro actione*[25].

B. *Los valores superiores del ordenamiento jurídico*

El Estado de derecho implica la sumisión del Estado y de los individuos y organizaciones sociales al ordenamiento jurídico, respecto del cual la Constitución defi-

---

25 Véase en *Revista de Derecho Público*, N° 89-92, Editorial Jurídica Venezolana, Caracas, 2002.

ne como sus valores superiores (al igual que de la actuación del Estado): la vida, la libertad, la justicia, la igualdad, la solidaridad, la democracia, la responsabilidad social, la ética y el pluralismo político[26].

En cuanto a los valores relativos a la vida, la libertad, la justicia, la igualdad y la solidaridad, están expresados, como ya se ha dicho, en el Preámbulo y en el artículo 1°. Todos esos valores deben informar el ordenamiento jurídico y guiar la actuación del Estado.

Además, el artículo 2 incluye dentro de esos valores, a la democracia, como sistema de gobierno y de vida, montada en la idea del pluralismo político, basado en la participación igualitaria de todos en los procesos políticos, lo que se define como otro valor del ordenamiento. Se agregan a dichos valores, la idea de la responsabilidad social, que configura al Estado social y, en general, la idea de la preeminencia de los derechos humanos, y entre ellos los sociales, lo que implica siempre la interpretación de la ley en la forma más favorable a los derechos y libertades de los individuos.

La norma hace mención, además, a los valores de la ética, y no sólo pública, de manera que más allá de las normas jurídicas exista un conjunto de normas éticas que han de guiar a funcionarios y al Estado en la tarea de transformar el Estado y crear un nuevo ordenamiento jurídico.

Entre los valores fundamentales de la Constitución, dentro de la concepción del Estado de Justicia se destaca, por supuesto, el valor "justicia", el cual fue objeto de análisis en muchas sentencias de la Sala Político Administrativa del Tribunal Supremo de Justicia durante el año 2000, entre las cuales se destaca la sentencia N° 659 de 24 de marzo de 2000 (Caso: *Rosario Nouel vs. Consejo de la Judicatura y Comisión de Emergencia Judicial*) en la cual se señaló lo siguiente:

> El Poder Judicial como sistema debe tener como valor fundamental a la Justicia y por ende la construcción de una sociedad justa y amante de la paz, que a su vez sea resultante del ejercicio democrático de la voluntad popular (Artículo 3 de la Constitución de la República Bolivariana de Venezuela). El Juez no puede ser un agente de factores de poder (económicos, partidistas, entre otros), que se organice en claves o carteles, y que decida en nombre propio o de estos grupos de poderes; el poder de administrar justicia se hace en nombre de la República y emana de los ciudadanos (Artículo 253 de la Constitución de la República Bolivariana de Venezuela); ese poder se debe ejercer con independencia e imparcialidad, por lo que el Juez debe tener una consistencia tal que lo haga ajeno a subordinaciones y a presiones indebidas (Artículos 254 y 256 de la Constitución de la República Bolivariana de Venezuela); al ser la justicia, en el sentido de Gómez Robledo un cuerpo vivo que se integra al cuerpo social desde la comunidad más pequeña hasta la gran urbe, y, respetando los valores culturales y étnicos que establezcan especial particulari-dades en cada núcleo humano se debe establecer una justicia de paz y a su vez reglas es-

---

26 Sobre estos valores véase Jacqueline Lejarza A., "El carácter normativo de los principios y valores en la Constitución de 1999", en *Revista de Derecho Constitucional,* N° 1 (septiembre-diciembre), Editorial Sherwood, Caracas, 1999, pp. 195-220; Ricardo Combellas, *Derecho Constitucional: una introducción al estudio de la Constitución de la República Bolivariana de Venezuela,* Mc Graw Hill, Caracas, 2001, pp. 36 y ss.; y Alfonso Rivas Quintero, *Derecho Constituciona,* Paredes Editores, Valencia-Venezuela, 2002, p. 178.

peciales para los pueblos indígenas (Artículos 258 y 260 de la Constitución de la República Bolivariana de Venezuela).

De igual forma, si el objeto fundamental del Estado como organización política es que éste, mediante sus instituciones otorgue las garantías necesarias para crear condiciones de convivencia digna, se establece, para la justicia, la necesidad de garantizar una administración pública prestadora de servicios eficientes (Artículo 259 de la Constitución de la República Bolivariana de Venezuela). En este orden de ideas no tan sólo se sustituye la teoría de los actos excluidos de control por la teoría de la de universalidad de control de los actos del Poder Público, sino que se va más allá, se incorpora el elemento técnico-eficiente del Servicio Público como expresión de un Estado de bienestar.

Como se observa, existe un nuevo paradigma en cuanto los valores y principios constitucionales que se vinculan a la justicia como hecho social, político y democrático. Esta nueva concepción de Estado de Justicia trae consigo no tan solo una transformación orgánica del sistema judicial (Artículos 253 y 254 de la Constitución de la República Bolivariana de Venezuela), sino también un cambio en la razón intima que cada ciudadano, y especialmente el Juez, debe tener con el fin de lograr que la justicia más que un bálsamo frente a las heridas de la sociedad, en los términos de Calamandrei, sea ese cuerpo vivo que late y palpita según lo expresa Gómez Robleda. (*"Meditaciones sobre la Justicia"*. Fondo de Cultura Económica, pág. 17).

En este sentido el Juez, a quien se le reclama y exige justicia, debe ser igualmente producto de un hecho democrático que establezca un vínculo de afinidad entre la sociedad que exige y el poder que interpreta los valores y principios constitucionales para alcanzar los fines del Estado. Así, es el Juez quien debe amparar -en nombre de la República y como expresión soberana del pueblo- a quien pide restablecimiento de la situación jurídica, es él quien tutela y armoniza los derechos e intereses con los fines del Estado (Artículos 26 y 27 de la Constitución de la República Bolivariana de Venezuela), y esta obligación la identifica la Constitución con el Juez cuando lo obliga a asegurar la integridad de la Constitución, y por ende, le da la potestad de desaplicar las normas que colidan con el texto fundamental (artículo 334 de la Constitución de la República Bolivariana de Venezuela).

Entonces, el Poder Judicial en una distribución tripartita del Poder Público no es el tercer poder, así como en una distribución pentapartita el Poder Judicial no es el quinto poder; el Poder Judicial representa el poder integrado y estabilizador del Estado, ya que es el único que tiene competencia para controlar y aún disolver al resto de los Poderes Públicos. Eso nos hace un Estado Judicialista[27].

C. *La distribución y división de Poder del Estado y su limitación y control*

El Estado, además de configurarse como un Estado Democrático y Social de Derecho con unos valores fundamentales, esencialmente se lo concibe en la Constitución como un Estado cuyo poder se encuentra limitado, no sólo por el sometimiento de sus órganos y autoridades a la Constitución, sino porque el Poder Público que ejercen los órganos que lo componen, está concebido en el Texto Fundamental como dividido y distribuido en muchos centros de poder. De allí el artículo 136 de la Constitución:

---

27 Véase en *Revista de Derecho Público,* N° 81 (enero-marzo), Editorial Jurídica Venezolana, Caracas, 2000, p. 103 y 104.

Art. 136: El Poder Público se distribuye entre el Poder Municipal, el Poder Estadal y el Poder Nacional. El Poder Público Nacional se divide en Legislativo, Ejecutivo, Judicial, Ciudadano y Electoral.

Este esquema de división y distribución del Poder Público, por tanto, configura al Estado como esencialmente limitado como garantía de la libertad, por el balance que debería existir entre los diversos Poderes, de manera que el Poder limite al Poder, como lo enseñaba Montesquieu. Como lo ha indicado la Sala Político Administrativa del Tribunal Supremo:

> La Constitución de 1999, limita el poder mediante la difusión de la autoridad tanto en el plano horizontal como en el vertical. Esto es, prefigura una distribución horizontal y vertical del Poder Público en la cual sus creadores proveyeron en relación al *thema decidendum* que nos ocupa, la *distribución* del Poder Público en Poder Municipal, el Poder Estadal y el Poder Nacional y, la división del Poder Público Nacional en Poder Legislativo, Poder Judicial, Poder Electoral y Poder Moral.
>
> Esta limitación del poder por el poder mismo fundada en el temor a su excesiva concentración, persigue su sometimiento a la regla de derecho, limitando su actuación a las específicas atribuciones y funciones consagradas en la Ley provocando así salvaguardia contra la tiranía y la libertad de los ciudadanos[28].

Sin embargo, el balance entre los poderes no siempre ha prevalecido en los últimos años, ya que, lamentablemente, la propia Constitución tiene el germen del "desbalance" que conduce al centralismo y al autoritarismo. La Sala Constitucional, sin embargo, ha enfatizado que el principio de separación de poderes (dejando a salvo la necesaria coordinación entre los mismos, así como el ejercicio de ciertas funciones que no siéndoles esenciales les cumple realizar naturalmente) y el principio de ejercicio del poder bajo la ley, son "pilares fundamentales del Estado de Derecho, los cuales exigen la distribución de funciones entre diversos órganos y la actuación de éstos con referencia a norma prefijadas, ya sea como un modo de interdicción de la arbitrariedad o como mecanismos de eficiencia en el cumplimiento de los cometidos del Estado"[29].

En todo caso, un cuanto a la distribución vertical del Poder Público, ello da origen a la Constitución Federal que se analiza en la *Quinta Parte,* conforme a la cual se organiza un "Estado Federal Descentralizado" pero en un marco centralita; y en cuanto a la división pentapartita del Poder Público Nacional, ello da origen a la Constitución Política del la República, que se analiza en la *Sexta Parte*, con principios de desbalance que afectan la independencia de los Poderes.

Debe destacarse que la Sala Constitucional, en cuanto a la separación de poderes, ha destacado que la Constitución le asigna a esa institución:

> En adición a la clásica división de las funciones del Poder Público en legislativo, ejecutivo y judicial, el poder garantizador de la Constitución, que es susceptible no obstante de integrarse en aquella división. De allí que el papel que les toca desempeñar a los Tribunales Constitucionales en cualquier parte del orbe, y en particular a

---

28 Véase sentencia N° 1819 de 08-08-2000, en *Revista de Derecho Público*, N° 83 (julio-septiembre), Editorial Jurídica Venezolana, Caracas, 2000, p. 264.

29 Véase sentencia N° 1374 de 09-11-2000, en *Revista de Derecho Público*, N° 84 (octubre-diciembre), Editorial Jurídica Venezolana, Caracas, 2000, p. 266.

esta Sala Constitucional, dentro de los límites de su función política como máximo custodio de la fiel aplicación de la Constitución, es interpretar la Constitución y aplicar con métodos jurídicos sus preceptos, sin dejar de tomar en cuenta, en atención a la técnica de interpretación consecuencial de los textos constitucionales, las implicaciones sociales de sus decisiones[30].

Ese "poder garantizador de la Constitución" que ejerce la Jurisdicción Constitucional lo analizaremos en la *Décima Primera Parte*.

3. *Los fines del Estado*

A. *Los fines esenciales*

En el artículo 3 de la Constitución se definen expresamente varios fines del Estado, entre ellos los de carácter social, económico y político[31].

a. *Fines económicos-sociales*

En el referido artículo, en primer lugar, se hace referencia como fin esencial del Estado, "la defensa y el desarrollo de la persona y el respeto a su dignidad" y la "garantía del cumplimiento de los principios, derechos y deberes consagrados en la Constitución".

Además, se indica en el mencionado artículo, como fines del Estado, "la construcción de una sociedad justa y amante de la paz" y "la promoción de la prosperidad y bienestar del pueblo"; a lo que se debe agregar, además, como fin del Estado en materia social, el "fomentar el empleo" como lo dispone expresamente el artículo 87 de la Constitución.

b. *Fines políticos*

En el marco de los fines políticos del Estado, el artículo hace mención "al ejercicio democrático de la voluntad popular", remitiendo básicamente a la noción de democracia, como gobierno popular.

c. *Fines jurídicos*

Por último, el artículo 3 hace mención, dentro de los fines del Estado, a "la garantía del cumplimiento de los principios, derechos y deberes consagrados en la Constitución".

---

30 *Idem*. p. 267

31 Véase en general María E. Soto Hernández y Fabiola del Valle Tavares Duarte, "Funciones del Estado en la Constitución de la República Bolivariana de Venezuela de 1999", en *Estudios de Derecho Público: Libro Homenaje a Humberto J. La Roche Rincón,* Volumen II. Tribunal Supremo de Justicia, Caracas, 2001, pp. 413-458; Ricardo Combellas, *Derecho Constitucional: una introducción al estudio de la Constitución de la República Bolivariana de Venezuela,* Mc Graw Hill, Caracas, 2001, pp. 41 y ss.; Alfonso Rivas Quintero, *Derecho Constitucional,* Paredes Editores, Valencia-Venezuela, 2002, pp. 179 y ss.; y Hildegard Rondón de Sansó, *Análisis de la Constitución venezolana de 1999,* Editorial Ex Libris, Caracas, 2001, pp. 68-69.

B. *La garantía constitucional y la seguridad jurídica*

Además de referirse a los fines del Estado, el artículo 3 precisa como la garantía más importante de la Constitución, la "del cumplimiento de los principios, derechos y deberes consagrados en la Constitución", lo cual a la vez es un valor fundamental del Estado, destinado a darle seguridad jurídica a las personas.

La Sala Constitucional ha hecho énfasis en este valor, al señalar que:

> Al Estado de Derecho le corresponde cumplir un cometido de enorme relevancia, cual es la función de garantizar la seguridad que, junto con la función de mantener y realizar la igualdad y de preservar la libertad, forman la tríada constitutiva del contenido esencial de la legitimidad del ejercicio del poder. Esa función de seguridad es decisiva para identificar al Estado de Derecho, esto es, garantía de certeza, de saber a qué atenerse. Entre las expresiones de la función de seguridad se encuentra, precisamente, la determinación que contiene la Constitución de la organización, funciones y competencias de los órganos e instituciones públicas, como, por ejemplo, los órganos del Poder Electoral y los órganos del Poder Judicial, en cuya cúspide se encuentran el Consejo Nacional Electoral y la Sala Constitucional del Tribunal Supremo de Justicia, respectivamente"[32].

C. *Los procesos sociales: educación y trabajo*

La Constitución precisa, por último, que los procesos fundamentales para alcanzar los fines antes mencionados, son la educación y el trabajo, los cuales además de derechos sociales son deberes constitucionales.

4. *Los símbolos de la Patria*

Dentro de las regulaciones fundamentales de la República y del Estado, está el régimen de los símbolos de la Patria que regula, en forma idéntica al artículo 5 de la Constitución de 1961, el artículo 8 de la Constitución de 1999, al enumerar los siguientes: la bandera nacional, con los colores amarillo, azul y rojo; el himno nacional gloria al bravo pueblo; y el escudo de armas de la República; remitiéndose a la ley la regulación de las características, significados y usos de los mismos[33].

No se hizo mención en esta norma, a pesar de varias discusiones, al número de estrellas de la bandera nacional, que conforme a la legislación vigente para ese momento eran 7 en referencia a los representantes de las 7 Provincias que participaron, en 1811, en la Declaración de Independencia, (Caracas, Cumaná, Barinas, Margarita, Barcelona, Mérida y Trujillo) y en la elaboración de la Constitución Federal para los Estados de Venezuela[34].

---

32 Véase sentencia N° 1374 de 09-11-2000, en *Revista de Derecho Público*, N° 84 (octubre-diciembre), Editorial Jurídica Venezolana, Caracas, 2000, p. 266.

33 Véase en general, sobre los símbolos de la patria, Ricardo Combellas, *Derecho Constitucional: una introducción al estudio de la Constitución de la República Bolivariana de Venezuela,* Mc Graw Hill, Caracas, 2001, pp. 44 y ss.; Alfonso Rivas Quintero, *Derecho Constitucional,* Paredes Editores, Valencia-Venezuela, 2002, pp. 217 y ss.; e Hildegard Rondón de Sansó, *Análisis de la Constitución venezolana de 1999,* Editorial Ex Libris, Caracas, 2001, pp. 82-86.En cuanto a los símbolos, debe mencionarse que el escudo de armas fue motificado después de 1999, particularmente en la posición de la cabeza del caballo; y la bandera también fue modificada al agregarse estrellas a la misma.

34 Véase sobre esto, nuestra posición en Allan R. Brewer-Carías, *Debate Constituyente,* Tomo II, *op. cit,* p. 25.

Sobre los símbolos patrios, la Sala Constitucional del Tribunal Suprema ha expresa de en sentencia Nº 1942 de 15 de julio de 2003, que los mismos:

> Son los emblemas que identifican a la soberanía y a la identidad nacional, y su irrespeto conlleva un debilitamiento de los derechos irrenunciables de la República, como son la independencia, la libertad, la soberanía, la inmunidad, la integridad territorial y la autodeterminación nacional (artículo 1° de la vigente Constitución).
>
> Estos derechos, además que deben enraizarse en la conciencia colectiva, quedan simbolizados, con todos los efectos psicológicos que produce la simbología, por la bandera y otros emblemas de la República, que pueden coincidir con los símbolos patrios, y permitir su irrespeto en lugares públicos o abiertos al público es, en criterio de esta Sala, atacar los derechos fundamentales de la República y, ante ello, la libertad de expresión debe ceder; de allí que el artículo 141 del Código Penal no colide con los artículos 57 y 58 constitucionales, ni con el 13 de la Convención Americana sobre Derechos Humanos, Pacto de San José de Costa Rica, y así se declara[35].

5. *El idioma oficial*

Por último, en el artículo 9, en la misma orientación que el artículo 6 de la Constitución de 1961, se establece que el idioma oficial es el castellano; no el español, como se propuso en el debate, dado que conforme al artículo 1° de la Constitución española, hay varias "lenguas españolas" que son las de las Comunidades autónomas, siendo en dicho país, también, el castellano la lengua española oficial del Estado (art. 3)[36].

En todo caso, el artículo 9 de la Constitución de 1999 trae una innovación que es el reconocimiento de los idiomas indígenas, los cuales se considera que "también son de uso oficial para los pueblos indígenas y deben ser respetados en todo el territorio de la República por constituir patrimonio cultural de la Nación y de la humanidad".

Es de destacar que el idioma oficial es el castellano; y los idiomas indígenas, adicionalmente al castellano, sólo son de uso oficial para los pueblos indígenas, respectivamente, pero no para el resto de la población de la República ni para otros pueblos indígenas.

Pero al hacer referencia al castellano como idioma oficial, no podemos dejar de referirnos, en general, a una de las fallas que tiene el propio texto constitucional, en cuanto al mal uso de las reglas de gramática, precisamente del castellano, originada en el disparatado manejo de los géneros gramaticales[37].

En efecto, la norma de uso de nuestro idioma oficial es emplear el sustantivo masculino como género, abarcando a los dos sexos, de manera de que si se dice "venezolano" o "ciudadano" se sobreentiende que se trata de hombres y mujeres[38].

---

35 Caso: *Impugnación de los artículos 141, 148, 149, 150, 151, 152, 223, 224, 225, 226, 227, 444, 445, 446, 447 y 450 del Código Penal,* sobre las llamadas leyes de desacato, en *Revista de Derecho Público*, Nº 93-96, Editorial Jurídica Venezolana, Caracas, 2003.

36 Véase nuestra posición en Allan R. Brewer-Carías, *Debate Constituyente,* Tomo II, *op. cit.*, pp. 25 y 26.

37 Véase los acertados comentarios de Alexis Márquez Rodríguez, "Géneros gramaticales", *El Nacional,* Caracas, 02-01-2000, p. C-5.

38 Véase Aura Loreto de Rangel, "La visión de género en la Constitución venezolana de 1999", *Libro Homenaje a Enrique Tejera París, Temas sobre la Constitución de 1999,* Centro de Investigaciones

El texto constitucional, sin embargo, por un malentendido feminismo extremo hasta llegar a deformar la gramática, está plagado de la utilización abusiva del masculino y del femenino en todas las palabras que lo permiten: venezolano y venezolana, ciudadano y ciudadana, trabajador y trabajadora, campesino y campesina, elector y electora, Presidente y Presidenta, Fiscal y Fiscala, Ministro y Ministra, hasta el infinito.

En la redacción del texto, ciertamente no privó la sensatez en esta materia, originándose un desastre lingüístico que coloca nuestra Constitución como una curiosidad gramatical no exenta de burlas.

III. EL TERRITORIO NACIONAL Y DEMÁS ESPACIOS GEOGRÁFICOS DEL ESTADO

1. *La definición del territorio y su evolución constitucional*

A. *La previsión constitucional: el uti possidetis juris*

Siguiendo la orientación de las Constitución anteriores desde la de 1830, el artículo 10 de la Constitución de 1999 define el territorio "y demás espacios geográficos" de la República, conforme al principio del *uti possidetis juris*[39], como "los que correspondían a la Capitanía General de Venezuela antes de la transformación política iniciada el 19 de abril de 1810, con las modificaciones resultantes de los tratados y laudos arbitrales no viciados de nulidad"[40].

Sin embargo, hay tres variantes en esta redacción en comparación con el texto de la Constitución de 19061 (art. 7): en *primer lugar,* ahora se hace referencia a los "demás espacios geográficos" con lo que se quiso especificar los otros espacios no continentales o de tierra firme sobre los cuales el Estado ejerce soberanía, como el espacio marítimo e insular o el espacio aéreo. En *segundo lugar,* se ha agregado la indicación relativa a "los laudos arbitrales no viciados de nulidad"; en cambio, en el artículo 7 de la Constitución de 1961 sólo se mencionaban las modificaciones al territorio "resultantes de los tratados celebrados válidamente por la República". Al mencionarse ahora a los laudos arbitrales, resulta una clara referencia a los dictados durante el siglo XIX respecto de las fronteras con Colombia (*Laudo español* de 1891) y Guyana (*Laudo de París* de 1899). Y en tercer lugar, en el texto constitu-

---

Jurídicas (CEIN), Caracas, 2001, pp. 387 a 420; y Yolanda Jaimes Guerrero, "Derechos humanos con perspectiva de género en la Constitución venezolana", *Revista de derecho del Tribunal Supremo de Justicia,* N° 5, Caracas, 2002, pp. 73 a 86

39 Véase José A. Zambrano Velazco, *Sumario Jurídico de la territoriedad,* Maracaibo-San Cristóbal, 1983, donde se reproduce el trabajo del mismo autor con el título "'*El Uti possidetis'*. Examen de algunas cuestiones relacionadas con el territorio del Estado y, en particular, del criterio para la determinación de los límites territoriales de Venezuela: el *uti possidetis juris* de 1810 (art. 7 constitucional)" en *Estudios sobre la Constitución. Libro Homenaje a Rafael Caldera,* Caracas. 1979, Tomo I, pp. 247 y ss.; y Alfonso Rivas Quintero, *Derecho Constituciona,* Paredes Editores, Valencia-Venezuela, 2002, pp. 231 y ss.

40 En general, sobre la configuración del Territorio Nacional, Véase Allan R. Brewer-Carías, "Territorio de Venezuela", *Diccionario de Historia de Venezuela,* Fundación Polar, Tomo II, Caracas, 1989, pp. 867 a 874; Allan R. Brewer-Carías, *El Poder Público: Nacional, Estadal y Municipal*, Tomo II, *Instituciones Políticas y Constitucionales*, Universidad Católica del Táchira-Editorial Jurídica Venezolana, Caracas-San Cristóbal 1996, pp. 237 y ss.

cional se ha adoptado la expresión "no viciados de nulidad" en lugar de la que estaba en la Constitución de 1961, de "válidamente celebrados por la República".

Este agregado del adverbio "válidamente" para referirse a las modificaciones territoriales establecidas mediante tratados, se había incorporado en la Constitución de 1961 para demostrar en forma inequívoca, la voluntad de la República de aceptar sólo aquellas modificaciones en su *status* territorial que hubiesen sido resultado de libre y válida determinación; lo que abrió la posibilidad formal de cuestionar la validez de las decisiones concernientes a las fronteras que habían sido rechazadas, particularmente el *Laudo de París* de 1899. Ello originó la reclamación de la zona de la Guyana Esequiba a partir de 1962, la cual culminó con el Acuerdo de Ginebra en 1966 para la búsqueda de soluciones satisfactorias para el arreglo práctico de la controversia entre Venezuela y Guyana, país que adquirió su independencia en ese mismo año[41].

El cambio de expresión a "tratados y laudos arbitrales no viciados de nulidad", en nuestro criterio, cambia la situación jurídica de la controversia, pues hace que el vicio de nulidad deba ser alegado por alguien y resuelto por un tercero, normalmente la jurisdicción internacional, lo cual consideramos, podría afectar la posición negociadora de la República[42].

Ahora bien, en virtud de que el artículo 10 de la Constitución, al delimitar el territorio y demás espacios geográficos, se refiere a los que correspondían a la Capitanía General de Venezuela antes de la transformación política iniciada el 19 de abril de 1810, resulta indispensable analizar la evolución constitucional de esa norma desde esa fecha, pudiéndose distinguir tres grandes etapas: la primera, que define el territorio por las provincias que formaban la Capitanía General de Venezuela; la segunda, que define el territorio conforme al que correspondía en 1810 a la mencionada Capitanía; y la tercera, que define al territorio conforme al de la Capitanía pero con modificaciones en virtud de tratados.

B. *El territorio nacional formado por las provincias de la Capitanía General de Venezuela*

La Constitución Federal para los Estados de Venezuela de 1811, hecha por los representantes "de Margarita, de Mérida, de Cumaná, de Barinas, de Barcelona, de Trujillo y de Caracas", al establecer el Pacto Federal, dejó a cada una de esas Provincias "su Soberanía, Libertad e Independencia", con "el derecho exclusivo de arreglar su gobierno y administración *territorial* bajo las leyes que crean convenientes". Agregó el Preliminar de dicho texto, que "del mismo derecho gozarán todos aquellos *territorios* que *por división del actual o por agregación a él* vengan a ser parte de esta Confederación". Por ello, el artículo 128 de la Constitución, conforme a esa declaración se destinó a las otras Provincias que formaban la Capitanía General de Venezuela: Coro, Maracaibo y Guayana, las cuales "luego que libres de la operación que sufren puedan y quieran unirse a la Confederación, serán admitidas a ella".

---

41 Véase lo indicado en Allan R. Brewer-Carías, *El Poder Público: Nacional, Estadal y Municipal,* Tomo II, *Instituciones Políticas y Constitucionales, op. cit.*, pp. 248 y ss.

42 Véase nuestro Voto Salvado respecto de esta frase en Allan R. Brewer-Carías, *Debate Constituyente*, Tomo III, *op. cit.*, pp. 126, 127, 252, y 253.

En esta forma, aun cuando sin una definición expresa, el territorio de la confederación se formó por el de las Provincias cuyos representantes sancionaron la Constitución, y que formaban parte de la Capitanía General de Venezuela[43].

La Constitución de 1819 decretada "por nuestros representantes, diputados al efecto por las Provincias de nuestro territorio que se han liberado ya del despotismo español", en su título II, Sección Primera, artículo 2 estableció que:

> El territorio de la República de Venezuela se divide en diez Provincias que son: Barcelona, Barinas, Caracas, Coro, Cumaná, Guayana, Maracaibo, Margarita, Mérida y Trujillo. Sus límites y demarcaciones se fijarán por el Congreso.

Este texto, en igual forma, sin definir el ámbito del territorio, al dividirlo en el de las Provincias, remite al territorio de éstas para su determinación.

C. *El territorio nacional referido al de la Capitanía General de la República en 1810 (el uti possidetis juris)*

A partir de la Ley Fundamental de la Unión de los pueblos de Colombia de 1821 y de la Constitución de esa fecha, se comenzó a definir el territorio de la República por el que formaba la Capitanía General de Venezuela establecida por Real Cédula de 8 de septiembre de 1777[44], tal como estaba configurado en 1810 antes del proceso político iniciado el 19 de abril de ese año. En esta forma, en Venezuela se siguió el principio del derecho internacional público americano, conocido como el *uti possidetis juris,* según el cual nuestro país tenía derechos sobre los territorios que correspondían en 1810 a la Capitanía General de Venezuela, de tal manera que los límites territoriales del país, eran los mismos que correspondían en ese año a dicha entidad colonial, con relación al virreinato de la Nueva Granada, el Brasil y la Guayana Holandesa[45].

El artículo 5° de dicha Ley Fundamental dispuso así:

> *Art. 5.* El territorio de la República de Colombia será comprendido *dentro de los límites de la antigua Capitanía General de Venezuela* y el Virreinato y Capitanía del Nuevo Reino de Granada. Pero la asignación de sus términos precisos queda reservada para tiempo más oportuno.

En la Constitución de Colombia de 1821 conforme a la orientación de la Ley Fundamental, el territorio de la República se definió así:

> *Art. 6.* El territorio de Colombia es el mismo que comprendía el antiguo Virreinato de la Nueva Granada y *Capitanía General de Venezuela.*

---

43 Véase Allan R. Brewer-Carías, *La evolución histórica del Estado,* Tomo I, *Instituciones Políticas y Constitucionales, op. cit.,* pp. 163 y ss.

44 De acuerdo a esta Real Cédula quedaban sometidos al Capitán General de la Provincia de Venezuela, los gobernadores de las Provincias de Cumaná, Guayana y Maracaibo y las islas de Margarita y Trinidad, tanto en lo gubernativo y militar, con lo que quedaba políticamente configurada la Capitanía General de Venezuela, completamente segregada del virreinato de Santa Fe. Véase F. González Guiñan, *Historia Contemporánea de Venezuela,* Tomo I, Caracas, 1954, p. 11. Véase además, el texto en *La Capitanía General de Venezuela 1777 - 8 de septiembre - 1977,* Edición de la Presidencia y del Concejo Municipal del Distrito Federal, Caracas, 1977.

45 Véase Ernesto Wolf, *Tratado de Derecho Constitucional Venezolano,* Tomo I, Caracas, 1945, p. 40.

En la Constitución de 1830, luego de la separación de Venezuela de la Gran Colombia y su Constitución como Estado independiente, se definió el territorio de Venezuela en la siguiente forma:

> *Art. 5.* El territorio de Venezuela comprende todo lo que antes de la transformación política de 1810 se denominaba *Capitanía General de Venezuela.* Para su mejor administración se dividirá en provincias, cantones y parroquias, cuyos límites fijará la Ley.

Esta norma de la Constitución de 1830 sustancialmente quedó con la misma redacción en la Constitución de 1857 (art. 3), cambiando solamente el tiempo del verbo denominaba por "denominó". La Constitución de 1858 volvió a utilizar el tiempo "denominaba" agregando que comprendía lo que "se denominaba Capitanía General de Venezuela, con todos sus derechos y pertenencias".

La Constitución Federal de 1864 simplificó la redacción, al indicar que:

> *Art. 3.* Los límites de los Estados Unidos que componen la Federación Venezolana, son los mismos que en el año 1810 correspondían a la antigua *Capitanía General de Venezuela.*

Igual redacción se conservó en la Constitución de 1874 (art. 3), y con variantes de redacción en las Constituciones de 1881 (art. 3), y de 1891 (art. 3). En la Constitución de 1893, se varió el texto, en la siguiente forma:

> *Art. 3.* El territorio de los Estados Unidos de Venezuela es el mismo que en el año 1810 correspondía a la *Capitanía General de Venezuela.*

D. *El territorio nacional referido al de la Capitanía General de Venezuela en 1810, con modificaciones resultantes de Tratados*

En la Constitución de 1901, por primera vez en la evolución constitucional se admitió que el territorio que en 1810 correspondía a la Capitanía General de Venezuela, y que formaba el territorio nacional, había sido modificado por la vía de Tratados internacionales, como en efecto había sucedido.

El artículo 1° de esa Constitución, en efecto dispuso lo siguiente:

> *Art. 1.* El territorio de los Estados Unidos de Venezuela es el mismo que en el año 1810 correspondía a la *Capitanía General de Venezuela* con las modificaciones que resulten de Tratados Públicos.

En esta forma, la Constitución se adaptó a la realidad, pues nuestro territorio ya no era el mismo, realmente, al que Venezuela tenía en 1810, pues diversos tratados para demarcar fronteras se habían celebrado con Colombia, el Reino Unido y Brasil.

a. *Los Tratados suscritos antes de 1901*

a' *Tratados suscritos con Colombia*

En efecto, ya para 1901 la frontera con *Colombia* no era la misma que dividía a la Capitanía General de Venezuela del Virreinato de la Nueva Granada, sino que había sido objeto de una modificación en virtud de un Tratado. En efecto, separada Venezuela de la Gran Colombia, y establecido el Estado autónomo en 1830, se iniciaron las conversaciones diplomáticas entre los dos países para establecer la aplicación del principio del *uti possidetis juris.* Así, se llegó a suscribir el Tratado de amistad, alianza, comercio, navegación y límites de 14 de diciembre de 1833, entre los Ministros Santos Michelena de Venezuela y Lino de Pombo de Colombia, que buscaba resolver la situación, es decir, buscaba determinar la frontera entre los dos países en la aplicación de la regla del *uti possidetis juris* que tanto Colombia como Venezuela, invocaban para la determinación de sus respectivos territorios; tratado que no fue aprobado por el Congreso de Venezuela, razón por la cual no entró en vigencia[46].

Posteriormente, mediante el Tratado de Arbitramiento sobre límites firmado en Caracas el 14 de septiembre de 1881, ambos países "deseando poner término a la cuestión de límites territoriales", "con el objeto de alcanzar la verdadera delimitación territorial de derecho" y en vista de que no habían podido "ponerse de acuerdo en cuanto a los respectivos derechos o *uti possidetis juris,* de 1810" convinieron en "someterlo al juicio y sentencia del gobierno de su Majestad el Rey de España, en calidad de árbitro, Juez de derecho, los puntos de diferencia en la expresada cuestión de límites, a fin de obtener un fallo definitivo e inapelable, según el cual todo el territorio que pertenecía a la jurisdicción de la antigua Capitanía General de Caracas por actos regios del antiguo Soberano hasta 1810, quede siendo territorio jurisdiccional de la República de Venezuela, y todo lo que por actos semejantes y en esa fecha perteneció a la jurisdicción del Virreinato de Santa Fe, quede siendo territorio de la actual República llamada Estados Unidos de Colombia" (art. 1)[47].

El 16 de marzo de 1891 fue firmado en Madrid el Laudo Arbitral sobre cuestión de límites (Laudo Español), en el cual se determinó "la línea de frontera en litigio entre la República de Colombia y los Estados Unidos de Venezuela", a cuyo efecto se dividió la demarcación en seis secciones: 1° La Goagira; 2° Línea de las Sierras de Perijá y de Motilones; 3° San Faustino; 4° Línea de la Serranía de Tama; 5° Línea del Sarare, Arauca y Meta; 6° Línea del Orinoco y Río Negro"[48].

Con fecha 30 de diciembre de 1898, se suscribió el Pacto que reglamenta la ejecución del Laudo relativo al asunto de límites[49], y las partes resolvieron ejecutar dicha sentencia arbitral y proceder "a la demarcación y al amojonamiento de los límites que traza aquella sentencia, en la extensión en que no los constituyan ríos, las cumbres de una sierra o una serranía" (art. 1). A tal efecto, las partes acordaron nombrar una Comisión Mixta, la cual por razones de guerra interior en los dos países, sólo pudo instalarse a comienzos de 1900, habiéndose suspendido sus trabajos al año siguiente[50].

---

46 Véase el texto en Leandro Área y Elka Nieschuiz de Stockhausen, *El Golfo de Venezuela. Documentación y Cronología,* Caracas, 1984, pp. 80 a 89. En ese libro puede verse el dictamen de la Cámara de Representantes de Venezuela de 7 de abril de 1835 planteando la desaprobación del Proyecto (p. 90), el Decreto Legislativo que aprueba sólo parte del articulado del Tratado (p. 99 y 100), y el dictamen del Senado sobre el Proyecto (pp. 103 a 110).

47 Véase el texto en *Tratados Públicos, Acuerdos Internacionales de Venezuela,* Vol. I. 1820-1900, Caracas, 1924, pp. 360 y 361. El texto de dicho Tratado fue aclarado después de la muerte de Alfonso XII, mediante Tratado de 15 de febrero de 1886. Véase en *Tratados Públicos...,* Vol. I, *cit;* pp. 443 a 446.

48 Publicado en la *Gaceta de Madrid* de 17-3-1891, Véase en *Tratados Públicos...* Vol. I, *cit.,* pp. 456 a 462.

49 Véase el texto en *Tratados Públicos...* Vol. I, *cit.,* pp. 478 a 481.

50 Véase *Tratados Públicos...* Vol. I, *cit.,* pp. 481 y Vol. II (1900-1920), p. 600. Véase las actas de Caicara, de Castilletes, de Caño de Majayure, de Guerrero, de Guarero, de Caracas, de Pamplona de Tama, de

b' *Tratados suscritos con el Reino Unido*

Con fecha 2 de febrero de 1897 se celebró un Tratado de Arbitraje entre los Estados Unidos de Venezuela y su Majestad la Reina del Reino Unido de la Gran Bretaña[51], mediante el cual "deseando estipular el arreglo amistoso de la cuestión que se ha suscitado entre sus respectivos gobiernos acerca de límites de los Estados Unidos de Venezuela y la Colonia de la Guayana Británica", resolvieron someter dicha cuestión a arbitramiento, designando al efecto un Tribunal Arbitral "para determinar la línea divisoria entre los Estados Unidos de Venezuela y la Colonia de Guayana Británica" (art. 1). Debe destacarse que en la primera de las Reglas destinadas a los árbitros, se estableció la siguiente "Una posesión adversa o prescripción por el término de 50 años constituirá un buen título. Los árbitros podrán estimar que la dominación política exclusiva de un Distrito, así como la efectiva colonización de él, son suficientes para constituir una posesión adversa o crear título de prescripción". Con esta regla, sin duda, Venezuela, abandonaba el principio del *uti possidetis* que el Reino Unido nunca aceptó. Los árbitros rindieron su decisión el 3 de octubre de 1899 (Laudo de París) determinando "la línea de demarcación entre los Estados Unidos de Venezuela y la Guayana Británica"[52]. Los gobiernos de Venezuela y de la Gran Bretaña nombraron sendas Comisiones para delinear técnicamente la línea divisoria, establecida en el Laudo de París de 1899, las cuales realizaron sus trabajos entre 1900 y 1905. En todo caso, antes de promulgarse la Constitución de 1901 ya se habían levantado las Actas de Morajuana, Mururuna, Haiowa y Salto de San Víctor[53].

c' *Tratado suscrito con Brasil*

La República de Venezuela y su Majestad el Emperador del Brasil "reconociendo la necesidad de ajustar un convenio definitivo sobre los límites entre sus respectivos términos" suscribieron el 5 de mayo de 1859 un Tratado de Límites y Navegación Fluvial[54], en el cual se declaró y definió la línea divisoria fronteriza entre los dos países. Las partes, además, acordaron designar una comisión mixta para la demarcación de la línea en los puntos en que fuese necesario (art. 3), la cual realizó labores en 1879, 1880 y 1882 a 1884 aprobadas por Protocolos de límites suscritos en 1905[55].

d'. *Tratado suscrito con Holanda*

Por último, debe señalarse que en 1901, Venezuela también había celebrado con Holanda la Convención de arbitramiento relativa a la soberanía de la Isla de Aves firmada en Caracas el 5 de agosto de 1857[56], en la cual se convino en que "la cues-

las fuentes del Río Táchira, de la ribera del Río Arauca, de El Paso del Viento y de Puerto España entre 1900 y 1901 en *Tratados Públicos..., cit.,* Vol. III, pp. 390 a 409.

51 Véase el texto en *Tratados Públicos...,* Vol. I, *cit.,* pp. 491 a 496.

52 Véase el texto en *Tratados Públicos...,* Vol. I, *cit.,* pp. 496 a 498.

53 Véase los textos en *Tratados Públicos* L, Vol. III, *cit.,* 1929-1925, Caracas, 1950, pp. 382 a 390.

54 Véase el texto en *Tratados Públicos...* Vol. I, *cit.,* pp. 224 a 230.

55 Véase las referencias en *Tratados Públicos...,* Vol. II, *cit.,* pp. 54, 55 y 508; y el texto de las actas en Vol. VIII (1920-1925), Caracas, 1950, pp. 366 a 382.

56 Véase en *Tratados Públicos...,* Vol. I, *cit.,* pp. 207 a 209.

tión del derecho de dominio y soberanía en la isla de aves" sería sometida a arbitramento de una potencia amiga, previamente escogida de común acuerdo (art. 1).

La Reina Isabel II de España, con fecha 30 de junio de 1865 dictó el correspondiente Laudo en la cuestión relativa al dominio y soberanía de la Isla de Aves[57], declarando que la isla correspondía a Venezuela.

b. *La evolución posterior a 1901*

A partir de 1901, los textos constitucionales siguieron básicamente la misma orientación del artículo 1° de la Constitución de ese año, la cual en esta materia se repitió textualmente en las Constituciones de 1904 (art. 1) y 1909 (art. 3°). En el Estatuto Constitucional Provisorio de 1914 (art. 2) quedó con igual redacción agregándose una mención a "las islas de su pertenencia en el mar de las Antillas". La misma redacción continuó en la Constitución de 1914 (art. 1°), en la cual se habla de "las islas venezolanas en el mar de las Antillas", y en la Constitución de 1922 (art. 1°). En el texto constitucional de 1925 sólo cambió la expresión "Tratados públicos" por Tratados celebrados por la República (art. 2), y se agregó una expresión que posteriormente se seguirá incorporando en los textos fundamentales en forma invariable:

Este territorio no podrá jamás ser cedido, traspasado, arrendado ni en ninguna forma enajenado a potencia extranjera ni aun por tiempo limitado.

En la Constitución de 1925 además, la referencia a las islas venezolanas comienza a formularse por separado, al adquirir individualidad territorial las denominadas "Dependencias Federales" (art. 10).

La redacción del artículo 2° de la Constitución de 1925 se repitió exactamente igual en las Constituciones de 1928 (art. 2°), 1929 (art. 2°), 191 3 (art. 2°), 1936 (art. 2°), 1945 (art. 2°) y 1947 (art. 1°). En esta última Constitución se incorporó la aclaratoria, frente a la norma anteriormente destacada, de que:

> Las naciones extranjeras sólo podrán adquirir, en conformidad con la Ley, los inmuebles necesarios para sede de su representación diplomática en la capital de la República, a título de reciprocidad, y quedando siempre a salvo la soberanía nacional sobre el suelo.

Debe señalarse, por último, que fue en la Constitución de 1953 donde se incorporó por primera vez al texto constitucional la referencia a los espacios marítimos y aéreos como elementos componentes del territorio, en la siguiente forma:

> También se declaran sujetos a su autoridad y jurisdicción el lecho del mar y el subsuelo de las áreas que constituyen su plataforma continental, así como las islas que se formen o aparezcan en esta zona. La extensión del mar territorial, la zona marítima contigua y el espacio aéreo en los cuales el Estado ejerce su vigilancia, se determinarán por la Ley.

Como se ha visto, toda esta evolución constitucional condiciona la redacción actual del artículo 7 de la Constitución, en la cual debe destacarse la aclaratoria de que las alteraciones territoriales al principio del *uti possidetis* reconocidas por la Re-

57 Véase en *Tratados Públicos...*, Vol. III, *cit.*, pp. 100 a 105.

pública con relación al territorio de la antigua Capitanía General de Venezuela, son sólo las resultantes de los tratados celebrados "válidamente" por la República.

Ahora bien, con posterioridad a 1901 se celebraron los siguientes Tratados y Acuerdos fronterizos:

a' *Tratados suscritos con Colombia*

En relación con la frontera con *Colombia,* el 3 de noviembre de 1916 en Bogotá, se firmó entre los dos países una convención para la completa demarcación de la frontera[58] en vista de la discrepancia respecto de la ejecución práctica del Laudo Español de 1891. Mediante dicha convención, las partes acordaron someter a la decisión de un Arbitro de derecho la cuestión de si la elocución del Laudo podía hacerse parcialmente como lo sostenía Colombia, o tenía que hacerse íntegramente como lo sostenía Venezuela, a los efectos de que pudieran ocuparse los territorios reconocidos a cada una de las dos Naciones y que no estaban ocupados por ellas antes del Laudo de 1891 (art. 1). Además, las partes convinieron en encargar al Arbitro la completa determinación del deslinde y amojonamiento de la frontera fijada en el Laudo Español (art. 3).

El Consejo Federal suizo, llamado a decidir como Arbitro las divergencias de límites entre Colombia y Venezuela en virtud del compromiso de 1916, dictó su sentencia arbitral en Berna el 24 de marzo de 1922[59], acordando la posibilidad de ejecución parcial del Laudo Español, como lo reclamaba Colombia (art. 1), y por tanto, la ocupación definitiva de los territorios que habían sido delineados hasta ese momento (art. 2); y resolviendo la organización de una Comisión Arbitral que debía resolver por delegación del Consejo Federal, en cuanto a los trabajos de deslinde y amojonamiento (art. 3). La organización de la Comisión de Expertos se estableció por Resolución del Consejo Federal suizo el 29 de mayo de 1922[60], habiéndose dictado el Reglamento Interno de la misma, en Berna, el mismo 29 de mayo de 1922[61]; y los dos países celebraron un arreglo, por cambio de notas para facilitar los trabajos de la Comisión de expertos suizos encargada de la demarcación de la frontera en septiembre de 1922[62].

A partir de 1923, la Comisión Suiza de Expertos dictó varias sentencias para la fijación de las fronteras en 9 de abril de 1923, la relativa a la frontera de la región de San Faustino (Primera Sección de la Comisión Suiza de Expertos)[63]; en 30 de abril de 1923, la relativa a la frontera entre el curso del Atabapo y el del Guainía (Segunda Sección de la Comisión Suiza de Expertos)[64]; en 19 de septiembre de 1923, la colocación de un hito en la ribera izquierda del río Zulia[65]; en 5 y 15 de octubre de

58 Véase el texto en *Tratados Públicos...*, Vol. II, *cit.*, pp. 599 a 602.

59 Véase el texto en *Tratados Públicos...* Vol. III, *cit.* pp. 35 a 40.

60 Véase el texto en *Tratados Públicos...* Vol. III, cit. pp. 40 0a 43.

61 Véase el texto en *Tratados Públicos...* Vol. III, *cit.* pp. 43 a 45.

62 Véase el texto en *Tratados Públicos...* Vol. III, *cit.* pp. 48 a 50.

63 Véase el texto en *Tratados Públicos...* Vol. III, *cit.* pp. 56 a 67.

64 Véase el texto en *Tratados Públicos...* Vol. III, *cit.* pp. 68 a 72.

65 Véase el texto en *Tratados Públicos...* Vol. III, *cit.* pp. 79 a 82.

1923, y 13 de mayo de 1924, la relativa a la frontera entre el Catatumbo y el Zulia[66]; y en 5 de marzo de 1924, la relativa a la frontera en la región Arauca-Meta (Segunda Sección de la Comisión Suiza de Expertos)[67].

Posteriormente, los dos países en 17 de diciembre de 1928, celebraron un acuerdo por cambio de notas, sobre puntos relativos a la frontera común[68] estableciendo Comisiones Mixtas a los efectos de realizar los trabajos técnicos de demarcación. Las Comisiones realizaron su trabajo entre 1930 y 1932[69], lo que provocó, también, la celebración de Convenios adicionales sobre demarcación, por cambio de notas, en 1932[70] y en 1938[71].

Por último con fecha de 5 de abril de 1941, en Cúcuta, los gobiernos de los Estados Unidos de Venezuela y de Colombia suscribieron el Tratado sobre demarcación de Fronteras y Navegación de los Ríos Comunes, con el cual se "concluye, en lo que aún falta, la demarcación de sus fronteras, confirma para lo restante los pactos que regulan su alindamiento, y prevé normas a su recíproco comercio y demás relaciones de vecindad y convivencia". En tal virtud, los dos Estados "declaran que la frontera entre las dos Naciones está en todas sus partes definida por los pactos y actos de alindamiento y el presente Tratado; que todas las diferencias sobre la materia de límites quedan terminadas; y que reconocen como definitivos e irrevocables los trabajos de demarcación hechos por las Comisiones Demarcadoras en 1901, por la Comisión de Expertos Suizos, y los que se hagan de común acuerdo por los comisionados designados" conforme a lo dispuesto en el propio Tratado (art. 1). Estos comisionados debían demarcar la frontera común en determinados puntos indicados, "mediante hitos perdurables que colocarán de modo que dicha frontera pueda ser reconocida con exactitud en cualquier tiempo" (art. 1, Parágrafo 4°)[72].

La Comisión Mixta realizó sus labores en 1942, construyendo los diversos hitos, muchos" de los cuales fueron posteriormente reconstruidos en 1959[73].

Con el Tratado de 1941[74], se concluyó el largo proceso de más de un siglo de delimitación de las fronteras terrestres entre Venezuela y Colombia. Queda ahora pendiente la delimitación de las áreas marinas y submarinas entre los dos países.

b'. *Acuerdos suscritos con el Reino Unido*

En relación con la frontera con la Guayana Inglesa, después de la Constitución de 1901 se continuó realizando la demarcación de la línea fronteriza entre Venezue-

---

66 Véase el texto en *Tratados Públicos...*, Vol. III, *cit.*, pp. 82 a 86 y 91 a 93.

67 Véase el texto en *Tratados Públicos...*, Vol. III, *cit.*, pp. 87 a 96.

68 Véase el texto en *Tratados Públicos...*, Vol. IV (1925-1932), Caracas, 1933, pp. 253 a 260.

69 Véase las Actas en *Tratados Públicos...*, Vol. IV, *cit.*, pp. 302 a 356.

70 Véase las Actas en *Tratados Públicos...*, Vol. IV, *cit.*, pp. 356 a 360.

71 Véase el texto en *Tratados Públicos...*, Vol. VI (1936-1942), Caracas, 1942, pp. 61 a 63

72 Véase el texto del Tratado, en *Tratados Públicos...*, Vol. VI (1936-1942), *cit.*, pp. 703 a 707.

73 Véase las actas de reconstrucción de hitos, de 1959 en *Tratados Públicos...*, Vol. XII (1957-1959), Caracas, 1979, pp. 495 a 500.

74 Véase los comentarios de Eleazar López Contreras, quien era Presidente de la República al momento de la firma del Tratado en su trabajo y *Proceso de límites entre Venezuela y Colombia,* New York, 1953, 38 pp.

la y la Guayana Británica, y a tal efecto se levantaron entre los Comisionados las Actas de Georgetown en 1902 y 1905[75]. Esta última de 10 de enero de 1905 consistió en un convenio entre los gobiernos en el cual aceptaban como correctas las posiciones de los puntos fronterizos de demarcación según el Laudo de París[76].

Posteriormente, en 1932, se celebró un Acuerdo entre Venezuela y Gran Bretaña sobre el punto de convergencia de las fronteras de Venezuela, el Brasil y la Guayana Británica, concluido por cambio de notas[77], a proposición de Venezuela. Esta propuesta de nuestro país fue "que la referida frontera quedara determinada por una línea recta que, partiendo de la fuente del río Venamo, vaya a terminar en el punto del Monte Roraima donde coinciden las tres fronteras de Venezuela, la Guayana Británica y el Brasil, punto recientemente fijado y marcado con un poste por las Comisiones de los tres países"[78]. En efecto, en el Acta de inauguración de dos hitos en el Monte Roraima levantada el 29 de diciembre de 1931, la Comisión Mixta Venezolana-Brasileña, al referirse a uno de ellos declaró: "Este hito se halla situado en la divisoria de aguas cotinga-arabopo y señala el comienzo de la frontera entre Venezuela y el Brasil en el Monte Roraima. Marca igualmente el punto terminal de la frontera entre Venezuela y la Guayana Británica, como también el comienzo de la frontera entre el Brasil y la propia Guayana"[79].

Con posterioridad a esas actas, entre Gran Bretaña y Venezuela antes de 1961 se suscribió el Tratado sobre la Isla de Patos (situada entre Trinidad y Venezuela) el 26 de febrero de 1942, mediante el cual Gran Bretaña transfirió a nuestro país "el título y todos los derechos de soberanía sobre dicha isla que en lo sucesivo será considerada como parte del territorio de Venezuela"[80]. En esa misma fecha, los dos países suscribieron el Tratado sobre las aguas submarinas del Golfo de Paria[81] mediante el cual las partes definieron sus respectivos intereses respecto del lecho del mar y del subsuelo fuera de las aguas territoriales, texto que constituyó un precedente fundamental en el derecho del mar en materia de delimitación de áreas marinas y submarinas.

c' *Acuerdos suscritos con el Brasil*

Con posterioridad a 1901, entre Venezuela y Brasil se suscribió un Protocolo para la demarcación de la frontera común a los dos países, en Caracas, el 9 de diciembre de 1928[82], mediante el cual debían constituirse comisiones mixtas para en un lapso prefijado realizar la demarcación, comisiones que no llegaron a constituirse[83]. Posteriormente, realizaron demarcaciones en 1914-1915 unas comisiones mixtas venezolano-brasileras relativas a la Piedra del Cocuy[84] hasta que se convino, me-

75 Véase en *Tratados Públicos..., cit.*, Vol. III, pp. 382 a 390.

76 Véase en *Tratados Públicos..., cit.*, Vol. III, p. 388.

77 Véase en *Tratados Públicos..., cit.*, Vol. IV, pp. 360 a 362.

78 Véase en *Tratados Públicos..., cit.*, Vol. IV, pp. 361 y 362.

79 Véase en *Tratados Públicos..., cit.*, Vol. IV, p. 301.

80 Véase en *Tratados Públicos... cit.*, Vol. IV, pp. 717 y 718.

81 Véase en *Tratados Públicos... cit.*, Vol. IV, pp. 718 a 273.

82 Véase en *Tratados Públicos... cit.*, Vol. IV, pp. 241 a 244.

83 *Cfr.* lo indicado en *Tratados Públicos..., cit.*, Vol. IV, p. 242.

84 *Cfr.* lo indicado en *Tratados Públicos... cit.*, Vol. IV, p. 243.

diante Protocolo suscrito el 24 de julio de 1928 en Río de Janeiro[85] en sustituir las estipulaciones del Protocolo de 1905, y nombrar sendas Comisiones por los países para constituir una Comisión Mixta con el objeto de demarcar la frontera entre los dos países, partiendo de las demarcaciones efectuadas en 1914-1915. Con fecha 7 de noviembre de 1929, los dos países suscribieron un Acuerdo por cambio de notas para la ejecución del Protocolo del año anterior[86], mediante el cual se determinaron las instrucciones sobre la Comisión Mixta Brasilero-Venezolana a los efectos de la demarcación. Esta Comisión inició sus tareas en 1930[87] y en períodos sucesivos hasta mitades de la década de los sesenta realizó la demarcación de la frontera entre los dos países[88].

E. *El territorio nacional referido al de la Capitanía General de Venezuela en 1810, con modificaciones resultantes de tratados y laudos arbitrales no viciados de nulidad: el caso de la Guayana Esequiba*

Como se ha dicho, en el artículo 7 de la Constitución de 1961, en la determinación del territorio con referencia al que correspondía a la Capitanía General de Venezuela antes de la transformación política iniciada en 1810, precisó que ese era "con las modificaciones resultantes de los tratados celebrados *válidamente* por la República". Respecto de ello, la Exposición de Motivos del Proyecto de Constitución fue explícita: "se agregó el adverbio «válidamente» para demostrar, en forma inequívoca, la voluntad de la República de aceptar sólo aquellas modificaciones en su *status* territorial que hayan sido el resultado de libre y válida determinación"[89]. En la Constitución de 1999, como se dijo, la frase "con las modificaciones resultantes de los tratados celebrados válidamente por la República" se sustituyó por la frase "con las modificaciones resultantes de los tratados y laudos arbitrales no viciados de nulidad".

Tanto con la salvedad constitucional de la Constitución de 1961 como con la de la Constitución de 1999, se abrió la posibilidad formal de poner en duda la validez de decisiones concernientes a nuestras fronteras que habían sido cuestionadas con anterioridad, particularmente en relación con la frontera con la Guayana Británica, resultado del *Laudo de París* de 1899. Este *Laudo* había sido injusto con nuestro país, y el resultado de compromisos políticos entre las grandes potencias, lo cual quedó evidenciado a partir de 1949, cincuenta años después, con motivo de conocerse la documentación de muchos de los actores de la época de su elaboración, en particular de Severo Mallet-Prevost, asistente del abogado por Venezuela (Benjamin Harrison).

Las manifestaciones oficiales esporádicas en contra del *Laudo* de 1899, antes de 1961[90] se comenzaron a acentuar a partir de la declaración del Embajador venezola-

---

85 Véase en *Tratados Públicos... cit.*, Vol. IV, pp. 241 a 244.

86 Véase en *Tratados Públicos... cit.*, Vol. IV, pp. 238 a 289.

87 Véase el Acta de 23 de noviembre de 1930 en *Tratados Públicos..., cit.*, vol. IV, pp. 298 y 299.

88 *Cfr.* J.A. Zambrano Velazco, *Sumario..., cit.*, p. 69.

89 Véase en *Revista de la Facultad de Derecho,* Nº 21, UCV, Caracas, p. 376.

90 Véase la información y documentación contenida en el libro editado por la Cancillería, *Reclamación de la Guayana Esequiba,* Caracas, 1981, pp. 40 y ss.

no y del Canciller venezolano en las Naciones Unidas en 1962[91], y en concreto de la nota de reclamación territorial presentada el 5 de noviembre de 1963 por el Canciller venezolano al Ministro de Relaciones Exteriores de Gran Bretaña[92] con ocasión de las conversaciones que celebraron en Londres entre los días 5 al 7 de ese mes y año[93].

Entre 1963 y 1965 continuaron las conversaciones entre ambos gobiernos, y el 10 de diciembre de 1965 en Comunicado conjunto, los Ministros de Relaciones Exteriores, señalaron que: "discutieron vías y procedimientos para poner fin a la controversia que amenazaba quebrantar las tradicionalmente cordiales relaciones que Venezuela, por una parte, y el Reino Unido y la Guayana Británica, por la otra" y que "se intercambiaron ideas y propuestas para un arreglo práctico de la controversia"[94]. Los Ministros acordaron celebrar una conferencia en Ginebra en febrero de 1966, en la cual se celebró el "Acuerdo para resolver la controversia entre Venezuela y el Reino Unido de Gran Bretaña e Irlanda del Norte sobre la frontera entre Venezuela y Guayana Británica, de 17 de febrero de 1966[95], considerando que estaba próxima la independencia de la Guayana Británica y que cualquier controversia pendiente entre Venezuela y el Reino Unido y Guayana Británica perjudicaría la colaboración que debe existir entre los países. Se consideró que debía ser resuelta la controversia amistosamente, para lo cual se acordó en el artículo 1°, lo siguiente:

> Se establece una Comisión Mixta con el encargo de buscar soluciones satisfactorias para el arreglo práctico de la controversia entre Venezuela y el Reino Unido surgida como consecuencia de la contención venezolana de que el Laudo arbitral de 1899 sobre la frontera entre Venezuela y Guayana Británica es nulo e írrito.

El acuerdo de Ginebra estableció además, que "si dentro de un plazo de cuatro años contados a partir de la fecha de este Acuerdo, la Comisión Mixta no hubiere llegado a un acuerdo completo para la solución de la controversia, referirá al gobierno de Venezuela y al gobierno de Guayana en su Informe Final cualesquiera cuestiones pendientes. Dichos gobiernos escogerán sin demora uno de los medios de solución pacífica previstos en el artículo 33 de la Carta de las Naciones Unidas" (art. IV, 1).

Además, en el artículo IV-1 del Acuerdo se reguló con precisión el procedimiento para el caso de que no se lograse un acuerdo sobre la elección de uno de dichos medios de solución pacífica, calificado por el Ministro de Relaciones Exteriores que firmó el Acuerdo, como el punto más importante del mismo[96] y que se resume así:

> 1. Vencidos los tres meses siguientes a la recepción del Informe Final de la Comisión Mixta, sin que los gobiernos hubiesen llegado a un acuerdo sobre el procedimiento para solucionar la controversia, se referirá la decisión de escoger los medios de solución a un órgano internacional apropiado que ambos gobiernos acuerden;

---

91 Véase en *Reclamación...*, *cit.*, pp. 18 a 21.

92 Véase en *Reclamación...*, *cit;* p. 23 y 24.

93 Véase el Comunicado conjunto de 7-11-63 en *Reclamación...*, *cit.* p. 25.

94 Véase en *Reclamación...*, *cit.*, pp. 66 y 67.

95 Véase la Ley aprobatoria de 15 de abril de 1966 en *Gaceta Oficial*, N° 28.008 de 15-4-66.

96 Véase en *Reclamación...*, *cit.*, p. 97

2. A falta de acuerdo sobre la elección de un organismo internacional apropiado para escoger los medios de solución, corresponderá esa función al Secretario General de las Naciones Unidas;

3. El Secretario General de las Naciones Unidas escogerá los procedimientos de solución pacífica señalados en el citado artículo 33, hasta que la controversia haya sido resuelta, o hasta que todos los medios de solución pacífica contemplados en dicho artículo, sean agotados.

En esta forma, la función del Secretario General de las Naciones Unidas es la de ir señalando a las Partes, para que éstas los utilicen, los medios de solución pacífica de controversias establecidos en la Carta (negociación, investigación, mediación, conciliación, arbitraje, arreglo judicial o recurso a organismos o acuerdos regionales), hasta que la controversia sea resuelta o hasta que aquéllos se hayan agotado. De ello resulta, en definitiva, que en última instancia el Laudo de París de 1899 podría llegar a ser sometido a examen y revisión por medio de arbitraje o de recurso judicial, siempre que lo acuerden las partes.

En todo caso, a los efectos de evitar que por el transcurso del tiempo se consoliden situaciones de hecho perjudiciales, al artículo 5° del Acuerdo previo: primero, que su texto no puede ser interpretado como una renuncia o disminución de Venezuela, el Reino Unido y la Guayana Británica, de cualesquiera bases de reclamación de soberanía territorial en los territorios de Venezuela o Guayana Británica; y segundo, que ninguno de los actos o actividades que tengan lugar durante la vigencia del Acuerdo constituirá fundamento alguno para hacer valer, apoyar o negar una reclamación de soberanía territorial, excepto cuando estos actos o actividades sean resultado de convenios logrados por la Comisión Mixta y aceptados por escrito por los gobiernos.

En mayo de 1966 se produjo el acto de independencia de Guayana Británica, y Venezuela declaró que reconocería al nuevo Estado de Guayana, con la reserva territorial de que "la independencia de Guayana Británica, no implica reconocimiento ni en forma alguna, renuncia o disminución de los derechos territoriales reclamados por Venezuela"[97]. Por otra parte, a partir de la independencia de Guyayana, el gobierno del nuevo Estado comenzó a ser parte del Acuerdo de Ginebra, conforme lo dispuso su artículo VII, y en la nota de reconocimiento de Venezuela al nuevo Estado, de 26 de mayo de 1966, se reiteró la consideración de Venezuela de que el *Laudo de París* era "nulo e írrito", y que "por lo tanto, Venezuela reconoce como territorio Esequibo, y reitera ante el nuevo país, y ante la comunidad internacional, que se reserva expresamente sus derechos de soberanía territorial sobre toda la zona que se encuentra a la margen izquierda del precitado río; en consecuencia, el territorio de la Guayana Esequiba sobre el cual Venezuela se reserva expresamente sus derechos soberanos, limita al Este con el Nuevo Estado de Guyana, a través de la línea del río Esequibo, tomando éste desde su nacimiento hasta su desembocadura en el Océano Atlántico"[98].

Ahora bien, la Comisión Mixta del Acuerdo de Ginebra celebró 16 reuniones y concluyó el período fijado de 4 años sin haber logrado realizar el cometido que le encomendó el Acuerdo. En vista de ello, y del interés del gobierno de Venezuela de

97 Véase en *Reclamación..., cit.*, p. 105.

98 Véase en *Reclamación..., cit.*, p. 108.

evitar que se aplicaran en ese momento los mecanismos del Acuerdo de Ginebra y que saliera el asunto del ámbito de las negociaciones directas entre las partes, se optó por continuar en la búsqueda de una vía negociada con Guayana, a cuyo efecto se firmó el Protocolo de Puerto España de 18 de junio de 1970[99], mediante el cual se suspendió por un período de 12 años, el funcionamiento del artículo IV del Acuerdo de Ginebra. Durante ese lapso, las partes debían explorar todas las posibilidades de mejorar el entendimiento entre ellos; y así se buscaba crear durante ese lapso un ambiente más propicio para continuar el procedimiento previsto en el Acuerdo de Ginebra[100].

Conforme al artículo III del Protocolo de Puerto España, "en la fecha en que este Protocolo deje de tener vigencia, el funcionamiento de dicho artículo (IV del Acuerdo de Ginebra) se reanudará en el punto en el que ha sido suspendido, es decir, como si el Informe Final de la Comisión Mixta hubiera sido presentado en esa fecha". A ese efecto, el artículo V previo la forma de finalización del Protocolo si "con seis meses por lo menos de anticipación a la fecha en la cual haya de terminar, el gobierno de Venezuela o el gobierno de Guyana hace llegar a los demás gobiernos partes en este Protocolo una notificación escrita a tal efecto".

El Protocolo de Puerto España vencía el 18 de julio de 1982. Un año antes, sin embargo, y mediante comunicado de 10 de abril de 1981 el gobierno de Venezuela hizo pública su decisión de no prorrogar el Protocolo de Puerto España, lo que trajo luego como consecuencia la reactivación de los procedimientos señalados en el Acuerdo de Ginebra: así se expresó formalmente en la Declaración Oficial del 2 de mayo de 1981, y en el comunicado del Ministerio del 11 de diciembre de 1981. En este último se precisó la consecuencia de la decisión adoptada: "desde la mencionada fecha, nuestra reclamación se regirá por el Acuerdo de Ginebra, y en concreto, por las disposiciones de su artículo IV, el cual remite a los medios de solución pacífica *recogidos* por el artículo 33 de la Carta de las Naciones Unidas que son: 1) Negociación, 2) Investigación, 3) Mediación, 4) Conciliación, 5) Arbitraje, 6) Arreglo Judicial, 7) Recurso a Organismos o Acuerdos Regionales, 8) Otros medios pacíficos"[101].

Al término de la vigencia del Protocolo, Venezuela ratificó a los países signatarios del Acuerdo de Ginebra y al Secretario General de las Naciones Unidas, la decisión del gobierno. En el período de tres meses previsto en el artículo IV del Acuerdo, las Partes debían escoger uno de los modos de solución pacífica mencionada, y Venezuela insistió en la negociación. Guyana rechazó la invitación a negociar y contrapuso acudir ante la Corte Internacional de Justicia, lo cual fue rechazado por nuestro país. Transcurridos los tres meses mencionados, sin que se hubiera podido llegar a un acuerdo, Venezuela refirió la escogencia al Secretario de las Naciones

99 Véase el texto en *Reclamación..., cit.,* pp. 139 a 141.

100 *Cfr.*, lo indicado en la Exposición de Motivos del Proyecto de ley aprobatoria del Protocolo de Puerto España, en *Reclamación..., cit.,* pp. 133 y ss. Debe señalarse que ese Proyecto de Ley nunca fue discutido ni sancionado.

101 Véase dichos documentos en el libro citado por el Ministerio de Relaciones Exteriores, *Recopilación de las introducciones a las memorias del Despacho correspondientes al Quinquenio 1979-1983, Documentos sobre la cuestión de Guyana,* Caracas, 1984, partes correspondientes al Libro Amarillo de 1981, pp. 2 y ss., en particular la 7.

Unidas[102]. Desde 1982, por tanto, el asunto está en manos de este funcionario; lo que reiteraron en febrero de 1985, los cancilleres de ambos países[103].

Durante todo este período, en todo caso, para preservar y reafirmar los derechos de Venezuela, todos los gobiernos democráticos se opusieron al desarrollo de proyectos de explotación de recursos naturales en la zona en reclamación, por ejemplo, a través del posible otorgamiento de concesiones por parte de Guyana. En febrero de 2004, sin embargo, el Presidente de la República Hugo Chávez Frías, con ocasión de una visita a Guyana, señaló que se había comprometido con el Presidente de Guyana a que "el Gobierno venezolano no va a oponerse a ningún proyecto en la región que vaya en beneficio de sus habitantes, como planes para suministro de agua, vías de comunicación, energía, agrícolas" [104]. Este compromiso del Presidente Chávez se entendió como el inicio del abandono de la reclamación de Venezuela frente a Guyana,[105] alentado entre otros por el gobierno de Cuba, lo que fue el signo de su gobierno en materia fronteriza hasta su muerte y del que lo sucedió, al punto de que en 2013, Guyana otorgó concesiones petroleras en la zona en reclamación con el tácito acuerdo del gobierno venezolano.[106]

2. *La soberanía y los espacios geográficos*

De acuerdo con el artículo 11, la soberanía plena de la República se ejerce en los espacios continental e insular, lacustre y fluvial, mar territorial, áreas marinas interiores, históricas y vitales y las comprendidas dentro de las líneas de base recta que ha adoptado o adopte la República; el suelo y subsuelo de éstos; el espacio aéreo continental, insular y marítimo y los recursos que en ellos se encuentran, incluidos los genéticos, los de las especies migratorias, sus productos derivados y los componentes intangibles que por causas naturales allí se encuentren[107].

---

102 Véase la parte relativa al Mensaje del Ministro al Congreso en 1983, en la misma publicación, *Recopilación..., cit.*, pp. 2 a 6.

103 Véase la parte relativa al Mensaje del Ministro al Congreso en 1983, en la misma publicación. *Recopilación..., cit.*, pp. XXVI y XXVII. Véase, asimismo, el Mensaje que los Ministros de Relaciones Exteriores de Venezuela y Guyana dirigieron al Secretario General de las Naciones Unidas, sobre su responsabilidad según el artículo IV (2) del Acuerdo de Ginebra, en *El Universal,* Caracas, 19-2-85, p. 1-1.

104 Véase *El Nacional,* Caracas, Sábado 21 de febrero de 2004, Caracas, p. A-1. Véase las reacciones iniciales en *El Nacional,* Caracas, Domingo 22 de febrero de 2004, p. A-4; *El Nacional,* Caracas, Lunes 23 de febrero de 2004, p. A-3; *El Nacional,* Caracas, Martes 24 de febrero de 2004, p. A-3.

105 Esa decisión, que no había sido siquiera consultada a la Asamblea Nacional, fue considerado por muchos especialistas como un signo de abandono a la reclamación. Véase Juan Carlos Rey, "Sin un pronunciamiento formal, la reclamación sobre el Esequibo cesó", *El Nacional*, Caracas, Domingo 29 de febrero de 2004, p. A-5; Simón Alberto Consalvi, "Un epitafio para El Esequibo", *El Nacional*, Caracas, Domingo 29 de febrero de 2004, p. A-10; Sadio Garavini Di Turno, "Con decisión de Chávez sobre Guyana todos hemos perdido", *El Universal*, Caracas, Domingo 29 de febrero de 2004, p. 1-10.

106 Al punto de que en octubre de 2013 la Canciller del gobierno de Guyana Carolyn Rodrigues-Birkett, declaró en la prensa (*Guyana Times*), que "El Esequibo sigue siendo territorio de Guyana y tenemos el control total sobre él. En resumen, en lo que a nosotros respecta, la cuestión de la frontera ha sido resuelta en su totalidad."Véase el reportaje de Thais Reyes, *El Universal*, "Acción de la Armada paraliza concesión otorgada por Guyana", octubre 2013, en http://www.soberania.org/2013/10/22/accion-de-la-armada-paraliza-concesion-otorgada-por-guyana/

107 En general sobre el territorio y los espacios geográficos, véase Armando Rodríguez, "Las nuevas bases constitucionales de la estructura político territorial en Venezuela", en *Revista de Derecho Administrativo,* N° 10 (septiembre-diciembre). Editorial Sherwood, Caracas, 2001, pp. 169-200; Ramón Crazut,

En esta forma se precisa con todo detalle el ámbito del ejercicio de la soberanía de la República[108] con indicaciones claves como la mención a las áreas marinas interiores históricas y vitales como las del Golfo de Venezuela, y las comprendidas en las líneas de base recta que ha adoptado o adopte la República; el suelo y subsuelo de éstos; y el espacio aéreo.

En el artículo 11 de la Constitución, se describen además, los componentes de los espacios insular, acuático y ultraterrestre. En cuanto al espacio insular de la República se precisa que comprende el archipiélago de Los Monjes, el archipiélago de Las Aves, el archipiélago de Los Roques, el archipiélago de La Orchila, la isla La Tortuga, la isla La Blanquilla, el archipiélago Los Hermanos, las islas de Margarita, Cubagua y Coche, el archipiélago de Los Frailes, la isla La Sola, el archipiélago de Los Testigos, la isla de Patos y la isla de Aves; y, además, las islas, islotes, cayos y bancos situados o que emerjan dentro del mar territorial, en el que cubre la plataforma continental o dentro de los límites de la zona económica exclusiva.

Respecto de los espacios acuáticos constituidos por la zona marítima contigua, la plataforma continental y la zona económica exclusiva, se precisa que la República ejerce derechos exclusivos de soberanía y jurisdicción en los términos, extensión y condiciones que determinen el derecho internacional público y la ley. En 2002 se dictó la Ley de Reforma Parcial del Decreto con Fuerza de Ley Orgánica de los Espacios Acuáticos e Insulares[109].

Por otra parte, en la norma se indica que corresponden a la República derechos en el espacio ultraterrestre suprayacente y en las áreas que son o puedan ser patrimonio común de la humanidad, en los términos, extensión y condiciones que determinen los acuerdos internacionales y la legislación nacional.

3. *La inalienabilidad del territorio*

A. *El principio de la inalienabilidad*

Conforme se indicaba en el artículo 8 de la Constitución de 1961, el artículo 13 de la Constitución de 1999 también establece que el territorio no podrá ser jamás cedido, traspasado, arrendado, ni en forma alguna enajenado, ni aun temporal o parcialmente, a Estados extranjeros u otros sujetos de derecho internacional.

B. *El territorio nacional como territorio de paz*

Por otra parte, conforme a lo expresado en el Preámbulo y en el artículo 1°, el artículo 11 de la Constitución precisó que "El espacio geográfico venezolano es una

---

"Comentarios al Título II de la Constitución de 1999 sobre el espacio geográfico y la división política", en *Revista de Derecho Público,* N° 81 (enero-marzo), Editorial Jurídica Venezolana, Caracas, 2000, pp. 40-46; Alfonso Rivas Quintero, *Derecho Constitucional.* Paredes Editores, Valencia-Venezuela, 2002, pp. 229 y ss.; Ricardo Combellas, *Derecho Constitucional: una introducción al estudio de la Constitución de la República Bolivariana de Venezuela,* Mc Graw Hill, Caracas, 2001, pp. 47 y ss.; e Hildegard Rondón de Sansó, *Análisis de la Constitución venezolana de 1999,* Editorial Ex Libris, Caracas 2001, pp. 89-98.

108 Véase Alirolaiza del Carmen Bastardo Salazar, "La soberanía del Estado", en *Derecho Constitucional. General y Particular. Actualizado con la Constitución de la República Bolivariana de Venezuela del 24-03-2000,* Tomo I, Universidad Santa María, Caracas, pp. 181-201.

109 *G.O.* N° 37.596 del 20 de diciembre de 2002

zona de paz", razón por la cual no se pueden establecer en él bases militares extranjeras o instalaciones que tengan de alguna manera propósitos militares, por parte de ninguna potencia o coalición de potencias.

C. *Las sedes diplomáticas*

En cuanto a los inmuebles para sedes de representaciones diplomáticas o consulares los Estados extranjeros u otros sujetos de derecho internacional, sólo los pueden adquirir dentro del área que se determine y mediante garantías de reciprocidad, con las limitaciones que establezca la ley; situaciones en las cuales queda siempre a salvo la soberanía nacional.

4. *El régimen de los nuevos territorios*

El artículo 14 de la Constitución de 1999, en sentido similar al artículo 15 de la Constitución de 1961, precisa que la ley debe establecer un régimen jurídico especial para aquellos territorios que por libre determinación de sus habitantes y con aceptación de la Asamblea Nacional, se incorporen al de la República; lo que podría ocurrir, por ejemplo, con la zona de la Guyana Esequiba.

5. *El régimen de las fronteras*

En la Constitución de 1999 se destinaron dos normas a establecer el régimen de las fronteras. En primer lugar, el artículo 15 en el cual se precisó que el Estado tiene la responsabilidad de establecer una política integral en los espacios fronterizos terrestres, insulares y marítimos, preservando la integridad territorial, la soberanía, la seguridad, la defensa, la identidad nacional, la diversidad y el ambiente, de acuerdo con el desarrollo cultural, económico, social y la integración. Se precisó además que una Ley Orgánica de Fronteras debe, determinar las obligaciones y objetivos de esta responsabilidad, atendiendo la naturaleza propia de cada región fronteriza a través de asignaciones económicas especiales.

Adicionalmente, en segundo lugar, el artículo 323 precisa que en cumplimiento de los principios de seguridad de la Nación, la atención de las fronteras es prioritaria. A tal efecto, la norma establece directamente "una franja de seguridad de fronteras" cuya amplitud, regímenes especiales en lo económico y social, poblamiento y utilización, deben ser regulados por la Ley, protegiendo de manera expresa a los parques nacionales, el hábitat de los pueblos indígenas allí asentados y demás áreas bajo régimen de administración especial. Se recoge, así, en esta norma la denominación acuñada en la Ley Orgánica para la Ordenación del Territorio.

Ahora bien, sobre el concepto de fronteras, la Sala Constitucional del Tribunal Supremo de Justicia, en sentencia N° 2394 de 28 de agosto de 2003 (Caso: *Interpretación del artículo 41 de la Constitución*) estableció los siguientes criterio:

> A juicio de esta Sala, la frontera en el marco constitucional venezolano tiene una doble función, pues resulta esencial en la delimitación espacial del ámbito de ejercicio del poder del Estado, tanto hacía dentro, imponiendo el límite espacial de las relaciones estado-ciudadanos, como hacía afuera, haciendo lo suyo con otros países, y constituye un elemento primordial en la política de seguridad y defensa del Estado, desarrollada novedosamente en la vigente Constitución de 1999.

En efecto, ya el concepto de frontera no es utilizado únicamente como límite espacial del ámbito de ejercicio del poder del Estado, sino que su concepto está enmarcado dentro de una política integral de seguridad y defensa de la Nación, por mandato de las normas contenidas en el Título VII de la Constitución de 1999, específicamente en su artículo 327, norma que ha sido desarrollada legislativamente en diferentes cuerpos normativos que establecen de manera específica los poderes del Estado en las zonas fronterizas, encontrándose dentro de ellas, la Ley de Zonas Costeras (particularmente los artículos 1, 2, 9 y 10), la Ley Orgánica de Seguridad de la Nación (particularmente los artículos 2, 15, 16, 20 y 48), la Ley Orgánica de las Fuerzas Armadas Nacionales (particularmente los artículos 9, 10, 11, y 12), la Ley Orgánica de Espacios Acuáticos e Insulares (particularmente los artículos 1, 2, 5, 7, 9), entre otras.

De otro lado, la Constitución vigente amplía el concepto de territorio por el de "espacios geográficos", donde se encuentran inmersas las fronteras marítimas, terrestres y lacustres, a que aluden los artículos 11 y 15 del Texto Constitucional...

De lo anterior, la Sala, concluyó en su sentencia que el concepto de frontera, incluye en el vigente ordenamiento jurídico un tratamiento que abarca aspectos espaciales y de seguridad y defensa de la nación, que no pueden ser tratados de manera separada, constatando que tampoco distingue el constituyente venezolano entre fronteras naturales como las terrestres, insulares, lacustres y marítimas y las fronteras artificiales, entre las que se podrían encontrar los puentes, señales u otra de creación humana; por el contrario, se amplía el concepto de frontera dentro del marco espacial y de seguridad y defensa de la nación, ya mencionado[110].

IV. LA FORMA DEL ESTADO

1. *La "Federación Descentralizada"*

La forma del Estado venezolano durante toda su existencia desde 1811, puede decirse que ha sido la Federal, lo que implica el reconocimiento de autonomías territoriales en el nivel intermedio, es decir, de los Estados federados y, antes de 1864, de las entonces denominadas Provincias. En esa fecha, precisamente el triunfo de la Revolución Federal condujo a la adopción definitiva de la forma federal del Estado, que sustituyó a la fórmula mixta de 1830, que a la vez había sustituido a la "Confederación" de 1811; adoptándose la denominación de la República como "Estados Unidos de Venezuela", la que se conservó hasta 1953.

Pero la Federación venezolana, a partir de 1901, cuando se produce el colapso del sistema de Estado Federal liberal que se había instaurado en 1864, comenzó a ser una Federación centralizada, habiéndose centralizado el Estado en todos los órdenes[111]. El centralismo estatal continuó a pesar del cambio político de 1946 y 1958, desarrollándose a partir de esa fecha la forma democrática de la Federación centralizada que hemos tenido en las últimas décadas.

---

110 Véase en *Revista de Derecho Público*, Nº 93-96, Editorial Jurídica Venezolana, Caracas, 2003.

111 Véase Allan R. Brewer-Carías, en *Evolución histórica del Estado,* Tomo I, *Instituciones Políticas y Constitucionales, op. cit.*, pp. 351 y ss.; y en Allan R. Brewer-Carías, "El desarrollo institucional del Estado Centralizado en Venezuela (1899-1935) y sus proyecciones contemporáneas" en *Revista de Estudios de la Vida Local y Autonómica*, Nº 227 y 228, Instituto Nacional de Administración Pública, Madrid 1985, pp. 487 a 514 y 695 a 726, respectivamente.

La gran transformación política que había que establecer en la Constitución de 1999 para precisamente afianzar la democracia era, por tanto, sustituir efectivamente la Federación Centralizada por una Federación Descentralizada tal y como lo propusimos formalmente a la Asamblea Nacional Constituyente[112]. Como lo ha señalado la Corte Primera de lo Contencioso Administrativo en sentencia Nº 1037 de 1 de agosto de 2000 (Caso: *Asociación de Propietarios y Residentes de la Urbanización Miranda (APRUM) vs. Alcaldía del Municipio Sucre del Estado Miranda*):

> Un elemento fundamental dentro de lo que es la democracia, es la descentralización, no puede haber democracia sin descentralización, ese debe ser el apellido de la democracia. Estando cada vez más cerca de las comunidades quien toma las decisiones que los orienten o satisfagan sus necesidades es que exista una interacción entre los vecinos y la Administración[113].

En todo caso, grandes esfuerzos se hicieron en la materia durante el proceso constituyente, pero la reforma y profundización de la descentralización política como forma de perfeccionar la democracia que debió ser el tema central del debate constituyente[114], no pasó del nominalismo expresado tanto en el Preámbulo como en el artículo 4 que precisa que "La República Bolivariana de Venezuela es un Estado federal descentralizado en los términos consagrados por esta Constitución"; fórmula más o menos similar a la del artículo 2 de la Constitución de 1961 que decía que "La República de Venezuela es un Estado federal, en los términos consagrados por esta Constitución".

En uno u otro caso, "los términos consagrados por la Constitución" son la clave para determinar efectivamente el grado de descentralización del Estado y, por tanto, de la Federación; y la comparación entre unos y otros "términos" revela muy poca diferencia, tal como se analiza en la *Quinta Parte* al estudiar la Constitución Federal.

En la Constitución de 1999, en efecto, salvo en el nominalismo, no se avanzó mayormente en relación con lo que existía en el texto de 1961[115]. En realidad, sólo se constitucionalizaron aspectos ya establecidos en la Ley Orgánica de Descentralización, Delimitación y Transferencia de Competencias del Poder Público de 1989, que ya tenía rango de ley constitucional en lo que se refería a la transferencia a los Estados de competencias del Poder Nacional[116].

---

112 Véase Allan R. Brewer-Carías, *Debate Constituyente,* Tomo I, *op. cit.,* pp. 155 a 170; y Tomo II, *op. cit.*, pp. 227 a 233.

113 Véase en *Revista de Derecho Público*, Nº 83 (julio-septiembre), Editorial Jurídica Venezolana, Caracas 2000, p. 394.

114 Véase Allan R. Brewer-Carías, *Poder Constituyente originario y Asamblea Nacional Constituyente. Comentarios sobre la interpretación jurisprudencial relativa a la naturaleza, la misión y los límites de la Asamblea Nacional Constituyente,* Editorial Jurídica Venezolana, Caracas, 1999, pp. 269 y ss.

115 Véase por ejemplo, Rafael J. Chavero Gazdik, "La forma de Estado prevista en la Constitución de 1999 (¿Un canto de sirenas?)", en *Revista de Derecho Público,* Nº 81 (enero-marzo), Editorial Jurídica Venezolana, Caracas, 2000, pp. 29-39.

116 Véase Carlos Ayala Corao, "Naturaleza y alcance de la descentralización estadal" en Allan R. Brewer-Carías et al, *Leyes para la Descentralización Política de la Federación*, Editorial Jurídica Venezolana, Caracas, 1994, pp. 99 y ss; y Allan R. Brewer-Carías, *Asamblea Constituyente y Ordenamiento Constitucional,* Biblioteca de la Academia de Ciencias Políticas y Sociales, Serie Estudios Nº 53, Caracas, 1999, pp. 122 y ss.

Pero no hubo los avances y transformaciones necesarias para hacer realidad la descentralización de la Federación, como era el cambio necesario en la distribución de los recursos tributarios hacia los Estados; y más bien se retrocedió institucionalmente al eliminarse el Senado y establecerse una Asamblea Nacional Unicameral (art. 186), y al permitirse la limitación por Ley nacional de la autonomía de los Estados (art. 162) y de los Municipios (art. 168) lo que es negar, de entrada, la idea misma de descentralización política que está basada en el concepto de autonomía territorial, precisamente entre los entes políticos-territoriales.

En consecuencia, la denominación de "Federación Descentralizada" para identificar la forma del Estado es, sin duda, un avance nominal, pero en los términos establecidos en la Constitución, lo que no significa realmente avance alguno, sino consolidación y mantenimiento parcial de reformas que se venían realizando desde 1989, con algunos retrocesos[117].

2. *Los principios del Estado Federal*

Toda Federación, sea Centralizada o Descentralizada, está montada sobre un principio de la distribución territorial del Poder Público que conforme al artículo 136 de la Constitución es "entre el Poder Municipal, el Poder Estadal y el Poder Nacional". La coherencia y unicidad del Estado y su organización política exige que dicha distribución del Poder se rija, conforme lo indica el artículo 4 de la Constitución, "por los principios de integridad territorial, cooperación, solidaridad, concurrencia y corresponsabilidad".

Es decir, la distribución territorial del Poder Público no puede, en forma ni caso alguno, atentar contra la integridad territorial de la República, cuyo territorio no puede en forma alguna ser afectado por el principio descentralizador, lo que impide cualquier intento separatista de parte de las entidades políticas que componen el Estado.

Por otra parte, la distribución del Poder Público entre la República, los Estados y los Municipios, en todo caso exige la cooperación entre los diversos niveles territoriales para alcanzar en conjunto, los fines del Estado (art. 136); por ello los principios de la concurrencia y corresponsabilidad de todo ente público hacia los mismos fines superiores del Estado. Además está el principio de la solidaridad entre las entidades políticas, de manera que los deberes de algunas de ellas que no puedan ser cumplidos, no excluyen la asunción de los mismos por las otras entidades políticas.

En la *Quinta Parte* se analiza extensivamente la Constitución Federal.

117 Véase en general, sobre la forma del Estado como "Federación Descentralizada", Allan R. Brewer-Carías, *Asamblea Constituyente y ordenamiento constitucional, op. cit.*, pp. 122-144; Allan R. Brewer-Carías, *Reflexiones sobre el constitucionalismo en América, op. cit.*, pp. 158 y ss.; María V. Espina y Ornella Bernabei Zaccaro, "Nueva estructura del Estado venezolano", en *Comentarios a la Constitución de la República Bolivariana de Venezuela"*. Vadell Hermanos Editores, Caracas, 2000, pp. 65-116; César A. Loaiza Moyetones, "Determinación analítica del concepto de Estado", en *Derecho Constitucional. General y Particular. Actualizado con la Constitución de la República Bolivariana de Venezuela del 24-03-2000,* Tomo I, Universidad Santa María, Caracas, pp. 25-84. Alfonso Rivas Quintero, *Derecho Constitucional,* Paredes Editores, Valencia-Venezuela, 2002, pp. 182 y ss.; Ricardo Combellas, *Derecho Constitucional: una introducción al estudio de la Constitución de la República Bolivariana de Venezuela,* Mc Graw Hill, Caracas 2001, pp. 42 y ss., 121 y ss.; e Hildegard Rondón de Sansó, *Análisis de la Constitución venezolana de 1999,* Editorial Ex Libris, Caracas, 2001, pp. 67-68.

V. LA SOBERANÍA POPULAR Y EL RÉGIMEN DEMOCRÁTICO

El artículo 5 de la Constitución, establece lo siguiente:

> La soberanía reside intransferiblemente en el pueblo, quien la ejerce directamente en la forma prevista en esta Constitución y en la Ley, e indirectamente, mediante el sufragio, por los órganos que ejercen el Poder Público.

Con esta norma, que sigue la tradición republicana iniciada en 1811 y que se reflejaba en el artículo 4 de la Constitución de 1961, se consagran los principios fundamentales de la soberanía del pueblo y del régimen democrático[118], en particular, el concepto de representatividad política con el agregado de la participación.

Este artículo se complementa con el artículo 62 que consagra el derecho de todos los ciudadanos "de participar libremente en los asuntos públicos, directamente o por medio de sus representantes".

1. *La soberanía del Pueblo*

El principio más importante del constitucionalismo moderno, derivado de las Revoluciones francesa y norteamericana, de fines del Siglo XVIII, sin duda, es el principio que permitió el traslado efectivo de la soberanía, como suprema potestad de mando y gobierno de una Nación, de un Monarca absoluto, al pueblo[119].

A partir de esas Revoluciones, la soberanía comenzó a residir en el pueblo; concepto que influyó directamente en el constitucionalismo latinoamericano, recogido en nuestra Constitución de 1811, al señalar que:

> Una sociedad de hombres reunidos bajo unas mismas leyes, costumbres y gobiernos forman una soberanía (art. 143);

precisando el artículo 144 que

> La soberanía de un país, o supremo poder de regular o dirigir equitativamente los intereses de la comunidad, reside, pues, esencial y originalmente en la masa general de sus habitantes y se ejercita por medio de apoderados y representantes de éstos, nombrados y establecidos conforme a la Constitución.

El artículo 5 de la Constitución de 1999 agrega, sin embargo, la expresión que la soberanía debe residir "intransferiblemente" en el pueblo, lo que recoge el espíritu de la norma del artículo 145 de la misma Constitución de 1811 que disponía que

> Ningún individuo, ninguna familia, ninguna porción o reunión de ciudadanos, ninguna corporación particular, ningún pueblo, ciudad o partido puede atribuirse la soberanía de la sociedad, que es imprescriptible, inenajenable e indivisible en su esencia y origen, ni persona alguna podrá ejercer cualquier función pública del gobierno si no la ha obtenido por la Constitución.

---

118 Véase nuestra propuesta en relación con este artículo en Allan R. Brewer-Carías, *Debate Constituyente,* Tomo I, *op. cit.*, pp. 183 a 199.

119 Véase en Allan R. Brewer-Carías, *Reflexiones sobre la Revolución Americana (1776) y la Revolución Francesa (1789) y sus aportes al constitucionalismo moderno,* Editorial Jurídica Venezolana, Caracas, 1992, pp. 90 y ss. y 186 y ss.

Es decir, la soberanía sólo y siempre reside en el pueblo y nadie puede asumirla, ni siquiera una Asamblea Constituyente la cual, por supuesto, nunca podría ser "soberana" y menos aún "soberanísima" como tantas veces e impropiamente se calificó a la Asamblea Nacional Constituyente de 1999[120]. En la Constitución de 1999, incluso se señala, al regularse la Asamblea Nacional Constituyente, que "el pueblo de Venezuela es el depositario del poder constituyente originario" (art. 347) el cual, por tanto, no puede jamás ser transferido a Asamblea alguna.

2. *La democracia representativa*

Por supuesto, la consagración constitucional del principio de la soberanía popular y su carácter intransferible condujo, en el mundo moderno, al desarrollo del principio de la democracia representativa, en el sentido de que el pueblo, que es titular de la soberanía, normalmente la ejerce mediante representantes[121]. Soberanía popular y democracia representativa[122] son, por tanto, principios consustanciales e indisolubles, razón por la cual es imposible consagrar la soberanía popular, en régimen democrático, sin el principio de la democracia representativa[123].

La representatividad, en sí misma, es de la esencia de la democracia, y los vicios de aquella lo que exigen es perfeccionarla, pero no eliminarla. Por ejemplo, el gran problema derivado del sistema político de la democracia de partidos es que la representatividad democrática no ha correspondido realmente al pueblo, sino a los partidos políticos. La crisis que de ello deriva y que afecta la representatividad democrática, por tanto, no puede conducir a su eliminación, sino a su perfeccionamiento. Ello exigía, en nuestro criterio, superar el único sistema electoral que hemos tenido en las últimas décadas, el de la representación proporcional que conduce a la representación de partidos. Lamentablemente, en la Constitución de 1999 es el único sistema electoral que sigue teniendo rango constitucional (art. 63), por lo que el principio de la democracia representativa corre el riesgo de seguir atado a los partidos políticos.

Al contrario, el perfeccionamiento de la democracia exige ampliar el radio de la representatividad, para permitir que el pueblo, sus lugares y comunidades encuen-

---

120 Véase los comentarios críticos sobre esto en Allan R. Brewer-Carías, *Poder Constituyente Originario y Asamblea Nacional Constituyente*, *op. cit.*, pp. 67 y ss.

121 Véase en general Ricardo Combellas, *Derecho Constitucional: una introducción al estudio de la Constitución de la República Bolivariana de Venezuela,* Mc Graw Hill, Caracas, 2001, pp. 33 y ss.; y Humberto Nogueira Alcalá, "Tópicos sobre la clasificación de los tipos de Gobierno constitucionales democráticos", en *El Derecho Público a comienzos del siglo XXI. Estudios homenaje al Profesor Allan R. Brewer-Carías,* Tomo I, Instituto de Derecho Público, UCV, Civitas Ediciones, Madrid, 2003, pp. 325-368.

122 Véase sobre la soberanía y la democracia representativa, Pedro L. Bracho Grand y Miriam Álvarez de Bozo, "Democracia representativa en la Constitución Nacional de 1999", en *Estudios de Derecho Público: Libro Homenaje a Humberto J. La Roche Rincón,* Volumen I, Tribunal Supremo de Justicia, Caracas, 2001, pp. 235-254; Allan R. Brewer-Carías, *Reflexiones sobre el constitucionalismo en América, op. cit.*, pp. 17 y ss., 55 y ss.; Alfonso Rivas Quintero, *Derecho Constitucional,* Paredes Editores, Valencia-Venezuela, 2002, pp. 190 y ss.; y Ricardo Combellas, "Representación vs. Participación en la Constitución Bolivariana. Análisis de un falso dilema", en *Bases y principios del sistema constitucional venezolano (Ponencias del VII Congreso Venezolano de Derecho Constitucional realizado en San Cristóbal del 21 al 23 de Noviembre de 2001),* Volumen II, pp. 383-402.

123 Véase en Allan R. Brewer-Carías, *Debate Constituyente,* Tomo I, *op. cit.*, pp. 184 y ss.

tren representación directa en las Asambleas representativas y ello sólo se logra con el sistema uninominal de elección, que conduce a la representatividad territorial.

En todo caso, en el artículo 5 de la Constitución queda claro que la soberanía, que reside en el pueblo en forma intransferible, se ejerce "indirectamente, mediante el sufragio, por los órganos que ejercen el Poder Público", y el artículo 62 precisa el derecho de los ciudadanos de participar libremente en los asuntos públicos "por medio de sus representantes elegidos".

De ello deriva, por tanto, que la representatividad democrática siempre tiene que tener su fuente en elecciones populares (art. 70), y que éstas están destinadas a elegir los titulares de los órganos que ejercen el Poder Público que, por supuesto, son los que establece la Constitución conforme a los principios de distribución y separación del Poder Público (art. 136).

Por supuesto, la democracia representativa debe perfeccionarse haciendo posible la participación del ciudadano en los procesos políticos, lo que se logra además de con la descentralización política a los efectos de acercar el poder al ciudadano, mediante la consagración de diversos instrumentos para hacer realidad el derecho a la participación. Como lo ha señalado la Corte Primera de lo Contencioso Administrativo en sentencia N° 1037 de 1 de agosto de 2000 (Caso: *Asociación de Propietarios y Residentes de la Urbanización Miranda (APRUM) vs. Alcaldía del Municipio Sucre del Estado Miranda*):

> La democracia participativa no choca necesariamente con la democracia representativa, ni se excluyen, y dentro de un sistema Republicano necesariamente deben haber autoridades, Poderes Públicos que representen a los demás, y esa es la esencia misma de la República como tal; son estos entes representativos quienes van a establecer las normas para poder permitir la participación, porque toda participación debe estar sujeta a unas normas o a un principio de legalidad que establezca cuáles son los poderes de la Administración Pública y en qué manera los ciudadanos pueden hacerse parte de la actividad administrativa y la participación legítima a los órganos de representación republicanos, razón por la cual ambos tipos de democracia se complementan[124].

3. *La democracia participativa y la democracia directa*

En efecto, las críticas a la democracia representativa, fundamentadas más por la forma y carácter de la representación, que en la representatividad misma, en todo caso ha provocado la introducción de reformas para fomentar la participación popular directa en la conducción de los asuntos públicos, sin la intermediación o mediatización de partidos o de asambleas. De allí las reformas que se han venido introduciendo en los regímenes democráticos contemporáneos, para consagrar vías de democracia directa, en ejercicio del derecho a la participación[125].

---

124 Véase en *Revista de Derecho Público*, N° 83 (julio-septiembre), Editorial Jurídica Venezolana, Caracas, 2000, p. 394.

125 Véase, en general, sobre la democracia participativa en la Constitución de 1999, Manuel Feo La Cruz, "La participación de la sociedad civil en el proceso de gestión pública. Retos y desafíos", en *El Derecho Público a comienzos del siglo XXI. Estudios homenaje al Profesor Allan R. Brewer-Carías,* Tomo I, Instituto de Derecho Público, UCV, Civitas Ediciones, Madrid, 2003, pp. 415-429; Yusby S. Méndez-Apolinar, "La obligación ciudadana de participar en los asuntos públicos, como expresión de la cultura democrática", en *El Derecho Público a comienzos del siglo XXI. Estudios homenaje al Profesor Allan*

En este esquema es que se inserta el agregado del artículo 5° de la Constitución, comparativamente con la tradición constitucional venezolana que reducía el ejercicio de la soberanía al concepto de representación, en el sentido de que la soberanía también la puede ejercer el pueblo "directamente en la forma prevista en esta Constitución y en la Ley", regulándose a la vez, el derecho de participar en los asuntos públicos "directamente" (art. 62).

La Sala Electoral del Tribunal Supremo, en sentencia N° 170 del 22 de diciembre de 2000 (Caso: *Club Social Layalina vs. Consejo Nacional Electoral*), ha señalado que la Constitución:

> Plantea un nuevo marco conceptual y teleológico en materia de participación política del ciudadano en los asuntos públicos. Es así que, los artículos 5 y 6 de la Carta Fundamental, consagran un nuevo modelo de democracia participativa, evolucionando de la clásica concepción de la democracia representativa, limitada al ejercicio de la soberanía popular únicamente por medio de la elección periódica de representantes. Por el contrario, la novel Carta Magna establece que la soberanía se ejerce directamente en la forma prevista en la Constitución y en las leyes, e indirectamente mediante el sufragio, por los órganos que ejercen el Poder Público. En consonancia con tales principios, el texto constitucional dedica una serie de normas a la consagración y regulación de las pautas fundamentales de novedosos mecanismos en el ordenamiento jurídico venezolano que permiten la participación política del soberano en los asuntos que le conciernen, mecanismos que enumera el artículo 70 de la Constitución, entre los cuales se encuentra el referendo, en sus distintas modalidades: revocatorio, abrogatorio, consultivo y aprobatorio. De igual manera, se prevé la participación soberana en el ejercicio de los mecanismos de enmienda y reforma constitucional, así como en la iniciativa de convocatoria en la Asamblea Nacional Constituyente[126].

Por su parte, la Sala Constitucional del Tribunal Supremo de Justicia en sentencia 23 de 22 de enero de 2003 (Caso: *Interpretación del artículo 71 de la Constitución*) señaló sobre el principio de participación que informa a la estructura y la actuación del Estado y sirve al objetivo de legitimar al poder, que es además un dere-

---

R. Brewer-Carías, Tomo I, Instituto de Derecho Público, UCV, Civitas Ediciones, Madrid, 2003, pp. 431-437; María L. Álvarez Chamosa; Paola A. A. Yrady, "La desobediencia civil como mecanismo de participación ciudadana", en *Revista de Derecho Constitucional*, N° 7 (enero-junio). Editorial Sherwood, Caracas, 2003, pp. 7-21; Ana P. Deniz, "La participación ciudadana en la Constitución de 1999", en *Revista de Derecho Constitucional,* N° 7 (enero-junio). Editorial Sherwood, Caracas, 2003, pp. 115-124; Fernando Flores Jiménez, "La participación ciudadana en la Constitución venezolana de 1999", en *Revista de Derecho Constitucional,* N° 5 (julio-diciembre). Editorial Sherwood, Caracas, 2001, pp. 75-88; Allan R. Brewer-Carías. *Reflexiones sobre el constitucionalismo en América, op. cit.*, pp. 48 y ss., 137 y ss; Luis Salamanca, "La Constitución venezolana de 1999: de la representación a la hiper-participación ciudadana", en *Revista de Derecho Público*, N° 82 (abril-junio). Editorial Jurídica Venezolana, Caracas, 2000, pp. 85-105; Humberto Njaim, "Las implicaciones de la democracia participativa: un tema constitucional de nuestro tiempo", en *Constitución y Constitucionalismo Hoy*. Editorial Ex Libris, Caracas, 2000, pp. 719-742; Ángel Alegre Martínez, "Cultura de Derechos, Deberes y Participación", en *Revista de derecho del Tribunal Supremo de Justicia,* N° 5, Caracas, 2002, pp. 1 a 17; y Ricardo Combellas, "La democracia participativa y la Constitución de la República Bolivariana de Venezuela", en *Derecho Constitucional. General y Particular. Actualizado con la Constitución de la República Bolivariana de Venezuela del 24-03-2000,* Tomo I, Universidad Santa María, Caracas, pp. 279-305.

126 Véase en *Revista de Derecho Público,* N° 84 (octubre-diciembre), Editorial Jurídica Venezolana, Caracas 2000, p. 168.

cho fundamental de carácter político "pues considera al individuo en tanto que miembro de una comunidad política determinada, con miras a tomar parte en la formación de una decisión pública o de la voluntad de las instituciones públicas", el cual influye en otros derechos políticos establecidos en la Constitución como los derechos al sufragio (art. 63), de petición (art. 51), de acceso a cargos públicos (art. 62), de asociación política (art. 67), de manifestación (art. 68), y a ser informados oportuna y verazmente por la Administración Pública (art. 143), así como también opera en derechos sociales, como el derecho a la salud (art. 84); derechos educativos (art. 102) y derechos ambientales (art. 127, primer aparte)[127].

En cuanto a las formas de participación, por lo demás, se enumeran en el artículo 70 de la Constitución, al describirse los medios de participación y protagonismo del pueblo en ejercicio de su soberanía, así:

> ...en lo político: la elección de cargos públicos, el referendo, la consulta popular, la revocatoria del mandato, la iniciativa legislativa, constitucional y constituyente, el cabildo abierto y la asamblea de ciudadanos y ciudadanas cuyas decisiones serán de carácter vinculante....

4. *El sistema democrático de Gobierno*

La consecuencia de la regulación constitucional del principio de la soberanía del pueblo y de la representatividad política, es la previsión del artículo 6 de la Constitución, equivalente al artículo 3° de la Constitución de 1961, que dispone que:

> El gobierno de la República Bolivariana de Venezuela y de las demás entidades políticas que la componen es y será siempre democrático, participativo, electivo, descentralizado, alternativo, responsable, pluralista y de mandatos revocables.

De la norma se destaca, ante todo, la precisión de que la forma democrática del sistema de gobierno[128] no sólo se impone a la República, sino a las "entidades políticas" que la componen conforme al principio de la distribución territorial del Poder, es decir, a los Estados y Municipios (art. 136).

Por otra parte, se destaca la eliminación, en relación con la tradición constitucional precedente, del calificativo "representativo" del gobierno, más por el prurito de insistir en el concepto de democracia "participativa" que por desconocer el concepto de representatividad que se consagra expresamente en el artículo anterior (art. 5) como antes hemos señalado[129]. En lugar de gobierno "representativo", sin embargo, se agregó el concepto de gobierno "electivo" lo que en definitiva es lo mismo, ya que el artículo 5° precisa que la soberanía se ejerce por el pueblo "mediante el sufragio" para elegir los titulares de los órganos del poder público, que son sus representantes.

---

127 Véase en *Revista de Derecho Público*, N° 93-96, Editorial Jurídica Venezolana, Caracas 2003.

128 Véase en general, Julio C. Fernández Toro, "El nuevo paradigma del ejercicio del gobierno, (el sistema de gobierno en la Constitución de 1999)", en *Bases y principios del sistema constitucional venezolano (Ponencias del VII Congreso Venezolano de Derecho Constitucional realizado en San Cristóbal del 21 al 23 de Noviembre de 2001),* Volumen II, pp. 77-182; y Alfonso Rivas Quintero, *Derecho Constitucional,* Paredes Editores, Valencia-Venezuela, 2002, pp. 192 y ss.

129 Véase sobre esta norma nuestras propuestas en Allan R. Brewer-Carías, *Debate Constituyente,* Tomo II, *cit.,* p. 23; y nuestro Voto Salvado en Allan R. Brewer-Carías, *Debate Constituyente,* Tomo III, *op. cit.,* p. 252.

La norma agrega, además, el calificativo de "participativo", para hacer énfasis en las formas de participación política en el gobierno (art. 70), lo que es concreción del derecho de participar libremente en los asuntos públicos que tienen todos los ciudadanos, "directamente o por medio de representantes elegidos" (art. 62).

Entre los calificativos del sistema de gobierno se destaca, además, el carácter "descentralizado", lo que deriva de la forma de Federación Descentralizada del Estado (art. 4); y el carácter "alternativo" del Gobierno, esencia de la democracia, al establecerse períodos constitucionales de determinados años para los cargos electivos de Presidente de la República (6 años, art. 230), a Diputados a la Asamblea Nacional (5 años, art. 192), de miembros de los Consejos Legislativos Estadales (4 años, art. 162), de Gobernador (4 años, art. 160) y de Alcaldes (4 años, art. 174). En la Constitución, sin embargo, se estableció el principio de la reelección inmediata de los cargos mencionados, por lo que para garantizar la alternabilidad del gobierno se reguló el referendo revocatorio del mandato (art. 72), aún cuando de difícil materialización. De allí el calificativo del gobierno que se agrega a la norma del artículo 6, de que es "de mandatos revocables".

Este carácter "alternativo" del gobierno democrático ha sido destacado por la Sala Electoral del Tribunal Supremo de Justicia en sentencia Nº 51 de 18 de marzo de 2000 (Caso: *Federación Venezolana de Maestros (FVM) vs. Consejo Nacional Electoral*), en la siguiente forma:

> A este respecto, es necesario tener en cuenta que nuestro ordenamiento jurídico desde su Constitución de 1830, ha erigido como principio general y presupuesto democrático, la "alternabilidad", es decir el ejercicio sucesivo de un cargo por personas distintas, pertenezcan o no a un mismo partido.
>
> En este contexto, el término "reelección", alude a la posibilidad de que un funcionario sometido a elección pública, cuyo ejercicio se encuentre sujeto a un período previamente determinado o renovación periódica, pueda ser nuevamente postulado y electo una o más veces a la misma posición de Derecho (*Cfr.* Nohlen, Dieter, "La Reelección", en VVAA, *Tratado Electoral Comparado de América Latina,* Fondo de Cultura Económica y otros, México 1998, pp. 140 y ss.)
>
> Este calificado "derecho" de reelección, aunque justificado como un mecanismo de extensión del buen gobierno, podría desvirtuarse y convertirse en una grave amenaza para la democracia: las ansias de perpetuación en el poder (continuismo), así como la evidente ventaja en los procesos electorales de quien ocupa el cargo y a su vez es candidato a ocupar el mismo, han producido tanto en Venezuela como en el resto de Hispanoamérica un profundo rechazo a la figura de la reelección. En el caso de la designación del Presidente de la República o el funcionario equivalente, esta desaprobación se ha traducido en rigurosas previsiones constitucionales, así, por ejemplo, en las Constituciones venezolanas de 1830, 1858, 1891, 1893, 1901, 1904, 1909, 1936, 1945 y 1947, se prohibía la reelección inmediata o para el período constitucional inmediatamente siguiente; la Constitución de 1961 prohibía la reelección hasta por diez años o dos períodos constitucionales después de la terminación del mandato, y actualmente, la Constitución de 1999, optando por una modalidad distinta para resguardar la alternabilidad, establece en su artículo 230: "...El Presidente o Presidenta de la República puede ser reelegido, de inmediato y por una sola vez, para un período adicional". Es de resaltar que aunque su formulación rompa con la tradición, las limitaciones a la reelección previstas por la Constitución de

la República Bolivariana de Venezuela ("...de inmediato y por una sola vez..."), ponen freno a las distorsiones que siempre han preocupado a nuestra democracia: el continuismo y el ventajismo electoral.

En este mismo sentido, la convocatoria a referendo sindical contenida en Resolución del Consejo Nacional Electoral, número 001115-1979 del 15 de noviembre de 2000, publicada en *Gaceta Oficial* número 37.081 del 20 de noviembre de 2000 y que en referendo celebrado el 3 de diciembre de 2000, resultara favorecida la opción "Si", se preguntaba: ¿Está usted de acuerdo con la renovación de la dirigencia sindical, en los próximos 180 días, bajo Estatuto Especial elaborado por el Poder Electoral, conforme a los principios de alternabilidad y elección universal, directa y secreta, consagrados en el artículo 95 de la Constitución de la República Bolivariana de Venezuela, y que se suspenda durante ese lapso en sus funciones los directivos de las Centrales, Federaciones y Confederaciones Sindicales establecidas en el país? (Énfasis añadido). Resulta entonces claro que la tradicional preocupa-ción democrática, tan evidente en la figura Presidente de la República, se extiende ahora a las asociaciones sindicales, organizaciones de la sociedad en las que resulta imperativo -tanto en la teoría como en la práctica- democratizar, y con ello, la alternancia en los cargos de dirección a través de elecciones libres.

El intento de armonizar el principio de alternabilidad de los cargos de elección pública y las ventajas prácticas de la posibilidad de reelección, han producido, por una parte, fórmulas como las ya mencionadas prohibiciones de reelegirse inmediatamente, aunque ello no impida posteriores reelecciones y, por la otra, la posibilidad de reelegirse inmediatamente, pero sólo una o dos veces más. Asimismo se aceptan combinaciones de las dos anteriores: reelegirse inmediatamente con posibilidades de una nueva elección después de transcurrido cierto tiempo, y, la no reelección inmediata con una única posibilidad de reelegirse una o dos veces más. En todo caso corresponderá al órgano legislativo correspondiente, escoger la fórmula más conveniente[130].

Por último, además del calificativo de gobierno "responsable" que es parte de la tradición constitucional y que se refuerza con las normas de los artículos 139, 140, 255 y 259 de la Constitución que consagran la responsabilidad de los funcionarios y del propio Estado por los daños y perjuicios que causen; se agrega en la norma el calificativo de gobierno "pluralista" lo que hace énfasis en un principio esencial de la democracia, contrario al exclusivismo en el ejercicio del Poder. Es decir, el sistema de gobierno que regula la Constitución debe tender a asegurar el pluralismo político, lo que debe asegurarse con el ejercicio efectivo del derecho a la participación en los asuntos públicos que tiene todo ciudadano (art. 62).

5. *La sujeción de los órganos estatales a la soberanía popular*

Por último, debe destacarse que el artículo 5° de la Constitución, al consagrar el principio de la soberanía popular precisa, en su aparte único que:

> Los órganos del Estado emanan de la soberanía popular y a ella están sometidos.

Esto significa, de nuevo, la ratificación del carácter intransferible de la soberanía, en el sentido de que los órganos del Estado emanan de ella y a ella están sometidos, y en ningún caso, pueden sustituirse a ella ni sustituirla.

---

130 Véase en *Revista de Derecho Público*, N° 89-92, Editorial Jurídica Venezolana, Caracas, 2002.

VI. EL ESTATUTO DE LAS PERSONAS Y DE LOS CIUDADANOS

Para que exista un Estado no sólo es necesario un territorio con un sistema de organización política, sino por sobre todo un pueblo asentado en el mismo, compuesto por personas con derechos y obligaciones. Por tanto, como uno de los elementos fundamentales de la organización política del Estado, está el estatuto de las personas y de los ciudadanos, a quienes corresponde el ejercicio de los derechos políticos.

Las personas, en cualquier Estado, se dividen en general en extranjeros y nacionales, es decir, en personas que no tienen vinculo jurídico esencial con el Estado y las que si lo tienen. Por ello, el artículo 45 de la Constitución de 1961 establecía que "Los extranjeros tienen los mismos deberes y derechos que los venezolanos, con las limitaciones o excepciones establecidas por esta Constitución y las leyes". Esta norma, sin embargo, desapareció del texto constitucional y nada se establece en la Constitución de 1999. No obstante, es evidente que el principio sigue rigiendo en la forma expresada, derivada del derecho fundamental a la igualdad ante la ley (art. 21) y de la regulación expresa de la nacionalidad y ciudadanía, lo que por exclusión permite construir el régimen de los extranjeros.

1. *El régimen de la nacionalidad*

A pesar de las propuestas por modernizar el régimen de la nacionalidad[131], en la Constitución 1999 no se avanzó mayormente en cuanto a la regulación del *jus soli* y del *jus sanguinis* como elementos determinantes de la nacionalidad, en relación con el régimen de la Constitución de 1961, los cuales en general, siguen teniendo una consagración de carácter absoluto[132].

A. *La nacionalidad venezolana originaria o por nacimiento*

En el mismo sentido que lo regulado en el artículo 35 de la Constitución de 1961, el artículo 32 de la Constitución de 1999 establece que son venezolanos por nacimiento:

1. Toda persona nacida en territorio de la República.
2. Toda persona nacida en territorio extranjero, hijo o hija de padre venezolano y madre venezolana por nacimiento.
3. Toda persona nacida en territorio extranjero, hijo o hija de padre venezolano por nacimiento o madre venezolana por nacimiento, siempre que establezcan

---

131 Véase nuestra propuesta presentada por la Comisión de Nacionalidad y Ciudadanía de la Asamblea, en Allan R. Brewer-Carías, *Debate Constituyente,* Tomo II, *op. cit.*, pp. 45 a 74.

132 Véase sobre el tema Allan R. Brewer-Carías, *El régimen jurídico administrativa de la Nacionalidad y Ciudadanía Venezolana,* Instituto de Derecho Público, Caracas, 1965. Allan R. Brewer-Carías, *Derechos y Garantías Constitucionales,* Tomo IV, *Instituciones Políticas y Constitucionales,* Universidad Católica del Táchira-Editorial Jurídica Venezolana, Caracas-San Cristóbal, 1996, pp. 19 a 42; y en relación con la Constitución de 1999: Véase Juan De Stefano, "El principio de la nacionalidad", en *Temas de Derecho Administrativo: Libro Homenaje a Gonzalo Pérez Luciani,* Volumen I. Editorial Torino, Caracas, 2002, pp. 593-608; Eugenio Hernández Bretón, "Nacionalidad, ciudadanía y extranjería en la Constitución de 1999", en *Revista de Derecho Público,* N° 81 (enero-marzo), Editorial Jurídica Venezolana, Caracas, 2000, pp. 47-59; y Ricardo Combellas, *Derecho Constitucional: una introducción al estudio de la Constitución de la República Bolivariana de Venezuela,* Mc Graw Hill, Caracas, 2001, pp. 74 y ss.

su residencia en el territorio de la República o declaren su voluntad de acogerse a la nacionalidad venezolana.

4. Toda persona nacida en territorio extranjero de padre venezolano por naturalización o madre venezolana por naturalización siempre que antes de cumplir dieciocho años de edad, establezca su residencia en el territorio de la República y antes de cumplir veinticinco años de edad declare su voluntad de acogerse a la nacionalidad venezolana.

De esta norma, por supuesto, se deduce la permanencia del elemento del *jus soli* absoluto, en el sentido de que basta con nacer en el territorio nacional, así sea por accidente y sin que se establezca jamás algún vínculo con la Nación, para ser venezolano por nacimiento. No se tomaron en cuenta, por lo demás, los graves problemas migratorios que se han desarrollado en las últimas décadas, de latinoamericanos indocumentados, que están afectando el concepto mismo de nacionalidad venezolana[133].

Por otra parte, también permanece el carácter absoluto del *jus sanguinis* en cuanto a los hijos de padre y madre venezolanos por nacimiento nacidos en el extranjero, que son venezolanos por nacimiento, así no establezcan jamás vínculo alguno con la Nación.

B. *La nacionalidad venezolana derivada o por naturalización*

En cuanto a la regulación de la nacionalidad venezolana por naturalización, el régimen de la Constitución de 1999 sigue la orientación de las normas de la Constitución de 1961, con algunas modificaciones en cuanto a la exigencia constitucional de al menos 10 años de residencia para obtener la carta de naturaleza; en cuanto al vínculo de la naturalización derivado del matrimonio, que ahora no sólo beneficia a la extranjera casada con venezolano sino también al extranjero casado con venezolana, aún cuando con el agregado de un número de años de matrimonio para restringir las posibilidades de fraude a la Constitución; y en cuanto a las facilidades especiales para los naturales de países latinoamericanos y del Caribe y de España, Portugal e Italia, respecto de los cuales se reduce el término de residencia para la obtención de la carta de naturaleza.

En esta forma, el artículo 33 considera que son venezolanos por naturalización:

1. Los extranjeros o extranjeras que obtengan carta de naturaleza. A tal fin deberán tener domicilio en Venezuela con residencia ininterrumpida de, por lo menos, diez años, inmediatamente anteriores a la fecha de la respectiva solicitud.
2. El tiempo de residencia se reducirá a cinco años en el caso de aquellos y aquellas que tuvieren la nacionalidad originaria de España, Portugal, Italia, países latinoamericanos y del Caribe.
3. Los extranjeros o extranjeras que contraigan matrimonio con venezolano o venezolana desde que declaren su voluntad de serlo, transcurridos por lo menos cinco años a partir de la fecha del matrimonio.
4. Los extranjeros o extranjeras menores de edad para la fecha de la naturalización del padre o de la madre que ejerza sobre ellos la patria potestad, siem-

133 Véase nuestro voto salvado sobre la norma indicada en Allan R. Brewer-Carías, *Debate Constituyente,* Tomo III, *op. cit.*, pp. 132 a 144.

pre que declaren su voluntad de ser venezolanos o venezolanas antes de cumplir los veintiún años de edad y hayan residido en Venezuela, ininterrumpidamente, durante los cinco años anteriores a dicha declaración.

C. *El principio de la doble nacionalidad*

Otra innovación constitucional del régimen de la nacionalidad, es el de la admisión de la doble nacionalidad, es decir, que los venezolanos, sea por nacimiento o por naturalización, puedan tener otra nacionalidad sin perder la venezolana[134].

Este principio, consagrado en el artículo 34 al prescribir que "la nacionalidad venezolana no se pierde al optar o adquirir otra nacionalidad", cambia radicalmente el régimen anterior, conforme al cual, de acuerdo con el artículo 39 de la Constitución de 1961, la nacionalidad venezolana se perdía por opción o adquisición voluntaria de otra nacionalidad.

De acuerdo con el espíritu y propósito del nuevo régimen, por supuesto que para que se otorgue la nacionalidad venezolana mediante carta de naturaleza no podría exigirse al interesado que renuncie a su nacionalidad de origen, la cual en lo que concierne a Venezuela puede conservarla conforme al régimen de la misma en el país de origen. Sobre esto debe señalarse, por último, que al avance constitucional al permitir la posibilidad de los venezolanos de tener doble nacionalidad, se restringe en cuanto al ejercicio de cargos públicos al exigir la Constitución no sólo la nacionalidad originaria, sino como única nacionalidad (art. 41).

D. *La pérdida y renuncia de la nacionalidad*

a. *La pérdida de la nacionalidad*

En cuanto a la pérdida de la nacionalidad por acto no voluntario de la persona, es decir, por acto del Estado, no se admite que los venezolanos por nacimiento puedan ser privados de su nacionalidad originaria en forma alguna (art. 35). Por tanto, no puede el Estado revocar la nacionalidad venezolana por nacimiento.

Sin embargo, en cuanto a la nacionalidad venezolana por naturalización, el artículo 35 de la Constitución prescribe que puede ser revocada, pero solo mediante sentencia judicial, de acuerdo con la Ley. Se excluye, por tanto, toda posibilidad de revocación de la Carta de Naturalización por acto administrativo o de gobierno.

b. *La renuncia y recuperación de la nacionalidad*

Conforme al artículo 36, se puede renunciar a la nacionalidad venezolana, tanto por nacimiento como por naturalización.

Ahora bien, quien renuncie a la nacionalidad venezolana por nacimiento puede recuperarla, pero siempre que se domicilie en el territorio de la República por un lapso no menor de dos años y manifieste su voluntad de recuperar la nacionalidad. En cuanto a los venezolanos por naturalización que renuncien a la nacionalidad venezolana también pueden recuperarla pero cumpliendo nuevamente con los requi-

---

134 Véase nuestro voto salvado en relación con la redacción original de esta norma en Allan R. Brewer-Carías, *Idem*, p. 254.

sitos exigidos en el artículo 33 de la Constitución, para la obtención de la carta de naturaleza.

c. *El régimen legal de la nacionalidad*

El régimen legal de la nacionalidad debe regularse en una legislación especial, la cual nunca se dictó en desarrollo de la Constitución de 1961, y además puede ser objeto de Tratados Internacionales.

En tal sentido, el artículo 37 establece que el Estado promoverá la celebración de tratados internacionales en materia de nacionalidad, especialmente con los Estados fronterizos y, en general, con los latinoamericanos, del Caribe, España, Portugal e Italia (art. 33, ord. 2).

Por su parte, en la misma orientación del artículo 41 de la Constitución de 1961, el artículo 38 de la Constitución de 1999, remite a la ley para que dicte de conformidad con las disposiciones de la Constitución, las normas sustantivas y procesales relacionadas con la adquisición, opción, renuncia y recuperación de la nacionalidad venezolana, así como con la revocación y nulidad de la naturalización.

2. *El régimen de la ciudadanía*

A. *El ciudadano*

La ciudadanía es el vínculo político que se establece entre una persona y el Estado, que le permite participar en el sistema político. Por ello, el ciudadano es esencialmente el venezolano[135].

De allí lo indicado en el artículo 39 de la Constitución, cuyo texto es una innovación en relación a lo que establecía la Constitución de 1961[136], así:

> Los venezolanos y venezolanas que no estén sujetos o sujetas a inhabilitación política ni a interdicción civil, y en las condiciones de edad previstas en esta Constitución, ejercen la ciudadanía y, en consecuencia, son titulares de derechos y deberes políticos de acuerdo con esta Constitución.

La condición de ciudadano, por tanto corresponde a los venezolanos hábiles en derecho, no sujetos a interdicción civil ni a inhabilitación política (como pena accesoria a la pena principal en el campo penal) y, por supuesto, en las condiciones de edad previstas en la Constitución, que no son uniformes. Por ejemplo, para ejercer el derecho al sufragio basta ser mayor de 18 años (art. 64), pero para ser Gobernador se requiere ser mayor de 25 años (art. 160), para ser Diputado a la Asamblea Nacional y legislador estadal se requiere ser mayor de 21 años (arts. 188 y 162), para ser

---

135 Véase en general, sobre la ciudadanía, Eugenio Hernández Bretón, "Nacionalidad, ciudadanía y extranjería en la Constitución de 1999", en *Revista de Derecho Público,* Nº 81 (enero-marzo). Editorial Jurídica Venezolana, Caracas, 2000, pp. 47-59; Enrique Argullol Murgadas, "El status constitucional del ciudadano y la relación jurídico-administrativa", en *El Derecho Público a comienzos del siglo XXI. Estudios homenaje al Profesor Allan R. Brewer-Carías*, Tomo II, Instituto de Derecho Público, UCV; Civitas Ediciones, Madrid, 2003, pp. 1384-1392.

136 Véase nuestra propuesta en este sentido, en Allan R. Brewer-Carías, *Debate Constituyente,* Tomo II, *op. cit.,* pp. 64 y ss. Véase nuestro voto salvado en la primera discusión, en Allan R. Brewer-Carías, *Debate Constituyente,* Tomo III, *op. cit.,* p. 145.

Alcalde se requiere ser mayor de 25 años (art. 174), para ser Presidente y Vicepresidente de la República se requiere ser mayor de 30 años (arts. 227 y 238), al igual que para ser Defensor del Pueblo (art. 280) y Contralor General de la República (art. 288); y para ser Ministro se requiere ser mayor de 25 años (art. 244).

Asimismo, en cuanto a los Magistrados del Tribunal Supremo de Justicia (art. 263), al Procurador General de la República (art. 249) y al Fiscal General de la República (art. 284) la Constitución exige, al menos tener 35 años, lo que deriva de las condiciones que regula para ejercer dichos cargos.

B. *Los derechos políticos y los ciudadanos*

a. *El régimen general*

La consecuencia de regular expresamente en la Constitución a la ciudadanía, es la reserva que hace el artículo 40, de los derechos políticos como privativos de los venezolanos, salvo las excepciones establecidas en la Constitución; las cuales se refieren sólo a la posibilidad, para los extranjeros, de votar en las elecciones locales (art. 64).

b. *La igualdad entre venezolanos por nacimiento y naturalización*

Del artículo 40 también deriva el principio constitucional de la igualdad entre venezolanos por nacimiento y venezolanos por naturalización en cuanto al ejercicio de los derechos políticos, "con las excepciones establecidas en la Constitución".

c. *Las excepciones*

Estas excepciones, en general, se establecen en el artículo 41 que dispone que sólo los venezolanos por nacimiento y sin otra nacionalidad, podrán ejercer los cargos de Presidente de la República, Vicepresidente Ejecutivo, Presidente y Vicepresidentes de la Asamblea Nacional, Magistrados del Tribunal Supremo de Justicia, Presidente del Consejo Nacional Electoral, Procurador General de la República, Contralor General de la República, Fiscal General de la República, Defensor del Pueblo, Ministros de los despachos relacionados con la seguridad de la Nación, finanzas, energía y minas, educación; Gobernadores y Alcaldes de los Estados y Municipios fronterizos y aquellos contemplados en la Ley Orgánica de la Fuerza Armada Nacional.

Por otra parte, para ejercer los cargos de Diputado a la Asamblea Nacional, Ministro, Gobernadores y Alcaldes de Estados y Municipios no fronterizos, la Constitución exige que los venezolanos por naturalización deben tener domicilio con residencia ininterrumpida en Venezuela no menor de quince años y cumplir los requisitos de aptitud previstos en la ley (art. 41).

En cuanto a la interpretación del artículo 41 de la Constitución, la Sala en sentencia N° 2394 del 28 de agosto de 2003 ha destacado que la Constitución de 1999,

> Como una novedad en la historia constitucional patria, permite a los venezolanos por naturalización optar para ser elegidos para el cargo de gobernador de algún Estado, siempre y cuando de manera concurrente cumplan con los requisitos de permanencia en el país y que se trate de un Estado no fronterizo, y por otra parte, la Constitución de 1999, como otra importante novedad, asimila los venezolanos por

naturalización a los venezolanos por nacimiento, en cuanto a los derechos políticos, siempre y cuando cumplan los requisitos establecidos en el único aparte del artículo 40 Constitucional...

El artículo 41 de la Constitución de 1999 limita el derecho sólo a los venezolanos por nacimiento para optar a ser elegidos para el cargo de gobernador de algún estado fronterizo, con lo cual se excluyen a los venezolanos por naturalización.

Sin embargo, el único aparte del artículo 40 de la Constitución de la República Bolivariana de Venezuela, establece (al igual que el segundo aparte del artículo 45 de la Constitución de 1961) un importante avance en materia de igualdad entre los derechos de los venezolanos por nacimiento y por naturalización, al permitir a éstos últimos asimilarlos a los primeros en cuanto sus derechos políticos, ya que reconoce el derecho para optar a ser elegido y desempeñar cualquiera de los cargos aludidos en el artículo 41 *eiusdem*[137].

Ahora bien, en relación con el artículo 41, la duda se plantea al momento de precisar el alcance e inteligencia del concepto de "estado fronterizo", por lo que la Sala al constatar que "el concepto de frontera, incluye en el vigente ordenamiento jurídico un tratamiento que abarca aspectos espaciales y de seguridad y defensa de la nación, que no pueden ser tratados de manera separada"y que la Constitución no distingue "entre fronteras naturales como las terrestres, insulares, lacustres y marítimas y las fronteras artificiales, entre las que se podrían encontrar los puentes, señales u otra de creación humana; por el contrario, se amplía el concepto de frontera dentro del marco espacial y de seguridad y defensa de la nación", concluyó estableciendo la siguiente interpretación sobre la mencionada norma constitucional:

1) Los venezolanos por nacimiento podrán optar a ser elegidos para el cargo de gobernador de cualquier estado del país.
2) Los venezolanos por naturalización sólo pueden optar a ser elegidos para ejercer el cargo de gobernador de algún estado no fronterizo, cuando tengan residencia ininterrumpida en Venezuela no menor de quince años y cumplir los requisitos de aptitud previstos en la ley.
3) La expresión "estado fronterizo" a que alude el artículo 41 de la Constitución de la República Bolivariana de Venezuela, abarca en el ámbito espacial, tanto las fronteras naturales como las artificiales, por lo que los venezolanos por naturalización no podrían optar y ser elegidos para ejercer los cargos referidos en dicho articulado, respecto a cualquiera de los estados fronterizos, salvo la excepción contenida en el único aparte del artículo 40 del Texto Fundamental.
4) Los venezolanos por naturalización pueden optar a ser elegidos y ejercer el cargo de gobernador de estados fronterizos o no fronterizos, siempre y cuando cumplan con los requisitos establecidos en el único aparte del artículo 40 Constitucional, supra transcrito, pues sus derechos políticos han sido asimilados ope legis a los reconocidos a los venezolanos por nacimiento.

---

137 Véase en *Revista de Derecho Público*, N° 93-96, Editorial Jurídica Venezolana, Caracas 2003.

d. *La equiparación absoluta en cuanto a los venezolanos*

Como se ha dicho, las excepciones antes indicadas que afectan a los venezolanos por naturalización, sin embargo, desaparecen en el supuesto regulado en el artículo 40, equivalente al artículo 45 de la Constitución de 1961, que establece que:

> Gozan de los mismos derechos de los venezolanos y venezolanas por nacimiento los venezolanos y venezolanas por naturalización que hubieren ingresado al país antes de cumplir los siete años de edad y residido en él permanentemente hasta alcanzar la mayoridad.

3. *El derecho de asilo y la extradición*

Un derecho político que afecta particularmente el estatuto de las personas, es el régimen del derecho de asilo y la extradición.

A. *El derecho de asilo*

En cuanto al derecho de asilo, el artículo 69 de la Constitución dispone que "La República Bolivariana de Venezuela reconoce y garantiza el derecho de asilo y refugio".

En relación con esta norma, debe señalarse, por una parte, que se abandonó inexplicablemente la vinculación del derecho de asilo a la persecución política, que es el fundamento histórico y tradicional de ese derecho[138]. Por ello, el artículo 116 de la Constitución de 1961 disponía que:

> La República reconoce el asilo a favor de cualquier persona que sea objeto de persecución o se halle en peligro, por motivos políticos, en las condiciones y con los requisitos establecidos por las leyes y las normas del derecho internacional.

Ahora, conforme al artículo 69 de la Constitución de 1999, el asilo quedó consagrado sin referencia alguna a la persecución por motivos políticos o por la comisión de delitos comunes conexos con delitos políticos, lo que podría abrir la vía al otorgamiento del asilo por cualquier causa. Sin embargo, la ubicación de la norma en el capítulo de los derechos políticos, como lo propusimos formalmente[139] la vincula con el tema político. Sobre esta materia y sobre los refugiados, en 2001 se dictó la Ley Orgánica sobre Refugiados o Refugiadas y Asilados o Asiladas (Ley N° 34)[140].

B. *El tema de los refugiados*

Por otra parte, destaca del artículo 69 la consagración del "derecho de refugio" que deriva de la norma, lo cual, en realidad, es una materia de regulación internacional más que nacional, que tiene su origen en la Convención sobre Refugiados, de la Organización de Naciones Unidas de 1951 y en el Estatuto de Refugiados derivado del Protocolo de 1967[141].

---

138 Véase nuestra propuesta en la materia en Allan R. Brewer-Carías, *Debate Constituyente,* Tomo II, *op. cit.,* pp. 143 a 155; y nuestro voto salvado en la primera discusión en Allan R. Brewer-Carías, *Debate Constituyente,* Tomo III, *op. cit.,* pp. 158 a 162.

139 Véase Allan R. Brewer-Carías, *Debate Constituyente,* Tomo II, *op. cit.* p. 154.

140 *G.O.* N° 37.296 del 3 de octubre de 2001.

141 Véase nuestra crítica en relación con esta norma en *Debate Constituyente,* Tomo II, *op. cit.,* p. 153.

C. *El régimen de la extradición*

En cuanto a la extradición, la Constitución de 1999 se limitó a establecer que "se prohíbe la extradición de venezolanos y venezolanas".

La extradición es la acción conforme a la cual el Estado hace entrega de un individuo procesado o condenado al Estado requirente, con el propósito de evitar la impunidad. En la norma constitucional se ha previsto la prohibición absoluta de la extradición de nacionales, quedando reservada la posibilidad de extradición sólo a los extranjeros. Esto, por supuesto, se aparta de lo que es la tendencia contemporánea, que busca restringir esta proscripción absoluta, particularmente mediante acuerdos bilaterales, para evitar la impunidad, especialmente en delitos que afectan a la comunidad internacional, como el narcotráfico, terrorismo o tráfico ilegal de personas[142].

La previsión de la exclusión absoluta podría auspiciar la impunidad mediante la obtención fraudulenta de la nacionalidad venezolana, lo cual no sería aceptable.

Por otra parte, sobre la extradición de extranjeros, el artículo 271 de la Constitución establece que:

> En ningún caso podrá ser negada la extradición de los extranjeros o extranjeras responsables de los delitos de deslegitimación de capitales, drogas, delincuencia organizada internacional, hechos contra el patrimonio público de otros Estados y contra derechos humanos.

VII. EL SISTEMA POLÍTICO DE DEMOCRACIA REPRESENTATIVA Y PARTICIPATIVA

El sistema político que ha estado vigente en el país durante los últimos cuarenta y un años ha sido el del *Estado Centralizado de Partidos,* donde los partidos políticos asumieron el monopolio de la representatividad y de la participación. El sistema electoral de representación proporcional, en tal sentido, fue el instrumento para asegurar la representatividad exclusiva de los partidos políticos en las asambleas representativas, lo que condujo, por supuesto, a que sólo se pudiera participar en política a través de los partidos.

Ese fue el sistema político que entró en crisis en la década de los ochenta y que debía ser cambiado radicalmente con la nueva Constitución. Sin embargo, su articulado, en esta materia[143], si bien abre nuevos espacios para la participación política a través de los referendos, conserva el sistema electoral de representación proporcional como el único de rango constitucional, y con ello el riesgo de que al no cambiar el sistema electoral no cambie el sistema de partidos, que es consecuencia del anterior. El Estado de Partidos, por tanto, tiene todas las perspectivas de continuar, pero cambiando, sin embargo, unos partidos por otros.

A continuación, en todo caso, analizaremos las disposiciones más importantes de la nueva Constitución en cuanto al sistema político de democracia participativa que nominalmente se persigue[144].

---

142 Véase nuestra posición crítica sobre la regulación en *idem,* p. 161

143 Véase los planteamientos que formulamos en relación con la reforma al sistema político y a los derechos políticos en Allan R. Brewer-Carías, *Debate Constituyente,* Tomo II, *op. cit.,* pp. 119 a 134.

144 Véase, en general, Fernando Flores Jiménez, "La participación ciudadana en la Constitución venezolana de 1999", en *Revista de Derecho Constitucional,* N° 5 (julio-diciembre), Editorial Sherwood, Caracas,

1. *El derecho a la participación política*

Como se señaló, la Constitución comienza el Capítulo de los Derechos Políticos con la consagración, en el artículo 62, del derecho a la participación política de todos los ciudadanos, libremente, en los asuntos públicos, directamente o por medio de sus representantes elegidos; en la misma orientación de lo indicado en el artículo 5° de la Constitución, lo que consolida la idea de un sistema político democrático representativo y participativo[145].

Declara, además, la Constitución, que la participación del pueblo en la formación, ejecución y control de la gestión pública es el medio necesario para lograr el protagonismo que garantice su completo desarrollo, tanto individual como colectivo[146]; siendo obligación del Estado y deber de la sociedad facilitar la generación de las condiciones más favorables para la práctica de la participación.

Por otra parte, el artículo 70 de la Constitución enumera como medios de participación y protagonismo del pueblo en ejercicio de su soberanía, por una parte, *en lo político*: la elección de cargos públicos, el referendo, la consulta popular, la revocatoria del mandato, la iniciativa legislativa, constitucional y constituyente, el cabildo abierto y la asamblea de ciudadanos cuyas decisiones deben ser de carácter vinculante, entre otros; y por la otra, *en lo social y económico,* las instancias de atención ciudadana, la autogestión, la cogestión, las cooperativas en todas sus formas incluyendo las de carácter financiero, las cajas de ahorro, la empresa comunitaria y demás formas asociativas guiadas por los valores de la mutua cooperación y la solidaridad.

Por supuesto, se remite a la ley el establecimiento de las condiciones para el efectivo funcionamiento de estos medios de participación.

En relación con este derecho a la participación política, la Corte Primera de lo Contencioso Administrativo en sentencia N° 960 de 14 de julio de 2000 (Caso: *Caja*

2001, pp. 75-88; Ana P. Deniz, "La participación ciudadana en la Constitución de 1999", en *Revista de Derecho Constitucional*, N° 7 (enero-junio). Editorial Sherwood, Caracas, 2003, pp. 115-124; Alfonso Rivas Quintero, *Derecho Constitucional,* Paredes Editores, Valencia-Venezuela, 2002, pp. 190 y ss.; Allan R. Brewer-Carías, *Poder Constituyente originario y Asamblea Nacional Constituyente, op. cit.,* pp. 284-294; Allan R. Brewer-Carías, *Reflexiones sobre el constitucionalismo en América, op. cit.,* pp. 31 y ss., 48 y ss., y 143 y ss.; Hildegard Rondón de Sansó, *Análisis de la Constitución venezolana de 1999,* Editorial Ex Libris, Caracas, 2001, pp. 70-80; Luis Salamanca, "La Constitución venezolana de 1999: de la representación a la hiper-participación ciudadana", en *Revista de Derecho Público,* N° 82 (abril-junio), Editorial Jurídica Venezolana, Caracas, 2000, pp. 85-105; Manuel Feo La Cruz, "La participación de la sociedad civil en el proceso de gestión pública. Retos y desafíos", en *El Derecho Público a comienzos del siglo XXI. Estudios homenaje al Profesor Allan R. Brewer-Carías,* Tomo I, Instituto de Derecho Público, UCV, Civitas Ediciones, Madrid, 2003, pp. 415-429; Yusby S. Méndez-Apolinar, "La obligación ciudadana de participar en los asuntos públicos, como expresión de la cultura democrática", en *El Derecho Público a comienzos del siglo XXI. Estudios homenaje al Profesor Allan R. Brewer-Carías,* Tomo I, Instituto de Derecho Público, UCV, Civitas Ediciones, Madrid, 2003, pp. 431-437; Govea & Bernardoni, *Las respuestas del Supremo T.S.J sobre la Constitución venezolana de 1999. 250 preguntas y sus respuestas.* Editorial La Semana Jurídica, Caracas, 2002, pp. 93-266; Alfonso Rivas Quintero, *Derecho Constitucional,* Paredes Editores, Valencia-Venezuela, 2002, pp. 193 y ss.; Carlos E. Mouriño V., "Participación Ciudadana", en *Estudios de Derecho Público: Libro Homenaje a Humberto J. La Roche Rincón,* Volumen II. Tribunal Supremo de Justicia, Caracas, 2001, pp. 1-38.

145 Véase nuestra proposición de este artículo en Allan R. Brewer Carías, *Debate Constituyente,* Tomo II, *op. cit.,* p. 137.

146 Véase la sentencia de la Sala Electoral del Tribunal Supremo de Justicia N° 86 de 1907-2000, *Revista de Derecho Público,* N° 83 (julio-septiembre), Editorial Jurídica Venezolana, Caracas, 2000, p. 181.

de Ahorros de los funcionarios, empleados y obreros del Consejo de la Judicatura y del Poder Judicial vs. Superintendencia de Cajas de Ahorros), señaló que:

> La participación es un elemento que dota de sentido el principio democrático y a su asentamiento constitucional, porque la Constitución lo que pretende establecer un orden social y ese orden es imposible de establecer si la comunidad y los ciudadanos no participan. En tal sentido, la actividad de las personas en cualquier proceso democrático tenemos que entenderla no desde el punto de vista individual, sino desde el punto de vista del servicio social y de la representación de los grupos de su comunidad.
>
> La participación, conlleva a ubicar al ciudadano como centro de la actividad del Estado, donde todo ciudadano puede involucrarse en las actividades de gobierno, en la formulación, ejecución y control de políticas públicas y en decidir acerca de los asuntos que los afectan como ciudadanos o como personas que participan dentro de su comunidad o en su ámbito de acción social y profesional...
>
> En tal sentido, debe entenderse la participación como un deber del ciudadano dentro de lo que es el planteamiento democrático, porque esencialmente el nacimiento de un derecho de ese tipo depende del ejercicio del deber como tal[147].

2. *El sistema electoral y la democracia representativa*

A. *El derecho al sufragio y el sistema de escrutinio*

La Constitución regula al sufragio como un derecho (art. 63) eliminándose toda consideración del voto como un deber, como lo disponía la Constitución de 1961 (art. 110)[148]. De acuerdo con el criterio de la Sala Electoral del Tribunal Supremo de Justicia expresado en sentencia N° 29 de 19 de febrero de 2002, (Caso: *Gustavo Pérez y otros vs. Consejo Nacional Electoral*):

> La noción general del derecho al sufragio alude a la libertad de participar en un proceso electoral, tanto en la condición de elector (sufragio activo) como en la de candidato (sufragio pasivo). En ambas modalidades debe admitirse, además de la posibilidad de elegir y ser elegido, la opción de abstenerse de elegir o presentarse como candidato. Este concepto ha evolucionado de la concepción del sufragio como una función pública de ejercicio obligatorio (artículo 110 de la Constitución de 1961), a un mecanismo de participación del pueblo en ejercicio de su soberanía (artículo 63 de la Constitución de la República Bolivariana de Venezuela)[149].

Este derecho al sufragio, se debe ejercer mediante votaciones libres, universales, directas y secretas, estableciendo la norma que la ley debe garantizar el principio de la personalización del sufragio y la representación proporcional[150].

---

147 Véase en *Revista de Derecho Público,* N° 83 (julio-septiembre), Editorial Jurídica Venezolana, Caracas, 2000, p. 179 y ss.

148 Véase nuestra propuesta sobre el artículo en Allan R. Brewer-Carías, *Debate Constituyente,* Tomo II, *op. cit.*, pp. 125.

149 Véase en *Revista de Derecho Público*, N° 89-92, Editorial Jurídica Venezolana, Caracas 2002.

150 Véase Dieter Nohlen, "Diseño institucional y evaluación de los sistemas electorales", en *El Derecho Público a comienzos del siglo XXI. Estudios homenaje al Profesor Allan R. Brewer-Carías,* Tomo I, Instituto de Derecho Público, UCV, Civitas Ediciones, Madrid, 2003, pp. 402-412; Pedro L. Bracho

Con esto se consagran, a nivel constitucional, dos elementos del sistema electoral que deben destacarse: por una parte, la llamada "personalización del sufragio", que no es otra cosa que la exigencia de la nominalidad, es decir, del necesario voto por nombre y apellido, sea que el escrutinio sea uninominal, en cuyo caso, no puede ser de otra forma que nominal o personificado, pues se vota por una persona; sea que el escrutinio sea plurinominal, es decir, por listas en una misma circunscripción, donde se elige a varias personas en forma nominal.

Pero por otra parte, constitucionalmente se establece que la ley debe garantizar la representación proporcional, para lo cual se requiere inexorablemente el escrutinio plurinominal, es decir, varios candidatos en una circunscripción electoral. Es decir, la representación proporcional excluye la elección uninominal en la elección de asambleas representativas, lo que implica que el sistema electoral que exige garantizar la Constitución es la votación por listas, en circunscripciones plurinominales, en forma nominal.

En este aspecto, en la Constitución tampoco se atacó el otro aspecto del sistema político que requería de una reforma radical, que era la representatividad política y la participación, de manera de romper el monopolio que en esa materia han tenido los partidos políticos.

En efecto, al centralismo de Estado lo ha acompañado como parte del sistema político, el Estado de partidos, en el cual los partidos políticos han sido los únicos mecanismos de participación política y los únicos que han obtenido representantes en los órganos representativos. Ello ha estado asegurado a través del método de escrutinio plurinominal basado en la representación proporcional, el cual como se ha dicho, no sólo no se ha cambiado, sino que es el único consagrado en la Constitución (art. 63). A pesar de que se señale en el texto que debe garantizarse la personalización del voto, ello no cambia la representatividad si se sigue el método de representación proporcional, que conduce a la representación de partidos.

Es decir, este sistema, inexorablemente conduce a la representación de partidos, habiéndose rechazado en la Asamblea nuestra propuesta de perfeccionar la representatividad, mediante escrutinios uninominales, que podrían asegurar la efectiva representación de los territorios y de las comunidades en ellos asentadas, particularmente en las elecciones para Juntas Parroquiales, Concejos Municipales y Consejos Legislativos Estadales[151].

En esta forma, el sistema electoral, constitucionalmente no sufrió cambio alguno, con lo que la representación de los partidos puede continuar dominando la escena política; lo que seguramente cambiará en realidad, son unos partidos por otros, pero no el concepto de representatividad partidaria.

Por último debe señalarse, en relación con la legislación electoral que el artículo 298 de la Constitución establece una restricción temporal en el sentido de que la ley

---

Grand, "Democracia representativa en la Constitución Nacional de 1999", en *Estudios de Derecho Público: Libro Homenaje a Humberto J. La Roche Rincón*, Volumen II, Tribunal Supremo de Justicia, Caracas 2001, pp. 235-254, y Allan R. Brewer-Carías, *Reflexiones sobre el constitucionalismo en América, op. cit.*, pp. 21 y ss.

151 Véase nuestra propuesta en Allan R. Brewer-Carías, *Debate Constituyente*, Tomo II, *op. cit.*, p. 126; y nuestro voto salvado en relación con esta materia en Allan R. Brewer Carías, *Debate Constituyente*, Tomo III, *op. cit.*, pp. 157 y 257.

regule los procesos electorales no puede modificarse en forma alguna en el lapso comprendido entre el día de la elección y los seis meses inmediatamente anteriores a la misma.

B. *Los electores (el derecho a elegir)*

El artículo 64 de la Constitución califica como electores a todos los venezolanos que hayan cumplido 18 años de edad y que no estén sujetos a interdicción civil o inhabilitación política. Esta norma consagra "la universalidad del sufragio de los venezolanos" con las únicas excepciones señaladas[152].

Este derecho a elegir implica el derecho a postular candidatos para las elecciones[153]; y además, el derecho de los electores a efectuar su elección con absoluta libertad y sin que medie ningún tipo de coacción, escogencia que se materializa en el hecho físico de la emisión del voto en forma secreta, lo que constituye una garantía constitucional (art. 63). Sobre ello, la Sala Electoral del Tribunal Supremo de Justicia en sentencia N° 3 del 22 de enero de 2001 (Caso: *Roraima Quiñonez vs. Universidad de Carabobo*) señaló que:

> Este derecho constitucional debe ser garantizado por los órganos electorales, para lo cual están obligados a emplear todos los medios legales necesarios para que en cada acto de votación se impida que el voto emitido por el elector pueda ser conocido por otras personas en contra de su voluntad, debiendo prestar la protección requerida y adoptar las medidas conducentes a evitar cualquier tipo de coacción o soborno con ocasión de la emisión de su voto que dificulte o menoscabe el ejercicio libre y legítimo del derecho de sufragio, mecanismo de expresión de la soberanía[154].

La Constitución, además, expresamente atribuye a los integrantes de la Fuerza Armada Nacional en situación de actividad, el derecho al sufragio de conformidad con la ley. Los militares, sin embargo, no pueden participar en actos de propaganda, militancia o proselitismo político (art. 330). Esto, sin duda, constituye una novedad en nuestro proceso político, en el cual tradicionalmente los militares no han tenido derecho de voto. Ahora habrá que compatibilizar el deber de obediencia derivado de la jerarquía militar, con este derecho al sufragio que podría ser distorsionado mediante órdenes de los superiores[155].

La Sala Constitucional del Tribunal Supremo de Justicia se ha pronunciado sobre el derecho al sufragio de los militares en sentencia N° 421 de 22 de noviembre de 2000, señalando que:

> Debe reiterarse una vez más, que el derecho al sufragio como mecanismo de participación política está sujeto a limitaciones constitucionales y legales que atienden a distintas causas, como son las penas accesorias, el requisito de naciona-lidad, la

152 Véase sentencia N° 421 de la Sala Constitucional del Tribunal Supremo de Justicia de 22-11-2000, en *Revista de Derecho Público,* N° 84 (octubre-diciembre), Editorial Jurídica Venezolana, Caracas, 2000, p. 486.

153 Véase sentencia de la sala Electoral del Tribunal Supremo de Justicia N° 51 de 16-05-2001, en *Revista de Derecho Público,* N° 85-88, Editorial Jurídica Venezolana, Caracas, 2001, p. 146 y ss.

154 Véase en *Revista de Derecho Público,* N° 85-88, Editorial Jurídica Venezolana, Caracas, 2001, p. 143.

155 Véase nuestro voto salvado sobre esta norma en Allan R. Brewer-Carías, *Debate Constituyente,* Tomo III, *op. cit.*, pp. 232 y 305.

capacidad civil, etc. Así, en el ordenamiento jurídico venezolano, bajo la vigencia de la Constitución de 1961, tal como se desprende de la norma impugnada (contenida en el único aparte del artículo 7° de la Ley Orgánica del Sufragio del año 1988 y en el artículo 85 de la Ley Orgánica del Sufragio y Participación Política vigente), se establecía una limitación derivada de la condición de militar activo; limitación que tenía su fundamento en el principio consagrado en el artículo 132 de la Constitución de 1961, conforme al cual se concebía a la Fuerza Armada Nacional como una "*institución apolítica, obediente y no deliberante*", por tal motivo, el legislador patrio, ajustado a tales preceptos constitucionales, excluyó a los militares del derecho al sufragio activo.

Ahora bien, en el debate constituyente recientemente efectuado en Venezuela, se replanteó el tema de la participación política de los militares con especial atención al principio de igualdad entre los venezolanos, y el fruto de tal debate concluyó en la consagración en el artículo 330 del nuevo Texto Constitucional, del derecho al sufragio de los miembros activos de la Fuerza Armada Nacional...

De esta manera observa la Sala, que la disposición antes transcrita, establece de forma clara e inequívoca el derecho que tienen los integrantes activos de la Fuerza Armada Nacional a sufragar, motivo por el cual estima esta Sala, que la limitación consagrada en la Ley Orgánica de Sufragio con relación a dichos funcionarios, es contraria a lo previsto en la Constitución de 1999, en consecuencia, la norma impugnada, es decir, el aparte único del artículo 7° de la Ley Orgánica del Sufragio, publicada en la Gaceta Oficial N° 2.117 Extraordinario de fecha 24 de diciembre de 1977, hoy contenida en el artículo 85 de la Ley Orgánica del Sufragio y Participación Política, cuyo contenido limitaba el ejercicio del derecho al voto por parte de los integrantes de la Fuerza Armada Nacional que se encontrasen en servicio militar activo, ha sido objeto de una inconstitucionalidad sobrevenida, por ser contraria a lo dispuesto en el artículo 330 de la Constitución de 1961[156].

En todo caso, el derecho al sufragio corresponde a los ciudadanos, es decir, a los venezolanos mayores de 18 años no sujetos a interdicción civil ni a inhabilitación política, sean civiles o militares.

En consecuencia, en principio, los extranjeros no tienen derecho de voto. Sin embargo, el mismo artículo 64 de la Constitución regula la excepción al prescribir que el voto para las elecciones municipales, parroquiales y estadales se hará extensivo a los extranjeros que hayan cumplido 18 años de edad, no sujetos a interdicción civil o inhabilitación política, con más de 10 años de residencia en el país, con las limitaciones establecidas en esta Constitución y en la ley.

Se sigue así, la misma orientación del artículo 111 de la Constitución de 1961.

C. *Los representantes electos*

a. *El derecho a ser elegido*

En el texto de la Constitución de 1999 no hay una norma que sea equivalente al artículo 112 de la Constitución de 1961 que establecía que:

---

156 Véase en *Revista de Derecho Público,* N° 84 (octubre-diciembre), Editorial Jurídica Venezolana, Caracas, 2000, p. 48.

> Son elegibles y aptos para el desempeño de funciones públicas los electores que sepan leer y escribir, mayores de 21 años, sin más limitaciones que las establecidas en esta Constitución y las derivadas de las condiciones de aptitud que, para el ejercicio de determinados cargos exijan las leyes.

Es decir, no existe en la Constitución de 1999 una norma general que regule el derecho de los ciudadanos a ejercer cargos públicos y a ser elegidos, lo cual es una falla evidente.

En la materia, lo único que regula la Constitución, son normas restrictivas o prohibitivas. Así, en general, el artículo 65 de la Constitución establece que no podrán optar a cargo alguno de elección popular quienes hayan sido condenados por delitos cometidos durante el ejercicio de sus funciones y otros que afecten el patrimonio público, dentro del tiempo que fije la ley, a partir del cumplimiento de la condena y de acuerdo con la gravedad del delito.

Por otra parte, en cuanto a los integrantes de la Fuerza Armada Nacional en situación de actividad, el artículo 330, establece que a los mismos no les está permitido optar a cargos de elección popular.

b. *El derecho a postular candidatos*

De acuerdo con el artículo 67 de la Constitución la postulación para cargos elegibles puede ser hecha por iniciativa propia, o por las asociaciones políticas. Así, todos los ciudadanos tienen derecho a concurrir a los procesos electorales postulando candidatos y candidatas; derecho que, sin embargo, está limitado por razones temporales dado el principio de preclusión que caracteriza los procesos electorales[157].

En cuanto al financiamiento de la propaganda política y de las campañas electorales la Constitución remite su regulación a la ley.

c. *La rendición de cuentas*

Con carácter general, el artículo 66 de la Constitución, consagra el derecho de los electores a que sus representantes rindan cuentas públicas, transparentes y periódicas sobre su gestión[158], "de acuerdo con el programa presentado" (art. 66)[159].

La última frase agregada a esta norma, que no propusimos, implica la exigencia constitucional indirectamente establecida, de que toda candidatura para cargo elegible debe acompañarse de un programa que ha de ser presentado al electorado. Esta exigencia, sin embargo, es de difícil cumplimiento en los casos de elecciones plurinominales de representación proporcional.

---

157 Véase sentencia de la Sala electoral del Tribunal Supremo de Justicia N° 51 de 16-05-2001,en *Revista de Derecho Público,* N° 85-88, Editorial Jurídica Venezolana, Caracas, 2001, pp. 146 y ss.

158 Véase nuestra propuesta sobre este artículo en Allan R. Brewer-Carías, *Debate Constituyente,* Tomo II, *op. cit.,* p. 138.

159 Véase María E. León Álvarez, "La rendición de cuentas en la gestión de los asuntos públicos en el nuevo orden constitucional venezolano", en *Revista de Derecho Público,* N° 84 (octubre-diciembre), Editorial Jurídica Venezolana, Caracas, 2000, pp. 70-81.

3. *El sistema de partidos políticos y de asociación política*

A. *El derecho de asociación política*

La Constitución de 1999 no estableció un derecho, como el previsto en el artículo 114 de la Constitución de 1961, de los ciudadanos a asociarse en partidos políticos. La previsión constitucional en la materia, ahora es más amplia, pues el artículo 67 regula el derecho de los ciudadanos de asociarse con fines políticos, mediante métodos democráticos de organización, funcionamiento y dirección, sin siquiera utilizar la expresión "partido político"[160]. Sin embargo, se atribuye al Poder Electoral la función de organizar la inscripción y registro de las organizaciones con fines políticos y velar porque cumplan las disposiciones sobre su régimen previstas en la Constitución (art. 293,8).

Se establece así, el derecho de asociación política que puede manifestarse a través de otros instrumentos que no sean partidos políticos. El esquema de la Constitución de 1961, por tanto, puede decirse que en esta materia el texto constitucional sufrió un cambio radical, tal como lo destacó la Sala Electoral del Tribunal Supremo de Justicia en la sentencia N° 71 de 23 de junio de 2000:

> En efecto, entre las tendencias más notables que inspiran esta Carta Magna se encuentra la de ampliar el ámbito de participación de la sociedad civil en la gestión pública mucho más allá de los mecanismos tradicionales limitados al sufragio activo y pasivo, y también rebasando la tendencia hasta ese entonces, de encauzar toda forma de actividad política mediante los partidos políticos, debido a que resultaba notoria la pérdida progresiva de la representación de los ciudadanos que ostentaban las organizaciones políticas tradicionales durante la vigencia del sistema constitucional recientemente derogado, situación ésta que motivó la necesidad de buscar un diseño constitucional alternativo, el que quedó reflejado en una nueva concepción de la participación política en la Constitución de la República Bolivariana de Venezuela.
>
> En este orden de razonamiento, cabe advertir que del Diario de Debates de la Asamblea Nacional Constituyente que recoge la sesión correspondiente al 24 de octubre de 1999, fecha en que tuvo lugar la primera discusión en plenaria de los proyectos de disposiciones presentados en relación con los Derechos Políticos, y que dieron lugar a los actuales artículos 62 y 67, se desprende claramente la intención de superar el esquema de la llamada "partidocracia", pasando de una democracia representativa a una participativa y protagónica, cuando los Constitu-yentes señalan por ejemplo que: "...La esencia de esta Constituyente se transforma cuando asumimos que el ciudadano y la ciudadana tengan la libre participación y decisión en el hecho político. La estructura de la participación política en Venezuela fue reducida a un pequeño circuito de partidos que deslegitimaron la voluntad popular...". Esta idea también está presente en la Exposición de Motivos del nuevo texto constitucional, en la cual se señala, refiriéndose a la nueva concepción que inspira la normativa correspondiente a los derechos políticos: "...Esta regulación responde a una sentida aspiración de la sociedad civil organizada que pugna por cambiar la cultura política generada por tantas décadas de paternalismo estatal y del dominio de las cúpulas

---

160 Véase Roberto V. Pastor; Rubén Martínez Dalmau, "La configuración de los partidos políticos en la Constitución venezolana", en *Revista de Derecho Constitucional,* N° 4 (enero-julio), Editorial Sherwood, Caracas, 2001, pp. 375-389.

partidistas que mediatizaron el desarrollo de los valores democráticos. De esta manera, la participación no queda limitada a los procesos electorales, ya que se reconoce la necesidad de la intención del pueblo en los procesos de formación, formulación y ejecución de las políticas públicas, lo cual redundaría en la superación de los déficits de gobernabilidad que han afectado nuestro sistema político debido a la carencia de sintonía entre el Estado y la sociedad..."[161].

El cambio, incluso, condujo a la denominada despartidización de los organismos electorales, tal como lo destacó la Sala Constitucional en la misma sentencia antes citada:

> Atendiendo a los postulados ideológicos que inspiraron la nueva concepción de la participación ciudadana, la novísima Ley Fundamental contempló una serie de reglas organizativas y funcionales para los órganos del Poder Electoral, entre ellas, la despartidización de los mismos. Y no podía ser de otra manera, ya que el esquema del "equilibrio" o del juego de contrapesos entre las diversas organiza-ciones políticas, mediante el cual pretendía el sistema constitucional de 1961 garantizar la autonomía e imparcialidad de los órganos electorales, respondía a la anterior tesis acerca de la participación ciudadana materializada fundamentalmente a través de la mediación de las organizaciones políticas. Luego, habiendo cambiado ese esquema, necesariamente debía cambiar también el basamento orgánico y organizativo de los órganos encargados de ejercer la función electoral. Y a tal fin se le dio rango constitucional a dos nuevos Poderes, el Ciudadano (Capítulo IV del Título V) y el Electoral (Capítulo V del mismo Título), evolucionando entonces de la mera existencia de "órganos con autonomía funcional", a verdaderas ramas del Poder Público, que lógicamente no pueden considerarse como expresión de las organizaciones políticas existentes en un momento dado, sino como la concreción, bajo la investidura de la potestad pública, de la voluntad popular en las funciones de control y electoral, respectivamente.
>
> Sin embargo, es necesario subrayar que esta nueva tesis constitucional sobre los mecanismos de participación ciudadana, así como la consagración de la despartidización del Poder Electoral, no comporta la necesaria exclusión de todo tipo de mecanismo de participación de los partidos políticos en el proceso electoral, como expresó esta Sala en la aludida sentencia dictada en el procedimiento de Amparo Constitucional intentado conjuntamente con el presente recurso de nulidad, sino que conduce a la instauración de un nuevo balance en la relación Electorado-Partidos Políticos-Poder Electoral. No se trata pues, de establecer un antagonismo entre los elementos de esta relación, sino de extender el ámbito de participación ciudadana, que en los últimos años estuvo monopolizado por los partidos políticos, mediante el establecimiento de diversas modalidades -no exclusivas ni excluyentes- que permitan al ciudadano participar efectivamente en la gestión pública de diversas maneras. Por ello se establecen como medios de participación política, además del sufragio activo y pasivo, una serie de mecanismos, algunos ya ensayados en el ordenamiento jurídico venezolano, y otros novedosos (consulta popular, revocación del mandato, las iniciativas legislativas ampliadas con relación a la Constitución de 1961, así como las iniciativas constitucional y constituyente, el cabildo abierto, etc)[162].

---

161 Véase en *Revista de Derecho Público*, N° 82 (abril-junio), Editorial Jurídica Venezolana, Caracas, 2000, pp. 236 y ss.

162 *Idem*, pp. 238 y ss. Véase asimismo, la sentencia de la Sala Electoral N° 10 de 25-02-2000, *Revista de Derecho Público*, N° 81 (enero-marzo), Editorial Jurídica Venezolana, Caracas, 2000, pp. 170 y ss.

B. *La democracia interna*

La Constitución establece que, en todo caso, las asociaciones políticas deben seguir métodos democráticos no sólo en su organización sino en su funcionamiento y dirección. Para asegurar su democratización interna, el artículo 67 de la Constitución precisa que tanto la designación de los titulares de sus órganos de dirección como los candidatos de los partidos y asociaciones políticas a los diversos cargos de elección popular, deben ser seleccionados en elecciones internas con la participación de sus integrantes.

En tal sentido, la Sala Electoral del Tribunal Supremo de Justicia en sentencia N° 38 del 28 de abril de 2000 (Caso: *Arsenio Henríquez y otro vs. Movimiento al Socialismo (MAS)*, estableció el siguiente criterio:

> En tal sentido, se observa que la Constitución de la República Bolivariana de Venezuela orientada por uno de los principios que la informan, como lo es la participación protagónica de los ciudadanos en los asuntos públicos, consagró el derecho a la asociación en organizaciones con fines políticos, cuya estructura debe garantizar métodos democráticos de organización, funcionamiento y dirección. A tal fin las organizaciones políticas que se crearen deberán incluir en su ordenamiento interno aquellas normas que desarrollen y garanticen el cumplimiento de este mandato, de igual modo, las ya existentes, tienen el deber ineludible de adaptar sus reglamentos y estatutos a esta exigencia constitucional, en caso de que los dictados con anterioridad a la entrada en vigencia de la Constitución, no garanticen el derecho constitucional referido, y la participación de sus integrantes en su organiza-ción y funcionamiento. Ello, con el apoyo del recién creado Poder Electoral que tiene a su cargo, por mandato constitucional, garantizar la participación de los ciudadanos, a través de procesos comiciales transparentes, imparciales, eficientes y confiables, que se celebren, entre otros, en las mismas organizaciones con fines políticos.
>
> Los partidos políticos han de tener, entonces, necesariamente un carácter democrático, la actividad del partido en todo momento debe garantizar, preservar y desarrollar los principios democráticos contenidos en la Constitución, desechando cualquier conducta o práctica que distorsione el carácter democrático exigido por ella, debiendo abstenerse de cualquier método que vulnere las formas establecidas para acceder, ejercer y participar en el sistema político venezolano. Tales principios deben estar garantizados en su seno, es decir, dichas, organizaciones deben asegurar a sus afiliados la participación directa o representativa en el gobierno del partido.
>
> Así pues, en atención al derecho consagrado en el artículo 67 de la Constitución y, con el objeto de respetar los principios democráticos y dar cumplimiento a lo dispuesto en el referido artículo, en cuanto a que los "*organismos de dirección y sus candidatos o candidatas a cargos de elección popular serán seleccionados o seleccionadas en elecciones internas con la participación de sus integrantes*", los partidos políticos pueden dictar la normativa pertinente que regule esa forma de elección. El nuevo esquema impone a estos organismos, en el ejercicio de tal facultad, el recato y prudencia necesaria que garantice que la voluntad de sus respectivos colectivos se exprese en forma diáfana, evitando con ello la tentación de convertirse en instrumentos confiscatorios de la expresión o voluntad popular, en consecuencia,

los candidatos deben ser seleccionados de conformidad con el proceso eleccionario interno instaurado en el que participen sus integrantes[163].

En todo caso, a fin de garantizar la organización interna democrática de los partidos políticos, el artículo 293, ordinal 6 de la Constitución ha atribuido al Poder Electoral la función de organizar las elecciones de las organizaciones con fines políticos en los términos que señale la Ley.

C. *El financiamiento de las asociaciones políticas*

El artículo 67 de la Constitución, expresamente prohibe el financiamiento de las asociaciones con fines políticos con fondos provenientes del Estado. Se cambió así, radicalmente, el régimen de financiamiento a los partidos políticos previsto en la Ley Orgánica del Sufragio y Participación Política, mediante el cual se buscaba mayor equilibrio y equidad para la participación electoral, evitando los desequilibrios y perversiones que podría producir el solo financiamiento privado, por el narcofinanciamiento, por ejemplo, y el eventual financiamiento público indirecto sólo para los partidos de gobierno[164]. Se abandonó así, la tendencia inversa que predomina en el derecho comparado.

En todo caso, el mismo artículo 67 de la Constitución remite a la Ley para regular lo concerniente al financiamiento y las contribuciones privadas de las organizaciones con fines políticos, y los mecanismos de control que aseguren la pulcritud en el origen y manejo de las mismas. Así mismo la ley debe regular las campañas políticas y electorales, su duración y límites de gastos, propendiendo a su democratización.

Sin embargo, a pesar de esta norma prohibitiva del artículo 67 de la Constitución, como antes se ha dicho, la Sala Constitucional del Tribunal Supremo de Justicia, en sentencia N° 780 de 8 de mayo de 2008 (Exp. n° 06-0785),[165] mediante una interpretación constitucional vinculante, adoptó una mutación constitucional, sustituyéndose a la voluntad popular y al poder constituyente originario, disponiendo que "en lo que respecta al alcance de la prohibición de financiamiento público de asociaciones políticas" contenida en la mencionada norma, la misma:

> "se circunscribe a la imposibilidad de aportar fondos a los gastos corrientes e internos de las distintas formas de asociaciones políticas, pero ...dicha limitación, no resulta extensiva a la campaña electoral, como etapa fundamental del proceso electoral".

Es decir, la Sala Constitucional, ante una norma tan clara e igualmente tan criticable como la contenida en el artículo 67 de la Constitución, cuya reforma se había inten-

---

163 Véase en *Revista de Derecho Público,* N° 82 (abril-junio), Editorial Jurídica Venezolana, Caracas, 2000, pp. 333 y ss.

164 Véase en general sobre el tema, Allan R. Brewer-Carías, "Consideraciones sobre el financiamiento de los partidos políticos en Venezuela" en *Financiamiento y democratización interna de partidos políticos. Memora del IV Curso Anual Interamericano de Elecciones,* San José, Costa Rica, 1991, pp. 121 a 139. Véase nuestra propuesta en relación con este artículo en Allan R. Brewer-Carías, *Debate Constituyente,* Tomo II, *op. cit.,* p. 128.

165 Véase mis comentarios sobre esta sentencia, en Allan R. Brewer-Carías, "El juez constitucional como constituyente: el caso del financiamiento de las campañas electorales de los partidos políticos en Venezuela," en *Revista de Derecho Público*, N° 117, (enero-marzo 2009), Caracas 2009, pp. 195-203.

tado hacer en 2007 pero sin lograrse por ser rechazada por la voluntad popular, en esta sentencia, ni más ni menos se erigió en poder constituyente, sustituyendo al pueblo, disponiendo la reforma de la norma, vía su interpretación, en el mismo sentido que se había pretendido en la rechazada reforma constitucional, disponiendo en definitiva, que la prohibición constitucional "no limita que en el marco del proceso electoral y como gasto inherente a una fase esencial del mismo, el Estado destine fondos con el objeto de financiar el desarrollo de las campañas electorales, de los partidos y asociaciones políticas," es decir, lo contrario de lo que dispone la Constitución.

D. *Las incompatibilidades en materia de contratación pública*

El artículo 67 de la Constitución establece, expresamente que las direcciones de las asociaciones con fines políticos no pueden contratar con entidades del sector público.

4. *El derecho de manifestar*

Todos los ciudadanos tienen derecho a manifestar, pacíficamente y sin armas, sin otros requisitos que los que establezca la ley. Así lo dispone el artículo 68 de la Constitución, con el agregado de la prohibición del uso de armas de fuego y sustancias tóxicas en el control de manifestaciones pacíficas, remitiendo a la ley la regulación de la actuación de los cuerpos policiales y de seguridad en el control del orden público.

5. *El sistema de referendos y la democracia directa*

Como se señaló, tanto el artículo 5° como el 62 de la Constitución prevén el ejercicio del sufragio y del derecho a la participación política mediante la elección de representantes o en forma directa, a través de los mecanismos previstos en la Constitución y en la Ley, en particular, además de los previstos en el artículo 70, mediante los referendos que son de 4 tipos en la Constitución: el referendo consultivo, el referendo revocatorio, el referendo aprobatorio, y el referendo abrogatorio[166].

Sobre estos mecanismos de participación, la Sala Electoral del Tribunal Supremo de Justicia, en sentencia N° 170 de 22 de diciembre de 2000 (Caso: *Club Social Layalina, C.A. vs. Consejo Nacional Electoral*) señaló que:

> La Constitución de la República Bolivariana de Venezuela plantea un nuevo marco conceptual y teleológico en materia de participación política del ciudadano en los asuntos públicos. Es así que, los artículos 5 y 6 de la Carta Fundamental, consagran un nuevo modelo de democracia participativa, evolucionando de la clásica concepción de la democracia representativa, limitada al ejercicio de la soberanía popular únicamente por medio de la elección periódica de representantes. Por el contrario, la novel Carta Magna establece que la soberanía se ejerce directamente en la forma prevista en la Constitución y en las leyes, e indirectamente mediante el sufragio, por los órganos que ejercen el Poder Público. En consonancia con tales principios, el texto constitucional dedica una serie de normas a la consagración y regu-

---

166 Véase nuestra propuesta respecto de este articulado en Allan R. Brewer-Carías, *Debate Constituyente*, Tomo II, *op. cit.*, pp. 138 a 143; véase en general, Cosimina G. Pellegrino Pacera, "Una introducción al estudio del referendo como mecanismo de participación ciudadana en la Constitución de 1999", en *El Derecho Público a comienzos del siglo XXI. Estudios homenaje al Profesor Allan R. Brewer-Carías*, Tomo I, Instituto de Derecho Público, UCV, Civitas Ediciones, Madrid, 2003, pp. 441-481.

lación de las pautas fundamentales de novedosos mecanismos en el ordenamiento jurídico venezolano que permiten la participación política del soberano en los asuntos que le conciernen, mecanismos que enumera el artículo 70 de la Constitución, entre los cuales se encuentra el referendo, en sus distintas modalidades: revocatorio, abrogatorio, consultivo y aprobatorio. De igual manera, se prevé la participación soberana en el ejercicio de los mecanismos de enmienda y reforma constitucional, así como en la iniciativa de convocatoria en la Asamblea Nacional Constituyente.

De tal manera que, a la luz de tal regulación, y de los principios constitucionales de participación ciudadana protagónica en los asuntos de interés público, es evidente que la figura del referendo, u otras modalidades de consultas populares, que en el ordenamiento jurídico preconstitucional constituía prácticamente un mecanismo excepcional de participación ciudadana, el cual se encontraba regulado (si se quiere de una manera tímida) en diversas materias (electoral, municipal, urbanística y de ordenación territorial, etc.) ha pasado a ser uno de los más variados que prevé la Carta Magna. Esta consideración resulta ser de importancia funda-mental al momento de interpretar el ordenamiento jurídico, puesto que, en virtud del principio de supremacía constitucional (artículo 7 de la Constitución de la República Bolivariana de Venezuela) el intérprete jurídico, mucho más el juez, está llamado a aprehender el sentido de las normas preconstitucionales, adaptándolas a los valores, principios y reglas que pauta el nuevo Texto Fundamental, que resulta ser la guía orientadora en toda labor hermenéutica progresiva y ajustada a los nuevos valores de nuestro ordenamiento[167].

A. *Los referendos consultivos*

Como lo indica el artículo 71, las materias de especial trascendencia nacional pueden ser sometidas a referendo consultivo, correspondiendo la iniciativa al Presidente de la República en Consejo de Ministros; a la Asamblea Nacional, mediante Acuerdo aprobado por el voto de la mayoría de sus integrantes; o a solicitud de un número no menor del 10% de los electores inscritos en el registro civil y electoral.

También pueden ser sometidas a referendo consultivo las materias de especial trascendencia, parroquial, municipal, y estadal en cuyo caso, la iniciativa le corresponde a la Junta Parroquial, al Concejo Municipal y al Consejo Legislativo, respectivamente, por acuerdo de los 2/3 de sus integrantes; al Alcalde y al Gobernador de Estado, o a solicitud de un número no menor del 10% del total de inscritos en el registro civil y electoral en la circunscripción correspondiente.

Ahora bien, en relación con el artículo 71 de la Constitución relativo a los referendos consultivos, la Sala Constitucional del Tribunal Supremo de Justicia en sentencia N° 23 de 22 de enero de 2003 (Caso: *Interpretación del artículo 71 de la Constitución*) sentó los siguientes criterios interpretativos de dicha norma:

> De la interpretación literal del artículo transcrito, se extraen dos requisitos -uno objetivo y otro subjetivo- para la operatividad de dicho medio de participación política, a saber:

---

167 Véase en *Revista de Derecho Público,* N° 84 (octubre-diciembre), Editorial Jurídica Venezolana, Caracas, 2000, pp. 49 y ss.

1.- Que se trate de materias de especial trascendencia nacional, parroquial, municipal y estadal;

2.- Que haya sido solicitada su realización al Consejo Nacional Electoral, órgano competente para organizar, administrar, dirigir y vigilar todos los actos relativos con los referendos, de conformidad con el artículo 293.1 de la Constitución,

2.1.- En caso de tratarse de materias de especial trascendencia nacional, por: El Presidente o Presidenta de la República en Consejo de Ministros; La Asamblea Nacional, mediante acuerdo aprobado por el voto de la mayoría de sus integrantes; Un número no menor del diez por ciento de los electores y electoras inscritos en el registro civil y electoral.

2.2.- En caso de tratarse de materias de especial trascendencia parroquial, municipal o estadal, por: La Junta Parroquial, el Concejo Municipal o el Consejo Legislativo, por acuerdo de las dos terceras partes de sus integrantes; El Alcalde o Alcaldesa, o el Gobernador o Gobernadora de Estado; o, por un número no menor del diez por ciento del total de inscritos en la circuns-cripción correspondiente.

Ahora bien, la constatación de dichos requisitos corresponde, en todo caso, al Consejo Nacional Electoral, quien junto con los ciudadanos y órganos mencionados son los principales operadores de la norma en cuestión, siendo el referido órgano competente además para organizar, administrar, dirigir y vigilar todos los actos relativos con los referendos, de conformidad con el artículo 293.1 de la Constitución de la República Bolivariana de Venezuela, por lo que esta Sala Constitucional no se detendrá en el análisis de los mismos, el cual corresponde al máximo órgano del Poder Electoral (ver sentencia de la Sala n° 2.926 del 20 de noviembre de 2002, Caso: *José Venancio Albornoz Urbano*) y cuyo control jurisdiccional está atribuido a la Sala Electoral de este Tribunal Supremo de Justicia, de conformidad con lo establecido en el artículo 297 *eiusdem* (*Cf.* Sentencia N° 2 de la Sala Electoral, del 10 de febrero de 2000, Caso: *Cira Urdaneta de Gómez*).

Lo que sí será objeto de análisis por la Sala, son los efectos que el referendo consultivo tiene, dado el caso de consulta a la población sobre una determinada cuestión, estimada como de especial trascendencia nacional.

El referendo consultivo, como se apuntó, es un medio de participación directa, mediante el cual es posible consultar a la población su opinión sobre decisiones políticas de especial trascendencia. Consultar, en lenguaje natural, es examinar, tratar un asunto con una o varias personas; buscar documentación o datos sobre algún asunto o materia; pedir parecer, dictamen o consejo (Real Academia Española. *Diccionario de la Lengua Española*, Madrid, Vigésima Segunda Edición, 2001, Tomo I, págs. 633-634).

Es un mecanismo de democracia participativa, en tanto que persigue complementar el método de representación implementado para la asunción de dichas decisiones –adoptado por el principio de división del trabajo y sin el cual el ciudadano tendría que dedicarse exclusivamente a la esfera de lo público. Bobbio (*op. cit.*, pág. 62), señala que "el referéndum, (...) única institución (...) que se aplica concreta y efectivamente en la mayor parte de los Estados de democracia avanzada, es un expediente extraordinario para circunstancias excepcionales. Nadie puede imaginar un Estado que pueda ser gobernado mediante el llamado permanente al pueblo; teniendo en cuenta las leyes que son promulgadas en (Italia) cada año, debería preverse un promedio de una llamada al día". Con ello, el profesor de la Universidad de Turín recalca la importancia de la representación y la insuficiencia de los mecanismos de democracia directa, para la toma de las decisiones de tras-cendencia.

El referendo consultivo es facultativo, en tanto que su iniciativa depende de la voluntad de ciertas autoridades competentes, así como de la iniciativa popular (*Cf.* Manuel García Pelayo. *Derecho Constitucional Comparado*, Madrid, Alianza Editorial, 1999, pág. 183), y en cuanto su eficacia jurídica, no tiene carácter vinculante (Ibíd.), ya que consiste, únicamente, en una consulta a la población sobre su parecer en determinadas materias consideradas de especial trascendencia.

En España, dicho medio de participación se encuentra consagrado en el artículo 92 de su Constitución y regulado en la Ley Orgánica 2/1980, del 18 de enero y tiene por fin "servir de cobertura a la mayoría de gobierno en las decisiones socialmente comprometidas" (A. Oliet Pala. El Principio Formal de Identidad en el Ordenamiento Constitucional Español, en *RDP* n° 24, 1987, págs. 111-112), lo cual implica una búsqueda de legitimidad en la toma de las decisiones asumidas, en ejercicio de la legalidad democrática, por los órganos competentes, a quienes, finalmente corresponderá, por mandato constitucional, tomar las decisiones a las que haya lugar.

Sobre su efecto, señala Josep Castellà Andreu (*Los Derechos Constitucio-nales de Participación Política en la Administración Pública*, Barcelona, Cedecs Editorial, 2001, pág. 99), que no es vinculante, puesto que el ejercicio de la función pública se basa en la realización de los postulados fijados en la Constitución y la Ley, máximas expresiones de la soberanía nacional, por las personas elegidas a tal fin conforme al ordenamiento jurídico, a quienes, en procura del interés general, les corresponde asumir las decisiones políticas trascendentales.

Ahora bien, en el contexto del Estado democrático y social (artículo 2 de la Constitución de la República Bolivariana de Venezuela), la legitimidad de quienes ejercen la función pública no es sólo *ab initio*, o formal, sino también el resultado de una continua interacción entre el Estado y la sociedad (*Cf.* García Pelayo, *Las Transformaciones del Estado Contemporáneo*, *op. cit.*, págs. 1593-1654) con la consecuente materialización de los postulados de la Constitución. Así, quienes ejercen la función pública, dada la transparencia y publicidad en su ejercicio (artículo 141 *eiusdem*), son escrutados día a día por los ciudadanos, quienes evalúan de manera permanente la performance de aquellos que la ejercen.

Ahora bien, el referendo consultivo es un mecanismo inspirado en el principio de participación, que otorga mayor legitimidad a las decisiones de especial trascendencia -las cuales competen a determinados órganos del Estado- y permite la realización -a posteriori- de una prueba de legitimidad a dichas decisiones asumidas por la élite política, de mandato revocable en nuestro ordenamiento constitucional, sea conforme a lo establecido en el artículo 72 de la Constitución de la República Bolivariana de Venezuela, o mediante su no-reelección y, en ese sentido, el referendo consultivo legítima -directamente- la asunción de determinadas decisiones y, consecuentemente, a quienes ejercen las funciones de dirección política.

En consecuencia, con fundamento en los razonamientos precedentes, esta Sala considera que el resultado del referéndum consultivo previsto en el artículo 71 de la Constitución de la República Bolivariana de Venezuela no tiene carácter vinculante en términos jurídicos, respecto de las autoridades legítima y legalmente constituidas, por ser éste un mecanismo de democracia participativa cuya finalidad no es la toma de decisiones por parte del electorado en materias de especial trascendencia nacional, sino su participación en el dictamen destinado a quienes han de decidir lo relacionado con tales materias[168].

En cuanto a la iniciativa para la convocatoria de los referendos consultivos, la Sala Electoral del tribunal Supremo de Justicia, en sentencia N° 170 de 22 de diciembre de 2000, expresó el siguiente criterio:

> Bajo las anteriores premisas conceptuales y valorativas, observa esta Sala que, en la regulación del referendo consultivo contenido en el texto constitucional, la iniciativa le corresponde a una serie de órganos públicos, tanto ejecutivos como deliberativos, en los correspondientes niveles político-territoriales acordes con la índole de la materia a ser objeto de consulta (de especial trascendencia parroquial, municipal, estadal o nacional). Específi-camente en cuanto a las materias concernientes al ámbito municipal, la iniciativa le corresponde al Concejo Municipal por acuerdo de las dos terceras (2/3) partes de sus integrantes, o al titular del ejecutivo municipal, inclusive, a los electores en un número no menor del diez por ciento (10%) del total de inscritos en la circunscripción electoral (artículo 71, único aparte, de la Constitución de la República Bolivariana de Venezuela).
>
> De manera que el propio texto fundamental consagra una amplia legitimación en la determinación de quiénes tienen iniciativa para convocar referendos consultivos, al punto que no la limita a los titulares de órganos públicos, sino que la amplía hasta los propios electores, siempre y cuando éstos alcancen un número determinado. Esta regulación constitucional, como ya se señaló, sin duda que debe servir de pauta orientadora en la labor hermenéutica de los textos anteriores a la Constitución, los cuales, respondiendo al modelo constitucional derogado, partían de premisas conceptuales y axiológicas muy limitadas en la regulación de los referendos[169].

B. *Los referendos revocatorios*

El artículo 62 de la Constitución establece el derecho de los ciudadanos de participar libremente en los asuntos públicos, directamente o por medio de sus representantes elegidos; y el artículo 70 de la Constitución define como "medios de participación y protagonismo del pueblo en ejercicio de su soberanía, en lo político: la elección de cargos públicos, el referendo, la consulta popular, la revocación del mandato, las iniciativas legislativa, constitucional y constituyente, el cabildo abierto y la asamblea de ciudadanos cuyas decisiones serán de carácter vinculante, entre otros".

Sobre estos mecanismos de participación, la Sala Electoral del Tribunal Supremo de Justicia, en sentencia N° 170 de 22 de diciembre de 2000 (Caso: *Club Social Layalina)* señaló que:

> La Constitución de la República Bolivariana de Venezuela plantea un nuevo marco conceptual y teleológico en materia de participación política del ciudadano en los asuntos públicos. Es así que, los artículos 5 y 6 de la Carta Fundamental, consagran un nuevo modelo de democracia participativa, evolucionando de la clásica concepción de la democracia representativa, limitada al ejercicio de la soberanía popular únicamente por medio de la elección periódica de representantes. Por el

168 Véase en *Revista de Derecho Público,* N° 93-96, Editorial Jurídica Venezolana, Caracas 2003.

169 Véase en *Revista de Derecho Público,* N° 84 (octubre-diciembre), Caracas, 2000, pp. 49 y ss.

> contrario, la novel Carta Magna establece que la soberanía se ejerce directamente en la forma prevista en la Constitución y en las leyes, e indirectamente mediante el sufragio, por los órganos que ejercen el Poder Público. En consonancia con tales principios, el texto constitucional dedica una serie de normas a la consagración y regulación de las pautas fundamentales de novedosos mecanismos en el ordenamiento jurídico venezolano que permiten la participación política del soberano en los asuntos que le conciernen, mecanismos que enumera el artículo 70 de la Constitución, entre los cuales se encuentra el referendo, en sus distintas modalidades: revocatorio, abrogatorio, consultivo y aprobatorio. De igual manera, se prevé la participación soberana en el ejercicio de los mecanismos de enmienda y reforma constitucional, así como en la iniciativa de convocatoria en la Asamblea Nacional Constituyente.
>
> De tal manera que, a la luz de tal regulación, y de los principios constitucionales de participación ciudadana protagónica en los asuntos de interés público, es evidente que la figura del referendo, u otras modalidades de consultas populares, que en el ordenamiento jurídico preconstitucional constituía prácticamente un mecanismo excepcional de participación ciudadana, el cual se encontraba regulado (si se quiere de una manera tímida) en diversas materias (electoral, municipal, urbanística y de ordenación territorial, etc.) ha pasado a ser uno de los más variados que prevé la Carta Magna. Esta consideración resulta ser de importancia fundamental al momento de interpretar el ordenamiento jurídico, puesto que, en virtud del principio de supremacía constitucional (artículo 7 de la Constitución de la República Bolivariana de Venezuela) el intérprete jurídico, mucho más el juez, está llamado a aprehender el sentido de las normas preconstitucionales, adaptándolas a los valores, principios y reglas que pauta el nuevo Texto Fundamental, que resulta ser la guía orientadora en toda labor hermenéutica progresiva y ajustada a los nuevos valores de nuestro ordenamiento[170].

En coincidencia con el artículo 70 de la Constitución, que identifica como uno de los medios de participación en lo político, "la revocación del mandato"; de acuerdo con el artículo 72, todos los cargos y magistraturas de elección popular son revocables (art. 6). A tal efecto, dispone dicha norma que transcurrida la mitad del período para el cual fue elegido un funcionario, un número no menor del 20% de los electores inscritos en la correspondiente circunscripción en el momento de formular la solicitud, puede solicitar la convocatoria de un referendo para revocar su mandato[171].

---

170 Véase en *Revista de Derecho Público,* N° 84 (octubre-diciembre), Editorial Jurídica Venezolana, Caracas, 2000, pp. 49 y ss.

171 La materia ha sido regulada en la Resolución N° 030925-465, mediante la cual se dictan las "Normas para Regular los Procesos de Referendos Revocatorios de Mandatos de Cargos de Elección Popular", en *G.O.* N° 37.784 del 26 de septiembre de 2003. Estas normas, en nuestro criterio, vulneraron el derecho a la participación política consagrado en la Constitución, pues antes que facilitar su ejercicio, establecieron trabas y requisitos que afectaron su ejercicio y lo limitaron más allá de lo permitido en la Constitución. Estas limitaciones afectaron la formulación de la petición por los electores, pues sin fundamento constitucional alguno establecieron que las firmas en respaldo de la petición de los referendos sólo podía estamparse en un formulario preestablecido en papel especial diseñado por el Consejo Nacional Electoral, que las dichas firmas sólo se podían estampar en unos lugares precisos y en un plazo de sólo unos días preestablecidos, eliminándose además, el derecho de los ciudadanos que estuviesen fuera del país de poder respaldar con su firma la petición. Al contrario, la manifestación de voluntad de respaldo a una solicitud de referendo revocatorio es un derecho constitucional que todos los ciudadanos tienen a la participación política, el cual no puede restringirse ni siquiera por ley, por lo que menos aún puede restringirse mediante actos reglamentarios, como el contenido en la mencionada Resolución. Así, por lo demás, lo ha afirmado la Sala Constitucional del Tribunal Supremo de Justicia en sentencia N° 321 de 22-

Ahora bien, en ausencia de una normativa legal que desarrollara la norma del artículo 72 de la Constitución, el Consejo Supremo Electoral en septiembre de 2003, con motivo de rechazar una solicitud de referendo revocatorio del mandato del Presidente de la República (el "Firmazo"), mediante Resolución N° 030912-461 de fecha 12 de septiembre de 2003, resumió lo que consideró era la doctrina de la Sala Constitucional[172] sobre los requisitos mínimos de orden formal que se requería para ejercer el derecho, los cuales a la vez pueden ser resumidos como sigue:

a) Está sujeto a un límite de naturaleza temporal como es, sin duda, que el derecho al referendo revocatorio sólo puede ejercerse una vez que haya transcurrido la mitad del período del funcionario cuya revocación se persigue;

b) Entre los requisitos formales de la solicitud, como formas esenciales que se deben cumplir inexorablemente, como "imprescindibles", está la exigencia de que la petición o solicitud de revocación exprese con precisión "el nombre y apellido del funcionario cuestionado y el cargo para el cual fue elegido popularmente, con indicación de la fecha de toma de posesión efectiva del mismo";

c) Teniendo el referendo revocatorio como único origen la *iniciativa popular*; el derecho al referendo revocatorio lo tiene como titulares a los ciudadanos integrantes del cuerpo electoral, por lo que la solicitud debe ir acompañada, "de los nombres y apellidos, números de cédula de identidad y las firmas respectivas", para que sean verificadas por el Consejo Nacional Electoral, el cual debe constatar, a través de la Comisión de Registro Civil y Electoral, "la debida inscripción de los electores y electoral que figuran como solicitantes de la revocación del mandato en el registro Electoral de la correspondiente circunscripción, pues, es éste el único organismo autorizado para verificar tales datos";

d) La solicitud debe formularse ante el Consejo Nacional Electoral;

e) La actividad del Consejo Nacional Electoral se ciñe a verificar las reglas del artículo 72 de la Constitución, con lo cual tiene prohibido cualquier "margen de discrecionalidad que autorice al Consejo Nacional Electoral a emitir pronunciamiento alguno sobre el mérito o conveniencia de la solicitud"; y

f) El Consejo Nacional Electoral no puede "establecer -en las normativas de carácter sub legal que dicte- nuevas condiciones para la procedencia de la revocación del mandato, no contempladas en el marco constitucional vigente ...".

a. *Oportunidad en la cual se puede ejercer el derecho a solicitar la revocación del mandato*

Ahora bien, de acuerdo con el mencionado artículo 72 de la Constitución, el derecho político para solicitar la revocación del mandato nace una vez que transcurra la mitad del período para el cual fue elegido el funcionario. En otras palabras, la revocación del mandato de un funcionario electo sólo puede solicitarse a partir del

02-2002, en la cual señaló que las limitaciones a los derechos constitucionales "derivan por sí mismas del texto constitucional, y si el legislador amplía el espectro de tales limitaciones, las mismas devienen en ilegítimas". La condición de ciudadano y el ejercicio de los derechos políticos de los mismos, por tanto, no puede restringirse a sólo unos días; y esa condición no se pierde, en forma alguna, por encontrarse la persona fuera del país.

172 Sentada en la sentencia N° 1139 de 05-06-2002 (Caso: *Sergio Omar Calderón y William Dávila*).

momento en el cual cumpla la mitad del período para el cual fue electo el funcionario[173]. En el caso del Presidente de la República el mandato es de seis años (art. 230); en el caso de los Diputados a la Asamblea Nacional el mandato es de cinco (5) años (art. 192); y en el caso de los Gobernadores de Estado (art. 160), los Diputados a los Consejos Legislativos estadales (art. 162); los Alcaldes (art. 174) y los miembros de los Concejos Municipales (art. 174) el mandato es de cuatro (4) años.

b. *La legitimación para formular la solicitud de iniciativa popular*

La manifestación de voluntad de respaldo a la solicitud de revocación del mandato, por ejemplo, del Presidente de la República, puede formularla cualquier ciudadano venezolano siempre que ello ocurra a partir del momento en el cual se puede formular, es decir, la mitad del período constitucional; solicitud que, incluso, podría formularse desde el exterior. Sin embargo, conforme al artículo 72 de la Constitución, no puede hacerse más de una solicitud de revocación del mandato, durante el período para el cual fue elegido el funcionario.

Ahora bien, la Sala Constitucional en sentencia N° 1139 de 5 de junio de 2002 (Caso: *Sergio Omar Calderón Duque y William Dávila Barrios*) ha precisado sobre esto que:

> La frase "electores inscritos" tiene relación con el momento de la solicitud del referendo revocatorio, por lo que es en esa oportunidad que la mencionada Comisión de Registro Civil y Electoral verificará la "inscripción de los electores y electoras que figuran como solicitantes de la revocación del mandato"[174].

A los efectos de la norma constitucional, por tanto, el derecho a formular la solicitud corresponde a todos los electores inscritos en ese momento en el cual se puede formularla solicitud, se encuentre o no en el país. Al respeto, la Sala Constitucional en sentencia N° 2432 del 29 de agosto de 2003 (caso: *Luis Eduardo Franceschi y otros*), precisó que quiénes pueden hacer la solicitud son los que estén inscritos para la fecha en la cual se puede formular, sin importar si estaban o no inscritos para el momento de la elección del funcionario cuyo mandato se pretende revocar. La Sala expresó en esa decisión que , "se entienden legitimados para la solicitud de convocatoria a referendo revocatorio los electores que estuvieron inscritos al momento del

173 En el caso del Presidente de la República, al haberse juramentado el 18 de agosto de 2000 la mitad de su período fue el 18 de agosto de 2003. Era a partir de esa fecha cuando podía presentarse la solicitud de revocatoria de su mandato. La Sala Constitucional en sentencia N° 457 de 05-04-2001 (Caso: *Francisco Encinas Verde*) resolvió que: "a) el inicio del actual período del Presidente es la fecha de su toma de posesión, previa juramentación ante la Asamblea Nacional, el día 19-08-99, de acuerdo con los artículos 3 y 31 del Estatuto Electoral del Poder Público, y la duración es la de un período completo, es decir, por seis años, a tenor de lo dispuesto en el citado artículo 3 *eiusdem*; si se admitiera el acortamiento del actual período se violaría este artículo; b) el próximo período constitucional comienza el 10.01.07, según lo dispone el artículo 231 de la Constitución de la República Bolivariana de Venezuela; c) el Presidente de la República deberá continuar en el ejercicio de sus funciones de acuerdo a lo establecido en el artículo 231 de la Constitución de la República Bolivariana de Venezuela, es decir, hasta el 10.01.07". Este criterio fue ratificado en sentencia de la misma Sala N° 759 de 16-05-2001 (Caso: *Asamblea Nacional*). Este criterio fue ratificado por la Sala Constitucional en "Comunicado" de 04-02-2003 (Véase la cita en sentencia N° 137 de 13-02-2003 (Caso: *Freddy Lepage y otros*).

174 Criterio adoptado en la sentencia N° 1139 de 05-06-2002 (Caso: *Sergio Omar Calderón Duque y William Dávila Barrios*); y seguido en la sentencia N° 137 de 13-02-2003 (Caso: *Freddy Lepage y otros*).

ejercicio de ese derecho electoral, es decir, al momento de su iniciativa, en la circunscripción electoral correspondiente"[175].

Este criterio fue ratificado por la misma Sala Constitucional del Tribunal Supremo de Justicia en sentencia Nº 2750 de 21 de octubre de 2003 (Caso: *Carlos E. Herrera Mendoza*) al considerar que el derecho de los electores inscritos en el registro electoral para el momento de la solicitud, lo tienen "cualquiera que haya sido la razón para no estar inscrito en el registro electoral en el momento de la elección o sin importar si la persona que pudo votar no lo hubiera hecho -por el motivo que fuese- ; agregando que:

> En realidad no importa si se votó o no, si se estaba inscrito o no. Ha sido el pueblo del momento el que confirió el mandato y es el pueblo de ese segundo momento el que puede revocarlo. La integración del pueblo puede haber variado, aumentando o disminuyendo en número, y el registro electoral de la fecha de que se trate debe ser la única referencia[176].

En todo caso, dada la doctrina jurisprudencial de la Sala Constitucional, en las Normas para Regular los Procesos de Referendos Revocatorios de Mandatos de Elección Popular de septiembre de 2003 se estableció que la iniciativa para solicitar la convocatoria de un referendo revocatorio le corresponde a "un número no menor del veinte por ciento (20%) de los electores inscritos en el registro electoral para el momento de la solicitud, en la correspondiente circunscripción electoral".

Por otra parte, debe destacarse, que el derecho ciudadano a presentar la solicitud de revocatoria del mandato de un funcionario electo, corresponde a los ciudadanos inscritos en el registro electoral para el momento en que se pueda formular, y tal derecho, por supuesto, como la ciudadanía misma, no se pierde por el hecho de que el ciudadano se encuentre en el exterior, es decir, no se encuentre físicamente en el territorio nacional. Es decir, al igual que el derecho de voto se puede ejercer en el exterior, la firma para la solicitud de la revocatoria del mandato de un funcionario también se puede formular en el exterior.

c. *Los requisitos de la solicitud de convocatoria del referendo revocatorio*

Como la legitimación para presentar la solicitud corresponde a los electores inscritos en el registro electoral para el momento de presentarla, los requisitos de la solicitud, como lo ha establecido la Sala Constitucional en la sentencia Nº 1139 de 5 de junio de 2002 (Caso: *Sergio Omar Calderón y William Dávila Barrios*), son que la misma "debe ir acompañada de los nombres y apellidos, números de cédulas de identidad y las firmas respectivas, para que sea verificada por el Consejo Nacional Electoral"[177].

Por tanto, la solicitud debe indicar el nombre y apellido, la cédula de identidad y la firma del elector solicitante, así como la manifestación de voluntad dirigida al Consejo Nacional Electoral de solicitud de convocatoria de un referendo de revoca-

175 Criterio ratificado en la sentencia Nº 2750 (Caso: *Carlos E. Herrera Mendoza*) de 21-10-2003.

176 En sentido coincidente las sentencias de la Sala Constitucional Nº 1139 de 05-06-2002 (Caso: *Sergio Omar Calderón Duque y William Dávila Barrios*) y de 13-02-2003 (Caso: *Freddy Lepage y otros*).

177 Criterio ratificado por sentencias de 13-02-2003 (Caso: *Freddy Lepage y otros*); Nº 2432 de 29-08-2003 (Caso: *Luis Eduardo Franceschi y otros*).

ción del mandato del funcionario respectivo, el cual debe también ser identificado, indicando el cargo que ocupa y la fecha de inicio de su mandato. Así también lo estableció la Sala Constitucional en la citada sentencia N° 1139 de 5 de junio de 2002, en el sentido de que resulta imprescindible "que la solicitud de revocación del mandato exprese con claridad el nombre y apellido del funcionario cuestionado y el cargo para el cual fue elegido popularmente, con indicación de la fecha de toma de posesión efectiva del mismo"... "tal solicitud debe ir acompañada de los nombres y apellidos, números de cédulas de identidad y las firmas respectivas, para que sea verificada por el Consejo Nacional Electoral"..."la solicitud de convocatoria a referéndum revocatorio que reúna las condiciones anteriores, se formula ante el Consejo Nacional Electoral".

d. *La oportunidad para formular la solicitud*

La solicitud de referendo revocatorio conforme a la Constitución sólo puede formularse una vez transcurrida la mitad del período para el cual fue electo el funcionario cuyo mandato se requiere revocar; límite temporal que conforme lo indicó la Sala Constitucional en sentencia N° 1139 de 5 de junio de 2002 (Caso: *Sergio Omar Calderón Duque y William Dávila Barrios*), se justifica porque "representa un plazo prudencial que permite a los electores tener una visión del desempeño del representante"[178].

La recolección de firmas que respaldan la solicitud, por tanto, debe hacerse a partir del momento en que se puede formular la solicitud, es decir, después de transcurrida la mitad del período para el cual fue elegido el funcionario, y por supuesto, antes de que tal solicitud se presente, no autorizando la Constitución el establecimiento de un lapso único de tiempo durante el cual se puedan recoger las firmas. Tal como lo resolvió la Sala Constitucional en su sentencia N° 137 de 13 de febrero de 2003 (Caso: *Freddy Lepage y otros*) al señalar que "establecer un requisito temporal para la recolección de las mencionadas firmas conllevaría menoscabar dicho principio fundamental" (reserva legal)[179].

Por otra parte, una vez consignada la solicitud popular de revocatoria del mandato de un funcionario, el Consejo Nacional Electoral lo que debe verificar es que los solicitantes, identificados con su nombre y apellido, cédula de identidad y firma, estén inscritos en el Registro Electoral[180].

---

178 Sentencia N° 1139 de 05-06-2002 (Caso: *Sergio Omar Calderón Duque y William Dávila Barrios*).

179 En nuestro criterio, por tanto, conforme a esa doctrina de la Sala Constitucional, la exigencia establecida en las "Normas para regular los procesos de Referendos Revocatorias de mandatos de Elección Popular" dictadas por el Consejo Nacional Electoral mediante Resolución N° 030925-465 de 25-09-2003 (*G.O.* N° 37.784 de fecha 26-09-2003), en el sentido de que las firmas de respaldo a una solicitud de referendo revocatorio sólo pueden plasmarse o recogerse durante unos días precisos sería contraria a la Constitución.

180 Así lo resolvió la Sala Constitucional del Tribunal Supremo en su sentencia de 29-08-2003 (Caso: *Luis Franceschi y otros*). Para ello, la solicitud, como se dijo, debe indicar el nombre y apellido del funcionario cuyo mandato se quiere revocar, el cargo que desempeña y la fecha de toma de posesión; y el nombre y apellido, cédula de identidad y firma del peticionario dela revocación; y nada autoriza para que, además, se exija la huella digital de los solicitantes, como se estableció en la mencionadas "Normas para regular los procesos de Referendos Revocatorias de mandatos de Elección Popular Normas". Además, nada autoriza para que se pueda exigir que todos los datos antes indicaos (nombre, apellido y número de

e. *Quórum para la revocación y la mutación constitucional al convertir el referendo revocatorio en un referendo "ratificatorio"*

Como lo ha dicho la Sala Constitucional del Tribunal Supremo de Justicia, en sentencia N° 2750 de 21 de octubre de 2003 (Caso: *Interpretación del artículo 72 de la Constitución*):

> En el referido artículo 72 del Texto Fundamental se prevé que al menos el: a) 20% de electores inscritos en la circunscripción de que se trate solicite la convocatoria a referendo; b) que al menos participe en el referendo un 25% de los electores inscritos para que pueda ser válido.
>
> Se establecen, así, un porcentaje mínimo para solicitar el referendo y uno para que pueda tomarse en cuenta el resultado del mismo, con lo que aunque hubiera sido convocado correctamente, no tendrá valor alguno si existe escasa participación. Esto último, sin duda, es una forma de evitar que pueda ser revocado el mandato de un funcionario electo con base en el resultado de un referendo con alta abstención.
>
> El artículo 72 también dispone que sólo se revocará el mandato del funcionario si votan a favor de ello al menos una cantidad de personas igual al número de quienes lo eligieron en su momento, como una manera de impedir que funcionarios que alcanzaron su puesto con altos porcentajes de apoyo popular puedan perderlo por simple mayoría.

En consecuencia, a los efectos de que se produzca la revocatoria del mandato, se requiere, en *primer lugar,* que se produzca un quórum de asistencia consistente en que concurran al referendo un número de electores igual o superior al 25% de los electores inscritos en el registro civil y electoral. Sobre esto, la Sala Constitucional en sentencia N° 1139 de 5 de junio de 2002 (Caso: *Sergio Omar Calderón Duque y William Dávila Barrios)* ha interpretado:

> Que el quórum mínimo de participación efectiva en el referéndum revocatorio, debe estar representado necesariamente -por lo menos-, por el 25% de los electores inscritos en el Registro Electoral de la circunscripción correspondiente para el momento de la celebración de los comicios referendarios"[181].

En *segundo lugar*, se requiere que voten a favor de tal revocatoria un número de electores inscritos en el Registro Electoral para el momento de la celebración del

cédula de identidad), con excepción de la firma por supuesto, tengan que ser manuscritos única y exclusivamente por los propios solicitantes, con su puño y letra, como lo anunció el Consejo Nacional Electoral los días 28 y 29 de febrero de 2004 y lo decidió el día 3 de marzo de 2004 (Resolución N° 040302-131 de 02-03-2004), al objetar 876.017 solicitudes para el referendo revocatorio del mandato del Presidente de la República de 3.086.013 de solicitudes que admitía habían sido efectivamente firmadas entre el 28 de noviembre y el 1° de diciembre de 2003, con el argumento, precisamente, de que los referidos datos (nombre, apellido y número de la cédula) habían sido estampados por la persona que gestionaba la firma en presencia del observador del Consejo Nacional Electoral y no de puño y letra del firmante. Véase *El Universal*, Caracas, 3 de marzo de 2004, p. A-1. La Sala Electoral del Tribunal Supremo, en sentencia N° 24 de 15 de marzo de 2004, (Caso: *Gerardo Blyde y otros vs. Consejo Nacional Electoral*), anuló la mencionada resolución del Consejo Nacional Electoral, a pesar de los intentos fallidos de la Sala Constitucional del Tribunal Supremo de Justicia de pedir que la Sala Electoral adoptáse dicha decisión, con ocasión de tener que pronunciarse sólo el avocamiento del conocimiento de la causa que se le había solicitado, lo cual era completamente improcedente, una semana después, sin embargo, el 23-03-04, la Sala Constitucional anularía la sentencia de la Sala Electoral.

181 Criterio adoptado en la sentencia N° 1139 de 05-06-2002 (Caso: *Sergio Omar Calderón Duque y William Dávila Barrios*); y seguido en la sentencia N° 137 de 13-02-2003 (Caso: *Freddy Lepage y otros*).

referendo, igual o mayor de los que eligieron al funcionario[182]. Sobre ello ha precisado la Sala Constitucional en la misma sentencia N° 1139 de 5 de junio de 2002 (Caso: *Sergio Omar Calderón y William Dávila*) que:

> La revocación del mandato no es producto de la arbitrariedad, sino una consecuencia lógica que se deriva del principio de soberanía popular, pues, por ser el pueblo soberano puede ejercer el poder con la finalidad de dejar sin efecto el mandato de sus representantes elegidos popularmente, que han dejado de merecerles confianza, por haberse desempañado en el ejercicio de sus funciones de forma inconveniente o contraria a los intereses populares o del Estado en general, quienes quedan entonces sometidos a la decisión del cuerpo electoral.
>
> Siendo así las cosas, considera la Sala que el requerimiento del constituyente de 1999, cuando estableció en el segundo aparte del artículo 72, determinadas condiciones cuantitativas para que se considere revocado el mandato del funcionario electo, tiene como propósito demostrar fehacientemente la veracidad de los resulta-dos obtenidos en el referéndum revocatorio ejecutado, de manera que no haya duda sobre la pérdida tan grave de popularidad del funcionario que deviene en ilegítimo, y la desaprobación de su gestión, por lo que resulta lógico que se exija que su revocación se produzca en virtud de la misma cantidad de votos, e incluso uno más, de los que previamente lo favorecieron cuando quedó investido del cargo público que ejercía, siempre que un quórum mínimo considerable de electores inscritos en el Registro Electoral hayan concurrido a desaprobar la gestión del mandatario cuestionado.
>
> Según los planteamientos anteriores, interpreta la Sala que el quórum mínimo de participación efectiva en el referéndum revocatorio, deben estar representado necesariamente -por lo menos-, por el 25% de los electores inscritos en el Registro Electoral de la circunscripción correspondiente para el momento de la celebración de los comicios referendarios, y además, que la votación favorable a la revocación debe ser igual o mayor que la que el funcionario obtuvo cuando fue electo, sin que puedan someterse tales condiciones numéricas a procesos de ajuste o de proporción alguno.

Nada indica la Constitución para el caso de que si bien voten a favor de la revocación un número de electores superior al número de votos que obtuvo el funcionario cuando fue electo, sin embargo, en la votación se pronuncien por su permanencia un número mayor de votos[183]. Ello significa que de acuerdo al texto constitucional, sea cual fuere el número de votantes por el No en el referendo revocatorio, basta que voten por el SI un número de electores mayor al que votaron por la elección para que *ex constitutione* se considere revocado el mandato. Sin embargo, debe indicarse

182 En el caso del Presidente de la República Hugo Chávez Frías, éste fue electo en agosto de 2000 con 3.757.774 votos.

183 En las referidas *Normas para regular los procesos de Referendos Revocatorias de mandatos de Elección Popular* dictadas por el Consejo Nacional Electoral en 25-09-2003 se estableció que se considerará revocado el mandato "si el número de votos a favor de la revocatoria es igual o superior al número delos electores que eligieron al funcionario, y no resulte inferior al número de electores que votaron en contra de la revocatoria" (art. 60). Este criterio luego sería avalado por la Sala Constitucional en la sentencia N° 2750 de 21 de octubre de 2003 (Caso: *Interpretación del artículo 72 de la Constitución*), en la cual señaló que "Se trata de una especie de relegitimación del funcionario y en ese proceso democrático de mayorías, incluso, si en el referendo obtuviese más votos la opción de su permanencia, debería seguir en él, aunque voten en su contra el número suficiente de personas para revocarle el mandato".

que en las referidas *Normas para regular los procesos de Referendos Revocatorias de mandatos de Elección Popular* dictadas por el Consejo Nacional Electoral en 25-09-2003 se estableció que se considerará revocado el mandato "si el número de votos a favor de la revocatoria es igual o superior al número de los electores que eligieron al funcionario," pero agregando la frase "y no resulte inferior al número de electores que votaron en contra de la revocatoria" (art. 60), lo que evidentemente era contrario al texto constitucional. Este criterio, sin embargo, luego sería avalado por la Sala Constitucional en la víspera del referendo revocatorio de 2004 en la sentencia N° 2750 de 21 de octubre de 2003 (Caso: *Interpretación del artículo 72 de la Constitución*), en la cual señaló que en esos casos, "Se trata de una especie de relegitimación del funcionario y en ese proceso democrático de mayorías, incluso, si en el referendo obtuviese más votos la opción de su permanencia, debería seguir en él, aunque voten en su contra el número suficiente de personas para revocarle el mandato".

Como se ha explicado anteriormente, esta ha sido una de las mutaciones constitucionales más importantes efectuadas por la Sala Constitucional del Tribunal Supremo, lo que permitió que en el referendo revocatorio del mandato del Presidente Chávez en 2004, a pesar de que votaron por revocarle el mandato más electores de los que lo eligieron, el Consejo Nacional Electoral en lugar de declarar la revocación lo que declaró fue la "ratificación del Presidente en su cargo."[184]

f. *Efectos de la revocatoria del mandato*

En cuanto la revocación del mandato de los diputados a la Asamblea Nacional, la Constitución es explícita al señalar expresamente que el diputado revocado "no podrá optar a cargos de elección popular en el siguiente período" (art. 198). Nada indica la Constitución sobre los efectos de la revocación del mandato en el caso del Presidente de la República y de los otros funcionarios electos. Sin embargo, la Sala Constitucional del Tribunal Supremo de Justicia, en cuanto a la posibilidad de que un Presidente revocado pueda ser candidato en la elección que pueda hacerse como consecuencia de la revocatoria, dado el silencio de la Constitución, estableció en su sentencia N° 2404 de 28 de agosto de 2003 (Caso: *Exssel Alí Betancourt Orozco, Interpretación del artículo 72 de la Constitución*), que en la elección del nuevo Presidente:

> Evidentemente no podría participar dicho funcionario (revocado), pues cualquier falta absoluta del Presidente implica la separación del cargo y la consecuente sustitución del mismo. Lo contrario supondría una amenaza de fraude a la soberanía popular[185].

---

184 Véase los comentarios a la sentencia de la Sala Constitucional en Allan R. Brewer-Carías, "La Sala Constitucional vs. el derecho ciudadano a la revocatoria de mandatos populares: de cómo un referendo revocatorio fue inconstitucionalmente convertido en un "referendo ratificatorio", en el libro *Crónica sobre la "in" justicia constitucional. La Sala Constitucional y el autoritarismo en Venezuela*, Colección Instituto de Derecho Público, Universidad Central de Venezuela, N° 2, Caracas 2007, pp. 349-378 .

185 La sentencia fue publicada en los medios de comunicación, pero no en la página web del Tribunal Supremo. La Sala Constitucional, en una inusual "Aclaratoria", emitida de oficio en fecha 01-09-2003, desconoció lo expresado en el fallo, considerando el tema como no decidido. La "Aclaratoria", sin embargo, también fue eliminada de la página web del Tribunal Supremo, y la única referencia relativa al asunto está en un "Auto" de la Sala Constitucional del mismo día 01-09-2003 ordenando abrir una ave-

Ahora bien, en caso de que se produzca la revocatoria del mandato de un funcionario electo, debe procederse de inmediato a cubrir la falta absoluta conforme a lo dispuesto en la Constitución y en la Ley. Si se trata de un Diputado a la Asamblea Nacional, debería realizarse una nueva elección, pero la Sala Constitucional ha determinado que lo sustituye su suplente por el resto del período[186].

En relación con el Presidente de la República, la forma de proceder para cubrir la falta absoluta que se produciría con la revocación del mandato, conforme al artículo 233, varía según que ésta ocurra durante los primeros cuatro años de los seis de su mandato o durante los dos últimos: en el primer caso, debe procederse a una nueva elección presidencial para que quien resulte electo complete el período constitucional; y en el segundo caso, el Vicepresidente Ejecutivo es quien debe asumir la Presidencia hasta completar dicho período.

C. *Los referendos aprobatorios*

En cuanto a los referendos aprobatorios, el artículo 73 establece que aquellos proyectos de ley en discusión por la Asamblea Nacional, deben ser sometidos a referendo cuando así lo decidan por lo menos las 2/3 partes de los integrantes de la Asamblea. En estos casos, si el referendo concluye en un sí aprobatorio, el proyecto correspondiente debe ser sancionado como ley, siempre que haya concurrido el 25% de los electores inscritos en el registro civil y electoral.

Debe destacarse, además, la previsión de un tipo particular de referendo aprobatorio que debe realizarse cuando presentado un proyecto de ley por iniciativa popular (art. 204, ord. 7), si la discusión del proyecto no se inicia en la Asamblea Nacional a más tardar en el período de sesiones ordinarias siguientes al que se haya presentado (art. 205).

La Constitución es explícita, además, en disponer que pueden ser sometidos a referendo los tratados, convenios o acuerdos internacionales que pudieren comprometer la soberanía nacional o transferir competencias a órganos supranacionales, como serían los tratados de integración. En estos casos, la iniciativa corresponde al Presidente de la República en Consejo de Ministros; a la Asamblea Nacional por el voto de las 2/3 partes de sus integrantes; o al 15% de los electores inscritos en el registro civil y electoral.

Por último, también debe hacerse referencia a los referendos aprobatorios de las enmiendas y reformas constitucionales, regulados en los artículos 341 y siguientes. En cuanto a las enmiendas, la iniciativa para las mismas corresponde al quince por ciento de los ciudadanos inscritos en el Registro Civil y Electoral; al treinta por ciento de los integrantes de la Asamblea Nacional en cuyo caso la Asamblea debe aprobarla por la mayoría de sus integrantes; o al Presidente de la República en Consejo de Ministros[187]. Una vez presentado el proyecto de enmienda ante el Poder

riguación para establecer responsabilidades sobre el contenido de la sentencia que supuestamente no se correspondía con el texto del fallo aprobado por los Magistrados. Todo este incidente fue calificado, con razón, como una polémica "con características escandalosas". Véase Edgar López, *El Nacional*, Caracas, 04-01-2004, p. A-2

186 Sentencia de 05-06-2003 (Caso: *Sergio Omar Calderón Duque y William Dávila*).

187 Sobre la iniciativa de referendo constitucional véase Hildegard Rondón de Sansó, *Análisis de la Constitución venezolana de 1999,* Editorial Ex Libris, Caracas, 2001, pp. 71-72. En Colombia, véase

Electoral, este debe someter a referendo las enmiendas a los treinta días siguientes a su recepción formal. Establece el artículo 341, 4 de la Constitución, que "se considerarán aprobadas las enmiendas de acuerdo con lo establecido en esta Constitución y en la ley relativa al referendo aprobatorio".

En cuanto a las reformas constitucionales, la iniciativa de las mismas puede tomarla la Asamblea Nacional mediante acuerdo aprobado por el voto de la mayoría de sus integrantes; el Presidente de la República en Consejo de Ministros; o un número no menor del quince por ciento de los electores inscritos y electoras inscritas en el Registro Civil y Electoral (art. 343). Una vez que la iniciativa de la reforma constitucional sea tramitada por la Asamblea Nacional en la forma siguiente prescrita en el artículo 343 de la Constitución, el proyecto de reforma aprobado por la Asamblea Nacional se someterá a referendo dentro de los treinta días siguientes a su sanción. Conforme al artículo 344, "el referendo se pronunciará en conjunto sobre la reforma, pero podrá votarse separadamente hasta una tercera parte de ella, si así lo aprobara un número no menor de una tercera parte de la Asamblea Nacional o si en la iniciativa de reforma así lo hubiere solicitado el Presidente o Presidenta de la República o un número no menor del cinco por ciento de los electores inscritos y electoras inscritas en el Registro Civil y Electoral". Se declarará aprobada la reforma constitucional si el número de votos afirmativos es superior al número de votos negativos (art. 345). La iniciativa de reforma constitucional que no sea aprobada no podrá presentarse de nuevo en un mismo período constitucional a la Asamblea Nacional.

D. *Los referendos abrogatorios*

La Constitución regula, además, los referendos abrogatorios respecto de las leyes al señalar, en el artículo 74, que deben ser sometidas a referendo, para ser abrogadas total o parcialmente, las leyes cuya abrogación fuere solicitada por iniciativa de un número no menor del 10% de los electores inscritos en el registro civil y electoral o por el Presidente de la República en Consejo de Ministros.

También pueden ser sometidos a referendo abrogatorio los decretos con fuerza de ley que dicte el Presidente de la República en uso de la atribución prescrita en el numeral 8 del artículo 236 de esta Constitución, en cuyo caso la iniciativa corresponde sólo a un número no menor del 5% de los electores inscritos en el registro civil y electoral.

En todo caso, para la validez del referendo abrogatorio es indispensable la concurrencia del 40% de los electores inscritos en el registro civil y electoral.

La Constitución precisa, además, que no puede hacerse más de un referendo abrogatorio en un período constitucional para la misma materia.

Pero no toda ley puede ser sometida a referendo abrogatorio pues el artículo 74 de la Constitución excluye a las leyes de presupuesto, las que establezcan o modifiquen impuestos, las de crédito público y las de amnistía, así como aquellas que protejan, garanticen o desarrollen los derechos humanos y las que aprueben tratados internacionales.

Sandra Morelli, "Iniciativa de Referendo constitucional", en *El Derecho Público a comienzos del siglo XXI. Estudios homenaje al Profesor Allan R. Brewer-Carías,* Tomo I, Instituto de Derecho Público, UCV, Civitas Ediciones, Madrid, 2003, pp. 219-252.

VIII. LA ACTUACIÓN INTERNACIONAL DEL ESTADO

1. *Principios generales*

De acuerdo con el artículo 152 de la Constitución, las relaciones internacionales de la República deben responder a los fines del Estado en función del ejercicio de la soberanía y de los intereses del pueblo. Dichas relaciones se rigen, entonces, por los principios de independencia, igualdad entre los Estados, libre determinación y no-intervención en sus asuntos internos, solución pacífica de los conflictos internacionales, cooperación, respeto de los derechos humanos y solidaridad entre los pueblos en la lucha por su emancipación y el bienestar de la humanidad[188].

La República debe mantener la más firme y decidida defensa de estos principios y de la práctica democrática en todos los organismos e instituciones internacionales.

2. *Régimen constitucional de la integración económica regional*

En fin, en el artículo 153 de la Constitución de 1999, el proceso de integración económica latinoamericano y andino, en particular, encontró fundamento constitucional en Venezuela. La precaria previsión del artículo 108 de la Constitución de 1961, en nuestro criterio impedía a Venezuela ingresar decididamente al proceso[189]. Por ello, propusimos a la Asamblea la incorporación de una norma expresa destinada a la materia[190].

En efecto, uno de los procesos de mayor importancia para el futuro de América Latina, sin duda, es el proceso de integración económica. Los Estados europeos lo diseñaron como la única vía para recomponer sus economías y, en consecuencia, mejorar la calidad de vida de sus habitantes. Para ello, después de la II Guerra Mundial procedieron a la constitución de un bloque económico, a través del cual implementaron mecanismos de cooperación, facilitando el intercambio de bienes y servicios entre los Estados. Inicialmente el proceso de integración fue por sectores, razón por la cual en 1951, nació la Comunidad Europea del Carbón y el Acero (CECA) mediante la firma del Tratado de París y, posteriormente, abarcó otros aspectos a cuyo efecto suscribieron, en 1957, los Tratados de Roma que crearon a la Comunidad Económica Europea (CEE) y a la Comunidad Europea de la Energía Atómica (Euratom).

En todo caso, y a pesar de tratarse de un proceso novedoso en el campo internacional, debe decirse que desde el punto de vista constitucional, el proceso de integración europeo, desde sus inicios y en todas sus fases, siempre fue precedido de un

188 Véase en general, Juan Carlos Sainz Borgo, "Régimen internacional de la Constitución de 1999", en *Revista de la Facultad de Ciencias Jurídicas y Políticas,* N° 121, Caracas, 2001, pp. 143-209; Ricardo Combellas, *Derecho Constitucional: una introducción al estudio de la Constitución de la República Bolivariana de Venezuela,* Mc Graw Hill, Caracas, 2001, pp. 116 y ss.; Alfonso Rivas Quintero, *Derecho Constitucional,* Paredes Editores, Valencia-Venezuela, 2002, pp. 292 y ss.; e Hildegard Rondón de Sansó, *Análisis de la Constitución venezolana de 1999,* Editorial Ex Libris, Caracas, 2001, pp. 131-133.

189 Véase Allan R. Brewer-Carías, *Implicaciones constitucionales del proceso de integración económica regional,* Caracas, 1997; Allan R. Brewer-Carías, "Las exigencias constitucionales de los procesos de integración y la experiencia latinoamericana" en *Congreso de Academias Iberoamericanas de Derecho,* Academia Nacional de Derecho y Ciencias Sociales de Córdoba, Córdoba 1999, pp. 279-317.

190 Véase Allan R. Brewer-Carías, *Debate Constituyente,* Tomo I, pp. 171 a 182.

reacomodo de las Constituciones de los Estados miembros, para permitirlo y posibilitarlo, de manera de evitar, en lo posible, todo conflicto entre lo que ha significado, jurídicamente, la integración económica, la Comunidad y la Unión; con lo previsto en las Constituciones de los Estados miembros; siendo las reformas constitucionales una exigencia y a la vez, consecuencia lógica y necesaria para el avance de la integración[191].

En América Latina, el proceso de integración en proceso de implementación de más vieja data fue el iniciado en 1969, por Bolivia, Colombia, Chile, Ecuador y Perú, con la suscripción del Acuerdo de Cartagena, al cual Venezuela se adhirió, con posterioridad, en 1973. Mediante dicho Acuerdo los países miembros convinieron, entre otros objetivos, en la armonización de las políticas económicas y sociales, la aproximación de sus legislaciones en las materias pertinentes, la adopción de un arancel externo común y el desarrollo de un programa para la liberalización del intercambio comercial.

Sin embargo, en contraste con lo que sucedió en Europa, las Constituciones de los países de América andinos, salvo el caso de Colombia, en 1999 no habían solucionado los problemas jurídicos que plantea el ingreso a procesos de integración económica de carácter comunitario. Por ello, en América Latina, el problema constitucional de la integración es el problema jurídico más importante que debe ser resuelto, pues sin su solución, no podrán existir las bases jurídicas sólidas que requiere el proceso de integración regional.

Debe señalarse que el desarrollo de las Comunidades Europeas y del Pacto Andino (hoy Comunidad Andina), ha implicado el surgimiento de una serie de instituciones que deben velar por el cumplimiento de los fines de la integración o "comunitarios", los cuales, en más de una oportunidad pueden ser distintos e, incluso, opuestos a los de los Estados miembros. En esta forma, en el ámbito europeo nacieron la Comisión, el Consejo, el Parlamento Europeo y el Tribunal de Justicia Europeo. En nuestro contexto, el Acuerdo de Cartagena creó a la Junta (hoy Secretaría General), la Comisión y el Tribunal de Justicia Andino.

Por otra parte, para garantizar la ejecución de los fines de la integración, progresivamente resultó indispensable que los Países miembros transfirieran a los órganos comunitarios, competencias originalmente reservadas por las Constituciones nacionales a los órganos de los poderes nacionales. Así sucede por ejemplo, con el establecimiento de un arancel externo común, que tiene que pasar a ser una competencia "comunitaria" no siendo posible, una vez establecido, que los países miembros puedan llegar a fijar aranceles distintos a los que establezca el órgano comunitario competente. Para ello es indispensable que en casos como el señalado, los órganos del Poder Público Nacional cedan sus competencias en esas determinadas materias a los órganos supranacionales.

Desde el punto de vista jurídico, la consecuencia fundamental del surgimiento de dichas instituciones supranacionales, es el nacimiento de un nuevo derecho: el derecho comunitario, conformado por el conjunto de tratados que originan la comunidad y por las normas dictadas por los órganos comunitarios para garantizar el cumplimiento de los objetivos comunes fijados. La doctrina y jurisprudencia europea tradi-

191 Véase en general Allan R. Brewer-Carías, *Las implicaciones constitucionales de la integración económica regional,* Editorial Jurídica Venezolana, Caracas, 1998.

cionalmente señalan que el referido derecho comunitario comprende a su vez, el derecho comunitario originario, constituido por los tratados suscritos por los Estados miembros como actores del derecho internacional público y sus modificaciones; y el derecho comunitario derivado, integrado por el conjunto de normas de diverso rango, emanadas de los órganos comunitarios o supranacionales creados.

El derecho comunitario, por lo tanto, es un derecho distinto, novedoso, que cabalga entre el derecho internacional y el derecho interno de cada país miembro.

La vasta doctrina y jurisprudencia europea así como la andina, han dejado claramente definido el criterio de que para garantizar la aplicación uniforme del derecho comunitario en los Países miembros es indispensable el cumplimiento de al menos tres requisitos: en *primer lugar*, la atribución de competencias propias de los órganos constitucionales de los Estados a los órganos comunitarios; en *segundo lugar*, la primacía del derecho comunitario y su exclusión del ámbito de los controles constitucionales internos de cada país; y, en *tercer lugar*, la aplicación directa de la normativa dictada por dichos órganos. Para ello, como lo enseña el ejemplo europeo, la única manera para garantizar el cumplimiento de los principios antes señalados en cada uno de los Países miembros, es que sus respectivas Constituciones consagren expresamente, por una parte, la posibilidad de transferir competencias a órganos comunitarios y, por la otra, el efecto directo de dicha normativa en el ámbito interno.

De ello resulta que no se puede llegar a desarrollar un régimen de integración económica efectivo, desconociendo o coartando en el orden interno el contenido y aplicación de los principios que rigen el derecho comunitario, a cuyo efecto las Constituciones de los países miembros deben regular el tema. Por ello, si se analiza la experiencia europea se puede apreciar que todos y cada uno de los Estados de la actual Unión Europea consagraron en sus Constituciones, previamente al ingreso a las Comunidades o a la Unión, la posibilidad de atribuir competencias que corresponden a los órganos legislativos, ejecutivos y judiciales nacionales a órganos comunitarios, con la previsión expresa de aceptar limitaciones a su soberanía.

Además, a medida que se ha ido profundizando el proceso de integración europea, como ha sucedido con el reciente paso de la Comunidad Europea a la Unión Europea, y su consolidación a través de los Tratados de Maastricht y de Amsterdam, la aprobación de estos instrumentos conllevó a que se realizaran reformas constitucionales (como por ejemplo, los casos de Alemania, Francia y España, países que tuvieron que proceder a realizar dichas modificaciones, después de emitidas las decisiones de sus respectivos Tribunales Constitucionales, que así lo impusieron) e incluso *Referéndum,* (como fue el *Referéndum consultivo* de Francia, o el de Dinamarca) en los Estados de la Unión.

De lo anterior resulta, por tanto, que en Europa, el problema jurídico de la integración *siempre ha encontrado solución en las normas constitucionales de los Estados Miembros,* de manera que el derecho comunitario se fundamenta, en último término, en la Constitución de cada uno de ellos.

En Latinoamérica con excepción de las Constituciones de Argentina, Colombia y Paraguay, ninguna otra resolvía en forma clara y expresa la problemática de la transferencia de competencias a órganos comunitarios, sin lo cual resulta imposible concebir un régimen de integración.

En el caso de Venezuela, la Constitución de 1961 sólo contenía un artículo que hacía una referencia muy general al proceso de integración, como sólo podía suceder en 1961, cuando aún el proceso de supranacionalidad no había encontrado carta de naturaleza en Europa. Por ello, propusimos a la Asamblea Nacional Constituyente la inclusión de una norma que resolviera definitivamente las deficiencias constitucionales de la posición de Venezuela en materia de integración latinoamericana, habiéndose aprobado en consecuencia el mencionado artículo 153, el cual dispone:

> *Artículo 153:* La República promoverá y favorecerá la integración latinoamericana y caribeña, en aras de avanzar hacia la creación de una comunidad de naciones, defendiendo los intereses económicos, sociales, culturales, políticos y ambientales de la región. La República podrá suscribir tratados internacionales que conjuguen y coordinen esfuerzos para promover el desarrollo común de nuestras naciones, y que aseguren el bienestar de los pueblos y la seguridad colectiva de sus habitantes. Para estos fines, la República podrá atribuir a organizaciones supranacionales, mediante tratados, el ejercicio de las competencias necesarias para llevar a cabo estos procesos de integración. Dentro de las políticas de integración y unión con Latinoamérica y el Caribe, la República privilegiará relaciones con Iberoamérica, procurando sea una política común de toda América Latina. Las normas que se adopten en el marco de los acuerdos de integración serán consideradas parte integrante del ordenamiento legal vigente y de aplicación directa y preferente a la legislación interna.

De esta norma debe destacarse, por su importancia en materia de integración, en *primer lugar,* la aceptación por el orden constitucional interno de la creación de órganos supranacionales, a los cuales se pueden atribuir competencias que la Constitución asigna a los órganos del Poder Público, para que pueda existir un derecho comunitario; y *segundo lugar*, que las normas comunitarias dictadas por los órganos supranacionales no sólo tienen aplicación directa e inmediata en el derecho interno, desde que se considera que son parte integrante del ordenamiento legal vigente, sino que tienen aplicación preferente en relación con las leyes nacionales que se les opongan. Por tanto, las decisiones de los órganos jurisdiccionales comunitarios también tienen aplicación inmediata en el país[192].

192 Véase en general, Jorge L. Suárez, "La Constitución venezolana y el Derecho Comunitario", en *El Derecho Público a comienzos del siglo XXI. Estudios homenaje al Profesor Allan R. Brewer-Carías,* Tomo III, Instituto de Derecho Público, UCV, Civitas Ediciones, Madrid, 2003, pp. 253-276; Marianella Zubillaga, "Los fundamentos del Derecho Comunitario y su soporte constitucional: la experiencia europea y andina", en *El Derecho Público a comienzos del siglo XXI. Estudios homenaje al Profesor Allan R. Brewer-Carías,* Tomo III, Instituto de Derecho Público, UCV, Civitas Ediciones, Madrid, 2003, pp. 281-307; Alfonso Rivas Quintero, *Derecho Constitucional,* Paredes Editores, Valencia-Venezuela, 2002, pp. 292 y ss.; Jorge L. Suárez M., "La Comunidad Andina, la responsabilidad del Estado y la Constitución venezolana", en *Estudios de Derecho Público: Libro Homenaje a Humberto J. La Roche Rincón,* Volumen II. Tribunal Supremo de Justicia, Caracas, 2001, pp. 489-648; Jorge L. Suárez M., "La Constitución venezolana de 1999 y la integración regional", en *Estudios de Derecho Administrativo: Libro Homenaje a la Universidad Central de Venezuela,* Volumen I. Imprenta Nacional, Caracas, 2001, pp. 440-472; Nelly Herrera Bond, "El Derecho Comunitario en la nueva Constitución", en *Comentarios a la Constitución de la República Bolivariana de Venezuela",* Vadell Hermanos Editores, Caracas, 2000, pp.7-10; Patricia L. Kegel, "Las Constituciones Nacionales y los procesos de integración económica regional", en *Anuario de Derecho Constitucional Latinoamericano.* Editorial Grancharoff, Buenos Aires, 2000, pp.295-316; Eloísa Avellaneda Sisto, "Relaciones entre el derecho comunitario y el derecho interno en el marco del Acuerdo de Cartagena", en *Libro Homenaje a Antonio Linares,* Instituto de Derecho Público, Caracas, 1999, pp. 440-472; Eduardo Caligiuri; Jorge Petit, "Los principios de autoejecutividad e inmediatez de los tratados internacionales en materia de integración a la luz de la Constitución Venezolana de 1999, en el marco de la Comunidad Andina de Naciones", en *Revista de la Facultad de Ciencias Jurídicas y Políticas de la UCV,* N° 122, Caracas, 2001, pp. 153-168; Fernando Delga-

Sobre esta materia, sin embargo, se ha pronunciado la Sala Constitucional del Tribunas Supremo de Justicia en sentencia N° 1492 de 15 de julio de 2003 (Caso: *Impugnación de artículos del Código Penal sobre las llamadas leyes de desacato*), partiendo de la premisa de que "Por encima del Tribunal Supremo de Justicia y a los efectos del artículo 7 constitucional, no existe órgano jurisdiccional alguno, a menos que la Constitución o la ley así lo señale, y que aun en este último supuesto, la decisión que se contradiga con las normas constitucionales venezolanas, carece de aplicación en el país". La Sala se refirió a los organismos internacionales que emiten verdaderos actos jurisdiccionales con el carácter de órganos supranacionales, y "cuyas decisiones de cualquier clase se ejecutan forzosamente en los países signatarios de los Convenios que los crean, quienes al suscribirlos ceden en alguna forma su soberanía y de allí que la ejecución de los fallos sea incondicional", agregándolo siguiente:

> Los artículos 73 y 153 constitucionales, contemplan la posibilidad que puedan transferirse competencias venezolanas a órganos supranacionales, a los que se reconoce que puedan inmiscuirse en la soberanía nacional.
>
> Pero la misma Constitución señala las áreas donde ello podría ocurrir, cuales son -por ejemplo- las de integración latinoamericana y caribeña (artículo 153 *eiusdem*). Áreas diversas a la de los Derechos Humanos *per se*, y donde las sentencias que se dicten son de aplicación inmediata en el territorio de los países miembros, como lo apunta el artículo 91 de la Ley Aprobatoria del Estatuto del Tribunal de Justicia de la Comunidad Andina.
>
> Entiende la Sala que, fuera de estas expresas áreas, la soberanía nacional no puede sufrir distensión alguna por mandato del artículo 1 constitucional, que establece como derechos irrenunciables de la Nación: la independencia, la libertad, la soberanía, la integridad territorial, la inmunidad y la autodetermi-nación nacional. Dichos derechos constitucionales son irrenunciables, no están sujetos a ser relajados, excepto que la propia Carta Fundamental lo señale, conjuntamente con los mecanismos que lo hagan posible, tales como los contemplados en los artículos 73 y 336.5 constitucionales, por ejemplo.
>
> Consecuencia de lo expuesto es que en principio, la ejecución de los fallos de los Tribunales Supranacionales no puede menoscabar la soberanía del país, ni los derechos fundamentales de la República.
>
> Las decisiones pueden resultar obligatorias respecto a lo decidido, creando responsabilidad internacional por el incumplimiento (por ejemplo el artículo 87.7 de la Ley Aprobatoria del Estatuto de Roma de la Corte Penal Internacional), pero nunca en menoscabo de los derechos contenidos en el artículo 1 constitucional, disminuyendo o enervando las competencias exclusivas de los órganos nacionales a quienes la Constitución atribuye determinadas competencias o funciones.

La Sala, sin embargo, en la misma sentencia aclaró recurriendo al más clásico concepto de soberanía, que:

---

do, "La integración económica y las industrias culturales", en *Libro Homenaje a Antonio Linares,* Instituto de Derecho Público, Caracas, 1999, pp. 73-88; y Véase Juan Carlos Sainz Borgo, "La regulación constitucional del proceso de Integración Andino", en *Libro Homenaje a Enrique Tejera París, Temas sobre la Constitución de 1999,* Centro de Investigaciones Jurídicas (CEIN), Caracas, 2001, pp. 241 a 271.

Mientras existan estados soberanos, sujetos a Constituciones que les crean el marco jurídico dentro de sus límites territoriales y donde los órganos de administra-ción de justicia ejercen la función jurisdiccional dentro de ese Estado, las sentencias de la justicia supranacional o transnacional para ser ejecutadas dentro del Estado, tendrán que adaptarse a su Constitución. Pretender en el país lo contrario sería que Venezuela renunciara a la soberanía...

Afirma la Sala, como principio general, la preeminencia de la soberanía que sólo puede ser derogada por vía de excepción en casos singulares y precisos, ya que el sistema internacional dentro del cual vivimos, desde sus orígenes en el siglo XVI, tiene como principios existenciales los siguientes:

1) La coexistencia en el globo terráqueo de un conjunto de Estados soberanos por definición;
2) La existencia de un sistema jurídico generado entre ellos, cuyas normas solo son obligatorias en la medida en que no menoscaben dicha soberanía, aun cuando hayan sido adoptadas entre ellos voluntariamente.

Distinto es el caso de los acuerdos sobre integración donde la soberanía estatal ha sido delegada, total o parcialmente, para construir una soberanía global o de segundo grado, en la cual la de los Estados miembros se disuelve en aras de una unidad superior. No obstante, incluso mientras subsista un espacio de soberanía estatal en el curso de un proceso de integración y una Constitución que la garantice, las normas dictadas por los órganos legislativos y judiciales comunitarios no podrían vulnerar dicha área constitucional, a menos que se trate de una decisión general aplicable por igual a todos los Estados miembros, como pieza del proceso mismo de integración.

Por otra parte, dado que la sociedad internacional como sistema de Estados soberanos carece de órgano jurisdiccional central omnicompetente, las decisiones de los órganos judiciales internacionales existentes, institucionales o *ad hoc* (arbitrales), de carácter sectorial, para su ejecución en el Estado destinatario, no pueden obviar impunemente la soberanía nacional de estos. Esto significa que, para su ejecución, los fallos deben atravesar el sistema jurídico interno que, sólo en el caso de que la sentencia no vulnere principios y normas constitucionales, podría darle pasavante y proceder a su cumplimiento. En caso de menoscabo de la Constitución, es posible sostener que, aun en esta hipótesis, no hay lugar a responsabilidad internacional por la inejecución del fallo, por cuanto éste atenta contra uno de los principios existenciales del orden internacional, como es el debido respeto a la soberanía estatal[193].

Pero todo el esfuerzo por preparar constitucionalmente al país a ingresar y permanecer con seguridad jurídica en un proceso de integración subregional como es la Comunidad Andina de Naciones, que derivó del desarrollo y aplicación del Acuerdo de Cartagena de 1968 (Pacto Andino), ha quedado en desuso por la política de aislamiento desarrollada por el gobierno autoritario en Venezuela desde 1999, y que condujo a la salida de Venezuela de dicha Comunidad en 2006, por decisión del Presidente de la república sin consulta alguna al país, y a la progresiva implementación de otros esquemas de acuerdos internacionales como el ALBA, o la incorporación a esquemas de integración bien alejados del país como el Mercosur.[194] Poste-

193 Véase en *Revista de Derecho Público*, N° 93-96, Editorial Jurídica Venezolana, Caracas 2003.

194 Véase Allan R. Brewer-Carías, "El largo camino para la consolidación de las bases constitucionales de la Integración Regional Andina y su abandono por el régimen autoritario de Venezuela", en André Sad-

riormente, en la propuesta de reforma constitucional de 2007 se pretendió revertir los avances constitucionales que se había logrado con la norma del artículo 153 de la Constitución.[195]

3. *Aprobación legislativa de Tratados*

Siguiendo la orientación del artículo 128 de la Constitución de 1961, el artículo 154 de la nueva Constitución dispone que los tratados celebrados por la República deben ser aprobados por la Asamblea Nacional antes de su ratificación por el Presidente de la República, a excepción de aquellos mediante los cuales se trate de ejecutar o perfeccionar obligaciones preexistentes de la República, aplicar principios expresamente reconocidos por ella, ejecutar actos ordinarios en las relaciones internacionales o ejercer facultades que la ley atribuya expresamente al Ejecutivo Nacional[196].

Esta aprobación legislativa, por tanto, al ser previa a la ratificación de los tratados, condiciona la acción del Poder Ejecutivo. Así lo ha precisado la Sala Político Administrativa en su sentencia N° 1393 de 7 de agosto de 2001 (Caso: *Impugnación del Convenio entre el Gobierno de la República de Venezuela y el Gobierno de los Estados Unidos de América*):

> La formación de los tratados internacionales pasa por varios pasos. Primero, las partes suscriben el texto que han acordado, lo que efectúa el Poder Ejecutivo; segundo, dicho texto se envía al Congreso de la República (durante la vigencia de la Constitución de 1961) o a la Asamblea Nacional (conforme a la vigente Constitución) que lo aprueba mediante Ley; y tercero, el Ejecutivo Nacional lo ratifica, al constatar que se han cumplido los requisitos constitu-cionales y legales, en la Ley Aprobatoria emanada del Legislativo.
>
> Si el Ejecutivo tuviese dudas sobre la constitucionalidad del tratado, puede consultar a la Sala Constitucional de este Tribunal Supremo de Justicia, antes de proceder a ratificar (artículo 336.5 de la vigente Constitución).
>
> La ratificación del Ejecutivo, la cual es suscrita por el Presidente de la República, no se refiere sino al contenido de la Ley Aprobatoria Venezolana del Tratado a ratificarse, y el momento de promulgación de dicha Ley queda a criterio del Ejecutivo, que la

---

dy (Coord.), *Direito Público Econômico Supranacional,* Rio de Janeiro: Lumen Juris Editora, 2009, pp. 319-351.

195 Véase María Auxiliadora Andrade, "La integración económica latinoamericana en la Constitución de 1999 y en la Reforma Constitucional de 2007," en *Revista de Derecho Público,* N° 112, Editorial Jurídica Venezolana, Caracas 2007, pp. 131-135; Jorge Luis Suárez, "La reforma del artículo 153 de la Constitución de 1999: un severo retroceso de una gran avance," en *Revista de Derecho Público,* N° 112, Editorial Jurídica Venezolana, Caracas, 2007, pp. 125-130.

196 Véase Larys Hernández Villalobos, "Rango o jerarquía de los tratados internacionales en el ordenamiento jurídico de Venezuela (1999)", en *Revista del Tribunal Supremo de Justicia,* N° 3, Caracas, 2001, pp. 110-131; Boris Bunimov Parra, "La entrada en vigor de los acuerdos internacionales en Venezuela", en *Libro Homenaje a Antonio Linares,* Instituto de Derecho Público. Departamento de Publicaciones de la Facultad de Ciencias Jurídicas y Políticas de la Universidad Central de Venezuela, Caracas, 1999, pp. 19-26; Alfonso Rivas Quintero, *Derecho Constitucional,* Paredes Editores, Valencia-Venezuela, 2002, pp. 294 y ss.; Hildegard Rondón de Sansó, *Análisis de la Constitución venezolana de 1999,* Editorial Ex Libris, Caracas, 2001, pp. 133 y ss.; y Roxana D. Orihuela Gonzatti, "La regulación de los tratados internacionales en las Constituciones de América", en *Libro Homenaje a Antonio Linares,* Instituto de Derecho Público, Departamento de Publicaciones de la Facultad de Ciencias Jurídicas y Políticas de la Universidad Central de Venezuela, Caracas, 1999, pp. 59-72.

publicará ateniéndose a los usos internacionales y a razones de conveniencia nacional (artículo 217 Constitucional).

El *iter* formador de los tratados para que ellos comiencen a surtir sus efectos jurídicos plenos, finaliza con la ratificación y publicación de los mismos.

Tal ratificación no puede versar sino sobre el texto aprobado por el legislativo, sin poder salirse del mismo, y si ello ocurriese, el acto es nulo, como cualquier acto administrativo, ya que lo que ha de ratificarse es el Tratado, que no es otro que el aprobado por el Legislativo.

Dentro de ese orden de ideas, cualquier variación del texto aprobado que se efectúe en el acto de la ratificación vicia de nulidad tal acto, y si esta variación no existe expresamente, lo ratificado es el texto de la Ley Aprobatoria del Tratado, y así se declara[197].

4. *Cláusula de solución pacífica de controversias*

En los tratados, convenios y acuerdos internacionales que la República celebre, se debe insertar una cláusula por la cual las partes se obliguen a resolver, por las vías pacíficas reconocidas en el derecho internacional o previamente convenidas por ellas, si tal fuere el caso, las controversias que pudieren suscitarse entre las mismas con motivo de su interpretación o ejecución si no fuere improcedente y así lo permita el procedimiento que deba seguirse para su celebración (art. 155).

Esta norma de la Constitución de 1999 equivale al artículo 129 de la Constitución de 1961.

IX. EL RÉGIMEN DE LA SEGURIDAD Y DEFENSA DE LA NACIÓN

En esta materia, la Constitución de 1999, sin duda, contiene un cambio sustancial respecto de la Constitución de 1961 la cual, sólo contenía tres disposiciones relativas al tema: la que regulaba el régimen de las armas (art. 133) con antecedentes en la Constitución de 1901; la que establecía la prohibición del ejercicio simultáneo de la autoridad civil y la militar por un mismo funcionario, con excepción del Presidente de la República quien es Comandante en Jefe de las Fuerzas Armadas por razón de su cargo (art. 131); y la que regulaba en general a las Fuerzas Armadas con el siguiente texto:

> *Artículo 132*. Las Fuerzas Armadas Nacionales forman una institución apolítica, obediente y no deliberante, organizada por el Estado para asegurar la defensa nacional, la estabilidad de las instituciones democráticas y el respeto a la Constitución y a las leyes, cuyo acatamiento estará siempre por encima de cualquier otra obligación. Las Fuerzas Armadas Nacionales estarán al servicio de la República, y en ningún caso al de una persona o parcialidad política.

---

197 Véase en *Revista de Derecho Público*, N° 85-88, Editorial Jurídica Venezolana, Caracas 2001, p. 65.

En la nueva Constitución, el régimen de la Seguridad y Defensa[198] aparece con una normativa más militarista, en una forma que no tiene antecedentes en nuestro constitucionalismo[199]. En 2002 se dictó la Ley Orgánica de Seguridad de la Nación[200]

1. *La competencia estatal y de la población*

El artículo 322 de la Constitución comienza por disponer que la seguridad de la Nación es competencia esencial y responsabilidad del Estado, fundamentada en el desarrollo integral de ésta; y su defensa es responsabilidad de los venezolanos y también de las personas naturales y jurídicas, tanto de derecho público como de derecho privado, que se encuentren en el espacio geográfico nacional.

Se destaca, así, el término seguridad de la Nación que se concibe como una función estatal; y la defensa de la Nación como responsabilidad de todas las personas naturales y morales que se encuentren en el territorio nacional.

2. *Los principios de la seguridad de la Nación como corresponsabilidad entre el Estado y la Sociedad Civil*

En cuanto a la seguridad de la Nación, como concepto constitucional, a pesar de la concepción estatista que se establece en el artículo 322 como responsabilidad esencial del Estado; en el artículo 326 se establece que la misma se fundamenta en la *corresponsabilidad* entre el Estado y la sociedad civil para dar cumplimiento a los principios de independencia, democracia, igualdad, paz, libertad, justicia, solidaridad, promoción y conservación ambiental y afirmación de los derechos humanos, así como en la satisfacción progresiva de las necesidades individuales y colectivas de los venezolanos sobre las bases de un desarrollo sustentable y productivo de plena cobertura para la comunidad nacional. Todos estos principios, por supuesto, son los que están enumerados en los artículos 1, 2 y 3 de la propia Constitución.

El principio de la corresponsabilidad que se establece en la norma, en todo caso, se ejerce sobre los ámbitos económico, social, político, cultural, geográfico, ambiental y militar.

Como se ha dicho, el artículo 327 también regula a los efectos de la aplicación de los principios de seguridad de la Nación, un régimen específico para las fronteras.

3. *Los órganos de Seguridad y Defensa*

A. *El Consejo de Defensa de la Nación*

La Constitución de 1999 crea, con rango constitucional (art. 323), al Consejo de Defensa de la Nación como el máximo órgano de consulta para la planificación y asesoramiento del Poder Público en los asuntos relacionados con la defensa integral

198 Véase en general, Véase Alfonso Rivas Quintero, *Derecho Constitucional,* Paredes Editores, Valencia-Venezuela, 2002, pp. 529 y ss.; Ricardo Combellas, *Derecho Constitucional: una introducción al estudio de la Constitución de la República Bolivariana de Venezuela,* Mc Graw Hill, Caracas, 2001, pp. 225 y ss.; e Hildegard Rondón de Sansó, *Análisis de la Constitución venezolana de 1999,* Editorial Ex Libris, Caracas, 2001, pp. 307 y ss.

199 Véase nuestros votos salvados sobre diversas normas del Título en Allan R. Brewer-Carías, *Debate Constituyente,* Tomo III, *op. cit.,* pp. 228 a 233 y 303 a 306.

200 *G.O.* N° 37.594 del 18 de diciembre de 2002.

de la Nación, su soberanía y la integridad de su espacio geográfico y para establecer el concepto estratégico de la Nación.

El referido Consejo está presidido por el Presidente de la República y lo conforman, además, el Vicepresidente Ejecutivo, el Presidente de la Asamblea Nacional, el Presidente del Tribunal Supremo de Justicia, el Presidente del Consejo Moral Republicano y los Ministros de los sectores de defensa, seguridad interior, relaciones exteriores y planificación, y otros cuya participación se considere pertinente.

En todo caso, corresponde a la ley orgánica respectiva fijar su organización y atribuciones.

B. *La Fuerza Armada Nacional*

a. *Integración*

Las antiguas Fuerzas Armadas Nacionales (Ejército, Armada, Aviación y Guardia Nacional), en la Constitución de 1999 pasan a ser una sola institución, la Fuerza Armada Nacional, integrada, sin embargo, conforme al artículo 328, por el Ejército, la Armada, la Aviación y la Guardia Nacional, que funcionan de manera integral dentro del marco de su competencia para el cumplimiento de su misión, con un régimen de seguridad social integral propio, según lo establezca su respectiva ley orgánica[201].

Esta Fuerza Armada, sin embargo, mediante reforma de la Ley Orgánica que la regula, y a pesar de que ello había sido rechazado por el pueblo en el referendo de diciembre de 2007 que rechazó el proyecto de reforma constitucional presentado por el Presidente de la República ante la Asamblea Nacional, fue inconstitucionalmente transformada en la Fuerza Armada "Bolivariana," y además, con la creación de un componente adicional, pero paralelo, denominado Milicia Nacional Bolivariana.[202]

b. *Responsabilidades de los componentes*

De acuerdo con el artículo 329, además, el Ejército, la Armada y la Aviación tienen como responsabilidad esencial la planificación, ejecución y control de las operaciones militares requeridas para asegurar la defensa de la Nación.

En cuanto a la Guardia Nacional ésta sólo debe cooperar en el desarrollo de dichas operaciones y tiene como responsabilidad básica la conducción de las operaciones exigidas para el mantenimiento del orden interno del país.

En todo caso, se establece en la Constitución que la Fuerza Armada Nacional puede ejercer las actividades de policía administrativa y de investigación penal que le atribuya la ley.

---

201 Véase en general, Alfonso Rivas Quintero, *Derecho Constitucional,* Paredes Editores, Valencia-Venezuela, 2002, pp. 531 y ss.; e Hildegard Rondón de Sansó, *Análisis de la Constitución venezolana de 1999,* Editorial Ex Libris, Caracas, 2001, pp. 313 y ss.

202 Véase en *G. O.* N° 5.891 de 31-07-2008. Véase Jesús María Alvarado Andrade, "La nueva Fuerza Armada Bolivariana (comentarios a raíz del Decreto N° 6.239, con rango, valor y fuerza de Ley Orgánica de la Fuerza Armada Nacional Bolivariana)," en *Revista de Derecho Público,* N° 115, *(Estudios sobre los Decretos Leyes 2008)*, Editorial Jurídica Venezolana, Caracas 2008, pp. 205 ss.; Alfredo Arismendi, "Fuerza Armada Nacional: Antecedentes, evolución y régimen actual," en *Revista de Derecho Público,* N° 115 *(Estudios sobre los Decretos Leyes 2008)*, Editorial Jurídica Venezolana, Caracas, 2008, pp. 187-206.

c. *Carácter*

En el artículo 328 se precisa el carácter de la Fuerza Armada como institución esencialmente profesional, sin militancia política, organizada por el Estado para garantizar la independencia y soberanía de la Nación y asegurar la integridad del espacio geográfico, mediante la defensa militar, la cooperación en el mantenimiento del orden interno y la participación activa en el desarrollo nacional, de acuerdo con la Constitución y la ley.

En el cumplimiento de sus funciones, está al servicio exclusivo de la Nación y en ningún caso al de persona o parcialidad política alguna. Sus pilares fundamentales son la disciplina, la obediencia y la subordinación.

No aparece en la Constitución, sin embargo, el carácter apolítico y no deliberante de la Fuerza Armada que establecía el artículo 132 de la Constitución de 1961, ni la obligación esencial de la Fuerza Armada Nacional de asegurar "la estabilidad de las instituciones democráticas y el respeto a la Constitución y las leyes, cuyo acatamiento estará siempre por encima de cualquier otra obligación", como lo disponía dicha norma.

En cuanto a los miembros de las Fuerzas Armadas, la Constitución de 1999, como se ha dicho, le otorga el derecho de voto (art. 325), y además precisa que los ascensos militares se obtienen por mérito, escalafón y plaza vacante y son competencia exclusiva de la Fuerza Armada Nacional, aún cuando deben estar regulados por la ley respectiva (art. 331).

Se eliminó, así, la previsión de la Constitución de 1961 conforme a la cual los ascensos de altos oficiales debían tener autorización parlamentaria (art. 150, ord. 5°).

C. *Los órganos de seguridad ciudadana*

El artículo 332 de la Constitución establece que el Ejecutivo Nacional, para mantener y restablecer el orden público, proteger al ciudadano o ciudadana, hogares y familias, apoyar las decisiones de las autoridades competentes y asegurar el pacífico disfrute de las garantías y derechos constitucionales, de conformidad con la ley, debe organizar:

1. Un cuerpo uniformado de policía nacional
2. Un cuerpo de investigaciones científicas, penales y criminalísticas
3. Un cuerpo de bomberos y administración de emergencias de carácter civil.
4. Una organización de protección civil y administración de desastres.

Todos estos órganos de seguridad ciudadana son de carácter civil y respetarán la dignidad y los derechos humanos, sin discriminación alguna[203].

A pesar de esta competencia nacional, el propio artículo precisa que la función de los órganos de seguridad ciudadana, por supuesto, constituye una competencia concurrente con los Estados y Municipios establecidos en esta Constitución y la ley. En relación con estas competencias, en 2001 se dictó el Decreto N° 1.533 con Fuer-

203 Véase Alfonso Rivas Quintero, *Derecho Constitucional,* Paredes Editores, Valencia-Venezuela, 2002, pp. 535 y ss.; e Hildegard Rondón de Sansó, *Análisis de la Constitución venezolana de 1999,* Editorial Ex Libris, Caracas, 2001, pp. 318 y ss

za de Ley de los Cuerpos de Bomberos y Bomberas y Administración de Emergencias de Carácter Civil[204] y el Decreto N° 1.557 con Fuerza de Ley del Sistema Nacional de Protección Civil y Administración de Desastres[205].

La remisión a la Constitución, aquí, es para concatenar con los artículos 164, ordinal 6° sobre policía estadal y con el artículo 178, ord. 7° sobre policía municipal. Sin embargo, la remisión a la ley, en esta norma, se refiere a la ley nacional, pues las competencias estadales y municipales en materia de policía, conforme a esas normas, se ejercen por esos niveles territoriales "conforme a la legislación nacional aplicable", lo que materialmente puede conducir a la marginación de las competencias estadales y municipales y su absorción y control por la policía nacional. En tal sentido se dictó el Decreto N° 1.453 con Fuerza de Ley de Coordinación de Seguridad Ciudadana[206].

4. *El régimen de las armas*

De acuerdo con el artículo 324 de la Constitución, en el mismo sentido del artículo 133 de la Constitución de 1961, sólo el Estado puede poseer y usar armas de guerra, por lo que todas las que existan, se fabriquen o introduzcan en el país pasarán a ser propiedad de la República sin indemnización ni proceso[207].

Sin embargo, en cuanto al control de las armas, particularmente las de carácter civil, constitucionalmente han sido atribuidas a la Fuerza Armada Nacional, institución que se define como la competente para reglamentar y controlar de acuerdo la ley respectiva la fabricación, importación, exportación, almacenamiento, tránsito, registro, control, inspección, comercio, posesión y usos de otras armas (distintas de las de guerra), municiones y explosivos. En 2002 se dictó la Ley para el Desarme[208]

5. *El régimen de los documentos concernientes a la seguridad de la Nación*

Conforme al artículo 325 de la Constitución, se reserva al Ejecutivo Nacional (no es que "El Ejecutivo Nacional se reserva como desacertadamente está redactado al artículo) la clasificación y divulgación de aquellos asuntos que guarden relación directa con la planificación y ejecución de operaciones concernientes a la Seguridad de la Nación, en los términos que la ley establezca.

6. *Apreciación general: La base constitucional para el militarismo*

Analizada globalmente la normativa anterior, pone en evidencia, en la Constitución, un acentuado esquema militarista cuya combinación con el centralismo y el presidencialismo podría conducir inconvenientemente al autoritarismo[209].

---

204 Reimpreso por error material del ente emisor en *G.O.* N° 5.561 Extraordinario de 28 de noviembre de 2001.

205 *G.O.* N° 5.557 Extraordinario de 13 de noviembre de 2001.

206 *G.O.* N° 37.318 del 6 de noviembre de 2001.

207 Sobre el régimen de las armas de guerra y la reserva de dominio por motivos de seguridad, véase Hildegard Rondón de Sansó, *Análisis de la Constitución venezolana de 1999*, Editorial Ex Libris, Caracas, 2001, pp. 310 y ss.

208 *G.O.* N° 37.509 del 20 de agosto de 2002.

209 Véase Allan R. Brewer-Carías, "Reflexiones críticas sobre la Constitución de 1999", *Revista de Derecho Público*, N° 81 (enero-marzo), Editorial Jurídica Venezolana, Caracas 2000, pp. 7-21; y Allan R. Brewer-Carías, *Reflexiones sobre el constitucionalismo en América, op. cit.*, pp. 162 y ss., 182 y ss.

En efecto, en la Constitución quedó eliminada toda idea de sujeción o subordinación de la autoridad militar a la autoridad civil, consagrándose, al contrario, una gran autonomía de la autoridad militar y de la Fuerza Armada Nacional, unificadas las cuatro fuerzas, con la posibilidad de intervenir en funciones civiles.

Ello se evidencia de las siguientes regulaciones ya indicadas: *primero,* de la eliminación de la tradicional prohibición de que la autoridad militar y la civil no pueden ejercerse simultáneamente, que establecía el artículo 131 de la Constitución de 1961; *segundo*, de la eliminación del control por parte de la Asamblea Nacional respecto de los ascensos de los militares de alta graduación (art. 331), que en el constitucionalismo histórico siempre se había previsto; *tercero*, de la eliminación del carácter no deliberante y apolítica de la institución militar, como lo establecía el artículo 132 de la Constitución de 1961, lo que abre la vía para que la Fuerza Armada, como institución militar, pueda deliberar políticamente e intervenir y dar su parecer sobre los asuntos de los que estén resolviendo los órganos del Estado; *cuarto,* de la eliminación de la obligación de la Fuerza Armada de velar por la estabilidad de las instituciones democráticas que preveía el artículo 132 de la Constitución de 1961; *quinto,* lo que es más grave aún, de la eliminación de la obligación de la Fuerza Armada de respetar la Constitución y las leyes "cuyo acatamiento estará siempre por encima de cualquier otra obligación", como lo decía el artículo 132 de la Constitución de 1961; *sexto,* de la atribución de los militares, en forma expresa, del derecho al sufragio (art. 330), lo cual podría ser incompatible, políticamente, con el principio de obediencia; *séptimo,* del sometimiento a la autoridad de la Fuerza Armada de todo lo concerniente con el uso de armas y no sólo las de guerra, lo que se le quita a la Administración civil del Estado (art. 324); *octavo,* de la atribución, en general, a la Fuerza Armada de competencias en materia de policía administrativa (art. 329); *noveno,* del establecimiento del privilegio procesal a favor de los generales y almirantes de que para poder ser enjuiciados, el Tribunal Supremo de Justicia debe declarar previamente si hay o no mérito para ello (art. 266, ord. 3); y *décimo*, de la adopción en la Constitución del concepto ya histórico de la doctrina de la seguridad nacional, como globalizante, totalizante y omnicomprensiva, conforme a la cual todo lo que acaece en el Estado y la Nación, concierne a la seguridad del Estado, incluso el desarrollo económico y social (art. 326).

Todo lo anterior da origen a un esquema militarista que constitucionalmente es una novedad, pero que puede conducir a un apoderamiento de la Administración civil del Estado por la Fuerza Armada, a la cual, incluso se le atribuye en la Constitución "la participación activa en el desarrollo nacional" (art. 328).

Todo lo anterior, muestra un cuadro de militarismo realmente único en nuestra historia constitucional que ni siquiera se encuentra en las Constituciones de los regímenes militares.

CUARTA PARTE

LA CONSTITUCIÓN DEL PODER PÚBLICO

I. LA DISTRIBUCIÓN VERTICAL DEL PODER PÚBLICO: NACIONAL, ESTADAL Y MUNICIPAL

Conforme a la tradición constitucional venezolana, el artículo 136 de la Constitución de 1999, organiza al Estado con forma federal, mediante un sistema de "división vertical"[1] del Poder Público en tres niveles: Nacional, Estadal y Municipal, atribuyendo su ejercicio a diversos órganos y asignando competencias exclusivas en los tres niveles, además de las competencias concurrentes entre ellos, las cuales se analizan detalladamente en la *Quinta Parte*.

Se trata, sin duda, de una forma delimitación del poder en el Estado Constitucional de Derecho, tal y como lo ha identificado la Sala Político Administrativa del Tribunal Supremo de Justicia, al señalar en sentencia N° 1819 de 8 de agosto de 2000 (Caso: *René Molina vs. Luis Miquelena*), lo siguiente:

> La Constitución de 1999, limita el poder mediante la difusión de la autoridad tanto en el plano horizontal como en el vertical. Esto es, prefigura una distribución horizontal y vertical del Poder Público en la cual sus creadores proveyeron con relación al *thema decidendum* que nos ocupa, la *distribución* del Poder Público en Poder Municipal, el Poder Estadal y el Poder Nacional y, la división del Poder Público Nacional en Poder Legislativo, Poder Judicial, Poder Electoral y Poder Moral.
>
> Esta limitación del poder por el poder mismo fundada en el temor a su excesiva concentración, persigue su sometimiento a la regla de derecho, limitando su actuación a las específicas atribuciones y funciones consagradas en la Ley provocando así salvaguardia contra la tiranía y la libertad de los ciudadanos, lo cual se recoge expresamente en los artículos 136 y 137[2].

---

1 Véase sentencia N° 355 de 11-5-2000, *Revista de Derecho Público*, N° 82, (abril-junio), Editorial Jurídica Venezolana, Caracas, 2000, pp. 342 y ss.

2 Véase en *Revista de Derecho Público*, N° 83, (julio-septiembre), Editorial Jurídica Venezolana, Caracas, 2000, pp. 264 y ss.

Esta forma federal del Estado concretizada en la distribución vertical del Poder Público[3], comenzó a expresarse formalmente en texto constitucional en la Constitución de 1858, que estableció que "El Poder Público se divide en Nacional y Municipal" (art. 9). Posteriormente, en la Constitución de 1901 se retomó la fórmula, expresándose que "El Poder Público se distribuye entre el Poder Federal y el Poder de los Estados" (art. 29), lo que se repitió en todas las Constituciones posteriores hasta la de 1925, en la cual se agregó al Poder Municipal así: "El Poder Público se distribuye entre el Poder Federal, el de los Estados y el Municipio" (art. 51).

La norma se repitió en las Constituciones posteriores hasta que en la Constitución de 1947 se invirtió la enumeración así: "El Poder Público se distribuye entre el Poder Municipal, el de los Estados y el Nacional..." (art. 86), lo que se repitió en la Constitución de 1953 (art. 40).

La Constitución de 1961 no utilizó la fórmula tradicional y se limitó a señalar que "Cada una de las ramas del Poder Público tienen sus funciones propias..." (art. 118), aludiendo, sin duda, a las ramas Nacional, Estadal y Municipal, pero sin enumerarlas.

Ahora, a propuesta nuestra[4], la Constitución de 1999 vuelve a la fórmula tradicional al disponer en su artículo 136 que:

---

3 Véase en general, sobre el Poder Público y la forma del Estado, Carlos Luis Carrillo Artiles, "La composición del poder público en la Constitución de la República Bolivariana de Venezuela", *Libro Homenaje a Enrique Tejera París, Temas sobre la Constitución de 1999,* Centro de Investigaciones Jurídicas (CEIN), Caracas, 2001, pp. 51 a 76; C. Kiriadis Ionghi, "Notas sobre la estructura orgánica del Estado venezolano en la Constitución de 1999", en *Temas de Derecho Administrativo: Libro Homenaje a Gonzalo Pérez Luciani,* Volumen I, Tribunal Supremo de Justicia-Editorial Torino, Caracas, 2002, pp. 1031-1082; e Hildegard Rondón de Sansó, "Las transformaciones fundamentales en la organización y dinámica del Estado derivadas de la Constitución de 1999", en *Temas de Derecho Administrativo: Libro Homenaje a Gonzalo Pérez Luciani,* Volumen II, Tribunal Supremo de Justicia-Editorial Torino, Caracas, 2002, pp. 619-644; Allan R. Brewer-Carías, "La descentralización política en la Constitución de 1999: Federalismo y Municipalismo (una reforma insuficiente y regresiva" en *Boletín de la Academia de Ciencias Políticas y Sociales*, N° 138, Año LXVIII, enero-diciembre 2001, Caracas 2002, pp. 313-359; y publicado también en *Provincia. Revista Venezolana de Estudios Territoriales*, Número 7, julio-diciembre 2001, II Etapa, Centro Iberoamericano de Estudios Provinciales y Locales (CIEPROL), Universidad de los Andes, Mérida, 2001, pp. 7-92; Allan R. Brewer-Carías, "Consideraciones sobre el régimen de distribución de competencias del Poder Público en la Constitución de 1999" en Fernando Parra Aranguren y Armando Rodríguez García Editores, *Estudios de Derecho Administrativo. Libro Homenaje a la Universidad Central de Venezuela*, Tomo I, Tribunal Supremo de Justicia, Caracas 2001, pp. 107-136; Allan R. Brewer-Carías, "Consideraciones sobre el régimen constitucional de la organización y funcionamiento de los Poderes Públicos", en *Revista Derecho y Sociedad de la Universidad Monteávila*, N° 2 (abril), Caracas, 2001, pp. 135-150; Ricardo Combellas, *Derecho Constitucional: una introducción al estudio de la Constitución de la República Bolivariana de Venezuela,* Mc Graw Hill, Caracas, 2001, pp. 121 y ss; Cecilia Sosa Gómez, "La organización política del Estado venezolano: el Poder Público Nacional", en *Revista de Derecho Público*, N° 82 (abril-junio), Editorial Jurídica Venezolana, Caracas, 2000, pp. 71-83; María V. Espina Molina y Ornella Bernabei Zaccaro, "Nueva estructura del Estado venezolano", en *Comentarios a la Constitución de la República Bolivariana de Venezuela"*, Vadell Hermanos, Editores, Caracas, 2000, pp.65-116; César A. Loaiza Moyetones, "Los órganos del Estado", en *Derecho Constitucional. General y Particular. Actualizado con la Constitución de la República Bolivariana de Venezuela del 24-03-2000,* Tomo I. Universidad Santa María, Caracas, pp. 151-175.

4 Véase Allan R. Brewer-Carías, *Debate Constituyente, (Aportes a la Asamblea Nacional Constituyente),* Tomo II, *(9 septiembre-17 octubre de 1999),* Caracas, 1999, pp. 161 a 164.

El Poder Público se distribuye entre el Poder Municipal, el Poder Estadal y el Poder Nacional.

Ello se completa con la fórmula de colaboración o cooperación entre los Poderes que regulaba la Constitución de 1961 (art. 118), que se recoge en el artículo 136 de la Constitución así:

> Cada una de las ramas del Poder Público tiene sus funciones propias, pero los órganos a los que incumbe su ejercicio colaborarán entre sí en la realización de los fines del Estado.

De esta norma se debe destacar, por una parte el concepto de funciones del Estado[5] y por la otra, el concepto de fines del Estado, expresamente definidos en el artículo 3° de la Constitución ya comentado.

En todo el texto constitucional, en consecuencia, se pueden encontrar disposiciones que se refieren, en general, al Poder Público que, por tanto, rigen respecto de los órganos de los tres niveles territoriales; y disposiciones específicamente destinadas a cada uno de los niveles.

II. LA PERSONALIDAD JURÍDICA EN LA CONSTITUCIÓN Y LAS PERSONAS JURÍDICAS ESTATALES

1. *El Estado y la personalidad jurídica estatal*

En el ámbito de la comunidad internacional, la República de Venezuela, como Estado, goza de personalidad jurídica internacional; en cambio, en el ámbito interno, el Estado, como tal, no es una persona jurídica. En realidad, se conforma por un conjunto de personas jurídicas (personas jurídicas estatales) que derivan del sistema constitucional que se ha establecido para la distribución territorial del Poder Público.

En Venezuela, en efecto, tratándose de un Estado con forma "federación descentralizada" (art. 4 de la Constitución) conforme a la cual "el Poder Público se distribuye entre el Poder Municipal, el Poder Estatal y el Poder Nacional" (art. 13 de la Constitución), el "Estado" está básicamente conformado por un conjunto de personas jurídicas político territoriales como son la República, los Estados y los Municipios, y por otras personas jurídicas estatales producto de la descentralización política y funcional. El Estado, por tanto, se insiste, no es una persona jurídica en el ámbito interno; lo que existen son muchas personas jurídicas que actualizan su voluntad, que son las personas jurídicas estatales, en definitiva, que conforman el Estado.

Por supuesto, bajo este ángulo, la "Administración Pública" tampoco es una persona jurídica, ni puede decirse que hay muchas Administraciones Públicas como personas jurídicas. La Administración Pública, en realidad, es una organización que, por supuesto, está conformada por un conjunto de órganos que, además, lo son de las personas jurídicas estatales, y que como tales órganos, sirven para manifestar o actualizar la voluntad de éstas y mediante ellas, del Estado. La Administración Pública, por tanto, está conformada por las personas jurídicas estatales (entes) y por sus órganos, los cuales, como lo precisa la misma Ley Orgánica de la Administra-

---

5 Véase Allan R. Brewer-Carías, *El Poder Público: Nacional, Estadal y Municipal,* Tomo II, *Instituciones Políticas y Constitucionales,* Universidad Católica del Táchira-Editorial Jurídica Venezolana, Caracas-San Cristóbal, 1996, pp. 111 y ss.

ción Pública[6], son las unidades administrativas de dichas personas jurídicas estatales (art. 15).

De lo anterior se entiende la importancia que tiene para el derecho público el tema de la personalidad jurídica, lo que llevó a M. Hauriou, incluso, a definir el derecho administrativo como la rama del derecho público que tiene por objeto la organización y el ejercicio de los derechos de las personas administrativas[7].

En consecuencia, tan importante para el derecho constitucional y administrativo el estudio de las personas jurídicas que actualizan la voluntad del Estado, cuyos órganos ejercen el Poder Público; como las unidades administrativas que constituyen los órganos de tales personas jurídicas.

En cuanto a esas personas jurídicas estatales que son los sujetos de derecho cuyos órganos conforman la Administración Pública, ellas son objeto de regulación por parte del derecho administrativo, porque en definitiva, son los que establecen relaciones jurídico-administrativas con los particulares. La Administración Pública, por tanto, no es una persona jurídica en sí misma; sino que los órganos que la conforman lo son de diversas personas jurídicas estatales. Por ello, insistimos, es que el tema de la personalidad jurídica tiene tanta importancia en el derecho administrativo.

2. *Las personas jurídicas en el ordenamiento jurídico*

En todo caso, como en tantos otros aspectos del derecho administrativo, la construcción de la teoría de la personalidad jurídica no puede hacerse con independencia de los principios y regulaciones de la teoría general del derecho y, en especial del derecho civil, pues la idea de persona jurídica moral, como sujeto de derecho, es y tiene que ser una y única.

En efecto, de acuerdo al Código Civil, en el mundo del derecho, además de las personas naturales, son reconocidos como sujetos de derecho, es decir, como entes capaces de derechos y obligaciones, una serie de "centros de intereses" a los cuales, para protegerlos jurídicamente, el ordenamiento jurídico le asigna el carácter de personas jurídicas o morales, como entidades abstractas. En tal sentido, el artículo 19 del Código Civil dispone:

> Son personas jurídicas y por lo tanto, capaces de obligaciones y derechos:
>
> 1°. La Nación y las Entidades políticas que la componen;
>
> 2°. Las iglesias, de cualquier credo que sean, las universidades y, en general todos los seres o cuerpos morales de carácter público.
>
> 3°. Asociaciones, corporaciones y fundaciones lícitas de carácter privado.

De acuerdo con la enumeración de este artículo del Código Civil, en consecuencia, son personas jurídicas en el ordenamiento jurídico venezolano:

En *primer lugar*, las *personas político-territoriales,* que el Código Civil enuncia como "la Nación y las entidades políticas que la componen", y que conforme a la terminología de la Constitución de 1999[8] integran al Estado. La forma federal del

6 Veáse en *Gaceta Oficial* N° 37.035 de 17-10-2001.

7 Véase Maurice Hauriou, *Précis de Droit Administratif,* Paris 1893, pág. 171

8 Véase Allan R. Brewer-Carías, *La Constitución de 1999,* Caracas 2000.

mismo (art. 4) y la distribución vertical del Poder Público "entre el Poder Municipal, el Poder Estadal y el Poder Nacional" da origen a tres niveles de personas jurídicas que integran al Estado: la República, que ejerce el Poder Nacional, los Estados que ejercen el Poder Estadal y los Municipios y demás entidades locales (entre ellas los Distritos Metropolitanos) que ejercen el Poder Municipal.

En esta forma el "Estado" como se dijo en el derecho interno, comprende a la República, a los Estados y a los Municipios y las demás entidades locales. Por tanto, en el derecho interno, la República es una de las personificaciones del Estado en el ámbito nacional, siendo los Estados Federados y los Municipios también, personificaciones del Estado en sus respectivos ámbitos territoriales.

El Estado, por tanto, no se puede confundir con la República[9] y menos aún cuando la Constitución usa la palabra "Estado" como lo decía la misma exposición de motivos de la Constitución de 1961 para conceptuar "la organización política y jurídica representada por el Poder Público frente a las actividades privadas"[10]. La Constitución de 1999, sin duda, sigue el mismo criterio al regular el Estado federal y la distribución vertical del Poder Público.

En *segundo lugar*, de acuerdo al artículo 19 del Código Civil, también son personas jurídicas en el ordenamiento jurídico venezolano, las *personas jurídicas "de carácter público",* entre las cuales el Código enuncia a "las iglesias de cualquier credo que sean y las universidades". Estas personas jurídicas de carácter público, conforme a la terminología empleada en la Constitución de 1999 (art. 145, en particular) son las "demás personas jurídicas de derecho público" (excluidas las político-territoriales) y que comprenden, además de las de carácter corporativo, algunas de las cuales son las que enuncia el ordinal 2 del artículo 19 del Código Civil (iglesias y universidades), y las de carácter institucional (o fundacional) que son los institutos autónomos, terminología acogida también en la Constitución (art. 142, entre otros).

En *tercer lugar*, el Código Civil también considera como personas a las *personas jurídicas "de carácter privado",* las cuales son las personas jurídicas de derecho privado, terminología también seguida en la Constitución (art. 145, entre otros), que comprenden las asociaciones, entre las cuales se destacan las sociedades civiles y sociedades mercantiles, las corporaciones y las fundaciones lícitas, cuya personalidad se adquiere, en principio, con la protocolización de la correspondiente acta constitutiva en la respectiva Oficina Subalterna de Registro.

Ahora bien, no todas las personas jurídicas enumeradas en este artículo 19 del Código Civil interesan al derecho administrativo ni son objeto de regulación formal por parte de esta disciplina. Entre ellas son objeto de estudio por el derecho administrativo, aquéllas que forman parte de la organización general del Estado, sean de derecho público o de derecho privado, es decir, aquéllas que conforman lo que desde el punto de vista económico constituye el "sector público" (art. 283, ord. 3 de la

9 Error en el cual incurrió, muy impropia y lamentablemente la jurisprudencia de la Sala Político Administrativa de la Corte Suprema de Justicia. Véase sentencia de 20-1-83, en *Revista de Derecho Público* N° 13, (enero-marzo), Editorial Jurídica Venezolana, Caracas, 1983, pp. 160 y ss. Véase los comentarios críticos a dicha sentencia en Allan R. Brewer-Carías, *Estado de Derecho y Control Judicial,* Madrid 1985, pp. 571 y siguientes.

10 Exposición de Motivos de la Constitución de 1961 en *Revista de la Facultad de Derecho,* UCV, N° 21, Caracas 1961, p. 373.

Constitución) y que pueden considerarse como personas jurídicas *estatales* conforme a la terminología que adopta la Constitución (art. 145 y 180 entre otros).

También es objeto de estudio por nuestra disciplina aquellas personas jurídicas con forma de derecho público que aun siendo no estatales, por el conjunto de potestades que le están atribuidas por Ley están sometidas a un régimen de derecho administrativo.

En efecto, de acuerdo a la enumeración del mismo artículo 19 del Código Civil, entre las personas jurídicas estatales, además de las político-territoriales, están algunas de carácter público o de derecho público, como los institutos autónomos. Sin embargo, no todas las personas de derecho público son estatales, porque por ejemplo, si bien los Colegios Profesionales y las Iglesias son "personas de derecho público", no son, en absoluto, de carácter estatal, pues no forman parte de la organización general del Estado.

Por otra parte, también son personas *estatales* todas aquellas personas jurídicas de derecho privado creadas y dirigidas por entes públicos, como sucede con las sociedades mercantiles (empresas del Estado) y civiles del Estado o las fundaciones del Estado. El carácter estatal de todas esas personas jurídicas, por tanto, es independiente de su carácter de derecho público o de derecho privado. Por pertenecer a la organización administrativa del Estado (sector público), son objeto de regulación por parte del derecho administrativo.

Pero además, como se dijo, también interesan al derecho administrativo y están sometidas a sus regulaciones, todas aquellas personas jurídicas que aún cuando no sean estatales, porque no forman parte de la organización general del Estado, sin embargo, son de *derecho público* o, en la terminología del artículo 19 del Código Civil, son "cuerpos morales de carácter público" como puede suceder, por ejemplo, con los Colegios profesionales o las Academias Nacionales.

3. *Las personas jurídicas en la Constitución*

De lo anterior resulta, por tanto, el empleo de dos clasificaciones distintas respecto de las personas jurídicas en el derecho administrativo: por una parte, la que distingue entre las personas jurídicas de derecho público y las de derecho privado, según la forma jurídica adoptada; y por la otra, la que distingue las personas estatales de las no estatales, según la integración del ente a la estructura y organización general del Estado. Estas dos clasificaciones son las adoptadas en la Constitución de 1999, lo que por supuesto contrasta con la clasificación tradicional (personas públicas y personas privadas) que se ha hecho de las personas jurídicas en el derecho administrativo[11]

En efecto, el artículo 145 de la Constitución, al establecer la inhabilitación de los funcionarios públicos para celebrar contratos con entes públicos, previendo la prohibición en la forma siguiente:

---

11 Véase en general sobre el tema de la personalidad jurídica en la Constitución, Juan A. Bracamonte, "La personalidad jurídica del Estado", en *Derecho Constitucional. General y Particular. Actualizado con la Constitución de la República Bolivariana de Venezuela del 24-03-2000,* Tomo I. Universidad Santa María, Caracas, pp. 110-117; José Peña Solís, "El régimen de las personas jurídicas públicas (entes públicos) en Venezuela", en *Estudios de Derecho Administrativo: Libro Homenaje a la Universidad Central de Venezuela,* Volumen II. Imprenta Nacional, Caracas, 2001, pp. 313-368.

Quien esté al servicio de los Municipios, de los Estados, de la República y demás personas jurídicas de derecho público o de derecho privado estatales no podrá celebrar contrato alguno con ellas, ni por si ni por interpósita personas, ni en representación de otro, salvo las excepciones que establezca la ley.

De esta norma lo que a los efectos de este estudio interesa destacar en relación con las personas jurídicas estatales que pueden celebrar contratos de la Administración, es la doble distinción que en ella se establece respecto de las personas jurídicas: por una parte, entre las personas jurídicas de derecho público y las personas jurídicas de derecho privado; y por la otra, entre las personas jurídicas estatales y las personas jurídicas no estatales; clasificación que propusimos hace décadas[12]. La prohibición de contratar que se impone a los funcionarios públicos, por supuesto, es con las personas jurídicas estatales, cualquiera que sea su forma jurídica, de derecho público o de derecho privado.

Estas distinciones se recogen, además, en otras normas constitucionales. En cuanto a la forma jurídica de las personas jurídicas, el artículo 322 de la Constitución, al señalar que la seguridad de la Nación es competencia esencial y responsabilidad del Estado, indica que aquélla se fundamenta en el desarrollo integral la Nación y que su defensa es responsabilidad de los venezolanos y de las "personas naturales y jurídicas, tanto de derecho público como de derecho privado" que se encuentren en el espacio geográfico nacional. Por otra parte, en los artículos 159 y 168 se atribuye expresamente personalidad jurídica a los Estados y Municipios como personas de derecho público territoriales; en los artículos 142 y 149,1 se regulan los "institutos autónomos" como personas jurídicas de derecho público institucionales y el artículo 318 califica expresamente al Banco Central de Venezuela como "persona jurídica de derecho público".

En cuanto a la pertenencia de las personas jurídicas al Estado o al sector público, el artículo 190, al regular las incompatibilidades de los diputados a la Asamblea Nacional, precisa, entre otros aspectos, que no pueden ser propietarios, administradores o directores de empresas "que contraten con personas jurídicas *estatales*". Por otra parte, el artículo 180, al regular la inmunidad tributaria de los entes o personas jurídicas político territoriales (República, Estados y Municipios) entre sí, señala que las inmunidades frente a la potestad impositiva de los Municipios a favor de los demás entes político territoriales "se extiende sólo a las personas jurídicas estatales creados por ellos". Además, el artículo 289, al regular las atribuciones de la Contraloría General de la República, precisa la competencia de este órgano para realizar inspecciones y fiscalizaciones respecto de "las personas jurídicas del sector público".

De toda esta normativa constitucional deriva, por tanto, como ya hemos señalado, que la expresión genérica de "Estado" comprende a todas las personas jurídicas que en el orden interno y en la organización política del Estado federal se consideran como parte del mismo, conforme a los tres niveles de distribución territorial del Poder Público: nacional, estadal y municipal.

12 Véase lo expuesto en Allan R. Brewer-Carías "La distinción entre las personas públicas y las personas privadas y el sentido actual de la clasificación de los sujetos de derecho", en *Revista Argentina de Derecho Administrativo*, N° 12, Buenos Aires, 1977, pp. 15 a 29; en Revista de la Facultad de Derecho, UCV, N° 57, Caracas 1976, pp. 115 a 135; y en *Fundamentos de la Administración Pública*, Caracas, 1980, pp. 223 a 248.

Se establecen así, en la Constitución, como hemos indicado, dos clasificaciones respecto de las personas jurídicas. La primera, que distingue entre las personas jurídicas estadales, que forman parte de la organización general del Estado en sus tres niveles territoriales o, si se quiere del sector público; y las personas jurídicas no estatales, que no forman parte del Estado o del sector público; y la segunda, que distingue, según la forma jurídica que adoptan las personas jurídicas, entre personas jurídicas de derecho público, como los institutos autónomos, y personas jurídicas de derecho privado, como las sociedades anónimas del Estado (empresas del Estado, o "empresas públicas" conforme las denominan los artículos 189,1 y 184,4, respectivamente, de la Constitución).

Ahora bien, en virtud de que la Constitución se refiere a las personas jurídicas estatales y a las personas jurídicas de derecho público, como objeto de regulación por el derecho administrativo, ello nos conduce a que tengamos que plantear la interrogante de si dichas personas estatales o las personas de derecho público coinciden o no con lo que de acuerdo a la terminología usada con frecuencia, se ha denominado “personas públicas” por oposición a las “personas privadas”.

Ésta, en efecto, puede considerarse como una distinción de las personas jurídicas que pudo haber tenido aplicación hasta comienzos del siglo pasado, cuando no existía la diversidad de entes administrativos que conforman la Administración Pública contemporánea. Por ello, la Constitución de 1999, debido al universo de las entidades que con personalidad jurídica actúan en el mundo contemporáneo, ha desechado la clásica distinción entre personas públicas y personas privadas por resultar insuficiente para clasificarlas.

El proceso de publicización del campo de lo privado, tan característico de la ruptura de los moldes clásicos del Estado liberal abstencionista; y la privatización jurídica del campo de lo público, por la tendencia creciente del Estado de despojarse de su *imperium*, han provocado la obsolescencia y, a veces, imposibilidad de aquella distinción otrora simple[13].

En efecto, esa distinción identificaba la “persona pública” con las organizaciones integradas al Estado (inicialmente las personas territoriales y posteriormente, los establecimientos públicos) que adoptaban solamente las formas jurídicas originarias del derecho público (instituto autónomo, por ejemplo) y que, como consecuencia, estaban regidas por el derecho público; y en el mismo sentido, identificaba a las personas privadas con las organizaciones establecidas por los particulares (sociedades y fundaciones), que adoptaban solamente las formas jurídicas originarias del derecho privado (compañía anónima, por ejemplo) y que, como consecuencia, estaban regidas por el derecho privado.

La realidad jurídica actual, por el contrario, muestra que esa distinción tradicional se ha roto totalmente, al menos con relación a los elementos que le daban sentido[14].

---

13 Véase Allan R. Brewer-Carías, “La interaplicación del Derecho Público y del Derecho Privado a la Administración Pública y el proceso de huida y recuperación del Derecho Administrativo” en *Las formas de la actividad administrativa. II Jornadas Internacionales de Derecho Administrativo Allan Randolph Brewer-Carías, Caracas, 1996,* Fundación Estudios de Derecho Administrativo (FUNEDA), Caracas 1996, pp. 23 a 73.

14 Véase lo expuesto en Allan R. Brewer-Carías "La distinción entre las personas públicas y las personas privadas y el sentido actual de la clasificación de los sujetos de derecho", citado en Nota 6.

III. RÉGIMEN DEL EJERCICIO DEL PODER PÚBLICO EN LOS TRES NIVELES TERRITORIALES

1. *Principios generales*

En el Capítulo I (Disposiciones Fundamentales) del Título IV (Del Poder Público) de la Constitución, se pueden identificar un conjunto de principios generales y de tradición constitucional que se aplican a todas las ramas del Poder Público Nacional, estadal y Municipal)[15].

A. *El principio de legalidad*

Ante todo esta el principio de legalidad que deriva del artículo 137 de la Constitución (con similar redacción a la del artículo 117 de la Constitución de 1961) que dispone:

> La Constitución y la Ley definirán las atribuciones de los órganos que ejercen el Poder Público, a las cuales deben sujetarse las actividades que realicen.

De esta nueva redacción se debe destacar que no se habla de "atribuciones del Poder Público", lo cual era impropio, ya que el Poder Público es una potestad constitucional y no un órgano; y en su lugar, como lo propusimos[16] se habla de "las atribuciones de los órganos que ejercen el Poder Público", cuyas actividades son las que deben sujetarse a la Constitución y a las leyes.

El principio de la legalidad o de conformidad con el derecho, por tanto, implica que las actividades que realicen los órganos que ejercen el Poder Público deben someterse a la Constitución y a las leyes[17], por lo que las actividades contrarias al derecho están sometidas al control tanto de la jurisdicción constitucional (art. 334) como de la jurisdicción contencioso-administrativa (art. 259).

Sobre el principio de legalidad la Sala Constitucional del Tribunal Supremo en sentencia N° 271 de 25 de abril de 2002 (Caso: *José G. Rossi G.*) sentó los siguientes criterios:

> En sus inicios, el principio de la legalidad se funda en el concepto de ley, proclamado por Rousseau, cuya concepción de la ley como expresión del querer o consentimiento del conglomerado va a funcionalizar la Revolución francesa, al tiempo que da sustento al llamado desde entonces Poder Legislativo. El carácter superior de la ley significa que nada fuera de la Constitución puede limitarla, y que tiene, en consecuencia, primacía sobre los actos emanados de los demás poderes, pues toda la cons-

15 Véase en general, Véase Alfonso Rivas Quintero, *Derecho Constitucional,*Paredes Editores, Valencia-Venezuela, 2002, pp. 273 y ss.; y Ricardo Combellas, *Derecho Constitucional: una introducción al estudio de la Constitución de la República Bolivariana de Venezuela,* Mc Graw Hill, Caracas, 2001, pp. 111 y ss.

16 Véase Allan R. Brewer-Carías, *Debate Constituyente (Aportes a la Asamblea Nacional Constituyente),* Tomo II, *op. cit.* pp. 172 y 173.

17 Véase en general, Carlos L. Carrillo Artiles, "La ampliación cuantitativa del principio de la legalidad en la Constitución de 1999", en *El Derecho Público a comienzos del siglo XXI. Estudios homenaje al Profesor Allan R. Brewer-Carías,* Tomo II, Instituto de Derecho Público, UCV, Civitas Ediciones, Madrid, 2003, pp. 1359-1371.

trucción técnica de la misma está encaminada a garantizarle una superioridad en la creación del derecho.

Esta concepción de la ley como acto vinculante para los factores formalizados de poder en un Estado determinado, en razón del principio de mantenimiento de la regularidad de la actuación de los órganos públicos, se extiende a todo acto normativo que emane de órganos distintos al propio cuerpo legislador nacional, por lo que la subordinación al derecho de los actos del poder público debe entenderse frente a todo el ordenamiento jurídico, del cual forman parte los reglamentos, ordenanzas y demás actos normativos.

La concreción de este principio de la legalidad aplicado a la Administración ha sido destacado en innumerables ocasiones por el máximo tribunal de la República. Así, en su oportunidad, la Corte Federal expresó al respecto lo siguiente:

> El Estado de Derecho de los regímenes democráticos no puede funcionar cabalmente con mengua del principio de la legalidad, según el cual todos los actos de la administración pública han de ser cumplidos o realizados dentro de las normas preestablecidas por la autoridad competente". (Decisión de 09-08-57, Gaceta Forense, 2ª Etapa, N° 17, pág. 132).

En otra decisión, la misma Corte Federal dejó sentado lo que sigue:

> Todas las actividades de la autoridad administrativa deben ceñirse a reglas o normas preestablecidas. De ahí el principio de legalidad de los actos administrativos, según el cual éstos carecen de vida jurídica, no sólo cuando les falta como fuente primaria un texto legal, sino también cuando no son ejecutados en los límites y dentro del marco señalado de antemano por la ley". (Decisión de 17-07-53, *Gaceta Forense*, 2° etapa, N° 1, pág. 151)[18]

B. *La nulidad de los actos emanados de la autoridad usurpada*

Siguiendo la tradición constitucional venezolana y con la misma redacción del artículo 119 de la Constitución de 1961, el artículo 138 precisa que "Toda autoridad usurpada es ineficaz y sus actos son nulos"[19].

El supuesto de usurpación de autoridad, que es más grave que una incompetencia, apunta al hecho de que una persona no investida de autoridad, ejerza una función que corresponde a un órgano estatal. Es una incompetencia constitucional que acarrea la nulidad absoluta de los actos que dicte el usurpador. Se distingue, así la usurpación de autoridad de otros vicios de incompetencia constitucional, como la usurpación de funciones[20].

En la Constitución de 1999, sin embargo, se eliminó otra norma de larga tradición constitucional que tiene su origen en las Constituciones del Siglo pasado, que establecía un supuesto de nulidad de actos estatales viciados en la manifestación de

---

18 Véase en *Revista de Derecho Público,* N° 82, (abril-junio), Editorial Jurídica Venezolana, Caracas, 2000, pp. 412 y ss.

19 Véase en general, Alfonso Rivas Quintero, *Derecho Constitucional,* Paredes Editores, Valencia-Venezuela, 2002, pp. 274 y ss.; e Hildegard Rondón de Sansó, *Análisis de la Constitución venezolana de 1999,* Editorial Ex Libris, Caracas, 2001, p. 113.

20 Véase sobre estos vicios Allan R. Brewer-Carías, *Las Instituciones Fundamentales del Derecho Administrativo y la Jurisprudencia Venezolana,* Universidad Central de Venezuela, Caracas, 1964, p. 59.

voluntad emitida bajo violencia y que estaba contenida en el artículo 120 de la Constitución de 1961, con el siguiente texto:

> Es nula toda decisión acordada por requisición directa o indirecta de la fuerza, o por reunión de individuos en actitud subversiva.

C. *Responsabilidad de los funcionarios*

El artículo 139 de la Constitución, por otra parte, recoge otra norma tradicional de nuestro constitucionalismo que establece el principio de la responsabilidad individual de los funcionarios públicos en el ejercicio del Poder Público[21]., al establecer que:

> El ejercicio del Poder Público acarrea responsabilidad individual por abuso o desviación de poder o por violación de esta Constitución o de la Ley.

Recoge la norma el principio del artículo 121 de la Constitución de 1961, pero agregando el concepto de desviación de poder a los supuestos que generan responsabilidad del funcionario.

En consecuencia, la responsabilidad de los funcionarios que causen daños al ejercer el Poder Público, se puede originar cuando ello ocurra por abuso de poder, es decir, por el llamado vicio en la causa de los actos estatales (falso supuesto, por ejemplo); por desviación de poder, que es el vicio en la finalidad del acto estatal, al usarse el poder conferido para perseguir fines distintos a los establecidos en la norma atributiva de competencia; y en general, por violación de la Constitución o de la Ley, es decir, en general, por contrariedad al derecho[22].

D. *Responsabilidad patrimonial del Estado*

Una de las innovaciones importantes de la Constitución de 1999 en materia de régimen general del ejercicio del Poder Público, es la previsión expresa del principio de la responsabilidad patrimonial del Estado; es decir, de las personas jurídicas estatales, básicamente la que resultan de la distribución vertical del Poder Público (Repúblicas, Estados y de Municipios), por los daños y perjuicios que causen los funcionarios en ejercicio de sus funciones.

En la Constitución de 1961 el principio de la responsabilidad del Estado, por supuesto, que se deducía de la previsión del artículo 47 de que establecía que las personas no podían pretender que los entes estatales los indemnizaren sino por daños causados por "autoridades legítimas en ejercicio de su función pública"; y del artículo 206, que regulaba la jurisdicción contencioso administrativa (equivalente al ar-

---

21 Véase en general, Jesús Caballero Ortiz, "Consideraciones fundamentales sobre la responsabilidad administrativa en Francia y en España y su recepción en la Constitución venezolana de 1999", en *Estudios de Derecho Público: Libro Homenaje a Humberto J. La Roche Rincón,* Volumen II. Tribunal Supremo de Justicia, Caracas, 2001, pp. 255-271; Luis A. Ortiz-Álvarez, "La responsabilidad patrimonial del Estado y de los funcionarios públicos en la Constitución de 1999", en *Estudios de Derecho Administrativo: Libro Homenaje a la Universidad Central de Venezuela,* Volumen II. Imprenta Nacional, Caracas, 2001, pp. 149-208; Alfonso Rivas Quintero, *Derecho Constitucional,* Paredes Editores, Valencia-Venezuela, 2002, pp. 203 y ss., 275 y ss.; e Hildegard Rondón de Sansó, *Análisis de la Constitución venezolana de 1999,* Editorial Ex Libris, Caracas, 2001, pp. 114-115.

22 Sobre estos vicios véase, Allan R. Brewer-Carías, *Estado de Derecho y Control Judicial,* Instituto Nacional de Administración Pública, Madrid 1987, pp. 528 y ss.

tículo 259 de la Constitución de 1999), al atribuirle a los tribunales de dicha jurisdicción, competencia para dictar sentencias de condena "al pago de sumas de dinero y a la reparación de daños y perjuicios originados en responsabilidad de la Administración".

A propuesta nuestra[23] se incluyó en la nueva Constitución una norma expresa en la materia, con el siguiente texto:

> *Artículo 140:* El Estado responderá patrimonialmente por los daños que sufran los particulares en cualquiera de sus bienes y derechos, siempre que la lesión sea imputable al funcionamiento de la Administración Pública.

La expresión "funcionamiento de la Administración Pública", de carácter muy genérico, permite que la responsabilidad del Estado se origine cuando la lesión se derive del funcionamiento normal o anormal de los servicios públicos a cargo del Estado o en general, de la actividad administrativa realizada por la Administración Pública, como estructura orgánica[24].

Se observa, ante todo, que conforme a este artículo, la responsabilidad es del "Estado", es decir, de las personas jurídicas estatales en particular, de la República, de los Estados y de los Municipios en sus respectivos niveles territoriales, por el funcionamiento de sus Administraciones Públicas.

Ahora bien, en cuanto a la expresión "Administración Pública" utilizada en este artículo, en todo caso, debe interpretarse conforme se utiliza la expresión en el Título IV de la Constitución, donde está ubicada, abarcando no sólo la Administración Pública conformada por los órganos que ejercen el Poder Ejecutivo, en los y tres niveles político territoriales, sino la conformada por los órganos que ejercen el Poder Ciudadano y el Poder Electoral, así como la Administración Pública que constituye la Dirección Ejecutiva de la Magistratura del Tribunal Supremo de Justicia y las unidades administrativas de la Asamblea Nacional.

---

23 Véase Allan R. Brewer-Carías, *Debate Constituyente,* Tomo II, *op. cit.,* pp. 184 y ss.

24 Véase en general, Luis Ortiz Álvarez, *La Responsabilidad Patrimonial de la Administración Pública,* Caracas, 1995; Margarita Escudero León, "Reflexiones sobre la ejecución de sentencias que condenan al Estado al pago de sumas de dinero", en *El Derecho Público a comienzos del siglo XXI. Estudios homenaje al Profesor Allan R. Brewer-Carías,* Tomo II, Instituto de Derecho Público, UCV, Civitas Ediciones, Madrid, 2003, pp. 2310-2329; María E. Soto, "Régimen constitucional de la responsabilidad extracontractual de la Administración Pública", en *Revista LEX NOVA del Colegio de Abogados del Estado Zulia,* N° 239, Maracaibo, 2001, pp. 49-72; Luis A. Ortiz-Álvarez, "La responsabilidad patrimonial del Estado y de los funcionarios públicos en la Constitución de 1999", en *Estudios de Derecho Administrativo: Libro Homenaje a la Universidad Central de Venezuela,* Volumen II, Imprenta Nacional, Caracas, 2001, pp. 149-208; Ana C. Núñez Machado, "La nueva Constitución y la responsabilidad patrimonial del Estado", en *Comentarios a la Constitución de la República Bolivariana de Venezuela",* Vadell Hermanos Editores, Caracas, 2000, pp. 35-64; Abdón Sánchez Noguera, "La responsabilidad del Estado por el ejercicio de la función jurisdiccional en la Constitución venezolana de 1999", en *Revista Tachirense de Derecho,* N° 12 (enero-diciembre). Universidad Católica del Táchira, San Cristóbal, 2000, pp. 55-74; Luis Ortiz-Álvarez, "La responsabilidad patrimonial del Estado y de los funcionarios públicos en la Constitución de 1999", en *Revista de Derecho Constitucional,* N° 1 (septiembre-diciembre), Editorial Sherwood, Caracas, 1999, pp. 267-312; Ana C. Núñez Machado, "Reflexiones sobre la interpretación constitucional y el artículo 140 de la Constitución sobre responsabilidad patrimonial del Estado", en *Revista de Derecho Administrativo,* N° 15 (mayo-diciembre), Editorial Sherwood, Caracas, 2002, pp. 207-222; Alfonso Rivas Quintero, *Derecho Constitucional,* Paredes Editores, Valencia-Venezuela, 2002, pp. 276 y ss; e Hildegard Rondón de Sansó, *Análisis de la Constitución venezolana de 1999,* Editorial Ex Libris, Caracas, 2001, pp. 115-116.

La redacción de la norma, sin embargo, podría plantear dudas sobre su aplicación a los casos de responsabilidad del Estado legislador, causada, por ejemplo, al sancionar una ley, la cual sin embargo, deriva de los principios generales del derecho público[25]. En cuanto a la responsabilidad del Estado por actos judiciales o de los jueces, ésta, sin embargo, sí está regulada expresamente en los artículos 49,8 y 255 de la Constitución.

El principio de la responsabilidad patrimonial del Estado, por la actividad de la Administración Pública, por otra parte, lo reitera el artículo 14 de la LOAP, que: aún cuando en forma impropia al disponer y la responsabilidad patrimonial sería de la "Administración Pública", cuando esta no es sujeto de derecho ni persona jurídica. La norma, en efecto, señala:

> La Administración Pública será responsable ante los particulares por la gestión de sus respectivos órganos, de conformidad con la Constitución de la República Bolivariana de Venezuela y la ley, sin perjuicio de la responsabilidad que corresponda a los funcionarios por su actuación.
>
> La Administración Pública responderá patrimonialmente por los daños que sufran los particulares, siempre que la lesión sea imputable a su funciona-miento.

La "Administración Pública", en efecto, no puede ser responsable pues no es un sujeto de derecho; la responsabilidad es de las personas jurídicas estatales político-territoriales, (República, Estado, Municipios, Distritos Metropolitana), o descentralizadas (*p.e.*, institutos autónomos) que la Constitución comprende en la expresión "Estado".

La Sala Constitucional ha sentado criterio de que la Constitución de 1999 establece un régimen amplio, integral y objetivo de la responsabilidad patrimonial del Estado que se erige en garantía de los particulares frente a las actuaciones dañosas de la Administración, mucho más amplio del establecido en la Constitución de 1961, del cual "no cabe duda que dicha responsabilidad debe ser apreciada de manera objetiva descartándose la culpa del funcionario como fundamento único del sistema indemnizatorio". En consecuencia, la Sala apartándose del criterio restringido que había sido establecido por la Sala Político Administrativa en sentencia Nº 943 de 15-05-2001, en la sentencia Nº 2818 de 19-11-2002 (Caso: *Ramón Oscar Carmona Vásquez*), estableció que "la responsabilidad patrimonial del Estado no debe ser considerada como una garantía en favor de los entes públicos; por el contrario, su consagración constitucional exige que la misma sea interpretada por los jueces en sentido amplio y progresista como una garantía patrimonial del administrado frente a las actuaciones de la Administración generadoras de daño"[26]. Además, en dicha sentencia la Sala dispuso lo siguiente:

> La nueva Constitución de la República Bolivariana de Venezuela de 1999, acorde con el modelo de Estado Democrático y Social de Derecho y de Justicia proclamado en su artículo 2, y en correlación con el carácter de gobierno responsable que los

25 Véase Carlos A. Urdaneta Sandoval, "El Estado venezolano y el fundamento de su responsabilidad patrimonial extracontractual por el ejercicio de la función legislativa a la luz de la Constitución de 1999", en *Revista de Derecho Constitucional*, Nº 5 (julio-diciembre), Editorial Sherwood, Caracas, 2001, pp. 247-301;

26 Véase en *Revista de Derecho Público*, Nº 89-92, Editorial Jurídica Venezolana, Caracas, 2002, pp. 113 y ss.

artículos 6 y 141 *ejusdem* atribuyen al Estado administrador, consagra un sistema integral de responsabilidad patrimonial del Estado, y así se recoge en la Exposición de Motivos cuando se señala expresamente que: "...se establece bajo una perspectiva de derecho público moderna la obligación directa del Estado de responder patrimonialmente por los daños que sufran los particulares en cualquiera de sus bienes y derechos, siempre que la lesión sea imputable al funcionamiento, normal o anormal, de los servicios públicos y por cualesquiera actividades públicas, administrativas, judiciales, legislativas, ciudadanas o electorales, de los entes públicos o incluso de personas privadas en ejercicio de tales funciones".

Es así, como los artículos 25,29, 30,140, 259, 46 numeral 4, 49 numeral 8, 115,139, 141,199, 216, 222, 232, 244, 255, 281, y 285 de la novísima Constitución de la República Bolivariana de Venezuela permiten configurar el régimen básico de responsabilidad integral del Estado venezolano, el cual abarca todos los daños ocasionados por cualesquiera sea la actividad derivada del ejercicio del Poder Público[27].

2. *El régimen de la Administración Pública*

A. *Ámbito de la Administración Pública*

Como hemos señalado, la Constitución de 1999 contiene un extenso Título IV relativo al "Poder Público", cuyas normas se aplican a todos los órganos que ejercen el Poder Público tal como lo indica el artículo 136: en su distribución vertical o territorial (Poder Municipal, Poder Estadal y Poder Nacional); y, en el nivel Nacional, en su distribución horizontal (Legislativo, Ejecutivo, Judicial, Ciudadano y Electoral)[28].

En dicho Título se incorporó una sección relativa a la Administración Pública[29], cuyas normas, desarrolladas inicialmente en la Ley Orgánica de la Administración Pública de 2001[30], reformada en 2008, [31] se aplican a todos los órganos y entes que

27 *Idem.*

28 Véase nuestra propuesta sobre este título en Allan R. Brewer-Carías, *Debate Constituyente (Aportes a la Asamblea Nacional Constituyente),* Tomo II, (9 sept.-17 oct. 1999), Fundación de Derecho Público-Editorial Jurídica Venezolana, Caracas 1999, pp. 159 y ss.

29 Véase en general, Antonieta Garrido de Cárdenas, "La Administración Pública Nacional y su organización administrativa en la Constitución de 1999", en: *Estudios de Derecho Administrativo: Libro Homenaje a la Universidad Central de Venezuela,* Volumen I, Imprenta Nacional, Caracas, 2001, pp. 427.471; Alfonso Rivas Quintero, *Derecho Constitucional,* Paredes Editores, Valencia-Venezuela, 2002, pp. 277 y ss.; Ricardo Combellas, *Derecho Constitucional: una introducción al estudio de la Constitución de la República Bolivariana de Venezuela,* Mc Graw Hill, Caracas, 2001, pp. 112 y ss.; e Hildegard Rondón de Sansó, *Análisis de la Constitución venezolana de 1999,* Editorial Ex Libris, Caracas, 2001, pp. 116 y ss.

30 Véase en *G.O.* N° 37.305 de 17-10-2001. Esta Ley Orgánica sólo derogó expresamente la Ley Orgánica de la Administración Central, cuya última reforma había sido la hecha mediante Decreto-Ley N° 369 de 14-9-99, en *Gaceta Oficial* N° 36.850 de 14-12-99. Véase en general, Allan R. Brewer-Carías "Introducción General al régimen jurídico de la Administración Pública", en Allan R. Brewer-Carías y Rafael Chavero Gazdik, *Ley Orgánica de la Administración Pública,* Colección Textos Legislativos, N° 24, 1ª edición, Editorial Jurídica Venezolana, Caracas 2002, pp. 7-91. Véase Gustavo Briceño Vivas, "Principios constitucionales que rigen la Administración en la nueva Ley Orgánica de la Administración Pública", *Temas de derecho administrativo, Libro Homenaje a Gonzalo Pérez Luciani,* Vol. I, Tribunal Supremo de Justicia, Colección Libros Homenaje, N° 7, Caracas, 2002, pp. 351 a 372.

ejercen esos Poderes Públicos. De allí que lo primero que debe determinarse es cuáles son los órganos estatales que ejercen el Poder Público y que pueden considerarse como tal "Administración Pública".

Ante todo, por supuesto, están los órganos de los diversos niveles del Poder Público (Nacional, Estadal y Municipal) que ejercen el Poder Ejecutivo. En consecuencia, las normas que contiene la sección se aplican a todas las "Administraciones Públicas" *ejecutivas* de la República (administración pública nacional), de los Estados (administración pública estadal), de los Municipios (administración pública municipal) y de las otras entidades políticas territoriales que establece el artículo 16 de la Constitución, entre las cuales se destacan los Distritos Metropolitanos cuyos órganos ejercen el Poder Municipal.

Pero la Administración Pública del Estado venezolano, en los tres niveles territoriales de distribución vertical del Poder Público, no se agota en los órganos y entes de la Administración Pública *ejecutiva* (que ejercen el Poder Ejecutivo), pues también comprende los otros órganos de los Poderes Públicos que desarrollan las funciones del Estado de carácter sublegal. En tal sentido, en el nivel nacional, los órganos que ejercen el Poder Ciudadano (Fiscalía General de la República, Contraloría General de la República y Defensoría del Pueblo) y el Poder Electoral (Consejo Nacional Electoral), sin la menor duda, son órganos que integran la Administración Pública del Estado, organizados con autonomía funcional respecto de los órganos que ejercen otros poderes del Estado. En cuanto a los órganos que ejercen el Poder Judicial, los que conforman la Dirección Ejecutiva de la Magistratura mediante la cual el Tribunal Supremo de Justicia ejerce la dirección, gobierno y administración del Poder Judicial, también son parte de la Administración Pública del Estado.

En consecuencia, en los términos de la sección segunda del Título IV de la Constitución, la Administración Pública del Estado no sólo está conformada por órganos que ejercen el Poder Ejecutivo, sino por los órganos que ejercen el Poder Ciudadano y el Poder Electoral, y por la Dirección Ejecutiva de la Magistratura que en ejercicio del Poder Judicial tiene a su cargo la dirección, el gobierno y la administración del Poder Judicial[32].

Para desarrollar los principios constitucionales relativos a la Administración Pública, como se ha dicho, se ha dictado la Ley Orgánica de la Administración Pública (en lo adelante LOAP), la cual, como lo indica su artículo 1°, tiene por objeto general:

1°) Establecer los principios y bases que rigen la organización y el funcionamiento de la Administración Pública;

---

31 Véase Decreto N° 6.217 15-07-2008, *Gaceta Oficial* N° 5890 Extraordinario de 31-07-2008. Véase en general, Allan R. Brewer-Carías, "Introducción general al régimen jurídico de la Administración Pública", en Allan R. Brewer-Carías (Coordinador y Editor), Rafael Chavero Gazdik y Jesús María Alvarado Andrade, *Ley Orgánica de la Administración Pública, Decreto Ley N° 4317 de 15-07-2008,* Colección Textos Legislativos, N° 24, 4ª edición actualizada, Editorial Jurídica Venezolana, Caracas 2009, 7-103.

32 Véase en general, Allan R. Brewer-Carías, *Principios del Régimen Jurídico de la Organización Administrativa Venezolana*, Caracas 1994, pp. 11 y 53.

2°) Establecer los principios y lineamientos de la organización y funcionamiento de la Administración Pública Nacional y de la administración descentralizada funcionalmente;[33]

3°) Regular los compromisos de gestión;

4°) Crear mecanismos para promover la participación y el control sobre las políticas y resultados públicos; y

5°) Establecer las normas básicas sobre los archivos y registros públicos.

Siendo una ley nacional, por supuesto, sus disposiciones son básicamente "aplicables a la Administración Pública Nacional" (art. 2). La Ley, sin embargo, no define qué ha de entenderse por ello; pero de su normativa se deduce que abarca la Administración Pública que conforman los órganos que ejercen el Poder Ejecutivo Nacional y aquéllos que conforman la Administración Pública nacional descentralizada sometida al control de aquél, con forma de derecho público.

En la Ley Orgánica de 2001, sin embargo, siendo una ley nacional, sus disposiciones eran básicamente "aplicables a la Administración Pública Nacional" (art. 2), deduciéndose de su normativa que tal concepto abarcaba la Administración Pública que conformaban los órganos que ejercía el Poder Ejecutivo Nacional y aquéllos que conformaban la Administración Pública nacional descentralizada sometida al control de aquél, con forma de derecho público. En cuanto a la Administración Pública que conformaban los demás órganos del Poder Público Nacional, es decir, los que a nivel nacional ejercían el Poder Judicial, el Poder Ciudadano y el Poder Electoral, las disposiciones de la Ley Orgánica de 2001 sólo se les aplicaban "supletoriamente" (art. 2). En cuanto a los órganos que ejercían el Poder Legislativo, respecto de las funciones administrativas que realizasen, conforme al artículo 2 de la Ley Orgánica, también se les podían aplicar sus disposiciones supletoriamente.

En relación con los órganos de los Poderes Públicos que derivan de la distribución territorial del Poder Público, conforme al artículo 2 de la LOAP de 2001, "los principios y normas (de la Ley Orgánica) que se refieran en general a la Administración Pública, o expresamente a los Estados, Distritos metropolitanos y Municipios, serán de obligatoria observancia por éstos, quienes desarrollarán los mismos dentro del ámbito de sus respectivas competencias". Con ello, se respetaba la autonomía administrativa de los Estados y Municipios, y de sus propias Administraciones Públicas, que debía ejercerse dentro de un marco legal común. En cuanto a las demás regulaciones de la Ley Orgánica, regía el mismo principio de su posible aplicación supletoria a las Administraciones Públicas de los Estados y Municipios (art. 2).

La Ley Orgánica de 2008, en cambio, centralizó todo en una sola Administración Pública, "nacionalizando" totalmente el régimen de la misma, al disponer que sus normas se aplican a la Administración Pública que abarca los tres niveles de distribución vertical del poder, es decir, "incluidos los estados, distritos metropolitanos y municipios, quienes deberán desarrollar su contenido dentro del ámbito de sus respectivas competencias" (art. 2). Además, centraliza totalmente la Administración Pública, al someterla (incluyendo la de los Estados y Municipios) a los lineamientos dictados por

---

33 En cuanto a los dos objetos indicados en los ordinales 1 y 2 del artículo 1° de la Ley Orgánica, ésta en términos generales recogió todos los principios que estudiamos en Allan R. Brewer-Carías, *Principios del Régimen Jurídico de la Organización... cit.*, pp. 35 y ss.

la Comisión Nacional de Planificación o conforme con la planificación centralizada (arts. 15, 18, 23, 32, 44, 48, 60, 77, 84, 91, 99, 119, 121, 131), a la dirección del Presidente de la República (art. 46) y a la coordinación del Vicepresidente de la República (art. 48,3). Es decir, la Ley Orgánica de 2008 no es que establece un régimen normativo común para todas las administraciones públicas, sino que regula una sola Administración Pública, totalmente centralizada, sin que los Gobernadores y Alcaldes tengan autonomía alguna en sus Administraciones Públicas, ya que las mismas están bajo la dirección del Presidente de la República, la coordinación del Vicepresidente ejecutivo y sometidas a los lineamientos de la planificación centralizada a cargo de una Comisión Central de Planificación que es un órgano de coordinación y control nacional.

Por otra parte, en cuanto al carácter supletorio de la Ley, sólo se refiere a las Administraciones de los demás órganos del Poder Público nacional, al disponer que "las disposiciones de la presente Ley se aplicarán supletoriamente a los demás órganos y entes del Poder Público" (art. 2).

El universo de la Administración Pública conforme a la LOAP de 2001 englobaba dos tipos de organizaciones, los "órganos y entes" que se constituían en los componentes organizativos esenciales de la misma. Los "órganos" eran los que tradicionalmente conformaban lo que se denominaba "Administración Central," y los "entes," los que tradicionalmente conformaban la "Administración descentralizada," cada uno con personalidad jurídica propia.

La LOAP de 2008 retiene dicha clasificación, pero agrega una categoría más que son las "misiones", regulándose así, por primera vez legislativamente, una forma de organización administrativa "sin forma" organizativa precisa, que desde 2003 se ha venido utilizando para atender programas específicos de la Administración Pública.

Dichas "misiones" como integrando la Administración Pública, incluso se pretendieron incorporar en el proyecto de Reforma Constitucional de 2007 que fue rechazado por el pueblo en el referendo de diciembre de 2007,[34] en la cual se propuso una nueva redacción del artículo 141 constitucional, que pasaba de regular un régimen universal aplicable a toda "la Administración Pública," a establecer varias "administraciones públicas", las cuales, incluso, contra toda técnica legislativa, se las buscaba "clasificar" en la propia Constitución en las siguientes dos "categorías": "las administraciones públicas burocráticas o tradicionales, que son las que atienden a las estructuras previstas y reguladas en esta Constitución"; y "las misiones, constituidas por organizaciones de variada naturaleza, creadas para atender a la satisfacción de las más sentidas y urgentes necesidades de la población, cuya prestación exige de la aplicación de sistemas excepcionales, e incluso, experimentales, los cuales serán establecidos por el Poder Ejecutivo mediante reglamentos organizativos y funcionales".

Es decir, con el rechazado proyecto de reforma constitucional de 2007, en lugar de corregirse el descalabro administrativo que se había producido en los últimos años por el desorden organizativo y la indisciplina presupuestaria derivada de fondos asignados a programas específicos del gobierno denominados "misiones", concebidos en general fuera del marco de la organización general del Estado, lo que se buscaba hacer era constitucionalizar dicho desorden administrativo, calificándose a

34 Véase Allan R. Brewer-Carías, *La Reforma Constitucional de 2007 (Comentarios al proyecto inconstitucionalmente sancionado por la Asamblea Nacional el 2 de noviembre de 2007)*, Editorial Jurídica Venezolana, Caracas 2007.

las estructuras administrativas del Estado como "burocráticas o tradicionales", renunciando a que las mismas fueran reformadas para convertirlas en instrumentos para que, precisamente, pudieran atender a la satisfacción de las más sentidas y urgentes necesidades de la población.

Ahora, con la reforma de la LOAP de 2008, se ha regularizado legislativamente a las "misiones" pero precisamente para no regularlas, pues la Ley, como se verá, se destina íntegramente a regular exclusivamente a los "órganos y entes", dejando fuera de sus regulaciones a las "misiones," estando sin embargo, todas en común, solo sujetas a "los lineamientos dictados conforme a la planificación centralizada" (art. 15).

En efecto, en el artículo 15 de la Ley, que se refiere al ejercicio por los titulares respectivos de la potestad organizativa, es decir, de la potestad de crear, modificar y suprimir organizaciones, se definen las siguientes tres organizaciones que ahora forman el universo de la Administración Pública:

En *primer lugar*, están los "entes" que son todas las organizaciones administrativas descentralizadas funcionalmente con personalidad jurídica (se entiende, distinta de la república, de los Estados y Municipios). Ello sin embargo, no implica "autonomía" alguna (concepto que materialmente ha desaparecido de la Ley de 2008), pues se dispone expresamente que están "sujetos al control, evaluación y seguimiento de sus actuaciones por parte de sus órganos rectores, de adscripción y de la Comisión Central de Planificación."

En *segundo lugar*, están los "órganos", que son las unidades administrativas "de la República, de los Estados, de los Distritos metropolitanos y de los municipios, a los que se les atribuyan funciones que tengan efectos jurídicos frente a terceros, o cuya actuación tenga carácter regulatorio".

En *tercer lugar*, están las "misiones", que "son aquellas creadas con la finalidad de satisfacer las necesidades fundamentales y urgentes de la población, " lo que es redundante con las anteriores, pues tanto los órganos como los entes de la Administración Pública en general, por esencia, tienen por objeto la realización de actividades que tienen que ver con la satisfacción de necesidades fundamentales y urgentes de la población.

Se ha establecido, así, en la Ley, una distinción entre una Administración Pública "tradicional" conformada por órganos y entes que es la regulada precisamente en la LOAP, y otra Administración Pública conformada por las misiones, destinada "a atender a la satisfacción de las necesidades fundamentales y urgentes de la población", como si la primera no tuviera esa función, pero con la diferencia de que la primera está sometida estrictamente a todas las prescripciones de la LOAP y la segunda no está sometida a todas dichas previsiones. Es decir, se ha creado una nueva organización en la LOAP para excluirla de su régimen, el cual como se puede apreciar del conjunto de su normativa, en su casi totalidad sólo rige para los "órganos y entes."[35]

Nuestro propósito, en estas notas, es analizar el conjunto de principios que rigen la Administración Pública tal como se han establecido en la Constitución y en la Ley Orgánica. Para ello, analizaremos en primer lugar, los principios fundamentales que

---

35 En igual sentido, las "misiones" también quedan excluidas de la aplicación de la Ley Orgánica de Simplificación de Trámites Administrativos, pues la misma solo se aplica a "los órganos y entes" de la misma (art. 2). *Gaceta Oficial* N° 5.891 *Extraordinaria* de 31-7-2008.

rigen respecto de todos los órganos que ejercen el Poder Público y por tanto, de los que conforman la Administración Pública; en segundo lugar, los principios relativos a la actividad de la Administración Pública; en tercer lugar, los principios relativos a la competencia; en cuarto, quinto, sexto y séptimo lugar, los principios y el régimen de la organización administrativa y de la gestión de los órganos y entes públicos; en octavo lugar, los derechos de los administrados frente a la Administración Pública; y en noveno lugar, el régimen de los archivos públicos y de la documentación administrativa.

B. *Principios fundamentales relativos a la Administración Pública*

Entre los principios fundamentales relativos a la Administración Pública, se destacan aquellos que son comunes a todos los órganos que ejercen el Poder Público, entre los cuales deben mencionarse: el principio de legalidad, el principio de la responsabilidad de los funcionarios y del Estado, y el principio de finalidad de la Administración Pública.

a. *El principio de la legalidad*

El primer principio relativo a la Administración Pública y a todos los órganos del Estado en general, es el principio de legalidad que deriva del artículo 137 de la Constitución, que dispone:

> La Constitución y la Ley definirán las atribuciones de los órganos que ejercen el Poder Público, a las cuales deben sujetarse las actividades que realicen.

Esta norma recoge el principio del artículo 117 de la Constitución de 1961, pero con una nueva redacción, de la cual se debe destacar que no se habla de "atribuciones del Poder Público", lo cual era impropio, ya que el Poder Público es una potestad constitucional y no un órgano; sino de "las atribuciones de los órganos que ejercen el Poder Público", cuyas actividades son las que deben sujetarse a la Constitución y a las leyes.

Este principio de legalidad o de actuación en conformidad con el derecho, por tanto, implica que las actividades que realicen todos los órganos que ejercen el Poder Público y no sólo los que conforman la Administración Pública, deben someterse a la Constitución y a las leyes. La consecuencia de ello, en un Estado de derecho como el que organiza la Constitución de 1999, es que las actividades contrarias al derecho están sometidas al control tanto de la jurisdicción constitucional (art. 334) como de la jurisdicción contencioso administrativa (art. 259), cuyos tribunales pueden anularlos.

En relación con la Administración Pública, la LOAP expresa formalmente el principio, vinculándolo a la competencia, para lo cual, además, precisa la jerarquía de las fuentes del derecho aplicable a la Administración, así:

> *Artículo 4º.* La Administración Pública se organiza y actúa de conformidad con el principio de legalidad, por el cual la asignación, distribución y ejercicio de sus competencias se sujeta a la Constitución de la República Bolivariana de Venezuela, a las leyes y a los actos administrativos de carácter normativo, dictados formal y previamente conforme a la ley, en garantía y protección de las libertades públicas que consagra el régimen democrático a las personas.

Se destaca de esta norma, como se dijo, la indicación formal de la jerarquía de las fuentes del derecho: 1) la Constitución, 2) las leyes y 3) los actos administrativos normativos; y la referencia al principio teleológico de la sumisión a la ley, cuyo fin es la garantía y protección de las libertades públicas propias del régimen democrático. Las fuentes del derecho, además, para ser tales, deben haberse dictado formal y previamente a la actividad que se regule, lo que implica la proscripción de la retroactividad de la ley.

El principio de la legalidad, además, se erige como un principio en el cual se fundamenta la Administración Pública, definiéndose como "el sometimiento pleno a la ley y al derecho" (art. 141), y es una de las misiones fundamentales de los órganos del Poder Ciudadano, consistente en velar por "la aplicación del principio de la legalidad en toda la actividad administrativa del Estado" (art. 274).

Adicionalmente, el artículo 8 de la LOAP recoge la previsión del artículo 7 de la Constitución, y precisa que "todos los funcionarios de la Administración Pública están en la obligación de cumplir y hacer cumplir la Constitución". Toda autoridad, por tanto, deriva y debe ejecutarse conforme a la Constitución.

b. *El principio de la responsabilidad de los funcionarios*

El segundo principio fundamental que rige para todos los órganos del Estado, es decir, que ejercen el Poder Público, y por supuesto, para la Administración Pública, es el regulado en el artículo 139 de la Constitución, que recoge otra norma tradicional de nuestro constitucionalismo, y es el principio de la responsabilidad individual de los funcionarios públicos en el ejercicio del Poder Público. Dispone dicha norma que:

> El ejercicio del Poder Público acarrea responsabilidad individual por abuso o desviación de poder o por violación de esta Constitución o de la Ley.

Esta norma recoge el principio del artículo 121 de la Constitución de 1961, pero agregando a la desviación de poder dentro de los supuestos que generan responsabilidad del funcionario.

En consecuencia, la responsabilidad de los funcionarios cuando en ejercicio del Poder Público causen daños, puede originarse por abuso de poder, es decir, por el llamado vicio en la causa de los actos estatales (falso supuesto, por ejemplo); por desviación de poder, que es el vicio en la finalidad del acto estatal, al usarse el poder conferido para perseguir fines distintos a los establecidos en la norma atributiva de competencia; y en general, por violación de la Constitución o de la Ley, es decir, en general, por contrariedad al derecho.

La Constitución, por otra parte, y también siguiendo una larga tradición de nuestro constitucionalismo, reitera el principio de la responsabilidad de los funcionarios públicos pero, en particular, respecto de los actos que dicten, ordenen o ejecuten, que violen o menoscaben los derechos garantizados constitucionalmente; responsabilidad que puede ser civil, penal y administrativa, sin que pueda servirles de excusa órdenes superiores que reciba el funcionario. (art. 25). Este mismo principio lo repite el artículo 8 de la LOAP, en relación con los funcionarios "de la Administración Pública".

En la Ley de 2001 (art. 10), estos casos, y sin perjuicio del derecho de acceso a la justicia establecido en la Constitución (art. 26) y la ley, se disponía que las personas cuyos derechos humanos hubieran sido violados o menoscabados por un acto u orden de un funcionario público podía, directamente o a través de su representante, acudir ante el Ministerio Público para que éste ejerciera las acciones a que hubiere lugar para hacer efectiva "la responsabilidad civil, laboral, militar, penal, administrativa o disciplinaria" en que hubiere incurrido dicho funcionario. Igualmente, se disponía que podían acudir ante la Defensoría del Pueblo para que ésta instare al Ministerio Público a ejercer dichas acciones y, además, para que la Defensoría del Pueblo solicitare ante el Consejo Moral Republicano que adoptase las medidas a que hubiere lugar con respecto a tales funcionarios, de conformidad con la ley. Esta norma, sin embargo, fue eliminada en la reforma de la Ley de 2008.

En todo caso, sin embargo, a los efectos de la posibilidad de exigencia de responsabilidad, la LOAP establece el principio de rendición de cuentas, al disponer su artículo 14 que las autoridades y funcionarios de la Administración Pública deben "rendir cuentas de los cargos que desempeñen en los términos y condiciones que determine la ley".

c. *El principio de finalidad de la Administración Pública*

La Constitución de 1999 en forma expresa establece que "la Administración Pública está al servicio de los ciudadanos" (art. 141); lo que reitera el artículo 3° de la LOAP, sustituyendo, sin embargo, la expresión ciudadanos por "personas", agregando que en su actuación la Administración Pública debe dar preferencia a la atención de "sus requerimientos y la satisfacción de sus necesidades, brindando especial atención a las de carácter social" (art. 5). En la ley de 2001 en lugar de personas se utilizaba la expresión "particulares" en el sentido de "administrados", sin que ello pudiera interpretarse que se trataba de privilegiar intereses privados.

Sin embargo, en la Exposición de Motivos del decreto Ley de 2008 se indicó que "se reforma lo referente a la administración al servicio de los particulares regulado por la Ley vigente, toda vez que tal visión pudiera generar concepciones erradas, referidas a que la Administración Pública está al servicio de particularidades individuales y no a la satisfacción de las necesidades del colectivo, incorporando el proyecto el principio de la administración pública al servicio de las personas, lo cual redunda en la integralidad del instrumento legislativo."

Por su parte, el artículo 3 de la LOAP, señala que el "objetivo" de la organización y funcionamiento de la Administración Pública, es hacer efectivos los principios, valores y normas consagrados en la Constitución y, en especial, conforme se indica en el artículo 19 de la Constitución, "garantizar a todas las personas el goce y ejercicio de los derechos humanos". En la reforma de la Ley de 2008, sin embargo, se eliminó la referencia conforme al principio de progresividad y sin discriminación alguna, y al carácter irrenunciable, indivisible e interdependiente de los derechos humanos.

La Administración Pública, agrega el artículo 5 de la LOAP, debe asegurar a los personas la efectividad de sus derechos cuando se relacionen con ella; además, debe tener entre sus objetivos, la continua mejora de los procedimientos, servicios y prestaciones públicas, de acuerdo con las políticas que se dicten. En la reforma de 2008, se eliminó de la norma la importante precisión sobre la necesidad de tener en cuenta "los recursos disponibles, determinando al respecto las prestaciones que proporcionan los servicios de la Administración Pública, sus contenidos y los correspondientes estándares de calidad" que contenía la misma norma de la Ley de 2001.

C. *Los principios de la actividad de la Administración Pública*

De acuerdo con el artículo 141 de la Constitución, la Administración Pública se fundamenta en "los principios de honestidad, participación, celeridad, eficacia, eficiencia, transparencia, rendición de cuentas y responsabilidad en el ejercicio de la función pública, con sometimiento pleno a la ley y al derecho".

Estos principios los repite el artículo 10 de la LOAP al precisar que la actividad de la Administración Pública se desarrollará con base en "los principios de economía, celeridad, simplicidad, rendición de cuentas, eficacia, proporcionalidad, oportunidad, objetividad, imparcialidad, participación, honestidad, accesibilidad, uniformidad, modernidad, transparencia, buena fe, paralelismo de la forma y responsabilidad en el ejercicio de la misma, con sometimiento pleno a la ley y al derecho, y con supresión de las formalidades no esenciales." De esta enumeración de principios, se eliminó la previsión que tenía el artículo 12 de la Ley de 2001, en relación con la necesidad de que la actividad administrativa se efectúe "dentro de parámetros de racionalidad técnica y jurídica."

Tales principios, con anterioridad, también habían sido definidos como principios de la actividad administrativa por la Ley Orgánica de Procedimientos Administrativos de 1982, en cuyo artículo 30 se enumeraron los de "principios de economía, eficacia, celeridad e imparcialidad"[36].

a. *El principio de la simplicidad*

El artículo 12 de la LOAP dispone que la simplificación de los trámites administrativos será tarea permanente de los órganos y entes de la Administración Pública, así como la supresión de los que fueren innecesarios, todo de conformidad con los principios y normas que establezca la ley correspondiente. Dicha Ley es la Ley Orgánica de Simplificación de Trámites Administrativos, dictada mediante decreto Ley N° 6.265 de 22 de julio de 2008,[37] la cual sin embargo, sólo se aplica a los "órganos y entes" de la Administración Pública Nacional, Estadal y Municipal (art. 2), con lo que quedan excluidas las "misiones."

En todo caso, estando la Administración Pública al servicio de los ciudadanos y, en general, de las personas, particulares o administrados, la misma, debe desarrollar su actividad y organizarse de manera que los particulares:

1. Resolver sus asuntos, ser auxiliadas en la redacción formal de documentos administrativos, y recibir información de su interés por cualquier medio escrito, oral, telefónico, electrónico e informático;
2. Presentar reclamaciones sobre el funcionamiento de la Administración Pública (se entiende, sin el carácter de recursos administrativos);

---

36 Véase *Gaceta Oficial* N° 2818 *Extraordinaria* de 1-7-81. Véase además, en Allan R. Brewer-Carías y otros, *Ley Orgánica de Procedimientos Administrativos*, Editorial Jurídica Venezolana, 12 edición, Caracas 2001, pp. 175 y ss.

37 Véase *Gaceta Oficial* N° 5.891 *Extraordinaria* de 31-7-2008.

3. Acceder fácilmente a información actualizada sobre el esquema de organización de los órganos y entes de la Administración Pública, así como a guías informativas sobre los procedimientos administrativos, servicios y prestaciones que ellos ofrecen."

Además, en el artículo 22 de la Ley, se dispone como principio que la organización de la Administración Pública debe procurar la simplicidad institucional y la transparencia en su estructura organizativa, asignación de competencias, adscripciones administrativas y relaciones inter-orgánicas. La estructura organizativa, además, debe prever la comprensión, acceso, cercanía y participación de las personas de manera que les permitan resolver sus asuntos, ser auxiliados y recibir la información que requieran por cualquier medio.

b. *El principio de la información general (internet)*

A fin de dar cumplimiento a los principios establecidos en la Ley, ésta dispone (art. 11) que los órganos y entes de la Administración Pública (no las misiones) deberán utilizar las nuevas tecnologías que desarrolle la ciencia, tales como los medios electrónicos o informáticos y telemáticos, para su organización, funcionamiento y relación con las personas.

En tal sentido, por disposición expresa de la Ley Orgánica, cada órgano y ente de la Administración Pública (no las misiones) debe establecer y mantener una página en internet, que debe contener, entre otra, la información que se considere relevante, los datos correspondientes a su misión, organización, procedimientos, normativa que lo regula, servicios que presta, documentos de interés para las personas, ubicación de sus dependencias e información de contactos (art. 11).

c. *El principio de la publicidad de los actos generales*

Todos los reglamentos, resoluciones y actos administrativos de carácter general dictados por los órganos y entes de la Administración Pública (no las misiones) deberán ser publicados, sin excepción, en la *Gaceta Oficial* de la República o, según el caso, en el medio de publicación oficial del Estado, Distrito metropolitano o Municipio correspondiente (art. 12). La norma recoge el principio general del comienzo de la eficacia de los actos administrativos de efectos generales (normativos) o de carácter general (destinados a varios sujetos de derecho), sujetándolo a la publicación en la *Gaceta Oficial.*

El artículo 13, sin embargo, además de referirse a los reglamentos (siempre de carácter normativo) y a los actos administrativos de carácter general, menciona a las "resoluciones". Estas, conforme a la Ley Orgánica de Procedimientos Administrativos (art. 16) son los actos administrativos que emanan de los Ministros del Ejecutivo Nacional, por lo que las mismas, sean o no de efectos generales o de carácter general, deben publicarse en la *Gaceta Oficial.*

En cuanto a los Estados, Distritos Metropolitanos y Municipios, los actos de los mismos de orden normativo o de carácter general, también deben publicarse en la correspondiente "publicación oficial" de las entidades respectivas.

d. *El principio de la sujeción a los planes, metas y objetivos*

Los órganos y entes de la Administración Pública, en su funcionamiento, deben sujetarse a las políticas, estrategias, metas y objetivos que se establezcan en los respectivos planes estratégicos y compromisos de gestión (art. 18).

En particular, en cuanto a la actividad de las unidades administrativas sustantivas de los órganos y entes de la Administración Pública, se debe corresponder y ceñir a su misión, y la actividad desarrollada por las unidades administrativas de apoyo técnico y logístico se debe adaptar a la de aquéllas (art. 19).

e. *El principio de la eficacia*

La actividad de los órganos y entes de la Administración Pública debe perseguir el cumplimiento eficaz de los objetivos y metas fijados en las normas, planes y compromisos de gestión, bajo la orientación de las políticas y estrategias establecidas por el Presidente de la República, por el gobernador, el alcalde según el caso (art. 19).

En todo caso, el funcionamiento de los órganos y entes de la Administración Pública, debe comprender el seguimiento de las actividades, así como la evaluación y control del desempeño institucional y de los resultados alcanzados (art. 18).

f. *El principio de la adecuación de los medios financieros a los fines*

La asignación de recursos a los órganos y entes de la Administración Pública se debe ajustar estrictamente a los requerimientos de su funcionamiento para el logro de sus metas y objetivos. En todo caso, el funcionamiento de la Administración Pública debe propender a la utilización racional de los recursos humanos, materiales y presupuestarios (art. 20).

Los órganos y entes de la Administración Pública (no las misiones) además, deben procurar que sus unidades de apoyo administrativo no consuman un porcentaje del presupuesto destinado al sector correspondiente mayor que el estrictamente necesario. A tales fines, los titulares de la potestad organizativa de los órganos y entes de la Administración Pública, previo estudio económico y con base en los índices que fueren más eficaces de acuerdo al sector correspondiente, deben determinar los porcentajes mínimos de gasto permitido en unidades de apoyo administrativo (art. 20).

Por otra parte, conforme al artículo 21 de la LOAP la dimensión y la estructura organizativa de los órganos y entes de la Administración Pública deben ser proporcionales y consistentes con los fines y propósitos que les han sido asignados. Las formas organizativas que adopte la Administración Pública deben ser suficientes para el cumplimiento de sus metas y objetivos y deben propender a la utilización racional de los recursos públicos.

Excepcionalmente, y sólo en el caso que se requiera la contratación de determinados profesionales especialistas para actividades eventuales y transitorias, los órganos y entes de la Administración Pública (no las misiones) podrán incorporar asesores cuya remuneración se debe establecer por vía contractual con base en honorarios profesionales u otras modalidades fijadas de conformidad con la ley (art. 21).

g. *El principio de la privatización y gestión comunal*

En los casos en que las actividades de los órganos y entes de la Administración Pública (no las misiones), en ejercicio de potestades públicas que por su naturaleza lo permitan, fueren más económicas y eficientes mediante la gestión de los Consejos Comunales y demás formas de organización comunitaria o del sector privado, dichas actividades podrán ser transferidas a éstos, de conformidad con la ley, reservándose la Administración Pública la supervisión, evaluación y control del desempeño y de los resultados de la gestión transferida (art. 20).

h. *El principio de coordinación*

Conforme al artículo 23 de la LOAP, las actividades que desarrollen los órganos y entes de la Administración Pública deben efectuarse de manera coordinada y estar orientadas al logro de los fines y objetivos del Estado, con base en los lineamientos dictados conforme a la planificación centralizada.

i. *El principio de cooperación*

Conforme al principio del artículo 136 de la Constitución, la Administración Pública Nacional, la de los Estados, la de los Distritos metropolitanos y la de los Municipios deben colaborar entre sí y con las otras ramas de los Poderes Públicos en la realización de los fines del Estado (art. 24).

j. *El principio de lealtad institucional*

Dispone el artículo 25 de la LOAP que los órganos y entes de la Administración Pública (no las misiones) deben actuar y relacionarse de acuerdo con el principio de lealtad institucional y, en consecuencia, deben:

"1. Respetar el ejercicio legítimo de las respectivas competencias.
2. Ponderar, en el ejercicio de las competencias propias, la totalidad de los intereses públicos implicados.
3. Facilitar la información que le sea solicitada sobre la actividad que desarrollen en el ejercicio de sus competencias.
4. Prestar la cooperación y asistencia activa que puedan serles requeridas en el ámbito de sus competencias".

D. *Los principios relativos a la organización de la Administración Pública*

a. *La reserva legal en la asignación de la titularidad de la potestad organizativa*

De acuerdo con el artículo 15 de la LOAP los órganos, los entes y las misiones de la Administración Pública se deben crear, modificar y suprimir por los titulares de la potestad organizativa conforme a lo establecido en la Constitución y la ley; para lo cual se deben sujetar a los lineamientos dictados conforme a la planificación centralizada.

Por tanto, la titularidad de la potestad organizativa sólo puede ser asignada por la Constitución o la ley,[38] y ejercerse conforme a lo dispuesto en la planificación centralizada.

---

38 Véase Allan R. Brewer-Carías, *Principios del Régimen Jurídico de la Organización Administrativa Venezolana, cit.*, pp. 21 y ss.

En cuanto a la Constitución, esta atribuye a la Asamblea Nacional potestad organizativa respecto de la Administración Pública Nacional, al asignarle la competencia genérica para legislar "en las materias de la competencia nacional" (art. 187,9), definiendo el artículo 156, como de la competencia del Poder Público Nacional, las siguientes materias que tienen relación con la organización de la Administración Pública en sentido general: *ord. 8*. La organización de la Fuerza Armada; *ord. 10*. La organización del Distrito Capital y de las dependencias federales; *ord. 31*. La organización y administración nacional de la Justicia, del Ministerio Público y de la Defensoría del Pueblo; y el *ord. 32*. La organización de los órganos del Poder Público Nacional y demás órganos e instituciones nacionales del Estado.

Además, expresamente se le atribuye a la Asamblea Nacional competencia en materia de organización administrativa respecto de otros órganos del Poder Público Nacional como los del Poder Ciudadano, en general, (art. 273) y, en particular, la Contraloría General de la República (art. 290); los del Poder Electoral (art. 292), y la Procuraduría General de la República (art. 247) que está integrada al Poder Ejecutivo Nacional.

La Asamblea Nacional también tiene atribuida la titularidad de la potestad organizativa en materia de organización de los Municipios y demás entidades locales, con la obligación de establecer diferentes regímenes para dicha organización (art. 169).

La Constitución, por otra parte, en relación con la Administración Pública Nacional, estableció la reserva legal sólo en relación con la creación de los institutos autónomos (art. 142); pero en cuanto a la organización de la Administración Pública nacional centralizada, asignó la potestad organizativa al Presidente de la República, en Consejo de Ministros, "dentro de los principios y lineamientos" señalados en la Ley Orgánica (art. 236,20).

b. *La titularidad para la organización de la Administración Pública Central Nacional*

En efecto, de acuerdo con lo establecido en el artículo 236,20 de la Constitución, corresponde al Presidente de la República en Consejo de Ministros, fijar el número, organización y competencia de los ministerios y otros organismos de la Administración Pública Nacional, así como también la organización y funcionamiento del Consejo de Ministros, dentro de los principios y lineamientos que señale la correspondiente ley orgánica.

Se varió, en esta forma, de manera sustancial, el sistema de la Constitución de 1961, que seguía la tradición constitucional iniciada desde el siglo XIX, y que rigidizaba la organización ministerial que sólo la ley podía determinar (art. 193).

En desarrollo de esta potestad organizativa de rango constitucional atribuida al Presidente de la República en Consejo de Ministros, el artículo 58 de la Ley Orgánica le atribuye la facultad para fijar, mediante decreto, "el número, denominación, competencia y organización de los ministerios y otros órganos de la Administración Pública Nacional, así como sus entes adscritos, con base en parámetros de adaptabilidad de las estructuras administrativas a las políticas públicas que desarrolla el Poder Ejecutivo Nacional y en los principios de organización y funcionamiento establecidos en la presente ley".

Conforme a la atribución constitucional, el Presidente de la República dictó el Decreto 6.670 de 22 de abril de 2009[39] sobre organización y funcionamiento de la Administración Pública Central, donde se regulan veintiséis (26) Ministerios y se enumeran sus competencias. El Decreto establece, además, la estructura organizativa básica de cada Ministerio, integrada por el Despacho del Ministro y los Despachos de los Viceministros; estando estos últimos integrados en orden jerárquico descendente así: Direcciones Generales, Direcciones de línea y Divisiones (arts. 16 y 17). Cada Ministerio, en todo caso, debe estar regulado internamente por un Reglamento Orgánico dictado por el Presidente en Consejo de Ministros, "previa propuesta del respectivo Ministro" (art. 18), en el cual se deben determinar la estructura y las funciones de los Viceministros y de las demás dependencias que integran cada Ministerio (art. 17). El Decreto, además, establece en sus normas transitorias la adscripción de los entes descentralizados a los diversos Ministerios.

Por otra parte, se destaca ahora, en la Ley Orgánica de 2008, la atribución al Presidente de la República en Consejo de Ministros, la potestad de crear "misiones" cuando circunstancias especiales lo ameriten, "destinadas a atender a la satisfacción de las necesidades fundamentales y urgentes de la población, las cuales estarán bajo la rectoría de las políticas aprobadas conforme a la planificación centralizada," debiendo, en el decreto de creación, determinar el órgano o ente de adscripción o dependencia, formas de financiamiento, funciones y conformación del nivel directivo encargado de dirigir la ejecución de las actividades encomendadas (art. 131).

c. *Requisitos para la creación y modificación de órganos y entes*

En todo caso, el artículo 16 de la LOAP dispone que la creación de órganos y entes administrativos se debe sujetar a los siguientes requisitos:

1. Indicación expresa de su objetivo y competencia.
2. Determinación de su forma organizativa, su ubicación en la estructura de la Administración Pública y su adscripción funcional y administrativa.
3. Previsión de las partidas y asignaciones presupuestarias necesarias para su organización, funcionamiento o reformas organizativas.

La modificación, supresión o liquidación de órganos y entes administrativos se debe adoptar mediante actos que gocen de rango normativo igual o superior al de aquéllos que determinaron su creación o última modificación.

Corresponde al Ministerio de Planificación, velar por la consistencia de la organización de los Ministerios y otros órganos de la Administración Pública Nacional. Ésta fue, en su tiempo, la función que ejerció la Comisión de Administración Pública de la Presidencia de la República (1958-1974)[40].

---

39 *Gaceta Oficial* N° 39.163 de 22-04-2009.

40 Véase Comisión de Administración Pública, *Informe sobre la Reforma de la administración Pública Nacional,* Caracas 1972.

d. *El principio de la previsión financiera*

No pueden crearse nuevos órganos que supongan duplicación de otros ya existentes si al mismo tiempo no se suprime o restringe debidamente la competencia de éstos (art. 16).

Además, no pueden crearse nuevos órganos o entes en la Administración Pública que impliquen un aumento en el gasto recurrente de la República, los Estados, los Distritos metropolitanos o de los municipios, sin que se creen o prevean nuevas fuentes de ingresos ordinarios de igual o mayor magnitud a la necesaria para permitir su funcionamiento (art. 17).

e. *El principio de simplicidad y transparencia de la organización administrativa*

La organización de la Administración Pública debe perseguir la simplicidad institucional y la transparencia en su estructura organizativa, asignación de competencias, adscripciones administrativas y relaciones interorgánicas.

Además, la estructura organizativa debe prever la comprensión, acceso, cercanía y participación de los particulares de manera que les permitan resolver sus asuntos, ser auxiliados y recibir la información que requieran por cualquier medio (art. 22).

f. *El principio de jerarquía*

Los órganos de la Administración Pública deben estar jerárquicamente ordenados y relacionados de conformidad con la distribución vertical de atribuciones en niveles organizativos. Los órganos de inferior jerarquía están sometidos a la dirección, supervisión y control de los órganos superiores de la Administración Pública con competencia en la materia respectiva (art. 28).

En consecuencia, los órganos administrativos pueden dirigir las actividades de sus órganos jerárquicamente subordinados mediante instrucciones y órdenes.

Cuando una disposición específica así lo establezca o se estime conveniente por razón de los destinatarios o de los efectos que puedan producirse, las instrucciones y órdenes de servicio se deben publicar en la Gaceta Oficial que corresponda (art. 42).

Dispone el artículo 28 de la LOAP que el incumplimiento por parte de un órgano inferior de las órdenes e instrucciones de su superior jerárquico inmediato obliga a la intervención de éste y acarrea la responsabilidad de los funcionarios o funcionarias a quienes sea imputable dicho incumplimiento, "salvo lo dispuesto en el artículo 8 de esta Ley" (art. 28).

Este artículo 8 recoge el principio del artículo 25 de la Constitución en el sentido de establecer la responsabilidad de los funcionarios públicos por las violaciones de los derechos garantizados en la Constitución "sin que les sirvan de excusa órdenes superiores". En consecuencia, si la orden del superior implica una violación de un derecho constitucional, y si el funcionario inferior la cumple, compromete su propia responsabilidad. La "salvedad" que parece implica la norma del artículo 28 de la LOAP sería que el funcionario inferior no incurriría en responsabilidad por incumplimiento de una orden superior, cuando la misma implique violación de un derecho constitucional.

E. *El régimen de la información administrativa*

Por último, en cuanto al régimen de la información administrativa, el artículo 143 de la Constitución establece un conjunto normativo innovador, en el siguiente sentido:

En *primer lugar,* consagra el derecho de los ciudadanos a ser informados oportuna y verazmente por la Administración Pública, sobre el estado de las actuaciones en que estén directamente interesados, y a conocer las resoluciones definitivas que se adopten; el derecho a ser notificados de los actos administrativos y a ser informados de los trámites del procedimiento administrativo.

En *segundo lugar,* se consagra el derecho de acceder a los archivos y registros administrativos, sin perjuicio de los límites aceptables dentro de una sociedad democrática en materias relativas a seguridad interior y exterior, a investigación criminal y a la intimidad de la vida privada, de conformidad con la ley que regule la materia de clasificación de documentos de contenido confidencial o secreto.

En *tercer lugar,* se establece el principio de la prohibición de censura alguna a los funcionarios públicos en relación con las informaciones que puedan dar sobre los asuntos bajo su responsabilidad. Estos principios los ha desarrollado la LOAP estableciendo que la Administración Publica debe establecer sistemas que suministren a la población la más amplia, oportuna y veraz información sobre sus actividades, con el fin de ejercer el control social sobre la gestión pública. Cualquier particular puede solicitar de los órganos y entes de la Administración Pública la información que considere necesaria para el ejercicio del control social sobre la actividad de éstos de conformidad y con las excepciones establecidas en la legislación vigente (art. 141).

En la *Séptima Parte* comentamos sobre el alcance de estos derechos.

3. *El régimen de la función pública*

A. *El Estatuto de la función pública*

En la Constitución de 1999 se estableció una variación en relación con el régimen de los funcionarios públicos, al preverse los principios para el establecimiento de un Estatuto de la función pública más que para la Carrera Administrativa como lo establecía la Constitución de 1961 (art. 122). Dicho Estatuto fue dictado por la Asamblea Nacional en 2002 al sancionar la Ley del Estatuto de la Función Pública[41].

Conforme a la Constitución dicho así se estableció en dicho Estatuto de la Función Pública normas sobre el ingreso, ascenso, traslado, suspensión y retiro de los funcionarios de la Administración Pública, en el cual, además, debió haberse provisto su incorporación a la seguridad social[42]. La Constitución, además remitió a la ley para determinar las funciones y requisitos que deben cumplir los funcionarios públicos para ejercer sus cargos (art. 144)[43].

---

41 *G.O.* N° 37.522 del 6 de septiembre de 2002. Véase en general, Jesús Caballero Ortíz, "Bases constitucionales del derecho de la función pública", *Revista de Derecho Constitucional,* N° 5, julio-diciembre-2001, Editorial Sherwood, Caracas, 2002, pp. 21 a 46.

42 Véase nuestra propuesta en Allan R. Brewer-Carías, *Debate Constituyente,* Tomo II, *op. cit.* p. 182. Véase en general Allan R. Brewer-Carías, *El Estatuto del funcionario público en la Ley de Carrera Administrativa,* Caracas, 1971.

43 En general, sobre el régimen constitucional de los funcionarios públicos, véase Antonio de Pedro Fernández, "Algunas consideraciones sobre la función pública en la Constitución de la República Boli-

B. *El principio de dedicación del funcionario al Estado*

El artículo 145 de la Constitución, conforme al principio que establecía el artículo 122 de la Constitución de 1961, establece que los funcionarios públicos están al servicio del Estado y no de parcialidad alguna, precisando, incluso, que su nombramiento y remoción no puede estar determinado por la afiliación u orientación política.

C. *Los principios de la carrera administrativa*

La Constitución estableció, con carácter general, que los cargos de los órganos de la Administración Pública son de carrera (artículo 146), exceptuando los de elección popular, los de libre nombramiento y remoción, los contratados, los obreros al servicio de la Administración Pública y los demás que determine la Ley.

La consecuencia del principio de la carrera es que el ingreso de los funcionarios públicos y a los cargos de carrera deben realizarse mediante concurso público, fundamentado en principios de honestidad, idoneidad y eficiencia. En cuanto al ascenso, debe estar sometido a métodos científicos basados en el sistema de méritos, y el traslado, suspensión y retiro debe ser de acuerdo con el desempeño de los funcionarios.

D. *El régimen de las remuneraciones*

El artículo 147 establece un principio general de disciplina del gasto público, en el sentido de que para la ocupación de cargos públicos de carácter remunerado es necesario que sus respectivos emolumentos estén previstos en el presupuesto correspondiente. Las escalas de salarios en la Administración Pública, dado su carácter estatutario, se deben establecer reglamentariamente conforme a la ley.

La Constitución, por otra parte, recogió el principio que estaba en el artículo 229 de la Constitución de 1961, conforme al cual, el Poder Nacional, por ley orgánica, puede establecer límites razonables a los emolumentos que devenguen los funcionarios públicos tanto municipales y estadales, como nacionales. La materia quedó así consolidada como una competencia del poder nacional que corresponde a la Asamblea Nacional (y escapa de la competencia de los Consejos Legislativos)[44], y en ejecución de dicha norma en 2002 se dictó la Ley Orgánica sobre Emolumentos para Altos Funcionarios de los Estados y Municipios[45]. Además, La Constitución previó que la ley nacional también debe establecer el régimen de las jubilaciones y pensiones de los funcionarios públicos nacionales, estadales y municipales, siguiendo la orientación establecida en la Enmienda N° 2 de la Constitución de 1961, sancionada en 1983.

---

variana de Venezuela", en *Estudios de Derecho Administrativo: Libro Homenaje a la Universidad Central de Venezuela,* Volumen I, Imprenta Nacional, Caracas, 2001, pp. 307-342; Alfonso Rivas Quintero, *Derecho Constitucional,* Paredes Editores, Valencia-Venezuela, 2002, pp. 282 y ss.; Ricardo Combellas, *Derecho Constitucional: una introducción al estudio de la Constitución de la República Bolivariana de Venezuela,* Mc Graw Hill, Caracas, 2001, pp. 113 y ss.; e Hildegard Rondón de Sansó, *Análisis de la Constitución venezolana de 1999,* Editorial Ex Libris, Caracas, 2001, pp. 120 y ss.

44 Véase sentencia de la Sala Constitucional N° 2399 de 29-08-03 (Caso: *Interpretación de las normas contenidas en los artículos 4 del Régimen Transitorio de Remuneraciones de los más Altos Funcionarios de los Estados y Municipios, Comisión Legislativa Nacional de 2000).*

45 *G.O.* N° 37.412 del 26 de marzo de 2002.

En esta forma, en cuanto al régimen de remuneraciones y pensiones, el Poder Nacional tiene competencias expresas para su regulación respecto de los tres niveles territoriales.

E. *Las incompatibilidades*

a. *En el desempeño de cargos*

Conforme al artículo 148, y siguiendo la orientación del artículo 123 de la Constitución de 1961, nadie puede desempeñar a la vez más de un destino público remunerado, a menos que se trata de los cargos académicos, accidentales, asistenciales o docentes que determine la ley. Se eliminó de las excepciones la referencia a los cargos edilicios y electorales que establecía el texto de 1961. (art. 123).

En todo caso, la aceptación de un segundo destino que no sea de los exceptuados, siempre implica la renuncia del primero, salvo cuando se trate de suplentes, mientras no reemplacen definitivamente al principal.

En cuanto a las jubilaciones o pensiones nadie puede disfrutar más de una, salvo los casos expresamente determinados en la ley.

b. *En la contratación con el Estado*

El artículo 124 de la Constitución de 1961 se recogió, también, en la Constitución de 1999 (art. 145), al establecer que quien esté al servicio de los Municipios, de los Estados, de la República "y demás personas jurídicas de derecho público o de derecho privado estatales", no puede celebrar contrato alguno con ellas, ni por sí ni por interpuesta persona, ni en representación de otro, salvo las excepciones que establezca la ley.

Se destaca, de esta norma, la referencia a la clasificación de las personas jurídicas en el derecho público, en sus dos vertientes, que hemos propuesto desde hace años: por una parte, las personas jurídicas de derecho público y las personas jurídicas de derecho privado, según la forma de creación; y por la otra, las personas jurídicas estatales y las personas jurídicas no estatales, según su integración o no a la organización general del Estado[46].

c. *En la aceptación de cargos u honores de gobiernos extranjeros*

El principio del artículo 125 de la Constitución de 1961 también se recogió en el artículo 149 de la nueva Constitución, al establecer que los funcionarios públicos no pueden aceptar cargos, honores o recompensas de gobiernos extranjeros sin la autorización de la Asamblea Nacional.

46 Véase Allan R. Brewer-Carías, "La distinción entre las personas públicas y las personas privadas y el sentido general de la problemática actual de la clasificación de los sujetos de derecho" en *Revista de la Facultad de Derecho,* Nº 57, UCV, Caracas, 1976, pp. 115 a 135. La distinción se puede apreciar, también, por ejemplo, en el texto del artículo 322.

4. *El régimen de la contratación pública*

A. *Los contratos de interés público*

En la Constitución de 1999 se siguió la misma noción de contratos de interés público para calificar los contratos que celebren las personas jurídicas estatales (nacionales, estadales o municipales), con lo que los contratos de *interés público* pueden ser contratos de interés público *nacional*, de interés público *estadal* o de interés público *municipal,* según conciernan a los diversos niveles territoriales de distribución del Poder Público[47].

En esta materia, puede decirse que con la Constitución de 1999[48], al igual que cómo sucedió en la Constitución de Colombia[49], se ha consolidado un importante proceso de constitucionalización del derecho administrativo, mediante el desarrollo normativo en el propio texto constitucional, del régimen de muchas instituciones de esa disciplina.

La Constitución, en efecto, en relación con lo que se ha he denominado "contratos de la Administración", regula los contratos celebrados por las personas jurídicas *estatales*, antes analizadas; denominándolos como contratos de interés público, expresión equivalente a contratos de la Administración, contratos del Estado o contratos estatales[50].

En efecto, en la sección cuarta "De los contratos de interés público" del Capítulo I "Disposiciones fundamentales" del Título IV "Del Poder Público" de la Constitución, se regula el régimen de los contratos de interés público, denominación genérica que comprende tres especies: contratos de interés público *nacional*, contratos de interés público *estadal* y contratos de interés público *municipal* (art. 150). Esta clasificación, por otra parte, tiene congruencia con el principio fundamental de una Constitución que como se ha dicho, organiza un "Estado Federal Descentralizado" (art. 4), distribuyendo el Poder Público entre esos tres niveles territoriales: el Poder

---

47 Véase en general, Jesús Caballero Ortiz, "Los contratos administrativos, los contratos de interés público y los contratos de interés nacional en la Constitución de 1999", en *Estudios de Derecho Administrativo: Libro Homenaje a la Universidad Central de Venezuela,* Volumen I, Imprenta Nacional, Caracas, 2001, pp. 139-154; Jesús Caballero Ortíz, "¡Deben subsistir los contratos administrativos en una futura legislación", en *El Derecho Público a comienzos del siglo XXI. Estudios homenaje al Profesor Allan R. Brewer-Carías,* Tomo II, Instituto de Derecho Público, UCV, Civitas Ediciones, Madrid, 2003, pp. 1765-1777; Allan R. Brewer-Carías, "Los contratos de interés público nacional y su aprobación legislativa" en *Revista de Derecho Público,* Nº 11, Caracas, 1982, pp. 40 a 54; Allan R. Brewer-Carías, *Contratos Administrativos,* Caracas, 1992, pp. 28 a 36; Allan R. Brewer-Carías, *Debate Constituyente,* Tomo II, *op. cit.*, p. 173; Alfonso Rivas Quintero, *Derecho Constitucional,* Paredes Editores, Valencia-Venezuela, 2002, pp. 287 y ss.; Hildegard Rondón de Sansó, *Análisis de la Constitución venezolana de 1999,* Editorial Ex Libris, Caracas, 2001, pp. 123 y ss.; y Ricardo Combellas, *Derecho Constitucional: una introducción al estudio de la Constitución de la República Bolivariana de Venezuela,* Mc Graw Hill, Caracas, 2001, pp. 115 y ss.

48 Véase Allan R. Brewer-Carías, "Algunos aspectos del proceso de constitucionalización del Derecho administrativo en Venezuela", en *V Jornadas internacionales de Derecho Administrativo Allan Randolph Brewer Carías, Los requisitos y vicios de los actos administrativos,* (FUNEDA), Caracas 2000, pp. 21 a 37.

49 Véase Jorge Vélez García y Allan Brewer-Carías, *Contratación estatal, Derecho Administrativo y Constitución,* Bogotá 1995, pp. 8 a 27.

50 . Véase Allan R. Brewer-Carías, *Contratos Administrativos, cit.,* pp. 28 y ss.

Municipal, el Poder Estadal y el Poder Nacional (art. 136). Ello origina tres órdenes de personas jurídicas de derecho público estatales (y territoriales) (art. 16) que conforman la organización política básica del país, que son la República, la cual ejerce el Poder Público Nacional; los 23 Estados de la Federación, que ejercen el Poder Público Estadal y los 338 Municipios y demás entidades locales, que ejercen el Poder Público Municipal.

Por tanto, en virtud de que el Poder Público se distribuye en tres ramas territoriales (nacional, estadal y municipal), en la federación existen tres órdenes de personas jurídicas estatales: las nacionales, las estadales y las municipales; y existen, en consecuencia, tres categorías de contratos estatales o de interés público: los contratos de interés público nacional, los contratos de interés público estadal y los contratos de interés público municipal, los cuales son los suscritos, respectivamente, por los tres órdenes de personas jurídicas estatales mencionadas, las cuales, en general, ejercen el Poder Público en sus tres niveles territoriales indicadas, respectivamente.

En consecuencia, todos los contratos tanto de interés nacional, como de interés estadal o municipal, son, por supuesto, contratos de "interés público" (artículo 150, 151) en el mismo sentido que la noción de Poder Público (Título IV de la Constitución) comprende al Poder Nacional, a los Poderes de los Estados y al Poder Municipal[51].

En consecuencia un contrato de interés público nacional, es aquél que interesa al ámbito nacional (en contraposición al ámbito estadal o municipal), porque ha sido celebrado por una persona jurídica estatal nacional, de derecho público (la República o un instituto autónomo) o de derecho privado (empresa del Estado). Por tanto, no serán contratos de interés público *nacional* aquéllos que son de interés público estadal o municipal, celebrados por personas jurídicas estatales de los Estados o de los Municipios, incluyendo los institutos autónomos y empresas del Estado de esas entidades político-territoriales.

Ahora bien, en 2008, con reforma en 2009, se dictó por primera vez en el país una Ley de Contrataciones Públicas, [52] que por su denominación podría pensarse en que se trataría de una ley destinada a regular toda la actividad contractual del Estado

51 Véase Allan R. Brewer-Carías, *El Poder Público: Nacional, Estadal y Municipal*, Tomo II, *Instituciones Políticas y Constitucionales, op. cit*, pp. 11 y ss.

52 La Ley fue dictada mediante Decreto Ley N° 5.929 de fecha 11 de marzo de 2008 en ejecución de la Ley habilitante de 2007, habiendo derogado la Ley de Licitaciones contenida en el Decreto Ley N° 1.555 de 13-11-2001, Gaceta Oficial N° 5.556 Extraordinaria de 13-11-2001. La ley de Contrataciones Públicas fue inicialmente publicada en *Gaceta Oficial* N° 5.877 de fecha 14-03-2008, y republicada, por error de copia, en *Gaceta Oficial* N° 38895 de 25-03-2008. Dicha Ley fue reformada por Ley publicada en *Gaceta Oficial* N° 39.165 de 24 de abril de 2009. Mediante Decreto N° 6.708 de 19-05-2009 se dictó el Reglamento de la Ley de Contrataciones Públicas, en *Gaceta Oficial* N° 39.181 de 19-05-2009, mediante el cual se derogó el Decreto N° 4.032 de 14-11-2005 contentivo del Reglamento Parcial de la Ley de Licitaciones, *Gaceta Oficial* Nro. 38.313 de 14-11-2005; el Decreto N° 2.371 de 24-04-2003 contentivo del Reglamento Parcial de la Ley de Licitaciones para la Adquisición Directa en caso de Contratación de Obras, Servicios o Adquisición de Bienes, en *Gaceta Oficial* N° 37.688 de fecha 13-05-2003; y el Decreto N° 1.417 sobre Condiciones Generales de Contratación para la Ejecución de Obras, en *Gaceta Oficial* N° 5.096 Extraordinario de fecha 31-07-1996. Véase sobre la Ley de Contrataciones Públicas, los diversos comentaros en el libro de Allan R. Brewer-Carías, Carlos García Soto, Gustavo Linares Benzo, Víctor Hernández Mendible, José Ignacio Hernández G., Luis Alfonso Herrera Orellana, Miguel Mónaco, Manuel Rojas Pérez y Mauricio Subero Mujica, *Ley de Contrataciones Públicas*, Editorial Jurídica Venezolana, Caracas 2008; Segunda Edición, Caracas 2009.

y, por tanto, los contratos del Estado o contratos públicos celebrados por las personas jurídicas estatales, tal como ha sucedido en otros países. De acuerdo con su denominación, entonces, la Ley debería tener por objeto regular los contratos suscritos por los entes públicos o más precisamente, por las personas jurídicas estatales, sin distingo alguno, además, sobre si se trataría o no de "contratos administrativos," denominación que por lo demás, no sólo no se recoge en la Ley, sino que puede considerarse ya totalmente superada en el derecho positivo.[53] Es decir, si nos atuviéramos al solo nombre de la Ley, podría pensarse que se trataría de un cuerpo normativo general, destinado a regular todos los contratos del Estado celebrados por todas las personas jurídicas estatales, lo cual no es exacto.

Sin embargo, a pesar de su nombre, en realidad, la Ley ni regula todos los contratos estatales, ni regula toda la actividad de contratación pública que en general desarrollan todos los entes públicos, ni de las Administraciones Públicas (nacional, estadal y municipal). En realidad, con algunos agregados importantes, sigue siendo una Ley de delimitado alcance, básicamente destinada a regular los procedimientos de selección de contratistas (entre ellos la licitación) (arts. 36 a 92) respecto de ciertos (no todos) los contratos públicos. Por ello, la única Ley que fue derogada por esta nueva ley, fue la vieja Ley de Licitaciones.[54] Sin embargo, a las tradicionales previsiones relativas a las licitaciones y, en general, a la selección de contratistas, la nueva Ley agregó normas generales referidas a la "contratación" (arts. 93 a 131), incluyendo previsiones, por ejemplo, sobre garantías contractuales, el inicio y la terminación de los contratos públicos, y sobre su modificación, aplicables a todos los contratos del Estado que caen dentro del ámbito de aplicación.

B. *El co-contratante de la Administración y los contratos de interés público de carácter intergubernamental o interadministrativo*

Los contratos públicos o de la Administración, generalmente se celebran entre una persona jurídico estatal y otro sujeto de derecho de carácter privado. También puede haber contratos estatales intergubernamentales o interadministrativos, cuando los contratantes sean todas personas jurídicas estatales.

En cuanto a los contratos de la Administración celebradas con particulares, las únicas regulaciones de rango constitucional que se refieren a los mismos tienen que ver con incompatibilidades o prohibiciones. En efecto, como se ha señalado, la Constitución establece una prohibición general a los funcionarios públicos, más genéricamente, a quienes estén al servicio de los órganos de las personas estatales, de celebrar contrato alguno con ellas (art. 145).

Además, el artículo 190 de la Constitución prohíbe a los diputados a la Asamblea Nacional ser propietarios, administradores o directores de empresas que contraten con personas jurídicas estatales.

---

53 Véase sobre ello lo que expusimos en Allan R. Brewer-Carías, "La evolución del concepto de contrato administrativo" en *Libro Homenaje al Profesor Antonio Moles Caubet*, Tomo I, Facultad de Ciencias Jurídicas y Políticas, Universidad Central de Venezuela, Caracas 1981, pp. 41-69.

54 Decreto Ley Nº 1555 de fecha 13 de noviembre de 2001, *Gaceta Oficial* Nº 5556 de 13-11-2001. Véase sobre dicha Ley los comentarios que hicimos en Allan R. Brewer-Carías, "El régimen de selección de contratistas en la Administración Pública y la Ley de Licitaciones," en *Revista de Derecho Público*, Nº 42, Editorial Jurídica Venezolana, Caracas, abril-junio 1990, pp. 5-25.

Por otra parte, la Constitución de 1999 regula en algunas normas especificas, la posibilidad de contratos de interés público inter-gubernamentales o inter-administrativos, es decir, celebrados ente personas jurídicas estatales.

Los primeros serían aquéllos que se celebran entre la República y los Estados o Municipios, o entre éstos, y que, por lo general, derivan de los procesos de descentralización política y, en particular, de transferencia de competencias entre los entes territoriales.

En efecto, el artículo 157 de la Constitución establece que la Asamblea Nacional, por mayoría de sus integrantes, puede atribuir a los Municipios o a los Estados determinadas materias de la competencia nacional, a fin de promover la descentralización. Con fundamento en una norma similar que estaba en la Constitución de 1961, en 1989 se dictó la Ley Orgánica de Descentralización, Delimitación y Transferencia de Competencias del Poder Público, en la cual se regularon los contratos intergubernamentales que se debían celebrar entre la República y los Estados, precisamente, para el desarrollo de procesos de transferencia de competencias nacionales hacia los Estados y de asunción por éstos de las mismas.

La Constitución de 1999 regula, ahora, además, la posibilidad de que los Estados descentralicen y transfieran los servicios y competencias que gestionen a los Municipios, siempre que los mismos estén en capacidad de prestarlos, así como la administración de los respectivos recursos dentro de las áreas de competencias concurrentes entre ambos niveles territoriales del Poder Público (art. 165). Ello también puede dar origen a contratos intergubernamentales de orden local para materializar las transferencias y regular la gestión de las mismas.

Además, entre estos contratos de interés público intergubernamentales están los acuerdos de mancomunidad municipal, mediante los cuales los Municipios se pueden asociar para la realización de una actividad en común (art. 170). También están los contratos de interés público interterritoriales, es decir, aquéllos suscritos por los Municipios entre sí o entre la República y los Municipios o los Estados y los Municipios para fines de interés público. En tal sentido, el artículo 170 de la Constitución establece que los Municipios pueden "acordar entre sí o con los demás entes públicos territoriales, la creación de modalidades asociativas inter-gubernamentales para fines de interés público relativos a materias de su competencia". De ello deriva la posibilidad de contratos de interés público de carácter asociativo, intergubernamentales.

Debe señalarse, por último, en relación con estos contratos intergubernamentales e interadministrativos, que la Constitución regula la competencia de la jurisdicción contencioso-administrativa para conocer de controversias derivadas de la ejecución de los mismos, así como las controversias administrativas que se susciten entre la República, algún Estado, Municipio u otro ente público, cuando la otra parte sea alguna de esas mismas entidades, como las que pueden resultar de un contrato intergubernamental. Estas controversias deben ser resueltas por el Tribunal Supremo de Justicia en Sala Político-Administrativa (art. 266,4). La Constitución, además, autoriza al legislador para atribuir la competencia jurisdiccional para resolver las controversias administrativas cuando se trate de controversias entre Municipios de un mismo Estado, a otros tribunales, por supuesto, de la jurisdicción contencioso administrativa (art. 259).

C. *Los contratos de interés público y sus limitaciones derivadas del régimen del dominio público y de los servicios públicos*

Un aspecto específico de la constitucionalización del régimen de los contratos estatales se refiere a las limitaciones contractuales en relación con el territorio nacional y los Estados extranjeros; o a las derivadas del régimen del dominio público y de los servicios públicos.

a. *El territorio nacional y las limitaciones contractuales con entidades extranjeras*

La Constitución de 1999 establece, en general, como derecho irrenunciable de la Nación, "la integridad territorial" (art. 1), concepto que, además, se erige como principio del Estado Federal (art. 4), elemento básico de preservación en la política fronteriza (art. 15) y como objeto de obligaciones de resguardo y protección que se impone a los venezolanos (art. 130).

Como consecuencia de ello, en la Constitución se establece una prohibición general de contratación con entidades extranjeras en relación con el territorio nacional, lo que excluye toda forma de contrato de interés público en la materia. En el artículo 13 de la Constitución, en efecto, se establece que "El territorio nacional no podrá ser jamás cedido, traspasado, arrendado, ni en forma alguna enajenado, ni aún temporal o parcialmente, a Estados extranjeros u otros sujetos de derecho internacional". En consecuencia, no puede suscribirse contrato de interés público alguno que implique o conlleve le cesión, traspaso, arrendamiento o enajenación a un Estado extranjero y demás sujetos de derecho internacional, de parte del territorio nacional. La Constitución establece, sin embargo, la excepción respecto de inmuebles para representaciones diplomáticas (art. 13).

b. *El régimen del dominio público y las concesiones administrativas*

Por otra parte, la Constitución de 1999, por primera vez en el constitucionalismo venezolano, declaró como del dominio público una serie de bienes, régimen que, con anterioridad, sólo estaba regulado en el Código Civil y, más, recientemente en algunas leyes especiales.

En esta forma, la Constitución declara como bienes del dominio público a los yacimientos mineros y de hidrocarburos (Art.12), pero con anterioridad a esta constitucionalización, ya la Ley de Minas de 1999 lo había establecido (art.2), así como la Ley Orgánica de Hidrocarburos Gaseosos de 1999 (art. 1).La Constitución, por otra parte, también declara que "las costas marinas son bienes del dominio público" (art. 12); lo cual se ha complementado en la Ley de Conservación y Saneamiento de Playas de 2000 (art. 2). Por otra parte, en cuanto a las aguas, el artículo 304 de la Constitución establece que "Todas las aguas son del dominio público de la Nación, insustituibles para la vida y el desarrollo…". Además, otras normas constitucionales también regulan bienes del dominio público, aun cuando sin utilizar este calificativo jurídico: se trata, por ejemplo de las "armas de guerra" respecto de las cuales el artículo 324 declara que sólo el Estado puede poseerlas y usarlas, de manera que "todas las que existan, se fabriquen o se introduzcan en el país *pasarán a ser propiedad* de la República sin indemnización ni proceso" (art. 324). Por otra parte, el artículo 303 de la Constitución dispone que "por razones de soberanía económica, política y de estrategia nacional, el Estado *conservará* la totalidad de las acciones de Petróleos de Venezuela, S.A., o del ente creado para el manejo de la industria petrolera", lo que implica una declaratoria indirecta de dominio público de dichas acciones societarias, que son inalienables.

Ahora bien, la declaratoria de todos estos bienes como del dominio público en la propia la Constitución, implica limitaciones a la potestad contractual de los entes públicos, particularmente por la inalienabilidad de los mismos, lo que implica la prohibición de cualquier contrato de interés público que pueda significar la enajenación de estos bienes.

Sin embargo, la propia Constitución prevé el régimen de concesiones para la explotación de los bienes que sean "recursos naturales propiedad de la Nación", las cuales pueden ser otorgadas con exclusividad o sin ella, por tiempo determinado, y asegurando, siempre, la existencia de contraprestaciones o contrapartidas adecuadas al interés público" (art. 113). En cuanto a las concesiones mineras, en particular, se dispone en el artículo 156,16 de la Constitución que "el Ejecutivo Nacional no podrá otorgar concesiones mineras por tiempo indefinido.[55]Todas estas concesiones, por supuesto, son contratos estatales.

El régimen legal de las concesiones fue establecido mediante Decreto Ley N° 318 de 17 de septiembre de 1999 (Ley Orgánica sobre Promoción de la Inversión Privada bajo el régimen de Concesiones),[56] con cuya normativa se sustituyó el anterior régimen normativo establecido en el Decreto-Ley N° 138 sobre Concesiones de Obras Públicas y Servicios Públicos Nacionales de 1994.[57] Tal como lo indicó el artículo 1 de la referida Ley Orgánica de 1999, la misma puede considerarse que tuvo dos objetivos básicos: por una parte, "establecer reglas, garantías e incentivos dirigidos a la promoción de la inversión privada y al desarrollo de la infraestructura y de los servicios públicos competencia del poder nacional, mediante el otorgamiento de concesiones"; y por la otra regular, con tal propósito, el régimen general aplicable a los contratos públicos de concesión.

c. *El régimen de los bienes del dominio privado estadales y municipales, las limitaciones contractuales y las concesiones*

De acuerdo con el artículo 542 del Código Civil se consideran como tierras baldías los bienes inmuebles que no tengan dueño, los cuales se configuran como parte del dominio privado de los Estados de la Federación. Por ello, el artículo 164,5 de la Constitución ahora le atribuye a los Estados la administración de las tierras baldías, aún cuando "el régimen" de las mismas debe ser establecido por ley nacional (art. 156,16).

Como bienes del dominio privado de los Estados, las tierras baldías pueden ser objeto de contratación, en el sentido de que por ejemplo, pueden ser enajenadas o arrendadas, con una sola excepción que establece la Constitución y es en relación con las tierras baldías existentes en las dependencias federales y en las islas fluviales

55. Véase Allan R. Brewer-Carías, "Prologo sobre el régimen constitucional aplicable a las concesiones de obras y servicios públicos ", en Alfredo Romero Mendoza (Coordinador) y otros, *Régimen Legal de las Concesiones Públicas,* Caracas 2000, pp. 9 a 16.

56. Véase en *Gaceta Oficial* N° 5.394 Extra. de 25-10-1999.

57. Véase en *Gaceta Oficial* N° 4.719 Extra. de fecha 26-04-1994.

o lacustres las cuales "no podrán enajenarse y su aprovechamiento sólo podrá concederse en forma que no implique, directa ni indirectamente, la transferencia de la propiedad de la tierra" (art. 13). Las "dependencias federales" a que alude esta norma son las islas marítimas no integradas en el territorio de un Estado de la federación, así como las islas que se formen o aparezcan en el mar territorial o en el que cubra la plataforma continental (art. 7 y 11).

Entre los bienes inmuebles de los Municipios, la Constitución define a los ejidos, presumiendo, además, que son tales, "los terrenos situados dentro del área urbana de las poblaciones del Municipio, carentes de dueño, sin menoscabo de legítimos derechos de terceros, válidamente constituidos" (art. 181). Los ejidos, a pesar de que conforme al artículo 181 de la Constitución "son inalienables e imprescriptibles"; la misma norma agrega que "sólo podrán enajenarse previo el cumplimiento de las formalidades previstas en las ordenanzas municipales y en los supuestos que las mismas señalen".

En relación con los baldíos y ejidos, por supuesto, también se aplica el régimen de concesiones antes indicado, conforme al mencionado artículo 113 de la Constitución.

Ahora bien, en relación con los bienes del Estado, los mismos, siendo parte de la administración financiera del Estado, habían estado legalmente regulados históricamente sólo por unas escuetas normas sobre "bienes nacionales" de la vieja Ley Orgánica de la Hacienda Pública Nacional, y por las clásicas normas del Código Civil que se refieren a los bienes según las personas a quienes pertenecen, donde se estableció la clásica clasificación de los bienes del Estado entre bienes del dominio público y bienes del dominio privado, según su afectación. A esas normas, en tiempos más recientes se agregaron disposiciones aisladas contenidas en la Ley Orgánica que regula la Enajenación de Bienes del Sector Público no Afectos a las Industrias Básicas, [58] y en la Ley de Conservación y Mantenimiento de los Bienes Públicos.[59] Ese régimen ha sido sustituido por el contenido en la Ley Orgánica sobre Bienes Públicos, [60] que derogó las antes mencionadas leyes,

d. *El régimen de las actividades y servicios públicos reservados al Estado y las concesiones administrativas*

La anterior Constitución de 1961 establecía, con absoluta claridad, que el Estado podría reservarse determinadas industrias, explotaciones o servicios de interés público por razones de conveniencia nacional; y en uso de esa potestad, el Congreso Nacional y el Ejecutivo Nacional (decreto-leyes) sancionaron, en los años setenta, las leyes de reserva al Estado de la industria del mineral de hierro; de la industria de los hidrocarburos y de la industria del gas natural, con lo cual fueron nacionalizadas dichas actividades industriales.

La norma equivalente quedó muy mal redactada en la Constitución de 1999, cuyo artículo 302 dispone que

58 . Véase en *Gaceta Oficial* N° 3.951 Extraordinario, de 7 de enero de 1987.

59 . Véase en *Gaceta Oficial* N° 38.756, de 28 de agosto de 2007.

60 . Véase en *Gaceta Oficial* N° 39.952 del 26 de junio de 2012.

> El Estado se reserva, mediante ley orgánica respectiva, y por razones de conveniencia nacional, la actividad petrolera y otras industrias, explotaciones, servicios y bienes de interés público y de carácter estratégico.

De esta ambigua redacción resulta que si la reserva se hace mediante "ley orgánica respectiva", no es la Constitución la que hace la reserva al Estado de la "actividad petrolera", sino que es la ley orgánica respectiva la que lo puede hacer o la ha hecho, de lo cual puede concluirse que la actividad petrolera constitucionalmente no ha sido nacionalizada. En realidad, fue la Ley Orgánica que Reserva al Estado la Industria y el Comercio de los Hidrocarburos de 1975, aún vigente, la que estableció la reserva, pudiendo dicha ley ser modificada conforme a la Constitución de 1991, incluso hasta para eliminar la reserva, con excepción del régimen de propiedad de las acciones de PDVSA (art. 303).

Con fundamento en el artículo 302, por supuesto, mediante una ley orgánica respectiva se puede, además, reservar al Estado otras industrias, explotaciones, servicios y bienes de interés público y de carácter estratégico, lo cual, en todo caso, de hacerse, no sólo implicaría una exclusión de los particulares de realizar libremente actividades en las áreas reservadas al Estado, sino la posibilidad de que se pueda asignar a los entes públicos respectivos la facultad de contratar o conceder a los particulares las actividades reservadas. Si se tratase de concesiones, rige el mismo principio del artículo 113 de la Constitución.

La reserva al Estado en sus tres niveles territoriales también puede consistir en la atribución a los mismos de servicios públicos sea en la misma Constitución o en la reserva al Estado de determinados servicios públicos que se haga mediante ley orgánica (art. 302).

Tratándose de servicios públicos, la Constitución asigna tal carácter, por ejemplo, a los servicios de educación (art. 102) y a los de salud (art. 84); en el artículo 164,7 se refiere a los servicios públicos estadales; en los artículos 156,29 y 178 regula los servicios públicos domiciliarios (electricidad, agua potable, gas), y en el artículo 178 regula una serie de servicios públicos como de la competencia municipal, por ejemplo, los servicios de transporte público urbano de pasajeros; los servicios de limpieza, recolección y tratamiento de residuos; los servicios de protección social; y los servicios de protección ciudadana y policía municipal.

En todos estos casos de servicios públicos, sin embargo, la reserva al Estado no es uniforme: en algunos casos los servicios públicos se regulan en forma concurrente con las actividades de los particulares, como sucede en materia educativa o de salud; y en otros casos se regulan de manera de permitir la actuación de los particulares sólo mediante concesión, como sucede en los casos de servicios públicos municipales o domiciliarios[61].

En estos casos, rige el mismo principio constitucional relativo a las concesiones establecido en el artículo 113, que establece que cuando se trate de la prestación de servicios de naturaleza pública, con exclusividad o sin ella, el Estado puede otorgar concesiones por tiempo determinado, asegurando siempre la existencia de contraprestaciones o contrapartidas adecuadas al interés público.

61 Véase Allan R. Brewer-Carías, "Comentarios sobre la noción de servicio público como actividad prestacional del Estado y sus consecuencias", *Revista de Derecho Público,* N° 6, Caracas 1981, pp. 65 a 71.

e. *Los convenios de transferencia de servicios a las comunidades como contratos de interés público estadal y municipal*

La Constitución regula, además, otros contratos de interés público estadal y municipal al establecer los principios para que los Estados y los Municipios descentralicen y transfieran "a las comunidades y grupos vecinales organizados" los servicios que éstos gestionen, previa demostración de su capacidad para prestarlo (art. 184).

A tal efecto, los Estados y Municipios deben promover la transferencia de servicios en materia de salud, educación, vivienda, deporte, cultura, programas sociales, ambiente, mantenimiento de áreas industriales, mantenimiento y conservación de áreas urbanas, prevención y protección vecinal, construcción de obras y prestación de servicios públicos. En todos estos casos, para lograr esos objetivos los Estados y Municipios pueden establecer convenios, es decir, celebrar contratos de interés público estadal o municipal con las comunidades y grupos vecinales organizados, cuyos contenidos deben estar orientados por los principios de interdependencia, coordinación, cooperación y corresponsabilidad (art. 184,1).

D. *Las cláusulas constitucionales obligatorias en los contratos de interés público*

Siguiendo la orientación de la Constitución de 1961, la Constitución de 1999 ha establecido la incorporación obligatoria y tácita en los contratos de interés público, de una serie de cláusulas, entre las cuales destacan las de inmunidad de jurisdicción y la llamada cláusula "Calvo"; y a ciertos de ellos, una cláusula de protección ambiental. Además, regula las cláusulas de temporalidad en las concesiones administrativas de explotación de recursos naturales, de servicios públicos y de carácter minero.

a. *La cláusula de inmunidad de jurisdicción*

En cuanto a la cláusula de inmunidad de jurisdicción, el artículo 151 de la Constitución establece que:

> En los contratos de interés público, si no fuere improcedente de acuerdo con la naturaleza de los mismos, se considerará incorporada, aun cuando no estuviera expresa, una cláusula según la cual las dudas y controversias que puedan suscitarse sobre dichos contratos y que no llegaren a ser resueltas amigablemente por las partes contratantes, serán decididas por los Tribunales competentes de la República, de conformidad con sus leyes...

Se trata, realmente, de una cláusula obligatoria en el sentido de que todo contrato que suscriba una persona jurídica estatal en los tres niveles territoriales del Poder Público e, incluso, en los niveles de descentralización funcional, deben contener esta cláusula cuyo objeto es, primero, asegurar que la interpretación, aplicación y ejecución de esos contratos debe someterse a la ley venezolana; y segundo, que las controversias y dudas que de ellos surjan deben también someterse al conocimiento de los tribunales venezolanos[62].

---

62 Véase en general, Beatrice Sansó de Ramírez, "La inmunidad de jurisdicción en el Artículo 151 de la Constitución de 1999", en *Libro Homenaje a Enrique Tejera París, Temas sobre la Constitución de 1999,* Centro de Investigaciones Jurídicas (CEIN), Caracas, 2001, pp. 333 a 368.

Sin embargo, como sucedía en la Constitución de 1961, conforme al artículo 151 de la Constitución de 1999, el régimen de la inmunidad jurisdiccional previsto se aparta del carácter absoluto tradicional que tenía en el siglo XIX, establecido originalmente en la Constitución de 1892 (art. 147), y encaja dentro de la llamada "inmunidad relativa de jurisdicción". Por ello, la norma prescribe que la cláusula debe estar presente en todos los contratos de la Administración "si no fuere improcedente de acuerdo con la naturaleza de los mismos", lo que convierte la cláusula en una de inmunidad relativa de jurisdicción[63].

La relatividad de la inmunidad de jurisdicción deriva, en todo caso, de la naturaleza de la actividad del Estado regulada en el contrato, más que en su finalidad, que siempre es pública, admitiéndose la excepción al principio de la inmunidad basada en el carácter comercial de las actividades que realice un Estado, sobre todo en el ámbito de las contrataciones internacionales.

Por supuesto, para la determinación de la naturaleza de los contratos no se pueden dar fórmulas universales. Por ejemplo, se han planteado discusiones sobre la naturaleza de tales contratos en materia de empréstitos públicos, tanto en el derecho financiero como en el derecho internacional. En todo caso, utilizando la vieja distinción entre actos de autoridad y actos de gestión, nadie podría afirmar que un contrato de empréstito público no sea un acto de autoridad ni un contrato de interés público. Por ello, dicho criterio no puede utilizarse para determinar la relatividad de la inmunidad de jurisdicción, pues la solución al problema no se puede basar en la consideración de si el Estado suscribe el contrato haciendo uso de su soberanía o de sus poderes públicos, o si son o no contratos de la Administración; sino en la naturaleza de las operaciones. En el caso de los empréstitos, sin duda, el juez llamado a conocer de un problema judicial con relación a ellos, debe conocer, en realidad, de cuestiones mercantiles y comerciales. Por eso, y con base en la excepción prevista en la Constitución, los contratos de empréstito no contienen las cláusulas de inmunidad de jurisdicción y, por tanto, están sometidos en su ejecución, la cual, además, en general, se produce fuera del país, a las leyes y tribunales donde se realiza la operación e, incluso, a tribunales arbítrales.

b. *La cláusula "Calvo"*

La segunda cláusula de carácter obligatorio, de rango constitucional regulada en el artículo 151 de la Constitución, el cual como lo propusimos[64], reprodujo exactamente el texto del artículo 127 de la Constitución de 1961, es la llamada cláusula "Calvo", que implica que en los contratos de interés público también se debe considerar incorporada una cláusula que establece que por "ningún motivo" ni causa, la ejecución de los mismos "puede dar origen a reclamaciones extranjeras"[65].

El origen de esta cláusula se remonta a la Constitución de 1893 en la cual, al regularse los contratos de interés público, se señaló que los mismos en ningún caso podían ser motivo de reclamaciones internacionales. Esta cláusula establece, por

63 Véase Allan R. Brewer-Carías, *Contratos Administrativos, cit.*, pp. 130 a 137.

64 Véase Allan R. Brewer-Carías, *Debate Constituyente,* Tomo I, *op. cit.*, pp. 209 a 233; y *Debate Constituyente,* Tomo II, *op. cit.*, pp. 174 y 175.

65 Véase Allan R. Brewer-Carías, *Contratos Administrativos, cit.*, pp. 137 y ss.

tanto, la improcedencia de reclamaciones diplomáticas de Estados extranjeros contra el Estado venezolano, actuando aquellos Estados por cuenta de súbditos extranjeros, y parte del supuesto de que los extranjeros en el territorio del Estado venezolano se hallan en las mismas condiciones que los nacionales, por lo que si tienen alguna reclamación que formular cuando se puedan considerar lesionados, deben acudir únicamente a los tribunales nacionales. El objeto de la cláusula, en definitiva, es impedir que las divergencias que puedan surgir entre partes en un contrato estatal, en el cual una parte fuera un ciudadano extranjero, pudieran ser consideradas como de naturaleza internacional.

El origen de esta cláusula y por eso su denominación de cláusula "Calvo", está en la exposición contenida en el libro de Carlos Calvo, *Tratado de Derecho Internacional*, editado inicialmente en 1868, en el cual, después de estudiar la intervención franco-inglesa en el Río de La Plata y la intervención francesa en México, expresó lo siguiente:

> Además de móviles políticos, las intervenciones han tenido siempre por pretexto aparente lesiones a intereses privados, reclamaciones y pedidos de indemnizaciones pecuniarias a favor de extranjeros cuya protección no era justificada la mayoría de las veces... Según el derecho internacional estricto, el cobro de créditos y la gestión de reclamaciones privadas no justifican de plano la intervención armada de los gobiernos, y como los Estados europeos siguen invariablemente esta regla en sus relaciones recíprocas, no hay razón para que no se la impongan también en sus relaciones con los otros Estados del Nuevo Mundo[66].

Incluso, la propia cláusula "Calvo" influyó en la concepción de la llamada "Doctrina Drago", formulada en 1902 por el Ministro de Relaciones Exteriores de Argentina, Luis María Drago, quien ante las medidas de fuerza adoptadas por Alemania, Gran Bretaña e Italia contra Venezuela, formuló su tesis denegatoria del cobro compulsivo de las deudas públicas por los Estados[67].

Por supuesto, sobre la propia cláusula "Calvo" se ha discutido en torno a su validez: algunos han estimado que es nula porque las personas privadas no pueden contraer obligaciones que lleven a dejar sin efecto el derecho de su Estado de origen de protegerlas en el exterior; otros, en cambio, estiman que es válida porque constituye una estipulación formal explícita entre dos partes contratantes. En este marco es que la Constitución presume que existe en todo tipo de contrato de interés público y, en particular, por supuesto, en materia de contratos de empréstitos en los cuales incluso, como se ha dicho, puede haber la excepción de la cláusula de inmunidad jurisdiccional.

c. *La cláusula temporal en las concesiones*

Con relación a las concesiones administrativas, como contratos estatales, también puede identificarse en el ordenamiento constitucional venezolano, otra cláusula de carácter obligatorio y que tiene su fundamento en el citado artículo 113 de la Constitución, que regula las concesiones para la explotación de recursos naturales propie-

---

66 *Op. cit.*, Tomo I, parágrafo 205, *cit.*, por L.A. Podestá Costa, *Derecho Internacional Público*, tomo I, Buenos Aires, 1955, pp. 445 y 446.

67 Véase Victorino Jiménez y Núñez, *La Doctrina Drago y la Política Internacional*, Madrid, 1927.

dad de la Nación o para la prestación de servicios de naturaleza pública, las cuales sólo pueden otorgarse "por tiempo determinado". En el mismo sentido, el artículo 156,16 de la Constitución prohíbe el otorgamiento de "concesiones mineras por tiempo indefinido".

Es evidente, por tanto, de acuerdo con estas normas, la posibilidad de que el Estado otorgue con carácter de exclusividad, concesiones para la explotación de bienes públicos o la prestación de servicios públicos por tiempo limitado. La temporalidad, así, puede considerarse como una característica de todas las concesiones por lo que las leyes especiales que las regulan prevén, en general, lapsos variables, pero siempre precisos, de duración de las mismas.

En este sentido, por ejemplo, las concesiones de servicios públicos municipales, de acuerdo al artículo 41, ordinal 1° de la Ley Orgánica de Régimen Municipal, sólo pueden tener un plazo máximo de 20 años; las concesiones de ferrocarrileras reguladas en la Ley de Ferrocarriles, de acuerdo a su artículo 9, deben tener una duración máxima de 40 años; las concesiones para la explotación de productos forestales reguladas en la Ley Forestal de Suelos y Aguas, conforme al artículo 68, deben tener una duración máxima de 50 años; y asimismo, las concesiones de obras y servicios públicos previstas en la Ley Orgánica sobre Promoción de la Inversión Privada bajo el Régimen de Concesiones, de acuerdo al artículo 16, deben tener una duración máxima de 50 años. Por último, en cuanto a las concesiones para el aprovechamiento de aguas, de acuerdo a la Ley Forestal de Suelos y de Aguas, artículo 92, la duración de las mismas debe ser de 60 años máximo.

d. *La cláusula de protección ambiental*

Por otra parte, el artículo 129 de la Constitución exige la inclusión en los contratos que celebre la República (contratos de interés público nacional celebrados por la República), de una cláusula de protección ambiental[68] en los siguientes términos:

> En los contratos que la República celebre con personas naturales o jurídicas, nacionales o extranjeras, o en los permisos que se otorguen, que afecten los recursos naturales, se considerará incluida aún cuando no estuviere expresa, la obligación de conservar el equilibrio ecológico de permitir el acceso a la tecnología y la transferencia de la misma en condiciones mutuamente convenidas y de restablecer el ambiente a su estado natural si éste resultara alterado, en lo términos que fije la ley.

Se debe destacar de esta norma, que se trata de una cláusula de protección ambiental constitucionalmente obligatoria sólo respecto de los contratos de interés público *nacional*, que celebre la República. En consecuencia, puede considerarse que no es obligatoria en los contratos de interés público estadal ni municipal, que celebren, por ejemplo, los Estados y Municipios; así como tampoco sería constitucionalmente obligatoria en los contratos de interés público nacional que celebren otras personas jurídicas estatales distintas a la República, como los institutos autónomos o empresas del Estado nacionales.

---

68 Véase, en general, Alberto Blanco-Uribe Quintero, "La tutela ambiental como derecho-deber del Constituyente. Base constitucional y principios rectores del derecho ambiental", en *Revista de Derecho Constitucional,* N° 6 (enero-diciembre), Editorial Sherwood, Caracas, 2002, pp. 31-64.

E. *La aprobación de contratos de interés público por el órgano legislativo nacional*

En cuanto a la aprobación legislativa de los contratos de interés público nacional, la Constitución de 1999, a propuesta nuestra[69], cambió radicalmente la previsión del artículo 126 de la Constitución de 1961, que materialmente sometía a *todos* los contratos de interés público nacional a la aprobación legislativa, salvo las excepciones (contratos normales en el desarrollo de la Administración Pública y aquellos para los cuales la ley no establecía la aprobación legislativa) que terminaron convirtiéndose en la regla. Por ello, el artículo 150 de la Constitución de 1999, siguiendo la orientación mencionada de la práctica legislativa e interpretativa, ahora se limita a señalar que "la celebración de los contratos de interés público nacional requerirá la aprobación de la Asamblea Nacional sólo *en los casos que determine la ley"*.

En consecuencia, sólo cuando mediante ley se determine expresamente que un contrato de interés público nacional debe someterse a la aprobación de la Asamblea, ello se convierte en un requisito de eficacia del contrato (art. 182,9).

Sin embargo, la Constitución exige la aprobación obligatoria por parte de la Asamblea Nacional, (art. 150; 187,9) solo respecto de los contratos de interés público (no sólo nacional, sino estadal o municipal) que se celebren con Estados o entidades oficiales extranjeras o con sociedades no domiciliadas en Venezuela, así como respecto de los traspasos de esos contratos a dichas entidades.

F. *Principios constitucionales relativos a la responsabilidad del Estado en la ejecución de los contratos de interés público*

Por último, en cuanto a la constitucionalización del régimen del derecho administrativo y, en particular, de la contratación administrativa, están las normas sobre responsabilidad administrativa.

En efecto, en términos generales, el artículo 312 de la Constitución establece que "el Estado no reconocerá otras obligaciones que las contraídas por órganos legítimos del Poder Nacional, de acuerdo con la Ley"; lo que implica la consagración del principio de la competencia, que debe ser expresa, para la celebración de contratos de interés público. En cuanto al Presidente de la República, en materia de contratos de interés nacional, la Constitución le atribuye competencia para su celebración conforme a la propia Constitución y a la Ley (art. 236,14), asignándole, además, la competencia para "negociar los empréstitos nacionales" (art. 236,12). Estas competencias, en todo caso, no son exclusivas ni excluyentes, pudiendo la Ley asignar tales competencias a otros funcionarios del Ejecutivo Nacional, como a los Ministros como órganos directos del Presidente de la República (art. 76,15 de la Ley Orgánica de la Administración Pública).

Por otra parte, como se dijo, toda ejecución de contratos que implique gastos está sujeta al régimen presupuestario y a la previsión del artículo 314 de la Constitución, en el sentido de que "no se hará ningún tipo de gastos que no haya sido previsto en la Ley de Presupuesto" (art. 314).

Por último, el artículo 140 de la Constitución, en una norma innovativa de gran importancia para el derecho administrativo, establece que el Estado responderá pa-

69 Véase Allan R. Brewer-Carías, *Debate Constituyente*, Tomo II, *op. cit.*, pp. 175 a 177.

trimonialmente por los daños que sufran los particulares en cualquiera de sus bienes y derechos, siempre que la lesión sea imputable al funcionamiento de la Administración Pública, de la cual deriva, no sólo el principio de responsabilidad extracontractual, sino contractual de la Administración.

La Constitución, por otra parte, atribuye la competencia a la jurisdicción contencioso-administrativa para conocer de todo asunto concerniente a la condena al pago de sumas de dinero y a la reparación de daños y perjuicios originados en responsabilidad de la Administración (art. 259).

5. *Régimen constitucional de los servicios públicos*

A. *El servicio público como obligación prestacional estatal*

Se puede entender por servicio público como las actividades prestacionales que debe asumir el Estado tendientes a satisfacer necesidades generales o colectivas, en cumplimiento de una obligación constitucional o legal y en relación con las cuales, los particulares no tienen derecho a desarrollarlas "libremente"[70].

De esta definición resulta lo siguiente:

En *primer lugar,* que se trata siempre de una actividad, es decir, de un conjunto de operaciones y tareas a cargo de un sujeto de derecho, consistente en dar o hacer algo a favor de otros, en suma, de prestar. Se trata, por tanto, de una actividad prestacional; pero no de cualquier tipo de prestación sino de una que es de interés de todos, de interés público o colectivo por lo que los sujetos a los cuales se destina son todos, es decir, al público en general.

En *segundo lugar,* esa actividad prestacional corresponde cumplirla obligatoriamente al Estado, es decir, a los entes públicos, por estar así establecido en la Constitución o en una Ley. Por tanto, no toda actividad prestacional de interés público que realicen los entes públicos puede considerarse como un servicio público, sino sólo aquellas que éstos asumen en cumplimiento de una obligación constitucional o legal.

En *tercer lugar,* tratándose de una actividad prestacional que corresponde como obligación al Estado, de acuerdo al principio de alteridad, los particulares, es decir, el público en general, tienen un correlativo derecho constitucional o legal a recibir la prestación, el cual, como todo derecho, debe ser esencialmente justiciable y protegible.

En *cuarto lugar,* desde el momento en el cual una actividad se configura como servicio público a cargo de los entes públicos, la misma queda sustraída de las que pueden ser desarrolladas libremente por los particulares. No es que necesariamente la actividad queda excluida del ámbito de la libertad económica de los particulares, sino que en relación con ella, ésta no puede desarrollarse libremente.

Es decir, la libertad económica, como derecho de toda persona de "dedicarse libremente a la actividad económica de su preferencia" (art. 112 de la Constitución), está limitada, constitucional o legalmente, en una proporción inversa al grado de asunción de la actividad por parte del Estado.

---

70 Véase Allan R. Brewer-Carías", "El régimen constitucional de los servicios públicos", *VI Jornadas Internacionales de Derecho Administrativo "Allan R. Brewer-Carías"*, Fundación de Estudios de Derecho Administrativo, Tomo I, Caracas, 5-8 marzo 2002.

Así, por ejemplo, en otros tiempos, cuando la Ley de Correos de 1938 decía, en su artículo 1°, que "el correo es un servicio público federal exclusivo del Estado", la norma quería decir precisamente eso, que esa era una actividad exclusiva del Estado y, además, excluyente de toda prestación por parte de particulares.

En todo caso, la idea clave a los efectos de la conceptualización jurídica del servicio público, es la existencia de una obligación constitucional o legal a cargo del Estado para la realización de la actividad prestacional. Ello contribuye a deslindar los servicios públicos de las actividades prestacionales que el Estado realiza como mero empresario, que no se ejecutan en virtud del cumplimiento de obligación constitucional o legal alguna, y respecto de las cuales existe el derecho de los particulares a desarrollarlas libremente.

En consecuencia, la declaración de una actividad como servicio público que, por tanto, se cumple por el Estado en ejecución de una obligación constitucional o legal, da origen a dos consecuencias fundamentales en relación con los particulares:

Por una parte, que con motivo de la obligación jurídica del Estado surge una relación jurídica, en cuyo otro extremo está como correlativo a la obligación, un derecho de los administrados a percibir la prestación de tales servicios públicos; y por otra parte, que la presencia del Estado como prestador de servicios públicos restringe, a la vez, la libertad económica de los administrados.

El servicio público así entendido, se presenta entonces siempre, como una restricción a la libertad económica de los particulares. Por ello es que la creación de un servicio público, es decir, el establecimiento de la obligación prestacional a cargo del Estado, sólo puede tener su origen directamente en la Constitución o en la ley, pues sólo en esos textos, conforme al principio de la reserva legal previsto en la propia Constitución (art. 112), es que puede limitarse o restringirse la libertad económica.

En mi criterio, esta consecuencia de la noción de servicio público es la más importante desde el punto de vista jurídico; que cuando una actividad prestacional se erige en servicio público, es decir, se impone obligatoriamente al Estado, sea a la República, a los Estados o a los Municipios, se restringe automáticamente la libertad económica de los particulares en el sentido de que no pueden, libremente, ejercer dicha actividad.

Es evidente, por supuesto, que el ámbito de esta restricción no es uniforme, pues depende de la regulación concreta que se establezca en la Constitución o en la ley. Las normas pueden establecer una variada gama de restricciones a la libertad económica que pueden ir desde la exclusión total de la actividad económica de los particulares en el ámbito de la actividad prestacional, por ejemplo, cuando el Estado se la reserva con carácter de exclusividad; hasta la previsión de una concurrencia casi sin restricciones, entre la actividad pública y la actividad privada, pasando por los supuestos en los cuales, a pesar de que el Estado se reserve el servicio, los particulares pueden prestarlo mediante concesión.

Es conveniente distinguir estas categorías de servicios públicos, según la mayor o menor incidencia y restricción de la libertad económica, pues ello permitirá determinar el grado de intervención del Estado.

B. *Las diversas categorías de servicios públicos*

En efecto, según la intensidad de la restricción a la libertad económica que acarrea la consideración de una actividad como servicio público, he distinguido tres grandes categorías de servicios públicos: los servicios públicos exclusivos y excluyentes; los servicios públicos exclusivos, pero concedibles; los servicios públicos concurrentes.

La primera categoría de servicios públicos abarca aquellos reservados al Estado en forma absoluta, de manera que los particulares no pueden, en forma alguna, prestarlos. La Constitución, en general, salvo en relación con los servicios públicos vinculados a los derechos de la Nación y a los fines del Estado, no establece directamente ningún servicio público de esta naturaleza, pero permite que la ley los establezca en determinados supuestos.

En efecto, el artículo 302 de la Constitución establece expresamente la posibilidad que tiene el Estado de reservarse, mediante Ley Orgánica, y por razones de conveniencia nacional, "industrias, explotaciones, *servicios y bienes de interés público*".

De acuerdo a este artículo, por tanto, mediante ley orgánica podría establecerse un servicio público para ser prestado en forma exclusiva por el Estado, excluyendo a los particulares del ámbito del mismo. Una reserva de este tipo tendría por efecto fundamental establecer una exclusión a la libertad económica de los administrados, la cual no podría desarrollarse, en forma alguna, respecto del servicio reservado. En estos casos, la reserva de servicios, provocaría el establecimiento de un *monopolio de derecho* a favor del Estado, configurándose el supuesto del artículo 302 de la Constitución como una excepción a la prohibición de los monopolios que regula el artículo 113 de la propia Constitución.

Una segunda categoría de servicios públicos estaría configurada por aquellos que aún siendo atribuidos en forma obligatoria y exclusiva al Estado, es decir, a la República, a los Estados o a los Municipios, y estando reservados a los entes públicos, ello no se ha hecho en forma excluyente, por lo que, mediante concesión, podría permitirse a los particulares la prestación de los mismos en determinadas condiciones.

La Constitución ha regulado, en muchas normas esta categoría de servicios públicos, como servicios públicos exclusivos y no excluyentes, por tanto, concedibles, a cuyo efecto ha regulado en general, en el artículo 113 que cuando se trate de:

> Prestación de servicios de naturaleza pública con exclusividad o sin ella, el Estado podrá otorgar concesiones por tiempo determinado, asegurando siempre la existencia de contraprestaciones o contrapartidas adecuadas al interés público.

Esta norma establece, por tanto, que cuando se trate de una actividad declarada como servicio público exclusivo del Estado, pero no excluyente, sea que se vaya a prestar en forma exclusiva o no, el Estado puede otorgar concesiones por tiempo determinado.

Por supuesto, corresponde a la Ley la determinación del carácter exclusivo del servicio que permita, sin embargo, que su prestación se pueda conceder a los particulares.

La consecuencia de ello es que en virtud de la reserva, los particulares no tienen libertad económica respecto de las actividades que configuran estos servicios, es decir, los particulares *no tienen derecho* a realizar las actividades económicas que los configuran. Pueden, sí, obtener ese derecho mediante un acto administrativo bilateral, que es la concesión de servicio público, mediante la cual se transfiere a los particulares un derecho que antes no tenían y que se constituye por dicho acto.

Un tercer tipo de servicio público está configurado por aquellas actividades prestacionales impuestas obligatoriamente al Estado, pero respecto de las cuales el ordenamiento también consagra un derecho de los particulares a prestarlos.

En estos casos, el establecimiento de una actividad como servicio público lo que produce, como consecuencia, es una limitación a la libertad económica de los particulares. No se trata de que la misma se excluya, como sucede en los casos anteriores, sino de una limitación a su ejercicio. Por ello, en estos casos, el derecho de los particulares a prestar los servicios está establecido directamente en el ordenamiento jurídico, y lo único que en éste se establece son los mecanismos de control, para asegurar que los servicios se presten en forma adecuada al interés general envuelto.

C. *La constitucionalización de los servicios públicos*

Ahora bien, como hemos dicho, la calificación de una actividad prestacional como servicio público, exige que la Constitución o la ley establezcan la obligación a cargo del Estado de realizarla.

En tal sentido puede decirse que la Constitución de 1999, a diferencia de la de 1961, es una Constitución de servicios públicos en el sentido de que no sólo utiliza la noción misma de "servicio público", constitucionalizándola, sino que regula múltiples actividades como obligaciones estatales, que constitucionalmente se pueden calificar como tales servicios públicos.

Quisiera destacar las normas constitucionales pertinentes para determinar con precisión estos servicios públicos constitucionales.

a. *Los "servicios públicos" en la Constitución*

En efecto, en cuanto a la utilización del concepto de "servicio público", podemos hacer referencia a los siguientes artículos de la Constitución:

1. El artículo 84 al regular el derecho a la salud, se refiere a los "servicios públicos de salud".

Asimismo, en el artículo 83 se regula la obligación del Estado de asegurar "el acceso a los servicios"; y el artículo 86 se refiere a "los servicios médicos y asistenciales". Por otra parte, el artículo 156,24 le atribuye al Poder Nacional competencia en materia de los "servicios nacionales de salud".

2. Por su parte, el artículo 86, al regular el derecho a la seguridad social, la declara "como servicio público de carácter no lucrativo".

3. El artículo 102, al regular a la educación como derecho humano, agrega que "la educación es un servicio público"; y el artículo 103 establece la obligación del Estado de sostener "servicios suficientemente dotados para asegurar el acceso, permanencia y culminación en el servicio educativo". Además, el artículo 156,24 le atribuye al Poder Nacional competencia en relación con "los servicios nacionales de educación".

4. El artículo 108, al exigir que los medios de comunicación social, públicos y privados, contribuyan a la formación ciudadana, establece que "el Estado garanti-

zará servicios públicos de radio, televisión y redes de biblioteca informática, con el fin de permitir el acceso universal a la información".

5. El artículo 113 se refiere a las concesiones administrativas en los casos de "servicios de naturaleza pública".

6. Los artículos 156, ordinal 29 y 178 se refieren a "los servicios públicos domiciliarios" y, en especial, los servicios públicos de electricidad, de agua potable y de gas doméstico, de alcantarillado, de canalización y de disposición de aguas servidas.

7. El artículo 164, ordinal 8 se refiere a "los servicios públicos estadales"

8. El artículo 173, al regular las parroquias como entidades locales, se refiere a la desconcentración de competencias hacia las mismas para "la mejor prestación de los servicios públicos".

9. El artículo 184 se refiere a la descentralización de los Estados y Municipios hacia las comunidades y grupos vecinales organizados y a la participación de los ciudadanos respecto de "la ejecución, evaluación y control de servicios públicos".

10. El artículo 196, ordinal 6 se refiere a la "creación, modificación o suspensión de servicios públicos" mediante decreto-ley, en caso de urgencia comprobada y en receso de la Asamblea Nacional.

11. El artículo 259 atribuye competencia a los órganos de la jurisdicción contencioso administrativa para conocer de "reclamos por la prestación de servicios públicos".

12. El artículo 281, ordinal 2 atribuye competencia al Defensor del Pueblo para "velar por el correcto funcionamiento de los servicios públicos"; y

13. El artículo 302 establece la posibilidad de que el Estado se reserve, mediante ley orgánica y por razones de conveniencia nacional, "servicios de interés público".

En esta forma, a diferencia de la Constitución de 1961, en la que sólo se utilizó la expresión "servicio público", respecto de los servicios públicos de salud (art. 136,17); de la creación de servicios públicos por vía ejecutiva en caso de urgencia comprobada (arts. 179,5; 190,11); y de la limitación a la huelga en los servicios públicos (art. 92); en la Constitución de 1999, la expresión "servicio público" puede decirse que se ha constitucionalizado definitivamente en 13 artículos, lo que, sin duda, permite su conceptualización doctrinal.

b. *Los "servicios" a cargo del Estado en la Constitución*

Pero además, otras normas de la Constitución, utilizan la expresión "servicios" para referirse a actividades estatales, las cuales también encajarían en la noción de servicio público. Ello ocurre en las siguientes otras 13 normas:

1. El artículo 76, al regular el derecho a la protección de la maternidad, se refiere a la obligación del Estado de asegurar "servicios de planificación familiar integral".

2. El artículo 82, al regular el derecho a la vivienda, establece que la misma debe contar con "servicios básicos esenciales" es decir, servicios públicos domiciliarios.

3. El artículo 110 establece la obligación del Estado de reconocer el interés público de "los servicios de información necesarios por ser instrumentos fundamentales para el desarrollo económico, social y político del país, así como para la seguridad y soberanía del país".

4. El artículo 112 establece la obligación del Estado de garantizar "servicios que satisfagan las necesidades de la población" y el artículo 117 garantiza el derecho de las personas a disponer de "servicios de calidad".

5. El artículo 156, ordinal 5 se refiere a la competencia del Poder Nacional en materia de "los servicios de identificación".

6. El artículo 156, ordinal 28 se refiere a la competencia del Poder Nacional en cuanto al "régimen del servicio de correo y de las telecomunicaciones".

7. El artículo 164, ordinal 6, al atribuir competencias a los Estados en la organización de la policía, se refiere a la determinación de "las ramas de este servicio atribuidas a la competencia municipal".

8. El artículo 165, al regular el régimen de las competencias concurrentes, establece la obligación de los Estados de transferir a los Municipios "los servicios" que gestionen.

9. El artículo 178, que regula las competencias municipales, se refiere a los "servicios de transporte público urbano de pasajeros" (ord. 2); a "los servicios de limpieza, de recolección y tratamiento de residuos y protección civil" (ord. 4); a los "servicios de integración familiar" de los discapacitados y a los "servicios de prevención y protección, vigilancia y control de bienes y las actividades relativas a las materias de la competencia municipal" (ord. 5); a "los servicios funerarios" (ord. 6); y a "los servicios de policía municipal" (ord. 7).

10. El artículo 184 que regula los mecanismos para que los Estados y Municipios descentralicen y transfieran a las comunidades y grupos vecinales organizados "los servicios que éstos gestionen", establece que la ley debe promover "la transferencia de servicios en materia de salud, educación, vivienda, deporte, cultura, programas sociales, ambiente, mantenimiento de áreas industriales, mantenimiento y conservación de áreas urbanas, prevención y protección vecinal, construcción de obras y prestación de servicios públicos".

11. El artículo 185, que regula el Consejo Federal de Gobierno, precisa que el Fondo de Compensación Interterritorial está destinado, entre otros, al financiamiento de "servicios esenciales en las regiones y comunidades de menor desarrollo relativo".

12. El artículo 268, en el marco del funcionamiento de la justicia se refiere al "servicio de defensa pública"; y

13. El artículo 306, al regular el desarrollo rural integrado, asigna al Estado el fomento de "servicios de capacitación y asistencia técnica".

Todas estas normas, sin duda, se refieren a la noción de servicio público como actividad prestacional obligatoriamente a cargo del Estado, correlativo con el derecho de las personas a su prestación, sin que de las mismas se pueda deducir que se trate de actividades que son excluyentes de las actividades de los particulares en dichas áreas. La exclusión, sin embargo, podría establecerse mediante ley, como consecuencia de limitaciones a la libertad económica "por razones de desarrollo humano, seguridad, sanidad, protección del ambiente u otras de interés social" a que se refiere el artículo 112 de la Constitución.

D. *Los servicios públicos constitucionales*

Ahora bien, de todas estas normas constitucionales en nuestro criterio puede identificarse los siguientes cuatro grupos de servicios públicos constitucionales:

En *primer* lugar, los servicios públicos vinculados a los derechos de la Nación, para garantizar su goce; en *segundo* lugar, los servicios públicos vinculados a los fines del Estado, para su logro; en *tercer* lugar, los servicios públicos de carácter social, para hacer efectivos los derechos sociales; y en *cuarto* lugar, los servicios públicos para garantizar el ejercicio de derechos y libertades individuales.

a. *Los servicios públicos vinculados a los derechos de la Nación*

En primer lugar, los servicios públicos derivados de los derechos de la Nación. En efecto, el artículo 1 de la Constitución declara como "derechos irrenunciables de la Nación, la independencia, la libertad, la soberanía, la inmunidad, la integridad territorial y la autodeterminación". Se trata de un derecho colectivo, de la Nación, es decir, de toda persona e instituciones, vinculadas a la soberanía y que origina la obligación del Estado de resguardarla. Estas prestaciones dan origen a los siguientes servicios públicos exclusivos del Estado, y en muchos casos, excluyentes.

a'. *El servicio público de defensa y seguridad: la Fuerza Armada Nacional*

"La seguridad de la Nación es competencia esencial y responsabilidad del Estado" dice el artículo 322 de la Constitución; aún cuando precise que la defensa de la Nación sea responsabilidad de los venezolanos y demás personas que se encuentren en el espacio geográfico nacional.

La Fuerza Armada Nacional, por tanto, constituye la institución organizada por el Estado para garantizar la independencia y soberanía de la Nación y asegurar la integridad territorial (art. 328). Es una institución que debe ser "esencialmente profesional, sin militancia política, organizada por el Estado" que "está al servicio exclusivo de la Nación y en ningún caso al de persona o parcialidad política alguna" (art. 328).

La competencia en esta materia corresponde al Poder Nacional, resumida en las siguientes atribuciones que el artículo 156 de la Constitución le asigna:

> *Ord. 2*. La defensa y suprema vigilancia de los intereses generales de la República, la conservación de la paz pública y la recta aplicación de la ley en todo el Territorio Nacional.
>
> *Ord. 7*. La seguridad, la defensa y el desarrollo nacional.
>
> *Ord. 8*. La organización y régimen de la Fuerza Armada Nacional.

Dentro de los cometidos de este servicio, la Constitución destaca, en especial, la protección de los espacios fronterizos para preservar la integridad territorial, la soberanía, la seguridad, la defensa, la identidad nacional, la diversidad y el ambiente (art. 15); declarando que la atención de las fronteras es prioritaria en el cumplimiento y aplicación de los principios de seguridad de la Nación (art. 327).

b'. *El servicio público exterior y diplomático*

Con fundamento en las mismas normas constitucionales antes mencionadas otro servicio público vinculado a los derechos de la Nación, es el servicio público exterior y diplomático, que actualiza las relaciones internacionales de la República para que respondan a "los fines del Estado en función del ejercicio de la soberanía y de los intereses del pueblo" (art. 152).

La competencia en relación con "la política y la actuación internacional de la República" se atribuye en la Constitución al Poder Nacional (art. 156, ord. 1); y se obliga a la República a la defensa de "los principios de independencia, igualdad entre los Estados, libre determinación y no intervención en asuntos internos, respeto a los derechos humanos y solidaridad entre los pueblos en las luchas por su emancipación y el bienestar de la humanidad" (art. 152).

c'. *El servicio público de promoción y ordenación de la economía*

De acuerdo con el artículo 299 de la Constitución, el régimen socio económico de la República se fundamenta en los principios de justicia social, democracia, eficiencia, libre competencia, protección del ambiente, productividad y solidaridad, a los fines de asegurar el desarrollo humano integral y una existencia digna y provechosa para la colectividad.

A tal efecto, se responsabiliza al Estado para que, conjuntamente con la iniciativa privada, promueva "el desarrollo armónico de la economía nacional con el fin de generar fuentes de trabajo, alto valor agregado nacional, elevar el nivel de vida de la población y fortalecer la soberanía económica del país, garantizando la seguridad jurídica, solidez, dinamismo, sustentabilidad, permanencia y equidad del crecimiento de la economía, para lograr una justa distribución de la riqueza mediante una planificación estratégica, democrática, participativa y de consulta abierta" (art. 249).

A tal fin, la Constitución atribuye al Estado en sus artículos 112, 299, 308, 309 y 310, competencia para promover la iniciativa privada con facultad para dictar medidas para planificar, racionalizar y regular la economía e impulsar el desarrollo integral del país; promover el desarrollo armónico de la economía nacional; proteger la artesanía e industrias populares; velar por la creación y fortalecimiento del sector turístico nacional; y proteger y promover la pequeña y mediana industria.

La Constitución por otra parte, asigna a la Asamblea Nacional la competencia exclusiva para aprobar las líneas generales del plan de desarrollo económico y social (art. 187,8) y atribuye al Presidente de la República competencia exclusiva para formular el Plan Nacional de Desarrollo y dirigir su ejecución previa aprobación de la Asamblea Nacional (art. 236,18). Ello implica, por supuesto, que puede y debe haber planes estadales y municipales de desarrollo, para lo cual los Estados y Municipios tienen competencia. Por ello, en cada Estado debe existir un Consejo Estadal de Planificación y Coordinación (art. 166) y en cada Municipio, un Consejo Local de Planificación (art. 182). Los Municipios, además, tienen competencia exclusiva, en cuanto concierne a la vida local, en materia de ordenación y promoción del desarrollo económico y social (art. 178).

Por otra parte, como órgano intergubernamental, el Consejo Federal de Gobierno tiene la misión de planificar y coordinar las políticas y acciones de los tres niveles territoriales para el desarrollo del proceso de descentralización (art. 185).

La Constitución, por otra parte, establece una extensa regulación sobre el régimen fiscal y monetario, donde se detallan normas sobre el régimen presupuestario (art. 311 a 315); y el sistema tributario (art. 316 y 317); el sistema monetario nacional (art. 318 y 319) y la coordinación macroeconómica (art. 320). En ellas se regulan, por primera vez a nivel constitucional, las competencias del Banco Central de Venezuela, órgano al cual corresponde el ejercicio "de manera exclusiva y obligatoria" de las competencias monetarias del Poder Nacional (art. 318); y los principios de la política macroeconómica, imponiéndose al Estado la obligación de "promover y defender la estabilidad económica, evitar la vulnerabilidad de la economía y velar por la estabilidad monetaria y de precios, para asegurar el bienestar social" (art. 320).

Para cumplir todas estas obligaciones la Constitución, en su artículo 156, asigna al Poder Nacional competencia en las siguientes materias:

> *Ord. 11.* La regulación de la banca central, del sistema monetario, de la moneda extranjera, del sistema financiero y del mercado de capitales; la emisión y acuñación de moneda.
>
> *Ord. 15.* El régimen del comercio exterior y la organización y régimen de las aduanas.
>
> *Ord. 17.* El régimen de metrología legal y control de calidad
>
> *Ord. 18.* Los censos y estadísticas nacionales.
>
> *Ord. 21.* Las políticas macroeconómicas, financieras y fiscales de la República.

De todo este conjunto de regulaciones constitucionales, por tanto, deriva otro servicio público esencial vinculado a los derechos de la Nación y su soberanía económica, que en sus componentes esenciales es de carácter exclusivo y excluyente.

b. *Servicios públicos vinculados a los fines del Estado*

De acuerdo con el artículo 2 de la Constitución, el Estado democrático y social de Derecho y de Justicia que constituye Venezuela, propugna como valores superiores de su ordenamiento jurídico y de su actuación, la vida, la libertad, la justicia, la igualdad, la solidaridad, la democracia, la responsabilidad social y, en general, la preeminencia de los derechos humanos, la ética y el pluralismo político.

A tal efecto, el Estado tiene como fines esenciales la defensa y el desarrollo de la persona y el respeto a su dignidad, el ejercicio democrático de la voluntad popular, la construcción de una sociedad justa y amante de la paz, la promoción de la prosperidad y bienestar del pueblo y la garantía del cumplimiento de los principios, derechos y deberes reconocidos y consagrados en la Constitución (art. 3).

Por otra parte, respecto de los particulares, la libertad consiste en el derecho de toda persona al libre desenvolvimiento de su personalidad, sin más limitaciones que las que derivan del derecho de los demás y del orden público y social (art. 20).

Para el logro de todos estos principios y fines y para garantizar el ejercicio de los derechos y garantías constitucionales, precisamente, se regulan los servicios públicos de seguridad y protección ciudadana, de justicia y de protección ambiental.

a'. *Los servicios públicos de seguridad y protección ciudadana: la policía y la administración de riesgos*

El artículo 55 de la Constitución garantiza el derecho de toda persona a la protección por parte del Estado, a través de los órganos de seguridad ciudadana regulados por ley, frente a situaciones que constituyen amenaza, vulnerabilidad o riesgo para la integridad física de las personas, sus propiedades, el disfrute de sus derechos y el cumplimiento de sus deberes.

La norma asigna esta obligación de proteger al Estado, y como se ha dicho, la expresión "Estado" comprende la totalidad de los entes que conforman su organización política como Estado Federal. En consecuencia, esta obligación corresponde, concurrentemente, a la República, a los Estados y a los Municipios, como lo confirma expresamente el artículo 332 de la Constitución, tanto por lo que se refiere a la policía como a la administración de riesgos y emergencias, al indicar que la función de los órganos de seguridad ciudadana constituye una "competencia concurrente". Esto lo confirma, además, el artículo 184 de la Constitución al reconocer como competencia de los Estados y los Municipios la materia de "prevención y protección vecinal".

En cuanto al servicio público de policía, además el Poder Nacional tiene competencia exclusiva en materia de "policía nacional" (art. 156,6), del régimen de los extranjeros (art. 156,4) y de los servicios de identificación (art. 156,5); correspondiendo al Ejecutivo Nacional organizar, de conformidad con la ley, un cuerpo uniformado de policía nacional (art. 332).

Por su parte, los Estados tienen competencia exclusiva para "la organización de la policía y la determinación de las ramas de este servicio atribuidas a la competencia municipal, de conformidad con la Ley" (art. 164,6); y los Municipios tienen competencia exclusiva, "en cuanto concierne a la vida local", en materia de "prevención y protección vecinal y servicios de policía municipal, conforme a la legislación nacional aplicable" (art. 178,7). Además, se atribuye a los Municipios competencia exclusiva también en cuanto concierne a la vida local, en materia de servicios de "protección civil" (art. 178,4), de "servicios prevención y protección, vigilancia y control de los bienes y las actividades relativas a las materias de la competencia municipal" (art. 178,5), y de "circulación y ordenación del tránsito de vehículos y personas por vías municipales" (policía de tránsito) (art. 178, ord. 2).

Esto implica, también, una concurrencia de competencias en materia de servicios públicos de administración de riesgos y emergencias: el artículo 156, ordinal 9, atribuye al Poder Nacional el régimen de la administración de riesgos y emergencias, y el artículo 332 encarga al Ejecutivo Nacional, de conformidad con la ley, para organizar un cuerpo de bomberos y administración de carácter civil y una organización de protección civil y administración de desastres, como parte de los órganos de seguridad ciudadana. La misma norma considera como una competencia concurrente de los Estados y Municipios la función de los órganos de seguridad ciudadana, por lo que aquéllos, conforme con los artículos 164,8 y 178,4, 5, y 7, de conformidad con la legislación nacional, pueden establecer los servicios públicos respectivos.

b'. *El servicio público de justicia*

De acuerdo con lo establecido en el artículo 26 de la Constitución, toda persona tiene derecho de acceso a los órganos de administración de justicia para hacer valer sus derechos e intereses, incluso los colectivos o difusos; a la tutela judicial efectiva de los mismos y a obtener con prontitud la decisión correspondiente.

Para asegurar la efectividad de este derecho, se impone la obligación al Estado de garantizar una justicia gratuita, accesible, imparcial, idónea, transparente, autónoma, independiente responsable, equitativa y expedita, sin dilaciones indebidas, sin formalismos o reposiciones inútiles (art. 26).

Para garantizar el derecho a la justicia y la obligación de prestarla, la Constitución regula el sistema de justicia, atribuyendo las competencias en la materia a los órganos del Poder Judicial, independientes y autónomos (art. 253 y sigts). La competencia para regularlos se atribuye al Poder Nacional al asignarle el artículo 158, ordinal 31 la atribución en materia de "La organización y administración nacional de la justicia"; y al Poder Municipal, en materia de "justicia de paz" (art. 178,7).

Por otra parte, en particular, y como parte del sistema de justicia, el artículo 268 de la Constitución regula el "servicio de defensa pública".

c'. *Los servicios públicos en materia de desarrollo rural integral y seguridad alimentaria*

Los artículos 305, 306 y 307 de la Constitución también asignan al "Estado" obligaciones de promover el desarrollo rural integral; promover las condiciones para fomentar la actividad agrícola y la agricultura sustentable, a fin de garantizar la seguridad alimentaria, y alcanzar niveles estratégicos de autoabastecimiento; proteger las comunidades y asentamientos de pescadores artesanales; proteger y promover las formas asociativas y particulares de propiedad, y velar por la ordenación sustentable de las tierras de vocación agrícola y establecer servicios de capacitación y asistencia técnica. Estas obligaciones del "Estado", de nuevo, dan origen a servicios públicos de competencia concurrente de todos los entes que conforman la organización política del mismo, es decir, a la República, a los Estados y a los Municipios.

En esta materia, además, el Poder Nacional tiene competencia exclusiva para dictar la "legislación agraria" (art. 156,32) y definir la política *nacional* en materia tanto de seguridad alimentaria (art. 156,23) como de producción agrícola, ganadera, forestal y pesquera (art. 25).

Por tanto, los Estados y Municipios tienen competencia, respectivamente, para definir la política *estadal* y *municipal* en materia de seguridad alimentaria y para la producción agrícola, ganadera, pesquera y forestal.

d'. *Los servicios públicos de protección ambiental*

Los artículos 127 a 129 de la Constitución regulan los derechos ambientales de las personas, entre ellos, el derecho de proteger y mantener el ambiente en beneficio de las generaciones y del mundo futuro; y el derecho a disfrutar de una vida y de un ambiente seguro, sano y ecológicamente equilibrado.

A tal efecto, se regulan las obligaciones del Estado de proteger el ambiente, la diversidad biológica, los recursos genéticos, los procesos ecológicos, los parques nacionales y monumentos naturales y demás áreas de especial importancia ecológica; de garantizar que la población se desenvuelva en un ambiente libre de contaminación, donde el aire, el agua, los suelos, las costas, el clima, la capa de ozono, las especies vivas, sean especialmente protegidos (art. 127) y de desarrollar una política de ordenación del territorio.

En materia de ambiente, además, el artículo 156, ordinal 23 de la Constitución, atribuye al Poder Nacional competencia exclusiva en cuanto a las políticas *nacionales* y la "legislación" en materia de ambiente y aguas, por lo que los Estados y Municipios tienen competencia en las políticas estadales y municipales en la materia.

Además, el artículo 178,4 le atribuye en forma exclusiva a los Municipios, en cuanto concierne a la vida local, competencias en materia de "protección del ambiente y cooperación con el saneamiento ambiental". El artículo 184 de la Constitución, además, confirma la competencia de Estados y Municipios en materia de "servicios ambientales".

En materia de ordenación del territorio, al atribuir el artículo 128 de la Constitución al "Estado" competencia en materia de ordenación territorial, se trata de una competencia concurrente entre la República, los Estados y los Municipios.

Además, el artículo 156, ordinal 23 de la Constitución le atribuye al Poder Nacional competencia exclusiva en cuanto a las políticas *nacionales* y la "legislación" en materia de ordenación de territorio, por lo que a los Estados y Municipios les corresponde la política estadal y municipal, respectivamente, en la ordenación del territorio de las respectivas entidades.

Adicionalmente, el artículo 178 le atribuye expresamente a los Municipios competencia exclusiva, en cuanto concierne a la vida local, en materia de "ordenación territorial", y el artículo 184 confirma la competencia de Estados y Municipios en la materia, por ejemplo, al referirse al "mantenimiento de áreas industriales".

c. *Los servicios públicos sociales*

Los artículos 75 y siguientes de la Constitución, al regular los derechos sociales y de las familias (art. 75 a 97) y los derechos culturales y educativos (art. 98 a 118), establecen un conjunto de obligaciones de prestación que se imponen a los entes públicos, que originan diversos servicios públicos sociales constitucionales, la mayoría de los cuales son de la competencia concurrente de todos a los órganos del Estado, es decir, de la República, de los Estados y de los Municipios.

a'. *Los servicios públicos de asistencia y protección social*

Conforme a los artículos 75 a 81 de la Constitución, el "Estado" tiene un conjunto de obligaciones tendientes a asegurar la protección de las familias y de quienes ejerzan la jefatura de la familia; la garantía de asistencia y protección integral a la maternidad; los servicios de planificación familiar; la protección del matrimonio entre hombre y mujer; asegurar la protección integral a los niños y adolescentes y promover su integración progresiva a la ciudadanía activa; la creación de oportunidades para estimular el tránsito productivo de los jóvenes a la vida adulta, su capacitación y acceso al primer empleo; garantizar a los ancianos el pleno ejercicio de sus derechos y garantías, así como atención integral; el respeto de los discapacitados, garantizar el respeto a su dignidad humana, la equiparación de oportunidades, condiciones laborales satisfactorias y promover su formación, capacitación y acceso al empleo acorde con sus condiciones.

Todas estas responsabilidades, sin duda, originan obligaciones de prestación de servicios públicos que corresponden en forma concurrente tanto a la República, como a los Estados y Municipios.

La "legislación nacional" en la materia corresponde en forma exclusiva al Poder Nacional pero, por ejemplo, la Constitución atribuye en forma expresa a los Municipios, competencia exclusiva, en cuanto concierne a la vida local, en materia de servicios de protección a la primera y segunda infancia, a la adolescencia y a la tercera edad, así como en materia de servicios de integración familiar del discapacitado al desarrollo comunitario (art. 178,5).

Estos servicios públicos de asistencia y protección, dado el carácter de materia de competencia concurrente, también serían, en los términos del artículo 164,8 de la Constitución, servicios públicos estadales.

b'. *Los servicios públicos de salud y sanidad*

Las obligaciones públicas en materia de salud, derivadas del derecho a la salud, conforme a los artículos 83, 84 y 85 de la Constitución, originan servicios públicos constitucionales en la materia, que también se atribuyen al "Estado", es decir, tanto a la República como a los Estados y Municipios. En consecuencia, se trata de servicios públicos que son de la competencia concurrente de los tres niveles territoriales.

En la materia, sin embargo, el artículo 156,23 atribuye al Poder Nacional competencia exclusiva en materia de políticas y servicios *nacionales* de salud (156,24) y de legislación sobre sanidad nacional y vegetal (art. 156,32).

En particular, los artículos 84 y 85 precisan como obligación y competencia del Poder Nacional el establecimiento de un "*Sistema Público Nacional de Salud*" integrado al sistema de seguridad social. En consecuencia, los Estados y Municipios tienen competencia en materia de políticas y servicios estadales y municipales de salud.

El Poder Nacional, además, tiene competencia exclusiva para dictar la legislación sobre sanidad animal y vegetal (art. 156, 32) y los Municipios tienen competencia exclusiva expresa, en cuanto concierne a la vida local, en materia de salubridad y atención primaria en salud (art. 178,5).

En cuanto a los Estados, los servicios públicos de salud como materia de la competencia concurrente, serían servicios públicos estadales (art. 164,8). Ello lo confirma además, el artículo 184, al establecer la descentralización de los "servicios de salud" de los Estados y Municipios a las organizaciones comunitarias.

La Constitución precisa, en todo caso, que "los servicios públicos de salud son propiedad del Estado y no podrán ser privatizados" (art. 84).

Por supuesto, de esta previsión no podría deducirse que los servicios públicos de salud sean exclusivos del Estado y de carácter excluyente, sino que aquéllos que asuma el Estado no pueden ser transferidos a los particulares. Estos pueden prestar servicios de salud, al punto de que el artículo 85 establece como obligación del Estado el "regular las instituciones públicas y privadas de salud".

Por último, en materia de sanidad, debe señalarse la competencia municipal en materia de "cementerios y servicios funerarios" (art. 178,6).

c'. *Los servicios públicos de seguridad social*

El artículo 86 de la Constitución establece que toda persona tiene derecho a la seguridad social como servicio público de carácter no lucrativo, que garantice la salud y asegure protección en contingencias de maternidad, paternidad, enfermedad, invalidez, enfermedades catastróficas, discapacidad, necesidades especiales, riesgos laborales, pérdida de empleo, desempleo, vejez, viudedad, orfandad, vivienda, cargas derivadas de la vida familiar y cualquier otra circunstancia de previsión social.

De acuerdo con la misma norma, el Estado tiene la obligación de asegurar la efectividad de este derecho, es decir, de prestar este servicio público, creando un sistema de seguridad social universal, integral, de financiamiento solidario, unitario, eficiente y participativo, de contribuciones directas o indirectas.

Por su parte, el artículo 156, ordinal 22 de la Constitución, atribuye al Poder Nacional competencia en cuanto al "régimen y organización de la seguridad social".

d'. *Los servicios públicos de educación*

Como antes se dijo, conforme al artículo 102 de la Constitución, la educación, que debe ser "democrática, gratuita y obligatoria", es un derecho humano y un deber social fundamental que el Estado debe asumir como "función indeclinable", por lo que declara que "la educación es un servicio público". Dicho servicio público, sin embargo, ni es exclusivo ni excluyente, pues la propia Constitución no sólo regula las instituciones públicas o privadas de educación (art. 103 y 104), sino el derecho de las personas a "fundar y mantener instituciones educativas privadas bajo la estricta inspección y vigilancia del Estado, previa aceptación de este" (art. 106).

Los artículos 102 a 109 de la Constitución, por otra parte, asignan el conjunto de obligaciones educativas, es decir, los servicios públicos educativos, al "Estado" lo que implica que la competencia en la materia sea concurrente entre la República, los Estados y los Municipios. Así, el artículo 156, ordinal 24 atribuye al Poder Nacional competencia exclusiva para las políticas y los servicios *nacionales* de educación. En consecuencia, los Estados y Municipios tienen competencia, respectivamente, para las políticas y los servicios estadales y municipales de educación.

Los servicios públicos de educación, por tanto, también serían servicios públicos estadales en los términos del artículo 164, ordinal 8; y en cuanto a los Municipios, el artículo 178, ordinal 5, les atribuye competencia exclusiva, en cuanto concierne a la vida local, en materia de educación preescolar. La competencia estadal y municipal en "servicios de educación", también la confirma el artículo 184 de la Constitución.

e'. *Los servicios públicos de vivienda*

El artículo 82 asigna al "Estado en todos sus ámbitos" la obligación de satisfacer progresivamente el derecho de toda persona a la vivienda; por lo que se trata de un servicio público que corresponde, en forma concurrente, a la República, a los Estados y a los Municipios.

Además, la Constitución atribuye como competencia exclusiva del Poder Nacional la política *nacional* y la legislación en materia de vivienda (art. 156, 23), por lo que los Estados y Municipios tienen competencia en materia de políticas estadales y municipales de vivienda, respectivamente. Ello también lo confirma el artículo 184 de la Constitución.

Además, los Municipios tienen competencia expresa exclusiva, en cuanto concierne a la vida local, en materia de vivienda de interés social (art. 178,1) y de aplicación de la política inquilinaria conforme a la delegación prevista en la ley nacional (art. 178).

f'. *Los servicios públicos de empleo*

Los artículos 87 y siguientes de la Constitución regulan los derecho laborales, y asignan al "Estado" un conjunto de obligaciones que se configuran como servicios públicos, como la adopción de medidas para asegurar empleo, el fomento del empleo, y la protección del trabajo sin discriminación.

En todos estos casos, las obligaciones asignadas al "Estado", sin duda, corresponden tanto a la República como a los Estados y Municipios. Se trata, por tanto, de servicios públicos de competencia concurrente que se ejercen de acuerdo con la legislación nacional en materia de trabajo, previsión y seguridad sociales (art. 156,32).

g'. *Los servicios públicos culturales*

Los artículos 98 a 101 de la Constitución establecen el conjunto de derechos de las personas a la cultura, regulando en consecuencia un conjunto de obligaciones asignadas al "Estado", en materia de cultura, de patrimonio histórico, cultural y arquitectónico, de cultura popular y de información cultural, lo que los configura como servicios públicos de la competencia concurrente entre la República, los Estados y los Municipios, que se ejercen de acuerdo con la legislación nacional en materia de "patrimonio cultural y arqueológico" (art. 156,32).

Además, el artículo 156, ordinal 32 de la Constitución le asigna al Poder Nacional competencia exclusiva para dictar la legislación en la materia. El artículo 178, ordinales 1 y 5 le atribuyen en forma expresa competencia exclusiva a los Municipios, en cuanto concierne a la vida local, en materia de actividades e instalaciones culturales y de patrimonio histórico.

Los servicios culturales además constituirían servicios públicos estadales, en los términos del artículo 164,8 de la Constitución.

El artículo 184 de la Constitución, además, confirma la competencia de los Estados y Municipios en materia de "servicios culturales".

h'. *Los servicios públicos deportivos y de recreación*

El artículo 111 de la Constitución establece el derecho de todas las personas al deporte y a la recreación, como actividades que benefician la calidad de vida individual y colectiva. Ello da origen a diversos servicios públicos.

En materia de servicios públicos deportivos la Constitución atribuye al "Estado" la responsabilidad de asumir el deporte y la recreación como política de educación y salud (art. 111), correspondiendo dicha responsabilidad, por tanto, a la República, a los Estados y a los Municipios.

El artículo 178 además, atribuye a los Municipios la competencia exclusiva, en cuanto concierne a la vida local, en materia de actividades deportivas, parques y jardines, plazas, balnearios y otros sitios de recreación; y el artículo 184 confirma la competencia de los Estados y Municipios en materia de "servicios de deporte".

Vinculados a los servicios de recreación, puede decirse que la Constitución también regula los servicios de turismo.

En efecto, el artículo 310 de la Constitución regula al turismo como una actividad económica de interés nacional, prioritaria para el país en su estrategia de diversificación y desarrollo sostenido. En tal sentido, como consecuencia, atribuye al

"Estado" la obligación tanto de dictar medidas que garanticen el desarrollo del turismo, como de velar por la creación y fortalecimiento del turismo nacional.

El "Estado", en esa norma, igualmente, es tanto el Estado Nacional (República) como los Estados federados y los Municipios, configurándose la materia como de la competencia concurrente entre los tres niveles territoriales.

Además, debe destacarse, en particular, que en materia turística, el Poder Nacional tiene asignada competencia exclusiva para la política *nacional* y legislación en materia de turismo (art. 156,23), por lo que también existe una política estadal y municipal en la materia que corresponde a los Estados y Municipios. En especial, a estos últimos se asigna competencia exclusiva, en cuanto concierne a la vida local, en materia de "turismo local" (art. 178,1).

d. *Los servicios públicos para garantizar el ejercicio de derechos y libertades individuales*

El cuarto grupo de servicios públicos se configura por aquellas actividades prestacionales impuestas al Estado, para garantizar el ejercicio de los derechos individuales a la circulación, a las comunicaciones, a la información y a la calidad de vida.

a'. *Los servicios públicos para la circulación*

De acuerdo con el artículo 50 de la Constitución, toda persona puede transitar libremente y por cualquier medio por el territorio nacional, cambiar de domicilio y residencia, ausentarse del país y volver, trasladar sus bienes y pertenencias en el país, traer sus bienes al país y sacarlos, sin más limitaciones que las establecidas por la ley.

La consecuencia de este derecho a la libre circulación y transito, son las obligaciones impuestas al Estado para garantizarlo, mediante servicios públicos de vialidad y transporte.

a''. *Los servicios públicos de vialidad*

En primer lugar, están los servicios públicos de vialidad, lo que conforman una competencia concurrente en los tres niveles territoriales, distinguiéndose los servicios públicos de vialidad nacional, estadales y municipales.

En efecto, conforme al artículo 156, ordinal 27 de la Constitución corresponde en forma exclusiva al Poder Nacional "el sistema de vialidad". Lo que se reserva al Poder Nacional no es el servicio público de vialidad, sino el sistema (se entiende, nacional) de vialidad nacional. Por ello los Estados y Municipios, tienen competencia en materia de vialidad estadal y municipal.

Por otra parte, la Constitución atribuye a los Estados competencia exclusiva en materia de "ejecución, conservación, administración y aprovechamiento de las vías terrestres estadales" (art. 164,9). Las vías terrestres estadales son "las que conforman la red vial dentro del territorio de cada Estado, con exclusión de las vías de comunicación nacionales que se encuentren en el mismo y de las vías urbanas municipales", tal como las define el artículo 6 del Reglamento Parcial N° 7 de la Ley Orgánica de Descentralización, Delimitación y Transferencia de Competencias del Poder Público, en materia de vialidad terrestre; siendo vías de comunicación nacionales, "las carreteras que atraviesan un Estado y salgan de sus límites" (art. 4,1).

La precisión del ámbito de la materia objeto de esta competencia exclusiva es esencial, ya que como antes se dijo, el artículo 156 asigna al Poder Nacional competencia en cuanto al "sistema de vialidad" (ord. 27); y el artículo 178,2 atribuye a los Municipios competencia en materia de "vialidad urbana".

Por otra parte, siguiendo la decisión adoptada por la Ley Orgánica de Descentralización, Delimitación y Transferencia de Competencias del Poder Público de 1989 (art. 11,3), el artículo 164, ordinal 10 de la Constitución, asigna competencia exclusiva a los Estados en materia de "la conservación, administración y aprovechamiento de carreteras y autopistas nacionales... en coordinación con el Poder Nacional".

Esta competencia, por supuesto no sólo está sujeta al ejercicio de la competencia nacional en materia de "sistema de vialidad" (art. 156,27) sino a "la coordinación con el Poder Nacional" que este debe regular.

b''. *Los servicios públicos de transporte*

En segundo lugar, están los servicios públicos de transporte, que también se configuran como de la competencia concurrente de la República, de los Estados y de los Municipios.

En el ámbito nacional, el artículo 156, ordinal 26 de la Constitución, atribuye competencia exclusiva al Poder Nacional, en materia de "el régimen de la navegación y del transporte aéreo, terrestre, marítimo fluvial y lacustre, de carácter nacional..."; el ordinal 27, además, atribuye al Poder Nacional competencia en materia de "ferrocarriles nacionales".

En consecuencia, existe el servicio público de transporte nacional, pero también puede haber servicios públicos de transporte estadales y municipales, cuyo régimen compete a Estados y Municipios. Sin embargo, sólo compete al Poder Nacional "las políticas nacionales y la legislación en materia naviera" (art. 156,23), lo que no excluye que pueda haber políticas estadales y municipales en esa materia.

Los Municipios, en cuanto concierne a la vida local, tienen competencia en materia de "servicios de transporte público urbano de pasajeros" (art. 178,2).

Por otra parte, debe destacarse que la Constitución, siguiendo la descentralización de competencia efectuada a favor de los Estados por el artículo 11,5 de la Ley Orgánica de Descentralización, Delimitación y Transferencia de Competencias del Poder Público, también asigna competencia exclusiva a los Estados en materia de "la conservación, administración y aprovechamiento de puertos y aeropuertos de uso comercial, en coordinación con el Poder Nacional".

En esta materia, sin embargo, la competencia estadal es de ejercicio parcial, pues el Poder Nacional tiene competencia en materia de "El régimen de... los puertos, aeropuertos y su infraestructura" (art. 156,26) y en todo caso, la competencia estadal debe ejercerse "en coordinación con el Poder Nacional" conforme al régimen establecido en la legislación nacional.

b'. *Los servicios públicos para las comunicaciones*

"La comunicación es libre", como lo señala el artículo 58 de la Constitución, por lo que todas las personas tienen derecho a comunicarse en todas las formas, de manera que, incluso, la Constitución garantiza el secreto e inviolabilidad de las comunicaciones (art. 48).

El Estado, por otra parte, tiene la obligación de garantizar el ejercicio de este derecho, mediante los servicios públicos de comunicaciones.

En la materia, el artículo 156,28 de la Constitución atribuye al Poder Nacional competencia en cuanto al "régimen de servicio de correo y de las telecomunicaciones, así como el régimen y la administración del espectro electromagnético".

c'. *Los servicios públicos para la información*

El artículo 58 de la Constitución establece el derecho de toda persona "a la información oportuna, veraz e imparcial, sin censura", de acuerdo con los principios de la Constitución; y en particular, el derecho de los niños y adolescentes "a recibir información adecuada para su desarrollo integral".

Por otra parte, el artículo 101 impone la obligación del Estado de garantizar "la emisión, recepción y circulación de la información cultural"; y el artículo 108 le impone la obligación de garantizar "servicios públicos de radio, televisión y redes de bibliotecas y de informática, con el fin de permitir el acceso universal a la información".

Estos derechos ciudadanos y obligaciones estatales dan origen a los servicios públicos de información, cuya prestación, por supuesto, ni es exclusiva ni excluyente del Estado, pues toda persona tiene derecho a establecer medios de comunicación que, por tanto, pueden ser públicos y privados, teniendo éstos la obligación general, sin embargo, de contribuir a la formación ciudadana (art. 108).

d'. *Los servicios públicos para la calidad de vida: servicios públicos domiciliarios*

La Constitución, por último, regula expresamente los servicios públicos domiciliarios, en particular, el de electricidad, el de agua potable y el de gas.

En efecto, el ordinal 29 del artículo 156 de la Constitución atribuye al Poder Nacional competencia en materia de "el régimen general de los servicios públicos domiciliarios y en especial, electricidad, agua potable y gas".

La exclusividad de la competencia nacional, en esta materia, sólo se refiere al "régimen general" de los servicios, pero no al régimen particular y la prestación, que puede corresponder a los Estados (art. 164,8) y Municipios (178,6).

En particular, corresponde a los Municipios como competencia exclusiva, "el gobierno y administración de sus intereses y la gestión de las materias que le asigna la Constitución y las leyes nacionales, en cuanto concierne a la vida local" (art. 178), en particular, la dotación y prestación de los servicios públicos domiciliarios; los servicios de agua potable, electricidad y gas doméstico, alcantarillado, canalización y disposición de aguas servidas; aseo urbano y domiciliario, comprendidos los servicios de limpieza, de recolección y tratamiento de residuos (Encabezamiento y ords. 4 y 6).

E. *Servicios públicos e intervención del Estado en la economía*

De todo lo anteriormente analizado sobre el régimen de los servicios públicos en la Constitución de 1999, resulta que si bien el sistema económico que regula, se fundamenta en la libertad económica, la iniciativa privada y la libre competencia, también tiene como pilar la participación del Estado en la economía como promotor del desarrollo económico, regulador de la actividad económica, prestador de servicios públicos, como empresario y planificador de la economía con la participación de la sociedad civil. Este aspecto, particularmente en relación con la materia de servicios públicos nos muestra una Constitución con una gran carga de paternalismo estatal en el campo social.

La Constitución de 1999, en efecto, como toda Constitución contemporánea, regula la constitución económica, estableciendo las reglas de juego del sistema económico del país, el cual sigue concibiéndose, en principio, como un sistema de economía mixta, que se basa en reconocer la iniciativa privada y los derechos de propiedad y libertad económica, pero fundamentándolo en principios de justicia social, lo que permite la intervención del Estado en la economía, en algunos casos en forma desmesurada.

En esta materia, sin embargo, puede decirse que existe un marcado acento estatista, lo que aunado a las consecuencias fiscales del paternalismo social y del populismo que contiene, hace materialmente inviable financieramente el rol del Estado, previéndose incluso un esquema de terrorismo tributario que informa la Disposición Transitoria Quinta, contrario a la iniciativa privada.

La Constitución, así, no sólo es manifiestamente estatista en materia económica, al atribuir al Estado la responsabilidad fundamental en la gestión y prestación de los servicios públicos, que hemos analizado, sino que ello también deriva de la regulación, en el mismo, de un conjunto de potestades reguladoras, de control y de planificación.

Las normas relativas a la economía, por tanto, resultan ser, básicamente, las destinadas a prever la intervención del Estado, destinándose a lo privado, en realidad, las escuetas normas reguladoras de la libertad económica (art. 112) y de la propiedad privada (art. 115). No existe, sin embargo, el equilibrio necesario entre lo público y lo privado, privilegiándose en el sector privado sólo actividades no fundamentales en la generación de riqueza y empleo, como la agrícola (art. 305), la artesanía (art. 309), la pequeña y mediana empresa (art. 308) y el turismo (art. 310).

A ello se agregan normas de control y persecución como las relativas a los monopolios y a los delitos económicos (arts. 113 y 114); la declaración como del dominio público del subsuelo, las costas marítimas y las aguas (arts. 112 y 304), lo que abre un campo importante adicional respecto del control estatal del uso y aprovechamiento de dichos bienes; la reserva al Estado de la industria petrolera, y la posibilidad de reserva de otras actividades, servicios o explotaciones de carácter estratégico (art. 302); y las normas que prevén las potestades planificadoras del Estado, tanto a nivel nacional (arts. 112 y 299) como a nivel local (art. 178).

El Estado, así, en la Constitución, es responsable de casi todo, y puede regularlo todo. La iniciativa privada aparece marginal y marginada. No se asimiló la experiencia del fracaso del Estado regulador, de control, planificador, de servicios públicos y empresario de las últimas décadas, ni se entendió la necesidad de privilegiar las iniciativas privadas y estimular la generación de riqueza y empleo por la sociedad.

Por ello, el 30 de noviembre de 1999, 15 días antes del referendo aprobatorio de la Constitución de 15 de diciembre de 1999, en el documento que publicamos argumentando nuestras "razones del voto 'no'" en dicho referendo, y a pesar de haber colaborado en la redacción de la Constitución en la Asamblea Nacional Constituyente, señalamos lo siguiente:

El resultado del texto constitucional en materia económica, visto globalmente y en su conjunto, es el de una Constitución hecha para la intervención del Estado en la economía y no para el desarrollo de la economía por los privados bajo el principio de la subsidiariedad de la intervención estatal.

Por otra parte, el Estado que se concibe en el texto constitucional, cuando se analiza en su conjunto el enorme cúmulo de responsabilidades que se le atribuyen en el campo social, de la salud, educación, seguridad social y cargas laborales, con exclusión sistemática de las iniciativas privadas; lo hacen totalmente incapaz, financieramente, para atenderlas. Para la previsión de las regulaciones del Estado paternalista previstas en la Constitución, no hubo cálculo alguno de costos, lo que coloca al Estado, si pretendiese asumirlas y cumplirlas, de entrada, en una situación de quiebra, por estar obligado a pagar más de lo que es capaz y puede recaudar en impuestos, máxime en un país en el cual no hay hábito ciudadano de contribuyente.

Si a ello se agrega la previsión con rango constitucional de que la gestión fiscal debe equilibrarse en un marco plurianual del presupuesto "de manera que los ingresos ordinarios deben ser suficientes para cubrir los gastos ordinarios" (art. 311); no se entiende cómo será posible la atención por el Estado de todas las obligaciones que se le imponen.

En todo caso, la enorme responsabilidad social atribuida al Estado y los costos financieros que conlleva su atención, por supuesto que implicarán la exacerbación del ejercicio de la potestad tributaria del Estado en sus diversos niveles territoriales y, de inmediato, en el nivel nacional y en el nivel municipal"[71].

IV. LA INCONSTITUCIONAL ESTRUCTURACIÓN DEL LLAMADO "PODER POPULAR" Y DE UN "ESTADO COMUNAL" EN PARALELO AL RÉGIMEN DEL PODER PÚBLICO Y AL ESTADO CONSTITUCIONAL

De lo anteriormente expuesto, es claro que en la Constitución de 1999, como en todas las anteriores, la organización del Estado Constitucional gira en torno al régimen del Poder Público, como potestad genérica de acción del Estado; su distribución vertical, en tres niveles nacional, estadal y municipal, siguiendo la forma federal del Estado, y su división horizontal en la forma de la separación orgánica de poderes.

Nada hay en la Constitución, por tanto, que permita estructurar otro Poder estatal, por lo que para ello habría que reformarla. En particular nada permite de las normas constitucionales que se establezca un "Poder Popular" que pueda ser la base para la institucionalización de un "Estado Comunal" en paralelo al Estado Constitucional que ejerce el Poder Público antes mencionado, y menos, crearlo con intención de absorber y eliminar al último. Precisamente por ello, y con tal propósito, en 2007 se planteó una reforma constitucional que el entonces Presidente de la República formuló ante la Asamblea nacional, y que aún cuando ésta la sancionó, sometida como fue a referendo en diciembre de 2007, la misma fue rechazada por el pueblo. Luego, sin embargo, al margen de la Constitución, dicho sistema se ha establecido mediante leyes orgánicas dictadas en diciembre de 2010, todas violando la Constitución.

---

71 Véase Allan R. Brewer-Carías, *Debate Constituyente (Aportes a la Asamblea Nacional Constituyente)*, Tomo III, (18 octubre-30 noviembre 1999), Fundación de Derecho Público-Editorial Jurídica Venezolana, Caracas, 1999, pp. 336-337; véase también *La Constitución de 1999*, Caracas, enero 2000, pp. 225-226.

En efecto, la propuesta de reforma constitucional de 2007, el Presidente de la República presentó ante la Asamblea Nacional un proyecto de Reforma Constitucional[72] con e objeto de establecer un Estado Socialista, Centralizado, Policial y Militarista[73] montado sobre el denominado Poder Popular que se propuso crear, en el cual jugaban importante papel, precisamente, los consejos comunales. El proyecto era para "la construcción del Socialismo Bolivariano, el Socialismo venezolano, nuestro Socialismo, nuestro modelo socialista,"[74] cuyo "núcleo básico e indivisible" era "la comunidad," "donde los ciudadanos y las ciudadanas comunes, tendrán el poder de construir su propia geografía y su propia historia."[75] Y todo ello bajo la premisa de que "sólo en el socialismo será posible la verdadera democracia."[76] pero por supuesto, una "democracia" sin representación que, como lo propuso el Presidente y fue sancionado por la Asamblea Nacional en la rechazada reforma del artículo 136 de la Constitución, se buscaba establecer una "democracia" que "no nace del sufragio ni de elección alguna, sino que nace de la condición de los grupos humanos organizados como base de la población." Es decir, se buscaba establecer una "democracia" que no era democracia, pues en el mundo moderno no hay ni ha habido democracia sin elección de representantes.

En resumen, entre los aspectos esenciales de la reforma propuesta estaba por una parte, transformar el Estado en un Estado Socialista, con una doctrina política oficial de carácter socialista, que se denominaba además como "doctrina bolivariana," con lo cual se eliminaba toda posibilidad de pensamiento distinto al "oficial" y, por tanto, toda disidencia, pues la doctrina política oficial se quería incorporar en la Constitución, como política y doctrina del Estado y la Sociedad, hubiera constituido un

---

72 Véase Allan R. Brewer-Carías, *La Reforma Constitucional de 2007 (Comentarios al proyecto inconstitucionalmente sancionado por la Asamblea Nacional el 2 de noviembre de 2007)*, Editorial Jurídica Venezolana, Caracas 2007; Manuel Rachadell, *Socialismo del Siglo XXI. Análisis de la Reforma Constitucional propuesta por el Presidente Chávez en agosto de 2007*, FUNEDA, Caracas, 2007; Jesus María Alvarado Andrade, "Reflexiones críticas sobre el estado de justicia (El desvarío del estado socialista como único camino a la justicia en la propuesta de reforma constitucional de 2007)," en *Revista de Derecho Público*, N° 113, Editorial Jurídica Venezolana, Caracas, 2008, pp. 43-56.

73 Véase Allan R. Brewer-Carías, *Hacia la consolidación de un Estado Socialista, Centralizado, Policial y Militarista, Comentarios sobre el sentido y alcance de las propuestas de reforma constitucional 2007*, Editorial Jurídica Venezolana, Caracas, 2007. Sobre la propuesta de establecer el Estado socialista y la doctrina socialista como doctrina del Estado, lo expresado en el *Discurso de Orden pronunciado por el ciudadano Comandante Hugo Chávez Frías, Presidente Constitucional de la República Bolivariana de Venezuela en la conmemoración del Ducentésimo Segundo Aniversario del Juramento del Libertador Simón Bolívar en el Monte Sacro y el Tercer Aniversario del Referendo Aprobatorio de su mandato constitucional*, Sesión especial del día Miércoles 15 de agosto de 2007, Asamblea Nacional, División de Servicio y Atención legislativa, Sección de Edición, Caracas 2007.

74 Véase *Discurso*... p. 34.

75 *Idem*, p. 32.

76 *Idem*, p. 35. Estos conceptos se recogieron igualmente en la *Exposición de Motivos* para la Reforma Constitucional, Agosto 2007, donde se expresó la necesidad de "ruptura del modelo capitalista burgués" (p. 1), de desmontar la superestructura que le da soporte a la producción capitalista"(p. 2); de "dejar atrás la democracia representativa para consolidad la democracia participativa y protagónica"(p. 2); de "crear un enfoque socialista nuevo" (p. 2) y "construir la vía venezolana al socialismo"(p. 3); de producir "el reordenamiento socialista de la geopolítica de la Nación" (p. 8); de la "construcción de un modelo de sociedad colectivista" y "el Estado sometido al poder popular"(p. 11); de "extender la revolución para que Venezuela sea una República socialista, bolivariana," y para "construir la vía venezolana al socialismo; construir el socialismo venezolano como único camino a la redención de nuestro pueblo"(p. 19).

deber constitucional de todos los ciudadanos cumplir y hacerla cumplir. Con ello, se buscaba sentar las bases para la criminalización de la disidencia.

Por la otra, también se buscaba transformar el Estado en un Estado Centralizado, de poder concentrado bajo la ilusión del Poder Popular, lo que implicaba la eliminación definitiva de la forma federal del Estado, imposibilitando la participación política y degradando la democracia representativa; todo ello, mediante la supuesta organización de la población para la participación en los Consejos del Poder Popular, como los Comunales, que eran y son instituciones sin autonomía política alguna, cuyos miembros se pretendía declarar, en la propia Constitución, que no fueran electos. Dichos Consejos, creados por Ley en 2006, estaban controlados desde la Jefatura del gobierno y para cuyo funcionamiento, el instrumento preciso era el partido único Socialista que el Estado creó también durante 2007.

En ese marco, en la propuesta de reforma constitucional de 2007 se propuso modificar varios artículos fundamentales de la Constitución así:

Primero, con la rechazada propuesta de reforma constitucional, se buscaba agregar a la distribución vertical del Poder Público entre el Poder Municipal, el Poder Estadal y el Poder Nacional (Art. 136), a un denominado "Poder Popular," que se pretendía concebir como el medio para que supuestamente "el pueblo" como el depositario de la soberanía, la ejerciera "directamente," pero con la advertencia expresa, como se dijo, de que dicho Poder Popular" "no nace del sufragio ni de elección alguna, sino que nace de la condición de los grupos humanos organizados como base de la población," sino mediante la constitución de comunidades, comunas y el autogobierno de las ciudades, a través de toda suerte de consejos comunales y de otra índole.

Segundo, en relación con la forma federal del Estado, con la reforma constitucional rechazada de 2007 se buscaba vaciarla totalmente de contenido, en particular, en cuanto a los Estados y Municipios. A estos últimos, con la rechazada reforma constitucional se les buscaba quitar el carácter de unidad política primaria que el artículo 168 de la Constitución de 1999 les garantiza, y en su lugar se proponía establecer a "la ciudad" como la unidad política primaria de la organización territorial nacional. A partir de este esquema inicial, en el artículo 16 del proyecto de la rechazado de reforma constitucional, se buscaba cambiar radicalmente la división política del territorio nacional en "entidades políticas" (Estados, Distrito Capital, dependencias federales, territorios federales y Municipios y otras entidades locales) que conforme a la Constitución gozan esencialmente de autonomía política territorial, y deben tener un gobierno "electivo" (Art. 6); por una "conformación" del territorio nacional a los fines político-territoriales y de acuerdo con una "nueva geometría del poder," por un Distrito Federal, por los estados, las regiones marítimas, los territorios federales, los municipios federales y los distritos insulares". En ese esquema, se proponía eliminar la exigencia constitucional de que todo el territorio nacional se debe organizar en municipios, por la previsión de que sólo "los Estados se organizan en municipios" (Art. 16), los que por tanto se buscaba que desaparecieran, si una parte del territorio se convertía en alguna de las "nuevas" entidades. Por ello es que precisamente, se buscaba que el Municipio desapareciera como unidad política primaria en la organización nacional.

Tercero, en relación con el artículo 158 se buscaba eliminar toda referencia a la descentralización política siguiendo la orientación de la práctica política centralista de los últimos años, y centralizar completamente el Estado, eliminando toda idea de autonomía territorial y de democracia representativa a nivel local, es decir, de la unidad política primaria en el territorio. Con la rechazada reforma constitucional, en este campo, se buscaba materializar una supuesta "nueva geometría del poder" donde no había ni podía haber autonomías, con la propuesta de creación de nuevas instancias territoriales, todas sometidas al poder Central, mediante las cuales el Poder Popular[77] supuestamente iba a desarrollar "formas de agregación comunitaria política territorial" que constituían formas de autogobierno, pero sin democracia representativa alguna, sino sólo como "expresión de democracia directa" (Art. 16). Con ello se pretendía lograr la eliminación de los entes territoriales descentralizados políticamente, sin las cuales no puede haber efectivamente democracia participativa, y la creación en su lugar de Consejos del poder popular que no pasan de ser una simple manifestación de movilización controlada desde el Poder Central.

Cuarto, en relación con el artículo 16 de la Constitución, se buscaba crear las comunas y comunidades como "el núcleo territorial básico e indivisible del Estado Socialista Venezolano"; con el artículo 70, se definían los medios de participación y protagonismo del pueblo en ejercicio directo de su soberanía mediante todo tipo de consejos, "para la construcción del socialismo," haciéndose mención a las diversas asociaciones "constituidas para desarrollar los valores de la mutua cooperación y la solidaridad socialista"; con el artículo 158, se buscaba eliminar toda mención a la descentralización como política nacional, y definir como política nacional, "la participación protagónica del pueblo, restituyéndole el poder y creando las mejores condiciones para la construcción de una democracia socialista"; con el artículo 168 relativo al Municipio, se buscaba precisar la necesidad de incorporar "la participación ciudadana a través de los Consejos del Poder Popular y de los medios de producción socialista"; con el artículo 184, se buscaba orientar la descentralización de Estados y Municipios para permitir "la construcción de la economía socialista." Con ello, en definitiva, en nombre de una "democracia participativa y protagónica," lo que se buscaba era poner fin en Venezuela a la democracia representativa a nivel local, y con ello, de todo vestigio de autonomía política territorial que es la esencia de la descentralización. Además, se buscaba reducir las posibilidades de participación política al único propósito de "la construcción del socialismo," de manera que quien no quisiera construir socialismo alguno, hubiera quedado excluido del derecho a la participación política, que sólo estaba destinado a desarrollar los valores de "la solidaridad socialista" y no era libre como indica el artículo 62.

Como se dijo, todas estas reformas constitucionales se rechazaron por el pueblo en el referéndum del 2 de diciembre de 2007. Sin embargo, muchas de ellas fueron

---

77 En la *Exposición de Motivos del Proyecto de Reforma Constitucional* presentado por el Presidente de la República en agosto 2007, se lee que el Poder Popular "es la más alta expresión del pueblo para la toma de decisiones en todos sus ámbitos (político, económico, social, ambiental, organizativo, internacional y otros) para el ejercicio pleno de su soberanía. Es el poder constituyente en movimiento y acción permanente en la construcción de un modelo de sociedad colectivista de equidad y de justicia. Es el poder del pueblo organizado, en las más diversas y disímiles formas de participación, al cual está sometido el poder constituido. No se trata del poder del Estado, es el Estado sometido al poder popular. Es el pueblo organizado y organizando las instancias de poder que decide las pautas del orden y metabolismo social y no el pueblo sometido a los partido políticos, a los grupos de intereses económicos o a una particularidad determinada," *cit.*, p. 11.

fraudulentamente implementadas mediante leyes en 2008-2009;[78] y finalmente, en diciembre de 2010, después de que se realizaron las elecciones legislativas (Septiembre 2010) en las cuales el gobierno perdió la mayoría absoluta que tenía en la Asamblea nacional desde 2005, la Asamblea, diez días antes de que tomaran posesión los nuevos diputados electos, sancionó el 21 de diciembre de 2010, atropelladamente, en fraude a la voluntad popular y a la Constitución, un conjunto de Leyes Orgánicas sobre el Poder Popular, las Comunas, el Sistema Económico Comunal, la Planificación Pública y Comunal y la Contraloría Social;[79] y a reformar la Ley Orgánica del Poder Público Municipal, y de las Leyes de los Consejos Estadales de Planificación y Coordinación de Políticas Públicas, y de los Consejos Locales de Planificación Pública,[80] completando así el esquema de institucionalización del Estado Comunista, denominado Estado Comunal que ya se había esbozado en la Ley de los Consejos Comunales de 2006 y en la Ley Orgánica del Consejo Federal de Gobierno.[81]

Con estas leyes se ha terminado de definir, al margen de la Constitución, el marco normativo de "un nuevo Estado," paralelo al Estado Constitucional, que se denomina "Estado Comunal," adoptándose el Socialismo como doctrina oficial pública, impuesta a los ciudadanos para poder participar, montado sobre un sistema político centralizado, militarista y policial para el ejercicio del poder.

El objetivo fundamental de estas leyes, como se buscaba con la rechazada reforma constitucional, es la organización del "Estado Comunal" que tiene a la Comuna como a su célula fundamental, suplantando inconstitucionalmente al Municipio en el carácter que tiene de "unidad política primaria de la organización nacional" (Art. 168 de la Constitución). A través de la organización de ese Estado Comunal o Comunista, se ejerce el Poder Popular, el cual se concreta en el ejercicio de la soberanía popular sólo directamente por el pueblo, y no mediante representantes. Se trata por tanto, de un sistema político estatal en el cual se ignora la democracia representativa violándose así abiertamente la Constitución de la República.

El Estado Comunista que se busca implantar con estas leyes, denominado Estado Comunal, *en paralelo* al Estado Constitucional, se basa en este simple esquema: como el artículo 5 de la Constitución dispone que "La soberanía reside intransferi-

---

78 Véase en general, Lolymar Hernández Camargo, "Límites del poder ejecutivo en el ejercicio de la habilitación legislativa: Imposibilidad de establecer el contenido de la reforma constitucional rechazada vía habilitación legislativa," en *Revista de Derecho Público*, N° 115, *(Estudios sobre los Decretos Leyes 2008)*, Editorial Jurídica Venezolana, Caracas, 2008, pp. 51-56; José Vicente Haro, "Los recientes intentos de reforma constitucional o de cómo se está tratando de establecer una dictadura socialista con apariencia de legalidad (A propósito del proyecto de reforma constitucional de 2007 y los 26 decretos leyes del 31 de julio de 2008 que tratan de imponerla)," en *Revista de Derecho Público,* N° 115, *(Estudios sobre los Decretos Leyes 2008)*, Editorial Jurídica Venezolana, Caracas, 2008, pp. 63-77; Carlos Luis Carrillo Artiles, "La paradójica situación de los Decretos Leyes Orgánicos frente a la Ingeniería Constitucional de 1999," en *Revista de Derecho Público,* N° 115, *(Estudios sobre los Decretos Leyes 2008)*, Editorial Jurídica Venezolana, Caracas, 2008, pp. 93-100.

79 Todas publicadas en *G. O.* N° 6.011 Extra. de 21-12-2010. La Sala Constitucional mediante sentencia N° 1329 de 16-12-2010 declaró la constitucionalidad del carácter orgánico de esta Ley. Véase en http://www.tsj.gov.ve/decisiones/ scon/Diciembre/%201328-161210-2010-10-1437.html

80 Todas publicadas en Véase en *G. O.* N° 6.017 Extra. de 30-12-2010. Véase sobre todas estas leyes, Allan R. Brewer-Carías *et al.*, *Leyes Orgánicas sobre el Poder Popular y el Estado Comunal*, Editorial Jurídica Venezolana, Caracas 2011.

81 Véase en *G. O.* N° 5.963 Extra. de 22-02-2010

blemente en el pueblo, quien la ejerce *directamente* en la forma prevista en esta Constitución y en la ley, e *indirectamente*, mediante el sufragio, por los órganos que ejercen el Poder Público," habiéndose estructurado el Estado Constitucional basado en el concepto de democracia representativa, es decir, el ejercicio de la soberanía en forma indirecta mediante el sufragio; entonces ahora se estructura el Estado Comunal, basado en el ejercicio de la soberanía en forma directa."[82] Así el Estado Comunal paralelo al Estado Constitucional, estaría supuestamente basado en el ejercicio de la soberanía directamente por el pueblo; y el Estado Constitucional, basado en el ejercicio de la soberanía indirectamente por el pueblo, mediante representantes electos por sufragio universal; en un sistema, en el cual el primero irá vaciando progresivamente de competencias al segundo. Todo ello es inconstitucional, particularmente porque en la estructura del Estado Comunal que se monta, el ejercicio de la soberanía en definitiva es indirecta mediante "representantes" que se "eligen" para ejercer el Poder Popular en nombre del pueblo, y que son denominados "voceros" o "vocerías," pero no son electos mediante sufragio.

El sistema que se busca montar, en definitiva, controlado todo por un Ministerio del Ejecutivo Nacional, lejos de ser un instrumento de descentralización – concepto que está indisolublemente unido a la autonomía política – es un sistema de centralización y control férreo de las comunidades por el Poder Central. Por ello la aversión al sufragio.[83] En ese esquema, una verdadera democracia participativa sería la que garantizaría que los miembros de los Consejos Comunales, las comunas y todas las organizaciones e instancias del Poder Popular fueran electas por sufragio universal, directo y secreto, y no a mano alzada por asambleas controladas por el partido oficial y el Ejecutivo Nacional, en contravención al modelo de Estado democrático y social de derecho y de justicia descentralizado establecido en la Constitución.

82 Véase la sentencia N° 1.330, Caso: *Carácter Orgánico de la Ley Orgánica de Comunas*, de fecha 17/12/2010. Véase en http://www.tsj.gov.ve/decisiones /scon/Diciembre/1330-171210-2010-10-1436.html

83 Véase lo expuesto en los estudios de José Ignacio Hernández G., "Descentralización y Poder Popular," y Adriana Vigilanza García, "La descentralización política de Venezuela y las nuevas leyes del 'Poder Popular'," en Allan R. Brewer-Carías *et al.*, *Leyes Orgánicas sobre el Poder Popular y el Estado Comunal*, Editorial Jurídica Venezolana, Caracas 2011, pp. 459 ss. y 477 ss., respectivamente.

QUINTA PARTE

LA CONSTITUCIÓN FEDERAL: LA DISTRIBUCIÓN DEL PODER PÚBLICO EN UN MARCO CENTRALISTA

I. LOS PRINCIPIOS DEL ESTADO FEDERAL

1. *El régimen constitucional de las autonomías territoriales*

Como se ha dicho, siguiendo la tradición constitucional que se remonta a 1811[1], la Constitución de 1999 conservó la organización del Estado con forma federal, estableciendo una distribución del Poder Público en tres niveles: Nacional, Estadal y Municipal; atribuyendo su ejercicio a diversos órganos, y asignando competencias exclusivas en los tres niveles, además de las competencias concurrentes entre ellos, y algunas competencias residuales e implícitas; todo lo cual ha sido afectado a partir de 2010 con la mencionada estructuración del Estado Comunal.

En todo caso, en el artículo 136 de la Constitución se dispone entonces que "El Poder Público se distribuye entre el Poder Municipal, el de los Estados y el Nacional...", lo que al decir de la Sala Constitucional del Tribunal Supremo en sentencia N° 1182 de 11 de octubre de 2000:

> Significa que cada ente político territorial del Poder Público, solamente tiene competencia para dictar sus leyes y actos dentro de los límites de los respectivos territorios que le asignan la Constitución y las leyes, y dependiendo de las materias que cada uno de ellos esté llamado a regular.
>
> Con tal manifestación -como antes se expresó- la Constitución no hace otra cosa que consagrar un elemento esencial del Derecho Público, como lo es el principio de la competencia de los funcionarios y de los órganos públicos, precepto según el cual todas las actuaciones de la Administración están subordinadas a la ley, de modo que ésta sólo puede hacer lo que la ley le permite, de allí que, la nulidad sea la consecuencia jurídica de la inobservancia del aludido principio[2].

---

1 Véase sobre la evolución del Estado en Venezuela Allan R. Brewer-Carías, *Evolución histórica del Estado,* Tomo I, *Instituciones Políticas y Constitucionales*, Universidad Católica del Táchira-Editorial Jurídica Venezolana, Caracas, 1996, pp. .

2 Véase en *Revista de Derecho Público*, N° 84, (octubre-diciembre), Editorial Jurídica Venezolana, Caracas, 2000, p. 178.

En todo caso, la división del poder entre el nivel nacional y los Estados federados, los que antes de 1864 se denominaban Provincia, se consolidó con el triunfo de la Revolución Federal, sustituyéndose la fórmula mixta de 1830, que a la vez había sustituido a la "Confederación" de 1811; adoptándose la denominación de la República como "Estados Unidos de Venezuela", la que se conservó hasta 1953. Pero la Federación venezolana a partir de 1901 cuando se produjo el colapso del sistema de Estado Federal liberal que se había instaurado en 1864, progresivamente comenzó a ser una "Federación centralizada" por la concentración en el nivel nacional de casi todos los poderes; situación que ha continuado hasta la actualidad a pesar del cambio político democrático de 1946 y luego, del desarrollado a partir de 1958.

La gran transformación política que debió haber ocurrido en el proceso constituyente de 1999, debió consistir en la sustitución efectiva de la Federación Centralizada por una Federación Descentralizada. Grandes esfuerzos se hicieron en la materia; pero la profundización de la descentralización política como forma de perfeccionar la democracia que debió ser el tema central del debate constituyente[3], no pasó del nominalismo expresado tanto en el Preámbulo como en el artículo 4 que precisa que "La República Bolivariana de Venezuela es un Estado federal descentralizado en los términos consagrados por esta Constitución"; fórmula más o menos similar a la del artículo 2 de la Constitución de 1961 que decía que "La República de Venezuela es un Estado federal, en los términos consagrados por esta Constitución".

En uno u otro caso, "los términos consagrados por la Constitución" son la clave para determinar efectivamente el grado de autonomía y de descentralización del Estado y, por tanto, de la Federación; y la comparación entre unos y otros "términos" revela muy poca diferencia. Puede decirse que en la Constitución de 1999, salvo en el nominalismo, no se avanzó mayormente en relación con lo que existía en el texto de 1961[4]. En realidad, sólo se constitucionalizaron aspectos ya establecidos en la Ley Orgánica de Descentralización, Delimitación y Transferencia de Competencias del Poder Público de 1989[5], que ya tenía rango de ley constitucional en lo que se refería a la transferencia a los Estados de competencias del Poder Nacional. Pero no hubo los avances y transformaciones que eran necesarias para hacer realidad la descentralización política de la Federación; y más bien se retrocedió institucionalmente al eliminarse el Senado y establecerse una Asamblea Nacional Unicameral (art. 186), y al permitirse la limitación por Ley nacional de la autonomía de los Estados (art. 162) y de los Municipios (art. 168) lo que implica negar, de entrada, la idea misma de descentralización política que tiene que estar basada en el concepto de autonomía territorial.

---

3 Véase nuestros planteamientos durante las sesiones de la Asamblea Nacional Constituyente de 1999 en Allan R. Brewer-Carías, "Propuesta sobre la forma federal del Estado en la nueva Constitución: Nuevo Federalismo y Nuevo Municipalismo" en *Debate Constituyente (Aportes a la Asamblea Nacional Constituyente)*, Tomo I, (8 agosto-8 septiembre), Fundación de Derecho Público-Editorial Jurídica Venezolana, Caracas, 1999, pp. 155 a 170). Véase también, Allan R. Brewer-Carías "El reforzamiento de la forma federal del Estado Venezolano en la Nueva Constitución: Nuevo Federalismo y Nuevo Municipalismo", Ponencia presentada en *The International Conference on Fereralism in an Era of globalization*, Québec, Canadá octubre 1999.

4 Véase lo que hemos expuesto en Allan R. Brewer-Carías, *Federalismo y Municipalismo en la Constitución de 1999 (Alcance de una reforma insuficiente y regresiva)*, Editorial Jurídica Venezolana, Caracas, 2001.

5 Véase Allan R. Brewer-Carías et al, *Leyes y reglamentos para la descentralización política de la Federación*, Caracas, 1994.

En consecuencia, la denominación de "Federación Descentralizada" para identificar la forma del Estado que trae la Constitución es, sin duda, un avance nominal, que en "los términos establecidos" en la misma no significa realmente avance alguno, sino consolidación y mantenimiento parcial de reformas que se habían venido realizando desde 1989 hasta 1994, con algunos retrocesos[6].

2. *Los principios que rigen la división territorial del poder*

Ahora bien, como toda Federación, así sea centralizada, la venezolana está montada sobre el principio de la división territorial o vertical del Poder Público entre tres niveles de gobierno: Municipal, Estadal y Nacional; división que debe regirse, conforme lo indica el artículo 4 de la Constitución, "por los principios de integridad territorial, cooperación, solidaridad, concurrencia y corresponsabilidad".

Es decir, la distribución territorial del Poder Público no puede en forma ni caso alguno atentar contra la integridad territorial de la República, cuyo territorio no puede ser afectado por el principio descentralizador, lo que impide cualquier intento separatista de parte de las entidades políticas que componen el Estado.

Por otra parte, la distribución del Poder Público entre la República, los Estados y los Municipios, exige la cooperación entre los diversos niveles territoriales para alcanzar en conjunto, los fines del Estado (art. 136); por ello, los principios de la concurrencia y corresponsabilidad de todos los entes públicos hacia los mismos fines superiores del Estado. Además está el principio de la solidaridad entre las entidades políticas, de manera que los deberes de algunas de ellas que no puedan ser cumplidos, no excluyen la asunción de los mismos por las otras entidades políticas.

Además de los anteriores principios, el artículo 165 de la Constitución, que se refiere a las materias de competencia concurrente entre los tres niveles territoriales del Poder Público (República, Estados y Municipios), exige que las mismas sean desarrolladas mediante *leyes de bases* dictadas por la Asamblea Nacional y leyes de desarrollo aprobadas por los Estados, legislación que debe estar orientada por los principios de interdependencia, coordinación, cooperación, corresponsabilidad y subsidiariedad.

En cuanto al principio de interdependencia, este implica que los niveles territoriales, en el ejercicio de las competencias concurrentes, deben tener relaciones de dependencia, unos respecto de otros, en forma recíproca y mutua, para lo cual la coordinación de esfuerzos es fundamental. Esta coordinación debe realizarse, fundamentalmente por un órgano intergubernamental que se creó en la Constitución de 1999, como es el Consejo Federal de Gobierno (art. 185).

---

6 Véase en general, sobre el tema de la distribución vertical de competencias, Gustavo J. Linares Benzo, "El sistema venezolano de repartición de competencias", en *El Derecho Público a comienzos del siglo XXI. Estudios homenaje al Profesor Allan R. Brewer-Carías,* Tomo I, Instituto de Derecho Público, UCV, Civitas Ediciones, Madrid, 2003, pp. 702-713; Allan R. Brewer Carías, "Consideraciones sobre el régimen de distribución de Competencias del Poder Público en la Constitución de 1999", en *Estudios de Derecho Administrativo: Libro Homenaje a la Universidad Central de Venezuela,* Volumen I. Imprenta Nacional, Caracas, 2001, pp. 107-138; Allan R. Brewer-Carías, "La distribución territorial de competencias en la Federación venezolana", en *Revista de Estudios de la Administración Local, Homenaje a Sebastián Martín Retortillo*, N° 291, enero-abril 2003, Instituto Nacional de Administración Pública, Madrid, 2003, pp. 163-200; y Manuel Rachadell, "La distribución del poder tributario entre los diversos niveles del Poder Público según la Constitución de 1999", en *Revista de Derecho Administrativo, N° 8 (enero-abril)*. Editorial Sherwood, Caracas, 2000, pp. 179-205.

Por último se destaca el principio de la subsidiariedad en la distribución de competencias. Si "el Poder Público se distribuye entre el Poder Municipal, el Poder Estadal y el Poder Nacional", "colocados en este orden según su cercanía con el ciudadano, sujeto protagónico de este modelo de democracia participativa" según lo expresa la Exposición de Motivos de la Constitución; el principio general para la asignación de competencias debería estar en el nivel municipal, debiendo ser asumidas las mismas en niveles superiores sólo en forma subsidiaria, cuando no puedan efectivamente desarrollarse a nivel local.

Ahora bien, la distribución vertical del Poder Público entre el Poder Municipal, el Poder Estadal y el Poder Nacional en los términos definidos en el artículo 136 de la Constitución, conduce a una distribución de competencias entre los distintos órganos que ejercen el Poder Público: el Poder Público Nacional, el Poder Público Estatal y el Poder Público Municipal. Esta distribución de competencias permite distinguir entre las *atribuciones* asignadas a los órganos de los tres niveles territoriales; y las *materias* sobre las cuales se ejercen las atribuciones en los tres niveles territoriales (arts. 156, 164, 178 y 179).

En efecto, cuando el artículo 156 de la Constitución dispone que "Es de la competencia del Poder Público Nacional...", en el texto enumera un conjunto de *materias* que corresponden a los órganos del Poder Nacional pero sin precisar si son competencias exclusivas o no. En esa enumeración, en realidad, hay materias que son tanto de la competencia exclusiva del Poder Nacional como de competencia concurrente con otros niveles territoriales. En este artículo 156 de la Constitución, por supuesto, no se regulan las *atribuciones* que corresponden a cada uno de los órganos del Poder Público Nacional las cuales se asignan en forma aparte en forma de exclusiva: a la Asamblea Nacional, por ejemplo, la atribución de "legislar en las materias de la competencia nacional" (art. 178,1); al Presidente de la República, por ejemplo, administrar la Hacienda Pública Nacional (art. 236,11); y al Tribunal Supremo de Justicia, por ejemplo, ejercer el control de la constitucionalidad de las leyes (art. 336,1).

En cuanto a los Municipios, la distinción normativa entre *atribuciones* y *materias* sobre las cuales se ejercen las atribuciones, también está establecida en la Constitución: en el artículo 178 se regula "la competencia del Municipio" traducida en un conjunto de *materias* que no son de ejercicio exclusivo; y en los artículos 174 y siguientes se precisan las *atribuciones* de los órganos del Poder Público Municipal, las cuales, por supuesto, son de carácter exclusivo: al Consejo Municipal se asigna la competencia para ejercer la "función legislativa del Municipio" (art. 175) y al Alcalde, la competencia para ejercer "el gobierno y la administración del Municipio" (art. 174).

En relación con los Estados, la distinción de regulación normativa antes indicada que existe con relación al Poder Nacional y al Poder Municipal no es tan precisa. El artículo 164 de la Constitución, cuando enumera la "competencia exclusiva de los Estados", mezcla un conjunto de *atribuciones* con *materias* sobre las cuales se ejercen dichas atribuciones. Por ejemplo, al indicar que "es de la competencia exclusiva de los Estados": "dictar su propia Constitución" (ord. 1), "la organización de sus Municipios" (ord. 2) y "administrar sus bienes" (ord. 3), está precisando, en realidad, *atribuciones* de los órganos que ejercen el Poder Público en cada Estado; pero cuando enumera dentro de las mismas "competencias exclusivas" "la ejecución, conservación, administración y aprovechamiento de las vías terrestres estadales" (ord. 9), está indicando una "materia" de la competencia estadal, de carácter exclusivo, que deben ejercer los órganos de cada Estado conforme a sus respectivas atribuciones.

Para ello, la Constitución, en otras normas precisa el detalle de esas atribuciones: al Consejo Legislativo le asigna la atribución de "legislar sobre las materias de la competencia estadal" (art. 162,1) y al Gobernador del Estado la de ejercer "el gobierno y administración de cada Estado" (art. 160).

De lo anterior resulta que si bien las *atribuciones* de los diversos órganos del Poder Público, tanto Nacional como Estadal y Municipal son siempre "competencias" de carácter exclusivo (dentro de las limitaciones constitucionales); en cambio, no todas las competencias en el sentido de *materias* sobre las cuales se ejercen las atribuciones, son atribuidas en forma exclusiva a los órganos del Poder Público. En algunos casos, sí son materias de la competencia exclusiva de los distintos niveles territoriales; en otros casos, son materias de competencias concurrentes; en otros, se trata de materias de competencia residual[7].

Analizaremos, separadamente, las competencias de los niveles territoriales del Poder Público (Poder Nacional, Poder Estadal, Poder Municipal), en el sentido de las *materias* sobre las cuales sus órganos ejercen sus atribuciones, distinguiendo las materias de competencia exclusiva, concurrente y residual. En cuanto a las competencias tributarias y al financiamiento de los Estados, ello se analizará en la *Décima Parte* de este libro, relativa a la Constitución Económica y Financiera.

II. LA DISTRIBUCIÓN DE COMPETENCIAS ENTRE LOS ÓRGANOS DEL PODER PÚBLICO

1. *Las materias de competencia exclusiva*

Las materias de la competencia exclusiva, como su nombre lo indica, son las atribuidas a cada uno de los niveles territoriales del Poder Público para ser ejercidas por sus órganos constitucionales en forma exclusiva y excluyente respecto de otros órganos del Poder Público.

A. *Las materias de la competencia exclusiva de los órganos del Poder Público Nacional*

En la misma tradición del artículo 136 de la Constitución de 1961, el artículo 156 de la Constitución de 1999 enumera un conjunto de materias de la competencia del Poder Nacional. En algunos casos, la enunciación de la "materia" de la competencia exclusiva, se hace con carácter global, abarcando toda la materia; en otros casos, la indicación de la materia se hace atribuyendo al Poder Nacional sólo un aspecto de la misma.

---

7 Para esta sistematización seguimos lo que hemos expuesto en el libro Allan R. Brewer-Carías, *Federalismo y Municipalismo, cit.*, pp. 46 y ss.

a. *Las materias relativas al régimen político y a la organización del Estado nacional*

a'. *Las relaciones internacionales*

Corresponde al Poder Nacional, conforme al art. 156,1 de la Constitución, "La política y la actuación internacional de la República" (art. 152 y sigts.).

Adicionalmente se debe agregar la competencia para la aprobación y ratificación de los tratados internacionales (art. 154).

b'. *Las cuestiones de seguridad y defensa*

El mismo artículo 156,2 atribuye al Poder Nacional

2. La defensa y suprema vigilancia de los intereses generales de la República, la conservación de la paz pública y la recta aplicación de la ley en todo el Territorio Nacional.
7. La seguridad, la defensa y el desarrollo nacional (arts. 326 y sigts.)[8].
8. La organización y régimen de la Fuerza Armada Nacional (arts. 328 y sigts.)
30. El manejo de la política de fronteras con una visión integral del país, que permita la presencia de la venezolanidad y el mantenimiento territorial y la soberanía en esos espacios (arts. 15 y 327).

c'. *El régimen de los símbolos patrios*

El artículo 156,3 atribuye al Poder Nacional, competencia en materia de "La bandera, escudo de armas, himno, fiestas, condecoraciones y honores de carácter nacional" (art. 8).

d'. *El estatuto de las personas*

El artículo 156 atribuye al Poder Nacional competencia en materia de:

4. La naturalización, la admisión, la extradición y expulsión de extranjeros o extranjeras (art. 38).
5. Los servicios de identificación[9].

e'. *El régimen de la división territorial*

El artículo 156,10 atribuye al Poder Nacional competencia para "La organización y régimen del Distrito Capital y de las dependencias federales (arts. 17 y 18)[10].

---

8 Véase Ley Orgánica de Seguridad de la Nación en *G.O.* N° 37.594 del 18 de diciembre de 2002.

9 Véase Decreto N° 1.454 con Fuerza de Ley Orgánica de Identificación en *G.O.* N° 37.320 del 8 de noviembre de 2001.

10 Véase la Ley Especial sobre el Régimen del Distrito Metropolitano de Caracas en *G.O.* N° 36.906 del 8 de marzo de 2000.

Adicionalmente, conforme al artículo 16, también corresponde al Poder Nacional la división político-territorial de la República, la creación y régimen de los Territorios Federales y el régimen municipal (art. 169).

f'. *El régimen de los Poderes Públicos Nacionales*

El mismo artículo 156,31 atribuye al Poder Nacional competencia para "La organización y administración nacional de la justicia, el Ministerio Público y el Defensor del Pueblo"[11].

Además, corresponde al Poder Nacional la legislación sobre la organización y funcionamiento de todos los órganos del Poder Público Nacional y de los demás órganos e instituciones nacionales del Estado (ord. 32)[12].

b. *Las materias relativas a la policía nacional y seguridad ciudadana*

a'. *La policía nacional*

El ordinal 6° del artículo 156 atribuye competencia exclusiva al Poder Nacional en materia de "policía nacional", lo que implica que no toda la materia relativa a la policía que regula la Constitución (art. 332) corresponde al Poder Nacional. Se trata de una materia distribuida entre los diversos niveles territoriales. Sin embargo lo que es materia de competencia exclusiva del Poder Nacional es la *policía nacional.*

b'. *El régimen de la administración de riesgos y emergencias*

El ordinal 9 del artículo 156 de la Constitución atribuye al Poder Nacional competencia en materia de "El régimen de la administración de riesgos y emergencias", como parte de la función de seguridad ciudadana que regula la Constitución (art. 52 y 332).

Lo que se atribuye al Poder Nacional como competencia exclusiva en esta materia es el "régimen" y la creación de "un cuerpo de bomberos y administración de emergencias de carácter civil"[13] y "una organización de protección civil y administración de desastres" (art. 332)[14]; existiendo otros aspectos que son de la competencia concurrente con los Estados y Municipios.

c. *Las materias relativas al régimen económico*

a'. *El régimen general de la economía*

De acuerdo con el artículo 156, se atribuye al Poder nacional competencia en las siguientes materias que corresponden al régimen económico general:

---

11 Véase Ley Orgánica del Poder Ciudadano (Ley N° 47) en *G.O.* N° 37.310 del 25 de octubre de 2001.

12 Véase Ley Orgánica de la Administración Pública (Ley N° 40) en *G.O.* N° 37.305 del 17 de octubre de 2001.

13 Véase el Decreto N° 1.533 con Fuerza de Ley de los Cuerpos de Bomberos y Bomberas y Administración de Emergencias de Carácter Civil en *G.O.* N° 5.561 Extraordinario de 28 de noviembre de 2001.

14 Véase el Decreto N° 1.557 con Fuerza de Ley del Sistema Nacional de Protección Civil y Administración de Desastres en *G.O.* N° 5.557 Extraordinario de 13 de noviembre de 2001.

11. La regulación de la banca central, del sistema monetario, de la moneda extranjera, del sistema financiero y del mercado de capitales; la emisión y acuñación de moneda[15].
15. El régimen del comercio exterior y la organización y régimen de las aduanas.
17. El régimen de metrología legal y control de calidad[16]
18. Los censos y estadísticas nacionales[17].
21. Las políticas macroeconómicas, financieras y fiscales de la República[18].

Además, corresponde al Poder Nacional la legislación antimonopolio (art. 113) y la que regule los ilícitos económicos (art. 114).

b'. *El régimen del correo y las telecomunicaciones*

El mismo artículo 156 le atribuye al Poder Nacional, competencia en materia del:

28. El régimen de servicio de correo y de las telecomunicaciones, así como el régimen y la administración del espectro electromagnético[19].

c'. *Régimen y administración de las minas*

El artículo 156, ord. 16 de la Constitución atribuye al Poder Nacional competencia en materia de "El régimen y administración de las minas e hidrocarburos"[20].

La materia minera, sin embargo, también está atribuida a los Estados, en relación con el "régimen y administración de minerales no metálicos...; las salinas... de conformidad con la ley". (art. 164,5).

d'. *El régimen de las tierras baldías*

El Poder Nacional tiene competencia en materia de "régimen de las tierras baldías" (art. 156,16).

La Constitución, por otra parte, atribuye a los Estados "la administración de las tierras baldías en su jurisdicción, de conformidad con la ley" (art. 164,5).

e'. *Los recursos naturales renovables*

El artículo 156,16 asigna al Poder Nacional competencia en materia de "la conservación, fomento y aprovechamiento de los bosques, suelos, aguas y otras riquezas naturales del país".

---

15 Véase la Ley de Reforma Parcial de la Ley del Banco Central de Venezuela en*G.O.* Nº 5.606 Extraordinario del 18 de octubre de 2002.

16 Véase Ley del Sistema Venezolano para la Calidad en *G.O.* Nº 37.555 del 23 de octubre de 2002.

17 Véase Decreto Nº 1.509 con Fuerza de Ley de Reforma Parcial de la Ley de la Función Pública de Estadística en *G.O.* Nº 37.321 de 9 de noviembre de 2001.

18 Ley de Reforma Parcial de Ley Orgánica de Administración Financiera del Sector Público en *G.O.* Nº 37.606 del 9 de enero de 2003.

19 Véase la Ley Orgánica de Telecomunicaciones en *G.O.* Nº 36.970 del 12 de junio de 2000.

20 Véase Decreto Nº 1.510 con Fuerza de Ley Orgánica de Hidrocarburos en *G.O.* Nº 37.323 del 13 de noviembre de 2001.

Por su parte, el artículo 164,5 atribuye a los Estados competencias sobre "los ostrales... de conformidad con la ley".

f'. *La ordenación nacional del ambiente y de la ocupación del territorio*

El artículo 156 de la Constitución atribuye como competencia exclusiva del Poder Nacional "las políticas *nacionales* y la legislación en materia ... (de) ambiente, aguas... y ordenación del territorio" (ord. 23); y "la legislación sobre ordenación urbanística" (ord. 19).

Las políticas estadales y municipales en esas materias, por tanto, corresponde a los Estados y Municipios.

g'. *Las obras de infraestructura*

a''. *La ordenación normativa de las obras de infraestructura*

Corresponde en forma exclusiva al Poder Nacional regular el sistema normativo de las obras de infraestructura, para lo cual el artículo 156 le asigna competencia para:

> 19. El establecimiento, coordinación y unificación de normas y procedimientos técnicos para obras de ingeniería, de arquitectura y de urbanismo...

Además, corresponde al Poder Nacional la competencia para establecer "el régimen... de los puertos[21], aeropuertos y su infraestructura" (art. 156,26).

b''. *Las obras públicas nacionales*

En materia de obras públicas, la Constitución asigna competencia exclusiva al Poder Nacional, en materia de "obras públicas de interés nacional" (art. 156,20), por lo que la competencia en materia de obras públicas estadales y municipales corresponde, respectivamente, a los Estados y Municipios.

c''. *La vialidad nacional*

Conforme al artículo 156, ord. 27, corresponde en forma exclusiva al Poder Nacional:

> 27. El sistema de vialidad y de ferrocarriles nacionales[22].

Lo que se reserva al Poder Nacional no es la vialidad, sino el sistema (se entiende, nacional) de vialidad nacional. Por ello los Estados y Municipios, tienen competencia en materia de vialidad estadal y municipal.

---

21 Véase Ley de Reforma Parcial del Decreto con Fuerza de Ley General de Puertos en *G.O.* N° 37.589 del 11 de diciembre de 2002. Decreto N° 1.380 con Fuerza de Ley General de Marinas y Actividades Conexas en *G.O.* N° 37.321 del 9 de noviembre de 2001. Véase en general, sobre los puertos: Ricardo Baroni Uzcátegui, "Las competencias portuarias a la luz de la Constitución de 1999" en *DOCTUM. Revista Marítima Venezolana de Investigación y Postgrado,* Vol. 3, N° 2 (mayo-diciembre). Caracas, 2000, pp. 191-206.

22 Véase Decreto N° 1.445, con fuerza de Ley de Sistema de Transporte Ferroviario Nacional en *G.O.* N° 37.313 del 30 de octubre de 2001.

h'. *El transporte nacional*

El artículo 156,26 de la Constitución atribuye competencia exclusiva al Poder Nacional, en materia de:

> 26. El régimen de la navegación y del transporte aéreo, terrestre[23], marítimo fluvial y lacustre, de carácter *nacional*...

El ordinal 27, además, atribuye al Poder Nacional competencia en materia de "ferrocarriles nacionales"[24].

En consecuencia, también puede haber transporte estadal y municipal, cuyo régimen compete a Estados y Municipios. Sin embargo, sólo compete al Poder Nacional "las políticas nacionales y la legislación en materia naviera" (art. 156,23), lo que no excluye que pueda haber políticas estadales y municipales en esa materia.

i'. *La política nacional y la ordenación normativa del turismo*

El ordinal 23 del mismo artículo 156 atribuye al Poder Nacional competencia en materia de "las políticas nacionales y la legislación en materia de ... turismo"; lo que no excluye las competencias de los Estados y Municipios en las políticas estadales y municipales de turismo[25].

j'. *Las políticas nacionales para la producción agropecuaria*

Corresponde a la competencia del Poder Nacional, conforme al artículo 156, ord. 25 de la Constitución,

> 25. Las políticas *nacionales* para la producción agrícola, ganadera, pesquera y forestal[26].

El ordinal 23 del mismo artículo, además, atribuye al Poder Nacional "las políticas nacionales y la legislación en materia de ... seguridad alimentaria".

En consecuencia, sólo se reserva al Poder Nacional las políticas nacionales en esta materia, lo que permite el desarrollo por los Estados y Municipios, de políticas estadales y municipales en la misma materia.

---

23 Véase Decreto Nº 1.535 con Fuerza de Ley de Tránsito y Transporte Terrestre en *G.O.* Nº 37.332 del 26 de noviembre de 2001.

24 Véase Decreto Nº 1.445, con fuerza de Ley de Sistema de Transporte Ferroviario Nacional en *G.O.* Nº 37.313 del 30 de octubre de 2001.

25 Véase Decreto Nº 1.534 con Fuerza de Ley Orgánica de Turismo en *G.O.* Nº 37.332 del 26 de noviembre de 2001.

26 Véase Ley de Silos, Almacenes y Depósitos Agrícolas en *G.O.* Nº 37.801 del 21 de octubre de 2003; Ley de Reforma Parcial del Decreto Nº 1.524, con Fuerza de Ley de Pesca y Acuacultura, en *G.O.* Nº 37.727 del 8 de julio de 2003; Ley de Reforma Parcial del Decreto con Fuerza de Ley de Crédito para el Sector Agrícola en *G.O.* Nº 37.563 del 5 de noviembre de 2002; Ley de Mercadeo Agrícola en *G.O.* Nº 37.389 de 21 de febrero de 2002; Ley Orgánica de Contribución Parafiscales para el Sector Agrícola (Ley Nº 58) en *G.O.* Nº 37.337 del 3 de diciembre de 2001; Decreto Nº 1.546 con Fuerza de Ley de Tierras y Desarrollo Agrario en *G.O.* Nº 37.323 del 13 de noviembre de 2001; Decreto Nº 1.469 con Fuerza de Ley de Zonas Especiales de Desarrollo Sustentable en *G.O.* Nº 5.556 Extraordinario de 13 de noviembre de 2001.

k'. *El régimen general de los servicios públicos domiciliarios*

El ordinal 29 del artículo 156 de la Constitución atribuye al Poder Nacional competencia en materia de:

29. El régimen general de los servicios públicos domiciliarios y en especial, electricidad, agua potable y gas[27].

La exclusividad de la competencia nacional en esta materia sólo se refiere al "régimen general" de los servicios, pero no al régimen particular y la prestación que puede corresponder a los Estados (art. 164,8) y Municipios (178,6).

d. *Las materias relativas al régimen del desarrollo social*

a'. *El régimen de la seguridad social*

El artículo 156, 22 establece en general que corresponde al Poder Nacional:

22. El régimen y organización del sistema de seguridad social[28].

b'. *Régimen nacional de la vivienda*

Corresponde al Poder Público Nacional competencia en materia de "las políticas nacionales y la legislación en materia de vivienda" (art. 156,23), lo que no excluye las competencias estadales y municipales en materia de política de vivienda.

c'. *La política relativa a los servicios públicos nacionales de educación y salud*

El ordinal 23 del artículo 156 de la Constitución atribuye al Poder Nacional competencia en materia de "las políticas nacionales y la legislación en materia... de sanidad"; y el ordinal 24, competencia en cuanto a:

24. Las políticas y los servicios nacionales de educación y salud.

e. *La competencia en materia de legislación general*

De acuerdo con el artículo 156,32, el Poder Nacional además de las competencias legislativas que tiene respecto de las materias que se le atribuyen, tiene además las siguientes competencias generales de legislación:

27 Véase Decreto N° 1.507 con Fuerza de Ley de Armonización y Coordinación de Competencias de los Poderes Públicos Nacional y Municipal para la Prestación de los Servicios de Distribución de Gas con fines domésticos y de Electricidad en *G.O.* N° 37.319 del 7 de noviembre de 2001; Ley N° 75. Ley Orgánica para la Prestación de los Servicios de Agua Potable y de Saneamiento en *G.O.* N° 5.568 Extraordinario del 31 de diciembre de 2001; Ley Orgánica del Servicio Eléctrico (Ley N° 78) en *G.O.* N° 5.568 Extraordinario del 31 de diciembre de 2001.

28 Ley Orgánica del Sistema de Seguridad Social en *G.O.* N° 37.600 del 30 de diciembre de 2002.

32. La legislación en materia de derechos, deberes y garantías constitu-cionales; la civil, mercantil, penal[29], penitenciaria[30], de procedimientos[31] y de derecho internacional privado; la de elecciones; la de expropiación por causa de utilidad pública o social[32]; la de crédito público; la de propiedad intelectual, artística e industrial; la del patrimonio cultural y arqueológico; la agraria[33]; la de inmigración y poblamiento; la de pueblos indígenas y territorios ocupados por ellos[34]; la del trabajo, previsión y seguridad sociales; la de sanidad animal y vegetal; la de notarías y registro público[35]; la de bancos[36] y la de seguros[37]; la de loterías, hipódromos y apuestas en general; la de organización y funcionamiento de los órganos del Poder Público Nacional y demás órganos e instituciones nacionales del Estado; y la relativa a todas las materias de la competencia nacional.

Al tratarse de legislación que se refiere al régimen civil de propiedad sobre bienes, también compete al Poder Nacional la legislación sobre el dominio público de las costas (art. 12)[38], las aguas (art. 304) y las riquezas del subsuelo (art. 12).

B. *Las materias de la competencia exclusiva del poder público estadal*

Al contrario de lo que sucede con el artículo 156 de la Constitución relativo a las materias de la competencia del Poder Nacional, antes analizado, el artículo 164 del mismo texto cuando enumera la competencia *exclusiva* de los Estados, mezcla *atribuciones* con *materias* sobre las cuales se ejercen las mismas.

---

29 Ley de Reforma Parcial del Código Penal en *G.O.* N° 5.494 Extraordinario del 20 de octubre de 2000; Ley N° 48. Ley Especial contra los Delitos Informáticos en *G.O.* N° 37.313 del 30 de octubre de 2001.

30 Ley de Reforma Parcial de la Ley de Régimen Penitenciario en *G.O.* N° 36.975 del 19 de junio de 2000.

31 Ley N° 54. Ley de Reforma Parcial del Código Orgánico Procesal Penal en *G.O.* N° 5.558 Extraordinario del 14 de noviembre de 2001; Ley Orgánica Procesal del Trabajo en *G.O.* N° 37.504 de 13 de agosto de 2002.

32 Véase la Ley de Expropiación por causa de utilidad pública o social en *G.O.* N° 37.475 de 1° de julio de 2002.

33 Decreto N° 1.546 con Fuerza de Ley de Tierras y Desarrollo Agrario en *G.O.* N° 37.323 del 13 de noviembre de 2001.

34 Ley N° 14. Ley de Demarcación y Garantía del Hábitat y Tierras de los Pueblos Indígenas en *G.O.* N° 37.118 de 12 de enero de 2001.

35 Decreto N° 1.554 con Fuerza de Ley de Registro Público y del Notariado en *G.O.* N° 37.333 del 27 de noviembre de 2001.

36 Decreto N° 1.526 con Fuerza de Ley de Reforma de la Ley General de Bancos y otras Instituciones Financieras en *G.O.* N° 5.555 Extraordinario de 13 de noviembre de 2001 Decreto con Fuerza de Ley N° 1.203 de Estímulo para el Fortalecimiento Patrimonial y la Racionalización de los Gastos de Transformación en el Sector Bancario en *G.O.* N° 37.148 del 28 de febrero de 2001; Decreto N° 1.291, mediante el cual se dicta el Reglamento del Decreto con Fuerza de Ley de Creación, Estímulo, Promoción y Desarrollo del Sistema Micro financiero en *G.O.* N° 37.223 del 20 de junio de 2001; Ley de Reforma Parcial del Decreto con Fuerza de Ley de Cajas de Ahorro y Fondos de Ahorro en *G.O.* N° 37.611 del 16 de enero de 2003.

37 Decreto N° 1.545 con Fuerza de Ley de Empresas de Seguros y Reaseguros en *G.O.* N° 5.561 Extraordinario de 28 de noviembre de 2001; Decreto N° 1.312 con Fuerza de Ley para el Fortalecimiento del Sector Asegurador en *G.O.* N° 5.554 Extraordinario de 13 de noviembre de 2001; Decreto N° 1.505 con Fuerza de Ley del Contrato de Seguro en *G.O.* N° 5.553 Extraordinario de 12 de noviembre de 2001.

38 Decreto N° 1.468 con Fuerza de Ley de Zonas Costeras en *G.O.* N° 37.349 del 19 de diciembre de 2001.

En efecto, los ordinales 1, 2 y 3 del artículo 164 en realidad lo que definen son *atribuciones* generales exclusivas de los órganos de los Poderes Públicos Estadales[39], que en particular corresponden a los Consejos Legislativos y al Gobernador de cada Estado, así:

1. Dictar su Constitución para organizar los poderes públicos.
2. La organización de sus Municipios y demás entidades locales y su división política territorial, conforme a esta Constitución y a la ley.
3. La administración de sus bienes y la inversión y administración de sus recursos, incluso de los provenientes de transferencias, subvenciones o asignaciones especiales del Poder Nacional, así como de aquellos que se les asignan como participación en los tributos nacionales

Sin embargo, a pesar de que estas se califican como atribuciones exclusivas, la propia Constitución las limita, al atribuir al Poder Nacional, por ejemplo, competencia para que la Asamblea Nacional pueda regular por ley, la organización y funcionamiento de los Consejos Legislativos Nacional o el nombramiento de los Contralores estadales, que integran los poderes públicos de los Estados los cuales sólo deberían estar regulados en las Constituciones de los Estados (art. 164, 1).

Ahora bien, en relación con las *materias* de la competencia exclusiva de los Estados enumeradas en el artículo 164 de la Constitución las mismas, en general, pueden considerarse como de competencia exclusiva parcial, pues otros aspectos de las mismas materias se asignan a otros órganos del Poder Público.

a. *La policía estadal y el ámbito de la policía municipal*

Conforme a dicho artículo 164, los Estados tienen como materia de la competencia exclusiva:

6. La organización de la policía y la determinación de las ramas de este servicio atribuidas a la competencia municipal, conforme a la legislación nacional aplicable.

Esta competencia exclusiva, sin embargo, como lo dispone la norma, debe ejercerse por los Estados "conforme a la legislación nacional aplicable", lo que implica una sujeción al régimen general de la policía que establezca el Poder Nacional.

b. *Competencias en materia económica*

a'. *El régimen de los minerales no metálicos y las salinas*

El artículo 164,5 de la Constitución asigna competencia a los Estados en cuanto al régimen y aprovechamiento de minerales no metálicos, no reservados al Poder Nacional, las salinas..., de conformidad con la ley.

---

39 Véase en general, Alfonso Rivas Quintero, *Derecho Constitucional,* Paredes Editores, Valencia-Venezuela, 2002, pp. 331 y ss.; e Hildegard Rondón de Sansó, *Análisis de la Constitución venezolana de 1999,* Editorial Ex Libris, Caracas, 2001, pp. 154 y ss.

Esta materia de la competencia exclusiva se había transferido a los Estados por el art. 11,2 de la Ley Orgánica de Descentralización, Delimitación y Transferencia de Competencias del Poder Público de 1989[40].

Ahora bien, en cuanto a su ejercicio, en todo caso, queda sujeta al régimen general que el Poder Nacional puede establecer sobre "las minas e hidrocarburos... y otras riquezas naturales del país" (art. 156,16).

b'. *La administración de las tierras baldías*

El artículo 164,5 de la Constitución asigna a los Estados competencia para "la administración de las tierras baldías en su jurisdicción".

Esta competencia, sin embargo, debe ejercerse conforme al régimen de las tierras baldías que establezca el Poder Nacional (art. 156,16). En todo caso, conforme a la Disposición Transitoria Décimo Primera de la Constitución, "hasta tanto se dicte la legislación nacional relativa al régimen de las tierras baldías, la administración de las mismas continuará siendo ejercida por el Poder Nacional, conforme a la legislación vigente".

c'. *Los ostrales*

Los Estados tienen competencia en relación con "los ostrales... de conformidad con la ley" (art. 164,5).

Por supuesto, correspondiendo al Poder Nacional la competencia general respecto de "la conservación, fomento y aprovechamiento de los bosques, suelos, aguas y otras riquezas naturales del país" (art. 156,16), los Estados están sujetos a esa regulación general al ejercer su competencia en relación con los ostrales.

d'. *Las obras públicas estadales*

Al atribuirse al Poder Nacional competencia exclusiva en materia de obras públicas nacionales (art. 156,20), corresponde a los Estados la competencia exclusiva en materia de obras públicas estadales.

e'. *Los servicios públicos estadales*

El artículo 164,8 de la Constitución atribuye a los Estados competencia exclusiva en materia de:

> La creación, régimen y organización de los servicios públicos estadales.

En ninguna norma constitucional se atribuye a los Estados competencias en materia de servicios públicos específicos, por lo que esta materia, en realidad, se configura como una materia de la competencia concurrente con otros niveles del Poder Público, como las referidas a los servicios de salud, educativos o de deportes, por ejemplo.

En todo caso, la competencia estadal en materia de servicios públicos se corrobora por lo dispuesto en el artículo 184 de la Constitución.

---

40 Véase en *G.O.* N° 4.153 Extraordinaria de 28-12-98.

f'. *La vialidad estadal*

La Constitución atribuye a los Estados competencia exclusiva en materia de:

> La ejecución, conservación, administración y aprovechamiento de las vías terrestres estadales (art. 164,9).

Las vías terrestres estadales son "las que conforman la red vial dentro del territorio de cada Estado, con exclusión de las vías de comunicación nacionales que se encuentren en el mismo y de las vías urbanas municipales", tal como las define el artículo 6 del Reglamento Parcial Nº 7 de la Ley Orgánica de Descentralización, Delimitación y Transferencia de Competencias del Poder Público, en materia de vialidad terrestre[41]; siendo vías de comunicación nacionales, "las carreteras que atraviesan un Estado y salgan de sus límites" (art. 4,1).

La precisión del ámbito de la materia objeto de esta competencia exclusiva es esencial, ya que el artículo 156 asigna al Poder Nacional competencia en cuanto al "Sistema de vialidad y de ferrocarriles nacionales" (ord. 27); y el artículo 178,2 atribuye a los Municipios competencia en materia de "vialidad urbana".

g'. *La administración de la vialidad nacional*

Siguiendo la decisión adoptada por la Ley Orgánica de Descentralización, Delimitación y Transferencia de Competencias del Poder Público de 1989 (art. 11,3), el artículo 164,10 de la Constitución asigna competencia exclusiva a los Estados en materia de:

> 10. La conservación, administración y aprovechamiento de carreteras y autopistas nacionales... en coordinación con el Poder Nacional.

Esta competencia, por supuesto no sólo está sujeta al ejercicio de la competencia nacional en materia de "sistema de vialidad y ferrocarriles nacionales" (art. 156,27) sino a "la coordinación con el Poder Nacional" que este debe regular.

h'. *Administración de puertos y aeropuertos comerciales*

La Constitución, siguiendo la descentralización de competencia efectuada a favor de los Estados por el artículo 11,5 de la Ley Orgánica de Descentralización, Delimitación y Transferencia de Competencias del Poder Público, también asigna competencia exclusiva a los Estados en materia de:

> 10. La conservación, administración y aprovechamiento de... puertos y aeropuertos de uso comercial, en coordinación con el Poder Nacional.

En esta materia, sin embargo, la competencia estadal es de ejercicio parcial, pues el Poder Nacional tiene competencia en materia de "El régimen de... los puertos, aeropuertos y su infraestructura" (art. 156,26) y en todo caso, la competencia estadal debe ejercerse "en coordinación con el Poder Nacional" conforme al régimen establecido en la legislación nacional. Pero ello, por supuesto, no le quita el carácter constitucional que tiene la competencia como competencia "exclusiva" de los Estados. Sin embargo, la Sala Constitucional del Tribunal Supremo de Justicia, mediante

---

41 Véase en *G.O.* Nº 35.327 de 28-10-93.

sentencia N° 565 de 15 de abril de 2008[42], dictada con motivo de decidir un recurso autónomo de interpretación de dicho artículo formulado por el Procurador General de la República, decidió modificar el contenido de esta norma constitucional y dispuso, como interpretación vinculante de la misma, que esa "competencia exclusiva" no era tal, sino más bien una competencia concurrente y que, incluso, el Poder Nacional puede revertirla a su favor eliminando toda competencia de los Estados.

La Sala Constitucional, en efecto, decidió que la Administración Nacional "en ejercicio de la potestad de coordinación pueda asumir directamente la conservación, administración y el aprovechamiento de las carreteras y autopistas nacionales, así como los puertos y aeropuertos de uso comercial,", y que "corresponde al Ejecutivo Nacional por órgano del Presidente de la República en Consejo de Ministros, decretar la intervención para asumir la prestación de servicios y bienes de las carreteras y autopistas nacionales, así como los puertos y aeropuertos de uso comercial," en aquellos casos que la prestación del servicio "por parte de los Estados es deficiente o inexistente."

Con esta interpretación, el Juez Constitucional mutó la Constitución, cambiado la forma federal del Estado al trastocar el sistema de distribución territorial de competencias entre el Poder Nacional y los Estados, y en particular "nacionalizando," contra lo que expresamente dispone la Constitución, y conforme se había propuesto en la rechazada reforma constitucional de 2007, unas competencias atribuidas en forma exclusiva a los Estados.

C. *Las materias de la competencia exclusiva del Poder Municipal en cuanto concierne a la vida local*

El artículo 178 de la Constitución contiene una larga enumeración de materias que se atribuyen a los Municipios. Sin embargo, puede decirse que las mismas no son, en absoluto, materias de la competencia exclusiva de los mismos. Lo que es exclusivo de los Municipios son los aspectos de esas materias que *"conciernen a la vida local"*, pero las materias, en sí mismas, abarcan competencias atribuidas al Poder Nacional y al Poder Estadal. Por ello, tratándose de un concepto jurídico indeterminado, es la Ley Orgánica de Régimen Municipal la llamada a precisar los aspectos de las materias que conciernen a la vida local y que serían de la competencia exclusiva de los Municipios.

En consecuencia, puede decirse que conforme al artículo 178 de la Constitución, es competencia exclusiva de los Municipios "el gobierno y administración de sus intereses y la gestión de las materias que le asigne esta Constitución y las leyes nacionales, *en cuanto concierne a la vida local*", en particular, las siguientes:

---

42 *Cfr.* Sentencia de la Sala Constitucional , n° 565 , caso Procuradora General de la República, recurso de interpretación del artículo 164.10 de la Constitución de 1999 de fecha 15 de Abril de 2008, en http://www.tsj.gov.ve/decisiones/scon/Abril/565-150408-07-1108.htm . Véase los comentarios sobre esta sentencia, en Allan R. Brewer-Carías, "La Sala Constitucional como poder constituyente: la modificación de la forma federal del estado y del sistema constitucional de división territorial del poder público, en *Revista de Derecho Público*, N° 114, (abril-junio 2008), Editorial Jurídica Venezolana, Caracas 2008, pp. 247-262

1. La ordenación y promoción del desarrollo económico y social; la promoción de la participación y el mejoramiento, en general de las condiciones de vida de la comunidad, (Encabezamiento);
2. La dotación y prestación de los servicios públicos domiciliarios; en particular, los servicios de agua potable, electricidad y gas doméstico, alcantarillado, canalización y disposición de aguas servidas; aseo urbano y domiciliario, comprendidos los servicios de limpieza, de recolección y tratamiento de residuos (Encabezamiento y ords. 4 y 6)[43];
3. Ordenación territorial y urbanística (ord. 1);
4. Patrimonio histórico (ord. 1);
5. Vivienda de interés social y aplicación de la política referente a la materia inquilinaria "con criterios de equidad, justicia y contenido de interés social de conformidad con la delegación prevista en la ley que rige la materia" (Encabezamiento y ord. 1);
6. Turismo local (ord. 1);
7. Parques y jardines, plazas, balnearios y otros sitios de recreación (ord. 1);
8. Arquitectura civil, nomenclatura y ornato público
9. Vialidad urbana (ord. 2);
10. Circulación y ordenación del tránsito de vehículos y personas por vías municipales (ord. 2);
11. Servicios de transporte público urbano de pasajeros (ord. 2);
12. Espectáculos públicos (ord. 3);
13. Publicidad comercial, en cuanto concierne a los intereses y fines específicos municipales (ord.3);
14. Protección del ambiente y cooperación con el saneamiento ambiental (ord. 4);
15. Protección civil; prevención y protección vecinal y servicios de policía municipal, conforme a la legislación nacional aplicable; y servicios de prevención y protección vigilancia y control de los bienes y las actividades relativas a las materias de la competencia municipal; (ords. 4, 5, y 6);
16. Salubridad y atención primaria a la salud (ord. 5);
17. Servicios de protección a la primera y segunda infancia, a los adolescencia y a la tercera edad (ord. 5);
18. Educación preescolar (ord. 5);
19. Servicios de integración familiar de la persona con discapacidad al desarrollo comunitario (ord. 5);
20. Actividades e instalaciones culturales (ord. 5);
21. Actividades deportivas (ord. 5);
22. Cementerios y servicios funerarios (ord. 6);
23. Justicia de paz (ord. 7).

---

43 Véase Víctor R. Hernández-Mendible, "El régimen de los servicios públicos municipales: especial referencia a los servicios públicos domiciliarios", en *Temas de Derecho Administrativo: Libro Homenaje a Gonzalo Pérez Luciani,* Volumen II. Editorial Torino, Caracas, 2002, pp. 961-1030.

A este listado debe agregarse la competencia municipal en materia de "obras públicas municipales" dado que el artículo 156,20 atribuye al Poder Nacional competencia exclusiva en materia de obras públicas *nacionales.*

Los Municipios, en consecuencia, tienen competencia exclusiva en relación con las anteriores materias, pero *sólo en cuanto concierne a la vida local,* ya que la gran mayoría de las mismas se configuran como materias de la competencia concurrente. En realidad sólo pueden identificarse como materias de la competencia exclusiva global del Poder Municipal, las siguientes:

-espectáculos públicos (ord. 3)

-cementerios y servicios funerarios (ord. 6)

Sin embargo, a pesar de la exclusividad, la autonomía municipal en cuanto al ejercicio de las competencias municipales queda sujeta, en general, a las limitaciones que establezca la ley nacional (art. 168), lo que es una negación de la propia autonomía.

En todo caso, el elemento clave para identificar la competencia municipal en las materias propias de la vida local, radica en la determinación del alcance del concepto jurídico determinado que se refiere a "lo que concierne a la vida local". Sobre ello, la Sala Constitucional del Tribunal Supremo en sentencia Nº 2257 de 13 de noviembre de 2001 ha sentado los siguientes criterios:

> Destaca que la determinación de las competencias en él previstas se hace en atención a conceptos jurídicos indeterminados, como se alude con las expresiones "intereses peculiares de la entidad" y "materias propias de la vida local", razón por la que se dejó al legislador el desarrollo de las materias que sin ser las allí enumeradas, son inherentes y de interés de las entidades locales, dejando abierta la Constitución su conceptualización, así como la posterior inclusión de las materias que se consideraren propias de la vida local e igualmente el establecimiento, en cada caso, a los municipios de determinadas materias en exclusividad (competen-cias exclusivas).
>
> Debía sin embargo, analizarse este artículo conjuntamente con el artículo 136 del mismo Texto Constitucional y, en especial referencia, con su ordinal 25°, y de ese análisis se determinará la competencia para aquellas materias que no resultaren ser intereses particulares ni propios de la vida local, pero que por su índole o naturaleza fueran de tal importancia que debían ser materias reservadas al Poder Nacional.
>
> Y es así, como debe entenderse, en la actualidad, que hay materias que no corresponden a los intereses peculiares del Municipio, especialmente aquellas que no guardan relación con sus bienes e ingresos ni con las materias propias de la vida local, como las referidas al urbanismo, abastos, circulación, cultura, salubridad, asistencia social, institutos populares de crédito, turismo y policía municipal y por ello, siendo estas materias de tal importancia y naturaleza debían quedar reservadas al Poder Nacional.
>
> En este orden de ideas, debe reseñarse el régimen de esta competencia en la Constitución de 1999, a cuyos efectos se observa que, el artículo 178 expresa en su encabezado que "Son de la competencia del Municipio el gobierno y administración de sus intereses y la gestión de las materias que le asignen esta Constitución y las leyes nacionales, en cuanto concierne a la vida local, en especial la ordenación y promoción del desarrollo económico y social, la dotación y la prestación de los servicios públicos domiciliarios, la aplicación de la política referente a la materia inquilinaria con criterios de equidad, justicia y contenido de interés social, de conformidad con

la delegación prevista en la ley que rige la materia, la promoción de la participación, y el mejoramiento en general de las condiciones de vida de la comunidad en las siguientes áreas...". De lo anteriormente expuesto se deriva que, la Constitución quiso además de definir el contenido de la autonomía municipal, darle una mayor amplitud y radio de acción a dichas competencias, por otro lado, se incluyó la participación ciudadana como elemento inherente y necesario a la naturaleza del gobierno y la administración municipal. Asimismo, se elaboró en dicho artículo una enumeración clara y precisa más no definitiva, de las áreas dentro de las cuales se circunscribe y se llevará a cabo la competencia municipal, dejando a la legislación el desarrollo de los principios allí establecidos, respecto a los municipios y demás entidades locales. Concretamente, en el encabezado y en el numeral 6, se establece, que respecto a los servicios públicos domiciliarios, es competencia municipal la dotación y prestación del servicio de electricidad, dejando a salvo en la parte final del referido artículo, que "las actuaciones que correspondan al municipio en las materias de su competencia no menoscaban las competencias nacionales o estadales que se definan en la ley conforme a esta constitución", siendo esta disposición una clara limitación a las competencias antes enumeradas en la norma *in comento.*[44].

2. *Las competencias concurrentes entre los niveles territoriales del Poder Público*

La gran mayoría de las materias referidas a las competencias que, en los artículos 156, 164 y 178 se distribuyen entre los tres niveles territoriales del Poder Público, en realidad, son materias de la competencia concurrente entre la República, los Estados y los Municipios, o entre la República y los Municipios o entre la República y los Estados. Sin embargo, estimamos que estas competencias concurrentes debieron enumerarse, con referencia, por ejemplo, a las relativas a la salud, educación, servicios sociales, ordenación del territorio, medio ambiente, promoción de la agricultura, ganadería, industria y comercio, defensa civil, promoción de la ciencia y la tecnología, deporte y servicios públicos. No se hizo[45], por lo que queda a la ley nacional la precisión de estas materias.

Estas materias objeto de competencias concurrentes son las que conforme al artículo 165 de la Constitución deben ser reguladas mediante *leyes de bases*[46] dictadas por el Poder Nacional, lo que puede conducir a un condicionamiento excesivo por parte del Poder Nacional de los otros poderes territoriales; y además por leyes de desarrollo sancionadas por los Consejos Legislativos de los Estados. En todo caso, es obvio que estas leyes de base no pueden referirse a las materias de la competencia exclusiva, global o parcial, que se asignan a los Estados indicadas en el artículo 164, sino sólo a las materias de la competencia *concurrente*.

44 Véase en *Revista de Derecho Público*, N° 85-88, Editorial Jurídica Venezolana, Caracas, 2001, pp. 205 y ss.

45 Véase nuestro voto salvado en Allan R. Brewer-Carías, *Debate Constituyente, (Aportes a la Asamblea Nacional Constituyente)*, Tomo III, (18 octubre-30 noviembre de 1999), Fundación de Derecho Público-Editorial Jurídica Venezolana, Caracas, 1999, pp. 193 y 194.

46 Cuya noción estaba en el proyecto de Constitución discutido en la Asamblea (art. 203), pero fue eliminado. Véase en general, Véase José Peña Solís, "Dos nuevos tipos de leyes en la Constitución de 1999: leyes habilitantes y leyes de bases", en *Revista de la Facultad de Ciencias Jurídicas y Políticas de la UCV*, N° 119, Caracas, 2000, pp. 79-123.

Sobre las leyes de bases, la Exposición de Motivos de la Constitución indica lo siguiente:

> En cuanto a las competencias concurrentes se adopta la experiencia de Derecho Comparado en materia de descentralización y se asume que las leyes nacionales tienen la naturaleza de leyes bases, en las que se establecen conceptos generales, básicos y orientadores; y las leyes estadales son leyes de desarrollo de esos principios básicos, lo que permitirá mejores condiciones para la delimitación de competencias.

En todo caso, la legislación sobre las materias de competencia concurrente debe estar orientada por los principios de interdependencia, coordinación, cooperación, corresponsabilidad y subsidiariedad que ya se han comentado; y cuando se dicten leyes de bases por el Poder Nacional, la Asamblea Nacional obligatoriamente debe someterlas a consulta de los Estados, a través de los Consejos Legislativos (art. 206). Los Consejos Legislativos de los Estados también tienen la iniciativa legislativa, ante la Asamblea Nacional, respecto de las leyes relativas a los Estados (art. 204,8).

A. *Antecedentes*

La noción de materia de la competencia concurrente entre las diversas entidades del Estado Federal (República, Estados y Municipios) se elaboró a finales de la década de los setenta con motivo de la elaboración de los Proyectos de Constitución de los Estados Aragua y Yaracuy[47]; para identificar lo que podían ser, en consecuencia, materias de la competencia de los Estados, pero que no les correspondían en forma exclusiva, sino que en las mismas concurrían los diversos niveles político territoriales. En particular, las competencias concurrentes se identificaron por deducción en todos los casos en los cuales la Constitución Nacional atribuía determinadas competencias y responsabilidades al "Estado".

En el constitucionalismo venezolano, dada la forma federal del Estado, esta expresión "Estado" comprende toda la organización política del Estado Federal y, por tanto, a estos efectos competenciales, tan "Estado" es la República como los Estados y los Municipios[48]; por ejemplo, cuando la Constitución señala que "El Estado protegerá a las familias como asociación natural de la sociedad..." (art. 75), esta es una obligación que corresponde tanto de los órganos del Poder Nacional (la República) como de los órganos del Poder Estadal (Estados) y de los órganos del Poder Municipal (Municipios). Por tanto, cuando la Constitución utiliza la expresión "Estado" no sólo se refiere al "Estado nacional" sino a todos los niveles territoriales derivados de la división del Poder Público.

En esta orientación se dictaron, por tanto, las Constituciones de Yaracuy, en 1979[49] y Aragua, en 1980[50], y varias otras Constituciones estadales, y como culmi-

---

47 Véase Allan R. Brewer-Carías, "El régimen de los Estados en la Federación venezolana. Con ocasión de la Exposición de Motivos de la Ley Orgánica del Estado Aragua" en Asamblea Legislativa del Estado Aragua, *Proyecto de Ley Orgánica del Estado Aragua,* Maracay, Agosto 1979, pp. 1 a 31.

48 Véase Allan R. Brewer-Carías, *El Poder Público: Nacional, Estadal y Municipal,* Tomo II, *Instituciones Políticas y Constitucionales,* Universidad Católica del Táchira-Editorial Jurídica Venezolana, Caracas, 1996, pp. 387 y ss.

49 Constitución de 31-12-79, *G.O.* del Estado Yaracuy de 01-01-80.

50 Constitución de 03-12-80, *G.O.* del Estado Aragua de 04-12-80.

nación del proceso se sancionó la Ley Orgánica de Descentralización, Delimitación y Transferencia de Competencias del Poder Público de 1989, en cuyo artículo 4 se enumeraron, conforme a la Constitución de 1961, las "competencias concurrentes" entre la República y los Estados a los efectos de promover la transferencia progresiva de la República hacia los Estados de "los siguientes servicios que actualmente presta el Poder Nacional":

> *Art. 4:* En ejercicio de las competencias concurrentes que establece la Constitución, y conforme a los procedimientos que esta Ley señala, serán transferidos progresivamente a los Estados los siguientes servicios que actualmente presta el Poder Nacional:
>
> 1. La planificación, coordinación y promoción de su propio desarrollo integral, de conformidad con las leyes nacionales de la materia;
> 2. La protección de la familia, y en especial del menor;
> 3. Mejorar las condiciones de vida de la población campesina;
> 4. La protección de las comunidades indígenas atendiendo a la preservación de su tradición cultural y la conservación de sus derechos sobre su territorio;
> 5. La educación, en los diversos niveles y modalidades del sistema educativo, de conformidad con las directrices y bases que establezca el Poder Nacional;
> 6. La cultura en sus diversas manifestaciones, la protección y conservación de las obras, objetos y monumentos de valor histórico o artístico;
> 7. El deporte, la educación física y la recreación;
> 8. Los servicios de empleo;
> 9. La formación de recursos humanos, y en especial los programas de aprendizaje, capacitación y perfeccionamiento profesionales; y, de bienestar de los trabajadores;
> 10. La promoción de la agricultura, la industria y el comercio;
> 11. La conservación, defensa y mejoramiento del ambiente y los recursos naturales;
> 12. La ordenación del territorio del Estado de conformidad con la Ley Nacional;
> 13. La ejecución de las obras públicas de interés estadal con sujeción a las normas o procedimientos técnicos para obras de ingeniería y urbanismo establecidas por el Poder Nacional y Municipal, y la apertura y conservación de las vías de comunicación estadales;
> 14. La vivienda popular, urbana y rural;
> 15. La protección a los consumidores, de conformidad con lo dispuesto en las leyes nacionales;
> 16. La salud pública y la nutrición, observando la dirección técnica, las normas administrativas y la coordinación de los servicios destinados a la defensa de las mismas que disponga el Poder Nacional;
> 17. La investigación científica; y
> 18. La defensa civil.

Siguiendo la misma orientación de estos antecedentes constitucionales y legales, en nuestro criterio pueden distinguirse las siguientes materias como de la competencia concurrente entre los niveles nacional, estadal y municipal del Poder Público.

B. *El régimen de la seguridad y protección ciudadana: policía y administración de riesgos*

El artículo 55 de la Constitución garantiza el derecho de toda persona a la protección por parte del Estado, a través de los órganos de seguridad ciudadana regulados por ley, frente a situaciones que constituyen amenaza, vulnerabilidad o riesgo para la integridad física de las personas, sus propiedades, el disfrute de sus derechos y el cumplimiento de sus deberes". La norma asigna al "Estado" la obligación de proteger, y la expresión "Estado" comprende la totalidad de los entes que conforman su organización política como Estado Federal. En consecuencia, esta obligación corresponde, concurrentemente, a la República, a los Estados y a los Municipios, como lo confirma expresamente el artículo 332 de la Constitución, tanto por lo que se refiere a la policía como a la administración de riesgos y emergencias, al indicar que la función de los órganos de seguridad ciudadana constituye una "competencia concurrente". Esto lo confirma, además, el artículo 184 de la Constitución al reconocer como competencia de los Estados y los Municipios la materia de "prevención y protección vecinal".

En cuanto a la policía, además, como se ha visto, el Poder Nacional tiene competencia exclusiva en materia de "policía nacional" (art. 156,6), correspondiendo al Ejecutivo Nacional organizar, de conformidad con la ley, un cuerpo uniformado de policía nacional (art. 332). El Poder Estadal tiene competencia exclusiva para "la organización de la policía y la determinación de las ramas de este servicio atribuidas a la competencia municipal, de conformidad con la Ley" (art. 164,6) y el Poder Municipal tiene competencia exclusiva, "en cuanto concierne a la vida local", en materia de "prevención y protección vecinal y servicios de policía municipal, conforme a la legislación nacional aplicable" (art. 178,7). Además, se atribuye a los Municipios competencia exclusiva, también en cuanto concierne a la vida local, en materia de servicios de "protección civil" (art. 178,4) y de "servicios prevención y protección, vigilancia y control de los bienes y las actividades relativas a las materias de la competencia municipal" (art. 178,5).

Esto implica, también, una concurrencia de competencias en materia de administración de riesgos y emergencias: el artículo 156, ordinal 9 atribuye al Poder Nacional el régimen de la administración de riesgos y emergencias, y el artículo 332 encarga al Ejecutivo Nacional, de conformidad con la ley, organizar un cuerpo de bomberos y administración de carácter civil y una organización de protección civil y administración de desastres, como parte de los órganos de seguridad ciudadana. La misma norma considera como una competencia concurrente de los Estados y Municipios la función de los órganos de seguridad ciudadana, por lo que aquellos, conforme con el artículo 164,8 y 178,4, 5, y 7, de conformidad con la legislación nacional, pueden establecer los servicios respectivos.

C. *Régimen del desarrollo económico*

La legislación básica en materia de economía, como se ha dicho, es una competencia exclusiva del Poder Nacional (art. 156,11,15,17,18 y 21). Sin embargo, el régimen de ordenación y promoción del desarrollo económico es competencia concurrente de los tres niveles territoriales de gobierno.

a. *Ordenación y promoción del desarrollo económico y social*

En efecto, los artículos 112, 299, 308, 309 y 310 de la Constitución atribuyen competencia al "Estado" para promover la iniciativa privada con facultad para dictar medidas para planificar, racionalizar y regular la economía e impulsar el desarrollo integral del país; promover el desarrollo armónico de la economía nacional; proteger la artesanía e industrias populares; velar por la creación y fortalecimiento del sector turístico nacional; y proteger y promover la pequeña y mediana industria.

De nuevo, la atribución al "Estado" de estas competencias exige precisar que dicha expresión comprende a los diversos niveles territoriales que conforman la organización política del Estado: la República, los Estados y los Municipios. Por tanto, aquí también se trata de una materia de la competencia concurrente que se corrobora en otras normas constitucionales, que atribuyen a los órganos del Poder Público competencia exclusiva en aspectos específicos de esta materia.

En efecto, la Constitución asigna a la Asamblea Nacional la competencia exclusiva para aprobar las líneas generales del plan de desarrollo económico y social (art. 187,8) y atribuye al Presidente de la República competencia exclusiva para formular el Plan *Nacional* de Desarrollo y dirigir su ejecución previa aprobación de la Asamblea Nacional (art. 236,18). Ello implica, por supuesto, que puede y debe haber planes estadales y municipales de desarrollo, para lo cual los Estados y Municipios tienen competencia. Por ello, en cada Estado debe existir un Consejo Estadal de Planificación y Coordinación (art. 166) y en cada Municipio, un Consejo Local de Planificación (art. 182). Los Municipios, además, tienen competencia exclusiva, en cuanto concierne a la vida local, en materia de ordenación y promoción del desarrollo económico y social (art. 178).

Por otra parte, como órgano intergubernamental, el Consejo Federal de Gobierno tiene la misión de planificar y coordinar las políticas y acciones de los tres niveles territoriales para el desarrollo del proceso de descentralización (art. 185).

b. *Turismo*

El artículo 310 de la Constitución regula al turismo como una actividad económica de interés nacional, prioritaria para el país en su estrategia de diversificación y desarrollo sostenido. En tal sentido, como consecuencia, atribuye al "Estado" la obligación tanto de dictar medidas que garanticen el desarrollo del turismo, como de velar por la creación y fortalecimiento del turismo nacional.

El "Estado", en esa norma, igualmente, es tanto el Estado Nacional (República) como los Estados federados y los Municipios, configurándose la materia como de la competencia concurrente entre los tres niveles territoriales.

Además, debe destacarse que, en particular, en materia turística el Poder Nacional tiene asignada competencia exclusiva para la política *nacional* y legislación en materia de turismo (art. 156,23), por lo que también existe una política estadal y municipal en la materia que corresponde a los Estados y Municipios. En especial, a estos últimos se asigna competencia exclusiva, en cuanto concierne a la vida local, en materia de "turismo local" (art. 178,1).

c. *Promoción del desarrollo rural y seguridad alimentaria*

Los artículos 305, 306 y 307 de la Constitución también atribuyen al "Estado" obligaciones de promover el desarrollo rural integral; promover las condiciones para fomentar la actividad agrícola y la agricultura sustentable, a fin de garantizar la seguridad alimentaria, y alcanzar niveles estratégicos de autoabastecimiento; proteger las comunidades y asentamientos de pescadores artesanales; proteger y promover las formas asociativas y particulares de propiedad, y velar por la ordenación sustentable de las tierras de vocación agrícola. Estas obligaciones del "Estado", de nuevo, corresponden en forma concurrente a todos los entes que conforman la organización política del mismo, es decir, a la República, a los Estados y a los Municipios.

Por otra parte, como se ha visto, en la materia el Poder Nacional tiene competencia exclusiva para dictar la "legislación agraria" (art. 156,32) y definir la política *nacional* en materia tanto de seguridad alimentaria (art. 156,23) como de producción agrícola, ganadera, forestal y pesquera (art. 25).

Por tanto, los Estados y Municipios tienen competencia, respectivamente, para definir la política *estadal* y *municipal* en materia de seguridad alimentaria y para la producción agrícola, ganadera, pesquera y forestal.

d. *Ciencia y tecnología*

El artículo 110 de la Constitución también atribuye al "Estado" diversas obligaciones y misiones en materia de ciencia, tecnología, conocimiento, innovación y sus aplicaciones y los servicios de información necesarios por ser instrumentos fundamentales para el desarrollo económico, social y político del país, con obligaciones de fomento y desarrollo de esas actividades.

De nuevo, el "Estado", en la Constitución comprende a la República, a los Estados y a los Municipios, entidades que, por tanto, tienen competencia concurrente en la materia.

e. *Información económico-social*

El artículo 156, ordinal 18 de la Constitución, como se ha dicho, atribuye al Poder Nacional competencia exclusiva en materia de "censos y estadísticas *nacionales*".

En consecuencia, los Estados y Municipios tendrían competencia concurrente en materia de censos y estadísticas *estadales* y *municipales*, respectivamente.

f. *Publicidad comercial*

En cuanto a la publicidad comercial, el artículo 178, ordinal 3° de la Constitución, como antes indicamos, atribuye a los Municipios competencia exclusiva en la materia "en cuanto concierne a los intereses y fines específicos *municipales*".

Por tanto, el Poder Nacional y el Poder Estadal tendrían competencia en la materia en cuanto concierne a los fines específicos *nacionales* o *estadales*, respectivamente.

D. *Régimen del desarrollo social*

En el campo del desarrollo social, conforme a las previsiones constitucionales, puede decirse que todas las materias relativas al mismo, son de la competencia concurrente, de todos a los órganos del Estado, es decir, de la República, de los Estados y de los Municipios.

a. *Asistencia y protección social*

Conforme a los artículos 75 a 81 de la Constitución, el "Estado" tiene un conjunto de obligaciones tendientes a asegurar la protección de las familias y de quienes ejerzan la jefatura de la familia; a garantizar asistencia y protección integral a la maternidad; a proteger el matrimonio entre hombre y mujer; a asegurar protección integral a los niños y adolescentes y a promover su integración progresiva a la ciudadanía activa; a crear oportunidades para estimular el tránsito productivo de los jóvenes a la vida adulta, su capacitación y acceso al primer empleo; a garantizar a los ancianos el pleno ejercicio de sus derechos y garantías, así como atención integral; respecto de los discapacitados, a garantizar el respeto a su dignidad humana, la equiparación de oportunidades, condiciones laborales satisfactorias y promover su formación, capacitación y acceso al empleo acorde con sus condiciones.

Todas estas responsabilidades, sin duda, corresponden en forma concurrente tanto a la República como a los Estados y Municipios.

La "legislación nacional" en la materia corresponde en forma exclusiva al Poder Nacional, pero por ejemplo, la Constitución atribuye en forma expresa a los Municipios, competencia exclusiva, en cuanto concierne a la vida local, en materia de servicios de protección a la primera y segunda infancia, a la adolescencia y a la tercera edad, así como en materia de servicios de integración familiar del discapacitado al desarrollo comunitario (art. 178,5).

Estos servicios públicos de asistencia y protección, dado el carácter de materia de competencia concurrente, también serían, en los términos del artículo 164,8 de la Constitución, servicios públicos estadales.

b. *Salud y sanidad*

Las obligaciones públicas en materia de salud, conforme a los artículos 83, 84 y 85 de la Constitución, también se atribuyen al "Estado", es decir, tanto a la República como a los Estados y Municipios. En consecuencia, se trata de servicios que son de la competencia concurrente de los tres niveles territoriales.

En la materia, sin embargo, como se ha dicho, el artículo 156,23 atribuye al Poder Nacional competencia exclusiva en materia de políticas y servicios *nacionales* de salud y de legislación sobre sanidad nacional y vegetal (art. 156,32). En particular, los artículos 84 y 85 precisan como competencia del Poder Nacional el establecimiento de un Sistema Público *Nacional* de Salud. En consecuencia, los Estados y Municipios tienen competencia en materia de políticas y servicios estadales y municipales de salud.

El Poder Nacional, además, tiene competencia exclusiva para dictar la legislación sobre sanidad animal y vegetal (art. 156, 32) y los Municipios tienen competencia exclusiva expresa, en cuanto concierne a la vida local, en materia de salubridad y atención primaria en salud (art. 178,5).

En cuanto a los Estados, los servicios de salud como materia de la competencia concurrente, serían servicios públicos estadales (art. 164,8). Ello lo confirma además, el artículo 184, al establecer la descentralización de los "servicios de salud" de los Estados y Municipios a las organizaciones comunitarias.

c. *Vivienda*

El artículo 82 asigna al "Estado en todos sus ámbitos" la obligación de satisfacer progresivamente el derecho de toda persona a la vivienda; por lo que se trata de una materia que corresponde, en forma concurrente, a la República, a los Estados y a los Municipios.

Además, la Constitución atribuye como competencia exclusiva del Poder Nacional la política *nacional* y la legislación en materia de vivienda (art. 156,23), por lo que los Estados y Municipios tienen competencia en materia de políticas estadales y municipales de vivienda, respectivamente. Ello también lo confirma el artículo 184 de la Constitución.

Además, los Municipios tienen competencia expresa exclusiva, en cuanto concierne a la vida local, en materia de vivienda de interés social (art. 178,1) y de aplicación de la política inquilinaria conforme a la delegación prevista en la ley nacional (art. 178).

d. *Educación*

Los artículos 102 a 109 de la Constitución también asignan un conjunto de obligaciones al "Estado" en materia de educación, lo que conlleva a que la competencia en la materia sea concurrente entre la República, los Estados y los Municipios.

Por otra parte, como ya se ha indicado, el artículo 156,24 atribuye al Poder Nacional competencia exclusiva para las políticas y los servicios *nacionales* de educación.

En consecuencia, los Estados y Municipios tienen competencia, respectivamente, para las políticas y los servicios estadales y municipales de educación.

Los servicios de educación, por tanto, también serían servicios públicos estadales en los términos del artículo 164,8; y en cuanto a los Municipios, el artículo 178,5 les atribuye competencia exclusiva, en cuanto concierne a la vida local, en materia de educación preescolar.

La competencia estadal y municipal en "servicios de educación", también la confirma el artículo 184 de la Constitución.

e. *Cultura y patrimonio histórico*

Los artículos 98 a 191 de la Constitución establecen también un conjunto de obligaciones, asignadas al "Estado", en materia de cultura y patrimonio histórico, cultural y arquitectónico lo que las configura como una de las materias de competencia concurrente entre la República, los Estados y los Municipios, que se ejerce de acuerdo con la legislación nacional en materia de "patrimonio cultural y arqueológico" (art. 156,32).

Además, como se indicó, el artículo 156,32 de la Constitución le asigna al Poder Nacional competencia exclusiva para dictar la legislación en la materia. El artículo 178, ordinales 1 y 5 le atribuyen en forma expresa competencia exclusiva a los Municipios, en cuanto concierne a la vida local, en materia de actividades e instalaciones culturales y de patrimonio histórico.

Los servicios culturales constituirían servicios públicos estadales, en los términos del artículo 164,8 de la Constitución.

El artículo 184 de la Constitución, además, confirma la competencia de los Estados y Municipios en materia de "servicios culturales".

f. *Deporte*

El artículo 111 de la Constitución atribuye al "Estado" la responsabilidad de asumir el deporte y la recreación como política de educación y salud, correspondiendo, por tanto, a la República, a los Estados y a los Municipios dicha responsabilidad.

El artículo 178,1, además, atribuye a los Municipios la competencia exclusiva, en cuanto concierne a la vida local, en materia de sitios de recreación; y el artículo 184 confirma la competencia de los Estados y Municipios en materia de "servicios de deporte".

g. *La protección a las comunidades indígenas*

Los artículos 119 a 125 de la Constitución que regulan el régimen de los derechos de los pueblos indígenas, establecen una serie de obligaciones de protección y atención que corresponden al "Estado", es decir, a la globalidad de las entidades políticas que componen el Estado Federal: la República, los estados y los Municipios.

Se trata, por tanto, de una materia de la competencia concurrente entre los tres niveles territoriales que se ejerce de acuerdo con la legislación nacional en materia de "pueblos indígenas" (art. 156,32), salvo en aspectos que expresamente alguna de dichas normas atribuye al "Ejecutivo Nacional", como la demarcación de las tierras indígenas (art. 119).

h. *La protección del trabajo*

Los artículos 87 y siguientes de la Constitución regulan los derechos laborales, y asignan al "Estado" un conjunto de obligaciones como la adopción de medidas para asegurar empleo, el fomento del empleo, y la protección del trabajo sin discriminación. En todos estos casos, las obligaciones asignadas al "Estado", sin duda, corresponden tanto a la República como a los Estados y Municipios. Se trata, por tanto, de una materia de competencia concurrente que se ejerce de acuerdo con la legislación nacional en materia de trabajo, previsión y seguridad sociales (art. 156,32).

E. *Régimen de la infraestructura y de la ordenación del territorio*

a. *Ordenación del territorio*

El artículo 128 de la Constitución atribuye al "Estado" competencia en materia de ordenación territorial, razón por la cual se trata de una competencia concurrente entre la República, los Estados y los Municipios.

Además, como se ha dicho, el artículo 156,23 de la Constitución le atribuye al Poder Nacional competencia exclusiva en cuanto a las políticas *nacionales* y la "legislación" en materia de ordenación de territorio, por lo que a los Estados y Municipios les corresponde la política estadal y municipal, respectivamente, en la ordenación del territorio de las respectivas entidades.

Adicionalmente, el artículo 178 le atribuye expresamente a los Municipios competencia exclusiva, en cuanto concierne a la vida local, en materia de "ordenación territorial", y el artículo 184 confirma la competencia de Estados y Municipios en la materia, por ejemplo, al referirse al "mantenimiento de áreas industriales".

b. *Ambiente*

En igual forma, los artículos 127 a 129 de la Constitución le asignan al "Estado" competencias en materia ambiental, lo que la configura como una de las materias de competencia concurrente entre la República, los Estados y los Municipios.

Por otra parte, el artículo 156,23 de la Constitución, además, atribuye al Poder Nacional competencia exclusiva en cuanto a las políticas *nacionales* y la "legislación" en materia de ambiente y aguas, por lo que los Estados y Municipios tienen competencia en las políticas estadales y municipales en la materia.

Además, el artículo 178,4 le atribuye en forma exclusiva a los Municipios, en cuanto concierne a la vida local, competencias en materia de "protección del ambiente y cooperación con el saneamiento ambiental".

El artículo 184 de la Constitución, además, confirma la competencia de Estados y Municipios en materia de "servicios ambientales".

c. *Urbanismo*

En materia de urbanismo no hay en la Constitución, una disposición que le asigne el carácter de competencia concurrente, salvo su inclusión como un aspecto urbano de la ordenación territorial que corresponde a los tres niveles de gobierno.

El artículo 184 de la Constitución, por otra parte, confirma la competencia tanto de los Estados como de los Municipios en materia de "mantenimiento y conservación de áreas urbanas".

Además, como se dijo, el Poder Nacional tiene competencia exclusiva para el establecimiento, coordinación y unificación de normas y procedimientos técnicos para obras de ingeniería, de arquitectura y de urbanismo y la legislación sobre ordenación urbanística, (art. 156,19).

Además, el Poder Municipal tiene competencia exclusiva, en cuanto concierne a la vida local, en materia de ordenación urbanística, parques, jardines, plazas, balnearios, otros sitios de recreación, arquitectura civil, nomenclatura y ornato público (art. 178,1).

Se trata, por tanto, de una materia de la competencia concurrente entre el Poder Nacional, el Poder Estadal y el Poder Municipal.

3. *Las competencias residuales*

Conforme a la tradición de los sistemas federales, los Estados tienen competencia en todo lo que no corresponda de conformidad con la Constitución a la competencia nacional o municipal (art. 164,11). Es lo que se denomina la competencia residual de los Estados.

Además, como excepcionalmente ocurrió en la Constitución centralista y autoritaria de 1953, la Constitución de 1999 también estableció una competencia residual a favor del Poder Nacional, aun cuando reducida a la materia tributaria, al asignarle competencia en materia de impuestos, tasas y rentas "no atribuidos a los Estados y Municipios" por la Constitución y la ley (art. 156,12).

En consecuencia, en la Constitución de 1999 se estableció una doble competencia residual: a favor del Poder Nacional en materia tributaria; y el resto, a favor de los Estados.

4. *Las competencias implícitas el Poder Nacional*

El artículo 156,33 de la Constitución atribuye competencia al Poder Nacional en toda otra materia que la Constitución atribuya al Poder Público Nacional, o "que le corresponda por si índole o naturaleza". Con ello se ha establecido una competencia implícita a favor del Poder Nacional, que entre otros aspectos hace que la competencia residual establecida a favor de los Estados pueda resultar aún más exigua y dependiente del Poder Nacional. Además, como lo ha interpretado la Sala Constitucional, la competencia implícita del Poder Nacional hace las enumeraciones constitucionales de competencias delos niveles del Poder Público, meramente enunciativas. En la sentencia N° 2257 del 13 de noviembre de 2001, relativa a la determinación de la competencia para fijar tarifas por los servicios eléctricos, la Sala señaló:

> En este sentido, se observa que el artículo 136 de la Constitución de 1961, norma rectora de las competencias nacionales y de la cual debía partirse a los fines de analizar las competencias de los demás poderes, contiene una enumeración de las materias que crean competencia exclusiva del Poder Nacional, para culminar con la denominada por la doctrina "cláusula de poderes implícitos" prevista en el ordinal 25°, del mismo artículo el cual disponía que "Toda otra materia que la presente Constitución atribuya al Poder Nacional o que le corresponda por su índole o naturaleza". Cláusula que se mantiene incólume en el numeral 33 del artículo 156 de la vigente Constitución. Esta cláusula de poderes implícitos lo que significa es que, la enumeración realizada por el Constituyente del 61 en dicho artículo, no se agotaba allí; no era una enumeración taxativa sino meramente enunciativa, pudiendo en todo caso el legislador cuando existía una materia que por su importancia y trascendencia para el interés nacional, que ameritara ser incluida en esta lista, ello fuera posible. Es decir, que sería de la competencia del Poder Nacional "toda otra materia" diferente a las allí mencionadas que por su índole o naturaleza merezca ser reservada por el Poder Nacional[51].

5. *El principio descentralizador en las competencias del Poder Público*

A pesar de la sustancia centralista del esquema federal venezolano, el texto formal de la Constitución de 1999 puede decirse que está impregnado de descentralización: el artículo 4 declara al Estado como "Federal Descentralizado"; el artículo 6 precisa que el gobierno de la República y de las demás entidades políticas debe ser "descentralizado"; y el artículo 16 garantiza que la Ley Orgánica relativa a la división política del territorio nacional debe garantizar la "descentralización político-administrativa"[52].

La descentralización, por otra parte, se declara como una política nacional, que debe profundizar la democracia, acercando al poder a la población, creando las mejores condiciones, tanto para el ejercicio de la democracia como para la prestación eficaz y eficiente de los cometidos estatales (art. 158).

Sin embargo, con un esquema de distribución de competencias, en gran parte sometidas a las regulaciones del Poder Nacional, la descentralización como política

---

51 Véase en *Revista de Derecho Público*, N° 85-88, Editorial Jurídica Venezolana, Caracas, 2001, p. 204.

52 Véase en general Véase José Peña Solís, "Aproximación al proceso de descentralización delineado en la Constitución de 1999", en *Estudios de Derecho Público: Libro Homenaje a Humberto J. La Roche Rincón,* Volumen II. Tribunal Supremo de Justicia, Caracas, 2001, pp. 217-282.

queda en manos de los órganos del Poder Nacional. Para ejecutarla, además, la Constitución prevé mecanismos de transferencias de competencias en cascada, desde el ámbito nacional hacia el ámbito local y hacia las comunidades.

En efecto, el artículo 157 de la Constitución, establece que la Asamblea Nacional, por mayoría de sus integrantes, puede atribuir a los Municipios o a los Estados determinadas materias de la competencia nacional, a fin de promover la descentralización. Esta norma, que sigue la línea que se había establecido en el artículo 137 de la Constitución de 1961, permite la descentralización hacia los Estados de competencias nacionales tanto exclusivas como concurrentes. En el primer caso, de llegar a darse, bastaría la decisión de la mayoría de los integrantes de la Asamblea Nacional para producir la modificación constitucional prevista en la norma, lo cual estimamos que no debió regularse así y más bien conservarse el voto calificado que establecía la Constitución de 1961.

En efecto, la modificación del régimen constitucional de asignación de competencias al Poder Nacional, mediante su descentralización hacia los Estados y Municipios, sin duda, origina una modificación de la Constitución conforme a lo previsto en el citado artículo 157. Por ello, estimamos que debió preverse, en dicha norma, una mayoría calificada de los miembros de la Asamblea (como se establecía en el artículo 137 de la Constitución de 1961), y no sólo una mayoría simple, para poder producir la modificación, que al aprobarse, tiene sin duda rango constitucional[53].

Por otra parte, el artículo 165 de la Constitución establece que los Estados, a su vez, descentralizarán y transferirán a los Municipios los servicios y competencias que gestionen y que éstos estén en capacidad de prestar, así como la administración de los respectivos recursos, dentro de las áreas de competencias concurrentes entre ambos niveles del Poder Público. Corresponde a los Consejos Legislativos estadales regular dichos mecanismos de transferencia.

Por último, el artículo 184 de la Constitución precisa que la ley, que puede ser nacional, estadal o municipal, debe crear mecanismos abiertos y flexibles para que los Estados y los Municipios descentralicen y transfieran a las comunidades y grupos vecinales organizados los servicios que éstos gestionen, previa demostración de su capacidad para prestarlos, promoviendo:

1. La transferencia de servicios en materia de salud, educación, vivienda, deporte, cultura, programas sociales, ambiente, mantenimiento de áreas industriales, mantenimiento y conservación de áreas urbanas, prevención y protección vecinal, construcción de obras y prestación de servicios públicos. A tal efecto, pueden establecer convenios cuyos contenidos deben estar orientados por los principios de interdependencia, coordinación, cooperación y corresponsabilidad.
2. La participación de las comunidades y de ciudadanos o ciudadanas, a través de las asociaciones vecinales y organizaciones no gubernamen-tales, en la formulación de propuestas de inversión ante las autoridades estadales y municipales encargadas de la elaboración de los respectivos planes de inversión, así como en la ejecución, evaluación y control de obras, programas sociales y servicios públicos en su jurisdicción.

---

53 Véase nuestro voto salvado en relación con este aspecto en Allan R Brewer-Carías, *Debate Constituyente,* Tomo III, *op. cit.,* pp. 190 y 191.

3. La participación en los procesos económicos estimulando las expresiones de la economía social, tales como cooperativas, cajas de ahorro, mutuales y otras formas asociativas.
4. La participación de los trabajadores o trabajadoras y comunidades en la gestión de las empresas públicas mediante mecanismos autogestionarios y cogestionarios.
5. La creación de organizaciones, cooperativas y empresas comunales de servicios, como fuentes generadoras de empleo y de bienestar social, propendiendo a su permanencia mediante el diseño de políticas en las cuales aquellas tengan participación.
6. La creación de nuevos sujetos de descentralización a nivel de las parroquias, las comunidades, los barrios y las vecindades a los fines de garantizar el principio de la corresponsabilidad en la gestión pública de los gobiernos locales y estadales y desarrollar procesos autogestionarios y cogestionarios en la administración y control de los servicios públicos estadales y municipales.
7. La participación de las comunidades en actividades de acercamiento a los establecimientos penales y de vinculación de éstos con la población.

III. EL RÉGIMEN CONSTITUCIONAL DE LA ORGANIZACIÓN DEL PODER PÚBLICO ESTADAL

1. *El marco constitucional del régimen de los Estados*

A. *La autonomía e igualdad de los Estados*

La distribución territorial del Poder Público implica la estructuración, en forma descentralizada, de las entidades políticas, las cuales por esencia gozan de autonomía.

Por ello, el artículo 159 de la Constitución establece que los Estados, los cuales ejercen el Poder Estadal[54], son entidades autónomas e iguales en lo político", con personalidad jurídica plena, y quedan obligados a mantener la independencia, soberanía e integridad nacional, y a cumplir y hacer cumplir la Constitución y las leyes de la República.

Esta autonomía, por supuesto, es política (elección de sus autoridades), organizativa (se dictan su Constitución), administrativa (inversión de sus ingresos), jurídica (no revisión de sus actos sino por los tribunales) y tributaria (creación de sus tributos); y sus límites deben ser los establecidos en la Constitución, razón por la cual la Ley nacional no podría regular a los Estados. Sin embargo, esta autonomía está limitada en la Constitución en forma absolutamente inconveniente, al remitir el artículo 162 a la ley nacional para establecer "el régimen de la organización y el funcionamiento de los Consejos Legislativos Estadales, es decir, el órgano que ejerce el Poder Legislativo en los Estados". Esa materia debería ser competencia exclusiva de los Estados a ser regulados en sus respectivas Constituciones (art. 164, ord. 1). La Sala Constitucional del Tribunal Supremo en sentencia N° 1182 de 11 de octubre de

54 Véase en general, sobre el Poder Estadal, Ricardo Combellas, *Derecho Constitucional: una introducción al estudio de la Constitución de la República Bolivariana de Venezuela,* Mc Graw Hill, Caracas, 2001, pp. 127 y ss.; Alfonso Rivas Quintero, *Derecho Constituciona,* Paredes Editores, Valencia-Venezuela, 2002, pp. 315 y ss.; e Hildegard Rondón de Sansó, *Análisis de la Constitución venezolana de 1999,* Editorial Ex Libris, Caracas, 2001, pp. 151 y ss.

2000 ha reconocido, por tanto, que el principio de autonomía de los Estados para organizar sus Poderes Públicos, "es relativo y por tanto, está sometida a diversas restricciones establecidas en la Constitución y en la ley"[55].

Limitaciones similares se establecen en la Constitución en cuanto al ejercicio de las competencias. Por ejemplo, en materia de tributos, en la Constitución no sólo se ha dejado la materia a una legislación futura, sino que en definitiva, el Poder Nacional es el llamado a regular el ejercicio de la potestad tributaria, estadal y municipal (art. 156, ord. 13).

En cuanto a las competencias, las que son de carácter concurrente sólo pueden ejercerse por los Estados conforme a las "leyes de base" que dicte el Poder Nacional (art. 165); y en algunos casos, como en materia de policía, la función de policía estadal sólo puede ejercerse conforme a la legislación nacional aplicable (art. 164, ord. 6).

Todo lo anterior configura una autonomía limitada, lo que es lo mismo que una descentralización más nominal que real.

Ello se confirma además por la injustificada ratificación que ha hecho la Sala Constitucional del Tribunal Supremo de Justicia mediante sentencia N° 1395 de 21 de noviembre de 2000 (Caso: *Gobernación del Estado Mérida y otros vs. Ministerio de Finanzas*), de la inconstitucional doctrina establecida por la antigua Corte Suprema de Justicia de negar la vía judicial del amparo para proteger la autonomía territorial de los Estados y Municipios, garantizada en la Constitución. En efecto, en la mencionada sentencia, la Sala señaló lo siguiente:

> Una vez que la institución estaba consolidada como un medio de tutela judicial reforzada de los derechos y garantías constitucionales, algunos[56] propusieron su extensión a la protección de las potestades o competencias de entes públicos, especialmente de las personas político-territoriales. Sin embargo, esta ampliación del objeto tutelado por el amparo fue rechazada por la extinta Corte Suprema de Justicia, en Pleno, mediante sentencia del 2 de octubre de 1997, la cual resolvió el amparo incoado, conjuntamente con una acción de inconstitucionalidad, contra la Ley Orgánica sobre Emolumentos y Jubilaciones de Altos Funcionarios de las Entidades Federales y Municipales. En ese amparo se planteaba que la autonomía municipal y las potestades que llevaba aparejadas debían considerarse incluidas en el concepto de "garantía constitucional" y, con ello, en el ámbito de aplicación del amparo constitucional.
>
> En dicha sentencia la extinta Corte Suprema de Justicia, con ponencia de la Dra. Hildegard Rondón de Sansó, declaró que:
>
> > ...los entes territoriales como personas jurídicas pueden ser sujetos activos de la acción de amparo; pero sólo respecto a la tutela de los derechos y garantías constitucionales entendidos estos últimos en su sentido estricto, ha de excluírsele como una vía para la tutela de sus potestades y competencias, así como pa-

---

55 Véase en *Revista de Derecho Público*, N° 84, (octubre-diciembre), Editorial Jurídica Venezolana, Caracas 2000, p. 180.

56 Así lo propusimos en la acción ejercida contra la Ley Orgánica sobre Emolumentos que dio origen a la sentencia de la Sala Político Administrativa; y así lo hemos sostenido en Allan R. Brewer-Carías, *El amparo a los derechos y garantías constitucionales (una aproximación comparativa),* Caracas, 1993, pp. 92 y ss.

> ra dirimir los conflictos que puedan plantearse entre tales entes entre sí o con otros organismos del poder público.
>
> ...En el caso de los entes territoriales, la Constitución les otorga varios recursos destinados específicamente a impedir el desconocimiento y usurpación de los fines que le han sido asignados y de las potestades que constitucionalmente le competen....

Esta concepción del amparo ha quedado en lo fundamental plasmada en la Constitución de la República Bolivariana de Venezuela. Incluso, podría afirmarse que en la vigente Constitución la vinculación del amparo con la persona y sus derechos esenciales se ha profundizado.

Ciertamente, el artículo 27 de la Constitución reconoce a toda persona (natural o jurídica) el derecho a ser amparada por los tribunales en el goce y ejercicio de los derechos y garantías constitucionales, "aun de aquellos inherentes a la persona que no figuren expresamente en esta Constitución o en los instrumentos internacionales sobre derechos humanos....".

Obsérvese que el elemento que permite incluir a ciertas facultades subjetivas dentro del ámbito de tutela del amparo, es su condición de "inherentes a la persona", lo cual se ve confirmado por la referencia a los instrumentos internacionales sobre "derechos humanos".

Por si quedara alguna duda, la Exposición de Motivos de la Constitución señala que el amparo:

> se reconoce como una garantía-derecho constitucional, cuya finalidad es la tutela judicial reforzada de los derechos humanos, aun de aquellos inherentes a la persona humana que no figuren expresamente en la Constitución o en los instrumentos internacionales sobre derechos humanos.

Esta íntima vinculación entre el amparo y los derechos fundamentales la pone igualmente de manifiesto el último párrafo del artículo 27, según el cual el ejercicio del derecho al amparo no puede ser afectado por la declaratoria de un estado de excepción o por la restricción de garantías constitucionales. El Constituyente quiso dejar claro que incluso durante situaciones de emergencia, en las que pueden resultar necesarias restricciones extraordinarias al ejercicio de las garantías o derechos constitucionales, conserva el amparo plena vigencia, como instrumento imprescindible para medir la necesidad y proporcionalidad de la actuación de las autoridades (En igual sentido *cfr.* la *Opinión Consultiva* de la Corte Interamericana de Derechos Humanos OC-8/87, del 30 de enero de 1987, El Habeas Corpus bajo suspensión de garantías).

Esos principios inspiran también la decisión de esta Sala en la que se introducen correctivos al procedimiento de amparo contemplado en la Ley de la materia, en virtud de la fuerza normativa de la Constitución y de la oralidad ahora exigida por el citado artículo 27. La singular celeridad y simplicidad del proceso de amparo está también al servicio de la persona humana y de los derechos que la Constitución protege con toda firmeza.

Esta conclusión es confirmada por lo dispuesto en los instrumentos internacionales sobre derechos humanos, ya que tanto la Declaración Universal de Derechos Humanos (artículo 8), como el Pacto Internacional de Derechos Civiles y Políticos (artículo 2.3) y la Convención Americana sobre Derechos Humanos (artículo 25), consagran el derecho de toda persona a un recurso efectivo ante las instancias nacionales a fin de que se le ampare frente a posibles violaciones de sus derechos humanos. Así, el artículo 8 de la Declaración Universal de Derechos Humanos dispone:

Toda persona tiene derecho a un recurso efectivo ante los tribunales nacionales competentes, que la ampare contra actos que violen sus derechos fundamentales reconocidos por la Constitución o por la Ley.

Desde esta óptica, el artículo 27 de nuestra Constitución es un desarrollo de ese derecho de validez universal, el cual, al igual que los demás derechos proclamados en esa Declaración, se basa "en el reconocimiento de la dignidad intrínseca y de los derechos iguales e inalienables de todos los miembros de la familia humana" (Preámbulo de la Declaración Universal de Derechos Humanos).

Por tanto, el objeto del amparo es la tutela judicial reforzada de los derechos y garantías constitucionales, lo cual comprende los derechos enunciados por la Constitución, algunos de los cuales se encuentran fuera de su Título III (*vid.*, por ejemplo, los artículos 143, 260 y 317 de la Constitución), así como los consagrados en tratados internacionales sobre derechos humanos ratificados por la República, y cualquier otro que sea inherente a la persona humana.

Lo dicho no implica restringir la noción de derechos o garantías constitucio-nales a los derechos de las personas naturales, pues también las personas jurídicas son titulares de derechos fundamentales. Incluso las personas jurídicas de Derecho Público pueden ostentar algunos de esos derechos.

Pero lo hasta ahora expuesto sí permite concluir que entes político-territoriales como los Estados o Municipios, sólo han de acudir al amparo para defender los derechos o libertades de los que puedan ser titulares, como el derecho al debido proceso, o el derecho a la igualdad, o a la irretroactividad de la ley. En cambio, no pueden accionar en amparo para tutelar la autonomía que la Constitución les reconoce o las potestades y competencias que aquélla comporta.

La autonomía de un ente público únicamente goza de la protección del amparo cuando la Constitución la reconoce como concreción de un derecho fundamental de trasfondo, como ocurre con la autonomía universitaria respecto del derecho a la educación (artículo 109 de la Constitución).

En el caso de autos, los accionantes no invocan un derecho constitucional de los Estados que hubiese sido vulnerado, sino la autonomía que la Constitución les asegura y, particularmente, *"la garantía de la autonomía financiera que se contempla en los artículos 159, 164, ordinal 3º, 167, ordinales 4º y 6º, de la Constitución"* (cursivas de la Sala).

Sin embargo, bajo el concepto de garantía constitucional no pueden subsumirse contenidos completamente ajenos al elenco de libertades públicas constitucionalmente protegidas, como se pretende, ya que la garantía se encuentra estrechamente relacionada con el derecho. La garantía puede ser entendida como la recepción constitucional del derecho o como los mecanismos existentes para su protección. Tanto en uno como en otro sentido la garantía es consustancial al derecho, por lo que no cabe emplear el concepto de garantía para ensanchar el ámbito tutelado por el amparo, incluyendo en el mismo toda potestad o competencia constitucionalmente garantizada. Ello conduciría a una desnaturalización del amparo, que perdería su especificidad y devendría en un medio de protección de toda la Constitución[57].

57 Véase en *Revista de Derecho Público,* N° 84, (octubre-diciembre), Editorial Jurídica Venezolana, Caracas, 2000, pp. 317 y ss.

Por otra parte, en cuanto a la igualdad de los Estados, la misma ha perdido la garantía que le daba la representación igualitaria en el Senado, al haberse previsto en la Constitución una Asamblea Legislativa unicameral.

B. *El Poder Ejecutivo Estadal: los Gobernadores*

De acuerdo con el artículo 160, el gobierno y administración de cada Estado corresponde a un Gobernador[58].

a. *Las condiciones*

Para ser Gobernador se requiere ser venezolano, mayor de veinticinco años y de estado seglar.

En el caso de Estados Fronterizos, los Gobernadores deben ser venezolanos por nacimiento, sin otra nacionalidad como lo establece el artículo 41 de la Constitución; y si se trata de Estados no Fronterizos, los venezolanos por naturalización pueden ser electos Gobernadores, siempre que tengan residencia ininterrumpida en Venezuela por más de 15 años (art. 41).

Sobre la noción de Estado Fronterizo a los efectos de la aplicación del artículo 41 de la Constitución, la Sala Constitucional del Tribunal Supremo de Justicia ha establecido el siguiente criterio:

> Pues bien, a juicio de esta Sala, el concepto de frontera, incluye en el vigente ordenamiento jurídico un tratamiento que abarca aspectos espaciales y de seguridad y defensa de la nación, que no pueden ser tratados de manera separada.
>
> Tampoco distingue el constituyente venezolano entre fronteras naturales como las terrestres, insulares, lacustres y marítimas y las fronteras artificiales, entre las que se podrían encontrar los puentes, señales u otra de creación humana; por el contrario, se amplía el concepto de frontera dentro del marco espacial y de seguridad y defensa de la nación, ya mencionado.
>
> De todo lo antes expuesto, interpreta esta Sala que, la expresión "estado fronterizo" a que alude el artículo 41 de la Constitución de la República Bolivariana de Venezuela, abarca en el ámbito espacial, tanto las fronteras naturales como las artificiales, por lo que los venezolanos por naturalización no podrían optar y ser elegidos para ejercer los cargos referidos en dicho articulado, respecto a cualquiera de los estados fronterizos, salvo la excepción contenida en el único aparte del artículo 40 del Texto Fundamental. Así se declara[59].

b. *La elección popular y período*

Los Gobernadores deben ser elegidos por un período de 4 años por mayoría de las personas que votan. El Gobernador puede ser reelegido de inmediato y por una sola vez, para un período adicional.

---

58 Véase en general Alfonso Rivas Quintero, *Derecho Constitucional,* Paredes Editores, Valencia-Venezuela, 2002, pp. 320 y ss.

59 Véase sentencia Nº 2394 del 28-08-2003 (Caso: *Interpretación del artículo 41 de la Constitución*).

Lamentablemente no se estableció la elección por mayoría absoluta y doble vuelta, para asegurar la legitimidad de la representación[60].

c. *La rendición de cuenta e informe*

Los Gobernadores deben rendir, anual y públicamente, cuenta de su gestión ante el Contralor del Estado y presentarán su informe de la misma ante el Consejo Legislativo y el Consejo de Planificación y Coordinación de Políticas Públicas (art. 161).

C. *El Poder Legislativo Estadal: el Consejo Legislativo Estadal*

a. *La integración*

En cuanto al Poder Legislativo estadal, este se ejerce en cada Estado por un Consejo Legislativo conformado por un número no mayor de 15 ni menor de 7 integrantes, quienes proporcionalmente representarán a la población del Estado y a los Municipios (art. 162)[61].

La representación proporcional, como sistema de escrutinio, tiende, como hemos visto, a asegurar la representación de los partidos políticos al preverse elecciones plurinominales en circuitos por listas. La referencia a la representación proporcional, por una parte, de la población, y por la otra, de los Municipios, realmente no se entiende, particularmente por el número reducido de miembros de los Consejos.

b. *Condiciones y período*

El mismo artículo 162 establece que los requisitos para ser integrante del Consejo Legislativo, la obligación de rendición anual de cuentas y la inmunidad en su jurisdicción territorial, se deben regir por las normas que esta Constitución establece para los diputados a la Asamblea Nacional, en cuanto le sea aplicable. Los legisladores estadales serán elegidos por un período de cuatro años pudiendo ser reelegidos solamente por dos períodos.

La Sala Constitucional del Tribunal Supremo de Justicia ha interpretado los artículos 162 y 200 de la Constitución, habiendo llegado en la sentencia N° 1636 de 16 de junio de 2003 (Caso: *Interpretación de los artículos 162 y 200 de la Constitución*), a la conclusión de que los miembros legisladores de los Consejos Legislativos tienen la prerrogativa de la inmunidad parlamentaria, de conformidad con lo establecido en el artículo 162 constitucional, en el territorio del Estado en que ejerzan sus funciones o fuera de dicho territorio siempre y cuando el hecho que da lugar a acciones en su contra se produce con motivo del ejercicio de su cargo; siendo la Sala Plena del Tribunal Supremo de Justicia la competente para declarar si hay o no mérito para el enjuiciamiento de esos funcionarios. La Sala sentó la siguiente interpretación de dichas normas:

1. Los miembros legisladores de los Consejos Legislativos tienen la prerrogativa de la inmunidad parlamentaria de conformidad con lo establecido en

60 Véase nuestro voto salvado sobre esto en Allan R. Brewer-Carías, *Debate Constituyente,* Tomo III, *op. cit.*, pp. 191 y 192.

61 Véase en general, Alfonso Rivas Quintero, *Derecho Constitucional,* Paredes Editores, Valencia-Venezuela, 2002, pp. 324 y ss.

el artículo 162 constitucional en el territorio del Estado en que ejerzan sus funciones o fuera de dicho territorio siempre y cuando el hecho que da lugar a acciones en su contra se produce con motivo del ejercicio de su cargo. Este trato es diferente al establecido en la Constitución de 1961 respecto a la inmunidad de los miembros de la Asamblea Legislativa de cada Estado.

2. La solicitud de antejuicio de mérito para el caso de los miembros legisladores de los Consejos Legislativos al igual que ocurre con los altos funcionarios a que se refieren los numerales 2 y 3 del artículo 266 constitucional, corresponde al Fiscal General de la República, y puede ser formulada por quien demuestre la condición de víctima del hecho punible que se le pretenda imputar al funcionario que goza de la prerrogativa, caso éste en el cual se procederá conforme a lo establecido en el fallo dictado por esta Sala el 20 de junio de 2002.
3. La Sala Plena del Tribunal Supremo de Justicia es la competente para declarar si hay o no mérito para el enjuiciamiento de los miembros legisladores de los Consejos Legislativos.
4. La Sala Plena del Tribunal Supremo de Justicia es la competente -en el caso de decidir que hay mérito para el enjuiciamiento del miembro legislador del Consejo Legislativo- para ordenar su detención, previa autorización del órgano legislativo, el cual deberá en aras al debido proceso, dar oportunidad al afectado de ejercer su defensa antes de decidir al respecto. A partir de la autorización que dé el órgano legislativo a este Alto Tribunal, quedará allanada la inmunidad, y será la Sala Plena la competente para conocer -en forma privativa- del enjuiciamiento del funcionario. En el supuesto de que el órgano legislativo niegue la autorización antes referida, el ejercicio de la acción contra el miembro legislativo de dicho órgano estará supeditada a la conclusión del mandato o a la renuncia del parlamentario; circunstancias éstas que producen la pérdida de la inmunidad como prerrogativa procesal.
5. El procedimiento aplicable será el contemplado en el Código Orgánico Procesal Penal (artículo 379) para el caso de juicios contra altos funcionarios del Estado[62].

c. *El régimen legal y las competencias legislativas*

El artículo 162, contiene una norma que sin duda atenta contra la autonomía de los Estados, al establecer que la ley nacional debe regular el régimen de la organización y el funcionamiento del Consejo Legislativo, cuando eso corresponde a las Constituciones que deben dictar los Consejos Legislativos de los Estados (art. 164). En 2001 la Asamblea Nacional sancionó a tal efecto la *Ley Orgánica de los Consejos Legislativos de los Estados*[63] la cual se comenta más adelante.

En todo caso, en cuanto a su competencia, los Consejos Legislativos tienen las atribuciones siguientes: 1) Legislar sobre las materias de la competencia estadal; 2) Sancionar la Ley de Presupuesto del Estado; y 3) Las demás que le atribuya la Constitución y la ley (art. 162).

62 Véase en *Revista de Derecho Público*, Nº 93-96, Editorial Jurídica Venezolana, Caracas 2003.

63 *G.O.* Nº 37.282 del 13 de septiembre de 2001.

En relación con la potestad legislativa de los Estados a través de sus Consejos Legislativos, la Corte Primera de lo Contencioso Administrativo ha señalado que:

> En razón de la autonomía propia de los Estados miembros de la federación establecida por el Texto Constitucional, los Estados cuentan con un ordenamiento jurídico que es emanado de sus propios órganos y que debe ser acatado en el ejercicio de cualquiera de las funciones que les competen de manera concatenada con las leyes nacionales relacionadas con la materia en cuestión... (por lo que la ley estadal) es de obligatorio cumplimiento en aquellos casos en los cuales se den los supuestos que ellas regulan siempre y cuando no estén en contradicción con la Constitución de la República Bolivariana de Venezuela o la normativa legal establecida a nivel nacional, sobre todo cuando se trata de materias intrínsecas a la autonomía de los Estados dado que existe el planteamiento de un "Estado Federal" como ha sido definida la República Bolivariana de Venezuela en la Constitución del año 1999 y 1961, aunque el sistema de administración de justicia esté organizado a un solo nivel (el nacional)[64].

Pero la autonomía legislativa de los Estados ha sido reconocida como limitada por la Sala Constitucional del Tribunal Supremo de Justicia particularmente en materia organizativa, por lo que, por ejemplo, mediante sentencias Nº 1182 de 11 de octubre de 2000, Nº 1395 de 7 de agosto de 2001 y Nº 111 de 12 de febrero de 2004, anuló las normas de las Constituciones de los Estados Mérida, Aragua y Lara respectivamente que creaban las figuras del Defensor de los Derechos (Mérida), del Defensor del Pueblo (Aragua) y de la Defensoría del Pueblo (Lara), al considerarlas viciadas de usurpación de funciones partiendo del supuesto errado, en nuestro criterio, de que la competencia en materia de defensa de los derechos humanos es exclusiva del Poder Nacional (Asamblea Nacional), al regular el Defensor del Pueblo y el Ministerio Público. Al contrario, estimamos que además de competencia, todos los órganos del Estado tienen el deber de velar por la defensa de los derechos humanos, por lo que los Estados podrían crear en sus ordenamientos y para actuar en su jurisdicción, órganos dedicados a tal defensa. Las erradas sentencias de la Sala, en todo caso, se basaron en el mismo argumento de relatividad de la descentralización política antes anotado, en el sentido de que:

> Resulta claro entonces, que los Estados son favorecidos constitucionalmente por el principio de autonomía para organizar sus Poderes Públicos, sin embargo, debe entenderse que tal autonomía es relativa y por tanto está sometida a diversas restricciones establecidas en la Constitución y en la ley, por ello, el artículo 4 del Texto Fundamental vigente, dispone que "*La República Bolivariana de Venezuela es un Estado federal descentralizado en los términos consagrados en esta Cons-titución (...)*"[65].

---

64 Véase sentencia de 17-05-2000 en *Revista de Derecho Público*, Nº 82, (abril-junio), Editorial Jurídica Venezolana, Caracas, 2000, pp. 201 y ss, en la cual la Corte Primera apreció como válida la previsión en la Ley de la Procuraduría del Estado Yaracuy, de una norma estableciendo la obligación para los Tribunales de notificar al Procurador estadal de las demandas en las que tenga interés el Estado.

65 Véase en *Revista de Derecho Público*, Nº 84, (octubre-diciembre), Editorial Jurídica Venezolana, Caracas, 2000, pp. 177 y ss; y en *Revista de Derecho Público* Nº 85-88, Editorial Jurídica Venezuela, Caracas, 2001.

En esta materia del Poder Ciudadano como organización reservada al Poder Nacional, en todo caso, en la más reciente sentencia citada N° 111 de 12 de febrero de 2004, dictada con motivo del recurso de nulidad interpuesto por el Defensor del Pueblo contra artículos de la Constitución del Estado Lara que regularon el Poder Ciudadano en dicho Estado, alegando la incompetencia del Consejo Legislativo del Estado Lara para crear y organizar un Poder Ciudadano dentro de dicha entidad, la Sala Constitucional resolvió dándole la razón al impugnante, señalando:

> En primer lugar, el artículo 136 de la Constitución de la República prescribe que el Poder Público Nacional se divide en los siguientes poderes: Legislativo, Ejecutivo, Judicial, Ciudadano y Electoral. Por su parte, el artículo 156, numeral 31, establece que es de la competencia del Poder Público Nacional "La organización y administración nacional de la justicia, del Ministerio Público y de la Defensoría del Pueblo", y en el numeral 32, y con un objetivo manifiestamente general, se afirma que corresponde a dicho Poder legislar sobre la organización y funcionamiento de los órganos del Poder Público Nacional e institucionales nacionales del Estado.
>
> Es decir, el nivel nacional del Poder Público, cuenta entre sus órganos con un Poder Ciudadano, integrado por la Defensoría del Pueblo, el Ministerio Público y la Contraloría General de la República (art. 273 de la Constitución de la República); y al órgano legislativo nacional le corresponde legislar sobre la organización y funcionamiento de dicho poder.
>
> En segundo lugar, al Poder Estadal se le atribuyó la potestad de legislar sobre las materias de su competencia. No obstante, de un estudio detallado del Capítulo III, Título IV de la Constitución de la República, referido al Poder Público Estadal, y particularmente su artículo 164, que expresa las competencias exclusivas de los Estados, puede concluirse que en la organización de tales entidades federales no fue incluido un Poder Ciudadano, ni les fue conferida de ninguna forma ni en ningún grado la potestad de legislar sobre el ejercicio de la Defensoría del Pueblo o del Ministerio Público. Sí pueden dictar normas acerca de la Contraloría Estadal (art. 163 de la Constitución de la República), sin menoscabo del alcance de las funciones de la Contraloría General de la República.
>
> Así, las normas de organización y funcionamiento del Poder Ciudadano dictadas por dicha entidad, en lo que concierne a la Defensoría del Pueblo y al Ministerio Público, no tienen fundamento constitucional alguno; en consecuencia, los artículos 22 (en cuanto a la inclusión de un Poder Ciudadano en la división de Poderes Estadal); 36.2 (en lo que respecta a la potestad que se le otorga a dicha entidad de organizar el Poder Ciudadano Estadal); 42.17 (en lo relativo a la potestad por el Legislativo regional de designar y remover al Defensor del Pueblo); los artículos 88, 89, 90, 91, 92, 93, 94 y 95 (Capítulo XI, Del Poder Ciudadano, Disposiciones Generales); 96, 97, 98, 99, 100 y 101 (Capítulo XII, De la Defensoría del Pueblo del Estado Lara); la Disposición Transitoria Décima (que ordena la sanción de una ley para la organización y funcionamiento del Consejo Moral del Estado Lara) y la Disposición Transitoria Décima Segunda, numerales 1, 2, 3 y 4 (sólo en lo relativo al proceso de elección y designación del Defensor del Pueblo), se declaran nulos. Tal declaratoria surtirá efecto desde su publicación en el expediente[66].

Por otra parte, en materia de organización de los Municipios de cada Estado, la Sala Constitucional también ha considerada limitada la autonomía de los Estados

66 Exp. n° 02-0731.

para legislar, debiendo sujetarse a lo dispuesto previamente en las leyes nacionales. Así, en sentencia Nº 1347 de 27 de mayo de 2003 la Sala decidió lo siguiente:

> Aunque desde el inicio de la vigencia de una nueva Constitución todo órgano creado por ella, en principio, está facultado para ejercer sus poderes, existen casos en que por previsión especial ello no es así. Es lo que ocurre en este caso, pues la Disposición Transitoria Cuarta, numeral 7, ha limitado el poder de los Estados, ejercitable por sus Consejos Legislativos, de manera que se les impide organizar su territorio mientras la Asamblea Nacional no sancione una ley general sobre el régimen municipal...
>
> La explicación es sencilla, sin negar la autonomía estadal y municipal en muy variados aspectos, la organización local está atribuida, al menos en su regulación fundamental, al Poder Nacional, por lo que la ley nacional es imprescindible para adaptarse totalmente a la nueva Constitución. Además, ésta ha previsto la posibilidad de un régimen municipal que presenta considerables cambios en relación con el contemplado por la de 1961, que fue el sustento de la actual Ley, en vigor desde 1989.
>
> Ambas razones hacen que carezca de sentido que los Estados, que al fin de cuentas deben sujetarse al legislador nacional en esta materia organizativa, actúen con base en textos que fueron concebidos para dar desarrollo a una realidad distinta, cuando lo cierto es que la Asamblea Nacional está obligada a sancionar una ley que debe ser en muchos aspectos diferentes de la actual.
>
> Como se ha dicho, la Ley Orgánica de Régimen Municipal está vigente –lo contrario conduciría a un indeseable vacío–, pero el Constituyente ha querido, y así lo indicó expresamente, que en lo referente al ejercicio de la potestad organizativa de los Estados la situación no se viera alterada por la aplicación de normas que no fueran las que la Asamblea Nacional debe dictar. Se trata de una excepción, por lo que en el resto de su articulado no hay limitación y los Estados (o Municipios) pueden ejercitar sus poderes constitucionales, con base en su desarrollo legal, así éste hubiera nacido a la luz de los preceptos de 1961.
>
> A diferencia de lo que expusieron los recurrentes –si bien ellos advirtieron que se trataba de una interpretación que no compartían– la falta de cumplimiento del plazo previsto en la Disposición Transitoria Cuarta no hace que ella quede "derogada". De hecho, disposiciones de esa naturaleza nunca se derogan –la derogatoria exige otro acto de igual rango–, sino que pierden su vigencia, se agotan, en la medida en que se produce el supuesto de hecho previsto en ellas. En el caso de los mandatos al legislador que no han sido atendidos, esas Disposiciones Transitorias siguen en vigor, y la Asamblea Nacional debe cumplir lo que se le ordena, así su plazo se encuentre ampliamente superado.
>
> Lo anterior, que es predicable respecto de todos los mandatos similares, tiene especial relevancia en el caso del numeral 7 de la Disposición Transitoria Cuarta, toda vez que en ella se contempla una inmovilización ausente en otros supuestos. Por tanto, la prohibición a los Estados para ejercer su poder constitucional a organizarse territorialmente debe encontrar rápido fin.

La Sala, sin embargo, ante la omisión del órgano legislativo nacional en dictar la legislación nacional sobre organización municipal, antes de declarar de oficio la inconstitucionalidad de dicha omisión[67], expresó en la misma sentencia de 27 de mayo de 2003, lo siguiente:

---

67 Lo que hizo mediante sentencia Nº de 06-10-2003.Véase en *Revista de Derecho Público*, Nº 93-96, Caracas 2003.

Advierte la Sala que la transitoriedad no debe extenderse más allá de lo que la prudencia exige. La omisión de la Asamblea Nacional en el cumplimiento de su deber no hace "derogar" la norma que lo prevé, pero sí le coloca en una situación de violación al ordenamiento supremo, lo que en casos como el de autos es doblemente grave, desde el momento en que su inacción impide a entes constitucionalmente creados actuar conforme a sus poderes.

Por lo expuesto, sin perjuicio de lo que se expondrá en el apartado siguiente, lo dispuesto en el numeral 7 de la Disposición Transitoria Cuarta de la Constitución debe ser entendido como una prohibición para los Estados de modificar sus leyes de división político-territorial o de regulación sobre sus municipios, hasta que la Asamblea Nacional sancione la ley sobre régimen municipal. Así se declara[68].

D. *Las Contralorías Estadales*

Cada Estado debe tener una Contraloría que goce de autonomía orgánica y funcional, a la cual corresponde ejercer, conforme a la Constitución y la ley, el control, la vigilancia y la fiscalización de los ingresos, gastos y bienes Estadales, sin menoscabo del alcance de las funciones de la Contraloría General de la República (art. 163)[69].

La Contraloría estadal debe actuar bajo la dirección y responsabilidad de un Contralor, cuyas condiciones para el ejercicio del cargo son las que determine la ley, la cual garantizará su idoneidad e independencia; así como la neutralidad en su designación, que debe ser mediante concurso público.

No se precisa, en esta norma, cuál es "la ley" que ha de regular a las Contralorías Estadales, por lo que podría ser la ley nacional que regule el sistema nacional de control fiscal (art. 290); ni a qué autoridad corresponde la designación del Contralor de cada Estado y la realización del concurso público, la que podría ser la Contraloría General de la República, como lo propusimos[70]. La materia, sin embargo, se ha regulado extensamente por la Asamblea Nacional en la Ley para la Designación y Destitución del Contralor o Contralora del Estado de 2001[71], la cual se analiza más adelante.

E. *El Consejo de Planificación y Coordinación de Políticas Públicas*

En cada Estado, y conforme a la orientación de las reformas descentralizadoras de 1993[72], debe crearse un Consejo de Planificación y Coordinación de Políticas Públicas, presidido por el Gobernador e integrado por los Alcaldes, los directores Estadales de los ministerios y una representación de los legisladores elegidos por el Estado a la Asamblea Nacional, del Consejo Legislativo, de los concejales y de las comunidades organizadas, incluyendo las indígenas donde las hubiere. Este Consejo debe funcionar y debe organizarse de acuerdo con lo que determine la ley.

---

68 *Idem.*

69 Véase Alfonso Rivas Quintero, *Derecho Constituciona,* Paredes Editores, Valencia-Venezuela, 2002, pp. 329 y ss.

70 Véase nuestro voto salvado en esta materia en Allan R. Brewer-Carías, *Debate Constituyente,* Tomo III, *op. cit.,* p. 193.

71 *G.O.* N° 37.303 del 15 de octubre de 2001.

72 Véase en Allan R. Brewer-Carías, *La Descentralización en Venezuela 1993. Memoria del Ministro de Estado para la Descentralización,* Caracas, 1994, p. 267.

De nuevo, aquí, la remisión a la ley, dada la composición del Consejo, sugiere que se trata de la ley nacional en lugar de la que dicte cada Consejo Legislativo Estadal. En todo caso, la Asamblea Nacional también ha dictado al Ley de los Consejos Estadales de Planificación y Coordinación de Políticas Públicas de 2002[73], reformada en 2010,[74] cuyo contenido se analizará más adelante.

2. *La contradicción constitucional entre un "Estado federal descentralizado" y un marco constitucional centralista y su desarrollo legislativo*

Uno de los grandes cambios políticos que debió propugnar la nueva Constitución era transformar definitivamente la Federación Centralizada que hemos tenido durante los últimos cien años, por una Federación Descentralizada, con una efectiva distribución territorial del poder hacia los Estados y Municipios[75]. En tal sentido apuntaba la reforma constitucional, no sólo al concebirse la forma del Estado como un Estado Federal Descentralizado (art. 4), sino al preverse a la descentralización política de la Federación como una política nacional de carácter estratégico (art. 158).

Sin embargo, el resultado final del esquema constitucional de distribución territorial del poder, no ha significado avance sustancial alguno respecto del proceso de descentralización que se venía desarrollando durante la última década en el país, al amparo de la Constitución de 1961[76]; y más bien, en muchos aspectos ha significado un retroceso institucional. Por ello, la denominación de "Estado Federal Descentralizado", en definitiva, no pasa de ser el mismo "desideratum" inserto en la Constitución de 1961, hacia el cual se puede ir, pero que no se consolida en el Proyecto.El modelo centralista, además, se ha impuesto inconstitucionalmente mediante la sanción de las Leyes Orgánicas del Poder Popular, a través de las cuales se busca en vaciamiento de las competencias de los Estados por su transferencia obligatoria a entidades del Estado del Poder Popular, y paralelamente, la centralización hacia el Poder nacional de competencias de los Estados.

A. *La tradición federalista venezolana y la "federación centralizada"*

El primer país del mundo que adoptó la forma federal del Estado, la cual venía de ser recién creada en Norteamérica a partir de 1787, fue Venezuela en la *Constitución Federal para los Estados de Venezuela* sancionada el 21 de diciembre de 1811, como consecuencia de la Declaración de Independencia de España que desde 1810 fueron formulando las antiguas Provincias que conformaban la capitanía General de Venezuela.

La forma federal del Estado puede decirse que ha perdurado hasta nuestros días, aún cuando no siempre con la efectividad descentralizadora que han expresado los textos constitucionales. En particular, la Constitución de 1999 que califica el Estado federal como "descentralizado", es la más centralista de todas cuantas se han dictado en los casi doscientos años de existencia del Estado.

---

73 *G.O.* N° 37.509 del 20 de agosto de 2002.

74 *G.O.* N° 6.017 Extra. de 30-12-2010.

75 Véase nuestras propuestas en Allan R. Brewer-Carías, *Poder Constituyente Originario y Asamblea Nacional Constituyente*, Editorial Jurídica Venezolana, Caracas, 1999, pp. 271 y ss.

76 Véase en general Allan R. Brewer-Carías, *Informe sobre la Descentralización en Venezuela 1993, Memoria del Ministro de Estado para la Descentralización,* Caracas, 1993.

En efecto, el Estado venezolano se constituyó formalmente cuando el Congreso General de las Provincias de Venezuela, luego de adoptar la Declaración de los Derechos del Pueblo el 1 de julio de 1811 y de declarar la Independencia de España el 5 de julio del mismo año, en diciembre de 1811 sancionó la antes mencionada *Constitución Federal para los Estados de Venezuela*, conformada por 228 artículos, la cual incluso, precedió a la Constitución de Cádiz de 1812.

Venezuela, por tanto, nació como una Federación de siete Provincias las cuales se habían declarado independientes de España y sucesivamente se habían constituido como Estados soberanos y autónomos a partir del 19 de abril de 1810, cuando se inició el proceso de Independencia. Fue, en consecuencia, el primer país en el mundo moderno después de los Estados Unidos de América, en adoptar la forma federal del Estado en cuya formulación, sin duda, influyeron las concepciones federalistas que se habían formulado en Norteamérica.

Esa primera Constitución de 1811 tuvo corta vigencia debido a las guerras de independencia (1812-1824); pero a pesar de las críticas de Simón Bolívar a la Federación y del fuerte contenido centralista de la Constitución de Angostura de 1819, la cual tampoco tuvo mayor duración por la integración de Venezuela a lo que se llamó la Gran Colombia en 1821; lo cierto es que cuando se reconstituyó la República de Venezuela (separada de Colombia) a partir de 1830, reaparecieron los principios federalistas en un sistema que los constituyentes de la época denominaron como producto de un pacto centro-federal.

En las Constituciones posteriores la forma federal del Estado concretizada en la distribución vertical del Poder Público, se comenzó a expresar formalmente en la Constitución de 1858, adoptándose incluso a partir de 1864 la denominación de la República como "Estados Unidos de Venezuela", la cual se conservó hasta 1953.

Pero la Federación venezolana, a pesar de todas las fórmulas y declaraciones constitucionales, puede decirse que particularmente a partir de 1901, cuando se produjo el colapso del sistema de Estado federal liberal que se había instaurado en 1864, comenzó a convertirse en una "Federación centralizada", habiéndose progresivamente centralizado el Estado en casi todos los órdenes; proceso que a pesar del cambio político democrático de 1947 y de la consolidación de la democracia a partir de 1958, continuó desarrollándose y ha perdurado hasta nuestros días.

Como hemos dicho, la gran transformación política que debió haberse producido en el proceso constituyente de 1999 para perfeccionar la democracia[77], lo cual había sido su principal motivación, era por tanto efectivamente sustituir la forma estatal de la Federación Centralizada por una Federación Descentralizada. Grandes esfuerzos se hicieron en la materia, pero la reforma y profundización de la descentralización política como forma de perfeccionar la democracia que debió ser el tema central del debate constituyente, no pasó del nominalismo expresado tanto en el Preámbulo como en el artículo 4 de la Constitución, el cual precisa que "La República Bolivariana de Venezuela es un Estado federal descentralizado en los términos consagra-

77. Véase Allan R. Brewer-Carías, "Propuesta sobre la forma federal del Estado en la nueva Constitución: Nuevo Federalismo y Nuevo Municipalismo" en *Debate Constituyente,* Tomo I, *op. cit.*, pp. 155 a 170; Allan R. Brewer-Carías "El reforzamiento de la forma federal del Estado Venezolano en la Nueva Constitución: Nuevo Federalismo y Nuevo Municipalismo", Ponencia presentada en *The International Conference on Federalism in an Era of Globalization*, Québec, Canadá octubre 1999 (mimeo), 13 pp.

dos por esta Constitución"; fórmula más o menos similar a la del artículo 2 de la Constitución de 1961 que decía que "La República de Venezuela es un Estado federal, en los términos consagrados por esta Constitución". Ahora se ha agregado que la Federación supuestamente es "descentralizada lo cual es contradicho por el propio texto de la Constitución, en cuyo articulado se centralizó aún más al Estado.

En todo caso, "los términos consagrados por la Constitución" son la clave para determinar efectivamente el grado de descentralización del Estado y por tanto de la Federación; y la comparación entre unos y otros "términos" revela un mayor centralismo en el texto de 1999.

En la Constitución de 1999, en efecto y salvo en el nominalismo, no se avanzó mayormente en relación con lo que existía en el texto de 1961, salvo en la constitucionalización parcial de aspectos que ya se habían establecido en la Ley Orgánica de Descentralización, Delimitación y Transferencia de Competencias del Poder Público de 1989[78], la cual podía considerarse como una ley de rango constitucional en lo que se refería a las transferencias de competencias nacionales hacia los Estados.

Pero no hubo los avances y transformaciones necesarias para hacer realidad la descentralización de la Federación. Más bien se retrocedió institucionalmente al eliminarse el Senado, y con ello, el principio de igualdad institucional de los Estados, estableciéndose por primera vez en la historia constitucional de Venezuela una Asamblea Nacional unicameral (art. 186). Además se permitió la posibilidad de establecer limitaciones a la autonomía de los Estados (art. 162) y de los Municipios (art. 168) mediante ley nacional, lo que se configura como una negación de principio, de la idea misma de descentralización política, la cual al contrario tiene que estar basada en el concepto de autonomía territorial.

En consecuencia, la denominación de "Estado Federal Descentralizado" que se incorporó en la Constitución de 1999 para identificar la forma del Estado, viene a ser sólo un avance nominal pero en los términos establecidos en la Constitución, lo que no significó realmente avance alguno, más bien retroceso centralizador, a pesar de que se mantuvieron parcialmente algunas reformas que se realizaron en 1989[79].

Esta contradicción que existe entre la fórmula nominal del "Estado federal descentralizado" y la centralización de la Federación que se ha consagrado en el propio texto constitucional de 1999[80], deriva, en *primer lugar*, del precario ámbito de las competencias estadales cuyo ejercicio, además, se sujeta a lo regulado en la legislación nacional; en *segundo lugar*, de la limitada y limitable autonomía que se consa-

---

78 *G.O.* N° 4153 Extraordinario de 28-12-98. La Ley Orgánica fue reformada en varias ocasiones, la última de las cuales en 2009, a requerimiento expreso de la Sala Constitucional, luego de adoptar una mutación constitucional en cuanto a las competencias en materia de conservación y mantenimiento de puertos y aeropuertos nacionales. Véase en *G.O.*N° 39140 de 17-3-2009.

79 Véase en general Allan R. Brewer-Carías, *Federalismo y Municipalismo en la Constitución de 1999 (Alcance de una reforma insuficiente y regresiva)*, Caracas, 2001.

80 Véase en general, Rafael J. Chavero Gazdik, "La forma de Estado prevista en la Constitución de 1999 (¿Un canto de sirenas?)", en *Revista de Derecho Público*, N° 81 (enero-marzo), Editorial Jurídica Venezolana, Caracas, 2000, pp. 29-39; José Peña Solís, "Aproximación al proceso de descentralización delineado en la Constitución de 1999" en *Estudios de Derecho Público: Libro Homenaje a Humberto J. La Roche Rincón,* Volumen II. Tribunal Supremo de Justicia, Caracas, 2001, pp. 217-282; Ricardo Combellas, *Derecho Constitucional: una introducción al estudio de la Constitución de la República Bolivariana de Venezuela,* Mc Graw Hill, Caracas, 2001, pp. 121 y ss.

gra para los Estados; en *tercer lugar,* de la ausencia de igualdad institucional de los Estados por la eliminación del Senado; en *cuarto lugar*, de la centralización tributaria y la dependencia financiera de los estados; y en *quinto lugar,* de la regulación de las relaciones intergubernamentales como sujeción institucional al poder central[81].

B. *El precario ámbito de las competencias estadales cuyo ejercicio se sujeta a lo que disponga la legislación nacional*

Conforme a la tradición constitucional venezolana, como se ha dicho, la Constitución de 1999 conservó nominalmente la organización del Estado con forma federal, mediante un sistema de distribución del Poder Público en tres niveles: Nacional, Estadal y Municipal, atribuyendo su ejercicio a diversos órganos, y asignando como se ha descrito anteriormente, competencias *exclusivas* en los tres niveles, además de las competencias *concurrentes* entre ellos, y algunas competencias *residuales* y otras *implícitas*.

La reforma constitucional de 1999, cuyo objetivo final debió haber sido perfeccionar la democracia mediante el reforzamiento de la descentralización de la Federación, debió haber revertido la tendencia histórica de los últimos 150 años de reducción y vaciamiento de las competencias de los Estados y, por tanto, asignar más competencias exclusivas a los Estados acordes con las realidades contemporáneas. Una de las formas de fortalecer al Poder Nacional sin duda, era deslastrar a la República de competencias que bien y más eficientemente se pueden cumplir a nivel estadal, al cual también debían ir competencias que históricamente se habían atribuido a los Municipios, las cuales, como estos debían haberse multiplicado con regímenes diferenciados más cerca del ciudadano y de las comunidades, debían ubicarse en el nivel intermedio (estadal) de la descentralización del poder. Sin embargo, en esta materia muy poco se varió del régimen constitucional de 1961, salvo para centralizar más competencias a nivel nacional. En cuanto a las competencias exclusivas de los Estados, como se ha visto, éstas son precarias y su ejercicio está sometido a lo dispuesto en leyes nacionales; en cuanto a las competencias concurrentes, su ejercicio por los Estados sólo podría realizarse si se dictan leyes nacionales; y en cuanto a las competencias residuales, las mismas no sólo se establecieron a favor de los Estados sino también a favor del Poder Nacional, y las de los Estados podrían ser reducidas mediante su asunción por los órganos nacionales en virtud de la interpretación de la cláusula de las competencias implícitas.

a. *Las precarias competencias exclusivas de los Estados y su ejercicio conforme a la ley nacional*

De acuerdo con la enumeración que hemos hecho precedentemente, si se analiza detenidamente el artículo 164 de la Constitución, en contraste con el contenido de los artículos 156 (materias de la competencia del Poder Nacional) y 178 (materias de la competencia municipal), se puede constatar una precaria indicación de competencias que serían exclusivas de los Estados[82], las cuales en general son sólo en forma

81 En general, sobre el federalismo en América Latina, véase Francisco Fernández Segado, "Reflexiones críticas en torno al Federalismo en América Latina", en *El Derecho Público a comienzos del siglo XXI. Estudios homenaje al Profesor Allan R. Brewer-Carías,* Tomo I, Instituto de Derecho Público, UCV, Civitas Ediciones, Madrid, 2003, pp. 585-617.

82 Véase en general, Alfonso Rivas Quintero, *Derecho Constitucional,* Paredes Editores, Valencia-Venezuela, 2002, pp. 331 y ss.

parcial, pues su ejercicio debe realizarse con alguna sujeción a las regulaciones que dicten los órganos del Poder Nacional.

a'. *Las competencias de orden institucional*

Desde el punto de vista institucional, se pueden identificar dos competencias exclusivas de los Estados en cuanto a la organización de sus propios poderes públicos estadales y en cuanto a la organización de sus Municipios.

a''. *La supuesta competencia para la organización de los poderes públicos estadales*

Conforme a la Constitución, los Estados tienen competencia "exclusiva" para organizar sus propios poderes públicos; competencia que sin embargo no es plena, pues ha sido vaciada de contenido por estar sujeta en una u otra forma a la legislación nacional.

En efecto el ordinal 1 del artículo 164 atribuye a los Estado, a través de sus Consejos Legislativos, la potestad de dictar la Constitución del Estado para organizar los poderes públicos. Este sería uno de los signos fundamentales de la autonomía de los Estados, lo que debería implicar la potestad de regular la organización y funcionamiento de los órganos de los Poderes Legislativo (Consejos Legislativos) y Ejecutivo (Gobernación y Administración Pública estadal) de cada Estado, así como de los otros órganos del Poder Público estadal como las Contralorías de los Estados. En cuanto al Poder Judicial, su organización y funcionamiento en Venezuela es de exclusiva competencia nacional.

Sin embargo, como se verá, la realidad constitucional es que las Constituciones de los Estados materialmente dejaron de tener contenido propio, pues su parte orgánica, que es la única que en sentido estricto deberían tener (la parte dogmática de la Constitución sobre los derechos y garantías constitucionales es una competencia nacional), destinada a regular la organización y funcionamiento de los órganos estadales, en definitiva ha sido regulada por leyes nacionales, cuyo contenido es el que en una forma u otra se repite en los textos constitucionales estadales. Entonces, en cuanto a lo que en esta materia institucional sería de la competencia "exclusiva" de los Estados, como se analizará más adelante al comentar la autonomía limitada de los mismos, la Constitución sujeta su ejercicio a la legislación nacional o directamente atribuye al Poder Nacional su regulación, como ocurre respecto de la organización y funcionamiento de los Consejos Legislativos estadales que está normada en la Ley nacional de los Consejos Legislativos de los Estados; respecto de la Administración Pública y de la función pública estadal, , sujeta a la ley nacional Orgánica de la Administración Pública; y respecto de la designación de los Contralores de los Estados, con la aprobación del Contralor General de la República.

b''. *La organización de los Municipios sujeta a la ley nacional*

El artículo 162 de la Constitución también atribuye a los Estados, competencia "exclusiva" para organizar los Municipios y demás entidades locales que se establezcan en el territorio de cada Estado así como su división política territorial, pero ello conforme a la Constitución y a la ley; y es el artículo 169 de la Constitución, el que dispone que la organización de los Municipios y demás entidades locales se debe regir por la Constitución, por las normas que para desarrollar los principios constitucionales establezcan las *leyes orgánicas nacionales* y por las disposiciones legales que de conformidad con aquellas dicten los Estados.

Se establece, así, un orden jerárquico de las fuentes legales que rigen respecto de la organización de los Municipios conforme a lo cual las leyes estadales que se dicten en esta materia están sujetas a lo que establezca una ley orgánica nacional; e incluso, como antes se ha dicho, según el criterio de la Sala Constitucional del Tribunal Supremo, sólo después que se dicte la ley nacional es que los Estados podrían ejercer su competencia en relación con la organización de sus Municipios.

b'. *Las materias de la competencia exclusiva de los Estados*

La Constitución establece una larga enumeración de materias de la competencia exclusiva de los órganos del Poder Nacional (art. 156) y de los órganos del Poder Municipal (art. 178); en contraste con una exigua enumeración de materias que serían de la competencia exclusiva de los Estados, enumeradas en el artículo 164 de la Constitución, y relativas a los servicios públicos estadales, la policía estadal y la fijación del ámbito de la policía municipal; la explotación de algunos bienes y recursos; y la materia de infraestructura, básicamente vial y de transporte.

Estas, en realidad, pueden considerarse materias de la competencia exclusiva parcial, pues en muchos aspectos de las mismas materias, se asignan competencias a otros órganos del Poder Público.

a''. *Las competencias en materia de servicios públicos*

El artículo 164,8 de la Constitución atribuye a los Estados competencia "exclusiva" en materia de "creación, régimen y organización de los servicios públicos estadales". Sin embargo, ninguna norma constitucional atribuye a los Estados servicio público específico alguna, por lo que esta materia, en realidad se está en presencia de una materia de la competencia concurrente con otros niveles del Poder Público, como las referidas a los servicios de salud, educativos o de deportes por ejemplo, cuyo ejercicio, en todo caso, requeriría la sanción previa de leyes de bases por el Poder Nacional.

b''. *La competencia en materia de policía estadal y de fijación del ámbito de la policía municipal.*

Los Estados tienen como materia de la competencia exclusiva "La organización de la policía y la determinación de las ramas de este servicio atribuidas a la competencia municipal, conforme a la legislación nacional aplicable" (art. 164,6).

Esta competencia exclusiva, sin embargo, como lo dispone la norma, debe ejercerse por los Estados "conforme a la legislación nacional aplicable", lo que implica una sujeción al régimen general de la policía que establezca el Poder Nacional.

La policía, en efecto, es una materia que la Constitución distribuye como competencia en los tres niveles de gobierno: El Poder Nacional tiene competencia exclusiva en materia de "policía nacional" (art. 156,6), correspondiendo al Ejecutivo Nacional organizar, de conformidad con la ley, un cuerpo uniformado de policía nacional (art. 332); y el Poder Municipal tiene competencia exclusiva, "en cuanto concierne a la vida local", en materia de "prevención y protección vecinal y servicios de policía municipal, conforme a la legislación nacional aplicable" (art. 178,7).

c''. *Las competencias en materia de explotación de bienes y recursos*

La Constitución atribuye a los Estados competencia exclusiva en materia de explotación de minerales no metálicos, salinas y ostrales, y de la administración de las tierras baldías.

En cuanto al régimen y aprovechamiento de los minerales no metálicos y las salinas, el artículo 164,5 de la Constitución asigna competencia a los Estados en cuanto al "régimen y aprovechamiento de minerales no metálicos, no reservados al Poder Nacional, las salinas, ostrales ..., de conformidad con la ley". Esta materia de la competencia exclusiva se había transferido a los Estados por el art. 11,2 de la Ley Orgánica de Descentralización, Delimitación y Transferencia de Competencias del Poder Público de 1989[83].

Ahora bien, en cuanto a su ejercicio, este debe realizarse "de conformidad con la ley", es decir, sujeto al régimen general que la Asamblea Nacional establezca en relación con "las minas e hidrocarburos... y otras riquezas naturales del país" (art. 156,16); particularmente, conforme a la competencia general del Poder Nacional respecto de "la conservación, fomento y aprovechamiento de los bosques, suelos, aguas y otras riquezas naturales del país" (art. 156,16).

En cuanto a la administración de las tierras baldías que son las que al no tener dueño conforme al Código Civil, son de la titularidad de los Estados, el artículo 164,5 de la Constitución la asigna a estos como competencia "exclusiva". Esta competencia, sin embargo, debe ejercerse conforme al régimen de las tierras baldías que establezca el Poder Nacional (art. 156,16). Además, conforme a la Disposición Transitoria Décimo Primera de la Constitución, "hasta tanto se dicte la legislación nacional relativa al régimen de las tierras baldías, la administración de las mismas continuará siendo ejercida por el Poder Nacional, conforme a la legislación vigente".

d''. *Las competencias en materia de infraestructura*

La Constitución asigna a los Estados competencia exclusiva en una serie de materias vinculadas a la infraestructura, particularmente en materia de obras públicas, vialidad y transporte acuático y aéreo.

En efecto, en materia de obras públicas estadales puede decirse que al atribuirse al Poder Nacional competencia exclusiva en materia de obras públicas nacionales (art. 156,20), corresponde entonces a los Estados la competencia exclusiva en materia de obras públicas estadales.

En materia de vialidad estadal, la Constitución atribuye a los Estados competencia exclusiva en materia de "ejecución, conservación, administración y aprovechamiento de las vías terrestres estadales" (art. 164,9). Estas serían "las que conforman la red vial dentro del territorio de cada Estado, con exclusión de las vías de comunicación nacionales que se encuentren en el mismo y de las vías urbanas municipales", tal como las definió el artículo 6 del Reglamento Parcial N° 7 de la Ley Orgánica de Descentralización, Delimitación y Transferencia de Competencias del Poder Público en materia de vialidad terrestre de 1993[84]; siendo vías de comunicación nacionales, "las carreteras que atraviesan un Estado y salgan de sus límites" (art. 4,1).

---

83 Véase en *G.O.* N° 4.153 Extraordinaria de 28-12-98.

84 Véase en *G.O.* N° 35.327 de 28-10-93.

La precisión del ámbito de la materia objeto de esta competencia exclusiva es esencial, ya que el artículo 156 asigna al Poder Nacional competencia en cuanto al "Sistema de vialidad y de ferrocarriles nacionales" (ord. 27); y el artículo 178,2 atribuye a los Municipios competencia en materia de "vialidad urbana".

Además, los Estados tienen competencia en cuanto a la administración de la vialidad nacional siguiendo la decisión descentralizadora adoptada por la Ley Orgánica de Descentralización, Delimitación y Transferencia de Competencias del Poder Público de 1989 (art. 11,3). En efecto, el artículo 164,10 de la Constitución asigna competencia exclusiva a los Estados en materia de "conservación, administración y aprovechamiento de carreteras y autopistas nacionales... en coordinación con el Poder Nacional".

Esta competencia no sólo está sujeta al ejercicio de la competencia nacional en materia de "sistema de vialidad y ferrocarriles nacionales" (art. 156,27) sino a "la coordinación con el Poder Nacional" que éste debe regular.

En cuanto a la administración de puertos y aeropuertos comerciales, la Constitución, siguiendo también la descentralización de competencias efectuada a favor de los Estados por el artículo 11,5 de la Ley Orgánica de Descentralización, Delimitación y Transferencia de Competencias del Poder Público, asigna competencia exclusiva a los Estados en materia de "conservación, administración y aprovechamiento de... puertos y aeropuertos de uso comercial, en coordinación con el Poder Nacional" (art. 164,10). En esta materia, sin embargo, la competencia estadal también es de ejercicio parcial, pues el Poder Nacional tiene competencia en materia de "El régimen de... los puertos, aeropuertos y su infraestructura" (art. 156,26) y en todo caso, la competencia estadal debe ejercerse "en coordinación con el Poder Nacional" conforme al régimen establecido en la legislación nacional.

Sin embargo, como hemos señalado, la Sala Constitucional del Tribunal Supremo de Justicia, mediante sentencia N° 565 de 15 de abril de 2008,[85] dictada con motivo de decidir un recurso autónomo de interpretación de dicho artículo formulado por el Procurador General de la República, decidió modificar el contenido de esta norma constitucional y dispuso, como interpretación vinculante de la misma, que esa "competencia exclusiva" no era tal, sino más bien una competencia concurrente y que, incluso, el Poder Nacional puede revertirla a su favor eliminando toda competencia de los Estados

c. *Las competencias concurrentes y su ejercicio con sujeción a la ley nacional*

Además de las competencias exclusivas de cada nivel territorial, debe señalarse que la gran mayoría de las materias referidas a las competencias "exclusivas" que en los artículos 156, 164 y 178 se distribuyen entre los tres niveles territoriales del Poder Público, resultan ser en realidad materias de la competencia concurrente entre la

---

85 *Cfr.* Sentencia de la Sala Constitucional n° 565 , caso *Procuradora General de la República*, recurso de interpretación del artículo 164.10 de la Constitución de 1999 de fecha 15 de Abril de 2008, en http://www.tsj.gov.ve/decisiones/scon/Abril/565-150408-07-1108.htm. Véase los comentarios sobre esta sentencia, en Allan R. Brewer-Carías, "La Sala Constitucional como poder constituyente: la modificación de la forma federal del estado y del sistema constitucional de división territorial del poder público, en *Revista de Derecho Público*, N° 114, (abril-junio 2008), Editorial Jurídica Venezolana, Caracas 2008, pp. 247-262

República, los Estados y los Municipios, o entre la República y los Municipios o entre la República y los Estados.

Entre estas materias que por ser de competencia concurrente corresponden también a los Estados, se pueden identificar en la Constitución algunas relativas a la protección ciudadana, es decir, policía y administración de riesgos (art. 55); al desarrollo económico, como las relativas a la ordenación y promoción del desarrollo económico y social (arts. 112, 299, 308, 309 y 310), a la promoción del desarrollo rural y seguridad alimentaria (art. 305, 306 y 307), y a la ciencia y tecnología (art. 110); al desarrollo social, como la asistencia y protección social (arts. 75 a 81), la salud (arts. 83, 84 y 85), la vivienda (art. 82), la educación (art. 102 a 109), la cultura y el patrimonio histórico (art. 98 a 191), el deporte (art. 111), la protección y atención a los pueblos; y la protección del trabajo (arts. 87 y ss.); y a la infraestructura y desarrollo físico, como la ordenación del territorio (art. 128), y el ambiente (arts. 127 a 129).

Sin embargo, aparte de que en la mayoría de estas materias se atribuye expresamente al Poder Nacional la competencia para dictar la legislación correspondiente, las mismas no pueden ejercerse por los Estados sino siempre con sujeción a lo que disponga la ley nacional que se dicte. En efecto, conforme al artículo 165 de la Constitución, todas estas materias deben ser reguladas mediante *leyes de bases* dictadas por el Poder Nacional, lo que conduce a un condicionamiento excesivo por parte de los órganos nacionales respecto de los otros niveles territoriales; y además, por leyes de desarrollo sancionadas por los Consejos Legislativos de los Estados.

Sobre esas "leyes de bases", las cuales constituyen una novedad en el constitucionalismo venezolano, la Exposición de Motivos de la Constitución que se elaboró *ex post facto,* ha indicado lo siguiente:

> En cuanto a las competencias concurrentes se adopta la experiencia de derecho comparado en materia de descentralización y se asume que las leyes nacionales tienen la naturaleza de leyes bases, en las que se establecen conceptos generales, básicos y orientadores; y las leyes estadales son leyes de desarrollo de esos principios básicos, lo que permitirá mejores condiciones para la delimitación de competencias[86].

Esta "explicación" en realidad, lo que pone de manifiesto es la inadecuada traslación de una figura desarrollada en la experiencia de Estados unitarios descentralizados, como España con sus Comunidades Autónomas, totalmente extrañas a lo que debería ser una Federación. En todo caso, cuando se dicten leyes de bases por el Poder Nacional, la Asamblea Nacional obligatoriamente debe someterlas a consulta de los Estados, a través de los Consejos Legislativos (art. 206). Los Consejos Legislativos de los Estados también pueden tener la iniciativa legislativa, ante la Asamblea Nacional, respecto de las leyes relativas a los Estados (art. 204,8).

d. *Las competencias residuales no sólo estadales sino nacionales y la amplitud desmesurada de la cláusula de competencias implícitas*

Conforme a la tradición de los sistemas federales, los Estados tienen competencia en todo lo que no corresponda de conformidad con la Constitución a la compe-

86 *G.O.* Nº 5453 de 24-03-2000.

tencia nacional o municipal (art. 164,11). Es lo que se denomina la competencia residual de los Estados.

Sin embargo, en virtud de la competencia implícita establecida a favor del Poder Nacional en el artículo 156,33 de la Constitución, el residuo a favor de los Estados puede resultar aún más exiguo y dependiente del Poder Nacional. Dicha norma, en efecto, atribuye al Poder Nacional competencia en toda otra materia que la Constitución atribuya al Poder Público Nacional, o que "le corresponda por su índole o naturaleza". Con ello, cualquiera de las materias de la competencia residual de los Estados podría ser centralizada sin límite alguno.

Además, como excepcionalmente ocurrió en la Constitución centralista y autoritaria de 1953, la Constitución de 1999 también estableció una competencia residual a favor del Poder Nacional, aun cuando reducida a la materia tributaria, al asignarle competencia en materia de impuestos, tasas y rentas "no atribuidos a los Estados y Municipios" por la Constitución y la ley (art. 156,12).

En consecuencia, en la Constitución de 1999 se estableció una doble competencia residual: a favor del Poder Nacional en materia tributaria; y el resto, a favor de los Estados.

C. *La limitada y limitable autonomía de los Estados*

En un Estado federal o en todo sistema de distribución política territorial del Poder Público, la Constitución es la que establece la garantía de la autonomía de los Estados miembros y, por tanto, sus límites. Esta autonomía político territorial, implica no sólo autonomía política (elección democrática de sus autoridades), sino además, autonomía organizativa (organización de sus Poderes Públicos al dictar su Constitución), autonomía administrativa (inversión de sus ingresos), autonomía jurídica (no-revisión de sus actos sino por los tribunales), autonomía normativa (regulación legislativa de las materias de la competencia de la entidad) y autonomía tributaria (creación, administración y control de sus tributos); y, en todo caso, que sus límites sólo deberían ser los establecidos en la propia Constitución como garantía de dicha autonomía, razón por la cual la ley nacional, en principio, no debería regular las materias de la competencia exclusiva de los Estados. La Constitución de 1999, sin embargo, en esta materia sólo dispone que los Estados son "entidades políticas autónomas en lo político" (art. 159).

En todo caso, esta autonomía territorial implica, además, que en el ejercicio de sus respectivas competencias las entidades político territoriales no deberían estar sujetas a relación jerárquica ni a sujeción alguna entre ellas, ni de orden legislativa ni ejecutiva, conforme a lo que garantice la Constitución, salvo las excepciones que expresamente se establezcan en el texto fundamental.

Conforme a la orientación que tenía el texto constitucional de 1961, la Constitución de 1999 establece los principios generales de la organización del Poder Público Estadal, conforme al principio de separación orgánica en dos Poderes: el Poder Legislativo, a cargo de los Consejos Legislativos Estadales cuyos miembros son electos por votación popular directa y secreta; y el Poder Ejecutivo, a cargo de los Gobernadores, cuya elección se estableció a partir de 1989. Además en la Constitución se prevé un órgano del Poder Público estadal con autonomía funcional, que es la Contraloría del Estado, la cual puede ser configurada como Poder Contralor.

a. *Las limitaciones a la autonomía organizativa respecto de la organización y funcionamiento de los Consejos Legislativos*

En cuanto al Poder Legislativo estadal, este se ejerce en cada Estado por un Consejo Legislativo conformado por un número no mayor de 15 ni menor de 7 integrantes, quienes proporcionalmente deben representar a la población del Estado y a los Municipios (art. 162).

El régimen de la organización y funcionamiento de los Consejos Legislativos, por supuesto, debería ser objeto de regulación en las Constituciones que los Estados pueden dictar conforme lo indica la Constitución Nacional como parte de la organización de sus poderes públicos (art. 164,1), y como consecuencia de la autonomía organizativa de los estados. A pesar de ello, sin embargo, ha sido la propia Constitución de 1999 la que ha limitado esta autonomía al establecer que una *ley nacional* puede regular "la organización y funcionamiento" de uno de los poderes públicos estadales, como son los Consejos Legislativos Estadales (art. 162).

Se trata, sin duda, de una limitación desusada y absolutamente inconveniente, ya que esa materia a la vez se declara como de la competencia exclusiva de los Estados a ser regulada en sus respectivas Constituciones (art. 164, Ord. 1).

En ejecución de la norma constitucional, sin embargo, la Asamblea Nacional dictó en 2001 la Ley Orgánica de los Consejos Legislativos de los Estados[87] contentiva de 50 artículos en los cuales se han regulado, en detalle, no sólo las bases y principios del régimen de organización y funcionamiento de los Consejos Legislativos de los Estados, sino las regulaciones referidas a los Legisladores; y más aún, las atribuciones de los Consejos Legislativos y los principios generales para el ejercicio de la función legislativa (art. 1), con lo cual la Asamblea Nacional se excedió incluso respecto de lo autorizado excepcionalmente en la Constitución.

En cuanto a los miembros de los Consejos, la Ley Organiza detalla su denominación como legisladores (art. 3); sus condiciones de elegibilidad igual que para los diputados nacionales (art. 4); sus deberes (art. 5); las incompatibilidades de los mismos, similares a las previstas en la Constitución para los diputados nacionales (art. 6); su dedicación exclusiva definida como el deber que tiene el legislador de estar en todo momento a disposición de la institución parlamentaria estadal sin poder excusar el cumplimiento de sus deberes por el ejercicio de actividades públicas o privadas (art. 7); los derechos de los Legisladores (art. 8); su inmunidad en el ejercicio de sus funciones, correspondiendo al Tribunal Supremo de Justicia autorizar su enjuiciamiento (art. 9, 10); el carácter de la representación de los Legisladores (art. 11); su remuneración (art. 122) y el régimen de su jubilación (art. 14).

En cuanto a las atribuciones de los Consejos, la Ley Orgánica las regula en materia de sanción de la Constitución y leyes estadales; participación en la designación, juramentación y destitución del Contralor del Estado; ejercicio de control parlamentario de la Administración Pública Estadal, evaluación de la gestión del Gobernador; autorización de créditos adicionales a los presupuestos estadales; aprobación de las líneas generales del plan de desarrollo del Estado; solicitud de remoción, destitución o retiro del Secretario General de Gobierno, y de los directores generales sectoriales que en el ejercicio de sus funciones violen o menoscaben los derechos constitucio-

---

87 *G.O.* Nº 37.282 del 13 de septiembre de 2001.

nales o causen perjuicio patrimonial a la administración o a los particulares; autorización al Gobernador del Estado el nombramiento del Procurador General del Estado; autorización de la salida del Gobernador del Estado del espacio geográfico venezolano cuando su ausencia se prolongue por un lapso superior a cinco días consecutivos; sanción de su Reglamento interno de organización; aprobación de su presupuesto de gastos; autorización al Ejecutivo Estadal para enajenar bienes muebles e inmuebles; designación de su representante ante el Consejo de Planificación de Políticas Públicas (art. 15); y sanción de su Reglamento Interior y de Debates, con indicación precisa de su contenido para tratar "en lo posible de fijar su organización bajo parámetros de homogeneidad con los Consejos Legislativos de los demás Estados" (art. 19).

En cuanto a la organización de los Consejos Legislativos, La ley Orgánica nacional regula la sede en la cual deben realizarse las sesiones (Capital del Estado) (art. 2); el presupuesto anual de los Consejos (art. 13); su instalación (art. 17); los períodos de sesiones (art. 18); las sesiones extraordinarias (art. 19); la Junta Directiva y su integración (art. 20), sus atribuciones (art. 21); las del Presidente (art. 22), del Vicepresidente (art. 23); y la Secretaría (arts. 23, 24, 25)

En cuanto al funcionamiento de los Consejos Legislativos de los Estados, la Ley Orgánica regula en detalle las comisiones y sus formas de funcionamiento (art. 27); las comisiones permanentes (art. 28), su número no mayor de siete (art. 29), su creación y supresión (art. 30); las comisiones especiales (art. 31); los grupos parlamentarios de opinión (art. 32); la Comisión Delegada (art. 33), y sus atribuciones (art. 34).

Como puede apreciarse, en la Ley nacional no sólo se reguló con todo detállelo relativo a la organización y funcionamiento de los Consejos Legislativos, sino el régimen de sus miembros y sus atribuciones, lo cual no está autorizado en la Constitución. Además, también se regula sin autorización constitucional alguna el procedimiento de formación de las leyes estadales. Con una regulación tan completa nada tiene que agregar las Constituciones de los Estados, las cuales en esta materia carecerían de objeto.

b. *Las limitaciones al ejercicio de las funciones legislativas y de control por parte de los Consejos Legislativos*

La Constitución asigna a los Consejos Legislativos de los Estados competencia exclusiva para legislar sobre las materias de la competencia estadal (art. 162, 1), sin embargo, ello está limitado en el propio texto constitucional.

Por ejemplo, en materia de tributos, como se verá, en la Constitución no sólo se ha dejado la materia a una legislación nacional futura, (art. 167, 5), sino que en definitiva el Poder Nacional es el llamado a regular el ejercicio de la potestad tributaria estadal (art. 156, 13).

En cuanto a las competencias, las que son de carácter concurrente, como se ha dicho, sólo pueden ejercerse por los Estados conforme a las "leyes de base" que dicte el Poder Nacional (art. 165); y en los otros casos de competencias exclusivas también están sujetos a lo establecido en la ley nacional, como sucede en materia de policía estadal que sólo puede ejercer conforme a la legislación *nacional* aplicable (art. 164, ord. 6).

Pero además, como se indicó, la Asamblea Nacional, sin tener autorización constitucional alguna para regular el ejercicio de la función legislativa por parte de los Consejos Legislativos de los Estados, en la *Ley Orgánica de los Consejos Legislativos de los Estados* de 2001, estableció con todo detalle todo el procedimiento para la formación de las leyes estadales, lo que debía ser regulado en las Constituciones de los Estados.

En dicha regulación sobre la función legislativa se especificó las clases de leyes que pueden dictar los Consejos Legislativos (art. 35); el proceso de su formación y las discusiones requeridas (art. 37); la iniciativa legislativa (art. 38); los mecanismos de consulta a los Municipios y la sociedad civil (art. 39); y los Acuerdos (art. 40). Todas estas normas debían haberse regulado en las Constituciones estadales, constituyendo una usurpación la regulación que ha hecho la Asamblea Nacional.

Lo mismo puede decirse respecto de las funciones de control que constitucionalmente se atribuyen a los Consejos Legislativos y cuyo ejercicio ha sido también regulado por la *Ley Orgánica de los Consejos Legislativos* de 2001, lo que constituye otra limitación no autorizada constitucionalmente a la autonomía de los Estados. En efecto, en dicha Ley se han regulado los mecanismos de control: las interpelaciones, las investigaciones, las preguntas, las autorizaciones y las aprobaciones parlamentarias y la declaración de la responsabilidad política de los funcionarios (art. 41); la obligación de comparecencia de los funcionarios públicos estadales (art. 42); y las invitaciones a funcionarios públicos nacionales (art. 43).

La limitación efectuada por el Poder Nacional a los poderes estadales mediante la referida Ley Orgánica, llegó al extremo de la intervención contenida en el artículo 48 de la misma, en el cual se obliga a los Consejos Legislativos de los Estados en un breve término a "ajustar" sus Constituciones a los términos establecidos en la Ley. La verdad es que con las regulaciones de dicha Ley Orgánica muy poco o nada quedaría por regular en las Constituciones de los Estados, salvo repeticiones normativas. En todo caso, todo lo anterior lo que hace es configurar una autonomía limitada del Poder Legislativo estadal, lo que es lo mismo que una descentralización más nominal que real.

c. *La limitación a la autonomía organizativa en cuanto al régimen de la organización y funcionamiento del Poder Ejecutivo estadal y de la Administración Pública de los Estados.*

El régimen general de organización y funcionamiento de las Gobernaciones de Estado, está establecido en los artículos constitucionales 161 y 162, y su contenido debía haber sido objeto de desarrollo legislativo en las Constituciones de los Estados y en las leyes de la Administración Estadal. Sin embargo, la Constitución de 1999, en lo que se puede considerar como una innovación respecto de la tradición constitucional precedente, establece directamente un conjunto de regulaciones relativas a la Administración Pública, que se aplican por igual a los tres niveles territoriales de gobierno (arts. 141 y ss.), las cuales, por tanto, escapan de la posibilidad de regulación por los Consejos Legislativos estadales en las Constituciones estadales.

Aparte de algunos principios generales sobre principios de la actividad administrativa (art. 141), creación de institutos autónomos, control del Estado sobre las entidades públicas (art. 142), y derecho ciudadano a la información administrativa (art. 243 y 156,32) que rigen por igual respecto de los entes nacionales, estadales y municipales; la Constitución regula directamente en sus artículos 144 a 148 el régimen de la función pública, el cual se aplica tanto a la Administración Pública Nacional como a las Administraciones Públicas Estadal y a Municipal.

En ejecución de esta norma constitucional la Asamblea nacional sancionó la Ley del Estatuto de la Función Pública[88] con el objeto de regir las relaciones de empleo público entre los funcionarios públicos y "las administraciones públicas nacionales, estadales y municipales", lo que comprende tanto el sistema de dirección y de gestión de la función pública y la articulación de las carreras públicas, como el sistema de administración de personal (art. 1); indicando expresamente que "las normas que se refieren en general a la Administración Pública, o expresamente a los Estados y Municipios, serán de obligatorio cumplimiento por éstos" (art. 2). La regulación del régimen de los funcionarios públicos estadales, por tanto, dejó de ser competencia de los Estados y fue centralizada en el ámbito nacional.

La Ley nacional, por tanto, es la que establece la competencia de los Gobernadores para ejercer la dirección y gestión de la función pública en los Estados (arts. 4 y 5, 3); la competencia de las oficinas de planificación de los Estados en materia de planes de personal (art. 14, único) y de registro de funcionarios públicos estadales (art. 9, único), y la competencia de las oficinas de recursos humanos de los Estados (art. 10, único). Se reguló también nacionalmente el régimen del sistema de administración de personal que abarca la selección, el ascenso, la clasificación de cargos, las remuneraciones, la evaluación, la capacitación, la jornada de servicio, las situaciones administrativas, el retiro y el reingreso (arts. 40 a 78).

En la Ley nacional, por otra parte, se regulan las condiciones generales para ejercer cargos en la Administración estadal (art. 17); los funcionarios de carrera (art. 19) y de libre nombramiento y remoción (art. 20) de los Estados; los derechos (arts. 22 a 32) y los deberes de los funcionarios públicos estadales (arts. 33 y 34); las incompatibilidades (arts. 35 y 36); el régimen del personal contratado (art. 37), y las responsabilidades y el régimen disciplinario (arts. 79 a 89).

Además, en esta materia relativa al régimen del personal delos Estados, se reserva al Poder Nacional la potestad, mediante "ley orgánica", para fijar los límites a los emolumentos de los funcionarios públicos estadales (art. 147); y para mediante "ley nacional" establecer el régimen de jubilaciones y pensiones para los funcionarios públicos estadales.

En cuanto a los emolumentos de los funcionarios estadales, la Asamblea Nacional había sancionado la Ley Orgánica de Emolumentos para Altos Funcionarios y Funcionarias de los Estados y Municipios de 2002[89] en la cual se fijaron los límites máximos y mínimos de los emolumentos que devenguen los Gobernadores, los Legisladores de los Consejos Legislativos y demás altos funcionarios de la administración pública estadal, considerando como nulas y sujetas a repetición las remuneraciones percibidas fuera de los límites establecidos directamente en la Ley (arts. 4 a 10). La Ley nacional, además estableció la obligación de las administraciones públicas estadales de ajustar sus presupuestos a lo establecido en la Ley (art. 12).

---

88 *G.O.* N° 37.522 del 6 de septiembre de 2002.

89 *G.O.* N° 37.412 del 26 de marzo de 2002.

En esta forma, el poder legislativo estadal ha sido vaciado por la Constitución y la ley nacional.

d. *Las limitaciones a la potestad organizativa del Poder Ciudadano estadal (Contralorías de los Estados)*

De acuerdo con la Constitución, en el nivel nacional del Estado Federal, es decir, el Poder Nacional, se divide en cinco ramas: Legislativo, Ejecutivo, Judicial, Ciudadano y Electoral (art. 136). En esta forma, la Constitución de 1999 les asignó el carácter de ramas del Poder Público Nacional, como Poder Ciudadano y Poder Electoral, a los órganos estadales que conforme a la Constitución de 1961 eran *órganos con autonomía funcional,* que ejercían el Poder Nacional, pero que no estaban integrados en los órganos del Poder Legislativo, del Poder Ejecutivo o del Poder Judicial.

En el nivel estadal, la situación de los órganos de control del Poder Público estadal ha sido similar a la indicada anteriormente. En efecto, las Contralorías estadales siempre han existido como órganos que han ejercido el Poder Estadal pero con autonomía funcional, en el sentido de que han sido órganos que no dependían ni de las Asambleas Legislativas o Concejos Municipales ni de los Gobernadores o Alcaldes, respectivamente.

La Constitución de 1999 puede decirse que siguió con esta tradición, aún cuando en el nivel estadal no dividió el Poder Público en cinco. En los Estados, en particular, se continuó con una organización bipartita del Poder Estadal: el Poder Legislativo (art. 162) que se ejerce por los Consejos Legislativos Estadales y el Poder Ejecutivo (art. 160) que se ejerce por los Gobernadores de Estado. Pero la división bipartita del Poder Estadal no excluye que deba haber órganos del Poder Estadal, que no ejercen ni el Poder *Ejecutivo* Estadal ni el Poder *Legislativo* Estadal, y que gozan de autonomía, como son precisamente las Contralorías Estadales reguladas expresamente en la Constitución (art. 163). En las Constituciones estadales, además, podrían crearse otros órganos con autonomía funcional que ejercen el Poder Público Estadal, como en algunos Estados existen, por ejemplo, el Defensor del Pueblo, particularmente frente al gobierno y administración pública estadales.

Ahora bien, como se ha dicho, los Estados tienen constitucionalmente competencia para "dictar su Constitución para organizar los poderes públicos, de conformidad con lo dispuesto en la Constitución" (art. 164,1). Por tanto, es competencia *exclusiva* de los Estados, a través de sus Consejos Legislativos mediante la sanción de la Constitución estadal, no sólo organizar los respectivos Consejos Legislativos y la Gobernación de los Estados, lo que como se ha visto ha sido limitado por la propia Constitución y por Leyes nacionales; sino también a las Contralorías Estadales y a los demás órganos de los poderes públicos estadales, con la única limitación de que ello deben hacerlo "de conformidad con lo dispuesto en la Constitución". Conforme al artículo 163 del Texto Fundamental la Constitución de cada Estado y la legislación estadal complementaria son las que deberían regular a las Contralorías estadales conforme a los principios que establece la Constitución.

En cuanto a los Contralores de los Estado, la Constitución sólo dispone que las condiciones para el ejercicio de sus cargos son las determinadas por la ley; la cual sólo debía ser la ley del Estado, es decir, la que se dicte por el Consejo Legislativo, en la cual es que debería garantizarse la idoneidad e independencia del Contralor estadal, así como la neutralidad en su designación, la cual, en todo caso, debe realizarse mediante concurso público (art. 163).

Sin embargo, aquí también se produjo una intolerable y no autorizada limitación a la autonomía organizativa de los Estados, al dictarse por la Asamblea Nacional la Ley para la Designación y Destitución del Contralor o Contralora del Estado de 2001[90], con el objeto de establecer los conceptos y procedimientos generales, básicos y orientadores que regulan el proceso de designación y destitución del Contralor (art. 1).

La Ley, en definitiva, tuvo por objeto limitar la autonomía de los Consejos Legislativos al atribuirse a un Jurado Calificador la competencia para seleccionar al Contralor, el cual una vez seleccionado debía ser designado por el Consejo. A tal efecto, la Ley precisó que la designación correspondía al Consejo Legislativo estadal mediante concurso público (art. 2), el cual debía garantizar la imparcialidad, publicidad y participación de la ciudadanía en el proceso mediante la conformación y juramentación del Jurado Calificador, el cual debía actuar ad honoren (art. 3).

La Ley atribuye además al Contralor General de la República, competencia para establecer el baremo que debe regir el concurso (art. 20); regulando los criterios de evaluación y puntuación (art. 23); la preclasificación mediante la elaboración de una lista máxima de los diez que reúnan la mayor puntuación (art. 24); y la entrevista (art. 26). El Jurado Calificador debe oficiar al Consejo Legislativo Estadal, el nombre y apellido del concursante seleccionado para la designación como Contralor del Estado (art. 27), para su designación por el mismo (art. 28).

En cuanto a la destitución de Contralor del Estado, la Ley también regula las causales (art. 30), y atribuye a la Contraloría General de la República a solicitud del Consejo Legislativo Estadal, la competencia para proceder a la instrucción del expediente respectivo, el cual una vez instruido se debe remitir al Consejo Legislativo estadal para su consideración (art. 29), pudiendo destituir al Contralor con el voto de las dos terceras partes de sus miembros (art. 31), en cuyo caso se debe proceder a convocar un nuevo concurso (art. 32).

Dicha Ley, como se señaló constituye una abierta violación nacional a la autonomía de los Estados, los cuales tienen competencia constitucional a través del órgano legislativo (Consejo Legislativo Estadal), para dictar sus propias Constituciones para organizar los poderes públicos estadales (incluida la Contraloría estadal) o para dictar la Ley de la Contraloría del Estado; y regular por tanto, tanto la organización y funcionamiento de la Contraloría Estadal como órgano con autonomía orgánica y funcional y la idoneidad e independencia del Contralor, como la forma de su designación mediante concurso público, que garantice la neutralidad de la designación. Conforme a la Constitución, ninguna "ley nacional" podía constitucionalmente dictarse en estas materias, lo cual ha sido ignorado por la Asamblea Nacional en su afán uniformista y centralista.

e. *La limitación a la potestad organizativa relativa a los Consejos de Planificación y Coordinación de Políticas Públicas*

Como se dijo, en cada Estado, y conforme al artículo 166 de la Constitución que sigue la orientación de las reformas descentralizadoras, debe crearse un Consejo de

90 *G.O.* N° 37.303 del 15 de octubre de 2001.

Planificación y Coordinación de Políticas Públicas, presidido por el Gobernador e integrado por los Alcaldes, los directores estadales de los Ministerios y una representación de los Legisladores elegidos por el Estado a la Asamblea Nacional, del Consejo Legislativo, de los Concejales y de las comunidades organizadas, incluyendo las indígenas donde las hubiere.

Este Consejo debe funcionar y debe organizarse de acuerdo con lo que determine la ley, la cual también debía ser la que dictase cada Consejo Legislativo Estadal. No tiene fundamento constitucional alguno pretender que esa "ley" pudiera ser una ley nacional, lo cual sería contrario a la distribución vertical del Poder Público que regula el artículo 136 de la Constitución.

Sin embargo, en este caso la Asamblea Nacional también ha dictado al Ley de los Consejos Estadales de Planificación y Coordinación de Políticas Públicas de 2002[91], reformada en 2010,[92] con el objeto de crear, organizar y establecer las competencias del Consejo Estadal de Planificación y Coordinación de Políticas Públicas que debe funcionar en cada Estado, como órgano rector de la planificación de las políticas públicas, a los fines de promover el desarrollo armónico, equilibrado y sustentable (art. 1).

La Ley reguló con todo detalle los principios (art. 2), los lineamientos (art. 3) y el marco de referencia (art. 4) que deben seguir los Consejos Estadales de Planificación y Coordinación de Políticas Públicas en el cumplimiento de sus funciones; además de la organización de los mismos, en cuanto a su sede (art. 5), composición (art. 6), instalación (art. 7), elección y mandato de los representantes (art. 8), competencias y funcionamiento (art. 9), quórum (art. 11), toma de decisiones (art. 12), sesiones (art. 13), apoyo institucional de la Gobernación (art. 15), cooperación con otros órganos de planificación (arts. 16 a 18), financiación y el control (arts. 19 y 20) y las sanciones (art. 21).

Como puede apreciarse, en esta materia, de nuevo, se produjo un vaciamiento no autorizado de las competencias legislativas de los Estados, lesionándose su autonomía.

D. *La ausencia de igualdad institucional de los Estados por la eliminación del Senado*

El establecimiento de la forma de Estado Federal con efectiva descentralización política, como sucede en todos los países desarrollados y descentralizados del mundo, exigía que se conservara la estructura del órgano legislativo nacional con dos Cámaras, una de las cuales (normalmente, el Senado) fuera el instrumento de participación política igualitaria de las entidades territoriales en la definición de las políticas nacionales. Con voto igual en una Cámara Federal es que podría hablarse de igualdad de los Estados (art. 159).

Por ello estimamos que resultaba necesario e indispensable, que en la Constitución de 1999 y como consecuencia de la reafirmación de la forma federal del Estado, se conservara el Senado y el bicameralismo, de manera que la forma de elección tanto de Diputados como de Senadores, reflejara la representación territorial necesa-

91 *G.O.* N° 37.509 del 20 de agosto de 2002.

92 *G.O.* N°. N° 6.017 Extra. de 30-12-2010

ria. Sin embargo, en un contrasentido federal, en la Constitución de 1999 el Senado quedó eliminado, organizándose una Asamblea Nacional Unicameral.

En esta forma, el Capítulo I del Título V de la Constitución de 1999 puede decirse que cambió radicalmente la tradición bicameral que caracterizó a los órganos del Poder Legislativo Nacional desde 1811, y estableció una sola Cámara Legislativa lo cual, como se ha dicho, es contradictorio con la forma federal del Estado[93].

En una Cámara Federal o Senado, en realidad, es que podría tender sentido la disposición del artículo 159 que declara a los Estados como entidades políticas *iguales*. Esa igualdad sólo puede ser garantizada en una Cámara Federal, donde haya igual representación de cada uno de los Estados, independientemente de su población, para participar igualitariamente en la definición de las políticas nacionales. Con la eliminación del Senado y el establecimiento de una Asamblea Nacional Unicameral, en esta forma, se establece una contradicción institucional entre el Federalismo y la centralización política.

3. *Las relaciones intergubernamentales como sujeción institucional*

A *Los principios de las relaciones intergubernamentales*

Toda Federación, sea Centralizada o Descentralizada, está montada sobre un principio de la distribución vertical del Poder Público que conforme al artículo 136 de la Constitución, es "entre el Poder Municipal, el Poder Estadal y el Poder Nacional". La coherencia y unicidad del Estado y su organización política exige que dicha distribución del Poder se rija, conforme lo indica el artículo 4 de la Constitución, "por los principios de integridad territorial, cooperación, solidaridad, concurrencia y corresponsabilidad".

Es decir, la distribución territorial del Poder Público no puede, en forma ni caso alguno, atentar contra la integridad territorial de la República, cuyo territorio no puede ser afectado por el principio descentralizador, lo que impide cualquier intento separatista de parte de las entidades políticas que componen el Estado.

Por otra parte, la distribución del Poder Público entre la República, los Estados y los Municipios, exige la cooperación entre los diversos niveles territoriales para alcanzar en conjunto, los fines del Estado (art. 136); por ello, los principios de la concurrencia y corresponsabilidad de todos los entes públicos hacia los mismos fines superiores del Estado. Además está el principio de la solidaridad entre las entidades políticas, de manera que los deberes de algunas de ellas que no puedan ser cumplidos, no excluyen la asunción de los mismos por las otras entidades políticas.

Además de los anteriores principios, el artículo 165 de la Constitución, que se refiere a las competencias concurrentes entre los tres niveles territoriales del Poder Público (República, Estados y Municipios), exige que las mismas sean desarrolladas mediante leyes de bases dictadas por la Asamblea Nacional y leyes de desarrollo aprobadas por los Estados, legislación que debe estar orientada por los principios de interdependencia, coordinación, cooperación, corresponsabilidad y subsidiariedad.

---

93 Véase María M. Matheus Inciarte y María Elena Romero Ríos, "Estado Federal y unicameralidad en el nuevo orden constitucional de la República Bolivariana de Venezuela", en *Estudios de Derecho Público: Libro Homenaje a Humberto J. La Roche Rincón*, Volumen I. Tribunal Supremo de Justicia, Caracas, 2001, pp. 637-676.

En cuanto al principio de interdependencia, este implica que los niveles territoriales, en el ejercicio de las competencias concurrentes, deben tener relaciones de dependencia, unos respecto de otros, en forma recíproca y mutua, para lo cual la coordinación de esfuerzos es fundamental. Esta coordinación debe realizarse, fundamentalmente por un órgano intergubernamental que es el Consejo Federal de Gobierno (art. 185).

Por último se destaca el principio de la subsidiariedad en la distribución de competencias. Si "el Poder Público se distribuye entre el Poder Municipal, el Poder Estadal y el Poder Nacional", "colocados en este orden según su cercanía con el ciudadano, sujeto protagónico de este modelo de democracia participativa" según lo expresa la Exposición de Motivos de la Constitución; el principio de asignación de competencia debería estar en el primer nivel, el municipal, debiendo ser asumidas las mismas en niveles superiores, sólo en forma subsidiaria, cuando no puedan efectivamente desarrollarse en el ámbito local.

B *Los órganos para las nuevas relaciones intergubernamentales y la solución de conflictos entre los Poderes: el Consejo Federal de Gobierno*

Una efectiva distribución del Poder Público entre el nivel nacional y el nivel estadal, imponía nuevas formas de relaciones políticas de carácter intergubernamental, fundamentadas en la autonomía política de las entidades territoriales cuyas autoridades, por supuesto, tenían que seguir siendo electas democráticamente.

Debía actualizarse, por tanto, el principio constitucional de que "los Estados son entidades autónomas e iguales en lo político" como lo establecía el artículo 16 de la Constitución de 1961, y lo repite el artículo 159 de la Constitución de 1999; lo que excluye cualquier tipo de tutela y control político del Poder Nacional sobre los Estados.

Las nuevas relaciones intergubernamentales, en todo caso, requerían de nuevos órganos del Poder Público que permitieran la coparticipación efectiva y no tutelada Poder Nacional-Poder Estadal en la conducción y diseño de las políticas públicas.

El artículo 185 de la Constitución estableció un órgano de carácter intergubernamental, que debía integrar los tres niveles de distribución del Poder Público (Nacional, Estadal y Municipal), que es el Consejo Federal de Gobierno[94] como órgano del Poder Público encargado de la planificación y coordinación de políticas y acciones para el desarrollo del proceso de descentralización y transferencia de competencias del Poder Nacional a los Estados y Municipios[95].

---

94 Véase Véase Manuel Rachadell, "El Consejo Federal de Gobierno y el Fondo de Compensación", en *Revista de derecho del Tribunal Supremo de Justicia,* N° 7, Caracas, 2002, pp. 417 a 457; Emilio Spósito Contreras, "Reflexiones sobre el Consejo Federal de Gobierno como máxima instancia de Participación administrativa", en *Temas de derecho administrativo, Libro Homenaje a Gonzalo Pérez Luciani,* Vol. II, Tribunal Supremo de Justicia, Colección Libros Homenaje, N° 7, Caracas, 2002, pp. 827 a 863, y José V. Haro, "Aproximación a la noción del Consejo Federal de Gobierno prrevisto en la Constitución de 1999", en *Revista de Derecho Constitucional,* N° 7 (enero-junio), Editorial Sherwood, Caracas, 2003, pp. 161-166.

95 Este órgano intergubernamental con el nombre de Consejo Territorial de Gobierno se creó por Decreto N° 3104 de 12-08-93 en *Gaceta Oficial* N° 35.273 de 12-08-93. Véase los comentarios en Allan R. Brewer-Carías, *Informe sobre la Descentralización en Venezuela 1993, Memoria del Ministro de Estado para la Descentralización,* Caracas, 1993, pp. 214 y ss.

Este Consejo debe estar presidido por el Vicepresidente Ejecutivo e integrado por los Ministros, los Gobernadores, un Alcalde por cada Estado y por representantes de la sociedad organizada de acuerdo con la ley. El Consejo Federal de Gobierno debe contar con una Secretaría, integrada por el Vicepresidente Ejecutivo, dos Ministros, tres Gobernadores y tres Alcaldes.

Por otra parte, del Consejo Federal de Gobierno debe depender el Fondo de Compensación Interterritorial, destinado al financiamiento de inversiones públicas dirigidas a promover el desarrollo equilibrado de las regiones, la cooperación y complementación de las políticas e iniciativas de desarrollo de las distintas entidades públicas territoriales, y a apoyar especialmente la dotación de obras y servicios esenciales en las regiones y comunidades de menor desarrollo relativo. Corresponde al Consejo Federal de Gobierno, con base en los desequilibrios regionales, discutir y aprobar anualmente los recursos que deben destinarse al Fondo de Compensación Interterritorial y las áreas de inversión prioritaria a las cuales se deben aplicar dichos recursos.

Ahora bien, en 2010, la Asamblea Nacional sancionó la Ley Orgánica que regula el Consejo Federal de Gobierno,[96] en la cual además de regularse su organización y funcionamiento, se establecen "los lineamientos de la planificación y coordinación de las políticas y acciones necesarias para el adecuado desarrollo regional,"e igualmente "el régimen para la transferencia de las competencias entre los entes territoriales, y a las organizaciones detentadoras de la soberanía originaria del Estado" (art. 1), haciendo referencia, en éste último caso, sin duda, a los órganos del llamado Poder Popular. Conforme a la Ley, dicho Consejo es el órgano encargado de la planificación y coordinación de las políticas y acciones para el desarrollo del proceso de descentralización y transferencia de competencias del Poder Nacional a los estados y municipios, correspondiéndole establecer "los lineamientos que se aplican a los procesos de transferencia de las competencias y atribuciones de las entidades territoriales, hacia las organizaciones de base del Poder Popular", los cuales, además, tienen carácter "vinculantes para las entidades territoriales" (art. 2). La Ley Orgánica, además, estableció que dicha transferencia de competencias "es la vía para lograr el fortalecimiento de las organizaciones de base del Poder Popular y el desarrollo armónico de los Distritos Motores de Desarrollo y regiones del país," (art. 7), órganos todos que por lo demás, son dependientes del Ejecutivo Nacional.

IV. EL RÉGIMEN CONSTITUCIONAL DE LA ORGANIZACIÓN DEL PODER PÚBLICO MUNICIPAL

1. *El régimen constitucional de los Municipios y demás entidades locales*

A. *Régimen General*

a. *Carácter*

De acuerdo con el artículo 168 de la Constitución, los Municipios constituyen la unidad política primaria de la organización nacional, gozan de personalidad jurídica

96 Véase en *G.O.*N° 5.963 Extra. de 22-2-2010.

y autonomía dentro de los límites de la Constitución y de la ley[97]. Además, la organización municipal debe ser democrática y debe responder a la naturaleza propia del gobierno local (art. 169)[98].

En tal sentido, la Sala Constitucional del Tribunal Supremo en sentencia Nº 618 de 2 de mayo de 2001 analizó el carácter del Municipio como unidad primaria y autónoma en la organización política del país, en los siguientes términos:

> Al respecto, se hace imperativo para esta Sala recordar que, a tenor de lo dispuesto en el artículo 168 constitucional, los Municipios constituyen la unidad política primaria de la organización nacional, gozan de personalidad jurídica y autonomía dentro de los límites de la propia Constitución y de la ley, comprendiendo tal autonomía la elección de sus autoridades, la gestión de la materia de su competencia y la creación, recaudación e inversión de sus ingresos. La señalada norma constitucional, ya se contenía en el artículo 25 de la Constitución de 1961, artículo este que se repite casi de forma exacta en el artículo 3 de la Ley Orgánica de Régimen Municipal.
>
> En ese sentido, el Municipio es la unidad política de menor nivel territorial dentro del sistema de distribución vertical del poder en el Estado venezolano, pero cuyos mecanismos de ejercicio del poder se encuentran más próximos a los ciudadanos, por ello es definido constitucionalmente como un ente "primario" y esencialmente autónomo, autonomía esta que se encuentra limitada por la propia normativa constitucional, principalmente en lo que respecta al reparto de competencias de los distintos poderes político-territoriales, cuestión que ha sido prevista así, lógica-mente, a objeto de mantener la convivencia armónica de todos los elementos que conforman el Estado.
>
> Así las cosas, siendo el Municipio la unidad política primaria dentro del sistema de división vertical del poder (constituye el vínculo más estrecho entre el individuo y el centro de toma de decisiones), es evidente que debe contar con ingresos propios suficientes que le garanticen a sus ciudadanos la prestación de unos servicios mínimos obligatorios, prestación esta que es esencial a su propia existencia[99].

Sin embargo, independientemente del nominalismo constitucional, para que el Municipio sea realmente la escuela de la libertad y de la democracia, tal y como lo descubrió Alexis de Tocqueville cuando ilustró a Europa sobre *La Democracia en América (1834),* por sobre todo tiene que estar cerca del ciudadano. Un Municipio lejos de las comunidades y vecindades, como es en general el Municipio en nuestros países latinoamericanos, materialmente no sirve para nada bueno, ni para la participación política ni para la gestión eficiente de los asuntos locales, ni por supuesto, para la democracia.

---

97 Véase nuestras propuestas para la reforma hacia un Nuevo Municipalismo en Allan R. Brewer-Carías, *Debate Constituyente,* Tomo I, *op. cit.,* pp. 164 a 169; y los comentarios críticos al proyecto constitucional en Tomo II, *op. cit.,* pp. 230 y ss.

98 Véase en general sobre el régimen municipal en la Constitución, Argenis Urdaneta, "El Poder Público Municipal en el Estado federal descentralizado", en *El Derecho Público a comienzos del siglo XXI. Estudios homenaje al Profesor Allan R. Brewer-Carías,* Tomo I. Instituto de Derecho Público, UCV, Civitas Ediciones, Madrid, 2003, pp. 731-744; Ricardo Combellas, *Derecho Constitucional: una introducción al estudio de la Constitución de la República Bolivariana de Venezuela,* Mc Graw Hill, Caracas, 2001, pp. 129 y ss.; Hildegard Rondón de Sansó, *Análisis de la Constitución venezolana de 1999,* Editorial Ex Libris, Caracas, 2001, pp. 161 y ss.

99 Caso: *Municipio Simón Bolívar, Estado Zulia*, véase en *Revista de Derecho Público*, Nº 85-88, Editorial Jurídica Venezolana, Caracas, 2001, p. 199.

Quizás habría que indagar el por qué, realmente, las democracias consolidadas de Occidente son tales democracias, y cómo es que en ellas la participación del ciudadano en la gestión de los intereses locales forma parte de la cotidianidad de la vida democrática. Es cierto que todas las democracias tienen ciclos electorales, donde se vota con regularidad y tienen sistemas institucionales que son propios del Estado de Derecho. Pero unos países son efectivamente más democráticos que otros. Y la respuesta del por qué esto es así, está precisamente en la municipalización o, si se quiere, en la efectiva fragmentación de las instituciones locales.

Para darnos cuenta de ello, basta hacer algunas comparaciones. Venezuela, con casi un millón de kilómetros cuadrados de superficie y más de 24 millones de habitantes, tiene sólo 338 Municipios. Francia, en cambio, con la mitad de dicha superficie y 59 millones de habitantes, tiene 36.559 Municipios o Comunas; es decir, cien veces más. Pero lo importante, ciertamente, no es el número de municipios que tenga un país, sino la relación que tiene que existir entre la autoridad local y el número de habitantes. En tanto que en Venezuela es de más de 70.000 habitantes por Municipio, en Francia, en cambio es de alrededor de 1600 habitantes por Municipio, es decir, cuarenta veces menos.

Cualquier revisión de esta relación que se haga en los países democráticos, da cifras sorprendentes, sobre todo cuando las comparamos con las nuestras en América Latina. España tiene 8.082 Municipios con un promedio de población de 4.825 habitantes; en Austria hay 2.353 Municipios, con un promedio de población de 3.400 habitantes. Los 8.104 Municipios de Italia tienen un promedio de 7.157 habitantes. En Suiza hay 3.000 Municipios con un promedio de 2.333 habitantes; en Alemania hay 16.121 Municipios, con un promedio de 5.086 habitantes; y en Bélgica hay 589 Municipios, con un promedio de 16.978 habitantes. En Europa continental, además, debe destacarse que los Municipios de menos de 2000 habitantes representan un porcentaje elevadísimo en relación con los muy poblados, por ejemplo, el 40% en Italia y el 89% en Francia. En nuestro Continente Americano, también se destaca, el caso de los Estados Unidos y Canadá que tienen territorios casi iguales de casi 10 millones de kilómetros cuadrados, pero con una población muy disímil: 30 millones en Canadá y más de 250 millones en los Estados Unidos. Sin embargo, en Canadá sus 4.507 Municipios, tienen un promedio de 6.878 habitantes; y en los EEUU, sus 70.500 Municipios, tienen un promedio de 3.872 habitantes por Municipio.

En definitiva, de estas cifras resulta que en el mundo de los países con democracias más desarrolladas, el promedio de habitantes por Municipio varía entre 1.600 y 16.000 habitantes. En contraste, en nuestros países de América Latina el panorama es muy diferente: en Argentina hay 1.617 Municipios con 22.800 habitantes de promedio; en Brasil, hay 5.581 Municipios pero con un promedio de 30.100 habitantes; en Guatemala hay 324 Municipios con un promedio de 33.950 habitantes; en Nicaragua hay 143 Municipios con un promedio de 34.965 habitantes; en Colombia hay 1.068 Municipios, con un promedio de 39.325 habitantes, en México hay 2.418 Municipios, con un promedio de 40.000 habitantes; en Chile hay 340 Municipios con un promedio de 44.117 habitantes; y como dijimos, en Venezuela hay sólo 338 Municipios con 71.715 habitantes por Municipio. Casi igual que en la República Dominicana, donde hay sólo 120 Municipios con 75.000 habitantes de promedio. En Uruguay hay 19 Municipios con un promedio de 157.000 habitantes[100].

---

100 Véase lo que hemos expuesto sobre municipalismo y descentralización en Allan R. Brewer-Carías, *Reflexiones sobre el constitucionalismo en América,* Editorial Jurídica Venezolana, Caracas, 2001, pp. 127 y

De lo anterior deriva que la clave de la democracia de participación está, precisamente, en acercar el Poder al ciudadano, para que pueda efectivamente participar. Por ello, en nuestros países, mientras la autoridad local esté tan alejada del ciudadano, no llegaremos a ser efectiva y cotidianamente democráticos.

La gran reforma política democrática aún pendiente en nuestros países, en realidad, está en la municipalización, pero sin uniformismo, pues no se puede multiplicar al gran Municipio burocratizado de las áreas urbanas y trasladarlo a las rurales. La diferenciación de regímenes municipales es una de las primeras necesidades de la vida local. Pero en todo caso, hablar de municipalización es hablar de la creación de entidades locales con gobiernos propios electos democráticamente por vía del sufragio; lo contrario a la desmunicipaización que ha venido ocurriendo desde la creación de las Comunas y los Consejos Comunales, que no son democrática-representativas, sino con "voceros" nombrados a mano alzada, y dependientes del Ejecutivo nacional, mediante los cuales no sólo le han pretendido sustraer a los Municipios su carácter de unidad política primaria, sino que se han regulado para vaciar a aquellos de competencias. [101]

b *Creación*

Conforme al esquema democratizador que debería guiar la municipalización del país,, por tanto, más importante para la creación de un Municipio es la existencia de una comunidad con vínculos permanentes de vecindad, que la "capacidad para generar recursos propios suficientes para atender los gastos de gobierno, administración y prestación de los servicios mínimos obligatorios" (art. 18, Ley Orgánica de Régimen Municipal, 1989).

Sobre los requisitos para la creación de los Municipios, conforme a esa norma, que consideramos totalmente contraria a la idea del Municipio como centro e instrumento esencial para la participación política, la Sala Constitucional del Tribunal Supremo de Justicia en la mencionada sentencia N° 618 de 2 de mayo de 2001, señaló lo siguiente:

> Así las cosas, queda claro que de conformidad con la ley nacional que regula el régimen de creación y ordenación de los Municipios de la República (L.O.R.M.), es imprescindible, a los fines de que una Asamblea Legislativa pueda crear válidamente un Municipio dentro del territorio estadal, que ese nuevo Municipio creado posea: una población, un territorio, un centro de población y suficiencia presupuestaria a los fines de que pueda autosatisfacer los gastos de gobierno, administración y

---

ss.; y en "El Municipio, la descentralización política y la democracia" en *XXV Congreso Iberoamericano de Municipios*, Guadalajara, Jalisco, México, 23 al 26 de octubre del 2001, México 2003, pp. 53-61.

101 Véase Allan R. Brewer-Carías, "El inicio de la desmunicipalización en Venezuela: La organización del Poder Popular para eliminar la descentralización, la democracia representativa y la participación a nivel local," en *AIDA, Opera Prima de Derecho Administrativo. Revista de la Asociación Internacional de Derecho Administrativo*, Universidad Nacional Autónoma de México, Facultad de Estudios Superiores de Acatlán, Coordinación de Postgrado, Instituto Internacional de Derecho Administrativo "Agustín Gordillo," Asociación Internacional de Derecho Administrativo, México, 2007, pp. 49 a 67; y *Ley Orgánica de los Consejos Comunales,* Editorial Jurídica Venezolana, Caracas 2010; Armando Rodríguez García, "Participación ciudadana, institucionalidad local y consejos comunales en Venezuela," en *Revista de la Facultad de Ciencias Jurídicas y Políticas de la Universidad Central de Venezuela,* N° 129, Universidad Central de Venezuela, Caracas, 2007, pp. 125-164.

los servicios mínimos que todo Municipio debe prestar a los administrados que bajo su jurisdicción se desarrollan. De lo contrario, ningún sentido tendría la creación de ese nuevo ente político-territorial, siendo este último requisito el que ha sido denunciado por el actor como faltante en el caso de autos, y consecuentemente, en su criterio, no podía ser creado el Municipio Simón Bolívar del Estado Zulia...

...Así pues, de un análisis armónico de las normas constitucionales y legales referidas *supra*, se arriba a la inequívoca conclusión de que todo Municipio debe poseer, como elementos esenciales de su existencia, los siguientes: un territorio claramente delimitado, una cantidad poblacional que amerite su existencia, un centro de población que funja de asiento permanente del gobierno local, un gobierno elegido democráticamente y una capacidad racional para autosatisfacer las necesidades del colectivo que se desarrolla bajo su jurisdicción, es decir, en términos de finanzas públicas, suficiencia presupuestaria (una relación coherente entre los ingresos y gastos que fomente el desarrollo de la entidad, atendiendo a sus propias necesidades).

Siendo entonces los elementos enumerados esenciales para la vida de todo Municipio, su relevancia implica que la ausencia de uno cualesquiera de ellos, trae como consecuencia la violación de los postulados constitucionales previstos en los artículos 168 y 169 de la Carta Magna y, por ende, la legislación estadal que incurre en dicha violación (ley creadora de los municipios) resulta nula de nulidad absoluta[102].

c. *La autonomía*

De acuerdo con el artículo 168 dela Constitución, gozan de autonomía "dentro de los límites de esta Constitución y de la Ley", con lo que estableció una limitación inusitada que hace materialmente nugatoria la autonomía político-territorial, que sólo debería encontrar límites en la Constitución, pero no en la ley[103]. Conforme a esta norma, que no tiene antecedentes en el constitucionalismo del país, la ley (que podría tanto ser nacional como estadal) puede limitar la autonomía municipal, la cual por tanto, perdió su garantía constitucional. Esto lo ha reafirmado, además, la Sala Constitucional del Tribunal Supremo en sentencia N° 2257 de 13 de noviembre de 2001, en la cual sentó los siguientes criterios:

Ahora bien, es a partir de la interpretación sistemática de las disposiciones constitucionales invocadas por los recurrentes -que enuncian y garantizan la autonomía municipal- en concordancia con las normas contentivas de limitaciones a esa autonomía, como son las contenidas en los artículos 164 numeral 11 y 183 de la Constitución de 1999, que se puede establecer el carácter autonómico de los municipios y la legitimidad constitucional de la intervención de otras ramas del Poder Público en la conformación del mismo y en algunos ámbitos, que aun cuando en principio pudiera sostenerse que constituirían competencia exclusiva de estas entidades locales, otras disposiciones de rango constitucional su autonomía y ámbito competencial resulta atenuado, igualmente por imperio de la Constitución, al realizarse la asignación de competencias. Por esta razón, se podría afirmar que la autonomía municipal, es un concepto de estricto derecho positivo, y en razón a ello, dicha autonomía no puede ir más allá de lo que específicamente se desprende de los dispositivos consti-

102 *Idem*, pp. 199 y ss.

103 Véase José L. Villegas Moreno, "La autonomía local y su configuración en la Constitución venezolana de 1999", en *El Derecho Público a comienzos del siglo XXI. Estudios homenaje al Profesor Allan R. Brewer-Carías,* Tomo I, Instituto de Derecho Público, UCV, Civitas Ediciones, Madrid, 2003, pp. 715-729.

tucionales, o lo que es igual, no se trata de un gobierno libre dentro del Estado -como pareciera que entienden los recurrentes- sino de un Poder regulado por el Constituyente y por el Poder Legislativo...

... Se observa con claridad que, la intención que proyecta la Constitución vigente, no es la de consagrar la autonomía municipal con carácter absoluto sino relativo, es decir, dentro del marco de los principios y limitaciones establecidas en la propia Constitución y en las leyes nacionales y en las leyes estadales habilitadas para desarrollar el contenido de las normas constitucionales, debiendo esas leyes, por sobre todo, conservar y respetar ciertos -principios rectores- establecidos en el Texto Fundamental. Luego, el ámbito de esa autonomía sólo podría ser delimitado con la interpretación unitaria de la red normativa de referencias, sin que pueda afirmarse que alguna de las disposiciones constitucionales se basta a sí misma para dar un cabal concepto de la autonomía municipal, por más esencial que ella sea...

Precisado lo anterior, debe sostenerse que los Municipios si bien poseen ciertas competencias no gozan de la plena libertad para la gestión de ciertas materias que aun cuando pertenecen a su esfera competencia la misma no le es propia, esto es, exclusiva, como pretenden los recurrentes, alegando que no se puede someter el ejercicio de dicha competencia a condicionamientos ni mediatización alguna, pues, con ello, a consideración de los recurrentes, se está violando el precepto constitucional que garantiza al municipio la libre gestión y plena autonomía, ya que en criterio de esta Sala, la "libre gestión de las materias de su competencia" que garan-tiza la Constitución a los Municipios, se trata de una libertad condicionada, no sólo por las limitaciones que directamente impone el Constituyente sino por todas aquellas que pueda imponer el Legislador Nacional, y los legisladores estadales al ejercicio de la autonomía municipal, de acuerdo con las normas de la propia Constitución y dentro de los límites por ella indicados[104].

La autonomía municipal, por tanto, reducida lamentablemente por la Sala Constitucional a ser sólo una "libertad condicionada", en términos generales y conforme al mismo artículo 168 de la Constitución, comprende, lo siguiente: 1. La elección de sus autoridades; 2. La gestión de las materias de su competencia; y 3. La creación, recaudación e inversión de sus ingresos.

Como lo ha señalado la Sala Constitucional en la otra mencionada sentencia N° 618 del 2 de mayo de 2001:

Esa autonomía municipal contiene tres aspectos, a saber: a) Político: en tanto se autogobierna por la elección de sus autoridades por parte de los ciudadanos que conviven en su jurisdicción, mediante los mecanismos democráticos previstos en la Constitución y la ley; b) Normativo: en el sentido de que tienen capacidad para dictar su propio ordenamiento jurídico en las materias que le han sido atribuidas constitucionalmente, sean estas materias exclusivas o concurrentes con otro ente político-territorial (República y Estados); y, c) Financiero: toda vez que la Constitución precisó las distintas fuentes de ingresos con las que cuenta el gobierno municipal para llevar a cabo su gestión, teniendo la posibilidad de invertir dichos ingresos según las prioridades que determine la realidad de cada Municipio, sin injerencia del Poder Nacional y Poder Estadal, con la excepción de la inversión de los ingre-

104 Véase en *Revista de Derecho Público*, N° 85-88, Editorial Jurídica Venezolana, Caracas, 2001, pp. 202 y ss.

sos provenientes del Situado Constitucional, puesto que estos se invierten coordinadamente con planes desarrollados por los Estados[105].

Sobre estos aspectos de la autonomía municipal y su alcance, la misma Sala Constitucional del Tribunal Supremo en sentencia N° 670 de 6-7-2000 (Caso: *Impugnación Ordenanza sobre Contribución por Consumo de Cerveza, Municipio San Carlos, Estado Cojedes*), ha insistido expresando lo siguiente:

> Así las cosas, debe pronunciarse esta Sala sobre el alcance de la autonomía municipal. Sobre este particular, la entonces Corte Suprema de Justicia en Sala Plena, en sentencia del 13 de noviembre de 1989, caso *Herberto Contreras Cuenca*, señaló lo siguiente:
>
>> La Constitución confiere *autonomía normativa* limitada a las Municipalidades, entendida ella no como el poder soberano de darse su propia ley y disponer de su existencia, que sólo le corresponde a la República de Venezuela, sino como el poder derivado de las disposiciones constitucionales de dictar normas destinadas a integrar el ordenamiento jurídico general, en las materias de su competencia local, incluso con respecto a aquellas que son de la reserva legal; circunstancia ésta que ha dado lugar a que la jurisprudencia de este Supremo Tribunal haya otorgado carácter de "leyes locales" a las ordenanzas municipales. En cuanto al valor normativo de esas fuentes de derecho emanadas de los Municipios, en algunos casos se equiparan a la Ley Nacional, supuestos en los cuales se da una relación de competencia, mientras que en otros deben subordinase a las leyes nacionales y estadales, supuestos en los cuales se da una relación de jerarquía normativa, todo ello según lo predispuesto en el texto constitucional.
>>
>> La Constitución atribuye *autonomía financiera y tributaria* a los Municipios dentro de los parámetros estrictamente señalados en su artículo 31, con las limitaciones y prohibiciones prescritas en los artículos 18, 34 y 136 del mismo texto constitucional, derivadas de las competencias del Poder Nacional, a fin de garantizar la autosuficiencia económica de las entidades locales. No obstante, la Constitución sujeta a la Ley nacional y a la leyes estadales, el aporte que reciben las Municipalidades, por intermedio de los Estados, del Poder Nacional, al cual se denomina Situado Constitucional. Por lo que respecta a los límites de la autonomía tributaria municipal, su ejercicio debe supeditarse a los principios de la legislación reglamentaria de las garantías constitucionales, que corresponden al Poder Nacional, ya que la legalidad tributaria es una garantía ligada al surgimiento mismo del Estado de Derecho.
>
> Reiterando el criterio sentado en la referida sentencia, estima esta Sala Constitucional de este Tribunal Supremo de Justicia, que en el ordenamiento constitucional que entró en vigencia como consecuencia de promulgación de la Constitución de la República Bolivariana de Venezuela, se mantienen los límites de la autonomía tributaria municipal a que dicha decisión alude, siendo los mismos, aquellos que se deriven de las competencias que en materia tributaria ostentan las otras personas político territoriales que conforman el modelo federal del Estado Venezolano[106].

---

105 *Ibidem*, p. 199.

106 Véase en *Revista de Derecho Público*, N° 83, (julio-septiembre), Editorial Jurídica Venezolana, Caracas, 2000, p. 199.

Además, conforme lo establecía el artículo 29 de la Constitución de 1961, los actos de los Municipios no pueden ser impugnados sino ante los tribunales competentes, de conformidad con la Constitución y la ley; por lo que no pueden ser revisados, en forma alguna, por los órganos del Poder Nacional ni de los Estados.

En todo caso, debe enfatizarse el señalamiento de que la autonomía municipal tradicionalmente garantizada en la propia Constitución, conforme al espíritu centralizante de la Constitución, ahora se encuentra interferida, al señalarse que los Municipios gozan de la misma, no sólo "dentro de los límites" establecidos en la Constitución, sino en la ley (art. 168), con lo cual el principio descentralizador básico, que es la autonomía, quedó minimizado.

d. *La participación ciudadana*

De acuerdo con el mismo artículo 168, las actuaciones de los Municipios en el ámbito de sus competencias se deben cumplir incorporando la participación ciudadana al proceso de definición y ejecución de la gestión pública y en el control y evaluación de sus resultados, en forma efectiva, suficiente y oportuna, conforme a la ley. Para ello, por supuesto, como antes hemos señalado, el Municipio tendía que estar cerca del ciudadano[107]. Para ello, habría que multiplicar las Juntas Parroquiales representativas, es decir, con miembros electos mediante sufragio; y todas las entidades locales, incluyendo las Comunas, deberían tener gobierno democráticamente electo. Sin embargo, al contrario, en la reforma de la Ley Orgánica del Poder Público Municipal de 2010,[108]. las Juntas Parroquiales como entidades locales representativas de gobierno democráticamente electos fueron eliminadas, y los Consejos Comunales pasaron a ser los representantes de las Comunas como entidades locales (art. 19), pero sin que sus miembros sean electos mediante sufragio, sino designados por los voceros de los Consejos Comunales (art. 35), estando organizadas, además, en forma dependiente del Ejecutivo Nacional.

107 Véase en general, sobre la participación ciudadana a nivel local, Véase Ana P. Deniz, "La participación ciudadana en la Constitución de 1999", en *Revista de Derecho Constitucional,* N° 7 (enero-junio), Editorial Sherwood, Caracas, 2003, pp. 115-124; Manuel Feo La Cruz, "La participación de la sociedad civil en el proceso de gestión pública. Retos y desafíos", en *El Derecho Público a comienzos del siglo XXI. Estudios homenaje al Profesor Allan R. Brewer-Carías,* Tomo I, Instituto de Derecho Público, UCV, Civitas Ediciones, Madrid, 2003, pp. 415-429; Yusby S. Méndez-Apolinar, "La obligación ciudadana de participar en los asuntos públicos, como expresión de la cultura democrática", en *El Derecho Público a comienzos del siglo XXI. Estudios homenaje al Profesor Allan R. Brewer-Carías,* Tomo I. Instituto de Derecho Público, UCV, Civitas Ediciones, Madrid, 2003, pp. 431-437; María A. Grau, "Participación ciudadana en la actividad normativa de la Administración", en *Temas de Derecho Administrativo: Libro Homenaje a Gonzalo Pérez Luciani,* Volumen II. Editorial Torino, Caracas, 2002, pp. 797-814; Fernando Flores Jiménez, "La participación ciudadana en la Constitución venezolana de 1999", en *Revista de Derecho Constitucional,* N° 5 (julio-diciembre). Editorial Sherwood, Caracas, 2001, pp. 75-88; Carlos E. Mouriño V., "Participación ciudadana", en *Estudios de Derecho Público: Libro Homenaje a Humberto J. La Roche Rincón,* Volumen II. Tribunal Supremo de Justicia, Caracas 2001, pp. 1-38; José Mendoza Angulo, "Democracia, descentralización y participación ciudadana", en *Estudios de Derecho Administrativo: Libro Homenaje a la Universidad Central de Venezuela,* Volumen I. Imprenta Nacional, Caracas, 2001, pp. 121-144.

108 Véase en *G.O.* N° N° 6.015 Extraordinario del 28 de diciembre de 2010.

e. *Las fuentes legales del régimen municipal*

El artículo 169, en el mismo sentido que el artículo 26 de la Constitución de 1961, dispone que la organización de los Municipios y demás entidades locales se deben regir por la Constitución, por las normas que para desarrollar los principios constitucionales establezcan las leyes orgánicas nacionales, y por las disposiciones legales que en conformidad con aquellas dicten los Estados mediante sus Consejos Legislativos.

La Sala Constitucional del tribunal Supremo de Justicia ha sido enfática en considerar que la legislación nacional tiene primacía en la regulación de la organización de los Municipios, particularmente en relación con las leyes estadales. Ha señalado, así, en la misma sentencia antes citada del 2 de mayo de 2001, que:

> Asimismo, esta Sala estima necesario señalar que la vida de los Municipios se rige no sólo por las normas que en virtud de su autonomía éstos dictan, sino que además se deben regir, en primer término, por la Constitución de la República, así como por las leyes orgánicas nacionales que desarrollan los postulados constitucionales y por las disposiciones legales dictadas por las Asambleas Legislativas Estadales, de conformidad con la Constitución y las mencionadas leyes orgánicas.
>
> Al respecto, el artículo 169 constitucional dispone expresamente: *La organización de los Municipios y demás entidades locales se regirá por esta Constitución, por las normas que para desarrollar los principios constitucionales establezcan las leyes orgánicas nacionales, y por las disposiciones legales que en conformidad con aquellas dicten los Estados....* (Resaltado y subrayado de la Sala)
>
> Observa esta Sala la gran relevancia que el propio Texto Fundamental le otorga a las leyes orgánicas nacionales que desarrollan principios constitucionales en materia de organización municipal, y la sujeción que con respecto de éstas tienen las leyes estadales en dicha materia.
>
> En tal virtud, es incuestionable el valor normativo-vinculante que posee la Ley Orgánica de Régimen Municipal sobre las leyes estadales que desarrollen o regulen la división político-territorial dictadas por los Estados, tal como ocurre en el caso *sub examine*, más aún cuando la propia ley orgánica en referencia, expresamente dispone que su *leit motiv* es el desarrollo de los postulados contenidos en el artículo 169 de la Constitución de la República, precedentemente transcrito[109].

f. *Los diferentes regímenes municipales*

Una de las críticas más importantes que se habían formulado respecto de nuestro régimen municipal, era el excesivo uniformismo en la organización municipal, que había hecho prácticamente inaplicable la Ley Orgánica de Régimen Municipal de 1989, en muchos de los Municipios[110]. Por ello, el artículo 169 de la Constitución establece que la legislación que se dicte para desarrollar los principios constitucionales relativos a los Municipios y demás entidades locales, debe obligatoriamente establecer diferentes regímenes para su organización, gobierno y administración, incluso en lo que respecta a la determinación de sus competencias y recursos, atendiendo a las condiciones de población, desarrollo económico, capacidad para generar ingresos fiscales propios, situación geográfica, elementos históricos y culturales

---

109 *Ibidem*, pp.199-200.

110 Véase nuestra propuesta en Allan R. Brewer-Carías, *Debate Constituyente*, Tomo I, *op. cit.*, p. 165.

y otros factores relevantes. En particular, dicha legislación debe establecer las opciones para la organización del régimen de gobierno y administración local que debe corresponder a los Municipios con población indígena.

Sin embargo, este mandato para la variedad de regímenes está seriamente limitado y contradicho en el propio texto constitucional, al haberse "constitucionalizado" en forma rígida a los órganos municipales, los Alcaldes y los Concejos Municipales, los cuales antes de la entrada en vigencia de la Constitución de 1999, sólo estaban regulados en la ley. Esto conduce a que la creación de un pequeño municipio en alguna comunidad aislada del país, necesariamente tendría que tener la compleja organización mencionada, la cual en muchos casos no se justifica.

B. *El régimen de organización de otras entidades locales*

De acuerdo con la Constitución, el Poder Público Municipal no sólo lo ejercen "los Municipios" como unidad política primaria de la organización nacional (art. 168), sino también "*las demás entidades locales*" a las que alude el artículo 169 de la Constitución.

Es decir, el Poder Público Municipal se ejerce por los Municipios y por las demás entidades locales y la organización de los mismos se rige por la "Constitución, por las normas que para desarrollar los principios constitucionales, establezcan las leyes orgánicas nacionales y por las disposiciones legales que en conformidad con aquellas dicten los Estados" (art. 169).

Por tanto, además de los Municipios, la Constitución y las leyes orgánicas nacionales pueden establecer otras entidades locales cuya organización debe ser siempre democrática y responder a la naturaleza propia del gobierno local. Así, la Constitución regula expresamente a los Distritos Metropolitanos (art. 171 y 172) y a las Parroquias (art. 173) y la ley orgánica podría establecer otras modalidades de entidades locales. Por ello, la Ley Orgánica del Poder Público Municipal de 2010, además, de las indicadas, ha regulado también como "entidades ;ocales" a la comuna, las áreas metropolitanas, y ias demarcaciones dentro del territorio del Municipio, tales como la urbanización, el barrio, la aldea y el caserío (art.19).

a. *Las mancomunidades y otras asociaciones*

Las Mancomunidades, de acuerdo con lo establecido en el artículo 170, son el producto del derecho de asociación entre Municipios. Además, la Constitución admite que los Municipios pueden acordar entre sí o con los demás entes públicos territoriales, la creación de modalidades asociativas intergubernamentales para fines de interés público relativos a materias de su competencia.

Se le dio rango constitucional, así, a las corporaciones de derecho público que se establecieron en los Reglamentos de la Ley Orgánica de Descentralización, Delimitación y Transferencia de Competencias del Poder Público en 1993[111].

---

111 Véase Allan R. Brewer-Carías, *Informe sobre la Descentralización en Venezuela 1993, Memoria del Ministro de Estado para la Descentralización, op. cit.*, pp. 306 y 309.

b. *Los distritos municipales*

El artículo 170 de la Constitución además, remite a la ley para la determinación de las normas concernientes a la agrupación de dos o más Municipios en distritos. Esa fue la intención de la norma, y así fue que quedó redactada en la publicación inicial de la Constitución del 30 de diciembre de 1999, a pesar de que en la reimpresión del texto constitucional de marzo de 2000, después de la palabra "distritos" se le haya agregado la palabra "metropolitanos".

La previsión de los distritos municipales fue el sentido, por lo demás, de la Ley Orgánica de Régimen Municipal de septiembre de 1988, que debió haber entrado en vigencia el 15 de junio de 1989, en la cual se estableció expresamente esa figura como entidades locales. En efecto, el artículo 24 de aquella Ley estableció lo siguiente:

> *Artículo 24*: Los Distritos Municipales son entidades locales de carácter público y con personalidad jurídica, formadas por la agrupación de dos o más Municipios.
>
> Los Distritos Municipales se denominan Distritos Metropolitanos cuando la agrupación de Municipios se realice debido a la conurbación de sus centros poblados capitales y se hayan desarrollado en forma tal que lleguen a constituir una unidad urbana, social y económica con más de 250.000 habitantes.

Se estableció, así, la figura de los distritos como agrupación de Municipios, que podían ser urbanos o rurales, distinguiendo la ley, por tanto, a los distritos metropolitanos (urbanos) de los distritos municipales (rurales). La disposición de la Ley Orgánica de Régimen Municipal, antes indicada, sin embargo, lamentablemente fue suprimida en la reforma de la Ley Orgánica de 1989, en la cual se redujo la figura de los Distritos Municipales sólo a los Distritos Metropolitanos, olvidándose el legislador del carácter mayoritariamente rural de los Municipios venezolanos.

Este antecedente legislativo de la Ley Orgánica de 1988, es importante, porque permite apreciar cómo el legislador, en ejecución de una norma similar de la Constitución de 1961 que se refería a las "demás entidades locales", estableció la figura de los Distritos Municipales rurales y de los Distritos Municipales urbanos (Distritos Metropolitanos).

Como se dijo, en la versión de la Constitución de 1999, publicada el 30-12-99, se precisó que los Municipios podían agruparse en distritos (art. 170) sin calificarse a estos como "metropolitanos", lo que si aparece en la versión corregida de la Constitución publicada el 24-03-00. Pero incluso con este ilegítimo cambio, el hecho de que en el texto constitucional, además de los Municipios se haya regulado por encima de ellos expresamente sólo a los Distritos Metropolitanos y, por debajo de ellos a las Parroquias, ello no excluye que la ley orgánica que se dicte conforme al artículo 169 de la Constitución pueda establecer otras entidades locales, con organización municipal democrática que responda a la naturaleza propia del gobierno local, como podrían ser los Distritos Municipales para los Municipios rurales por encima de los mismos; e, incluso "otras entidades locales" distintas a las parroquias en el territorio intramunicipal, como lo establece expresamente el artículo 173 de la Constitución.

Por otra parte, el hecho de que el artículo 18 de la Constitución establezca la organización municipal del área metropolitana de Caracas conforme a un sistema de gobierno municipal a dos niveles, ello no puede interpretarse como si se tratase de una organización que es exclusiva y excluyente sólo del área metropolitana de Caracas. Toda agrupación de Municipios, en Distritos Metropolitanos o Distritos Municipales rurales, conlleva a una organización de gobierno municipal a dos niveles.

De lo anterior resulta evidente, por tanto, que la Ley Orgánica de Régimen Municipal que se dicte conforme a lo establecido en los artículos 168 y siguientes de la Constitución, puede crear otras entidades locales por encima de los Municipios y dentro de ellos, además de los Distritos Metropolitanos y de las Parroquias y que, por tanto, podría prever el régimen de los Distritos Municipales para los Municipios Rurales, con un régimen de gobierno municipal a dos niveles. El hecho de que el Constituyente haya destinado dos normas para regular a los Distritos Metropolitanos (arts. 171 y 172) no puede interpretarse como excluyente de la posibilidad de que el legislador nacional, en ejecución del artículo 169 de la misma Constitución, puede crear otras entidades locales supra municipales, en áreas rurales, no urbanas, como serían los Distritos Municipales con un régimen de gobierno municipal a dos niveles.

c. *Los distritos metropolitanos*

a'. *El establecimiento de los distritos metropolitanos*

En cuanto a los Distritos metropolitanos, el artículo 171 dispone que cuando dos o más Municipios pertenecientes a una misma entidad federal tengan relaciones económicas, sociales y físicas que den al conjunto características de un área metropolitana, pueden organizarse como tales.

Sin embargo, cuando los Municipios que deseen constituirse en un distrito metropolitano pertenezcan a entidades federales distintas, corresponde a la Asamblea Nacional su creación y organización (art. 172).

En estos casos, la ley orgánica que al efecto se dicte debe garantizar el carácter democrático y participativo del gobierno metropolitano y establecer sus competencias funcionales, así como el régimen fiscal, financiero y de control. También debe asegurar que en los órganos de gobierno metropolitano tengan adecuada participación los respectivos Municipios, y debe señalar la forma de convocar y realizar las consultas populares que decidan la vinculación de estos últimos al distrito metropolitano.

La Constitución, además, estableció expresamente el Distrito Metropolitano de Caracas, cuyo régimen se analiza más adelante.

Además, debe precisarse que la regulación constitucional de la figura de los Distritos metropolitanos, no convierte a esas entidades en una excepción al régimen de la división político territorial prevista en el artículo 16 de la Constitución. Los Distritos metropolitanos, cuando se creen no constituyen entidades político territoriales que formen parte de la división político territorial, como ni siquiera lo es el Distrito Metropolitano de Caracas (art. 18) que es una organización municipal a dos niveles que no ha afectado la división político territorial de la República (Estado Miranda y Distrito Capital) en la cual tiene su ámbito de actuación municipal.

b'. *Los regímenes diferenciados*

Por otra parte, y para evitar el uniformismo, el artículo 171 dispone que la ley puede establecer diferentes regímenes para la organización, gobierno y administración de los distritos metropolitanos atendiendo a las condiciones de población, desarrollo económico y social, situación geográfica y otros factores de importancia. En todo caso, la atribución de competencias para cada distrito metropolitano debe tener en cuenta esas condiciones.

c'. *Los límites territoriales y la consulta popular*

De acuerdo con el artículo 172, el Consejo Legislativo estadal, previo pronunciamiento favorable mediante consulta popular de la población afectada, debe definir los límites del distrito metropolitano y lo debe organizar según lo establecido en la ley orgánica nacional, determinando cuáles de las competencias metropolitanas deben ser asumidas por los órganos de gobierno del respectivo distrito metropolitano.

d. *Las Parroquias*

En cuanto a las Parroquias, todos los Municipios pueden crearlas conforme a las condiciones determinadas en la ley, precisando el artículo 173 de la Constitución que en ningún caso las Parroquias deben ser asumidas como divisiones exhaustivas o imperativas del territorio del Municipio. La creación de las parroquias, en todo caso, debe atender a la iniciativa vecinal o comunitaria, con el objeto de promover a la desconcentración de la administración del Municipio, la participación ciudadana y la mejor prestación de los servicios públicos.

En tal sentido el artículo 35 de la Ley Orgánica del Poder Público Municipal establece las condiciones para la creación de las parroquias, entre ellas, una población con residencia estable; un Plan de Desarrollo Urbano Local debidamente sancionado y publicado en las áreas urbanas, y en las no urbanas, unos lineamientos de la ordenación y ocupación del territorio; "la organización de la comunidad mediante agrupaciones, sociales, electas democráticamente y debidamente registradas por ante los órganos competentes", la organización de servicios públicos básicos; y el registro catastral.

e. *Las Comunas*

En cuanto a las Comunas, su creación y regulación está regida por la Ley Orgánica de las Comunas,[112] y está concebida en la Ley Orgánica del Poder Popular como como la "célula fundamental" del Estado Comunal, para cuyo efecto se la define en el artículo 15.2 de esta Ley como el "espacio socialista que como entidad local es definida por la integración de comunidades vecinas con una memoria histórica compartida, rasgos culturales, usos y costumbres que se reconocen en el territorio que ocupan y en las actividades productivas que le sirven de sustento y sobre el cual ejercen los principios de soberanía y participación protagónica como expresión del Poder Popular, en concordancia con un régimen de producción social y el modelo de desarrollo endógeno y sustentable contemplado en el Plan de Desarrollo, Económico y Social de la Nación." Esta misma definición de la Comuna como espacio socialista está en el artículo 5 de la Ley Orgánica de las Comunas; noción que implica que la misma está vedada a todo aquél que no sea socialista o que no crea en el socialismo o que no comulgue con el socialismo como doctrina política. La concepción legal de la Comuna, por tanto, es contraria al pluralismo democrático que garantiza la Cons-

112 Véase en *Gaceta Oficial* Nº 6.011 Extra. de 21-12-2010.

titución, siendo abiertamente discriminatoria y contraria a la igualdad que también garantiza el artículo 21 de la Constitución.

Por otra parte, en la norma mencionada de la Ley Orgánica del Poder Popular se define a la Comuna como una "entidad local," y la misma calificación se encuentra en el artículo 1 de la Ley Orgánica de las Comunas, que las define "como entidad local donde los ciudadanos y ciudadanas en el ejercicio del Poder Popular, ejercen el pleno derecho de la soberanía y desarrollan la participación protagónica mediante formas de autogobierno para la edificación del estado comunal, en el marco del Estado democrático y social de derecho y de justicia" (art. 1). También en la reforma de la ley Orgánica del Poder Público Municipal de diciembre de 2010, se incluyó a las comunas en el listado de las "entidades locales territoriales" (art. 19) disponiéndose que las mismas, al estar reguladas por una legislación diferente como es la relativa al Poder Popular, y al deber constituirse "entre varios municipios," quedan exceptuadas de las disposiciones de la Ley Orgánica del Poder Público Municipal.

Ahora bien, en cuanto a calificar a las Comunas como "entidades locales," el Legislador olvidó que conforme a la Constitución (arts. 169, 173), esta expresión de entidad local sólo se puede aplicar a las entidades políticas del Estado en las cuales necesariamente tiene que haber "gobiernos" integrados por representantes electos mediante sufragio universal, directo y secreto (arts. 63, 169) ceñidos a los principios establecidos en el artículo 6 de la Constitución, es decir, tiene que ser "siempre democrático, participativo, electivo, descentralizado, alternativo, responsable, pluralista y de mandatos revocables." Conforme a la Constitución, por tanto, no puede haber "entidades locales" con gobiernos que no sean democráticos en los términos mencionados, y menos por "representantes" designados por otros órganos públicos.

Y esto es precisamente lo que ocurre con los llamados "gobiernos de las comunas," que conforme a esta legislación sobre el Poder Popular y sus organizaciones, no se garantiza su origen democrático mediante elección por sufragio universal, directo y secreto, siendo en consecuencia inconstitucional su concepción.

Debe destacarse, además, que en relación a el gobierno de las comunas, que como se establece en el artículo 28 de la LOPP, pueden transferir la gestión, la administración y la prestación de servicios a las diferentes organizaciones del Poder Popular. A tal efecto, las organizaciones de base del Poder Popular deben hacer las respectivas solicitudes formales, cumpliendo con las condiciones previas y requisitos establecidos en las leyes que regulen la materia.

2. *El marco constitucional de los órganos del Poder Público Municipal*

A. *La regulación constitucional de la separación orgánica de poderes a nivel municipal*

La Constitución de 1999, innovó en materia municipal, al regular en el propio texto constitucional los órganos del Poder municipal. La Constitución de 1961 dejaba esta materia a la regulación de la ley, permitiendo así mayor flexibilidad en cuanto a la posibilidad de diferenciar los regímenes de organización municipal. Sobre el significado de estos cambios constitucionales, la Sala Constitucional del Tribunal Supremo de Justicia en sentencia Nº 2651 de 2 de octubre de 2003 hizo las siguientes consideraciones incluso de carácter histórico sobre el régimen municipal en el país, al analizar el carácter del Alcalde como primera autoridad civil, y su significado:

La disposición que atribuye el carácter de primera autoridad civil de los Municipios a los Alcaldes estaba ausente del anterior Texto Fundamental, y lo estuvo de todos los que hasta ahora han regido a la República venezolana. De hecho, la Constitución de 1961 no concebía la figura del Alcalde, como tampoco concibió la de ningún otro órgano municipal. Se limitó a remitirse a una o varias leyes de desarrollo, a saber: a) estableció que la representación de los Municipios la ejercerían "los órganos que determine la ley" (artículo 25); b) dispuso que "la organización de los Municipios se regirá por esta Constitución, por las normas que para desarrollar los principios constitucionales establezcan las leyes orgánicas nacionales y por las disposiciones legales que en conformidad con aquéllas dicten los Estados" (artículo 26); c) dispuso que "la ley podrá establecer diferentes regímenes para la organización, gobierno y administración de los Municipios, aten-diendo a las condiciones de población, desarrollo económico, situación geográfica y otros factores de importancia", si bien siempre obedeciendo a un régimen demo-crático (artículo 27).

Como se observa, la Constitución de 1961 se remitió a la ley. Mientras ella no había sido dictada, los municipios siguieron rigiéndose por las normas previas, lo que llevó incluso a una situación de evidente trastorno constitucional: se aplicaban normas, principios y hasta tradiciones que ni siquiera tomaban en cuenta que el Texto Fundamental había denominado Municipios a la "unidad política primaria y autónoma dentro de la organización nacional" y a tal fin le había dotado de la personalidad jurídica que hasta entonces era privativa de los denominados Distritos. Así, si bien la Constitución anterior permitía diferentes regímenes organizativos y dejaba al legislador la libertad para decidir acerca de la forma de gobierno y administración municipal, lo cierto es que, en la práctica, el vacío legislativo llegó al extremo de mantener un régimen que no era el querido por el Constituyente. Los Distritos -que no deben confundirse con la actual figura de Distritos Metropo-litanos- mantuvieron durante años el lugar que correspondía realmente a los Muni-cipios.

Todo, por supuesto, tiene explicación. Debe recordarse que la división político-administrativa de los Estados venezolanos se basó tradicionalmente en la figura del Distrito, si bien éstos a su vez estaban integrados por municipios, carentes de personalidad jurídica. Así, la entidad de relevancia jurídico-política era el Distrito y en él se asentaba el Concejo Municipal. Sin duda, se trataba de una situación anómala en la que los Distritos gozaban de la autonomía denominada municipal y el poder público lo ejercían a través de un órgano llamado Concejo Municipal, a la vez que existían unos municipios totalmente privados de poder, al ser sólo una circunscripción administrativa, sin relevancia política.

La Constitución de 1961 pretendió cambiar esa situación y atribuir a los municipios la personalidad jurídica y, en consecuencia, hacer que fueran ellos los que gozaren de autonomía y donde residiese el poder público. Sin embargo, al no ser posible variar de inmediato un régimen ya tradicional, por ser necesario desmontar la estructura existente e instalar la nueva, la propia Constitución previó, en su Disposición Transitoria Primera, que mientras se dictaba la nueva legislación sobre régimen municipal quedaría en vigencia el régimen jurídico pre-constitucional. De esta manera, los municipios, pese a su declaración constitucional como base del poder local, debieron esperar algún tiempo para su efectiva conversión en unidades primarias de la organización política.

El legislador tardó en cumplir con su obligación constitucional y fue sólo en 1978 cuando se sancionó la Ley Orgánica de Régimen Municipal. Sin embargo, ese texto mantuvo el régimen pre-constitucional, con lo que el poder local continuaba en los

Distritos y los Municipios permanecían relegados, apartados de su nuevo rango constitucional. Dicha ley se modificó en 1984, pero sin que la situación variase respecto de la preeminencia de los Distritos. La segunda reforma de la Ley, produ-cida en 1988 y que entró en vigencia en 1989, sí satisfizo la exigencia constitucional e hizo desaparecer la figura del Distrito, asumiendo los municipios el poder que les correspondía desde 1961.

Pero no ha sido éste el único cambio relevante producido durante la vigencia de la Constitución de 1961. Los Municipios ocuparon el lugar de los Distritos (que no deben confundirse con los ahora llamados Distritos Metropolitanos), pero en ellos existía un reparto del poder distinto al estadal y nacional, más próximo a un sistema de gobierno parlamentario que a uno ejecutivista.

En efecto, en virtud de que la Constitución dejaba al legislador la determinación de lo relativo al gobierno y administración municipal, en Venezuela estuvo vigente, durante décadas, un régimen de confusión entre funciones ejecutivas y deliberantes, típico de los sistemas parlamentarios y que fue herencia del derecho español. Así, un órgano parlamentario -ahora comúnmente conocido como Concejo, antes como Cabildo, Municipalidad, Ayuntamiento u otras denominaciones- reunía lo que a nivel nacional y estadal estaba dividido.

Los Concejos Municipales tenían, como es natural en un órgano colegiado, un Presidente, que en la tradición oral -e incluso casi protocolar- recibió luego el nombre de Alcalde. El Alcalde era un Concejal como el resto, pero que, en virtud de sus atribuciones, se distinguía de los demás. Sin embargo, a efectos jurídicos el órgano era uno sólo: el Concejo, que ejercía la totalidad del Poder Público en el ámbito municipal.

Una de las más relevantes innovaciones de la Ley Orgánica de Régimen Municipal que se sancionó en 1989, aparte de eliminar del todo la figura del Distrito como sustituta del Municipio -lo que no impide que los Estados la conserven a otros fines meramente administrativos-, fue separar el ejercicio del Poder Público local. Para ello se mantuvo la institución del Concejo, ya de larga tradición, pero se creó un verdadero Poder Ejecutivo separado del órgano parlamentario. Ese Poder Ejecutivo está encabezado por el Alcalde, de la misma forma como el Presidente o el Gobernador son la cúspide de los Ejecutivos nacional y estadal, respectivamente[113].

B. *El Poder Ejecutivo Municipal: el Alcalde*

a. *El Alcalde como primera autoridad civil*

El gobierno y administración del Municipio corresponde al Alcalde, quien además, y en los términos del Código Civil (art. 446 y siguientes) tiene el carácter de la primera autoridad civil (art. 174)[114].

---

113 Véase en *Revista de Derecho Público*, N° 93-96, Caracas 2003.

114 Por ello, desde hace años habíamos sostenido que las competencias en materia de registro civil, debían ser asumidas por los Alcaldes. Véase sobre esto Allan R. Brewer-Carías, *Informe sobre la Descentralización en Venezuela 1993, Memoria del Ministro de Estado para la Descentralización, op. cit.* pp. 957 y ss. Véase la sentencia de la Sala Constitucional del Tribunal Supremo de Justicia Sentencia N° 2651 del 02-10-2003 en la cual se estableció que si bien a partir de la Constitución de 1999, el Registro Civil y Electoral, como registro único, es competencia del Poder Electoral, a través de la Comisión de Registro Civil y Electoral, a tenor de lo dispuesto en sus artículos 292 y 293, numeral 7 de la Constitución; como la primera autoridad civil de un Municipio es el Alcalde, de acuerdo con el artículo 174 de la

Sobre el significado de la institución del Alcalde, y su deslinde con la figura del prefecto como funcionario estadal, la Sala Constitucional del Tribunal Supremo de Justicia, en la citada sentencia N° 2651 del 2 de octubre de 2003, sentó los siguientes criterios:

> En 1989, entonces, surge la figura del Alcalde con nueva concepción, esta es como jerarca de un Poder Ejecutivo que ha recibido el nombre de Alcaldía. Es cierto -debe sin embargo reconocer la Sala- que la separación a nivel municipal no es idéntica a la del resto de las personas político-territoriales. En parte por dificultades en cambiar una tradición, en parte por la estrechez territorial y la cercanía de los asuntos que les compete manejar -todos puramente locales, aunque no siempre sencillos- el gobierno municipal sigue siendo parcialmente parla-mentario.
>
> Por ello, el artículo 50 de la referida ley dispone que "el Gobierno Municipal se ejerce por un Alcalde y un Concejo Municipal" y luego aclara que la "rama ejecutiva del gobierno municipal se ejerce por órgano del Alcalde y la deliberante por órgano del Concejo Municipal, al cual corresponde legislar sobre las materias de la competencia del Municipio y ejercer el control de la rama ejecutiva del gobierno municipal". Ello explica, también, el que el artículo 77 *eiusdem* enumere las competencias que corresponden al Alcalde, "como Presidente de la Cámara Municipal". Precisamente una de esas funciones es la de "cumplir con las obliga-ciones que le imponga el Código Civil en relación con los actos y registros referentes al estado civil" (ordinal 6°).
>
> En el relato que efectúa esta Sala puede observarse, entonces, que la figura del Alcalde, como autoridad de una rama ejecutiva del Poder Público, sólo se materializó en 1989 y que ello no era un requerimiento de la Constitución de 1961, pero sí una exigencia político-social. Los actuales Alcaldes, de este modo, tuvieron un origen legal, no uno constitucional, y fue sólo en 1999 cuando encontraron acogida en el Texto Fundamental, concediéndoseles expresamente el carácter de primera autoridad civil de los municipios.
>
> Ahora bien, el que los Alcaldes obtuviesen ese rango constitucional en 1999 y que sólo en ese momento se reconociese normativamente su carácter de primera autoridad civil local, no implica que no lo tuvieron, incluso, antes.
>
> En efecto, por algo sólo explicable por la tradición, y no por la razón, se consideraba a los prefectos y jefes civiles como las primeras autoridades civiles locales, aun cuando no fueran más que unas figuras de desconcentración de la actividad de los Estados. En ello ayudó mucho, sin duda, el Código Civil -de antigua sanción, pese a sus reformas- que al referirse a la primera autoridad civil de una localidad la llamaba ocasionalmente Jefe Civil. Las normas venezolanas, como es parcialmente comprensible, no se han ido siempre adaptando a los muchos cambios en la organización política, con lo que las primeras autoridades civiles locales siguieron siendo, para todos, unos funcionarios que no eran locales. La representante del Municipio Chacao del Estado Miranda lo ha puesto en cierta manera de manifiesto al sostener en su escrito que el "verdadero perfil de esos funcionarios [Prefectos y Jefes Civi-

---

Constitución, es él quien debe llevar los registros correspondientes, y ya no los Prefectos ni Jefes Civiles, antiguas primeras autoridades de Municipios y parroquias. Ello, sin perjuicio de las reglas para casos especiales que fijó el Código Civil. Esa primera autoridad civil de los Municipios, si bien anteriormente tenía el control total del Registro Civil, ahora debe actuar sólo como "colaborador" con el órgano que constitucionalmente tiene el poder de centralización del Registro: la Comisión de Registro Civil y Electoral, por lo que debe atenerse a lo que, al respecto, dispone la Ley Orgánica del Poder Electoral.

les] desde el punto de vista práctico" era el de "una autoridad local estrechamente vinculada con la vida del Municipio".

Observa la Sala que, aun sin previsión expresa sobre el carácter de primera autoridad civil local, lo que sí constituía una exigencia constitucional era la necesidad de que en los municipios se eligiera libremente a sus autoridades, y ello ejerció gran incidencia en la figura de los Prefectos distritales y Jefes Civiles parroquiales, los cuales eran designados por los Gobernadores de Estado, siendo en realidad sus agentes, de la misma forma en que esos Gobernadores eran agentes del Poder Nacional mientras no fueron electos por la colectividad.

Los Prefectos eran, por tanto, una autoridad de ámbito municipal, pero no de carácter municipal, que no correspondían realmente al Municipio al que se refería el Texto Fundamental de 1961. Eran –y son, pues aún subsisten- funcionarios estadales sin ningún reconocimiento constitucional nacional. Su origen está siempre en las Constituciones estadales, como es natural. Sólo la Carta Magna de 1819 mencionó a los Prefectos. Según esa Constitución, en "cada capital de departamento hay un prefecto y una municipalidad" (artículo 1, Sección Segunda, Título 9°). Al Prefecto se le calificó como "teniente del gobernador de la provincia" en el ámbito de un departamento (artículo 3° de la misma Sección), es decir, como su subalterno. Era tal su condición de teniente, que el propio Gobernador debía ser el "prefecto del departamento de la capital de la provincia" (artículo 1°). Esos prefectos tenían asignado, entre otras competencias, llevar el censo de la población, así como el registro de nacimientos y defunciones.

La figura del prefecto como funcionario provincial (luego estadal, con el cambio de denominación que vino aparejada con la evolución político-institucional venezolana) se mantuvo entre nosotros y no puede dudarse de su utilidad, si bien hoy en día su relevancia es bastante menor. Los prefectos, al no ser funcionarios municipales, sino estadales de ámbito municipal, necesitaban de adaptación a la Constitución de 1961. Así, debe insistir la Sala en que, ya bajo la vigencia de la misma, los prefectos debieron dejar de ser la primera autoridad civil del Municipio. Ahora, como esa Constitución no mencionaba ningún órgano, y como era difícil atribuir al Concejo –órgano colegiado, de funciones diversas- la primera autoridad civil, el Prefecto se mantuvo como tal durante más tiempo del debido.

Con la Ley Orgánica de Régimen Municipal de 1989 la situación varió: es obvio que debe entenderse que el Alcalde era la primera autoridad civil del Municipio, al ser el jerarca máximo de la rama ejecutiva del Poder Público a ese nivel. Se trata de un funcionario electo popularmente, respondiendo a las exigencias democráticas de la Constitución, que debía necesariamente desplazar a los Prefectos y Jefes Civiles en los ámbitos de competencia de los Municipios o en cualquiera para la cual fuese titular de la competencia la primera autoridad civil del Municipio, como sucede precisamente con el registro del estado civil. Sin embargo, la fuerza de la tradición llevó a seguir considerando a Prefectos y Jefes Civiles como primeras autoridades civiles locales, sin reparar de manera suficiente en que su origen no era democrático -exigencia de los artículos 27 y 29 de la Constitución de 1961- ni formaban parte del Poder Público de la entidad llamada constitucionalmente "Municipio".

La Constitución de 1999 vino a resolver esa situación, pues incorporó entre sus normas lo que no podía ser de otra forma: era absurdo sostener que la primera autoridad civil de un Municipio fuese un funcionario designado por el Gobernador estadal y que, en consecuencia, respondiese ante éste, cuando existía otro funcionario legalmente creado que tenía un claro origen local y contaba con respaldo de la población. Pudo ser así durante largo tiempo, pero debió dejar de serlo en el momento cuando cambió la regulación sobre la materia, de la misma manera como, desde la sanción de la Ley de Elección y Remoción de Gobernadores, era lógico que estos funcionarios dejasen de ser representantes del Presidente de la República en el territorio de un estado[115].

b. *Los requisitos*

Para ser Alcalde se requiere ser venezolano mayor de 25 años y de estado seglar. El artículo 41 de la Constitución, sin embargo, exige que en los Estados Fronterizos, para ser Alcalde se requiere ser venezolano por nacimiento, sin otra nacionalidad.

Por otra parte, el artículo 177 permite que la ley nacional pueda establecer principios, condiciones y requisitos de residencia, prohibiciones, causales de inhibición e incompatibilidades para la postulación y ejercicio de las funciones de Alcaldes y concejales.

c. *La elección y carácter*

El Alcalde debe ser elegido por un período de 4 años por mayoría de las personas que votan, y podrá ser reelegido de inmediato y por una sola vez, para un período adicional.

Tampoco se estableció, en este caso el principio de la elección por mayoría absoluta, como se había planteado en la discusión constitucional[116].

C. *El Poder Legislativo Municipal: los Concejos Municipales*

El artículo 175 de la Constitución, atribuye la función legislativa del Municipio al Concejo, integrado por concejales elegidos en la forma establecidas en la Constitución, en el número y condiciones de elegibilidad que determine la ley.

Lamentablemente no se estableció en la Constitución el principio de la elección uninominal de concejales, para asegurar la efectiva representatividad de las comunidades y sus electores, remitiéndose el sistema electoral al principio de la representación proporcional destinado a permitir la representatividad de partidos[117].

En todo caso, los Consejos Municipales como titulares del poder legislativo municipal, tienen la potestad de dictar leyes locales, denominadas Ordenanzas, a las cuales tradicionalmente se le ha atribuido el carácter de "leyes"como actos de ejecución directa de la Constitución, lo cual ha sido ratificado por la Sala Constitucional del Tribunal Supremo en muchos fallos[118].

---

115 *Idem.*

116 Véase nuestro Voto Salvado en Allan R. Brewer-Carías, *Debate Constituyente*, Tomo III, *op. cit.*, p. 195.

117 Véase nuestro Voto Salvado en Allan R. Brewer-Carías, *Debate Constituyente*, Tomo I, *op. cit.*, pp. 195 y 196.

118 Véase por lo que se refiere a las sentencias más recientes, las sentencias N° 572 de 18-03-2003 y N° 2542 de 17-09-2003. El criterio también ha sido establecido por la Sala Político Administrativa del Tribunal Supremo, en sentencia N° 713 de 30-03-2000. Véase en *Revista de Derecho Público*, N° 81, (enero-marzo), Editorial Jurídica Venezolana, Caracas, 2000, p. 191.

D. *Las Contralorías Municipales*

En cuanto a las Contralorías Municipales, de acuerdo con el artículo 176, les corresponde el control, vigilancia y fiscalización de los ingresos, gastos y bienes municipales, así como las operaciones relativas a los mismos, sin menoscabo del alcance de las atribuciones de la Contraloría General de la República.

Las Contralorías son dirigidas por el Contralor, designado por el Concejo mediante concurso público que garantice la idoneidad y capacidad de quien sea designado para el cargo, de acuerdo con las condiciones establecidas por la ley.

La Ley Orgánica de Régimen Municipal 1989, le otorga autonomía orgánica y funcional a las Contralorías Municipales, lo cual ha llevado a la Sala Político Administrativa del Tribunal Supremo a garantizarla ordenándole a un Alcalde, por ejemplo, abstenerse de reducir o modificar el presupuesto de la Contraloría[119]

E. *Los Concejos locales de Planificación Pública*

Por último, el artículo 182 de la Constitución crea el Consejo Local de Planificación Pública, presidido por el Alcalde e integrado por los concejales, los Presidentes de la Juntas Parroquiales y representantes de organizaciones vecinales y otras de la sociedad organizada, de conformidad con las disposiciones que establezca la ley. A tal efecto, en 2002 se dictó la Ley de los Consejos Locales de Planificación Pública,[120] la cual se reformó en 2010[121] para adaptarla al esquema del Poder Popular..

3. *El Distrito Metropolitano de Caracas y el Distrito Capital*

A. *La desaparición del Distrito Federal*

a. *El Distrito Capital en sustitución del Distrito Federal*

De acuerdo con lo establecido en el artículo 16 de la Constitución de 1999, con el fin de organizar políticamente la República, el territorio nacional se divide "en el de los Estados, el del Distrito Capital, el de las dependencias federales y el de los territorios federales".

Esta división política del territorio nacional es geográfica y cartográficamente idéntica a la que preveía el artículo 9 de la Constitución de 1961, (salvo en cuanto a la reducción del territorio del Distrito Federal por la creación del Estado Vargas), pero con el muy importante cambio de denominación del territorio de la parte oeste del valle de Caracas, del "Distrito Federal" por el "Distrito Capital".

En efecto, una de las reformas más importantes que se produjo constitucionalmente respecto de la división política del territorio nacional, con el antes mencionado cambio de denominación, fue la *eliminación* del "Distrito Federal" como entidad política vinculada al Poder Nacional o Federal.

Conforme al régimen constitucional anterior, no sólo le correspondía al Congreso Nacional la organización del Distrito mediante ley orgánica (Ley Orgánica del

---

119 Véase sentencia Nº 2148 de 14-11-2000, Véase en *Revista de Derecho Público*, Nº 84, (octubre-diciembre), Editorial Jurídica Venezolana, Caracas, 2000, pp. 203 y ss.

120 *G.O.* Nº 37.463 de 12 de junio de 2002.

121 *G.O.* Nº 6.017 Extra. de 30-12-2010

Distrito Federal), (art. 136,6), sino que correspondía al Presidente de la República, la designación del Gobernador del Distrito Federal (art. 190,17), habiendo permanecido siempre, el Presidente de la República, desde la misma creación del Distrito Federal en 1864, como la superior autoridad civil y política del Distrito, quien la ejercía, precisamente, a través del Gobernador del Distrito Federal, de su libre nombramiento y remoción[122].

Con la Constitución de 1999, en consecuencia, se eliminó todo vínculo del Poder Nacional con el territorio del antiguo Distrito Federal, el cual se sustituyó por el del Distrito Capital. Este, ahora, es parte de la división política del territorio nacional, por lo que la Ley Orgánica de División Político Territorial que habrá de dictarse en el futuro en sustitución de la vieja Ley de 1856, por supuesto, deberá incluir el territorio del Distrito Capital, en el cual también debe garantizarse la autonomía municipal y la descentralización político administrativa (art. 16).

b. *Los efectos constitucionales de la creación del Distrito Capital*

En las discusiones en la Asamblea Nacional Constituyente para la redacción de la Constitución de 1999, la propuesta original no fue cambiarle de nombre al Distrito Federal, sino crear un "Distrito Capital" en un territorio que abarcara mucho más que el del antiguo Distrito Federal, es decir, además de éste, el de los territorios de los Municipios Chacao, Sucre, Baruta y El Hatillo del Estado Miranda, equivalente al territorio geográfico del valle de Caracas y sus zonas más próximas. Se propuso así, inicialmente, separar del Estado Miranda esos Municipios e integrarlos territorialmente al Distrito Capital, como una nueva entidad política en el territorio nacional. Lamentablemente, factores políticos circunstanciales impidieron la solución territorial definitiva para Caracas[123], y el debate terminó con el establecimiento del Distrito Capital *única y exclusivamente en el territorio del antiguo Distrito Federal*, con la mención expresa de que debía preservarse "la integridad territorial del Estado Miranda" (Disposición Transitoria Primera).

En consecuencia, el Distrito Capital en la Constitución de 1999 es una parte de la división política del territorio nacional que, sin embargo, no abarca territorialmente toda la ciudad de Caracas, sino que coincide con el territorio del antiguo Distrito Federal, por lo que en forma alguna afecta o puede afectar el territorio del Estado Miranda, el cual, conforme a la voluntad del Constituyente, ha permanecido incólume. En consecuencia, conforme a la Constitución de 1999, los Municipios del valle de Caracas, al este de la Quebrada Chacaíto y en línea hacia el sur, necesariamente continúan y continuarán siendo parte del territorio del Estado Miranda.

Ahora bien, la existencia ahora del Distrito Capital en sustitución del antiguo Distrito Federal implica, constitucionalmente hablando, lo siguiente: en *primer lugar,* que a todos los efectos administrativos, el Distrito Capital es una división política del territorio nacional, por lo que las unidades administrativas nacionales que actúan en el territorio nacional, pueden adoptar la división del Distrito Capital. Por ejemplo, habrá oficinas subalternas de Registro del Distrito Capital, en lugar de las del Distrito Federal; habrá Tribunales con jurisdicción en el Distrito Capital en lugar

122 Véase Allan R. Brewer-Carías, *El régimen de gobierno municipal del Distrito Federal,* Caracas, 1968.

123 Véase Asamblea Nacional Constituyente, *Gaceta Constituyente (Diario de Debates),* Caracas, octubre-noviembre 1999.

del Distrito Federal; y habrá unidades ministeriales, por ejemplo, educativas o de salud, con jurisdicción en el Distrito Capital en lugar del Distrito Federal.

Debe señalarse, en todo caso, que en aquellos supuestos en los cuales la ley establece una distribución territorial entre Estados y el Distrito Federal, después de la Constitución, la antigua unidad territorial del Distrito Federal se convierte en unidad del Distrito Capital. Esto sucede, por ejemplo, respecto de los Colegios Profesionales cuyas leyes preveían su existencia en el Distrito Federal (*p.e.* Colegio de Médicos del Distrito Federal que se convierte en Colegio de Médicos del Distrito Capital). En efecto, de acuerdo con el texto expreso de la Ley de Abogados y de la Ley de Ejercicio de la Medicina, por ejemplo, los Colegios profesionales de abogados y médicos deben crearse y funcionar en cada entidad federal. Antes de la Constitución de 1999 existían Colegios en cada uno de los Estados y en el Distrito Federal, por lo que después de la Constitución de 1999 lo único que cambia es la denominación de Distrito Federal por el de Distrito Capital. En consecuencia, el antiguo Colegio de Médicos del Distrito Federal puede y debe denominarse Colegio de Médicos del Distrito Capital, siendo absolutamente contrario a la Ley de Ejercicio de la Medicina la decisión de dicho Colegio adoptada en el año 2000 de pasar a denominarse Colegio de Médicos del Distrito Metropolitano de Caracas, en perjuicio de la jurisdicción del Colegio de Médicos del Estado Miranda.

En *segundo lugar,* que como entidad político territorial, al Distrito Capital le corresponde participar en la distribución del situado constitucional (una partida equivalente a un máximo del 20% del total de los ingresos ordinarios estimados anualmente por el Fisco Nacional) junto con los Estados de la República (art. 167,4). Por tanto, en la asignación del situado constitucional, al Distrito Capital le corresponde igual parte que a cada uno de los Estados respecto del 30% del situado constitucional; y una parte muy importante respecto del 70% restante del situado constitucional, que se reparte en proporción a la población de cada uno de los Estados y del Distrito Capital.

En *tercer lugar*, que corresponde a la Asamblea Nacional sancionar una Ley que regule la organización y régimen del Distrito Capital (art. 156,10) en cuyo territorio puede haber uno o más municipios. Es decir, una ley nacional hubiera podido establecer un régimen y organización del Distrito Capital, el cual no necesariamente tenía que conducir a crear alguna nueva "autoridad" a nivel del Distrito Capital, como incluso podría deducirse de lo indicado en el artículo 189,2 de la Constitución, sino que podía perfectamente regular sólo la existencia de diversos municipios que podrían establecerse en dicho territorio (art. 18), dividiendo el actual Municipio Libertador del Distrito Capital.

En *cuarto lugar,* la ley nacional, en todo caso, era la llamada a determinar a cual autoridad democráticamente electa corresponde administrar y ejecutar los ingresos que por situado constitucional, corresponden al Distrito Capital como entidad territorial, lo cual se ha atribuido al Distrito Metropolitano de Caracas.

En todo caso, este esquema constitucional del Distrito Capital con autonomía territorial se quiso cambiar radicalmente en la rechazada Reforma Constitucional de 2007,[124] en la cual, se buscaba simplemente la eliminación del propio Distrito Capi-

124 Véase Allan R. Brewer Carías *La reforma constitucional de 2007,* Editorial Jurídica Venezolana, Caracas 2007, pp. 81 ss.

tal para recrear la desaparecida figura del Distrito Federal, como entidad totalmente dependiente del Poder Nacional, en particular del Presidente de la República, sin gobierno propio. En 2009, sin embargo, esto último fue lo que precisamente se materializó, en fraude a la Constitución que no fue reformada, mediante ley sancionada por la Asamblea Nacional denominada: la Ley Especial Sobre la Organización y Régimen del Distrito Capital.[125]

En esta Ley, lejos de haber establecido una organización democrática de una entidad política de la Republica, lo que se hizo fue implementar ilegítimamente la propuesta que estaba en la rechazada reforma constitucional de 2007, regulándose una entidad con dependencia del Poder Nacional, con ámbito territorial igual al que "correspondían al extinto Distrito Federal a la fecha de entrada en vigencia de la Constitución de la República Bolivariana de Venezuela y que comprende el territorio del actual Municipio Bolivariano Libertador." (Art. 4). El "régimen especial de gobierno" que se estableció para este ente, es muy parecido al de los "institutos autónomos" como entes descentralizados funcionalmente conforme a la Ley Orgánica de la Administración Pública; y consiste en que no tiene autoridades propias de gobierno, sino que es gobernada por el Poder Nacional. Por ello, el "régimen especial… de gobierno" que se prevé en el artículo 3, dispone que el ejercicio de la función legislativa en el Distrito esta a cargo de la Asamblea Nacional, y que el órgano ejecutivo es ejercido por un Jefe de Gobierno, el cual de acuerdo con el artículo 7 de la Ley Especial es "de libre nombramiento y remoción" por parte del Presidente de la República. La dependencia del Jefe de Gobierno del Distrito Capital del Poder Nacional se confirma con la previsión del artículo 10 de la Ley Especial según la cual, el mismo debe rendir "cuenta de su gestión anualmente, dentro de los primeros sesenta días de cada año ante la Asamblea Nacional y el Poder Popular."[126]

c. *La relación entre el Distrito Capital y el Distrito Metropolitano de Caracas*

La Constitución de 1999, al renunciar a la creación de una entidad federal que abarcara territorialmente todo el valle de Caracas y comprendiera el territorio del antiguo Distrito Federal y el de los Municipios Chacao, Sucre, Baruta y El Hatillo del Estado Miranda, desmembrando el territorio de esta entidad federal; optó por dejar incólume la división territorial del Estado Miranda y, en general, de la República, cambiando sólo el nombre del Distrito Federal por el del Distrito Capital, con las consecuencias constitucionales antes indicadas, y dejando los Municipios del este del valle de Caracas, en el territorio del Estado Miranda[127].

---

125 *G.O.* Nº 39.156 de 13 de abril de 2009. Véase sobre esta Ley Allan R. Brewer-Carías, "La problemática del régimen jurídico del "Distrito Capital" en la estructura federal del Estado en Venezuela, y su inconstitucional regulación legal," *AIDA Opera Prima de Derecho Administrativo*, Nº 5, Universidad Nacional Autónoma de México, enero-junio 2009, México 2009, pp. 81-119.

126 Véase en general sobre esta ley Allan R. Brewer-Carías, Manuel Rachadell, Nelson Socorro, Enrique Sánchez Falcón, Juan Carmona Borjas, Tulio Álvarez, *Leyes sobre el Distrito Capital y el Área metropolitana de Caracas*, Colección Textos Legislativos Nº 45, Editorial Jurídica Venezolana, Caracas 2009.

127 Véase en general, María de los Angeles Delfino M., "La gobernabilidad de Caracas, la Capital y el Distrito Metropolitano", *Revista de Derecho Público,* Nº 82, (abril-junio), Editorial Jurídica Venezolana, Caracas 2000, pp. 107-114; Manuel Rachadell, "¿Distrito Capital o Distrito Metropolitano?", en *El Derecho Público a comienzos del siglo XXI. Estudios en homenaje al Profesor Allan R. Brewer-Carías,*

Con base en esta división política del territorio nacional, la Constitución, además, introdujo una reforma que significó un avance sustancial en relación con la Constitución de 1961, respecto de la organización del área metropolitana de Caracas.

La Constitución de 1961, en efecto, sólo establecía que una ley especial podía *coordinar* las distintas jurisdicciones existentes dentro del área metropolitana de Caracas, sin menoscabo de la autonomía municipal (art. 11); ley especial que jamás llegó a sancionarse, a pesar de todas las propuestas que se fueron formulando. En todo caso, la Constitución de 1961 planteaba, como principio, la necesidad de coordinar las distintas jurisdicciones (nacionales, del Estado Miranda, del Distrito Federal y Municipales) que existían en el Área Metropolitana de la Capital.

La Constitución de 1999, por supuesto, fue mucho más allá del sólo reconocimiento de la existencia de distintas jurisdicciones con competencias en el territorio del Área Metropolitana de Caracas y del establecimiento del principio de coordinación; al regular, en su lugar, directamente, la necesidad de establecer un *sistema de gobierno municipal para toda el área.*

En efecto, el artículo 18 de la Constitución, luego de establecer que la ciudad de Caracas es la capital de la República y el asiento de los órganos del Poder Nacional, agregó:

> Una ley especial establecerá la unidad político-territorial de la ciudad de Caracas que integre en un sistema de gobierno municipal a dos niveles, los Municipios del Distrito Capital y los correspondientes del Estado Miranda.

Esa Ley fue sancionada por la Asamblea Nacional Constituyente como Ley Especial sobre el Régimen del Distrito Metropolitano de Caracas de 8-3-2000[128].

En todo caso, de la norma constitucional, quedó claro en *primer lugar*, que existe un territorio denominado Distrito Capital (antes Distrito Federal) y un territorio denominado Estado Miranda, como parte de la división política de la República. En consecuencia, con el establecimiento del Distrito Metropolitano de Caracas, como lo ha señalado la sentencia N° 1563 de la Sala Constitucional de 13-12-00[129] (Caso: *Interpretación de la Ley Especial sobre el Régimen del Distrito Metropolitano de Caracas*), "no ha nacido ninguna nueva entidad político territorial que deje sin efecto las previstas en el artículo 16 de la Constitución" (pág. 33 de 61).

En *segundo lugar,* que en dicho territorio, en lo que se refiere al área ocupada por la ciudad de Caracas como realidad urbana, debe establecerse un sistema de

---

Tomo III, Instituto de Derecho Público, UCV, Civitas Ediciones, Madrid, 2003, pp. 3271 a 3311; Alfredo De Stefano Pérez, "Aproximación al estudio del Distrito Metropolitano de Caracas", en *Temas de Derecho Administrativo: Libro Homenaje a Gonzalo Pérez Luciani,* Volumen II, Editorial Torino, Caracas 2002, pp. 553-592; Allan R. Brewer-Carías, "Consideraciones sobre el régimen constitucional del Distrito Capital y del sistema de gobierno municipal de Caracas", en *Revista de Derecho Público*, N° 82 (abril-junio), Editorial Jurídica Venezolana, Caracas, 2000, pp. 5-17; Allan R. Brewer-Carías, "Consideraciones sobre el régimen constitucional del Distrito Capital y del sistema de gobierno municipal de Caracas" en *Revista Iberoamericana de Administración Pública (RIAP)*, Ministerio de Administraciones Públicas, N° 5, julio-diciembre 2000, Madrid 2000, pp. 17-39.

128 *G.O.* N° 36.906 de 8-3-2000.

129 Véase en *Revista de Derecho Público,* N° 84, (octubre-diciembre), Editorial Jurídica Venezolana, Caracas, 2000, pp. 184 y ss. En el texto sin embargo, las referencias que hacemos a las páginas de la sentencia se refieren a las de la versión publicada en la página web del Tribunal Supremo.

gobierno municipal, léase bien, *municipal*, a dos niveles, que integre en una unidad político-territorial, a los Municipios (que pueden y deberían ser varios) del Distrito Capital y a los correspondientes Municipios del Estado Miranda donde tiene su asiento parte de la ciudad capital (Chacao, Sucre, Baruta y El Hatillo) como unidad y continuidad urbanística. Por ello, la sentencia N° 1563 de la Sala Constitucional antes citada del 13-12-00, correctamente califica al Distrito Metropolitano de Caracas como "una entidad estrictamente municipal" (pág. 32 de 61) que "forma parte del Poder Municipal" (pág. 35 de 61); aclarando que "no es una entidad estadal" (pág. 38 de 61).

En *tercer lugar*, que el establecimiento de la unidad político-territorial de la ciudad de Caracas mediante la integración de los Municipios en los cuales tiene su asiento, en un sistema de gobierno municipal a dos niveles, no afecta en forma alguna la división política de la República, que sigue siendo en Estados y el Distrito Capital, ni afecta en forma alguna los territorios del Distrito Capital y del Estado Miranda, cuyo territorio, en particular, conforme a la Disposición Transitoria Primera, debe preservarse; es decir, que la organización del sistema de gobierno municipal a dos niveles en Caracas, debe preservar la integridad territorial del Estado Miranda y de los Municipios del mismo. Por tanto, no es cierto, como lo ha señala la sentencia de la Sala Constitucional citada del 13-12-00, que supuestamente la Ley sobre el Régimen del Distrito Metropolitano de Caracas le haya dado "de una vez a dicho Distrito (capital) el régimen de Distrito Metropolitano" (pág. 32 de 61). Tampoco es correcto afirmar, como lo ha hecho la Sala Constitucional en la antes citada sentencia, que con la creación de un Distrito Metropolitano se "fusionen" los Municipios que integran el mismo (pág. 33 de 61 y 34 de 61). No ha habido allí fusión alguna de Municipios.

Por último, en *cuarto lugar,* la integración de un gobierno municipal a dos niveles implica un sistema de distribución de la competencia municipal entre los dos niveles, de manera que el nivel metropolitano ejerza los aspectos metropolitanos (macro) de la competencia municipal y los niveles municipales ejerzan los aspectos locales (micro) de las mismas competencias. En la materia, por tanto, no hay "sujeción" de un nivel a otro, en el sentido de subordinación jerárquica y sólo podría hablarse de primacía normativa del nivel metropolitano. En consecuencia, no es sino desafortunada la expresión utilizada en la sentencia N° 1563 citada de la Sala Constitucional, cuando señala que habría "sujeción" de los Alcaldes Municipales al Alcalde Metropolitano, en el siguiente párrafo:

> Para determinar las competencias del Distrito Metropolitano de Caracas, la Sala puntualiza que por mandato constitucional, existe un gobierno municipal de dos niveles, uno macro para toda la extensión territorial y uno micro para cada uno de los municipios que conforman al Distrito.
>
> En el nivel macro, es el Alcalde Metropolitano la primera autoridad civil, política y administrativa del Distrito, mientras que en el nivel micro y en lo que sean competentes, los Alcaldes de cada Municipio son la primera autoridad civil, política y administrativa de ellos.
>
> En consecuencia, existe en el nivel macro una sujeción de los Alcaldes de los municipios integrados al Alcalde Metropolitano, pero éste no puede intervenir en el ni-

vel micro, en lo que sea competencia exclusiva de los municipios que conforman el Distrito (pág. 38 de 61).

El Alcalde Metropolitano no es ningún "Alcalde Mayor" al cual se encuentren "subordinados" (sujetos) los Alcaldes Municipales; y además, no se puede hablar de materias de la competencia municipal "exclusiva" de alguno de los dos niveles de gobierno. Ambos son gobierno municipal, y como tales tienen el gobierno y la administración de las materias de la competencia municipal, cada nivel en los aspectos que le corresponden: los aspectos "macro", de carácter metropolitano para el nivel metropolitano; y los aspectos "micro", locales, para los Municipios.

B. *El Régimen de Gobierno Municipal del Distrito Metropolitano de Caracas*

a. *La creación del Distrito Metropolitano de Caracas mediante Ley Especial*

En ejecución del mandato establecido en la Disposición Transitoria Primera de la Constitución, conforme al artículo 18 de la Constitución, la Asamblea Nacional Constituyente sancionó la Ley Especial sobre el Régimen del Distrito Metropolitano de Caracas de 8-3-2000[130]. En todo caso, por el hecho de que haya sido dictada por la Asamblea Nacional Constituyente, dicha ley no adquirió ningún rango distinto al de la ley y mucho menos algún rango constitucional.

Esto lo ha aclarado la Sala Constitucional en la citada sentencia Nº 1563 de 13-12-00, donde ha dejado sentado el carácter de la Ley Especial, como ley "de rango inferior a la Constitución" (pág. 29 de 61), a la cual, sin embargo, le atribuyó la naturaleza, el carácter y las características de "ley orgánica, así no se le haya dado tal denominación" (pág. 30 de 61), en virtud de que en ella se regulan materias que están contenidas en la Ley Orgánica de Régimen Municipal.

En todo caso, debe advertirse, que se trata de la Ley Especial que regula el Distrito Metropolitano de Caracas, que es la exigida en el artículo 18 de la Constitución, para regular, conforme a los principios generales establecidos en la Constitución para los Distritos Metropolitanos (art. 171), la unidad político-territorial de la ciudad de Caracas que integra en un sistema de gobierno municipal a dos niveles, los Municipios Libertador del Distrito Capital y Chacao, Sucre, Baruta y El Hatillo del Estado Miranda.

Por tanto, la Ley Especial no es, en absoluto, la Ley del Distrito Capital a que hacen referencia los artículos 156,10 y 187,1 de la Constitución, constituyendo un lamentable error de la Disposición Transitoria Primera de la Constitución, el haber hecho referencia a una supuesta "Ley Especial sobre el Régimen del Distrito Capital", cuando de lo que se trataba era de la Ley Especial sobre el Distrito Metropolitano de Caracas. Sin embargo, la remisión expresa que hace la Disposición Transitoria Primera a la Ley Especial "prevista en el artículo 18 de la Constitución" despeja toda duda, pues esta norma no regula ley alguna del "Distrito Capital" sino de la unidad político territorial de la ciudad de Caracas que integre los Municipios tanto del Distrito Capital como del Estado Miranda en los cuales la ciudad tiene su asiento, en un sistema de gobierno a dos niveles.

---

130 *G.O.* Nº 36.906 de 8-3-2000.

En todo caso, esta confusión quedó aclarada en la oportunidad de la primera discusión del "Proyecto de Ley Especial sobre el Régimen del Distrito Capital" en la Asamblea Nacional Constituyente, sesión del 25-01-2000, lo que condujo a que en la segunda discusión, sesión del 28-01-2000, se hubiera modificado el título de la ley por el de Ley sobre el Régimen del Distrito Metropolitano de Caracas[131]. Esos debates, lamentablemente no fueron tomados en cuenta por la Sala Constitucional en su sentencia N° 1563 del 13-12-00 al haber afirmado que la Asamblea Nacional Constituyente, de acuerdo con la Disposición Transitoria Primera de la Constitución, antes de dictar la Ley sobre el Régimen del Distrito Metropolitano de Caracas, debió dictar la Ley sobre el Régimen del Distrito Capital (pág. 29 de 61).

En todo caso, se debe señalar que con base en lo establecido en el artículo 18 de la Constitución, entonces, el artículo 1° de la Ley Especial sobre el Régimen del Distrito Metropolitano de Caracas, establece que:

> *Artículo 1°.* Esta Ley tiene por objeto regular la creación del Distrito Metropolitano de Caracas como unidad político territorial de la ciudad de Caracas, conforme a lo dispuesto en el artículo 18 de la Constitución de la República Bolivariana de Venezuela, y establecer las bases de su régimen de gobierno, organización, funcionamiento, administración, competencia y recursos. El Distrito Metropolitano de Caracas goza de personalidad jurídica y autonomía dentro de los límites de la Constitución y la ley, y su representación la ejercerán los órganos que determine la ley.

A tal efecto, el artículo 2° de la Ley Especial determinó el ámbito territorial del Distrito Metropolitano de Caracas así:

> *Artículo 2°.* Los límites del Distrito Metropolitano de Caracas, son los del Municipio Libertador del Distrito Capital, el cual sustituye al Distrito Federal y de los Municipios Sucre, Baruta, Chacao y El Hatillo del Estado Miranda. Cualquier controversia que pudiera surgir sobre los mismos será decidida por el Tribunal Supremo de Justicia de conformidad con la Constitución y las leyes de la República, en cualquier caso preservando la integridad territorial del Estado Miranda.

Sobre la necesaria posible subdivisión del Municipio Libertador del Distrito Capital en otros Municipio, el artículo 38 de la Ley Especial estableció que corresponde a la Asamblea Nacional "en el lapso no mayor de un (1) año a partir de su instalación" dictar las medidas para la reorganización político territorial del Municipio Libertador, de conformidad con los principios de descentralización y participación contenidos en la Constitución de la República Bolivariana de Venezuela. La Ley del Distrito Capital prevista en la Constitución (art. 156,10), por tanto, en realidad sólo podría tener por objeto la división político territorial del Distrito en Municipios, no siendo necesario dictarla a ningún otro efecto como lo ha exhortado la Sala Constitucional en la sentencia N° 1563 citada del 13-12-00, considerándola como "una urgente necesidad" (pág. 30 de 61).

Por otra parte, en cuanto a la integración de nuevas entidades territoriales al Distrito Metropolitano de Caracas, ello debe ser aprobado por la Asamblea Nacional, mediante acuerdo (art. 29 de la Ley Especial).

---

131 Véase Asamblea Nacional Constituyente, *Gaceta Constituyente* (Diario de Debates), Noviembre-1999-Enero 2000, Caracas, 2000.

b. *El sistema de gobierno municipal a dos niveles en el Distrito Metropolitano de Caracas*

Conforme al mencionado artículo 18 de la Constitución, el artículo 3° de la Ley Especial dispuso que el Distrito Metropolitano de Caracas se organiza en un sistema de gobierno municipal a dos niveles, así:

1. El Nivel Metropolitano, formado por un órgano ejecutivo y un órgano Legislativo, cuya jurisdicción comprende la totalidad territorial Metropolitana de Caracas;
2. El Nivel Municipal formado por un órgano ejecutivo y un órgano legislativo en cada municipio integrante del Distrito Metropolitano de Caracas, con jurisdicción municipal.

En el Distrito Metropolitano de Caracas, el gobierno y la administración corresponden al Alcalde Metropolitano; y la función legislativa corresponde al Cabildo Metropolitano (art. 4). Por su parte, conforme a la Ley Orgánica de Régimen Municipal, en cada uno de los Municipios que integran el Distrito Metropolitano, el Poder Ejecutivo lo ejerce el Alcalde Municipal; y el Poder Legislativo lo ejerce el Concejo Municipal, con sus respectivas competencias, de conformidad con lo establecido en la Constitución y leyes de la República (art. 5).

En el nivel metropolitano, el Alcalde Metropolitano es la primera autoridad civil, política y administrativa del Distrito Metropolitano de Caracas, así como los Alcaldes Municipales lo son en cada uno de los Municipios que lo integran (art. 8).

En cuanto al Cabildo Metropolitano, conforme al artículo 11 de la Ley Especial, es el órgano legislativo del Distrito Metropolitano de Caracas, integrado por los Concejales Metropolitanos elegidos en la oportunidad y en el número determinados por la legislación electoral aplicable.

Se regula, además, en la Ley Especial, al Consejo de Gobierno del Distrito Metropolitano de Caracas como órgano superior de consulta y asesoría del Alcalde Metropolitano, integrado por los Alcaldes de los Municipios que conforman el Distrito Metropolitano de Caracas (art. 10). Dicho Consejo de Gobierno, lo preside el Alcalde Metropolitano y se reúne a convocatoria suya (arts. 9 y 10). Se reguló así, en la ley, la figura que se había creado en los Reglamentos de la Ley Orgánica de Descentralización de 1993[132].

Tanto el nivel metropolitano como el nivel municipal en el Distrito Metropolitano de Caracas, son *gobiernos municipales* y, por tanto, sus competencias son estrictamente municipales.

Por ello, el artículo 28 de la Ley Especial, establece que las disposiciones de la Ley Orgánica de Régimen Municipal, en el tiempo de su vigencia, así como la legislación prevista en el numeral 7 de la Disposición Transitoria Cuarta de la Constitución, regirán para el Distrito Metropolitano de Caracas en cuanto sean aplicables.

Precisamente por este carácter *municipal* del sistema, el artículo 19 de la Ley Especial sobre el Régimen del Distrito Metropolitano otorga al mismo "las competencias municipales atribuidas a los Municipios en el artículo 178 de la Constitución". Con tal declaratoria no se produjo ningún "contrasentido con la organización muni-

132 Véase el Reglamento N° 6, *cit.*, nota 18.

cipal" como lo afirmó la Sala Constitucional en la sentencia N° 1563 del 13-12-00 (pág. 42 de 61), pues el Distrito Metropolitano como lo dijo la misma Sala en la misma sentencia N° 1563, es "una entidad estrictamente municipal" (pág. 32 de 61) que organiza un sistema de gobierno municipal a dos niveles, Distrital y Municipal, ambos formando parte del "Poder Municipal" y con las competencias establecidas en la Constitución para los Municipios (art. 178). Siendo los dos niveles de carácter municipal, la ley lo que tenía que hacer era "distribuir" el ámbito de las competencias municipales en los dos niveles, pero sin pretender atribuir a alguno de los dos niveles competencias municipales exclusivas.

Por otra parte, las autoridades del Distrito Metropolitano de Caracas conforme al artículo 27 de la Ley Especial, deben velar por la estricta observancia de la normativa constitucional que consagra el proceso de descentralización como principal estrategia del desarrollo y, en tal sentido deben estimular la cooperación institucional y la armonización en relación de los dos niveles de Gobierno Metropolitano y entre éstos y el Gobierno Nacional y el del Estado Miranda.

El artículo 18 de la Constitución, además, exige que la Ley debía garantizar el carácter democrático y participativo del gobierno municipal en los dos niveles (art. 18). De allí que el artículo 6 de la Ley Especial, en general, disponga que:

> *Artículo 6º.* El Alcalde Metropolitano de Caracas, los Concejales Metropolitanos, los Alcaldes Municipales y los miembros de los Concejos Municipales serán electos por votación popular, universal, directa y secreta en la misma oportunidad en que se lleven a cabo las elecciones municipales en todo el país. En las correspondientes al Alcalde Metropolitano participarán todos los electores residentes en los Municipios que integran el Distrito Metropolitano de Caracas. En las destinadas a elegir Alcaldes y Concejos Municipales participarán los electores correspondientes al municipio respectivo.

En particular, en cuanto a las condiciones de elegibilidad de los titulares de los órganos municipales en el Distrito Metropolitano, la Ley Especial dispone:

> *Artículo 7º.* Para ser elegido Alcalde Metropolitano o de alguno de sus Municipios integrantes, Concejales del Cabildo Metropolitano o de los Concejos Municipales, se requiere ser venezolano, mayor de veintiún (21) años de edad, de estado seglar, no estar sometido a condena mediante sentencia definitivamente firme, residencia de no menos de cinco (5) años en el área del Distrito Metropolitano de Caracas y estar inscrito en el Registro Electoral Permanente del mismo. Deberá, además, cumplir los requisitos establecidos en la Constitución y leyes de la República.

Los Concejales Metropolitanos del Cabildo Metropolitano, por su parte se eligen por períodos de 4 años, pudiendo ser reelegidos para un período inmediato por una sola vez. (art. 4).

c. *Las atribuciones de las autoridades metropolitanas*

En cuanto a los órganos de las autoridades municipales metropolitanas, la Ley Especial definió las atribuciones tanto del Alcalde Metropolitano como del Cabildo Metropolitano.

a'. *Las atribuciones del Alcalde Metropolitano*

En cuanto al Alcalde Metropolitano, el artículo 8 de la Ley Especial, le atribuye las siguientes atribuciones:

1. Cumplir y velar por el cumplimiento de la Constitución de la República, las leyes nacionales y acuerdos y ordenanzas que dicte el Cabildo Metropolitano;
2. Administrar la Hacienda Pública Metropolitana;
3. Preservar el orden público y la seguridad de las personas y propiedades;
4. Presentar al Cabildo Metropolitano el Proyecto de Presupuesto de Ingresos y Gastos para cada Ejercicio Fiscal, conforme a la Ley;
5. Gerenciar y coordinar las competencias metropolitanas para unificar las áreas de servicios públicos de interés común y fijar las tasas y tarifas por los servicios;
6. Promulgar las ordenanzas dictadas por el Cabildo Metropolitano, dentro de los ocho (8) días de haberlas recibido. Cuando a su juicio existan razones para su revisión podrá devolverlas al Cabildo Metropolitano, dentro del mismo plazo, con una exposición razonada pidiendo su reconsideración. En estos casos, el Cabildo procederá a la revisión, pudiendo ratificar la ordenanza, modificarla o rechazarla por una mayoría de las tres cuartas partes de los presentes en una sola discusión, teniéndose por definitivamente firme lo que así decida;
7. Presidir el Consejo de Gobierno del Distrito Metropolitano de Caracas;
8. Organizar y dirigir los espacios u oficinas relativas al funcionamiento de la Alcaldía Metropolitana;
9. Ejercer la representación del Distrito Metropolitano de Caracas;
10. Concurrir a las sesiones del Cabildo Metropolitano con derecho a palabra cuando lo considere conveniente, también deberá hacerlo cuando sea invitado por este cuerpo.
11. Dictar los decretos previstos en el ordenamiento jurídico y los reglamentos que desarrollen las ordenanzas sin alterar el espíritu, propósito o razón y los reglamentos autónomos previstos en esta Ley;
12. Suscribir los contratos y concesiones de la competencia del nivel metropolitano;
13. Rendir cuenta anual de su gestión al Contralor del Distrito Metropolitano de Caracas;
14. Asumir las competencias que correspondían al Gobernador del Distrito Federal.

Además, corresponde al Alcalde Metropolitano, la coordinación de las Mancomunidades Metropolitanas que se establezcan entre los Municipios que integran el Distrito (art. 26).

b'. *Las atribuciones del Cabildo Metropolitano*

En cuanto al Cabildo Metropolitano, el artículo 12 de la Ley Especial, le asigna las siguientes atribuciones:

1. Dictar su Reglamento interno;
2. Sancionar ordenanzas y acuerdos sobre las materias de la competencia metropolitana;
3. Recibir Informe de la Gestión Anual del Alcalde Metropolitano;
4. Aprobar o rechazar los contratos que someta a su consideración el Alcalde Metropolitano, cuando lo exija la legislación aplicable;
5. Designar al Contralor Metropolitano, de acuerdo al procedimiento establecido en el artículo 176 de la Constitución;
6. Considerar el Proyecto de Presupuesto de Ingresos y Gastos del Distrito Metropolitano de Caracas que deberá presentar el Alcalde Metropolitano, y pronunciarse sobre el mismo en la oportunidad y forma prevista en la legislación aplicable;
7. Las demás que le asignen el ordenamiento jurídico aplicable.

d. *Las otras autoridades del Distrito Metropolitano de Caracas*

En la Ley Especial del Distrito Metropolitano de Caracas, además de las autoridades antes mencionadas, se regula la Contraloría Metropolitana y el Procurador Metropolitano.

a'. *La Contraloría Metropolitana*

Conforme al artículo 13 de la Ley Especial, la Contraloría Metropolitana debe ser dirigida por un Contralor designado de conformidad con lo dispuesto en la Constitución de la República y en las leyes aplicables; el cual debe durar en sus funciones cuatro (4) años, pero puede ser destituido por faltas graves calificadas por el Poder Ciudadano Nacional (art. 15).

Le corresponde a la Contraloría Metropolitana el control, vigilancia y fiscalización de los bienes, ingresos y gastos del Distrito Metropolitano, así como las operaciones relativas a los mismos, conforme la Ley y a las ordenanzas aplicables (art. 14).

b'. *El Procurador Metropolitano*

El Procurador Metropolitano debe ser nombrado por el Cabildo Metropolitano, a propuesta del Alcalde, por la aprobación de la mayoría absoluta de sus miembros, en los primeros treinta (30) días posteriores a su instalación, al iniciarse el período Constitucional. Para ser Procurador Metropolitano se requiere ser venezolano, mayor de treinta (30) años y de profesión abogado.

La destitución del Procurador Metropolitano debe ser propuesta por el Alcalde, previa elaboración del expediente respectivo, por fallas graves en el ejercicio de sus funciones. Dicha destitución deberá ser aprobada por la mayoría absoluta de los miembros del Cabildo Metropolitano (art. 16).

El artículo 17 de la Ley Especial le asigna al Procurador Metropolitano las siguientes competencias: sostener y defender, judicial y extrajudicialmente los derechos del Distrito Metropolitano de Caracas en todos los asuntos y negocios en las cuales tenga interés el Distrito Metropolitano de Caracas, conforme a las instrucciones del Alcalde Metropolitano. Además, está obligado a advertir a los funcionarios y empleados metropolitanos sobre las faltas que observe en el desempeño de sus funciones y solicitar su destitución en caso de reincidencia.

Para facilitar las funciones del Procurador Metropolitano, el artículo 18, de la Ley Especial señala que todo ciudadano que tenga información sobre alguna situación que afecte los derechos del Distrito Metropolitano de Caracas, que debe ser conocido prevenido o evitado por el Procurador Metropolitano lo debe comunicar, a éste, a fin de que proceda en consecuencia.

c'. *Consejo Metropolitano de Planificación de Políticas Públicas*

El artículo 33 de la Ley Especial creó el Consejo Metropolitano de Planificación de Políticas Públicas, presidido por el Alcalde Metropolitano e integrado por los Alcaldes de los Municipios que conforman el Distrito Metropolitano de Caracas, un Concejal de cada uno de estos municipios, un representante del Ejecutivo Nacional, un representante de la Gobernación del Estado Miranda, los Presidentes de las Juntas Parroquiales, por representantes de las organizaciones vecinales y otras de la sociedad organizada de conformidad con la Constitución y la ley.

Por otra parte, dispuso la Ley Especial que cuando se tratasen temas concernientes al Distrito Metropolitano de Caracas, los Consejos de Gobierno y Planificación tanto nacionales como del Estado Miranda deberán invitar al Alcalde Metropolitano de Caracas (art. 34); cuando se trate de la consideración de temas que afecten o sean de interés del Estado Miranda, el Cabildo Metropolitano y el Consejo de Gobierno Metropolitano, deben invitar con derecho a voz al Gobernador de esa entidad (art. 35).

C. *La distribución del ámbito de competencias municipales en los dos niveles de gobierno municipal en el Distrito Metropolitano*

a. *Lo macro y lo micro en la distribución de competencias*

Como se ha dicho, de acuerdo con el artículo 19 de la Ley Especial, el Distrito Metropolitano de Caracas, es decir, los dos niveles de gobierno municipal que funcionan en el mismo, tienen las competencias establecidas en el artículo 178 de la Constitución de la República y en la Ley Orgánica de Régimen Municipal para todos los Municipios.

Es decir, como lo precisa la sentencia Nº 1563 de la Sala Constitucional de 13-12-00, en el Distrito Metropolitano de Caracas, "existe un gobierno municipal a dos niveles, uno "*macro*" para toda la extensión territorial y no "*micro*" para cada uno de los Municipios que conforman al Distrito" (pág. 38 de 61).

Por tanto, ambos niveles "macro" y "micro" son gobiernos municipales con competencias municipales, por lo que la distribución del ámbito de las mismas entre los dos niveles debe seguir el mismo criterio: lo "macro" de las competencias debe corresponder al Distrito Metropolitano y lo "micro" de las mismas competencias a los Municipios que lo integran.

Bajo ese ángulo es que, en nuestro criterio, tiene que analizarse el artículo 19 de la Ley Especial, cuando señala que el Nivel Metropolitano de Caracas tiene competencias en las siguientes materias:

1. El Acueducto Metropolitano de Caracas;
2. Distribución y venta de electricidad y gas doméstico;
3. Planificación y ordenación urbanística, ambiental, arquitectura civil y viviendas de interés social;

4. Vialidad urbana, circulación y ordenación del tránsito de vehículos en el área metropolitana;
5. Los servicios de transporte urbano intermunicipal de pasajeros del Distrito Metropolitano de Caracas;
6. Protección civil y seguridad de precaución y administración de emergencia o desastre y prestación de servicio del Cuerpo de Bomberos;
7. Institutos metropolitanos de créditos;
8. Servicios de policía de orden público en el ámbito metropolitano, así como de policía administrativa con fines de vigilancia y fiscalización en las materias de su competencia;
9. Promover y coordinar conjuntamente con los municipios del Distrito Capital el desarrollo de acciones que garanticen la salud pública en el marco de las políticas nacionales de salud;
10. La normativa para armonizar de las tasas y definir principios, parámetros y limitaciones para el ejercicio de la potestad fiscal de los municipios que integran el Distrito Metropolitano.
11. Tratamiento y disposición de residuos sólidos;
12. Parques y espacios abiertos de carácter metropolitano; y,
13. Las demás que le sean atribuidas por el poder nacional y que no estén expresamente señaladas como de la competencia nacional o municipal.

Además de las competencias antes indicadas, la Asamblea Nacional puede atribuir al Distrito Metropolitano de Caracas determinadas competencias nacionales con el fin de promover la descentralización política y administrativa (art. 32). Cuando la Asamblea Nacional legisle sobre materias relativas al Distrito Metropolitano de Caracas, debe "consultar a las autoridades del mismo" (art. 31).

De acuerdo con el mismo artículo 19 de la Ley Especial, las actuaciones metropolitanas se deben realizar en un marco de participación vecinal tomando en cuenta las opiniones e iniciativas de las autoridades de las entidades municipales integradas en el Área Metropolitana, en el proceso de definición de políticas, planes y proyectos, control y evaluación de los resultados de la gestión.

Ahora bien, en relación con el artículo 19 de la Ley Especial, debe señalarse, ante todo, que la identificación de competencias, que contiene, todas municipales, como correspondientes al nivel metropolitano, sólo tuvo por objeto identificar, con precisión, cuáles de todas las competencias municipales exigían su ejercicio (no excluyente) a nivel metropolitano, además del ejercicio a nivel local municipal. Por ello, en ningún caso puede identificarse esta enumeración como excluyente del nivel local municipal, y como una atribución de competencias exclusivas al nivel metropolitano, pues ello sería inconstitucional. Se trató, sólo, de indicar qué materias de la competencia municipal debían ser necesariamente compartidas o concurrentes entre los dos niveles de gobierno municipal.

En relación al alcance de estas competencias del nivel metropolitano, las cuales son por supuesto *concurrentes* con las del nivel municipal (todas son competencias municipales), la Sala Constitucional se ha pronunciado en una forma totalmente incorrecta, en la sentencia N° 1563 del 13-12-00, antes citada, señalando que en virtud de la enumeración del antes citado artículo 19 de la Ley Especial, entonces:

por exclusión con las competencias anteriores expresamente señaladas, corresponde a los Municipios en particular, gobernar y administrar en lo concerniente a la vida local, en las siguientes áreas, que señala la Sala a título enunciativo, y que contempla tanto la Constitución como la Ley Orgánica de Régimen Municipal:

1. Tránsito local y patrimonio histórico.
2. Sitios de recreación.
3. Ornato público.
4. Nomenclatura.
5. Transporte público urbano dentro del Municipio.
6. Espectáculos públicos.
7. Publicidad comercial.
8. Protección del ambiente.
9. Aseo urbano y domiciliario, comprendido la limpieza y recolección de basura y residuos, exceptuando el tratamiento y disposición de los residuos sólidos.
10. Parques, jardines y plazas, destinados por sus instalaciones a prestar servicios a la población del municipio.
11. Atención primaria en salud.
12. Servicios de protección a la primera y segunda infancia, a la adolescencia y a la tercera edad.
13. Educación preescolar.
14. Servicios de integración familiar de las personas con discapacidad, al desarrollo comunitario.
15. Actividades e instalaciones culturales y deportivas.
16. Cementerios y servicios funerarios.
17. Canalización de aguas servidas y alcantarillado
18. Justicia de Paz.
19. Servicios de prevención y protección, vigilancia y control de los bienes y ejidos, y las actividades relativas a las materias de competencia municipal. (pág. 43 de 61).

El ejercicio que realizó la Sala Constitucional con este planteamiento, es completamente incongruente con los fundamentos de la sentencia misma y contradice el encabezamiento del mismo artículo 19 de la Ley Orgánica, por lo que en definitiva, es inconstitucional.

En efecto, los dos niveles de gobierno ("macro" y "micro", para usar la terminología de la Sala) son *municipales*, y sus competencias son las *municipales* enumeradas en el artículo 178 de la Constitución. La enumeración que hizo el artículo 19 de la Ley Orgánica, fue un intento del legislador de precisar aspectos "macro" de las competencias municipales que correspondían al nivel metropolitano, sin que ello pudiera significar que se excluyeran las competencias "micro" en *las mismas materias* que corresponden a los Municipios.

En consecuencia, es totalmente equivocada la operación de "sustracción" o "resta" que arbitrariamente hizo la Sala Constitucional, de "quitarle" a los Municipios del Área Metropolitana de Caracas parte de sus competencias constitucionales (art. 178) y pretender crear una exclusión y una "materia" de competencia municipales exclusivas del nivel distrital metropolitano. La Sala debió sólo interpretar en las mismas competencias municipales, conforme a la enumeración del artículo 19, qué ámbito "macro" correspondía al nivel distrital metropolitano y qué ámbito "micro" correspondía al nivel municipal.

En consecuencia, estimamos que la Sala partió de una premisa falsa y, por tanto, errada, al analizar la distribución de competencias entre los dos niveles de gobierno municipal en el Distrito Metropolitano de Caracas. La enumeración del artículo 19 de la Ley especial nunca podría ser exclusiva ni excluyente sobre "la materia" de la competencia municipal de manera que se pudiera concluir, como lo hizo la Sala, que "por exclusión" de lo indicado en el artículo 19 (supuesta materia de la competencia municipal exclusiva del nivel distrital metropolitano) habría, por tanto, "otras" materias de la competencia municipal que serían "exclusivas" de los Municipios del Distrito.

La Sala se equivocó; lo que debía y podía hacer en este caso era precisar e interpretar, no qué "materias" de la competencia municipal correspondían a uno y otro nivel de gobierno (ambos municipales), en forma exclusiva, lo cual era y es contrario a la Constitución; sino qué aspecto "macro" de las competencias municipales correspondían al nivel metropolitano y qué aspecto "micro" de las mismas competencias municipales correspondían a los Municipios; pues como competencias municipales, las enumeradas en el artículo 178 de la Constitución son siempre *concurrentes* entre los dos niveles de gobierno.

En todo caso, teniendo en cuenta los aspectos resaltantes de la sentencia N° 1563 de la Sala Constitucional, en nuestro criterio, la siguiente sería la distribución de los ámbitos de las competencias municipales en los dos niveles de gobierno municipal en el Distrito Metropolitano de Caracas, conforme a la enumeración del artículo 178 de la Constitución y a la orientación del artículo 19 de la Ley Especial.

Seguimos, en este análisis, el orden enumerativo del artículo 178 de la Constitución, pero refiriéndonos única y exclusivamente a las materias de la competencia municipal incluidas en el artículo 19 de la Ley Especial.

b. *Ordenación territorial y urbanística*

En el artículo 178,1 de la Constitución se atribuye a los Municipios competencia exclusiva, "en cuanto concierne a la vida local", en la materia de "ordenación territorial y urbanística"; y el artículo 19,3 de la Ley Especial, identifica como competencia del nivel metropolitano, un aspecto de dicha competencia, que es la "planificación y ordenación urbanística.

Ahora bien, conforme al artículo 128 de la Constitución, como ya se ha analizado, la ordenación del territorio es una política del "Estado" (en sus tres niveles territoriales), correspondiendo al Poder Nacional exclusivamente dictar la ley orgánica de la materia. El Poder Nacional también tiene competencia exclusiva para dictar la legislación sobre ordenación urbanística (art. 156,19), así como para el establecimiento, coordinación y unificación de normas y procedimientos técnicos para obras de ingeniería, de arquitectura y de urbanismo (art. 156,19).

En particular, además, corresponde a los Municipios, ejercer competencias exclusivas, en cuanto concierne a la vida local, en materia de "ordenación territorial y urbanística" (art. 178,1). Esta es una competencia municipal de orden constitucional que no se le puede "quitar" a ningún Municipio y menos cuando se organiza un Distrito Metropolitano. En estos casos, como debe suceder en el de Caracas, lo que el legislador y su intérprete deben hacer es distribuir los ámbitos "macro" y "micro" de la misma materia, que corresponden al nivel distrital metropolitano y al nivel municipal.

En tal sentido, por el hecho de que la Ley Especial haya previsto para el nivel metropolitano, "la planificación y ordenación urbanística y la arquitectura civil" (art. 19,3), ello no significa que, en consecuencia, los Municipios del Área Metropolitana de Caracas hubieran perdido totalmente competencia en esas materias y le quede sólo el "ornato público", por ejemplo, como lo indica la sentencia N° 1563 de la Sala Constitucional. Ello no sólo sería inconstitucional, sino contrario a la lógica metropolitana.

Cuando la Ley Especial atribuyó al nivel metropolitano la competencia en materia de "planificación y ordenación urbanística" y la "arquitectura civil" fue considerando que con relación a esa competencia municipal no sólo había aspectos "locales", sino "metropolitanos", de manera que el ejercicio de la competencia tenía y tiene que distribuirse en los dos niveles. Esa distribución debe realizarse, precisamente, distinguiendo los aspectos "macro" de los aspectos "micro" en la materia.

El Plan General de Ordenación Urbanística de toda la ciudad de Caracas, por supuesto, corresponde al nivel metropolitano, pero los planes de desarrollo urbano local y el detalle de la zonificación urbanística, conforme a las indicaciones del Plan General, tienen que corresponder al nivel municipal, es decir, a cada Municipio.

Ahora bien, en esta materia de la ordenación urbanística, la sentencia N° 1563 de la Sala Constitucional hizo las siguientes consideraciones:

> Corresponde al nivel metropolitano la planificación y ordenación urbanística y ambiental del área territorial donde ejerce sus competencias. Esto presupone una ordenación legal referente a lo general del área, pero no impide una particular dictada por cada municipio en lo que es propio y que no choque con la general.
>
> Tratándose de un territorio con problemas comunes, y donde el desarrollo de un sector puede perjudicar a otro en lo urbanístico, en lo ambiental o en lo vial, lo lógico es que una ordenanza del Cabildo Metropolitano cree los organismos de planificación necesarios, y las normas generales de planificación urbanística, ambiental, de vialidad, urbana, arquitectura civil y viviendas de interés social, que regirán todo el Distrito Metropolitano.
>
> Mientras las ordenanzas no se promulguen, quedan vigentes las ordenanzas de cada Municipio, quienes no deberán modificarlas, hasta que los lineamientos generales en estas materias sean dictados por el Cabildo Metropolitano. Todo ello a su vez debe adaptarse a lo que la legislación y la política nacional sobre viviendas disponga, ya que es un principio que lo que es competencia del Poder Nacional, no puede colisionar con lo que es competencia del Poder Municipal. (pág. 47 de 61).

La Sala Constitucional, lamentablemente, no fue lo exacto que se requería fuera en esta materia. Reconoció que la competencia en la materia es una competencia compartida entre los dos niveles de gobierno municipal, e indicó correctamente que, en particular, corresponde al Concejo Metropolitano de Caracas, dictar mediante Ordenanza el régimen de distribución del ejercicio de la competencia, conforme a lo "macro" y lo "micro", entre el nivel metropolitano y el nivel municipal.

Con razón señaló la sentencia N° 1563 que mientras se dicte la Ordenanza Metropolitana, continuaría vigente todo el sistema normativo municipal (Ordenanzas de Planificación Urbana Local y de Zonificación) pero en una afirmación sin asidero jurídico ni lógico-urbanístico, señaló que mientras no se dictara a Nivel Metropolitano el Plan General de Ordenación Urbanística de Caracas, los Municipios no podían modificar sus Ordenanzas. Esto no tiene sentido alguno desde el punto de vista del ejercicio de las competencias municipales ni desde el punto de vista urbanístico. Recuérdese, por ejemplo, que la Ley Orgánica de Ordenación Urbanística vigente, al establecer el sistema jerarquizado y graduado de planes (nacionales, regionales, de ordenación urbanística, de desarrollo urbano local y especiales) indicó expresamente que la ausencia de uno de nivel superior, no impide que se aprueben los de nivel inferior.

Así, el artículo 18 de la Ley Orgánica de Ordenación Urbanística indica que:

> *Artículo 18.* La ausencia de planes de ámbito territorial superior no será impedimento para la formulación y ejercicio de planes de ordenación urbanística. En el caso de los planes desarrollo urbano local, los mismos podrán igualmente ser formulados y puestos en vigencia aún en ausencia de los planes de ordenación urbanística, siempre y cuando se ajusten a las normas y procedimientos técnicos previstos por el Ejecutivo Nacional.
>
> En ambas circunstancias, una vez que los planes de ámbito territorial superior entren en vigencia, aquéllos que estén jerárquicamente supeditados a los mismos, deberán ajustarse y adaptarse a las previsiones correspondientes.

Esta norma y el principio que la integra están vigentes, no han sido derogados, y la "interpretación" que ha hecho la Sala Constitucional, por no ser de una norma constitucional, no es vinculante. En consecuencia, la mención que hace la sentencia N° 1563 de que las ordenanzas de planificación urbana local y de zonificación de los Municipios no pueden ser modificadas "hasta que los lineamientos generales en estas materias sean dictados por el Cabildo Metropolitano", no es más que una apreciación errada del ordenamiento jurídico en esta materia, que no tiene carácter vinculante.

Ahora bien, conforme a la Constitución, tanto el nivel metropolitano como el nivel municipal en el Distrito Metropolitano de Caracas, tienen competencia municipal en materia de "ordenación territorial y urbanística" en cuanto concierne a la vida local (art. 178,1 Constitución).

En consecuencia, en esta materia, que es concurrente y compartida entre los dos niveles de gobierno municipal de Caracas, la asignación de competencia al Nivel Metropolitano en materia de "planificación y ordenación urbanística" (art. 19,3 Ley Especial), lo que persigue es precisar, expresamente, que la materia tiene un nivel "macro" (para toda la ciudad) que corresponde al nivel metropolitano y un nivel "micro" que corresponde a los Municipios.

En materia de planificación urbanística, la distribución de la competencia entre los dos niveles por la Ley Especial debe seguir la orientación de la Ley Orgánica de Ordenación Urbanística, por lo que corresponde al nivel metropolitano el Plan de Ordenación Urbanística (art. 21 y siguientes LOOU) de toda la ciudad de Caracas (en lugar de al Ministerio de Infraestructura, antiguo Ministerio de Desarrollo Urbano) y a los niveles municipales, los Planes de Desarrollo Urbano Local (arts. 34 y sigts. LO-

OU), con todas las implicaciones y diferencias que establece la Ley Orgánica de Ordenación Urbanística.

c. *Arquitectura civil*

La materia "arquitectura civil" se atribuye en la Constitución a los Municipios como competencia exclusiva "en cuanto concierne a la vida local" (art. 178,1), y en la Ley Especial se identifica como una competencia del nivel metropolitano (art. 19,3).

Ahora bien, sobre esa materia en la ciudad de Caracas, conforme a lo antes argumentado, tanto el Nivel Metropolitano como el Nivel Municipal tienen competencias, y lo que debe distinguir la Ordenanza respectiva que dicte el Cabildo Metropolitano son los aspectos "macros" que corresponderían al Nivel Metropolitano, de los aspectos "micros" que corresponden a los Municipios.

La arquitectura civil, conforme a la tradición legal municipal, es la disciplina que regula las normas básicas de diseño de las edificaciones en cuanto a alturas, fachadas, retiros, densidades, y otros elementos. Sin duda, para la ordenación urbanística de una ciudad metropolitana puede haber aspectos "macro" de arquitectura civil para establecer criterios generales uniformes, pero en general, se tratará de aspectos "micro" que debe ser definido por cada Municipio, de acuerdo con sus características y peculiaridades dentro de la ciudad. Sólo los aspectos "macro" serían los que caerían dentro de las competencias del Cabildo Metropolitano, y ello debe determinarse en la Ordenanza metropolitana respectiva.

d. *Viviendas de interés social*

El ordinal 1° del artículo 178 de la Constitución atribuye a los Municipios competencia exclusiva "en cuanto concierne a la vida local" en materia de "vivienda de interés social"; y el artículo 19, ord. 3 de la Ley Especial identifica la misma materia como competencia del Nivel Metropolitano.

Como se ha dicho, esto último no excluye la competencia de los Municipios en la materia, y lo que hay que precisar en el Distrito Metropolitano de Caracas, es cuáles aspectos "macro" de esa materia corresponden a las autoridades del nivel metropolitano y cuáles a los Municipios del Área Metropolitana de Caracas. Uno y otro nivel tienen competencias en la materia, por lo que el Cabildo Metropolitano es la entidad que debe distribuir el ejercicio de esa competencia por los dos niveles.

e. *Parques y recreación*

El mismo ordinal 1° del artículo 178 de la Constitución atribuye a los Municipios competencia exclusiva "en cuanto concierne a la vida local", en materia de "parques y jardines, plazas, balnearios y otros sitios de recreación". Esta es una competencia municipal que se ejerce en el Área Metropolitana de Caracas por los dos niveles de gobierno municipal, en sus aspectos "macro" y "micro", respectivamente. Por ello, el artículo 19, ordinal 12 de la Ley Especial identifica como competencia del Nivel Metropolitano "Parques y espacios abiertos de *carácter metropolitano*", y no podía ser de otra forma.

Como más o menos lo comenta la sentencia N° 1563 citada de la Sala Constitucional,

No se trata de cualquier tipo de parque o espacio abierto. Es necesario puntualizar que parque es diferente a instalación deportiva, y que se refiere a un terreno destinado a jardines y arbolado para recreo y ornato, así como el lugar donde se exponen plantas (jardines botánicos), animales (parques zoológicos), o peces (acuarios).

Pero lo importante de los parques es que ellos son metropolitanos, lo que significa que por su capacidad y contenido estético, cultural o de otra naturaleza, resultan atractivos para la población del Distrito a fines de recreación, esparcimiento, o adquisición de conocimiento técnicos o científicos. Por lo tanto, parques que no reúnen tales características, como lugares de menor capacidad o atractivos, serán parques municipales administrados por los propios municipios. Con la voz espacios abiertos que utiliza el numeral 12 citado, considera la Sala que se refiere a lugares de diversión o recreo en descampado, el cual sí tiene capacidad suficiente para atraer una masa de personas, adquiere el carácter de metropolitano, ya que sirve a la metrópolis. Es sobre estos espacios que tiene competencia el Distrito Metropolitano, así se encuentren en otros municipios, y que puede administrarlos si son propiedad de cualquiera de los municipios que integran al Distrito (pág. 53 de 61).

f. *Vialidad urbana*

La Constitución atribuye a los Municipios competencia exclusiva, en cuanto concierne a la vida local, en materia de "vialidad urbana" (art. 178,2); y esa misma competencia la identifica la Ley Especial como del nivel metropolitano (art. 19,4). Ello no significa, por supuesto, que pueda pretenderse que los Municipios del Área Metropolitana hayan dejado de tener competencia en la materia; lo que significa es que en materia de vialidad urbana debe distinguirse la que es de carácter metropolitano, intermunicipal o que permite trasladarse en toda el área (*p.e.* Autopistas Metropolitanas), de la que es puramente local, intramunicipal. Allí está también lo "macro" y lo "micro" que debe distinguirse en la materia para la distribución de la competencia.

g. *Circulación y ordenación del tránsito de vehículos*

El artículo 178, ordinal 2 de la Constitución, atribuye a los Municipios competencia exclusiva, en cuanto concierne a la vida local, en materia de "circulación y ordenación del tránsito de vehículos y personas en vías municipales"; y el artículo 19, ordinal 4 de la Ley Especial, identifica como competencia del Nivel Metropolitano, la "circulación y ordenación del tránsito de vehículos en el Área Metropolitana".

La competencia es municipal, pero la distribución entre el nivel metropolitano y el municipal es lo que deben hacer las Ordenanzas del Cabildo Metropolitano. Habrá aspectos que se deben regular a nivel de toda el Área Metropolitana (por ejemplo, días de circulación de vehículos u horas de circulación de vehículos de carga) pero habrá aspectos que deben ser regulados a nivel local municipal (horas de descarga, por ejemplo, o instalación de parquímetros)[133].

Sobre esto, la sentencia N° 1563 de la Sala Constitucional trae comentarios, algunos ambiguos y otros confusos, como los siguientes:

---

133 Véase Allan R. Brewer-Carías, *Aspectos institucionales del transporte y tránsito en el Área Metropolitana de Caracas*, Caracas, 1971.

> La ordenación del tránsito de vehículos en el Área Metropolitana es tarea del Distrito, debido a la interconexión que tienen las vías de los municipios integrados.
>
> Tal ordenación tiene un sector normativo y otro ejecutivo. Ambos sectores corresponden a las autoridades competentes del Distrito Metropolitano.
>
> Los artículos 4 y 51 de la Ley de Tránsito Terrestre, atribuyen competencia a los Municipios, para ordenar el tránsito de vehículos y personas en las vías urbanas (ordinal 6 del artículo 36 de la Ley Orgánica de Régimen Municipal); y como la sola función normativa no basta, los servicios en materia de transporte y tránsito terrestre que por su naturaleza no sean de la competencia del Poder Nacional, podrán ser transferidas a los Municipios, y por ende, al Distrito Metropolitano de Caracas (pág. 49 de 61).

En otra parte de la sentencia N° 1563, al referirse a la policía de circulación y tránsito, la sentencia N° 1563 de la Sala Constitucional señala:

> Entre sus funciones están el control y vigilancia del tránsito terrestre en el área metropolitana, ya que conforme el artículo 49 de la Ley de Tránsito Terrestre, a las policías municipales les puede corresponder el control y vigilancia del tránsito en sus demarcaciones territoriales. Siendo competencia del Distrito Metropolitano, la vialidad urbana, y la circulación y ordenación del tránsito de vehículos en el área metropolitana, corresponde a las policías municipales ser autoridad administrativa de tránsito terrestre, exclusivamente para el control y vigilancia del mismo. Las ordenanzas que dicte el Cabildo Metropolitano regularán el funcionamiento de dichas policías (pág. 50 de 61).

h. *El transporte urbano*

La Constitución atribuye a los Municipios competencia exclusiva, "en cuanto concierne a la vida local", en materia de "servicios de transporte público urbano de pasajeros" (art. 178,2). De esta indicación resulta que no son de la competencia municipal los servicios de transporte *extra urbanos*, es decir, que salen de una ciudad hacia otra, que competen al Poder Nacional.

Ahora bien, en relación con los servicios de transporte urbano, la Ley Especial precisó que corresponden al nivel metropolitano, "los servicios de transporte urbano intermunicipal de pasajeros del Distrito Metropolitano" (art. 19,5).

Conforme a lo anterior, por tanto, corresponden al nivel metropolitano los servicios de transporte urbano *intermunicipal*, es decir, entre los Municipios del Área Metropolitana; por lo que corresponde a los Municipios del Área Metropolitana, los servicios de transporte urbano *intramunicipal,* en cada Municipio.

Sobre esta competencia, la Sala Constitucional, en unos confusos párrafos, señaló lo siguiente:

> Al Distrito Metropolitano también competen los servicios de transporte urbano intermunicipal de pasajeros.
>
> ¿Qué es lo que le compete? Para dar respuesta a tal pregunta, la Sala debe puntualizar que los Municipios -y por ende el Distrito Metropolitano de Caracas- gobiernan y administran los bienes municipales o locales. Dentro de sus territorios ordenan (legalmente) y promocionan el desarrollo económico y social; dotan (construyen) y prestan los servicios públicos domiciliarios, por sí mismos o me-diante con-

cesión; legislan en las áreas señaladas en los ocho numerales del artículo 178 de la Constitución vigente, y promueven la participación de la comunidad, ya que se trata del mejoramiento de sus condiciones de vida; y además, aplican la política inquilinaria conforme a la ley.

Dentro de la dotación y prestación de servicios, el municipio puede incidir en las áreas a que se refiere el artículo 178, construyendo las instalaciones necesarias para los servicios públicos, pero ello no quiere decir que el Ejecutivo Nacional, o los particulares están obligados a ceder las construcciones, instalaciones y servicios ya existentes, para que los preste el Municipio.

En este orden de ideas, los Municipios pueden -según la Ley Orgánica de Régimen Municipal- prestar directamente servicios de transporte urbano de pasajeros, pueden legislar sobre ellos, pero en materia de transporte urbano intermunicipal, dentro de dos o más municipios de un Distrito Metropolitano, es el Cabildo Metropolitano quien puede legislar, derogando la normativa municipal existente, y quien puede crear una policía de transporte y de circulación exclusiva del Distrito Metropolitano.

Según el Decreto con Rango y Fuerza de Ley de Reforma del Decreto con Rango y Fuerza de Ley sobre Adscripción de Institutos Autónomos y Fundaciones del Estado (publicado en la Gaceta Oficial N° 5.395 Extraordinario del 25 de octubre de 1999), se adscribió al Ministerio de Infraestructura la compañía Anónima Metro de Caracas (CAMETRO); por lo tanto, la República debe ser el propietario de las acciones de dicha compañía anónima y sólo mediante el procedimiento señalado en el Capítulo II de este fallo, relativo a las posibilidades de transferencia, podría el Distrito Metropolitano acceder a dicho sistema de transporte.

Ahora bien, los permisos para la instalación de dichos sistemas, y su expansión, nuevas estaciones, etc., son de la competencia del Distrito Metropolitano, quien deberá legislar al respecto sin menoscabo de las competencias del Alcalde. (pág. 46 de 61 y 47 de 61).

En otra parte de la sentencia N° 1563 (VIII. Transporte Urbano), la Sala Constitucional señaló lo siguiente:

A continuación pasa la Sala a interpretar, conforme a lo solicitado en la Interpretación N° 4 del escrito que origina esta causa, el alcance de la competencia referida al servicio de transporte urbano intermunicipal de pasajeros del Distrito Metropolitano de Caracas.

Como antes se dijo, se trata de una competencia municipal contemplada en el ordinal 7° del artículo 36 de la Ley Orgánica de Régimen Municipal (7°: Servicio de Transporte Público Urbano y de Pasajeros).

Tal competencia significa que el transporte público urbano de pasajeros puede ser normatizado por las municipalidades respectivas, e incluso pueden prestarlos con las unidades de transporte que consideren convenientes (de superficie o subterráneas). Ello no obsta para que ese transporte, mediante concesiones, sea prestado por empresas privadas, conforme a lo que las ordenanzas municipales pauten.

Entre las competencias del Distrito Metropolitano se encuentra la materia de servicios de transporte intermunicipal de pasajeros en el Distrito Metropolitano de Caracas. Luego, los organismos de este Distrito, regulan el transporte urbano que se practique entre los diversos municipios, y así como se regula tal transporte de pasa-jeros, igualmente el Distrito debe organizar y normar el transporte urbano de pasajeros que de sus límites territoriales salen, ya que ello es parte el transporte intermunicipal.

La Sala reitera, que el transporte intermunicipal puede ser prestado por el Distrito Metropolitano, pero el que prestaban entes particulares o entes nacionales, conforme a la ley, no puede serles negado, y como antes se apuntó, no surge de la Ley Especial sobre el Régimen del Distrito Metropolitano de Caracas, transferencia *ope legis* de los servicios nacionales al Distrito en lo que corresponden a las competencias atribuidas por el artículo 19 *eiusdem.*

La Ley de los Sistemas Metropolitanos de Transporte, no ha sido derogada, ni se opone a la Ley Especial sobre el Régimen del Distrito Metropolitano de Caracas; y como lo expresa el artículo 4 de aquella ley, el servicio público de los sistemas metropolitanos de transporte lo presta la Administración Pública Nacional, quien además fija las tarifas (artículo 6 de la mencionada ley). También corresponde a la Administración Nacional ejercer las funciones de seguridad en las áreas del Metro (al cual se refiere la ley), las que puede delegar en un órgano policial preexistente, como la Policía Metropolitana, por ejemplo, de acuerdo al artículo 14 *eiusdem.*

Como a estos sistemas de transporte no le es aplicable la Ley de Ferrocarriles, ella tampoco es aplicable al transporte intermunicipal mediante sistemas rápidos que utilicen trenes sobre vías de uso exclusivo, que circulan en el ámbito del área metropolitana y sus alrededores.

Como la planificación y ordenación urbanística corresponde al Distrito Metropolitano, en lo que atañe a su territorio, la construcción de nuevas vías para trenes de transporte, así como estaciones y otros servicios, toca al Distrito Metropolitano aprobarlo, de acuerdo a los planes de ordenación urbanística y de vialidad urbana y ordenación del tránsito de vehículos del área metropolitana, ya que el numeral 4 del artículo 19 de la Ley Especial sobre el Régimen del Distrito Metropolitano de Caracas, no distingue sobre la clase de vialidad, si es o no subterránea…

…Los transportes metropolitanos mediante trenes, los cuales son distintos a los ferrocarriles nacionales, no son de la competencia exclusiva del Poder Público Nacional, y por ello pueden ser transferidos a los Distritos Metropolitanos (págs. 47 de 61, 48 de 61 y 49 de 61).

De estos párrafos se destaca la afirmación de la Sala, totalmente contraria a la Constitución, que atribuye al nivel Metropolitano la regulación del transporte intermunicipal, no sólo entre los Municipios del Distrito Metropolitano, que es donde sólo tiene competencia, sino "el que sale de sus límites territoriales" es decir, el de carácter *extra urbano*, que compete al Poder Nacional.

Todas las consideraciones sobre si las empresas que prestan los servicios deben o no transferir sus bienes a las autoridades metropolitanas no tienen sentido alguno, pues esas empresas operan concesiones de servicios públicos. Lo que se transfiere a la autoridad metropolitana es la regulación de las concesiones, como ente concesionario, y nada más.

i. *Protección del ambiente*

La Constitución atribuye a los Municipios competencia exclusiva, en cuanto concierne a la vida local, en materia de "protección del ambiente y cooperación con el saneamiento ambiental" (art. 178,4). Por su parte, la Ley Especial identifica como competencia del nivel metropolitano la "planificación y ordenación… ambiental" (art. 19,3).

En esta materia, por tanto, los Municipios siguen teniendo su competencia constitucional en la materia, y lo que se refiere al nivel metropolitano es un aspecto "macro" de la misma, que se concreta en la "planificación" y ordenación ambiental" de carácter Metropolitanas.

j. *Tratamiento de residuos sólidos*

El artículo 178, ordinal 4° de la Constitución atribuye a los Municipios competencia exclusiva, en cuanto concierne a la vida local, en materia de "aseo urbano y domiciliario, comprendidos los servicios de limpieza, de recolección y tratamiento de residuos". Es una competencia municipal que en Caracas se ejerce por los dos niveles de gobierno.

Para contribuir a definir lo que corresponde al nivel "macro", la Ley Especial indicó como competencia del nivel metropolitano "el tratamiento y disposición de residuos sólidos" (art. 19,11), por lo que la limpieza y recolección continúan en el nivel municipal.

Por ello, la Sala Constitucional, en esta materia, señaló en la antes citada sentencia N° 1563:

> en lo particular, el tratamiento de residuos sólidos es competencia del Distrito Metropolitano, por lo que en sus límites puede legislar sobre ellos y construir o dar en concesiones las plantas para su manejo.
>
> Los residuos sólidos y su transporte son el resultado por lo recolectado por el aseo urbano domiciliario, que corresponde a los Municipios que integran al Distrito Metropolitano, mientras que su tratamiento y disposición serán dirigidos y legislados por el Distrito Metropolitano (pág. 54 de 61).

k. *Protección civil*

El artículo 178, ordinal 4 de la Constitución atribuye a los Municipios competencia en materia de "protección civil" y el artículo 332 considera a los servicios de seguridad ciudadana, entre ellos la administración de emergencias de carácter civil y de desastres, como materia de competencia concurrente entre el Poder Nacional, el Poder Estadal y el Poder Municipal.

Ahora bien, la Ley Especial identificó como del Nivel Metropolitano la competencia en materia de "protección civil y seguridad de precaución y administración de emergencias o desastres y prestación de servicio de cuerpo de bomberos" (art. 19,6).

En esta materia, de nuevo, la competencia municipal debe distribuirse entre los dos niveles, conforme a los aspectos "macro" o "micro" de la misma, de manera que correspondan al Nivel Metropolitano los servicios que sean de ese carácter metropolitano, correspondiendo a los Municipios, los locales. Corresponde al Cabildo Metropolitano, mediante Ordenanza, la distribución de la competencia municipal entre los dos niveles de gobierno municipal.

l. *Salud*

Los Municipios tienen competencia exclusiva, en cuanto concierne a la vida local, conforme a la Constitución, en materia de "salubridad y atención primaria en salud" (art. 178,5). En el Distrito Metropolitano, esa competencia corresponde a los dos niveles de gobierno, debiendo el Cabildo Metropolitano distribuir entre los aspectos "macro" de carácter metropolitano y los de ámbito "micro" local-municipal.

En todo caso, el artículo 19, ordinal 9 sólo indicó como de carácter "macro" la competencia del nivel metropolitano para

> promover y coordinar conjuntamente con los Municipios del Distrito Metropolitano, el desarrollo de acciones que garanticen la salud pública en el marco de las políticas nacionales de salud.

m. *Los servicios públicos domiciliarios*

En el artículo 178, ordinal 6 de la Constitución se atribuye a los Municipios competencia exclusiva en cuanto concierne a la vida local, en materia de "servicios de agua potable", "electricidad y gas doméstico, alcantarillado, canalización y disposición de aguas servidas". En general, estos servicios en un gran centro poblado como el Valle de Caracas, terminaron prestándose uniformemente, como tenía que ser, por una sola empresa o entidad concesionaria: la C.A. La Electricidad de Caracas, para la electricidad y CORPOVEN, para el gas. En cuanto al abastecimiento de agua, correspondió la prestación al Instituto Nacional de Obras Sanitarias (INOS), como ente concesionario municipal, y los servicios luego pasaron a las empresas hidrológicas que derivaron del INOS.

En la ciudad de Caracas, por tanto, las concesiones municipales y las necesidades de abastecimiento de la ciudad llevaron al desarrollo de un sistema de acueducto metropolitano que se surte, básicamente, con aguas provenientes de otras cuencas y otros municipios del Estado Miranda, por ejemplo. Por tanto, el regularse el Distrito Metropolitano, era lógica la identificación, como competencia del nivel metropolitano en materia de "servicio de agua potable", "del Acueducto Metropolitano de Caracas", como lo indica el artículo 19, ordinal 1° de la Ley Especial. Ese es el nivel "macro" en la materia, por lo que la concesión del servicio que presta Hidrocapital, como empresa concesionaria, pasa a ser una concesión metropolitana, cuya regulación y otorgamiento corresponde al Nivel Metropolitano. Ello no excluye que la distribución del agua potable a nivel local, sea gestionada por los Municipios.

El mismo razonamiento debe hacerse respecto de los otros servicios públicos domiciliarios indicados en el ordinal 2° del artículo 19 de la Ley Especial, como "distribución y venta de electricidad y gas doméstico".

Ahora bien, sobre esto la sentencia N° 1563 de la Sala Constitucional, también con unas consideraciones bastantes confusas, señaló lo siguiente:

> Es de la competencia del poder público municipal, el régimen general de los servicios públicos domiciliarios y, en especial, los de electricidad, agua potable y gas (artículos 178 de la Constitución de 1999 y 38 de la Ley Orgánica de Régimen Municipal).
>
> El poder público nacional está conformado por el Poder Legislativo, Ejecutivo, Judicial, Ciudadano y Electoral (artículo 136 de la Carta Fundamental), por lo que de dicho poder se encuentra separado el Municipal.
>
> En lo referente al régimen general de los servicios públicos domiciliarios, éste lo establece el poder nacional (numeral 29 del artículo 156 constitucional), y a nivel municipal, dentro del régimen general, corresponde a los Municipios y en particular al Distrito Metropolitano, lo concerniente al Acueducto Metropolitano de Caracas a la distribución y

> venta de electricidad y gas doméstico, y los servicios de transporte urbano intermunicipal de pasajeros.
>
> ¿Significa ello que las empresas que explotan el acueducto de Caracas y las empresas destinadas a distribuir y vender electricidad y gas doméstico, o a transportar pasajeros, deben ser municipales y corresponde al Municipio producir lo distribuible y prestar el servicio?.
>
> La Constitución de 1999, entre los derechos económicos, ha prohibido a los particulares los monopolios y ha limitado de manera general (para el Estado y los particulares) la posición de dominio (artículo 113), por lo que mal puede entenderse que los municipios en general, y el Distrito Metropolitano en particular, tengan como meta el monopolizar la producción de agua potable, energía eléctrica o gas, o la distribución y venta de dichos rubros, o del transporte urbano. De allí que los Municipios puedan construir o adquirir acueductos, redes de distribución de electricidad o gas en sus territorios, establecer servicios de transporte y claro está, el Distrito Metropolitano puede hacerlo, pero permitiendo la libre competencia, principio económico contenido en los artículos 112 y 113 de la Carta Magna.
>
> Ahora bien, debido al numeral 1 del artículo 19 de la Ley Especial sobre el Régimen del Distrito Metropolitano de Caracas ¿está obligada Hidrocapital a enajenar gratuitamente sus acciones, o sus bienes correspondientes al acueducto de Caracas, al Distrito Metropolitano? No encuentra la Sala disposición alguna que ordene al poseedor del acueducto a cederlo al Distrito Metropolitano, y sólo en el caso que las instalaciones del acueducto fueran del Municipio Libertador o de los municipios que conforman el Distrito Metropolitano, y éste solicitara entrar en posesión de ellas para prestar el servicio, Hidrocapital tendría que cederlas, previos los arreglos que fueren menester. Diferente es la situación si Hidrocapital transfiere al Distrito Metropolitano el acueducto, de acuerdo a lo señalado en este fallo (págs. 45 de 61 y 46 de 61).

Con estos razonamientos, la Sala Constitucional, de nuevo, parece ignorar el régimen de las concesiones de servicio público. Con la distribución de competencias municipales entre los dos niveles de gobierno municipal de Caracas, lo único que cambia es el ente concedente: la autoridad concedente pasa a ser el nivel distrital metropolitano en lugar de ser sólo el nivel municipal; pero ello no implica que debe siquiera pensarse en un traslado de la propiedad de las empresas concesionarias.

No se olvide que Hidrocapital es una empresa pública nacional que presta el servicio, como sucesora del INOS, que era el concesionario municipal. No era que el Poder Nacional prestase el servicio en ejercicio de sus propias competencias, por lo que es totalmente incomprensible el razonamiento de la Sala Constitucional en la sentencia N° 1563 citada cuando afirma:

> Para prestar los servicios de su competencia, el Distrito Metropolitano ha recibido las dependencias, instalaciones y bienes que correspondían al Distrito Federal, de acuerdo a la Ley de Transición del Distrito Federal al Distrito Metropolitano de Caracas, pero hay servicios públicos en el área del Distrito que vienen siendo prestados por entes del Poder Público Nacional, y que pueden ser regulados por el Distrito Metropolitano, pero ello no significa que como resultado de la Ley Especial sobre el Régimen Metropolitano de Caracas, los bienes nacionales y las instalaciones propiedad de la Nación, aptos o necesarias para prestar el servicio, se transfieran de pleno derecho al Distrito Metropolitano.

> Durante la vigencia de la Constitución de la República de Venezuela de 1961, se promulgó la Ley Orgánica de Régimen Municipal, y en su artículo 36, en los ordinales 1° y 7° se atribuyó a las municipalidades, la materia de acueductos, cloacas, drenajes, y tratamiento de aguas residuales; así mismo el servicio de transporte público urbano de pasajeros. Ello no significó entonces, ni puede significar ahora, que los servicios en esas áreas prestadas por el poder nacional se transfirieron de pleno derecho al Municipio, sino que éste los regulaba y siendo de su competencia hasta podía competir con el Poder Nacional en dichas materias.
>
> Aquella situación, en criterio de esta Sala no ha variado, y la competencia en esas áreas las puede prestar directamente el Distrito Metropolitano con sus recursos propios, o puede ser prestado por el Poder Nacional, regido por la normativa municipal, sin que esté obligado a transferir los bienes con que presta el servicio al Distrito Metropolitano o a Municipio alguno (págs. 39 de 61 y 40 de 61).

En otra parte de la sentencia N° 1563, sobre esta materia de los servicios públicos domiciliarios, la Sala Constitucional agregó:

> a) Los servicios públicos de prestación de electricidad y gas en el Distrito Metropolitano de Caracas, podrán ser prestados directamente por el Distrito, o mediante otras formas de delegación o contratos de concesiones; todo de conformidad con los artículos 41 y 42 de la Ley Orgánica de Régimen Municipal.
>
> Mientras el Cabildo Metropolitano no legisle sobre estas materias, las ordenanzas correspondientes a los diversos municipios que lo integran siguen vigentes sobre dichos servicios.
>
> Es necesario para esta Sala resaltar, que por el hecho que se haya creado el Distrito Metropolitano de la ciudad de Caracas, no han quedado derogadas las leyes (ordenanzas) vigentes en los distintos municipios que lo conforman, por la simple razón que la ley se deroga por otra ley, y por ello es la labor legislativa del Cabildo Metropolitano la que irá desarrollando a nivel del Distrito Metropolitano de Caracas, las competencias que le atribuyó el artículo 19 de la Ley que lo rige.
>
> No tiene que esperar el Cabildo Metropolitano a que el Poder Nacional sancione leyes sobre estos servicios. Las ordenanzas que dicte el Cabildo no pueden ir contra las leyes nacionales vigentes (págs. 51 de 61 y 52 de 61).

n. *Servicios de policía*

La Constitución atribuye a los Municipios competencia exclusiva, en cuanto concierne a la vida local, en materia de "prevención y protección vecinal y servicios de policía municipal, conforme a la legislación nacional aplicable" (art. 178,7) y en materia de "servicios de prevención y protección, vigilancia y control de los bienes y las actividades relativas a las materias de la competencia municipal" (art. 178,5).

La policía municipal, por tanto, es una competencia que corresponde a los dos niveles de gobierno municipal en el Distrito Metropolitano. A los efectos de la distribución de la competencia en los aspectos "macro" y "micro", el artículo 19 ordinal 8 de la Ley Especial identificó como competencia del nivel metropolitano: "Servicios de policía de orden público en el ámbito metropolitano, así como de policía administrativa con fines de vigilancia y fiscalización en las materias de su competencia".

Por tanto, en la materia, corresponde al nivel Metropolitano la policía de orden público "en el ámbito metropolitano", lo que no implica la extinción de los servicios de policía en el ámbito municipal local; y la policía administrativa en relación con los bienes y actividades del nivel metropolitano, lo que no implica la extinción de los servicios de policía administrativa en relación con los bienes y actividades de cada Municipio.

Sobre este tema, la sentencia N° 1563 de la Sala Constitucional también disertó, igualmente en forma algo confusa, así:

> Con relación a la Interpretación N° 5 letra D) solicitada, referente a cuáles son las facultades del Alcalde Metropolitano en materia policial, la Sala debe hacer los siguientes señalamientos:
>
> Por aplicación del artículo 332 de la Constitución de 1999, deberá crearse una Policía Nacional que dependerá del poder ejecutivo. Esta policía, al igual que otros órganos de seguridad ciudadana previstos en dicho artículo, concurrirán con los Estados y los Municipios en los términos establecidos en la ley.
>
> Tomando en cuenta que por mandato del artículo 178 Constitucional, es de la competencia municipal los servicios de policía municipal, cuya organización y ramas de actividades les será atribuída por las leyes estadales, y que puedan existir policías estadales, conforme a lo dispuesto en el numeral 6 del artículo 164 de la vigente Constitución, en materia de policía surge una superposición de cuerpos para una misma área territorial.
>
> No tiene dudas la Sala, que la Policía Nacional a ser creada, puede obrar en los Distritos Metropolitanos, debido a su carácter nacional, mas no la Policía Estadal, cuando un Distrito Metropolitano, como el de la ciudad de Caracas, esté formado por entes político-territoriales correspondientes a dos entidades diferentes, ya que si la finalidad de los Distritos Metropolitanos es la armonía de los servicios de la metrópolis, resulta un contrasentido que en un territorio, funcionen policías locales con direcciones distintas, que hasta podrán ser opuestas. Por ello, considera la Sala que los Distritos Metropolitanos con territorios en diversas entidades político-territoriales, escapan (sic) de la previsión del numeral 6 del artículo 164 de la Constitución de 1999, ya que las leyes estadales no podrán determinar las ramas del servicio policial atribuidas a la competencia municipal, y cuáles en el mismo territorio del Estado corresponderán a las policías estadales, ya que ello chocaría o pudiera contradecir con lo que los Cabildos Metropolitanos han decidido para ordenar la metrópolis.
>
> En el Distrito Metropolitano de Caracas, es el Alcalde Metropolitano el encargado de preservar el orden público y la seguridad de las personas y propiedades, tal como se lo impone el numeral 3 del artículo 8 de la Ley Especial sobre el Régimen del Distrito Metropolitano de Caracas, y al tener tal atribución, el Alcalde es de pleno derecho de quien depende el servicio de policía metropolitana. Estos servicios se prestan mediante la policía de orden público y la policía administrativa.
>
> A pesar de que la noción de policía de orden público puede tener un significado multívoco, a juicio de esta Sala, se trata de una policía, cuya finalidad es mantener el orden y evitar el caos, pero igualmente -como parte de ese orden- preservar la seguridad de las personas y propiedades, por lo que es básicamente una policía preventiva de vigilancia urbana, así las leyes le puedan atribuir otras funciones.
>
> En contraste, la policía administrativa, va a vigilar y a fiscalizar el cumplimiento de las ordenanzas municipales, y de todo lo que sea competencia del Distrito Metropolitano. Se trata de una policía que vigila y fiscaliza las plazas, los espectáculos públicos, el metro, las vías, los servicios de transporte urbano, etc., en lo que com-

pete al Distrito Metropolitano. Se trata también de un servicio de policía municipal, uniformado o no, que puede realizar funciones de policía fiscal...

Ahora bien, la existencia de una policía distrital, tanto de prevención de orden público, como administrativa, no atenta contra la existencia de servicios de policía correspondientes a cada municipio destinados a actuar dentro de ellos.

Estos últimos son policías destinadas (*sic*) a prevenir el delito y proteger a los vecinos, por lo que la misión de mantener el orden público, por su envergadura, debe corresponder a una sola fuerza, que es la Distrital.

Sin embargo, el Cabildo Metropolitano en definitiva, será quien legisle sobre la organización de la policía preventiva o de la administrativa para todo el Distrito Metropolitano, teniendo en cuenta que en cuanto a las policías administrativas, cada Municipio podrá establecer su propio servicio, y dirigirla, cónsono con sus necesidades y realidades.

Mientras las ordenanzas sobre policía del Distrito Metropolitano no se dicten, cada cuerpo policial de los municipios seguirá siendo dirigido orgánica y funcionalmente por el respectivo Alcalde, aunque coordinados por el Alcalde Metropolitano. Dentro de esa coordinación podrá desplazar policías del Municipio Libertador del Distrito Capital a otros Municipios, o pedir ayuda a éstos en materia policial.

Hasta que no se dicten las ordenanzas sobre vialidad urbana y circulación de vehículos del área metropolitana, a cada Municipio corresponde dirigir su propia policía de tránsito, cuyas funciones pueden coincidir con las de la policía preventiva, y a cada municipio corresponde también el ingreso del producto de las multas que impongan por infracciones tipificadas en las respectivas ordenanzas, las cuales no existen a nivel del Distrito Metropolitano.

Todas estas policías son órganos de consulta civil, y así se declara.

Podrá el Ejecutivo Nacional, como director de los sistemas metropolitanos de transporte, y conforme a la ley que los rige, transferir a las policías municipales funciones de los cuerpos de seguridad de dichos servicios, a tenor de lo previsto en el artículo 14 de la Ley de los Sistemas Metropolitanos de Transporte (págs. 49 de 61; 50 de 61 y 51 de 61).

ñ. *Otras competencias*

Nos hemos referido anteriormente a las materias de la competencia exclusiva municipal, en cuanto concierne a la vida local, establecidas en el artículo 178 de la Constitución, que el artículo 19 de la Ley Especial identifica como de nivel metropolitano en sus aspectos "macro" y, por tanto, compartida o concurrente con las que continúan ejerciendo por los Municipios, en los aspectos "micro".

El artículo 19 ordinal 7 menciona otra competencia como de nivel metropolitano y se refiere a los "Institutos metropolitanos de Crédito", lo que por supuesto no excluye la posibilidad de que existan Institutos Municipales de Crédito, en cada Municipio del Área Metropolitana, conforme a la competencia prevista en el artículo 36, ordinal 14 de la Ley Orgánica de Régimen Municipal.

Las otras materias de la competencia municipal indicadas en el artículo 178 de la Constitución, no mencionadas en el artículo 19 de la Ley Especial, sin embargo, también podrían ser susceptibles de distribuirse entre los dos niveles de gobierno municipal del Área Metropolitana de Caracas, en los aspectos "macro" (carácter metropolitano) y "micro" (carácter local municipal), que puedan distinguirse en ellas. Esas otras materias enumeradas en el artículo 178 de la Constitución excluidas las ya analizadas enumeradas en el artículo 19 de la Ley Especial, son las siguientes:

1. Ordenación y promoción del desarrollo económico y social, la promoción de la participación y el mejoramiento, en general, de las condiciones de vida de la comunidad.
2. Los servicios de alcantarillado, canalizaciones y disposiciones de aguas servidas.
3. Patrimonio histórico
4. Turismo local
5. Nomenclatura y ornato público
6. Espectáculos públicos
7. Publicidad comercial, en cuanto concierne a los fines específicos municipales
8. Servicios de protección a la primera y segunda infancia, a la adolescencia y a la tercera edad
9. Educación preescolar
10. Servicios de integración familiar de las personas con discapacidades al desarrollo comunitario
11. Actividades e instalaciones culturales
12. Actividades deportivas
13. Cementerios y servicios funerarios
14. Justicia de paz

En todo caso, en todas las materias de la competencia municipal como lo ha señalado la Sala Constitucional en la citada sentencia N° 1563:

> Sobre las áreas correspondientes al nivel metropolitano de Caracas, legislará el Cabildo Metropolitano, lo que debe hacer con carácter de urgencia, y mientras esto no suceda, cada Municipio continuará gobernando y administrando esas áreas, conforme lo que el Consejo de Gobierno del Distrito Metropolitano vaya aseso-rando y consultando (pág. 44 de 61).

D. *El régimen territorial de los Municipios del Área Metropolitana de Caracas*

Como lo establece el artículo 164 de la Constitución, corresponde a los Estados "la organización de sus Municipios y demás entidades locales y su división político territorial, conforme a esta Constitución y a la Ley".

Por tanto, sin duda alguna, el Estado Miranda es competente para determinar a través de la Ley de división político territorial del Estado el régimen territorial de los Municipios del Estado. Es incomprensible, por inconstitucional, por tanto, lo expresado por la Sala Constitucional en su antes citada sentencia N° 1563, así:

> Pero la Sala quiere asentar un criterio. El Distrito Metropolitano se constituyó para solucionar problemas de desarrollo de la ciudad, que se va conformando por sus conurbanismos, a fin que tal desarrollo sea armónico e integral. Cuando esto sucede, y de allí la necesidad de una ley orgánica que los rija, la organización interna de los

municipios y de sus entidades locales, deja de ser competencia del poder estadal, y este no puede modificar la división político-territorial de los muni-cipios afectados al Distrito (pág. 52 de 61).

Este criterio es totalmente inconstitucional; no se puede pretender despojar al Estado Miranda de sus competencias constitucionales.

En cuanto al Municipio Libertador, ya hemos señalado, el mismo debe ser dividido en varios Municipios, para darle coherencia a la división municipal en el Distrito Metropolitano, lo que corresponde a la Asamblea Nacional al dictar la Ley del Distrito Capital.

4. *El régimen especial de distrito municipal para los Municipios del Alto Apure*

El ordinal 3° de la Disposición Transitoria Tercera de la Constitución, en la cual, como en otras, en realidad, no se prevé ningún "régimen transitorio" para la entrada en vigencia de la Constitución, sino que lo que define, en el tiempo, es un programa legislativo para el desarrollo del Texto fundamental; se estableció que la Asamblea Nacional debía aprobar "dentro de los primeros seis meses siguientes a su instalación":

> Una *Ley especial* para establecer las condiciones y características de un *régimen especial para los Municipios* José Antonio Páez y Rómulo Gallegos del *Estado Apure*....

Se trató, por tanto, de una previsión que obligaba a la Asamblea Nacional a establecer, mediante "Ley especial", un "régimen especial" para dos Municipios del Estado Apure, por lo que no era concebible que pudiera pretenderse, mediante esa Ley especial, establecerse con el territorio de los dos Municipios mencionados, alguna entidad político territorial distinta, o fuera del Estado Apure. El régimen especial se refiere a dos Municipios del Estado Apure, que conforme a dicha Disposición deben seguir perteneciendo al Estado Apure, como entidad político territorial.

En consecuencia, el régimen especial que conforme a la Disposición Transitoria Tercera la Asamblea Nacional se debía regular "para los Municipios José Antonio Páez y Rómulo Gallegos", no podía ser otro que un *régimen especial de carácter municipal.* A tal efecto, la Asamblea Nacional dictó en 2001 la *Ley Especial que crea el Distrito del Alto Apure*[134] integrando territorialmente los Municipios José Antonio Páez y Rómulo Gallegos de dicho Estado (art. 2), y estableciendo un sistema de gobierno municipal a dos niveles el carácter democrático de la misma, y debe responder a la naturaleza propia del gobierno local (art. 169). Por ello, el régimen debe ser de un gobierno municipal democrático (art. 4) a dos niveles: el Municipal de los Municipios Páez y Gallegos y el distrital (art. 8). El gobierno distrital está a cargo de un Alcalde Distrital como órgano ejecutivo, y de un Cabildo Distrital, como órgano legislativo, con jurisdicción en todo el territorio del Distrito Alto Apure (art. 8,1).

---

134 *G.O.* N° 37326 de 16-11-01.

V. APRECIACIÓN FINAL SOBRE LA CONTRADICCIÓN CONSTITUCIONAL ENTRE FEDERALISMO Y CENTRALISMO, Y LA CREACIÓN DE UN "ESTADO COMUNAL" PARALELO AL ESTADO CONSTITUCIONAL

Como hemos dicho anteriormente, uno de los grandes cambios políticos que debió propugnar la nueva Constitución de 1999, era transformar definitivamente la Federación Centralizada que hemos tenido durante los últimos cien años, por una Federación Descentralizada, con una efectiva distribución territorial del poder hacia los Estados y Municipios. En tal sentido debió apuntar la reforma constitucional, no sólo al concebirse la forma del Estado como un Estado Federal Descentralizado (art. 4), sino al preverse a la descentralización política de la Federación como una política nacional de carácter estratégico (art. 158).

Sin embargo, el resultado final del esquema constitucional de distribución territorial del Poder, no significó avance sustancial alguno respecto del proceso de descentralización que se venía desarrollando durante la última década en el país, al amparo de la Constitución de 1961[135]; y más bien, en muchos aspectos ha significado un retroceso institucional. Por ello, la denominación de "Estado Federal Descentralizado", en definitiva, no pasa de ser el mismo *desideratum* inserto en la Constitución de 1961, hacia el cual se puede ir, pero que no se consolidó en el Texto Constitucional[136].

En este caso, incluso, el régimen se concibe en forma contradictoria, pues institucionalmente se limita en forma amplia la autonomía de los Estados y Municipios, al remitirse su regulación a la Ley, y se lesiona la igualdad de los Estados, al eliminarse el Senado y, con ello, la posibilidad de la participación política igualitaria de los Estados en la conducción de las políticas nacionales.

En efecto, en la Constitución se estableció una organización unicameral de la Asamblea Nacional (art. 186) que no sólo rompe una tradición que se remonta a 1811, sino que es contradictoria con la forma federal del Estado, que exige una Cámara Legislativa con representación igualitaria de los Estados, cualquiera que sea su población, y que sirva de contrapeso a la Cámara de Representación popular según la población del país. La "eliminación" del Senado o Cámara Federal es, por tanto, un atentado contra la descentralización política efectiva, al extinguir el instrumento para la igualación de los Estados en el tratamiento de los asuntos nacionales en la Asamblea Nacional; y, además, un retroceso tanto en el proceso de formación de las leyes nacionales, como en el ejercicio de los poderes de control parlamentario sobre el Ejecutivo.

Por otra parte, la autonomía de los entes territoriales, Estados y Municipios, exige su garantía constitucional, en el sentido de que no puede ser limitada por ley nacional posterior. De ello se trata al establecerse una distribución constitucional del Poder en el territorio. En la Constitución, sin embargo, la regulación del funcionamiento y la organización de los Consejos Legislativos Estadales se remite a la ley nacional (art. 162), lo cual, además de contradictorio con la atribución de los Esta-

---

135 Véase, en general, Allan R. Brewer-Carías, *Informe sobre la Descentralización en Venezuela 1993*, Memoria del Ministro de Estado para la Descentralización, Caracas, 1993.

136 Véase Allan R. Brewer-Carías, "Reflexiones críticas sobre la Constitución de Venezuela de 1999" en *La Constitución de 1999*, Academia de Ciencias Políticas y Sociales, Caracas, 2000, pp. 63 a 88.

dos de dictarse su Constitución para organizar sus poderes públicos (art. 164, ord. 1), es una intromisión inaceptable del Poder Nacional en el régimen de los Estados.

En cuanto a los Municipios, la autonomía municipal tradicionalmente garantizada en la propia Constitución, también se encuentra interferida, al señalarse que los Municipios gozan de la misma, no sólo "dentro de los límites" establecidos en la Constitución, sino en la ley (art. 168), con lo cual el principio descentralizador básico, que es la autonomía, queda minimizado.

En cuanto a la distribución de competencias del Poder Público, los Estados materialmente carecen de materias que globalmente sean de la competencia exclusiva de los mismos, a pesar de que el artículo 164 hable, precisamente, de "competencias exclusivas". Las pocas indicadas en el artículo 164, en realidad, son materias de competencia parcial de los Estados en algunos casos concurrentes con el Poder Nacional o con el Poder Municipal.

En materia de competencias concurrentes, indudablemente que los Estados podrían y deberían asumir un conjunto de ellas, lo cual podrían hacer mediante ley estadal, salvo que las mismas estén siendo ejercidas en su totalidad por el Poder Nacional, en cuyo caso debería producirse una transferencia de competencias conforme al artículo 157 de la Constitución.

Pero en cuanto a estas materias objeto de competencias concurrentes, no sólo la Constitución exige que sean reguladas mediante *leyes de bases* dictadas por el Poder Nacional (Asamblea Nacional), lo que implica la posibilidad de su condicionamiento por ese nivel (art. 165), sino que, en general, casi todas las materias de competencias concurrentes, en una forma u otra, están sujetas a lo que disponga la ley nacional. Consideramos, sin embargo, que los Estados, independientemente de que se dicten las leyes de base, tienen competencia para desarrollar legislativamente las materias de su competencia concurrente, siempre que no afecten el ejercicio de las competencias por los otros Poderes.

Por otra parte, en cuanto a la distribución de competencias entre los entes territoriales, el proceso de descentralización exigía, ante todo, la asignación efectiva de competencias tributarias a los Estados, sobre todo en materia de impuestos al consumo, como sucede en casi todas las Federaciones. Los avances que el Proyecto de Constitución tenía en esta materia, fueron abandonados en la primera discusión, y en la segunda discusión se le quitaron a los Estados todas las competencias tributarias que se le habían asignado, con lo que se retrocedió aún más respecto del esquema que existía en la Constitución de 1961.

Así, puede decirse que la Constitución de 1999 terminó de vaciar totalmente a los Estados de competencias tributarias. En efecto, conforme a la competencia residual a favor de los Estados prevista en la Constitución de 1961 (art. 17,7), podía sostenerse que existía una competencia tributaria originaria de los Estados en materia de impuestos al consumo, salvo si el Poder Nacional, mediante ley, los creaba como contribuciones nacionales (art. 136,8)[137]. Esto desapareció en la Constitución de 1999, estableciendo, como en general lo había hecho la Constitución 1953 (art. 60,29), una competencia residual a favor del Poder Nacional, contraria al principio

---

137 Véase Allan R. Brewer-Carías, *El Poder Público: Nacional, Estadal y Municipal,* Tomo II, *Instituciones Políticas y Constitucionales, op. cit.*, pp. 383 y ss.

federal, en materia de impuestos, tasas y rentas no atribuidas a los Estados y Municipios por la Constitución o por la ley (art. 156,12). En consecuencia, los Estados sólo tienen competencias en materia de papel sellado, timbres y estampillas como se había establecido en la Ley Orgánica de Descentralización, Delimitación y Transferencia de Competencias del Poder Público de 1989, y nada más.

De resto, los Estados podrían llegar a tener otras competencias tributarias pero dependiendo totalmente del Poder Nacional, el cual tendría que asignárselas mediante ley (art. 167,5).

En esta forma, los Estados siguen dependientes del Situado Constitucional, el cual puede incluso disminuirse, además de que se le fijó un tope máximo (20% de los ingresos nacionales) que en la Constitución de 1961 no tenía (sólo había un mínimo); y si bien se crea en la Constitución el Consejo Federal de Gobierno (art. 185) como órgano intergubernamental, su organización por ley nacional puede conducir a su control por los órganos nacionales.

Conforme a lo anterior, en líneas generales, el esquema de Federación centralizada de la Constitución de 1961 no logró ser totalmente superado en la nueva Constitución, y si bien se habla de descentralización, sigue siendo un desideratum, no actualizado. La gran reforma del sistema político, necesaria e indispensable para perfeccionar la democracia, en todo caso, era desmontar el centralismo del Estado y distribuir el Poder Público en el territorio; única vía para hacer realidad la participación política. Ello sólo justificaba el proceso constituyente; pero su decisión se pospuso y con ello, se perdió la gran oportunidad de comenzar a sustituir el Estado centralizado por un Estado descentralizado.[138] La Asamblea Constituyente, para superar la crisis política, debió diseñar la transformación del Estado, descentralizando el poder y sentar las bases para acercarlo efectivamente al ciudadano. Al no hacerlo, ni transformó el Estado ni dispuso lo necesario para hacer efectiva la participación, y más bien sentó las bases para acentuar el centralismo.

Y la práctica legislativa y gubernamental posterior, sobre todo una vez rechazada la reforma constitucional de 2007 que pretendía establecer un Estado totalmente centralizado, con la creación en paralelo al Estado Constiucional del Estado del Poder Popular o Estado Comunal, ha sido la de desmantelar el Estado federal, cenralizando hacia el nivel nacional competencias estadales, y gtransfiriendo competencias estadales y municipales hacia los Consejos Comunales, que a su vez dependen del Ejecutivo nacional. En ese esquema, en *primer lugar*, se ha establecido como obligación legal para los órganos, entes e instancias del Poder Público el promover, apoyar y acompañar las iniciativas populares para la constitución, desarrollo y consolidación de las diversas formas organizativas y de autogobierno del pueblo (art. 23).[139]

---

138 Véase en general, Rafael J. Chavero Gazdik, "La forma de Estado prevista en la Constitución de 1999 (¿Un canto de sirenas?)," en *Revista de Derecho Público*, N° 81 (enero-marzo), Editorial Jurídica Venezolana, Caracas, 2000, pp. 29-39; José Peña Solís, "Aproximación al proceso de descentralización delineado en la Constitución de 1999" en *Estudios de Derecho Público: Libro Homenaje a Humberto J. La Roche Rincón,* Volumen II. Tribunal Supremo de Justicia, Caracas, 2001, pp. 217-282; Ricardo Combellas, *Derecho Constitucional: una introducción al estudio de la Constitución de la República Bolivariana de Venezuela,* Mc Graw Hill, Caracas, 2001, pp. 121 ss.

139 Una norma similar está en el artículo 62 de la Ley Orgánica de las Comunas, a los efectos de "la constitución, desarrollo y consolidación de las comunas como forma de autogobierno."

En *segundo lugar*, se sujeta a todos los órganos del Estado Constitucional que ejercen el Poder Público, a los mandatos de las organizaciones del Poder Popular, al instaurarse un nuevo principio de gobierno, consistente en "gobernar obedeciendo" (artículo 24). Como las organizaciones del Poder Popular no tienen autonomía política pues no sus "voceros" no son electos democráticamente mediante sufragio universal, directo y secreto, sino designados por asambleas de ciudadanos controladas e intervenidas por el partido oficial y el Ejecutivo Nacional que controla y guía todo el proceso organizativo del Estado Comunal, en el ámbito exclusivo de la ideología socialista, sin que tenga cabida vocero alguno que no sea socialista, en definitiva esto de "gobernar obedeciendo" es una limitación a la autonomía política de los órganos del Estado Constitucional electos, como la Asamblea nacional, los Gobernadores y Consejos legislativos de los Estados y los Alcaldes y Concejos Municipales, a quienes se le impone en definitiva la obligación de obedecer lo que disponga el Ejecutivo Nacional y el partido oficial enmarcado en el ámbito exclusivo del socialismo como doctrina política. La voluntad popular expresada en la elección de representantes del Estado Constitucional, por tanto, no tiene valor alguno, y al pueblo se le confisca su soberanía trasladándola de hecho a unas asambleas que no lo representan.

En *tercer lugar*, se establece la obligación para los órganos y entes del Poder Público en sus relaciones con el Poder Popular, de dar "preferencia a las comunidades organizadas, a las comunas y a los sistemas de agregación y articulación que surjan entre ellas, en atención a los requerimientos que las mismas formulen para la satisfacción de sus necesidades y el ejercicio de sus derechos, en los términos y lapsos que establece la ley" (art. 29). Igualmente se prevé que los órganos, entes e instancias del Poder Público, en sus diferentes niveles político-territoriales, deben adoptar "medidas para que las organizaciones socio-productivas de propiedad social comunal, gocen de prioridad y preferencia en los procesos de contrataciones públicas para la adquisición de bienes, prestación de servicios y ejecución de obras" (art. 30).[140]

En *cuarto lugar*, se establece la obligación para la República, los estados y municipios, de acuerdo con la ley que rige el proceso de transferencia y descentralización de competencias y atribuciones, de trasferir "a las comunidades organizadas, a las comunas y a los sistemas de agregación que de éstas surjan; funciones de gestión, administración, control de servicios y ejecución de obras atribuidos a aquéllos por la Constitución de la República, para mejorar la eficiencia y los resultados en beneficio del colectivo" (art. 27).[141] Con ello, se dispone legalmente el vaciamiento de competencias de los Estados y Municipios, de manera que queden como estructuras vacías, con gobiernos representativos electos por el pueblo pero que no tienen materias sobre las cuales gobernar.

---

140 En particular, conforme al artículo 61 de la Ley Orgánica de las Comunas, se dispone que "todos los órganos y entes del Poder Público comprometidos con el financiamiento de proyectos de las comunas y sus sistemas de agregación, priorizarán aquéllos que impulsen la atención a las comunidades de menor desarrollo relativo, a fin de garantizar el desarrollo territorial equilibrado.

141 Esta misma norma se repite en la Ley Orgánica de las Comunas (art. 64). El 31 de diciembre de 2010, aún estaba pendiente en la Asamblea Nacional la segunda discusión del proyecto de Ley Orgánica del Sistema de Transferencia de Competencias y atribuciones de los Estados y Municipios a las organizaciones del Poder Popular.

A tal efecto, la Ley Orgánica del Poder Público Municipal dispone, en su artículo 281 que "la transferencia de competencias y servicios de los estados a los municipios, y de éstos a las instancias del Poder Popular, se realizará de acuerdo a lo establecido en la Ley Orgánica del Consejo Federal de Gobierno," siendo los lineamientos que establezca dicho de carácter "vinculante para las entidades territoriales (art. 2).

En este esquema de establecimiento del Poder Popular y el Estado Comunal, a los efectos de ahogar y estrangular progresivamente el Estado Constitucional, la primera de las instituciones territoriales afectadas ha sido el Municipio, del cual siendo la unidad política primara de la organización de la República, ha sido desvinculado del proceso de desarrollo comunal y de la participación popular. A tal efecto, diversas reformas se introdujeron en diciembre de 2010 a la Ley Orgánica del Poder Público Municipal (LOPP),[142] y entre ellas se destaca:

En primer lugar, la previsión como objetivo de la Ley además de la regulación de los Municipios y su gobierno, el proceso denominado de "descentralización y la transferencia a las comunidades organizadas, y a las comunas en su condición especial de entidad local, como a otras organizaciones del Poder Popular" (Art. 1). Se entiende que se trata de un proceso de transferencia de "competencias" aún cuando no se indica; sin embargo, la misma no puede calificarse como descentralización, pues esta en el marco territorial y político, exige que las entidades receptoras de las competencias a ser transferidas, sean entidades locales como entidades políticas con gobiernos electos democráticamente. Las comunas, que se denominan como Entidades locales especiales" no son gobernadas por órganos cuyos integrantes sean electos por votación universal directa y secreta, y por tanto, no tienen autonomía política ni pueden formar parte del esquema de descentralización territorial del Estado.

En segundo lugar, el artículo 2 de la LOPPM, a pesar de que repite el aserto constitucional de que el Municipio "constituye la unidad política primaria de la organización nacional de la República," ya no habla de que "gozan de autonomía" como lo garantiza el artículo 168 de la Constitución, son que "ejerce sus competencias de manera autónoma." Ello, sin embargo, es contradicho en la propia Ley al establecerse que el artículo 110, que "el municipio se regirá por el Sistema Nacional de Planificación establecido en la ley que regula la materia," que como se sabe es una planificación centralizada.

A tal efecto, en la LOPPM se elimina la iniciativa ejecutiva de la planificación local que se asignaba al Alcalde, quien debía presentar al Consejo Local de Planificación las líneas maestras de su plan de gobierno, y se establece que es el Consejo Local de Planificación Pública "el órgano encargado de diseñar el Plan Municipal de Desarrollo y los demás planes municipales, en concordancia con los lineamientos que establezca el Plan de Desarrollo Económico y Social de la Nación y los demás planes nacionales y estadales, garantizando la participación protagónica del pueblo en su formulación, ejecución, seguimiento, evaluación y control, en articulación con el Sistema Nacional de Planificación"(art. 111). Ese Consejo, además, en la LOPPM, queda encargado de "diseñar el Plan de Desarrollo Comunal, en concordancia con los planes de desarrollo comunitario propuestos por los consejos comunales y los demás planes de interés colectivo, articulados con el Sistema Nacional de Planificación, de conformidad con lo establecido en la legislaciones que regula las

142 Véase en *Gaceta Oficial* N° 6.015 Extraordinario del 28 de diciembre de 2010.

comunas, los consejos comunales y la presente Ley; contando para ello con el apoyo de los órganos y entes de la Administración Pública. A tales efectos, es deber de las instancias que conforman la organización del municipio, atender los requerimientos de los diversos consejos de planificación existentes en cada una de las comunas para el logro de sus objetivos y metas" (art. 112)

En tercer lugar, en la reforma de la LOPPM, se encasilla y limita su rol como promotor de la participación del pueblo sólo "a través de las comunidades organizadas," que son las que se regulan en las leyes sobre el Poder Popular identificadas con el socialismo, en contra de la previsión del artículo 62 de la Constitución que garantiza el carácter libre de la participación. La desvinculación de las comunidades organizadas respecto del Municipio, se asegura en la Ley, al excluirse su registro ante los órganos competentes "del Municipio" como decía la Ley Orgánica anterior que se reformó, previéndose ahora su registro sólo ante "los órganos competentes" (art. 33.3) que en las Leyes del poder Popular es el Ministerio de las Comunas. Es decir, con la reforma de la LOPPM, se produce una total desmunicipalización de las entidades comunales.

En cuarto lugar, a pesar de esta desmunicipalización, a las comunas se las incorpora en el régimen del Poder Público Municipal, como "entidad local territorial" (art. 19) aún cuando de "carácter especial" que conforme al artículo 19, "se rige por su ley de creación, puede constituirse dentro del territorio del Municipio o entre los límites político administrativo de dos o más municipios, sin que ello afecte la integridad territorial de los municipios donde se constituya." Como tal entidades locales de carácter especial, se las excluye completamente del régimen de la LOPPM quedando "reguladas por la legislación que norma su constitución, conformación, organización y funcionamiento" (art. 5). Ello se reafirma en el artículo 33 de la Ley al disponer que "los requisitos para la creación de la comuna, en el marco de su régimen especial como entidad local, se regirán por lo establecido en la Ley Orgánica de las Comunas."

En quinto lugar, se eliminó el carácter de entidad local de las parroquias, y por tanto, se eliminó su carácter democrático representativo. Es más, en la Disposición Transitoria segunda de la Ley se dispuso ue a los 30 días siguientes a su publicación, "cesan en sus funciones los miembros principales y suplentes, así como los secretarios o secretarias, de las actuales juntas parroquiales,"

Eliminas las Juntas parroquiales, las cuales en el artículo 35, las pasaron a denominar "juntas parroquiales comunales," estas se regularon sólo como entidades con "facultades consultivas, de evaluación y articulación entre el poder popular y los órganos del Poder Público Municipal," con las funciones enumeradas en el artículo 37, de la cual se eliminó todo vestigio de gobierno local.

Dichas juntas parroquiales comunales, se estableció que deben ser "coordinada por una junta parroquial comunal integrada por cinco miembros y sus respectivos suplentes cuando corresponda a un área urbana y tres miembros y sus respectivos suplentes cuando sea no urbana, elegidos o elegidas para un período de dos años," no por el pueblo mediante sufragio, sino por "por los voceros de los consejos comunales de la parroquia respectiva," quienes "en dicha elección deberán ser fiel expresión del mandato de sus respectivas asambleas de ciudadanos." La norma agrega, que dicha designación, debe ser "validada por la asamblea de ciudadanos."

En la misma norma se estableció el principio de la revocatoria de los mandatos de los integrantes de las juntas parroquiales comunales, mandando a aplicar las condiciones y el procedimiento establecido para la revocación de los voceros de los consejos comunales, conforme a la Ley Orgánica que los regula.

Al desmunicipalizarse las juntas parroquiales comunales, y eliminarse su carácter de entidad política local de orden democrático representativo, el artículo 36 previó que sus miembros que deben ser avalados por la asamblea de ciudadanos, pueden ser menores de edad, aún cuando mayores de quince años, e incluso extranjeros.

SEXTA PARTE

LA CONSTITUCIÓN POLÍTICA DE LA REPÚBLICA: LA SEPARACIÓN ORGÁNICA DE PODERES Y SUS LIMITANTES

I. LA ORGANIZACIÓN DEL PODER PÚBLICO NACIONAL

La Constitución en su artículo 136, además de organizar al Estado conforme al principio de la distribución vertical del Poder Público (Nacional, Estadal y Municipal), establece el régimen del Poder Público Nacional conforme al principio de la *separación orgánica de poderes,* rompiendo con la tradicional división tripartita del Poder (Legislativo, Ejecutivo y Judicial) y agregando dos más (Ciudadano y Electoral)[1] en la siguiente forma:

> El Poder Público Nacional se divide en Legislativo, Ejecutivo, Judicial, Ciudadano y Electoral.
>
> Cada una de las ramas del Poder Público tiene sus funciones propias, pero los órganos a los que incumbe su ejercicio colaborarán entre sí en la realización de los fines del Estado.

En principio, la separación de poderes debería originar un esquema de pesos y contrapesos, de manera que cada Poder fuera independiente en relación con el otro, particularmente en un sistema presidencial de gobierno. Sin embargo, de la relación entre los cinco poderes se puede apreciar un desbalance general, al atribuirse a la Asamblea General la potestad de remover a los Magistrados del Tribunal Supremo de Justicia (art. 265), al Contralor General de la República, al Fiscal General de la República y al Defensor del Pueblo (art. 279); y a los integrantes del Consejo Nacional Electoral (art. 296).

---

1 Véase en general, sobre la organización del Poder Nacional, Cecilia Sosa Gómez, "La organización política del estado venezolano: El Poder Público Nacional", *Revista de Derecho Público,* N° 82 (abril-junio), Editorial Jurídica Venezolana, Caracas, 2000, pp. 71-83; C. Kiriadis longui, "Notas sobre la estructura orgánica del Estado venezolano en la Constitución de 1999", en *Temas de Derecho Administrativo: Libro Homenaje a Gonzalo Pérez Luciani,* Volumen I, Editorial Torino, Caracas, 2002, pp. 1031-1082; e Hildegard Rondón de Sansó, "Las transformaciones fundamentales en la organización y dinámica del Estado derivadas de la Constitución de 1999", en *Temas de Derecho Administrativo: Libro Homenaje a Gonzalo Pérez Luciani,* Volumen I. Editorial Torino, Caracas, 2002, pp. 619-643.

En consecuencia, con estas atribuciones estamos en presencia de una primacía de la Asamblea Nacional (Poder Legislativo) sobre el Poder Judicial, el Poder Ciudadano y el Poder Electoral, cuyos órganos, en definitiva, dependen de la voluntad del legislador.

Por otra parte, en la relación entre el Poder Ejecutivo Nacional y el Poder Legislativo, la Constitución optó por continuar con el sistema presidencial de gobierno, aún cuando se le hayan incrustado algunos elementos del parlamentarismo como ya había sucedido en la Constitución de 1961[2].

Sin embargo, en la Constitución de 1999, el presidencialismo se ha exacerbado por la extensión del período constitucional del Presidente de la República, con reelección inmediata; y por la pérdida de balance o contrapeso de los dos poderes, entre otros aspectos por la eliminación del bicameralismo.

En efecto, el modelo presidencial escogido se combina con los siguientes cuatro factores: en *primer lugar,* la extensión del período presidencial a seis años; en *segundo lugar,* la reelección inmediata del Presidente de la República (art. 230), lo que atenta contra el principio de la alternabilidad republicana al permitir un largo período de gobierno de 12 años; en *tercer lugar,* lo complicado del referendo revocatorio del mandato (art. 72), lo que lo hace prácticamente inaplicable; y en *cuarto lugar,* la eliminación del principio de la elección del Presidente por mayoría absoluta y doble vuelta, que estaba en el Proyecto aprobado en primera discusión. Ello se eliminó en segunda discusión, conservándose la elección por mayoría relativa (art. 228), que prevé la Constitución de 1961, y, por tanto, de gobiernos electos con una minoría de votos, que hace al sistema ingobernable.

Con este modelo presidencialista, al que se agrega la posibilidad de disolución de la Asamblea por el Presidente de la República, aún cuando en casos excepcionales de tres votos de censura parlamentaria al Vicepresidente Ejecutivo (art. 240), se exacerba el presidencialismo que no encuentra contrapeso en el bicameralismo, el cual se eliminó, sino más bien refuerzo en otras reformas, como la regularización de las leyes habilitantes o de delegación legislativa a los efectos de emisión de Decretos-Leyes y no sólo en materia económica y financiera (art. 203), lo que podría significar un atentado a la garantía constitucional de la reserva legal.

Otro elemento que debe mencionarse en la relación entre los Poderes del Estado, es la atribución dada al Tribunal Supremo de Justicia para decretar, sin mayores precisiones "la destitución del Presidente de la República" (art. 233).

---

2 Véase en general, Julio C. Fernández Toro, "El nuevo paradigma del ejercicio del Gobierno. El sistema de gobierno en la Constitución de 1999", en *Revista de Derecho Constitucional,* N° 4 (enero-julio). Editorial Sherwood, Caracas, 2001, pp. 189-246; Véase Donato Lupidii, "El sistema presidencial y la Constitución venezolana de 1999", en *El Derecho Público a comienzos del siglo XXI. Estudios homenaje al Profesor Allan R. Brewer-Carías,* Tomo I. Instituto de Derecho Público, UCV, Civitas Ediciones, Madrid, 2003, pp. 819-835; Miguel A. Gómez Ortiz, "El régimen presidencial en Venezuela", en *Bases y principios del sistema constitucional venezolano (Ponencias del VII Congreso Venezolano de Derecho Constitucional realizado en San Cristóbal del 21 al 23 de Noviembre de 2001),* Volumen II, pp. 299-336.

II. EL PODER LEGISLATIVO NACIONAL: LA ASAMBLEA NACIONAL

1. *La organización unicameral*

El Poder Legislativo Nacional se ejerce por la Asamblea Nacional como cuerpo unicameral[3]. El Capítulo I del Título V de la Constitución de 1999 cambia así, radicalmente, la tradición bicameral que caracterizaba a los órganos del Poder Legislativo Nacional desde 1811, y establece una sola Cámara Legislativa lo que, por lo demás, es contradictorio con la forma federal del Estado. En una Cámara Federal o Senado, en realidad, es que tiene sentido la disposición del artículo 159 que declara a los Estados como entidades políticas *iguales*. Esa igualdad sólo puede ser garantizada en una Cámara Federal, donde haya igual representación de cada uno de los Estados, independientemente de su población, para participar igualitariamente en la definición de las políticas nacionales.

Con la eliminación del Senado y el establecimiento de una Asamblea Nacional Unicameral, en esta forma, se establece una contradicción institucional entre el Federalismo y la descentralización política[4]

La Sala Electoral del Tribunal Supremo ha destacado esta innovación constitucional, al señalar en su sentencia N° 17 de 14-3-2000, lo siguiente:

> Debe observarse que con la entrada en vigencia del nuevo texto fundamental se modificó sustancialmente el régimen institucional de los Poderes Públicos del Estado, y en tal sentido, entre otras modificaciones, se creó la Asamblea Nacional en sustitución al Congreso de la República, al establecer en el Título V denominado de la Organización del Poder Público Nacional, Capítulo 1, del Poder Legislativo, en las Disposiciones Generales contenidas en la Sección Primera, artículo 186...
>
> La norma transcrita es parte de esa nueva configuración que informa el ordenamiento constitucional y las instituciones políticas de la República y, regula, en específico, lo referente a la constitución y sistema de elección de los miembros de dicha Asamblea Nacional.
>
> Ella configura un sistema de organización legislativo, *unicameral*, que supone la reducción de su estructura a la integración de un menor número de miembros, así como a la necesidad de optimizar la eficiencia en el proceso de formación de las leyes respecto a la existente en el sistema anterior (Parlamento Bicameral)[5].

---

3 Véase en general, sobre el Poder Legislativo, Véase Alfonso Rivas Quintero, *Derecho Constitucional,* Paredes Editores, Valencia, 2002, pp. 351 y ss.; Ricardo Combellas, *Derecho Constitucional: una introducción al estudio de la Constitución de la República Bolivariana de Venezuela,* Mc Graw Hill, Caracas, 2001, pp. 135 y ss.; e Hildegard Rondón de Sansó, *Análisis de la Constitución venezolana de 1999,* Editorial Ex Libris, Caracas, 2001, pp. 177 y ss.

4 Véase nuestro voto salvado sobre este tema en Allan R. Brewer-Carías, *Debate Constituyente, (Aportes a la Asamblea Nacional Constituyente),* Tomo III, (18 octubre-30 noviembre 1999), Fundación de Derecho Público-Editorial Jurídica Venezolana, Caracas, 1999, pp. 196 a 198. Véase en general, María M. Matheus Inciarte y María Elena Romero Ríos, "Estado Federal y unicameralidad en el nuevo orden constitucional de la República Bolivariana de Venezuela", en *Estudios de Derecho Público: Libro Homenaje a Humberto J. La Roche Rincón,* Volumen I, Tribunal Supremo de Justicia, Caracas, 2001, pp. 637-676.

5 Véase en *Revista de Derecho Público*, N° 81, (enero-marzo), Editorial Jurídica Venezolana, Caracas, 2000, p. 98.

2. *Composición y duración*

De acuerdo con el artículo 186 de la Constitución, la Asamblea Nacional está integrada por diputados elegidos en cada entidad federal, es decir, en los Estados y el Distrito Capital por votación universal, directa, personalizada y secreta con representación proporcional, según una base poblacional del 1,1% de la población total del país.

Cada entidad federal tiene derecho a elegir, además, tres diputados adicionales a los antes señalados.

Los pueblos indígenas de la República tienen derecho a elegir tres diputados de acuerdo con lo establecido en la ley electoral, respetando sus tradiciones y costumbres (art. 125).

En todo caso, cada diputado tendrá un suplente escogido en el mismo proceso.

En cuanto al período constitucional de los diputados y, por tanto, de la Asamblea, el artículo 192 dispone que durarán 5 años en el ejercicio de sus funciones, pudiendo ser reelegidos por dos períodos consecutivos como máximo.

En todo caso, debe observarse que la nueva Constitución eliminó, por tanto, la figura de los "diputados adicionales" que admitía la Ley Orgánica del Sufragio, respecto de lo cual, la Sala Electoral del Tribunal Supremo de Justicia, en la citada sentencia Nº 17 del 14 de marzo de 2000, indicó que es el propio artículo 136 el que establece los elementos integradores del Poder Legislativo Nacional, "a saber: a) Representantes de las entidades federales (3 Diputados por cada Estado), b) Representantes por cada Estado en un número determinado por la base poblacional (1,1% y, c) Representantes de los pueblos indígenas (3 Diputados)"; agregando:

> Lo dispuesto en el artículo 186 permite concluir a esta Sala, en su labor de intérprete, que el constituyente acogió para la constitución de la Asamblea Nacional un criterio de integración cerrado, por lo que la conformación de este órgano está determinada por un número fijo de representantes que, sólo podrá verse modificado por el aumento o disminución que pueda experimentar la población del país.
>
> Ahora bien, establecido lo anterior, pasa esta Sala a analizar si el artículo 21 de la Ley Orgánica del Sufragio y Participación Política es compatible con las citadas disposiciones constitucionales y los principios que las orientan, es decir, si la situación que regula tiene cabida en la nueva concepción que propugna el sistema de elección de los Diputados a la Asamblea Nacional, derivado del *numerus clausus* de sus integrantes o, si por el contrario, no se adecua a tales previsiones...
>
> De lo expuesto se desprende que la situación que regula el artículo 21, objeto del presente recurso, sólo era aplicable bajo la vigencia de la Constitución de 1961, que remitía al legislador, a diferencia de la actual, la determinación y regulación de las bases a ser consideradas para la selección de cargos de elección popular, destacándose entre ellos el Parlamento, que se corresponde con la diferencia derivada de la unicameralidad, con la Asamblea Nacional, establecida en el artículo 186 constitucional.
>
> Bajo el nuevo esquema institucional así concebido, el sistema de integración de la Asamblea Nacional no permite la institución de los diputados adicionales, pues el nuevo orden -se insiste- no diseña una Asamblea Nacional con un numerus apertus sino que por el contrario, la intención ha sido crear un claustro legislativo. Es evidente, entonces, que el artículo 21 de la Ley Orgánica del Sufragio y Participa-ción

Política ha quedado derogado, por no corresponderse con la Ley Fundamental. Así se declara[6].

3. *Régimen de los diputados*

A. *Representación*

Los diputados son representantes del pueblo y de los Estados en su conjunto, no sujetos a mandatos ni instrucciones, sino sólo a su conciencia. Su voto en la Asamblea Nacional es personal (art. 201).

Con esta norma, en principio, habrían quedado proscritas las fracciones parlamentarias de carácter partidista o grupal; lo cual, no sólo no ha sucedido (salvo el cambio de nombre por "bloques de opinión") sino que en los años de vigencia de la Constitución se han manifestado con un control más férreo sobre los diputados.

B. *Condiciones de elegibilidad y de inelegibilidad*

Conforme al artículo 188, las condiciones para ser elegido diputado a la Asamblea Nacional son las siguientes:

1. Ser venezolano o venezolana, por nacimiento, o por naturalización con quince años de residencia en territorio venezolano.
2. Ser mayor de veintiún años de edad.
3. Haber residido cuatro años consecutivos en la entidad correspondiente antes de la fecha de la elección.

En cuanto a las condiciones de inelegibilidad el artículo 189 dispone que no podrán ser elegidos diputados

1. El Presidente o Presidenta de la República, el Vicepresidente Ejecutivo o Vicepresidenta Ejecutiva, los Ministros o Ministras, el Secretario o Secretaria de la Presidencia de la República y los Presidentes o Presidentas y Directores o Directoras de los institutos autónomos y empresas del Estado, hasta tres meses después de la separación absoluta de sus cargos.
2. Los Gobernadores y Secretarios de gobierno, de los Estados y el Distrito Capital, hasta tres meses después de la separación absoluta de sus cargos.
3. Los funcionarios o funcionarias municipales, estadales o nacionales, de institutos autónomos o empresas del Estado, cuando la elección tenga lugar en la jurisdicción en la cual actúa, salvo si se trata de un cargo accidental, asistencial, docente o académico.

Por otra parte, la Constitución permite que la ley orgánica pueda establecer condiciones de inelegibilidad de otros funcionarios o funcionarias, con lo que la materia dejó de ser de reserva constitucional como era en la Constitución de 1961 (art. 140).

C. *La dedicación exclusiva, la rendición de cuentas y la revocatoria del mandato*

El principio general en esta materia está establecido en el artículo 197 de la Constitución cuando establece que los diputados a la Asamblea Nacional están obli-

---

6 *Idem*, pp. 98 y 99.

gados a cumplir sus labores a *dedicación exclusiva*, en beneficio de los intereses del pueblo y a mantener una vinculación permanente con sus electores, atendiendo sus opiniones y sugerencias y manteniéndolos informados acerca de su gestión y la de la Asamblea.

Además, deben dar cuenta anualmente de su gestión a los electores y estarán sometidos al referendo revocatorio del mandato en los términos previstos en la Constitución (art. 72) y en la ley sobre la materia.

En los casos de revocatoria del mandato, conforme al artículo 198, el diputado a la Asamblea Nacional cuyo mandato fuere revocado, no puede optar a cargos de elección popular en el siguiente período.

D. *Las incompatibilidades*

Los diputados a la Asamblea Nacional, conforme al artículo 190, no pueden ser propietarios o administradores o directores de empresas que contraten con personas jurídicas estatales, ni pueden gestionar causas particulares de interés lucrativo con las mismas. Durante las votaciones sobre causas en las cuales surjan conflictos de intereses económicos, los integrantes de la Asamblea Nacional que estén involucrados en dichos conflictos, deben abstenerse.

Por otra parte, los diputados a la Asamblea Nacional no pueden aceptar o ejercer cargos públicos sin perder su investidura, salvo en actividades docentes, académicas, accidentales o asistenciales, siempre que no supongan dedicación exclusiva (art. 191). Se eliminó así, la posibilidad de que los diputados pudieran ser designados Ministros, por ejemplo, sin que ello les ocasionara la perdida de la investidura como lo establecía el artículo 141 de la Constitución de 1961.

E. *La irresponsabilidad*

Los diputados a la Asamblea Nacional no son responsables por votos y opiniones emitidos en el ejercicio de sus funciones y sólo responden ante los electores y el cuerpo legislativo de acuerdo con la Constitución y los reglamentos (art. 199).

F. *La inmunidad*

Los diputados a la Asamblea Nacional gozan de inmunidad en el ejercicio de sus funciones desde proclamación hasta la conclusión de su mandato o de la renuncia del mismo (art. 200).

De los presuntos delitos que cometan los integrantes de la Asamblea Nacional conoce, en forma privativa, el Tribunal Supremo de Justicia, única autoridad que puede ordenar, previa autorización de la Asamblea Nacional, su detención y continuar su enjuiciamiento. En caso de delito flagrante cometido por un parlamentario, la autoridad competente lo debe poner bajo custodia en su residencia y debe comunicar inmediatamente el hecho al Tribunal Supremo de Justicia.

Los funcionarios públicos que violen la inmunidad de los integrantes de la Asamblea Nacional, incurren en responsabilidad penal y deben ser castigados de conformidad con la ley.

Sobre la inmunidad parlamentaria como excepción al principio de la igualdad, la Sala Plena del Tribunal Supremo de Justicia en sentencia de 31 de mayo de 2000, expresó el siguiente criterio:

La inmunidad o fuero parlamentario, que no es sino un obstáculo procesal a la detención o procesamiento o imputación de determinadas personas, tal como lo estableció el legislador, en este caso referido a quien ejerce la función parlamentaria impone la consagración de beneficios que colocan al representante popular en situación privilegiada al compararsela a la de cualquier ciudadano. Ahora bien, estos privilegios no le son concedidos al parlamentario a título personal, sino que los poseen en cuanto son miembros de los cuerpos legisladores, en representación de la voluntad popular, y su fundamento no sólo va dirigido a la protección de la función, sino que su inviolabilidad existe en razón de la protección del interés del Estado, su institucionalidad y en beneficio de la colectividad y no de la persona en particular, por lo que la inmunidad de proceder en contra de la persona del parlamentario, no significa impunidad penal, quedando así sometido a la misma ley sustantiva penal que los demás habitantes, sólo que su procesamiento puede instaurarse cuando previamente se ha realizado una tramitación que tiene como único objeto autorizar que se forme causa en su contra, aplicándosele en su integridad, de ser procedente el ordenamiento jurídico que encuadra la actividad de todos los demás componentes de la sociedad, y deberán responder de todos los actos realizados en razón de que detentar un cargo de elección popular no significa situarse en una posición que separe y aísle al titular del resto...

Así pues, estima este Tribunal Supremo de Justicia en Pleno tanto la inmunidad y su necesario trámite de realizar el antejuicio de mérito como mecanismo adjetivo de protección respecto de aquellos funcionarios a los efectos señala el texto constitucional, constituyen sin lugar a dudas excepciones al principio de igualdad, frente a la ley y que sólo se justifican y surten sus efectos debido a la naturaleza de la función desplegada durante el tiempo que ejerzan los aludidos cargos. Así se declara[7].

4. *La competencia de la Asamblea*

El artículo 187 de la Constitución atribuye a la Asamblea un conjunto de competencias que en la Constitución anterior estaban atribuidas al Congreso, a la Cámara de Diputados y al Senado. Dichas competencias son las siguientes:

A. *En materia constitucional*

2. Proponer enmiendas y reformas a la Constitución, en los términos establecidos en esta Constitución (arts. 341, 343 y 344).

B. *En materia legislativa*

1. Legislar en las materias de la competencia nacional y sobre el funcionamiento de las distintas ramas del Poder Nacional.
5. Decretar amnistías
6. Discutir y aprobar el presupuesto nacional y todo proyecto de ley concerniente al régimen tributario y al crédito público (arts. 314, 317 y 312).
18. Aprobar por ley los tratados o convenios internacionales que celebre el Ejecutivo Nacional, salvo las excepciones consagradas en esta Constitución (art. 154).

---

7 Véase en *Revista de Derecho Público,* Nº 82, (abril-junio), Editorial Jurídica Venezolana, Caracas, 2000, pp. 150 y 151.

C. *En materia de control político*

10. Dar voto de censura al Vicepresidente Ejecutivo o Vicepresidenta Ejecutiva y a los Ministros o Ministras. La moción de censura sólo podrá ser discutida dos días después de presentada a la Asamblea, la cual podrá decidir, por las tres quintas partes de los diputados o diputadas, que el voto de censura implica la destitución del Vicepresidente Ejecutivo o Vicepresidenta Ejecutiva o el Ministro o Ministra.
11. Autorizar el empleo de misiones militares venezolanas en el exterior o extranjeras en el país.
16. Velar por los intereses y autonomía de los Estados
17. Autorizar la salida del Presidente o Presidenta de la República del territorio nacional cuando su ausencia se prolongue por un lapso superior a cinco días consecutivos (art. 235).

Además, decidir en los casos de falta absoluta y temporal del Presidente de la República (arts. 233 y 234), autorizar el enjuiciamiento del Presidente de la República (art. 266, ord. 2) y conocer de los Decretos de Estado de Excepción (arts. 338 y 339).

D. *En materia de nombramiento de funcionarios públicos*

13. Autorizar a los funcionarios públicos o funcionarias públicas para aceptar cargos, honores o recompensas de gobiernos extranjeros (art. 149).
14. Autorizar el nombramiento del Procurador o Procuradora General de la República y de los Jefes o Jefas de Misiones Diplomáticas Permanentes.

E. *En materia de remoción de altos funcionarios públicos*

La Asamblea Nacional tiene competencia para remover a los Magistrados del Tribunal Supremo de Justicia (art. 265), al Contralor General de la República, al Fiscal General de la República y al Defensor del Pueblo (art. 279); y a los integrantes del Consejo Nacional Electoral (art. 296), atribuciones que, sin duda, constituyen una contradicción con el principio de la autonomía del Poder Judicial, del Poder Ciudadano y del Poder Electoral.

F. *En materia de control administrativo*

3. Ejercer funciones de control sobre el Gobierno y la Administración Pública Nacional, en los términos consagrados en esta Constitución y la ley. Los elementos comprobatorios obtenidos en el ejercicio de esta función, tendrán valor probatorio, en las condiciones que la ley establezca.
7. Autorizar los créditos adicionales al presupuesto (art. 314).
8. Aprobar las líneas generales del plan de desarrollo económico y social de la Nación, que serán presentadas por el Ejecutivo Nacional en el transcurso del tercer trimestre del primer año de cada período constitucional (art. 236, ord. 18).

Autorizar al Ejecutivo Nacional para celebrar contratos de interés nacional, en los casos establecidos en la ley[8]. Autorizar los contratos de interés público municipal, estadal o nacional con Estados o entidades oficiales extranjeros o con sociedades no domiciliadas en Venezuela (art. 150).

12. Autorizar al Ejecutivo Nacional para enajenar bienes inmuebles del dominio privado de la Nación, con las excepciones que establezca la ley.

Acordar los honores del Panteón Nacional a venezolanos y venezolanas ilustres, que hayan prestado servicios eminentes a la República, después de transcurridos veinticinco años de su fallecimiento. Esta decisión podrá tomarse por recomendación del Presidente o Presidenta de la República, de las dos terceras partes de los Gobernadores o Gobernadoras de Estado o de los rectores o rectoras de las Universidades Nacionales en pleno.

G. *En materias de orden interno*

4. Organizar y promover la participación ciudadana en los asuntos de su competencia.
19. Dictar su reglamento y aplicar las sanciones que en él se establezcan.
20. Calificar a sus integrantes y conocer de su renuncia. La separación temporal de un diputado o diputada sólo podrá acordarse por el voto de las dos terceras partes de los diputados y las diputadas presentes.
21. Organizar su servicio de seguridad interna
22. Acordar y ejecutar su presupuesto de gastos, tomando en cuenta las limitaciones financieras del país.
23. Ejecutar las resoluciones concernientes a su funcionamiento y organización administrativa.
24. Todas las demás que le señalen esta Constitución y la ley.

Entre estas materias de orden interno, está la regulación del funcionariado de la Asamblea[9].

5. *La organización de la Asamblea*

A. *La directiva*

La Junta Directiva de la Asamblea Nacional está compuesta por un Presidente y dos Vicepresidentes, elegidos de su seno; y un Secretario y un Subsecretario designados de fuera de su seno, por un período de un año. El reglamento debe establecer las formas de suplir las faltas temporales y absolutas de los miembros de la directiva (art. 194).

Tanto el Presidente como el Vicepresidente de la Asamblea deben ser venezolanos por nacimiento y sin otra nacionalidad (art. 41).

---

8 Debe señalarse, sin embargo, que el artículo 150 habla de aprobar, que es un acto posterior y no de autorizar, que es un acto previo.

9 Véase el Estatuto Funcionarial de la Asamblea Nacional en *G.O.* N° 37.598 del 26 de diciembre de 2002.

B. *Las Comisiones Permanentes*

El artículo 193 exige que la Asamblea Nacional nombre Comisiones Permanentes, ordinarias y especiales.

En cuanto a las Comisiones Permanentes, en un número no mayor de quince, deben estar referidas a los sectores de actividad. La Asamblea Nacional puede crearlas o suprimirlas con el voto favorable de las dos terceras partes de sus integrantes.

Igualmente la Asamblea puede crear Comisiones con carácter temporal para investigación y estudio, todo ello de conformidad con su reglamento.

C. *La Comisión Delegada*

Durante el receso de la Asamblea, debe funcionar la Comisión Delegada integrada por el Presidente, los Vicepresidentes y los Presidentes de las Comisiones Permanentes (art. 195).

Las atribuciones de la Comisión Delegada, enumeradas en el artículo 196, son las siguientes:

1. Convocar la Asamblea Nacional a sesiones extraordinarias, cuando así lo exija la importancia de algún asunto.
2. Autorizar al Presidente o Presidenta de la República para salir del territorio nacional.
3. Autorizar al Ejecutivo Nacional para decretar créditos adicionales.
4. Designar Comisiones temporales integradas por integrantes de la Asamblea.
5. Ejercer las funciones de investigación atribuidas a la Asamblea.
6. Autorizar al Ejecutivo Nacional por el voto favorable de las dos terceras partes de sus integrantes para crear, modificar o suspender servicios públicos en caso de urgencia comprobada.
7. Las demás que establezcan la Constitución y la ley.

6. *Las sesiones de la Asamblea y el quórum*

El primer período de las sesiones ordinarias de la Asamblea Nacional debe comenzar, sin convocatoria previa, el cinco de enero de cada año o el día posterior más inmediato posible y durará hasta el quince de agosto.

El segundo período debe comenzar el quince de septiembre o el día posterior más inmediato posible y terminará el quince de diciembre (art. 219).

Por otra parte, la Asamblea Nacional se puede reunir en sesiones extraordinarias para tratar las materias expresadas en la convocatoria y las que les fueren conexas. También puede considerar las que fueren declaradas de urgencia por la mayoría de sus integrantes (art. 220).

En todo caso, los requisitos y procedimientos para la instalación y demás sesiones de la Asamblea Nacional, y para el funcionamiento de sus Comisiones, serán determinados por el reglamento.

En ningún caso, el quórum puede ser inferior a la mayoría absoluta de los integrantes de la Asamblea Nacional (art. 221).

7. *El régimen constitucional de las leyes*

A. *La noción de ley y sus clases*

a. *Las leyes y los Códigos*

De acuerdo con el artículo 202, ley es el acto sancionado por la Asamblea Nacional como cuerpo legislador. Se trata de una definición netamente formal, al igual que la denominación de Códigos que adopta la Constitución, como las leyes que reúnan sistemáticamente las normas relativas a determinada materia.

b. *Las leyes orgánicas*

Fue la Constitución de 1961 la que reguló por primera vez en nuestro ordenamiento jurídico constitucional la figura de las leyes orgánicas, distinguiendo dos categorías: las que así se denominaban en el mismo texto constitucional y las que fueran investidas con tal carácter por la mayoría absoluta de los miembros de cada Cámara al iniciarse en ellas la discusión del respectivo proyecto de ley (art. 163).

Este concepto fue variado en la Constitución de 1999[10], en cuyo artículo 203 también se las regula, pero distinguiéndose cuatro categorías de leyes orgánicas:

En primer lugar, las que así denomina la Constitución, las cuales son las siguientes: Ley Orgánica de Fronteras (art. 15), Ley Orgánica de División Territorial (art. 16), Ley Orgánica de la Fuerza Armada Nacional (art. 41), Ley Orgánica del Sistema de Seguridad Social (art. 86), Ley Orgánica para la Ordenación del Territorio (art. 128), Ley Orgánica que establece los límites a los emolumentos de los funcionarios públicos (art. 147), Ley Orgánica de Régimen Municipal (art. 169), Ley Orgánica que regule los Distritos Metropolitanos (arts.171, 172), Ley Orgánica que regule la inelegibilidad de funcionarios (art. 189), Ley Orgánica de reserva al Estado de actividades, industria o servicios (art. 302), Ley Orgánica del Consejo de Defensa de la Nación (art. 323), Ley Orgánica que regule el recurso de revisión de las sentencias de amparo y de control difuso de la constitucionalidad (art. 336), Ley Orgánica de los Estados de Excepción (art. 338 y Disposición Transitoria Tercera, 2), Ley Orgánica sobre refugiados y asilados (Disposición Transitoria Cuarta, 2), Ley Orgánica sobre Defensa Pública (Disposición Transitoria Cuarta, 5), Ley Orgánica de Educación (Disposición Transitoria Sexta), Ley Orgánica de Pueblos Indígenas (Disposición Transitoria Séptima), Ley Orgánica del Trabajo (Disposición Transitoria Cuarta, 3), y Ley Orgánica Procesal del Trabajo (Disposición Transitoria Cuarta, 4) y Código Orgánico Tributario (Disposición Transitoria Quinta).

En *segundo lugar,* también son leyes orgánicas las que se dicten para organizar los poderes públicos como son: Ley Orgánica de la Administración Pública -Poder Ejecutivo-, (art. 236, ord. 20); Ley Orgánica de la Procuraduría General de la República (art. 247), Ley Orgánica del Poder Judicial, Ley Orgánica del Tribunal Supremo de Justicia (art, 262); Ley Orgánica del Poder Electoral (art. 292 y Disposi-

---

10 Véase en general José Peña Solís, "La nueva concepción de las leyes orgánicas en la Constitución de 1999", en *Revista del Tribunal Supremo de Justicia,* Nº 1, Caracas, 2000, pp. 73-111; Milagros López Betancourt, "Una aproximación a las Leyes Orgánicas en Venezuela", *Libro Homenaje a Enrique Tejera París, Temas sobre la Constitución de 1999,* Centro de Investigaciones Jurídicas (CEIN), Caracas, 2001, pp. 109 a 157.

ción Transitoria Octava); Ley Orgánica del Poder Ciudadano, comprendidas la Ley Orgánica de la Contraloría General de la República, Ley Orgánica de la Fiscalía General de la República -Ministerio Público-, y Ley Orgánica de la Defensoría del Pueblo (Disposición Transitoria Novena); Ley Orgánica de Régimen Municipal - Poder Municipal- (art. 169 y Disposición Transitoria Primera) y Ley Orgánica que regule los Consejos Legislativos Estadales (art. 162).

En *tercer lugar,* también son leyes orgánicas, aquellas destinadas a "desarrollar los derechos constitucionales", lo que abre un inmenso campo para tal categoría, ya que ello implica que todas las leyes que se dicten para desarrollar el contenido de los artículos 19 a 129 deben ser leyes orgánicas.

En *cuarto lugar,* también son leyes orgánicas "las que sirvan de marco normativo a otras leyes". Tal es el caso, por ejemplo, del Código Orgánico Tributario que debe servir de marco a las leyes tributarias específicas o de la Ley Orgánica de Régimen Presupuestario que debe servir de marco normativo a las leyes anuales o plurianuales de presupuesto, o la Ley Orgánica de Crédito Público la cual debe servir de marco normativo a las leyes específicas de operaciones de crédito público.

El sentido de la reforma constitucional en esta materia se analizó en la sentencia Nº 1971 de 16 de octubre de 2001 de la Sala Constitucional del Tribunal Supremo, al señalar que consistió en:

> (i) suprimir la libertad que el derogado Texto Constitucional de 1961 confería en su artículo 163 al Órgano Legislativo Nacional para que invistiera, con el voto favorable de una mayoría calificada y, supuestamente, según su apreciación de la importancia del ámbito regulado, a determinados textos legales con el carácter de preceptos orgánicos, junto a los así calificados en forma expresa por la Norma Constitucional, y (ii) adoptar un criterio material para delimitar los supuestos en que la actual Asamblea Nacional puede, mediante una mayoría calificada, atribuir el carácter orgánico a determinadas normas legales, todo ello en atención a la función que dichas disposiciones ocupan en el ordenamiento jurídico, a saber, la de regular una materia específica, vinculada con derechos constitucionales, la organización de las ramas del Poder Público o con la producción de otras normas, en forma preferente a la ley ordinaria que pueda ser dictada respecto de esa misma materia por el Órgano Legislativo Nacional, todo ello a fin de impedir la modificación constante de dicho régimen y no concertada de dichas normas orgánicas, en perjuicio de la estabilidad de las instituciones o del efectivo ejercicio de los derechos protegidos constitucionalmente[11].

Ahora bien, sobre las cuatro categorías mencionadas de leyes orgánicas previstas en la Constitución, la Sala Constitucional del Tribunal Supremo en sentencia Nº 537 de 12 de junio de 2000, estableció los criterios de la distinción en la siguiente forma:

> La clasificación constitucional utiliza criterios de división lógica distintos, pues las categorías 1ª y 4ª obedecen a un criterio técnico-formal, es decir a la prescripción de su denominación constitucional o la calificación por la Asamblea Nacional Constituyente de su carácter de ley marco o cuadro; mientras que las categorías 2ª y 3ª obedecen a un principio material relativo a la organicidad del poder público y al desarrollo de los derechos constitucionales.

11 Citada en la sentencia Nº 34 de 26-01-2004 (Caso: *Interpretación artículo 203 de la Constitución*).

En el fondo, la categoría 4ª implica una investidura parlamentaria, pues la Constitución de la República Bolivariana de Venezuela no precisa pautas para su sanción, y a diferencia de la categoría 1ª, la constitucionalidad de la calificación de orgánica de las leyes incluidas en este rubro, requiere el pronunciamiento de la Sala Constitucional para que tal calificación sea jurídicamente válida.

Desde luego que el pronunciamiento de la Sala Constitucional es necesario para cualquiera de las categorías señaladas, excepto para las leyes orgánicas por denominación constitucional, pues el artículo 203 de la Constitución de la República Bolivariana de Venezuela se refiere "a las leyes que la Asamblea Nacional Constituyente haya calificado de orgánicas", lo que significa que son todas las incluidas en las categorías 2ª, 3ª y 4ª.

La calificación de la Asamblea Nacional Constituyente depende, por tanto, del objeto de la regulación (criterio material) para las categorías 2ª y 3ª, y del carácter técnico-formal de la ley marco o cuadro para la categoría 4ª. En esta última categoría, el carácter técnico-formal se vincula con el carácter general de la Ley Orgánica respecto de la especificidad de la Ley o leyes ordinarias subordinadas. Ello permitiría establecer, en cada caso, y tomando en cuenta los criterios exigidos para las categorías 1ª, 2ª y 3ª, las condiciones materiales de su organicidad[12].

En particular, en relación con la categoría de leyes orgánicas así denominadas en la Constitución, la Sala Constitucional en sentencia N° 1723 de 31 de julio de 2002, ha señalado que la misma está reservada a materias de especial trascendencia, tales como:

a) las relativas al funcionamiento de los órganos de más alto rango de las diferentes ramas en que se divide el Poder Público [Fuerza Armada Nacional (art. 41), Distritos Metropolitanos (art. 172), Administración Pública Nacional (art. 236.20.), Procuraduría General de la República (art. 247), *Tribunal Supremo de Justicia (art. 262)*, Poder Ciudadano (art. 273), Poder Electoral (art. 292) y Consejo de Defensa de la Nación (art. 323)]; b) a la organización del territorio y la armonización interterritorial: [fronteras (art. 15), división político-territorial (art. 16), ordenación del te-rritorio (art. 128), organización municipal (art. 169), límites a los emolu-mentos de los funcionarios públicos (art. 147)] c) a la industria y finanzas públicas [actividad petrolera (art. 302), crédito público (art. 312), administración económica y financiera del Estado (art. 313)]; d) desa-rrollo de los derechos constitucionales [los comprendidos en el Título III de la Constitución, lo relativo a los refugiados (Disposición Transitoria Cuarta)]; y e) protección del orden constitucional [jurisdicción constitu-cional (art. 336.11), estados de excepción (art. 338)][13].

La Sala Constitucional incluso, y a pesar de la enumeración constitucional, ha razonado sobre la naturaleza de las leyes orgánicas señalando en sentencia N° 2573 de 16 de octubre de 2002, que "la calificación de una ley como orgánica tiene, en nuestro ordenamiento jurídico, una significación importante, que viene determinada por su influencia dentro del sistema de jerarquía de las leyes en relación con un área específica, por ello, la inclusión de la expresión orgánica en su denominación revela

---

12 Véase en *Revista de Derecho Público*, N° 82, (abril-junio), Editorial Jurídica Venezolana, Caracas, 2000, pp. 141 y 142.

13 Citada en la sentencia N° 34 de 26-01-04 (Caso: *Interpretación artículo 203 de la Constitución*).

mucho más que un nombre, pues con éste se alude al carácter o naturaleza relevante de una determinada norma dentro de aquel sistema"; agregando en sentencia N° 1723 de 31 de julio de 2002, que la naturaleza orgánica de la ley también surge del contraste con las leyes ordinarias, pues las orgánicas "están asociadas a determinadas materias o cumplen un determinado fin técnico"[14].

Ahora bien, como consecuencia de esta naturaleza y del rango e importancia que tienen en el ordenamiento jurídico, el 203 de la Constitución establece una exigencia formal de mayoría calificada para que los proyectos de leyes orgánicas no calificadas como tales directamente en la Constitución pueda comenzar a ser discutida. La norma, en efecto, dispone que todo proyecto de ley orgánica, salvo aquél que la propia Constitución así califica, debe ser previamente admitido por la Asamblea Nacional, "por el voto de las dos terceras partes de los integrantes presentes" antes de iniciarse la discusión del respectivo proyecto de ley, agregando que esta votación calificada también debe aplicarse "para la modificación de las leyes orgánicas".

Sobre la diferencia de tratamiento en cuanto a la mayoría calificada para que pueda ser admitida la discusión de un proyecto de ley orgánica, la Sala Constitucional en sentencia N° 34 de 26 de enero de 2004 (Caso: *Interpretación del artículo 203 de la Constitución*), la ha justificado así:

> Tal previsión del constituyente (de excluir el requisito agravado de admisión por el voto favorable de las dos terceras partes de los integrantes de la Asamblea Nacional del procedimiento de discusión y sanción de las leyes orgánicas por calificación constitucional), en criterio de esta Sala, se justifica por el hecho de que en los casos de leyes orgánicas investidas con tal carácter por la propia Norma Constitucional no es necesario lograr el acuerdo o consenso político de los miembros del Órgano Legislativo Nacional en la etapa de admisión del respectivo proyecto de ley (que, lógicamente, es previa a la sanción del respectivo proyecto), dado que el mismo se entiende adoptado por el órgano depositario del poder constituyente que reside en el pueblo, al momento de sancionar el propio Texto Constitucional. Cosa distinta ocurre con las demás normas o leyes orgánicas cuyo carácter derive de la investidura que la Asamblea Nacional (al considerarla subsumible en algunos de los supuestos del artículo 203 constitucional) le confiera al momento de decidir su admisión, ya que en tales casos sí es menester el acuerdo o consenso político, expresado por el voto favorable de las dos terceras partes de los integrantes de la Cámara, al momento de admitir el proyecto de ley en particular, siendo en tal exigencia -la mayoría calificada exigida para la admisión de las leyes orgánicas no calificadas como tales por la Constitución- donde radica el cambio entre el procedimiento agravado establecido en el artículo 163 de la Constitución de 1961 y el establecido en el artículo 203 de la Constitución de 1999[15].

En todo caso, sobre estas exigencias constitucionales en relación con la mayoría calificada para la admisión de los proyectos, la Sala Constitucional ha señalado en la citada decisión N° 1723 de 31 de julio de 2002, que:

> Las diferencias anotadas no son producto de un capricho del constituyente, y que, por el contrario, tienen su fundamento en atendibles *razones de orden político-constitucional* que, sean cuales fueren, justifican su cumplimiento riguroso, esto es,

---

14 *Idem*.

15 *Idem*.

que los requisitos establecidos por la Constitución de la República Bolivariana de Venezuela para darle carácter orgánico a un proyecto de ley deben necesariamente estar presentes de forma cabal, concurrente, pues, si fuere de otro modo, se dejaría sin contenido las normas que los establecen y no se daría cumplimiento a los objetivos del constituyente al erigir tales dificultades y al relacionar dichos instrumentos normativos con materias o fines determinados de especial impacto, por ejemplo, en el ejercicio de los derechos constitucionales o en las relaciones de los particulares con el Estado, según el caso, las cuales requieren de mayores niveles de discusión, participación, deliberación y consensos, así como de mayor estabilidad y permanencia en el tiempo, que las dirigidas a normar ámbitos donde, al no estar comprometidas relaciones o situaciones jurídicas tan delicadas, es necesario mayor flexibilidad y rapidez para su progresiva y oportuna modificación o reforma[16].

Pero como se dijo, la norma del artículo 203 de la Constitución, después de establecer la mayoría calificada mencionada para la admisión de los proyectos de leyes orgánicas no calificadas como tales en el texto constitucional, establece que "Esta votación calificada se aplicará también para la modificación de las leyes orgánicas", en este caso, sin distinguir de cual de las cuatro categorías de leyes orgánicas se trata, por lo que tal exigencia se aplica a todas las categorías mencionadas. Es decir, conforme a esa norma, todo proyecto de reforma de una ley orgánica, incluso de las calificadas como tales en la Constitución, requiere que el proyecto sea admitido para discusión con el voto de las dos terceras partes de los diputados presentes en la sesión respectiva.

Sin embargo, en enero de 2004, con motivo de la interpretación de la norma del artículo 203 de la Constitución que habían solicitado en 2003 un grupo de diputados durante la discusión sobre la posible sanción de la Ley Orgánica del Tribunal Supremo de Justicia (derogatoria de la Ley Orgánica de la Corte Suprema de Justicia), la Sala Constitucional en sentencia Nº 34 del 26 de enero de 2004, llegó a la conclusión contraria a la que resulta de la interpretación de la norma, en el sentido que la exigencia de la mayoría calificada para iniciar la discusión de proyectos de reforma de leyes orgánicas no regía en los casos de leyes orgánicas así denominadas en la Constitución. La Sala, en efecto, partió de la consideración de que la Constitución "no establece en su primer aparte en forma expresa que para *sancionar* una ley orgánica que pretenda o no modificar total o parcialmente (que implicaría derogación) una ley orgánica vigente, se requerirá el voto favorable de una mayoría calificada de dos terceras partes de los integrantes de la Asamblea Nacional, ya que sólo establece, como se indicó *supra*, una mayoría calificada para la admisión del proyecto de ley orgánica, excepto cuando tal rango sea consecuencia de una calificación de la propia Constitución". Después de afirmado lo anterior, la Sala consideró que pudiera existir duda en cuanto al sentido que debía atribuirse a la mencionada frase final del segundo párrafo del 203 de acuerdo con la cual *"Esta votación calificada* (de dos terceras partes) *se aplicará también para la modificación de las leyes orgánicas"*, resolviendo el asunto "con fundamento en el análisis político-constitucional contenido" en la sentencia, así:

Cuando el acápite contenido en el primer aparte del artículo 203 de la Constitución de 1999 establece en forma expresa que la mayoría calificada de las dos terce-

16 *Idem.*

ras (2/3) partes *"se aplicará también para la modificación de las leyes orgánicas"*, quiere decir, en observancia del principio del paralelismo de las formas, que dicha mayoría calificada de las dos terceras (2/3) partes debe también ser cumplida por la Asamblea Nacional al momento de *admitir* un proyecto de ley orgánica, no calificado con tal rango por la Constitución, que pretenda modificar total o parcialmente una ley orgánica vigente. En otras palabras, que todo proyecto de reforma total o parcial de una ley orgánica investida con tal rango por el Órgano Legislativo Nacional en virtud de la pretensión que se tiene de regular con ella algún derecho constitucional, de organizar algún poder público o de que sirva de marco normativo a otras leyes, debe ser admitido por la Asamblea Nacional con el voto favorable de las dos terceras (2/3) partes de los integrantes presentes antes de iniciarse la discusión del respectivo proyecto de ley...

Con base en los argumentos expuestos, esta Sala Constitucional reitera que, conforme al artículo 203 de la Constitución vigente, no es necesario el voto favorable de las dos terceras partes de los integrantes de la Asamblea Nacional para dar inicio a la discusión de los proyectos de leyes orgánicas investidas de tal carácter por calificación constitucional que pretendan modificar leyes orgánicas vigentes, entre los que se encuentra el proyecto de Ley Orgánica del Tribunal Supremo de Justicia, y, advertido el silencio en la norma contenida en el referido artículo 203, respecto de la mayoría parlamentaria requerida para la sanción de cualquier ley orgánica, esté o no investida con tal carácter por la Constitución de 1999, declara que, de acuerdo con lo establecido en los artículos 209 de la Norma Fundamental y 120 del Reglamento Interior y de Debates de la Asamblea Nacional, cuya última reforma fue publicada en Gaceta Oficial Extraordinario, n° 5.667, del 10.10.03, será necesaria la mayoría absoluta de los integrantes de la Asamblea Nacional presentes en la respectiva sesión para la sanción de las leyes orgánicas contempladas en el artículo 203 de la Constitución de la República Bolivariana de Venezuela, cualquiera sea su categoría. Así se decide[17].

Esta interpretación no tenía ni tiene base constitucional alguna, y la única lamentable explicación que se le pudo dar a la sentencia fue permitir que la Asamblea Nacional pudiera sancionar la Ley Orgánica del Tribunal Supremo de Justicia sin cumplirse el requisito constitucional de mayoría calificada para iniciar su discusión, y así abrir el camino para aumentar el número magistrados de dicho tribunal y con-

17 El Magistrado Antonio J. García García en su Voto Salvado a esta sentencia N° 34 expuso los siguientes criterios: // "Nótese que el Constituyente no realizó distinción alguna en cuanto a las distintas "categorías" de leyes orgánicas a los efectos de su modificación. Por el contrario, pretendió que la regulación para su modificación fuese siempre igual, sino lo hubiese dicho expresamente. Así pues, señala expresamente que también se requiere de una votación calificada para la modificación de las leyes orgánicas. Adviértase entonces que el fallo del que se disiente pretende establecer una diferenciación que el constituyente no hizo, y no quiso hacer, al no establecer un régimen diferente para modificar las *"distintas categorías de leyes orgánicas"* como si se tratase de distintas cosas que debían ser reguladas de manera diferente...// "La conclusión a que arriba el fallo del que se disiente conduce a la errónea idea de que se podría modificar una ley orgánica, legítimamente aprobada como tal, bajo el régimen de la Constitución de 1961, por una votación de la mitad más uno de los diputados presentes en una sesión, o lo que es lo mismo un artículo de una ley orgánica –de cualquiera de las "categorías" de la Constitución de 1999- aprobada bajo el vigente régimen constitucional puede ser modificado por esa misma votación, es decir, con el voto favorable de la mitad más uno de los diputados presentes en una sesión. De donde se sigue que en definitiva carecería de importancia la fundamentación teórica que inspiran la creación y existencia de las leyes orgánicas según se expusiera en el apartado 1 del fallo, cuyo basamento, según se expresó, se comparte íntegramente".

trolarlo aún más desde el punto de vista político por la mayoría circunstancial que dominaba la Asamblea[18].

Por otra parte, otra innovación constitucional en la regulación de las leyes orgánicas es la previsión del control constitucional *a priori* de las mismas al disponer, el mismo artículo 203 de la Constitución, que las leyes que la Asamblea Nacional haya calificado de orgánica deben ser remitidas, antes de su promulgación, a la Sala Constitucional del Tribunal Supremo de Justicia, para que se pronuncie acerca de la constitucionalidad de su carácter orgánico. La Sala Constitucional debe decidir la cuestión, en el término de diez días contados a partir de la fecha de recibo de la comunicación. En todo caso, si la Sala Constitucional declara que no es orgánica la ley perderá este carácter. Sobre esta atribución de la Sala se insistirá en la *Décima Primera Parte* de este libro.

c. *Las leyes de delegación legislativas (leyes habilitantes)*

La Constitución de 1999, reguló expresa y ampliamente la posibilidad de delegación legislativa de la Asamblea Nacional al Presidente de la República, al establecer el mismo artículo 203 de la Constitución el concepto de *leyes habilitantes* como las sancionadas por la Asamblea Nacional por las 3/5 partes de sus integrantes, a fin de establecer las directrices, propósitos y el marco de las materias que se delegan al Presidente de la República, con rango y valor de ley. Las leyes habilitantes deben fijar el plazo de su ejercicio[19].

---

18 Por ello, el Magistrado Antonio J. García García en su mencionado Voto Salvado a la sentencia de la Sala Constitucional N° 34 del 26-01-04, haya agregado lo siguiente: // "Señala expresamente el fallo del que se disiente que *"...pudiera existir duda en cuanto al sentido que debe atribuirse al acápite incluido en el mismo primer aparte de la norma examinada (artículo 203)..."* Por el contrario, la norma es precisa, ¿de dónde se infiere que puede haber dudas de algo que es inequívoco?, la única duda que puede haber no puede ser sino infundada, con el ánimo de modificar o sustituirse en lo que expresa la Constitución. // "Lamenta el magistrado disidente que los argumentos esgrimidos en el fallo estén colocados de tal modo que hagan presumir una solución preconcebida, como si los mismos estuviesen dispuestos de modo de justificar, de manera aparente, una solución que se obtuvo de antemano y no al revés, de modo que los argumentos condujeran a una conclusión válida y verdadera, como resultado lógico de las premisas expuestas.// "Con humildad puede aceptarse como válido lo expuesto por los miembros de la Academia de Ciencias Políticas y Sociales que, mediante comunicado publicado en el diario "El Universal", el 18 de agosto de 2003, suscrito por Gustavo Planchart Manrique, Alfredo Morles Hernández, Gonzalo Pérez Luciani, Boris Bunimov Parra, Carlos Leáñez Sievert, Tatiana de Maekelt, José Luis Aguilar Gorrondona, Alberto Arteaga Sánchez, Allan R. Brewer Carías, Josefina Calcaño de Temeltas, Tomás E. Carrillo Batalla, Luis Cova Arria, Ramón Escobar Salón, Enrique Lagrange, Francisco López Herrera, José Melich Orsini, Luis Ignacio Mendoza, Isidro Morales Paúl, José Muci-Abraham, Pedro Nikken, José S. Núñez Aristimuño, José Andrés Octavio, James Otis Rodner, Emilio Pittier Sucre, Jesús Ramón Quintero, Arístides Rengel Romberg, Gabriel Ruan Santos, manifestaron su opinión en relación con el proyecto de "Ley Orgánica del Tribunal Supremo de Justicia", advirtiendo acerca de los vicios de inconstitucionalidad que afectaban a dicho proyecto y el propósito que lo inspiraba. En este sentido, expresaron lo siguiente: // *"El referido proyecto derogaría la vigente Ley Orgánica de la Corte Suprema de Justicia y dejaría vigente parte de la ley que pretende derogar. Se trata así de una derogatoria parcial; en todo caso al ser derogatoria de una ley orgánica ya existente y, más aún, cuando deja vigente parte de ésta, se trata de una modificación de la ley orgánica actual.* ***La discusión de la modificación de una ley orgánica debe ser admitida por las dos terceras partes de los diputados presentes en la sesión****. La asamblea no procedió así, sino por mayoría simple".*

19 Véase José Peña Solís, "Dos nuevos tipos de leyes en la Constitución de 1999: leyes habilitantes y leyes de bases", en *Revista de la Facultad de Ciencias Jurídicas y Políticas de la UCV,* N° 119, Caracas, 2000, pp. 79-123.

Se consagró, así, formalmente la posibilidad de delegación legislativa al Presidente de la República, lo cual constituye una novedad constitucional en el país, particularmente porque al no establecerse límites de contenido, podría conducir a la violación de la garantía constitucional de la reserva legal, tal y como se analiza más adelante en esta *Sexta Parte*.

d. *Las leyes de bases*

Por último, en el Proyecto de Constitución también se definía un concepto de "leyes de base"; el cual se eliminó, pero quedó referido en artículos aislados, como el artículo 165 que habla de "leyes de bases" que son las que deben regular las materias de competencias concurrentes entre el Poder Nacional y el Poder Estadal, las cuales además, pueden ser objeto de regulación en "leyes de desarrollo" aprobadas por los Consejos Legislativos de los Estados[20].

B. *El procedimiento de formación de las leyes*

a. *La iniciativa legislativa*

En el procedimiento de formación de las leyes[21], tal y como lo enumera el artículo 204 de la Constitución, la iniciativa para la discusión de las leyes ante la Asamblea corresponde:

1. Al Poder Ejecutivo Nacional
2. A la Comisión Delegada y a las Comisiones Permanentes
3. A los integrantes de la Asamblea Nacional, en número no menor de tres.
4. Al Tribunal Supremo de Justicia, cuando se trate de leyes relativas a la organización y procedimientos judiciales.
5. Al Poder Ciudadano, cuando se trate de leyes relativas a los órganos que lo integran.
6. Al Poder Electoral, cuando se trate de leyes relativas a la materia electoral.
7. A los electores en un número no menor del 0,1% de los inscritos en el registro electoral permanente.
8. Al Consejo Legislativo estadal, cuando se trate de leyes relativas a los Estados.

b. *Las discusiones*

a' *Oportunidad*

En el caso de proyectos de ley presentados por los ciudadanos la discusión debe iniciarse a más tardar en el período de sesiones ordinarias siguiente al que se haya presentado. El artículo 205 establece que si el debate no se inicia dentro de dicho lapso, el proyecto se debe someter a referendo aprobatorio de conformidad con la ley.

---

20 *Idem*.

21 Alberto González Fuenmayor, "La formación de las leyes en la Constitución de 1999", en *Revista del Colegio de Abogados del Estado Zulia LEX NOVA,* N° 238, Maracaibo, 2001, pp. 31-40.

b' *Número de discusiones*

Para convertirse en ley, todo proyecto debe recibir dos discusiones, en días diferentes, siguiendo las reglas establecidas en la Constitución y en los reglamentos respectivos. Aprobado el proyecto, el Presidente de la Asamblea Nacional debe declarar sancionada la ley (art. 207).

Primera discusión: El artículo 208 dispone que en la primera discusión se debe considerar la exposición de motivos y se deben evaluar sus objetivos, alcance y viabilidad, a fin de determinar la pertinencia de la ley. Además debe discutirse el articulado.

Aprobado en primera discusión, el proyecto será remitido a la Comisión directamente relacionada con la materia objeto de la ley y en caso de que el proyecto de ley esté relacionado con varias Comisiones Permanentes, se designará una comisión mixta para realizar el estudio y presentar el informe.

Las Comisiones que estudien proyectos de ley presentarán el informe correspondiente en un plazo no mayor de 30 días consecutivos.

Segunda discusión: Una vez recibido el informe de la Comisión correspondiente, se debe dar inicio a la segunda discusión del proyecto de ley, la cual se debe realizar artículo por artículo.

Si en esta discusión se aprobare sin modificaciones, quedará sancionada la ley. En caso contrario, si sufre modificaciones, se debe devolver a la Comisión respectiva para que ésta las incluya en un plazo no mayor de quince días continuos. Leída la nueva versión del proyecto de ley en la plenaria de la Asamblea Nacional, ésta debe decidir por mayoría de votos lo que fuere procedente respecto a los artículos en que hubiere discrepancia y de los que tuvieren conexión con éstos. Resuelta la discrepancia, el Presidente debe declarar sancionada la ley. (art. 209).

c' *Discusiones pendientes*

Cuando al término de un período de sesiones quede pendiente la discusión de un proyecto de ley, puede continuarse en las sesiones siguientes o en sesiones extraordinarias (art. 210).

c. *Las consultas obligatorias y el derecho a la participación*

El artículo 211 establece en forma general que durante el procedimiento de discusión y aprobación de los proyectos de leyes, la Asamblea Nacional o las Comisiones Permanentes, deben consultar a los otros órganos del Estado, a los ciudadanos y a la sociedad organizada para oír su opinión sobre los mismos.

En particular, además, conforme al artículo 206, los Estados deben ser consultados por la Asamblea Nacional, a través de los Consejos Legislativo, cuando se legisle en materias relativas a los mismos. La ley debe establecer los mecanismos de consulta a la sociedad civil y demás instituciones de los Estados, por parte de los Consejos en dichas materias.

d. *Los derechos de palabra*

En la discusión de las leyes, como lo dispone el artículo 211, tienen derecho de palabra los Ministros en representación del Poder Ejecutivo; el magistrado del Tribunal Supremo de Justicia a quien éste designe, en representación del Poder Judicial; el representante del Poder Ciudadano designado por el Consejo Moral Republicano; los integrantes del Poder Electoral; los Estados, a través de un representante designado por el Consejo Legislativo y los representantes de la sociedad organizada, en los términos que establezca el reglamento de la Asamblea Nacional.

e. *Formalidades*

El texto de las leyes debe estar precedido de la fórmula "La Asamblea Nacional de la República Bolivariana de Venezuela, decreta": (art. 212). Además, una vez sancionada la ley, se debe extender por duplicado con la redacción final que haya resultado de las discusiones, y ambos ejemplares deben ser firmados por el Presidente, los dos Vicepresidentes y el Secretario de la Asamblea Nacional, con la fecha de su aprobación definitiva. Uno de los ejemplares de la ley debe ser enviado por el Presidente de la Asamblea Nacional, al Presidente de la República a los fines de su promulgación.

f. *La promulgación*

a' *La oportunidad y veto presidencial*

De acuerdo con lo establecido en el artículo 214, el Presidente de la República debe promulgar la ley dentro de los diez días siguientes a aquél en que la haya recibido.

Dentro de este lapso el Presidente puede seguir dos caminos,

En *primer lugar*, con acuerdo del Consejo de Ministros, puede solicitar a la Asamblea Nacional, mediante exposición razonada, que modifique alguna de las disposiciones de la ley o levante la sanción a toda la ley o parte de ella.

La Asamblea Nacional debe decidir acerca de los aspectos planteados por el Presidente de la República, por mayoría absoluta de los diputados presentes y debe remitirle la ley para la promulgación. En este caso, el Presidente de la República debe proceder a promulgar la ley dentro de los cinco días siguientes a su recibo, sin poder formular nuevas observaciones.

En *segundo lugar*, cuando el Presidente de la República considere que la ley o alguno de sus artículos es inconstitucional, debe solicitar el pronunciamiento de la Sala Constitucional del Tribunal Supremo de Justicia, en el lapso de diez días que tiene para promulgar la misma; debiendo decidir la Sala en el término de 15 días contados desde el recibo de la comunicación del Presidente de la República.

Si el Tribunal niega la inconstitucionalidad invocada o no decidiese en el lapso anterior, el Presidente de la República debe promulgar la ley dentro de los 5 días siguientes a la decisión del Tribunal o al vencimiento de dicho lapso.

Ambos supuestos, conforme a la interpretación vinculante de la Sala Constitucional del Tribunal Supremo son excluyentes, tal como lo razonó en la sentencia N° 2817 de 18 de noviembre de 2002:

> El primero es que dentro de los diez días siguientes a aquél cuando el Presidente de la República recibió la ley de la Asamblea Nacional, con el fin de promulgarla, previo acuerdo del Consejo de Ministros, la devuelva a la Asamblea, a fin de que

modifique alguna disposición de la ley, o levante la sanción a toda la ley o parte de ella. Tal petición será acompañada de una exposición motivada que contenga la razón de las modificaciones, las cuales pueden tener base constitucional o legal.

La Asamblea Nacional decidirá acerca de los aspectos planteados y remitirá la ley al Presidente para su promulgación, conforme a lo decidido.

El otro supuesto es que el Presidente considere que la ley recibida de la Asamblea, o alguno de sus artículos, sea inconstitucional, caso en que, en el mismo término de diez días a partir de la recepción de parte de la Asamblea Nacional, la enviará a la Sala Constitucional del Tribunal Supremo de Justicia, para que decida sobre la inconstitucionalidad que fue invocada.

Si la decisión del Tribunal es la constitucionalidad de la ley o sus artículos, el Tribunal devolverá la ley a la Presidencia para su promulgación.

A juicio de esta Sala, se trata de dos procedimientos que, debido a que tienen un mismo lapso para incoarse y cuyo resultado puede ser en ambos la promulgación de la ley, resultan excluyentes.

Es claro, que si se acoge el primer supuesto, corrija o no la Asamblea Nacional los vicios que sean denunciados, la ley debe ser promulgada según la decisión de la Asamblea Nacional.

Si la decisión de la Asamblea Nacional sobre la ley objeto de este procedimiento resultara inconstitucional, el Ejecutivo, o cualquier interesado, puede incoar la acción de inconstitucionalidad ordinaria.

Si el Presidente opta por el otro control, cual es acudir a la Sala Constitucional para que examine la inconstitucionalidad de la ley o algunos de sus artículos, y la Sala decidiere en sentido positivo o negativo, el Ejecutivo obligatoriamente debe promulgar la ley, lo que significa que no puede acudir al primer supuesto, ya que la norma (artículo 214 constitucional) ordena -en este último supuesto- que la ley se promulgue dentro de los cinco días siguientes a la decisión del Tribunal, sin excepción alguna, por lo que el Ejecutivo mal podría incumplir el mandato constitucional y enviar la Ley a la Asamblea Nacional.

Cumple así la Sala, con interpretar, con carácter vinculante, la aplicación del artículo 214 constitucional, por lo que se ordena la publicación de la presente decisión en la *Gaceta Oficial* de la República Bolivariana de Venezuela[22].

b'. *La publicación*

La ley queda promulgada al publicarse con el correspondiente "Cúmplase" en la Gaceta Oficial de la República (art. 215).

Cuando el Presidente de la República no promulgare la ley en los términos señalados, el Presidente y los dos Vicepresidentes de la Asamblea Nacional deben proceder a su promulgación, sin perjuicio de la responsabilidad en que aquél incurra por su omisión (art. 216).

En cuanto a las leyes aprobatorias de tratados, acuerdos, o convenios internacionales la oportunidad en que deba ser promulgada la ley quedará a la discreción del Ejecutivo Nacional, de acuerdo con los usos internacionales y la conveniencia de la República (art. 217).

---

22 Véase en *Revista de Derecho Público*, N° 85-88, Editorial Jurídica Venezolana, Caracas, 2001, pp. 176-177.

g. *El principio derogatorio y modificatorio*

Conforme al artículo 218, las leyes se derogan por otras leyes y se abrogan por referendo, salvo las excepciones establecidas en esta Constitución (art. 74).

En todo caso, las leyes pueden ser reformadas total o parcialmente; en los casos en los que la ley sea objeto de reforma parcial, se debe publicar en un solo texto que incorpore las modificaciones aprobadas.

Las leyes, por otra parte, tienen poder derogatorio sobre los instrumentos normativos de rango inferior que las contradigan; pero como lo ha sostenido la Sala Político Administrativa, no toda derogación de una ley comporta necesariamente la derogación de los reglamentos dictados para desarrolla[23].

C. *El régimen de la delegación legislativa y sus límites*

a. *Las leyes habilitantes*

Como se ha dicho, en la Constitución de 1999 se estableció por primera vez en el constitucionalismo venezolano, la figura de la delegación legislativa[24], en el sentido de que si bien la Asamblea Nacional es competente para "legislar en las materias de la competencia nacional y sobre el funcionamiento de las demás ramas del Poder Nacional" (art. 187,1); la misma Asamblea, mediante una *ley habilitante* puede delegar en el Presidente de la República, en Consejo de Ministros, la potestad legislativa.

En dicha ley, que debe ser sancionada mediante una mayoría calificada de las 3/5 partes de los integrantes de la Asamblea, en todo caso, se deben establecer "las directrices, propósitos y marco de las materias que se delegan" al Presidente, y que éste, por tanto, puede regular mediante Decreto con rango y valor de ley[25].

Como lo ha señalado la Sala Constitucional del Tribunal Supremo en sentencia N° 1515 de 6 de diciembre de 2000:

> Se ha solicitado la nulidad de las normas contenidas en los ordinales previstos en una "ley habilitante", también llamada "autorizatoria", figura ésta que se encontraba regulada en la norma prevista en el artículo 190, ordinal 8° de la Constitución de 1961, y que actualmente se encuentra establecida en el artículo 203, último aparte de la Constitución de 1999, donde se le da definitivamente la denominación de "habilitante", sin limitar su alcance en cuanto al contenido y materia objeto de habi-

---

23 Véase sentencia N° 1216 de 26-06-01 en *Revista de Derecho Público,* N° 85-88, Editorial Jurídica Venezolana, Caracas, 2001, pp. 242 y ss.

24. Véase Allan R. Brewer-Carías, *El Poder Nacional y el sistema democrático de gobierno,* Tomo III, *Instituciones Políticas y Constitucionales*, Universidad Católica del Táchira-Editorial Jurídica Venezolana, Caracas-San Cristóbal, 1996, pp. 40 y ss.

25. Véase Eloisa Avellaneda Sisto, "El régimen de los Decretos-Leyes, con especial referencia a la Constitución de 1999", en F. Parra Aranguren y A. Rodríguez G. (Editores), *Estudios de Derecho Administrativo, Libro Homenaje a la Universidad Central de Venezuela,* Tomo I, Tribunal Supremo de Justicia, Caracas, 2001, pp. 69 a 106; José Peña Solís, "Dos nuevos tipos de leyes en la Constitución de 1999: leyes habilitantes y leyes de bases", en *Revista de la Facultad de Ciencias Jurídicas y Políticas de la UCV,* N° 119, Caracas, 2000, pp. 79-123; Allan R. Brewer-Carías, "El régimen constitucional de los Decretos-Leyes y de los Actos de Gobierno", en *Bases y principios del sistema constitucional venezolano (Ponencias del VII Congreso Venezolano de Derecho Constitucional realizado en San Cristóbal del 21 al 23 de Noviembre de 2001),* Volumen I, pp. 25-74.

litación; asimismo, dicha figura es regulada por las disposiciones contenidas en el numeral 8 del artículo 236 del mismo Texto Constitucional, como una atribución del Presidente de la República para dictar Decretos con fuerza de ley, previa autorización para ello por una ley habilitante.

Al respecto cabe señalar, que las leyes habilitantes se han concebido como leyes cuya razón se justifica en el principio de colaboración entre el Poder Ejecutivo y el Poder Legislativo Nacional, constituye así, el traslado -de manera excepcional- de una potestad exclusiva del Poder Legislativo al Poder Ejecutivo, para que este último, por causa de interés público, legisle en torno a algunas materias específicas -generalmente económica o financiera- que estarán delimitadas por la ley habilitante de que se trate.

Es pertinente destacar, que este tipo de leyes habilitantes se caracterizan por su vigencia determinada, siendo el propio legislador quien incorpora al acto legislativo autorizatorio las circunstancias determinantes de su vigencia, por lo que, una vez transcurrido el lapso previsto en la ley -habiéndose dictado o no las normas (Decretos-Leyes) de las materias habilitadas-, la ley autorizatoria fenece. De modo tal, que la delegación se agota por el uso que de ella haga el Ejecutivo Nacional mediante la publicación de la norma para la cual fue habilitado, o bien, por el transcurso del tiempo establecido en la misma ley habilitante para que sean dictados los instrumentos normativos que se requieran. Por esta razón, normas como la impugnada, tienen una vigencia de carácter temporal, esto es, que transcurrido el plazo establecido en la propia ley para su existencia, éstas pierden su eficacia, encuadrando así dentro del supuesto denominado por algunos autores como leyes a término, puesto que la cesación de su vigencia es definida a priori[26].

b. *Las materias cuya legislación es delegable*

Las materias que corresponden a la competencia del Poder Nacional y sobre las cuales puede versar la delegación legislativa, son las enumeradas en el artículo 156 de la Constitución. La legislación relativa a esas materias, por tanto, podría ser delegada al Presidente de la República, pues constitucionalmente no habría límite alguno establecido. Por ello, esta delegación legislativa de la Asamblea Nacional en el Presidente de la República en Consejo de Ministros, no sólo es una innovación de la Constitución de 1999, sino que la misma no tiene precedentes en el constitucionalismo contemporáneo, por la amplitud como está concebida. Esta delegación, por otra parte, cambió el régimen de la Constitución de 1961 que se limitaba a autorizar al Presidente de la República para dictar medidas extraordinarias en materias económicas y financieras, exclusivamente, previa habilitación por el Congreso (arts. 190, ord. 8)[27].

En la Constitución de 1999, en cambio, se ha regulado una amplísima posibilidad de delegación legislativa, sin limitación respecto de las materias que puede contener, lo cual podría resultar en un atentado inadmisible contra el principio constitucional de la reserva legal. Sobre esta delegación legislativa, incluso, el Tribunal Supremo de Justicia, en Sala Constitucional, se ha pronunciado sin fijarle o buscarle

---

26 Véase en *Revista de Derecho Público*, N° 84, (octubre-diciembre), Editorial Jurídica Venezolana, Caracas, 2000, p. 103.

27. Sobre estos actos en la Constitución de 1961 véase Gerardo Fernández, *Los Decretos Leyes,* Cuadernos de la Cátedra Allan R. Brewer-Carías de Derecho Administrativo, UCAB, Caracas, 1992.

límites, admitiendo, incluso, la delegación legislativa en materias que corresponden ser reguladas por leyes orgánicas, en la siguiente forma:

> Puede apreciarse, en consecuencia, que, de acuerdo con el nuevo régimen constitucional, *no existe un límite material* en cuanto al objeto o contenido del decreto ley, de manera que, a través del mismo, pueden ser reguladas materias que, según el artículo 203 de la Constitución, corresponden a leyes orgánicas; así, *no existe limitación* en cuanto a la jerarquía del decreto ley que pueda dictarse con ocasión de una ley habilitante, por lo cual podría adoptar no sólo el rango de una ley ordinaria sino también de una ley orgánica.
>
> Igualmente aprecia la Sala que el Presidente de la República puede entenderse facultado para dictar -dentro de los límites de las leyes habilitantes- Decretos con fuerza de ley Orgánica, ya que las leyes habilitantes son leyes orgánicas por su naturaleza, al estar contenidas en el artículo 203 de la Constitución de la República Bolivariana de Venezuela, el cual se encuentra íntegramente referido a las leyes orgánicas. Así, las leyes habilitantes son, por definición, leyes marco -lo que determina su carácter orgánico en virtud del referido artículo- ya que, al habilitar al Presidente de la República para que ejerza funciones legislativas en determinadas materias, le establece las directrices y parámetros de su actuación la que deberá ejercer dentro de lo establecido en esa ley; además, así son expresamente definidas las leyes habilitantes en el mencionado artículo al disponer que las mismas tienen por finalidad "*establecer las directrices, propósitos y marco de las materias que se delegan al Presidente o Presidenta de la República...*"[28].

c. *La limitación a la delegación derivada de la garantía de la reserva legal en materia de los derechos humanos*

Sin embargo, a pesar de la aparente ausencia de límites a la delegación legislativa, el régimen de los derechos constitucionales previstos en la Constitución, que tiene prevelancia sobre cualquier otro, impone una limitación esencial la delegación legislativa, de manera que tal delegación no es posible en materias que impliquen limitación o restricción a los derechos y garantías constitucionales[29].

En efecto, la más importante de las garantías constitucionales de los derechos constitucionales, tal y como resulta de toda la regulación contenida en los artículos 19 a 129 de la Constitución, es la de la "reserva legal[30],", es decir, que sólo mediante ley es que pueden limitarse o restringirse los derechos garantizados en la Constitución. El texto constitucional, además, reserva dichas regulaciones a la ley nacional, es decir, la emanada de la Asamblea Nacional, teniendo ésta entre sus atribuciones, el "legislar en las materias de la competencia nacional" (art. 187,1), enumerando el artículo 156 de la Constitución, entre ellas, "la legislación en materia de derechos, deberes y garantías constitucionales".

---

28. Véase sentencia N° 1716 de 19-09-01 (Caso: *Revisión constitucional del Decreto con fuerza de Ley Orgánica de los Espacios Acuáticos e Insulares de 2001*), en *Revista de Derecho Público*, N° 85-88, Editorial Jurídica Venezolana, Caracas, 2001, p. 419.

29 Véase Pedro Nikken, "Constitución venezolana de 1999: La habilitación para dictar decretos ejecutivos con fuerza de ley restrictivos de los derechos humanos y su contradicción con el derecho internacional", *Revista de Derecho Público,* N° 83 (julio-septiembre), Editorial Jurídica Venezolana, Caracas 2000, pp. 5-19.

30. Véase Allan R. Brewer-Carías, "Prólogo" a la obra de Daniel Zovatto G., *Los Estados de Excepción y los Derechos Humanos en América Latina*, Caracas-San José 1990, pp. 24 y ss.

Conforme a lo anterior, las regulaciones, restricciones y limitaciones a los derechos y garantías constitucionales sólo pueden ser establecidas mediante *ley formal*, y "ley", conforme al artículo 202 de la Constitución, no es otra cosa que "el acto sancionado por la Asamblea Nacional como cuerpo legislador"; es decir, el acto normativo emanado del cuerpo que conforma la representación popular.

Es decir, las limitaciones o restricciones a los derechos y garantías constitucionales, de acuerdo con la garantía constitucional de la reserva legal, sólo puede ser establecidas por el órgano colegiado que represente al pueblo, es decir, por la Asamblea Nacional.

De lo anterior resulta que, frente a una delegación legislativa tan amplia como la que regula la Constitución, aparentemente sin límites expresos, sin embargo, los límites a la misma derivan de los propios principios constitucionales. De ello deriva que siendo la garantía constitucional de la reserva legal de la esencia del régimen constitucional del Estado de derecho, la delegación legislativa mediante leyes habilitantes al Presidente de la República para dictar decretos con rango y valor de Ley, no puede abarcar materias que se refieran al régimen de restricción o limitación a los derechos y garantías constitucionales[31].

En tal sentido, en el mismo artículo 156 de la Constitución que regula las materias de competencia nacional, se enumeran muchas que inciden directamente en el régimen de los derechos constitucionales enumerados y desarrollados en los capítulos de la Constitución (sobre la nacionalidad, y los derechos civiles, políticos, sociales, culturales y educativos, económicos, de los pueblos indígenas y ambientales, Título III, artículos 19 a 135) y que sólo podrían ser reguladas mediante ley formal emanadas de la Asamblea Nacional, y que son las siguientes: la naturalización, la admisión, la extradición y expulsión de extranjeros (ord. 4); los servicios de identificación (ord. 5); la policía nacional (ord. 6); la seguridad, la defensa y desarrollo nacional (ord. 7); el régimen de la administración de riesgos y emergencias (ord. 9); la regulación del sistema monetario, del régimen cambiario, del sistema financiero y del mercado de capitales (ord. 10); el régimen del comercio exterior y la organización y régimen de las aduanas (ord. 15); la legislación sobre ordenación urbanística (ord. 19); el régimen y organización del sistema de seguridad social (ord. 22); la legislación en materia de sanidad, vivienda, seguridad alimentaria, ambiente, turismo y ordenación del territorio (ord. 23); las políticas y los servicios nacionales de educación y salud (ord. 25); el régimen de la navegación y del transporte aéreo, terrestre, marítimo, fluvial y lacustre de carácter nacional (ord. 26); y, en general, como se dijo, la legislación en materia de derechos, deberes y garantías constitucionales; y además, la civil, mercantil, penal, penitenciaria, de procedimientos y de derecho internacional privado; la de elecciones; la de expropiación por causa de utilidad pública o social; la de propiedad intelectual, artística e industrial; la del patrimonio cultural y arqueológico; la agraria; la de inmigración y poblamiento; la de los pueblos indígenas y territorios ocupados por ellos; la del trabajo, previsión y seguridad sociales; la de sanidad animal y vegetal; la de notarías y registro público; la de bancos y seguros; la de loterías, hipódromos y apuestas en general (ord. 32).

---

31 Véase Allan R. Brewer-Carías, "Apreciación general sobre los vicios de inconstitucionalidad que afectan los Decretos Leyes Habilitados" en *Ley Habilitante del 13-11-2000 y sus Decretos Leyes*, Academia de Ciencias Políticas y Sociales, Serie Eventos N° 17, Caracas 2002, pp. 63-103.

Ahora bien, la Convención Interamericana de Derechos Humanos, que en Venezuela tiene rango constitucional y es de aplicación prevalente en el derecho interno conforme al artículo 23 de la Constitución, establece que:

> *Artículo 30*: *Alcance de las Restricciones*. Las restricciones permitidas, de acuerdo con esta Convención, al goce y ejercicio de los derechos y libertades reconocidos en la misma, no pueden ser aplicadas sino *conforme a leyes* que se dicten por razones de interés general y con el propósito para el cual han sido establecidas.

La Corte Interamericana de Derechos Humanos ha establecido que la expresión "leyes" contenida en esta norma sólo puede referirse a los actos legales emanados de "los órganos legislativos constitucionalmente previstos y democráticamente electos"[32], y que, en el caso de Venezuela, es la Asamblea Nacional.

En consecuencia, las leyes habilitantes que dicte la Asamblea Nacional delegando la potestad legislativa en el Presidente de la República, constitucionalmente no pueden atribuir al Presidente potestad alguna para dictar normas que impliquen la restricción o limitación a los derechos y garantías constitucionales, pues de lo contrario se violaría el principio de la reserva legal que como garantía constitucional fundamental de tales derechos, está establecido en la Constitución.

d. *El control de constitucionalidad de las leyes de delegación legislativa*

La ley habilitante que se dicte por la Asamblea Nacional, conforme al artículo 203 de la Constitución, como cualquier ley, está sometida al control de constitucionalidad por parte de la Sala constitucional del Tribunal Supremo de Justicia (art. 336,1), que se ha instituido como Jurisdiccional Constitucional, la cual puede ejercerlo a instancia de cualquier persona, mediante el ejercicio de una acción popular[33].

Dichas leyes habilitantes, sin embargo, no tienen previsto un control preventivo de la constitucionalidad de sus normas, como sucede con las leyes orgánicas así declaradas por la Asamblea Nacional (art. 202). De ello resulta una inconsistencia constitucional: la Asamblea Nacional puede dictar leyes habilitantes que la Sala Constitucional ha calificado como leyes orgánicas y que no están sometidas a control preventivo por parte de la misma; pero los decretos con fuerza de "ley orgánica" que dicte el Presidente de la República en ejecución de esa ley habilitante, si están sujetos al control preventivo de la Sala Constitucional. Así lo ha indicado la Sala Constitucional en su sentencia N° 1716 de 19 de septiembre de 2001, señalando lo siguiente:

> En este contexto, debe destacarse la particular característica que poseen las leyes habilitantes, ya que, a pesar de ser leyes marco (categoría 4), no requieren del control previo que ejerce esta Sala para determinar si las mismas tienen carácter orgánico; ello debido a que ha sido el propio Constituyente, en su artículo 203, quien las definió como tales, lo que significa que dichas leyes deban ser consideradas como orgánicas, aparte del quórum calificado que, para su sanción, prevé el artículo 203 de la Constitución de la República Bolivariana de Venezuela.

---

32 *Opinión Consultiva* OC-6/67 de 9-3-86. Véase en *Revista IIDH*, N° 3, San José Costa Rica 1986, pp. 107 y ss.

33. Véase Allan R. Brewer-Carías, *La Justicia Constitucional,* Tomo VI, *Instituciones Políticas y Constitucionales, op. cit.*, Caracas-San Cristóbal, 1996.

Así, visto que el Presidente de la República puede dictar decretos con rango de leyes orgánicas, debe esta Sala determinar si los mismos están sujetos al control previo de la constitucionalidad de su carácter orgánico por parte de la Sala Constitucional.

En este sentido, observa la Sala que el decreto con fuerza de Ley Orgánica de los Espacios Acuáticos e Insulares, fue dictado con base en la ley habilitante sancionada por la Asamblea Nacional, publicada en la Gaceta Oficial de la República Bolivariana de Venezuela N° 37.076 del 13 de noviembre de 2000, en la cual se delegó en el Presidente de la República la potestad de dictar actos con rango y fuerza de ley en las materias expresamente señaladas.

A este respecto, el artículo 203 hace referencia a que las "leyes que la Asamblea Nacional haya calificado de orgánicas serán sometidas antes de su promulgación a la Sala Constitucional del Tribunal Supremo de Justicia, para que se pronuncie acerca de la constitucionalidad de su carácter orgánico" (subrayado nuestro); ello en razón de que la formación (discusión y sanción) de leyes es una atribución que por su naturaleza le corresponde al órgano del Poder Legislativo. No obstante, si en virtud de una habilitación de la Asamblea Nacional se autoriza al Presidente para legislar, el resultado de dicha habilitación (legislación delegada) tiene que some-terse al mismo control previo por parte de la Sala Constitucional.

En este sentido, el control asignado a esta Sala tiene que ver con la verificación previa de la constitucionalidad del carácter orgánico de la ley (control objetivo del acto estatal), independientemente del órgano (sujeto) que emite el acto estatal, siempre que esté constitucionalmente habilitado para ello (Asamblea Nacional o Presidente de la República en virtud de la habilitación legislativa).

Así, si bien el Decreto con fuerza de Ley Orgánica de los Espacios Acuáticos e Insulares no fue dictado por la Asamblea Nacional, lo fue por delegación de ésta, razón por la cual esta Sala resulta competente para pronunciarse acerca de la constitucionalidad del carácter orgánico del mismo, y así se declara[34].

8. *Los instrumentos parlamentarios de control político y administrativo*

Tal como lo precisa el artículo 222 de la Constitución, la Asamblea Nacional puede ejercer su función de control mediante los siguientes mecanismos: las interpelaciones, las investigaciones, las preguntas, las autorizaciones y las aprobaciones parlamentarias previstas en la Constitución y en la ley y cualquier otro mecanismo que establezcan las leyes y su reglamento.

En ejercicio del control parlamentario, la Asamblea pueda declarar la responsabilidad política de los funcionarios públicos[35] y solicitar al Poder Ciudadano que intente las acciones a que haya lugar para hacer efectiva tal responsabilidad.

Por otra parte, tanto la Asamblea como sus Comisiones pueden realizar las investigaciones que juzguen convenientes en las materias de su competencia, de conformidad con el reglamento (art. 223).

---

34. Véase sentencia N° 1716 de 19-09-01 (Caso: *Revisión constitucional del Decreto con fuerza de Ley Orgánica de los Espacios Acuáticos e Insulares de 2001*), en *Revista de Derecho Público*, N° 85-88, Editorial Jurídica Venezolana, Caracas, 2001, pp. 419-420.

35 Véase sobre esto Allan R. Brewer-Carías "Aspectos del control político sobre la Administración Pública" en *Revista de Control Fiscal*, N° 101, Contraloría General de la República, Caracas, 1981, pp. 107 a 130.

Por último, debe destacarse que conforme al artículo 224, el ejercicio de la facultad de investigación no afecta las atribuciones de los demás poderes públicos. Sin embargo, en cuanto a los jueces, estos están obligados a evacuar las pruebas para las cuales reciban comisión de la Asamblea Nacional y de sus Comisiones[36].

9. *La obligación de comparecencia ante el Parlamento*

De acuerdo con el artículo 223 de la Constitución, todos los funcionarios públicos están obligados, bajo las sanciones que establezcan las leyes, a comparecer ante dichas Comisiones y a suministrarles las informaciones y documentos que requieran para el cumplimiento de sus funciones. Esta obligación comprende también a los particulares; quedando a salvo los derechos y garantías que la Constitución consagra.

A los efectos de asegurar la aplicación de esta norma constitucional se ha dictado la Ley Sobre el Régimen para la Comparecencia de Funcionarios y Funcionarias Públicos y los o las Particulares ante la Asamblea Nacional o sus Comisiones[37], con el objeto, precisamente, de establecer las normas que regirán la comparecencia de funcionarios públicos y los particulares ante la Asamblea Nacional o sus Comisiones, así como las sanciones por el incumplimiento a las mismas art. 1.

En cuanto a la comparecencia de funcionarios públicos y los particulares, conforme al artículo 2 de la Ley, la misma, tiene por objeto conocer la actuación, y la recopilación de los documentos requeridos por la Asamblea Nacional o alguna de sus Comisiones, para el mejor desempeño de las investigaciones en las materias de su competencia.

A tales efectos, entonces, la Asamblea Nacional, o sus Comisiones, en el ejercicio de sus atribuciones constitucionales puede acordar, conforme a su Reglamento, la comparecencia ante la plenaria, o ante sus Comisiones, de todos los funcionarios públicos, así como de los particulares "preservando los derechos fundamentales, garantías y principios constitucionales, a los fines del cumplimiento efectivo de las funciones de control y de investigación parlamentaria que sobre el Gobierno nacional, estadal y municipal, y sobre la administración descentralizada, le correspondan" (art. 3). Sin duda, esta disposición es inconstitucional en cuanto concierne a la supuesta potestad de la Asamblea Nacional, de poder realizar funciones de control y de investigación parlamentaria sobre los gobiernos estadales. La autonomía que consagra la Constitución a los Estados (art. 159) no puede ser limitada por ley salvo cuando la Constitución lo ha dispuesto expresamente, como en el caso de la organización y funcionamiento de los Consejos Legislativos estadales (art. 162). En cuanto a los municipios, sin embargo, como la Constitución lesionó fuertemente su autonomía al establecer que por ley podía limitarse (art. 168), la regulación de la Ley sobre Régimen de Comparecencia relativas a investigaciones de la Asamblea Nacional en relación con los gobiernos municipales, aún cuando absurda, se adaptaría a la Constitución.

---

36 Véase Allan R. Brewer-Carías, "Los poderes de investigación de los cuerpos legislativos y sus limitaciones, con particular referencia a los asuntos secretos", *Revista de Derecho Público,* N° 10, Editorial Jurídica Venezolana, Caracas, 1982, pp. 25 a 42.

37 Véase Ley Sobre el Régimen para la Comparecencia de Funcionarios y Funcionarias Públicos y los o las Particulares ante la Asamblea Nacional o sus Comisiones (Ley N° 30). En *G.O.* N° 37.252 del 2 de agosto de 2001.

La Ley confirma la obligación de comparecencia conforme al llamado efectuado por la Asamblea Nacional o sus Comisiones, a fin de que expongan sobre los motivos y razones objeto de la misma (art. 5), y agrega la potestad de la Asamblea Nacional o sus Comisiones de acudir a la sede del ente u organismo investigado, debiendo los funcionarios a quienes competa la dependencia, prestar la oportuna y debida atención a los representantes del Parlamento, suministrándoles la información o el aporte documental requerido. La negativa o excusa injustificada, o la obstaculización de la investigación, será sancionada con multa comprendida entre trescientas Unidades Tributarias (300 U.T.) y seiscientas Unidades Tributarias (600 U.T.), o arresto proporcional, por multa no satisfecha, a razón de un día de arresto por Unidad Tributaria, además de la pena accesoria de suspensión en ejercicio del cargo conforme al artículo 22 de la Ley (art. 6).

Por otra parte, la Ley precisa que cuando el interés nacional lo requiera, vista la gravedad de los motivos y las razones que hacen procedente la averiguación en los casos donde estén involucrados venezolanos o extranjeros residentes en el exterior, la Asamblea Nacional puede autorizar el traslado de Comisiones al país donde se encuentren éstos, a objeto de la instrucción del expediente respectivo (art. 7).

La Ley, además, regula con todo detalle, las formalidades para las citaciones (arts. 9 a 15), debiendo garantizarse el transcurso de un lapso de comparecencia de un mínimo de setenta y dos (72) horas (art. 8). En cuanto a la comparecencia para una interpelación, ésta debe referirse a cuestiones relativas al ejercicio de las funciones propias del compareciente y puede ser pública, reservada o secreta, a juicio de la Comisión correspondiente (art. 10). La Ley además dispone que la Asamblea puede citar a ciudadanos que gocen de inmunidad diplomática, o cuyo país de origen sea signatario de tratados o convenios internacionales suscritos por Venezuela, para coadyuvar voluntariamente en la averiguación, respondiendo por escrito sobre la materia objeto de la investigación (art. 17).

Cuando con motivo de la comparecencia de un funcionario público, persona natural o representantes de personas jurídicas, se determinen fundados indicios que hagan presumir la existencia de ilícitos administrativos que comprometan el patrimonio público, conforme se establece en el artículo 19 de la Ley, "las actuaciones de la Asamblea Nacional o de la Comisión respectiva constituyen medios de prueba vinculantes, para que la Contraloría General de la República abra la averiguación correspondiente sobre la responsabilidad administrativa de las personas involucradas". Si en esos casos se determinan fundados indicios de la comisión de ilícitos penales, también dispone el artículo 20 de la Ley que "las Actas de las comparecencias constituyen actuaciones preliminares similares a las exigidas en la fase preparatoria del juicio penal" las cuales adminiculadas deben ser pasadas al Ministerio Público para que ejerza la acción correspondiente contra las personas involucradas.

La Ley, por último, establece todo un régimen de sanciones por el incumplimiento de la obligación constitucional de comparecencia. En general, en cuanto a los funcionarios públicos o los particulares que siendo citado para comparecer no asistan o se excusen sin motivo justificado, será sancionados por contumacia, con multa comprendida entre cien Unidades Tributarias (100 U.T.) y doscientas Unidades Tributarias (200 U.T.), o arresto proporcional, por multa no satisfecha, a razón de un día de arresto por Unidad Tributaria. La sentencia, dice el artículo 21 de la Ley "se publicará, a costa del sentenciado, en un diario de los de mayor circulación nacional". De esta previsión podría presumirse que el arresto sólo puede acordarse por la autoridad judicial, ya que los jueces son los únicos que pueden dictar "sentencias". Igualmente dispone la norma que quien fuese citado en calidad de testigo, experto, perito o intérprete, y habiendo comparecido rehuse sin razón legal sus disposiciones o el cumplimiento del oficio que ha motivado su citación, incurrirá en la misma pena (art. 21). Además, en cuanto a los funcionarios públicos de carrera además de la sanción antes mencionada, se les impondrá como pena accesoria la suspensión del empleo o cargo por un tiempo de dos (2) a tres (3) meses, sin goce de sueldo. En cambio, cuando se trate de funcionarios de libre nombramiento y remoción, la Asamblea Nacional le impondrá un voto de censura, con la obligación de proceder a la remoción inmediata del funcionario o funcionaria público por su órgano jerárquico (art. 22).

En cuanto a las personas que fueren emplazados a responder las preguntas por escrito u oralmente, y se nieguen a responderlas, no asistieren o no las remitan al acto en la fecha, hora y lugar fijados en la citación de comparecencia, o se excusen de hacerlo sin motivo justificado, la ley dispone que serán sancionadas con multa comprendida entre ciento cincuenta Unidades Tributarias (150 U.T.) y doscientas cincuenta Unidades Tributarias (250 U.T.), elevándose a trescientas Unidades Tributarias (300 U.T.) si el emplazado fuere un funcionario público (art. 23).

En todo caso, conforme al artículo 25 de la Ley, el enjuiciamiento por contumacia ante la Asamblea Nacional o sus Comisiones, sólo puede tener lugar mediante requerimiento de éstas al representante del Ministerio Público para que promueva lo conducente.

III. EL PODER EJECUTIVO NACIONAL

En un sistema presidencial de gobierno[38], y conforme al artículo 225 de la Constitución, el Poder Ejecutivo se ejerce por el Presidente de la República, el Vicepresidente Ejecutivo, los Ministros y demás funcionarios que determinen la Constitución y la ley.

---

38 Véase en general, sobre el sistema presidencia y el Poder Ejecutivo, véase Donato Lupidii, "El sistema presidencial y la Constitución venezolana de 1999", en *El Derecho Público a comienzos del siglo XXI. Estudios homenaje al Profesor Allan R. Brewer-Carías,* Tomo I, Instituto de Derecho Público, UCV, Civitas Ediciones, Madrid, 2003, pp. 819-835; Véase Alfredo Arismendi A., "El fortalecimiento del Poder Ejecutivo Nacional en la Constitución venezolana de 1999", en *El Derecho Público a comienzos del siglo XXI. Estudios homenaje al Profesor Allan R. Brewer-Carías,* Tomo I, Instituto de Derecho Público, UCV, Civitas Ediciones, Madrid, 2003, pp. 837-865; Ricardo Combellas, "El Poder Ejecutivo en la Constitución de 1999", en *Revista UGMA Jurídica de la Facultad de Derecho de la Universidad Gran Mariscal de Ayacucho*, N° 1 (mayo-agosto). Barcelona-Venezuela, 2002, pp. 9-24; Alfonso Rivas Quintero, *Derecho Constituciona,* Paredes Editores, Valencia-Venezuela, 2002, pp. 407 y ss.; Ricardo Combellas, *Derecho Constitucional: una introducción al estudio de la Constitución de la República Bolivariana de Venezuela,* Mc Graw Hill, Caracas, 2001, pp. 153 y ss.; e Hildegard Rondón de Sansó, *Análisis de la Constitución venezolana de 1999,* Editorial Ex Libris, Caracas, 2001, pp. 205 y ss.

1 *La organización constitucional del Poder Ejecutivo*

A. *El Presidente de la República*

a. *Carácter: Jefe del Estado y del Gobierno*

Dado el sistema presidencial de gobierno que se conserva en la Constitución, el artículo 226 dispone que el Presidente de la República es a la vez el Jefe del Estado y del Ejecutivo Nacional, en cuya condición dirige la acción del Gobierno.

b. *Elección*

a'. *Condiciones de elegibilidad y de inelegibilidad*

Para ser elegido Presidente de la República se requiere ser venezolano por nacimiento, no poseer otra nacionalidad, mayor de treinta años, de estado seglar y no estar sometido a condena mediante sentencia definitivamente firme y cumplir con los demás requisitos establecidos en la Constitución (art. 227).

Sin embargo, no puede ser elegido Presidente de la República quien esté en ejercicio del cargo de Vicepresidente Ejecutivo, o Gobernador y Alcalde en el día de su postulación o en cualquier momento entre esta fecha y la de la elección (art. 229).

b'. *Elección popular por mayoría relativa*

La elección del Presidente de la República se debe siempre realizar por votación universal, directa y secreta, en conformidad con la ley.

Se debe proclamar electo el candidato que hubiere obtenido la mayoría de votos válidos. Así lo dispone el artículo 228 de la Constitución, el cual siguió el mismo principio de la elección por mayoría relativa del Presidente de la República que establecía el artículo 183 de la Constitución de 1961. Respaldamos la propuesta para que en la nueva Constitución se estableciera el principio de la mayoría absoluta y la doble vuelta en la elección presidencial, lo cual se eliminó en la segunda discusión del Proyecto[39].

c. *El período constitucional y reelección*

De acuerdo con el artículo 230, el período del Presidente de la República es de 6 años, estableciendo la norma sancionada en 1999, que el Presidente podía ser reelegido de inmediato y por una sola vez, para un período adicional. En su momento estimamos que no era conveniente regular la reelección inmediata extendiendo a la vez el período constitucional del Presidente de los 5 años que establecía la Constitución de 1961 (art. 135) a 6 años; por ello propusimos que el período fuese de 4 años para que hubiera reelección[40].

---

39 Véase nuestro voto salvado en Allan R. Brewer-Carías, *Debate Constituyente,* Tomo III, *op. cit.* pp. 191 y 195.

40 Véase nuestro voto salvado en Allan R. Brewer-Carías, *Debate Constituyente,* Tomo III, *op. cit.*, pp. 199 y 289.

Esta norma, sin embargo, fue objeto tanto de una mutación como de una enmienda constitucional en 2009, exacerbándose el presidencialismo, sustituyéndose la reelección limitada a un período siguiente, por la reelección indefinida. Esta, en efecto, después de haberse intentado mediante la rechazada reforma constiucional de 2007, se estableció en la Enmienda N° 1 a la Constitución de 2009, luego de una ilegítima mutación constitucional dispuesta por la Sala Constitucional,[41] contradiciendo el principio de la alternabilidad republicana establecido como principio péwtreo en el artículo 6 de la misma Constitución.[42]

d. *La toma de posesión*

El candidato elegido como Presidente de la República debe tomar posesión del cargo el diez de enero del primer año de su período constitucional, mediante juramento ante la Asamblea Nacional. Si por cualquier motivo sobrevenido el Presidente de la República no pudiese tomar posesión ante la Asamblea Nacional, lo debe hacer ante el Tribunal Supremo de Justicia. (art. 231).

e. *La responsabilidad y obligaciones generales*

El Presidente de la República es responsable de sus actos y del cumplimiento de las obligaciones inherentes a su cargo. Está especialmente obligado a procurar la garantía de los derechos y libertades de los venezolanos, así como la independencia, integridad, soberanía del territorio y defensa de la República (art. 232).

En ningún caso la declaración de los estados de excepción modifica el principio de su responsabilidad, ni la del Vicepresidente Ejecutivo, ni la de los Ministros de conformidad con la Constitución y la ley (art. 232).

f. *Las faltas del Presidente*

a'. *Las faltas absolutas*

El artículo 233 de la Constitución considera como faltas absolutas del Presidente de la República: la muerte, su renuncia, la destitución decretada por sentencia del Tribunal Supremo de Justicia, la incapacidad física o mental permanente, certificada por una junta médica designada por el Tribunal Supremo de Justicia y con aprobación de la Asamblea Nacional, el abandono del cargo, declarado éste por la Asamblea Nacional, así como la revocatoria popular de su mandato.

En los casos en los cuales se produzca la falta absoluta del Presidente electo o antes de tomar posesión, se debe proceder a realizar una nueva elección universal, directa y secreta dentro de los 30 días consecutivos siguientes. En este caso, mientras se elige y toma posesión el nuevo Presidente se debe encargar de la Presidencia de la República, el Presidente de la Asamblea Nacional.

---

41 Véase Manuel Rojas Pérez, "Reelección indefinida en la jurisprudencia de la Sala Constitucional," en *Revista de Derecho Público,* N° 114, Editorial Jurídica Venezolana, Caracas, 2008, pp. 261-263

42 Véase Allan R. Brewer-Carías, "El Juez Constitucional vs. La alternabilidad republicana (La reelección continua e indefinida), en *Revista de Derecho Público*, N° 117, Caracas 2009, pp. 205-211.

Cuando la falta absoluta del Presidente de la República se produzca durante los primeros 4 años del período constitucional, se debe proceder a una nueva elección universal y directa dentro de los 30 días consecutivos siguientes. En este caso, mientras se elige y toma posesión el nuevo Presidente, se debe encargar de la Presidencia de la República el Vicepresidente Ejecutivo.

En los casos anteriores, el nuevo Presidente debe completar el período constitucional correspondiente.

En todo caso, si la falta absoluta se produce durante los últimos 2 años del período constitucional, el Vicepresidente Ejecutivo debe asumir la Presidencia de la República hasta completar el mismo.

Mas adelante, en esta *Sexta Parte*, se insiste en el análisis de las faltas absolutas, al analizar las formas de terminación del mandato del Presidente de la República.

b'. *Las faltas temporales*

En cuanto a las faltas temporales del Presidente de la República, el artículo 234 dispone que deben ser suplidas por el Vicepresidente Ejecutivo hasta por 90 días, prorrogables por decisión de la Asamblea Nacional por 90 días más.

Si una falta temporal se prolonga por más de 90 días consecutivos, la Asamblea Nacional debe decidir por mayoría de sus integrantes si debe considerarse que hay falta absoluta.

Las faltas temporales se producen por ejemplo por ausencia delPresidente del territorio nacional, o por otra circunstancia de hecho que le impida ejercer el cargo, como por ejemplo, una intervención quirúrgica.

c'. *Las ausencias del territorio nacional*

En cuanto a las ausencias del territorio nacional por parte del Presidente de la República, que son por esencia faltas temporales, cuando las mismas estén previstas que se van a prolongar por un lapso superior a 5 días consecutivos, requieren entonces autorización previa que debe otorgar la Asamblea Nacional o de la Comisión Delegada, (art. 235).

g. *La Memoria y cuenta*

Dentro de los 10 primeros días siguientes a la instalación de la Asamblea Nacional, en sesiones ordinarias, el Presidente de la República personalmente debe presentar, cada año, a la Asamblea un mensaje en que debe dar cuenta de los aspectos políticos, económicos, sociales y administrativos de su gestión durante el año inmediatamente anterior (art. 237).

B. *El Vicepresidente Ejecutivo*

a. *Carácter*

Una de las innovaciones de la Constitución de 1999 es la creación de la figura del Vicepresidente Ejecutivo, como órgano directo y colaborador inmediato del Presidente de la República en su condición de Jefe del Ejecutivo Nacional (art. 238).

El Vicepresidente Ejecutivo debe reunir las mismas condiciones exigidas para ser Presidente de la República, y no puede tener ningún parentesco de consanguinidad ni de afinidad con éste.

Esta figura, tal como está concebida, no cambia el carácter presidencial del sistema de gobierno, como resulta de sus atribuciones[43].

b. *Las atribuciones del Vicepresidente*

El artículo 239 precisa las siguientes atribuciones del Vicepresidente Ejecutivo:

1. Colaborar con el Presidente o Presidenta de la República en la dirección de la acción del Gobierno.
2. Coordinar la Administración Pública Nacional de conformidad con las instrucciones del Presidente o Presidenta de la República.
3. Proponer al Presidente o Presidenta de la República el nombramiento y la remoción de los Ministros o Ministras.
4. Presidir, previa autorización del Presidente o Presidenta de la República, el Consejo de Ministros.
5. Coordinar las relaciones del Ejecutivo Nacional con la Asamblea Nacional.
6. Presidir el Consejo Federal de Gobierno
7. Nombrar y remover, de conformidad con la ley, los funcionarios o funcionarias nacionales cuya designación no esté atribuida a otra autoridad.
8. Suplir las faltas temporales del Presidente de la República.
9. Ejercer las atribuciones que le delegue el Presidente de la República.
10. Las demás que le señalen esa Constitución y la ley.

c. *La responsabilidad del Vicepresidente*

Tal como lo indica expresamente el artículo 241, el Vicepresidente Ejecutivo es responsable de sus actos de conformidad con la Constitución y la ley.

d. *El voto de censura al Vicepresidente y sus efectos*

Conforme al artículo 240, la aprobación de una moción de censura al Vicepresidente Ejecutivo, por una votación no menor de las 3/5 partes de los integrantes de la Asamblea Nacional, implica su remoción.

En estos casos, el funcionario removido no puede optar al cargo de Vicepresidente Ejecutivo o de Ministro por el resto del período presidencial.

Por otra parte, la remoción del Vicepresidente Ejecutivo en tres oportunidades dentro de un mismo período constitucional, como consecuencia de la aprobación de mociones de censura, faculta al Presidente de la República para disolver la Asamblea Nacional.

Esta es la única posibilidad que tiene el Presidente de la República de disolver la Asamblea, la cual se puede considerar como de difícil materialización, salvo que la propia Asamblea así lo provoque aprobando el tercer voto de censura. En todo caso,

---

43 Véase los comentarios críticos en torno a esta reforma en Carlos Ayala Corao, *El Régimen Presidencial en América Latina y los Planteamientos para su Reforma,* Caracas, 1992.

el decreto de disolución conlleva la convocatoria de elecciones para una nueva legislatura dentro de los 60 días siguientes a su disolución.

En todo caso, la Asamblea no puede ser disuelta en el último año de su período constitucional.

C. *Los Ministros*

a. *Carácter*

Los Ministros son órganos directos del Presidente de la República, y reunidos conjuntamente con este y con el Vicepresidente Ejecutivo, integran el Consejo de Ministros (art. 242).

b. *Los ministros de Estado*

Los Ministros, en general, son los titulares de los Despachos Ministeriales que resulten de la organización de los Ministerios. Sin embargo, conforme al artículo 243, el Presidente de la República también puede nombrar Ministros de Estado, los cuales, además de participar en el Consejo de Ministros, deben asesorar al Presidente de la República y al Vicepresidente Ejecutivo en los asuntos que les fueren asignados.

c. *Las condiciones para ser Ministro*

Para ser Ministro se requiere poseer la nacionalidad venezolana y ser mayor de veinticinco años, con las excepciones establecidas en la Constitución (art. 244).

En cuanto a los Ministros de los Despachos relacionados con la Seguridad de la Nación, finanzas, energía y minas y educación, el artículo 41 de la Constitución exige la nacionalidad venezolana por nacimiento y no tener otra nacionalidad.

d. *La responsabilidad*

Los Ministros son responsables de sus actos de conformidad con la Constitución y la ley (art. 244).

e. *El derecho de palabra en la Asamblea*

Los Ministros tienen derecho de palabra en la Asamblea Nacional y en sus Comisiones (art. 211). Además, pueden tomar parte en los debates de la Asamblea Nacional, sin derecho al voto (art. 245).

f. *La memoria*

Conforme al artículo 244, los Ministros deben presentar ante la Asamblea Nacional, dentro de los primeros 60 días de cada año, una memoria razonada y suficiente sobre la gestión del despacho en el año inmediatamente anterior, de conformidad con la ley.

g. *La moción de censura*

El artículo 246 de la Constitución establece que la aprobación de una moción de censura a un Ministro por una votación no menor de las 3/5 partes de los integrantes presentes de la Asamblea Nacional, implica su remoción.

En este caso, el funcionario removido no puede optar al cargo de Ministro ni de Vicepresidente Ejecutivo por el resto del período presidencial.

D. *El Consejo de Ministros*

Como se señaló, los Ministros reunidos con el Presidente y con el Vicepresidente integran el Consejo de Ministros (art. 242).

Las reuniones del Consejo de Ministros las preside el Presidente de la República pero puede autorizar al Vicepresidente Ejecutivo para que las presida cuando no pueda asistir a ellas. En todo caso, las decisiones tomadas deben ser ratificadas por el Presidente de la República.

Conforme al mismo artículo 242 de la Constitución, de las decisiones del Consejo de Ministros son solidariamente responsables el Vicepresidente Ejecutivo y los Ministros que hubieren concurrido, salvo aquellos que hayan hecho constar su voto adverso o negativo. Por supuesto que dicha responsabilidad solidaria también comprende al Presidente de la República cuando presida el cuerpo.

El Procurador General de la República debe asistir al Consejo de Ministros, pero con sólo derecho a voz (art. 250).

Conforme al artículo 236 de la Constitución el Presidente de la República debe ejercer, en Consejo de Ministros, las atribuciones señaladas en los numerales 7, 8, 9, 10, 12, 13, 14, 18, 20, 21, 22 y las que la atribuya la ley para ser ejercida en igual forma.

E. *La Procuraduría General de la República*

a. *Carácter*

La Procuraduría General de la República se define en la Constitución, como un órgano del Poder Ejecutivo Nacional que asesora, defiende y representa judicial y extrajudicialmente los intereses patrimoniales de la República (art. 247). En particular, la Constitución exige que la Procuraduría debe ser consultada para la aprobación de los contratos de interés público nacional. Corresponde a la ley orgánica determinar la organización, competencia y funcionamiento de la Procuraduría, a cuyo en 2001 se dictó el Decreto N° 1.556, con Fuerza de Ley Orgánica de la Procuraduría General de la República[44].

b. *Funcionarios*

La Procuraduría General de la República esta a cargo y bajo la dirección del Procurador General de la República, con la colaboración de los demás funcionarios que determine su ley orgánica (art. 248).

Para ser Procurador General de la República se requiere reunir las mismas condiciones exigidas para ser Magistrado del Tribunal Supremo de Justicia (art. 263).

El nombramiento del Procurador General de la República corresponde al Presidente de la República (art. 236, ord. 15), con la autorización de la Asamblea Nacional (art. 187, ord. 14).

---

44 *G.O.* N° 5.554 Extraordinario del 13 de noviembre de 2001.

F. *El Consejo de Estado*

Otra innovación de la Constitución de 1999 es la creación del Consejo de Estado como órgano superior de consulta del Gobierno y la Administración Pública Nacional (art. 251).

Tiene a su cargo recomendar políticas de interés nacional en aquellos asuntos a los que el Presidente o Presidenta de la República reconozca de especial trascendencia y requiera su opinión. Corresponde a la ley respectiva determinar sus funciones y atribuciones[45].

El Consejo de Estado lo preside el Vicepresidente Ejecutivo y esta conformado, además, por cinco personas designadas por el Presidente de la República; un representante designado por la Asamblea Nacional; un representante designado por el Tribunal Supremo de Justicia y un Gobernador designado por el conjunto de mandatarios estadales (art. 252).

2. *Las atribuciones del Presidente de la República y los principales actos ejecutivos*

De acuerdo con el artículo 236 de la Constitución, son atribuciones y obligaciones del Presidente de la República, además de cumplir y hacer cumplir la Constitución y las leyes (ord. 1), dictar una serie de actos, tanto de gobierno como administrativos, además de otros de orden normativo.

Todos los actos del Presidente de la República, con excepción de los señalados en los ordinales 3 y 5 del artículo 236, deben ser refrendados para su validez por el Vicepresidente Ejecutivo y el Ministro o los Ministros respectivos.

A. *Los actos de gobierno*

a. *La enumeración constitucional*

Pueden considerarse como actos de gobierno, en general, los previstos en los siguientes ordinales del artículo 236:

2. Dirigir la acción del Gobierno.
4. Dirigir las relaciones exteriores de la República y celebrar y ratificar los tratados, convenios o acuerdos internacionales.
5. Dirigir la Fuerza Armada Nacional en su carácter de Comandante en Jefe, ejercer la suprema autoridad jerárquica de ella y fijar su contingente.
6. Ejercer el mando supremo de la Fuerza Armada Nacional, promover sus oficiales a partir del grado de coronel o coronela o capitán o capitana de navío, y nombrarlos o nombrarlas para los cargos que les son privativos.
9. Convocar a la Asamblea Nacional a sesiones extraordinarias
19. Conceder indultos.
21. Disolver la Asamblea Nacional en caso de que se produzcan tres votos de censura contra el Vicepresidente (arts. 236,21 y 240).

45 Véase nuestro voto salvado sobre este tema en Allan R. Brewer-Carías, *Debate Constituyente,* Tomo III, *op. cit.*, p. 199.

Las facultades establecidas en los ordinales 7, 9 y 21 deben ejercerse en Consejo de Ministros.

b. *Los actos de gobierno como actos de ejecución directa de la Constitución*

El Presidente de la República conforme a las atribuciones anteriores, puede dictar actos de igual rango que la Ley, pero desvinculados de ésta por ser emanados en ejecución directa e inmediata de la Constitución, los cuales en Venezuela se denominan "actos de gobierno"[46].

Estos actos de gobierno, que son dictados en el ejercicio de la función de gobierno, y que, por tanto, no son actos administrativos[47], emanan del Presidente de la República en ejercicio de atribuciones que la Constitución le asigna directamente. Por tal razón, el legislador no puede regular el ejercicio de la función de gobierno por parte del Poder Ejecutivo. No se trata, por tanto, de actos de carácter sublegal, sino de igual rango que la ley, aún cuando no tengan "valor" de ley por no tener poder derogatorio respecto de las mismas.

Sobre estos actos de gobierno, la antigua Corte Suprema de Justicia en Corte Plena, en sentencia de 11-03-93 señaló:

> Es ampliamente conocida en el ámbito constitucional la teoría del "acto de gobierno", "gubernativo" o "acto político", conforme a la cual, en su formulación clásica, el Presidente de la República como cabeza del Ejecutivo y Jefe de Estado (artículo 181 de la Constitución) ejerce, además de funciones propiamente administrativas, otras de contenido distinto, atinentes a la "oportunidad política" o actos que por su naturaleza, intrínsecamente ligada a la conducción y subsistencia del Estado, no son en la misma medida enjuiciables. Se institucionalizaba así, la figura intimidante de la "razón de Estado" como justificación a toda cuestión de la cual el Gobierno no tuviera que rendir debida cuenta.
>
> Semejante construcción sustentada en la tesis de la llamada "soberanía suprema", cuyo nacimiento teórico ubican distintos autores en la época posterior a la caída del régimen napoleónico, pronto empezó a ser revisada con criterios cada vez más estrictos que llevaron a una categorización jurisprudencial de los actos de esa naturaleza excluidos del control jurisdiccional, también cada vez más reducida.
>
> En Venezuela, la falta de una disposición expresa al respecto en el Texto Fundamental, ha sentado este Alto Tribunal, como nota identificadora de esa especie jurídica, aquellos actos que, en ejecución directa e inmediata de la Constitución, son de índole eminentemente política. (*Vid.* SPA del 21-11-88, Caso: *Jorge Olavarría*).

---

46. Véase Allan R. Brewer-Carías, "El régimen constitucional de los Decretos-Leyes y de los Actos de Gobierno", en *Bases y principios del sistema constitucional venezolano (Ponencias del VII Congreso Venezolano de Derecho Constitucional realizado en San Cristóbal del 21 al 23 de Noviembre de 2001),* Volumen I, pp. 25-74; y Allan R. Brewer-Carías, *Derecho Administrativo,* Tomo I, Caracas, 1975, pp. 378 y 391.

47. Véase Allan R. Brewer-Carías, *Las Instituciones Fundamentales del Derecho Administrativo y la Jurisprudencia Venezolana*, Caracas, 1964, pp. 26, 108 y 323 y ss.

> Dentro de este contexto, concuerdan autores y jurisprudencia nacional y extranjera en mantener dentro de esa clasificación, entre otros, el indulto, los actos relativos a la conducción de las relaciones entre el Gobierno y países extranjeros...[48]

En el mismo sentido, la antigua Corte Suprema de Justicia en Sala Político Administrativa, en sentencia de 21-11-88 precisó la noción del acto de gobierno, como un acto ejecutivo dictado en ejecución directa de la Constitución y no de la ley ordinaria, distinguiéndolos así de los actos administrativos, en la forma siguiente:

> Permanecen todavía incólumes los principios sentados por la Corte -a los que se refieren los apoderados del Consejo, pero aplicándolos inexactamente al caso de autos- respecto de los "actos de gobierno", especie jurídica que, en razón de su *superior jerarquía, derivada del hecho de que son producidos en ejecución directa e inmediata de la Constitución y no de la ley ordinaria,* ha sido excluida hasta ahora, por la propia Corte, de la totalidad del control jurisdiccional de constitucio-nalidad, "en atención -como ella misma ha expresado- a que *por su propia esencia* son actos de *índole eminentemente política* o actos de gobierno, o de índole *discrecional*; situaciones en que no cabe aplicar a los motivos determinantes de la actuación el expresado control constitucional".
>
> Los principios jurisprudenciales alegados por los defensores de la actuación del Consejo en la Resolución recurrida, permanecen, en efecto, aún vigentes (a más de la comentada decisión del 29-04-65, en Corte Plena, véase la de 28-06-83: CENADICA, dictada en SPA); mas, no son aplicables al caso de autos como ellos lo pretenden, sino -insiste la Sala- sólo a las *actuaciones emanadas de la cúspide del Poder Ejecutivo en función de gobierno, es decir, a los denominados por la doctrina "actos de gobierno", emitidos justa y precisamente en ejecución directa e inmediata de la Constitución;* y no a los producidos, como los de autos, por una administración -la electoral en el caso- que ejecutó, de manera directa e inmediata, normas de rango inferior al de la Carta Magna, a saber: las de la Ley Orgánica del Sufragio. Así se declara[49].

En esta forma, la noción del acto de gobierno en Venezuela ha sido delineada con base en un criterio estrictamente formal: se trata de los actos dictados por el Presidente de la República, en ejecución directa e inmediata de la Constitución, en ejercicio de la función de gobierno[50]. A ello ha agregado la Sala Constitucional del Tribunal Supremo en sentencia N° 880 de 1 de agosto de 2000, lo siguiente:

> Sobre este último aspecto, debe aclarar este Máximo Tribunal de Justicia que, como señala la doctrina patria "... la noción de acto de gobierno en Venezuela, ha sido delineada sobre la base de un criterio estrictamente formal: se trata de actos dictados por el Presidente de la República, en ejecución directa de la Constitución, en ejercicio de la función de gobierno". (*vid.* Allan R. Brewer-Carías: *El control de la constitucionalidad de los Actos Estatales*, Colección Estudios Jurídicos N° 2, Editorial Jurídica Venezolana, Caracas, 1977, p. 113). Dichos actos, de indudable naturaleza política, no obstante, pueden ser impugnados no sólo por la vía de la acción de amparo constitucional, sino mediante el recurso de nulidad por inconstitu-

---

48. Véase *Revista de Derecho Público*, N° 53-54, Editorial Jurídica Venezolana, Caracas, 1993, pp. 155 y ss.
49. Véase en *Revista de Derecho Público*, N° 36, Editorial Jurídica Venezolana, Caracas, 1988, pp. 62 y ss.
50. Véase Allan R. Brewer-Carías, *Las Instituciones Fundamentales del Derecho Administrativo y la Jurisprudencia Venezolana*, Caracas, 1964, pp. 26, 108 y 323 y ss. y *Derecho Administrativo*, Tomo I, *cit.*, pp. 391 y ss.

cionalidad ante el Tribunal Supremo de Justicia, en Sala Constitucional, conforme lo dispuesto en la Constitución de la República Bolivariana de Venezuela, tal como lo ha reconocido esta Sala en anterior oportunidad, al señalar, con fundamento en el artículo 334 del Texto Fundamental, que "... en ejercicio de la jurisdicción constitucional, conoce de los recursos de nulidad interpuestos contra los actos realizados en ejecución directa de la Constitución...". Así igualmente se declara[51].

No se trata, por tanto, de actos administrativos que siempre son de rango sublegal, ni de actos en cuyo dictado el Presidente deba someterse a normas legislativas. Como actos dictados en ejercicio de atribuciones constitucionales por el Presidente de la República, el Poder Legislativo no puede regular la forma o manera de sus dictados, pues incurriría en una usurpación de funciones.

c. *El control constitucional de los actos de gobierno*

Los actos de gobierno, por tanto, si bien no son actos que estén sometidos a la ley en sentido formal, pues la función de gobierno no puede ser regulada por el legislador, por supuesto que son actos sometidos a la Constitución, en virtud de que son dictados por el Presidente de la República en ejercicio de competencias constitucionales. Como actos sometidos a la Constitución, también están sometidos al control de la constitucionalidad que ejerce el Tribunal Supremo de Justicia[52] en Sala Constitucional, la cual puede declarar su nulidad, por inconstitucionalidad, con carácter absoluto, es decir, con *erga omnes* (Art 334).

Por tanto, los actos de gobierno como actos de naturaleza política pueden ser objeto de control por la Jurisdicción Constitucional, y bastaría un solo ejemplo, para darse cuenta de la necesidad del control: el caso, por ejemplo, de la fijación del contingente de las Fuerzas Armadas Nacionales, por el Presidente de la República, estableciendo un cupo por razas, lo que violaría el artículo 21 de la Constitución, por lo que sería a todas luces inconstitucional y anulable. Entre los motivos de impugnación, de los actos de gobierno, por tanto y por supuesto, estaría la violación directa de la Constitución.

Debe señalarse, en todo caso, que en la sentencia de la antigua Corte Suprema de Justicia en Corte Plena de 29-04-65, dictada con motivo de la impugnación de la Ley aprobatoria del Tratado de Extradición con los Estados Unidos, la Corte había sentado el criterio siguiente:

> En lo relativo a los actos que el Presidente de la República está facultado para realizar en ejercicio de sus atribuciones constitucionales, un atento examen de las mismas conduce a la conclusión de que determinadas actuaciones presidenciales, en cualquiera de los dos caracteres de Jefe del Ejecutivo Nacional o Jefe del Estado venezolano asignados a aquél por el artículo 181 de la Constitución, están excluidos del control jurisdiccional de constitucionalidad en atención a que por su propia

51 Véase en *Revista de Derecho Público*, N° 83, (julio-septiembre), Editorial Jurídica Venezolana, Caracas, 2000, p. 92.

52. Véase Allan R. Brewer-Carías, "Comentarios sobre la doctrina del acto de gobierno, del acto político, del acto de Estado y de las cuestiones políticas como motivo de inmunidad jurisdiccional de los Estados en sus tribunales nacionales", *Revista de Derecho Público*, N° 26, Editorial Jurídica Venezolana, Caracas, 1986, pp. 65-68.

> esencia son actos de índole discrecional; situaciones en que no cabe aplicar a los motivos determinantes de la actuación el expresado control constitucional.
>
> Entre tales actos encuéntranse según el artículo 190 de la Constitución Nacional los siguientes: Fijar el contingente de las Fuerzas Armadas Nacionales; convocar el Congreso a sesiones extraordinarias y reunir en Convención a algunos o a todos los Gobernadores de las entidades federales.
>
> Con base en las excepciones que se han indicado en lo relativo al control jurisdiccional sobre la constitucionalidad intrínseca de los actos del Poder Público, puede sentarse la conclusión de que este control no ha sido establecido en forma rígida o absoluta, pues están, sustraídas a su dominio diversas situaciones tanto en el orden legislativo, como en el judicial y en el ejecutivo[53].

Esta decisión, como se ha dicho, ahora totalmente superada, originó la doctrina de supuestos actos excluidos de control aún cuando no en si mismos, sino en los aspectos de los mismos que pudieran ser controlados[54]. En todo caso, la interpretación doctrinal sobre la exclusión del control de constitucionalidad "intrínseca" de los actos de gobierno, que sólo podía referirse a los motivos del acto, como acto discrecional, pero no a los aspectos relativos a la competencia o a la forma, no fue acogida totalmente de inmediato, al punto que en una sentencia de 21-11-88, la Sala Político Administrativa de la antigua Corte Suprema de Justicia al conocer de la impugnación de un acto del Consejo Supremo Electoral, afirmó al distinguirlo de los actos de gobierno, que en relación con éstos que:

> Permanecen todavía incólumes los principios sentados por la Corte -a los que se refieren los apoderados del Consejo, pero aplicándolos inexactamente al caso de autos- respecto de los "actos de gobierno", especie jurídica que, en razón de su superior jerarquía, derivada del hecho de que son producidos en ejecución directa e inmediata de la Constitución y no de la ley ordinaria, ha sido excluida hasta ahora, por la propia Corte, de la totalidad del control jurisdiccional de constitucionalidad, "en atención -como ella misma ha expresado- a que por su propia esencia son actos de índole eminentemente política o actos de gobierno, o de índole discrecional; situaciones en que no cabe aplicar a los motivos determinantes de la actuación el expresado control constitucional"[55].

La discusión sobre el control de constitucionalidad de los actos de gobierno, en todo caso, fue definitivamente cancelada por la antigua Corte Suprema de Justicia en Corte Plena en sentencia de 11-03-93 (Caso: *Gruber Odreman*), al decidir sobre la impugnación por inconstitucionalidad de los decretos de suspensión de garantía y su ejecución, de noviembre de 1992 dictados luego de la sublevación militar del día 27 de ese mes. La Corte entró directamente al tema preguntándose lo siguiente:

> Ahora bien, ¿cabe dentro del marco constitucional venezolano sostener la no enjuiciabilidad de actuaciones de la Administración, de rango ejecutivo o legisla-tivo, en razón de su contenido político?

---

53. Véase Allan R. Brewer-Carías, *Jurisprudencia de la Corte Suprema 1930-1974 y Estudios de Derecho Administrativo,* Tomo IV, Caracas, 1977, p. 83.

54. Véase Luis H. Farías Mata, "La doctrina de los actos excluidos en la jurisprudencia del Supremo Tribunal", en *Archivo de Derecho Público y Ciencias de la Administración*, Instituto de Derecho Público, UCV, Vol. I, (1968-1969), Caracas, 1971, pp. 329 a 331.

55. Véase en *Revista de Derecho Público*, N° 36, Editorial Jurídica Venezolana, Caracas, 1988, pp. 62 y ss.

Para llegar a una respuesta adecuada, se hace imperativo, en primer término, acudir a la construcción que sobre el tema ha hecho esta Corte a través de decisiones donde se pone en evidencia, una vez más, la nunca suficientemente entendida relación de causalidad existente entre el avance del sistema de control jurisdiccional sobre los actos del Poder Público y el desarrollo institucional democrático de un país.

En efecto, no es esta la primera ocasión que se presenta a la Corte de discernir sobre la teoría de los actos exentos de control pues, no pocas veces, ha ido su Sala Político-Administrativa extendiendo pausada pero invariablemente, su ámbito de control -como órgano de la jurisdicción contencioso-administrativa- a toda la actividad del Poder Público; y así igualmente, en cuanto al control constitucional directo, este Alto Tribunal en Pleno ha traspasado barreras conceptuales antes defendidas por la preeminencia de un Estado todopoderoso, criterio hoy franca-mente superado[56].

Para fundamentar este criterio, la Corte acudió a su doctrina original sentada en 1962 sobre la universalidad del control de constitucionalidad y citando la sentencia de 15-03-62 (dictada con motivo de la acción de nulidad de la ley aprobatoria del contrato con el Banco de Venezuela, como auxiliar de tesorería) señaló:

> Tal amplitud de criterio, mantenida casi invariablemente por esta Suprema Corte, se ha puesto ya de manifiesto en actos conocidos como típicamente gubernativos, como es el caso, aunque en materia contencioso-administrativa y no constitucional, de la sentencia de fecha 31 de octubre de 1972 (Caso: *Manuel Elpidio Páez Almeida*, SPA).
>
> 3. Con arreglo a lo anterior, es indispensable para esta Corte que las actuaciones de la rama ejecutiva del Poder Público, a tenor del artículo 117 de la Constitución que consagra el principio de legalidad ("La Constitución y las leyes definen las atribuciones del Poder Público, y a ellas debe sujetarse su ejercicio"), están sujetas, por imperio de la Carta Fundamental, a la ley en su sentido más amplio y por ende, a revisión judicial: constitucional en aplicación del artículo 215, ordinal 6 *ejusdem* y contencioso-administrativo, por previsión del artículo 206 *ibídem*.
>
> Luego, en Venezuela, el problema de los "actos de gobierno" no se contrae a una categoría jurídica revestida de inmunidad jurisdiccional, pues como se ha visto, existe frente a éstos la posibilidad de recurrirlos con base a una garantía constitucional. La cuestión se circunscribe entonces al mayor o menor grado de sujeción al cuerpo normativo, asunto atinente a la competencia reglada y al poder discrecional del funcionario que, en ejecución de la Ley Fundamental, dicta el acto[57].

En esta forma, la Corte identificó el problema del control de la constitucionalidad de los actos de gobierno, como un problema de control de actos discrecionales. Para ello, aplicó los principios que la misma Corte había venido estableciendo sobre el control de los actos administrativos discrecionales desde la década de los cincuenta[58]. Particularmente, se destaca en esa línea, la sentencia de la Sala Político-Administrativa (Caso: *Depositaria Judicial*) de 02-11-82 en la cual al admitir el

---

56. Véase en *Revista de Derecho Público*, N° 53-54, Editorial Jurídica Venezolana, Caracas, 1993, pp. 218 y ss.

57. *Idem.*

58. Véase Allan R. Brewer-Carías, "Los límites a las potestades discrecionales de las autoridades administrativas", *Revista de la Facultad de Derecho*, Universidad Católica Andrés Bello, N° 2, Caracas, 1965.

control de los actos administrativos discrecionales en relación con la competencia, las formalidades y la finalidad, la Corte señaló que si bien no controla las razones de fondo, mérito de oportunidad y conveniencia, el Juez puede:

> Revisar la veracidad y la congruencia de los hechos que, a través de la motivación, el funcionario alega que ocurrieron, y con base en los cuales adoptó -apreciándolas según las circunstancias de oportunidad y de conveniencia que tuvo a la vista- la medida posteriormente recurrible ante la jurisdicción contencioso-administrativa[59].

En todo caso, en la Constitución de 1999 quedó definitivamente establecido el control de constitucionalidad de los actos de gobierno, al atribuir a la Sala Constitucional del Tribunal Supremo de Justicia, competencia para declarar la nulidad de los mismos cuando colida con la Constitución, cualquiera sea la forma de dicha violación constitucional (arts. 334 y 336,3 y 4).

B. *Los Decretos de estados de excepción*

De acuerdo con el artículo 236, 7 de la Constitución, el Presidente de la República tiene como atribución:

> 7. Declarar los estados de excepción y decretar la restricción de garantías en los casos previstos en esta Constitución.

Sobre estos decretos ya nos hemos referido *in extenso* en la *Segunda Parte,* de este Libro.

C. *Los decretos con rango y valor de ley (decretos-ley) de legislación delegada*

a. *Las leyes habilitantes y los decretos-ley*

Como se ha señalado anteriormente, el Presidente de la República conforme al artículo 236, tiene atribuciones para:

> 8. Dictar, previa autorización por una ley habilitante, decretos con fuerza de ley.

Anteriormente ya hemos analizado la potestad de la Asamblea Nacional para sancionar leyes habilitantes delegando la potestad legislativa en el Presidente de la República.

b. *La sujeción a la ley habilitante*

Los decretos leyes dictados por el Presidente de la República, en ejecución de esa ley habilitante, a pesar de ser actos de ejecución directa e inmediata de dicha ley y por tanto, de ejecución indirecta y mediata de la Constitución, tienen, en virtud de ésta, rango y valor de Ley (art. 203), por lo que están sometidos al control de la constitucionalidad que ejerce la Sala Constitucional del Tribunal Supremo de Justicia, como Jurisdicción Constitucional (art. 334 y 336,3).

Estos decretos ley, ante todo, están sujetos a la Ley habilitante y en particular a las "directrices, propósitos y marco" de las materias que se le delegan conforme a la misma, así como el plazo para el ejercicio de la habilitación que se establezca en ella

---

59. Véase en *Revista de Derecho Público*, N° 12, Editorial Jurídica Venezolana, Caracas, 1982, pp. 124 y ss.

(art. 203). La violación de estos límites que establezca la ley habilitante, además de violar dicha ley, significaría una trasgresión del propio artículo 203 de la Constitución que regula dichas leyes habilitantes, configurándose por tanto, además, como vicios de inconstitucionalidad.

c. *La obligación de consulta como mecanismo de participación*

Pero la habilitación legislativa que pueda delegarse al Presidente de la República, tiene otros límites impuestos en la Constitución para garantizar la participación política, que es uno de los valores fundamentales del texto constitucional.

En efecto, la Constitución establece expresamente previsiones donde se impone a la Asamblea Nacional, la obligación de consulta en el procedimiento de formación de las leyes: en primer lugar, con carácter general, el artículo 211 exige a la Asamblea Nacional y a las Comisiones Permanentes que, durante el procedimiento y aprobación de los proyectos de leyes, deben consultar (consultarán) a los otros órganos del Estado, a los ciudadanos y a la sociedad organizada para oír su opinión sobre los mismos; y en segundo lugar, el artículo 206 exige a la Asamblea Nacional, que debe consultar a los Estados (serán consultados), a través de los Consejos Legislativos, cuando se legisle en materias relativas a los mismos.

La delegación legislativa al Presidente de la República no puede configurarse como un mecanismo para eludir el cumplimiento de esta obligación constitucional de consulta en el proceso de elaboración de los Decretos leyes respectivos, la cual no se elimina por el hecho de la delegación legislativa. En consecuencia, los proyectos de Decreto-Ley deben someterse a consulta por el Ejecutivo Nacional en la misma forma indicada en la Constitución, antes de su adopción en Consejo de Ministros.

Pero adicionalmente a las previsiones constitucionales sobre consultas de leyes, la Ley Orgánica de la Administración Pública de 2001[60] estableció la obligación general de los órganos de la Administración Pública, y el Presidente de la República es el de más alta jerarquía, de promover "la participación ciudadana en la gestión pública" (art. 135). En tal sentido, el artículo 136 de la referida Ley Orgánica obliga al Presidente de la República cuando vaya a adoptar "normas legales", es decir, decretos-leyes en ejecución de una ley habilitante, a remitir el anteproyecto "para su consulta a las comunidades organizadas y las organizaciones públicas no estatales" inscritas en el registro que debe llevarse en la Presidencia de la República (arts. 135, 136).

Pero paralelamente a ello, la Presidencia de la República debe publicar en la prensa nacional la apertura del proceso de consulta indicando su duración, para recibir las observaciones. De igual manera la Presidencia de la República debe informar sobre el período de consulta a través de la página en la internet que obligatoriamente debe tener, en la UCLA se expondrá el proyecto del decreto-ley a que se refiere la consulta (art. 136).

Durante el proceso de consulta, cualquier persona puede presentar por escrito sus observaciones y comentarios sobre el correspondiente anteproyecto, sin necesidad de estar inscrito en el registro antes mencionado (art. 135).

---

60. *Gaceta Oficial* N° 37.305 de 17-10-2001.

Aún cuando el resultado del proceso de consulta "no tendrá carácter vinculante" (art. 136), lo importante del régimen de la consulta obligatoria prevista en la ley, es la disposición del artículo 137 de la misma ley orgánica que prohíbe al Presidente de la República "aprobar normas" que no hayan sido consultados conforme a lo antes indicado, previendo expresamente la norma que

> Las normas que sean aprobadas por los órganos o entes públicos ...serán nulas de nulidad absoluta si no han sido consultadas según el procedimiento previsto en el presente Título.

Sólo en casos de emergencia manifiesta y por fuerza de la obligación del Estado en la seguridad y protección de la sociedad, es que el Presidente podría aprobar normas sin la consulta previa; pero el artículo 137 de la Ley Orgánica en todo caso exige que las normas aprobadas deben ser consultadas seguidamente bajo el mismo procedimiento a las comunidades organizadas y a las organizaciones públicas no estatales; estando obligado el Presidente de la República a considerar el resultado de la consulta, pudiendo ratificar, modificar o eliminar el decreto-ley.

d. *La abrogación popular de los decretos leyes habilitados*

Conforme se establece expresamente en el artículo 74 de la Constitución, además de las leyes, los decretos con fuerza de ley que dicte el Presidente de la República en uso de la atribución prescrita en el artículo 236,8 de la Constitución, también pueden ser sometidos a referendo abrogatorio, cuando fuere solicitado por un número no menor del 5% de los electores inscritos en el Registro Civil y Electoral.

Esta atribución la debe ejercer el Presidente de la República en Consejo de Ministros.

D. *Los decretos con rango de ley en materia de organización administrativa*

Además de los decretos-leyes habilitados o dictados en virtud de delegación legislativa, la Constitución regula otros actos ejecutivos *con rango de ley* según la terminología de los artículos 335 y 336,3 de la Constitución, particularmente aquellos relativos a la organización administrativa.

En efecto, de acuerdo con el artículo 236,20, es atribución del Presidente en Consejo de Ministros,

> fijar el número, organización y competencia de los ministerios y otros organismos de la Administración Pública Nacional, así como también la organización y funcionamiento del Consejo de Ministros, dentro de los principios y lineamientos señalados por la correspondiente Ley Orgánica.

Se trata, por tanto, de una actuación que si bien está prevista en la Constitución, no se realiza en ejecución directa e inmediata de la Constitución, sino en ejecución de una ley orgánica específica, teniendo sin embargo, rango de ley por el poder derogatorio de otras leyes que tienen los decretos respectivos.

Estos decretos, incluso, han sido regulados expresamente en la Ley Orgánica de la Administración Pública, en cuyo artículo 58 se atribuye al Presidente de la República la potestad de fijar, mediante decreto, el número, denominación, competencias y organización de los ministerios y otros órganos de la Administración Pública Nacional, con base en parámetros de adaptabilidad de las estructuras administrativas a las políticas públicas que desarrolla el Poder Ejecutivo Nacional y en los principios de organización y funcionamiento establecidos en la ley orgánica. En ejecución de estas normas se han dictado múltiples Decretos sobre organización y funcionamiento de la Administración Pública Central, los cuales no pueden considerarse como de contenido reglamentario ya que no tiene rango sublegal, sino rango de ley, dado el poder derogatorio no sólo respecto de las normas de la vieja Ley Orgánica de la Administración Central, sino de las leyes sectoriales atributivas de competencia a los Ministerios[61].

En el mismo sentido de decreto con rango legal debe considerarse al decreto del Presidente de la República mediante el cual pueda variar la adscripción de los entes descentralizados funcionalmente a los Ministerios respectivos prevista en las correspondientes leyes o acto jurídico de creación, de acuerdo con las reformas que tengan lugar en la organización ministerial (art. 115,2 LOAP). Se trata, aquí también, de un decreto con poder derogatorio respecto de las leyes.

Estos decretos de rango legal en materia de organización administrativa, en todo caso, no sólo están sujetos a la Constitución, sino a la Ley Orgánica de la Administración Central, y particularmente a "los principios y lineamientos" que señale conforme al artículo 236,20 de la Constitución.

Como decretos de rango legal, corresponden a la Sala Constitucional controlar la constitucionalidad de los mismos (arts. 334 y 336,3) cuando colidan con la Constitución.

E. *Los reglamentos*

El Presidente de la República conforme a la misma norma del artículo 136, 10, ejerce la potestad reglamentaria[62], conforme ala atribución de:

> 10. Reglamentar total o parcialmente las leyes, sin alterar su espíritu, propósito y razón.

Esta competencia para dictar actos administrativos reglamentarios la debe ejercer el Presidente en Consejo de Ministros.

Ahora bien, los reglamentos son y siempre han sido considerados como actos administrativos[63], en el sentido de que son declaraciones de voluntad emanadas de órganos que ejercen el Poder Público, de carácter sublegal, para producir efectos jurídicos. La única peculiaridad que tienen es que los reglamentos son actos administrativos de efectos generales y, por tanto, de carácter normativo. Se distinguen,

61. Nos apartamos, así, de la apreciación inicial que formulamos al sancionarse la Constitución de 1999, en Allan R. Brewer-Carías, *La Constitución de 1999*, Caracas, 2000, p. 123. Véase Daniel Leza Betz, "La organización y funcionamiento de la administración pública nacional y las nuevas competencias normativas del Presidente de la República previstas en la Constitución de 1999. Al traste con la reserva legal formal ordinaria en el Derecho Constitucional venezolano", en *Revista de Derecho Público,* N° 82 (abril-junio), Editorial Jurídica Venezolana, Caracas, 2000, pp. 18-55.

62 Véase en general, Manrique Jiménez Meza, "El Estado democrático participativo y el ejercicio de la potestad reglamentaria", en *El Derecho Público a comienzos del siglo XXI. Estudios homenaje al Profesor Allan R. Brewer-Carías,* Tomo I, Instituto de Derecho Público, UCV, Civitas Ediciones, Madrid, 2003, pp. 485-518.

63. Véase por ejemplo Allan R. Brewer-Carías, *Las Instituciones Fundamentales del Derecho Administrativo..., op. cit.,* p. 119.

así, de los otros actos administrativos generales, de contenido no normativo, y de los actos administrativos de efectos particulares.

La Sala Político Administrativa del Tribunal Supremo de Justicia en sentencia N° 1216 de 16 de junio de 2001 (Caso: *Porfirio Ruiz*), ha señalado sobre los reglamentos que:

> Los reglamentos, en general, son o constituyen declaraciones escritas unilaterales de la administración, creadoras de reglas de derecho de aplicación general, que tienen contenido normativo y están en un rango inferior a la ley; una vez dictados, son de obligatorio cumplimiento, inclusive para el órgano que lo dictó. En tal virtud, la extinción del reglamento sólo se verificará si las normas reglamentarias son incompatibles con una ley que regule la misma materia.
>
> En el caso de los llamados reglamentos autónomos, los cuales son dictados por la Administración sin sujeción a la existencia previa de una ley, y por necesidades de organización interna de la propia Administración, resulta evidente que la existencia y validez jurídica de un reglamento cesará si la materia en él contenida pasa a formar parte de un texto legal, dada la supremacía jerárquica de la ley[64].

a. *Los reglamentos como actos administrativos de efectos generales*

La característica de los reglamentos como actos administrativos son, en primer lugar, que son actos dictados en ejecución mediata de la Constitución, e inmediata de la legislación; por ello, como todo acto administrativo, siempre son de carácter sublegal. En segundo lugar, se trata de actos administrativos, siempre son de efectos generales, es decir, de carácter normativo, y que, por tanto, integran o modifican el ordenamiento jurídico. El contenido de los reglamentos, por tanto, siempre es de carácter normativo, y se identifican por su generalidad, efectos *erga omnes* y por estar destinados a un número indeterminado e indeterminable de personas[65]. El reglamento, en esta forma, tal como lo definió la antigua Corte Suprema,

> Es norma jurídica de carácter general dictado por la Administración Pública, para su aplicación a todos los sujetos de derecho y en todos los casos que caigan dentro de sus supuestos de hecho[66].

Pero como se dijo, el reglamento, aún cuando tiene contenido normativo e integra el ordenamiento jurídico, está siempre subordinado a la ley. Tal como lo ha señalado la antigua Corte Suprema de Justicia:

> Las disposiciones de los reglamentos que conforme a ella han de dictarse, tienen el carácter de normas secundarias respecto a las de la Ley, que son en este caso, las primarias. O sea, que cada reglamento es el complemento de la determinada Ley, cuya finalidad es facilitar la ejecución de ésta[67].

---

64 Véase en *Revista de Derecho Público*, N° 85-88, Editorial Jurídica Venezolana, Caracas, 2001, p. 244.

65. Véase sobre la distinción Allan R. Brewer-Carías, *El control de la constitucionalidad de los actos estadales, op. cit.*, pp. 8 y ss.

66. Véase sentencia de la Corte Suprema de Justicia en Sala Político Administrativa de 27-05-68, en *Gaceta Forense*, N° 60, 1968, pp. 115 a 118.

67. Véase sentencia de la Corte Suprema de Justicia en Sala Político Administrativa de 10-05-65, en *Gaceta Forense*, N° 48, 1968, pp. 122 a 123.

Sobre esta subordinación del reglamento a la ley, la Sala Constitucional del Tribunal Supremo en sentencia N° 271 de 25 de abril de 2000, ha señalado:

> De acuerdo con lo que lleva dicho esta Sala, la potestad reglamentaria de la Administración, si bien le es reconocida su vital importancia de cara a la consecu-ción de los fines del Estado, consiste en desarrollar una actividad no innovativa del ordenamiento jurídico y en todo caso ejecutor de las grandes decisiones políticas que corresponde a las leyes concebir; ella se resuelve fundamentalmente en la emisión de declaraciones escritas y unilaterales, creadoras de reglas de derecho de aplicación general y de grado inferior a las leyes.
>
> Luego, un carácter que le es ínsito al reglamento es su vinculación a la ley, en virtud de la función política y social que le corresponde a ésta desempeñar, y que hace que la misma goce de una amplia libertad de conformación normativa para transformar en dispositivos jurídicos las di versas opciones que el cuerpo electoral expresa a través de la conformación de los órganos de representación parlamentaria.
>
> En frase por demás ilustrativa, los autores García de Enterría y Fernández afirman: "*Ningún órgano puede resistirse al mandato de la Ley, todos le están expresamente sometidos por lo mismo que en la Ley tienen basada todos su propia competencia*" (Curso de Derecho Administrativo, Tomo I, Madrid, 1995, pág. 106).
>
> Si la esencia de la ley es su superioridad respecto a las demás fuentes de derecho -dentro de los fundamentos constitucionales, por supuesto-, visto que la incondicionabilidad de su contenido y la irresistibilidad de su eficacia arranca en la voluntad de la comunidad, no puede, entonces, afirmarse lo mismo del Reglamento, puesto que si el legislador es el legítimo *representante de* la comunidad, la administración se encuentra puesta *al servicio* de la comunidad, lo cual es esencialmente distinto. No obstante su inferioridad, la potestad de estatuir por vía general acordada a las autoridades administrativas, le hace partícipe sin duda de la formación del ordenamiento, pero de lo que se trata es de hacer de ella un poder jurídico, ordenado exclusivamente a los fines que lo justifican.
>
> Lo que separa, en definitiva, al reglamento de la ley, es su subsidiariedad e inferioridad respecto a ésta, pues no puede dejar sin efecto los postulados legales, ni contradecirlos, ni innovar dónde la ley es necesaria para producir un determinado efecto o regular un cierto contenido[68].

De lo anterior resulta, por otra parte, que no todo acto administrativo general es un reglamento, lo que permite distinguir entre "actos de efectos generales" como los reglamentos, y "actos generales"; es decir, entre actos normativos, por una parte, y por la otra, los actos generales no normativos[69]. Es decir, el reglamento, es siempre "de efectos generales", pero hay actos administrativos generales que aún cuando tienen como destinatarios a un grupo de personas, no son con carácter normativo, es decir, no son de efectos generales, sino particulares.

En otra sentencia, la antigua Corte Suprema de Justicia destacó la "generalidad e impersonalidad" como las características propias del reglamento señalado:

---

68 Véase en *Revista de Derecho Público,* N° 82, (abril-junio), Editorial Jurídica Venezolana, Caracas, 2000, p. 413.

69 Véase sentencia de la Corte Suprema de Justicia en Sala Político Administrativa de 02-11-67 en *Gaceta Forense* N° 57, 1967, pp. 38 y 39.

El reglamento como todos los actos de efectos generales, va dirigido a un indeterminado número de personas, por lo cual se hace imposible nombrarlas a todas. En cambio, la Resolución impugnada va dirigida a cierto número de personas, perfectamente identificables, ya que ellas han celebrado un contrato previamente con el Ejecutivo Nacional, pues todas y cada unas, son concesionarias de hidrocarburos. Por lo tanto, el contenido de la Resolución citada debe tomarse como un conjunto de decisiones individuales que se han condensado en un solo texto legal, en forma aparentemente colectiva, pero que en realidad no lo es, en virtud de la peculiaridad anteriormente anotada.

La Ley y el Reglamento ejecutivo, no son, como parece creerlo la impugnante, la única fuente de los actos administrativos de efectos generales, ya que éstos pueden provenir, además, de disposiciones de otros órganos del poder público: nacionales, estadales, municipales y aun de entes autónomos y descentralizados[70].

Ahora bien, la Constitución de 1999, conforme a la tradición constitucional precedente, atribuye al Presidente de la República la facultad de "reglamentar total o parcialmente las leyes, sin alterar su espíritu, propósito y razón" (art. 236,10). De ello deriva que el Presidente de la República puede reglamentar las leyes, lo que no implica que tenga una potestad exclusiva para dictar actos administrativos de efectos generales, pues otros órganos del Estado, en ejercicio del Poder Público, pueden hacerlo.

En consecuencia, los actos administrativos de efectos generales, por ejemplo, pueden emanar de otros órganos de la Administración Pública como los Ministros, que son órganos directos del Presidente de la República, los cuales tienen potestad normativa en las materias que le asigna la ley.

Pero además, en el ámbito de la Administración Central, los órganos que en la misma han sido desconcentrados legalmente, con autonomía funcional, también ejercen la potestad normativa en los asuntos que la ley les ha atribuido. Es el caso, por ejemplo, de la Comisión Nacional de Valores.

También, en el ámbito de la Administración Pública Descentralizada, las personas jurídicas de derecho público que la componen, tanto las estatales como las no estatales, tienen potestad reglamentaria conforme a la ley que las rige. En tal sentido, los Institutos Autónomos, por ejemplo, como personas de derecho público estatales; y los Colegios Profesionales, como personas jurídicas de derecho público no estatales, ejercen la potestad normativa en el ámbito de sus respectivas competencias, conforme a las leyes que los rigen[71].

Pero en el ordenamiento jurídico venezolano y a pesar de la definición de acto administrativo que trae el artículo 7 de la Ley Orgánica de Procedimientos Administrativos, no sólo los órganos ejecutivos o, en general, los órganos que conforman la Administración Pública Central o Descentralizada, dictan actos administrativos normativos o reglamentarios, sino que también éstos pueden emanar de los demás órganos del Estado que ejercen otros Poderes Públicos distintos al ejecutivo, cuando ejercen la potestad normativa.

---

70. Véase sentencia de la Corte Suprema de Justicia en Sala Político Administrativa de 07-11-73, en *G.O.* Nº 1.643 Extra. de 21-03-74, p. 13.

71 Véase Allan R. Brewer-Carías, *Principios del régimen jurídico de la organización administrativa venezolana,* Caracas, 1991, pp. 78 y ss.

Es decir, en Venezuela los actos administrativos, incluidos los reglamentos, no se definen orgánicamente[72], por lo que no siempre son "actos ejecutivos" ya que también emanan de los otros órganos del Estado que ejercen el Poder Judicial, el Poder Legislativo, el Poder Electoral y el Poder Ciudadano[73]. Por ello, se consideran actos administrativos de efectos generales, los reglamentos que dicta el Tribunal Supremo de Justicia para su funcionamiento interno y en relación con el gobierno y administración del Poder Judicial que le corresponde (art. 44,15, Ley Orgánica de la Corte Suprema de Justicia). También es el caso de los reglamentos o actos administrativos normativos dictados por el Consejo Nacional Electoral (art. 55,3, Ley Orgánica del Sufragio y Participación Ciudadana), por el Fiscal General de la República (art. 21,8, Ley Orgánica del Ministerio Público), o por el Contralor General de la República (art. 13,1, Ley Orgánica de la Contraloría General de la República). Todos estos actos administrativos reglamentarios, por supuesto, son de rango sublegal y están sujetos, ante todo, a las leyes reguladoras de esos actos de los Poderes Públicos Nacionales.

Por último, por supuesto, en un Estado con forma federal, los Gobernadores de Estado los Alcaldes Municipales tienen en el respectivo ámbito de sus competencias potestad normativa, conforme a las Constituciones y leyes de los Estados y a las Ordenanzas Municipales, respectivamente, pudiendo dictar actos administrativos de efectos generales.

b. *La consulta previa obligatoria no vinculante de los proyectos de normas reglamentarias*

La Ley Orgánica de la Administración Pública, como antes se ha dicho, ha introducido una novedad en cuanto al régimen de emisión de actos normativos por los órganos ejecutivos, en particular, de los reglamentos, como mecanismo para promover la participación ciudadana. Se ha regulado, así, un procedimiento de consulta obligatorio, aunque no vinculante previo a la emisión de reglamentos o actos administrativos normativos por cualquier autoridad ejecutiva.

En efecto, el artículo 136 de dicha Ley Orgánica dispone que los órganos ejecutivos, sea el Presidente de la República u otro órgano, que se propongan adoptar un reglamento o cualquier acto administrativo de efectos generales, deben realizar previamente una consulta obligatoria del anteproyecto normativo, así:

Primero, deben remitir el anteproyecto para su consulta a las comunidades organizadas y las organizaciones públicas no estatales inscritas en el registro de dichas entidades que debe llevar el órgano emisor. En dicho oficio, se debe indicar el lapso durante el cual se recibirán por escrito las observaciones; lapso que no comenzará a correr antes de los 10 días hábiles siguientes a la entrega del anteproyecto correspondiente.

Segundo, paralelamente el órgano que proyecte adoptar el reglamento o acto administrativo de efectos generales, debe publicar en la prensa nacional la apertura del

72. Véase Allan R. Brewer-Carías, "El problema de la definición del acto administrativo" en *Libro Homenaje al Doctor Eloy Lares Martínez,* UCV, Tomo I, Caracas, 1984, pp. 25 a 78.

73. Véase Allan R. Brewer-Carías, *Estado de Derecho y Control Judicial,* Madrid, 1987, pp. 429 y ss; y Allan R. Brewer-Carías, *Justicia Contencioso Administrativa,* Tomo VII, *Instituciones Políticas y Constitucionales, op. cit.,* Caracas-San Cristóbal, 1997, pp. 321 y ss.

proceso de consulta indicando su duración; e informar a través de la página en el internet que tiene que tener conforme a dicha ley orgánica, en la cual se expondrá el proyecto de reglamento o acto administrativo de efectos generales sobre la cual verse la consulta. Durante este proceso de consulta cualquier persona puede presentar por escrito sus observaciones y comentarios sobre el correspondiente anteproyecto, sin necesidad de estar inscrito en el registro indicado.

Tercero, una vez concluido el lapso de recepción de las observaciones, el órgano respectivo debe fijar una fecha para que sus funcionarios, especialistas en la materia que sean convocados y las comunidades organizadas y las organizaciones públicas no estatales intercambien opiniones, hagan preguntas, realicen observaciones y propongan adoptar, desechar o modificar el anteproyecto propuesto o considerar un anteproyecto nuevo.

Cuarto, el resultado del proceso de consulta no tiene carácter vinculante. Sin embargo, en virtud del carácter obligatorio de la consulta pública respecto de los actos administrativos reglamentarios o normativos, el órgano ejecutivo respectivo no puede adoptar normas que no hayan sido consultadas conforme se indica anteriormente, al punto de que la ley orgánica considera nulas de nulidad absoluta, las normas que sean aprobadas sin haber sido consultadas conforme al procedimiento antes indicado.

La Ley Orgánica de la Administración Pública, además, establece particularmente un procedimiento para la elaboración de los reglamentos, con la obligación de una consulta pública previa respecto de los mismos. El artículo 88 de dicha ley, en efecto, dispone que la elaboración de los reglamentos de leyes se debe ajustar al siguiente procedimiento:

1. La iniciación del procedimiento de elaboración de un reglamento se debe llevar a cabo por el Ministerio competente según la materia, mediante la elaboración del correspondiente proyecto al que se debe acompañar un informe técnico y un informe sobre su impacto o incidencia presupuestaria;

2. A lo largo del proceso de elaboración del proyecto de reglamento, debe recabarse, además de los informes, los dictámenes correspondientes y cuantos estudios y consultas se estimen conveniente para garantizar la eficacia y la legalidad del texto;

3. Elaborado el texto, se debe someter a consulta pública para garantizar el derecho de participación de las personas de conformidad con lo dispuesto en el Título VI de la misma ley orgánica, según se ha indicado anteriormente.

Durante el proceso de consultas las personas, directamente o a través de las organizaciones y asociaciones que los agrupen o representen, pueden presentar observaciones y propuestas sobre el contenido del reglamento las cuales deben ser analizadas por el ministerio encargado de la elaboración y coordinación del reglamento.

La emisión de un reglamento sin que se haya sometido a consulta pública, conforme al artículo 137 de la Ley Orgánica, lo vicia de nulidad absoluta.

4. Aprobado el reglamento por el Presidente de la República en Consejo de Ministros, el mismo sólo puede entrar en vigencia con su publicación en la Gaceta Oficial de la República, salvo que el reglamento disponga otra cosa.

Por último, debe destacarse que conforme al artículo 89 de la Ley Orgánica, el Ejecutivo Nacional debe aprobar los reglamentos necesarios para la eficaz aplicación y desarrollo de las leyes, dentro del año inmediatamente siguiente a su promulgación.

c. *Los límites a la potestad reglamentaria y su control jurisdiccional*

Tratándose de actos administrativos de efectos generales, los reglamentos son siempre de carácter sublegal, es decir, sometidos a la ley, por lo que su límite esencial deriva de la reserva legal.

Es decir, los reglamentos no pueden regular materias reservadas al legislador en la Constitución, y esas son fundamentalmente, el establecimiento de delitos, faltas e infracciones y las penas y sanciones correspondientes; la regulación y limitación a los derechos y garantías constitucionales; y el establecimiento de tributos.

Estos límites a la potestad reglamentaria derivados de la reserva legal, por otra parte, están expresamente establecidos en la Ley Orgánica de la Administración Pública, cuyo artículo 86 establece que

> Los reglamentos no podrán regular materias objeto de reserva legal, ni infringir normas con dicho rango. Además, sin perjuicio de su función de desarrollo o colaboración con respecto a la ley, no podrán tipificar delitos, faltas o infracciones administrativas, establecer penas o sanciones, así como tributos, cánones u otras cargas o prestaciones personales o patrimoniales de carácter público.

Ahora bien, todos los reglamentos dictados por cualquier autoridad pública, e, incluso, en algunos casos por entidades privadas en ejercicio de autoridad, están sometidos al control de constitucionalidad y legalidad que ejercen los órganos de la Jurisdicción Contencioso-Administrativa.

En cuanto a los "reglamentos ejecutivos" dictados por el Presidente de la República, los mismos están sometidos, como todos los actos administrativos del Ejecutivo Nacional (Administración Pública Nacional Centralizada) al control de la Sala Político Administrativa del Tribunal Supremo de Justicia (art. 266,5 C) que constituye la instancia de mayor grado en el ámbito de dicha jurisdicción.

Ese control judicial tiene por objeto verificar el sometimiento al derecho por parte los Reglamentos ya que, conforme lo ha dicho la antigua Corte Suprema:

> La actividad reglamentaria está... limitada y encauzada por la norma legal, y de ahí que toda disposición reglamentaria que viole la Constitución o las leyes es susceptibles de anulación o de inaplicación en los casos concretos[74].

Además, en particular, respecto de los Reglamentos Ejecutivos, la Constitución exige en particular, que deben respetar el "espíritu, propósito y razón de la Ley", y "se altera el espíritu de la Ley cuando el acto reglamentario contiene excepciones o sanciones no previstas o disposiciones contrarias a los fines perseguidos por el legislador"[75].

Esta sujeción la precisó la Corte Suprema en los siguientes términos:

---

74. Véase sentencia de la Corte Suprema de Justicia en Sala Político Administrativa de 10-05-65 en *Gaceta Forense* N° 48, 1965, pp. 122 y 123.

75. Véase sentencia de la Corte Federal y de Casación en Corte Plena de 04-06-52 en *Gaceta Forense* N° 11, 1962, p. 25.

> El decreto reglamentario o Reglamento Ejecutivo, tomado en su acepción estricta -que es el que interesa en este caso-, tiene como antecesor a la Ley, de la cual es derivación, efecto y corolario. Esta sienta el principio, aquél, prevé y desarrolla sus consecuencias, facilita su aplicación a los pormenores y determina las medidas necesarias para su aplicación. De ahí que cuando el reglamento ejecutivo se propasa y se ocupa de reparar las diferencias de la Ley, regule cuestiones no comprendidas en ella, o se aparta del espíritu, propósito y razón que lógicamente han debido guiar al Legislador en su elaboración, se está en presencia de una extralimitación de atribuciones, en el primer caso, y de una violación del texto constitucional en el segundo; y en uno y otro, de un reglamento ejecutivo viciado, en todo o en parte, de ilegalidad por violatorio de expresas normas de la Ley Fundamental[76].

Sin embargo, el hecho de que el Reglamento Ejecutivo esté sometido a la ley que ejecuta, no significa que la actividad reglamentaria se convierta en una mera ejecución mecánica de la Ley. En efecto, la propia Corte Suprema de Justicia ha señalado en este sentido lo siguiente:

> Sin embargo, dentro de estas limitaciones se reconoce a los reglamentos un campo de acción relativamente amplio en cuanto tienden al desarrollo del texto legal, especialmente cuando la ley sólo consagra normas fundamentales. Se admite así, que por vía reglamentaria, puedan establecerse formalidades o requisitos no previstos en la ley pero necesarios para asegurar su cumplimiento, o definirse palabras usadas por el legislador y cuyo alcance conviene precisar a fin de evitar dudas. Pero en este último supuesto y, en general, cuando la administración interpreta el sentido de la ley por vía reglamentaria, insiste la doctrina en que ha de entenderse que la interpretación afirmativa es válida en cuanto esté conforme a la voluntad legislativa[77].

Sobre esto, la antigua Corte Suprema, fue aún más clara en otra parte de esa misma sentencia de 10 de mayo de 1965, que resolvió el recurso de inconstitucionalidad de un reglamento de una Ley, indicando que:

> Considera la Corte que la mera circunstancia de que un Reglamento contemple alguna formalidad que no aparezca en la ley, no es razón suficiente para estimar alterada la relación de legalidad entre ambos estatutos. Lo contrario sería establecer que los Reglamentos deberían ser la reproducción fiel y exacta de la ley, y, por consiguiente, carentes de toda utilidad y objeto.
>
> Por tanto, pues, si puede y debe el Reglamento desarrollar las normas de la ley mediante disposiciones acordes con ella, siempre que no contradigan su texto y su intención, e, incluso, establecer formalidades o requisitos no previstos en el texto legal pero indispensables para asegurar su cumplimiento, según el criterio doctrinal ya expuesto[78].

Pero la Sala Político Administrativa del Tribunal Supremo de Justicia, como órgano de la jurisdicción contencioso-administrativa, sólo tiene competencia para controlar la conformidad con el derecho de los reglamentos y demás actos adminis-

---

76. Véase sentencia de la Corte Federal y de Casación en Corte Plena de 24-09-52 en *Gaceta Forense*, N° 1, 1958, p. 151.

77 Véase sentencia de la Corte Suprema de Justicia en Sala Político Administrativa de 10-05-65 en *Gaceta Forense*, N° 48, 1965, pp. 122 y 123.

78. *Idem*, pp. 123 y 124.

trativos de efectos generales que emanen del Ejecutivo Nacional, es decir, de la Administración Central compuesta, básicamente, por la Presidencia de la República y la organización ministerial[79].

En cambio, el conocimiento de los juicios de nulidad contra los reglamentos y demás actos administrativos de efectos generales emanados de los órganos desconcentrados de la Administración Central y de la Administración Pública Descentralizada, corresponde a la Corte Primera de lo Contencioso Administrativo en primera instancia (art. 185,3 LOCSJ) y en segunda instancia, a la Sala Político Administrativa del Tribunal Supremo de Justicia.

En cuanto a los actos administrativos de efectos generales o reglamentos dictados por los órganos de los Estados y Municipios, la competencia para conocer de las acciones de nulidad contra los mismos por razones de ilegalidad o inconstitucionalidad, corresponde a los Tribunales Superiores en lo Contencioso Administrativo de las diversas circunscripciones judiciales, en primera instancia, correspondiendo la segunda instancia a la Corte Primera de lo Contencioso-Administrativo (art. 181 LOCSJ).

F. *Los actos administrativos*

Debe señalarse que la Constitución de 1999, utiliza la expresión acto administrativo en dos artículos: en primer lugar, en el artículo 259, al atribuir a los órganos de la Jurisdicción Contencioso-Administrativa competencia para "anular los actos administrativos generales o individuales contrarios a derecho incluso por desviación de poder"; y en segundo lugar, en el artículo 266,5, al atribuir específicamente a la Sala Político Administrativa del Tribunal Supremo de Justicia, que forman parte de esa Jurisdicción, competencia para "declarar la nulidad total o parcial de los reglamentos y demás actos administrativos generales o individuales del Ejecutivo Nacional, cuando sea procedente".

Se pueden considerar actos administrativos los que resultan de las siguientes atribuciones del Presidente:

3. Nombrar y remover el Vicepresidente Ejecutivo y a los Ministros.
11. Administrar la Hacienda Pública Nacional.
12. Negociar los empréstitos nacionales.
13. Decretar créditos adicionales al Presupuesto, previa autorización de la Asamblea Nacional o de la Comisión Delegada.
14. Celebrar los contratos de interés nacional conforme a esta Constitución y la ley.
15. Designar, previa autorización de la Asamblea Nacional o de la Comisión Delegada, al Procurador General de la República y a los jefes de las misiones diplomáticas permanentes.
16. Nombrar y remover a aquellos funcionarios cuya designación le atribuyen esta Constitución y la ley.

---

79 Véase Josefina Calcaño de Temeltas y Allan R. Brewer-Carías, *Ley Orgánica de la Corte Suprema de Justicia*, Caracas, 1991, pp. 77 y ss.

22. Convocar referendos en los casos previstos en esta Constitución.
23. Convocar y presidir el Consejo de Defensa de la Nación.

Las atribuciones indicadas en los ordinales 12, 13, 14 y 22 las deben ejercer el Presidente de la República en Consejo de Ministro.

a. *El problema de la definición del acto administrativo*

La expresión acto administrativo identifica a los actos ejecutivos por excelencia como manifestaciones de voluntad de la Administración de carácter sublegal, destinadas a producir efectos jurídicos.

Ahora bien, en esta definición del acto administrativo, por supuesto, el elemento clave es la determinación de qué debe entenderse por "Administración" pues los actos administrativos en general, se dictan por todos los órganos estatales y en ejercicio de todas las funciones estatales. Por tanto, su individualización, a pesar de su carácter sublegal, no puede estar fundamentada en la sola utilización del criterio orgánico, del criterio formal o criterio material, sino, de la mezcla y combinación de ellos[80], pues de lo contrario quedarían fuera de caracterización, por ejemplo, los actos administrativos que dictan los funcionarios de los órganos legislativos o de los órganos judiciales.

Por ello, en nuestro ordenamiento constitucional no puede sostenerse que los actos administrativos sólo son aquellos que emanan de los órganos de la Administración Pública que ejerce el Poder Ejecutivo. Al contrario, como se dijo, los actos administrativos, pueden emanar de los órganos legislativos actuando en función administrativa[81], de los tribunales, de los órganos del Poder Electoral y del Poder Ciudadano, actuando en tanto en función normativa como en función administrativa[82]. Los actos administrativos, en esta forma, y contrariamente a lo que sucede con las leyes, los decretos leyes, los decretos de estados de excepción, los actos de gobierno y las sentencias judiciales, no están reservados a determinados órganos del Estado, sino que pueden ser dictados por todos ellos, y no sólo en ejercicio de la función administrativa.

En sentencia de la Corte Primera de lo Contencioso Administrativo de 1 de junio de 2000, al decidir la impugnación de un acto administrativo dictado por un juez, se señaló lo siguiente:

> En tal sentido se observa como no pueden en razón del principio de la colaboración que existe entre los poderes entre sí para la realización de los fines del Estado, sólo emanar actos administrativos de los órganos de la Administración Pública relacionados estrictamente con el Poder Ejecutivo, sino también de los demás órganos del Estado cuando los mismos actúan en función administrativa, en los casos autori-

80. Véase Allan R. Brewer-Carías, "El problema de la definición del acto administrativo", en *Libro Homenaje al Doctor Eloy Lares Martínez, cit.*, Tomo I, pp. 31 a 38.

81. Véase, por ejemplo, la sentencia de la Corte Suprema de Justicia en Sala Político-Administrativa de 19-12-74, en *G.O.* Nº 1.741 Extraordinario de 21-05-75.

82. Véase, por ejemplo, la sentencia de la Corte Suprema de Justicia en Sala Político-Administrativa de 26 de mayo de 1981, en *Revista de Derecho Público,* Nº 7, Editorial Jurídica Venezolana, Caracas, julio-septiembre 1981, pp. 17 y ss.

zados por la Constitución y por la Ley. Es así como se estima oportuno citar el concepto de acto administrativo que plantean los autores Eduardo García De Enterría y Tomas R. Fernández[83]:

> Hemos definido el acto administrativo como toda manifestación de voluntad de carácter sublegal, realizada, primero por los órganos del Poder Ejecutivo, es decir por la Administración Pública, actuando en *ejercicio* de la función administrativa, de la función legislativa y de la función jurisdiccional; segundo, por los órganos del Poder Legislativo (de carácter sublegal) actuando en ejercicio de la función administrativa; y tercero *por los órganos del Poder Judicial actuando en ejercicio de la función* administrativa y de la función legislativa. En todos estos casos, la declaración de voluntad constituye un acto administrativo cuando tiende a producir efectos jurídicos determinados, que pueden ser la creación, modificación o extinción de una situación jurídica individual o general o la aplicación, a un sujeto de derecho de una situación jurídica general". (Subrayado de la Corte).
>
> Es de esta manera como, entre las facultades administrativas que se atribuyen a los órganos del Poder Judicial, cuyos actos naturales son los jurisdiccionales, se encuentra dictar medidas disciplinarias, contra los abogados y procuradores que intervengan en las causas que ellos conocen, comportando tal medida disciplinaria una actividad administrativa del juez, dictada en aras de mantener el orden y el decoro en el tribunal o juzgado en el cual ejerce sus funciones[84].

Pero además, para definir los actos administrativos, no es aceptable la sola utilización del criterio formal, de actividad de carácter sublegal, pues los actos judiciales también tienen carácter sublegal; por último, tampoco es aceptable la utilización exclusiva de un criterio material, basado en la noción de función administrativa, pues quedarían excluidos del concepto, los actos administrativos cumplidos en ejercicio de la función normativa y de la función jurisdiccional por los órganos del Poder Ejecutivo, así como los actos administrativos dictados en ejercicio de la función normativa por los órganos jurisdiccionales.

Por ello es que hemos propuesto una definición del acto administrativo que combine diversos criterios, pues es la única forma de reconducir a la unidad, la heterogeneidad de los mismos. En esta forma debe considerarse como acto administrativo toda manifestación de voluntad de carácter sublegal (criterio formal) realizada por los órganos del Poder Ejecutivo, actuando en ejercicio de la función administrativa, de la función normativa y de la función jurisdiccional (criterio orgánico); por los órganos del Poder Legislativo, actuando en ejercicio de la función administrativa y de carácter sublegal (criterio material), y por los órganos del Poder Judicial actuando en ejercicio de la función administrativa y de la función normativa (criterio material), con el objeto de producir efectos jurídicos que pueden ser o la creación de una

---

83 En realidad, la definición no es de Eduardo García de Enterría y de Tomás Ramón Fernández como se afirma en la sentencia; por lo que no podemos menos que pedirles excusas por la atribución a su autoría que les hace la Corte, de una definición que es nuestra. La cita de la sentencia ha sido tomada, quizás sin que el Ponente (Carlos Enrique Mouriño Vaquero) lo supiera, de Allan R. Brewer-Carías, "El problema de la definición del acto administrativo", en *Libro Homenaje al Doctor Eloy Lares Martínez,* Tomo I, Caracas, 1984, p. 49. Véase además, Allan R. Brewer-Carías, *Derecho Administrativo*, Tomo I, Caracas, 1975, pp. 395 y 396.

84 Véase en *Revista de Derecho Público*, N° 82, (abril-junio), Editorial Jurídica Venezolana, Caracas, 2000, pp. 415 y ss.

situación jurídica individual o general, o la aplicación a un sujeto de derecho de una situación jurídica general[85].

Considerando a los actos estatales dentro de una perspectiva general, entonces, quedarían fuera de la clasificación como actos administrativos, los actos cumplidos por los órganos del Poder Ejecutivo en función normativa con valor de Ley y en función de gobierno (actos de gobierno) y que, por tanto, son de rango legal; los actos cumplidos por los órganos del Poder Legislativo en función normativa (leyes), en función de gobierno (leyes, actos parlamentarios sin forma de ley), en función jurisdiccional (actos parlamentarios sin forma de ley) y en función administrativa de rango legal (leyes y actos parlamentarios sin forma de ley); y los actos cumplidos por los órganos del Poder Judicial actuando en función jurisdiccional (sentencias, autos).

De lo anteriormente señalado, es claro, por tanto, que en las definiciones tradicionales del acto administrativo, que lo precisan como toda "declaración de voluntad realizada por la Administración con el propósito de producir un efecto jurídico"[86], como señalamos anteriormente, el problema se reduce a determinar qué debe entenderse por "administración". O dicho término se define un criterio orgánico, identificándolo con los órganos del Poder Ejecutivo (autoridades administrativas) o dicho término se define con un criterio material, identificándolo con el ejercicio de la función administrativa; o dicho término se define con criterios combinados, como lo hemos hecho anteriormente. En las dos primeras alternativas, quedaría fuera de la calificación de actos administrativos, diversos actos estatales que ni son judiciales, ni legislativos, ni de gobierno y que indudablemente tienen carácter administrativo. En la última alternativa, que hemos acogido, en cambio, así como todos los actos estatales encuentran su calificación, también todos los actos administrativos, sean cumplidos por la autoridad estatal que sea, encuentran su debido encuadramiento.

b. *El control judicial de los actos administrativos*

Ahora bien, no estando excluido el control jurisdiccional de inconstitucionalidad o legalidad ningún acto estatal[87], resulta imperativo que todos los actos administrati-

85. Véase Allan R. Brewer-Carías, *Derecho Administrativo,* Tomo I, *cit.,* pp. 393 y ss.

86. En términos generales este ha sido la definición que la Corte Suprema ha adoptado cuando ha necesitado definir el acto administrativo. En efecto, la antigua Corte Federal ha definido el acto administrativo individual como aquella "declaración de voluntad realizada por la administración con el propósito de producir un efecto jurídico y tendiente a crear una situación jurídico individualizada (V. sentencia de 3 de junio de 1959 en *Gaceta Forense* Nº 24, 1959, p. 206); o más propiamente, ha definido el acto administrativo, como aquellas manifestaciones de voluntad de la administración pública que afectan a la situación jurídico-administrativa personal o patrimonial de un Administrado, como son las que crean o definen una situación de derecho administrativo" (V. sentencia de 3 de diciembre de 1959, en *Gaceta Forense* Nº 26, 1959, p. 142). Además, la Corte Suprema de Justicia ha repetido el mismo concepto al definir los actos administrativos individuales, como aquellas "declaraciones en virtud de las cuales la Administración tiende a crear, reconocer, modificar, o extinguir situaciones jurídicas subjetivas" (Véase Sentencia de la Sala Político-Administrativo de 2 de junio de 1964 en *G.O.* Nº 27.474 de 25 de junio de 1964).

87. En tal sentido, la Corte Suprema de Justicia en Sala Político Administrativa, por sentencia del 11 de mayo de 1981 estableció lo siguiente: "Ahora bien, sin entrar, por innecesario, en un análisis más profundo de la cuestión, parece evidente que, en nuestro medio, hoy en día tal tesis resulta definitivamente superada: primero, porque de acuerdo con la letra constitucional no puede discutirse que ningún acto administrativo está exento del control jurisdiccional, y, segundo, porque tampoco puede ponerse en duda en la concepción actual de nuestro derecho administrativo, que los recursos jurisdiccionales contra

vos pueden ser objeto de control contencioso-administrativo, resultando inadmisibles las definiciones de tales actos que provoquen exclusiones de control. Como lo ha dicho la antigua Corte Suprema de Justicia, en sentencia del 10-01-80, al referirse a las decisiones de las Comisiones Tripartitas,

> Resulta contrario a nuestro ordenamiento constitucional que los pronunciamientos de las Comisiones Tripartitas laborales son irreversibles en vía jurisdiccional. En efecto, en Venezuela existen tres vías para la impugnación de los actos estatales, la acción de nulidad por inconstitucionalidad contra los actos legislativos o de gobierno; el recurso de casación contra los actos jurisdiccionales; y el recurso contencioso-administrativo de anulación contra los actos administrativos. No podría el legislador, sin infringir el orden jurídico constitucional, establecer expresa o tácitamente una derogatoria a los principios que informan nuestro sistema de derecho, que someten la actividad de todas las ramas del Poder Público al control de su regularidad por parte del máximo Tribunal de la República, o de los demás órganos de la jurisdicción contencioso-administrativa[88].

Con esta tesis del carácter comprensivo del control jurisdiccional sobre los actos estatales que hemos propugnado siempre[89], la Corte Suprema se apartó, sin duda, en materia de control de actos administrativos de la doctrina sentada en algunas sentencias de años anteriores, en las cuales había excluido del control contencioso-administrativo, por ejemplo, los actos administrativos emanados de los Inspectores del Trabajo[90], y los actos emanados de los Registros Públicos[91]. Por ello, para excluir o incluir actos administrativos en el ámbito de control contencioso-administrativo, la Corte Suprema tuvo que recurrir a identificar una noción de acto administrativo, que le permitiera definir el ámbito de sus poderes de control.

Precisamente por ello, ha sido posible que, los órganos de la jurisdicción contencioso-administrativa, hayan considerado como actos administrativos sujetos a control contencioso administrativo, en primer lugar, actos emanados de una Asamblea Legislativa (órgano legislativo) (designación de funcionarios); en segundo lugar, los actos de las Comisiones Tripartitas laborales dictados en función jurisprudencial por órganos administrativos; en tercer lugar, ciertos actos dictados por los Tribunales en función administrativa; y en cuarto lugar, ciertos actos dictados por entidades privadas que cumplen funciones públicas[92].

---

los actos administrativos sólo pueden versar en razones de ilegalidad del acto, y no del mérito u oportunismo de la actuación administrativa". Véase en *Revista de Derecho Público,* Nº 7, (julio-septiembre), Editorial Jurídica Venezolana, Caracas, 1981, pp. 157 y 158.

88. Véase la sentencia de 10-01-80, de la Sala Político-Administrativa de la Corte Suprema de Justicia en *Revista de Derecho Público,* Nº 1, (enero-marzo), Caracas, 1980, p. 130.

89. Véase por ejemplo, Allan R. Brewer-Carías, *El control de la constitucionalidad de los actos estatales, cit.,* pp. 31, 32, 112, 113 y 114.

90. Véase por ejemplo, la Sentencia de 18-06-63, en *G.O.* Nº 871, Ext. de 26-08-63. Véanse los comentarios de Luis E. Farías Mata en "La doctrina de los actos excluidos en la jurisprudencia del Supremo Tribunal", en Instituto de Derecho Público, *Archivo de Derecho Público y Ciencias de la Administración,* Vol. I, 1968-1969, *cit.*, pp. 333 y ss.

91. Véase la Sentencia de la Sala Político-Administrativa de 13-03-67, en *Gaceta Forense,* Nº 55, 1968, pp. 107 y 116. Sobre esta materia véase Allan R. Brewer-Carías "La impugnación de los actos administrativos de registro ante la jurisdicción contencioso-administrativa" en *Libro a la Memoria de Joaquín Sánchez Covisa*, Caracas, 1975, pp. 440 y ss.

92. Véase Allan R. Brewer-Carías, *Justicia Contencioso Administrativa, cit.,* pp. 352 y ss.

En la actualidad, por tanto, todos los actos administrativos pueden ser sometidos a control de legalidad e inconstitucionalidad por parte de los tribunales contencioso-administrativos, incluso los actos administrativos emanados de entidades privadas no estatales en ejercicio de autoridad; y, por supuesto, conforme lo antes expuesto, no sólo los emanados de los órganos del Poder Ejecutivo, sino de los órganos de todos los otros Poderes del Estado.

Este control judicial de la conformidad con el derecho (inconstitucionalidad o ilegalidad) de los actos administrativos corresponde a los órganos de la jurisdicción contencioso-administrativa de la cual forman parte, según la graduación de la competencia antes indicada, la Sala Político Administrativa y la Sala Electoral del Tribunal Supremo de Justicia; la Corte Primera de lo Contencioso-Administrativo y los Tribunales Superiores Contencioso-Administrativos.

Los motivos de impugnación de los actos administrativos, conforme al artículo 259 de la Constitución, que pueden dar lugar a su anulación, son el que sean "contrarios al derecho, incluso por desviación de poder", lo que abarca todos los motivos de ilegalidad de los mismos, tanto de fondo como de forma[93].

G. *Otras actuaciones: Las presentaciones ante la Asamblea*

De acuerdo con el mismo artículo 236 de la Constitución, el Presidente de la República tiene atribución para:

> 17. Dirigir a la Asamblea Nacional, personalmente o por intermedio del Vicepresidente Ejecutivo informes o mensajes especiales.
> 18. Formular el Plan Nacional de Desarrollo y dirigir su ejecución previa aprobación de la Asamblea Nacional.

Esta última atribución la debe ejercer el Presidente de la República en Consejo de Ministros.

3. *Las formas constitucionales de terminación del mandato del Presidente de la República*

Contrariamente a lo que preveía la Constitución de 1961, la nueva Constitución de 1999 regula expresamente tres formas generales de terminación del mandato del Presidente de la República que son: en *primer lugar,* el vencimiento del período constitucional presidencial; en *segundo lugar,* cuando se produzca la falta absoluta del Presidente de la República en los casos de sometimiento a enjuiciamiento penal, abandono del cargo, revocación popular del mandato, destitución, incapacidad física o mental, renuncia o muerte; y en *tercer lugar,* la cesación del mandato decidida por una Asamblea Nacional Constituyente[94].

A *El vencimiento del período constitucional*

De acuerdo con la Constitución de 1999 el período presidencial es de seis años (art. 230). En consecuencia, el primer escenario de la salida del Presidente de la República

---

93. *Idem,* pp. 430 y ss.

94 Véase Allan R. Brewer-Carías, *Reflexiones sobre el constitucionalismo en América,* Editorial Jurídica Venezolana, Caracas, 2001, pp. 243 y ss.

de su cargo, por tanto, es por el vencimiento del período constitucional, sea porque no decida ir a la reelección, sea porque sea derrotada su candidatura en la votación.

B. *La falta absoluta del Presidente de la República*

En segundo lugar, también se produce la terminación del mandato del Presidente de la República, cuando ocurre la falta absoluta del mismo, lo que se puede producir en las siguientes circunstancias: como consecuencia del enjuiciamiento penal; cuando se produzca el abandono del cargo; por revocación popular del mandato; cuando sea destituido; por incapacidad física o mental; por renuncia al cargo o por muerte.

a. *El sometimiento a enjuiciamiento penal*

El Presidente de la República puede ser enjuiciado penalmente por los delitos que cometa, como cualquier ciudadano.

Sin embargo, para que se lleve a cabo el enjuiciamiento deben cumplirse una serie de condiciones que se configuran como prerrogativas del Jefe de Estado.

Conforme al artículo 266 de la Constitución, corresponde al Tribunal Suprema de Justicia en Sala Plena, declarar si hay o no méritos para el enjuiciamiento del Presidente de la República. La solicitud ante el Tribunal Supremo corresponde formularla al Ministerio Público (art. 285,5). En igual sentido se establece en el artículo 377 del Código Orgánico Procesal Penal (COPP).

Si el Tribunal Supremo de Justicia decide que hay méritos para enjuiciar al Presidente, el asunto debe pasar a la Asamblea Nacional para que autorice el enjuiciamiento (art. 266,2).

En la Constitución de 1961, esta autorización correspondía ser adoptada por al Senado; pero eliminando este en la nueva Constitución, corresponde ahora a la Asamblea Nacional. Una vez que la Asamblea autorice el enjuiciamiento, entonces el Tribunal Supremo debe continuar conociendo de la causa hasta sentencia definitiva (art. 266,2).

La Constitución de 1999, sin embargo, nada dispuso sobre los efectos del enjuiciamiento del Presidente de la República en relación con el ejercicio de su cargo. La Constitución de 1961, en la norma que atribuía la autorización de enjuiciamiento al Senado, expresamente señalaba que "autorizado el enjuiciamiento, el Presidente quedará suspendido en el ejercicio de sus funciones" (art. 150,8). Esta suspensión daba origen a una falta temporal forzosa del Presidente de la República.

Como se dijo, la Constitución de 1999 nada dispone sobre la necesaria separación temporal del ejercicio de su cargo por el Presidente de la República una vez autorizado su enjuiciamiento y durante el lapso que dure el juicio. Este vacío lo suple, sin embargo, el Código Orgánico Procesal Penal, el cual regula expresamente la situación al señalar que "Cumplidos los trámites necesarios para el enjuiciamiento, el funcionario quedará suspendido e inhabilitado para ejercer cualquier cargo público durante el proceso" (art. 380).

En consecuencia, autorizado por la Asamblea Nacional el enjuiciamiento, el Presidente de la República queda suspendido del cargo, configurándose dicha situación jurídica como una falta temporal.

La Constitución dispone que estas faltas temporales del Presidente de la República deben ser suplidas por el Vicepresidente hasta por 90 días, prorrogables por decisión de la Asamblea Nacional hasta por 90 días más (art. 234). Por tanto, si el proceso se prolonga por más de 90 días consecutivos, al término de dicho lapso la Asamblea Nacional debe decidir prorrogarlo o decidir por mayoría de sus integrantes si debe considerarse la falta como una falta absoluta (art. 234). Esta falta absoluta también se produce en forma automática al vencimiento de la prorroga de los 90 días de la falta temporal, de haber sido acordada.

Si la situación de falta absoluta, derivada del enjuiciamiento del Presidente de la República, se produce durante los primeros cuatros años del período constitucional, se debe proceder a una nueva elección universal, directa y secreta dentro de los 30 días consecutivos subsiguientes. Mientras se elige y toma posesión el nuevo Presidente, el Vicepresidente Ejecutivo (art. 233) se debe encargar de la Presidencia. En este caso, el nuevo Presidente una vez que tome posesión del cargo, debe sólo completar el período constitucional correspondiente.

En cambio, si la falta absoluta se produce durante los dos últimos años del período constitucional, el Vicepresidente Ejecutivo debe asumir la Presidencia de la República hasta complementar dicho período.

b. *El abandono del cargo: la conversión de una falta temporal en falta absoluta*

La Constitución establece que el Presidente de la República puede separarse temporalmente del ejercicio de su cargo. En tales supuestos, las faltas temporales las suple el Vicepresidente Ejecutivo (art. 234).

Una falta temporal puede consistir, por ejemplo, en ausencia por enfermedad o por un viaje dentro o fuera del territorio nacional. En el caso de ausencias del territorio nacional cuando se prolongue por un lapso superior a 5 días consecutivos, entonces se requiere de la autorización de la Asamblea Nacional o de la Comisión Delegada (art. 235; 187, 17; 196,2).

Las faltas temporales, como se dijo, sólo pueden tener un lapso de 90 días. Al término de dicho lapso, la Asamblea Nacional tiene el poder de decidir a prorrogarla por 90 días más, o decidir por mayoría de sus integrantes si debe considerarse que hay falta absoluta (art. 234). En este caso se da el supuesto de abandono del cargo declarado por la Asamblea Nacional (art. 233).

También se produce la situación de falta absoluta en forma automática, cuando concluya la prórroga de 90 días, es decir, cuando la falta absoluta sea de 180 días.

En caso de falta absoluta, como se dijo anteriormente, asume el Vicepresidente y debe o no realizarse una elección, según que la falta absoluta se produzca dentro de los 4 primeros años del período constitucional, o con posterioridad (Véase lo indicado en el punto II,1).

c. *La revocación popular del mandato*

Anteriormente, en la *Tercera Parte*, se ha analizado el referendo revocatorio de mandatos previsto en la Constitución de 1999, como consecuencia de declarar al gobierno de la República como democrático, participativo, electivo, descentralizado, alternativo, responsable, pluralista y de *mandatos revocables* (art. 6).

En consecuencia, "todos los cargos y magistraturas de elección popular son revocables" como lo dice el artículo 72 de la Constitución; constituyendo la revocatoria del mandato de los funcionarios, de la esencia del régimen democrático. Se constituye, además como uno de los "medios (en lo político) de participación y protagonismo del pueblo en ejercicio de su soberanía" (art. 70).

Ahora bien, la revocatoria del mandato de los funcionarios electos, entre ellos del Presidente de la República, sólo puede producirse mediante la realización de un referendo revocatorio, que conforme al artículo 72 de la Constitución, el cual se rige por las siguientes reglas:

Primero, la realización de un referendo revocatorio sólo puede efectuarse una vez transcurrido la mitad del período presidencial.

Segundo, la solicitud de la convocatoria de un referendo para revocar el mandato del Presidente de la República sólo puede tener su origen en una iniciativa popular, respaldada por un número no menor del 20% de electores inscritos en el Registro Civil y Electoral en la Circunscripción Nacional para el momento de presentación de la solicitud. Debe señalarse, además, que en ningún caso se puede hacer más de una solicitud de revocación del mandato durante el período presidencial o para el cual fue elegido el funcionario.

Tercero, la solicitud se formula ante el Consejo Nacional Electoral, a quien compete la organización, administración, dirección y vigilancia de los referendos (art. 293, 5).

Cuarto, al referendo revocatorio convocado deben concurrir, como votantes, un número de electores igual o superior al 25% de los electores inscritos en el Registro Electoral para el momento de la votación.

Quinto, para que se produzca la revocatoria del mandato de un funcionario público, incluido el Presidente de la República, deben votar a favor de la revocación, un número igual o mayor al número de electores que lo eligieron. En este caso, se considera revocado el mandato del funcionario y debe entonces procederse de inmediato a cubrir la falta absoluta de acuerdo con lo dispuesto en la Constitución (art. 72; 233).

Si se trata del Presidente de la República la revocatoria del mandato se considera una falta absoluta, en cuyo caso debe procederse como se indicó anteriormente.

En todo caso, la Sala Constitucional del Tribunal Supremo, al interpretar el artículo 72 de la Constitución, en la sentencia N° 1139 de 5 de junio de 2002 (Caso: *Sergio Omar Calderón y William Dávila*) señaló lo siguiente:

> Al respecto, observa la Sala que la revocación, tal como ha sido concebida por nuestro constituyente en la norma objeto de estudio, es un mecanismo de remoción o separación categórica del funcionario electo por votación popular, incluidos los Gobernadores del Estado. De tal forma que, si el referéndum arroja un resultado favorable al representante, en principio, éste tiene derecho a seguir ejerciendo su magisterio por el resto del período, pero, si por el contrario, es proclamado el resultado de la consulta al cuerpo electoral, como favorable a la revocación del mandato, el artículo 72 de la Constitución vigente establece expresamente que "se procederá de inmediato a cubrir la falta absoluta conforme a lo dispuesto en la Constitución y las Leyes".

La referida disposición constitucional instituye, entonces, dos aspectos fundamentales: i) la revocación del mandato por vía de referéndum de todos los cargos y magistraturas de elección popular, produce la falta absoluta de los mismos, y ii) en cuyo caso, debe procederse de inmediato a cubrir la vacante, de conformidad con lo dispuesto en la Constitución y las leyes.

En tal sentido, advierte esta Sala que, en caso de revocatoria del mandato del Presidente o Presidenta de la República, la falta absoluta del mismo será cubierta de inmediato con arreglo a lo dispuesto en el artículo 233 de la Constitución ...

d. *La destitución del Presidente de la República*

Dentro de los supuestos de faltas absolutas del Presidente de la República, está la destitución decretada por sentencia del Tribunal Supremo de Justicia (art. 233).

Esta norma es una innovación de la Constitución de 1999, ya que fue sólo en la Constitución de 1858 que se previó la figura de la "destitución" del Presidente de la República (art. 92), pero sin indicar el órgano que tenía el poder de decidir la destitución a algún órgano del Poder Público.

La Constitución de 1999, por otra parte, no indica ni las causales de destitución, ni la iniciativa para iniciar un proceso tendiente a la destitución. Por ello, tratándose de una sanción, para que el Tribunal Supremo pudiera imponer esta pena, sería necesario que previamente y mediante Ley, se establezca el delito, la falta o la infracción que la origine (art. 49,6). En todo caso, debe garantizarse al Presidente de la República el debido proceso (art. 49).

La pena de destitución, por supuesto, también se configura como una falta absoluta del Presidente de la República, rigiéndose la situación conforme a los principios antes analizados (Véase lo señalado en el punto II,1).

e. *La incapacidad del Presidente de la República*

El artículo 233 de la Constitución también considera que habría una falta absoluta del Presidente de la República, cuanto la Asamblea Nacional apruebe la certificación que emita una junta médica designada por el Tribunal Supremo de Justicia, en la cual se determine que el Presidente de la República tiene incapacidad física o mental permanente para ejercer el cargo.

Para que pueda darse este supuesto de falta absoluta, por tanto, se requiere:

Primero, que exista una iniciativa ante la Corte Suprema de Justicia para que ésta designe una junta médica para que certifique sobre la incapacidad. Nada se indica en la Constitución sobre el número de médicos que deben formar la Junta; ni sobre quien tiene la iniciativa, ni si el Tribunal Supremo puede ejercer de oficio esta facultad de designación.

Segundo, luego de que la junta médica certifique la incapacidad del Presidente de la República, ello debe ser aprobado por la Asamblea Nacional. La Constitución nada indica sobre el quórum para esta aprobación ni dispone votación calificada alguna.

En este supuesto de declaratoria de incapacidad física o mental del Presidente, también se produciría una falta absoluta del Presidente de la República, en cuyo caso rige lo antes señalado (Véase lo señalado en el punto II,1).

f. *La renuncia del Presidente de la República*

Otra causal que originaría una falta absoluta del Presidente de la República es su renuncia al cargo, es decir, la separación voluntaria del cargo de Presidente de la República.

Tratándose de un supuesto de falta absoluta (art. 233), también rigen los principios antes indicados (Véase lo señalado en el punto II,1).

g. *La muerte del Presidente de la República*

El artículo 233 de la Constitución también considera que se produciría una falta absoluta con la muerte del Presidente de la República, en cuyo caso debería procederse como se indicó anteriormente (Véase lo señalado en el punto II,1) respecto de las falta absolutas.

C. *La cesación del mandato del Presidente de la República por decisión de la Asamblea Nacional Constituyente*

Entre los mecanismos de reforma constitucional, previstos en la Constitución, los artículos 347 y siguientes, conforme a la experiencia de hecho derivada de la Asamblea Nacional Constituyente de 1999, se reguló la figura de la Asamblea Nacional Constituyente la cual, como es sabido, no estaba contemplada en la Constitución de 1961.

De acuerdo con estas normas, resulta el siguiente régimen relativo a tal Asamblea Nacional Constituyente:

Primero, se declara que el pueblo "es el depositario del poder constituyente originario"; en consecuencia, no puede haber ningún otro órgano o institución del Estado, ni siquiera una Asamblea Nacional Constituyente, que pretenda erigirse en poder constituyente originario, como sucedió con la Asamblea Nacional Constituyente de 1999 (art. 347).

Segundo, el pueblo, en ejercicio del poder constituyente originario, "puede convocar" una Asamblea Nacional Constituyente con el objeto de transformar el Estado, crear un nuevo ordenamiento jurídico y redactar una nueva Constitución (art. 347). Esta convocatoria sólo puede hacerla "el pueblo", y este sólo puede expresarse mediante una votación popular, en este caso, mediante un referendo decisorio cuyas condiciones de realización, sin embargo, no están reguladas totalmente en la Constitución.

Tercero, "la iniciativa de convocatoria a la Asamblea Nacional Constituyente" la pueden tener, en primer lugar, el Presidente de la República en Consejo de Ministros; en segundo lugar, la Asamblea Nacional, mediante acuerdo de las dos terceras partes de sus integrantes; en tercer lugar, los Concejos Municipales en Cabildo, mediante el voto de las dos terceras partes de los mismos (existen 338 Municipios aproximadamente) y, en cuarto lugar, el 15% de los electores inscritos en el Registro Civil y Electoral (art. 348) (aproximadamente 1.5 millones).

Debe entenderse que, en este caso, se trata de la iniciativa para la convocatoria del referendo decisorio para que el pueblo se pronuncie sobre la convocatoria de la Asamblea Nacional Constituyente. El referendo decisorio, por tanto, debe contener las bases del estatuto de la Asamblea cuya elección debe convocarse, de resultar positivo la votación en el referendo. No tendría sentido interpretar de esas normas deduciendo que se pueda convocar una Asamblea Nacional Constituyente al margen del pueblo.

Cuarto, "los poderes constituidos no podrán en forma alguna impedir las decisiones de la Asamblea Nacional Constituyente" (art. 349). Esto implicaría, por tanto, la posibilidad de que la Asamblea Nacional Constituyente pueda decidir la cesación en el ejercicio de su cargo del Presidente de la República y de todos los otros titulares de los poderes constituidos, como ocurrió de facto, con la Asamblea Nacional Constituyente de 1999.

Quinto, la nueva Constitución que adopte la Asamblea, no puede ser objetada por el Presidente de la República y la nueva Constitución, una vez promulgada, debe publicarse en la *Gaceta Oficial* (art. 349). No se dispone en la Constitución que la nueva Constitución deba ser sometida a referendo aprobatorio.

En consecuencia, estableciéndose que los poderes constituidos, entre ellos el Presidente de la República, no pueden en forma alguna impedir las decisiones de la Asamblea Nacional Constituyente, una de esas decisiones podría ser precisamente, la cesación del mandato de los órganos de los poderes constituidos. Por ello, esta podría ser otra forma de terminación del mandato del Presidente de la República.

IV. EL PODER JUDICIAL

1. *Principios fundamentales*

La Sala Político Administrativa del Tribunal Supremo de Justicia ha señalado sobre el Poder Judicial en la nueva Constitución, que:

> En una distribución tripartita del Poder Público no es el tercer poder, así como en una distribución pentapartita el Poder Judicial no es el quinto poder; el Poder Judicial representa el poder integrado y estabilizador del Estado, ya que es el único que tiene competencia para controlar y aún disolver al resto de los Poderes Públicos. Eso nos hace un Estado Judicialista[95].

A. *La potestad judicial y el sistema de justicia*

Conforme al artículo 253 de la Constitución, la potestad de administrar justicia emana de los ciudadanos y se imparte en nombre de la República por autoridad de la ley.

Además, conforme al artículo 26 de la Constitución, el Estado debe garantizar "una justicia gratuita, accesible, imparcial, idónea, transparente, autónoma, independiente, responsable, equitativa y expedita, sin dilaciones indebidas ni formalismos o reposiciones inútiles".

Conforme al artículo 253 corresponde a los órganos del Poder Judicial conocer de las causas y asuntos de su competencia mediante los procedimientos que determinen las leyes, y ejecutar o hacer ejecutar sus sentencias. Los tribunales son, por tanto, los órganos del Estado a los cuales por excelencia corresponde el ejercicio de

95 Véase sentencia Nº 659 de 24-03-2000 (Caso: *Rosario Nouel*), en *Revista de Derecho Público*, Nº 81, (enero-marzo), Editorial Jurídica Venezolana, Caracas, 2000, p. 104.

la función jurisdiccional, la cual, como la ha señalado la Sala Constitucional del Tribunal Supremo:

> En contraste con las funciones legislativa y ejecutiva, tiene por objeto el declarar la voluntad de la ley respecto a una determinada controversia jurídica, la cual tiene nacimiento en la inconformidad de un sujeto que, considerándose asistido por un derecho subjetivo contenido en un precepto o norma jurídica, denuncia la conducta de otro sujeto como lesiva de su particular situación jurídica[96].

Ahora bien, el "sistema de justicia"[97], es decir, los órganos del Poder Judicial están constituidos por el Tribunal Supremo de Justicia, los demás tribunales que determine la ley, el Ministerio Público, la Defensoría Pública, los órganos de investigación penal, los auxiliares y funcionarios de justicia, el sistema penitenciario, los medios alternativos de justicia, los ciudadanos que participan en la administración de justicia conforme a la ley y los abogados autorizados para el ejercicio.

B. *La independencia y autonomía financiera del Poder Judicial*

El principio de la independencia del Poder Judicial está declarado en el artículo 254 de la Constitución, el cual, además, establece la autonomía financiera del mismo. Dicha norma, en efecto, dispone que el Tribunal Supremo de Justicia goza de "autonomía funcional, financiera y administrativa,"[98] lo cual en la práctica política, sin embargo, como se explica más adelante, no ha tenido mayor desarrollo dado el control político que ha ejercido el Poder Ejecutivo sobre el Tribunal Supremo.[99]

A tal efecto, dentro del presupuesto general del Estado se le debe asignar al sistema de justicia una partida anual variable, no menor del 2% del presupuesto ordinario nacional, para su efectivo funcionamiento, el cual no puede ser reducido o modificado sin autorización previa de la Asamblea Nacional.

Lamentablemente, lo que aparecía como una norma constitucional rígida, se cambió al atribuir a la Asamblea Nacional la posibilidad de reducir o modificar el porcentaje señalado.

---

96 Véase en *Revista de Derecho Público*, Nº 81, (enero-marzo), Editorial Jurídica Venezolana, Caracas, 2000, p. 100.

97 Véase la Ley del Sistema de Justicia en *G.O.* Nº 39.276 de 01-10-2009. Véase en general sobre el poder judicial y el sistema de justicia, Gustavo Urdaneta Troconis, "El Poder Judicial en la Constitución de 1999", en *Estudios de Derecho Administrativo: Libro Homenaje a la Universidad Central de Venezuela,* Volumen I. Imprenta Nacional, Caracas, 2001, pp. 521-564; Ricardo Combellas, *Derecho Constitucional: una introducción al estudio de la Constitución de la República Bolivariana de Venezuela,* Mc Graw Hill, Caracas, 2001, pp. 173 y ss.; e Hildegard Rondón de Sansó, *Análisis de la Constitución venezolana de 1999,* Editorial Ex Libris, Caracas, 2001, pp. 225 y ss.

98 Véase Juan Rafael Perdomo, "Independencia y competencia del Poder Judicial", *Revista de derecho del Tribunal Supremo de Justicia,* Nº 8, Caracas, 2003, pp. 483 a 518.

99 Véase Rafael J. Chavero Gazdik, *La Justicia Revolucionaria. Una década de reestructuración (o involución) Judicial en Venezuela*, Editorial Aequitas, Caracas 2011; Laura Louza Scognamiglio, *La revolución judicial en Venezuela*, FUNEDA, Caracas 2011; Allan R. Brewer-Carías, "La progresiva y sistemática demolición institucional de la autonomía e independencia del Poder Judicial en Venezuela 1999-2004," en *XXX Jornadas J.M Domínguez Escovar, Estado de derecho, Administración de justicia y derechos humanos*, Instituto de Estudios Jurídicos del Estado Lara, Barquisimeto, 2005, pp. 33-174; "La justicia sometida al poder (La ausencia de independencia y autonomía de los jueces en Venezuela por la interminable emergencia del Poder Judicial (1999-2006))" en *Cuestiones Internacionales. Anuario Jurídico Villanueva 2007,* Centro Universitario Villanueva, Marcial Pons, Madrid 2007, pp. 25-57.

C. *La gratuidad de la justicia*

El artículo 26 de la Constitución garantiza la "justicia gratuita" por lo que conforme al mismo artículo 254 de la Constitución, el Poder Judicial no está facultado para establecer tasas, aranceles, ni exigir pago alguno por sus servicios.[100]

D. *El proceso, la búsqueda de la justicia material y la ausencia de formalismos inútiles*

Conforme al artículo 257, el proceso constituye un instrumento fundamental para la realización de la justicia. Por ello, las leyes procesales deben establecer la simplificación, uniformidad y eficacia de los trámites y adoptarán un procedimiento breve, oral y público.

En ningún caso se debe sacrificar la justicia por la omisión de formalidades no esenciales. Esto lo complementa el artículo 26 de la Constitución al establecer que el Estado debe garantizar una justicia expedita, sin dilaciones indebidas, sin formalismo o reposiciones inútiles; y el artículo 2 al declarar al Estado como Estado de Justicia.

La Sala Político Administrativa del Tribunal Supremo de Justicia en su sentencia N° 1884 de 3 de octubre de 2000, ha destacado el significado de las nuevas disposiciones constitucionales en relación con la justicia como elemento existencial del Estado, señalando que:

> Cuando el Estado se califica como de Derecho y de Justicia y establece como valor superior de su ordenamiento jurídico a la Justicia y la preeminencia de los derechos fundamentales, no está haciendo más que resaltar que los órganos del Poder Público -y en especial el sistema judicial- deben inexorablemente hacer prelar una noción de justicia material por sobre las formas y tecnicismos, propios de una legalidad formal que ciertamente ha tenido que ceder frente a la nueva concepción de Estado.
>
> Y esta noción de Justicia material adquiere especial significación en el fértil campo de los procesos judiciales en los que el derecho a la defensa y debido proceso

100 Sobre el principio de gratuidad de la justicia la Sala Constitucional en sentencia N° 1943 de 15-07-2003 (caso: *Impugnación artículos del Código de Procedimiento Civil*), expresó lo siguiente: "la gratuidad de la justicia a la cual hace referencia el artículo 26, dada su redacción e interpretación sistemática, se refiere a la gratuidad del proceso y no al beneficio de justicia gratuita como cree el accionante. El primero, es un derecho constitucional de exención de gastos procesales; y, el segundo, un privilegio particular para algunas personas por carecer de recursos económicos (artículo 175 del Código de Procedimiento Civil), y su ámbito abarca no sólo la gratuidad del proceso sino el derecho que se le nombre al beneficiado defensor para que sostenga sus derechos gratuitamente y la exención del pago de honorarios a los auxiliares de justicia, tales como: intérpretes, peritos, depositarios, asociados, prácticos u otros. // Es así como ambos, la gratuidad de la justicia y el beneficio de justicia gratuita, son derechos derivados del reconocimiento del derecho a la igualdad, a la tutela judicial efectiva y el de petición, procurando asegurar el acceso a los tribunales de todos los ciudadanos que requieran que el Estado desarrolle las actuaciones necesarias para que el ejercicio de sus derechos sea real y efectivo. Sin embargo, la gratuidad de la justicia está establecida para todos los ciudadanos por el simple hecho de que la administración de justicia es un servicio público y una manifestación del Poder Público del Estado, siendo entonces éste el que deba sufragar los gastos de un sistema que justifica su propia existencia, a diferencia del beneficio de justicia gratuita que, como se ha establecido, tiene un ámbito de aplicación mayor pero un supuesto de procedencia restringido, pues implica sufragar los gastos de patrocinio y honorarios auxiliares de justicia de quienes carezcan de recursos económicos.."Véase en *Revista de Derecho Público,* N° 93-96, Editorial Jurídica Venezolana, Caracas 2003, pp. 248-249.

(artículo 49 del texto fundamental), la búsqueda de la verdad como elemento consustancial a la Justicia, en los que no se sacrificará ésta por la omisión de formalidades no esenciales (artículo 257), y el entendimiento de que el acceso a la Justicia es para que el ciudadano haga valer sus derechos y pueda obtener una tutela efectiva de ellos de manera expedita, sin dilaciones indebidas y sin formalismos o reposiciones inútiles (artículo 26), conforman una cosmovisión de Estado justo, del justiciable como elemento protagónico de la democracia, y del deber ineludible que tienen los operadores u operarios del Poder Judicial de mantener el proceso y las decisiones dentro del marco de los valores y principios constitucionales.

Todo esto nos lleva a que el proceso deja de ser un laberinto, con trabas y obstáculos, donde el Juez es un simple espectador de argucias y estrategias, y se convierte en un instrumento viable para la paz social y el bien común. Esto reafirma al proceso y al derecho procesal como un área jurídica que forma parte del derecho público y que está íntimamente vinculada a la sensibilidad social.

En consecuencia, al cambiar el rol del Estado y de la sociedad, con la entrada en vigencia de la Constitución de la República Bolivariana de Venezuela, el Juez y el proceso pasan a ser elementos esenciales en la conformación de un Estado de Justicia[101].

E. *Los medios alternativos de justicia*

Por su parte, el artículo 258 de la Constitución remite a la Ley para promover el arbitraje, la conciliación, la mediación y cualesquiera otros medios alternativos para la solución de conflictos[102].

2. *Las jurisdicciones en la Constitución*

En la Constitución se establecen algunas normas que regulan en particular, algunas jurisdicciones.

101 Véase *Revista de Derecho Público,* N° 84, (octubre-diciembre), Editorial Jurídica Venezolana, Caracas, 2000, p. 106. En igual sentido se pronunció la Corte Primera de lo Contencioso Administrativo, en sentencia de 21 de junio de 2000 (Caso: *Banco Capital C.A.*), en *Revista de Derecho Público,* N° 82, (abril-junio), Editorial Jurídica Venezolana, Caracas, 2000, pp. 167 y ss Sobre el tema de la eliminación de los formalismos innecesarios y la búsqueda de la justicia material, véase las sentencias de la Sala Constitucional del Tribunal Supremo N° 2038 de 24-10-2001, en *Revista de Derecho Público,* N° 85-88, Editorial Jurídica Venezolana, Caracas, 2001, p. 151 y ss.; de la Corte Primera de lo Contencioso Administrativo N° 1173 de 23-05-2000, en *Revista de Derecho Público,* N° 82, (abril-junio), Editorial Jurídica Venezolana, Caracas, 2000, p. 159; de 24-05-2000, en *Revista de Derecho Público,* N° 82, (abril-junio), Editorial Jurídica Venezolana, Caracas, 2000, p. 160 y 165; de 21-06-2000, en *Revista de Derecho Público,* N° 82, (abril-junio), Editorial Jurídica Venezolana, Caracas, 2000, p. 167, y N° 949 de 11-07-2000, en *Revista de Derecho Público,* N° 83, (julio-septiembre), Editorial Jurídica Venezolana, Caracas, 2000, pp. 90 y 93; de la Sala Político Administrativa de la Corte Suprema de Justicia, N° 224 de 24-02-2000, en *Revista de Derecho Público,* N° 81, (enero-marzo), Editorial Jurídica Venezolana, Caracas, 2000, p. 101; N° 659 de 24-03-2000, en *Revista de Derecho Público,* N° 81, (enero-marzo), Editorial Jurídica Venezolana, Caracas, 2000, p. 102; N° 634 de 23-03-2000, en *Revista de Derecho Público,* N° 81, (enero-marzo), Editorial Jurídica Venezolana, Caracas, 2000, p. 105, y N° 835 de 13-04-2000, en *Revista de Derecho Público,* N° 82, (abril-junio), Editorial Jurídica Venezolana, Caracas, 2000, p. 1629.

102 Sobre el arbitraje como medio alternativo de justicia véase la sentencia de la Sala Constitucional del tribunal Supremo N° 186 de 14-02-2001, en *Revista de Derecho Público,* N° 85-88, Editorial Jurídica Venezolana, Caracas, 2001, pp. 253 y ss.

A. *La jurisdicción constitucional*

La Constitución de 1999 establece expresamente que corresponde al Tribunal Supremo de Justicia en Sala Constitucional, ejercer exclusivamente la jurisdicción constitucional, para declarar la nulidad de las leyes y demás actos de los órganos que ejercen el Poder Público, dictados en ejecución directa e inmediata de la Constitución o que tengan rango de Ley (art. 334). La *Décima Primera Parte* de esta obra se destina precisamente a analizar la jurisdicción constitucional en el país conforme a la nueva Constitución.

B. *La jurisdicción disciplinaria judicial*

El artículo 267 de la Constitución establece la jurisdicción disciplinaria judicial, remitiendo a la Ley la determinación de los Tribunales disciplinarios que la deben ejercer. Este régimen disciplinario de los magistrados y jueces debe estar fundamentado en el Código de Ética del Juez Venezolano, y el procedimiento disciplinario, precisa la Constitución, debe ser público, oral y breve, conforme al debido proceso, en los términos y condiciones que establezca la ley.

Lamentablemente, sin embargo, la prolongación de la transitoriedad constitucional y del funcionamiento de la Comisión de Funcionamiento del Poder Judicial creada por la Asamblea Constituyente, impidieron sistemáticamente la estructuración de esta importante jurisdicción disciplinaria. Solo fue en 2011, cuando al fin, conforme a la Ley del Código de Ética del Juez Venezolano de 2010 se reguló dicha Jurisdicción Disciplinaria.[103]

C. *La jurisdicción contencioso administrativa*

Siguiendo la orientación del artículo 206 de la Constitución de 1961, el artículo 259 de la Constitución de 1999 dispone que:

> La jurisdicción contencioso administrativa corresponde al Tribunal Supremo de Justicia y a los demás tribunales que determine la ley. Los órganos de la jurisdicción contencioso administrativa son competentes para anular los actos administrativos generales o individuales contrarios a derecho, incluso por desviación de poder; condenar al pago de sumas de dinero y a la reparación de daños y perjuicios originados en responsabilidad de la Administración; conocer de reclamos por la prestación de servicios públicos; y disponer lo necesario para el restablecimiento de las situaciones jurídicas subjetivas lesionadas por la actividad administrativa[104].

---

103 Véase la Ley del Código de Ética del Juez Venezolano y Jueza Venezolana en *G.O.* Nº 39.494 de 24-8-2010. El Código derogó expresamente el Reglamento que regía el funcionamiento de la Comisión de Funcionamiento y reorganización del Poder Judicial. Los jueces del Tribunal Disciplinario Judicial y de la Corte Disciplinaria Judicial fueron nombrados por Actos Legislativos publicados en *G.O.* Nº 39693 de 10-06-2011. Véase el "Acta de Constitución del Tribunal Disciplinario Judicial," de 28-06-2011, en *G. O.* Nº 39.704 de 29-06-2011.

104 Véase Allan R. Brewer-Carías, *Justicia Contencioso Administrativa,* Tomo VII, *Instituciones Políticas y Constitucionales, op. cit.,* Caracas-San Cristóbal, 1997; María L. Acuña López, "Algunas notas relacionadas con los principios constitucionales que regulan el sistema de justicia venezolano y su alcance en la jurisdicción contencioso-administrativa", en *Estudios de Derecho Administrativo: Libro Homenaje a la Universidad Central de Venezuela,* Volumen I, Imprenta Nacional, Caracas, 2001, pp. 521-564; José A. Muci Borjas, "Los poderes del Juez administrativo. Tutela judicial efectiva y control integral de la actividad administrativa", en *El Derecho Público a comienzos del siglo XXI. Estudios homenaje al*

El régimen jurídico sobre esta jurisdicción y sobre el control de los actos administrativos, estuvo tradicionalmente regulado transitoriamente en la Ley Orgánica del Tribunal Supremo de Justicia, hasta que en 2010 se sancionó la Ley Orgánica de la Jurisdicción Contencioso Administrativa, en la cual se recogió la larga experiencia en la materia así como todos los principios sobre la misma que habían venido construyéndose por la jurisprudencia.[105] Sin embargo, en la práctica judicial, en los últimos diez años, como se analiza más adelante, esta jurisdicción ha perdido efectividad:

D. *La jurisdicción electoral*

De acuerdo con el artículo 297 de la Constitución debe existir una jurisdicción contencioso-electoral ejercida por la Sala Electoral del Tribunal Supremo de Justicia y los demás tribunales que determine la ley.[106] La misma, reducida a la Sala Electoral del Tribunal Supremo, está transitoriamente regulada en la ley Orgánica del mismo.

E. *La jurisdicción penal militar*

Conforme al artículo 261, la jurisdicción penal militar es parte integrante del Poder Judicial, y sus jueces deben ser seleccionados por concurso. Su ámbito de competencia, organización y modalidades de funcionamiento se deben regir por el sistema acusatorio, de acuerdo con lo previsto en el Código Orgánico de Justicia Militar.

En todo caso, la comisión de delitos comunes, violaciones de derechos humanos y crímenes de lesa humanidad, serán juzgados por los tribunales ordinarios, limitándose la competencia de los tribunales militares a delitos de naturaleza militar.

La ley debe regular lo relativo a las jurisdicciones especiales y a la competencia, organización y funcionamiento de los tribunales en cuanto no esté previsto en esta Constitución.

F. *La justicia de paz*

Siguiendo la orientación de la Ley Orgánica de la Justicia de Paz, [107] el artículo 258 de la Constitución que prevé la elección de los jueces de paz por votación universal, directa y secreta, remite a la ley la organización de la justicia de paz en las comunidades. La competencia de la justicia de paz está atribuida en la Consttiución a los Municipios (art. 178.7), la cual pretendió ser eliminada en la rechazada reforma constitucional de 2007.

Profesor Allan R. Brewer-Carías, Tomo II, Instituto de Derecho Público, UCV, Civitas Ediciones, Madrid, 2003, pp. 2219-2230.

105 Véase en *G. O.* Nº 39.451 de 22-06-2010. Véase Allan R. Brewer-Carías y Víctor Hernández Mendible, *Ley de la Jurisdicción Contencioso Administrativa*, Editorial Jurídica venezolana, Caracas 2011; María L. Acuña López, "Algunas notas relacionadas con los principios constitucionales que regulan el sistema de justicia venezolano y su alcance en la jurisdicción contencioso-administrativa," en *Estudios de Derecho Administrativo: Libro Homenaje a la Universidad Central de Venezuela,* Volumen I, Imprenta Nacional, Caracas, 2001, pp. 521-564.

106 Véase Carlos Pérez Fernández; Miguel A. Torrealba Sánchez, "Notas sobre la jurisdicción contencioso electoral en la Constitución de 1999," en *Revista de Derecho Administrativo,* Nº 12 (mayo-agosto). Editorial Sherwood, Caracas, 2001, pp. 165-192.

107 Véase la Ley Orgánica de la Justicia de Paz en *Gaceta Oficial* Nº 4.817 Extra. de 21-12-1994).

A pesar de que ello no se logró formalmente, en la práctica política se ha logrado vaciar a los Municipios de dicha competencia, al haberse regulado en la Ley Orgánica del Poder Popular (art.21), a la justicia comunal, que se define como un "ámbito de actuación del Poder Popular, a través de medios alternativos de justicia de paz que promueven el arbitraje, la conciliación, la mediación, y cualquier otra forma de solución de conflictos ante situaciones derivadas directamente del ejercicio del derecho a la participación y a la convivencia comunal, de acuerdo a los principios constitucionales del Estado democrático y social de Derecho y de Justicia, y sin contravenir las competencias legales propias del sistema de justicia ordinario.[108]

La Ley Orgánica de las Comunas fye algo más explícita al señalar que "la ley respectiva establecerá la naturaleza, los procedimientos legales, las normas y condiciones para la creación de una jurisdicción especial comunal, donde se prevea su organización y funcionamiento, así como las instancias con competencia para conocer y decidir en el ámbito comunal, donde los jueces o juezas comunales serán elegidos o elegidas por votación universal, directa y secreta de los y las habitantes del ámbito Comunal mayores de quince años"(art. 57).

La actuación de esta jurisdicción comunal conforme se exige en el artículo 22 de la LOPP, debe estar "enmarcada dentro de los principios de justicia gratuita, accesible, imparcial, idónea, transparente, autónoma, independiente, responsable, equitativa y expedita, sin dilaciones indebidas y sin formalismos por reposiciones inútiles."

G. *El régimen jurisdiccional en los pueblos indígenas*

Conforme al artículo 260 de la Constitución se autoriza a las autoridades legítimas de los pueblos indígenas para aplicar en su hábitat instancias de justicia con base en sus tradiciones ancestrales y que sólo afecten a sus integrantes, según sus propias normas y procedimientos, siempre que no sean contrarios a la Constitución, a la ley y al orden público[109].

En todo caso, la ley debe determinar la forma de coordinación de esta jurisdicción especial con el sistema judicial nacional.

3. *El régimen general de la carrera judicial*

A. *El régimen de concursos*

De acuerdo con lo dispuesto en el artículo 255 de la Constitución, el ingreso a la carrera judicial y el ascenso de los jueces se debe hacer por concursos de oposición públicos que aseguren la idoneidad y excelencia de los participantes y los cuales deben ser seleccionados por los jurados de los circuitos judiciales, en la forma y condiciones que establezca la ley. El nombramiento y juramento de los jueces corresponde al Tribunal Supremo de Justicia. La ley debe garantizar la participación ciudadana en el procedimiento de selección y designación de los jueces[110]. Lamenta-

108 Esta misma definición se encuentra en el artículo 56 de la Ley Orgánica de las Comunas.

109 Véase María E. León Álvarez, "El sistema de justicia en la Constitución de Venezuela de 1999. Estudio crítico acerca de la jurisdicción especial indígena", en *Revista del Tribunal Supremo de Justicia*, N° 4, Caracas, 2002, pp. 369-377.

110 Sobre las Normas de Evaluación y Concursos de Oposición para el Ingreso y Permanencia en el Poder Judicial dictadas por la Comisión de Funcionamiento y Reestructuración del Sistema Judicial, converti-

blemente, como se analiza más adelante, estas previsiones no se han implementado, y en 2014 todavía no se habían realizado los concursos públicos, habiéndose establecido en su sustitución diversos sistemas de titulación o regularización de jueces provisorios sin concursos, en clara violación de la Constitución.

La Constitución además, concibió al Comité de Postulaciones Judiciales (Art. 270), como un órgano asesor del Poder Judicial para la selección de los candidatos a magistrados del Tribunal Supremo de Justicia (Art. 264). Igualmente, el Comité debe asesorar a los colegios electorales judiciales para la elección de los jueces de la jurisdicción disciplinaria. Este Comité de Postulaciones Judiciales debía estar integrado por representantes de los diferentes sectores de la sociedad, de conformidad con lo que establezca la ley. Sin embargo, como se precisa más adelante, la Ley Orgánica del Tribunal Supremo de Justicia, desde 2004, lo que reguló fue una comisión parlamentaria ampliada, controlada por el parlamento, burlando la disposición constitucional.

La prolongación del régimen de transición de la intervención constituyente del Poder Judicial, con la anuencia del Tribunal Supremo, ha hecho por tanto nugatoria la aplicación de la exigencia de los concursos para jueces, quedando la norma constitucional como una buena intención.[111] Lo cierto fue que la intervención constituyente del Poder Judicial se prolongó mucho más allá de la transición constitucional ilimitada, por lo que a pesar de la creación de la Dirección Ejecutiva de la Magistratura, la Comisión de intervención siguió funcionando, hasta que en 2011 fue sustituida por lel Tribunal y la Corte de la Jurisdicción Disciplinaria, aún cuando el nombramiento de sus jueces no lo hizo Poder Judicial, sino que lo asumió transitoriamente la Asamblkea Nacional con lo que se aseguró el control político de la remoción de los jueces.

B. *La estabilidad y la Jurisdicción Disciplinaria*

En efecto, establece la misma norma del artículo 255 de la Constitución que los jueces sólo pueden ser removidos o suspendidos de sus cargos mediante los procedimientos disciplinarios desarrollados ante la Jurisdicción Disciplinaria Judicial,la cual conforme al artículo 267 de la Constitución debe estar a cargo de los tribunales disciplinarios que determine la ley (art. 267), debiendo el régimen disciplinario de los magistrados y jueces estar fundamentado en el *Código de Ética* del Juez Venezolano, que debe la Asamblea Nacional sólo dictó en 2010. El procedimiento disciplinario exige la Constitución que sea público, oral y breve, conforme al debido proceso, en los términos y condiciones que establezca la ley.

En esta materia, sin embargo, la ausencia de desarrollo legislativo de la Constitución hizo prolongar la transitoriedad constituyente, violándose abiertamente la Constitución. Ello se desprende, incluso, de las propias decisiones del Tribunal Supremo como lo ha reconocido la Sala Plena en su sentencia N° 40 de 15 de noviembre de 2001, en la cual expuso lo siguiente:

---

da en Dirección Ejecutiva de la Magistratura (*G.O.* N° 36.910, de fecha 14 de marzo de 2000), véase la sentencia de la Sala Constitucional del Tribunal Supremo N° 1326 de 02-11-2000, en *Revista de Derecho Público,* N° 84, (octubre-diciembre), Editorial Jurídica Venezolana, Caracas, 2000, pp. 111 y ss.

111 Véase sobre la justificación de la "necesaria intervención del Poder judicial" la sentencia de la Sala Político Administrativa del Tribunal Supremo, N° 659 de 24 de marzo de 2000 (Caso: *Rosario Nouel*), en *Revista de Derecho Público*, N° 81, (enero-marzo), Caracas, 2000, p. 104.

Deriva claramente del artículo 267 constitucional que este Supremo Tribunal no sólo ejerce la función jurisdiccional (Crf.: primer aparte del artículo 253 de la Constitución), sino que, además, le corresponde el ejercicio de las funciones de "Inspección y vigilancia de los Tribunales de la República". De otra parte, de acuerdo con la misma norma constitucional, es función del Pleno del Tribunal Supremo de Justicia crear una Dirección Ejecutiva de la Magistratura, para el ejercicio de las atribuciones relativas al régimen disciplinario de los Magistrados o Magistradas y Jueces o Juezas.

Es de advertir, no obstante que en esta materia la Asamblea Nacional Constituyente no se limitó a disponer cuál sería el régimen relativo a la inspección y vigilancia de los Tribunales bajo el imperio del nuevo Texto Constitucional, pues al mismo tiempo se dispusieron las normas necesarias para lograr el tránsito hasta el vigor definitivo de este régimen. Es así como el artículo 22 del Régimen de Transición del Poder Público dispuso que, mientras el Tribunal Supremo de Justicia no organizase a la Dirección Ejecutiva de la Magistratura (prevista, como se ha visto, en el artículo 267 constitucional) las competencias relativas a "Inspección y Vigilancia de los Tribunales" serían ejercidas por la Comisión de Funcionamiento y Reestructuración del Sistema Judicial.[112].

Por otra parte, sobre este derecho a la estabilidad, desde el inicio de la vigencia de la Constitución se pronunció la Sala Político Administrativa del Tribunal Supremo en sentencia N° 2221 de 28 de noviembre de 2000, al señalar que de las disposiciones constitucionales y legales se desprende que el mismo sólo "reservado a los jueces que ingresen a la carrera judicial por la vía constitucionalmente consagrada y legalmente desarrollada, esto es, mediante concursos de oposición" de manera que "quienes ocupen un cargo para el cual no hubieren concursado, carecen del derecho bajo análisis y, en consecuencia, podrán ser removidos del cargo en cuestión en las mismas condiciones en que el mismo fue obtenido, es decir, sin que exista para la Administración competente la obligación de fundamentar dicha separación en las disposiciones que componen el *régimen disciplinario aplicable* –se insiste– *sólo a los jueces de carrera,* esto es, a aquellos que ocupan un cargo previo concurso de oposición." [113]

Por tanto, la estabilidad de los jueces, deriva de la forma de ingreso a la carrera judicial mediante concursos públicos con participación popular y conforme a la Constitución. Mientras ello no ocurra, y exista la provisionalidad judicial generalizada que ha existido en el país a raíz, precisamente, desde la intervención constituyente del Poder Judicial en 1999, la estabilidad y el derecho a ser juez ha sido una ilusión.[114].

---

112 Véase en *Revista de Derecho Público*, N° 85-88, Editorial Jurídica Venezolana, Caracas, 2001, pp. 159 y ss.

113 Véase en *Revista de Derecho Público*, N° 84, (octubre-diciembre), Editorial Jurídica Venezolana, Caracas, 2000, pp. 116 y ss.

114 Como la misma Sala Político Administrativa del Tribunal Supremo lo señaló en la citada sentencia N° 659 de 24 de marzo de 2000 (Caso: *Rosario Nouel*), al hacer unas "*Reflexiones acerca del derecho constitucional de ser "Juez"*, en *Revista de Derecho Público*, N° 81, (enero-marzo), Editorial Jurídica Venezolana, Caracas, 2000, pp. 105.

C. *La profesionalización*

La ley debe propender a la profesionalización de los jueces, a cuyo efecto las Universidades deben colaborar en este propósito, organizando en los estudios universitarios de Derecho la especialización judicial correspondiente (art. 255).

D. *La responsabilidad*

Tal como lo señala el artículo 255 de la Constitución, los jueces son personalmente responsables, en los términos que determine la ley, por error, retardo u omisiones injustificadas, por la inobservancia sustancial de las normas procesales, por denegación, parcialidad, y por los delitos de cohecho y prevaricación en que incurran en el desempeño de sus funciones.

E. *Las incompatibilidades*

Con la finalidad de garantizar la imparcialidad y la independencia en el ejercicio de sus funciones, el artículo 256 de las Constitución prescribe que los magistrados, jueces, fiscales del Ministerio Público y defensores públicos, desde la fecha de su nombramiento y hasta su egreso del cargo respectivo, no pueden, salvo el ejercicio del voto, llevar a cabo activismo político partidista, gremial, sindical o de índole semejante, ni realizar actividades privadas lucrativas incompatibles con su función, ni por sí ni por interpuesta persona, ni ejercer ninguna otra función pública a excepción de actividades educativas.

F. *La prohibición de asociación de los jueces*

La Constitución prohíbe a los jueces asociarse entre sí (art. 256). Esto constituye, sin duda, una limitación constitucional al derecho de asociación (art. 52).

4. *Apreciación general sobre la efectividad de las normas constitucionales sobre independencia y autonomía judicial*

Como se ha dicho, la Constitución declaró que "el Poder Judicial es independiente" (art. 254), disponiendo principios tendientes a "garantizar la imparcialidad y la independencia en el ejercicio de sus funciones" (art. 256) de los magistrados, jueces y demás funcionarios integrantes del sistema de justicia (Art. 256). Esa independencia y autonomía de los jueces, significa, en definitiva, como lo definió la Ley del Código de Ética del Juez Venezolano de 2010, que en "su actuación sólo deben estar sujetos a la Constitución de la República y al ordenamiento jurídico," y que "sus decisiones, en la interpretación y aplicación de la ley y el derecho, sólo podrán ser revisadas por los órganos jurisdiccionales que tengan competencia, por vía de los recursos procesales, dentro de los límites del asunto sometido a su conocimiento y decisión," de manera incluso que los órganos con competencia disciplinaria sobre los jueces sólo "podrán examinar su idoneidad y excelencia, sin que ello constituya una intervención indebida en la actividad jurisdiccional" (art. 4).[115]

115 Véase la Ley del Código de Ética del Juez Venezolano y Jueza Venezolana en *Gaceta Oficial* N° 39.494 de 24-8-2010. El Código derogó expresamente el Reglamento que regía el funcionamiento de la Comisión de Funcionamiento y reorganización del Poder Judicial. Los jueces del Tribunal Disciplinario Judicial y de la Corte Disciplinaria Judicial fueron nombrados por Actos Legislativos publicados en *Gaceta Oficial* N° 39693 de 10-06-2011. Véase el "Acta de Constitución del Tribunal Disciplinario Judicial," de 28-06-2011, en *Gaceta Oficial* N° 39.704 de 29-06-2011

Específicamente, para garantizar la independencia y autonomía del Poder Judicial, aparte de atribuirle el gobierno y administración del Poder Judicial al Tribunal Supremo de Justicia que ejerce a través de una Dirección Ejecutiva de la Magistratura (Art. 267), como se ha explicado anteriormente la Constitución exigió que el ingreso a la carrera judicial solo puede realizarse mediante un proceso de selección pública, con participación ciudadana, estableciendo además el principio de su estabilidad judicial, al consagrar la inamovilidad de los jueces salvo cuando sea como consecuencia de sanciones disciplinarias que sólo pueden ser impuestas por jueces disciplinarios integrados en una Jurisdicción Disciplinaria Judicial (Arts. 255, 267).

Por tanto, en Venezuela, conforme a la Constitución, jueces sólo deberían ser quienes ingresen a la carrera judicial mediante concursos públicos que aseguren la idoneidad y excelencia de los participantes, quienes deben ser seleccionados por los jurados de los circuitos judiciales en la forma y condiciones que establezca la ley, asegurándose además "la participación ciudadana en el procedimiento de selección y designación de los jueces."[116] La finalidad de los concursos públicos, como lo dijo el Tribunal Supremo en sentencia N° 2221 de 28 de noviembre de 2000, estriba "en la necesidad de que el Poder Judicial venezolano esté conformado, *en su totalidad* (jueces titulares y suplentes) por funcionarios de carrera, y de garantizar la idoneidad de quienes tienen la encomiable labor de administrar justicia;"[117] a cuyo efecto, precisamente conforme al mismo artículo 255 de la Constitución, se les garantiza su estabilidad de manera que sólo pueden ser removidos o suspendidos de sus cargos mediante los procedimientos expresamente previstos en la ley, a ser desarrollados por una Jurisdicción Disciplinaria Judicial, a cargo de jueces disciplinarios (art.267).

Pero la dura realidad es que lamentablemente, catorce años después de aprobada la Constitución, podría decirse que ninguno de estos principios ha sido implementado en su totalidad en Venezuela, y que pareciera que las previsiones constitucionales se hubiesen sancionado para no ser cumplidas, pareciendo que materialmente todos los órganos del Estado han contribuido a no cumplirlas, y a evitar que las mismas hayan podido haber llegado a tener, en algún momento, plena vigencia. Por ello, a partir de 1999, como lo apuntó Rafael Chavero Gazdik, "por la conveniencia de manejar discrecional y arbitrariamente el Poder Judicial es que se ha hecho innecesaria la aplicación de la normativa constitucional que obliga a consolidar la carrera judicial" y, al contrario, "el gobierno no ha hecho otra cosa que acabar con los cimientos del Poder Judicial, para así manejar a sus anchas, y sin contrapesos, el rumbo del país," agregando que durante los últimos dos lustros el resultado de la "reestructuración" judicial, es la existencia de "una judicatura sumisa y debilitada que permite la consolidación de la arbitrariedad."[118] De todo ello, como lo advirtió Rafael Pérez Perdomo, resulta que "la revolución no sólo ha terminado con la independencia del Tribunal Supremo de Justicia y de los jueces" sino que "también ha des-

116 Sobre las Normas de Evaluación y Concursos de Oposición para el Ingreso y Permanencia en el Poder Judicial dictadas por la Comisión de Funcionamiento y Reestructuración del Sistema Judicial, convertida en Dirección Ejecutiva de la Magistratura (*Gaceta Oficial* N° 36.910, de 14-03-2000), véase la sentencia de la Sala Constitucional del Tribunal Supremo N° 1326 de 02-11-2000, en *Revista de Derecho Público,* N° 84, Editorial Jurídica Venezolana, Caracas, 2000, pp. 111 y ss.

117 Véase en *Revista de Derecho Público*, N° 84, Editorial Jurídica Venezolana, Caracas, 2000, pp. 116 y ss.

118 Véase Rafael J. Chavero Gazdik, *La Justicia Revolucionaria. Una década de Reestructuración (o Involución) Judicial en Venezuela,* Editorial Aequitas, Caracas 2011, pp. 85, 308.

truido la dignidad de jueces y magistrados," en fin, "bajo la revolución, la reforma judicial se convirtió en una farsa."[119]

De lo anteriormente expuesto resulta, por tanto, que en Venezuela desde 1999, sólo escasísimos concursos públicos se efectuaron inicialmente para el ingreso a la carrera judicial; y los jueces fueron destituidos masivamente y sin garantía alguna al debido proceso por una Comisión ad hoc denominada Comisión de Funcionamiento y Reorganización del Poder Judicial[120] la cual, al margen de la Constitución, funcionó desde 1999 hasta 2011 con el aval del Tribunal Supremo;[121] con lo cual la Judicatura se llenó de jueces temporales y provisorios, sin estabilidad alguna. La consecuencia de esa práctica política, es que la justicia en Venezuela ha estado y sigue en una permanente y anormal situación de transitoriedad o de emergencia, la cual aún continúa,[122] por la acción u omisión de los órganos del Estado.[123]

---

119 Véase Rafael Pérez Perdomo, *Justicia e Injusticias en Venezuela. Estudio de historia social del derecho,* Academia Nacional de la Historia, Caracas 2011, p. 268.

120 La propia Sala Político-Administrativa del Tribunal Supremo de Justicia resolvió que la remoción de jueces temporales era una facultad discrecional de la Comisión de Funcionamiento y Reestructuración del Sistema Judicial, la cual adoptaba sus decisiones sin seguir procedimiento administrativo alguno. Véase Decisión N° 673 de 24-04-2008 (en http://www.tsj.gov.ve/decisiones/scon/Abril/673-240408-08-0009.htm) citada en la Decisión N° 1.939 del 18-12-2008, en http://www.tsj.gov.ve/decisiones/scon/Diciembre/1939-181208-2008-08-1572.html, p. 42). La Sala Constitucional ha establecido la misma posición en la Decisión N° 2414 del 20-12-2007 (en http://www.tsj.gov.ve/decisiones/scon/Diciembre/2414-201207-07-1417.htm) y Decisión N° 280 del 23-02-2007 (en http://www.tsj.gov.ve/decisiones/scon/Febrero/280-230207-05-1389.htm). Véase lo expresado por los representantes del profesor Brewer Carías sobre esta y otras sentencias en el *Escrito de Solicitudes, Argumentos y Pruebas*, 7 de julio de 2012, párr. 51 ss.

121 La Comisión, además, como lo destacó la Comisión Interamericana en su *Informe de 2009*, en sus funciones no gozaba de independencia alguna, pues sus integrantes, designados por la Sala Constitucional, eran de su libre remoción. Véase *Annual Report 2009*, Par. 481, en http://www.cidh.org/annualrep/2009-eng/Chap.IV.f.eng.htm.

122 Véase Rafael J. Chavero Gazdik, *La Justicia Revolucionaria. Una década de Reestructuración (o Involución) Judicial en Venezuela,* Editorial Aequitas, Caracas 2011, pp. 185 ss. En sentido similar, esta fue la apreciación de la Comisión Interamericana de Derechos Humanos en su Informe de 2008, al constatar que la Justicia en Venezuela desde 1999 hasta el presente ha permanecido en un "permanente estado de emergencia." Esa fue la apreciación en 2008 del *Annual Report 2008* (OEA/Ser.L/V/II.134. Doc. 5 rev. 1. 25-02-2009), párr. 39

123 Véase lo que hemos expuesto sobre el tema durante los últimos años: "La progresiva y sistemática demolición de la autonomía e independencia del Poder Judicial en Venezuela (1999-2004)," en *XXX Jornadas J.M Domínguez Escovar, Estado de Derecho, Administración de Justicia y Derechos Humanos*, Instituto de Estudios Jurídicos del Estado Lara, Barquisimeto 2005, pp. 33-174; Allan R. Brewer-Carías, "El constitucionalismo y la emergencia en Venezuela: entre la emergencia formal y la emergencia anormal del Poder Judicial," en Allan R. Brewer-Carías, *Estudios Sobre el Estado Constitucional (2005-2006)*, Editorial Jurídica Venezolana, Caracas 2007, pp. 245-269; Allan R. Brewer-Carías "La justicia sometida al poder. La ausencia de independencia y autonomía de los jueces en Venezuela por la interminable emergencia del Poder Judicial (1999-2006)" en *Cuestiones Internacionales. Anuario Jurídico Villanueva 2007,* Centro Universitario Villanueva, Marcial Pons, Madrid 2007, pp. 25-57, *disponible en* www.allanbrewercarias.com, (Biblioteca Virtual, II.4. Artículos y Estudios N° 550, 2007) pp. 1-37. Véase también Allan R. Brewer-Carías, *Historia Constitucional de Venezuela*, Editorial Alfa, Tomo II, Caracas 2008, pp. 402-454; y "Sobre la ausencia de independencia y autonomía judicial en Venezuela, a los doce años de vigencia de la constitución de 1999 (O sobre la interminable transitoriedad que en fraude continuado a la voluntad popular y a las normas de la Constitución, ha impedido la vigencia de la garantía de la estabilidad de los jueces y el funcionamiento efectivo de una "jurisdicción disciplinaria judicial"), en *Independencia Judicial*, Colección Estado de Derecho, Tomo I, Academia de Ciencias Políticas y Sociales, Acceso a la Justicia, Fundación de Estudios de Derecho Administrativo (Funeda), Universidad Metropolitana (Unimet), Caracas 2012, pp. 9-10.

Ese proceso de control político sobre el Poder Judicial comenzó con las actuaciones de la Asamblea Nacional Constituyente en 1999, la cual declaró la "emergencia judicial," que no ha cesado hasta la fecha, y continuó durante los últimos catorce años con sucesivas normas constitucionales y legales imponiendo siempre un régimen transitorio, siendo la última actuación en el tiempo, después de la sanción de la Ley Orgánica del Tribunal Supremo de Justicia en 2010,[124] y de la Ley del Código de Ética del Juez venezolano,[125] la inconstitucional reserva "transitoria" que se hizo a sí misma la Asamblea Nacional para el nombramiento de los "jueces" integrantes de los órganos de la Jurisdicción Disciplinaria Judicial, lo que constitucionalmente sólo podría corresponder al Tribunal Supremo, con lo cual "el control político de la judicatura será aún más directo."[126]

A algunos de los jueces temporales y provisionales[127] derivados de la emergencia judicial, sin embargo, luego se les "regularizó" un status de carrera judicial pero sin concurso público alguno, con lo cual aparentemente podría considerarse que gozarían de cierta estabilidad. Sin embargo, como ya en 2003 la Comisión Interamericana de Derechos Humanos lo advirtió en su *Informe Anual de 2008*, esta situación ha sido un "problema endémico" que ha expuesto a los jueces a su destitución discrecional,[128] a cuyo efecto la Comisión llamó la atención sobre el "permanente estado de emergencia al cual están sometidos los jueces."[129]

---

124 Véase en *Gaceta Oficial* N° 5.991 Extra. de 29-07-2010, y luego fue republicada, para corregir supuestos errores materiales, en *Gaceta Oficial* N° 39.483 de 9-08-2010. Véanse el estudio "Introducción general al régimen del Tribunal Supremo de Justicia" en Allan R. Brewer-Carías y Víctor Hernández Mendible, *Ley Orgánica del Tribunal Supremo de Justicia,* Caracas 2010.

125 Véase la Ley del Código de Ética del Juez Venezolano y Jueza Venezolana en *Gaceta Oficial* N° 39.494 de 24-8-2010. El Código derogó expresamente el Reglamento que regía el funcionamiento de la Comisión de Funcionamiento y reorganización del Poder Judicial. Los jueces del Tribunal Disciplinario Judicial y de la Corte Disciplinaria Judicial fueron nombrados por Actos Legislativos publicados en *Gaceta Oficial* N° 39693 de 10-06-2011. Véase el "Acta de Constitución del Tribunal Disciplinario Judicial," de 28-06-2011, en *Gaceta Oficial* N° 39.704 de 29-06-2011.

126 Véase Rafael J. Chavero Gazdik, *La Justicia Revolucionaria. Una década de Reestructuración (o Involución) Judicial en Venezuela,* Editorial Aequitas, Caracas 2011, p. 195.

127 Un juez provisorio es un juez designado mediante un concurso público. Un juez temporal es un juez designado para cumplir una tarea específica o por un periodo específico de tiempo. En 2003, la Comisión Interamericana de Derechos Humanos indicó que había sido: "informada que sólo 250 jueces han sido designados por concurso de oposición de conformidad a la normativa constitucional. De un total de 1772 cargos de jueces en Venezuela, el Tribunal Supremo de Justicia reporta que solo 183 son titulares, 1331 son provisorios y 258 son temporales." *Reporte sobre la Situación de Derechos Humanos en Venezuela*; OAS/Ser.L/V/II.118. doc.4rev.2; 29-12-2003, parágrafo 174, en http://www.cidh.oas.org/countryrep/Venezuela2003eng/toc.htm. La Comisión también agregó que "un aspecto vinculado a la autonomía e independencia del Poder Judicial es el relativo al carácter provisorio de los jueces en el sistema judicial de Venezuela. Actualmente, la información proporcionada por las distintas fuentes indica que más del 80% de los jueces venezolanos son 'provisionales.'" *Id.*, par. 161. Véase sobre las cifras de los jueces temporales y provisionales hasta la fecha de presentación del *Escrito de Solicitudes, Argumentos y Pruebas*, 7 de julio de 2012, donde se menciona que de aproximadamente 570 nombramientos de jueces, de los cuales 291 (51%) son temporales, 137 (24%) son accidentales, 128 (22,5%) son provisorios, 14 (2,5%) son itinerantes y *ninguno* (0%) es titular," párr. 61.

128 La Sala Político-Administrativa del Tribunal Supremo de Justicia ha resuelto que la remoción de jueces temporales es una facultad discrecional de la Comisión de Funcionamiento y Reestructuración del Sistema Judicial, la cual adopta sus decisiones sin seguir procedimiento administrativo alguno. Véase Decisión N° 00463-2007 del 20-03-2007; Decisión N° 00673-2008 del 24-04-2008 (citada en la Decisión N° 1.939 del 18-12-2008, p. 42). La Sala Constitucional ha establecido la misma posición en la Decisión N° 2414 del 20-12-2007 y Decisión N° 280 del 23-02-2007.

129 Véase *Annual Report 2008* (OEA/Ser.L/V/II.134. Doc. 5 rev. 1. 25-02-2009), parágrafo 39.

La llamada "Jurisdicción Disciplinaria Judicial" como se dijo, solo se conformó formalmente en Venezuela 2011, para asumir la función disciplinaria que durante doce años ejerció la mencionada Comisión ad hoc que al margen de la Constitución funcionó desde que la creó la Asamblea nacional Constituyente en 1999, la cual, además de remover a los jueces en forma discrecional sin garantía alguna del debido proceso,[130] como lo destacó la misma Comisión Interamericana en su *Informe de 2009*, la misma no gozó de independencia, pues sus integrantes designados por la Sala Constitucional, eran de su libre remoción.[131]

En 2011, sin embargo, con la conformación de la "Jurisdicción Disciplinaria Judicial" que se creó en la Ley del Código de Ética del Juez, integrada por una Corte Disciplinaria Judicial y un Tribunal Disciplinario Judicial, a pesar de su denominación, sin embargo, nada en realidad cambió, pues conforme a una nueva Disposición Transitoria que se incorporó en la Ley del Código (Tercera), dicha Jurisdicción tampoco goza efectivamente de autonomía e independencia algunas, siendo más bien un apéndice de la mayoría que controla políticamente la Asamblea Nacional. En realidad, lo que ocurrió con esta nueva legislación y en virtud de la interminable transitoriedad, no ha sido otra cosa que lograr, primero, cambiarle el nombre a la antigua Comisión de Funcionamiento y Reorganización del Poder Judicial, y segundo, hacerla depender ya no del Tribunal Supremo, sino a la Asamblea Nacional, es decir, someterla a mayor control político.

Por último, en 2013 la Sala Constitucional del Tribunal Supremo de Justicia, en sentencia N° 516 de fecha 7 de mayo de 2013, suspendió de oficio los efectos de las normas del referido Código de Ética del Juez Venezolano que regulaban la aplicación de sus normas a los magistrados del Tribunal Supremo de Justicia, y que extendían el régimen jurídico aplicable a los jueces de carrera, "a los jueces temporales, ocasionales, accidentales y provisorios," entre las cuales estaban las normas relativas al ingreso y la estabilidad; suspensión de efectos con la que se negó a dichos jueces toda garantía que pudiera contribuir a asegurar su independencia y autonomía.[132]

El resultado de todo lo anterior, es que a pesar de lo que dispone formalmente la Constitución en Venezuela en materia de independencia y autonomía de los jueces, lamentablemente, sus normas han tenido poca aplicación y efectividad en la práctica, siendo la realidad derivada de la práctica política, que la justicia ha estado y sigue en una permanente y anormal situación de transitoriedad o de emergencia, la cual continúa en esta fecha, a pesar de la conformación de la "Jurisdicción Disciplinaria Judicial" en un Código de Ética algunas de cuyas normas incluso han sido suspendidas en su vigencia. De esa permanente e interminable transitoriedad, lo que ha resultado es un proceso también permanente y sistemático de progresiva destrucción de lo que existía de autonomía e independencia del Poder Judicial, que ha sido llevado a cabo por los diversos órganos del Estado, incluido el propio Tribunal Supremo de Justicia,[133] con lo cual los valores de la Constitución en materia de justi-

---

130 Véase Tribunal Supremo de Justicia, Decisión N° 1.939 del 18 de diciembre de 2008 (Caso: *Gustavo Álvarez Arias et al.*), en *Revista de Derecho Público*, N° 116, Editorial Jurídica Venezolana, Caracas, 2008, pp. 89-106. También en http://www.tsj.gov.ve/decisiones/scon/Diciembre/1939-181208-2008-08-1572.html

131 Véase *Annual Report 2009*, Par. 481, en http://www.cidh.org/annualrep/2009eng/Chap.IV.f.eng.htm.

132 Véase en http://www.tsj.gov.ve/decisiones/scon/Mayo/516-7513-2013-09-1038.html

133 Sobre el tema, Rafael J. Chavero Gazdik, *La Justicia Revolucionaria. Una década de Reestructuración*

cia, no han pasado de ser sólo simples enunciados. Por ello, desde 2003, la Comisión Interamericana de Derechos Humanos[134] ya advertía en su *Informe Anual de 2008,* lo que calificó como un "problema endémico" que exponía a los jueces a su destitución discrecional, llamando la atención sobre el "permanente estado de emergencia al cual están sometidos los jueces,"[135] todo lo cual contrastaba con el texto de la Constitución, y era el resultado del ejercicio de la función disciplinaria judicial por una Comisión ad hoc.[136] Esta, además de remover a los jueces en forma discrecional sin garantía alguna del debido proceso,[137] como lo destacó la misma Comisión Interamericana en su *Informe de 2009*, lo peor es que ella misma, no gozaba de independencia, pues sus integrantes son de la libre remoción discrecional de la Sala Constitucional.[138]

Esa Comisión de Reorganización, por tanto, literalmente "depuró" la judicatura de jueces que no estaban en línea con el régimen autoritario, como lo reconoció la propia Sala Constitucional,[139] removiendo discrecionalmente jueces que puedan haber dictado decisiones que no han complacido al Ejecutivo. Esto llevó a la Comisión Interamericanas de Derechos Humanos a decir, en el mismo *Informe Anual* de 2009, que "en Venezuela los jueces y fiscales no gozan de la garantía de permanen-

---

(o Involución) Judicial en Venezuela, Editorial Aequitas, Caracas 2011; Rafael Pérez Perdomo, *Justicia e Injusticias en Venezuela. Estudio de historia social del derecho,* Academia Nacional de la Historia, Caracas 2011; y los trabajos editados por la Asociación Civil Acceso a la Justicia, entre ellos, el libro *Independencia Judicial,* Colección Estado de Derecho, Tomo I, Academia de Ciencias Políticas y Sociales, Acceso a la Justicia, Fundación de Estudios de Derecho Administrativo (Funeda), Universidad Metropolitana (Unimet), Caracas 2012.

134 Un juez provisorio es un juez designado mediante un concurso público. Un juez temporal es un juez designado para cumplir una tarea específica o por un periodo específico de tiempo. En 2003, la Comisión Interamericana de Derechos Humanos indicó que había sido: "informada que sólo 250 jueces han sido designados por concurso de oposición de conformidad a la normativa constitucional. De un total de 1772 cargos de jueces en Venezuela, el Tribunal Supremo de Justicia reporta que solo 183 son titulares, 1331 son provisorios y 258 son temporales." *Reporte sobre la Situación de Derechos Humanos en Venezuela*; OAS/Ser.L/V/II.118. doc.4rev.2; 29 de diciembre de 2003, par. 174, *disponible en* http://www.cidh.oas.org/countryrep/Venezuela2003eng/toc.htm. La Comisión también agregó que "un aspecto vinculado a la autonomía e independencia del Poder Judicial es el relativo al carácter provisorio de los jueces en el sistema judicial de Venezuela. Actualmente, la información proporcionada por las distintas fuentes indica que más del 80% de los jueces venezolanos son 'provisionales.'" *Id.* parágrafo 161.

135 Véase *Annual Report 2008* (OEA/Ser.L/V/II.134. Doc. 5 rev. 1. 25 febrero 2009), para. 39

136 La Sala Político-Administrativa del Tribunal Supremo de Justicia resolvió que la remoción de jueces temporales es una facultad discrecional de la Comisión de Funcionamiento y Reestructuración del Sistema Judicial, la cual adopta sus decisiones sin seguir procedimiento administrativo alguno. Véase Decisión N° 00463-2007 del 20 de marzo de 2007; Decisión N° 00673-2008 del 24 de abril de 2008 (citada en la Decisión N° 1.939 del 18 de diciembre de 2008, p. 42). La Sala Constitucional ha establecido la misma posición en la Decisión N° 2414 del 20 de diciembre de 2007 y Decisión N° 280 del 23 de febrero de 2007.

137 Véase Tribunal Supremo de Justicia, Decisión N° 1.939 del 18 de diciembre de 2008 (Caso: *Gustavo Álvarez Arias et al.*)

138 Véase *Annual Report 2009*, Par. 481, en http://www.cidh.org/annualrep/2009 eng/Chap.IV.f.eng.htm.

139 Decisión N° 1.939 de 18-12-2008 (Caso: *Abogados Gustavo Álvarez Arias y otros*), en la cual la Sala Constitucional decidió la no ejecutabilidad de la decisión de la Corte Interamericana de Derechos Humanos del 05-08-2008 (Caso: *Apitz Barbera y otros ["Corte Primera de lo Contencioso Administrativo"] vs. Venezuela [Corte IDH],* Case: *Apitz Barbera y otros ["Corte Primera de lo Contencioso Administrativo"] vs. Venezuela,* Sentencia de 5 de agosto de 2008, Serie C, N° 182.

cia en su cargo necesaria para asegurar su independencia en relación con los cambios de políticas gubernamentales."[140]

Uno de los casos emblemáticos fue en 2003, el de la Corte Primera de lo Contencioso Administrativo cuando dictó una medida cautelar suspendiendo la ejecución de un programa de contratación pública de médicos extranjeros sin licencia, para programas sociales de atención médica; medida que se dictó a solicitud del Colegio de Médicos de Caracas que alegaba discriminación contra los médicos licenciados."[141] La respuesta del Gobierno contra una simple medida cautelar de suspensión de efectos, además de anunciar públicamente que no sería acatada,[142] fue el allanamiento policial de la sede del tribunal; la destitución de todos sus Magistrados y la clausura del mismo por casi un año, y el insulto público proferido por el Presidente de la República contra los Magistrados destituidos.[143] El caso fue llevado ante la Corte Interamericana de Derechos Humanos, la cual dictó sentencia en 2008 condenando al Estado venezolano por la violación de las garantías judiciales de los Magistrados,[144] pero la respuesta de la Sala Constitucional del Tribunal Supremo a solicitud del gobierno, fue simplemente declarar que las decisiones de la Corte Interamericana son inejecutables en Venezuela.[145] Ello, por lo demás, fue el mensaje enviado a los órganos de la Jurisdicción Contencioso Administrativa sobre las consecuencias que resultarían del ejercicio por éstos del contrrol de legalidad y cosntitucionalidad frente a actos administrativos del Ejecutivo, lo que ha hecho inefectiva dicha Jurisdicción. [146]

Por ello la Comisión Interamericana de Derechos Humanos después de describir con preocupación en su *Informe Anual de 2009* que en muchos casos, "los jueces son removidos inmediatamente después de adoptar decisiones judiciales en casos con impactos políticos importantes," concluyó señalando que "la falta de independencia judicial y de autonomía en relación con el poder político es, en opinión de la Comisión el punto más débil de la democracia venezolana."[147]

---

140 Véase *Informe Anual de 2009*, parágrafo 480, en http://www.cidh.oas.org/annualrep/2009-eng/Chap.IV.f.eng.htm

141 Véase Claudia Nikken, "El caso "Barrio Adentro": La Corte Primera de lo Contencioso Administrativo ante la Sala Constitucional del Tribunal Supremo de Justicia o el avocamiento como medio de amparo de derechos e intereses colectivos y difusos, " en *Revista de Derecho Público*, N° 93-96, Editorial Jurídica Venezolana, Caracas, 2003, pp. 5 ss.

142 "Váyanse con su decisión no sé para donde, la cumplirán ustedes en su casa si quieren..." Exposición en el programa radial *Aló Presidente*, N° 161, 24-08-2004

143 Exposición pública el 20-09-2004. Véase la información en *El Nacional*, Caracas 05-11-2004, p. A2, donde el Presidente destituido de la Corte Primera señaló que: "La justicia venezolana vive un momento tenebroso, pues el tribunal que constituye un último resquicio de esperanza ha sido clausurado".

144 Véase sentencia de la Corte Interamericana de 5 de agosto de 2008 Caso *Apitz Barbera y otros ("Corte Primera de lo Contencioso Administrativo") vs. Venezuela,* en www.corteidh.or.cr. Excepción Preliminar, Fondo, Reparaciones y Costas, Serie C N° 182;

145 Véase sentencia de la Sala Constitucional, sentencia N° 1.939 de 18 de diciembre de 2008 (Caso *Abogados Gustavo Álvarez Arias y otros*), en http://www.tsj.gov.ve/decisiones/scon/Diciembre/1939-181208-2008-08-1572.html

146 Véase Antonio Canova González, *La realidad del contencioso administrativo venezolano (Un llamado de atención frente a las desoladoras estadísticas de la Sala Político Administrativa en 2007 y primer semestre de 2008)*, *cit.*, p. 14.

147 Véase en ICHR, *Annual Report 2009*, para. 483. Available at http://www.cidh.oas.org/annualrep/2009-eng/Chap.IV.f.eng.htm.

5. *El Tribunal Supremo de Justicia*

La Constitución de 1999 creó el Tribunal Supremo de Justicia[148] en sustitución de la Corte Suprema de Justicia, compuesto por 6 Salas, cuya normativa legal fue dictada en 2004, con la sanción de la Ley Orgánica del Tribunal Supremo de Justicia, la cual fue completamente reformulada en 2010.[149]

A. *Las Salas*

En efecto, el Tribunal Supremo de Justicia funciona en Sala Plena y en Sala Constitucional, Político-Administrativa, Electoral, de Casación Civil, Casación Penal y de Casación Social, cuya integración y competencia deben ser determinadas por su ley orgánica, regulándose sólo la competencia de la Sala Social en lo referente a la casación agraria, laboral y de menores (art. 262).

En la primera discusión de la Constitución [150] se aprobó que cada Sala estaría integrada por 3 Magistrados, lo cual se modificó en segunda discusión en cuanto a la Sala Constitucional que se llevó a 5 Magistrados. Inexplicablemente ello fue eliminado del texto publicado. Sin embargo, la Asamblea Nacional Constituyente al hacer las designaciones provisionales de Magistrado el 22-12-99, nombró sin fundamento legal ni constitucional, 3 Magistrados en cada Sala con excepción de la Sala Constitucional donde designó 5 Magistrados.

En relación con la Sala Constitucional y su relación con las otras Salas del Tribunal Supremo en el sentido de que no puede conocer de recursos contra las sentencias de estas, la propia Sala Constitucional en Sentencia N° 158 de 28 de marzo de 2000 (Caso: *Impugnación del artículo 1 de la Ley Orgánica de la Corte Suprema de Justicia*).[151] Con posterioridad, sin embargo, la Sala Constitucional estimó que la previsión del artículo 1° de la Ley Orgánica de la Corte Suprema de Justicia sólo se aplicaba a los recursos existentes antes de la entrada en vigencia de la Constitución, por lo que mediante sentencia N° 33 de 25 de enero de 2001 (Caso: *Revisión de la sentencia dictada por la Sala de Casación Social del Tribunal Supremo de Justicia de fecha 10 de mayo de 2001, interpuesta por Baker Hugher S.R.L.)* ha admitido conocer del recurso de revisión constitucional previsto en la nueva Constitución, ejercido contra sentencias de las otras Salas del Tribunal Supremo, argumentando que al vincular la Constitución, a las demás Salas del Tribunal Supremo de Justicia a la doctrina de la Sala Constitucional (artículo 334, primer párrafo, y artículo 335,

148 Véase en general, Laura Louza, "El Tribunal Supremo de Justicia en la Constitución de la República Bolivariana de Venezuela", en *Revista del Tribunal Supremo de Justicia,* N° 4. Caracas, 2002, pp. 379-437.

149 La Ley Orgánica del Tribunal Supremo se dictó inicialmente en 2004. Véase en *G.O.* N° 37.942 del 20 de mayo de 2004. Véase Allan R. Brewer-Carías, *Ley Orgánica del Tribunal Supremo de Justicia. El Tribunal Supremo de Justicia y los procesos y procedimientos constitucionales y contenciosos administrativos* Editorial Jurídica Venezolana, Caracas 2005. La ley se reformó en 2010, *GO.*N° 39.522, de 1 de octubre de 2010, Véase Allan R. Brewer-Carías y Víctor Hernández Mendible, *Ley Orgánica del Tribunal Supremo de Justicia 2010,* Editorial Jurídica Venezolana, Caracas 2010.

150 Véase nuestro voto salvado en esta materia en Allan R. Brewer-Carías, *Debate Constituyente,* Tomo III, *op. cit.*, p. 200.

151 Véase en *Revista de Derecho Público,* N° 81, (enero-marzo), Editorial Jurídica Venezolana, Caracas, 2000, p. 109. Véase igualmente la sentencia de la misma Sala Constitucional N° 100 de 15-03-2000, en *Idem,* pp. 108 y ss.

segundo párrafo), según el principio de supremacía de la Constitución, y al darle potestad a esa Sala para tutelar la Carta Magna como cúspide de la jurisdicción constitucional, está autorizada para revisar tanto las decisiones que dicten las demás Salas en contravención de la norma fundamental, como en oposición a las interpretaciones que de la Constitución ella haya establecido.[152].

B. *Los Magistrados*

a. *Las condiciones*

De acuerdo con el artículo 263 de la Constitución, para ser Magistrado del Tribunal Supremo de Justicia se requiere:

1. Tener la nacionalidad venezolana por nacimiento y sin otra nacionalidad conforme al artículo 41 de la Constitución.
2. Ser ciudadano o ciudadana de reconocida honorabilidad.
3. Ser jurista de reconocida competencia, gozar de buena reputación, haber ejercido la abogacía durante un mínimo de quince años y tener título universitario de postgrado en materia jurídica; o haber sido profesor universitario o profesora universitaria en ciencia jurídica durante un mínimo de quince años y tener la categoría de profesor o profesora titular; o ser o haber sido juez o jueza superior en la especialidad correspondiente a la Sala para la cual se postula, con un mínimo de quince años en el ejercicio de la carrera judicial, y reconocido prestigio en el desempeño de sus funciones.
4. Cualesquiera otros requisitos establecidos por la ley.

Lamentablemente, estas condiciones para ser magistrado del Tribunal Supremo fueron violentadas con motivo de la designación de los Magistrados efectuada por la Asamblea Nacional en 2000 conforme a la Ley Especial para la Ratificación o Designación de los Funcionarios y Funcionarias del Poder Ciudadano y Magistrados y Magistradas del Tribunal Supremo de Justicia para el primer período constitucional, de 14-11-00[153]. Dicha Ley fue objeto de una acción de nulidad por inconstitucionalidad intentada por la Defensora del Pueblo, y al momento de pronunciarse la Sala Constitucional sobre la admisibilidad de la pretensión de amparo que había sido formulada conjuntamente, mediante auto de 12 de diciembre de 2000[154], luego de reiterar la vigencia de dos supuestos regímenes constitucionales: el establecido en la Constitución de 1999 y el establecido en el Régimen de Transición del Poder Público contenido en el Decreto de la Asamblea Nacional Constituyente de 22-12-99, resolvió solicitar a la Defensora del Pueblo que aclarase su solicitud de amparo. Sin embargo, la Sala, de pasada, hizo las siguientes consideraciones mediante las cuales decidió que la Constitución de 1999 no se aplicaba a los propios Magistrados del Tribunal Supremo de Justicia que estaban firmando el auto.

---

152 Véase lo expuesto por la propia Sala Constitucional sobre sus potestades y el tema de la igualdad jerárquica entre las Salas que componen al Tribunal Supremo, en sentencia N° 158 de 28 de marzo de 2000, en *Revista de Derecho Público,* N° 85-88, Editorial Jurídica Venezolana, Caracas, 2001, p. 406.

153 *G.O.* N° 37.077 de 14-11-00. Véase en general, Carlos Luis Carrillo Artiles, "El desplazamiento del principio de supremacía constitucional por la vigencia de los interregnos temporales", *Revista de Derecho Constitucional,* N° 3, Caracas, 2000, pp. 86 y ss.

154 Véase en *Revista de Derecho Público*, N° 84, (octubre-diciembre), Editorial Jurídica Venezolana, Caracas, 2000, pp. 108 y ss.

En efecto, en esa decisión, la Sala comenzó constatando lo siguiente sobre la designación definitiva de los Magistrados del Tribunal Supremo:

> El Régimen de Transición del Poder Público, emanado de la Asamblea Nacional Constituyente y publicado en la Gaceta Oficial de la República Bolivariana de Venezuela de fecha 28 de marzo de 2000 (N° 36.920), previó en su artículo 21 que la Asamblea Nacional realizará las designaciones o ratificaciones definitivas de conformidad con la Constitución, de los Magistrados del Tribunal Supremo de Justicia y de sus suplentes, ya que los Magistrados nombrados en los artículos 19 y 20 del Régimen de Transición del Poder Público, ejercerían sus cargos en forma provisoria.

Es decir, la Sala admitió que el Régimen de Transición del Poder Público exigía que se cumpliera la Constitución en el proceso de "designación o ratificación definitiva" de los Magistrados del Tribunal Supremo. Sin embargo, para desligarse de la Constitución en cuanto al cumplimiento de las condiciones de elegibilidad previstas en el artículo 263 respecto de los Magistrado en funciones que habían sido designados provisionalmente el 22-12-99 y que aspiraban ser "ratificados", decidiendo por tanto en su propia causa contra todo principio del estado de Derecho, la Sala "inventó" el argumento de que la figura de la "ratificación" no estaba prevista en la Constitución, por lo que el artículo 263 de la misma supuestamente sólo se aplicaba cuando los Magistrados fueran a designarse *ex novo*, pero no cuando fueran ratificados. El siguiente fue el razonamiento de la Sala:

> La figura de la ratificación no está prevista en la Constitución vigente, sino en el Régimen de Transición del Poder Público, y ella fue tomada en cuenta sólo con relación a los Magistrados del Tribunal Supremo de Justicia, mas no con respecto a los miembros del Poder Ciudadano, ya que los artículos 35, 36, 37 y 38 del Régimen de Transición del Poder Público no contemplaron la ratificación de quienes ejercían provisionalmente los cargos del Poder Ciudadano.
>
> Resultado de la aplicación necesaria del Régimen de Transición del Poder Público, el cual -como lo apunta esta Sala- es de rango constitucional, es que solo con respecto a los Magistrados del Tribunal Supremo de Justicia ha de utilizarse la figura de la ratificación, la cual carece de previsión en la Constitución, por lo que la frase del *artículo 21 del Régimen de Transición del Poder Público*, según la cual las ratificaciones definitivas *se harán de conformidad con la Constitución, carece de aplicación*, ya que como antes apuntó la Sala, la vigente Constitución no previó normas sobre ratificación de Magistrados del Tribunal Supremo de Justicia.

En esta forma, la Sala Constitucional que era la primera institución obligada a garantizar la supremacía y efectividad de las normas y principios constitucionales (art. 336), resolvió que la Constitución no les era aplicable, precisamente, a los Magistrados mismos del Tribunal Supremo y de la Sala que eran los que estaban decidiendo. Se estaba haciendo justicia por las propias manos de los que se beneficiaban de la decisión[155].

El resultado de declarar la inaplicabilidad de la Constitución para la "ratificación" de los magistrados, llevó a los Magistrados de la Sala, entonces a "legislar" y

---

155 Por eso la Defensora del Pueblo anunciaba que solicitaría la inhibición de los Magistrados de la Sala Constitucional. Véase *El Universal*, Caracas, 16-12-00, p. 1-4.

autodefinirse el "régimen especial" relativo a las condiciones de elegibilidad de los mismos, aplicables a ellos mismos, además, alegando el principio de no discriminación. La Sala, en efecto, dijo lo siguiente:

> En consecuencia, el régimen de ratificación debe ser especial, orientado hacia cual ha sido el rendimiento de los Magistrados a ratificarse y la calidad de sus ponencias, ya que son éstos los parámetros que permiten conocer la calidad de quienes como Magistrados ya han impartido justicia desde la más alta Magistratura, y por tanto se han hecho o no dignos de ratificación.
>
> Exigírsele a dichos Magistrados, además, otros requisitos que ni la Constitución (que no previó la figura), ni ninguna otra ley contempla, es crear una discriminación en contra de los ratificables, en relación con quienes no han sido Magistrados, que aspiran integrar las Salas del Tribunal Supremo de Justicia.

Y luego, como se ha expuesto ampliamente en la *Décimo Segunda Parte,* la Sala pasó a examinar cada una de las condiciones de elegibilidad exigidas en el artículo 263 para ser magistrado del Tribunal Supremo, así, modificándolos y adaptándolos al "régimen especial" que inconstitucionalmente habían establecido[156], en particular sobre las exigencias de los postgrados, sobre la condición de profesor "titular", sobre la permanencia en la carrera judicial y sobre la condición de "juez superior". Lo que más llama la atención de esta decisión es que los Magistrados designados por la Asamblea nacional Constituyente, a dedo, el 22-12-99, en un auto el cual lo que se decidió fue exigirle a la accionante (Defensora del Pueblo) aclarar su acción, aprovecharon para decidir que la Constitución no les era aplicable a ellos mismos que aspiraban a ser designados, con el argumento de que de lo que se trataba era que iban a ser "ratificados" y ello no estaba regulado en la Constitución. En todo caso, la decisión de fondo de la acción intentada nunca se dictó posteriormente, y la misma Defensora del Pueblo sería removida de su cargo por la Asamblea Nacional.

b. *La postulación*

El artículo 264 de la Constitución remite a la Ley la determinación del procedimiento de elección de los Magistrados del Tribunal Supremo. Sin embargo, precisa directamente que, en todo caso, podrán postularse candidatos ante el Comité de Postulaciones Judiciales (art. 270), por iniciativa propia o por organizaciones vinculadas con la actividad jurídica. El Comité, oída la opinión de la comunidad, debe efectuar una preselección para su presentación al Poder Ciudadano, el cual debe efectuar una segunda preselección que debe ser presentada a la Asamblea Nacional, la cual en definitiva, es la que debe efectuar la selección[157].

Los ciudadanos pueden ejercer fundadamente objeciones a cualquiera de los postulados ante el Comité de Postulaciones Judiciales, o ante la Asamblea Nacional.

Más adelante se analiza la conformación del Comité de Postulaciones Judiciales y el principio de la participación ciudadana, y cómo este fue violentado en 2000 con la sanción de la Ley Especial para la Ratificación o Designación de los Funcionarios

---

156 Véase lo expuesto en Allan R. Brewer-Carías, *Golpe de Estado y Proceso Constituyente en Venezuela,* UNAM, México, 2002, pp. 395 y ss.

157 Véase nuestro voto salvado en esta materia en Allan R. Brewer-Carías, *Debate Constituyente,* Tomo III, *op. cit.* pp. 201 y ss. y 290.

y Funcionarias del Poder Ciudadano y Magistrados y Magistradas del Tribunal Supremo de Justicia para el primer período constitucional, de 14-11-00[158].

c. *El período*

El artículo 264 dispone que los magistrados del Tribunal Supremo de Justicia deben ser elegidos por un único período de doce años. En consecuencia, se excluye en reelección de los Magistrados.

d. *La remoción*

De acuerdo con el artículo 265, los magistrados del Tribunal Supremo de Justicia pueden ser removidos por la Asamblea Nacional mediante una mayoría calificada de las dos terceras partes de sus integrantes, previa audiencia concedida al interesado, en caso de faltas graves ya calificadas por el Poder Ciudadano, en los términos que la ley establezca.

Esta, sin duda, es una inherencia no conveniente ni aceptable de la instancia política del Poder en relación con la Administración de Justicia.

C. *Las atribuciones del Tribunal Supremo*

El Tribunal Supremo de Justicia, ejerce, en exclusiva, la jurisdicción constitucional (art. 334), es la máxima autoridad judicial en la jurisdicción contencioso-administrativa (art. 259), resuelve los conflictos entre autoridades judiciales, conoce en exclusiva de los recursos de casación y de interpretación y tiene a su cargo declarar si hay o no méritos para el enjuiciamiento de altos funcionarios.

Tales atribuciones están definidas en el artículo 266, en la forma siguiente:

a *La jurisdicción constitucional*

Conforme al artículo 266, 1, corresponde al Tribunal Supremo, ejercer la jurisdicción constitucional conforme al Título VIII de esta Constitución, la cual está atribuida en exclusiva a la Sala Constitucional. La *Décima Primera Parte* de este libro se destina al estudio de la Jurisdicción Constitucional.

b. *La intervención en el enjuiciamiento de altos funcionarios del Estado*

Corresponde al Tribunal Supremo en Sala Plena, conocer del enjuiciamiento del Defensor del Pueblo (art. 282) y además:

2. Declarar si hay o no mérito para el enjuiciamiento del Presidente o Presidenta de la República o quien haga sus veces, y en caso afirmativo, continuar conociendo de la causa previa autorización de la Asamblea Nacional, hasta sentencia definitiva.
3. Declarar si hay o no mérito para el enjuiciamiento del Vicepresidente o Vicepresidenta de la República, de los o las integrantes de la Asamblea Nacional o del propio Tribunal Supremo de Justicia, de los Ministros o Ministras, del Procurador o Procuradora General, del Fiscal o Fiscala General, del Con-

158 *G.O.* N° 37.077 de 14-11-00. Véase en general, Carlos Luis Carrillo Artiles, "El desplazamiento del principio de supremacía constitucional por la vigencia de los interregnos temporales", *Revista de Derecho Constitucional,* N° 3, Caracas, 2000, pp. 86 y ss.

tralor o Contralora General de la República, del Defensor o Defensora del Pueblo, los Gobernadores o Gobernadoras, oficiales u oficialas generales y almirantes de la Fuerza Armada Nacional[159] y de los jefes o jefas de misiones diplomáticas de la República y, en caso afirmativo, remitir los autos al Fiscal o Fiscala General de la República o a quien haga sus veces, si fuere el caso; y si el delito fuere común, continuará conociendo de la causa hasta la sentencia definitiva.

Es de destacar, que en la enumeración de la norma, en relación con los funcionarios que tienen el privilegio[160] del antejuicio de mérito sin duda, por una inadvertencia, no se incluyó a los miembros del Poder Electoral, cuyos titulares (Rectores), por tanto, no gozan de dicho privilegio. Por ello, la Sala Electoral del Tribunal Supremo de Justicia en sentencia N° 45 de 17 de mayo de 2000 consideró contraria a la Constitución la previsión del artículo 52 de la Ley Orgánica del Sufragio y Participación Política que establecía el antejuicio de mérito para los miembros del Consejo Nacional Electoral. En dicha sentencia, sin embargo, la Sala aclaró que:

> Sin embargo, al margen de todo lo anteriormente expuesto, esta Sala considera necesario precisar que su decisión versa únicamente -no podía ser de otra manera, en atención a su esfera de competencia- sobre la vigencia del referido dispositivo legal, como cuestión previa a su interpretación, que resulta de la aplicación del test de comparabilidad o compatibilidad con la Constitución de 1999. Ello no implica, por tanto, pronunciamiento alguno acerca de la interpretación de la normativa constitucional que regula el antejuicio de mérito, en lo concerniente a la exclusión de esa prerrogativa de los titulares del máximo órgano del Poder Electoral, la cual genera dudas en el marco del principio fundamental de la Constitución que declara que Venezuela es un Estado de derecho y de justicia (art. 2), y del mismo principio de igualdad, pues dicha función interpretativa es una competencia exclusiva y excluyente de la Sala Constitucional.
>
> En efecto, en ese orden de ideas parece sumamente útil que la referida Sala llegara a dilucidar, por ejemplo, la justificación axiológica de la exclusión de la prerrogativa procesal, contenido en el artículo 266 constitucional, a los miembros no ya de un órgano electoral, como aparecía concebido en el régimen preconstitucional, sino del órgano rector de un nuevo Poder, cuya consagración significó una ruptura del tradicional esquema de división del Poder Público Nacional. Esta justificación resulta hoy más que necesaria, si se toma en cuenta que a los titulares del otro nuevo Poder, el Ciudadano, cuya consagración también se inscribe en la aludida ruptura, sí les fue otorgada la referida prerrogativa[161].

---

159 Sobre el antejuicio de mérito los oficiales de la Fuerza Armada, véase la sentencias de la Sala Constitucional del Tribunal Supremo de Justicia de 09-02-2001 en *Revista de Derecho Público*, N° 85-88, Editorial Jurídica Venezolana, Caracas, 2001, pp. 155 y ss.

160 Sobre el antejuicio de mérito como excepción al principio de la igualdad, véase las sentencias de la Sala Plena del Tribunal Supremo de Justicia de 02-05-2000 y de 11-5-2000 y de la sala Electoral N° 45 de 17-05-2000 en *Revista de Derecho Público*, N° 82, (abril-junio), Editorial Jurídica Venezolana, Caracas, 2000, pp. 173 y ss. y 177 y ss.

161 Véase en *Revista de Derecho Público,* N° 82, (abril-junio), Editorial Jurídica Venezolana, Caracas, 2000, p. 181.

c. *La intervención en la remoción de los titulares de los órganos del Poder Ciudadano*

El artículo 233 dispone que el Tribunal Supremo puede decretar la destitución del Presidente de la República.

Por otra parte, conforme al artículo 279 de la Constitución, el Tribunal Supremo debe pronunciarse previamente a la remoción por la Asamblea Nacional de los Titulares del Poder Ciudadano (Contralor General de la República, Fiscal General de la República, Defensor del Pueblo). En igual sentido, el Tribunal Supremo debe pronunciarse previamente a la remoción, por la Asamblea, de los integrantes del Consejo Nacional Electoral (art. 296).

Estas competencias deben ejercerse en Corte Plena.

d. *En materia de jurisdicción contencioso administrativa y contencioso electora*

En materia contencioso administrativa y electoral, el artículo 266 atribuye al Tribunal Supremo:

4. Dirimir las controversias administrativas que se susciten entre la República, algún Estado, Municipio u otro ente público, cuando la otra parte sea alguna de esas mismas entidades, a menos que se trate de controversias entre Municipios de un mismo Estado, caso en el cual la ley podrá atribuir su conocimiento a otro tribunal.
5. Declarar la nulidad total o parcial de los reglamentos y demás actos administrativos generales o individuales del Ejecutivo Nacional, cuando sea procedente.

Estas competencias corresponden a la Sala Político Administrativa y a la Sala Electoral[162].

e. *Los recursos de interpretación*

De acuerdo con el artículo 266,6, también corresponde al Tribunal Supremo, la atribución de "conocer de los recursos de interpretación sobre el contenido y alcance de los textos legales, en los términos contemplados en la ley".

Esta competencia se ejercía, conforme a la Ley Orgánica de la Corte Suprema, por la Sala Político Administrativa; pero la jurisprudencia de la Sala Constitucional la ha extendido al conocimiento de todas las Salas del Tribunal Supremo.

f. *Los conflictos de competencia judicial*

Corresponde al Tribunal Supremo en todas sus Salas, conforme al artículo 266:

7. Decidir los conflictos de competencia entre tribunales, sean ordinarios o especiales, cuando no exista otro tribunal superior o común a ellos en el orden jerárquico.

---

162 Véase Carlos Pérez Fernández; Miguel A. Torrealba Sánchez, "Notas sobre la jurisdicción contencioso electoral en la Constitución de 1999", en *Revista de Derecho Administrativo,* N° 12 (mayo-agosto). Editorial Sherwood, Caracas, 2001, pp. 165-192.

g. *El tribunal de Casación*

Además, el artículo 266,8 atribuye al Tribunal Supremo en sus Salas de Casación Civil, de Casación Penal y de Casación Social:

8. Conocer del recurso de casación.

5. *El gobierno y administración del Poder Judicial*

Una de las innovaciones de la Constitución de 1999 fue el atribuir al Tribunal Supremo de Justicia el Gobierno y la Administración del Poder Judicial, eliminando al Consejo de la Judicatura que como órgano con autonomía funcional ejercía estas funciones, conforme a la previsión del artículo 217 de la Constitución de 1961[163].

A. *La competencia*

De acuerdo con el artículo 267, entonces, corresponde al Tribunal Supremo de Justicia la dirección, el gobierno y la administración del Poder Judicial, la inspección y vigilancia de los tribunales de la República y de las Defensorías Públicas. Igualmente, le corresponde la elaboración y ejecución de su propio presupuesto y del presupuesto del Poder Judicial, conforme a los principios establecidos en el artículo 254.

Para el ejercicio de estas atribuciones, el Tribunal Supremo en pleno creará una Dirección Ejecutiva de la Magistratura, con sus oficinas regionales.

B. *El servicio de defensa pública*

El artículo 268 de la Constitución remite a la Ley para establecer la autonomía y organización, funcionamiento, disciplina e idoneidad del servicio de defensa pública, con el objeto de asegurar la eficacia del servicio y de garantizar los beneficios de la carrera del defensor.

C. *La organización judicial*

La ley debe regular la organización de circuitos judiciales, así como la creación y competencias de tribunales y cortes regionales a fin de promover la descentralización administrativa y jurisdiccional del Poder Judicial. (art. 269).

D. *El Comité de Postulaciones Judiciales y el proceso de control político del Tribunal Supremo*

La Constitución concibe al Comité de Postulaciones Judiciales (art. 270), como un órgano asesor del Poder Judicial para la selección de los candidatos a magistrados del Tribunal Supremo de Justicia (art. 264). Igualmente, el Comité debe asesorar a los

---

163 Véase Laura Louza, "El Tribuna Supremo de Justicia en la Constitución de la República Bolivariana de Venezuela", *Revista de derecho del Tribunal Supremo de Justicia,* N° 4, Caracas, 2002, pp. 379 a 437; Nélida Peña Colmenares, "El Tribunal Supremo de Justicia como órgano de dirección, gobierno, administración, inspección y vigilancia del Poder Judicial venezolano", *Revista de derecho del Tribunal Supremo de Justicia,* N° 8, Caracas, 2003, pp. 391 a 434; e Olga Dos Santos, "Comisión Judicial del Tribunal Supremo de Justicia", *Revista de derecho del Tribunal Supremo de Justicia*, N° 6, Caracas, 2002, pp. 373 a 378.

colegios electorales judiciales para la elección de los jueces de la jurisdicción disciplinaria.

Este Comité de Postulaciones Judiciales debe estar integrado por representantes de los diferentes sectores de la sociedad, de conformidad con lo que establezca la ley.

Puede decirse que uno de los motivos principales que originó la crisis política y la necesidad de una Asamblea Constituyente y de una reforma constitucional como la de 1999, fue la reacción contra la democracia meramente representativa de partidos, buscando su perfeccionamiento con aspectos de democracia de participación.

La crítica al sistema de designación de los altos funcionarios públicos no electos por el Congreso (Fiscal General, Contralor General, Magistrados de la Corte Suprema) que establecía la Constitución de 1961, y que le daba poder discrecional para ello, puede decirse que fue generalizada en el país. La queja se refería a la falta de participación y al monopolio que ejercían los partidos políticos representados en el Congreso, en dichas designaciones. Por ello, en la Asamblea Nacional Constituyente, en esta materia se impuso el principio de la participación sobre el principio de la representatividad, y si bien se le atribuyó a la Asamblea Nacional la competencia para designar a los titulares de los órganos no electos popularmente del Poder Público, la reforma más importante que se introdujo consistió en *quitarle a la Asamblea la potestad discrecional para hacer tales nombramientos.*

En concreto, la Constitución reguló una forma precisa de *participación activa de la sociedad*, consistente en atribuirle a unos Comités de Postulaciones la *potestad exclusiva* de hacer las postulaciones de candidatos ante la Asamblea Nacional, por lo que no se pueden formular postulaciones directamente ante la Asamblea Nacional ni la Asamblea puede designar otras personas distintas a las postuladas por los Comités de Postulaciones. Esos Comités son órganos intermedios, algunos permanentes, que obligatoriamente deben estar integrados por *representantes de los diferentes sectores de la sociedad*. Son diferentes a la Asamblea Nacional y los representantes populares no pueden formar parte de los mismos.

En efecto, en particular, en cuanto a la designación de los Magistrados del Tribunal Supremo de Justicia, el artículo 264 de la Constitución como se dijo, dispone que las postulaciones de candidatos sólo pueden hacerse ante un Comité de Postulaciones Judiciales, por iniciativa propia o por organizaciones vinculadas a la actividad jurídica; el cual conforme al artículo 270 de la Constitución, es un órgano asesor del Poder Judicial para la selección de los candidatos a magistrados del Tribunal Supremo de Justicia, por lo que se trata de un órgano permanente que, además, debe asesorar a los Colegios electorales judiciales para la elección de los jueces de la jurisdicción disciplinaria. Este Comité de Postulaciones Judiciales debe estar integrado "por representantes de los diferentes sectores de la sociedad, de conformidad con lo que establezca la Ley" (art. 270). Se trata, en definitiva, en una Constitución que en más de cincuenta artículos habla de participación, de un *mecanismo directamente regulado en la Constitución* que asegura la participación de los "diversos sectores de la sociedad" en la gestión de asuntos públicos. No se trata de un mecanismo de consulta y mucho menos a través de mesa de diálogos, sino de participación activa.

Ahora bien, el procedimiento constitucional previsto para la designación de los magistrados del Tribunal Supremo, que debía ser regulado en la Ley, es el siguiente: El Comité, recibidas las postulaciones, "oída la opinión de la comunidad, efectuará una preselección para su presentación al Poder Ciudadano". Este órgano, integrado por el Fiscal General de la República, el Defensor del Pueblo y el Contralor General de la República (art. 273) debe efectuar "una segunda preselección que será presentada a la Asamblea Nacional, la cual hará la selección definitiva" (art. 264).

La Asamblea Nacional Constituyente, al dictar el Decreto sobre el Régimen Transitorio el Poder Público el 22-12-99 había designado los magistrados del Tribunal Supremo, e indicó que serían "de carácter provisorio" hasta tanto la Asamblea Nacional realizase las designaciones o ratificaciones definitivas *de conformidad con la Constitución* (art. 20). Por tanto, la Asamblea Nacional electa en 2000 tenía el mandato Constitucional (tanto en virtud del texto expreso de la Constitución, como en virtud del Régimen Transitorio del 22-12-99 al cual el Tribunal Supremo reconocía rango constitucional) de designar a los magistrados en forma definitiva de conformidad con la Constitución.

Por supuesto, la forma de integración de los Comités de Postulaciones era esencial para que se aplicara la Constitución, por lo que la Asamblea Nacional estaba y está *obligada a llenar el vacío legal*, mediante una legislación que regulase los Comités de Postulaciones. Resultaba inadmisible que la Asamblea Nacional pretendiera legislar, *para no legislar*, como sucedió con la antes mencionada Ley Especial para la Ratificación o Designación de los Funcionarios y Funcionarias del Poder Ciudadano y Magistrados y Magistradas del Tribunal Supremo de Justicia para el primer período constitucional de 14-11-00[164], que violó tanto los artículos 264, 270 y 279 de la Constitución, como los artículos 20 y 33 del Decreto de la Asamblea Nacional Constituyente sobre Régimen de Transición del Poder Público cuyo rango constitucional fue reconocido por el Tribunal Supremo. Estas normas exigían que la Asamblea Nacional, una vez electa, debía realizar las designaciones definitivas de los altos funcionarios "de conformidad con la Constitución".

La referida Ley Especial para la designación de los altos funcionarios públicos del Poder Judicial y del Poder Ciudadano violó la Constitución al no organizar los Comités de Postulaciones que ésta exigía, integrados por representantes de los diversos sectores de la sociedad, y sustituirlos por una Comisión Parlamentaria.

En efecto, la Ley Especial dispuso que la Asamblea Nacional para hacer las designaciones de los mencionados funcionarios públicos, debía designar una "Comisión integrada por 15 diputados o diputadas, que actuará como Comisión de Evaluación de Postulaciones" (art. 3); la cual, una vez instalados sus miembros, debían seleccionar, "a través de mecanismos de consulta, una lista de 12 representantes de los diversos sectores de la sociedad, que presentará ante la Asamblea Nacional para que ésta proceda a designar, por mayoría absoluta, 6 representantes, quienes integrarán la Comisión y actuarán como miembros de la misma, con derecho a voz y voto" (art. 4).

Se dispuso, además, que "para hacer efectivos los principios de publicidad y participación de la ciudadanía", la Comisión debía implementar "dichos mecanismos a través de consultas y participación de las comunidades", para lo cual debía instrumentar "mesas de diálogo donde estén representados los diversos sectores de la sociedad y con las cuales se consultarán y evaluarán las postulaciones recibidas"

164 *G.O.* Nº 37.077 de 14-11-00. Véase en general, Carlos Luis Carrillo Artiles, "El desplazamiento del principio de supremacía constitucional...", *loc. cit.*, p. 86 y ss.

(art. 5). Esos representantes debían ser designados por la Comisión de listas que presentaran "las diversas organizaciones de la ciudadanía interesadas en participar en el proceso" (art. 6).

Las postulaciones recibidas para la designación de los integrantes de los Poderes Públicos Nacionales regulados en la ley debían ser objeto de consulta pública a los efectos de que se presentasen ante el Comité los respaldos u objeciones fundadas (art. 7).

Como resultado del proceso, la Comisión debía elaborar una lista de postulados para ser sometida a la consideración de la Asamblea Nacional, para la designación definitiva (art. 9).

Basta leer dicha Ley Especial para evidenciar su inconstitucionalidad. Fue una burla a la Constitución y constituyó la confiscación del derecho a la participación política garantizado en forma expresa en el Texto Constitucional. Tanto que se ha hablado de participación y de democracia participativa, como supuestamente sustitutiva de democracia representativa, y cuando correspondía hacerla realidad, por primera vez, cumpliendo la Constitución, como implicaba un límite al poder hegemónico, se ignoró.

Como consecuencia de ello, mediante sendos Acuerdos[165] la Asamblea Nacional designó al Fiscal General de la República, al Defensor del Pueblo, al Contralor General de la República y a los Magistrados del Tribunal Supremo de Justicia, sin ajustarse a lo que disponían los artículos 264, 270 y 279 de la Constitución.

La Asamblea Nacional, así, se había burlado de la Constitución, lo que incluso llevó a la Defensora del Pueblo, antes de ser sustituida, a intentar una acción de nulidad por inconstitucionalidad contra la Ley Especial ante la Sala Constitucional del Tribunal Supremo, como antes se ha comentado.

La Asamblea Nacional Constituyente, para proceder a designar a los mencionados altos funcionarios del Estado, por supuesto que tenía que dictar las respectivas leyes orgánicas que exigía la Constitución y llenar el vacío legal existente. Sin embargo, fue la propia Asamblea la que renunció a legislar lo que debía y, en su lugar, "prorrogó" el régimen transitorio por su carencia legislativa, dictando, en lugar de las leyes orgánicas respectivas, la Ley Especial mencionada, que violaba la Constitución.

Lo grave de esta situación fue que el Tribunal Supremo de Justicia legitimó esta omisión del legislador y justificó la violación de la Constitución. En el mencionado auto de la Sala Constitucional de 12 de diciembre de 2000, dictado días antes de la designación por la Asamblea Nacional de los referidos altos funcionarios del Estado, con ocasión de resolver la pretensión de amparo acumulada al recurso de nulidad por inconstitucionalidad de la Ley Especial que había intentado la Defensora del Pueblo[166], la Sala Constitucional señaló que una segunda etapa del sistema constitucional derivado del proceso constituyente:

> Surge a partir de la promulgación de la Constitución de la República Bolivariana de Venezuela, la cual crea una serie de instituciones no previstas en las Cartas Fundamentales anteriores, pero cuyas pautas de funcionamiento no fueron consagradas

---

165 Publicados en *G.O.* N° 37.105 de 22-12-00.

166 Véase en *Revista de Derecho Público*, N° 84, (octubre-diciembre), Editorial Jurídica Venezolana, Caracas, 2000, pp. 108 y ss.

en el texto constitucional, *quedando sujetas a una regulación posterior mediante leyes que dictare la Asamblea Nacional.*

De ello resulta, por tanto, que era indispensable que la Asamblea Nacional dictase tales Leyes Orgánicas para que las nuevas instituciones pudieran entrar definitivamente en funcionamiento. Por ello, la afirmación que de seguidas hizo la misma Sala Constitucional:

> La normalización total de las instituciones nuevas como el Poder Ciudadano y el Tribunal Supremo de Justicia requieren de Leyes Orgánicas que desarrollen el texto constitucional, y mientras ellas no se dicten, las mismas se rigen por dos cuerpos legales coexistentes e integrativos: Decreto sobre el Régimen de Transición de Poder Público y la Constitución de la república Bolivariana de Venezuela, en lo que se complementan.
>
> Por ello, en fallo de esta Sala, de fecha 30 de junio de 2000 (caso Defensoría del Pueblo), la Sala enfatizó que cuando las Leyes Orgánicas respectivas se dictaren, cesaría definitivamente el régimen provisorio que gobierna a las instituciones, actualmente carentes de dichas Leyes especiales, pero mientras tanto, conformaban un solo bloque constitucional el Régimen Transitorio del Poder Público y la Constitución de la república Bolivariana de Venezuela, tal como lo ha apuntado esta Sala en fallos de fecha 14 de marzo y 28 de marzo de 2000.

De manera que el Régimen Transitorio estaría vigente hasta que la Asamblea Nacional dictase las referidas leyes orgánicas, por lo que conforme a la doctrina de la Sala, mientras esas leyes orgánicas no se dictasen, el régimen transitorio y provisorio continuaría indefinidamente. Pero en lugar de exhortar a la Asamblea Nacional a dictar dichas leyes, la Sala lo que hizo fue "legitimar" el contenido de la Ley Especial mencionada que no contenía las regulaciones que debían contener las leyes orgánicas indicadas, aceptando así, la burla a la Constitución[167]. No se debe dejar de mencionar que en la "Exposición de Motivos" que acompañó el Proyecto de Ley Especial, se afirmó como motivación la "falta de disposiciones expresas que regulen la designación de los integrantes del Poder Ciudadano y de los magistrados del Tribunal Supremo de Justicia", (que sólo la Asamblea Nacional podía dictar), constatando que "aun no existen los órganos que han de intervenir en tal designación" (que sólo la Asamblea Nacional podía regular), por lo cual se señalaba que "la Asamblea Nacional debe cubrir el vacío legal".

No se percató la Asamblea Nacional que el vacío legal debía cubrirlo ella misma, no mediante la Ley Especial que violaba la Constitución, sino mediante la sanción, precisamente, de las leyes orgánicas que exigía la Constitución con las cuales se pondría final al régimen provisorio y transitorio. Al renunciar a su obligación, la Asamblea Nacional "prorrogó" dicho régimen, el cual quedó vigente a su antojo, y el Tribunal Supremo así lo avaló, renunciando a su obligación de "asegurar la integridad de la Constitución" (art. 334) y garantizar su "supremacía y efectividad" (art. 335)[168].

---

167 El Director General de la Defensoría del Pueblo, Juan Navarrete, calificó la decisión del Tribunal Supremo de Justicia como un abuso de poder. Véase *El Universal,* Caracas, 14-12-00, p. 1-2.

168 Véase lo expuesto en Alan R. Brewer-Carías, *Golpe de Estado y Proceso Constituyente en Venezuela,* UNAM, México, 2002, pp. 389 y ss.

Esta irregular situación continuó en 2004 cuando al fin la Asamblea Nacional sancionó una Ley Orgánica del Tribunal Supremo de Justicia,[169] aumentando de 20 a 32 el total de Magistrados, pero distorsionando las condiciones constitucionales para su nombramiento y remoción, consolidando el Comité de Postulaciones Judiciales como la referida comisión parlamentaria ampliada, sujeta a la Asamblea. Esta reforma fue criticada por la Comisión Interamericana de Derechos Humanos en su *Informe Anual de 2004*, al decir que carecía "de las salvaguardas necesarias para impedir que otras ramas del Poder Público pudieran minar la independencia del Tribunal."[170]

Después de esa reforma, en todo caso, el proceso de postulación y designación de los Magistrados del Tribunal Supremo, a pesar de ser de la exclusiva competencia del Poder Legislativo, fue completamente controlado por el Poder Ejecutivo, como lo reconoció públicamente el Presidente de la Comisión parlamentaria, al punto de afirmar públicamente, además, que "En el grupo de postulados no hay nadie que vaya actuar contra nosotros."[171] La última manifestación de este control ocurrió, luego de una ilegítima "reforma" de la ley Orgánica del Tribunal Supremo mediante una "reimpresión" por supuesto error material en 2010,[172] con la elección de los Magistrados del Tribunal Supremo a finales de 2010.[173]

---

169 *G. O.* Nº 37.942 del 20 de mayo de 2004.

170 Véase IACHR, *2004 Annual Report* (Follow-Up Report on Compliance by the State of Venezuela with the Recommendations made by the IACHR in its Report on the Situation of Human Rights in Venezuela [2003]), para. 174. Available at http://www.cidh.oas.org/annualrep/2004eng/chap.5b.htm

171 Declaró a la prensa: "Si bien los diputados tenemos la potestad de esta escogencia, el Presidente de la República fue consultado y su opinión fue tomada muy en cuenta." Añadió: "Vamos a estar claros, nosotros no nos vamos a meter autogoles. En la lista había gente de la oposición que cumplen con todos los requisitos. La oposición hubiera podido usarlos para llegar a un acuerdo en las últimas sesiones, pero no quisieron. Así que nosotros no lo vamos a hacer por ellos. En el grupo de postulados no hay nadie que vaya actuar contra nosotros." Véase *El Nacional*, Caracas, 13 de diciembre de 2004. La Comisión Interamericana de Derechos Humanos sugirió en su Informe a la Asamblea General de la OEA para 2004 que "estas normas de la Ley Orgánica del Tribunal Supremo de Justicia habrían facilitado que el Poder Ejecutivo manipulara el proceso de elección de magistrados llevado a cabo durante 2004." Véase Comisión Interamericana de Derechos Humanos, *Informe sobre Venezuela 2004*, párrafo 180.

172 Véanse los comentarios de Víctor Hernández Mendible, "Sobre la nueva reimpresión por "supuestos errores" materiales de la LOTSJ en la *G. O.* Nº 39.522, de 1 de octubre de 2010," y Antonio Silva Aranguren, "Tras el rastro del engaño, en la web de la Asamblea Nacional," publicados en el *Addendum* al libro de Allan R. Brewer-Carías y Víctor Hernández Mendible, *Ley Orgánica del Tribunal Supremo de Justicia de 2010,* Editorial Jurídica Venezolana, Caracas 2010.

173 Con motivo de la designación de Magistrados a finales de 2010, igualmente con personas todas afectas al gobierno, Hildegard Rondón de Sansó expresó: "El mayor de los riesgos que plantea para el Estado la desacertada actuación de la Asamblea Nacional en la reciente designación de los Magistrados del Tribunal Supremo de Justicia, no está solo en la carencia, en la mayoría de los designados de los requisitos constitucionales, sino el haber llevado a la cúspide del Poder Judicial la decisiva influencia de un sector del Poder Legislativo, ya que para diferentes Salas, fueron elegidos cinco parlamentarios" [...] "la configuración del Comité de Postulaciones Judiciales, al cual la Constitución creó como un organismo neutro, representante de los "diferentes sectores de la sociedad" (Art. 271), pero la Ley Orgánica del Tribunal Supremo de Justicia, lo convirtió en forma inconstitucional, en un apéndice del Poder Legislativo. La consecuencia de este grave error era inevitable: los electores eligieron a sus propios colegas, considerando que hacerlo era lo más natural de este mundo y, ejemplo de ello fueron los bochornosos aplausos con que se festejara cada nombramiento." En "*Obiter Dicta*. En torno a una elección," en *La Voce d'Italia*, 14-12-2010.

Ha sido esa configuración del Tribunal Supremo, altamente politizada y sujeta a los designios del Poder Ejecutivo, lo que ha permitido la completa eliminación de la autonomía del Poder Judicial, y por ende, la separación de poderes, permitiendo al gobierno ejercer un control absoluto sobre el Tribunal y en particular, sobre su Sala Constitucional. Ello ha llegado al punto, por ejemplo, de que en algún caso en el cual el Tribunal dictó una absurda sentencia "reformando" la Ley de Impuesto sobre la Renta,[174] el Presidente de la república la criticó, pero no por su absurdo contenido, sino porque se hubiese dictado sin consultar previamente al "líder de la Revolución," advirtiendo a los tribunales que eso de decidir sin que se le consultaran los asuntos, podía considerarse "traición al Pueblo" o a "la Revolución."[175]

Y ha sido mediante el control ejercido sobre del Tribunal Supremo, que en Venezuela es el órgano encargado del gobierno y administración del sistema judicial, que el gobierno ha ejercido un control político sobre la universalidad de las instituciones judiciales, con la cooperación de la hasta 2011 sobreviviente Comisión de Reorganización del Poder Judicial, legitimizada por el propio Tribunal Supremo. Con ello, se hicieron completamente inaplicables las magníficas previsiones constitucionales que buscaban garantizar la independencia y autonomía de los jueces.[176]

---

174 Véase sentencia de la Sala Constitucional, Decisión N° 301 del 27 de febrero de 2007 (Caso: *Adriana Vigilanza y Carlos A. Vecchio*) (Exp. N° 01-2862) en G. O. N° 38.635 del 1 de marzo de 2007. Véanse comentarios en Allan R. Brewer-Carías, "El juez constitucional en Venezuela como legislador positivo de oficio en materia tributaria" en *Revista de Derecho Público* N° 109, Editorial Jurídica Venezolana, Caracas 2007, pp. 193-212, *disponible en* www.allanbrewercarias.com, (Biblioteca Virtual, II.4. Artículos y Estudios N° 508, 2007) pp. 1-36; y Allan R. Brewer-Carías, "De cómo la Jurisdicción constitucional en Venezuela, no sólo legisla de oficio, sino subrepticiamente modifica las reformas legales que "sanciona", a espaldas de las partes en el proceso: el caso de la aclaratoria de la sentencia de Reforma de la Ley de Impuesto sobre la Renta de 2007" en *Revista de Derecho Público* N° 114, Editorial Jurídica Venezolana, Caracas 2008, pp. 267-276, disponible en http://www.brewercarias.com/Content/-449725d9-f1cb-474b-8ab2-41efb849fea8/Content/II.4.575.pdf.

175 "Muchas veces llegan, viene el Gobierno Nacional Revolucionario y quiere tomar una decisión contra algo por ejemplo que tiene que ver o que tiene que pasar por decisiones judiciales y ellos empiezan a moverse en contrario a la sombra, y muchas veces logran neutralizar decisiones de la Revolución a través de un juez, o de un tribunal, o hasta en el mismísimo Tribunal Supremo de Justicia, a espaldas del líder de la Revolución, actuando por dentro contra la Revolución. Eso es, repito, traición al pueblo, traición a la Revolución." Discurso en el Primer Encuentro con Propulsores del Partido Socialista Unido de Venezuela desde el teatro Teresa Carreño, 24 de marzo de 2007, disponible en http://www.minci.gob.ve/alocuciones/4/13788/primer_encuentro_con.html, p. 45.

176 Véase, en general, Allan R. Brewer-Carías, "La progresiva y sistemática demolición de la autonomía e independencia del Poder Judicial en Venezuela (1999-2004)" en *XXX Jornadas J.M Dominguez Escovar, Estado de Derecho, Administración de Justicia y Derechos Humanos*, Instituto de Estudios Jurídicos del Estado Lara, Barquisimeto 2005, pp. 33-174; Allan R. Brewer-Carías, "El constitucionalismo y la emergencia en Venezuela: entre la emergencia formal y la emergencia anormal del Poder Judicial" en Allan R. Brewer-Carías, *Estudios Sobre el Estado Constitucional (2005-2006)*, Editorial Jurídica Venezolana, Caracas 2007, pp. 245-269; y Allan R. Brewer-Carías "La justicia sometida al poder. La ausencia de independencia y autonomía de los jueces en Venezuela por la interminable emergencia del Poder Judicial (1999-2006)" en *Cuestiones Internacionales. Anuario Jurídico Villanueva 2007,* Centro Universitario Villanueva, Marcial Pons, Madrid 2007, pp. 25-57, *disponible en* www.allanbrewercarias.com, (Biblioteca Virtual, II.4. Artículos y Estudios N° 550, 2007) pp. 1-37. Véase también Allan R. Brewer-Carías, *Historia Constitucional de Venezuela*, Editorial Alfa, Tomo II, Caracas 2008, pp. 402-454.

F. *El sistema penitenciario*

El artículo 272, de manera novedosa, establece principios generales sobre el sistema penitenciario, así:

> El Estado garantizará un sistema penitenciario que asegure la rehabilitación del interno o interna y el respeto a sus derechos humanos. Para ello, los establecimientos penitenciarios contarán con espacios para el trabajo, el estudio, el deporte y la recreación, funcionarán bajo la dirección de penitenciaristas profesionales con credenciales académicas universitarias, y se regirán por una administración descentralizada, a cargo de los gobiernos estadales o municipales, pudiendo ser sometidos a modalidades de privatización. En general, se preferirá en ellos el régimen abierto y el carácter de colonias agrícolas penitenciarias. En todo caso las fórmulas de cumplimiento de penas no privativas de la libertad se aplicarán con preferencia a las medidas de naturaleza reclusoria. El Estado creará las instituciones indispensables para la asistencia postpenitenciaria que posibilite la reinserción social del exinterno o exinterna y propiciará la creación de un ente penitenciario con carácter autónomo y con personal exclusivamente técnico.

V. EL PODER CIUDADANO

Otra innovación de la Constitución de 1999 ha sido declarar formalmente como formando parte de la distribución horizontal del Poder Público Nacional, además del Poder Legislativo Nacional, del Poder Ejecutivo Nacional y del Poder Judicial, tanto al Poder Ciudadano como al Poder Electoral (art. 136).

En cuanto al Poder Ciudadano[177], el mismo lo ejercen dos órganos de rango Constitucional con tradición en el país, como la Contraloría General de la República y el Ministerio Público (Fiscalía General de la República) y un órgano nuevo creado por la Constitución de 1999, el Defensor del Pueblo siguiendo la orientación general de los organismos similares creados en toda América Latina[178].

1. *Composición y funciones*

Conforme al artículo 273 de la Constitución los órganos del Poder Ciudadano son la Defensoría del Pueblo, el Ministerio Público y la Contraloría General de la República.

---

177 Véase en general, Roxana Orihuela Gonzatti, "El nuevo Poder Ciudadano", en *El Derecho Público a comienzos del siglo XXI. Estudios homenaje al Profesor Allan R. Brewer-Carías,* Tomo I, Instituto de Derecho Público, UCV, Civitas Ediciones, Madrid, 2003, pp. 933-980; María A. Correa de Baumeister, "El Poder Ciudadano y el Poder Electoral en la Constitución de 1999", en *El Derecho Público a comienzos del siglo XXI. Estudios homenaje al Profesor Allan R. Brewer-Carías,* Tomo I, Instituto de Derecho Público, UCV, Civitas Ediciones, Madrid, 2003, pp. 982-995; José L. Morantes Mago, "El Poder Ciudadano y sus órganos en la Constitución de 1999", en *Revista de Control Fiscal,* N° 142 (enero-abril). Contraloría General de la República, Caracas, 2000, pp. 15-51; Celia Poleo de Ortega, "El Poder Ciudadano en la Constitución venezolana de 1999", en *Revista de Control Fiscal,* N° 143 (mayo-agosto). Contraloría General de la República, Caracas, 2000, pp. 15-46.Alfonso Rivas Quintero, *Derecho Constitucional,* Paredes Editores, Valencia-Venezuela, 2002, pp. 481 y ss.; Ricardo Combellas, *Derecho Constitucional: una introducción al estudio de la Constitución de la República Bolivariana de Venezuela,* Mc Graw Hill, Caracas, 2001, pp. 189 y ss.; y Hildegard Rondón de Sansó, *Análisis de la Constitución venezolana de 1999,* Editorial Ex Libris, Caracas 2001, pp. 245 y ss.

178 Véase Allan R. Brewer-Carías, *Reflexiones sobre el constitucionalismo en América, op. cit.,* pp. 101 y ss.

Estos órganos tienen a su cargo, como atribución común de conformidad con la Constitución y la ley, prevenir, investigar y sancionar los hechos que atenten contra la ética pública y la moral administrativa; velar por la buena gestión y la legalidad en el uso del patrimonio público, el cumplimiento y la aplicación del principio de la legalidad en toda la actividad administrativa del Estado, e igualmente, promover la educación como proceso creador de la ciudadanía, así como la solidaridad, la libertad, la democracia, la responsabilidad social y el trabajo (art. 274).

En todo caso, el Poder Ciudadano es independiente y sus órganos gozan de autonomía funcional, financiera y administrativa. A tal efecto, dentro del presupuesto general del Estado se le debe asignar una partida anual variable.

Su organización y funcionamiento se debe establecer en ley orgánica. En tal sentido, la Asamblea Nacional sancionó en 2001 la Ley Orgánica del Poder Ciudadano[179].

2. *El Consejo Moral Republicano*

A. *La composición*

De acuerdo con el artículo 273 de la Constitución el Poder Ciudadano se ejerce por el Consejo Moral Republicano integrado por el Defensor del Pueblo, el Fiscal General y el Contralor General de la República.

Uno de los titulares de dichos órganos debe ser designado por dicho Consejo como su Presidente por el período de un año, pudiendo ser reelecto (art. 274). El régimen del Consejo Moral Republicano se ha establecido en la Ley Orgánica del Poder Ciudadano de 2001.

B. *Las funciones*

Los representantes del Consejo Moral Republicano deben formular a las autoridades, y funcionarios de la Administración Pública, las advertencias sobre las faltas en el cumplimiento de sus obligaciones legales. De no acatarse estas advertencias, el Consejo Moral Republicano puede imponer las sanciones establecidas en la ley. En caso de contumacia, el Presidente del Consejo Moral Republicano debe presentar un informe al órgano o dependencia al cual esté adscrito el funcionario público, para que esa instancia tome los correctivos de acuerdo con el caso, sin perjuicio de las sanciones a que hubiere lugar en conformidad con la ley (art. 275).

Además, conforme al artículo 278, el Consejo Moral Republicano debe promover todas aquellas actividades pedagógicas dirigidas al conocimiento y estudio de la Constitución, al amor a la patria, a las virtudes cívicas y democráticas, a los valores trascendentales de la República y a la observancia y respeto de los derechos humanos.

En particular, la Ley Orgánica del Poder Ciudadano de 2001 define en su artículo 10, entre otras, las siguientes competencias del Poder Ciudadano:

---

179 *G.O.* N° 37.310 de 25-10-2001. Véase Allan R. Brewer-Carías *et al.*, *Ley Orgánica del Poder Ciudadano. Ley Orgánica del Poder Ciudadano, Ley Orgánica de la Defensoría del Pueblo, Ley Orgánica del Ministerio Público, Ley Orgánica de la Contraloría General de la República,* Editorial Jurídica Venezolana, Caracas 2005

1. Prevenir, investigar y sancionar los hechos que atenten contra la ética pública y la moral administrativa. Conforme al artículo 6 de la Ley se entiende "por ética pública el sometimiento de la actividad que desarrollan los servidores públicos, a los principios de honestidad, equidad, decoro, lealtad, vocación de servicio, disciplina, eficacia, responsabilidad, transparencia y pulcritud; y por moral administrativa, la obligación que tienen los funcionarios, empleados y obreros, de los organismos públicos, de actuar dando preeminencia a los intereses de Estado por encima de los intereses de naturaleza particular o de grupos dirigidos a la satisfacción de las necesidades colectivas".
2. Velar por la buena gestión y la legalidad en el uso del patrimonio público.
3. Velar por el cumplimiento de los principios constitucionales del debido proceso y de la legalidad, en toda la actividad administrativa del Estado.
4. Promover la educación como proceso creador de la ciudadanía, así como las actividades pedagógicas dirigidas al conocimiento y estudio de la Constitución de la República Bolivariana de Venezuela, al amor a la patria, a las virtudes cívicas y democráticas, a los valores trascendentales de la Repú-blica, y a la observancia y respeto de los derechos humanos.
5. Promover la solidaridad, la libertad, la democracia, la responsabilidad social y el trabajo.
8. Efectuar la segunda preselección de los candidatos o candidatas a magistrados o magistrados del Tribunal Supremo de Justicia, la cual será presentada a la Asamblea Nacional.
9. Postular ante la Asamblea Nacional a un miembro principal del Consejo Nacional Electoral y a sus dos suplentes.
10. Calificar las faltas graves que hubieren cometido los magistrados del Tribunal Supremo de Justicia.
11. Intentar por órgano del Ministerio Público las acciones a que haya lugar, para hacer efectiva la responsabilidad de los funcionarios públicos o funcionarias públicas que hayan sido objeto, en ejecución del control parlamentario, de declaración de responsabilidad política por la Asamblea Nacional.
12. Solicitar de los funcionarios públicos o funcionarias públicas la colaboración que requiera para el desempeño de sus funciones, los cuales estarán obligados a prestarla con carácter preferente y urgente, y a suministrar los documentos e informaciones que le sean requeridos, incluidos aquellos que hayan sido clasificados como confidenciales o secretos de acuerdo con la ley.
13. Formular a las autoridades y funcionarios o funcionarias de la Administración Pública las advertencias sobre las faltas en el cumplimiento de sus obligaciones.
14. Imponer a las autoridades y funcionarios o funcionarias de la Administración Pública las sanciones establecidas en la presente Ley.
15. Remitir a los órganos competentes del Estado las denuncias, solicitudes y actuaciones cuyo conocimiento les corresponda, sin perjuicio de la actuación que pudiera tener el Consejo Moral Republicano.
16. Convocar un Comité de Evaluación de Postulaciones del Poder Ciudadano, de acuerdo con lo previsto en la Constitución de la República Bolivariana de Venezuela y en el Capítulo II del Título II de esta Ley.

17. Elegir a su Presidente dentro de los diez (10) días siguientes a la instalación del Consejo. Para los siguientes períodos, dicha elección se realizará al finalizar cada año de gestión.
18. Designar al Secretario Ejecutivo, demás funcionarios o funcionarias y empleados o empleadas de la Secretaría del Consejo Moral Republicano, así como a los asesores y asesoras ad honores que requiera para el mejor desempeño de sus funciones.
19. Dictar las decisiones con ocasión de los procedimientos sancionatorios previstos en esta Ley.
20. Dictar el ordenamiento jurídico interno del Consejo Moral Republicano que sea necesario para el cumplimiento de sus funciones.
21. Aprobar los planes y programas de prevención y promoción educativa elaborados por la Secretaría Permanente del Consejo Moral Republicano.

C. *Los informes anuales*

El Presidente del Consejo Moral Republicano y los titulares de los órganos del Poder Ciudadano deben presentar un informe anual ante la Asamblea Nacional en sesión plenaria. Así mismo, deben presentar los informes que en cualquier momento les sean solicitados por la Asamblea Nacional (art. 276).

Tanto los informes ordinarios como los extraordinarios se deben publicar.

D. *Las obligaciones de colaboración con los órganos del Poder Ciudadano*

El artículo 277 establece, en general, que todos los funcionarios de la Administración Pública están obligados, bajo las sanciones que establezca la ley, a colaborar con carácter preferente y urgente con los representantes del Consejo Moral Republicano en sus investigaciones.

El Consejo está facultado para solicitarles las declaraciones y documentos que consideren necesarios para el desarrollo de sus funciones, incluidos aquellos que hayan sido clasificados o catalogados con carácter confidencial o secreto de acuerdo con la ley.

En todo caso, el Poder Ciudadano sólo puede suministrar la información contenida en documentos confidenciales o secretos mediante los procedimientos que establezca la ley.

3. *El nombramiento y remoción de los titulares de los órganos del Poder Ciudadano*

A los efectos del nombramiento de los titulares de los órganos del Poder Ciudadano por la Asamblea Nacional, el Consejo Moral Republicano debe convocar un Comité de Evaluación de Postulaciones del Poder Ciudadano, que debe estar integrado por representantes de diversos sectores de la sociedad, lo que no ha ocurrido así.[180]

Dicho Comité debe adelantar un proceso público de cuyo resultado se debe obtener una terna por cada órgano del Poder Ciudadano, que debe ser sometida a la con-

---

180 Véase Allan R. Brewer-Carías, "Sobre el nombramiento irregular por la Asamblea Nacional de los titulares de los órganos del poder ciudadano en 2007," en *Revista de Derecho Público*, Nº 113, Editorial Jurídica Venezolana, Caracas 2008, pp. 85-88.

sideración de la Asamblea Nacional que, mediante el voto favorable de las 2/3 partes de sus integrantes, escogerá en un lapso no mayor de treinta días continuos, al titular del órgano del Poder Ciudadano que esté en consideración.

Si concluido este lapso no hay acuerdo en la Asamblea Nacional, el Poder Electoral debe someter la terna a consulta popular.

El artículo 279 dispone, sin embargo, que en caso de no haber sido convocado el Comité de Evaluación de Postulaciones del Poder Ciudadano, la Asamblea Nacional debe proceder, dentro del plazo que determine la ley, a la designación del titular del órgano del Poder Ciudadano correspondiente.

Por último, la misma norma dispone que los integrantes del Poder Ciudadano pueden ser removidos de sus cargos por la Asamblea Nacional, previo pronunciamiento del Tribunal Supremo de Justicia, de acuerdo con lo establecido en la ley.

En cuanto al Comité de Evaluación de Postulaciones del Poder Ciudadano, que debía estar integrado por representantes de diversos sectores de la sociedad, la Asamblea Nacional en 2000 sancionó la mencionada Ley Especial para la Ratificación o Designación de los Funcionarios y Funcionarias del Poder Ciudadano y Magistrados y Magistradas del Tribunal Supremo de Justicia para el primer período constitucional de 14-11-00[181], la cual, en nuestro criterio violó el artículo 279 de la Constitución, que imponía a la Asamblea Nacional, una vez electa, realizar las designaciones definitivas del los integrantes del Poder Ciudadano "de conformidad con la Constitución".

La referida Ley Especial dispuso que la Asamblea Nacional para hacer las designaciones de los mencionados funcionarios públicos, debía designar una "Comisión integrada por 15 diputados o diputadas, que actuará como Comisión de Evaluación de Postulaciones" (art. 3); la cual, una vez instalados sus miembros, debían seleccionar, "a través de mecanismos de consulta, una lista de 12 representantes de los diversos sectores de la sociedad, que presentará ante la Asamblea Nacional para que ésta proceda a designar, por mayoría absoluta, 6 representantes, quienes integrarán la Comisión y actuarán como miembros de la misma, con derecho a voz y voto" (art. 4).

Se dispuso, además, que "para hacer efectivos los principios de publicidad y participación de la ciudadanía", la Comisión debía implementar "dichos mecanismos a través de consultas y participación de las comunidades", para lo cual debía instrumentar "mesas de diálogo donde estén representados los diversos sectores de la sociedad y con las cuales se consultarán y evaluarán las postulaciones recibidas" (art. 5). Esos representantes debían ser designados por la Comisión de listas que presentaran "las diversas organizaciones de la ciudadanía interesadas en participar en el proceso" (art. 6).

Las postulaciones recibidas para la designación de los integrantes del Poder Ciudadano regulados en la ley debían ser objeto de consulta pública a los efectos de que se presentasen ante el Comité los respaldos u objeciones fundadas (art. 7).

Como resultado del proceso, la Comisión debía elaborar una lista de postulados para ser sometida a la consideración de la Asamblea Nacional, para la designación definitiva (art. 9).

---

181 *G.O.* Nº 37.077 de 14-11-00. Véase en general, Carlos Luis Carrillo Artiles, "El desplazamiento del principio de supremacía constitucional...", *loc. cit.*, p. 86 y ss.

Basta leer dicha Ley Especial para evidenciar su inconstitucionalidad. Fue una burla a la Constitución y constituyó la confiscación del derecho a la participación política garantizado en forma expresa en el Texto Constitucional. Como consecuencia de ello, mediante sendos Acuerdos[182] la Asamblea Nacional designó al Fiscal General de la República, al Defensor del Pueblo y al Contralor General de la República sin ajustarse a lo que disponía el artículo 279 de la Constitución. Ello provocó, como se ha dicho, que la Defensora del Pueblo, antes de ser sustituida, intentara una acción de nulidad por inconstitucionalidad contra la Ley Especial ante la Sala Constitucional del Tribunal Supremo, la cual nunca fue decidida.

En todo caso, la Asamblea Nacional sancionó en 2001 la Ley Orgánica del Poder Ciudadano[183], en la cual debió haber llenado el vacío legal que había justificado la llamada transitoriedad constitucional, y proceder a regular detalladamente la forma de integración del Comité de Evaluación de Postulaciones del Poder Ciudadano, para asegurar la participación ciudadana mediante su integración con representantes de diversos sectores de la sociedad. Sin embargo, de nuevo la Asamblea se negó a legislar, estableciendo en el artículo 23 de dicha Ley que los requisitos para la escogencia de los 25 integrantes del Comité "serán establecidos en el Ordenamiento Jurídico Interno del Consejo Moral Republicano", confiscándose de nuevo el derecho ciudadano a la participación política.

4. *La Defensoría del Pueblo*

A. *Competencia*

La Defensoría del Pueblo[184] tiene a su cargo la promoción, defensa y vigilancia de los derechos y garantías establecidos en la Constitución y los tratados internacionales sobre derechos humanos, además de los intereses legítimos, colectivos y difusos de los ciudadanos (art. 280).

La actividad de la Defensoría del Pueblo, en todo caso se debe regir por los principios de gratuidad, accesibilidad, celeridad, informalidad e impulso de oficio (art. 283).

La competencia pública en materia de defensa de los derechos humanos ha sido considerada por la sala Constitucional como exclusiva de Poder Nacional y de la Defensoría del Pueblo, razón por la cual en sentencia N° 1182 de 11 de octubre de 2000 anuló las normas de la Constitución del Estado Mérida que había creado la figura del "Defensor de los Derechos"[185], y en sentencia N° 1395 de 7 de agosto de 2001 anuló las normas de la Constitución del Estado Aragua que había creado la figura del "Defensor del Pueblo de Aragua"[186].

---

182 Publicados en *G.O.* N° 37.105 de 22-12-00.

183 *G.O.* N° 37.310 de 25 de octubre de 2001.

184 Véase en general, Gustavo Briceño Vivas, "El Defensor del Pueblo en la nueva Constitución. Análisis y crítica", en *Revista de Derecho Público,* N° 82 (abril-junio). Editorial Jurídica Venezolana, Caracas, 2000, pp. 57-69; Jesús M. Casal H., "La Defensoría del Pueblo en Venezuela", en *Revista de Derecho Constitucional,* N° 3 (julio-diciembre). Editorial Sherwood, Caracas, 2000, pp. 345-358.

185 Véase en *Revista de Derecho Público*, N° 84, (octubre-diciembre), Editorial Jurídica Venezolana, Caracas, 2000, pp. 177 y ss.

186 Véase en *Revista de Derecho Público*, N° 85-88, Editorial Jurídica Venezolana, Caracas, 2001, pp. 192 y ss.

B. *El Defensor del Pueblo*

a. *La designación y el período*

La Defensoría del Pueblo actúa bajo la dirección y responsabilidad del Defensor del Pueblo, quien debe ser designado por la Asamblea por un único período de siete años (art. 280). Esto implica que no puede ser reelecto.

b. *Las condiciones*

Para ser Defensor del Pueblo conforme al artículo 280 de la Constitución, se requiere ser venezolano, mayor de treinta años. Sin embargo, el artículo 41 de la Constitución exige la nacionalidad venezolana por nacimiento y sin otra nacionalidad.

Además, para ocupar este cargo la Constitución exige que el designado tenga manifiesta y demostrada competencia en materia de derechos humanos y cumplir con las exigencias de honorabilidad, ética y moral que establezca la ley.

Las faltas absolutas y temporales del Defensor del Pueblo deben ser cubiertas de acuerdo con lo dispuesto en la ley.

c *Las atribuciones*

El artículo 281 precisa las siguientes atribuciones del Defensor del Pueblo:

1. Velar por el efectivo respeto y garantía de los derechos humanos consagrados en esta Constitución y en los tratados, convenios y acuerdos internacionales sobre derechos humanos ratificados por la República, investigando de oficio o a instancia de parte las denuncias que lleguen a su conocimiento.
2. Velar por el correcto funcionamiento de los servicios públicos, amparar y proteger los derechos e intereses legítimos, colectivos y difusos de las personas, contra las arbitrariedades, desviaciones de poder y errores cometidos en la prestación de los mismos, interponiendo cuando fuere procedente las acciones necesarias para exigir al Estado el resarcimiento a los administrados de los daños y perjuicios que les sean ocasionados con motivo del funcionamiento de los servicios públicos.

   Interponer las acciones de inconstitucionalidad, amparo, habeas corpus, habeas data y las demás acciones o recursos necesarios para ejercer las atribuciones señaladas en los numerales anteriores, cuando fuere procedente de conformidad con la ley.
4. Instar al Fiscal o Fiscala General de la República para que intente las acciones o recursos a que hubiere lugar contra los funcionarios públicos o funcionarias públicas, responsables de la violación o menoscabo de los derechos humanos.
5. Solicitar al Consejo Moral Republicano que adopte las medidas a que hubiere lugar respecto de los funcionarios públicos o funcionarias públicas responsables por la violación o menoscabo de los derechos humanos.
6. Solicitar ante el órgano competente la aplicación de los correctivos y las sanciones a que hubiere lugar por la violación de los derechos del público consumidor y usuario, de conformidad con la ley.

7. Presentar ante los órganos legislativos municipales, estadales o nacionales, proyectos de ley u otras iniciativas para la protección progresiva de los derechos humanos.
8. Velar por los derechos de los pueblos indígenas y ejercer las acciones necesarias para su garantía y efectiva protección.
9. Visitar e inspeccionar las dependencias y establecimientos de los órganos del Estado, a fin de prevenir o proteger los derechos humanos.

   Formular ante los órganos correspondientes las recomendaciones y observaciones necesarias para la mejor protección de los derechos humanos, para lo cual desarrollará mecanismos de comunicación permanente con órganos públicos o privados, nacionales e internacionales, de protección y defensa de los derechos humanos.
11. Promover y ejecutar políticas para la difusión y efectiva protección de los derechos humanos.

d. *La inmunidad*

El Defensor del Pueblo conforme al artículo 282, goza de inmunidad en el ejercicio de sus funciones y, por lo tanto, no puede ser perseguido, detenido, ni enjuiciado por actos relacionados con el ejercicio de sus funciones. En todo caso del enjuiciamiento del Defensor del Pueblo conocerá de manera privativa el Tribunal Supremo de Justicia.

C. *El régimen legal*

El artículo 283 de la Constitución remite a la ley para determinar lo relativo a la organización y funcionamiento de la Defensoría del Pueblo en el ámbito municipal, estadal, nacional, y especial. La Ley Orgánica de la defensoría del Pueblo se dictó en 2004. [187]

5. *El Ministerio Público*

A. *El Fiscal General de la República*

Conforme al Artículo 284, el Ministerio Público está bajo la dirección y responsabilidad del Fiscal General de la República, quien ejerce sus atribuciones directamente con el auxilio de los funcionarios que determine la ley.

Para ser Fiscal General de la República se requieren las mismas condiciones de elegibilidad de los magistrados del Tribunal Supremo de Justicia. El Fiscal General de la República debe ser designado para un período de siete años.

B. *Las atribuciones*

El artículo 285 define como atribuciones del Ministerio Público, las siguientes:

1. Garantizar en los procesos judiciales el respeto de los derechos y garantías constitucionales, así como de los tratados, convenios y acuerdos internacionales suscritos por la República.

---

187 Véase en *G.O.* Nº 37.995 del 5 de agosto de 2004.

2. Garantizar la celeridad y buena marcha de la administración de justicia, el juicio previo y el debido proceso.
3. Ordenar y dirigir la investigación penal de la perpetración de los hechos punibles para hacer constar su comisión con todas las circunstancias que puedan influir en la calificación y responsabilidad de los autores o las autoras y demás participantes, así como el aseguramiento de los objetos activos y pasivos relacionados con la perpetración.
4. Ejercer en nombre del Estado la acción penal en los casos en que para intentarla o proseguirla no fuere necesario instancia de parte, salvo las excepciones establecidas en la ley.
5. Intentar las acciones a que hubiere lugar para hacer efectiva la responsabilidad civil, laboral, militar, penal, administrativa o disciplinaria en que hubieren incurrido los funcionarios o funcionarias del sector público, con motivo del ejercicio de sus funciones.
6. Las demás que le atribuyan esta Constitución y la ley

Sin embargo, estas atribuciones no menoscaban el ejercicio de los derechos y acciones que corresponden a los particulares o a otros funcionarios de acuerdo con la Constitución y la ley.

C. *El régimen legal*

El Artículo 286 de la Constitución también remite a la ley para determinar lo relativo a la organización y funcionamiento del Ministerio Público en el ámbito municipal, estadal y nacional, la cual debe, además, proveer lo conducente para asegurar la idoneidad, probidad y estabilidad de los fiscales del Ministerio Público. Asimismo, la ley debe establecer las normas para garantizar un sistema de carrera para el ejercicio de su función. El régimen del Ministerio Público está establecido en la Ley Orgánica del Ministerio Público de 2007[188].

6. *La Contraloría General de la República*

A. *Carácter*

La Contraloría General de la República es el órgano de control, vigilancia y fiscalización de los ingresos, gastos, bienes públicos y bienes nacionales, así como de las operaciones relativas a los mismos. Goza de autonomía funcional, administrativa y organizativa, y orienta su actuación a las funciones de inspección de los organismos y entidades sujetas a su control (art. 287)[189]. En 2001 se ha sancionado la Ley N° 59, sobre Ley Orgánica de la Contraloría General de la República y del Sistema Nacional de Control Fiscal[190].

B. *El Contralor General de la República*

Conforme al artículo 288, la Contraloría General de la República está bajo la dirección y responsabilidad del Contralor General de la República, quien debe ser

188 Véase la Ley Orgánica del Ministerio Público, en *G.O.* N° 38.647 de 19-03-2007.

189 Véase José Ignacio, Hernández G., "La Contraloría General de la República", *Revista de Derecho Público,* N° 83 (julio-septiembre), Editorial Jurídica Venezolana, Caracas 2000, pp. 21-38.

190 *G.O.* N° 37.347 del 17 de diciembre de 2001.

venezolano, mayor de treinta años y con probada aptitud y experiencia para el ejercicio del cargo. Sin embargo, el artículo 41 de la Constitución exige para ser Contralor la nacionalidad venezolana por nacimiento sin otra nacionalidad.

El Contralor General de la República también debe ser designado para un período de siete años (art. 288).

C. *Las atribuciones*

Son atribuciones de la Contraloría General de la República, conforme al artículo 289 de la Constitución, las siguientes:

1. Ejercer el control, la vigilancia y fiscalización de los ingresos, gastos y bienes públicos, así como las operaciones relativas a los mismos, sin perjuicio de las facultades que se atribuyan a otros órganos en el caso de los Estados y Municipios, de conformidad con la ley.
2. Controlar la deuda pública, sin perjuicio de las facultades que se atribuyan a otros órganos en el caso de los Estados y Municipios, de conformidad con la ley.
3. Inspeccionar y fiscalizar los órganos, entidades y personas jurídicas del sector público sometidos a su control; practicar fiscalizaciones, disponer el inicio de investigaciones sobre irregularidades contra el patrimonio público, así como dictar las medidas, imponer los reparos y aplicar las sanciones administrativas a que haya lugar de conformidad con la ley.
4. Instar al Fiscal o Fiscala de la República a que ejerzan las acciones judiciales a que hubiere lugar con motivo de las infracciones y delitos cometidos contra el patrimonio público y de los cuales tenga conocimiento en el ejercicio de sus atribuciones.
5. Ejercer el control de gestión y evaluar el cumplimiento y resultado de las decisiones y políticas públicas de los órganos, entidades y personas jurídicas del sector público sujetos a su control, relacionadas con sus ingresos, gastos y bienes.
6. Las demás que le atribuyan esta Constitución y la ley.

D. *El régimen legal*

La ley es la que debe determinar lo relativo a la organización y funcionamiento de la Contraloría General de la República y del sistema nacional de control fiscal (art. 290). A tal efecto la Asamblea Nacional ha sancionado la Ley Orgánica de la Contraloría General de la República y del Sistema Nacional de Control Fiscal[191], la cual en su artículo 9, sujeta a sus disposiciones y al control, vigilancia y fiscalización de la Contraloría General de la República, a los siguientes órganos y entidades:

1. Los órganos y entidades a los que incumbe el ejercicio del poder público nacional.
2. Los órganos y entidades a los que incumbe el ejercicio del poder público estadal.

---

191 *G.O.* N° 37.347 del 17 de Diciembre de 2001.

3. Los órganos entidades a los que incumbe el ejercicio del poder público en los distritos y distritos metropolitanos.
4. Los órganos y entidades a los que incumbe el ejercicio del poder público municipal y en las demás entidades locales previstas en la Ley Orgánica de Régimen Municipal.
5. Los órganos y entidades a los que incumbe el ejercicio del poder público en los territorios federales y dependencias federales.
6. Los institutos autónomos nacionales, estadales, distritales y municipales.
7. El Banco Central de Venezuela.
8. Las universidades públicas.
9. Las demás personas de derecho público nacionales, estadales, distritales y municipales.
10. Las sociedades de cualquier naturaleza en las cuales las personas a que se refieren los numerales anteriores tengan participación en su capital social, así como las que se constituyan con la participación de aquéllas.
11. Las fundaciones y asociaciones civiles y demás instituciones creadas con fondos públicos, o que sean dirigidas por las personas a que se refieren los numerales anteriores, o en las cuales tales personas designen sus autoridades, o cuando los aportes presupuestarios o contribuciones efectuados en un ejercicio presupuestario por una o varias de las personas a que se refieren los numerales anteriores representen el cincuenta por ciento (50%) o más de su presupuesto.
12. las personas naturales o jurídicas que sean contribuyentes o responsables, de conformidad con lo previsto en el Código Orgánico Tributario, o que en cualquier forma contraten, negocien o celebren operaciones con cualesquiera de los organismos o entidades mencionadas en los numerales anteriores, o que reciban aportes, subsidios, otras transferencias o incentivos fiscales, o que en cualquier forma intervengan en la administración, manejo o custodia de recursos públicos.

E. *El régimen de la Contraloría General de la Fuerza Armada Nacional*

En el Capítulo relativo a la Contraloría General de la República se consagra expresamente la existencia de la Contraloría General de la Fuerza Armada, así:

> *Artículo 291:* La Contraloría General de la Fuerza Armada es parte integrante del sistema nacional de control. Tendrá a su cargo la vigilancia, control y fiscalización de los ingresos, gastos y bienes públicos afectos a la Fuerza Armada Nacional y sus órganos adscritos, sin menoscabo del alcance y competencia de la Contraloría General de la República. Su organización y funcionamiento lo determinará la ley respectiva y estará bajo la dirección y responsabilidad del Contralor o Contralora General de la Fuerza Armada quien será designado mediante concurso de oposición.

VI. EL PODER ELECTORAL

Otra innovación de la Constitución de 1999 fue elevar al rango constitucional al órgano de control electoral, como órgano del Poder Electoral, el cual conforme a la Constitución de 1961 (art. 113) sólo tenía rango legal. La misión esencial de los órganos del Poder Electoral es el garantizar la igualdad, confiabilidad, imparcialidad, transparencia y eficiencia de los procesos electorales, así como la aplicación de la personalización del sufragio y la representación proporcional (art. 293)[192]. En 2002 se sancionó la Ley Orgánica del Poder Electoral[193]

El artículo 292 dispone que el Poder Electoral se ejerce por el Consejo Nacional Electoral como ente rector y, como organismos subordinados a éste, la Junta Electoral Nacional, la Comisión de Registro Civil y Electoral y la Comisión de Participación Política y Financiamiento, con la organización y el funcionamiento que establece Ley Orgánica del Poder Electoral de 2002[194]

1. *Las atribuciones*

A. *La enumeración constitucional*

Las funciones del Poder Electoral se definen en el artículo 293 de la Constitución así:

1. Reglamentar las leyes electorales y resolver las dudas y vacíos que éstas susciten o contengan.
2. Formular su presupuesto, el cual tramitará directamente ante la Asamblea Nacional y administrará autónomamente.
3. Emitir directivas vinculantes en materia de financiamiento y publicidad político-electorales y aplicar sanciones cuando no sean acatadas.
4. Declarar la nulidad total o parcial de las elecciones.
5. La organización, administración, dirección y vigilancia de todos los actos relativos a la elección de los cargos de representación popular de los poderes públicos, así como de los referendos.
6. Organizar las elecciones de sindicatos, gremios profesionales y organizaciones con fines políticos en los términos que señale la ley. Así mismo, podrán organizar procesos electorales de otras organizaciones de la sociedad civil a solicitud de éstas, o por orden de la Sala Electoral del Tribunal Supremo de Justicia. Las corporaciones, entidades y organizaciones aquí referidas cubrirán los costos de sus procesos eleccionarios.
7. Mantener, organizar, dirigir y supervisar el Registro Civil y Electoral.
8. Organizar la inscripción y registro de las organizaciones con fines políticos y velar porque éstas cumplan las disposiciones sobre su régimen establecidas en

---

192 Véase María A. Correa de Baumeister, "El Poder Ciudadano y el Poder Electoral en la Constitución de 1999", en *El Derecho Público a comienzos del siglo XXI. Estudios homenaje al Profesor Allan R. Brewer-Carías,* Tomo I, Instituto de Derecho Público, UCV, Civitas Ediciones, Madrid, 2003, pp. 982-995; Rafael Méndez García, "Estudio del Poder Electoral (controles)", en *Bases y principios del sistema constitucional venezolano (Ponencias del VII Congreso Venezolano de Derecho Constitucional realizado en San Cristóbal del 21 al 23 de Noviembre de 2001),* Volumen II, pp. 355-383; Alfonso Rivas Quintero, *Derecho Constitucional,* Paredes Editores, Valencia-Venezuela, 2002, pp. 517 y ss.; Ricardo Combellas, *Derecho Constitucional: una introducción al estudio de la Constitución de la República Bolivariana de Venezuela,* Mc Graw Hill, Caracas, 2001, pp. 203 y ss; e Hildegard Rondón de Sansó, *Análisis de la Constitución venezolana de 1999,* Editorial Ex Libris, Caracas, 2001, pp. 265 y ss.

193 *G.O.* N° 37.573 del 19 de noviembre de 2002.

194 *G.O.* N° 37.573 del 19 de noviembre de 2002.

la Constitución y la ley. En especial, decidirá sobre las solicitudes de constitución, renovación y cancelación de organizaciones con fines políticos, la determinación de sus autoridades legítimas y sus denominaciones provisio-nales, colores y símbolos.

9. Controlar, regular e investigar los fondos de financiamiento de las organizaciones con fines políticos.

B. *El registro civil*

Una de las innovaciones constitucionales en cuanto a las competencias del Poder Electoral fue la de establecer la relativa a "mantener, organizar, dirigir y supervisar el Registro Civil y Electoral (ord. 7)", lo que sin embargo no implica que sea sólo ese Poder el que tenga facultad para llevarlo en su totalidad. Así lo ha determinado la Sala Constitucional del Tribunal Supremo en sentencia N° 2651 de 2 de octubre de 2003, en la cual precisó que la competencia en la materia debe distribuirse así:

> -Todo lo relativo al manejo de libros y realización de los asientos corresponderá a las autoridades que determine el Código Civil, sea la primera autoridad civil o aquéllas que, por excepción, hagan sus veces. Quedan excluidos de poder en esta materia los Concejos Municipales, salvo en el aspecto ya indicado en el fallo, y los Registradores Principales.
>
> -En la oportunidad en que corresponda según el Código, las autoridades competentes para llevar los libros deberán remitirlos a los Jueces de Primera Instancia en lo Civil, en cumplimento estricto de las formas que ordena ese Código.
>
> -Cumplida la labor judicial, esos mismos libros deben ir a la Comisión del Registro Civil y Electoral, parte del Poder Electoral, único con competencia para llevar el registro central.
>
> -En ejercicio de esa competencia, además, dicha Comisión puede ejercer las facultades que establece la Ley Orgánica del Poder Electoral y los Alcaldes, como primeras autoridades civiles de los Municipios, deben mantener permanentemente informados a la Comisión, para que ésta pueda efectivamente cumplir con su cometido constitucional.
>
> -El resto de los órganos con competencia en materia de registro civil y electoral a los que se refiere la Ley Orgánica del Poder Electoral cumplirán las funciones que ese texto les atribuye.

Por lo expuesto, esta Sala enumera las siguientes conclusiones, para dar respuestas a las interrogantes de los recurrentes:

1. A partir de la Constitución de 1999, el Registro Civil y Electoral, como registro único, es competencia del Poder Electoral, a través de la Comisión de Registro Civil y Electoral, a tenor de lo dispuesto en sus artículos 292 y 293, numeral 7.
2. Ahora bien, sin eliminar esa atribución, reconocida de manera expresa por el Texto Fundamental, que no la concede a ningún otro órgano, el legislador puede válidamente regular la manera como se llevará efectivamente ese Registro, es decir, la forma como se harán los asientos correspondientes a los diferentes aspectos de relevancia sobre el estado de las personas.

3. Para ello, bien puede mantener el sistema tradicional o instaurar uno nuevo. Actualmente ha escogido lo primero, según se ha indicado, por lo que los libros del Registro Civil corresponde llevarlos a la primera autoridad civil de los Municipios, quien deberá actuar de conformidad con el Código Civil y la Ley Orgánica para la Protección del Niño y del Adolescente.
4. Como la primera autoridad civil de un Municipio es el Alcalde, de acuerdo con el artículo 174 de la Constitución, es él quien debe llevar los registros correspondientes, y ya no los Prefectos ni Jefes Civiles, antiguas primeras autoridades de Municipios y parroquias. Ello, sin perjuicio de las reglas para casos especiales que fijó el Código Civil.
5. Esa primera autoridad civil de los municipios, si bien anteriormente tenía el control total del Registro Civil, ahora debe actuar sólo como colaborador con el órgano que constitucionalmente tiene el poder de centralización del Registro: la Comisión de Registro Civil y Electoral, por lo que debe atenerse a lo que, al respecto, dispone la Ley Orgánica del Poder Electoral.
6 En consecuencia, los Estados, quienes los llevaban por medio de Prefectos y Jefes Civiles el Registro Civil, deben entregar los Libros respectivos -aquéllos que regula el Código Civil- a los Alcaldes, quienes, en lo sucesivo, actuarán de la manera como antes los hacían Prefectos y Jefes Civiles. Ello no excluye, según lo indicado, la competencia para que otros funcionarios, en los casos expresamente ordenados por la ley, lleven libros especiales, tales como los de matrimonios en Concejos Municipales o ante otros funcionarios habilitados para presenciar esos actos. En todo caso, todos esos Libros pasan a ser centralizados por el Poder Electoral, y no deben ser entregados a los Registros Principales, pues las disposiciones al respecto se encuentran derogadas por la Constitución.
7. Está parcialmente derogado el artículo 447 del Código Civil, en lo que se refiere al establecimiento de un poder a cargo de los Concejos Municipales respecto del control de los libros de nacimientos, matrimonios y defunciones. De esta manera, no son los Concejos Municipales los que entregarán ahora a los Alcaldes los Libros respectivos. Además, esos Libros no necesitan ir firmados por el Presidente del Concejo Municipal, que no es otro que el propio Alcalde. En la actualidad los libros deben provenir de la Comisión de Registro Civil y Electoral y estar firmados por su Director. Por supuesto, ello no incluye el caso de los libros que ya están iniciados, preparados conforme a la normativa previa.
8. Los Alcaldes, recibidos los actuales Libros -que les entregarán los Estados, una vez recuperados de Prefectos y Jefes Civiles-, deberán de inmediato poner en conocimiento a la Comisión de Registro Civil y Electoral de toda la información contenida en ellos. Esa información deberá ser procesada por la referida Comisión y mantenerse continuamente actualizada, de manera de que no haya disparidad entre la información que reposa en los Libros que llevan los Alcaldes y la que mantiene la Comisión de Registro Civil y Electoral.

Esta Sala, en virtud de que el presente fallo fija una interpretación vinculante de normas constitucionales, ordena publicarlo en la Gaceta Oficial de la República Bolivariana de Venezuela, por razones de seguridad jurídica, los efectos de la decisión comenzaran a surgir a partir de esa publicación, con lo que esta Sala reconoce expresamente la validez de los actos registrales realizados con anterioridad por prefectos y jefes civiles[195].

C. *La organización de las elecciones de organismos de la sociedad civil*

Otra de las innovaciones constitucionales de importancia al regular el Poder Electoral, fue la atribución de la competencia para "organizar las elecciones de sindicatos, gremios profesionales y organizaciones con fines políticos en los términos que señale la ley", sí como la de poder "organizar procesos electorales de otras organizaciones de la sociedad civil a solicitud de éstas, o por orden de la Sala Electoral del Tribunal Supremo de Justicia" (art. 293,6).

Tal como lo ha señalado la referida Sala Electoral en sentencia Nº 43 de 10-05-2000:

> La creación del Poder Electoral no sólo tiene justificación por la atribución que le ha sido conferida de controlar y garantizar la organización, administración, dirección y vigilancia de los procesos electorales para la elección de los cargos públicos, aun cuando ello constituye gran parte de sus funciones, sino que, además, su creación se justifica en la medida que se le ha atribuido competencia para la organización de los procesos electorales de agrupaciones de la sociedad, destinados a la elección de cargos de representación popular, pues se ha reconocido irrestrictamente a la sociedad civil la posibilidad de asociarse y constituirse a través de distintas formas que aseguren la participación ciudadana de una forma organizada, como espacios creados para la defensa de intereses a veces no solo de sus miembros sino también de la comunidad, constituyéndose en expresión de un sistema asociativo que procura la realización de un objetivo común, en cuya organización se prevé la elección de autoridades que rigen los destinos de tales asociaciones y en el que el Estado como interesado debe garantizar el respeto de la manifestación de voluntad de sus integrantes, como máxima expresión del sistema democrático"[196].

Ahora bien precisamente con base en esa disposición constitucional (art. 293,6), la Sala Electoral del Tribunal Supremo de Justicia ha decidido numerosos casos en los cuales ha intervenido en el funcionamiento interno de diversas asociaciones civiles, en general, sin fines de lucro. Así ha sucedido por ejemplo, respecto de las asociaciones de vecinos, mediante la sentencia Nº 61 de 29-05-01 (Caso: *Asociación de Residentes de la Urbanización La Trinidad*)[197], en la cual la Sala consideró, que se trataba de una organización "que el mismo texto constitucional alude implícitamente como "sociedad civil", pudiendo solicitar al Consejo Nacional Electoral su intervención para organizar sus elecciones."

También ha sucedido respecto de los Clubes sociales, como se ha resuelto en sentencia de 01-11-2000[198], (Caso: *Asociación Civil Club Campestre Paracotos*), en la cual la Sala, al conocer de acción de amparo constitucional contra el Reglamento Electoral dictado por la Comisión Electoral de dicho Club, consideró que el mismo era una sociedad "comprendida entre aquellas organizaciones que el mismo texto

195 Interpretación de los artículos 292 y 293, numeral 7.

196 Véase Exp. 0043.

197 Exp. 000064.

198 Exp. 0115.

constitucional refiere de la "sociedad civil" y que como entes de carácter estatutario, constituidos libremente por sus miembros, pueden darse su organización, normativa y gobierno, con las garantías constitucionales debidas que permitan su participación directa en las decisiones que le interesan a todos sus integrantes y entre ellas, la escogencia de sus autoridades a través de sistemas democráticos de participación, pudiendo, de acuerdo a lo previsto en el artículo 293, numeral 6 de la Constitución de la República Bolivariana de Venezuela, solicitar al Consejo Nacional Electoral su intervención para organizar sus elecciones".

En cuanto a otras asociaciones civiles como son las de empresas de carácter industrial o comercial, constituidas como "Cámaras", la Sala Electoral, en sentencia N° 18[199], de 15-02-01 (Caso: *Cámara de Comercios e Industrias del Estado Aragua*), consideró que la Asociación Civil "Cámara de Comercios e Industrias del Estado Aragua" en virtud de sus objetivos de "impulsar el desarrollo económico y el progreso social de la región propiciando el esfuerzo conjunto de los sectores que la integran", así como "la defensa y el fortalecimiento de la libre iniciativa y la libertad de empresa", constituye un mecanismo de participación indirecta -en lo económico y social- de un sector de la ciudadanía (comerciantes e industriales) en la vida societaria nacional, por lo que "aun teniendo la referida Asociación Civil una naturaleza jurídica de derecho privado, sus fines trascienden al mero interés particular". Por ello, la Sala consideró que era "procedente incluirla como una de las organizaciones de la "sociedad civil" enunciadas implícitamente en el artículo 293, numeral 6 de la Constitución, a los fines contenidos en dicha norma", razón por la cual declaró su competencia para conocer de la impugnación de los actos electoral dictados por dicha Cámara "independientemente de la naturaleza del ente del cual emanan los mismos"[200].

Pero en otros casos más emblemáticos, la Sala Electoral ha admitido la intervención obligatoria del Consejo Nacional Electoral en los procesos eleccionarios de asociaciones civiles de profesores universitarios, como la de la Universidad Central de Venezuela, dándole el mismo tratamiento que a los Colegios Profesionales, que son los gremios profesionales creados por ley al establecerse la colegiación obligatoria para el ejercicio de una profesión liberal. En efecto, en sentencia de 19-05-2000, N° 52, la Sala hizo interpretó lo que la Constitución quiso identificar al referirse a los "gremios profesionales" en la norma constitucional del artículo 293,6, a los efectos de "dilucidar sí efectivamente la Asociación de Profesores de la Universidad Central de Venezuela, debió ser considerada como gremio profesional y en consecuencia ser objeto de regulación por dichas disposiciones"[201].

Para ello, la Sala partió de la consideración de que si bien no existe en nuestro ordenamiento jurídico una definición predeterminada de gremios profesionales, consideró que cuando nuestra legislación ha empleado tal expresión, lo ha hecho atendiendo a la definición de Manuel Osorio, *Diccionario de Ciencias Jurídicas, Políticas y Sociales*, como "un conjunto de personas que desempeñan un mismo

199 Exp. 000017.

200 . Esta jurisprudencia fue ratificada por la misma Sala, según sentencia N° 162, Exp. 2002-000077 de 17-10-02 (Caso: *Cámara de Comercio e Industrias del Estado Bolívar*).

201 Exp. 0038. Véase en *Revista de Derecho Público*, N° 82, (abril-junio), Editorial Jurídica Venezolana, Caracas, 2000, pp. 232 y ss.

oficio o profesión, y que se aúnan para defender sus intereses comunes y lograr mejoras también de carácter común". La Sala concluyó, después de hacer referencia al sentido medieval del término, que los gremios fueron y son aún, "instituciones constituidas por el acuerdo autónomo, libre de los individuos que tienen el mismo oficio o que ejercen idéntica profesión, que no pueden ser vistas en un solo orden, pues su contenido, constitución, organización, atribuciones y características varían, en atención al ordenamiento jurídico de cada país y a la voluntad autónoma de sus asociados que deciden constituirlo".

La Asociación de Profesores de la Universidad Central de Venezuela, recurrente en ese caso, había argumentado que la expresión "gremio profesional" utilizada en la Constitución sólo identificaba a los Colegios Profesionales, ante lo cual la Sala señaló:

> Si bien los hoy conocidos Colegios Profesionales, revisten el carácter gremial, ellos no resultan su única expresión, dado que también puede comprender otras asociaciones que sin ser creadas por disposición expresa de la ley, como es el caso de los Colegios Profesionales, lo son aun cuando hayan sido creadas bajo formas del derecho civil, que cumplen el mismo fin. Lo fundamental para que determinadas asociaciones se les reconozca el carácter gremial, no es su forma de constitución, pues no hay una sola, sino los fines de la asociación, los cuales deben abarcar a todos sus integrantes vinculados entre sí por la misma profesión u oficio.
>
> Considera necesario esta Sala destacar que resulta incorrecto establecer una sinonimia entre los términos "gremios profesionales" y "colegios profesionales". Debe entenderse que el primero está signado por su condición de género y, el segundo constituye una especie de aquél, es decir, el concepto de gremio profesional no se agota en el de colegios profesionales, antes bien, éste sólo abarca una parcela de aquél. Por tal razón, cuando los textos normativos aluden a la noción de gremios profesionales no debe considerarse que está regulando únicamente a los colegios profesionales, debe entenderse al vocablo gremio en su sentido lato. Así lo evidencia el propio texto Constitucional al referirse a una modalidad específica de los gremios profesionales en su artículo 105 al señalar: "La ley determinará las profesiones que requieren título y las condiciones que deben cumplirse para ejercerlas, incluyendo la colegiación".

En virtud de lo anterior, la Sala concluyó señalando que cuando la Constitución en su artículo 293, 6 se refiere a la competencia del Poder Electoral para organizar las elecciones, entre otros de los "gremios profesionales", está "haciendo alusión no exclusivamente a los Colegios Profesionales, sino además a aquel conjunto de personas que en su condición de profesionales, se aúnan para defender sus intereses comunes y lograr mejoras también de carácter común, independientemente de que su conformación no sea por disposición expresa de la ley, sino por acuerdo común de sus integrantes, bajo una forma de derecho privado". Dentro de ellas, la Sala Electoral precisamente incluyó a las asociaciones que se establecen en el seno de las Universidades, conformadas por los profesionales en diversas disciplinas o áreas del conocimiento que integran la institución en su condición de docentes, en la que no participan personas que no tengan tal carácter. En el caso de la Asociación de Profesores de la Universidad Central de Venezuela, la Sala señaló que aun cuando fue "constituida bajo la forma jurídica de una asociación civil sin fines de lucro, conforme al derecho civil, su objetivo ha sido orientado por el respeto de sus integrantes en el ámbito universitario, como dependientes directos de esa Casa de Estudios, bajo una misma condición: *profesor* y que de acuerdo a su Acta Constitutiva y sus estatutos cumple un papel fundamental de interés común a sus asociados, como lo es la lucha por la dignidad, el bienestar, la protección social, la estabilidad y el escalafón de todo el profesorado universitario, es decir, la obtención de beneficios específicos en el ámbito laboral"; la misma desempeña actividades de carácter gremial, constituyendo por tanto, un gremio profesional, razón por la cual "por disposición constitucional le compete al Consejo Nacional Electoral, organizar" sus procesos comiciales para las elecciones de sus autoridades directivas. En definitiva, la Sala Electoral concluyó señalando que "la Asociación de Profesores de la Universidad Central de Venezuela (APUCV) es un gremio profesional, que sin perder su condición de asociación civil sin fines de lucro, se encuentra sometida, cuando realiza procesos eleccionarios, a la normativa dictada por el Poder Electoral"[202].

2. *La independencia y autonomía*

El artículo 294 establece que los órganos del Poder Electoral se rigen por los principios de independencia orgánica, autonomía funcional y presupuestaria, despartidización de los organismos electorales, imparcialidad y participación ciudadana; descentralización de la administración electoral, transparencia y celeridad del acto de votación y escrutinios.

En particular, como consecuencia de la "despartidización" de los órganos del Poder Electoral, la Sala Electoral del Tribunal Supremo de Justicia en sentencia N° 71 de 23 de junio de 2000 consideró que los artículos 75 y 76 de la Ley Orgánica del Sufragio y Participación Política quedaron tácitamente derogados por la Constitución en lo que se refiere al derecho que tenían los partidos políticos para designar representantes ante el máximo organismo electoral[203]. En esa misma sentencia y en otras anteriores y posteriores, la Sala sin embargo, aclaró que esa despartidización "no comporta la necesaria exclusión de todo tipo de mecanismo de participación de los partidos políticos en los procesos electorales"[204].

3. *El Consejo Nacional Electoral*

A. *La integración y postulación de candidatos*

El artículo 296 exige que el Consejo Nacional Electoral debe estar integrado por cinco personas no vinculadas a organizaciones con fines políticos; tres de ellos serán postulados por la sociedad civil, uno por las facultades de ciencias jurídicas y políticas de las universidades nacionales, y uno por el Poder Ciudadano.

Los tres integrantes postulados por la sociedad civil deben tener seis suplentes en secuencia ordinal, y cada designado por las Universidades y el Poder Ciudadano tendrán dos suplentes, respectivamente.

---

202 *Idem.*

203 Véase en *Revista de Derecho Público*, N° 82, (abril-junio), Editorial Jurídica Venezolana, Caracas, 2000, pp. 236 y ss.

204 Véase las sentencias de la Sala Electoral N° 10 de 25-02-2000 en *Revista de Derecho Público*, N° 81, (enero-marzo), Editorial Jurídica Venezolana, Caracas, 2000, pp. 170 y ss. y N° 7 de 05-02-2001 en *Revista de Derecho Público*, N° 85-88, Editorial Jurídica Venezolana, Caracas, 2001, pp. 188 y ss.

B. *El Comité de Postulaciones*

El artículo 295 de la Constitución crea un Comité de Postulaciones Electorales de candidatos a integrantes del Consejo Nacional Electoral, el cual debe estar "integrado por representantes de los diferentes sectores de la sociedad, de conformidad con lo que establezca la ley". La Ley Orgánica sin embargo, no ha respetado la exigencia constitucional, y lo que ha establecido ha sido una "comisión parlamentaria" ampliada con el nombre de Comité de Postulaciones. En efecto, el artículo 19 de la Ley Orgánica dispuso que el "Comité de Postulaciones Electorales está integrado por veintiún (21) miembros, de los cuales once (11) son Diputadas o Diputados designados por la plenaria de la Asamblea Nacional con las dos terceras (2/3) partes de los presentes, y diez (10) postuladas o postulados por los otros sectores de la sociedad", con lo que se confiscó el derecho a la participación política de los diversos sectores de la sociedad civil de integrar en forma exclusa el Comité de Postulaciones. Al contrario, violándose la norma constitucional, se conformó un "Comité" con mayoría de diputados los cuales por ser parte del Poder Legislativo, no son parte de la sociedad civil, tal y como la ha definido la propia Sala Constitucional.

C. *La designación y duración*

Los integrantes del Consejo Nacional Electoral son designados por la Asamblea Nacional con el voto de las 2/3 partes de sus integrantes. Los integrantes del Consejo Nacional Electoral escogerán de su seno a su Presidente, de conformidad con la ley.

Los integrantes del Consejo Nacional Electoral durarán siete años en sus funciones y serán elegidos por separado: los tres postulados o postuladas por la sociedad civil al inicio de cada período de la Asamblea Nacional, y los otros dos a la mitad del mismo (art. 296).

Debe señalarse que el 22 de enero de 2003, con ocasión de la presentación ante el Consejo Nacional Electoral de más de tres millones de firmas respaldando la solicitud de convocatoria a un referendo consultivo sobre la renuncia del Presidente de la República, la Sala Electoral del Tribunal Supremo no sólo ordenó por vía cautelar al Consejo Nacional Electoral abstenerse de convocar referendo alguno, sino que le ordenó no sesionar con la participación Leonardo Pizani, un miembro que la Asamblea Nacional había designado en 2000, con lo que se paralizó el funcionamiento del máximo órgano electoral, habiendo quedado en suspenso el derecho a la participación política. Un año y dos meses después, el 19 de marzo de 2003, la misma Sala Electoral desincorporó de su cargo al Sr. Pizani, con lo que se paralizó el efectivo funcionamiento del órgano por falta del quórum requerido para determinadas decisiones. La Ley Orgánica del Poder Electoral se había sancionado en noviembre de 2002, pero aún constituido el inconstitucional Comité de Postulaciones, sin embargo, la Asamblea Nacional no pudo lograr acuerdos para la designación de los integrantes del Consejo Nacional Electoral. Ante la Sala Constitucional se ejercieron diversos recursos contra la omisión de la Asamblea Nacional en designar a los Rectores del Consejo Nacional Electoral, lo que motivó la emisión de la sentencia de 4 de agosto de 2003 (Caso: *Hermann Escarrá Malavé y otros*) mediante la cual instó a la Asamblea a hacer las designaciones de los Rectores del Consejo Nacional Electoral, con una serie de lineamientos. La persistente omisión de la Asamblea Nacional, originó la otra sentencia de la misma Sala Constitucional de 25 de agosto de 2003, no sólo designando a los Rectores del Consejo Nacional Electoral, sino eligiendo su directiva y nombrando otros funcionarios titulares de órganos subordinados del Cuerpo. El Tribunal Supremo de Justicia, en esta forma, en una sentencia que excede la que podría dictar para suplir las omisiones del legislador, en definitiva, pretendió llenar el vacío institucional que ella misma había creado, al impedir el funcionamiento del órgano electoral.

D. *La remoción de sus integrantes*

Los integrantes del Consejo Nacional Electoral pueden ser removidos por la Asamblea Nacional, previo pronunciamiento del Tribunal Supremo de Justicia (art. 296).

3. *El problema del control político sobre el Poder Electoral*

El principio de mayor importancia que condujo a la creación del Poder Electoral, como un Poder Público más en el esquema de separación orgánica de poderes, para asegurar la transparencia y confiablidad en los procesos electorales, además de la despartidización de sus órganos, fue el asegurar su independencia y autonomía particularmente respecto del Poder Ejecutivo.

Sin embargo, a pesar de las previsiones constitucionales, lo cierto es que durante el término de vigencia de la Constitución, el Poder Electoral ha sido progresivamente controlado por el Poder Ejecutivo, lo que comenzó a ocurrir con una decisión de la Sala Electoral del Tribunal Supremo de 22 de enero de 2003,[205] con ocasión de la presentación ante el Consejo Nacional Electoral de más de tres millones de firmas respaldando la solicitud de convocatoria a un referendo consultivo sobre la renuncia del Presidente de la República, mediante la cual no sólo ordenó por vía cautelar al Consejo Nacional Electoral abstenerse de convocar referendo alguno, sino que le ordenó no sesionar con la participación un miembro (Leonardo Pizani) que la Asamblea Nacional había designado en 2000.

Con ello, simplemente se paralizó el funcionamiento del máximo órgano electoral, habiendo quedado en suspenso el derecho a la participación política. Un año y dos meses después, el 19 de marzo de 2003, [206] la misma Sala Electoral desincorporó de su cargo al Sr. Pizani, con lo que se paralizó el efectivo funcionamiento del órgano, por falta del quórum requerido para determinadas decisiones. La Ley Orgánica del Poder Electoral se había sancionado en noviembre de 2002,[207] pero aún constituido el inconstitucional Comité de Postulaciones que se reguló, sin embargo, la

---

205 Véase sentencia Nº 3 de 22 de enero de 2003 (Caso: *Darío Vivas y otros*). Véase la referencia en Allan R. Brewer-Carías, "El secuestro del Poder Electoral y de la Sala Electoral del Tribunal Supremo y la confiscación del derecho a la participación política mediante el referendo revocatorio presidencial: Venezuela: 2000-2004," en *Revista Costarricense de Derecho Constitucional,* Tomo V, Instituto Costarricense de Derecho Constitucional, Editorial Investigaciones Jurídicas S.A., San José 2004, pp. 167-312; y en *La Sala Constitucional Versus el Estado Democrático de Derecho. El secuestro del poder electoral y de la Sala Electoral del Tribunal Supremo y la confiscación del derecho a la participación política,* Los Libros de El Nacional, Colección Ares, Caracas 2004, pp. 33 ss.

206 Véase sentencia Nº 32 de 19 de marzo de 2003 (Caso: *Darío Vivas y otros*). Véase la referencia en Allan R. Brewer-Carías, en "El secuestro del Poder Electoral y la confiscación del derecho a la participación política mediante el referendo revocatorio presidencial: Venezuela 2000-2004," en *Revista Jurídica del Perú,* Año LIV Nº 55, Lima, marzo-abril 2004, pp. 353-396

207 Véase Ley Orgánica del Poder Electoral en *G.O.* Nº 37.573 de 19-11-2002.

Asamblea Nacional no pudo lograr acuerdos para la designación de los integrantes del Consejo Nacional Electoral. Frente a inacción se ejercieron ante la Sala Constitucional diversos recursos contra la omisión de la Asamblea Nacional en designar a los Rectores del Consejo Nacional Electoral, lo que motivó la emisión de la sentencia de 4 de agosto de 2003 (Caso: *Hermann Escarrá Malavé y otros*)[208] mediante la cual instó a la Asamblea a hacer las designaciones de los Rectores del Consejo Nacional Electoral, con una serie de lineamientos. La persistente omisión de la Asamblea Nacional originó la otra sentencia de la misma Sala Constitucional de 25 de agosto de 2003,[209] no sólo designando a los Rectores del Consejo Nacional Electoral, sino eligiendo su directiva y nombrando otros funcionarios titulares de órganos subordinados del Cuerpo. El Tribunal Supremo de Justicia, en esta forma, en una sentencia que excede la que podría dictar para suplir las omisiones del legislador, en definitiva, pretendió llenar el vacío institucional que ella misma había creado, al impedir el funcionamiento del órgano electoral; y luego usurpó las funciones de la Asamblea, designando un Consejo Nacional Electoral totalmente controlado por el Poder Ejecutivo. [210]

VII. LA MUTACIÓN DEL PRINCIPIO DE LA SEPARACIÓN DE PODERES

1. *La tradición jurisprudencial sobre el principio de la separación de poderes*

El principio de la separación de poderes ha tenido un tratamiento jurisprudencial constante en Venezuela, habiendo sido considerado como uno de los principios fundamentales del ordenamiento constitucional.[211]

Por ejemplo, la Sala Constitucional del Tribunal Supremo en la sentencia No. 1368 de 13 de agosto de 2008, al declarar sin lugar una acción que se había intentado contra un acto de gobierno de 1984 mediante el cual el Presidente de la Republica había concedido un indulto, al analizar el vicio de "usurpación de funciones" que el Fiscal General de la República le había imputado al mismo al considerar que el Poder Ejecutivo no había respetado *"la separación de funciones"* establecida en la Constitución (artículos 117, 118 y 119, Constitución de 1961; y artículos 136, 137 y 138 de la Constitución de 1999) señaló que:

> "los tres principios básicos sobre los cuales se sustenta el ordenamiento jurídico constitucional, pueden ser resumidos en los siguientes: a) El de competencia, que actúa como un instrumento ordenador del ejercicio del poder una vez que éste es le-

---

208 Véase sentencia N° 2073 de 4 de agosto de 2003 (Caso: *Hermánn Escarrá Malaver y oros*), en *Revista de Derecho Público*, N° 93-96, Editorial Jurídica Venezolana, Caracas 2003, pp. 520 ss; y sentencia N° 2341 del 25 de agosto de 2003 (Caso: *Hemann Escarrá y otros*), *Idem.*, pp. 525 ss. Véase las referencias en Allan R. Brewer-Carías, "El secuestro del poder electoral y la conficación del derecho a la participación política mediante el referendo revocatorio presidencial: Venezuela 2000-2004", en *Stvdi Vrbinati, Rivista tgrimestrale di Scienze Giuridiche, Politiche ed Economiche*, Año LXXI – 2003/04 Nuova Serie A – N. 55,3, Università degli studi di Urbino, pp.379-436; y en *La Sala Constitucional Versus el Estado Democrático de Derecho. El secuestro del poder electoral y de la Sala Electoral del Tribunal Supremo y la confiscación del derecho a la participación política, cit*, pp. 38 ss.

209 *Idem.*

210 *Idem.*

211 Véase Allan R. Brewer-Carías, *Los Principios fundamentales del derecho público (Constitucional y Administrativo)*, Editorial Jurídica venezolana, Caracas 2005, pp. 67 ss.

gitimado; b) El de separación de poderes, dejando a salvo la necesaria coordinación entre los mismos, así como el ejercicio de ciertas funciones que no siéndoles esenciales les cumple realizar naturalmente, con base al cual funciona un mecanismo de balance en la división del poder y de mutuos controles o contrapesos entre los órganos que lo ejercen; y c) El principio de ejercicio del poder bajo la ley, elemento esencial del Estado de Derecho y del sistema democrático, conforme al cual son excluidas la autocracia y la arbitrariedad (sentencia n° 457/2001, del 5 de abril)."[212]

Sobre estos principios "fundamentales al Estado de Derecho," la Sala constató que "exigen la distribución de funciones entre diversos órganos y la actuación de éstos con referencia a normas prefijadas, ya sea como un modo de interdicción de la arbitrariedad o como mecanismos de eficiencia en el cumplimiento de los cometidos del Estado (sentencia n° 457/2001, del 5 de abril);" considerando que "la división del poder no es un principio ideológico, propio de la democracia liberal, sino un principio técnico del cual depende la vigencia de la seguridad jurídica como valor fundante del derecho y como proyecto de regulación de la conducta social (sentencia n° 1.309/2001, del 19 de julio)."

Sin duda, uno de los principios fundamentales del derecho público venezolano, ratificado en la Constitución de 1999, es el de la división horizontal o separación orgánica de poderes,[213] que origina órganos independientes y autónomos entre sí, que ejercen las diversas ramas del Poder Público: Legislativa, Ejecutiva, Judicial, Ciudadana y Electoral.

La Constitución de 1999, en efecto, adoptó un novedoso sistema de separación orgánica del Poder Público Nacional, al hacerlo entre cinco Poderes, agregando a los tradicionales Poderes Legislativo, Ejecutivo y Judicial, dos nuevos, los Poderes Ciudadano y Electoral. Por tanto, en el nivel nacional se distinguen cinco ramas del Poder Público: el Poder Legislativo Nacional, el Poder Ejecutivo Nacional, el Poder Judicial, el Poder Ciudadano y el Poder Electoral, correspondiendo su ejercicio a cinco complejos orgánicos diferenciados y separados. Estos son, respectivamente, la Asamblea Nacional; el Presidente, sus Ministros y el resto de los órganos del denominado "Ejecutivo Nacional"; el Tribunal Supremo de Justicia y los demás tribunales de la República, así como la Dirección Ejecutiva de la Magistratura y los otros órganos de gobierno y administración del Poder Judicial; el Ministerio Público o Fiscalía General de la República, la Contraloría General de la República y la Defensoría del Pueblo; y el Consejo Nacional Electoral, sus Comisiones y Juntas. Estos cinco conjuntos orgánicos se encuentran separados, son autónomos e independientes entre sí, y cada uno de ellos tiene sus competencias constitucionales y legales específicas.

La otrora clásica división del poder entre las ramas Legislativa, Ejecutiva y Judicial, en efecto, ya se había roto en el constitucionalismo moderno desde el Siglo

212 Véase en http://www.tsj.gov.ve/decisiones/scon/Agosto/1368-130808-01-2503.htm

213 Véase en general, Manuel García Pelayo, "La división de poderes y la Constitución Venezolana de 1961," en *Libro Homenaje a Rafael Caldera: Estudios sobre la Constitución*, Tomo III, Facultad de Ciencias Jurídicas y Políticas, Universidad Central de Venezuela, Caracas 1979, pp. 1403 y 1420; Hildegard Rondón de Sansó, "La separación de los poderes en Venezuela," en *Libro Homenaje a Rafael Caldera: Estudios sobre la Constitución*, Tomo III, Facultad de Ciencias Jurídicas y Políticas, Universidad Central de Venezuela, Caracas 1979, pp. 1369-1403.

XX, de manera que en general, el Poder Público se ejercía, además de por los órganos que componían las tres clásicas ramas, por otra serie de órganos que progresivamente habían sido constitucionalizados y dotados de autonomía funcional (Contraloría general de la república, Ministerio Público, Consejo Supremo Electoral), y que en el caso de Venezuela, en 1999 se erigieron como ramas formales del Poder Público.[214] Es el caso del Poder Ciudadano, que integra los ya clásicos órganos constitucionales de control (Art. 273), como la Contraloría General de la República (Art. 267); el Ministerio Público: (Art. 284) y la Defensoría del Pueblo (Art. 280); y del Poder Electoral, que ejerce el Consejo Nacional Electoral (Art. 293). En la Constitución de 1999, en todo caso, se eliminó el Consejo de la Judicatura, que también era un órgano constitucional con autonomía funcional, atribuyéndose las funciones de gobierno y administración de la rama judicial al Tribunal Supremo de Justicia (Art. 267).

Por otra parte, la separación orgánica de poderes, particularmente en cuanto a las relaciones entre los mismos a los efectos de la conducción política de la sociedad, dio origen y configuró el sistema presidencial de gobierno, pero con una desmedida sujeción y distorsión parlamentaria, que al menos en la Constitución de 1999, hace que si el Presidente no controla políticamente la Asamblea, el sistema de gobierno es difícil que pueda funcionar.[215]

2. *La separación de poderes y las funciones del estado*

En todo caso, en cuanto a la separación de poderes, la configuración del principio en la Constitución como instrumento de organización del Estado, responde a cierto grado de flexibilidad, tal como lo señaló la antigua Corte Suprema en el sentido de que "si bien cada uno de ellos tiene definida su propia esfera de acción: el Legislativo, para dictar la ley, reformarla y revocarla; el Ejecutivo, para ejecutarla y velar por su cumplimiento; y el Judicial, para interpretarla, y darle aplicación en los conflictos surgidos, la demarcación de la línea divisoria entre ellos no es excluyente, ya que en muchos casos esos poderes ejercen funciones de naturaleza distinta de las que privativamente le están atribuidas"[216]. El principio, ciertamente, impide a unos

---

214 Conforme lo ha señalado la sentencia Nº 3098 de la Sala Constitucional (Caso: *nulidad artículos Ley Orgánica de la Justicia de Paz*) de 13-12-2004, la "redistribución orgánica del Poder Público" que establece la Constitución obedece, "según la Exposición de Motivos de la Constitución de 1999, a la necesidad de otorgar independencia y autonomía funcional a los órganos que están encargados de desarrollar determinadas competencias, especialmente las de ejecución de "*procesos electorales, así como el de la función contralora y la defensa de los derechos humanos*". Véase en *Gaceta Oficial* Nº 38.120 de 02-02-2005.

215 Quizás por ello en la Exposición de Motivos de la Constitución se calificó el sistema de gobierno en la Constitución, en nuestro criterio incorrectamente como un "sistema semipresidencial." Véase en Allan R. Brewer-Carías, *La Constitución de 1999. Derecho Constitucional Venezolano*, Editorial Jurídica Venezolana, Caracas 2004, Tomo I, pp. 437 ss., y Tomo II, p. 1146.

216 Véase la sentencia de la antigua Corte Federal de 19-6-53 en *Gaceta Forense*, N° 1, Caracas 1953, p. 77. En otra sentencia, al referirse a las funciones estatales, la Corte las diferenció así: "No realiza una función creadora dentro del ordenamiento jurídico, que es la función legislativa, ni conoce ni decide acerca de las pretensiones que una parte esgrime frente a la otra, que es la función judicial; sino que es sujeto de derecho, titular de intereses, agente propio de la *función administrativa*". Véase Sentencia de 18-7-63 de la antigua Corte Suprema de Justicia en Sala Político Administrativa, en *Gaceta Forense*, N° 41, Caracas 1963, p. 116.

órganos invadir las competencias propias de otro,[217] pero no les impide ejercer funciones de naturaleza similar a las de otros órganos.

La antigua Corte Suprema, en este sentido, inclusive fue aún más clara y terminante al señalar que:

> "Lejos de ser absoluto el principio de la separación de los poderes, la doctrina reconoce y señala el carácter complementario de los diversos organismos a través de los cuales el Estado ejerce sus funciones; de suerte que unos y otros, según las atribuciones que respectivamente les señalan las leyes, realizan eventualmente actos de índole distinta a las que por su naturaleza les incumbe". "La doctrina establece que la división de poderes no coincide plenamente con la separación de funciones, pues corrientemente se asignan al Poder Legislativo potestades típicamente administrativas y aun jurisdiccionales y al Poder judicial funciones administrativas, como en el caso del nombramiento de jueces que hace este mismo tribunal y de la firma de libros de comercio o de registro civil que hacen los jueces de instancia; y a la inversa, se atribuyen al Poder Ejecutivo, funciones legislativas como la reglamentación, parcial o total de las leyes, sin alterar su espíritu, propósito o razón, que es considerada como el ejemplo más típico de la actividad legislativa del Poder Ejecutivo, por mandato del numeral 10 del artículo 190 de la Constitución Nacional; toda vez que el Reglamento es norma jurídica de carácter general dictado par la Administración Pública para su aplicación a todos los sujetos de derecho y en todos los casos que caigan dentro de sus supuestos de hecho. En otros casos la autoridad administrativa imparte justicia, decide una controversia entre partes litigantes en forma similar a como lo hace la autoridad judicial."[218]

De acuerdo con esta doctrina, que compartimos, entonces, la separación de poderes ha de entenderse en el sistema venezolano, en *primer lugar*, como una separación orgánica entre los órganos de cada rama del Poder Público; y en *segundo lugar*, como una asignación de funciones propias a cada uno de dichos órganos; pero nunca como una separación de funciones atribuidas con carácter exclusivo a los diversos órganos. Al contrario, además de sus funciones propias, los órganos del Estado realizan funciones que por su naturaleza son semejantes a las funciones asignadas a otros órganos. En otras palabras, mediante este principio se reserva a ciertos órganos el ejercer una función en una forma determinada (funciones propias), lo que no excluye la posibilidad de que otros órganos ejerzan esa función en otra forma.

Por tanto, de acuerdo con lo establecido en el artículo 136 de la Constitución, la asignación de funciones propias a los órganos que ejercen los Poderes Públicos, no implica que cada uno de los órganos del Estado siempre tenga el ejercicio exclusivo de alguna función estatal específica. Tal como lo reconoció la Sala Constitucional en sentencia N° 3098 del 13 de diciembre de 2004 (Caso: *Nulidad de artículos de la Ley Orgánica de la Justicia de Paz*):

---

217 *Cfr.* Sentencia de la antigua Corte Federal y de Casación en Corte Plena de 26-5-51 en *Gaceta Forense*, N° 8, Caracas 1952, p. 114 y *Sentencia* de la antigua Corte Suprema de Justicia en Corte Plena de 12-6-68 en publicación del Senado de la República, 1968, p. 201.

218 Esta doctrina fue establecida en Sentencia de la antigua Corte Suprema de Justicia en Sala Político Administrativa de 18-7-63 en *Gaceta Forense* N° 41, Caracas 1963, pp. 116 y 117, y ratificados por la misma Corte y Sala en Sentencias de 27-5-68 en *Gaceta Forense* N° 60, Caracas 1969, pp. 115 a 118, y de 9-7-69 en *Gaceta Forense* N° 65, Caracas 1969, pp. 70 a 74.

"No escapa a la Sala que, tal como argumentó en este juicio la representación de la Asamblea Nacional, el principio de separación de poderes que recoge el artículo 136 de nuestro Texto Fundamental, de idéntica manera a como lo establecía el artículo 118 de la Constitución de 1961, no implica, ni mucho menos, una división rígida de órganos y funciones, sino que, como la misma norma predica, "cada una de las ramas del Poder Público tiene sus funciones propias, pero los órganos a los que incumbe su ejercicio colaborarán entre sí en la realización de los fines del Estado."

Principio de colaboración de los Poderes Públicos que lleva a un control mutuo entre poderes y, en definitiva, admite, hasta cierto punto, un confusión funcional entre ellos, es decir, que cada una de las ramas del Poder Público puede ejercer excepcionalmente competencias que, por su naturaleza, corresponderían, en principio, a las otras y de allí que la Administración Pública cuente con potestades normativas (Vgr. la potestad reglamentaria) y jurisdiccionales (Vgr. resolución de conflictos entre particulares) y los órganos deliberantes y judiciales cumplan ciertas funciones típicamente administrativas (Vgr. la organización interna de sus depen-dencias y la potestad disciplinaria respecto de sus funcionarios, entre otras)."[219]

La Sala Constitucional, ha considerado el principio de la separación de poderes como una de los principios tradicionales del derecho público venezolano[220] al afirmar en 2009, que el Constituyente de 1999:

"ha ensayado una distribución del Poder Público en niveles político-territoriales, así como una división en cada nivel. Esta distribución y división se cumplen mediante una asignación de tareas de diverso orden. Hay, por supuesto, potestades (legislar o resolver conflictos mediante actos con autoridad de cosa juzgada), tareas (satisfacer en lo concreto necesidades públicas), fines (denunciar la violación de derechos fundamentales), que caracterizan a dichos conjuntos de órganos. Pero ello no debe confundir al estudioso o al intérprete. En algunos casos, los efectos del acto que se emite sólo son propios de un grupo de órganos (la cosa juzgada); en otros la potestad es exclusiva (dirigir las relaciones exteriores de la República); y en no menor medida, la potestad es de uso común, aunque puede darse el caso que domine las tareas de un órgano en particular (por ejemplo, el control de la Administración Pública que comparten tanto la Asamblea Nacional como la Contraloría General de la República). Pero de lo que no caben dudas es que todos los Poderes, según el caso, comparten mecanismos, instrumentos, métodos y fines. El Poder Legislativo nacional no sólo legisla, sino que también controla, con lo cual se acerca a la función contralora y a la judicial al mismo tiempo (art. 187.3); interviene en la discusión y aprobación del presupuesto, lo que ha sido catalogado como una tarea propia de la Administración (187.6), e interviene en el proceso judicial de destitución del Presidente de la República (art. 266.2). El Presidente de la República debe regular el ejercicio del derecho que se restrinja mediante decretos de estado de excepción (236.7 y 339), con lo cual ejerce una potestad normativa; concede indultos, incidiendo así directamente en la función judicial (236.19). El Poder Ciudadano puede investigar y sancionar los hechos que atenten contra la ética pública y la moral ad-

219 Sentencia Nº 3098 de la Sala Constitucional (Caso: *nulidad artículos Ley Orgánica de la Justicia de Paz*) de 13-12-2004, en *Gaceta Oficial* Nº 38.120 de 02-02-2005

220 Véase Allan R. Brewer-Carías, *Los Principios fundamentales del derecho público (Constitucional y Administrativo)*, Editorial Jurídica Venezolana, Caracas 2005, pp. 67 ss.

ministrativa, para lo cual tendrá que valerse de técnicas que se asemejan a las que utiliza el Poder Judicial (274). El Poder Electoral dicta Reglamentos, los cuales contienen normas, es decir, es una técnica similar a la que usualmente ejerce el Poder Legislativo (293.1). Por último, el Poder Judicial se subroga a la Administración Pública en los casos que resuelve la Jurisdicción Contencioso-Administrativa." [221]

De lo anterior señaló la Sala, con razón, que "estos son algunos ejemplos del uso común de ciertos mecanismos por parte de algunos o de todos los Poderes Públicos," incluso sin referirse a "los medios en que los Poderes injieren en las tareas de los otros, que son abundantísimos;" considerando que "basta con los mencionados para probar que nuestro orden jurídico constitucional no se caracteriza por asignar de forma exclusiva, excluyente u homogénea los métodos, técnicas o procedimientos que en general son los usuales de ciertos poderes públicos en el cumplimiento de sus fines." [222]

Por ello concluyó la Sala, que la separación de poderes:

> "no supone una distribución homogénea, exclusiva o excluyente, o no en todos los casos, de tareas, potestades o técnicas entre los conglomerados de órganos del Poder Público. Por tanto, no podría juzgarse inconstitucional una norma por el sólo hecho de atribuir una potestad a un Poder que es típica de otra, sobre la base de la violación de un pretendido principio de separación de poderes. Lo que corresponde en esos casos es examinar la particular regulación impugnada a la luz de la distribución que en concreto realiza el Constituyente. De su examen contrastante con la Constitución es que podría resultar la inconstitucionalidad de la norma porque, por ejemplo, se le hubiese atribuido al Poder Ciudadano la facultad de dictar sentencias con autoridad de cosa juzgada, o al Poder Judicial la potestad de gestionar servicios públicos, o al Legislador la de dirigir procesos electorales, o cuando se ponga en riesgo la autonomía e independencia del alguno de dichos poderes. Allí en ese contexto vislumbra indudablemente el principio de colaboración de poderes." [223]

En otra parte de la sentencia, la Sala advirtió que:

> "la Constitución de 1999 no refleja una estructura organizativa en la que la distribución de tareas entre los distintos Poderes corra paralela a una asignación de potestades homogéneas, exclusivas o excluyentes entre los mismos. La Consti-tución, sin duda, distribuye tareas, atribuye potestades, distingue entre un Poder de otro, pero no establece para todos los casos que ciertos tipos de potestades sólo pueden ser ejercidas por un Poder en particular. La división de Poderes en tanto supone independencia de Poderes cumple una función político-constitucional relevante, particularmente cuando de lo que se trata es de la autonomía del Poder Judicial. El Poder Judicial debe ser un árbitro independiente e imparcial. Pero ello no significa que sea el único árbitro. La Sala Constitucional tiene la potestad de interpretar la Constitución; pero ello no significa que sea su único intérprete. El Poder Legislativo tiene la potestad de dictar actos normativos con forma de Ley; pero no es el único órgano que produce actos normativos. ¿Por qué habría de ser la potestad de dirimir controversias exclusiva de un Poder en particular? Si bien han de haber ámbitos de las relaciones sociales en los cuales debe establecerse dicha exclusividad, ella no podría predicarse de todos los campos del quehacer social. Corresponderá en todo caso al

221 Véase en http://www.tsj.gov.ve/decisiones/scon/Julio/1049-23709-2009-04-2233.html

222 Véase en http://www.tsj.gov.ve/decisiones/scon/Julio/1049-23709-2009-04-2233.html

223 Véase en http://www.tsj.gov.ve/decisiones/scon/Julio/1049-23709-2009-04-2233.html

Legislador determinar en cuáles circunstancias y en qué medida dicha potestad será exclusiva del Poder Judicial y en cuáles otros y en que medida dicha potestad será ejercida por cualesquiera otro Poder Público, siempre atendiendo a las exigencias de los derechos fundamentales, particularmente de los consagrados en los artículos 26, 49 y 253 de la Constitución."[224]

Por último, a los efectos del tema de la universalidad del control jurisdiccional de la actividad del Estado, en sentencia N° 2208 de 28 de noviembre de 2007 (Caso *Antonio José Varela y Elaine Antonieta Calatrava Armas vs. Proyecto de Reforma de la Constitución de la República Bolivariana de Venezuela*), la Sala Constitucional indicó que el mismo

> "responde igualmente a la visión contemporánea del principio de separación de poderes, el cual comporta la noción de control del ejercicio del Poder Público entre sus órganos, para asegurar la sujeción del obrar público a reglas y principios del derecho y, evidencia que el referido principio tiene carácter instrumental, en tanto está destinado a hacer efectiva la sujeción de los órganos del Poder Público al bloque de la constitucionalidad.
>
> El arquetipo orgánico y funcional del Estado, según la Constitución de la República Bolivariana de Venezuela, acoge una conceptualización flexible de la división de poderes que permite que cada uno de los órganos que ejercen el Poder Público colaboren entre sí, surgiendo como consecuencia necesaria de esta característica, que la separación de funciones no coincida directamente con la división de poderes, encontrándose muchas veces en la actividad jurídica de los órganos del Estado que éstos ejerzan, además de las funciones que le son propias por orden constitucional, funciones que son características de otros Poderes.
>
> El principio de separación de poderes se sostiene, entonces en "(...) la identificación de la pluralidad de funciones que ejerce el Estado y que aun cuando modernamente no se conciben distribuidas de forma exclusiva y excluyente entre los denominados poderes públicos, sí pueden identificarse desarrolladas preponderante por un conjunto de órganos específicos, lo cual deja entrever la vigencia del principio de colaboración de poderes como un mecanismo de operacio-nalización del poder del Estado al servicio de la comunidad (...)" -Vid. Sentencia de esta Sala N° 962/2006-, lo cual no sólo ha permitido, que órganos jurisdiccionales -jurisdicción contencioso administrativa- dispongan lo necesario para el restablecimiento de las situaciones jurídicas subjetivas lesionadas por la actividad administrativa, según señala el artículo 259 de la Constitución de la República Bolivariana de Venezuela, sino que mediante la jurisdicción constitucional se garantice la plena vigencia de los principios y garantías que informan la Constitución de la República Bolivariana de Venezuela."[225]

3. *Los intentos de desideologización del principio de la separación de poderes*

El principio de la separación de poderes, sin embargo, a pesar de su uso frecuente, ha venido siendo progresivamente desmantelado por la propia Sala Constitucional del Tribunal Supremo, al reducirlo a un simple principio de organización, pretendiéndole quitar su base garantista de la libertad, de los derechos fundamentales y de la democracia.

---

224 Véase en http://www.tsj.gov.ve/decisiones/scon/Julio/1049-23709-2009-04-2233.html

225 Citada en la sentencia, en *Revista de Derecho Público*, N° 112, Editorial Jurídica Venezolana, Caracas 2007, pp. 601-606.

Así, como antes destacamos, desde 2004 la Sala Constitucional ha afirmado que el principio de la separación de poderes "no es un principio ideológico, propio de la democracia liberal, sino un principio técnico del cual depende la vigencia de la seguridad jurídica como valor fundante del derecho."[226]

Con esta reducción de la separación de poderes a principio meramente técnico se ha pretendido ignorar su valor esencial, precisamente como principio de la ideología de la democracia liberal, que lo considera esencial para la existencia de la propia democracia y la libertad.

Esa afirmación de la Sala Constitucional, en todo caso, no fue una afirmación inocente, sino que fue el comienzo de un viraje anti democrático de la jurisprudencia constitucional que llevó a la Sala cinco años después, a afirmar despectivamente en sentencia N° 1049 de 23 de julio de 2009,[227] que "*la llamada* división, distinción o separación de poderes fue, al igual que la teoría de los derechos fundamentales de libertad, un instrumento de la doctrina liberal del Estado mínimo," concebido no como "un mero instrumento de organización de los órganos del Poder Público, sino un modo mediante el cual se pretendía asegurar que el Estado se mantuviera limitado a la protección de los intereses individualistas de la clase dirigente."

Descubrió así la Sala Constitucional, aún cuando distorsionándolo, el verdadero sentido de la separación de poderes, no sólo como mero instrumento de organización del Estado, sino como principio esencial de la democracia, la propia del Estado de derecho, para garantizar los derechos y libertades fundamentales, aún cuando por supuesto no sólo de "intereses individualistas de la clase dirigente" como con sesgo ideológico la confina el Tribunal Supremo.

Con este elemento "desideológizante" inserto en la jurisprudencia, en la cual incluso se califica al principio como un principio "conservador,"[228] la Sala Constitucional luego comenzó a referirse al principio como "*la llamada* división, distribución o separación de poderes," reafirmando su carácter instrumental en cuanto a que "no supone una distribución homogénea, exclusiva o excluyente, o no en todos los casos, de tareas, potestades o técnicas entre los conglomerados de órganos del Poder Público," en el sentido de que "la Constitución de 1999 no refleja una estructura organizativa en la que la distribución de tareas entre los distintos Poderes corra paralela a una asignación de potestades homogéneas, exclusivas o excluyentes entre los mismos."[229]

Lo cierto, en todo caso, es que a pesar de la instrumentalidad mencionada por la Sala Constitucional al referirse al principio de la separación de poderes, éste no es sólo un principio para la organización de los poderes del Estado, sino el fundamento para el control del poder, y particularmente, para el control judicial de la constitucionalidad y legalidad de los actos del Estado, a los efectos, como lo decía Montesquieu, de que el magistrado que tiene poder pueda abusar de él, para lo cual deben imponérsele límites, de manera que mediante la distribución del poder, "el poder limite al poder "y se evite que "se pueda abusar del poder."

---

226 *Idem*: Sentencia N° 3098 de la Sala Constitucional (Caso: *nulidad artículos Ley Orgánica de la Justicia de Paz*) de 13-12-2004, en *Gaceta Oficial* N° 38.120 de 02-02-2005

227 Véase en http://www.tsj.gov.ve/decisiones/scon/Julio/1049-23709-2009-04-2233.html

228 Véase sentencia de la Sala Constitucional N° 1683 de 4 de noviembre de 2008 (Caso: *Defensoría del Pueblo*), en *Revista de Derecho Público*, N° 116, Editorial Jurídica Venezolana, Caracas 2008, pp. 222 ss

229 Véase en http://www.tsj.gov.ve/decisiones/scon/Julio/1049-23709-2009-04-2233.html

Por ello es que el tema de la separación de poderes no se reduce a ser un tema de orden jurídico e instrumental para disponer la organización del Estado o para identificar los actos estatales, sino que es además, por supuesto, un tema de orden político constitucional, considerado en el mundo contemporáneo como uno de los elementos esenciales de la democracia.

Esta, en efecto, no es sólo elección y contiendas electorales, sino un sistema político de interrelación y alianza global entre los gobernados que eligen y los gobernantes electos, dispuesto para garantizar, por una parte, primero, que los representantes sean elegidos por el pueblo, y que puedan gobernar representándolo; segundo, que el ciudadano además, pueda tener efectiva participación política no limitada a la sola elección periódica; tercero, por sobre todo, un sistema donde el ser humano tiene primacía con él, su dignidad, sus derechos y sus libertades; cuarto, que el ejercicio del poder esté sometido a control efectivo, de manera que los gobernantes y gestores públicos sean controlados, rindan cuenta de su gestión y pueda hacérselos responsables; y quinto, como condición para todas esas garantías, que la organización del Estado esté realmente estructurada conforme a un sistema de separación de poderes, con la esencial garantía de su independencia y autonomía, particularmente del poder judicial.[230]

La Carta Interamericana de Derechos Humanos de 2001, que es quizás uno de los instrumentos internacionales más importantes del mundo contemporáneo - aún cuando lamentablemente en desuso - en este sentido fue absolutamente precisa al enumerar dentro de los *elementos esenciales* de la democracia: primero, el respeto a los derechos humanos y las libertades fundamentales; segundo, el acceso al poder y su ejercicio con sujeción al Estado de derecho; tercero, la celebración de elecciones periódicas, libres, justas y basadas en el sufragio universal y secreto, como expresión de la soberanía del pueblo; cuarto, el régimen plural de partidos y organizaciones políticas, y quinto, la separación e independencia de los poderes públicos (art. 3).

Concebida la democracia conforme a estos elementos esenciales, la misma Carta Democrática los complementa con la exigencia de unos componentes esenciales de la misma, todos vinculados al control del poder, que son la transparencia de las actividades gubernamentales, la probidad y la responsabilidad de los gobiernos en la gestión pública; el respeto de los derechos sociales y de la libertad de expresión y de prensa; la subordinación constitucional de todas las instituciones del Estado, incluyendo el componente militar, a la autoridad civil legalmente constituida, y el respeto al Estado de derecho por todas las entidades y sectores de la sociedad (Art. 4).

Por todo ello es que el principio de la separación de poderes es tan importante para la democracia pues, en definitiva, del mismo dependen todos los demás ele-

---

230 Véase Allan R. Brewer-Carías, "Los problemas del control del poder y el autoritarismo en Venezuela," en Peter Häberle y Diego García Belaúnde (Coordinadores), *El control del poder. Homenaje a Diego Valadés,* Instituto de Investigaciones Jurídicas, Universidad Nacional Autónoma de México, Tomo I, México 2011, pp. 159-188; "Sobre los elementos de la democracia como régimen político: representación y control del poder," en *Revista Jurídica Digital IUREced*, Edición 01, Trimestre 1, 2010-2011, en http://www.megaupload.com/?d=ZN9Y2W1R ; "Democracia: sus elementos y componentes esenciales y el control del poder," en *Grandes temas para un observatorio electoral ciudadano, Tomo I, Democracia: retos y fundamentos, (Compiladora Nuria González Martín),* Instituto Electoral del Distrito Federal, México 2007, pp. 171-220; "Los problemas de la gobernabilidad democrática en Venezuela: el autoritarismo constitucional y la concentración y centralización del poder," en Diego Valadés (Coord.), *Gobernabilidad y constitucionalismo en América Latina*, Universidad Nacional Autónoma de México, México 2005, pp. 73-96

mentos y componentes esenciales de la misma. En efecto, en definitiva, sólo controlando al Poder es que puede haber elecciones libres y justas, así como efectiva representatividad; sólo controlando al poder es que puede haber pluralismo político; sólo controlando al Poder es que podría haber efectiva participación democrática en la gestión de los asuntos públicos; sólo controlando al Poder es que puede haber transparencia administrativa en el ejercicio del gobierno, así como rendición de cuentas por parte de los gobernantes; sólo controlando el Poder es que se puede asegurar un gobierno sometido a la Constitución y las leyes, es decir, un Estado de derecho y la garantía del principio de legalidad; sólo controlando el Poder es que puede haber un efectivo acceso a la justicia de manera que ésta pueda funcionar con efectiva autonomía e independencia; y en fin, sólo controlando al Poder es que puede haber real y efectiva garantía de respeto a los derechos humanos. De lo anterior resulta, por tanto, que sólo cuando existe un sistema de control efectivo del poder es que puede haber democracia, y sólo en esta es que los ciudadanos pueden encontrar asegurados sus derechos debidamente equilibrados con los Poderes Públicos.

No es difícil, por tanto, que ha sido precisamente por la ausencia de una efectiva separación de poderes Venezuela, que la democracia haya sido tan afectada en la última década, período en le cual se ha producido un proceso continuo y sistemático de desmantelamiento de la democracia,[231] mediante el proceso paralelo de concentración del poder, y que ha conducido, entre otro aspectos graves, al desmantelamiento de la autonomía e independencia del poder judicial en su conjunto,[232] y en particular, al control político por parte del Ejecutivo nacional del Tribunal Supremo y de su Sala Constitucional, los cuales han sido puestos al servicio del autoritarismo,[233] afectando su rol de garantes de la Constitución y de los derecho humanos.[234]

---

231 Véase Allan R. Brewer-Carías, *Dismantling Democracy. The Chávez Authoritarian Experiment*, Cambridge University Press, New York 2010

232 Véase, *en general*, Allan R. Brewer-Carías, "La progresiva y sistemática demolición de la autonomía e independencia del Poder Judicial en Venezuela (1999-2004)," en *XXX Jornadas J.M Dominguez Escovar, Estado de Derecho, Administración de Justicia y Derechos Humanos*, Instituto de Estudios Jurídicos del Estado Lara, Barquisimeto 2005, pp. 33-174; Allan R. Brewer-Carías, "El constitucionalismo y la emergencia en Venezuela: entre la emergencia formal y la emergencia anormal del Poder Judicial,"en Allan R. Brewer-Carías, *Estudios Sobre el Estado Constitucional (2005-2006)*, Editorial Jurídica Venezolana, Caracas 2007, pp. 245-269; y Allan R. Brewer-Carías "La justicia sometida al poder. La ausencia de independencia y autonomía de los jueces en Venezuela por la interminable emergencia del Poder Judicial (1999-2006),"en *Cuestiones Internacionales. Anuario Jurídico Villanueva 2007,* Centro Universitario Villanueva, Marcial Pons, Madrid 2007, pp. 25-57, *disponible en* www.allanbrewerca-rias.com, (Biblioteca Virtual, II.4. Artículos y Estudios N° 550, 2007) pp. 1-37. Véase también Allan R. Brewer-Carías, *Historia Constitucional de Venezuela*, Editorial Alfa, Tomo II, Caracas 2008, pp. 402-454.

233 Véase Allan R. Brewer-Carías, "El rol del Tribunal Supremo de Justicia en Venezuela, en el marco de la ausencia de separación de poderes, producto del régimen autoritario,"en *Segundo Congreso Colombiano de Derecho Procesal Constitucional, Bogotá D.C., 16 de marzo de 2011*, Centro Colombiano de Derecho Procesal Constitucional, Universidad Católica de Colombia, Bogotá 2011, pp. 85-111; "El juez constitucional al servicio del autoritarismo y la ilegítima mutación de la Constitución: el caso de la Sala Constitucional del Tribunal Supremo de Justicia de Venezuela (1999-2009)," en *Revista de Administración Pública*, N° 180, Madrid 2009, pp. 383-418, y en *IUSTEL, Revista General de Derecho Administrativo*, N° 21, junio 2009, Madrid, ISSN-1696-9650; y "Los problemas del control del poder y el autoritarismo en Venezuela," en Peter Häberle y Diego García Belaúnde (Coordinadores), *El control del poder. Homenaje a Diego Valadés,* Instituto de Investigaciones Jurídicas, Universidad Nacional Autónoma de México, Tomo I, México 2011, pp. 159-188.

234 Véase Allan R. Brewer-Carías, "El proceso constitucional de amparo en Venezuela: su universalidad y su inefectividad en el régimen autoritario," en *Horizontes Contemporáneos del Derecho Procesal Cons-*

La propia Comisión Interamericana de Derechos Humanos ha destacado la gravedad del problema, al punto de que en su *Informe Anual de 2009*, después de analizar la situación de los derechos humanos en Venezuela y el deterioro institucional que ha sufrido el país, apuntó que todo ello "indica la ausencia de la debida separación e independencia entre las ramas del gobierno en Venezuela."[235]

Esa situación general es, por otra parte, la que permite entender que haya sido la propia Presidenta de la Sala Constitucional del Tribunal Supremo de Venezuela, quien haya afirmado a la prensa en diciembre de 2009, simplemente que "la división de poderes debilita al Estado,' y que "hay que reformarla."[236]

Y quizás ello lo hizo para respaldar lo que ya un año antes, en agosto de 2008, había afirmado el propio Presidente de la República al referirse a un gran grupo de decretos leyes que había dictado conforme a una habilitación legislativa ilimitada que había recibido, implementando por lo demás, en forma inconstitucional la reforma constitucional que había sido rechazada por el pueblo en referendo de diciembre de 2007. El presidente llegó a decir simplemente: "*Yo soy la Ley. Yo soy el Estado*,"[237] repitiendo así las mismas frases que él mismo ya había dicho en 2001, aún cuando con un pequeño giro - entonces dijo "*La Ley soy yo. El Estado soy yo*"[238] -, al referirse también en aquella oportunidad a la sanción inconsulta de cerca de 50 decretos leyes violando la Constitución. Esas frases, como sabemos, se atribuyeron en 1661 a Luis XIV para calificar el gobierno absoluto de la Monarquía, cuando a la muerte del cardenal Gulio Raimondo Mazarino, el Rey mismo asumió el gobierno sin nombrar un sustituto como ministro de Estado.

Pero la verdad histórica es que, y ello que hace aún más grotescas las afirmaciones del Presidente venezolano, ni siquiera Luis XIV llegó realmente a expresar esas frases que buscaban sólo resumir su decisión de gobernar sin el apoyo de un primer ministro.[239] Por ello, oírlas de boca de Jefe de Estado de nuestros tiempos, es suficiente para entender la trágica situación institucional de Venezuela, precisamente caracterizada por la completa ausencia de separación de poderes, de

---

titucional. Liber Amicorum Néstor Pedro Sagüés, Centro de Estudios Constitucionales del Tribunal Constitucional, Lima 2011, Tomo II, pp 219-261.

235 Véase IACHR, *2009 Annual Report*, para. 472, en http://www.cidh.oas.org/annualrep/2009-eng/Chap.IV.f.eng.htm. El Presidente de la Comisión, Felipe González, dijo en abril de 2010: "Venezuela es una democracia que tiene graves limitaciones, porque la democracia implica el funcionamiento del principio de separación de poderes, y un Poder Judicial libre de factores políticos." Véase en Juan Francisco Alonso, "Últimas medidas judiciales certifican informe de la CIDH," en *El Universal*, Apr. 4, 2010. Available at http://universo.eluniversal.com/2010/04/04/pol_art_ultimas-medidas-jud_1815569.shtml.

236 Véase en Juan Francisco Alonso, "La división de poderes debilita al estado. La presidenta del TSJ [Luisa Estela Morales] afirma que la Constitución hay que reformarla," *El Universal*, Caracas 5 de diciembre de 2009, en http://www.eluniversal.com/2009/12/05/pol_art_morales:-la-division-1683109.shtml. Véase la exposición completa de la presidenta del Tribunal Supremo en http://www.tsj.gov.ve/informacion/notasde prensa/notasdeprensa.asp?codigo=7342

237 Expresión del Presidente Hugo Chávez Frías, el 28 de agosto de 2008. Ver en Gustavo Coronel, *Las Armas de Coronel*, 15 de octubre de 2008: http://lasarmasdecoronel.blogspot.com/2008/10/yo-soy-la-leyyo-soy-el-estado.html

238 *Véase* en *El Universal,* Caracas 4–12–01, pp. 1,1 and 2,1. Es también lo único que puede explicar, que un Jefe de Estado en 2009 pueda calificar a "la democracia representativa, la división de poderes y el gobierno alternativo" como doctrinas que "envenenan la mente de las masas." Véase la reseña sobre "Hugo Chávez seeks to cach them young," *The Economist*, 22-28 Agosto 2009, p. 33.

239 Véase Yves Guchet, *Histoire Constitutionnelle Française (1789–1958)*, Ed. Erasme, Paris 1990, p.8.

independencia y autonomía del Poder Judicial y, en consecuencia, de gobierno democrático.[240]

4. *La afectación del principio de separación de poderes por la propia jurisdicción constitucional*

En este contexto de afectación de la separación de poderes, en algunos casos, ha sido la propia Sala Constitucional el vehículo utilizado por los otros poderes del Estado para secuestrar y tomar control directo de otras ramas del Poder Publico.

Así sucedió con el Poder Electoral que en Venezuela se concibe como uno de los poderes del Estado en la penta división de poderes que establece la Constitución (Poderes ejecutivo, legislativo, judicial, electoral y ciudadano). Esto comenzó en 2002, después de la sanción de la Ley Orgánica del Poder Electoral,[241] cuando la Sala Constitucional, al declarar sin lugar un recurso de inconstitucionalidad que había ejercido el propio Presidente de la República contra una Disposición Transitoria de dicha Ley Orgánica, en un *obiter dictum* consideró que dicha Ley era "inaplicable" al entonces en funciones Consejo Nacional Electoral en materia de quórum para decidir, impidiéndosele entonces a dicho órgano poder tomar decisión alguna, al considerar que debía hacerlo con una mayoría calificada de 4/5 que no estaba prevista en la Ley (la cual disponía la mayoría de 3/5). Para ello, la Sala "revivió" una previsión que estaba en el derogado Estatuto Electoral transitorio que se había dictado en 2000 sólo para regir las elecciones de ese año, y que ya estaba inefectivo.[242] Con ello, por la composición de entonces del Consejo Nacional Electoral, la Sala Constitucional impidió que dicho órgano funcionara y entre otras tareas, que pudiera, por ejemplo, darle curso a la iniciativa popular de más de tres millones de firmas de convocar un referendo consultivo sobre la revocación del mandato del Presidente de la República.

En todo caso, ello significó, en la práctica, la parálisis total y absoluta del Poder Electoral, lo que se consolidó por decisión de otra Sala del Tribunal Supremo, la Sala Electoral, primero, impidiendo que uno de los miembros del Consejo pudiese votar,[243] y segundo, anulando la convocatoria que había hecho el Consejo para un referendo consultivo sobre la revocación del mandato del Presidente.[244]

---

240 Véase el resumen de esta situación en Teodoro Petkoff, "Election and Political Power. Challenges for the Opposition," en *ReVista. Harvard Review of Latin America*, David Rockefeller Center for Latin American Studies, Harvard University, Fall 2008, pp. 12. Véase además, Allan R. Brewer-Carías, "Los problemas de la gobernabilidad democrática en Venezuela: el autoritarismo constitucional y la concentración y centralización del poder," en Diego Valadés (Coord.), *Gobernabilidad y constitucionalismo en América Latina*, Universidad Nacional Autónoma de México, México 2005, pp. 73-96.

241 Véase en *Gaceta Oficial* N° 37.573 de 19-11-2002

242 Véase Sentencia N° 2747 de 7 de noviembre de 2002 (Exp. 02-2736)

243 Véase Sentencia N° 3 de 22 de enero de 2003 (Caso: *Darío Vivas y otros*). Véase en Allan R. Brewer-Carías, "El secuestro del Poder Electoral y de la Sala Electoral del Tribunal Supremo y la confiscación del derecho a la participación política mediante el referendo revocatorio presidencial: Venezuela: 2000-2004,"en *Revista Costarricense de Derecho Constitucional,* Tomo V, Instituto Costarricense de Derecho Constitucional, Editorial Investigaciones Jurídicas S.A., San José 2004, pp. 167-312.

244 Véase Sentencia N° 32 de 19 de marzo de 2003 (Caso: *Darío Vivas y otros*). Véase Allan R. Brewer-Carías, en "El secuestro del Poder Electoral y la confiscación del derecho a la participación política mediante el referendo revocatorio presidencial: Venezuela 2000-2004,"en *Revista Jurídica del Perú*, Año LIV N° 55, Lima, marzo-abril 2004, pp. 353-396.

La respuesta popular a estas decisiones, sin embargo, fue una nueva iniciativa popular respaldada por tres millones y medio de firmas para la convocatoria de un nuevo referendo revocatorio del mandato del Presidente de la República, para cuya realización resultaba indispensable designar los nuevos miembros del Consejo Nacional Electoral. La bancada oficialista en la Asamblea Nacional no pudo hacer por si sola dichas designaciones, pues en aquél entonces no controlaba la mayoría de los 2/3 de los diputados que se requerían para ello, por lo que ante la imposibilidad o negativa de llegar a acuerdos con la oposición, y ante la perspectiva de que no se nombraran los miembros del Consejo Nacional Electoral, la vía que se utilizó para lograrlo, bajo el total control del gobierno, fue que la Sala Constitucional lo hiciera.

Para ello, se utilizó la vía de decidir un recurso de inconstitucionalidad contra la omisión legislativa en hacer las designaciones, que se había intentado, de manera que al decidir el recurso, la Sala, en lugar de exhortar a la Asamblea Nacional para que hiciera los nombramientos como correspondía, procedió a hacerlo directamente, usurpando la función del Legislador, y peor aún, sin cumplir con las condiciones constitucionales requeridas para hacer los nombramientos.[245] Con esta decisión, la Sala Constitucional le aseguró al gobierno el completo control del Consejo Nacional Electoral, secuestrando a la vez el derecho ciudadano a la participación política, y permitiendo al partido de gobierno manipular los resultados electorales.

La consecuencia de todo ello ha sido que las elecciones que se han celebrado en Venezuela durante la última década, han sido organizadas por una rama del Poder Público supuestamente independiente pero tácticamente controlada por el gobierno, totalmente parcializada. Esa es la única explicación que se puede dar, por ejemplo, al hecho de que aún hoy día se desconozca cuál fue el resultado oficial de la votación efectuada en el referendo aprobatorio de 2007 mediante el cual se rechazó la reforma constitucional propuesta por el Presidente de la República. Ello es igualmente lo que explica que se pudiera sancionar la Ley Orgánica de los Procesos Electorales en 2008, para materialmente, en fraude a la Constitución, eliminar la representación proporcional en la elección de los diputados a la Asamblea Nacional, al punto de que en las elecciones legislativas de septiembre de 2010, con una votación inferior al cincuenta por ciento de los votos, el partido oficial obtuvo casi los 2/3 de diputados a la Asamblea Nacional.

***

El principio de la separación de poderes, como principio fundamental del ordenamiento constitucional, no es ni puede ser considerado solamente como un principio técnico de organización del Estado, para solamente asegurar el adecuado ejercicio de las diversas funciones estatales por parte de los diversos órganos que ejercen el Poder Público. Al contrario, tiene que se considerado como un principio esencial de la configuración del Estado constitucional y democrático de derecho, el cual sin duda tiene un carácter ideológico vinculado al liberalismo democrático, concebido

245 Sentencia N° 2073 de 4 de agosto de 2003 (Caso: *Hermánn Escarrá Malaver y oros*); y sentencia N° 2341 del 25 de agosto de 2003 (Caso: *Hemann Escarrá y otros*). Véase en Allan R. Brewer-Carías, "El secuestro del poder electoral y la conficación del derecho a la participación política mediante el referendo revocatorio presidencial: Venezuela 2000-2004," en *Stvdi Vrbinati, Rivista trimestrale di Scienze Giuridiche, Politiche ed Economiche*, Año LXXI – 2003/04 Nuova Serie A – N. 55,3, Università degli studi di Urbino, pp.379-436

para asegurar el sistema de control y limitación del poder que le es esencial. Su justificación, precisamente es esa: asegurar la libertad y la vigencia de los derechos fundamentales mediante la limitación y control del poder.

Por tanto, todo proceso tendiente a desvirtuarlo y reducirlo a ser un mero instrumento técnico, maleable por el poder, permitiendo su concentración en uno de los poderes del Estado, no es sino el signo más característico de todos los autoritarismos.

SÉPTIMA PARTE

LA CONSTITUCIÓN DE LAS PERSONAS: LOS DERECHOS, LIBERTADES Y DEBERES

Así como la Constitución regula la organización del Estado mediante sistemas de distribución y división o separación del Poder Público (parte orgánica); la Constitución tiene por objeto regular el estatuto de las personas y de la Sociedad Civil y sus relaciones con el Estado. Ello se concreta en el régimen de los derechos[1] y deberes constitucionales de las personas (parte dogmática), en el cual se establece esa relación Estado-Sociedad.

En esta materia de los derechos constitucionales[2] y, en particular, en relación con los derechos humanos, sin duda, la Constitución de 1999 es un texto en el cual se han incorporado notables innovaciones signadas por el principio de la progresividad de la protección de los derechos humanos, muchas de las cuales fueron incorporadas a propuesta nuestra al texto del Capítulo I sobre Disposiciones Generales del Título IV sobre los Deberes, Derechos Humanos y Garantías[3]. Sin embargo, en la materia

---

1 Véase en general, Josefina Calcaño de Temeltas, "Notas sobre la constitucionalización de los Derechos Fundamentales en Venezuela", en *El Derecho Público a comienzos del siglo XXI. Estudios homenaje al Profesor Allan R. Brewer-Carías,* Tomo I. Civitas Ediciones, Madrid, 2003, pp. 2489-2535; y Germán J. Bidart Campos, "¿La incorporación constitucional de un sistema de derechos es una respuesta iusnaturalista o positivista?", en *El Derecho Público a comienzos del siglo XXI. Estudios homenaje al Profesor Allan R. Brewer-Carías,* Tomo III, Civitas Ediciones, Madrid, 2003, pp. 2483-2487; Rafael Ortiz-Ortiz, "Los Derechos Humanos en la República Bolivariana de Venezuela. Apreciaciones generales y principios orientadores de su ejercicio", en *Revista de la Facultad de Derecho de la Universidad de Carabobo,* N° 1, Valencia, 2002, pp. 339-369; Agustina Y. Martínez, "Los Derechos Humanos en la Constitución Venezolana: consenso y disenso", en *Estudios de Derecho Público: Libro Homenaje a Humberto J. La Roche Rincón,* Volumen I. Tribunal Supremo de Justicia, Caracas, 2001, pp. 549-572; Élida Aponte Sánchez, "Los Derechos Humanos: fundamentación, naturaleza y universalidad", en *Estudios de Derecho Público: Libro Homenaje a Humberto J. La Roche Rincón,* Volumen I. Tribunal Supremo de Justicia, Caracas, 2001, pp. 85-108; Yolanda Jaimes Guerrero, "Derechos Humanos con perspectiva de género en la Constitución venezolana", en *Revista del Tribunal Supremo de Justicia, N° 5,* Caracas, 2002, pp. 73-86; y Roquefélix Arvelo Villamizar. *El estatuto del contribuyente en la Constitución de la República Bolivariana de Venezuela de 1999*. Paredes Editores, Caracas, 2000.

2 Sobre una supuesta distinción entre derechos constitucionales y derechos fundamentales, más propia de las constituciones europeas como las de Alemania y España, que de la venezolana, véase la sentencia de la Corte Primera de lo Contencioso Administrativo de 24-05-2000, en *Revista de Derecho Público,* N° 82, (abril-junio), Editorial Jurídica Venezolana, Caracas 2000, p. 323.

3 Véase Allan R. Brewer-Carías, *Debate Constituyente, (Aportes a la Asamblea Nacional Constituyente),* Tomo II, (9 Septiembre-17 Octubre 1999), Fundación de Derecho Público-Editorial Jurídica Venezolana, Caracas 1999, pp. 77 a 115.

también ha habido notables regresiones específicas, como la eliminación del derecho de protección a las personas desde la concepción, a la violación de la reserva legal como garantía de los derechos por la previsión de la delegación legislativa al Ejecutivo, y de las regulaciones excesivamente paternalistas y estatistas en el campo de los derechos sociales, en las cuales se ha marginado a la sociedad civil.

I. EL RÉGIMEN GENERAL DE LOS DERECHOS HUMANOS

1. *El principio de la progresividad y la no discriminación*

El artículo 19 de la Constitución de 1999 comienza el Título relativo a los Deberes, Derechos y Garantías Constitucionales, disponiendo que el Estado debe garantizar a toda persona, conforme al principio de progresividad y sin discriminación alguna, el goce y ejercicio irrenunciable, indivisible e interdependiente de los derechos humanos.

El respeto y garantía de los derechos, por tanto, son obligatorios para los órganos del Poder Público de conformidad con la Constitución, los tratados sobre derechos humanos suscritos y ratificados por la República y las leyes que los desarrollen.

Se establece así, en primer lugar, la garantía estatal de los derechos humanos, conforme al principio de la progresividad[4], lo que implica necesariamente que la interpretación de las normas correspondientes y cualquier revisión constitucional futura debe realizarse de manera más favorable al ejercicio y goce de los derechos y, además, conforme al principio de la no discriminación. Sobre este principio, la Sala Constitucional del Tribunal Supremo, citando el artículo 2 de la Convención Americana sobre Derechos Humanos en sentencia Nº 1154 de 29 de junio de 2001, ha indicado que "en razón del cual resulta menester la adecuación del ordenamiento jurídico para asegurar la efectividad de dichos derechos, no siendo posible la excusa de la inexistencia o no idoneidad de los recursos consagrados en el orden interno para la protección y aplicación de los mismos"[5].

Sobre el mismo principio de la progresividad, la Corte Primera de lo Contencioso Administrativo en sentencia de 1 de junio de 2000 (Caso: *Julio Roco A.*) ha argumentado que el mismo:

> Se refiere a la obligación que tiene el Estado de incorporar al ordenamiento jurídico el reconocimiento de todos y cada uno de los derechos humanos consa-grados tanto en su texto constitucional, como en los instrumentos internacionales que versen sobre la materia, es decir este principio define la obligación de los Estados de reconocer y velar por la defensa de los derechos humanos de manera consecutiva, con el objeto de garantizar el disfrute y goce de tales derechos en la medida que los mismos han sido considerados como inherentes a la condición humana afirmando pues la condición de la dignidad humana frente al Estado y definiendo la actividad de los poderes públicos al servicio del ser humano.
>
> Es tal la importancia de este principio que su aplicación obliga a los estados a actualizar su legislación en pro de la defensa de los derechos humanos y en aras de

4 Véase en relación con el proceso penal: Carmelo Borrego, *La Constitución y el proceso penal*. Livrosca C.A., Caracas, 2002, pp. 3 y ss.; 57 y ss.

5 Véase en *Revista de Derecho Público*, Nº 85-88, Editorial Jurídica Venezolana, Caracas 2001.

dignificar la condición humana, adaptando la interpretación de las normas "*a la sensibilidad, pensamiento y necesidades de los nuevos tiempos*" a fin "*de ponerlas a tono con el nuevo orden establecido y para rechazar todo precepto anacrónico que se opongo a su efectiva vigencia*".

En este orden de ideas, la Constitución de la República Bolivariana de Venezuela en el artículo 44 reconoce el derecho a la libertad y sólo consiente en casos muy claros y definidos las excepciones a dicho principio, comentado *supra*, lo cual en concordancia con el principio de progresividad obliga al Estado Venezolano a reconocer en el ordenamiento jurídico existente la primacía del derecho a la libertad, en los términos definidos y previstos por la Constitución, so pena de inconstitucionalidad de la norma en el caso de que esto no ocurra.

En relación con lo anteriormente expuesto, existe un deber para el Juez Contencioso Administrativo, de interpretar todo el ordenamiento jurídico a la luz del Derecho de la Constitución mas aún actuando en ejercicio de la jurisdicción constitucional de amparo, lo que quiere decir también, que hay que interpretar el ordenamiento de manera congruente con los derechos fundamentales o derechos humanos, que deben respetarse por encima de todo, realizando una interpretación de manera progresiva e integral[6].

El artículo 19, además, en segundo lugar establece la norma la obligación estatal de respetar y garantizar los derechos no sólo conforme a la Constitución y a las leyes sino también, conforme a los tratados sobre derechos humanos ratificados por la República, los cuales, por tanto, se han incorporado definitivamente en el orden constitucional interno.

2. *El principio de la libertad*

Al igual que en el artículo 43 de la Constitución de 1961, el artículo 20 de la Constitución de 1999 consagra el principio de la libertad, como fundamento de todo el sistema en la materia, al establecer que:

> *Artículo 20.* Toda persona tiene derecho al libre desenvolvimiento de su personalidad, sin más limitaciones que las que derivan del derecho de las demás y del orden público y social.

Como se señaló en la Exposición de Motivos de la Constitución de 1961, esta norma "sustituye el enunciado tradicional de que todos pueden hacer lo que no perjudique a otro y nadie está obligado a hacer lo que la ley no ordene ni impedido de ejecutar lo que ella no prohíba".

El límite al ejercicio de los derechos que derivan del concepto de libertad, en todo caso, está establecido por el derecho de los demás y por el orden público y social; limitaciones que sólo pueden establecerse en las leyes, dada la garantía constitucional de la reserva legal. Las limitaciones derivadas del orden público o social originan la actividad de policía administrativa.

---

6 Véase en *Revista de Derecho Público,* N° 82, (abril-junio), Editorial Jurídica Venezolana, Caracas 2000, pp. 287 y ss.

3. *La cláusula abierta de los derechos humanos, la preeminencia de los mismos y su aplicación inmediata*

Los derechos humanos garantizados y protegidos conforme a la Constitución, no sólo son los enumerados en su texto, sino todos los demás que sean inherentes a la persona humana, entre los que se destacan los denominados derechos de la personalidad[7]. Así se establecía en el artículo 50 de la Constitución de 1961 lo que permitió, conforme a dicha norma, a que la jurisprudencia incorporara con rango constitucional, muchos derechos humanos no enumerados en el texto constitucional[8]; cláusula que se recoge, ampliada, en el artículo 22 de la Constitución de 1999, así:

> *Artículo 22.* La enunciación de los derechos y garantías contenidos en esta Constitución y en los instrumentos internacionales sobre derechos humanos no debe entenderse como negación de otros que, siendo inherentes a la persona, no figuren expresamente en ellos. La falta de ley reglamentaria de estos derechos no menoscaba el ejercicio de los mismos.

La ampliación de la cláusula deriva de la referencia a los derechos y garantías no enunciados no sólo en la Constitución sino en los instrumentos internacionales sobre derechos humanos, lo cual no puede entenderse como negación a los que sean inherentes a la persona humana[9].

La Sala Político Administrativa del Tribunal Supremo de Justicia ha hecho especial énfasis en la noción de preeminencia de la dignidad y los derechos de la persona, considerando en sentencia N° 224 de 24 de febrero de 2000, que:

> Este núcleo material axiológico, recogido y desarrollado ampliamente por el Constituyente de 1999, dada su posición preferente, *representa la base ideológica que sustenta el orden dogmático de la vigente Constitución, imponiéndose al ejercicio del Poder Público y estableciendo un sistema de garantías efectivo y confiable.* De allí que todo Estado Constitucional o Estado de Derecho y de Justicia, lleva consigo la posición preferente de la dignidad humana y de los derechos de la perso-

---

7 Véase en general, Agustina Yadira Martínez e Innes Faría Villarreal, "La Cláusula Enunciativa de los Derechos Humanos en la Constitución venezonala", en *Revista de derecho del Tribunal Supremo de Justicia,* N° 3, Caracas, 2001, pp. 133 a 151; Rafael Ortiz-Ortiz, "Los derechos de la personalidad como derechos fundamentales en el nuevo orden constitucional venezolano", en *Estudios de Derecho Público: Libro Homenaje a Humberto J. La Roche Rincón,* Volumen I. Tribunal Supremo de Justicia, Caracas, 2001, pp. 39-82; María C. Domínguez Guillén, "Innovaciones de la Constitución de 1999 en materia de derechos de la personalidad", en *Revista de la Facultad de Ciencias Jurídicas y Políticas de la UCV,* N° 119. Caracas, 2000, pp. 17-44; María Candelaria Domínguez Guillén, "Aproximación al estudio de los derechos de la personalidad", *Revista de derecho del Tribunal Supremo de Justicia,* N° 7, Caracas, 2002, pp. 49 a 311.

8 El último ejemplo importante fue la definición del derecho a la participación política como derecho inherente a las personas en la sentencia de la Corte Suprema del 19-01-99 que abrió la vía constitucional hacia la convocatoria y elección de la Asamblea Nacional Constituyente. Véase el texto en Allan R. Brewer-Carías, *Poder Constituyente Originario y Asamblea Nacional Constituyente*, Editorial Jurídica Venezolana, Caracas 1999, p. 41.

9 Véase en general, Véase Germán J. Bidart Campos, "Los derechos no enumerados en la Constitución", en *Estudios de Derecho Público: Libro Homenaje a Humberto J. La Roche Rincón,* Volumen I, Tribunal Supremo de Justicia, Caracas, 2001, pp. 225-234; Agustina Y. Martínez; Innes Faría V, "La cláusula enunciativa de los Derechos Humanos en la Constitución venezolana", en *Revista del Tribunal Supremo de Justicia,* N° 3, Caracas, 2001, pp. 111-151.

na, la obligación del Estado y de todos sus órganos a respetarlos y garanti-zarlos *como objetivo y finalidad primordial* de su acción pública...

La Constitución venezolana de 1999 consagra la preeminencia de los derechos de la persona como uno de los *valores superiores* de su ordenamiento jurídico y también refiere que su defensa y desarrollo son uno de *los fines esenciales* del Estado (Art. 2 y 3)[10].

Se destaca, además, que al final de la norma del artículo 22 de la Constitución se dispone que "La falta de ley reglamentaria de estos derechos no menoscaba el ejercicio de los mismos", sobre lo cual la Sala Constitucional en sentencia N° 723 de 15 de mayo de 2001, señaló que "en razón del carácter operativo de las disposiciones relativas a los derechos humanos, la aplicación de los mismos, sin menoscabo de la integración de la regulación internacional con la interna, no puede estar condicionada a la existencia de una ley que los desarrollo; antes por el contrario, la falta de instrumento jurídico que los reglamente, no menoscaba su ejercicio, por cuanto tales derechos "son de aplicación inmediata y directa por los tribunales y demás órganos del Poder Público" (artículos 22 y 23 de Texto Fundamental)"[11].

4. *La jerarquía constitucional de los Tratados internacionales sobre derechos humanos*

Una de las importantes innovaciones de la Constitución de 1999 en esta materia, ha sido el otorgarle rango constitucional a los Tratados internacionales sobre derechos humanos, siguiendo los antecedentes de la Constitución del Perú de 1979 (art. 105) y de la Constitución Argentina de 1994 (art. 75) y la orientación de la jurisprudencia de la Corte Suprema de Justicia sentada en la sentencia de declaratoria de nulidad de la Ley de Vagos y Maleantes de 14 de octubre de 1997[12]. Estos antecedentes nos llevaron a proponer la inclusión de una norma[13], que quedó redactada así:

> *Artículo 23.* Los tratados, pactos y convenciones relativos a derechos humanos, suscritos y ratificados por Venezuela, tienen jerarquía constitucional y prevalecen en el orden interno, en la medida en que contengan normas sobre su goce y ejercicio más favorable a las establecidas por esta Constitución y la ley de la República, y son de aplicación inmediata y directa por los tribunales y demás órganos del Poder Público.

Se destacan, de esta disposición, los siguientes aspectos: primero, la jerarquía constitucional de los tratados, pactos y convenciones sobre derechos humanos[14];

10 Véase en *Revista de Derecho Público,* N° 81, (enero-marzo), Editorial Jurídica Venezolana Caracas, 2000, pp. 131 y ss.

11 Véase en *Revista de Derecho Público*, N° 85-88, Editorial Jurídica Venezolana, Caracas 2001.

12 Véase en Humberto J. La Roche, *Ensayos de Derecho Constitucional*, Tribunal Supremo de Justicia, Caracas 2002, pp. 223 y ss.; Carlos M. Ayala Corao, "Recepción de la jurisprudencia internacional sobre Derechos Humanos por la jurisprudencia constitucional", en *Estudios de Derecho Público: Libro Homenaje a Humberto J. La Roche Rincón,* Volumen I. Tribunal Supremo de Justicia, Caracas, 2001, pp. 153-224.

13 Véase Allan R. Brewer-Carías, *Debate Constituyente,* Tomo II, *op. cit*, pp. 111 a 115.

14 Véase en general, Carlos M. Ayala Corao, "La jerarquía constitucional de los tratados relativos a Derechos Humanos y sus consecuencias", en *Bases y principios del sistema constitucional venezolano (Ponencias del VII Congreso Venezolano de Derecho Constitucional realizado en San Cristóbal del 21 al*

segundo, la aplicación prevalente de los mismos en relación con la Constitución y las leyes, si establecen normas más favorables; y tercero, la aplicación inmediata y directa de los mismos por los órganos que ejercen el Poder Público.

Sobre esta norma constitucional, la Sala Constitucional del Tribunal Supremo en sentencia N° 1942 de 15 de julio de 2003 (Caso: *Impugnación de artículos del Código Penal, sobre "leyes de desacato"*) sentó los siguientes criterios interpretativos excluyendo de dicha prevalencia a "los informes u opiniones de organismos internacionales, que pretendan interpretar el alcance de las normas de los instrumentos internacionales":

> En materia de derechos humanos, adquieren rango constitucional, equiparadas a normas contenidas en la Constitución, las disposiciones de los Tratados, Pactos y Convenciones relativos a derechos humanos, suscritos y ratificados por Venezuela que resulten más favorables a las establecidas en nuestra Carta Magna o en las leyes nacionales. Así, dichas normas, producto de acuerdos escritos celebrados entre Estados y regidos por el Derecho Internacional, se incorporan al derecho interno.
>
> A juicio de la Sala, dos elementos claves se desprenden del artículo 23: 1) Se trata de derechos humanos aplicables a las personas naturales; 2) Se refiere a normas que establezcan derechos, no a fallos o dictámenes de instituciones, resoluciones de organismos, etc., prescritos en los Tratados, sino sólo a normas creativas de derechos humanos.
>
> Dichas disposiciones, al igual que la Constitución, se aplican en Venezuela inmediata y directamente, siempre que sean más favorables para las personas, que los derechos constitucionales, o los derechos humanos contemplados en nuestras leyes; y muchas veces ante antinomias o situaciones ambiguas entre los derechos contenidos en los instrumentos internacionales señalados y la Constitución, corresponderá a la Sala Constitucional interpretar cuál es la disposición más favorable.
>
> Repite la Sala, que se trata de una prevalencia de las normas que conforman los Tratados, Pactos y Convenios (términos que son sinónimos) relativos a derechos humanos, pero no de los informes u opiniones de organismos internacionales, que pretendan interpretar el alcance de las normas de los instrumentos internacionales, ya que el artículo 23 constitucional es claro: la jerarquía constitucional de los Tratados, Pactos y Convenios se refiere a sus normas, las cuales, al integrarse a la Constitución vigente, el único capaz de interpretarlas, con miras al Derecho Venezolano, es el juez constitucional, conforme al artículo 335 de la vigente Constitución, en especial, al intérprete nato de la Constitución de 1999, y, que es la Sala Constitucional, y así se declara.
>
> Al incorporarse las normas sustantivas sobre derechos humanos, contenidas en los Convenios, Pactos y Tratados Internacionales a la jerarquía constitucional, el máximo y último intérprete de ellas, a los efectos del derecho interno es esta Sala Constitucional, que determina el contenido y alcance de las normas y principios constitucionales (artículo 335 constitucional), entre las cuales se encuentran las de los Tratados, Pactos y Convenciones suscritos y ratificados legalmente por Venezuela, relativos a derechos humanos.

---

23 de Noviembre de 2001), Volumen I, pp. 167-240; y Lorena Rincón Eizaga, "La incorporación de los tratados sobre derechos humanos en el derecho interno a la luz de la Constitución de 1999", en *Revista de la Facultad de Ciencias Jurídicas y Políticas de la UCV,* N° 119, Caracas, 2000, pp. 87-108.

Resulta así que es la Sala Constitucional quien determina cuáles normas sobre derechos humanos de esos tratados, pactos y convenios, prevalecen en el orden interno; al igual que cuáles derechos humanos no contemplados en los citados instrumentos internacionales tienen vigencia en Venezuela.

Esta competencia de la Sala Constitucional en la materia, que emana de la Carta Fundamental, no puede quedar disminuida por normas de carácter adjetivo contenidas en Tratados ni en otros textos Internacionales sobre Derechos Humanos suscritos por el país, que permitan a los Estados partes del Tratado consultar a organismos internacionales acerca de la interpretación de los derechos referidos en la Convención o Pacto, como se establece en el artículo 64 de la Ley Aprobatoria de la Convención Americana sobre Derechos Humanos, Pacto de San José, ya que, de ello ser posible, se estaría ante una forma de enmienda constitucional en esta materia, sin que se cumplan los trámites para ello, al disminuir la competencia de la Sala Constitucional y trasladarla a entes multinacionales o transnacionales (internacionales), quienes harían interpretaciones vinculantes.

Lo declarado inmediatamente no contradice el artículo 31 constitucional, que está referido al derecho de toda persona a dirigir peticiones o quejas a los organismos internacionales reconocidos por la República, conforme a los tratados, pactos o convenios suscritos por ella, a fin que sean amparados por ellos en sus derechos humanos[15].

La Sala Constitucional del Tribunal Supremo ha tenido ocasión de aplicar esta norma en relación con al derecho de las personas a recurrir de los fallos. En efecto, en sentencia de 14 de marzo de 2000 (Caso: *C.A. Electricidad del Centro y C.A. Electricidad de los Andes*), en relación con la limitación que establece el artículo 185 de la Ley Orgánica de la Corte Suprema de Justicia respecto de la apelación de fallos de la Corte Primera de lo Contencioso Administrativo, estableció lo siguiente:

> Según la Constitución de la República Bolivariana de Venezuela, toda persona declarada culpable tiene derecho a recurrir del fallo, con las excepciones establecidas en la Constitución y la ley (artículo 49, numeral 1). Esta disposición se halla precedida por otras, según las cuales, la defensa es derecho inviolable en todo estado y grado de la investigación y del proceso (artículo 49, numeral 1, encabezamiento), y la justicia, así como la preeminencia de los derechos humanos, forman parte de los valores superiores del ordenamiento jurídico (artículo 2).
>
> La consideración en conjunto de las disposiciones que anteceden autoriza a reconocer que, si bien el derecho a la defensa forma parte del radical derecho a la justicia, si bien el derecho a recurrir del fallo forma parte del derecho a la defensa, y si bien éste es inviolable en todo estado y grado del proceso, la Constitución y la ley pueden limitar, por excepción, el citado derecho a recurrir del fallo. Sería el supuesto de la negativa a oír recurso que contempla el ya citado artículo 185, último aparte, de la Ley Orgánica de la Corte Suprema de Justicia, supuesto constitutivo de una limitación excepcional al ejercicio al derecho a la defensa... (*omissis*).
>
> Cabe interpretar que la norma de la convención -artículo 8, numerales 1 y 2, literal h de la Convención Americana sobre Derechos Humanos- es más favorable al goce y ejercicio del citado derecho, puesto que consagra el derecho de toda persona

15 Véase los comentarios sobre esta sentencia en Alberto Arteaga Sánchez et al, *Sentencia 1942 vs. Libertad de expresión*, Caracas 2004.

a ser oída, no sólo en la sustanciación de cualquier acusación penal, sino también en la determinación de sus derechos y obligaciones de orden civil, laboral, fiscal o de cualquier otro carácter; **establece el derecho a recurrir del fallo, sin excepción alguna; le atribuye la naturaleza de garantía mínima; otorga su titularidad a toda persona, con independencia de su condición en el proceso; y establece que el titular del citado derecho ha de ser tratado bajo el principio de igualdad plena**[16]**.**

En igual sentido, la Sala Constitucional, en relación con las condiciones de recurribilidad de los fallos de menor cuantía establecidos en el artículo 891 del Código de Procedimiento Civil, resolvió en sentencia Nº 328 de 9 de marzo de 2001 que la señalada norma del artículo 8, numerales 1 y 2 de la Convención Americana de Derechos Humanos contiene una disposición más favorable, en cuanto al derecho de la recurribilidad de los fallos y a la doble instancia[17].

Sin embargo, la Sala Constitucional a partir de la sentencia Nº 1942 de 15 de julio de 2003 (Caso: *Impugnación de artículos del Código Penal, sobre "leyes de desacato"*) distorsionó la norma del artículo 23, al reservarse la potestad de decidir sobre la prevalencia de los tratados, pactos y convenciones sobre derechos humanos en el ámbito interno, excluyendo de ello a los tribunales de la República, a pesar de que conforme al artículo 334 de la Constitución, todos están en la obligación de asegurar su integridad, y a pesar del texto de la propia norma del artículo 22 que es clara al establecer que los referidos tratados son "de aplicación inmediata y directa por los tribunales."[18] Con ello, la decisión sobre la jerarquía constitucional e incluso supraconstitucional de los tratados en materia de derechos humanos quedó en las mános exclusivas de la sala Constitucional.

---

16 Véase en *Revista de Derecho Público*, Nº 81, (enero-marzo), Editorial Jurídica Venezolana, Caracas 2000, pp. 157-158; citada también en sentencia de la misma Sala Nº 328 de 9-03-2001 en *Revista de Derecho Público*, Nº 85-88, Editorial Jurídica Venezolana, Caracas 2001. La sala Político Administrativa del Tribunal Supremo interpretó y desarrolló el criterio establecido por la Sala Constitucional en relación con la inaplicabilidad del Artículo 185 de la Ley Orgánica de la Corte Suprema de Justicia en sentencia Nº 802 de 13-04-2000 (Caso *Elecentro vs. Superintendencia Procompetencia*), en *Revista de Derecho Público*, Nº 82, (abril-junio), Editorial Jurídica Venezolana, Caracas 2000, pp. 270.

17 *Idem.* Véase además en sentido similar la sentencia Nº 449 de 27-03-2001 de la Sala Político Administrativa (Caso: *Dayco de Construcciones vs. INOS*) en *Revista de Derecho Público*, Nº 85-88, Editorial Jurídica Venezolana, Caracas 2001. La Sala Político Administrativa, por su parte, ha negado la prevalencia del Artículo 8 de la Convención Americana en caso de solicitudes formuladas por parte de personas jurídicas, al entender que la misma se refiere a derechos humanos de las personas naturales. Véase sentencia Nº 278 de 01-03-2001 en *Revista de Derecho Público*, Nº 85-88, Editorial Jurídica Venezolana, Caracas 2001.

18 En forma evidentemente contraria a la Constitución, la Sala concluyó "que es la Sala Constitucional quien determina cuáles normas sobre derechos humanos de esos tratados, pactos y convenios, prevalecen en el orden interno; al igual que cuáles derechos humanos no contemplados en los citados instrumentos internacionales tienen vigencia en Venezuela;" en *Revista de Derecho Público*, Nº 93-96, Editorial Jurídica Venezolana, Caracas 2003, pp. 138-140. Véase los comentarios sobre esta sentencia en Alberto Arteaga Sánchez et al, *Sentencia 1942 vs. Libertad de expresión*, Caracas 2004; y en Allan R. Brewer-Carías, "La aplicación de los tratados internacionales sobre derechos humanos en el orden interno," en *Revista IIDH*, Instituto Interamericano de Derechos Humanos, Nº 46, San José 2007, pp. 219-271; y . "La aplicación de los tratados internacionales sobre derechos humanos en el orden interno. Estudio de derecho constitucional comparado latinoamericano," en *Libro Homenaje al Profesor Alfredo Arismendi A.* (Comisión Académica para la Edición: Carlos Luis Carrillo Artiles, Coordinador, Nelson Chitty Laroche, Asdrúbal Grillet), Universidad central de Venezuela, Ediciones paredes, Caracas 2008, pp. 109-145.

La práctica autoritaria del gobierno en esta materia, en todo caso, ha sido progresivamente la de apartarse de las previsiones de dichos tratados, en particular de la Convención Americana sobre Derechos Humanos, comenzando por dclarar inejecutables sus decisiones condenatorias al Estado en Venezuela, y luego, simplemente denunciando la Convención Americana en 2012, con lo que Venezuela a partir de septiembre de 2013 quedó fuera de la misma y de la jurisdicción de la Corte Interamericana. Se destaca, en todo caso, que las sentencias de la Corte Interamericana que fueron declaradas formalmente como inejecutables en Venezuela por la Sala Constitucional del Tribunal Supremo de Justicia fueron mediante sentencia N° 1.939 de 18 de diciembre de 2008 (Caso *Abogados Gustavo Álvarez Arias y otros*), la dictada por la Corte Interamericana el 5 de agosto de 2008, en el caso de los ex-magistrados de la Corte Primera de lo Contencioso Administrativo (*Apitz Barbera y otros ("Corte Primera de lo Contencioso Administrativo") vs. Venezuela*);[19] y mediante sentencia N° 1547 de fecha 17 de octubre de 2011 (Caso *Estado Venezolano vs. Corte Interamericana de Derechos Humanos*),[20] la dictada por la Corte Interamericana el 1° de septiembre de 2011 en el caso *Leopoldo López vs. Estado de Venezuela*, todo lo cual condujo a requerimiento de la propia Sala Constityucional que el Poder Ejecutivo denunciara la Convención Americana en 2012.

II. LOS DERECHOS INDIVIDUALES

El Capítulo IV del Título III de la Constitución se destina a regular "los derechos civiles", los que, en realidad, en castellano y conforme a la tradición constitucional venezolana, son los *derechos individuales*[21]. En realidad, la expresión "derechos civiles" es una traducción de la expresión en inglés, *"civil rights"* que se incorporó en la traducción al español del Pacto Internacional de Derechos Civiles y Políticos de Naciones Unidas, que es ley en la República[22].

1. *El derecho a la vida*

En igual forma que en el artículo 58 de la Constitución de 1961, el artículo 45 de la Constitución 1999, regula, el derecho a la vida así:

> *Artículo 43.* El derecho a la vida es inviolable. Ninguna ley podrá establecer la pena de muerte, ni autoridad alguna aplicarla.

En la Constitución de 1999, sin embargo, se reforzó la previsión de este derecho, obligándose en particular al Estado a proteger "la vida de las personas que se en-

---

19 Véase en www.corteidh.or.cr . Excepción Preliminar, Fondo, Reparaciones y Costas, Serie C N° 182.

20 Véase en http://www.tsj.gov.ve/decisiones/scon/Octubre/1547-171011-2011-11-1130.html. Véase mis comentarios sobre esta sentencia en Allan R. Brewer-Carías, "El ilegítimo "control de constitucionalidad" de las sentencias de la Corte Interamericana de Derechos Humanos por parte la Sala Constitucional del Tribunal Supremo de Justicia de Venezuela: el caso de la sentencia *Leopoldo López vs. Venezuela, 2011*," en *Constitución y democracia: ayer y hoy. Libro homenaje a Antonio Torres del Moral*. Editorial Universitas, Vol. I, Madrid, 2013, pp. 1.095-1124

21 Véase la denominación desde la Constitución de 1858 en Allan R. Brewer-Carías, *Las Constituciones de Venezuela,* Caracas, 1997, p. 488; y Allan R. Brewer-Carías, *Los Derechos y garantías constitucionales,* Tomo IV, *Instituciones Políticas y Constitucionales,* Universidad Católica del Táchira-Editorial Jurídica Venezolana, Caracas-San Cristóbal, pp. 53 y ss.

22 Véase en *Gaceta Oficial,* N° 2146 Extraordinario de 28-01-78.

cuentren privadas de su libertad, prestando el servicio militar o civil, o sometidas a su autoridad en cualquier otra forma".

En la discusión de este artículo en la Asamblea, hubo polémica al proponerse se agregara el derecho a la inviolabilidad de la vida, "a partir de la concepción". En realidad, en nuestro criterio, esta protección correspondía al artículo destinado a la protección del niño, donde debió haberse regulado[23].

2. *El derecho al nombre y a la identificación*

El contenido del artículo 56 de la Constitución es una innovación constitucional, al regular no sólo el derecho al nombre sino al registro civil, así:

> *Artículo 56.* Toda persona tiene derecho a un nombre propio, al apellido del padre y al de la madre, y a conocer la identidad de los mismos. El Estado garantizará el derecho a investigar la maternidad y la paternidad.
>
> Todas las personas tienen derecho a ser inscritas gratuitamente en el registro civil después de su nacimiento y a obtener documentos públicos que comprueben su identidad biológica, de conformidad con la ley. Estos no contendrán mención alguna que califique la filiación.

3. *El derecho a la inviolabilidad de la libertad personal*

El artículo 44 de la Constitución declara que "la libertad personal es inviolable" y en consecuencia consagra los siguientes derechos y garantías:

A. *Garantías ante el arresto o detención*

En el ordinal 1° del artículo 44 se garantiza que ninguna persona puede ser arrestada o detenida sino en virtud de una orden judicial, a menos que sea sorprendida *in fraganti*. En este caso debe ser llevada ante una autoridad judicial en un tiempo no mayor de 48 horas a partir del momento de la detención.

Por otra parte, se precisa en la Constitución que las personas tienen derecho a ser juzgadas en libertad, excepto por las razones determinadas por la ley y apreciadas por el juez en cada caso.

En todo caso, la constitución de caución exigida por la ley para conceder la libertad del detenido no causa impuesto alguno.

La Constitución de 1999 con esta norma ha cambiado sustancialmente el principio equivalente previsto en el ordinal 1° del artículo 60 de la Constitución de 1961, al establecer no sólo la garantía adicional de que las personas deben ser juzgadas en libertad, de lo cual deriva que la detención judicial de las personas procesadas no es la regla sino la excepción; sino la reserva de la medida excepcional de privación de la libertad a la autoridad judicial.

La Corte Primera de lo Contencioso Administrativo ha analizado esta norma en sentencia de 1 de junio de 2000 (Caso: *Julio Rico A.*), apreciando lo siguiente sobre la reserva de la materia a la autoridad judicial:

---

23 Véase nuestra posición en torno a este artículo en Allan R. Brewer-Carías, *Debate Constituyente, (Aportes a la Asamblea Nacional Constituyente),* Tomo III, (18 octubre-30 noviembre 1999), Fundación de Derecho Público-Editorial Jurídica Venezolana, Caracas 1999, pp. 149 y ss.

Del estudio de la norma transcrita, podemos identificar una diferencia de gran importancia con respecto al texto constitucional anterior, la cual se produce en el hecho de que ambas normas parten de supuestos distintos. La Constitución derogada se refería de manera amplia al funcionario del cual emanaba la orden, en tal sentido la amplitud la entendíamos en el mandato conferido al legislador para definir o determinar los funcionarios que eran competentes para dictar una orden que restringiera la libertad. En la Constitución Vigente se observa como se refiere el precepto constitucional a la función judicial, entendiendo ésta como una manifes-tación de las injerencias del Estado en ejercicio de potestades jurisdiccionales, pero que en virtud de su naturaleza sólo puede ser ejercida por los órganos del Poder Judicial en ejercicio de funciones judiciales, quedando excluidas de esta manera los mandatos de órganos del Poder Judicial en ejercicio de funciones de Estado distintas a la judicial, entiéndanse administrativas.

De lo antes dicho podemos concluir que a la luz de la Constitución de la República Bolivariana de Venezuela, sólo puede producirse el arresto o la detención, cuando la medida que lo ordena es judicial, quedando pues excluidos de la mencionada norma los arrestos o detenciones ordenados en atención a una función administrativa, como sería en el caso en estudio la orden de arresto impuesta por un juez a un abogado en ejercicio de la facultad disciplinaria con lo cual no se pretende eliminar la potestad disciplinaria que posee el juez, sino proteger en razón del mandato constitucional el derecho a la libertad[24].

En cuanto a la excepcionalidad de la medida de privación de la medida de privación de la libertad, aún por la autoridad judicial, la Sala Constitucional ha concluido señalando que de las normas constitucionales (art. 44,1 y 45):

Se desprende la afirmación y el resguardo de la libertad de todo ciudadano como principio básico de un estado democrático de derecho. Así pues, nuestro sistema procesal penal establece la regla general de ser juzgado en libertad durante el proceso seguido por la presunta comisión de un hecho punible, hasta tanto sea dictada la decisión del órgano jurisdiccional que declare, según el caso, la culpabilidad o no del imputado.

De tal modo, que "la privación de libertad es una medida cautelar, que -a diferencia del anterior régimen inquisitivo- sólo procederá cuando las demás medidas cautelares sean insuficientes para asegurar las finalidades del proceso" (artículo 252 del Código Orgánico Procesal Penal). De tal manera, que dicha medida cautelar -privación de libertad- tiene un carácter excepcional, por consiguiente, de interpretación restrictiva, por cuanto sólo es procedente por las razones previstas taxativamente en la ley.

Por ello, cualquier interpretación extensiva de las disposiciones que permiten la restricción de dicho principio fundamental -libertad- implica un ejercicio autoritario del mismo, lo cual va en detrimento de un proceso transparente y justo que, sin lugar a dudas, conlleva al menoscabo de tan preciado bien inherente al ser humano como lo es su libertad[25].

---

24 Véase en *Revista de Derecho Público*, N° 82, (abril-junio), Editorial Jurídica Venezolana, Caracas 2000, p. 286.

25 Véase en *Revista de Derecho Público*, N° 85-88, Editorial Jurídica Venezolana, Caracas 2001.

La misma Sala Constitucional, por lo anterior, ha considerado que la norma del artículo 259 del Código Orgánico Procesal Penal, "dispone una excepción al derecho constitucional a ser juzgado en libertad, la cual obedece a que exista un hecho punible que merezca pena privativa de libertad, cuya acción penal no se encuentre prescrita; fundados elementos de convicción para estimar que el imputado ha sido autor de tal delito y una presunción razonable de peligro de fuga"[26]. En cuanto a la flagrancia como motivo de aplicación de la excepción, la misma Sala Constitucional en sentencia Nº 1577 de 18 de diciembre de 2000 (Caso: *Marco A. Monasterios P.*), ha señalado que siendo en este caso:

> El presupuesto indefectible de la privación de libertad... el estado de flagrancia, en el cual, sea cual fuere su especie, el aprehendido debe estar ligado al hecho por una relación de inmediatez espacio-temporal (Dalia, "*Manuale di Diritto Processuale Penale*", Milano, 1991, p. 56), dicha privación sólo puede llevarse a cabo en los límites de lo indispensable: en efecto, presupone la gravedad del delito, es excepcional y provisoria, las normas que la autorizan son de interpretación restrictiva, según el artículo 256 del Código Orgánico en referencia, y, a tenor de las disposiciones contempladas en los artículos 258 y 373 y siguientes del citado Código, el aprehensor deberá poner inmediatamente al aprehendido a la disposición del Ministerio Público, el cual, a su vez, dentro de las veinticuatro horas siguientes, deberá presentarlo ante el Juez de control, a los efectos de iniciar el respectivo procedimiento[27].

Ahora bien, este principio constitucional a favor de la libertad, como se mencionó, ha tendido sus repercusiones importantes no solo en materia judicial penal, sino en relación con los arrestos administrativos, los cuales puede decirse que han quedado proscritos con la Constitución. Así lo ha resuelto la Corte Primera de lo Contencioso Administrativo al decidir que, conforme al artículo 44, 1 de la Constitución, las normas de la antigua Ley Orgánica del Poder Judicial que otorgaban a los jueces la posibilidad de imponer arrestos disciplinarios a los abogados, quedaron derogadas tácitamente. La Corte razonó así:

> De lo cual resulta evidente a la luz del novísimo texto constitucional que toda privación de libertad deberá realizarse en virtud de una *"orden judicial"*, es decir, dentro de un proceso judicial, y no como el resultado de la aplicación de un acto administrativo con *"carácter policial preventivo"*. Razón por la cual, es patente la contradicción existente entre lo dispuesto en los derogados artículos 115 y 116 de la Ley Orgánica del Poder Judicial, vigentes para el momento en que si dictó el acto (hoy 93 y 94 de la ley reformada), referente a la posibilidad que tiene el Juez de sancionar con hasta ocho días de arresto, a quienes irrespetaren a los funcionarios o empleados judiciales; o a las partes que ante ellos actúen; y sancionarán también a quienes perturbaren el orden de la oficina durante su trabajo. Todo lo cual corrobora, por expresa texto contenido en la Disposición Derogatoria Unica, que los mencionados artículos devinieron en derogados parcialmente.

---

26 Véase sentencia Nº 723 de 15-05-2001 (Caso: *Juan C. Berroterán*) en *Revista de Derecho Público*, Nº 85-88, Editorial Jurídica Venezolana, Caracas 2001.

27 Véase en *Revista de Derecho Público*, Nº 84, (octubre-diciembre), Editorial Jurídica Venezolana, Caracas 2000, p. 150.

Esta Corte, atendiendo a la supremacía de la norma constitucional y la consecuente dependencia a ésta del restante cuerpo normativo para su validez, considera derogada la facultad de los jueces, en función administrativa, de ordenar el arresto hasta por ocho días en los supuestos y condiciones establecidos en los comentados artículos[28].

B. *Derecho a la defensa y a no estar incomunicado*

El ordinal 2° del artículo 44, en la misma orientación de la garantía al debido proceso (art. 49), establece que toda persona detenida tiene *derecho a comunicarse* de inmediato con sus familiares, abogado o persona de su confianza, y éstos, a su vez, tienen el derecho a ser *informados* del lugar donde se encuentra la persona detenida, a ser notificados inmediatamente de los motivos de la detención y a que dejen constancia escrita en el expediente sobre el estado físico y psíquico de la persona detenida, ya sea por sí mismo o con el auxilio de especialistas.

La Constitución exige, además, que la autoridad competente debe llevar un registro público de toda detención realizada, que comprenda la identidad de la persona detenida, lugar, hora, condiciones y funcionarios que la practicaron.

Respecto a la detención de extranjeros o extranjeras se exige la observancia, además, de la notificación consular prevista en los tratados internacionales sobre la materia.

C. *El límite personal de las penas*

Conforme al artículo 44, ordinal 3°, la pena, en ningún caso, puede trascender de la persona condenada, prohibiéndose condenas a penas perpetuas o infamantes.

En todo caso, además, se dispone, en la misma orientación del ordinal 7 del artículo 60 de la Constitución de 1961, que las penas privativas de la libertad no pueden exceder de treinta años.

D. *La identificación de la autoridad*

El texto del artículo 48 de la Constitución de 1961 se recogió como ordinal 4° del artículo 44 de la nueva Constitución, al exigir a toda autoridad que ejecute medidas privativas de la libertad, la obligación de identificarse.

E. *El derecho a la excarcelación*

Ninguna persona puede continuar en detención después de dictada una orden de excarcelación por la autoridad competente o una vez cumplida la pena impuesta (art. 44, ord. 5°).

F. *La protección frente a la esclavitud o servidumbre*

Por otra parte, el artículo 54 de la Constitución, específicamente dispone que ninguna persona puede ser sometida a esclavitud o servidumbre; sujetando la trata

---

28 Véase sentencia de 09-03-2000 (Caso: *Rafael Quiñones V.*) en *Revista de Derecho Público*, N° 81, (enero-marzo), Editorial Jurídica Venezolana, Caracas 2000, pp. 164 y ss. Véase igualmente, la sentencia de la misma Corte Primera de 01-06-2000, en *Revista de Derecho Público*, N° 82, (abril-junio), Editorial Jurídica Venezolana, Caracas 2000, pp. 285 y ss.

de personas y, en particular, la de mujeres, niños, niñas y adolescentes en todas sus formas, a las penas previstas en la ley.

G. *Régimen especial sobre los delitos graves*

En sentido similar a lo previsto en el artículo 29, el artículo 271 de la Constitución establece un conjunto de restricciones derivadas de la comisión de delitos contra los derechos humanos, contra el patrimonio público o el tráfico de estupefacientes, estableciendo que:

> No prescribirán las acciones judiciales dirigidas a sancionar los delitos contra los derechos humanos, o contra el patrimonio público o el tráfico de estupefacientes. Asimismo, previa decisión judicial, serán confiscados los bienes provenientes de las actividades relacionadas con tales delitos. El procedimiento referente a los delitos mencionados será público, oral y breve, respetándose el debido proceso, estando facultada la autoridad judicial competente para dictar las medidas cautelares preventivas necesarias contra bienes propiedad del imputado o de sus interpuestas personas, a los fines de garantizar su eventual responsabilidad civil.

4. *La prohibición de la desaparición forzosa de personas*

El artículo 45 regula, en forma novedosa en el ordenamiento venezolano, la prohibición a la autoridad pública, sea civil o militar, aun en estado de emergencia, excepción o restricción de garantías, de practicar, permitir o tolerar la desaparición forzada de personas. Agrega la norma que:

> El funcionario o funcionaria que reciba orden o instrucción para practicarla, tiene la obligación de no obedecerla y denunciarla a las autoridades competentes. Los autores o autoras intelectuales y materiales, cómplices y encubridores o encubri-doras del delito de desaparición forzada de personas, así como la tentativa de comisión del mismo, serán sancionados de conformidad con la ley.

5. *El derecho a la integridad personal*

El artículo 46 consagra el derecho de toda persona a que se respete "su integridad física, psíquica y moral", regulándose en consecuencia los siguientes derechos:

A. *El derecho a no ser sometido a torturas o penas degradantes*

Ninguna persona puede ser sometida a penas, torturas o tratos crueles, inhumanos o degradantes. Así lo dispone el artículo 46, ordinal 1° agregando el derecho a la rehabilitación que tienen las víctimas de tortura o trato cruel, inhumano o degradante practicado o tolerado por parte de agentes del Estado.

B. *El derecho de los detenidos al respeto a la dignidad humana*

El ordinal 2° del artículo 46 garantiza el derecho de toda persona privada de libertad de ser tratada con el respeto debido a la dignidad inherente al ser humano.

En lo referente al concepto de respeto a la dignidad de la persona humana, la Sala Constitucional, en sentencia N° 2442 de 1 de septiembre de 2003, ha señalado que "éste es uno de los valores sobre los cuales se fundamenta el Estado Social de Derecho y de Justicia en torno a la cual debe girar todo el ordenamiento jurídico de un Estado y, por ende, todas las actuaciones del poder público", precisando que:

> La dignidad humana consiste en la supremacía que ostenta la persona como atributo inherente a su ser racional, lo que le impone a las autoridades públicas el deber de velar por la protección y salvaguarda de la vida, la libertad y la autonomía de los hombres por el mero hecho de existir, independientemente de cualquier consideración de naturaleza o de alcance positivo.
>
> Por tanto, la mera existencia del hombre le atribuye a éste el derecho a exigir y a obtener la vigencia de todas las garantías necesarias para asegurar su vida digna, es decir, su existencia adecuada, proporcional y racional al reconocimiento de su esencia como un ser racional. Al mismo tiempo que le impone al Estado el deber de adoptar las medidas de protección indispensables para salvaguardar los bienes jurídicos que definen al hombre como persona, es decir, la vida, la integridad, la libertad, la autonomía, etc.
>
> Con este propósito, la Constitución de la República Bolivariana de Venezuela, en su artículo 3 establece que el reconocimiento de la dignidad humana constituye un principio estructural del Estado Social de Derecho y por eso prohíbe, en su Título III, Capítulo III, las desapariciones forzadas, los tratos degradantes, inhumanos, las torturas o los tratos crueles que vulneren la vida como un derecho inviolable, la penas degradantes y los demás derechos inherentes a la persona humana (artículos 43 y ss. eiusdem)[29].

C. *El derecho a decidir sobre experimentos y tratamientos*

Por otra parte, ninguna persona puede estar sometida sin su libre consentimiento a experimentos científicos o a exámenes médicos o de laboratorio, excepto cuando se encontrare en peligro su vida o por otras circunstancias que determine la ley (art. 46, ord. 3°).

D. *La responsabilidad de los funcionarios*

El artículo 46, ordinal 4° dispone, finalmente, que los funcionarios públicos que, en razón de su cargo infieran maltratos o sufrimientos físicos o mentales a cualquier persona, o que instigue o tolere este tipo de tratos, deben ser sancionados de acuerdo con la ley.

6. *El derecho a la inviolabilidad del hogar doméstico*

El artículo 47 de la Constitución garantiza la inviolabilidad no sólo del hogar doméstico como era tradicional en las Constituciones anteriores (art. 62 de la Constitución de 1961), sino "del domicilio y todo recinto privado de las personas"; agregando que no pueden ser allanados, sino mediante orden judicial, para impedir la perpetración de un delito o para cumplir de acuerdo con la ley las decisiones que dicten los tribunales, respetando siempre la dignidad del ser humano.

Las visitas sanitarias que se practiquen de conformidad con la ley, sólo pueden realizarse previo aviso de los funcionarios o funcionarias que las ordenen o hayan de practicarlas.

---

29 Véase en *Revista de Derecho Público*, N° 93-96, Editorial Jurídica Venezolana, Caracas 2003.

El principio fundamental que deriva del artículo 47 es que al igual que en materia de privación de la libertad, sólo el juez puede ordenar la entrada en el domicilio de una persona o en sus recintos privados[30], quedando como excepción, sin embargo, las ordenes administrativas sólo en materia de visitas sanitarias. En cuanto a las ordenes contenidas en actos administrativos de entrar en el hogar doméstico o recintos privaos, sólo pueden cumplirse cuando estén ratificadas en vía judicial La Corte Primera de lo Contencioso Administrativo en sentencia de 4 de mayo de 2000, sobre esto ha establecido el siguiente criterio:

> Sobre este importante particular, referido a la necesidad de una autorización judicial previa en cualquier caso de ejecución de actos administrativos que impliquen entrada en el domicilio privado de cualquier persona física o jurídica, se debe insistir en que la habilitación del juez para ejecutar el fallo, y, particularmente en el caso "sub iudice", deviene de la sentencia que haya proferido la firmeza de la autorización administrativa para el desalojo, emanada del órgano administrativo competente para dictar tal acto autorizatorio -para la fecha de la presente causa, la Dirección General Sectorial de Inquilinato-. Esta sería la única excepción, al principio constitucional de la inviolabilidad del hogar doméstico o del recinto privado del particular, establecido en el artículo 47 de la Constitución de la República Bolivariana de Venezuela y también constituiría una excepción al principio de ejecutoriedad de los Actos Administrativos. Así se declara[31].

La Sala Constitucional del Tribunal Supremo, sin embargo, ha interpretado en forma más laxa la norma del artículo 47, señalando que:

> Interpretar, únicamente, que en virtud de tal disposición, siempre para la realización de un allanamiento a un determinado domicilio, será necesaria la existencia de una orden judicial que lo autorice, sería llegar a la exageración de suponer que, aun hasta para el caso de fuerza mayor o estado de necesidad, se requiera la referida orden. La norma no prevé nada al respecto, pero no por ello, en el caso de auxilio inmediato, solicitado o no, de riesgos para la vida o seguridad de las personas, o de otros supuestos análogos, la entrada al domicilio o recinto de que se trate, por parte de funcionarios policiales o cualquier otro agente de autoridad, e incluso de un particular, debe ser considerado como una vulneración a su inviolabilidad, pues se está ante uno de los supuestos en que es necesario preservar unos derechos sobre otros, igualmente constitucionalmente protegidos.
>
> Debe entenderse, entonces, de acuerdo con el precepto constitucional en referencia, que la orden judicial es la regla, resultando sin embargo, posible su limitación dependiendo del ámbito de que se trate (civil o penal), pues debe estudiarse en cada caso cuándo se le debe dar supremacía a éste ante otros derechos fundamentales, y viceversa, dado que puede ocurrir que el mismo, como un derecho particular pretenda sobreponerse a un derecho de orden colectivo, como la salud pública.
>
> En tal sentido, debe advertirse que en el ámbito penal, el derecho a la inviolabilidad del hogar doméstico admite excepciones, que como tal, en principio, están contempladas en el Código Orgánico Procesal Penal, en el artículo 225, pues existe el

30 Véase sentencia de la Corte Primera de lo Contencioso Administrativo de 01-06-2000 (Caso: *Julio Rico A.*) en *Revista de Derecho Público*, N° 82, (abril-junio), Editorial Jurídica Venezolana, Caracas, 2000, pp. 286 y ss.

31 (Caso. *María R. Cordero*) en *Revista de Derecho Público* N° 82, (abril-junio), Editorial Jurídica Venezolana, Caracas 2000, pp. 290-291.

supuesto, como en el caso de autos, no contemplado en dicha norma legal, en el cual tampoco resulta necesaria la orden judicial, que es cuando la persona que habita determinado domicilio o morada, autoriza o consiente voluntariamente su ingreso a ella, lo cual obedece al deber que tiene todo ciudadano de la República de colaborar con la justicia como expresión de los principios de solidaridad y corresponsabilidad social que orientan el nuevo orden institucional y social del Estado actual, y que se encuentran previstos en el artículo 135 constitucional. Así, en atención a lo expuesto, el consentimiento o la autorización del habitante, debe constar en la respectiva acta...[32]

7. *La inviolabilidad de las comunicaciones privadas*

De acuerdo con el artículo 48 de las Constitución, se garantiza el secreto e inviolabilidad de las comunicaciones privadas en todas sus formas, por lo que no pueden ser interferidas sino por orden de un tribunal competente, con el cumplimiento de las disposiciones legales y preservándose el secreto de lo privado que no guarde relación con el correspondiente proceso.

El antiguo derecho a la inviolabilidad de la correspondencia previsto en el artículo 63 de la Constitución de 1961, se amplía considerablemente en esta norma al protegerse las comunicaciones privadas en todas sus formas y, en especial, no sólo las escritas sino las orales.

8. *La libertad de tránsito*

El artículo 50 de la Constitución consagra el derecho de toda persona de transitar libremente y por cualquier medio por el territorio nacional, cambiar de domicilio y residencia, ausentarse de la República y volver, trasladar sus bienes y pertenencias en el país, traer sus bienes al país o sacarlos, sin más limitaciones que las establecidas por la ley; los venezolanos y venezolanas pueden ingresar al país sin necesidad de autorización alguna[33].

Contrariamente a lo previsto en el artículo 64 de la Constitución de 1961, en el nuevo texto constitucional se establece que ningún acto del Poder Público podrá establecer la pena de extrañamiento del territorio nacional contra venezolanos, sin excepción alguna. En el régimen de 1961 se admitía el extrañamiento del territorio nacional de venezolanos como conmutación de otra pena y a solicitud del reo.

En la Constitución se reguló, además, el régimen del cobro de peajes en las vías terrestres y su compatibilización con la libertad de transitar, al disponerse que se precisa, además, que en caso de concesión de vías, la ley debe establecer los supuestos en los que debe garantizarse el uso de una vía alterna[34].

9. *El derecho de petición y a la oportuna respuesta*

El artículo 51 de la Constitución, en la orientación del artículo 67 de la Constitución de 1961, consagra el derecho de toda persona de representar o dirigir peticiones

---

32 Véase sentencia de la Sala Constitucional Nº 717 de 15-05-2001, (Caso: *Haidee B. Miranda*) en *Revista de Derecho Público*, Nº 85-88, Editorial Jurídica Venezolana, Caracas, 2001, pp. 114 y ss.

33 Véase nuestras observaciones sobre esta norma en Allan R. Brewer-Carías, *Debate Constituyente*, Tomo III, *op. cit.*, pp. 150 y 151.

34 *Idem*, p. 151.

ante cualquier autoridad, funcionario público sobre los asuntos que sean de la competencia de éstos, y a obtener oportuna y adecuada respuesta.

Se agrega, en el nuevo texto, el derecho a que la respuesta sea "adecuada" y el principio de que quienes violen este derecho deben ser sancionados conforme a la ley, pudiendo ser destituidos del cargo respectivo[35].

La Corte Primera de lo Contencioso Administrativa en sentencia N° 1499 de 15 de noviembre de 2000 ha insistido en destacar que el derecho de petición en el marco de la Constitución de 1999 "tiene como contrapartida la obligación de las autoridades no sólo dar oportuna respuesta, sino de que la misma sea adecuada" lo cual

Se ve satisfecho con la obtención de una respuesta, independientemente de que la misma sea favorable o no a su petición. Ello se conecta con el deber de que la respuesta sea oportuna, esto es, dentro de los lapsos establecidos en la Ley y adecuada, es decir, acorde con lo planteado por el solicitante, dentro de los parámetros de las peticiones formuladas, o sea, en el marco del asunto planteado o en armonía con él, sin que tal adecuación se vea impuesta como una obligación de respuesta en los términos de lo solicitado -se repite- sin que la misma deba ser favorable a los pedimentos[36].

10. *El derecho de asociación*

El artículo 52 se establece que toda persona tiene derecho de asociarse con fines lícitos, de conformidad con la ley, estando obligado el Estado a facilitar el ejercicio de este derecho.

Este derecho encuentra una limitación de rango constitucional, en el artículo 256 respecto de los jueces, a quienes se prohíbe asociarse.

Ahora bien, una de las manifestaciones del principio de autonomía privada, es la libertad de asociación, difundida universalmente como parte integrante del valor constitucional del libre desenvolvimiento de la persona, reconocido, en general, por el artículo 20 de la Constitución, y, en particular, por el artículo 52 de la misma; sobre la cual, la Sala Constitucional ha señalado que comprende tanto el poder de regulación o autonomía estatutaria, como el poder de decisión o autonomía decisoria, destacando en la forma siguiente sus limitaciones:

> Ahora bien, en la medida en que las normas constitucionales no sólo rigen, las relaciones de los particulares con el Estado sino, también las de los particulares entre si, dichas normas tienen una eficacia mediata sobre estas relaciones, corri-giendo así el abuso de la autonomía privada -o autosuficiencia- que sea contraria a los principios del Estado Social.
>
> En tal sentido, el derecho fundamental a la asociación de un grupo (*uti universi*) enfrentado a los derechos individuales de sus asociados, se equilibran y deben ser ponderados a partir del estudio de cada tipo de asociación, tratase de asociaciones

35 Véase Carlos L. Carrillo Artiles, "El derecho de petición y la oportuna y adecuada respuesta en la Constitución de 1999", en *Estudios de Derecho Administrativo: Libro Homenaje a la Universidad Central de Venezuela,* Volumen I, Imprenta Nacional, Caracas, 2001, pp. 219-251; y Lubín Aguirre, "Garantías procesales frente a la inacción administrativa" en *Estudios de Derecho Administrativo: Libro Homenaje a la Universidad Central de Venezuela,* Volumen I, Imprenta Nacional, Caracas, 2001, pp.35-41.

36 (Caso: *Antonio J. Varela*) en *Revista de Derecho Público,* N° 84, (octubre-diciembre), Editorial Jurídica Venezolana, Caracas 2000, p. 153.

monopolísticas, las cuales se caracterizan porque ostentan posiciones de predominio dentro del ámbito social o económico, o de carácter meramente ideológico o recreativo.

En las últimas hay un verdadero núcleo duro de autonomía privada que no admite la intervención del Estado, sino restricciones generales derivadas de normas jurídicas de estricto orden público, salvo que sus fines no sean lícitos; a diferencia de las primeras, en las cuales, de acuerdo con el principio de legalidad, el legislador puede establecer regulaciones y limitaciones sobre dichas asociaciones y los tribunales pueden revisar tanto sus estatutos, en cuanto a su legalidad y legitimidad democrática, como sus decisiones, en cuanto al respeto del procedimiento debido, la veracidad a objetividad de los hechos determinados y la claridad o racionalidad de las valoraciones realizadas por los cuerpos de decisión de dichas asociaciones.

En relación con las asociaciones de transporte público de personas (como la mencionada Línea Unión San Diego), la Sala observa que las decisiones adoptadas por sus órganos pueden ser revisadas por los tribunales, a los fines de establecer si cumplieron con las normas legales y estatutarias, con el proceso deliberativo democrático, con el proceso disciplinario debido y con los presupuestos de veracidad, objetividad, claridad y racionalidad que deben informar a estas decisiones. Incluso, los tribunales pueden proteger a los afectados por estas normativas y decisiones en sus derechos fundamentales, a través del amparo constitucional.[37]

11. *El derecho de reunión*

De acuerdo con el artículo 53 de la Constitución, toda persona tiene el derecho de reunirse, pública o privadamente, sin permiso previo, con fines lícitos y sin armas; quedando sometidas las reuniones en lugares públicos a lo regulado por la ley.

12. *El derecho a la libre expresión del pensamiento y el derecho a la información*

A. *Las previsiones constitucionales*

En cuanto al derecho a la libre expresión del pensamiento, el artículo 57 garantiza el derecho de toda persona a expresar libremente sus pensamientos, sus ideas u opiniones de viva voz, por escrito o mediante cualquier otra forma de expresión, y de hacer uso para ello de cualquier medio de comunicación y difusión, sin que pueda establecerse censura[38]. En todo caso, quien haga uso de este derecho asume plena

---

37 Véase sentencia N° 781 de 25-07-2000 (Caso: *Línea Unión San Diego*) en *Revista de Derecho Público,* N° 83, (julio-septiembre), Editorial Jurídica Venezolana, Caracas 2000, p. 168.

38 Véase en general, Allan R. Brewer-Carías, "La libre expresión del pensamiento y el derecho a la información en la Constitución venezolana de 1999", *Anuario de Derecho Constitucional Latinoamericano,* Edición 2002, Konrad Adenauer Stiftung, Montevideo, 2002, pp. 267 a 276; Fernando Flores Gimenez, "Las libertades de expresión e información en la Constitución de Venezuela: Análisis de una confusión", *Revista de Derecho Constitucional,* N° 7, enero-junio 2003, Editorial Sherwood, Caracas, 2003, pp. 125 a 135; Jesús A. Davila Ortega, "El Derecho de la información y la libertad de expresión en Venezuela (Un estudio de la sentencia 1.013/2001 de la Sala Constitucional del Tribunal Supremo de Justicia)", *Revista de Derecho Constitucional,* N° 5, julio-diciembre-2001, Editorial Sherwood, Caracas, 2002, pp. 305 a 325; María Candelaria Domínguez Guillén, "Las libertades de expresión e información", *Revista de derecho del Tribunal Supremo de Justicia,* N° 5, Caracas, 2002, pp. 19 a 72; Carolina Puppio, "Libertad de Expresión vs. Ley de Contenidos. Reflexiones de cara a la Aprobación de una Ley de Contenido en Venezuela", *Revista de Derecho Constitucional,* N° 6, enero-diciembre-2002, Editorial Sherwood, Caracas, 2003, pp. 165 a 190; Héctor Faúndez Ledesma, "Las condiciones de las restriccio-

responsabilidad por todo lo expresado. La Constitución, además, establece que no se permite el anonimato, ni la propaganda de guerra, ni los mensajes discriminatorios, ni los que promuevan la intolerancia religiosa. Además, se prohíbe la censura a los funcionarios públicos para dar cuenta de los asuntos bajo sus responsabilidades[39].

El artículo 58, de la Constitución, además, establece que la comunicación es libre y plural y comporta los deberes y responsabilidades que indique la ley.

En cuanto al derecho a la información, el mismo artículo 58, por otra parte, lo establece en la siguiente forma:

> Toda persona tiene derecho a la información *oportuna, veraz e imparcial,* sin censura, de acuerdo con los principios de esta Constitución, así como el derecho de réplica y rectificación cuando se vean afectados directamente por informaciones inexactas o agraviantes. Los niños, niñas y adolescentes tienen derecho a recibir información adecuada para su desarrollo integral.

Una larga polémica se planteó durante los debates en la Asamblea Nacional Constituyente respecto de la utilización de los adjetivos "oportuna, veraz e imparcial" para calificar la información que toda persona tiene derecho a recibir, no porque no deba ser así, sino porque todos estos calificativos en la Constitución podrían dar lugar a que desde el Estado pueda establecerse algún control para determinar la veracidad, la oportunidad o la imparcialidad de la información, y con ello el establecimiento de alguna "verdad oficial"[40]. En una Constitución signada por el principio de la progresión en la mayoría de los derechos individuales, esta regresión en materia de derechos individuales es inadmisible, pues abre una grieta que puede servir al autoritarismo.

Debe señalarse, además, que conforme al artículo 108 de la Constitución, el Estado tiene la obligación de garantizar servicios públicos de radio, televisión y redes de bibliotecas y de informática, para permitir el acceso universal a la información.

En todo caso, las normas constitucionales mencionadas (arts. 57 y 58), en criterio de la Sala Constitucional, establecen "dos derechos diferentes, cuales son el derecho a la libre expresión del pensamiento, y el derecho a la información oportuna, veraz e imparcial, y sin censuras":

> El primero de estos derechos permite a todas las personas expresar libremente sus pensamientos, ideas y opiniones, de viva voz, por escrito, en forma artística, o mediante cualquier medio de comunicación o difusión. Pero quien hace uso de ese derecho de libre expresión del pensamiento, asume plena responsabilidad por todo lo

---

nes a la libertad de expresión", en *El Derecho Público a comienzos del siglo XXI. Estudios homenaje al Profesor Allan R. Brewer-Carías,* Tomo III, Instituto de Derecho Público, UCV, Civitas Ediciones, Madrid, 2003, pp. 2598-2664; Rafael Ortiz-Ortiz, "Las implicaciones jurídico positivas del derecho a la información y a la libertad de expresión en el nuevo orden constitucional", en *Revista de la Facultad de Derecho de la Universidad de Carabobo,* Nº 1, Valencia, 2002, pp. 163-246; María Candelaria Domínguez Guillén, "El derecho a la identidad como límite a las libertades de expresión e información", en *Revista de derecho del Tribunal Supremo de Justicia,* Nº 9, Caracas, 2003, pp. 343 a 359.

39 Véase nuestra propuesta de agregar en esta norma el derecho de todos a buscar, recibir y difundir información, en Allan R. Brewer-Carías, *Debate Constituyente,* Tomo III, *op. cit.* pp. 152 a 153.

40 Véase nuestro Voto Salvado sobre esta norma en Allan R. Brewer-Carías, *Debate Constituyente,* Tomo III, *op. cit.,* pp. 154 a 156.

expresado (artículo 57 aludido), responsabilidad que puede ser civil, penal, disciplinaria o de cualquier otra índole legal.

Conforme al artículo 13 de la Ley Aprobatoria de la Convención Americana sobre Derechos Humanos (Pacto de San José de Costa Rica), el ejercicio del derecho a la libertad de expresión, no puede estar sujeto a previa censura, sino a responsabilidades ulteriores, las que deben estar expresamente fijadas por la ley y ser necesaria para asegurar: a) el respeto a los derechos o a la reputación de los demás; o, b) la protección de la seguridad nacional, el orden público o la salud o la moral pública. El artículo 19 de la Ley Aprobatoria del Pacto Internacional de Derechos Civiles y Políticos, es del mismo sentido que el mencionado artículo 13 del Pacto de San José de Costa Rica.

El respeto a los derechos o a la reputación de los demás, se encuentra tutelado expresamente en el Código Penal, al tipificar -por ejemplo- los delitos de difamación e injuria (artículos 444 y 446 del Código Penal); mientras el Código Civil los recoge en los artículos 1.185 y 1.196 (éste último previene la indemnización por atentado al honor).

En consecuencia, la libre expresión del pensamiento, si bien no está sujeta a censura oficial, ni directa ni indirecta, no por ello deja de generar responsabilidad a quien con ella dañe el honor de otras personas, y quienes realicen el acto dañoso pueden ser accionados por la víctima tanto en lo civil como en lo penal, sin importar quién sea la persona que exprese el pensamiento dañoso.

Ahora bien, cuando el pensamiento se emite, con relación a la acción de amparo ya el daño es irreparable y no puede restablecerse la situación jurídica mediante el amparo constitucional, por lo que la víctima puede tratar de impedir que dicha situación se infrinja a futuro, pero lo ya expresado no puede ser recogido por la vía del amparo, por lo que no es posible el restablecimiento de la situación jurídica infringida (numeral 3 del artículo 6 de la Ley Orgánica de Amparo sobre Derechos y Garantías Constitucionales).

El artículo 58 constitucional, al instaurar la información veraz e imparcial, como forma de comunicación libre y plural (derecho a la libertad de expresión), también prevé que ésta comporte los deberes y responsabilidades que indique la ley, y así como las informaciones inexactas o agraviantes dan derecho a réplica y rectificación a favor de la víctima, también dan derecho al agraviado a ejercer las acciones civiles y penales, si el medio informativo lo afecta ilícitamente. De allí, que la información masiva que comunica noticias por prensa, radio, vías audiovisuales, internet u otras formas de comunicación, puede originar responsabilidad de quienes expresen la opinión agraviante, atentatoria a la dignidad de las personas o al artículo 60 constitucional, por ejemplo; o de los reporteros que califican y titulan la noticia en perjuicio de las personas, lesionando, sin base alguna en el meollo de la noticia expuesta, el honor, reputación, vida privada, intimidad, o la imagen de las personas; e igualmente, puede generarse responsabilidad en los editores que dirigen los medios, y que permitan la inserción de noticias falsas, o de calificativos contra las personas, que no se corresponden con el contenido veraz de la noticia, o que atienden a un tratamiento arbitrario de la misma en detrimento del honor de los ciudadanos, tal como sucede cuando personas que no han sido acusadas penalmente, se las califica en las informaciones de corruptos, asesinos o epítetos semejantes[41].

---

41 Véase sentencia N° 571 (Caso: *Francisco Segundo Cabrera vs. Comisión de Funcionamiento y Reestructuración del Sistema Judicial*), en *Revista de Derecho Público*, N° 85-88, Editorial Jurídica Venezolana, Caracas 2001.

B. *Los derechos constitucionales relativos a la libre expresión del pensamiento y a la información*

Los artículos 57 y 58 de la Constitución constituyen una unidad conceptual a los efectos de la regulación de los diversos derechos que consagran. El hecho de que el contenido de los mismos se haya dividido en dos artículos constitucionales, con números diferentes y consecutivos, no tiene significación alguna. Pudo haber estado todo el contenido de ambos artículos en uno sólo o pudo haberse dividido en más de dos artículos, sin que ello pudiera tener efectos sobre la conceptualización de los derechos constitucionales que derivan de las normas.

Lo importante es tener en cuenta que las dos normas regulan un conjunto de derechos relacionados entre sí, imbricados, y derivados de la clásica libertad de expresión del pensamiento. Estos derechos también son objeto de regulación en la Convención Americana y en el Pacto Internacional de Derechos Civiles y Políticos, en dos artículos en cada uno de dichos textos, configurados en forma diferente, pero conformando, en todo caso, una unidad de regulación.

En efecto, en estos artículos, se consagran y garantizan al menos cinco derechos constitucionales de todas las persona: *primero,* el *derecho a la libre expresión* del pensamiento; *segundo,* y como una modalidad del anterior, el *derecho a comunicar o a informar* que también corresponde a las personas y, en particular, a las que puede tener acceso a los medios de comunicación; *tercero*, el *derecho a establecer y desarrollar medios para la comunicación e información*; *cuarto*, el *derecho a recibir información oportuna, veraz e imparcial*, y *quinto,* el *derecho a la réplica (o respuesta) y a rectificación* frente a informaciones inexactas o agraviantes, que tienen las personas que se vean afectadas directamente por las mismas.

El texto de los artículos 57 y 58 de la Constitución que consagra estos cinco derechos, se complementa, por otra parte, con el de los artículos 13 y 14 de la Convención Americana sobre los Derechos Humanos y el de los artículos 18 y 19 del Pacto Internacional de Derechos Civiles y Políticos, los cuales tienen rango constitucional conforme a lo establecido en el artículo 23 de la Constitución de 1999 e, incluso, son de aplicación preferente respecto de la propia Constitución y las leyes, si contienen normas sobre el goce y ejercicio de tales derechos más favorables a las establecidas en el ámbito nacional.

Con este conjunto de normas, puede entonces construirse el marco constitucional de los derechos relativos a la expresión del pensamiento y a la información, en los siguientes cinco derechos constitucionales.

a. *El derecho a la libre expresión del pensamiento*

El primero de los derechos constitucionales es el derecho a la libre expresión del pensamiento que consagra el artículo 57, el cual se regula conjuntamente con el segundo de los derechos constitucionales, que es el derecho a informar o comunicar.

Se trata de un derecho consagrado con criterio universalizador pues, en *primer* lugar, corresponde a "toda persona", es decir, toda persona natural o moral, nacional o extranjera, domiciliada o no en el país, de derecho público o de derecho privado, estatal o no estatal. Por tanto, el sujeto activo del derecho es toda persona, sin discriminación alguna, y puede serlo tanto un comunicador social (periodista) como quien no lo es.

En *segundo* lugar, el derecho se configura como una libertad de expresión del pensamiento, es decir, se trata de un derecho de las personas a expresarse libremente, sin limitaciones ni restricciones, salvo las generales relativas a la libertad, es decir, las limitaciones que derivan del derecho de los demás y del orden público y social (art. 20 C).

En particular, en cuanto al ejercicio de esta libertad, la propia norma constitucional y las convenciones internacionales, prohíben el anonimato, la propaganda de guerra, los mensajes discriminatorios, los que promuevan la intolerancia religiosa, y toda apología del odio nacional, racial o religioso que constituyan incitaciones a la discriminación, a la hostilidad o a la violencia o cualquier otra acción ilegal similar contra cualquier persona o grupos de personas, por cualquier motivo, inclusive los de raza, color, religión, idioma u origen nacional.

En *tercer* lugar, el derecho de toda persona a expresarse libremente en relación con sus pensamientos, sus ideas y sus opiniones. La persona puede, entonces, expresar libremente lo que piensa, puede expresar libremente sus ideas y puede expresar libremente sus opiniones sobre cualquier materia. Este no es un derecho que se reduce a la libertad de opinar, sino también de expresar o informar lo que se oye, se siente, se huele, se ve o se lee.

En *cuarto* lugar, la libertad de expresión de pensamientos, ideas y opiniones puede realizarse por cualquier medio, sea de viva voz, mediante el habla; sea por escrito, mediante expresión gráfica o artística; sea, en general, mediante cualquier otra forma de expresión, por señales de cualquier tipo, signos o muecas de la libre elección de quien ejerce el derecho. Este derecho a expresarse libremente lo tienen no sólo las personas en general, sino también quienes informan, es decir, aquellos que han hecho de la búsqueda de información, de su expresión y de su comunicación su profesión u oficio, es decir, los comunicadores o periodistas.

El ejercicio de este derecho, sin embargo, depende de los medios mismos y del acceso que estos den a las personas, de acuerdo al tiempo, el espacio y el propio interés del medio. No puede una persona obligar a un medio a comunicar su pensamiento, pero a la vez el medio no puede discriminar a una persona (vetarlo) para expresar y comunicar su pensamiento.

En *quinto* lugar, la libertad de expresión no puede estar sometida a censura previa de tipo alguno, por parte de nadie, ni del Estado ni de los privados. En particular, la norma constitucional prohíbe la posibilidad de censura a los funcionarios públicos para dar cuenta de los asuntos bajo sus responsabilidades. En consecuencia, ni siquiera puede haber instrucciones derivadas de la jerarquía administrativa que restrinjan la libertad de expresión de los funcionarios sobre los asuntos que están bajo su responsabilidad.

En *sexto* lugar, el ejercicio de esta libertad de expresión y el derecho a informar o comunicar, como de toda libertad, por supuesto, acarrea responsabilidad personal por los daños y perjuicios que se pueda causar. Por ello, señala el mismo artículo 57 de la Constitución, que quien haga uso de este derecho a la libre expresión del pensamiento, asume plena responsabilidad por todo lo expresado. Además, por ello, el artículo 58 de la Constitución precisa que la comunicación, que es libre, comporta los deberes y responsabilidades que indique la ley.

Esto lo precisa la Convención Americana al señalar que las responsabilidades ulteriores que pueden derivarse del derecho a la libertad de expresión del pensamiento, en todo caso, deben estar expresamente fijadas por la ley y además, acumulativamente, ser necesarias para asegurar el respeto a los derechos a la reputación de los demás, o la protección de la seguridad nacional, el orden público o la salud o la moral públicas.

b. *El derecho a informar o comunicar*

El derecho a la libre expresión del pensamiento conlleva el derecho a informar o comunicar, es decir, el derecho a la libre expresión del pensamiento a través de medios de comunicación o de información. Este es el segundo de los derechos derivados de la libertad de expresión del pensamiento estrechamente vinculado al primero.

Este derecho a informar o comunicar goza del mismo carácter universal del primero; corresponde a toda persona, sin discriminación, siempre que pueda tener acceso a un medio de comunicación y está sujeto sólo a las limitaciones generales del respeto del derecho a los demás y del orden público o social (art. 20 de la Constitución). Con especial particularidad, se refieren al ejercicio de este derecho las mencionadas prohibiciones del anonimato, de propaganda de guerra, de mensajes discriminatorios, o que promuevan la intolerancia religiosa, de la apología del odio nacional, racial o religioso que constituyan incitaciones a la discriminación, a la hostilidad o a la violencia o cualquier otra acción ilegal contra personas o grupo de personas por cualquier motivo que sea.

El derecho a informar o comunicar, en particular, está precisado en la Convención Americana al referirse a la libertad de buscar, recibir y difundir información e ideas de toda índole, sin consideración de fronteras, ya sea oralmente, por escrito, o en forma impresa o artística, o por cualquier otro procedimiento de su elección.

Este derecho corresponde, igualmente, a todos, por lo que no sólo lo tienen quienes ejercen la profesión de informar, como los periodistas o comunicadores, sino todas las personas, sin discriminación. Por ello, la Constitución (art. 58) precisa que la comunicación es libre, es decir, es una libertad de todas las personas. Precisamente por ello, se ha considerado como contraria a la Convención Americana la reserva que las leyes hacen a favor de los periodistas en cuanto al ejercicio del derecho a informar o cuando imponen la colegiación obligatoria de los periodistas para ejercer el derecho a informar o comunicar a través de los medios de comunicación. (Véase la *Opinión Consultiva OC-5/85-* de 13-11-85 de la Corte Interamericana de los Derechos Humanos sobre la incompatibilidad con la Convención Americana de la Ley de Colegiación obligatoria de periodistas de Costa Rica).

El derecho a la libre expresión del pensamiento conlleva el derecho de informar o comunicar, es decir, el derecho de expresión mediante medios de comunicación. El derecho o la libertad de comunicación, por tanto, es una modalidad del derecho a la libre expresión del pensamiento, e implica el derecho no sólo de crear y establecer medios de comunicación, sino el derecho de las personas a utilizar dichos medios de comunicación para comunicarse con los demás, incluso cuando se hace de la comunicación una profesión u oficio, como la que ejercen los periodistas.

Ese derecho a la comunicación, como lo dice el artículo 58, es libre y plural, es decir, constituye una libertad individual y debe ejercerse sin exclusivismos o exclusionismos, es decir, asegurando la pluralidad propia de una sociedad democrática.

Este derecho a informar o a comunicar, por supuesto, tampoco puede estar sometido a censura previa de tipo alguno, por parte de nadie, ni del Estado ni de los particulares.

Por otra parte, dispone la Convención Americana que el derecho de expresión no se puede restringir por medios indirectos, tales como el abuso de controles oficiales o particulares de papel para periódicos, de frecuencias radioeléctricas, o de enseres y aparatos usados en la difusión de información o por cualesquiera otros medios encaminados a impedir la comunicación y la circulación de ideas y opiniones.

El ejercicio del derecho a informar o a comunicar también está sujeto a responsabilidades ulteriores, las cuales como lo establece la Convención Americana, deben ser expresamente fijadas por la ley y además ser necesarias para asegurar el respeto a los derechos a la reputación de los demás y para asegurar la protección de la seguridad nacional, el orden público o la salud o la moral públicas.

c. *El derecho a establecer medios de comunicación*

El tercero de los derechos que consagran los artículos 57 y 58 de la Constitución, derivados de los derechos ciudadanos a la libre expresión del pensamiento y a la comunicación e información, es el derecho de toda persona a establecer medios de comunicación; es decir, los instrumentos necesarios para que el pensamiento pueda expresarse en forma masiva, como podría ser, por ejemplo, un diario, una revista, una estación de radio o una estación de televisión.

Este derecho al igual que el anterior, no puede ser restringido en forma alguna si se trata de medios escritos de comunicación, como se ha dicho, por medios indirectos, tales como el abuso de controles del papel para periódicos.

En cuanto a los medios radioeléctricos o visuales, los mismos exigen para su creación y desarrollo, del uso de las ondas radioeléctricas que son del dominio público y que requieren de una concesión del Estado para su uso. La Convención Americana prohíbe que se restrinja el derecho por medios indirectos, tales como el abuso de controles oficiales o particulares de las frecuencias radioeléctricas o de los enseres o aparatos usado en la difusión de informaciones, como podrían ser los controles de importación o aduaneros de los aparatos para las estaciones de radio o televisión.

Los medios de comunicación son, en todo caso, el vehículo indispensable para la comunicación e información del pensamiento de las personas, por lo que deben asegurar la pluralidad propia de una sociedad democrática, garantizando el acceso a los mismos a todas las personas sin discriminaciones.

d. *El derecho a la información*

El cuarto derecho que consagra la Constitución en su artículo 58, es el derecho de toda persona a la información oportuna, veraz e imparcial, sin censura, de acuerdo con los principios establecidos en la Constitución.

En efecto, como contrapartida al derecho de todos a la libre expresión del pensamiento, y al derecho a la comunicación y a informar, también existe un derecho de todos a ser informados, de manera oportuna, veraz e imparcial.

Esto implica, en primer lugar, como se ha dicho, que existe un derecho a informar o a comunicar libremente, el cual conlleva este derecho constitucional a la información, es decir, el derecho de todas las personas a ser informadas, sin que pueda haber censura respecto de las informaciones, de acuerdo con los principios establecidos en la Constitución, entre ellos, el principio de la igualdad y no discriminación. En particular, se precisa que los niños y los adolescentes tienen derecho a recibir información adecuada para su desarrollo integral.

Ahora bien, la información a la que tienen derecho todas las personas debe ser conforme a la Constitución "oportuna, veraz e imparcial" (Nuestro voto salvado sobre estos calificativos se puede consultar en Allan R. Brewer-Carías, *Debate Constituyente*, Tomo III, Caracas, 1999, pp.154 y ss).

En todo caso, en primer lugar, la información debe ser oportuna. La oportunidad tiene una connotación temporal relativa al hecho del cual se informa, y su apreciación es difícil que llegue a ser totalmente objetiva. Tanto quien informa como quien recibe la información tienen sus respectivos parámetros del sentido de la oportunidad, los cuales pueden no coincidir.

Por ello, en definitiva es el informador, el que establece cuándo el suministro de una información es o no oportuno. Es decir, quien suministra la información y quien la difunde o comunica es el que juzga sobre la oportunidad de hacerlo.

Ello debe quedar a criterios de lógica, racionalidad y razonabilidad, y no puede ser arbitrario; pero la apreciación de la oportunidad, no puede quedar en las solas manos de quien recibe la información, pues cada una de las personas que recibe una información, de un hecho, por ejemplo, al leer un periódico, oír un programa de radio o ver la televisión, puede tener su propia evaluación de lo que es o no oportuno, según el mayor o menor conocimiento que tenga del hecho o asunto. Alguien que no conoce una invención por ejemplo, puede juzgar oportuna la información sobre la misma que se pueda suministrar en la actualidad. Por tanto, la medida de la oportunidad está tanto en quien suministra la información como en quien la recibe, y si bien la misma no puede ser arbitraria, pues queda sometida a los límites de la racionalidad, razonabilidad o logicidad; no es posible concebir que exista una sola autoridad la llamada a decir cuándo es o no oportuna la información.

El derecho a la información implica no sólo que la información sea oportuna, sino veraz, es decir, que responda a criterios de veracidad o certeza. De nuevo se está en presencia de un elemento que tampoco es ni puede ser de valor absoluto y enteramente objetivo. No existe la verdad objetiva; la verdad es siempre subjetiva y cada persona tiene su verdad.

Sin embargo, los hechos, en general no admiten apreciación en cuanto a su acaecimiento. Acaecen, por lo que cuando la información sólo se refiere a hechos, su misma expresión, es en sí misma, verdad. Llovió, alguien murió, hubo un choque de trenes. La expresión del hecho es, en sí misma, la verdad, si el hecho es cierto, es decir, acaeció.

Sin embargo, al pasar a la apreciación del hecho, su interpretación, la explicación de lo que lo motivó, sus circunstancias y las consecuencias de su realización, la posibilidad de veracidad objetiva desaparece. Cada persona tiene su forma y manera de apreciar los hechos; y es libre de hacerlo, así como de interpretarlos, por lo que la expresión de ello es siempre subjetiva y depende de la voluntad del comunicador.

Nadie puede, por tanto, establecer una verdad objetiva respecto de hechos o acaecimientos, que puedan satisfacer a todos los que tienen derecho a la información. Cualquier persona puede informar, en la actualidad, sobre una invención. La información puede ser veraz para el informador, si ignora que hay una invención previa, o constata que el nuevo "inventor" ignoraba que ya había sido inventado. La discusión legal puede ser si tal invención tiene o no carácter de novedad a los efectos de patentarla, pero no puede haber discusión sobre la veracidad de la información por el hecho de que muchos hubieran sabido de una invención precedente.

La veracidad, por tanto, nunca es objetiva, sino que siendo subjetiva, corresponde primeramente su apreciación a quien informa. Por supuesto, esta libertad de apreciación está sometida a los mismos límites de racionalidad, razonabilidad y logicidad, pero lo definitivo es que nadie puede establecer una verdad objetiva ni, por supuesto, una verdad única u "oficial".

Además, el derecho a la información implica que todos tienen derecho a que la información sea imparcial, es decir, que no se efectúe en favor o para beneficiar a alguien en perjuicio de otro. La imparcialidad tampoco puede ser determinada objetivamente, es decir, nadie puede establecer con carácter general cuándo una información es o no parcial o imparcial. La apreciación sobre esto es también, esencialmente subjetiva. Cada quien, al recibir una información y según el conocimiento de los hechos, tendrá su apreciación sobre la parcialidad o no de la información, y siempre será diferente de una a otra persona. Por tanto, la imparcialidad, de nuevo, tiene que ser apreciada por el comunicador, quien también tiene como límites de su apreciación, los principios de racionalidad, razonabilidad o logicidad. Sin embargo, nadie puede establecer, con carácter general, los criterios de parcialidad o imparcialidad de las informaciones.

e. *El derecho a la réplica y a la rectificación*

El quinto derecho que regula la Constitución, conforme al artículo 58, es el derecho de "toda persona" a la réplica (respuesta) y a la rectificación cuando se vea afectada directamente por informaciones inexactas o agraviantes.

Ante todo, debe señalarse que este derecho que también tienen todas las personas, tiene las mismas características de universalidad que el derecho a la libre expresión del pensamiento. Corresponde a toda persona, natural o moral, nacional o extranjera, domiciliada o no domiciliada en el país, de derecho privado o derecho público estatal o no estatal, sin discriminación alguna y sea cual sea su profesión u oficio. La Constitución no establece excepción alguna, por lo que toda persona tiene este derecho a réplica y rectificación.

El derecho, por otra parte, se consagra respecto de informaciones inexactas o agraviantes que afecten directamente a las personas; es decir, se trata de un derecho constitucional ante informaciones de cualquier naturaleza, expresadas en medios de comunicación escritos, auditivos o visuales, por cualquier persona, que afecten directamente a una persona por ser inexactas o porque la agravien. Como lo precisa la Convención Americana, este derecho de rectificación y respuesta lo tiene toda persona afectada por informaciones inexactas o agraviantes emitidas en su perjuicio a través de medios de difusión legalmente reglamentados y que se dirijan al público en general.

El derecho es de todos, por tanto, siempre que la información, sea quien sea que la dé y la forma como se dé, afecte directamente a la persona porque sea inexacta o porque la agravie. El informante puede ser un periodista que informa sobre un hecho o acaecimiento y da una noticia o puede ser cualquier persona que exprese su opinión en un medio dirigido al público en general, porque escriba un artículo o cualquier otro escrito, o tenga, lleve o conduzca cualquier programa de opinión o de noticias en un medio de comunicación.

Por tanto, el que da la información que origina el derecho a la réplica y rectificación puede ser o no ser un periodista o profesional de la comunicación; y quien se ve afectado por la información personalmente, porque es inexacta o lo agravia, puede ser o no ser un periodista o un director de un medio de comunicación. La Constitución no distingue. Lo único que exige es que para que alguien tenga derecho a la réplica y a la rectificación, debe estar afectado directamente (no indirectamente) por una información que tiene que ser inexacta o tiene que haber agraviado a la persona. El titular de este derecho, por tanto, para ejercerlo, tiene que probar que ha sido afectado directamente por la información, es decir, que la misma lo toca directamente en sus derechos, sus intereses o su situación jurídica y que, además, lo afecta directamente porque la información es inexacta o lo agravia. Ello implica que el interesado tiene que explicar cuál es la exactitud de los hechos informados para poner en evidencia la inexactitud de la información; o alternativamente, tiene que explicar cómo la información lo agravia, es decir, cómo lo afecta u ofende en sus derechos personales, particularmente, en lo que concierne al derecho al honor, vida privada, intimidad, propia imagen, confidencialidad y reputación (Art. 60).

Este derecho, por otra parte, consiste en un derecho a respuesta o réplica; es decir, la persona afectada directamente por la información tiene derecho a responderla, se entiende, en la misma forma y por el mismo medio en el cual salió la información lesiva; o como lo dice la Convención Americana, tiene derecho a efectuar por el mismo órgano de difusión su rectificación o respuesta en las condiciones que establezca la ley. Por ello, además, la persona afectada tiene derecho a que quien suministró la información inexacta o agraviante, rectifique la misma, en la misma forma y en el mismo medio en el cual se dio la información.

El sujeto pasivo de este derecho a réplica y rectificación, por supuesto, tiene que ser la persona que expresó o comunicó la información, y esa persona puede ser el periodista que suscribe la información en la prensa o que la suministra en los medios audiovisuales, o la persona que edita una publicación o un programa de radio o televisión, si la información suministrada no tiene autoría específica, o la persona que tiene una columna periodística regular o un programa de radio o televisión regular, y que, por tanto, tienen los medios para poder rectificar y dar cabida a la respuesta que origine la información suministrada.

Para la efectiva protección de la honra y la reputación, agrega la Convención Americana, toda la publicación o empresa periodística, cinematográfica, de radio o televisión debe tener una persona responsable que no esté protegida por inmunidades ni disponga de fuero personal.

Por último, debe destacarse, que en ningún caso el ejercicio del derecho a la rectificación o la respuesta eximen de otras responsabilidades legales en que se hubiese incurrido.

f. *El principio de la alteridad en los derechos relativos a la libre expresión del pensamiento y a la información*

Todos los cinco derechos constitucionales que consagran los artículos 57 y 58 de la Constitución y los mencionados artículos de la Convención Americana y del Pacto Internacional, están configurados conforme al principio de la alteridad, de manera que no se trata de meras declaraciones de principios, sino que se trata de auténticos derechos constitucionales en los cuales se puede distinguir un titular de los mismos (sujeto activo) y un obligado (sujeto pasivo), ya que todo derecho implica la relación derecho-obligación. De manera que en los cinco derechos, se puede identificar un sujeto activo y un sujeto pasivo.

En cuanto al derecho a la libre expresión del pensamiento, tratándose básicamente de una libertad, el derecho consiste en la potestad de toda persona de expresar su pensamiento, sus ideas y sus opiniones como se ha dicho, por cualquier medio y en cualquier forma sin que pueda haber censura.

Este derecho de toda persona conlleva una obligación, también de toda persona estatal o no estatal, de no hacer, de abstención, es decir, de no impedir u obstruir la libre expresión del pensamiento. Esta obligación corresponde a toda persona y, particularmente, al Estado, cuyos órganos no pueden ejercer el Poder, para imponer censura ni para impedir el ejercicio de la libertad mediante otros medios indirectos como los señalados en la Convención Americana.

La alteridad en este caso, es la de libertad-abstención.

La misma relación de alteridad se da respecto de la libertad de información y de comunicación. Toda persona tiene derecho a buscar información y a difundirla, libremente, derecho que no sólo tienen los periodistas. Esta libertad de información implica la obligación de todos de no impedir u obstaculizar el ejercicio de tal libertad, es decir, un deber de abstención que corresponde a toda persona y, en particular, también al Estado cuyos órganos no pueden ejercer el Poder para restringir o limitar el ejercicio de la libertad de información o comunicación.

La misma alteridad se encuentra respecto del derecho de crear y establecer medios de comunicación, que corresponde a toda persona; estando obligada también, toda persona y, en particular, el Estado, a abstenerse de establecer restricciones al ejercicio del derecho, en particular por vías o medios indirectos, encaminadas a impedir la comunicación y la circulación de ideas y opiniones.

El cuarto de los derechos regulados en la Constitución es el derecho a la información oportuna, veraz e imparcial. Los sujetos activos de este derecho son todas las personas, y los sujetos pasivos, son todas aquellas personas que informan y que se dedican en cualquier forma a informar y a comunicar. Por tanto, los medios de comunicación y los periodistas, que se dedican a informar y comunicar, están obligados a asegurar que la información que difundan sea oportuna, veraz e imparcial. En otras palabras, el sujeto pasivo en este derecho no puede suministrar información inoportuna, falsa o parcial. Ya hemos señalado, sin embargo, la dificultad que existe de considerar estos elementos objetivamente.

El quinto derecho relativo a la libre expresión del pensamiento y a la información, es el derecho a réplica (respuesta) y a rectificación. Este derecho tiene un sujeto activo, que es toda persona que haya sido directamente afectada por una información inexacta o agraviante; y el sujeto pasivo, es todo aquél que haya suministrado tal información, y que no puede ser otro que un medio de comunicación, un comunicador determinado o toda persona que disponga de un espacio regular en medios de comunicación. La obligación de estos consiste en dar cabida a la respuesta o réplica en el mismo medio y de efectuar la rectificación de la información inexacta o agraviante también en el mismo medio.

C. *La interpretación vinculante de la Sala Constitucional*

Ahora bien, en diversas sentencias importantes, el Tribunal Supremo de Justicia ha delineado diversos criterios limitantes respecto del ejercicio de estos derechos constitucionales, entre las cuales deben destacarse las siguientes:

En primer lugar, la sentencia N° 1155 de 18 de mayo de 2000 de la Sala Político Administrativa (Caso: *Tulio A. Alvarez et al. vs. Gobernación del Estado Apure)* en la cual con motivo de la impugnación de un Decreto N° G-195 que había dictado por el Gobernador del Estado Apure exhortando a las emisoras, medios de comunicación, sujetos ligados con los medios de comunicación social y al público en general, a abstenerse de efectuar determinadas actividades de transmisión y comunicación, expresó lo siguiente sobre los límites a la libertad de prensa, los derechos de expresión y de información y del equilibrio de tales derechos frente a otros derechos de la personalidad:

> La libertad de prensa y opinión, así como la libertad de conciencia, encuentran en la Carta Magna límites importantes que este órgano jurisdiccional procede a continuación a desarrollar.
>
> En nuestra realidad actual la información no sólo queda configurada como un derecho fundamental del ciudadano según su reconocimiento y garantía por la suprema norma jurídica, sino que junto a este aspecto subjetivo no puede ignorarse su valor objetivo, en el sentido del indudable interés de la sociedad en la libertad de información, de la sociedad como receptora de una información libre y veraz. Esta perspectiva objetiva del derecho a la información, va a suponer un elemento decisivo a la hora de la resolución del conflicto jurídico que cotidianamente se produce entre libertad de prensa y derechos de la personalidad –derechos al honor, a la intimidad, a la propia imagen, a la vida privada, a la confidencialidad y a la reputación– bienes jurídicos que son reconocidos constitucionalmente por igual.
>
> La continua interrelación entre los enunciados derechos fundamentales, debe manifestarse en una constante búsqueda del equilibrio en el ejercicio de tales derechos constitucionales, cuando resultan contrapuestas a saber "libertad de prensa y de expresión" y "derechos de la personalidad"...
>
> Es decir, la dimensión institucional de la libertad de prensa, de opinión y de la información, sobre su caracterización subjetiva como derechos del ciudadano, conllevan a esta Sala a la resolución –en el presente caso y sin que ello implique una jerarquización de unos derechos constitucionales sobre otros– de adoptar una posición preferente en la tutela de los derechos colectivos de la libertad de prensa y de información respecto de los derechos de la personalidad, dada la ponderación mental de los intereses que efectúa esta Juzgadora, por cuanto en su criterio, la interpretación judicial debe tener muy en cuenta la función social de la libertad de prensa, su carácter institucional como elemento esencial del sistema democrático, por cuanto las libertades fundamentales a expresar las ideas y a difundir las informa-ciones por cualquier medio de comunicación son en verdad libertades básicas en la socie-

dad democrática, y sirven, en especial, como destacó una jurisprudencia de los Estados Unidos de Norteamérica, siguiendo de cerca el pensamiento de Alexander Meiklejohn, "para la formación de la opinión pública libre, para el enriquecimiento del debate público que no es, simplemente, posible si no se sostiene sobre bases suficientemente informadas".

Otro de los límites a la libertad de prensa viene constituido por el derecho de toda persona a la rectificación así como a la réplica cuando se vea afectada directamente por informaciones inexactas o agraviantes. En la indagación de la naturaleza de estos derechos, se descubre una doble dimensión: de un lado, el aspecto individual, como derecho público subjetivo que tiene como fin la defensa del patrimonio moral de la persona, es decir, como un derecho de la personalidad que restablece la igualdad de posición entre los particulares y los medios de comunicación; de otro, la dimensión institucional, en cuanto el derecho de rectificación y el de réplica afecta al cuerpo social en su conjunto al pretender garantizar la información plural, libre, oportuna, veraz e imparcial, "sin censura", como un bien colectivo.

La Sala, además, destacó el valor ambivalente de estos derechos fundamentales a la libertad de prensa y a la libertad de opinión, así:

> En primer lugar, el derecho a réplica como mecanismo protector contra las informaciones inexactas o agraviantes, derecho que a su vez tiene su exégesis en la protección de los derechos subjetivos de la personalidad (honor, reputación, propia imagen, vida privada, reputación, intimidad) derivado del ejercicio del derecho a comunicar y a recibir libremente información; y en segundo lugar, se configura también como un límite constitucional de la información, en la medida en que se reconoce el valor jurídico de la veracidad, bien colectivo éste, cuyo aseguramiento, también se logra mediante el ejercicio del derecho de rectificación, perfectamente tutelable por parte de quien se considere lesionado, incluso bajo la modalidad del hábeas data prevista en el artículo 28 del texto constitucional, quedando a salvo, el límite constitucional previsto en la misma disposición, del secreto de las fuentes de información periodística y de otras profesiones que determine la ley.
>
> Todos estos límites a la libertad de prensa y al derecho a la libre expresión, vienen expresamente reconocidos en la Carta Magna y, delimitan, por tanto, el régimen jurídico constitucional de aquel derecho fundamental, no quedando allí agotado el examen de toda la problemática derivada del tal ejercicio, por cuanto toda persona afectada por el inconstitucional e ilegítimo ejercicio de tales derechos, igualmente dispone del conjunto de remedios procesales y jurisdiccionales que el ordenamiento jurídico coloca a su disposición, tales como la acción civil o patrimonial derivadas de la actuación agraviante de los periodistas, de los medios de comunicación social o de cualquier persona en general, así como también de la acción penal si el hecho es tipificado como "injuria" o "difamación"[42].

En segundo lugar, se destaca la sentencia de la Sala Constitucional N° 1013 de 12 de junio de 2001 (Caso: *Elías Santana y Asociación Civil queremos elegir vs. Presidente de la República y Radio Nacional de Venezuela),* en la cual al declarar *in limene litis* la improcedencia de la acción de amparo intentada por Elías Santana y la Asociación que presidía, contra el Presidente de la República y la Radio Nacional de

---

42 Véase en *Revista de Derecho Público*, N° 82, (abril-junio), Editorial Jurídica Venezolana, Caracas 2000, pp. 291 y ss.

Venezuela, solicitando un derecho de réplica, la Sala lo hizo, considerando que su decisión "será doctrina vinculante en la interpretación de los artículos 57 y 58 de la Carta Fundamental", en la forma siguiente:

La Sala comenzó su razonamiento con la misma constatación de que "la vigente Constitución separa el Derecho a la libre expresión del pensamiento (artículo 57), del Derecho a la información oportuna, veraz a imparcial, sin censura, el cual involucra el derecho a la réplica y rectificación por aquellos que se vean afectados por informaciones inexactas o agraviantes (artículo 58)" de manera que "se trata de dos derechos diferentes, uno dirigido a garantizar la expresión de las ideas a opiniones, y otro, en beneficio de los ciudadanos, constituido por el derecho de ser informados de manera oportuna, veraz e imparcial y sin censura, por los medios de comunicación, ya que el artículo 58 se refiere a la comunicación" En consecuencia "es en relación con la información comunicacional que surge el derecho a la réplica y a la rectificación, como un derecho de los ciudadanos ante los medios de comunicación en general". Con base en ello, la Sala señaló:

> El Derecho a la libre expresión del pensamiento, permite a toda persona expresar libremente su pensamiento, sus ideas u opiniones, bien en forma oral (de viva voz), en lugares públicos o privados; bien por escrito o por cualquier otra forma de expresión (como la artística, o la musical, por ejemplo)...
>
> La norma constitucional (art. 57) autoriza que esa expresión del pensamiento se haga oralmente en círculos privados, en lugares públicos, en mítines, en la docencia, charlas callejeras, mediante altoparlantes, etc; y que igualmente pueda realizarse por escrito mediante hojas volantes, cartas privadas, vallas publicitarias y otras formas de comunicación escrita, artística, científica o técnica (cuadros, esculturas, imágenes, etc).
>
> Además, sea oral, escrita o artística, la libertad de expresión puede realizarse utilizando los medios de comunicación social, escritos, radiofónicos, audiovisuales o de cualquiera otra naturaleza que existan o surjan en el futuro.
>
> Sin embargo, la posibilidad de acudir a los medios de comunicación para expresarse, no es un derecho irrestricto que tiene todo ciudadano para transmitir su pensamiento, ya que cada medio tiene limitaciones de tiempo y espacio, por lo que es el director del mismo quien, en vista de las limitantes señaladas, escoge cuales ideas, pensamientos a opiniones son comunicables masivamente, lo que restringe el acceso de la libertad de expresión de las personas a través de los medios de comunicación masivos.
>
> Si bien es cierto que la libertad de expresión es irrestricta en el sentido que se puede expresar cualquier pensamiento, concepto, idea u opinión y que, en consecuencia, no puede su emisión ser censurada previamente, impidiendo la divulgación de las manifestaciones generales del pensamiento, de hecho (en la práctica) ella sufre una restricción cuando se pretende utilizar para divulgarla los medios de comunicación masiva, por las razones antes señaladas, al igual que la situación económica de quien expresarse libremente a través de los medios de comunicación social, sin mas limitaciones que las establecidas en la Constitución y las leyes, resulta una norma que no puede interpretarse literalmente.
>
> Surge así una diferencia entre la libertad de expresión, que es en principio irrestricta, y la libertad de comunicación de esa expresión, cuando se hace necesario acudir a vías a las cuales no tiene acceso quien se expresa, sin que le nazca un dere-

cho –derivado de la libertad de expresión– de utilizar correctivamente la forma de comunicación y difusión que crea mas conveniente. Luego, el derecho al "uso de cualquier medio de comunicación o difusión", que otorga a las personas el artículo 57 constitucional, es un derecho relativo, dependiente de la posibilidad real de acceso que se tenga a los medios de comunicación o difusión. Lo que se interpreta de dicha norma es que, en principio, los medios no pueden vetar a nadie para expre-sarse en ellos, pero que tal actividad depende del tiempo, oportunidad, espacio, etc., que puedan brindarle a las personas para emitir sus pensamientos. Sin embargo, apunta la Sala, que aquellos medios que utilizan servicios, bienes, o derechos concedidos por el Estado, deben prestar una mayor colaboración hacia la sociedad, en beneficio de la libertad de expresión de los ciudadanos.

Por otra parte, si bien es cierto que la libertad de expresión es irrestricta en el sentido que no puede ser impedida por la censura previa oficial (ya que de hecho los medios de comunicación masiva, públicos o privados, limitan lo que se ha de difundir mediante ellos), una vez emitido el pensamiento, la idea o la opinión, el emisor asume plena responsabilidad por todo lo expresado, tal como lo señala el artículo 57 constitucional, y surge así, conforme a la ley, responsabilidad civil, penal, disciplinaria, o de otra índole legal, conforme al daño que cause a los demás la libertad de expresión utilizada ilegalmente..[43].

En tercer lugar, se destaca la sentencia N° 1942 de la Sala Constitucional de 15 de julio de 2003 (Caso: *Impugnación de los artículos 141, 148, 149, 150, 151, 152, 223, 224, 225, 226, 227, 444, 445, 446, 447 y 450 del Código Penal,* sobre las llamadas leyes de desacato), en la cual la Sala al declarar sin lugar la acción de inconstitucionalidad interpuesta contra los mencionados artículos del Código Penal, por no colidir contra la libertad de expresión e información consagrados en la Constitución (declarando sin embargo, parcialmente con lugar la acción de inconstitucionalidad de los artículos 223, 224, 225 y 226 de dicho Código), fijó los siguientes criterios:.

La "libertad de expresión" consiste en el derecho que tiene toda persona de expresar libremente sus pensamientos, sus ideas u opiniones de viva voz, por escrito o mediante cualquier otra forma de expresión, y hacer uso de cualquier medio de comunicación o difusión para ello (artículo 57 constitucional). Este derecho incluye la libertad de buscar, recibir y difundir ideas e informaciones de toda índole, por lo que íntimamente unida a la libertad de expresión se encuentra la libertad de información que consagra el artículo 58 constitucional.

Se trata de un derecho constitucional que no es absoluto, ya que según la propia norma, quien lo ejerce, asume plena responsabilidad por todo lo expresado, y de allí que las Constituciones, por lo general, reconozcan la inmunidad parlamentaria, tal como lo hace la vigente en el artículo 200, para eximir de responsabilidad la libertad de expresión de los diputados o miembros de parlamentos.

Se trata de la responsabilidad proveniente de la ley que así restringe, por mandato del propio artículo 57 constitucional, el derecho -en principio ilimitado- que tienen las personas de expresar libremente sus pensamientos, ideas u opiniones. Por lo tan-

---

43 Véase en *Revista de Derecho Público*, N° 85-88, Editorial Jurídica Venezolana, Caracas, 2001, pp. 117 y ss. Sobre esta sentencia véase Allan R. Brewer-Carías et al, *La Libertad de expresión amenazada. Sentencia 1013*, Instituto Interamericano de Derechos humanos, Editorial Jurídica Venezolana, Caracas / San José 2001.

to, las normas que establezcan responsabilidades por lo expresado, son normas que se adaptan a la Constitución y cumplen con ella.

Esta última, en su artículo 57, prohíbe el anonimato, la propaganda de guerra, los mensajes discriminatorios y los que promuevan la intolerancia religiosa, por lo que la expresión de ideas, pensamientos, conceptos, etc., que promuevan la guerra (interna o externa), los mensajes discriminatorios que persigan excluir o fomentar el odio entre las personas por razones de raza, sexo, credo o condición social (artículo 21.1 constitucional), así como los que promuevan la intolerancia religiosa, no gozan de la protección constitucional y pueden, al estar legalmente prohibidos, perseguirse y reprimirse. En igual situación se encuentran los mensajes y exposiciones que colidan con otros derechos y principios constitucionales, correspondiendo a esta Sala determinar cuál es la norma aplicable en casos antinómicos.

La Ley Aprobatoria de la Convención Americana sobre Derechos Humanos, en su artículo 13, establece otros límites a la libertad de expresión o de pensamiento, contemplando responsabilidades ulteriores a la expresión que están expresamente fijadas en la ley (artículo 13.2). Tal advertencia la realiza la norma, ya que ella prohíbe la censura previa, como forma para impedir la expresión del pensamiento, y de allí que establezca la responsabilidad por lo que se va a expresar, utilizando cualquier medio de comunicación; responsabilidad que nace con motivo de lo expresado.

El citado artículo 13.2, a su vez señala para los países suscriptores del Convenio, cuáles materias generarán las responsabilidades ulteriores de quienes expresan opiniones o ideas y las informen, y ellas son: 1) Los que afecten el respeto o a la reputación de los demás; 2) Los que afecten la seguridad nacional; 3) Los que atenten contra el orden público; 4) Los que perjudiquen la salud; 5) Los que ataquen la moral pública; 6) La propaganda de guerra; y, 7) La apología del odio nacional, racial o religioso, que constituyan incitaciones a la violencia o a cualquier otra acción ilegal similar contra cualquier persona o grupo de personas.

En consecuencia, los países signatarios de la Convención, pueden legislar en esas siete áreas, para exigir responsabilidad a posteriori de su comunicación a lo expresado por las personas.

A juicio de esta Sala, el artículo 13.2 colide en cierta forma con el artículo 57 constitucional. Este prohíbe la censura a las expresiones que se difundirán por los medios de comunicación o difusión, lo que es coincidente con la letra del artículo 13.2 comentado, pero el artículo 57 constitucional no permite el anonimato, ni la propaganda de guerra, ni los mensajes discriminatorios, ni los que promuevan la intolerancia religiosa, sin diferenciar, al no prohibirla, en qué oportunidad se impedirá su difusión. Como el artículo 58 constitucional se refiere a la comunica-ción de la expresión e información "sin censura, de acuerdo a los principios de esta Constitución", la Sala interpreta que en materia comunicacional y por aplicación de otros principios constitucionales, la ley puede impedir la difusión de informaciones que dejen sin contenidos otras normas constitucionales o los principios que rigen la Carta Fundamental.

A juicio de la Sala, ello puede tener lugar aun antes de que los medios de comunicación lo hagan conocer, ya que, de no ser así, el efecto nocivo, que reconoce la norma constitucional y que trata de impedir, tendría lugar irremisiblemente.

La Sala anota, que las ideas o pensamientos que el artículo 57 de nuestra Carta Fundamental prohíbe (propaganda de guerra, mensajes discriminatorios o los que promuevan la intolerancia religiosa), colocados en la norma después de la declaratoria de que la comunicación y difusión de las ideas, pensamientos y opiniones, no pueden ser sometidos a censura previa, constituyen restricciones a dicho derecho, ya que luego de establecerse el principio, la norma establece que no se permitirá ni el anonimato, ni la propaganda de guerra, ni los mensajes discriminatorios, ni los que promuevan la intolerancia religiosa.

Para que no se permitan tales expresiones, la ley puede crear censura previa a su difusión o comunicación, siempre que actos jurisdiccionales la ordenen. Sin em.-bargo, las prohibiciones del artículo 57 constitucional son en parte distintas de aquellas que el artículo 13 de la Convención Americana sobre Derechos Humanos contempla, las cuales nunca pueden ser objeto de censura anterior a su difusión o comunicación, pero que sí generan responsabilidades (de acuerdo con lo que establece la ley) a quien las exprese en cualquier forma. Apunta la Sala que son en parte distintas, ya que hay supuestos contemplados en ambas normas, las cuales al ser diferentes, otorgan efectos distintos a los supuestos coincidentes.

Resultan de aplicación preferente, ya que garantizan mayor protección a los derechos humanos de la colectividad, las prohibiciones, y los efectos que ellas producen, contempladas en el artículo 57 constitucional, sobre las que, a su vez, establece el artículo 13.2 del "Pacto de San José", por lo que la propaganda de guerra, los mensajes discriminatorios y los que promuevan la intolerancia religiosa, además de la responsabilidad personal de quienes los emitan, podrán ser censurados previamente si la Ley lo señala.

El artículo 13.2 aludido, consideró a la propaganda de guerra y a los mensajes discriminatorios o promotores de la intolerancia religiosa, sólo como generadores de responsabilidad, pero no sujetos a censura previa. La Sala considera, que los bienes jurídicos tutelados por la Constitución favorecen más a los derechos huma-nos colectivos y, por ello, el artículo 57 constitucional es de aplicación preferente al ser desarrollado por la ley.

Lo importante del artículo 13.2 de la Convención, es que sólo en las materias allí contempladas es que nace responsabilidad (civil, penal, etc.) para quien se expresa, resultando contrarias a la Convención y a su naturaleza constitucional, las normas que fuera de esas materias establezcan responsabilidades. De allí que, para decidir sobre las nulidades planteadas, la Sala previamente debe determinar cuál es el alcance del artículo 13.2, así como el de los impedimentos contemplados en el artículo 57 constitucional, para después comparar las normas impugnadas con dichos artículos a fin de establecer si coliden o no con la Constitución y la Convención.

A ese fin la Sala procede a analizar.

En primer lugar, la libertad de expresión debe respetar el derecho de los demás. En un sentido amplio, ninguna persona natural o jurídica puede ser dañada en forma arbitraria por la expresión de otro; es decir, los daños que éste cause se pueden subsumir en el artículo 1185 del Código Civil, o en cualquier otro que precave a las personas de daños de cualquier clase, como los que pueden surgir –por ejemplo– de la competencia desleal producida comunicacionalmente o en otra forma.

En un sentido estricto y debido a la redacción respecto a los derechos o a la reputación de los demás, podría interpretarse que las responsabilidades de quien se expresare sólo tienen lugar cuando atentan contra la reputación de las personas naturales, que es a quienes se aplica la Convención Americana sobre Derechos Humanos (artículo 2), tal como lo estableció el Informe N° 47/97 de la Comisión Interamericana de Derechos Humanos, el 16 de octubre de 1997, en el caso de: Tabacalera

Boquerón S.A. Paraguay. Esto no significa que las personas jurídicas, en otro ámbito como el mercantil, no puedan ser objeto de daños en la "reputación mercantil" como producto del hecho ilícito proveniente de la libertad de expresión. Pero existiendo el derecho a la integridad personal (que corresponde a las personas naturales) que involucra la integridad psíquica y moral, la protección a la reputación se refiere a la lesión de esa integridad psíquica y moral, lo que se ve apuntalado por el artículo 10 de la ya mencionada Convención Americana que protege la honra, reputación y la dignidad, y otorga el derecho de ser protegido contra injerencias y ataques a la vida privada, al domicilio, a la correspondencia, a la honra y repu-tación.

Dentro de esta interpretación restringida, las normas que tipifican los delitos de difamación e injuria contra las personas, lo que involucraría la responsabilidad por la imputación pública prevenida en el artículo 290 del Código Orgánico Procesal Penal, no violan la Constitución, incurriendo, quien se exprese, en responsabilidad penal, sin que pueda considerarse que el artículo 13 de la Convención, en general, proteja a quien con su conducta infrinja las normas protectoras de la reputación de los demás.

En segundo lugar, la protección a la seguridad nacional o seguridad de la nación, se encuentra conceptualizada tanto en la Constitución vigente, en el Título destinado a la Seguridad de la Nación, como en la Ley Orgánica de Seguridad y Defensa.

Conforme a ambas leyes, la seguridad se fundamenta en el desarrollo integral de la Nación, siendo la defensa una responsabilidad de los venezolanos y venezolanas, personas naturales o jurídicas, que se encuentren en el espacio geográfico nacional.

La defensa integral de la Nación, conformada por las estrategias y planes de seguridad exterior e interior, y la ejecución de operaciones a esos fines; la soberanía y la integridad del espacio geográfico (artículos 323 y 325 constitucionales), lo que incluye la atención de las fronteras, son aspectos de la seguridad de la nación, conforme al artículo 326 constitucional. La seguridad de la Nación se fundamenta en la corresponsabilidad entre el Estado y la sociedad civil para dar cumplimiento a los principios de independencia, democracia, seguridad, paz, libertad, justicia, solidaridad, promoción y conservación ambiental y afirmación de los derechos humanos, así como en la satisfacción progresiva de las necesidades individuales y colectivas de los venezolanos y venezolanas, sobre las bases de un desarrollo sustentable y productivo de plena cobertura para la comunidad nacional. Este principio de corresponsabilidad se ejerce sobre los ámbitos económico, social, político, cultural, geográfico, ambiental y militar.

En consecuencia, lo que debilite, atente o enerve los fundamentos de la seguridad nacional, conforme al artículo 13.2 aludido, puede generar responsabilidad, si es que las acciones en ese sentido provienen del ejercicio de la libertad de expresión. Toda expresión que busque debilitar a las Fuerzas Armadas y a los órganos de seguirdad ciudadana, como elementos de la seguridad de la nación, pueden igualmente producir responsabilidades legales.

En tercer lugar, las expresiones que atenten contra el orden público, también pueden generar responsabilidad de quien las emite, responsabilidad que puede ser civil, penal, administrativa, disciplinaria, etc.

A juicio de esta Sala, el orden público es una noción ligada a evitar el caos social. La Sala lo ha definido como el "... Conjunto de condiciones fundamentales de vida social instituidas en una comunidad jurídica, las cuales, por afectar centralmente a la organización de ésta, no pueden ser alteradas por la voluntad de los individuos..."

(tomado del Diccionario Jurídico Venezolano D & F, pág. 57, señalado en la stc. N° 77 del 9 de marzo de 2000, Caso: *José Alberto Zamora Quevedo*).

En cuarto lugar, la protección de la salud, física o mental, permite exigir responsabilidades a quien abusando de la libertad de expresión, incite al consumo de sustancias de cualquier clase que dañen la salud, o que debilite o enerve campañas sanitarias, o que atente contra la salud mental de la población o de sectores de ella y hasta de particulares, generando histeria, odio, depresiones, sentimientos de intolerancia, adicciones y otros sentimientos afines.

Por último, la libertad de expresión utilizada para disminuir la moral pública, también puede generar responsabilidad de quien la expresa.

Se trata de efectos a posteriori a la comunicación, los cuales deben estar señalados por las leyes debido a las responsabilidades que de ellas emanan, distinto a los límites a priori que evitan que las ideas o conceptos, se difundan, siempre que se considere que se está ante propaganda de guerra, incitación a la intolerancia religiosa, o ante mensajes discriminatorios. Conforme al artículo 253 Constitucional, corresponderá a los órganos jurisdiccionales establecer las responsabilidades.

En relación con leyes que exigen las responsabilidades provenientes del uso abusivo de la libertad de expresión, en las áreas permitidas por la Constitución y los Convenios, Pactos y Tratados Internacionales suscritos por Venezuela, la Sala señaló que deben adaptarse a los principios que informan la Constitución contenidos en el Título de los Principios Fundamentales, en particular, el artículo 2, precisando que:

Dentro de un Estado Democrático, entre cuyos valores se encuentra la libertad, la ética y el pluralismo político, el hecho político debe tenerse en cuenta al medir el acto abusivo del derecho a la libre expresión, ya que, de no ser así, quienes intervienen en la lucha política se convertirán en unos eunucos, ya que no podrían exponer a sus seguidores, o a quienes pretendan los acompañen, sus ideas y fines.

Una interpretación literal de las leyes que a priori o a posteriori inciden sobre la libertad de expresión, devendría en un obstáculo para el pluralismo político y para la confrontación de ideas que debe caracterizar un sistema democrático; ideas y conceptos que muchas veces emergen de hechos -supuestos o reales- con los cuales se consustancia el mensaje.

Esta realidad, que surge del artículo 2 constitucional, flexibiliza la interpretación que ha de darse a muchas normas que señalan responsabilidades provenientes de la libertad de expresión y que, por aplicación constitucional, el juez debe ponderar antes de aplicarlas.

Pero la Sala acota que la flexibilización funciona con quienes forman parte de partidos o movimientos políticos que, de una u otra forma, intervienen en los comicios que se celebran nacional o localmente, mas no con respecto a difamadores de oficio, o de cualquier otra índole.

Dentro del ámbito político, el juzgamiento de las conductas debe hacerse adecuándolos, no sólo a los principios constitucionales, sino a las prácticas, usos, costumbres y convenciones del correspondiente régimen político, como lo apunta el Presidente del Tribunal Constitucional de la República Española, Manuel Jiménez de Parga, en artículo publicado en el Diario ABC de Madrid el 3 de octubre de 2000, titulado "El Derecho Político no es el Derecho Penal".

La democracia no sólo es un sistema político, sino una forma de convivencia, y en la interpretación de las normas sobre responsabilidad, originada por el uso abusivo de la libertad de expresión, el juez tiene que calificar el abuso, la imprudencia, la intención y si tal abuso proviene de quienes ejercen la política. Debe igualmente valorar si lo expuesto efectivamente atenta contra la convivencia y con la realidad, ya que el funcionamiento verdadero de las instituciones, muy lejanas a veces al deber ser legal, puede generar duros ataques que comprueban la discrepancia entre lo que la Constitución y las leyes prescriben y lo que en la realmente ocurre.

Se trata de la denuncia concreta de la divergencia entre el texto legal y la conducta de los miembros de los poderes, la cual puede tener visos efectistas para hacerlas más conocidas o impactante, y ello no debe generar responsabilidades para quien opine con base en hechos que resalta, a menos que sean totalmente falsos. Se trata de una situación con cierta semejanza a la prevista en el artículo 449 del Código Penal.

Esta expresión es diferente a la vejatoria, a la referida a generalidades y lugares comunes que sólo buscan -por reiteradas- el desprestigio de instituciones o personalidades, la quebrar del patrimonio moral de las personas.

La particularidad que reconoce la Sala a la expresión política, como función pluralista y democrática, no la tienen –ni la pueden tener– quienes no hacen política y simplemente ofenden, desprestigian, difaman o mienten, en atención a sus intereses particulares y concretos, quienes más bien irrespetan la libertad de expresión.

La Sala quiere apuntar, a pesar de que no fue alegado, que ni siquiera en la manifestación de la libertad de conciencia, que garantiza el artículo 61 constitucional, puede fundarse el ataque a las normas impugnadas por el accionante, ya que dicho artículo 61 expresa que tal derecho no existe si su práctica constituye delito.

La Sala señala este criterio de interpretación con carácter vinculante, como un derivado de la libertad de expresión que contiene el artículo 57 constitucional y las responsabilidades que la misma norma impone y a las cuales se refiere la sentencia N° 1013 de esta Sala del 12 de junio de 2001 (Caso: *Elías Santana*).

Aduce igualmente el accionante que las normas impugnadas también contrarían el artículo 58 constitucional.

Este artículo desarrolla otro aspecto de la libertad de expresión, cual es el de la libertad de comunicación, que no es otra que la de divulgar las ideas y opiniones. Pero la norma incluye el derecho de las personas a estar informadas en forma oportuna, veraz e imparcial, sin censura, de acuerdo con los principios constitucionales, lo que se refiere a un aspecto diferente, aunque conexo, de la libertad de expresión, y que gravita sobre los medios destinados a producir masivamente opiniones y noticias sobre sucesos, es decir, los medios destinados, en cualquier forma, a la comunicación, los cuales asumirán las responsabilidades que indique la ley.

Se trata de una responsabilidad que puede emanar de la propia comunicación, por los ilícitos en que ella incurra, como sería la responsabilidad hacia los que tienen derecho a la información, si es que ella no es oportuna, veraz, imparcial y sin censura (excepto la permitida por el artículo 57 constitucional, ante las violaciones a su mandato, o la autocensura que en determinados casos puede realizar un medio para precaver otros valores constitucionales, pero que no es del caso analizarlas en este fallo).

Luego, tanto en la expresión y comunicación de las ideas como en la de sucesos (noticias), la propia Constitución dispone responsabilidades para quien opina y para quien comunica.

> Tal responsabilidad no cesa, salvo que la normativa así lo señale, porque se ejerza el derecho de réplica y rectificación expresados en dicho artículo 58, el cual se ejercerá conforme la Sala lo explicó en la sentencia N° 1013 antes citada. Esta última decisión, la cual se reitera, señaló los criterios que deben ponderar los jueces para determinar la responsabilidad de los que ejercen legalmente el periodismo, ya que la emisión de informaciones y noticias por parte de estos profesionales, cuando obran dentro de los parámetros del ejercicio profesional, debe ser ponderada por los jueces con laxitud, debido a las diversas condiciones que gravitan sobre la obtención de la noticia.
>
> El artículo 58 en comento debe concatenarse con el artículo 13 del Pacto de San José y, por lo tanto, la información debe asegurar el derecho a la reputación de los demás, la protección de la seguridad nacional, el orden público, la salud y la moral pública.
>
> Del citado artículo 13, se colige que existe una diferencia en cuanto al material comunicacional, entre la información y la propaganda (producto también de la libertad de expresión).
>
> Mientras la información busca dar a conocer ideas, sucesos, etc., la propaganda tiene como finalidad dar a conocer algo con el fin de atraer adeptos (propaganda política, religiosa, etc.) o consumidores (propaganda comercial). Tal finalidad le da una estructura diferente a este tipo de comunicación que la separa, en principio, de la información o la exposición de ideas, conceptos y opiniones, por lo que puede ser objeto de regulaciones que toman en cuenta sus características, motivo por el que existen leyes que regulan la propaganda comercial, por ejemplo.
>
> Corresponde a la ley o a los jueces, por aplicación directa de las normas constitucionales, prohibir cualquier tipo de propaganda a favor de la guerra, o del odio nacional, racial o religioso, o que incite a la violencia. Las limitaciones legales o judiciales (amparos) en ese sentido se ajustan al artículo 13 de la Convención Americana sobre Derechos Humanos y no necesariamente deben surgir de leyes específicas, destinadas a regular la propaganda[44].

Con fundamento en los criterios anteriormente transcritos, la Sala Constitucional, en la mencionada sentencia N° 1942 de 15 de julio de 2003, declaró sin lugar la acción de inconstitucionalidad interpuesta contra los artículos 141, 148, 149, 150, 151, 152, 227, 444, 445, 446, 447 y 450 del Código Penal, por no colidir contra la libertad de expresión e información consagrados en la Constitución, declarando sin embargo, parcialmente con lugar la acción de inconstitucionalidad contra los artículos 223, 224, 225 y 226 del mismo Código. Dentro de los criterios sentados por la Sala, se destacan los contenidos en las siguientes afirmaciones:

En virtud de que las fuentes de información de los periodistas son secretas por mandato constitucional (artículo 28 de la Carta Fundamental) y legal (artículo 8 de la Ley de Ejercicio del Periodismo):

> Los dislates periodísticos que atentan contra el derecho de los demás y contra el artículo 58 constitucional, generan responsabilidades legales de los editores o de quienes los publican, al no tener la víctima acceso a la fuente de la noticia que lo agravia. Pero además de estas acciones, y sin que sean excluyentes, las personas tie-

44 Véase sobre esta sentencia los comentarios en Alberto Arteaga Sánchez et al, *sentencia 1942 vs. Libertad de expresión*, Caracas, 2004.

nen el derecho de réplica y rectificación cuando se vean afectados por informaciones inexactas o agraviantes...

Sobre el tema de la información veraz, la Sala señaló:

> Los medios de comunicación, al permitir a las personas estar informados, satisfaciéndoles su derecho, en cuanto a esa información o noticia actúan en dos planos: uno general, donde deben emitir información veraz, oportuna e imparcial, donde se evita la difusión de la noticia falsa, o manipulada con medias verdades; de la desinformación que niega la oportunidad de conocer la realidad de la noticia; o de la conjetura o información parcializada para lograr un fin específico contra algo o alguien. Este derecho constitucional, a favor de toda persona, crea en los medios la obligación de información veraz, oportuna e imparcial, que da derecho a réplica o rectificación, el cual puede ejercerse mediante un amparo, si la situación jurídica de la persona se ve afectada por la información inexacta (así no esté referido a ella), que le impide recibir y difundir informaciones o ideas que le permitan ejercer correctamente su derecho a la libertad de pensamiento o expresión.
>
> Se trata, según el artículo 58 constitucional, de un derecho individual (la norma prevé que la persona se vea afectado directamente), y no colectivo...
>
> En este plano como lo señalara el Tribunal Constitucional Español en fallo del 19 de abril de 1993, "el requisito de la veracidad condiciona el ejercicio de la libertad de información, imponiendo al comunicador un específico deber de diligencia en la comprobación razonable de la veracidad, aunque su total exactitud sea controvertible o se incurra en errores circunstanciales, que no se cumple con la simple afirmación de que lo comunicado es cierto o con alusiones indeterminadas a fuentes anónimas o genéricas, como las policiales, y sin que ello suponga que el informador venga obligado a revelar sus fuentes de conocimiento, sino tan sólo acreditar que ha hecho algo más que menospreciar la veracidad o falsedad de su información, dejándola reducida a un conjunto de rumores deshonrosos e insinuaciones vejatorias o meras opiniones gratuitas que no merecen protección constitucional".
>
> La doctrina transcrita, que hace suya esta Sala, que ha sido tomado de la obra Jurisprudencia Constitucional 1981-1995, de Tomás Gui Mori (Edit. Civitas S.A Madrid 1957 p. 1976), es clave para el manejo del alcance de la libertad de información y las responsabilidades que el abuso de la misma puede generar, así como para delinear los derechos y acciones que tienen las personas.
>
> Resulta un abuso de los medios, que contraría la libertad de información, emitir conceptos negativos o críticos sobre ideas, pensamientos, juicios, sentencias, etc., sin señalar en qué consiste lo criticado, impidiéndole a las personas que tienen el derecho a informarse, enterarse de qué es lo deleznable. De igual entidad abusiva es acuñar frases con lugares comunes, tales como que una actitud es funesta, una idea un exabrupto o una locura, sin exponer cuál es la actitud o la idea criticada, o aislando de un contexto un sector y comentarlo, sin tomar en cuenta el todo donde se insertó lo resaltado, lo que cambia el sentido de lo aislado...
>
> El Tribunal Constitucional Federal Alemán, al respecto ha señalado: "una información inexacta no constituye un objeto digno de protección, porque no puede servir a la correcta formación de la opinión postulada por el Derecho Constitu-cional" (Tomado de la obra "Tribunales Constitucionales Europeos y Derechos Fundamentales". Centro Estudios Constitucionales. Madrid. 1984).

En relación con las personas que se ven afectadas por informaciones inexactas o agraviantes o que atentan contra sus derechos humanos, contra su dignidad o contra derechos constitucionales que les corresponden, la Sala señaló que:

> Hasta ahora, no reciben ningún apoyo de las organizaciones no gubernamentales dedicadas a los derechos humanos, cuando su dignidad, el desenvolvimiento de la personalidad, el honor, la reputación, la vida privada, la intimidad, la presunción de inocencia y otros valores constitucionales se ven vulnerados por los medios de comunicación social.
>
> En este último plano nacen, para las personas agraviadas, varios derechos distintos: uno, establecido en el artículo 58 constitucional, cual es el derecho a réplica y rectificación; otro, que también dimana de dicha norma, así como del artículo 14 de la Ley Aprobatoria de la Convención Americana sobre Derechos Humanos, cual es obtener reparación (responsabilidad civil) por los perjuicios que le causaren, los cuales incluyen la obligación de indemnizar integralmente a las víctimas, ya que si el Estado la tiene, conforme al artículo 30 constitucional, los victimarios particulares también tienen dicha obligación, aunque el juez siempre debe conciliar el derecho que tienen las personas a estar informados, con los otros derechos humanos que se infringen al reclamante.
>
> Esto último lo resaltó la Sala de Casación Penal de este Tribunal Supremo, en fallo de 29 de febrero de 2000, donde analizó la responsabilidad penal de los periodistas y editores (que sería otro derecho de los agraviados, el de querellarse), y señaló: "En los Estados Unidos de América, donde la prensa y los medios de comunicación en general han alcanzado la más elevada potencialidad, la jurispru-dencia ha establecido hace décadas la doctrina de la "Real Malicia", en lo concerniente a la responsabilidad de dichos medios. Consiste esa doctrina en no hallar responsabilidad penal o civil para los periodistas, aunque lo que comuniquen sea incierto, con excepción de cuando actúen a sabiendas de la falta de veracidad".
>
> Hay falta de veracidad, cuando no se corresponden los hechos y circunstancias difundidas, con los elementos esenciales (no totales) de la realidad.
>
> Cuando la información ha sido supuestamente contrastada por el medio antes de su divulgación, aunque tenga errores o inexactitudes, la información puede considerarse veraz, ya que tiene una correspondencia básica con la realidad, y no puede exigirse a quien busca la información, que va a beneficiar a las personas que tienen el derecho a ella, una meticulosidad y exactitud que choca con la rapidez sobre la captura de la noticia, con la dificultad de comprobar la fiabilidad de la fuente de la misma (la cual muchas veces es oficial) o con las circunstancias –a veces oscuras-como sucede con los hechos que interesan al público, etc.
>
> Corresponde a la jurisprudencia, en cada caso, determinar si hubo o no una investigación suficiente sobre la veracidad de lo publicado, como noticia, o como base de una opinión. En este sentido, el Tribunal Constitucional Español, en fallo de 1988, citado por Rubio Llorente en su obra *Derechos Fundamentales y Principios Constitucionales* (Edit. Ariel Derecho, 1995, p. 208), sentó: "Cuando la Constitución requiere que la información sea 'veraz' no está tanto privado de protección a las informaciones que pueden resultar erróneas –o sencillamente no probadas en juicio-cuando estableciendo un específico deber de diligencia sobre el informador a quien se le puede y debe exigir que lo que transmita como 'hechos' haya sido objeto de previo contraste con datos objetivos, privándose, así, de la garantía constitucional a quien, defraudando el derecho de todos a la información actúe con menosprecio de

la veracidad o falsedad de lo comunicado. El ordena-miento no presta su tutela a tal conducta negligente, ni menos a la de quien comu-nique como hechos simples rumores o, peor aún, meras invenciones o insinuaciones insidiosas, pero sí ampara, en su conjunto, la información rectamente obtenida y difundida, aun cuando su total exactitud sea controvertible. En definitiva, las afirmaciones erróneas son inevitables en un debate libre, de tal forma que, de imponerse la 'verdad' como condición para el reconocimiento del derecho, la única garantía sería el silencio. (STC6/1988, FJ 5°). Véase también STC 171/1990, FJ 8.°, 143/1991, FJ 6.°, 15/1993, FJ.2°".

El mismo Tribunal en sentencia de 1990 (Rubio Llorente, *ob. cit.,* p. 208), expresó: "(...) la veracidad no actúa de manera uniforme en toda clase de supuestos, puesto que su operatividad excluyente de la antijuricidad de las intromisiones en el honor e intimidad de las personas es muy distinta, según que se trate de hechos u opiniones o la intromisión afecte al derecho al honor o a la intimidad (...) El deber de diligencia en la comprobación razonable de la veracidad de la información no se satisface con la pura y genérica remisión a fuentes indeterminadas que, en ningún caso, liberan al autor de la información del cumplimiento de dicho deber, pues, al asumir y transmitir a opinión pública la noticia, también asume personalmente su veracidad o inveracidad, en cuanto que la obligación de contrastar la verosimilitud de la noticia es un deber propio y específico de cada informador (...) Entendido así el requisito de la veracidad, es de especial importancia distinguir entre pensamientos, ideas, opiniones y juicios de valor, de un lado, y hechos, del otro, puesto que tal distinción delimita teóricamente el respectivo contenido de los derechos de libre expresión e información, siendo propio de este último la recepción y comunicación de hechos (...). (Ahora bien, la) mezcla de descripción de hechos y opiniones, que ordinariamente se produce en las informaciones, determina que la veracidad despliegue sus efectos legitimadores en relación con los hechos, pero no respecto de las opiniones que los acompañen o valoraciones que de los mismos se hagan, puesto que las opiniones, creencias personales o juicios de valor no son susceptibles de verificación y ello determina que el ámbito de protección del derecho de información quede delimitado, respecto de esos elementos valorativos, por la ausencia de expresiones injuriosas, que resulten innecesarias para el juicio crítico, careciendo de sentido alguno introducir, en tales supuestos, el elemento de veracidad, puesto que, en todo caso, las expresiones literalmente vejatorias o insultantes quedan siempre fuera del ámbito protector del derecho de información. También merece distinto tratamiento el requisito de la veracidad, según se trate del derecho al honor o del derecho a la intimidad, ya que mientras la veracidad funciona, en principio, como causa legitimadora de las intromisiones en el honor, si se trata del derecho a la intimidad actúa, en principio, en sentido inverso. El criterio para determinar la legitimidad o ilegitimidad de las intromisiones en la intimidad de las personas no es el de la veracidad, sino exclusivamente el de la relevancia pública del hecho divulgado, es decir, que su comunicación a al opinión pública, aun siendo verdadera, resulte ser necesaria en función del interés público del asunto sobre el que se informa. (STC 172/1990, FJ 3.°)".

El derecho a la información, de esencia constitucional, debe ponderarse cuando debe prevalecer sobre otros derechos constitucionales de las personas, pero estos tendrán primacía, cuando la información no es veraz, por falsa, o por falta de investigación básica del medio que la pública o la utiliza.

En el ámbito penal, esto lo tomó en cuenta el fallo de 29 de febrero de 2000 de la Sala de Casación Penal, antes aludido, el cual agregó: "Las informaciones suministradas en los medios de comunicación y por los periodistas en principio, no llegan a ser delictuosas (difamación e injuria) porque se consideran expuestas con un "animus narrandi" o intención de narrar, informar o comunicar".

Dichas informaciones pueden ser erradas, y conculcarían los derechos personales de naturaleza constitucional, cuando se difunden con conocimiento de que eran falsas o con indiferencia temeraria acerca de si la afirmación era falsa o no. Esto es lo que la sentencia del Tribunal Supremo de los Estados Unidos de Norteamérica, en el caso New York Times vs Sullivan (citado por Rafael Saraza Jimena en su obra Libertad de Expresión e Información Frente a Honor, Intimidad y Propia Imagen. Aranzadi Editorial. 1995); llamó la "actual malice" o malicia real.

La jurisprudencia del Tribunal Constitucional Español (extraída de la obra de Saraza Jimena citado) no ha considerado ilegítima la intromisión en los derechos fundamentales de la personalidad, cuando el error era inevitable, o intrascendente, o que no es absolutamente inveraz, o que ha habido pronta corrección o rectificación posterior por el medio.

Se trata, a título enunciativo, de señalar razones que otorgan la tuición constitucional a informaciones erróneas, sin que se considere por ello, que hay menoscabo a derechos de la personalidad.

Sin embargo, a juicio de esta Sala, la información siempre genera responsabilidad civil, cuando ella por falsa o inexacta daña a las personas, y el medio no realizó actividad periodística razonable para confirmarla.

Igualmente, el ejercicio de la libertad de expresión y en cierta forma el de la libertad de información a ello unida, admite opiniones y valoraciones críticas de los hechos noticiosos que se comunican, incluso con el empleo de expresiones molestas, hirientes o excesos terminológicos, siempre que los mismos no constituyan insultos o descalificaciones fuera de discurso, desconectadas o innecesarias con el tema objeto de opinión o información; ni de expresiones hirientes, insidiosas o vejatorias sin conexión con el tema objeto de información u opinión, o innecesarias para la formación de la opinión pública, ni cuando se trata de expresiones injuriosas que exteriorizan sentimientos personales ajenos a la finalidad de contribuir a la formación de una opinión pública libre y responsable. No puede existir un insulto constitucionalmente protegido, y ellos, carecen de cobertura constitucional". Ello se reitera en este fallo.

D. *Apreciación crítica sobre la interpretación vinculante contenida en la sentencia N° 1013 de la Sala Constitucional*

a. *La falsa dicotomía de derechos constitucionales de la cual partió la Sala Constitucional para su interpretación*

La Sala Constitucional del Tribunal Supremo de Justicia, en la citada Sentencia N° 1.013 de 12-06-01, ha pretendido interpretar los artículos 57 y 58 de la Constitución sentando una "doctrina vinculante", para lo cual partió del falso supuesto de que la Constitución "separa" en forma absoluta en esas normas, dos derechos: primero, el derecho a la libre expresión del pensamiento; y segundo, el derecho a la información "en beneficio de los ciudadanos", "el cual involucra el derecho a la réplica y rectificación" que tienen aquellos afectados por informaciones inexactas o agraviantes (p. 5 de 22).

Con esta premisa, equivocada, la Sala sentó, a la vez, una doctrina equivocada[45]. En efecto, en primer lugar, la Constitución no consagra sólo dos derechos, como lo señala la sentencia, sino como hemos señalado, al menos cinco derechos: el derecho a la libre expresión del pensamiento; el derecho a comunicar e informar; el derecho a establecer medios de comunicación; el derecho a la información; y el derecho a réplica (respuesta) y rectificación.

En segundo lugar, es falso que el derecho a réplica y respuesta sólo esté vinculado, o relacionado con "el derecho a la información" o con "la información comunicacional" como lo dice la Sala (p. 5 de 22). El derecho a réplica y rectificación corresponde a toda persona afectada por informaciones inexactas o agraviantes, e "informaciones" son toda forma de comunicación al público, en general, a través de medios de comunicación, de expresiones del pensamiento de una persona, en cualquier forma que sea. No es cierto, por tanto, que el derecho a réplica y rectificación sea sólo "un derecho de los ciudadanos ante los medios de comunicación en general", si bien es por la información de ideas, opiniones o hechos que sean inexactos o agraviantes en los medios que, en general, surge el derecho. Sin embargo, el derecho podría surgir, también, ante cualquier otra forma de comunicación de ideas o pensamiento que se realice en forma regular, en público, y que afecte a una persona. Por ejemplo, el profesor en su clase universitaria, al expresar su pensamiento, ideas u opiniones puede dar una información u opinión inexacta o agraviante respecto de otra persona. Esta tendría derecho a respuesta y rectificación en las clases del profesor involucrado, en el mismo curso.

Por ello, el derecho a rectificación y respuesta es un derecho que surge como contrapartida, en general al derecho a la libre expresión del pensamiento, cuando éste se exprese en medios o actividades realizados en forma regular y al público.

b. *El derecho a la libre expresión del pensamiento, el acceso a los medios de comunicación y el olvido del tratamiento de los medios de comunicación oficiales (del Estado)*

Hemos señalado que además del derecho a la libre expresión del pensamiento está el derecho a la comunicación, divulgación o información del pensamiento mediante medios de comunicación. Este derecho a comunicar o informar, sin embargo, como lo ha señalado la Sala, implica "la posibilidad de acudir a los medios de comunicación para expresarse"; pero ello "no es un derecho irrestricto que tiene todo ciudadano para trasmitir su pensamiento, ya que cada medio tiene limitaciones de tiempo y espacio", correspondiendo al "director" del mismo escoger cuáles ideas, pensamientos u opiniones son comunicables masivamente. Por ello, dijo la Sala que si bien la libertad de expresión del pensamiento "es irrestricta", sufre una "restricción" de hecho, cuando se pretende utilizar para divulgarla en los medios de comunicación masiva. (p. 6 de 22).

En realidad no se puede hablar de "restricción" a la libertad de expresión del pensamiento por el hecho de que no exista "libertad" de acceso a los medios de comunicación. La Sala, confundió el derecho a la libre expresión del pensamiento con el derecho a informar o comunicar en los medios de comunicación, para cuyo ejercicio debe tenerse acceso a los mismos.

---

45 Véase lo que hemos expuesto en Allan R. Brewer-Carías et al. *La Libertad de expresión amenazada. Sentencia 1013*, Caracas-San José, 2001, pp. 17-57.

En todo caso, de lo afirmado por la Sala surge una distinción entre los dos primeros derechos que hemos mencionado, entre "la libertad de expresión que es en principio irrestricta" y la "libertad de comunicación de esa expresión" que no origina un derecho de utilizar "coercitivamente la forma de comunicación y difusión que la persona crea más conveniente". La Sala incluso dijo que el derecho al "uso de cualquier medio de comunicación o difusión" a que se refiere el artículo 57, es un "derecho relativo" que depende del real acceso que se tenga a los medios (p. 6 de 22).

Esto, por supuesto, no es lo que dice el artículo 57 en el cual la referencia al derecho "de hacer uso" para expresar libremente sus pensamientos, sus ideas u opiniones, "de cualquier medio de comunicación y difusión", es para indicar la amplitud del derecho, el cual no puede ser objeto de limitación por vía legal que establezca, por ejemplo, que determinadas personas no pueden hacer uso de determinados medios de comunicación.

En todo caso, lo que evidentemente deriva del derecho a comunicar o a informar como lo dice la Sala, es que "los medios no pueden vetar a nadie para expresarse en ellos, pero tal actividad depende del tiempo, oportunidad, espacio, etc., que puedan brindarle a las personas para emitir sus pensamientos".

La sentencia agrega respecto de los medios de comunicación que aquellos "que utilizan servicios, bienes o derechos concedidos por el Estado, deben prestar una mayor colaboración hacia la sociedad, en beneficio de la libertad de expresión de los ciudadanos" (p. 6 de 22). Apunta esta afirmación a la radio o la televisión que requieren de concesiones o permisos de uso del dominio público radioeléctrico.

Esto no deriva de las normas constitucionales, ni puede imponerse a quien realiza legítimamente una actividad vinculada a los medios de comunicación, la obligación de prestar colaboración "a la sociedad" por el hecho de requerir una concesión del Estado (uso del aspecto radioeléctrico, por ejemplo) para la realización de la misma. Esta carga no está prevista en norma alguna y sólo en la imaginación del Ponente de la sentencia.

En todo caso, se olvidó la Sala, sin embargo, dedicarle un párrafo más terminante a los medios de comunicación *del Estado*, es decir, los periódicos que publica el gobierno, la Radio Nacional o la Televisora Nacional, los cuales, con mayor énfasis, son los que deben abrirse a todos los ciudadanos, sin exclusivismos o exclusionismos, aún cuando sean oposición al gobierno. Téngase en cuenta que la acción de amparo que originó la sentencia se había intentado contra el Presidente de la República y contra la Presidenta de la Radio Nacional, por lo que la ocasión era propicia para imponerle a esta última la obligación de no excluir ni discriminar a la oposición en el acceso a la misma.

c. *La interpretación "regresiva" de la libertad de expresión del pensamiento, la responsabilidad ulterior y el fantasma del "vilipendio" a funcionarios*

La Sala Constitucional, por otra parte, dedica una serie de consideraciones a destacar la plena responsabilidad que corresponde al emisor del pensamiento por todo lo expresado, la cual puede ser una responsabilidad civil, penal, disciplinaria o de otra índole legal, conforme al daño que cause a los demás, la libertad de expresión utilizada ilegalmente. De allí deriva la apreciación de la Sala de que "la libertad de expresión, aunque no está sujeta a censura previa, tiene que respetar los derechos de las demás personas" (p. 7 de 22).

Esta responsabilidad para el emisor de la información, señala la Sala, en muchos casos está compartida:

> Con el vehículo de difusión, sobre todo cuando éste se presta a un terrorismo comunicacional que busca someter al desprecio público a personas o a instituciones, máxime cuando lo difundido no contiene sino denuestos, insultos y agresiones que no se compaginan con la discusión de ideas y conceptos (p. 7. de 22).

La Sala construyó, así, una responsabilidad solidaria entre comunicador y medio de comunicación que no tiene asidero jurídico alguno ¿cuándo, en efecto, puede decirse que hay "terrorismo comunicacional que busca someter al desprecio público a personas o a instituciones"? Esto sólo ha ocurrido en la historia cuando los medios de comunicación están controlados por el Estado y quienes controlan el Poder los acaparan para aplastar la disidencia. ¿Y no es esto lo que ha ocurrido, en los tiempos presentes, en los programas de radio del Presidente de la República, con sus ruedas de prensa "en cadena nacional", y con el control político de los medios de comunicación del Estado; instrumentos mediante los cuales el propio Presidente de la República se ha encargado de expresar "denuestos, insultos y agresiones que no se compaginan con la discusión de ideas y conceptos "respecto de todo lo que sea disidencia con su gobierno y su política?

Ahora bien, en cuanto a la responsabilidad penal para enjuiciar delitos derivados del ejercicio de la libertad de expresión, la Sala precisó que es el juez quien debe ponderar el *animus injuriandi* para determinar si la actitud de alguien que expone sus pensamientos, "realmente persigue dañar o es parte de la crítica que se ejerce sobre ciertas situaciones, que por lo regular, involucra políticas públicas y sus protagonistas" (p. 7 de 22).

Ante esto, también cabe preguntarse ¿cómo el juez va a considerar probado que hubo *animus injuriamendi*, que lo informado, así esté errado, se hizo con ánimo de injuriar, de causar daño? ¿Cómo se puede llegar a afirmar, objetivamente, algo que en definitiva es totalmente subjetivo?

En particular, debe señalarse que la Sala al hacer referencia a las responsabilidades penales derivadas del ejercicio de la libertad de expresión del pensamiento, destacó los casos de "vilipendio a funcionarios públicos (artículos 223 y 226 del Código Penal)", olvidándose de que dicho tipo delictivo (conocido en otros países, como "leyes de desacato") ha sido considerado como incompatible con la Convención Americana sobre Derechos Humanos, en particular, por la Comisión Interamericana de Derechos Humanos en el *Informe sobre la compatibilidad entre las Leyes de Desacato y la Convención Americana sobre Derechos Humanos* (Doc 9, 88° Período de sesiones, Informe Anual, Washington, 17-02-95, Capítulo V). En este caso, en lugar de aplicar el principio de la progresividad que impone el artículo 19 de la Constitución en materia de derechos humanos, la Sala Constitucional, violando dicha norma, hizo su "interpretación" conforme al principio contrario, el de la "regresividad" o restrictivo de la libertad.

La Comisión Interamericana, en efecto, ha sentado la doctrina siguiente en el punto IV del *Informe* indicado:

> Las leyes de desacato son incompatibles con el artículo 13 de la Convención Americana de Derechos Humanos porque reprimen la libertad de expresión necesaria para el debido funcionamiento de una sociedad democrática.

Y al final del *Informe*, en su último párrafo, afirma la Comisión en forma más general, que

> Las leyes que penalizan la expresión de ideas que no incitan a la violencia anárquica son incompatibles con la libertad de expresión y pensamiento consagrada en el artículo 13 y con el propósito fundamental de la Convención Americana de proteger y garantizar la forma pluralista y democrática de vida.

Es verdaderamente asombroso, por lo demás, que en su tarea de interpretar el contenido de los artículos 57 y 58 de la Constitución, la Sala constitucional haya ignorado, también, tan olímpicamente, la doctrina de la Comisión Interamericana de Derechos Humanos plasmada en esta materia en otros Informes específicos, como el *Informe Nº 22/94, Caso 11.012 (Verbitsky)* referido, precisamente al tema de las leyes que establecen el delito que nuestro Código Penal denomina como "vilipendio a funcionarios públicos", considerado como incompatible con la Convención Americana. En su lugar, como analizaremos más adelante, la Sala recurrió a jurisprudencia europea (Alemania, España), siendo que, como es bien sabido, la Convención Americana es más generosa en su garantía de la libertad de expresión y menos restrictiva de ese derecho que las disposiciones pertinentes de la Convención Europea para la Protección de los Derechos Humanos y las Libertades Fundamentales.

En todo caso, del análisis de la Sala Constitucional a las Convenciones internacionales que regulan la materia, se destaca que la libertad de expresión genera responsabilidades, que en todo caso "deben ser expresamente fijadas por la ley y que deben asegurar" el respeto a los derechos o a la reputación de los demás; la protección de la seguridad nacional, del orden público, o la salud o la moral pública; y la protección moral de la infancia y la adolescencia.

Lo que le faltó precisar a la Sala Constitucional fue lo que indicó la Comisión Interamericana de Derechos Humanos, en el sentido de que dichas restricciones, además, "tienen que ser compatibles con la preservación y el desarrollo de sociedades democráticas" conforme a lo que estipulan los artículos 29 y 30 de la Convención Americana, que como se ha dicho, tienen rango constitucional en Venezuela. Dichas normas, en efecto, establecen lo siguiente:

> *Artículo 29. Normas de interpretación.* Ninguna disposición de la presente Convención puede ser interpretada en el sentido de:
>
> a) Permitir a alguno de los Estados Partes, grupo o persona, suprimir el goce y ejercicio de los derechos y libertades reconocidos en la Convención o limitarlos en mayor medida que la prevista en ella:
>
> b) Limitar el goce y ejercicio de cualquier derecho o libertad que pueda estar reconocido de acuerdo con las leyes de cualquiera de los Estados Partes o de acuerdo con otra convención en que sea parte uno de dichos Estados:
>
> c) Excluir otros derechos y garantías que son inherentes al ser humano o que se derivan de la forma democrática representativa de gobierno, y

d) Excluir o limitar el efecto que puedan producir la Declaración Americana de Derechos y Deberes del Hombre y otros actos internacionales de la misma naturaleza.

Artículo 30. Alcance de las Restricciones. Las restricciones permitidas, de acuerdo con esta Convención, al goce y ejercicio de los derechos y libertades reconocidas en la misma, no pueden ser aplicadas sino conforme a leyes que se dictaren por razones de interés general y con el propósito para el cual han sido establecidas".

Como se verá, con su interpretación "regresiva" la Sala Constitucional violó abiertamente estas normas.

d. *La libertad de expresión del pensamiento y la extraña exclusión del derecho a réplica o rectificación*

En la sentencia, la Sala Constitucional, de golpe, sin motivación alguna, llegó a una conclusión que es a todas luces insostenibles constitucionalmente, al considerar el derecho a la libre expresión del pensamiento en forma aislada, y no en su globalidad, como parte de un conjunto de derechos que son, además, el derecho a comunicar o informar, el derecho a establecer medios de comunicación, el derecho a la información y el derecho de réplica o rectificación. La Sala, en efecto, afirmó lo siguiente:

> En relación con dicha libertad de expresión y sus efectos, no está previsto en ninguna de las normas comentadas (art. 19, PIDCP; art. 13 CADH), el derecho de réplica o de rectificación por parte de quien se considere perjudicado, ya que quien emite una opinión se hace responsable de ella, y los daños que cause o los delitos que cometa por lo expresado (en público o en privado) darán lugar a las acciones penales, civiles o de otra naturaleza a que haya lugar (p. 9 de 22).

De esto resulta, por tanto, la inconstitucional dicotomía que intentó montar la Sala: de que el ejercicio de la libertad de expresión del pensamiento sólo originaría responsabilidades ulteriores, pero no originaría el derecho a rectificación o réplica por parte de una persona agraviada por la expresión del pensamiento o lesionada directamente por la información inexacta, sino que, en consecuencia, el derecho a replica y rectificación sólo se podría exigir ante la libertad de información o comunicación.

Esto no tiene asidero constitucional alguno, pues el hecho de que el conjunto de derechos constitucionales vinculados a la libertad de expresión esté regulado en dos artículos separados (tanto en la Constitución como en la Convención Americana), no puede conducir a considerarlos como compartimientos estancos. El ejercicio del derecho a la libre expresión del pensamiento, el derecho a informar y a comunicar, el derecho a establecer medios de comunicación, como el ejercicio de cualquier derecho, genera responsabilidades, y además, respecto de todos ellos, la persona afectada por informaciones inexactas o agraviantes tiene derecho a réplica o a rectificación cuando las mismas consten en un medio de comunicación o se produzcan en formas de difusión regular del pensamiento (las clases en un curso universitario, por ejemplo).

La Corte Interamericana de Derechos Humanos, al contrario de lo afirmado por la Sala Constitucional, al referirse a los artículos 13 y 14 de la Convención Americana en la *Opinión Consultiva OC-7/86* de 29-08-86 (Exigibilidad del Derecho de Rectificación o Respuesta) ha señalado:

25. La ubicación del derecho de rectificación o respuesta (art. 14) inmediatamente después de la libertad de pensamiento y expresión (art. 13), confirma esta interpretación. La necesaria relación entre el contenido de estos artículos se desprende de la naturaleza de los derechos que reconocen, ya que, al regular la aplicación del derecho de rectificación o respuesta, los Estados partes deben respetar el derecho de libertad de expresión que garantiza el artículo 13 y este último no puede interpretarse de manera tan amplia que haga nugatorio el derecho proclamado por el artículo 14.1 (*La colegiación obligatoria de periodistas, supra* 18). Recuérdese que la Resolución (74) 26 del Comité de Ministros del Consejo de Europa fundamentó el derecho de respuesta en el artículo 10 de la Convención Europea, sobre la libertad de expresión.

La Sala Constitucional, contrariando esta doctrina, llega a una conclusión contraria, pero inmotivada, en el sentido de que supuestamente "en relación con dicha libertad de expresión y sus efectos, no está prevista en ninguna de las normas comentadas, el derecho de réplica o de rectificación por parte de quien se considere perjudicado, ya que quien emite una opinión se hace responsable de ella" (p. 9 de 22) ... !!!.

Pues resulta que es todo lo contrario: el derecho de respuesta y rectificación es consustancial al derecho a la libertad de expresión, del cual deriva, independientemente de las responsabilidades ulteriores, que siempre existen.

e. *El derecho a la libre expresión del pensamiento y la burla a la prohibición constitucional de censura*

La Sala Constitucional, en su sentencia, argumentó sobre la prohibición de censura respecto del derecho a la libre expresión del pensamiento (art. 57), considerando que, sin embargo, no ocurriría censura en los casos en los cuales se impida la difusión de ideas y conceptos que se emitirían en violación del artículo 57, es decir, en los casos en que se pretenda expresar el pensamiento en forma anónima, que constituya propaganda de guerra, que contenga mensajes discriminatorios o que promueva la intolerancia religiosa (p. 9 de 22). Esto no es otra cosa que "legitimar" la censura previa, lo cual es totalmente inconstitucional.

En efecto, la prohibición de la censura previa en la Constitución y en la Convención Americana es de carácter absoluto, de manera que no es posible que se prevea excepción alguna a la prohibición. Así lo ha sostenido la Comisión Interamericana de Derechos Humanos en el *Informe N° 11/96, Caso 11.230 Chile (Martorell)* (N° 56).

La sentencia de la Sala Constitucional, por tanto, puede considerarse violatoria de la Constitución y de la Convención Americana al admitir que "antes de su publicación" (p. 9 de 22) puede "impedirse" la difusión de ideas y conceptos en forma anónima, que constituyan propaganda de guerra, mensajes discriminatorios o que promuevan la intolerancia religiosa.

Está afirmación es peligrosísima y peor cuando está contenida en una "doctrina vinculante". ¿Quién, en efecto, se va a erigir en el definidor de que una difusión de ideas o conceptos va a caer, *a priori,* en una de las prohibiciones constitucionales?. Esa es la más clásica de las censuras: aquellas instrumentadas por el Poder para, con la excusa de que se trata de controlar la propaganda de guerra, o los mensajes discriminatorios o que promuevan la intolerancia religiosa, pueda impedirse con antelación, la difusión de ideas o conceptos que, en definitiva, lo que constituyen son manifestaciones contrarias al régimen político imperante.

Al final de su absurda consideración, sin embrago, la Sala Constitucional señaló que:

> Ante informaciones de esta naturaleza en los medios de comunicación, el amparo constitucional es la vía para que dichas disposiciones se cumplan y se restablezca la situación jurídica lesionada o amenazada por estas trasgresiones (p. 10 de 22).

En esta forma, en una forma todavía más absolutamente inconstitucional, la Sala Constitucional pretende convertir al amparo constitucional en un instrumento de censura, lo cual sería gravísimo sobre todo si se trata de amparos decididos *in limine litis,* como el resuelto en la sentencia que comentamos.

No obstante, la Sala Constitucional fue más allá en su absurda argumentación al considerar que mediante *ley* pueden regularse "mecanismos tendientes a impedir que sean difundidos anónimos, propaganda de guerra, mensajes discriminatorios o que promuevan la intolerancia religiosa, y que ello no constituiría censura" (p. 10 de 22).

Para impedir la publicación de tales conceptos o ideas, la ley tendría que establecer mecanismos de "revisión" previa de los textos, lo que no es otra cosa que censura previa. La Sala Constitucional, al hacer esta afirmación ha violado abiertamente la Constitución que establece una prohibición absoluta de la censura.

La Sala Constitucional, además señaló que "la ley puede prohibir la circulación de expresiones del pensamiento que atenten contra otros derechos constitucionales como son, por ejemplo, los relativos al interés superior del niño", (p. 10 de 22), prohibición que, sin embargo, la Sala consideró es distinta a la censura y cuya trasgresión originaria responsabilidades.

La Ley puede, en efecto, en cumplimiento de la Constitución (art. 78), dictar una legislación en protección del niño que prohíba determinadas expresiones contrarias a la niñez en los medios de comunicación; pero lo que no puede es permitir la instalación de "censores" en los medios, para revisar con carácter previo el material a ser publicado o divulgado, y poder impedir la difusión de lo que el "censor" considere que violaría las prohibiciones legales.

Además, en su sentencia, la Sala, consideró que la acción de amparo constitucional sería la vía para impedir la censura previa tanto oficial como privada, calificando a esta última como "boicot" (p. 10 de 22). El amparo constitucional es también la vía para ordenar de nuevo una publicación, cuando se mutilen expresiones del pensamiento antes de publicarse, o se las tergiverse haciéndolas perder sentido (p. 10 de 22).

Ahora bien, la censura previa, como se dijo, esta prohibida en términos absolutos. Por ello, no es posible ni siquiera admitir la figura del "juez censor" que establece la Sala. Al abrir la vía para la censura judicial previa, la Sala Constitucional viola la Constitución.

Sobre el tema de la censura, se destaca, además, la siguiente declaración de la Sala en el sentido de que:

> No constituyen formas indirectas de censura, las tasas impositivas que se imponga –en igualdad de condiciones– a las empresas editoriales, ni las normas sobre concesiones de bienes del dominio público (espacio radioeléctrico), ni las disposiciones legales que permitan medidas preventivas sobre programas comunicacionales, obras

contentivas de expresiones del pensamiento, etc. (tal como las previstas) (p. 10 de 22).

Por supuesto, al contrario, estos mecanismos indirectos sí pueden ser instrumentos de censura, al lesionar la independencia de los medios de comunicación. Por ello, el principio N° 13 de la *Declaración de la Comisión Interamericana de Derechos Humanos*, aprobada por la OEA, sobre libertad de expresión señala que:

> La utilización del poder del Estado y los recursos de la hacienda pública, la concesión de prebendas arancelarias, la asignación arbitraria y discriminatoria de publicidad oficial y créditos oficiales, el otorgamiento de frecuencias de radio y televisión, entre otros, con el objetivo de presionar y castigar o premiar y privilegiar a los comunicadores en función de sus líneas informativas, atenta contra la libertad de expresión y deben estar expresamente prohibidos por la ley.

Agrega, además, la Declaración que "los medios de comunicación social tienen derecho a realizar su labor en forma independiente", por lo que "presiones directas o indirectas dirigidas a silenciar la labor informativa de los comunicadores sociales son incompatibles con la libertad de expresión".

La afirmación general, de la Sala Constitucional, en todo caso, formulada fuera de contexto con el objeto del proceso que originó la sentencia, como tantas otras afirmaciones que se formulan en la decisión, sin duda es peligrosa. Todos esos proceder pueden traducirse en formas de censura, precisamente, indirectas, cuando se abusa de ellas.

f. *El derecho a la información, el derecho de autor y las noticias*

La Sala Constitucional, además, entró a considerar el derecho a la información el cual consideró "íntimamente ligado al de la libertad de expresión", definiéndolo como "un derecho de las personas que se adelanta, entre otras formas de adquirirlo, por los medios de comunicación".

La Sala estimó que este derecho no está únicamente referido

> A la trasmisión de expresiones del pensamiento como conceptos, ideas u opiniones, sino a la propagación de noticias del acontecer diario en el mundo, en el país o en una región del mismo; a la entrevista periodística, al reportaje, a la ilustración fotográfica o visual (art. 3 Ley de Ejercicio del Periodismo) (pp. 10 de 22 y 11 de 22).

La amplitud del concepto es indudable, por lo que el derecho a la información a que se refiere el artículo 58 constitucional, comprende tanto a la expresión del pensamiento como a la difusión de noticias en cualquier forma.

Pero esta amplitud fue luego reducida por la propia Sala Constitucional: primero dijo que la norma trata "preferentemente" la noticia periodística y luego, señaló que la norma

> No se refiere a las obras sujetas a los derechos de autor en sentido lato (libros, cuadros, etc.) que se corresponden con el ejercicio de la libertad de expresión, sino a la información de noticias (11 de 22).

Ante todo debe señalarse que no hay un derecho de autor en "sentido lato" y otro que no lo sea (¿sentido estricto?). El derecho de autor se refiere a cualquier creación del intelecto de una persona, lo que incluye desde una fotografía hasta la interpretación de un hecho cualquiera, por lo que no tiene sentido la diferencia que pretendió hacer la Sala. Sobre toda creación existe derecho de autor, y como expresión del pensamiento está sujeto a la Constitución y protegido por la misma (art. 98).

Ahora, que el derecho ciudadano a la información se ejercite con más frecuencia en relación con la difusión de noticias, no implica que no exista respeto de otras formas de expresión del pensamiento. Los ciudadanos tienen así derecho, por ejemplo, que en las bibliotecas públicas estén las obras de todos los autores posibles, por lo que se violaría el derecho a la información, si las bibliotecas públicas sólo contienen libros de ciertos autores, por ejemplo, afectos al gobierno o al régimen. Igual sucede con los museos de obras de arte: los ciudadanos tienen derecho a la información sobre la plástica, por lo que un museo público, por ejemplo, debe tender a tener pinturas representativas de la mayor cantidad de corrientes artísticas representativas del universo de las tendencias en un país; y no sólo pinturas de los artistas amigos o favorecidos por el régimen.

Ahora, en cuanto a la noticia, la Sala Constitucional la define como:

> El suceso (actual o pasado, o sus proyecciones futuras) trasmitido a la colectividad por los medios de comunicación social (lo que hasta podría realizarse mediante pantallas públicas de información, por ejemplo), que también incluye a los anuncios que la ley ordena se difundan y a la publicidad en general, la cual no es *per se* una información de noticias, pero sí sobre la existencia y cualidades de bienes y servicios de toda clase al alcance del público, las cuales no deben ser engañosas a tenor del artículo 117 constitucional (p. 11 de 22).

Mezcla así, la Sala Constitucional en su concepto de "noticia" incluso la "publicidad comercial" sobre la existencia y cualidades de bienes y servicios, convirtiendo la competencia desleal en el mundo mercantil o de la libre competencia en una materia constitucional.

Luego, vienen apreciaciones de la Sala sobre el manejo masivo de la noticia, respecto de lo cual no se entiende en qué puede consistir la "doctrina vinculante" de lo que se dice en el párrafo; así:

> El manejo masivo de la noticia, que permite a la persona ejercer el derecho a la información oportuna, puede efectuarse por instituciones públicas o privadas, siendo por lo regular estas últimas empresas mercantiles, con fines de lucro, que realizan actos de comercio a tenor del artículo 2° del Código de Comercio, las cuales escogen a dedo, conforme a sus conveniencias, a sus periodistas y colabora-dores, y que presentan, junto con las noticias y la publicidad, artículos de opinión, emanados o no de periodistas, entre los que se encuentran los editoriales de la prensa de todo tipo, siendo -por lo tanto- las empresas o instituciones de comuni-cación masiva, un medio para difundir noticias (informaciones) y opiniones, muchas de las cuales se insertan más en los cánones publicitarios que en el ejercicio de la libertad de expresión **strictu sensu**, ya que lo que buscan es vender bienes o servicios de manera interesada, más que expresar ideas, conceptos o pensamientos con fines no comerciales. Muchas veces estas opiniones que difunden los medios se basan en sucesos (hechos) a los cuales se remiten, y no es raro que tales opiniones (incluso adversas) estén destinadas a dar publicidad a un personaje, y sean parte de una trama para ese fin". (p. 11 de 22).

La referencia a la escogencia, "a dedo", conforme a sus conveniencias, de los colaboradores de los medios de comunicación contenida en este párrafo (p. 11 de 22), en realidad, lo que recuerda es la designación de los propios Magistrados de la Sala Constitucional que dictaron la sentencia, ocurrida el 22-12-99, al margen de toda norma constitucional por la Asamblea Nacional Constituyente, y la designación o "ratificación" de algunos de dichos Magistrados, con fundamento tanto en una ley que se apartó de la Constitución de 2000 y en una sentencia de los mismos Magistrados de la Sala Constitucional, en la cual decidieron que la Constitución no se les aplicaba a ellos mismos. Nada impide en ejercicio de la libertad económica (art. 112 C) y de la libre competencia (art. 299 C) que los medios de comunicación escojan, como quieran a sus colabores.

Por otra parte, la sugerencia de que los medios de comunicación privados persiguen fines de lucro, lo que es natural y normal, aparece en la sentencia como un estigma; al igual que se estigmatiza el hecho de que un medio de comunicación escoja libremente sus colaboradores, periodistas o columnistas, "a dedo". Eso es libertad de contratación y nada más, pues los medios no tienen por qué hacer concurso alguno para seleccionar a su personal, ni existe una ley que defina el perfil o requisitos de los periodistas o columnistas que se puede contratar. Ello sí debería existir en los medios de comunicación del Estado, pero allí sólo laboran las personas afectas al régimen; y sobre esto nada dijo la sentencia. En los medios oficiales de comunicación, en efecto, si deberían existir mecanismos para la selección de funcionarios públicos, al contrario de lo que sucedió con los propios Magistrados del Tribunal Supremo de Justicia, como los que dictaron la sentencia, los cuales sin embargo sí fueron escogidos "a dedo" por el Poder.

g. *La libertad de información, la confusión entre las noticias y la publicidad: el derecho y las responsabilidades*

En otra parte de la sentencia, la Sala Constitucional destacó "la información" como derivado de la libertad de expresión, pero con especificidad y autonomía, pues -dijo- "la información se comunica" a través de medios de comunicación, afirmando que

> La información clandestina no pasa de ser el chisme, el rumor o la intriga a nivel personal, y no masivo (p. 11 de 22).

Para reafirmar "esta autonomía de la libertad de información, con respecto a la libertad de expresión" la Sala remitió a lo decidido por el Tribunal Constitucional español en el *Caso Vinader (105/83)*.

La Sala Constitucional, dándole un tratamiento único a la información, sea "la noticia o la publicidad", efectuada por medios de comunicación, que debe ser conforme al artículo 58 de la Constitución, oportuna, veraz, imparcial, sin censura y ceñida a los principios constitucionales, precisó que:

> La violación de esos mandatos que rigen las noticias y la publicidad, hace nacer derechos de toda persona para obrar en su propio nombre si la noticia no se amoldó a dichos principios. (p. 12 de 22).

La Sala precisó, además, que "la comunicación (pública) comporta tanto en el comunicador como en el director o editor del medio, las responsabilidades que indique la ley", lo que "tiene que ser así" por el secreto de las fuentes de información periodística (art. 28 de la Constitución). En consecuencia, dijo la Sala,

> Los dislates periodísticos que atentan contra el derecho de los demás y contra el artículo 58 constitucional, generan responsabilidades legales de los editores o de quienes los publican (p. 12 de 22).

Queda por determinar, en todo caso, cuándo se está en presencia de un "dislate", es decir, de un "disparate", que es lo mismo que algo "atroz" o "contrario a la razón" de acuerdo con el *Diccionario de la Lengua Española*; y quién debe o puede determinarlo.

La Sala, por otra parte, precisó cómo los medios de comunicación pueden asegurar el derecho a la información, en la siguiente forma: emitiendo información veraz, oportuna e imparcial; y evitando la difusión de la noticia falsa, o manipulada con medias verdades; la desinformación que niega la oportunidad de conocer la realidad de la noticia; o la conjetura o información parcializada para lograr un fin específico contra algo o alguien (p. 12 de 22).

Consideró la Sala, además, en la sentencia como:

> Un abuso de los medios, que contraría la libertad de información, emitir conceptos negativos o críticos sobre ideas, pensamientos, juicios, sentencias, etc., sin señalar en qué consiste lo criticado, impidiéndole a las personas que tienen el derecho a informarse, enterarse de qué es lo deleznable. De igual entidad abusiva es acuñar frases con lugares comunes, tales como que una actitud es funesta, una idea un exabrupto o una locura, sin exponer cuál es la actitud o la idea criticada, o aislando de un contexto un sector y comentarlo, sin tomar en cuenta el todo donde se insertó lo resaltado, lo que cambia el sentido de lo aislado. (p. 13 de 22).

Contra estas actitudes, la Sala consideró que procedía intentar acciones para lograr que se informe debidamente, lo que, estimó, sin explicación alguna, que no se correspondía con el derecho de réplica ni de rectificación, sino a una acción de amparo (p. 13 de 22).

En todo caso, quedaría por resolver cómo se intentaría esta acción de amparo. Si alguien dijera, respecto de la sentencia de la Sala Constitucional, que es "funesta", un "exabrupto", sin señalar en qué consiste lo criticable de la sentencia; entonces, en qué consistiría la acción de amparo. ¿Se intentaría contra la persona que emitió esos conceptos negativos o críticos contra la sentencia, para "obligarlo" a acudir a los medios de comunicación a razonar sus asertos? ¿Y si simplemente se niega a hacerlo? ¿Incurriría en desacato y podría ser objeto de una medida de privación de la libertad? El sólo pensar en la consecuencia de lo que afirma la sentencia, confirma su absurdo contenido. ¿O es que la Sala ha querido de nuevo abrir la vía a la censura judicial, para que por vía de amparo se impida que alguien emita esos conceptos sobre un acto o un hecho?. El sólo pensar en esta posibilidad lleva a rechazar el texto de esta sentencia, por inconstitucional.

En todo caso, con las "lecciones de periodismo", que contiene este párrafo de la sentencia, sin embargo, la Sala Constitucional, por ejemplo, ignoró cómo ante expresiones de "tribunal genuflexo" y de calificar a un Magistrado del Tribunal Supremo de Argentina como "asqueroso", resultó el *Informe Nº 22/94 Caso 11.012, Argentina (Verbitsky)* de la Comisión Interamericana de Derechos Humanos, que implicó la derogación del artículo del Código Penal Argentino (art. 244) que regulaba la figura equivalente al vilipendio de funcionarios, y se dejó sin efecto la condena por ello contra el periodista Sr. Horacio Verbitsky.

Para concluir, la Sala dictó otra norma en evidente usurpación de funciones, estableciendo como "doctrina vinculante" lo siguiente:

> Igualmente, el ejercicio de la libertad de expresión y en cierta forma el de la libertad de información a ello unida, admite opiniones y valoraciones críticas de los hechos noticiosos que se comunican, incluso con el empleo de expresiones molestas, hirientes o excesos terminológicos, siempre que los mismos no constituyan insultos o descalifaciones fuera de discurso, desconectadas o innecesarias con el tema objeto de opinión o información; ni de expresiones hirientes, insidiosas o vejatorias sin conexión con el tema objeto de información u opinión, o innecesarias para la formación de la opinión pública, ni cuando se trata de expresiones injuriosas que exteriorizan sentimientos personales ajenos a la finalidad de contribuir a la formación de una opinión pública libre y responsable. No puede existir un insulto constitucionalmente protegido, y ellos, carecen de cobertura constitucional" (p. 17 de 22).

h. *La información veraz, imparcial y oportuna y la línea de opinión de los medios de comunicación*

De acuerdo con la Constitución, las personas tienen derecho a réplica y rectificación cuando se vean afectadas por informaciones inexactas o agraviantes. Se trata, como lo indicó la Sala Constitucional, de un derecho individual y no colectivo; aún cuando, afirma la Sala, que:

> Será posible incoar acciones para ejercer derechos e intereses difusos, cuando la publicidad atente contra la calidad de la vida, cuando la comunicación deja de ser plural, o cuando no contribuyan a la formación ciudadana (artículo 108 constitucional), (p. 12 de 22).

De nuevo, estas frases provocan la pregunta, por ejemplo, sobre quién, cómo y cuándo puede juzgarse que una comunicación "no contribuye a la formación ciudadana". Expresiones tan indeterminadas, lo que abren es el paso a la intervención oficial.

En todo caso, la Sala Constitucional "hizo suya" la doctrina del Tribunal Constitucional español sentada en fallo de 19-04-93, en la cual, sobre la información veraz, estableció que implicaba un deber de diligencia del comunicador en la comprobación razonable de la veracidad, aún cuando su total exactitud fuera controvertible o se incurriera en errores circunstanciales (p. 13 de 22).

Con otras citas de otras sentencias del Tribunal Constitucional español, la Sala continuó la elaboración sobre el deber de diligencia del informador (pp. 15 de 22 y 16 de 22); y luego se refirió a la doctrina de la "malicia real" sentada en el *Caso New York Times vs. Sullivan* mediante sentencia de la Corte Suprema de Justicia de los Estados Unidos de América de 09-03-64, con ponencia del juez William J. Bennam, conforme a la cual aún manifestaciones de hechos falsos pueden estar amparados constitucionalmente si para su expresión no se comprueba "real malicia". O como lo dijo la Sala Constitucional, las

> Informaciones pueden ser erradas, y conculcarían derechos personales de naturaleza constitucional, cuando se difunden con conocimiento de que eran falsas o con indiferencia temeraria acerca de si la afirmación era falsa o no (p. 16 de 22).

En otra parte de la sentencia, sin embargo, la Sala sólo apuntó que:

> Hay falta de veracidad, cuando no se corresponden los hechos y circuns-tancias difundidas, con los elementos esenciales (no totales) de la realidad (p. 14 de 22).

El problema con la información veraz, en todo caso, sigue siendo el de la determinación de la "verdad". Esta, en muchos casos, es subjetiva, pues de determinados hechos, cada quien puede tener "su" verdad, la cual no es objetiva. El peligro de la objetivización es que alguien pretenda decir cuál es la verdad "oficial" y ello, en definitiva, significa control de lo que se puede decir.

Consideró además, la Sala que:

> También es una atentado a la información veraz e imparcial tener un número mayoritario de columnistas de una sola tendencia ideológica, a menos que el medio en sus editoriales o por sus voceros, mantenga y se identifique con una línea de opinión congruente con la de los columnistas y colaboradores (p. 13 de 22).

Con esta norma (doctrina vinculante), que estableció la Sala, usurpando la función legislativa que corresponde exclusivamente a la Asamblea Nacional (art. 187,1 de la Constitución), cometió un atentado contra la libertad de información y contra el derecho a establecer medios de comunicación. ¿Qué significa "mayoría"? ¿La mitad más uno o se trata de una "mayoría" específica? ¿Cómo se definen las "tendencias ideológicas? ¿Es lo mismo una tendencia ideológica que una línea de opinión? ¿Estaba la Sala pensando en la línea de opinión oficialista o de oposición? ¿Son esas tendencias ideológicas?

La sentencia, al menos, tiene la siguiente implicación: si los voceros de un medio de comunicación, donde la mayoría de los columnistas tienen una posición política general, y mantienen e identifican esa posición, entonces no habría atentado alguno a la información veraz e imparcial. ¿Estaría pensando la Sala en la Radio Nacional y en el programa *Aló Presidente* que lleva el Presidente de la República, donde la oposición no tiene cabida alguna?

¿Cómo se puede obligar a un medio de comunicación, a su director y editor, a los columnistas y periodistas del mismo, a declararse como voceros de una corriente ideológica? Parece que esa es la única forma como la Sala Constitucional concibe que un diario que tiene columnistas con una corriente de opinión relativamente uniforme, no viole la libertad de expresión. La verdad es que una confesión de ese tipo, además de violar la libertad de conciencia, sólo podría darse en un diario oficialista, del gobierno.

i. *El conflicto entre el derecho a informar y otros derechos constitucionales*

La Sala Constitucional, en su sentencia, al referirse en un "plano particular" al derecho a réplica y rectificación, constató lo siguiente:

> Está referido a las personas que se ven afectadas por informaciones inexactas o agraviantes o que atentan contra sus derechos humanos, contra su dignidad o contra derechos constitucionales que les corresponden, quienes, hasta ahora, no reciben ningún apoyo de las organizaciones no gubernamentales dedicadas a los derechos humanos, cuando su dignidad, el desenvolvimiento de la personalidad, el honor, la reputación, la vida privada, la intimidad, la presunción de inocencia y otros valores constitucionales se ven vulnerados por los medios de comunicación social (p. 14 de 22).

En estos casos, dijo la Sala, las personas agraviadas tienen derecho a réplica y rectificación y, además, derecho a obtener reparación por los perjuicios que se causen (p. 14 de 22).

Sin embargo, más adelante, en la sentencia, la Sala afirmó:

> El derecho a la información, de esencia constitucional, debe ponderarse cuando debe prevalecer sobre otros derechos constitucionales de las personas, pero estos tendrán primacía, cuando la información no es veraz, por falsa, o por falta de investigación básica del medio que la publica o la edita (p. 16 de 22).

La tesis de la ponderación de los derechos, de manera que priven los derechos a la reputación y honra sobre la libertad de expresión en los casos de que la información no sea veraz, oportuna e imparcial, lamentablemente abre el camino a la discrecionalidad judicial, en la evaluación de la veracidad y al hostigamiento respecto de periodistas. Estos están sujetos a responsabilidades, pero tal responsabilidad ulterior no puede dar pie a la censura judicial previa de informaciones sobre la base de considerarlas falsas, inoportunas o imparciales.

Sin embargo, luego, contradictoriamente, recurriendo a la doctrina de la "malicia real" del citado *Caso New York Times vs. Sullivan*, la Sala Constitucional dijo, como ya se señaló, que las informaciones erradas sólo conculcan los derechos personales de naturaleza constitucional, cuando se difundan con conocimiento de que eran falsas o con indiferencia temeraria acerca de si la afirmación era falsa o no" (p. 16 de 22).

Por último, y citando la jurisprudencia del Tribunal Constitucional español, la Sala señaló que la misma:

> No ha considerado ilegítima la intromisión en los derechos fundamentales de la personalidad, cuando el error era inevitable, o intrascendente, o que no es absolutamente inveraz, o que ha habido pronta corrección o rectificación posterior por el medio.
>
> Se trata, a título enunciativo, de señalar razones que otorgan la tuición constitucional a informaciones erróneas, sin que se considere por ello, que hay menoscabo a derecho de la personalidad (p. 16 de 22).

Sin embargo, concluyó la Sala señalando que "la información siempre genera responsabilidad civil, cuando por falsa o inexacta daña a las personas, y el medio no realizó actividad periodística razonable para confirmarla" (p. 17 de 22).

Esta medida de la "razonabilidad", sin embargo, se aleja de la doctrina de la "real malicia", antes citada en la misma sentencia.

Pero más adelante, en la sentencia, la Sala volvió sobre este tema del conflicto entre derechos constitucionales, indicado lo siguiente:

> En el conflicto entre la libertad de expresión e información y los derechos de la personalidad, el juez tiene que ponderar los derechos en conflicto, dándole un valor prevalente a los derechos a la libertad de expresión e información en su colisión con los derechos de personalidad, también fundamentales, siempre que aquellos se refieran a hechos o personas con relevancia pública, o estén destinados a la formación y existencia de una opinión pública libre, o no vacíen de contenido a los derechos de la personalidad, o dichas libertades se ejecuten conforme a su naturaleza y función constitucional, o si se trata de información, que ella sea veraz. Corresponderá a la

jurisprudencia en cada caso realizar la ponderación y analizar los conceptos de relevancia pública y veracidad de la información (p. 19 de 22).

j. *La inconstitucional restricción al derecho a réplica y rectificación*

La Constitución y la Convención Americana precisan que las personas tienen derecho a réplica (respuesta) y rectificación en el mismo órgano de difusión cuando se vean afectadas directamente por informaciones inexactas o agraviantes emitidas a través de medios de comunicación.

No hay excepción constitucional alguna respecto de este derecho, pero la Sala Constitucional la estableció, en evidente violación del principio de igualdad (art. 21 de la Constitución), al señalar que:

> Tal derecho no lo tienen ni los medios, ni a quienes en ellos se expresan ya que, repite la Sala, el derecho a réplica y rectificación no ha sido concedido sino a quienes reciben la información y no a quien la suministra (p. 17 de 22).

Y agrega la Sala, más adelante, lo siguiente:

> De acuerdo con el artículo 9 de la Ley de Ejercicio del Periodismo, son los periodistas los que deben el derecho a réplica o rectificación, pero ellos no lo tienen en el sentido señalado en dicho artículo (p. 18 de 22).

Más adelante, en la sentencia, la Sala repite su inconstitucional doctrina, así:

> El derecho a la réplica y a la rectificación no lo tienen ni los medios, ni quienes habitualmente ejercen en ellos el periodismo, ni quienes mantienen en ellos columnas o programas, ni quienes mediante "remitidos" suscitan una reacción en contra. Se trata de un derecho concedido a quienes se ven afectados por la información de los medios y que carecen de canales públicos para contestar o dar su versión de la noticia (p. 20 de 22).

De este razonamiento resulta entonces que quienes suministren información, por ese sólo hecho, no tendrían el derecho ciudadano a la información, lo que no tiene sentido alguno. Un informador profesional puede ser destinatario de una información inexacta o agraviante emitida por otro comunicador, y frente a ella tiene tanto derecho a réplica y rectificación como cualquier ciudadano que se vea afectado directamente por dicha información. Por ello, la excepción establecida por la Sala Constitucional viola la Constitución.

El hecho de que un periodista tenga acceso a un medio informativo no puede significar que carezca del derecho a réplica y rectificación en el mismo medio en el que se difundió la noticia inexacta o agraviante que lo afecta personalmente.

En todo caso, en la misma sentencia, al referirse al caso concreto del amparo intentado por Elías Santana, la Sala Constitucional insistió en su "doctrina vinculante" inconstitucional, señalando:

> Dentro de ese orden de ideas, el ciudadano Elías Santana, quien tiene en el diario *El Nacional* una columna semanal, pretende refutar al Presidente de la República, por la vía de la réplica, en relación con unas opiniones dadas por éste que, sobre la popularidad de ambos ciudadanos (Santana y él), emitió el Presidente en el programa *Aló Presidente*.

> Considera la Sala que si Elías Santana o la Asociación Civil Queremos Elegir creen que han sido agraviados por el Presidente de la República, pueden ejercer las acciones que sean procedentes, pero que al ser un periodista con una columna fija en el diario *El Nacional* (El Ombudsman), y un programa radial diario "Santana Total", en Radio Capital, quien pide el derecho de réplica en su propio nombre y en el de la persona jurídica de la cual es vocero y por quien habla, carece de derecho a réplica o rectificación alguno, ya que lo que crea conveniente contestar al Presidente puede hacerlo, tanto en su columna como en el diario donde la tiene, que además es un periódico de circulación nacional, o en el programa radial, sin que pueda hacerse para estos fines una separación entre su persona y la de la Asociación Civil Queremos Elegir, por quien también actúa, ya que él es el vocero de tal Asociación. Según lo transcrito en el escrito de amparo, reproducido en este fallo, en las declaraciones que los actores atribuyen al Presidente de la República, éste se refirió a su vez a declaraciones del Sr. Elías Santana, expuestas en el diario donde escribe, emitidas a nombre propio y de la Asociación Queremos Elegir, la cual por lo regular es representada por el Sr. Santana, quien se expresa en su nombre. En casos como éstos, en que en la persona de un columnista o periodista de un medio de comunicación se confunde en él la representación de una persona jurídica, que también constantemente declara en los periódicos por medio del periodista o columnista, situación que conoce la Sala por tratarse de hechos notorios comunicacionales, mal puede existir una dicotomía que otorgue un derecho de réplica o rectificación especial para su representada. (p. 20 y 21 de 22).

Y la razón para sentar esta "doctrina vinculante" absolutamente contraria a la Constitución y a la Convención Americana, es que:

> El medio de difusión siempre puede contestar (replicar) o rectificar la noticia inexacta o agraviante que sobre él, sus periodistas o colaboradores hayan sido difundidas en otro medio (p. 18 de 22).

Lamentablemente, a pesar de haber consultado doctrina jurisprudencial europea (Alemania y España) y norteamericana, la Sala Constitucional se olvidó de consultar la doctrina de la Corte Interamericana de Derechos Humanos, la cual en la *Opinión Consultiva OC-7/86* del 29-8-1982 (Exigibilidad del derecho de rectificación o respuesta) estableció, contrariamente a lo resuelto por la Sala que:

> Si por cualquier circunstancia, el derecho de rectificación o respuesta no pudiera ser ejercido por "toda persona" sujeta a la jurisdicción de un Estado parte, ello constituiría una violación de la Convención susceptible de ser denunciada ante los órganos de protección por ella previstos (N° 28).

Pero no contenta con sentar una "doctrina vinculante" contraria a la Convención Americana y a la Constitución, la Sala Constitucional pasó a regular el ejercicio de este derecho constitucional, sentando diversas "normas", usurpando las funciones legislativas de la Asamblea Nacional. En efecto, la Sala dictó las siguientes normas:

Primera norma: Que el derecho a réplica o rectificación no es:

> Un derecho dirigido a refutar opiniones o a mantener una diatriba pública, ya que tal cuestión, por estar dirigida a personas indeterminadas, haría infinita la discusión sin que se pudiera medir con exactitud quien convenció al público. Ello no excluye las discusiones públicas, pero éstas no forman parte del derecho de réplica o rectificación". (p. 18 de 22).

Esta "norma" carece de todo asidero constitucional. No es posible establecer una distinción entre "información" y "opinión"; cuando se informa, en general, se opina; y cuando se opina siempre se informa. De manera que no se puede excluir el derecho de réplica y rectificación respecto de las opiniones, pues ello no lo autoriza la Constitución ni la Convención Americana en la cual, incluso, la versión en francés del texto del artículo 14 admite la réplica y rectificación respecto de ideas y opiniones.

Segunda norma: Que

> Estos derechos a la réplica y la rectificación sólo los puede utilizar la persona directamente afectada por la información, así se encuentre contenida en un artículo de opinión o un remitido, y siempre que estos sean inexactos o agraviantes (artículo 58 constitucional) (p. 18 de 22).

Tercera norma: Que la causa para ejercer el derecho de réplica es la inexactitud de la información o cuando se trate de información agraviante.

1. En cuanto a la *inexactitud* de la información, dijo el Tribunal Supremo:

> Obliga a quien pide la rectificación o la réplica a convencer al medio de tal inexactitud, a justificar los elementos en que basa su solicitud, no bastando para ello la sola afirmación de quien ejerce el derecho, de que la información es falsa o inexacta.
>
> Si a pesar de los argumentos que demuestran la inexactitud o falsedad, el medio se niega a publicar la respuesta o a rectificar, las vías jurisdiccionales entre ellos el amparo, están abiertas para la víctima, donde tendrá la carga de demostrar su afirmación. (p. 18 y 19 de 22).

2. En cuanto a la información *agraviante*, la define la Sala, así:

> La información agraviante, es aquella que lesiona la dignidad, el honor, la reputación, la imagen, la vida privada o íntima, de las personas, exponiéndolas al desprecio público, que puede dañarlas moral o económicamente, y que resulta de una imputación que no se corresponde con la realidad, o que no atiende a la situación actual en que se encuentra una persona. Se trata de imputarle o endilgarle hechos o calificativos que no son congruentes con la situación fáctica o jurídica del agraviado.
>
> Ante tal información, nace en la "víctima" el derecho a que se rectifique, o a dar respuesta contraria a lo que se le imputa, y en ambos casos, el amparo constitucional podría ser la acción que concretaría la protección a los derechos que le otorga el artículo 58 comentado, si se niega la réplica o la rectificación. (p. 19 de 22).

Cuarta norma: Que

> Cuando lo que se imputa es una opinión sin base en hechos que la sustenten, a juicio de esta Sala no hay información que desvirtuar, sino la vía de las acciones ordinarias existentes o que creare la Ley (p. 19 de 22).

Ya hemos señalado la inconstitucionalidad de esta distinción, por la imposibilidad de establecer esta dicotomía entre "opinión" e "información".

En todo caso, de esta inconstitucional tesis, la Sala Constitucional plasmó su apreciación final sobre el caso, señalando lo siguiente:

> Además, apunta la Sala, que los hechos que se imputan al Presidente de la República para solicitar el derecho a réplica, no constituyen informaciones inexactas o

> agraviantes que se endilguen a los actores, sino se trata de opiniones, que se centran en la popularidad que dice tener el Presidente comparada con la de los actores, así como en una actitud amenazante que colige el Presidente de lo expresado por los accionantes, y que mal podrían originar el derecho a réplica o rectificación contenido en el artículo 58 constitucional, y así se declara.
>
> Es más, lo que pretenden los accionantes no es el ejercicio del derecho a réplica, ya que fue a ellos a quienes les contestó el Presidente, sino el de sostener una discusión pública, para lo que no es necesario, para el columnista, acudir al artículo 58 constitucional. (p. 21 de 22).

En todo caso, la indicación de que el derecho a rectificación y respuesta no nace de la expresión de opiniones, sino de la emisión de informaciones no sólo es inconstitucional, por restrictivo, sino que no es precisa, pues no se puede distinguir objetivamente cuándo se trata de una opinión y cuándo de una información. Como se señaló, muchas veces hay informaciones de hechos en artículos de opinión; y al contrario, hay opiniones en las informaciones periodísticas.

Quinta norma: Que:

> Quien publica un remitido en un medio, si un interesado le contesta en otro medio, no puede pretender (quien publicó el primero) le den gratis un espacio en el segundo medio para contrareplicar, ya que los remitidos no forman parte del periodismo de información al cual se refiere el artículo 58 comentado; (p. 20 de 22).

Sexta norma: Que

> Tampoco pueden los periodistas, directores y editores de medios de comunicación, pretender que en otro medio se le permita responder lo que en el se haya difundido y consideren los perjudica, ya que estarían utilizando innecesariamente un espacio, cuando muy bien ello, utilizando sus canales de difusión escritos, orales o audiovisuales, pueden hacerlo. (p. 20 de 22).

Ahora bien, el derecho a rectificación y respuesta tiene que ser efectivo respecto de la información inexacta o agraviante, y ello se logra con la publicación en el mismo medio en el cual apareció ésta. ¿Qué sentido tiene que un periodista agraviado por una información que apareció en un diario del extremo oriental del país pueda hacer su réplica en el diario donde trabaja que se edita en el extremo occidental del país? Por tanto, el solo hecho de ser periodista y trabajar en un diario o tener una columna de opinión en el mismo no es garantía de ejercicio al derecho de respuesta y rectificación.

La sentencia, en todo caso, es un ejemplo de táctica de amedrentamiento a medios de comunicación, editores, directores, periodistas y columnistas. El efecto perverso de la sentencia, en definitiva, es la auto censura para evitar caer en cualesquiera de las situaciones narradas en la sentencia, y que podrían dar lugar a represalias. La auto censura impuesta es antidemocrática, y es la antesala a la censura oficial.

k. *Apreciación general*

De todo lo anteriormente expuesto en torno al derecho a la libre expresión del pensamiento y al derecho a la información, conforme a la interpretación que como "doctrina vinculante" ha hecho la Sala Constitucional en su Sentencia N° 1.013 de 12-06-01, resultan las siguientes conclusiones:

1. La Sala, ante todo, violó el derecho a la tutela judicial efectiva que garantiza el artículo 26 de la Constitución y violó, además, su propia "interpretación vinculante" adoptada en cuanto al procedimiento de la acción de amparo (Sentencia N° 7 de 01-02-00, *Caso José A. Mejía y otros),* al decidir declarar improcedente la acción de amparo intentada en el mismo momento de admitirla.

Conforme a la "interpretación" vinculante establecida por la Sala en materia de amparo, el tribunal debe ineludiblemente tomar la decisión inicial de admitir o no la acción; y si la admite, debe proseguir con el proceso, no estándole permitido concluirlo *in limine litis* ni para declarar con lugar el amparo, ni para declararlo sin lugar. Incluso, debe recordarse que la antigua Corte Suprema de Justicia en Corte Plena (sentencia de 21-05-96) había declarado la nulidad por violación al derecho a la defensa, del artículo 22 de la Ley Orgánica de Amparo que permitía a los jueces *in limine litis* restablecer la situación jurídica que se alegaba violada.

2. La Sala Constitucional, además usó abusivamente de su competencia para establecer interpretaciones vinculantes sobre el contenido o alcance de las normas y principios constitucionales que está prevista en el artículo 335 de la Constitución. No guarda relación alguna de logicidad o racionalidad, que una interpretación vinculante de dos normas constitucionales tenga un texto de 16 páginas, en las cuales se crean normas, se establecen excepciones, se dan opiniones, se sientan criterios de todo tipo, que no tienen relación alguna con la cuestión a la que se refería el proceso. Interpretar es fijar el sentido, alcance, valor o finalidad de una norma, y ello es lo que puede tener carácter vinculante.

La interpretación de la norma, como una técnica de aplicación del derecho, es la que podría tener carácter vinculante, la cual se configura en la parte dispositiva del fallo, no la "doctrina" que elabore la Sala en la parte motiva de la sentencia.

3. La Sala Constitucional, por otra parte, violó el principio de la separación de poderes que consagra la Constitución (art. 136), conforme al cual cada uno de los órganos del Poder Público tiene sus atribuciones propias, que debe ejercer conforme a la Constitución y las leyes (art. 137). Corresponde a la Asamblea Nacional "legislar en las materias de la competencia nacional" (art. 187,1) y conforme al artículo 156,32, "la legislación en materia de derechos, deberes y garantías constitucionales" es una de esas materias de competencia del Poder Público Nacional.

En consecuencia, al establecer "normas" reguladoras respecto del ejercicio de los derechos constitucionales garantizados en los artículos 57 y 58 de la Constitución, como las contenidas en la sentencia, la Sala Constitucional (como órgano del Poder Judicial) usurpó las funciones y atribuciones de la Asamblea Nacional (como órgano del Poder Legislativo).

4. Entre las garantías constitucionales de los derechos constitucionales, está el de la reserva legal, es decir, que tales derechos sólo pueden ser regulados por "ley" en el sentido de actos que emanan de la Asamblea Nacional actuando como cuerpo legislador (art. 202). Cualquier regulación, limitación o restricción de los derechos constitucionales, dentro de los parámetros autorizados expresamente por la Constitución, sólo puede ser establecida, por tanto, en una ley emanada del órgano de representación democrática, es decir, integrado por los diputados electos para tal fin. Es el principio democrático de la organización y funcionamiento del Poder (art. 6) que impide que los derechos constitucionales puedan ser regulados por cualquier otro órgano que no sea el que ejerce el Poder Legislativo. La sentencia de la Sala,

por tanto, además, al regular los derechos constitucionales previstos en los artículos 57 y 58 de la Constitución, violó el principio democrático que es el pilar fundamental del funcionamiento del Estado.

5. La Sala Constitucional, en todo caso, al pretender regular dichos derechos constitucionales, estableció restricciones, limitaciones y excepciones no autorizadas en la Constitución, que ni siquiera el órgano legislativo podía sancionar mediante ley, como la eliminación del derecho a réplica (respuesta) y rectificación a los periodistas, o la permisión de mecanismos de censura que está absolutamente prohibida en la Constitución.

Al establecer tales restricciones o limitaciones, no autorizadas por la Constitución, la Sala Constitucional violó directamente los artículos 57 y 58 de la Constitución, los artículos 13 y 14 de la Convención Americana sobre Derechos Humanos y los artículos 19 y 20 del Pacto Internacional de Derechos Civiles y Políticos que conforme al artículo 23 de la propia Constitución, tienen rango constitucional.

Por otra parte, al establecer excepciones no autorizadas al derecho a réplica y rectificación, excluyendo del mismo a determinadas personas con evidente discriminación, la Sala Constitucional violó, además, el principio de la igualdad ante la ley que garantiza el artículo 21 de la Constitución.

6. Por último, al establecer excepciones y discriminaciones respecto del ejercicio de derechos constitucionales no autorizadas en la Constitución, lejos de respetar el principio de la progresividad en la interpretación de tales derechos, como lo exige el artículo 19 de la Constitución, los interpretó regresivamente, contrariando tal disposición que implica, entre otros aspectos, que en caso de duda la interpretación tiene que ser a favor de la libertad y del derecho y no en contra.

13. *La libertad religiosa*

El artículo 59 de la Constitución establece que el Estado debe garantizar la libertad de religión y de culto, y consagra el derecho de toda persona a profesar su fe religiosa y cultos y a manifestar sus creencias en privado o en público, mediante la enseñanza u otras prácticas, siempre que no se opongan a la moral, a las buenas costumbres y al orden público.

La norma garantiza además, la independencia y la autonomía de las iglesias y confesiones religiosas, sin más limitaciones que las derivadas de esta Constitución y la ley.

Se consagra, adicionalmente el derecho del padre y la madre a que sus hijos o hijas reciban la educación religiosa que esté de acuerdo con sus convicciones.

En todo caso, queda claro que nadie puede invocar creencias o disciplinas religiosas para eludir el cumplimiento de la ley ni para impedir a otro u otra el ejercicio de sus derechos.

14. *El derecho a la protección del honor, a la intimidad y a la vida privada*

El artículo 60 de la Constitución además de proteger el honor como lo hacía el artículo 59 de la Constitución de 1961, amplía la protección incorporando el concepto de intimidad y vida privada, recogiendo así aspectos novedosos en la materia[46], en la siguiente forma:

> *Artículo 60.* Toda persona tiene derecho a la protección de su honor, vida privada, intimidad, propia imagen, confidencialidad y reputación.
>
> La ley limitará el uso de la informática para garantizar el honor y la intimidad personal y familiar de los ciudadanos y ciudadanas y el pleno ejercicio de sus derechos.

Se consagra, así, entre otros el derecho a la intimidad, el cual también se ha regulado en las declaraciones internacionales de derechos humanos y en los pactos y acuerdos internacionales relativos a los mismos y que son Ley de la República.

En el plano internacional este derecho, inherente a la vida privada, fue prontamente proclamado por la ONU y la OEA en 1948. En efecto, la Declaración Universal de Derechos Humanos adoptada el 10 de diciembre de 1948 por la Asamblea General de la Organización de Naciones Unidas, estableció:

> *Artículo 12.* Nadie será objeto de *injerencias arbitrarias* en su vida privada, su familia, su domicilio o su correspondencia, ni de ataques en su honra o a su reputación. Toda persona tiene *derecho a la protección* de la Ley contra tales injerencias o ataques.

Por su parte, la Declaración Americana de los Derechos y Deberes del Hombre adoptadas meses antes, en el mismo año 1948, por la IX Conferencia Internacional Americana celebrada en Bogotá, expresa:

> *Artículo V.* Toda persona tiene derecho a la protección de la ley contra los ataques abusivos a su honra, a su reputación y a su vida privada y familiar.

Adicionalmente, el Pacto Internacional de Derechos Civiles y Políticos, aprobado por la Asamblea General de la ONU el 16 de diciembre de 1966, y aprobado por Ley en Venezuela[47], establece lo siguiente:

> *Artículo 17.* 1. Nadie será objeto de *injerencias arbitrarias* o ilegales en su vida privada, su familia, su domicilio o su correspondencia, ni de ataques ilegales a su honra y reputación.
>
> 2. Toda persona tiene *derecho a la protección* de la ley contra esas inherencias o esos ataques.

---

46 Véase Allan R. Brewer-Carías y Carlos M. Ayala Corao, *El derecho a la intimidad y a la vida privada y su protección frente a las injerencias abusivas o arbitrarias del Estado,* Caracas 1995; Rafael Ortiz Ortiz, "Configuración del derecho a la intimidad como derecho civil fundamental", en *Revista del Tribunal Supremo de Justicia,* N° 5, Caracas, 2002, pp. 87-149; Cosimina Pellegrino Pacera, "El derecho a la intimidad en la nueva era informática, el derecho a la autodeterminación informativa y el hábeas data a la luz de la Constitución venezolana de 1999", en *Estudios de Derecho Público: Libro Homenaje a Humberto J. La Roche Rincón,* Volumen I. Tribunal Supremo de Justicia, Caracas, 2001, pp. 143-216.

47 *Gaceta Oficial* N° 2146 Extraordinario de 28 de enero de 1978,

Por último, en el ámbito internacional, la *Convención Americana sobre Derechos Humanos* (Pacto de San José) adoptada por la Conferencia Especializada Interamericana sobre Derechos Humanos el 22 de noviembre de 1969, y aprobada por Ley en 1977[48], establece lo siguiente:

> *Art. 11*. 1. Toda persona tiene derecho al respeto de su honra y al reconocimiento de su dignidad.
>
> 2. Nadie puede ser objeto de injerencias arbitrarias o abusivas en su vida privada, en la de su familia, en su domicilio o en su correspondencia, ni de ataques ilegales a su honra o reputación.
>
> 3. Toda persona tiene derecho a la protección de la Ley contra esas injerencias o esos ataques.

Estas normas internacionales, las cuales tienen rango constitucional en virtud de lo establecido en el artículo 23 de la Constitución, consagran por tanto el derecho de toda persona a la protección de su vida privada, ya que no se produzcan injerencias arbitrarias o abusivas en la misma. Como derecho inherente a la persona humana, ha devenido en el derecho a la vida privada y a la intimidad, como parte esencial de ella.

Como todo derecho constitucional, el mismo implica que todos los órganos del Estado, incluyendo al Legislador, así como los particulares, deben abstenerse de realizar injerencias arbitrarias o abusivas en la vida privada y la intimidad de las personas; y que al contrario, los órganos del Estado están obligados a proteger ese derecho. La supremacía constitucional que es el fundamento de nuestro sistema jurídico implica que no sólo los tribunales y los órganos ejecutivos están sometidos a la Constitución, sino que también el Legislador debe respetar sus normas. En consecuencia, por más poder legislativo que ejerza el Congreso no puede lesionar los derechos constitucionales y está obligado a respetarlos; y en relación al derecho a la vida privada y a la intimidad, las Cámaras Legislativas están obligadas a proteger esos derechos y a impedir que se puedan realizar injerencias abusivas o arbitrarias en la vida privada o la intimidad de las personas[49].

En efecto, la intimidad (*intimus*) responde a la idea de lo más interno o recóndito de la vida privada o de la interioridad de la persona. Es lo que le pertenece exclusivamente, como secreto o reservado y que se manifiesta, incluso, en un derecho a la soledad (*ius solitudinis*) o a ser dejado tranquilo (*to be let alone*).

Debe señalarse que la primera mención al derecho a la intimidad la hicieron S.D. Warren y L.B. Brandeis (este último fue, décadas después, juez y *Chief Justice* de la Corte Suprema de los Estados Unidos) en un artículo publicado en 1890, en el cual popularizaron el *right to privacy* como el *right to be let alone* (el derecho a estar solo o a ser dejado tranquilo)[50]. La expresión e identificación del derecho a la intimidad, co-

---

48 *Gaceta Oficial* Nº 31.256 de 14 de junio de 1977

49 Véase Allan R. Brewer-Carías, "Consideraciones sobre el derecho a la vida privada y a la intimidad económica y a su protección" en *La Corte y el Sistema Internamericano de Derechos Humanos,* San José, Costa Rica, 1994, pp. 53-66.

50 Véase S.D. Warren y L.B. Brandeis, "The right to privacy (The implicit made explicit)", *Harvard Law Review*, Vol. IV, Nº 5, 1890

rresponde en italiano al "*diritto alla riservalezza*" (derecho a la reserva); en portugués, al "*dereitto de estar só*"[51]; y en francés, a la "*liberté de la vie privé*"[52].

Este derecho a la intimidad de la vida privada ha adquirido cada vez más importancia debido a los avances de la tecnología y de la informática, que han venido permitiendo una mayor posibilidad de penetración en la vida privada, sin consentimiento de las personas. Antes se escuchaba a través de las paredes, los susurros; ahora se puede escuchar y gravar por micrófonos direccionales situados a larga distancia, fotografiar de noche a una persona, o registrar sus imágenes a larga distancia. Los avances de la informática, además, colocan los datos e informaciones relativas a las personas al alcance de muchos. Todo ello ha originado mayores posibilidades de penetraciones ilegítimas en la intimidad de las personas, que es necesario prevenir y proteger[53]. Ello por supuesto, ha planteado en forma aguda el dilema y conflicto entre el derecho a la intimidad y el derecho a la información, habiendo pasado el fiel de la balanza de uno a otro lado, dando a veces prioridad a la información y otras a la intimidad.[54].

En todo caso, el derecho a la vida privada y a la intimidad, reconocido en el artículo 59 de la Constitución de Venezuela, en concordancia con lo previsto en sus artículos 43 y 50, y en las antes mencionadas Convenciones Internacionales sobre Derechos Humanos que han sido aprobadas por ley de la República, es el derecho de toda persona a un ámbito o reducto de lo propio o suyo, que está vedado a que otros penetren, y que no puede ser objeto de injerencias arbitrarias o abusivas, ni por parte del Estado ni de otras personas. Como lo ha señalado J.M. de Pisón Cavero, la intimidad "hace alusión siempre a algo que es cercano al individuo, ya sea porque le es próximo o porque es algo propio, interno al mismo, que surge de él y que proyecta su entorno. Suele hablarse, por ello, -agrega- de la existencia de una esfera individual, de una vida privada, en la que sólo cada persona es quién para decidir lo que le afecta, sin tener que tolerar ningún tipo de intromisiones"[55].

En sentido similar, G. Duby ha señalado con relación a la intimidad que es "un área particular netamente delimitada, asignada a esa parte de la existencia que todos los idiomas denominan como privada, una zona de inmunidad ofrecida al repliegue, al retiro, donde uno puede abandonar las armas y las defensas de las que conviene hallarse provisto cuando se aventura al espacio público, donde uno se distiende, donde uno se encuentra a gusto, "en zapatillas", libre del caparazón con que nos mostramos y protegemos hacia el exterior"[56].

---

51 Véase Paulo Jose Da Costa Junior, *O Direitto de estar só,* Sao Paulo, 1970.

52 Véase R. Kayser, *La protection de la vie privé*, París, 1990, p. 58; André Roux, *La protection de la vie privée dans les rapports entre l'Etat et les particuliers*, París, 1983.

53 Véase Fulgencio Madrid Conesa, *Derecho a la intimidad, informática y Estado de Derecho*, Valencia, España 1984; Pablo Lucas Murillo de La Cueva, *Informática y protección de datos personales*, Madrid 1993; Fermín Morales Prats, *La tutela penal de las intimidad: privacy e informática*, Barcelona 1984; Rafael Velásquez Bautista, *Protección jurídica de datos personales automatizados*, Madrid 1993; Pablo Lucas Murillo de La Cueva, *El derecho a la autodeterminación informativa*, Madrid 1990

54 Véase entre otros, Xavier O'Callaghan, *Libertad de expresión y sus límites: honor, intimidad e imagen*, Madrid 1991; Luis García San Miguel (ed), *Estudios sobre el derecho a la intimidad*, Madrid 1992.

55 Véase J.M. de Pisón Cavero, *El derecho a la intimidad en la jurisprudencia constitucional*, Madrid 1993, p. 27.

56 Véase G. Duby, en el "Prefacio" al libro de Ph. Aries y G. Duby, *Historia de la vida Privada*, Madrid 1987, Vol. I, p. 10.

El derecho a la intimidad de la vida privada, además, no sólo tiene una connotación negativa para impedir cualquier tipo de información referente a la persona o penetración e injerencia arbitraria o abusiva en la vida privada; sino también una connotación positiva, que implica el derecho de controlar los datos referidos a la propia persona que han salido de la esfera privada para insertarse en los archivos públicos.

De allí la consagración de la acción de *habeas data*[57] para asegurar el conocimiento de las informaciones relativas a las personas y la rectificación y corrección de los archivos y registros.

Ahora bien, este derecho a la vida privada y a la intimidad consagrado en la Constitución, implica el derecho de todos a ser protegida contra las intromisiones o injerencias arbitrarias o abusivas en el ámbito de la vida privada, que pertenece en forma exclusiva al individuo, por lo que como hemos dicho, no sólo las autoridades administrativas están obligadas a respetarlo, sino también las Cámaras Legislativas. La Constitución, en efecto, se aplica por la Ley de su Supremacía, a todos los órganos del Estado.

Pero la norma constitucional del artículo 60 también establece el derecho a la protección del honor de las personas, sobre lo cual la Sala Constitucional del Tribunal Supremo en sentencia N° 2442 de 1 de septiembre de 2003, señaló:

> En primer lugar, que el honor es la percepción que el propio sujeto tiene de su dignidad, por lo que opera en un plano interno y subjetivo, y supone un grado de autoestima personal. En otras palabras, el honor es la valoración que la propia persona hace de sí misma, independientemente de la opinión de los demás.
>
> Por otro lado, la honra es el reconocimiento social del honor, que se expresa en el respeto que corresponde a cada persona como consecuencia del reconocimiento de su dignidad. En otras palabras, constituye el derecho de toda persona a ser respetada ante sí misma y ante los demás.
>
> La reputación, en cambio, es el juicio que los demás guardan sobre nuestras cualidades, ya sean morales, personales, profesionales o de cualquier otra índole. La reputación, también conocida como derecho al buen nombre, se encuentra vinculado a la conducta del sujeto y a los juicios de valor que sobre esa conducta se forme la sociedad.
>
> Atentan contra el derecho a la honra y a la buena reputación todas las conductas dirigidas a denigrar a la persona, las cuales incluyen la imputación de delitos y de inmoralidades, las expresiones de vituperio y los actos de menosprecio público[58].

Por su parte, la Corte Primera de lo Contencioso Administrativo en sentencia de 24 de abril de 2000 (Caso: *Pedro A. Lava vs. Consejo Nacional Electoral)* sentó los siguientes criterios:

> El honor y la reputación son conceptos que han sido definidos por la Real Academia Española como: *"sentimiento de nuestra dignidad moral"* el primero y el segundo como *"fama, nombre: tener buena, o mala, reputación una persona"* en tal

57 Véase las referencias en Allan R. Brewer-Carías, *El amparo a los derechos y garantías constitucionales (una aproximación comparativa)*, Caracas, 1993, pp. 50 y 88.

58 Véase en *Revista de Derecho Público*, N° 93-96, Editorial Jurídica Venezolana, Caracas, 2003.

sentido como puede observarse éstos son derechos que si bien es cierto, nuestra Carta Magna consagra, los cuales deben ser protegidos, también lo es el hecho de que para que esta denuncia proceda es necesario contar con elementos probatorios suficientes para que los mismos sean denotados de la simple lectura y revisión de las actas que confirman el expediente contentivo de la pretensión de amparo constitucional; asimismo, y tal como lo señala el ente querellado y el Ministerio Público, el querellante no aportó ni siquiera los hechos de los cuales él pretende hacer valer que se le transgredieron su derecho al honor y reputación, por tanto, una vez verificado el expediente, esta Corte puede constatar que, del mismo no se puede llegar a una conclusión que conlleve a establecer que se han violentado los derechos denunciados como conculcados por el querellante.

No hay duda que el honor y la reputación constituyen pilares fundamentales de la dignidad humana y del desarrollo de la personalidad humana, y se trata de un bien jurídico que las legislaciones tienden a proteger. Con razón se ha señalado que el honor, como atributo de la personalidad, tiene una historia tan larga como la del hombre mismo, y que se bifurca en dos sentidos:

a) El *honor externo y objetivo:* el cual es la opinión que, los demás integrantes de la sociedad, tienen de una persona determinada; la buena fama a que se ha granjeado mediante el exacto cumplimiento de los deberes sociales, morales, jurídicos y políticos que impone la vida social. Este honor externo u objetivo es propio de toda persona -natural o jurídica- que pretenda desarrollarse en sociedad y, sin duda, constituye uno de los baluartes o atributos de la personalidad; esta noción de honor bien puede identificarse con la "reputación" de la cual gozan las personas naturales, y la "fama" indispensable para las personas jurídicas para su cabal desenvolvimiento.

b) El *honor interno o subjetivo*: que se refiere a la opinión y estima que cada persona tiene de sí misma, es su propio concepto y su propia conciencia del valer. En términos kantianos se trata de la propia consideración como "fines en sí mismo" y nunca como medios o instrumentos del capricho de los demás. De allí su carácter subjetivo y relativo a cada persona, y tal vez por ello propio exclusivamente de las personas naturales aunque no de las personas jurídicas, aún cuando la afección a este tipo de honor alcance a sus integrantes.

En ambos casos se requiere que el hecho constitutivo de lesión al bien jurídico del honor y reputación pueda ser "apreciado" objetivamente, esto no es, no basta con la sola afirmación de que se ha sufrido un daño, es necesario demostrar objetivamente que se ha infligido una lesión de tal naturaleza que, inexorable o causalmente, ello rebosa la esfera de tranquilidad y sosiego al cual se tiene derecho[59].

La Sala Constitucional, ha precisado, por otra parte, en cuanto a los derechos que derivan de los artículos 28 y 60 de la Constitución, que los que corresponden a toda persona natural serían "la protección de su honor, vida privada, intimidad, propia imagen, confidencialidad y reputación", por ser éstas quienes tienen honor, vida privada e intimidad; y los que corresponden a las personas jurídicas serían la protección a su "reputación y confidencialidad"[60]. En cuanto al derecho a la reputación,

59 Véase en *Revista de Derecho Público*, N° 82, (abril-junio), Editorial Jurídica Venezolana, Caracas 2000, pp. 296 y ss.

60 Sentencia de la Sala Constitucional N° 332 de 14-03-2001 (Caso: *INSACA vs. Ministerio de Sanidad y Asistencia Social (Director de Drogas y Cosméticos)*, en *Revista de Derecho Público*, N° 85-88, Editorial Jurídica Venezolana, Caracas 2001, p. 484.

por tanto, no sólo corresponde a las personas naturales sino también a las personas jurídicas, como lo ha precisado la Corte Primera de lo Contencioso Administrativo en sentencia de 14 de abril de 2000 (Caso: *Insaca C.A. vs. Ministerio de Salud y Desarrollo Social*), en la cual señaló que cualquier persona jurídica, como ente que interactúa en sociedad:

> Tiene derecho a la reputación y al buen nombre, lo cual, no ha sido punto de discusión, sin embargo, no ha sido pacíficamente admitido por la doctrina y la jurisprudencia el hecho de que las personas jurídicas deben ser consideradas titulares del derecho al honor, por ser -según se alega- exclusivo de las personas naturales, lo cual no resulta adecuado, tomando en cuenta que los órganos a través de los cuales se materializa la voluntad de éstas, se encuentran conformados por personas, y que existiendo, por ejemplo, la posibilidad de levantamiento del velo corporativo de cualquier empresa son sus directivos (personas naturales) y accionistas (personas naturales o jurídicas), a quienes también les vulnera su honor, reputación y buen nombre, si se hacen imputaciones graves a las organizaciones de las que forman parte, máxime si las imputaciones en cuestión, son de similar naturaleza a las hechas a la empresa INSACA, C.A., a la que se le imputó entre otras cosas, poseer capital de dudosa procedencia, por tales razones, observa esta Corte, que es indispensable, no sólo reconocer a las personas jurídicas la titularidad del derecho al honor[61].

Ahora bien, debe destacarse que este derecho constitucional a la protección de la honra y reputación, encuentra también otro ámbito de protección en el artículo 28 de la Constitución que regula la acción de habeas data. Como lo ha señalado la Sala Constitucional en sentencia N° 332 de 14 de marzo de 2001 (Caso: *Insaca vs. Ministerio de Sanidad y Asistencia Social*), en esa norma se establece un derecho de recopilar información sobre las personas y sus bienes, lo que se desprende implícitamente de dicha norma, y que tendrían tanto las personas naturales como las jurídicas, sean éstas últimas, entes de derecho público o privado; pero:

> Quien recopila y por tanto registra datos e informaciones sobre las personas y sus bienes, tiene que respetar el derecho que tiene toda persona natural y –al menos en cuanto a ellas– a la protección de su honor, vida privada, intimidad, propia imagen, confidencialidad y reputación, que otorga el artículo 60 constitucional a las personas naturales, por ser éstas quienes tienen honor, vida privada e intimidad; y a respetar el derecho de las personas jurídicas en cuanto a su reputación y confidencialidad. Las recopilaciones no pueden lesionar tales valores, dejándolos sin protección; ni obteniendo en general los datos e informaciones a guardarse, infrin-giendo otros derechos o garantías constitucionales, tales como los contem-plados en los artículos 20, 21 y según los casos el 46 de la vigente Constitución.
>
> Consecuencia de lo anterior es que las informaciones y datos que se recopilan, no pueden atentar contra los derechos protectivos que otorga el artículo 60 citado, a menos que la ley (por tratarse de protecciones cuyas formas ella puede desarrollar), exprese el cómo y cuándo pueden compilarse dichos datos e informaciones. De allí que el artículo 60 aludido exprese en su único aparte: "La ley limitará el uso de la informática para garantizar el honor y la intimidad personal y familiar de los ciudadanos y ciudadanas y el pleno ejercicio de sus derechos". Si se limita el uso de la in-

61 Véase en *Revista de Derecho Público*, N° 82, (abril-junio), Editorial Jurídica Venezolana, Caracas 2000, p. 298. En sentido similar, sentencia de la misma Corte Primera de 20-06-2000 en la misma *Revista*, pp. 299-300.

formática (no que se prohiba), como medio moderno para el registro y almacenamiento de información, debe entenderse que la misma protección (limitación) debe existir para la recopilación de datos e información, que no utilice sistemas computarizados o semejantes. Resultado de lo apuntado, es que toda recopilación que exceda los límites legales, además de estar sujeta a los correctivos del comentado artículo 28 constitucional, no podrá hacer prueba en juicio, por ilegítima, excepción que sea contra el recopilador[62].

15. *El derecho a acceder a las informaciones sobre la propia persona*

El artículo 28 de la Constitución, al regular la acción de habeas corpus, además, establece el derecho de las personas para acceder a la información que sobre su persona o bienes registre o haya sido recopilada por otra. Sobre este derecho, la Sala Constitucional del Tribunal Supremo en sentencia N° 332 de 14 de marzo de 2001 (Caso: *INSACA vs. Ministerio de Sanidad y Asistencia Social),* ha señalado que:

> No se trata de un derecho absoluto, ya que la ley puede restringirlo ("con las excepciones que establezca la ley"), tal como lo previene el artículo 28 de la Constitución de 1999, y es un derecho conformado -a su vez- por otros derechos. A este conjunto de derechos la doctrina los llama impropiamente el *habeas data* (tráigase el dato), se ejerza uno o varios de dichos derechos, siendo que con algunos de ellos no "hay entrega de dato" alguno, por lo que resulta inapropiado denomi-narlos a todos *habeas data*, ya que de ello no se trata únicamente. Sin embargo, a pesar de lo impropio de la denominación, en este fallo con el nombre de *habeas data* se reconocen los derechos del artículo 28 constitucional.
>
> Del citado artículo 28, se evidencia que las personas tienen claramente dos derechos estrechamente unidos:
>
> 1) De acceder a la información y a los datos que sobre sí misma o sus bienes, consten en registros oficiales o privados (informáticos o no), a menos que la ley les niegue el acceso, lo que puede resultar de prohibiciones expresas derivadas de la protección de determinados secretos de la vida privada, de la seguridad del país, de derechos de autor, etc.
> 2) A conocer la finalidad y uso que da el compilador a esos datos e informaciones.
>
> Pero ambos derechos serían nugatorios, si la persona carece de un derecho previo a conocer sobre la existencia de tales registros, sobre quienes los llevan y en general sobre quienes lo guardan, derecho que está vedado cuando la ley prevé ordenadores de información secretos, como los de los periodistas, reconocido por el artículo 28 citado, en cuanto a sus fuentes de información, o los de otros profesionales o actividades que determine la ley.
>
> Este último derecho (conocer), se encuentra involucrado en los demás señalados expresamente en el aludido artículo 28, ya que de no existir, esos otros derechos resultarían restringidos. Toda persona tiene derecho a conocer si otra lleva registros en soportes físicos (no mentales) que se refieren a su persona, y a tal fin puede solicitar de alguien extrajudicialmente, por vía no contenciosa, que le informe si lleva sistemas de registro de información y si en ellos están recopilados datos del peticionante, teniendo por lo tanto derecho a la respuesta (positiva o negativa), por parte

62 Véase en *Revista de Derecho Público*, N° 85-88, Editorial Jurídica Venezolana, Caracas 2001, pp. 484

del requerido, por lo que también surge un derecho de respuesta. Se trata de averiguar quién lleva los registros, los cuales a veces pueden estar utilizados por personas distintas de quien los confeccionó, pero que los adquirió legítima o ilegítimamente. De no existir tal derecho, quienes se entrometan en los sistemas de otro -por ejemplo- adquiriendo de éstos lo guardado, quedarían fuera de la cobertura de la norma, ya que la recopilación siempre permanecería oculta.

El derecho a conocer en la forma expuesta, es aceptado doctrinariamente, tal como lo apunta el autor Rodolfo Daniel Uicich, *Los Bancos de Datos y el Derecho a la Intimidad,* Ad Hoc S.R.L., Buenos Aires, 1999.

Si queda establecido que una persona compila o lleva información sobre las otras y sus bienes (tangibles o intangibles), éstas tendrán derecho de acceso individual a la información (la cual puede ser totalmente nominativa, o donde la persona queda colectivamente vinculada a comunidades o grupos).

De la lectura del artículo 28 citado, que se refiere a registros, se deduce que el derecho a conocer, y el llamado *habeas data* en general, no funciona en relación a expedientes de trabajos que reposan en un archivo, a datos sueltos que alguien tenga sobre otro, anotaciones en diarios o papeles domésticos o comerciales, sino que funciona con sistemas -no solo informáticos- de cualquier clase de ordenación de información y datos sobre las personas o sus bienes, con fines de utilizarlos en beneficio propio o de otros, y que real o potencialmente pueden serlo en forma perjudicial contra aquellos a que se refiere la recopilación. Se trata, por lo tanto, de bancos de datos, no referidos a alguien en particular, con independencia de que estén destinados a producir informaciones al público. Los registros objeto del *habeas data*, como todo registro, son compilaciones generales de datos sobre las personas o sus bienes ordenados en forma tal que se puede hacer un perfil de ellas, de sus actividades, o de sus bienes. Los registros oficiales, y por tanto los privados, objeto de la norma, tienen un sentido general, ellos están destinados a inscribir documentos, operaciones, actividades, etc., de las personas en determinados campos o temas, por lo que se trata de codificaciones de series de asuntos que forman patrones, matrices y asientos temáticos, que tienen repercusión sobre las personas en general, así sean ajenas a las actividades que se recopilan y las personas no las conozcan, y tal criterio debe ser aplicado al "registro" de datos e informaciones a que se refiere el artículo 28 constitucional.

En consecuencia los datos e informaciones particulares y aislados que alguien lleva con fines de estudio, o para uso personal o estadístico, o de consumo propio para satisfacer necesidades espirituales o culturales, o para cumplir objetivos profesionales, que no configuran un sistema capaz de diseñar un perfil total o parcial de las personas no forman parte de los registros sujetos al *habeas data*, ya que ellos carecen de proyección general. Sí podrían serlos los registros aparen-temente inocentes, que cuando se entrecruzan con otros llevados por una o varias personas, permiten delinear un perfil de la vida privada o íntima de los demás, o de su situación económica, tendencias políticas, etc. La sola potencialidad de cruzar y complementar los datos de un registro, con la información almacenada en otros que lo completen, hacen que el conjunto de registros sea susceptible a los derechos referidos en el artículo 28 constitucional[63].

63 Véase en *Revista de Derecho Público*, N° 85-88, Editorial Jurídica Venezolana, Caracas 2001, pp. 485 y ss.

Ahora bien, el derecho de acceder a la información sobre si mismo, origina otro derecho de las personas, y es derecho a conocer si alguien lleva registros sobre los demás, y que es previo al derecho de acceso a dichas recopilaciones, para enterarse de qué existe en ellas relativo al interesado o a sus bienes. Este derecho no aparece expresamente señalado en el artículo 28, pero como lo ha señalado las Sala Constitucional en el fallo citado, puede ejercerse previamente al de acceso, como fórmula necesaria para ejercer éste, a menos que con certeza el interesado conozca y pueda hacer constar la existencia de tales registros llevados por alguna persona, caso en que podrá acudir directamente al de acceso, utilizando la vía judicial. En definitiva, el ejercicio del "derecho de conocer como derecho diferente al de acceder", requiere de un proceso inquisitivo no contemplado expresamente en la Constitución.

Por otra parte, destacó la Sala Constitucional, que:

> El derecho al acceso y al conocimiento del fin para el cual se recopila, denota que la norma no es aplicable a registros abiertos al público, ya que la finalidad de estos últimos se encuentra establecida por la ley y es conocida por todos, además de ser por su naturaleza públicos, accesibles. De allí, que los registros públicos de cualquier naturaleza (estado civil, propiedad industrial, aéreo, mercantil, regido por la Ley de Registro Público, etc.) escapan del ámbito del artículo 28, y los errores, rectificaciones, anulaciones, y otros correctivos de los asientos se adelantarán por las leyes que los rigen (nulidades, rectificación de partidas, etc.). Los registros oficiales reservados, no secretos, sí están sujetos al artículo 28, al igual que los datos de los públicos que carezcan de normativa que permita depurarlos, ya que tal omisión legal causaría a las personas los perjuicios que el artículo 28 constitucional, está tratando de evitar, con los derechos de actualización, rectificación y des-trucción, que luego contempla este fallo[64].

La Sala Constitucional, por otra parte, al analizar la norma del artículo 28 de la Constitución, además del derecho de acceder a la información sobre sí mismo, destacó que dicha norma también prevé el derecho a conocer la finalidad que se persigue con tales registros y qué utilidad se da a ellos. Si la finalidad o el uso viola otros derechos constitucionales o legales, tales registros se convierten en ilegales (total o parcialmente) y deben ser destruidos o limitados por inconstitucionales o ilegales. En definitiva "lo que persigue este derecho es determinar si objetivamente el uso y finalidad de la recopilación es o no legal; si las actividades de recolección y almacenamiento de datos, se realizan ceñidos a la ley, al igual que el uso que se está dando a la información"[65].

Del artículo 28 de la Constitución, adicionalmente, derivan otros tres derechos en relación con lo que la Sala Constitucional denominó "a la información sensible, que es aquella que realmente afecta en sus derechos al peticionante", que son:

1) La actualización de los datos e informaciones, a fin de que se corrija lo que resulta obsoleto o se transformó por el transcurso del tiempo.
2) La rectificación de los errores provenientes de datos o informaciones falsas o incompletas, sin reparar si los asuntos corresponden a errores dolosos o culposos de quien los guarda.

64 *Idem*, p. 489.

65 *Idem*, p. 490.

3) La destrucción de los datos erróneos, o que afecten ilegítimamente los derechos de las personas (como lo sería mediante ellos ingresar arbitrariamente en la vida privada, o íntima, de los individuos, recopilando datos o informaciones personales; o aquéllas que permitan obtener ilegítimamente un perfil del individuo, por ejemplo, que afecte el desarrollo de su personalidad). Este derecho, permite al reclamante optar entre la rectificación o la exclusión del dato erróneo[66].

En estos tres supuestos, el solicitante debe previamente conocer el contenido de lo registrado a fin de que pueda hacer valer los derechos de actualización, rectificación o destrucción, lo que supone un acceso previo; además, el accionante debe probar, según cual sea su pedimento, "la existencia y falta de actualización de la información; o el error de lo compilado, que permita al juez ordenar la rectificación; o la adquisición ilegítima de la información y datos, así como la falsedad del asiento en el registro que se pide se destruya"[67].

Por último, la Sala Constitucional en la misma citada sentencia, al comentar el contenido del artículo 28 de la Constitución, señaló que dicha norma no contempló:

> El derecho de las personas a prohibir que los datos verdaderos sobre ellas, que no afecten ilegítimamente sus derechos, puedan ser transmitidos o distribuidos a otros por el recopilador. No se desprende del citado artículo 28, que la persona tenga un derecho sobre sus datos que se vería afectado, si el recopilador los vende o distribuye gratuitamente, pudiéndose incluso pensar que la tenencia de información y su ordenamiento constituye un "Know How" y una creación autoral, que representa un valor económico para el recopilador.
>
> Tampoco previno la norma en comento, que las personas puedan restringir a su arbitrio las informaciones que puedan captarse sobre ellas, prohibiendo la transmisión de los datos mediante las operaciones que se efectúen utilizando mecanismos electrónicos, dirigidas a otra base de datos que las centralice; pero es claro -a juicio de esta Sala- que toda persona tiene derecho a que no se procese información que le infrinja derechos o garantías constitucionales.
>
> Debe tratarse de violaciones reales a derechos y garantías constitucionales, no a subterfugios para bloquear informaciones útiles para el Estado o la colectividad, que se amparan en desorbitadas interpretaciones de lo que es vida privada, intimidad, confidencialidad, etc, como materias restrictivas a la obtención de datos e informaciones.
>
> El artículo 28 constitucional no previó la posibilidad que la persona que ejerce los derechos por él consagrados, pueda solicitar se declaren algunos de sus datos confidenciales y no puedan ser transmitidos a otros. No se trata de datos erróneos, sin actualización o que afectan ilegítimamente sus derechos, sino datos que considera el reclamante que lo pueden perjudicar, como serían opiniones de terceros que le desagradan y que por ser juicios subjetivos no son rectificables[68].

66 *Idem*, p. 491.

67 *Idem*.

68 *Idem*. pp. 496-497.

16. *El derecho de acceso a las actuaciones administrativas*

La Constitución, en su artículo 143, establece

> *Art. 143:* Los ciudadanos y ciudadanas tienen derecho a ser informados e informadas oportuna y verazmente por la Administración Pública, sobre el estado de las actuaciones en que estén directamente interesados e interesadas, y a conocer las resoluciones definitivas que se adopten sobre el particular. Asimismo, tienen acceso a los archivos y registros administrativos, sin perjuicio de los límites acep-tables dentro de una sociedad democrática en materias relativas a seguridad interior y exterior, a investigación criminal y a la intimidad de la vida privada, de conformidad con la ley que regule la materia de clasificación de documentos de contenido confidencial o secreto. No se permitirá censura alguna a los funcionarios públicos o funcionarias públicas que informen sobre asuntos bajo su responsabi-lidad.

Como hemos señalado, de esta norma derivan los siguientes derechos constitucionales[69]:

En *primer lugar,* el derecho de los ciudadanos a ser informados oportuna y verazmente por la Administración Pública, sobre el estado de las actuaciones en que estén directamente interesados, y a conocer las resoluciones definitivas que se adopte.

En *segundo lugar*, el derecho a ser notificados de los actos administrativos y a ser informados de los trámites del procedimiento administrativo.

En *tercer lugar,* el derecho de acceder a los archivos y registros administrativos, sin perjuicio de los límites aceptables dentro de una sociedad democrática en materias relativas a seguridad interior y exterior, a investigación criminal y a la intimidad de la vida privada, de conformidad con la ley que regule la materia de clasificación de documentos de contenido confidencial o secreto.

En *cuarto lugar,* el derecho de los funcionarios públicos en relación con las informaciones que puedan dar sobre los asuntos bajo su responsabilidad, a no ser sometidos a censura alguna.

Sobre este artículo 143, la Sala Constitucional ha expresado el siguiente criterio:

> El transcrito artículo 143 establece dos derechos distintos, el primero debe ser cumplido por la Administración a favor de los ciudadanos, y es a informarles oportunamente del estado de las actuaciones contenidas en los expedientes administrativos en los cuales tengan interés, y donde se van a dictar resoluciones administrativas. Tratando el artículo 143, de resoluciones a dictarse, el derecho de los ciudadanos a estar informados, consagrado en la primera parte de la norma, está referido al procedimiento administrativo, y estas informaciones se adelantarán en la forma pautada en la Ley Orgánica de Procedimientos Administrativos, o en otras leyes aplicables que rijan procedimientos administrativos.

---

69 Véase Orlando Cárdenas Perdomo, "El derecho de acceso a los archivos y registros administrativos en la Constitución de 1999", en *Estudios de Derecho Administrativo: Libro Homenaje a la Universidad Central de Venezuela,* Volumen I. Imprenta Nacional, Caracas, 2001, pp. 177-217; Manuel Rodríguez Costa, "Derecho de acceso a los archivos y registros de la Administración Pública", en *El Derecho Público a comienzos del siglo XXI. Estudios homenaje al Profesor Allan R. Brewer-Carías,* Tomo II, Instituto de Derecho Público, UCV, Civitas Ediciones, Madrid 2003, pp. 1483-1505; Javier T. Sánchez Rodríguez, "La libertad de acceso a la información en materia del medio ambiente", *Revista de derecho del Tribunal Supremo de Justicia,* N° 7, Caracas, 2002, pp. 459 a 495.

Además, la información que reciban de la Administración sobre el estado de las actuaciones del procedimiento debe ser veraz, desechándose lo falso que pueda enervar o inhibir tanto al derecho de defensa como el debido proceso, garantizado por el artículo 49 de la vigente Constitución para el proceso administrativo.

Este derecho de los ciudadanos de estar informados, involucra el derecho de acceder a los expedientes del procedimiento administrativo, lo cual está previsto en el artículo 59 de la Ley Orgánica de Procedimientos Administrativos. Hasta allí llega el primer derecho que otorga el artículo 143 citado.

El segundo es un derecho de acceso, que coincide con el derecho de acceso contemplado en el artículo 28 de la Constitución de la República Bolivariana de Venezuela, y que se ejerce sobre los archivos y registros administrativos que se llevan en la Presidencia de la República, los Ministerios y demás organismos de la Administración Pública Nacional, que conforman el sistema de archivo documental (artículos 72 y 73 del Decreto con Rango y Fuerza de Ley Orgánica de la Adminis-tración Central).

La consulta de esos archivos puede estar abierta al público, caso en que el ejercicio del derecho de acceso es inoperante, pero pueden ser reservados o secretos, como categoría esta última diversa a la reservada.

Así como no puede oponerse la reserva a la orden judicial de informar (artículo 433 del Código de Procedimiento Civil), tampoco es aceptable aducirla para negar el acceso a los archivos y registros de la Administración Pública, aunque para la consulta, en caso de reserva, habrá que seguir el procedimiento del artículo 75 del Decreto con Rango y Fuerza de Ley Orgánica de la Administración Central. Si a pesar de la petición fundada en el citado artículo 75, ella se negare, el derecho de acceso establecido en el artículo 143 constitucional, haría posible la consulta.

Este derecho de acceso no funciona, por mandato constitucional, en materias secretas relativas a seguridad interior o exterior, a investigación criminal y a la intimidad de la vida privada, de conformidad con la ley que regule el contenido confidencial o secreto de estos archivos o registros, prevista en el artículo 143 constitucional y en el artículo 77 del citado Decreto con Rango y Fuerza de Ley Orgánica de la Administración Central. Ahora bien, es necesario señalar una característica de este especial derecho de acceso, cuál es que el mismo se ejerce no para la obtención de datos nominativos, sino de cualquier tipo de información no calificada como secreta, o que pueda atentar contra la vida privada e intimidad de las personas, o que entraba o vulnere una investigación criminal, independien-temente de que el acceso se efectúe para conocer hechos con relevancia comunitaria o no.

Como señaló la Sala en el Capítulo VIII de este fallo, hay materias excluidas del *habeas data*, lo que se ve apuntalado por el texto del artículo 143 de la Constitución; pero sobre los registros que lleva la Administración, así como sobre los archivos, existe a favor de los interesados un derecho de acceso no solo de igual naturaleza que el contemplado en el artículo 28 de la Constitución, sino aún mas amplio, ya que dentro del derecho a recoger información para fines propios, se encuentra el de consultar los archivos y registros del Estado, por estar éstos al servicio de los ciudadanos, contengan o no informaciones personales nominativas. Se trata de una aplicación del derecho a informarse que tiene toda persona.

El artículo 143 otorga un derecho de acceso a los archivos y registros administrativos, mientras que el artículo 28 se refiere sólo a registros oficiales o privados.

Los archivos oficiales están formados por documentos, expedientes, gacetas y demás publicaciones que deban ser guardadas (artículos 72 del Decreto con Rango y Fuerza de Ley Orgánica de la Administración Central). En consecuencia, en los archivos se guardan organizadamente documentos relacionados con las funciones y actividades de quien los lleva.

Conforme al artículo 74 del Decreto con Rango y Fuerza de Ley citado, los documentos pueden ser reproducidos y conservados mediante sistemas fotográficos, técnicas de digitalización y cualquiera otro medio de registro magnético o virtual (Subrayado de la Sala).

Luego, para la Administración, y por mandato legal, archivo documental y registro es lo mismo, ya que las palabras se utilizan como sinónimas en el mencionado artículo 74, y por lo tanto, cuando el artículo 143 constitucional se remite a los archivos y registros administrativos, se refiere a archivos en general, tal como se deduce de los artículos 72 a 75 del Decreto con Fuerza y Rango de Ley Orgánica de la Administración Central; y ese mismo concepto debe privar con relación a los registros privados a que se refiere el artículo 28 constitucional, siempre que sirvan para sistematizar información nominal en la forma como los conceptúa este fallo.

Pero el derecho de acceso y los derechos de *habeas data* no pueden ejercerse sino sobre registros o archivos identificados, y de ello no escapan los archivos y registros oficiales, ya que conforme al artículo 76 del Decreto con Fuerza y Rango de Ley Orgánica de la Administración Central, no se podrá ordenar la exhibición o inspección de los archivos de ninguna dependencia de la Administración Pública Nacional, sino por los organismos a los cuales la ley atribuye específicamente tal función. Tal disposición dentro del Título de los Documentos Oficiales de la vigente Ley Orgánica de la Administración Central, prohíbe la inquisición general, y obliga a que el derecho del artículo 143 constitucional al ser desarrollado por la ley, sea ejercido sobre un determinado archivo o registro y dentro de él sobre una pieza o componente del mismo.

Esta idea de especificidad, congruente con lo que este fallo ha señalado con relación a la negativa de las pesquisas, la apuntala el mismo artículo 76 bajo comentario, cuando de una manera determinada expresa: "Podrá acordarse judicialmente la copia, exhibición o inspección de determinado documento, expediente, libro o registro y se ejecutará la providencia, a menos que el órgano superior respectivo hubiere resuelto con anterioridad otorgarle al documento, libro, expediente o registro la clasificación como secreto o confidencial, de conformidad con los procedimientos legalmente establecidos".

En consecuencia, el acceso a los archivos y registros administrativos, y el ejercicio de los derechos de *habeas data* sobre ellos, se refiere a archivos y registros determinados, así como a los documentos, libros o expedientes, que ellos contengan.

El "*habeas data*" del artículo 28 constitucional se enlaza así con el 143 *eiusdem*, pero esta última norma realmente no modifica en cuanto a la Administración, los límites del artículo 28 constitucional.

Advierte la Sala, que los archivos oficiales cumplen una finalidad relacionada con la actividad funcional de los órganos administrativos, y que la ley debe señalar lo que se ha de archivar. Si la ley no lo expresare, ellos deben contener los documentos relativos a la actividad del órgano, emanados de los particulares o de la Administración. Lo ajeno a ello no debe formar parte del archivo o registro, y debería ser desincorporado o destruido -por ilegal- de oficio o a solicitud del interesado.

Si ello no ocurriere, y ante la ausencia de norma expresa que ordene su desincorporación o destrucción, a pesar que tales documentos o notas son ajenas al archivo y que no se trata en puridad de principio de recopilaciones de información y datos, sino de documentos o anotaciones supuestamente atinentes a la actividad administrativa, mal archivados, considera la Sala que lo ilegalmente guardado, puede ser destruido o desincorporado, por aplicación extensiva del artículo 28 constitucional, en lo que se refiera a datos nominales, pertenecientes a quien reclama, ya que lo que se persigue con el "*habeas data*", cual es destruir lo falso o erróneo de los sistemas de información, se logrará por esta vía depurando el archivo, a pesar que este no contenga *per se* un sistema de información, e independientemente de que se trate de un archivo oficial abierto o no al público. Igual trato debe darse a los documentos emanados de la Administración que contengan menciones lesivas a las personas, no permitidas por la ley o por la Constitución, que formen parte de los archivos públicos, y que no estén sujetos a normas que ordenan la exclusión de tales menciones.

También deben recibir idéntico tratamiento, los documentos oficiales que contengan menciones ilegalmente o ilegítimamente incorporadas al texto, y que lesionen a las personas. En estos casos, al menos, la mención debe ser excluida (testada), tal como lo ordenó esta Sala en fallo del 19 de septiembre de 2000 (sentencia N° 1074)[70].

17. *La libertad y objeción de conciencia*

El artículo 61 establece el derecho de toda persona a la libertad de conciencia y a manifestarla, salvo que su práctica afecte la personalidad o constituya delito. En todo caso, se dispone que la objeción de conciencia no puede invocarse para eludir el cumplimiento de la ley o impedir a otros su cumplimiento o el ejercicio de sus derechos.

18. *El derecho de protección por parte del Estado y la seguridad ciudadana*

Por último, en relación con los derechos civiles, el artículo 55 dispone que toda persona tiene derecho a la protección por parte del Estado a través de los órganos de seguridad ciudadana regulados por ley, frente a situaciones que constituyan amenaza, vulnerabilidad o riesgo para la integridad física de las personas, sus propiedades, el disfrute de sus derechos y el cumplimiento de sus deberes[71].

En todo caso, los cuerpos de seguridad del Estado deben respetar la dignidad y los derechos humanos de todas las personas. En cuanto, al uso de armas o sustancias tóxicas por parte del funcionariado policial y de seguridad está limitado por los principios de "necesidad, conveniencia, oportunidad y proporcionalidad", conforme a la ley.

El artículo, además, exige que una ley especial regule la participación de los ciudadanos en los programas destinados a la prevención, seguridad ciudadana y administración de emergencias.

Con fundamento en estas normas, la jurisprudencia de la Corte Primera de lo Contencioso Administrativo, en sentencia de 10 de mayo de 2000 (Caso: *Asociación*

---

70 *Idem.*, pp. 497-499

71 Véase en general, Véase Roberto Cuellar M., "Seguridad y Derechos Humanos: un desafío al Derecho Constitucional", en *El Derecho Público a comienzos del siglo XXI. Estudios homenaje al Profesor Allan R. Brewer-Carías,* Tomo III, *op. cit.*, pp. 2537-2548.

de Vecinos de la Urbanización Los Samanes vs. Municipio Girardot, Estado Aragua) ha reconocido que "por la situación de inseguridad reinante, se tomen acciones en las urbanizaciones y espacios de la ciudad que logren minimizar los riesgos del ciudadano de ser objeto de actividades delictivas"; precisando que:

> No puede condenarse a la comunidad organizada por proveerse de los mejores medios a su alcance para obtener una mayor seguridad, ya que la autoridad municipal, además de ser ineficaz en su tarea de policía preventiva estaría frustrando los esfuerzos de los vecinos para conseguir sus propias soluciones a la problemática existente en materia de seguridad pública. De modo tal que, en el caso en análisis, la pared colindante de la urbanización constituye un mecanismo de prevención y disuasión que produce en los habitantes del sector la sensación de seguridad y protección necesaria para el libre desenvolvimiento de sus actividades[72].

III. LOS DEBERES CONSTITUCIONALES

En el Capítulo X del Título III se establecen el conjunto de deberes constitucionales de las personas[73], los cuales se complementan con otras disposiciones del texto constitucional.

1. *El deber de defender a la patria*

Todos los venezolanos tienen el deber de honrar y defender a la patria, sus símbolos, valores culturales, resguardar y proteger la soberanía, la nacionalidad, la integridad territorial, la autodeterminación y los intereses de la Nación (art. 130).

2. *El deber de acatar la Constitución*

Toda persona tiene el deber de cumplir y acatar la Constitución, las leyes y los demás actos que en ejercicio de sus funciones dicten los órganos del Poder Público (art. 131).

3. *Los deberes de solidaridad social*

Todas las personas tienen el deber de cumplir sus responsabilidades sociales y participar solidariamente en la vida política, civil y comunitaria del país, promoviendo y defendiendo los derechos humanos como fundamento de la convivencia democrática y de la paz social (art. 132).

Además, conforme al artículo 135, las obligaciones que correspondan al Estado, conforme a la Constitución y a la ley, en cumplimiento de los fines del bienestar social general, no excluyen las que, en virtud de la solidaridad y responsabilidad social y asistencia humanitaria, correspondan a los particulares según su capacidad. En tal sentido, la ley debe proveer lo conducente para imponer el cumplimiento de estas obligaciones en los casos en que fuere necesario.

---

72 Véase en *Revista de Derecho Público*, N° 82, (abril-junio), Editorial Jurídica Venezolana, Caracas 2000, p. 290.

73 Véase en general, Ricardo Combellas, *Derecho Constitucional: una introducción al estudio de la Constitución de la República Bolivariana de Venezuela,* Mc Graw Hill, Caracas, 2001, pp. 106 y ss.

Además, como se dijo, la Constitución dispone que quienes aspiren al ejercicio de cualquier profesión, tienen el deber de prestar servicio a la comunidad durante el tiempo, lugar y condiciones que determine la ley.

4. *El deber de contribuir con los gastos públicos*

Toda persona tiene el deber de coadyuvar a los gastos públicos mediante el pago de impuestos, tasas y contribuciones que establezca la ley (art. 133).

5. *El deber de prestar el servicio civil y militar*

Toda persona, de conformidad con la ley, tiene el deber de prestar los servicios civil o militar necesarios para la defensa, preservación y desarrollo del país, o para hacer frente a situaciones de calamidad pública.

En cuanto al servicio militar, se establece expresamente que nadie puede ser sometido a reclutamiento forzoso.

Además, toda persona tiene el deber de prestar servicios en las funciones electorales que se les asignen de conformidad con la ley (art. 134).

6. *El deber de educarse*

Como se dijo, la educación, además de un derecho, se establece como un deber constitucional (deber social fundamental) por lo que es obligatoria (art. 102) en todos sus niveles desde el maternal hasta el nivel medio diversificado (art. 103).

7. *El deber de trabajar*

El trabajo, además de un derecho, también se lo considera como un deber constitucional (art. 87).

8. *Los deberes de los padres e hijos*

Los padres tienen el deber compartido e irrenunciable de criar, formar, educar, mantener y asistir a sus hijos; y estos tienen el deber de asistirlos cuando aquellos no puedan hacerlo por si mismos (art. 76).

OCTAVA PARTE

LA CONSTITUCIÓN DE LAS GARANTÍAS

En la Constitución de 1999 también se han incorporado un conjunto de regulaciones muy importantes, relativas a las garantías constitucionales de los derechos humanos, es decir, a los instrumentos que permiten hacer efectivo el ejercicio de los derechos[1]. Con ello se configura también una Constitución de las garantías, con previsiones constitucionales que, en general, están signadas por el principio de progresividad en cuanto a la protección de los derechos y libertades constitucionales, en lo que se refiere a la garantía de la reserva legal, en relación con la cual se ha establecido una regresión inadmisible, con la desmedida regulación de la posibilidad de delegación legislativa en el Presidente de la República.

Estudiaremos, a continuación, el régimen general de las garantías constitucionales establecidas en la Constitución[2], y en particular, las garantías judiciales específicas de protección de los derechos: la acción de amparo y las acciones de habeas corpus y habeas data.

I. EL RÉGIMEN GENERAL DE LAS GARANTÍAS CONSTITUCIONALES

1. *La garantía de la irretroactividad de la ley*

En el artículo 24 se recoge el principio que regulaba el artículo 44 de la Constitución de 1961 sobre la irretroactividad de la ley, así:

> *Artículo 24:* Ninguna disposición legislativa tendrá efecto retroactivo, excepto cuando imponga menor pena. Las leyes de procedimiento se aplicarán desde el momento mismo de entrar en vigencia aún en los procesos que se hallaren en curso, pero en los procesos penales, las pruebas ya evacuadas se estimarán en cuanto beneficien al reo o rea, conforme a la ley vigente para la fecha en que se promovieron.
>
> Cuando haya dudas se aplicará la norma que beneficie al reo o rea.

---

1 Véase en general, Allan R. Brewer-Carías, *El derecho y la acción de amparo,* Tomo V, *Instituciones Políticas y Constitucionales,* Universidad Católica del Táchira-Editorial Jurídica Venezolana, Caracas-San Cristóbal, 1998, pp. 11 y ss.

2 Véase en general Antonio Canova González, "Protección de los Derechos Constitucionales en los países de Iberoamérica", en *El Derecho Público a comienzos del siglo XXI. Estudios homenaje al Profesor Allan R. Brewer-Carías,* Tomo I, Instituto de Derecho Público, UCV, 3Civitas Ediciones, Madrid, 2003, pp. 1099-1123.

2. *La garantía de la nulidad de los actos violatorios de derecho y de la responsabilidad de los funcionarios*

El artículo 25 de la Constitución, siguiendo la orientación del artículo 46 de la Constitución de 1961, dispone:

> *Artículo 25:* Todo acto dictado en ejercicio del Poder Público que viole o menoscabe los derechos garantizados por esta Constitución y la ley es nulo, y los funcionarios públicos y funcionarias públicas que lo ordenen o ejecuten incurren en responsabilidad penal, civil y administrativa, según los casos, sin que les sirvan de excusa órdenes superiores.

De esta norma no sólo se deduce la garantía constitucional de la nulidad absoluta de los actos estatales violatorios de los derechos constitucionales; sino la garantía de la responsabilidad de los funcionarios que los ordenen y ejecuten. Es la llamada garantía objetiva de la Constitución.

3. *La garantía de la igualdad ante la ley*

La garantía de la igualdad ante la ley ha encontrado, en la Constitución de 1999, una consagración bien detallada y explícita[3], que contrasta con el escueto texto del artículo 61 de la Constitución de 1961, en la siguiente forma:

> *Artículo 21:* Todas las personas son iguales ante la ley, y en consecuencia:
>
> 1. No se permitirán discriminaciones fundadas en la raza, el sexo, el credo, la condición social o aquellas que, en general, tengan por objeto o por resultado anular o menoscabar el reconocimiento, goce o ejercicio en condiciones de igualdad, de los derechos y libertades de toda persona.
> 2. La ley garantizará las condiciones jurídicas y administrativas para que la igualdad ante la ley sea real y efectiva; adoptará medidas positivas a favor de personas o grupos que puedan ser discriminados, marginados o vulnerables; protegerá especialmente a aquellas personas que por algunas de las condiciones antes especificadas, se encuentren en circunstancia de debilidad manifiesta y sancionará los abusos o maltratos que contra ellas se cometan.
> 3. Sólo se dará el trato oficial de ciudadano o ciudadana; salvo las fórmulas diplomáticas.
> 4. No se reconocen títulos nobiliarios ni distinciones hereditarias.

A pesar del escueto texto de la Constitución de 1961 que se limitaba a establecer que "No se permitirán discriminaciones fundadas en la raza, el sexo, el credo o la condición sexual" (art. 61), la jurisprudencia de las antiguas Cortes Supremas, como lo ha destacado la Sala Político Administrativa del Tribunal Supremo en sentencia N° 1024 de 3 de mayo de 2000 (Caso: *Francisco Hurtado vs. Universidad de Cara-*

---

3 Véase en general, sobre el principio de la igualdad, Luis Beltrán Guerra, "Algunas consideraciones respecto a la igualdad y a la libertad como valores protegidos en el régimen de los derechos fundamentales", en *Temas de Derecho Administrativo: Libro Homenaje a Gonzalo Pérez Luciani,* Volumen I, Editorial Torino, Caracas, 2002, pp. 815-876; Miguel Carbonell, "El principio constitucional de igualdad: significado y problemas de aplicabilidad" en *El Derecho Público a comienzos del Siglo XXI. Estudios homenaje al profesor Allan R. Brewer-Carías,* Tomo III, Instituto de Derecho Público, UCV, Civitas Ediciones, Madrid 2003, pp. 2569-2578.

bobo), sentó los principios fundamentales sobre la igualdad en el establecimiento de requisitos para la selección de personal, así:

A. La Corte Federal y de Casación en Sala Federal, había expresado el concepto de igualdad recogido en la sentencia de la Corte Primera de lo Contencioso Administrativo que nos ocupa, señalando que:

> *Atribuye el representante de la Nación a la garantía constitucional de la igualdad ante la Ley, un alcance que no es el que le reconocen la doctrina y la jurisprudencia; tratadistas y Tribunales están conformes en que no se trata de garantizar a las circunstancias y condiciones exigidas de antemano por la Ley misma, que "la verdadera igualdad consiste en tratar de manera igual a los iguales y desigualmente a los que no pueden alegar esas mismas condiciones y circunstancias predeterminadas por la Ley, ya que estas no obedecen a intereses de índole individual sino a la utilidad general" (Memoria 1940: 335-370).*

El 8 de junio de 1954, expresó además que no constituye violación a la garantía de igualdad el establecimiento de una razón que lo amerite, al señalar que:

> *Una disposición legal no puede violar la garantía de la igualdad sino cuando en situaciones idénticas establezca desigualdades entre los ciudadanos, sin razón que las amerite (Gaceta Forense N° 24, 2da. Etapa. Sentencia de la Corte Federal y de Casación. Sala Federal del 8 de junio de 1954:118).*

Estos criterios fueron ratificados por el Ministerio Público en dictamen presentado ante la Corte Suprema de Justicia en Pleno en fecha 2 de octubre de 1986, con relación a la impugnación del artículo 14, literal a) de la Ley del Servicio Exterior, Gastón Bermúdez V. República de Venezuela.

B. La antigua Corte Federal ratificó los anteriores criterios, al referirse al concepto de igualdad ante la Ley y la condición discriminatoria permitida, en sentencia del 8 de junio de 1954, expresando:

> *En cuanto al primer punto: Igualdad: La igualdad ante la Ley, sanamente entendida, no es ni puede ser otra cosa que el derecho de los ciudadanos a que no se establezcan excepciones o privilegios que excluyan a unos de los que concede a los otros en paridad de circunstancias; a que no se establezcan diferencias entre quienes se encuentran en las mismas condiciones; y de allí que una disposición legal no pueda jama violar la garantía constitucional de la igualdad sino cuando en situaciones de identidad establezca desigualdades entre los ciudadanos sin razón alguna que las amerite.*

C. La extinta Corte Suprema de Justicia en Pleno en 1984, se pronunció igualmente sobre tal asunto.

> La extinta Corte Suprema de Justicia en Pleno, al declarar sin lugar, la demanda de nulidad por inconstitucionalidad del artículo 21 de la ley del Banco Central de Venezuela, en su ordinal 2° relativo al establecimiento del requisito de edad comprendida entre los veinticinco (25) años y los sesenta y cinco (65) años, para poder desempeñar el cargo de miembro del Directorio de dicha Institución, además de ratificar el criterio de la antigua Corte Federal del 8 de junio de 1954, antes transcrito, señalo, bajo una interpretación igual de literal y general del artículo 61 de la Constitución de 1961, hoy derogada, entendiendo dicha disposición como *numerus clausus,* que por no estar incluida la edad dentro de los supuestos de dicha norma consti-

tucional, el establecimiento de un requisito de edad, no constituía infracción del artículo 61 de la Constitución Nacional *(sic)*, por no estar dicho requisito establecido en dicha norma. En efecto, señala:

> *Con estos antecedentes no puede pretenderse que lo dispuesto en el ordinal 2° del artículo 21 de la ley del Banco Central de Venezuela, corresponda al ejercicio de una función pública que se origine en el ejercicio del sufragio. Aun más cuando se pretende dar a esa norma el poder de guía para la designación de otras funciones publicas, ya esta Corte mediante jurisprudencia que conserva su vigencia de 9 de abril de 1969, considero que los requisitos exigidos por el artículo 112 comentado, deben entenderse como requisitos mínimos, como de la misma disposición infiere, por lo que no puede considerarse transgresión a la disposición en estudio el exigir una mayor edad a la de veintiún años, ni el tope de sesenta y cinco, que contempla disposición objetada, puesto que se trata de la designación de funcionarios de un Órgano eminentemente técnico, y el legislador pudo considerar como el período de mayor capacidad, de capacidad optima en la persona, el comprendido entre los veinticinco (25) años y los sesenta y cinco (65) años.*

Además ignorando el Preámbulo de la derogada Constitución de 1961, contentivo de los principios que inspiraban la misma, el de mantener la igualdad social y jurídica, sin discriminaciones derivadas de raza, sexo, credo o condición social, agrega interpretando aisladamente el artículo 61 de la Constitución de 1961, un supuesto carácter de *numerus clausus* de los supuestos protegidos por dicha norma y, expresa:

> *Y precisamente, por cuanto lo dispuesto en el ordinal 2° del artículo 21 de la Ley del Banco Central de Venezuela solo establece requisitos generales de edad para optar al cargo de Director del Banco Central, sin distinción de raza, credo o sexo, es de establecer que no constituye infracción del Artículo 61 de la Constitución Nacional. Así se declara. (Corte Suprema de Justicia en Pleno. 20-6-1984. Mario Rodríguez Pérez y Enrique Andueza Acuña vs. República).*

La no discriminación y la igualdad constituyen derechos humanos fundamentales en las normas internacionales que conforman su protección en la Constitución anterior de 1961, específicamente artículos 50 y 128 (según el caso) y, de una manera expresa e indubitable, en la nueva Constitución Bolivariana en su artículo 23:

> *Los tratados, pactos y convenciones relativos a derechos humanos, suscritos y ratificados por Venezuela, tienen jerarquía constitucional y prevalecen en el orden interno, en la medida en que contengan normas sobre su goce y ejercicio más favorables a las establecidas por esta Constitución y la ley de la República, y son de aplicación inmediata y directa por los tribunales y demás órganos del Poder Público.*

En el contexto de los instrumentos internacionales pueden citarse la no discriminación e igualdad ante la ley: 1. La Declaración Universal de Derechos Humanos: artículos 2° y 7°; 2. La Declaración Americana de Derechos y Deberes del Hombre: artículo 2°; 3. El Pacto Internacional de Derechos Civiles y Políticos: artículos 2°, 3° y 26; 4. La Convención Americana sobre Derechos Humanos: artículos l° y 24.

De acuerdo con la anterior narrativa, la no discriminación es un principio fundamental relativo a todos los derechos humanos que impide toda distinción, exclusión, restricción o preferencia y que tengan por objeto o por resultado menoscabar el reconocimiento, goce o ejercicio, en condiciones de igualdad, de los derechos humanos de todas las personas. No obstante, debe precisarse que una diferenciación de trato, basado en criterios razonables y objetivos no constituye discriminación, pero la misma debe ser lícita, objetiva y proporcional.

Asimismo la discriminación debe ser razonada y ésta debe justificarse. En definitiva, la discriminación exige de una fundamentación porque constituye una excepción a un principio y quien alega tal situación tiene la carga de la prueba. Ahora bien, en el caso *subjudice,* la agraviante no cumplió con el mencionado deber, consecuentemente, el principio de la no discriminación mantiene su plena vigencia y eficacia y así se declara[4].

En sentencia N° 1197 de 17 de octubre de 2000, la Sala Constitucional del Tribunal Supremo de Justicia, por su parte, sentó el siguiente criterio sobre las discriminaciones:

> En cuanto a la violación del derecho a la igualdad alegada, esta Sala Observa, que en forma reiterada la jurisprudencia de la Sala Político Administrativa de la entonces Corte Suprema de Justicia (*Casos: Vidal Blanco* de fecha 21 de julio de 1994 y Eliseo Sarmiento de fecha 13 de abril de 1999) ha entendido que "la discriminación existe, también, cuando situaciones similares o análogas se deciden, sin aparente justificación, de manera distinta o contraria. En efecto el derecho fundamental a la igualdad y no discriminación entre particulares consagrado en el artículo 61 de la Constitución, abarca no sólo los supuestos por él señalados sino todas aquellas situaciones donde sin algún motivo o razón se resuelvan contra-riamente planteamientos iguales, y así se declara".
>
> De conformidad con lo anterior, y con fundamento en la doctrina dominante en esta materia, observa esta Sala que el derecho subjetivo a la igualdad y a la no discriminación, es entendido como la obligación de los Poderes Públicos de tratar de igual forma a quienes se encuentren en análogas o similares situaciones de hecho, es decir, que este derecho supone, en principio, que todos los ciudadanos gocen del derecho a ser tratados por la ley de forma igualitaria, y se prohíbe por tanto, la discriminación.
>
> Ahora bien, no todo trato desigual es discriminatorio, sólo lo será el que no esté basado en causas objetivas y razonables, pero el Legislador puede introducir diferencias de trato cuando no sean arbitrarias, esto es, cuando estén justificadas por la situación real de los individuos o grupos, es por ello, que el derecho a la igualdad sólo se viola cuando se trata desigualmente a los iguales, en consecuencia, lo constitucionalmente prohibido es el trato desigual frente a situaciones idénticas.
>
> Como conclusión de lo antes expuesto, esta Sala considera necesario señalar, que la cláusula de igualdad ante la ley, no prohíbe que se le confiera un trato desigual a un ciudadano o grupo de ciudadanos, siempre y cuando se den las siguientes condiciones: a) que los ciudadanos o colectivos se encuentren real y efectivamente en distintas situaciones de hecho; b) que el trato desigual persiga una finalidad específica; c) que la finalidad buscada sea razonable, es decir, que la misma sea admisible desde la perspectiva de los derechos y principio constitucionales; y d) que la relación

4 Véase en *Revista de Derecho Público*, N° 82, (abril-junio), Editorial Jurídica Venezolana, Caracas, 2000, pp.247 y ss.

sea proporcionada, es decir, que la consecuencia jurídica que constituye el trato desigual no guarde una absoluta desproporción con las circunstancias de hecho y la finalidad que la justifica. Si concurren las condiciones antes señaladas, el trato desigual será admisible y por ello constitutivo de una diferenciación constitucionalmente legítima[5].

En todo caso, fue precisamente con base en la norma del artículo 21 de la Constitución, que la Sala Electoral del Tribunal Supremo de Justicia en sentencia N° 52 de 19 de mayo de 2000 (Caso: *Sonia Sgambatti vs. Consejo Nacional Electoral*) consideró como tácitamente derogado el artículo 144 de la Ley Orgánica del Sufragio y Participación Política que establecía la llamada "cuota electoral femenina", con base en los siguientes argumentos:

> El citado artículo 144 de la Ley Orgánica del Sufragio y Participación Política impone a los partidos y grupos de electores la obligación de conformar la postulación de sus listas a los cuerpos deliberantes, con un porcentaje que represente como mínimo el treinta por ciento (30%) de los candidatos postulados, lo cual a entender de esta Sala revela una ostensible contradicción con el artículo 21 de la Constitución de la República Bolivariana de Venezuela; en efecto el principio de igualdad opera en dos planos diferentes: frente al legislador (igualdad en la Ley) y en aplicación de la Ley. En el primer caso la preservación de la igualdad en la Ley impide que se puedan configurar los supuestos de hecho de la norma de modo tal que se dé trato distinto a las personas que, desde todos los puntos de vista legítimamente adoptables, se encuentren en la misma situación, por lo que cuando el legislador en uso de su potestad actúa en forma contraria al criterio antes referido, es decir, configura el presupuesto de hecho de la norma creando una mejor posición para una persona o grupo de personas, y dotándolo de esta manera de un régimen jurídico más favorable que el de otros, incurre en una infracción de principio de igualdad por parte del legislador.
>
> En efecto, el análisis del artículo 144 de la Ley Orgánica del Sufragio y Participación Política, pone en evidencia que el legislador creó, basado en la situación en la que se encontraba para ese momento la mujer, una situación más favorable para éstas en la integración de las listas que deben ser presentadas para la elección de los cuerpos deliberantes con la finalidad de materializar en la práctica el principio de igualdad recogido en la Constitución de 1961.
>
> Ahora bien, advierte esta Sala, que si bien dicho dispositivo pudo ser congruente, o estar en sintonía con la Constitución de 1961, no es posible afirmar lo mismo cuando se confronta con la Constitución de 1999, ya que no ha sido esa la intención plasmada en nuestra Carta Magna, por cuanto la situación en la que se encuentra la sociedad venezolana ha variado notablemente, motivo por el cual se estableció plena igualdad entre el hombre y la mujer, al dotársele de los mismos derechos incluyendo políticos, y colocándolos en el mismo plano de igualdad, esto es identidad de condiciones y oportunidades para ejercer derechos especialmente atinentes a los cargos de elección popular, sin que exista norma alguna que restrinja, limite o menoscabe el ejercicio de estos derechos de las mujeres. Mas aún, reconoce ambos géneros indistintamente, en cada uno de las normas referidas a cargos públicos

5 Véase en *Revista de Derecho Público,* N° 84, (octubre-diciembre), Editorial Jurídica Venezolana, Caracas 2000, pp. 136 y ss.

(véase en este sentido el Título IV de la Constitución de la República Bolivariana de Venezuela relativo al Poder Público).

En consonancia con los argumentos antes expuestos, considera esta Sala oportuno destacar que es un hecho notorio que el sexo masculino milita en mayor número en las agrupaciones políticas que las mujeres, y que la militancia política en todas las sociedades y en todos los tiempos siempre ha estado reducida a una proporción mínima de población, y los liderazgos que resultan en la misma son producto del trabajo político perseverante de los integrantes de las asociaciones con fines políticos, los cuales militan voluntariamente en sus agrupaciones independien-temente de su sexo. Muy por el contrario, no se debe a limitaciones establecidas al sexo femenino, ni mucho menos a la serie de tareas hogareñas a las que el sexo femenino pudiera encontrarse obligado. (Véase en este sentido sentencia de la Corte Suprema de Justicia en Pleno, del 28 de mayo de 1998, caso Enrique Yespica Allup).

Aunado a lo anterior, resulta procedente señalar que el Artículo 67 de la Constitución de la República Bolivariana de Venezuela establece que: *"Todos los ciudadanos y ciudadanas tienen el derecho a asociarse, mediante métodos democráticos de organización, funcionamiento y dirección. Sus organismos de dirección y sus candidatos o candidatas a cargos de elección popular serán seleccionados o seleccionadas en elecciones internas con participación de sus integrantes..."* de lo cual se desprende que la selección de los postulados por cada organización con fines políticos se realizará mediante mecanismos democráticos, y con total prescindencia del sexo al que pertenecen.

De lo expuesto se desprende que el artículo 144 de la Ley Orgánica del Sufragio y Participación Política ha quedado derogado, por no guardar correspondencia con lo establecido en torno al derecho a la igualdad y no discriminación en el texto constitucional, en virtud de la norma derogatoria única ejusdem, configurándose una inconstitucionalidad sobrevenida y así se decide[6].

4. *La garantía de la reserva legal y sus problemas*

Entre las garantías constitucionales de los derechos humanos, sin duda, la más importante es la garantía de la reserva legal, es decir, que las limitaciones y restricciones a los derechos sólo pueden establecerse mediante ley formal[7]. De allí la remisión que los artículos relativos a los derechos constitucionales hacen a la ley.

Sobre esta garantía, la Sala Político Administrativa del Tribunal Supremo, en sentencia N° 1237 de 30 de mayo de 2000 (Caso: *Banco Venezolano de Crédito*), argumentó como sigue:

> La Sala para decidir observa que la Constitución derogada consagraba la garantía de la reserva legal, que consiste en la garantía de que gozan todas las personas, que sólo los órganos que tienen atribuida la competencia legislativa, establecida de manera exclusiva y excluyente por el Texto Fundamental puedan regular, restringir o

---

6 Véase en *Revista de Derecho Público,* N° 82, (abril-junio), Editorial Jurídica Venezolana, Caracas 2000, pp. 255 y 256.

7 Véase en general, Allan R Brewer-Carías, "Consideraciones sobre la suspensión o restricción de las garantías constitucionales", *Revista de Derecho Público,* N° 37, Editorial Jurídica Venezolana, Caracas 1989, pp. 6 y 7; Véase Jesús M. Casal H., "Condiciones para la limitación o restricción de Derechos Fundamentales", en *El Derecho Público a comienzos del siglo XXI. Estudios homenaje al Profesor Allan R. Brewer-Carías,* Tomo III, *op. cit.*, pp. 2515-2534.

limitar los derechos y garantías constitucionales, encontrando como límites el principio de la interdicción de la arbitrariedad del Poder Público y el contenido esencial de dichos derechos y garantías.

En el ordenamiento constitucional derogado se admitía sin reservas, que sólo por ley se pueden reglamentar los derechos y garantías constitucionales y así lo estableció el Constituyente al reconocer en los artículos 117, 136 ordinal 24°, 139 y 162, del Texto Fundamental derogado, como una de las garantías más importantes, la de la reserva legal.

Es así como la garantía de la reserva legal, se concreta en la confianza que tienen todas las personas que el ejercicio de la potestad legislativa, es la única capaz de reglamentar los derechos y garantías constitucionales. Por ello, cualquier acto de rango sublegal que establezca limitaciones, restricciones, obligaciones o sanciones sobre los derechos o las garantías constitucionales y más específicamente, cualquier acto de rango sublegal que establezca infracciones y sanciones o que las modifique, incurre en violación del principio de la reserva legal. Esta garantía constitucional ha sido ratificada respecto a los actos administrativos, en el Artículo 10 de la Ley Orgánica de Procedimientos Administrativos, en los siguientes términos: "*Ningún acto administrativo podrá crear sanciones, ni modificar las que hubieren sido establecidas en las leyes, crear, impuestos u otras contribuciones de derecho público, salvo de los límites determinados por la ley*". (Resaltado de la Sala).

Conforme a lo expuesto, el Decreto N° 27-93, de 10 de septiembre de 1993, al establecer límites no consagrados en la Constitución ni en las leyes, al goce y desarrollo de la actividad económica del recurrente, como lo constituye la obtención del "certificado de seguridad bancaria" y al crear sanciones de multa y clausura o cierre del establecimiento, no establecidas en ley alguna ha violado el goce y ejercicio de los derechos consagrados en los artículos 96 y 69 de la Constitución derogada y 10 de la Ley Orgánica de Procedimientos Administrativos, lo que conduce a su nulidad absoluta por imperativo de lo dispuesto en los artículos 46 de la Constitución derogada y 19, ordinal 1° de la Ley Orgánica de Procedimientos Administrativos y así se declara[8].

En todo caso, por ley, en los términos de la garantía constitucional, sólo puede entenderse el acto emanado de la Asamblea Nacional actuando como Cuerpo Legislador (art. 202). Este es el único acto que puede restringir o limitar las garantías constitucionales, como lo indica el artículo 30 de la Convención Americana sobre Derechos Humanos.

Sin embargo, puede decirse que esta garantía se violentó en el propio texto constitucional, al regular la "delegación legislativa" al Presidente de la República, mediante las llamadas "leyes habilitantes" (art. 203), para poder dictar actos con rango y valor de ley en cualquier materia (art. 236,8) que en la Constitución de 1961 sólo estaban reducidos a materias económicas y financieras (art. 190,8)[9].

---

8 Véase en *Revista de Derecho Público*, N° 82, (abril-junio), Editorial Jurídica Venezolana, Caracas 2000, p. 246.

9 Véase Pedro Nikken, "Constitución venezolana de 1999: La habilitación para dictar decretos ejecutivos con fuerza de ley restrictivas de los derechos humanos y su contradicción con el derecho internacional", *Revista de Derecho Público,* N° 83 (julio-septiembre), Editorial Jurídica Venezolana, Caracas 2000, pp. 5-19.

Esto podría abrir la vía constitucional para la violación de la reserva legal que, como se dijo, es la garantía constitucional más importante en relación con la efectiva vigencia y ejercicio de los derechos humanos.

La Corte Interamericana de Derechos Humanos, en todo caso, ha decidido formalmente en la *Opinión Consultiva OC-6/86* de 9-3-86 que la expresión "leyes" en el artículo 30 de la Convención sólo se refiere a las emanadas de "los órganos legislativos constitucionalmente previstos y democráticamente electos"[10], por lo que en ningún caso las leyes habilitantes podrían autorizar al Presidente de la República para dictar "decretos-leyes" restrictivos de derechos y garantías constitucionales.

5. *La investigación de las violaciones de derechos por autoridades del Estado*

En el artículo 29 de la Constitución[11], se estableció expresamente que el Estado está obligado a investigar y sancionar legalmente los delitos contra los derechos humanos cometidos por sus autoridades, precisándose además que:

> las acciones para sancionar los delitos de lesa humanidad, violaciones graves a los derechos humanos y los crímenes de guerra son imprescriptibles. Las violaciones de derechos humanos y los de delitos de lesa humanidad serán investigados y juzgados por los tribunales ordinarios. Dichos delitos quedan excluidos de los beneficios que puedan conllevar su impunidad, incluidos el indulto y la amnistía.

La imprescriptibilidad de las acciones judiciales dirigidas a sancionar los delitos contra los derechos humanos también se establece en el artículo 271 de la Constitución.

Ahora bien la Sala Constitucional del Tribunal Supremo ha interpretado este artículo 29 de la Constitución en su sentencia N° 3167 de 9 de diciembre de 2002[12], en la cual se analizaron diversos aspectos sobre el tema de delitos de lesa humanidad y su investigación y juzgamento por los tribunales ordinarios, así como sobre los beneficios del proceso penal.

Sobre los "delitos de lesa humanidad", la Sala al analizar el Estatuto de Roma de la Corte Penal Internacional, del 17 de julio de 1998, el cual fue suscrito por Venezuela, consideró que el mismo distingue los delitos ordinarios de los crímenes de lesa humanidad respecto de los cuales la Corte tiene competencia, sobre la base de los siguientes criterios:

> 1) Los actos que constituyen crímenes de lesa humanidad, como el asesinato, tienen que haber sido cometidos como parte de un ataque generalizado o sistemático. No obstante, el término "ataque" no denota una agresión militar, sino que se puede aplicar a leyes y medidas administrativas como la deportación o el traslado forzoso de población.

---

10 Véase "La expresión 'leyes' en el artículo 30 de la Convención Americana sobre Derechos Humanos" (*Opinión Consultiva, OC-6/86*) Corte Interamericana de Derechos Humanos, en *Revista IIDH*; Instituto Interamericano de Derechos Humanos N° 3, San José 1986, pp. 107 y ss.

11 Véase nuestra propuesta en Allan R. Brewer-Carías, *Debate Constituyente, (Aportes a la Asamblea Nacional Constituyente),* Tomo II, (9 septiembre-17 octubre de 1999), Editorial Jurídica Venezolana, Caracas, 1999, p. 104.

12 Véase en *Revista de Derecho Público*, N° 89-92, Editorial Jurídica Venezolana, Caracas 2002.

2) Deben afectar una población civil. Por lo tanto, quedan excluidos los actos aislados o cometidos de manera dispersa o al azar. La presencia de soldados entre la población civil no basta para privar a ésta de su carácter civil.

3) Su comisión responderá a la política de un Estado o de una organización. Sus ejecutores pueden ser agentes del Estado o personas que actúen a instigación suya o con su consentimiento o aquiescencia, como los llamados "escuadrones de la muerte". Dentro de las mencionadas organizaciones se incluye a los grupos rebeldes.

Dentro de los elementos subjetivos del tipo penal, el Estatuto de Roma de la Corte Penal Internacional no prevé un elemento discriminador sui generis, en el sentido de que el ataque o acto dañoso esté dirigido a una población civil por motivos nacionales, políticos, raciales o religiosos, lo cual ha sido confirmado por la jurisprudencia del Tribunal Penal Internacional, al dictaminar la ausencia de necesidad de un elemento discriminatorio como aspecto esencial de la figura de los crímenes de lesa humanidad, así como la irrelevancia de los motivos de su comisión. Sin embargo, este elemento resulta necesario en el caso concreto del delito contemplado en el artículo 7, numeral 1, inciso h, que prevé la persecución de un grupo o colectividad con identidad propia fundada en motivos políticos, raciales, nacionales, étnicos, culturales, religiosos o de género definido.

También se requiere para su debida subsunción en el tipo, la llamada intencionalidad específica que presupone su comisión con conocimiento de acto o actos contra el bien jurídico protegido, por ejemplo, la vida, la integridad física y moral, de allí que se les atribuya un mayor grado de gravedad moral, es decir, lo que transforma un acto individual en un crimen de lesa humanidad es su inclusión en un marco más amplio de conducta criminal, por lo que resultan irrelevantes los motivos personales que pudieran animar al autor a su consumación.

En fin, se trata de delitos comunes de máxima gravedad que se caracterizan por ser cometidos en forma tendenciosa y premeditada, con el propósito de destruir, total o parcialmente un grupo humano determinado, por razones de cultura, raza, religión, nacionalidad o convicción política. Se reconocen, además, por ser delitos continuos que pueden exteriorizarse en forma masiva.

De acuerdo con el artículo 7 del Estatuto de Roma de la Corte Penal Internacional, los delitos de lesa humanidad consisten en actos de cualquier especie que se cometan como parte de un ataque generalizado o sistemático contra una población civil y con conocimiento por parte de su autor (o autores) de dicho ataque. Así se consideran de lesa humanidad, siempre que sean generales y sistemáticos, actos como: a) asesinato; b) exterminio; c) esclavitud; d) deportación o traslado forzoso de población; e) encarcelación u otra privación grave de la libertad física en violación de normas fundamentales de derecho internacional; f) tortura; g) violación, esclavitud sexual, prostitución forzada, embarazo forzado, esterilización forzada u otros abusos sexuales de gravedad comparable; h) persecución de un grupo o colectividad con identidad propia fundada en motivos políticos, raciales, nacionales, étnicos, culturales, religiosos, de género definido en el párrafo 3, u otros motivos universalmente reconocidos como inaceptables con arreglo al derecho internacional, en conexión con cualquier acto mencionado en el presente párrafo o con cualquier crimen de la competencia de la Corte; i) desaparición forzada de personas; j) el crimen de apartheid; k) otros actos inhumanos de carácter similar que causen intencionalmente grandes sufrimientos o atenten gravemente contra la integridad física o la salud mental o física de los que lo sufran[13].

Sobre si el sistema establecido en el artículo 29 de la Constitución es acusatorio o inquisitivo, la Sala Constitucional estableció que su interpretación sistemática "permite aseverar que éste es incompatible con el sistema inquisitivo, toda vez que, de la dependencia constitucional del principio acusatorio, de la incompatibilidad de las funciones de investigación y juzgamiento y de la necesidad de distinguirlas para asegurar la imparcialidad, la transparencia y la autonomía de la justicia se sigue la incolumidad del juez predeterminado por la ley y la autonomía e independencia del poder ciudadano en franca garantía de la Constitución". A tal efecto, la Sala estableció las siguientes distinciones entre los dos sistemas de justicia penal:

> La diferencia entre ambos sistemas -el inquisitivo y el acusatorio- radica en la forma en que ellos resuelven el conflicto de intereses mencionado. En el sistema inquisitivo, en que el imputado es concebido como un objeto de persecución penal y no como un sujeto de derecho titular de garantías frente al poder penal del Estado, se hace prevalecer ampliamente el interés estatal en desmedro de las garantías del imputado. Ello se explica porque el procedimiento inquisitivo se corresponde histórica e ideológicamente con el Estado absoluto, que se caracteriza precisamente por no reconocer límites a su poder fundados en los derechos de las personas.
>
> El sistema acusatorio, aunque existió en épocas anteriores, es propio del Estado moderno, por lo que, consecuencialmente, le reconoce al imputado su calidad de sujeto de derecho al que le corresponden una serie de garantías penales de carácter sustantivo y procesal, integrantes de las exigencias del debido proceso, que constituyen límites infranqueables para el poder penal del Estado. El sistema acusatorio pretende equilibrar los dos intereses en pugna en todo proceso penal, compatibilizar la eficacia de la persecución penal con el respeto de las garantías del imputado.
>
> La idea misma del juicio penal, en un procedimiento acusatorio, ilustra este aserto. El juicio penal no es cualquier pantomima, sino un debate, una contradicción entre las partes con igualdad de oportunidades, lo que exige un amplio y cabal reconocimiento del derecho de defensa, que es, en definitiva, lo que torna en racional y legítima la persecución penal y la pena que eventualmente llegue a imponerse, lo que permite hablar con propiedad de un verdadero juicio. El procedimiento acusatorio, lo mismo que el mixto, donde el juicio también es oral y público, introducido en Europa durante el siglo XIX, es propio de los Estados democráticos de derecho. De ahí que lo relevante no son las características del procedimiento inquisitivo (concentración en un mismo órgano de la investigación y juzgamiento; debilitamiento del derecho de defensa, prevalencia del sumario sobre el plenario, etc.), pues ellas son coherentes con el sistema político donde surge el Estado absoluto; sino la contradicción y el desfase histórico y político que significa haber mantenido hasta hace pocos días un sistema de enjuiciamiento criminal premoderno, propio de los Estados absolutos.
>
> Una comparación entre los principios de ambos sistemas permite afirmar que ellos no son sino una explicación y derivación de la distinción básica mencionada acerca de la forma de resolución del conflicto entre el interés estatal y el personal del imputado, inherente a todo proceso penal.

---

13 *Idem.*

El principal rasgo del procedimiento inquisitivo radica en la concentración de las funciones de investigación y juzgamiento en un mismo órgano, lo que obviamente resulta incompatible con el derecho del imputado a ser juzgado por un tribunal imparcial. En la jurisprudencia reiterada de los órganos internacionales de protec-ción de derechos humanos -Corte Penal Internacional y Corte Interamericana de los Derechos Humanos- la imparcialidad del tribunal tiene una dimensión también objetiva, referida a la confianza que debe suscitar el tribunal en relación con el imputado, para lo cual es preciso que el juez que dicta la sentencia no sea sospechoso de parcialidad, y lo es si ha intervenido de alguna manera durante la fase de investigación.

Uno de los paradigmas de la revolución liberal del siglo XIX fue la división del Poder. El procedimiento penal siguió el mismo principio: dividir el procedimiento, entre un órgano instructor y otro juzgador. Quien instruye, total o parcialmente, no puede dirigir el juicio y dictar sentencia. Este es también el modelo que inspira el juicio político: la Cámara de Diputados investiga y acusa; el Senado juzga, no así en el caso de Venezuela.

En el procedimiento de corte acusatorio se encomienda la investigación -que no es una función jurisdiccional propiamente tal, sino una especie de fase preparatoria para ella- al Ministerio Público, un órgano técnico profesional especializado; y el juzgamiento a un tribunal.

Esta separación de las funciones de investigación y juzgamiento expresa una característica fundamental del procedimiento acusatorio, como es la racionalización del sistema procesal penal. El sistema mixto también separa las funciones de investigación y juzgamiento, encomendándoselas a jueces distintos, con lo que asegura el derecho del imputado a ser juzgado por un tribunal imparcial. Sin embargo, el sistema acusatorio es superior al mixto desde el punto de vista de las garantías y de la racionalización del sistema. En efecto, permite, mediante la institución del juez de garantías, controlar la investigación realizada por el Ministerio Público y ase-gurar, además, la imparcialidad del tribunal en lo atinente a la adopción de medidas cautelares que, como la prisión preventiva, entre otras, afectan intensamente los derechos del imputado. En cambio, en el sistema mixto -y en esto no difiere del sistema inquisitivo puro-, el juez que realiza la investigación no puede, obviamente, controlar la legalidad de la misma, y carece de la imparcialidad en el sentido objetivo señalado, para pronunciarse sobre la procedencia de las medidas cautelares que pueden adoptarse respecto del imputado.

Otro rasgo del procedimiento inquisitivo, que lo distingue del acusatorio, se relaciona con las características y objetivos de la fase de instrucción. Mientras en el procedimiento acusatorio la instrucción constituye sólo una etapa preparatoria del juicio, desformalizada y sin valor probatorio, en el procedimiento inquisitivo la fase de instrucción es la central del proceso penal. De hecho, en la mayoría de los casos, las sentencias se fundan en las pruebas producidas durante el sumario, las cuales, por las características de este último, no fueron objeto de control por parte del imputado, lo que implica una flagrante violación del derecho de defensa y del principio de contradicción. En el procedimiento acusatorio, en cambio, las únicas pruebas que pueden fundar la sentencia son las que se producen en el juicio público y oral, conforme con los principios de contradicción, inmediación y concentración.

Respecto de la fase de instrucción del procedimiento inquisitivo, deben destacarse otras dos características suyas que violan las garantías del debido proceso: primera, el extendido fenómeno de la delegación de funciones en funcionarios subalternos. Ello no corresponde a una característica normativa del sistema (no existen en la mayoría de las legislaciones disposiciones que la autoricen, salvo la delegación que contemplaba el artículo 72, parágrafo único del derogado Código de Enjuiciamiento Criminal), sino más bien a una disfunción del sistema inquisitivo generada en su operatividad práctica; segunda, la instrucción es secreta durante gran parte de su duración, no sólo respecto de los terceros ajenos al procedimiento, sino que también para el imputado, lo que infringe el derecho de defensa.

En el proceso acusatorio se reconoce ampliamente, como parte del derecho de defensa, el derecho del imputado de acceder a las pruebas durante la instrucción. No procede que la ley establezca un secreto total y general, aunque sea por un tiempo determinado. Sólo es admisible el secreto parcial, cuando él resulta indispensable para la eficacia de algún acto específico de la investigación[14].

Aplicando dichos conceptos al juzgamiento de delitos de lesa humanidad, en el cual como interpretó la Sala rige el principio acusatorio, la propia Sala señaló:

> Respecto de cualquier demanda –denuncia o acusación– incoada por la comisión de delitos de lesa humanidad ante los tribunales penales, éstos deben advertir que el procedimiento a seguir está contemplado en el Código Orgánico Procesal Penal, cuya expresión más depurada se encuentra en los países anglosajones. Este aspecto resulta perfectamente comprensible in abstracto, ya que tiende hacia una mayor igualdad de defensa entre el acusador y la defensa. Más aún en Venezuela, ante la presencia de un órgano de instrucción –Ministerio Público– encargado de recabar pruebas de cargo y de descargo.
>
> En caso contrario, es decir, admitir una demanda por la presunta comisión de delitos de lesa humanidad al objeto de establecer una jurisdicción de excepción, excluyente del sistema acusatorio y, por tanto, nugatoria de la atribución del Minis-terio Fiscal para instruir, investigar y acusar, comporta una verdadera actuación que inhabilita al juez para la función de juzgamiento, toda vez que, la admisión de la denuncia, *prima facie*, implica un precalificación jurídica o juicio anticipado y provisional sobre los hechos delatados que, posteriormente, el juez está llamado a sentenciar. Tal actuar -calificación- vulnera el principio "*ne procedat iudex ex officio*" e injiere en la competencia del Ministerio Público[15].

Sobre la noción de tribunales ordinarios contenida en el artículo 29 de la Constitución, la Sala Constitucional consideró lo siguiente:

> Cuando la Constitución de la República Bolivariana de Venezuela habla de tribunales ordinarios se refiere tanto a ordinarios como a especiales, los cuales deben atender, como antes se apuntó, a la reserva legal. Hay tribunales especiales admitidos por la Constitución (artículos 258 (en materia arbitral –justicia de paz–), en concordancia con el artículo 178; 259 (jurisdicción contenciosa); 260 (jurisdic-ción de los pueblos indígenas); 261 (jurisdicción penal militar); 297 (jurisdicción contencioso electoral), en contraposición a los tribunales prohibidos por ella, ex artículo 49.4 (tribunales de excepción).
>
> En suma, todo juez predeterminado por la ley es natural, es decir, ordinario, por oposición a los tribunales de excepción. Los tribunales militares son ordinarios, aunque sean especiales, pues ordinario no se opone a especial sino a excepcional

14 *Idem.*

15 *Idem.*

(juez *ad hoc*) vedado por el artículo 49.4 constitucional (Juan Montero Aroca, *Sobre la imparcialidad y la compatibilidad de funciones procesales*, Valencia (España), *Tirant lo Blanch* alternativa, 1999).

Para ilustrar el aserto anterior, es importante acudir al origen de lo que por "especial" y "especialización" debemos entender. Guillermo Cabanellas, *Diccio-nario enciclopédico de derecho usual*, 21ª ed., Tomo III, Heliasta, Buenos Aires, 1998, p. 547, define por "especial" y "especialidad" lo siguiente:

"ESPECIAL. Singular, privativo, particular, exclusivo, adecuado, propio, extraordinario, fuera de lo común o corriente. Que requiere determinados conocimientos, con misión asignada para el caso, fuera de código o reglamentación ordinaria, excepcional. Anómalo. De mejor calidad. De mayor rendimiento a solidez. De individualidad singular, referido a los delitos, los tipificados y sancionados en norma distinta al código penal, personal o a medida".

"ESPECIALIDAD. Singularidad, particularidad, condición privativa. Caso particular. Conocimientos teóricos o prácticos de índole genuina en una ciencia o arte. Intensificación del estudio o del ejercicio en alguna de las ramas concretas de la Enciclopedia Jurídica y de las actividades conectadas con ella".

Este criterio de clasificación de la jurisdicción tiene relación estrecha con el relativo a la jurisdicción especial o especializada. Más que tratarse de una clasificación de materias, esta división es de los asuntos que se ventilan a través de la función jurisdiccional, y se enfoca al contenido del proceso y no al proceso mismo. Es decir, se refiere más a la naturaleza de los litigios que a la de los procesos. Todo esto provoca una distribución de funciones, de competencias. Ello ocasiona que en algunos sistemas los tribunales se dividan en civiles y penales, en otros sistemas hay además tribunales laborales, administrativos, fiscales, mercantiles, clasificaciones todas basadas en la naturaleza del conflicto o litigio y que redundan en una especialización sustantiva la cual, en términos generales, es de gran utilidad y que se funda, como ya lo hemos dicho, en un criterio de división del trabajo.

De la clasificación del término "jurisdicción", nos es útil el de "jurisdicción especializada o especial", pues él refiere aquellos casos en que existen organismos o autoridades estatales, dotados de jurisdicción por parte del Estado, para decidir y aplicar el derecho en determinadas materias, independientemente de la existencia de los tribunales judiciales, quienes históricamente están dedicados a procesos de jurisdicción ordinaria.

De acuerdo con lo dicho hasta ahora, ¿cuál es el sentido que debe atribuirse a la expresión tribunales ordinarios a los cuales se refiere el artículo 29 constitucional? La Exposición de Motivos es meridianamente clara al referir que la Constitución impone al Estado la obligación de investigar y sancionar legalmente los delitos contra los derechos humanos cometidos por sus autoridades, al tiempo que establece, sin excepción, que las violaciones de tales derechos y los delitos de lesa humanidad serán investigados por los tribunales ordinarios, al objeto de excluir a los tribunales militares o de excepción de cualquier investigación al respecto.

Así, los ciudadanos inculpados –bien que se trate de altos funcionarios (artículo 266 constitucional, numerales 2 y 3), o de funcionarios subordinados por órdenes superiores– por los delitos contra los derechos humanos y los delitos de lesa humanidad, deben ser juzgados por aquellos tribunales ordinarios que lo sean según la competencia que le haya sido atribuida, en concordancia con la condición del sujeto imputado.

En el caso concreto del Presidente de la República, el artículo 266.2 de la Constitución de la República Bolivariana de Venezuela, en concordancia con el artículo 377 del Código Orgánico Procesal Penal, prevé expresamente que corresponde al Tribunal Supremo de Justicia en Sala Plena declarar si hay o no mérito para su enjuiciamiento, "previa querella del Fiscal General de la República". También debe mediar la autorización del enjuiciamiento por parte de la Asamblea Nacional, de acuerdo con lo dispuesto por el referido artículo 266.2 de la Constitución de la República Bolivariana de Venezuela, en concordancia con el artículo 378 del Código Orgánico Procesal Penal, preceptos que no excluyen ningún delito, sea común o político, de este procedimiento[16].

En relación con los beneficios en el proceso penal, en especial con el indulto y la amnistía, también referidos en el artículo 29 de la Constitución, y sobre el antejuicio de méritos como privilegio de altos funcionarios públicos en la misma sentencia citada, la Sala Constitucional señaló:

> Que el indulto, tanto general como particular, no actúa sobre la realidad jurídica de un acto calificado como delito, ni afecta a la ilicitud en cuanto tal, sino que opera sobre su sanción, sea para excluirla sea para mitigarla. Por tanto, presupone siempre un hecho punible que, a diferencia de lo que puede suceder con la amnistía, permanece incólume. Con él no se censura la norma calificadora de un acto como ilícito penal; simplemente se excepciona su aplicación en un caso concreto (indulto particular) o para una pluralidad de personas o de supuestos (indulto general).
>
> Por el contrario, la amnistía suele definirse como una derogación retroactiva que puede afectar bien a la norma que califica a un acto como ilícito penal, bien a la que dispone -como consecuencia de la verificación de un acto así calificado- la imposición de una sanción. En su grado máximo, y en honor a la etimología de la expresión, comporta la inexistencia en derecho de actos jurídicamente ciertos, una suerte de amnesia del ordenamiento respecto de conductas ya realizadas y perfectamente calificadas (o calificables) –tipicidad objetiva– por sus órganos de garantía. Efectos tan radicales han llevado siempre a sostener que sólo puede actuarla el poder legislativo, aunque es común adscribirla a la órbita de la gracia, incluso cuando ésta viene atribuida al Jefe del Estado. Esa adscripción se explica, sin duda, por causa del componente exculpatorio de la amnistía -común al que es propio del indulto en sus dos variantes-; en propiedad, la amnistía no sólo exculpa, sino que, más aún, puede eliminar de raíz el acto sobre el que se proyecta la inculpación o la norma resultante de ésta.
>
> Por lo que concierne a la prohibición de beneficios que puedan conllevar a la impunidad en la comisión de los delitos contra los derechos humanos y los delitos de lesa humanidad, el mismo Constituyente aclara el sentido que pretende asignarle a los mismos cuando expresamente incluye el indulto y la amnistía dentro de dichos beneficios. En efecto y por cuanto estas dos instituciones, tal como se apuntó, extinguen la acción penal dirigida a castigar una determinada conducta delictiva y/o hacen cesar la condena y sus efectos, se prohíbe su aplicación ante la gravedad que implica las violaciones a los derechos humanos.
>
> La Sala observa, sin embargo, conforme a lo decidido por ella en su Sentencia n° 1472/2002 del 27 de junio, que no es oponible *stricto sensu* el contenido del artícu-

16 *Idem.*

lo 29 constitucional a las fórmulas alternativas del cumplimiento de la pena (suspensión condicional [artículos 42 y siguientes del Código Orgánico Procesal Penal], suspensión condicional de la ejecución de la pena, fórmulas alternativas del cumplimiento de la pena y la redención judicial de la pena por el estudio y el trabajo - Libro Quinto, Capítulo Tercero *eiusdem*-), pues tales fórmulas no implican la impunidad.

Recientemente la Corte Interamericana de Derechos Humanos sostuvo que son inadmisibles las disposiciones de amnistía, las disposiciones de prescripción y el establecimiento de excluyentes de responsabilidad que pretendan impedir la investigación y sanción de los responsables de las violaciones graves de los derechos humanos tales como la tortura, las ejecuciones sumarias, extralegales o arbitrarias y las desapariciones forzadas, todas ellas prohibidas por contravenir derechos inderogables reconocidos por el Derecho Internacional de los Derechos Humanos (Caso: *Barrios Altos*, sentencia de 14 de marzo de 2001). Es decir, existe imposibilidad material en la aplicación de aquellas normas dictadas con posterioridad a la ocurrencia de hechos de esta naturaleza, con la intención de vedar u obstaculizar su esclarecimiento, identificar y juzgar a sus responsables e impedir a las víctimas y familiares conocer la verdad y recibir la reparación, si a ello hubiere lugar.

Lo considerado hasta ahora impone analizar si el antejuicio de mérito, respecto del juzgamiento de los Altos Personeros del Estado, que gozan tal prerrogativa, constituye un beneficio procesal que pueda conllevar a la impunidad.

El antejuicio de mérito es una institución procesal constitucional cuyo objeto fundamental, previo a un procedimiento, es determinar si existe una "causa probable" que permita autorizar el enjuiciamiento (juicio de fondo) de los altos funcionarios a que se refiere el artículo 266, numerales 2 y 3 de la Constitución de la República Bolivariana de Venezuela, cuyo régimen jurídico tiene como orden sistemático y jerarquizado a la Constitución, la Ley Orgánica de la Corte Suprema de Justicia y el Código Orgánico Procesal Penal. Esta institución debe conservar, en su dimensión, el ejercicio por parte del *sub júdice* de sus derechos fundamentales, a fin de evitar nulidades o reposiciones innecesarias, en garantía, más que de los sujetos procesales, de la sociedad y sus valores éticos y políticos.

La entonces Corte Suprema de Justicia, al analizar la figura del antejuicio de mérito, en su sentencia del 25-06-92, recaída en el caso: Antonio Ríos estableció que dicha figura no constituye sino una etapa previa al posible enjuiciamiento de aquellos funcionarios respecto de los cuales la ley fundamental de la República lo consagra como una forma de resguardar el cumplimiento de sus funciones, ya que dicho procedimiento evita el entorpecimiento producido por la instrucción de causas penales posiblemente temerarias o infundadas. En el antejuicio no se dicta propiamente una sentencia de condena, sino que tiene como fin último, eliminar un obstáculo procesal para que un ciudadano comparezca en juicio, donde tendrá oportunidad para invocar la garantía de la presunción de inocencia.

El antejuicio de mérito no implica, en modo alguno, la búsqueda de la comprobación plena del cuerpo del delito ni de la culpabilidad del funcionario en relación con el cual opera dicho procedimiento especial, como si se tratase de un juicio propiamente tal, tiene por objeto el análisis y estudio previo de las actas procesales, para establecer si de los hechos derivan o emergen presunciones graves de la comisión de un hecho punible y de que en su perpetración está comprometida la responsabilidad del funcionario.

De todo lo dicho, se sigue: a) no se exige prueba fehaciente o plena para autorizar el enjuiciamiento; b) constituye un requisito de procesabilidad que, como una etapa previa, genera una presunción racional de que un alto funcionario "pudo" ser el autor de un hecho punible; c) el juez elimina un obstáculo "el privilegio" a los efectos de la instauración de un juicio con todas las garantías propias del debido proceso; d) se trata de una etapa previa, presuntiva, cuya conclusión no constituye una sentencia de condena o declaratoria de inocencia; y e) no produce cosa juzgada.

En definitiva, el antejuicio de mérito no constituye un beneficio procesal que pueda conllevar la impunidad, se trata de un presupuesto de procesabilidad previa al juicio mismo, en atención a la investidura de los altos funcionarios. Cuando se pretenda el enjuiciamiento de alguno de ellos, deberá cumplirse con el procedimiento previsto en la Constitución de la República Bolivariana de Venezuela (Artículo 266, numerales 2 y 3) y en el *Código Orgánico Procesal Penal* (Libro Tercero, Título Cuarto, artículos 377 al 381)[17].

En conclusión, la Sala Constitucional en su sentencia citada N° 3167 de 9 de diciembre de 2002, con base en los anteriores criterios, concluyó con las siguientes afirmaciones en torno a la interpretación del artículo 29 de la Constitución:

1.- No puede un tribunal penal ordinario actuar ex oficio en los casos de denuncias o acusación por la presunta comisión de los delitos de lesa humanidad, previstos en el artículo 29 constitucional; debe existir acusación o querella por parte del Ministerio Público o por parte de la víctima –en cuyo caso, la documentación respectiva deberá remitirse al órgano instructor–, previa investigación de los hechos inquiridos y de la instrucción respectiva.

2.- La investigación, instrucción y comprobación de los hechos denunciados ante la presunta comisión de los delitos contemplados en el antedicho artículo 29, corresponde al Ministerio Público o a los órganos que actúen bajo su supervisión, por lo tanto, no puede un Tribunal de Control –ordinario– admitir denuncias o acusaciones por la presunta comisión de delitos de lesa humanidad ni instar y remitir las actuaciones a dicho órgano, puesto que ello implicaría la subversión del sistema de corte acusatorio sobre el que descansa el proceso penal, y, por ende, el debido proceso. Sin embargo, los juzgados de control podrán ejercer actos de investigación bajo la supervisión del Ministerio Fiscal, conforme lo indicado *supra*.

3.- Cuando la Constitución de la República Bolivariana de Venezuela habla de tribunales ordinarios se refiere tanto a ordinarios como a especiales, los cuales deben atender, como antes se apuntó, a la reserva legal, toda vez que la obligación por parte del Estado de investigar y sancionar legalmente los delitos contra los derechos humanos y los delitos de lesa humanidad cometidos por sus autoridades, establece, sin excepción, que serán investigados por los tribunales ordinarios, al objeto de excluir a los tribunales militares o de excepción de cualquier investigación al respecto. Así, los ciudadanos inculpados –bien que se trate de altos funcionarios (artículo 266 constitucional, numerales 2 y 3), o de funcionarios subordinados por órdenes superiores– por los delitos contra los derechos humanos y los delitos de lesa humanidad, deben ser juzgados por aquellos tribunales ordinarios que lo sean según la competencia que le haya sido atribuida, en concordancia con la condición del sujeto imputado.

---

17 *Idem.*

4.- La interpretación que debe darse al artículo 29 de la Constitución a fin de hacerlo compatible con el proyecto axiológico de ella y con el sistema acusatorio –proceso penal venezolano–, es que en las causas por la presunta comisión de los delitos de lesa humanidad, la investigación corresponde exclusivamente al Ministerio Público o a los órganos que estén bajo su supervisión y el juzgamiento a los tribunales ordinarios, en el sentido indicado *supra*, en atención al debido proceso, previsto en el artículo 49 constitucional, en concordancia con el artículo 257 *eiusdem*.

5.- En los casos del Presidente de la República, del Vicepresidente Ejecutivo o Vicepresidenta Ejecutiva, de los o las integrantes de la Asamblea Nacional o del propio Tribunal Supremo de Justicia, de los Ministros o Ministras, del Procurador o Procuradora General, del Fiscal o la Fiscal General, del Contralor o Contralora General de la República, del Defensor o Defensora del Pueblo, los Gobernadores o Gobernadoras, oficiales, generales y almirantes de la Fuerza Armada Nacional y de los jefes o jefas de misiones diplomáticas de la República, el artículo 377 del Código Orgánico Procesal Penal prevé expresamente que corresponde al Tribunal Supremo de Justicia en Sala Plena -artículo 266 constitucional, numerales 2 y 3- declarar si hay o no mérito para su enjuiciamiento, pero "previa querella del Fiscal General de la República". También debe mediar la autorización del enjuiciamiento por parte del órgano que corresponda, de acuerdo con lo dispuesto por el artículo 378 *eiusdem*, en concordancia con el referido artículo 266 de la Constitución de la República Bolivariana de Venezuela, preceptos que no excluyen ningún delito, sea común o político, de este procedimiento.

En lo que atañe al caso específico del Fiscal o de la Fiscala General de la República, órgano que ostenta el monopolio de la acción penal, conocerá de la respectiva solicitud de antejuicio de mérito un Fiscal o una Fiscala General Suplente, designado (a) para el caso concreto.

6.- El proceso que debe seguirse para la investigación y juzgamiento de la presunta comisión de delitos de lesa humanidad es el establecido en el Código Orgánico Procesal Penal, fundamentalmente de corte acusatorio, donde la instrucción está encomendada al Ministerio Público -fase preparatoria- y el juzgamiento a los Tribunales de Control -fase intermedia- y Tribunales de Juicio -fase de juicio oral-.

7.- La responsabilidad penal en las causas por delitos de lesa humanidad (delitos comunes) se determinará según lo disponen la Constitución de la República Bolivariana de Venezuela y el Estatuto de Roma de la Corte Penal Internacional suscrito por Venezuela, en cuanto a la parte sustantiva; y el Código Orgánico Procesal Penal en cuanto a la parte adjetiva[18].

6. *La obligación estatal de indemnizar*

De acuerdo con el artículo 30 de la Constitución[19] se estableció la obligación del Estado de indemnizar integralmente a las víctimas de violaciones a los derechos humanos que le sean imputables, y a sus derechohabientes, incluido el pago y perjuicios. A tal efecto, en la Constitución se exige que el Estado adopte las medidas legislativas y de otra naturaleza, para hacer efectivas estas indemnizaciones.

---

18 *Idem.*

19 Véase nuestra propuesta en Allan R. Brewer-Carías, *Debate Constituyente,* Tomo II, *cit.*, p. 106.

El Estado, además, debe proteger a las víctimas de delitos comunes y debe procurar que los culpables reparen los daños causados.

7. *El derecho de acceso a la justicia internacional*

La Constitución de 1999, en su artículo 31[20], también garantiza el acceso a la justicia internacional para la protección de los derechos humanos en la siguiente forma:

> *Artículo 31:* Toda persona tiene derecho, en los términos establecidos por los tratados, pactos y convenciones sobre derechos humanos ratificados por la República, a dirigir peticiones o quejas ante los órganos internacionales creados para tales fines, con el objeto de solicitar el amparo a sus derechos humanos.

El Estado debe adoptar, conforme a procedimientos establecidos en la Constitución y la ley, las medidas que sean necesarias para dar cumplimiento a las decisiones emanadas de los órganos internacionales previstos en este artículo.

Como se ha analizado anteriormente, este derecho ha quedado inefectivo al haberse denunciado la Convención Interamericana de Defrechos Humanos en 2012, y antes, al haber la Sala Constitucional declarado como inejecutables en Venezuela 2008 y 2009, los fallos de la Corte Interamerciana de Derechos Humanos.

II. LAS GARANTÍAS JUDICIALES: EL DERECHO DE ACCESO A LA JUSTICIA, EL DEBIDO PROCESO Y LA TUTELA JUDICIAL EFECTIVA

De nada servirá establecer los derechos en la Constitución si no se garantiza judicialmente su efectividad. Por eso, ampliando la norma del artículo 68 de la Constitución de 1961, en la Constitución de 1999 se regula la garantía del acceso a la justicia en los siguientes términos:

> *Artículo 26:* Toda persona tiene derecho a acceso a los órganos de administración de justicia para hacer valer sus derechos e intereses, incluso los colectivos o difusos, a la tutela efectiva de los mismos y a obtener con prontitud la decisión correspondiente.

De esta norma, se destaca no sólo el derecho de acceder a la justicia para la protección de sus derechos e intereses, incluso de carácter colectivo y difuso[21], sino a través del uso de los recursos y medios judiciales[22], el derecho a obtener la tutela efectiva de los derechos e intereses, y además, el derecho a obtener con prontitud la decisión correspondiente.

La Constitución además, regula con precisión las garantías judiciales especificas de protección de los derechos, libertades y garantías constitucionales denominadas acción de amparo y acción de *habeas corpus* y en cierta forma, la acción de *habeas data*, que serán analizadas al final de esta *Octava Parte.*

---

20 Véase nuestra propuesta en Allan R. Brewer-Carías, *Debate Constituyente,* Tomo II, *cit.*, p. 107.

21 Véase sobre los intereses colectivos y difusos, Allan R. Brewer-Carías, *Justicia contencioso-administrativa,* Tomo VII, *Instituciones Políticas y Constitucionales,* Universidad Católica del Táchira-Editorial Jurídica Venezolana, Caracas-San Cristóbal, 1997, pp. 83 y ss.

22 Véase por ejemplo, Jesús A. Jiménez Peraza, "El recurso de casación y el artículo 26 de la Constitución Nacional", en *Revista Themis,* N° 5 (agosto-octubre), Barquisimeto, 2000, pp. 13-136.

1. *El derecho de acceso a la justicia*

A. *El acceso a la justicia y el principio pro actione*

En cuanto al derecho de acceso a la justicia[23], la Sala Político Administrativa del Tribunal Supremo de Justicia en sentencia Nº 1913 de 17 de octubre de 2000 (Caso: *Nieves Semidey*) ha exigido su interpretación conforme al principio *por actione* o *favor actionis*, en la siguiente forma:

> Sin embargo, considera la Sala que el presente caso debe analizarse a la luz del principio "*favor actionis*", y en tal sentido se ha señalado que resulta esencial para el respeto del derecho a la tutela judicial efectiva el principio *pro actione* que exige una interpretación de las normas que rigen el acceso a los Tribunales del modo más favorable para la acción y no de tal manera que la obtención de una resolución sobre el fondo (modo normal de finalización de un proceso y de cumplimiento de la tutela judicial), se vea dificultada u obstaculizada con interpretaciones rigoristas o indebidamente restrictivas de aquellas normas procesales. De allí que los órganos jurisdiccionales deban interpretar y aplicar los presupuestos, requisitos y reglas procesales de acceso a la justicia, tanto en vía principal como en la de los recursos, del modo en que mejor cumplan con su finalidad, que no es otra que la de regular el camino o iter procedimental, garantizando los derechos de todas las partes para llegar a la decisión final o de fondo, positiva o negativa, que es lo que las partes en realidad postulan. Por ello la distinción entre requisitos ineludibles o inexcusables y salvables o subsanables, así como la necesidad de interpretar los mismos de un modo en que se favorezca la subsanación de los defectos susceptibles de reparación y, por ende, la defensa de los derechos e intereses cuya tutela se reclama, sin denegar esa protección mediante una aplicación desproporcionada de las normas procesales y teniendo en cuenta -en ejercicio de ese *favor act*ionis- la entidad del defecto[24].

B. *La protección de los intereses difusos y colectivos*

a. *La caracterización de los intereses colectivos y difusos*

Como se ha dicho, una de las innovaciones constitucionales al consagrar el derecho de acceso a la justicia, ha sido la consagración expresa de la protección judicial de los intereses colectivos y difusos[25], y no sólo de los intereses subjetivos y particulares.

---

23 Véase en general, José R. Duque Corredor, "El acceso a la justicia como derecho fundamental en el contexto de la democracia y de los derechos humanos", en *Revista de derecho del Tribunal Supremo de Justicia,* Nº 6, Caracas, 2002, pp. 379 a 389; Judith Useche, "El acceso a la justicia en el nuevo orden constitucional venezolano", en *Bases y principios del sistema constitucional venezolano (Ponencias del VII Congreso Venezolano de Derecho Constitucional realizado en San Cristóbal del 21 al 23 de Noviembre de 2001),* Volumen II, pp. 29-76; Lourdes Cortes de Arangon, "El acceso de los administrados al sistema jurídico: ¿un derecho vivo?", en *Estudios de Derecho Administrativo: Libro Homenaje a la Universidad Central de Venezuela,* Volumen I, Imprenta Nacional, Caracas, 2001, pp. 275-305.

24 Véase en *Revista de Derecho Público*, Nº 84, (octubre-diciembre), Editorial Jurídica Venezolana, Caracas, 2000, p. 138.

25 Véase en general, José L. Villegas Moreno, "Los intereses difusos y colectivos en la Constitución de 1999", en *Revista de Derecho Constitucional*, Nº 2 (enero-junio). Editorial Sherwood, Caracas, 2000, pp. 253-269; Ana E. Araujo García, "El principio de la tutela judicial efectiva y los intereses colectivos y difusos", en *El Derecho Público a comienzos del siglo XXI. Estudios homenaje al Profesor Allan R. Brewer-Carías,* Tomo III, *op. cit.*, pp. 2703-2717; Ana Elvira Araujo, "El principio de la tutela judicial

Estos han sido caracterizados por la Sala Constitucional del Tribunal Supremo en la sentencia N° 656 de 30 de junio de 2000 (Caso: *Defensor del Pueblo vs. Comisión Legislativa Nacional),* de acuerdo con los siguientes argumentos:

> Cuando los derechos y garantías constitucionales que garantizan al conglomerado (ciudadanía) en forma general una aceptable calidad de la vida (condiciones básicas de existencia), se ven afectados, la calidad de la vida de toda la comunidad o sociedad en sus diversos aspectos se ve desmejorada, y surge en cada miembro de esa comunidad un interés en beneficio de él y de los otros componentes de la sociedad en que tal desmejora no suceda, y en que si ya ocurrió sea reparada. Se está entonces ante un *interés difuso* (que genera derechos), porque se difunde entre todos los individuos de la comunidad, aunque a veces la lesión a la calidad de la vida puede restringirse a grupos de perjudicados individualizables como sectores que sufren como entes sociales, como pueden serlo los habitantes de una misma zona, o los pertenecientes a una misma categoría, o los miembros de gremios profesionales, etc. Sin embargo, los afectados no serán individuos particularizados, sino una totalidad o grupos de personas naturales o jurídicas, ya que los bienes lesionados, no son susceptibles de apropiación exclusiva por un sujeto…
>
> Con los derechos e *intereses difusos o colectivos*, no se trata de proteger clases sociales como tales, sino a un número de individuos que pueda considerarse que representan a toda o a un segmento cuantitativamente importante de la sociedad, que ante los embates contra su calidad de vida se sienten afectados en sus derechos y garantías constitucionales destinados a mantener el bien común, y que en forma colectiva o grupal se van disminuyendo o desmejorando, por la acción u omisión de otras personas...
>
> Independientemente del concepto que rija al *derecho o interés difuso*, como parte que es de la defensa de la ciudadanía, su finalidad es satisfacer necesidades sociales o colectivas, antepuestas a las individuales. El *derecho o interés difuso*, debido a que la lesión que lo infringe es general (a la población o a extensos sectores de ella), vincula a personas que no se conocen entre sí, que individualmente pueden carecer de nexo o relaciones jurídicas entre ellas, que en principio son indeterminadas, unidas sólo por la misma situación de daño o peligro en que se encuentran como miembros de una sociedad, y por el derecho que en todos nace de que se les proteja la calidad de la vida, tutelada por la Constitución…
>
> Es la afectación o lesión común de la calidad de vida, que atañe a cualquier componente de la población o de la sociedad como tal, independientemente de las relaciones jurídicas que puedan tener con otros de esos indeterminados miembros, lo que señala el contenido del *derecho e interés difuso.*
>
> Pero es esa defensa del bien común afectado, el que hace nacer en los miembros de la sociedad un interés procesal que les permite accionar, a causa de la necesidad de exigir al órgano jurisdiccional que mantenga la calidad de vida, si es que el lesionante se la niega…

---

efectiva y los intereses colectivos y difusos", *Revista de derecho del Tribunal Supremo de Justicia,* N° 4, Caracas, 2002, pp. 1 a 29, Mariolga Quintero Tirado, "Aspectos de una tutela judicial ambiental efectiva", en *Nuevos estudios de derecho procesal, Libro Homenaje a José Andrés Fuenmayor,* Vol. II, Tribunal Supremo de Justicia, Colección Libros Homenaje, N° 8, Caracas, 2002 pp. 189 a 236; Flor M. Ávila Hernández, "La tutela de los intereses colectivos y difusos en la Constitución venezolana de 1999", en *El Derecho Público a comienzos del siglo XXI. Estudios homenaje al Profesor Allan R. Brewer-Carías,* Tomo III, *op. cit.,* pp. 2719-2742.

Si bien es cierto que hay bienes jurídicos transpersonales o suprapersonales, en contraposición con los individuales, no es menos cierto que el *derecho o interés difuso* se refiere a un bien que atañe a todo el mundo, a personas que, en principio, no conforman un sector poblacional identificable e individualizado, sino que es un bien asumido por los ciudadanos (pluralidad de sujetos), que sin vínculo jurídico entre ellos, se ven lesionados o amenazados de lesión. Ellos se fundan en hechos genéricos, contingentes, accidentales o mutantes que afectan a un número indeter-minado de personas y que emanan de sujetos que deben una prestación genérica o indeterminada. Los daños al ambiente o a los consumidores, por ejemplo, así ocurra en una determinada localidad, tienen efectos expansivos que perjudican a los habitantes de grandes sectores del país y hasta del mundo, y responden a la presta-ción indeterminada de protección al ambiente o de los consumidores. Esa lesión a la población, que afecta con mayor o menor grado a todo el mundo, que es captado por la sociedad conforme al grado de conciencia del grupo social, es diferente a la lesión que se localiza concretamente en un grupo, determinable como tal, aunque no cuantificado o individualizado, como serían los habitantes de una zona del país afectados por una construcción ilegal que genera problemas de servicios públicos en la zona. Estos intereses concretos, focalizados, son los *colectivos*, referidos a un sector poblacional determinado (aunque no cuantificado) e identificable, aunque individualmente, dentro del conjunto de personas existe o puede existir un vínculo jurídico que los une entre ellos. Ese es el caso de las lesiones a grupos profesio-nales, a grupos de vecinos, a los gremios, a los habitantes de un área determinada, etc. A estos intereses focalizados se contraponen los que afectan sin distingo a todo el mundo, o a amplias categorías o capas de la población, así la mayoría no se sienta lesionada, ya que muchas veces la cultura colectiva que es la que permite concientizar la lesión, puede fallar en reconocerla. Son los *difusos* los de mayor cobertura, donde el bien lesionado es más generalizado, ya que atañe a la población en extenso, y que al contrario de los *derechos e intereses colectivos*, surgen de una prestación de objeto indeterminado; mientras que en los *colectivos*, la prestación puede ser concreta, pero exigible por personas no individualizables.

Consumidores son todos los habitantes del país. El daño a ellos como tales, atiende a un bien *supra* individual o *supra* personal, y a una prestación indeter-minada a favor de ellos, por los manipuladores de bienes y servicios. Su calidad de vida se disminuye, tomen o no conciencia de ello, ya que muchos mecanismos de comunicación masiva podrían anular o alterar la conciencia sobre la lesión. El interés de ellos, o de los afectados, por ejemplo, por los daños al ambiente, es *difuso*, e igual es el derecho que les nace para precaver o impedir el daño.

El interés de los vecinos de una urbanización, o un barrio, que se ve desmejorado en sus servicios públicos por una construcción, por ejemplo, también responde a un bien jurídico suprapersonal, pero es determinable, localizable en grupos específicos, y ese es el interés que permite la acción colectiva. Ese es el *interés colectivo*, él da lugar a los *derechos colectivos*, y puede referirse a un objeto jurídico determinado.

Lo que sí es cierto en ambos casos (*difusos y colectivos*) es que la lesión la sufre el grupo social por igual, así algunos no se consideren dañados porque consienten en ella, estando esta noción en contraposición a la lesión personal dirigida a un bien jurídico individual. Esta diferencia no impide que existan lesiones mixtas que un mismo hecho toque a un bien jurídico individual y a uno supraindividual[26].

---

26 Destacados nuestros. Véase sentencia de la Sala Constitucional N° 656 de 30-06-2000, Caso: *Defensor del Pueblo vs. Comisión Legislativa Nacional*. Citada en la sentencia de la Sala Constitucional N° 279

En consecuencia, en los casos en los cuales se inicie un juicio para la defensa de intereses colectivos o difusos, quien ejerza la representación en el juicio o sea parte en el mismo, puede también alegar la cuestión de constitucionalidad para el ejercicio, por el juez, del control difuso de la constitucionalidad.

b. *La legitimación para representar los intereses colectivos y difusos*

Si bien la Constitución atribuye expresamente al Defensor del Pueblo la atribución de amparar y proteger los derechos e intereses legítimos, colectivos y difusos de las personas contra las arbitrariedades, desviaciones de poder y errores cometidos en la prestación de los servicios públicos, interponiendo cuando fuere procedente las acciones necesarias para exigir al Estado el resarcimiento a los administrados de los daños y perjuicios que les sean ocasionados con motivo del funcionamiento de los servicios públicos (art. 281,2), la legitimación activa para proteger esos derechos e intereses colectivos y difusos no está reservada en exclusiva a dicho funcionario.

La Sala Constitucional se refirió a esta problemática en sentencia N° 3 de 22 de enero de 2001 (Caso: *Roraima Quiñonez vs. Universidad de Carabobo*), en la cual citó dos precedentes decisiones de la misma Sala, de 30 de junio y 21 de noviembre de 2000, en la siguiente forma:

> En el primero de éstos, luego de exponer una serie de consideraciones acerca de la naturaleza jurídica de los intereses colectivos y difusos, la Sala Constitucional señaló:
>
> > ...En consecuencia, cualquier persona procesalmente capaz, que va a impedir el daño a la población o a sectores de ella a la cual pertenece, puede intentar una acción por "intereses difusos" o colectivos (...) Igualmente, cuando los daños o lesiones atentan contra grupos de personas vinculadas jurídicamente entre sí, o pertenecientes a la misma actividad, la acción por intereses colectivos, cuya finalidad es idéntica a la de los "intereses difusos", podrá ser incoada por las personas jurídicas que reúnan a los sectores o grupos lesionados, y aun por cualquier miembro de ese sector o grupo, siempre que obren en defensa de dicho segmento social....
>
> Por su parte, el segundo de los fallos aludidos señala:
>
> > ...mientras no existan leyes que los limiten, las acciones por derechos o intereses difusos o colectivos, dirigidos los primeros a proteger la calidad de vida, podrán no sólo ser incoadas por organismos públicos o privados, sino por los particulares, como consecuencia del derecho de acceso a la justicia que el artículo 26 de la Constitución consagra...".
>
> De los anteriores fallos se desprende -no podía ser de otra manera- que la Defensoría del Pueblo no ostenta el monopolio exclusivo para intentar acciones en representación de intereses colectivos o difusos, como sostiene el presunto agraviado, sino que habrá que examinar las peculiaridades de cada caso para determinar si un particular puede ostentar este tipo de legitimación procesal, sobre la base de determinar la existencia de un vínculo fáctico o jurídico con la entidad o grupo en cuestión que pretende representar que lo habilite en ese sentido. A mayor abundamiento, observa esta Sala que, en el caso concreto citado por el presunto agraviante en este procedimiento, a saber, la sentencia dictada por la Sala Constitucional el 20 de di-

---

de 19-2-2002 (Caso: *Ministerio Publico vs. Colegio de Médicos del Distrito Capital*) como Caso: *Dilia Parra Guillén*, en *Revista de Derecho Público*, N° 89-92, Editorial Jurídica Venezolana, Caracas 2002.

ciembre de 2000 (Caso: *Tendido Eléctrico*) el punto debatido en cuanto a la legitimación para accionar en representación de un determinado grupo indígena, fue dilucidado más sobre la base de la interpretación de las atribuciones constitu-cionales del Defensor del Pueblo, que en atención a la consagración de los intereses difusos o colectivos contenida en el artículo 26 constitucional, por lo cual, dicha interpretación no es susceptible de aplicación a la situación bajo análisis. En todo caso, en dicha sentencia la conclusión a la que llegó el Juzgador no se compadece con la planteada por el presunto agraviante, pues de ninguna manera en el mismo se concluyó que únicamente el Defensor del Pueblo ostenta la legitimación excluyente para accionar en representación de intereses colectivos y difusos[27].

La Sala Constitucional, por otra parte, en sentencia Nº 279 de 19 de febrero de 2002 (Caso: *Ministerio Público vs. Colegio de Médicos del Distrito Capital*), negó competencia al Ministerio Público para intentar acciones en representación de intereses colectivos o difusos[28],

Por otra parte, la Sala Constitucional también a negado legitimación a los Estados y Municipios (y sus Gobernadores y Alcaldes) para representar en juicio a los intereses colectivo o difusos, como lo ha sostenido en la sentencia Nº 1395 de 21 de noviembre de 2000 (Caso: *Gobernación del Estado Mérida Vs. Ministerio de Finanzas),* al expresar, respecto de la interposición de acciones por Gobernadores de Estado:

> Invocando la protección de derechos e intereses difusos y colectivos, esta Sala asentó criterio mediante decisión del 30 de junio de 2000 (Caso: *Defensoría del Pueblo vs. Comisión Legislativa Nacional*) y expresó lo siguiente:
>
>> Conforme a lo explicado, las acciones en general por derechos e intereses difusos o colectivos pueden ser intentadas por cualquier persona, natural o jurídica, venezolana o extranjera domiciliada en el país, que mediante el ejercicio de esta acción, accede a la justicia. El Estado venezolano, como tal, carece de ella, ya que tiene mecanismos y otras vías para lograr el cese de las lesiones a esos derechos e intereses, sobre todo por la vía administrativa, pero la población en general está legitimada para incoarlas, en la forma que explica este fallo, y ellas pueden ser interpuestas por la Defensora del Pueblo, ya que según el artículo 280 de la Carta Fundamental, la Defensoría del Pueblo tiene a su cargo la promoción, defensa y vigilancia de los intereses legítimos, colectivos y difusos de los ciudadanos. A juicio de esta Sala, la norma señalada no es excluyente y no prohíbe a los ciudadanos el acceso a la justicia en defensa de los derechos e intereses difusos y colectivos, ya que el artículo 26 de la vigente Constitución consagra el acceso a la justicia a toda persona, por lo que también los particulares pueden accionar, a menos que la ley les niegue la acción. Dentro de la estructura del Estado, y al no tener atribuidas tales funciones, sólo la Defensoría del Pueblo (en cualquiera de sus ámbitos: nacional, estadal, municipal o especial) puede proteger a las personas en materia de intereses colectivos o difusos, no teniendo tal atribución (ni la acción), ni el Ministerio Público (excepto que la ley se la atribuya), ni los Alcaldes, ni los Síndicos Municipales, a menos que la ley se las otorgue.

---

27 Véase en *Revista de Derecho Público*, Nº 85-88, Editorial Jurídica Venezolana, Caracas 2001.

28 Véase en *Revista de Derecho Público*, Nº 89-92, Editorial Jurídica Venezolana, Caracas 2002.

En consecuencia, no pueden los Estados y los Municipios incoar acciones por derechos e intereses difusos y colectivos, a menos que la ley expresamente las conceda, y así se declara.

Los derechos e intereses difusos y colectivos persiguen mantener en toda la población o en sectores de ella, una aceptable calidad de vida, en aquellas materias cuya prestación general e indeterminada de tal calidad de vida corresponde al Estado o a los particulares. Se trata de derechos e intereses colectivos que pueden coincidir con derechos e intereses individuales, pero que conforme al artículo 26 de la Constitución vigente pueden ser accionados por cualquier persona que invoque un derecho o interés compartido con la ciudadanía en general o con un sector de ella, y que teme o ha sufrido, como parte integrante de esa colectividad, una lesión en su calidad de vida, a menos que la ley le niegue la acción.

Ahora bien, correspondiendo al Estado venezolano mantener las condiciones aceptables de calidad de la vida, no pueden sus componentes solicitar de él dicha prestación; por ello, dentro de la estructura del Estado, el único organismo que de pleno derecho puede incoar tales acciones es la Defensoría del Pueblo, ya que representa al pueblo y no al Estado Venezolano, al igual que otros entes públicos a quienes la ley, por iguales razones de representatividad, expresamente otorgue tales acciones[29].

c. *Requisitos para la representación judicial de los intereses colectivos o difusos*

Ahora bien, en todo caso de acciones intentadas en defensa de intereses colectivos o difusos, como también lo ha precisado la Sala Constitucional en sentencia N° 1048 de 17-08-2000 (Caso: *William Ojeda vs. Consejo Nacional Electoral*), para hacerlos valer en juicio, es necesario que se conjuguen los siguientes factores:

1. Que el que acciona lo haga en base no sólo a su derecho o interés individual, sino en función del derecho o interés común o de incidencia colectiva.
2. Que la razón de la demanda (o del amparo interpuesto) sea la lesión general a la calidad de vida de todos los habitantes del país o de sectores de él, ya que la situación jurídica de todos los componentes de la sociedad o de sus grupos o sectores, ha quedado lesionada al desmejorarse su calidad común de vida.

   Que los bienes lesionados no sean susceptibles de apropiación exclusiva por un sujeto (como lo sería el accionante).
4. Que se trata de un derecho o interés indivisible que comprenda a toda la población del país o a un sector o grupo de ella.
5. Que exista un vínculo, así no sea jurídico, entre quien demanda en interés general de la sociedad o de un sector de ella (interés social común), nacido del daño o peligro en que se encuentra la colectividad (como tal). Daño o amenaza que conoce el Juez por máximas de experiencia, así como su posibilidad de acaecimiento.

---

29 Véase en *Revista de Derecho Público*, N° 84, (octubre-diciembre), Editorial Jurídica Venezolana, Caracas, 2000, pp. 329 y ss.

6. Que exista una necesidad de satisfacer intereses sociales o colectivos, antepuestos a los individuales.
7. Que el obligado deba una prestación indeterminada, cuya exigencia es general[30].

Ahora bien, en virtud de este reconocimiento constitucional de la tutela judicial de los intereses difusos y colectivos, la Sala Constitucional del Tribunal Supremo ha admitido excepcionalmente la posibilidad del ejercicio de la acción de amparo en protección de derechos colectivos y difusos, como el de los electores en sus derechos políticos, e incluso ha acordado medidas cautelares con efectos *erga omnes* "tanto para las personas naturales y organizaciones que han solicitado la protección de amparo constitucional como para todos los electores en su conjunto"[31].

La Sala Constitucional, en esta misma orientación, interpretó el artículo 26 de la Constitución en forma amplia en cuanto al ejercicio de la acción de amparo extendida a la protección de derechos colectivos o difusos, señalando lo siguiente:

> En consecuencia, cualquier persona procesalmente capaz que va a impedir el daño a la población o a sectores de ella a la cual pertenece, puede intentar una acción por intereses difusos o colectivos, y si ha sufrido daños personales, pedir sólo para sí (acumulativamente) la indemnización de los mismos. Esta interpretación fundada en el artículo 26, hace extensible la legitimación activa a las asociaciones, sociedades, fundaciones, cámaras, sindicatos, y demás entes colectivos, cuyo objeto sea la defensa de la sociedad, siempre que obren dentro de los límites de sus objetivos societarios, destinados a velar por los intereses de sus miembros en cuanto a lo que es su objeto...
>
> ...A pesar de tratarse de un derecho o un interés general del cual goza el accionante, lo que permite amplitud de demandantes, él personalmente debe temer la lesión o haberla sufrido o estarla sufriendo como parte de la ciudadanía, por lo que carecerá de legitimación quien no esté domiciliado en el país, o no pueda ser alcanzado por la lesión, situación ésta que separa estas acciones de las populares.
>
> Quien demanda con base a derechos o intereses colectivos, deberá hacerlo en su condición de miembro o vinculado al grupo o sector lesionado, y que por ello sufre la lesión conjuntamente con los demás, por lo que por esta vía asume un interés que le es propio y le da derecho de reclamar el cese de la lesión para sí y para los demás, con quienes comparte el derecho o el interés. Se trata de un grupo o sector no individualizado, ya que si lo fuese, se estaría ante partes concretas[32].

2. *El derecho a la tutela judicial efectiva y a obtener decisión oportuna*

Ahora bien, una de las importantes innovaciones de la Constitución de 1999 ha sido la previsión expresa del derecho a la tutela judicial efectiva[33] que proviene del

---

30 Véase en *Revista de Derecho Público*, N° 83, (julio-septiembre), Editorial Jurídica Venezolana, Caracas 2000, pp. 325 y ss.

31 Sentencia de la Sala Constitucional N° 483 de 29-05-2000, caso: *"Queremos Elegir" y otros*, *Revista de Derecho Público*, N° 82, (abril-junio), Editorial Jurídica Venezolana, Caracas 2000, pp. 489-491. En igual sentido sentencia de la misma Sala N° 714 de 13-07-2000, caso: *APRUM.*

32 Véase sentencia de la Sala Constitucional N° 656 de 05-06-2001, Caso: *Defensor del Pueblo vs. Comisión Legislativa Nacional.*

33 Véase en general, Véase Ingrid Cancelado Ruíz, "La tutela judicial efectiva y la ejecución de sentencias

constitucionalismo español (art. 21,1 Constitución de 1978), el cual, conforme lo ha interpretado la Sala Constitucional del Tribunal Supremo en sentencia N° 269 de 25 de abril de 2000,

> Alcanza implícitamente dentro de su contenido a otros derechos fundamentales como lo son a) el derecho de acceso a la jurisdicción que se encuentra expresamente mencionado en el aludido artículo 26; b) el derecho a la defensa y al debido proceso, los cuales han sido especialmente desarrollados en el artículo 49 constitucional, y c) el derecho a una decisión oportuna y eficaz -al que alude el único aparte del artículo 26, el cual, a su vez comprende el derecho a la tutela cautelar de las partes en juicio y el correlativo poder cautelar general del juez para asegurar la efectividad del fallo definitivo[34].

Esta norma fundamental del artículo 26, además, incorpora a nuestro constitucionalismo el derecho de rango constitucional a la celeridad judicial, al cual ya hemos hecho referencia en la *Tercera Parte.*

Además, en el mismo artículo constitucional se establecen los principios generales del sistema judicial[35] a los cuales también se ha hecho referencia al comentar las previsiones relativas al Estado de Justicia, al establecer que:

> El Estado garantizará una justicia gratuita, accesible, imparcial, idónea, transparente, autónoma, independiente, responsable, equitativa y expedita, sin dilaciones indebidas, sin formalismo o reposiciones inútiles.

El artículo 26 de la Constitución, dentro de las garantías procesales referidas a la tutela judicial efectiva establece el derecho a obtener una sentencia fundada en derecho que ponga fin al proceso. Sobre esto, la Sala Constitucional en sentencia N° 609 de 25 de marzo de 2002, ha precisado que "el contenido del derecho a la tutela judicial efectiva, se compone, entre otras, de dos exigencias: 1) que las sentencias sean motivadas, y 2) que sean congruentes. De manera que una sentencia inmotivada no puede considerarse fundada en derecho, siendo lesiva del artículo 26 de la Constitución"[36]. Por lo demás, la autoridad judicial como parte del derecho a la tutela judicial efectiva, está llamada a ejecutar o hacer ejecutar sus decisiones.

Sobre ello, la Sala Político Administrativa ha destacado que ese principio:

> Viene a apuntalar una corriente jurisprudencial y doctrinaria según la cual no hay verdadera justicia sin medios que permitan la anticipación del fallo o la prevención de su ejecución; de suerte, que ante una evidente lesión a un derecho constitucional y aun sin necesidad de solicitud expresa, los jueces podrán hacer uso del poder cautelar general que dimana del precepto in comento, con el objeto de prodigar una tu-

---

condenatorias de la Administración Pública a la luz de la Constitución de 1999", en *Revista de Derecho Constitucional,* N° 4 (enero-junio), Editorial Sherwood, Caracas, 2001, pp. 75-139; Rafael G. Prado Moncada, "De nuevo sobre el derecho a la tutela judicial efectiva (Avances normativos a raíz de la Constitución de 1999)", en *Revista de Derecho Administrativo,* N° 9 (mayo-agosto), Editorial Sherwood, Caracas, 2000, pp. 93-119.

34 Véase en *Revista de Derecho Público*, N° 82, (abril-junio), Editorial Jurídica Venezolana, Caracas, 2000, p. 281.

35 Véase en general, Carlos J. Sarmiento Sosa, *La justicia en la Constitución de la República Bolivariana de Venezuela,* Vadell Hermanos Editores, Caracas, 2000, pp. 49 y ss.

36 Véase en *Revista de Derecho Público*, N° 89-92, Editorial Jurídica Venezolana, Caracas, 2002, p. 148.

tela cautelar que mantenga indemne a las partes por el tiempo que dure el proceso o que prevenga la ejecución del fallo[37].

3. *Las garantías del debido proceso*

La más importante de las garantías constitucionales, además del acceso a la justicia y el derecho a la tutela judicial efectiva, es que la justicia se imparta de acuerdo con las normas establecidas en la Constitución y las leyes, es decir, en el curso de un debido proceso, cuyos principios se aplican no sólo en las actuaciones judiciales sino administrativas. Estas garantías al debido proceso[38] que se han establecido detalladamente en el artículo 49, han sido analizadas extensamente por el Tribunal Supremo de Justicia, calificándoselas como una "garantía suprema dentro de un Estado de Derecho"[39]. Así, en sentencia N° 97 de 15 de marzo de 2000 (Caso: *Agropecuaria Los Tres Rebeldes*), la Sala Constitucional del Tribunal Supremo señaló que "se denomina debido proceso a aquél proceso que reúne las garantías indispensables para que exista una tutela judicial efectiva", no siendo una clase determinada de proceso, "sino la necesidad de que cualquiera sea la vía escogida para la defensa de los derechos o intereses legítimos, las leyes procesales deben garantizar la existencia de un procedimiento que asegure el derecho de defensa de la parte y la posibilidad de una tutela judicial efectiva"[40].

Por su parte, en sentencia N° 157 de 17 de febrero de 2000, la Sala Político Administrativa (Caso: *Juan C. Pareja P. vs. MRI*), ha precisado que:

> Se trata de un derecho complejo que encierra dentro de sí, un conjunto de garantías que se traducen en una diversidad de derechos para el procesado, entre los que figuran, el derecho a acceder a la justicia, el derecho a ser oído, el derecho a la articulación de un proceso debido, derecho de acceso a los recursos legalmente establecidos, derecho a un tribunal competente, independiente e imparcial, derecho a obtener una resolución de fondo fundada en derecho, derecho a un proceso sin dilaciones indebidas, derecho a la ejecución de las sentencias, entre otros, que se vienen configurando a través de la jurisprudencia. Todos estos derechos se desprenden de la interpretación de los ocho ordinales que consagra el artículo 49 de la Carta Fundamental.
>
> Tanto la doctrina como la jurisprudencia comparada han precisado, que este derecho no debe configurarse aisladamente, sino vincularse a otros derechos fundamentales como lo son, el derecho a la tutela efectiva y el derecho al respeto de la dignidad de la persona humana...

---

37 Véase en *Revista de Derecho Público*, N° 85-88, Editorial Jurídica Venezolana, Caracas, 2001, p. 447

38 Véase en general, Antonieta Garrido de Cárdenas, "La naturaleza del debido proceso en la Constitución de la República Bolivariana de Venezuela de 1999", en *Revista de Derecho Constitucional,* N° 5 (julio-diciembre), Editorial Sherwood, Caracas, 2001, pp. 89-116; Antonieta Garrido de Cárdenas, "El debido proceso como derecho fundamental en la Constitución de 1999 y sus medios de protección", en *Bases y principios del sistema constitucional venezolano (Ponencias del VII Congreso Venezolano de Derecho Constitucional realizado en San Cristóbal del 21 al 23 de Noviembre de 2001),* Volumen I, pp. 127-144.

39 Véase sentencia N° 123 de la Sala Constitucional (Caso: *Sergio J. Meléndez*) de 17 de marzo de 2000, en *Revista de Derecho Público*, N° 81, (enero-marzo), Editorial Jurídica Venezolana, Editorial Jurídica Venezolana, Caracas, 2000, p. 143.

40 Véase en *Revista de Derecho Público*, N° 81, (enero-marzo), Editorial Jurídica Venezolana, Caracas, 2000, p. 148.

El artículo 49 del Texto Fundamental vigente consagra que el debido proceso es un derecho *aplicable a todas las actuaciones judiciales y* administrativas, disposición que tiene su fundamento en el principio de igualdad ante la ley, dado que *el debido proceso significa que ambas partes en el procedimiento* adminis-trativo, como *en el proceso judicial, deben tener* igualdad de oportunidades, tanto *en la defensa de sus respectivos derechos como en la producción de las pruebas destinadas a acreditarlos*[41].

En particular, en relación con el proceso penal, la misma Sala Político administrativa ha precisado las siguientes garantías derivadas del debido proceso: el derecho al Juez natural (numeral 4 del artículo 49); el derecho a la presunción de inocencia (numeral 2 del artículo 49); el derecho a la defensa y a ser informado de los cargos formulados (numeral 1 del artículo 49); el derecho a ser oído (numeral 3 del artículo 49); el derecho a un proceso sin dilaciones indebidas (numeral 8 del artículo 49); el derecho a utilizar los medios de prueba pertinentes para su defensa (numeral 1 del artículo 49); el derecho a no confesarse culpable y no declarar contra sí misma (numeral 5 del artículo 49); y el derecho a la tutela judicial efectiva de los derechos e intereses del procesado (artículo 26 de la Constitución)[42].

A. *El derecho a la defensa*

El ordinal 1° del artículo 49 comienza por establecer no sólo el derecho a la *defensa,* sino a la *asistencia jurídica* (de abogado)[43] los que considera como derechos inviolables en *todo estado y grado* de la investigación y del proceso. Adicionalmente, precisa que toda persona tiene derecho a ser notificada de los cargos por los cuales se la investiga, de *acceder a las pruebas* y de *disponer del tiempo* y de los medios adecuados para ejercer su *defensa.*

Ahora bien, el derecho a la defensa ha sido amplio y tradicionalmente analizado por la jurisprudencia del Tribunal Supremo así como por la de la antigua Corte Suprema de Justicia. Por ejemplo, en la sentencia N° 3682 de 19 de diciembre de 1999, la Sala Político Administrativa de la antigua Corte Suprema de Justicia destacó el reconocimiento constitucional del derecho a la defensa que se extiende a todas las relaciones de naturaleza jurídica que ocurren en la vida cotidiana, y con especial relevancia, en aquellas situaciones en las cuales los derechos de los particulares son afectados por una autoridad pública o privada; de manera que el derecho constitucional impone que en todo procedimiento tanto administrativo como judicial, "se asegure un equilibrio y una igualdad entre las partes intervinientes, garantizándole el derecho a ser oída, a desvirtuar lo imputado o a probar lo contrario a lo sostenido por el funcionario en el curso del procedimiento". En particular, la Sala señaló:

---

41 Véase en *Revista de Derecho Público*, N° 81, (enero-marzo), Editorial Jurídica Venezolana, Caracas 2000, p. 135.

42 Véase sentencia N° 224 de 24-02-2000, *idem*, pp. 136 y ss.

43 La Corte Primera de lo Contencioso Administrativo en sentencia N° 352 de 22-03-2001 (Caso: *Colegio de Médicos del Distrito Federal vs. Federación Médica Venezolana*) en tal sentido ha señalado que "la intervención real y efectiva del abogado garantiza a las partes actuar en el proceso de la forma más conveniente para sus derechos e intereses y les permite defenderse debidamente contra la parte contraria", en *Revista de Derecho Público*, N° 85-88, Editorial Jurídica Venezolana, Caracas 2001, pp. 100 y ss.

En cuanto al procedimiento de determinación e imposición de sanciones por ilícitos tributarios, el derecho a la defensa se concreta en el derecho de los sujetos pasivos de la relación tributaria a ser debidamente notificados de cualquier acto administrativo que afecten sus derechos subjetivos o sus intereses particulares legítimos y directos; en la oportunidad que tiene el administrado para formular los descargos que le permita desvirtuar lo imputado por la Administración en el acta fiscal debidamente notificada; en el derecho del contribuyente o responsable para promover y controlar, en tiempo oportuno, la producción de cualquier prueba razonable y legalmente pertinente, antes de que la Administración adopte la deci-sión final sobre el fondo del asunto debatido; en el derecho a tener el libre acceso al expediente administrativo; en el derecho a conocer oportunamente las razones de hecho y de derecho que fundamentan el acto administrativo determinativo o sancionatorio, lo cual le permitirá accionar ante los organismos competentes; y en poder impugnar en la vía administrativa o judicial un acto administrativo emitido por la Administración tributaria, que afecte, en cualquier forma, sus derechos como contribuyente o responsables.

De los criterios expuestos con respecto al acta fiscal, se desprende que la función principal de la misma, es permitir que el contribuyente o responsable, conozca en forma oportuna, la existencia de los elementos de hecho que pueden configurar el supuesto normativo del ilícito fiscal que se le imputa, así como la cuantificación de la correspondiente deuda tributaria, previa determinación de la base imponible; para que, a partir de ello, pueda el contribuyente, durante el curso del procedimiento instruido, desvirtuar lo expresado en esa acta de reparo[44].

Por otra parte, ha sido por la prevalencia del derecho a la defensa que la Sala Constitucional, siguiendo la doctrina constitucional establecida por la antigua Corte Suprema de Justicia[45], ha desaplicado normas que consagran el principio *solve et repete*, como condición para acceder a la justicia contencioso-administrativa, por considerarlo inconstitucional. Así, en sentencia N° 321 de 22 de febrero de 2002 (Caso: *Papeles Nacionales Flamingo, C.A. vs. Dirección de Hacienda del Municipio Guacara del Estado Carabobo)*

Como consecuencia del anterior señalamiento, si la norma que sirvió de fundamento al acto administrativo tributario objeto de la presente acción de tutela En cuanto a la exigencia de pago de la obligación tributaria previo al ejercicio del recurso, debe observarse que tanto el artículo 68 de la abrogada Constitución, como el 49.1 de la vigente, facultan a la ley para que regule el derecho a la defensa, regulación que se ve atendida por el ordenamiento adjetivo. Ello en modo alguno quiere significar que sea disponible para el legislador el contenido del mencionado derecho, pues éste se halla claramente delimitado en las mencionadas disposiciones; si no que por el contrario, implica un mandato al órgano legislativo de asegurar la consagración de mecanismos que aseguren el ejercicio del derecho de defensa de los justiciables, no sólo en sede jurisdiccional, incluso en la gubernativa, en los términos previstos por la Carta Magna. De esta forma, las limitaciones al derecho de defensa en cuanto derecho fundamental derivan por sí mismas del texto constitucio-

---

44 Véase en *Revista de Derecho Público,* N° 79-80, Editorial Jurídica Venezolana, Caracas 1999.

45 Véase en particular, la sentencia de la Sala Plena de la antigua Corte Suprema de Justicia en *Revista de Derecho Público*, N° 26, Editorial Jurídica Venezolana, Caracas, 1986. Véase en Allan R. Brewer-Carías, *La justicia contencioso-administrativa,* Tomo VII, *Instituciones Políticas y Constitucionales, cit.*, pp. 196 y ss.

nal, y si el Legislador amplía el espectro de tales limitaciones, las mismas devienen en ilegítimas; esto es, la sola previsión legal de restricciones al ejercicio del derecho de defensa no justifica las mismas, sino en la medida que obedezcan al aludido mandato constitucional.

En este sentido, se observa que la referida ordenanza (artículo 65) exigía que para admitir el recurso jerárquico en contra de un acto emanado de la administración tributaria local, el contribuyente debía pagar el impuesto o multa determinado por ella, o bien constituir garantías suficientes para asegurar el pago, en el caso de que el recurso no prosperare. Ello así, conforme la norma aludida, fundada en un criterio de capacidad económica, se restringen las posibilidades de impugnación en sede administrativa, permitiendo el ejercicio de los recursos (únicamente) a aquellas personas que tengan disponibilidad para ese pago, pero mermando tal capacidad de impugnación a quienes –por cualquier motivo– no se encuentren en igual situación y, en consecuencia, el derecho a la defensa del contribuyente que se encuentre bajo este último supuesto.

Por estas razones, en ejercicio del control difuso de la constitucionalidad (previsto con anterioridad en el artículo 20 del Código de Procedimiento Civil y recogido en la actualidad por el artículo 334 constitucional), debe ser negada al caso concreto la aplicación de la norma contenida en el artículo 65 de la Ordenanza sobre Patentes de Industria y Comercio del Municipio Guacara del Estado Carabobo, por resultar nugatoria del derecho de defensa consagrado en el artículo 68 de la Constitución de 1961, hoy recogido en el artículo 49 de la Carta Magna[46].

B. *La presunción de inocencia*

En la Constitución de 1999, en forma explícita, se estableció el principio de que "Toda persona se presume inocente mientras no se pruebe lo contrario" (ordinal 2° del artículo 49). El principio, que se consagra por primera vez en forma expresa en el texto constitucional, conforme lo ha precisado la Corte primera de lo Contencioso Administrativo en sentencia N° 315 de 19 de marzo de 2001, como todos los derivados del debido proceso, "se encuentra íntimamente vinculado a otros conceptos constitucionales tales como la asistencia y defensa de abogado, la información previa de la acusación que se formule, un proceso público sin dilaciones indebidas y con todas la garantías, la utilización de los medios de prueba pertinentes para la defensa, la no declaración contra si mismo"; de manera que:

> Así, puede considerarse a la presunción de inocencia más como un derecho que como principio constitucional, ya que se le brinda el mismo tratamiento que los derechos constitucionales, y está a la disposición de cualquier persona jurídica o natural, en todo tipo de procesos o procedimientos que puedan afectar la esfera de sus intereses. Desde luego, que en ciertas materias específicas -como la penal por ejemplo- este derecho sólo encontraría aplicación para las personas naturales, sin embargo si ser un derecho de carácter general, su respecto es obligatorio a todos los poderes públicos y también para todos los particulares, en mérito de la cláusula genera de sujeción a la Constitución como pilar fundamental del ordenamiento jurídico.
>
> En virtud del derecho a la presunción de inocencia, una persona acusada de una infracción, no puede ser considerada culpable hasta que así lo declare una decisión condenatoria precedida de un procedimiento suficiente para procurar su dimana-

46 Véase en *Revista de Derecho Público*, N° 89-92, Editorial Jurídica Venezolana, Caracas 2002.

ción. Sin embargo, el particular no tienen derecho a la declaración de su inocencia, sino el derecho a ser presumido inocente, lo que equivale a que su eventual condena sea precedida por una actividad probatoria suficiente.

Esto implica que pueda verificarse si ha existido la prueba de los que racionalmente resulte, o pueda deducirse motivadamente de ella, el hecho o los hechos que desvirtúen la presunción, que el imputado pueda contradecir dichas pruebas y que además hayan sido legalmente obtenidas.

De lo anterior se desprende, que el derecho a la presunción de inocencia tiene una protección extraprocesal, y otra procesal, la primera de ellas, atiende al derecho a no ser condenado sin una precisa Resolución administrativa o judicial que lo declare, mientras que la segunda se refiere a la necesaria existencia de una actividad probatoria suficiente con la participación del acusado y con una adecuado razonamiento del nexo causal entre la norma y la situación concreta, sin que base la mera sospecha o conjetura. Ambas proyecciones se complementan para alcanzar el objetivo perseguido con la consagración constitucional de la presunción de inocen-cia[47].

C. *El derecho a ser oído*

El ordinal 3° del artículo 49, regula el derecho de toda persona a ser oída en cualquier clase de proceso, con las debidas garantías y dentro del plazo razonable determinado legalmente, por un tribunal competente, independiente e imparcial establecido con anterioridad. Para asegurar este derecho a quienes no hablen castellano o no puedan comunicarse de manera verbal, la Constitución estableció que tienen derecho a un intérprete.

Este derecho comprende el derecho de formular alegatos y presentar pruebas[48].

D. *El derecho al ser juzgado por su juez natural, que debe ser competente, independiente e imparcial*

Adicionalmente, el artículo 49, ordinal 4° establece que toda persona tiene derecho a ser juzgada por sus jueces naturales en las jurisdicciones ordinarias o especiales, siempre que sea un tribunal competente, independiente e imparcial establecido con anterioridad (ord. 3, art. 49), con las garantías establecidas en la Constitución y en la ley. Ese juez natural “debe existir como órgano jurisdiccional con anterioridad a los hechos litigiosos sin que pueda crearse un órgano jurisdiccional para conocer únicamente dichos hechos después de ocurridos”[49]; en otras palabras, como lo ha señalado la Sala Constitucional del Tribunal Supremo:

---

47 Véase en *Revista de Derecho Público,* N° 85-88, Editorial Jurídica Venezolana, Caracas 2001, pp. 103 y ss.

48 Véase en general, sobre el derecho de acceder a las pruebas, León E. Cottin, “El Derecho Constitucional de acceder a las pruebas y de disponer del tiempo y de los medios adecuados para ejercer la defensa”, en *El Derecho Público a comienzos del siglo XXI. Estudios homenaje al Profesor Allan R. Brewer-Carías,* Tomo III, *op. cit.,* pp. 2689-2701; Pelayo de Pedro Robles, “El principio de la libertad de admisión de pruebas en los procedimientos administrativos contradictorios como garantía del derecho a la defensa de los administrados: enfoque doctrinal y jurisprudencial”, en *Estudios de Derecho Administrativo: Libro Homenaje a la Universidad Central de Venezuela,* Volumen I, Imprenta Nacional, Caracas, 2001, pp. 307-339.

49 Véase sentencia de la Sala Constitucional N° 144 de 24-03-2000 (Caso: *Universidad Pedagógica Experimental Libertador*) en *Revista de Derecho Público,* N° 81, (enero-marzo), Editorial Jurídica Venezolana, Caracas 2000, pp. 151.

El derecho al juez natural consiste, básicamente en la necesidad de que el proceso sea decidido por el juez ordinario predeterminado en la ley. Esto es, aquél al que le corresponde el conocimiento según las normas vigentes con anterioridad. Esto supone, en primer lugar, que el órgano judicial haya sido creado previamente por la norma jurídica; en segundo lugar, que esta lo haya investido de autoridad con anterioridad al hecho motivador de la actuación y proceso judicial; en tercer lugar, que su régimen orgánico y procesal no permita calificarlo de órgano especial o excepcional para el caso; y, en cuarto lugar, que la composición del órgano jurisdic-cional sea determinado en la Ley, siguiéndose en cada caso concretó el procedimiento legalmente establecido para la designación de sus miembros, vale decir, que el Tribunal esté correctamente constituido. En síntesis, la garantía del juez natural puede expresarse diciendo que es la garantía de que la causa sea resuelta por el juez compe-tente o por quien funcionalmente haga sus veces[50].

La Constitución también garantiza que ninguna persona puede ser sometida a juicio sin conocer la identidad de quien la juzga, ni puede ser procesada por tribunales de excepción o por comisiones creadas para tal efecto.

En cuanto a la garantía del juez natural, la Sala Político Administrativa del Tribunal Supremo de Justicia en sentencia N° 2263 de 20 de diciembre de 2000 (Caso: *Yajaira C. Sequera G. vs. Consejo Nacional Electoral*), precisó que el mismo consiste, básicamente, "en la necesidad de que el proceso sea decidido por el juez ordinario, esto es, por el juez que resulte más idóneo o adecuado para efectuar el pronunciamiento", agregando que en definitiva:

> Es el apto para juzgar en la especialidad a que se refiere su constitución como órgano administrador de justicia, esto es, el especialista en el área jurisdiccional donde vaya a ejercer su función; que no necesariamente ha de ser una, pues por razones de organización del Poder Judicial y del Sistema de Justicia, se atribuyen en muchos casos a un solo Juez el conocimiento de varias materias.
>
> Este Juez Natural ha de satisfacer una serie de características que ya en varias oportunidades la Sala Constitucional de este Máximo Tribunal ha precisado, a saber: i) su creación debe encontrarse apoyada en una norma jurídica; ii) debe estar investido de autoridad para ejercer la función jurisdiccional, con anterioridad al hecho litigioso; iii) no debe tratarse de un órgano especial o excepcional instaurado para el conocimiento del caso; iv) su composición como órgano jurisdiccional debe estar determinada en la Ley, y efectuada conforme el procedimiento legalmente establecido.
>
> Así las cosas, debe asumirse entonces que el derecho al Juez Natural se verá lesionado -en general- en los casos en que un órgano inadecuado sea el que efectúe el pronunciamiento en determinada causa, es decir, cada vez que decida un asunto que no concierna a la especialidad que le es propia, independientemente del contenido sustancial de los fallos que de él emanen; una decisión que sustituya de tal manera al Juez Natural constituye una infracción constitucional de orden público[51].

---

50 Sentencia N° 520 de 07-06-2000 en *Revista de Derecho Público*, N° 82, (abril-junio), Editorial Jurídica Venezolana, Caracas 2000, p. 265. Véase igualmente sentencia de la misma Sala Constitucional N° 26 de 15-02-2000 en *Revista de Derecho Público*, N° 81, (enero-marzo), Editorial Jurídica Venezolana, Caracas 2000, p. 294.

51 Véase en *Revista de Derecho Público*, N° 84, (octubre-diciembre), Editorial Jurídica Venezolana, Caracas 2000, p. 396

Por su parte, la Sala Constitucional del Tribunal Supremo en sentencia N° 144 de 24 de marzo de 2000 (Caso: *Universidad Pedagógica Experimental Libertador*) ha señalado que en la persona del juez natural, además de ser un juez predeterminado por la ley y de constitución legítima, deben confluir los siguientes requisitos:

> 1) Ser independiente, en el sentido de no recibir órdenes o instrucciones de persona alguna en el ejercicio. de su magistratura; 2) ser imparcial, lo cual se refiere a una imparcialidad consciente y objetiva, separable como tal de las influencias psicológicas y sociales que puedan gravitar sobre el juez y que le crean inclinacio-nes inconscientes. La transparencia en la administración de justicia, que garantiza el artículo 26 de la vigente Constitución se encuentra ligada a la imparcialidad del juez. La parcialidad objetiva de éste, no sólo se emana de los tipos que conforman las causales de recusación e inhibición, sino de otras conductas a favor de una de las partes; y así una recusación hubiese sido declarada sin lugar, ello no significa que la parte fue juzgada por un juez imparcial si los motivos de parcialidad existieron, y en consecuencia la parte así lesionada careció de juez natural; 3) tratarse de una persona identificada e identificable; 4) preexistir como juez, para ejercer la jurisdicción sobre el caso, con anterioridad al acaecimiento de los hechos que se van a juzgar, es decir, no ser un Tribunal de excepción; 5) ser un juez idóneo, como lo garantiza el artículo 26 de la Constitución de la República Bolivariana de Venezuela, de manera que en la especialidad a que se refiere su competencia, el juez sea apto para juzgar; en otras palabras, sea un especialista en el área jurisdic-cional donde vaya a obrar. El requisito de la idoneidad es relevante en la solución del presente caso, y es el resultado de lo dispuesto en el artículo 255 de la Consti-tución de la República Bolivariana de Venezuela que exige concursos de oposición para el ingreso y ascenso en la carrera judicial, lo que se ve apuntalado por la existencia de Normas de Evaluación y Concursos de Oposición de Funcionarios del Poder Judicial dictados por la Comisión de Funcionamiento y Reestructuración del Sistema Judicial, publicadas en la Gaceta Oficial N° 36.899 de 24 de febrero de 2000. Este requisito no se disminuye por el hecho de que el conocimiento de varias materias puedan atribuirse a un sólo juez, lo que atiende a razones de política judicial ligada a la importancia de las circunscripciones Judiciales; y 6) que el juez sea competente por la materia. Se considerará competente por la materia aquel que fuera declarado tal al decidirse un conflicto de competencia, siempre que para la decisión del conflicto se hayan tomado en cuenta todos los jueces que podrían ser llamados a conocer, situación que no ocurrió en este caso; o creando en la decisión del conflicto no se haya incurrido en un error inexcusable en las normas sobre competencia[52].

E. *La licitud de las pruebas*

De acuerdo con el mismo artículo 49,1 de la Constitución, como parte del debido proceso se establece la garantía fundamental en materia probatoria, conforme a la cual se consideran como nulas *las pruebas* obtenidas mediante violación del debido proceso. Sobre ello, la Sala Político Administrativa del Tribunal Supremo ha establecido en sentencia N° 2053 de 24 de octubre de 2000, que "una prueba debe considerarse "lícita" cuando no existe violación de derechos y garantías fundamentales ni en la obtención preprocesal del elemento probatorio, ni durante la práctica del

---

52 Véase en *Revista de Derecho Público*, N° 81, (enero-marzo), Editorial Jurídica Venezolana, Caracas 2000, p. 153

concreto medio de prueba pues, lo definitorio de la prueba ilícita es la vulneración del contenido de derechos fundamentales", agregando lo siguiente:

> El tema de las pruebas inconstitucionales de invalidez e impugnabilidad es objeto de enérgica polémica. A favor de la admisión y eficacia de las pruebas ilegales o irregulares se postulan el principio de la búsqueda de la verdad procesal y la justicia como fin de todo proceso, el principio de la autonomía de las normas procesales respecto de las materiales, el carácter metajurídico de la prueba, el principio "*male captum, bene retentum*", el argumento de la no doble sanción por un mismo acto, el principio "*factum infectum fieri nequit*".
>
> En contra de la admisión y la eficacia de la prueba ilegal o irregular se formula la concepción del proceso como instrumento de resolución jurisdiccional de litigios dentro del respeto al ordenamiento jurídico. Probidad y lealtad procesal, el principio general del derecho "*nemo ex delicto conditionem suam meliorem facere potest*", su efecto disuasorio, garantizador de la eficacia de la norma vulnerada, la nulidad del acto material de obtención del elemento probatorio comparó la nulidad posterior de toda su eventual eficacia (*quod nullum est, nullum producit effectum*), la debida sanción al fraude de ley, la inadmisibilidad de la legítima defensa y el estado de necesidad como justificatorios de la prueba ilícita y la doctrina de la fruta del árbol envenenado.
>
> El ordinal primero del artículo 49, consagra un tipo de nulidad constitucional en forma expresa, al decir "serán nulas las pruebas obtenidas mediante violación del debido proceso". De tal literalidad, se evidencia una ineficacia que se manifiesta en tres momentos procesales distintos: uno, inicial, en la admisión del elemento probatorio; otro, intermedio, durante su evacuación y, uno último, durante la valoración judicial de la prueba desarrollada en el proceso, esto es, en la emisión del juicio jurisdiccional.
>
> Admitir que la norma constitucional citada se refiere solamente al momento de valorar, momento en el que el referido precepto impediría al órgano jurisdiccional extraer consecuencia alguna de la prueba ilícita, seria consagrar el absurdo de admitir una prueba para seguidamente impedirle que despliegue sus efectos, lo cual afectaría inclusive a la parte que ha propuesto y practicado la prueba, la cual sin posibilidad de discusión sobre su licitud, se encuentra con una declaración judicial, en la sentencia, en la que se rechaza su fuente de prueba.
>
> De allí que la primera manifestación de la imposibilidad de que surtan efectos las pruebas ilícitas se concreta en la prohibición de admitirlas, so pena de incurrir la resolución en un supuesto de nulidad absoluta, radical o de pleno derecho y por ende, ser ineficaz e insubsanable.
>
> Es por ello que sea necesario en forma previa la decisión sobre la validez de las pruebas y de su evacuación, con el objeto de delimitar el ámbito del debate probatorio e impedir la interferencia de pruebas ilícitas o nulas en el curso de la práctica de las mismas[53].

53 Véase en *Revista de Derecho Público*, N° 84, (octubre-diciembre), Editorial Jurídica Venezolana, Caracas 2000, p. 140

F. *El derecho a la doble instancia*

El mismo artículo 49,1 de la Constitución, también como manifestación del derecho a la defensa consagra el derecho de toda persona declarada culpable a *recurrir del fallo*, con las excepciones establecidas en la Constitución y la ley. Se trata del derecho a la doble instancia que "consiste en la efectiva posibilidad de revisión de los fallos o decisiones dictados con ocasión de un proceso o procedimiento, esto es, de someter una causa (de interés para quien recurre) al conocimiento posterior de un órgano de mayor jerarquía en la pirámide organizativa del Poder Judicial"[54].

A pesar de que la Constitución admite que este derecho podría restringirse por la ley, sin embargo y con fundamento en el artículo 23 de la misma Constitución que otorga rango constitucional a los tratados sobre derechos humanos suscritos por la República, aplicando las normas de la Convención Americana de Derechos Humanos (art. 8, 1 y 2) por ser más favorables y por tanto por prevalecer aún ante la norma constitucional, la Sala Constitucional del Tribunal Supremo, en ejercicio del control difuso de la constitucionalidad, desaplicó el artículo 185 de la Ley Orgánica de la Corte Suprema de Justicia que negaba la apelación contra las decisiones de la Corte Primera de lo Contencioso Administrativo por ante la Sala político Administrativa del Tribunal Supremo[55]; así como el artículo 891 del Código de Procedimiento Civil que niega la apelación respecto de fallos de menor cuantía[56]

G. *Las garantías de la confesión*

Conforme al ordinal 5° del artículo 49, ninguna persona puede ser obligada a confesarse culpable o declarar contra sí misma, su cónyuge, concubino o pariente dentro del cuarto grado de consanguinidad y segundo de afinidad.

En todo caso, la confesión solamente es válida si es hecha sin coacción de ninguna naturaleza.

H. *El principio nullum crimen nulla poena sine lege*

El ordinal 6° del artículo 49 recoge el principio tradicional de que ninguna persona puede ser sancionada por actos u omisiones que no fueren previstos como delitos, faltas o infracciones en leyes preexistentes.

---

54 Véase sentencia N° 2263 de 20-12-2000 de la Sala Político Administrativa del Tribunal Supremo en *Revista de Derecho Público*, N° 84, (octubre-diciembre), Editorial Jurídica Venezolana, Caracas 2000, p. 397

55 Véase sentencia N° 87 de 14-03-2000 de la Sala Constitucional en *Revista de Derecho Público*, N° 81, (enero-marzo), Editorial Jurídica Venezolana, Caracas 2000, pp. 157 y ss; y en relación con el mismo asunto, véase sentencia N° 802 de 13-04-2000 de la Sala Político Administrativa del Tribunal Supremo en *Revista de Derecho Público*, N° 82, (abril-junio), Editorial Jurídica Venezolana, Caracas 2000, pp. 270 y ss.

56 Véase sentencia N° 328 de 09-03-2001 de la Sala Constitucional en *Revista de Derecho Público*, N° 85-88, Editorial Jurídica Venezolana, Caracas 2001, pp. 108 y ss. En contraste, en relación con el artículo 195 del Código de Procedimiento Civil, véase sentencia N° 178 de 01-03-2001 de la Sala Político Administrativa del Tribunal Supremo en *Revista de Derecho Público*, N° 85-88, Editorial Jurídica Venezolana, Caracas 2001, pp. 104 y ss.

I. *El principio non bis in idem*

Este principio lo recoge el ordinal 7° del artículo 49 de la Constitución, al establecer que ninguna persona puede ser sometida a juicio por los mismos hechos en virtud de los cuales hubiese sido juzgada anteriormente, recogiéndose así el principio de la cosa juzgada[57].

Sobre este principio *non bis in idem*, en particular en relación con la responsabilidad tripartita (administrativa, civil y penal) de los funcionarios públicos consagrada en la misma Constitución (art. 25), la Corte Primera de lo Contencioso administrativo en sentencia de 9 de marzo de 2000 (Caso: *Rafael Quiñónez V.*), ha argumentado que el mismo no se aplica a los funcionarios públicos por lo que se refiere a las sanciones administrativas cuando se trate de juzgamiento en sedes distintas por los mismos hechos[58].

J. *La garantía de la responsabilidad estatal por errores o retardos judiciales*

Conforme al ordinal 8° del artículo 49, toda persona puede solicitar del Estado el restablecimiento o reparación de la situación jurídica lesionadas por error judicial, retardo u omisión injustificados.

En todo caso, queda a salvo el derecho del particular de exigir la responsabilidad personal del magistrado o juez del Estado, y de actuar contra éstos.

En cuanto a la responsabilidad del Estado, en general, está regulada en el artículo 140; y el principio de la responsabilidad de los jueces se refuerza, además, en los artículos 139 y 255.

III EL DERECHO Y LA ACCIÓN DE AMPARO

1. *Alcance de la reforma constitucional*

Puede decirse que el artículo 27 de la Constitución de 1999 siguió la orientación del artículo 49 de la Constitución de 1961, al regular la institución del amparo, definitivamente, como un derecho constitucional, el cual se puede ejercer a través de múltiples medios o recursos judiciales de protección, incluyendo la acción de amparo[59], así:

---

57 Véase sentencia N° 120 de 17-03-2000 de la Sala Constitucional en *Revista de Derecho Público*, N° 81, (enero-marzo), Editorial Jurídica Venezolana, Caracas 2000, pp. 155 y ss.

58 Véase en *Revista de Derecho Público*, N° 81, (enero-marzo), Editorial Jurídica Venezolana, Caracas 2000, pp. 166 y ss

59 Véase Allan R. Brewer-Carías, *El Derecho y la Acción de Amparo,* Tomo V *Instituciones Políticas y Constitucionales, op. cit.*, pp. 163 y ss. Véase en general, Hildegard Rondón de Sansó, "La acción de amparo constitucional a raíz de la vigencia de la Constitución de 1999", en *Revista de la Facultad de Ciencias Jurídicas y Políticas de la UCV*, N° 119, Caracas, 2000, pp. 147-172; Richard D. Henríquez Larrazábal, "El problema de la procedencia del amparo constitucional en el Derecho venezolano", en *Bases y principios del sistema constitucional venezolano (Ponencias del VII Congreso Venezolano de Derecho Constitucional realizado en San Cristóbal del 21 al 23 de Noviembre de 2001),* Volumen II, pp. 403-475; Víctor R. Hernández-Mendible, "El amparo constitucional desde la perspectiva cautelar", en *El Derecho Público a comienzos del siglo XXI. Estudios homenaje al Profesor Allan R. Brewer-Carías,* Tomo I, *op. cit.*, pp. 1219-1301.

Artículo 27: Toda persona tiene derecho a ser amparada por los tribunales en el goce y ejercicio de los derechos y garantías constitucionales, aun de aquellos inherentes a la persona que no figuren expresamente en esta Constitución o en los instrumentos internacionales sobre derechos humanos.

El procedimiento de la acción de amparo constitucional será oral, público, breve, gratuito y no sujeto a formalidad, y la autoridad judicial competente tendrá potestad para restablecer inmediatamente la situación jurídica infringida o la situación que más se asemeje a ella. Todo tiempo será hábil y el tribunal lo tramitará con preferencia a cualquier otro asunto.

La acción de amparo a la libertad o seguridad podrá ser interpuesta por cualquier persona, y el detenido o detenida será puesto bajo la custodia del tribunal de manera inmediata, sin dilación alguna.

El ejercicio de este derecho no puede ser afectado, en modo alguno, por la declaración del estado de excepción o de la restricción de garantías constitucionales.

Las reformas más importantes que introdujo esta norma respecto de lo que se establecía en el artículo 49 de la Constitución de 1961, son las siguientes:

En *primer lugar*, en forma expresa se estableció el amparo como un "derecho" constitucional de toda persona, "a ser amparada por los tribunales en el goce y ejercicio de los derechos y garantías constitucionales".

En *segundo lugar*, en cuanto a los derechos amparables, se estableció que no sólo son los que la Constitución establece, sino aquellos inherentes a la persona que no figuren expresamente no sólo en la Constitución sino en los instrumentos internacionales sobre derechos humanos.

En *tercer lugar*, en cuanto al procedimiento, en lugar de establecer sólo que debía ser "breve y sumario" como lo hacía la Constitución de 1961, se indica que debe ser "oral, público, breve, gratuito y no sujeto a formalidad", y que además "todo tiempo será hábil y el tribunal lo tramitará con preferencia a cualquier otro asunto".

En *cuarto lugar*, no sólo se reiteró la competencia del juez para restablecer inmediatamente la situación jurídica infringida, sino alternativamente, "o la situación que más se asemeje a ella".

Y en *quinto lugar* se precisó expresamente que "el ejercicio de este derecho no puede ser afectado, en modo alguno, por la declaración del estado de excepción o de la restricción de garantías constitucionales".

Como puede observarse de dicha norma, en ella no sólo se recogieron todos los principios fundamentales en materia de amparo que la Constitución de 1961 había establecido, sino los que se habían desarrollado en aplicación de la Ley Orgánica de Amparo sobre Derechos y Garantías Constitucionales de 1988[60].

2. *El amparo como derecho constitucional en los instrumentos internacionales*

Ahora bien, la consagración con rango constitucional de los derechos fundamentales no tendría efectividad alguna, si no se estableciera en el propio texto constitucional, la garantía judicial específica de dichos derechos, es decir, el derecho de

60 Véase Allan R. Brewer-Carías y Carlos M. Ayala Corao, *Ley Orgánica de Amparo sobre derechos y garantías constitucionales*, Caracas 1988.

todos a ser amparados por los Tribunales en el goce y ejercicio de los propios derechos constitucionales, tal como se regula en el artículo 27 de la Constitución, siguiendo la orientación de los instrumentos internacionales sobre derechos humanos. Estos, como lo establece el artículo 23 de la Constitución, tienen rango constitucional, por lo que conviene analizar sus disposiciones para confrontarlas con la regulación nacional[61].

A. *La regulación del amparo en los instrumentos internacionales*

a. *El amparo en la Declaración Universal de Derechos Humanos de las Naciones Unidas y en el Pacto Internacional de Derechos Civiles y Políticos de Naciones Unidas*

En efecto, la Declaración Universal de los Derechos Humanos adoptada por la Asamblea General de las Naciones Unidas el 10 de diciembre de 1948, además de la garantía del debido proceso (Art. 12), puede decirse que consagró como derecho de todas las personas el derecho de amparo a los derechos fundamentales, en los siguientes términos:

> *Artículo 8.* Toda persona tiene derecho a un recurso efectivo, ante los tribunales nacionales competentes, que la ampare contra actos que violen sus derechos fundamentales reconocidos por la constitución o la ley.

Este derecho fundamental establecido en la Declaración se puede considerar como un derecho que tiene toda persona a que sus derechos fundamentales sean amparados judicialmente mediante un recurso efectivo, lo que en el mundo contemporáneo ha dado lugar al desarrollo de la acción o recurso de amparo, muy extendido en América Latina y consagrado después de la segunda post guerra en Alemania y en España. Como se dijo, dicho derecho se estableció separado del derecho al debido proceso que el artículo 12 de la Declaración consagró en los siguientes términos:

> *Artículo 12.* Toda persona tiene derecho, en condiciones de plena igualdad, a ser oída públicamente y con justicia por el tribunal independiente e imparcial, para la determinación de sus derechos y obligaciones o para el examen de cualquier acusación contra ella en materia penal.

Ese derecho de amparo, que en nuestro criterio se estableció en 2003 en el proyecto de Constitución Europea (art. II,47, párrafo primero), por tanto, es distinto al derecho fundamental que tiene toda persona en el ejercicio de sus derechos e intereses legítimos, a que se le asegure el acceso a la justicia y a obtener una tutela judicial efectiva por parte de los jueces, con garantía del debido proceso y del derecho a la defensa (art. II,47, párrafos segundo y tercero).

Entre uno y otro derecho podría establecerse una relación de género a especie: el derecho a la tutela judicial efectiva general sería el género, vinculado al derecho al debido proceso y a la defensa en relación con todos los derechos (y no sólo los fundamentales) e intereses legítimos de las personas; y el derecho de amparo o a la tutela judicial efectiva individual, se refiere en concreto al derecho de las personas a

61 Véase Allan R. Brewer-Carías, "El Proyecto de Constitución Europea, el derecho al debido proceso y la acción de amparo", Ponencia al *VII Congreso Iberoamericano de Derecho Constitucional*, Sevilla, 5 de diciembre 2003.

disponer específicamente de "un recurso efectivo" ante los tribunales, que las amparen contra actos que particularmente violen sus derechos fundamentales reconocidos no sólo en la Constitución sino en las leyes. Se trata, sin duda, del derecho de amparo que se traduce en el derecho a un recurso efectivo para la específica protección de los derechos fundamentales.

Casi 20 años después de la Declaración Universal, en el Pacto Internacional de Derechos Civiles y Políticos adoptado en el seno de las Naciones Unidas el 19 de diciembre de 1966, también se estableció como un compromiso de los Estados Partes en el Pacto, además de garantizar el derecho al debido proceso en una detallada norma (Art.14), el garantizar que:

> *Art. 2,3,a).* Toda persona cuyos derechos y libertades reconocidos en el presente Pacto hayan sido violados podrá interponer un recurso efectivo, aún cuando tal violación hubiera sido cometida por personas que actuaban en ejercicio de sus funciones oficiales;
>
> b) La autoridad competente, judicial, administrativa o legislativa, o cualquiera otra autoridad competente prevista por el sistema legal del Estado, decidirá sobre los derechos de toda persona que interponga tal recurso, y a desarrollar las posibilidades de recurso judicial;
>
> c) Las autoridades competentes cumplirán toda decisión en que se haya estimado procedente el recurso.

En esta norma del Pacto, en la misma línea de la Declaración Universal, de nuevo se garantizó internacionalmente el derecho de amparo de los derechos fundamentales y no sólo el derecho al debido proceso o a la tutela judicial en general, perfeccionándose incluso su consagración, al otorgarse a toda persona el derecho de interponer un recurso efectivo fuera cual fuera la causa de la violación a los derechos y libertades reconocidos en el Pacto, y no sólo ante las violaciones provenientes de "actos", como señalaba la Declaración Universal. Además, se precisó que dicho recurso procede contra cualquiera que sea el agraviante o sujeto activo de la violación, incluso si se tratase de funcionarios públicos o, en general, de personas que actúan en ejercicio de sus funciones oficiales. El derecho de amparo que consagra el Pacto Internacional, sin embargo, sólo se refiere a la protección de los derechos y libertades reconocidos en el propio Pacto, sin hacer alusión a los que se establecen en las Constituciones y leyes de los Estados.

b. *El amparo en la Convención Americana sobre Derechos Humanos y la Constitución de 1999*

En la misma línea de regulación del Pacto Internacional de Derechos Civiles y Políticos debe mencionarse el texto de la Convención Americana sobre Derechos Humanos adoptada por la Conferencia Especializada sobre Derechos Humanos el 22 de noviembre de 1969, la cual estableció también tanto el derecho al debido proceso con todas sus garantías judiciales en una detalladísima norma(Art. 8), como el derecho de amparo; este último, delineándolo con mayor precisión incluso como institución latinoamericana, establecida como la garantía judicial por excelencia de los derechos humanos, tanto de los regulados en las Constituciones y otras normas del derecho interno, como de los enumerados en los instrumentos internacionales. En tal sentido, el artículo 25 de la Convención Americana establece:

> *Art. 25,1.* Toda persona tiene derecho a un recurso sencillo y rápido o a cualquier otro recurso efectivo ante los jueces o tribunales competentes, que la ampare contra los actos que violen sus derechos fundamentales reconocidos por la Constitución, la ley o la presente Convención, aún cuando tal violación sea cometida por personas que actúen en ejercicio de sus funciones oficiales.

Esta consagración del derecho de amparo en la Convención Americana, por otra parte, se configura como una obligación internacional impuesta a los Estados de asegurar a las personas ese recurso efectivo de protección de sus derechos. Por ello, la propia Convención dispone que:

> *Art. 25,2.* Los Estados Partes se comprometen:
>
> a) a garantizar que la autoridad competente prevista en el sistema legal del Estado decidirá sobre los derechos de toda persona que interponga tal recurso.

B. *El sentido de la regulación del derecho de amparo en los instrumentos internacionales*

a. *Características del amparo en la Declaración Universal y en el Pacto Internacional de Derechos Civiles y Políticos.*

Pero ateniéndonos ahora sólo a las regulaciones contenidas en la Declaración Universal de los Derechos Humanos y en el Pacto Internacional de los derechos Civiles y políticos, como se ha dicho, en esos instrumentos internacionales, independientemente del derecho a la tutela judicial efectiva, se ha establecido el derecho de toda persona a un recurso efectivo ante los jueces o tribunales nacionales competentes para que la amparen contra las violaciones a sus derechos y libertades fundamentales reconocidos en las respectivas Constituciones, en las leyes y en la propia Declaración Universal y en el Pacto Internacional.

De estas normas internacionales puede decirse que se derivan los contornos de lo que debería ser este recurso de amparo de los derechos fundamentales en el derecho interno de los países, delineados, por lo demás, en forma mucho más amplia de la que existe en los sistemas alemán y español, y que podrían identificarse con base en los siguientes principios:

En *primer lugar,* tanto la Declaración Universal como el Pacto Internacional conciben el amparo como un derecho fundamental. Estimamos que ello deriva de la indicación de que toda persona "tiene derecho" a un recurso efectivo o de un derecho a interponer un "recurso efectivo" para obtener el amparo judicial a sus derechos; de lo que resulta, incluso, que no sólo se trata de que toda persona tenga una garantía adjetiva concretizada en un solo recurso o a una acción de amparo, tutela o protección, sino que toda persona tiene derecho a la protección o amparo judicial. Este es el sentido, por ejemplo, en nuestro criterio de la regulación de la Constitución española. Por ello, en realidad, se puede decir que estamos en presencia de un derecho fundamental de carácter internacional y constitucional de las personas, a tener a su disposición un medio judicial efectivo de protección de sus derechos constitucionales.

En *segundo lugar,* conforme a la Declaración Universal y al Pacto Internacional, el derecho de amparo que en ellos se regula se le debe garantizar a "toda persona" sin distingo de ningún tipo, por lo que corresponde a las personas naturales y a las personas jurídicas o morales; a las personas nacionales y a las extranjeras; a las hábiles y no hábiles; a las personas de derecho público y a las de derecho privado. Es decir, corresponde a toda persona en el sentido más universal.

En *tercer lugar*, el "recurso efectivo" de protección de los derechos y libertades fundamentales de carácter judicial a los que se refieren tanto la Declaración Universal como el Pacto Internacional, puede ser de cualquier clase. Por ello, en realidad, consideramos que puede tratarse de cualquier medio judicial y no necesariamente de una sola y única acción de protección o de amparo. Es decir, ni la Declaración Universal ni el Pacto Internacional necesariamente se refieren a un solo medio adjetivo de protección, sino que puede y debe tratarse de un conjunto de medios de protección, lo que puede implicar, incluso, la posibilidad de utilizar los medios judiciales ordinarios si estos garantizan la efectividad de la protección constitucional, o como lo señala la Constitución española, si tienen procedimientos basados en los principios de preferencia y sumariedad.

Por tanto, no puede tratarse de cualquier medio judicial para que se asegure el derecho de amparo, sino que por sobre todo tiene tratarse de un recurso "efectivo", es decir, que permita obtener la protección al derecho violado en forma rápida y con el resultado protectivo deseado.

En *cuarto lugar*, la Declaración Universal y el Pacto Internacional señalan que el recurso judicial de protección o amparo puede interponerse ante los tribunales nacionales competentes, de lo que resulta que la intención de las regulaciones es que no se trate de un solo y único tribunal competente, como sucede en el caso alemán y español donde la competencia para conocer de la acción de amparo se atribuye al Tribunal Constitucional. Ello, por supuesto, se debe regular en el ordenamiento constitucional interno, pero el fundamento de la regulación de la Declaración Universal y del Pacto Internacional es que ésta sea esencialmente la función del Poder Judicial.

En *quinto lugar,* conforme a la Declaración Universal y al Pacto Internacional este derecho a un recurso efectivo de protección ante los tribunales, se establece para la protección de todos los derechos y libertades fundamentales que estén en la Constitución, en la ley o en los propios instrumentos internacionales, los cuales se denominan derechos fundamentales o constitucionales; y no sólo de ciertos derechos constitucionales, como los específicamente denominados "derechos fundamentales" o libertades individuales en Constituciones como las de Alemania y España.

En *sexto lugar*, la protección que regula el Pacto Internacional es contra cualquier violación a los derechos fundamentales, la cual puede provenir de cualquier acto, omisión, hecho o actuación que viole los derechos y libertades y, por supuesto, también que amenace violarlos, porque no tendría sentido esperar que la violación se produzca para poder acudir a interponer el recurso efectivo de protección. Es decir, este recuro de amparo o de protección tiene que poder interponerse antes de que la violación se produzca, frente a la amenaza efectiva de la violación y, por supuesto, frente a toda violación o amenaza de violación provenga de quien sea.

En *séptimo lugar*, el recurso efectivo que regulan tanto la Declaración Universal como el Pacto Internacional se puede interponer contra cualquiera que sea el sujeto activo de la violación, por lo que no puede ni debe haber acto ni actuación alguna excluidas de la protección del amparo, así emane de los particulares o de los poderes públicos. Por ello, la aclaratoria que formula el Pacto Internacional de que el recurso efectivo de protección o amparo también se puede intentar cuando la violación a los derechos y libertades hubiera sido cometida por personas que actúen en ejercicio de sus funciones oficiales, es decir, por funcionarios públicos, lo que hace es dejar por sentado que la acción de amparo también puede interponerse contra particulares, lo cual está excluido por ejemplo, en Alemania y España.

Por último, en *octavo lugar*, en los casos de violaciones que sean cometidas por personas que actúan en ejercicio de sus funciones oficiales, ni la Declaración Universal ni el Pacto Internacional indican específicamente en ejercicio de cuál Poder Público aquellos actúan, por lo que el recurso efectivo de protección o amparo podría interponerse contra cualquier acto que emane de cualquier funcionario público, sea una ley, un acto administrativo, una sentencia judicial, una vía de hecho, en fin, contra cualquier actuación u omisión realizada en ejercicio de la función pública.

Esto implica, por otra parte, que el recurso de amparo se podría interponer directamente contra el acto lesivo, sin que se tengan que agotar otras vías judiciales, es decir, sin que tenga que tener un carácter subsidiario como sucede en Alemania y en España, donde en definitiva el recurso siempre se tiene que interponer contra la decisión judicial que agote las vías ordinarias previas.

Ese es, en realidad, el marco que establecen tanto la Declaración Universal y el Pacto Internacional de Naciones Unidas como la Convención Americana sobre Derechos Humanos, y es ese el que debería prevalecer en los derechos internos de los países que han ratificado esos instrumentos. Ese parámetro, por otra parte, quizás fue tomado en cuenta para la consagración en el Proyecto de Constitución Europea de este derecho de amparo, más allá del derecho a la tutela judicial efectiva general.

b. *Características del amparo en la Convención Americana sobre Derechos Humanos y el régimen nacional venezolano*

Conforme al antes mencionado artículo 25 de la Convención Americana sobre Derechos Humanos, cuya redacción y lenguaje sigue los del Pacto Internacional de los Derechos Civiles y Políticos, toda persona tiene derecho a un recurso sencillo y rápido o a cualquier otro recurso efectivo ante los jueces o tribunales competentes, que la amparen contra actos que violen sus derechos fundamentales reconocidos en la respectiva Constitución y en las leyes, y en la propia Convención Americana[62].

De esta norma internacional puede decirse que se derivan los contornos que debería tener esta acción de amparo, de tutela o de protección de los derechos fundamentales en los derechos internos, los cuales lamentablemente en muchos países se encuentran parcialmente restringidos. El sentido de la regulación contenida en la Convención Americana, puede decirse que se conforma por los siguientes elementos:

En *primer lugar* debe señalarse que en la Convención Americana se concibe al amparo como un derecho fundamental, es decir, como un derecho en sí mismo y no sólo como una garantía adjetiva. Se indica en efecto que toda persona "tiene derecho" a un recurso; por lo que no sólo se trata de que toda persona sólo deba tener a su disposición una garantía adjetiva concretizada en un solo recurso o en una acción

62 Véase Allan R. Brewer-Carías, "El fortalecimiento de las instituciones de protección de los derechos humanos en el ámbito interno"en *Reflexiones sobre el constitucionalismo en América*, Editorial Jurídica Venezolana, Caracas 2001, pp. 88 y ss.

de amparo, tutela o protección, sino que toda persona tiene derecho a la protección o amparo judicial.

Por ello, en realidad, estamos en presencia de un derecho fundamental de carácter internacional y constitucional de las personas, a tener a su disposición un medio judicial efectivo, rápido y eficaz de protección.

En *segundo lugar* debe destacarse que la Convención regula un derecho que se le debe garantizar a "toda persona" sin distingo de ningún tipo, por lo que corresponde a las personas naturales y a las personas jurídicas o morales; a las personas nacionales y a las extranjeras; a las hábiles y no hábiles; a las personas de derecho público y a las de derecho privado. Es decir, corresponde a toda persona en el sentido más universal.

En *tercer lugar*, los mecanismos judiciales de protección de los derechos humanos a los que se refiere la Convención Americana pueden ser variados. La Convención habla de un medio efectivo, rápido y sencillo que por tanto, puede ser de cualquier clase. Por ello, en realidad, puede tratarse de cualquier medio judicial y no necesariamente una sola y única acción de protección o de amparo. Es decir, la Convención no necesariamente se refiere a un solo medio adjetivo de protección, sino que puede y debe tratarse de un conjunto de medios de protección que puede implicar, incluso, la posibilidad de utilizar los medios judiciales ordinarios, como por ejemplo sucede con los *writs* en el derecho angloamericano.

En *cuarto lugar*, la Convención señala que el medio judicial de protección o la acción de amparo puede interponerse ante los tribunales competentes, de lo que resulta que la intención de la Convención es que no se trata de un solo y único tribunal competente. Ello, por supuesto, se debe regular en el ordenamiento interno, pero el fundamento de la regulación de la Convención es que ésta debe ser esencialmente la función del Poder Judicial, como también sucede por ejemplo en los sistemas angloamericanos donde el amparo existe sin que se lo denomine como tal. En esos sistemas los jueces cotidianamente dictan órdenes o decisiones de *mandamus*, *injunctions* y *prohibitions*, es decir, todos los tipos de decisiones judiciales que equivalen al amparo en América Latina, como parte de la cotidianidad de la acción del juez, sin que tengan una característica adjetiva especial.

En *quinto lugar,* conforme a la Convención, este derecho a un medio efectivo de protección ante los tribunales se establece para la protección de *todos* los derechos constitucionales que estén en la Constitución, en la ley, en la propia Convención Americana o que sin estar en texto expreso, sean inherentes a la persona humana, por lo que también son protegibles aquellos establecidos en los instrumentos internacionales. Por ello aquí adquieren todo su valor las cláusulas enunciativas de los derechos, que los protegen aun cuando no estén enumerados en los textos, pero que siendo inherentes a la persona humana y a su dignidad, deban ser objeto de protección constitucional.

Además, en *sexto lugar*, la protección que regula la Convención es contra cualquier acto, omisión, hecho o actuación que viole los derechos y, por supuesto, también que amenace violarlos, porque no hay que esperar que la violación se produzca para poder acudir al medio judicial de protección. Es decir, este medio de protección tiene que poder existir antes de que la violación se produzca, frente a la amenaza efectiva de la violación y, por supuesto, frente a toda violación o amenaza de violación provenga de quien sea. Es decir, no puede ni debe haber acto ni actuación alguna excluidas del amparo, así emane de los particulares o de los poderes públicos, en cualquier forma, sea una ley, un acto administrativo, una sentencia, una vía de hecho, una actuación u una omisión.

Este es, en realidad, el parámetro que establece la Convención Americana sobre el amparo, el cual si bien no se sigue completamente en muchos países de América latina, por el contrario, si puede decirse que se sigue en la regulación del amparo en Venezuela. En efecto, como se ha señalado, de acuerdo con la norma del artículo 27 de la Constitución, resulta lo siguiente:

Primero, que el amparo se consagra como un derecho fundamental de toda persona, a ser amparado por los tribunales en el goce y ejercicio de los derechos y garantías constitucionales.

Segundo, se trata de un derecho que corresponde a "toda persona" en el sentido de toda persona natural que se encuentre en el territorio nacional o de toda persona jurídica domiciliada o que tengan intereses en el mismo.

Tercero, es un derecho que permite ser amparado en el goce y ejercicio de todos los derechos y garantías que se establecen y enumeran en la Constitución, de aquellos que no estando expresamente enunciados en ella o en los instrumentos internacionales sobre derechos humanos, sean inherentes a la persona. Por tanto, todos los derechos son justiciables por la vía del amparo

Cuarto, es un derecho, el de ser amparado, que puede ejercerse para buscar protección judicial contra cualquier violación o amenaza de violación de esos derechos o garantías constitucionales, provengan de actos, hechos u omisiones de funcionarios o entidades públicas o de otros particulares.

Quinto, para que proceda el ejercicio del derecho a ser amparado ante los tribunales, se requiere que el derecho o garantía constitucional sea directamente lesionado en su goce o ejercicio, sea que con ello se viole directamente la Constitución, los instrumentos internacionales o las leyes que conforme a la Constitución regulan o garantizan el derecho.

Sexto, la Constitución atribuye competencia judicial para conocer de las pretensiones de amparo a "los tribunales", con lo cual expresamente se apartó de los sistemas que regulan el amparo como un medio adjetivo único que debe ejercerse ante un solo órgano jurisdiccional (*p.e.* un Tribunal Constitucional). Además la protección del amparo puede pedirse, sea conjuntamente con el ejercicio de las acciones o recursos ordinarios o extraordinarios previstos en el ordenamiento procesal, sea mediante una acción autónoma de amparo. Adicionalmente, se establece que todo tiempo será hábil y el tribunal debe tramitar el amparo con preferencia a cualquier otro asunto

Séptimo, la Constitución exige que el procedimiento ante los Tribunales para el ejercicio del derecho de amparo debe ser oral, público, breve, gratuito y no sujeto a formalidad (y efectivo, en los términos de la Declaración Universal), teniendo el Juez competente potestad "para restablecer inmediatamente la situación jurídica infringida o la situación que más se le asemeje".

3. *El derecho de amparo y la acción de amparo en la Ley Orgánica de Amparo sobre Derechos y Garantías Constitucionales de 1988*

La Constitución de 1961, al incorporar a su texto el artículo 49 que reguló el derecho de amparo "consagró definitivamente el derecho de amparo como instrumento procesal para proteger todos los derechos fundamentales de la persona humana consagrados constitucionalmente", en lo que se ha calificado como "uno de los aciertos más destacados en la avanzada Carta Fundamental de 1961"[63]. Como se ha dicho, esta orientación se acentuó en el texto de la Constitución de 1999.

En efecto, el gran aporte del texto constitucional con relación a la protección de los derechos fundamentales, que ha sido la consagración del amparo como un derecho fundamental más, y no sólo como una garantía, que resulta de la configuración jurisprudencial del derecho del amparo, conforme a la cual puede sostenerse que la Constitución no consagró solamente una "acción de amparo" para proteger los derechos constitucionales, sino que lo que previó fue "un derecho fundamental al amparo" con la consecuente obligación de todos los tribunales de amparar a las personas en el goce y ejercicio de los derechos y garantías consagrados en la Constitución, o que sin estar enumerados en el texto, sean inherentes a la persona humana[64].

En consonancia con esa orientación se dictó la Ley Orgánica de Amparo sobre Derechos y Garantías Constitucionales en vigencia a partir del 22 de enero de 1988[65], pudiendo considerarse, sin duda, entre las leyes más importantes que se dictaron en el país después de la propia Constitución de 1961.

Por eso la Sala Político Administrativa de la Corte Suprema de Justicia en sentencia de 31 de enero de 1991, al referirse al amparo como remedio judicial extraordinario o especial de defensa de los derechos y garantías constitucionales desarrollado en la Ley Orgánica, señaló que ello:

> Constituye un logro importante y trascendente para la plena vigencia del Estado de Derecho existente en el país hace ya más de tres décadas, y se erige como un instituto fundamental, de rango superior sobre cualquier otra norma que pudiera oponérsele dentro del propio ordenamiento constitucional venezolano[66].

Ahora bien, la Ley Orgánica de Amparo sobre Derechos y Garantías Constitucionales, al regular y consagrar la acción de amparo reconoció expresamente que el ejercicio del derecho de amparo no se agota ni se contrae exclusivamente a dicho medio procesal, sino que puede ejercerse también a través de otras acciones o recursos establecidos en el ordenamiento jurídico. Quedó así, definitivamente resuelta la discusión doctrinal sobre si el amparo que consagra la Constitución es en sí mismo un derecho fundamental o si sólo es una garantía adjetiva de los derechos fundamen-

---

63 Héctor Fix Zamudio, "Algunos aspectos comparativos del derecho de amparo en México y Venezuela", *Libro Homenaje a la Memoria de Lorenzo Herrera Mendoza,* UCV, Caracas, 1970, Tomo II, pp. 333-390.

64 Véase Allan R. Brewer-Carías, *Estado de Derecho y Control Judicial,* Caracas 1987, pp. 587 a 657. Véase también *El amparo constitucional en Venezuela,* Instituto de Estudios Jurídicos del Estado Lara, 2 Tomos, Barquisimeto, 1987, en los que se recogen una serie de artículos y estudios sobre el amparo constitucional y de decisiones judiciales sobre la admisibilidad del amparo en nuestro país. Véase además Gustavo J. Linares Benzo "El Proceso de Amparo en Venezuela", *Revista de la Fundación Procuraduría General de la República,* N° 2, 1987, pp. 27 a 110.

65 Véase en *Gaceta Oficial* N° 33.891 de 22 de enero de 1988. La Ley Orgánica fue reformada en 27-9-88, publicada en *Gaceta Oficial* N° 34.060 de 27-9-88. Véase Allan R. Brewer-Carías, "Introducción general al régimen del derecho de amparo a los derechos y garantías constitucionales" en Allan R. Brewer-Carías y Carlos Ayala Corao, *Ley Orgánica de Amparo sobre Derechos V Garantías Constitucionales,* Caracas, 1988.

66 Véase en *Revista de Derecho Público,* N° 45, Editorial Jurídica Venezolana, Caracas 1991, p. 117.

tales. La Ley opta por la primera posición, pues si bien regula la acción de amparo como un medio adjetivo autónomo de protección de los derechos fundamentales, sin embargo establece expresamente que el derecho de amparo de dichos derechos puede ejercerse, también, mediante otras vías procesales consagradas en el ordenamiento jurídico. En palabras de la Sala Constitucional:

> Resulta así congruente con lo que se ha venido analizando, que la específica acción de amparo constitucional consagrada en el inciso segundo del artículo 27 de la Carta Magna, constituya un medio adicional a los ordinarios en la tarea de salvaguardar los derechos fundamentales. Al contrario de cómo ha venido siendo concebida, dicha acción no entraña un monopolio procesal en cuanto al trámite de denuncias respecto a violaciones a la regularidad constitucional -tal tesis la descarta el sistema de garantías procesales de que disponen los tribunales en el ejercicio ordinario de su función[67].

Por ello, en el artículo 3° de la Ley Orgánica se establece la posibilidad de ejercer la acción de amparo contra leyes junto con la acción popular de inconstitucionalidad de las leyes ante la Corte Suprema de Justicia; en el artículo 5° se establece expresamente que la pretensión de amparo contra actos administrativos y contra las conductas omisivas de la Administración puede ejercerse conjuntamente con el recurso contencioso-administrativo de anulación; y el artículo 6° ordinal 5°, al establecer las causales de inadmisibilidad de la acción de amparo, reconoce implícitamente que se puede formular la pretensión de amparo mediante otras "vías jurídicas ordinarias" o "medios judiciales preexistentes", en los cuales puede "alegarse la violación o amenaza de violación de un derecho o garantía constitucional".

Así lo había reconocido la antigua Corte Suprema de Justicia en Sala Político Administrativa en sentencia de 10 de julio de 1991 (Caso: *Tarjetas Banvenez*), la cual al ser citada en sentencia de la misma Corte de 10 de junio de 1992, la llevó a señalar lo siguiente:

> El texto de la Ley Orgánica de Amparo prevé fundamentalmente dos mecanismos procesales: la acción autónoma de amparo y la acumulación de ésta con otro tipo de acciones o recursos, modalidades que difieren sustancialmente en cuanto a su naturaleza y consecuencia jurídica. Por lo que respecta a la segunda de las modali-dades señaladas, es decir, la acción de amparo ejercida conjuntamente con otros medios procesales, la referida ley regula tres supuestos: a) la acción de amparo acumulada a la acción popular de inconstitucionalidad de las leyes y demás actos estatales normativos (artículo 3°); b) la acción de amparo acumulada al recurso contencioso-administrativo de anulación contra actos administrativos de efectos particulares o contra las conductas omisivas de la Administración (artículo 5º); c) la acción de amparo acumulada con acciones ordinarias (artículo 6º, ordinal 5°)[68] .

La Sala sostuvo además que la acción de amparo en ninguno de estos casos era una acción principal sino subordinada, accesoria a la acción o al recurso al cual se acumuló, sometido al pronunciamiento jurisdiccional final que se emitiera en la

67 Véase en *Revista de Derecho Público*, Nº 85-88, Editorial Jurídica Venezolana, Caracas 2001, p 448

68 Véase en *Revista de Derecho Público,* Nº 50, Editorial Jurídica Venezolana, Caracas, 1992, pp. 183-184.

acción acumulada. Tratándose de una acumulación de acciones, debía ser resuelta por el juez competente para conocer de la acción principal"[69] .

Por tanto, como lo señaló el Informe de la Comisión de Política Interior del Senado de fecha 9 de diciembre de 1987, al estudiar el Proyecto, el

> artículo 49 de la Constitución, más que un medio adjetivo procesal, consagra un derecho fundamental, el derecho a ser amparado. De manera que la Constitución no consagra una acción de amparo o un medio adjetivo, sino un derecho fundamental, el derecho a ser amparado... tan fundamental como aquéllos que van a ser objeto de amparo. Y ese derecho puede materializarse, sin duda, a través del ejercicio de múltiples acciones y recursos.

Sin embargo, estimó la misma Comisión que también "era necesario desarrollar el mandato constitucional en una Ley que consagre que la acción de amparo puede ser ejercida por todo habitante del país y ser resuelta de manera sumaria, breve y efectiva para evitar lesiones o daños y restablecer inmediatamente la situación jurídica infringida"[70], para lo cual precisamente, se sancionó la Ley Orgánica de Amparo.

Al igual que la Constitución de 1961, la Constitución de 1999 no establece "una" acción o recurso de amparo, como un particular medio de protección judicial, sino un "derecho de amparo" o "derecho a ser amparado", como derecho fundamental que se puede materializar y de hecho se materializa, a través de diversas acciones y recursos judiciales, incluso a través de una "acción autónoma de amparo" que regula la Ley Orgánica, y que como se ha visto, ya había venido delineando la jurisprudencia. Este carácter del amparo, como un "derecho constitucional" en nuestro criterio es el elemento clave para identificar la institución venezolana[71] y, en definitiva, su no consideración como una sola acción o recurso, sino como un derecho, es lo que justificó el cambio de criterio sentado por la Corte Suprema de Justicia en 1983, respecto de su tesis sustentada en 1970, sobre la posibilidad del ejercicio de la acción de amparo aun en ausencia de la ley reglamentaria prevista en la Constitución: si la norma del artículo 49 hubiera consagrado "una acción o recurso" de amparo, el artículo 50 del texto constitucional de 1961 le hubiera sido inaplicable[72]; en cambio, si el artículo 49 de la Constitución de 1961, como la de 1999, consagraba un derecho fundamental, como en efecto sucedía, se aplicaba el texto de dicho artículo 50 de dicha Constitución al disponer que "la falta de ley reglamentaria" de los derechos constitucionales enunciados en el texto, no menoscaba el ejercicio de los mismos[73].

---

69 *Idem.*

70 Véase el "Informe que presenta la Comisión Permanente de Política Interior del Senado referente al Proyecto de Ley Orgánica de Amparo sobre Derechos y Garantías Constitucionales", de 9-12-87, considerado en la sesión del Senado de 14-12-87. Véase nuestros estudios sobre el Proyecto de Ley en Allan R. Brewer-Carías, *Estudios de Derecho Público (Labor en el Senado 1985-1987),* Tomo III, Caracas, 1989, pp. 71 a 230.

71 Véase Allan R. Brewer-Carías, "El derecho de amparo y la acción de amparo", *Revista de Derecho Público,* N° 22, Editorial Jurídica Venezolana, Caracas, 1985, pp. 51 y ss

72 Como lo sostenía la Procuraduría General de la República en 1970: "el amparo, más que un derecho, constituye una garantía de protección de los derechos, y de acuerdo con la letra de la Ley sólo los derechos pueden ser ejercidos, aun antes de promulgada la Ley reglamentaria respectiva". Véase *Doctrina de la Procuraduría General de la República 1970,* Caracas, 1971. p. 35.

73 Este criterio del amparo como un derecho lo destacó en 1970, Jesús Ramón Quintero, cuando al comentar una decisión de la Corte Superior Cuarta en lo Penal en torno a un recurso de amparo de 22 de di-

Este es el criterio que ha sido el dominante de la jurisprudencia y en nuestra opinión el más importante elemento diferenciador de la institución de amparo en Venezuela, que estimamos, además, ha sido recogido en la nueva ley.

En efecto, en su artículo 1°, la Ley Orgánica de Amparo sobre Derechos y Garantías Constitucionales, establece lo siguiente:

> Toda persona natural habitante de la República o persona jurídica domiciliada en ésta, podrá solicitar ante los Tribunales competentes el amparo previsto en el artículo 49 de la Constitución, para el goce y el ejercicio de los derechos y garantías constitucionales, aun de aquellos derechos fundamentales de la persona humana que no figuren expresamente en la Constitución, con el propósito de que se restablezca inmediatamente la situación jurídica infringida o la situación que más se asemeje a ella.
>
> La garantía de la libertad personal que regula el *hábeas corpus* constitucional, se regirá por esta Ley.

Se consagra, sin duda, aquí, el derecho a ser amparado, el cual si bien puede ejercerse mediante la acción autónoma de amparo que regula la Ley, no se reduce a ella.

En efecto, la consideración del amparo constitucional como un derecho fundamental a un medio de protección judicial trae como consecuencia, ante todo, se insiste, en que el amparo no es, precisamente, ni una "acción" ni un "recurso", pues la Constitución no identifica el "derecho de amparo" con ninguna vía o medio judicial concreto, a pesar del que se regula en la Ley Orgánica. Por tanto, tal como está concebido tanto en la Constitución como en el artículo 1° de la Ley Orgánica, el amparo puede materializarse en un recurso, en sentido estricto, de revisión de decisiones administrativas o judiciales, o puede configurarse como un proceso o "una acción autónoma" que no consista necesariamente en la revisión de determinado acto jurídico. Por eso, el amparo puede indistintamente consistir en un "recurso" o en una "acción" autónoma. Depende del objeto de la protección y de la regulación legal.

Pero además, tal como lo concibe tanto el artículo 27 de la Constitución como el artículo 1° de la Ley Orgánica, el amparo no sólo se establece como un *"derecho"* de las personas a ser amparados en el goce y ejercicio de los derechos y garantías que la Constitución establece y que sean inherentes a la persona, sino que, en realidad, conforme al principio de alteridad, además se configura como un *deber* de los tribunales de amparar a las personas en el goce y ejercicio de tales derechos. Por ello el amparo, tal como está en el texto constitucional, no queda reducido a una acción

---

ciembre de 1969 señaló: Existe pues, según el fallo de la Corte. un derecho de los individuos, de amparo, y un deber u obligación de los Tribunales de concederlo cuando sea procedente. Tal derecho y tal obligación tienen una base en la propia Constitución la cual a su vez, y de un modo terminante que no admite ningún tipo de duda, establece que su solo texto es suficiente para que los Tribunales concedan el amparo, pues la falta de Ley reglamentaria de los derechos, aunque no deseable, no puede convertirse en un obstáculo para el cabal y completo goce y disfrute de esos derechos que la Constitución establece y aun de aquellos que no están establecidos en forma expresa, pero que sean inherentes a la persona humana". Véase "Recurso de amparo. La cuestión central en dos sentencias y un voto salvado" en *Revista de la Facultad de Derecho.* Universidad Católica Andrés Bello, N° 9, Caracas, 1969-1970, pp. 161 y 162. En las páginas 166 y siguientes refuerza el mismo argumento. El texto de la sentencia que comenta y del voto salvado a la misma puede verse en pp. 180 a 206. Véase asimismo el texto del voto salvado en Otto Marín Gómez, *Protección procesal de las garantías constitucionales de Venezuela. Amparo y Hábeas Corpus,* Caracas, 1983, pp. 229-250.

única y autónoma, necesariamente independiente de todas las otras acciones o recursos judiciales previstos para la defensa de los derechos y garantías constitucionales, sino que la Constitución es lo suficientemente amplia y flexible como para permitir diversos sistemas judiciales de amparo de los derechos y garantías constitucionales, sea a través de acciones o recursos judiciales tradicionales o mediante la vía general de acción de amparo regulada en la Ley Orgánica.

Por tanto, puede haber y hay muchos medios judiciales de protección que permiten a los particulares ser amparados en el goce y ejercicio de sus derechos constitucionales, mediante un procedimiento breve y sumario, en el cual el Juez tiene competencia para restablecer inmediatamente las situaciones jurídicas infringidas por cualquiera. En estos casos, no es que esas vías judiciales ya previstas sustituyan el derecho de amparo (o lo desmejoren), sino que sirven como medios judiciales de amparo.

Ahora bien, a pesar de la multiplicidad de vías de protección judicial de los derechos y garantías constitucionales que aseguran el "derecho de amparo" previsto en la Constitución, es indudable que dado el carácter omnicomprensivo de la protección que "en conformidad con la ley" establece el Texto Fundamental, para que aquél derecho de amparo sea realmente efectivo, como lo había delineado la jurisprudencia, resultó indispensable regular en la Ley Orgánica, una "acción de amparo", que procede sólo si el interesado no ha optado por recurrir a otros medios judiciales de protección y amparo de los derechos y garantías constitucionales legalmente previstos (art. 6, ord. 5°) o cuando frente a actos administrativos o carencias de la Administración, los previstos formalmente en las leyes no sean suficientemente acordes con la protección jurisdiccional, es decir, no constituyan un medio breve, sumario y efectivo, acorde con la protección constitucional (art. 5°).

Por ello, el numeral 5° del artículo 6 de la Ley Orgánica establece dentro de las causales de inadmisibilidad de la acción de amparo, los casos en los cuales "el agraviado haya optado por recurrir a las vías judiciales ordinarias o hecho uso de los medios judiciales preexistentes", en cuyo caso al alegarse la violación o amenaza de violación de un derecho a garantía constitucional, el juez debe acogerse al procedimiento y a los lapsos previstos en la Ley Orgánica para la protección inmediata y ordenar la suspensión provisional de los efectos del acto cuestionado.

Asimismo, y en particular, tratándose del derecho de amparo frente a actos administrativos o conductas omisivas de la Administración, conforme al artículo 5° de la Ley, la acción autónoma de amparo no procede "cuando exista un medio procesal breve, sumario y eficaz, acorde con la protección constitucional" y éste es el que regula precisamente el mismo artículo 5° de la Ley, al establecer que el recurso contencioso-administrativo de anulación es un medio breve, sumario y eficaz, y plantear que conjuntamente con el mismo puede formularse la pretensión de amparo, en cuyo caso, no sólo no es necesario agotar la vía administrativa, sino que el recurso puede intentarse en cualquier tiempo, pudiendo, además, el juez suspender los efectos del acto administrativo recurrido como garantía del derecho constitucional violado, mientras dure el juicio de nulidad, conforme al procedimiento establecido en la propia Ley Orgánica (arts. 5 y 6, ord. 5°).

Por tanto, si bien el "derecho de amparo" puede asegurarse a través de múltiples vías (acciones o recursos) judiciales preexistentes, en cuyo caso, el "derecho de amparo" no se identifica con ningún recurso o acción judicial concreto, por tanto, se diferencia de ellos; en el caso de "la acción de amparo" que regula la Ley Orgánica, ésta procede en todo caso, salvo cuando se haya optado por otro medio de protección o de amparo previsto en el ordenamiento jurídico. En materia de amparo contra actos administrativos, la acción autónoma de amparo sólo procede cuando la vía contencioso-administrativa no sea un medio efectivo acorde con la protección constitucional.

Pero el derecho de amparo que prevé el artículo 27 de la Constitución, y que regula la Ley Orgánica, como hemos indicado, también permite asegurar la protección de los derechos fundamentales infringidos por actos estatales, a través de la acción de inconstitucionalidad de las leyes (acción popular) o de la desaplicación de una ley por cualquier juez (el denominado control difuso de la constitucionalidad); a través del recurso de casación respecto de sentencias, y mediante el recurso contencioso-administrativo de anulación de los actos administrativos. Asimismo, permite asegurar la protección de los derechos fundamentales vulnerados por otros particulares a través de las vías judiciales del proceso ordinario.

Por supuesto, para que estas vías judiciales sirvan de medio de amparo constitucional, el legislador ha perfeccionado sus mecanismos de protección: por ejemplo, en el recurso de inconstitucionalidad de las leyes, cuando ésta se fundamente en la violación de un derecho o garantía constitucional, en virtud de la nulidad absoluta que ello implica, se ha provisto en la Ley Orgánica la potestad de la Corte Suprema de desaplicar los efectos de la ley impugnada *respecto del caso concreto* mientras se decide el recurso (art. 3°); en el recurso de casación, cuando la denuncia de la sentencia recurrida consista en el alegato de la violación por la misma de un derecho o garantía constitucional; y en el recurso contencioso-administrativo, cuando el motivo del mismo sea la violación de un derecho constitucional por el acto recurrido, se ha eliminado la exigencia de agotamiento de la vía administrativa y del lapso de caducidad, dada la nulidad absoluta alegada, y se permite al juez recurrir en forma más expedita a los procedimientos de urgencia y abreviación de lapsos, así como a la suspensión de efectos del acto recurrido (arts. 5 y 6, ord. 5°).

Pero además, hemos dicho, el derecho de amparo conforme a la Ley Orgánica permite lograr la adecuada protección de los derechos y garantías constitucionales, a través de una "acción de amparo" autónoma, la cual, por supuesto, aparece en el ordenamiento como absolutamente diferenciada de la acción o recursos de inconstitucionalidad de las leyes, del recurso de casación, de las acciones contencioso-administrativas y de otros medios judiciales. Una de las características de esta acción judicial autónoma de amparo, es que *no presupone el que se hayan agotado vías judiciales previas para poder intentarse,* lo que hace que la institución de la acción de amparo en Venezuela se diferencie con el recurso de amparo que se ha desarrollado en Europa y, particularmente, en Alemania y España. En estos países, en realidad, el recurso de amparo es un auténtico "recurso extraordinario" que se intenta, en principio, contra decisiones judiciales. En Alemania, por ejemplo, el recurso de amparo constitucional que se intenta ante el Tribunal Constitucional Federal, exige el agotamiento previo de la vía judicial ordinaria, por lo que, en definitiva, se traduce en un recurso contra una decisión judicial respectiva, aun cuando excepcionalmente procede una acción directa de amparo en ciertos casos específicos y respecto a un número muy limitado de derechos constitucionales[74]. En España, el recurso de amparo que se intenta ante el Tribunal Constitucional, también exige el agotamiento previo de las vías judiciales y, particularmente, si se trata de un amparo en relación con actividades administrativas, en definitiva se requiere siempre el agotamiento previo a la vía judicial contencioso-administrativa. Por eso, en España, el recurso de amparo se configura como un recurso revisor de sentencias de los Tribunales Contencioso-Administrativos[75].

En el caso venezolano, en cambio, la acción autónoma de amparo *no exige el agotamiento previo de las vías judiciales* ni se configura, por tanto, como un recurso extraordinario contra sentencias judiciales. Se trata, sí, de una acción judicial autónoma que sólo procede cuando no se opte por otros recursos o acciones judiciales que permitan mediante procedimientos breves y sumarios, obtener amparo y protección de los derechos y el restablecimiento inmediato de los mismos (art. 6, ord. 5°) o en materia de amparo contra actos administrativos o conductas omisivas de la Administración, cuando la vía contencioso-administrativa no sea un medio efectivo de protección constitucional[76]. En estos casos, no es que la acción de amparo requiere el agotamiento previo del recurso contencioso-administrativo de anulación, cuando la violación del derecho constitucional la produce un acto administrativo, sino que el recurso contencioso-administrativo puede ser en sí mismo el medio de amparo. Por ello, en el caso de actos administrativos, cuando el recurso contencioso-administrativo no sirva efectivamente como medio de amparo dadas las particulares circunstancias del caso concreto, es que la acción autónoma de amparo procede (art. 5°).

Por otra parte, debe señalarse que el derecho de amparo, de acuerdo a la Constitución y la Ley Orgánica, se puede ejercer ante "los tribunales" en conformidad con la Ley, por lo que de acuerdo a la organización del sistema judicial y procesal, no existe una única acción judicial ante un sólo tribunal, prevista para garantizar el ejercicio y goce de los derechos constitucionales. Hemos dicho que de acuerdo a la Constitución no se prevé el derecho de amparo como una sola acción o recurso, que se intenta ante un solo Tribunal, con el objeto de amparar el goce y ejercicio de los derechos constitucionales, por lo que el ordenamiento regula, a través de recursos y acciones tradicionales, sistemas de amparo de los derechos y garantías constitucio-

---

74 Véase R. Schlaich, "Procedures et techniques de protection des droits fondamentaux. Tribunal Constitutionnel Fédéral Allemand" en L. Favoreu (ed.), *Cours constitutionnelles Européenes et Droits Fondamentaux,* París, 1982, pp. 105-164.

75 Véase J.L. García Ruiz, *Recurso de Amparo en el Derecho Español,* Madrid, 1980; F. Castedo Alvarez, "El recurso de amparo constitucional" en Instituto de Estudios Fiscales, *El Tribunal Constitucional,* Madrid, 1981 Tomo I, pp. 179-208.

76 Este carácter subsidiario que le habíamos atribuido a la acción autónoma de amparo en materia de amparo contra actos administrativos y que la jurisprudencia había confirmado, no significaba, como lo señaló H. Rondón de Sansó, que "sólo es admisible cuando hubiesen sido agotados todos los recursos ordinarios que para el caso específico el sistema jurídico prevé" (Véase en "El amparo constitucional en Venezuela", *Revista de Derecho Público,* N° 25, Editorial Jurídica Venezolana, Caracas, 1986, p. 56). Al contrario, como ya lo habíamos explicado (Véase Allan R. Brewer-Carías, "El derecho de amparo y la acción de amparo, *Revista de Derecho Público,* N° 22, Editorial Jurídica Venezolana, Caracas, 1985, pp. 53-54) la subsidiariedad de la acción autónoma de amparo contra actos administrativos derivaba de que procedía cuando el "recurso contencioso-administrativo de anulación y amparo" no era un medio efectivo de protección Véase además, Allan R. Brewer-Carías. *Estado de Derecho y Control Judicial, cit.,* pp. 628 y ss. *Cf.* Gustado J. Linares *loc. cit.,* pp. 61 y ss.

nales, mediante procedimientos breves y sumarios con poderes para el juez, para restablecer en forma inmediata situaciones jurídicas subjetivas infringidas.

Por eso, insistimos, en Venezuela, el amparo de los derechos puede obtenerse a través de diversas acciones o recursos que regula el ordenamiento jurídico, por lo que, en definitiva, el derecho de amparo no se traduce en una sola acción o recurso, lo que diferencia nuestro amparo de los recursos de amparo europeos, particularmente el recurso de amparo en Alemania y en España, donde el recurso de amparo es una sola acción que se intenta ante un solo Tribunal, y que sirve como mecanismo para la protección de algunos derechos y garantías constitucionales[77]. Al contrario, en el caso venezolano, el derecho de amparo se presenta, en realidad, como una vía judicial multiforme que se puede ejercer ante todos los Tribunales, conforme a la Ley, sea mediante las acciones o recursos preexistentes que pueden servir de amparo, siempre que se prevea un procedimiento breve y sumario, con poderes para el juez para restablecer las situaciones jurídicas subjetivas infringidas; sea mediante la acción autónoma de amparo prevista en la Ley Orgánica.

4. *La competencia judicial en materia de amparo conforme a la doctrina del Tribunal Supremo*

Como se ha insistido anteriormente, en la Constitución de 1999 la institución del amparo ha quedado consolidada como un *derecho constitucional* y, en consecuencia, como una obligación de todos los tribunales de amparar, en el ámbito de su competencia, a las personas en el goce y ejercicio de sus derechos y garantías constitucionales[78]. La Constitución de 1999, puede decirse, que en consecuencia no derogó tácitamente, en forma alguna, la Ley Orgánica de Amparo, la cual continuó vigente. Sin embargo, la Sala Constitucional del Tribunal Supremo, al interpretar el artículo 27 de la Constitución ha introducido algunas "reformas" a la Ley Orgánica[79], en forma que consideramos totalmente irregular pues la Jurisdicción Constitucional no puede ser un "legislador positivo"[80].

---

77 Véase H. Fix Zamudio, "El derecho de amparo en México y en España. Su influencia recíproca", *Revista de Estudios Políticos*, N° 7, Madrid, 1979, pp. 254-255.

78 Véase en general, Hildegard Rondón de Sansó, "La acción de amparo constitucional a raíz de la vigencia de la Constitución de 1999", en *Revista de la Facultad de Ciencias Jurídicas y Políticas de la UCV*, N° 119, Caracas, 2000, pp. 147-172; Richard D. Henríquez Larrazábal, "El problema de la procedencia del amparo constitucional en el Derecho venezolano", en *Bases y principios del sistema constitucional venezolano* (Ponencias *del VII Congreso Venezolano de Derecho Constitucional realizado en San Cristóbal del 21 al 23 de Noviembre de 2001),* Volumen II, pp. 403-475; Víctor R. Hernández-Mendible, "El amparo constitucional desde la perspectiva cautelar", en *El Derecho Público a comienzos del siglo XXI. Estudios homenaje al Profesor Allan R. Brewer-Carías,* Tomo I, *op. cit.*, pp. 1219-1301.

79 Véase en general, Véase Antonio Canova González, "La Sala Constitucional y su competencia en los procesos de amparo", en: *Estudios de Derecho Administrativo: Libro Homenaje a la Universidad Central de Venezuela,* Volumen I, Imprenta Nacional, Caracas, 2001, pp. 157-176; Luis Martínez Hernández, "Nuevo régimen de acción de amparo con motivo de sentencias dictadas por la Sala Constitucional del Tribunal Supremo de Justicia", en *Estudios de Derecho Público: Libro Homenaje a Humberto J. La Roche Rincón,* Volumen I, Tribunal Supremo de Justicia, Caracas, 2001, pp. 209-265; Rafael Badell Madrid, "El amparo constitucional en la jurisprudencia del Tribunal Supremo de Justicia, *Revista de derecho del Tribunal Supremo de Justicia,* N° 4, Caracas, 2002, pp. 87 a 129.

80 Fue Hans Kelsen el que comparó a los Tribunales Constitucionales con ser "*legisladores negativos*" al equiparar la anulación de una ley con su derogación. Véase Allan R. Brewer-Carías, *Judicial Review in Comparative Law, op. cit.* p. 192.

Estas modificaciones a la Ley Orgánica se han producido en diversas materias.

A. *El problema de la "concentración" de la competencia en materia de amparo en la Sala Constitucional*

En *primer lugar,* en el campo de las competencias de las Salas del Tribunal Supremo en materia de amparo. En efecto, constitucionalmente, todas las Salas del Tribunal Supremo son competentes conforme a la Ley Orgánica de Amparo, para conocer de acciones de amparo. Sin embargo, la Sala Constitucional del Tribunal Supremo, en sentencia N° 1 de 20 de enero de 2000 dictada con motivo de decidir la admisibilidad de una acción de amparo (Caso: *Emery Mata Millán vs. Ministro del Interior y Justicia y otros*), interpretó erradamente los principios constitucionales y resolvió *concentrar* en la propia Sala Constitucional, las competencias para conocer de las acciones de amparo que venían conociendo las otras Salas, en única instancia contra altos funcionarios nacionales (art. 8 Ley Orgánica de Amparo); o contra las sentencias dictadas en primera instancia por los Tribunales Superiores de la República, la Corte Primera de lo Contencioso Administrativo y las Cortes de Apelaciones en lo Penal; o las apelaciones o consultas de las sentencias dictadas por esos mismos Tribunales cuando conocieran de acciones de amparo en primera instancia.

a. *Apreciación de la Sala Constitucional sobre el ámbito de la jurisdicción constitucional*

En dicha sentencia, en efecto, la Sala Constitucional comenzó por constatar el ámbito de la Jurisdicción Constitucional, que:

> En la recientemente promulgada Constitución de la República Bolivariana de Venezuela se creó el Tribunal Supremo de Justicia; a este Tribunal, por intermedio de su Sala Constitucional, le corresponde, conforme a lo dispuesto en el último aparte del artículo 266 de la Constitución, ejercer la jurisdicción constitucional. Además, las interpretaciones que haga la Sala Constitucional, en ejercicio de esa jurisdicción, son de carácter vinculante para las otras Salas de este Supremo Tribunal y demás Tribunales de la República (como se desprende del contenido del artículo 335 *ejusdem*).

La Sala Constitucional, en la sentencia, además de precisar el ámbito de la Jurisdicción Constitucional, afirmó su competencia para conocer de la materia de amparo, así:

> La jurisdicción constitucional comprende, entre otros asuntos, no sólo declarar la nulidad de las leyes y demás actos de los órganos que ejercen el poder público, dictados en ejecución directa o inmediata de la Constitución o que tengan rango legal (artículo 334 de la Constitución de la República Bolivariana de Venezuela), sino también la revisión de las sentencias de amparo constitucional y de control de constitucionalidad de las leyes o normas jurídicas dictadas por los Tribunales de la República, en los términos establecidos por la ley orgánica respectiva (numeral 10 del artículo 336 de la Constitución).

b. *Apreciación de la Sala Constitucional sobre la vigencia inmediata de los preceptos orgánicos de la Constitución*

La Sala Constitucional, en la mencionada sentencia, para afirmar su competencia en materia de amparo consideró sobre la aplicación inmediata de las normas orgánicas de la Constitución, señaló que:

Si bien es cierto, que la Constitución dispone la promulgación de una Ley Orgánica para regular el ejercicio de la facultad prevista en el numeral 10 del artículo 336 de la Constitución, es principio aceptado en la doctrina constitucional, que los preceptos orgánicos son de inmediata aplicación por todos los poderes públicos, y, en particular, por los órganos a los que la disposición constitucional se refiere. Exista o no las normas que desarrollen la regulación constitucional, ésta es plenamente eficaz por si misma y, por lo tanto, establece pautas para el funcionamiento del órgano al que se refiera la norma constitucional. En consecuencia aún cuando no haya sido dictada la ley que desarrolle el precepto constitucional, la disposición contenida en el numeral 10 del artículo 336 de la Constitución, es de aplicación inmediata por la Sala Constitucional.

B. *Precisión de las competencias en materia de amparo constitucional: sentencia Nº 7 de 20 de enero de 2000*

Con fundamento en lo antes señalado, en la sentencia de 20-01-00, la Sala Constitucional estableció que ha sido facultada por la Constitución en materia de amparo de la siguiente forma:

a. *Apreciación de la Sala Constitucional sobre el ámbito de la jurisdicción constitucional*

La Sala señaló, en cuanto a su competencia general en la materia, lo siguiente:

> Por ser función de esta Sala, según el artículo 335 de la Constitución, la interpretación de dicha Carta Magna, es claro que la materia de su conocimiento abarca las infracciones constitucionales, como lo demuestran las atribuciones, que la Constitución de la República Bolivariana de Venezuela otorga a la Sala Constitucional en su artículo 336. Esta circunstancia la convierte en la Sala que por la materia tiene la competencia para conocer, según el caso, de las acciones de amparo constitucional propuestas conforme a la Ley Orgánica de Amparo Sobre Derechos y Garantías Constitucionales. Por otra parte, debido a su condición de juez natural en la jurisdicción constitucional, la competencia que contempla el artículo 8 de la Ley Orgánica de Amparo sobre Derechos y Garantías Constitucionales ha desaparecido, ya que la materia constitucional corresponde a esta Sala (téngase presente que la creación de una Sala con competencia constitucional, origina un criterio orgánico para delimitar la competencia en el cual se encuentran comprendidos, necesaria mente, todos los asuntos relacionados con la Constitución)".

Con fundamento en los razonamientos anteriores, la Sala Constitucional declaró que la competencia expresada en los artículos 7 y 8 de la Ley Orgánica de Amparo sobre Derechos y Garantías Constitucionales se distribuirá así:

b. *Competencia de la Sala Constitucional en única instancia*

En cuanto a la competencia para conocer de acciones de amparo en única instancia que Ley Orgánica atribuía a la Sala Político Administrativa de la Corte Suprema de Justicia, la Sala Constitucional en la citada sentencia señaló:

> 1. Corresponde a la Sala Constitucional, por su esencia, al ser la máxima protectora de la Constitución y además ser el garante de la supremacía y efectividad de las normas y principios constitucionales, de acuerdo con el artículo 335 de la Consti-

tución de la República Bolivariana de Venezuela, el conocimiento directo, en única instancia, de las acciones de amparo a que se refiere el artículo 8 de la Ley Orgánica de Amparo sobre Derechos y Garantías Constitucionales, incoadas contra los altos funcionarios a que se refiere dicho artículo, así como contra los funcionarios que actúen por delegación de las atribuciones de los anteriores. Igualmente, corresponde a esta Sala Constitucional, por los motivos antes expuestos, la competencia para conocer de las acciones de amparo que se intenten contra las decisiones de última instancia emanadas de los Tribunales o Juzgados Superiores de la República, la Corte Primera de lo Contencioso Administrativo y las Cortes de Apelaciones en lo Penal que infrinjan directa e inmediatamente normas constitu-cionales.

c. *Competencia de la Sala Constitucional en Segunda Instancia*

En cuanto a las competencias en Segunda instancia, la Sala Constitucional las comentó, indicando lo siguiente:

2. Asimismo, corresponde a esta Sala conocer las apelaciones y consultas sobre las sentencias de los Juzgados o Tribunales Superiores aquí señalados, de la Corte Primera de lo Contencioso Administrativo y las Cortes de Apelaciones en lo Penal, cuando ellos conozcan la acción de amparo en Primera Instancia.

d. *Competencia de los Tribunales de Primera Instancia*

En cuanto a la competencia de los Tribunales de Primera Instancia en materia de amparo, la Sala Constitucional dispuso lo siguiente:

3. Corresponde a los Tribunales de Primera Instancia de la materia relacionada o afín con el amparo, el conocimiento de los amparos que se interpongan, distintos a los expresados en los números anteriores, siendo los Superiores de dichos Tribunales quienes conocerán, las apelaciones y consultas que emanen de los mismos, de cuyas decisiones no habrá apelación ni consulta.

4. En materia penal, cuando la acción de amparo tenga por objeto la libertad y seguridad personales, será conocida por el Juez de Control, a tenor del artículo 60 del Código Orgánico Procesal Penal, mientras que los Tribunales de Juicio Unipersonal serán los competentes para conocer los otros amparos de acuerdo la naturaleza del derecho o garantía constitucional violado o amenazado de violación, que sea afín con su competencia natural. Las Cortes de Apelaciones conocerán de las apelaciones y consultas de las decisiones que se dicten en esos amparos...

e. *El control difuso de la constitucionalidad y la competencia de amparo*

A pesar de la restricción que la Sala impuso sobre las competencias de amparo, en cuanto al control difuso de la constitucionalidad la Sala señaló lo siguiente:

Reconoce esta Sala que a todos los Tribunales del país, incluyendo las otras Salas de este Supremo Tribunal, les corresponde asegurar la integridad de la Constitución, mediante el control difuso de la misma, en la forma establecida en el artículo 334 de la Constitución de República Bolivariana de Venezuela, pero ello no les permite conocer mediante la acción de amparo las infracciones que se les denuncian, salvo los Tribunales competentes para ello que se señalan en este fallo, a los que hay que agregar los previstos en el artículo 9 de la Ley Orgánica de Amparo Sobre Derechos y Garantías Constitucionales...

Dentro de la interpretación de las normas constitucionales que puede realizar esta Sala, conforme al citado artículo 335, se encuentra, como se dijo, el establecer el contenido y alcance de las normas constitucionales, por lo que normas que colidan con la Constitución de la República Bolivariana de Venezuela, quedan sin efecto alguno, y así se declara.

f. *La competencia en materia de amparo ejercida conjuntamente con la acción de nulidad contencioso administrativa*

En cuanto al ejercicio conjunto de la acción de amparo con la acción contencioso administrativo de nulidad prevista en el artículo 5° de la Ley Orgánica de Amparo, la Sala en la antes mencionada sentencia señaló lo siguiente:

> Consecuente con la doctrina sobre la competencia que la Sala desarrolla en este fallo, así como con el principio antes expuesto que las leyes cuyos artículos no colidan con la Constitución, continúan vigentes, pasa la Sala a interpretar la competencia de los tribunales que deban conocer los amparos previstos en el artículo 5° de la Ley Orgánica de Amparo Sobre Derechos y Garantías Constitucio-nales.
>
> Dicho artículo, a juicio de esta Sala, no colide con la Constitución, y por lo tanto, tiene plena vigencia, y según él, las acciones de amparo pueden ejercerse conjuntamente con el recurso contencioso administrativo de nulidad de actos administrativos o contra las conductas omisivas.
>
> Al estar vigente el citado artículo 5°, surge una excepción a la doctrina sobre la competencia en materia de amparo, contenida en este fallo, y es que los tribunales, incluyendo las Salas de este Supremo Tribunal, que conozcan de procesos de nulidad de actos administrativos de efectos particulares, o contra negativas o abstenciones de la Administración, mediante recursos contenciosos administrativos, podrán a su vez conocer de los amparos previstos en el artículo 5° de la Ley Orgánica de Amparo Sobre Derechos y Garantías Constitucionales, siempre que el recurso de nulidad o por abstención de la Administración, no se funde en una infracción directa e inmediata de la Constitución, y siempre que la acción de amparo no se encuentre caduca.
>
> Resultado de la doctrina que se expone, es que las Salas de este Tribunal Supremo de Justicia que conocen amparos que no se han ejercido conjuntamente con recursos contenciosos administrativos, remitirán a esta Sala las acciones de amparo que venían tramitando, mientras que la Sala Político-Administrativa y la Sala Electoral seguirán conociendo los amparos que se ejercieron o se ejerzan conjuntamente con el recurso contencioso administrativo o electoral de anulación de actos o contra las conductas omisivas.

En relación con esta sentencia, de la Sala Constitucional del 20-01-00 el Magistrado Héctor Peña Torrelles, salvó su voto al considerar que tanto del artículo 334 como del 336 de la Constitución emerge,

> ... de forma indubitable, que el criterio acogido por el Constituyente para definir las competencias de la Sala Constitucional, atiende *al rango de las actuaciones objeto de control*, esto es, que dichas actuaciones tienen una relación directa con la Constitución, por ser en unos casos actos dictados en ejecución directa e inmediata de la misma, y, en otros, omisiones de obligaciones indispensables para garantizar el cumplimiento de la Constitución. Así las cosas, *la normativa constitucional alu-*

dida imposibilita una eventual interpretación que tienda a identificar las competencias de la Sala Constitucional con los vicios de inconstitucionalidad que se imputen a otros actos o con las actuaciones de determinados funcionarios u órganos del Poder Público.

Concretamente, por lo que respecta a la competencia para conocer del amparo constitucional, quien suscribe considera que a los efectos de determinarla debe partirse de la Disposición Derogatoria Única de la Constitución de 1999, la cual señala que "*queda derogada la Constitución de la República de Venezuela decreta-da el veintitrés de enero de mil novecientos sesenta y uno. El resto del ordena-miento jurídico mantendrá su vigencia en todo lo que no contradiga a esta Cons-titución*".

Por otro lado, se observa que el artículo 27 de la Constitución vigente, consagra la garantía de los ciudadanos para ser amparados en el goce y ejercicio de los derechos y garantías constitucionales, indicándose, que el procedimiento a seguirse "*será oral, público, breve, gratuito y no sujeto a formalidad, y la autoridad judicial competente tendrá potestad para restablecer inmediatamente la situación jurídica infringida a la situación que más se asemeje a ella. Todo el tiempo será hábil y el tribunal lo tramitará con preferencia a cualquier otro asunto.*

La norma no establece una competencia exclusiva en materia de amparo constitucional, salvo la prevista en el numeral 10 del artículo 336 de la Constitución que consagra un recurso extraordinario de revisión de las sentencias de amparo dictadas por los diferentes tribunales. Por lo que en materia de competencia, queda vigente la Ley Orgánica de Amparo sobre Derechos y Garantías Constitucionales, siendo necesario adaptar sus criterios atributivos de competencia a la nueva Cons-titución.

El fallo que antecede se pronunció al respecto, sin embargo, a juicio de quien suscribe debió ser más preciso en cuanto a la competencia de esta Sala Constitucional en determinados casos.

Así, con respecto a la interpretación de la norma prevista en el artículo 8 de la Ley Orgánica de Amparo sobre Derechos y Garantías Constitucionales, quien suscribe coincide con que esta Sala debe asumir el conocimiento de los amparos intentados contra los Altos funcionarios que se mencionan en dicha norma, pero cuando sus actuaciones sean análogas a las previstas en el artículo 336 de la Consti-tución, esto es, cuando se trate de actos dictados en ejecución directa e inmediata de la Constitución u omisiones de las medidas indispensables para garantizar el cumplimiento de la misma. Este razonamiento coincide tanto con la previsión contenida en el artículo 8, como con la intención del Constituyente que, al establecer las competencias de esta Sala, asumió como criterio el rango de las actuaciones objeto de control de constitucionalidad. En efecto, para precisar la afinidad de una Sala con un caso concreto deberá establecerse el ámbito de las relaciones jurídicas donde surgen las presuntas violaciones constitucionales, correspondiendo el conocimiento a la Sala Constitucional, de las acciones de amparo interpuestas contra las actuaciones de los sujetos a que alude el artículo 8, cuando como fuera señalada las mismas se refieran a las establecidas en sus competencias, es decir, los actos dictados en ejecución directa e inmediata de la Constitución o las omisiones consti-tucionales...

Por lo anterior, en opinión de quien suscribe, el artículo 35 de la Ley Orgánica de Amparo sobre Derechos y Garantías Constitucionales, que prevé las apelaciones o consultas en materia de amparo, es preciso, al indicar que la misma corresponde al Tribunal Superior respectivo atendiendo a la materia del caso concreto. En el mismo sentido, el artículo 4 ejusdem que consagra el acción debe interponerse "*...por ante un tribunal superior al que emitió el pronunciamiento*". Por lo tanto, la competencia de los amparos contra sentencias será del órgano jurisdiccional superior al que emitió la sentencia presuntamente lesiva de derechos constitucionales, de acuerdo con la materia respectiva.

De lo anterior, se colige que, hasta tanto no exista una modificación de dicha norma o la existencia de otra disposición que atribuya tal competencia a la Sala Constitucional, ésta no podrá asumir tal conocimiento, ya que tal proceder constituiría una alteración del régimen procesal previsto en la Ley Orgánica de Amparo sobre Derechos y Garantías Constitucionales, materia esta (legislación procesal) que es de la estricta reserva legal, por estar atribuida al Poder Legislativo Nacional.

Este criterio fue ratificado por el Magistrado Peña Torrelles en su voto salvado a la sentencia N° 12 de fecha 08-02-2000 de la misma Sala Constitucional, al señalar que:

No era la intención del Constituyente -como lo ha entendido la mayoría de la Sala- centralizar las competencias en materia de amparo constitucional atribuidas al más Alto Tribunal de la República en una sola de sus Salas. De allí que, la Sala debió interpretar que en materia de competencias para conocer del amparo permanecían incólumes las normas atributivas de competencia previstas en la Ley Orgánica de Amparo sobre Derechos y Garantías Constitucionales, de acuerdo con la evolución jurisprudencial que hasta entonces habían mantenido de forma reite-rada tanto la Corte Suprema de Justicia como el resto de los tribunales de la República.

En el caso concreto de las apelaciones o consultas, la norma contenida en el artículo 35 de la Ley Orgánica de Amparo sobre Derechos y Garantías Constitucionales, que prevé las apelaciones o consultas de las sentencias dictadas en materia de amparo, es precisa al indicar que las mismas corresponden al *Tribunal Superior respectivo* atendiendo a la materia del caso concreto. Ahora bien, cuando dicho artículo alude a los "*Tribunales Superiores*", no se refiere necesariamente al Tribu-nal de Alzada, sino a un tribunal jerárquicamente superior dentro de la organización de los tribunales de la República con competencia en la materia a fin a la relación jurídica dentro de la cual ocurrió la presunta violación de derechos constitucionales, tal como lo entendió tanto la doctrina como la jurisprudencia patria, atendiendo al hecho de que la especialización de los tribunales contribuye a las soluciones más idóneas y eficaces en cada caso. De allí que, estima el disidente, el criterio de la afinidad de los derechos o garantías constitucionales se debió mantener igualmente entre las distintas Salas del Tribunal Supremo, adecuándose a las competencias de las nuevas Salas de la forma siguiente: para precisar la afinidad de una Sala con un caso concreto debe establecerse el ámbito de las relaciones jurídicas donde surgieron las presuntas violaciones constitucionales correspondiendo el conocimiento a aquella Sala cuyo ámbito material de competencia sea análogo a la relación jurídica involucrada (administrativa, civil, penal, laboral, agraria, electoral, mercantil, etc.).

De lo anterior, se desprende que, la competencia para conocer de las apelaciones y consultas de las decisiones dictadas, en materia de amparo por los Juzgados Superiores, la Corte Primera de lo Contencioso-Administrativo y Cortes de Apelaciones en lo Penal, debe distribuirse, según la materia entre las distintas Salas del Tribunal Supremo de Justicia. No existe, -como señalara- en el texto constitucional ninguna norma que atribuya a esta Sala competencia para conocer en segunda instancia de las acciones de amparo, por lo que, hasta tanto no hubiese una modificación del artículo 35 de la Ley Orgánica de Amparo sobre Derechos y Garantías Constitucionales o la existencia de otra disposición que atribuyese tal competencia a la Sala

Constitucional, ésta no debió asumir tal conocimiento. Por el contrario, debió permanecer inalterado el régimen competencial que se ha seguido en esta materia, el cual es similar al previsto en el resto del ordenamiento jurídico venezolano, en virtud de que, dicho régimen permanece vigente por no contradecir ninguna norma constitucional tal como lo establece la Disposición Derogatoria Única de la Constitución de 1999.

La modificación de las competencias realizadas por la mayoría sentenciadora, constituye –a juicio de quien disiente– una alteración del régimen procesal previsto en la Ley Orgánica de Amparo sobre Derechos y Garantías Constitucionales, materia esta (legislación procesal) que es de la estricta reserva legal, por estar atribuida al Poder Legislativo Nacional, de conformidad con el numeral 32 del artículo 156 de la Constitución de la República Bolivariana de Venezuela.

C. *Los efectos "derogatorios" de la sentencia de la Sala y las recomendaciones de la Exposición de Motivos*

En esta forma, la Sala Constitucional, aún reconociendo la vigencia de la Ley Orgánica de Amparo, al formular la interpretación contenida en las sentencias antes citadas, en nuestro criterio "derogó" disposiciones de dicha Ley Orgánica. Sin embargo, y por vía de excepción, consideró que las otras Salas y los Tribunales Contencioso Administrativos si debían seguir siendo competentes para conocer de las acciones de amparo ejercidas conjuntamente con recursos contencioso administrativos de anulación.

Estimamos que la Sala Constitucional se extralimitó en su interpretación de la Constitución, pues del texto de la misma no resulta competencia exclusiva alguna de la Sala para conocer de las acciones de amparo que se intenten ante el Tribunal Supremo o de las apelaciones o consultas en relación con sentencias de amparo dictadas por la Corte Primera de lo Contencioso Administrativa, las Cortes de Apelaciones en lo Penal o los Tribunales Superiores[81]. La Sala Constitucional sólo tiene competencia exclusiva para ejercer la Jurisdicción Constitucional, pero no para actuar como único juez constitucional.

Por otra parte, en cuanto a la interpretación de la Sala de que los Tribunales Contencioso Administrativos (incluidos la Sala Político Administrativa y la Sala Electoral) pueden continuar conociendo de las acciones de amparo intentadas conjuntamente con acciones de nulidad contra actos administrativos, debe destacarse que fue condicionada en la sentencia citada a:

> ...siempre que el recurso de nulidad o por abstención de la Administración, no se funde en una infracción directa e inmediata de la Constitución...

Debe señalarse que esta salvedad es totalmente contraria a lo previsto en la Constitución en cuanto a la competencia de la Jurisdicción Contencioso Administrativa, definida por el objeto de impugnación, que son los actos administrativos (incluidos los Reglamentos) y no por los motivos de impugnación. La salvedad indicada en la sentencia podría conducir a que la Sala Constitucional estuviese tentada a interpretar que toda impugnación de un Reglamento o acto administrativo por viola-

---

81 Confróntese la apreciación coincidente de Jesús María Casal, *Constitución y Justicia Constitucional*, Caracas, 2000, p. 91.

ción "directa e inmediata de la Constitución" escaparía de la competencia de las Salas Político Administrativa o Electoral y de los demás tribunales contencioso administrativos, y sería competencia de la Sala Constitucional. Ello no sólo sería contrario al texto de la Constitución, sino que desquiciaría el sistema contencioso administrativo, cuya Jurisdicción se identifica por el objeto de impugnación (actos administrativos); desquiciamiento que en forma infructuosa algunas sentencias de la Sala Político Administrativo trataron de hacer en el pasado, al pretender distinguir un recurso de inconstitucionalidad de un supuesto recurso de ilegalidad[82].

Afortunadamente, sin embargo, la propia Sala Constitucional ha descartado este criterio en sentencia Nº 194 de 04-04-2000 en la cual desaplicó el artículo 181 de la Ley Orgánica de la Corte Suprema de Justicia; sentencia a la cual hacemos referencia más adelante.

En todo caso, como lo ha señalado el Magistrado Héctor Peña Torrelles en el voto salvado a la sentencia de la Sala Constitucional de 20 de enero de 2001 (Caso: *Domingo Gustavo Ramírez Monja*),

> ...la normativa constitucional aludida imposibilita una eventual interpretación que tienda a identificar las competencias de la Sala Constitucional con los vicios de inconstitucionalidad que se imputen a otros actos o con las actuaciones de determinados funcionarios u órganos del Poder Público.

En nuestro criterio, la conclusión que deriva del texto de la Constitución es que todas las Salas del Tribunal Supremo, en el ámbito de sus respectivas competencias, pueden y deben conocer de acciones de amparo sobre derechos y garantías constitucionales; y nada establece el texto constitucional de lo cual pueda derivarse alguna posibilidad de concentración de la competencia en materia de amparo constitucional en la Sala Constitucional, tal y como lo ha hecho la Sala al establecer la antes mencionada "interpretación vinculante".

Sin embargo, en la "Exposición" *publicada con posterioridad* a la sentencia antes citada, se afirma como "orientación" o "guía" al legislador, que con motivo de la creación de la Sala Constitucional:

> ...de la entrada en vigencia de la Constitución y de la naturaleza esencialmente constitucional de los derechos humanos y de la acción de amparo, la Sala Constitucional *podrá asumir las competencias que en materia de amparo constitucional tenían las diferentes Salas* de la extinta Corte Suprema de Justicia, en los casos de amparo autónomo contra altas autoridades de rango constitucional, amparo contra decisiones judiciales y apelaciones o consultas en amparo, dado que la Sala Constitucional pasa a ser la Sala del Tribunal Supremo con *competencia afín* para conocer y decidir tales asuntos.

La verdad es que nada autoriza del texto constitucional, para llegar a esta absurda "recomendación"[83]. Ante todo, porque es falso que la Sala Constitucional sea la

---

82 Véase sentencia de 28-06-83, *Caso Cenadica*, en Allan R. Brewer-Carías y Luis Ortiz Alvarez, *Las grandes decisiones de la Jurisprudencia Contencioso-Administrativa,* Caracas 1996, pp. 573 y ss. Véase la crítica a esta sentencia en Allan R. Brewer-Carías, *La justicia contencioso-administrativa,* Tomo VII, *Instituciones Políticas y Constitucionales, cit.*, pp. 28 y ss.

83 Véase en sentido coincidente, la apreciación de Jesús María Casal, *Constitución y Justicia Constitucional, op. cit.*, p. 111.

única que tenga "competencia afín" para conocer de amparos constitucionales. Es cierto lo de la "naturaleza esencialmente constitucional de los derechos humanos" pero ello no puede conducir a pensar que la Sala Constitucional sea la única en el Tribunal Supremo que conoce de cuestiones constitucionales. La Sala Político Administrativa y la Sala Electoral también conocen de cuestiones constitucionales cuando deciden recursos de nulidad contra actos administrativos por "contrariedad al derecho" (lo que conlleva la inconstitucionalidad); y las Salas de Casación también conocen de cuestiones de constitucionalidad, cuando casan las sentencias. Por tanto, es totalmente falso afirmar que sólo la Sala Constitucional sería la que tendría competencia para conocer de acciones de amparo, dada la afinidad de la naturaleza constitucional de los derechos humanos con las competencias de control de constitucionalidad que tiene.

Por otra parte, en nuestro criterio, concentrar en la Sala Constitucional el conocimiento de todas las acciones de amparo de las que conocen las diversas Salas del Tribunal Supremo, es totalmente inconveniente para el adecuado funcionamiento de la justicia constitucional y para la protección de los derechos y garantías constitucionales, lo que exige una competencia definitivamente difusa en materia de amparo constitucional.

Por lo demás, no se entiende cómo la "Exposición de Motivos" de la Constitución formula estas recomendaciones al legislador, cuando del texto de la misma no se deriva intención alguna de que "sólo la Sala Constitucional, será competente para resolver las acciones de amparo en el Tribunal Supremo de Justicia". Ello puede que lo piense o piensen quien o quienes redactaron la "Exposición", pero ello ni fue discutido en la Asamblea Nacional Constituyente, ni es "motivo" alguno respecto de alguna norma constitucional. Ninguna norma siquiera sugiere que eso pueda ocurrir.

D. *Nuevas normas complementarias a la sentencia Nº 7 de 20 de enero de 2000*

a. *La sentencia Nº 1555 de 8 de diciembre de 2000*

En un caso en el cual un Tribunal Superior Contencioso Administrativo pretendió actuar como tribunal de primera instancia en un asunto de la competencia de la Corte Primera de lo Contencioso Administrativo, invocando el artículo 9 de la Ley de Orgánica de Amparo que permite interponer la acción ante cualquier juez de la localidad donde no funcionen Tribunales de Primera Instancia; la Sala Constitucional en sentencia Nº 1555 de 8 de diciembre de 2000 (Caso: *Yoslena Chamchamire B. vs. Instituto Universitario Politécnico Santiago Mariño*) luego de precisar qué ha de entenderse por "cualquier juez de la localidad", resolvió lo siguiente:

> Esta Sala considera que en los lugares donde existen tribunales de Primera Instancia, ellos conocerán de los amparos, siempre que sean competentes por la materia afín con la naturaleza de la situación jurídica que se denuncia como infringida; es decir, que sí se trata de tribunales especializados, ellos conocerán de los amparos afines con la especialización, pero si esa afinidad no existe en los tribunales especiales, los de Primera Instancia en lo Civil, por ser los tribunales de Derecho Común, serán los competentes para conocer de las acciones de amparo nacidas de infracciones constitucionales ocurridas en el territorio del Municipio donde tienen su sede (donde se encuentran instalados). Sin embargo, dada la atribución que la

Ley Orgánica de la Corte Suprema de Justicia otorgó en materia administrativa a los Tribunales Superiores de lo Contencioso Administrativo y a la Corte Primera de lo Contencioso Administrativo, esta Sala considera que dichos tribunales seguirán conociendo amparos en primera instancia, cuando el nexo de derecho que califica a la situación jurídica, es de naturaleza administrativa, salvo las excepciones que adelante se señalan.

Desde esta visión, tendiente a evitar en lo posible que se siga violando la Ley Orgánica de Amparo sobre Derechos y Garantías Constitucionales, en detrimento del justiciable, *esta Sala como complemento de su fallo del 20 de enero de 2000 (*Caso: *Emery Mata Millán), donde se reguló la competencia,* establece:

A) Excepto lo dispuesto en el literal D) de este fallo (*infra*), los amparos, conforme al artículo 7 eiusdem, se incoarán ante el juez de Primera Instancia con competencia sobre los derechos subjetivos a que se refiere la situación jurídica infringida, en el lugar donde ocurrieron los hechos. Este puede ser un Tribunal de Primera Instancia, si fuere el caso, de una jurisdicción especial, contemplada en la Ley Orgánica del Poder Judicial o en otras leyes, o que se creare en el futuro, pero si la situación jurídica infringida no es afín con la especialidad de dicho juez de Primera Instancia, o su naturaleza es de derecho común, conocerá en primera instancia constitucional el Juez de Primera Instancia en lo Civil, siempre que no se trate del supuesto planteado en el literal D) del presente fallo.

B) Con relación al literal anterior, en las localidades que carezcan de jueces de Primera Instancia competentes, se aplicará el artículo 9 de la Ley Orgánica de Amparo sobre Derechos y Garantías Constitucionales, en la forma expresada en este fallo, y la consulta obligatoria prevista en dicho artículo se remitirá al Juez de Primera Instancia competente, conforme al literal anterior (juez especial o común).

En todo caso, el accionante podrá escoger entre el Tribunal prevenido en el artículo 9 *eiusdem*, o el de Primera Instancia competente, quien actuará como tal.

C) Las apelaciones y consultas de las decisiones de la primera instancia de los juicios de amparo, serán conocidas por los Tribunales Superiores con competencia en la materia específica que rija la situación jurídica denunciada como infringida, conforme a las competencias territoriales en que se ha dividido la República. En consecuencia, cuando un Tribunal de Primera Instancia en lo Civil, conoce –por ejemplo– de un asunto agrario, por no existir en la localidad un juzgado agrario, el Superior que conoce de la apelación o de la alzada según el artículo 35 de la Ley Orgánica de Amparo sobre Derechos y Garantías Constitucionales, será el Superior Agrario con competencia territorial en la región donde opera el Tribunal de Primera Instancia en lo Civil.

D) La Sala está consciente de que los órganos de la administración central o descentralizada, al dictar actos administrativos, o realizar uno de los supuestos del artículo 5 de la Ley Orgánica de Amparo sobre Derechos y Garantías Constitucionales, pueden lesionar derechos y garantías constitucionales de personas tanto en el Área Metropolitana de Caracas, como en diversas partes del país.

En estos casos la infracción constitucional se reputa que ocurre en el lugar donde se desmejora o lesiona la situación jurídica; es decir, en el lugar donde se concreta el efecto del acto, y conforme a lo explicado en este fallo, lo natural será acudir en amparo ante los Tribunales de Primera Instancia de dicho lugar, o los excepcionales del artículo 9 de la Ley Orgánica de Amparo sobre Derechos y Garantías Constitucionales.

Sin embargo, mientras no se dicten las leyes que regulen la jurisdicción constitucional o la contencioso-administrativa, y a pesar de la letra del artículo 7 de la Ley Orgánica de Amparo sobre Derechos y Garantías Constitucionales, el conocimiento de los amparos autónomos afines con la materia administrativa, corresponderá en primera instancia a los Tribunales Superiores con competencia en lo Contencioso Administrativo, que tengan competencia territorial en el lugar donde ocurrieron las infracciones constitucionales, a pesar de que no se trate de jueces de primera instancia. Esta determinación de competencia se hace en aras al acceso a la justicia y a la celeridad de la misma, evitando así, que las personas lesionadas deban trasladarse a grandes distancias del sitio donde se concretó el hecho lesivo, a fin de obtener la tutela constitucional. En beneficio del justiciable, si en la localidad en que ocurrieron estas transgresiones, no existe Juez Superior en lo Contencioso Administrativo, pero sí un Juez de Primera Instancia en lo Civil, éste podrá conocer del amparo de acuerdo al procedimiento del artículo 9 de la Ley Orgánica de Amparo sobre Derechos y Garantías Constitucionales. Ahora bien, si en la localidad en que ocurrieran las transgresiones constitucio-nales, tampoco existe Juez de Primera Instancia en lo Civil, conocerá de manera excepcional de la acción de amparo, el juez de la localidad, y éste, de conformidad con el artículo 9 antes citado, lo enviará inmediatamente en consulta obligatoria al Juez Superior en lo Contencioso Administrativo, para que se configure la primera instancia.

De las decisiones que dictaren los Tribunales, a que se refiere este literal, basados en el artículo 9 citado, y en las situaciones allí tratadas, corresponderá conocer en consulta a los Tribunales Superiores en lo Contencioso Adminis-trativo, y de las decisiones que éstos dicten en primera instancia, corresponderá conocer en apelación o consulta a la Corte Primera de lo Contencioso Adminis-trativo.

E) La Sala decide que la Corte Primera de lo Contencioso Administrativo continuará conociendo en primera instancia de los amparos autónomos contra los actos administrativos, omisiones o vías de hecho de los organismos del poder público que ha venido hasta ahora conociendo en esa instancia, dejando a salvo la actuación de los jueces de primera instancia y de municipio en los supuestos consagrados en el literal D) de este fallo.

La segunda instancia de las decisiones sobre los amparos autónomos que conozca la Corte Primera de lo Contencioso Administrativo corresponderá a esta Sala.

De las acciones de amparo relativas a las expropiaciones por causa de utilidad pública e interés social, conocidas en primera instancia por los Tribunales Civiles, conocerán en segunda instancia los Tribunales Superiores en lo Civil; y de las conocidas en primera instancia por otros Tribunales, el respectivo Superior de ellos actuará como alzada.

F) Con relación a los amparos que se incoen de conformidad con el artículo 4 de la Ley Orgánica de Amparo sobre Derechos y Garantías Constitucionales, como ellos deberán ser conocidos por los jueces superiores a los que cometen la infracción constitucional, de acuerdo al derecho material que gobierna la situación jurídica lesionada, dichos jueces superiores conocerán en primera instancia de esos amparos, mientras que los superiores jerárquicos conocerán la alzada y la consulta legal.

En particular, de los amparos contra las actuaciones de la Corte Primera de lo Contencioso Administrativo, conocerá esta Sala Constitucional, e igualmente conocerá de los fallos que en los juicios de amparo dicte dicha Corte como juez de primera instancia.

G) Lo señalado en este fallo no se aplica a los amparos que se intentan conjuntamente con las acciones de nulidad prevenidas en los artículos 3 y 5 de la Ley Orgánica de Amparo sobre Derechos y Garantías Constitucionales.

H) Con relación a los tribunales de primera instancia con competencia territorial nacional en materias específicas (bancaria, carrera administrativa, y otros), los amparos con afinidad con esas materias, seguirán siendo conocidos por ellos, sin perjuicio de lo previsto en el artículo 9 *eiusdem* y en el literal D) antes citado.

I) Corresponderá a la Sala Electoral el conocimiento de las acciones de amparo autónomo que se interpongan contra actos, actuaciones u omisiones sustancialmente electorales de los titulares de los órganos administrativos, distintos a los enumerados en el artículo 8 de la Ley Orgánica de Amparo sobre Derechos y Garantías Constitucionales, o de los órganos constitucionales equivalentes a los mismos.

J) Para regular la situación creada con anterioridad a esta interpretación, la cual tiene carácter vinculante, esta Sala irá resolviendo los conflictos de competencia tomando en cuenta la situación real en que se encontraban las causas de amparo para el momento en que se incoaron, así como los principios aquí expuestos[84].

b. *La sentencia Nº 26 de 25 de enero de 2001*

La Sala Constitucional, en sentencia de 25 de enero de 2001(Caso: *José C.C. y otros vs. Comisión Legislativa Transitoria, Estado Portuguesa*) estimó necesario, en lo que concierne a la competencia judicial en materia de amparo constitucional, hacer las siguientes precisiones, en consonancia con las expresadas en la sentencia Nº 1555 del 8 de diciembre de 2000 (Caso: *Yoslena Chanchamire Bastardo*):

> I. La competencia judicial, además de ser un requisito que hace posible la regularidad del proceso y el examen del mérito de la causa, constituye una garantía prevista en el artículo 49, numeral 3, de la Constitución de la República.
>
> A la luz de la disciplina establecida en la Ley Orgánica de Amparo sobre Derechos y Garantías Constitucionales, la identificación del tribunal competente -para conocer de una causa de amparo constitucional in concreto-, pasa por la aplicación concordé de los criterios legales de atribución de competencia, es decir, la materia, el territorio, el grado, la función y la condición del presunto agraviante, así como por la aplicación eventual del criterio de desplazamiento de competencia, cual es la conexión entre pretensiones.
>
> La regla principal que disciplina la citada cuestión de competencia, por razón del grado, de la materia y del territorio, se halla en el artículo 7 de la Ley Orgánica de Amparo. Sin embargo, cuando el presunto agravio proviene del hecho, acto u omisión de un Tribunal de la República, la competencia para conocer de dicho agravio, de conformidad con el artículo 4, único aparte *eiusdem*, se determina únicamente por razón del grado.

---

84 Véase en *Revista de Derecho Público*, Nº 84, (octubre-diciembre), Editorial Jurídica Venezolana, Caracas 2000, pp. 304 y ss.

Por otra parte, en el caso de la competencia por razón de la condición del presunto agraviante (*ratione condicio personarum*), la única regla que consagra el citado criterio, contemplada en el artículo 8 de la Ley Orgánica de Amparo, da lugar a un fuero exclusivo y de aplicación preferente, haciendo inútil la consideración de los demás criterios. En efecto, cuando el agravio se impute al hecho, acto u omisión en que incurra, bien por sí mismo o por delegación, el Presidente de la República, un Ministro, el Consejo Nacional Electoral y demás organismos electorales del país, el Fiscal General de la República, el Procurador General de la República, el Contralor General de la República, y demás órganos de rango constitucional y competencia nacional, el órgano competente será el Tribunal Supremo de Justicia, en Sala Constitucional, en el ejercicio de la jurisdicción constitucional.

II. En lo que concierne a la competencia por razón del grado, las disposiciones previstas en los artículos 7 y 35 de la citada Ley Orgánica establecen que, en primera instancia, el órgano competente es el Tribunal de Primera Instancia, y, en segunda instancia, lo es el Tribunal Superior respectivo.

Ahora bien, los tribunales pueden conocer, según el caso, en primera instancia, en segunda instancia o en instancia única. En el caso de los Tribunales Superiores en lo Civil y Contencioso Administrativo, los mismos conocen, en segunda instancia, en la materia civil, de las decisiones que pronuncian los Tribunales de Primera Instancia en lo Civil; en cambio, conocen en primera instancia, en materia administrativa, de las causas que tienen atribuidas por ley, de conformidad con lo dispuesto en el artículo 181 de la Ley Orgánica de la Corte Suprema de Justicia.

Por tanto, si la materia administrativa es afín a la naturaleza del derecho o de la garantía constitucional de que se trate, es legalmente posible, como se verá, que los Tribunales Superiores en lo Civil y Contencioso Administrativo, al igual que los demás Tribunales competentes en materia administrativa, tengan competencia para conocer, en primera instancia, de las causas de amparo constitucional que le correspondan.

Esta posibilidad encuentra apoyo en el desplazamiento de competencia que autoriza la disposición prevista en el artículo 5, primer aparte, de la Ley Orgánica de Amparo sobre Derechos y Garantías Constitucionales.

En definitiva, si bien los Tribunales competentes para conocer, en primera instancia, de la materia administrativa, no tienen la denominación de Tribunales de Primera Instancia, pueden conocer, en primera instancia, de las causas de amparo que les correspondan, por cuanto las funciones que cumplen, en el grado en que conocen, son idénticas a las que corresponden, en una causa común, a los Tribunales de Primera Instancia.

En cuanto a la segunda instancia, el Tribunal Superior respectivo a que alude el artículo 35 *eiusdem* es el competente, por razón del grado, de la materia y del territorio, para conocer, por impugnación o de oficio, de las decisiones que dicte el Tribunal inferior.

III. En lo que concierne a la competencia por razón de la materia, la disposición consagrada en el artículo 7 de la citada Ley Orgánica ordena poner, en relación de afinidad o proximidad, dos elementos: la materia de competencia del tribunal, especial u ordinaria, y la naturaleza del derecho o de la garantía constitucional violada o amenazada de violación.

La materia de competencia alude al complejo de relaciones, situaciones y estados jurídicos disciplinados por un ordenamiento particular, cuyo conocimiento atribuye la ley, en caso de controversia, a determinado tribunal o a determinada categoría de tribunales. A este propósito, la Ley Orgánica del Poder Judicial distingue entre las materias civil, mercantil, penal, laboral, de menores, militar, política, administrativa y fiscal, identificando las tres primeras como la materia ordinaria y las demás como la materia especial.

Por su parte, la naturaleza del derecho o garantía constitucional alude únicamente a su ubicación en el contexto del ordenamiento particular que constituye su fuente básica de regulación.

A la vez, la Constitución de la República, en el Título relativo a los derechos humanos y garantías, distingue entre derechos civiles, políticos, sociales y de las familias, culturales y educativos, económicos, de los pueblos indígenas y ambientales.

Así, la denominación de las materias no guarda correspondencia con la de los derechos.

Además, existen derechos -tales como los de libertad e igualdad- que la Constitución no clasifica, y otros respecto a los cuales puede existir una pluralidad de materias afines.

Estas razones, y otras vinculadas con las múltiples asociaciones y relaciones de dependencia que pueden establecerse entre los derechos y garantías constitucionales, hacen que el criterio rector no sea el de la pertenencia del derecho a determinada materia, sino el de la afinidad de ésta con aquél.

Ello hace posible igualmente que, tratándose de derechos o garantías que guarden vínculo de afinidad con una pluralidad de materias, los tribunales que conozcan de éstas se afirmen todos igualmente competentes, caso en el cual habrá lugar a hacer uso, a título de elemento auxiliar de valoración, de la naturaleza de la relación, situación o estado jurídico in concreto a que corresponda el derecho o garantía de que se trate.

Sin embargo, cuando la materia penal guarde afinidad con el derecho o garantía constitucional violado o amenazado de violación, deberá aplicarse la regla expresa de competencia que, por razón de la materia y de la función, consagra el Código Orgánico Procesal Penal: en efecto, de conformidad con la disposición prevista en su artículo 60, ordinal 4°, primer aparte, cuando el derecho o garantía se refiera a la libertad y seguridad personales, el tribunal competente será el penal de control, salvo que el agravio se impute al hecho, acto u omisión proveniente de un Tribunal, en ejercicio de su potestad jurisdiccional, caso en el cual la competencia habrá de determinarse de conformidad con la disposición prevista en el artículo 4 de la Ley Orgánica de Amparo; a la vez, en el caso de que, existiendo afinidad entre la competencia penal y el derecho o garantía violado o amenazado de violación, éste no se refiera a la libertad y seguridad personales, el tribunal competent será el penal de juicio unipersonal, a tenor de la disposición contemplada en el artículo 60, encabezamiento del ordinal 4°, del Código Orgánico Procesal Penal.

Asimismo, cuando el derecho o garantía sea de alcance procesal y su violación o amenaza de violación ocurra en el curso de un proceso determinado, el tribunal competente será el de dicho proceso, salvo que la violación o amenaza se impute al juez de la causa, caso en el cual el competente será el superior que corresponda.

IV. En lo que concierne a la competencia por razón del territorio, la disposición consagrada en el artículo 7 de la Ley Orgánica de Amparo señala que el tribunal competente es el que se halla en la jurisdicción correspondiente al lugar donde ocurrió el hecho, acto u omisión que dio lugar al agravio.

Por tanto, salvo el fuero exclusivo del Tribunal Supremo de Justicia, en Sala Constitucional, el Tribunal competente será el de Primera Instancia, sito en la circunscripción correspondiente al lugar del hecho constitutivo del agravio.

Ahora bien, caso que el hecho en referencia se produzca en lugar donde no funcionen Tribunales de Primera Instancia, la acción de amparo podrá ejercerse ante cualquier Juez de la localidad, de conformidad con la disposición prevista en el artículo 9 *eiusdem*.

La Sala entiende por localidad el municipio en cuyo ámbito territorial se halla la ciudad, población o caserío donde tiene su sede el Tribunal de Primera Instancia.

Así, en el caso de los Tribunales que se hallan organizados en circunscripciones judiciales ordinarias, el conocimiento de la causa de amparo constitucional corresponderá al Tribunal de Primera Instancia que, provisto de competencia en la materia especial u ordinaria de que se trate, tenga su sede en el citado lugar.

Si el Tribunal de Primera Instancia, sito en la localidad, no se halla provisto de competencia en la materia especial de que se trate, su conocimiento corresponderá al Tribunal de Derecho Común, cual es el de Primera Instancia en lo Civil. Y si la causa es afín a la materia ordinaria, su conocimiento corresponderá también a este último Tribunal.

De no existir Tribunal de Primera Instancia en la localidad, la acción podrá ser ejercida ante el respectivo Tribunal de Municipio.

La disposición prevista en el citado artículo 9 señala también que, de ejercerse la acción en lugar donde no funcionen Tribunales de Primera Instancia, el Juez de la localidad decidirá conforme a lo establecido en la Ley y, dentro de las veinticuatro horas siguientes, enviará la decisión provisional en consulta al Tribunal de Primera Instancia competente.

La Sala interpreta que la citada potestad decisoria alcanza al dictado de un mandamiento provisional de amparo, si fuere el caso. Sometida a consulta dicha providencia, ante el Tribunal de Primera Instancia competente *ratione materiae*, cuyo ámbito de competencia territorial abarque el lugar donde ocurrió o se produjo el hecho constitutivo del agravio, éste dictará la sentencia definitiva, cuyo pronunciamiento agotará la primera instancia.

La Sala interpreta igualmente, guiada por la garantía constitucional de la justicia accesible, que se trata de fueros concurrentes, de modo que, de no hallarse en la localidad el Tribunal de Primera Instancia competente, el accionante podrá optar entre acudir a este último, aunque se encuentre fuera de la localidad, o ante el Tribunal de Municipio que autoriza la disposición prevista en el artículo 9 de la citada Ley Orgánica de Amparo.

La consulta o apelación contra la sentencia definitiva, cuyo pronunciamiento agote la primera instancia, será de conocimiento del respectivo Tribunal Superior, competente en materia especial u ordinaria, de conformidad con la disposición prevista en el artículo 35 *eiusdem*.

V. La Sala encuentra necesario precisar también la competencia, en materia de amparo constitucional, de los Tribunales especiales que se hallan organizados en circunscripciones judiciales cuyo ámbito de competencia territorial abarca varias entidades federales.

En particular, en el caso de la materia administrativa, general y especial, la Sala interpreta que, de ejercerse únicamente la acción de amparo, el Tribunal Contencioso Administrativo competente será el que lo sea en la materia afín con la naturaleza de la situación jurídica denunciada como infringida, en la circunscripción especial correspondiente al lugar del hecho constitutivo del agravio.

A propósito de la distribución de competencia, en materia de amparo constitucional, entre los Tribunales citados, la Sala encuentra aplicable, mientras se dicta la ley de la jurisdicción constitucional, el régimen previsto, para la materia administrativa general, en los artículos 181 y siguientes de la Ley Orgánica de la Corte Suprema de Justicia.

De no hallarse en la localidad el Tribunal Contencioso Administrativo competente, la acción de amparo podrá ser ejercida ante el Tribunal de Derecho Común, cual es de Primera Instancia en lo Civil; caso de no hallarse éste en la localidad, la acción podrá ser ejercida ante el respectivo Tribunal de Municipio. En ambos casos, el Tribunal podrá librar únicamente un mandamiento provisional y, dentro de las veinticuatro horas siguientes, deberá enviar la decisión en consulta al Tribunal Contencioso Administrativo competente, el cual dictará la sentencia definitiva, cuyo pronunciamiento agotará la primera instancia.

Como se indicó, de no hallarse en la localidad el Tribunal Contencioso Administrativo competente, el accionante podrá optar entre acudir a este último, aunque se encuentre fuera de la localidad, o ante el Tribunal que autoriza la disposición prevista en el artículo 9 de la citada Ley Orgánica de Amparo.

La consulta o apelación, contra la sentencia definitiva cuyo pronunciamiento agote la primera instancia, será del conocimiento del respectivo Tribunal Superior, es decir, de la Corte Primera de lo Contencioso Administrativo o del Tribunal Supremo de Justicia. En este punto, la Sala reitera los criterios ya sentados sobre el particular (expediente N° 00-0581, caso ELECENTRO-CADELA, sentencia de fecha 14 de marzo de 2000).

De las consideraciones que anteceden se desprende que, si la materia administrativa general es afín a la situación jurídica denunciada como infringida, el Tribunal competente para conocer de la acción de amparo lo será el Juzgado Superior en lo Civil y Contencioso Administrativo, en la circunscripción especial correspondiente al lugar del hecho constitutivo del agravio. De no hallarse el referido Juzgado Superior en la localidad, la acción podrá ser ejercida ante el Tribunal de Derecho Común, cual es el de Primera Instancia en lo Civil; y, de no hallarse este último Tribunal en la localidad, la acción podrá ser ejercida ante el correspondiente Tribunal de Municipio.

En estos casos, la consulta deberá ser elevada al Juzgado Superior en lo Civil y Contencioso Administrativo, al cual corresponderá el pronunciamiento de la sentencia definitiva de primera instancia.

Se reitera que el accionante podrá optar entre ejercer la acción de amparo ante el Juzgado Superior en lo Civil y Contencioso Administrativo, aunque se halle fuera de la localidad, o ante el Tribunal de Primera Instancia en lo Civil, o de Municipio, caso de encontrarse en la localidad, de conformidad con la disposición prevista en el citado artículo 9 de la Ley Orgánica de Amparo.

La consulta o apelación que se ejerza contra la sentencia del referido Juzgado Superior, cuyo pronunciamiento agota la primera instancia, será de competencia de la Corte Primera de lo Contencioso-Administrativo.

Por otra parte, en el caso de los Tribunales que, en materia administrativa, constituyen fuero exclusivo, ya que tienen atribuido un ámbito de competencia de alcance nacional, la Sala estima que, de corresponderles el conocimiento de acciones de amparo constitucional, éstas habrán de ejercerse directamente ante ellos, sin perjuicio de que, de conformidad con el régimen aquí previsto, a la luz de la disposición contemplada en el artículo 9 de la citada Ley Orgánica de Amparo, la acción pueda ser ejercida ante el Tribunal de Derecho Común, cual es el de Primera Instancia en lo Civil, o ante el correspondiente Juzgado de Municipio, caso de existir en la localidad.

Cabe referir, finalmente, la disposición prevista en el artículo 5, primer aparte, de la Ley Orgánica de Amparo, en la cual se contempla la posibilidad de que la acción se ejerza ante el Juez Contencioso Administrativo, si se intenta contra actos administrativos de efectos particulares o contra abstenciones o negativas de la Administración, si se ejerce conjuntamente con el recurso contencioso administrativo de anulación de actos administrativos o contra conductas omisivas, y si el referido Juez se halla en la localidad.

VI. En lo que concierne al supuesto contemplado en el artículo 4 de la citada Ley Orgánica de Amparo, relativo a la resolución, sentencia o acto que lesione un derecho constitucional y que emane de un Tribunal de la República, la Sala reitera que el agravio puede provenir de un hecho, acto u omisión del Tribunal, y que, en tales casos, el conocimiento de la acción de amparo corresponde al Tribunal competente, por razón del grado, de la materia y del territorio, para juzgar, por impugnación o de oficio, sobre las decisiones que dicte aquél.

En este contexto, la Sala estima que, cuando se trate del amparo de la libertad y seguridad personales, si el hecho constitutivo del agravio se imputa a un Tribunal de la República, en ejercicio de su potestad jurisdiccional, deberá aplicarse la regla especial de competencia prevista en el artículo 4 de la citada Ley Orgánica de Amparo sobre Derechos y Garantías Constitucionales[85].

5. *Las nuevas normas procesales relativas a los juicios de amparo*

Pero las decisiones de la Sala Constitucional del Tribunal Supremo de Justicia, modificatorias de la Ley Orgánica de Amparo por la vía de la interpretación constitucional, no sólo han incidido sobre el tema de la competencia judicial en la materia, sino sobre el mismo procedimiento judicial en los juicios de amparo otra parte, en diversas sentencias ha modificado el procedimiento en materia de amparo, también en forma irregular, pues con ello ha actuado como legislador positivo.

A. *Las nuevas normas procesales en los casos de acción autónoma de amparo*

En efecto, la Sala Constitucional del Tribunal Supremo de Justicia, desde sus primeras sentencias de 2000, también "interpretó" el artículo 27 de la Constitución que regula la acción de amparo y procedió a "adaptar" el procedimiento regulado en la Ley Orgánica de Amparo sobre Derechos y Garantías Constitucionales, al texto de la nueva Constitución, estableciendo en realidad un *nuevo procedimiento* que impropiamente modifica o reforma el regulado en la Ley Orgánica[86].

---

85 Véase en *Revista de Derecho Público*, N° 85-88, Editorial Jurídica Venezolana, Caracas 2001.

86 Véase en general, Véase Humberto Enrique Tercero Bello Tabares, "El procedimiento de Amparo Constitucional, según la sentencia N° 7 dictada por la Sala Constitucional del Tribunal Supremo de Justicia, de fecha 01 de febrero de 2000. Caso *José Amando Mejía Betancourt y José Sánchez Villavicencio*, en *Revista de derecho del Tribunal Supremo de Justicia,* N° 8, Caracas, 2003, pp. 139 a 176; María Elena Toro Dupouy, "El procedimiento de amparo en la jurisprudencia de la Sala Constitucional del Tribunal Supremo de Justicia (Años 2000-2002)", en *Revista de Derecho Constitucional,* N° 6, enero-

Así, en la sentencia Nº 7 de 01-02-2000 (Caso: *José A. Mejía y otros*), la Sala, teniendo en cuenta que por mandato del artículo 27 de la Constitución el procedimiento de la acción de amparo constitucional "será oral, público, breve, gratuito y no sujeto a formalidades"; siendo las características de oralidad y ausencia de formalidades que rigen estos procedimientos, las que permiten que la autoridad judicial restablezca inmediatamente, a la mayor brevedad, la situación jurídica infringida o la situación que más se asemeje a ella; y considerando que el artículo 27 de la Constitución es de aplicación inmediata; estimó que debía "adaptar" el procedimiento de amparo establecido en la Ley Orgánica de Amparo sobre Derechos y Garantías Constitucionales a las prescripciones del artículo 27 de la Constitución, aplicando además, el 49 de la Constitución que impone el debido proceso, cuyos elementos deben estar presentes en el procedimiento de amparo cuyas normas procesales también deben adecuarse a dicha norma, de manera que:

> ... el agraviante, tiene derecho a que se le oiga a fin de defenderse, lo que involucra que se le notifique efectivamente de la solicitud de amparo; de disponer del tiempo, así sea breve, para preparar su defensa; de la posibilidad, que tienen todas las partes, de contradecir y controlar los medios de prueba ofrecidos por el promovente, y por esto el procedimiento de las acciones de amparo deberá contener los elementos que conforman el debido proceso.

Como consecuencia de esta orientación:

> ... la Sala Constitucional, obrando dentro de la facultad que le otorga el artículo 335 *ejusdem,* de establecer interpretaciones sobre el contenido y alcance de las normas y principios constitucionales, las cuales serán en materia de amparo vinculantes para los tribunales de la República, interpreta los citados artículos 27 y 49 de la Constitución de la República Bolivariana de Venezuela, en relación con el procedimiento de amparo previsto en la Ley Orgánica de Amparo sobre Derechos y Garantías Constitucionales, distinguiendo si se trata de amparos contra sentencias o de los otros amparos, excepto el cautelar, de la siguiente forma:

a. *El procedimiento en la acción de amparo que no sea contra sentencias*

a'. *Inicio del procedimiento*

De acuerdo con la sentencia Nº 7 de la Sala Constitucional:

> 1. Con relación a *los amparos que no se interpongan contra sentencias,* tal como lo expresan los artículos 16 y 18 de la Ley Orgánica de Amparo sobre Derechos y Garantías Constitucionales, el proceso se iniciará por escrito o en forma oral conforme a lo señalado en dichos artículos;

a''. *La indicación, con la solicitud, de los medios de prueba*

La sentencia de la Sala Constitucional agrega que:

diciembre-2002, Editorial Sherwood, Caracas, 2003, pp. 241 a 256; María Elena Toro Dupouy, "El amparo contra decisiones judiciales en la jurisprudencia de la Sala Constitucional del Tribunal Supremo de Justicia. El Amparo sobrevenido", en *Revista de Derecho Constitucional,* Nº 7, enero-junio 2003, Editorial Sherwood, Caracas, 2003, pp. 207 a 222.

> … pero el accionante además de los elementos prescritos en el citado artículo 18 deberá también señalar en su solicitud, oral o escrita, las pruebas que desea promover, siendo esta una carga cuya omisión produce la preclusión de la oportunidad, no solo la de la oferta de las pruebas omitidas, sino la de la producción de todos los instrumentos escritos, audiovisuales o gráficos, con que cuenta para el momento de incoar la acción y que no promoviere y presentare con su escrito o interposición oral; prefiriéndose entre los instrumentos a producir los auténticos.

b''. *El principio de la libertad de medios probatorios*

En general, sobre los medios de prueba, la sentencia Nº 7 de la Sala Constitucional dispuso:

> El principio de libertad de medios regirá estos procedimientos, valorándose las pruebas por la sana critica, excepto la prueba instrumental que tendrá los valores establecidos en los artículos 1359 y 1360 del Código Civil para los documentos públicos y en el artículo 1363 del mismo Código para los documentos privados auténticos y otros que merezcan autenticidad, entre ellos los documentos públicos administrativos.

b'. *Admisión de la solicitud*

Presentada la solicitud de amparo, conforme a la sentencia de la Sala:

> Los Tribunales o la Sala Constitucional que conozcan de la solicitud de amparo, por aplicación de los artículos de la Ley Orgánica de Amparo sobre Derechos y Garantías Constitucionales, admitirán o no el amparo, ordenarán que se amplíen los hechos y las pruebas, o se corrijan los defectos u omisiones de la solicitud, para lo cual se señalará un lapso, también preclusivo. Todo ello conforme a los artículos 17 y 19 de la Ley Orgánica de Amparo sobre Derechos y Garantías Constitucionales.

c'. *Citación y notificaciones para la audiencia constitucional*

Una vez admitida la acción, de acuerdo con la sentencia de la Sala Constitucional:

> … se ordenará la citación del presunto agraviante y la notificación del Ministerio Público, para que concurran al tribunal a conocer el día en que tendrá lugar la audiencia oral, la cual tendrá lugar, tanto en su fijación como para su práctica, dentro de las noventa y seis (96) horas a partir de la última notificación efectuada.
>
> Para dar cumplimiento a la brevedad y falta de formalidad, la notificación podrá ser practicada mediante boleta, o comunicación telefónica, fax, telegrama, correo electrónico, o cualquier medio de comunicación interpersonal, bien por el órgano jurisdiccional o bien por el Alguacil del mismo, indicándose en la notificación la fecha de comparecencia del presunto agraviante y dejando el Secretario del órgano jurisdiccional, en autos, constancia detallada de haberse efectuado la citación o notificación y de sus consecuencias.

d'. *Audiencia constitucional*

a''. *Audiencia pública y oral y pruebas del presunto agraviante*

Conforme a la sentencia de la Sala,

En la fecha de la comparecencia que constituirá una audiencia oral y pública, las partes, oralmente, propondrán sus alegatos y defensas ante la Sala Constitucional o el tribunal que conozca de la causa en primera instancia, y esta o este decidirá, si hay lugar a pruebas, caso en que el presunto agraviante podrá ofrecer las que considere legales y pertinentes, ya que este es el criterio que rige la admisibilidad de las pruebas. Los hechos esenciales para la defensa del agraviante, así como los medios ofrecidos por él se recogerán en un acta, al igual que las circunstancias del proceso.

b''. *Preguntas del Juez Constitucional*

La sentencia de la Sala señaló:

Los Jueces Constitucionales siempre podrán interrogar a las partes y a los comparecientes.

c''. *Efectos de la falta de comparencia a la audiencia constitucional*

La Sala, en la sentencia citada, dispuso que

La falta de comparecencia del presunto agraviante a la audiencia oral aquí señalada producirá los efectos previstos en el artículo 23 de la Ley Orgánica de Amparo Sobre Derechos y Garantías Constitucionales.

La falta de comparencia del presunto agraviado dará por terminado el procedimiento, a menos que el Tribunal considere que los hechos alegados afectan el orden público, caso en que podrá inquirir sobre los hechos alegados, en un lapso breve, ya que conforme al principio general contenido en el artículo 11 del Código de Procedimiento Civil y el artículo 14 de la Ley Orgánica de Amparo Sobre Derechos y Garantías Constitucionales, en materia de orden público el juez podrá tomar de oficio las providencias que creyere necesarias.

d''. *Régimen de litis consorcios*

La Sala, respecto de litis consorcios, señaló:

En caso de *litis consorcios* necesarios activos o pasivos, cualquiera de los *litis consortes* que concurran a los actos, representará al consorcio.

e'. *Pruebas*

a''. *Admisión y evacuación*

En relación con las pruebas, la Sala señaló:

El órgano jurisdiccional, en la misma audiencia, decretará cuáles son las pruebas admisibles y necesarias, y ordenará, de ser admisibles, también en la misma audiencia, su evacuación, que se realizará en ese mismo día, con inmediación del órgano en cumplimiento del requisito de la oralidad o podrá diferir para el día inmediato posterior la evacuación de las pruebas.

b''. *Grabación y registro de las actuaciones en cuanto a pruebas*

Sobre el desarrollo de la actividad probatoria en la audiencia la Sala estableció que:

> Cuando se trate de causas que cursen ante tribunales cuyas decisiones serán conocidas por otros jueces o por esta Sala, por la vía de la apelación o consulta, en cuanto a las pruebas que se evacuen en las audiencias orales, se grabarán o registrarán las actuaciones, las cuales se verterán en actas que permitan al juez de la Alzada conocer el devenir probatorio. Además, en la audiencia ante el Tribunal que conozca en primera instancia en que se evacuen estas pruebas de lo actuado, se levantará un acta que firmarán los intervinientes. El artículo 189 del Código Procedimiento Civil regirá la confección de las actas, a menos que las partes soliciten que los soportes de los actas se envíen al Tribunal Superior.

f'. *Procedimiento no sujeto a formalidades*

En cuanto a los principios generales del procedimiento la sentencia de la Sala señaló que:

> Debido al mandato constitucional de que el procedimiento de amparo no estará sujeto a formalidades, los trámites como se desarrollarán las audiencias y la evacuación de las pruebas, si fueran necesarias, las dictará en las audiencias el tribunal que conozca del amparo, siempre manteniendo la igualdad entre las partes y el derecho de defensa. Todas las actuaciones serán públicas, a menos que por protección a derechos civiles de rango constitucional, como el comprendido en el artículo 60 de la Constitución de la República Bolivariana de Venezuela, se decida que los actos orales sean a puerta cerrada, pero siempre con inmediación del tribunal".

g'. *Decisión*

De acuerdo con la sentencia de la Sala Constitucional:

> Una vez concluido el debate oral o las pruebas, el juez o el Tribunal en el mismo día estudiará individualmente el expediente o deliberará (en los caso de los Tribunales colegiados) y podrá:
>
> a) decidir inmediatamente; en cuyo caso expondrá de forma oral los términos del dispositivo del fallo; el cual deberá ser publicado íntegramente dentro de los cinco (5) días siguientes a la audiencia en la cual se dictó la decisión correspondiente. El fallo lo comunicará el juez o el presidente del Tribunal Colegiado, pero la sentencia escrita la redactará el ponente o quien el Presidente del Tribunal Colegiado decida.
>
> El dispositivo del fallo surtirá los efectos previstos en el artículo 29 de la Ley Orgánica de Amparo Sobre Derechos y Garantías Constitucionales, mientras que la sentencia se adaptará a lo previsto en el artículo 32 *ejusdem.*
>
> b) Diferir la audiencia por un lapso que en ningún momento será mayor de cuarenta y ocho (48) horas, por estimar que es necesaria la presentación o evacuación de alguna prueba que sea fundamental para decidir el caso o a petición de alguna de las partes o del Ministerio Público".

h'. *Apelación y consulta*

En relación con la apelación y consulta de las sentencias de amparo, la sentencia de la Sala dispuso lo siguiente:

> Contra la decisión dictada en primera instancia, podrá apelarse dentro de los tres (3) días siguientes a la publicación del fallo, la cual se oirá en un sólo efecto a menos que se trate del fallo dictado en un proceso que, por excepción, tenga una sola instancia.
>
> De no apelarse, pero ser el fallo susceptible de consulta, deberá seguirse el procedimiento seguido en el artículo 35 de la Ley Orgánica de Amparo sobre Derechos y Garantías Constitucionales, esto es, que la sentencia será consultada con el Tribunal Superior respectivo, al cual se le remitirá inmediatamente el expediente, dejando copia de la decisión para la ejecución inmediata. Este Tribunal decidirá en un lapso no mayor de treinta (30) días. La falta de decisión equivaldrá a una denegación de justicia, a menos que por el volumen de consultas a decidir se haga necesario prorrogar las decisiones conforma al orden de entrada de las consultas al Tribunal de la segunda instancia.

b. *El procedimiento en la acción de amparo contra sentencias*

En cuanto a las acciones de amparo contra sentencias, la sentencia de la Sala señaló lo siguiente:

> 2. Cuando el *amparo sea contra sentencias,* las formalidades se simplificarán aún más y por un medio de comunicación escrita que deberá anexarse al expediente de la causa donde se emitió el fallo, inmediatamente a su recepción, se notificará al juez o encargado del Tribunal, así como a las partes en su domicilio procesal, de la oportunidad en que habrá de realizarse la audiencia oral, en la que ellos manifestarán sus razones y argumentos respecto a la acción. Los amparos contra sentencias se intentarán con copia certificada del fallo objeto de la acción, a menos que por la urgencia no pueda obtenerse a tiempo la copia certificada, caso en el cual se admitirán las copias previstas en el artículo 429 del Código Procedimiento Civil, no obstante en la audiencia oral deberá presentarse copia auténtica de la sentencia.
>
> Las partes del juicio donde se dictó el fallo impugnado podrán hacerse partes, en el proceso de amparo, antes y aún dentro de la audiencia pública, mas no después, sin necesidad de probar su interés. Los terceros coadyuvantes deberán demostrar su interés legítimo y directo para intervenir en los procesos de amparo de cualquier clase antes de la audiencia pública.
>
> La falta de comparecencia del Juez que dicte el fallo impugnado o de quien esté a cargo del Tribunal, no significará aceptación de los hechos, y el órgano que conoce del amparo, examinará la decisión impugnada.

En relación con esta decisión el Magistrado Héctor Peña Torrelles, salvó su voto en la siguiente forma:

> 3. Por lo que respecta al procedimiento para tramitar el amparo que se establece en el fallo que antecede, observa quien disiente que en el mismo se han consagrado aspectos no previstos en la Ley Orgánica de Amparo sobre Derechos y Garantías Constitucionales, lo cual, lejos de ser una adaptación al artículo 27 de la Constitución vigente se convierte en un procedimiento nuevo y distintos conservando algu-

> nos de las fases que establece la Ley, violando de esta forma el principio de reserva legal en materia de procedimientos.
>
> Quien suscribe está de acuerdo con el fallo por lo que se refiere a la necesaria adaptación de la Ley Orgánica de Amparo sobre Derechos y Garantías Constitucionales a los principios de oralidad e informalidad previstos en el citado artículo 27; sin embargo, considera que el exceso de rigorismo que se ha plasmado en materia probatoria atenta justamente contra la brevedad e informalidad del amparo, asimilándolo a un juicio ordinario civil. En este aspecto, ha debido dejarse al juez que conozca del caso concreto la determinación de la necesidad y forma de tramitación de la fase probatoria.
>
> En todo caso, considero que el presunto agraviado deberá siempre probar sus alegatos, sin necesidad de que tenga que obligatoriamente indicar en la interposición de la acción cuáles medios utilizará a tales fines; por lo que, se atenta contra sus derechos constitucionales al fijarse la preclusión de la oportunidad para promover pruebas prevista en el fallo, por cuanto se están limitando su derechos a la defensa y a la tutela judicial efectiva mediante un mecanismo distinto al previsto en la Constitución.
>
> En cuanto a otras particularidades de los medios probatorios, de los litisconsortes, y de las formas de notificación, no había necesidad de establecer lineamientos al respecto, porque la Ley Orgánica de Amparo sobre Derechos y Garantías Constitucionales permitía acudir de forma supletoria a las normas procesales en vigor (artículo 48).
>
> Observa con preocupación el disidente que en el procedimiento establecido se haya consagrado una amplia gama de formas de notificación a los presuntos agraviantes, que además de no estar previstas en el ordenamiento procesal vigente, atenta contraría el principio de seguridad jurídica por cuanto en los casos de notificaciones vía teléfono, fax, correo electrónico *"o cualquier medio de notificación interpersonal",* no se ha establecido la forma en que se dejará constancia en el expediente de que la *notificación* ha cumplido su finalidad, esto es, poner en conocimiento del interesado de la admisión de un amparo interpuesto en su contra.
>
> De otra parte, el disidente considera que no debe realizarse una fase oral en los amparos contra decisiones judiciales. En este punto, la Sala Constitucional debió acoger el razonamiento que la reiterada jurisprudencia sostuvo en este sentido. En efecto, los amparos contra decisiones judiciales constituyen una excepción al principio de la cosa juzgada, por lo que se trata de un juicio de estricto derecho, donde no se analizarán las cuestiones de hecho del juicio donde se produjo la decisión impugnada; además, la sentencia debe bastarse a sí misma, y las infracciones de derechos constitucionales que puedan derivarse de la misma, no deberán requerir de otras defensas. Es por esta razón que se interpretó acertadamente que el informe del juez es meramente potestativo.
>
> Finalmente, el disidente estima que, permitir a discreción del juez la alteración de los principios constitucionales en materia procesal desarrollados por la Ley, lejos de proteger a la Constitución, la convierte en un texto manejable con base en criterios de oportunidad o conveniencia del aplicador judicial, que en definitiva causa inseguridad jurídica en un Estado de Derecho, lo que se traduce en su desaparición.

De lo anterior resulta, por tanto, que en la actualidad, el procedimiento en la acción de amparo no está regulado en la Ley Orgánica de Amparo sino en una sentencia de la Sala Constitucional. La seguridad jurídica, en consecuencia, parecería que no es un valor fundamental en la mente de algunos Magistrados de dicha Sala, pues de lo contrario hubieran hecho una recomendación a la futura Asamblea Nacional para la reforma de la Ley Orgánica de Amparo.

B. *Las nuevas normas procesales en los casos de amparo cautelar ejercido conjuntamente con otra acción*

En relación con los casos de ejercicio conjunto de la pretensión de amparo con otras acciones, la Sala Constitucional también estableció modalidades nuevas de procedimiento, en la sentencia N° 88 de 14-03-2000 (Caso: *Ducharme de Venezuela, C.A.*), en la siguiente forma:

a. *Modalidades de ejercicio de la acción de amparo*

La Sala comenzó indicando lo siguiente en relación con las modalidades de ejercicio de la acción de amparo:

> Observa esta Sala, que mediante la sentencia de la entonces Corte Suprema de Justicia en Pleno, del 21 de mayo de 1996, que anuló el artículo 22 de la Ley Orgánica de Amparo sobre Derechos y Garantías Constitucionales, se establecieron las distintas alternativas de tramitación de los amparos ejercidos de forma conjunta con otras acciones, basándose para ello en la potestad consagrada en el artículo 102 de la Ley Orgánica de la Corte Suprema de Justicia, en los siguientes términos:
>
> *1. Tramitar la solicitud de amparo constitucional de conformidad con lo dispuesto en los artículos 23 y siguientes de la Ley Orgánica de Amparo.*
>
> *2. En caso de que la solicitud de amparo sólo tenga por objeto la suspensión de los efectos del acto administrativo recurrido, darle el mismo tratamiento de beneficio que la suspensión de efectos prevista en el artículo 136 de la Ley Orgánica de la Corte Suprema de Justicia.*
>
> *3. Si la solicitud de amparo tiene por objeto la obtención de una medida cautelar de las previstas en el parágrafo primero del artículo 588 del Código de Procedimiento Civil, tramitarla de conformidad con lo previsto en el Título II del Libro Tercero de dicho Código.*
>
> *No obstante, se observa que la potestad prevista en el artículo 102 de la Ley Orgánica de la Corte Suprema de Justicia otorgada al juez Contencioso Administrativo, le permite a éste la aplicación de otros procedimientos de acuerdo a la naturaleza del caso y a las exigencias de la protección constitucional. (Subrayado de la Sala).*
>
> Con fundamento en la sentencia parcialmente transcrita, en concordancia con el artículo 102 de la Ley Orgánica de la Corte Suprema de justicia, y atendiendo a los principios procesales consagrados en la nueva Constitución que se inspira en lograr la preservación de la tutela judicial efectiva y una pronta decisión a los asuntos sometidos a los órganos jurisdiccionales (artículo 26), esta Sala Constitucional del Tribunal Supremo de Justicia establece el siguiente procedimiento para tramitar *las acciones de nulidad interpuestas conjuntamente con medida cautelar de amparo.*

b. *Admisibilidad de la acción principal*

La Sala ha establecido, como primer aspecto, la necesidad de que el juez se pronuncie sobre la admisibilidad de la acción principal, indicando lo siguiente:

1. Una vez recibida en esta Sala la acción de nulidad, interpuesta conjuntamente con amparo constitucional, el Juzgado de Sustanciación de la Sala decidirá mediante auto sobre la admisibilidad de la acción principal, a menos que por la urgencia del caso la Sala decida pronunciarse sobre la admisión de la misma, supuesto en que también la Sala se pronunciará sobre el amparo ejercido conjuntamente con la referida acción de nulidad.

2. En caso de que se declare inadmisible la acción principal, se dará por concluido ejercicio y se ordenará el archivo del expediente.

c. *Cuaderno separado para la decisión del amparo cautelar*

Admitida la acción principal, de acuerdo con lo indicado por la Sala:

3. en el mismo auto se ordenará abrir cuaderno separado en el cual se designará Ponente, a los efectos de decidir sobre el amparo constitucional.

4. El procedimiento de nulidad continuará su trámite por ante el Juzgado de Sustanciación, y la Sala decidirá sobre la procedencia o no del amparo constitucional.

d. *Decisión sobre la pretensión de amparo cautelar y convocatoria a la audiencia constitucional*

De acuerdo con la sentencia de la Sala,

En el caso que se acuerde el amparo se le notificará de dicha decisión al presunto agraviante, para que, si lo estima pertinente, formule oposición contra la medida acordada, dentro de las cuarenta y ocho (48) horas siguientes a su notificación, supuesto en el cual se convocará para una audiencia oral y pública que se efectuará en el tercer (3°) día siguiente a la formulación de la oposición, a fin de que las partes expongan sus alegatos. En el auto en el que se fije la celebración de la audiencia oral y pública, se ordenará la notificación del Ministerio Público.

e. *Decisión sobre el amparo luego de la audiencia*

De acuerdo con la sentencia antes citada, una vez concluido el debate oral, la Sala en el mismo día deliberará, y podrá:

a) Pronunciarse inmediatamente sobre la oposición, en cuyo caso se expondrá de forma oral los términos de la decisión, la cual deberá ser publicada íntegramente dentro de los cinco (5) días siguientes a la audiencia en la cual se dictó aquélla.

b) Diferir la audiencia oral por un lapso que en ningún momento será mayor de cuarenta y ocho (48) horas por estimar que es necesario la presentación o evacuación de alguna prueba que sea fundamental para decidir el caso, o a petición de alguna de las partes o del Ministerio Público.

f. *Efectos de la sentencia de amparo*

Conforme se indica en la sentencia:

6. La decisión recaída sobre el amparo constitucional en nada afecta la tramitación de la causa principal.

6. *Otros aspectos relevantes en torno a la acción de amparo conforme a la jurisprudencia del Tribunal Supremo*

A. *Sobre la admisibilidad de la acción de amparo y la ausencia de vías judiciales idóneas para la protección constitucional*

La Sala Constitucional en sentencia Nº 963 de 5 de junio de 2001 (Caso: *José A. Guía y otros vs. Ministerio de Infraestructura*) ha sentado el criterio de la acción de amparo constitucional, opera en su tarea específica de encauzar las demandas contra actos, actuaciones, omisiones o abstenciones lesivas de derechos constitucionales, bajo las siguientes condiciones:

a) Una vez que los medios judiciales ordinarios han sido agotados y la situación jurídico constitucional no ha sido satisfecha; o

b) Ante la evidencia de que el uso de los medios judiciales ordinarios, en el caso concreto y en virtud de su urgencia, no dará satisfacción a la pretensión deducida.

La disposición del literal a), es bueno insistir, apunta a la comprensión de que el ejercicio de la tutela constitucional por parte de todos los jueces de la República, a través de cualquiera de los canales procesales dispuestos por el ordenamiento jurídico, es una característica inmanente al sistema judicial venezolano; por lo que, en consecuencia, ante la interposición de una acción de amparo constitucional, los tribunales deberán revisar si fue agotada la vía ordinaria o fueron ejercidos los recursos, que de no constar tales circunstancias, la consecuencia será la inadmisión de la acción sin entrar a analizar la idoneidad del medio procedente, pues el carácter tuitivo que la Constitución atribuye a las vías procesales ordinarias les impone el deber de conservar o restablecer el goce de los derechos fundamentales, por lo que bastaría con señalar que la vía existe y que su agotamiento previo es un presupuesto procesal a la admisibilidad de la acción de amparo.

La exigencia del agotamiento de los recursos a que se refiere el aludido literal a), no tiene el sentido de que se interponga cualquier recurso imaginable, sino sólo los que permitan reparar adecuadamente lesiones de derechos fundamentales que se denuncian. No se obliga, pues, a utilizar en cada caso todos los medios de impugnación que puedan estar previstos en el ordenamiento procesal, sino tan sólo aquellos normales que, de manera clara, se manifiesten ejercitables y razonablemente exigibles. En consecuencia, por ejemplo, ante el agotamiento de la doble instancia en un juicio civil, el actor tendrá la posibilidad de recurrir en casación o en amparo constitucional, pues es sabido que aquélla constituye una vía extraordinaria de revisión.

De cara al segundo supuesto, relativo a que la acción de amparo puede proponerse inmediatamente, esto es, sin que hayan sido agotados los medios o recursos adjetivos disponibles, el mismo procede cuando se desprenda de las circunstancias fácticas o jurídicas que rodean la pretensión que el uso de los medios procesales ordinarios resultan insuficientes al restablecimiento del disfrute del bien jurídico lesionado. Alguna de tales circunstancias podría venir dada cuando, por ejemplo, la pretensión de amparo exceda del ámbito intersubjetivo para afectar gravemente al interés general o el orden público constitucional; en caso de que el recurrente pueda sufrir una desventaja inevitable o la lesión devenga irreparable por la circunstancia de utilizar y agotar la vía judicial previa (lo que no puede enlazarse el hecho de que tal vía sea costosa o menos expedita que el procedimiento de amparo); cuando no exista vía de impugnación contra el hecho lesivo, o ésta sea de imposible acceso;

cuando el peligro provenga de la propia oscuridad o complejidad del ordenamiento procesal; o ante dilaciones indebidas por parte los órganos judiciales, tanto en vía de acción principal como en vía de recurso (debe recordarse, no obstante, que el concepto de proceso sin dilaciones indebidas es un concepto jurídico indeterminado, cuyo contenido concreto deberá ser obtenido mediante la aplicación, a las circunstancias específicas de cada caso, de los criterios objetivos que sean congruentes con su enunciado genérico. Podrían identificarse, como ejemplo, de tales criterios objetivos: la complejidad del litigio, los márgenes ordinarios de duración de los litigios del mismo tipo, la conducta procesal del interesado y de las autoridades implicadas y las consecuencias que de la demora se siguen para los litigantes. Así pues, criterios de razonabilidad pesarán sobre la decisión que se tome en cada caso concreto).

3.- Así, en cuando al complejo de medios procesales que la Constitución pone a disposición de las personas, esta Sala, en su decisión N° 848/2000 de 28 de julio, afirmó:

> Sin mucha claridad, fallos de diversos tribunales, incluyendo los de varias Salas de la extinta Corte Suprema de Justicia, han negado el amparo al accionante, aduciendo que el mismo ha debido acudir a las vías procesales ordinarias, aunque sin explicar la verdadera causa para ello, cual es que por estas vías se podía restablecer la situación jurídica infringida antes que la lesión causare un daño irreparable, descartando así la amenaza de violación lesiva...
>
> Por lo tanto, no es cierto que *per se* cualquier transgresión de derechos y garantías constitucionales está sujeta de inmediato a la tutela del amparo, y menos las provenientes de la actividad procesal, ya que siendo todos los jueces de la República tutores de la integridad de la Constitución, ellos deben restablecer, al ser utilizadas las vías procesales ordinarias (recursos, etc.), la situación jurídica infringida, antes que ella se haga irreparable.

Asimismo, en su sentencia N° 1592/2000 de fecha 20 de diciembre, esta Sala sostuvo:

> Ahora bien no puede aspirar la parte accionante dejar sin efecto dicho decreto de expropiación a través del ejercicio del amparo autónomo, ni pretender a través de la misma la nulidad de los actos administrativos dictados por un ente distinto al que se señala como agraviante, lo cual colocaría en estado de indefensión al órgano administrativo que dictó el acto.
>
> En este sentido observa la Sala que no resulta posible sustituir a través de la acción de amparo constitucional, el ejercicio del recurso contencioso-administrativo de anulación en el cual el legislador consagró un procedimiento especial donde se otorgan las garantías procesales tanto al recurrente como a la propia Administración autora del acto, es en este procedimiento donde se analizaría la legalidad o inconstitucionalidad del acto administrativo impugnado" (Subrayado posterior).

En una reciente decisión, la N° 331/2001 de 13 de marzo, esta Sala confirmó su doctrina al respecto, en los siguientes términos:

> "Para que sea estimada una pretensión de amparo constitucional es preciso que el ordenamiento jurídico no disponga de un mecanismo procesal eficaz, con el que se logre de manera efectiva la tutela judicial deseada. Pretender utilizar el proceso de amparo, cuando existen mecanismos idóneos, diseñados con una estructura tal, capaz de obtener tutela anticipada, si fuere necesario (artículo 136 de la Ley Orgánica de la Corte Suprema de Justicia, las disposiciones pertinentes del Código de Procedimiento Civil o inclusive el amparo cautelar), al tiempo que ga-

rantizan la vigencia de los derechos constitucionales de todas las partes involucradas, haría nugatorio el ejercicio de las acciones correspondientes a este tipo de procesos y los efectos que tiene la acción de amparo constitucional, referidos al restablecimiento de situaciones jurídicas infringidas" (Subrayado posterior).

Ejemplo de algunas de las situaciones en las cuales procede la interposición de la acción de amparo en forma directa, fueron referidos por esta Sala en su citada sentencia 848/2000, así tenemos que:

7.- Los actos procesales como tales, lesivos a bienes jurídicos constitucionales, son objeto de peticiones de nulidad por las partes afectadas por ellos, y el amparo realmente procederá contra la sentencia que resuelva la nulidad, o contra la omisión del juez o del funcionario judicial (si de él se trata) de dictarla en el lapso legal. Pero a pesar de ello, los actos judiciales que violen derechos o garantías constitucionales de las partes, que de no corregirse de inmediato sus efectos se harían irreparables, serán objeto de amparo...

9.- Las partes en caso de que las violaciones infrinjan el orden público, siempre tendrán expedita la vía del amparo, sin las limitaciones del numeral 4 del artículo 6 de la ley especial.

En cuanto a los terceros, el proceso puede afectarlos directa o indirectamente. Dentro del derecho común, los terceros tienen en las tercerías la posibilidad para oponerse a los efectos lesivos a su situación jurídica que le causen los fallos, actos u omisiones procesales, que contengan infracciones a sus derechos y garantías constitucionales. Resulta una cuestión casuística, de acuerdo a la posibilidad que la lesión se haga irreparable si no se actúa de inmediato, optar entre la tercería posible o la acción de amparo". (Subrayado posterior).

4.- Precisado lo anterior, visto que en el caso bajo examen, el requisito del agotamiento de la vía judicial contencioso administrativa ordinaria no se encuentra satisfecho, pues a él no atiende ninguno de los alegatos de los accionantes, ni consta de los documentos anexos al escrito, y sin necesidad de analizar si esa vía es la idónea, en el sentido de satisfacer la pretensión de los accionantes, debe tomarse en cuenta lo señalado por esta Sala en cuanto a la potestad que les atribuye a todos los tribunales el artículo 27 constitucional en orden a garantizar los derechos fundamentales, así como que el artículo 259 constitucional consagra que "...Los órganos de la jurisdicción contencioso administrativa son competentes para anular los actos administrativos generales o individuales contrarios a derecho, incluso por desviación de poder; condenar al pago de sumas de dinero y a la reparación de daños y perjuicios originados en responsabilidad de la Administración; conocer de reclamos por la prestación de servicios públicos; y disponer lo necesario para el restablecimiento de las situaciones jurídicas subjetivas lesionadas por la actividad administrativa", lo que significa que la Constitución garantiza a los administrados, a través del citado precepto 259, un plus de garantías que no deja dudas respecto a la potestad que tienen esos tribunales para resguardar los derechos o garantías constitucionales que resulten lesionados por actos o hechos dictados o ejecutados en ejercicio de la función administrativa u omisiones o abstenciones de órganos o personas obligados por normas de derecho administrativo. En consecuencia, la solicitud en cuestión resulta inadmisible. Así se decide finalmente[87].

---

87 Véase en *Revista de Derecho Público*, N° 85-88, Editorial Jurídica Venezolana, Caracas 2001, pp. 448 y ss.

B. *Sobre la extensión de los efectos de la sentencia de amparo*

Una consecuencia natural del derecho de Defensa (art. 49) es que los efectos directos de la sentencia en principio sólo tienen lugar entre las partes efectivas del proceso. Ese es el principio que deriva, además del carácter personalísimo de la acción de amparo. De allí que el demandado deba ser citado o emplazado personalmente o por medio de un defensor, y si se trata de fallos que surten efectos *erga omnes*, debe citarse a toda la sociedad mediante edictos, o citarse a su representante, el Ministerio Público (o a ambos), a fin que ella o los interesados dentro de la colectividad puedan defenderse. Sin embargo, y debido a la naturaleza de algunas relaciones o situaciones jurídicas, personas que no han sido partes en un proceso, pero que eran potenciales litis consortes facultativos, pueden gozar de los efectos directos del fallo dictado en un juicio donde no fueron partes, siempre que dicha decisión los beneficie. Esto ha sido analizado por la Sala Constitucional en sentencia Nº 2675 de 17 de diciembre de 2001 (Caso: *Ministerio de Relaciones Interiores*) en relación con los efectos señaló de la sentencia de amparo, en la forma siguiente:

> La realidad de que existen situaciones o relaciones jurídicas que vinculan a personas en una misma situación jurídica, llevó a esta Sala, a que en las acciones para ejercer derechos o intereses difusos o colectivos, deba ordenarse la citación por edictos a todos los interesados, y en algunos casos en que no se publicó el edicto, la Sala consideró que a pesar de ello los efectos directos de la sentencia podían extenderse a otras personas que no eran partes, si les favorecían, y así, en fallo de 6 de abril de 2001 (Caso: *Glenda López y otros vs IVSS*)[88], la Sala señaló:
>
> Por último, debe esta Sala hacer particular referencia al llamado -carácter personalísimo de la acción de amparo-, el cual sirvió de fundamento al Tribunal de la causa para negar la solicitud de extensión de efectos del mandamiento de amparo respectivo, a todas aquellas personas que siendo beneficiarias del sistema de seguridad social, les haya sido diagnosticado el Virus de Inmunodeficiencia Humana y el Síndrome de Inmunodeficiencia adquirida, y se les haya negado la entrega regular y permanente de los medicamentos necesarios para el respectivo tratamiento, así como la cobertura de los exámenes médicos especializados para optimizar dicho tratamiento.
>
> En este sentido, la Corte Primera de lo Contencioso-Administrativo señaló en el fallo recurrido que el carácter personalísimo de la acción de amparo "conduce a que el mandamiento que pudiera dictarse sólo obra en beneficio de aquellos que intentaron la acción y no para todos los que pudieran encontrarse bajo el mismo supuesto, lo que significaría otorgar al amparo efectos *erga omnes,* desvirtuándose así el objeto fundamental del mismo, que es la restitución a un sujeto de derecho de una garantía jurídica tutelada por la Constitución".
>
> Al respecto, cabe observar que el ordenamiento positivo vigente otorga un fundamento constitucional al petitorio de los accionantes, en relación con la extensión de los efectos del mandamiento de amparo a todas las personas que se encuentren en idéntica situación de aquéllos en cuyo favor éste se acuerde. Así, debe observarse el contenido del derecho a la tutela judicial efectiva, recogido en el artículo 26 de la Constitución de la República Bolivariana de Venezuela, cuyo tenor dispone:

---

88 Véase en *Revista de Derecho Público*, Nº 85-88, Editorial Jurídica Venezolana, Caracas 2001, pp. 453 y ss.

Artículo 26. Toda persona tiene derecho de acceso a los órganos de administración de justicia para hacer valer sus derechos e intereses, incluso los colectivos o difusos, a la tutela efectiva de los mismos y a obtener con prontitud la decisión correspondiente.

El Estado garantizará una justicia gratuita, accesible, imparcial, idónea, transparente, autónoma, independiente, responsable, equitativa y expedita, sin dilaciones indebidas, sin formalismos o reposiciones inútiles (subrayado de esta Sala).

Respecto del contenido del derecho a la tutela judicial efectiva, y particularmente haciendo referencia a los derechos e intereses colectivos o difusos, esta Sala sostuvo en decisión del 30 de junio de 2000 (Caso: *Defensoría del Pueblo vs. Comisión Legislativa Nacional*) que:

[E]l derecho o interés difuso se refiere a un bien que atañe a todo el mundo, a personas que en principio no conforman un sector poblacional identificable e individualizado, sino que es un bien asumido por los ciudadanos (pluralidad de sujetos), que sin vínculo jurídico entre ellos, se ven lesionados o amenazados de lesión. Ellos se fundan en hechos genéricos, contingentes, accidentales o mutantes que afectan a un número indeterminado de personas y que emanan de sujetos que deben una prestación genérica o indeterminada [...] Esa lesión a la población, que afecta con mayor o menor grado a todo el mundo, que es captado por la sociedad conforme al grado de conciencia del grupo social, es diferente a la lesión que se localiza concretamente en un grupo, determinable como tal, aunque no cuantificado o individualizado, como serían los habitantes de una zona del país, afectados por una construcción ilegal que genera problemas de servicios públicos en la zona. Estos intereses concretos, focalizados, son los colectivos, referidos a un sector poblacional determinado (aunque no cuantificado) e identificable, aunque individualmente, dentro del conjunto de personas existe o puede existir un vínculo jurídico que los une entre ellos...

El interés de los vecinos de una urbanización, o un barrio, que se ve desmejorado en sus servicios públicos por una construcción, por ejemplo, también responde a un bien jurídico suprapersonal, pero es determinable, localizable en grupos específicos, y ese es el interés que permite la acción colectiva. Ese es el interés colectivo, él da lugar a los derechos colectivos, y puede referirse a un objeto jurídico determinado...

[L]a Sala considera que si el artículo 26 de la Constitución de la República Bolivariana de Venezuela contempla, sin distinción de personas la posibilidad de acceso a la justicia para hacer valer derechos e intereses, incluso los colectivos y difusos, tal acceso debe interpretarse en forma amplia, a pesar del rechazo que en otras partes y en algunas leyes venezolanas, exista contra el ejercicio individual de acciones en defensa de intereses o derechos difusos o colectivos.

De lo anterior, emerge que el pedimento de los accionantes en este sentido tiene lugar en derecho, por cuanto la extensión de los efectos del mandamiento de amparo otorgado en su favor, a todos aquellos seropositivos beneficiarios del sistema de seguridad social, conduce a la protección de un segmento relativamente importante de la sociedad, compuesto por individuos a los cuales resulta forzoso restablecer en el goce de sus derechos y garantías constitucionales.

La Sala observa que, a pesar que no existía reconocida en la ley una acción judicial para ejercer derechos e intereses colectivos, motivo por el cual ésta no se ejerció directamente en esta causa, ella contiene la petición en protección de un derecho colectivo (el de los agraviados), por lo que esta Sala, en cuanto a ese aspecto de la pretensión, le da el tratamiento de una acción de amparo por intereses colectivos, la cual es posible incoar, conforme a lo señalado en la aludida sentencia de esta Sala del 30 de junio de 2000.

Debe acotarse, que en los casos en los cuales la acción de amparo es interpuesta con base en un derecho o interés colectivo o difuso, el mandamiento a acordarse favorecerá bien a un conjunto de personas claramente identificables como miembros de un sector de la sociedad, en el primer caso; bien a un grupo relevante de sujetos indeterminados apriorísticamente, pero perfectamente delimitable con base a la particular situación jurídica que ostentan y que les ha sido vulnerada de forma específica, en el segundo supuesto.

Así, no resulta cierto que el amparo destinado a proteger tales situaciones jurídicas de múltiples sujetos, posea efectos *erga omnes,* tal como lo señalara el a quo, pues, como se ha visto, sus beneficiarios son susceptibles de una perfecta determinación y la tutela a ellos brindada es siempre concreta, mas nunca de modo genérico.

En tal virtud, debe esta Sala acordar lo solicitado a este respecto y, en consecuencia, cabe ordenar que el presente amparo sea otorgado a todas las personas que: (i) se encuentren inscritas en el Instituto Venezolano de los Seguros Sociales, (ii) les haya sido diagnosticada la enfermedad del VIH/SIDA, (iii) que cumplan los requisitos legales para obtener los beneficios derivados del sistema de seguridad social, y (iv) que hayan solicitado a las autoridades del prenombrado Instituto la entrega de los medicamentos necesarios para el respectivo tratamiento, así como el de las enfermedades oportunistas. Así se declara".

De nuevo la Sala debe resolver una acción de amparo, que si bien es cierto no parece atender a derechos o intereses difusos o colectivos, conforme a los lineamientos de la sentencia de esta Sala de 30 de junio de 2000 (Caso: *Dilia Parra Guillén*), si se refiere a unos accionantes que están en idéntica situación jurídica que otros que no son partes en esta causa, y que sufren o pueden sufrir infracción a los derechos constitucionales de que trata este amparo, por lo que es necesario decidir si esos potenciales litis consortes facultativos, sin ser partes en esta causa, pueden gozar de los efectos del fallo que se dicte en este proceso, si es que ellos los benefician.

La resolución de tal cuestión está íntimamente unida a la naturaleza de la pretensión incoada. Se trata de un amparo constitucional, y el juez que ejerce la jurisdicción en materia constitucional, se rige, en muchos aspectos, por principios diferentes a los del juez que ejerce la jurisdicción en materia de naturaleza civil.

Como antes se apuntó, existen personas que tienen un mismo vínculo jurídico con otras pero en sus relaciones con esa otra, derivadas del vínculo, pueden asumir posiciones disímiles, lo que puede originar litigios diferentes; de allí la existencia de los *litis* consorcios facultativos.

Sin embargo, en el orden constitucional puede ocurrir que el vínculo común que deriva de derechos o garantías constitucionales establezca una idéntica situación jurídica para muchas personas, y si dichos derechos o garantías fueren infringidos, se lesionaría o amenazaría con infracción a todos los que se encuentran en la idéntica situación.

Esta Sala en anteriores oportunidades ha expresado –y lo reitera– que el Derecho Procesal Constitucional difiere del procesal común, ya que las normas del Código de Procedimiento Civil, orientadas a resolver litigios entre partes, que solo son atinentes a ellas y a sus propios intereses, tienen que tener una connotación distinta a la de los procesos constitucionales, donde el mantenimiento de la supremacía, efectividad y de los principios constitucionales, no solo son materias atinentes a todo el mundo, sino que no pueden verse limitados por formalismos, o instituciones que minimicen la justicia constitucional.

Por ello, la Sala ha sostenido que los requisitos que exige el Código de Procedimiento Civil a las sentencias, no se aplican totalmente a las de los Tribunales Constitucionales, y se añade ahora, que los efectos de los fallos constitucionales tampoco pueden ser totalmente idénticos a los de las decisiones de otros campos de la jurisdicción.

De acuerdo al artículo 257 Constitucional, el proceso constituye un instrumento fundamental para la realización de la justicia; la cual debe ser idónea, expedita, sin dilaciones indebidas y sin formalismos inútiles, y estos principios contenidos en el artículo 26 Constitucional, al que se une el de la eficacia de los trámites señalado en el artículo 257 *eiusdem*, permiten que para cumplir con ellos la sentencia del Tribunal constitucional pueda tener un alcance más amplio que los fallos del proceso de naturaleza civil.

Una de las características de algunas sentencias del ámbito constitucional es que sus efectos se apliquen a favor de personas que no son partes en un proceso, pero que se encuentren en idéntica situación a las partes, por lo que requieren de la protección constitucional, así no la hayan solicitado con motivo de un juicio determinado.

Resulta contrario a la eficacia del proceso, a su idoneidad y a lo célere (expedito) del mismo, que sí las partes de un juicio obtienen una declaratoria de infracción constitucional de derechos que vulneran su situación jurídica, otras personas que se encuentran en idéntica situación y que han sufrido la misma infracción, no puedan gozar del fallo que restablezca tal situación jurídica de los accionantes, y tengan que incoar una acción cuya finalidad es que se reconozca la misma infracción, así como la existencia de la misma situación vulnerada y su idéntico restablecimiento, con el riesgo de que surjan sentencias contrarias o contradictorias.

El restablecimiento de la situación jurídica, ante la infracción constitucional, tiene que alcanzar a todos lo que comparten tal situación y que a su vez son perjudicados por la violación, ya que lo importante para el juez constitucional, no es la protección de los derechos particulares, sino la enmienda de la violación constitucional, con el fin de mantener la efectividad y supremacía constitucional; y en un proceso que busca la idoneidad, la efectividad y la celeridad, como lo es por excelencia el constitucional, resulta contrario a los fines constitucionales, que a quienes se les infringió su situación jurídica, compartida con otros, víctima de igual transgresión, no se les restablezca la misma, por no haber accionando, y que tengan que incoar otras acciones a los mismos fines, multiplicando innecesariamente los juicios y corriendo el riesgo que se dicten sentencias contradictorias.

En estos casos, se está en presencia de efectos procesales que se extienden a una comunidad en la misma situación jurídica, la cual es diversa de la comunidad de derecho contemplada en el Código Civil, pero existente con relación a las infracciones constitucionales que a todos aquejan y que no puede sostenerse que existe con respecto a unos (los que demandaron y obtuvieron sentencia favorable) y no con respecto a otros, los no demandantes.

Tratándose de derechos subjetivos de las personas, los no demandantes pueden renunciar o no a ellos, pero existe una declaración a favor de todos los que se encontraban en la misma situación jurídica, de la cual se aprovecharan o no, conforme a sus conveniencias y mientras no le caduque su acción, ya que de caducarles ellos no tendrían derecho a la fase ejecutiva de una acción caduca.

En consecuencia, acciones como las de amparo constitucional, si son declaradas con lugar, sus efectos se hacen extensibles a todos los que se encuentran en la misma e idéntica situación así no sean partes en el proceso.

Por lo tanto, los Notarios y Registradores que legalmente califican para recibir la jubilación del Fondo de Pensiones de los Notarios y Registradores, que no participaron en esta causa, a quienes no le ha caducado su acción, tienen derecho de adherirse al fallo y solicitar su ejecución, ya que gozan de los efectos del mismo, siempre que acrediten en autos fehacientemente su condición de Notarios o Registradores y el cumplimiento de los requisitos para ser jubilados conforme a las normas mencionadas.

De hacerlo le notificará al querellado a fin que exponga lo que crea conveniente, debiéndose abrir una articulación probatoria con base al artículo 607 del Código de Procedimiento Civil si el querellado disintiere el derecho del peticionista, el cual de serle negado por el juez de la ejecución, podrá dilucidar el mismo en juicio aparte.

La Sala recuerda que el amparo Constitucional no produce cosa juzgada material y que por tanto si los accionantes no obtuvieren un fallo favorable, por falta de pruebas, ello no impide que otros incoen de nuevo la acción y que se les ampare, caso en que el efecto extensivo del fallo beneficiara a los perdidosos.

Por todas estas razones, la Sala declara que quienes se encuentran en igual situación que los accionantes, por tener idéntico vínculo jurídico con el agraviante y habérseles violado su situación jurídica, si no les ha caducado la acción de amparo pueden adherirse a este fallo y pedir su cumplimiento en el mismo término señalando para los accionantes.

Aquellos a quienes les sea discutida su condición por el Ministerio del Interior y Justicia, y resultaren perdidosos en la articulación, así como los que no califiquen para incoar este amparo, podrán recurrir a las vías ordinarias para dilucidar sus derechos, y así se declara[89].

C. *Sobre la ilegítima orientación al legislador contenida en la "Exposición de Motivos" de la Constitución sobre el ejercicio de pretensiones de amparo conjuntamente con otras acciones judiciales*

Por otra parte, también debe destacarse la ilegítima inclusión, en la "Exposición", de una "orientación" para la reforma de la legislación sobre amparo y sobre lo contencioso administrativo, que no deriva del texto constitucional.

En efecto, como se dijo, el artículo 27 de la Constitución definitivamente reguló el amparo como un derecho constitucional, y no sólo como una específica garantía adjetiva (acción de amparo), por lo que los Tribunales pueden ser requeridos para

89 Véase en *Revista de Derecho Público*, N° 85-88, Editorial Jurídica Venezolana, Caracas 2001, pp. 473 y ss.. Véase además, la sentencia N° 412 de 8 de marzo de 2002, en *Revista de Derecho Público*, N° 89-92, Editorial Jurídica Venezolana, Caracas 2002

asegurar la protección de los derechos y garantías constitucionales mediante múltiples acciones, recursos o medios judiciales, tanto mediante el ejercicio de la acción autónoma de amparo como acumulando la pretensión de amparo con acciones judiciales ordinarias o contencioso administrativas. Por ello, precisamente, la previsión del artículo 5° de la Ley Orgánica de Amparo sobre Derechos y Garantías Constitucionales que permite el ejercicio de la pretensión de amparo conjuntamente con el recurso contencioso administrativo de anulación[90].

Ahora bien, en virtud de la absurda propuesta de la "Exposición" de que la Sala Constitucional supuestamente "será competente para resolver las acciones de amparo en el Tribunal Supremo" entonces su redactor o redactores han propuesto que en forma obligatoria:

> La ley orgánica respectiva *deberá* eliminar la acción de amparo que se ejerce conjuntamente con el recurso contencioso administrativo de nulidad y que permite a las Salas Político-Administrativa y Electoral, suspender los efectos de los actos administrativos cuya nulidad les corresponde conocer y decidir.

De nuevo encontramos en este párrafo una recomendación que nada tiene que ver con "Exposición de Motivos" alguna de una norma constitucional. Nada, en la Constitución de 1999, sugiere que esa haya sido la intención del Constituyente, por lo que no pasa de ser la opinión personal del redactor o redactores de la "Exposición"[91].

Al contrario, la intención del Constituyente en materia de amparo, antes que eliminar el carácter de "derecho constitucional" del amparo, que dio origen a la previsión del artículo 5° de la Ley Orgánica de Amparo, fue reforzar en el artículo 27 dicha naturaleza como "derecho" de amparo[92]. Lo que se buscó asegurar con dicho artículo 5° de la Ley Orgánica de Amparo, en todo caso, es una actuación judicial cautelar más expedita que la normal del contencioso administrativo, cuando está de por medio la violación de un derecho constitucional. Si ello se resuelve regulando *in extenso*, en el régimen del contencioso administrativo, la potestad cautelar del juez, pues bienvenida sea la regulación; pero ello nada tiene que ver con la "Exposición de Motivos" de una Constitución, donde no hay norma alguna que sugiera la propuesta.

Ello también se puede argumentar respecto del párrafo de la "Exposición" destinado a proponer que la futura ley orgánica modifique el sistema de condiciones de admisibilidad de los recursos contencioso administrativos de nulidad (eliminación de la exigencia de agotamiento de la vía administrativa o del lapso de caducidad) cuando se aleguen vicios de inconstitucionalidad o nulidad absoluta. La reforma propuesta, sin duda, puede considerarse cónsona con las nuevas tendencias del contencioso administrativo, como lo hemos dicho desde hace años[93], pero nada tienen que ver con la "Exposición de Motivos" de la Constitución, donde nada de eso se regula.

---

90 Véase sobre el origen de esta norma en la discusión del Proyecto de Ley Orgánica de Amparo en Allan R. Brewer-Carías, *Estudios de Derecho Público,* Tomo III, *(Labor en el Senado 1985-1987),* Caracas, 1989, p. 209.

91 Véase en sentido coincidente en cuanto a la crítica, Jesús María Casal, *Constitución y Justicia Constitucional, op. cit.* p. 112.

92 Véase Allan R. Brewer-Carías, *Debate Constituyente* Tomo II, *op. cit.,* pp. 92 y ss.

93 Véase Allan R. Brewer-Carías, *Nuevas tendencias en el Contencioso Administrativo,* Caracas, 1993, pp. 138 y 150.

En igual sentido debe mencionarse la propuesta de que la futura ley orgánica "elimine" la acción de amparo cautelar que se ejerce conjuntamente con la acción popular de inconstitucionalidad (art. 3 Ley Orgánica de Amparo), y que se consagró, también, para garantizar el amparo como un "derecho constitucional". Su eliminación también es posible si se regula lo mismo como poder cautelar del juez, como lo dice el redactor o redactores de la "Exposición":

> Incluyendo la suspensión de los efectos de la norma cuya nulidad se solicite, únicamente para la situación concreta de los accionantes, partes o terceros que intervinieren en el proceso y mientras dure el juicio de nulidad correspondiente.

De eso precisamente se trataba, por lo que regular lo mismo dentro de los poderes cautelares del juez constitucional, nada añade. Lo que no tiene sentido es la formulación de la propuesta en la "Exposición de Motivos" de una Constitución donde no hay norma alguna que siquiera permita "sugerir" tal reforma.

IV. LA ACCIÓN DE *HABEAS CORPUS*

De acuerdo con lo establecido en el mismo artículo 27 de la Constitución, "la acción de amparo a la libertad o seguridad podrá ser interpuesta por cualquier persona, y el detenido será puesto bajo la custodia del tribunal de manera inmediata, sin dilación alguna". La acción de habeas corpus, por tanto, en Venezuela, es la misma acción de amparo, y por tanto, se rige en general por todos los principios que la gobiernan, salvo las disposiciones especiales que establece la Ley Orgánica de Amparo.

Entre las previsiones especiales, por supuesto, están las previstas en la misma Constitución, en cuanto a que cualquier persona puede interponerla la acción de habeas corpus en nombre de la persona agraviada, y a la obligación para el presunto agraviante, de poner a la persona en cuya protección se interpone la acción bajo custodia del tribunal que conozca de la acción, de manera inmediata, sin dilación.

La Sala Constitucional, en relación con la acción de habeas corpus, también se ha ocupado de delinear principios sobre la competencia judicial, a cuyo efecto en sentencia N° 165 de 13 de febrero de 2001(Caso: *Euclides S. Rivas vs. Juzgado de Control N° 2, Circuito Judicial Penal, Estado Nueva Esparta*), expuso lo siguiente:

> La Disposición Transitoria Quinta de la Constitución de 1961, atribuyó la competencia para conocer de las acciones de amparo a la libertad y seguridad personales, a los Tribunales de Primera Instancia en lo Penal de la jurisdicción del lugar donde se hubiese producido el acto que motivare la solicitud o donde se encontrare la persona presuntamente agraviada. Según se desprende del contenido de esta disposición, hoy derogada, tal asignación se realizó en atención, indudablemente, a una privación de libertad -detención- ilegítima e ilegal, que pudiera afectar a cualquier persona sin distinción de la autoridad de quien emanaba dicho acto que se pretendía vulneratorio, bien fuera ella autoridad administrativa, policial e incluso judicial.
>
> En 1983, la Ley Orgánica de Amparo sobre Derechos y Garantías Constitucionales recogió, casi a la letra, lo prescrito en la ya comentada Disposición Transitoria Quinta, la cual dejó de tener vigencia, conforme a lo dispuesto por ella misma, al ser promulgada y puesta en vigencia dicha ley.
>
> A partir de allí, se comenzó a desarrollar una prolija jurisprudencia en materia de amparo constitucional en general, siendo la que acapara nuestra atención, de acuer-

do a lo planteado en el presente análisis, la referida a la competencia de los tribunales de primera instancia en lo penal para conocer de las acciones de amparo contra la libertad y seguridad personales...

El criterio sostenido por esta Sala Constitucional, es que la procedencia del hábeas corpus depende de que la detención haya sido impuesta por una autoridad administrativa, policial, o judicial, con violación de normas constitucionales, y sólo en aquellos casos en que la autoridad, se exceda en el ejercicio de sus atribuciones legales o en los plazos en que se mantiene la detención, podría ser considerada la privación de la libertad ilegítima.

Aunado a ello, el ordinal 4° del artículo 60 del Código Orgánico Procesal Penal, establece que los tribunales de control serán los competentes para conocer de la acción de amparo a la libertad y seguridad personales, imponiéndose así el criterio de la competencia exclusiva para los Jueces de Primera Instancia en función de Control de la Investigación; sentido que fue precisado por esta Sala en decisión de fecha 20 de enero de 2000, referida con anterioridad (*Vid.* Caso: *Emery Mata Millán vs. Ministro y Vice-Ministro del Interior y Justicia, exp. Nº 00-001*). Como excepción y tomando en cuenta el artículo 8 de la Ley Orgánica de Amparo sobre Derechos y Garantías Constitucionales, cuando la decisión o acto que se entienda lesivo provenga de los altos funcionarios u órganos mencionados en dicha disposición, o de otros que ostenten igual rango o jerarquía en la conformación institucional del Estado, tal competencia le corresponde exclusivamente a la Sala Constitucional del Tribunal Supremo de Justicia.

No obstante el razonamiento de esta Sala, se presentan dificultades en cuanto al orden jerárquico para atribuir a los jueces de control la competencia para conocer de los amparos interpuestos con ocasión de presuntas violaciones a la libertad y seguridad personales -*hábeas corpus*-, provenientes de un órgano jurisdiccional superior o de igual rango a los Juzgados de Primera Instancia en Función de Control; es decir, cuando el presunto agraviante sea otro Tribunal de Primera Instancia o una Corte de Apelaciones en lo Penal, como por ejemplo, en materia Penal, aquellos que conocen en otra fase del proceso, como son los tribunales de juicio o de ejecución. En estos casos resulta contrario a la teoría general del proceso, que un tribunal de la misma o inferior jerarquía revise una decisión -aun cuando sea por la vía de una acción de amparo-, pues esto quebranta el orden lógico de la organización institucional en la que se ve reflejada la concepción del ejercicio de la función jurisdiccional, la cual atiende al contenido de valores que nutren el fin último de dicha función. Tal orden se trastocaría, ciertamente, en la conjetura de decisiones de órganos de superior jerarquía que deban ser revisadas, con lo cual decimos valoradas, y quizás revertidas, por instancias de igual o inferior jerarquía.

Debe señalarse que, "ambas figuras -amparo contra decisiones judiciales y Hábeas Corpus-, se encuentran consagradas en la Ley Orgánica de Amparo sobre Derechos y Garantías Constitucionales, de manera separada, siendo que la primera va dirigida a restituir la situación jurídica infringida ocasionada por un acto, resolución o sentencia emanada de un Tribunal, actuando fuera del ámbito de su competencia -entiéndase con abuso o extralimitación de poder o con usurpación de funciones- que lesiona derechos y garantías protegidas por la Constitución; en tanto que el hábeas corpus se concibe como la tuición fundamental de la esfera de la libertad individual, como una verdadera garantía contra posibles arrestos y detenciones arbitrarias", incluso provenientes de los órganos judiciales actuando en vía disciplinaria (la privación ilegítima de libertad). Ver sentencia de fecha 17 de marzo de 2000.

Para rectificar la diversidad de criterios que se originó a raíz de la promulgación de la Ley Orgánica de Amparo sobre Derechos y Garantías Constitucionales, esta Sala Constitucional dijo: *"...haciendo una interpretación armónica y coherente que garantice una adecuada aplicación de ambos institutos, debe entenderse que el mandamiento de hábeas corpus resulta procedente cuando se trata de proteger al ciudadano frente a arbitrarias detenciones administrativas, sin embargo, el mismo también es ejercible en aquellos casos en los cuales exista de por medio una detención de carácter judicial, pero únicamente, cuando dichas decisiones no cuenten con un medio ordinario de impugnación o éste no sea acorde con la protección constitucional que se pretende"*. De tal manera que, en el supuesto de privaciones ilegítimas por detenciones policiales o administrativas, incluidas las practicadas en acatamiento de sanciones disciplinarias decretadas por los jueces, debemos reiterar que corresponde la competencia en primera instancia, como regla general, a los jueces de control -primera instancia en lo penal.

En el otro supuesto, si la acción va dirigida contra una privación judicial preventiva de libertad ordenada por un Juez, por considerarse que actuó con abuso de poder o con extralimitación de funciones en cualquiera de las fases del proceso penal, es decir, actuando con facultad jurisdiccional -no administrativa- con ocasión de la comisión de un delito o falta, con fundamento en el Código Orgánico Procesal Penal o en cualquier otra ley penal, aun cuando el contenido de la pretensión involucre un hábeas corpus por alegarse que tal detención en sí misma resulta ilegítima o que por extensión excesiva de la misma en el tiempo haya adquirido el carácter de ilegitimidad, se atenderá al orden de gradación del órgano en contra de quien se acciona. No cabe duda, entonces, de que el caso deberá analizarse bajo la óptica del artículo 4 de la Ley de Amparo, y la competencia corresponderá a un Tribunal Superior, en el orden jerárquico, de aquél que emitió el pronunciamiento, puesto que se trata de un acto, resolución o sentencia emanados de un órgano jurisdiccional actuando en tal condición[94].

V. LA ACCIÓN DE *HABEAS DATA*

En la Constitución de 1999, además, siguiendo la orientación de las Constituciones latinoamericanas recientes, como la de Brasil[95], se estableció expresamente la acción de *habeas data* mediante la cual se garantiza a las personas el derecho de acceder a la información y a los datos que sobre sí misma o sobre sus bienes consten en registros oficiales o privados, con las excepciones que establezca la ley, así como o de conocer el uso que se haga de los mismos y su finalidad, y a solicitar ante el tribunal competente la actualización, la rectificación o la destrucción de aquellos, si fuesen erróneos o afectasen ilegítimamente sus derechos. Igualmente, el artículo 28 de la Constitución precisa que toda persona podrá acceder a documentos de cualquier naturaleza que contengan información cuyo conocimiento sea de interés para comunidades o grupos de personas, quedando a salvo el secreto de las fuentes de información periodística y de otras profesiones que determine la ley.

Por supuesto, no todos los derechos que derivan del artículo 28 de la Constitución dan lugar al ejercicio de acciones que tiendan a restablecer de inmediato situaciones jurídicas infringidas mediante una acción de amparo, pues muchos de esos

94 Véase en *Revista de Derecho Público*, Nº 85-88, Editorial Jurídica Venezolana, Caracas 2001, pp. 489 y ss.

95 Sobre esta acción véase, Allan R. Brewer-Carías, *El amparo a los derechos y garantías constitucionales (Una aproximación comparativa)*, Caracas, 1993, p. 48.

derechos a lo que conducen es a pretensiones de condena o creación de una situación jurídica como resultado de su ejercicio. Del artículo 28,en efecto, se deriva que las personas tienen claramente dos derechos estrechamente unidos:

En *primer lugar,* el de acceder a la información y a los datos que sobre sí misma o sus bienes, consten en registros oficiales o privados (informáticos o no), a menos que la ley les niegue el acceso, lo que puede resultar de prohibiciones expresas derivadas de la protección de determinados secretos de la vida privada, de la seguridad del país, de derechos de autor, etc. Este derecho implica, el derecho de conocer si alguien leva registros sobre los demás

En *segundo lugar,* el de conocer la finalidad y uso que da el compilador a esos datos e informaciones.

La Sala Constitucional del Tribunal Supremo en sentencia N° 332 de 14 de marzo de 2001 (Caso: *Insaca vs. Ministerio de Sanidad y Asistencia Social),* ha analizado extensivamente la norma, en cuanto a la justiciabilidad de esos derechos, a señalando:

> Este grupo de derechos, que emanan del artículo 28 constitucional, pueden ejercerse por la vía judicial, pero ellos no responden en principio a amparos constitucionales. El primero de ellos (derecho a conocer) es de naturaleza netamente inquisitiva, ajeno a la estructura que para el proceso de amparo señala el artículo 18 de Ley Orgánica de Amparo sobre Derechos y Garantías Constitucionales. El amparo no es un proceso de pesquisa, y ello se deduce de las exigencias que debe cumplir el escrito de amparo, contenidas en el citado artículo 18, que exige se afirmen unos hechos como ciertos. Los derechos del artículo 28 constitucional, se ejercen mediante acciones autónomas, y ellos no se ejecutan como una modalidad del amparo, como lo sostienen Víctor Pedro Sagües (*Acción de Amparo*, Astrea), o Augusto Morello (*Constitución y Proceso,* Abeledo Perrot, Buenos Aires) para el derecho argentino, así como lo hacen otros autores (*Habeas data*, por Alicia Pierini, Valentin Lorences y María Inés Tornabene, Buenos Aires, Editorial Universidad, 1999). Sin embargo, como luego lo señala este fallo, hay oportunidades en que pueden ejercerse mediante el amparo.
>
> Los derechos del artículo 28 constitucional son derechos cuyo ejercicio judicial debe ser desarrollado por la ley, pero -repite esta Sala- que no por ello pierden vigencia y se hacen inaplicables, tal como lo sostuvo en el fallo del 23 de agosto de 2000 (caso: *Red de Veedores de la UCAB*)[96].

Ahora bien, en virtud de no haberse dictado la ley respectiva, la Sala Constitucional reafirmó su criterio de reservarse, como jurisdicción constitucional, el conocer "de las controversias que surjan con motivo de las normas constitucionales aun no desarrolladas legislativamente, hasta que las leyes que regulan la jurisdicción constitucional, decidan lo contrario":

> Con esta doctrina la Sala evita la dispersión que ocurre en otros países, donde la acción de *habeas data* que se incoa autónomamente, ha sido conocida por Tribunales Civiles, o de otra naturaleza, tomando en cuenta la afinidad de la materia que conoce el tribunal con la que se pretende ventilar con el *habeas data.*

---

96 Véase en *Revista de Derecho Público*, N° 85-88, Editorial Jurídica Venezolana, Caracas 2001, p. 488.

> Existiendo en el país una Sala Constitucional, específica para conocer lo relativo a las infracciones de la Carta Fundamental, no parece lógico, ante el silencio de la ley, atribuir el conocimiento de estas causas a tribunales distintos. Tal interpretación es vinculante a partir de esta fecha (14-03-2001 y así se declara[97].

Ahora bien, en cuanto a las acciones que derivan del artículo 28 de la Constitución, la Sala ha señalado que en cuanto a los amparos por infracción del artículo 28 constitucional, se aplican las disposiciones y competencias ordinarias en la materia, y en los otros casos delineó los criterios siguientes:

> Dentro de este orden de ideas, surge la pregunta ¿si cualquiera de los tres últimos derechos pueden acumularse con los derechos claves o maestros (acceso, respuesta y el de conocimiento del fin), o si es necesario obtener previamente el acceso, para incoar una segunda acción actualizadora, rectificadora o destructiva?.
>
> Para contestar tal pregunta, así como los alcances de los fallos que se dicten en estas causas, es necesario hacer varias consideraciones:
>
> Muchas acciones cuyo objeto es la declaratoria de derechos constitucionales, no pueden tramitarse bajo los principios del proceso civil, entre otras razones, porque la cosa juzgada que en ellos se produce es diferente a la que origina la sentencia civil, y porque en muchas oportunidades los fallos de la jurisdicción constitucional para ser eficaces no pueden quedar sujetos a los formalismos o a la estructura de la sentencia que se dicta en el proceso civil.
>
> La protección del derecho constitucional requiere de soluciones inmediatas y a veces amplias. Ello se hace patente en el proceso de amparo constitucional, cuyo fin es que la situación jurídica infringida por la violación constitucional se evite o se restablezca de inmediato. De allí que no es extraño un fallo de amparo con un dispositivo alternativo o condicional, destinado a que se restablezca la situación infringida o en su defecto la que más se asemeje a ella, tal como ocurrió en sentencia del 15 de febrero de 2001 (Caso: *María Zamora Ron*).
>
> El artículo 28 bajo comentario, otorga en sentido amplio el derecho a acceder a la información y al conocimiento del fin, pero se trata de derechos que han de ser ejercidos previamente (incluso extrajudicialmente y tal vez hasta por vía administrativa en algunos casos) ante el recopilador real o supuesto, por lo que la lesión al titular de los derechos nace de ese ejercicio extrajudicial fallido. Si se le niega extrajudicialmente el ejercicio, porque no se le da acceso a la información, se le da errónea, o no se explica legalmente para qué se registra, se le infringe su situación jurídica que nace directamente de la Constitución.
>
> Ante tal negativa, la víctima puede optar entre un juicio ordinario, para hacer valer su derecho negado, acumulando pretensiones; o un amparo a los mismos fines si se dan los supuestos para ello, para que se le restablezca la situación de acceder o conocer realmente, ante la necesidad de precaver la situación jurídica de una lesión irreparable.
>
> Pero los otros tres derechos, entroncados con los anteriores, ventilables mediante acciones autónomas, ¿pueden ser objeto de la acción de amparo?
>
> Para que el amparo proceda, es necesario que exista en el accionante una situación jurídica infringida por la violación de un derecho constitucional, que debe y puede ser restablecida inmediatamente. Dicha situación jurídica y el derecho que la

97 *Idem*. 492.

genera, no se discuten dentro del proceso de amparo, cuyo meollo es la violación del derecho constitucional, pero la situación jurídica debe partir de un derecho claramente reconocible dentro de la esfera del accionante. Quien intenta un amparo con base al artículo 28 constitucional, debe fundar la demanda en la existencia cierta de un sistema de información que lleva una persona, dentro del cual existen datos e informaciones referentes al accionante (datos e informaciones en plural, es decir, varios que permitan delinear en alguna materia un perfil de la persona, o de sus bienes). La discusión sobre la existencia de los registros (privados u oficiales) y su contenido con respecto al accionante, no puede ser motivo del amparo, ya que éste no persigue objetivos investigativos, de pesquisa, sino restablecedor en base a la afirmación cierta de una situación jurídica y la transgresión denunciada de un derecho constitucional que lesiona tal situación. Luego, una acción de naturaleza pesquisatoria, que tal vez pudiere ser creada en una ley que expanda el artículo 28 de la vigente Constitución, escapa del ámbito del amparo, y éste no es procedente cuando de ella se trate. Podría el legislador instaurar un proceso pesquisatorio, pero él sería distinto al del actual amparo.

Diferente es la situación, cuando de manera cierta, por lo regular por mandato legal, existe el registro, y los datos o informaciones personales deben constar en él, y se niegan al interesado (hecho negativo del cual está eximido de prueba el accionante). Tal es el caso del Registro Electoral, por ejemplo, como lo reconoció esta Sala en los casos: "Veedores de la UCAB" y William Orlando Ojeda Osorio (fallos del 23 y 31 de agosto de 2000, respectivamente). Lo hasta ahora expuesto, denota que no siempre el *habeas data* puede subsumirse dentro de un amparo constitucional, pero la vía del amparo no está cerrada para los distintos derechos que nacen del artículo 28 de la vigente Constitución, por lo que pasa la Sala a examinarlos en ese sentido.

Establecida la existencia del registro, de la información que él contiene, el Tribunal puede condenar a quien lleva los registros a que los exhiba al accionante, con la finalidad de que éste se entere del contenido del registro en lo que a él concierne, ya que con relación a los datos e informaciones personales de quien recopila, o de los atinentes a otras personas, el accionante carece de cualquier derecho de enterarse, a menos que se trate de informaciones -producto de documentos- que contienen datos atinentes a él y a su vez, a comunidades o grupos de personas, lo que también previene el artículo 28 comentado. En supuestos como éstos, mediante el amparo, se puede ejercer el derecho a acceder ante la petición de acceso extrajudicial negado ilegítimamente, y que se concreta judicialmente mediante una exhibición, si es que una lesión de la situación jurídica del accionante se va a consolidar irremediablemente por la negativa del acceso, debiendo la sentencia que se pronuncie en el amparo, establecer una fórmula para que se aplique el dispositivo y se logre el postulado de la justicia eficaz. Pudiendo ser el dispositivo alternativo y hasta condicional para lograr una justicia eficaz en materia constitucional. Esta es una característica de los fallos que amparen.

Con respecto al derecho a conocer el uso y finalidad de la recopilación, no es en principio el amparo una acción que permite la satisfacción plena de tal derecho, ya que quien tiene la información es realmente quien en su fuero interno, conoce para qué la maneja y cómo la va a usar; e indagar tal propósito, no sólo no es materia de amparo, sino que resulta difícil, con lo que alegue quien registra, conocer la veracidad del uso y la finalidad de la recopilación, no pudiendo el juez y el accionante, la mayoría de las veces, sino conjeturar la finalidad y el uso de la información. Por ello considera la Sala, que la determinación del uso y finalidad de los datos a que se refiere el artículo 28 constitucional, se pondera sólo en el sentido de declarar legal o ilegal lo que realiza el recopilador, y tal declaratoria no es motivo de amparo, sino de una acción ordinaria, o autónoma de *habeas data*, de *lege ferenda*.

Ahora bien, acceder a los registros y estudiar en ellos lo atinente al accionante, puede afirmarse que llena sus expectativas en cuanto al uso y la finalidad que se está dando a las informaciones que sobre él constan en los registros, al verificar en cuál contexto de ellos se encuentran colocadas las anotaciones, y de qué se tratan; por ello la Sala considera, que cuando lo que persigue el accionante –que ya conoce el contenido–es que se declare la ilegalidad de las anotaciones, la acción que incoa no busca determinar si el uso o la finalidad es legal, ya que a él le consta la ilegalidad. Esta última declaración judicial de ilegalidad con fines exclusorios es producto de otra pretensión, caso en que el demandado tiene la carga de afirmar y probar la legalidad del uso de la recopilación, ya que él es quien la maneja y conoce realmente que hace con ella. Si el accionante sabe que el uso y finalidad es ilegal, tendrá que ejercer una acción distinta a la destinada a conocer el uso y la finalidad de la información, a fin de que ésta se destruya o se rectifique.

La acción tendiente al acceso y a la destrucción del ilegal contenido del registro, pueden acumularse y ventilarse mediante un amparo, cuando exista prueba fehaciente de la existencia del registro y de que en él se guardan informaciones y datos sobre el accionante, como parte de su contenido, así como del uso o fin ilegal que se hace de ellas en perjuicio del actor, si es que ello origina en su situación jurídica una lesión que de inmediato va a convertirse en irreparable, o una amenaza inminente de lesión a esa situación jurídica.

El ejercicio judicial de los derechos subsecuentes de actualización, rectificación y destrucción, tienen que partir de hechos tales como la existencia comprobada del registro y sus asientos, que contengan información obsoleta, errónea, falsa o ilegítima, y la necesidad de una orden judicial que ordene la actualización (lo que no borra lo antes asentado en el registro), la rectificación de lo erróneo, o la destrucción de lo falsamente recopilado (erróneo) o ilegítimamente adquirido o utilizado, que viole otros derechos y garantías constitucionales del demandante.

Las acciones para el ejercicio de estos últimos derechos, son acciones autónomas, tienen que fundarse en hechos a probar, pero el ejercicio de ellos parte de la existencia de una situación conocida, cuál es la certeza del contenido de los registros. Mientras tal contenido no pueda afirmarse, la acción relativa a los tres derechos mencionados no puede incoarse, ya que no es posible pensar dentro del actual ordenamiento jurídico en una acción pesquisatoria, a la cual se acumula la petición condicionada, de que si se descubre algo, se proceda a actualizar, rectificar o destruir. Esto resulta imposible, ya que al no conocerse lo actualizable, rectificable o destruible, no es posible afirmarlo y convertirlo en supuesto fáctico de una demanda, sea o no de amparo.

No es que tal tipo de pretensión no resulte viable. Dentro de un proceso inquisitivo, estructurado hacia la investigación, ello sería posible, pero en el estado actual de nuestro ordenamiento jurídico tal proceso no existe y no coincide con el de amparo, por lo que éste último proceso sería inviable a estos fines inquisitivos.

Si de manera cierta se conoce el contenido de los registros, y en base a ello, con prueba fehaciente, se pretende que funcionen los derechos que otorga el artículo 28 de la vigente Constitución, porque el obligado se niega sin causa justificada a realizar las rectificaciones, aclaraciones o destrucciones, y por ello existe una lesión inmediata que amenaza hacerse irreparable en la situación jurídica del accionante, surge la pregunta sí podría acudirse a un amparo, con pedimentos concretos en base a los tres últimos derechos del artículo 28 *eiusdem*, ante la negativa de quien lleva los registros de cumplir con dichos derechos, sin fundarse para ello en contra derechos que rechazan los pedimentos del que pretende actualizar o rectificar. En cuanto a las actualizaciones o rectificaciones, ordenadas judicialmente, ellas significan innovaciones tanto en la situación jurídica del demandante como el demandado, por lo que la naturaleza de tales peticiones no son restablecedoras, ya que se está haciendo valer un derecho con proyección hacia el futuro, que es hacia donde se dirige la orden de actualizar o rectificar, y siendo así, no es posible en estos casos lograr mediante un amparo los objetivos del artículo 28, sino incoando otra acción.

Basta pensar que el accionado que no conoce la obsolescencia o el error del dato registrado, mal puede estar infringiendo el derecho constitucional (requisito para que proceda el amparo), de aquél cuyos datos guarda, hasta el punto de ser objeto de una acción de amparo que además no restablece situación jurídica alguna del accionante, ya que él pretende que de allí en adelante -a futuro- se corrija lo inexacto. Distinto es, si el reclamante le ha notificado al accionado, la necesidad de la actualización o de rectificación, y éste, sin razón alguna, se niegue a enmendar lo inexacto. Es esta actitud la que lesiona la situación jurídica del peticionante y le enerva el derecho que le otorga el artículo 28 constitucional. Si además, tal negativa causa un daño inminente e irreparable, es el amparo la vía expedita para restablecer la situación que el ejercicio del derecho del artículo 28 comentado otorga y ha sido incumplido.

Con relación al derecho a que se destruya lo compilado, el puede ser el resultado de varias posibilidades:

a) Que las informaciones y datos fueron adquiridos violando derechos constitucionales del accionante distintos al del 28 *eiusdem* (las de los artículos 20 o 60 constitucionales, por ejemplo). En este caso, si tal infracción lesiona la situación jurídica del querellante amenazándolo de hacerse irreparable, la víctima tiene, como en otros casos iguales, abierta la vía del amparo, para restablecer su situación o impedir una lesión inminente.

b) Que lo guardado sea erróneo ya que atiende a una información o a un asiento falso.

c) Que las anotaciones afecten ilegítimamente a las personas, infringiendo no sólo disposiciones constitucionales sino legales, como serían la develación de secretos, de confidencias, o la referencia a opiniones políticas, religiosas, etc. Se trata de la llamada información sensible, que atenta contra derechos y garantías constitucionales, o contra los derechos inherentes al ser humano, como sería -por ejemplo- que se defina un perfil psicológico o afectivo de una persona natural, contra su voluntad, que permita al recopilante o a un tercero manipular la vida del recopilado, o de grupos, o de comunidades humanas, (lo que podría incluir la existencia de bancos de datos genéticos).

Las acciones para obtener la destrucción de estos asientos en los casos b) y c), deben tomar en cuenta el derecho de defensa de quien los lleva, y ellos atienden más a una acción autónoma que a un amparo, ya que ellos persiguen constituir nuevas situaciones jurídicas en los "archivos" del demandado, antes de restablecer la situación jurídica del accionante, que viene a ejercer un derecho con el fin que se excluya desde la fecha del fallo en adelante, algún dato o datos del archivo.

Mientras no se esté utilizando en contra de alguien, las informaciones y datos recopilados no están causando sino un daño potencial, que no constituye ni siquiera amenaza inminente; y cuando los utiliza quien los guarda, si con ello lesiona al accionante, se está ante una situación irreparable para los efectos del amparo, siendo ya ella de imposible restablecimiento. De allí, que en los supuestos b) y c) lo natural para enmendar los errores y los daños ilegítimos a las personas, grupos o comunidades, es una acción autónoma que lo que persigue no es restablecer situación jurídica alguna, sino destruir o rectificar lo inexacto o dañoso que consta en los ordenadores de información. Tal destrucción o rectificación suponen una serie de actuaciones para ejecutar el fallo que la ordena, que en la actualidad no aparecen en ley alguna, y que puede toparse con dificultades de todo tipo, que incluso afecten a las propias acciones de *habeas data*, como ocurre si los datos e informaciones constan en claves u otros elementos crípticos.

Debido a las limitaciones señaladas, puede surgir la tendencia de tramitar el *habeas data* por el procedimiento de habeas corpus, al considerar que la naturaleza de ambas entregas (dato o cuerpo) es idéntica.

El procedimiento de habeas corpus, tiene la especialidad que dentro de él se abre una averiguación sumaria, inquisitiva, que permite interrogar al funcionario bajo cuya custodia se encuentre la persona agraviada, para que informe los motivos de la privación o restricción de la libertad (artículo 41 de la Ley Orgánica de Amparo sobre Derechos y Garantías Constitucionales), y esa fase inquisitiva podría hacerlos atrayente para ventilar estas expresiones del *habeas data*.

Sin embargo, a pesar que al habeas corpus se le aplican las disposiciones del amparo, dicho procedimiento no resuelve la problemática que los supuestos b) y c) crean, por lo que la Sala considera, por las razones expuestas, que a dichos supuestos, en principio, no se aplica el trámite procesal del amparo, y así se declara[98].

Por último, la misma Sala Constitucional del Tribunal Supremo, en su citada sentencia Nº 332 de 14 de marzo de 2001, en torno a la legitimación para accionar en protección de los derechos establecidos en los artículos 28 y 143 de la Constitución, estableció los siguientes criterios:

Conforme a lo expuesto en esta decisión, toda persona que está reseñada en lo personal o en sus bienes, en los registros regulados por el artículo 28 constitucional, es legitimado activo para incoar la acción de *habeas data*, sin necesidad de alegar daño alguno en los casos en que pide el acceso a la información o el conocimiento de la finalidad para la cual la mantiene el recopilador. En igual situación se encuentra el que pretende el acceso a los registros y archivos administrativos.

El artículo 143 de la vigente Constitución otorga este último derecho de acceso a los ciudadanos y ciudadanas, o sea a personas naturales, pero la intención del constituyente no ha podido ser otorgar tales derechos solo a esas personas, ya que la razón de ser de la norma, informarse del estado de las actuaciones administrativas y de lo que aparece registrado y archivado, a fin de poder ejercer en el primer supuesto el derecho a la defensa, y en el segundo el de conocer lo que lo beneficie o lo perjudique que esté depositado en los registros y archivos, resulta una razón que atañe por igual a las personas naturales y a las personas jurídicas, que se encuentren ante esa circunstancia en similar situación que las naturales, por lo que puedan gozar de tal derecho de acceso.

---

98 *Idem*. pp. 492-495.

Con relación al resto de los derechos de *habeas data* contemplados en el artículo 28 constitucional, quien los ejerce debe tener un interés directo en que se actualice, rectifique, se proteja o excluya el dato o información; y reitera la Sala lo expuesto en el fallo de fecha 23 de agosto de 2000 (Caso: *Veedores de UCAB*) que expresó:

> Lo personal de la información, restringe para aquellos que no piden sus datos o informaciones, el derecho que otorga el aludido artículo 28, ya que de no ser así, se estaría ante una vía para interferir en la intimidad o en la vida privada de las personas, en la obtención de secretos industriales o comerciales, en asuntos atinentes a la defensa y seguridad nacional, etc., los cuales son valores constitucionales igualmente protegidos y por ello la remisión que hace la norma a documentos de cualquier naturaleza que contengan información de interés para comunidades o grupos de personas, no puede ser entendida sino como aquellas informaciones que corresponden al peticionario, como parte de una comunidad o un grupo de personas.
>
> Advierte la Sala, que en materia de Derecho de Acceso, el artículo 28 separa el acceso a la información y a los datos, del acceso a documentos que contengan información, la cual debe ser puntual, sobre cualquier tópico, sean o no dichos documentos soportes de bases de datos, que tengan interés para las comunidades o grupos. El acceso a estos documentos es distinto al de las bases de datos, de cualquier tipo. Se trata de acceder a documentos en sentido amplio, escritos o meramente representativos (de allí que la norma expresa que son documentos de cualquier naturaleza), que por alguna razón contienen información de interés para el grupo, o para la comunidad. Tal interés debe ser decidido por el juez, para ordenar su exhibición, por lo que debe ser alegado, no bastando la subjetiva apreciación del actor en ese sentido.
>
> Ahora bien, tratándose de documentos, así sean aislados, en poder de personas públicas o privadas, ¿quién esta legitimado para ejercer este derecho de acceso?
>
> La Sala en sentencia de 31 de agosto de 2000 (caso *William Ojeda*), consideró la legitimación para ejercer este especial acceso, que no persigue una satisfacción individual sino grupal o comunal, y expreso:
>
> > La norma es clara, el derecho de acceso tiene dos posibilidades, una conocer los datos e informaciones registrados; otra, acceder a documentos de cualquier naturaleza que contengan información cuyo conocimiento sea de interés para comunidades o grupos de personas, y ello es posible si esos documentos sobre los cuales puede igualmente la persona solicitar acceso, recogen datos e información sobre sí mismo o sobre sus bienes.
> >
> > No se trata de un acceso ilimitado a documentos que interesen a grupos de personas o comunidades, sino de aquellos documentos en los que el peticionante, como miembro de la comunidad o del grupo, tiene interés porque recogen de alguna manera información personal, así ellos se refieran a grupos o a comunidades, de allí que la norma exprese: igualmente podrá la persona, es decir, podrá el que tiene derecho -según el citado artículo 28- a conocer sus datos e informaciones.
> >
> > ¿En qué consiste este acceso? La palabra acceder tiene varios significados, pero el que utiliza el artículo 28 *eiusdem*, es a juicio de esta Sala, el de paso o entrada a un lugar, es decir, entrada a los registros y documentos (ya que se trata de dos supuestos distintos) a fin de enterarse qué existe en ellos, que sea interesante para la persona.
> >
> > Tal acceso, sin embargo, no es ilimitado, ya que hay otros derechos y garantías constitucionales de los ciudadanos que deben armonizarse con el ejercicio de este

derecho (como lo son la protección a la vida privada, al honor, a la intimidad, el secreto de las comunicaciones privadas, etc.)

La idea del constituyente al crear el derecho de acceso, no ha sido otro que la persona se entere qué hay registrado sobre sí misma y en qué documentos (así no formen parte de registros) existen datos personales que son a su vez de interés para comunidades y grupos de personas, caso excepcional en que cualquier persona tiene acceso a documentos archivados, ajenos a registros".

Siendo dichos documentos de interés para grupos y comunidades, entes colectivos sin personalidad jurídica, ni representación en juicio, y que la norma no se refiere a las comunidades previstas en los artículos 759 y siguientes del Código Civil y su relación con los artículos 139 y 168 del Código de Procedimiento Civil, sino a los entes colectivos sin personalidad jurídica sujetos de derechos, a los que consideró el fallo de esta Sala de fecha 21 de noviembre de 2000 (sentencia N° 1395), surge la pregunta si algún representante de estos entes puede solicitar el acceso.

En la actualidad existe un gran problema -por falta de regulación legal- en determinar quienes pueden representar a tales colectividades, pero además, pensar que a título del interés comunal o grupal, cualquier persona puede quedar legitimada para conocer el contenido de documentos que a él no se refieren, constituye a juicio de la Sala una peligrosa forma de tomar conocimiento indebido de asuntos que conciernen o pueden perjudicar a otros, que si son miembros del grupo o la comunidad, tienen tanto derecho de defenderse de la intromisión, como el del ente colectivo de acceder. De allí, que mientras no se legisle al respecto, considera la Sala que el acceso a documentos de interés para comunidades o grupos, debe ser ejercido, así sea en nombre del ente (de ser ello posible), por personas que aparezcan en dichos documentos, por lo que a ellos también personalmente son atinentes las informaciones.

El artículo 281, numeral 3 de la Constitución de 1999, atribuye al Defensor del Pueblo, la interposición de acciones de *habeas data*. No se trata de que la exclusividad de la acción la tiene la Defensoría del Pueblo, sino que ella para cumplir las atribuciones que le señalan los numerales 1 y 2 del artículo 281 citado, podrá acudir al *habeas data*, sobre todo a los derechos de acceso y conocimiento de la finalidad y uso de los bancos de datos[99].

99 *Idem*. pp. 500-501.

NOVENA PARTE

LA CONSTITUCIÓN SOCIAL

I. EL ESTADO SOCIAL Y LOS DERECHOS SOCIALES

El concepto de Estado Social y el régimen de los derechos sociales[1] deriva del propio concepto de Estado Democrático y Social establecido en el artículo 2 de la Constitución el cual como se ha dicho, y lo ha reiterado la Sala Político Administrativa del Tribunal Supremo de Justicia, en sentencia N° 1885 de 5 de octubre de 2000, "le asigna al Estado una amplitud de funciones y de responsabilidades sociales textualmente reconocidas en la Constitución, como un auténtico e ineludible compromiso que implica la protección especial a la familia, a los trabajadores, a los menores; en especial, velar por la salud y la seguridad social de los mismos, entre otras". Estas obligaciones del Estado, sin duda, tienen como contrapartida derivada del principio de la alteridad, el conjunto de derechos sociales de las personas, como derechos humanos justiciables.

En la antes mencionada sentencia, en efecto, la Sala Político Administrativa, agregó:

> En este contexto, el Estado Social atribuye al aspecto social mayor importancia frente al aspecto individual dentro de la misma, pero renovada, ideología democrática dominante. Precisamente por la introducción en ella de los principios y valores de la dignidad de la persona humana, de la solidaridad, de la justicia social, sustentadores de los derechos humanos de la segunda generación, los económicos y sociales, así como la preeminencia efectiva de los derechos de primera generación o individuales, el Estado deja de ser un mero interviniente pasivo en las relaciones sociales, para comprometerse activamente, asumiendo obligaciones en materia de educación, salud, deporte, vivienda y seguridad social. Es decir, este modelo de Estado exige un compromiso real tendente a la efectividad integral del aparato del Estado, en este sentido, todos sus órganos deben actuar sujetos al orden constitucional,

---

1 Véase en general, *La cuestión social en la Constitución Bolivariana de Venezuela*, Editorial Torino, Caracas, 2000, y en particular los trabajos de Aristóbulo Istúriz, "Lo social en la nueva Constitución Bolivariana", pp. 1-14; Mercedes Pulido de Briceño, "La Constitución de 1999 y los derechos sociales", pp. 15-28; Carlos Aponte Blank, "Los derechos sociales y la Constitución de 1999, pp. 113-134; Emilio Spósito Contreras, "Aproximación a los derechos sociales en la Constitución de la República Bolivariana de Venezuela", en *Revista de derecho del Tribunal Supremo de Justicia,* N° 9, Caracas, 2003, pp. 381 a 398.

no sólo en aquello que esté referido a su desenvolvimiento interno y estructural de las funciones que ejerce, sean éstas legislativas, judiciales, de gobierno, electorales o de control, sino también, y de manera fundamental, están sujetos al cumplimiento de todas las disposiciones constitucionales que imponen obligaciones y compromisos, conductas y responsabilidades hacia la sociedad. En otras palabras, el Estado Social y de Justicia tiene como preeminencia el bienestar y la felicidad material de las personas. De allí, que todas las normas constitucionales, las sustanciales y las formales que hacen posible la efectividad del sistema, forman un tejido conjuntivo en función de la solidaridad y de la dignidad humana[2].

Ahora bien, conforme a estos criterios, indudablemente que la interpretación de la Constitución, como lo ha señalado la Sala Político Administrativa en la antes indicada sentencia, exige un cambio de criterio respecto a la efectividad de los derechos sociales, en este sentido, de que "no basta la intención ni la gestión promotora y propulsora de la calidad de vida de las personas, sino que el rol del Estado se encuentra comprometido a crear, prever, y satisfacer las necesidades para el desarrollo humano" de manera que "las potestades del Estado tienen que servir, primordialmente, para mejorar las condiciones de vida del pueblo, reducir los desequilibrios sociales, mejorar la calidad de vida de las personas, y la búsqueda de la equidad y la justicia". La Sala ha agregado que:

> La concepción del Estado de Justicia, es el producto de una construcción lógica-dialéctica y, no por ello, menos materialista. Este concepto, mantiene asimismo, el derecho abierto a la sociedad de donde surge para regularla y al mismo tiempo para dejarse superar por esta. De allí, que interpretando la Constitución y, el engranaje de normas, valores y principios que en ella se disponen, se entiende que el modelo de Estado Social y de Justicia, establece una relación integral entre la justicia formal y la material. En este sentido, en el contexto del Estado Social y de Justicia, la Administración está forzada a tener en cuenta los valores materiales primarios que reclama la sociedad, de lo contrario, su poder o autoridad se torna ilegítima y materialmente injusta.
>
> Por ello, en criterio de esta Sala, no puede existir bienestar social, dignidad humana, igualdad, sin justicia. Pero esta última –la justicia– tampoco existiría sin que los valores anteriores sean efectivos. Y así se declara[3].

En todo caso, la concepción del Estado Social que consagra la Constitución, desde el punto de vista jurídico, implica la admisión sin discusión de la justiciabilidad de los derechos sociales, sobre lo cual la Sala Político Administrativa en la misma sentencia citada ha señalado que:

> La efectividad y justiciabilidad de estos derechos sociales resulta ínsita en el concepto normativo de la Constitución, previsto en el artículo 7 del Texto Fundamental, según el cual, el texto íntegro de la Constitución es considerado norma jurídica y por ende, vincula a los poderes públicos, a los particulares, obliga, debe ser aplicada y justiciable ante la jurisdicción. En este sentido, la responsabilidad y la función que se le impone a este Máximo Tribunal de la República no es otro que garantizarlos y hacerlos efectivos de la manera más inmediata.

---

2 Véase en *Revista de Derecho Público*, N° 84, (octubre-diciembre), Editorial Jurídica Venezolana, Caracas, 2000, pp. 104 y ss.

3 *Idem.*

Esta doctrina de la juridicidad de la Constitución, derivada del consabido principio de la supremacía constitucional, subordina toda la actividad estatal y particular, incluso, la relativa al orden socioeconómico. De allí que el programa económico e incluso el régimen de hacienda pública debe nutrirse materialmente con el sistema de valores y principios constitucionales, más aun en el contexto del Estado Social moderno, que permite encuadrar en el marco normativo de la Constitución, todas las generaciones de derechos como un todo indivisible que, en definitiva se reduce al sistema de derechos y libertades constitucionales. Asimismo, estas normas se impregnan del contenido sustancial del Estado de Justicia. Así las cosas, la validez material de todo el ordenamiento jurídico depende de su conformidad con el contenido de la norma fundamental del mismo que expresa y prescribe el valor o justicia material de la norma fundamental.

De conformidad con lo expuesto, la Constitución no puede consagrar cláusulas programáticas de las cuales pueden emerger derechos posteriores a la acción legislativa, ni tampoco depender de la programada actividad gubernativa sujeta siempre a la interacción de ingresos y gastos, y a la supuesta programación presupuestaria.

Al respecto el constitucionalista Bidart Campos, al referirse al aspecto social de la Constitución, asegura que "...cada vez que una norma manda promover algo o adoptar medidas de acción positiva y acciones positivas; se encuadra la posible violación de la constitución cuando no se hace lo que ella manda, tanto si está claramente establecido cuándo y en que tiempo hay que hacerlo, como si implícitamente surge de la naturaleza de la norma que lo que ella manda hacer no admite dilaciones ni dispensas". (Bidart Campos, *La fuerza normativa de la Constitución* Buenos Aires. De Palma. 1999)[4].

II. LOS DERECHOS SOCIALES Y DE LAS FAMILIAS

Ahora bien, en el campo de los derechos sociales y de las familias, la Constitución de 1999 contiene extensas y complejas declaraciones, muchas de las cuales no guardan relación con el principio de la alteridad, que atribuyen al Estado innumerables obligaciones y que en gran parte marginan a la sociedad civil. El esquema, globalmente considerado, puede considerarse altamente paternalista.

1. *Los derechos de protección*

A. *El régimen de las familias y la protección estatal*

De acuerdo con el artículo 75, el Estado debe proteger a las familias "como asociación natural de la sociedad y como el espacio fundamental para el desarrollo integral de las personas"[5] y, en particular, debe garantizar protección a la madre, al padre o a quienes ejerzan la jefatura de la familia.

En las normas se establece, además, que las relaciones familiares se basan en la igualdad de derechos y deberes, la solidaridad, el esfuerzo común, la comprensión mutua y el respeto recíproco entre sus integrantes.

---

4 *Idem.*

5 Véase nuestro voto salvado en relación con este concepto de la familia como "asociación" en Allan R. Brewer-Carías, *Debate Constituyente, (Aportes a la Asamblea Nacional Constituyente),* Tomo III, (18 octubre-30 noviembre 1999), Fundación de Derecho Público-Editorial Jurídica Venezolana, Caracas, 1999, p. 163.

Por otra parte, en la Constitución se establece que los niños, niñas y adolescentes tienen derecho a vivir, ser criados o criadas y a desarrollarse en el seno de su familia de origen.

Cuando ello sea imposible o contrario a su interés superior, tendrán derecho a una familia sustituta, de conformidad con la ley.

Se declara, también, que la adopción tiene efectos similares a la filiación y se establece siempre en beneficio del adoptado o la adoptada, de conformidad con la ley. En todo caso, se declara constitucionalmente que la adopción internacional es subsidiaria de la nacional.

B. *La protección de la maternidad*

En cuanto a la maternidad y la paternidad, el artículo 76 establece que son protegidas integralmente, sea cual fuere el estado civil de la madre o del padre.

Además, se garantiza el derecho de las parejas a decidir libre y responsablemente el número de hijos que deseen concebir y a disponer de la información y de los medios que les aseguren el ejercicio de este derecho[6].

Por otra parte, la norma dispone que:

> El Estado garantizará asistencia y protección integral a la maternidad, en general a partir del momento de la concepción, durante el embarazo, el parto y el puerperio, y asegurará servicios de planificación familiar integral basados en valores éticos y científicos.

El artículo 76, además, establece el deber compartido e irrenunciable del padre y la madre de criar, formar, educar, mantener y asistir a sus hijos y éstos tienen el deber de asistirlos cuando aquél o aquella no puedan hacerlo por sí mismos. En todo caso, es la ley la que debe establecer las medidas necesarias y adecuada para garantizar la efectividad de la obligación alimentaria.

La inclusión de la frase "a partir del momento de la concepción" en esta norma, no tiene sentido alguno pues la maternidad sólo existe desde ese momento, por lo que es redundante. En realidad, esta protección "desde el momento de la concepción" correspondía a los niños, como lo establecía el artículo 74 de la Constitución de 1961, y no se consagró en el artículo 78 de la Constitución de 1999. Solo se incorporó el principio, en esta norma, pero sin ningún efecto.

C. *La protección del matrimonio*

La Constitución (art. 77), además, protege "el matrimonio entre un hombre y una mujer", el cual se funda en el libre consentimiento y en la igualdad absoluta de los derechos y deberes de los cónyuges. Además, se precisa que las uniones estables de hecho entre un hombre y una mujer que cumplan los requisitos establecidos en la ley producirán los mismos efectos que el matrimonio.

Se disipó así, toda duda sobre la posibilidad de que pudiese consolidarse legislativamente en Venezuela, matrimonios o uniones estables que no sea entre hombre y mujer.

---

6 Véase nuestra posición en la discusión de este artículo, en *idem*, p. 164.

D. *La protección de los niños y los derechos de los jóvenes*

En el artículo 78 de la Constitución de 1999 se establece además, que los niños, niñas y adolescentes son sujetos plenos de derecho y deben estar protegidos por la legislación, órganos y tribunales especializados, los cuales deben respetar, garantizar y desarrollar los contenidos de la Constitución, la Convención sobre los Derechos del Niño y demás tratados internacionales que en esta materia haya suscrito y ratificado la República.

Por otra parte, se establece que el Estado, la familia y la sociedad deben asegurar, con prioridad absoluta, protección integral, a los niños para lo cual se tomará en cuenta su interés superior en las decisiones y acciones que les conciernan. No se estableció, sin embargo, que este derecho a protección integral lo tienen los niños desde su concepción, como lo establecía el artículo 74 de la Constitución de 1961[7].

Debe señalarse que a pesar de todo el avance en materia de derechos individuales, y de que se hubiese repetido la regulación de la Constitución de 1961 sobre el carácter inviolable del derecho a la vida (art. 43), en la nueva Constitución, en definitiva, no se estableció con rango constitucional el derecho de los niños a protección integral desde la concepción.

La Asamblea, aquí, en nuestro criterio violó las bases comiciales que la originaron y que le impusieron, como límite, la progresión de la protección de los derechos humanos. Al contrario, en este campo tan sensible, hubo una regresión en la regulación constitucional, lamentablemente motivada por la discusión entre abortistas y no abortistas y entre movimientos feministas y la propia Iglesia Católica.

La Asamblea Nacional Constituyente no supo deslindar el campo de regulación y pretendiendo satisfacer los requerimientos de la Jerarquía Eclesiástica de la consagración del derecho de protección del niño desde la concepción, lo que hizo fue engañarla, previendo sólo la protección de la maternidad "desde la concepción" (art. 76) como que si pudiera haber otro momento a partir del cual se pudiera iniciar la maternidad!.

Lo cierto de todo es que no existe el balance necesario que debe haber entre los derechos del niño y los derechos de la madre para que el equilibrio general de la protección y los derechos recíprocos se mantenga pues, en todo caso, el límite del ejercicio de todos los derechos humanos es "el derecho de los demás y el orden público y social".

En todo caso, tenemos una Constitución que en el campo de los derechos individuales no garantiza expresamente el derecho de todo niño a protección integral desde la concepción, siendo regresiva en materia de protección de derechos individuales.

Por último, el artículo 78 obliga al Estado a promover la incorporación progresiva de los niños y adolescentes a la ciudadanía activa, y "el sistema rector nacional" dirigirá las políticas para la protección integral de los niños, niñas y adolescentes.

En cuanto a los jóvenes, el artículo 79 les otorga el derecho y el deber de ser sujetos activos del proceso de desarrollo. En consecuencia, el Estado con la participa-

7 Véase nuestro voto salvado en esta materia en Allan R. Brewer-Carías, *Debate Constituyente*, Tomo III, *op. cit.*, pp. 165 y 166 y 262 a 265.

ción solidaria de las familias y la sociedad, debe crear oportunidades para estimular su tránsito productivo hacia la vida adulta y, en particular, la capacitación y el acceso al primer empleo, de conformidad con la ley[8].

E. *La protección de los ancianos*

En la Constitución también se regulan los derechos de los ancianos, de manera que conforme al artículo 80, el Estado debe garantizar a los ancianos y ancianas el pleno ejercicio de sus derechos y garantías. Además, el Estado, con la participación solidaria de las familias y la sociedad, está obligado a respetar su dignidad humana, su autonomía y les debe garantizar atención integral y los beneficios de la seguridad social que eleven y aseguren su calidad de vida.

En la Constitución se estableció, además, con este rango, que las pensiones y jubilaciones otorgadas mediante el sistema de seguridad social no pueden ser inferiores al *salario mínimo urbano.* Además, se establece que los ancianos y ancianas se les debe garantizar el derecho a un trabajo acorde a aquellos que manifiesten su deseo y estén en capacidad para ello.

F. *Los derechos de los discapacitados*

Por último, en cuanto a los derechos de protección, el artículo 81 de la Constitución establece el derecho de toda persona con discapacidad o necesidades especiales al ejercicio pleno y autónomo de sus capacidades y a su integración familiar y comunitaria[9].

La Constitución atribuye al Estado el compromiso, con la participación solidaria de las familias y la sociedad, de garantizar el respecto a su dignidad humana, la equiparación de oportunidades y condiciones laborales satisfactorias, y de promover su formación, capacitación y acceso al empleo acorde con sus condiciones de conformidad con la ley.

Por último, la Constitución reconoce a las personas sordas o mudas el derecho a expresarse y comunicarse a través de la lengua de señas. El artículo 101, por ello, establece la obligación para los medios televisivos de incorporar subtítulos y traducción a la lengua de señas para las personas con problemas auditivos.

2. *El derecho a la vivienda*

El artículo 82 de la Constitución, sin tener en cuenta el principio de la alteridad, establece el derecho de toda persona

> a una vivienda adecuada, segura, cómoda, higiénica, con servicios básicos esenciales que incluyan un habitat que humanice las relaciones familiares, vecinales y comunitarias.

---

8 Véase la Ley Nacional de Juventud en *G.O.* N° 37.404 del 14 de marzo de 2002.

9 Véase en general, María C. Domínguez Guillén, "La protección constitucional de los incapaces", en *Temas de Derecho Administrativo: Libro Homenaje a Gonzalo Pérez Luciani,* Vol. I, Tribunal Supremo de Justicia, Colección Libros Homenaje, N° 7, Caracas, 2002, pp. 609 a 658.

La satisfacción de este derecho, así formulado, por supuesto que es materialmente una ilusión[10]; por lo que la norma agrega que esa satisfacción será progresiva siendo "obligación compartida" entre los ciudadanos y el Estado en todos sus ámbitos.

La norma agrega que el Estado debe dar prioridad a las familias y garantizar los medios para que éstas y especialmente las de escasos recursos, puedan acceder a las políticas sociales y al crédito para la construcción, adquisición o ampliación de viviendas.

3. *El derecho a la salud y a su protección*

A. *El derecho a la salud y a su protección*

El artículo 83 de la Constitución consagra a la salud como "un derecho social fundamental, obligación del Estado, que lo garantizará como parte del derecho a la vida". Agrega la norma que el Estado debe promover y desarrollar políticas orientadas a elevar la calidad de vida, el bienestar colectivo y el acceso a los servicios.

Por supuesto que "el derecho a la salud" no es posible que pueda ser garantizado, como tampoco podría garantizarse "el derecho a no enfermarse". En realidad la norma contiene una formulación que no tiene en cuenta el principio de la alteridad, porque nadie puede garantizar la salud de nadie[11].

En realidad, lo que si constituye un derecho constitucional propiamente dicho es lo que agrega el mismo artículo al disponer que:

> Todas las personas tienen derecho a la *protección de la salud,* así como el deber de participar activamente en su promoción y defensa, y el cumplir con las medidas sanitarias y de saneamiento que establezca la ley, de conformidad con los tratados y convenios internacionales suscritos y ratificados por la República.

Sobre el derecho a la salud[12] o a la protección de la salud, en todo caso, la Sala Constitucional del Tribunal Supremo, en sentencia N° 487 de 6 de abril de 2001 (Caso: *Glenda López y otros vs. Instituto Venezolano de los Seguros Sociales*) ha señalado que "no se agota en la simple atención física de una enfermedad a determinada persona, sino que el mismo se extiende a la atención idónea para salvaguardar la integridad mental, social y ambiental de las personas, e incluso de las comunidades como entes colectivos"; agregando que de acuerdo con el artículo 83 de la Constitución:

---

10 Véase nuestro voto salvado en Allan R. Brewer-Carías, *Debate Constituyente,* Tomo III, *op. cit.* p. 167.

11 Véase nuestro voto salvado en Allan R. Brewer-Carías, *Debate Constituyente,* Tomo III, *op. cit.*, pp. 169 y 170 y 265 y 266.

12 Véase en general, Jesús Ollarves Irazábal, "La vigencia del derecho a la salud", en *El Derecho Público a comienzos del siglo XXI. Estudios homenaje al Profesor Allan R. Brewer-Carías.* Tomo III, Instituto de Derecho Público, UCV, Civitas Ediciones, Madrid, 2003, pp. 2867-2886; Oscar Feo, "La salud en la nueva Constitución", en *La cuestión social en la Constitución Bolivariana de Venezuela*. Editorial Torino, Caracas, 2000, pp. 29-46; Belén Anasagasti, "Caracterización de los principales rasgos del derecho a la salud dentro del marco constitucional de los derechos sociales del texto de 1961 y de 1999", en *La cuestión social en la Constitución Bolivariana de Venezuela*. Editorial Torino, Caracas, 2000, pp 135-152.

Puede colegirse que el derecho a la salud como parte integrante del derecho a la vida, ha sido consagrado en nuestra Carta Magna como un derecho social fundamental (y no como simples *"determinaciones de fines de estado"*), cuya satisfacción corresponde principalmente al Estado, cuyos órganos desarrollan su actividad orientados por la elevación (progresiva) de la calidad de vida de los ciudadanos y, en definitiva, al bienestar colectivo. Ello implica que el derecho a la salud, no se agota en la simple atención física de una enfermedad a determinada persona, sino que el mismo se extiende la atención idónea para salvaguardar la integridad mental, social, ambiental, etcétera, de las personas e incluso de las comunidades como entes colectivos imperfectos, en tanto que no están dotadas de un estatuto jurídico especial que les brinde personería en sentido propio.

Para el cumplimiento de tales fines, la acción estatal debe instaurar por vía legislativa una estructura administrativa capaz de atender los requerimientos constitucionales antes esbozados. Así, mediante la Ley del Seguro Social (publicada en la *G.O.* Nº 4.322 Extraordinario, de fecha 3 de octubre de 1991), fue creado el Instituto Venezolano de los Seguros Sociales, ente descentralizado funcionalmente de la Administración Pública, con el objeto de servir como órgano rector del sistema de seguridad social, entre cuyas obligaciones destaca -en el caso *sub examine*-, aquella que le ordena brindar atención médica integral a sus afiliados.

En el caso de autos, la violación del derecho a la salud y la amenaza al derecho a la vida, así como la vulneración del derecho a los beneficios de la ciencia y la tecnología consistió en la omisión de entrega regular y permanente, por parte de la Dirección de Farmacoterapéutica del Instituto Venezolano de los Seguros Sociales, de los medicamentos prescritos por especialistas del Hospital Domingo Luciani adscrito al referido instituto, a favor de los solicitantes del amparo, y la negación de la cobertura a practicar a éstos, la realización de exámenes médicos especializados, destinados a contribuir en el eficaz tratamiento del VIH/SIDA. Tal hecho, resultó admitido parcialmente por la parte accionada, respecto a cuatro de los solicitantes del amparo (Gustavo Ortega, Sandra Acosta Hermoso, Joao de Ascensao y Ramón Anselmi), al señalar que sólo éstos habían solicitado ante la prenombrada Dirección la entrega de los medicamentos prescritos por los especialistas del mencionado hospital, y no existiendo en autos instrumento alguno producido por los accionantes, destinado a contradecir tales alegatos de la parte accionada, los mismos deben tenerse como ciertos.

Así lo estimó acertadamente el Juzgado *a quo*, al declarar con lugar el amparo a favor de los prenombrados ciudadanos, ordenando al Instituto Venezolano de los Seguros Sociales la cobertura y realización de los exámenes médicos especializados para el tratamiento del VIH/SIDA y el de las enfermedades oportunistas, así como la entrega regular de los medicamentos prescritos por los especialistas del Hospital Domingo Luciani (inhibidores de la transcriptasa e inhibidores de la proteasa), para el tratamiento del VIH/SIDA y las consecuentes enfermedades oportunistas.

Ciertamente, no podría esta Sala objetar que la conducta omisiva del ente accionado, puso en peligro la salud de los mencionados agraviados e incluso sus vidas, al (i) no administrar regularmente el tratamiento médico prescrito por los especialistas del Hospital Domingo Luciani y destinado a salvaguardar la integridad física de los actores, y (ii) no incluir en su cobertura la realización de exámenes médicos que optimizaban dicho tratamiento, conduciendo a su vez a la vulneración del derecho a la seguridad social, toda vez que los agraviados gozan del carácter de afiliados al sistema de seguridad social; motivos por los cuales, en este particular, debe esta Sala confirmar el fallo impugnado en apelación por el Instituto Venezolano de los Seguros Sociales. Así se declara[13].

B. *El servicio público de salud*

A los efectos de que el Estado pueda garantizar "el derecho a la protección de la salud", el artículo 84 le impone la obligación de crear, ejercer la rectoría y gestionar un "sistema público nacional de salud", de carácter intersectorial, descentralizado y participativo, integrado al sistema de seguridad social, regido por los principios de gratuidad, universalidad, integralidad, equidad, integración social y solidaridad.

Es decir, el servicio de salud se concibe constitucionalmente como integrado al sistema de seguridad social (como un subsistema) y se lo concibe como gratuito y universal, lo que no guarda relación alguna con el sistema de seguridad social que se establece para los afiliados o asegurados. El servicio de salud, en realidad, tiene esas características, pero siempre que esté fuera del sistema de seguridad social. Esta norma, en realidad constitucionaliza inconvenientemente el régimen de la seguridad social de las últimas décadas, que no ha funcionado[14].

En todo caso, el artículo 84 establece el principio de que el sistema público de salud debe dar prioridad a la promoción de la salud y a la prevención de las enfermedades, garantizando tratamiento oportuno y rehabilitación de calidad.

Se establece además, con rango constitucional, que los bienes y servicios públicos de salud son propiedad del Estado y *no pueden ser privatizados.*

Por último, se establece el principio de que la comunidad organizada tiene el derecho y el deber de participar en la toma de decisiones sobre la planificación, ejecución y control de la política específica en las instituciones públicas de salud.

C. *El financiamiento del sistema de salud*

En el artículo 85 de la Constitución se establece que es una obligación del Estado, el financiamiento del sistema público de salud, que debe integrar los recursos fiscales, las cotizaciones obligatorias de la seguridad social y cualquier otra fuente de financiamiento que determine la ley[15]. El Estado, además, debe garantizar un presupuesto para la salud que permita cumplir con los objetivos de la política sanitaria.

Por último, la norma constitucional establece que en coordinación con las universidades y los centros de investigación, se debe promover y desarrollar una política nacional de formación de profesionales, técnicos y técnicas y una industria de producción de insumos para la salud.

Finalmente, el artículo 85 termina su regulación indicando que el Estado "regulara las instituciones públicas y privadas de salud", en la única norma en la que se nombra las *instituciones privadas* de salud, pero como objeto de regulación.

---

13 Véase en *Revista de Derecho Público*, N° 85-88, Editorial Jurídica Venezolana, Caracas 2001.

14 Véase nuestro voto salvado sobre esto en Allan R. Brewer-Carías, *Debate Constituyente,* Tomo III, *op. cit.*, pp. 170 y 226.

15 Véase nuestro voto salvado en Allan R. Brewer-Carías, *Debate Constituyente,* Tomo III, *op. cit.*, pp. 171 y 267.

4. *El derecho a la seguridad social*

En el artículo 86 de la Constitución se regula el derecho de toda persona:

> a la seguridad social como servicio público de carácter no lucrativo, que garantice la salud y asegure protección en contingencias de maternidad, paternidad, enfermedad, invalidez, enfermedades catastróficas, discapacidad, necesidades especiales, riesgos laborales, pérdida de empleo, desempleo, vejez, viudedad, orfandad, vivienda, cargas derivadas de la vida familiar y cualquier otra circunstancia de previsión social.

Se destaca de esta norma, el carácter de servicio público no lucrativo de la seguridad social, lo que si bien limita el radio de acción de las iniciativas privadas en la materia[16], puede decirse que no las excluye completamente[17].

Se agrega, además, que el Estado tienen la obligación de asegurar la efectividad de este derecho, creando un sistema de seguridad social universal, integral, de financiamiento solidario, unitario, eficiente y participativo, de contribuciones directas o indirectas. Sin embargo, se agrega que "la ausencia de capacidad contributiva no será motivo para excluir a las personas de su protección" lo que, sin duda, distorsiona el carácter del sistema que debería ser contributivo.

En cuanto al financiamiento del sistema, el artículo 86 de la Constitución precisa que los recursos financieros de la seguridad social no pueden ser destinados a otros fines. Se precisa, además, que las cotizaciones obligatorias que realicen los trabajadores para cubrir los servicios médicos y asistenciales y demás beneficios de la seguridad social pueden ser administrados sólo con fines sociales bajo la rectoría del Estado, y que los remanentes netos del capital destinado a la salud, la educación y la seguridad social se deben acumular a los fines de su distribución y contribución en esos servicios.

Por último, la Constitución remite a la Ley Orgánica especial para regular el sistema de seguridad social[18].

Debe señalarse, además, que también se disponen previsiones sobre seguridad social en los artículos 88 (amas de casa), 100 (trabajadores culturales) y 328 (Fuerza Armada Nacional)[19].

A. *La seguridad social como servicio público*

a *El derecho a la seguridad social y a la protección de la salud*

El artículo 86 de la Constitución establece el derecho a la seguridad social, como un derecho constitucional de toda persona, sin discriminación, *en primer lugar*, a

16 Véase nuestro voto salvado en Allan R. Brewer-Carías, *Debate Constituyente,* Tomo III, *op. cit.*, pp. 172 a 174 y 257 a 270.

17 Véase Allan R. Brewer-Carías, "Consideraciones sobre el Régimen Constitucional del Derecho a la Seguridad Social, el Sistema de Seguridad Social y la Administración Privada de Fondos de Pensiones" en *Libro Homenaje a Fernando Parra Aranguren*, Tomo I, Facultad de Ciencias Jurídicas y Políticas, Universidad Central de Venezuela, Caracas 2001, pp. 73-85.

18 Véase la Ley Orgánica del Sistema de Seguridad Social en *G.O.* N° 37.600 del 30 de diciembre de 2002

19 Véase la sentencia de la Sala Constitucional N° 1197 de 17 de octubre de 2000, *Revista de Derecho Público,* N° 84, (octubre-diciembre), Editorial Jurídica Venezolana, Caracas 2000, pp. 156 y ss.

que se le garantice la salud; y en *segundo lugar,* a que se le asegure protección en contingencias de maternidad, paternidad, enfermedad, invalidez, enfermedades catastróficas, discapacidad, necesidades especiales, riesgos laborales, pérdidas de empleo, desempleo, vejez, viudedad, orfandad, vivienda, cargas derivadas de la vida familiar y cualquier otra circunstancia de previsión social.

Este derecho a la seguridad social, por tanto, comprende en realidad dos derechos constitucionales: primero, el derecho de toda persona a que se le garantice la salud; y segundo, el derecho, también de toda persona, a que se le asegure protección en contingencias sociales o cualquier circunstancia de previsión social.

En cuanto al primer derecho, debe señalarse que en la Constitución también está consagrado en forma autónoma, al regularse en el artículo 83 a la salud como un derecho social fundamental y, en particular, el derecho a la protección de la salud.

En todo caso, la exigencia por las personas de que se le presten estos derechos no es necesariamente gratuita, pues la legislación puede exigir a los particulares, para la garantía de su salud y para que se les asegure protección social, determinados pagos o contribuciones tanto generales como específicos. Sin embargo, ello no es limitativo para la exigencia de la prestación que deriva del derecho pues de acuerdo con el mismo artículo 86 de la Constitución, la ausencia de capacidad contributiva de los particulares no será motivo para excluir a las personas de su protección.

b. *Las obligaciones del Estado*

La consagración normativa de un derecho, de cualquier persona, como consecuencia, del principio de la alteridad, origina siempre la existencia de un sujeto obligado, pues en el mundo del derecho no hay derechos sin obligación.

El derecho a la seguridad social, constitucionalmente consagrado, por tanto, origina obligaciones a cargo del Estado que se traducen en actividades de carácter prestacional. Así lo establece expresamente el artículo 86 de la Constitución en relación con el derecho a la seguridad social, al señalarse que "El Estado tiene la obligación de asegurar la efectividad de este derecho"; y asimismo, en relación con el derecho a la salud, regulándolo al artículo 83 de la Constitución, como una "obligación del Estado que lo garantizará como parte del derecho a la vida".

Es decir, como consecuencia de la previsión del derecho de toda persona a la seguridad social, se originan, para el Estado, un conjunto de obligaciones de realizar actividades prestacionales tanto para garantizar la salud de las personas como para asegurarles protección en casos de contingencias sociales u otras circunstancias de previsión social. Estas actividades prestacionales, impuestas obligatoriamente al Estado en la Constitución o en la Ley, constituyen lo que se denomina, en general, como servicios públicos[20], y que en materia del derecho constitucional a la seguridad social, se configuran como la obligación de crear un sistema de seguridad social para materializar prestaciones estatales destinadas a garantizarle la salud a todas las personas y, además, a asegurarles protección en contingencias sociales y otras circunstancias de previsión social.

---

20 Véase Allan R. Brewer-Carías, "Comentarios sobre la noción de servicio público como actividad prestacional del Estado y sus consecuencias", *Revista de Derecho Público,* N° 6, Editorial Jurídica Venezolana, Caracas 1981, pp. 65 y ss.

c. *El sistema de seguridad social*

Esto implica, por tanto, desde el punto de vista de la organización y de la actividad del Estado, la necesidad y obligación de que el Estado cree un sistema de seguridad social que conforme al mismo artículo 86 de la Constitución tiene que ser "Universal, integral, de financiamiento solidario, unitario, eficiente y participativo, de contribuciones directas o indirectas". En 2002 se ha dictado la Ley Orgánica del Sistema de Seguridad Social[21]

d. *El sistema público nacional de salud*

Además, integrado al sistema de seguridad social, el artículo 84 de la Constitución establece que para garantizar el derecho a la salud, el Estado, debe crear, ejercer la rectoría y gestionar "un sistema público nacional de salud, de carácter intersectorial, descentralizado y participativo, ... regido por los principios de gratuidad, universalidad, integralidad, equidad, integración social y solidaridad".

B. *El carácter de los servicios públicos y el ámbito de limitación a las actividades económicas privadas*

Ahora bien, el hecho de que una actividad prestacional se erija constitucional o legalmente como un servicio público que debe cumplir el Estado en ejecución de una obligación constitucional o legal, da origen a dos consecuencias jurídicas fundamentales en relación con los particulares: por una parte, que con motivo de la obligación jurídica impuesta al Estado surge una relación jurídica, en cuyo otro extremo está un derecho de las personas a recibir tales servicios públicos; y por otra parte, que la presencia del Estado como titular de servicios públicos restringe, a la vez, la libertad económica de los administrados en esa actividad prestacional.

El servicio público, así entendido, se presenta entonces siempre, como una restricción a la libertad económica de los particulares. Por ello, la creación de un servicio público, es decir, el establecimiento de la obligación prestacional a cargo del Estado, sólo puede tener su fuente en la Constitución o en la ley, pues sólo en esos textos es que puede, conforme a la propia Constitución (art. 112), limitarse o restringirse la libertad económica. Excepcionalmente, sin embargo, podría crearse un servicio público por Decreto-Ley, en caso de urgencia comprobada y de receso de la Asamblea Nacional, con la autorización previa de la Comisión Delegada (art. 196, ord. 6).

Se insiste, la consecuencia más importante desde el punto de vista del Derecho Administrativo de que una actividad prestacional se erija en servicio público y, en consecuencia, se imponga obligatoriamente al Estado, es la restricción automática de la libertad económica de los particulares en el sentido de que estos no pueden, libremente, ejercer dicha actividad.

Sin embargo, el ámbito de esta restricción no es uniforme, pues depende de la regulación concreta que establezca la Constitución o la ley. Esta puede establecer una variada gama de restricciones a la libertad económica que pueden ir desde la exclusión total de la actividad económica de los particulares, cuando el Estado se

---

21 *G.O.* Nº 37.600 del 30 de diciembre de 2002.

reserva la actividad prestacional con carácter de exclusividad; hasta una concurrencia casi sin restricciones entre actividad pública y actividad privada, pasando por los supuestos en los cuales, a pesar de que, por ejemplo, el Estado ser reserve el servicio, los particulares pueden prestar y cumplir actividades del mismo mediante concesión, autorización, licencia, permiso o registro.

De ello resulta, en términos generales, que podrían distinguirse tres categorías de servicios públicos según la mayor o menor incidencia y restricción de la libertad económica: los servicios públicos exclusivos y excluyentes; los servicios públicos exclusivos, pero concedibles (no excluyentes); y los servicios públicos concurrentes.

a. *Los servicios públicos exclusivos y excluyentes*

La primera categoría de servicios públicos está constituida por aquellos reservados al Estado en forma absoluta, de manera que no pueden los particulares, en forma alguna, prestarlos o realizar actividad alguna derivados de ellos.

La Constitución directamente no establece servicio público alguno de esta naturaleza, pero permite que la ley los establezca en determinados supuestos, por razones de conveniencia nacional.

En efecto, el artículo 302 de la Constitución establece expresamente la posibilidad que el Estado tiene de reservarse no sólo determinadas industrias y explotaciones (como ha sucedido con la industria petrolera y la extractiva del mineral de hierro), sino también determinados *servicios de interés público* por razones de conveniencia nacional.

De acuerdo a este artículo, por tanto, mediante ley podría establecerse un servicio público para ser prestado en forma exclusiva por el Estado, excluyendo a los particulares del ámbito del mismo. Esta reserva, sin duda, tiene por efecto fundamental establecer una exclusión a la libertad económica de los administrados, la cual no podría realizarse respecto del servicio reservado.

En efecto, en un caso de reserva de servicios públicos por parte del Estado, ello conllevaría una prohibición que se impondría a los particulares de realizar actividades propias del servicio reservado, lo que afectaría tanto a aquellos particulares o empresas que podían haber venido realizando actividades de prestación del servicio, como a cualquier particular o empresa que pudiera pretender, en el futuro, realizar dichas actividades. En un caso de este tipo, después de la reserva, por tanto, los particulares que estuvieren prestando el servicio no podrían continuar prestándolo, y hacia el futuro ningún otro particular podría realizar nuevas actividades de prestación del servicio. Por otra parte, con motivo de una reserva de servicio público, sólo el Estado tendría la potestad de prestarlo, no existiendo derecho alguno de los particulares a ello, pues la libertad económica en el mismo habría sido excluida y sería imposible ejercerla. La reserva de servicios, por tanto, provocaría el establecimiento de un monopolio de derecho a favor del Estado, lo que no es ya frecuente en el mundo contemporáneo, y más bien es absolutamente excepcional.

Históricamente, una de esas excepciones, es decir, uno de los supuestos en los cuales la ley reservó al Estado, con carácter exclusivo y excluyente, un servicio público, fue, en su tiempo, el servicio público de correos, así declarado en la vieja Ley de Correos, lo que fue mantenido aún en la reforma de 1958. En todo caso, salvo ejemplos de ese tipo, que luego fueron superados por la admisión de los servicios privados de correo, el establecimiento de servicios públicos exclusivos y excluyentes no es nada frecuente en el mundo contemporáneo.

b. *Los servicios públicos exclusivos pero concedibles*

Otra categoría de servicios públicos está configurada por aquellos que también son atribuidos en forma obligatoria y exclusiva al Estado, y han sido reservados al mismo, pero no en forma excluyente, en el sentido de que mediante concesión, autorización, licencia, permiso o registro puede atribuirse a instituciones privadas la realización de actividades propias del servicio.

Los textos constitucionales en general, no regulan expresamente esta categoría de servicios públicos, por lo que ha sido la ley la que los ha establecido. Como ejemplo deben destacarse las regulaciones de la Ley Orgánica de Régimen Municipal de 1989, que en materia de servicios públicos municipales tiene una enumeración parecida a la del artículo 178 de la Constitución de 1999.

En relación con estos servicios públicos municipales, entre los cuales se encuentra, por ejemplo, los de abastecimiento de agua potable, cloacas y alcantarillados, alumbrado público, cementerios y aseo urbano y, en particular, los que ahora la Constitución califica como servicios públicos domiciliarios, en especial, electricidad, agua potable y gas (arts. 156, ord. 29 y 178, ord. 8); se enumeran en la Ley las formas de prestación de los mismos (art. 41) de la manera siguiente, por el Municipio en forma directa; por institutos autónomos municipales, mediante delegación; por empresas, fundaciones, asociaciones civiles y otros organismos descentralizados del Municipio, mediante contrato; por organismos de cualquier naturaleza de carácter nacional o estadal, mediante contrato; o por concesión otorgada en licitación pública.

La Ley detalla, además, en su artículo 42, las condiciones mínimas que regirán cuando se trate de las concesiones de servicios públicos municipales.

En las leyes nacionales también se encuentran regulaciones concernientes a servicios públicos, que pueden otorgarse en concesión a los particulares. La Ley de Ferrocarriles de 1957, por ejemplo, establece expresamente que "los ferrocarriles de servicio público serán construidos por el Estado o por empresas particulares, mediante concesión cuyo otorgamiento es potestativo del Ejecutivo Nacional" (art. 8); e incluso, con carácter general, está vigente la Ley sobre Concesiones de Obras Públicas y Servicios Públicos Nacionales (Decreto-Ley 318 de 17-9-99).

El régimen de los servicios públicos y la posibilidad de que se conceda la prestación de los mismos a los particulares, es normal en el mundo contemporáneo. En todos estos supuestos puede decirse que los servicios públicos regulados por ley son de prestación exclusiva del Estado; éste se los reserva pero no en forma excluyente, pues puede conceder su prestación a particulares. En virtud de la reserva, puede decirse que éstos no tienen libertad económica respecto de las actividades que configuran estos servicios, es decir, los particulares *no tienen derecho* a realizar las actividades económicas que configuran el servicio público. Pueden, sí, obtener ese derecho mediante un acto administrativo bilateral, que normalmente es la concesión. La concesión de servicio público por tanto, transfiere a los particulares un derecho que antes no tenían y que se constituye por dicho acto.

c. *Los servicios públicos concurrentes*

Un tercer tipo de servicio público está configurado por aquellas actividades prestacionales impuestas obligatoriamente al Estado, pero respecto de las cuales el ordenamiento también consagra un derecho a prestarlos por los particulares. Un típico ejemplo de estos servicios públicos concurrentes, respecto de los cuales se consagra la obligación y potestad del Estado y el derecho de los particulares a hacer lo mismo, bajo ciertas condiciones, son los servicios educativos y de salud.

En efecto, la Constitución establece expresamente, al consagrar el derecho de todos a la educación, que "El Estado *creará y sostendrá* instituciones y servicios suficientemente dotados para asegurar el acceso, permanencia y culminación en el sistema educativo" (art. 103). Es decir, se establece un típico servicio público al imponer al Estado *la obligación constitucional* de crear y sostener institutos educativos. Pero además, la Constitución en su artículo 106 consagra el derecho de todos a establecer servicios educativos, al precisar que toda persona natural o jurídica puede "fundar y mantener instituciones educativas privadas bajo estricta inspección y vigilancia del Estado, previa aceptación de éste".

Estas normas precisan, entonces, que paralelamente a la consagración de un servicio público de prestación *obligatoria* por el Estado, se establece también un *derecho* de los particulares a prestar dichos servicios. En cuanto a la educación impartida por el Estado, la Constitución establece que debe ser gratuita hasta el pregrado universitario (art. 103), principio que por supuesto, no se aplica a la educación impartida por instituciones privadas.

En sentido similar se reconoce, en materia de garantía de la salud, la posibilidad de los particulares de prestar servicios de salud al indicarse, en el artículo 85 de la Constitución que mediante ley se "regulará las instituciones públicas y privadas de salud". En cuanto al sistema público nacional de salud, que sólo el Estado puede crear, ejercer su rectoría y gestionar, debe regirse por el principio de la gratuidad (art. 84), lo que por supuesto no se aplica cuando se trate de un servicio de salud prestado por particulares.

Ahora bien, en estos casos, si bien el establecimiento del servicio, como un servicio público, limita la libertad económica de los particulares, no es de tal naturaleza que la excluya, como sucede en los casos anteriormente analizados. El derecho de los particulares a prestar servicios educativos o sanitarios existe directamente establecido en el ordenamiento jurídico, y la ley lo único que establece, en materia de salud, es una reserva al Estado, de establecer un sistema nacional público de salud (art. 84); y, en materia educativa, es la obligación del Estado de crear y sostener instituciones y servicios educativos para asegurar el acceso, permanencia y culminación, en el sistema educativo (art. 103); y así mismo en conjunto de mecanismos de control, para asegurar que estos servicios se presten en forma adecuada, bajo la rectoría del Estado.

En esta forma, por ejemplo, la Ley Orgánica de Educación de 1980, en la orientación de la Constitución de 1999, establece expresamente este carácter concurrente del servicio público de la educación, en la siguiente forma:

> *Art. 4º.* La educación, como medio de mejoramiento de la comunidad y factor primordial del desarrollo nacional, es un *servicio público prestado por el Estado, e impartido por los particulares*, dentro de los principios y normas establecidos en la

ley, bajo la suprema inspección y vigilancia de aquél y con su estímulo y protección moral y material.

Sin embargo, el derecho de los particulares a fundar establecimientos docentes no es absoluto. Está limitado por el carácter de servicio público de la educación, en el sentido de que quienes pretendan establecer institutos o planteles privados de educación deben obtener una *autorización* del Ministerio de Educación. La Ley Orgánica, así, establece dos modalidades de esta autorización: la *inscripción,* para los planteles privados que pretenden que los estudios que se sigan en los mismos sean reconocidos oficialmente; y el *registro,* para aquellos que no aspiran a tal reconocimiento (art. 56).

Algo similar ocurre con los establecimientos privados para servicios de atención médica, sujetos a control del Ministerio de Salud.

En el caso de la educación, en uno u otro caso, inscripción o registro, el acto administrativo por medio del cual se concede la inscripción o el registro del plantel, es un acto administrativo de *autorización*, el cual se caracteriza por ser un acto que remueve un obstáculo jurídico que la ley establece para poderse ejercer un derecho preexistente. Como se ha visto, el derecho a educar mediante instituciones o planteles educativos, es un derecho de todos, de orden constitucional; sin embargo, el ejercicio de tal derecho no es libre sino que está sujeto al cumplimiento de determinados requisitos: el registro o la inscripción del plantel en el Ministerio de Educación. El acto de autorización -y esto es lo que lo distingue de la concesión- no transfiere un derecho al particular que éste no tuviera con anterioridad, sino que en realidad, lo que le permite es ejercer su derecho preexistente, al remover el obstáculo jurídico que el ordenamiento había establecido para su ejercicio. El acto de autorización, por tanto, es un acto declarativo de un derecho preexistente.

C. *El carácter de los servicios públicos de salud y de seguridad social*

a. *El servicio de salud, como servicio público concurrente; y el sistema público nacional de salud, como exclusivo*

Conforme a lo antes indicado, en el régimen establecido en la Constitución de 1999, el servicio público de salud no tiene carácter exclusivo, sino más bien, carácter concurrente, en el sentido de que el servicio puede ser prestado por los particulares, sujetos a las regulaciones que el Estado debe dictar, tanto para las instituciones públicas como para las instituciones privadas de salud (art. 85).

Sin embargo, lo que si tiene carácter exclusivo del Estado es la creación, y el ejercicio de la rectoría y de la gestión de un sistema público nacional de salud (art. 84); pero ello incluso, no excluye, por supuesto, que puedan haber servicios públicos de salud estadales (art. 164, ord. 8) y municipales (art. 178, ord. 5).

Ese sistema público nacional de salud que cree, rija y gestione el Estado, con carácter de exclusividad, es el que debe tener las características mencionadas de ser "intersectorial, descentralizado y participativo, integrado al sistema de seguridad social, regido por los principios de gratuidad, universalidad, integralidad, equidad, integración social y solidaridad" (art. 84). De esto deriva, por ejemplo, que el principio de la gratuidad se aplica, sólo, a los servicios de salud que preste el sistema público nacional de salud.

Conforme al artículo 85 de la Constitución, el financiamiento del sistema público nacional de salud es obligación del Estado, que integrará los recursos fiscales, las cotizaciones obligatorias de la seguridad social y cualquier otra fuente de financiamiento que determine la ley. El Estado, además, debe garantizar un presupuesto para la salud que permita cumplir con los objetivos de la política sanitaria.

Este sistema público nacional de salud debe dar prioridad a la promoción de la salud y a la prevención de las enfermedades, garantizando tratamiento oportuno y rehabilitación de calidad.

Por otra parte, en cuanto a los bienes y servicios públicos de salud, por supuesto, del sistema público nacional, evidentemente que son propiedad del Estado, agregando la Constitución que no podrán ser privatizados. (art. 84)

La comunidad organizada tiene, además, el derecho y el deber de participar en la toma de decisiones sobre la planificación, ejecución y control de la política específica en las instituciones públicas de salud.

Por último, de acuerdo con la Constitución, en coordinación con las Universidades y los centros de investigación, se debe promover y desarrollar una política nacional de formación de profesionales, técnicos y técnicas y una industria nacional de producción de insumos para la salud (art. 85).

En definitiva, por tanto, el Estado tiene la obligación de garantizar la salud y de crear, regir y gerenciar un sistema público nacional de salud; esto último con carácter de exclusividad, en el sentido de que sólo el Estado puede crear, regir y gestionar un sistema público nacional de salud; pero ello no implica, en absoluto, que la prestación de los servicios de salud sea exclusiva del Estado y ni siquiera una competencia exclusiva del Poder Nacional, sino más bien concurrente entre los tres niveles del Poder Público (Nacional, Estadal y Municipal). Además, la prestación de los servicios de salud es concurrente entre el sector público y los particulares, quienes pueden establecer instituciones privadas de salud, sometidas sólo a las regulaciones que dicte el Estado.

De lo anterior se deduce, por tanto, que en cuanto al régimen del servicio público de salud, deben distinguirse dos regulaciones y, por tanto, características: los servicios públicos de salud, en general, son de carácter concurrente y se pueden prestar, tanto por el Estado como por los particulares e instituciones privadas de salud; sin embargo, lo que si es exclusivo del Estado, es la creación de un sistema público nacional de salud, con las características establecidas en los artículos 84 y 85 de la Constitución, que el Estado está en la obligación de financiar; así como el establecimiento de las regulaciones relativas tanto a las instituciones públicas como a las instituciones privadas de salud.

b. *El servicio de seguridad social, como servicio público concurrente; y el sistema de seguridad social, como servicio exclusivo*

En cuanto al servicio de seguridad social también está constitucionalmente concebido como servicio público concurrente; pero no así el sistema de seguridad social, que esta establecido como una actividad exclusiva del Estado.

En efecto, el sistema público de seguridad social, conforme al artículo 86 de la Constitución, debe ser de carácter universal, integral, de financiamiento solidario, unitario, eficiente y participativo, de contribuciones directas o indirectas y no lucrativo. Es un sistema que el Estado tiene la obligación de crear para asegurar la efectividad del derecho a la seguridad social.

Como tal sistema de instituciones y procesos públicos, globalmente considerado debe considerarse que es un servicio exclusivo del Estado, ya que materialmente sería inconcebible que el mismo pudiera ser creado por particulares.

Pero en esta materia, no hay que confundir el *servicio público de seguridad social* con el *sistema de seguridad social.* Este último es el exclusivo del Estado y debe ser financiado por el Estado, con la prohibición constitucional de que los recursos financieros de la seguridad social puedan ser destinados a otros fines.

El sistema de seguridad social, además, se financia con las contribuciones directas o indirectas que como cotizaciones obligatorias entreguen los trabajadores para cubrir las prestaciones y demás beneficios de la seguridad social. Los fondos que se formen con estas contribuciones, deben ser "administrados sólo con fines sociales bajo la rectoría del Estado", lo que significa que el Estado no es el que debe administrarlos, sino que el Estado ejerce la rectoría respecto de esa administración. La administración de fondos no es una competencia exclusiva del Estado, ni es en si misma una actividad que pueda considerarse como un servicio público.

Por otra parte, el sistema de seguridad social creado por el Estado, debe proteger no sólo a quienes contribuyan con cotizaciones, sino a toda persona aún cuando no tenga capacidad contributiva. Esto, por supuesto es una carga impuesta constitucionalmente al Estado, a ser atendida por el sistema de seguridad social.

Como se dijo, la creación y rectoría del sistema de seguridad social es la parte del servicio público de seguridad social que corresponde en forma exclusiva al Estado, lo que no impide que este pueda contratar con particulares o entidades privadas o autorizarlos para que realicen la prestación concreta de servicios y la realización de actividades en los diversos subsistemas; por ejemplo, a empresas de seguro para atender contingencias diversas; a empresas constructoras, por ejemplo, para la construcción de viviendas; a instituciones privadas de salud, para atención médica, rehabilitación y servicio de geriatría, y con instituciones financieras, para la administración de los fondos de pensiones.

En todos estos aspectos, la seguridad social es un servicio público concurrente pues, por ejemplo, la administración de fondos es una actividad financiera que constitucionalmente puede realizarse por los particulares, con las sujeciones necesarias, por ejemplo, a lo dispuesto en la Ley General de Bancos y otras Instituciones Financieras, y en el caso de administración de fondos de pensiones, con la autorización del servicio de seguridad social y bajo el control del mismo. En ningún caso podría deducirse del artículo 86 de la Constitución, por tanto, que la administración de fondos de pensiones pudiera ser considerada como un "servicio público" exclusivo del Estado. En esta materia lo que es exclusivo del Estado, es la creación del sistema de seguridad social y de todos sus subsistemas; la regulación de los mismos y el ejercicio del control (rectoría) sobre la prestación y realización de los múltiples servicios y actividades que conlleva, entre ellos, la atención de la salud, el funcionamiento de los seguros y la administración de los fondos de pensiones, los cuales pueden ser encomendados a particulares y a instituciones privadas.

En conclusión, como se dijo, el servicio público de seguridad social, globalmente considerado, es un servicio no lucrativo, como lo son todos los servicios públicos, particularmente cuando lo presta el Estado, de manera que, incluso, el pago o contribución que el usuario debe hacer para recibir las prestaciones del servicio, generalmente configurados como una tasa, deben cubrir el costo del servicio. Incluso el Estado puede establecer las tarifas como precio político, por debajo del costo, en cuyo caso, cubre el déficit del servicio con el producto de impuestos generales.

Por supuesto, en los casos en los cuales el Estado contrata con instituciones privadas o las autoriza para realizar actividades prestacionales que integran un servicio público, en principio debe asegurar que las tarifas que se establezcan para determinar los pagos o contribuciones de los usuarios, deban no sólo cubrir los costos del servicio sino la remuneración del prestatario por la actividad que realiza. Por ello, en estos casos, para mantener el equilibrio económico necesario, en caso de que las tarifas que regule el Estado no cubran dichos costos y remuneraciones cuando el servicio o la actividad del servicio se cumpla por una institución privada, el Estado debe cancelar el margen no cubierto mediante la técnica administrativa del subsidio.

Los sistemas administrativos, por supuesto varían, pero cuando el Estado autoriza a instituciones privadas para realizar actividades o prestar determinados servicios en el marco de la seguridad social, debe establecer el monto de los pagos o contribuciones (tarifas) de manera que con ellos no sólo se cubra el costo de la actividad o la prestación, sino la debida remuneración del prestatario. Ello no desvirtúa ni contradice, de manera alguna, el carácter no lucrativo que en global tiene el servicio público de seguridad social.

D. *La posibilidad constitucional de la administración privada de los fondos de pensiones*

A pesar de las dudas que expresamos al aprobarse la redacción del mencionado artículo 86 de la Constitución[22], analizado detenidamente su contenido dentro del contexto general del Texto Fundamental, estimamos que conforme al mismo, teniendo en cuenta las otras normas del texto constitucional relacionadas con el servicio público de seguridad social, es perfectamente posible, y admisible jurídicamente, que el Estado pueda autorizar a instituciones privadas la administración de diversos aspectos del servicio público de seguridad social, entre ellos, la administración de los Fondos de Pensiones, la cual conforme a la Constitución, es una operación que sólo puede realizarse con fines sociales, dada la naturaleza de su composición (cotizaciones de los trabajadores) y bajo la rectoría del Estado.

El servicio público de seguridad social, en efecto, es un servicio público complejo que implica la prestación de diversas actividades. Por ello, con razón se lo ha estructurado como *un sistema*, integrado por subsistema. En cuanto al sistema de seguridad social como tal, *globalmente considerado* puede considerarse como un servicio público reservado al Estado, con exclusividad, el cual debe ser estructurado con carácter "universal, integral, de financiamiento solidario, unitario, eficiente y participativo, de contribuciones directas o indirectas", teniendo el Estado siempre, su rectoría.

---

22 Véase Allan R. Brewer-Carías, *Debate Constituyente,* Tomo III, *op. cit.*, pp. 172-174 y 267-270; y el estudio antes citado: Allan R. Brewer-Carías, "Consideraciones sobre el Régimen Constitucional del Derecho a la Seguridad Social, el Sistema de Seguridad Social y la Administración Privada de Fondos de Pensiones" en *Libro Homenaje a Fernando Parra Aranguren*, Tomo I, Facultad de Ciencias Jurídicas y Políticas, Universidad Central de Venezuela, Caracas 2001, pp. 73-85.

Es decir, el sistema de seguridad social tiene por objeto no sólo garantizar la salud de las personas, sino asegurar la protección de las mismas en contingencias sociales y laborales u otra circunstancia de previsión social, con una cobertura que debe abarcar a todos los trabajadores del sector público y del sector privado. Conforme a la Constitución, el sistema de seguridad social debe ser universal, e integral y de financiamiento solidario, y debe cubrir tanto a las personas que contribuyan al mismo, como a las que no contribuyan, ya que la ausencia de capacidad contributiva no puede ser motivo para excluir a las personas de la protección del sistema (art. 86).

Por tanto, el sistema se compone por un régimen de pensiones otorgadas a quienes contribuyan mediante cotizaciones al sistema (régimen contributivo de pensiones) y por un régimen no contributivo que debe dar cobertura a las personas que no habiendo contribuido con el sistema, pueden ser acreedoras de pensiones cuando se encuentren en estado de necesidad, debiendo en estos casos financiar el Estado las pensiones respectivas.

Pero además de la cobertura relativa a las pensiones, el sistema de seguridad social debe garantizar la salud y tiene a su cargo otro conjunto de protecciones sociales relativas al derecho constitucional al trabajo y a las contingencias laborales (arts. 87 y sigts.); a los derechos constitucionales de protección, como el caso de la familia, la maternidad, los niños, los ancianos y los discapacitados (arts. 75 a 81); y al derecho constitucional a la vivienda (art. 82). Por ello, el sistema de seguridad social está necesariamente compuesto por varios subsistemas como el sistema de salud, el sistema de pensiones, el sistema de riesgos profesionales, el sistema de vivienda, el sistema de recreación, el sistema de paro forzoso y capacitación profesional y el sistema de servicios sociales.

Se insiste, un servicio público de esta naturaleza, universal e integral, que debe organizarse como un *sistema de seguridad social*, compuesto de subsistemas, bajo la rectoría del Estado, constitucionalmente es un servicio público exclusivo del Estado que excluye toda posibilidad de que, *globalmente*, pueda ser atendido por instituciones privadas. Ello, sin embargo, no impide que las diversas actividades y prestaciones que comporta el sistema, bajo la rectoría del Estado, puedan y deban ser asignadas a particulares o contratadas con instituciones privadas. Lo que es exclusivo y hasta cierto punto excluyente en el servicio público de salud, es la globalidad del mismo, es decir, la creación y rectoría del sistema de seguridad social que sólo el Estado puede hacerlo, pero ello no impide, en absoluto, la participación de los particulares y de las instituciones privadas en la gestión y administración de las diversas actividades y prestaciones que implican los diversos subsistemas del sistema de seguridad social. Tanto el Estado como la iniciativa privada deben participar en las actividades económicas, dentro de los límites y marcos que la Constitución establece (art. 299), por lo que no hay ningún impedimento constitucional para que instituciones privadas administren las cotizaciones obligatorias que realicen los trabajadores para cubrir las prestaciones y demás beneficios de la seguridad social, lo cual pueden hacer, siempre, bajo la rectoría del Estado y, por supuesto, con fines sociales que no es otra cosa que la maximización de las coberturas.

El hecho de que el servicio público de seguridad social, como lo dice el artículo 86 de la Constitución, tenga "carácter no lucrativo", no es contrario a la posibilidad de la gestión privada de las actividades y prestaciones que comporta.

El servicio de seguridad social es el que globalmente no puede concebirse como una exclusiva actividad empresarial destinada a lucrar a quienes lo gestionan; por ello es que se reserva al Estado y está bajo su rectoría, el cual, a través del sistema de seguridad social, debe establecer los límites para determinar los costos de la gestión de actividades o prestaciones específicas a cargo de instituciones privadas, incluyendo la remuneración que deben tener por ello quienes las realicen.

Normalmente, en general, los servicios públicos no son de carácter lucrativo pues las tarifas que determinan las tasas a pagar por los usuarios apuntan a cubrir los costos del servicio más la remuneración del prestatario. Incluso, no es infrecuente que el ente regulador del servicio establezca tarifas iguales al costo e incluso, por debajo, compensando al prestatario con subsidios para cubrir el costo y la remuneración a que tiene derecho por su actividad.

III. LOS DERECHOS LABORALES

En el mismo Capítulo relativo a los derechos sociales y de la familia, la Constitución de 1999, en la misma orientación de la Constitución de 1961, incorporó el conjunto de derechos laborales al texto constitucional, pero esta vez ampliándolos y rigidizándolos aún mas, llevando a rango constitucional muchos derechos que son y deberían ser de rango legal[23]. En todo caso, en la materia de los derechos laborales, la Constitución ha establecido una amplia intervención del Estado, tal como la Sala Constitucional del Tribunal Supremo en sentencia N° 1447 de 3 de junio de 2003, ha considerado como "una verdadera obligación constitucional, toda vez que la República se ha constituido, según la Ley Fundamental vigente, como un Estado Social" de manera que "si bien las relaciones laborales están en principio sometidas a la libre voluntad de las partes, el ordenamiento jurídico exige la actuación estatal cada vez que sea necesario"; agregando:

> Basta la lectura de los artículos 87 al 97 de la vigente Constitución para conocer los diferentes aspectos en los que el Constituyente ha estimado imprescindible intervenir para limitar la libertad de las partes. Así, en ellos se fijan directamente restricciones a dicha libertad o se faculta al Estado para establecerlas con posterioridad. En concreto, se establece lo siguiente: obligación del patrono de garantizar condiciones de seguridad, higiene y ambiente de trabajo adecuados (artículo 87); igualdad y equidad entre hombres y mujeres en el ejercicio del derecho al trabajo (artículo 88); nulidad e ineficacia de medidas del patrono que vulneren la Constitución (artículo 89, numeral 4); prohibición de discriminación por razones de política, edad, raza, sexo, credo o cualquier otra condición (artículo 88, numeral 5); prohibición de trabajo de adolescentes en labores que puedan afectar su desarrollo integral (artículo 89, numeral 6); limitación del número de horas de las jornadas de trabajo

23 Véase en general, Napoleón Goizueta H., "Aspectos laborales en la Constitución Bolivariana de Venezuela y normas concordantes con la legislación del trabajo", en *Revista Gaceta Laboral,* Vol. 8, N° 2 (mayo-agosto). Ediciones Astro Data, Maracaibo, 2002, pp. 251-282; Héctor A. Jaime Martínez, "La nueva Constitución venezolana y su influencia en la Ley Orgánica del Trabajo", en *Revista Tachirense de Derecho,* N° 12, Universidad Católica del Táchira, San Cristóbal, 2000, pp. 151-178; Gabriela Santana González, "Normas constitucionales en materia laboral. De moribundas a bolivarianas", en *Revista Syllabus,* Escuela de Derecho, Facultad de Ciencias Jurídicas y Políticas. Universidad Central de Venezuela, N° 1 (noviembre), Caracas, 2000, pp. 39-55; María C. Torres Seoane, "Las normas laborales en la Constitución", en *Comentarios a la Constitución de la República Bolivariana de Venezuela",* Vadell Hermanos Editores, Caracas, 2000, pp. 149-176.

diurna y nocturna (artículo 90); derecho a descanso semanal y vacaciones remunerados, en las mismas condiciones que las jornadas efectivamente laboradas (artículo 90); derecho a un salario suficiente que permita al trabajador vivir con dignidad y cubrir para sí y para su familia las necesidades básicas materiales, sociales e intelectuales (artículo 91); obligación de pagar salarios iguales para trabajos iguales (artículo 91); obligación de la entrega a los trabajadores de parte de los beneficios de la empresa (artículo 91); derecho a recibir prestaciones sociales que recompensen la antigüedad en el trabajo y que le amparen en caso de cesantía (artículo 92); prohibición de despidos injustificados (93); derecho de crear organizaciones sindicales para la defensa de los derechos e intereses de los trabajadores (artículo 95); y derecho a la negociación colectiva (artículo 96).

Así, junto al principio de la libertad de las partes en la relación laboral, se encuentra el poder regulador del Estado, a fin de garantizar los derechos e intereses de los trabajadores y evitar que la situación de debilidad que éstos tienen frente al patrono llegue a perjudicarles. No es casual, destaca esta Sala, que la regulación de los aspectos laborales ocupe tantos artículos en la Constitución, pues si bien el derecho al trabajo es uno entre los muchos que se reconocen a los habitantes de nuestro país, sus características especiales exigen una regulación más detallada que la de otros. Por ello, no es tampoco caprichosa la considerable extensión de la Ley Orgánica del Trabajo, texto destinado a desarrollar el conjunto de disposiciones constitucionales, ni es excesiva la cantidad de actos sub-legales que complementan tal normativa.

En tal virtud, tanto en la Constitución como en las leyes, así como en las normas sub-legales que se fundamenten en ellas, se encuentra el marco normativo imprescindible para la defensa de los derechos de los trabajadores; derechos que evidentemente van mucho más allá que el del trabajo, pues poco se ganaría con reconocer éste, sin rodearlo de garantías que permitan que el trabajador logre una existencia digna, tanto para él como para su familia. La estipulación del derecho al trabajo debe venir, entonces, acompañada de un conjunto de derechos concretos que servirán para el desarrollo de la personalidad del trabajador y la adquisición de la calidad de vida que el Constituyente venezolano quiso lograr[24].

1. *El derecho y el deber de trabajar*

El artículo 87 de la Constitución precisa que "toda persona tiene derecho al trabajo y el deber de trabajar" y obliga al Estado a garantizar la adopción de las medidas necesarias a los fines de que toda persona pueda obtener ocupación productiva, que le proporcione una existencia digna y decorosa, y le garantice el pleno ejercicio de este derecho, siendo además, un fin del Estado, el fomentar el empleo. La Constitución, por otra parte, remite a la Ley para la adopción de medidas tendientes a garantizar el ejercicio de los derechos laborales de los trabajadores no dependientes.

En todo caso, se establece el principio de la reserva legal en materia de libertad de trabajo al prescribir, el artículo 87, que no será sometida a otras restricciones que las que la ley establezca.

Por otra parte, se obliga a los patronos a garantizar a sus trabajadores condiciones de seguridad, higiene y ambiente de trabajo adecuados, correspondiendo al Es-

24 (Caso: *Impugnación del artículo 22 de la Ley Orgánica del Trabajo),* Véase en *Revista de Derecho Público,* N° 93-96, Editorial Jurídica Venezolana, Caracas, 2003.

tado adoptar medidas y crear instituciones que permitan el control y la promoción de estas condiciones.

2. *La igualdad en el trabajo*

Corresponde al Estado garantizar la igualdad y equidad de hombres y mujeres en el ejercicio del derecho al trabajo. Así lo dispone el artículo 88 de la Constitución, agregando que el Estado debe reconocer "el trabajo del hogar como actividad económica que crea valor agregado y produce riqueza y bienestar social, consagrando, además, el derecho de las amas de casa a la seguridad social de conformidad con la ley.

3. *La protección estatal al trabajo*

El artículo 89 establece que el trabajo es un hecho social que goza de la protección del Estado, remitiendo a la Ley para disponer lo necesario para mejorar las condiciones materiales, morales e intelectuales de los trabajadores y trabajadoras precisándose, además, para el cumplimiento de esta obligación del Estado, los siguientes principios:

1. Ninguna ley podrá establecer disposiciones que alteren la intangibilidad y progresividad de los derechos y beneficios laborales. En las relaciones laborales prevalece la realidad sobre las formas o apariencias.
2. Los derechos laborales son irrenunciables. Es nula toda acción, acuerdo o convenio que implique renuncia o menoscabo de estos derechos. Sólo es posible la transacción y convenimiento al término de la relación laboral, de conformidad con los requisitos que establezca la ley.
3. Cuando hubiere dudas acerca de la aplicación o concurrencia de varias normas, o en la interpretación de una determinada norma, se aplicará la más favorable al trabajador o trabajadora. La norma adoptada se aplicará en su integridad.
4. Toda medida o acto del patrono o patrona contrario a esta Constitución es nulo y no genera efecto alguno.

El artículo 89, por último, establece las siguientes prohibiciones:

5. Se prohibe todo tipo de discriminación por razones de política, edad, raza, sexo o credo o por cualquier otra condición.
6. Se prohibe el trabajo de adolescentes en labores que puedan afectar su desarrollo integral. El Estado los protegerá contra cualquier explotación económica y social.

En relación con la Constitución de 1999, la sentencia de la Sala Político Administrativa, Nº 1024 del 3 de mayo de 2000, al analizar las previsiones del Preámbulo y de los artículos 1, 2, 19, 88 y 89 concluyó señalando que la igualdad y la no discriminación han sido constantes históricas en nuestro país, particularmente en relación con las oportunidades de empleo, por lo que:

> Resulta entonces evidente, el abierto y enérgico compromiso de la novísima Constitución de 1999, por mantener la igualdad como valor y norma fundamental de la sociedad venezolana. Como resultado de la simple lectura de las disposiciones

transcritas, toda persona tiene prohibido realizar acciones o comprometerse en practicas que discriminen contra otros, ya trabajadores o solicitantes de empleo. La aspiración de las Constituciones anteriores, en especial la de 1961, constituyen un pálido intento de compromiso con la manifiesta declaración de que todos los hombres son iguales y que toda discriminación es rechazada en forma tajante por nuestro ordenamiento jurídico.

La prohibición sobre la discriminación en el empleo es uno de los derechos fundamentales del hombre y la misma se extiende no solo a las acciones realizadas o prácticas establecidas por razones discriminatorias, sino también a cualquier otro tipo de acciones o prácticas no discriminatorias que tienen efectos discriminatorios o poseen impactos discriminatorios.

Sin embargo, resulta necesario distinguir a los fines de lograr un balanceado equilibrio entre la igualdad y no discriminación en las oportunidades de empleo, y el derecho a organizar los negocios como se estime más prudente y, lo cual incluye, sea necesario decirlo, la selección y tratamiento de los trabajadores sobre bases no discriminatorias, máxime cuando de tal selección dependerá, en forma importante, el alcance de los fines de la organización, condición necesaria para su supervivencia per se y en el mercado.

Nuestro ordenamiento constitucional se diferencia de otros ordenamientos constitucionales en los cuales la discriminación se refiere a categorías determinadas por la norma constitucional, mediante numerus cerrado como es el caso de los Estados Unidos de Norteamérica o el artículo 61 de la Constitución de 1961 (hoy derogada), y en la especie, como la raza, sexo, credo o condición social, o como erróneamente sostuvo la extinta Corte Suprema de Justicia en la sentencia del 20 de junio de 1984, parcialmente transcrita.

En nuestro caso, y en relación al asunto que es objeto de debate en sede jurisdiccional, la novísima Constitución de 1999, no establece una lista cerrada de categorías protegidas, sino por el contrario la deja abierta, en los términos claros y taxativos en los cuales se expresa las disposiciones transitorias y especialmente en el ordinal 5° del artículo 89, *eiusdem...*

La moderna concepción de discriminación contenida en el artículo 89, *eiusdem,* no es otra cosa, en relación al caso que nos ocupa, que la prohibición de establecer requisitos o practicas que deban cumplir o poseer los trabajadores como supuestos de tratamiento discriminatorio o de impacto discriminatorio en la selección para la igualdad de oportunidades de empleo o durante la vida de la relación de trabajo, que solo podría entenderse en forma absoluta si dejare de tomarse en cuenta que tales derechos no tienen otra existencia en una vida en relación con otros sujetos.

De allí que la interpretación que pueda darse a la referida norma, debe estar dirigida a conserva su aplicación en justo y necesario el equilibrio que permita su existencia en el conjunto de derechos que integran nuestro ordenamiento constitucional, por lo que, la existencia de condiciones discriminatorias, como las califica la norma, estarán prohibidas cuando su existencia y fines carezcan de fundamento constitucional alguno, en la forma señalada *ut supra,* para los sujetos que las accionan o las practican, según las normas jurídicas constitucionales.

De forma tal, que identificada y alegada la existencia o amenaza, aun mediante indicios de una condición de tratamiento discriminatorio o de una condición de impacto discriminatorio, ambos de efectos directos o indirectos, presentes o futuros en relación al trabajo como hecho social, corresponderá a quien acciona, practica o se beneficia de la misma, la probanza plena de a) su justificación como condición para el trabajo al cual se aplica, probadamente necesarísima y probadamente eficaz para el objetivo de la prestación del servicio; b) la necesidad fundamental de la organización o empresa cuya realización se hace necesaria la exigencia de la probada justificación de la condición discriminatoria requerida; c) el carácter predictor que tal condición posee para alcanzar ambas necesidades, mediante métodos profesionalmente probados y aceptados; y, d) la imposibilidad de alcanzar los objetivos señalados sin el establecimiento de la condición discriminatoria y la inexistencia de otro medio, vía o condición mediante el cual seria sustancialmente efectivo alcanzar tales objetivos, sin incurrir en la situación discriminatoria prohibida o, menos discriminatoria que la derivada de la condición de igual naturaleza alegada.

La condición prohibitiva de la norma, además, la carga de la prueba suficiente y convincente, por quien acciona, practica o se beneficia de la condición discriminatoria prohibida alegada, de la inexistencia de la condición discriminatoria de tratamiento o de impacto o, de no ser la misma discriminatoria y, en todo caso, debe probar que la acción o practica atacada es demostrablemente necesaria para alcanzar un objetivo el cual como asunto de derecho califica como un objetivo importante, necesario e indispensable del negocio a los fines de los objetivos y finalidades del mismo.

En el presente caso, nos encontramos en presencia de una condición de tratamiento discriminatorio facial, originada en el establecimiento de una condición que el demandante debe cumplir, esto es, la posesión de un título expedido por todas las Universidades del país, públicas y privadas, que han cumplido los requisitos de la Ley de Universidades para hacerlo, pero el cual no es admitido, por haberse establecido como requisito, que el referido título sea expedido por una lista cerrada de Universidades, en la cual no esta mencionada la Universidad otorgante del título poseído por el denunciante, situación y condición esta que se encuentra incursa en la prohibición constitucional al discriminar el derecho a la igualdad en la oportunidad de empleo por ante la Universidad denunciada, con la agravante de que, en el caso *subjudice,* se trata del acceso al acto de cultura que por su naturaleza se constituye como un sistema abierto, sin límites y sin fin.

Establecida así la existencia *prima facie*, de una condición discriminatoria, y en el presente caso, de tratamiento discriminatorio, corresponde al agraviante la carga de la prueba de los supuestos que justifica las condiciones señaladas *ut supra* para su equilibrada admisión, en los términos antes señalados.

Ahora bien, visto que el conocimiento sobre la presente causa se origina por la interposición de un recurso contencioso administrativo de nulidad conjuntamente con acción cautelar de amparo constitucional, la Sala estima perentorio acotar, que previo a la decisión definitiva de mérito que sobre el fondo deberá dictar la Corte Primera de lo Contencioso Administrativo, podrán los apoderados judiciales de la Universidad de Carabobo, proceder a demostrar en autos sobre la pretendida necesidad o esencialidad de la condición o limitación denunciada como conculcante, es decir, quedan facultados para argumentar y probar el pretendido carácter esencial o indispensable de la condición o limitante denunciada como discriminatoria[25].

25 (Caso: *Francisco J. Hurtado vs. Universidad de Carabobo*), Véase en *Revista de Derecho Público*, N° 82, (abril-junio), Editorial Jurídica Venezolana, Caracas 2000, pp. 250 y ss.

4. *La jornada laboral y el derecho al descanso*

La Constitución elevó a rango constitucional la duración de la jornada laboral, que era objeto de regulación legal[26], reduciéndola. Así el artículo 90 establece que

> La jornada de trabajo diurna no excederá de ocho horas diarias de cuarenta y cuatro horas semanales. En los casos en que la ley lo permita, la jornada de trabajo nocturna no excederá de siete horas diarias ni de treinta y cinco semanales.

Por otra parte, el artículo agrega que debe propender a la progresiva disminución de la jornada de trabajo dentro del interés social y del ámbito que se determine, y se debe disponer lo conveniente para la mejor utilización del tiempo libre en beneficio del desarrollo físico, espiritual y cultural de los trabajadores y trabajadoras.

En cuanto a las horas extraordinarias, el artículo garantiza que ningún patrono puede obligar a los trabajadores a laborarlas.

Por último, el artículo 90 dispone que los trabajadores tienen derecho al descanso semanal y vacaciones remunerados en las mismas condiciones que las jornadas efectivamente laboradas.

5. *El derecho al salario*

El artículo 91 de la Constitución precisa que todo trabajador tiene derecho a un salario suficiente que le permita vivir con dignidad y cubrir, para sí y su familia, las necesidades básicas materiales, sociales e intelectuales. La Constitución garantiza además, el pago de igual salario por igual trabajo y dispone que la Ley debe fijar la participación que debe corresponder a los trabajadores y trabajadoras en el beneficio de la empresa.

Por otra parte, la Constitución establece con carácter general, que el salario es inembargable y que debe pagarse periódica y oportunamente en moneda de curso legal, salvo la excepción de la obligación alimentaria, de conformidad con la ley.

El artículo 92 además, considera el salario como un crédito laboral de exigibilidad inmediata.

Por último, la norma obliga al Estado a garantizar a los trabajadores del sector público y privado un salario mínimo vital que será ajustado cada año, tomando como una de las referencias el costo de la canasta básica a cuyo efecto la Ley debe establecer la forma y el procedimiento.

Se establece, así en la Constitución la referencia a la "Canasta básica" para el cálculo del salario mínimo vital, cuando por la naturaleza de la misma, ello debía ser de rango legal[27].

6. *El derecho a prestaciones sociales*

La Constitución también establece, en su artículo 92, el derecho de todos los trabajadores a prestaciones sociales que les recompensen la antigüedad en el servicio y

---

26 Véase nuestro voto salvado sobre esto en Allan R. Brewer-Carías, *Debate Constituyente,* Tomo III, *op. cit.,* p. 175.

27 Véase el voto salvado sobre el tema en Allan R. Brewer-Carías, *Debate Constituyente,* Tomo III, *op. cit.,* p. 175.

los amparen en caso de cesantía. Las prestaciones sociales se consideran créditos laborales de exigibilidad inmediata, y toda mora en su pago genera intereses, los cuales constituyen deudas de valor que gozan de los mismos privilegios y garantías de la deuda principal.

7. *El derecho a la estabilidad laboral*

El artículo 93 de la Constitución remite a la ley a los efectos de que garantice la estabilidad en el trabajo y disponga lo conducente para limitar toda forma de despido no justificado. En todo caso, los despidos contrarios a la Constitución se consideran nulos.

8. *Las responsabilidades laborales*

La ley debe determinar la responsabilidad que corresponda a la persona natural o jurídica en cuyo provecho se presta el servicio mediante intermediario o contratista, sin perjuicio de la responsabilidad solidaria de estos. Así lo establece el artículo 94 de la Constitución, en el cual se agrega la responsabilidad del Estado de establecer, a través del órgano competente, la responsabilidad que corresponda a los patronos en general, en caso de simulación o fraude con el propósito de desvirtuar, desconocer u obstaculizar la aplicación de la legislación laboral.

9. *El derecho a la sindicalización*

A. *El régimen constitucional*

El artículo 95 de la Constitución consagra el derecho de los trabajadores, sin distinción alguna y sin necesidad de autorización previa, a constituir libremente las organizaciones sindicales que estimen convenientes para la mejor defensa de sus derechos e intereses, así como el de afiliarse o no a ellas de conformidad con la ley. No distingue la Constitución, sin embargo, entre los sindicatos del sector público y del sector privado, lo cual estimamos inconvenientes, pues en algunos sectores como los de seguridad, el régimen sindical debe estar limitado[28].

En todo caso, dispone la Constitución que las organizaciones sindicales no están sujetas a intervención, suspensión o disolución administrativa, estando los trabajadores protegidos contra todo acto de discriminación o de injerencia contrarios al ejercicio de este derecho. Es decir, en definitiva, que están dotadas de autonomía frente al Estado. La Sala Político Administrativa del Tribunal Supremo de Justicia ha estimado en sentencia N° 118 de 8 de febrero de 2001, que "uno de los cimientos de la libertad sindical lo constituye, precisamente, el hecho de que las autoridades administrativas no deben inmiscuirse en el ejercicio soberano del derecho de los trabajadores a elegir sus representantes ante los patronos"; por lo que:

> En caso de plantearse una situación conflictiva respecto de la legalidad de un proceso eleccionario de carácter sindical, la legitimidad de una junta directiva de algún sindicato o de una asamblea de trabajadores, tales circunstancias conformarían asuntos contenciosos en materia laboral y electoral que no corresponden a conciliación ni a arbitraje y por tanto, su resolución corresponderá a los órganos jurisdic-

---

28 Véase nuestro voto salvado en Allan R. Brewer-Carías, *Debate Constituyente*, Tomo III, *op. cit.*, p. 177.

cionales competentes en materia del trabajo o electorales, según la naturaleza del conflicto, pero en ningún caso a la Administración[29].

En consecuencia, en el caso debatido ante la Sala Política Administrativa, al haber habido una declaratoria de una autoridad administrativa de reconocimiento a determinada Junta Directiva, ello fue considerado como violatorio de "la libertad sindical y el derecho a su protección", así como de "los principios y obligaciones asumidas por la República en virtud del Convenio N° 87, relativo a la libertad sindical y a la protección del de derecho de sindicación, adoptado por la Trigésima Primera Reunión de la Conferencia General de la Organización Internacional del Trabajo" según el cual, las autoridades públicas deberán abstenerse de toda intervención que tienda a limitar el derecho a la libertad sindical o a entorpecer su ejercicio legal[30].

En cuanto con el mismo artículo 95 de la Constitución, los promotores e integrantes de las directivas de las organizaciones sindicales deben gozar de inamovilidad laboral durante el tiempo y en las condiciones que se requieran para el ejercicio de sus funciones.

La Constitución también establece el principio de la *democracia sindical,* para cuyo ejercicio, los estatutos y reglamentos de las organizaciones sindicales deben establecer la alternabilidad de los integrantes de las directivas y representantes mediante el sufragio universal, directo y secreto. Esta disposición, sin duda, es una novedad constitucional y tiende a evitar los efectos de la burocracia sindical[31].

B. *La intervención pública en las elecciones sindicales y el "referendo sindical" de 2000*

Ahora bien, a pesar de la claridad de estos principios constitucionales, los mismos no fueron respetados en 2000 por la Asamblea Nacional Constituyente al dictar, el mismo día en el cual concluyó en sus funciones, diversos actos de intervención pública en los sindicatos[32].

a. *La intervención pública en las elecciones sindicales*

En efecto, mediante Decreto de 30-01-00, la Asamblea Nacional Constituyente había dictado supuestas medidas para "garantizar la libertad sindical"[33], creando una Comisión Nacional Electoral Sindical para garantizar la realización de elecciones libres, democráticas, universales, directas y secretas para elegir a los directivos de las organizaciones sindicales de trabajadores. Este Decreto lo dictó de nuevo, la Asamblea, con posterioridad a la entrada en vigencia de la nueva Constitución, "en ejercicio del poder soberano constituyente" que supuestamente le había dado el

29 Véase en *Revista de Derecho Público*, N° 85-88, Editorial Jurídica Venezolana, Caracas 2001.

30 *Idem.*

31 Véase en general, León Arismendi; "Libertad sindical y elecciones sindicales en la Constitución de 1999", en *Revista Gaceta Laboral,* Vol. 8, N° 1 (enero-abril), Ediciones Astro Data, Maracaibo, 2002, pp. 79-98.

32 Véase Allan R. Brewer-Carías, *Golpe de Estado y proceso Constituyente en Venezuela,* UNAM, México 2002, pp. 376 y ss.,

33 *G.O.* N° 36.904 de 02-03-00

pueblo mediante el referendo del 25-04-00, en concordancia con el Estatuto de Funcionamiento de la Asamblea (art. 1) y el Decreto que había declarado la reorganización de todos los órganos del Poder Público.

Ahora bien, contrariamente a las normas constitucionales antes indicadas, este Decreto lo que estableció fue un principio de intervención de los sindicatos por la referida Comisión, integrada por representantes de las centrales nacionales de trabajadores, no prevista en los "Estatutos y Reglamentos de las organizaciones sindicales". La Asamblea Nacional Constituyente, además, dispuso que tres de sus miembros con un miembro designado por el Consejo Nacional Electoral serían "garantes de todo el proceso de democratización y unificación del movimiento sindical" (art.7).

Y es que el decreto de la Asamblea había dispuesto que antes de las elecciones generales de los representantes laborales, la Comisión Nacional Electoral Sindical debía procurar la unificación sindical en una misma industria, rama o empresa y debía crear las condiciones propias para la unificación del movimiento sindical, "representando la libre decisión de los trabajadores y de sus respectivas organizaciones". A tal efecto, el Decreto dispuso que "la Comisión Electoral Sindical convocará referéndum para que los trabajadores resuelvan sobre la unidad sindical" (art. 3).

Este Decreto también fue considerado por la Sala Constitucional del Tribunal Supremo, como parte del régimen constituyente del país, al conocer de la acción de amparo interpuesta por varias organizaciones sindicales contra la Resolución del Consejo Nacional Electoral N° 1115-1979 de 15-11-00 convocando a un referendo aprobatorio sobre la renovación de la dirigencia sindical (referendo sindical)[34]. En la sentencia respectiva N° 1447 de 28-11-2000 que declaró improcedente el amparo, la Sala Constitucional consideró a dicho Decreto como "parte integrante del sistema constitucional vigente, por ser un acto constituyente sancionado por la Asamblea Nacional Constituyente el 30 de enero de 2000"[35].

La Sala Constitucional formuló la misma consideración en la sentencia N° 1490 de 01-12-2000 mediante la cual declaró improcedente otro amparo intentado por otra organización sindical contra el referendo sindical. Ratificó, así, la Sala Constitucional la tesis que venía elaborando sobre la existencia a partir del 30 de diciembre de 1999, de dos Constituciones paralelas: una aprobada por el pueblo en el referendo de 15 de diciembre de 1999 y otra conformada por normas de rango constitucional sancionadas por la Asamblea Nacional Constituyente antes y después de que fuese publicada la Constitución de 1999.

b. *El referendo sindical y la suspensión de los directivos de los sindicatos*

La dificultad de aplicación del Decreto de intervención sindical dictado por la Asamblea Nacional Constituyente llevó a la nueva Asamblea Nacional, al poco tiempo de su elección, a dictar un Acuerdo de fecha 10-10-00[36] mediante el cual exhortó a los trabajadores del país "a poner en marcha el proceso constituyente de

34 *G.O.* N° 37.081 de 20-11-00

35 Véase en *Revista de Derecho Público,* N° 84, (octubre-diciembre), Editorial Jurídica Venezolana, Caracas 2000, pp. 158 y ss.

36 *G.O.* N° 37.057 de 16-10-00.

las organizaciones sindicales, con el fin de democratizar el movimiento sindical", convocando al efecto a un referendo nacional con las siguientes preguntas:

> ¿Está Usted de acuerdo con la democratización y reorganización del movimiento laboral-sindical venezolano en todos los niveles que procure la unificación en concordancia con la Constitución de la República Bolivariana de Venezuela y los convenios internacionales suscritos por la República en materia de libertad sindical?
>
> ¿Está Usted de acuerdo con la convocatoria y elección de una Asamblea Constituyente de Trabajadores, bajo estatuto electoral especial aprobado por el Poder Electoral, previa consulta y oídos los distintos movimientos organizados de trabajadores cuyo fin sea refundar el movimiento sindical venezolano en el marco del artículo 95 de la Constitución de la República Bolivariana de Venezuela?

A pesar de la invocación a las disposiciones constitucionales e internacionales en la materia, este Acuerdo constituía una burla al principio constitucional que garantizaba la libertad sindical al pretender democratizar el movimiento sindical mediante una Asamblea Constituyente Sindical, cuyo estatuto se desconocía. El recuerdo del conflicto originado con la imprecisión de las preguntas que desembocaron en el referendo del 25 de abril de 1999 sobre la Asamblea Constituyente estaba muy fresco, por lo que la polémica que provocó este Acuerdo y las protestas, incluso de la Organización Internacional del Trabajo, llevaron a la Asamblea Nacional a modificar el texto de las preguntas que proponía para el referendo sindical, en un nuevo Acuerdo de fecha 13-11-00[37], en el cual se formuló la siguiente única pregunta:

> ¿Está Usted de acuerdo con la renovación de la dirigencia sindical, en los próximos 180 días, bajo Estatuto Electoral elaborado por el Poder Electoral, conforme a los principios de alternabilidad y elección universal, directa y secreta consagrados en el artículo 95 de la Constitución de la República Bolivariana de Venezuela, y que se suspendan durante ese lapso en sus funciones los directivos de las centrales, federaciones y confederaciones sindicales establecidas en el país?

De nuevo, esta pregunta constituía una violación mayor a lo dispuesto en la Constitución que garantiza a los trabajadores protección contra todo acto "de injerencia" contrarios al ejercicio de la libertad sindical, y llegó el Acuerdo de la Asamblea Nacional a declarar que:

> Los efectos que derivaron de la realización del referéndum tendrán lugar en el marco del artículo 95 de la Constitución de la República Bolivariana de Venezuela y de manera particular en lo referente a la preservación de los derechos de los sindicatos, los cuales no estaban sujetos a intervención, suspensión o disolución administrativa.

Mayor injerencia en los sindicatos que la suspensión en sus funciones de los directivos de las centrales, federaciones y confederaciones era realmente difícil de imaginar. La pregunta que se proponía, por tanto, no sólo constituía una burla a la Constitución, sino que en sí misma violaba el texto fundamental y por más que se tratase de un referendo, no era posible que se sometiera a referendo una reforma a la Constitución sin que se cumplieran con las condiciones establecidas en el artículo 340 sobre reforma constitucional.

---

37 *G.O.* Nº 37.078 de 15-11-00.

El Consejo Nacional Electoral no analizó la constitucionalidad de la pregunta que propuso la Asamblea Nacional para el llamado referendo sindical, y dictó la Resolución Nº 001115-1979 del 15-11-00[38] mediante la cual convocó a todos los electores para que participaran en el proceso refrendario sindical que debía realizarse el 3 de diciembre de 2000 conjuntamente con las elecciones municipales, como lo había dispuesto la Asamblea Nacional.

El referendo sindical se realizó con una abstención electoral que constituyó récord histórico en el país[39], resultando aprobado por una exigua votación. Así, por voluntad popular se había dispuesto la violación de la Constitución.

El texto de la Resolución del Consejo Nacional Electoral había sido objeto de una acción de amparo constitucional ejercido por el Frente Constituyente de Trabajadores, alegando la violación por el Decreto de la Asamblea Nacional Constituyente sobre medidas para garantizar la libertad sindical, de los artículos 95 y 349 de la Constitución y de los Convenios internacionales en materia sindical.

La Sala Constitucional del Tribunal Supremo de Justicia, decidió la acción de amparo, y como era de esperarse la declaró improcedente mediante sentencia Nº 1490 de 1 de diciembre de 2000, y legitimó la intervención pública de los sindicatos, argumentando en cuanto a "la suspensión temporal de los directivos" de los mismos, que ello:

> No afecta la libertad sindical prevista en el artículo 95 de la Constitución de la República Bolivariana de Venezuela, pues tal suspensión respeta los principios de alternabilidad y elección universal, directa y secreta consagrados en el *artículo 95 de la Constitución de la República Bolivariana de Venezuela*, aparte que el Poder Electoral es competente, según el *artículo 293 eiusdem*, para organizar las elecciones de sindicatos, gremios profesionales y organizaciones con fines políticos en los términos que señale la ley.
>
> El referendo no viola el artículo 95 citado, pues la prohibición contenida en éste se refiere a la intervención, suspensión o disolución administrativa de las organizaciones sindicales, lo cual no es materia del referendo. Por el contrario, éste prevé, en un lapso perentorio, la renovación de la dirigencia sindical bajo el Estatuto Especial elaborado por el Poder Electoral, según lo pautado en el artículo 293,6 de la Constitución de la República Bolivariana de Venezuela.
>
> La suspensión propuesta por el referendo no implica ninguna intervención administrativa, ni tampoco la suspensión de las organizaciones sindicales, las cuales deben continuar su ejercicio durante la suspensión temporal de los directivos, conforme a su regulación interna, de conformidad con lo dispuesto en la Sección Tercera, Capítulo II de la Ley Orgánica del Trabajo, en concordancia con el Convenio nº 87 de la Organización Internacional del Trabajo y el artículo 95 de la Constitución de la República Bolivariana de Venezuela. Tal conformidad hace improcedente el alegato de la violación del artículo 49, pues la suspensión, en la hipótesis de que el referendo sea aprobado, sería un mandato constitucional del soberano[40].

---

38 *Gaceta Oficial* Nº 37.081 de 20-11-00

39 La abstención fue del 76,57%. Véase *El Universal,* Caracas 04-12-00, p. 1-1 y 1-2, y *El Universal,* Caracas 08-12-00, p. 1-1. Del 23% de los votantes que acudieron al referendo (2.632.523) el 64,49% votó "si" (1.632.750) y el 26,60% votó "no" (719.771). Véase *El Universal*, Caracas 05-12-00, p. 1-2, y *El Universal,* Caracas 08-12-00, p. 1-1.

40 En igual sentido la Sala Constitucional resolvió en la sentencia Nº 1447 de 28-11-2000, (Caso: *Fedepetrol vs. Consejo Nacional Electoral*), en *Revista de Derecho Público,* Nº 84, (octubre-diciembre), Editorial Jurídica Venezolana, Caracas 2000, pp. 158.

La Sala Constitucional, lamentablemente, dejó de leer completo el artículo 95 de la Constitución, particularmente en cuanto a la garantía de los trabajadores de ser protegidos "contra todo acto de ... injerencia contrarios al ejercicio de este derecho", es decir, a la libertad sindical. Si hubiera leído y trascrito esta parte del artículo, que olvidó, no hubiera podido "legitimar" la violación a la Constitución contenida en la pregunta del referendo. Por ello, la Sala, en otro párrafo de la sentencia, insistió en señalar que:

> La Sala Constitucional no considera contrario a la libertad sindical el referendo destinado al cumplimiento de los derechos consagrados en dicho artículo, máxime cuando el referendo apunta a la renovación de la dirigencia sindical según los principios de alternabilidad y elección universal, directa y secreta, consagrados en el artículo 95 citado. El referendo, según la pregunta que lo conforma, no implica, pues, suspensión o intervención administrativas, sino protección del Estado para hacer efectiva la democracia sindical, por lo que la inconstitucionalidad alegada está excluida en la medida en que la consulta al pueblo versa sobre la instrumentación del propio texto fundamental, exigido por su artículo 95.

c. *Los otros actos públicos de intervención de derechos laborales*

Con posterioridad al Acuerdo de la Asamblea Nacional Constituyente sobre medidas para garantizar la libertad sindical, la misma Asamblea dictó otros actos constituyentes en materia laboral, todos con fundamento igual, "en ejercicio del poder soberano constituyente originario" o del "poder constituyente originario" y en el Estatuto de Funcionamiento de la propia Asamblea.

Dichos actos fueron los siguientes: el Decreto de 30-01-00 de convocatoria al proceso electoral de la Federación Campesina de Venezuela[41]; el Decreto de 30-01-00 de cesación de sus funciones de los dos directores laborales principales y suplentes indicados en el artículo 610 de la Ley Orgánica del Trabajo, en los entes descentralizados del Estado[42]; y el Decreto de 30-01-00 de suspensión del proceso de discusión de la Convención Colectiva de Petróleos de Venezuela, S.A.[43].

Ni la Constitución de 1999 ni sus Disposiciones Transitorias autorizaban a la Asamblea para dictar estas decisiones.

10. *El derecho a la contratación colectiva*

El artículo 96 de la Constitución consagra el derecho de todos los trabajadores y del sector público y del privado, a la negociación colectiva voluntaria y a celebrar convenciones colectivas de trabajo, sin más requisitos que lo que establezca la ley.

Debemos aquí señalar, también, que estimamos que debió establecerse una diferencia en la contratación colectiva en el sector público, por los elementos estatutario del régimen de la función pública, y porque en determinados sectores la misma debería limitarse[44].

---

41 *G.O.* N° 36.920 de 28-01-00

42 *G.O.* N° 36.904 de 02-03-00.

43 *G.O.* N° 36.904 de 02-03-00.

44 Véase nuestro voto salvado en Allan R. Brewer-Carías, *Debate Constituyente,* Tomo III, *op. cit.* p. 178.

En todo caso, la norma establece que el Estado debe garantizar al desarrollo de la contratación colectiva y debe establecer lo conducente para favorecer las relaciones colectivas y la solución de los conflictos laborales.

Se precisa, además, que las convenciones colectivas deben amparar a todos los trabajadores y trabajadoras activos y activas al momento de su suscripción y a quienes ingresen con posterioridad.

11. *El derecho a la huelga*

El artículo 97 establece que todos los trabajadores del sector público y del privado tienen derecho a la huelga, dentro de las condiciones que establezca la ley.

Estimamos que en esta materia también debió establecerse una distinción entre el sector público y el sector privado[45], y en general, respecto de la huelga en los servicios públicos como lo establecía el artículo 92 de la Constitución de 1961.

En relación con este derecho, la Sala Constitucional del Tribunal Supremo en sentencia N° 560 de 22 de marzo de 2002 (Caso: *Defensoría del Pueblo vs. Colegio de Médicos del Distrito Metropolitano de Caracas y Alcaldía Metropolitana de Caracas),* señaló que:

> La huelga es un derecho establecido en nuestra constitución como un derecho relativo, cuyo ejercicio se supedita al cumplimiento de requisitos legales, y, en el caso de que tal ejercicio se verifique en servicios públicos, los trabajadores, en este caso, los funcionarios públicos, están obligados personalmente a garantizar el funcionamiento de los servicios mínimos, estableciendo las condiciones el Ministerio del Trabajo, organismo éste encargado de instar acuerdo entre las partes en tal sentido.
>
> En ausencia de este acuerdo debe hacerlo el órgano administrativo del trabajo en tiempo oportuno, es decir, agotado el lapso conciliatorio, a mayor abundamiento, vencidas las 120 horas establecidas por la ley para la conciliación[46].

IV. LOS DERECHOS CULTURALES Y EDUCATIVOS

1. *Los derechos relativos a la cultura*

Frente a la escueta norma de la Constitución de 1961 sobre el fomento a la cultura (art. 83), la Constitución de 1999 establece un conjunto de normas relativas a la cultura, que deben destacarse.

A. *La libertad y la creación cultural y la propiedad intelectual*

En efecto, el artículo 98 de la Constitución dispone que la creación cultural es libre, y dicha libertad comprende el derecho a la invención, producción y divulgación de la obra creativa, científica, tecnológica y humanística, incluyendo la protección legal de los derechos del autor sobre sus obras.

Asimismo se establece que el Estado debe reconocer y proteger la propiedad intelectual sobre las obras científicas, literarias y artísticas, invenciones, innovaciones, denominaciones, patentes, marcas y lemas de acuerdo con las condiciones y excep-

---

45 *Idem,* p. 178.

46 Véase en *Revista de Derecho Público*, N° 89-92, Editorial Jurídica Venezolana, Caracas 2002.

ciones que establezcan la ley y los tratados internacionales suscritos y ratificados por la República en esta materia. Esta norma, tradicionalmente consagrada en los derechos económicos y de propiedad (art. 100 de la Constitución de 1961) aparece, ahora, en este Capítulo de los derechos culturales[47]

B. *Los valores de la cultura y la protección del patrimonio cultural*

El artículo 99 declara que los valores de la cultura constituyen un bien irrenunciable del pueblo venezolano y un derecho fundamental que el Estado debe fomentar y garantizar, procurando las condiciones, instrumentos legales, medios y presupuestos necesarios.

La Constitución, por otra parte reconoce la autonomía de la administración cultural pública en los términos que establezca la ley. Estimamos, sin embargo, que no se justifica en la Constitución establecer tan rígidamente la "organización autónoma" para un sector de actividad publica como es el sector cultura[48].

El mismo artículo 99, agrega la obligación del Estado de garantizar la protección, preservación, enriquecimiento, conservación y restauración del patrimonio cultural, tangible e intangible, y la memoria histórica de la Nación. Declara, además, a los bienes que constituyen el patrimonio cultural de la Nación como inalienables, imprescriptibles e inembargables remitiendo a la ley para el establecimiento de las penas y sanciones para los daños causados a estos bienes.

C. *La protección de la cultura popular*

El artículo 100 de la Constitución declara que las culturas populares constitutivas de la venezolanidad gozan de atención especial, reconociéndose y respetándose la interculturalidad bajo el principio de igualdad de las culturas.

A tal efecto, la ley debe establecer incentivos y estímulos para las personas, instituciones y comunidades que promuevan, apoyen, desarrollen o financien planes, programas y actividades culturales en el país, así como la cultura venezolana en el exterior. Además, la misma norma establece la obligación del Estado de garantizar a los trabajadores culturales su incorporación al sistema de seguridad social que les permita una vida digna, reconociendo las particularidades del quehacer cultural, de conformidad con la ley.

D. *La información cultural*

De acuerdo con el artículo 101, el Estado debe garantizar la emisión, recepción y circulación de la información cultural. A tal efecto, se impone a los medios de comunicación el deber de coadyuvar a la difusión de los valores de la tradición popular y la obra de los artistas, escritores, compositores, cineastas, científicos y demás creadores y creadoras culturales del país.

Además, se impone la obligación los medios televisivos de incorporar subtítulos y traducción a la lengua de señas, para las personas con problemas auditivos, remitiéndose a la ley para establecer los términos y modalidades de estas obligaciones.

---

47 Véase nuestro voto salvado en Allan R. Brewer-Carías, *Debate Constituyente,* Tomo III, *op. cit.,* p. 179.

48 Véase nuestro voto salvado sobre esto en Allan R. Brewer-Carías, *Debate Constituyente,* Tomo III, *op. cit.,* p. 180.

2. *El derecho a la educación*

A. *El derecho y el servicio público*

El artículo 102 de la Constitución comienza estableciendo, en general, que "la educación es un derecho humano y un deber social fundamental, es democrática, gratuita y obligatoria"[49]. La consecuencia de esto es que la educación, como derecho, exige su gratuidad, por lo que constitucionalmente podría concluirse con que no se admite el servicio educativo remunerado, lo que es absolutamente impensable en una sociedad democrática, pues implicaría que la educación privada también debería ser gratuita[50].

La consecuencia de lo anterior es la previsión del mismo artículo 102, en el sentido de imponer al Estado la obligación de asumir la educación como "función *indeclinable*" y de máximo interés en todos sus niveles y modalidades, y como instrumento del conocimiento científico, humanístico y tecnológico al servicio de la sociedad.

En consecuencia, constitucionalmente se declara a la educación como un servicio público[51],

> fundamentada en el respeto a todas las corrientes del pensamiento, con la finalidad de desarrollar el potencial creativo de cada ser humano y el pleno ejercicio de su personalidad en una sociedad democrática basada en la valoración ética del trabajo y en la participación activa, consciente y solidaria en los procesos de transformación social consustanciados con los valores de la identidad nacional, y con una visión latinoamericana y universal".

Ello implica que la educación como servicio público, "debe entenderse como un derecho de prestación para el mejoramiento de la comunidad, constituyendo factor primordial para el desarrollo nacional, que puede ser prestado por el Estado, o por los particulares, y en este último caso, se debe regir por los principios y normas establecidas en la Ley, bajo la suprema inspección y vigilancia del Ejecutivo Nacional, con su estimulo y protección moral"[52].

---

49 Véase en general, Gustavo J. Linares Benzo, "Bases constitucionales de la educación", en *Revista Derecho y Sociedad de la Universidad Monteávila,* N° 2 (abril), Caracas, 2001, pp. 217-252; Gustavo J. Linares Benzo, "La educación en el texto constitucional", en *Estudios de Derecho Administrativo: Libro Homenaje a la Universidad Central de Venezuela,* Volumen II. Imprenta Nacional, Caracas. 2001 pp. 91-120 y en *Revista de Derecho Público,* N° 84 (octubre-diciembre), Editorial Jurídica Venezolana, Caracas, 2000, pp. 5-25; y Mabel Mundó, "El derecho a la educación en las Constituciones de 1999 y 1961: reflexiones sobre principios, recursos y aprendizajes para la elaboración de la política educativa", en *La cuestión social en la Constitución Bolivariana de Venezuela,* Editorial Torino, Caracas, 2000, pp. 47-74.

50 Véase nuestro voto salvado sobre esta norma en Allan R. Brewer-Carías, *Debate Constituyente,* Tomo III, *op. cit.,* pp. 180 y 181 y 272 y 273.

51 Sobre las características del servicio público y de la educación como servicio público véase la sentencia de la Sala Político Administrativa, N° 1154 de 18-05-2000, *Revista de Derecho Público*, N° 82, (abril-junio), Editorial Jurídica Venezolana, Caracas, 2000, pp. 301 y ss.

52 Véase sentencia de la Sala Político Administrativa N° 3052 de 19-12-2001 (Caso: *Nulidad de la reforma parcial del Decreto N° 1011 de 4-10-2000*), *Revista de Derecho Público*, N° 85-88, Editorial Jurídica Venezolana, Caracas, 2001.

Finalmente, el artículo constitucional establece que el Estado, con la participación de las familias y la sociedad, debe promover el proceso de educación ciudadana de acuerdo con los principios contenidos de esta Constitución y en la ley. De acuerdo a esta concepción de la educación, por tanto, se eliminó la norma del artículo 79 de la Constitución de 1961 que establecía que "el Estado estimulará y protegerá la educación privada que se imparta de acuerdo con los principios contenidos en esta Constitución y en las Leyes".

En todo caso, tratándose de un servicio público, ello no excluye la participación de los particulares en la prestación del servicio, pero sujetos a la fiscalización del Estado. En tal sentido, la Sala Político Administrativa del Tribunal Supremo en sentencia Nº 3052 de 19 de diciembre de 2001 (Caso: *Nulidad de la reforma parcial del Decreto Nº 1011 de 4-10-2000*), ha señalado:

> De conformidad con lo dispuesto en el artículo *supra* transcrito, se observa que el constituyente definió la educación como un servicio público, y como tal, dicha actividad educativa debe mantenerse bajo el control del Estado en un régimen especial del derecho común, por cuanto no existe la posibilidad de que quede en manos de los particulares la satisfacción oportuna, regular, continua y permanente de tal necesidad (la educación), la cual resulta común a todos los administrados.
>
> Lo explanado anteriormente, no niega la posibilidad de participación de los particulares en la gestión educativa, y ello se evidencia del contenido del artículo 106 Constitucional...
>
> Así, es el propio Texto Constitucional el que habilita a los particulares para sumarse a la gestión de la actividad educativa, siempre que, cumpliendo con los requisitos establecidos en la Ley, sea autorizado por la Administración, y además bajo la fiscalización (inspección, vigilancia, supervisión) de ésta.
>
> En tal sentido es oportuno exaltar que la prestación del servicio educativo por parte de los particulares, se ordena, al igual a la desarrollada por el Estado, a la realización del interés público y, en consecuencia, está sometida a un régimen de derecho administrativo. Corolario de lo cual, se insiste, es que en materia educativa, así dicha actividad sea desarrollada por los particulares, la Administración conserva sus potestades de regulación y control de la misma[53].

B. *El derecho a la educación integral y la gratuidad de la educación pública*

El artículo 103 de la Constitución consagra el derecho de toda persona a una educación integral, de calidad, permanente, en igualdad de condiciones y oportunidades, sin más limitaciones que las derivadas de sus aptitudes, vocación y aspiraciones. Además, declara en general que la educación *es obligatoria* en todos sus niveles, desde el maternal hasta el nivel medio diversificado, y la impartida en las instituciones del Estado es gratuita hasta el pregrado universitario[54].

A los efectos de asegurar la educación gratuita la Constitución prescribe que el Estado debe realizar una inversión prioritaria, de conformidad con las recomendaciones de la Organización de las Naciones Unidas y además, que debe crear y soste-

---

53 Véase en *Revista de Derecho Público*, Nº 85-88, Editorial Jurídica Venezolana, Caracas 2001.

54 Véase sobre esto, nuestro voto salvado en Allan R. Brewer-Carías, *Debate Constituyente*, Tomo III, *op. cit.* pp. 181 y 182 y 273 y 274.

ner instituciones y servicios suficientemente dotados para asegurar el acceso, permanencia y culminación en el sistema educativo.

Por otra parte, la ley debe garantizar igual atención a las personas con necesidades especiales o con discapacidad y a quienes se encuentren privados de su libertad o carezcan de condiciones básicas para su incorporación y permanencia en el sistema educativo.

Por último, el artículo 103 establece el principio de que las contribuciones de los particulares a proyectos y programas educativos *públicos* a nivel medio y universitario, serán reconocidas como desgravámenes al impuesto sobre la renta según la ley respectiva. Incomprensiblemente no se establece en este mismo estimulo fiscal para las contribuciones privadas a programas educativos *privados,* cuando estas son los que más debían estimularse. La expresión constitucional, si bien evidencia la tendencia estatista de la regulación, en nuestro criterio no excluye que por ley se puedan establecer esos estímulos.

En relación con el tema de la gratuidad de la educación, la Corte Primera de lo Contencioso Administrativo en sentencia Nº 1565 de 1 de diciembre de 2000 (Caso: *Johnny E. Bello vs. Universidad Central de Venezuela*), señaló lo siguiente:

> Ahora bien, siguiendo la orientación del Constituyente esta Corte entiende que el derecho a la educación, como derecho fundamental en el Estado Democrático y Social de Derecho y de Justicia, es inherente a todas las personas, en igualdad de condiciones, para de esta manera contribuir a la consecución de los fines del Estado.
>
> En este orden de ideas, el artículo 103 citado *ut supra*, establece la obligatoriedad de la educación en todos sus niveles y su gratuidad hasta el pregrado universitario, siempre y cuando sea impartida en las instituciones pertenecientes al Estado. Sin embargo, y en relación al caso concreto, el presunto agraviado denuncia que se le está violando su derecho a la educación por cuanto se le cobra una matrícula determinada por el hecho de estudiar bajo el régimen de estudiantes profesionales, esto es, estudiantes que comienzan una carrera universitaria luego de haber egresado de otra en una institución del Estado.
>
> No obstante, observa esta Corte que, si bien es cierto que el precepto constitucional *in commento* postula la gratuidad de la educación hasta el pregrado universitario impartida en las instituciones del Estado, no es menos cierto que el Estado, una vez cumplido con su deber de facilitarle a los ciudadanos las condiciones necesarias que le permitan el acceso a la educación superior para obtener un título universitario de manera gratuita, no está en la obligación de subsidiar la obtención de otro título universitario, obviamente en una carrera distinta a la estudiada en la primera oportunidad, por cuanto de ser así, se estaría impidiendo que otros ciudadanos que por primera vez inician una carrera universitaria también tuvieran la oportunidad de ejercer su derecho a la educación en sus diferentes niveles, configurándose entonces una discriminación contraria al espíritu de la norma constitucional.
>
> Ciertamente, la educación es un derecho humano y un deber social fundamental. La Constitución de la República Bolivariana de Venezuela concibe la educación como democrática gratuita y obligatoria, elementos estos que garantizan el acceso de todos los ciudadanos de la República a educarse de manera integral en aras del desarrollo personal y, por ende, de la convivencia en sociedad. En esta perspectiva, el Estado asume la educación como una función indeclinable y de máximo interés

en todos sus niveles y modalidades, como instrumento de conocimiento científico humanístico y tecnológico al servicio de la sociedad.

Dentro de la estructura organizativa del Estado, se trata de un servicio público cuya finalidad es desarrollar el potencial creativo de cada ser humano y el pleno ejercicio de su personalidad. En este orden de ideas, el Texto Constitucional reconoce a toda persona el derecho a una educación integral de calidad y permanente, en igualdad de condiciones y oportunidades sin más limitaciones que las derivadas de las aptitudes, vocación y aspiración personales.

Es verdad que el precepto constitucional cuando señala que la educación es gratuita hasta el pregrado universitario, no establece de manera expresa ninguna distinción acerca del número de oportunidades o de veces que se puede recibir educación gratuita en el pregrado universitario. Pero más allá del sentido común el sentido ético y social inherente a las disposiciones antes analizadas, viene en auxilio del intérprete para indicarle que si la educación es un derecho humano y un deber social, lo es dentro de un contexto de orden democrático de justicia y solidaridad que impone a la conciencia la comprensión de que todos los ciudadanos y no solo algunos tienen el derecho, en igualdad de condiciones y oportunidades, de acceder a una educación integral. De allí que no sería ético ni equitativo que una misma persona tuviera la posibilidad de acceder gratuitamente a cuantas carreras deseara en el pregrado universitario, en detrimento de una mayoría de jóvenes aspirantes o aún adultos quienes por primera vez, con claros deseos de superación esperan, a veces desesperadamente, para ser aceptados y continuar estudios de pregrado universitario en una institución del Estado.

Cabe señalar por otra parte, que los derechos y garantías constitucionales no pueden analizarse aisladamente, fuera del universo de los valores generales que los inspiran y, específicamente, en la materia que nos ocupa se hace necesario traer a colación como valores superiores del ordenamiento jurídico la justicia, la igualdad, la solidaridad, la ética y la responsabilidad social, ante los cuales el ciudadano deberá colocarse como lo hace ante un espejo para confrontar si los derechos constitucionales cuyo cumplimiento invoca para defender su cause en un momento determinado, tienen como correlato el cumplimiento transparente de los deberes y cargas que los valores antes mencionados exigen para que la *justicia distributiva* sea entendida en su sentido prístino como igualdad de derechos pero también de deberes, igualdad de beneficios y de cargas para todos[55].

C. *El régimen de los educadores*

El artículo 104 de la Constitución exige que la educación esté a cargo de personas de reconocida moralidad y de comprobada idoneidad académica[56]. A tal efecto, se impone la obligación al Estado de estimular su actualización permanente y garantizarles la estabilidad en el ejercicio de la carrera docente, bien sea pública o privada, atendiendo a la Constitución y a la ley, en un régimen de trabajo y nivel de vida acorde con su elevada misión.

---

55 Véase en *Revista de Derecho Público*, N° 84, (octubre-diciembre), Editorial Jurídica Venezolana, Caracas 2000, pp. 153 y ss.

56 Véase nuestra propuesta en relación con este artículo en Allan R. Brewer-Carías, *Debate Constituyente,* Tomo III, *op. cit.*, pp. 274 y 275.

Es de advertir que esta regulación de la estabilidad aplicable por igualdad al sector público o al sector privado educativo, lesiona la libertad de contratación en el área de la educación privada, remitiendo la norma, además, a la Ley para establecer, en general, el régimen de ingreso, promoción y permanencia en el sistema educativo, los cuales responder a criterios de evaluación de méritos, sin injerencia partidista o de otra naturaleza no académica.

De esto se pone en evidencia, de nuevo, el carácter marcadamente estatista de las regulaciones constitucionales en la materia.

D. *El derecho a educar*

En el mismo sentido que el artículo 79 de la Constitución de 1961, el artículo 106 de la Constitución de 1999 establece el derecho de toda persona natural o jurídica, previa demostración de su capacidad, cuando cumpla de manera permanente con los requisitos éticos, académicos, científicos, económicos, de infraestructura y los demás que la ley establezca, de fundar y mantener instituciones educativas privadas bajo la estricta inspección y vigilancia del Estado, previa aceptación de éste.

Se eliminó, sin embargo, de la norma la obligación que se imponía al Estado en la Constitución de 1961 (art. 79) de estimular y proteger la educación privada[57].

E. *La educación ambiental e histórica*

El artículo 107 de la Constitución establece como obligatoria a la educación ambiental en los niveles y modalidades del sistema educativo, así como también en la educación ciudadana no formal. En todo caso, se considera como de obligatorio cumplimiento en las instituciones públicas y privadas, hasta el ciclo diversificado, la enseñanza de la lengua castellana, la historia y la geografía de Venezuela, así como los principios del ideario bolivariano.

F. *Los medios de comunicación y la formación ciudadana*

Conforme a lo dispuesto en el artículo 108, los medios de comunicación social, públicos y privados, deben contribuir a la formación ciudadana. Además, los centros educativos deben incorporar el conocimiento y aplicación de las nuevas tecnologías, de sus innovaciones, según los requisitos que establezca la ley.

En cuanto al Estado, la norma le impone la obligación de garantizar servicios públicos de radio, televisión y redes de bibliotecas y de informática, con el fin de permitir el acceso universal a la información.

G. *El régimen de la autonomía universitaria*

El artículo 109 de la Constitución establece la obligación para el Estado de reconocer

> la autonomía universitaria como principio y jerarquía que permite a los profesores, profesoras, estudiantes, estudiantas, egresados y egresadas de su comunidad dedicarse a la búsqueda del conocimiento a través de la investigación científica, humanística y tecnológica, para beneficio espiritual y material de la Nación.

57 Véase nuestro voto salvado en Allan R. Brewer-Carías, *Debate Constituyente,* Tomo III, *op. cit.,* p. 275.

Con esta previsión, debería resultar que el principio de la autonomía lo deben tener todas las Universidades, sin distingo, públicas y privadas. Sin embargo, del mismo artículo 109 resulta una discriminación al establecer en cuanto a las "universidades nacionales experimentales" que la autonomía "la alcanzarán" de conformidad con la ley, lo que significa que puede estar limitada.

En todo caso, respecto de las universidades autónomas, la Constitución establece que se darán sus normas de gobierno, funcionamiento y la administración eficiente de su patrimonio bajo el control y vigilancia que a tales efectos establezca la ley. Se consagra, además, la autonomía universitaria para planificar, organizar, elaborar y actualizar los programas de investigación, docencia y extensión, y se declara constitucionalmente la inviolabilidad del recinto universitario, materia que sin duda corresponde a la Ley[58].

3. *El régimen de las profesiones liberales*

En relación con las profesiones liberales, el artículo 105 de la Constitución establece que es la ley la que debe determinar las profesiones que requieren titulo y las condiciones que deben cumplirse para ejercerlas, incluyendo la colegiación. Se eliminó de la Constitución la referencia indirecta a la colegiación obligatoria que traía el artículo 82 de la Constitución de 1961.

Por otra parte, el artículo 135 de la Constitución, en el sentido del artículo 57 de la Constitución de 1961, establece el principio de que quienes aspiren al ejercicio de cualquier profesión, tienen el deber de prestar servicio a la comunidad durante el tiempo, lugar y condiciones que determine la ley.

4. *El régimen de la ciencia y la tecnología*

El artículo 110 establece la obligación del Estado de reconocer el interés público de la ciencia, la tecnología, el conocimiento, la innovación y sus aplicaciones y los servicios de información necesarios por ser instrumentos fundamentales para el desarrollo económico, social y político del país, así como para la seguridad y soberanía nacional. Para el fomento y desarrollo de esas actividades, el Estado debe destinar recursos suficientes y crear el sistema nacional de ciencia y tecnología de acuerdo con la ley, imponiéndose el sector privado la obligación de aportar recursos para los mismos[59], cuando en realidad ello compete a la decisión de la iniciativa privada.

Se establece, además, que el Estado debe garantizar el cumplimiento de los principios éticos y legales que deben regir las actividades de investigación científica, humanística y tecnológica, remitiéndose a la ley a la determinación de los modos y medios para dar cumplimiento a esta garantía.

5. *El derecho al deporte*

El artículo 111 de la Constitución consagra el derecho de todas las personas al deporte y a la recreación como actividades que benefician la calidad de vida indivi-

58 Véase nuestro voto salvado sobre este aspecto, que es de rango legal, en Allan R. Brewer-Carías, *Debate Constituyente,* Tomo III, *op. cit.,* pp. 183 y 275.

59 Véase nuestro voto salvado sobre esta obligación en Allan R. Brewer-Carías, *Debate Constituyente,* Tomo III, *op. cit.,* pp. 183 y 184.

dual y colectiva. De nuevo, por el sesgo estatista de estas normas constitucionales, en el artículo 111 se dispone que el Estado debe asumir el deporte y la recreación como política de educación y salud pública y debe garantizar los recursos para su promoción[60].

Por otra parte, la norma declara que la educación física y el deporte cumplen un papel fundamental en la formación integral de la niñez y adolescencia, por lo que dispone que su enseñanza es obligatoria en todos los niveles de la educación pública y privada hasta el ciclo diversificado, con las excepciones que establezca la ley. Adicionalmente se dispone que el Estado debe garantizar la atención integral de los deportistas, sin discriminación alguna, así como el apoyo al deporte de alta competencia y la evaluación y regulación de las entidades deportivas del sector público y del privado, de conformidad con la ley.

Corresponde a la ley, en todo caso, establecer incentivos y estímulos a las personas, instituciones y comunidades que promueven a los y las atletas y desarrollen o financien planes, programas y actividades deportivas en el país.

V. LOS DERECHOS AMBIENTALES

En la Constitución de 1999, constituye también una novedad en cuanto a la regulación de los derechos constitucionales, el conjunto de normas del Capítulo relativo a los derechos ambientales[61].

1. *El derecho al ambiente*

En efecto, el artículo 127 establece que es un derecho y un deber de cada generación proteger y mantener el ambiente en beneficio de sí misma y del mundo futuro. Además, toda persona tiene derecho individual y colectivamente a disfrutar de una vida y de un ambiente seguro, sano y ecológicamente equilibrado.

Las consecuencias de estos derechos son que el Estado debe proteger el ambiente, la diversidad biológica, genética, los procesos ecológicos, los parques nacionales y monumentos naturales y demás áreas de especial importancia ecológica.

---

60 Véase nuestra posición sobre esta norma en Allan R. Brewer-Carías, *Debate Constituyente,* Tomo III, *op. cit.,* p. 184. Véase en general, Auber Infante Bustamante, "La Constitución de 1999: una percepción de la política deportiva", en *Revista de la Facultad de Ciencias Jurídicas y Políticas de la UCV,* N° 119, Caracas, 2000, pp. 49-77.

61 Véase en general, Fortunato González Cruz, "El ambiente en la nueva Constitución venezolana", en *El Derecho Público a comienzos del siglo XXI. Estudios homenaje al Profesor Allan R. Brewer-Carías,* Tomo III, Instituto de Derecho Público, UCV, Civitas Ediciones, Madrid, 2003, pp. 2917-2923; Germán Acedo Payarez, "La Constitución de la República Bolivariana de Venezuela de 1999 y los denominados 'Derechos Ambientales", en *El Derecho Público a comienzos del siglo XXI. Estudios homenaje al Profesor Allan R. Brewer-Carías,* Tomo III, Instituto de Derecho Público, UCV, Civitas Ediciones, Madrid, 2003, pp. 2925-2978; Alberto Blanco-Uribe Quintero, "La tutela ambiental como derecho-deber del Constituyente. Base constitucional y principios rectores del derecho ambiental", en *Revista de Derecho Constitucional, N° 6 (enero-diciembre).* Editorial Sherwood, Caracas, 2002, pp. 31-64; Alberto Blanco-Uribe Quintero, "El ciudadano frente a la defensa jurídica del ambiente en Venezuela", en *El Derecho Público a comienzos del siglo XXI. Estudios homenaje al Profesor Allan R. Brewer-Carías,* Tomo III, Instituto de Derecho Público, UCV, Civitas Ediciones, Madrid, 2003, pp. 2995-3008; y Véase Luciano Parejo Alfonso, "El derecho al medio ambiente y la actuación de la Administración Pública", en *El Derecho Público a comienzos del siglo XXI. Estudios homenaje al Profesor Allan R. Brewer-Carías,* Tomo III, Instituto de Derecho Público, UCV, Civitas Ediciones, Madrid, 2003, pp. 2979-2994.

Se agrega, además, que es una obligación fundamental del Estado, con la activa participación de la sociedad, garantizar que la población se desenvuelva en un ambiente libre de contaminación, en donde el aire, el agua, los suelos, las costas, el clima, la capa de ozono, las especies vivas, sean especialmente protegidos, de conformidad con la ley.

Por último se prohíbe la patentabilidad del genoma de los seres vivos, remitiéndose a la ley que se refiere a los principios bioéticos la regulación de la materia.

2. *La política de ordenación territorial*

El artículo 128 impone al Estado la obligación de desarrollar una política de ordenación del territorio atendiendo a las realidades ecológicas, geográficas, poblacionales, sociales, culturales, económicas, políticas, de acuerdo con las premisas del desarrollo sustentable, que incluya la información, consulta y participación ciudadana. Una ley orgánica debe desarrollar los principios y criterios para este ordenamiento, con lo que se remite a la Ley Orgánica para la Ordenación del Territorio de 1983[62].

3. *Los estudios de impacto ambiental*

El artículo 129 de la Constitución ha elevado a rango constitucional el requisito, hasta ahora de orden reglamentario, de exigir que todas las actividades susceptibles de generar daños a los ecosistemas, deben ser previamente acompañadas de estudios de impacto ambiental y socio cultural.

4. *El régimen de los desechos tóxicos*

El mismo artículo 129 de la Constitución dispone que el Estado debe impedir la entrada al país de desechos tóxicos y peligrosos, así como la fabricación y uso de armas nucleares, químicas y biológicas, remitiendo a una ley especial la regulación del uso, manejo, transporte y almacenamiento de las sustancias tóxicas y peligrosas.

5. *Las cláusulas contractuales ambientales obligatorias*

Como ya se ha señalado, el mismo artículo 129 de la Constitución establece que en los contratos que la República celebre con personas naturales o jurídicas, nacionales o extranjeras, o en los permisos que se otorguen, que involucren los recursos naturales, se debe considerar incluida aun cuando no estuviera expresa, la obligación de conservar el equilibrio ecológico, de permitir el acceso a la tecnología y la transferencia de la misma en condiciones mutuamente convenidas y de restablecer el ambiente a su estado natural si éste resultara alterado, en los términos que fije la ley.

VI. LOS DERECHOS DE LOS PUEBLOS INDÍGENAS

Otra de las innovaciones de la Constitución de 1999, polémica por cierto, fue la incorporación de un conjunto de normas sobre los derechos de los pueblos indígenas[63], respecto de los cuales sólo había una escueta norma de protección en la Cons-

---

62 Véase Allan R. Brewer-Carías, *Ley Orgánica para la Ordenación del Territorio,* Caracas, 1983.

63 Véase en general, Ricardo Colmenares Olívar, "Constitucionalismo y derechos de los pueblos indígenas en Venezuela", en *Revista LEX NOVA del Colegio de Abogados del Estado Zulia,* N° 237, Maracaibo, 2000, pp. 13-46.

titución de 1961 (art. 77). La forma como quedaron redactados estos artículos, sin embargo, puede considerarse como altamente discriminatoria en relación con el conjunto de la población venezolana en favor de un grupo porcentualmente muy reducido de etnias que no superan el 1.5% de la población venezolana[64].

1. *El reconocimiento de los pueblos indígenas*

El capítulo comienza en el artículo 119, con la siguiente redacción

> *Artículo 119:* El Estado reconocerá la existencia de los pueblos y comunidades indígenas, su organización social, política y económica, sus culturas, usos y costumbres, idiomas y religiones, así como su hábitat y derechos originarios sobre las tierras que ancestral y tradicionalmente ocupan y que son necesarias para desarrollar y garantizar sus formas de vida. Corresponderá al Ejecutivo Nacional, con la participación de los pueblos indígenas, demarcar y garantizar el derecho a la propiedad colectiva de sus tierras, las cuales serán inalienables, imprescriptibles, inembargables e intransferibles de acuerdo con lo establecido en esta Constitución y la ley.

De esta norma surge, ante todo, el problema del reconocimiento de un Estado dentro del Estado, desde que se reconoce que puede haber, en específico, en el país, un *pueblo,* con su *organización política* en sus propios *territorios.* Estos elementos: pueblo, gobierno y territorio, son los componentes esenciales de todo Estado, lo que podría originar, en el futuro, problemas en cuanto a la integridad territorial. Precisamente por ello, sin embargo, fue que se incorporó el artículo 126, con el siguiente texto:

> *Artículo 126:* Los pueblos indígenas, como culturas de raíces ancestrales, forman parte de la Nación, del Estado y del pueblo venezolano como único, soberano e indivisible. De conformidad con esta Constitución tienen el deber de salvaguardar la integridad y la soberanía nacional.
>
> El término pueblo no podrá interpretarse en esta Constitución en el sentido que se le da en el derecho internacional.

La Sala Constitucional del Tribunal Supremo, en todo caso, se ha pronunciado sobre esta normativa en sentencia N° 1600 de 20 de diciembre de 2000 (Caso: *Melchor Flores y otros vs. República y EDELCA*), en los siguientes términos:

> Cabe destacar a este respecto que, al tiempo que las disposiciones previstas en los artículos 119 y 121 de la Constitución de la República reconocen la especificidad de los pueblos indígenas y, en particular, su organización social, política y económica, sus culturas, usos y costumbres, sus idiomas y religiones, así como el derecho que tienen a mantener y desarrollar su identidad étnica y cultural, cosmovisión, valores y espiritualidad, la disposición contenida en el artículo 126 *eiusdem* declara que los citados pueblos forman parte de la Nación, del Estado y del pueblo venezolano como único, soberano e indivisible.
>
> Por otra parte, en el marco de los principios consagrados en los artículos 2 y 3 constitucionales, debe referirse que es deber del Estado la promoción del bienestar del pueblo y, en el caso de los pueblos indígenas, es deber especialmente relevante

---

64 Véase nuestro voto salvado sobre esta norma y la propuesta de redacción alternativa en Allan R. Brewer-Carías, *Debate Constituyente,* Tomo III, *op. cit.,* pp. 186 a 190.

la promoción de sus derechos a la educación y a la salud, a objeto de mejorar sus condiciones básicas de vida. Por ello, la Sala entiende que el mejoramiento de dichas condiciones debe ser prioritario en el diseño y ejecución de los planes de desarrollo económico de los territorios donde ancestral y tradicionalmente habitan; y que el Estado tiene el deber de procurar el suministro suficiente de energía eléctrica a dichos pueblos, vista la conexión entre este servicio y el mejoramiento de sus condiciones básicas de vida.

Cabe citar a este propósito la disposición prevista en el artículo 6 del Convenio N° 107 sobre poblaciones indígenas y tribales, según la cual, el mejoramiento de las condiciones de vida y de trabajo, así como del nivel educativo de las poblaciones en cuestión, debe ser objeto de alta prioridad en los planes globales de desarrollo económico de las regiones en que ellas habiten. Los proyectos especiales de desarrollo económico que tengan lugar en tales regiones deben también ser concebidos de suerte que favorezcan dicho mejoramiento[65].

2. *El derecho a la identidad cultural*

El artículo 121 de la Constitución declara el derecho de los pueblos indígenas a mantener y desarrollar su identidad étnica y cultural, cosmovisión, valores, espiritualidad y sus lugares sagrados y de culto.

A al efecto, se obliga al Estado a fomentar la valoración y difusión de las manifestaciones culturales de los pueblos indígenas, los cuales tienen derecho a una educación propia y a un régimen educativo de carácter intercultural y bilingüe, atendiendo a sus particularidades socioculturales, valores y tradiciones.

3. *Los idiomas indígenas*

El artículo 9 de la Constitución declara que "el idioma oficial es el castellano"; sin embargo, "los idiomas indígenas son de uso oficial para todos los pueblos indígenas y deben ser respetados en todo el territorio de la República, por constituir patrimonio cultural de la Nación y de la humanidad".

4. *El régimen de aprovechamiento de los recursos naturales en los hábitats indígenas*

Conforme al artículo 120, el aprovechamiento de los recursos naturales en los hábitats indígenas por parte del Estado se debe hacer sin lesionar la integridad cultural, social y económica de los mismos e, igualmente, está sujeto a previa información y consulta a las comunidades indígenas respectivas[66]. Por interpretación en contrario, todo otro aprovechamiento por parte de los particulares de estos mismos recursos no estarían sujetos a la previa información y consulta.

En todo caso, los beneficios de este aprovechamiento por parte de los pueblos indígenas, están sujetos a la Constitución y a la ley.

---

65 Véase en *Revista de Derecho Público*, N° 84, (octubre-diciembre), Editorial Jurídica Venezolana, Caracas, 2000, pp. 169 y ss.

66 Véase, Ricardo Colmenares Olívar, "El derecho de participación y consulta de los pueblos indígenas en Venezuela", en *Revista del Tribunal Supremo de Justicia,* N° 8, Caracas, 2003, pp. 21-48.

5. *El derecho a la salud*

Igualmente, el artículo 122 establece el derecho de los pueblos indígenas a una salud integral que considere sus prácticas y culturas. En consecuencia, se obliga al Estado a reconocer su medicina tradicional y las terapias complementarias, con sujeción a principios bioéticos.

6. *El derecho a las prácticas económicas*

Por otra parte, el artículo 123 de la Constitución establece el derecho de los pueblos indígenas a mantener y promover sus propias prácticas económicas basadas en la reciprocidad, la solidaridad y el intercambio; sus actividades productivas tradicionales, su participación en la economía nacional y a definir sus prioridades. Además, se consagra el derecho de los pueblos indígenas a servicios de formación profesional y a participar en la elaboración, ejecución y gestión de programas específicos de capacitación, servicios de asistencia técnica y financiera que fortalezcan sus actividades económicas en el marco del desarrollo local sustentable.

Por otra parte, el Estado también esta obligado a garantizar a los trabajadores y trabajadoras pertenecientes a los pueblos indígenas el goce de los derechos que confiere la legislación laboral.

7. *El derecho a la propiedad intelectual*

El artículo 124 de la Constitución se garantiza y protege la propiedad intelectual colectiva de los conocimientos, tecnológicas e innovaciones de los pueblos indígenas, exigiendo que toda actividad relacionada con los recursos genéticos y los conocimientos asociados a los mismos perseguirán beneficios colectivos. La Constitución, además, prohíbe el registro de patentes sobre estos recursos y conocimientos ancestrales.

8. *La justicia en los ámbitos indígenas*

Como ya se ha señalado, el artículo 260 de la Constitución dispone que las autoridades legítimas de los pueblos indígenas podrán aplicar en su hábitat, instancias de justicia con base en sus tradiciones ancestrales y que sólo afecten a sus integrantes, según sus propias normas y procedimientos, siempre que no sean contrarios a la Constitución, a la ley y al orden público. Corresponde a la ley la determinación de la forma de coordinar esta jurisdicción especial con el sistema judicial[67].

9. *El derecho a la participación política*

Por último, el artículo 125 de la Constitución consagra el derecho de los pueblos indígenas a la participación política.

Para ello establece, en el mismo sentido del artículo 182 de la Constitución, que:

---

67 Véase María E. León Álvarez, "El sistema de justicia en la Constitución de Venezuela de 1999. Estudio crítico acerca de la jurisdicción especial indígena", en *Revista del Tribunal Supremo de Justicia,* N° 4, Caracas, 2002, pp. 369-377.

El Estado garantizará la representación indígena en la Asamblea Nacional y en los cuerpos deliberantes de las entidades federales y locales con población indígena, conforme a la ley.

VII. LOS PROBLEMAS DE UNA CONSTITUCIÓN SOCIAL CONCEBIDA PARA EL PATERNALISMO Y EL POPULISMO

Como hemos dicho, la segunda parte de toda Constitución, como norma suprema, además de la Constitución política, es la Constitución Social o del ciudadano, en la cual se deben establecer las relaciones entre el Estado y la Sociedad y sus componentes individuales.

En definitiva, está compuesta por el conjunto de libertades y derechos de los ciudadanos y habitantes del país, con sus correlativos deberes de parte del Estado y sus autoridades de protección, abstención o de prestación social. Lo cierto es que no puede haber un derecho consagrado constitucionalmente que no tenga un deber u obligación correlativo a cargo del Estado.

En esta materia, a pesar de los avances que contiene la nueva Constitución, por ejemplo, en la enumeración de los derechos individuales y en la constitucionalización, con rango constitucional, de los Tratados internacionales sobre derechos humanos a los cuales se les prescribió aplicación preferente cuando sean más favorables; consideramos que contiene muchos aspectos negativos específicos, como la grave lesión a la garantía de la reserva legal respecto de los derechos constitucionales en virtud de la delegación legislativa al Presidente de la República que en forma amplia regula la Constitución; y como las fallas en la protección de los derechos del niño y en el régimen del derecho a la información.

Pero en global, desde el punto de vista social, el principal problema de la Constitución es la confusión entre las buenas intenciones y los derechos constitucionales y el engaño que puede derivar de la imposibilidad de satisfacer algunos derechos sociales[68].

En efecto, en la consagración de los derechos humanos, uno de los principios esenciales de orden constitucional es el denominado principio de alteridad, que implica que todo derecho comporta una obligación y que todo titular de un derecho tiene que tener relación con un sujeto obligado.

No hay, por tanto, derechos sin obligaciones ni obligados; por lo que la consagración de supuestos derechos que no pueden originar obligaciones u obligados, por imposibilidad conceptual, no es más que un engaño.

Así sucede, por ejemplo, con varios de los derechos y garantías sociales, tal y como se consagraron en la Constitución, cuya satisfacción es simplemente imposible. Constituyen, más bien, declaraciones de principio y de intención de indiscutible carácter teleológico, pero difícilmente pueden concebirse como "derechos" por no poder existir un sujeto con obligación de satisfacerlos.

Como hemos señalado, es el caso, por ejemplo, del "derecho a la salud", que se consagra como "un derecho social fundamental, obligación del Estado, que lo garantizará como parte del derecho a la vida" (art. 83). Lo cierto es que es imposible que

---

68 Véase Allan R. Brewer-Carías, "Reflexiones críticas sobre la Constitución de 1999" en *La Constitución de 1999,* Academia de Ciencias Políticas y Sociales, Caracas, 2000, pp. 77 y ss.

alguien garantice la salud de nadie y que constitucionalmente se pueda consagrar el derecho a la salud. Ello equivaldría a consagrar, en la Constitución, el derecho a no enfermarse, lo cual es imposible pues nadie garantizar a otra persona que no se va a enfermar.

En realidad, el derecho que se puede consagrar en materia de salud, como derecho constitucional, es el derecho a la protección de la salud, lo que comporta la obligación del Estado de velar por dicha protección, estableciendo servicios públicos de medicina preventiva y curativa. De resto, regular el derecho a la salud, por imposibilidad de la alteridad, es una ilusión.

Lo mismo podría señalarse, por ejemplo, del derecho que se consagra en la Constitución a favor de "toda persona", "a una vivienda adecuada, segura, cómoda, higiénica, con servicios básicos esenciales que incluyan un hábitat que humanice las relaciones familiares, vecinales y comunitarias" (art. 82). Este derecho, así como está consagrado, es de imposible satisfacción; se trata, más bien, de una declaración de principio o de intención bellamente estructurada que no puede conducir a identificar a un obligado a satisfacerla, y menos al Estado.

También resulta una ilusión establecer en la Constitución, pura y simplemente, que "toda persona tiene derecho a la seguridad social como servicio público no lucrativo que garantice la salud y asegure protección en contingencias... de previsión social"; siendo igualmente una imposibilidad prever que "El Estado tiene la obligación de asegurar la efectividad de este derecho, creando un sistema de seguridad social..." (art. 86).

De nuevo aquí, la intención es maravillosa, pero no para pretender regularla como un "derecho" constitucional con una obligación estatal correlativa, también de rango constitucional, cuya satisfacción es imposible. Se confundieron, en esta materia, las buenas intenciones y declaraciones sociales con derechos y obligaciones constitucionales, que originan otro tipo de relaciones jurídicas, incluso con derecho de ser amparados constitucionalmente.

Además, del texto de la Constitución social se evidencia un excesivo paternalismo estatal y la minimización de las iniciativas privadas en materia de salud, educación y seguridad social.

En efecto, en la regulación de los derechos sociales, en la Constitución no sólo se ponen en manos del Estado excesivas cargas, obligaciones y garantías, de imposible cumplimiento y ejecución en muchos casos, sino que se minimiza, al extremo de la exclusión, a las iniciativas privadas. En esta forma, servicios públicos esencial y tradicionalmente concurrentes entre el Estado y los particulares, como los de educación, salud y seguridad social, aparecen regulados con un marcado acento estatista y excluyente.

Por ejemplo, en materia de salud, se dispone que para garantizarla "el Estado creará, ejercerá la rectoría y gestionará un sistema público nacional de salud, ... integrado al sistema de seguridad social, regido por los principios de gratuidad, universalidad, integralidad, equidad, integración social y solidaridad" (art. 84). Se trata, por tanto, de un sistema público de salud, regulado como un servicio público gratuito que forma parte del sistema de seguridad social. Nada se dice en la norma sobre los servicios privados de salud, aún cuando en otro artículo se indica que el Estado "regulará las instituciones públicas y privadas de salud" (art. 85).

En materia de seguridad social, el rasgo estatista del sistema es aún mayor: se declara la seguridad social como un servicio público de carácter no lucrativo, estando obligado el Estado "de asegurar la efectividad de este derecho, creando un sistema de seguridad social universal, integral, de financiamiento solidario, unitario, eficiente y participativo, de contribuciones directas o indirectas", precisándose, además, que las cotizaciones obligatorias sólo "podrán ser administradas con fines sociales bajo la rectoría del Estado" (art. 86). Se excluye así, en principio, toda iniciativa privada en materia de seguridad social y se minimiza la participación privada en la administración reproductiva de los fondos de pensiones.

En materia de educación, la tendencia estatista es similar: se regula la educación, en general, como un derecho humano y un deber social fundamental; se la declara en general como "democrática, gratuita y obligatoria" y se la define como "un servicios público" que el Estado debe asumir "como función indeclinable" (art. 102). Nada se indica en la norma que se refiere a la educación privada, y sólo es en otro artículo que se consagra el derecho de las personas "a fundar y mantener instituciones educativas privadas bajo la estricta inspección y vigilancia del Estado, previa aceptación de este" (art. 106). La posibilidad de estatización de la educación, por tanto, no tiene límites en la Constitución, habiéndose eliminado del texto constitucional la disposición, que en la materia prevía la Constitución de 1961 de que "El Estado estimulará y protegerá la educación privada que se imparta de acuerdo con los principios contenidos en esta Constitución y en las leyes" (art. 79).

DÉCIMA PARTE

LA CONSTITUCIÓN ECONÓMICA Y FINANCIERA

El tercer componente normativo básico de toda Constitución contemporánea, además de la *Constitución Política* que regula la organización del Estado mediante la distribución territorial y división orgánica del Poder Público; y de la *Constitución Social y de las Personas* que regula el estatuto de las personas y de los ciudadanos, sus derechos y deberes, y su relación con el Estado al igual que la relación general entre la sociedad y el Estado; es la *Constitución Económica* que tiene por objeto establecer los principios del régimen de las relaciones económicas y el papel que, en las mismas, corresponde a la iniciativa privada y al propio Estado.

En el constitucionalismo venezolano, puede decirse que en las últimas cinco décadas se ha venido desarrollando un régimen constitucional y político propio de una sociedad democrática, con la configuración, en la Constitución del 23 de enero de 1961, y ahora, en la del 30 de diciembre de 1999, de un Estado Social de Derecho, y la formulación, en esos textos, de una Constitución Económica que opta por un modelo económico de libertad como opuesto al de economía dirigida, similar al que existe en todos los países occidentales.

La aplicación práctica de ese modelo constitucional ha provocado, desde el punto de vista político, la consolidación del régimen democrático representativo, pluralista y, ahora, con vocación participativa; y desde el punto de vista económico, y a pesar de los múltiples problemas de desarrollo económico-social que continúan existiendo, el modelo ha enmarcado el desenvolvimiento de una economía basada en la libertad económica y la iniciativa privada, pero con una intervención importante y necesaria del Estado para asegurar los principios de justicia social que constitucionalmente deben orientar el régimen económico.

Además, el Estado, al ser titular desde siempre del dominio público sobre el subsuelo conforme a la pauta que marcaron las Ordenanzas de Nueva España, en vigencia en los territorios de las antiguas Provincias Coloniales de España en el Mar Caribe, desde al segunda mitad del siglo XVII, en el caso de Venezuela ha convertido al Estado en la entidad económica más poderosa del país, por ser dueño del petróleo, lo que le ha llevado a intervenir en forma importante en la actividad económica.

Siguiendo, en cierta forma, las orientaciones de la Constitución de 1961 en materia de Constitución Económica[1], la Constitución de 1999 establece igualmente, pero sin decirlo, un sistema económico de economía social de mercado[2] que se desarrolla sobre la libertad económica, pero que debe desenvolverse conforme a principios de justicia social, que requieren de la intervención del Estado[3].

I. PRINCIPIOS DEL SISTEMA ECONÓMICO

En esa orientación, precisamente se inscribe el contenido del artículo 299, al prescribir que el régimen socioeconómico de la República se fundamenta en los siguientes principios: justicia social, democratización, eficiencia, libre competencia, protección del ambiente, productividad y solidaridad, a los fines de asegurar el desarrollo humano integral y una existencia digna y provechosa para la colectividad.

El sistema económico, por tanto, se fundamenta en la libertad económica, la iniciativa privada y la libre competencia, pero con la participación del Estado como promotor del desarrollo económico, regulador de la actividad económica, y planificador con la participación de la sociedad civil, como se indica más adelante.

Se trata, en definitiva, de un sistema mixto tal y como lo ha destacado la Sala Constitucional del Tribunal Supremo en sentencia N° 117 de 6 de febrero de 2001:

> Las Constituciones modernas de los distintos países, si bien establecen de manera general la forma de actuación de los Poderes Públicos y de los individuos en la actividad económica, dicha consagración se hace en términos principistas; de esta forma, la Constitución Económica, entendida como el conjunto de normas constitucionales destinadas a proporcionar el marco jurídico fundamental para la estructura y funcionamiento de la actividad económica, no está destinada -salvo el caso de las constituciones socialistas de modelo soviético- a garantizar la existencia de un determinado orden económico, sino que actúan como garantes de una economía social de mercado, inspiradas en principios básicos de justicia social y con una "base neutral" que deja abiertas distintas posibilidades al legislador, del cual sólo se pretende que observe los límites constitucionales.

---

1 Véase Allan R. Brewer-Carías, "Reflexiones sobre la Constitución Económica" en *Estudios sobre la Constitución Española. Homenaje al Profesor Eduardo García de Enterría,* Madrid, 1991, pp. 3839 a 3853.

2 Véase lo que expusimos ante la Asamblea, en Allan R. Brewer-Carías, *Debate Constituyente (Aportes a la Asamblea Nacional Constituyente)*, Tomo III, Fundación de Derecho Público-Editorial Jurídica Venezolana, Caracas, 1999, pp. 15 a 52.

3 Véase en general, Henrique Meier, "La Constitución económica", en *Revista de Derecho Corporativo*, Vol. 1, N° 1. Caracas, 2001, pp. 9-74; Dagmar Albornoz, "Constitución económica, régimen tributario y tutela judicial efectiva", en *Revista de Derecho Constitucional*, N° 5 (julio-diciembre), Editorial Sherwood, Caracas, 2001, pp. 7-20; Ana C. Nuñez Machado, "Los principios económicos de la Constitución de 1999", en *Revista de Derecho Constitucional,* N° 6 (enero-diciembre), Editorial Sherwood, Caracas, 2002, pp. 129-140; Claudia Briceño Aranguren y Ana C. Núñez Machado, "Aspectos económicos de la nueva Constitución", en *Comentarios a la Constitución de la República Bolivariana de Venezuela*, Vadell Hermanos, Editores, Caracas, 2000, pp. 177 y ss., Jesús Ollarves Irazábal, "La vigencia constitucional de los Derechos Ecónomicos y Sociales en Venezuela", *Libro Homenaje a Enrique Tejera París, Temas sobre la Constitución de 1999,* Centro de Investigaciones Jurídicas (CEIN), Caracas, 2001, pp. 159 a 192; Ricardo Combellas, *Derecho Constitucional: una introducción al estudio de la Constitución de la República Bolivariana de Venezuela,* Mc Graw Hill, Caracas, 2001, pp. 209 y ss.; e Hildegard Rondón de Sansó, *Análisis de la Constitución venezolana de 1999,* Editorial Ex Libris, Caracas, 2001, pp. 281 y ss.

En el caso concreto de la Constitución venezolana de 1961, ésta propugna una serie de valores normativos superiores del régimen económico, consagrando como tales la libertad de empresa en el marco de una economía de mercado y fundamentalmente el del Estado Social de Derecho (Welfare State, Estado de Bienestar o Estado Socialdemócrata), esto es un Estado social opuesto al autoritarismo. Los valores aludidos se desarrollan mediante el concepto de libertad de empresa, que encierra, tanto la noción de un derecho subjetivo "a dedicarse libremente a la actividad económica de su preferencia", como un principio de ordenación económica dentro del cual se manifiesta la voluntad de la empresa de decidir sobre sus objetivos. En este contexto, los Poderes Públicos, cumplen un rol de intervención, la cual puede ser directa (a través de empresas) o indirecta (como ente regulador del mercado).

Las premisas señaladas precedentemente permiten determinar el grado de flexibilidad de nuestra Constitución Económica dentro de la economía de mercado, el cual puede tener como contenido la economía social de mercado o la economía dirigida o controlada de mercado, adaptándose de esta forma, a las necesidades de su tiempo, atendiendo a principios ideológicos...

A la luz de todos los principios de ordenación económica contenidos en la Constitución de la República Bolivariana de Venezuela, se patentiza el carácter mixto de la economía venezolana, esto es, un sistema socioeconómico intermedio entre la economía de libre mercado (en el que el Estado funge como simple programador de la economía, dependiendo ésta de la oferta y la demanda de bienes y servicios) y la economía interventora (en la que el Estado interviene activamente como el "empresario mayor"). Efectivamente, la anterior afirmación se desprende del propio texto de la Constitución, promoviendo, expresamente, la actividad económica conjunta del Estado y de la iniciativa privada en la persecución y concreción de los valores supremos consagrados en la Constitución.

Así las cosas, precisado como ha sido el carácter mixto del sistema socioeconómico de Venezuela, en tanto persigue el equilibrio de todas las fuerzas del mercado y la actividad conjunta del Estado e iniciativa privada, y siendo como ha sido declarado *supra* que el hecho de que la política de privatización no esté consagrada expresamente en norma constitucional alguna, no constituye razón suficiente para considerar inconstitucional la Ley de Privatización, se hace obligante para esta Sala declarar, como en efecto así se declara, improcedente el alegato del recurrente expuesto en tal sentido. Así se decide.

Ahora bien, esta Sala considera pertinente advertir con relación a la supuesta violación de la soberanía económica alegada por el recurrente, que, tal como se desprende de los artículos arriba señalados, el régimen económico de la República se fundamenta en principios de justicia social, promoción del desarrollo económico y la prohibición de los monopolios, principios estos que en ningún modo se encuentran quebrantados por la ley cuya impugnación se solicita, más aún, la Ley de Privatización contiene objetivos claros que fomentan, fortalecen y desarrollan los principios constitucionales aludidos precedentemente...

A la luz de las disposiciones normativas bajo análisis, se hace evidente que la política de privatización no quebranta en forma alguna los postulados de la soberanía económica consagrados en la Carta Magna, sino que, por el contrario, a través del mecanismo *racional* de privatización la República fortalece la economía nacional en beneficio colectivo y se permite deslastrarse de aquellos entes o vehículos económicos que hasta el presente hayan resultado una carga innecesaria para el sector público y que además podría ser eficientemente soportada por el sector privado, lo que a su vez -

lógicamente- debe significar un beneficio nacional desde el punto de vista impositivo, toda vez que las mismas tributarán directamente proporcional a su capacidad contributiva, esto es, a mayor eficiencia y mayor utilidad, mayor carga fiscal[4].

II. EL RÉGIMEN DE LOS DERECHOS ECONÓMICOS

En el Título de los Derechos, Deberes y Garantías Constitucionales se incorporó un Capítulo que enumera los derechos económicos[5] de las personas, en la siguiente forma:

1. *La libertad económica*

Siguiendo la orientación del artículo 96 de la Constitución de 1961, el artículo 112 de la nueva Constitución establece el derecho de todas las personas de poder dedicarse libremente a la actividad económica de su preferencia, sin más limitaciones que las previstas en la Constitución y las que establezcan las leyes, por razones de desarrollo humano, seguridad, sanidad, protección del ambiente u otras de interés social. Como lo ha señalado la Sala Constitucional del Tribunal Supremo

> Tal derecho tiene como contenido esencial, no la dedicación por los particulares a una actividad cualquiera y en las condiciones más favorables a sus personales intereses; por el contrario, el fin del derecho a la libertad de empresa constituye una garantía institucional frente a la cual los poderes constituidos deben abstenerse de dictar normas que priven de todo sentido a la posibilidad de iniciar y mantener una actividad económica sujeta al cumplimiento de determinados requisitos. Así, pues, su mínimo constitucional viene referido al ejercicio de aquella actividad *de su preferencia* en las condiciones o bajo las exigencias que el propio ordenamiento jurídico tenga establecidas. No significa, por tanto, que toda infracción a las normas que regulan el ejercicio de una determinada actividad económica, entrañe una violación al orden constitucional o amerite la tutela reforzada prodigada por el amparo constitucional[6].

Por otra parte, al enunciado de motivos de limitaciones que traía el texto de 1961, en la norma de la Constitución de 1999 se ha agregado, explícitamente, las razones de desarrollo humano y protección del ambiente[7].

Sobre estas limitaciones, la Sala Constitucional del Tribunal Supremo en sentencia N° 85 de 24 de enero de 2002 (Caso: *Asociación Civil Deudores Hipotecarios de Vivienda Principal vs. Superintendencia de Bancos*), ha establecido los siguientes criterios:

---

4 Véase en *Revista de Derecho Público,* N° 85-88, Editorial Jurídica Venezolana, Caracas, 2001. Véase José Ignacio Hernández, "Constitución económica y privatización (Comentarios a la sentencia de la Sala Constitucional del 6 de febrero de 2001)", en *Revista de Derecho Constitucional,* N° 5, julio-diciembre-2001, Editorial Sherwood, Caracas, 2002, pp. 327 a 342.

5 Véase en general, Hildegard Rondón de Sansó, *Análisis de la Constitución venezolana de 1999,* Editorial Ex Libris, Caracas, 2001, pp. 284 y ss.

6 Véase sentencia N° 460 de 06-04-2001, (Caso: *Oly One Import C.A. vs. Guardia Nacional*), en *Revista de Derecho Público*, N° 85-88, Editorial Jurídica Venezolana, Caracas 2001.

7 Véase sobre la evolución constitucional de la libertad económica, en Allan R. Brewer-Carías, *Evolución Histórica del Estado*, Tomo I, *Instituciones Políticas y Constitucionales*, Universidad Católica del Táchira-Editorial Jurídica Venezolana, Caracas, San Cristóbal, 1996, pp. 662 y ss.

Por ejemplo, la actividad económica, está limitada por la Constitución, por razones de desarrollo humano, protección del ambiente u otros de interés social; por lo que la actividad económica tiene que encuadrarse dentro del Estado Social, así ésta no emerja del Estado (con más razón si es él quien la dinamiza de alguna manera).

Así mismo, el Estado promoverá la riqueza, así como la protección de bienes y servicios que satisfagan las necesidades de la población, la libertad de trabajo, de empresa, de comercio e industria, pero siempre con la meta de garantizar la creación y justa distribución de la riqueza (artículo 112 constitucional), por lo que, es el bien común, sin desigualdades ni discriminaciones, sin abusos, el objetivo del Estado Social de Derecho, y tanto en las leyes como en la interpretación constitucional deberán propender a él. Esta finalidad, necesariamente, limita la autonomía de la voluntad contractual, y a la actividad económica irrestricta, que permite a las personas realizar todo aquello que la ley no prohiba expresamente, así sea en perjuicio de la población o de sus grupos.

No es que la interpretación constitucional de lo que es el Estado de Derecho prohiba el lucro, la ganancia o la libertad negocial, lo que sucede es que a juicio de esta Sala, la creación de riqueza y su justa distribución no pueden partir de una ilimitada y desorbitada explotación de los demás, y menos en áreas que por mandato constitucional pertenecen al Estado, o donde éste otorga a particulares concesiones; o los autoriza para que exploten dichas áreas o actúen en ellas, por lo que los particulares pueden crear en estos espacios autorizados riqueza propia, pero esta creación no puede ser en detrimento de quienes entran en contacto con las actividades que se realizan en ellas, y que por ser atinentes a todos los venezolanos, mal pueden ser aprovechados por algunos en desmedido perjuicio de los otros. De allí que las ganancias que los explotadores de tales áreas puedan obtener tienen que ser proporcionadas al servicio que presten y a la idoneidad con que lo hacen.

Se trata de evitar los perjuicios derivados de una desigualdad en las relaciones, proveniente de que una de las partes se encuentra en una posición dominante ante otras que forman un grupo o una clase social, por lo que dichas relaciones, de carecer de tutela efectiva, generarían una situación desproporcionadamente ventajosa para quien se encuentra naturalmente en la posición dominante sobre los miembros de las clases o grupos que en tal relación, les correspondería estar en situación de inferioridad. No se trata sólo de la desproporción que puede existir entre el poderoso económico que explota a los menesterosos, sino que puede ocurrir en otras relaciones donde por motivos tecnológicos o de otra índole, una de las partes del contrato, debido a su posición, lesiona en su calidad de vida, al otro contratante, quien incluso podría formar parte del grupo privilegiado, pero que en este tipo de relación queda igualado a la masa explotable.

Ello puede ocurrir -por ejemplo- con consumidores de bienes, cuya publicidad masiva y subliminal los presiona inconscientemente a su adquisición; o con usuarios de servicios públicos necesarios o de bienes esenciales de amplia distribución, que no reciben dichos servicios o bienes en la calidad y condiciones requeridas, ni dentro de una relación de armonía entre lo recibido y lo pagado por ello; o con aquellos a quienes colectivamente se les sorprende en la buena fe, al no prestarles la información comprensible y necesaria, abusando de la ignorancia y obteniendo sobre ellas leoninas ventajas.

Igualmente, derechos individuales pierden efectividad ante derechos colectivos, tal como ocurre con el de la libertad económica, ya que por razones de interés social (artículo 112 Constitucional), ella puede verse limitada, sobre todo -si conforme al mismo artículo 112- el Estado debe garantizar la justa distribución de la riqueza[8].

En todo caso, en la misma sentencia de la Sala Constitucional al referirse a las libertades económicas en el Estado Social de Derecho, y señalar que tales libertades económicas y el derecho de propiedad, no se convierten, como tampoco lo eran en la Constitución de 1961, en derechos irrestrictos, se expresa:

> No es que el Estado Social de Derecho propenda a un Estado Socialista, o no respete la libertad de empresa o el derecho de propiedad, sino que es un Estado que protege a los habitantes del país de la explotación desproporcionada, lo que se logra impidiendo o mitigando prácticas que atentan contra la justa distribución de la riqueza, y que conforme a las metas contenidas en el Preámbulo de la Constitución, tiende en toda forma a evitar la actividad monopólica, los abusos de la posición de dominio, la demanda concentrada (artículo 113 constitucional); los ilícitos económicos, la especulación, el acaparamiento, la usura, la cartelización (artículo 114 *eiusdem*); la adquisición de bienes y servicios de baja calidad, o que se ofrezcan sin la información adecuada o engañosa sobre el contenido y características de los servicios y productos de consumo, así como que se atente contra la libertad de elección de los mismos (artículo 117 constitucional)[9].

En todo caso, en cuanto a las limitaciones a la libertad económica, dado el principio de la reserva legal, las mismas tienen que estar establecidas en la ley, sin que la misma pueda desnaturalizar el derecho mismo. Así lo precisó la Sala Constitucional en sentencia N° 329 de 4 de mayo de 2000:

> De las normas antes transcritas se puede colegir, que las mismas consagran la libertad económica no en términos absolutos, sino permitiendo que mediante la ley se dispongan limitaciones. Sin embargo, debe destacarse que ello no implica ejercicio alguno de poderes discrecionales por parte del legislador, el cual, no podrá incurrir en arbitrariedades y pretender calificar por ejemplo, como "razones de interés social" limitaciones a la libertad económica que resulten contrarias a los principios de justicia social, ya que, si bien la capacidad del Estado de limitar la libertad económica es flexible, dicha flexibilidad existe mientras ese derecho no se desnaturalice. En este mismo sentido debe entenderse que cuando la norma transcrita se refiere a las limitaciones a dicho derecho, y señala sólo *"las previstas en esta Constitución y las que establezcan las leyes..."* no puede interpretarse que la Constitución establezca garantías cuya vigencia pueda ser determinada soberanamente por el legislador ya que todos los derechos subjetivos previstos en la Constitución son eficaces por sí mismos, con independencia de la remisión legal a la que pueda aludir la Constitución. Lo que la Ley Fundamental ofrece es un *"estatuto completo de la libertad, efectivo por sí mismo, no necesitando de ningún complemento para ser operativo inmediatamente"* (E. García de Enterría, citado por Linares Benzo, Gustavo, en su ponencia "Lo que la Libertad Económica saca del Juego" en el IV Congreso Venezolano de Derecho Constitucional)[10].

---

8 Caso: *Asociación Civil Deudores Hipotecarios de Vivienda Principal vs. Superintendencia de Bancos* en *Revista de Derecho Público,* N° 89-92, Editorial Jurídica Venezolana, Caracas, 2002.

9 *Idem.*

10 Véase en *Revista de Derecho Público*, N° 82, (abril-junio), Editorial Jurídica Venezolana, Caracas, 2000, pp. 358-359.

En sentido similar lo ha establecido la Corte Primera de lo Contencioso Administrativo en sentencia N° 177 de 1 de marzo de 2001 (Caso: *Video & Juegos Costa Verde vs. Prefecto Municipio Maracaibo):*

> El derecho a la libertad económica indudablemente es un derecho de los denominados "limitables", en el sentido de que el Estado tiene la facultad de regular su ejercicio, a través de normas sustantivas de control de la actividad particular, con el propósito de lograr el desarrollo del referido derecho, bajo parámetros de orden y control, que no pongan en juego el buen estado de la cosa pública. Esto es lo que en doctrina administrativa se ha denominado como la intervención administrativa, comúnmente identificada con el nombre de "policía". Ella atiende a la modalidad de obrar mediante la ocurrencia de actos de contenido operativo, prohibitivos y limitativos, dentro de la estructura organizativa de la función administrativa. Así, la actividad de policía, se reduce en su régimen jurídico íntegramente al previsto por el Derecho Público.
>
> Por otra parte, desde el mismo momento en que la "policía administrativa", faculta al Estado para tomar ciertas medidas que influyen en la esfera de los derechos propios de los particulares -(entre ellos el de la libertad económica)- respetando por supuesto la especificidad jurídica de medios y fines de tal actuación de policía, nos adentramos en el campo de los límites a los derechos constitucionales, y el alcance de tales potestades de policía, se configurarían como "límites a las limitaciones" antes referidas.
>
> En efecto, como bien lo señala, el autor argentino José Roberto Dromi, en la obra *Derecho Administrativo Económico*, Tomo II, Editorial Astrea, Alfredo y Ricardo Depalma, Buenos Aires, 1985, pág. 297:
>
> > *(...) El Estado debe asegurar el imperio del derecho y una justa convivencia social, por ello puede imponer limitaciones en la forma, modo o extensión del goce de los derechos. Estas limitaciones aparecen en beneficio del Estado, pero en suma son para el bien de la comunidad toda, pues se trata de una protección en defensa del interés social el equilibrar la extensión de los derechos de un individuo, respecto de otros, y del Estado mismo. Pues justamente al Estado le incumbe el deber de verificar el cumplimiento del deber que tienen todos los administradores de no perturbar el buen orden de la cosa pública e impedir los trastornos que puedan incidir en su propia existencia (...).*
>
> Así un sector importante de la doctrina -ESCOLA entre otros- ha señalado que los derechos constitucionales de todo ciudadano se encuentran limitados en razón del interés público, dado que este tiende a proteger y beneficiar a la comunidad. Estas limitaciones son un conjunto de medidas de índole jurídica que se adoptan con el propósito de armonizar y hacer compatible el ejercicio de los derechos individuales con las exigencias del interés público, de modo que aquel derecho no sólo no constituía un obstáculo para el logro de ese interés general, sino que incluso, contribuya a él. (*Cfr.* Escola, Héctor, *El Interés Público como fundamento del Derecho Administrativo*, Ediciones Depalma, Buenos Aires, 1989).
>
> Que el interés colectivo no pueda verse sacrificado por el interés individual, es un hecho aceptado por la doctrina más autorizada -Fleiner- al señalar que "*el interés público debe anteponerse al derecho individual y al interés individual y no puede ser sacrificado a él bajo ninguna circunstancia*" (*Cfr.* Fleiner, Fritz, "Einzelrecht und öffentliches interesse", *Separata de las Abhandlungen für Laband*, II, pág. 1,

Apud. Gordillo, Agustín, *Tratado de Derecho Administrativo,* Tomo 2, Ediciones Macchi, Buenos Aires, 1980, pág. XIII-15).

En consecuencia, queda suficientemente claro que el fundamento de estas limitaciones reside en la necesidad de satisfacer exigencias y requerimientos propios del interés publico, contra el que no pueden prevalecer los derechos y los intereses particulares, dentro del marco de razonabilidad previsto en la Constitución de la República Bolivariana de Venezuela, para la cual, nuestra sociedad política y jurídica ha sido concebida y creada en aras de la obtención del bienestar general, que incluye el bien común de todos y cada uno de nosotros, pero sin que los individuos puedan abdicar para ello de sus propios derechos y libertades, sino simplemente verlos restringidos por la necesaria prevalencia del interés público.

Ahora bien, esos límites que están facultado el Estado para imponer, tienen a su vez limitaciones, constituidas principalmente por la razonabilidad de la actividad administrativa, y por la adecuación de ésta al principio de legalidad.

En cuanto al primero de los supuestos, en los casos concernientes al ejercicio de la policía administrativa, deben concurrir las siguientes situaciones: 1) fin público que habilite la actuación; 2) circunstancia justificantes; y 3) adecuación del medio elegido al fin propuesto. Lo cierto es que el principio de razonabilidad obliga a ponderar con prudencia las consecuencias sociales de la decisión, para evitar la arbitrariedad por "prohibiciones injustificadas" o por "excepciones arbitrarias". (*Vid.* Canasi, José, *Poder de Policía y Cuestiones de Jurisdicción,* Editorial Depalma, Buenos Aires, 1963, pág. 38 y siguientes).

En lo que respecta al segundo de lo supuesto -esto es la adecuación de la actividad al principio de legalidad- se refiere a que las limitaciones que imponga el Estado al ejercicio de los derechos constitucionales, deben tener contenido legislativo, *vgr.* "reglamentos de policía" que imponen "penas de policía", ya que éstas sin contenido legislativo, se configurarían como penas inconstitucionales. (*Vid.* Marienhoff, *Tratado de Derecho Administrativo*, Tomo IV, Editorial Abeledo-Perrot, Buenos Aires, 1973, pág. 523 y siguientes).

Ahora bien, las restricciones de los derechos constitucionales, además de estar autorizadas por Ley, deben ser materializadas por los órganos administrativos competentes. La competencia es, ciertamente, la medida de la potestad atribuida por la Ley a cada órgano, de modo, que no habrá competencia ni, desde luego, actuación administrativa valida, si no hay previamente el señalamiento, por norma legal expresa, de la atribución que se reconoce al órgano y de los límites que la condicionan. En este mismo orden de ideas, si hay inexistencia o falseamiento de los presupuestos fácticos, el órgano no podrá ejercitar el poder que el ordenamiento le ha atribuido y la actuación que cumpla estará viciada de ilegalidad y de nulidad absoluta acorde con la previsión contenida en el numeral 4 del artículo 19 de la Ley Orgánica de Procedimientos Administrativos.

En otras palabras, es cierta la facultad de la Administración para tomar medidas en sede administrativa, que limiten el interés individual en aras de tutelar el interés colectivo que podría verse envuelto en una situación determinada, pero para dictar las mismas, deben cumplirse todos y cada uno de los trámites legales correspondiente a la actuación administrativa de que se trate (*vgr.* Principio de Legalidad), por lo que no podría la administración, dictar un acto definitivo con prescindencia total o parcial del procedimiento pautado, justificándolo en el interés colectivo, ya que para esos casos, el ordenamiento ha proveído las llamadas medidas preventivas en sede administrativa.

Por lo tanto, es a la Administración a quien corresponde la carga de la prueba para demostrar, que en un caso concreto, se justifica la adaptación de medidas limitantes de los derechos particulares.

Es decir, no se pone en duda la facultad de la Administración de efectuar las actividades necesarias en búsqueda de interés público, sin embargo, para la adopción de esas medidas, es necesario que esté plenamente demostrada la viabilidad y oportunidad de las mismas, ya que de los contrario, se estarían limitando los derechos constitucionales de una manera arbitraria e ilegitima[11].

2. *El derecho de propiedad y la expropiación*

El artículo 115 de la Constitución garantiza el derecho de propiedad, precisando que toda persona tiene derecho al uso, goce, disfrute y disposición de sus bienes.

La propiedad, sin embargo, está sometida a las contribuciones, restricciones y obligaciones que establezca la ley con fines de utilidad pública o de interés general. Por tanto "la garantía al derecho de propiedad solo queda limitada o alterada en base a disposiciones legales que así lo contemplen, por lo que las normas que establezcan estas limitaciones son de interpretación restrictiva, debido a que ellas resultan puntuales"[12].

Por otra parte, sólo por causa de utilidad pública o interés social, mediante sentencia firme y pago oportuno de justa indemnización, podrá ser declarada la expropiación de cualquier clase de bienes[13].

La norma sigue la orientación del constitucionalismo venezolano[14], aún cuando debe destacarse algunas variaciones en relación con su equivalente en la Constitución de 1961 (art. 99), que son las siguientes: *primero,* no se establece que la propiedad privada tiene una función social que cumplir, como lo indicaba la Constitución de 1961; *segundo,* en la nueva Constitución se enumeran los atributos del derecho de propiedad (uso, goce y disposición) lo que era materia de rango legal (art. 545 del Código Civil); y *tercero,* en cuanto a la expropiación, se exige en el nuevo

---

11 Véase en *Revista de Derecho Público,* N° 85-88, Editorial Jurídica Venezolana, Caracas, 2001.

12 Véase sentencia N° 296 dela Sala Constitucional (Caso: Argentina V. *Domínguez*), en *Revista de Derecho Público,* N° 82, (abril-junio), Editorial Jurídica Venezolana, Caracas, 2000, p. 359. Véase en general, José L. Villegas Moreno, "El derecho de propiedad en la Constitución de 1999", en *Estudios de Derecho Administrativo: Libro Homenaje a la Universidad Central de Venezuela,* Volumen II. Imprenta Nacional, Caracas, 2001, pp. 565-582; y Luciano Parejo Alfonso, "Algunas consideraciones sobre el derecho de propiedad a la luz de la jurisprudencia constitucional", en *Estudios de Derecho Administrativo: Libro Homenaje a la Universidad Central de Venezuela,* Volumen II. Imprenta Nacional, Caracas, 2001, pp. 267-311.

13 Véase la Ley de expropiación por causa de utilidad pública o social, *G.O.* N° 37.475 de 1° de julio de 2002. Véase Allan R. Brewer-Carías et al., *Ley de expropiación por causa de utilidad pública o social,* Caracas, 2003. Véase en general, Eduardo García de Enterría, "La garantía constitucional del patrimonio de los ciudadanos: expropiación forzosa y responsabilidad patrimonial del legislador en el derecho comparado", en *El Derecho Público a comienzos del siglo XXI. Estudios homenaje al Profesor Allan R. Brewer-Carías,* Tomo III, Instituto de Derecho Público, UCV, Civitas Ediciones, Madrid, 2003, pp. 3039-3056.

14 Véase Allan R. Brewer-Carías "El derecho de propiedad y libertad económica. Evolución y situación actual en Venezuela" en *Estudios sobre la Constitución. Libro Homenaje a Rafael Caldera,* Tomo II, Caracas, 1979, pp. 1139 a 1246.

texto constitucional que el pago de la justa indemnización sea "oportuno". En esa forma, en general, la norma garantiza con mayor fuerza el derecho de propiedad[15].

Deben agregarse, además, las normas constitucionales sobre derecho de autor y propiedad industrial, mal ubicadas en el Capítulo relativo a los derechos culturales (art. 98).

3. *La prohibición de la confiscación*

La Constitución prohíbe que se decreten o ejecuten confiscaciones de bienes salvo en los caos permitidos por la propia Constitución y, en particular, por vía de excepción, mediante sentencia firme, respecto de los bienes de personas naturales o jurídicas, nacionales o extranjeras, responsables de delitos cometidos contra el patrimonio público, los bienes de quienes se hayan enriquecido ilícitamente al amparo del Poder Público y los bienes provenientes de las actividades comerciales, financieras o cualesquiera otras vinculadas al tráfico ilícito de sustancias psicotrópicas y estupefacientes (art. 116 y 271).

Se amplían, en esta forma, considerablemente, los supuestos en los cuales procedería la confiscación, pero no se hace referencia a las medidas aceptadas por el derecho internacional público, como se especificaba en el artículo 102 de la Constitución de 1961.

4. *El régimen del latifundio y de la propiedad rural*

El artículo 307 de la Constitución declara al régimen latifundista como contrario al interés social, y remite al legislador para disponer lo conducente en materia tributaria para gravar las tierras ociosas y establecer las medidas necesarias para su transformación en unidades económicas productivas, rescatando igualmente las tierras de vocación agrícola. En tal sentido en 2001 se dictó el Decreto N° 1.546 con Fuerza de Ley de Tierras y Desarrollo Agrario[16]

Por otra parte, la norma establece el derecho de los campesinos y demás productores y productoras agropecuarios a la propiedad de la tierra, en los casos y formas especificados por la ley respectiva. Esto implica el establecimiento de obligaciones constitucionales al Estado para proteger y promover las formas asociativas y particulares de propiedad para garantizar la producción agrícola, y para velar por la ordenación sustentable de las tierras de vocación agrícola con el objeto de asegurar su potencial agroalimentario.

Excepcionalmente, dispone el mismo artículo constitucional, que el legislador creará contribuciones parafiscales con el fin de facilitar fondos para financiamiento, investigación, asistencia técnica, transferencia tecnológica y otras actividades que promuevan la productividad y la competitividad del sector agrícola.

---

15 Véase, además, los comentarios que formulamos sobre el régimen de la propiedad en Allan R. Brewer-Carías, *Debate Constituyente*, (*Aportes a la Asamblea Nacional Constituyente),* Tomo I, (8 agosto-8 Septiembre 1999), Fundación de Derecho Público-Editorial Jurídica Venezolana, Caracas, 1999, pp. 201 y ss.

16 *G.O.* N° 37.323 del 13 de noviembre de 2001.

La norma, sin embargo, no reguló ni hizo referencia al latifundio público o del Estado, quizás el de mayor extensión, constituido por las tierras baldías afectadas a la reforma agraria y su necesaria utilización para el desarrollo agrícola[17].

5. *El derecho a la calidad de bienes y servicios*

Una innovación constitucional en materia económica es el derecho que regula el artículo 117, de todas las personas a disponer de bienes y servicios de calidad, así como a una información adecuada y no engañosa sobre el contenido y características de los productos y servicios que consumen, a la libertad de elección y a un trato equitativo y digno. En 2002 se sancionó la Ley del Sistema Venezolano para la Calidad[18].

6. *Derechos de asociación cooperativa*

La Constitución, por otra parte, reconoce el derecho de los trabajadores y de la comunidad para desarrollar asociaciones de carácter social y participativo, como las cooperativas, cajas de ahorro, mutuales y otras formas asociativas, las cuales pueden desarrollar cualquier tipo de actividad económica, de conformidad con la ley, (art. 118).

El legislador, en todo caso, debe reconocer las especificidades de estas organizaciones, en especial, las relativas al acto cooperativo, al trabajo asociado y su carácter generador de beneficios colectivos; y el Estado debe promover y proteger estas asociaciones destinadas a mejorar la economía popular y alternativa; en particular, las destinadas a la producción agrícola (art. 307). En se dictó el Decreto N° 1.440, con Fuerza de Ley de Reforma Parcial de la Ley Especial de Asociaciones Cooperativas[19].

III. EL RÉGIMEN DE LA INTERVENCIÓN DEL ESTADO EN LA ECONOMÍA

En el texto constitucional se regulan las diferentes facetas de la intervención del Estado en la economía, como se han venido desarrollando en las últimas décadas[20].

1. *El Estado promotor*

En primer lugar, de las normas constitucionales se puede construir la figura del Estado promotor, es decir, que no sustituye a la iniciativa privada, sino que fomenta y ordena la economía para asegurar su desarrollo. Ello resulta de las siguientes normas.

A. *La promoción del desarrollo económico*

Expresamente, el artículo 299 de la Constitución obliga al Estado, conjuntamente con la iniciativa privada, a promover el desarrollo armónico de la economía nacional con el fin de generar fuentes de trabajo, alto valor agregado nacional, elevar el nivel de vida de la población y fortalecer la soberanía económica del país, garantizando la

---

17 Véase nuestro voto salvado sobre esto en Allan R, Brewer-Carías, *Debate Constituyente,* Tomo III, *op. cit.*, p. 215.

18 *G.O.* N° 37.555 del 23 de octubre de 2002

19 *G.O.* N° 37.285 del 18 de septiembre de 2001

20 Véase Allan R. Brewer-Carías, *Evolución Histórica del Estado*, Tomo I, *Instituciones Políticas y Constitucionales*, *op. cit.*, pp. 594 y ss.

seguridad jurídica, solidez, dinamismo, sustentabilidad, permanencia, equidad del crecimiento de la economía, para garantizar una justa distribución de la riqueza mediante una planificación estratégica democrática, participativa y de consulta abierta.

B. *La promoción de la iniciativa privada*

El artículo 112 de la Constitución, además, y como garantía de libertad económica, obliga al Estado a promover la iniciativa privada, garantizando la creación y justa distribución de la riqueza, así como la producción de bienes y servicios que satisfagan las necesidades de la población, la libertad de trabajo, la libertad de empresa, la libertad de comercio, la libertad de industria, sin perjuicio de su facultad para dictar medidas para planificar, racionalizar y regular la economía e impulsar el desarrollo integral del país.

En este contexto, el Estado puede establecer regímenes de protección a la inversión, tanto nacional como extranjera[21]

C. *La promoción de la agricultura para la seguridad alimentaria*

El artículo 305 de la Constitución también obliga al Estado a promover la agricultura sustentable como base estratégica del desarrollo rural integral y, en consecuencia, debe garantizar la seguridad alimentaria de la población; entendida como la disponibilidad suficiente y estable de alimentos en el ámbito nacional y el acceso oportuno y permanente a éstos por parte del público consumidor[22].

La seguridad alimentaria se debe alcanzar desarrollando y privilegiando la producción agropecuaria interna, entendiéndose como tal en el mismo texto constitucional, la proveniente de las actividades agrícolas, pecuarias, pesquera y agrícola.

En general, el mismo artículo 305 dispone que la producción de alimentos es de interés nacional y fundamental al desarrollo económico y social de la Nación, y a tales fines, el Estado debe dictar las medidas de orden financiero, comercial, transferencia tecnológica, tenencia de la tierra, infraestructura, capacitación de mano de obra y otras que fueran necesarias para alcanzar niveles estratégicos de autoabastecimiento. Además, promoverá las acciones en el marco de la economía nacional e internacional para compensar las desventajas propias de la actividad agrícola[23].

El Estado, además, debe proteger los asentamientos y comunidades de pescadores o pescadoras artesanales, así como sus caladeros de pesca de aguas continentales y los próximos a la línea de costa definidos en la ley[24].

---

21 Véase la sentencia de la Sala Constitucional N° 186 de 14 de febrero de 2001, sobre la impugnación de la Ley de Promoción y Protección de Inversiones, en *Revista de Derecho Público*, N° 85-88, Editorial Jurídica Venezolana, Caracas, 2001.

22 Sobre esta obligación estatal véase nuestro comentario en Allan R. Brewer-Carías, *Debate Constituyente,* Tomo III, *op. cit.*, p. 214.

23 Véase, entre otras, Decreto N° 1.469 con Fuerza de Ley de Zonas Especiales de Desarrollo Sustentable en *G.O.* N° 5.556 Extraordinario de 13 de noviembre de 2001; Ley de Silos, Almacenes y Depósitos Agrícolas en *G.O.* N° 37.801 del 21 de octubre de 2003; Ley de Mercadeo Agrícola en *G.O.* N° 37.389 de 21 de febrero de 2002; Ley de Crédito para el Sector Agrícola en *G.O.* N° 37.563 del 5 de noviembre de 2002.

24 Véase la Ley de Pesca y Acuacultura en *G.O.* N° 37.727 del 8 de julio de 2003.

D. *La promoción de la industria*

El artículo 302 de la Constitución obliga al Estado a promover la manufactura nacional de materias primas provenientes de la explotación de los recursos naturales renovables, con el fin de asimilar, crear e innovar tecnologías, generar empleo y crecimiento económico, y crear riqueza y bienestar para el pueblo.

E. *La promoción del desarrollo rural integrado*

Adicionalmente, la Constitución también obliga al Estado a promover las condiciones para el desarrollo rural integral, con el propósito de generar empleo y garantizar a la población campesina un nivel adecuado de bienestar, así como su incorporación al desarrollo nacional; y a fomentar la actividad agrícola y el uso óptimo de la tierra mediante la dotación de las obras de infraestructura, insumos, créditos, servicios de capacitación y asistencia técnica (art. 306)[25].

F. *La promoción de la pequeña y mediana industria*

El artículo 308 de la Constitución también obliga al Estado a proteger y promover la pequeña y mediana industria, las cooperativas, las cajas de ahorro, así como también la empresa familiar, la microempresa y cualquier otra forma de asociación comunitaria para el trabajo, el ahorro y el consumo, bajo régimen de propiedad colectiva, con el fin de fortalecer el desarrollo económico del país, sustentándolo en la iniciativa popular. A tal efecto, la Constitución exige que se debe asegurar la capacitación, la asistencia técnica y el financiamiento oportuno. En 2002 se sancionó la Ley para la Promoción y Desarrollo de la Pequeña y Mediana Industria[26].

G. *La promoción de la artesanía popular*

En cuanto a la artesanía e industrias populares típicas de la Nación, el artículo 309 dispone que deben gozar de protección especial del Estado, con el fin de preservar su autenticidad y deben obtener facilidades crediticias para promover su producción y comercialización.

H. *La promoción del turismo*

Por último, en cuanto a las actividades económicas que deben ser promovidas, el artículo 310 declara al turismo como una actividad económica de interés nacional, prioritaria para el país en su estrategia de diversificación y desarrollo sustentable. La norma exige que dentro de las fundamentaciones del régimen socioeconómico previsto en esta Constitución, el Estado debe dictar las medidas que garanticen su desarrollo y debe velar por la creación y fortalecimiento del sector turístico nacional. En 2001 se dictó el Decreto N° 1.534 con Fuerza de Ley Orgánica de Turismo[27].

25 Sobre esto, véase nuestra propuesta en Allan R. Brewer-Carías, *Debate Constituyente,* Tomo III, *op. cit.*, p. 215.

26 *G.O.* N° 37.583 del 3 de diciembre de 2002.

27 *G.O.* N° 37.332 del 26 de noviembre de 2001.

2. *El Estado regulador*

En el texto constitucional, por otra parte se establecen un conjunto de atribuciones que facultan al Estado para regular el ejercicio de los derechos económicos, consecuencia de las limitaciones a la libertad económica como resulta de lo antes expuesto. Sobre ello, incluso, la Sala Constitucional del Tribunal Supremo de Justicia, en la mencionada sentencia N° 85 de 24 de enero de 2002, ha señalado:

> Es de la esencia del Estado Social de Derecho dictar medidas legales para planificar, racionalizar y regular la economía (artículo 112 constitucional), restringir la propiedad con fines de utilidad pública o interés general (artículo 115 *eiusdem*), o limitar legalmente la libertad económica por razones de desarrollo humano, seguridad, sanidad, protección del ambiente u otros de interés social (artículo 112 constitucional).
>
> Es criterio de la Sala, que cuando la propia Constitución prohíbe determinadas conductas, de producirse, ellas devienen en inconstitucionales, independientemente de que sean tipificadas como delitos o faltas, o sean susceptibles de sanciones administrativas; y como procederes inconstitucionales pueden ser objeto de acciones diversas a las penales, tendentes a que cese o se impida la violación constitucional, sin necesidad de discutir la calificación delictiva de las conductas prohibidas.
>
> Como se explica en este fallo, las restricciones legales a la propiedad o a la libertad económica, son inherentes a la existencia del Estado Social de Derecho y su meta de proteger a las personas ante las conductas desequilibrantes tendentes a explotar a sectores de la población. Este signo distingue al Estado Social de Derecho del Estado Liberal.
>
> Dentro de un Estado Social, es inadmisible que el Estado sea la fuente del desequilibrio que se trata de evitar...
>
> La solidaridad social de quien realiza la actividad económica, sea venezolano o extranjero, a juicio de esta Sala va aún más allá. Las personas no pueden estar encaminadas a obtener ventajas usurarias, o a realizar contratos -así las partes los acepten- donde una de ellas no corre riesgos y obtiene todas las ganancias, mientras la otra está destinada a empobrecerse. Hasta allí no llegan las consecuencias de la autonomía de la voluntad en un Estado Social de Derecho, en el cual la solidaridad social es uno de sus elementos, que existe no para explotar o disminuir a los demás, ni para premio de los más privilegiados.
>
> Tal proceder, que se enmarca dentro del capitalismo liberal, es contrario de la dignidad humana y no es mas que un abuso del o de los propietarios de las empresas que lo adelanten[28].

A. *El régimen de la prohibición de los monopolios*

La nueva Constitución no se limitó a declarar, como lo hacía el artículo 97 de la Constitución de 1961, que "no se permitirán monopolios", sino que detalló en el artículo 113, el régimen de tal prohibición[29], en la siguiente forma:

---

28 Véase en *Revista de Derecho Público,* N° 89-92, Editorial Jurídica Venezolana, Caracas, 2002.

29 Véase nuestro criterio sobre esta norma en Allan R. Brewer-Carías, *Debate Constituyente,* Tomo III, *op. cit.,* pp. 185 y 186.

Se declaran contrarios a los principios fundamentales de esta Constitución cualquier acto, actividad, conducta o acuerdo de los y las particulares que tengan por objeto el establecimiento de un monopolio o que conduzcan, por sus efectos reales e independientes de la voluntad de aquellos o aquellas, a su existencia, cualquiera que fuere la forma que adoptare en la realidad. También es contraria a dichos principios el abuso de la posición de dominio que un particular, un conjunto de ellos o ellas o una empresa o conjunto de empresas, adquiera o haya adquirido en un determinado mercado de bienes o de servicios, con independencia de la causa determinante de tal posición de dominio, así como cuando se trate d una demanda concentrada. En todos los casos antes indicados, el Estado adoptará las medidas que fueren necesarias para evitar los efectos nocivos y restrictivos del monopolio, del abuso de la posición de dominio y de las demandas concentradas, teniendo como finalidad la protección del público consumidor, los productores y productoras y el aseguramiento de condiciones efectivas de competencia en la economía.

B. *El régimen de las concesiones estatales*

En particular, el mismo artículo 113 de la Constitución regula las concesiones del Estado cuando se trate de explotación de recursos naturales propiedad de la Nación o de la prestación de servicios de naturaleza pública, con exclusividad o sin ella, las cuales se pueden otorgar por tiempo determinado, asegurando siempre la existencia de contraprestaciones o contrapartidas adecuadas al interés público.

Sobre este régimen, la Sala Constitucional en su mencionada sentencia N° 85 de 24 de enero de 2002 (Caso: *Asociación Civil Deudores Hipotecarios de Vivienda Principal vs. Superintendencia de Bancos*) señaló:

> Ahora bien, mediante el régimen de concesiones, el Estado y los entes que lo conforman pueden permitir a particulares la explotación de recursos naturales propiedad de la Nación o de esos entes, así como la prestación de servicios de naturaleza pública, pero estas concesiones no pueden ejercerse sino adecuándolas al interés público, como lo señala el artículo 113 constitucional así como al interés social, motivo por el cual ni los derechos que se le otorguen, ni la actitud de los concesionarios pueden tener una connotación distinta a la del Estado, y dentro de un Estado Social la concesión no puede estar destinada a aumentar el desequilibrio entre las clases, o entre el Estado y los ciudadanos. Las normas sobre responsabilidad social, recogidas en los artículos 299 y 326 constitucionales, a juicio de esta Sala son claras al respecto.
>
> Es más, el concesionario -como empresario- no puede trasladar a los ciudadanos riesgos inherentes a la empresa, como tampoco puede desplazar hacia éstos los costos que le corresponden para poder operar, buscando de esta manera un lucro exagerado o injusto que atenta contra el interés público y la calidad de la vida de los ciudadanos. Permitirlo, sería negar el Estado Social de Derecho.
>
> El Estado, y los concesionarios que actúan en su nombre, tienen que adaptarse a las prohibiciones de los artículos 113, 114, 115 y 117 constitucionales, salvo las excepciones constitucionales y legales. Sobre estos tópicos la Sala falló el 8-12-00 (sentencia 1556). Igualmente, deben obrar de acuerdo a valores como la solidaridad y la responsabilidad social.
>
> Observa la Sala, que en áreas diferentes a las de las concesiones, el Estado otorga a particulares autorizaciones o permisos para actuar, realizar contratos administrativos, prestar servicios públicos, etc.

Hay actividades que son de interés general, de interés público o de interés social, y para que los particulares puedan cumplir esas actividades, es necesario -por mandato legal- que el Estado los autorice o los habilite, lo que también es necesario para prestar servicios públicos, como los que prestan -por ejemplo- la Banca y otros entes financieros, servicio público reconocido como tal por el artículo 7 de la Ley de Protección al Consumidor y al Usuario, o por el artículo 3 de la Ley Orgánica del Sistema de Seguridad Social Integral, en lo referente al subsistema de vivienda y política habitacional (artículo 52 de la última ley citada).

Quienes reciben la autorización pueden, en principio, ejercer libremente la actividad económica que han preferido, pero ella puede quedar sujeta -por mandato legal- a la vigilancia, fiscalización y control del Estado. Pero, además, dentro del Estado Social de Derecho, estos particulares autorizados cuando obren en áreas de interés social, tienen el deber de cumplir con su responsabilidad social, lo que significa no sólo ceñirse al cumplimiento de la ley, sino propender a la paz social, contribuir a la armonía, lo cual es un deber de las personas -y no sólo del Estado- a tenor del artículo 132 constitucional.

Ante tal deber, no es pensable que fundados en la autorización estatal, estos particulares traten de impedir la democracia económica y entraben a otros la libertad de empresa, o realicen actividades destinadas a la explotación desproporcionada de las personas, así la ley no lo prohíba, porque aceptar lo contrario es dejar sin aplicación al Estado Social de Derecho e ignorar los deberes sociales que dicho Estado crea en general.

Por ello, varias leyes vigentes, como el Decreto n° 310 con Rango y Fuerza de Ley Orgánica de Hidrocarburos Gaseosos, en su artículo 9, establece que una misma persona no puede ejercer ni controlar simultáneamente en una región, dos o más de las actividades de producción, transporte o distribución previstas en esa Ley. Control prohibido, por lo que las simulaciones o fraudes a la ley, tendientes a burlar tal prohibición son perseguibles no solo por el Estado, sino por los particulares interesados, ya que en una democracia participativa, tales acciones cívicas son posibles.

Se limita así la libertad de empresa, abriendo los cauces a la democracia económica, y que otros pueden participar de los negocios o industrias, lográndose así una mejor y equitativa distribución de las riquezas.

Idénticas o semejantes prohibiciones se encuentran en otras leyes que procuran evitar la concentración de poder económico en personas o grupos de personas, tal como acontece en los artículos 146 y 191 de la Ley de Telecomunicaciones, o el 63 de la Ley Orgánica de Turismo, por ejemplo. Por ello, en general, las libertades económicas y de empresa tienen límites, siempre en beneficio del colectivo.

Por otra parte, el Estado Social de Derecho se funda igualmente en la solidaridad, y no admite ni en el Estado, ni en los particulares autorizados para actuar en áreas de interés social o público, que en base a silencios de la ley, asuman conductas discriminatorias o que propendan al empobrecimiento y explotación de clases sociales o grupos de población considerados débiles. El fin de lucro, debe conciliarse con la solidaridad y la responsabilidad social.

Se trata de principios generales, aplicables a la actividad económica en general. No es admisible, por ejemplo, que el Estado, sin justificación alguna, cobre a unos usuarios una tarifa, y premie a otros que están en igualdad de condiciones, exonerándolos de ese pago. No es admisible que el Estado otorgue concesiones -por ejemplo- con determinadas cláusulas favorables al concesionario y no las otorgue a otro concesionario que se encuentra en igual situación. Ante tales discriminaciones, tratándose de la explotación de recursos del Estado o de la prestación de servicios públicos, con exclusividad o sin ella, las víctimas de la discriminación, o los usuarios, u otros concesionarios, contratantes, etc., tienen el derecho de pedir que no se les discrimine y se les permita realizar la actividad económica en igualdad de condiciones; y tal derecho es oponible a los particulares que explotan bienes o servicios del Estado, bien porque hayan realizado contratos con éste, u obtenido concesiones o autorizaciones.

Para esta Sala es inconcebible que quien goza de estos bienes o derechos, propiedad del Estado Venezolano y por lo tanto del Pueblo, impida a otros el goce, o los utilice de una manera tal que haga nugatorio el acceso de los particulares, y hasta del Estado a esos servicios, entre los que se encuentra el crédito por interés social[30].

C. *El régimen de protección a los consumidores o usuarios*

El artículo 117 de la Constitución, como se ha dicho, remite a la ley para establecer los mecanismos necesarios para garantizar los derechos a la calidad de bienes y servicios y a la información adecuada sobre los mismos, las normas de control de calidad y cantidad de bienes y servicios, los procedimientos de defensa del público consumidor, el resarcimiento de los daños ocasionados y las sanciones correspondientes por la violación de estos derechos.

D. *El régimen de la política comercial*

El artículo 301 de la Constitución reserva al Estado el uso de la política comercial para defender las actividades económicas de las empresas nacionales públicas y privadas. Dispone, además, que no se puede otorgar a empresas y organismos o personas extranjeros regímenes más beneficiosos que los establecidos para los nacionales, estando sujeta, la inversión extranjera, a las mismas condiciones que la inversión nacional[31].

E. *Los ilícitos económicos*

La Constitución estableció el principio de que el ilícito económico, la especulación, el acaparamiento, la usura, la cartelización y otros delitos conexos, deben ser penados severamente de acuerdo con la ley (art. 114).

3. *El Estado empresario*

En lo que concierne a la intervención del Estado en la economía, como Estado empresario, la Constitución regula en forma específica, el régimen de la creación de empresas, el régimen de la nacionalización petrolera y el régimen de la reserva de actividades económicas al Estado.

A. *La creación de empresas estatales*

Contrariamente a lo que establecía el Proyecto que discutió la Asamblea, que sujetaba la posibilidad de creación de empresas públicas sólo en las actividades reservadas en la Constitución o a una autorización legislativa expresa[32], a propuesta nues-

30 Véase en *Revista de Derecho Público,* N° 89-92, Editorial Jurídica Venezolana, Caracas, 2002.

31 Véase nuestro criterio sobre esta norma en Allan R. Brewer-Carías, *Debate Constituyente,* Tomo III, *op. cit.,* pp. 208 y 209.

32 Véase nuestros Votos Salvados y la propuesta en las dos discusiones, en Allan R. Brewer-Carías, *Debate Constituyente,* Tomo III, *op. cit.,* pp. 207 y 208 y 291.

tra, el artículo 300 de la Constitución se limitó a exigir que una ley nacional debe establecer las condiciones para la creación de entidades funcionalmente descentralizadas para la realización de actividades sociales o empresariales, con el objeto de asegurar la razonable productividad económica y social de los recursos públicos que en ellas se inviertan.

B. *La reserva al Estado de la industria petrolera*

El artículo 302 de la Constitución, luego de intensos debates[33] estableció que "el Estado se reserva, mediante la ley orgánica respectiva y por razones de conveniencia nacional, la actividad petrolera". En esta forma, la reserva de la industria petrolera efectuada mediante la Ley Orgánica que reserva al Estado la Industria y el Comercio de los Hidrocarburos de 1975[34], adquirió rango constitucional en el texto de 1999, pero conforme lo establezca la ley orgánica respectiva, la cual puede ser modificada. La reserva, por tanto, puede considerarse que no es ni rígida ni absoluta, sino flexible, conforme lo ha establecido en 2001 la Ley Orgánica de Hidrocarburos[35].

En particular, en todo caso, en la Constitución (art. 303) se estableció expresamente que por razones de soberanía económica, política y de estrategia nacional "el Estado conservará la totalidad de las acciones de Petróleos de Venezuela, S.A." o del ente creado para el manejo de la industria petrolera, exceptuando la de las filiales, asociaciones estratégicas, empresas y cualquier otra que se haya constituido o se constituya como consecuencia del desarrollo de negocios de Petróleos de Venezuela, S.A.

En esta forma, lo que de acuerdo con la Constitución debe permanecer como propiedad de la República (no del Estado) son las acciones de PDVSA, es decir, del holding de la industria petrolera, pero no de las filiales, las cuales son, en realidad, las que realizan las actividades económicas en la industria.

C. *La posibilidad de reserva de otras actividades económicas*

El mismo artículo 302 de la Constitución, también establece que el Estado se puede reservar, mediante ley orgánica, y por razones de conveniencia nacional, industrias, explotaciones, servicios y bienes de interés público y de carácter estratégico.

En este caso, distinto al de la industria petrolera ya reservada desde 1975, se trata de una previsión, que sigue la orientación del artículo 97 de la Constitución de 1961, y que se refiere tanto a otras actividades ya reservadas en el pasado (como la industria del gas natural, o la industria del mineral de hierro), como a la posibilidad, en el futuro, que se pueda dictar una reserva de actividades económicas de interés público o de carácter estratégico[36].

---

33 Véase nuestro voto salvado en primera discusión en Allan R. Brewer-Carías, *Debate Constituyente*, Tomo III, *op. cit.*, pp. 209 y 210.

34 Véase nuestros comentarios sobre ese proceso en Allan R. Brewer-Carías, "Aspectos organizativos de la industria petrolera nacionalizada", en *Archivo de Derecho Público y Ciencias de la Administración*, Instituto de Derecho Público UCV, Vol. III, Tomo I, Caracas, 1981, pp. 407 a 492.

35 *G.O.* Nº 37.323 del 13 de noviembre de 2001

36 Véase nuestro voto salvado en primera discusión en Allan R. Brewer-Carías, *Debate Constituyente*, Tomo III, *op. cit.*, pp. 210 y 211.

4. *El Estado planificador*

Tanto en el artículo 112 como en el artículo 299 de la Constitución, se atribuyen al Estado potestades planificadoras, aún cuando con la especificación de que debe ser democrática, participativa y de consulta abierta. A tal efecto, en 2001 se dictó el Decreto N° 1.528 con Fuerza de Ley Orgánica de Planificación[37].

5. *Los problemas de una Constitución económica concebida para el paternalismo insolvente*

El paternalismo estatal en el campo social que se ha analizado conduce, inexorablemente a la concepción de una Constitución económica con una gran carga estatista. En efecto, como hemos señalado, la tercera parte de la Constitución, como toda Constitución contemporánea, está destinada a regular la Constitución económica, en la cual se establecen las reglas de juego del sistema económico del país, el cual sigue concibiéndose, en principio, como un sistema de economía mixta, que se basa en reconocer la iniciativa privada y los derechos de propiedad y libertad económica, pero fundamentándolo en principios de justicia social, lo que permite la intervención del Estado en la economía, en algunos casos en forma desmesurada.

En esta materia, a pesar de que en las discusiones del Proyecto se lograron establecer algunos equilibrios importantes entre la libertad económica y la intervención del Estado, existe un marcado acento estatista[38], lo que aunado a las consecuencias fiscales del paternalismo social y del populismo que contiene, hace materialmente inviable financieramente el rol del Estado, previéndose un esquema de terrorismo tributario que informa la Disposición Transitoria Quinta, contrario a la iniciativa privada.

En efecto, la Constitución no sólo es manifiestamente estatista en materia económica, al atribuir al Estado la responsabilidad fundamental en la gestión y prestación de los servicios públicos básicos en materia de salud, educación y seguridad social, y de los de carácter domiciliario como distribución de agua, electricidad y gas, sino que ello también deriva de la regulación, en el mismo, de un conjunto de potestades reguladoras, de control y de planificación.

Las normas relativas a la economía, por tanto, son básicamente las destinadas a prever la intervención del Estado, destinándose a lo privado, en realidad, las escuetas normas reguladoras de la libertad económica (art. 112) y de la propiedad privada (art. 115). No existe, sin embargo, el equilibrio necesario entre lo público y lo privado, privilegiándose en el sector privado sólo actividades no fundamentales en la generación de riqueza y empleo como la agrícola (art. 305), la artesanía (art. 309), la pequeña y mediana empresa (art. 308), y el turismo (art. 310).

A ello se agregan normas de control y persecución como las relativas a los monopolios y a los delitos económicos (arts. 113 y 114); la declaración como del dominio público del subsuelo, las costas marítimas y las aguas (arts. 112 y 304) lo que abre un campo importante adicional respecto del control estatal del uso y aprovechamiento de dichos bienes; la reserva al Estado de la industria petrolera, y la posi-

37 *G.O.* N° 5.554 Extraordinario de 13 de noviembre de 2001

38 Véase Allan R. Brewer-Carías, "Reflexiones críticas sobre la Constitución de 1999" en *La Constitución de 1999*", Academia de Ciencias Políticas y Sociales, Caracas, 2000, pp. 77 y ss.

bilidad de reserva de otras actividades, servicios o explotaciones de carácter estratégico (art. 302); y las normas que preven las potestades planificadoras del Estado, tanto a nivel nacional (arts. 112 y 299) como a nivel local (art. 178).

El Estado, así, en la Constitución es responsable de casi todo, y puede regularlo todo. La iniciativa privada aparece marginal y marginada. No se asimiló la experiencia del fracaso del Estado regulador, de control, planificador y empresario de las últimas décadas, ni se entendió la necesidad de privilegiar las iniciativas privadas y estimular la generación de riqueza y empleo por la sociedad.

El resultado del texto constitucional en materia económica, visto globalmente y en su conjunto, es el de una Constitución hecha para la intervención del Estado en la economía y no para el desarrollo de la economía por los privados bajo el principio de la subsidiariedad de la intervención estatal.

Por otra parte, el Estado que se concibe en el texto constitucional, cuando se analiza en su conjunto el enorme cúmulo de responsabilidades que se le atribuyen en el campo social, de la salud, educación, seguridad social y cargas laborales, con exclusión sistemática de las iniciativas privadas; lo hacen totalmente incapaz, financieramente, para atenderlas. Para la previsión de las regulaciones del Estado paternalista previstas en la Constitución, no hubo cálculo alguno de costos, lo que coloca al Estado, si pretendiese asumirlas y cumplirlas, de entrada, en una situación de quiebra, por estar obligado a pagar más de lo que es capaz y puede recaudar en impuestos, máxime en un país en el cual no hay hábito ciudadano de contribuyente.

Si a ello se agrega la previsión con rango constitucional de que la gestión fiscal debe equilibrarse en un marco plurianual del presupuesto "de manera que los ingresos ordinarios deben ser suficientes para cubrir los gastos ordinarios" (art. 311); no se entiende cómo será posible la atención por el Estado de todas las obligaciones que se le imponen.

En todo caso, la enorme responsabilidad social atribuida al Estado y los costos financieros que conlleva su atención, por supuesto que implicarán la exacerbación del ejercicio de la potestad tributaria del Estado en sus diversos niveles territoriales y, de inmediato, en el nivel nacional y en el nivel municipal. Ello exigía, por sobre todo, el establecimiento de un adecuado equilibrio entre la potestad pública y los derechos de los individuos, de manera que el ejercicio de la primera no afectase la capacidad económica de los contribuyentes ni sus garantías constitucionales, que requieren de protección especial.

La Constitución, en esta materia, no reguló nada específico sobre el necesario respeto de la capacidad contributiva de las personas ni sobre el principio de que la imposición debía revertir hacia los contribuyentes-ciudadanos, en servicios públicos adecuados. Nada se reguló en el texto constitucional, además, sobre las garantías constitucionales del contribuyente frente al ejercicio de la potestad tributaria, ya que es precisamente con ocasión de su ejercicio que todo el poder del Estado se puede volcar sobre los individuos. Al contrario, las únicas normas nuevas previstas en la Constitución en esta materia, tienden a castigar la evasión fiscal con penas privativas de la libertad personal (art. 317), estableciéndose en las Disposiciones Transitorias normas destinadas a regularizar el terrorismo fiscal (Disposición Transitoria Quinta), elaboradas pensando como si sólo las grandes empresas fueran contribuyentes, a quienes sólo hay que perseguir, e ignorando que en un sistema de Estado con incapacidad financiera estructural todas las personas son o deben ser potencialmente contribuyentes y, por tanto, sujetos de persecución fiscal.

En esta materia la Constitución se olvidó del ciudadano y de la protección y seguridad que había que brindarle.

IV. EL ESTABLECIMIENTO, AL MARGEN DE LA CONSTITUCIÓN, DE UN SISTEMA ECONÓMICO COMUNAL O DE ECONOMIA COMUNISTA

1. *Las propuestas de cambio del sistema económico en la rechazada reforma constitucional de 2007*

Todo el sistema económico ntes comentado, de economía mixta, que establece la Constitución, aún con los desequilibrios que la práctica política ha provocado, se buscó cambiar radicalmente en la propuesta de reforma constitucional de 2007, que fue rechazada por el pueblo. [39] En la misma, en efecto, acentuando el desequilibrio existente entre lo público y lo privado, se propuso transformar el sistema en un sistema totalmente de economía estatal, de planificación centralizada, propia de un Estado y economía socialista, donde desaparecía la libertad económica y el derecho de propiedad como derechos constitucionales, y con ello, el principio mismo de la reserva legal.

En efecto, el artículo 112 de la Constitución establece, como hemos señalado y como uno de los principios fundamentales del sistema constitucional, el derecho de todas las personas de poder dedicarse libremente a la actividad económica de su preferencia, sin más limitaciones que las previstas en la Constitución y las que establezcan las leyes, por razones de desarrollo humano, seguridad, sanidad, protección del ambiente u otras de interés social, a cuyo efecto, el Estado está obligado a promover "la iniciativa privada, garantizando la creación y justa distribución de la riqueza, así como la producción de bienes y servicios que satisfagan las necesidades de la población, la libertad de trabajo, empresa, comercio, industria, sin perjuicio de su facultad para dictar medidas para planificar, racionalizar y regular la economía e impulsar el desarrollo integral del país".

En el proyecto de reforma constitucional sancionado en noviembre de 2007, sin embargo, se buscó eliminar este derecho y la libertad económica, es decir, se pretendió quitarles rango constitucional, y se propuso sustituir esta norma por otra en la cual lo que se establecía ere la definición de una política estatal para promover "el

---

39 Véase Manuel Rachadell, *Socialismo del Siglo XXI. Análisis de la Reforma Constitucional propuesta por el Presidente Chávez en agosto de 2007,* Funeda, Caracas, 2007; y Allan R. Brewer-Carías, *La reforma constitucional de 2007 (Comentarios al Proyecto inconstitucionalmente sancionado por la Asamblea Nacional el 2 de noviembre de 2007)*, Colección Textos Legislativos, Nº 43, Editorial Jurídica Venezolana, Caracas 2007; "Estudio sobre la propuesta presidencial de reforma constitucional para la creación de un Estado Socialista, Centralizado y Militarista en Venezuela (análisis del anteproyecto presidencial, agosto 2007," en *Anuario da Facultade de Dereito da Universidade da Coruña, Revista jurídica interdisciplinaria internacional,* Con. 12, La Coruña 2008, pp. 87-125; "Hacia la creación de un Estado Socialista, Centralizado y Militarista en Venezuela. Análisis de la propuesta presidencial de reforma constitucional," en *Estudios Jurídicos,* Volumen XIII, Enero 2004-Diciembre 2007, Asociación Hipólito Herrera Billini, Santo Domingo, República Dominica 2008, pp. 17-66; "Estudio sobre la propuesta presidencial de reforma constitucional para la creación de un Estado Socialista, Centralizado y Militarista en Venezuela (Agosto 2007)," *Revista de Derecho Público,*" Nº 111, (julio-septiembre 2007), Editorial Jurídica Venezolana, Caracas 2007, pp. 7-42

desarrollo de un modelo económico productivo, intermedio, diversificado e independiente, fundado en los valores humanísticos de la cooperación y la preponderancia de los intereses comunes sobre los individuales, que garantice la satisfacción de las necesidades sociales y materiales del pueblo, la mayor suma de estabilidad política y social y la mayor suma de felicidad posible"; agregándose que el Estado, asimismo, "fomentará y desarrollará distintas formas de empresas y unidades económicas de propiedad social, tanto directa o comunal como indirecta o estatal, así como empresas y unidades económicas de producción o distribución social, pudiendo ser estas de propiedad mixta entre el Estado, el sector privado y el poder comunal, creando las mejores condiciones para la construcción colectiva y cooperativa de una economía socialista."

Es decir, en un artículo como el 112 ubicado en el Capítulo constitucional sobre los derechos económicos, simplemente se buscaba eliminar el derecho al libre ejercicio de las actividades económicas y la propia libertad económica. Ello, por supuesto, era contrario al principio de la progresividad en materia de derechos humanos y constitucionales que garantiza el artículo 19 de la Constitución.

La consecuencia más dramática de la eliminación de un derecho, como derecho constitucional, era entre otros aspectos, la desaparición de las garantías constitucionales al mismo y en particular la desaparición de la garantía de la reserva legal, es decir, que las limitaciones o restricciones al derecho sólo podrían establecerse mediante ley formal emanada de la Asamblea Nacional, y no mediante decretos reglamentarios del Ejecutivo. Por ello, precisamente, por la desaparición del derecho a la libertad económica y sus garantías constitucionales, el proyecto de reforma constitucional sancionado en 2007 incorporó una Disposición Transitoria Novena en la cual se disponía que:

> Hasta tanto se dicten las normas que desarrollen los principios establecidos en el artículo 112 de esta Constitución, el Ejecutivo Nacional podrá, mediante decretos o decreto ley, regular la transición al Modelo de Economía Socialista.

Es decir, se pretendía autorizar constitucionalmente al Ejecutivo nacional para incluso mediante reglamentos regular todo lo concerniente al régimen económico de la República para la "transición al Modelo de Economía Socialista," lo que era contrario a todos los principios de un Estado de derecho, que de haberse aprobado la reforma hubiera desaparecido completamente en Venezuela.

Además, debe destacarse en esta misma orientación, que con el proyecto de reforma constitucional de 2007, respecto del artículo 299, se buscó eliminar de su texto como fundamentos del sistema económico, a los principios de justicia social, libre competencia, democracia y productividad, y en su lugar se propuso establecer, entre otros, los principios socialistas, antiimperialistas, humanistas, a los fines asegurar el desarrollo humano integral y una existencia digna y provechosa para la colectividad. Por otra parte, la garantía del desarrollo armónico de la economía en la reforma propuesta no se asignaba "al Estado conjuntamente con la iniciativa privada" como dispone la Constitución de 1999, sino "al Estado conjuntamente con la iniciativa comunitaria, social y personal," todo, "con el fin de generar fuentes de trabajo, alto valor agregado nacional, elevar la calidad de vida de la población, lograr la suprema felicidad social y fortalecer la soberanía económica del país, garantizando la solidez, dinamismo, sustentabilidad, permanencia y equidad del crecimiento de la economía, para lograr una justa distribución social de la riqueza mediante una planificación estratégica, democrática, participativa, política, económica y de consulta abierta."

Esta forma de planificación, por supuesto chocaba con la potestad asignada en el proyecto de reforma constitucional al Presidente de la República para formular el Plan de Desarrollo Integral de la nación (Art. 236.20).

En la Constitución de 1999, por otra parte y como también hemos señalado, se establecen un conjunto de atribuciones que facultaban al Estado para regular el ejercicio de los derechos económicos, en particular, al precisarse el régimen de la prohibición de los monopolios (Art. 113), declarándose contrarios a los principios fundamentales de la Constitución las actividades tendientes a su establecimiento o que conduzcan a su existencia. También se declaró como contrario a dichos principios, el abuso de la posición de dominio que puedan adquirir los agentes económicos independientemente de su causa. En todos estos casos, la norma faculta al Estado para adoptar las medidas que fueren necesarias para evitar los efectos nocivos y restrictivos del monopolio, del abuso de la posición de dominio y de las demandas concentradas, teniendo como finalidad la protección del público consumidor, los productores y productoras y el aseguramiento de condiciones efectivas de competencia en la economía.

Con el proyecto de reforma constitucional sancionado en noviembre de 2007, se buscaba cambiar radicalmente el régimen de la actividad económica, estableciéndose en el artículo 113 una serie de limitaciones a la misma que iban mucho más allá de la restricción de los monopolios y la posición dominante de empresas, privilegiándose la economía estatal y los medios de producción socialista.

En esta orientación, se propuso agregar a la norma, que en general, "no se permitirán actividades, acuerdos, prácticas, conductas y omisiones de los y las particulares que vulneren los métodos y sistemas de producción social y colectiva con los cuales se afecte la propiedad social y colectiva o impidan o dificulten la justa y equitativa concurrencia de bienes y servicios," con lo cual quedaba en manos del Estado la suerte de cualquier actividad económica particular.

Además, en la reforma de 2007 respecto del artículo 113 se propuso agregar a la norma que en los casos de explotación de recursos naturales o de cualquier otro bien del dominio de la Nación, considerados de carácter estratégico por la Constitución o la ley, así como cuando se tratase de la prestación de servicios públicos vitales, considerados como tales por la Constitución o la ley, el Estado podía reservarse la explotación o ejecución de los mismos, directamente o mediante empresas de su propiedad, sin perjuicio de establecer empresas de propiedad social directa, empresas mixtas o unidades de producción socialistas, que asegurasen la soberanía económica y social, respetasen el control del Estado, y cumplieran con las cargas sociales que se le impusieran."[40]

40 Con ello, como se propuso en las *Propuestas de Reforma del Consejo Presidencial para la Reforma Constitucional,* lo que se busca es establecer que la prohibición de los monopolios no se aplica a aquellos casos en los cuales el Estado "los establezca, reservándose actividades o servicios en función del interés social, en aras de materializar los principios de la economía socialista y humanista," indicándose, además, que "el Estado podrá asumir posiciones de control cuando por razones de estrategia así lo requiera." Esto, sin embargo, no se incorporó en la reforma sancionada en noviembre de 2007.

En el proyecto de reforma constitucional al artículo 113, en todo caso, se proponía la declaración como contrarios a los principios fundamentales de la Constitución respecto de los monopolios o de abuso de la posición de dominio sólo en relación con los particulares, no aplicándose al Estado, ya que con el proyecto de reforma constitucional lo que se proponía era un sistema económico de capitalismo de Estado, el cual podía tener monopolios y posición de dominio sin límite alguno.

Por otra parte, otro de los pilares fundamentales de la Constitución de 1999, además de la libertad económica, como también hemos señalado es la garantía del derecho de propiedad privada, que conforme al artículo 115 de la Constitución de 1999, se la concibe como el derecho que tiene toda persona "al uso, goce, disfrute y disposición de sus bienes," aún cuando sometida a "las contribuciones, restricciones y obligaciones que establezca la ley con fines de utilidad pública o de interés general". Dicha garantía implica que "sólo por causa de utilidad pública o interés social, mediante sentencia firme y pago oportuno de justa indemnización, podrá ser declarada la expropiación de cualquier clase de bienes".

Con el proyecto de reforma constitucional sancionado en noviembre de 2007 se propuso cambiar radicalmente el régimen de la propiedad privada, la cual se eliminaba como derecho constitucional, quedando materialmente reducida a la que pudiera existir sobre los bienes de uso, consumo y medios de producción legítimamente adquiridos, quedando por tanto minimizada y marginalizada en relación con la propiedad pública.

En el proyecto de reforma constitucional sancionado respecto del artículo 115 de la Constitución, en efecto, en lugar de garantizarse la propiedad privada, lo que se proponía era reconocer y garantizar "las diferentes formas de propiedad," las cuales se enumeraban así:

Primero, la propiedad pública concebida como aquella que pertenece a los entes del Estado; la propiedad social como aquella que pertenece al pueblo en su conjunto y las futuras generaciones," la cual podía ser de dos tipos: primero, la propiedad social indirecta cuando es ejercida por el Estado a nombre de la comunidad, y la propiedad social directa, cuando el Estado la asigna, bajo distintas formas y en ámbitos territoriales demarcados, a una o varias comunidades, a una o varias comunas, constituyéndose así en propiedad comunal o a una o varias ciudades, constituyéndose así en propiedad ciudadana;

Segundo, la propiedad colectiva concebida como la perteneciente a grupos sociales o personas, para su aprovechamiento, uso o goce en común, pudiendo ser de origen social o de origen privado;

Tercero, la propiedad mixta concebida como la conformada entre el sector público, el sector social, el sector colectivo y el sector privado, en distintas combinaciones, para el aprovechamiento de recursos o ejecución de actividades, siempre sometida al respeto absoluto de la soberanía económica y social de la Nación;" y

Cuatro, la propiedad privada concebida como "aquella que pertenece a personas naturales o jurídicas y que se reconoce sobre bienes de uso, consumo y medios de producción legítimamente adquiridos, con los atributos de uso, goce y disposición, y las limitaciones y restricciones que establece la ley."

La propiedad privada, en consecuencia, quedaba reducida a los bienes de uso y consumo y a los medios de producción. Por lo demás, quedaba por precisar qué debía entenderse por bienes de consumo, los cuales en el lenguaje común son aquellos que no buscan producir otros bienes, es decir, los que se usan para satisfacer las necesidades específicas del consumidor que lo adquiere; así como por medios de producción, los cuales en el lenguaje común son el conjunto de objetos de trabajo que participan en el proceso de producción y que el hombre utiliza para crear los bienes materiales.[41]

Sobre esto, el magistrado Jesús Eduardo Cabrera en el Voto salvado a la sentencia Nº 2042 de la Sala Constitucional de 2 de noviembre de 2007 en la cual se declaró inadmisible un amparo constitucional ejercido contra el Presidente de la República y la Asamblea Nacional, con motivo de la inconstitucional "reforma constitucional," sostuvo lo siguiente:

> El artículo 113 del Proyecto, plantea un concepto de propiedad, que se adapta a la propiedad socialista, y que es válido, incluso dentro del Estado Social; pero al limitar la propiedad privada solo sobre bienes de uso, es decir aquellos que una persona utiliza (sin especificarse en cual forma); o de consumo, que no es otra cosa que los fungibles, surge un cambio en la estructura de este derecho que dada su importancia, conduce a una transformación de la estructura del Estado. Los alcances del Derecho de propiedad dentro del Estado Social, ya fueron reconocidos en fallo de esta Sala de 20 de noviembre de 2002, con ponencia del Magistrado Antonio García García.[42]

En el proyecto de reforma constitucional sancionado en noviembre de 2007, se buscó establecer, además, que "toda propiedad, estará sometida a las contribuciones, cargas, restricciones y obligaciones que establezca la ley con fines de utilidad pública o de interés general," y que "por causa de utilidad pública o interés social, mediante sentencia firme y pago oportuno de justa indemnización, podrá ser declarada la expropiación de cualquier clase de bienes, sin perjuicio de la facultad de los órganos del Estado de ocupar previamente, durante el proceso judicial, los bienes objeto de expropiación, conforme a los requisitos establecidos en la ley".

En esta forma, no sólo buscaba eliminar la garantía constitucional de que "sólo" mediante expropiación puede extinguirse la propiedad como siempre se ha establecido en el ordenamiento constitucional, lo que hubiera abierto la vía no sólo para que por ley se establecieran otras formas de extinción de la propiedad; sino que se

---

41 Debe destacarse, por otra parte, que en las *Propuestas de Reforma del Consejo Presidencial para la Reforma Constitucional de junio 2007*, incluso se llegó a proponer otra redacción del artículo 115, en la cual se restringía aún más el ámbito de la propiedad privada, que quedaba reducida a las remuneraciones del trabajo, y a los bienes necesarios para satisfacer las necesidades vitales, así: "En virtud que el trabajo es el origen de todo valor económico, todos y todas tienen derecho a la propiedad privada sobre las remuneraciones, ingresos y ahorros provenientes de su trabajo, así como sobre los bienes necesarios para satisfacer sus necesidades costeados por ellos, incluida la vivienda adquirida de tal forma o mediante título legítimo, así como el derecho de herencia sobre tales bienes. Se reconoce también la propiedad privada personal sobre los instrumentos de trabajo de profesionales, investigadores, artesanos, artistas o grupos de producción familiar siempre que no sean aplicados como medios de producción para explotar el trabajo de terceros."

42 Véase en *Revista de Derecho Público*, Nº 112 *Estudios sobre la reforma constitucional*, Editorial Jurídica Venezolana, Caracas 2007, pp. 642 ss.

constitucionalizara el mecanismo de la ocupación previa, sin pago de previa indemnización.[43]

Con la reforma de 2007, de haber sido aprobada, simplemente hubiera desaparecido el derecho de propiedad como elemento fundamental del orden jurídico.

Se destaca, por último, que en materia de confiscación , si bien no se propuso reforma del artículo 116 de la Constitución, en el artículo 307 relativo a la prohibición del latifundio se propuso agregar al texto constitucional que "Se confiscarán aquellos fundos cuyos dueños o dueñas ejecuten en ellos actos irreparables de destrucción ambiental, los dediquen a la producción de sustancias psicotrópicas o estupefacientes o la trata de personas, o los utilicen o permitan su utilización como espacios para la comisión de delitos contra la seguridad y defensa de la Nación."

Como hemos dicho, en el referendo de diciembre de 2007, dicha reforma constitucional fue formalmente rechazada por el pueblo.[44] Sin embargo, no sólo ello no impidió que se hubiera implementado inconstitucionalmente en diversos aspectos mediante leyes, como precisamente ocurrió inicialmente mediante el Decreto Ley N° 6.130 de 2008, contentivo de la Ley para el Fomento y Desarrollo de la Economía Popular,[45] la cual se ha derogado en 2010 mediante la Ley Orgánica del Sistema Económico Comunal (LOSEC),[46] en la cual se ha establecido una nueva Constitución Económica paralela a la prevista en la Constitución, pero que cambia de raíz el sistema constitucional al establecer un sistema económico comunista, denominado Sistema Económico Comunal.

2. *El establecimiento de un sistema de economía comunal o socialista mediante ley en 2010*

En efecto, el 21 de diciembre de 2010, la Asamblea Nacional junto con otras leyes relativas al Poder Popular y al Estado Comunal, como antes se ha dicho, san-

---

43 No debe dejar de mencionarse que en las *Propuestas de Reforma del Consejo Presidencial para la Reforma Constitucional,* pretendía que el artículo 115, dispusiera que "La República podrá declarar mediante resolución administrativa la expropiación de bienes por causa de utilidad pública o interés social, a cuyo efecto pagará justa indemnización determinada por los órganos de los poderes públicos, de acuerdo con la ley," y que en lugar de la prohibición de las confiscaciones, que permanece en el artículo 116 de la Constitución, se estableciera que: "La propiedad cuyo uso atente o afecte los derechos de terceros o de la sociedad, podrá ser objeto de confiscación por parte del Gobierno Nacional, de acuerdo a la ley." Estas propuestas no fueron acogidas por la Asamblea nacional. Véase en general, Antonio Canova González, Luis Alfonso Herrera Orellana y Karina Anzola Spadaro, *¿Expropiaciones o vías de hecho?- La degradación continuada del derecho fundamental de propiedad en la Venezuela actual*, FUNEDA/Universidad Católica Andrés Bello, Caracas, 2009.

44 Véase Allan R. Brewer-Carías, "La reforma constitucional en Venezuela de 2007 y su rechazo por el poder constituyente originario," en José Ma. Serna de la Garza (Coord.), *Procesos Constituyentes contemporáneos en América latina. Tendencias y perspectivas*, Universidad Nacional Autónoma de México, México 2009, pp. 407-449; "La proyectada reforma constitucional de 2007, rechazada por el poder constituyente originario," en *Anuario de Derecho Público 2007,* Año 1, Instituto de Estudios de Derecho Público de la Universidad Monteávila, Caracas 2008, pp. 17-65; "La reforma constitucional en Venezuela de 2007 y su rechazo por el poder constituyente originario," en *Revista Peruana de Derecho Público,* Año8, N° 15, Lima, Julio-Diciembre 2007, pp. 13-53.

45 Véase en *G. O.* N° 5.890 Extra. de 31 de julio de 2008.

46 Véase en *G. O.* N° 6.011 Extra. de 21 de diciembre de 2010.

cionó la Ley Orgánica del Sistema Económico Comunal, buscando sustituir el sistema económico de economía mixta consagrado en la Constitución de 1999, por un sistema económico socialista o comunista, por el cual nadie ha votado y, al contrario, ha sido rechazado popularmente,[47] concebido, tal como se lo define en el artículo 2, como:

> "el conjunto de relaciones sociales de producción, distribución, intercambio y consumo de bienes y servicios, así como de saberes y conocimientos, desarrolladas por las instancias del Poder Popular, el Poder Público o por acuerdo entre ambos, a través de organizaciones socio productivas bajo formas de propiedad social comunal."

Se trata, por tanto, de un sistema económico que se desarrolla exclusivamente "a través de organizaciones socioproductivas bajo formas de propiedad social comunal" que conforme a la Ley son solamente las empresas del Estado Comunal creadas por las instancias del Poder Público; las empresas públicas creadas por los órganos que ejercen del Poder Público; las unidades productivas familiares; o los grupos de trueque, donde está excluida toda iniciativa privada y la propiedad privada de los medios de producción y comercialización de bienes y servicios.

Es consecuencia, un sistema económico socialista que se ha implantado mediante ley, violentando completamente el sistema de economía mixta que garantiza la Constitución donde se establece, al contrario, como se dijo, como uno de los principios fundamentales del sistema constitucional, tanto la libertad económica como el derecho de propiedad privada.

En la Ley Orgánica del Sistema Económico Comunal se regula, por tanto, un sistema económico que cambia la estructura el Estado y cuya aprobación solo hubiera podido ser posible a través de la convocatoria de una Asamblea Constituyente (ni siquiera mediante reforma o enmienda constitucional), de un sistema de economía mixta a un sistema económico estatista o controlado por el Estado, mezclado con previsiones propias de sociedades primitivas y lugareñas que en el mundo globalizado de hoy ya simplemente no existen, que presuponen la miseria como forma de vida, para regular y justificar el "trueque" como sistema, pensando quizás en sociedades agrícolas o recolectoras; y para crear una moneda al margen de la de curso legal que es el Bolívar, llamando así como "moneda comunal," como medio de intercambio de bienes y servicios, a los viejos "vales" de las haciendas de hace más de un siglo, donde el campesino estaba confinado al ámbito geográfico de la economía que controlaba estrictamente el hacendado.

Por ello es que este sistema económico comunal se lo concibe como la "herramienta fundamental para construcción de la nueva sociedad," que supuestamente debe regirse sólo "por los principios y valores socialistas" que en esta Ley Orgánica, sin fundamento histórico alguno, se declara que supuestamente se inspira en la "doctrina de Simón Bolívar" (Art. 5).

---

47 Véase sobre esta Ley, Allan R. Brewer-Carías, "La reforma de la Constitución económica para implantar un sistema económico comunista (o de cómo se reforma la Constitución pisoteando el principio de la rigidez constitucional), en Jesús María Casal y María Gabriela Cuevas (Coordinadores), *Homenaje al Dr. José Guillermo Andueza. Desafíos de la República en la Venezuela de hoy. Memoria del XI Congreso Venezolano de Derecho Constitucional*, Universidad Católica Andrés Bello, Caracas 2013, Tomo I, pp. 247-296.

A tal efecto, reducida la propiedad privada a la mínima expresión, en la Ley se define la "propiedad social" como:

> "El derecho que tiene la sociedad de poseer medios y factores de producción o entidades con posibilidades de convertirse en tales, esenciales para el desarrollo de una vida plena o la producción de obras, bienes o servicios, que por condición y naturaleza propia son del dominio del Estado; bien sea por su condición estratégica para la soberanía y el desarrollo humano integral nacional, o porque su aprovechamiento garantiza el bienestar general, la satisfacción de las necesidades humanas, el desarrollo humano integral y el logro de la suprema felicidad social" (Art. 6.15).

Con ello se reafirma que el sistema económico comunal que se regula, está basado exclusivamente en la propiedad pública, del Estado (dominio del Estado), sobre los medios de producción, de manera que en la práctica, no se trata de ningún derecho que sea "de la sociedad," sino del aparato Estatal, cuyo desarrollo, regido por un sistema de planificación centralizada, elimina toda posibilidad de libertad económica e iniciativa privada, y convierte a las "organizaciones socio productivas" en meros apéndices del aparato estatal.

El sistema omni comprensivo que se regula, al contrario está basado en la "propiedad social comunal" y que debe ser desarrollada tanto por el Estado Constitucional (los órganos del Poder Público) como por el Estado Comunal (instancias del Poder Popular), como se dijo, exclusivamente a través de "organizaciones socioproductivas bajo formas de propiedad comunal."

Este sistema económico comunal como se dijo, se había comenzado a regular legalmente, al margen de la Constitución, violentándola, luego de haber sido rechazado en la reforma constitucional que se pretendió implementar en ese sentido en 2007, donde por primera vez se formuló formalmente, mediante el Decreto Ley N° 6.130 de 2008, contentivo de la Ley para el Fomento y Desarrollo de la Economía Popular,[48] derogada y sustituida ahora por esta Ley Orgánica del Sistema Económico Comunal, la cual tiene por finalidad, entre otras, impulsar dicho sistema "a través de un modelo de gestión sustentable y sostenible para el fortalecimiento del desarrollo endógeno (Art. 3.2); "fomentar el sistema económico comunal en el marco del modelo productivo socialista, a través de diversas formas de organización socio productiva, comunitaria y comunal en todo el territorio nacional (Art. 3.3); e "incentivar en las comunidades y las comunas los valores y principios socialistas para la educación, el trabajo, la investigación, el intercambio de saberes y conocimientos, así como la solidaridad, como medios para alcanzar el bien común.(Art. 3.8).

En este contexto socialista, la LOSEC define el "modelo productivo socialista" como el:

> "modelo de producción basado en la *propiedad social*, orientado hacia la eliminación de la *división social del trabajo* propio del modelo capitalista. El modelo de producción socialista está dirigido a la satisfacción de necesidades crecientes de la población, a través de nuevas formas de generación y apropiación así como de la *reinversión social del excedente*." (Art. 6.12).

---

48 La Ley derogó expresamente la Ley la Ley para el Fomento y Desarrollo de la Economía Popular, *G. O.* N° 5.890 Extra. de fecha 31-07-2008

Se trata en consecuencia, de una Ley mediante la cual se pretende, además, cambiar el sistema capitalista y sustituirlo a la fuerza por un sistema socialista, imponiendo un sistema comunista, para lo cual sus redactores, basándose quizás en algún "Manual" vetusto de revoluciones comunistas fracasadas, han parafraseado en la Ley, lo que Carlos Marx y Federico Engels escribieron hace más de 150 años, en 1845 y 1846, sobre la sociedad comunista. En el conocido libro *La Ideología Alemana*, en efecto, refiriéndose a la sociedad primitiva de la época, en muchas partes aún esclavista y en todas, preindustrial, después de afirmar que la propiedad es "el derecho de suponer de la fuerza de trabajo de otros" y declarar que la "división del trabajo y la propiedad privada" eran "términos idénticos: uno de ellos, referido a la esclavitud, lo mismo que el otro, referido al producto de ésta," escribieron que:

> "la división del trabajo nos brinda ya el primer ejemplo de cómo, mientras los hombres viven en una sociedad natural, mientras se da, por tanto, una separación entre el interés particular y el interés común, mientras las actividades, por consiguientes no aparecen divididas voluntariamente, sino por modo natural,[49] los actos propios del hombres se erigen ante él en un poder hostil y ajeno, que lo sojuzga, en vez de ser él quien los domine. En efecto, a partir del momento en que comienza a dividirse el trabajo, cada cual se mueve en un determinado circulo exclusivo de actividad, que le es impuesto y del cual no puede salirse; el hombre es cazador, pescador, pastor o crítico, y no tiene más remedio que seguirlo siendo, si no quiere verse privado de los medios de vida; al paso que en la sociedad comunista, donde cada individuo no tiene acotado un círculo exclusivo de actividades, sino que puede desarrollar sus aptitudes en la rama que mejor le parezca, la sociedad se encarga de regular la producción general, con lo que hace cabalmente posible que yo pueda por la mañana cazar, por la tarde pescar y por la noche apacentar ganado, y después de comer, si me place, dedicarme a criticar, sin necesidad de ser exclusivamente cazador, pescador, pastor o crítico, según los casos."[50]

Los redactores de la Ley, por tanto, no se percataron de que las sociedades contemporáneas ya no se reducen a ser aquellas que vivían de la caza y de la pesca, o de la siembra y cría de animales, y de que en las sociedades globalizadas de la actualidad, es imposible no basar la producción en la división social del trabajo; y además, parece que ni siquiera se han percatado que después de tantos años de estancamiento y de miseria, tratando de imponer la sociedad comunista, el desarrollo del sistema capitalista es el que le ha permitido a China catapultarse económicamente, aún cuando sometida a una dictadura del Estado capitalista; y que en Cuba, el régimen comunista clama por su auto eliminación para lo cual en 2011 ya había comenzado a lanzar a la calle a decenas de miles de antiguos asalariados o servidores del Estado, para forzarlos a desarrollar iniciativas privadas, basadas en la supuesta "esclavitud" de la división social del trabajo y en el supuesto producto de esa esclavitud, que es la propiedad, convencidos de que en el mundo contemporáneo no es posible "la eliminación de la división social del trabajo" como en cambio se propugna en el artículo

---

49 Esta división "natural" se daba según Marx y Engels "en atención a las dotes físicas (por ejemplo, la fuerza corporal), a las necesidades, las coincidencias fortuitas, etc." Véase Karl Marx and Frederich Engels, "The German Ideology," en *Collective Works*, Vol. 5, International Publishers, New York 1976, p. 47. Véanse además los textos pertinentes en http://www.educa.madrid.org/cms_tools/files/0a24636f-764c-4e03-9c1d-6722e2ee60d7/Texto%20Marx%20y%20Engels.pdf

50 *Idem*.

6.12 de la Ley Orgánica, y de que sólo, precisamente, mediante la división social del trabajo, es posible la producción industrial, la generación de empleo y la generación de riqueza.

En cambio, para eliminar toda forma de generar riqueza y con ello, de trabajo libre y empleo, la LOSEC declara como pieza esencial del nuevo sistema económico comunal, la necesaria "reinversión social del excedente," como principio esencial que rige las organizaciones socio productivas, definida como "el uso de los recursos remanentes provenientes de la actividad económica de las organizaciones socio productivas, en pro de satisfacer las necesidades colectivas de la comunidad o la comuna, y contribuir al desarrollo social integral del país" (Art. 6.19). Con este principio, los redactores de la Ley incorporaron a su articulado, otros de los pilares del sistema comunista, tal como fue concebido por Marx y Engels, como contrapuesto al sistema capitalista, y es la necesaria "reinversión social de excedente" producto de la actividad económica. Debe recordarse que las sociedades industriales se desarrollaron económicamente, al contrario, gracias a la acumulación del excedente económico que genera el empresario privado y a la reinversión de este excedente para generar mayor crecimiento, que fue en definitiva lo que generó la industrialización. Un sistema en el cual si bien la reinversión social de parte de ese excedente se logra a través del sistema tributario, está basado en la libre iniciativa generadora de riqueza, que a la vez, es la que puede multiplicar el empleo y el trabajo, y general mayor crecimiento económico.

Basada, por tanto, en los principios utópicos comunistas de la "propiedad social de los medios de producción," la "eliminación de la división social del trabajo" y la "reinversión social del excedente," la Ley Orgánica del Sistema Económico Comunal está sin duda concebida para implantar en Venezuela el sistema comunista como contrario al sistema capitalista, a cuyo efecto la misma, como se declara en su artículo 1°, se ha dictado para desarrollar y fortalecer el Poder Popular:

> "estableciendo las normas, principios, y procedimientos para la creación, funcionamiento y desarrollo del sistema económico comunal, integrado por organizaciones socio productivas bajo régimen de propiedad social comunal, impulsadas por las instancias del Poder Popular, del Poder Público o por acuerdo entre ambos, para la producción, distribución, intercambio y consumo de bienes y servicios, así como de saberes y conocimientos, en pro de satisfacer las necesidades colectivas y reinvertir socialmente el excedente, mediante una planificación estratégica, democrática y participativa (Art. 2).

Para implantar el comunismo, la Ley Orgánica establece un ámbito omi comprensivo de aplicación, al establecer, formalmente, que se aplica, por una parte "a las comunidades organizadas, consejos comunales, comunas y todas las instancias y expresiones del Poder Popular, en especial a las organizaciones socio productivas que se constituyan dentro del sistema económico comunal," es decir, a todo el ámbito del Estado Comunal; y por la otra, "de igual manera, a los órganos y entes del Poder Público y las organizaciones del sector privado, en sus relaciones con las instancias del Poder Popular" (Art. 3), es decir, a todos los órganos y entes del Estado Constitucional y a todas las instituciones, empresas y personas del sector privado. Es decir, es una Ley tendiente a implementar el comunismo en todos los órdenes.

Como antes se ha dicho, de acuerdo con esta LOSEC, las organizaciones socio productivas son los "actores" fundamentales que se han diseñado para dar soporte al sistema económico comunal, pues es a través de ellas que se desarrolla el "modelo productivo socialista" que propugna, las cuales se definen como las:

> "unidades de producción constituidas por las instancias del Poder Popular, el Poder Público o por acuerdo entre ambos, con objetivos e intereses comunes, orientadas a la satisfacción de necesidades colectivas, mediante una economía basada en la producción, transformación, distribución, intercambio y consumo de bienes y servicios, así como de saberes y conocimientos, en las cuales el trabajo tiene significado propio, auténtico; sin ningún tipo de discriminación" (Art. 9).

Esta afirmación legal, que también proviene de los viejos Manuales comunistas basados en las apreciaciones de Marx y Engels en las sociedades anteriores a las europeas de mitades del siglo XIX sobre el trabajo asalariado, su explotación y carácter esclavista y discriminatorio, particularmente en relación con las mujeres,[51] lo cual no tiene ninguna relación con la actualidad en ningún país occidental, parecería que parte de supuesto de que en Venezuela, el trabajo hasta ahora no habría tenido "significado propio" y no habría sido "auténtico," y además, se habría realizado basado en la "discriminación," lo que no tiene base ni sentido algunos. El trabajo es la tarea desarrollada por el hombre generalmente sobre una materia prima con ayuda de instrumentos con la finalidad de producir bienes y servicios; y es, por tanto, el medio para la producción de la riqueza. Ese es el sentido propio y auténtico del trabajo, en cualquier parte del mundo, y su división es de la esencia de la productividad en una sociedad, pues una sola persona no podría nunca cubrir todas las fases de la producción o comercialización de bienes o de la prestación de servicios. De manera que no se entiende qué es lo que se quiere decir que, con la nueva Ley, el trabajo supuestamente ahora adquirirá un significado "propio y auténtico." Por otra parte, en la definición se sugiere que supuestamente hasta ahora, el trabajo se habría realizado en el país sobre la base de la explotación y la discriminación, lo que está desmentido por la avanzada legislación laboral que ha habido desde la década de los cuarenta.

Ahora bien, ese trabajo con sentido "propio y auténtico," y "sin discriminación," al que se refiere la Ley Orgánica, es el que supuestamente ahora se va a garantizar a través de las organizaciones socioproductivas que se regulan en la ley, mediante las cuales, en forma exclusiva, se desarrollará la economía del país, y que conforme al artículo 10 de la LOSEC, son sólo cuatro: primero, las empresas del Estado Comunal; segundo, las empresas públicas del Estado Constitucional; tercero, las unidades productivas familiares; y cuarto, los grupos de trueque, variándose sustantivamente las formas que se regulaban en el régimen de la derogada Ley de 2008.

O sea, que del trabajo en empresas privadas en las cuales los trabajadoras tienen herramientas para lograr mejores condiciones que ha sido una de las bases del sistema económico del país, se quiere pasar al trabajo exclusivamente en empresas de carácter público, creadas por las instancias del Estado Comunal y por los órganos y entes del Estado Constitucional, sometidas todas a una planificación centralizada, en las cuales no puede haber movimientos sindicales u organizaciones de trabajadores libres que puedan presionar para el logro de mejores condiciones laborales, y donde

---

51 Al referirse al trabajo en la misma obra la *Ideología Alemana*, Marx y Engels hablaron de la "explotación del hombre por el hombre": y se refirieron a la "distribución desigual, tanto cuantitativa como cualitativamente, del trabajo y de sus productos." *Idem*.

el "empresario" en definitiva resultará ser un burócrata de un régimen autoritario que usa el "excedente" para su propio confort, explotando a los asalariados alienados.

Por otra parte, todo el sistema de producción socialista que se regula en la Ley Orgánica, es un sistema económico sometido a una planificación centralizada, conforme a la cual está proscrita toda iniciativa privada, controlado además por el Ejecutivo nacional directamente.

A tal efecto, en la Ley para el Fomento y Desarrollo de la Economía Popular de 2008, se había establecido que el sistema de economía comunal estaba bajo el control del Ejecutivo Nacional, como "órgano rector," que se ejercía por órgano del Ministerio del Poder Popular para las Comunas y Protección Social (Art. 6) (en lo adelante, Ministerio de las Comunas). La Ley Orgánica del Sistema Económico Comunal establece ahora que el Ministerio de las Comunas, "es el órgano coordinador de las políticas públicas relacionadas con la promoción, formación, acompañamiento integral y financiamiento de los proyectos socio productivos, originados del seno de las comunidades, las comunas o constituidos por entes del Poder Público conforme a lo establecido en el Plan de Desarrollo Económico y Social de la Nación, las disposiciones de la Ley, su Reglamento y demás normativas aplicables" (art 7). Sin embargo, de las competencias que se atribuyen, resulta todo un sistema centralizado que conduce el Ejecutivo Nacional.

V. EL RÉGIMEN FISCAL Y ECONÓMICO DEL ESTADO

Por otra parte, en la Constitución de 1999, también constituyendo una novedad, se incorporaron unas secciones sobre el régimen fiscal y monetario, el sistema monetario nacional y la coordinación macroeconómica; estableciéndose, además, en general, que los principios y disposiciones establecidas en la Constitución para la administración económica y financiera nacional, deben regular la de los Estados y Municipios, en cuanto sean aplicables (art. 311).

1. *El régimen fiscal y presupuestario*

A. *Principios de la gestión fiscal*

Conforme al artículo 311 de la Constitución, la gestión fiscal debe estar regida y ser ejecutada con base en principios de eficiencia, solvencia, transparencia, responsabilidad y equilibrio fiscal. Exige la Constitución, además, que la gestión fiscal debe equilibrarse en el marco plurianual del presupuesto, "de manera que los ingresos ordinarios deben ser suficientes para cubrir los gastos ordinarios"[52].

En tal sentido, el Ejecutivo Nacional debe presentar a la Asamblea Nacional, para su sanción legal, un marco plurianual para la formulación presupuestaria que establezca los límites máximos de gasto y endeudamiento que hayan de contemplarse en los presupuestos nacionales. La Ley establecerá las características de este marco, los requisitos para su modificación y los términos de su cumplimiento.

Por otra parte, en la misma norma se exige, como política general del Estado, que el ingreso que se genere por la explotación de la riqueza del subsuelo y los mi-

---

52 Véase nuestro voto salvado en relación con esta disposición en Allan R. Brewer-Carías, *Debate Constituyente,* Tomo III, *op. cit.*, pp. 216 y 217.

nerales, en general debe propender a financiar la inversión real productiva, la educación y la salud.

B. *El régimen del endeudamiento*

La Constitución exige, por otra parte, también como política general, que exista una ley especial de endeudamiento anual que debe ser presentada a la Asamblea Nacional conjuntamente con la Ley de Presupuesto. Además, esa ley debe fijar límites al endeudamiento público de acuerdo con un nivel prudente en relación con el tamaño de la economía, la inversión reproductiva y la capacidad de generar ingresos para cubrir el servicio de la deuda pública.

En todo caso, las operaciones de crédito público requieren para su validez, una ley especial que las autorice, salvo las excepciones que establezca la ley orgánica; debiendo, dicha ley especial, indicar las modalidades de las operaciones y autorizar los créditos presupuestarios correspondientes en la respectiva ley de presupuesto (art. 312).

Por último, debe señalarse que el principio del artículo 232 de la Constitución de 1961, fue recogido expresamente en el artículo 312 del texto, el cual dispone que el Estado no reconocerá otras obligaciones que las contraídas por órganos legítimos del Poder Nacional, de acuerdo con la ley. Sin embargo, no se recogió en la nueva Constitución, el principio que establecía la Constitución de 1961, en el sentido de que los empréstitos sólo podían establecerse para obras reproductivas[53].

C. *El régimen presupuestario*

a. *El presupuesto anual y su reconducción*

El principio general establecido en la Constitución (art. 313) es que la administración económica y financiera del Estado se debe regir por un presupuesto aprobado anualmente por ley, a cuyo efecto, el Ejecutivo Nacional debe presentar a la Asamblea Nacional, en la oportunidad que señale la ley orgánica, el proyecto de Ley de Presupuesto. Todo el sistema presupuestario así como, en general, el sistema de administración financiera, se ha regulado en la Ley Orgánica de Administración Financiera del Sector Público[54].

Ahora bien, tal como lo ha precisado la Sala Constitucional del Tribunal Supremo, en sentencia de 8 de abril de 2003, el presupuesto

> Se ha definido como "cómputo anticipado del costo de una obra o de los gastos e ingresos de una institución. El concepto tiene especial importancia aplicado al Estado, a los municipios o a otros organismos públicos. Según Bach, el presupuesto general de gastos y recursos, o simplemente el presupuesto, es un documento que contiene el cálculo de ingresos y gastos previstos para cada período fiscal y que, sistemáticamente, debe confeccionar el Poder Ejecutivo de acuerdo con las leyes y prácticas que rigen su preparación, para someterlo después al Congreso, con cuya aprobación se contará con un instrumento de gobierno de importancia básica para el

---

53 Véase nuestro voto salvado en relación con este punto en Allan R. Brewer-Carías, *Debate Constituyente,* Tomo III, *op. cit.*, p. 217.

54 *G.O.* N° 37.606 del 9 de enero de 2003

manejo del patrimonio público del país (*Diccionario de Ciencias Jurídicas, Políticas y Sociales*, Manuel Ossorio, Editorial Heliasta S.R.L., p. 605)[55].

La Sala Constitucional ha agregado en la sentencia que el presupuesto tiene una triple naturaleza: "...a) Es una institución política que afecta a los poderes del Estado y constituye un sistema de control de los ingresos y gastos..."; "...b) Es una institución económica que implica una planificada previsión de los ingresos y gastos, lo que ha supuesto que por algún sector doctrinal se defina el presupuesto como el plan periódico de gestión y administración del ingreso y gasto público, que es objeto de control político por el legislativo y cuyo cumplimiento obligatorio incumbe al poder ejecutivo..." y "...c) Se ha dicho que el presupuesto es una institución jurídica porque encarna una ley muy especial..."[56].

En todo caso, y para precisar los efectos de la falta de presentación del Presupuesto, agrega el artículo 313 de la Constitución que si el Poder Ejecutivo, por cualquier causa, no hubiese presentado a la Asamblea Nacional el proyecto de Ley de Presupuesto dentro del plazo establecido legalmente, o el mismo fuera rechazado por éste, debe seguir vigente el presupuesto del ejercicio fiscal en curso. Se trata, en definitiva, de la constitucionalización del principio de la reconducción del presupuesto que ha estado regulado en la Ley Orgánica de Régimen Presupuestario (art. 23)[57].

En cuanto a las competencias de la Asamblea Nacional en materia presupuestaria, se establece el principio de que la misma no sólo no puede autorizar gastos que excedan el monto de las estimaciones de ingresos del proyecto de Ley de Presupuesto, como lo establecía el artículo 228 de la Constitución de 1961, sino que tampoco puede autorizar medidas que conduzcan a la disminución de los ingresos públicos. Sobre el alcance de esta potestad de la Asamblea Nacional, la Sala Constitucional del Tribunal Supremo en la citada sentencia de 8 de abril de 2003 (Caso: *Ley de Presupuesto del Estado Amazonas*) ha establecido el siguiente criterio:

> Se desprende así que el órgano legislativo a nivel nacional como a nivel estadal tiene la posibilidad de alterar o modificar las partidas en el presupuesto que haya presentado la autoridad ejecutiva, y ello apareja la necesidad de clarificar el significado de estos verbos, a los fines de delimitar cuál es la actuación que la Constitución ha autorizado a realizar al órgano legislativo que, en el caso de autos, se trata del Consejo Legislativo del Estado Amazonas, al crear partidas en los artículos impugnados de la Ley de Presupuestos de Ingresos y Gastos de dicho Estado para el ejercicio fiscal 2002.
>
> A estos fines, se observa que alterar es -entre otras acepciones- "cambiar la esencia o forma de una cosa" y que modificar consiste en "limitar, determinar o restringir las cosas a cierto estado en que se singularicen y distingan unas de otras" (*Real Academia Española, Diccionario de la Lengua Española*, Madrid 1992, pp. 81 y 981, y *Diccionario de Derecho Usual*, Guillermo Cabanellas, Editorial Heliasta, S.R.L. Buenos Aires 1974, Tomo I y II, pp.164 y 721).

---

55 Sentencia dictada en le Caso: *Ley de Presupuesto del Estado Amazonas.* Véase en *Revista de Derecho Público*, N° 93-96, Editorial Jurídica Venezolana, Caracas, 2003.

56 *Idem.*

57 Véase Allan R. Brewer-Carías, "El régimen jurídico de la Reconducción del Presupuesto" en *Estudio de Derecho Público, (Labor en el Senado),* Tomo I, Caracas, 1983, pp. 197 a 207.

Llevados tales conceptos a la materia que nos corresponde -la presupuestaria- podemos señalar que el órgano legislativo está facultado constitucionalmente para alterar o modificar las partidas presupuestarias, esto es, para variar, transformar o cambiar dichas partidas en el cálculo previo que el órgano ejecutivo ha efectuado de los probables gastos e ingresos en el año fiscal correspondiente, sin que por supuesto dicho cambio signifique una alteración sea por disminución de los ingresos públicos o bien por aumento de los gastos previstos. Dicha facultad constitucional en modo alguno supone la posibilidad de crear partidas (v. Sentencia de la Corte en Pleno del 16 de diciembre de 1991, en el *juicio del Gobernador del Estado Bolívar*, que reiteró jurisprudencia pacífica y reiterada de ese Alto Tribunal) y ello por cuanto dicha competencia está atribuida a la autoridad ejecutiva, en este caso estadal, a quien corresponde el gobierno y administración es al Gobernador del Estado (artículo 160 constitucional), siendo atribución del Consejo Legislativo del Estado, como antes se analizó, el "(s)ancionar la Ley de Presupuesto del Estado" (artículo 162.2 constitucional y artículo 15.5 de la Ley Orgánica de los Consejos Legislativos de los Estados)...

Los artículos antes transcritos revelan que la elaboración del presupuesto y por ende el establecimiento o la creación de una "cantidad y concepto de una cuenta", esto es, de una partida, requieren del estudio, conocimiento y cumplimiento de unos requisitos de carácter técnico y administrativo que están al alcance de las personas que tienen encomendada la administración de los caudales públicos (en el caso, el Gobernador del Estado), quienes manejan lo relativo a estadísticas sobre el comportamiento registrado en los rubros de rentas (para el presupuesto de los ingresos) y lo relativo a las políticas contenidas en el Plan de Desarrollo Económico y Social del Estado y los objetivos a cumplir en los Programas, subprogramas, proyectos y demás categorías programáticas.

De manera que es el ejecutivo estadal, el competente para establecer partidas e imputarlas a programas determinados, siendo que los legisladores estadales, en su labor propia de legislar tienen un rol de control previo en esta materia, cuando -entre otras- se supedita a su autorización la contratación por parte del gobierno estadal de obras, servicios o adquisiciones que superen lo previsto en el ejercicio presupuestario anual (v. artículo 23 de la Ley Orgánica de Régimen Presupuestario del Estado Amazonas) o a la autorización de la Comisión Delegada para "para decretar créditos adicionales y traslados de partidas de conformidad con la ley" (numeral 3 del artículo 34 de la Ley Orgánica de los Consejos Legislativos de los Estados)[58].

Por último, se precisa en la misma norma del artículo 313 que el Ejecutivo Nacional, con la presentación del marco plurianual del presupuesto, de la ley especial de endeudamiento y del presupuesto anual, debe hacer explícitos los objetivos de largo plazo para la política fiscal, y explicar como dichos objetivos serán logrados, de acuerdo con los principios de responsabilidad y equilibrio fiscal.

b. *El contenido del presupuesto*

En los presupuestos públicos anuales de gastos, en todos los niveles de Gobierno, se debe establecer de manera clara, para cada crédito presupuestario, el objetivo específico a que esté dirigido, los resultados concretos que se espera obtener y los funcionarios públicos responsables para el logro de tales resultados. Éstos se deben

58 *Idem.*

establecer en términos cuantitativos, mediante indicadores de desempeño, siempre que ello sea técnicamente posible. El Poder Ejecutivo, dentro de los seis meses posteriores al vencimiento del ejercicio anual, debe presentar a la Asamblea Nacional la rendición de cuentas y el balance de la ejecución presupuestaria correspondiente a dicho ejercicio (art. 315).

c. *El régimen de los gastos*

En el artículo 314 de la Constitución se recoge, en líneas generales, el régimen de los gastos establecidos en el artículo 227 de la Constitución de 1999, al indicarse que no puede hacerse ningún tipo de gasto que no haya sido previsto en la Ley de Presupuesto.

En consecuencia, solo pueden decretarse créditos adicionales al presupuesto para gastos necesarios no previstos o cuyas partidas resulten insuficientes, siempre que el Tesoro Nacional cuente con recursos para atender a la respectiva erogación. A este efecto, se debe requerir previamente el voto favorable del Consejo de Ministros y la autorización de la Asamblea Nacional o, en su defecto, de la Comisión Delegada (art. 314).

D. *El financiamiento nacional a los Estados*

En ausencia de competencias tributarias propias de los Estados, el financiamiento de los mismos proviene íntegramente de aportes nacionales, muchos establecidos directamente en la Constitución.

a. *El Situado Constitucional*

El ingreso más importante de los Estados, está constituido por lo que les corresponda por el denominado "Situado Constitucional", que conforme al artículo 167,4 de la Constitución, es una partida del Presupuesto Nacional equivalente a un máximo del veinte por ciento (20%) del total de los ingresos ordinarios estimados anualmente por el Fisco Nacional. En caso de variaciones de los ingresos del Fisco Nacional que impongan una modificación del Presupuesto Nacional, se debe efectuar un reajuste proporcional del situado.

En todo caso, el porcentaje del ingreso nacional ordinario estimado que se destine al Situado Constitucional, no puede ser menor al quince por ciento (15%) del ingreso ordinario, para lo cual se debe tener en cuenta la situación y sostenibilidad financiera de la Hacienda Pública Nacional, sin menoscabo de la capacidad de las administraciones estadales para atender adecuadamente los servicios de su competencia (art. 167,5).

Esta partida del Situado Constitucional debe distribuirse entre los Estados y el Distrito Capital en la forma siguiente: un treinta por ciento (30%) de dicho porcentaje por partes iguales, y el setenta por ciento (70%) restante en proporción a la población de cada una de dichas entidades[59]. El monto del situado correspondiente al

59 Véase la Ley Orgánica de Descentralización, Delimitación y Transferencia de competencias del Poder Público en *G.O.* N° 4153 Extraordinario de 28-12-89

Distrito Capital, conforme a la Ley Especial del Distrito Metropolitano de Caracas[60] de 2000, se asigna a este pero para ser invertido en el territorio del Distrito Capital.

En todo caso, exige la Constitución que en cada ejercicio fiscal, los Estados deben destinar a la inversión un mínimo del cincuenta por ciento (50%) del monto que les corresponda por concepto de Situado.

A los Municipios de cada Estado les corresponde, en cada ejercicio fiscal, una participación no menor del veinte por ciento (20%) del Situado y de los demás ingresos ordinarios del respectivo Estado.

En todo caso, la ley nacional debe establecer los principios, normas y procedimientos que propendan a garantizar el uso correcto y eficiente de los recursos provenientes del situado constitucional y de la participación municipal en el mismo. Esta ley ha sido la Ley Orgánica de Descentralización, Delimitación y Transferencia de Competencias del Poder Público de 1989[61].

b. *Las asignaciones económicas especiales*

De acuerdo con el artículo 156,16 de la Constitución corresponde al Poder Nacional el régimen y administración de las minas e hidrocarburos; el régimen de las tierras baldías; y la conservación, fomento y aprovechamiento de los bosques, suelos, aguas y otras riquezas naturales del país.

Sin embargo, prevé dicha norma que la ley nacional debe establecer un sistema de asignaciones económicas especiales en beneficio de los Estados en cuyo territorio se encuentren situados los bienes antes mencionados, sin perjuicio de que también puedan establecerse asignaciones especiales en beneficio de otros Estados. En tal sentido es que se ha dictado la Ley de Asignaciones Económicas Especiales para los Estados derivadas de Minas e Hidrocarburos[62].

c. *El Fondo de Compensación Interterritorial*

Los Estados también tienen como ingresos, los recursos provenientes del Fondo de Compensación Interterritorial (art. 167,6), el cual depende del Consejo Federal de Gobierno.

Este Fondo esta destinado al financiamiento de inversiones públicas para promover el desarrollo equilibrado de las regiones, la cooperación y complementación de las políticas e iniciativas de desarrollo de las distintas entidades públicas territoriales, y a apoyar especialmente la dotación de obras y servicios esenciales en las regiones y comunidades de menor desarrollo relativo.

El Consejo Federal de Gobierno, con base en los desequilibrios regionales, debe discutir y aprobar anualmente los recursos que se deben destinar al Fondo de Compensación Interterritorial y las áreas de inversión prioritaria a las cuales se deben aplicar dichos recursos.

---

60 Véase Ley Especial sobre el Régimen del Distrito Metropolitano de Caracas en *G.O.* N° 36.906 del 8 de marzo de 2000 y Ley de Transición del Distrito Federal al Distrito Metropolitano de Caracas en *G.O.* N° 37.006 del 3 de agosto de 2000.

61 Véase en *G.O.* N° 4153 Extraordinario de 28-11-89. Véase Allan R. Brewer-Carías et al, *Leyes para la Descentralización política de la Federación*, Caracas, 1994.

62 *G.O.* N° 37.086 de 27-11-2000

d. *Las transferencias, subvenciones o asignaciones nacionales*

También se consideran ingresos de los Estados, cualquier transferencia, subvención o asignación especial (art. 167,6) de fondos nacionales, como los fondos específicos que aseguren la solidaridad interterritorial (art. 156,13). Entre estos Fondos puede ubicarse el Fondo Intergubernamental para la Descentralización (FIDES) establecido desde 1993[63].

2. *El sistema monetario y la coordinación macroeconómica*

Por primera vez en el constitucionalismo venezolano se incorporaron al texto fundamental un conjunto de normas relativas al Banco Central de Venezuela y a la política macroeconómica del Estado, que deben destacarse.

A. *El Banco Central de Venezuela y el sistema monetario*

a. *La política monetaria*

De acuerdo con el artículo 318 de la Constitución, las competencias monetarias del Poder Nacional deben ser ejercidas de manera exclusiva y obligatoria por el Banco Central de Venezuela; cuyo objeto es lograr la estabilidad de precios y preservar el valor interno y externo de la unidad monetaria.

Para el adecuado cumplimiento de su objetivo, el Banco Central de Venezuela tienen entre sus funciones, las de formular y ejecutar la política monetaria, participar en el diseño y ejecutar la política cambiaria, regular la moneda, el crédito y las tasas de interés, administrar las reservas internacionales, y todas aquellas que establezca la ley.

En cuanto a la unidad monetaria de la República la Constitución declara que es el bolívar[64]. Sin embargo, dispone la Constitución, que en caso de que se instituya una moneda común en el marco de la integración latinoamericana y caribeña, podrá adoptarse la moneda que sea objeto de un tratado que suscriba la República.

Ahora bien, sobre la política monetaria, la Sala Política Administrativa del Tribunal Supremo de Justicia ha admitido que de acuerdo con la Ley del Banco Central de Venezuela a partir de 1974, fue prevista la posibilidad de establecer restricciones o limitaciones a la libre convertibilidad de la moneda, con la peculiaridad a partir de 1992, de haberse acordado sujeta a la celebración de convenios cambiarios entre el Ejecutivo Nacional y el Banco Central de Venezuela; desarrollando la potestad del Estado para modificar la paridad cambiaria y desmontar, el sistema de restricciones a la libre convertibilidad de la moneda.. [65]

b. *La autonomía del Banco Central de Venezuela y sus limitaciones*

La Constitución precisa, además, que el Banco Central de Venezuela es persona jurídica de derecho público con autonomía para la formulación y el ejercicio de las

63 Véase la última Reforma Parcial de la Ley que Crea el Fondo Intergubernamental para la Descentralización en *G.O.* N° 37.022 del 25 de agosto de 2000.

64 Estimamos que esa regulación es de rango legal. Véase Allan R. Brewer-Carías, *Debate Constituyente,* Tomo III, *op. cit.,* p. 226.

65 Véase sentencia N° 28 de 22-01-2002 en *Revista de Derecho Público,* N° 89-92, Editorial Jurídic dica Venezolana, Caracas, 2002.

políticas de su competencia; y debe ejercer sus funciones en coordinación con la política económica general, para alcanzar los objetivos superiores del Estado y la Nación (art. 318). La Ley última reforma de Ley del Banco Central de Venezuela es de 2002[66].

Esta autonomía, sin embargo, se encuentra limitada por las regulaciones que la propia Constitución establece con la previsión de responsabilidades y de normas de control[67]; y además, por la remisión a la Ley, a tal punto que puede neutralizarse completamente, politizándose la gestión de la Institución. Ello deriva de las siguientes previsiones: en *primer lugar,* la posibilidad de regularse legalmente la remoción del Directorio del Banco por incumplimiento de metas y objetivos de la política monetaria; en *segundo lugar,* la obligatoriedad de rendición de cuenta de su actuación, metas y resultados respecto de sus políticas, ante la Asamblea Nacional; en *tercer lugar,* la previsión de inspección y vigilancia del Banco por parte de la Superintendencia de Bancos; en *cuarto lugar,* la aprobación por la Asamblea Nacional del Presupuesto de gastos de funcionamiento e inversiones del Banco (art. 319); y por *último,* conforme con la Disposición Transitoria Cuarta, la intervención de la Asamblea Nacional en la designación y ratificación de los miembros del Directorio del Banco (ord. 8).

Con este esquema constitucional, lamentablemente, la consagrada autonomía del Banco Central de Venezuela puede ser minimizada, pudiendo abrirse campo para la politización de la Institución.

c. *Responsabilidad*

En efecto, de acuerdo con el artículo 319 de la Constitución el Banco Central de Venezuela se rige por el principio de responsabilidad pública, a cuyo efecto debe rendir cuenta de las actuaciones, metas y resultados de sus políticas, ante la Asamblea Nacional, de acuerdo con la ley.

También debe rendir informes periódicos sobre el comportamiento de las variables macroeconómicas del país y sobre los demás asuntos que se le soliciten, incluyendo los análisis que permitan su evaluación.

Dicha norma establece, además que el incumplimiento sin causa justificada del objetivo y de las metas que tiene asignado el Banco, dará lugar a la remoción del directorio y a sanciones administrativas, de acuerdo con la ley.

d. *El control sobre el Instituto emisor*

La Constitución establece, además, que el Banco Central de Venezuela está sujeto al control posterior de la Contraloría General de la República y a la inspección y vigilancia del organismo público de supervisión bancaria, (Superintendencia de Bancos y otras Instituciones Financieras), el cual debe remitir los informes de las inspecciones que realice, a la Asamblea Nacional.

---

66 *G.O.* N° 5.606 Extraordinario del 18 de octubre de 2002. Véase en general, Véase Isabel C. Medina Ortiz, "Comentarios acerca de las normas constitucionales y legales que regulan el funcionamiento del Banco Central de Venezuela", en *Revista del Tribunal Supremo de Justicia*, N° 8, Caracas, 2003, pp. 357-389.

67 Véase nuestro voto salvado sobre esto en Allan R. Brewer-Carías, *Debate Constituyente,* Tomo III, *op. cit.,* pp. 227, 228 y 302.

En cuanto al presupuesto de gastos operativos del Banco Central de Venezuela, el mismo requiere de la discusión y aprobación de la Asamblea Nacional, y sus cuentas y balances deben ser objeto de auditoría externa en los términos que fije la ley (art. 319).

B. *La coordinación macroeconómica*

El nuevo texto constitucional, por último, en materia económica, estableció un conjunto de normas sobre la coordinación macroeconómica, también de carácter novedoso.

a. *La estabilidad económica*

El artículo 320 de la Constitución formula, el principio general, que el Estado debe promover y defender la estabilidad económica, evitar la vulnerabilidad de la economía y velar por la estabilidad monetaria y de precios, para asegurar el bienestar social (art. 320).

b. *La armonización de la política económica*

Para facilitar el logro de los objetivos macroeconómicos, el Ministerio responsable de las finanzas y el Banco Central de Venezuela deben contribuir a la armonización de la política fiscal con la política monetaria. Sin embargo, queda claro que en el ejercicio de sus funciones, el Banco Central de Venezuela no está subordinado a directivas del Poder Ejecutivo y no puede convalidar o financiar políticas fiscales deficitarias.

La actuación coordinada del Poder Ejecutivo y del Banco Central de Venezuela se debe materializar mediante un acuerdo anual de políticas, en el cual se deben establecer los objetivos finales de crecimiento y sus repercusiones sociales, balance externo e inflación, concernientes a las políticas fiscal, cambiaria y monetaria; así como los niveles de las variables intermedias e instrumentales requeridos para alcanzar dichos objetivos finales. La ley debe establecer las características del acuerdo anual de política económica y los mecanismos de rendición de cuentas.

Por otra parte, dicho acuerdo debe ser firmado por el Presidente del Banco Central de Venezuela y el titular del Ministerio responsable de las finanzas, y se debe divulgar en el momento de la aprobación del presupuesto por la Asamblea Nacional.

Es responsabilidad de las instituciones firmantes del acuerdo, que las acciones de política sean consistentes con sus objetivos, por lo que en dicho acuerdo se deben especificar los resultados esperados, las políticas y las acciones dirigidas a lograrlos.

c. *El Fondo de Estabilización Macroeconómica*

La Constitución exige el establecimiento por Ley del Fondo de Estabilización Macroeconómica destinado a garantizar la estabilidad de los gastos del Estado en los niveles nacional, regional y municipal, ante las fluctuaciones de los ingresos ordinarios.

Las reglas de funcionamiento de este fondo, que ya ha sido creado legalmente[68], debe tener como principios básicos, la eficiencia, la equidad y la no discriminación entre las entidades públicas que aporten recursos al mismo (art. 321).

VI. EL RÉGIMEN TRIBUTARIO

El régimen tributario de la Constitución, respecto del cual formulamos diversas propuestas[69], lamentablemente no quedó integrado constitucionalmente y resultó con una dispersión e insuficiencia injustificable. Las siguientes, sin embargo, son las normas más destacadas en esta materia[70], las cuales han sido desarrolladas en el Código Orgánico Tributario[71] .

1. *Los principios del sistema tributario*

A. *La justa distribución de las cargas*

En forma casi idéntica que lo establecido en el artículo 223 de la Constitución de 1961, el artículo 316 de la Constitución de 1999 dispuso que el sistema tributario debe procurar la justa distribución de las cargas públicas según la capacidad económica del contribuyente[72], atendiendo al principio de progresividad, así como la protección de la economía nacional y la elevación del nivel de vida de la población, y se sustentará ello en un sistema eficiente para la recaudación de los tributos[73]. La tributación, en todo caso, tiene como límite, los derechos y garantías constitucionales[74].

---

68 Ley que crea el Fondo para la Estabilización macroeconómica en *G.O.* Nº 37.827 del 27-11-2003.

69 Véase, Allan R. Brewer-Carías, *Debate Constituyente, op. cit.*, Tomo III, pp. 253 a 286; y *Debate Constituyente (Aportes a la Asamblea Nacional Constituyente)*, Tomo II, (9 spetiembre-17 octubre), Fundación de Derecho Público-Editorial Jurídica Venezolana, Caracas, 1999, *op. cit.*, pp. 53 a 91.

70 Véase en general, Gabriel Ruán Santos, "Principios substantivos de la tributación en la Constitución de 1999", en *Revista de Derecho Corporativo*, Vol. 1, Nº 2, Caracas, 2001, pp. 11-38; Moisés Ballenilla Tolosa y otros, "El régimen tributario constitucional", en *Comentarios a la Constitución de la República Bolivariana de Venezuela"*, Vadell Hermanos Editores, Caracas, 2000, pp.117-148; Alejandro R. Van Der Velde; Antonio Planchart Mendoza; Pedro B. Caraballo, "Análisis del Régimen Tributario en la Nueva Constitución (II Parte)", en *Boletín Tributario TPA* (Noviembre-Diciembre). Caracas, 2000, pp. 1-10; Adriana Vigilanza García, "El poder tributario antes y después de la Constitución de 1999", en *Revista de Derecho Constitucional*, Nº 3 (julio-diciembre), Editorial Sherwood, Caracas, 2000, pp. 187-228; Véase Hildegard Rondón de Sansó, *Análisis de la Constitución venezolana de 1999*, Editorial Ex Libris, Caracas, 2001, pp. 298 y ss.

71 Ley Nº 42. Código Orgánico Tributario en *G.O.* Nº 37.305 del 17-10-2001

72 Sobre elestatutode los contribuyentes, véase Roquefélix Arvelo Villamizar, *El estatuto del contribuyente en la Constitución de la República Bolivariana de Venezuela de 1999*, Paredes Editores, Caracas, 2000, pp. 43 y ss.

73 Véase la propuesta de ampliación de esta norma que formulamos en nuestros votos salvados, en Allan R. Brewer-Carías, *Debate Constituyente*, Tomo III, *op. cit.*, pp. 53 a 91, 218 y 295 y ss.

74 Véase Juan D. Alfonzo Paradisi, "El Poder Tributario y los derechos y garantías constitucionales como límites a su ejercicio", en *El Derecho Público a comienzos del siglo XXI. Estudios homenaje al Profesor Allan R. Brewer-Carías,* Tomo III, Instituto de Derecho Público, UCV, Civitas Ediciones, Madrid, 2003, pp. 3151-3184; Dagmar Albornoz, "Constitución económica, régimen tributario y tutela judicial efectiva", en *Revista de Derecho Constitucional,* Nº 5 (julio-diciembre), Editorial Sherwood, Caracas, 2001, pp. 7-20.

La Sala Constitucional en sentencia N° 1304 de 19 de julio de 2001 (Caso: *Plastilago vs. Municipio Miranda Estado Zulia*) ha precisado el sentido de los conceptos contenidos en esta norma, así:

> Los apoderados judiciales de las accionantes denunciaron la violación del principio constitucional de progresividad contenido en el artículo 223 de la Constitución de 1961 y, actualmente, en el artículo 316 de la Constitución de 1999. Este alegato se fundamenta en que los artículos 3 y 4 de la Ordenanza impugnada, al establecer como base imponible el peso que los vehículos sean capaces de transferir temporalmente al pavimento por donde circulan o directamente al suelo del territorio municipal, no ha tomado en consideración la capacidad contributiva de los sujetos pasivos de dicha obligación tributaria, siendo el valor del vehículo la única magnitud que permite medir la real capacidad económica de los contribuyentes.
>
> En tal sentido, esta Sala observa que, efectivamente, el artículo 316 de la Constitución de la República Bolivariana de Venezuela, que ratifica en la materia lo dispuesto en el artículo 223 de la Carta precedente, pauta que: "*El sistema tributario procurará la justa distribución de las cargas públicas según la capacidad económica del o la contribuyente, atendiendo al principio de progresividad, así como la protección de la economía nacional y la elevación del nivel de vida de la población; para ello se sustentará con un sistema eficiente para la recaudación de los tributos*." (subrayado de la Sala)
>
> Pero como puede deducirse claramente de su redacción, se trata de una norma programática, que contiene una especie de ideal hacia el cual debe mirar la política tributaria.
>
> De acuerdo al *Diccionario de la Lengua Española*, *procurar* es "*hacer diligencias o esfuerzos para que suceda lo que se expresa*". El Constituyente no está *exigiendo* el cumplimiento del principio de progresividad en todos y cada uno de los tributos en los distintos niveles político-territoriales. En estricto sentido, el principio de progresividad sólo es aplicable plenamente en aquellos impuestos directos que tienen como base imponible los ingresos del contribuyente. Así, el impuesto sobre la renta es un ejemplo característico de tributo en el cual el principio de progresividad es no sólo deseable sino imperativo. Pero los impuestos indirectos, debido a su naturaleza, impiden muchas veces la aplicación del principio de progresividad. Este es el caso, por ejemplo, del impuesto al valor agregado.
>
> El valor del vehículo que genera el pago de la patente correspondiente, no es un indicativo técnicamente fundado para determinar la capacidad del contribuyente. Efectivamente, se trata de un tributo directo, pero por su propia naturaleza es imposible establecer una base imponible que mida la real capacidad económica de los sujetos contribuyentes.
>
> Por otra parte, el principio de progresividad choca contra la realidad social y económica del país, que ha visto desarrollar en los últimos años un sistema impositivo moderno marcado lamentablemente por su carácter regresivo, pero que es mucho más efectivo para evitar la evasión fiscal. Tal es el caso del impuesto al valor agregado (IVA) y, en las oportunidades en que ha habido graves crisis fiscales en virtud del descenso de los precios del petróleo, el impuesto al débito bancario (IDB), tan eficiente para la obtención de los recursos del Estado. Si se acogiera el criterio expuesto por las accionantes en el sentido de que esta norma constitucional no es una norma de carácter programático, sino imperativo tributario como los indicados o cualquier impuesto al consumo, sería inconstitucional.

En consecuencia, en la medida que el principio de progresividad está contenido en una norma de carácter programático y no imperativo, la denuncia de inconstitucionalidad de los artículos 3 y 4 de la Ordenanza de Patente de Vehículos del Municipio Miranda del Estado Zulia, es improcedente; y así se declara[75].

B. *El principio de la legalidad tributaria*

En cuanto a la legalidad tributaria[76], el artículo 317 de la Constitución fundió lo establecido en los artículos 224 y 226 de la Constitución de 1961[77], regulando los siguientes aspectos:

> No podrá cobrarse impuesto, tasa, ni contribución alguna que no estén establecidos en la ley, ni concederse exenciones y rebajas, ni otras formas de incentivos fiscales, sino en los casos previstos por la leyes ...
>
> Toda ley tributaria fijará su lapso de entrada en vigencia. En ausencia del mismo se entenderá fijado en sesenta días continuos. Esta disposición no limita las facultades extraordinarias que acuerde el Ejecutivo Nacional en los casos previstos por esta Constitución.

El primer párrafo transcrito, sin embargo, varió la redacción que tenía el principio en la Constitución de 1961, al exigir que "las exenciones y rebajas" (desapareciendo inexplicablemente, del léxico constitucional, la "exoneración") así como cualquier forma de incentivo fiscal, debe estar previsto, necesariamente, en la Ley. En la versión aprobada en segunda discusión y que se publicó para el referendo, sin embargo, se indicó que la ley en referencia era la ley *de creación* del Tributo, lo que implicaba, por ejemplo, en una forma totalmente injustificada e innecesaria, la imposibilidad de regímenes fiscales como los establecidos para zonas francas, mediante las leyes respectivas que, por supuesto, no son las que crean los tributos respecto de los cuales se establecen las exenciones y demás incentivos fiscales. Esto, en todo caso, se "corrigió" en el texto publicado en la *Gaceta Oficial*

El principio de la legalidad tributaria, por supuesto, también rige para el establecimiento del régimen de sanciones e ilícitos tributarios[78].

C. *Los diversos tipos tributos*

El artículo 317, antes indicado, hace referencia a los "impuestos, tasas y contribuciones" que son los diversos tributos que conforman el sistema tributario. Esta clasificación tradicional de los tributos ha sido analizada por la Sala Constitucional

---

75 Véase en *Revista de Derecho Público*, N° 85-88, Editorial Jurídica Venezolana, Caracas, 2001.

76 Véase Eduardo E. Meier García, "Reflexiones sobre el sistema tributario y el principio de legalidad tributaria en la Constitución de 1999", en *Revista de Derecho Corporativo,* Vol. 2, N° 1, Caracas, 2002, pp. 73-124; Eduardo E. Meier García, "La interpretación de la norma tributaria en la Constitución de 1999", en *Revista Derecho Tributario,* N° 89 (octubre-diciembre), Caracas, 2000, pp. 7-36.

77 Véase nuestro voto salvado sobre esta norma en Allan R. Brewer-Carías, *Debate Constituyente,* Tomo III, *op. cit.,* pp. 220 a 226.

78 Véase Carlos E. Weffe H., "Constitución y Proceso Penal Tributario", en *Revista de Derecho Tributario, N° 100 (julio-septiembre)*. Legislec Editores, Caracas, 2003, pp. 221-268; Ezra Mizrachi, "Reforma del régimen tributario y sancionabilidad de los ilícitos en la Constitución de 1999", en *Revista Derecho Tributario, N° 92 (julio-septiembre)*. Legislec Editores, Caracas, 2001, pp. 41-60.

del Tribunal Supremo en sentencia N° 670 de 6 de julio de 2000(Caso: *Impugnación de la Ordenanza sobre Contribución por Consumo de Cerveza, Municipio San Carlos, Estado Cojedes*), así:

> En efecto, la clasificación tradicional de los tributos, los divide en impuestos, tasas y contribuciones especiales; diferenciándose los impuestos por una parte, de las tasas y contribuciones por la otra, en el hecho de que en la configuración del hecho imponible para el caso de las tasas y las contribuciones especiales, atiende necesariamente a la realización de una actividad estatal que incide directamente sobre el sujeto pasivo del tributo, siendo que en el caso de los impuestos tal actividad estatal específica, se encuentra ausente dentro de la configuración del hecho imponible.
>
> Así, el término *tasas,* desde el punto de vista tributario, se refiere a aquellos tributos cuyo hecho imponible radica en la utilización de un servicio público, un bien del dominio público o que esté relacionado con una actividad estatal que beneficie de modo particular al sujeto pasivo de la obligación tributaria. Este sería el caso de las tasas aeroportuarias o por la utilización de un parque nacional.
>
> Por su parte, las *contribuciones especiales,* son aquellos tributos en los que el sujeto pasivo de la obligación tributaria, lo es en virtud de una actividad previa de la administración, que suponga para este un beneficio o un aumento en el valor de sus bienes (*vgr.* la realización de obras públicas o el establecimiento de servicios públicos).
>
> Finalmente, dentro de la tipología de los tributos, se encuentran la denominación de *impuestos,* que suponen un aporte que realizan los particulares con el objeto de colaborar en la realización de los fines del Estado en razón de su capacidad económica, sin que se encuentre presente una contraprestación específica y directa, aún cuando el mismo siempre se verá beneficiado de manera indirecta[79].

D. *Prohibición de la tributación confiscatoria*

El artículo 3176 de la Constitución, además, establece en forma expresa, lo que constituye una novedad en nuestro ordenamiento constitucional, que es el principio de que "ningún tributo puede tener efecto confiscatorio". Ello lo propusimos repetidamente en los debates[80], siguiendo la tendencia existente en el derecho comparado[81].

La Sala Constitucional en sentencia N° 307 de 6 de marzo de 2001 (Caso: *Ordenanza sobre Patente de Industria y Comercio del Municipio San Joaquín del Estado Carabobo)* ha tenido ocasión de tratar el tema de las tributaciones confirmatorias, a admitir que el *desideratum* establecido en el artículo 317 de la Constitución se hace extensivo a las sanciones o mecanismos coercitivos empleados por el legislador a los efectos de obtener, por parte de los sujetos pasivos o deudores tributarios, el exacto

---

79 Véase en *Revista de Derecho Público*, N° 83, (julio-septiembre), Editorial Jurídica Venezolana, Caracas, 2000, pp. 196 y ss.

80 Véase, Allan R. Brewer-Carías, *Debate Constituyente*, Tomo II, p. 279; y Tomo III, pp. 70 y ss.

81 Véase Allan R. Brewer-Carías, "Les protections constitutionnelles et légales contre les impositions confiscatoires", *Rapports Generaux. XIII Congrès International de Droit Comparé,* Montreal 1990, pp. 795 a 824. Véase también en Allan R. Brewer-Carías, *El Poder Público: Nacional Estadal y Municipal*, Tomo II, *Instituciones Políticas y Constitucionales*, Universidad Católica del Táchira-Editorial Jurídica Venezolana, Caracas, San Cristóbal 1996, pp. 85 y ss.

cumplimiento de su obligación fiscal. La Sala, en efecto, al analizar las multas establecidas en la Ordenanza y la denuncia de su carácter confiscatorio, señaló:

> Sobre este particular, observa esta Sala Constitucional que el *principio de no confiscación* se encuentra consagrado en el ordenamiento constitucional venezolano como una garantía de eficacia del derecho a la propiedad, derecho este, también de configuración constitucional. Así, en la Constitución de la República Bolivariana de Venezuela, se estableció dentro del Capítulo VII *"De los derechos económicos"*, en los artículos 115 y 116 el derecho a la propiedad y la correlativa garantía de no confiscación, en los términos que a continuación se exponen... Asimismo, dicho derecho se encuentra igualmente consagrado en normas legales preconstitucionales... (art. 545 del Código Civil.
>
> Por su parte, el artículo 317 constitucional consagra la no confiscación como postulado expreso que todo legislador tributario debe atender, es decir, todo órgano titular de la potestad de legislar en materia tributaria se encuentra en el deber de respetar, en sus actos normativos, ese principio de no confiscación contemplado en la Carta Magna. Resulta casi innecesario advertir que aun cuando el comentado artículo 317 señale que *"ningún tributo tendrá efectos confiscatorios"*, tal *desiderátum* se hace extensivo a las sanciones o mecanismos coercitivos empleados por el legislador a los efectos de obtener, por parte de los sujetos pasivos o deudores tributarios, el exacto cumplimiento de su obligación fiscal, de lo contrario, se perdería la armonía existente con el resto de la normativa constitucional...
>
> Con base a las normas anteriormente expuestas, contempladas en la Máxima Ley nacional, se observa que si bien la propiedad es un derecho sujeto a determinadas limitaciones que deben encontrarse acorde con ciertos fines, tales como la función social, la utilidad pública y el interés general, tales limitaciones deben ser establecidas con fundamento en un texto legal, siempre y cuando las referidas restricciones no constituyan un menoscabo *absoluto o irracional* del aludido derecho de propiedad. Esto es, que imposibilite de tal forma la capacidad patrimonial de los particulares que termine extinguiéndola.
>
> En el ámbito tributario, la vulneración del derecho de propiedad, se pone de manifiesto cuando tal como asienta el tratadista Héctor Villegas, "el Estado se apropia indebidamente de los bienes de los contribuyentes, al aplicar un gravamen en el cual el monto llega a extremos insoportables, desbordando así la capacidad contributiva de la persona, vulnerando por esa vía indirecta la propiedad privada, e impidiéndole ejercer su actividad". (Villegas, Héctor. *Relatoría General de las XIV Jornadas Latinoamericanas de Derecho Tributario* celebradas en Buenos Aires del 4 al 7 de Septiembre de 1989, tema: "Las Garantías Constitucionales ante la Presión del Conjunto de Tributos que Recaen sobre el Sujeto Contribuyente", pág. 27).
>
> En tal sentido, esta Sala observa que la vulneración del derecho de propiedad como consecuencia del pago de un tributo confiscatorio, ha sido expresamente proscrito por el Constituyente de 1999, en el ya citado artículo 317 constitucional que establece -se reitera- que *"ningún tributo puede tener efecto confiscatorio"* y tiene su fundamento directo en la norma consagrada en el artículo 316 de la Constitución de la República Bolivariana de Venezuela, que dispone que *"el sistema tributario procurará la justa distribución de las cargas públicas según la capacidad económica del o de la contribuyente, atendiendo al principio de progresividad, así como la protección de la economía nacional y la elevación del nivel de vida de la población"*. Siendo esto así, surge evidente la conclusión de que a los Poderes Públicos les está prohibido el establecimiento de tributos o sanciones tributarias -siendo que

estas últimas son formas coercitivas de procurar la efectiva recaudación de las contribuciones de los particulares a las cargas públicas- que puedan amenazar con absorber una parte sustancial del derecho a la propiedad del contribuyente, con la negativa consecuencia que tal situación conlleva, al extinguir la fuente generadora del tributo y posterior daño que tal situación ejerce en la ya mermada economía del país.

El efecto confiscatorio es, quizás, uno de los vicios de más difícil delimitación en la dinámica de la actuación tributaria de los Poderes Públicos, entre otras razones, por cuanto existe la posibilidad de que un tributo aisladamente concebido no constituya *per se* un acto confiscatorio; ahora bien, no puede olvidar esta Sala que la capacidad contributiva del contribuyente es una sola y esta capacidad puede verse afectada por una pluralidad de tributos establecidos por los diferentes niveles de gobierno del sistema federal venezolano. La situación anteriormente descrita, hace que en la mayoría de los casos, para la comprobación de la violación a la garantía de no confiscación se requiera de una importante y necesaria actividad probatoria por parte de los accionantes; sin embargo, en el caso de autos, esta Sala se encuentra frente a una infracción tributaria que deviene de la omisión de un deber formal, a la cual se le establece una sanción (multa) que a discreción de la administración tributaria municipal puede variar entre el cincuenta por ciento (50 %) y el cien por ciento (100 %) del monto total causado por concepto de patente de industria y comercio, siendo que la aplicación máxima de la referida sanción pudiera dar lugar a la duplicación del monto con el cual debe contribuir los particulares a las cargas públicas del Municipio San Joaquín del Estado Carabobo.

La norma impugnada advierte, asimismo, que esta sanción se dicta sin perjuicio de que se efectúen los reparos correspondientes.

Del razonamiento anteriormente expuesto, estima esta Sala Constitucional del Tribunal Supremo de Justicia, que al ser la Ordenanza sobre Patente de Industria y Comercio del Municipio San Joaquín del Estado Carabobo un acto normativo de carácter general y abstracto que la administración tributaria local debe ejecutar en virtud del principio de legalidad que informa la actuación de la administración, existe una amenaza cierta de que se dicten multas contra los accionantes en virtud del Parágrafo Único del artículo 53 de la ordenanza impugnada, el cual -según puede presumirse en sede cautelar- resultaría conculcatorio del derecho a la propiedad de las empresas accionantes.

Asimismo observa esta Sala, que la aplicación efectiva de la normativa impugnada podría causar a las accionantes daños de difícil reparación por la sentencia definitiva, ya que podría mermar de manera significativa, el patrimonio de dichas accionantes, afectando el normal desarrollo de su actividad lucrativa, tomando en cuenta que la dificultad de obtener el reintegro de cantidades pagadas, posiblemente de manera indebida, representa un perjuicio que difícilmente podrá ser reparado por la sentencia que decida la acción principal. Además, el pago de una sanción tributaria que pudiera resultar exagerado y desproporcionado, supone el hecho de efectuar un desembolso que representa un sacrificio o un esfuerzo económico, que podría significar un desequilibrio patrimonial que justifica la inaplicación de la normativa impugnada[82].

---

82 Véase en *Revista de Derecho Público*, 85-88, Editorial Jurídica Venezolana, Caracas, 2001.

E. *El principio pecuniario de la obligación tributaria*

En el artículo 317 de la Constitución, se recogió, mal ubicado, el principio del artículo 225 de la Constitución de 1961, según el cual "no podrán establecerse obligaciones tributarias pagaderas en servicios personales".

F. *El régimen sancionatorio*

En la nueva Constitución, con un criterio excesivamente represivo, se estableció que la evasión fiscal, sin perjuicio de otras sanciones establecidas por la ley, debe ser castigada penalmente; y en el caso de los funcionarios públicos, la ley debe establecer el doble de la pena (art. 317)[83].

G. *El régimen de la Administración Tributaria*

Finalmente, en el mismo artículo 317, recogiéndose parcialmente nuestra propuesta[84], se estableció el principio de que la administración tributaria nacional debe gozar de autonomía técnica, funcional y financiera de acuerdo con lo aprobado por la Asamblea Nacional y su máxima autoridad debe ser designada por el Presidente de la República, de conformidad con las normas previstas en la ley. En 2001 se sancionó la Ley N° 53, Ley del Servicio Nacional Integrado de Administración Tributaria[85]

2. *Las competencias tributarias nacionales y la regulación del régimen tributario estadal y municipal*

La Constitución de 1999 siguió la tendencia constitucional anterior de vaciar a los Estados de competencias tributarias, y centralizó aún más el Estado al atribuir al Poder Nacional potestad para regular y limitar el ejercicio de sus competencias, por los Estados y Municipios, lo que constituye una contradicción con la declaración de los Estados y Municipios como entidades autónomas (art. 159, 168)[86].

A. *Las competencias tributarias nacionales exclusivas*

El artículo 156, ordinal 12 de la Constitución define el ámbito de la competencia exclusiva del Poder Nacional en relación con la potestad tributaria, y establece cuáles son los tributos nacionales:

---

83 Véase el Código Orgánico Tributario, *G.O.* N° 37.305 del 17 de octubre de 2001. Véase Carlos E. Weffe H., "Constitución y Proceso Penal Tributario", en *Revista de Derecho Tributario, N° 100 (julio-septiembre)*. Legislec Editores, Caracas, 2003, pp. 221-268; Ezra Mizrachi, "Reforma del régimen tributario y sancionabilidad de los ilícitos en la Constitución de 1999", en *Revista Derecho Tributario, N° 92 (julio-septiembre)*. Legislec Editores, Caracas, 2001, pp. 41-60.

84 Véase Allan R. Brewer-Carías, *Debate Constituyente,* Tomo III, *op. cit.*, p. 86.

85 *G.O.* N° 37.320 del 8 de noviembre de 2001

86 Véase en general, Manuel Rachadell, "La distribución del poder tributario entre los diversos niveles del Poder Público según la Constitución de 1999", en *Revista de Derecho Administrativo, N° 8 (enero-abril)*. Editorial Sherwood, Caracas, 2000, pp. 179-205; Adriana Vigilanza García, "Menú para la armonización y coordinación de la potestad tributaria de Estados y Municipios. Algunas reflexiones", en *Revista de Derecho Tributario*, N° 99 (abril-junio). Legislec Editores, Caracas, 2003, pp. 9-26; Adriana A. Vigilanza, "Menú para la armonización y coordinación de la potestad tributaria de Estados y Municipios. Algunas reflexiones", *Revista de Derecho Constitucional,* N° 6, enero-diciembre-2002, Editorial Sherwood, Caracas, 2003, pp. 213 a 230.

12. La creación, organización, recaudación, administración y control de los impuestos sobre la renta, sobre sucesiones, donaciones y demás ramos conexos, el capital, la producción, el valor agregado, los hidrocarburos y minas, de los gravámenes a la importación y exportación de bienes y servicios, los impuestos que recaigan sobre el consumo de licores, alcoholes y demás especies alcohólicas, cigarrillos y demás manufacturas del tabaco, y los demás impuestos, tasas y rentas no atribuidas a los Estados y Municipios por esta Constitución y la ley.

La Sala Constitucional, con fundamento en esta norma, por ejemplo ha declarado inconstitucional una Ordenanza municipal, la Ordenanza sobre Contribución por Consumo de Cerveza con Contenido Alcohólico, que había sancionado el Concejo Municipal del Municipio San Carlos del Estado Cojedes, mediante la cual se creó un tributo que gravaba, tal como lo expresaba el texto del artículo 2 de la precitada Ordenanza, justamente el consumo de una bebida alcohólica, en el caso concreto de cerveza con contenido alcohólico; habiéndose diseñado el tributo de manera que el hecho cuya realización daba lugar al nacimiento de la obligación tributaria, era la venta que los distribuidores al mayor hacían a expendedores al detal o a consumidores que adquirieran los productos de estos distribuidores al mayor para su consumo propio. La sala anuló la Ordenanza con base en los siguientes razonamientos:

> De lo anterior, resulta patente para esta Sala que el hecho imponible del tributo consagrado en la Ordenanza sobre Contribución por Consumo de Cerveza con Contenido Alcohólico, es sin duda alguna el consumo, aún cuando, como se señalara anteriormente, el hecho imponible se verifica cuando es realizada la venta del producto (cerveza con contenido alcohólico). Afirma esta Sala que el hecho imponible es el consumo y no las ventas, pues la razón por la cual el legislador municipal estableció como hecho generador del nacimiento de la obligación el momento en que los distribuidores al mayor vendían el producto (al igual que ocurre a nivel nacional en el caso de la Ley de Impuesto al Valor Agregado), se funda en un criterio de operatividad, que adopta la presunción de que aquella persona que adquiera un bien del comercio lo hace para su consumo; esto, debido a la gran dificultad que supondría para la administración tributaria municipal, determinar el momento en que en definitiva la persona consume el producto adquirido de una relación comercial, que en el caso de autos, sería el momento en que el consumidor final bebiese efectivamente el contenido de la botella o lata de cerveza.
>
> Asimismo, debe advertir esta Sala que el tributo establecido no es, como expresamente lo sostiene la Ordenanza sobre Contribución por Consumo de Cerveza con Contenido Alcohólico, una contribución sino un impuesto[87].

Con base en lo anterior, y conforme a lo establecido en el mencionado artículo 156, ordinal 12 de la Constitución que atribuye al Poder Público Nacional competencia en materia de "los impuestos que recaigan sobre el consumo de licores, alcoholes y demás especies alcohólicas cigarrillos y demás manufacturas del tabaco", la Sala Constitucional determinó que el Concejo Municipal del Municipio San Carlos del Estado Cojedes al dictar la Ordenanza sobre Contribución por Consumo de Cerveza con Contenido Alcohólico, no se había mantenido dentro de los límites que la propia Constitución establece y los transgredió usurpando funciones del nivel nacional de gobierno, señalando:

---

87 Véase en *Revista de Derecho Público*, 83, (julio-septiembre), Editorial Jurídica Venezolana, Caracas, 2000, pp. 196 y ss.

De la norma transcrita (art. 156,12), se evidencia de forma palmaria la abierta y flagrante inconstitucionalidad en que ha incurrido el Municipio San Carlos del Estado Cojedes al promulgar la Ordenanza sobre Contribución por Consumo de Cerveza con Contenido Alcohólico puesto que tanto el Constituyente de 1999, como el Constituyente de 1961 -al establecer en el ordinal 8° del artículo 136, que era competencia exclusiva del Poder Nacional el establecimiento de los impuestos que recayesen sobre la producción y consumo de bienes tales como alcoholes y licores-, había dejado fuera del ámbito de las potestades tributarias del Poder Municipal el establecimiento de tributos sobre el consumo de bebidas con contenido alcohólico[88].

Pero los tributos que son de la competencia exclusiva del Poder Nacional no se agotan en los enumerados en el artículo 156,12 de la Constitución, pues también lo son todos aquellos que gravan las materias atribuidas a la competencia del Poder Nacional conforme a ala enumeración de dicho artículo. Así, la Sala Constitucional ha considerado, por ejemplo, que los impuestos que graven las empresas de telecomunicaciones corresponden en exclusiva al Poder Nacional, en virtud de que esa materia es de la competencia nacional (art. 156,28 y la legislación sobre ella corresponde también al Poder Nacional (art. 156,32). Así lo ha decidido en sentencia N° 726 de 23 de mayo de 2002 (Caso: *CANTV vs. Municipio San Cristóbal, Estado Táchira*), señalando:

> Conforme a las normas transcritas y al criterio jurisprudencial citado, se evidencia que los Municipios gozan de una potestad tributaria constitucional que se encuentra limitada y debe ejercerse de acuerdo a lo previsto en la propia Constitución y en las leyes. Por ello, la creación y aplicación, mediante la Ordenanza Municipal del Impuesto sobre Patente de Industria y Comercio, Servicio e Índole Similar, dictada por el Municipio San Cristóbal del Estado Táchira y publicada en la *Gaceta Municipal* N° 20 Extraordinario de fecha 31 de octubre de 1994, específicamente el contenido en el artículo 40 de la referida Ordenanza, en el Código III. I. 1.18 del Clasificador de Actividades Económicas, referente a la actividad de las Empresas de Teléfonos, de Radio, Equipos de Comunicaciones y Similares a las cuales grava con una alícuota impositiva del 3% anual y un mínimo tributable de Bs. 60.000,oo, representa una invasión a la competencia del Poder Legislativo Nacional[89].

Este criterio lo había establecido la antigua Corte Suprema de Justicia, y se encuentra reafirmado en la Ley Orgánica de Telecomunicaciones de 2000, conforme lo expuso la Sala Constitucional en sentencia N° 1451 de 29-11-2000 (Caso: *CANTV vs, Concejo Municipal del Municipio San Cristóbal, Estado Táchira*), así:

> Conforme a las normas antes transcritas, se evidencia que los Municipios gozan de una potestad tributaria constitucional, que se encuentra limitada y debe ejercerse de acuerdo a lo previsto en la propia Constitución y las leyes. Por ello, la creación y aplicación del impuesto mediante la Ordenanza Municipal de Impuesto sobre Patente de Industria, Comercio, Servicio e Índole Similar, dictada por el Municipio San Cristóbal del Estado Táchira y publicada en la Gaceta Municipal de dicho Municipio N° 049 de fecha 29 de diciembre de 1995, específicamente el contenido en el artículo 40 de la referida Ordenanza, en el Código III.I.1.21 del Clasificador de las Actividades Económicas, referente a la actividad de las "Empresas de Teléfonos y

88 *Idem.*

89 Véase en *Revista de Derecho Público*, 89-92, Editorial Jurídica Venezolana, Caracas, 2002.

Telefonía" a las cuales le corresponde una alícuota impositiva del 2.00 % anual y un mínimo tributable de 35 unidades tributarias, no se encuentra dentro de las potestades asignadas a los entes municipales ni en la Constitución de 1961 ni tampoco en el Texto Fundamental vigente; motivo por el cual, esta Sala Constitucional considera, que la creación, determinación y posterior exigencia del referido tributo, podría constituir una infracción al principio de la reserva legal previsto actualmente en el artículo 156 numerales 12, 28, 32 y 33, de la vigente Carta Fundamental en materias de gravamen relativo a la actividad de las telecomunicaciones.

En el mismo sentido, se pronunció la Sala Político Administrativa de la entonces Corte Suprema de Justicia, en sentencia de fecha 16 de julio de 1996 (Caso: *Telcel Celular*), en la cual señaló:

> De lo anterior se desprende una primera conclusión y es que ni la actividad de telecomunicaciones, ni ninguna otra de las comprendidas dentro de las atribuciones del Poder Nacional puede admitir regulación directa o inmediata a través de textos normativos subalternos a la Ley. En otros términos, no pueden ni deben los órganos de la rama ejecutiva del Poder Público Nacional, ni los órganos ejecutivos y legislativos estadales o municipales mediante sus actos típicos y propios invadir tales esferas de actuación por haber sido éstas expresa y precisamente reservadas al órgano legislativo nacional. En el caso concreto, debe entenderse que, al formar parte de las telecomunicaciones, la emisión, transmisión o recepción de ondas radioeléctricas con tecnología celular, como un servicio con fines específicos en todo el territorio nacional, tal como se dispone en el contrato de concesión suscrito entre la accionante y la República, por órgano del Ministerio de Transporte y Comunicaciones, es y debe ser regido, en todas sus implicaciones, -como por ejemplo, régimen de concesiones, tributarios, entre otros- por una Ley nacional.
>
> Ahora bien, estando reservada la actividad antes mencionada al ámbito de la Ley y al Poder Nacional como también lo ratifican los artículos 1° y 4° de la Ley de Telecomunicaciones, resulta incontestable afirmar que toda su regulación, *incluyendo la determinación del pago de tributos* así como el régimen para su imposición, debe igualmente quedar plasmada en el texto legislativo".

Finalmente esta Sala Constitucional observa que la recién promulgada Ley Orgánica de Telecomunicaciones publicada en la Gaceta Oficial de la República de Venezuela N° 36.970, de fecha 12 de junio de 2000, señala en su artículo 156 que "[de] conformidad con la Constitución de la República Bolivariana de Venezuela, la actividad de Telecomunicaciones no estará sujeta al pago de tributos estadales o municipales".

En virtud de las consideraciones constitucionales, legales y jurisprudenciales antes expuestas, estima pertinente esta Sala señalar -sin que ello implique un pronunciamiento sobre el fondo del asunto planteado- que al establecer la Ordenanza sobre Patente de Industria, Comercio, Servicio e Índole Similar del Municipio San Cristóbal del Estado Táchira en su artículo 1° que "la respectiva Patente (es) imprescindible para poder ejercer dicha actividad, así como los respectivos Impuestos que causen al ejercer la antes mencionada Actividad Lucrativa", tal exigencia, eventualmente podría constituir a juicio de esta Sala, una presunción grave de violación del derecho que tiene la Compañía Anónima Nacional Teléfonos de Venezuela a dedicarse a la actividad lucrativa de su preferencia, contenido en el artículo 112 de la Constitución vigente, en virtud de que el régimen legal relativo a la materia de las telecomunicaciones, corresponde establecerlo al Poder Nacional, tal y como se desprende del principio de la reserva legal establecido en la norma contenida en el artículo el 156 numerales 12, 28, 32 y 33 de la Constitución de la República Bolivariana de Venezuela[90].

B. *La competencia residual del nivel nacional*

De la norma del artículo 156,12, por otra parte, se destaca la asignación de competencia *residual* a favor del Poder Nacional, en toda materia tributaria no atribuida por la Constitución y la ley a los Estados y Municipios, con lo cual se restringió aún más en esta materia, la competencia tributaria estadal. En el esquema federal tradicional, los Estados eran los que tenían en exclusiva la competencia residual en relación con los Poderes Nacional y Municipal; ello se cambió en la Constitución, acentuándose el centralismo.

C. *Las competencias compartidas con los Municipios*

Además, corresponde al Poder Nacional, conforme al mismo artículo 156 lo siguiente:

> 14. La creación y organización de impuestos territoriales o sobre predios rurales y sobre transacciones inmobiliarias, cuya recaudación y control correspondan a los Municipios, de conformidad con esta Constitución.

Los Municipios, en efecto, conforme al art. 179,3 tienen entre sus ingresos

> El impuesto territorial rural o sobre predios rurales, la participación en la contribución de mejoras y otros ramos tributarios nacionales o estadales, conforme a las leyes de creación de dichos tributos".

D. *La intervención nacional de las competencias de los Estados y Municipios*

Pero además de estas competencias tributarias propias, como se ha señalado, la Constitución asigna al Poder Nacional competencia expresa para intervenir en el ejercicio de las competencias tributarias de Estados y Municipios, al disponer, el artículo 156, la competencia del Poder Nacional para dictar:

> 13. La legislación para garantizar la coordinación y armonización de las distintas potestades tributarias, definir principios, parámetros y limitaciones, especialmente para la determinación de los tipos impositivos o alícuotas de los tributos estadales y municipales, así como para crear fondos específicos que aseguren la solidaridad interterritorial.

Además, corresponde al Poder Nacional, mediante Ley, regular la participación de los Estados en los tributos nacionales (arts. 164,3 y 167,6) y asignar a los Estados impuestos, tasas y contribuciones especiales con el fin de promover el desarrollo de las haciendas públicas estadales (art. 167,5). En este último caso, de leyes que creen o transfieran ramos tributarios a favor de los Estados, las mismas podrán compensar dichas asignaciones con modificaciones de los ramos de ingresos de los Estados, a fin de preservar la equidad interterritorial (art. 167,5).

---

90 Véase en *Revista de Derecho Público*, N° 84, (octubre-diciembre), Editorial Jurídica Venezolana, Caracas, 2000, pp. 171 y ss.

En todos estos casos de leyes nacionales que se refieren a los Estados, la Asamblea Nacional está obligada a consultarlos a través de los Consejos Legislativos Estadales, antes de la sanción de las mismas (art. 206). Ello implica que también los Estados y Municipios tienen competencia en materia de políticas y servicios estadales y municipales de educación y salud.

3 *Las competencias tributarias estadales*

A. *El régimen constitucional de los "tributos propios"*

El artículo 164,4 asigna competencia exclusiva a los Estados en materia de:

> La organización, recaudación, control y administración de los recursos tributarios propios, según las disposiciones de las leyes nacionales y estadales.

Esta competencia "exclusiva", sin embargo, conforme a la Constitución, es una competencia vacía de contenido ya que la propia Constitución no prevé "recursos tributarios propios" algunos de los Estados. Esos recursos dependen totalmente de la ley nacional que asigne a los Estados impuestos, tasas y contribuciones especiales "para promover el desarrollo de las haciendas públicas estadales" (art. 167,5). En consecuencia, no sólo la materia tributaria como competencia exclusiva es una competencia vacía en la Constitución, sino que su ejercicio depende íntegramente de la ley nacional.

Por tanto, y salvo por lo que se refiere a la materia de los timbres fiscales, los Estados no tienen otras competencias tributarias que las que le puedan serles asignadas expresamente por ley *nacional*. Por ello, el artículo 167,5 de la Constitución le atribuye a los Estados, como ingresos, los demás impuestos, tasas y contribuciones especiales que se le asignen por ley nacional, con el fin de promover el desarrollo de las haciendas públicas estadales; pudiendo la ley nacional, además asignar a los Estados participación en los tributos nacionales (art. 164,3 y 167,6).

B. *El ramo del papel sellado, timbres y estampillas fiscales*

Ahora bien, la única competencia en relación con los tributos que se asigna directamente a los Estados, en forma exclusiva, es la creación, organización, recaudación, control y administración de los ramos de papel sellado, timbres y estampillas (art. 164,7). En tal sentido se declaran como ingresos estadales el producto de lo recaudado por venta de especies fiscales (art. 167,3). Debe destacarse que la Sala Constitucional del Tribunal Supremo de Justicia, en la sentencia interpretativa N° 1563 de 13 de diciembre de 2000, había señalado que:

> Entre las formas de pago de los tributos se encuentran las especies fiscales, entre los cuales se cuentan los ramos de papel sellado y estampillas (artículo 39 del Decreto N° 363 con Rango y Fuerza de Ley de Reforma de la Ley de Timbre Fiscal, de fecha 22 de octubre de 1999) por lo que este rubro podría ser explotado, pero sólo para pechar servicios metropolitanos, y no otros distintos. Las especies fiscales como instrumentos de pago, pueden ser creadas por cualquier municipalidad, y por el Distrito Metropolitano, pero estas especies sólo pueden ser usadas para cancelar los

impuestos, tasas o contribuciones que el Distrito Metropolitano o el Municipio puedan probar al no colidir con otros impuestos nacionales o estadales"[91].

La Sala Constitucional, sin embargo, con posterioridad ha interpretado las normas constitucionales pertinentes sobre el alcance de la competencia estadal en materia de timbres fiscales, particularmente en sentencia N° 978 de 30 de abril de 2003, en la cual al considerar la denuncia de colisión que existía entre tres instrumentos legales de los tres niveles territoriales: en el nivel nacional, el Decreto con Fuerza de Ley de Timbre Fiscal, publicado en *Gaceta Oficial* N° 5.146, del 22 de diciembre de 1999; en el nivel estadal, la Ley de Timbre Fiscal del Estado Miranda, publicada en *Gaceta Oficial del Estado Miranda*, N° Extraordinario, del 26 de octubre de 2000, y en el nivel municipal-metropolitano, la Ordenanza de Timbre Fiscal del Distrito Metropolitano de Caracas, publicada en *Gaceta Oficial,* N° 5.493, Extraordinario, del 19 de octubre de 2000; estableció los siguientes criterios, partiendo del análisis de los artículos 164,7 y 167,3 de la Constitución:

> Al respecto, reitera la Sala que la primera de las normas citadas (artículo 164, numeral 7), organiza al Poder Estadal y le atribuye de manera directa y exclusiva a los Estados de la Federación la competencia (potestad de dictar normas) para crear, organizar, recaudar, controlar y administrar los ramos de papel sellado, timbres y estampillas, ya que tal competencia no fue igualmente atribuida de forma expresa por la Norma Fundamental a la República en ninguno de los numerales de su artículo 156, como sí lo hacía el numeral 8 del artículo 136 de la Constitución de la República de Venezuela de 1961, que consagró como una de las competencias tributarias originarias del Poder Nacional la organización, recaudación y control de los tributos de timbre fiscal, la cual llegó a ser parcialmente delegada o transferida a los Estados, vía artículo 32 de la Ley Orgánica de Descentralización, Delimitación y Transferencia de Competencias del Poder Público, publicada en Gaceta Oficial n° 4.153, Extraordinario, del 28 de diciembre de 1989.
>
> La segunda de las disposiciones citadas (artículo 167, numeral 3), establece reglas para la acción de los Estados respecto de sus ingresos, al contemplar como fuente de recursos para los Estados el producto de lo recaudado por concepto de venta de especies fiscales, lo cual quiere decir, en interpretación de esta Sala, que los recursos provenientes del cobro o recaudación por concepto de cumplimiento de las obligaciones tributarias de timbre fiscal establecidas en la ley, derivado de la asunción por parte de los Estados de los ramos de estampillas (timbre móvil) y de papel sellado (timbre fijo), como instrumentos de cancelación o de recaudación de ciertas y determinadas obligaciones tributarias, también son fuente de ingresos para los Estados que asuman la competencia tributaria que les asigna el artículo 164, numeral 7, de la vigente Constitución, y habría que dilucidar si tales ingresos provendrían, indistintamente, de la imposición de tasas por el disfrute de servicios públicos prestados por la respectiva entidad, o en virtud de la creación de tasas o impuestos por la obtención o aprovechamiento de licencias, autorizaciones o servicios públicos brindados por el Poder Nacional, o por el establecimiento de impuestos que graven manifestaciones de riqueza no sometidas a reserva legal nacional.
>
> En complemento de las normas constitucionales antes mencionadas, y a fin de evitar vacíos o contradicciones en el proceso de asunción por parte de los Estados de la competencia prevista en el artículo 164, numeral 7, de la Constitución, la tam-

91 Véase sentencia N° 1563, de 13-12-00, pp. 55 de 61 y 56 de 61 (original).

bién citada disposición transitoria decimotercera establece que hasta tanto los Estados asuman por ley estadal las competencias referidas en el numeral 7 del artículo 164 de esta Constitución, se mantendrá el régimen vigente, con lo cual se despeja toda duda en cuanto a la transferencia que el constituyente de 1999 quiso realizar en materia de descentralización fiscal a favor de los Estados, en sintonía con lo dispuesto en el artículo 158 de la Carta Magna, y se deja a la sola actividad de los órganos legislativos de los Estados de la Federación la regulación del complejo proceso de asunción por el Poder Estadal de una competencia tributaria que en la Constitución de 1961 se establecía como directa y exclusiva del Poder Nacional, el cual la ha ejercido con motivo de múltiples servicios y actividades prestadas de manera específica a través de sus órganos y entes centrales, y con base en el vigente Decreto con Fuerza de Ley de Timbre Fiscal, que contendría el régimen que, mientras opera la transferencia indicada, mantendrá su vigencia, siendo dicha disposición transitoria del constituyente de 1999, la que precisamente impide que pueda ser declarada la inconstitucionalidad sobrevenida de la mencionada ley nacional[92].

Con base en las disposiciones constitucionales analizadas, la Sala Constitucional consideró que había una "inequívoca intención del constituyente de 1999" de atribuir de manera originaria a los Estados de la Federación, así como al Distrito Metropolitano de Caracas, tanto el poder de crear como el poder de recaudar tributos en materia de timbre fiscal a fin de dotar a dichas entidades político-territoriales de mayores recursos para el financiamiento de sus actividades y para la optimización de los servicios públicos cuya prestación les ha sido encomendada por la propia Constitución o las leyes, e manera que:

> Por voluntad del artículo 164, numeral 7, de la Constitución, que habla de creación y no sólo de recaudación, el establecimiento por parte del órgano legislativo estadal (o por el Cabildo Metropolitano de Caracas) de tributos por concepto de timbre fiscal, no se encuentra limitado a la exacción de tasas por la prestación de servicios públicos que de manera exclusiva y excluyente sean brindados por los órganos o entes que lo integran administrativamente, ya que los entes político-territoriales que detentan el Poder Estadal serían los únicos competentes para crear, a través de sus leyes estadales, tributos en materia de timbre fiscal, que en el caso de Venezuela ha comprendido la creación de una multiplicidad de hechos imponibles, a saber, la expedición u otorgamiento de certificaciones, licencias, autorizaciones, concesiones, registros o la realización de ciertos actos como la emisión de pagarés bancarios o letras de cambio, los cuales han dado lugar al establecimiento por el órgano legislativo nacional no sólo de tasas a ser canceladas a través de estampillas o papel sellado, sino también de impuestos no asociados con ninguna actividad en particular, que deben ser cancelados en efectivo ante los órganos competentes.
>
> Admitir, por el contrario, que los Estados sólo pueden crear tributos en materia de timbre fiscal mediante la fijación de tasas por el aprovechamiento de los servicios y bienes que le son propios, de acuerdo con lo previsto en el artículo 167, numerales 2 y 3, de la vigente Constitución, implicaría aceptar que existe una antinomia intraconstitucional entre dichas disposiciones y la norma atributiva de competencias, contenida en el artículo 164, numeral 7, de la Constitución, por lo que, fundada en

---

92 Caso: *Impugnación de las disposiciones contenidas los artículos 28 de la Ley de Timbre Fiscal, 19 de la Ordenanza de Timbre Fiscal del Distrito Metropolitano de Caracas, y 30 de la Ley de Timbre Fiscal del Estado Miranda.* Véase en *Revista de Derecho Público,* N° 93-96, Editorial Jurídica Venezolana, Caracas. 2003.

un manifiesto desconocimiento de las modalidades tributarias contenidas en la legislación nacional de timbre fiscal cuya última reforma data de 1999, dicha interpretación terminaría por afirmar que en realidad la Norma Fundamental no presenta avance alguno en materia de descentralización fiscal, y que el artículo 164, numeral 7, constitucional sólo puede entenderse dentro de los "límites" que le fijarían las normas contenidas en los artículos 167, numerales 2 y 3, que poco progreso implican en relación con el ordenamiento jurídico preconstitucional.

Además, supondría reducir la exacción del tributo denominado timbre fiscal a la modalidad de tasas, cuando lo cierto es que de acuerdo con el vigente régimen nacional en la materia, la obligación tributaria por concepto de timbre fiscal se causa no sólo por la prestación de un servicio público determinado, especializado y exclusivo por parte de la Administración competente para recaudar los recursos, como es la expedición de licencias, autorizaciones o certificaciones, sino también, tal y como lo ha reconocido la doctrina nacional (*Cfr*. Juan Cristóbal Carmona Borjas, "Principales aspectos a ser tomados en consideración al momento de la asunción e instrumentación por parte de los Estados de la competencia a ellos reconocida en materia de Timbre Fiscal", en *Revista de Derecho Tributario* n° 89, Caracas, 2000, pp. 158 y ss.), con mayor énfasis luego de la transferencia ocurrida en el ramo de papel sellado de la República a los Estados por causa del artículo 11, numeral 1, de la Ley Orgánica de Descentralización, Delimitación y Transferencia de Competencias del Poder Público, por el disfrute o aprovechamiento de servicios prestados por órganos o entes integrantes de otro ente político-territorial distinto al que tiene el poder de recaudar el tributo, o a propósito de una actuación que es considerada por la autoridad con poder de crear el tributo como una manifestación de riqueza del contribuyente susceptible de ser gravada mediante un impuesto, que como se sabe, no está vinculado a la prestación de servicio alguno. Tal es el caso del impuesto actualmente establecido en el artículo 28 del Decreto con Fuerza de Ley de Timbre Fiscal[93].

Sin embargo, al constatar que la mayoría de los hechos imponibles contenidos en el Decreto-Ley nacional y que dan lugar al surgimiento de la obligación tributaria, se verifican con motivo del otorgamiento o de la prestación de diversos documentos y servicios prestados exclusivamente por órganos o entes del Poder Nacional (Administración Central y órganos desconcentrados con forma de Servicios Autónomos), como certificación de calidad de productos, establecimiento de industrias o comercios, experimentación e investigación de sustancias peligrosas para la salud, porte de armas, expendio de bebidas alcohólicas, actividades de pesca, caza y explotación forestal, registros de propiedad o de fondos de comercio, actividades de exportación e importación, actividades asociadas al transporte aéreo, marítimo y terrestre, explotación de recursos naturales, autorizaciones para conducir, etc), a fin de que, en algunos casos, los recursos obtenidos mediante las tasas o el dinero en efectivo exigido por tales actividades, puedan invertirse en el financiamiento de los órganos administrativos encargados de realizarlas; la Sala Constitucional consideró:

Que si bien es innegable la atribución a los Estados por el Texto Constitucional del poder para recaudar ingresos por concepto de timbre fiscal, así como del poder

93 *Idem*. Los criterios expuestos en la sentencia N° 978 de 30-04-2003 fueron ratificados en la sentencia dela misma Sala N° 1664 de 17 de junio de 2003 (Caso: *Colisión entre los artículos 29 de la Ley de Timbre Fiscal y 44 de la Ley de Timbre Fiscal del Estado Vargas*). Véase en la misma *Revista de Derecho Público*, N° 93-96, Editorial Jurídica Venezolana, Caracas, 2003.

para establecer los elementos objetivos, subjetivos, generales y abstractos que dan lugar a la obligación tributaria en dicho ramo, lo cierto es que según la actual distribución constitucional de competencias en cuanto a la regulación, control y administración de los múltiples servicios y actividades que constituyen el hecho imponible en varios supuestos de la actual normativa nacional de timbre fiscal, resulta inconveniente desde un punto de vista del funcionamiento de los órganos de la Administración Pública Nacional y del eficiente ejercicio de su poder de policía, que sean los Estados y el Distrito Metropolitano de Caracas los que establezcan, sin ninguna coordinación con la legislación nacional, obligaciones tributarias de timbre fiscal por actuaciones o servicios prestados por entes u órganos que pertenecen al Poder Nacional[94].

Con fundamento en lo anterior, la Sala Constitucional en la mencionada sentencia N° 978 de 30 de abril de 2003 estimó que mientras se dictase el régimen jurídico nacional a que se refiere el artículo 164, numeral 4, de la Constitución, que incluye tanto a la Ley de Hacienda Pública Estadal como a la Ley Coordinación Tributaria, debía ofrecer las siguientes respuestas a las preguntas que a continuación se formulan:

1. ¿Cuándo pueden los Estados ejercer conjuntamente su poder de crear tributos y su poder de recaudar tributos en materia de timbre fiscal, con base en el artículo 164, numeral 7, de la Constitución de la República Bolivariana de Venezuela, sin estar obligados por el artículo 164, numeral 4, a esperar que sea dictado el marco legal federal que permita el ejercicio coordinado por parte de los Estados y el Distrito Metropolitano de Caracas de dicha competencia tributaria?...

1. En cuanto a la primera pregunta, debe reafirmarse que los Estados pueden crear en sus Leyes de Timbre Fiscal, con fundamento en los artículos 164, numerales 3, 7, 8, 9 y 10, y 167, numerales 2 y 3, todas aquellas obligaciones tributarias bajo la modalidad de tasas por el uso de sus bienes y el disfrute de los servicios prestados por los órganos o entes que los integran, sin necesidad de que sea dictado el marco legal tributario nacional previsto en el numeral 4 del artículo 164 *eiusdem*. Igualmente, pueden los Estados regular mediante las leyes dictadas por sus Consejos Legislativos, los elementos del impuesto que por concepto de timbre fiscal se exige en materia de pagarés bancarios, letras de cambio libradas por bancos y otras instituciones financieras y órdenes de pago emitidas a favor de contratistas, regulado a nivel nacional en el artículo 28 del Decreto con Fuerza de Ley de Timbre Fiscal, en ambos casos, el poder tributario estadal está limitado por los principios de legalidad tributaria, capacidad contributiva, igualdad de los contribuyentes, proporcionalidad del tributo, generalidad de los tributos y no confiscatoriedad.

De lo anterior se colige, que el Decreto con Fuerza de Ley de Timbre Fiscal perderá progresivamente su vigencia en aquellas materias en las que los Estados y el Distrito Metropolitano creen mediante sus respectivas normas de timbre fiscal, aplicable dentro de sus límites territoriales, tasas por concepto de servicios públicos que eran competencia del Poder Nacional, pero que en la actualidad, por mandato constitucional, le han sido -o le sean en el futuro por ley especial- transferidos a los mencionados entes político-territoriales, asimismo perderá su vigencia dicho régimen nacional en materia de impuesto por timbre fiscal sobre letras de cambio libra-

94 *Idem.*

das por bancos u otras instituciones financieras, sobre pagarés bancarios y órdenes de pago a contratistas, en la medida que dicha competencia sea asumida por los Estados y el Distrito Metropolitano de Caracas mediante sus leyes de timbre fiscal. En este último supuesto, lo recaudado con motivo de dicho impuesto, corresponderá al Estado en el que se encuentre el domicilio fiscal del librado o prestatario. Así se establece...

2. ¿Cuándo pueden los Estados ejercer sólo su poder de recaudar tributos en materia de timbre fiscal, con fundamento en el artículo 164, numeral 7, de la Constitución de la República Bolivariana de Venezuela y en las normas sustantivas establecidas por el Poder Nacional en el Decreto con Fuerza de Ley del Timbre Fiscal, hasta tanto sea dictada la Ley Orgánica de hacienda Pública Estadal?.

2. En cuanto a la segunda interrogante, se debe advertir preliminarmente, que la solución definitiva a los problemas derivados del actual reparto constitucional de competencias tributarias al Poder Estadal corresponde a la Asamblea Nacional, ya que ello es materia que debe ser regulada por la ley "que desarrolle la hacienda pública estadal estableciendo, con apego a los principios y normas de esta Constitución, los tributos que la compongan, los mecanismos de su aplicación y las disposiciones que la regulen", prevista en la disposición transitoria cuarta, número 6, de la Carta Magna, la cual forma parte de un complejo sistema de distribución y armonización de competencias de los niveles de gobierno que componen al Estado venezolano, previsto en los artículos 156, numeral 13, 164, numeral 4, 167, numeral 5 y 180, y disposición transitoria cuarta, número 6, del Texto Fundamental.

No obstante, vista la grave situación que para los contribuyentes y las entidades político-territoriales puede presentarse con la progresiva asunción por parte de los Estados y del Distrito Metropolitano de Caracas, de conformidad con la disposición transitoria decimotercera de la Constitución, de la competencia establecida en el artículo 164, numeral 7, *eiusdem*, tal y como se evidencia en el caso de autos, sin que pueda atenderse a lo establecido en el numeral 4 de dicho artículo por la inexistencia de una Ley de Coordinación Tributaria y de la Ley de Hacienda Pública Estadal, y a fin de armonizar provisionalmente las competencias tributarias existentes entre la República y los Estados que respete los principios contenidos en los artículos 2, 19, 317 y 318 de la Constitución de la República Bolivariana de Venezuela, la Sala Constitucional, como garante de la correcta aplicación del Texto Constitucional y de los derechos fundamen-tales de los contribuyentes, establece las siguientes reglas, las cuales serán estricta-mente observadas hasta tanto sean promulgadas las leyes tributarias antes referidas:

a) Cuando el timbre fiscal sea exigido por servicios prestados o documentos expedidos u otorgados por entes u órganos de la República, los elementos de la respectiva obligación tributaria serán los fijados por la Ley Nacional de Timbre Fiscal, hasta tanto la actividad reguladora y administrativa de la materia a que está vinculado el servicio o la expedición del documento no sea transferida por el Poder Nacional a los Estados, vía artículo 157 constitucional, o por algún otro mecanismo compatible con la Carta Fundamental; pero los recursos que se obtengan por la venta de especies fiscales (estampillas o papel sellado) para el cumplimiento de dicha obligación, corresponderá al Estado en cuya jurisdicción tenga competencia la oficina de la Administración Pública Nacional encargada de prestar el servicio o expedir el documento. Cuando la oficina de la Administración Pública Nacional encargada de prestar el servicio o expedir el documento tenga competencia en más de un Estado, corresponderá a aquél en donde se encuentre ubicada la mencionada oficina.

Lo anterior tiene su justificación, en el deber que tiene esta Sala Constitucional de respetar y garantizar los mecanismos de control adoptados por el Poder Nacional a través de la imposición de tributos de timbre fiscal con evidente finalidad extrafiscal, para ejercer su actividad de policía mediante el incentivo o desestímulo de determinadas actividades realizadas por los particulares, en aquellas materias que son en la actualidad de su estricta regulación y administración, según lo establecido en la Constitución y la ley, no siendo posible la transferencia del poder de crear tributos de timbre fiscal en tales materias, a pesar de la letra del artículo 164, numeral 7, hasta tanto el legislador nacional cumpla con lo establecido en la norma orgánica contenida en el artículo 164, numeral 4, del Texto Constitucional, o hasta tanto transfiera a través del mecanismo contemplado en el artículo 157 *eiusdem,* las competencias de regulación, administración y control (policía) en las materias que hoy son competencia exclusiva del Poder Nacional.

b) Para que tenga lugar la recaudación por los Estados (o por el Distrito Metropolitano de Caracas) de los ingresos por obligaciones tributarias previstas en el régimen nacional de timbre fiscal, conforme a lo previsto en los artículos 164, numeral 7, y 167, numeral 3, de la vigente Constitución, es necesario que dichas entidades político-territoriales cumplan con lo dispuesto en la disposición transitoria decimotercera de la Constitución, y que en la ley estadal u ordenanza respectiva acuerden la creación y puesta en circulación por sus órganos competentes de los instrumentos (estampillas, papel sellado y fórmulas adicionales en caso de escasez), cuyo uso sirva a los contribuyentes de prueba del pago del timbre fiscal exigido.

c) En el caso del Distrito Metropolitano de Caracas y del Estado Miranda, que en la actualidad representan el único caso de coextensión sobre un mismo territorio de las mismas competencias en materia tributaria, en virtud de lo establecido en el artículo 24, numeral 1, de la Ley Especial sobre el Régimen del Distrito Metropolitano de Caracas, los recursos derivados de la exacción de impuestos o tasas creados en el ramo de timbre fiscal por la ley nacional o por la ley estadal, serán recaudados por el Distrito Metropolitano de Caracas cuando el domicilio fiscal del librado o prestatario de la letra de cambio o pagaré bancario, o cuando la oficina nacional o estadal prestadora del servicio u otorgante del documento se encuentren en jurisdicción de los Municipios Chacao, Baruta, El Hatillo y Sucre, debiendo el cincuenta por ciento (50%) del producto de lo recaudado ingresar al tesoro del Distrito Metropolitano de Caracas y el restante cincuenta por ciento (50%) ser transferido al tesoro del Estado Miranda, en un plazo razonable establecido por la ley de dicha entidad, o dentro de los treinta (30) días siguientes a la fecha de vencimiento del plazo previsto en la Ordenanza de Timbre para el pago del tributo[95].

C. *La centralización tributaria y la dependencia financiera de los Estados*

Entre las materias altamente centralizadas durante los últimos 100 años ha estado la materia tributaria, la cual fue progresivamente asumida por el Poder Nacional y asignada en gran parte, en forma marginal y deformada en los últimos años, al nivel municipal.

95 *Idem.*

Como lo ha señalado la Sala Constitucional en sentencia N° 978 de 30 de abril de 2003, sin la llamada descentralización fiscal, "la descentralización política y administrativa del Poder no sería más que una simple aspiración de las regiones, como fue durante buena parte de la vigencia de la derogada Constitución de 1961"[96]. Por ello, una pieza esencial en la organización territorial del Poder Público y del Estado, tenía que ser la racional y eficiente distribución del poder tributario, de manera que se ubicasen en la República los tributos realmente nacionales (Impuesto sobre la Renta, IVA, impuestos a los hidrocarburos y a la minería), y se distribuyeran territorialmente otros tributos, por ejemplo, los específicos al consumo y sobretasas a los tributos nacionales, en los Estados; perfeccionando la asignación de tributos a los Municipios. En esta materia, sin embargo, con la Constitución de 1999 nada se avanzó constitucionalmente y, al contrario, se produjo mayor centralización tributaria en el ámbito nacional, al punto de definirse a favor del Poder Nacional una competencia residual en esta materia (art. 156,12).

En efecto, en cuanto a la materia tributaria el artículo 164,4 de la Constitución asigna competencia exclusiva a los Estados en materia de "La organización, recaudación, control y administración de los recursos tributarios propios, según las disposiciones de las leyes nacionales y estadales".

Esta competencia "exclusiva", sin embargo, conforme a la Constitución, es una competencia vacía de contenido ya que la propia Constitución no prevé "recursos tributarios propios" algunos de los Estados. Esos recursos dependen totalmente de la ley nacional que asigne a los Estados impuestos, tasas y contribuciones especiales "para promover el desarrollo de las haciendas públicas estadales" (art. 167,5).

En consecuencia, no sólo la materia tributaria como competencia exclusiva es una competencia vacía en la Constitución, sino que su ejercicio depende íntegramente de la ley nacional.

En todo caso, la única competencia en relación con los tributos que se asigna directamente a los Estados, en forma exclusiva, es la creación, organización, recaudación, control y administración de los ramos de papel sellado, timbres y estampillas (art. 164,7). Como se ha dicho, en tal sentido se declaran como ingresos estadales el producto de lo recaudado por venta de especies fiscales (art. 167,3), cuya ejecución se ha definido por la Sala Constitucional del Tribunas Supremo en la sentencia N° 978 de 30 de abril de 2003, antes comentada en la cual se modifica el criterio que sostuvo en la sentencia N° 1563 de 13 de diciembre de 2000[97], en el sentido de que se trataba de una simple forma de recaudación de impuestos, que podía ser creada por todos los entes públicos territoriales para la cancelación de impuestos, tasas y contribuciones de la entidad respectiva.

De resto, los Estados no tienen otras competencias tributarias distintas a las que le puedan ser asignadas expresamente por ley *nacional*. Así el artículo 167,5 de la Constitución le atribuye a los Estados, como ingresos, los demás impuestos, tasas y

---

96 Caso: *Impugnación de las disposiciones contenidas los artículos 28 de la Ley de Timbre Fiscal, 19 de la Ordenanza de Timbre Fiscal del Distrito Metropolitano de Caracas, y 30 de la Ley de Timbre Fiscal del Estado Miranda.* Véase en *Revista de Derecho Público,* N° 93-96, Editorial Jurídica Venezolana, Caracas, 2003.

97 Véase en *Revista de Derecho Público*, N° 84, (octubre-diciembre), Editorial Jurídica Venezolana, Caracas, 2000, pp. 184 y ss.

contribuciones especiales que se le asignen por ley nacional, con el fin de promover el desarrollo de las haciendas públicas estadales; pudiendo la ley nacional, además asignar a los Estados participación en los tributos nacionales (art. 164,3 y 167,6). En caso de leyes nacionales que creen o transfieran ramos tributarios a favor de los Estados, las mismas pueden compensar dichas asignaciones con modificaciones de los ramos de ingresos de los Estados, a fin de preservar la equidad interterritorial (art. 167,5).

Los Estados, sin embargo, conforme al artículo 183 de la Constitución en ningún caso pueden crear impuestos de importación, de exportación o de tránsito sobre bienes nacionales o extranjeros, o sobre las demás materias rentísticas de la competencia nacional; gravar bienes de consumo antes de que entren en circulación dentro de su territorio ni gravar bienes del consumo producidos fuera de su territorio en forma diferente a los producidos en él. Los Estados, además, sólo podrían gravar la agricultura, la cría, la pesca y la actividad forestal en la oportunidad, forma y medida que lo permita la ley nacional.

Pero además de estas competencias tributarias sólo existentes cuando lo establezca la ley nacional, la Constitución asigna al Poder Nacional competencia expresa para intervenir en el ejercicio de las competencias tributarias de Estados y Municipios, al disponer en el artículo 156,13 como competencia del Poder Nacional, el dictar "la legislación para garantizar la coordinación y armonización de las distintas potestades tributarias, definir principios, parámetros y limitaciones, especialmente para la determinación de los tipos impositivos o alícuotas de los tributos estadales y municipales, así como para crear fondos específicos que aseguren la solidaridad interterritorial.

Sin embargo, en todos estos casos de leyes nacionales que se refieren a los Estados, la Asamblea Nacional está obligada a consultarlos a través de los Consejos Legislativos Estadales, antes de la sanción de las mismas (art. 206).

4. *Las competencias tributarias municipales*

A. *La autonomía tributaria municipal*

La autonomía municipal garantizada en la Constitución, aún cuando sometida a las limitaciones que el propio texto constitucional y las leyes puedan establecer (art. 168), implica como lo ha destacado la Sala Constitucional del Tribunal Supremo, que "los Municipios se encuentran facultados para dictar, en relación con los ingresos que la Constitución les asigna, la normativa que regule lo concerniente a la creación, modificación y supresión de sus tributos, la definición del hecho imponible, la determinación de la materia o acto gravado, la cuantía del tributo, el modo, término y oportunidad en que éste se cause y se haga exigible, las obligaciones de los contribuyentes, los procedimientos constitutivos, los recursos administrativos de impugnación y las sanciones correspondientes"[98]. Por su parte, la Sala Político Administrativa, en sentencia N° 2153 de 10 de octubre de 2001, precisó que sobre la base de la autonomía tributaria de los Municipios, como derecho originario reconocido con

98 Sentencia N° 406 de 08-03-2002 (Caso: *Constructora Pedeca C.A. vs. Alcaldía del Municipio Caroní del Estado Bolívar)* en *Revista de Derecho Público*, N° 89-92, Editorial Jurídica Venezolana, Caracas, 2002.

El ente local está facultado para establecer, a través de sus ordenanzas, tributos y prohibiciones de naturaleza fiscal respecto de personas y bienes que se hayan en su jurisdicción, estima la Sala que así también puede el ente municipal regular todo el procedimiento de gestión de los tributos, es decir, establecer el procedimiento administrativo tributario, desde su nacimiento hasta su liquidación. Luego, serán las leyes locales las que determinen el procedimiento aplicable, no así el Código Orgánico Tributario; con especial referencia al procedimiento constitutivo de los actos administrativos de determinación de las obligaciones tributarias en el ámbito municipal, siendo entonces su aplicación de carácter supletorio, según lo dispuesto 1° del referido Código[99].

La autonomía tributaria municipal[100], por supuesto, tiene los límites establecidos en la Constitución y particularmente, la derivada del hecho de que los Municipios no pueden crear impuestos sobre las materias rentísticas del la competencia nacional (art. 183,1). Así lo ha precisado la Sala Constitucional al interpretar "que de acuerdo con la Constitución vigente, los Municipios pueden organizar sus rentas pero con las restricciones enumeradas en el artículo 183, el cual prohíbe a los Estados y Municipios, crear impuestos sobre materias rentísticas reservadas al Poder Nacional. Asimismo aunque existe la posibilidad de extensión por vía legal de la potestad tributaria municipal, esta vía también encuentra limites como es la no invasión de la potestad tributaria de otros niveles del Poder Público particularmente el nacional"[101].

B. *Los tributos municipales*

De acuerdo con el artículo 171 de la Constitución, los Municipios tienen los siguientes ingresos tributarios:

1. Los impuestos sobre actividades económicas de industria, comercio, servicios, o de índole similar, con las limitaciones establecidas en esta Constitución (art. 179,2).
2. Los impuestos sobre inmuebles urbanos;
3. Los impuestos sobre vehículos,
4. Los impuestos sobre espectáculos públicos,
5. Los impuestos sobre juegos y apuestas lícitas;
6. Los impuestos sobre propaganda y publicidad comercial (art. 179,2).
7. El impuesto territorial rural o sobre predios rurales (art. 179,2) el cual debe ser creado y organizado por el Poder Nacional, correspondiendo la recaudación y control a los Municipios (art. 156,14).
8. El impuesto sobre transacciones inmobiliarias, el cual también debe ser creado y organizado por el Poder Nacional, correspondiendo la recaudación y control a los Municipios (art. 156,14).

---

99 (Caso: *Telecomunicaciones Movilnet vs Alcaldía del Municipio Caroní, Estado Bolívar)* en *Revista de Derecho Público*, N° 85-88, Editorial Jurídica Venezolana, Caracas, 2001.

100 Véase José Gregorio Silva, "Nuevo tratamiento constitucional de los Tributos Municipales", en *Libro Homenaje a Enrique Tejera París, Temas sobre la Constitución de 1999,* Centro de Investigaciones Jurídicas (CEIN), Caracas, 2001, pp. 193 a 240.

101 Véase en *Revista de Derecho Público*, N° 82, (abril-junio), Editorial Jurídica Venezolana, Caracas, 2000, pp.382 y ss.

9. La contribución especial sobre plusvalías de las propiedades generadas por cambios de uso o de intensidad de aprovechamiento con que se vean favorecidas por los planes de ordenación urbanística (art. 179,2).
10. La participación en la contribución por mejoras y otros ramos tributarios nacionales o estadales, conforme a las leyes de creación de dichos tributos (art. 179,3).

Además, los Municipios tienen los ingresos que procedan de su patrimonio, incluso el producto de sus ejidos y bienes (art. 179,1)[102], las tasas por el uso de sus bienes o servicios las tasas administrativas por licencias o autorizaciones (art. 179,2) y el producto de las multas y sanciones en el ámbito de sus competencias.

Por otra parte, el artículo 180 de la Constitución dispuso que:

> La potestad tributaria que corresponde a los Municipios es distinta y autónoma de las potestades reguladoras que esta Constitución o las leyes atribuyan al Poder Nacional o Estadal sobre determinadas materias o actividades.
>
> Las inmunidades frente a la potestad impositiva de los Municipios, a favor de los demás entes políticos territoriales, (sic) se extiende sólo a las personas jurídicas estatales creadas por ellos, pero no a concesionarios ni a otros contratistas de la Administración Nacional o de los Estados.

Con esta norma se persiguió, por una parte, deslindar de la materia tributaria las potestades reguladoras del Poder Nacional, en el sentido de que las actividades correspondientes a materias que puedan ser objeto de regulación por el Poder Nacional conforme al artículo 156 de la Constitución, no por ello quedan exentas de tributación municipal; y por la otra que la inmunidad tributaria de la República y de los Estados respecto de la tributación municipal, se extiende a las personas jurídicas estatales creadas por la República o por los Estados, pero no respecto de las empresas concesionarias ni a otros contratistas de las administraciones nacional o estadal.

Por otra parte, los Municipios están sometidos a las mismas limitaciones tributarias que los Estados previstas en el artículo 183 de la Constitución; y la competencia tributaria municipal, en todo caso, puede ser limitada por el Poder Nacional, en la legislación que la Asamblea Nacional dicte para garantizar la coordinación y armonización de las distintas potestades tributarias; definir principios, parámetros y limitaciones, especialmente para la determinación de los tipos impositivos o alícuotas de los tributos estadales y municipales; así como para crear fondos específicos que aseguren la solidaridad interterritorial (art. 156,13).

C. *El impuesto a las actividades lucrativas*

El tributo más importante atribuido a los Municipios, sin duda, es el denominado impuesto de patente de industria y comercio, es decir, el impuesto sobre actividades económicas de industria, comercio, servicios, o de índole similar, con las limitaciones establecidas en esta Constitución (art. 179,2).

---

102 La Sala Constitucional del Tribunal Supremo, sin embargo, ha considerado que los Municipios no pueden establecer cobros por estacionamiento en las vías públicas municipales (parquímetros) porque ello supuestamente "no se encuentra previsto en la Carta Magna como un ingreso de los entes locales". Véase sentencia N° 195 de 04-04-2000 (Caso: *Ljubica Josic y otros vs. Cámara Municipal del Municipio Mariño, Estado Nueva Esparta*) en *Revista de Derecho Público*, N° 82, (abril-junio), Editorial Jurídica Venezolana, Caracas, 2000, p. 374.

Este impuesto, conforme a la jurisprudencia pacífica de la antigua Corte Suprema de Justicia:

> Grava la actividad lucrativa propiamente dicha, que realiza el contribuyente durante el período impositivo en jurisdicción del municipio de que se trate y se dimensiona económicamente sobre el resultado o producto bruto de la actividad comercial o industrial generada en o desde la localidad municipal en cuestión. (…) el Constituyente reconoce el poder del municipio para establecer impuestos y no simples tasas sobre detalles de comercio, que no es otro que el comentado Impuesto sobre Patente de Industria y Comercio, razón por la cual este Alto Tribunal ha señalado que la intención que Preside la norma del artículo 34 de la Constitución de la República, no es otra cosa que la de prevenir erróneas interpretaciones de la ley que tiendan a reducir el ámbito de aplicación de la Patente de industria y comercio. (…)
>
> La anterior disquisición es el producto de una evolución de la doctrina de esta Corte que ha tenido por objeto establecer un deslinde entre las atribuciones constitucionales del poder tributario del municipio y el poder tributario de la República y de las Entidades Federales en materias concurrentes y exclusivas.
>
> A estos fines la Corte observa que el denominado Impuesto Sobre Patente de Industria y Comercio participa de los siguientes caracteres que contribuyen a precisar su naturaleza en el sistema fiscal venezolano: (i) Es un impuesto que tiene por hecho imponible, la realización de la actividad comercio industrial (ii) de tipo indirecto, (iii) real, (iv) territorial y (v) periódico.
>
> En efecto, se trata de un impuesto en el que el hecho imponible es la actividad comercial o industrial que en forma indirecta manifiesta la capacidad contributiva que se destina a gravar, siempre que tal actividad sea realizada dentro de la jurisdicción del municipio acreedor de dicho tributo. El eventual lucro obtenido de la actividad comercio industrial, constituye la materia imponible del Impuesto Sobre Patente de Industria y Comercio, por lo que ni la renta ni el capital pueden constituir materia gravable de los tributos municipales, por estar atribuidos en forma expresa al dominio tributario del poder nacional conforme al artículo 136 ordinal 8 del texto fundamental con las excepciones expresas de los tributos a los impuestos urbanos y las patentes de vehículos, formas impositivas que gravan en forma específica manifestaciones del capital por disponerlo así el artículo 31 ordinal 3° *ejusdem.* (...)
>
> En atención al carácter estrictamente territorial del Impuesto sobre Patente de Industria y Comercio, la exigencia del establecimiento permanente en la jurisdicción del municipio exactor, como vínculo objetivo entre la actividad del contribuyente y el de que se trate, viene a prevenir conflictos de doble o múltiple imposición entre municipios y asegura que la capacidad contributiva objeto de imposición sea una sola sin riesgos de indebida duplicación o, peor, preserva multiplicación, prohibida por el mandato constitucional contenido en el artículo 223 del texto fundamental. (...)
>
> Finalmente, es forzoso señalar que, el diseño del hecho imponible del Impuesto Sobre Patente de Industria y Comercio se encuentra limitado por la prohibición de usurpar materias tributarias que el constituyente haya reservado en forma exclusiva a la República o a las entidades federales, así como cualquiera de las prohibiciones contenidas en el artículo 18 de la Constitución de la República por remisión del artículo 34 *ejusdem,* que tienen por objeto evitar la acción hostil de un municipio respecto de otro en la gestión tributaria sobre el comercio intermunicipal, así como la libre circulación de bienes y servicios evitando privilegios fiscales individuales

que impidan que el sistema fiscal represente un sistema unitario sobre la economía..."[103]

El fundamento de este impuesto es la propia existencia de la actividad industrial, comercial, de servicios, o de índole similar, con independencia del tipo de actividad desplegada, como sería por ejemplo, al cobro de los peajes por el uso de carreteras, tal y como lo argumentó la Sala Constitucional:

> En este contexto, quiere enfatizar la Sala que el referido impuesto municipal no es causado por el pago que hagan los contribuyentes de los peajes correspondientes, lo cual es un ingreso de carácter estadal tal y como lo disponen los numerales 9 y 10 del artículo 164 de la Constitución, sino que por el contrario tiene como finalidad pechar los ingresos que devengue la accionante en la administración de sus peajes, montos estos que tienen distinta naturaleza[104].

Tratándose, por tanto, de un impuesto a la actividad lucrativa de las personas jurídicas domiciliadas en los territorios de los Municipios, cuando por ejemplo, un Municipio establece un impuesto a la venta de cigarrillos, no puede decirse que está gravando una materia de la competencia rentística nacional, como lo ha argumentado la misma Sala Constitucional:

> Al respecto, se observa que mientras el objeto de los impuestos establecidos en la Ley de Impuestos sobre Cigarrillos es una clase o categoría de bienes, específicamente determinada; por su parte, el objeto de los presupuestos de patentes sobre la industria y comercio es toda actividad industrial, comercial o de índole similar ejercida con fines lucrativos.
>
> Es pues por tal razón, que cuanto la Administración Pública Municipal pechó la actividad de la recurrente como de "venta de cigarrillos", efectivamente distinguió por una parte, el hecho imposible o hecho generador de impuesto, que no es más de una actividad lucrativa de una industria y, por la otra, la base imponible que es el cálculo de los ingresos brutos o en el monto de las ventas o de las operaciones efectuadas o en el capital para medir la actividad lucrativa y aplicarle el impuesto correspondiente y *así se declara*[105].

D. *El impuesto sobre las apuestas lícitas*

La Constitución de 1999, en cuanto al impuesto sobre apuestas lícitas, cambió el régimen que se establecía en la Constitución de 1961 en el sentido de que en aquélla la competencia en relación con esos impuestos formaba parte del poder tributario derivado de los Municipios, en cambio, ahora es parte del poder tributario originario de los mismos. En palabras de la Sala Constitucional "a partir de la vigencia de la Constitución de 1999, el impuesto sobre juegos y apuestas lícitas ya no forma parte

---

103 Sentencia de la Sala Político Administrativa N°1502 de 11-11-1999 (Caso: Radio Industrial 1160 C.A.), citada en la sentencia de la Sala Constitucional N° 790 de 11-04-2000 (Caso: Cigarrera Bigott Sucesores C.A. vs. Concejo Municipal del Distrito Valencia del Estado Carabobo), en *Revista de Derecho Público,* N° 82, (abril-junio), Editorial Jurídica Venezolana, Caracas, 2000, pp. 380 y ss.

104 Sentencia de la Sala Constitucional N° 406 de 08-03-2002, en *Revista de Derecho Público,* N° 89-92, Editorial Jurídica Venezolana, Caracas, 2002.

105 Sentencia dela Sala Constitucional N° 790 de 11-04-2000 (Caso: *Cigarrera Bigott Sucesores C.A. vs. Concejo Municipal del Distrito Valencia del Estado Carabobo*), en *Revista de Derecho Público,* N° 82, (abril-junio), Editorial Jurídica Venezolana, Caracas, 2000, pp. 380 y ss.

del poder tributario derivado de los municipios, sino del poder tributario originario de tales entes menores, pero sujeto a las limitaciones establecidas en el ordenamiento jurídico venezolano"[106].

Sin embargo, corresponde al Poder Nacional a través de la Asamblea Nacional, por mandato constitucional -tanto en la Constitución de 1961, como en la Constitución vigente-, la competencia para legislar en materia de loterías, hipódromos y apuestas en general (art. 156,32). Se trata, por tanto, de una reserva legal nacional, por lo que no podrían otros entes político-territoriales dictar normas sobre esa materia. En torno a esto, la Sala Constitucional dijo lo siguiente:

> No obstante lo anterior, esta Sala observa que la Constitución de 1999, mediante la norma contenida en el artículo 179, numeral 2, antes transcrito califica como ingreso de los Municipios a lo percibido por concepto de impuesto sobre juegos y apuestas lícitas, que se encontraba regulado legalmente en el dispositivo establecido en el artículo 113 ordinal 1° de la Ley Orgánica de Régimen Municipal, razón por la cual, a partir de la vigencia de la Constitución de 1999, el impuesto sobre juegos y apuestas lícitas ya no forma parte del poder tributario derivado de los municipios, sino del poder tributario originario de tales entes menores, pero sujeto a las limitaciones establecidas en el ordenamiento jurídico venezolano.
>
> En tal sentido, los Municipios deberán sujetarse a las limitaciones implícitas y explícitas consagradas en la Constitución y en las leyes, debiendo mantenerse como límite máximo para la fijación del gravamen sobre juegos y apuestas lícitas que se pacten en la jurisdicción de un Municipio, el cinco por ciento (5%) sobre el monto de lo apostado cuando se trate de juegos establecidos nacionalmente por algún Instituto Oficial, así como las limitaciones en cuanto a la legislación sobre creación y funcionamiento de loterías, hipódromos y apuestas en general, potestad que se encuentra conferida, como se dijo anteriormente, al poder legislativo nacional.
>
> Con base en lo anterior, esta Sala observa que de conformidad con lo establecido en el artículo 156, numeral 13 de la Constitución de 1999, hasta tanto no sea dictada por el Poder Nacional "la legislación para garantizar la coordinación y armonización de las distintas potestades tributarias; *para definir principios, parámetros y limitaciones, especialmente para la determinación de los tipos impositivos o alícuotas de los tributos estadales y municipales*; así como para crear fondos específicos que aseguren la solidaridad interterritorial," continuará en vigencia la limitación referida anteriormente contenida en el artículo 113 de la Ley Orgánica de Régimen Municipal, por no contradecir las normas dispuestas en el Texto Constitucional de 1999.
>
> En virtud de lo expuesto, y tal como lo ha reconocido la jurisprudencia de la entonces Corte en Pleno (Caso: *Fiscal General de la República vs. Ordenanza sobre Apuestas Lícitas del Municipio Zamora del Estado Miranda*, de fecha 24 de noviembre de 1998), según la cual, en relación con la norma antes señalada:
>
> > ...se deduce claramente que el Congreso ha legislado sobre la materia de juegos y apuestas lícitas cuando éstas se pacten en los municipios, otorgándole a estos entes locales parte de esa competencia genérica. Siendo ésta una norma que está vigente ya que la misma no ha sido sustituida por ninguna otra, las Ordenanzas

---

106 Véase sentencia N° 1153 de 10-10-2000 (Caso: *Fiscalía General de la República vs. Concejo Muniipal del Municipio Cajigal, Estado Sucre*, en *Revista de Derecho Público*, No 83, (julio-septiembre), Editorial Jurídica Venezolana, Caracas, 2000, pp. 226 y ss.

municipales que se dicten en ejecución de dicha disposición deben tenerse como válidas y conformes con la Ley y la Constitución. Ahora bien, habría que determinar cuál es el alcance de esta competencia que la Ley le da a los municipios en esta materia.

Al respecto, se excluyen de forma expresa una facultad de regulación de la actividad. Así, en el aparte único del artículo 113, se establece que el Municipio no podrá dictar normas sobre la creación y funcionamiento de loterías, hipódromos y apuestas en general. La facultad de estos entes locales se reduce, por tanto, a establecer gravámenes sobre los juegos y apuestas lícitas que se pacten en su jurisdicción. Dicha facultad, en todo caso, tiene una limitación en cuanto a la alícuota que se debe cobrar cuando se trate de juegos y apuestas que se originen en sistemas de juegos establecidos nacionalmente por algún Instituto Oficial, en cuyo caso, el impuesto no excederá del cinco por ciento (5%) del monto de lo apostado. Se convierte así el Municipio en un agente recaudador del impuesto, por sí o por intermedio de los selladores de formularios de juego o expendedores de boletos o billetes; y, para el cumplimiento de esa función (recaudadora) la Ley deja a las Cámaras Municipales -a través de Ordenanzas- la posibilidad de dictar las normas a tal efecto...

En suma, los Concejos Municipales pueden:

1.- Establecer gravámenes sobre todos los juegos y apuestas que se pacten en su jurisdicción, los cuales no podrán exceder del cinco por ciento (5%) cuando los mismos se originen en sistemas de juegos establecidos por algún Instituto Oficial.

2.- Dictar las Ordenanzas para regular la actividad del Municipio como agente recaudador -por sí o por intermedio de los selladores de formularios de juegos o expendedores de boletos o billetes- del impuesto generado por los juegos que se pacten en su jurisdicción que se originen en sistemas de juegos establecidos por algún Instituto Oficial.

Las anteriores consideraciones establecidas por esta Corte sobre la competencia de los Municipios en materia de regulación de apuestas en general, constituye una matización del criterio sentado por este Alto Tribunal en anteriores oportunidades (entre otras, sentencias del 1° de abril de 1998, Expedientes 905 y 906), en el sentido de que si bien la regla es la existencia de una reserva legal nacional en esta materia, sin embargo, los entes municipales tienen atribuida por Ley ciertas competencias, como fuera declarado precedentemente.

Con base a lo anterior, se evidencia que los Municipios gozan de una potestad tributaria que se encuentra limitada y que debe ejercerse de acuerdo a lo previsto en la propia Constitución y las leyes.

En el caso concreto de los juegos y apuestas lícitas, la competencia de los Municipios se limita a establecer el gravamen sobre las apuestas que se pacten dentro de su jurisdicción y a dictar una ordenanza para regular lo concerniente a la recaudación de tal tributo y al monto del gravamen, de conformidad con lo previsto en la norma contenida en el artículo 113 de la Ley Orgánica de Régimen Municipal.

No obstante lo anterior, esta Sala observa que, si bien el Concejo Municipal puede establecer los gravámenes señalados en el artículo 113, ordinal 1° de la Ley Orgánica de Régimen Municipal, el Municipio Cajigal del Estado Sucre mediante la Ordenanza impugnada, dictó otras normas en las que establece lo siguiente: 1.- El concepto de rifa y de juego de azar. (Parágrafo Primero y Tercero del artículo 1).

2.- Los sujetos pasivos del impuesto. (artículo 2). 3.- Los requisitos para solicitar y obtener un permiso emanado de la Dirección de Hacienda Municipal, para poder ejercer cualquier actividad lucrativa relacionada con apuestas lícitas. (artículo 3). 4.- La forma en que debe llevarse a cabo el sorteo. (artículo 4). 5.- Deberes formales que deben cumplir los sujetos pasivos. (artículos 5 y 6). 6.- Sanciones aplicables a aquellas personas que infrinjan las disposiciones de la Ordenanza (multas, clausura del establecimiento y anulación total del permiso). (artículo 11). y 7.- Disposiciones aplicables a los recursos administrativos. (artículo 12).

Del análisis de la norma anteriormente referida, se evidencia que el órgano legislativo municipal dictó una ordenanza que regula aspectos referentes a la creación y regulación de rifas y juegos de azar, así como deberes formales, sanciones y el supuesto régimen de recursos para garantizar el derecho de defensa de los administrados, normativa esta a través de la cual el Concejo Municipal del Municipio Cajigal del Estado Sucre invadió el ámbito de competencias del Poder Legislativo Nacional, en contravención con lo dispuesto en el artículo 156 numeral 32 de la Constitución de 1999, incurriendo así en una evidente usurpación de funciones, vicio que implica la nulidad absoluta del referido cuerpo normativo.

Así las cosas, observa esta Sala que la usurpación de funciones constituye un vicio grave que -en este caso- afecta la totalidad de la ordenanza impugnada, por cuanto -como fue constatado- la misma regula la creación de juegos y apuestas en general, materia esta reservada al Poder Nacional.

Por lo anterior, esta Sala Constitucional del Tribunal Supremo de Justicia, en virtud de sus amplios poderes jurisdiccionales para el control de la constitucionalidad de las actuaciones de los Poderes Públicos, y como máximo protector de la Constitución, considera que es su deber declarar la inconstitucionalidad del texto íntegro de la citada ordenanza y en consecuencia, anularla en su totalidad. Así se decide[107].

E. *El régimen tributario del Distrito Metropolitano de Caracas*

Como se ha señalado, el Distrito Metropolitano no es parte de la división político territorial de la República que, como lo indica el artículo 16 de la Constitución, "se divide en el de los Estados, el del Distrito Capital, el de las dependencias federales y el de los territorios federales". En realidad, es una unidad político administrativa de la ciudad de Caracas, de carácter municipal (gobierno municipal a dos niveles), que se extiende a dos entidades políticas de la República: el Distrito Capital y el Estado Miranda.

Como lo ha precisado la Sala Constitucional en su sentencia N° 1563 de 13 de diciembre de 2000, antes citada:

> …el Distrito Metropolitano de Caracas, es uno de los Distritos Metropolitanos que forman parte del Poder Municipal, y así se declara.
>
> Como toda entidad municipal, él es diferente y separado de las entidades federales Estadales, sin que conforme una unidad político territorial superpuesta a ellos, y así se declara.

107 Véase sentencia N° 1153 de 10-10-2000 (Caso: *Fiscal General de la República vs. Concejo Municipal del Municipio Cajigal, Estado Sucre*), en *Revista de Derecho Público*, N° 84, (octubre-diciembre), Editorial Jurídica Venezolana, Caracas, 2000, pp. 226 y ss.

Consecuencia de lo anterior, es que la Hacienda Pública de los Distritos Metropolitanos, al ser distinta de la Estadal, por ser una variante del fisco municipal, se forma con los ingresos establecidos en el artículo 179 de la vigente Constitución en las áreas que le asigne la ley al Distrito Metropolitano, y con lo establecido en otras leyes.

Así, el Distrito Metropolitano tendrá los siguientes ingresos:

A) Los procedentes de su patrimonio propio, provenientes delos bienes que la ley otorga al Distrito Metropolitano. Esto no incluye los ejidos que no le hayan sido transferidos legalmente, los cuales siguen siendo propiedad de los Municipios a los cuales pertenecen.

B) Las tasas sobre el uso de sus bienes y servicios que preste como Distrito Metropolitano, al igual que las correspondientes a licencias y autorizaciones que como tal otorgue.

C) Los impuestos que la ley que crea o regule al Distrito Metropolitano le permita, o los que el Cabildo Metropolitano ordene. Sin embargo, por razones básicas de hermenéutica, tales impuestos no pueden ser establecidos, sino sobre la materia competencia del Distrito Metropolitano y nunca sobre las materias exclusivas de los Municipios o de los Estados, o de la República. Estas últimas materias se determinan por exclusión de las que se atribuyen al Distrito Metropolitano.

D) Las derivadas del situado Constitucional y otras transferencias o subvenciones nacionales o estatales.

E) Los productos de las multas y sanciones en el ámbito de las competencias atribuidas

F) Las demás que determine la ley" (pág. 36 de 61)[108].

En consecuencia, el régimen hacendístico del Distrito Metropolitano no puede ser otro que el que corresponde a los Municipios, debiendo conciliarse en los dos niveles de gobierno municipal.

Ahora bien, en cuanto al régimen tributario del Distrito Metropolitano debe señalarse que los Municipios que integran el Distrito Metropolitano, por supuesto, tienen las competencias tributarias indicadas en el ordinal 2° del artículo 179 de la Constitución; y la Constitución nada estableció sobre su eventual distribución entre los dos niveles de gobierno municipal en el Distrito Metropolitano.

La Ley Especial sobre el Régimen del Distrito Metropolitano de Caracas[109], por ello, no podía asignar al nivel metropolitano alguna de las competencias tributarias de los Municipios que integran al Área Metropolitana de Caracas. En consecuencia, conforme al artículo 20, ordinal 3° de la Ley Especial, el Distrito Metropolitano, tratándose de una entidad municipal, sólo puede tener como ingresos tributarios los derivados de las competencias nacionales que le puedan ser transferidas conforme al artículo 157 de la Constitución; o los que puedan ser creados por ley nacional conforme al artículo 179, ordinal 3° y el artículo 156, ordinal 14 de la Constitución.

---

108 Véase en *Revista de Derecho Público,* N° 84, (octubre-diciembre), Editorial Jurídica Venezolana, Caracas, 2000, pp. 184 y ss.

109 *G.O.* N° 36.906 del 08-03-2000.

Sin embargo, en esta materia, la Sala Constitucional ha señalado lo siguiente, sobre uno de los tributos municipales establecido en el ordinal 2° del artículo 179 de la Constitución:

> Tratándose de Distritos Metropolitanos y siendo uno de los significados de la voz metrópolis, el de ciudad, lo que entiende esta Sala por lo urbano (de la ciudad), en contraposición a lo rural, entre los ingresos de un Distrito Metropolitano no se cuentan los impuestos territoriales rurales o sobre predios rurales, pero sí las contribuciones generadas de la plusvalía de las propiedades, producto de cambios de uso o de intensidad de aprovechamiento con que se vean favorecidos por los planes generales de ordenación urbanística que sean competencia del Distrito Metropolitano (pág. 36 de 61).

Esta apreciación, en nuestro criterio, es totalmente infundada, pues en definitiva, la planificación "macro" de la ordenación urbanística de Caracas (planes de ordenamiento urbanístico) no puede cambiar usos en concreto a las propiedades urbanas ni puede intensificar específicamente su aprovechamiento. En el sistema de planes, esto ocurre con los planes de desarrollo urbano local o en los de zonificación que deben dictar los Municipios (la parte "micro" de la planificación urbana). En consecuencia, las contribuciones por plusvalía son de carácter municipal y no de nivel metropolitano.

Ahora bien, el artículo 24 de la Ley Especial establece que el Distrito Metropolitano de Caracas puede crear, recaudar e invertir ingresos de naturaleza tributaria conforme a la Ley y, en particular:

1. Los tributos que tienen asignados los Estados en la Constitución de la República, así como los que les sean asignados de acuerdo con la ley prevista en el numeral 5 del artículo 167 de la Constitución de la República.
2. Los demás impuestos, tasas y contribuciones especiales que determine la Ley.

El ordinal 1° de este artículo, sin duda, sólo podría aplicarse al ámbito territorial del Distrito Capital, por lo que sería inconstitucional pretender aplicarlo a los Municipios del Estado Miranda, pues el Distrito Metropolitano, conforme a la Constitución, y como lo ha reiterado la Sala Constitucional en la sentencia N° 1563 de 13 de diciembre de 2000 antes citada, no puede ser equiparado a un Estado de la República ni es parte de la división político territorial de la misma conforme a lo dispuesto en el artículo 16 de la Constitución.

Atribuir al Distrito Metropolitano la posibilidad de crear, recaudar o invertir los ingresos tributarios que corresponden a los Estados conforme al artículo 167 de la Constitución, en nuestro criterio constituye una violación de la competencia tributaria del Estado Miranda, pues esta sería la entidad política encargada de crear, recaudar e invertir esos tributos en todo su territorio, comprendiendo los territorios de los Municipios Chacao, Sucre, Baruta y El Hatillo del Estado Miranda. En consecuencia, el artículo 24 ordinal 1° de la Ley Especial consideramos que viola el artículo 167 de la Constitución, la autonomía del Estado Miranda garantizada en el artículo 159 del texto fundamental y el principio de que la creación del Distrito Metropolitano debe respetar la integridad territorial del Estado Miranda previsto en la Disposición Transitoria Primera constitucional.

Por supuesto, una Ley Orgánica podría asignar tal competencia al Distrito Capital (arts. 156, ordinal 10 y 203 de la Constitución), para el establecimiento de los tributos que corresponden a los Estados *sólo en el territorio del Distrito Capital,* y asignar el ejercicio de tal competencia a las autoridades del Distrito Metropolitano. Pero ello debería ser objeto de una ley orgánica, y la Ley Especial no lo es, a pesar de que la Sala Constitucional le haya asignado tal carácter por lo que no podría interpretarse que la competencia asignada en el ordinal 1° del artículo 24 de la misma, sólo se refiere al territorio del Distrito Capital que corresponde al actual Municipio Libertador.

En todo caso, sobre esta norma del artículo 24 de la Ley Especial, la Sala Constitucional ha sentado el siguiente criterio:

> En materia impositiva, el artículo 24 de la Ley sobre Régimen del Distrito Metropolitano de Caracas, otorgó al Distrito, y por lo tanto, a un órgano legislativo, el poder crear sus ingresos de naturaleza tributaria, y en ese sentido el numeral 1, permite crear los tributos que tienen asignados los Estados en la Constitución de la República, así como los que sean asignados de acuerdo a lo previsto en el numeral 5 del artículo 167 de la Constitución.
>
> El artículo 167 constitucional determina los ingresos de los Estados, y en materia tributaria contempla:
>
> 2. Las tasas por el uso de sus bienes y servicios, multas y sanciones, y las que les sean atribuidas.
>
> Entiende la Sala, que al igual que los Estados, el Distrito Metropolitano podrá crear, mediante el Cabildo, las tasas por el uso de sus bienes y servicios, así como las multas y sanciones.
>
> El numeral 3 del artículo 167 aludido, señala a los Estados el producto de lo recaudado por concepto de venta de especies fiscales.
>
> Entre las formas de pago de los tributos se encuentran las especies fiscales, entre los cuales se cuentan los ramos de papel sellado y estampillas (artículo 39 del Decreto N° 363 con Rango y Fuerza de Ley de Reforma de la Ley de Timbre Fiscal, de fecha 22 de octubre de 1999) por lo que este rubro podría ser explotado, pero sólo para pechar servicios metropolitanos y no otros distintos. Las especies fiscales como instrumentos de pago, pueden ser creadas por cualquier municipalidad, y por el Distrito Metropolitano, pero estas especies sólo pueden ser usadas para cancelar los impuestos, tasas o contribuciones que el Distrito Metropolitano o el Municipio pueda (sic) probar al no colidir con otros impuestos nacionales o estadales. Sin embargo, la acumulación de cargas tributarias no puede asfixiar las actividades económicas de los contribuyentes y crear una situación confiscatoria como resultado de un conjunto de tributos. De allí que es imperativo que el Poder Legislativo Nacional dicte la legislación para garantizar la coordinación y organización de las distintas potestades tributarias; para definir principios, parámetros y limitaciones, especialmente, para la determinación de los tipos impositivos o alícuotas de los tributos estadales y municipales, así como para crear fondos específicos que aseguren la solidaridad interterritorial (numeral 13 del artículo 156 Constitucional).
>
> El numeral 5 del artículo 167, previene que los tributos especiales que les asignen a los Estados (impuestos, tasas y contribuciones) por ley nacional, podrán ser creados por el Distrito Metropolitano, conforme al numeral 1 del artículo 24 de la Ley sobre Régimen del Distrito Metropolitano de Caracas, con el fin de promover el desarrollo de la Hacienda Pública Distrital.

> Pero esos tributos no pueden ser idénticos a los que los constituyentes (*sic*)(*) del Estado paguen a éste, producto de la Ley nacional que los crea, de allí que para dirimir tal situación se hace necesario que la Asamblea Nacional armonice estas facultades tributarias mediante la legislación que previene el numeral 13 del artículo 156 de la vigente Constitución" (págs. 55 de 61 y 56 de 61).

Las anteriores consideraciones estimamos que son totalmente ambiguas, porque en definitiva, la Sala Constitucional admitió que los Distritos Metropolitano pueden tener los ingresos indicados en los numerales 2 (tasas) y 3 (venta de especies fiscales) del artículo 167 de la Constitución correspondientes a los Estados, no porque se considere al Distrito Metropolitano como un Estado, que no lo es, sino porque ello deriva del ordenamiento jurídico general. Al razonar en esta forma, la Sala Constitucional no fue coherente con su propia sentencia N° 1563: si en diversos párrafos de la misma afirmó que el Distrito Metropolitano es parte del Poder Municipal y no pude equipararse a un Estado, debió ser precisa en señalar que el ordinal 1° del artículo 24 es inconstitucional al pretender aplicar a los Distritos Metropolitanos una norma que sólo se puede aplicar a los Estados, independientemente de que el Distrito Metropolitano pueda tener ingresos "similares" a los indicados en el artículo.

En todo caso, la misma Sala Constitucional ha insistido sobre el tema, partiendo de lo establecido en la Ley Especial del Distrito Metropolitano de Caracas, en la siguiente forma:

> Finalmente, el artículo 24, numeral 1, de la Ley Especial sobre el Régimen del Distrito Metropolitano de Caracas dictada por la Asamblea Nacional Constituyente, establece que serán parte de los ingresos del Distrito Metropolitano aquellos que la Constitución de la República Bolivariana de Venezuela atribuye a los Estados de la Federación, con lo cual el constituyente de 1999 crea una verdadera situación especial en nuestro ordenamiento jurídico, ya que a través de una norma emanada del órgano depositario del poder constituyente, atribuye a un ente integrante del Poder Municipal, los ingresos que el Texto Constitucional confiere al Poder Estadal, integrado por los entes político-territoriales que se encuentran entre la República y los Municipios, con lo cual se establece una identidad de atribuciones en materia de recursos para el financiamiento de las actividades y los servicios prestados a los particulares entre el gobierno metropolitano y los gobiernos de las entidades estadales. Precisamente por ello, todo lo antes indicado relacionado con la competencia tributaria de los Estados en materia de timbre fiscal, para la recaudación de los tributos en dicho ramo a través de especies fiscales como las estampillas y el papel sellado, así como el proceso de transferencia y asunción de la misma mediante las disposiciones previstas en la Constitución de 1999, operaría del mismo modo respecto del Distrito Metropolitano de Caracas[110].

(*) Debería decir "contribuyentes".

110 Caso: *Impugnación de las disposiciones contenidas los artículos 28 de la Ley de Timbre Fiscal, 19 de la Ordenanza de Timbre Fiscal del Distrito Metropolitano de Caracas, y 30 de la Ley de Timbre Fiscal del Estado Miranda.* Véase en *Revista de Derecho Público,* N° 93-96, Editorial Jurídica Venezolana, Caracas, 2003.

5. *Las relaciones tributarias interterritoriales*

A. *El principio de la inmunidad tributaria*

En el proceso de discusión del proyecto de Constitución, propusimos la incorporación, en general, de una norma destinada a regular la inmunidad tributaria entre los niveles territoriales del Estado[111]. En definitiva, sin embargo, sólo se reguló el tema respecto de los impuestos municipales, así:

> *Artículo 180*: La potestad tributaria que corresponde a los Municipios es distinta y autónoma de las potestades reguladoras que esta Constitución o las leyes atribuyan al Poder Nacional o Estadal sobre determinadas materias o actividades.
>
> Las inmunidades frente a la potestad impositiva de los Municipios, a favor de los demás entes políticos territoriales, se extiende sólo a las personas jurídicas estatales creadas por ellos, pero no a concesionarios ni a otros contratistas de la Administración Nacional o de los Estados.

Conforme a esta norma, las personas jurídicas estatales creadas por la República, por ejemplo, no están sujetas a impuestos municipales, aclarándose, sin embargo, que los concesionarios o contratistas de la Administración Nacional, no pueden gozar de la inmunidad tributaria de la que goza la República respecto de dichos impuestos municipales. Con esta norma, sin duda, se buscó sujetar a impuestos municipales, a las empresas creadas en virtud de las asociaciones estratégicas que permite el artículo 5 de la Ley Orgánica que reserva al Estado la Industria y el Comercio de los Hidrocarburos de 1975, y que se desarrollaron como consecuencia de la denominada apertura petrolera[112].

B. *La potestad de la República para limitar y regular los tributos estadales y municipales*

En el artículo 156, ordinal 13 de la Constitución, como se señaló, se atribuye al Poder Nacional la potestad de dictar la legislación que garantice la coordinación y armonización de las distintas potestades tributarias (nacional, estadal y municipal), para definir principios, parámetros y limitaciones, específicamente para la determinación de los tipos impositivos o alícuotas de los tributos estadales y municipales, así como para crear fondos específicos que aseguren la solidaridad interterritorial.

En esta forma, se establece en la nueva Constitución, una nueva forma de limitación mediante ley nacional, de la autonomía de los Estados y Municipios.

C. *Las prohibiciones tributarias a los Estados y Municipios*

El texto del artículo 18 de la Constitución de 1961 fue básicamente recogido, a propuesta nuestra[113], en el artículo 183 de la Constitución que prohíbe a los Estados y los Municipios:

---

111 Véase Allan R. Brewer-Carías, *Debate Constituyente,* Tomo III, *op. cit.*, pp. 73 y ss.

112 Véase sobre esto Allan R. Brewer-Carías, "El régimen nacional de los hidrocarburos aplicable al proceso de la apertura petrolera: en el marco de la reserva al Estado de la Industria Petrolera" (El régimen de no-sujeción a impuestos municipales), en *I Jornadas de Derecho de Oriente, La Apertura Petrolera,* FUNEDA, Caracas, 1997, pp. 147 a 172.

113 Véase Allan R. Brewer-Carías, *Debate Constituyente,* Tomo II, *op. cit.,* p. 282 y Tomo III, *op. cit.,* p. 81.

1. Crear aduanas ni impuestos de importación, de exportación o de tránsito sobre bienes nacionales o extranjeros, o sobre las demás materias rentísticas de la competencia nacional.
2. Gravar bienes de consumo antes de que entren en circulación dentro de su territorio.
3. Prohibir el consumo de bienes producidos fuera de su territorio, ni gravarlos en forma diferente a los producidos en él.

Sin embargo, en cuanto a los gravámenes relativos a la agricultura, la cría, la pesca y la actividad forestal, la nueva Constitución eliminó la prohibición constitucional impuesta a los Estados y Municipios, y se estableció que sólo pueden ser gravados en la oportunidad, forma y medida que lo permita la ley.

VII. EL RÉGIMEN DE LOS BIENES PÚBLICOS

Por último, en materia económica, la nueva Constitución trae un conjunto de disposiciones constitucionales, muchas novedosas, sobre el régimen de los bienes del Estado[114], que deben destacarse, el cual,por lo demás, ha sido desarrollado en la Ley Orgánica sobre Bienes Públicos de 2012, [115], sancionada con el objeto de regular el régimen básico de los mismos, y la organización, atribuciones y funcionamiento del Sistema de Bienes Públicos, como parte integrante del Sistema de Administración Financiera del Estado.

En cuanto a las previsiones constitucionales sobre la materia, son las siguientes:

1. *Las declaratorias de bienes como del dominio público*

En la Constitución se declaran como bienes del dominio público y que, por tanto, en los términos del Código Civil (art. 543) son inalienables e imprescriptibles.

A. *El subsuelo y sus riquezas*

Los yacimientos mineros y de hidrocarburos, cualquiera que sea su naturaleza, existentes en el territorio nacional, bajo el lecho del mar territorial, en la zona económica exclusiva y en la plataforma continental, conforme al artículo 12 de la Constitución, pertenecen a la República, son bienes del dominio público y, por tanto, inalienables e imprescriptibles[116].

---

114 Véase en general, Armando Rodríguez García, "Comentarios sobre el régimen de los bienes públicos en la Constitución de 1999", en *Revista de Derecho Público,* N° 84 (octubre-diciembre), Editorial Jurídica Venezolana, Caracas, 2000, pp. 63-68.

115 *Gaceta Oficial* N° 39.952 del 26 de junio de 2012.

116 En esta forma se le da rango constitucional a lo ya previsto en la Ley de Minas (art. 2) (*Gaceta Oficial* N° 5382 de 28-09-99) y en la Ley Orgánica de Hidrocarburos Gaseosos (art. 1°) (*Gaceta Oficial* N° 36.793 de 23-9-99). Véase nuestra propuesta sobre esto en Allan R. Brewer-Carías, *Debate Constituyente,* Tomo II, *op. cit.,* pp. 35 y 39. Véase en general sobre el tema Isabel Boscán de Ruesta, "La propiedad de los yacimientos de los hidrocarburos. Evolución histórica", en *El Derecho Público a comienzos del siglo XXI. Estudios homenaje al Profesor Allan R. Brewer-Carías,* Tomo III, Instituto de Derecho Público, UCV, Civitas Ediciones, Madrid, 2003, pp. 3061-3105.

B. *Las costas marítimas*

La misma norma del artículo 12 de la Constitución dispone que las costas marinas son bienes del dominio público; entendiéndose por tales costas, la parte de la ribera del mar que baña el mar, es decir, la playa o zona que está entre la alta y la baja marea, como lo ha establecido la jurisprudencia de la Corte Suprema[117]. En 2001", a los efectos de desarrollar esta norma constitucional, se dictó el Decreto N° 1.468 con Fuerza de Ley de Zonas Costeras[118]

C. *Las aguas*

El artículo 304 de la Constitución dispone que todas las aguas son bines del dominio público de la Nación, insustituibles para la vida y el desarrollo. Corresponde a la ley establecer las disposiciones necesarias a fin de garantizar su protección, aprovechamiento y recuperación, respetando las fases del ciclo hidrológico y los criterios de ordenación del territorio.

Se incorporó a la Constitución, en esta forma, el principio que se había definido y propuesto en los estudios de la Comisión Nacional de Aprovechamiento de los Recursos Hidráulicos, y en el proyecto de Ley de Agua elaborado en los años sesenta y setenta, sobre la declaratoria de las aguas como del dominio público,[119] lo cual se recogi''o en la Ley de Aguas sancionada en 2006. [120]

2. *El régimen de las tierras baldías*

De acuerdo con el Código Civil, las tierras baldías son los bienes inmuebles que no tienen dueño (art. 542). Se consideran del dominio privado de la República si están ubicadas en las Dependencias Federales; y de los Estados, las ubicadas en sus respectivos territorios. La nueva Constitución atribuye, por ello, a los Estados, la "administración" de las tierras baldías de su jurisdicción" (art. 164, ord. 5), cambiando el régimen de la Constitución de 1961 que reservaba dicha administración de baldíos al Poder Nacional (art. 136, ord. 10). Sin embargo, la Disposición Transitoria Décimoprimera estableció que hasta tanto se dicte la legislación nacional sobre el régimen de las tierras baldías, la administración de las mismas continuará siendo ejercida por el Poder Nacional, con lo cual la reforma quedó pospuesta.

En todo caso, en la Constitución se conservó la norma del artículo 136, ord. 10 de la Constitución de 1961, conforme al cual las tierras baldías existentes en las

117 Véase la sentencia de la Corte Suprema de Justicia en Sala Político Administrativa de 13-08-64 en *Gaceta Forense* N° 45, 1964, p. 235 a 237; y en Allan R. Brewer-Carías, *Jurisprudencia de la Corte Suprema 1930-1974 y Estudios de Derecho Administrativo,* Tomo II, Caracas, 1976, pp. 523 a 528

118 *G.O.* N° 37.349 del 19 de diciembre de 2001.Véase sobre esta Ley y las inconstitucionalidades que la afectaban antes de su "reimpresión" en la *Gaceta Oficial*, en Allan R. Brewer-Carías, "El nuevo régimen de las zonas costeras. Inconstitucionalidades, dominio público, limitaciones a la propiedad privada e insuficiencias normativas" en *Ley Habilitante del 13-11-2000 y sus Decretos Leyes*, Academia de Ciencias Políticas y Sociales, Serie Eventos N° 17, Caracas, 2002, pp. 245-294.

119 Véase Allan R. Brewer-Carías, "La declaratoria de todas las aguas como del dominio público en el derecho venezolano", en *Revista de la Facultad de Derecho y Ciencias Sociales*, N° 3-4, XXIII, Montevideo, 1975, pp. 157 a 167. Además, véase Allan R. Brewer-Carías *Derecho y Administración de las Aguas y otros Recursos Naturales Renovables,* Caracas, 1976, pp. 79 a 91.

120 *G.O.* N° 38.595 del 2 de enero de 2007.Véase los comentarios en Allan R. Brewer-Carías, *Ley de Aguas*, Editorial Jurídica Venezolana, Caracas 2007.

Dependencias Federales y en las islas fluviales o lacustres no podrán enajenarse, y su aprovechamiento sólo podrá concederse en forma que no implique, directa ni indirectamente, la transferencia de la propiedad de la tierra (art. 13).

Se resolvió, sin embargo, el escollo que derivaba de la Constitución de 1961 que al hacer referencia a los baldíos de las islas no excluía a las del Estado Nueva Esparta[121]. En la nueva redacción, para la restricción de enajenabilidad mencionada, sólo se mencionan las tierras baldías existentes en las islas que constituyen las Dependencias Federales.

3. *El régimen de los ejidos*

En la Constitución de 1999 se repitió el dispositivo del artículo 32 de la Constitución de 1961, en el sentido de que:

> *Artículo 181:* Los ejidos son inalienables e imprescriptibles. Sólo podrán enajenarse previo cumplimiento de las formalidades previstas en las ordenanzas municipales y en los supuestos que las mismas señalen, conforme a esta Constitución y la legislación que se dicte para desarrollar sus principios.

A esta norma, sin embargo, se agregó una disposición novedosa que en forma similar a la definición de las tienen baldías en relación con los Estados, considera que los terrenos situados dentro del área de las poblaciones de los Municipios, carentes de dueño, se consideran terrenos ejidos, sin menoscabo de legítimos derechos de terceros, válidamente constituidos. Igualmente, el artículo 181 de la Constitución constituye en ejidos, las tierras baldías ubicadas en el área urbana, quedando sólo exceptuadas las tierras correspondientes a las comunidades y pueblos indígenas. Además, se establece que la ley debe determinar la conversión en ejidos de otras tierras públicas.

121 Véase en Allan R. Brewer-Carías, "Estudio sobre la inalienabilidad e imprescriptibilidad en el régimen jurídico de las tierras baldías" en *Anuario de Derecho Ambiental 1977,* Consultoría Jurídica MARNR, Caracas, 1978, pp. 72 a 112.

DÉCIMA PRIMERA PARTE

LA CONSTITUCIÓN GARANTIZADORA DE LA CONSTITUCIÓN: LA JUSTICIA CONSTITUCIONAL

I. SUPREMACÍA DE LA CONSTITUCIÓN Y JUSTICIA CONSTITUCIONAL

El artículo 7 de la Constitución de 1999 declara expresamente que su texto es "la norma suprema y el fundamento de todo el ordenamiento jurídico; respecto de lo cual la "Exposición de Motivos" de la Constitución, publicada el 24-03-00[1] (en lo adelante la "Exposición") señaló que, en esa forma, se consagran:

> Los principios de supremacía y fuerza normativa de la Constitución, según los cuales ella es la norma de mayor jerarquía y alcanza su vigencia a través de esa fuerza normativa o su capacidad de operar en la vida histórica de forma determinante o reguladora. Dichos principios constituyen el fundamento de todos los sistemas constitucionales del mundo y representan la piedra angular de la democracia, de la protección de los derechos fundamentales y de la justicia constitucional.

Precisamente para garantizar esa supremacía y lograr que la Constitución tenga plena efectividad, en el texto mismo de la Constitución se regula todo un sistema de justicia constitucional[2], mediante la asignación a todos los jueces de la República, en el ámbito de sus respectivas competencias y conforme a lo previsto en la Constitución y en la ley, de la obligación "de asegurar la integridad de la Constitución" (art. 334)[3].

En consecuencia, la justicia constitucional, como competencia judicial para velar por la integridad y supremacía de la Constitución, en Venezuela se ejerce por *todos los jueces* y no sólo por el Tribunal Supremo de Justicia ni sólo por su Sala Constitucional, en cualquier causa o proceso que conozcan y, además, en particular, cuando conozcan de acciones de amparo o de las acciones contencioso administrativas al

---

1 *G.O.* N° 5453 Extraordinario de 24-03-2000.

2 Véase Alejandra León Parada y Guido Garbati Garbati, "Jurisdicción y Supremacía Constitucional", en *Nuevos estudios de derecho procesal, Libro Homenaje a José Andrés Fuenmayor,* Vol. I, Tribunal Supremo de Justicia, Colección Libros Homenaje, N° 8, Caracas, 2002, pp. 745 a 784.

3 Véase nuestra propuesta en relación con este artículo en Allan R. Brewer-Carías, *Debate Constituyente (Aportes a la Asamblea Nacional Constituyente),* Tomo II, (9 Septiembre-17 Octubre 1999), Fundación de Derecho Público-Editorial Jurídica Venezolana, Caracas, 1999, pp. 24 y 34.

tener la potestad para anular actos administrativos por contrariedad a la Constitución (como forma de contrariedad al derecho) (art. 259)[4].

En cuanto al Tribunal Supremo de Justicia, regulado en la Ley Orgánica delmismo de 2010, [5] en materia de justicia constitucional, todas sus Salas tienen expresamente como competencia garantizar "la supremacía y efectividad de las normas y principios constitucionales", correspondiéndoles a todas ser "el máximo y último intérprete de la Constitución" y velar "por su uniforme interpretación y aplicación" (art. 335). No es cierto, por tanto, como se ha afirmado, que la Sala Constitucional sea "el máximo y último intérprete de la Constitución"[6], o como lo ha señalado la propia Sala Constitucional de tener "el monopolio interpretativo último de la Constitución"[7]. Esta es una apreciación completamente errada, que no deriva del texto de la Constitución, de cuyo artículo 335, al contrario, se deriva que *todas las Salas* ejercen la justicia constitucional conforme a sus respectivas competencias y son el máximo y último intérprete de la Constitución. También lo es la Sala Constitucional, mediante la cual el Tribunal Supremo de Justicia, concentra la Jurisdicción Constitucional (arts. 266, ord. 1° y 336).

En todo caso, sobre el carácter de todas las Salas como Tribunal Supremo, la propia Sala Constitucional se pronunció en sentencia N° 158 de 28-03-00 (Caso: *Microcomputers Store S.A.*) al declarar que el artículo 1 de la Ley Orgánica de la Corte Suprema de Justicia de 1976, entonces vigente, (artículo 3de la Ley Orgánica de 2010), estaba conforme con la nueva Constitución, al prohibir la admisión de recurso alguno contra las decisiones dictadas por el Tribunal Supremo de Justicia en Pleno o por alguna de sus Salas, señalando que esta norma, lejos de ser inconstitucional,

> Más bien garantiza su aplicación, ya que tal como quedó expuesto, el Tribunal Supremo de Justicia se encuentra conformado por las Salas que lo integran, las cuales conservan el mismo grado jerárquico y todas representan en el ámbito de sus competencias al Tribunal Supremo de Justicia como máximo representante del Poder Judicial [8].

Posteriormente, sin embargo, la Sala Constitucional al afirmar su competencia para conocer del recurso extraordinario de revisión de constitucionalidad contra las sentencias de las otras Salas del Tribunal Supremo, señaló que el artículo 1 de la Ley Orgánica de la Corte, para considerarlo compatible con la Constitución, sólo se

---

4 Véase Allan R. Brewer-Carías, *La Justicia Contencioso-Administrativa*, Tomo VII, *Instituciones Políticas y Constitucionales*, Universidad Católica del Táchira-Editorial Jurídica Venezolana, Caracas, 1997, pp. 26 y ss.

5 La Ley Orgánica del Tribunal Supremo se dictó inicialmente en 2004. Véase en *G.O.* N° 37.942 del 20 de mayo de 2004. Véase Allan R. Brewer-Carías, *Ley Orgánica del Tribunal Supremo de Justicia. El Tribunal Supremo de Justicia y los procesos y procedimientos constitucionales y contenciosos administrativos* Editorial Jurídica Venezolana, Caracas 2005. La ley se reformó en 2010, *GO.*N° 39.522, de 1 de octubre de 2010, Véase Allan R. Brewer-Carías y Víctor Hernández Mendible, *Ley Orgánica del Tribunal Supremo de Justicia 2010,* Editorial Jurídica Venezolana, Caracas 2010.

6 Véase en José Vicente Haro G., "La justicia constitucional en Venezuela y la Constitución de 1999" en *Revista de Derecho Constitucional*, Editorial Sherwood, N° 1, Caracas, sep-dic. 1999, pp. 137 y 146.

7 Véase sentencia N° 1374 de 09-11-2000, en *Revista de Derecho Público*, N° 84, (octubre-diciembre), Editorial Jurídica Venezolana, Caracas, 2000, p. 267.

8 Véase en *Revista de Derecho Público*, N° 81, (enero-marzo), Editorial Jurídica Venezolana, Caracas, 2000, p. 109.

refería "a los recursos preexistentes y supervivientes a la Constitución de 1999, distintos al recurso extraordinario de revisión constitucional de sentencias de las demás Salas del Máximo Tribunal"[9]. Así se reguló posteriormente en la Ley Orgániica del Tribunal Supremo dc Justicia (art. 25.11).

De todo lo anterior resulta, en todo caso, que la expresión "justicia constitucional" es un concepto material que equivale a *control judicial de la constitucionalidad de las leyes y demás actos estatales,* el cual ha sido ejercido en nuestro país, siempre, por todos los tribunales pertenecientes a todas las Jurisdicciones, es decir, por todos los órganos que ejercen el Poder Judicial.

En cambio, la expresión *"Jurisdicción Constitucional"* es una noción orgánica, que tiende a identificar a un órgano específico del Poder Judicial que tiene, en forma exclusiva, la potestad de anular *ciertos actos estatales* por razones de inconstitucionalidad, en particular, las leyes y demás actos con rango de ley o de ejecución directa e inmediata de la Constitución. En los países europeos, dicha Jurisdicción Constitucional corresponde a los Tribunales o Cortes Constitucionales (muchas, incluso, ubicadas fuera del Poder Judicial), al igual que en algunos países latinoamericanos. En cambio, en Venezuela, siempre ha correspondido al Supremo Tribunal de Justicia[10], ahora a través de su Sala Constitucional.

La noción de justicia constitucional, por tanto, es distinta a la de Jurisdicción Constitucional. En consecuencia, es errada la apreciación que ha hecho la Sala Constitucional en su sentencia N° 129 de 17-03-2000, cuando señaló que:

> La Sala Constitucional tiene atribuida *competencia para ejercer la jurisdicción constitucional, es decir, la potestad de juzgar y de hacer ejecutar lo juzgado en materia constitucional*[11].

No es posible, en efecto, identificar la Jurisdicción Constitucional con "la potestad de juzgar en materia constitucional" que equivaldría a justicia constitucional.

La garantía de la supremacía y efectividad de la Constitución y ser su máximo y último interprete, se insiste, corresponde a todas las Salas del Tribunal Supremo, por igual, por lo que tampoco es correcto señalar como lo hizo la citada sentencia de 17-03-2000, ni siquiera que "en particular" dicha función corresponde a la Sala Constitucional. Esa "particularidad" no deriva de norma alguna de la Constitución. Lo único "particular" que resulta de las competencias judiciales en materia de justicia constitucional, es el monopolio atribuido a la Sala Constitucional para anular ciertos y determinados actos estatales: las leyes y demás actos de rango legal o de ejecución directa e inmediata de la Constitución. Por tanto, ni siquiera la Sala Constitucional tiene el monopolio para ejercer el control concentrado de la constitucionalidad de los actos estatales.

---

9 Véase sentencia de la Sala Constitucional N° 33 de 25-01-2001 (Caso: *Revisión de la sentencia dictada por la Sala de casación Social del tribunal Supremo de Justicia de fecha 10 de mayo de 2001, interpuesta por Baker Hugher SRL),* en *Revista de Derecho Público,* N° 85-88, Editorial Jurídica Venezolana, Caracas, 2001, p. 405.

10 Véase Allan R. Brewer-Carías, *La Justicia Constitucional,* Tomo VI, *Instituciones Políticas y Constitucionales,* Universidad Católica del Táchira-Editorial Jurídica Venezolana, Caracas, 1996; Allan R. Brewer-Carías, *Judicial Review in Comparative Law,* Cambridge, 1989.

11 Expediente 00-0005 (Caso: *Vicente Bautista García Fermín).*

De lo anterior deriva, en definitiva, que no es correcto deducir de la Constitución que la Sala Constitucional tenga la potestad de "juzgar y de hacer ejecutar lo juzgado en materia constitucional" y considerar que eso sea equivalente a la "Jurisdicción Constitucional", pues ello significaría equiparar la justicia constitucional con la Jurisdicción Constitucional.

En todo caso, los principios sobre el sistema de justicia constitucional se recogen en un Capítulo I *(De la garantía de esta Constitución)* del Título VIII *(De la protección de esta Constitución)* de la Constitución de 1999, respecto del cual la "Exposición de Motivos" de la misma, lo justifica haciendo referencia a que supuestamente con ello se habría seguido,

> una tendencia presente en España, Francia, Italia, Portugal, Rumania y en algunos países latinoamericanos.

Esta apreciación, por supuesto, por su formulación generalizante, es totalmente incorrecta, primero, porque ni en la Constitución de España, ni en la de Francia, ni en la de Rumania existe un Título destinado a regular las "garantías constitucionales"; el cual si existe en la de Italia y Portugal; pero en ninguno de dichos países, salvo en algunos aspectos en Portugal, existe un sistema mixto o integral de justicia constitucional, por lo que mal podía seguirse en Venezuela la "tendencia" de todos esos países; y segundo, porque si se siguió alguna "tendencia", fue la latinoamericana que, tiende cada vez más, a la regulación de un sistema mixto de justicia constitucional.

Nosotros fuimos quienes propusimos la inclusión de un Título especial para regular la *garantía de la Constitución* en una de las primeras reuniones de la Comisión Constitucional de la Asamblea Nacional Constituyente (las celebradas en la sede de la Academia Nacional de la Historia);[12] y si tuvimos en mente algunos textos constitucionales que regularan el tema de la *Garantía de la Constitución* en un Título aparte, fueron los de las Constituciones de Perú, (Título V, arts. 200 y sigts.), Guatemala (Título VI, arts. 263 y sigts) y Honduras (Título IV, arts. 182 y sigts.)[13].

En todo caso, y aparte de la ligereza en que incurrió la "Exposición de Motivos" en la "explicación" de las supuestas fuentes de inspiración para incluir un nuevo Capítulo de la Constitución destinado a la garantía de la Constitución; en cuanto al sentido general de la regulación que contiene del sistema venezolano de justicia constitucional, puede decirse que la "Exposición" lo explica en términos adecuados.

En efecto, comienza afirmando que son "los principios de supremacía y fuerza normativa de la Constitución" (que encuentran consagración, expresa en el artículo 7), sobre los cuales "descansa la justicia constitucional", reconociéndose correctamente que:

> la justicia constitucional en Venezuela la ejercen todos los tribunales de la República, no sólo mediante el control difuso de la constitucionalidad, sino además, por otros medios, acciones o recursos previstos en la Constitución y en las leyes,

---

12 Por tanto, no fue en las reuniones de la Comisión Constitucional celebradas en la Sede del CIED donde se acordó incluir en la nueva Constitución un Título dedicado a la garantía de la Constitución, como lo sugiere José Vicente Haro, "La justicia constitucional...", *loc. cit.*, p. 154.

13 Véase la coincidencia en la referencia a estos países de América Latina, en José Vicente Haro, "La justicia constitucional...", *loc. cit.*, p. 173.

como la acción de amparo constitucional, destinada a ofrecer una tutela judicial reforzada de los derechos humanos reconocidos y garantizados expresa o implícitamente en la Constitución.

Por supuesto, la referencia a la acción de amparo es sólo ejemplificativa, pues hay otros medios, acciones o recursos previstos en la Constitución a través de los cuales se materializa la justicia constitucional, como la acción popular de inconstitucionalidad, las acciones contencioso administrativas de nulidad de los actos administrativos, y la desaplicación de normas constitucionales en casos concretos judiciales. Por ello, más adelante, la "Exposición" indica que:

> De esta forma, se esboza el sistema venezolano de justicia constitucional, reafirmándose la coexistencia de los métodos de control concentrado, difuso y extraordinario de la constitucionalidad, los cuales se ejercen a través de la acción popular de inconstitucionalidad, la aplicación preferente de la Constitución respecto a leyes o normas inconstitucionales en un caso concreto, y la acción del amparo.

En este sentido, debe destacarse el voto salvado del Magistrado Héctor Peña Torrelles a la sentencia Nº 7 de la Sala Constitucional del Tribunal Supremo de Justicia de 01-02-2000 (Caso: *José A. Mejía y otros*) en el cual precisó los principios del sistema de justicia constitucional en la nueva Constitución, así:

> Es bien sabido que la idea de la justicia constitucional en los Estados de Derecho surge de la necesidad de dar protección a la Constitución frente a las arbitrariedades del Poder Público, que atenten contra la preservación del orden jurídico y el respeto a los derechos fundamentales del individuo. Las formas de protección de la Constitución acogidas por los distintos ordenamientos se dividen en un control concreto o difuso y un control abstracto o concentrado.
>
> En el primero de los casos, se permite a los distintos jueces ejercer una porción de esta justicia constitucional en los casos particulares que les corresponde decidir, y el segundo de los supuestos se deja en un órgano especializado, que sería el jerarca de la jurisdicción constitucional, como contralor de la constitucionalidad de los actos dictados en ejecución directa e inmediata de la Constitución o que tengan rango de Ley. A partir de allí se ejerce la supremacía constitucional, que en unos casos se atribuye a una Corte o Tribunal autónomo y en otros sistemas -como el caso de Venezuela- se inserta en el máximo organismo jurisdiccional del país, no ya desde su resolución caso por caso, sino como órgano rector del resto del sistema de justicia. En Venezuela, tanto el ordenamiento jurídico basado en la Constitución de 1961, como en la Constitución recientemente aprobada por voluntad popular, se han consagrado las dos formas de control constitucional, lo cual constituye una tendencia de avanzada en la doctrina comparada. La nueva Constitución ha asumido este sistema mixto de control constitucional pero ha dado un paso más al crear la Sala Constitucional, atribuyéndole la tarea de ser el máximo intérprete de las normas y principios constitucionales y darle carácter vinculante a sus interpretaciones. La importancia de la justicia constitucional en la nueva Constitución se revela de forma expresa en su ubicación en el Texto Fundamental; en efecto, el Constituyente de 1999, ha establecido de forma intencional las competencias de esta Sala en el título de VIII denominado "De La Protección de la Constitución", en el cual se refleja la alta responsabilidad que le ha sido conferida, dadas las competencias atribuidas en los artículos 335 y 336 de la misma.

De lo anterior resulta claramente, por tanto, que no es lo mismo "justicia constitucional" que "Jurisdicción Constitucional". La primera corresponde a todos los Tribunales mediante diversos medios judiciales; la segunda está atribuida a un solo órgano judicial que ejerce el control concentrado de la constitucionalidad de las leyes y demás actos con rango legal o dictados en ejecución directa e inmediata de la Constitución y que es la Sala Constitucional del Tribunal Supremo de Justicia.

Pero no por ello, como se ha dicho, la Sala tiene el monopolio del control concentrado de la constitucionalidad de todos los actos estatales; lo que tiene es el monopolio de dicho control *sólo respecto de determinados actos estatales* (los de rango y fuerza de ley y los dictados en ejecución directa e inmediata de la Constitución). Ello es lo que, además, caracteriza la "Jurisdicción Constitucional" en el derecho comparado: la atribución exclusiva a un órgano judicial del poder anulatorio de determinados, y sólo de determinados, actos estatales[14].

Por ello puede decirse, en general, que el control concentrado de la constitucionalidad de los actos estatales conforme a la Constitución, se ejerce por dos Jurisdicciones distintas: la Jurisdicción Constitucional y la Jurisdicción Contencioso Administrativa.

En relación con la Jurisdicción Constitucional, como bien lo dice la "Exposición",

> el control concentrado de la constitucionalidad de las *leyes* y de los demás actos de los órganos que ejercen el Poder Público *dictados en ejecución directa e inmediata de la Constitución...* corresponde exclusivamente a la Sala Constitucional del Tribunal Supremo.

Y como lo refuerza luego la misma "Exposición":

> la exclusividad de la Sala Constitucional en el ejercicio de la jurisdicción constitucional, implica que sólo a dicho órgano le corresponde ejercer el control concentrado de la constitucionalidad *de las leyes y demás actos de los órganos del Poder Público dictados en ejecución directa e inmediata de la Constitución...*

En consecuencia, los órganos de la Jurisdicción Contencioso Administrativa tienen competencia, conforme al artículo 259 de la Constitución, para controlar la constitucionalidad de los actos administrativos, tanto normativos (Reglamentos) como no normativos, que son siempre actos de rango sublegal.

De ello resulta, por tanto, que los órganos de la Jurisdicción Contencioso Administrativa y, ahora también, de la Jurisdicción Electoral, ejercen la justicia constitucional mediante el control concentrado de la constitucionalidad, al conocer de los recursos contencioso administrativos de anulación contra actos administrativos por razones de inconstitucionalidad.

En esos casos, los órganos de la Jurisdicción Contencioso Administrativa ejercen el control concentrado de la constitucionalidad de los actos administrativos, que *no* son actos dictados "en ejecución directa e inmediata de la Constitución", cuyo control de constitucionalidad es el que corresponde exclusivamente a la Sala Constitucional del Tribunal Supremo.

---

14 Véase en general, Allan R. Brewer-Carías, *Judicial Review in Comparative Law, op. cit.* p. 190; y Allan R. Brewer-Carías, *El control concentrado de la constitucionalidad de las leyes (Estudio de Derecho Comparado),* Caracas, 1994, p. 19.

Ahora bien, a continuación estudiaremos el sistema de justicia constitucional conforme a la Constitución de 1999[15], para lo cual analizaremos los dos clásicos métodos de justicia constitucional que muestra el derecho comparado y que conforman el sistema venezolano, y por la otra, los instrumentos de la justicia constitucional en Venezuela.

II. LOS MÉTODOS DE CONTROL DE LA CONSTITUCIONALIDAD

1. *El carácter mixto o integral del sistema*

La Constitución establece en forma expresa en sus artículos 266, 334 y 336 la competencia de la Sala Constitucional del Tribunal Supremo de Justicia para declarar la nulidad por inconstitucionalidad, de las leyes y demás actos de los cuerpos deliberantes de carácter nacional, estadal o municipal dictados en ejecución directa de la Constitución, así como de los actos con rango legal dictados por el Ejecutivo Nacional.

Es decir, la Constitución prevé un control judicial concentrado de la constitucionalidad de todos los actos estatales, con exclusión de los actos judiciales y de los actos administrativos respecto de los cuales prevé medios específicos de control de legalidad y constitucionalidad (recurso de casación, apelaciones y jurisdicción contencioso-administrativa). De acuerdo a la Constitución, por tanto, existe un control concentrado de la constitucionalidad reservado en el nivel nacional, a los actos estatales de rango legal o de ejecución directa de la Constitución(leyes, actos parlamentarios sin forma de ley y actos de gobierno); en el nivel estada], a las leyes emanadas de las Asambleas Legislativas y demás actos de ejecución directa de la Constitución; y en el nivel municipal, a las Ordenanzas Municipales, consideradas invariablemente como leyes locales, y demás actos de ejecución directa de la Constitución. Este control de la constitucionalidad de los actos estatales permite a la Sala Constitucional del Tribunal Supremo de Justicia declarar su nulidad cuando sean violatorios o colidan con la Constitución. Se trata, por tanto, como hemos dicho, de un control con-

15 Véase en general, Allan R. Brewer-Carías, *El Sistema de Justicia Constitucional en la Constitución de 1999: Comentarios sobre su desarrollo jurisprudencial y su explicación a veces errada, en la Exposición de Motivos,* Editorial Jurídica Venezolana, Caracas, 2000; Allan R. Brewer-Carías, "La Justicia Constitucional en la Nueva Constitución" en *Revista de Derecho Constitucional*, Nº 1, Septiembre-Diciembre 1999, Editorial Sherwood, Caracas, 1999, pp. 35-44; Allan R. Brewer-Carías, "La justicia constitucional en la Constitución de 1999", en *Derecho Procesal Constitucional*, Colegio de Secretarios de la Suprema Corte de Justicia de la Nación, A.C., Editorial Porrúa, México 2001, pp. 931-961. Publicado también en *Reflexiones sobre el Constitucionalismo en América*, Editorial Jurídica Venezolana, Caracas, 2001, pp. 255-285; Jesús M. Casal H., *Constitución y justicia constitucional: los fundamentos de la justicia constitucional en la nueva Carta Magna,* Universidad Católica Andrés Bello, Caracas, 2000; Héctor Fix Zamudio, "La justicia constitucional y la judicialización de la política", en *Constitución y Constitucionalismo Hoy*. Editorial Ex Libris, Caracas, 2000, pp. 557-592; Jesús M. Casal H., "Hacia el fortalecimiento y racionalización de la justicia constitucional", en *Revista de Derecho Constitucional,* Nº 2 (enero-junio), Editorial Sherwood, Caracas, 2000, pp. 215-242; Antonio Canova González, "La futura justicia constitucional en Venezuela", en *Revista de Derecho Constitucional*, Nº 2 (enero-junio), Editorial Sherwood, Caracas, 2000, pp. 93-181; María A. Bonnemaison, "El control constitucional de los Poderes Públicos", en *Bases y principios del sistema constitucional venezolano* (Ponencias del VII Congreso Venezolano de Derecho Constitucional realizado en San Cristóbal del 21 al 23 de Noviembre de 2001*),* Volumen II, pp. 233-260; Carla Crazut Jimenez, "Progreso de la protección constitucional en Venezuela", en *Libro Homenaje a Enrique Tejera París, Temas sobre la Constitución de 1999,* Centro de Investigaciones Jurídicas (CEIN), Caracas, 2001, pp. 273 a 289.

centrado de la constitucionalidad de las leyes, y otros actos estatales de rango legal o de ejecución directa e inmediata de la Constitución atribuido a la Sala Constitucional.

Pero además, tanto el artículo 20 del Código de Procedimiento Civil, el artículo 19 del Código Orgánico Procesal Civil, como la propia Constitución (art. 334) permiten a todos los tribunales de la República, cuando decidan un caso concreto, el declarar la inaplicabilidad de las leyes y demás actos estatales normativos cuando estimen que son inconstitucionales, dándole por tanto preferencia a las normas constitucionales. Se trata, sin duda, de la base legal del método difuso de control de la constitucionalidad.

Por tanto, el sistema venezolano de control de la constitucionalidad de las leyes y otros actos estatales, puede decirse que es uno de los más amplios conocidos en el mundo actual si se lo compara con los que muestra el derecho comparado, pues mezcla el llamado control difuso de la constitucionalidad de las leyes con el control concentrado de la constitucionalidad de las mismas[16].

En efecto, cuando se habla de control difuso de la constitucionalidad, se quiere significar, que la facultad de control no se concentra en un solo órgano judicial, sino que, por el contrario, corresponde en general a todos los órganos judiciales de un determinado país, que poseen el poder-deber de desaplicar las leyes inconstitucionales en los casos concretos sometidos a su conocimiento; en cambio, en el denominado método de control concentrado, el control de la constitucionalidad se centraliza en un solo órgano judicial, quien tiene el monopolio de la declaratoria de la nulidad de las leyes inconstitucionales[17]. Confrontados estos dos métodos con los sistemas que muestra el derecho comparado, se ha identificado como arquetipo del denominado método difuso de control de la constitucionalidad de las leyes, al sistema norteamericano, y, en cambio, como arquetipo del denominado método concentrado de control particularmente el desarrollado en Europa durante las últimas décadas, al sistema austriaco[18].

El método de control difuso, que permite a todos los tribunales conocer de la inconstitucionalidad de las leyes, y decidir su inaplicabilidad al caso concreto, en el ámbito de América Latina y siguiendo el arquetipo norteamericano, existe, por ejemplo, en Brasil, Guatemala, Uruguay, México, Argentina, Colombia, Honduras y Venezuela[19]. Sin embargo, en, cada caso, con modalidades específicas que hacen diferir los sistemas de un país a otro. Por ejemplo, en Argentina, donde el control difuso se ha mantenido muy apegado al sistema americano, a pesar de que todos los tribunales tienen la facultad de desaplicar una ley al caso concreto, siempre es posible llevar el conocimiento del asunto a la Corte Suprema de Justicia, en última ins-

---

16 De acuerdo a la terminología acuñada por Piero Calamandrei, *La illegittimitá Costituzionale delle Leggi,* Padova, 1950, p. 5; y difundida por Mario Capelletti, *Judicial Review in the contemporary World, Indianápolis, 1971.* Véase Allan R. Brewer-Carías, *Judicial review in comparative law,* Cambridge University Press, *1989.* Véase además, Allan R. Brewer-Carías, *El sistema mixto o integral de control de constitucionalidad en Colombia y Venezuela,* Bogotá, 1995.

17 Véase Mauro Cappelletti, "El Control Jurisdiccional de la Constitucionalidad de las Leyes en el Derecho Comparado", en Revista de la Facultad de Derecho, México, N° 65, Tomo XVI, 1966, pp. 28 a 33.

18 *Idem*, p. 29.

19 *Cfr.* Héctor Fix Zamudio, "Protection procesal de los Derechos Humanos", *Boletín Mexicano de Derecho Comparado,* N° 13-14, México, enero-agosto 1972, p. 78.

tancia, mediante el ejercicio del recurso extraordinario de inconstitucionalidad[20]. En cambio, en sistemas como el de Venezuela y Colombia, el control difuso de la constitucionalidad no es el único existente, sino que se combina con el control concentrado que ejerce la Sala Constitucional del Tribunal Supremo de Justicia o la Corte Constitucional, respectivamente.

Sin embargo, en todos los casos de control difuso de la constitucionalidad de las leyes, mediante el cual el juez declara inaplicable una ley al caso concreto, su decisión tiene carácter incidental y efectos *inter partes*, considerándose a la ley como si nunca hubiera existido o producido efectos en el caso concreto.

Por otra parte, el método de control concentrado de la constitucionalidad de las leyes implica siempre la atribución a un solo órgano jurisdiccional, el Tribunal Supremo o una Sala Constitucional del mismo o una Corte Constitucional, del monopolio de la declaratoria de nulidad por inconstitucionalidad de las leyes. A diferencia del arquetipo austriaco o modelo europeo, en América Latina se pueden distinguir diversas modalidades de este control concentrado. Por ejemplo, en El Salvador y Panamá[21] se prevé el recurso de inconstitucionalidad como acción popular que se ejerce por ante la respectiva Corte Suprema de Justicia, y que corresponde a cualquier ciudadano sin una legitimación (interesado) específica. Por otra parte, se destaca el sistema establecido en Guatemala a partir de 1965, cuya Constitución previó un recurso de inconstitucionalidad directo ante un tribunal especial, la Corte de Constitucionalidad, pero para cuya imposición se requiere de una legitimación específica[22], y cuya decisión tiene efectos *erga omnes y pro futuro*. Asimismo se destacan los sistemas de Chile y Ecuador donde se puede distinguir un sistema concentrado paralelo de control de la constitucionalidad, atribuido a la Corte Suprema de Justicia por vía incidental, y al Tribunal Constitucional o de Garantías Constitucionales, por vía directa.

Ahora bien, en Venezuela, al igual que en Colombia, al contrario de los sistemas que normalmente se aprecian en el derecho comparado, el control de la constitucionalidad de las leyes no puede identificarse en particular con alguno de esos dos métodos o sistemas, sino que, realmente, está conformado por la mezcla de ambos[23], configurándose entonces como un sistema mixto o integral y de una amplitud no comparable con otros sistemas de los fundamentales que muestra el derecho comparado, excepción hecha del sistema de Portugal.

---

20 Véase, Alejandro E. Ghigliani, *Del Control Jurisdiccional de la Constitucionalidad,* Buenos Aires, 1952, p. 76; Jorge Reinaldo Vanossi, *Aspectos del Recurso Extraordinario de Inconstitucionalidad,* Buenos Aires, 1966.

21 *Cfr.* Héctor Fix Zamudio, "Protección Procesal..." *loc. cit.*, p. 89.

22 Véase *Idem,* pp. 89 y 90.

23 Sobre el tema véanse nuestros trabajos: Allan R. Brewer-Carías, *El control de la constitucionalidad de los actos estatales,* Caracas, 1977; "Algunas consideraciones sobre el control jurisdiccional de la constitucionalidad de los actos estatales en el Derecho venezolano", *Revista de Administración Pública,* N° 76, Madrid, 1975, pp. 419 a 446, *y* "La Justicia Constitucional en Venezuela", documento presentado al Simposio Internacional sobre Modernas Tendencias de Derecho Constitucional (España y América Latina). Universidad Externado de Colombia, Bogotá, Nov. 1986, 102 páginas. Véase además, M. Gaona Cruz, "El control judicial ante el Derecho Comparado" en *Archivo de Derecho Público y Ciencias de la Administración* (El Derecho Público en Colombia y Venezuela), Vol. VII, 1986, Caracas, 1986.

Este sistema mixto de control de la constitucionalidad tiene su fundamento en el principio básico del constitucionalismo del carácter de norma suprema que tiene la Constitución, la cual no sólo regula orgánicamente el funcionamiento de los órganos estatales sino que establece los derechos fundamentales de los ciudadanos. Este principio de la supremacía constitucional y de la Constitución como norma suprema de derecho positivo directamente aplicable a los individuos que se establece en el artículo 7 de la Constitución de 1999, tiene sus raíces en la primera Constitución de Venezuela de 1811, la cual puede considerarse no sólo la primera en la historia constitucional de América Latina, sino la cuarta de las Constituciones escritas en la historia constitucional del mundo moderno[24]. Este principio de la supremacía constitucional es el que ha conducido, inevitablemente, al desarrollo del sistema mixto de justicia constitucional en Venezuela establecido hace más de un Siglo[25]. Tal como lo explicó la antigua Corte Suprema de Justicia en la decisión del 15 de marzo de 1962 cuando decidió la acción popular intentada contra la Ley aprobatoria del Tratado de Extradición suscrito con los Estados Unidos de América, al sostener que la existencia del control jurisdiccional de la constitucionalidad de los actos del Poder Público por parte del más Alto Tribunal de la República, es indispensable en todo régimen que pretenda subsistir como Estado de Derecho:

> Porque lo inconstitucional es siempre antijurídico y contrario al principio que ordena al Poder Público, en todas sus ramas, sujetarse a las normas constitucionales y legales que definen sus atribuciones. Lo inconstitucional es un atropello al derecho de los ciudadanos y al orden jurídico en general, que tiene su garantía suprema en la Ley Fundamental del Estado. En los países libremente regidos, toda actividad individual o gubernativa ha de mantenerse necesariamente circunscrita a los límites que le señala la Carta Fundamental, cuyas prescripciones como -expresión solemne de la voluntad popular en la esfera del Derecho Público, son normas de ineludible observancia para gobernantes y gobernados desde el más humilde de los ciudadanos hasta los más altos Poderes del Estado. De los principios consignados en la Constitución, de las normas por ella trazadas, así en su parte dogmática como en su parte orgánica, debe ser simple desarrollo las leyes y disposiciones que con posterioridad a la misma se dicten; y tan inconstitucionales, y por consiguiente, abusivas serían éstas si de tal misión excedieran, como inconstitucionales y también abusivos lo sería cualquiera otras actos de los Poderes Públicos que abiertamente contravienen lo estatuido en la Ley Fundamental[26].

Entonces, como consecuencia de este principio de la supremacía constitucional, el sistema venezolano de justicia constitucional se ha venido desarrollando como un sistema mixto de control judicial de la constitucionalidad, a la vez difuso y concentrado.

---

24 Véase Allan R. Brewer-Carías, *Las Constituciones de Venezuela,* Madrid, pp. 181-205.

25 Véanse los comentarios en relación con sistema mixto de justicia constitucional en Venezuela como consecuencia del principio de supremacía constitucional en R. Feo, *Estudios sobre el Código de Procedimiento Civil Venezolano,* Caracas, 1904, Tomo I, pp. 26-35; R. Marcano Rodríguez, *Apuntaciones Analíticas sobre las materias fundamentales y generales del Código de Procedimiento Civil Venezolano,* Caracas, Tomo I, pp. 36-38; A. Borjas, *Comentarios al Código de Procedimiento Civil,* Caracas, Tomo I, pp. 33-35.

26 Véase la sentencia de la CSJ-CP, de 15-3-62 en *G.O.* Nº 760, Extra de 22-3-62, pp. 3-7.

Por una parte, como dijimos, el Código de Procedimiento Civil autoriza expresamente a todos los jueces a aplicar preferentemente la Constitución en los casos concretos que decidan, cuando la ley vigente, cuya aplicación se les pida, colidiere con alguna disposición constitucional[27]. Esta norma recogida por primera vez en nuestro ordenamiento jurídico en el Código de Procedimiento Civil de 1897[28], consagra claramente el denominado control difuso de la constitucionalidad de las leyes, que permite a cualquier juez, desaplicar una ley que estime inconstitucional aplicando preferentemente la Constitución, en un proceso cuyo conocimiento le corresponda[29].

Pero además, como se dijo, la Constitución siguiendo una tradición que se remonta a la Constitución de 1858, atribuye expresamente al Tribunal Supremo de Justicia competencia para declarar la nulidad total o parcial de las leyes nacionales, de las leyes estadales y de las ordenanzas municipales, y de los de rango legal o de ejecución directa e inmediata de la Constitución, como los actos de gobierno, que colidan con la Constitución, consagrándose un control concentrado reservado a la Sala Constitucional y que tiene por objeto no ya desaplicar la ley en un proceso concreto, sino declarar la nulidad por inconstitucionalidad de las leyes con efectos *erga omnes,* cuando ello se ha solicitado por vía de acción popular.

En torno al carácter mixto del sistema venezolano, la antigua Corte Suprema de Justicia insistió sobre el ámbito del control de la constitucionalidad de las leyes, al señalar que está encomendado:

> No tan sólo al Supremo Tribunal de la República, sino a los jueces en general, cualquiera sea su grado y por ínfima que fuere su categoría. Basta que el funcionaria forme parte de la rama judicial para ser custodio de la Constitución y aplicar, en consecuencia, las normas de ésta prevalecientemente a las leyes ordinarias... Empero, la aplicación de la norma fundamental por parte de los jueces de grado, sólo surte efecto en el caso concreto debatido, y no alcanza, por lo mismo, sino a las partes interesadas en el conflicto; en tanto, que cuando se trata de la ilegitimidad constitucional de las leyes pronunciadas por el Supremo Tribunal en ejercicio de su función soberana, como intérprete de la Constitución y en respuesta a la acción pertinente, loa efectos de la decisión se extienden *erga omnes y* cobran fuerza de ley. En el primer caso, el control es incidental *y* especial; y en el segundo, principal *y* general; y cuando éste ocurre, vale decir, cuando el recurso es autónomo, éste es formal o material, según que la nulidad verse sobre una irregularidad concerniente al proceso elaborativo de la ley, o bien que no obstante haberse legislado regularmente en el aspecto formalista, el contenido intrínseca de la norma adolezca de vicios sustanciales[30].

En consecuencia, el sistema venezolano de justicia constitucional es un sistema mixto, en el cual el control difuso de la constitucionalidad está atribuido a todos los

27 Artículo 20, *Código de Procedimiento Civil* de 1986.

28 Artículo 10 de los Códigos de Procedimiento Civil de 1897 *y* 1904; *y* artículo 7 del Código de 1916. El único cambio en la redacción de la norma se introdujo en 1986, cuando se sustituyó la palabra "Tribunales" por "jueces".

29 *Cfr.* José Guillermo Andueza, *La Jurisdicción Constitucional en el Derecho Venezolano,* Caracas, 1955, pp. 37 y 38. *Cfr.* Sentencia CFC-SF de 18-5-45, 1946, pp. 2265 y ss.

30 Véase sentencia CF de 19-6-53, en *G.F.,* N° 1, 1953, pp. 77 y 78.

tribunales de la República, y el sistema concentrado, con relación a las leyes y demás actos de rango legal o de ejecución directa e inmediata de la Constitución, está atribuido a la Sala Constitucional del Tribunal Supremo de Justicia. Por ello, consideramos conveniente hacer una apreciación general respecto de los principios general que rigen para ambos métodos de control[31].

2. *Principios del método difuso de justicia constitucional*

El método de control difuso de la constitucionalidad de las leyes, como se ha dicho, confiere a cualquier juez de cualquier nivel en la jerarquía judicial, el poder necesario para actuar como juez constitucional. En consecuencia, conforme al artículo 20 del Código de Procedimiento Civil, todos los jueces al aplicar la ley en un caso concreto sometido a su consideración, están autorizados para juzgar la constitucionalidad de dicha ley y, en consecuencia, decidir su inaplicabilidad a dicho caso concreto cuando la consideren inconstitucional, dando aplicación preferente a la Constitución[32].

A. *La lógica del método como consecuencia del principio de la supremacía constitucional*

Desde el punto de vista lógico y racional, este poder general de todo juez de actuar como juez constitucional, deriva del hecho de que si la Constitución se considera como la Ley Suprema del país, en todo caso de conflicto entre una ley y la Constitución, ésta es la que debe prevalecer, considerándose por lo demás, como un deber de todo juez, el decidir cuál es la ley aplicable en un caso concreto. Como lo señaló el juez William Paterson en una de las más viejas decisiones de la Corte Suprema de los Estados Unidos de América[33] sobre la materia, en el caso *Vanhorne's Lessee v. Dorrance (1795)* hace casi doscientos años:

> si un acto legislativo se opone a un principio constitucional el primero debe dejarse de lado y rechazarse por repugnante. Sostengo que es una posición clara y sonora que, en tales casos, es un deber de todo tribunal el adherirse a la Constitución y declarar tal acto nulo y sin valor[34]

---

31 Véase en general, Allan R. Brewer-Carías, *La Justicia Constitucional,* Tomo VI, *Instituciones Políticas y Constitucionales, op. cit.*, pp. 86 y ss.

32 Véase Allan R. Brewer-Carías, *Judicial Review in Comparative Law,* Cambridge, 1989, pp. 127 y ss. Véase Allan R. Brewer-Carías, "Prólogo" al libro de Humberto Briceño León, *La acción de Inconstitucionalidad en Venezuela,* Caracas, 1989; José V. Haro, "El sentido y alcance del control difuso de la constitucionalidad: ¿control abstracto o control concreto?", en *El Derecho Público a comienzos del siglo XXI. Estudios homenaje al Profesor Allan R. Brewer-Carías,* Tomo I, Instituto de Derecho Público, UCV, Civitas Ediciones, Madrid, 2003, pp. 1003-1014.

33 Véase Antonio Canova González, "Rasgos generales de los modelos de justicia constitucional en derecho comparado: Estados Unidos de América", en *Temas de Derecho Administrativo: Libro Homenaje a Gonzalo Pérez Luciani,* Volumen I. Editorial Torino, Caracas, 2002, pp. 373-411; Antonio Canova González, "Rasgos generales de los modelos de justicia constitucional en Derecho Comparado: (2) Kelsen", en *Revista de Derecho Constitucional,* Nº 6, enero-diciembre-2002, Editorial Sherwood, Caracas, 2003, pp. 65 a 88; Antonio Canova González, "Rasgos generales de los modelos de justicia constitucional en Derecho Comparado: (3) Europa Actual", en *Revista de Derecho Constitucional,* Nº 7, enero-junio 2003, Editorial Sherwood, Caracas, 2003, pp. 75 a 114.

34 *Vanhorne's Lessee v. Dorrance*, 2 Dallas 304 (1795). Véase el texto S.I. Kutler (ed.), *The Supreme Court and the Constitution. Reading in American Constitucional History,* N.Y. 1984, p. 8.

O como fue definitivamente establecido por el Juez Marshall en el conocido caso: *Marbury v. Madison (1803)* decidido por la misma Corte Suprema:

> Aquellos que aplican las normas a casos particulares, deben necesariamente exponer e interpretar aquella regla... de manera que si una Ley se encuentra en oposición a la Constitución... la Corte debe determinar cual de las reglas en conflicto debe regir en el caso: Esta es la real esencia del deber judicial. Si en consecuencia, los tribunales deben ver la Constitución, y la Constitución es superior a cualquier acto ordinario de la Legislatura, es la Constitución, y no tal acto ordinario, la que debe regir el caso al cual ambas se aplican[35].

En consecuencia, la supremacía constitucional y el poder de todo juez de controlar la constitucionalidad de las leyes, son conceptos que están esencialmente unidos en el constitucionalismo moderno. Por ello debe recordarse que con relación a las Constituciones y a las Leyes de los Estados Miembros de la Federación Americana, se estableció expresamente en la Constitución de 1787 la muy conocida "Cláusula de Supremacía" contenida en el artículo VI, Sección 2, el cual dispone:

> Esta Constitución, y las leyes de los Estados Unidos que se expidan con arreglo a ella, y todos los Tratados celebrados o que se celebren bajo la autoridad de los Estados Unidos, serán la suprema Ley del país y los jueces de cada Estado estarán obligados a observarlos, a pesar de cualquier cosa en contrario, que se encuentre en la Constitución o las leyes de cualquier Estado.

Esta "Cláusula de Supremacía" se recogió en el artículo 227 de la Constitución venezolana de 1811, que estableció en una forma más amplia lo siguiente:

> La presente Constitución, las leyes que en consecuencia se expidan para ejecutarla y todos los Tratados que se concluyan bajo la autoridad del Gobierno de la Unión serán la Ley suprema del Estado en toda la extensión de la Confederación, y las autoridades y habitantes de las Provincias estarán obligados a obedecerlas y observarlas religiosamente sin excusa ni pretexto alguno; pero las leyes que se expidieren contra el tenor de ello *no tendrán ningún valor,* sino cuando hubieren llenado las' condiciones requeridas para una justa y legítima revisión y sanción.

En todo caso, fue precisamente la "Cláusula de Supremacía" de la Constitución Americana, limitada en su formulación respecto a. las Constituciones y Leyes de los Estados Miembros de la Federación, la que en el caso *Marbury v. Madison (1803)* fue extendida a las leyes federales, a través de una interpretación y aplicación lógica y racional del principio de la supremacía de la Constitución, el cual, como se ha visto, en otros países encontró expresión formal en el derecho constitucional positivo. Se destaca, por ejemplo, el contenido del artículo 215 de la Constitución de Colombia, incorporado en las Enmiendas de 1910, el cual establece

> En todo caso de incompatibilidad entre la Constitución y la Ley, se aplicarán de preferencia las disposiciones constitucionales[36].

En otros países, el principio está en la legislación positiva como era el caso de Venezuela, donde antes que el texto del artículo 334 de la Constitución, estaba el

---

35 *Marbury* 1. Cranch 137 (1803). Véase el texto en S.I. Kutler (ed.), *op. cit.,* p. 29.

36 Véase J. Ortega Torres (ed.), *Constitución Política de Colombia,* Bogotá, 1985, p. 130. El origen de esta norma está en el Acto Legislativo N° 3, art. 40, 1910.

texto del artículo 20 del Código de Procedimiento Civil que fue incorporado al Código desde 1897 (art. 10)

B. *La compatibilidad del método con todos los sistemas jurídicos*

En consecuencia, el sistema difuso de control judicial de la constitucionalidad de las leyes puede decirse que no es un sistema peculiar a los sistemas jurídicos anglosajones o del *common law, y* que pudiera ser incompatible con los sistemas jurídicos de tradición civil o de derecho romano. Al contrario, el sistema de control difuso ha existido desde el Siglo pasado en casi todos los países de América Latina, todos pertenecientes a la familia de tradición del derecho romano. Es el caso de México, Argentina y Brasil que siguieron el modelo norteamericano y el de Colombia y Venezuela donde existe un sistema mixto de control de la constitucionalidad.

El método también ha existido en Europa, en países con una tradición de derecho civil, como Suiza y Grecia. En Suiza, el sistema difuso fue establecido por primera vez en la Constitución de 1874, aún cuando en forma limitada, lo que se confirma en el sentido de que si bien el sistema suizo actualmente permite que los tribunales decidan sobre asuntos constitucionales, ello es sólo en cuanto a la inaplicabilidad de actos legislativos de los Cantones, pero no de las leyes federales[37]. En Grecia donde se ha adoptado, también, un sistema mixto de control de constitucionalidad, la Constitución de 1975 atribuye a todos los tribunales competencia para desaplicar una disposición cuyo contenido consideren contrario a la Constitución[38]. Así, el artículo 95 de dicha Constitución establece:

> Los Tribunales están obligados a no aplicar leyes cuyo contenido sea contrario a la Constitución.

En consecuencia, el método difuso de control judicial de constitucionalidad existe y ha funcionado en sistemas jurídicos tanto con tradición de *common law* como de derecho romano. Por ello, no estamos de acuerdo con Cappelletti y Adams, cuando señalan que existe una incompatibilidad fundamental entre el método difuso de control judicial de la constitucionalidad y los sistemas jurídicos basados en la tradición del derecho romano[39] ni con lo que el mismo Mauro Cappelletti ha señalado en otra parte, al referirse a la experiencia de Italia y Alemania Federal antes de la creación de sus respectivas Corte y Tribunal Constitucionales, y señalar que esos países "revelaron completamente, la desadaptación del método descentralizado (difuso) de control judicial para los países con sistemas jurídicos de derecho civil"[40].

---

37 Véase en H. Fix Zamudio, *Los Tribunales Constitucionales y los derechos humanos,* México, 1980, p. 17, 84; A. Jiménez Blanco, "El Tribunal Federal Suizo", *Boletín de Jurisprudencia Constitucional,* Cortes Generales, 6, Madrid, 1981, p. 477.

38 Art. 93. Véase H. Fix Zamudio, *op. cit.,* p. 162; L. Favoreu, *Le control e jurisdictionnel des lois et sa légitimité, Developpements recents en Europe Occidentale.* Association Internationale des Sciences Juridiques, Colloque d'Uppsala, 1984, (mineo), p. 14. Publicado también en L. Favoreu y J.A. Jolowicz (ed.), *Le controle juridictionnel des lois. Légitimité, effectivité et developpements recents,* París, 1986, p. 17-68.

39 M. Cappelletti and J.C. Adams, "Judicial Review of legislation: European Antecedents and adaptations", *Harvard Law Review,* 79 (6), 1966, p. 1215.

40 M. Cappelletti and J.C. Adams, *Judicial Review in the Contemporary World,* Indiannapolis, 1971, p. 59. En sentido similar M. Fromont considera que es "difícil admitir el método difuso de control de cons-

En nuestro criterio, los argumentos en favor del método concentrado de control judicial que se han adoptado en Europa Continental, no pueden resolverse con base en su supuesta adaptabilidad o no con un sistema jurídico particular, sino en realidad, con el sistema constitucional. Si en este se consagra y garantiza la supremacía constitucional, la consecuencia lógica y necesaria es la atribución dada a todos los jueces del poder decidir cuál norma debe ser aplicada cuando existe una contradicción entre una ley particular y la Constitución, estando entonces obligados a dar prioridad a la Constitución, como un verdadero deber, independientemente del sistema jurídico de tradición de *common law o* de derecho romano que exista en el país.

Por supuesto, otra cuestión es la relativa a los efectos prácticos que puede tener la adopción del método difuso de control de la constitucionalidad. Así, en ausencia de método alguno de control de la constitucionalidad, en Europa, antes de los años veinte y con el marco tradicional del principio de la separación de poderes basado en los principios de soberanía del Legislador, de la supremacía de la Ley y de la desconfianza en los tribunales como órganos de control de la acción legislativa, las críticas al método difuso de control de la constitucionalidad formuladas en Europa, son tan antiguas como la existencia del mismo "modelo europeo" de control. Por ejemplo, Hans Kelsen, el creador del modelo austriaco hizo referencia a los problemas que originaba el método difuso de control para justificar "la centralización del poder para examinar la regularidad de las normas generales", subrayando "la ausencia de unidad en las soluciones" y "la incertidumbre legal" que resultaba cuando "un tribunal se abstenía de aplicar una ley considerada irregular, en tanto que otro Tribunal hacía lo contrario"[41]. En sentido similar, Mauro Cappelletti y John Clarke Adams insisten en que el método difuso de control constitucional "puede llevar a una grave incertidumbre y confusión, cuando un tribunal decide aplicar una ley y otro la considera inconstitucional"[42].

Pero en realidad, estos problemas existen tanto en los sistemas del *common law* como de derecho romano que han adoptado el método difuso, no pudiendo considerarse como esencialmente peculiares a los países con tradición de derecho romano que lo hayan adoptado. Sin embargo, lo contrario pretenden demostrarlo Cappelletti y Adams basando su argumento en los efectos correctivos respecto de esos problemas que tiene la doctrina del *stare decisis,* que es peculiar a los sistemas del *common law y* extraña a los sistemas de tradición de derecho romano. Su argumento, básicamente, es el siguiente:

> Conforme a la doctrina angloamericana de *stare decisis,* la decisión del más alto Tribunal en cualquier jurisdicción es obligatoria para todos los tribunales inferiores de la misma jurisdicción, por lo que tan pronto el Tribunal Supremo ha declarado una ley inconstitucional, ningún otro tribunal puede aplicarla. La Corte no necesita que se le confiera un especial poder para declarar una ley inválida, ni debe decidir otros aspectos más allá de la aplicabilidad de la ley cuestionada al caso concreto; el

---

titucionalidad en países con tradición de derecho romano. Véase "Preface" en J.C. Beguin, *Le Contrôle de la Constitutionalité des lois en République Fédérale d'Allemagne,* París, 1982, p. V.

41 Véase H. Kelsen, "La garantie furidictionnelle de la Constitution (La Justice constitutionnelle)" *Revue du Droit Public et de la Science Politique en France et a l'etranger",* 1928, p. 218.

42 *Loc. cit.,* p. 1215.

principio *stare decisis* hace el resto, al requerir de los otros tribunales el seguir el precedente en todos los casos sucesivos. Por lo que aun cuando la ley inconstitucional continúe en la *Gaceta Oficial,* es una "ley muerta".

Por ello, concluyen estos autores su argumento señalando:

> ...*stare decisis,* sin embargo, no es normalmente un principio de los sistemas jurídicos de derecho romano, donde los tribunales generalmente no están obligados por las decisiones de los más altos tribunales[43].

El argumento ha sido luego desarrollado por el mismo Cappelletti, al señalar:

> por cuanto en principio de *stare decisis* es extraño a los jueces en los sistemas jurídicos de derecho civil, un método de control de la constitucionalidad que permita a cada juez decidir sobre la constitucionalidad de las leyes, puede conducir a que una ley pueda ser inaplicada por algunos jueces, por inconstitucional y ser considerada aplicable, por otros jueces en sus decisiones. Aún más, el mismo órgano judicial, que puede algún día haber desaplicado una ley, puede luego, al día siguiente, considerarla aplicable, cambiando su criterio acerca de la legitimidad constitucional de la Ley. Además, entre diferentes tipos o grados de tribunales podrían surgir diferencias, por ejemplo, entre un tribunal de la jurisdicción ordinaria y tribunales de la jurisdicción administrativa, o entre jueces jóvenes y más radicales de los tribunales inferiores y jueces mayores de conciencia tradicional de los tribunales superiores... El resultado extremadamente peligroso de ello, puede ser un grave conflicto entre órganos judiciales y una grave incertidumbre respecto de la Ley aplicable[44].

Sin embargo, insistimos en que esos problemas derivados del principio de la supremacía constitucional existen tanto en países con tradición de sistemas de *common law* como de derecho romano, y si bien es cierto que la doctrina *stare decisis* es una corrección a los problemas anotados, dicha corrección no es absoluta, pues no todos los casos en los cuales los tribunales inferiores decidan cuestiones de constitucionalidad, por ejemplo, en los Estados Unidos, llegan a la Corte Suprema, la cual decide discrecionalmente los casos que conoce[45]. Por otra parte, la doctrina obligatoria impuesta por el Tribunal Supremo o un Tribunal Constitucional no es extraña a los países de tradición derecho civil, como ocurre en Venezuela con las interpretaciones vinculantes y obligatorias que puede adoptar la Sala Constitucional (art. 335).

Por otra parte, y aún cuando la doctrina *stare decisis,* tal como es conocida en los países del *common law,* sea de excepcional aplicación en países con sistemas jurídicos de la tradición del derecho romano, aquellos en los cuales se ha adoptado un método difuso de control de constitucionalidad han adoptado, paralelamente, sus propios correctivos a los problemas planteados, con efectos similares. Por ejemplo, en el sistema de amparo mexicano, la Constitución establece el principio de que la Ley de Amparo debe regular los casos en los cuales la "jurisprudencia", es decir, los precedentes judiciales de las Cortes Federales, debe ser obligatoria[46]. Por ello, la Ley de Amparo establece los casos en los cuales las decisiones de la Corte Suprema e,

---

43 *Idem.*, p. 1215.

44 M. Cappelletti, *op. cit.,* p. 58.

45 28 U.S. Code, Secc. 1254, 1255, 1256, 1257. Véase también Rule N° 17 of the Supreme Court.

46 Art. 107, Sección XIII, parágrafo 1 de la Constitución (Enmienda de 1950-1951).

incluso, de las Cortes de Circuito, deben considerarse como precedentes obligatorios, lo que sucede sólo cuando se hayan dictado cinco decisiones consecutivas, que no sean interrumpidas por alguna decisión incompatible, con el mismo efecto.

Los efectos de esta "jurisprudencia", incluso parcialmente, han sido considerados como equivalentes a los que resultan del principio *stare decisis.* Incluso, en el sistema de amparo mexicano, el llamado "amparo contra leyes" ha sido desarrollado también como una acción extraordinaria de inconstitucionalidad de leyes auto-aplicativas, que afecten directamente derechos de un individuo, y que pueden ser impugnadas ante las Cortes Federales, permitiéndoles juzgar la inconstitucionalidad de la ley sin relación alguna con un proceso concreto[47].

En sentido similar, en Argentina y Brasil, países que también siguen de cerca el modelo norteamericano en el sentido del poder otorgado a todos los tribunales de decidir no aplicar las leyes basados en consideraciones constitucionales, se ha establecido la institución procesal denominada "recurso extraordinario de inconstitucionalidad" que puede formularse ante la Corte Suprema contra decisiones judiciales adoptadas en última instancia en las cuales se considera una Ley federal como inconstitucional e inaplicable al caso concreto[48]. En estos casos, la decisión adoptada por la Corte Suprema tiene efectos *in caso et inter partes* pero siendo dictada por el Tribunal Supremo, tiene de hecho efectos obligatorios respecto de los tribunales inferiores[49]. En igual sentido, otros países con tradición de derecho romano que han adoptado el método difuso de control de constitucionalidad, han establecido mecanismos judiciales especiales para superar los problemas que se puedan derivar de decisiones contradictorias en materia constitucional de tribunales diferentes. Es el caso de Grecia, donde la Constitución de 1975, estableció una Corte Suprema Especial con poderes para decidir sobre materias de inconstitucionalidad de las leyes, cuando se adopten decisiones contradictorias, en la materia, por el Consejo de Estado, la Corte de Casación o la Corte de Cuentas. En esos casos, las decisiones de la Corte Suprema Especial tienen efectos absolutos y generales en lo que concierne al control de la constitucionalidad de las leyes[50].

Finalmente, en los otros países con tradición de derecho romano donde se ha adoptado el método difuso de control de la constitucionalidad, debe tenerse en cuenta, particularmente en materia de casación, el valor de las decisiones de la Sala de Casación de la Corte Suprema para los Tribunales de instancia. En Venezuela, el Código de Procedimiento Civil establece que "los jueces de instancia procurarán acoger la doctrina de casación establecida en los casos análogos, para defender la integridad de la legislación y la uniformidad de la jurisprudencia" (art. 321). Por

---

47 R.D. Baker, *Judicial Review in Mexico. A Study of the Amparo Suit,* Austin, 1971, pp. 164, 250-251, 256, 259.

48 H. Fix Zamudio, *Veinticinco años de evolución de la Justicia Constitucional 1940-1965,* México, 1968, uu. 26, 36; J. Carpizo y H. Fix Zamudio, "La necesidad y la legitimidad de la revisión judicial en América Latina. Desarrollo reciente", *Boletín Mexicano de Derecho, Comparado,* 52, 1985, p. 33; también publicado en L. Favoreu y J.A. Jolowicz (ed.), *Le contróle juridictionnel des lois. Légitimité, effectivité et developpements récents,* París, 1986, pp. 119-151.

49 Véase J.R. Vanossi and P.E. Ubertone, *Instituciones dei defensa de la Constitución en la Argentina,* UNAM. Congreso Internacional sobre la Constitución y su Defensa, México, 1982 (mineo), p. 32.

50 Véase E. Spiliotopoulos, "Judicial Review of Legislative Acts in Greece", *Temple Law Quarterly,* 56, (2), Philadelphia, 1983, pp. 496-500.

tanto, si en su sentencia, la Sala de Casación ha hecho uso del poder de control difuso de la constitucionalidad, esa doctrina en principio debe ser seguida por los jueces de instancia. Pero en los casos en que los asuntos no lleguen a la Sala de Casación, los sistemas de tradición de derecho romano con método difuso de control de constitucionalidad, han establecido correctivos a los problemas originados por la incertidumbre y conflictividad de decisiones judiciales, mediante el establecimiento de un sistema mixto de control de constitucionalidad, que combina el método difuso con el método concentrado. En América Latina es el caso de Guatemala,[51] Colombia y Venezuela. En particular, en estos dos últimos países, paralelamente el método difuso de control de constitucionalidad expresamente previsto en el derecho positivo, como se ha dicho, también existe el método concentrado de control de constitucionalidad, que autoriza a la Sala Constitucional del Tribunal Supremo para anular formalmente las leyes inconstitucionales, con efectos *erga omnes,* cuando es requerida mediante el ejercicio de una *actio popularis* que puede ser interpuesta por cualquier habitante del país. En consecuencia, en estos países, paralelamente al poder atribuido a cualquier tribunal para considerar en un caso concreto una ley como inconstitucional y desaplicarla, la Corte o Tribunal Supremo o un Tribunal Constitucional Justicia tiene el poder de anular con efectos generales las leyes impugnadas por inconstitucionales[52]. Un Venezuela, además, a partir de la Constitución de 1999, otros correctivos que se han establecido consistentes, en primer lugar, en la previsión del recurso extraordinario de revisión ante la Sala Constitucional interpuesto contra las sentencias dictadas en juicios de amparo o en las cuales el juez haya aplicado el método difuso de control de constitucionalidad (art. 333,10); y en segundo lugar, regulándose la interpretación vinculante que pueda establecer la Sala Constitucional sobre el contenido y alcance de las normas constitucionales (art. 335).

En igual sentido, otros países europeos con tradición de derecho romano que han adoptado el método difuso de control de la constitucionalidad, también han adoptado paralelamente un método concentrado de control, asignando a la Corte Suprema del país el poder de anular leyes inconstitucionales. Es el caso de Suiza, donde a pesar de que no exista control judicial de constitucionalidad en relación con las leyes federales, la Corte Federal tiene poder para declarar la inconstitucionalidad de leyes cantonales, con efectos *erga omnes,* cuando se requiera su decisión *a* través del denominado "recurso de derecho público" en casos de violación de derechos fundamentales[53].

En consecuencia en el mismo sentido en que se ha desarrollado la doctrina *stare decisis* en los países con sistemas jurídicos del *commonn law,* para resolver los problemas de incertidumbre *y* posible conflictividad entre las decisiones judiciales adoptadas por los diferentes tribunales en materia de inconstitucionalidad de las leyes que un método difuso puede originar, también los países con sistemas jurídicos de tradición de derecho romano que han adoptado el mismo método, también han desarrollado diversos mecanismos legales particulares para prevenir los efectos ne-

---

51 J.H. García Laguardia. *La Defensa de la Constitución, México,* 1933, p. 52.

52 A.R. Brewer-Carías, *El Control de la Constitucionalidad de los actos estatales,* Caracas, 1977; L.C. Sachica, *El Control de la Constitucionalidad y sus mecanismos,* Bogotá, 1908.

53 E. Zellweger. "El Tribunal Federal Suizo en calidad de Tribunal Constitucional", *Revista de la Comisión Internacional de Juristas,* Vol. VII (1), 1966, p. 119; H. Fix Zamudio, *Los Tribunales Constitucionales... cit.,* p. 84.

gativos originados por los mencionados problemas, sea otorgando carácter obligatorio a los precedentes, o sea asignando los poderes necesarios a una Corte Suprema para declarar la inconstitucionalidad de las leyes, con carácter general y efectos obligatorios.

Los eventuales problemas originados por la aplicación del método difuso de control de constitucionalidad de las leyes, en consecuencia, son comunes a los países que lo han adoptado, sea que pertenezcan a sistemas Jurídicos con tradición de derecho romano o de *common law,* por lo que la adopción del método difuso no puede conducir, en si mismo, a considerar el método difuso como incompatible con los sistemas jurídicos de derecho romano, por el solo hecho que no exista en ellos la regla del *stare decisis.*

En nuestro criterio, el único aspecto de compatibilidad que en este respecto es absoluto, es que cuando existe el principio de la supremacía de la Constitución, la consecuencia lógica del mismo es el poder de todos los jueces que tienen a su cargo la aplicación de la ley, de decidir sobre la inaplicabilidad de la legislación cuando ésta contradice la Constitución, dando preferencia a la Constitución en sí misma. Este fue el sistema original de control de la constitucionalidad, después del triunfo de la Constitución sobre el Legislador.

Sin embargo, en los países europeos con tradición de sistema jurídico de derecho romano, la tradicional desconfianza con relación al poder judicial fue sido la abrió el camino al establecimiento de un sistema concentrado de control de la constitucionalidad que, en cierto sentido provocó el "redescubrimiento" de la supremacía constitucional a través de otros medios judiciales. Pero esto no puede conducir a que se considere el método difuso de control de la constitucionalidad de la legislación como incompatible con los sistemas jurídicos de derecho romano.

C. *La racionalidad del método difuso*

Como hemos señalado, la esencia del método difuso de control de constitucionalidad radica en la noción de supremacía constitucional, en el sentido de que si la Constitución es la Ley Suprema de un país y que, como tal, prevalece sobre las otras leyes, ningún otro acto del Estado que sea contrario a la Constitución puede ser una Ley efectiva, y al contrario debe ser considerado como nulo. En palabras del Juez Marshall, si la Constitución es "la ley fundamental y suprema de una nación... un acto del legislador que repugne a la Constitución es nulo"[54]. En este sentido, la efectiva garantía de la supremacía de la Constitución es que tales actos que colidan con la Constitución son, en efecto, nulos, y como tales, tienen que ser considerados por los Tribunales, los cuales son, precisamente, los órganos estatales llamados a aplicar las leyes.

a. *La nulidad de los actos estatales inconstitucionales*

En consecuencia, el primer aspecto que muestra la racionalidad del método difuso de control de constitucionalidad, es el principio de la nulidad de los actos estatales y, particularmente, de las leyes que colidan con la Constitución. Por ejemplo, cuando la Constitución expresamente declara que las leyes (como actos dictados en

---

54. *Marbury v. Madison* 3 US (1 Cranch) 137. (1803). Véase el texto en S.I. Kutler (ed) *op. cit.,* p. 29.

ejercicio del Poder Público) que violen o menoscaben los derechos garantizados en la Constitución son nulos (art. 25).

Ahora bien, la nulidad de un acto estatal significa en principio, que si tal acto pretende existir jurídicamente, objetivamente en realidad no existe, porque es irregular, en el sentido de que no se corresponde con las condiciones establecidas para su emisión por una norma de rango superior. Esto fue lo que Hans Kelsen denominó la "garantía objetiva de la Constitución"[55], lo que significa que un acto estatal nulo no puede producir efectos, y no necesita de otro acto estatal alguno que así lo declare. Si ello fuera necesario, entonces, la garantía no sería la nulidad del acto, sino su anulabilidad.

En consecuencia, en estricta lógica, la supremacía de la Constitución significaría que todo acto estatal que viole la Constitución es nulo, y por tanto teóricamente, cualquier autoridad pública e incluso, los particulares, estarían autorizados para examinar su irregularidad, declarar su inexistencia y considerar el acto inválido como no obligatorio. Por supuesto, esto podría conducir a la anarquía jurídica, por lo cual normalmente el derecho positivo establece límites respecto de este poder de examinar la regularidad de los actos estatales, y lo reserva a los órganos judiciales. En consecuencia, cuando un acto estatal viola la Constitución y es nulo, esta nulidad sólo puede ser examinada por los jueces y sólo los jueces tienen el poder para considerar y declarar el acto nulo[56]. Sólo excepcionalmente las mismas Constituciones establecen lógica consecuencia de la garantía objetiva: por ejemplo, cuando la Constitución declara que los actos dictados en usurpación de autoridad son nulos (art. 138), como sería un acto que derogue la propia Constitución por acto de fuerza, en cuyo caso todo ciudadano investido o no de autoridad debe colaborar en el restablecimiento de su efectiva vigencia (art. 333).

---

55 H. Kelsen, *loc. cit.*, p. 214.

56 La Sala Constitucional del Tribunal Supremo, por ello, anuló una decisión de un órgano administrativo que pretendió ejercer el control difuso de la constitucionalidad de una Ley. En sentencia Nº 332 de 13-3-2001 (Caso: *Hernique Capriles vs. Comisión Nacional de Casinos, Salas de Bingo y Máquinas Traganíqueles*) la Sala señaló: "Visto el contenido de la norma constitucional transcrita, considera esta Sala evidente que la Comisión Nacional de Casinos, Salas de Bingo y Máquinas Traganíqueles, incurrió en una flagrante violación de lo dispuesto en la misma, al ejercer un control difuso de la constitucionalidad de la norma contenida en el artículo 25 de la Ley para el Control de los Casinos, Salas de Bingo y Máquinas Traganíqueles, al desaplicarla y no dar estricto cumplimiento a los requisitos previstos en la misma para el otorgamiento de las Licencias cuestionadas, por estimarla contraria a lo dispuesto en el artículo 71 constitucional; atribución que conforme a lo dispuesto en el transcrito artículo 334, es exclusiva de los jueces o juezas de la República, quienes la ejercen con ocasión de un caso concreto sometido a su conocimiento, al verificar la incompatibilidad entre el texto fundamental y otra ley o norma jurídica, cuya aplicación se les solicita.

"En efecto, son los jueces y juezas de la República quienes al constatar la existencia de una colisión entre una norma de menor rango a la Constitución, y ésta, aplicarán la última preferentemente, al caso concreto de que se trate, quedando a cargo de esta Sala, la declaratoria de inconstitucionalidad de la ley o la norma, con efectos *erga omnes,* por ser ésta una atribución exclusiva y excluyente de la misma, conforme lo dispone el mismo artículo 334 del Texto Fundamental, el cual le inviste la condición de órgano que ostenta el monopolio del "control concentrado de la Constitución".

"Así pues, establece esta Sala que la violación del artículo 334 aludido no versa sobre la inconstitucionalidad del artículo 25 de la Ley para el Control de los Casinos, Salas de Bingo y Máquinas Traganíqueles, sino sobre el ejercicio por parte de la Comisión de Casinos, Salas de Bingo y Máquinas Traganíqueles de una atribución que no le correspondía, ni le corresponde, por prescripción expresa del citado artículo 334", en *Revista de Derecho Público*, Nº 85-88, Editorial Jurídica Venezolana, Caracas, 2001, pp. 376-377.

Pero sin embargo, a pesar de los límites impuestos por el derecho positivo respecto del poder de examinar la nulidad de los actos estatales, esto no significa que la garantía de la Constitución cese de ser la nulidad de los actos estatales y quede convertida en anulabilidad. Al contrario, la nulidad del acto inconstitucional persiste, pero con la limitación derivada de la reserva legal atribuida a los jueces para declarar, con exclusividad, su nulidad.

Así, hasta que no sea judicialmente declarado inconstitucional, el acto irregular debe ser considerado como siendo efectivo y obligatorio por cualquier autoridad pública y particularmente, por las autoridades administrativas y los particulares; pero una vez que el juez declara su inconstitucionalidad con relación a un caso concreto, entonces el acto deviene nulo y sin valor, con relación a dicho proceso.

En conclusión, en el método difuso de control de la constitucionalidad, el deber de todos los jueces es el de examinar la constitucionalidad de las leyes, y declarar, cuando ello sea necesario, que una ley particular no debe ser aplicada a un proceso específico que el juez esté conociendo, en razón de que es inconstitucional, y por tanto, debe considerarse nula y sin valor.

b. *El poder de todos los jueces*

Lo anterior nos conduce al segundo aspecto de la racionalidad del método difuso de control de la constitucionalidad, el cual es, que el poder para declarar la inconstitucionalidad de la legislación es atribuida a todos los jueces de un país determinado.

En efecto, si la Constitución es la Ley suprema del país, y el principio de la supremacía es aceptado, entonces la Constitución se debe aplicar con preferencia sobre cualquier otra ley que sea inconsistente con la misma, sea que ello esté expresamente establecido en el texto expreso de la Constitución (como ahora ocurre con el artículo 334), o sea una consecuencia implícita de su supremacía. Consecuentemente, las leyes que violen la Constitución o que en cualquier forma colidan con sus normas, principios y valores, son, como hemos dicho, nulas *y* sin valor, *y* no pueden ser aplicadas por los tribunales, los cuales tienen que aplicar preferentemente la Constitución.

Todos los tribunales deben en consecuencia decidir los casos concretos que están considerando, como lo decía el Juez Marshall en el famoso caso *Marbury vs. Madison* (1803), "conforme a la Constitución desaplicando la ley inconstitucional" siendo esto "la verdadera esencia del deber judicial[57]. En consecuencia, en el método difuso de control de la constitucionalidad, este rol corresponde a todos los jueces y no sólo a una Corte o Tribunal en particular, y no debe ser sólo visto como un poder atribuido a los tribunales, sino como un deber de los mismos[58], para decidir conforme a las reglas constitucionales, desaplicando las leyes contrarias a sus normas.

57 *Marbury v. Madison 5 US* (1 Cranch), 137. (1803).

58 Confróntese B.O. Nwabueze, *Judicial control of legislative action and its legitimacy. Recent development.* African regional report. International Association of Legal Sciences. Uppsala Colloquium *1984* (mineo), pp. 2-3. También publicado en L. Favoreu y J.A. Jolowicz (ed.). *Le controle juridictionnel des lois. Légitimitéé, effectivité et developpements récents,* París, 1986, p. 193-222.

c. *El carácter incidental del método difuso*

Este deber de todos los tribunales de dar preferencia a. la Constitución y, en consecuencia, desaplicar las leyes que consideren inconstitucionales y por tanto nulas y sin valor, nos lleva al tercer aspecto de la racionalidad del método difuso de control de la constitucionalidad de las leyes, el cual es, que este deber judicial sólo puede ser cumplido *incidenter tantum,* es decir y en un proceso concreto del cual el juez esté conociendo, y donde la inconstitucionalidad de la ley o norma no es ni el objeto de dicho proceso ni el asunto principal del mismo. Como lo dice el artículo 20 del Código de Procedimiento Civil: los jueces deben aplicar la Constitución con preferencia cuando la ley vigente cuya aplicación se pida y que regula el caso concreto, colidiere con alguna disposición constitucional.

En consecuencia, en este caso, siempre debe iniciarse un proceso ante un tribunal en cualquier materia, por lo que el método difuso de control de la constitucionalidad siempre es un sistema incidental de control, en el sentido de que la cuestión de inconstitucionalidad de una ley y su inaplicabilidad, se plantea en un caso o proceso concreto, cualquiera sea su naturaleza, en el cual la aplicación o no de una norma concreta es considerada por el juez como relevante para la decisión del caso. En consecuencia, en el método difuso de control de constitucionalidad, el *tema decidendum, es decir,* objeto principal del proceso y de la decisión judicial no es la consideración abstracta de la constitucionalidad o inconstitucionalidad de la ley o su aplicabilidad o inaplicabilidad, sino más bien, la decisión de un caso concreto por ejemplo, de carácter civil, penal, administrativo, mercantil o laboral, etc. La cuestión de constitucionalidad, en consecuencia, sólo es un aspecto incidental del proceso que sólo debe ser considerada por el juez para resolver la aplicabilidad o no de una ley en la decisión del caso concreto, cuando surgen cuestiones relativas a su inconstitucionalidad.

d. *La iniciativa del poder de los jueces*

Ahora bien, si se trata de un deber de los jueces el aplicar la Constitución en un caso concreto y desaplicar, para su decisión, la ley que consideren inconstitucional, el cuarto aspecto de la racionalidad del método difuso consiste en permitir a los jueces el considerar *de oficio* las cuestiones de constitucionalidad, a pesar de que ninguna de las partes en el proceso la haya planteado. De hecho, esta es la consecuencia directa de la garantía de la Constitución cuando se establece como "garantía objetiva", lo que implica la nulidad de las leyes contrarias a la Constitución, y lo que además produce como consecuencia, la reserva dada o los jueces para considerar la nulidad y la inaplicabilidad de una norma en un caso concreto.

Dentro de este marco, estimamos que la inconstitucionalidad de la ley en relación con los procesos particulares, no debe quedar a la sola instancia de las partes en el proceso, por lo que aún cuando las partes no planteen ante el Juez la cuestión de inconstitucionalidad, éste tiene el deber de considerarla, y decidir, de oficio, sobre la inconstitucionalidad de la ley. Debe advertirse, sin embargo, que aún cuando este aspecto de la racionalidad del método difuso de control de la constitucionalidad es seguido en muchos países como Venezuela[59] (art. 334) y Grecia[60], debemos admitir

59 Así lo sostuvimos desde hace décadas. Véase Allan R. Brewer-Carías, "La Justicia Constitucional en Venezuela" en *Modernas Tendencias del derecho constitucional en España y América Latina, Revista*

que, en general, las normas procesales de la mayoría de los países prohíben a los tribunales considerar de oficio, al decidir un caso concreto, cualquier cuestión, incluso las cuestiones de inconstitucionalidad[61].

En todo caso, el signo común de este aspecto de la racionalidad del método difuso es que la cuestión de inconstitucionalidad sólo puede ser incidental en un proceso particular el cual, por supuesto, proceso que en todo caso debe ser iniciado a instancia de parte.

e. *El efecto inter partes de la decisión judicial*

El quinto aspecto de la racionalidad del método difuso de control de constitucionalidad se refiere a los efectos de la decisión que adopten los tribunales en relación con la constitucionalidad o aplicabilidad de la ley en un caso concreto; y este aspecto de los efectos de la decisión judicial busca determinar, primero, a quién afecta la decisión, y segundo, cuándo esta comienza a surtir efectos.

En relación con el primer interrogante, la racionalidad del método difuso es que la decisión adoptada por el Juez sólo tiene efectos en relación con las partes en el proceso concreto en la cual aquella se adopta. En otras palabras, en el método difuso de control de constitucionalidad, la decisión adoptada sobre la inconstitucionalidad e inaplicabilidad de la ley en un caso, sólo tiene efectos *in casu et inter partes,* es decir, en relación con un caso concreto y exclusivamente, en relación con las partes que han participado en el proceso, por lo que no puede ser aplicada a otros particulares. Esta es la consecuencia directa del antes mencionado aspecto relativo al carácter incidental del método difuso de control de constitucionalidad.

En efecto, si la decisión judicial sobre la constitucionalidad y aplicabilidad de una ley sólo puede ser adoptada en un proceso particular desarrollado entre partes concretas, la lógica del sistema consiste en que la decisión sólo se puede aplicar a este proceso en particular y a las partes del mismo y, en consecuencia, no puede ni beneficiar ni perjudicar a ningún otro individuo ni a otros procesos.

En consecuencia, si una ley es considerada inconstitucional en una decisión judicial, esto no significa que dicha ley ha sido invalidada *y* que no es efectiva *y* aplicable en otros casos. Sólo significa que en cuanto concierne a ese proceso particular, y a las partes que en él intervinieron en el cual el Juez decidió la inaplicabilidad de la Ley, es que ésta debe considerarse inconstitucional, nula y sin valor, sin que ello tenga ningún efecto con relación a otros procesos, otros jueces y otros particulares.

A los efectos de poder uniformizar los criterios jurisprudenciales en muchos sistemas se han establecido correcciones a estos efectos *inter partes,* a través de la doctrina *stare decisis o* mediante regulaciones de derecho positivo cuando las deci-

de la Universidad Externado de Colombia, Noviembre 1986, Bogotá 1986, p. 538; *Judicial Review in Comparative Law*, Cambridge 1989, p. 133.

60 E. Spilliotopoulos, "Judicial review of legislative acts in Grece", *loc. cit.*, p. 479.

61 Por ejemplo B.O. Nwabueze ha dicho que "El hecho de que este deber sólo puede ser ejercido a instancia de parte agraviada por una violación de la Constitución, refuerza la legitimidad de la función. Esto significa que aún en presencia de una violación flagrante de la Constitución por el Legislador, la Corte no puede intervenir, por su propia iniciativa. Debe esperar a que alguien la inste", *loc. cit.*, p. 3. Véase la discusión de J.R. Vanossi y E. Ubertone, *op. cit.*, p. 24, en G. Bidart Campos, *El Derecho Constitucional del Poder*, Tomo II, Cap. XXI; y en J.R. Vanossi, *Teoría Constitucional*, Tomo II, Buenos Aires, 1976, pp. 318 y 319.

siones se adoptan por la el Tribunal Supremo, al regularse por ejemplo el recurso extraordinario de revisión de las sentencias que resuelvan las cuestiones incidentales de constitucionalidad, como sucede en Argentina y Venezuela (art. 336,10).

Debe señalarse, sin embargo, que en los casos de control difuso de la constitucionalidad de las leyes, cuando se ejerce por el órgano de la Jurisdicción constitucional al conocer de acciones de amparo intentadas en defensas de intereses colectivos o difusos, los efectos de la decisión tienen entonces carácter *erga omnes*. Así lo ha resuelto la Sala Constitucional en Venezuela, en sentencia N° 85 de 24 de enero de 2002, (Caso: *Asociación Civil Deudores Hipotecarios de Vivienda Principal (ASODEVIPRILARA) vs. Superintendencia de Bancos y Otras Instituciones Financieras y otros*), al expresar:

> Una ley puede dictarse durante la existencia de una situación socioeconómica determinada y su normativa funciona plenamente durante la vigencia de esa situación que la tuvo en cuenta el legislador y que es acorde con la Constitución, pero puede ocurrir que la situación socioeconómica cese y la ley quede en desuso aunque vigente, o que ella cambie transitoriamente y la ley, mientras dure esa nueva situación, resulta contraria a la Constitución que proscribe tal situación. En casos como estos la desaplicación por control difuso constitucional aplicable a las situaciones sobrevenidas, podría suspender durante un tiempo la aplicación de la ley a las situaciones determinadas que la hiciera inconstitucional.
>
> Ello puede ocurrir con las leyes que se dictan durante puntuales situaciones económicas, y que buscan dentro de ellas desarrollar o profundizar instituciones, pero las razones que le dieron nacimiento pueden variar y las instituciones creadas convertirse en un peso para la marcha del país, o para la sociedad, o para el Estado, o para el régimen democrático.
>
> En estos casos, la aplicación de la ley resulta contraria al bien público, a pesar que ella no colide directamente con ninguna norma constitucional, y que su perjuicio es sólo transitorio, mientras dure la nueva situación, distinta a la tenida en cuenta por el legislador cuando la dictó.
>
> A juicio de esta Sala, cuando ello ocurre y la incompatibilidad existente crea litigios, el control difuso que se ejerce en el caso concreto, si es que la norma o la ley se han convertido en inconstitucionales para la época del proceso, puede originar una desaplicación de la ley o la norma por inconstitucional, hasta que cese la eventualidad que dejó a la ley sin efecto, o los hizo perniciosos.
>
> Este tipo de declaración sólo puede ser producto del control difuso de la Constitución (y no del concentrado), que cuando se ejerce con motivo de acciones por derechos o intereses difusos o colectivos, cuyas pretensiones por su naturaleza atañen a toda la sociedad o a sectores de ella, la inaplicabilidad de la vigencia de la norma, a una determinada y concreta situación, puede condicionarse al regreso de la situación original que ella regulaba cuando se promulgó, siendo tal dispositivo jurídicamente posible.
>
> Los Tribunales Constitucionales, al contrario de otros tribunales que no ejercen la jurisdicción en materia Constitucional, no se rigen en sus fallos estrictamente por las normas del Código de Procedimiento Civil, ya que el deber de mantener la supremacía constitucional impide formalismos en el fallo que le limiten tal deber; y por ello, la sentencia con aplicación condicional es posible en materia de control constitucional, al menos de aquel que declara inaplicables normas de leyes que son in-

compatibles con la Constitución. Cuando la colisión o incompatibilidad es sobrevenida, al chocar las normas con principios o valores constitucionales que impiden la aplicación de los supuestos de hecho de la norma a las situaciones nuevas o sobrevenidas con relación a cuando se dictaron, pero que pueden modificarse regresando a lo que existía para el momento en que se dictó la ley, se puede declarar la inconstitucionalidad de la ley, dejando de aplicarla mientras la situación nueva se mantenga.

El quid de este tipo de fallo, es quién constata que se cumplió la condición y cómo se efectúa tal constatación, y lo lógico es que sea el tribunal de la causa quien lo haga, de oficio o a instancia de parte. En este último caso mediante una articulación probatoria se podría demostrar que finalizó la situación por la que devino la inconstitucionalidad de la Ley, y que se restableció la existente para la oportunidad en que se dictó la ley, por lo que la desaplicación a los casos concretos y determinados que la originaron, cesa.

Como resultado de todo control difuso, la ley sobre la que se ejerce el control no ha sido anulada por inconstitucional, y sólo deja de aplicarse en el caso concreto, que en materia de acciones por derechos e intereses difusos o colectivos, que es la que conduce a la doctrina planteada, tienen un rango de desaplicación de mayor amplitud, producto de lo "universal" de la pretensión y de la naturaleza *erga omnes* de los fallos que en ellos se dictan; y por ello la desaplicación de la ley al caso, no resulta tan puntual como cuando en un juicio concreto se declara inaplicable una ley por inconstitucional, o se declara inconstitucional a una norma ligada a la situación litigiosa[62].

f. *Los efectos declarativos de las decisiones judiciales*

Ahora bien, los efectos *inter partes* de la decisión judicial adoptada conforme al método de control difuso de constitucionalidad, están directamente relacionados con otras cuestiones concernientes también a los efectos de la decisión, pero en el tiempo, es decir, respecto de cuándo comienza a ser efectiva la declaración de inconstitucionalidad y, por supuesto, también con relación a la nulidad como garantía de la Constitución.

En efecto, hemos señalado que el principal aspecto de la racionalidad del método difuso de control de constitucionalidad es el de la supremacía de la Constitución sobre todos los demás actos estatales, lo que lleva a considerar que las leyes contrarias a la Constitución son nulas y sin valor, siendo ésta la garantía más importante de la Constitución. En consecuencia, cuando un juez decide sobre la constitucionalidad de una *ley, y* la declara inconstitucional e inaplicable a un caso concreto, es porque la considera nula y sin valor, tal cual como si nunca hubiera existido. Por ello, la decisión tiene efectos declarativos: declara que una ley es inconstitucional y consecuentemente que ha sido inconstitucional desde que se dictó. Así, la ley cuya inaplicabilidad se decida por ser contraria a la Constitución, debe ser considerada por el juez como si nunca hubiera tenido validez y como si siempre hubiese sido nula y sin valor. Por ello es que se dice que la decisión del juez, en virtud de ser de carácter declarativo, tiene efectos *ex tunc, pro pretaerito* o de carácter retroactivo, en el sentido de que dichos efectos se retrotraen al momento en que la norma considerada inconstitucional fue dictada, evitando que la ley pueda tener efectos, por supuesto, solamente en

62 Véase en *Revista de Derecho Público*, N° 89-92, Editorial Jurídica Venezolana, Caracas, 2002.

lo que concierne al caso concreto decidido por el juez y con relación a las partes que intervinieron en el proceso. El acto legislativo declarado inconstitucional por un juez conforme al método difuso de control de constitucionalidad, por tanto, es considerado, como nulo y sin valor *ab initio*, por lo que no es anulado por el juez sino que éste sólo declara su inconstitucionalidad (y nulidad) preexistente.

D. *Panorama general del sistema*

En conclusión, podemos señalar en el campo de los principios, que la racionalidad del método difuso de control de constitucionalidad que establece expresamente tanto el artículo 20 del Código de Procedimiento Civil, el 19 artículo del Código Orgánico Procesal Civil y el artículo 334 de la Constitución funciona de la siguiente manera:

La Constitución tiene un carácter supremo sobre todo el orden jurídico, por lo que los actos contrarios a la Constitución no pueden tener efectos y son considerados nulos y sin valor.

Todos los jueces tienen el poder y el deber de aplicar la Constitución, y en consecuencia, de dar preferencia a la Constitución sobre las leyes que la violen, y a declararlas inconstitucionales e inaplicables en la decisión de los casos concretos de los cuales conocen.

El poder-deber de los jueces de considerar una ley inconstitucional aplicando preferentemente la Constitución, sólo puede ser ejercido en un proceso particular, iniciado a instancia de parte, donde la cuestión constitucional sólo es una cuestión incidental, y cuando su consideración es necesaria para resolver el caso.

La decisión judicial relativa a la inconstitucionalidad e inaplicabilidad en un proceso concreto puede ser adoptada de oficio por el Juez, pues es su deber el aplicar y respetar la supremacía de la Constitución.

La decisión adoptada por los jueces sobre inconstitucionalidad e inaplicabilidad de la Ley sólo tiene efectos *inter partes* en relación con el caso concreto en el cual se adopta; y tiene efectos declarativos en el sentido que declara *ab initio* la nulidad de la Ley. Por ello, al declarar una ley inconstitucional e inaplicable, de hecho la decisión tiene efectos *ex tunc y pro pretaerito* en el sentido que ellos son retroactivos al momento en que se promulgó la Ley, la cual es considerada como no habiendo producido efecto alguno en relación con caso concreto y a las partes que en él intervinieron.

Por supuesto, esta lógica del método difuso de control de constitucionalidad no siempre es absoluta, y cada sistema legal ha desarrollado correctivos con relación a la posible desviación que cada uno de los aspectos de la racionalidad del sistema produce, con relación a la nulidad o anulabilidad del acto inconstitucional al poder atribuido a todos los jueces o a un número limitado de tribunales para revisar la constitucionalidad; al carácter incidental del sistema; a la iniciativa de los jueces o a la necesidad de instancia de parte para plantear la cuestión constitucional; a los efectos *inter partes o erga omnes* de la decisión y a su carácter declarativo o constitutivo.

3. *Principios del método concentrado de justicia constitucional*

El método concentrado de control jurisdiccional de la constitucionalidad de las leyes[63], contrariamente al sistema difuso, se caracteriza por el hecho de que el ordenamiento constitucional confiere *a un solo órgano estatal* el poder de actuar como juez constitucional con poderes de anulación, es decir, que este sistema existe cuando un solo órgano estatal tiene la facultad de decidir jurisdiccionalmente la nulidad por inconstitucionalidad de los actos legislativos y otros actos del Estado de rango y valor similar a las leyes.

El órgano estatal dotado del privilegio de ser único juez de la constitucionalidad de las leyes, aun cuando sea generalmente similar al "modelo europeo" de Tribunales constitucionales especiales[64], no implica necesariamente la existencia de un Tribunal Constitucional especial, concebido constitucionalmente fuera del Poder Judicial. El sistema sólo implica la atribución, a un órgano particular del Estado que ejerce una actividad jurisdiccional, del poder y del deber de actuar como juez constitucional con poderes anulatorios. Esta es la esencia propia del sistema concentrado con relación al sistema difuso, sea que el órgano dotado del poder para actuar como juez constitucional sea el Tribunal más alto del Poder Judicial o una Sala especializada del mismo o un Tribunal especializado en materia constitucional; y en este último caso, sea que se trate de un órgano constitucional especial creado fuera de la organización judicial o dentro de la misma, aun cuando este último aspecto no resulte esencial para establecer la distinción.

A. *La supremacía de la Constitución y el carácter expreso del método concentrado*

Desde un punto de vista lógico y racional, puede afirmarse que el poder conferido a un órgano estatal que ejerce una actividad jurisdiccional para que actúe como juez constitucional, es una consecuencia del principio de la supremacía de la Constitución. En estos sistemas de justicia constitucional concentrada, siendo la Constitución la Ley suprema de país, es evidente que en caso de conflicto entre un acto estatal y la Constitución, ésta última debe prevalecer. Sin embargo, la Constitución no siempre confiere poderes a todos los tribunales para que actúen como jueces constitucionales. En muchos casos, reserva este poder a la Corte Suprema de Justicia o a un Tribunal Constitucional especial, sobre todo en lo que respecta a algunos actos del Estado los cuales solamente pueden ser anulados por dichos órganos cuando contradicen la Constitución.

De manera general puede señalarse que la lógica del método reside en el principio de la supremacía de la Constitución y del deber de los tribunales de decidir la ley aplicable a cada caso en particular[65]; ello sin embargo, con una limitación precisa: el

---

63 Véase Allan R. Brewer-Carías, *El control concentrado de la constitucionalidad de las leyes (Estudio de Derecho Comparado),* Caracas, 1994.

64 M. Cappelletti, *Judicial Review in the Contemporary World,* Indianápolis, 1971, pp. 46, 50, 63; José F. Palomino Manchego, "Los orígenes de los Tribunales constitucionales en América Latina", en *El Derecho Público a comienzos del siglo XXI. Estudios homenaje al Profesor Allan R. Brewer-Carías,* Tomo I, Instituto de Derecho Público, UCV, Civitas Ediciones, Madrid, 2003, pp. 1015-1026.

65 *Cf.* W.K. Geck, "Judicial Review of Statutes: A Comparative Survey of Present Institutions and Practices", *Cornell Law Quarterley,* 51, 1966, p. 278.

poder de decidir la inconstitucionalidad de los actos legislativos y otros actos del Estado del mismo rango se reserva al Tribunal o Corte Suprema de Justicia o a una Corte, un Consejo o un Tribunal Constitucional. En consecuencia, en el método concentrado de control de la constitucionalidad de las leyes, cuando se establece como método exclusivo, todos los demás tribunales continúan teniendo plenos poderes para decidir sobre la constitucionalidad de las normas aplicables en cada caso concreto, salvo las de las leyes o actos dictados en ejecución inmediata de la Constitución[66].

En todo caso, un método concentrado de control de la constitucionalidad de las leyes, el cual se basa en el principio de la supremacía de la Constitución, a diferencia del método difuso, no puede, por lo tanto, desarrollarse como consecuencia de la labor pretoriana de los jueces en sus decisiones judiciales, como sucedió en el caso del sistema difuso de control de la constitucionalidad, por ejemplo, en los Estados Unidos y en Argentina. Al contrario, debe ser expresamente establecido en la Constitución. Por tanto, las funciones de justicia constitucional con poderes anulatorios relativas a ciertos actos del Estado, reservadas a un Tribunal o Corte Suprema o a un Tribunal Constitucional especial, requieren texto expreso.

Por consiguiente, dadas las limitaciones que ello implica tanto al deber como al poder de todos los jueces de determinar, en cada caso, la ley aplicable, sólo se puede implantar un sistema concentrado de control jurisdiccional de la constitucionalidad en la medida en que está previsto *expresses verbis* por normas constitucionales. En esta forma, la Constitución, como ley suprema de un país, es el único texto que puede limitar los poderes y deberes generales de los tribunales para decidir la ley aplicable en cada caso; es la única habilitada para atribuir dichos poderes y deberes en la referente a ciertos actos del Estado, a ciertos órganos constitucionales, sea la Corte Suprema o una Corte, un Consejo o un Tribunal Constitucional.

Por lo tanto, el método concentrado de control jurisdiccional de la constitucionalidad solamente puede ser un sistema de control establecido y regido expresamente por la Constitución. Los órganos del Estado a los cuales la Constitución reserva el poder de actuar como jueces constitucionales con poderes anulatorios respecto de algunos actos del Estado tienen el carácter de jueces constitucionales, es decir, de órganos del Estado creados y regidos expresamente por la Constitución, trátese de un Tribunal o Corte Suprema de Justicia existente o de una Corte, un Consejo o un Tribunal Constitucional especialmente creado para tal fin. En Venezuela, ese órgano es la Sala Constitucional del Tribunal Supremo de Justicia, al cual la Constitución le otorga en exclusiva la potestad de anular las leyes y demás actos estatales que tengan rango legal o que sean dictados en ejecución directa e inmediata de la Constitución (art. 334), pero sin dejar de atribuir a los jueces en general el método difuso de control de constitucionalidad de las leyes en los casos concretos que decidan (art. 334).

---

66 *Cf.* García Pelayo. "El status, del Tribunal Constitucional". *Revista Española de Derecho Constitucional, 1.* Madrid, 1981, p. 19; E. García de Enterría, *La Constitución como no a y él Tribunal Constitucional,* Madrid, 1981, p. 65. En particular en los sistemas concentrados de control de la constitucionalidad, los tribunales dotados de funciones de justicia administrativa siempre tienen el poder para actuar como juez constitucional de los actos administrativos. Ver C. Frank, *Les fonctions-juridictionnelles du Conseil d'Etat dans l'ordre constitutionnel,* París, 1974.

B. *La compatibilidad del método concentrado con todos los sistemas jurídicos*

El método concentrado de control de la constitucionalidad de las leyes también puede decirse que es compatible con todos los sistemas jurídicos, es decir, no es propio de los sistemas de derecho civil ni tampoco incompatible con la tradición del *common law*. En realidad, se trata de un sistema que debe establecerse en una Constitución escrita, y poco importa que el sistema jurídico del país sea de derecho civil o de *comnnon law,* aun cuando es más frecuente en países de derecho civil, lo que no ha impedido que se ha desarrollado en muchos países surgidos del proceso de descolonización inglesa con Constituciones escritas.

El sistema concentrado de control de la constitucionalidad en todo caso, no puede reducirse a los sistemas constitucionales en los cuales existe una Corte, un Consejo o un Tribunal Constitucional. Por esta razón consideramos que es erróneo, para estudiar el sistema, el enfoque que consiste en identificar el sistema concentrado de control de la constitucionalidad de las leyes con el "modelo europeo" de Cortes, Consejos o Tribunales constitucionales especiales.

De hecho, aun cuando el método concentrado de control de la constitucionalidad de las leyes se conozca también como el sistema "austriaco"[67] o "modelo europeo"[68] debido a la existencia de una Corte, un Consejo o un Tribunal Constitucional especial, encargado por la Constitución de actuar como juez constitucional fuera del Poder Judicial, debe recalcarse el hecho de que la característica fundamental del sistema no es la existencia de una Corte, un Consejo o un Tribunal Constitucional especial, sino más bien, la atribución exclusiva a un solo órgano constitucional del Estado del poder de actuar como juez constitucional con poderes anulatorios en lo que respecta algunos actos del Estado, trátese del Tribunal Supremo o de la Corte Suprema de Justicia existente en el país o de una Sala Constitucional de los mismos o de una Corte, un Consejo o un Tribunal Constitucional especialmente creado.

La adopción del método es una elección constitucional, una decisión tomada en función de las circunstancias concretas de cada país, pero no necesariamente implica la creación de Tribunales Constitucionales especiales con el fin de garantizar la justicia constitucional, ni la organización de tales Tribunales fuera del Poder Judicial. En Venezuela el método ha existido desde 1858 atribuido siempre a la Corte Suprema, y a partir de 2000 a una Sala Constitucional del Tribunal Supremo de Justicia (arts. 334 y 336).

En Europa, por ejemplo, la multiplicación de los Tribunales Constitucionales encargados de ejercer el sistema concentrado de control de la constitucionalidad de las leyes, debe considerarse como una consecuencia práctica de una tradición constitucional particular, vinculada al principio de la supremacía de la ley, a la separación de poderes y a la desconfianza hacia los jueces en lo que respecta al control de los

---

67 M. Cappelletti, *op. cit.,* p. 50; J. Carpizo et H. Fix Zamudio, "La necesidad y la legitimidad de la revisión judicial en América Latina. Desarrollo reciente", *Boletín Mexicano de Derecho comparado,* 52, 1985, p. 36.

68 L. Favoreu, "Actualité et légitinrté du controle juridictionnel des lois en Europe occidentale", *Revue du Droit public et de la Science politique en Franco et a Fétranger,* 1985 (5), París, p. 1149. Publicado también en L. Favoreu y J.A. Jolowcz (ed.), *Le controle jurisdictionnel des lois. Légitimité, effectivité et développements recenta.* París, 1986, pp. 17-68.

actos estatales y particularmente de los administrativos[69]. Sin embargo, esto no puede llevar a considerar que el "modelo" del sistema concentrado de control de la constitucionalidad de las leyes esté limitado a la creación de órganos constitucionales fuera del Poder Judicial, para que actúen como jueces constitucionales. Antes del "descubrimiento" europeo de la justicia constitucional a través de la creación de Cortes o Tribunales constitucionales especiales después de la Primera Guerra Mundial, otros países con tradición de derecho civil habían implantado, a partir de mediados del siglo XIX, sistemas concentrados de control de la constitucionalidad, atribuyendo a sus Cortes Supremas una jurisdicción exclusiva y original, con el fin de anular leyes y otros actos del Estado con efectos, similares, cuando éstos contradicen la Constitución. Este es el caso de los sistemas constitucionales latinoamericanos, incluso si, con alguna frecuencia, han combinado el sistema concentrado con el sistema difuso de control de la constitucionalidad, como ha sucedido en Venezuela.

De lo anterior se desprenden tres conclusiones con respecto al método concentrado de control de la constitucionalidad de las leyes.

En primer lugar, el método concentrado de control de la constitucionalidad sólo puede existir cuando está establecido *expresses verbis* en la Constitución; por lo tanto, no puede surgir de la sola interpretación del principio de la supremacía de la Constitución. En segundo lugar, el método, concentrado de control de la constitucionalidad, al atribuir a un solo órgano constitucional las funciones de justicia constitucional con poderes anulatorios, no es incompatible con algún sistema jurídico, perteneciente al *common law* o al derecho civil, aun cuando se haya desarrollado ampliamente en los países de derecho civil. En tercer lugar, el método concentrado de control de la constitucionalidad no necesariamente supone atribuir funciones de justicia constitucional con poderes anulatorios a una Corte, un Consejo o un Tribunal Constitucional especial creado separadamente de la organización judicial, sino que también puede existir cuando las funciones de justicia constitucional con poderes anulatorios se atribuyen al Tribunal o Corte Suprema de Justicia existente en el país, incluso si, en numerosos países, en este último caso, el sistema tiende a combinarse' con algunos aspectos del sistema difuso de control de la constitucionalidad.

C. *La racionalidad del método*

Como se ha señalado anteriormente, la esencia del método concentrado de control de la constitucionalidad de las leyes, por supuesto, también es la noción de supremacía de la Constitución. En efecto, si la Constitución es la ley suprema de un país y, por lo tanto, prevalece ante todas las demás leyes, entonces un acto del Estado que contradiga la Constitución no puede constituir una norma efectiva; al contrario, debe considerarse nulo. Ahora bien, el principal elemento que aclara la diferencia entre los dos grandes sistemas de control de la constitucionalidad (difuso y concentrado) no es una posible concepción distinta de la Constitución y de su supremacía, sino más bien el tipo de garantía adoptada en el sistema constitucional para preservar dicha supremacía. Como lo indicó Hans Kelsen en 1928, estas "garantías objetivas" son la nulidad o la anulabilidad del acto inconstitucional.

---

69 *Cf.*, M. Cappelletti, *op. cit.*, p. 54; M. Cappelletti y J.C. Adams, "Judicial Review of Legislation: European Antecedents and Adaptation", *Harvard Lew Review*, Vol. 79 (6), 1966, p. 1211.

Por nulidad se entiende, como lo explicó Kelsen, que el acto inconstitucional del Estado no puede considerarse objetivamente como un acto jurídico; en consecuencia, no se requiere, en principio, de ningún otro acto jurídico para quitarle al primero su calidad usurpada de acto jurídico. En este caso, teóricamente cualquier órgano o autoridad pública o cualquier individuo tendría el derecho de examinar la regularidad de los actos considerados nulos, con el fin de decidir su irregularidad y juzgarlos no conformes y no obligatorios. En cambio, si otro acto jurídico fuera necesario para establecer la nulidad del acto inconstitucional, la garantía constitucional no sería la nulidad sino la anulabilidad[70].

Ahora bien, en principio, la nulidad de los actos inconstitucionales del Estado es la garantía de la Constitución que conduce al sistema difuso de control de la constitucionalidad, aun cuando la ley positiva restrinja el poder que podría tener cualquier persona para juzgar como nulos los actos inconstitucionales[71] y atribuya este poder de manera exclusiva a los tribunales, como se puede observar en forma generalizada, dada la necesidad de confiabilidad y seguridad jurídicas.

Por otra parte, la otra garantía de la Constitución, a saber la anulabilidad de los actos inconstitucionales del Estado, es precisamente la que conduce, en principio, al sistema concentrado de control de la constitucionalidad de las leyes.

a. *La anulabilidad de algunos actos inconstitucionales del Estado*

En efecto, el primer aspecto que muestra la racionalidad del sistema concentrado de control de la constitucionalidad de las leyes es el principio de anulabilidad de algunos actos del Estado, en particular de las leyes y otros actos dictados en ejecución directa de la Constitución, cuando la contradicen.

Contrariamente a la nulidad de los actos del Estado, la anulabilidad de dichos actos cuando se considera como una garantía objetiva de la Constitución, significa que el acto del Estado, aun irregular o inconstitucional, una vez producido por una institución pública, debe considerarse como un acto del Estado, y como tal, válido y efectivo hasta que el órgano que lo produjo lo derogue o revoque o hasta que se decida su anulación por otro órgano del Estado con los poderes constitucionales correspondientes. Este es precisamente el caso de los sistemas concentrados de control de la constitucionalidad, en los cuales la Constitución confiere el poder para anular algunos actos del Estado cuando se juzgan inconstitucionales, a un solo órgano constitucional, sea éste el Tribunal o Corte Suprema existente o un órgano creado especial y separadamente del Poder Judicial, con funciones jurisdiccionales que le permiten actuar como juez constitucional con poderes anulatorios.

En todo caso, debe señalarse que en los sistemas concentrados de control de la constitucionalidad, la anulabilidad de los actos del Estado no constituye la única garantía de la Constitución puesto que siempre va acompañada de la nulidad con relación a todos los actos del Estado distintos de aquellos que sólo pueden ser anulados por el Tribunal Constitucional o por la Corte Suprema. En efecto, como se ha señalado, en lo que respecta a los actos del Estado de rango inferior en la jerarquía

---

70 H. Kelsen, "La garantie juridictionnelle de la Constitution. La Justice constitutionnelle" *Revue du Droit Public et de la Science politique en France et a l'étranger,* 1928, París, p. 124.

71 *Idem.,* p. 215.

de las normas, por ejemplo, los actos administrativos normativos, todos los jueces, en un sistema concentrado de control de la constitucionalidad, tienen normalmente el poder de considerarlos nulos cuando son inconstitucionales, con relación al juicio particular en el cual fueron cuestionados. En estos casos, la garantía de la Constitución es la nulidad del acto inconstitucional del Estado, aun cuando solamente los tribunales estén habilitados para examinarlo.

En consecuencia, la particularidad del sistema concentrado de control de la constitucionalidad reside en el hecho de que la ley positiva establece un límite adicional a los efectos de la inconstitucionalidad de los actos, a saber, que respecto de algunos de éstos, el poder para declarar su nulidad por inconstitucionalidad , y por tanto, para considerarlos sin efectos, ha sido reservado exclusivamente a un solo órgano constitucional: el Tribunal o Corte Suprema existente o una Corte, un Consejo o un Tribunal Constitucional especial. En estos casos, y con relación a tales actos, tratándose normalmente de actos legislativos y otros actos del Estado de rango o efectos similares en el sentido que sean de ejecución directa de la Constitución, la garantía dé la Constitución ha sido reducida a la anulabilidad del acto del Estado considerado inconstitucional.

En conclusión, en los sistemas constitucionales que poseen un sistema concentrado de control de la constitucionalidad, el deber de todos los jueces y todos los tribunales consiste en examinar la constitucionalidad de los actos del Estado. Sin embargo, cuando el acto cuestionado es una ley u otro acto de ejecución directa de la Constitución, los tribunales ordinarios no pueden juzgar su inconstitucionalidad, puesto que dicho poder, está reservado a un Tribunal Constitucional especial o al Tribunal o Corte Suprema de un país determinado, el cual puede anular el acto. En este caso, la garantía de la Constitución es la anulabilidad y entonces el acto queda anulado con efectos generales, puesto que es considerado o declarado nulo, no solamente respecto de un caso particular, sino en general, con efectos *erga omnes*.

Salvo esta excepción jurisdiccional particular, la cual es propia del método concentrado de control de la constitucionalidad, todos los demás tribunales o jueces pueden, en un juicio concreto, decidir la inaplicabilidad de los actos normativos del Estado no contemplados por esta excepción, considerándolos nulos cuando los juzguen viciados de inconstitucionalidad. En estos casos, la garantía de la Constitución es, sin lugar a dudas, la nulidad.

b. *El poder de un órgano constitucional para anular algunos actos inconstitucionales del Estado*

El segundo aspecto de la racionalidad del método concentrado de control de la constitucionalidad es que el poder para declarar la nulidad de las leyes está conferido a un órgano constitucional con funciones jurisdiccionales, sea el Tribunal o Corte Suprema existente en un país determinado, sea una Sala Constitucional de los mismos, sea una Corte, un Consejo o un Tribunal Constitucional especialmente creado. Por consiguiente, el método concentrado posee una particularidad doble: en primer lugar, el poder para anular ciertos actos inconstitucionales están conferido a un solo órgano constitucional con funciones jurisdiccionales, y en segundo lugar, de acuerdo con la excepción mencionada, el poder de dichos órganos constitucionales para juzgar la inconstitucionalidad y declarar la nulidad de ciertos actos del Estado no concierne a todos los actos del Estado, sino a un número limitado de ellos, normalmente las leyes y otros actos de la Asamblea o Congreso o del Gobierno, de rango legal o dictados en ejecución directa e inmediata de la Constitución y únicamente sometidos a sus regulaciones.

Se ha señalado anteriormente que el método concentrado de control de la constitucionalidad no implica necesariamente el otorgamiento del poder para anular leyes a una Corte, un Consejo a un Tribunal Constitucional especialmente creado, tal como sucede en Europa, sino que dicho poder puede ser conferido al Tribunal o Corte Suprema existente en el país, como es el caso en América Latina mucho antes de que Europa continental implantase el modelo de los Tribunales constitucionales en 1920.

En efecto, desde mediados del siglo pasado, muchos países latinoamericanos habían adoptado un sistema concentrado de control de la constitucionalidad confiriendo a la Corte Suprema del país el poder para decidir la nulidad de las leyes. Debe señalarse los casos de Colombia y Venezuela que poseen un verdadero sistema concentrado de control de la constitucionalidad desde 1850, en los cuales la Corte o Tribunal Supremo ha tenido el monopolio de la anulación de las leyes. En Colombia, en 1991, este poder ha sido transferido a una Corte Constitucional y en Venezuela, en 1999, ha sido atribuido a la Sala Constitucional del Tribunal Supremo.

Debe señalarse que, por lo general, los sistemas de control de la constitucionalidad que se han desarrollado en América Latina durante los últimos 150 años se han ido orientando progresivamente hacia sistemas mixtos de control de la constitucionalidad, en los cuales coexisten el método difuso y el método concentrado. Este es el caso de Venezuela, Colombia, México, Honduras y Guatemala. No obstante, algunos sistemas de América Latina han permanecido exclusivamente concentrados, como por ejemplo el de Uruguay y Paraguay donde la Corte Suprema de Justicia tiene una jurisdicción exclusiva y original para declarar la inconstitucionalidad de las leyes[72].

Debe destacarse, sin embargo, que la modalidad del método concentrado de control de la constitucionalidad basado en la creación de un órgano constitucional especial, una Corte, un Consejo o un Tribunal para actuar como juez constitucional dotado del poder original *y* exclusivo para anular las leyes *y* otros actos de rango y efectos similares, ha marcado, por su carácter novedoso, la evolución de la justicia constitucional en las últimas décadas, desde la creación de las primeras Cortes Constitucionales en Austria y Checoslovaquia en 1920. El sistema fue adoptado más tarde en Alemania y en Italia después de la Segunda Guerra Mundial, y más recientemente en España y en Portugal. También había sido adoptado antes de 1990, en algunos países ex socialistas (Yugoslavia, Checoslovaquia y Polonia) y desarrollado con posterioridad a 1989 en casi todos; y es el que se desarrolló bajo una forma particular en Francia. Bajo la influencia del modelo europeo pero con características propias de los sistemas latinoamericanos, el sistema también se implantó en Guatemala en la década che los sesenta y en Chile hacia principios de los años 70, con la creación de un Tribunal Constitucional, y luego apareció en Ecuador y Perú donde

72 H. Gros Espiell, *La Constitución y su defensa,* Uruguay, UN-, Congreso Internacional sobre la Constitución su defensa, México, 1982, (mimeo), p. 7; J.P. Gatto de Souza, "El control constitucional de los actos del Poder público", *Memoria de la Reunión de Presidentes de Cortes Supremas de Justicia de Iberoamérica, el Caribe, España y Portugal,* Caracas, 1983, p. 661; L.M. Angaña, "Ponencia" (Paraguay), en *idem.,* p. 55.

fueron creados Tribunales de Garantías constitucionales. En Perú, en 1994 se cambió su denominación por Tribunal Constitucional. En 1991, la nueva Constitución colombiana, como se dijo, creó una Corte Constitucional; y en 1994 la reforma constitucional en Bolivia creó un Tribunal Constitucional. En Costa Rica, Honduras y Venezuela, por ejemplo, funcionan Salas Constitucionales de los Tribunales o Cortes Supremas.

En todo caso, puede considerarse que la introducción de un sistema de justicia constitucional en Europa fue el resultado de la influencia de la teoría pura del derecho de Hans Kelsen, quien diseñó la norma constitucional como fuente de validez para todas las normas del ordenamiento jurídico con un corolario fundamental: la necesidad de un órgano del Estado encargado de garantizar la Constitución, es decir, de resolver los conflictos entre las normas reglamentarias y aquellas de jerarquía superior en las que se basan las primeras (las legales), y entre todas ellas, y en última instancia, con la Constitución[73]. Este órgano era un Tribunal Constitucional al cual debían recurrir todos los tribunales cuando debían aplicar una ley cuya constitucionalidad fuera dudosa. En tal sistema, por lo tanto, los tribunales ordinarios no tenían el poder para abstenerse de aplicar leyes inconstitucionales. Pero dentro de su concepción teórica original, este sistema concentrado de control de la constitucionalidad de las leyes no había sido concebido por Kelsen como el ejercicio de una función jurisdiccional, sino más bien como un "sistema de legislación negativa"[74]. En este caso, se consideraba que la Corte Constitucional no decidía específicamente la constitucionalidad de las leyes; tal función estaba reservada al tribunal *a quo* que hubiera planteado la cuestión de la constitucionalidad por ante la Corte Constitucional. Normalmente, la competencia de esta última estaba limitada a la cuestión puramente abstracta de la compatibilidad lógica que debía existir entre la ley y la Constitución. Desde este punto de vista puramente teórico, puesto que no había ninguna aplicación concreta de la ley en un caso específico, se consideraba que no se trataba del ejercicio de una actividad jurisdiccional que implicara una decisión concreta. Esto llevó a Kelsen a sostener que, cuando el Tribunal Constitucional declaraba la inconstitucionalidad de una ley, la decisión, por tener efectos *erga omnes,* era una "acción legislativa" y que la decisión del Tribunal Constitucional tenía "fuerza de ley". Es también la razón por la cual la ley debía ser considerada válida hasta la adopción de la decisión de anularla, por la cual los jueces estaban obligados a aplicarla[75].

Tal concepción fue desarrollada por Kelsen para responder a las objeciones eventuales que podían formularse al control jurisdiccional de la acción legislativa, dado el concepto de supremacía del Parlamento hondamente arraigado en el derecho constitucional europeo. En esta forma, prohibiendo a los jueces ordinarios abstenerse de aplicar las leyes, y confiriendo a una Corte Constitucional el poder para declarar la inconstitucionalidad de una ley con efectos *erga omnes,* el Poder Judicial quedaba subordinado a las leyes sancionadas por el Parlamento, y al mismo tiempo, se mantenía la supremacía de la Constitución con respecto al Parlamento. La Corte Constitucional, así, más que una competidora del Parlamento, se concebía como su

73 H. Kelsen, *loc. cit.,* pp. 201, 223.

74 H. Kelsen, *loc. cit.,* pp. 224, 226: Ver los comentarios de E. García de Enterría, *op. cit.,* pp. 57, 132.

75 H. Kelsen, *loc. cit.,* pp. 224, 225.

complemento natural. Sus funciones se limitaban a juzgar la validez de una ley empleando la pura lógica racional, sin tener que decidir conflictos en casos específicos, y a actuar como un "legislador negativo", aun cuando no espontáneamente, sino a instancia de las partes interesadas. Según Kelsen, el Poder Legislativo se dividía así en dos partes: la primera, ejercida por el Parlamento con la iniciativa política, como "legislador positivo"; y la segunda, ejercida por el Tribunal Constitucional, como "legislador negativo", con el poder para anular las leyes que violasen la Constitución[76].

De acuerdo con esta concepción, por supuesto, era necesaria que la Corte Constitucional fuere un órgano separado de los poderes tradicionales del Estado y no formara parte de las autoridades judiciales[77].

Hoy día, si bien se ha aceptado el carácter jurisdiccional (no legislativo) de la actividad de estas Cortes Constitucionales especiales rechazando su llamado carácter de "legislador negativo"[78], la idea de conferir funciones jurisdiccionales a un órgano constitucional especialmente creado (Corte, Consejo o Tribunal Constitucional) generalmente ubicado fuera de la organización judicial, prevaleció en Europa continental y abrió camino al "modelo europeo" de control de la constitucionalidad. Este, en cierta manera, se desarrolló como consecuencia de un compromiso entre la necesidad de un sistema de justicia constitucional derivado de la noción de supremacía constitucional y la concepción tradicional europea de la separación de los poderes, la cual niega el poder a los jueces para juzgar la invalidez de las leyes inconstitucionales[79].

En todo caso, es evidentemente erróneo identificar el sistema concentrado de control de la constitucionalidad de las leyes con el "modelo europeo", ya que un sistema en el cual la jurisdicción exclusiva y original para anular las leyes y otros actos del Estado se confieren al Tribunal o Corte Suprema de Justicia existente en un país dado y ubicado en la cúspide de la organización judicial, también debe ser considerado como un sistema concentrado de control de la constitucionalidad. Por esta razón, el segundo aspecto de la racionalidad del sistema concentrado de control de la constitucionalidad, es el otorgamiento a un órgano constitucional particular, sea el Tribunal o Corte Suprema o una Corte, un Consejo o un Tribunal Constitucional especialmente creado, del papel de juez constitucional con el fin de anular leyes con efectos *erga omnes.*

c. *El carácter incidental y principal del método*

Contrariamente al método difuso de control de la constitucionalidad, el cual siempre tiene un carácter incidental, el método concentrado puede tener un carácter principal o un carácter incidental, en la medida en que las cuestiones constitucionales relativas a las leyes lleguen a la Corte suprema o a la Corte Constitucional en virtud de una acción directa intentada ante la misma o cuando un tribunal inferior donde a instancia de parte o *ex officio* se planteó la cuestión constitucional, recurre a la Corte.

---

76 Ver los comentarios relativos al pensamiento de Kelsen en E. García de Enterría, *op. cit.*, pp. 57, 58, 59, 131, 132, 133.

77 H. Kelsen, *loc. cit.*, p. 223.

78 M. Cappelletti y J. C. Adams, *loc . cit.*, pp. 1218, 1219.

79 M. Cappelletti, *op. cit.*, p. 67.

En consecuencia, el tercer aspecto de la racionalidad del método concentrado de control de la constitucionalidad de las leyes, en el cual el poder para anularlas se confiere al Tribunal o Corte Suprema o a una Corte especial, es que la cuestión constitucional puede alcanzar la Corte de manera directa o principal mediante una acción contra la ley, o de manera incidental cuando la cuestión constitucional se plantea en un tribunal inferior con motivo de un juicio particular y concreto. En este caso, el juez debe remitir su decisión al Tribunal o la Corte Suprema o a la Corte Constitucional, para luego poder adoptar la resolución final del caso de acuerdo con la decisión tomada por la Corte. En ambos casos, el control de la constitucionalidad de las leyes es de tipo concentrado, porque un solo órgano está autorizado para juzgar la constitucionalidad de la ley.

Sin embargo, este carácter esencial del control concentrado no siempre implica que la cuestión constitucional deba plantearse sólo de una manera principal o incidental. Podría ser cualquiera de las dos y también ambas paralelamente, según las normas de la ley positiva. En esta forma, en nuestra opinión, no existe en el derecho comparado ningún motivo para identificar el sistema concentrado de control de la constitucionalidad con el carácter principal o abstracto del método de revisión de la cuestión constitucional. Si bien ello era cierto en el sistema original austriaco implantado en 1920, ya no lo es en el derecho constitucional contemporáneo[80] en el cuál el sistema concentrado de control de la constitucionalidad puede derivar de ambos métodos: principal e incidental.

En el sistema principal, la cuestión constitucional relativa a una ley es "la cuestión principal" y única del juicio iniciado mediante acción directa que puede ser interpuesta por ante la Corte Suprema o la Corté Constitucional, tanto por los ciudadanos mediante un *actio popularis,* o regida por reglas de legitimación particulares, por funcionarios o autoridades públicas específicas. Es el método que siempre ha existido en Venezuela mediante acción popular.

En el método incidental, la cuestión constitucional puede ser planteada por una parte ante un tribunal ordinario como una cuestión incidental en un juicio o *ex officio* por el tribunal. Este tribunal es, entonces, el único que puede remitir la cuestión constitucional ante la Corte Suprema o la Corte Constitucional, en cuyo caso se debe suspender la decisión del caso concreto hasta que la cuestión constitucional haya sido resuelta por la Corte Suprema o la Corte Constitucional. Este método no se ha aplicado en Venezuela, salvo en la previsión por unos años una figura similar en el Código de Procedimiento Civil de 1897.

d. *El poder de iniciativa del control de la constitucionalidad*

Como viene de señalarse, la cuestión de la constitucionalidad referente a la validez de una ley normalmente se plantea ante el Tribunal o Corte Suprema o la Corte Constitucional mediante una acción o por remisión de un tribunal inferior. En ambos casos, el juez constitucional debe decidir en derecho, sin considerar los hechos.

En ambos casos, como se señaló, la cuestión constitucional debe formularse ante el Tribunal o Corte Suprema o la Corte Constitucional, por lo que ésta no tiene iniciativa propia para actuar como juez constitucional[81]. En esta forma, el principio

80 *Cf.* M. Capelletti, *op. cit.*, pp. 69, 72.

81 De manera excepcional, el Tribunal Constitucional Federal de la Antigua Federación de Yugoslavia

neuro judex sine actore se aplica, pero una vez que la cuestión constitucional ha llegado a la Corte como consecuencia de una acción o de su remisión por parte de un tribunal inferior, el principio *in judex judicet ultra petitum partis* ya no es operante. Esto significa que el Tribunal o Corte Suprema o la Corte Constitucional, como juez constitucional, una vez requerida por una parte o por un medio incidental, tiene poderes *ex officio* para considerar cuestiones de constitucionalidad distintas a las que han sido planteadas.

Por otra parte, si bien es cierto que el Tribunal o Corte Suprema o la Corte Constitucional no tienen iniciativa propia para iniciar el procedimiento de control concentrado relativo a las leyes, debe recordarse que en el método, incidental de control concentrado de la constitucionalidad, los tribunales inferiores que deben remitir la cuestión constitucional, pueden tener la iniciativa de plantearla por ante el Tribunal o Corte Suprema o a la Corte Constitucional. Es decir, los tribunales ordinarios, cuando plantean cuestiones constitucionales mediante el método incidental, no siempre están vinculados a lo que las partes o el Fiscal invoquen, por lo que cuando consideran el caso particular, pueden plantear la cuestión constitucional *ex officio* y transmitirla al Tribunal o Corte Suprema o a la Corte Constitucional para que ésta decida.

Esta es una consecuencia del principio de supremacía de la Constitución y del deber de los jueces de aplicar la ley. Por tanto, aun cuando en el sistema concentrado de control de la constitucionalidad, la Constitución prohíba a los tribunales ordinarios actuar como jueces constitucionales en cuanto a las leyes, esto no quiere decir que en caso de que éstos consideren inconstitucional una ley aplicable a la decisión de un caso concreto, no tengan el poder para plantear la cuestión constitucional y no puedan transmitirla al juez constitucional. Lo contrario significaría la ruptura con el principio de la supremacía de la Constitución y con el papel de los jueces en la aplicación de la ley.

e. *Los efectos erga omnes de las decisiones de la Corte*

El quinto aspecto de la racionalidad del sistema concentrado de control de la constitucionalidad se refiere a los efectos de las decisiones dictadas por el Tribunal o Corte Suprema o por la Corte Constitucional relativas a la inconstitucionalidad de la ley, sea que la cuestión constitucional haya sido planteada mediante una acción o de manera incidental, por remisión de un tribunal inferior. Este aspecto de los efectos de la decisión judicial también busca determinar, primero, a quién afecta la decisión, y segundo, cuándo comienzan los efectos de la decisión.

En lo que la primera cuestión se refiere, la racionalidad del sistema concentrado de control de la constitucionalidad implica que la decisión dictada por el Tribunal o Corte Suprema o por la Corte Constitucional, actuando como juez constitucional, tiene efectos generales *erga omnes*. Esto sucede cuando el control de la constitucionalidad se ejerce mediante una acción directa interpuesta por ante la Corte Constitucional o el Tribunal o Corte Suprema. En estos casos, la relación procesal puede decirse que no se establece entre un demandante y un demandado, sino más bien,

poseía poderes *ex* officio para iniciar un procedimiento de control de la constitucionalidad de las leyes. Ver artículo 4 de la Ley de la Corte Constitucional de Yugoslavia, 31-12-1963, en B.T. Blazojevic (ed.), *Constitucional Judicature,* Beograd, 1965, p. 16.

fundamentalmente, entre un recurrente y una ley cuya constitucionalidad está cuestionada. En este caso, el objeto de la decisión acerca de la constitucionalidad de la ley es su anulación, y los efectos de la decisión son necesariamente *erga omnes.* Nunca podrían ser *inter partes,* particularmente debido a la ausencia de "partes" propiamente dichas en el procedimiento.

Por otra parte, en el sistema concentrado de control de la constitucionalidad iniciado por el método incidental, cuando se plantea una cuestión constitucional referente a una ley planteada en un procedimiento concreto y el tribunal inferior la remite al Tribunal o Corte Suprema o a la Corte Constitucional para que sea objeto de una decisión, dicha decisión también debe adoptarse sobre la base de los aspectos de derecho y no con respecto a los hechos, por lo que en principio, también tiene efectos *erga omnes,* es decir, no limitados al juicio concreto en el que se planteó la cuestión constitucional ni a las partes del mismo.

En efecto, en ambos casos del sistema concentrado o de control de la constitucionalidad, a través del método principal o del incidental, el Tribunal o Corte Suprema o la Corte Constitucional respectiva, debe decidir de manera abstracta la cuestión de la constitucionalidad de la ley, sin ninguna referencia a los hechos ni al juicio concreto en el que se planteó la cuestión constitucional. Por consiguiente, en el sistema concentrado, el juez constitucional no decide una cuestión constitucional con miras a resolver un caso concreto entre partes; el juez constitucional, como se señaló, no toma decisiones con respecto a un caso concreto sino únicamente con respecto a una cuestión de constitucionalidad de una ley. La lógica del sistema consiste pues, en que la decisión debe aplicarse en general a todos y a cualquier órgano del Estado por sus efectos *erga omnes.*

En consecuencia, cuando una ley sea considerada inconstitucional por la Corte Constitucional o por el Tribunal o Corte Suprema actuado como juez constitucional con poderes anulatorios, ello significa que dicha ley queda anulada y no pueda ejecutarse ni aplicarse a la resolución del caso concreto, pero tampoco a ninguna otra cosa.

f. *Los efectos constitutivos de la decisión de la Corte*

Estos efectos *erga omnes* de la decisión jurisdiccional en el sistema concentrado de control de la constitucionalidad de las leyes están estrechamente vinculados tanto a la cuestión de los efectos temporales de la decisión, en particular la determinación de cuándo la decisión es efectiva, como al aspecto ya mencionado de la anulabilidad de algunos actos del Estado como garantía de la Constitución.

En efecto, tal como se ha señalado anteriormente, el primer y más importante aspecto de la racionalidad del sistema concentrado de control de la constitucionalidad es que la supremacía de la Constitución con respecto a todos los demás actos del Estado, lo que lleva a considerar que una ley contraria a la Constitución debe ser nula. También se señaló que, aun cuando la garantía de la Constitución en los sistemas de control de la constitucionalidad sea, en principio, la nulidad de los actos inconstitucionales del Estado, la Constitución ha restringido su propia garantía en lo que respecta a algunos actos del Estado como las leyes, reservando el examen y la declaración de la nulidad de las leyes a un solo órgano constitucional: el Tribunal o Corte Suprema o una Corte un Consejo o un Tribunal Constitucional especialmente creado, al cual se ha conferido el poder exclusivo de declarar la nulidad de dichos actos.

En consecuencia, cuando un juez constitucional decide la anulación por inconstitucionalidad de una ley, la decisión jurisdiccional tiene efectos prospectivos *ex nunc o pro futuro,* es decir, que no se remontan al momento de la promulgación de la ley considerada inconstitucional. Por lo tanto, los efectos producidos hasta el momento de la anulación de la ley se consideran válidos. En consecuencia, la ley declarada inconstitucional por un juez constitucional en el sistema concentrado de control de la constitucionalidad de las leyes, debe considerarse como un acto válido que ha producido efectos completos hasta su anulación por la Corte.

Este aspecto de la lógica del sistema concentrado de control de la constitucionalidad, sin embargo, está matizado por el mismo sistema constitucional, cuando éste establece una distinción entre los vicios de inconstitucionalidad que pueden afectar las leyes con nulidad absoluta o nulidad relativa. En el caso de los vicios constitucionales que pueden acarrear la nulidad absoluta de una ley, la anulación de la ley decidida por un juez constitucional produce evidentemente efectos *ex tunc,* puesto que una ley considerada nula de manera absoluta no puede producir ningún efecto. En consecuencia, en estos casos, la anulación de la ley tiene efectos *pro praeterito* o efectos retroactivos, ya que es considerada nula *ab initio.* En cambio, si el vicio constitucional de la ley que llevó a su anulación por el juez constitucional no es tan grave como para producir su nulidad absoluta, sino una nulidad relativa, entonces los efectos de la anulación de la ley son únicamente *ex nunc, pro futuro.* En todo caso y en definitiva, es el juez constitucional el que determinará los efectos de su decisión en el tiempo.

D. *Panorama general del método*

En conclusión, se puede afirmar que en principio, la racionalidad del método concentrado de control de la constitucionalidad de las leyes funciona de la manera siguiente:

La Constitución ejerce su supremacía sobre el ordenamiento jurídico en su conjunto; por consiguiente, los actos que la contradicen no pueden tener ningún efecto y se consideran nulos.

En principio, por lo que respecta a los actos del Estado subordinados a la ley, todos los tribunales tienen el poder y el deber de aplicar la Constitución y las leyes. Por lo tanto, deben dar la preferencia a la Constitución y a las leyes con relación a los actos del Estado que las violan, y declararlos inconstitucionales e inaplicables al juicio concreto desarrollado por ante los tribunales. Sin embargo, por lo que se refiere a algunos actos del Estado, como las leyes y otros actos inmediatamente subordinados a la Constitución, esta última reserva expresamente el poder examinar y declarar la inconstitucionalidad de tales actos, así como el poder anularlos, a un solo órgano constitucional, sea el Tribunal o Corte Suprema de un país determinado, o una Corte, un Consejo o un Tribunal Constitucional especialmente creado, integrado o no al Poder Judicial.

Este poder del juez constitucional para declarar la inconstitucionalidad de algunos actos del Estado sólo puede ejercerse si es solicitado mediante una acción directa interpuesta ante él contra la ley inconstitucional para que la examine de manera abstracta, o cuando un tribunal remite al juez constitucional una cuestión constitucional planteada en un juicio concreto. En este último caso, el carácter incidental de la cuestión acarrea efectos suspensivos, es decir, que el caso concreto sólo podrá ser resuelto después que el juez constitucional adopte su decisión con respecto a la constitucionalidad de la ley; decisión que debe adoptarse de manera abstracta y sin referencia a los hechos del juicio concreto.

Por lo tanto, la decisión de la Corte Constitucional puede adoptarse mediante un método principal o incidental con respecto a la constitucionalidad de la ley, sin que el juez constitucional pueda plantear la cuestión *motu propio o ex officio*. Sin embargo, cuando se somete la cuestión constitucional ante el juez constitucional, éste tiene el poder *ex officio* para considerar otras cuestiones constitucionales. En el caso del método incidental, el tribunal inferior que planteó la cuestión tiene el poder *ex officio* de formularla ya que no está limitado a la iniciativa de las partes.

La decisión adoptada por el juez constitucional en cuanto a la inconstitucionalidad de una ley tiene efectos *erga omnes* para con todos los órganos del Estado y todos los individuos. También tiene efectos constitutivos en la medida en que pronuncia la nulidad de la ley, por lo que la decisión, en principio, tiene efectos *ex nunc y pro futuro* en el sentido en que no son retroactivos. En este caso, el acto anulado debe ser considerado como habiendo producido efectos válidos hasta el momento de su anulación, a menos que la nulidad que lo afecta sea absoluta.

Por supuesto, en el sistema concentrado de control de la constitucionalidad esta lógica no siempre es absoluta, y cada sistema jurídico ha diseñado correctivos para las eventuales desviaciones de cada uno de los aspectos de la racionalidad del sistema, con relación a la anulabilidad o nulidad del acto inconstitucional, a la iniciativa de la Corte, a los efectos *inter partes o erga omnes* de la decisión y a su carácter declarativo o constitutivo.

III. LOS INSTRUMENTOS DE LA JUSTICIA CONSTITUCIONAL

Ahora bien, tal como resulta de lo antes expuesto, el sistema de justicia constitucional en Venezuela permite el ejercicio del control de la constitucionalidad de los actos estatales mediante los dos clásicos métodos de control de la constitucionalidad: el control difuso de la constitucionalidad de las leyes y demás actos normativos, y el control de la constitucionalidad con poderes anulatorios, respecto de ciertos actos estatales, el cual corresponde a la Jurisdicción Constitucional. En esta forma, en la Constitución de 1999 se recogen todos los principios del sistema mixto o integral del sistema de justicia constitucional, propio de la tradición venezolana[82].

Pero además, el control de la constitucionalidad se ejerce mediante el control por contrariedad al derecho respecto de los reglamentos y demás actos administrativos por motivos de inconstitucionalidad a través de las acciones contencioso administrativas de anulación, y mediante el ejercicio de las acciones de amparo para la protección de los derechos constitucionales.

---

82 Véase Allan R. Brewer-Carías, *El Sistema mixto o integral de control de la constitucionalidad en Colombia y Venezuela,* Bogotá 1995; Allan R. Brewer-Carías, "La justicia constitucional en la nueva Constitución" en *Revista de Derecho Constitucional* N° 1, Caracas, Sep.-Dic. 1999, pp. 35 a 44; Allan R. Brewer-Carías, "Instrumentos de justicia constitucional en Venezuela (acción de inconstitucionalidad, controversia constitucional, protección constitucional frente a particulares)", en Juan Vega Gómez y Edgar Corzo Sosa (Coordinadores) *Instrumentos de tutela y justicia constitucional Memoria del VII Congreso Iberoamericano de Derecho Constitucional*, Instituto de Investigaciones Jurídicas, Serie Doctrina Jurídica, N° 99, México 2002, pp. 75-99; Allan R. Brewer-Carías,"La legitimación activa ante la Justicia Constitucional en Venezuela" en *Boletín de la Academia de Ciencias Políticas y Sociales*, *Ponencias venezolanas para el XVI Congreso Internacional de Derecho Comparado, (Brisbane-Australia)*, N° 139, Año LXVIV, enero-junio 2002, Caracas, 2002, pp. 229-276.

A continuación analizaremos los diversos instrumentos de la justicia constitucional, con excepción del amparo que ya ha sido analizado en la *Octava Parte* El recurso extraordinario de revisión de las sentencia de amparo, sin embargo, se analiza en esta *Parte*, ya que corresponde a la Jurisdicción Constitucional.

1. *El control difuso de la constitucionalidad de las leyes*

Como se ha dicho, una de las formas específicas para el ejercicio de la justicia constitucional, es la posibilidad que tiene todo juez de la República de ser juez de la constitucionalidad de las leyes. Se trata del método denominado de control difuso de la constitucionalidad de leyes que existe en Venezuela desde el siglo XIX[83], regulado en el artículo 20 del Código de Procedimiento Civil, que establece que:

> *Artículo 20*: Cuando la ley vigente, cuya aplicación se pida, colidiere con alguna disposición constitucional, los jueces aplicarán ésta con preferencia.

El principio del control difuso, más recientemente, se recogió en el artículo 19 del Código Orgánico Procesal Penal, con este texto:

> *Artículo 19:* Control de la Constitucionalidad. Corresponde a los jueces velar por la incolumidad de la Constitución de la República. Cuando la ley cuya aplicación se pida colidiere con ella, los tribunales deberán atenerse a la norma constitucional.

A los efectos de consolidar constitucionalmente el método de control difuso de la constitucionalidad de las leyes, como ha ocurrido por ejemplo, en otros países como Colombia, desde 1910 (art. 4); Guatemala, en 1965 (art. 204); Bolivia, en 1994 (art. 228); Honduras, en 1982 (art. 315) y Perú, en 1993 (art. 138); propusimos incorporar a la Constitución una disposición similar[84], que terminó siendo ubicada, también a propuesta nuestra[85], en el artículo 334, con el siguiente texto:

> En caso de incompatibilidad entre esa Constitución y una ley u otra norma jurídica, se aplicarán las disposiciones constitucionales, correspondiendo a los tribunales en cualquier causa, aun de oficio, decidir lo conducente.

En esta forma, el método de control difuso de la constitucionalidad adquirió en nuestro país rango constitucional, el cual, incluso, puede ser ejercido *de oficio* por los tribunales[86], incluyendo, por supuesto, las diversas Salas del Supremo Tribunal. Como lo ha señalado la Sala Político Administrativa del Tribunal Supremo en sentencia N° 1213 de 30 de mayo de 2000 (Caso: *Carlos P. García P. vs. Ministerio de Justicia. Cuerpo Técnico de Policía Judicial*:

---

83 Véase Allan R. Brewer-Carías, *Judicial Review in Comparative Law*, *op. cit.*, pp. 127 y ss.; Allan R. Brewer-Carías, *La Justicia Constitucional,* Tomo VI, *Instituciones Políticas y Constitucionales, op. cit.*, Caracas, 1996, pp. 86 y ss.

84 Véase nuestras propuestas respecto del artículo 7 en Allan R. Brewer-Carías, *Debate Constituyente,* Tomo II, *op. cit.*, pp. 24 y 34; *Cfr.* la apreciación de José Vicente Haro, "La justicia constitucional...", *loc. cit.*, p. 159-160.

85 Véase Allan R. Brewer-Carías, *Debate Constituyente (Aportes a la Asamblea Nacional Constituyente),* Tomo III, (18 Octubre-30 Noviembre 1999), Fundación de Derecho Público-Editorial Jurídica Venezolana, Caracas, 1999, pp. 94 a 105.

86 Esta ha sido una de las características del sistema venezolano. Véase Allan R. Brewer-Carías, *La Justicia Constitucional,* Tomo VI, *Instituciones Políticas y Constitucionales, op. cit.*, p. 101.

La Constitución de la República Bolivariana de Venezuela, concretamente, el artículo 334 establece como obligación para todos los Jueces de la República la de asegurar la integridad de la Constitución, en el ámbito de sus competencias y conforme a lo previsto en su texto y en las leyes, para que de este modo, la justicia constitucional sea ejercida por todos los Tribunales, consagrándose el control difuso de la constitucionalidad. De este modo, se establece para todos los Jueces, de cualquier nivel, el poderdeber para controlar la constitucionalidad de los actos normativos del poder Público y ofrecer a todas las personas la tutela efectiva en el ejercicio de sus derechos e intereses legítimos, al no aplicar a los casos concretos que deban decidir, las normas que estimen inconstitucionales. Por tanto, si bien en nuestro país se puede afirmar que existe una "jurisdicción constitucional", concentrada en la Sala Constitucional del Tribunal Supremo de Justicia, no es menos cierto que por mandato expreso de la propia Constitución de 1999, se encuentra previsto el control difuso de la misma como obligación para todos los Jueces de la República[87].

Pero la Sala Constitucional, sin embargo, puede decirse que ha pretendido limitar el ámbito del poder de los jueces de desaplicar normas que estimen inconstitucionales, al cercenarles la potestad que necesariamente deben tener para interpretar las normas constitucionales en relación con las leyes que deben aplicar en los casos concretos que decidan. Así, en la sentencia N° 833 de 15 de mayo de 2001 (Caso: *Instituto Autónomo Policía Municipal de Chacao vs. Corte Primera de lo Contencioso Administrativo*), la Sala, interpretó el artículo 334 de la Constitución, y estableció "con carácter vinculante... en qué consiste el control difuso, y en qué consiste el control concentrado de la Constitución", señalando:

> Consecuencia de dicha norma es que corresponde a todos los jueces (incluso los de la jurisdicción alternativa) asegurar la integridad de la Constitución, lo cual adelantan mediante el llamado control difuso.
>
> Dicho control se ejerce cuando en una causa de cualquier clase que está conociendo el juez, éste reconoce que una norma jurídica de cualquier categoría (legal, sub-legal), que es incompatible con la Constitución. Caso en que el juez del proceso, actuando a instancia de parte o de oficio, la desaplica (la suspende) para el caso concreto que está conociendo, dejando sin efecto la norma en dicha causa (y sólo en relación a ella), haciendo prevalecer la norma constitucional que la contraría.
>
> Por lo tanto, el juez que ejerce el control difuso, no anula la norma inconstitucional, haciendo una declaratoria de carácter general o particular en ese sentido, sino que se limita a desaplicarla en el caso concreto en el que consideró que los artículos de la ley invocada, o hasta la propia ley, coliden con la Constitución...
>
> Conforme al artículo 334 aludido, el control difuso sólo lo efectúa el juez sobre normas (lo que a juicio de esta Sala incluye las contractuales) y no sobre actos de los órganos que ejercen el poder público, así ellos se dicten en ejecución directa e inmediata de la Constitución.
>
> No debe confundirse el control difuso, destinado a desaplicar normas jurídicas, con el poder que tiene cualquier juez como garante de la integridad de la Constitución, de anular los actos procesales que atenten contra ella o sus principios, ya que

87 Véase en *Revista de Derecho Público*, N° 82, (abril-junio), Editorial Jurídica Venezolana, Caracas, 2000, p. 446.

en estos casos, el juzgador cumple con la obligación de aplicar la ley, cuya base es la Constitución.

Distinta es la situación del juez que desaplica una norma porque ella colide con la Constitución, caso en que la confrontación entre ambos dispositivos (el constitucional y el legal) debe ser clara y precisa.

Esto último, conlleva a la pregunta ¿si en ejercicio del control difuso un juez puede interpretar los principios constitucionales, y en base a ellos, suspender la aplicación de una norma?

Fuera de la Sala Constitucional, debido a las facultades que le otorga el artículo 335 de la Constitución vigente, con su carácter de máximo y última intérprete de la Constitución y unificador de su interpretación y aplicación, no pueden los jueces desaplicar o inaplicar normas, fundándose en principios constitucionales o interpretaciones motu propio que de ellas hagan, ya que el artículo 334 comentado no expresa que según los principios constitucionales, se adelante tal control difuso. Esta es función de los jueces que ejercen el control concentrado, con una modalidad para el derecho venezolano, cual es que sólo la interpretación constitucional que jurisdiccionalmente haga esta Sala, es vinculante para cualquier juez, así esté autorizado para realizar control concentrado.

Ahora bien, el juez al aplicar el derecho adjetivo, debe hacerlo ceñido a la Constitución, adaptándose en sus actuaciones a lo constitucional, y por ello sin que se trate de un control difuso, sino de aplicación de la ley, puede anular los actos procesales que contraríen a la Constitución, y sus principios. Este actuar amoldado a la Constitución es parte de su obligación de asegurar la integridad constitucional y, dentro de la misma, el juez debe rechazar en su actividad todo lo que choque con la Constitución.

Conforme a lo expuesto, la defensa y protección de los derechos fundamentales corresponde a todos los jueces, los que los ejercen desde diversas perspectivas: mediante el control difuso y, otros, mediante el control concentrado; pero todo este control corresponde exclusivamente a actos netamente jurisdiccionales, sin que otros órganos del Poder Público, ni siquiera en la materia llamada cuasi-jurisdiccional, puedan llevarlo a cabo. El artículo 334 constitucional es determinante al respecto...

Siendo la Constitución la cúspide del ordenamiento jurídico, tanto en lo formal como en lo material, no puede prescindirse de ella en la aplicación e interpretación de todo el ordenamiento, por lo que todos los jueces, y no sólo los de la jurisdicción constitucional, están en el deber de mantener su integridad, y de allí, surge el control difuso, así como las extensiones señaladas del control concentrado.

2. *El control concentrado de la constitucionalidad de ciertos actos estatales y la Jurisdicción Constitucional*

Otra forma de ejercicio de la justicia constitucional es mediante el control de la constitucionalidad, a través de la potestad judicial anulatoria de las leyes, de los actos estatales con rango de ley o dictados en ejecución directa e inmediata de la Constitución, así como la potestad de resolver las colisiones de leyes y las controversias constitucionales entre órganos del Poder Público, y revisar las sentencias dictadas en juicios de amparo o con motivo del ejercicio del control difuso de la constitucionalidad. En estos supuestos, sin embargo, a diferencia de los anteriores, la Constitución atribuye tales potestades solo y exclusivamente a la Sala Constitucional del Tribunal Supremo de Justicia, que se configura como la Jurisdicción Constitucional.

Como lo expuso la Sala Constitucional en la sentencia N° 1 de 2 de enero de 2000 (Caso: *Emery Mata Millán*):

> La jurisdicción constitucional comprende, entre otros asuntos, no sólo declarar la nulidad de las leyes y demás actos de los órganos que ejercen el poder público, dictados en ejecución directa o inmediata de la Constitución o que tengan rango legal (artículo 334 de la Constitución de la República Bolivariana de Venezuela), sino también la revisión de las sentencias de amparo constitucional y de control de constitucionalidad de las leyes o normas jurídicas dictadas por los Tribunales de la República, en los términos establecidos por la ley orgánica respectiva (numeral 10 del artículo 336 de la Constitución)[88].

En todo caso, en la interpretación vinculante que estableció la Sala Constitucional sobre el articulo 334 de la Constitución, sobre la jurisdicción constitucional y el control concentrado de la constitucionalidad, en la sentencia N° 833 de 25 de mayo de 2001 (Caso: *Instituto Autónomo Policía Municipal de Chacao vs. Corte Primera de lo Contencioso Administrativo*), expuso lo siguiente:

> La declaratoria general de inconstitucionalidad de una o un conjunto de normas jurídicas (leyes), corresponde con exclusividad a la Sala Constitucional del Tribunal Supremo de Justicia, quien, ante la colisión, declara, con carácter erga omnes, la nulidad de la ley o de la norma inconstitucional. Dicha declaratoria es diferente a la desaplicación de la norma, tratándose de una decisión de nulidad que surte efectos generales (no para un proceso determinado) y contra todo el mundo. Mientras que los Tribunales de la República, incluyendo las Salas del Tribunal Supremo de Justicia diferentes a la Constitucional, pueden ejercer sólo el control difuso. Las Salas Constitucional y Político Administrativa pueden ejercer el control difuso en una causa concreta que ante ella se ventile, y el control concentrado mediante el juicio de nulidad por inconstitucionalidad, cuyo conocimiento a ellas corresponde. La máxima jurisdicción constitucional se refiere al control concentrado, el cual es un control por vía de acción, que lo ejerce la Sala Constitucional, conforme al artículo 336 constitucional y, en ciertos casos, la Sala Político Administrativa...
>
> A diferencia de otros países (donde existen tribunales constitucionales) en Venezuela, -siendo parte del Poder Judicial- se encuentra la Sala Constitucional del Tribunal Supremo de Justicia, a la cual corresponde la jurisdicción constitucional, pero tal jurisdicción no tiene una cobertura total en el control concentrado.
>
> El artículo 334 de la Constitución, crea la jurisdicción constitucional, la cual corresponde a la Sala Constitucional.
>
> La jurisdicción constitucional tiene encomendado el control concentrado de la Constitución. Ese control concentrado, que corresponde con exclusividad a la Sala Constitucional conforme al artículo 334 antes citado, otorga competencia a esta Sala para declarar la nulidad de:

---

88 Véase en *Revista de Derecho Público*, N° 81, (enero-marzo), Editorial Jurídica Venezolana, Caracas, 2000, p. 226.

1) Leyes;
2) Actos de los órganos que ejercen el Poder Público, dictados en ejecución directa e inmediata de la Constitución;
3) Actos de los órganos que ejercen el Poder Público que tengan rango de ley.

El artículo 336 *eiusdem,* aclara la enumeración del artículo 334 en su tercer parágrafo, y considera leyes:

1) Las nacionales emanadas de la Asamblea Nacional (numeral 1);
2) Actos con rango de ley, emanados de la Asamblea Nacional (numeral 2);
3) Constituciones Estadales (numeral 2);
4) Leyes Estadales (numeral 2);
5) Ordenanzas Municipales (numeral 2);
6) Actos con rango de ley dictados por el Ejecutivo Nacional (numeral 3).

De este último tipo de actos, los decretos leyes dictados por el Ejecutivo (artículo 336, numeral 10), producto de leyes habilitantes, son actos con rango de ley, y como leyes son de igual naturaleza que la normativa dictada por la Sala Plena de este Tribunal Supremo de Justicia en el ejercicio del artículo 267 constitucional.

Como expresa Pablo Pérez Tremps en su obra Tribunal Constitucional y Poder Judicial, Centro de Estudios Constitucionales, pp. 116, "determinar qué violación es mediata y cuál inmediata no es tarea sencilla, ya que hay manifestaciones jurídicas inmediatamente subordinadas a la Constitución distinta de las leyes, por contener la Carta Fundamental normas materiales dirigidos a todos los poderes públicos y no solo normas para la creación de normas. La constitucionalidad no está en la actualidad referida sólo a las leyes, sino a todas las actuaciones de los Poderes Públicos" y, en consecuencia, a los actos de los jueces y tribunales, como apunta Pérez Tremps (*Ob. cit.* pág. 118). Dada esa amplitud, todos lo conflictos derivados de la aplicación de la norma constitucional no pueden ser atribuidos al conocimiento de la jurisdicción constitucional *stricto sensu* (Tribunales Constitucionales, en Venezuela, Sala Constitucional), y por ello, al existir categorías jurídicas, que a veces rompen la relación de subordinación inmediata entre Constitución, leyes, reglamentos, actos en ejecución inmediata o mediata del Texto Fundamental, tienen a su vez que existir categorías en la jurisdicción, respecto al control concentrado de la Carta Fundamental[89].

Como también lo ha resumido la Sala Constitucional del Tribunal Supremo de Justicia en sentencia N° 194 de 15 de febrero de 2001, respecto a lo que constituye la Jurisdicción Constitucional atribuida a la misma:

Dentro de las competencias atribuidas por el Texto Fundamental a la Sala Constitucional, enmarcadas dentro del ejercicio de la Jurisdicción Constitucional, se encuentran las enumeradas en su artículo 336, relativas al control *a posteriori* de la constitucionalidad de las leyes nacionales y demás actos con rango de ley de la Asamblea Nacional, leyes estatales, ordenanzas, actos de rango de ley dictados por el Ejecutivo Nacional, los dictados por cualquier otro órgano estatal en ejercicio del Poder Público, los decretos que declaren estados de excepción y sentencias definiti-

89 Véase en *Revista de Derecho Público*, N° 85-88, Editorial Jurídica Venezolana, Caracas, 2001, pp. 370.

vamente firme dictadas por cualquier órgano jurisdiccional que colidan con algún precepto constitucional o doctrina sentada por la Sala Constitucional o que hayan ejercido el control difuso de la constitucionalidad de determinados actos.

Pero el constituyente no se limitó a un control *a posteriori* de la constitucionalidad de los actos antes mencionados, sino que consagró un sistema amplio de protección de los derechos constitucionales, a la par de las más modernas tendencias de la Jurisdicción Constitucional a nivel mundial, dentro de los cuales se encuentra el control de omisiones legislativas, la posibilidad de resolver colisiones de leyes con preceptos constitucionales y de resolver conflictos de autoridades.

Adicionalmente, la Sala Constitucional tiene dentro de sus competencias el control preventivo de la constitucionalidad de los tratados internacionales, la cual es ejercida a instancia del Presidente de la República o de la Asamblea Nacional; las de control preventivo de la constitucionalidad de los proyectos de leyes nacionales, también a instancia del Presidente de la República; y el control preventivo en cuanto al pronunciamiento de la constitucionalidad del carácter orgánico de las leyes calificadas como tales por la Asamblea Nacional[90].

Los aspectos más resaltantes sobre Jurisdicción Constitucional en la Constitución, serán analizados detalladamente más adelante en esta *Parte*.

3. *El juez contencioso administrativo como juez constitucional*

El ejercicio de la justicia constitucional también corresponde conforme a la Constitución de 1999, en particular, a la Jurisdicción Contencioso Administrativa, al ejercer su competencia de anulación de los actos administrativos, incluidos los reglamentos, contrarios a derecho, es decir, contrarios sea a la Constitución, a las leyes o a las demás fuentes del derecho administrativo[91]. Es decir, todos los jueces contencioso administrativos, conforme al artículo 259 de la Constitución, tienen potestad para declarar la nulidad de los actos administrativos, no sólo por ilegalidad sino por inconstitucionalidad, ejerciendo la justicia constitucional.

Así lo resolvió expresamente la Sala Político Administrativa del Tribunal Supremo en sentencia N° 152 de 17 de febrero de 2000 (Caso: *Aerolínea Internacional S.A.*) al precisar su criterio interpretativo en ejercicio de la competencia atribuida por el Constituyente a todas las Salas del Tribunal Supremo de Justicia en el artículo 335 de la Constitución de la República Bolivariana de Venezuela, señalando que:

> En este sentido, la Sala Político Administrativa analiza sus competencias en el texto de la Constitución de la República Bolivariana de Venezuela, concretamente, la establecida en los ordinales 4° y 5° del artículo 266, en concordancia con lo dispuesto en el artículo 259 que consagra expresamente la jurisdicción contencioso-administrativa:
>
> Conforme a las disposiciones del ordenamiento jurídico vigente, le corresponde a esta Sala Político Administrativa, entre otras, el ejercicio de las siguientes competencias:

---

90 Véase sentencia N° 194 de la Sala Constitucional de 15-02-2001, caso: *Gobernación del Estado Trujillo vs. Comisión Legislativa del Estado Yaracuy*.

91 Véase Allan R. Brewer-Carías, *La Justicia Contencioso-Administrativa*, Tomo VII, *Instituciones Políticas y Constitucionales, op. cit.*, pp. 26 y ss.

1. Garantizar la supremacía y efectividad de las normas y principios constitucionales, así como velar por su uniforme interpretación y aplicación conforme lo establece el artículo 335 de la Constitución.
2. Declarar la nulidad total o parcial, cuando sea procedente de los Reglamentos y demás actos administrativos, *por razones de inconstitucionalidad* e ilegalidad, conforme al ordinal 5° del artículo 266 de la Constitución y 259 *ejusdem...*"

De lo anterior resulta que así como debe diferenciarse la "Jurisdicción Constitucional" que se atribuye a la Sala Constitucional, de la función de justicia constitucional que corresponde a todos los jueces; también, debe establecerse claramente la diferenciación entre la Jurisdicción Constitucional y la Jurisdicción Contencioso-Administrativa[92].

La diferencia entre ambas jurisdicciones, está en la competencia *por el objeto,* que se atribuye a los Tribunales que las componen: la Jurisdicción Constitucional que corresponde al Tribunal Supremo de Justicia en *Sala Constitucional,* tiene por objeto conocer de las acciones de nulidad por inconstitucionalidad *contra las leyes y demás actos de rango legal o ejecución directa e inmediata de la Constitución;* en cambio, la Jurisdicción Contencioso Administrativa que corresponde al mismo Tribunal Supremo, pero en *Sala Político Administrativa y en Sala Electoral* y a los *demás tribunales* que señale la Ley, tiene por objeto, entre otros, conocer de las *acciones de nulidad por inconstitucionalidad o ilegalidad contra los actos administrativos* y, por tanto, de rango *sub legal.*

Esto implica que ambas Jurisdicciones se diferencian por el objeto de las acciones y no por el motivo de las mismas: la Jurisdicción Constitucional conoce de la nulidad de las leyes y demás actos de rango legal o de ejecución directa e inmediata de la Constitución; en cambio, la Jurisdicción Contencioso Administrativa, conoce de la nulidad de los actos administrativos, sea cual fuere el motivo de impugnación.

Así lo había expuesto el Magistrado Héctor Peña Torrelles en su Voto Salvado a la sentencia N° 2 de 20-01-2000 (Caso: *Domingo G. Ramírez*), al señalar que:

> ...de forma indubitable, el criterio acogido por el Constituyente para definir las competencias de la Sala Constitucional, atiende al rango de las actuaciones *objeto de control,* esto es, que dichas actuaciones tienen una relación directa con la Constitución, por ser en unos casos actos dictados en ejecución directa e inmediata de la misma, y, en otros, omisiones de obligaciones indispensables para garantizar el cumplimiento de la Constitución. Así las cosas, la normativa constitucional aludida imposibilita una eventual interpretación que tienda a identificar las competencias de la Sala Constitucional con los vicios de inconstitucionalidad que se imputen a otros actos o con las actuaciones de determinados funcionarios u órganos del Poder Público.

Posteriormente, con ese mismo texto se resolvió en la sentencia de la Sala Constitucional N° 6 de 27 de enero de 2000[93]; criterio que se ratificó expresamente por la

---

92 Así lo propusimos expresamente ante la Asamblea Nacional Constituyente. Véase Allan R. Brewer-Carías, *Debate Constituyente,* Tomo II, *op. cit.*, pp. 245 y ss.

93 Véase en *Revista de Derecho Público*, N° 81, (enero-marzo), Editorial Jurídica Venezolana, Caracas, 2000, p. 213.

misma la Sala, en sentencia N° 194 de 04 de abril de 2000[94], al decidir un recurso de nulidad por razones de inconstitucionalidad ejercido conjuntamente con una pretensión de amparo constitucional contra un dispositivo del Reglamento de Personal y Régimen Disciplinario del Personal del Instituto Autónomo Policía Municipal del Municipio Chacao y contra los actos administrativos dictados en ejecución del Reglamento impugnado, señalando lo siguiente:

> La Constitución vigente distingue claramente la jurisdicción constitucional de la contencioso-administrativa, delimitando el alcance de ambas competencias *en atención al objeto de impugnación,* es decir, *al rango de los actos objeto de control y no a los motivos por los cuales se impugnan.*
>
> En efecto, de conformidad con el último aparte del artículo 334 de la Constitución de la República Bolivariana de Venezuela:
>
>> Corresponde exclusivamente a la Sala Constitucional del Tribunal Supremo de Justicia como jurisdicción constitucional, declarar la nulidad de las leyes y demás actos de los órganos que ejercen el Poder Público *dictados en ejecución directa e inmediata de la Constitución o que tenga rango de Ley.*
>
> Asimismo, en el artículo 336 *eiusdem* se establece de forma particularizada las competencias de esta Sala. Igualmente, en el artículo 214 *eiusdem* se le otorga la competencia para realizar el control previo de la constitucionalidad de las leyes antes de su promulgación. Y por último, la determinación de la constitucionalidad del carácter orgánico otorgado por la Asamblea Nacional a las leyes así calificadas, de forma previa a su promulgación (artículo 203 *eiusdem*). En tal sentido, esta Sala Constitucional ha señalado que:
>
>> el criterio acogido por el Constituyente para definir las competencias de la Sala Constitucional, atiende *al rango de las actuaciones objeto de control,* esto es, que dichas actuaciones tienen una relación directa con la Constitución que es el cuerpo normativo de más alta jerarquía dentro del ordenamiento jurídico en un Estado de Derecho contemporáneo. Así las cosas, *la normativa constitucional aludida imposibilita una eventual interpretación que tienda a identificar las competencias de la Sala Constitucional con los vicios de inconstitucionalidad que se imputen a otros actos o con las actuaciones de determinados funcionarios u órganos del Poder Público,* (Sentencia de fecha 27 de enero de 2000, caso: *Milagros Gómez y otros*).
>
> De esta forma, la Sala Constitucional, en el ejercicio de la jurisdicción constitucional, conoce de los recursos de nulidad interpuestos contra los actos realizados en ejecución directa de la Constitución o que tengan forma de ley. De allí que, en el caso de autos, al tratarse el reglamento impugnado de un acto de rango sublegal, esta Sala Constitucional carece de competencia para controlar su conformidad a Derecho, ya que tal competencia corresponde a la jurisdicción contencioso administrativa. Así se decide.

En consecuencia, conforme a la Constitución, corresponde a los órganos de la jurisdicción contencioso administrativo, conocer de las acciones de nulidad contra los actos administrativos, así las mismas se fundamenten en motivos de inconstitucionalidad que son motivos de contrariedad al derecho. Por ello, conforme al artículo 266, ordinal 5 de la Constitución, la Sala Político Administrativa del Tribunal Supremo tiene competencia:

---

94 Con Ponencia del Magistrado Héctor Peña Torrelles.

> Para declarar la nulidad total o parcial de los reglamentos y demás actos administrativos generales o individuales del Ejecutivo Nacional, cuando sea procedente;

Ello significa que por su objeto, la Sala Político-Administrativa y la Sala Electoral, según su competencia, tienen atribución exclusiva, como juez constitucional, para declarar la nulidad de los reglamentos por razones de inconstitucionalidad, así como de todos los demás actos administrativos por los mismos motivos, y nada autoriza del texto de la Constitución que pudiera conducir a concentrar en la Sala Constitucional el ejercicio de dicha potestad anulatoria de actos administrativos por motivos de inconstitucionalidad; pues la Jurisdicción Constitucional que corresponde a la Sala Constitucional sólo se determina por el objeto de control (leyes, actos estatales de rango legal y actos estatales de ejecución directa de la Constitución) y no por los motivos de control.

Debe señalarse, además, que teniendo competencia los tribunales contencioso administrativos para declarar la nulidad de los actos administrativos incluso por razones de inconstitucionalidad, siempre consideramos como inconstitucional la norma del artículo 181 de la antigua Ley Orgánica de la Corte Suprema de Justicia, que le quitaba competencia a los Tribunales contencioso administrativos, asignándole tal competencia exclusivamente a la antigua Sala Político Administrativa de la Corte Suprema, órgano en el cual debían declinar la competencia[95]. Esta irregular situación fue corregida por la Sala Constitucional del Tribunal Supremo, en la sentencia N° 194 de 4 abril de 2000, al resolver inaplicar dicho artículo 181 de la Ley Orgánica que aún estaba vigente, por inconstitucional, conforme a los siguientes razonamientos:

> De manera que la nueva Constitución atribuye a la Sala Político Administrativa el conocimiento de las acciones de nulidad de reglamentos, con independencia de que los vicios lo sean por razones de inconstitucionalidad o de ilegalidad. Sin embargo, la Constitución de 1999, en concordancia con las competencias acordadas a la Sala Político Administrativa por la Ley Orgánica de la Corte Suprema de Justicia, limita esta competencia para controlar la actividad reglamentaria del *Poder Ejecutivo Nacional,* y nada dice sobre la actividad de este tipo emanada de las entidades estadales o municipales, supuesto sobre el cual versa el caso de autos.
>
> Ahora bien, observa esta Sala que el artículo 181 de la Ley Orgánica de la Corte Suprema de Justicia establece:
>
> *Artículo 181.* Mientras se dicta la Ley que organice la jurisdicción contencioso-administrativo, *los Tribunales Superiores que tengan atribuida competencia en lo Civil, conocerán, en primera instancia en sus respectivas circunscripciones, de las acciones o recursos de nulidad contra los actos administrativos de efectos generales o particulares, emanados de autoridades estadales o municipales de su jurisdicción, si son impugnados por razones de ilegalidad.*
>
> *Cuando la acción o el recurso se funde en razones de inconstitucionalidad, el Tribunal declinará su competencia en la Corte Suprema de Justicia.*

---

95. Véase Allan R. Brewer-Carías, *Nuevas tendencias del Contencioso Administrativo, op. cit.* pp. 47 y *La justicia contencioso-administrativa,* Tomo VII, *Instituciones Políticas y Constitucionales, op. cit.,* pp. 28 y ss.

En la tramitación de dichos juicios los Tribunales Superiores aplicarán en sus casos, las normas establecidas en las Secciones Segunda, Tercera y Cuarta del Capítulo II, Título V, de esta Ley.

Contra las decisiones dictadas con arreglo a este artículo, podrá interponerse apelación dentro del término de cinco días, para ante la Corte Primera de lo Contencioso-Administrativo a que se refiere el artículo 184 de esta Ley" (Destacado de la Sala).

De acuerdo con la norma antes transcrita, los tribunales superiores con competencia en materia contencioso administrativo son los competentes para conocer de los actos generales o particulares de rango sublegal emanados de las autoridades estadales y municipales; sin embargo, limitan tal conocimiento a violaciones de Ley, y las violaciones constitucionales corresponderían a la Sala Político Administrativa de este Alto Tribunal.

Con anterioridad, la jurisprudencia de la Sala Político Administrativa, como cúspide de la jurisdicción contencioso-administrativa, al interpretar esta norma en relación con el artículo 206 de la Constitución de 1961 (que hoy corresponde al 259 de la Constitución de 1999), había considerado lo siguiente:

> (...) por el hecho de que por mandato constitucional los tribunales de la jurisdicción contencioso-administrativa son competentes para anular los actos administrativos por contrariedad al Derecho, lo que supone no sólo el control de la ley sino, evidentemente, el de la Constitución, la disposición contenida en el último párrafo del artículo 181 de la Ley Orgánica de la Corte Suprema de Justicia -donde se establece que cuando en los recursos de anulación que corresponda conocer originalmente a los tribunales superiores y a la Corte Primera de lo Contencioso Administrativo se alegaren razones de inconstitucionalidad la competencia será de la Corte Suprema de Justicia- debe ser interpretada de la forma más restrictiva posible, es decir, que sólo y exclusivamente cuando el fundamento del recurso de anulación sean violaciones directas y exclusivas de la Constitución se debe remitir el expediente a la Sala (...) (Sentencia de la Sala Político Administrativa del 22 de mayo de 1996, caso: *Reyes José Hernández*).

Sobre la base del anterior precedente, debe esta Sala interpretar el artículo 181 de la Ley Orgánica de la Corte Suprema de Justicia, a la luz de la Constitución, a los fines de fijar su alcance, partiendo del hecho que la nueva Constitución delimitó claramente -como fuera señalado- la competencia de la jurisdicción contencioso administrativa atendiendo al rango de los actos administrativos y no al motivo de la impugnación.

En efecto, el artículo 259 de la Constitución otorga competencia a todos los órganos de la jurisdicción contencioso administrativa para anular los actos administrativos generales o individuales contrarios a derecho. Dentro de dichos órganos corresponde -según surge de la norma transcrita precedentemente- a los Juzgados Superiores con competencia en lo contencioso administrativo, el conocimiento de los actos emanados de las autoridades municipales y estadales, salvo que la acción o recurso se funden en razones de inconstitucionalidad, caso en que el Tribunal declinará la competencia en el Tribunal Supremo de Justicia.

Ahora bien, considera esta Sala constitucional que el primer aparte del artículo 181 de la Ley Orgánica de la Corte Suprema de Justicia, al impedir a los Juzgados Superiores con competencia en lo contencioso-administrativo el conocer de la nulidad de los actos administrativos (generales o particulares), cuando se aleguen vicios de inconstitucionalidad, contradice lo dispuesto en el artículo 259 de la Constitución, por cuanto éste otorga facultades a los Tribunales en lo contencioso-administrativo para anular los actos administrativos generales o individuales por contrariedad a derecho, que comprende -sin lugar a dudas- tanto la inconstitucionalidad como la ilegalidad.

Por otro lado, la norma a que se contrae dicho aparte del citado artículo 181 se aparta de la verdadera intención del legislador al regular temporalmente la jurisdicción contencioso-administrativa que era, por una parte, desconcentrar las competencias que tenía la Sala Político Administrativa, como el único tribunal contencioso administrativo, y por la otra parte, acercar más la justicia al ciudadano, sobre todo cuando existen controversias entre éstos y los entes estadales y municipales.

De manera que, por tales circunstancias y en especial a que por mandato constitucional los tribunales de la jurisdicción contencioso administrativa son competentes para anular actos administrativos por contrariedad al derecho, esta Sala Constitucional estima que la disposición contenida en el primer aparte del referido artículo 181 es a todas luces contraria a la Constitución, motivo por el cual en uso de la potestad prevista en el artículo 334 de la Constitución, *inaplica a los fines de determinar la competencia en el caso de autos,* el primer aparte del artículo 181 de la Ley Orgánica de la Corte Suprema de Justicia por ser inconstitucional, al enfrentar de manera incontestable la disposición establecida en el segundo aparte del artículo 259 de la Constitución, en cuanto sustrae a los tribunales contencioso administrativos distintos a la Sala Político-Administrativa de este Tribunal Supremo, la competencia que le fue otorgada por la propia Constitución para conocer de la nulidad de los actos administrativos (generales o particulares) contrarios a Derecho.

En todo caso, los anteriores criterios han sido ratificados en la interpretación vinculante que la Sala Constitucional ha hecho del artículo 334 de la Constitución, en la sentencia Nº 833 de 25 de mayo de 2001 (Caso: *Instituto Autónomo Policía Municipal de Chacao vs. Corte Primera de lo Contencioso Administrativo*), en la cual expuso:

Planteado así la interpretación de los artículos 334, 335 y 336 de la Constitución, ¿en materia de control concentrado de la Constitución tiene alguna competencia la Sala Político Administrativa?.

Con base en que el artículo 335 constitucional otorga al Tribunal Supremo de Justicia la garantía, supremacía y efectividad de las normas y principios constitucionales, se ha argüido que las Salas del Tribunal Supremo de Justicia ejercen tal garantía, pero de la letra del artículo y de lo que, en teoría, corresponde a la jurisdicción constitucional, lo que se evidencia es que es a la Sala Constitucional a quien se refiere el artículo 335 y no a las otras Salas del Tribunal Supremo de Justicia, ya que dicha norma establece que el Tribunal Supremo de Justicia es el máximo y último intérprete de la Constitución, y a continuación establece: "Las interpretaciones que establezca la Sala Constitucional sobre el contenido y alcance de las normas y principios constitucionales son vinculantes para las otras Salas del Tribunal Supremo de Justicia y demás tribunales de la República".

Por lo tanto, el artículo 335 no está otorgando a ninguna Sala distinta a la Constitucional, ningún tipo de control concentrado, sino sólo el control difuso, ya que si no ¿cómo entender que siendo el Tribunal Supremo el máximo y último intérprete de la Constitución, sea la Sala Constitucional la que establece interpretaciones vinculantes para las otras Salas?.

Sin embargo, el artículo 266 de la Constitución, en su numeral 5, atribuye a la Sala Político Administrativa de este Tribunal Supremo: "Declarar la nulidad total o parcial de los reglamentos y demás actos administrativos generales o individuales del Ejecutivo Nacional, cuando sea procedente".

Se da así, al reglamento, naturaleza de acto administrativo y, como tal, se le coloca en el mismo plano de las resoluciones ministeriales, que son los demás actos a que se refiere el artículo transcrito; a pesar que el numeral 5 del artículo 266 citado, no se refiere a la nulidad por inconstitucional. La Sala Político Administrativa ha venido sosteniendo que -fundada además en la Ley Orgánica de la Corte Suprema de Justicia-, es competente para conocer de tales nulidades, compartiendo con la Sala Constitucional el control concentrado. ¿Realmente es así?.

A juicio de esta Sala, y aunque el numeral 5 de la mencionada norma constitucional no lo establezca expresamente, al Reglamento -como acto administrativo- le dio, el constituyente, una connotación distinta a los "actos con rango de ley" que dicta el Ejecutivo Nacional que, en consecuencia, son otros, como los decretos leyes que, previa autorización por una ley habilitante, puede dictar el Ejecutivo (artículo 236, numeral 8 de la Constitución), por lo que la jurisdicción constitucional para el control concentrado está compartida en Venezuela entre la Sala Constitucional y la Sala Político Administrativa; pues, esta última también conoce de la inconstitucionalidad de los actos de los órganos estadales en ejercicio del poder público que no respondan a la aplicación directa e inmediata de la Constitución. Sin embargo, la estructura constitucional conduce a que la jurisdicción constitucional, ejercida por la Sala Político Administrativa, esté supeditada en cuanto a las interpretaciones constitucionales, a las emitidas -con efecto vinculante- por la Sala Constitucional.

El control concentrado de la Sala Constitucional, no consiste en el conocimiento de la constitucionalidad de toda norma pública (normas generales) y de todos los actos del poder público, ya que la Sala Político Administrativa ejerce un control mediato de la inconstitucionalidad, motivo por el cual el artículo 336 de la vigente Constitución, se refiere con respecto a la competencia de la Sala Constitucional, a actos de los órganos estadales en ejecución directa e inmediata de la Constitución[96].

IV. LA JURISDICCIÓN CONSTITUCIONAL: LA SALA CONSTITUCIONAL

Ahora bien, de acuerdo con los artículos 266,1, 334 y 336 de la Constitución, corresponde a la Sala Constitucional del Tribunal Supremo el ejercicio de la Jurisdicción Constitucional con competencia en diversas materias,[97] la cual ha estado regulada legalmente, en forma transitoria, primero en la vieja Ley Orgánica de la Corte

96 Véase en *Revista de Derecho Público*, N° 85-88, Editorial Jurídica Venezolana, Caracas, 2001, pp. 370.

97 Véase en general, Román J. Duque Corredor, "La Sala constitucional contemplada en la Constitución de 1999", en *Estudios de Derecho Público: Libro Homenaje a Humberto J. La Roche Rincón,* Volumen I. Tribunal Supremo de Justicia, Caracas, 2001, pp. 289-301; Rafael Badell Madrid, "Competencias de la Sala Constitucional", en *Nuevos estudios de derecho procesal, Libro Homenaje a José Andrés Fuenmayor,* Vol. I, Tribunal Supremo de Justicia, Colección Libros Homenaje, N° 8, Caracas, 2002 pp. 61 a 119.

Suprema de Justicia de 1976 y luego, en la Ley Orgánica del Tribunal Supremo de Justicia de 2004, cuyo texto fue completamente reformulada en 2010.[98]

1. *La Jurisdicción Constitucional y el monopolio de la potestad anulatoria por inconstitucionalidad de las leyes y demás actos dictados en ejecución directa e inmediata de la Constitución*

A. *La Jurisdicción Constitucional caracterizada por su objeto*

En *primer lugar,* como se ha visto, a Constitución de 1999 precisó el régimen del control concentrado de la constitucionalidad de las leyes y demás actos de ejecución inmediata y directa de la Constitución, configurándose claramente al Tribunal Supremo de Justicia en Sala Constitucional, como Jurisdicción Constitucional, a los efectos de la anulación de las mismas.

Por ello, el mismo artículo 334 de la Constitución dispone:

> Corresponde exclusivamente a la Sala Constitucional del Tribunal Supremo de Justicia como jurisdicción constitucional, declarar la nulidad de las leyes y demás actos de los órganos que ejercen el Poder Público dictados en ejecución directa e inmediata de la Constitución o que tengan rango de ley.

Precisamente, conforme a esta norma, la Sala Constitucional del Tribunal Supremo, como Jurisdicción Constitucional, requerida mediante *acción popular,* como ha sido la tradición venezolana[99] tiene las siguientes atribuciones de control concentrado de la constitucionalidad de determinados actos estatales, con poderes anulatorios, previstas en el artículo 336:

1. Declarar la nulidad total o parcial de las *leyes nacionales* y demás actos con *rango de ley* de la Asamblea Nacional que colidan con esta Constitución.
2. Declarar la nulidad total o parcial de las *Constituciones* y *leyes estadales*, de las *ordenanzas municipales* y demás actos de los cuerpos deliberantes de los Estados y Municipios dictados en *ejecución directa e inmediata* de la Constitución y que colidan con ésta.
3. Declarar la nulidad total o parcial de los *actos con rango de ley* dictados por el Ejecutivo Nacional que colidan con esta Constitución.
4. Declarar la nulidad total o parcial de los *actos en ejecución directa e inmediata* de la Constitución, dictados por cualquier otro órgano estatal en ejercicio del Poder Público.

98 La Ley Orgánica del Tribunal Supremo se dictó inicialmente en 2004. Véase en *G.O.* N° 37.942 del 20 de mayo de 2004. Véase Allan R. Brewer-Carías, *Ley Orgánica del Tribunal Supremo de Justicia. El Tribunal Supremo de Justicia y los procesos y procedimientos constitucionales y contenciosos administrativos* Editorial Jurídica Venezolana, Caracas 2005. La ley se reformó en 2010, *GO.*N° 39.522, de 1 de octubre de 2010, Véase Allan R. Brewer-Carías y Víctor Hernández Mendible, *Ley Orgánica del Tribunal Supremo de Justicia 2010,* Editorial Jurídica Venezolana, Caracas 2010.

99 Véase Allan R. Brewer-Carías, *La Justicia Constitucional,* Tomo VI, *Instituciones Políticas y Constitucionales, op. cit.,* p. 137 y ss.

De esta enumeración, por supuesto, resulta que sólo los actos sub-constitucionales pueden ser objeto de control de la constitucionalidad por la Sala Constitucional, quedando excluidas las normas de la propia Constitución de dicho control[100]. Los actos de reforma constitucional, sin embargo, si vulneran las cláusulas pétreas de la Constitución o si no se adaptan a las previsiones formales establecidas en los artículos del Texto, en nuestro criterio, podrían ser objeto de control, pues en definitiva, como producto del poder constituyente instituido, serían actos de ejecución directa e inmediata de la Constitución.

Ahora bien, con los artículos 334 y 336 de la Constitución, insistimos, quedó definitivamente establecida la diferencia entre la Jurisdicción Contencioso Administrativa y la Jurisdicción Constitucional, por el objeto del control y no por los motivos de control[101], por lo que sólo compete a la Jurisdicción Constitucional, conocer de la anulación, por inconstitucionalidad por supuesto, de las leyes y demás actos dictados en ejecución directa e inmediata de la Constitución (como los actos de gobierno o los *interna corporis* de la Asamblea) o que tengan rango de Ley (Decretos-Leyes); correspondiendo, en cambio, a la Jurisdicción Contencioso Administrativa conocer de la nulidad de los actos administrativos, incluidos los reglamentos, por motivos de inconstitucionalidad y de ilegalidad (contrariedad del derecho).

En este sentido, una de las novedades de la Constitución de 1999 fue la creación de la Sala Constitucional del Tribunal Supremo de Justicia (art. 262), a la cual se le ha atribuido la Jurisdicción Constitucional (art. 266, ord. 1°) consistente en la potestad anulatoria de las leyes y demás actos de igual rango y jerarquía o de ejecución directa e inmediata de la Constitución, y el ejercicio de otras competencias en materia de justicia constitucional enumeradas en el artículo 336. De lo anterior resulta, por tanto, que el control concentrado de la constitucionalidad de las leyes y demás actos estatales de rango y valor de ley o dictados en ejecución directa e inmediata de la Constitución, se atribuye exclusivamente a la Sala Constitucional del Tribunal Supremo, constituido como Jurisdicción Constitucional.

Ahora bien, en relación con el objeto de control por la Jurisdicción Constitucional, deben hacerse las siguientes precisiones conforme a la doctrina de la Sala Constitucional:

En primer lugar, en cuanto a las leyes, la Sala Constitucional ratificando decisiones de la antigua Corte Suprema de Justicia, ha ratificado el criterio de que sólo las leyes vigentes pueden ser impugnadas ante ella, señalando:

> Por tanto, considera necesario esta Sala precisar si es posible ejercer el control constitucional sobre una ley derogada, o contra una ley que si bien se encontraba vigente al momento de la interposición del recurso en sede jurisdiccional, durante la tramitación del mismo haya sido derogada; supuesto éste que –precisamente– constituye el caso de autos.
>
> En tal sentido, en sentencia dictada por esta Sala Constitucional en fecha 8 de junio de 2000 (Caso: *Enrique Agüero Gorrín y Otros*) se señaló que:

---

100 Véase sentencia N° 1140 de 05-10-2000 de la Sala Constitucional en *Revista de Derecho Público*, N° 84, (octubre-diciembre), Editorial Jurídica Venezolana, Caracas, 2000, p. 101.

101 Véase Allan R. Brewer-Carías, *La justicia contencioso-administrativo,* Tomo VII, *Instituciones Políticas y Constitucionales, op. cit.*, pp. 26 a 33.

(...) en sentencia dictada en fecha 20 de enero de 1996 la Corte Suprema de Justicia en Sala Político Administrativa sostuvo el mismo criterio, al precisar que entre las circunstancias determinantes de la relación procesal en el recurso de inconstitucionalidad, "tiene especial relieve la existencia misma del acto impugnado por inconstitucionalidad, cuya validez o nulidad viene a constituirse precisamente, en la materia u objeto del proceso, por lo que al solicitarse la nulidad de un acto que ya ha cesado en su vigencia, el recurso, carece de objeto.

Por otra parte, mediante sentencia de 6 de diciembre de 1973, con motivo de la impugnación de un Acuerdo del Concejo Municipal del Distrito Federal, derogado posteriormente por una Ordenanza, la Corte Suprema de Justicia ratificó el criterio señalado en los siguientes términos:

> Ahora bien, por efecto de la promulgación de la citada Ordenanza, el recurso interpuesto en este procedimiento carece, para el momento, de toda finalidad y objeto, en virtud de que el Acuerdo impugnado de nulidad fue derogado y sustituido por la Ordenanza en vigor. En este mismo orden de razones, cualquier vicio o defecto que pudiera haber padecido el mencionado Acuerdo, habría quedado remediado por el nuevo estatuto, sancionado y promulgado conforme a la ley y el cual vendría a ser el instrumento cuestionable, si se objetara nuevamente la personalidad jurídica de la "Fundación Caracas". En consecuencia, el presente recurso de nulidad carece de objeto, y por tal motivo, resulta inútil la decisión que se pronuncie sobre sus planteamientos.

Como se puede apreciar, este ha sido el criterio asumido por la entonces Corte Suprema de Justicia en Sala Plena respecto de las leyes derogadas en cuanto a su impugnabilidad por la vía del recurso de inconstitucionalidad, aplicado también a las leyes de carácter temporal.

Así, en sentencia de fecha 25 de noviembre de 1995 en Sala Plena, razonó la Corte de la siguiente manera:

> (...), que no tiene materia sobre la cual decidir en el presente caso por cuanto ambos Decretos (241 y 285) han dejado de surtir sus efectos; el primero por haber sido revocado por el Congreso de la República en ejercicio de sus facultades de control y, el seguido el propio Presidente de la República al considerar cesadas las causas que motivaron la suspensión de las garantías constitucionales.

En tal virtud, y siguiendo jurisprudencia reiterada de esta Corte, en el sentido de que no es posible conocer acciones de nulidad contra actos que no se encuentren vigentes, por no haber nada que anular, se declara la terminación de este juicio".

Así las cosas, considera esta Sala Constitucional, que las leyes de la naturaleza como la impugnada pierde su vigencia al cumplir la finalidad para la cual fueron promulgadas, por lo que agotada como ha sido, la misma no puede ser objeto de un juicio de constitucionalidad respecto a la Constitución vigente para emitir pronunciamiento acerca de los presuntos vicios denunciados. Razón por la que esta Sala Constitucional considera que no habiendo actualmente acto susceptible de ser anulado declara que es inadmisible sobrevenidamente la acción de nulidad interpuesta contra los puntos 1 y 3 del artículo Único de la Ley que Autoriza al Presidente para dictar Medidas Extraordinarias en Materia Económica y Financiera, de 1998 y en consecuencia se da por terminado este juicio.

El criterio expuesto anteriormente, tiene su fundamento en que las leyes derogadas por la entrada en vigencia de un nuevo texto legal, pierden su eficacia en el ordenamiento jurídico, por lo que, de ninguna manera, las mismas pueden contradecir preceptos constitucionales; por tanto siendo ello así, concluye esta Sala, que las leyes derogadas, deben ser excluidas de la posibilidad de ejercer sobre ellas el control de constitucionalidad, por cuanto las mismas han dejado de ser leyes vigentes, en razón de lo cual debe declararse la inadmisibilidad sobrevenida, del recurso de nulidad que por razones de inconstitucionalidad interpuso la actora contra las disposiciones previstas en los artículos 7, 15, literales *d, e, f, o* y 65 de la –hoy– derogada Ley Orgánica del Consejo de la Judicatura, publicada en la Gaceta Oficial N° 34.068 de fecha 7 de octubre de 1988. Así se decide[102].

Sin embargo, es evidente que una ley derogada puede haber producido efectos jurídicos que subsistan a su derogatoria, y que harían procedente su impugnación[103]. Ello lo ha reconocido la Sala Constitucional en una decisión posterior de 8 de abril de 2003, en la cual señaló:

Al respecto, la Sala observa que aun cuando se trata de una Ley con carácter anual, que podría considerarse derogada con la entrada en vigencia de la Ley de Presupuesto que se dicte para regir el período fiscal del año siguiente (2003), no puede estimarse -como se ha decidido en otros casos- que "...deben ser excluidas de la posibilidad de ejercer contra ellas la acción de inconstitucionalidad, por cuanto las mismas no son leyes vigentes de acuerdo con lo establecido en el artículo 1° del Código Civil antes citado" (v. sentencia del 30 de octubre de 2001, recaída en el acción de nulidad por inconstitucionalidad contra la Ley de Reforma Parcial de la Ley que Crea el Instituto de Beneficencia Pública y Bienestar Social del Estado Táchira); toda vez que las disposiciones aquí impugnadas producen efectos jurídicos -aun cuando esté vigente una nueva ley de presupuesto- en la esfera subjetiva de personas (como es el caso del Gobernador, autoridad indicada como responsable de la ejecución de los pagos a que se contraen las partidas creadas en dichas disposiciones, por lo que no se ha eliminado en el recurrente, la necesidad de que se declare -de ser procedente- el cese de los efectos perjudiciales que la ley cuyas disposiciones estima viciadas de inconstitucionalidad, le están causando[104].

En segundo lugar, la Sala Constitucional ha declarado su competencia para pronunciarse sobre la invalidez sobrevenida de leyes pre-constitucionales, que han quedado derogadas tácitamente por la Constitución, con efectos *pro futuro* y *erga omnes*. Ante una norma de la antigua Ley Orgánica de la Corte Suprema de Justicia que atribuía a la Sala Político-Administrativa el conocimiento del recurso de interpretación de las leyes (arts. 42,24 y 43), la Sala en sentencia N° 2588 de 11 de diciembre de 2001 (Caso: *Interpretación de artículos del Código Orgánico Procesal Penal*), señaló que:

La duda que tal colisión suscita, es la de determinar si la norma contenida en la Ley Orgánica de la Corte Suprema de Justicia se estima simplemente derogada en virtud del principio *lex posterior derogat priori*, lo que haría innecesaria

102 Véase *Revista de Derecho Público*, N° 84, (octubre-diciembre), Editorial Jurídica Venezolana, Caracas, 2000, pp. 293 y ss.

103 Véase en general, Véase Carlos Pérez Fernández, "Las normas derogadas como objeto de control en la jurisdicción constitucional", en *Temas de Derecho Administrativo: Libro Homenaje a Gonzalo Pérez Luciani,* Volumen II. Editorial Torino, Caracas, 2002, pp. 503-560.

104 Caso: *Impugnación Ley de Presupuesto del Estado Amazonas*, (Exp. 02-0151). Véase *Revista de Derecho Público*, N° 93-96, Editorial Jurídica Venezolana, Caracas, 2003.

su nulidad a través de un acto judicial concreto dictado por esta Sala Constitucional, bastando al respecto la sola aplicación del precepto constitucional en vez del legal; o, por el contrario, la misma ha devenido inválida conforme al principio de que la ley superior deroga la inferior, lo que sí exigiría la emisión de una sentencia excluyente.

Aun cuando los efectos de ambas figuras convergen en la decadencia de la eficacia del precepto de que se trate, la cuestión reviste interés desde que la mera derogación y consiguiente aplicación preferente del precepto constitucional en asuntos menos obvios que el que ocupa a la Sala, podría lesionar la garantía de certeza en cuanto a cuáles normas que integran el ordenamiento jurídico se encuentran derogadas en virtud de la Cláusula Derogatoria Única de la Constitución, pues, si bien cabría esperar una razonable evaluación de la colisión por parte del universo de los tribunales, siempre habrá margen para el tratamiento dispar de casos semejantes. En cambio, anteponer al efecto derogatorio una definitiva declaración de invalidez sobrevenida con efectos pro futuro y *erga omnes*, redunda en la claridad del panorama jurídico en el que se desenvuelven tanto operadores judiciales como particulares.

A esta conclusión llegó la Sala en la primera sentencia en que le correspondió enfrentar esta cuestión. Se trata del fallo N° 1225/2000, Caso: *Ascánder Contreras Uzcátegui*. Allí, y luego de comentar las soluciones dadas por algunos órganos con funciones similares a las de esta Sala Constitucional (e incluso con un catálogo menor de competencias que este Juzgador), tales como el Tribunal Constitucional Federal alemán (Bundesverfassungsgericht), el Tribunal Constitucional italiano y el Tribunal Constitucional español, la Sala estableció que, como una consecuencia natural del principio de seguridad jurídica, así como del de protección constitucional, el que le correspondiese a esta instancia judicial declarar la invalidez sobrevenida -y la consecuente derogación- con efectos *erga omnes* y pro futuro de una norma de rango legal vía la Disposición Derogatoria Única constitucional, en virtud del monopolio que en materia de protección constitucional le asigna la Carta Magna. Suscribe así esta Sala la tesis de que, trátese de una norma posterior o anterior a la Constitución, el juicio de correspondencia entre una u otra con respecto a la misma, implica un análisis del contenido de la norma, por lo que su constitucionalidad o no devendría en causa de la derogación, y no ésta de aquélla[105].

En tercer lugar, la Sala Constitucional mediante sentencia N° 928 de 15 de mayo de 2002, había rectificado un absurdo criterio que había sentado precedentemente (sentencias N° 2353 de 23 de noviembre de 2001[106], N° 245 de 2002 y N° 254 de 2002) y que en definitiva le quitaba a algunas ordenanzas municipales el carácter de leyes locales que tienen (distinguiendo ordenanzas dictadas en ejecución directa de la Constitución y otras que supuestamente no lo serían), por lo que le había atribuido a la Sala Político Administrativa competencia para conocer de su impugnación,

---

105 Véase en *Revista de Derecho Público*, N° 85-88, Editorial Jurídica Venezolana, Caracas, 2001, pp. 420 y ss.

106 Caso: *Impugnación de la Ordenanza de Impuestos sobre Juegos y Apuestas del Municipio Iribarren del Estado Lara*, en *Revista de Derecho Público*, N° 85-88, Editorial Jurídica Venezolana, Caracas, 2001, pp. 375 y ss. En esa sentencia, entre otras apreciaciones sin sentido, la Sala llegó incluso a la absurda conclusión de que las leyes estadales no tenían rango legal, sino que se trataba de simples "actos generales de los Estados", *Idem*. p. 379.

como si se tratase de actos administrativos[107]; rectificación que había efectuado mediante sentencia del 7 de junio 2002 (Caso: *Iván Darío Badell- Recurso de Nulidad contra la Ordenanza sobre Terrenos y Ejidos de Propiedad Municipal del Municipio Acarigua, Distrito Páez del Estado Portuguesa*), y que ratificó mediante sentencia Nº 1535 de 2003 (Caso: *Impugnación de la Ordenanza sobre Juegos y Apuestas Lícitas del Concejo Municipal del Municipio Junín del Estado Táchira*), en la cual la Sala, en efecto, al interpretar el artículo 336,2 constitucional señaló:

> Dicho numeral trae una puntuación gramatical que se presta a diversas interpretaciones, ya que después de sentar como principio la declaración de la nulidad de las Constituciones y leyes estadales, separa con una coma ambos ordenamientos, de las ordenanzas municipales y demás actos de los cuerpos deliberantes de los Estados (consejos legislativos) y Municipios (concejos municipales) con los que los equipara, y agrega que el control concentrado (nulidad total o parcial) se decretará sobre ellos si son dictados en ejecución directa de la Constitución y que colidan con ella.
>
> Las ordenanzas municipales se dictan, por ejemplo, en ejecución directa de la Constitución, en todo lo que se refiere al artículo 178 constitucional, así como lo atinente a los ingresos municipales (artículo 179 *eiusdem*) y a las potestades tributarias del Municipio.
>
> Siendo el ejercicio de la jurisdicción para el control concentrado (nulidad por inconstitucionalidad), de la competencia de un juez específico para ello, es necesario que la ley disponga cuál es él, tal como lo hace la Constitución vigente con la Sala Constitucional, y ante el silencio de la ley con relación a los otros actos y ordenanzas atacables por nulidad, no pueden quedar tales actos y ordenanzas sin control concentrado...
>
> El ejercicio de la facultad legislativa que corresponde a los municipios, está limitada por la legislación determinada y su ejercicio puede considerarse derivado de la ejecución de competencias que les son atribuidas directamente por la Constitución. Por otra parte, entre las atribuciones de la Sala Constitucional indicadas en el artículo 336 de la Constitución, en el numeral 2, se establecen tres clases de normas susceptibles de control constitucional concentrado, las estadales, las municipales y cualquier otro acto en ejecución directa de la Constitución, sin que se efectúe ninguna distinción que pueda llevar a concluir que existan normas municipales que no sean controlables constitucionalmente, aunque violen las disposiciones constitucionales existentes, porque ellas no se consideren de ejecución directa de la Constitución.
>
> En virtud de lo expuesto y en aras de una mayor seguridad jurídica la Sala cambia de criterio, para considerar que el control constitucional de todas las ordenanzas municipales, mientras no se dicte la ley que expresamente establezca otra competencia y procedimiento, será de la competencia de la Sala Constitucional[108].

---

107 Véase en *Revista de Derecho Público*, Nº 89-92, Editorial Jurídica Venezolana, Caracas, 2002.

108 Véase *Revista de Derecho Público*, Nº 93-96, Editorial Jurídica Venezolana, Caracas, 2003.Véase en general, sobre las Ordenanzas como leyes locales, Véase Rafael Pérez Octavio, "El rango de las Ordenanzas Municipales a la luz de la reciente jurisprudencia emanada del Tribunal Supremo de Justicia", *Revista de Derecho Constitucional,* Nº 6, enero-diciembre-2002, Editorial Sherwood, Caracas, 2003, pp. 153 a 164; Mariela Nani Torres y Rafael Ortiz-Ortiz, "Naturaleza y régimen de competencia consti-

En cuarto lugar, en cuanto a los actos parlamentarios sin forma de ley, la Sala Constitucional ha ratificado el criterio de que se trata de actos dictados por la Asamblea Nacional en ejecución directa de la Constitución, siendo exclusivamente impugnables ante la misma[109].

Por último, en quinto lugar, en cuanto a la categoría de actos dictados en ejecución directa e inmediata de la Constitución, los mismos se refieren a la categoría de actos estatales que están regulados en la Constitución y sólo en ella, no siendo posible que se dicte alguna ley que regule su ejercicio. Por ello, por ser actos que sólo están sujetos a la Constitución, sólo están sometidos a ella, y sólo pueden estar sujetos al control de constitucionalidad por la Sala Constitucional. Ahora bien, en sentencia Nº 2748 de 20 de diciembre de 2001 (Caso: *Fiscal General de la República (Javier Elechiguerra) vs. Consejo Nacional Electoral*), la Sala Constitucional, lamentablemente, en lugar de precisar dicho concepto conforme a la teoría de la formación del derecho por grados (pirámide de Kelsen) que es uno de los principios fundamentales de nuestro constitucionalismo formal, lo distorsionó, al sentar el siguiente criterio:

> El artículo 334 citado atribuye a esta Sala el monopolio jurisdiccional para declarar la nulidad por inconstitucionalidad de las leyes y "demás" actos dictados en ejercicio del Poder Público por los poderes constituidos "en ejecución directa e inmediata de la Constitución o que tengan rango de ley". El artículo 336 *eiusdem*, en su numeral 4, atribuye a esta Sala, la competencia para declarar la nulidad por inconstitucionalidad de los actos dictados en ejercicio del Poder Público y en ejecución inmediata y directa de la Constitución, por cualquier órgano estatal distinto al Poder Ejecutivo Nacional; en su numeral 3, le atribuye competencia para declarar la nulidad por inconstitucionalidad de los actos con rango de ley dictados por el Ejecutivo Nacional (con excepción de los reglamentos cuya nulidad le compete a la Sala Político Administrativa conforme al numeral 5 del artículo 266 *eiusdem*); y en su numeral 2, atribuye a esta Sala la competencia para declarar la nulidad por inconstitucionalidad de los actos dictados en ejecución directa e inmediata de la Constitución por los cuerpos deliberantes de los estados y municipios, tales como constituciones y leyes estadales y ordenanzas municipales pero sin excluir otros actos de igual rango, es decir que tal como dijo esta Sala en su sentencia de 27 de enero de 2000 (Caso: *Milagros Gómez y otros*) "el criterio acogido por el Constituyente para definir las competencias de la Sala Constitucional, atiende al rango de las actuaciones objeto de control" y exige que dichas actuaciones sean dictadas en ejecución directa de normas constitucionales, lo que, en criterio de esta Sala significa que la competencia para ejecutar dichos actos esté de tal manera, clara e indubitable, atribuida por la Constitución al órgano ejecutante que no requiera de una ley habilitante que regule su ejercicio y que, la misma Constitución no lo reserve (su ejercicio) a la creación de una ley por el Poder Legislativo.

---

tucional en la impugnación de las ordenanzas municipales", *Temas de derecho administrativo, Libro Homenaje a Gonzalo Pérez Luciani,* Vol. II, Tribunal Supremo de Justicia, Colección Libros Homenaje, Nº 7, Caracas, 2002, pp. 141 a 225.

109 Véase las Sentencia Nº 357 de 11-05-2000, en *Revista de Derecho Público*, Nº 82, (abril-junio), Editorial Jurídica Venezolana, Caracas, 2000, p. 447.

Si bien esta Sala afirmó, en su sentencia de 20 de enero de 2000 (Caso: *Emery Mata*), que "es principio aceptado en la doctrina constitucional, que los preceptos orgánicos son de inmediata aplicación por todos los poderes públicos, y, en particular, por los órganos a los que la disposición constitucional se refiere. Existan o no las normas que desarrollen la regulación constitucional, ésta es plenamente eficaz por sí misma y, por lo tanto, establecen pautas para el funcionamiento del órgano al que se refiera la norma constitucional", no es menos cierto que la Constitución contiene normas que establecen principios, valores y lineamientos que si bien son plenamente eficaces no contienen prescripciones para una determinada y específica conducta en una situación concreta sino que enuncian o definen valores y principios que deben estar presentes en todo acto que dimane del Estado y de la Nación y, así también, contiene otras que atribuyen a los ciudadanos derechos, organizan el Estado, crean sus órganos y les atribuyen competencias específicas, reservando, en ocasiones, el ejercicio de algunas de ellas a las determinaciones que establezca la ley respectiva y, es en este último caso, cuando la misma Constitución reserva a la ley la determinación del modo de ejercicio del derecho y sus limitaciones o restricciones o la forma de ejercicio de una función publica, que no existe, ejecución inmediata y directa de la Constitución. Pero cuando el derecho o la función se encuentran consagrados de tal manera que nada obsta a su ejercicio, que no requiere ser desarrollado ni sustancial ni formalmente y, además, la misma norma fundamental no reserva la forma y limitaciones de su ejercicio a la ley, entonces, entiende esta Sala, que se trata de una norma directa e inmediatamente aplicable y, por lo tanto, directa e inmediatamente ejecutable.

Puede afirmarse, que la calificación de acto dictado en ejecución directa de la Constitución, esta referida a la forma de cómo un determinado acto jurídico se articula con las normas constitucionales, es decir si su ejecución obedece en primer término a una disposición legal que regula su práctica o si deriva directamente de una norma constitucional que no requiere de ley alguna que regule el ejercicio del derecho o de la atribución que fundamenta el acto. Es un hecho bastante generalizado que los derechos fundamentales y la normativa que se refiere a la creación de órganos de los poderes públicos y su habilitación, en la mayoría de las constituciones vigentes en distintos países, son considerados de aplicación inmediata y directa[110].

En realidad, en esta sentencia la Sala confundió dos principios constitucionales: una cosa es el principio de la aplicación directa e inmediata de las normas constitucionales que en materia de derechos fundamentales o de competencia de los órganos del Poder Público no requieren (pero no excluyen) la existencia previa de leyes para ser aplicadas (este es el criterio desarrollado en la sentencia); y otra cosa es el rango que tiene los diversos actos del Poder Público en ordenamiento jurídico en relación con la Constitución, en el sentido de que algunos son dictados en ejecución directa e inmediata de la Constitución (rango legal) no siendo posible su regulación por ley y otros lo son en ejecución directa e inmediata de la legislación e indirecta y mediata de la Constitución (rango sublegal).

110 Véase *en Revista de Derecho Público*, N° 85-88, Editorial Jurídica Venezolana, Caracas, 2001, pp. 389-390.

En efecto, se insiste en la sentencia citada, la Sala Constitucional confundió la noción de actos estatales de ejecución directa e inmediata de la Constitución, con las normas constitucionales de aplicación directa e inmediata: los primeros, los actos de "ejecución directa e inmediata de la Constitución" no sólo no requieren de ley alguna que los regule, sino que constitucionalmente no podría dictarse ley alguna que se interponga entre la norma constitucional y el acto estatal. Por ello es que se dice que son actos dictados en ejecución directa e inmediata de la Constitución, es decir, de rango legal conforme a la teoría de la formación escalonada del orden jurídico, que están sometidos al control de constitucionalidad por parte de la Sala Constitucional (Jurisdicción constitucional), ya que no son actos en cuya emisión el órgano respectivo pueda estar condicionado por la ley alguna. Otra cosa son las normas constitucionales de "aplicación directa e inmediata" de la Constitución, que no requieren de ley alguna para su aplicación, pero que no excluyen su necesaria sanción. Los actos que se dicten para ejecutar estas normas son actos administrativos que por ser de rango sublegal están sometidos no sólo a la Constitución sino a la ley, y por eso es que su control corresponde a la Jurisdicción contencioso-administrativa a la Jurisdicción contencioso electoral, en su caso.

Ahora bien, con las precisiones anteriores, y como la casi totalidad de las Jurisdicciones Constitucionales que muestra el derecho comparado, la competencia que corresponde a la Sala Constitucional del Tribunal Supremo de Justicia, como Jurisdicción Constitucional, se caracteriza única y exclusivamente por *el objeto* de control: sólo se refiere a los actos estatales dictados en ejecución directa e inmediata de la Constitución (donde se incluyen las leyes) y a ningún otro; por lo que *no es* una Jurisdicción que se pueda caracterizar por el *motivo* de control (inconstitucionalidad)[111].

Esto lo ha establecido claramente la propia Sala Constitucional del Tribunal Supremo en sentencia N° 6 de 27 de enero de 2000 (Caso: *Milagros Gómez y otros)* al señalar lo siguiente:

> De lo anterior emerge, de forma indubitable, que el criterio acogido por el Constituyente para definir las competencias de la Sala Constitucional, atiende *al rango de las actuaciones objeto de control*, esto es, que dichas actuaciones tienen una relación directa con la Constitución, por ser en unos casos actos dictados en ejecución directa e inmediata de la misma, y, en otros, omisiones de obligaciones indispensables para garantizar el cumplimiento de la Constitución. Así las cosas, *la normativa constitucional aludida imposibilita una eventual interpretación que tienda a identificar las competencias de la Sala Constitucional con los vicios de inconstitucionalidad que se imputen a otros actos o con las actuaciones de determinados funcionarios u órganos del Poder Público*[112].

En sentido coincidente se ha pronunciado la Sala Político Administrativa del Tribunal Supremo en sentencia N° 713 de 30 de marzo de 2000, así:

> En este sentido, la Sala observa que, conforme al nuevo ordenamiento constitucional, el control concentrado de constitucionalidad *de algunos actos*, como

111 Véase Allan R. Brewer-Carías, *Judicial Review in Comparative Law, op. cit.* pp. 190.

112 Véase *Revista de Derecho Público*, N° 81, (enero-marzo), Editorial Jurídica Venezolana, Caracas, 2000, p. 159.

los normativos, dictados por los cuerpos deliberantes a todos los niveles político territoriales, los dictados en ejecución directa e inmediata de la Constitución y, los que tengan rango de ley, se llevan ante la Sala Constitucional como órgano especializado que ejerce la jurisdicción constitucional. Este control concentrado de la constitucionalidad lo llevaba la Corte en Pleno -bajo la vigencia de la Constitución de 1961- respecto a *ciertos actos,* como eran los contemplados en los ordinales 3°, 4° y 6 del artículo 215 de la Constitución de 1961[113].

En todo caso, de lo anterior resulta que lo que se atribuye a la Sala Constitucional no es el control concentrado de la constitucionalidad de la totalidad *de los actos estatales* sino sólo el control concentrado de la constitucionalidad respecto a *determinados y específicos actos estatales:* los dictados por los órganos que ejercen el Poder Público denominados leyes o de rango legal o en ejecución directa e inmediata de la Constitución.

Al crearse en el texto constitucional la Sala Constitucional como órgano especializado del Tribunal Supremo para ejercer la "Jurisdicción Constitucional", ello se pensó así, deliberadamente, siguiendo la evolución del sistema venezolano. Por ello, no es cierto, como lo indica la "Exposición" que en la Asamblea Nacional Constituyente se hubieran presentado "algunas propuestas con el objeto de crear una Corte o Tribunal Federal Constitucional, en lugar de una Sala Constitucional en el Tribunal Supremo de Justicia"[114]. Ninguna propuesta en tal sentido se consideró en la Comisión Constitucional, donde se elaboró el articulado del Capítulo, ni en las plenarias de la Asamblea Nacional Constituyente y, por nuestra parte, estamos convencidos de la inconveniencia e inoportunidad de tal propuesta en nuestro país, por los conflictos innecesarios que podría originar[115]. Si las atribuciones asignadas a la Sala Constitucional del Tribunal Supremo en pocos meses han originado los conflictos que se comentan en estas páginas, por el control que sobre ella ha ejercido el poder político; la creación de una Corte Constitucional, incluso separada del Poder Judicial, controlada por el poder político, hubiese sido catastrófica desde el punto de vista del Estado de Derecho; y si a la Sala Constitucional se le pueden atribuir "el carácter y las competencias que tiene en derecho comparado cualquier Corte o Tribunal Constitucional" como lo dice la "Exposición", entonces era y es totalmente innecesario crear un Tribunal Constitucional aparte y paralelo al Tribunal Supremo, que pudiera tender a erigirse en el único intérprete de la Constitución, por encima del mismo Tribunal Supremo de Justicia, como en cierta forma lo ha pretendido la propia Sala Constitucional.

B. *La Jurisdicción Constitucional y la garantía de la Constitución*

Precisamente por ello es que, deliberadamente, en la Constitución se indica que el Tribunal Supremo de Justicia (no la Sala Constitucional) es el que:

> Garantizará la supremacía y efectividad de las normas y principios constitucionales: será el máximo y último intérprete de la Constitución y velará por su uniforme interpretación y aplicación (art. 335, primer aparte).

---

113 Véase *Revista de Derecho Público*, N° 81, Editorial Jurídica Venezolana, Caracas, 2000, p. 160.

114 Como lo indica José Vicente Haro, "La justicia constitucional..." *loc. cit.,* p. 136. Véase las apreciaciones contrarias de Jesús María Casal, Constitución y Justicia Constitucional, *op. cit.*, p. 107.

115 Véase nuestra posición en Allan R. Brewer-Carías, *Debate Constituyente,* Tomo II, *op. cit.,* p. 249.

Adicionalmente, dicha norma constitucional establece que el valor de las interpretaciones constitucionales que, en particular, establezca la Sala Constitucional sobre el contenido o alcance de las normas y principios constitucionales, "son vinculantes para las otras Salas del Tribunal Supremo de Justicia y demás tribunales de la República". Se le da, así, a las interpretaciones constitucionales establecidas por la Sala, valor de precedente, de obligatoria aplicación por los demás tribunales y, además, por las otras Salas del Tribunal Supremo. Sin embargo, ello no excluye la competencia de las otras Salas para tomar decisiones en materia constitucional e interpretar la Constitución, al aplicarla en los casos concretos que conozcan. Como hemos señalado, todas las Salas son, en sí mismas, el Tribunal Supremo.

La sentencia citada de la Sala Constitucional del 20-01-2000 (Caso *Emery Mata Millan*), sin embargo, a pesar de que reconoce la competencia de todos los Tribunales, incluyendo las otras Salas, para asegurar la integridad de la Constitución, indica que "ello no les permite conocer mediante la acción de amparo las infracciones que se les denuncian", lo cual es simplemente incomprensible.

En todo caso, se insiste, la cualidad y potestad de garantizar la supremacía constitucional y ser último y máximo interprete de la Constitución corresponde a todas las Salas del Tribunal Supremo, cada cual conforme a su competencia, y nada autoriza derivar de un texto tan preciso como el del artículo 335 (primer aparte), como lo hace la "Exposición de Motivos", que esas "cualidad y potestades" las posee:

> Únicamente en Sala Constitucional dado que ésta ejerce con exclusividad el control concentrado de la constitucionalidad.

Esta afirmación de la "Exposición" es falsa porque no es cierto, como se ha dicho anteriormente, que la Sala Constitucional ejerza "con exclusividad el control concentrado de la constitucionalidad" ya que los órganos de la Jurisdicción Contencioso Administrativa y de la Jurisdicción Electoral también ejercen el control concentrado de la constitucionalidad. Lo que es exclusivo de la Sala Constitucional es el ejercicio del control concentrado de la constitucionalidad *sobre ciertos actos estatales:* las leyes y demás actos de rango legal y los dictados en ejecución directa e inmediata de la Constitución, correspondiendo a la Sala Político Administrativa, a la Sala Electoral y a los demás Tribunales de la Jurisdicción Contencioso-Administrativa y Electoral ejercer el control concentrado de la constitucionalidad respecto de los actos administrativos.

C. *La exclusión del objeto de control de la Sala Constitucional de las sentencias de las otras Salas del Tribunal Supremo (salvo mediante el recurso extraordinario de revisión)*

Por otra parte, debe destacarse también el ilegítimo principio formulado en la "Exposición", de que las Salas del Tribunal Supremo no serían "Tribunal Supremo" y sus sentencias podrían ser revisadas por la Sala Constitucional.

En efecto, de acuerdo con el artículo 262 de la Constitución, el Tribunal Supremo funciona en Sala Plena y en las Salas Constitucional, Político-Administrativa, Electoral, de Casación Civil, de Casación Penal y de Casación Social. Todas las Salas, por tanto, constituyen el Tribunal Supremo de Justicia, cada cual con su específica integración y competencia, y no hay Sala alguna que esté por encima de otra, o que se desligue del Tribunal Supremo. Cuando una Sala decide, decide el Tribunal Supremo de Justicia como máximo Tribunal de la República, por lo que dichas sentencias no pueden ser revisadas por ninguna otra instancia judicial superior que no existe[116].

Consideramos que sería totalmente contrario a la Constitución, por tanto, la "sugerencia" u "orientación" que pretende formular la "Exposición" en el sentido de que:

> La ley deberá consagrar un mecanismo de carácter extraordinario mediante el cual la Sala Constitucional pueda revisar los actos o sentencias de las demás Salas del Tribunal Supremo de Justicia que contraríen la Constitución o las interpretaciones que sobre sus normas o principios haya previamente fijado la Sala Constitucional...[117]

La misma "Exposición" más adelante, en sentido similar errado, señala que:

> En todo caso, la ley orgánica respectiva garantizará que ningún órgano del Poder Público quede fuera del control constitucional, estableciendo entre otros aspectos, la competencia de la Sala Constitucional para controlar la constitucionalidad de las actuaciones de las demás Salas del Tribunal Supremo de Justicia, mediante el mecanismo extraordinario que considere más adecuado.

Ante esta extraña e inaceptable "sugerencia", debe señalarse lo siguiente:

En *primer lugar*, de acuerdo con el texto constitucional, en ningún caso podría admitirse que el Tribunal Supremo de Justicia es sólo "Supremo" en una Sala y no lo es en las otras. Ello no es lo que regula la Constitución que considera como parte del Tribunal Supremo de Justicia, igualmente "Supremas", a todas sus Salas las cuales al sentenciar, sentencian como "Tribunal Supremo de Justicia" en los casos que conocen conforme a sus respectivas competencias.

En *segundo lugar,* no es posible constitucionalmente hablando, que se someta a "control concentrado de constitucionalidad" ante la Sala Constitucional algún acto o sentencia de las otras Salas del Tribunal Supremo, las cuales, como toda sentencia, son esencialmente de rango sublegal, es decir, no son actos estatales dictados en ejecución directa e inmediata de la Constitución. Por ello no podría establecerse un recurso u otro "mecanismo de carácter extraordinario" para ser ejercido contra las sentencias de las Salas del Tribunal Supremo (¿incluyendo la Sala Plena?), por ante la Sala Constitucional. Ello convertiría a la Sala Constitucional en la única realmente "suprema", sustituyendo al Tribunal Supremo de Justicia en tal supremacía.

Si una Sala del Tribunal Supremo no acata una interpretación constitucional vinculante establecida por la Sala Constitucional, ello lo que podría originar sería una controversia constitucional, que tendría que ser resuelta por la propia Sala Constitucional, conforme a lo establecido en el ordinal 9 del artículo 336, pero sin que ésta pueda convertirse en órgano revisor de las sentencias de las otras Salas. Además, para que pueda darse la controversia es necesario que la interpretación vinculante establecida por la Sala Constitucional, lo sea realmente, indicando con precisión, en

---

116 Véase los comentarios de Jesús María Casal, *Constitución y Justicia Constitucional*, *op. cit.*, p. 110.

117 La Sala Constitucional, sin embargo, le ha dado pleno valor a dicha sugerencia de la Exposición de Motivos, desarrollando con base en la misma, su potestad para revisar de manera extraordinaria sentencias incluso dictadas por las otras Salas. Véase las sentencias de 09-03-2000 (Caso: *José Alberto Zamora Quevedo*), de 07-06-2000 (Caso: *Mercantil Internacional, C.A.*), y N° 93 de 06-02-2001 (Caso: *Olimpia Tours and Travel vs. Corporación de Turismo de Venezuela*), en *Revista de Derecho Público*, N° 85-88, Editorial Jurídica Venezolana, Caracas, 2001, pp. 408.

la sentencia respectiva, cómo debe interpretarse la norma constitucional, decisión que, además, debe publicarse en *Gaceta Oficial*.

En todo caso, debe señalarse que si bien es cierto, como lo explica la "Exposición" que "todo acto del Poder Público, sin excepción, debe estar sometido al control constitucional", por lógica, ello excluye a las sentencias del Tribunal Supremo de Justicia. No tiene lógica alguna que con este aserto se pretenda establecer un control de la constitucionalidad de las sentencias de las Salas del Tribunal Supremo a ser ejercido por la Sala Constitucional, y se excluya de dicho control a las sentencias de la propia Sala Constitucional. El absurdo de esta situación pone en evidencia la ilegitimidad del planteamiento.

La Sala Constitucional, sin embargo, en sentencia N° 520 de 7 de junio de 2000 y N° 1115 de 4 de octubre de 2000 (Caso: *Judith Andrade vs. Tribunal Supremo de Justicia)* ya había anunciado que las sentencias de las demás Salas del Tribunal Supremo podrían ser revisadas por la Sala Constitucional, al señalar:

> En este orden de ideas, y en atención al principio de supremacía constitucional, del cual deriva el indiscutible carácter normativo de todos sus preceptos, así como de la potestad de tutela constitucional que de manera novedosa le asigna la Constitución, esta Sala deja a salvo la posibilidad normativa de revisar los actos o sentencias de las demás Salas del Tribunal Supremo de Justicia que contraríen la Constitución o las interpretaciones que sobre sus normas o principios haya fijado previamente, según lo dispuesto en los artículos 334 y 335 de la Constitución de la República Bolivariana de Venezuela, y así lo ha venido expresando esta Sala Constitucional en muchas de sus decisiones, como en la sentencia N° 520 de 07 de junio de 2000, donde se lee lo siguiente:
>
>> En consecuencia, por constituir la facultad de revisión de los actos o sentencias dictadas por los tribunales de la República y de las otras Salas de este Tribunal Supremo, en especial en materia de amparo, una disposición constitucional vinculante para el funcionamiento de esta Sala, no obstante que no se ha promulgado la ley orgánica correspondiente, puede este órgano jurisdiccional, en resguardo del orden público constitucional, ejercer esa facultad en interés de la aplicación y correcta interpretación de los valores constitucionales, lo que a su vez es exigido por el ordinal 10 del artículo 336 de la vigente Constitución.[118]

Posteriormente, en sentencia N° 33 de 25 de enero de 2001 (Caso: Revisión de la sentencia dictada por la Sala de Casación Social del Tribunal Supremo de Justicia de fecha 10 de mayo de 2001, interpuesta por Baker Hugher S.R.L), la Sala Constitucional, al analizar el artículo 336 de la Constitución como un sistema de salvaguarda de la Constitución, señaló:

> 1.- Desde esta perspectiva, tiene firme asidero la posibilidad de que este Máximo Intérprete revise decisiones, autos o sentencias de las demás Salas del Tribunal Supremo de Justicia que contraríen la Constitución o las interpretaciones que sobre sus normas o principios haya fijado la Sala. Ello es así, en primer lugar, desde que dichos operadores judiciales están también, a tenor de lo que expresa el primer párrafo del artículo 334 de la Constitución "*...en la obligación de asegurar la integridad*

118 Véase en *Revista de Derecho Público*, N° 84, (octubre-diciembre), Editorial Jurídica Venezolana, Caracas, 2000, p. 257.

> *de esta Constitución*". De igual modo, están obligadas las demás Salas, conforme al primer párrafo del artículo 335 constitucional, a garantizar "...*la supremacía y efectividad de las normas y principios constitucionales*", y serán, *en sus respectivas jurisdicciones y según sus competencias*, los máximos y últimos intérpretes de esta Constitución. Asimismo, *en sus respectivas jurisdicciones y según sus competencias*, velarán por su uniforme interpretación y aplicación. Ello significa que las demás Salas están siempre vinculadas directamente a los principios y normas de su competencia, por lo que su tarea interpretativa la cumplen conforme a la potestad que les confiere la Constitución; del mismo modo, a esta Sala Constitucional corresponde la jurisdicción constitucional y la protección de la Constitución, como lo disponen los artículos 266.1, 334.1, 335 y 336.1 *eiusdem*.
>
> Dicha potestad de revisión se deduce positivamente del artículo 335 *eiusdem*, cuando afirma que las "interpretaciones que establezca la Sala Constitucional sobre el contenido y alcance de las normas y principios constitucionales son vinculantes para las otras Salas del Tribunal Supremo de Justicia y demás Tribunales de la República". Tal vinculación no podría ser meramente ética, como lo era la Ley para el Monarca en un estadio de la evolución política del Estado Moderno, quien estaba supuesto a cumplirla en tanto código valorativo de conducta, pero no existía poder alguno, más que su propia conciencia, para hacer que la cumpliera.
>
> No estamos frente a una situación siquiera parecida a la que fue objeto de la reseña anterior. Nuestra Constitución, por el contrario, al vincular a las demás Salas de este Tribunal Supremo a la doctrina de la Sala Constitucional (artículo 334, primer párrafo y artículo 335, segundo párrafo), según el principio de supremacía de la Constitución, y al dar potestad a esta Sala Constitucional para tutelar la Carta Magna como cúspide de la Jurisdicción Constitucional, en ejercicio del Poder de Garantía Constitucional, deviene, pues, autorizada para revisar tanto las decisiones que dicten las demás Salas en contravención de la Norma Fundamental, como en oposición a las interpretaciones que de la Constitución asiente la Sala Constitucional[119].

En la misma sentencia, la Sala Constitucional sobre el alcance de la revisión extraordinaria de sentencias de las demás Salas del Tribunal Supremo, lo siguiente:

> 1.- La potestad de revisión abarca, pues, tanto las decisiones que se denuncien violatorias de la doctrina de la Sala Constitucional, como las decisiones que infrinjan principios o reglas de rango constitucional, siempre que hubieren sido dictadas con posterioridad a la entrada en vigencia de la Constitución. Ello en razón de que sería un contrasentido que la Sala Constitucional (órgano en ejercicio del Poder de Garantía Constitucional), pueda vincular con sus decisiones a las demás Salas (cúspides en sus respectivas jurisdicciones: penal, civil, político-administrativa, social, electoral, plena), pero que éstas no estuvieran vinculadas a la Constitución más que formalmente, y sus posibles decisiones inconstitucionales, no estén sujetas a ningún examen. No es lógico que la fuente del ordenamiento político-jurídico de nuestro país no pudiera, según esta tesis, contrastarse con las decisiones de las demás Salas, pero, que sí cupiera el contraste de estas decisiones con la doctrina de la Sala Constitucional, que es realización de esa Norma Fundamental.
>
> Tal conclusión resulta, por decir lo menos, constitucional. Tanto como pretender que sólo tienen opción de solicitar la revisión de tales sentencias, aquellos ciudadanos cuyos casos hayan felizmente coincidido con una sentencia previa de esta Sala

119 Véase en *Revista de Derecho Público*, N° 85-88, Editorial Jurídica Venezolana, Caracas, 2001, pp. 403-404.

Constitucional donde se haya vertido algún criterio vinculante para las demás Salas. Si la Sala Constitucional nada ha dicho al respecto, ¿el ciudadano debe soportar la violación a sus derechos o garantías constitucionales por esa sola razón?. Por otra parte, cabría formular otra pregunta: ¿cuánto tiempo debe pasar antes que la Sala logre desarrollar una doctrina densa, amplia y diversa sobre aspectos fundamentales, que haga posible cumplir esta garantía de revisión?. Esta Sala considera que tal postura sería incorrecta, en razón de que los ciudadanos no pueden quedar en la incertidumbre, sujetos a que tal doctrina se desarrolle[120].

D. *La acción popular*

Ahora bien, en relación con el control concentrado de la constitucionalidad de las leyes y demás actos estatales de rango legal o dictados en ejecución directa de la Constitución, que ejerce la Sala Constitucional como Jurisdicción Constitucional, lo más importante a destacar comparativamente del sistema venezolano, es que la legitimación activa para intentar las acciones corresponde a cualquier persona, configurándose la acción, como una *actio popularis.*

En tal sentido, el artículo 112 de la derogada Ley Orgánica de la Corte Suprema de Justicia de 1976 estableció que la legitimación activa para ejercer la acción de inconstitucionalidad correspondía a "toda persona natural o jurídica plenamente capaz, que sea afectada en sus derechos o intereses por Ley, reglamento, ordenanza u otro acto de efectos generales emanado de alguno de los cuerpos deliberantes nacionales, estadales o municipales o del Poder Ejecutivo Nacional." La Ley Orgánica, en esa forma acogió la doctrina de la acción popular en materia de impugnación de actos de efectos generales[121].

Sin embargo, en cuanto a la popularidad de la acción, la Ley Orgánica de 1976 estableció una restricción, al exigir que el acto impugnado, en alguna forma afectase los "derechos o intereses" del recurrente[122]. Esta precisión podía incluso considerarse que, en cierta forma, restringiría la popularidad de la acción a límites razonables, al exigir la lesión de los derechos o intereses del recurrente, que podía ser un simple interés, aun cuando específico. Por ejemplo, si se trataba de una ley de un Estado, al menos se requería ser residente de dicho Estado o tener bienes o intereses en el mismo, de manera que la ley impugnada pudiera lesionar los intereses del recurrente, y éste pudiera tener un simple interés en la constitucionalidad de la ley. Si por ejemplo, se trataba de la impugnación de una Ordenanza Municipal se exigía, al menos, que el recurrente fuera residente del Municipio respectivo o, por ejemplo, tuviera bienes en él, de manera que sus derechos o su simple interés pudieran ser lesionados.

120 *Idem*, pp. 404 y 405. La admisibilidad del recurso de revisión contra las sentencias de las otras Salas se ha reiterado en sentencia N° 93 de 06-02-2001 (Caso: *Olimpia Tours and Travel vs Corporación de Turismo de Venezuela*), en *Revista de Derecho Público*, N° 85-88, Editorial Jurídica Venezolana, Caracas, 2001, pp. 406 y ss.

121 Véase Allan R. Brewer-Carías, *La Justicia Constitucional,* Tomo VI, *Instituciones Políticas y Constitucionales, op. cit.*, pp. 144 y ss.

122 *Cfr.* Allan R. Brewer-Carías, *Las garantías constitucionales de los derechos del hombre,* Caracas, 1976, p. 53.

Si se trataba de una ley nacional, en cambio, en principio, cualquier habitante del país, con capacidad jurídica plena, podía impugnar la ley pues su interés simple en la constitucionalidad estaría lesionado por la ley inconstitucional. Sin embargo, aún en estos casos, algunas limitaciones a la legitimación activa podían haber surgdo: si se trataba, por ejemplo, de la impugnación de una ley que estableciera una discriminación respecto a las mujeres, violatoria de la Constitución por discriminatoria, la acción, en principio, no hubiera podido ser intentada sino por una mujer[123]. La Ley Orgánica de 1976, sin quitarle la popularidad de la acción, podía entonces considerarse que la restringió al grado de la existencia de una lesión potencial al interés del recurrente, por su residencia, por su condición o por la situación de sus bienes.

En este sentido, la Corte Suprema de Justicia en Corte Plena, con motivo de la impugnación por vía de acción popular del Código Orgánico Tributario, conforme a esa norma, apreció la legitimación del accionante en su condición de contribuyente así:

> Tal como se alega en la demanda, la accionante –persona jurídica constituida-aparece con el interés legítimo que exige el artículo 112 de la Ley de la Corte para demandar la nulidad de disposiciones del Código Orgánico Tributario que es un acto legislativo de efectos generales, por cuanto es contribuyente de impuesto sobre la renta que solicitó reintegro, y por eso le conciernen las normas del Código Orgánico Tributario, en especial las que son objeto de la nulidad demandada en este caso"[124].

En todo caso, las dudas acerca de la extensión de la restricción a la popularidad de la acción[125] fueron dilucidadas por la antigua Corte Suprema de Justicia, la cual había considerado que la exigencia del derogado artículo 112 de la Ley Orgánica en el sentido que la ley impugnada afectase los derechos e intereses del accionante, no significaba que la acción popular se hubiera eliminado, ni que se hubiese establecido una especial exigencia de legitimación activa para solicitar ante la Jurisdicción Constitucional el ejercicio del control de la constitucionalidad. El objetivo de la acción popular, dijo la Corte, es la "defensa objetiva de la majestad de la Constitución y de su supremacía", y si es cierto que la antigua Ley Orgánica de la Corte Suprema requería que el accionante fuera afectado "en sus derechos e intereses", esta expresión debía interpretarse en forma "rigurosamente restrictiva"[126]. Con base en ello, la antigua Corte Suprema de Justicia, llegó a la conclusión de que:

> cuando una persona ejerce el recurso de inconstitucionalidad en los términos del artículo 112 de su ley, *debe presumirse*, al menos relativamente, que el acto recurrido en alguna forma afecta los derechos o intereses del recurrente en su condición de ciudadano venezolano, salvo que del contexto del recurso aparezca manifiestamente

---

123 Véase en contrario la sentencia de la Corte Suprema de Justicia en Sala Plena de anulación del art. 970 del Código de Comercio, en *Jurisprudencia de Ramírez y Garay*, 1er semestre, 1964, p. 599, *cit.*, por Humberto J. La Roche, *El control jurisdiccional de la constitucionalidad en Venezuela y Estados Unidos,* Maracaibo 1972, p. 100.

124 Véase la sentencia de 15-10-85 en *Revista de Derecho Público,* N° 25, Editorial Jurídica Venezolana, Caracas, 1986, p. 110.

125 Véase L.H. Farías Mata, "¿Eliminada la Acción Popular del Derecho Positivo Venezolano?", en *Revista de Derecho Público,* N° 11, Editorial Jurídica Venezolana, Caracas, 1982, pp. 5-18.

126 Sentencia de la Corte en Pleno de 30-06-82, en *Revista de Derecho Público*, N° 11, Editorial Jurídica Venezolana, Caracas, 1982, p. 138.

lo contrario, o que el mismo fuere declarado inadmisible conforme al artículo 115 de la ley de la Corte [127].

Más recientemente, ya en vigencia la Constitución de 1999, la Sala Constitucional en sentencia N° 1077 de 22 de agosto de 2001, puntualizó sobre la legitimación activa en la acción popular, lo siguiente:

> Por otra parte, existe en nuestro ordenamiento la acción popular de inconstitucionalidad, donde cualquier persona capaz procesalmente tiene interés procesal y jurídico para proponerla, sin necesidad de un hecho histórico concreto que lesione la esfera jurídica privada del accionante. Es el actor un tutor de la constitucionalidad y esa tutela le da el interés para actuar, haya sufrido o no un daño proveniente de la inconstitucionalidad de una ley. Este tipo de acciones populares es excepcional[128].

El tema de la legitimación activa para intentar la acción de inconsttiucionalidad de los actos normativos, en todo caso, se resolvió definitivamente en el artículo 32 de la Ley Orgánica del Tribunal Supremo de Justicia, al calificarla como una "demanda popular de inconstitucionalidad" (*actio popularis*).

El tema de la legitimación activa para intentar la acción de inconsttiucionalidad de los actos normativos, en todo caso, se resolvió definitivamente en el artículo 32 de la Ley Orgánica del Tribunal Supremo de Justicia, al calificarla como una "demanda popular de inconstitucionalidad" (*actio popularis*).

Esta popularidad de la acción de inconstitucionalidad, fue constatada por la Sala Constitucional N° 796 de 22 de julio de 2010 (Caso: Asociación civil SUMATE, Francisco Javier Suárez y otros), en la cual indicó que:

> "por regla general, se ha establecido que la acción de nulidad por inconstitucionalidad es una acción popular que puede ser ejercida por cualquier ciudadano, vale decir, que toda persona tiene, en principio, la cualidad o interés procesal para la impugnación de las leyes o actos con rango de ley, por medio de la acción de nulidad por inconstitucionalidad. Dicho en otros términos, la legislación venezolana no exige un interés procesal calificado, ni por la posible existencia de una especial situación de hecho que vincule alguna posición jurídico-subjetiva con cierta norma legal (individualizada), ni por el ejercicio de un cargo público, sea de representación popular o sea dentro del Poder Ciudadano". [129]

Sin embargo, en la misma sentencia, a renglón seguido, la Sala Constitucional le negó legitimación a una Asociación civil que tenía por objeto "promover en todas las formas posibles de la democracia como sistema de convivencia social dentro del marco de la libertad y el respeto a los derechos humanos,"[130] para intentar una acción de inconstitucionalidad contra actos del Consejo Nacional Electoral en relación con la convocatoria del referendo aprobatorio de la enmienda constitucional celebrado en febrero de 2009. Y ello lo hizo la Sala Constitucional después de constatar

---

127 *Idem.* De acuerdo a este criterio, por tanto, como lo ha dicho la Corte Suprema en Sala Plena, la acción popular en definitiva "puede ser ejercida por cualquier ciudadano plenamente capaz". Sentencia de 19-11-85, en *Revista de Derecho Público*, N° 25, Editorial Jurídica Venezolana, Caracas, 1986, p. 131.

128 Caso: *Servio Tulio León Briceño*.

129 Véase en http://www.tsj.gov.ve/decisiones/scon/Julio/796-22710-2010-09-0555.html

130 Se trató de la Asociación Civil Súmate, que ha venido realizando en el último lustro, destacadas actividades de promoción y control electoral dentro del marco democrático.

que la Asociación, con toda legitimidad, primero, buscaba "...liderizar o cooperar con iniciativas" que repercutían directamente sobre rasgos fundamentales de la democracia, con el "fin pretender guiar al Pueblo Venezolano en la adopción de posiciones políticas;" segundo, que en el pasado, parcialmente, habría recibido financiamiento del *National Endowment For Democracy"* –lo que en el marco del ordenamiento venezolano no tenía nada de ilegítimo-, entidad que la Sala calificó como "una organización vinculada financiera e ideológicamente a la política de otra nación," pues esta "supervisada y recibe permanentemente fondos del Congreso de los Estados Unidos;" tercero que tal financiamiento constituía, "una típica manifestación de la política intervencionista de una potencia extranjera para incidir en los asuntos internos del Estado venezolano;" y cuarto, que asignar de "manera mediata" dichos recursos a la Asociación, "a los fines de '*liderizar*' a un sector de la población que se presenta opositor al gobierno legítimo y democrático de la República," ello supuestamente "representa una franca lesión de la autonomía funcional que demanda la actuación pública y, dentro de ésta, a los procesos políticos internos del Estado venezolano, concretamente los actos preparatorios del proceso de enmienda constitucional." En consecuencia, la Sala Constitucional, pura y simplemente, sin autoridad alguna para ello, desestimó la cualidad de la Asociación civil "para interponer la presente demanda de nulidad, por carecer de legitimidad para actuar en defensa de intereses extranjeros sobre asuntos de política interna."[131] O sea, que conforme a esta arbitraria doctrina jurisprudencial, en definitiva, la acción popular de inconstitucionalidad dejó de ser "popular," en el sentido de que para la Sala Constitucional no "toda persona" tiene la cualidad o interés procesal para intentarla, careciendo de legitimación, por ejemplo, según la Sala, aquellas "personas" que liderizen sectores que sean de oposición "al gobierno legítimo y democrático."

E. *La suspensión cautelar de los efectos de las leyes*

Había sido tradicional en la jurisprudencia de la antigua Corte Suprema de Justicia, la negativa de la Corte a acordar la suspensión de efectos de los actos normativos impugnados ante la Jurisdicción Constitucional, particularmente en virtud de la presunción de validez de los actos legales que producen todos sus efectos desde el momento de su publicación en la *Gaceta Oficial.* La Sala Constitucional, sin embargo, luego de la entrada en vigencia de la Constitución de 1999 admitió excepciones al principio "únicamente como medida excepcional cuando sea muy difícil reparar por sentencia definitiva los daños que resulten de la aplicación del contenido normativo del referido texto legal"[132]. Posteriormente, a los efectos de la suspensión de efectos de normas legales, la Sala Constitucional, en su sentencia N° 1946 de 16 de julio de 2003 Caso: *Impugnación del artículo 211 de la Ley de Tierras y Desarrollo Agrario*) estableció que debían tomarse en cuenta los siguientes elementos: "(i) el carácter excepcional de la inaplicación de una norma, (ii) la verosimilitud del dere-

---

131 Véase en http://www.tsj.gov.ve/decisiones/scon/Julio/796-22710-2010-09-0555.html

132 Véase sentencia de fecha 25 de abril de 2000 (caso: *Gertrud Frías Penso y Nelson Adonis León*) en *Revista de Derecho Público*, N° 85-88, Editorial Jurídica Venezolana, Caracas, 2001, pp. 421-422. Este criterio fue ratificado en sentencia N° 653 de la Sala Constitucional de 04-04-2003 (Caso: *Impugnación de las Leyes de Reforma Parcial de las Leyes que establecen el Impuesto al Débito Bancario y el Impuesto al Valor Agregado*). Véase en *Revista de Derecho Público*, N° 93-96 Editorial Jurídica Venezolana, Caracas, 2003.

cho que se dice vulnerado o amenazado, (iii) la condición de irreparable o de difícil reparación por la definitiva de la situación jurídica o derecho que se alega como propio, (iv) la posibilidad efectiva de que se produzcan nuevos daños a la parte actora u otras personas por la aplicación de la norma cuya nulidad se pretende, y (v) la necesidad de evitar perjuicios en la satisfacción de intereses comunes a todos los integrantes de la sociedad".[133]

El tema, en todo caso, quedó definitivamente resuelto en la Ley Orgánica del Tribunal Supremo de 2010, al disponer su artículo 130, que en cualquier estado y grado del proceso las partes pueden solicitar, y la Sala Constitucional puede acordar, aun de oficio, las medidas cautelares que estime pertinentes,precisándo para ello, que la Sala Constitucional cuenta con los más amplios poderes cautelares como garantía de la tutela judicial efectiva, para cuyo ejercicio tendrá en cuenta las circunstancias del caso y los intereses públicos en conflicto.Entre estas medidas cautelares, esta, en los casos de los procesos de control de la constitucionalidad de las leyes, la posibilidad para la Sala Constitucional de suspender los efectos de las mismas.

2. *El principio dispositivo en el control concentrado de constitucionalidad y los poderes de control de oficio de la constitucionalidad*

La Ley Orgánica establece expresamente en su artículo 32 que en el control concentrado de la constitucionalidad de las leyes sólo puede realizarse por la Sala Constitucional, mediante la demanda popular de inconstitucionalidad, privando entonces el principio dispositivo, excepto en cuanto a la potestad de la Sala de suplir, de oficio, las deficiencias o técnicas del demandante por tratarse de un asunto de orden público. La consecuencia es que la Sala Constitucional en ningún caso puede iniciar de oficio el control concentrado de la constitucionalidad de las leyes. Con esta disposición el Legislador limitó la potestad que la propia Sala Constitucional había comenzado a auto atribuirse el ejercicio del control concentrado de la constitucionalidad de las leyes, de oficio, como incidente en cualquier proceso que cursase ante ella, y sin que se hubiese intentado acción popular alguna,[134] quedando ahora reducida la posibilidad de iniciativa de oficio como incidente en el ejercicio del control difuso de constitucionalidad.

En efecto, como se ha analizado anteriormente, además del control concentrado de la constitucionalidad de las leyes, el sistema venezolano admite el control difuso de la constitucionalidad el cual puede ser ejercido por cualquier juez, incluso por la propia Sala Constitucional, incluso de oficio. Fue con base en ello que la Sala Constitucional desarrolló otro mecanismo de control concentrado de la constitucionalidad, al declarar la nulidad con efectos generales de disposiciones legales por vía de lo que ha llamado incidente de constitucionalidad, al considerar que "el control constitucional jurisdiccional constituye materia de orden público constitucional."[135]

133 Véase en *Revista de Derecho Público*, N° 93-96, Editorial Jurídica Venezolana, Caracas, 2003.

134 Véase sentencia N° 331de 13 de marzo de 2001 (Caso: *Henrique Capriles R. vs. Comisión Nacional de Casinos, Salas de Bingo y Máquinas Traganíqueles*), en *Revista de Derecho Público*, 85-88, Editorial Jurídica Venezolana, Caracas 2001, p. 391.

135 Véase sentencia N° 331 de 13 de marzo de 2001 (Caso: *Henrique Capriles R. vs. Comisión Nacional de Casinos, Salas de Bingo y Máquinas Traganíqueles*), en *Revista de Derecho Público*, N° 85-88, Edito-

Incluso, el incidente de control de la constitucionalidad de oficio, la Sala Constitucional resolvió que lo podía ejercer la Sala mediante la institución del avocamiento, que la propia Sala creó al negarle el monopolio que tenía en esa materia la Sala Político Administrativa.[136]

El tema, en todo caso, ha sido resuelto por el legislador en la Ley Orgánica de 2010, al disponer en el artículo 33 de la ley Orgánica al disponer que:

> "Cuando cualquiera de las Salas del Tribunal Supremo de Justicia y los demás tribunales de la República ejerzan el control difuso de la constitucionalidad deberán informar a la Sala Constitucional sobre los fundamentos y alcance de la desaplicación que sea adoptada, para que ésta proceda a efectuar un examen abstracto sobre la constitucionalidad de la norma en cuestión. A tal efecto deberán remitir copia certificada de la sentencia definitivamente firme."[137]

En estos casos, conforme al artículo 34 de la Ley,

> "cuando se declare la conformidad a derecho de la desaplicación por control difuso, la Sala Constitucional podrá ordenar el inicio del procedimiento de nulidad que dispone esta Ley. Igualmente procederá cuando el control difuso de la constitucionalidad sea ejercido por dicha Sala."

Esta posibilidad como se dijo, ya se había establecido por la Sala Constitucional mediante sentencia N° 1225 de 19 de octubre de 2000, en la cual trató el tema referente a la derogación tácita de leyes preconstitucionales por la entrada en vigencia de la Constitución, respecto de lo cual señaló que correspondiéndole "declarar la derogatoria con efectos *erga omnes* y *pro futuro* de una norma de rango legal vía la cláusula derogatoria única constitucional, en virtud del monopolio que en materia de protección constitucional le asigna la Constitución", tal poder podría "desplegarlo la Sala aun de oficio en los casos que le toque resolver, o a través de un recurso directo de inconstitucionalidad"... Sin embargo, al constatar la Sala la posibilidad de que mediante el ejercicio del control difuso de la constitucionalidad de las leyes previsto en el artículo 334 de la Constitución, otras Salas del Tribunal Supremo o cualquier tribunal de la República pudieran desaplicarlas "respecto al caso concreto, sin tener que emitir pronunciamiento alguno sobre su derogación, pero sí sobre su incongruencia material con alguna norma constitucional"; precisó que:

---

rial Jurídica Venezolana, Caracas, 2001, p. 391; sentencia N° 1225 de 19 de octubre de 2000, en *Revista de Derecho Público*, N° 84, (octubre-diciembre), Editorial Jurídica Venezolana, Caracas, 2000, pp. 259-260; y sentencia N° 2588 de 11 de diciembre de 2001, en en *Revista de Derecho Público*, N° 85-88, Editorial Jurídica Venezolana, Caracas, 2001, p. 397. Igualmente, la sentencia dela Sala Constitucional N° 806 de 24-04-2002 (Caso: *Sindicato Profesional de Trabajadores al Servicio de la Industria Cementera)* en *Revista de Derecho Público*, N° 89-92, Editorial Jurídica Venezolana, Caracas, 2002. En sentencia de la Sala Constitucional N° 899 de 31-5-2002, la Sala se arrogó incluso la competencia para de oficio dejar sin efecto deciciones judiciales que considere quebranten preceptos constitucionales. Véase en *Revista de Derecho Público*, N° 85-88, Editorial Jurídica Venezolana, Caracas, 2001, pp. 393-394.

136 Mediante sentencia N° 456 de 15 de marzo de 2002 (Caso: *Arelys J. Rodríguez vs. Registrador Subalterno de Registro Público, Municipio Pedro Zaraza, Estado Carabobo*) la Sala se declaró competente para conocer de solicitudes de avocamiento en jurisdicción constitucional (respecto de juicios de amparo). Véase en *Revista de Derecho Público*, N° 89-92, Editorial Jurídica Venezolana, Caracas, 2002.

137 El artículo 5, párrafo 5° de la LOTSJ 2004 agregaba en esta misma norma la aclaratoria lógica de que la Sala debía abstenerse "de revisar el mérito y alcance de la sentencia dictada por la otra Sala, la cual seguirá conservando fuerza de cosa juzgada.

"En atención a la incidencia en el ordenamiento jurídico de tal cuestión, el Tribunal o Sala desaplicante deberán remitir a esta Sala Constitucional copia de la decisión, a la cual anexarán copia de los autos, con el fin de someterlo a la revisión correspondiente, todo en obsequio de la seguridad jurídica y de la coherencia que debe caracterizar al ordenamiento jurídico en su conjunto"[138].

Esta doctrina jurisprudencial, particularmente en relación con las otras Salas del Tribunal Supremo, como se ha dicho, fue regulada expresamente en la Ley Orgánica (Arts. 33 y 34); estando la Sala Constitucional esta obligada a iniciar el proceso constitucional de inconstitucionalidad de las leyes, abriendo el contradictorio y citando, mediante cartel, a todos los que puedan tener interés en ello, aplicando analógicamente el procedimiento del proceso constitucionalidad de inconstitucionalidad de las leyes regulado para cuando se inicia mediante acción popular.[139]

3. *El control previo de la constitucionalidad de actos estatales*

En el sistema de justicia constitucional tradicional en Venezuela, el único supuesto que pudiera considerarse como un mecanismo de control previo de la constitucionalidad de los actos estatales con rango de ley o dictados en ejecución directa o inmediata de la Constitución, era cuando la Corte Suprema de Justicia conocía de la inconstitucionalidad de una ley sancionada y aún no promulgada, con motivo del veto presidencial a la misma.

Ahora, la Constitución de 1999 ha introducido la figura del control preventivo de la constitucionalidad en forma expresa respecto de los tratados internacionales y respecto de las leyes orgánicas, y ha desligado el control de la constitucionalidad por iniciativa del Presidente de la República, desvinculado con motivo del veto presidencial a las leyes.

A. *Tratados Internacionales*

En *primer lugar,* está el control previo de la constitucionalidad, que estaba previsto en el artículo 336, ordinal 5° de la Constitución publicada el 30-12-99 en relación con los *tratados internacionales,* al atribuir a la Sala Constitucional competencia para:

> 5. Verificar, a solicitud del Presidente o Presidenta de la República o de la Asamblea Nacional, la conformidad *de la* Constitución *con los* tratados internacionales suscritos por la República antes de su ratificación.

En la "versión" de la Constitución corregida, que apareció publicada en la *Gaceta Oficial* N° 5453 Extraordinaria de 24-03-00, este ordinal fue cambiado, al establecer como competencia de la Sala Constitucional:

> 5. Verificar, a solicitud del Presidente o Presidenta de la República o de la Asamblea Nacional, la conformidad *con* la Constitución *de* los tratados internacionales suscritos por la República antes de su ratificación.

---

138 Véase en *Revista de Derecho Público*, N° 84, Editorial Jurídica Venezolana, Caracas 2000, pp. 259-260.

139 Véase también sobre el tema del contradictorio, la sentencia de la Sala Constitucional N° 806 de 24-04-2002 (Caso: *Sindicato Profesional de Trabajadores al Servicio de la Industria Cementera)* en *Revista de Derecho Público*, N° 89-92, Editorial Jurídica Venezolana, Caracas 2002, pp. 179 y ss.

Aparte de la modificación que resalta, que si bien es correcta está muy lejos de ser sólo de forma, lo importante es destacar que con esta norma se incorporó al sistema de justicia constitucional en Venezuela una figura que tuvo su origen en los sistemas constitucionales europeos, como el francés y el español, y que existe en Colombia[140], el cual permite el control previo de la constitucionalidad de un tratado internacional suscrito por la República y evitar, en esos casos, la impugnación posterior de la ley aprobatoria del tratado ante el Tribunal Supremo.

Sobre este control preventivo, la "Exposición" señala lo siguiente:

> En materia de control preventivo, se atribuye a la Sala Constitucional la potestad de verificar la constitucionalidad de los tratados internacionales suscritos por la República antes de su ratificación.
>
> En derecho comparado, una de las principales funciones de la justicia constitucional es el control de la constitucionalidad de los acuerdos y tratados internacionales, a través de un control preventivo que se ejerce antes de su ratificación y entrada en vigencia. Particularmente en las constituciones europeas, así como en varias constituciones de países de América Latina, se prevé este mecanismo con el objeto de que las relaciones entre el derecho internacional público o el derecho comunitario, por una parte, y el derecho interno de cada Estado, por la otra, se presenten con la mayor armonía y uniformidad posible.
>
> Se consideró necesario el control preventivo de la constitucionalidad de los tratados internacionales dados que luego del proceso de conclusión de un tratado internacional, es decir, de su ratificación y entrada en vigencia por las vías previstas en el derecho constitucional y en el derecho internacional público, la eventual y posterior declaración de inconstitucionalidad del mismo o de alguna de sus disposiciones por parte de la Sala Constitucional no podría, en principio, ser opuesta como una justificación para incumplir dicho tratado sin que se comprometa la responsabilidad internacional de la República.
>
> En todo caso, el objetivo de ese mecanismo de control preventivo, no sólo es que se verifique la constitucionalidad de un acuerdo o tratado internacional sin que se comprometa la responsabilidad internacional de la República, sino además que, en el caso de que alguna de sus disposiciones resulte inconstitucional, se ratifique con la debida reserva, siempre que se desee su ratificación, o si el mismo no admite reservas, se evalúe la necesidad y conveniencia de ratificarlo luego de una enmienda o reforma de la Constitución en los aspectos que sean necesarios, para lograr así la mayor armonía posible en las relaciones entre el derecho internacional o comunitario y el derecho interno venezolano.
>
> La potestad de activar el control preventivo de los tratados internacionales corresponderá al Presidente de la República o a la Asamblea Nacional, siendo facultativo su ejercicio. Se descartó así la posibilidad de un control preventivo con carácter obligatorio, dado que podría traducirse en un obstáculo para la fluidez y la buena marcha de las relaciones internacionales de la República.

---

140 Véase Allan R. Brewer-Carías, *La Justicia Constitucional,* Tomo VI, *Instituciones Políticas y Constitucionales, op. cit.*, pp. 590.

Ahora bien, en relación con la norma constitucional que regula este control preventivo de constitucionalidad, debe destacarse lo siguiente:

En *primer lugar,* la solicitud de control por parte del Tribunal Supremo, en estos casos de control preventivo, corresponde al Presidente de la República o a la Asamblea Nacional. No puede interpretarse que la norma atribuya la iniciativa solo al Presidente *de la* Asamblea Nacional. Este no tiene la iniciativa, sino que la decisión es de la Asamblea. Lo contrario sería un sin sentido.

Esto implica, en todo caso, que no puede ejercerse una acción popular para que el Tribunal Supremo realice esta verificación constitucional.

En *segundo lugar,* lo que el Tribunal Supremo en Sala Constitucional debe verificar es "la conformidad con la Constitución de los tratados internacionales suscritos por la República antes de su ratificación". Puede tratarse de cualquier tratado internacional, sea que para su validez requiera o no de ley aprobatoria; incluso, aún cuando no requiera ley aprobatoria, la Asamblea Nacional podría solicitar este control de constitucionalidad.

En *tercer lugar,* se destaca que la solicitud de control debe formularse antes de la ratificación del Tratado. Por tanto, después de su suscripción por el Ejecutivo Nacional, antes de su ratificación, puede formularse la solicitud de control.

Por último, debe señalarse que de acuerdo con la norma, esta solicitud de control tiene por objeto verificar la conformidad del Tratado Constitucional con la Constitución, y no "la conformidad de la Constitución con los tratados internacionales" como decía el Texto Constitucional aprobado en el referéndum del 15-12-00 y publicado el 30 de diciembre de 1999, lo que no tenía sentido, pues los tratados no tienen jerarquía superior a la Constitución. El control es al revés, como fue "corregido" en la nueva versión de la Constitución: la Sala debe verificar la conformidad del tratado internacional con la Constitución; y si el tratado no resulta conforme con la Constitución, entonces no puede ser ratificado. De ello puede resultar, en todo caso, una iniciativa de reforma constitucional para entonces adaptar la Constitución al Tratado. Esto, por lo demás, fue lo que ocurrió en Europa, por ejemplo, en Francia y en España, luego de suscribirse el Tratado de Maastrich de 1992 de la Unión Europea, que fue sometido a control constitucional ante el Consejo Constitucional Francés y el Tribunal Constitucional Español, los cuales lo consideraron contrario a las respectivas Constituciones, habiéndose entonces producido, en ambos paises, la reforma de sus Constituciones, para adaptarlas al Tratado de la Unión Europea y así poder ratificarlo[141].

Es evidente, en todo caso, que si la Sala Constitucional considera en su decisión que el Tratado Internacional es conforme con la Constitución, entonces no podría posteriormente ejercerse contra la ley aprobatoria del Tratado una acción de inconstitucionalidad.

Un mecanismo de control de constitucionalidad de este tipo, en todo caso, es muy importante en procesos de integración económica regional, pues en la práctica llevaría a la ratificación de los Tratados respectivos sólo después de la verificación de su constitucionalidad por el Tribunal Supremo y evitar, así, la impugnación pos-

141 Véase en general Allan R. Brewer-Carías, *Implicaciones constitucionales de los procesos de integración regional,* Editorial Jurídica Venezolana, Caracas, 1998, pp. 75 y ss.

terior de la ley aprobatoria de los Tratados, como ocurrió en Venezuela en los casos de los Tratados relativos al Acuerdo de Integración de la ahora Comunidad Andina[142].

B. *Leyes orgánicas*

El *segundo* mecanismo de control preventivo de constitucionalidad, es el previsto en el artículo 203 de la Constitución conforme al cual, la Sala Constitucional debe pronunciarse, antes de su promulgación, sobre la constitucionalidad del carácter orgánico de las *leyes orgánicas* que así hayan sido calificadas por la Asamblea Nacional. No se trata, por tanto, de un procedimiento de control de constitucionalidad establecido respecto de cualquier ley orgánica, sino de sólo aquellas así calificadas por la Asamblea Nacional.

El artículo 203 de la Constitución, en efecto, como se ha explicado en la *Quinta Parte*, define las leyes orgánicas en cuatro sentidos:

En *primer lugar,* las que así denomina la Constitución, y esto ocurre en los siguientes casos: Ley Orgánica de Fronteras (art. 15), Ley Orgánica de División Territorial (art. 16), Ley Orgánica de la Fuerza Armada Nacional (art. 41), Ley Orgánica del Sistema de Seguridad Social (art. 86), Ley Orgánica para la Ordenación del Territorio (art. 128), Ley Orgánica que establece los límites a los emolumentos de los funcionarios públicos (art. 147), Ley Orgánica de Régimen Municipal (art. 169), Ley Orgánica que regule los Distritos Metropolitanos (arts.171, 172), Ley Orgánica que regule la inelegibilidad de funcionarios (art. 189), Ley Orgánica de reserva al Estado de actividades, industria o servicios (art. 302), Ley Orgánica del Consejo de Defensa de la Nación (art. 323), Ley Orgánica que regule el recurso de revisión de las sentencias de amparo y de control difuso de la constitucionalidad (art. 336), Ley Orgánica de los Estados de Excepción (art. 338 y Disposición Transitoria Tercera, 2), Ley Orgánica sobre refugiados y asilados (Disposición Transitoria Cuarta, 2), Ley Orgánica sobre Defensa Pública (Disposición Transitoria Cuarta, 5), Ley Orgánica de Educación (Disposición Transitoria Sexta), Ley Orgánica de Pueblos Indígenas (Disposición Transitoria Séptima), Ley Orgánica del Trabajo (Disposición Transitoria Cuarta, 3), y Ley Orgánica Procesal del Trabajo (Disposición Transitoria Cuarta, 4) y Código Orgánico Tributario (Disposición Transitoria Quinta).

En *segundo lugar,* las que se dicten para organizar los poderes públicos como son: Ley Orgánica de la Administración Pública –Poder Ejecutivo–, (art. 236, ord. 20); Ley Orgánica de la Procuraduría General de la República (art. 247), Ley Orgánica del Poder Judicial, Ley Orgánica del Tribunal Supremo de Justicia (art, 262); Ley Orgánica del Poder Electoral (art. 292 y Disposición Transitoria Octava); Ley Orgánica del Poder Ciudadano, comprendidas la Ley Orgánica de la Contraloría General de la República, Ley Orgánica de la Fiscalía General de la República –Ministerio Público–, y Ley Orgánica de la Defensoría del Pueblo (Disposición Transitoria Novena); Ley Orgánica de Régimen Municipal –Poder Municipal– (art.

142 Véase la sentencia de la Corte Suprema de Justicia de 10-07-90 y los comentarios en Allan R. Brewer-Carías, "El control de la constitucionalidad de las leyes aprobatorias de Tratados internacionales y la cuestión constitucional de la integración latinoamericana", *Revista de Derecho Público,* N° 44, Editorial Jurídica Venezolana, Caracas, 1990, pp. 225 a 229.

169 y Disposición Transitoria Primera) y Ley Orgánica que regule los Consejos Legislativos Estadales (art. 162).

En *tercer lugar,* aquellas destinadas a "desarrollar los derechos constitucionales", lo que abre un inmenso campo para tal categoría, ya que ello implica que todas las leyes que se dicten para desarrollar el contenido de los artículos 19 a 129 deben ser leyes orgánicas.

En *cuarto lugar,* "las que sirvan de marco normativo a otras leyes". Tal es el caso, por ejemplo, del Código Orgánico Tributario que debe servir de marco a las leyes tributarias específicas o de la Ley Orgánica de Régimen Presupuestario que debe servir de marco normativo a las leyes anuales o plurianuales de presupuesto, o la Ley Orgánica de Crédito Público la cual debe servir de marco normativo a las leyes específicas de operaciones de crédito público.

Por último, y en *quinto lugar,* también son leyes orgánicas aquellas que así sean calificadas, como orgánicas, por la Asamblea Nacional, (supuesto que no comprende los cuatro casos anteriores) al admitirse el proyecto por el voto de las 2/3 partes de los integrantes presentes antes de iniciarse la discusión del respectivo proyecto de ley.

Son estas últimas leyes que la Asamblea Nacional haya calificado expresamente de orgánicas, y no comprendidas en la enumeración anterior, las que conforme a la Constitución, el Presidente de la Asamblea o el Presidente de la República deben remitir, *automáticamente*, antes de su promulgación, a la Sala Constitucional del Tribunal Supremo de Justicia, para que ésta se pronuncie acerca de la constitucionalidad de ese carácter orgánico. Sin embargo, la Ley Orgánica de 2010, ha establecido una competencia general que no se ajusta al sentido de la norma constitucional, al atribuir a la Sala Constitucional competencia para "determinar, antes de su promulgación, la constitucionalidad del carácter orgánico de las leyes que sean sancionadas por la Asamblea Nacional."

Adicionalmente debe señalarse que la Sala Constitucional estableció que en los casos de delegación legislativa al Presidente de la República mediante leyes habilitantes, cuando éste, al dictar un Decreto-Ley lo califique como de carácter orgánico, debe también remitirlo a la Sala Constitucional para que ésta verifique la constitucionalidad del calificativo de orgánico.[143] Ello, por lo demás, fue aclarado en el Artículo 25.17 de la Ley Orgánica, al prever expresamente la revisión judicial sobre el carácter orgánico en relación con los decretos leyes que dicte el Presidente de la República.

En todo caso, la Sala Constitucional debe decidir la cuestión en el término de 10 días contados a partir de la fecha de recibo de la comunicación; y si la Sala declara que la ley no es orgánica, entonces esta pierde ese carácter.

C. *Leyes sancionadas antes de su promulgación*

El *tercero* de los mecanismos de control preventivo de la constitucionalidad es el previsto en el artículo 214 de la Constitución, en los casos de solicitud del Presiden-

143 Véase sentencia N° 1716 de 20-09-01, Caso: *Decreto-Ley Orgánica de los Espacios Acuáticos e Insulares (Decreto N° 1437 de 30-08-01)*, en *Revista de Derecho Público*, N° 85-88, Editorial Jurídica Venezolana, Caracas, 2001, pp. 418 y ss.

te de la República, en el lapso que tiene para promulgar las leyes; lo que se ha establecido, también, en el artículo 25.15 de la Ley Orgánica. Conforme a esas normas, la Sala Constitucional debe pronunciarse sobre la inconstitucionalidad de una ley o de algunos de sus artículos, a solicitud del Presidente de la República, antes de la promulgación de la ley.

Se regula, así, un control de constitucionalidad de leyes sancionadas y no promulgadas, que se ha desvinculado del llamado "veto presidencial" a las leyes, que siempre implica su devolución a la Asamblea Nacional. Sobre este nuevo tipo de control constitucional, la "Exposición" indica lo siguiente:

> Otra competencia de la Sala Constitucional en materia de control será la de verificar la constitucionalidad de las leyes antes de su promulgación, conforme al procedimiento establecido en el Título V Capítulo I Sección Cuarta de la Constitución, para el caso del reparo presidencial fundamentado en razones de inconstitucionalidad. En esta materia, la Asamblea Nacional Constituyente consideró inconveniente extender la legitimación para activar el mecanismo de control preventivo a otras personas con determinado interés u órganos del Poder Público distintos al Presidente de la República. Al respecto, se tuvo en cuenta que con posterioridad a la promulgación de una ley, todas las personas tienen a su alcance la acción popular clásica del sistema de justicia constitucional venezolano y, además, la Sala Constitucional tiene el poder cautelar propio de toda Corte o Tribunal Constitucional en derecho comparado, en virtud del cual puede dictar cualquier medida que fuera necesaria para proteger los derechos humanos y garantizar la integridad de la Constitución.

Debe señalarse, en todo caso, que en nuestro país se ha regulado tradicionalmente el veto presidencial a las leyes, ahora regulado en el artículo 214 de la Constitución, de manera que una vez que una Ley se ha sancionado, el Presidente de la Asamblea Nacional debe remitirla al Presidente de la República para su promulgación. El Presidente, dentro del lapso de diez (10) días que tiene para la promulgación puede, con acuerdo del Consejo de Ministros, solicitar a la Asamblea Nacional, mediante exposición razonada, que modifique alguna de las disposiciones de la ley o levante la sanción a toda ley o parte de ella. En esos casos, la Asamblea debe decidir acerca de los aspectos planteados por el Presidente por mayoría absoluta de los diputados presentes y le remitirá la ley para su promulgación. En este caso, el Presidente debe proceder a promulgar la ley dentro de los cinco (5) días siguientes a su recibo, sin poder formular nuevas observaciones.

En la Constitución de 1961, sin embargo, se disponía que cuando el veto presidencial se hubiese fundado en la inconstitucionalidad de la ley, entonces, dentro del término que tenía para promulgar la ley luego de su devolución al Congreso, podía acudir a la Corte Suprema de Justicia, solicitando su decisión acerca de la inconstitucionalidad. Este sistema de control preventivo estaba ligado al veto presidencial y debía pasar primero por la devolución de la ley al Congreso, con base en argumentos de inconstitucionalidad (art. 173).

En la Constitución de 1999, sin embargo, este sistema se cambió radicalmente, y el artículo 214 si bien regula el veto presidencial, luego, en párrafo aparte, establece lo siguiente:

> Cuando el Presidente o Presidenta de la República considere que la ley o alguno de sus artículos es inconstitucional solicitarán el pronunciamiento de la Sala Consti-

tucional del Tribunal Supremo de Justicia, en el lapso de diez días que tiene para promulgar la misma. El Tribunal Supremo de Justicia decidirá en el término de quince días contados desde el recibo de la comunicación del Presidente o Presidenta de la República. Si el Tribunal negare la inconstitucionalidad invocada o no decidiere en el lapso anterior, el Presidente o Presidenta de la República promulgará la ley dentro de los cinco días siguientes a la decisión del Tribunal o al vencimiento de dicho lapso.

Conforme a esta norma, la posibilidad de que el Presidente de la República someta al pronunciamiento del Tribunal Supremo de Justicia la inconstitucionalidad de una ley sancionada que se le haya enviado para su promulgación, no está ligada al veto presidencial ante la Asamblea, sino que en el lapso de diez (10) días que tiene para su promulgación, puede dirigirse directamente al Tribunal Supremo, sin devolverla a la Asamblea Nacional.

Debe indicarse, además, que en las discusiones de la Asamblea Nacional Constituyente no se consideró, en forma alguna, la cuestión de que la iniciativa para controlar la constitucionalidad de las leyes sancionadas, aún no promulgadas, pudiera extenderse expresamente a "otras personas con determinado interés u órganos del Poder Público distintos al Presidente de la República". No es correcta, por tanto la apreciación de la "Exposición de Motivos" cuando indica que la "Asamblea Nacional Constituyente consideró inconveniente" realizar tal extensión pues simplemente ello nunca fue planteado ni discutido[144].

La Sala Constitucional del Tribunal Supremo, por otra parte, ha sido enfática en considerar que la revisión de la constitucionalidad de los proyectos de leyes a solicitud del Presidente de la República, sólo puede referirse a las leyes nacionales y no a las leyes estadales, no pudiendo las Constituciones de los Estados atribuir una competencia a la Sala Constitucional para efectuar esa revisión de constitucionalidad en relación con las leyes estadales[145]

4. *La revisión obligatoria de la constitucionalidad de los Decretos de Estado de Emergencia*

De acuerdo con el artículo 339 de la Constitución, el Decreto que declare el Estado de Excepción debe, en todo caso, ser presentado por el Presidente de la República a la Sala Constitucional del Tribunal Supremo, para que se pronuncie sobre su inconstitucionalidad. Por ello, el artículo 336 le atribuye a la Sala, competencia expresa para:

---

144 No se entiende, por tanto, la argumentación que hace José Vicente Haro en este tema. Está bien que él considere inconveniente tal extensión, pero ello no autoriza a que pueda deducirse que "la Asamblea Nacional Constituyente" haya debatido este asunto y lo haya considerado "inconveniente" lo cual, insistimos, ni siquiera fue planteado. Véase José Vicente Haro, "La justicia constitucional..." *loc. cit.*, pp. 181 a 183.

145 Véase sentencia N° 194 de 15-2-2001 (Caso: *Control preventivo de constitucionalidad sobre el Proyecto de Ley de Reforma Parcial de la Ley Especial de Conservación, Administración y Aprovechamiento de la Vialidad del Estado Trujillo*) en *Revista de Derecho Público*, N° 85-88, Editorial Jurídica Venezolana, Caracas, 2001, pp. 416 y ss.

6. Revisar, en todo caso, *aun de oficio*, la constitucionalidad de los decretos que declaren estados de excepción dictados por el Presidente o Presidenta de la República.

Sobre este supuesto de control de constitucionalidad (que recoge la Ley Orgánica en su artículo 25.6), la "Exposición" indica que:

> En lo que se refiere a la protección de los derechos humanos, la Sala Constitucional tendrá importantes funciones. En primer lugar, con el objeto de reforzar la protección de los derechos humanos reconocidos y garantizados expresa o implícitamente en la Constitución, se acoge un mecanismo consagrado en alguna Constitución de América Latina, en virtud del cual la Sala Constitucional debe, en todos los casos y aun de oficio, controlar la constitucionalidad de los decretos que declaren estado de excepción. Esta será la única competencia que podrá ejercer de oficio la Sala Constitucional y ello por tratarse de la protección de los derechos humanos, razón por la cual se ha previsto expresamente en texto constitucional.

En efecto, esta atribución de control de constitucionalidad obligatorio, también es una novedad introducida por la Constitución de 1999, conforme al antecedente de Colombia (art. 241, ord. 7); con el agregado, en nuestro país, de la posibilidad de ejercicio de esta atribución por la Sala, de oficio. Se trata, en efecto, del único supuesto constitucional en el cual la Sala puede actuar de oficio.

En ejercicio de este control, la Sala Constitucional puede pronunciarse no sólo sobre la constitucionalidad de los decretos que declaren el estado de excepción, sino sobre la constitucionalidad del contenido del decreto conforme a lo dispuesto en los artículos 337 y siguientes de la Constitución. En particular, la Sala debe verificar, al decretarse el estado de excepción y restringirse alguna garantía constitucional, si el decreto contiene, por ejemplo, efectivamente, la necesaria *regulación* "del ejercicio del derecho cuya garantía se restringe" (art. 339).

5. *El recurso de interpretación constitucional*

Entre las competencias de la Sala Constitucional como Jurisdicción Constitucional, debe mencionarse la atribución que tiene para conocer de recursos abstractos de interpretación de la Constitución, que la propia Sala creó mediante la interpretación que le dió al artículo 335 de la Constitución, que atribuye al Tribunal Supremo el carácter de ser "máximo y último intérprete de la Constitución". El artículo 25.17 de la Ley Orgánica de 2010, ahora ha consagrado como competencia de la Sala Constitucional el conocer "la demanda de interpretación de normas y principios que integran el sistema constitucional," la cual en los términos del artículo 128 de la ley Orgánica da origen a un proceso constitucional.

En efecto, con anterioridad a la entrada en vigencia de la Constitución de 1999, el artículo 42.24 de la derogada Ley Orgánica de la Corte Suprema de Justicia de 1976 atribuía competencia a la Sala Político Administrativa de la Corte Suprema para interpretar los "textos legales, en los casos previstos en la Ley". En esa misma tradición, la Constitución de 1999 estableció como competencia del Tribunal Supremo de Justicia, el "conocer de los recursos de interpretación sobre el contenido y alcance de los textos legales", pero "en los términos contemplados en la ley" (artículo 266, ordinal 6°), atribución que debe ser ejercida "por las diversas Salas conforme a lo previsto en esta Constitución y en la ley" (único aparte, artículo 266 C). Por ello, el artículo 5, párrafo 1°, de la LOTSJ 2004, atribuyó a todas las Salas del Tribunal Supremo, competencia para:

"52. Conocer del recurso de interpretación y resolver las consultas que se le formulen acerca del alcance e inteligencia de los textos legales, en los casos previstos en la ley, siempre que dicho conocimiento no signifique una sustitución del mecanismo, medio o recurso previsto en la ley para dirimir la situación si la hubiere".

Ahora bien, a pesar de que el ordenamiento jurídico venezolano sólo regulaba el recurso de interpretación respecto de textos legales, sin embargo, la Sala Constitucional consideró que "no requieren los ciudadanos de leyes que contemplen, en particular, el recurso de interpretación constitucional, para interponerlo,"[146] procediendo en 2000 a crear un recurso autónomo de interpretación de las normas constitucionales, no previsto constitucional ni legalmente, basándose para ello en el artículo 26 de la Constitución que consagra el derecho de acceso a la justicia, del cual dedujo que si bien dicha acción no estaba prevista en el ordenamiento jurídico, tampoco estaba prohibida, agregando que, por lo tanto:

"No es necesario que existan normas que contemplen expresamente la posibilidad de incoar una acción con la pretensión que por medio de ella se ventila, bastando para ello que exista una situación semejante a las prevenidas en la ley, para la obtención de sentencias declarativas de mera certeza, de condena, o constitutivas. Este es el resultado de la expansión natural de la juridicidad"[147].

La acción de interpretación de la Constitución, como lo precisó la Sala Constitucional, es una acción de igual naturaleza que la de interpretación de la ley,[148] es decir, tiene por objeto obtener una sentencia declarativa de mera certeza sobre el alcance y contenido de las normas constitucionales, que no anula el acto en cuestión, pero que busca en efecto semejante, ya que en estos casos, coincide el interés particular con el interés constitucional; agregando que:

"La finalidad de tal acción de interpretación constitucional sería una declaración de certeza sobre los alcances y el contenido de una norma constitucional, y formaría un sector de la participación ciudadana, que podría hacerse incluso como paso previo a la acción de inconstitucionalidad, ya que la interpretación constitucional podría despejar dudas y ambigüedades sobre la supuesta colisión. Se trata de una tutela preventiva".[149]

Sin embargo, a pesar de esa naturaleza declarativa, las dos acciones tienen una clara delimitación, en el sentido de que si bien la acción de interpretación constitucional, de acuerdo con la doctrina jurisprudencial es monopolio de la Sala Constitucional; la acción de interpretación de las leyes corresponde a todas las Salas, no teniendo competencia alguna la Sala Constitucional para proceder a conocer de

146 Este criterio fue luego ratificado en sentencias de fecha 09-11-00 (N° 1347), 21-11-00 (N° 1387), y 05-04-01 (N° 457), entre otras.

147 Sentencia N° 1077 de la Sala Constitucional de 22-09-00 (Caso: *Servio Tulio León Briceño),* en *Revista de Derecho Público,* N° 83, Editorial Jurídica Venezolana, Caracas, 2000, pp. 247 y ss.

148 *Idem.*

149 *Ibidem.*

recursos de interpretación de leyes, encubriéndolos como si se tratara de una interpretación constitucional.[150]

Ahora bien, específicamente en los casos de recursos de interpretación constitucional, como se ha dicho, si bien la LOTSJ 2004 nada previó sobre esta creación de la Sala Constitucional, fue finalmente la LOTSJ 2010 la que lo ha establecido expresamente al atribuir a la Sala Constitucional competencia para "conocer la demanda de interpretación de normas y principios que integran el sistema constitucional" (Art. 25.17), la cual origina uno de los procesos constitucionales.

En cuanto a la legitimidad necesaria para interponer la demanda, la Sala Constitucional ha señalado que el recurrente debe tener un interés particular en el sentido de que:

> "Como persona pública o privada debe invocar un interés jurídico actual, legítimo, fundado en una situación jurídica concreta y específica en que se encuentra, y que requiere necesariamente de la interpretación de normas constitucionales aplicables a la situación, a fin de que cese la incertidumbre que impide el desarrollo y efectos de dicha situación jurídica".

La Sala precisó además que se "está ante una acción con legitimación restringida, aunque los efectos del fallo sean generales"; por lo que señaló que "puede declarar inadmisible un recurso de interpretación que no persiga los fines antes mencionados, o que se refiere al supuesto de colisión de leyes con la Constitución, ya que ello origina otra clase de recurso".

En la antes mencionada sentencia N° 1077 de 22 de septiembre de 2001, la Sala Constitucional reiteró su criterio sobre la legitimación activa para intentar el recurso de interpretación, señalando que el recurrente debe tener un "interés jurídico personal y directo", de manera que en la demanda se exprese con precisión, como condición de admisibilidad, "en qué consiste la oscuridad, ambigüedad o contradicción entre las normas del texto constitucional, o en una de ellas en particular; o sobre la naturaleza y alcance de los principios aplicables; o sobre las situaciones contradictorias o ambiguas surgidas entre la Constitución y las normas del régimen transitorio o del régimen constituyente."[151] Sobre el requisito de la exigencia del caso concreto, ha dicho la Sala Constitucional que ello "no es más que un reflejo de la necesidad de

---

150 Por ejemplo, la Sala Constitucional en sentencia No 797 de 22 de julio de 2010, calificó un recurso de interpretación de leyes relativo al artículo 5 de Ley Especial de Transferencia de los Recursos y Bienes Administrados Transitoriamente por el Distrito Metropolitano de Caracas al Distrito Capital; a los numerales 4 y 5 del artículo 9 de la Ley Especial sobre la Organización y Régimen del Distrito Capital, y a la Disposición Transitoria Tercera de la Ley Especial del Régimen Municipal a Dos Niveles del Área Metropolitana de Caracas, como un supuesto recurso de interpretación constitucional, para despojar a la Sala Político Administrativa de su competencia para decidir en la materia, procediendo entonces, no a interpretar artículo alguno de la Constitución, sino a interpretar dichas leyes para resolver situaciones de hecho concretas. Véase en http://www.tsj.gov.ve/decisiones/scon/Julio/797-22710-2010-10-0252.html.

151 Caso: *Servio Tulio León Briceño*, en *Revista de Derecho Público*, N° 83, Editorial Jurídica Venezolana, Caracas, 2000, pp. 247 y ss. Adicionalmente, en otra sentencia, N° 1029 de 13-06-2001, la Sala Constitucional atemperó el rigorismo de declarar inadmisible el recurso si no precisaba el contenido de la acción, ya que señaló que "La solicitud deberá expresar: 1.- Los datos concernientes a la identificación del accionante y de su representante judicial; 2.- Dirección, teléfono y demás elementos de ubicación de los órganos involucrados; 3.- Descripción narrativa del acto material y demás circunstancias que motiven la acción."

reservar al recurso de interpretación su verdadera justificación y evitar que se convierta en un medio indiscriminado de resolución de consultas."[152]

En todo caso, estimamos que en el supuesto de la acción de interpretación constitucional, también se está en presencia de un proceso constitucional, que requiere de un accionante, debiendo abrirse el proceso a un contradictorio conforme a las normas procesales antes indicadas. Ello por lo demás deriva de lo que se establece en el artículo 128 de la Ley Orgánica. Lamentablemente, sin embargo, no ha sido ese el criterio de algunas sentencias de la Sala Constitucional dictadas antes de la sanción de la Ley. Por ejemplo, la Sala Constitucional en sentencia Nº 2651 de 2 de octubre de 2003 (Caso: *Ricardo Delgado (Interpretación artículo 174 de la Constitución)* señaló que:

> "Aun cuando ninguna norma obliga a la Sala Constitucional a llamar a nadie para decidir un recurso de interpretación, entiende necesario hacerlo, con base en el derecho a la participación –extendido al ámbito judicial– y con fundamento en la imprescindible tutela de los intereses.
>
> Tiene razón el apoderado del Estado Miranda al afirmar que, en el recurso de interpretación, no cabe la denuncia de violación al derecho a la defensa, pues no se trata de un procedimiento de carácter contencioso.
>
> En efecto, es de unánime aceptación doctrinal y jurisprudencial que el recurso de interpretación debe tener como pretensión la exclusiva determinación del alcance de normas –en este caso constitucionales-, por lo que no hay *litis*, enfrentamiento entre unas partes, respecto de las cuales haya que procurar su defensa.
>
> El anterior aserto no implica, por supuesto, que no deba respetarse la debida tramitación, en este caso fijada por vía judicial debido a la inexistencia de ley. Debe recordarse que el procedimiento es el mecanismo ideado para que la sentencia se produzca luego del cumplimiento de ciertas fases que se estiman relevantes, pero también hay que destacar que debido proceso y defensa no van siempre de la mano. La defensa requiere de un debido proceso, pero el debido proceso no está diseñado sólo para garantizar la defensa de partes enfrentadas. Sirve para mucho más que eso.
>
> [*omissis*]
>
> ...Aunque en teoría la Sala no necesita realmente oír a nadie más para dar su opinión vinculante, la prudencia y la responsabilidad le exigen otra conducta. Por ello, la Sala no se limita a estudiar el caso aisladamente, con prescindencia de los pareceres ajenos, sino que procura llamar a quienes pudieran tener algo que decir y que, al hacerlo, podrían ilustrar a los magistrados en la toma de su propia postura. A veces no lo ha hecho, por la urgencia, y con ello no ha violado derecho alguno, pues -se insiste- no hay partes a las que proteger en su derecho. Ahora, el que no haya derechos en juego (aunque en el caso concreto bien puede haberlos) no implica que no haya intereses que tutelar. Para la protección de esos intereses la Sala formula invitaciones, no citaciones. No hay de qué defenderse, pero sí sobre qué opinar.
>
> Como se observa, el planteamiento del apoderado del Consejo Nacional Electoral encierra un aspecto de suma importancia, en modo alguno baladí. El problema es que se ha enfocado de manera incorrecta, con fundamento en un imposible derecho a la defensa, cuando en realidad la justificación de la intervención de los terceros en

152 Véase sentencia Nº 2651 de 2 de octubre de 2003 (Caso: *Ricardo Delgado (Interpretación artículo 174 de la Constitución)*

un proceso como el de autos es una distinta, como bien lo hizo notar el representante del Estado Miranda: el derecho a la participación en la adopción de decisiones en las que se tenga interés.

[*omissis*]

Entonces, la Sala, aun cuando ninguna norma le obliga a llamar a nadie para decidir un recurso de interpretación, entiende necesario hacerlo, con base en ese derecho a la participación –extendido al ámbito judicial– y con fundamento en la imprescindible tutela de los intereses. Por ello, la Sala mantiene y mantendrá como práctica la de notificar y publicar edictos. No puede ser de otra forma, salvo en casos de urgencia, si se piensa en que el fallo será vinculante y de efectos *erga omnes*".

Por último debe señalarse que en la sentencia N° 1347, de fecha 09-11-2000, la Sala Constitucional delimitó el carácter vinculante de las interpretaciones establecidas con motivo de decidir los recursos de interpretación, señalando que:

> "Las interpretaciones de esta Sala Constitucional, en general, o las dictadas en vía de recurso interpretativo, se entenderán vinculantes respecto al núcleo del caso estudiado, todo ello en un sentido de límite mínimo, y no de frontera intraspasable por una jurisprudencia de valores oriunda de la propia Sala, de las demás Salas o del universo de los tribunales de instancia".

6. *El control de constitucionalidad de las leyes por omisión*

Otra institución novedosa en materia de justicia constitucional que establece la Constitución de 1999, es el denominado control de la constitucionalidad de las leyes por omisión[153]. En tal sentido, el artículo 336 de la Constitución publicada el 30-12-99, atribuyó a la Sala Constitucional, competencia para:

> 7. Declarar la inconstitucionalidad del poder legislativo municipal, estadal o nacional, cuando hayan dejado de dictar las normas o medidas indispensables para garantizar el cumplimiento de la Constitución, o las hayan dictado en forma incompleta, y establecer el plazo y, de ser necesario, los lineamientos de su corrección.

En la "versión" de la Constitución publicada el 24-03-00, esta norma fue "corregida", agregándose la expresión "de las omisiones" antes de la frase "del Poder Legislativo...", de manera que quedase claro que la declaratoria de inconstitucionalidad, como era lógico, no se refería "al poder legislativo" sino a las "omisiones" de la Asamblea Nacional[154]. Por ello en la nueva "versión", el ordinal comienza redactado así:

> 7. Declarar la inconstitucionalidad de las omisiones del poder legislativo...

---

153 Es una institución que tiene su origen en el sistema portugués, véase Allan R. Brewer-Carías, *Judicial Review in Comparative Law*, *op. cit.*, p. 269. Véase Jesús María Casal, "La protección de la Constitución frente a las omisiones legislativas", en *Anuario de Derecho Constitucional Latinoamericano,* Edición 2003, Konrad Adenauer Stiftung, Montevideo, 2003, pp. 33 a 82.

154 Llama la atención, sin embargo, que en el trabajo de José Vicente Haro, antes citado, publicado en febrero de 2000, se haga referencia, en relación con este ordinal del artículo 336 a un texto de la Constitución que no era el publicado el 30-12-99, que era el único que estaba vigente cuando redactó su trabajo, sino a un texto que luego resultó ser el "corregido" en la "versión" de la Constitución publicado posteriormente, el 24-03-2000. Véase José Vicente Haro, "La justicia constitucional...", *loc. cit.*, pp. 171 y 188.

La Ley Orgánica de 2010, reiteró estas competencias, ampliándolas al atribuirle a la Sala Constitucional competencia para declarar la inconstitucionalidad de las omisiones de cualquiera de los órganos del Poder Público Nacional, Estatal y Municipal (Ary. 25,7).

En todo caso, en esta norma del artículo 336.7 se consagra una amplísima potestad que se ha atribuido a la Sala Constitucional y que supera el inicial antecedente portugués. En efecto, en el supuesto de la Constitución Portuguesa, la legitimación para requerir del Tribunal Constitucional el ejercicio de esta competencia la tenían el Presidente de la República, el Ombudsman o los Presidentes de las Regiones Autónomas[155]; en cambio, en el texto de la Constitución de 1999, no se establece condicionamiento alguno a la legitimación, por lo que tratándose de omisiones normativas, el mecanismo para impulsar su control podría recibir el mismo tratamiento de una acción popular, es decir, bastaría el simple interés en la constitucionalidad para intentar la acción.

Ahora bien, conforme a la norma citada, en 2003 la Sala Constitucional ejerció el control de constitucionalidad por omisión (en más de dos años) de la Asamblea Nacional en dictar la Ley Orgánica de Régimen Municipal, conforme lo ordenaba la Constitución, pero con la peculiaridad de que ejerció dicho control de oficio, con motivo de decidir un recurso de interpretación de la Ley Orgánica de Régimen Municipal preconstitucional. En efecto, en sentencia N° 3118 de 6 de octubre de 2003, (Caso: *Inconstitucionalidad de la omisión de la Asamblea Nacional por no haber dictado dentro del plazo fijado por el Constituyente de 1999 una Ley sobre Régimen Municipal*), la Sala consideró que así como existe un control difuso, que permite a los jueces apartarse del texto expreso de una ley, incluso de oficio, si colidiese con una norma contenida en la Constitución, la Sala Constitucional -y sólo ella- también podía declarar la inconstitucionalidad de una omisión del órgano que ejerza el poder legislativo, siempre que lo hiciese en el curso de un proceso. La Sala fundamentó su decisión así:

> Es lo mismo que sucede en el control difuso: con ocasión de un juicio instaurado por demanda particular, el tribunal de la causa juzga la constitucionalidad de una norma. En este caso, se juzga la constitucionalidad de una inacción, pero también con ocasión de un proceso que surgió por recurso. En ambos supuestos el pronunciamiento puede ser de oficio, si bien el tribunal no puede ser el que funja de accionante, sino que se requiere de una inicial solicitud.
>
> En el caso de autos, la Sala ha declarado el alcance de la disposición cuya interpretación se le solicitó, pero al hacerlo ha constatado la existencia de una omisión de la Asamblea Nacional que es contraria a la Constitución. No tiene más posibilidad que declararla y ordenar lo que sea necesario para darle fin. Otra actitud implicaría aceptación de una infracción.
>
> Siendo ello así, se debe acotar que si bien el órgano legislativo nacional expresó en su informe las causas por las cuales aún no ha sancionado la Ley Orgánica del Poder Público Municipal, en criterio de la Sala, las actividades de consulta –totalmente valederas– a que hace referencia la Asamblea Nacional no justifican, por sí mismas, el retraso de la aprobación de la Ley, pues seguramente fue con esa finalidad por la que el propio constituyente de 1999 le otorgó al legislador un año

155 Véase Allan R. Brewer-Carías, *Judicial Review in Comparative Law, op. cit.*, p. 269.

para que se abocara a normar las áreas más sensibles para el desarrollo político del país, en atención al nuevo orden constitucional.

Por otra parte, en lo que respecta a lo que refirió como la actividad realizada por lo que denominó "la oposición", debe recordarle la Sala que la omisión le es atribuible al órgano legislativo como un todo, sin que pueda darse cabida a la imputación de perturbaciones que pudieran realizar fracciones de los diputados que integran ese órgano, ya que ellos en su individualidad no son reconocidos, para los fines de este mecanismo de tutela constitucional, como responsables de la omisión y, en todo caso, tal actitud, de ser cierta, pudiera llevar a responsabilidades personales; pero jamás puede ser la justificante de que la Asamblea Nacional incumpla con un mandato constituyente. Vale la pena acotar que, en todo caso, un retraso en los términos planteados bien puede ser entendido, dentro del contexto político actual del país, siempre y cuando éste se mantenga dentro de los límites de la racionalidad, pero se trata de un retraso que ya remonta a los dos (2) años y que por recaer sobre una materia que, como el propio órgano legislativo nacional acotó, representa el afianzamiento y desarrollo del Poder Municipal, que tras la vigencia de la Constitución de la República Bolivariana de Venezuela ha encontrado sensibles modificaciones, exigen sean desarrolladas con prontitud por la legislación, dado que la normativa preconstitucional en esta materia se hace cada vez más insuficiente[156].

Con base en lo expuesto, la Sala Constitucional en ese caso, declaró que la falta de sanción de la ley sobre régimen municipal dentro del plazo previsto en la Disposición Transitoria Cuarta de la Constitución constituía una violación del Texto Fundamental, a la que debía dársele pronta terminación; y en atención a ello, la Sala ordenó a la Asamblea Nacional preparar, discutir y sancionar, dentro del plazo máximo de tres (3) meses contados a partir de la notificación del fallo, una ley sobre régimen municipal que se adaptase a las previsiones del Capítulo IV del Título IV de la Constitución y, en especial, a los principios contenidos en su artículo 169.

La Sala Constitucional, por otra parte, ha conocido del recurso por omisión de sus funciones por la Asamblea Nacional, pero no en la demora en dictar leyes, sino en realizar nombramientos que debe hacer conforme a la Constitución. Así ocurrió respecto del nombramiento de los miembros (rectores) del Consejo Nacional Electoral ante la omisión de la Asamblea, pero con la peculiaridad de que no sólo se la declaró como inconstitucional, sino que la Sala se sustituyó en el ejercicio de tal atribución. En efecto, luego de que la designación de los titulares del Consejo Nacional Electoral no se pudo realizar por la Asamblea Nacional, por haber podido lograr los acuerdos políticos necesarios que aseguraran la mayoría calificada que exige la Constitución para tales nombramientos, la Sala Constitucional mediante sentencia de 25 de agosto de 2003, una vez verificado que hasta esa fecha la Asamblea Nacional no había designado a los rectores del Poder Electoral, y estando dentro del lapso que la Sala misma se fijó para hacer la designación, procedió a hacerlo previas las siguientes consideraciones:

1°) Como se trata de un nombramiento provisional no previsto en la Ley Orgánica del Poder Electoral, pero que atiende al mantenimiento de la supremacía constitucional, ante el vacío institucional producto de la omisión del nombramiento de los rectores electorales, la Sala, en lo posible, aplicará la Ley Orgánica del Poder Elec-

156 Véase en *Revista de Derecho Público*, N° 93-96, Editorial Jurídica Venezolana, Caracas, 2003.

toral con las variables necesarias derivadas de la naturaleza de las medidas provisorias.

2°) La Sala toma en cuenta el acucioso trabajo del Comité de Postulaciones Electorales, quien recibió 408 postulaciones y las redujo, previo análisis de las mismas, a 200, y luego a 115, que fueron sometidas a un proceso público de objeciones, finalizado el cual el número de postulados aceptados quedó reducido a 86, de los cuales 63 personas fueron propuestas por la sociedad civil.

En las designaciones, la Sala nombrará rectores principales o suplentes a las personas que postuló la sociedad civil, el Poder Ciudadano y las Universidades Nacionales que podían hacerlo; ello sin menoscabo de su poder para la elección de personas fuera de los que fueron candidateados.

3°) La Sala garantiza, al Poder Electoral que ella nombre en forma provisoria, la mayor autonomía, tal como corresponde a uno de los Poderes Públicos.

El órgano rector del Poder Electoral, conforme al artículo 293.1 constitucional, podrá desarrollar la normativa que le asigna la Ley Orgánica del Poder Electoral, elaborar los proyectos de leyes que le corresponden con exclusividad conforme a las Disposición Transitoria Tercera de la citada Ley, y presentarlas ante la Asamblea Nacional.

Corresponde al Poder Electoral la normativa tendente a la reglamentación de los procesos electorales y los referendos, en desarrollo de la Ley Orgánica del Poder Electoral, en particular la que regula las peticiones sobre los procesos electorales y referendos, así como las condiciones para ellos, la autenticidad de los peticionarios, la propaganda electoral, etc, así como resolver las dudas y vacíos que susciten las leyes electorales.

4°) Dentro de la autonomía del Poder Electoral, los órganos de dicho Poder señalarán los términos para cumplir sus cometidos.

5°) Con el fin de facilitar la integración del Consejo Nacional Electoral y sus órganos subordinados, la Sala procede a designar en esta sentencia, su composición, así como la del Consejo de Participación Política, el cual de manera provisoria y ante el vacío constitucional, funcionará como un ente consultivo del Poder Electoral. Para este último nombramiento, la Sala tomó en cuenta las consultas que se hicieron a los partidos políticos representados en la Asamblea Nacional y que se llevaron a cabo en el Tribunal[157].

Partiendo de estas consideraciones, sin embargo, la Sala Constitucional no se limitó a suplir la abstención de la Asamblea Nacional nombrando a los rectores del Consejo Nacional Electoral, sino que extralimitándose en sus funciones y limitando injustificada e ilegítimamente la autonomía del Consejo Nacional Electoral como órgano rector de dicho Poder Público, procedió a nombrar directamente a todos los funcionarios directivos del organismo, competencia que no correspondía a la Asamblea Nacional (sino al propio Consejo Nacional Electoral que estaba nombrando) y respecto de cuyo ejercicio no se había producido omisión alguna que pudiera justificar tales nombramientos. En efecto, en la sentencia, de acuerdo con el artículo 13 de la Ley Orgánica del Poder Electoral, la Sala además de nombrar a los rectores principales y sus respectivos; y además, designó al Presidente y Vicepresidente del cuerpo, lo que correspondía al mismo; al Secretario y al Consultor Jurídico del Con-

157 Véase en *Revista de Derecho Público*, N° 93-96, Editorial Jurídica Venezolana, Caracas, 2003.

sejo Nacional Electoral; a los integrantes de los órganos subordinados: Junta Nacional Electoral; Comisión de Registro Civil y Electoral; Comisión de Participación Política y Financiamiento; y a miembros de un Consejo de Participación.

7. *El control de la vigencia de las leyes mediante el "recurso de colisión"*

Conforme a una tradicional competencia que tenía la antigua Corte Suprema de Justicia (art. 215, ord. 5° de la Constitución de 1961), el artículo 336 de la Constitución de 1999 le atribuye al Tribunal Supremo competencia para:

> 8. Resolver las colisiones que existan entre diversas disposiciones legales y declarar cuál de éstas debe prevalecer.

Este mecanismo de control, antes que un control de constitucionalidad, es un control respecto de la vigencia de la ley en casos de derogación tácita en aplicación del artículo 218 de la Constitución que dispone que "las leyes se derogan por otras leyes". Sin embargo, como lo ha señalado la Sala Constitucional, "no se puede pretender que a través de este mecanismo se resuelvan cuestiones de inconstitucionalidad"[158].

En efecto, en los casos en los cuales se dicte una ley que contraríe las disposiciones de otra ley, sin que contenga una derogación expresa, si la derogación tácita no es evidente pueden plantearse situaciones en las cuales las dos leyes pueden considerarse aplicables. En estos supuestos, el Tribunal Supremo debe resolver la colisión que pueda existir entre dos disposiciones legales que intentan regular el mismo supuesto en forma diferente por lo que las mismas se encontrarían en conflicto[159], y declarar cuál de ellas debe prevalecer, lo que implica considerar como derogada la que no prevalece.

Sobre este recurso, la Sala Constitucional ha ratificado la doctrina jurisprudencial que había sentado la Sala Plena de la antigua Corte Suprema de Justicia en sentencia de 31 de octubre de 1995 (Caso: *Alí José Venturini B.*), la cual transcribió en sentencia N° 265 de 25 de abril de 2000, en la cual se dispuso:

> Desde el punto de vista del derecho adjetivo, el fallo señaló:
>
> 1. La Corte conoce del mismo a instancia de parte interesada, tal como lo prevé el artículo 82 de la Ley Orgánica de la Corte Suprema de Justicia. (…).
> 2. Se trata de un verdadero y propio recurso, en el sentido de que se solicita a la Corte se dirima un conflicto planteado por la preexistencia de normas que aparentemente coliden.
> 3. No existe un procedimiento expresamente previsto, (...) por lo cual rige para su decisión lo previsto en el artículo 102 de la Ley Orgánica de la Corte Suprema de Justicia.

---

158 Véase sentencia N° 265 de 25-04-2000 en *Revista de Derecho Público*, N° 82, (abril-junio), Editorial Jurídica Venezolana, Caracas, 2000, p. 146.

159 Véase sentencia N° 356 de 11-05-2000 en *Revista de Derecho Público*, N° 82, (abril-junio), Editorial Jurídica Venezolana, Caracas, 2000, p. 147.

Desde un punto de vista material, delineó los objetivos de este recurso:

> Que la Corte resuelva el conflicto planteado entre diversas disposiciones legales y que efectuado lo anterior, la Corte declare cuál ha de prevalecer. (...)
>
> El recurso alude a la situación en la cual dos disposiciones intenten regular el mismo supuesto en forma diferente con lo cual las mismas se encontrarían en conflicto.
>
> Esta norma atributiva de competencia contenida en el citado ordinal 6° del artículo 42 implica la facultad de este Alto Tribunal de determinar si existe contraste entre dos normas jurídicas en forma tal que la aplicación de una de ellas implique la violación de su sentido y alcance y, en el caso dado de que tal fuese la situación, determinar cuál ha de predominar en base a los criterios hermenéuticos que utilice.

De lo anterior se deduce que la colisión de normas parte de la existencia de diferentes disposiciones que estén destinadas a regular en forma diferente una misma hipótesis. De allí que, este recurso implica la aplicación de los siguientes criterios interpretativos:

a) Puede plantearse cuando la presunta colisión se da entre cualquier tipo de normas, e incluso tratarse de diferentes disposiciones de un mismo texto legal.

b) El conflicto de normas se manifiesta cuando la aplicación de una de las normas implica la violación del objeto de la otra norma en conflicto; o bien, cuando impide la ejecución de la misma.

c) No se exige que exista un caso concreto de conflicto planteado, cuya decisión dependa del predominio de una norma sobre otra; sino que el conflicto puede ser potencial, es decir, susceptible de materializarse en cualquier momento en que se concreten las situaciones que las normas regulan.

d) No debe confundirse este recurso con el de interpretación, previsto en el numeral 6 del artículo 266 de la Constitución de 1999 y en el ordinal 24 del artículo 42 de la Ley Orgánica de la Corte Suprema de Justicia[160].

Por último, en cuanto al procedimiento aplicable para la tramitación del recurso, la Sala Constitucional había dispuesto en sentencia N° 889 de 31 de mayo de 2001 (Caso: *Recurso de colisión entre algunos artículos del Decreto con rango y fuerza de Ley de Arrendamientos Inmobiliarios y otras leyes*), que el procedimiento más conveniente a aplicar para la tramitación de este recurso conforme a su naturaleza, es el que se encontraba previsto para los juicios de nulidad de los actos administrativos de efectos generales, con exclusión de la etapa probatoria a que se refiere el artículo 117 *eiusdem* y sin relación ni informes, de conformidad con lo establecido en el artículo 135 *ibidem*, por tratarse de un asunto de mero derecho.[161]

---

160 Véase en *Revista de Derecho Público*, N° 82, (abril-junio), Editorial Jurídica Venezolana, Caracas, 2000, pp. 146-147. Esta doctrina ha sido ratificada en la sentencia de la Sala Constitucional N° 889 de 31 de mayo de 2001 (Caso: *Recurso de colisión entre algunos artículos del Decreto con rango y fuerza de Ley de Arrendamientos Inmobiliarios y otras leyes*), en *Revista de Derecho Público*, N° 85-88, Editorial Jurídica Venezolana, Caracas, 2001, p. 52.

161 Véase en *Revista de Derecho Público*, N° 85-88, Editorial Jurídica Venezolana, Caracas, 2001, p. 53.

De acuerdo con la Ley Orgánica de 2010, en cuanto al procedimiento, como se ha visto, la sala Constitucional debe igualmente abrir un contradictorio, notificando y emplazando a los interesados para que se hagan parte en el proceso.

8. *La resolución de controversias constitucionales entre los órganos del Poder Público*

El Tribunal Supremo, en Sala Constitucional, también tiene competencia, conforme al artículo 336, para:

> 9. Dirimir las controversias constitucionales que se susciten entre cualesquiera de los órganos del Poder Público.

Sobre esta competencia, la "Exposición de Motivos" de la Constitución precisa lo siguiente:

> La Constitución establece como competencia de la Sala Constitucional resolver las controversias constitucionales que se susciten entre cualesquiera de los órganos que ejercen el Poder Público. Al respecto, destacan dos elementos esenciales; en primer lugar, que se trata de controversias entre cualesquiera de los órganos que la Constitución prevé en la distribución horizontal o vertical del Poder Publico y, en segundo lugar, que deben tratarse de controversias constitucionales, es decir, de aquellas cuya decisión depende del examen, interpretación y aplicación de normas constitucionales, tales como las que se refieren al reparto competencial entre los diferentes órganos del Estado, especialmente, las que distribuyen el poder en los niveles nacional, estadal y municipal.
>
> De esta forma, todas aquellas controversias constitucionales entre la República y alguno de los estados o municipios, es decir, entre el poder central y el descentralizado territorialmente, serán resueltas por la Sala Constitucional dentro del procedimiento que se establecerá en la ley orgánica respectiva. En todo caso, esta atribución tiene por objeto que la Sala Constitucional como garante y máximo defensor de los principios consagrados en el Texto Fundamental ajuste la actuación de los órganos que ejercen el Poder Público, al cauce constitucional.

Por tanto, esta competencia de orden constitucional tiene por objeto resolver las controversias entre los órganos del Poder Público, tanto en su distribución vertical (República, Estados y Municipios), como en su división horizontal a nivel nacional (Poder Legislativo, Poder Ejecutivo, Poder Judicial, Poder Ciudadano, Poder Electoral) y a nivel estadal y municipal (Poder Legislativo y Poder Ejecutivo); entendiéndose por controversia, "aquella situación en la cual dos o mas personas, discuten larga y reiteradamente, contendiendo y alegando razones contra el parecer de otro sobre intereses contrapuestos"[162].

El objetivo de esta competencia de la Sala Constitucional, en definitiva, es "la protección de la estructura institucional del Estado y su régimen competencial, con

162 Véase sentencia de la Sala Político Administrativa N° 1819 de 08-08-2000 (Caso: *René Molina vs. Luis Miquilena*), en *Revista de Derecho Público*, N° 83, (julio-septiembre), Editorial Jurídica Venezolana, Caracas, 2000, p. 267. Véase en general, Véase Gilberto Alejandro Guerrero-Rocca, "Controversias constitucionales y conflictos de autoridad: Una necesaria distinción", en *Revista de Derecho Constitucional,* N° 7, enero-junio 2003, Editorial Sherwood, Caracas, 2003, pp. 137 a 159.

el propósito de corregir las eventuales invasiones por parte de algún órgano del Poder Público en la esfera de competencias de otro"[163].

Es decir, se trata de resolución de controversias sobre atribuciones *constitucionales* entre los órganos del Poder Público; que son distintas a las controversias administrativas que se susciten entre la República, los Estados, Municipios u otro ente público, las que competen ser resueltas por la Sala Político-Administrativa del Tribunal Supremo (art. 266, ord. 4°), como Jurisdicción Contencioso-Administrativa.

Esto exige distinguir, por supuesto, las controversias constitucionales de las controversias administrativas; tal y como lo ha precisado el Tribunal Supremo de Justicia, al señalar que para identificar la controversia constitucional, es necesario:

> "Que los sujetos entre los cuales se presente la misma, sean aquellos que tienen asignada, en forma expresa, atribuciones para tales actuaciones o normas en el propio texto constitucional, esto es, instituciones supremas del Estado, cuya regulación orgánica se contiene en el propio texto constitucional, a diferencia de otras, en las que la configuración institucional concreta se defiere al legislador ordinario;"

y en sentido contrario:

> "No estaremos en presencia de la controversia constitucional a que se refiere la norma bajo examen, cuando las partes en la misma no poseen el carácter de órganos el Poder Público, con atribuciones consagradas en el texto Constitucional, lo cual excluye no sólo a particulares, sino también a funcionarios vicarios o quienes no posean el carácter de órganos, aun cuando por virtud de norma expresa tengan atribuidas funciones públicas o sean autoridad pública" [164].

Por último, en cuanto a los requisitos de admisibilidad de la acción de resolución de conflictos entre órganos del Poder Público, la Sala Constitucional, mediante sentencia N° 3191 de 11 de diciembre de 2002, estableció los siguientes criterios de inadmisibilidad de la acción, cuando se de alguno de los siguientes supuestos:

1. Cuando el accionante sea una persona distinta a un ente que ejerza potestades de Poder Público Constitucional.
2. En caso de que el conocimiento de la acción competa a otro tribunal. Deja así esta Sala claramente establecido que la acción de conflicto constitucional no sustituye los recursos procesales existentes, de modo que resultará inadmisible si el recurrente persigue adelantar un pronunciamiento sobre un asunto planteado ante otro órgano jurisdiccional o pretende sustituir algún medio ordinario a través del cual el juez pueda solventar la controversia...
3. Cuando se acumulen acciones que se excluyan mutuamente o cuyos procedimientos sean incompatibles;

---

163 Véase sentencia Sentencia N° 1937 de 2003 de la Sala Constitucional (Caso: *Controversia constitucional entre el Alcalde del Municipio Píritu del Estado Falcón y el Concejo Municipal de dicha entidad político territorial*) en *Revista de Derecho Público*, N° 93-96, Editorial Jurídica Venezolana, Caracas, 2003.

164 Sentencia de la Sala Político Administrativa N° 1819 de 08-08-2000 (Caso: *René Molina vs. Comisión Legislativa Nacional*), en *Revista de Derecho Público,* N° 83, Editorial Jurídica Venezolana, Caracas 2000, pp. 264 y ss.

4. Cuando no se acompañen los documentos indispensables para verificar si la acción es admisible;
5. Si contiene conceptos ofensivos o irrespetuosos o es de tal modo ininteligible o contradictoria que resulte imposible su tramitación;
6. Cuando sea manifiesta la falta de representación que se atribuya el actor.
7. Cuando en sentencias de esta Sala, anteriores a su interposición, se haya resuelto el punto, y no sea necesario modificarlo. Este motivo de inadmisibilidad no opera en razón de la precedencia de una decisión respecto al mismo asunto planteado, sino a la persistencia en el ánimo de la Sala del criterio sustentado en la decisión previa[165].

9. *La revisión de las sentencias dictadas por los tribunales de instancia en cuestiones de constitucionalidad*

Tradicionalmente, el control concentrado de la constitucionalidad se ha construido en torno al objeto de control, habiéndose referido en general a las leyes, a los actos con rango legal o con valor de ley y a los actos dictados en ejecución directa e inmediata de la Constitución.

Sin embargo, en los sistemas mixtos o integrales de control de la constitucionalidad, al combinarse el control difuso con el control concentrado, se han previsto mecanismos extraordinarios para la revisión de sentencias dictadas por los tribunales de instancia en materia constitucional, atribuyéndose el conocimiento de tales recursos de revisión a la Jurisdicción Constitucional, como órgano de control concentrado de control de constitucionalidad. Es por tanto, el tal sentido que el artículo 336 de la Constitución en el texto publicado el 30-12-99 atribuyó a la Sala Constitucional, competencia para:

10. Revisar las sentencias de amparo constitucional y de control de constitucionalidad de leyes o normas jurídicas dictadas por los tribunales de la República, en los términos establecidos por la ley orgánica respectiva.

En la nueva "versión" de la Constitución publicada el 24-03-2000, el encabezamiento de esta norma aparece redactada así:

9. Revisar las sentencias *definitivamente firmes* de amparo constitucional...

Es decir, se agregó al texto constitucional en su "versión" del 24-03-2000 una frase de contenido jurídico preciso, como es la de calificar las sentencias objeto de revisión, como las que sean *definitivamente firmes.*

A. *La revisión constitucional no es una apelación ni una consulta*

Sobre esta norma, debe comenzarse señalando que, por supuesto, la misma no se configuraba ni se configura como la de una apelación ni como la de una segunda instancia general en la materia. Se trata de una competencia excepcional para que la Sala Constitucional pueda revisar, a su juicio y discreción, mediante un recurso extraordinario[166] que se puede ejercer contra sentencias de *última instancia* dictadas

165 Sentencia N° 3191 de 11-12-2002, en *Revista de Derecho Público*, N° 89-92, Editorial Jurídica Venezolana, Caracas, 2002.

166 Véase en general, José V. Haro G., "El mecanismo extraordinario de revisión de sentencias definitiva-

por los tribunales de la República (excluido, en nuestro criterio -pero no en el de la Sala Constitucional-, el Tribunal Supremo y sus Salas) en materia de amparo constitucional o dictadas en ejercicio del método difuso de control de la constitucionalidad de las leyes. Las Salas de la Corte, en nuestro criterio deberían seguir siendo competentes para conocer, sea en única instancia o en apelación, conforme a la Ley de la materia, de las acciones de amparo; ya que nada autoriza en el texto de la Constitución para concentrar esas competencias en la Sala Constitucional y dejar a las otras Salas, sin competencias constitucionales. En realidad, la única competencia constitucional que, conforme a la Constitución (arts. 334 y 336), es *exclusiva* de la Sala Constitucional, es la de anular las leyes y demás actos de rango legal y de ejecución directa e inmediata de la Constitución (Jurisdicción Constitucional) así como establecer "interpretaciones vinculantes"de normas constitucionales.

En todo caso, es de destacar que conforme a nuestra apreciación y propuesta, el texto del ordinal 10 fue aprobado en la Asamblea Nacional Constituyente iniciándose con la frase "Revisar, a juicio de la Sala, las sentencias...", con el objeto de dejar claro a nivel constitucional, que se trataba de una potestad de revisión que nunca puede ser obligatoria, sino realizada a juicio de la Sala, la cual la puede ejercer en forma discrecional[167]. La frase mencionada, sin embargo, fue inexplicablemente eliminada[168]. De lo que se trataba era de evitar que se pudiera abrir un recurso de obligatoria admisión y decisión por la Sala, contra todas las sentencias referidas, lo cual sería imposible de manejar por la magnitud de casos. De allí la discrecionalidad que debe tener la Sala Constitucional para escoger los casos en los cuales juzga conveniente conocer del recurso de revisión.

En todo caso, la Sala Constitucional, en la sentencia N° 1 de 20 de enero de 2000 (Caso: *Emery Mata Millán*) antes citada, interpretó dicho artículo 336, ordinal 10 de la Constitución considerando respecto de la revisión, que "en los actuales momentos una forma de ejercerla es mediante la institución de la consulta, prevista en el artículo 35 de la Ley Orgánica de Amparo Sobre Derechos y Garantías Constitucionales, pero como la institución de la revisión a la luz de la doctrina constitucional es otra... considera esta Sala que en forma selectiva, sin atender a recurso específico y sin quedar vinculado por peticiones en este sentido, la Sala por vía excepcional puede revisar discrecionalmente las sentencias de amparo que ... sean de la exclusiva competencia de los Tribunales de Segunda Instancia, quienes conozcan la causa por apelación y que por lo tanto no susceptibles de consulta, así como cualquier otro fallo que desacate la doctrina vinculante de esta Sala, dictada en materia constitucional"[169]. En

mente firmes de amparo y control difuso de la constitucionalidad previsto en el artículo 336, numeral 10 de la Constitución", en *Revista de Derecho Constitucional,* N° 3 (julio-diciembre), Editorial Sherwood, Caracas, 2000, pp. 231-266; Adán Febres Cordero, "La revisión constitucional", en *Nuevos estudios de derecho procesal, Libro Homenaje a José Andrés Fuenmayor,* Vol. I, Tribunal Supremo de Justicia, Colección Libros Homenaje, N° 8, Caracas, 2002 pp. 489 a 508.

167 En cierta forma, el recurso es similar al denominado *writ of cerciorari* del sistema norteamericano. Véase Allan R. Brewer-Carías, *Judicial Review in Comparative Law, op. cit.,* p. 141; Véase los comentarios de Jesús María Casal, *Constitución y Justicia Constitucional, op. cit.* p. 92.

168 Véase la "justificación" *ex post facto* de la eliminación de la frase por parte de un miembro de la llamada "Subcomisión Técnica" designada por la directiva de la Asamblea en José Vicente Haro, "La justicia constitucional...", *loc. cit.,* pp. 160 a 170.

169 Véase en *Revista de Derecho Público,* N° 81, (enero-marzo), Editorial Jurídica Venezolana, Caracas, 2000, p. 227.

esta primera sentencia de la Sala, por tanto, si bien se asimiló en forma incorrecta la institución de la revisión a la consulta, se apuntó correctamente al carácter extraordinario del recurso de revisión, así como al carácter discrecional de la potestad revisora de la Sala, como lo propusimos en la Asamblea[170].

En definitiva, como lo señaló la Sala Constitucional en su sentencia N° 727 de 8 de abril de 2003, la norma constitucional "no dispone, de manera alguna, la creación de una tercera instancia en los procesos cuyas decisiones son sometidas a revisión. El precepto constitucional que se refirió lo que incorpora es una potestad estrictamente excepcional y facultativa para la Sala Constitucional que, como tal, debe ejercerse con la máxima prudencia en cuanto a la admisión y procedencia de recursos de revisión de sentencias definitivamente firmes"[171].

B. *El objeto de la revisión y las sentencias de última instancia*

Por otra parte, debe insistirse en el hecho de que en la versión de la Constitución publicada el 20-04-2000, uno de los artículos "modificados" fue precisamente el ordinal 10 del artículo 336, al cual se le agregó la frase *"definitivamente firmes"* para identificar las sentencias de amparo constitucional y de control de constitucionalidad de leyes o normas jurídicas dictadas por los tribunales de la República, que podían ser objeto del recurso de revisión. Esta frase no estaba en el texto original sometido a referéndum ni en el correspondiente a la "versión" de la Constitución publicada de 30-12-1999[172].

Es decir, en esta forma, en *primer lugar,* se "precisó", aún cuando parcialmente, en la nueva "versión" de la Constitución, lo que era obvio, y es el carácter extraordinario de esta revisión por la Sala Constitucional de sentencias de amparo o de cuestiones constitucionales dictadas por los Tribunales de instancia. Ello implica que las sentencias que pueden ser objeto del "recurso extraordinario" a regularse, deben ser definitivamente firmes, razón por la cual, con la "nueva versión" de la Constitución se derrumbó la incorrecta decisión de la Sala Constitucional antes comentada que asimilaba la "revisión" de las sentencias de amparo con aquellos supuestos en los cuales la Sala Constitucional supuestamente debía conocer de casos de amparo en apelación o consulta. Ello era totalmente contrario a la naturaleza de este recurso extraordinario de revisión.

Pero en *segundo lugar,* debe destacarse que al agregarse al artículo constitucional sólo la frase "definitivamente firmes", consideramos que parcialmente se cambió la naturaleza extraordinaria del recurso de revisión, pues tal como quedó redactada la norma, podría proceder contra sentencias de primera instancia definitivamente

170 Véase las referencias a nuestras proposiciones comentadas en José Vicente Haro, "La justicia constitucional…." *loc. cit.,* pp. 166 y 167.

171 Caso: *Revisión de la sentencia dictada por la Sala Electoral en fecha 21 de noviembre de 2002*), en *Revista de Derecho Público*, N° 93-96, Editorial Jurídica Venezolana, Caracas, 2003.

172 Llama la atención, también en este caso, que en los comentarios que hace José Vicente Haro respecto de esta norma constitucional, en su trabajo antes citado, publicado en febrero de 2000, se cita el ordinal 10° con el agregado de las sentencias "definitivamente firme" cuando ello no estaba en el texto constitucional vigente en esa fecha, publicado el 31-12- 99; pues en definitiva dicho agregado se incorporó al texto constitucional en la "versión" publicada posteriormente, el 24-03-2000. Véase José Vicente Haro, "La justicia constitucional…" *loc. cit.,* pp. 171 y 189.

firmes, pero contra las cuales no se habría ejercido el recurso ordinario de apelación, que podía existir, lo cual no tiene sentido[173].

En efecto, procesalmente no es lo mismo una sentencia "definitivamente firme" que una sentencia de "última instancia"; la primera, es una sentencia definitiva en el sentido de que no es interlocutoria, por tanto, pone fin a un juicio; la cual, además, ha quedado firme porque no se ha apelado o es de última instancia. Por tanto, puede haber sentencias definitivamente firmes, de primera instancia, porque no fueron apeladas. No puede, por tanto, confundirse un concepto con otro. Lo que se debatió en la Asamblea Constituyente permitía concluir que lo que se quería era que sólo pudiera ser objeto de revisión las sentencias de última instancia.

Por ello, en la propuesta que formulamos ante la Asamblea Nacional Constituyente el 31 de octubre de 1999 sobre el control difuso de la constitucionalidad de las leyes, consideramos que en la Constitución:

> también debería atribuirse a la Sala Constitucional una competencia para conocer de un recurso extraordinario de revisión que pueda intentarse contra las sentencias de *última instancia* en las cuales se resuelvan cuestiones constitucionales relativas a las leyes, de conocimiento discrecional por la Sala. En esta forma, en materia de cuestiones de constitucionalidad, la Sala Constitucional de la Suprema Corte, a su juicio, podría tener la última palabra en estas materias y en los casos en los que estime necesario estatuir con fuerza de precedente y uniformizar la jurisprudencia[174].

Ahora bien, ante la ausencia de legislación reguladora de la Jurisdicción Constitucional, ha sido la Sala Constitucional la que ha construido sucesivamente, mediante su labor interpretativa, los contornos del recurso extraordinario de revisión y el alcance de su potestad revisora. Ya a finales de 2000, como consecuencia de las sentencias Nos. 1, 2, 44 y 714 de ese mismo año, la Sala resumía el conjunto de reglas o condiciones que debía presentar una sentencia para que procediera dicho recurso, así:

> 1°) La sentencia que se pretenda someter a revisión debe haber cumplido con la doble instancia, bien sea por la vía de la apelación o de la consulta, por lo cual no debe entenderse como una nueva instancia.

---

173 Véase los comentarios de Jesús María Casal, *Constitución y Justicia Constitucional, op. cit.* p. 106.

174 Véase Allan R. Brewer-Carías, *Debate Constituyente,* Tomo III, *op. cit.*, p. 105. Por tanto, es totalmente incorrecta la apreciación que hizo José Vicente Haro al señalar que del debate en la Asamblea haya quedado "suficientemente claro que ese mecanismo de revisión debe ser ejercido respecto de las sentencias de última instancia o "definitivamente firmes" dictadas por los jueces de la República en materia de amparo o control difuso de la constitucionalidad". Véase José Vicente Haro, "La justicia constitucional..." *loc. cit.* p. 170. Esta confusión de Haro entre estos dos conceptos, creyendo que son equivalentes, quizás lo llevó a participar en la "corrección" del texto constitucional y agregar la mencionada frase. Lo que si queda claro de todo esto es que la utilización, en la "Exposición", de la frase "definitivamente firme" (que aparece por primera vez en la "versión" de la Constitución publicada el 24-03-2000), pone en evidencia que dicha "Exposición" no se "decretó" el 30-01-2000 como lo dice su texto, pues para esa fecha la expresión no estaba en el texto publicado de la Constitución el 30-12-1999. La "extraña coincidencia" más bien sugiere que la "Exposición" se elaboró posteriormente en algún momento previo al 24-03-2000, coincidiendo con la ilegítima "corrección" de la Constitución". La "coincidencia" también se aprecia de los conceptos emitidos por José Vicente Haro, "La justicia constitucional...", *loc. cit.*, pp. 171 y 189.

2°) La revisión constitucional se admitirá sólo a los fines de preservar la uniformidad de la interpretación de normas y principios constitucionales o cuando exista una deliberada violación de preceptos de ese rango, lo cual será analizado por la Sala Constitucional, siendo siempre facultativo de ésta su procedencia.

3°) Como corolario de lo anterior, a diferencia de la consulta, el recurso de revisión constitucional no procede *ipso iure,* ya que éste depende de la iniciativa de un particular, y no de la del juez que dictó la decisión, a menos que la propia Sala Constitucional de oficio así lo acuerde, tomando en cuenta siempre la finalidad del recurso[175].

Posteriormente, mediante sentencia N° 93 de 6 de febrero de 2001(Caso: Caso: *Olimpia Tours and Travel vs. Corporación de Turismo de Venezuela*), la Sala delimitó de la siguiente manera su potestad de revisión extraordinaria de sentencias definitivamente firmes:

> Con base en una interpretación uniforme de la Constitución y considerando la garantía de la cosa juzgada establecida en el numeral 7° del artículo 49 de la Constitución de la República Bolivariana de Venezuela, en principio, es inadmisible la revisión de sentencias definitivamente firmes en juicios ordinarios de cualquier naturaleza por parte de esta Sala.
>
> Y en cuanto a las decisiones de las otras Salas de este Tribunal es inadmisible cualquier demanda incluyendo la acción de amparo constitucional contra cualquier tipo de sentencia dictada por ellas, con excepción del proceso de revisión extraordinario establecido en la Constitución, y definido a continuación.
>
> Sólo de manera extraordinaria, excepcional, restringida y discrecional, esta Sala posee la potestad de revisar lo siguiente:
>
> 1. Las sentencias definitivamente firmes de amparo constitucional de cualquier carácter, dictadas por las demás Salas del Tribunal Supremo de Justicia y por cualquier juzgado o tribunal del país.
> 2. Las sentencias definitivamente firmes de control expreso de constitucionalidad de leyes o normas jurídicas por los tribunales de la República o las demás Salas del Tribunal Supremo de Justicia.
> 3. Las sentencias definitivamente firmes que hayan sido dictadas por las demás Salas de este Tribunal o por los demás tribunales o juzgados del país apartándose u obviando expresa o tácitamente alguna interpretación de la Constitución contenida en alguna sentencia dictada por esta Sala con anterioridad al fallo impugnado, realizando un errado control de constitucionalidad al aplicar indebidamente la norma constitucional.
> 4. Las sentencias definitivamente firmes que hayan sido dictadas por las demás Salas de este Tribunal o por los demás tribunales o juzgados del país que de manera evidente hayan incurrido, según el criterio de la Sala, en un error grotesco en cuanto a la interpretación de la Constitución o que sencillamente

175 Véase sentencia de 02-11-2000 (Caso: *Roderick A. Muñoz P. vs. Juzgado de los Municipios Carache, Candelaria y José Felipe Márquez Cañizales de la Circunscripción Judicial del Estado Trujillo*) en *Revista de Derecho Público*, N° 84, (ocutbre-diciembre), Editorial Jurídica Venezolana, Caracas, 2000, p. 367.

hayan obviado por completo la interpretación de la norma constitucional. En estos casos hay también un errado control constitucional[176].

La Sala Constitucional, por otra parte, en sentencia N° 727 de 8 de abril de 2003 ha precisado las sentencias que pueden ser objeto del recurso extraordinario de revisión, así:

> Entre los fallos que, según ha señalado reiteradamente la jurisprudencia de la Sala, pueden ser objeto de revisión, se encuentran (i) Las sentencias de amparo constitucional; (ii) Las sentencias de control expreso de constitucionalidad de leyes o normas jurídicas fundamentadas en un errado control de constitucionalidad. (iii) Las sentencias que de manera evidente hayan incurrido, según el criterio de la Sala, en un error grotesco en cuanto a la interpretación de la Constitución o que sencillamente hayan obviado por completo la interpretación de la norma constitucional y (iv) Las sentencias que hayan sido dictadas por las demás Salas de este Tribunal o por los demás juzgados del país apartándose u obviando, expresa o tácitamente, alguna interpretación de la Constitución que contenga alguna sentencia de esta Sala con anterioridad al fallo que sea impugnado[177].

En esta forma, la Sala Constitucional amplió, ignorando los límites constitucionales, el ámbito de su potestad constitucional revisora de sentencias dictadas en juicios de amparo o con motivo de control difuso de la constitucionalidad, abarcando otras sentencias, incluso las dictadas por las otras Salas del Tribunal Supremo, lo que constituye una limitación no autorizada en la Constitución al debido proceso y al derecho a la cosa juzgada, con importantes repercusiones en el ámbito de la seguridad jurídica y del Estado de derecho. La Sala Constitucional en efecto, luego de analizar la garantía del debido proceso en relación con la revisión extraordinaria de sentencias definitivamente firmes, en sentencia N° 93 de 6 de febrero de 2001 (Caso: *Olimpia Tours and Travel vs. Corporación de Turismo de Venezuela*), extendió su potestad revisora en relación con sentencias que -por supuesto a juicio de la propia Sala- "se aparten del criterio interpretativo de la norma constitucional que haya previamente establecido la Sala"; para lo cual simplemente se preguntó: "¿puede esta Sala, de conformidad con lo establecido en la Constitución, revisar las sentencias definitivamente firmes diferentes a las establecidas en el numeral 10 del artículo 336 de la Constitución que contraríen el criterio interpretativo que esta Sala posee de la Constitución?. La respuesta a la pregunta, la formuló la Sala interpretando el artículo 335 de la Constitución, en particular en cuanto establece el carácter vinculante de las interpretaciones que establezca la Sala sobre el contenido o alcance de las normas y principios constitucionales; del cual dedujo que "las demás Salas del Tribunal Supremo de Justicia y los demás tribunales y juzgados de la República están obligados a decidir con base en el criterio interpretativo que esta Sala tenga de las normas constitucionales". De allí siguió el siguiente razonamiento de la Sala:

> "El hecho de que el Tribunal Supremo de Justicia o los demás tribunales de la República cometan errores graves y grotescos en cuanto a la interpretación de la Constitución o no acojan las interpretaciones ya establecidas por esta Sala, implica,

176 Véase en *Revista de Derecho Público*, N° 85-88, Editorial Jurídica Venezolana, Caracas, 2001, pp. 414-415.

177 (Caso: *Revisión de la sentencia dictada por la Sala Electoral en fecha 21 de noviembre de 2002*), en *Revista de Derecho Público*, N° 93-96, Editorial Jurídica Venezolana, Caracas, 2003.

además de una violación e irrespeto a la Constitución, una distorsión a la certeza jurídica y, por lo tanto, un quebrantamiento del Estado de Derecho. Por ello, la norma contenida en el artículo 335 de la Constitución establece un control concentrado de la constitucionalidad por parte de esta Sala en lo que respecta a la unificación de criterio relativa a la interpretación de la Constitución.

El Texto Fundamental le otorga pues a la Sala Constitucional una potestad única y suprema en cuanto a la interpretación de la Constitución.... Ahora bien, ¿cómo puede esta Sala ejercer esa potestad máxima de interpretación de la Constitución y unificar el criterio interpretativo de los preceptos constitucionales, si no posee mecanismos extraordinarios de revisión sobre todas las instancias del Poder Judicial incluyendo las demás Salas en aquellos casos que la interpretación de la Constitución no se adapte al criterio de esta Sala? Es definitivamente incongruente con la norma constitucional contenida en el artículo 335 antes citado que, habiendo otorgado la Constitución a esta Sala el carácter de máximo intérprete de los preceptos constitucionales en los términos antes señalados, y habiendo establecido el Texto Fundamental el carácter vinculante de tales decisiones, no pueda esta Sala *de oficio o a solicitud de la parte afectada* por una decisión de alguna otra Sala del Tribunal Supremo de Justicia o de algún tribunal o juzgado de la República, revisar la sentencia que contraríe una interpretación de algún precepto constitucional previamente establecido o que según esta Sala erróneamente interprete la norma constitucional.

De conformidad con lo anterior, sería inútil la función integradora y de mantenimiento de la coherencia o ausencia de contradicciones en los preceptos constitucionales ejercida por esta Sala, si ésta no poseyera la suficiente potestad para imponer el carácter vinculante de sus interpretaciones establecido expresamente en el artículo 335 de la Constitución o que no pudiera revisar sentencias donde es evidente y grotesca la errónea interpretación.

En el mismo sentido, la norma constitucional referida sería inútil si los tribunales de la República o las demás Salas del Tribunal Supremo de Justicia, en ejercicio del control difuso de la constitucionalidad establecido en el artículo 334 de la Constitución, no pudieren corregir decisiones que se aparten del criterio interpretativo establecido por la Sala Constitucional. Es, más bien, imperativo para todos los tribunales del país así como para las demás Salas del Tribunal Supremo de Justicia, en ejercicio del control difuso de la constitucionalidad establecido en el artículo 334 de la Constitución de la República Bolivariana de Venezuela, revocar en segunda instancia aquellas decisiones que se aparten de alguna interpretación que esta Sala haya realizado de las normas constitucionales.

Es pues evidente, que la Constitución de la República Bolivariana de Venezuela estableció una fórmula para cohesionar la interpretación de la norma constitucional, y, en tal sentido, el Texto Fundamental designó a la Sala Constitucional como el ente con la máxima potestad para delimitar el criterio interpretativo de la Constitución y hacerlo vinculante para los demás tribunales de la República y las demás Salas del Tribunal Supremo de Justicia. Por ello, la Sala Constitucional posee discrecionalmente la potestad coercitiva otorgada por la Constitución para imponer su criterio de interpretación de la Constitución, cuando así lo considere en defensa de una aplicación coherente y unificada de la Carta Magna, evitando así que existan criterios dispersos sobre las interpretaciones de la norma constitucional que distorsionen el sistema jurídico creando incertidumbre e inseguridad en el mismo.

Por consiguiente, esta Sala considera que la propia Constitución le ha otorgado la potestad de corregir las decisiones contrarias a las interpretaciones preestablecidas por la propia Sala o que considere la Sala acogen un criterio donde es evidente el error en la interpretación de las normas constitucionales. Esto tiene el propósito de imponer la potestad constitucional de la Sala Constitucional de actuar como "máximo y último intérprete de la Constitución". Se desprende entonces del artículo 335 de la Constitución de la República Bolivariana de Venezuela, que esta norma establece expresamente la potestad de revisión extraordinaria de sentencias definitivamente firmes que se aparten de la interpretación que de manera uniforme debe imponer esta Sala.

Posee entonces potestad esta Sala para revisar tanto las sentencias definitivamente firmes expresamente establecidas en el numeral 10 del artículo 336 contra aquellas, tal como se dejó sentado anteriormente, *así como las sentencias definitivamente firmes que se aparten del criterio interpretativo de la norma constitucional que haya previamente establecido esta Sala*, lo que en el fondo no es más que una concepción errada del juzgador al realizar el control de la constitucionalidad, y así se declara"[178].

Esta doctrina[179], por lo demás, particularmente en relación con la revisión de sentencias de las otras Salas del Tribunal Supremo de Justicia, fue recogida por la LOTSJ de 2004 (artículo 5°, párrafo 4°[180]), y ha sido también establecida en la LOTSJ 2010, en los numerales 10, 11 y 12 del artículo 25, en los cuales, además de asignarse competencia a la Sala para revisar las sentencias definitivamente firmes en las que se haya "ejercido el control difuso de la constitucionalidad de las leyes u otras normas jurídicas," se le asignó competencia para revisar las sentencias definitivamente firmes "cuando hayan desconocido algún precedente dictado por la Sala Constitucional; efectuado una indebida aplicación de una norma o principio constitucional; o producido un error grave en su interpretación; o por falta de aplicación de algún principio o normas constitucionales;" o cuando incurran en "violación de principios jurídicos fundamentales que estén contenidos en la Constitución, tratados, pactos o convenios internacionales suscritos y ratificados válidamente por la República o cuando incurran en violaciones de derechos constitucionales."

C. *La revisión constitucional como potestad discrecional*

Debe insistirse, por otra parte, en relación con este "mecanismo extraordinario de revisión" que la intención de la norma fue su previsión, no como un derecho de los

---

178 Véase en *Revista de Derecho Público*, N° 82, Editorial Jurídica Venezolana, Caracas, 2001, pp. 412-414.

179 En sentencia de la Sala Constitucional N° 899 de 31-5-2002, la Sala se había arrogado la competencia para de oficio dejar sin efecto dediciones judiciales que considerase quebrantaban preceptos constitucionales. Véase en *Revista de Derecho Público*, N° 85-88, Editorial Jurídica Venezolana, Caracas 2001, pp. 393-394.

180 Este artículo delimitaba la competencia así: "Revisar las sentencias dictadas por una de las Salas, cuando se denuncie fundadamente la violación de principios jurídicos fundamentales contenidos en la Constitución de la República Bolivariana de Venezuela, Tratados, Pactos o Convenios Internacionales suscritos y ratificados válidamente por la República, o que haya sido dictada como consecuencia de un error inexcusable, dolo, cohecho o prevaricación; asimismo podrá avocarse al conocimiento de una causa determinada, cuando se presuma fundadamente la violación de principios jurídicos fundamentales contenidos en la Constitución de la República Bolivariana de Venezuela, Tratados, Pactos o Convenios Internacionales suscritos y ratificados válidamente por la República, aun cuando por razón de la materia y en virtud de la ley, la competencia le esté atribuida a otra Sala."

interesados, sino como una potestad de la Sala Constitucional de efectuar la revisión, sin tener obligación alguna para ello. Lo contrario hubiese sido totalmente desquiciante para el orden judicial y hubiera impedido a la Sala cumplir la función de garantizar la uniformidad en la interpretación de las normas y principios constitucionales. Sobre ello, la "Exposición" explica que "no siendo un derecho", la Asamblea Nacional Constituyente supuestamente habría decidido "dejar a la ley orgánica respectiva su desarrollo concreto". Por supuesto que el desarrollo concreto tenía que corresponder a la ley, pero no así la orientación del carácter discrecional de la revisión, que propusimos; y que implica de acuerdo con la "Exposición", que:

> ... la referida competencia de la Sala Constitucional no puede ni debe entenderse como parte de los derechos a la defensa, tutela judicial efectiva y amparo consagrados en la Constitución, sino, según lo expuesto, como un mecanismo extraordinario de revisión cuya finalidad constituye únicamente darle uniformidad a la interpretación de las normas y principios constitucionales.

La Sala Constitucional, en todo caso, ha ratificado en su doctrina jurisprudencial el carácter "estrictamente excepcional, extraordinario y discrecional" de su potestad revisora"[181]

D *La conciliación entre el derecho a la cosa juzgada y la potestad de revisión de sentencias por la Sala Constitucional*

El ejercicio de la potestad revisora de sentencias dictadas en juicios de amparo o con motivo de control difuso de la constitucionalidad, sin duda, constituye una limitación constitucional al derecho a la cosa juzgada, con importantes repercusiones en el ámbito de la seguridad jurídica y del Estado de derecho. Ello ha motivado a que la Sala Constitucional haya insistido en cohesionar la garantía del debido proceso con la revisión extraordinaria de sentencias definitivamente firmes, a cuyo efecto, en sentencia N° 93 de 6 de febrero de 2001 (Caso: *Olimpia Tours and Travel vs. Corporación de Turismo de Venezuela*), luego de constatar que "cada derecho fundamental se encuentra limitado por los demás derechos fundamentales contenidos dentro del conglomerado de normas constitucionales", expresó que:

> " la garantía de la cosa juzgada no sólo se encuentra limitada por la incorporación en la Constitución de la República Bolivariana de Venezuela de la potestad de esta Sala de revisar sentencias definitivamente firmes, sino que igualmente el legislador la ha limitado al establecer, por ejemplo, a través del recurso de invalidación establecido en el Código de Procedimiento Civil, la posibilidad de los tribunales de invalidar sentencias definitivamente firmes cuando existan causales taxativamente establecidas. Asimismo, implica un límite a la garantía de la cosa juzgada la posibilidad de revisión de sentencias definitivamente firmes establecida en el Código Orgánico Procesal Penal. De la misma manera ocurre con la Ley Orgánica de Amparo sobre Derechos y Garantías Constitucionales, la cual establece expresamente la posibilidad de acudir ante el juez o tribunal superior para solicitar amparo constitucional contra sentencias definitivamente firmes.

---

181 Véase sentencia N° 93 de 06-02-2001 (Caso: *Olimpia Tours and Travel vs. Corporación de Turismo de Venezuela*), en *Revista de Derecho Público*, N° 85-88, Editorial Jurídica Venezolana, Caracas, 2001, p. 407.

Ello condujo a la Sala a precisar en dicha sentencia que por tanto, "es restringida la potestad extraordinaria de esta Sala para quebrantar discrecional y extraordinariamente la garantía de la cosa juzgada judicial, por lo que debe interpretarse, entonces, la potestad de revisión extraordinaria de sentencias definitivamente firmes de esta Sala, de una manera estrictamente limitada, y sólo en lo que respecta al tipo de sentencias o a las circunstancias que de forma específica establece la Constitución y que serán indicadas más adelante."[182].

En la misma sentencia, sin embargo, y a pesar de lo afirmado por la Sala de encontrarse constreñida conforme al artículo 336,10 a sólo ejercer su potestad revisora respecto de las sentencias de amparo y dictadas en ejercicio del método difuso de control de constitucionalidad, la Sala extendió su potestad revisora en relación con sentencias que -por supuesto a juicio de la propia Sala- "se aparten del criterio interpretativo de la norma constitucional que haya previamente establecido la Sala."[183].

E. *El procedimiento en el recurso extraordinario de revisión*

En la misma sentencia N° 93 de 6 de febrero de 2001 antes citada, la Sala Constitucional de acuerdo con lo establecido en el artículo 102 de la derogada Ley Orgánica de la Corte Suprema de Justicia, delineó el procedimiento a seguirse en el trámite del recurso extraordinario de revisión, así:

> Al respecto esta Sala acoge, en caso de ser admitido el recurso de revisión extraordinaria de sentencias definitivamente firmes, el procedimiento de apelación de sentencias de amparo constitucional establecido en la Ley Orgánica de Amparo sobre Derechos y Garantías Constitucionales y en la jurisprudencia de esta Sala. En lo que respecta a la admisibilidad de tales solicitudes de revisión extraordinaria esta Sala posee una potestad discrecional de admitir o no admitir el recurso cuando así lo considere, y, en todo caso, la Sala no admitirá aquellos recursos que no se refieran a las sentencias o a las circunstancias que define la presente decisión. En este sentido, se mantiene el criterio que dejó sentado la sentencia dictada por esta Sala en fecha 2 de marzo de 2000 (caso: *Francia Josefina Rondón Astor*) en cuanto a que esta Sala no está en la obligación de pronunciarse sobre todos y cada uno de los fallos que son remitidos para su revisión, y la negativa de admitir la solicitud de revisión extraordinaria como violación del derecho a la defensa y al debido proceso de las partes, por cuanto se trata de decisiones amparadas por el principio de la doble instancia judicial.
>
> Por lo tanto esta Sala puede en cualquier caso desestimar la revisión, "...sin motivación alguna, cuando en su criterio, constate que la decisión que ha de revisarse, en nada contribuya a la uniformidad de la interpretación de normas y principios constitucionales...".
>
> En cuanto a la potestad de esta Sala para revisar de oficio las sentencias definitivamente firmes en los mismos términos expuestos en la presente decisión, esta Sala posee la potestad discrecional de hacerlo siempre y cuando lo considere conveniente para el mantenimiento de una coherencia en la interpretación de la Constitución

---

182 Véase en *Revista de Derecho Público*, N° 85-88, Editorial Jurídica Venezolana, Caracas, 2001, pp. 409-410.

183 *Idem*. pp. 412-414.

en todas las decisiones judiciales emanadas por los órganos de administración de justicia[184].

En todo caso, la única norma procesal respecto de este recurso extraordinario de revisión de sentencia en la Ley Orgánica de 2010, se consagró en su artículo 35 en el cual se dispone que:

> *"Artículo 35.* Cuando ejerza la revisión de sentencias definitivamente firmes, la Sala Constitucional determinará los efectos inmediatos de su decisión y podrá reenviar la controversia a la Sala o Tribunal respectivo o conocer la causa, siempre que el motivo que haya generado la revisión constitucional sea de mero derecho y no suponga una nueva actividad probatoria; o que la Sala pondere que el reenvío pueda significar una dilación inútil o indebida, cuando se trate de un vicio que pueda subsanarse con la sola decisión que sea dictada".

F. *El recurso extraordinario como correctivo a la dispersión que puede originar el método difuso de control de constitucionalidad*

Debe señalarse, por último, que la "Exposición de Motivos" de la Constitución concluye sus comentarios, propuestas, interpretaciones, glosas o apreciaciones respecto del Capítulo de la garantía de la Constitución, sin duda formuladas por sus redactores -pero no "decretadas" por la Asamblea Nacional Constituyente-, sobre el sistema de justicia constitucional venezolano, "justificando" la inclusión de la antes mencionada competencia de la Sala Constitucional para, por vía extraordinaria, revisar las sentencias de amparo y de cuestiones de constitucionalidad, como una supuesta respuesta a "la principal crítica" formulada a nuestro sistema, según la cual el mismo no lograba una interpretación uniforme de la Constitución, pues no había "imbricación" entre el método de control difuso y el método de control concentrado de constitucionalidad[185].

El último párrafo de la "Exposición" relativa al Capítulo I del Título VIII, en efecto, indica lo siguiente:

> En todo caso, el mecanismo extraordinario de revisión que se deberá establecer por ley orgánica, vinculará por primera vez y dejando a salvo la temprana regulación de la Constitución de 1901, los métodos de control difuso y concentrado de la constitucionalidad que han coexistido en nuestro ordenamiento jurídico por más de cien años, respondiendo con ello a la principal crítica formulada a nuestro sistema de justicia constitucional, que reconocía la coexistencia de los mencionados métodos de control, pero destacaba que entre uno y otro no existía realmente una coordinación, vínculo o conexión que procurara armonizarlos o articularlos para lograr una interpretación uniforme de la Constitución, razón por la cual no podía ser calificado como integral, dado que existían modalidades de control paralelas, establecidas una al lado de la otra, sin conexión entre si. Por tal razón, la Constitución consagra un sistema mixto o integrado de control de la constitucionalidad, atribuyendo a la Sala Constitucional la función de coordinar los métodos de control mediante la armonización de la jurisprudencia constitucional y la interpretación uniforme del Texto Fundamental.

---

184 *Idem*. p. 415.

185 En esto "coincide" también José Vicente Haro, "La justicia constitucional...", *loc. cit.*, p. 191.

Este párrafo final, sin duda, merece algunos comentarios. El sistema venezolano de justicia constitucional, como el colombiano, con razón ha sido calificado desde hace más de dos décadas como un sistema mixto o integral, que combina el método difuso con el método concentrado de control de constitucionalidad[186], enriquecido, además con el desarrollo de los medios de protección judicial de los derechos y garantías constitucionales (amparo, *hábeas corpus* y *hábeas data*).

El método concentrado de control de la constitucionalidad de las leyes tiene su antecedente en la Constitución de 1858; y la previsión expresa del método difuso de control de la constitucionalidad, comenzó a ser derecho positivo en el Código de Procedimiento Civil de 1897[187].

La Constitución de 1901, ciertamente, estableció una regulación que no se repitió posteriormente, y que en definitiva puede considerarse como una restricción al método difuso, ya que limitaba el poder de los jueces de desaplicar, con toda autonomía e independencia y en los casos concretos que debían decidir, las normas legales que considerasen contrarias a la Constitución, aplicando ésta preferentemente; obligándolos a someter la cuestión de constitucionalidad que se le planteare al conocimiento de la Corte Suprema de Justicia para su decisión previa. Sólo si llegado el momento de dictar sentencia sin que el juez recibiera la decisión de la Corte Suprema, entonces podía resolver (art. 106, ord. 8).

No hay razón alguna para considerar esta "regulación" como una "temprana" solución a la supuesta falta de coordinación, vínculo o articulación entre los métodos difuso y concentrado de control de constitucionalidad; ni tienen fundamento alguno las críticas formuladas al sistema venezolano por tener los dos métodos de control en paralelo[188].

La falta de uniformización de la jurisprudencia en el método difuso de control de constitucionalidad, que permite a todos los jueces desaplicar normas legales cuando estimen que son contrarias a la Constitución, en realidad, consigue su correctivo o se logra sea a través del principio *stare decisis* en el sistema norteamericano, o del sistema del precedente en el sistema mexicano, o mediante la posibilidad de ejercicio, en paralelo, del método concentrado de control de constitucionalidad que atribuía poderes anulatorios a la antigua Corte Suprema de Justicia, y ahora, a la Sala Constitucional del Tribunal Supremo[189].

El paralelismo de ambos métodos de control, en nuestro país, ha sido, precisamente, el punto de conexión, vínculo o coordinación entre ambos, el cual se perfecciona, ahora, sin duda, con la previsión del recurso extraordinario contra las senten-

---

186 Véase Manuel Gaona Cruz, "El control de la constitucionalidad de los actos jurídicos en Colombia ante el Derecho Comparado", en *Archivo de Derecho Público y Ciencias de la Administración,* Vol. VII 1984-1985, *Derecho Público en Venezuela y Colombia,* Instituto de Derecho Público, UCV, Caracas, 1986, pp. 39 a 114.

187 Véase Allan R. Brewer-Carías, *La Justicia Constitucional,* Tomo VI, *Instituciones Políticas y Constitucionales, op. cit.,* pp. 85 y ss.

188 Lo que si es definitivo es que la previsión del ordinal 10 del artículo 336 de la Constitución no constituye ningún "mecanismo de articulación" entre el control difuso y el control concentrado, como lo afirma José Vicente Haro, "La justicia constitucional…", *loc. cit.,* p. 191.

189 Véase lo que hemos expuesto desde hace años, criticando las apreciaciones de Cappelleti, en Allan R. Brewer-Carías, *Judicial Review in comparative Law, op. cit.,* p. 129.

cias de amparo y que resuelvan cuestiones constitucionales y con la atribución de la Sala Constitucional de la potestad de establecer "interpretaciones vinculantes" del texto constitucional.

Sin embargo, no entendemos cómo puede derivarse de allí una supuesta "función" atribuida en la Constitución a la Sala Constitucional, de "coordinar" los métodos (difuso y concentrado) de control de la constitucionalidad, máxime si como hemos visto, la Sala Constitucional no tiene, en absoluto, un pretendido monopolio de la interpretación constitucional que pudiera originar "uniformidad", pues todos los tribunales y todas las Salas del Tribunal Supremo tienen la potestad de interpretar el texto constitucional.

V. LA POTESTAD JUDICIAL DE INTERPRETAR LA CONSTITUCIÓN Y LOS EFECTOS VINCULANTES DE LA INTERPRETACIÓN CONSTITUCIONAL DE LA SALA CONSTITUCIONAL

Como se ha dicho, la cualidad y potestad de garantizar la supremacía constitucional y ser último y máximo interprete de la Constitución corresponde a todas las Salas del Tribunal Supremo, cada cual conforme a su competencia, y nada autoriza derivar de un texto tan preciso como el del artículo 335 (primer aparte), como lo hace la "Exposición de Motivos", que esas "cualidad y potestades" las posee "unicamente en Sala Constitucional dado que ésta ejerce con exclusividad el control concentrado de la constitucionalidad". Esta afirmación no es correcta porque no es cierto que la Constitución atribuya ni haya querido atribuir a la Sala Constitucional del Tribunal Supremo lo que el artículo 335 atribuye claramente a dicho Tribunal y por ende, a todas sus Salas, cada una en el ámbito de sus competencias: garantizar la supremacía y efectividad de las normas y principios constitucionales; ser el máximo y último intérprete de la Constitución y velar por su uniforme interpretación y aplicación. Esas funciones, se insisten, *corresponden a todas las Salas* del Tribunal Supremo de Justicia e, incluso, al Tribunal mismo en Sala Plena y nada autoriza del texto constitucional ni de la intención de los proyectistas derivar una conclusión como lo que se inserta en la "Exposición".

Por otra parte, es también completamente falso que la Sala Constitucional tenga el monopolio de la interpretación de la Constitución como lo indica la "Exposición", al señalar que:

> Las facultades interpretativas que en tal sentido se otorgan al Tribunal Supremo de Justicia, en consonancia con las características básicas de la justicia constitucional en derecho comparado, sólo pueden ser ejercidas por órgano de la Sala Constitucional, pues a ella le corresponde exclusivamente el ejercicio de la jurisdicción constitucional.

Aquí, la "Exposición" confunde conceptos sin ningún fundamento. En el derecho comparado no hay ninguna "característica básica" que atribuya al órgano que ejerce la Jurisdicción Constitucional el monopolio de "interpretar la Constitución". Sólo en Panamá podría pensarse que ello podría ser así, al concentrarse en la Corte Suprema de Justicia de dicho país toda la justicia constitucional[190].

---

190 Véase en Allan R. Brewer-Carías, "El sistema panameño de control concentrado de constitucionalidad en el Derecho Comparado" en *El Nuevo Derecho Constitucional Latinoamericano, IV Congreso Vene-*

En nuestro sistema, al contrario, como lo hemos señalado y lo reconoce en otra parte la "Exposición", al corresponder la justicia constitucional a todos los Tribunales de la República, todos tienen la potestad de interpretar la Constitución. Lo único que diferencia la interpretación constitucional que haga la Sala Constitucional del Tribunal Supremo de la que hagan las otras Salas del mismo y los demás tribunales de la República, es que aquella puede ser vinculante y esta no. Ese es el sentido -y ningún otro- del segundo aparte del artículo 335 de la Constitución al señalar que:

> Las interpretaciones que establezca la Sala Constitucional sobre el contenido o alcance de las normas constitucionales son vinculantes para las otras Salas del Tribunal Supremo y demás tribunales de la República.

La interpretación judicial de una norma no es otra cosa que la operación intelectual del juez que tiene por objeto indagar sobre el significado, sentido, alcance, fin o valor de la misma. La interpretación, por tanto, no es más que un instrumento que el ordenamiento jurídico da a los jueces para aplicar la norma general y abstracta que está contenida en la Constitución, en las leyes y en otros actos estatales normativos. Esa función, por supuesto, también corresponde a la Sala Constitucional del Tribunal Supremo[191], la cual al interpretar la ley no puede crear nuevas normas legales

Sin embargo, a pesar de las precisas normas constitucionales, la Sala Constitucional progresivamente ha asumido el monopolio de interpretación de la Constitución. En particular, como resultado de este proceso de concentración, debe destacarse lo expuesto en la sentencia N° 106 de 11 de febrero de 2004(Caso: *Intepretación del Estatuto Electoral del Poder Público en cuanto a la reelección de Gobernadores*), en la cual la Sala resolvió un recurso de revisión intentado contra una sentencia de la Sala Electoral del Tribunal Supremo, en el cual el recurrente alegó la incompetencia de esa Sala Electoral para resolver la interpretación del precepto normativo contenido en el artículo 3 del Estatuto Electoral del Poder Público, con base en lo que la propia sentencia definió como fundamental para resolver el recurso de interpretación presentado; a saber: la vigencia, el sentido y el alcance de dicho precepto. La Sala Constitucional, resolvió la cuestión argumentando sobre el artículo 335 de la Constitución, que la interpretación contenida en el mismo:

> "...es una verdadera *iurisdatio,* en la medida que declara, *erga omnes,* el contenido y alcance de los principios y normas constitucionales (en contraposición al control difuso, donde los efectos interpretativos del fallo es individualizado); sin embargo, dentro del mismo sistema concentrado se debe distinguir la *iurisdatio* de la

---

zolano de Derecho Constitucional, Volúmen II, Fundación Konrad Adenauer, Asociación Venezolana de Derecho Constitucional, Caracas, 1996, páginas 889 a 974; y en Allan R. Brewer-Carías, *La justicia constitucional,* Tomo VI, *Instituciones Políticas y Constitucionales, op. cit.*, pp. 439 y ss.

191 Véase en general, Claudia Storini, "Hermenéutica y Tribunal Constitucional", *Revista de Derecho Constitucional,* N° 5, julio-diciembre-2001, Editorial Sherwood, Caracas, 2002, pp. 221 a 246; Claudia Storini, "El alcance jurídico de la teoría de la interpretación como límite a la labor del Tribunal Constitucional", *Revista de Derecho Constitucional,* N° 6, enero-diciembre-2002, Editorial Sherwood, Caracas, 2003, pp. 191 a 212; Mario Pesci Feltri Martínez, "La jurisdicción normativa y los artículos 335 y 336 de la Constitución", en *El Derecho Público a comienzos del siglo XXI. Estudios homenaje al Profesor Allan R. Brewer-Carías,* Tomo I, Instituto de Derecho Público, UCV, Civitas Ediciones, Madrid, 2003, pp. 1029-1054; Govea & Bernardoni, *Las respuestas del Supremo T.S.J sobre la Constitución venezolana de 1999. 250 preguntas y sus respuestas*. Editorial La Semana Jurídica, Caracas, 2002, pp. 267-424.

> función que controla la constitucionalidad de las leyes (*iurisdictio*), pues esta función nomofiláctica decreta la invalidez de las normas que colidan con la constitución. En cambio aquélla es una función interpretativa, aunque también general, que no recae sobre normas sub-constitucionales sino sobre el sistema constitucional mismo. Lo importante es que tanto la *iurisdatio* como la *iurisdictio* son funciones interpretativas que, por un lado, sólo le está permitido a la Sala Constitucional, y por el otro, no puede ser confundido con la interpretación que se haga desde la Constitución.
>
> Siendo ello así, de lo expuesto se desprenden dos conclusiones importantes. La primera, que todo control concentrado es una interpretación de la Constitución y, por ende, la interpretación del texto constitucional con carácter general y vinculante le está atribuida solamente a la Sala Constitucional; y, la segunda, que toda interpretación desde la Constitución no puede exceder del carácter individual, esto es, que la aplicación de la norma constitucional no puede exceder de los estrictos límites del caso en concreto."[192].

Ahora bien, lo que no debe perderse de vista es que la Constitución la dicta el Poder Constituyente, y en una sociedad democrática, el Poder Constituyente radica en el pueblo, el cual como lo precisa el artículo 347 de la Constitución "es el depositario del poder constituyente originario".Por su parte, la ley nacional sólo puede ser sancionada por la Asamblea Nacional, como lo indica el artículo 187,1 de la Constitución, integrada por diputados elegidos (art. 186 C) como representantes del pueblo, en el cual reside intransferiblemente la soberanía (art. 5 C). En consecuencia, conforme a la Constitución, no puede haber norma constitucional alguna que no haya sido adoptada por el Poder Constituyente, ni ley nacional alguna que no haya sido sancionada por la Asamblea Nacional actuando como cuerpo legislador (art. 202 C).

La Sala Constitucional, por tanto, puede y debe interpretar la Constitución para determinar el sentido y alcance de las normas y principios constitucionales; y en esa tarea, cuando se trata de una acción de nulidad, debe sin duda guiarse por el principio general *favor constitutione*, tal y como la Sala Constitucional lo ha referido en su sentencia Nº 2855 de 20 de noviembre de 2002 (Caso: *Impugnación de artículos de la Ley de Tierras y Desarrollo Agrícola*), al señalar que:

> Rige, en relación con las actuaciones de los órganos que ejercen el Poder Público, el principio normativo conservacionista, conforme al cual debe presumirse la constitucionalidad de los actos que aquellos emitan. De tal manera, que los actos públicos se presumen legítimos en tanto y en cuanto, mediante una interpretación razonable de la Constitución, puedan ser armonizados con ésta (*Cfr.* Linares Quintana, *ob. cit.,* p. 583). Por ello, es imperativo establecer *prima facie* la correspondencia de los instrumentos normativos, que dictó el Legislador con la Constitución, y, desde la existencia de una "*duda razonable*", proceder al cuestionamiento de su conformidad con ésta.
>
> Puede ocurrir, sin embargo, que el texto de una determinada disposición normativa se halle, en efecto, conforme a la Constitución, pero sólo en tanto se le interprete de una determinada manera. Es lo que se alude como el principio hermenéutico *favor constitucione*, conforme al cual, cuando surjan dudas acerca de la incompatibi-

192 Exp: 03-3199.

lidad de un dispositivo legal con la Constitución o se intuya la existencia de un conflicto normativo, el operador jurídico debe proceder a la interpretación de aquél en el sentido que se adecue al texto constitucional, logrando la armonía del sistema a través de su labor exegética sin permitir su nulidad; no se trata de erigirse en "*legislador negativo*", lo importante es asumir una interpretación de acuerdo con los principios y valores que la Constitución expresa.

El principio de la constitucionalidad de las leyes, que no sólo se limita a la afirmación formal de que la Ley se tendrá por válida hasta cuando sea declarada inconstitucional, implica además: la confianza otorgada al legislativo en la observancia y en la interpretación correcta de los principios constitucionales; la seguridad de que la ley no será declarada inconstitucional sino cuando exista insalvable contradicción con la Constitución; y siempre que existiendo la posibilidad de que la amplitud para interpretar la ley se preste a una inconstitucional, hay que presumir que sea "*razonablemente posible*" que el Legislador ha sobreentendido que la interpretación correcta será aquella que permita a la misma mantenerse dentro de los límites constitucionales (García de Enterría, *La Constitución como Norma y el Tribunal Constitucional*, Editorial Civitas, p. 96).)[193]

En todo caso, también debe señalarse que es su labor de interpretar la Constitución, la Sala Constitucional no puede sustituirse en el pueblo, es decir, no puede crear nuevas normas constitucionales no previstas en el Texto o que no resulten de la integración de sus normas, ni puede modificarlas, estableciendo, por ejemplo, excepciones no previstas en ellas; así como tampoco puede dictar normas legales o modificar o reformar las que estén contenidas en las leyes sancionadas por la Asamblea Nacional.

El juez constitucional nunca puede ser legislador; puede anular las leyes con efectos *erga omnes*, eliminándolas del ordenamiento jurídico, con efecto similar a la derogación, como si fuera un "legislador negativo" (H. Kelsen); pero nunca puede ser un "legislador positivo", que dicta normas. De hacerlo, no sólo incurriría en usurpación de autoridad, por la usurpación de las funciones legislativas que corresponden a la Asamblea Nacional, lo que haría de la sentencia un acto nulo e ineficaz (art. 138 C), sino que violaría el principio democrático, que impone que la "ley" sólo puede ser emanación de los órganos del Estado integrados por representantes del pueblo, elegidos mediante votación popular. Es decir, al determinar la interpretación de una norma, la Sala no puede crear nuevas normas o reformar o derogar las que están expresamente en la ley. Lamentablemente, la Sala Constitucional en Venezuela, no ha seguido está lógica, y como se ha visto, en más de una oportunidad ha legislado por la vía de interpretar la Constitución. La propia Sala, en su sentencia N° 33 de 25 de enero de 2001 (Caso: *Revisión de la sentencia dictada por la Sala de Casación Social del Tribunal Supremo de Justicia de fecha 10 de mayo de 2001, interpuesta por Baker Hugher S.R.L),* argumentó como sigue sobre su carácter y naturaleza como "una instancia jurisdiccional con una marcada especialización de tutela, tendente a asegurar la integridad, supremacía y efectividad de la Constitución":

Esta especialización se concreta en el ejercicio de la tutela constitucional en su máxima intensidad. No precisamente al modo en que la ejercía la Sala Plena de la entonces Corte Suprema de Justicia, la cual estaba restringida en sus funciones de

193 Véase en *Revista de Derecho Público,* N° 89-92, Editorial Jurídica Venezolana, Caracas, 2002.

> garantía constitucional como si de un legislador negativo se tratase, es decir, la Sala Plena actuaba como un complemento del Poder Legislativo (único ente propiamente sujeto a la Constitución) en tanto se encargaba de revocar los actos de rango y fuerza de ley que éste dictaba contraviniendo la Constitución. Siendo que ésta no era concebida como un cuerpo jurídico normativo directamente aplicable a los distintos operadores jurídicos, se entendía que las interpretaciones de la Constitución que hiciera la Sala Plena no tenían carácter vinculante, y su influencia estaba asociada al efecto abrogatorio de los fallos de nulidad de actos con rango o fuerza de ley. Muy por el contrario, a esta Sala Constitucional le corresponde no sólo anular actos de esa naturaleza, sino que tiene asignada tanto la interpretación del texto constitucional, con el fin de salvar sus dificultades o contradicciones, como hacer valer el principio jurídico-político según el cual los derechos fundamentales preceden y limitan axiológicamente las manifestaciones del poder. Para ello se le ha puesto al frente del aparato jurisdiccional respecto a su aplicación, al punto de vincular sus decisiones a las demás Salas del Tribunal Supremo de Justicia, no sólo en gracia a su potestad anulatoria, sino como derivación de la función antes apuntada[194].

Ahora bien, conforme a la Constitución, al ejercer el control concentrado de la constitucionalidad de las leyes, lo que la Sala puede hacer en relación con las normas que considere inconstitucionales es anularlas y ello sólo cuando la Sala conoce de una acción de nulidad, pero nunca cuando decide una acción de amparo, o revisa una sentencia de amparo, o decide un recurso de interpretación abstracto. En los casos en los cuales conozca de un recurso de colisión de leyes, lo que podría resolver la Sala es declarar cual ley debe prevalecer en relación con otra, en virtud del poder derogatorio de las leyes. En todo caso, además, puede interpretar las normas constitucionales incluso con carácter vinculante, pero ello no la autoriza a legislar.

Sin embargo, la Sala Constitucional ha pretendido configurarse como "legislador positivo" al anular normas, tal como resulta del criterio expuesto en la sentencia N° 319 de 9 de marzo de 2001 (Aclaratoria a la sentencia del Caso: *Nulidad artículos 917 del Código de Procedimiento Civil y artículo 18 de la Ley Orgánica del Poder Judicial*), al formular "ciertas consideraciones acerca de los efectos de la declaratoria de nulidad parcial en el control concentrado de la constitucionalidad de las leyes":

> Así, observa esta Sala que según lo dispuesto en el artículo 266, numeral 1, de la Constitución, es atribución de este Tribunal Supremo de Justicia ejercer la jurisdicción constitucional; y, conforme a lo establecido en el artículo 336 numeral 1, *eiusdem*, es competencia exclusiva de esta Sala Constitucional "[d]eclarar la nulidad total o parcial de las leyes nacionales y demás actos con rango de ley de la Asamblea Nacional, que colidan con esta Constitución". Expuestas así las cosas, la referida norma asigna dos posibles consecuencias al ejercicio de dicho control por parte de esta Sala; una, determinar la nulidad total de la norma impugnada y la otra, la nulidad parcial de la misma, lo cual abre un abanico de posibilidades al momento de ejercer dicho control.
>
> Por tanto, cuando una norma es declarada enteramente nula es porque el operador jurídico, es decir la Sala, luego de haber realizado un análisis exhaustivo del contenido de la norma impugnada contrapuesto a los principios constitucionales señala-

194 Véase en *Revista de Derecho Público*, N° 85-88, Editorial Jurídica Venezolana, Caracas, 2001, p. 401.

dos como trasgredidos, ha concluido que el valor normativo en ella contenido resulta inconstitucional, sin que medie posibilidad alguna de que persista su existencia en el mundo jurídico, pues se alteraría de forma insoslayable el orden instaurado, considerando que el dispositivo normativo contenido en el artículo 119 de la Ley Orgánica de la Corte Suprema de Justicia, le otorga la facultad de fijar los efectos de dicha declaratoria en el tiempo, es decir, hacia el pasado o pro futuro, lo cual en definitiva constituye la exclusión total de dicha norma en el sistema normativo existente.

Situación diferente se plantea en los casos de nulidad parcial de una norma, donde la totalidad de la norma no resulta inconstitucional, sino que son algunos de sus elementos los que violan dispositivos constitucionales, supuesto en el cual, la Sala Constitucional excluye de la estructura de la norma el elemento que resulte inconstitucional, siempre y cuando el supuesto al cual va dirigida esa norma no desaparezca o se altere en su totalidad de forma tal que constituya una norma sin objeto.

Ahora bien, en el último de los supuestos referidos, y que resulta ser el caso regulado por el fallo cuya aclaratoria se solicita, se debe admitir que la relación jurídica condicionada por la norma de una u otra manera, se ve afectada con el control de constitucionalidad ejercido, ya que la norma impugnada, a través de la declaratoria de nulidad parcial, se ha convertido en *una norma nueva y diferente de la norma inicial,* lo cual implica aceptar, que al constituirse en una norma distinta, el operador jurídico debe plasmar en su sentencia el alcance del *nuevo dispositivo normativo*, pues, se parte de que dicha norma va integrada a un texto normativo sistemático, donde los preceptos establecidos en cada artículo, en reiteradas ocasiones guardan relación entre sí. De allí que, la determinación del alcance de dicha norma se hace fundamental para establecer en qué afecta la misma la relación jurídica que condiciona, así como el esquema aplicativo del texto normativo que integra.

Así pues, al prosperar la nulidad parcial de la norma impugnada *nace una nueva norma* y para aplicar tal norma, resulta necesario e indispensable su interpretación, lo cual no es posible hacerlo sin desentrañar previamente el significado de los signos en los que exteriormente se manifiesta, obviamente, sin perder nunca de vista el todo del cual forma parte, debiendo la Sala, en su condición de operador jurídico, imprimirle a la norma los caracteres ideológicos que lo llevaron a determinar su nulidad parcial en resguardo de los derechos constitucionales[195].

Por otra parte, la norma del artículo 335 debe interpretarse en su propio contexto: el carácter vinculante no puede recaer sobre cualquier frase o razonamiento interpretativo que contenga una sentencia de la Sala Constitucional. Al contrario, se requiere de una interpretación expresa de la Sala "sobre el contenido o alcance de las normas constitucionales y principios constitucionales". Es decir, lo vinculante es la "interpretación constitucional" (de alguna norma o principio constitucional) y no cualquier interpretación normativa. Por tanto, no tiene carácter vinculante la interpretación que pueda hacer la Sala Constitucional de alguna ley o cualquier norma de rango legal o reglamentario, salvo que ello sea hecho "desde la Constitución". Como lo ha puntualizado la Sala Constitucional en su sentencia N° 727 de 8 de abril de 2003:

195 Véase en *Revista de Derecho Público*, N° 85-88, Editorial Jurídica Venezolana, Caracas, 2001, pp. 395 y 396.

Ahora bien, es propicia la oportunidad para que la Sala insista en que, de un fallo de la Sala Constitucional, lo vinculante es la interpretación sobre el contenido y alcance de las normas constitucionales, como se apresuró a precisarlo en sentencia nº 291 del 03 de mayo de 2000, en estos términos: "... debe puntualizar esta Sala que sus criterios vinculantes se refieren a la interpretación sobre el contenido y alcance de las normas constitucionales y no sobre la calificación jurídica de hechos, ajenos a las normas constitucionales.". De igual modo son vinculantes las interpretaciones que hace la Sala de normas infralegales pero desde la Constitución, para, la mayoría de las veces, la adaptación de aquéllas a un Texto Constitucional posterior, pero superior a ellas; en estos casos, la Sala determina cuál es la interpretación que debe darse a una norma de rango distinto al legal dentro de los parámetros de las normas, principios o valores superiores que se incorporaron a la Constitución de la República Bolivariana de Venezuela y que, desde allí, irradian a todo el ordenamiento jurídico.

En el caso de autos, la afirmación que se destacó en la transcripción de la sentencia nº 1179/02, revela el criterio que la Sala usó para la resolución de un caso concreto, con relación a una norma de rango legal, sin el establecimiento, para ello, de alguna relación con normas constitucionales, pero no es uno de los criterios vinculantes cuya preservación se protege a través de la revisión extraordinaria a que se refiere el artículo 336.10 constitucional, como medio de protección de la integridad de la Constitución de la República Bolivariana de Venezuela y de su armónica interpretación por todos los tribunales del país. Así se declara[196].

Pero por otra parte, debe señalarse en cuanto a la interpretación constitucional, que ella tiene carácter vinculante cuando la realiza la Sala Constitucional; pero ello no significa que todo el cuerpo motivo de una sentencia pueda llegar a tener ese carácter vinculante. La "doctrina" expuesta por la Sala en una sentencia, es eso, doctrina, que sirve de motivación para decidir. Esa doctrina nunca puede tener carácter vinculante, aún cuando sea un valioso instrumento auxiliar para la aplicación de la ley.

Lo que puede ser vinculante de una sentencia, por tanto, sólo puede ser la parte resolutiva de la misma, en la cual la Sala Constitucional fije la interpretación de una norma, y ello debe señalarlo expresamente[197]. La interpretación de la norma estable-

---

196 Véase en *Revista de Derecho Público*, Nº 93-96, Editorial Jurídica Venezolana, Caracas, 2003.

197 Véase por ejemplo, la sentencia Nº 2651 de 02-10-2003 en la cual se indicó expresamente que como interpretación vinculante que "1.El artículo 174 de la Constitución establece que la primera autoridad civil de los Municipios es el Alcalde, por lo que ningún funcionario distinto, puede tener atribuciones que sean privativas de esas autoridades.2.Los prefectos, jefes civiles y cualquier otra autoridad pueden válidamente tener un ámbito de actuación coincidente con el territorio municipal, pero ello no implica, en ningún caso, la asunción de los poderes que correspondan a los Alcaldes como primera autoridad civil del Municipio". Más adelante en la sentencia, la Sala agregó: "4.Como la primera autoridad civil de un Municipio es el Alcalde, de acuerdo con el artículo 174 de la Constitución, es él quien debe llevar los registros correspondientes, y ya no los Prefectos ni Jefes Civiles, antiguas primeras autoridades de Municipios y parroquias. Ello, sin perjuicio de las reglas para casos especiales que fijó el Código Civil. 5. Esa primera autoridad civil de los municipios, si bien anteriormente tenía el control total del Registro Civil, ahora debe actuar sólo como colaborador con el órgano que constitucionalmente tiene el poder de centralización del Registro: la Comisión de Registro Civil y Electoral, por lo que debe atenerse a lo que, al respecto, dispone la Ley Orgánica del Poder Electoral ", y concluyó señalando: "Esta Sala, en virtud de que el presente fallo fija una interpretación vinculante de normas constitucionales, ordena publicarlo en la Gaceta Oficial de la República Bolivariana de Venezuela, por razones de seguridad jurídica, los efectos de la decisión comenzaran a surgir a partir de esa publicación, con lo que esta Sala reconoce expresamente la validez de los actos registrales realizados con anterioridad por prefectos y jefes civiles".

cida, entonces, en la parte resolutiva de una sentencia, pasa a ser fuente del derecho del mismo rango que el que tiene la norma que se interpreta: si es una norma constitucional, la interpretación adquiere rango constitucional, y si es una ley la que se interpreta, adquiere rango legal. Por ello, la Sala Constitucional no puede, *ad libitum,* estar modificando sus interpretaciones.

Por otra parte, para que se produzca la interpretación vinculante de una norma constitucional, debe estar en juego un caso judicial relativo a la misma, sea con motivo de una acción popular de nulidad; de una acción por omisión; de una acción de amparo constitucional; de una solicitud de control de constitucionalidad de tratados, de leyes orgánicas o de decretos de Estado de excepción; de la resolución de una controversia constitucional o del conocimiento de un recurso de revisión contra sentencias de amparo o dictadas con motivo del ejercicio del control difuso de la constitucionalidad. En esos casos no pueden considerarse vinculantes los razonamientos o la parte "motiva" de las sentencias, sino sólo la interpretación que se haga, en concreto, del contenido o alcance de una norma específica de la Constitución.

Es en este sentido que, conforme lo indica la "Exposición",

> El carácter vinculante de las interpretaciones de las normas y principios constitucionales será el principal instrumento de la Sala Constitucional para fortalecer la justicia constitucional, darle eficacia al Texto Fundamental y brindan mayor seguridad jurídica a los ciudadanos.

En todo caso, lo que debe quedar claramente precisado es que la Sala Constitucional no puede pretender por la vía de la interpretación de la Constitución sustituir las funciones de los otros Poderes Públicos, ni asumir las tareas del Legislador ni de la Administración. La propia Sala Constitucional en su sentencia Nº 1347 de 9 de septiembre de 2000 ha hecho el esfuerzo por auto-limitarse en este respecto, para evitar la tentación totalizante, señalando que en la solución de los recursos de interpretación constitucional, teniendo en cuenta el principio de la separación de poderes y su relación con la función de seguridad del Estado de derecho, la Sala no podrá convertirse:

> Un obstáculo ni en un contralor del ejercicio de las funciones de los órganos del Poder Público. En línea con este razonamiento, la Sala no podrá suplir las potestades de los órganos del Poder Público u ordenar la manera en que se desempeñarán en el ejercicio de sus actividades propias, pues a todos ellos cabe actuar según sus competencias y de acuerdo con el derecho.
>
> Por lo tanto, los órganos que integran el Poder Público, en la consecución de sus cometidos, no tendrán más dirección y vigilancia que la que establezca nuestra Constitución, las leyes y demás normas aplicables. Sería impropio del poder garantizador de la Constitución que ejerce esta Sala y a través de este recurso, el velar *motu propio* y de manera indiscriminada, por la eficacia y eficiencia, incluso en la realización de la Constitución, de los órganos legislativos y administrativos de la jerarquía que fuesen.
>
> Esta posición delimita la función político-jurídica que le toca asumir a este Tribunal en cuanto a su función de máximo custodio de la Constitución. De allí que, si bien él se encuentra en la cúspide de los órganos judiciales que refieren sus funcio-

---

Véase en *Revista de Derecho Público*, Nº 93-96, Editorial Jurídica Venezolana, Caracas, 2003.

nes a la Constitución, su labor consiste, primeramente, de cara al universo de operadores jurídicos, en mantener abierta la posibilidad de que, en el ejercicio de las competencias que tienen atribuidas, cumplan con sus objetivos, participen plenamente en la toma de las decisiones en que les quepa actuar, y, una vez actuadas estas potencialidades, derechos, deberes o potestades, según sea el caso, controlar en grado a la competencia que la propia Constitución le faculta, la correspondencia de dichas actuaciones con respecto a la norma fundamental.

Lo político administrativo o legislativo, en el sentido de elegir el camino o el modo más acorde con el bienestar social, si bien el procedimiento de su elección en muchos casos viene ya señalado por la Constitución, así como los campos en que se mueve la realidad social a que deben prestar sus servicios, sólo le corresponde dictarlo a los entes que ejercen las estrictas funciones político administrativas o legislativas, sin que este Tribunal ex ante les señale la mejor forma de hacerlo.

8.- En definitiva, la Sala se cuidará, con el mayor rigor, al absolver un recurso de interpretación, pues es su propio juez y freno, de no pronunciarse sobre acciones a ser ejecutadas, programas a ser encaminados, políticas a ser establecidas o, en fin, sobre la manera de ejercer sus funciones otros órganos; siempre orientándose dentro del marco teleológico de la norma que estuviere en cuestión, sea que ésta persiga definir diferentes grados de organización y cohesión de la vida social, establecer autoridades y roles sociales, reglas de comportamiento o directivas para la acción, procedimientos para la resolución de conflictos, o la distribución del uso de la fuerza; ya sea que dichas normas respondan a la función conservadora o promocional que se le asigna al derecho, con sus respectivos mecanismos positivos o negativos de control[198].

VI. LOS PROBLEMAS DE UNA JURISDICCIÓN CONSTIUCIONAL AL SERVICIO DEL AUTORITARISMO

Uno de los pilares fundamentales del Estado constitucional de derecho es sin duda, el postulado de la supremacía de la Constitución en tanto que norma fundamental, el cual comenzó a desarrollarse desde los propios albores del constitucionalismo moderno, cuando en 1788, Alexander Hamilton en *The Federalist*, afirmó que "ningún acto legislativo contrario a la Constitución, puede ser válido", al punto de que "negar esto significaría afirmar que ... "los representantes del pueblo son superiores al pueblo mismo; que los hombres que actúan en virtud de poderes, puedan hacer no sólo lo que sus poderes no les autorizan sino también lo que les prohíben".[199]

La contrapartida de la obligación de los órganos constituidos de respetar la Constitución, de manera que el poder constituyente originario prevalezca sobre la voluntad de dichos órganos estatales constituidos, es el derecho constitucional que todos los ciudadanos tienen en un Estado Constitucional, a que se respete la voluntad popular expresada en la Constitución, es decir, el derecho fundamental a la supremacía constitucional. Nada se ganaría con señalar que la Constitución, como manifestación de la voluntad del pueblo, debe prevalecer sobre la de los órganos del Estado, si no existiere el derecho de los integrantes del pueblo de exigir el respeto de esa Constitución, y además, la obligación de los órganos jurisdiccionales de velar por dicha supremacía.

---

198 Véase en *Revista de Derecho Público*, N° 84, Editorial Jurídica Venezolana, Caracas, 2000, p. 268.

199 *The Federalist* (ed. B.F. Wright), Cambridge, Mass. 1961, pp. 491-493

El constitucionalismo moderno, por tanto, no sólo está montado sobre el principio de la supremacía constitucional, sino que como consecuencia del mismo, también está montado sobre el derecho del ciudadano a esa supremacía[200], que se concreta, conforme al principio de la separación de poderes, en un derecho fundamental a la tutela judicial efectiva de la supremacía constitucional, es decir, a la justicia constitucional.

Por ello, el mismo Hamilton, al referirse al papel de los jueces en relación con dicha supremacía constitucional también afirmó:

> "Una Constitución es, de hecho, y así debe ser considerada por los jueces, como una ley fundamental. Por tanto, les corresponde establecer su significado así como el de cualquier acto proveniente del cuerpo legislativo. Si se produce una situación irreconciliable entre ambos, por supuesto, la preferencia debe darse a la que tiene la mayor obligatoriedad y validez, o, en otras palabras, la Constitución debe prevalecer sobre las Leyes, así como la intención del pueblo debe prevalecer sobre la intención de sus representantes."

Y para garantizar esa supremacía constitucional y el derecho ciudadano a la misma es que se han establecido los Tribunales Constitucionales con el carácter, como lo indicó Eduardo García de Enterría, de "comisario del poder constituyente, encargado de defender la Constitución y de velar por que todos los órganos constitucionales conserven su estricta calidad de poderes constituidos,"[201] por lo cual el primer reto que tiene la Jurisdicción Constitucional es precisamente asegurar que la soberanía permanezca en el pueblo como poder constituyente originario, y que no se asuma ni se usurpe por órgano constituido alguno del Estado.

Con base en estos postulados se desarrolló la doctrina de "los jueces como guardianes de la Constitución", tal como lo expresó el mismo Hamilton al referirse a la Constitución como limitación de los poderes del Estado y, en particular, de la autoridad legislativa, afirmando que:

> "Limitaciones de este tipo sólo pueden ser preservadas, en la práctica, mediante los Tribunales de justicia, cuyo deber tiene que ser el de declarar nulos todos los actos contrarios al tenor manifiesto de la Constitución. De lo contrario, todas las reservas de derechos o privilegios particulares, equivaldrían a nada."[202]

Y ese es precisamente el origen de los sistemas de justicia constitucional, para garantizar la supremacía constitucional, de manera de controlar la constitucionalidad de los actos contrarios a la Constitución incluso de aquellos que se dicten con motivo de los procedimientos de revisión o reforma constitucional, cualquiera que sea su naturaleza. En tanto que sean manifestaciones de voluntad de los poderes constituidos, todos están sometidos a la Constitución y al control judicial de constitucionalidad. De lo contrario, no tendría sentido ni la supremacía constitucional ni el derecho ciudadano a dicha supremacía constitucional.

---

200 Véase Allan R. Brewer-Carías, "El amparo a los derechos y libertades constitucionales (una aproximación comparativa)" en *La protección jurídica del ciudadano Estudios en Homenaje al Profesor Jesús González Pérez*, Madrid 1993, Tomo III, pp. 2.696 y 2.697

201 Véase E. García de Enterría, *La Constitución como norma y el Tribunal constitucional*, Madrid, 1985, p. 198.

202 *The Federalist* (ed. B.F. Wright), Cambridge, Mass. 1961, pp. 491-493.

Por ello, en un régimen de Estado constitucional, es esencial la distinción entre el poder constituyente que corresponde al pueblo, y los poderes constituidos que corresponden a los órganos del Estado, incluyendo en estos tanto a las llamadas Asambleas Constituyentes como a los propios Tribunales Constitucionales, de manera que estos que siempre tienen que estar sometidos a la Constitución, puedan frenar las pretensiones incluso de aquellas de pretender ejercer en si mismas un poder constituyente "originario" o con "plenos poderes" para imponer su voluntad sobre los órganos constituidos.

Pero para ello, por supuesto, los Tribunales Constitucionales tienen que ser autónomos e independientes. De lo contrario, en lugar de ser guardianes de la Constitución, se convierten en el instrumento para asegurar su violación. Y ese es el caso, lamentablemente en Venezuela, donde por el control que el Poder Ejecutivo ha ejercicio sobre el Tribunal Supremo de Justicia desde 2000, la Sala Constitucional como Jurisdicción Constitucional, lejos de ejercer sus funciones de comisario del poder constituyente, ha sido el instrumento de los Poderes Constituidos para mediante su abstención permitir la usurpación del poder constituyente o la violación de la Constitución.

1. *La abstención del Juez Constitucional en controlar la usurpación de poder constituyente originario por parte de la Asamblea Nacional Constituyente en 2000*

El problema se planteó al comienzo de la vigencia de la Constitución de 1999 con la Asamblea Nacional Constituyente electa ese año, la cual además, no estaba prevista en la Constitución vigente en ese momento como mecanismo de reforma de la Constitución, de manera que incluso su elección y conformación no tenía base constitucional. La misma se estableció *ad hoc*, a la medida y mediante un referendo consultivo, totalmente manipulado desde el poder, con el cual se barrió el principio de supremacía constitucional. Y en relación con la misma, y la usurpación que hizo del Poder Constituyente originario, la posición del Juez Constitucional, la posición del Juez Constitucional fue la de considerar los actos de la Asambleas inmunes al control de constitucionalidad

A tal efecto, el mismo día en el cual el Presidente Hugo Chávez tomó posesión de su cargo para el cual había sido electo conforme a las previsiones de la Constitución de 1961, el 2 de febrero de 1999, dictó un Decreto N° 3 para la realización de un referendo consultivo buscando que el pueblo se pronunciase "sobre la convocatoria de una Asamblea Nacional Constituyente" (Art. 1) que no estaba prevista en la Constitución de 1961 como un mecanismo de reforma constitucional; "con el propósito de transformar el Estado y crear un nuevo ordenamiento jurídico que permita el funcionamiento efectivo de una Democracia Social y Participativa" (primera pregunta). Con dicho decreto el Presidente buscaba que el pueblo lo autorizara, pura y simplemente, para que fuera él mismo quien fijase "mediante un Acto de Gobierno [...], oída la opinión de los sectores políticos, sociales y económicos, las bases del proceso comicial en el cual se elegirán los integrantes de la Asamblea Nacional Constituyente" (Segunda pregunta).[203] Es decir, pretendió el Presidente que mediante un referendo, el pueblo le delegara la potestad constituyente de establecer el esta-

---

203 Véase en *Gaceta Oficial* N° 36.634 de 02-02-99

tuto de una Asamblea Constituyente no establecida en la Constitución que proponía se eligiera.

Del contenido del Decreto de convocatoria, sin embargo, se evidenciaba que lo que se convocaba no era un referendo consultivo que era lo único que autorizaba el artículo 181 de la Ley Orgánica del Sufragio y Participación Política que se había invocado como su base legal, de manera que de las preguntas lo que realmente se evidenciaban es que lo que se estaba convocando en realidad, era un referendo decisorio y autorizatorio no regulado ni previsto en dicha norma legal.[204] Además la convocatoria que se pretendía no era para que la Asamblea reformara la Constitución, sino para que asumiera un poder total y pudiera incluso sustituir a los poderes constituidos aún antes de la aprobación de una nueva Constitución, buscando delegar además en el Presidente de la República el poder soberano mismo de decidir el estatuto de la Constituyente, lo que vulneraba los principios más elementales del Estado de derecho y era incompatible con los valores supremos de una sociedad democrática.

Como era de esperarse, a las pocas semanas, el Decreto N° 3 fue impugnado por inconstitucional ante la Sala Político-Administrativa de la Corte Suprema de Justicia[205], por ser un instrumento destinado a servir para un fraude a la Constitución, impugnándose igualmente los actos del Consejo Supremo Electoral convocando el referendo. Una de las acciones de nulidad fue decidida por la Sala Político Administrativa en sentencia de 18 de marzo de 1999, mediante la cual se anuló la segunda de las preguntas propuestas por el Presidente en la convocatoria al referendo, considerando que el estatuto de la Constituyente tenía que aprobarse por el pueblo.[206] Para ello, la sentencia afirmó que la actuación de una Asamblea Constituyente era posible porque lo permitía la Constitución de 1961, lo que implicaba considerar que la misma no podía perder vigencia alguna durante la actuación de la Asamblea Nacional Constituyente, la cual debía encontrar en dicho texto el límite de su actuación. Ello significaba que durante el funcionamiento de la Asamblea, los poderes constituidos debían continuar actuando conforme a la Constitución que estaba vigente, no pudiendo la Asamblea ni disolverlos ni asumir directamente sus competencias constitucionales.

Días antes de ser publicada dicha sentencia, sin embargo, el día 10 de marzo de 1999, y sin duda ya advertido, el Presidente de la República, emitió un nuevo acto administrativo reformatorio del Decreto N° 3, mediante el cual ordenó publicar en Gaceta Oficial la propuesta del Ejecutivo Nacional mediante la cual fijaba las bases de la convocatoria de la Asamblea Nacional Constituyente, conforme a lo que luego

---

204 Como lo señaló Ricardo Combellas, "Estamos hablando de un referendo consultivo, no de un referendo decisorio, cuya aprobación demanda necesariamente en Venezuela, tal como lo propuso con visión avanzada la Comisión Bicameral, una reforma constitucional" en *¿Qué es la Constituyente? Voz para el futuro de Venezuela*, COPRE, Caracas 1998.

205 Véase el texto de la acción de nulidad en Allan R. Brewer-Carías, *Asamblea Constituyente y Ordenamiento Constitucional*, Academia de Ciencias Políticas y Sociales, Caracas 1999, pp. 255 a 321. Véase la relación de todas las acciones de nulidad intentadas en Carlos M. Escarrá Malavé, *Proceso Político y Constituyente*, Caracas 1999, anexo 4

206 Véase el texto de la sentencia en Allan R. Brewer-Carías, *Poder Constituyente Originario y Asamblea Nacional Constituyente*, Caracas 1999, pp. 169 a 185; y en *Revista de Derecho Público*, N° 77-80, Editorial Jurídica Venezolana, Caracas 1999, pp. 73 y ss.

decidió la Corte, esta vez disponiendo que las mismas serían sometidas a la aprobación del pueblo en el referendo convocado.[207] En esas bases, sin embargo, se incorporó una frase en la Décima Base, en la cual se afirmaba que:

> "Una vez instalada la Asamblea Nacional Constituyente, como poder originario que recoge la soberanía popular, deberá dictar sus propios estatutos de funcionamiento, teniendo como límites los valores y principios de nuestra historia republicana, así como el cumplimiento de los tratados internacionales, acuerdos y compromisos válidamente suscritos por la República, el carácter progresivo de los derechos fundamentales del hombre y las garantías democráticas dentro del más absoluto respeto de los compromisos asumidos."

Este texto fue reproducido por el Consejo Nacional Electoral en la nueva convocatoria que tuvo que hacer para el referendo consultivo, de manera que la Resolución respectiva que dictó fue de nuevo impugnada por considerarse que desacataba el fallo de la Corte Suprema del 18 de marzo de 1999, cuando le pretendía atribuir "carácter originario" a la futura Asamblea Nacional Constituyente.

Dicha impugnación fue resuelta por la Sala Político Administrativa de la Corte Suprema, en la sentencia de 13 de abril de 1999[208], en la cual observó que ciertamente:

> "en la sentencia dictada por esta Sala el 18 de marzo de 1999 se expresó con meridiana claridad que la Asamblea Constituyente a ser convocada, 'no significa, en modo alguno, por estar precisamente vinculada su estructuración al propio espíritu de la Constitución vigente, bajo cuyos términos se producirá su celebración, la alteración de los principios fundamentales del Estado democrático de derecho', y que 'en consecuencia, es la Constitución vigente la que permite la preservación del Estado de derecho y la actuación de la Asamblea Nacional Constituyente, en caso de que la voluntad popular sea expresada en tal sentido en la respectiva consulta".

En consecuencia, a los efectos de que no se indujera "a error al electorado y a los propios integrantes de la Asamblea Nacional Constituyente, si el soberano se manifestase afirmativamente acerca de su celebración, en lo atinente a su alcance y límites", la Sala ordenó que se eliminase la frase "como poder originario que recoge la soberanía popular," a cuyo efecto corrigió y reformuló expresamente el texto de la base comicial octava, sin dicha frase.

Después de todas estas vicisitudes judiciales,[209] y de la corrección del Decreto N° 3 de 2 de febrero de 1999, que fue el primer acto violatorio de la Constitución de 1961 en todo aquél proceso, el proceso constituyente quedó abierto, habiéndose celebrado el referendo consultivo el 25 de abril de 1999, en el cual se aprobó la

---

207 Contenido en un "Aviso Oficial" publicado en *Gaceta Oficial* N° 36.658 de 10–03–99, con las bases de la convocatoria de la asamblea nacional constituyente, para ser sometida para la aprobación del pueblo en el referéndum convocado para el 25 de abril de 1999.

208 Véase el texto en Allan R. Brewer-Carías, *Poder Constituyente Originario y Asamblea Nacional Constituyente*, Caracas 1999, pp. 190 a 198. Igualmente en *Revista de Derecho Público*, N° 77-80, Editorial Jurídica Venezolana, Caracas 1999, pp. 85 y ss.

209 Véase sobre las diversas sentencias dictadas en el proceso de conformación de la Constituyente, Allan R. Brewer-Carías, "La configuración judicial del proceso constituyente en Venezuela de 1999 o de cómo el guardián de la Constitución abrió el camino para su violación y para su propia extinción", en *Revista de Derecho Público*, N° 77-80, Editorial Jurídica Venezolana, Caracas 1999, pp. 453-514

propuesta de convocar una Asamblea Constituyente la cual fue electa el 25 de julio de 1999, integrada con una mayoría abrumadora de constituyentes propuestos por el Presidente Chávez.[210]

La Asamblea, en todo caso, estaba sometida a las bases aprobadas por la voluntad popular expresada en el referendo consultivo del 25 de abril de 1999; razón por la cual, durante su funcionamiento debió haber respetado la vigencia de la Constitución de 1961, la cual sólo podía perder vigencia cuando el pueblo se pronunciara, mediante posterior referendo aprobatorio sobre la nueva Constitución. Sin embargo, ello no fue así, y fue la Asamblea Constituyente la que materializó el golpe de Estado contra la Constitución,[211] desacatando además las órdenes judiciales emanadas de la Corte Suprema, para lo cual sus miembros incurrieron expresamente en el "error" que quiso evitar la Corte, y, contrariando su decisión, desde su instalación el 3 de agosto de 1999 asumieron expresamente lo que se denominó un "poder constituyente originario" que el pueblo no le había conferido.[212]

En esa oportunidad, en efecto, al aprobar su Estatuto de Funcionamiento en forma inconstitucional por violación a la voluntad popular expresada en el referendo consultivo del 25 de abril,[213] la Asamblea se declaró a si misma "depositaria de la voluntad popular y expresión de su Soberanía con las atribuciones del Poder Originario para reorganizar el Estado Venezolano y crear un nuevo ordenamiento jurídico democrático," disponiendo además, que "en uso de las atribuciones que le son inherentes, podrá limitar o decidir la cesación de las actividades de las autoridades que conforman el Poder Público" (artículo 1). Como consecuencia de ello, la Asamblea también resolvió que "todos los organismos del Poder Público quedaban subordinados" a la misma y, en consecuencia, que estaban en la obligación de cumplir y hacer cumplir los "actos jurídicos estatales" que emitiera (parágrafo primero, artículo 1°).

En esta forma, la Asamblea se auto atribuyó potestades públicas por encima tanto de la Constitución de 1961 como de las "normas constitucionales" contenidas en la expresión de la voluntad soberana del pueblo en las "bases comiciales" votadas en el referendo de 25 de abril de 1999. En cuanto a las previsiones de la Constitución entonces vigente de 1961, por disposición de la propia Asamblea, en su Estatuto de Funcionamiento se dispuso que sólo se mantendrían en vigencia "en todo aquello

---

210 De un total de 131 constituyentes electos, 125 con el apoyo del Presidente Chávez, con lo que la "oposición" quedó formada por sólo 6 constituyentes electos como independientes. Cuatro electos en la circunscripción nacional (Allan R. Brewer-Carías, Alberto Franceschi, Claudio Fermín y Jorge Olavarría) y dos en las circunscripciones regionales (Antonio Di'Giampaolo y Virgilio Ávila Vivas)

211 Véase Allan R. Brewer-Carías, *Golpe de Estado y proceso constituyente en Venezuela, op. cit,* p. 160.

212 En el acto de instalación, el discurso dado por quien venía de ser electo presidente de la Asamblea concluyó con estas frases "la Asamblea Nacional Constituyente es originaria y soberana", en *Gaceta Constituyente (Diario de Debates), Agosto-Septiembre 1999*, Sesión de 03-08-99, N° 1, p. 4. Véase nuestro voto salvado respecto de la aprobación de dicho Estatuto por la Asamblea Constituyente, en Allan R. Brewer-Carías, *Debate Constituyente (Aportes a la Asamblea Nacional Constituyente)*, Tomo I (8 agosto-8 septiembre 1999), Fundación de Derecho Público, Editorial Jurídica Venezolana, Caracas 1999, pp. 15 a 39.

213 Véase *Gaceta Constituyente* (*Diario de Debates*), Agosto-Septiembre 1999, Sesión de 07-08-99, N° 4, p. 151. Véase también nuestro voto salvado por razones de inconstitucionalidad respecto de la aprobación del Estatuto en *Gaceta Constituyente* (*Diario de Debates*), Agosto-Septiembre 1999, Sesión de 07-08-99, N° 4, pp. 6 a 13

que no colida o sea contrario con los actos jurídicos y demás decisiones de la Asamblea Nacional Constituyente" (art. 1, parágrafo segundo).[214]

Con la asunción de este poder, la Asamblea había consumado el golpe de Estado, pues se daba a sí misma una carta blanca para violar una Constitución que estaba vigente, y someter a todos los órganos del Poder Público constituido y electos a estarle "subordinados," imponiéndoles la obligación de cumplir sus "actos jurídicos estatales"; ruptura del hilo constitucional que luego se materializó mediante sucesivos actos constituyentes que la propia antigua Corte Suprema de Justicia como juez constitucional no supo controlar hasta que fue cesada, víctima de su propia debilidad o complicidad. Entre dichos actos constituyentes dictados como "poder constituyente originario" que conformaron el golpe de Estado contra la Constitución de 1961, se destacan:

En *primer* lugar, el "Decreto mediante el cual se declara la reorganización de todos los órganos del Poder Público" de fecha 12 de agosto de 1999,[215] para cuya emisión la Asamblea invocó que supuestamente ejercía "el poder constituyente otorgado por este [el pueblo] mediante referendo..."; es decir, que ejercía un "poder constituyente" que supuestamente le había otorgado el "poder constituyente" (pueblo) en el "referendo," lo cual no era cierto, por lo cual en realidad la Asamblea se fundamentó para aprobar el Decreto, en "lo dispuesto en el artículo primero del Estatuto de esta Asamblea" mediante el cual se había auto conferido, a sí misma, dicho supuesto carácter de poder constituyente originario..

En *segundo* lugar, el decreto de 19 de agosto de 1999 mediante el cual la Asamblea Nacional Constituyente resolvió declarar "al Poder Judicial en emergencia" (Art. 1°), creando una Comisión de Emergencia Judicial, que asumió el proceso de intervención de la Justicia,[216] lesionando la autonomía e independencia del Poder Judicial, suplantando los órganos regulares del gobierno y administración de la Justicia.[217] El Decreto tuvo la misma fundamentación que los anteriores "en ejercicio del poder constituyente originario" supuestamente otorgado por el pueblo a la Asamblea mediante referendo, lo cual no era cierto, pues fue mediante el artículo 1° del Estatuto de Funcionamiento de la propia Asamblea y el artículo único del Decreto de la Asamblea que declaró la reorganización de todos los Poderes Públicos constituidos, con los cuales la Asamblea se auto confirió a dicho poder. Este proceso de intervención política del poder judicial incluso fue formalmente conocido por la Corte Suprema de Justicia, la cual, como juez constitucional, adoptó el 23 de agosto

214 Véase en *Gaceta Constituyente* (*Diario de Debates*), Agosto-Septiembre 1999, Sesión de 07-08-99, N° 4, p. 144. Véase el texto, además, en *Gaceta Oficial* N° 36.786 de 14-09-99. Como ha señalado Lolymar Hernández Camargo, con la aprobación del Estatuto "quedó consumada la inobservancia a la voluntad popular que le había impuesto límites a la Asamblea Nacional Constituyente... Se auto proclamó como poder constituyente originario, absoluto e ilimitado, con lo cual el Estado perdió toda razón de ser, pues si se mancilló la voluntad popular y su manifestación normativa (la Constitución), no es posible calificar al Estado como de derecho ni menos aun democrático", en *La Teoría del Poder Constituyente, cit.*, p. 73.

215 *Gaceta Oficial* N° 36.764 de 13-08-99. Véase en Allan R. Brewer-Carías, *Debate Constituyente*, tomo I, *op. cit.*, pp. 43 a 56; y en *Gaceta Constituyente* (*Diario de Debates*), Agosto-Septiembre de 1999, *cit.*, Sesión de 12-08-99, N° 8, pp. 2 a 4

216 *Gaceta Oficial* N° 36.772 de 25-08-99 reimpreso en *Gaceta Oficial* N° 36.782 de 08-09-99

217 Véase en Allan R. Brewer-Carías, Debate Constituyente, Tomo I, *op. cit.*, p. 57 a 73; y en *Gaceta Constituyente (Diario de Debates)*, Agosto-Septiembre de 1999, *cit.*, Sesión de 18-08-99, N° 10, pp. 17 a 22. Véase el texto del Decreto en *Gaceta Oficial* N° 36.782 de 08-09-99

de 1999 un desafortunado Acuerdo,[218] en el cual "fijó posición" ante la ilegítima intervención llegando aceptarla mediante la designación de uno de sus propios magistrados como integrante de la ilegítima Comisión de Emergencia Judicial nombrada por la Asamblea.

En *tercer* lugar, el "Decreto mediante el cual se regulan las funciones del Poder Legislativo"[219] dictado por la Asamblea el 25 de agosto de 1999, reformado cinco días después, el 30 de agosto de 1999[220]; arrogándose esta vez directa y abiertamente un "poder constituyente originario" que nadie le había otorgado, sino ella misma en su propio Estatuto de funcionamiento. Mediante este Decreto, la Asamblea, materialmente, declaró la cesación de las Cámaras Legislativas (Senado y Cámara de Diputados), cuyos miembros habían sido electos unos meses antes, en noviembre de 1998, atribuyéndole además, inconstitucionalmente, la función legislativa del Estado a la Comisión Delegada del Congreso y a la propia Asamblea Constituyente.[221]

En el Decreto de regulación del Poder Legislativo, la Asamblea también intervino y eliminó las Asambleas Legislativas de los Estados de la Federación, violando la Constitución y vulnerando la autonomía de los Estados, al disponer que las funciones de las mismas serían ejercidas por unas Comisiones Delegadas de cada una, regulando la forma de su integración (Art. 11); y además, revocando el mandato de los Diputados de las Asambleas que no integrasen las Comisiones delegadas respectivas (Art. 12).

Finalmente, en *cuarto* lugar, el Decreto del "Régimen de Transición del Poder Público,"[222] dictado el 22 de diciembre de 1999, dos días después de la "proclamación" de la nueva Constitución luego de haber sido aprobada por el pueblo, pero una semana antes de su entrada formal en vigencia, pues la publicación de la Constitución en Gaceta Oficial había sido deliberadamente demorada hasta el 30 de diciembre de 1999,[223] mediante el cual la Asamblea modificó la propia Constitución (y su régimen transitorio) recién aprobada (15-12-1999), sin someter ese "acto constitucional" a la aprobación popular."

El juez constitucional, frente a todos estos actos "constituyentes" dictados en ejercicio de un pretendido "poder constituyente originario" que no tenía atribuido, simplemente se abstuvo de controlar efectivamente su constitucionalidad, para lo

---

218 Véanse nuestros comentarios sobre el Acuerdo en Allan R. Brewer-Carías, *Debate Constituyente*, Tomo I, *op. cit.*, pp. 141 y ss. Véanse además, los comentarios de Lolymar Hernández Camargo, *La Teoría del Poder Constituyente, cit.*, pp. 75 y ss.

219 *Gaceta Oficial* N° 36.772 de 25-08-99.

220 *Gaceta Oficial* N° 36.776 de 31-08-99.

221 Véase en Allan R. Brewer-Carías, *Debate Constituyente*, Tomo I, *op. cit.*, pp. 75 a 113; y en *Gaceta Constituyente (Diario de Debates)*, Agosto-Septiembre 1999, *cit.*, Sesión de 25-08-99, Nº 13, pp. 12 a 13 y 27 a 30 y Sesión de 30-08-99, Nº 16, pp. 16 a 19. Véase el texto del Decreto en *Gaceta Oficial* Nº 36.772 de 26-08-99. Con posterioridad, sin embargo, y con la intermediación de la Iglesia Católica, el 9-9-99, la directiva de la Asamblea llegó a un acuerdo con la directiva del Congreso, con lo cual, de hecho, se dejó sin efecto el contenido del Decreto, siguiendo el Congreso funcionando conforme al régimen de la Constitución de 1961. Véase el texto del Acuerdo en *El Nacional*, Caracas 10-9-99, p. D-4.

222 Véase en *Gaceta Oficial* N° 36.859 de 29-12-99.

223 Véase en *Gaceta Constituyente (Diario de Debates)*, Noviembre 1999-Enero 2000, cit., Sesión de 22-12-99, Nº 51, pp. 2 y ss. Véase *Gaceta Oficial* Nº 36.859 de 29-12-99; y *Gaceta Oficial* Nº 36.860 de 30-12-99.

cual adoptó varias decisiones avalando el golpe de Estado que se había consumado. Entre ellas se destacan:

Primero, una confusa sentencia del 14 de octubre de 1999 (caso: Impugnación del Decreto de Regulación de las Funciones del Poder Legislativo)[224] mediante la cual, la antigua Corte Suprema, cambiando el criterio que previamente había sustentado en la sentencia anterior de la Sala Político Administrativa del 18 de marzo de 1999, desligó formalmente y *ex post facto* a la Asamblea de su sometimiento a la Constitución de 1961, permitiendo que aquélla pudiera desconocerla, con lo cual "legitimó" el golpe de Estado que la Asamblea había dado al desconocer la Constitución de 1961, particularmente en los diversos actos "constituyentes" e inconstitucionales que había adoptado en los dos meses precedentes.

Segundo, otra sentencia dictada esta vez con motivo de la impugnación del Decreto sobre el Régimen de Transición del Poder Público por el nuevo Tribunal Supremo de Justicia cuyos integrantes habían sido nombrados en dicho Decreto, la Sala Constitucional en sentencia N° 4 de fecha 26 de enero de 2000 (Caso Eduardo García), decidiendo en causa propia reconoció que dicho Decreto, a pesar de que no era emanación de la voluntad popular (no había sido aprobado en el referendo aprobatorio de la Constitución), era "un acto de rango y naturaleza constitucional," concluyendo que:

> "dado el carácter originario del poder conferido por el pueblo de Venezuela a la Asamblea Nacional Constituyente, mediante la pregunta N° 1 y la Base Comicial Octava del referendo consultivo nacional, aprobado el 25 de abril de 1999, y por tanto la no sujeción de este poder al texto constitucional vigente para la época, la demanda propuesta, al fundamentar las presuntas transgresiones en la referida Constitución y no en los parámetros y principios consagrados en las bases fijadas en le citado referendo, conduce forzosamente a su improcedencia."

Con ello, *ex post facto*, el juez constitucional no sólo aceptó que la Asamblea Constituyente había sido titular de un "poder constituyente originario" que supuestamente le había conferido el pueblo, lo cual no era cierto, sino que dispuso que los actos de la Asamblea Constituyente no habían estado sujetos a la Constitución de 1961, vigente durante su funcionamiento. Con ello, la Sala Constitucional del Tribunal Supremo en definitiva dispuso la inmunidad jurisdiccional respecto de los actos constituyentes. Ello lo ratificó el Tribunal Supremo en sentencia N° 6 de fecha 27 de enero de 2000, al declarar de nuevo, como improcedente, otra acción de nulidad interpuesta contra el referido Decreto, indicando que la Sala entendía:

> "que hasta la fecha de la publicación de la nueva Constitución, la que le precedió (1961) estuvo vigente, lo cual se desprende de la Disposición Derogatoria Única; y como los actos de la Asamblea Nacional Constituyente no estaban sujetos a la Constitución derogada, los mismos sólo podrían estar regulados -como fuera señalado por la sentencia de la Corte Suprema de Justicia en Pleno antes referida- por normas supra constitucionales. Así, por argumento en contrario, sólo los actos dictados por la Asamblea Nacional Constituyente con posterioridad a la publicación de la nueva Constitución estarían sujetos a ésta."

---

224 Véase en *Revista de Derecho Público*, N° 77-80, Editorial Jurídica Venezolana, Caracas 1999, pp. 111 y ss.

De todo lo anterior resultó que el acto de la Asamblea Nacional Constituyente (Decreto sobre el Régimen de Transición del Poder Público) impugnado en esta oportunidad, publicado en la Gaceta Oficial número 36.859 del 29 de diciembre de 1999, esto es, con anterioridad a la entrada en vigencia de la nueva Constitución de Venezuela de 1999, se consideró que no estaba sujeto ni a ésta ni a la Constitución precedente de 1961. Reconoció, así, el Tribunal Supremo de Justicia, rango constitucional al régimen transitorio inventado por la Asamblea Nacional Constituyente, pero desligándolo tanto de la Constitución de 1961 como de la propia Constitución de 1999; régimen transitorio que además contenía el acto de designación de los propios Magistrados. Lo menos que podían haber hecho dichos magistrados era inhibirse, pero no fue así; y esa y otras sentencias que juzgaron sobre dicho régimen, constituyeron violación del principio elemental del Estado de derecho conforme al cual nadie puede ser juez en su propia causa.

Tercero, otra sentencia, la N° 186 de 28-03-2000 (caso: Allan R. Brewer-Carías y otros), dictada con motivo de declarar sin lugar la demanda de nulidad intentada contra el Estatuto Electoral del Poder Público dictado el 30 de enero de 2000[225] por la propia Asamblea Constituyente sin tener potestad alguna para ello, la Sala Constitucional legitimó de nuevo el rango constitucional de las disposiciones de "Transición del Poder Público" argumentando esta vez que la Asamblea Nacional Constituyente, para cumplir su misión de transformar el Estado, crear un nuevo ordenamiento jurídico y dictar una nueva Constitución que sustituyera a la de 1961, supuestamente tenía varias alternativas para regular el régimen constitucional transitorio: Una, elaborar unas "Disposiciones Transitorias" que formaran parte de la Constitución para ser aprobada por el pueblo mediante referendo; y otra, dictar actos constituyentes aparte, de valor y rango constitucional, que originarían un régimen transitorio constitucional paralelo, no aprobado por el pueblo.

Ello, sin embargo no era cierto, pues conforme a la voluntad popular expresada en el referendo de 25 de abril de 1999, sólo el propio pueblo podía aprobar la Constitución mediante referendo aprobatorio, por lo que no podía existir ninguna otra norma de rango constitucional que no fuera aprobada por el propio pueblo. Por tanto, partiendo del falso supuesto de que conforme al referendo del 25 de abril de 1999, la Asamblea Nacional Constituyente podía poner en vigencia normas constitucionales no aprobadas por el pueblo, el Tribunal Supremo de Justicia consideró que el Estatuto Electoral impugnado, al tener rango constitucional, no podía violar la Constitución de 1999, como fue lo que habíamos alegado en el recurso de nulidad.[226]

De esta premisa fundamental, falsa y contradictoria, el Tribunal Supremo de Justicia entonces derivó su decisión, en la cual:

Primero: Reconoció la existencia de un vacío legal (que sólo la Asamblea había creado) en las Disposiciones Transitorias de la Constitución de 1999, y pretendió llenarlo con una interpretación violatoria de la soberanía popular. El "limbo jurídico" que refiere con toda diligencia la sentencia había sido inventado por la Asamblea Nacional Constituyente, y no fue originado por el pueblo al aprobar las Disposiciones Transitorias de la Constitución. Al haber sido creado por dicha Asamblea,

---

225 Véase en *Gaceta Oficial* N° 36.884 de 03-02-2000.

226 Véase Allan R. Brewer-Carías, *La Constitución de 1999*, 3ª Edición, Caracas 2001, pp. 270 y ss.

por su arbitrariedad, de lo que se requería era de un remedio judicial constitucional por parte del Tribunal Constitucional y no de una bendición. Este, en efecto, lo que hizo fue aceptar la violación constitucional y forzando la interpretación, trató de enderezar un entuerto constitucional.

Segundo: Incurrió en contradicción, al considerar que el régimen transitorio de orden constitucional iniciado el 25 de abril de 1999 "finalizó con la aprobación de la Constitución" del 30 de diciembre de 1999 por el pueblo, y paralelamente, admitió la existencia de otro régimen transitorio "paraconstitucional" no aprobado por el pueblo.

Tercero: Contradijo la sentencia de la propia Sala Constitucional del 27 de febrero de 2000, que había establecido la sumisión de los actos de la Asamblea Nacional Constituyente dictados con posterioridad a la publicación de la Constitución el 30 de diciembre 1999, a la Constitución de 1999, pues en esta nueva sentencia señaló que los actos de la Asamblea Nacional Constituyente dictados después de esa fecha también tenían rango "constitucional." No es que eran "supraconstitucionales" sino de igual rango que la Constitución aprobada por referendo, sin estar ello regulado en las Disposiciones Transitorias de la propia Constitución y sin haber sido aprobadas por el pueblo.

Cuarto: Contradijo y desconoció el poder derogatorio expreso de la nueva Constitución en relación con todas las normas preconstitucionales contrarias a sus disposiciones y no sólo las dictadas con base en la Constitución de 1961. No hay Disposición Transitoria alguna en la Constitución de 30 de diciembre de 1999 que hubiera asegurado la supervivencia de normas dictadas por la Asamblea Nacional Constituyente, que después de publicada la Constitución, contrariasen sus disposiciones. El Tribunal Supremo de Justicia, así, pretendió de nuevo suplir el vacío producido por la arbitrariedad de la Asamblea Nacional Constituyente, y marginó la voluntad popular.

Sin embargo, el aspecto más importante de la sentencia que se comenta del Tribunal Supremo es que dejó sentado el principio de que supuestamente la Asamblea Nacional Constituyente podía dictar normas de rango constitucional, no aprobadas por el pueblo mediante referendo, y que por tanto escapaban de todo control judicial por el juez constitucional. Esto, sin duda, era un criterio violatorio de la base comicial novena del referendo del 25 de abril de 1999, que la antigua Corte Suprema de Justicia en Corte Plena, en la citada sentencia de 14 de octubre de 1999 (Caso: *Henrique Capriles Radonski vs. Decreto de Regulación de funciones del Poder Legislativo*) había considerado de rango "supraconstitucional".

En efecto, la base comicial novena del referendo del 25 abril de 1999, que, se insiste, se había considerado de rango supraconstitucional por lo que a ella estaba sometida la Asamblea Nacional Constituyente en su actuación, estableció que la nueva Constitución que elaborara la Asamblea sólo entraría en vigencia una vez aprobada mediante referendo. De ello se deducía que la voluntad popular en Venezuela, expresada en el referendo del 25 de abril de 1999, fue que la Asamblea Nacional Constituyente –a diferencia de lo que había ocurrido en Colombia en 1991- no podía poner en vigencia la nueva Constitución ni norma constitucional alguna, sino que éstas tenían que ser aprobadas por el pueblo, mediante referendo.

Al dictar esta sentencia, el Tribunal Supremo se había olvidado consultar la base comicial Novena (la sentencia sólo hizo referencia a las bases primera y octava) que imponía, con carácter supraconstitucional, la exigencia de que la Constitución y toda norma de rango constitucional producto de la Asamblea Nacional Constituyente tenía que ser aprobada por el pueblo mediante referendo, para poder considerarse aprobada definitivamente. Eso ocurrió con el texto de la Constitución y sus Disposiciones Transitorias aprobadas en el referendo del 15 de diciembre de 1999, pero no ocurrió con el "Régimen Transitorio del Poder Público" dictado por la Asamblea con posterioridad y, al cual, sin embargo, el Tribunal Supremo le reconoció "rango análogo a la Constitución" con vigencia "paralelamente a la Constitución vigente."

La Sala Constitucional, sin embargo, simplemente aceptó que el régimen transitorio dictado al margen de la Constitución de 1999, no aprobado por el pueblo, había sido "emanación del poder constituyente," es decir, habían surgido "del régimen nacido del referendo del 25 de abril de 1999, que es un régimen de producción originaria de rango análogo a la Constitución misma," lo que como se ha visto, no era cierto. Lo grave de la decisión del juez constitucional, además, fue que dispuso, sobre la vigencia de dicho régimen de transición del Poder Público, que el mismo "tendrá vigencia hasta la implantación efectiva de la organización y funcionamiento de las instituciones previstas por la Constitución aprobada, de conformidad con la legislación que a los efectos apruebe la Asamblea Nacional." Con ello, la Constitución de 1999, por decisión del juez constitucional, quedó con muchas de sus disposiciones en suspenso, prolongándose la transitoriedad a veces hasta por una década, como ocurrió con la intervención del Poder Judicial, cuya Comisión de Reorganización sobrevivió hasta 2011[227]..

De lo anterior resulta, por tanto, que conforme a la doctrina sentada por el juez constitucional, en Venezuela, a partir de 2000 existieron dos regímenes constitucionales paralelos: uno contenido en la Constitución de 1999 que fue aprobada por el pueblo; y otro, dictado por la Asamblea Nacional Constituyente con posterioridad a dicha aprobación, no aprobado por el pueblo y de vigencia imprecisa hasta que se aprobase toda la legislación que preveía la propia Constitución de 1999, lo cual en muchos casos ha durado lustros. El Tribunal Supremo de Justicia, lamentablemente, en lugar de cumplir su deber como contralor de la constitucionalidad, quiso resolver el vacío creado por la Asamblea Constituyente después de aprobada la Constitución de 1999 por referendo popular, y así violentó el ordenamiento constitucional y frustró la esperanza de que pudiera apuntalar el Estado de Derecho, precisamente cuando comenzaba a entrar en aplicación la nueva Constitución.

Todo este sistema de doble régimen constitucional paralelo y yuxtapuesto lo confirmó la Sala Constitucional, posteriormente, en el auto dictado el 12 de diciembre de 2000 con motivo de resolver sobre la pretensión de amparo que había acumulado la Defensora del Pueblo a la acción de nulidad por inconstitucionalidad que intentó contra la Ley Especial para la Ratificación o Designación de los Funcionarios y Funcionarias del Poder Ciudadano y Magistrados y Magistradas del Tribunal Su-

---

227 Véase Allan R. Brewer-Carías, "La Ley del Código de Ética del juez venezolano de 2010 y la interminable transitoriedad del régimen disciplinario judicial" en *Revista de Derecho Público*, N° 128, Editorial Jurídica Venezolana, Caracas, 2012, p 83 y ss. Asimismo "La aceptación por el juez constitucional de la interminable transitoriedad constitucional en materia del régimen disciplinario judicial" en *Práctica y Distorsión de la Justicia Constitucional en Venezuela (2008-2012)*, Colección Justicia N° 3, Acceso a la Justicia, Academia de Ciencias Políticas y Sociales, Universidad Metropolitana, Editorial Jurídica Venezolana. Caracas, 2012, pp. 51-62.

premo de Justicia para el Primer Período Constitucional de 14 de noviembre de 2000[228], en el cual señaló que "a partir de la aprobación de las bases comiciales y la instalación de la Asamblea Nacional Constituyente [...], hasta la promulgación de la actual Constitución" [...] siguió vigente la Constitución de la República de Venezuela de 1961, coexistiendo con los actos que dictó la Asamblea Nacional Constituyente, [que] en lo que contraríen a dicha Constitución, adquirieron la categoría de actos constitucionales, ya que es el pueblo soberano, por medio de sus representantes, quien deroga puntualmente disposiciones constitucionales, creando así un doble régimen, donde como ya lo ha señalado esta Sala, coexistía la Constitución de 1961 con los actos constituyentes."

Es insólito que un tribunal constitucional, encargado de velar por la supremacía constitucional, pudiera llegar a considerar que el Régimen de Transición del Poder Público dictado por la Asamblea Nacional Constituyente, después de aprobada popularmente la Constitución de 1999 y de haber sido proclamada por la propia Asamblea, pudiera tener el mismo rango que la propia Constitución sin haber sido aprobado por el pueblo. ¿Para qué, entonces, la realización de un referendo aprobatorio de la Constitución, si la Asamblea Nacional Constituyente supuestamente podía, a su discreción, poner en vigencia normas de rango constitucional, sin aprobación popular? Este papel del Tribunal Supremo de Justicia en relación con el proceso constituyente venezolano, sin duda, como lo afirmamos en 2002, "se recordará, sí, en los anales de nuestra historia constitucional, pero no precisamente por su apego a la constitucionalidad."[229]

2. *La abstención del Juez Constitucional en controlar la reforma constitucional, vía enmienda, de principios pétreos como el de la alternabilidad republicana del gobierno, previamente distorsionado, y la abstención en controlar la constitucionalidad del procedimiento utilizado para la reforma*

Las Constituciones con gran frecuencia establecen limitaciones al poder constituyente derivado o instituido para reformar o modificar ciertas cláusulas de las mismas, que el pueblo, en el momento de sancionarla, las ha considerado de la esencia de la organización política del Estado y la sociedad, y las ha formulado como irreformables, es decir, como cláusulas pétreas, que sólo el pueblo mismo como poder constituyente originario podría reformar.

Siendo uno de los límites constitucionales establecidos al poder constituyente derivado, dado el principio de la supremacía constitucional que rige en todas las Constituciones, cualquier intento de reformar dichos principios por el poder constituyente instituido podría ser objeto de control de constitucionalidad por parte del Juez Constitucional. La única excepción de principio se plantearía en los casos de aprobación de las reformas o enmiendas a dichos principios pétreos mediante referendo o consulta popular, en cuyo caso podría considerarse que priva el principio de la soberanía popular sobre el de la supremacía constitucional.

Estas cláusulas pétreas o inmodificables que se establecen en los textos constitucionales recogiendo principios o normas de orden esencial para la organización

---

228 *Gaceta Oficial* N° 37.077 de 14-11-00.

229 Véase Allan R. Brewer-Carías, *Golpe de Estado y proceso constituyente en Venezuela,* Universidad Nacional Autónoma de México, México 2002, p. 363.

política, si bien en general son cláusulas expresas, también se consagran en otros casos en forma implícita. Este último es el caso del artículo 6 de la Constitución de 1999 al proclamar que:

> "*Artículo 6*. El gobierno de la República Bolivariana de Venezuela y de las entidades políticas que la componen **es y será siempre** democrático, participativo, electivo, descentralizado, alternativo, responsable, pluralista y de mandatos revocables".

Esta norma establece lo que se conoce como principios pétreos, que por su formulación no pueden ser objeto de reforma ni de enmienda constitucional, sino en su caso, de la convocatoria a una Asamblea Nacional Constituyente, como se regula en el texto fundamental. La consecuencia es que cualquier reforma o enmienda constitucional que pretenda cambiar el sistema de gobierno en Venezuela y establecer, por ejemplo un sistema autocrático (contrario a la democracia), excluyente de la participación (contrario a participativo), con magistrados no electos por el pueblo (contrario a electivo), centralizado (contrario a la descentralización), que elimine la alternabilidad en el ejercicio de los cargos (con magistrados a perpetuidad, o de mandatos ilimitados), irresponsable (contrario a responsable), con una doctrina oficial única excluyente de toda otra (contrario a pluralista) y de mandatos no revocables (contrario a manatos revocables); en nuestro criterio puede y tiene que poder ser controlada por el Juez constitucional.

Por ejemplo, entre esos principios pétreos en la Constitución venezolana se destaca el principio de la alternabilidad republicana, que implica límites a la reelección, particularmente, la reelección presidencial, que a pesar de la larga tradición constitucional que ha tenido en Venezuela, se quiso reformar en la reforma constitucional que a iniciativa del Presidente de la República se propuso en 2007, y que luego de sancionada por la Asamblea Nacional,[230] fue sin embargo rechazada por el pueblo el referéndum de diciembre de 2007.

El principio de la alternabilidad además de estar en el mencionado artículo 6 de la Constitución de 1999, se reflejaba en el límite constitucional que imponía el artículo 230 de la Constitución para la reelección del Presidente de la República, al prever que sólo podía ser "reelegido de inmediato y por una sola vez, para un nuevo período."

Este principio de la alternabilidad republicana se comenzó a establecer en las Constituciones hace doscientos años, preciosamente en la Constitución Federal de los Estados de Venezuela del 21 de diciembre de 1811 que fue la primera de toda América Hispana, con la que se incorporó el principio al constitucionalismo venezolano e hispanoamericano al prever en su artículo 188, lo siguiente:

> "*Artículo 188*. Una dilatada continuación en los principales funcionarios del Poder Ejecutivo es peligrosa a la libertad, y esta circunstancia reclama poderosamente una rotación periódica entre los miembros del referido Departamento para asegurarla."

Es decir, desde el inicio se incorporó al constitucionalismo el principio de que debía haber una rotación periódica en los titulares del Poder Ejecutivo, considerán-

---

230 Véase Allan R. Brewer-Carías, *La reforma constitucional de 2007 (Comentarios al proyecto inconstitucionalmente sancionado por la Asamblea Nacional el 2 de noviembre de 2007)*, Colección Textos Legislativos, N° 43, Editorial Jurídica Venezolana, Caracas 2007.

dose, con razón, que la dilatada continuidad en el ejercicio de sus funciones era peligrosa a la libertad.

El principio lo expresó Simón Bolívar pocos años después, en su Discurso de Angostura de presentación del proyecto de Constitución al Congreso de 1819, al expresar:

> "La continuación de la autoridad en un mismo individuo frecuentemente ha sido el término de los gobiernos democráticos. Las repetidas elecciones son esenciales en los sistemas populares, porque nada es tan peligroso como dejar permanecer largo tiempo en un mismo ciudadano el poder. El pueblo se acostumbra a obedecerle y él se acostumbra a mandarlo; de donde se origina la usurpación y la tiranía. ... nuestros ciudadanos deben temer con sobrada justicia que el mismo Magistrado, que los ha mandado mucho tiempo, los mande perpetuamente."[231].

El principio, sin embargo, no se enunció en el texto de la Constitución de 1819 en el cual no se usa la expresión alternabilidad, estableciéndose sólo expresamente su consecuencia respecto del Presidente de la República, al prever limites a la reelección del mismo, indicándose en el artículo 3, sección primera del Título 7°, que "la duración del presidente será de cuatro años, y no podrá ser reelegido más de una vez sin intermisión." Con ello se inició la tradición de establecer en las Constituciones límites a la reelección presidencial. La misma limitación a la reelección presidencial se incorporó en el artículo 107 de la Constitución de Colombia de 1821.

Fue sin embargo, en la Constitución de 1830, una vez reconstituido el Estado de Venezuela al disolverse la Gran Colombia, cuando el principio enunciado en la Constitución de 1811 y formulado por el Libertador, se incorporó expresamente en forma directa como cláusula pétrea, al establecerse que

> "*Art. 6*. El Gobierno de Venezuela es y será siempre republicano, popular, representativo, responsable y alternativo."

Expresar en la Constitución que el gobierno "**es y será siempre alternativo**" significa lo que las palabras expresan, que se trata de la formulación de un principio constitucional pétreo que apunta a que nunca el gobierno de la República puede dejar de ser alternativo, el cual en consecuencia siempre se ha expresado como tal, en todos los 26 textos constitucionales que ha tendido Venezuela en toda su historia constitucional, en la misma invariable forma que aún se conserva en la Constitución de 1999 (art 6).

Y la palabra utilizada para expresar el principio ha sido siempre la misma de "alternabilidad," en el sentido de gobierno "alternativo" o de la "alternabilidad republicana" en el poder, y que expresa la idea de que no puede haber cargos producto de la elección popular ocupados por una misma persona, que las personas deben turnarse sucesivamente en los cargos, o que los cargos deben desempeñarse por turnos (*Diccionario de la Real Academia Española).*[232] Por ello, la Sala Electoral del Tribunal Supremo de Justicia de Venezuela en sentencia n° 51 de 18-3-2002, consideró el

---

231 Véase en Simón Bolívar, *Escritos Fundamentales*, Caracas, 1982.

232 Véase el Voto Salvado a la sentencia N° 53, de la Sala Constitucional de 2 de febrero de 2009 (Caso: *Interpretación de los artículos 340,6 y 345 de la Constitución)*, en http:/www.tsj.gov.ve/ decisiones/scon/Febrero/53-3209-2009-08-1610.html

principio de la alternabilidad como "principio general y presupuesto democrático," indicando que el mismo significa "el ejercicio sucesivo de un cargo por personas distintas, pertenezcan o no a un mismo partido."

El principio, sin duda, como se deriva del texto de la Constitución de 1811 y del pensamiento del Libertador, se concibió históricamente para enfrentar las ansias de perpetuación en el poder, es decir, el continuismo, y evitar las ventajas que podrían tener en los procesos electorales quienes ocupan cargos y a la vez puedan ser candidatos para ocupar los mismos cargos. El principio de "gobierno alternativo," por tanto, no es equivalente al de "gobierno electivo;" la elección es una cosa, y la necesidad de que las personas se turnen en los cargos es otra.

La consecuencia de que el principio de la alternabilidad republicana se haya concebido siempre en la Constitución como un principio constitucional pétreo, la expresó el Tribunal Supremo al sostener que es un "principio general y presupuesto democrático" de la organización del Estado, que como tal, no puede ser modificado o reformado por los procedimientos de "reforma constitucional" o de "enmienda constitucional," sino por el procedimiento de la convocatoria de una Asamblea Nacional Constituyente. Ello significa que no puede utilizarse uno de los procedimientos de revisión constitucional para fines distintos a los regulados en la propia Constitución, pues de lo contrario, se incurriría en un *fraude constitucional*[233], tal como ocurrió con la reforma constitucional sancionada por la Asamblea Nacional el 2 de noviembre de 2007, que fue rechazada por voto popular en el referendo del 2 de diciembre de 2007, en la cual precisamente, se pretendió modificar el principio pétreo de la alternabilidad republicana mediante la eliminación de toda limitación a la reelección presidencial.

En efecto, además de su enunciado expreso en el texto de las constituciones como principio de la "alternabilidad," el mismo se materializó en el texto de las Constituciones venezolanas, con la inclusión de limitaciones expresas a las posibilidades de reelección en cargos electivos;[234] entendiendo por reelección, como lo destacó la Sala Constitucional del Tribunal Supremo citando a Dieter Nohlen, como "la posibilidad de que un funcionario sometido a elección pública, cuyo ejercicio se encuentre

---

233 La Sala Constitucional del Tribunal Supremo de Justicia en la sentencia Nº 74 de 25–01–2006 señaló que un *fraude a la Constitución* ocurre cuando se destruyen las teorías democráticas "mediante el procedimiento de cambio en las instituciones existentes aparentando respetar las formas y procedimientos constitucionales", o cuando se utiliza "del procedimiento de reforma constitucional para proceder a la creación de un nuevo régimen político, de un nuevo ordenamiento constitucional, sin alterar el sistema de legalidad establecido, como ocurrió con el *uso fraudulento de los poderes* conferidos por la ley marcial en la Alemania de la Constitución de *Weimar*, forzando al Parlamento a conceder a los líderes fascistas, en términos de dudosa legitimidad, la plenitud del poder constituyente, otorgando un poder legislativo ilimitado"; y que un *falseamiento de la Constitución* ocurre cuando se otorga "a las normas constitucionales una interpretación y un sentido distinto del que realmente tienen, que es en realidad una modificación no formal de la Constitución misma", concluyendo con la afirmación de que "*Una reforma constitucional sin ningún tipo de límites, constituiría un fraude constitucional*". Véase en *Revista de Derecho Público,* Editorial Jurídica Venezolana, Nº 105, Caracas 2006, pp. 76 ss.

234 Las restricciones a la reelección presidencial son tradicionales en los sistemas presidenciales de gobierno, como son los de América Latina, y no en los sistemas parlamentarios como los que existen en Europa. Véase, Allan R. Brewer-Carías, *Reflexiones sobre la Revolución Norteamericana (1776), la Revolución Francesa (1789) y la Revolución Hispanoamericana (1810-1830) y sus aportes al constitucionalismo moderno*, Universidad Externado de Colombia, Bogotá 2008, pp. 106 ff.

sujeto a un período previamente determinado o renovación periódica, pueda ser nuevamente postulado y electo una o más veces a la misma posición de Derecho."[235]

Así sucedió en las Constituciones de 1830, 1858, 1864, 1874, 1881, 1891, 1893, 1901, 1904, 1909, 1936, 1845 y 1947,[236] en las cuales se estableció, por ejemplo, la prohibición de la reelección del Presidente de la República para el período constitucional inmediato.[237] En la historia constitucional del país, en realidad, la prohibición de la reelección presidencial inmediata solamente dejó de establecerse en las Constituciones de los gobiernos autoritarios: ocurrió así en la efímera Constitución de 1857; en las Constituciones de Juan Vicente Gómez de 1914, 1922, 1925, 1928, 1929 y 1931; en la Constitución de Marcos Pérez Jiménez de 1953; y en la enmienda constitucional promovida por Hugo Chávez Frías en 2009. La prohibición de la reelección, en cambio, respecto del Presidente de la República, en el período democrático iniciado en 1958,[238] fue más amplia y la misma se extendió en la Constitución de 1961, a los dos períodos siguientes (10 años).

La flexibilización del principio, en cambio, como antes se dijo, aún cuando sin dejar de establecer limitaciones a la reelección presidencial, se produjo inicialmente en las Constituciones de 1819 y 1821 en las cuales se previó la posibilidad de reelección inmediata por una sola vez del Presidente de la República ("no podrá ser reelegido más de una vez sin intermisión"); y se recogió en la Constitución de 1999, en cuyo artículo 230 se permitió la posibilidad de reelección presidencial de inmediato, pero por una sola vez, para un nuevo período.[239]

---

235 Véase Dieter Nohlen, "La Reelección", en VVAA, *Tratado Electoral Comparado de América Latina*, Fondo de Cultura Económica y otros, México 1998, pp. 140 y ss. Citado en sentencia N° 51 de 18 de marzo de 2000 (Caso: *Federación Venezolana de Maestros (FVM) vs. Consejo Nacional Electoral*), en *Revista de Derecho Público*, N° 89-92, Editorial Jurídica Venezolana, Caracas, 2002, p. 109

236 Véase el texto de todas las Constituciones en Allan R. Brewer-Carías, *Las Constituciones de Venezuela*, 2 vols., Academia de Ciencias Políticas y Sociales, Caracas 2008.

237 Sobre estas previsiones constitucionales, la Sala Constitucional del Tribunal Supremo, sin embargo, en sentencia N° 1.488 de 28 de julio de 2006 (*Caso*: Consejo Nacional Electoral vs. Revisión Decisión Sala Electoral del Tribunal Supremo de Justicia), concluyó indicando que "desde la Constitución de 1830 hasta la de 1947, se prohíbe de forma absoluta la reelección, sin que tal medida, aislada y sin la determinación de un sistema de gobierno que lo hiciera viable, en realidad, no sólo no impidió la existencia de gobiernos no democráticos, sino que sólo sirvió para disfrazar a través de subalternos, la verdadera continuidad de gobiernos con intereses ajenos al bienestar de la sociedad. De este modo, por ejemplo, las Constituciones gomecistas, de 1909 (artículo 84), 1914 (artículo 83), 1919 (artículo 83), 1928 (artículo 103) y 1931 (artículo 103), prohibieron la reelección inmediata con los resultados que han quedado para la historia, por lo que se evidencia que no puede haber divorcio entre una medida individual en el método de gobierno y la concepción general de justicia de un Estado." Véase en *Revista de Derecho Público,* N° 107, Editorial Jurídica Venezolana, Caracas 2006, pp. 90 ss.

238 Véase Allan R. Brewer-Carías, *Historia Constitucional de Venezuela*, 2 vols., Editorial Alfa, Caracas 2008.

239 Sobre esta previsión de la Constitución de 1999, la Sala Constitucional del Tribunal Supremo expresó en la sentencia mencionada N° 1488 de 28 de julio de 2006, que: "la Constitución de 1999, retomando la idea de la Constitución de Angostura, y en plena armonía con los principios garantistas a favor del ciudadano y de su rol protagónico en la empresa de desarrollo del Estado, permitió la reelección presidencial, pero dentro de un marco de políticas públicas en el que ello no es una medida aislada de inspiración caudillista, sino que constituye un elemento más dentro de una visión progresista en el que la separación de poderes, los derechos de los ciudadanos y los mecanismos de participación de los mismos, pueden generar los contrapesos y la colaboración necesarios para la satisfacción de los intereses del Estado que no son otros que los de los propios ciudadanos." Véase en *Revista de Derecho Público,* N° 107, Editorial Jurídica Venezolana, Caracas 2006, pp. 90 ss.

Por su parte, el artículo 192 de la Constitución de 1999, respecto de otros cargos electivos dispuso que los diputados a la Asamblea Nacional podían ser reelegidos sólo "por dos periodos consecutivos como máximo"; el artículo 160 dispuso que los Gobernadores de Estado podían ser "reelegidos, de inmediato y por una sola vez, para un nuevo período"; el artículo 162 dispuso que los legisladores a los Consejos Legislativos de los Estados podían ser reelegidos sólo "por dos periodos consecutivos como máximo"; y el artículo 174 dispuso que los Alcaldes podían ser "reelegidos, de inmediato y por una sola vez, para un nuevo período."

En este contexto de las limitaciones a la reelección, y su significado frente al continuismo y al abuso de poder, la misma Sala Electoral del Tribunal Supremo de Justicia en su sentencia Nº 51 de 18 de marzo de 2000 (Caso: *Federación Venezolana de Maestros (FVM) vs. Consejo Nacional Electoral*), indicó que:

> "Este calificado "derecho" de reelección, aunque justificado como un mecanismo de extensión del buen gobierno, podría desvirtuarse y convertirse en una grave amenaza para la democracia: las ansias de perpetuación en el poder (continuismo), así como la evidente ventaja en los procesos electorales de quien ocupa el cargo y a su vez es candidato a ocupar el mismo, han producido tanto en Venezuela como en el resto de Hispanoamérica un profundo rechazo a la figura de la reelección. En el caso de la designación del Presidente de la República o el funcionario equivalente, esta desaprobación se ha traducido en rigurosas previsiones constitucionales, así, por ejemplo, en las Constituciones venezolanas de 1830, 1858, 1891, 1893, 1901, 1904, 1909, 1936, 1945 y 1947, se prohibía la reelección inmediata o para el período constitucional inmediatamente siguiente; la Constitución de 1961 prohibía la reelección hasta por diez años o dos períodos constitucionales después de la terminación del mandato, y actualmente, la Constitución de 1999, optando por una modalidad distinta para resguardar la alternabilidad, establece en su artículo 230: "...El Presidente o Presidenta de la República puede ser reelegido, de inmediato y por una sola vez, para un período adicional". Es de resaltar que aunque su formulación rompa con la tradición, las limitaciones a la reelección previstas por la Constitución de la República Bolivariana de Venezuela ("...de inmediato y por una sola vez..."), ponen freno a las distorsiones que siempre han preocupado a nuestra democracia: el continuismo y el ventajismo electoral."[240]

La misma Sala Electoral, para reforzar el argumento de la compatibilidad de las limitaciones a la reelección con el principio de la alternabilidad, y la preocupación democrática frente al continuismo y ventajismo políticos, en la misma sentencia se refirió en particular a lo que se perseguía con el referendo sindical de 2000, exponiendo lo siguiente:

> "En este mismo sentido, la convocatoria a referendo sindical contenida en Resolución del Consejo Nacional Electoral, número 001115-1979 del 15 de noviembre de 2000, publicada en Gaceta Oficial número 37.081 del 20 de noviembre de 2000 y que en referendo celebrado el 3 de diciembre de 2000, resultara favorecida la opción "Si", se preguntaba: ¿Está usted de acuerdo con la renovación de la dirigencia sindical, en los próximos 180 días, bajo Estatuto Especial elaborado por el Poder Electoral, conforme a los principios de alternabilidad y elección universal, directa y secreta, consagrados en el artículo 95 de la Constitución de la República Bolivaria-

240 Véase en *Revista de Derecho Público*, Nº 89-92, Editorial Jurídica Venezolana, Caracas, 2002, p. 109.

na de Venezuela, y que se suspenda durante ese lapso en sus funciones los directivos de las Centrales, Federaciones y Confederaciones Sindicales establecidas en el país? (Énfasis añadido). Resulta entonces claro que la tradicional preocupación democrática, tan evidente en la figura Presidente de la República, se extiende ahora a las asociaciones sindicales, organizaciones de la sociedad en las que resulta imperativo -tanto en la teoría como en la práctica- democratizar, y con ello, la alternancia en los cargos de dirección a través de elecciones libres.

El intento de armonizar el principio de alternabilidad de los cargos de elección pública y las ventajas prácticas de la posibilidad de reelección, han producido, por una parte, fórmulas como las ya mencionadas prohibiciones de reelegirse inmediatamente, aunque ello no impida posteriores reelecciones; y, por la otra, la posibilidad de reelección inmediata, pero sólo una o dos veces más. Asimismo se han aceptado combinaciones de las dos anteriores, como reelección inmediata con posibilidades de una nueva elección después de transcurrido cierto tiempo; y, la no reelección inmediata con una única posibilidad de reelegirse posteriormente una o dos veces más. En todo caso corresponde al órgano legislativo correspondiente, escoger la fórmula más conveniente.[241]

La propia Sala Electoral, sobre la justificación de la limitación a la reelección sucesiva, años después, en sentencia N° 73 de 30 de marzo de 2006 (Caso: Asociados de la Caja de Ahorro Sector Empleados Público), insistiría que:

> "se presenta como una técnica de control legislativo derivada en la inconveniencia de que un ciudadano se perpetúe en el poder, pretendiendo, entre otras cosas, restar capacidad de influencia a quien lo ha ejercido, y sobre todo preservar la necesidad de que los aspirantes estén en un mismo pie de igualdad y que los funcionarios electos no distraigan sus esfuerzos y atención en asuntos diferentes a la completa y cabal realización de su gestión."[242]

No le faltaba razón a la Sala Electoral del Tribunal Supremo en destacar la preocupación por la suerte de la democracia frente al "continuismo y ventajismo electoral," pues a los pocos años, por una parte, la Sala Constitucional del mismo Tribunal Supremo, en 2006, comenzaría a allanar el camino para cambiar el carácter pétreo del principio de la alternabilidad republicana, despojándolo de su carácter de principio fundamental del ordenamiento constitucional que solo podría ser cambiado mediante la convocatoria de una "Asamblea Nacional Constituyente;" y por la otra, consecuencialmente, el Presidente de la República presentaría en 2007 un proyecto de "reforma constitucional" para eliminar toda restricción a la reelección presidencial.

En efecto, en cuanto al tema de la reelección en los cargos electivos, a pesar del principio de la alternabilidad y de las restricciones constitucionales existentes en la materia, el mismo comenzó a ser tratado por la Sala Constitucional del Tribunal

---

241 Véase en *Revista de Derecho Público*, N° 89-92, Editorial Jurídica Venezolana, Caracas, 2002, p. 109. En materia sindical, el principio de la alternabilidad como signo de la democracia sindical se sostuvo luego en la sentencia de la misma Sala N° 175 de 20-10-2003 (Caso: Solicitud de convocatoria a elecciones en el Sindicato de Trabajadores de la empresa Telenorma (Sitraten) en el Estado Miranda), en *Revista de Derecho Público*, N° 93-96, Editorial Jurídica Venezolana, Caracas, 2003, pp. 192 ss. Igualmente en materia de elecciones en Colegios profesionales en sentencia N° 194 de 18-11-2003 (Caso *Judith Sayago Briceño y otro vs. Comisión Electoral del Colegio de Médicos del Estado Barinas*), *Idem*, pp. 378 ss.

242 Véase en *Revista de Derecho Público,* N° 105, Editorial Jurídica Venezolana, Caracas 2006, p. 173

Supremo de Justicia en la sentencia N° 1.488 de 28 de julio de 2006,[243] dictada con motivo de revisar una sentencia de la Sala Electoral del mismo Tribunal Supremo, al considerar el tema de la constitucionalidad del artículo 126 de la entonces vigente Ley Orgánica del Sufragio y Participación Política de 1998, que imponía a los funcionarios susceptibles de ser reelegidos, la obligación de separarse de sus cargos.

Para declarar que dicha norma era contraria a la Constitución, la Sala, sin embargo, entró a resolver de oficio y en forma general sobre el tema de la reelección presidencial, sin que nadie se lo hubiese pedido y sin que ello hubiera sido necesario para la revisión judicial de una sentencia que estaba realizando, considerando en definitiva que cualquier reforma o cambio que se pudiese adoptar en la materia, permitiendo la reelección indefinida, no afectaba la estructura del Estado, de lo que resultó la negación del carácter pétreo de su fundamento que es el principio de la alternabilidad republicana, y el allanamiento del camino para proceder a establecer la reelección indefinida mediante reforma o enmienda constitucional, y no mediante la convocatoria de una Asamblea Constituyente. Ello, sin duda, fue lo que motivó en definitiva el intento de reforma constitucional de 2007, rechazado por el pueblo, y la posterior propuesta de una enmienda constitucional en 2009, estableciendo la reelección indefinida como principio constitucional, que si fue aprobada por el pueblo.

Para ello, la Sala Constitucional, en su sentencia N° 1488 de 2006 comenzó por vincular el pensamiento de Bolívar en 1819 con el de Hamilton; analizó la historia de las previsiones constitucionales limitativas sobre la reelección en Venezuela y en toda la América Latina; y analizó, para justificar su tesis, las reformas constitucionales en la materia que se habían efectuado en Colombia y Costa Rica. La Sala Constitucional, en efecto, argumentó así:

Primero, se refirió a la Constitución de 1819 que consideró "inspirada parcialmente en las ideas del Libertador Simón Bolívar, la cual como se ha dicho, estableció la posibilidad de reelección inmediata del Presidente pero por una sola vez "sin intermisión" (artículo 3, sección primera del Título Séptimo), de lo cual dedujo la Sala que planteaba:

> "la visión del Padre de la Patria a la par de las del gran pensador norteamericano Alexander Hamilton, quien en "El Federalista" expuso una defensa a la reelección como modelo de gobernabilidad legítimo dentro de un contexto democrático."

Olvidó, sin embargo, la Sala Constitucional, referirse a las ideas de Bolívar que en realidad fueron expresadas en su Discurso de presentación del proyecto de Constitución de 1819, en el cual, como se ha dicho, se refirió a la continuación de la autoridad en un mismo individuo como la mayor amenaza a los gobiernos democráticos, considerando como lo más peligroso, el "dejar permanecer largo tiempo en un mismo ciudadano el poder," pues – decía– "el pueblo se acostumbra a obedecerle y él se acostumbra a mandarlo," lo que origina "la usurpación y la tiranía."

Segundo, pasó luego la Sala Constitucional a referirse a las ideas de Hamilton, considerando que las mismas "a pesar de haber transcurrido más doscientos años de haber sido emitidas, tienen una actualidad que llama a la reflexión y que todavía se

243 Véase *Caso*: Consejo Nacional Electoral vs. Revisión Decisión Sala Electoral del Tribunal Supremo de Justicia, en *Revista de Derecho Público*, N° 107, Editorial Jurídica Venezolana, Caracas 2006, pp. 90 ss.

invocan en las discusiones que se generan con este motivo." A tal efecto, la Sala destacó que:

> "Hamilton señalaba que la reelección era necesaria para que el pueblo pudiera prolongar una administración positiva en su propio beneficio y aprovechando las virtudes del gobernante reelegido, pues la exclusión de éste a pesar de su buen gobierno, sólo traería más males que beneficios a la sociedad y perjudicaría el conducir del gobierno. Igualmente, consideraba que el impedir la reelección provocaría que disminuyeran los incentivos para el correcto proceder de los gobernantes al no tener el aliciente en la continuidad de su gestión, facilitando la tentación de actuaciones no adecuadas dada la inexistencia del incentivo que implica la aprobación de la gestión a través de la reelección, y además, privaría a la sociedad de una persona con experiencia y conocimiento en el manejo del cargo y que facilitaría por esta misma causa el mantenimiento del sistema político, de modo que su ausencia también tendría consecuencias para dicho sistema (Hamilton, Madison y Jay, El Federalista, Fondo de Cultura Económica, México 1994, artículo 72, pp. 308 y ss.)."

Tercero, pasó luego la Sala a buscar apoyo contemporáneo para justificar el tema de la reelección presidencial, refiriéndose a Sartori, señalando que éste:

> "luego de analizar varios escenarios a favor y en contra de la reelección, llega a la conclusión que "(...) el argumento fundamental a favor de la reelección es que los presidentes que gobiernan bien deben ser recompensados, y que desperdiciar a un buen presidente es indudablemente un grave desperdicio. No se puede negar que ambos bandos tienen razones válidas. No es un problema que tenga la misma solución para todos los países". A esto agregaba "(...) también es cierto que negar la reelección es negar la recompensa, y que esto constituye una grave falla" (Sartori, Giovanni, Ingeniería Constitucional Comparada, Fondo de Cultura Económica, 1994. pp. 191 y 192)."

Cuarto, de lo dicho por Sartori, la Sala Constitucional consideró que se trataba de un "refuerzo de las ideas de Hamilton y de Bolívar," lo cual por supuesto no es cierto, pues Bolívar no argumentó sobre la reelección presidencial como lo hizo Hamilton, y al contrario, si sobre algo argumentó como no lo hizo Hamilton, fue contra el continuismo presidencial.

Sin embargo, la Sala Constitucional consideró que las reflexiones hechas por Sartori, como investigador contemporáneo dan fe "de la vigencia de las mismas y de lo aplicables que son todavía a nuestra realidad," concluyendo entonces que "no se trata entonces, de una discusión interesada o circunscrita a las coyunturas del momento," sino al contrario, de "una discusión que ha mantenido su vigencia a lo largo del tiempo y que plantea la necesidad de una solución de acuerdo con las necesidades y realidades de cada sociedad, discutidas y planteadas por el poder originario del mismo y que se concretan en el Texto Constitucional, de ahí su trascendencia y la necesidad de verla en el todo del sistema jurídico y en relación con persona alguna."

Quinto, la Sala Constitucional para reforzar su argumento a favor de "la figura de la reelección," recurrió al derecho comparado haciendo una síntesis de su implantación "en diferentes países de nuestro entorno latinoamericano," de la cual concluyó que había una "aplastante mayoría a favor de la reelección ... pues de un total de diecinueve países, quince tienen como norma la reelección, es decir, más del 75% de Latinoamérica se encuentra a favor de dicha figura, mientras otros cuatro (Guatemala, Honduras, México y Paraguay) prohíben de forma absoluta la reelección." De ello, la Sala Constitucional derivó que había una "tendencia" en la "perspectiva de evolución del Derecho Constitucional comparado," que era la de "incorporar la figura de la reelección al sistema democrático," tal como en su criterio había ocurrido en "Colombia y de Costa Rica, países que por distintos medios y con circunstancias también diferentes establecieron la figura dentro de su sistema constitucional, armonizándose en ambos casos, dicha introducción, con el sistema democrático que en ellas se ha establecido, tomando en consideración sus propias realidades," de lo que la Sala concluyó que "la tendencia en nuestro ámbito continental es a favor de la figura de la reelección."

Sexto, con base en lo anterior, la Sala pasó a transcribir párrafos del fallo C-1040/05 del 19 de octubre de 2005 de la Corte Constitucional de Colombia, que estimó como una "valiosa contribución, aún considerando las diferencias con la Constitución venezolana," respecto del tema de la reelección, al referirse al alegato presentado a la consideración de dicha Corte "respecto a que la inclusión de la reelección en la Constitución constituía un cambio en la estructura del Estado," donde señaló lo siguiente:

> "Los elementos esenciales que definen el Estado social y democrático de derecho fundado en la dignidad humana no fueron sustituidos por la reforma. El pueblo decidirá soberanamente a quién elige como Presidente, las instituciones de vigilancia y control conservan la plenitud de sus atribuciones, el sistema de frenos y contrapesos continua operando, la independencia de los órganos constitucionales sigue siendo garantizada, no se atribuyen nuevos poderes al Ejecutivo, la reforma prevé reglas para disminuir la desigualdad en la contienda electoral que será administrada por órganos que continúan s/ iendo autónomos, y los actos que se adopten siguen sometidos al control judicial para garantizar el respeto al Estado Social de Derecho. No cabe señalar, para establecer la presencia de una sustitución de la Constitución, que el Presidente abusaría de su poder, el cual se vería ampliado por la posibilidad de hacer política electoral y que ello conduciría a un régimen de concentración de poder en el que, por otra parte, el Congreso perdería la independencia para el ejercicio de la función legislativa y de control político, porque en su elección habría podido tener juego el Presidente en ejercicio, con lo cual se habría modificado el sistema de separación de poderes. Como se ha dicho, tales cuestionamientos no apuntan a mostrar la inviabilidad del diseño institucional, sino que reflejan el temor de quienes los plantean, de que contrariando las previsiones expresas de la Carta en materia de límites y controles al ejercicio del poder, este se desbordase en el sentido que anticipan. Se trata de consideraciones de tipo práctico sobre las consecuencias que estiman previsibles de la reforma, pero no un resultado que pueda ser atribuido necesariamente al nuevo diseño institucional".

Esta decisión de la Corte Colombiana, la consideró la Sala Constitucional venezolana como una ratificación "respecto a la necesidad que la inclusión de la reelección no sirve de nada si no se hace dentro de un sistema democrático que garantice la justicia y los derechos inherentes a la persona humana, pues en tal contexto, junto con la existencia de elementos institucionales que hagan los controles necesarios, dicha medida resulta cónsona con la democracia y con las libertades que ésta debe defender," destacando adicionalmente lo expresado por la misma Corte Constitucional colombiana al señalar:

"En relación con la forma de Estado se tiene que, con o sin reelección presidencial inmediata, Colombia sigue siendo un Estado social de Derecho, organizado en forma de república unitaria, descentralizada, con autonomía de sus entidades territoriales, democrática, participativa y pluralista. Ninguno de esos elementos definitorios de la forma que adopta el Estado colombiano puede tenerse como suprimido, subvertido o integralmente sustituido en razón a que, por virtud del acto legislativo acusado, hoy en Colombia se permite la reelección presidencial, eventualidad que estaba proscrita en la Constitución de 1991".

Como lo destacó la Sala Constitucional en su sentencia, la Corte Colombiana, concluyó señalando que:

"En dirección contraria a la presentada por la demandante, cabría señalar que el Acto Legislativo 2 de 2004 no solamente no conduce, desde el punto de vista del diseño institucional, a una supresión de los elementos democráticos de la Constitución de 1991, sino que, desde una perspectiva diferente, que puede plantearse legítimamente en el contexto de una democracia pluralista, podría sostenerse que los reafirma, en la medida en que permite que el electorado se pronuncie de manera efectiva sobre la gestión de sus gobernantes, posibilidad que estaba excluida en el diseño previo a la reforma. Se trata de visiones contrapuestas, una que hace énfasis en las oportunidades que deben brindarse a los sectores diversos de la sociedad que no se encuentren en el gobierno para constituirse en alternativas efectivas de poder, y otra que privilegia las bondades de la continuidad en el gobierno de un proyecto político que ha sido encontrado exitoso por el electorado en un libre juego democrático. No obstante las diferencias que sobre el diseño institucional, los mecanismos de participación y las condiciones de equilibrio plantean las dos visiones, no puede señalarse que una de ellas conlleve una sustitución del Estado social, democrático y pluralista de derecho".

De lo anterior, la Sala Constitucional venezolana terminó señalando que "el Tribunal Constitucional de la hermana República" concluyó que:

"la reelección no constituiría un cambio en el sistema constitucional de su país, sino que por el contrario se convertiría en un medio de reafirmación democrática. Responde igualmente dicho órgano jurisdiccional a los temores respecto de las consecuencias prácticas que puede acarrear la reelección y en tal sentido pone en evidencia que los mismos se presentaran tanto en cuanto no se cuente con los mecanismos que permitan controlar las acciones del Ejecutivo, y que por estar éstas, lo mismo que en nuestra Constitución, expresamente establecidos, sólo habría que velar por su cumplimiento, de modo que la figura en sí no sería la responsable de irregularidad alguna, sino que ello sería responsabilidad de la equilibrada ejecución del sistema de contrapesos y de controles que tenga el Texto Constitucional, por lo que su falta o no de ejecución no queda al arbitrio de una persona, sino de los poderes que al efecto tengan dichas responsabilidades."

Séptimo, la Sala Constitucional pasó luego a analizar la sentencia N° 02771 del 4 de abril de 2003 de la Sala Constitucional de la Corte Suprema de Costa Rica, en la cual se pronunció "respecto a la nulidad de la reforma constitucional de 1969 por la que se suprimió el artículo de la Constitución que permitía la reelección presidencial luego de dos períodos alternos," en la cual dicha Sala costarricense afirmó lo siguiente:

"El derecho de elección, como derecho político, también constituye un derecho humano de primer orden, y por ende, es un derecho fundamental. La reelección tal y como se pudo constatar en el considerando V, estaba contemplada en la Constitución Política de 1949 y constituye una garantía del derecho de elección, pues le permite al ciudadano tener la facultad de escoger, en una mayor amplitud de posibilidades, los gobernantes que estima convenientes. Por consiguiente, fue la voluntad popular a través de la Constituyente, la que dispuso que existiera la reelección presidencial, con el fin de garantizarse el pueblo el efectivo derecho de elección. De hecho, a pesar de que la reforma parcial en cuestión se produjo posteriormente, esto se viene a confirmar luego con la suscripción de la Convención Americana de Derechos Humanos, que en el artículo 23 establece: '1. Todos los ciudadanos deben gozar de los siguientes derechos y oportunidades (...) b) de votar y ser elegidos en elecciones periódicas auténticas, realizadas por sufragio universal e igual y por voto secreto que garantice la libre expresión de la voluntad de los electores, (...)'; y que no admite mayores limitaciones, que las siguientes: '2. La ley puede reglamentar el ejercicio de los derechos y oportunidades a que se refiere el inciso anterior, exclusivamente por razones de edad, nacionalidad, residencia, idioma, instrucción, capacidad civil o mental, o condena, por juez competente, en proceso penal.' De este último párrafo de la Convención de Derechos Humanos, se desprenden de manera clara, las únicas razones por las cuales pueden establecerse restricciones al ejercicio de los derechos ahí declarados.

La reelección, según se desprende de la voluntad popular suscrita históricamente, establece la posibilidad para el ciudadano de elegir libremente a sus gobernantes, por lo que al reformarse la Constitución en detrimento de la soberanía del pueblo, y en desgaste de sus derechos fundamentales, lo que se produjo en este caso fue la imposición de más limitaciones que las ya existentes en razón de edad, nacionalidad, residencia, idioma, instrucción, capacidad civil o mental, o condena". (Énfasis de la Sala).

De esta decisión del Alto Tribunal de Costa Rica, la Sala Constitucional venezolana apreció que el mismo:

"no concibe la reelección sólo como un derecho individual por parte del pasible de serlo, sino que además constituye un derecho de los electores a cuyo arbitrio queda la decisión de confirmar la idoneidad o no del reelegible, y que al serle sustraída dicha posibilidad mediante una reforma realizada por un poder no constituyente, se realizó un acto de sustracción de la soberanía popular, quedando dicha posibilidad de forma exclusiva, y dentro de los límites que impone a todo poder los derechos humanos, inherentes a la persona humana, al poder constituyente, el cual basado en razones de reestructuración del Estado puede imponer condiciones o modificar el ejercicio de derechos en razón de la evolución de toda sociedad así como de la dinámica social.

No puede entonces, alterarse la voluntad del soberano, por medio de instrumentos parciales y que no tengan su origen en el propio poder constituyente, es a él al cual corresponde la última palabra, teniendo como se ha dicho como único límite, los derechos inherentes a la persona humana y derivados de su propia dignidad."

Octavo, partiendo de estos razonamiento, la Sala Constitucional venezolana concluyó compartiendo los criterios expuestos, "despetrificando" el principio de la alternabilidad republicana, al afirmar que en nuestro ordenamiento, la reelección "no supone un cambio de régimen o forma del Estado, y muy por el contrario, reafirma y fortalece los mecanismos de participación dentro del Estado Democrático, Social de

Justicia y Derecho que estableció el Constituyente en 1999." Afirmó luego la Sala que:

> "De igual manera, la reelección, amplía y da progresividad al derecho de elección que tienen los ciudadanos, y optimiza los mecanismos de control por parte de la sociedad respecto de sus gobernantes, haciéndolos examinadores y juzgadores directos de la administración que pretenda reelegirse, y por lo mismo, constituye un verdadero acto de soberanía y de ejercicio directo de la contraloría social. Negar lo anterior, es tanto como negar la existencia de sociedades cambiantes y en constante dinámica e interacción. Es pretender concebir el Derecho Constitucional como un derecho pétreo e inconmovible, ajeno a las necesidades sociales. Mas aún, en nuestras sociedades, donde estas necesidades sociales son tan ingentes, los cambios constitucionales son más necesarios en la medida en que se constate su existencia para mejorar las condiciones de los ciudadanos en peor situación socioeconómica, pues la norma constitucional sólo debe estar a su servicio."

Por tales razones, terminó afirmando la Sala Constitucional que "no puede afirmarse que la reelección no sea un principio compatible con la democracia," y por el contrario, puede señalarse que el mismo, "puede ser una herramienta útil que garantice la continuidad en el desarrollo de las iniciativas que beneficien a la sociedad, o simplemente sirva para que dichos ciudadanos manifiesten directamente su censura por un gobierno que considere no ha realizado sus acciones en consonancia con las necesidades sociales."[244]

Fue luego de la anterior aproximación del Juez Constitucional al tema de la reelección presidencial, despetrificando indirectamente el principio de la alternabilidad republicana, que el Presidente de la República, al año siguiente, en 2007, propuso a la Asamblea Nacional una "reforma constitucional" para consolidar el Estado centralizado, militarista, Socialista y Policial, uno de cuyos aspectos era precisamente eliminar todo vestigio del principio de la alternabilidad en la Jefatura del Estado, al proponer que se estableciera la posibilidad de reelección inmediata y sin límites del Presidente de la República. La reforma pretendía modificar el artículo 230 de la Constitución, no sólo aumentando el período constitucional del Presidente de la República de seis a siete años (ya en 1999 se había aumentado de cinco a seis años), sino estableciendo expresamente que el Presidente de la República "puede ser reelegido o reelegida" eliminando la limitación de la Constitución de 1999 de esa posibilidad sólo "por una sola vez, para un nuevo período." En esta forma, el principio de la alternabilidad republicana, cuyo objeto central es la consolidación del pluralismo político, base de los regímenes democráticos, materialmente desaparecía con la reforma constitucional propuesta.[245]

La reforma constitucional, sin embargo, fue rechazada por el pueblo en el referendo del 2 de diciembre de 2007, lo que de acuerdo con el espíritu de las previsiones constitucionales, implicaba que una nueva modificación de la Constitución en el

---

244 *Idem.*

245 En la *Exposición de Motivos de la Propuesta de Reforma Constitucional* del Presidente de la República del Proyecto de Reforma Constitucional, agosto de 2007, se afirmó, pura y simplemente, sin fundamento, ni argumento, ni lógica alguna, que "la propuesta de la reelección presidencial profundiza el principio de alternabilidad republicana", basándose sólo, en el derecho del Presidente de la República a ser reelecto en el cargo, y en el derecho del pueblo de elegir su candidato, p. 7.

mismo sentido no debía plantearse en el mismo período constitucional, no sólo como "reforma" sino como "enmienda."[246] Ello es lo que se deduce del principio establecido en el artículo 345 de la Constitución. Sin embargo, en los meses siguientes a dicho rechazo popular, el Presidente insistió en la modificación de la Constitución, lo que acogió la Asamblea Nacional, reformulado la rechazada "reforma" constitucional en una "enmienda" constitucional para burlar el sentido de la prohibición antes indicada.

Para entender el fraude cometido es necesario recordar la distinción mencionada entre dos de los procedimientos para la modificación de la Constitución, la reforma y la enmienda constitucionales que se establecen en el texto constitucional de 1999. Ambos procedimientos de modificación de la Constitución tienen en común, que mediante ellos no se puede alterar o modificar la estructura y principios fundamentales de la Constitución (arts. 340 y 342), lo que sólo puede hacerse mediante el procedimiento de la Asamblea Nacional Constituyente (art. 347).

Por otra parte, también tienen en común el hecho de que ambos procedimientos requieren de aprobación popular mediante referendo para que la modificación constitucional tenga vigencia. En la Constitución no se regula poder constituyente "derivado" alguno. Solo hay un "poder constituyente originario" que es el pueblo, el cual tiene que aprobar por referendo tanto la Enmienda como la Reforma Constitucional, o la convocatoria a Asamblea Nacional Constituyente que es el tercer mecanismo para modificar la Constitución. La Asamblea Nacional y los órganos que tienen la iniciativa de Enmienda y de Reforma Constitucional, sólo coadyuvan en el proceso de modificación constitucional, pero no son "poder constituyente derivado".

En cuanto a la distinción entre la Enmienda Constitucional y la Reforma Constitucional, la misma existe, en *primer* lugar, en cuanto al alcance del procedimiento de modificación: La Enmienda Constitucional tiene por objeto la adición o modificación de artículos de la Constitución (no la supresión de ellos); en cambio, la Reforma Constitucional tiene por objeto la revisión parcial y sustitución de artículos, siempre que no se afecten, como se dijo, los principios y la estructura fundamental del texto (arts. 340, 342).

En *segundo* lugar, la otra distinción entre la Enmienda y la Reforma Constitucional se refiere a la iniciativa y a la intervención de la Asamblea Nacional en el procedimiento de modificación constitucional. La Enmienda Constitucional no necesita ser discutida por la Asamblea Nacional, pero si su iniciativa parte de la propia Asamblea Nacional, la misma debe, primero apoyarla por el voto de al menos el 30% de sus integrantes y luego, aprobarla mediante el procedimiento de formación de las leyes con el voto de la mayoría de sus integrantes (art. 341). En cuanto a la Reforma Constitucional, se debe presentar ante la Asamblea Nacional la cual siempre debe aprobarla en tres discusiones mediante voto de 2/3 de sus integrantes. Cuando la iniciativa de Reforma parta de la propia Asamblea Nacional, debe ser apoyada por mayoría de sus integrantes.

Por último, en *tercer* lugar, en la Constitución también hay una previsión en cuanto a los efectos del rechazo popular de la modificación constitucional, en el

---

246 Véase Allan R. Brewer-Carías, *La reforma constitucional de 2007 (Comentarios al proyecto inconstitucionalmente sancionado por la Asamblea Nacional el 2 de noviembre de 2007)*, Editorial Jurídica Venezolana, Caracas 2007.

sentido de una prohibición constitucional que se establece en el sentido de que no se puede presentar a la Asamblea Nacional otra iniciativa de reforma constitucional cuando la misma ha sido rechazada por el pueblo en el mismo período constitucional. Esta restricción, si bien sólo está establecida expresamente como efecto del rechazo a la "Reforma Constitucional," no estableciéndose nada en cuanto a los efectos del rechazo de la "Enmienda Constitucional," conforme al espíritu y propósito de la Constitución, sin duda, que se puede deducir que también debe extenderse a cualquier otra forma de modificación de la Constitución, pues de lo contrario, la burla al sentido de la misma sería fácil.

Ahora bien, con base en esta grieta formal de la Constitución, fue precisamente que se planteó por la Asamblea Nacional, después del rechazo popular a la "Reforma constitucional" en 2007, la idea de proceder a proponer en 2008 una "Enmienda Constitucional" para reformar el artículo 230 de la Constitución y eliminar toda prohibición sobre la reelección de cargos, y por ende, vaciar de contenido al principio de la alternabilidad republicana.

En realidad, la propuesta inicial del Proyecto de Enmienda Constitucional en 2008 sólo perseguía modificar el artículo 230 de la Constitución sobre reelección del Presidente de la República, lo cual luego se extendió a los artículos 160, 162, 174 y 192 de la Constitución sobre reelección de otros cargos electivos, en los cuales se establecían límites para la reelección, a los efectos de eliminarlos todos. Los Artículos 162 y 192 establecían que los miembros de Consejos Legislativos de los Estados y los Diputados a la Asamblea Nacional, sólo podrían reelegirse por dos períodos como máximo; y los Artículos 160, 174, y 230 establecían que los Gobernadores y Alcaldes, y el Presidente de la República, solo podían reelegirse de inmediato y por una sola vez, para un nuevo período.

Ante la discusión y rechazo que suscitó la propuesta, que significaba volver a someter en el mismo período constitucional al voto popular, como "enmienda," la misma propuesta de modificación de la Constitución que ya había sido rechazada como "reforma", contrariando el espíritu de la prohibición que establece el artículo 345 de la Constitución,[247] la Asamblea decidió en enero de 2009 extender el contenido de la propuesta de "enmienda constitucional" no sólo respecto del artículo 230 de la Constitución, sino de los artículos 160, 162, 174, 192 del texto fundamental en los cuales también se establecía la restricción para la reelección, para también eliminarla respecto de los Gobernadores de Estado, de los miembros de los Consejos Legislativos de los Estados, de los Alcaldes municipales, y de los diputados a la Asamblea Nacional. En esta forma, el principio de la alternabilidad republicana que establece el artículo 6 de la Constitución como principio pétreo, quedaba materialmente eliminado en relación con todos los cargos de elección popular.

Precisamente por ello, y en particular por el uso de la vía de la Enmienda para aprobar lo que ya había sido rechazado por la vía de la reforma, se planteó un recurso e interpretación constitucional que fue introducido el 11 de diciembre de 2008 ante la Sala Constitucional del Tribunal Supremo en relación con el alcance del artículo 345 del texto fundamental a los efectos de que la Sala determinara si la prohibición contenida en dicha norma en el sentido de que la iniciativa de Reforma

---

247 Artículo 345 "...La iniciativa de reforma constitucional que no sea aprobada no podrá presentarse de nuevo en un mismo período constitucional a la Asamblea Nacional."

Constitucional que no fuese aprobada no podía presentarse de nuevo en un mismo período constitucional a la Asamblea Nacional, se extendía también al procedimiento de Enmienda constitucional. Dos temas precisos se sometieron a la interpretación de la Sala Constitucional en un recurso de interpretación:

Primero, determinar si la prohibición constitucional establecida para someter a consulta popular una modificación constitucional ya rechazada popularmente en un mismo período constitucional también se aplica, cuando se somete la misma modificación a referendo por vía de Enmienda Constitucional, en el mismo período constitucional.

Segundo, determinar si la Enmienda de 2008-2009 que buscó establecer el principio de la reelección indefinida para cargos electivos, alteraba el principio de la "alternabilidad" del gobierno que el artículo 6 de la Constitución establece como un principio fundamental, que además es de carácter pétreo ("El gobierno **es y será siempre**... alternativo...), y que es común en los sistemas presidenciales de gobierno.[248]

En respuesta, la Sala Constitucional, muy diligentemente y confundiendo deliberadamente el sentido de la norma, en sentencia N° 53 de 3 de febrero de 2009[249] dictada precisamente con el objeto de allanar el camino constitucional para la realización del referendo aprobatorio,[250] sostuvo que la misma no estaba destinada a regular los efectos de la manifestación de rechazo popular de la modificación propuesta, sino que la norma estaba sólo dirigida a *regular a la Asamblea Nacional*, en el sentido de que lo que no podría era exigírsele que debatiera una reforma constitucional una vez que ya la había debatido en el mismo período constitucional y había sido rechazada por el pueblo. La Sala olvidó que la norma constitucional a lo que estaba dirigida era a regular las consultas *a la voluntad popular* en materia de modificación de la Constitución y sus efectos, y no los efectos de los debates en la Asamblea Nacional.

En efecto, la prohibición constitucional de volver a someter a consulta una reforma rechazada, en realidad está dirigida a regular los efectos de la voluntad popular expresada mediante referendo, en el sentido de que no se puede consultar al pueblo de nuevo la misma modificación constitucional que el pueblo ya ha rechazado en un mismo período constitucional.

Lo importante de la prohibición establecida en el Título de la Constitución relativo a la "Reforma Constitucional" que en Venezuela sólo puede realizarse con la participación del pueblo, es que la misma se refiere precisamente a los efectos de la expresión de la voluntad popular que es manifestación del poder constituyente origi-

---

248 Las restricciones a la reelección presidencial son tradicionales en los sistemas presidenciales de gobierno, como son los de América Latina, y no en los sistemas parlamentarios como los que existen en Europa. Véase, Allan R. Brewer-Carías, *Reflexiones sobre la Revolución Norteamericana (1776), la Revolución Francesa (1789) y la Revolución Hispanoamericana (1810-1830) y sus aportes al constitucionalismo moderno*, Universidad Externado de Colombia, Bogotá 2008, pp. 106 ss.

249 Véase la sentencia N° 53, de la Sala Constitucional de 2 de febrero de 2009 (Caso: *Interpretación de los artículos 340,6 y 345 de la Constitución)*, en http:/www.tsj.gov.ve/decisiones/scon/Febrero/ 53-3209-2009-08-1610.html

250 Véanse los comentarios en Allan R. Brewer-Carías, "El Juez Constitucional vs. la alternabilidad republicana (La reelección continua e indefinida)," en *Revista de Derecho Público*, N° 117, enero marzo 2009, Editorial Jurídica Venezolana, Caracas 2009, pp. 205-214.

nario, y no a los efectos del debate que pueda haber habido en la Asamblea Nacional en la materia, que no es poder constituyente, ni siquiera derivado, ya que no puede haber modificación constitucional alguna sin aprobación popular.

La decisión de la Sala Constitucional fue una nueva burla a la Constitución al ignorar la prohibición de sucesivas consultas populares, basándose en dos artilugios que se utilizaron en este caso de la Enmienda 2008-2009: *primero*, el utilizado por la Asamblea Nacional, en su iniciativa de Enmienda, al extenderla a otros artículos constitucionales además del 230, para tratar de diferenciar la Enmienda de 2008-2009 de la rechazada Reforma Constitucional de 2007; y *segundo*, el utilizado por la Sala Constitucional al considerar que la prohibición constitucional de consultar al pueblo sobre reformas rechazadas era sólo formal respecto de las discusiones en la Asamblea Nacional, ignorando su propósito esencial de respetar la voluntad popular una vez que ésta se ha expresado en forma negativa respecto de una modificación de la Constitución.

Esa voluntad hay que respetarla, que es lo que persigue la Constitución, por lo que una vez que el pueblo se ha manifestado rechazando una modificación al texto constitucional, no se lo puede estar convocando sucesivamente sin límites en el mismo período constitucional para volver a pronunciarse sobre lo mismo.

Pero aparte de burlar la prohibición constitucional de sucesivas consultas populares en un periodo constitucional sobre modificaciones constitucionales, una vez que el pueblo las ha rechazado, la Sala Constitucional, en la misma sentencia, procedió a mutar ilegítimamente la Constitución, eliminando el carácter de principio fundamental del gobierno que además de "democrático" y "electivo" conforme al artículo 6 de la Constitución, debe ser **siempre** "alternativo," considerando que dicho principio no se alteraba con las reformas propuestas en la Enmienda Constitucional 2008-2009.

Esta, como se dijo, propugnó establecer en la Constitución la posibilidad de la reelección continua y sin límites de los cargos electivos lo cual fue aprobado en el referendo, pero sin duda, alterando un principio fundamental del constitucionalismo venezolano establecido desde 1830 en todas las Constituciones, que es el de la "alternabilidad" en el gobierno, y que en el artículo 6 de la Constitución de 1999 se formula como uno de los principios fundamentales del mismo, con una fórmula que lo convierte en una de las llamadas "cláusulas pétreas" o inmodificables. Como se dijo, la norma dispone desde 1930 que "El gobierno **es y será siempre** ...alternativo ...", lo que implica que ello nunca podría ser alterado al menos mediante reformas o enmiendas. Esa fue la voluntad del pueblo al aprobar la Constitución, establecer el principio de alternabilidad republicana como una cláusula pétrea.

La Sala Constitucional del Tribunal Supremo de Justicia, sin embargo, en la mencionada sentencia N° 53 de 3 de febrero de 2009,[251] decidió allanar el camino

251 Véase la sentencia N° 53, de la Sala Constitucional de 2 de febrero de 2009 (Caso: *Interpretación de los artículos 340,6 y 345 de la Constitución)*, en http:/www.tsj.gov.ve/decisiones/scon/Febrero/ 53-3209-2009-08-1610.html .Véase sobre esta sentencia los comentarios en Allan R. Brewer-Carías, "El Juez Constitucional vs. La alternabilidad republicana (La reelección continua e indefinida), en *Revista de Derecho Público*, N° 117, (enero-marzo 2009), Caracas 2009, pp. 205-211 (publicado también en http://www.anali-tica.com/va/politica/opinion/6273405.asp), y Allan R. Brewer-Carías "La ilegítima mutación constitucional del principio pétreo de la alternabilidad republicana" en *Práctica y Distorsión de la Justicia Constitucional en Venezuela (2008-2012), op. cit.*, pp. 101-119.

constitucional para la realización del referendo aprobatorio de la Enmienda Constitucional que se realizó el 15 de febrero de 2009, en el cual se aprobó el proyecto de Enmienda Constitucional relativa a los artículos 160, 162, 174, 192 y 230 de la Constitución, estableciéndose entonces en Venezuela, al contrario de la tradición constitucional precedente, el principio de la reelección continua e indefinida de cargos electivos, contrariando el principio constitucional de la alternabilidad republicana (art. 6), y violando la prohibición constitucional de realizar una consulta popular sobre modificaciones a la Constitución ya rechazadas por el pueblo en un mismo período constitucional (art. 345).

Para ello, la Sala Constitucional "interpretó" como equivalentes los términos gobierno "alternativo" y gobierno "electivo," eliminando así la propia noción de "alternabilidad."

En efecto, la alternabilidad del gobierno, como principio del constitucionalismo venezolano, que es además, propio de los sistemas presidenciales de gobierno, como se ha dicho, es un principio que se construyó como opuesto al continuismo o a la permanencia en el poder por una misma persona, por lo que toda previsión que permita que esto ocurra, es contraria a dicho principio.

Este principio, por tanto, no se puede confundir con el principio "electivo" del gobierno o el más general principio "democrático" que el mismo artículo 6 de la Constitución establece. Una cosa es poder elegir a los gobernantes, y otra cosa es el principio de alternabilidad que impide poder reelegir al mismo gobernante ilimitadamente.

Es contrario a la Constitución, por tanto, interpretar, como lo hizo la Sala Constitucional en su mencionada sentencia nº 53 del 3 de febrero de 2009, que el principio de la alternabilidad "lo que exige es que el pueblo como titular de la soberanía tenga la posibilidad periódica de escoger sus mandatarios o representantes", confundiendo "gobierno alternativo" con "gobierno electivo."

Por ello es falso lo que afirmó la Sala Constitucional en el sentido de que "sólo se infringiría el mismo si se impide esta posibilidad al evitar o no realizar las elecciones". Con su sentencia, la Sala Constitucional, de nuevo, lo que hizo fue mutar ilegítimamente el texto de la Constitución, y al contrario de lo que afirmó, la eliminación de la causal de inelegibilidad para el ejercicio de cargos públicos derivada de su ejercicio previo por parte de cualquier ciudadano, sí trastocó el principio de alternabilidad en el ejercicio del poder.

Se insiste, lo expuesto por la Sala Constitucional se refirió al principio de gobierno "electivo" que en los términos del mismo artículo 6 de la Constitución, es el que implica que "el electorado, como actor fundamental del proceso democrático, acuda a procesos comiciales periódicamente en los que compitan, en igualdad de condiciones, las diversas opciones políticas que integran el cuerpo social;" pero no al principio de gobierno "alternativo" que implica que no se pueda elegir indefinidamente una misma persona para el mismo cargo, así haya hecho un "buen gobierno."

El principio de la alternabilidad, para evitar el continuismo en el poder, precisamente implica la limitación que el pueblo, como poder constituyente originario, se ha impuesto a si mismo, en cuanto a que supuestamente pueda tener la "oportunidad de decidir entre recompensar a quienes estime como sus mejores gobernantes, o bien renovar completamente las estructuras del poder cuando su desempeño haya sido pobre." Esta supuesta "oportunidad," por el principio de la alternabilidad en la Constitución, pudo haberse ejercido antes de 1999, sólo después de que, en sus casos, transcurrieran uno o dos períodos constitucionales siguientes al ejercicio de la Presidencia por quien pretendiera de nuevo optar a dicho cargo, y en la Constitución de 1999 sólo ocurrió en 2006, por una sola vez para un período inmediato, mediante la reelección ya efectuada del Presidente Chávez. Pero establecer dicha "oportunidad" como reelección continua, sin límite, es contrario al principio de la alternabilidad.

Por tanto, al contrario de que decidió la Sala Constitucional, la posibilidad de reelección continúa sí alteraba el principio fundamental del gobierno "alternativo", que es uno de los valores democráticos que informan nuestro ordenamiento jurídico. Dicho principio, que se alteraba si se establecía la posibilidad de elección continua de cargos electivos y que es distinto del principio del gobierno "electivo," al tener una formulación pétrea en el artículo 6 de la Constitución ("es y será siempre") no podía ser objeto de modificación constitucional alguna, y en el supuesto negado de que pudiera ser modificado, ello no podía realizarse ni por los procedimientos de Enmienda ni de Reforma Constitucional sino sólo mediante la convocatoria de una Asamblea Nacional Constituyente.

La Sala Constitucional, con su sentencia nº 53 del 3 de febrero de 2009, una vez más al servicio del autoritarismo, sin embargo, mutó la Constitución a través de una interpretación de la misma, modificando ilegítimamente el sentido del principio del gobierno 'alternativo" que los venezolanos dispusieron **que siempre** debía regir sus gobiernos, obviando la prohibición constitucional de que se pudiera consultar en un mismo período constitucional la voluntad popular sobre modificaciones constitucionales que ya el pueblo ha rechazado.

Esta inconstitucional sentencia, en todo caso, lo que tuvo por objeto fue, como se dijo, despejar el camino para que el régimen autoritario pudiera someter a referendo una Enmienda Constitucional relativa a un principio fundamental, pétreo, de la Constitución, que sólo podía modificarse mediante la convocatoria a una Asamblea Nacional Constituyente.

Y así fue como entonces en Venezuela se aprobó la Enmienda Constitucional mediante referéndum de 15 de febrero de 2009, para establecer el principio de la elección continua e ilimitada del Presidente de la República y de todos los cargos de elección popular; referéndum en el cual se aprobó el proyecto de Enmienda Constitucional relativa a los artículos 160, 162, 174, 192 y 230 de la Constitución, estableciéndose en Venezuela, al contrario de la tradición constitucional anterior, el principio de la posibilidad de reelección continua e inmediata de cargos electivos, eliminando el principio constitucional de la alternabilidad republicana (Art. 6), y violando la prohibición constitucional de realizar una consulta popular sobre modificaciones a la Constitución ya rechazadas por el pueblo en un mismo período constitucional (Art. 345).

3. *La abstención del Juez Constitucional en controlar las reformas constitucionales efectuadas al margen de los procedimientos constitucionales prescritos para aprobarlas*

Las Constituciones, como manifestaciones de la voluntad popular, establecen expresamente los mecanismos y procedimientos para su reforma, los cuales confirman el principio de la rigidez, y ellos deben respetarse por los órganos constituidos del Estado. Por consiguiente, toda manipulación de las normas constitucionales para producir su reforma o modificación sin sujetarse a los procedimientos constitucionales no sólo es inconstitucional sino que puede calificarse como un "fraude a la Constitución." Sobre ello se refirió hace ya varias décadas, G. Liet-Veaux al estudiar las revoluciones de Italia, Alemania y Francia cuando se establecieron los regímenes fascista y nacional-socialista, precisando que el fraude constitucional consiste en crear un nuevo órgano de revisión encargado de dictar una nueva Constitución, distinto al previsto en ésta; o en la utilización del procedimiento de reforma para, sin romper con el sistema de legalidad establecido, proceder a la creación de un nuevo régimen político y un ordenamiento constitucional diferente[252].

Como lo expresó hace unos años la Sala Constitucional del Tribunal Supremo de Justicia de Venezuela en la sentencia N° 74 de 25 de enero de 2006, un *fraude a la Constitución* ocurre cuando se destruyen las teorías democráticas "mediante el procedimiento de cambio en las instituciones existentes *aparentando respetar las formas y procedimientos* constitucionales", o cuando se utiliza el "del procedimiento de reforma constitucional para proceder a la creación de un nuevo régimen político, de un nuevo ordenamiento constitucional, sin alterar el sistema de legalidad establecido, como ocurrió con el *uso fraudulento de los poderes* conferidos por la ley marcial en la Alemania de la Constitución de *Weimar*, forzando al Parlamento a conceder a los líderes fascistas, en términos de dudosa legitimidad, la plenitud del poder constituyente, otorgando un poder legislativo ilimitado." [253]

De lo anterior resulta que la Constitución como manifestación de la voluntad del pueblo como poder constituyente originario, debe prevalecer sobre la voluntad de los órganos constituidos, por lo que su modificación sólo puede llevarse a cabo conforme se dispone en su propio texto, como expresión-imposición de la voluntad popular producto de ese poder constituyente originario que le corresponde en exclusiva.

Sin embargo, en Venezuela, a pesar de la previsión expresa de diversos procedimientos para la reforma constitucional, el entonces Presidente de la República de Venezuela, Hugo Chávez Frías, en enero de 2007, al tomar posesión de su segundo mandato presidencial (2007-2013), anunció al país que propondría una serie de reformas a la Constitución de 1999, para cuya elaboración designó un Consejo Presidencial para la Reforma de la Constitución,[254] el cual estuvo presidido por la Presidenta de la Asamblea Nacional e integrado por altos funcionarios del Estado, como fueron: el Segundo Vicepresidente de la Asamblea Nacional y otros cuatro diputados, la Presidenta del Tribunal Supremo de Justicia, el Defensor del Pueblo, el Ministro del Trabajo, la Procuradora General de la República, y el Fiscal General de la República.

En esta forma, el Presidente de la República comprometió de antemano en su proyecto a los titulares de, materialmente, todos los poderes públicos, indicando en forma expresa en el Decreto que el trabajo de dicho Consejo se debía realizar "de conformidad con los lineamientos del Jefe de Estado en estricta confidencialidad"

252 Véase G. Liet-Veaux, "La fraude à la Constitution", *Revue du Droit Public,* París 1943, pp. 116-150.

253 Véase en *Revista de Derecho Público* N° 105, Editorial Jurídica Venezolana, Caracas 2006, pp. 76 ss.

254 Véase Decreto N° 5138 de 17-01-2007, *Gaceta Oficial,* N° 38.607, de 18-01-2007.

(art. 2).[255] Es decir, el Consejo no tenía libertad alguna de pensamiento, y su trabajo debía desarrollarse en estricta confidencialidad, lo que de por sí es contrario a los principios que deben guiar cualquier reforma constitucional en un país democrático.

Las pautas para la reforma constitucional que en diversos discursos y alocuciones fue dando el Presidente de la República, apuntaron, por una parte, a la conformación de un Estado del Poder Popular o del Poder Comunal, o Estado Comunal, estructurado desde los Consejos Comunales que ya habían sido creados en 2006, al margen de la Constitución,[256] como unidades u organizaciones sociales no electas mediante sufragio universal, directo y secreto y sin autonomía territorial, supuestamente dispuestos para canalizar la participación ciudadana, pero conforme a un sistema de conducción centralizado desde la cúspide del Poder Ejecutivo Nacional; y por la otra, a la estructuración de un Estado socialista, con una doctrina socialista y "bolivariana" como doctrina oficial, sustituyendo al sistema plural de libertad de pensamiento y acción que siempre ha existido en el país y, en particular, sustituyendo la libertad económica y el estado de economía mixta que siempre ha existido, por un sistema de economía estatista y colectivista, de capitalismo de Estado, sometido a una planificación centralizada, minimizando el rol del individuo y eliminando todo vestigio de libertad económica y de propiedad privada.

Es decir, el objetivo definido por el Presidente era transformar radicalmente al Estado y crear un nuevo ordenamiento jurídico, lo que no podía realizarse mediante el mecanismo de "reforma constitucional" que regula la Constitución, sino que exigía, conforme a su artículo 347, que se convocara y eligiera una Asamblea Nacional Constituyente, lo que, por supuesto, hubiera podido implicar que la reforma se le escapara de su control férreo.

En todo caso, el 2 de noviembre de 2007, la Asamblea Nacional, luego de haberle dado tres discusiones en algo más de un mes al Anteproyecto de reforma que el Presidente de la República le había presentado el 15 de agosto de 2007,[257] sancionó el proyecto de reforma a la Constitución de 1999, el cual fue sometido a referendo que se fijó para el 2 de diciembre de 2007, en el cual, como se ha dicho, el poder constituyente originario se pronunció por rechazarlo por la mayoría de votos.

La rechazada reforma, en todo caso, era una propuesta de modificación constitucional que buscaba transformar aspectos esenciales y fundamentales del Estado, por lo que, sin duda, de haber sido aprobada, hubiera sido una de las más sustanciales de toda la historia constitucional de Venezuela. Con ella, en efecto, se buscaba cambiar radicalmente el modelo de Estado Descentralizado, Democrático, Pluralista y Social de Derecho que, con todos sus problemas, está regulado en la Constitución de 1999,

---

255 Ello también lo declaró públicamente, además, la Presidenta de la Asamblea Nacional al instalarse el Consejo. Véase en *El Universal*, 20-02-2007.

256 Ley de Consejos Comunales, *Gaceta Oficial*, Nº 5806 *Extra.*, 10-04-2006; reformada en *Gaceta Oficial* Nº 39.335 del 28 de diciembre de 2009. Véase Allan Brewer-Carías, "Introducción General al Régimen de los Consejos Comunales", en *Ley Orgánica de Consejos Comunales*. Editorial Jurídica Venezolana, Caracas, 2010, pp. 11-66.

257 Véase el *Proyecto de Exposición de Motivos para la Reforma Constitucional, Presidencia de la República, Proyecto Reforma Constitucional. Propuesta del Presidente Hugo Chávez Agosto 2007.* El texto completo fue publicado como *Proyecto de Reforma Constitucional. Versión atribuida al Consejo Presidencial para la reforma de la Constitución de la República Bolivariana de Venezuela*, Caracas, Atenea, 1 de julio de 2007.

por el de un Estado socialista, centralizado, policial y militarista,[258] con una doctrina oficial "bolivariana", que se identificaba como "el Socialismo del Siglo XXI"[259] y un sistema económico comunista de capitalismo de Estado. Esa reforma se sancionó, como se ha dicho, conforme a la propuesta que durante 2007 formuló el Presidente de la República, Hugo Chávez Frías, burlando el procedimiento que la Constitución requería para un cambio tan fundamental. Se trataba, por tanto, de una reforma fraudulenta o realizada en *fraude a la Constitución*, pues se ha utilizado para ello un procedimiento previsto para otros fines, engañando al pueblo.[260]

La consecuencia de esta propuesta de reforma a la Constitución en relación con los ciudadanos, era que, con la misma, de haber sido aprobada, se hubiera establecido en Venezuela, formalmente, una ideología y doctrina de Estado, de corte socialista y supuestamente "bolivariana", la cual, en consecuencia, a pesar de su imprecisión -y he allí lo más peligroso-, se pretendía que fuera una doctrina "oficial", y por tanto, no hubiera admitido disidencia alguna.[261]. No se olvide que todos los ciudadanos tienen un deber constitucional esencial de cumplir y hacer cumplir la Constitución (Art. 131), por lo que, de haberse aprobado la reforma, todos los ciudadanos hubieran tenido el deber de contribuir activamente en la implementación de la doctrina oficial del Estado. En ello no hubiera podido admitirse ni siquiera la neutralidad. Por tanto, todo pensamiento, toda expresión del pensamiento, toda acción o toda omisión que pudiera haber sido considerada como contraria a la doctrina oficial socialista y "bolivariana", o que simplemente la "autoridad" no considerase que contribuía a la construcción y siembra del socialismo, hubiera constituido una violación a un deber constitucional y hubiera podido, por tanto, ser criminalizada; es decir, hubiera podido haber dado lugar a sanciones, incluso, penales. Se trataba de crear un pensamiento único, que constitucionalmente no hubiera admitido disidencia.

En todo caso, lo que planteó el Presidente como "reforma constitucional", lo que propuso su Consejo Presidencial y lo que sancionó la Asamblea Nacional en noviembre de 2007, como se ha dicho, evidentemente no constituía "una revisión parcial de la Constitución y la sustitución de una o varias de sus normas que no modifiquen la estructura y principios fundamentales del texto Constitucional", que es lo que, conforme al artículo 342, puede realizarse mediante el procedimiento de la "reforma constitucional", el cual se desarrolla mediante la sola discusión y sanción del proyecto por la Asamblea Nacional y posterior sometimiento a referendo aprobatorio.

---

258 Véase Allan R. Brewer-Carías, *Hacia la Consolidación de un Estado Socialista, Centralizado, Policial y Militarista. Comentarios sobre el sentido y alcance de las propuestas de reforma constitucional 2007*. Colección Textos Legislativos, N° 42, Editorial Jurídica Venezolana. Caracas, 2007, 157 pp.

259 Véase el *Proyecto de Exposición de Motivos para la Reforma Constitucional, Presidencia de la República, Proyecto Reforma Constitucional. Propuesta del presidente Hugo Chávez Agosto 2007*, p. 19.

260 Sobre el concepto de fraude a la Constitución véase la sentencia de la Sala Constitucional del Tribunal Supremo de Justicia, N° 74 de 25-01-2006, en *Revista de Derecho Público* N° 105, Editorial Jurídica Venezolana, Caracas, 2006, pp. 76 y ss. Véase Allan R. Brewer-Carías, *Reforma Constitucional y fraude a la Constitución (1999-2009)*, Academia de Ciencias Políticas y Sociales, Caracas 2009.

261 Véase Allan R. Brewer-Carías, "El sello socialista que se pretendía imponer al Estado", en *Revista de Derecho Público*, N° 112, Editorial Jurídica Venezolana. Caracas, 2007, pp. 71-75.

Lo que se sancionó como proyecto de reforma constitucional por la Asamblea Nacional, en realidad, requería la convocatoria de una Asamblea Constituyente, y al no hacerlo, lo que el Presidente de la República y la Asamblea Nacional cometieron fue un *fraude a la Constitución*, como lo advirtieron reiteradamente las instituciones más representativas del país.[262], Incluso, sobre el tema, se refirió en términos precisos el magistrado Jesús Eduardo Cabrera, en su Voto salvado a la sentencia Nº 2042 de la Sala Constitucional de 2 de noviembre de 2007:

> "En criterio de quien disiente, un sistema de organización social o económico basado en la propiedad y administración colectiva o estatal de los medios de producción, como lo es básicamente el socialista, en sus distintas concepciones, cual es el propuesto en el Proyecto de reforma, chocaría con lo que, para quien suscribe, y la propia Sala, era considerado Estado social, y ello -en criterio del disidente- puede afectar toda la estructura y los principios fundamentales del Texto Constitucional, hasta el punto en que un nuevo ordenamiento jurídico tendría que ser creado para desarrollar la construcción del socialismo.
>
> No es que Venezuela no pueda convertirse en un Estado socialista. Si ello lo decide el pueblo, es posible; pero a juicio del voto salvante, tal logro sería distinto al que la Sala ha sostenido en el fallo de 24 de enero de 2002 (Caso: *Créditos Indexados*) y ello conduciría no a una reforma de la Constitución, sino a una nueva Constitución, la cual debería ser votada por el poder constituyente originario. Al menos, en nuestro criterio, esto es la consecuencia del fallo N° 85 de 24 de enero de 2002."

Y es que, en efecto, la reforma constitucional sancionada el 2 de noviembre de 2007 era de tal trascendencia, que así, incluso, lo reconocieron, quizás sin darse cuenta, los propios diputados de la Asamblea Nacional cuando dispusieron que con la misma se sustituyera completamente la Constitución de 1999, ordenando a tal efecto, en la Disposición Final, que la Constitución -de haber sido aprobada por el pueblo- se imprimiera "íntegramente en un solo texto... Con la reforma aquí sancionada y en el correspondiente texto único corríjanse los artículos aplicando la nueva terminología señalada en esta Reforma Constitucional, en cuanto sea aplicable, suprimiéndose y sustituyéndose de acuerdo al contenido de esta Reforma así como las firmas, fechas y demás datos de sanción y promulgación".

---

262 En tal sentido se han pronunciado, por ejemplo, las Academias de Medicina, Ciencias Políticas y Sociales, y de Ingeniería y el Hábitat (23-10-2007, *El Universal*); la Conferencia Episcopal Venezolana (19-10-2007, *El Nacional*), el Instituto de Previsión Social del Abogado, los Colegios de Abogados de Distrito Capital, de los Estados Miranda, Aragua, Cojedes, Falcón, Lara, Guárico, Carabobo y la Confederación de Profesionales Universitarios de Venezuela (02-11-2007). Incluso, es significativo que el día 5 de noviembre de 2007, el general Raúl Baduel, quien fuera Ministro de la Defensa del Presidente Chávez hasta julio de 2007, se hubiera pronunciado públicamente sobre el tema advirtiendo sobre el proceder de los Poderes Ejecutivo y Legislativo "que innecesariamente y de forma atropellada, mediante procedimientos fraudulentos, quieren imponer una propuesta que requiere una consulta más amplia a través de una Asamblea Nacional Constituyente"; que con ello, ambos Poderes "le están quitando poder al pueblo alterando los valores, los principios y la estructura del Estado sin estar facultados para ello, ya que el Poder Constituyente reside en el pueblo y es el único capaz de llevar a cabo un cambio de esa magnitud", que "esta propuesta de reforma sólo le está quitando poder al pueblo por dos vías, primero, porque usurpa de manera fraudulenta el Poder Constituyente del pueblo y segundo, porque las autoridades de la nueva geometría del poder que se crearía no serían elegidas por el pueblo"; y que "de culminar este proceso con la aprobación del mismo por las vías propuestas y la Asamblea Nacional, se estaría consumando en la práctica un golpe de Estado, violando de manera descarada el texto constitucional y sus mecanismos e introduciendo cambios de manera fraudulenta", *El Universal*, Caracas, 6-11-07

Es decir, de haberse aprobado la reforma por referendo, la Constitución hubiera tenido que conocerse como la "Constitución de 2007", o sea una Constitución diferente, como efectivamente resultaba de su contenido. Por lo demás, con esa Disposición final se le pretendía dar carta blanca, no se sabe a quién, para que cambiase otras normas constitucionales sin procedimiento constitucional alguno, como ya ocurrió con la "reimpresión" de la Constitución de 1999, en marzo de 2000.[263]

En todo caso, fue la voluntad de llevar adelante la reforma contrariando la Constitución y con la sola participación de una Asamblea Nacional, totalmente controlada y dominada por el Presidente y sus seguidores, y evitar los "riesgos" que podían derivar de la elección de una Asamblea Nacional Constituyente, lo que llevó al Presidente de la República y a sus seguidores, a repetir una vez más la táctica política del fraude a la Constitución, que ya era un común denominador del régimen instalado en el país a partir de 1999, es decir, utilizar las instituciones existentes aparentando respetar las formas y procedimientos constitucionales (en este caso el procedimiento de "reforma constitucional"), para en cambio proceder a una radical trasformación del Estado, o sea, como lo ha advertido el Tribunal Supremo al definir el fraude constitucional, a pretender realizar "la creación de un nuevo régimen político, de un nuevo ordenamiento constitucional, sin alterar el sistema de legalidad establecido"[264]. En este caso, mediante el procedimiento de "reforma constitucional" se buscaba producir una transformación radical del Estado, y trastocar el Estado Social y Democrático de Derecho y de Justicia de orden civil y convertirlo en un Estado Socialista, Centralizado, Policial y Militarista, donde se buscaba que desapareciera la democracia representativa, la alternabilidad republicana y toda idea de descentralización del poder, se retrocedía en materia de protección de los derechos humanos, y se concentraba todo el poder en la Jefatura del Estado, desapareciendo la libertad económica y el derecho de propiedad. Ello, por supuesto, no era posible hacerlo constitucionalmente con el procedimiento de la "reforma", sino que requería del procedimiento de convocatoria de una Asamblea Nacional Constituyente (Art. 347). Por ello, en sentido similar, como lo reseñó el Tribunal Supremo de Justicia al referirse a un hecho histórico trascendente, ello también ocurrió "con el uso fraudulento de los poderes conferidos por la ley marcial en la Alemania de la Constitución de Weimar, forzando al Parlamento a conceder a los líderes fascistas, en términos de dudosa legitimidad, la plenitud del poder constituyente, otorgando un poder legislativo ilimitado"[265]. Por la trascendencia de los cambios efectuados, como se ha dicho, se debió haber recurrido al procedimiento de la convocatoria de una Asamblea Nacional Constituyente y no al procedimiento de "reforma constitucional". Al hacerlo, tanto el Presidente como su Consejo Presidencial -integrado, entre otros por la propia Presidenta del Tribunal Supremo y por el propio Defensor del Pueblo- comenza-

263 *Gaceta Oficial* N° 5453 Extra. de 24-03-2000.

264 Véase la sentencia N° 74 de 25-01-2006 de la Sala Constitucional del Tribunal Supremo de Justicia en *Revista de Derecho Público,* N° 105, Editorial Jurídica Venezolana, Caracas 2006, pp. 76 ss.

265 Véase la sentencia de la Sala Constitucional del Tribunal Supremo de Justicia N° 74 de 25-01-2006, en *Revista de Derecho Público,* N° 105, Editorial Jurídica Venezolana, Caracas 2006, pp. 76 y ss.

ron el proceso de reforma violando la Constitución[266], en fraude a la misma, tarea que completó la Asamblea Nacional en noviembre de 2007.

Afortunadamente, el pueblo, consultado en referendo el 2 de diciembre de 2007, rechazó la reforma propuesta, la cual por tanto no se pudo materializar. [267] Pero en realidad, de haber funcionado los mecanismos institucionales para la protección del Estado de derecho, el referendo convocado para el 2 de diciembre de 2007 hubiera podido detenerse por la Sala Constitucional del Tribunal Supremo de Justicia, como supremo guardián de la Constitución. La Sala, sin embargo, renunció a cumplir su obligación y se negó sistemáticamente a controlar la constitucionalidad del procedimiento de reforma constitucional.

---

266 Ello incluso fue advertido de inmediato por el Rector del Consejo Nacional Electoral, Sr. Vicente Díaz, quien el día 16-08-2007 indicó "que la propuesta presidencial para reformar el texto constitucional modifica las disposiciones fundamentales y por ello sería necesario convocar una Asamblea Constituyente para su aprobación". Véase en *Unión Radio, 16 de agosto de 2007*, http://www.unionradio.com.ve/Noticias/Noticia.aspx?noticiaid=212503. El inicio del procedimiento de reforma ante la Asamblea Nacional, por tanto, podría ser impugnado ante la Jurisdicción Constitucional, por inconstitucionalidad. Sin embargo, el día 17-08-2007, adelantándose a cualquier impugnación y emitiendo opinión impunemente, prejuzgando cualquier asunto, la Presidenta del Tribunal Supremo de Justicia, Presidenta de la Sala Constitucional (es decir de la Jurisdicción Constitucional) y miembro del Consejo Presidencial para la Reforma Constitucional, "dejó en claro que la Sala Constitucional no tramitará ninguna acción relacionada con las modificaciones al texto fundamental, hasta tanto éstas no hayan sido aprobadas por los ciudadanos en el referendo. "Cualquier acción debe ser presentada después del referendo cuando la reforma ya sea norma, porque no podemos interpretar una tentativa de norma. Después de que el proyecto sea una norma podríamos entrar a interpretarla y a conocer las acciones de nulidad", precisó". Reseña del periodista Juan Francisco Alonso, en *El Universal*, Caracas 18-08-07. Luego de varias solicitudes de recursos de interpretación sobre el artículo 342 de la Constitución, la misma Presidenta de la Sala Constitucional se reservó la elaboración de las ponencias de las sentencias, y con motivo de su recusación que efectuaron los peticionantes por estar comprometida su imparcialidad en la materia al haber formado parte de la Comisión Presidencial para la Reforma Constitucional, en decisión de 01-11-07, el magistrado J.E. Cabrera de la misma Sala, decidió que de la lectura del Decreto de creación del Consejo de Reforma (art. 5), "se desprende que la Secretaria Ejecutiva, cumplía funciones administrativas y no de redacción, corredacción, o ponencia sobre el contenido de un anteproyecto de reforma constitucional; por lo que la Dra. Luisa Estella Morales Lamuño no es -necesariamente- promovente del "Proyecto de Reforma Constitucional" que ha presentado el Presidente de la República, y los recusantes no señalan cuál aporte de la Secretaria Ejecutiva fue incorporado al Proyecto de Reforma, ni siquiera alguno que haga presumir la intervención de la Dra. Morales"; agregando que "Además, por ser parte del Consejo Presidencial, la Secretaria Ejecutiva no está dando ninguna recomendación sobre el juicio de nulidad de que trata esta causa, ya que nada ha manifestado en ese sentido, ni se le imputa declaración alguna de su parte que adelante opinión sobre la inconstitucionalidad denunciada en esta causa". Véase también, la Reseña periodística de JFA, *El Universal*, Caracas 2-11-07.

267 Tomando en cuenta los resultados anunciados por el Consejo Nacional Electoral en día 2 de diciembre en la noche, de un universo de más de 16.109.664 de electores inscritos, sólo acudieron a votar 9.002.439 votantes, lo que significó un 44.11% de abstención; y de los electores que votaron, votaron por rechazar la reforma (voto NO) por el Bloque de artículos marcado A, 4.504.354 de votantes, con 50.70% y por el Bloque de artículos marcado B, 4.522.332 de votantes, con 51.05%. Es decir, sólo votaron por aprobar la reforma (voto SÍ), por el bloque A 4 379 392 votantes, con 49.29%; y por el bloque B 4.335.136 votantes con 48.94%. Ello equivale a que sólo el 28% del universo de los electores inscritos en el Registro Electoral votaron por aprobar la reforma constitucional. En dicho referendo, por tanto, en realidad, no fue que "triunfó" el voto NO por poco margen, como aludió el Presidente de la República, Hugo Chávez, sino que lo que ocurrió fue que su propuesta de reforma fue rechazada por el 72% de los electores inscritos, quienes, o votaron por el NO (50.7%), o simplemente no acudieron a votar para pronunciarse por la reforma.

En efecto, desde el momento en que la Constitución estableció detalladamente los procedimientos para la revisión de la Constitución, los mismos son obligatorios y debían ser respetados por los órganos constituidos del Estado. De esas previsiones se deriva el derecho ciudadano a que los procedimientos constitucionales se respeten como parte del derecho a la supremacía de la Constitución, de manera que toda violación de esos procedimientos es inconstitucional y atentatoria del derecho ciudadano a esa supremacía, y tiene que ser controlada por el juez constitucional.

Ello, sin embargo, fue desconocido por la Jurisdicción Constitucional en Venezuela, en particular, al decidir varias acciones de amparo constitucional que se ejercieron contra los actos estatales adoptados en sus diversas fases durante el procedimiento de reforma constitucional de 2007 inconstitucionalmente desarrollado: por el Presidente de la República, quien tuvo la iniciativa, por la Asamblea Nacional que discutió y sancionó el proyecto de reforma, y por el Consejo Nacional Electoral, que convocó a referendo aprobatorio el proyecto inconstitucionalmente sancionado.

En todas y cada una de las sentencias que resolvieron las acciones intentadas,[268] la Sala Constitucional desconoció el derecho ciudadano a la supremacía constitucional y a la tutela judicial efectiva, y fue declarando inadmisibles o que no había lugar a ellas, considerando, por una parte, que no había legitimación alguna de parte de los recurrentes para intentar las acciones, y por la otra, con el absurdo argumento de que los actos estatales dictados en el procedimiento de reforma constitucional (la presentación del proyecto y la sanción de la Asamblea Nacional) no eran actos que producían efectos jurídicos externos, ni podían causar gravamen a los derechos de los ciudadanos, concluyendo que solamente hubieran podido ser impugnados cuando concluyera el procedimiento con el referendo aprobatorio de la reforma, y la reforma hubiera sido aprobada.

La primera decisión en esta materia, se adoptó por la Sala Constitucional mediante sentencia N° 1974 de 23 de octubre de 2007, (Ponencia Luisa Estella Morales) en el *Caso José Ignacio Guédez Yépez*, en una acción de amparo constitucional que había sido intentada antes de que la reforma constitucional fuera sancionada por la Asamblea Nacional, ejercida por un ciudadano en su propio nombre y en protección de derechos difusos y colectivos, contra la Asamblea Nacional por la amenaza de violación del derecho constitucional difuso correspondiente "a la alternabilidad democrática del poder" consagrado en el artículo 6 de la Constitución, por la eventual aprobación por la Asamblea Nacional, del proyecto de Reforma constitucional que le había presentado el Presidente de la República.

La Sala declaró **inadmisible** la acción, argumentando que el accionante:

> "no sólo no señaló de qué forma se verían afectados los intereses de la sociedad - o de alguna porción definida de la misma-, sino que al contrario de los planteamientos formulados por el accionante en torno a la interpretación y materialización del principio del alternabilidad, es preciso reiterar que la reelección en nuestro ordena-

---

268 Véase el estudio de dichas sentencias en Allan R. Brewer-Carías, "El juez constitucional vs. la supremacía constitucional. O de cómo la Jurisdicción Constitucional en Venezuela renunció a controlar la constitucionalidad del procedimiento seguido para la "reforma constitucional" sancionada por la Asamblea Nacional el 2 de noviembre de 2007, antes de que fuera rechazada por el pueblo en el referendo del 2 de diciembre de 2007", en *Revista de Derecho Público*, N° 112, Editorial Jurídica Venezolana, Caracas, 2007, pp. 661-694.

miento no supone un cambio de régimen o forma del Estado, y muy por el contrario, reafirma y fortalece los mecanismos de participación dentro del Estado Democrático, Social de Derecho y Justicia, que estableció el Constituyente en 1999 (*Cfr*. Sentencia de la Sala N° 1.488 del 28 de julio de 2006)"[269].

La Sala estimó, entonces, que la acción intentada "no corresponde a derechos o intereses difusos, sino a un interés particular del accionante de limitar el ámbito de la reforma constitucional propuesta", razón por la cual estimó que el presunto agraviado carecía de legitimación procesal para intentar una acción de amparo en tutela de derechos o intereses difusos o colectivos".

Por otra parte, en cuanto a la posibilidad de admitir una acción de amparo contra las amenazas a los derechos del accionante, la Sala, reiterando su jurisprudencia sobre que la necesidad de que la amenaza sea "inminente, factible y practicable por la persona a quien se le imputa el acto, hecho u omisión que se señala como lesiva", señaló que en el caso concreto de la acción de amparo contra la presunta amenaza que se derivaba de la posible sanción, en ese momento, del proyecto de reforma constitucional por la Asamblea Nacional, que ésta sólo era un órgano que participaba en el proceso de reforma constitucional "pero en el marco del mismo, sólo corresponde al pueblo mediante referendo", concluyendo entonces señalando que "el presunto agraviado no puede pretender la materialización de una lesión constitucional, de un hecho futuro o incierto como lo es la eventual aprobación por parte de la Asamblea Nacional y consecuentemente del correspondiente referendo aprobatorio del texto de reforma constitucional"; y que "para que la supuesta amenaza se concrete y, en consecuencia, surta algún efecto jurídico, es necesario la verificación de un conjunto de circunstancias hipotéticas para que se materialice lo que a decir del accionante, constituye una amenaza de lesión constitucional"[270].

Posteriormente, mediante sentencia N° 2042 (Ponencia de Francisco A. Carrasquero), dictada en el Caso *Néstor Luís Romero* de 2 de noviembre de 2007, es decir, el mismo día en el cual la Asamblea Nacional sancionó el proyecto de reforma constitucional, la Sala Constitucional decidió una acción de amparo también intentada contra la amenaza de lesión de los derechos constitucionales del accionante derivados de los artículos 342 y siguientes de la Constitución, por parte del Presidente de la República y la Asamblea Nacional al pretender tramitar como reforma constitucional un proyecto que contenía modificaciones a la estructura y principios fundamentales del Estado, violando la Constitución. La acción había sido intentada específicamente contra el Presidente de la República, por haber presentado el proyecto, y contra la Asamblea Nacional, por haberlo admitido para su discusión. En este caso, la Sala Constitucional también declaró inadmisible la acción, pero en este caso por falta de legitimación del recurrente, considerando que al intentar la acción, el mismo "no señaló, ni se evidencia de autos, de qué manera las actuaciones denunciadas como lesivas son susceptibles de vulnerar sus derechos constitucionales."[271]

---

269 Véase Sentencia del Tribunal Supremo de Justicia en Sala Constitucional N° 1974 de 23 de octubre de 2007, Caso *José Ignacio Guedez Yépez* en http://www.tsj.gov.ve/decisiones/scon/Octu-bre/1974-231007-07-1055.htm

270 *Ibídem*

271 Véase sentencia del Tribunal Supremo de Justicia en Sala Constitucional N° 2042 del 2 de Noviembre de 2007, Caso *Néstor Luis Romero Méndez*, en *Revista de Derecho Público*, N° 112, Editorial Jurídica

Para decidir, la Sala recordó el "carácter personalísimo" de la acción de amparo, "de modo que sólo puede ser incoada por el afectado inmediato de la infracción constitucional, dejando a salvo supuestos especiales, como los reclamos efectuados en protección de los derechos colectivos o difusos, que nacen del reconocimiento de esta esfera de derechos por parte del artículo 26 de la Constitución, o el caso del amparo a la libertad y la seguridad personal, en el que cualquier persona está legitimada para intentarlo". En el caso concreto, por tanto, la Sala concluyó que: "el accionante no señaló cuál es la situación jurídica subjetiva lesionada o amenazada por las actuaciones que denunció como lesivas" siendo que "la denuncia planteada está referida a la supuesta amenaza de infracción constitucional producida por la inclusión en el contenido del Proyecto de Reforma presentado ante la Asamblea Nacional por iniciativa del Presidente de la República, de normas que, en opinión del accionante, modifican la estructura y principios fundamentales del Texto Constitucional, en contravención a los límites establecidos en el artículo 342 de la Constitución vigente". Sin embargo, decidió la Sala que el accionante "no expuso de qué forma su situación jurídica personal se vería afectada por las actuaciones denunciadas, ya que sólo se limitó a señalar la presunta inconstitucionalidad del aludido proyecto de reforma"[272].

Para afirmar esto, la Sala desconoció el derecho ciudadano a la supremacía constitucional, afirmando que del artículo 342 de la Constitución que regula el procedimiento de reforma constitucional, "no consagra derechos, garantías o libertades de carácter individual" ni "establece derechos difusos, ya que la misma no prevé una prestación genérica o indeterminada en cuanto a sus posibles beneficiarios, en los términos establecidos por la doctrina de esta Sala." Por último, la Sala consideró que la acción de amparo interpuesta no podía tampoco "ser considerada como ejercido en protección de derechos colectivos, ya que se ejerció en nombre propio y no en nombre de un sector poblacional determinado e identificable." [273]

Con base en estos argumentos declaró la inadmisibilidad de la acción de amparo interpuesta, contrariando doctrina de la propia Sala, como la sentada en sentencia que suspendió las elecciones generales de mayo de 2000, que benefició "tanto para las personas naturales y organizaciones que han solicitado la protección de amparo constitucional como para todos los electores en su conjunto"[274].

A la anterior decisión N° 2042 -Caso *Néstor Luis Romero*- le siguió la sentencia de la misma Sala Constitucional N° 2191 de 22 de noviembre de 2007 (Ponente Marcos Tulio Dugarte), dictada en el Caso *Yvett Lugo Urbaéz* con motivo de la acción de amparo intentada, en esta oportunidad contra el acto sancionatorio de la reforma constitucional adoptado por la Asamblea Nacional el 2 de noviembre de 2007 y la convocatoria a referendo efectuada por el Consejo Nacional Electoral, porque dichos actos constituían una subversión del trámite procedimental para la modificación de la Constitución, pues el procedimiento de reforma constitucional no

---

Venezolana, Caracas, 2007, pp. 636 ss.(Véase también en.http://www.tsj.gov.ve/decisiones/scon/Noviembre/2042-021107-07-1374.htm)

272 *Ibídem*

273 *Ibídem*

274 Véase sentencia de la Sala Constitucional N° 483 de 29-05-2000, Caso: *"Queremos Elegir" y otros*, en *Revista de Derecho Público*, N° 82, Caracas, 2000, Editorial Jurídica Venezolana, pp. 489-491.

podía utilizarse para alterar la estructura y principios fundamentales de la Constitución Nacional.

En este caso, la Sala decidió que "**no ha lugar a la acción**", pues los actos impugnados supuestamente no causaban gravámenes susceptibles de control. Para llegar a esta conclusión, la Sala, citando dos previas decisiones de 7 de noviembre de 2007 (N° 2108, Caso *Jorge Paz Nava y otros*)[275] y de 13 de noviembre de 2007 (N° 2147, caso *Rafael Ángel Briceño*)[276] , reiteró su criterio de que "la reforma constitucional es un proceso complejo conformado por la concreción de múltiples factores para asegurar la legitimidad institucional y democrática del cambio"[277], el cual "se configura en etapas sucesivas en la que interactúan autoridades públicas (Presidente de la República), órganos del Estado (Asamblea Nacional y Consejo Nacional Electoral) y el pueblo, que en definitiva ostenta el poder para aprobar y validar mediante el voto la reforma propuesta."[278] Con base en ello, la Sala consideró que "las etapas tempranas o de formación del proyecto de reforma constitucional no causan gravamen alguno porque no exteriorizan sus efectos y, por lo tanto, no son susceptibles de control jurisdiccional"[279], de manera que "sólo será el desenvolvimiento de ese proceso el que determine la posibilidad de control de un acto que, sin exteriorizar sus efectos, puede ser objeto de control"[280].

Es decir, conforme al criterio de la Sala, debía esperarse la aprobación de la reforma mediante referendo para poder juzgar su constitucionalidad, pues supuestamente los actos estatales de las diversas fases del procedimiento no producen efectos jurídicos externos. Para llegar a esta conclusión, la Sala afirmó que:

> "el acto de la Asamblea Nacional sancionado el 2 de noviembre de 2007 contentivo de la "Reforma de la Constitución de la República Bolivariana de Venezuela" no es un acto normativo, por cuanto al no adquirir eficacia no produce efectos jurídicos externos, esto es, no afecta relaciones jurídicas abstractas o concretas, por lo que mal puede lesionar o amenazar derecho constitucional alguno ya que no posee carácter obligatorio y, por tanto, no puede órgano del Estado alguno o particular darle ejecución".[281]

---

275 Véase la sentencia del Tribunal Supremo de Justicia en Sala Constitucional N° 2108 del 7 de Noviembre de 2007, Caso *Jorge Paz Nava y otros,* en *Revista de Derecho Público*, N° 112, Editorial Jurídica Venezolana, Caracas, 2007, pp. 572 ss. (Véase también en http://www.tsj.gov.ve/decisiones/scon/Noviembre/2108-071107-07-1484.htm).

276 Véase sentencia del Tribunal Supremo de Justicia en Sala Constitucional N° 2147 de 13 de Noviembre de 2007, Caso *Rafael Ángel Briceño*, en *Revista de Derecho Público*, N° 112, Editorial Jurídica Venezolana, Caracas, 2007, pp. 578 ss.(Véase también en http://www.tsj.gov.ve/decisiones/scon/Noviembre/2147-131107-07-1476.htm).

277 Véase sentencia del Tribunal Supremo de Justicia en Sala Constitucional N° 2191 del 22 de Noviembre de 2007, Caso *Yvett Lugo Urbaéz,* en *Revista de Derecho Público*, N° 112, Editorial Jurídica Venezolana, Caracas, 2007, pp. 584 ss. (Véase también en http://www.tsj.gov.ve/decisiones/scon/Noviembre/2191-221107-07-1605.htm). Criterio reiterado también en las sentencias 2108/2007; 2147/2007 y 2189/2007) de la misma Sala.

278 *Ibídem*

279 *Ibídem*

280 *Ibídem*

281 *Ibídem*

Luego, analizando el procedimiento de reforma constitucional como si fuera equivalente al de formación de las leyes, concluyó la Sala señalando que en Venezuela no hay control previo de constitucionalidad sobre los proyectos de leyes, declarando entonces que no se puede impugnar en forma previa el acto sancionado por la Asamblea Nacional, declarando en consecuencia que "**no ha lugar a la acción**"[282].

Se observa, con esta decisión, que la Sala no fue que declaró "inadmisible" la acción, sino que con la misma, en realidad, **lo** que hizo fue negar el derecho ciudadano de acceso a la justicia y a la tutela judicial efectiva consagrados en la Constitución (Art. 26), al "inventar" la Sala un tipo de "decisión" no prevista en la Ley que rige sus funciones, de que "**no ha lugar a la acción**" que equivale a decidir, que el ciudadano en ese caso, no tiene derecho de acceder a la justicia, lo cual es la negación misma del Estado de derecho.

Por otra parte, en cuanto a la acción de amparo ejercida contra el acto del Consejo Nacional Electoral convocando el referendo, la Sala lo declaró **inadmisible** porque dicho acto sólo se podía impugnar mediante acción de inconstitucionalidad por supuestamente tratarse de actos de ejecución directa de la Constitución, con lo cual, de otro plumazo, la Sala Constitucional renunció a proteger la Constitución, se negó a reconocer la existencia del derecho ciudadano a la supremacía constitucional, y negó la posibilidad de la acción de amparo contra actos del Consejo Nacional Electoral en contra del principio de la universalidad del amparo de otrora arraigada raíz en la jurisprudencia, expresada en la sentencia de la antigua Corte Suprema de Justicia, de 31 de enero de 1991 (Caso *Anselmo Natale)*, en la famosa frase de que "no puede existir ningún acto estatal que no sea susceptible de ser revisado por vía de amparo".[283]

La comentada sentencia N° 2191[284], se dictó en paralelo con la sentencia N° 2193 del mismo día 22 de noviembre de 2007 (Ponente: Carmen Zuleta de Merchán), dictada en el Caso *Luis Hueck Henríquez*[285], con motivo de la interposición de una acción de amparo constitucional también contra los actos de la Asamblea Nacional y contra el Consejo Nacional Electoral mediante los cuales se aprobó el texto definitivo de la Reforma Constitucional y se convocó al referendo a que alude el artículo 346 de la Constitución, a cuyo efecto el recurrente adujo actuar "en nombre de los intereses colectivos y difusos de los inscritos en el Registro Electoral Permanente"[286].

---

282 *Ibídem*

283 Citada por la sentencia de la Sala Político Administrativa de la misma antigua Corte Suprema de 24 de mayo de 1993, en *Revista de Derecho Público,* N° 55-56, Editorial Jurídica Venezolana, Caracas 1993, pp. 284-285.

284 Véase sentencia del Tribunal Supremo de Justicia en Sala Constitucional N° 2191 del 22 de Noviembre de 2007, Caso *Yvett Lugo Urbaéz* en *Revista de Derecho Público*, N° 112, Editorial Jurídica Venezolana, Caracas, 2007, pp. 584 ss. (Véase también en http://www.tsj.gov.ve/decisiones/scon/Noviembre/2191-221107-07-1605.htm).

285 Véase sentencia del Tribunal Supremo de Justicia en Sala Constitucional N° 2193 del 22 de Noviembre de 2007, Caso *Luis Hueck Henríquez* en *Revista de Derecho Público*, N° 112, Editorial Jurídica Venezolana, Caracas, 2007, pp. 596 ss. (Véase también en http://www.tsj.gov.ve/decisiones/scon/Noviembre/2193-221107-07-1641.htm)

286 *Ibídem*

Esta acción también fue declarada **inadmisible**, para lo cual la Sala estimó que en el caso concreto, no estaban presentes "aspectos que caracterizan a este tipo de derechos o intereses, y a los cuales se ha referido esta Sala en distintas oportunidades (entre otras, en sentencia del 18 de febrero de 2003, recaída en el Caso: *César Pérez Vivas*) como lo son que los hechos en que se funde la acción sean genéricos y que la prestación requerida sea indeterminada"[287], constatando que la acción intentada no perseguía "la protección de la calidad de vida de un grupo determinado o indeterminable de ciudadanos, sino que, en la forma en la cual fue planteada dicha pretensión, persigue un pronunciamiento jurisdiccional de esta Sala tendiente a restringir o anular dos actos dictados por órganos que ejercen el Poder Público en los términos previstos en el artículo 343 y 346 de la Constitución"[288]. De ello concluyó la Sala, señalando que "la pretensión de la parte accionante escapa del carácter protector de la calidad de vida que involucra la tutela de los derechos difusos, por cuanto no se persigue la protección de un bien común"[289].

En el caso concreto, además, la Sala señaló que "la lesión constitucional se le atribuye a un proyecto de reforma aprobado por la Asamblea Nacional y que será sometido a referendo próximamente", lo que supuestamente "quiere decir que la efectividad del texto definitivo **aún no se ha verificado** y, por lo tanto, no se cumple con el requisito de la inmediatez de la lesión"[290], razón por la cual declaró la inadmisibilidad de la acción.

En otra sentencia N° 2198 de 23 de noviembre de 2007 (Ponente: Arcadio Delgado Rosales), Caso *Moisés Troconis Villarreal*[291], la misma Sala Constitucional también declaró **inadmisible** otra acción de amparo intentada, esta vez por quien había sido un magistrado del Tribunal Supremo, intentada contra la sanción de la reforma constitucional por la Asamblea Nacional, alegando violación al "derecho fundamental a la Constitución de la República, a su integridad y a su revisión", en particular, "del derecho y de la garantía constitucionales consagrados en los artículos 334, primer párrafo y 342, primer párrafo, de la Constitución de la República". Para tal fin, la Sala consideró que no evidenciaba "que las precitadas normas consagren derechos, garantías o libertades de carácter individual o de naturaleza colectiva o difusa", sino más bien "estas disposiciones consagran competencias a ser ejercidas por el Poder Público"; decidiendo, en definitiva que "no contempla derechos" y que "al no advertirse en dichas normas ningún derecho o garantía, sino competencias y atribuciones a ser ejercidas por los poderes públicos, esta Sala considera que en las aludidas disposiciones no existen derechos a ser tutelados."[292]

Por ello la Sala concluyó, en el caso concreto, que no había evidenciado del escrito del accionante "cómo las actuaciones denunciadas como lesivas son susceptibles de vulnerar sus derechos o garantías constitucionales", decidiendo también que

287 *Ibídem*

288 *Ibídem*

289 *Ibídem*

290 *Ibídem*

291 Véase la sentencia del Tribunal Supremo de Justicia en Sala Constitucional, N° 2198 de 23 de Noviembre de 2007, Caso *Moisés Troconis Villareal* en http://www.tsj.gov.ve/decisio-nes/scon/Noviem-bre/2198-231107-07-1645.htm.

292 *Ibídem*

carecía "de legitimación activa para incoar la acción de amparo".[293] Desconoció, así, la Sala Constitucional, de nuevo, el derecho ciudadano a la supremacía constitucional.

La Sala Constitucional, en efecto, al declarar la inadmisibilidad de estas acciones de amparo constitucional, en definitiva, lo que consideró fue que la norma del artículo 342 supuestamente no contenía derecho constitucional alguno, concluyendo como lo dijo en la antes citada sentencia N° 2042 (Caso *Néstor Luis Romero*) de 2 de noviembre de 2007, que el accionante "no tiene legitimación activa alguna para incoar la presente acción de amparo constitucional, por cuanto no señaló, ni se evidencia de autos, de qué manera las actuaciones denunciadas como lesivas son susceptibles de vulnerar sus derechos constitucionales", por lo cual declaró inadmisible la acción de conformidad con lo dispuesto en el artículo 19,5, de la Ley Orgánica del Tribunal Supremo de Justicia, "por la falta de legitimación del accionante".

El magistrado Pedro Rafael Rondón Haaz, en cambio, en dicha sentencia N° 2042 salvó su Voto por considerar básicamente que, al contrario, la norma del artículo 342:

> "entraña un evidente derecho de rango constitucional y alcance general para todos los ciudadanos, en el sentido de que, sólo por su condición de tales, en cuanto suscriptores del pacto social que es, en definitiva, una Constitución, que determina la directa afectación de su esfera jurídica constitucional cuando dicho pacto es alterado, lo cual les proporciona legitimación para la defensa de dicha esfera jurídica y título jurídico suficiente para exigir a los destinatarios directos de la norma (la Asamblea Nacional -mediante acuerdo aprobado por el voto de la mayoría de sus integrantes-, el Presidente o Presidenta de la República en Consejo de Ministros; o un número no menor del quince por ciento de los electores inscritos y electoras inscritas en el Registro Civil y Electoral, que son quienes tienen iniciativa para solicitarla), como conducta determinada de la cual es acreedor aquél, el estricto cumplimiento o apego a ella. En el peor de los casos, se trataría, en términos análogos, de un interés -por oposición a derecho propiamente dicho- igualmente legitimador."[294]

El Magistrado salvante del voto ratificó entonces su criterio de que no cabe duda de que:

> "el artículo 342 entraña un derecho de todos -como miembros de la sociedad suscriptora del pacto social- a que la reforma constitucional proceda -y solo proceda- para "*una revisión parcial de esta Constitución y la sustitución de una o varias de sus normas* que *no modifiquen la estructura y principios fundamentales del Texto Constitucional*", de manera que, cuando el demandante alegó la supuesta vulneración de esta norma ante una eventual reforma constitucional que incluya modificaciones en la estructura y principios fundamentales del Estado, está, ciertamente, haciendo referencia a la supuesta lesión a derechos constitucionales difusos, los cua-

---

293 *Ibídem*

294 Véase sentencia del Tribunal Supremo de Justicia en Sala Constitucional N° 2042 de 2 de Noviembre de 2007, Caso *Néstor Luis Romero Méndez* en *Revista de Derecho Público*, N° 112, Editorial Jurídica Venezolana, Caracas, 2007, p. 641 (Véase también en http://www.tsj.gov.ve/decisio-nes/scon/Noviembre/2042-021107-07-1374.htm).

les tienen expresa protección constitucional según dispone el artículo 26 de la Constitución de la República Bolivariana de Venezuela." [295]

En la misma orientación restrictiva de las anteriores sentencias, la Sala Constitucional mediante sentencia N° 2211 (Ponente: Arcadio Delgado Rosales) de 29 de noviembre de 2007, Caso *Claudia Nikken y Flavia Pesci Feltri*[296], también declaró la **inadmisibilidad** de la acción de amparo que estas ciudadanas habían interpuesto en nombre propio como abogadas integrantes del sistema de justicia y asumiendo "la representación del Pueblo de Venezuela" contra el Presidente de la República, la Asamblea Nacional y el Consejo Nacional Electoral, con fundamento en los artículos 26, 27 y 333 de la Constitución, con la finalidad de que se proteja el derecho del pueblo de Venezuela al reconocimiento de su soberanía, que consideraron violado al rebasar dichos órganos los límites sustanciales de su competencia al darle curso a la reforma constitucional.

En este caso, la inadmisibilidad de la acción fue declarada por la Sala, por inepta acumulación de dos acciones que la Sala estimó como no acumulables, que eran la referida en el artículo 26, que es la acción de tutela de intereses colectivos o difusos, y la referida en el artículo 27, que es la acción de amparo. Sin embargo, ello no impidió que la Sala en forma expresa, desconociera el carácter de derecho constitucional del "*derecho del pueblo de Venezuela al reconocimiento de su soberanía",* el cual estimó que en '*sensu stricto'* **no es un derecho** (no está incluido como tal en el Título III de la Constitución), sino un principio contemplado expresamente en el Título I, artículo 5 de la Carta Fundamental," decisión con la cual el juez constitucional redujo la categoría de derechos constitucionales a los incluidos en el Título III de la Constitución, y desconociendo tal condición a los otros derechos fundamentales derivados de la organización del Estado, como el derecho a la democracia, el derecho al control del poder, el derecho a la supremacía constitucional y el derecho al reconocimiento de la soberanía popular.

En todo caso, la actitud de la Sala Constitucional del Tribunal Supremo en 2007 al renunciar a ejercer su rol de guardián de la Constitución, no es de extrañar. El día 17 de agosto de 2007, sólo dos días después de que el Presidente de la República había presentado su Anteproyecto de reforma constitucional ante la Asamblea Nacional para inconstitucionalmente y en fraude a la Constitución iniciar el procedimiento de "reforma constitucional", la Presidenta de la Sala Constitucional del Tribunal Supremo (es decir, de la Jurisdicción Constitucional) y del propio Tribunal Supremo, quien a la vez era miembro del Consejo Presidencial para la Reforma Constitucional, adelantándose a cualquier posible y previsible impugnación por inconstitucionalidad de la iniciativa presidencial y del trámite parlamentario, y emitiendo opinión impunemente, prejuzgando cualquier asunto, dijo lo siguiente conforme se reseñó en la prensa:

> "dejó en claro que la Sala Constitucional no tramitará ninguna acción relacionada con las modificaciones al texto fundamental, hasta tanto éstas no hayan sido aprobadas por los ciudadanos en el referendo. "Cualquier acción debe ser presentada

295 *Ibídem*

296 Véase Sentencia del Tribunal Supremo de Justicia en Sala Constitucional N° 2211 de 29-11-2007, *Caso Claudia Nikken y Flavia Pesci Feltri*, en http://www.tsj.gov.ve/decisio-nes/scon/Noviem-bre/2211-291107-07-1617.htm

después del referendo cuando la reforma ya sea norma, porque no podemos interpretar una tentativa de norma. Después de que el proyecto sea una norma podríamos entrar a interpretarla y a conocer las acciones de nulidad".[297]

Y eso fue, precisamente, lo que decidió la Sala Constitucional en su sentencia N° 2189 de Noviembre de 2007 (Caso *Confederación de Profesionales Universitarios de Venezuela (CONFEPUV)* y otros), (Ponente: Arcadio Delgado Rosales), en la cual participó la Magistrado Presidenta, pues no se inhibió como hubiera correspondido en un Estado de derecho al haber adelantado públicamente opinión sobre lo decidido comprometiendo su imparcialidad[298], declarando como "**improponible**" una acción de inconstitucionalidad contra el acto de la Asamblea Nacional que había sancionado la reforma constitucional.[299].

Al contrario, la inconstitucionalidad en el procedimiento de revisión constitucional debía ser controlada por la Jurisdicción Constitucional que ejerce la Sala Constitucional, en sus fases, desde la iniciativa, la sanción por la Asamblea y la convocatoria de referendo, para lo cual tenía y tiene competencia al tratarse de acciones de nulidad de dichos actos estatales contrarios a la Constitución.

Lamentablemente ello no lo entendió así la Sala Constitucional, y sucesivamente, en diversas sentencias dictadas con motivo de variadas acciones de inconstitucionalidad intentadas contra los diversos actos estatales de las diversas fases del procedimiento de reforma constitucional, las fue sucesiva y sistemáticamente declarando como "**improponibles**", es decir, **negó incluso el derecho ciudadano acceder a la justicia y a obtener tutela judicial.**

En efecto, en sentencia N° 2108 de 7 de noviembre de 2007 (Ponente: Francisco Carrasqueño), dictada en el Caso *Jorge Paz y otros* con motivo de decidir una acción popular de inconstitucionalidad contra los actos ejecutados por el Presidente de la República el 15 de agosto de 2007; los actos del Ministro del Poder Popular del Despacho de la Presidencia; los actos de la Asamblea Nacional y de la Comisión Mixta, todos relacionados con el proyecto de reforma de la Constitución que por iniciativa del Presidente de la República tramitaba la Asamblea Nacional, la Sala la declaró la acción como "**improponible**", "inventando" así una nueva categoría de decisiones de la Jurisdicción Constitucional, distinta a la inadmisibilidad, o a declarar sin lugar la acción, consistente en **la negación del derecho ciudadano de accionar**, es decir, de acceso a la justicia y a una tutela judicial efectiva que consagra el artículo 26 de la Constitución. Eso, y no otra cosa, es esto de declarar como "**improponible**" una acción.

---

297 Reseña del periodista Juan Francisco Alonso, en *El Universal*, Caracas 18-08-2007.

298 Conforme al artículo 8 del Código de Ética del Juez, "La imparcialidad constituye supuesto indispensable para la correcta administración de justicia, y por ello el magistrado...juez... que se hallare incurso en alguna causal de inhibición o recusación o viere comprometida su imparcialidad por alguna circunstancia previa o sobreviniente al proceso del cual deba conocer, debe separarse inmediatamente del mismo sin esperar a que se le recuse."

299 Véase la sentencia del Tribunal Supremo de Justicia en Sala Constitucional N° 2189 de 22 de Noviembre de 2007, Caso *Confederación de Profesionales Universitarios de Venezuela (CONFEPUV) y otros*, en *Revista de Derecho Público*, N° 112, Editorial Jurídica Venezolana, Caracas, 2007, pp. 581 ss. (Véase también en http://www.tsj.gov.ve/decisiones/scon/Noviem-bre/2189-221107-07-1596.htm).

Con todas las sentencias dictadas en el mismo sentido, la Sala Constitucional del Tribunal Supremo de Justicia, como Jurisdicción Constitucional, deliberadamente y tal como lo había anunciado públicamente, con anterioridad, su Presidenta, renunció a ejercer el control de constitucionalidad sobre los actos de los poderes constituidos relativos a la reforma constitucional, lo que sin duda contrasta con lo que sucede en otros países latinoamericanos y con lo que incluso se regula expresamente en muchas Constituciones.

Fue el caso, por ejemplo, de lo que sucedió en Colombia, no sólo en 2009, sino antes, desde 2003. Conforme a la Constitución colombiana, la Corte Constitucional tiene a su cargo la guarda de la integridad y supremacía de la Constitución, y en particular de los procedimientos para la revisión constitucional, (arts. 241, 379). Sobre ello, la Corte Constitucional en sentencia N° C-551 del 9 de julio de 2003, por ejemplo, con ocasión del proceso de reforma de la que propuso el Presidente de la República y fue aprobada por el Congreso de la República a través de la Ley N° 796 de 2003, decidió que:

> "La Constitución ha establecido "un control reforzado sobre la convocatoria de un referendo, porque además del control automático que ejerce la Corte sobre la ley de referendo, es viable la acción pública de inconstitucionalidad contra el acto reformatorio de la Constitución". Y este control reforzado es razonable por cuanto, como lo señaló el citado auto, la "reforma a la Constitución por medio de un referendo es un procedimiento que comprende diversas etapas. Por ende, conforme al artículo 241 ord 2, la Corte ejerce el control automático definitivo sobre la ley que somete a decisión del pueblo un proyecto de reforma constitucional, sin perjuicio de lo señalado en el artículo 379 superior". Concluyó entonces el citado auto que la "Corte ejerce un control automático sobre todos los eventuales vicios de procedimiento en la formación de la ley que convoca a referendo".

Por otra parte, debe recordarse que en la Constitución de Costa Rica, el artículo 10, b) atribuye a la Sala Constitucional de la Corte Suprema de Justicia, competencia para conocer de las consultas sobre proyectos de reforma constitucional; y que en la Constitución de Chile, el artículo 82, 2 atribuye al Tribunal Constitucional competencia para resolver las cuestiones sobre constitucionalidad que se susciten durante la tramitación de los proyectos de reforma constitucional.

No es posible, por tanto, realizar una reforma constitucional mediante un procedimiento distinto al establecido en la propia Constitución, por lo que los procedimientos de reforma o enmienda constitucional que no se desarrollen conforme a las normas constitucionales que los regulan, o que versen por ejemplo sobre asuntos o materias que la Constitución prohíbe, son inconstitucionales y pueden ser controlados por la Jurisdicción Constitucional, que en el caso de Venezuela, es la Sala Constitucional del Tribunal Supremo de Justicia; órgano que sin embargo, como se ha analizado anteriormente, renunció a ejercer la justicia constitucional, con el argumento de que había que esperar que el procedimiento constitucional culminase en todas sus etapas, incluso con la "aprobación" mediante referendo, para que una vez publicada la nueva Constitución en Gaceta Oficial, una reforma constitucional inconstitucionalmente realizada pudiera impugnarse. Para ese momento, sin duda, entonces, como hecho cumplido, hasta hubiera podido surgir una eventual tesis de la prevalencia de la voluntad popular expresada como poder constituyente originario en el referendo frente a la supremacía constitucional. Sobre ello tenemos experiencia en Venezuela.[300].

En todo caso, en cuanto al procedimiento de "reforma constitucional" desarrollado inconstitucionalmente en Venezuela entre agosto y diciembre de 2007, sin embargo, como se dijo, fue el pueblo el que se encargó de ponerle fin, mediante el masivo rechazo popular a la reforma, la cual no fue aprobada en el referendo del 2 de diciembre de 2007. Ello, sin embargo, no impidió que esta vez en fraude a la voluntad popular, las reformas se hubiesen implementado, mediante decretos leyes y leyes respecto de las cuales el Juez Constitucional se abstuvo de ejercer control de constitucionalidad alguno.

4. *La abstención del Juez Constitucional en controlar la constitucionalidad de la implementación, mediante leyes y decretos leyes, de la rechazada reforma constitucional de 2007*

En efecto, los síntomas de la patología de la justicia constitucional en Venezuela no sólo se manifestaron en la abstención por parte del Juez Constitucional de controlar la constitucionalidad del procedimiento seguido para la "reforma constitucional" de 2007, sino en que la misma reforma tramitada inconstitucionalmente y rechazada por el pueblo mediante referendo, fue implementada mediante leyes y decretos leyes evidentemente inconstitucionales que la Sala Constitucional se abstuvo de controlar. En este caso, también fue la abstención del Juez Constitucional lo que permitió la implementación de la rechazada reforma en violación de la Constitución.[301]

En efecto, Tan pronto fue rechazada por el pueblo la Reforma Constitucional de 2007, el Presidente de la República y los directivos de la Asamblea Nacional anunciaron que a pesar de ello implementarían las reformas rechazadas, mediante leyes y decretos leyes, lo que efectivamente ha ocurrido en muchas áreas.

En particular muchas de las rechazadas reformas constitucionales fueron ilegítima y fraudulentamente implementadas mediante decretos leyes dictados por el Presidente de la República en ejecución de la Ley que Autoriza al Presidente de la República para Dictar Decretos con Rango, Valor y Fuerza de Ley, en las materias que se Delegan,"[302] la cual había sido sancionada coetáneamente con el anuncio presidencial de iniciar el proceso de reforma constitucional de 2007. Como este resultó rechazado por el pueblo, dicha ley de delegación legislativa fue el instrumento utilizado para implementar fraudulentamente muchas de las reformas rechazadas, parti-

300 Véase Allan R. Brewer-Carías, "El desequilibrio entre soberanía popular y supremacía constitucional y la salida constituyente en Venezuela en 1999", en *Anuario Iberoamericano de Justicia Constitucional*, N° 3, Centro de Estudios Políticos y Constitucionales, Madrid 2000, pp. 31-56

301 Véanse los trabajos de Lolymar Hernández Camargo, "Límites del poder ejecutivo en el ejercicio de la habilitación legislativa: Imposibilidad de establecer el contenido de la reforma constitucional rechazada vía habilitación legislativa," en *Revista de Derecho Público*, N° 115 (Estudios sobre los Decretos Leyes), Editorial Jurídica Venezolana, Caracas 2008, pp. 51 ss.; Jorge Kiriakidis, "Breves reflexiones en torno a los 26 Decretos-Ley de Julio-Agosto de 2008, y la consulta popular refrendaría de diciembre de 2007", *Idem*, pp. 57 ss.; y José Vicente Haro García, Los recientes intentos de reforma constitucional o de cómo se está tratando de establecer una dictadura socialista con apariencia de legalidad (A propósito del proyecto de reforma constitucional de 2007 y los 26 decretos leyes del 31 de julio de 2008 que tratan de imponerla)", *Idem*, pp. 63 ss.

302 *Gaceta Oficial* 38.617, de fecha 1° de febrero de 2007

cularmente en el área económico y social para estructurar un Estado Socialista centralizado.

Ello, incluso se había comenzado a realizar en ejecución de dicha ley de delegación legislativa con el Decreto Ley N° 5841 de 12 de junio de 2007[303] mediante el cual se dictó la Ley Orgánica de Creación de la Comisión Central de Planificación, la cual constituyó el primer acto estatal formal con el que se comenzó la construcción de un Estado Socialista.[304] Posteriormente, luego de rechazada la reforma constitucional en el referendo realizado el 2 de diciembre de 2007, en ejecución de dicho Decreto Ley, la Asamblea Nacional aprobó el 13 de diciembre de 2007, al adoptar el *Plan de Desarrollo Económico y Social de la Nación 2007-2013* en ejecución de lo establecido en el artículo 32 del Decreto con Fuerza de Ley Orgánica de Planificación, en el cual se establecieron las bases de un "sistema de planificación, producción y distribución orientado hacia el socialismo, donde lo relevante es el desarrollo progresivo de la propiedad social sobre los medios de producción". A tal efecto, las propuestas de la rechazada Reforma Constitucional de 2007, que buscaban atribuir al Estado la facultad de controlar y asumir sectores de la producción agrícola, pecuaria, pesquera y acuícola, en particular la producción de alimentos, se materializaron en el Decreto Ley de Ley Orgánica de Seguridad y Soberanía Agroalimentaria[305] en la cual se atribuye al Estado no sólo autorizar la importación de alimentos, sino priorizar su producción, y además asumir directamente las actividades de distribución e intercambio de los mismos.

En la misma orientación, el Decreto Ley N° 6.130 de 03 junio de 2008, de Ley para el fomento y desarrollo de la economía popular, regula el "modelo socioproductivo comunitario", con diversas formas de organizaciones socioproductivas siguiendo el modelo socialista[306]. En igual orientación abiertamente socialista se dictó el Decreto Ley sobre la Ley para la Defensa de las Personas en el Acceso a los Bienes y Servicios que derogó la Ley de Protección al Consumidor y al Usuario,[307] con el objeto de regular toda la cadena de comercialización y todos los ámbitos económicos en materia de bienes y servicios, ampliando excesivamente las facultades del Estado al punto de poder efectuar confiscaciones de bienes y servicios.

En cuanto a las reformas en la democracia representativa para eliminarla del nivel local, tal y como se buscaba generalizar en la reforma constitucional rechazada de 2007, como se dijo, las mismas ya se habían comenzado a efectuar con la sanción en 2006 de la Ley de los Consejos Comunales,[308] como unidades u organizaciones sociales no electas mediante sufragio universal, directo y secreto y sin autonomía

303 *Gaceta Oficial* N° 5.841 Extraordinaria del 22 de junio de 2007.

304 Véase Allan R. Brewer-Carías, "Comentarios sobre la inconstitucional creación de la Comisión Central de Planificación, centralizada y obligatoria", *Revista de Derecho Público*, N° 110, (abril-junio 2007), Editorial Jurídica Venezolana, Caracas 2007, pp. 79-89.

305 *Gaceta Oficial* N° 5.889 Extraordinaria con fecha 31 de julio de 2008.

306 *Gaceta Oficial* N° 5.890 Extraordinaria de 31 julio de 2008.

307 *Gaceta Oficial* N° 37.930 del 4 de mayo de 2004.

308 Ley de Consejos Comunales, *Gaceta Oficial,* N° 5806 *Extraordinario,* 10-04-2006. Véase Allan R. Brewer-Carías, "El inicio de la desmunicipalización en Venezuela: La organización del Poder Popular para eliminar la descentralización, la democracia representativa y la participación a nivel local", en *AIDA, Opera Prima de Derecho Administrativo. Revista de la Asociación Internacional de Derecho Administrativo,* Universidad Nacional Autónoma de México, México, 2007, pp. 49 a 67.

territorial, supuestamente dispuestos para canalizar la participación ciudadana, pero conforme a un sistema de conducción centralizado desde la cúspide del Poder Ejecutivo Nacional.

En cuanto a la eliminación del principio descentralizador como pilar fundamental del constitucionalismo venezolano, que con la reforma constitucional rechazada de 2007 se buscaba desmantelar completamente, minimizándose la forma Federal del Estado, mediante la centralización de competencias que eran de los Estados, la creación de órganos administrativos creados y dirigidos por el Ejecutivo Nacional, la atribución al Presidente de la República para intervenir en los asuntos regionales y locales; y el vaciamiento adicional de las competencias estadales y municipales mediante su transferencia a los consejos comunales. Para implementar estas reformas, no sólo se ha puesto en ejecución el último de los aspectos señalados, obligando a Estados y Municipios de transferir sus competencias a entes locales controlados por el Poder Central (Consejos Comunales), sino que mediante el Decreto Ley N° 6.217 de 15 de julio de 2008, sobre la Ley Orgánica de la Administración Pública,[309] que ahora se aplica directamente a las Administraciones Públicas Nacional, Estadal y Municipal, al poner en ejecución el principio de planificación centralizada, las somete todas a lo que defina el Ejecutivo Nacional a través de la Comisión Central de Planificación. Esta Ley, además, atribuye al Presidente de la República, como se propuso en la rechazada reforma constitucional de 2007, la faculta de designar Autoridades Regionales que tendrían la función de planificación, ejecución, seguimiento y control de las políticas, planes y proyectos de ordenación y desarrollo del territorio aprobado conforme a la planificación centralizada.

En cuanto al sistema de distribución territorial de competencias entre el nivel nacional y el nivel estadal, la propuesta de reforma constitucional de 2007 perseguía eliminar la competencia "exclusiva" atribuida a los Estados en el artículo 164,10 de la Constitución en materia de "La conservación, administración y aprovechamiento de carreteras y autopistas nacionales, así como de puertos y aeropuertos de uso comercial, en coordinación con el Poder Nacional." En este caso, la fraudulenta implementación de la rechazada reforma correspondió hacerlo a la Sala Constitucional del Tribunal Supremo de Justicia, al decidir un recurso de interpretación introducido por el Procurador General de la República en representación del Ejecutivo Nacional, mediante la sentencia N° 565 de 15 de abril de 2008[310], en la cual, pura y simplemente "modificó" el contenido de esta norma constitucional y dispuso, mutándola, como interpretación vinculante de la misma, que esa "competencia exclusiva" *no es tal competencia exclusiva*, sino una competencia "concurrente" y que, incluso, el Poder Nacional podía revertir a su favor la materia "descentralizada" eliminando toda competencia de los Estados.

En todo caso, por el trastocamiento al orden jurídico que la sentencia provocó, la Sala Constitucional instó a la Asamblea Nacional a dictar la legislación acorde con la "reforma" constitucional que efectuaba, y por tanto inconstitucional, lo cual efec-

309 *G.O.* Extra N° 5.890 de 31-07-2008. Véase Allan R. Brewer-Carías, "El sentido de la reforma de la Ley Orgánica de la Administración Pública", *Revista de Derecho Público*, N° 115, EJV, Caracas 2008, pp. 155 ss.

310 *Cfr.* Sentencia de la Sala Constitucional N° 565, Caso *Procuradora General de la República*, recurso de interpretación del artículo 164.10 de la Constitución de 1999 de fecha 15 de Abril de 2008, en http://www.tsj.gov.ve/decisiones/scon/Abril/565-150408-07-1108.htm.

tivamente originó en marzo de 2009, la reforma de la Ley Orgánica de Descentralización, Delimitación y Transferencia de Competencias del Poder Público,[311] a los efectos de eliminar las competencias exclusivas de los Estados establecidas en los ordinales 3 y 5 del artículo 11 de dicha Ley, agregando dos nuevas normas que autorizan al Ejecutivo Nacional, para revertir la transferencia de las competencias a los Estados (Art. 8); y decretar la intervención de bienes y servicios públicos transferidos a los Estados en la materia (Art. 9). Con ello se completó el fraude constitucional dispuesto por la Sala Constitucional, trastocándose el régimen federal.[312]

En la misma orientación centralista, mediante la rechazada Reforma Constitucional de 2007 se buscaba eliminar como entidad político territorial dentro de la forma federal del Estado, al Distrito Capital[313] donde tienen su sede los Poderes nacionales, y recrear la desaparecida figura del "Distrito Federal" como entidad totalmente dependiente del Poder Nacional, en particular del Presidente de la república, sin gobierno propio. Esto último, rechazada la reforma constitucional se ha hecho en fraude a la Constitución, mediante la sanción por la Asamblea Nacional en abril de 2009 de la Ley Especial Sobre la Organización y Régimen del Distrito Capital[314], mediante la cual, lejos de haber establecido una organización democrática de una entidad política de la Republica, lo ha regulado como una dependencia del Poder Nacional, con ámbito territorial según se indica en el artículo 4 igual al que "correspondían al extinto Distrito Federal a la fecha de entrada en vigencia de la Constitución de la República Bolivariana de Venezuela y que comprende el territorio del actual Municipio Bolivariano Libertador."

Conforme a esta Ley, el Distrito Capital, contrariando la Constitución, no tiene autoridades propias de gobierno, sino que es gobernada por el Poder Nacional mediante, un "régimen especial de gobierno" que consiste en que el ejercicio de la función legislativa en el Distrito está a cargo de la Asamblea Nacional, y el órgano ejecutivo es un Jefe de Gobierno (Art. 3), que de acuerdo con el artículo 7 de la Ley Especial es "de libre nombramiento y remoción" por parte del Presidente de la República, con lo que en el mismo territorio del Municipio Libertador se le ha superpuesto una estructura nacional, mediante una Ley nacional, totalmente inconstitucional.

Otra de las reformas constitucionales que fueron rechazadas por el pueblo, se refirieron al ámbito militar las cuales buscaban transformar la Fuerza Armada Nacional en una "Fuerza Armada Nacional Bolivariana," agregando al Ejército Nacional

---

311 *Gaceta Oficial* N° 39 140 del 17 de marzo de 2009. Véase Alfredo Arismendi y Carlos Luna, *Ley Orgánica de Descentralización, Delimitación y Transferencia de Competencias del Poder Público*, Serie Textos Legislativos n° 3, Universidad Central de Venezuela, Caracas 2011.

312 Véase Allan R. Brewer-Carías, "La Sala Constitucional como poder constituyente: la modificación de la forma federal del estado y del sistema constitucional de división territorial del poder público, en *Revista de Derecho Público*, N° 114, (abril-junio 2008), Editorial Jurídica Venezolana, Caracas 2008, pp. 247-262.

313 Véase Allan R. Brewer-Carías, "Consideraciones sobre el régimen constitucional del Distrito Capital y del sistema de gobierno municipal de Caracas" en *Revista de Derecho Público*, N° 82, Editorial Jurídica Venezolana. Caracas, 2000, pp. 5-17.

314 *Gaceta Oficial* N° 39.156 de 13 de abril de 2009. Véase Allan R. Brewer-Carías, "Introducción general al régimen del Distrito capital y su incidencia en el régimen municipal del Distrito Metropolitano de Caracas" en *Leyes sobre el Distrito Capital y el Área metropolitana de Caracas*, Colección Cuadernos Legislativos n° 45, Editorial Jurídica Venezolana, Caracas, 2009, pp. 9-37.

Bolivariano, a la Armada Nacional Bolivariana, a la Aviación Nacional Bolivariana y a la Guardia Nacional Bolivariana, un nuevo componente que se denomina "Milicia Nacional Bolivariana." Todo ello, a pesar del rechazo popular a la reforma, se ha hecho mediante el Decreto Ley sobre la Ley Orgánica de la Fuerza Armada Nacional,[315] mediante el cual efectivamente, la Fuerza Armada Nacional como se la denomina en la Constitución ahora se llama "Fuerza Armada Nacional Bolivariana" sujeta a la "doctrina militar bolivariana," creándose la Milicia Nacional Bolivariana como órgano de apoyo de la Fuerza Armada Nacional Bolivariana, todo conforme se había propuesto en la rechazada reforma constitucional de 2007.

Todas estas leyes fueron objeto de recursos de inconstitucionalidad, no habiendo sido los mismos siquiera decididos por el Juez Constitucional. Lamentablemente para el Estado de derecho, el Presidente de la República estaba absolutamente seguro de que la sumisa Sala Constitucional que controlaba, jamás ejercería el control de constitucionalidad sobre esos textos inconstitucionales.

Por último, lo mismo ocurrió con el conjunto de leyes dictadas por la Asamblea Nacional después de que se realizaron las elecciones legislativas de septiembre de 2010. En las mismas el gobierno perdió la mayoría del voto popular y la mayoría calificada que tenía en la Asamblea, pero sin embargo, antes de que tomaran posesión los nuevos diputados y se instalara la nueva Asamblea electa, la ya deslegitimada Asamblea Nacional procedió a sancionar un conjunto de Leyes Orgánicas con el deliberado propósito de regular, al margen de la Constitución, el marco normativo de un nuevo Estado, distinto y paralelo al Estado Constitucional, que no es otra cosa que el Estado Socialista, Centralizado, Militarista y Policial que se quiso regular en la rechazada reforma constitucional, denominado "Estado Comunal" o "Estado del Poder Popular." Dichas Leyes Orgánicas en efecto, fueron las del Poder Popular, de las Comunas, del Sistema Económico Comunal, de Planificación Pública y Comunal y de Contraloría Social.[316]

Además, en el mismo marco de estructuración del Estado Comunal montado sobre el Poder Popular, igualmente en diciembre de 2010 se reformó la Ley Orgánica del Poder Público Municipal eliminándose las Juntas parroquiales, y se reformó las Leyes de los Consejos Estadales de Planificación y Coordinación de Políticas Públicas, y de los Consejos Locales de Planificación Pública.[317]

Dichas leyes, todas, implementaron aspectos de la rechazada reforma constitucional y todas fueron impugnadas ante la Jurisdicción Constitucional por violar la

---

315 Decreto Ley N° 6.239, sobre la Ley Orgánica de la Fuerza Armada Nacional Bolivariana, en *Gaceta Oficial* N° 5.891 Extra. de 31-07-2008. Véase Allan R. Brewer-Carías, *Dismantling Democracy in Venezuela. The Chávez Authoritarian Experiment*. Cambridge University Press,. New York, 2010, pp. 329 ss.; y Jesús María Alvarado Andrade "La nueva Fuerza Armada Bolivariana (comentarios a raíz del Decreto N° 6.239, con rango, valor y fuerza de Ley Orgánica de la Fuerza Armada Nacional Bolivariana)" en *Revista de Derecho Público*, n° 115, Editorial Jurídica Venezolana, Caracas, 2008, pp. 207-214

316 Véase en *Gaceta Oficial* N° 6.011 Extra. de 21-12-2010. Respecto de todas dichas leyes, la Sala Constitucional declaró en cada caso la constitucionalidad del carácter orgánico de las mismas. Véase por ejemplo, sentencia N° 1330 de 17-12-2010 en http://www.tsj.gov.ve/decisiones/scon/Diciembre/1330-171210-2010-10-1436.html; sentencia N° 1329 de 16-12-2010 en http://www.tsj.gov.ve/decisiones/scon/Diciembre/1329-161210-2010-10-1434.html; y sentencia N° 1329 de 16-12-2010 en http://www.tsj.gov.ve/decisiones/scon/Diciem-bre/%201328-161210-2010-10-1437.html

317 Véase en *Gaceta Oficial* N° 6.015 Extra. de 30-12-2010

Constitución y el derecho de participación de los ciudadanos en el proceso de su formación.[318] Pero frente a ello, la respuesta del Juez Constitucional hasta ahora ha sido el silencio, es decir, la abstención de decidir los recursos de nulidad por inconstitucionalidad intentados, permitiendo así el propio juez constitucional, la implementación de la reforma constitucional de 2007, contra la voluntad popular que la había rechazado.

5. *La abstención del Juez Constitucional en controlar la constitucionalidad de la sucesión presidencial ante la falta del Presidente electo en la toma de posesión de su cargo en 2013.*

Un reto importante que tiene el Juez Constitucional en el Estado Constitucional es asegurar no sólo que el acceso al poder se realice conforme a las previsiones establecidas en la Constitución, sino que el ejercicio del poder también se realice de acuerdo al texto de la misma.

En particular, en el sistema democrático establecido en la Constitución, el Juez Constitucional es el que tiene a su cargo el controlar que el acceso al poder se realice sólo mediante métodos democráticos, de manera que pueda tener competencia, por ejemplo, para controlar la constitucionalidad del comportamiento de los partidos políticos, pudiendo proscribir, por ejemplo, aquellos partidos con fines no democráticos cuyo objetivo es precisamente destruir la democracia.

Por otra parte, frente a violaciones constitucionales que signifiquen ruptura del hilo constitucional en el acceso y ejercicio del poder, por ejemplo, cuando mediante un golpe de Estado o un golpe a la Constitución se deponga al Presidente de la República, el Juez Constitucional tiene que asumir el reto de restablecer el orden constitucional violado.

En el mundo contemporáneo, particularmente en los regímenes donde existe un Estado democrático de derecho, además del derecho a la Constitución y su supremacía, y además de los clásicos derechos políticos de los ciudadanos, cuya garantía esencialmente corresponde al Juez Constitucional, se puede identificar entre los últimos, el derecho ciudadano a la democracia,[319] es decir, a que en el Estado

---

318 Véase el texto del recurso de nulidad por inconstitucionalidad de todas esas leyes en José Ignacio Hernández G., Jesús María Alvarado Andrade, Luis A. Herrera Orellana, "Los vicios de inconstitucionalidad de la Ley Orgánica del Poder Popular," en Allan R. Brewer-Carías *et al.*, *Leyes Orgánicas sobre el Poder Popular y el Estado Comunal*, Editorial Jurídica Venezolana, Caracas 2011, pp. 507-593. Véase además, Allan R. Brewer-Carías, "La desconstitucionalización del Estado de derecho en Venezuela: del Estado Democrático y Social de derecho al Estado Comunal Socialista, sin reformar la Constitución," en *Estado Constitucional*, Año 1, Nº 2, Editorial Adrus, Lima, junio 2011, pp. 217-236

319 Véase Allan R. Brewer-Carías, "Prólogo: Sobre el derecho a la democracia y el control del poder", al libro de Asdrúbal Aguiar, *El derecho a la democracia. La democracia en el derecho y la jurisprudencia interamericanos. La libertad de expresión, piedra angular de la democracia*, Editorial Jurídica Venezolana, Caracas 2008, 19 ss.; "Sobre las nuevas tendencias del derecho constitucional: del reconocimiento del derecho a la Constitución y del derecho a la democracia", en *VNIVERSITAS, Revista de Ciencias Jurídicas (Homenaje a Luis Carlos Galán Sarmiento)*, Pontificia Universidad Javeriana, facultad de Ciencias Jurídicas, N° 119, Bogotá 2009, pp. 93-111; "Algo sobre las nuevas tendencias del derecho constitucional: el reconocimiento del derecho a la constitución y del derecho a la democracia," en Sergio J. Cuarezma Terán y Rafael Luciano Pichardo (Directores), *Nuevas tendencias del derecho constitucional y el derecho procesal constitucional*, Instituto de Estudios e Investigación Jurídica (INEJ), Managua 2011, pp. 73-94.

Constitucional el pueblo y los ciudadanos gobiernen a través de sus representantes, sometidos a control. La consecuencia de esta aproximación, por supuesto, es que los derechos políticos han comenzado a dejar de estar reducidos a los que generalmente se habían enumerado expresa y aisladamente en las Constituciones, como ha sido el caso del derecho al sufragio, del derecho al desempeño de cargos públicos, del derecho a asociarse en partidos políticos, y más recientemente, del derecho a la participación política en forma directa; pudiéndose identificar además, un derecho a la democracia que los comprende a todos.

Este derecho a la democracia, exige el funcionamiento de un régimen político en el cual se garanticen los *elementos esenciales* de la misma, tal como por ejemplo fueron enumerados por la *Carta Democrática Interamericana* de la Organización de Estados Americanos en 2001, y que además del respeto al conjunto de los derechos humanos y de las libertades fundamentales, son: 1) el acceso al poder y su ejercicio con sujeción al Estado de derecho; 2) la celebración de elecciones periódicas, libres, justas y basadas en el sufragio universal y secreto, como expresión de la soberanía del pueblo; 3) el régimen plural de partidos y organizaciones políticas y 4) la separación e independencia de los poderes públicos (Art. 3).

En cualquier democracia, por tanto, puede decirse que el ciudadano tiene derecho a que se garanticen todos esos elementos esenciales, los cuales incluso, en muchas Constituciones se han configurado como alguno de los mencionados derechos políticos individualizados, como es el caso del derecho a ejercer funciones públicas, del derecho al sufragio, o del derecho de asociación en partidos políticos. Sin embargo, considerados en su conjunto, y destacándose en particular entre ellos, el relativo a la separación de poderes, se pueden configurar, globalmente, como integrando un "derecho a la democracia" que está destinado a garantizar el control efectivo del ejercicio del poder por parte de los gobernantes, y a través de ellos, del Estado.

Este derecho a la democracia, por supuesto, sólo puede configurarse en Estados democráticos de derecho, no siendo concebible en los Estados con regimenes autoritarios donde, precisamente, los anteriormente mencionados elementos esenciales no pueden ser garantizados por la ausencia de controles respecto del ejercicio del poder, aún cuando pueda tratarse de Estados en los cuales, en fraude a la Constitución y a la propia democracia, los gobiernos puedan haber tenido su origen en algún ejercicio electoral.

"Es una experiencia eterna –como hace varias centurias lo enseñó Charles Louis de Secondat, Barón de Montesquieu– que todo hombre que tiene poder, tiende a abusar de él; y lo hace, hasta que encuentra límites", de lo que dedujo su famoso postulado de que "para que no se pueda abusar del poder es necesario que por la disposición de las cosas, el poder limite al poder"[320]. De esta apreciación física fue que se derivó, precisamente, el principio de la separación de poderes que establecieron todas las Constituciones que se formularon después de las revoluciones norteamericana y francesa, convirtiéndose no sólo en uno de los pilares fundamentales del constitucionalismo moderno, sino además, de la propia democracia tanto como régimen político como derecho ciudadano para asegurar que quienes sean electos para gobernar y ejercer el poder estatal en representación del pueblo, no abusen del

320 Charles Louis de Secondat, Barón de Montesquieu, *De l'Espirit des Lois* I, Libro XI, Cáp. IV, 162-163 (ed. G. Tunc, Paris 1949).

mismo. Por ello, desde la misma Declaración de Derechos del Hombre y del Ciudadano de 1789 se estableció, con razón, que "toda sociedad en la cual no esté determinada la separación de los poderes, carece de Constitución" (Art. 16).

Más de doscientos años después, pero con su origen en aquellos postulados, en el orden constitucional interno de los Estados democráticos de derecho, es posible entonces identificar un derecho a la democracia conformado por los antes mencionados *elementos esenciales* que se complementan con sus *componentes fundamentales,* enumerados también en la misma *Carta Democrática Interamericana*, y que son los siguientes: 1) la transparencia de las actividades gubernamentales; 2) la probidad y la responsabilidad de los gobiernos en la gestión pública; 3) el respeto de los derechos sociales; 4) el respeto de la libertad de expresión y de prensa; 5) la subordinación constitucional de todas las instituciones del Estado a la autoridad civil legalmente constituida y 6) el respeto al Estado de derecho de todas las entidades y sectores de la sociedad (Art. 4).

Al igual que algunos de los antes mencionados elementos esenciales de la democracia, muchos de estos componentes fundamentales también se han configurado en las Constituciones como derechos ciudadanos individualizados, como es el caso, por ejemplo, el conjunto de derechos sociales y la libertad de expresión del pensamiento. Sin embargo, también considerados en su conjunto, junto con los elementos esenciales, estos componentes fundamentales de la democracia permiten reafirmar la existencia del derecho ciudadano a la democracia, como derecho fundamental en si mismo, lo que implica por sobre todo, la posibilidad ciudadana de controlar el ejercicio del poder.

Ello tiene una significación e importancia fundamentales en la configuración del Estado Constitucional democrático de derecho pues de este factor dependen todos los otros elementos que caracterizan la democracia, de manera que sólo controlando al Poder es que puede haber elecciones libres y justas, así como efectiva representatividad; sólo controlando al poder es que puede haber pluralismo político; sólo controlando al Poder es que puede haber efectiva participación democrática en la gestión de los asuntos públicos; sólo controlando al Poder es que puede haber transparencia administrativa en el ejercicio del gobierno, y rendición de cuentas por parte de los gobernantes; sólo controlando el Poder es que se puede asegurar un gobierno sometido a la Constitución y las leyes, es decir, un Estado de derecho y la garantía del principio de legalidad; sólo controlando el Poder es que puede haber un efectivo acceso a la justicia de manera que esta pueda funcionar con efectiva autonomía e independencia; y sólo controlando al Poder es que puede haber real y efectiva garantía de respeto a los derechos humanos. De lo anterior resulta, por tanto, que sólo cuando existe un sistema de control efectivo del poder es que puede haber democracia, y sólo en esta es que los ciudadanos pueden encontrar asegurados sus derechos debidamente equilibrados con los poderes Públicos.

Por ello es precisamente que en el mundo contemporáneo, la democracia no sólo se define como el gobierno del pueblo mediante representantes elegidos, es decir, donde se garantice el acceso al poder de acuerdo con sujeción al Estado de derecho, sino además y por sobre todo, como un gobierno sometido a controles, y no solo por parte del Poder mismo conforme al principio de la separación de los poderes del Estado, específicamente del Poder Judicial y del Juez Constitucional, sino por parte del pueblo mismo, es decir, de los ciudadanos, individual y colectivamente considerados, y precisamente a ello es que tienen derecho los ciudadanos cuando hablamos del derecho a la democracia.

Entre los componentes del derecho a la democracia, por tanto, está no sólo el derecho a la representación política, lo que implica que los gobernantes sean electos como resultado del ejercicio del derecho al sufragio, sino que el acceso al poder en cualquier caso se haga con arreglo a la Constitución y a las leyes, es decir, a los principios del Estado de derecho.

Esos derechos, en un Estado de derecho, deben ser garantizados por el Juez Constitucional quien es el llamado a asegurar no sólo que el ejercicio del poder por los gobernantes se realice de acuerdo con el texto de la Constitución y las leyes, sino que el acceso al poder se realice conforme a las previsiones establecidas en las mismas.

En particular, en el sistema democrático establecido en la Constitución, el Juez Constitucional es el que tiene que tener a su cargo el controlar que el acceso al poder se realice sólo mediante métodos democráticos, de manera que pueda tener competencia, por ejemplo, para controlar la constitucionalidad no sólo de la elección sino de la designación de gobernantes, e incluso del comportamiento de los partidos políticos, pudiendo proscribir, por ejemplo, aquellos partidos con fines no democráticos cuyo objetivo es precisamente destruir la democracia.

Por tanto, frente a violaciones constitucionales que signifiquen ruptura del hilo constitucional en el acceso y ejercicio del poder, por ejemplo, cuando mediante un golpe de Estado o un golpe a la Constitución se deponga al Presidente de la República, o cuando se asume un cargo de elección popular sin tener la legitimidad democrática derivada del sufragio para ello, gel Juez Constitucional tiene que asumir el reto de restablecer el orden constitucional violado.

La garantía del derecho a la democracia, por tanto, significa que el Juez Constitucional es el que en última instancia debe velar porque el acceso al poder se realice por métodos democráticos, conforme a lo dispuesto en las constituciones en materia de representación y sufragio. En cambio, resultaría totalmente inconcebible que en un Estado democrático de derecho, sea el propio Juez Constitucional el que viole el principio democrático, y sea dicho Juez el que designe para ocupar un cargo de elección popular, a quien no ha sido electo por el pueblo. Ello sería un contrasentido y un atentado al Estado de derecho, particularmente porque el Juez Constitucional no es controlable por ningún otro órgano.

Y ese absurdo constitucional fue el que precisamente se produjo en Venezuela, entre enero y marzo de 2013, al terminar el período constitucional 2007-2013 y comenzar el período constitucional 2013-2019, en medio de la enfermedad y desaparición de la vista del público, desde diciembre de 2012, del fallecido Presidente Hugo Chávez Frías, quien había sido reelecto en octubre de 2012 y debía tomar posesión de su cargo el día 10 de enero de 2013 como lo exigía la Constitución. En esos dos meses, contrariando el principio democrático, el Juez Constitucional en Venezuela, a cargo de la Sala Constitucional del Tribunal Supremo de Justicia, fue precisamente el que violó abiertamente el principio democrático, sin que nadie pudiera controlarlo.

Ello ocurrió mediante la emisión de dos sentencias, dictadas para resolver dos recursos de interpretación abstracta de la Constitución – extraña institución procesal constitucional por cierto endémica de Venezuela[321] - mediante las cuales la Sala Constitucional resolvió lo siguiente: mediante la primera, N° 2 el 9 de enero de 2013, la Sala buscó resolver la situación jurídica constitucional que produjo la falta de comparecencia del reelecto Presidente de la República, Hugo Chávez, para tomar posesión de su cargo el día 10 de enero de 2013, que era la fecha en la cual terminaba su período constitucional 2007-2013 y comenzaba el período 2013-2019, rehusándose a considerar que esa situación era lo que era: una falta absoluta del Presidente electo, al no poder comparecer y tomar posesión de su cargo, por encontrarse fuera de Venezuela, concretamente hospitalizado –como se había anunciado–, en La Habana, Cuba. Al rehusarse a reconocer la realidad, y sin prueba procesal alguna que certificara incluso si el Presidente estaba o no vivo, la Sala declaró que había una supuesta "continuidad administrativa" de la gestión de un Presidente enfermo y ausente que terminaba su período el 10 de enero de 2013, y que comenzaba uno nuevo el mismo día, pero sin saber procesalmente cual era realmente su estado de salud, y quien obviamente no estaba en ejercicio de su cargo, ni lo había estado desde que se ausentó para operarse en Cuba el 9 de diciembre de 2012. Al decretarse su continuidad administrativa, la Sala la decretó también respecto de su gabinete incluido su Vicepresidente Ejecutivo, Nicolás Maduro, a quien con se lo instaló a la cabeza del Poder Ejecutivo. En esta primera sentencia el Juez Constitucional procedió a afirmar que a pesar de que el Presidente electo estaba enfermo y ausente del país, sin embargo, supuestamente estaba en ejercicio efectivo de su cargo, lo que obviamente era falso pues, si acaso era que estaba vivo, lo que se había informado era que estaba recluido en un Hospital en La Habana.[322] Así el Vicepresidente no electo y designado por el Presidente Chávez fue instalado en el Poder Ejecutivo sin legitimidad democrática alguna, pues no era un funcionario electo popularmente.

La segunda sentencia fue dictada con el N° 141 el 8 de marzo de 2013, después de que el Vicepresidente Maduro anunciara el fallecimiento del Presidente Chávez, hecho que la Sala Constitucional nunca constató en cuanto a circunstancia ni fecha, mediante la cual dicha Sala pasó a asegurar que el Vicepresidente Ejecutivo que ya había sido impuesto como gobernante por la misma Sala, continuara como Presidente Encargado y, además, habilitándolo, contra lo dispuesto en la Constitución, para poder presentarse como candidato presidencial sin separarse de su cargo.[323]

Ambas sentencias, hechas a la medida del régimen autoritario, fueron abierta y absolutamente inconstitucionales, y dictadas, además, en ausencia de la toda base probatoria: en enero, la Sala nunca tuvo a su vista informe médico alguno que certificara el estado de salud del Presidente Chávez, y en marzo, el Juez Constitucional nunca tuvo a su vista ni siquiera la partida de defunción del Presidente Chávez, para

---

321 Sobre el recurso de interpretación véase las críticas en Allan R. Brewer-Carías, "*Quis Custodiet Ipsos Custodes*: De la interpretación constitucional a la inconstitucionalidad de la interpretación", en *VIII Congreso Nacional de derecho Constitucional, Perú*, Fondo Editorial 2005, Colegio de Abogados de Arequipa, Arequipa, septiembre 2005, pp. 463-489; y en *Revista de Derecho Público*, No 105, Editorial Jurídica Venezolana, Caracas 2006, pp. 7-27; y en "Le recours d'interprétation abstrait de la Constitution au Venezuela", en *Le renouveau du droit constitutionnel, Mélanges en l'honneur de Louis Favoreu*, Dalloz, Paris 2007, pp. 61-70.

322 Véase el texto de la sentencia en http://www.tsj.gov.ve/decisiones/scon/Enero/02-9113-2013-12-1358.html

323 Véase el texto de la sentencia en http://www.tsj.gov.ve.decisioes/scon/Marzo/141-9313-2013-13-0196.html

determinar la fecha de su fallecimiento, basándose sólo para resolver en el hecho de que el Vicepresidente así lo había anunciado.

Ambas sentencias violentaron el derecho ciudadano a la democracia y a ser gobernados por gobiernos de origen democrático, primero, es decir, mediante elecciones libres y con funcionarios que acceden al poder en la forma prescrita en la Constitución.

A. *De cómo un Presidente enfermo y ausente del territorio venezolano, fue falsamente declarado por el juez Constitucional en pleno ejercicio de sus funciones, instalando en el ejercicio del Poder Ejecutivo a un funcionario sin legitimidad democrática*

En efecto, como se dijo, luego de que el Vicepresidente Nicolás Maduro informara a la Asamblea Nacional el 8 de enero de 2013, que el Presidente de la República Hugo Chávez, dado su estado de salud, no iba a poder comparecer ante la Asamblea el día 10 de enero de 2013 para juramentarse en su cargo, permaneciendo en La Habana, el día siguiente la Sala Constitucional del Tribunal Supremo dictó la sentencia Nº 2 del día 9 de enero de 2013, mediante la cual resolvió un recurso de interpretación abstracta de la Constitución que había sido intentado por una abogado el 21 de diciembre de 2012,[324] con el objeto de que la Sala determinase el contenido y alcance del artículo 231 de la Constitución, en particular, "en cuanto a si, la formalidad de la Juramentación prevista para el 10 de enero de 2013 constituye o no una formalidad *sine qua non* para que un Presidente reelecto, continúe ejerciendo sus funciones, y si tal formalidad puede ser suspendida y/o fijada para una fecha posterior."[325] El artículo cuya interpretación se requería, indica:

> "Artículo 231. El candidato elegido o candidata elegida tomará posesión del cargo de Presidente o Presidenta de la República el diez de enero del primer año de su período constitucional, mediante juramento ante la Asamblea Nacional. Si por cualquier motivo sobrevenido el Presidente o Presidenta de la República no pudiese tomar posesión ante la Asamblea Nacional, lo hará ante el Tribunal Supremo de Justicia

Basta una doble lectura de la norma para captar su claridad. La misma no se refiere ni se puede referir a la situación de un Presidente para que "continúe ejerciendo sus funciones." En esa fecha del inicio de un período constitucional (10 de enero), un Presidente que fue electo seis años antes, termina su período constitucional y el ejercicio de sus funciones, y en la misma fecha, el Presidente electo (o reelecto) el año anterior, debe iniciar en el ejercicio de sus funciones para el nuevo período constitucional; y ello mediante juramento ante la Asamblea Nacional. La única posibilidad de que el juramento se tome en otra fecha, independientemente del inicio del período constitucional, es cuando por cualquier motivo sobrevenido el Presidente electo (o reelecto) no pueda tomar posesión ante la Asamblea Nacional, en cuyo caso lo hará posteriormente ante el Tribunal Supremo de Justicia. Nada, por tanto, había que interpretar en la norma.

---

324 Expediente Nº 12-1358, Solicitante: Marelys D'Arpino

325 Véase el texto de la sentencia en http://www.tsj.gov.ve/decisiones/scon/Enero/02-9113-2013-12-1358.html

Sin embargo, la solicitud de interpretación constitucional evidentemente no era una interpretación abstracta de la norma, sino que estaba motivada por una razón estrictamente de hecho: el Presidente de la República, H. Chávez Frías, electo y en posesión de su cargo para el período constitucional 2007-2013, quien había sido reelecto como Presidente para el período 2013-2019, y debía tomar posesión de su cargo el día 10 de enero de 2o13, sin embargo, estaba imposibilitado de hacerlo pues desde el 9 de diciembre de 2012 se encontraba en La Habana, Cuba, según se había informado oficial y públicamente, postrado en una cama de hospital luego de haber sido sometido a una operación quirúrgica, por lo que no podía acudir a dicho acto de toma de posesión de su cargo.

En el caso sometido a su consideración, que era la interpretación de una norma que no requería de interpretación alguna, la Sala Constitucional pasó a analizar dos derechos políticos involucrados en la situación fáctica antes mencionada: por una parte, el *derecho político que tenía el ciudadano* H. Chávez para ejercer el cargo para el cual había sido electo (o reelecto), y el *derecho de todos los ciudadanos* a estar gobernados por un gobernante electo popularmente. Para garantizarle *sine die* el primero de dichos derechos, es decir el derecho a H. Chávez de poder algún día tomar posesión de su cargo, y sin que el tribunal constitucional desplegara actividad probatoria alguna para determinar el real estado de salud del Presidente, la sala Constitucional violó el derecho ciudadano a la democracia, y se le impuso a los venezolanos la carga antidemocrática de comenzar el 10 de enero de 2013 a estar gobernados por funcionarios que no tenían legitimidad democrática pues no habían sido electos, también *sine die*. Y ello, se insiste, sin que la Sala Constitucional hubiese desplegado actividad probatoria alguna, así fuera la más elemental para determinar cuál era el estado de salud del Presidente no compareciente.

La primera parte del artículo 231 de la Constitución, por otra parte, en realidad como se dijo, no requería de interpretación alguna, pues concatenada con el artículo anterior que establece que el período constitucional del Presidente "es de seis años" (art. 230), dispone con toda claridad que el Presidente electo (o reelecto) debe tomar ("tomará") posesión del cargo "el diez de enero del primer año de su período constitucional, mediante juramento ante la Asamblea Nacional." La segunda parte de la norma sin embargo, si podía requerir de interpretación, no en cuanto a lo que en ella se indica, sino en relación con quien debía cubrir la ausencia del Presidente electo y no juramentado, es decir, quién debía encargarse de la Presidencia de la República al inicio del nuevo periodo que comienza el 10 de enero del año siguiente a una elección presidencial cuando por motivos sobrevenidos el Presidente electo no comparece a tomar posesión de su cargo mediante juramento ante la Asamblea Nacional; que era el caso concreto involucrado en la solicitud de interpretación.

Por ello, en relación con la primera parte de la norma (que no requería interpretación), la Sala Constitucional precisó, desmintiendo afirmaciones que se habían hecho con anterioridad por altos funcionarios del Estado, que el juramento previsto en la norma constitucional del artículo 231 "no puede ser entendido como una mera formalidad carente de sustrato y, por tanto, prescindible sin mayor consideración," sino que más bien se trata de una "solemnidad para el ejercicio de las delicadas funciones públicas" con "amplio arraigo en nuestra historia republicana," que "procura la ratificación, frente a una autoridad constituida y de manera pública, del compromiso de velar por el recto acatamiento de la ley, en el cumplimiento de los deberes de los que ha sido investida una determinada persona."

Partiendo de esta afirmación que rechazaba el criterio de que la juramentación era un mero formalismo,[326] la Sala Constitucional se refirió al juramento en el caso del Presidente de la República, indicando que el mismo "debe tener lugar ante la Asamblea Nacional, como órgano representativo de las distintas fuerzas sociales que integran al pueblo, el 10 de enero del primer año de su período constitucional." Sobre ello, incluso, la misma Sala Constitucional ya se había pronunciado unos años antes, en sentencia N° 780 del 8 de mayo de 2008 (Caso *Gobernador del Estado Carabobo*), afirmando que el juramento constituía "una solemnidad imprescindible," para la "toma de posesión" de la cual depende "el inicio de la acción de gobierno" y, por tanto, "condiciona la producción de los efectos jurídicos" de la "función ejecutiva" (en este caso del Presidente electo) y, el consiguiente, "desarrollo de las facultades de dirección y gobierno" de Estado, "así como la gestión del interés público que satisface real y efectivamente las necesidades colectivas," considerando, en fin que "de ello depende el funcionamiento de uno de los poderes del Estado."[327]

Precisó además, la Sala Constitucional, en relación con la segunda parte de la norma del artículo 231 constitucional, que "si por '*cualquier motivo sobrevenido,*' a tenor de la citada norma, la misma no se produce ante ***dicho órgano*** y en la ***mencionada oportunidad***, deberá prestarse el juramento ante el Tribunal Supremo de Justicia, sin señalarse una oportunidad específica para ello" (*Cursiva y negritas de la Sala*). Esto significaba, en criterio de la Sala Constitucional, que el acto de juramentación no era una "formalidad prescindible, sino que al contrario "debe tener lugar, aunque por la fuerza de las circunstancias ("*cualquier motivo sobrevenido*") sea efectuado en otras condiciones de modo y lugar." Nada distinto a lo indicado en la norma resultaba de esta apreciación de la Sala.

---

326 Al contrario, el día anterior a la sentencia, en la reseña de un programa de televisión, se informó que la Fiscal General de la República, Sra. Ortega, afirmaba que "Estamos en presencia de un presidente reelecto y el requisito que exige el 231 es la toma de posesión, y toma posesión del cargo a través del juramento, pero como es reelecto él está en posesión de cargo y él está en el cargo por el juramento", puntualizó. Por ello señaló que las posibles circunstancias planteadas en el 231 de la Constitución "no se hacen necesarias" porque el presidente Chávez sigue en la posición del cargo. Precisó que dicha formalidad no puede poner "en riesgo la estabilidad de un país, la institucionalidad, el estado de derecho, social, sencillamente porque el Presidente que está en posesión del cargo, se encuentra debidamente autorizado por la Asamblea Nacional para recuperarse de su estado de salud". En "Fiscal Ortega Díaz: Presidente Chávez y tren ministerial están en posesión de su cargo," en http://www.patriagrande.com.ve/temas/venezuela/fiscal-ortega-diaz-presidente-chavez-tren-ministerial-posesion-cargo/

327 En la parte pertinente relativa al inicio del período constitucional del Gobernador como jefe del Ejecutivo en un Estado (Estado Carabobo), la Sala Constitucional del Tribunal Supremo decidió como sigue: "Ciertamente y tal como señaló esta Sala en la decisión N° 780 del 8 de mayo de 2008, la eficacia tangible del principio democrático constituye un parámetro esencial en la determinación de la finalidad humanista del Estado y como quiera que el inicio de la acción de gobierno depende de la correspondiente toma de posesión, resulta patente que el acto de juramentación del jefe del ejecutivo estadal constituye una solemnidad imprescindible para la asunción de la magistratura estadal y, por tanto, condiciona la producción de los efectos jurídicos de una de las funciones esenciales de los entes político territoriales, a saber, la función ejecutiva del gobernador electo y, el consiguiente, desarrollo de las facultades de dirección y gobierno de la entidad, así como la gestión del interés público que satisface real y efectivamente las necesidades colectivas, resulta patente la difusividad del asunto planteado ya que de ello depende el funcionamiento de uno de los poderes del Estado Carabobo". Véase la sentencia No 780 del 8 de mayo de 2008 (Caso Gobernador del Estado Carabobo)..

Pero luego de estas aclaratorias, la Sala Constitucional precisó que el objetivo de la interpretación de la norma constitucional que se le requería, no era el determinar el carácter imprescindible del acto de la juramentación, que no lo era, sino determinar "con certeza los efectos jurídicos de la asistencia o inasistencia al acto de '*toma de posesión y juramentación ante la Asamblea Nacional,'* el 10 de enero próximo, por parte del ***Presidente reelecto***." Y así pasó la Sala, no ya a resolver una interpretación abstracta del artículo 231 de la Constitución, sino en realidad a resolver una cuestión de hecho, específicamente referida al estado de salud del Presidente de la República Hugo Chávez, quien convalecía en un país extranjero en una cama de hospital, sin poder movilizarse, supuestamente recuperándose de unas complicaciones postoperatorias, lo que sin duda hasta allí era un hecho notorio que no requería de pruebas. Por ello, la Sala Constitucional consideró "imprescindible tomar en consideración el *derecho humano a la salud* y los principios de justicia, de preservación de la voluntad popular –representada en el proceso comicial del 7 de octubre de 2012– y de continuidad de los Poderes Públicos," refiriéndose además, a la tradición constitucional en la materia, particularmente conforme se consagraba en la Constitución de 1961. La Sala así, para decidir, además de traer a colación el derecho constitucional de todas las personas a la recuperación de la salud, que por supuesto el Estado debe garantizar en los hospitales públicos nacionales (no estando obligado a garantizárselo a los ciudadanos en hospitales fuera de su territorio), lo puso en la balanza no con el derecho ciudadano a tener un gobierno de origen democrático, el cual fue totalmente ignorado, sino con el derecho de un funcionario electo a poder ejercer su cargo.

Partiendo del la consideración de este último derecho, la Sala hizo referencia a lo que antes disponía el artículo 186 de la Constitución de 1961 que regulaba la consecuencia jurídica de la no comparecencia de un Presidente electo y entrante al acto de juramentación, precisando que "*Cuando el Presidente electo no tomare posesión dentro del término previsto en este artículo, el Presidente saliente resignará sus poderes ante la persona llamada a suplirlo provisionalmente en caso de falta absoluta, según el artículo siguiente, quién los ejercerá con el carácter de Encargado de la Presidencia de la República hasta que el primero asuma el cargo.*" En contraste con esta norma, la Sala Constitucional constató la ausencia de una norma similar en la Constitución de 1999, de lo que concluyó que ello impedía "considerar la posibilidad de que, una vez concluido el mandato presidencial, deba procederse como si se tratara de una falta absoluta, a los efectos de la suplencia provisional que cubriría el Presidente de la Asamblea Nacional."

Por supuesto, era evidente que la falta de comparecencia del Presidente electo al acto de juramentación, en si misma y conforme a la Constitución de 1999, no podía ser considerada como una "falta absoluta" en los términos de la misma Constitución de 1999 pues no encuadraba en ninguno de los supuestos establecidos en el artículo 233 de la misma, que por lo demás se aplicaban al Presidente electo en virtud de la misma norma sólo cuando la falta absoluta se produjera "antes de tomar posesión";[328] pero de ello, nada autorizaba a señalar (incluso habiéndose incorporado la

328 La Sala, en la sentencia agregó sobre esto que "considerar que la solemnidad del juramento, en la oportunidad prefijada del 10 de enero y ante la Asamblea Nacional, suponga una especie de falta absoluta que, no sólo no recoge expresamente la Constitución, sino que antagoniza con la libre elección efectuada por el soberano, en franco desconocimiento de los principios de soberanía popular y democracia pro-

reelección inmediata a la Constitución de 1999) que para la solución constitucional del hecho de la no comparecencia del Presidente Chávez el día 10 de enero de 2013, y determinar en ese caso quién se debía encargar de la Presidencia de la República, no debía procederse "como si se tratara de una falta absoluta" del Presidente electo, lo que conforme al artículo 233 de la Constitución conllevaba a que fuera el Presidente de la Asamblea Nacional en que se encargase de la Presidencia, pues era el que tenía legitimidad democrática pues había sido electo. Ningún otro funcionario del Ejecutivo nacional es electo popularmente en Venezuela, siendo el Vicepresidente Ejecutivo de libre nombramiento y remoción del Presidente.

Así como puede considerarse correcta la apreciación de la Sala de que la falta de comparecencia del Presidente electo al acto de toma de posesión no podía *per se* considerarse como una "falta absoluta,"[329] sin embargo no podría considerarse correcta la apreciación de la misma Sala de negar que en esos casos, para determinar quién se debía encargar de la Presidencia hubiera que rechazar a esos solos efectos que se procediera "como si se tratara de una falta absoluta" de manera de poder encargar de la Presidencia de la República al Presidente de la Asamblea de la Asamblea (para garantizar el derecho ciudadano a la democracia) mientras el Presidente electo se juramentaba ante el Tribunal Supremo, ya que dicho funcionario era, en definitiva, el único que tenía legitimidad democrática, pues había sido a su vez electo popularmente, y asegurar así el derecho a la democracia.

Por otra parte, la Sala Constitucional argumentó que "la falta de juramentación ante la Asamblea Nacional, el 10 de enero, tampoco produce tal suerte de ausencia, pues la misma norma admite que dicha solemnidad sea efectuada ante este Máximo Tribunal, en una fecha que no puede ser sino posterior a aquella." Esa conclusión, sin embargo, no era correcta en el caso del Presidente Chávez, en cuanto al hecho de que la norma permitiera que la juramentación pudiera hacerse en una fecha posterior, pues era innegable que si el Presidente electo Hugo Chávez no acudía a juramentarse el 10 de enero de 2013 por estar postrado en una cama de hospital, fuera de Venezuela, gravemente enfermo; en ese caso su "ausencia" si era patente, como cuestión de hecho que la sala estaba obligada a probar -pero no lo hizo -, razón por la cual debía encargarse de la Presidencia el Presidente del Congreso para garantizarle a los ciudadanos el derecho a la democracia, hasta que cesase la ausencia.

Esta circunstancia, hasta aquí, sin duda, como lo hemos repetido, planteaba una cuestión de hecho que si requería de pruebas, y que era la de determinación con precisión, no de la ausencia del Presidente del territorio nacional – que era un hecho notorio -, sino del estado de gravedad del Presidente electo Hugo Chávez, quien a pesar de que estaba ejerciendo su derecho a recuperar su salud, resultaba elemental que la Sala Constitucional determinara el estado real de la misma.

---

tagónica y participativa que postulan los artículos 2, 3, 5 y 6 del Texto Fundamental." Dijo además la Sala en este aspecto que "al no evidenciarse del citado artículo 231 y del artículo 233 *eiusdem* que se trate de una ausencia absoluta, debe concluirse que la eventual inasistencia a la juramentación prevista para el 10 de enero de 2013 no extingue ni anula el nuevo mandato para ejercer la Presidencia de la República, ni invalida el que se venía ejerciendo."

329 Esto lo reitera la sala en otro párrafo de la sentencia al señalar que "las vacantes absolutas no son automáticas ni deben presumirse. Estas están expresamente contempladas en el artículo 233 constitucional y, al contrario de lo que disponían los artículos 186 y 187 de la Constitución de 1961, la imposibilidad de juramentarse (por motivos sobrevenidos) el 10 de enero de 2013, no está expresamente prevista como causal de falta absoluta."

La Sala Constitucional, sin embargo, nada hizo al respecto, pasando a argumentar en su sentencia que "en el caso de una autoridad reelecta y, por tanto, relegitimada por la voluntad del soberano," como era el caso precisamente del Presidente Hugo Chávez, reelecto en octubre de 2012, sería un "contrasentido mayúsculo considerar que, en tal supuesto, existe una indebida prórroga de un mandato en perjuicio del sucesor, pues la persona en la que recae el mandato por fenecer coincide con la persona que habrá de asumir el cargo." Esta afirmación, en realidad, sí era en si misma un "contrasentido mayúsculo," y sin sentido alguno, pues en ningún caso en que se posponga el acto de toma de posesión de un Presidente se puede operar una "prorroga" del mandato del período constitucional que termina; por lo que la afirmación fue contradicha en la misma sentencia al afirmar la misma Sala de seguidas que "tampoco existe alteración alguna del período constitucional pues el Texto Fundamental señala una oportunidad precisa para su comienzo y fin: el 10 de enero siguiente a las elecciones presidenciales, por una duración de seis años (artículo 230 *eiusdem*)."

Por ello es que al no presentarse el Presidente electo Chávez al acto de toma de posesión, el nuevo mandato para el período 2013-2019 se inició ineludiblemente el 10 de enero de 2013, y para ello es que debía garantizarse que mientras no compareciera dicho Presidente electo para tomar posesión del nuevo mandato, quien se debía encargar de la Presidencia era el funcionario de mayor nivel con legitimidad democrática que era el Presidente de la Asamblea Nacional. Nada cambiaba esta solución constitucional el hecho de que el Presidente electo Hugo Chávez hubiese sido a la vez "reelecto."

La Sala Constitucional, sin tomar en cuenta para nada el derecho ciudadano a la democracia y a ser gobernado por autoridades electas mediante sufragio, a renglón seguido pasó luego a referirse a otro aspecto jurídico relativo al ejercicio de cargos públicos, que nada tenía que ver con la norma constitucional que se buscaba interpretar, y fue el referido al llamado "*Principio de Continuidad Administrativa*, como técnica que impide la paralización en la prestación del servicio público," según el cual, "la persona designada para el ejercicio de alguna función pública no debe cesar en el ejercicio de sus atribuciones y competencias, hasta tanto no haya sido designada la correspondiente a sucederle (*vid.* sentencia n° 1300/2005)." Ciertamente, se trata de un principio elemental del derecho administrativo de la función pública, destinada exclusivamente a los funcionarios *nombrados o designados* - no a funcionarios electos -, que no se puede aplicar a la situación de la terminación de un período constitucional y al inicio del otro respecto de funcionarios electos.[330] La Sala Constitucional, en efecto, erradamente resolvió que:

> "En relación con el señalado principio de continuidad, en el caso que ahora ocupa a la Sala, resultaría inadmisible que ante la existencia de un desfase cronológico en-

330 Como lo expresó el profesor Ricardo Combellas en declaraciones a BBC Mundo:"Ese es un principio muy sano del derecho administrativo: que independientemente de los cambios en la dirección administrativa de los asuntos del estado, las funciones del gobierno continúan. Lo que está planteado es que ha terminado un período constitucional y que eso no es un supuesto de continuidad administrativa sino es un supuesto de renovación de los poderes públicos que tienen un plazo limitado en la Constitución." En Carlos Chirinos, "El limbo de consecuencias impredecibles", BBC Mundo, 11 de enero de 2013. En: http://www.bbc.co.uk/mundo/movil/noticias/2013/01/130110_venezuela_constityente_combellas_opinion_cch.shtml

tre el inicio del período constitucional (10 de enero de 2013) y la juramentación de un Presidente reelecto, se considere (sin que el texto fundamental así lo paute) que el gobierno (saliente) queda *ipso facto* inexistente. No es concebible que por el hecho de que no exista una oportuna "*juramentación*" ante la Asamblea Nacional quede vacío el Poder Ejecutivo y cada uno de sus órganos, menos aún si la propia Constitución admite que tal acto puede ser diferido para una oportunidad ulterior ante este Supremo Tribunal."

Por supuesto, estas afirmaciones partían de supuestos totalmente falsos, pues nadie había dicho o argumentado ante la Sala Constitucional que al terminar un período constitucional y el nuevo Presidente no se juramentaba el 10 de enero, el gobierno saliente quedaba inexistente, y que el Poder Ejecutivo quedaba vacío. La Constitución resuelve el tema de la encargaduría de la presidencia en ese caso, y por supuesto, respecto de los funcionarios ejecutivos no electos el principio de la continuidad administrativa rige en todo caso.

La afirmación de la Sala, era por tanto absolutamente errada, pues ignoraba, primero, que como en la misma sentencia lo afirmó antes, que el Texto Fundamental señala para el período constitucional "una oportunidad precisa para su comienzo y fin: el 10 de enero siguiente a las elecciones presidenciales, por una duración de seis años (artículo 230)." Y por supuesto, en esa fecha, en ningún caso se produce "vacío del Poder Ejecutivo" alguno pues al terminar en esa fecha 10 de enero el período del Presidente en ejercicio, el Presidente electo toma posesión de su cargo iniciando el nuevo período, y si por algún motivo sobrevenido no lo puede hacer, se debe encargar de la Presidencia el Presidente de la Asamblea Nacional.[331] No hay, en caso alguno, tal vacío, debiendo corresponder al Presidente encargado designar el nuevo tren ejecutivo de Vicepresidente y Ministros, estando por supuesto obligados los anteriores (funcionarios salientes) a permanecer en sus cargos hasta ser reemplazados en virtud precisamente del señalado principio de continuidad administrativa.

Luego de estas consideraciones, pasó la Sala Constitucional a considerar la situación de hecho específica del Presidente Hugo Chávez, a pesar de que la sentencia interpretativa debía ser abstracta, anotando,

> "por si aún quedaran dudas, que en el caso del Presidente Hugo Rafael Chávez Frías, no se trata de un candidato que asume un cargo por vez primera, sino de un Jefe de Estado y de Gobierno *que no ha dejado de desempeñar sus funciones* y, como tal, *seguirá en el ejercicio de las mismas hasta tanto proceda a juramentarse* ante el Máximo Tribunal, en el supuesto de que no pudiese acudir al acto pautado para el 10 de enero de 2013 en la sede del Poder Legislativo.
>
> De esta manera, a pesar de que el 10 de enero se inicia un nuevo periodo constitucional, la falta de juramentación en tal fecha no supone la pérdida de la condición del Presidente Hugo Rafael Chávez Frías, ni como Presidente en funciones, ni como candidato reelecto, en virtud de existir continuidad en el ejercicio del cargo."

---

331 Es en este contexto que debe leerse lo reiterado por la misma Sala en la sentencia, "tal como señaló esta Sala en los antes referidos fallos números 457/2001 y 759/2001, que no debe confundirse "*la iniciación del mandato del Presidente con la toma de posesión, términos que es necesario distinguir cabalmente*". Efectivamente, el nuevo periodo constitucional presidencial se inicia el 10 de enero de 2013, pero el constituyente previó la posibilidad de que "*cualquier motivo sobrevenido*" impida al Presidente la juramentación ante la Asamblea Nacional, para lo cual determina que en tal caso lo haría ante el Tribunal Supremo de Justicia, lo cual necesariamente tiene que ser *a posteriori*."

En estas afirmaciones, de nuevo, la Sala partió de afirmaciones falsas como la de indicar que la falta de comparecencia al acto de juramentación pudiese implica "la pérdida de la condición de Presidente" del Presidente electo. De nuevo, hay que precisar que en el caso, el 10 de enero de 2013 el Presidente Hugo Chávez terminaba su mandato para el período 2007-2013 (ese día perdía su condición de Presidente para el período 2007-2013), y mientras no se juramentase para el nuevo período 2013-2019 no iniciaba su mandado, ni tenía la condición de Presidente. Además, por otra parte, en sus argumentos la Sala Constitucional dio certeza a determinados hechos (incurriendo en realidad en varios errores fácticos y jurídicos,) sin que hubiese desplegado actividad probatoria alguna:

En primer lugar, la Sala afirmó que el Presidente Chávez, en las circunstancias de su enfermedad e inhabilitación desde la operación quirúrgica efectuada en La Habana el 11 de diciembre de 2012, podía considerarse que era "un Jefe de Estado y de Gobierno que no ha dejado de desempeñar sus funciones." Ello era tácticamente falso. Por supuesto que no había perdido la titularidad de su cargo, pues según se informaba no se había producido falta absoluta, pero al contrario de lo afirmado por la Sala, era un hecho notorio que desde el 11 de diciembre de 2012 el Presidente Chávez había estado postrado en una cama de hospital totalmente imposibilitado de ejercer sus funciones de Jefe de Estado y Jefe de Gobierno, situación constitucional que en todo caso se configuraba como de falta temporal por estar ausente del país. Para demostrar lo contrario, y afirmar en la sentencia, que durante esos días de diciembre de 2012 a enero de 2013 el Presidente Chávez no había "dejado de desempeñar sus funciones," la Sala debió haber acreditado eso en autos, no sólo el verdadero estado de salud del Presidente, sino la prueba que desde La Habana, en un estado postoperatorio crítico, Chávez había "continuado" desempeñando efectivamente sus funciones, lo que era a todas luces, simplemente, imposible físicamente.

El mismo Presidente Chávez había previsto el 9 de diciembre de 2012 que su ausencia del país sería por un período de tiempo de más de 5 días y por ello él mismo solicitó la autorización correspondiente a la Asamblea Nacional para ausentarse del país (art. 235). Su falta temporal como Presidente encargado, en consecuencia, era un hecho notorio y evidente, que imponía la obligación al Vicepresidente Ejecutivo de suplirla conforme a la Constitución, no siendo posible afirmar, como lo hizo la Sala, salvo dejando probado con certeza los hechos en el expediente, que durante su enfermedad y postración en La Habana, Chávez "no ha dejado de desempeñar sus funciones."

Por otra parte, en esta materia de falta temporal, menos sentido y fundamento constitucional tenía la errada afirmación de la Sala Constitucional de que la solicitud de autorización presentada ante la Asamblea Nacional que pueda formular el Presidente para ausentarse del territorio nacional *por un lapso superior a cinco días,* se refiere "exclusivamente a la autorización para salir del territorio nacional, no para declarar formalmente la ausencia temporal en el cargo." De nuevo, la Sala Constitución ignoró completamente lo que dispone la Constitución, al considerar que las faltas temporales en el ejercicio de la Presidencia constituyen una cuestión de hecho, que no se declara. Si el Presidente en gira por el interior del país, por ejemplo, sufre un accidente de tránsito que lo mantiene inconsciente y hospitalizado por un tiempo, sin duda, se origina una falta temporal que suple el Vicepresidente, así el Presidente no la haya "decretado" previamente anunciando que iba a tener un accidente con sus consecuencias.

Por lo demás, toda ausencia del territorio nacional se configura siempre ineludiblemente como una falta temporal (en el sentido de que temporalmente el Presidente no está en ejercicio de sus funciones por imposibilidad física por estar en otro país), por lo que no es más que un gran disparate la afirmación que hizo la Sala Constitucional en su sentencia, en el sentido de que: "*(ii)* No debe considerarse que la ausencia del territorio de la República configure automáticamente una falta temporal en los términos del artículo 234 de la Constitución de la República Bolivariana de Venezuela, sin que así lo dispusiere expresamente el Jefe de Estado mediante decreto especialmente redactado para tal fin." Esto no tiene lógica y mucho menos sentido y asidero constitucional.[332] No es serio afirmar que si un Presidente por ejemplo, entra en un proceso comatoso por cualquier causa que se prolonga indefinidamente, ello no origina una falta temporal porque el Presidente no la previó anticipadamente ni la decretó, razón por la cual entonces el Vicepresidente no tendía la obligación de suplirla.

Pero además, también carece de toda base constitucional la afirmación infundada, realizada por la Sala Constitucional en la sentencia, en el sentido de que "con posterioridad al 10 de enero de 2013, aún no compareciendo el Presidente Chávez a juramentarse y a tomar posesión de su cargo, "conserva su plena vigencia el permiso otorgado por la Asamblea Nacional, por razones de salud, para ausentarse del país por más de cinco (5) días." La afirmación no tiene sentido alguno pues la autorización parlamentaria otorgada el 9 de diciembre de 2012 al Presidente Chávez, en su período constitucional 2007-2013, para ausentarse del país cesó en sus efectos el día 10 de enero de 2013, cuando cesó como Presidente para dicho período, razón por la cual era evidente que la autorización sólo tenía efectos hasta la terminación del período constitucional en la cual se dio.[333]

Y más infundada fue la afirmación de la Sala Constitucional en la sentencia de que con motivo de la ausencia del Presidente Chávez del territorio nacional desde el 9 de diciembre de 2012, y por tanto, su falta temporal, en la situación que resultó de la operación a la cual fue sometido el 10 de diciembre de 2012 según informaron los voceros oficiales del gobierno, "no se configura la vacante temporal del mismo al no haber convocado expresamente al Vicepresidente Ejecutivo para que lo supla por imposibilidad o incapacidad de desempeñar sus funciones." No causa sino asombro leer esta afirmación, ante normas tan precisas como las de los artículos 234 y 239.8

332 Sobre ello, el profesor Ricardo Combellas en declaraciones a BBC Mundo: "eso me parece un planteamiento absurdo, porque se le solicita al sujeto sobre el cual actúa la falta temporal que se pronuncie. Imagínese, no es el caso del presidente Chávez, sino de un presidente que esté incapacitado en una clínica recibiendo cuidado especial, incapaz de tomar voluntariamente una decisión. Entonces quedamos en un limbo jurídico si el presidente no se pronuncia. Poner ese requisito, que no establece la Constitución, me parece un exabrupto." En Carlos Chirinos, "El limbo de consecuencias impredecibles", BBC Mundo, 11-1-2013, en http://www.bbc.co.uk/mundo/movil/noticias/2013/01/130110_venezuela_constituyente_combellas_opinion_cch.shtml

333 Como lo ha hincado el profesor Manuel Rachadell, "Chávez tiene el permiso de la Asamblea Nacional, otorgado por unanimidad del 9 de diciembre pasado, para ausentarse del país "por un lapso superior a los cinco días consecutivos" (art. 235), el cual mantiene su vigencia hasta el vencimiento del período constitucional el 10 de enero próximo, porque la Asamblea Nacional no puede dar permisos para el período siguiente. Llegados a esta fecha, si el Presidente electo no toma posesión del cargo, la Asamblea Nacional no tiene competencia para darle permiso ni prórroga para la juramentación de cumplir la Constitución." Véase Manuel Rachadell, "Tres observaciones a la carta de Maduro sobre la imposibilidad de juramentarse el Presidente electo ante la Asamblea Nacional." 9-1-2013, en: http://t.co/Sd5R2EwX

de la Constitución que prescriben, clara, pura y simplemente, que "las faltas temporales del Presidente serán suplidas por el Vicepresidente," y que entre las atribuciones del Vicepresidente está la de "suplir las faltas temporales del Presidente," lo cual opera automáticamente, siempre como resultado de una situación de hecho, sin que nadie lo decrete o lo decida, y sin que el Presidente deba "convocar al Vicepresidente" para que cumpla su obligación constitucional. Se insiste, las faltas temporales acaecen, suceden, como es el enfermarse o tener un accidente. Sin embargo, ante estas normas constitucionales, lo que realmente ocurrió, y con su sentencia convalidó la Sala Constitucional, fue que el Vicepresidente Ejecutivo, en esas faltas temporales del Presidente Chávez, que fueron muchas entre 2011 y 2012, nunca las suplió, e decir, nunca cumplió con su obligación constitucional de suplir las frecuentes ausencias temporales del Presidente, limitándose, como acertadamente lo observó Manuel Rachadell:

> "a ejecutar acciones en el estrecho ámbito de la delegación que le hizo el Presidente, dada la ficción de que Chávez no ha incurrido en falta temporal ni absoluta. De esta forma, Chávez sigue siendo, para el oficialismo, el Presidente en funciones, aún cuando se encuentre sumido, frecuente o esporádicamente (no se sabe), en períodos de inconsciencia por anestesia o por otros motivos. Durante esos períodos, Venezuela no tiene Presidente."[334]

La segunda observación que debe formularse a lo afirmado en la sentencia de la Sala Constitucional, y que causa mayor asombro, por la absoluta y total carencia de pruebas que la sustenten, es la aseveración de que el Presidente Hugo Chávez, una vez que concluyó su mandato presidencial del período constitucional 2007-2013 el 10 de enero de 2013, sin embargo, como jefe de Estado y de Gobierno "seguirá en el ejercicio de las mismas hasta tanto proceda a juramentarse ante el Máximo Tribunal, en el supuesto de que no pudiese acudir al acto pautado para el 10 de enero de 2013 en la sede del Poder Legislativo."

Primero, para hacer esta afirmación de que el Presidente Chávez "seguirá en el ejercicio" de sus funciones "hasta tanto proceda a juramentarse ante el Máximo Tribunal," lo que se exigía de la Sala era que desplegara una labor probatoria elemental sobre el estado de salud del Presidente para poder determinar precisamente si había posibilidad efectiva, al momento de dictarse la sentencia (9 de enero de 2013) de que el mismo se presentaría eventual y efectivamente a juramentarse ante el Tribunal Supremo.

Lo más elemental era que la Sala Constitucional hubiera determinado, por ejemplo, mediante una Junta Médica, el verdadero estado de salud del Presidente en el proceso de recuperación de su salud. Alguna prueba debía tener y constar en el expediente sobre esa situación de salud del Presidente, y si la misma efectiva y médicamente podía recuperarse. No se olvide, por ejemplo, que el primer Ministro Ariel Sharon de Israel, en pleno ejercicio de su cargo, en 2006 sufrió un derrame cerebral, habiendo entrado en un estado comatoso en el cual ha permanecido por siete años.[335] En su momento, sin embargo, dado las pruebas médicas de su estado de salud, hubo

---

334 *Idem.*

335 El 27 de enero de 2013 incluso se informó a la prensa, que a pesar de su estado comatoso había tenido "signos significantes de alguna actividad." Véase en BBC News, 27 January 2013 en http://www.bbc.co.uk/news/world-middle-east-21225929

de considerarlo separado de su cargo, habiéndose sucedido en Israel varios gobiernos distintos. Hubiera sido una aberración constitucional dejar un "encargado" del gobierno de dicho Primer Ministro, por tiempo indefinido, hasta esperar su recuperación. A la Sala Constitucional de Venezuela, sin embargo, no le interesó probar nada sobre el estado de salud del Presidente enfermo, y resolvió que aún estando el mismo fuera del territorio nacional, y a pesar de las informaciones oficiales sobre la gravedad de su enfermedad, sin probar nada, el Presidente supuestamente seguiría en ejercicio de las funciones que tenía para el período constitucional ya concluido, y para el que se iniciaba, sería juramentado cuando concurriera ante el Tribunal Supremo, sin saber ni determinar si ello era factible médicamente.

En los hechos que se sucedieron en enero de 2013 quedó evidente que al no presentarse ante la Asamblea Nacional el Presidente Chávez electo (o reelecto), al concluir su período constitucional 2007-2013, el día 10 de enero de 2013 para el acto de la toma de posesión y juramentación de su cargo para el período 2013-2019, simplemente, a pesar de que ineludiblemente dicho nuevo período constitucional comenzó en esa fecha, el Presidente electo no podía comenzar a ejercer las funciones de la Presidencia para ese período constitucional 2013-2019 al no entrar en ejercicio del cargo, lo que le impedía poder cumplir dichas funciones. Sus funciones del período 2007-2013, por tanto, concluyeron el 10 de enero, por lo que era una imposibilidad constitucional que a partir del 10 de enero de 2013, si no se juramentaba para el próximo período, pudiera "seguir" "en el ejercicio de las mismas;" pues como no se juramentó el 10 de enero ante la Asamblea no pudo asumir el ejercicio del cargo de Presidente para el período 2013-2019.[336] En consecuencia, fue un gran disparate y no tiene asidero constitucional alguno la afirmación de la Sala Constitucional de que:

> "*(iv)* A pesar de que el 10 de enero próximo se inicia un nuevo período constitucional, no es necesaria una nueva toma de posesión en relación al Presidente Hugo Rafael Chávez Frías, en su condición de Presidente reelecto, en virtud de no existir interrupción en el ejercicio del cargo."

Al contrario, precisamente porque el 10 de enero de 2013 se iniciaba un nuevo período constitucional, era absolutamente necesaria una nueva toma de posesión del Presidente Chávez Frías, en su condición de Presidente reelecto, en virtud de que el período constitucional 2007-2013 había terminado, y de que el ejercicio del cargo para el período 2013-2019 no se podía iniciar sin tal juramento, produciéndose en ese caso, inevitablemente, una real y efectiva interrupción en el ejercicio del cargo.[337]

---

336 Como también lo ha indicado Manuel Rachadell, "La interpretación que le ha dado la fracción gubernamental en la Asamblea Nacional de que Chávez sigue siendo Presidente en ejercicio, cuya ausencia del acto de juramentación no tendría ninguna incidencia porque es una simple formalidad, que no es necesario que el Presidente de la Asamblea Nacional se juramente para cubrir la ausencia (que ni es temporal ni absoluta) del Presidente, porque tal función la ejerce, parcialmente, el Vicepresidente Ejecutivo de la República, carece de toda fundamentación en la Ley Suprema. No hay continuidad administrativa al concluir el período constitucional y comenzar el otro, ni siquiera en el supuesto de la reelección, y el nombramiento del Vicepresidente Ejecutivo caduca, como el del Presidente que lo ha designado, al vencimiento del período constitucional, el 10 de enero próximo". *Idem.*

337 Por ello, el profesor Román José Duque Corredor considera esta afirmación "falsa de toda falsedad" agregando que "La reelección no es un mecanismo del ejercicio del cargo o para el ejercicio del cargo,

La Sala Constitucional al hacer la indicada afirmación infundada, contradijo lo expresado en su propia sentencia en el sentido de que el juramento previsto en el artículo 231 de la Constitución, "no puede ser entendido como una mera formalidad carente de sustrato y, por tanto, prescindible sin mayor consideración," sino que más bien se trata de una "solemnidad para el ejercicio de las delicadas funciones públicas" con "amplio arraigo en nuestra historia republicana," que "procura la ratificación, frente a una autoridad constituida y de manera pública, del compromiso de velar por el recto acatamiento de la ley, en el cumplimiento de los deberes de los que ha sido investida una determinada persona." Ese juramento debe hacerse ante la Asamblea Nacional que está compuesta por los representantes del pueblo, y con ello, el pueblo puede tomar conocimiento de quién es el que va a gobernarlo. Es una especie de acto constitutivo de "fe de vida" del Presidente, de su propia existencia física, y de su capacidad para gobernar, realizado ante los representantes del pueblo. Y ello no puede eliminarse porque el electo haya sido reelecto, y menos aún cuando había permanecido ausente del país durante un mes, sin que la nación tuviera conocimiento claro de su estado.

Después de todos las anteriores comentadas "consideraciones para decidir," sin actividad probatoria alguna, ni siquiera efectuada de oficio, la Sala Constitucional puntualizó lo que debió ser el objeto de la interpretación solicitada, en el sentido de que "la Constitución establece un término para la juramentación ante la Asamblea Nacional, pero no estatuye consecuencia para el caso de que por "*motivo sobrevenido*" no pueda cumplirse con ella de manera oportuna y, por el contrario, admite expresamente esa posibilidad, señalando que pueda efectuarse la juramentación ante el Tribunal Supremo de Justicia;" resumen que implicaba, precisamente, pasar a determinar cuál era la realidad fáctica de la enfermedad y del estado de salud del Presidente de la República Hugo Chávez, y cuál era la posibilidad médica real, fáctica, de que pudiera recuperar plenamente su salud para poder ejercer el cargo para el cual había sido electo; y en esa situación, determinar entonces quien debía encargarse de la Presidencia de la República mientras el Presidente electo, por las causas sobrevenidas alegadas, si ello hubiera sido factible conforme a las pruebas médicas, pudiera llegar a tomar posesión del cargo.

La Sala Constitucional, sin embargo, en lugar de cumplir su función interpretativa de la segunda parte de la norma del artículo 231 de la Constitución, y sin realizar actividad probatoria alguna conforme estaba obligada, se limitó a reafirmar lo que la propia norma constitucional dispone en el sentido de que la juramentación del Presidente reelecto podía ser efectuada en una oportunidad posterior al 10 de enero de 2013 ante el Tribunal Supremo de Justicia, de no poderse realizar dicho día ante la Asamblea Nacional, por supuesto, siempre que ello fuera factible; agregando sólo su apreciación de que le corresponde al propio Tribunal fijar dicho acto "una vez que exista constancia del cese de los motivos sobrevenidos que hayan impedido la jura-

---

sino un derecho del funcionario que ejerce un cargo electivo de poderse postular como candidato para un nuevo período para ese cargo y no de continuar en el mismo cargo. De modo que por tratarse de una nueva elección, si existe interrupción en su ejercicio. Si no fuera así, entonces, se trataría de un plebiscito y no de una elección, que es lo que parece piensan los Magistrados de la referida Sala que ha ocurrido con el candidato Hugo Chávez que se postuló para las elecciones del 7 de octubre de 20102 para ser Presidente para el nuevo período 2013-2019." Véase Román José Duque Corredor, Observaciones a la sentencia de la Sala Constitucional de 9 de enero de 2013. Véase en http://www.uma.edu.ve/interna/424/0/novedades_del_derecho_publico

mentación." Es decir, en lugar de desplegar una actividad probatoria precisamente para decidir, constatando la salud del Presidente y las posibilidades de su recuperación, la Sala decidió, sin pruebas, imponiendo un gobierno no electo democráticamente, dejando para la actividad probatoria para el futuro, solo para determinar si los motivos que impidieron la juramentación habrían cesado. Ninguna posibilidad dejó abierta la Sala que pudiera llegar a probarse por razón de su salud que el Presidente electo y ausente estaba incapacitado para ejercer su cargo –como era en efecto la situación – y si podía en realidad llegar a juramentarse, y ejercer el cargo para el cual había sido electo.

De lo anterior, sin resolver la consecuencia jurídica derivada del hecho de que por un "motivo sobrevenido" el Presidente electo no pudo tomar posesión del cargo con su juramentación ante la Asamblea Nacional el día fijado constitucionalmente, la Sala concluyó su sentencia, afirmando como por arte de magia, como se dijo, sin que las "consideraciones para decidir" en realidad fundamentaran y condujeran a ello, que:

> "*(vi)* En atención al principio de continuidad de los Poderes Públicos y al de preservación de la voluntad popular, no es admisible que ante la existencia de un desfase cronológico entre el inicio del período constitucional y la juramentación de un Presidente reelecto, se considere (sin que el texto fundamental así lo paute) que el gobierno queda *ipso facto* inexistente. En consecuencia, el Poder Ejecutivo (constituido por el Presidente, el Vicepresidente, los Ministros y demás órganos y funcionarios de la Administración) seguirá ejerciendo cabalmente sus funciones con fundamento en el principio de la continuidad administrativa."

Sobre esto, que es en definitiva la parte resolutiva de la sentencia, con lo que se pretendió legitimar una usurpación de autoridad,[338] deben formularse las siguientes observaciones:

Primero, como se ha dicho anteriormente, es una apreciación errada y sin fundamento alguno que la Sala Constitucional haya expresado la hipótesis de que "se considere (sin que el texto fundamental así lo paute)" - pero sin decir quién lo consideraba-, que "ante la existencia de un desfase cronológico entre el inicio del período constitucional y la juramentación de un Presidente reelecto, [...] que el gobierno queda *ipso facto* inexistente." Esa hipótesis que nadie le planteó pues no hubo debate alguno en el proceso, la verdad es que no tenía posibilidad de ocurrencia. Si un Presidente electo por un motivo sobrevenido no puede prestar su juramento ante la Asamblea Nacional, e, incluso, tampoco ante el Tribunal Supremo, el hecho de que el período constitucional anterior concluya no implica "que el gobierno queda *ipso facto* inexistente." Esta no es más que una lucubración llevada al absurdo que no

---

338 Con razón la diputada María Corina Machado expresó el 11 de enero de 2013: "que el acto que vimos ayer no tiene precedentes. Dijo que Venezuela amaneció con un gobierno usurpado y el Vicepresidente, los ministros y la Procuradora General pretenden seguir ejerciendo sus cargos. "Todos los cargos de gobierno cesaron el pasado jueves y ante esa pretensión, todos su actos son nulos, como lo establece el artículo 138 de la Constitución", recalcó. Reiteró que Diosdado Cabello ha violado su juramento, porque debió llamar a la sesión solemne de toma de posesión del nuevo período presidencial y agregó que "no reconocemos a Maduro como Vicepresidente, porque hay una situación de ilegitimidad profunda". Aseguró que en Venezuela no existe separación de poderes, "tenemos un TSJ sumiso, nuestra soberanía está siendo pisoteada". Véase reseña de Programa Primera página de Globovisión, 11-1-2013, en http://www.lapatilla.com/site/2013/01/11/maria-corina-nuestra-soberania-esta-siendo-pisoteada/

tiene asidero alguno en el derecho constitucional, salvo en la visión distorsionada de la Sala Constitucional, al negarse a interpretar la norma constitucional que se le solicitó, y que precisamente era con el objeto de determinar, como el gobierno no puede dejar de existir, quién en esa situación se encargaba de la Presidencia de la República. Así como el Presidente de la Asamblea Nacional se debe encargar de la Presidencia en caso de falta absoluta del Presidente electo "antes de la toma de posesión" de su cargo, con la misma lógica de que ejerza interinamente la Presidencia un ciudadano con legitimidad democrática electiva, en caso de que por motivo sobrevenido el Presidente electo no pueda tomar posesión de su cargo y juramentarse, quien debe encargarse de la Presidencia para iniciar el nuevo período constitucional, mientras aquél se juramenta, es el Presidente de la Asamblea Nacional.[339] Y siempre, en este caso, con pruebas por delante de la naturaleza del hecho sobrevenido y poder así determinarse si tal juramento podría tener o no lugar.

Segundo, luego de la errada apreciación anterior, y sin resolver el tema central de la interpretación constitucional solicitada en la situación de no comparecencia del Presidente Chávez el 10 de enero de 2013 a tomar posesión de su cargo, sobre quién en ese caso se debía encargar de la Presidencia de la República a partir de esa fecha, la Sala se limitó a afirmar que pura y simplemente que:

> "En consecuencia, el Poder Ejecutivo (constituido por el Presidente, el Vicepresidente, los Ministros y demás órganos y funcionarios de la Administración) seguirá ejerciendo cabalmente sus funciones con fundamento en el principio de la continuidad administrativa," y sin mayor argumentación.

En cuanto al "Presidente," lo que era una referencia sin duda al Presidente H. Chávez, ello no sólo era inconstitucional porque el mismo no se podía juramentar para tomar posesión de su cargo y entrar en ejercicio de sus funciones para el nuevo período constitucional, pues como se había informado oficialmente, y ese era el único hecho notorio que no requería prueba, estaba totalmente ausente del país desde hacía un mes, en un estado postoperatorio que presentaba un cuadro de salud que sin duda lo imposibilitaba e inhabilitaba totalmente, no sólo para comparecer ante la Asamblea Nacional sino para ejercer el cargo y las funciones inherentes al mismo. Respecto del Presidente de la República H. Chávez, no tenía sentido alguno invocar el principio de continuidad administrativa, pues como Jefe del Estado y del Gobier-

---

339 El profesor Román José Duque Corredor expuso sobre la errada conclusión de la sentencia su apreciación de que:"La continuidad de los poderes públicos no se afecta, ni tampoco el gobierno queda *ipso facto* inexistente, cuando de pleno derecho se establece un régimen transitorio precisamente para el caso que los funcionarios que deban ejercer sus funciones no lo puedan hacer, como ocurre cuando por su falta absoluta el candidato electo o reelecto Presidente no pueda asumir su cargo en la fecha programada, en cuyo caso el gobierno sigue existiendo en forma transitoria pero en manos del Presidente de la Asamblea Nacional. Y precisamente para garantizar la voluntad popular, ante la falta absoluta del candidato electo o reelecto para el inicio del nuevo período, la Constitución prevé que se realicen nuevas elecciones y que la Presidencia, transitoriamente hasta la nueva elección, la ejerza un funcionario elegido mediante sufragio directo y universal y no el Vicepresidente que no fue elegido ni designado para el nuevo período. Así como si dicha falta ocurre después del inicio del período y con posterioridad a la toma de posesión, el gobierno lo ejerza el Vicepresidente que si fue designado por el Presidente electo, que tomo posesión del cargo, pero que dejó su cargo por alguna falta absoluta, y ello solo mientras se llevan a cabo nuevas elecciones para que la voluntad popular se pueda manifestar." Véase Román José Duque Corredor, Observaciones a la sentencia de la Sala Constitucional de 9 de enero de 2013. Véase en http://www.uma.edu.ve/interna/424/0/novedades_del_derecho_publico

no, lo que le correspondía prioritariamente era dirigir la acción de gobierno (art. 226), y para ello estaba inhabilitado de hacerlo.

Se insiste, en cuanto al Presidente de la República Chávez quién continuaba, según la Sala, "ejerciendo cabalmente sus funciones," ello no pasaba de ser un buen deseo o un buen pensamiento, pues por las informaciones oficiales suministradas desde el gobierno, desde el 1o de diciembre de 2012 el Presidente no sólo estaba ausente del territorio nacional, sino que desde donde permanecía, en una cama de hospital en La Habana, estaba totalmente incapacitado para gobernar.[340] De manera que no era cierto, como lo afirmó la Sala Constitucional, que el Poder Ejecutivo estaba conducido por el Presidente de la República, ni que éste pudiera ejercer su cargo, y menos "continuar" ejerciéndolo en forma alguna. En cuanto al cuadro de gravedad del Presidente, en realidad, a esa fecha, lo único que se sabía como signo de su condición era que en algún momento había "apretado" la mano del Vicepresidente de la República, según información suministrada por él mismo.[341] Por tanto, al contrario de lo que afirmó la Sala, había una evidente falta efectiva del Presidente de la República del país y del ejercicio del cargo para el cual había sido electo.

Para decretar judicialmente, a pesar de su ausencia del territorio nacional y del mencionado cuadro de salud, que sin embargo, el Presidente enfermo y ausente "seguirá ejerciendo cabalmente sus funciones" lo menos que debía haber requerido la Sala Constitucional era la prueba cabal y cierta de ese estado de salud y de las posibilidades de recuperación de la salud para poder ejercer cabalmente las funciones de la Presidencia. Pero nada de ello ordenó la Sala; es decir, decidió sin pruebas, y además, en contra de "hechos" que eran más que "notorios."

Lo resuelto por la Sala Constitucional, por tanto, estando el "Presidente" de hecho impedido de ejercer cabalmente sus funciones, lo que en realidad significó fue la decisión que sus Magistrados adoptaron de poner el gobierno de Venezuela para el inicio del período constitucional 2013-2019, en manos de funcionarios que no habían sido electos popularmente, contrariando el principio democrático, como fueron los otros (además del Presidente ausente) mencionados en la sentencia: "el Vicepresidente, los Ministros y demás órganos y funcionarios de la Administración" indicando que seguirían "ejerciendo cabalmente sus funciones con fundamento en el principio de la continuidad administrativa."

En este caso, sin embargo, no es que con fundamento en el principio de la continuidad administrativa la Sala Constitucional hubiera resuelto que mientras el Vicepresidente, los Ministros y demás órganos y funcionarios de la Administración fue-

---

340 El 13 de enero de 2013, el Ministro de Información Villegas, informaba: "El presidente de Venezuela, Hugo Chávez, evoluciona favorablemente de la cirugía a la que fue sometido el pasado 11 de diciembre, aunque aún necesita "medidas específicas" para la solución de la "insuficiencia respiratoria" que se le originó como consecuencia de una infección. "A pesar de su delicado estado de salud después de la compleja intervención quirúrgica del 11 de diciembre pasado en los últimos días la evolución clínica general ha sido favorable", véase en http://www.lapatilla.com/site/2013/01/13/villegas-en-minutos-comunicado-oficial-sobre-salud-de-chavez/

341 "Maduro: "Chávez me apretó la mano con una fuerza gigantesca," indicando que "En uno de los saludos lo saludé (a Chávez) con la mano izquierda y me apretó con una fuerza gigantesca mientras hablábamos", comentó Maduro durante una entrevista exclusiva que ofreció al canal interestatal Telesur desde Cuba, donde se encuentra desde el pasado 29 de diciembre acompañando al gobernante y a sus familiares."Véase en Larazón.com, 2 de enero de 2013, en http://www.larazon.es/detalle_normal/noticias/554672/maduro-chavez-me-apreto-la-mano-con-una-fuerz

ran *reemplazados en sus cargos*, estaban en la obligación de ejercer sus funciones; sino que lo que resolvió la Sala Constitucional violando la Constitución y el derecho ciudadano a la democracia, fue que en el nuevo período constitucional 2013-2019 que se inició el 10 de enero de 2013, sin Presidente en ejercicio por estar éste confinado a una cama de hospital en La Habana con graves problemas de salud, el gobierno de la República comenzó a estar a cargo de funcionarios no electos, que no tenían legitimidad democrática, como son el Vicepresidente y los Ministros quienes habían sido nombrados en el período constitucional anterior, y cuyas funciones la Sala prolongó sin término alguno, es decir, *sine die*, y hasta cuando el propio Tribunal Supremo fijase la oportunidad de que el Presidente electo enfermo se juramentase ante el mismo.

Ni más ni menos, la Sala Constitucional lo que produjo con esta decisión fue un golpe contra la Constitución,[342] que en este caso fue dado por el Juez Constitucional, el cual precisamente estaba llamado a defenderla en su supremacía e integridad, vulnerando en cambio el derecho de los ciudadanos a ser gobernados por gobernantes electos.

La decisión de la Sala Constitucional, por otra parte, no resolvió el problema de gobernabilidad democrática de la República, que era lo que la Sala Constitucional estaba en la obligación de garantizar con su interpretación. El Vicepresidente Ejecutivo, entonces en funciones, Nicolás Maduro, a quien conforme a lo decidido en la misma sentencia se dejaba de hecho conduciendo la acción de gobierno, sin embargo, supuestamente aún en ausencia del Presidente del territorio nacional, no está supliendo su "falta temporal" pues Chávez, según la Sala Constitucional ni la había "decretado" ni la había "invocado," de manera que supuestamente sólo podría actuar como Vicepresidente Ejecutivo, con las atribuciones que tiene en la Constitución (art. 239) y con las que el Presidente Chávez le había delegado mediante Decreto N° 9315 de 9 de diciembre de 2012,[343] de contenido absolutamente limitativo.

Además, debe advertirse que dicho Decreto de delegación de diciembre de 2012, al considerar que el Vicepresidente Ejecutivo Maduro, no suplía automáticamente la falta temporal del Presidente delegante (de lo contrario la delegación era innecesaria), impuso que todos los actos que dictase el Vicepresidente distintos a los expresamente delegados en los 8 primeros numerales del artículo 1° del Decreto referidos a temas de finanzas públicas, para poder ser dictados debían ser sometidos "a consulta previa al Presidente" y a su aprobación en Consejo de Ministros, lo que de nuevo planteaba un cuadro de imposibilidad en su ejecución por la ausencia del territorio nacional y la situación de salud del Presidente. Por otra parte, era evidente que el mencionado decreto de delegación cesó en sus efectos, por caducar, a partir del 10 de enero de 2013, al terminar el período constitucional para el cual fue dictado. Sin embargo, y asumiendo que con la decisión de la Sala Constitucional el mismo también había sido "prorrogado" en sus efectos, el resultado de todo lo anterior, era que al no estar el Vicepresidente supliendo la "falta temporal" del Presidente,

---

342 También puede calificarse la situación como golpe de Estado, pues en definitiva, todo golpe contra la Constitución es un golpe de Estado. Véase Claudio J. Sandoval, ¿Golpe de Estado en Venezuela?, en *El Universal*, Caracas10 de enero de 2013, en http://www.eluniversal.com/opinion/130110/oea-golpe-de-estado-en-venezuela.

343 Véase en *Gaceta Oficial* N° 40.078 del 26 de diciembre de 2012

por no haberlo así resuelto el Presidente y haberlo decidido así el propio Tribunal Supremo, en ausencia del primero, el Vicepresidente Ejecutivo comenzaba a conducir el Poder Ejecutivo con facultades muy limitadas, entre las cuales no estaban las enumeradas en el artículo 236 de la Constitución asignadas al Presidente de la República.

El resultado de todo esto fue que a partir del 10 de enero de 2013, por voluntad la Sala Constitucional del Tribunal Supremo de Justicia, en Venezuela comenzó a gobernar un funcionario no electo, que según la propia sentencia no estaba supliendo la ausencia del Presidente de la República electo y enfermo; funcionario que entonces sólo podía ejercer sus atribuciones establecidas en la Constitución (art. 239) y las enumeradas en el decreto de delegación de diciembre de 2013,[344] y quién no podía ejercer las atribuciones que sólo un Presidente en ejercicio podría ejercer. Ello implicaba, por ejemplo, que a partir del 10 de enero de 2013, no podía nombrar y remover los Ministros;[345] no podía dirigir las relaciones exteriores de la República y celebrar y ratificar los tratados, convenios o acuerdos internacionales; no podía dirigir las Fuerza Armada Nacional ni podía tener el carácter de Comandante en Jefe de la misma, no pudiendo ejercer la suprema autoridad jerárquica de ella y fijar su contingente; no podía ejercer el mando supremo de la Fuerza Armada Nacional, promover sus oficiales a partir del grado de coronel o capitán de navío, y nombrarlos para los cargos que les son privativos; no podía declarar los estados de excepción y decretar la restricción de garantías en los casos previstos en esta Constitución; no podía convocar a la Asamblea Nacional a sesiones extraordinarias; no podía reglamentar total o parcialmente las leyes, sin alterar su espíritu, propósito y razón; no podía negociar los empréstitos nacionales; no podía celebrar los contratos de interés nacional conforme a la Constitución y la ley; no podía designar, previa autorización de la Asamblea Nacional o de la Comisión Delegada, al Procurador General de la República y a los jefes o jefas de las misiones diplomáticas permanentes; no podía formular el Plan Nacional de Desarrollo y dirigir su ejecución previa aprobación de la Asamblea Nacional; no podía conceder indultos; no podía fijar el número, organización y competencia de los ministerios y otros organismos de la Administración Pública Nacional, o la organización y funcionamiento del Consejo de Ministros, dentro de los principios y lineamientos señalados por la correspondiente ley orgáni-

---

344 Ello no impidió por ejemplo que el Vicepresidente, en virtud de la "continuidad administrativa" decretada por la Sala Constitucional, procediera a designar mediante Decreto N° 9350 de 11 de enero de 2013, "por delegación del Presidente," a un "Vicepresidente Encargado" para suplir su ausencia del territorio nacional para viajar a Cuba. Véase Decreto Nº 9.350, de fecha 11 de enero de 2013 en *Gaceta Oficial* N° 40.088, de fecha 11 de enero de 2013

345 Por ello se recurrió a la ficción de publicar el 18 de enero de 2013 dos decretos con la firma del Presidente "dada en Caracas" cuando ello era falso pues estaba en La Habana, recuperándose, según informó el día anterior 17 de enero de 2013 el propio Vicepresidente Maduro de los "estragos" de unas complicaciones postoperatorias (Véase Entrevista a Nicolás Maduro, "Tratamiento del presidente Chávez es para superar "estragos" de infección respiratoria," *Globovisión* 17 de enero de 2013, en http://globovision.com/articulo/maduro-ahora-tratamiento-de-chavez-es-para-superar-estragos-de-insuficiencia-respiratoria), como fue el caso del Decreto N° 9.351 de 15 de enero de 2013 publicado en *Gaceta Oficial* No 40.090 de la misma fecha, en el cual el mismo Presidente Hugo Chávez nombró a "Elías Jaua Milano, como Ministro del Poder Popular para Relaciones Exteriores;" y el Decreto N° 9.352, de la misma fecha, mediante el cual el mismo Presidente Hugo Chávez nombró a l mismo Elías Jaua Milano, Ministro del Poder Popular para Relaciones Exteriores, como "Sexto Vicepresidente del Consejo de Ministros Revolucionarios del Gobierno Bolivariano para el Área Política."

ca; no podía disolver la Asamblea Nacional en el supuesto establecido en la Constitución; ni podía convocar referendos; ni podrá convocar y presidir el Consejo de Defensa de la Nación.[346]

A esta absurda ingobernabilidad era a lo que conducía la sentencia de la Sala Constitucional; a raíz de la cual, por su insostenibilidad jurídica, el gobierno comenzó incluso a perseguir a quienes argumentaran o informaran sobre la correcta interpretación que debía darse a las normas constitucionales y sobre la inconstitucional decisión del Tribunal Supremo y sus efectos;[347] de manera que hasta los estudiantes universitarios que comenzaron a protestar contra la sentencia de la Sala Constitucional, fueron por ello amenazados con cárcel.[348]

El tema central y patético en este caso, sin embargo, es que con la sentencia No. 2 de 9 de enero de 2013, la Sala Constitucional del Tribunal Supremo de Justicia, a partir del día siguiente 10 de enero de 2013, instaló en Venezuela un gobierno no electo, sin término, ni legitimidad democrática, sujetando su duración sólo hasta cuando la propia Sala Constitucional lo dispusiera al fijar una fecha para tomar juramento del Presidente de la República electo, y no posesionado de su cargo, para comenzar a ejercerlo, a pesar de que por razón del principio de la continuidad administrativa hubiera afirmado que el mismo Presidente supuestamente continuaba "en el ejercicio cabal de su cargo." Esa tan importante y trascendental decisión para la vida democrática de un país, además, y sin embargo, lo adoptó el juez constitucional sin que en el expediente constara prueba alguna sobre el estado de salud del Presidente electo y no posesionado, y sobre las posibilidades de su recuperación.

Ante esta sentencia, por tanto, adquiere todo su valor el principio de que en los procesos constitucionales se precisa ineludiblemente de la prueba cuando sea necesario sustentar la verdad de algo para aplicar determinada consecuencia jurídica,349 y eso es lo que precisamente debe ocurrir en los procesos de interpretación abstracta de la Constitución cuando haya hechos que probar, de manera que el juez constitucional pueda decidir conforme a lo probado en autos, estándole vedado decidir sin

---

346 Véase sobre esta situación, Manuel Rachadell, "Continuidad de la presidencia compartida o un país presidencialista sin Presidente," Caracas, 10 de enero de 2013, en http://manuelrachadell@blogspot.com.

347 El 9 de enero de 2013, el consultor jurídico de Globovisión, Ricardo Antela, explicó sobre el nuevo procedimiento administrativo sancionatorio abierto por la Comisión Nacional de Telecomunicaciones (CONATEL) contra la estación de TV, "por la difusión de cuatro micros informativos sobre el articulado de la Constitución", que a juicio del ente regulador, "incitan al odio, la zozobra y la alteración del orden público", prohibiendo de entrada "a la televisora retransmitir dichos mensajes o algunos similares." En horas de la tarde de ese mismo día el "presidente de la Asamblea Nacional, Diosdado Cabello; y el ministro Rafael Ramírez, habían sugerido al ente regulador "iniciar una investigación contra el canal por difundir el artículo 231 de la Constitución.". Véase la información en http://globovision.com/articulo/conatel-notifica-a-globovision-de-nuevo-procedimiento-administrativo-sancionatorio

348 El Goberndor del Estado Táchira, José Gregorio Vielma Mora, afirmó a la prensa "que los estudiantes de las universidades Católica y de Los Andes de esa entidad, que manifestaron en contra del fallo del Tribunal Supremo de Justicia, estaban ebrios y otros consumieron drogas para "valentonarse en contra de la autoridad". "Son delincuentes", aseveró. Advirtió al rector académico de la ULA, Omar Pérez Díaz y demás profesores, que irá a la Fiscalía a denunciarlos. "No mienta (Pérez Díaz), usted está promoviendo la violencia en Táchira. Les están pagando desde el extranjero. "Tienen armamento y municiones dentro de la universidad", acusó. De seguir protestando "van a ser tratados como bandas criminales e irán a la cárcel de Santa Ana". Véase en http://m.notitarde.com/nota.aspx?id=159398

349 Ana Giacometto, *La prueba en los procesos constitucionales,* Bogotá 2009.

que los hechos involucrados hayan sido probados. Lo contrario es arbitrariedad, que fue precisamente lo que ocurrió con la sentencia N° 2 de 9 de enero de 2013; y además, con otra sentencia N° 141 de 8 de marzo de 2013,[350] mediante la cual se completó la violación al principio democrático.

B. *De cómo el Juez Constitucional en Venezuela, al fallecer el presidente Chávez, enfermo y ausente del territorio nacional, designó como encargado de la presidencia a un funcionario sin legitimidad democrática*

En efecto, la arbitraria conducta del Juez Constitucional en el tratamiento de la falta de comparecencia del Presidente Chávez para juramentarse en el ejercicio de su cargo el 10 de enero de 2013, por estar gravemente enfermo y ausente del territorio nacional, considerando contra la razón y los hechos que a pesar de ello, continuaba en ejercicio de su cargo, junto con su gabinete, hasta tanto pudiera – si ello si acaso ocurría – juramentarse ante el Tribunal Supremo, no terminó con la sentencia de 9 de enero de 2013, sino que su actuación contraria a la Constitución la completó dos meses después, una vez que se anunció oficialmente el 5 de marzo de 2013 el fallecimiento del Presidente de la República, después de que supuestamente el 18 de febrero de 2013,[351] había sido trasladado de una cama de hospital en La Habana a una cama de hospital en Caracas, sin haber sido visto nunca más públicamente desde el 10 de diciembre de 2012.

Dos días antes del anunciado y no constatado por nadie "regreso" del Presidente a Caracas, en todo caso, en relación con el tema de la salud del Presidente Chávez, se había anunciado oficialmente que debido a una traqueotomía, el mismo "respiraba por una cánula traqueal," lo que le impedía hablar.[352]

---

350 Véase el texto de la sentencia de interpretación del artículo 233 de la Constitución en http://www.tsj.gov.ve.decisiones/scon/Marzo/141-9313-2013-13-0196.html

351 Véase la reseña en *El Universal*, Caracas 18-2-2013, "Chávez vuelve a Venezuela. El presidente de Venezuela, Hugo Chávez, regresó a Caracas procedente de La Habana, más de dos meses después de que viajara a Cuba para someterse a la cuarta operación de un cáncer que le fue diagnosticado en junio de 2011, y se encuentra en el hospital militar de Caracas," en http://www.eluniversal.com/nacional-y-politica/salud-presidencial/130218/chavez-vuelve-a-venezuela. A través de la cuenta Twitter @chavezcandanga, el Presidente habría mandado un mensaje a las 2.30 de la madrugada con el siguiente texto: "Hemos llegado de nuevo a la Patria venezolana. ¡¡Gracias Dios mío!! Gracias ¡¡Pueblo amado!! Aquí continuaremos el tratamiento."

352 El Ministro de Comunicación e Información, Ernesto Villegas, informó ese día en cadena de radio y televisión que al Presidente le persistía "un cierto grado de insuficiencia" y "presenta respiración a través de cánula traqueal que le dificulta temporalmente el habla," sometido a un "tratamiento enérgico para la enfermedad de base, que no está exento de complicaciones," oportunidad en la cual se publicitó una fotografía que se dijo era de 14 de febrero de 2013 del Presidente con sus hijas, que sin embargo, no mostraban en forma alguna lo que se anunciaba, ni por la vestimenta de los que posaron en la fotografía ni por la asepsia que una situación como la escrita requería. Continuó el Ministro informando que "después de dos meses de un complicado proceso postoperatorio, el paciente se mantiene consciente, con integridad de las funciones intelectuales, en estrecha comunicación con su equipo de gobierno y al frente de las tareas fundamentales inherentes a su cargo." Sin embargo, el Ministro de Ciencia y tecnología Arreaza, informaba en el canal multiestatal Telesur, que Chávez "tiene dificultad para comunicarse verbalmente (...) Uno lo que tiene es que poner atención y él comunica perfectamente sus decisiones, cuando no las escribe (...) Pero perfectamente se comunica y se da a entender. No tiene la voz que lo caracteriza, pero esto es un proceso que es reversible y esperamos volverlo a escuchar." Véase la reseña de María Lilibeth Da Corte, "Chávez respira por cánula traqueal que le dificulta hablar. Arreaza: Él comunica perfectamente sus decisiones, cuando no las escribe," en *El Universal*, Caracas 16-2-2013, en

Ello a pesar de que lo que hacía era confirmar su total imposibilidad de gobernar, no había impedido que unas semanas antes, el Ministro de Relaciones Exteriores Elías Jaua, nombrado "en Caracas" por el Presidente electo, cuando sin embargo, estaba ausente del país y no había tomado posesión de su cargo; luego de un viaje a La Habana, hubiera afirmado el 22 de enero de 2013, a su regreso a Caracas, que había "conversado con Chávez en La Habana;"[353] ni impidió que a principios del mes de marzo de 2013, otros voceros oficiales del gobierno, en particular el Vicepresidente Ejecutivo y otros Ministros, también hubieran llegado a anunciar al país que habían estado con el Presidente Hugo Chávez Frías en una supuesta reunión de gabinete de nada menos que de cinco horas durante la noche el día 23 de febrero.[354]

El día 4 de marzo de 2013, sin embargo, el Ministro de Comunicaciones anunciaba al país que Chávez había tenido "un empeoramiento de la función respiratoria relacionado con el estado de inmunodepresión propio de su situación clínica," presentando "una nueva y severa infección" siendo su estado de salud "muy delicado,"[355] lo que presagiaba ya el anuncio de un desenlace final, que por ahora nadie sabrá cuando efectivamente ocurrió. En todo caso, el presagio se confirmado el día 5 de marzo de 2013, en horas de mediodía en una extraña y sombría rueda de prensa o reunión de gabinete presidida por el Vicepresidente Ejecutivo, Nicolás Maduro, convocada "luego de que se informara oficialmente de un deterioro en la salud del presidente Hugo Chávez,"[356] anunciándose ya, sin anunciarlo, lo que evidentemente había ocurrido o estaba ocurriendo, y que era el fallecimiento del Presidente Chávez.

De allí, luego de los diversos anuncios contradictorios sobre el agravamiento de la salud del Presidente, lo que siguió fue el anuncio formal del hecho del fallecimiento unas pocas horas después, en exposiciones separadas y televisadas del Vicepresidente Nicolás Maduro,[357] del Presidente de la Asamblea Nacional, Diosdado Cabello[358] y del Ministro de la Defensa, general Diego Molero Bellavía.[359]

---

http://www.eluniversal.com/nacional-y-politica/130216/chavez-respira-por-canula-traqueal-que-le-dificulta-hablar Véase igualmente en http://globovision.com/articulo/ministro-villegas-en-breve-comunicado-y-fotografias-del-presidente-chavez

353 Véase la reseña de Ender Ramírez Padrino, "Jaua informó que se reunió con el presidente en La Habana," *El Nacional*, 21 de enero de 2013, en http://www.el-nacional.com/politica/Jaua-asegura-converso-Chavez-Habana_0_122390427.html

354 Véase "Maduro asegura que se reunió con Chávez por más de cinco horas," en *El Universal*, 23 de febrero de 2013, en http://www.eluniversal.com/nacional-y-politica/salud-presidencial/130223/maduro-asegura-que-se-reunio-con-chavez-por-mas-de-cinco-horas; y En "Maduro: Chávez continúa con cánula traqueal y usa distintas vías de entendimiento," Publicado por Caracas en Febrero 23, 2013 , en http://venezuelaaldia.com/2013/02/maduro-chavez-continua-con-la-canula-traqueal-y-usa-distintas-vias-de-entendimiento/.

355 "Villegas,, "El estado general sigue siendo delicado," en Kikiriki, 4-3-2023, en http://www.kikiriki.org.ve/villegas-el-estado-general-sigue-siendo-delicado/

356 Véase "Venezuela transmitirá reunión entre Maduro, Gabinete y militares: oficial," en Reuters, 5-3-2013, en http://ar.reuters.com/article/topNews/idARL1N0BX9B220130305

357 Véase en "Muere el presidente Hugo Chávez,", en *ElTiempo.com*, 5-3-2013, en http://www.eltiempo.com/mundo/latinoamerica/ARTICULO-WEB-NEW_NOTA_INTERIOR-12639963.html

358 Véase en http://cnnespanol.cnn.com/2013/03/05/diosdado-cabello-nuestros-hijos-tendran-patria-gracias-a-lo-que-hizo-chavez/

359 Véase lo expresado por Diego Molero Bellavía, Ministro de la Defensa, al comprometerse en que las Fuerzas Armadas respetarían la Constitución, expresando, "Vicepresidente Nicolás Maduro, señor

Sobre ello, tal y como se afirmó en la sentencia No. 141 de la Sala Constitucional del Tribunal Supremo de Justicia dictada atendiendo a una solicitud de interpretación abstracta del artículo 233 de la Constitución, "el 5 de marzo de 2013, el Vicepresidente Ejecutivo ciudadano Nicolás Maduro Moros anunció, desde la sede del Hospital Militar de Caracas 'Dr. Carlos Arvelo,' el lamentable fallecimiento del Presidente de la República ciudadano Hugo Chávez Frías"[360]; hecho que ocurrió, según dicho anuncio, a las 4.25 pm.,[361] sesenta años después del fallecimiento de Joseph Stalin, hecho éste último que ocurrió el día 5 de marzo de 1953. Nótese que la Sala Constitucional no afirmó que en esa fecha indicada hubiera ocurrido dicho fallecimiento, pues no tenía pruebas de ello, y sólo que esa fue la fecha que anunció el Vicepresidente, sin prueba alguna.

Se trató, en todo caso, de un hecho singular en la vida política del país, pues desde que el presidente Juan Vicente Gómez falleció en diciembre de 1935, estando en ejercicio del cargo, no había ocurrido en Venezuela que un Presidente de la República falleciera siendo titular del cargo, y nunca con la popularidad que había tenido el Presidente Chávez.

Como hecho relevante en la vida política del país, sin duda, el anuncio del fallecimiento del Presidente Chávez produjo una serie de consecuencias jurídicas que deben identificarse claramente. El derecho precisamente regula las consecuencias jurídicas que en determinados momentos producen ciertos hechos o actos adoptados por los sujetos de derecho, así como las relaciones jurídicas que se establecen entre esos sujetos de derecho. Normas, actos y sujetos de derecho configuran, en definitiva, el mundo en el cual opera el derecho, de manera que el hecho del fallecimiento de una persona titular del cargo de Presidente de República, quién incluso no se llegó a posesionar del mismo, ameritaba ser analizado para tratar de establecer sus consecuencias jurídicas. Ese hecho del fallecimiento del Presidente de la República Hugo Chávez Frías, se produjo además en medio de una serie de otros hechos y actos jurídicos que condicionaron sus efectos jurídicos y que es necesario tener también presente para determinar dichas consecuencias jurídicas.

Esos son, en líneas generales, los siguientes:

Primero, que el Presidente Chávez había sido reelecto Presidente de la República el 7 de octubre de 2012, para el período constitucional 2013-2019, cuando estaba en ejercicio del cargo de Presidente para el período constitucional 2007-2013, para el cual había sido a su vez reelecto en 2006; período este que terminaba el 10 de enero de 2013.

Segundo, que el Presidente Chávez, desde el día 10 de diciembre de 2012, había viajado a La Habana, luego de haber obtenido autorización de la Asamblea Nacional

---

Diosdado Cabello, presidente de la Asamblea Nacional, y todos los poderes, cuenten con la Fuerza Armada, que es del pueblo y para el pueblo," en "Ministro de la defensa venezolano hace un llamado a la unidad," CNN, 5-3-2013, en CNN es la Noticia, 5-3-2013, en http://cnnespanol.cnn.com/2013/03/05/ministro-de-la-defensa-venezolano-hace-un-llamado-a-la-unidad/.

360 Véase el texto de la sentencia de interpretación del artículo 233 de la Constitución en http://www.tsj.gov.ve.decisiones/scon/Marzo/141-9313-2013-13-0196.html

361 Afirmando incluso que no descartaba "que la enfermedad del presidente Chávez haya sido inducida." Véase "Muere el presidente Hugo Chávez,", en *ElTiempo.com*, 5-3-2013, en http://www.eltiempo.com/mundo/latinoamerica/ARTICULO-WEB-NEW_NOTA_INTERIOR-12639963.html

pues se ausentaría del territorio nacional por más de 5 días (art. 234, Constitución), para someterse a una operación quirúrgica, después de la cual nunca más se le vio en público.

Tercero, que la ausencia del Presidente del territorio nacional constituyó una falta temporal (art. 234, Constitución) que constitucionalmente el Vicepresidente Ejecutivo estaba obligado a suplir, lo que en este caso, el Vicepresidente que era Nicolás Maduro se negó a hacer, habiendo permanecido en Caracas, con viajes frecuentes a La Habana, conduciendo la acción de gobierno sólo mediante una delegación de atribuciones que el Presidente Chávez había decretado el 9 de diciembre de 2012.

Cuarto, que para tomar posesión del cargo de Presidente para el nuevo período constitucional 2013-2019, el Presidente Chávez debía juramentarse ante la Asamblea Nacional el día 10 de enero de 2013 (art. 231, Constitución).

Quinto, que si en ese día 10 de enero de 2013, el Presidente electo, por alguna causa sobrevenida, no podía prestar juramento ante la Asamblea Nacional, lo podía hacer posteriormente ante el Tribunal Supremo de Justicia (art. 231, Constitución).

Sexto, que en esa fecha 10 de enero de 2013, en todo caso, comenzaba el nuevo período constitucional 2013-2019 (art. 231, Constitución), así no se produjera el acto formal de juramentación del Presidente electo, y éste se juramentase posteriormente ante el Tribunal Supremo.

Séptimo, que el Vicepresidente Nicolás Maduro informó a la Asamblea Nacional el 8 de enero de 2013, que el Presidente de la República, dado su estado de salud, no iba a poder comparecer ante la Asamblea el día 10 de enero de 2013 para juramentarse en su cargo, permaneciendo en La Habana.

Octavo, que el Presidente Chávez, efectivamente no compareció ante la Asamblea Nacional a tomar posesión del cargo para el período constitucional 2013-2019, de manera que su fallecimiento ocurrió sin haberse juramentado ni haber tomado posesionado de su cargo.

Noveno, que antes de que se iniciara el nuevo periodo constitucional el 10 de enero de 2013, sin embargo, como hemos mencionado antes, el Tribunal Supremo de Justicia, el día 9 de enero de 2013, decidió mediante una sentencia interpretativa, que en virtud de que el Presidente Chávez había sido reelecto y había estado en ejercicio de la Presidencia de la República, su no comparecencia ante la Asamblea Nacional no significaba que no continuara en ejercicio de sus funciones junto con todo su gabinete (Vicepresidente y Ministros), todos ellos nombrados en el período constitucional que concluyó el 10 de enero de 2013; para lo cual la Sala Constitucional del Tribunal Supremo aplicó a la cuestión constitucional planteada el "principio de la continuidad administrativa."[362]

---

362 La Sala dijo en la sentencia, en cuanto al Presidente Chávez, que se trataba "de un Jefe de Estado y de Gobierno que no ha dejado de desempeñar sus funciones y, como tal, seguirá en el ejercicio de las mismas hasta tanto proceda a juramentarse ante el Máximo Tribunal." Agregó además, que " la falta de juramentación en tal fecha no supone la pérdida de la condición del Presidente Hugo Rafael Chávez Frías, ni como Presidente en funciones, ni como candidato reelecto, en virtud de existir continuidad en el ejercicio del cargo". Véase, Expediente N° 12-1358, Solicitante: Marelys D'Arpino. Véase el texto de la sentencia en: http://www.tsj.gov.ve/decisiones/scon/Enero/02-9113-2013-12-1358.html

Décimo, que luego de que se informara que el Presidente Chávez había sido trasladado desde un Hospital en La Habana, al Hospital Militar de Caracas el día 18 de febrero de 2013, donde supuestamente habría permanecido recluido sin ser visto en público, al anunciar el Vicepresidente que se había producido su fallecimiento el día 5 de marzo de 2013, puede decirse que cesó el régimen de "continuidad administrativa" del Presidente electo, de su Vicepresidente y del tren ministerial anterior que la Sala Constitucional del Tribunal Supremo había dispuesto que continuaban en sus funciones, fundamentándose en el hecho de que para el 9 de enero de 2013, el Presidente reelecto estaba en ejercicio de su cargo, por lo que hasta que se juramentase, todos debían continuar en el desempeño de sus funciones o en el ejercicio de sus cargos, y entre ellos el Vicepresidente y sus Ministros, hasta que el Presidente se juramentase; y

Decimoprimero, que tal juramento y la toma de posesión del cargo por el Presidente electo Chávez nunca pudo tener lugar, a causa de se fallecimiento.

Para entender bien las consecuencias jurídicas de éste último hecho, por tanto, es bueno refrescar con precisión lo que decidió la Sala Constitucional del Tribunal Supremo de Justicia, en la sentencia N° 2 del 9 de enero de 2013 sobre la no comparecencia anunciada del Presidente de la República para su toma de posesión el día siguiente, 10 de enero de 2013, por encontrarse totalmente incapacitado para ello por yacer en una cama de hospital en La Habana después de haber sido operado un mes antes (11 de diciembre de 2012).

La Sala Constitucional, como se ha dicho, consideró que en virtud de que el Presidente Hugo Chávez había sido "reelecto" Presidente para el período 2013-2019 terminando ese mismo día su período constitucional anterior (2007-2013), y que como eventualmente podría prestar dicho juramento posteriormente ante el propio Tribunal Supremo, entonces no podía considerarse que en ese día de terminación del período constitucional 2007-2013, por su ausencia, "que el gobierno queda *ipso facto* inexistente," resolviendo entonces que el Poder Ejecutivo (constituido por el Presidente, el Vicepresidente, los Ministros y demás órganos y funcionarios de la Administración) debía seguir "ejerciendo cabalmente sus funciones con fundamento en el principio de la continuidad administrativa," por supuesto, hasta que se juramentase y tomase posesión de su cargo ante el propio Tribunal.

Fue conforme a esa sentencia, entonces, que el Tribunal Supremo, por una parte, decidió que el Presidente de la Asamblea Nacional, Diosdado Cabello, no debía encargarse de la Presidencia de la República, tal como le correspondía conforme al principio democrático y que exigía la aplicación analógica de la norma que regula la falta absoluta del Presidente antes de su toma de posesión (art. 233); y por la otra parte, aseguró la continuidad en el ejercicio de su cargo del Presidente de la República reelecto a pesar de estar postrado en una cama de hospital. Finalmente, además, decidió la sala Constitucional que el Vicepresidente Maduro, a partir del 10 de enero de 2013, continuaría en ejercicio del cargo de Vicepresidente Ejecutivo, consolidando así el Tribunal Supremo la usurpación de la voluntad popular, al imponerles a los venezolanos un gobierno de hecho a cargo de funcionarios no electos. Con base en ello, el Vicepresidente y los Ministros que habían sido designados por el Presidente Chávez en el período constitucional anterior (2007-2013), continuaron ejerciendo sus cargos, situación que conforme a la sentencia de la Sala Constitucional debía permanecer hasta que el Presidente se juramentara. Esto último, ya evidentemente era una falacia, pues, sin duda, para ese momento, todo el gobierno ya debía haber sabido sobre la real condición de salud del Presidente y la imposibilidad que ya habría de que efectivamente se pudiera juramentar y tomar posesión de su cargo.

Hasta el 5 de marzo de 2013, por tanto, en virtud de la mencionada sentencia del Tribunal Supremo, el Vicepresidente Maduro continuó ejerciendo atribuciones del Poder Ejecutivo, pero sin siquiera haberse encargado de la Presidencia y sin siquiera suplir al Presidente en su falta temporal como se lo imponía el artículo 234 de la Constitución, no habiéndose dictado actos de gobierno algunos ni decretos presidenciales en los últimos días antes del 5 de marzo de 2013.[363]

El anuncio del fallecimiento del Presidente electo Chávez, quién según estableció la sentencia Nº 2 del Tribunal Supremo de enero de 2013, como había sido reelecto, a pesar de no haberse juramentado en cargo, sin embargo, había continuado en ejercicio de sus funciones del Poder Ejecutivo (aun cuando, de hecho, ello era imposible por su situación de salud), y con él, el Vicepresidente Ejecutivo y los Ministros; en todo caso, originaba una serie de cuestiones jurídicas inmediatas que requerían solución urgente, las cuales giraban en torno a determinar jurídica y constitucionalmente, quién, a partir del 5 de marzo de 2013, debía encargarse de la Presidencia de la República en ese supuesto de efectiva falta absoluta de un Presidente electo, no juramentado, mientras se procedía a una nueva elección presidencial. En virtud de que ya si era evidente que el Presidente electo Chávez ya no podía tomar posesión de su cargo, el régimen de la "continuidad administrativa" ilegítimamente impuesto por el Tribunal Supremo, al producirse la falta absoluta del Presidente con su fallecimiento, sin duda cesó. Todo cambió, por tanto, cuando se anunció el fallecimiento del Presidente y se produjo su efectiva falta absoluta.

La norma constitucional que rige los supuestos de falta absoluta del Presidente de la República es el artículo 233, en el cual se dispone lo siguiente:

> *Artículo 233.* Serán faltas absolutas del Presidente o Presidenta de la República: su muerte, su renuncia, o su destitución decretada por sentencia del Tribunal Supremo de Justicia; su incapacidad física o mental permanente certificada por una junta médica designada por el Tribunal Supremo de Justicia y con aprobación de la Asamblea Nacional; el abandono del cargo, declarado como tal por la Asamblea Nacional, así como la revocación popular de su mandato.
>
> Cuando se produzca la falta absoluta del Presidente electo o Presidenta electa antes de tomar posesión, se procederá a una nueva elección universal, directa y secreta dentro de los treinta días consecutivos siguientes. Mientras se elige y toma posesión el nuevo Presidente o la nueva Presidenta, se encargará de la Presidencia de la República el Presidente o Presidenta de la Asamblea Nacional.
>
> Si la falta absoluta del Presidente o la Presidenta de la República se produce durante los primeros cuatro años del período constitucional, se procederá a una nueva elección universal, directa y secreta dentro de los treinta días consecutivos siguientes. Mientras se elige y toma posesión el nuevo Presidente o la nueva Presidenta, se encargará de la Presidencia de la República el Vicepresidente Ejecutivo o la Vicepresidenta Ejecutiva.

363 Véase *Gacetas Oficiales* Nos 40.121 de 1-3-2013; Nos 40.122 de 4-3-2013; Nos 40.123 de 5-3-2013; Nos 40.124 de 6-3-2013.

En los casos anteriores, el nuevo Presidente o Presidenta completará el período constitucional correspondiente.

Si la falta absoluta se produce durante los últimos dos años del período constitucional, el Vicepresidente Ejecutivo o la Vicepresidenta Ejecutiva asumirá la Presidencia de la República hasta completar dicho período."

De este texto aparecen claramente los siguientes tres supuestos generales en los cuales ese hecho de la falta absoluta puede ocurrir, con sus consecuencias jurídicas inmediatas:[364]

Primero, que la falta absoluta se produzca ***antes de que el Presidente electo tome posesión del cargo***, en cuyo caso, dice la norma, el Presidente de la Asamblea Nacional ***se encarga*** de la Presidencia de la República mientras se realiza una nueva elección y toma posesión el nuevo Presidente. En este caso, el Presidente de la Asamblea no pierde su investidura parlamentaria, ni asume la Presidencia de la República, sino que solo se "encarga" temporalmente de la misma.

Segundo, que la falta absoluta se produzca ***dentro de los primeros cuatro años del periodo constitucional,*** se entiende por supuesto después de ya el Presidente electo tomó posesión de su cargo mediante su juramentación, en cuyo caso, dice la norma, el Vicepresidente Ejecutivo ***se encarga*** de la Presidencia mientras se realiza una nueva elección y toma posesión el nuevo Presidente. Dicho Vicepresidente, por supuesto, debe haber sido nombrado por el propio Presidente de la República antes de su falta absoluta, durante el ejercicio de su cargo. En este caso, el Vicepresidente Ejecutivo tampoco pierde su investidura, ni asume la Presidencia de la República, sino que solo se "encarga" temporalmente de la misma.

Tercero, que la falta absoluta se produzca ***durante los últimos dos años del período constitucional***, en cuyo caso, el Vicepresidente Ejecutivo ***asume*** la Presidencia de la República hasta completar el período. En este caso, el Vicepresidente Ejecutivo si pierde su investidura y asume en forma permanente el cargo de Presidente de la República, hasta completar el período constitucional, debiendo nombrar un nuevo Vicepresidente Ejecutivo. En es el único caso en la Constitución en el cual el Vicepresidente podría considerarse como "Presidente encargado de la República."

El anunciado fallecimiento del Presidente de la República Hugo Chávez Frías el 5 de marzo de 2013, sin haberse juramentado ni haber tomado posesión de su cargo, ni ante la Asamblea Nacional ni ante el Tribunal Supremo de Justicia, exigía precisar, por tanto, cuál de los dos primeros supuestos antes mencionados debía aplicarse para determinar la sucesión presidencial.

Como el régimen de la "continuidad administrativa" decretada ilegítimamente por el Tribunal Supremo, en todo caso, concluyó evidentemente el mismo día cuan-

364 El artículo 233 dispone en la materia", lo siguiente,, "Cuando se produzca la falta absoluta del Presidente electo o Presidenta electa antes de tomar posesión, se procederá a una nueva elección universal, directa y secreta dentro de los treinta días consecutivos siguientes. Mientras se elige y toma posesión el nuevo Presidente o la nueva Presidenta, se encargará de la Presidencia de la República el Presidente o Presidenta de la Asamblea Nacional. // Si la falta absoluta del Presidente o Presidenta de la República se produce durante los primeros cuatro años del período constitucional, se procederá a una nueva elección universal, directa y secreta dentro de los treinta días consecutivos siguientes. Mientras se elige y toma posesión el nuevo Presidente o la nueva Presidenta, se encargará de la Presidencia de la República el Vicepresidente Ejecutivo o la Vicepresidenta Ejecutiva".

do se produjo la falta absoluta del Presidente Chávez, quien por su estado de salud para el momento de su muerte no pudo juramentarse ni pudo tomar posesión de su cargo, es claro que se aplicaba el primer supuesto previsto en el artículo 233 de la Constitución, ya que la falta absoluta del Presidente electo se produjo en todo caso "***antes de tomar posesión***" de su cargo. La primera parte de la norma se aplica en los dos supuestos que conforme a sus previsiones podrían darse: primero, que el fallecimiento del Presidente ocurra sin tomar posesión de su cargo antes del inicio del período constitucional el 10 de enero; o segundo, que el fallecimiento del Presidente ocurra sin tomar posesión de su cargo por alguna causa sobrevenida después de haberse iniciado el período constitucional el 10 de enero pero antes de tomar posesión de su cargo. Este último fue, precisamente, el supuesto que ocurrió con el anuncio del 5 de marzo de 2013, de manera que conforme a la norma del artículo 233 de la Constitución, el Presidente de la Asamblea Nacional, Diosdado Cabello debió de inmediato encargarse de la Presidencia de la República, *ex constitutione*.[365]

Por tanto, en el mismo momento en que se anunció la falta absoluta del Presidente Chávez, de inmediato, constitucionalmente el Vice-Presidente Maduro dejó de ejercer las funciones del Presidente, por haber cesado la llamada "continuidad administrativa" impuesta por la Sala Constitucional, la cual dependía de que el Presidente electo pudiera llegar a tomar posesión efectiva de su cargo; y el Presidente de la Asamblea, sin necesidad de acto alguno, *ex constitutione*, se debía encargar de la Presidencia de la República.

Sin embargo, debe mencionarse que una primera lectura del artículo 233 de la Constitución, también podía conducir a considerar, (i) que como la falta absoluta se produjo después de iniciado el periodo constitucional, el cual comenzó el 10 de enero, así no se hubiera juramentado el Presidente electo; (ii) que entonces, como la falta absoluta se produjo "durante los primeros cuatro años del periodo constitucional"; y (iii) que como ya existía una interpretación constitucional, aun cuando errada, dispuesta por la Sala Constitucional, de que desde el 10 de enero de 2013 había una "continuidad administrativa," haciendo que los titulares del Poder Ejecutivo anterior siguieran en funciones (Presidente, Vicepresidente y ministros); entonces se podía aplicar el segundo supuesto de falta absoluta previsto en el artículo 233 (la que ocurría durante los primeros cuatro años del período constitucional que comenzó el 10 de enero de 2013), lo que podía conducir a considerar que el Vicepresidente Ejecutivo debía encargarse de la Presidencia quien ya estaba en funciones por la mencionada "continuidad administrativa" decretada por el Tribunal Supremo.

---

365 Así por ejemplo lo consideró el diputado Soto Rojas, al señalar tras el fallecimiento del Presidente Chávez que "Diosdado Cabello debe juramentarse y nuestro candidato es Nicolás Maduro", en referencia a las próximas elecciones que deben realizarse," en *6to. Poder*, 5-3-2013, en http://www.6topoder.com/venezuela/politica/diputado-soto-rojas-diosdado-cabello-debe-juramentarse-y-nuestro-candidato-es-nicolas-maduro/ Por ello, con razón, el profesor José Ignacio Hernández, explicó que "interpretando de manera concordada los artículos 231 y 233 de la Constitución, puede concluirse que ante la falta absoluta del Presidente electo antes de tomar posesión (mediante juramento), deberá encargarse de la Presidencia el Presidente de la Asamblea Nacional. Es ésa la conclusión que aplica al caso concreto, pues el Presidente Hugo Chávez falleció sin haber prestado juramento, que es el único mecanismo constitucional previsto para tomar posesión del cargo, con lo cual debería asumir la Presidencia quien fue designado como Presidente de la Asamblea Nacional." Véase José Ignacio Hernández, "A propósito de la ausencia absoluta del Presidente," en PRODAVINCI, 5-3-2013, en http://prodavinci.com/blogs/a-proposito-de-la-ausencia-absoluta-del-presidente-de-la-republica-por-jose-ignacio-hernandez-g/

Esta aproximación que podía derivarse de una primera lectura de la norma, sin embargo, debía descartarse con una lectura detenida, porque la denominada "continuidad administrativa" que se había fundamentado en el hecho de que había un Presidente electo, que era Hugo Chávez, quien por causas conocidas, pero sobrevenidas, no había podido tomar posesión de su cargo, pero supuestamente lo haría; había cesado totalmente con el anuncio del fallecimiento del Presidente. A partir de entonces ya la "continuidad administrativa" no podía sobrevivirle, pues la misma estaba ligada a su propia existencia, razón por la cual, como la falta absoluta se producía entonces sin que el Presidente Chávez hubiese llegado a tomar posesión efectiva de su cargo mediante su juramento, entonces el Presidente de la Asamblea Nacional era quien debía encargarse de la Presidencia.

Sin embargo, ello no fue lo que ocurrió en la práctica política, incumpliendo el Presidente de la Asamblea Nacional el mandato de la Constitución, habiendo sido la segunda opción a la cual hemos hecho referencia, la que de hecho se impuso en el ámbito del gobierno, de manera que el mismo día 5 de marzo de 2013, la Procuradora General de la República afirmaba a la prensa que con la muerte del Presidente Hugo Chávez, "inmediatamente se pone en vigencia el artículo 233, que establece que se encarga el Vicepresidente Nicolás Maduro (...) .Ya la falta absoluta determina que el que se encarga es el Vicepresidente, Nicolás Maduro."[366] Y ello fue efectivamente lo que ocurrió quedando evidenciado en *Gaceta Oficial* del mismo día, mediante la publicación del Decreto N° 9.399 declarando Duelo Nacional, dado y firmado por Nicolás Maduro, ni siquiera como "Vicepresidente encargado de la Presidencia," sino como "Presidente Encargado de la República."[367] Nada se supo, ese día, por lo demás, de la posición del Presidente de la Asamblea Nacional Diosdado Cabello sobre el porqué no había dado cumplimiento a la norma constitucional que lo obligaba a encargarse de la Presidencia.[368]

366 Véase "Muerte de Chávez. 06/03/2013 03:16:00 p.m.. Aseguró la Procuradora General de la República Cilia Flores: La falta absoluta determina que se encargará el Vicepresidente Maduro," en Notitarde.com, 7-3-2013, en http://www.notitarde.com/Muerte-de-Chavez/Cilia-Flores-La-falta-absoluta-determina-que-se-encargara-el-Vicepresidente-Maduro/2013/03/06/169847

367 *Gaceta Oficial* 40.123 de 5 de marzo de 2013. Con relación a este Decreto, que fue refrendado por todos los Ministros y publicado en *Gaceta Oficial*, Juan Manuel Raffalli apreció que "no hay duda de que Nicolás Maduro es el Presidente encargado de la República," llamando la atención respecto a que "Maduro no ha designado un Vicepresidente y si ostenta la doble condición de Presidente y Vicepresidente, no puede ser candidato," e indicando que "para que pueda ser candidato, tendría que designar a un Vicepresidente." Véase en "Raffalli: Maduro no puede ser candidato mientras también ostente la Vicepresidencia," en *6to. Poder*, Caracas 7-3-2013, en http://www.6topoder.com/venezuela/politica/raffalli-maduro-no-puede-ser-candidato-mientras-tambien-ostente-la-vicepresidencia/; y en "Dudas Constitucionales. ¿Maduro es Vicepresidente y encargado de la Presidencia, o es Presidente encargado a secas?, en *El Universal*, 8=3-2013, en http://www.eluniversal.com/opinion/130308/dudas-constitucionales . Sin dejar de considerar que con ese Decreto, efectivamente y de hecho, el Vicepresidente Maduro asumió sin título alguno la Presidencia de la República, es decir, ilegítimamente; sin embargo consideramos que debe puntualizarse que de acuerdo con el texto de la Constitución, en cualquier caso en el cual se produzca una falta absoluta del Presidente en los términos del artículo 233 de la Constitución, tanto el Presidente de la Asamblea Nacional como del Vicepresidente, es sus respectivos casos, lo que deben y pueden hacer es "encargarse" de la Presidencia, pero nunca pasan a ser "Presidentes encargados de la República."

368 Sobre el tema de la sucesión presidencial en este caso, el profesor Hermán Escarrá, en una entrevista de televisión ese mismo día 5 de marzo, afirmaba que ante la muerte de Hugo Chávez se abrían dos ámbitos de actuación, de manera que (i), "si era el caso de "un Presidente electo que no ha tomado posesión;

Lo cierto es que el régimen de la llamada "continuidad administrativa" había cesado, pues había sido impuesta por el Tribunal Supremo para permitirle al Presidente Chávez que eventualmente se pudiera juramentar posteriormente en su cargo una vez recuperada su salud, a lo cual tenía derecho, como lo indico el Tribunal Supremo, y hubiera podido en ese caso tomar posesión de su cargo. Esa posibilidad fue, precisamente, la que se disipó con el anuncio del fallecimiento del Presidente, concluyendo allí el régimen de la "continuidad administrativa," entrando en aplicación, precisamente, el primer supuesto del artículo 233 de una falta absoluta del Presidente ocurrida ***antes de que tomara posesión de su cargo***, lo que nunca ocurrió, en cuyo caso debía encargarse de la Presidencia el Presidente de la Asamblea Nacional.

Ahora bien, salvo que se trate de falta absoluta ocurrida en los dos últimos años del período constitucional en cuyo caso, el Vicepresidente ***asume*** el cargo de Presidente, es decir, es Presidente, en ningún otro caso, sea en caso del Presidente de la Asamblea Nacional o del Vicepresidente Ejecutivo, en los supuestos respectivos previstos en la Constitución, puede decirse que se convierten en "Presidentes encargados" ya que en ningún caso pierden su investidura. Al contrario, siguen siendo titulares de sus respectivos cargos de Presidente de la Asamblea y de Vicepresidente, y es en ese carácter que se pueden "encargar" de la Presidencia. En el caso del Vicepresidente Ejecutivo, cuando se "encarga" de la Presidencia, no puede auto considerarse ni ser calificado como "Presidente encargado de la República" como erradamente se indicó en el Decreto N° 9399 declarando Duelo Nacional. Y esta no es una cuestión de redacción, es una cuestión sustantiva, pues el Vicepresidente, cuando se encarga de la Presidencia, no deja de ser Vicepresidente; es más, es porque es Vicepresidente que se encarga de la Presidencia.

Por tanto, no es correcto afirmar que el Vicepresidente, en esos supuestos, se transforme en "Presidente encargado de la República," ni que el mismo pueda designar un Vicepresidente. Esto sólo lo puede hacer un Presidente electo una vez en funciones, pero no un Vicepresidente encargado de la Presidencia. El Vicepresidente, en la Constitución, además de tener atribuciones, tiene cargas o deberes, y uno de ellos es precisamente "encargarse" de la Presidencia en esos casos, por lo que debe asumir todas sus consecuencias. Por ello es que, por ejemplo, no puede en ningún caso ser candidato a Presidente en las elecciones a las que debe procederse en el breve lapso de 30 días. Es decir, conforme a artículo 229 de la Constitución, quien esté en ejercicio del cargo de Vicepresidente en el día de su postulación o en cual-

---

en este caso [...] debe sustituir la falta el Presidente de la Asamblea Nacional, Diosdado Cabello"; y que (ii), si era el caso de "un Presidente en ejercicio de sus funciones," entonces en ese caso "le corresponde al Vicepresidente sustituir por el periodo en el que debe convocarse a elecciones para que al final sea el pueblo el que decida quién será su Presidente." De estas opciones, según sus propias palabras, el primer supuesto era el que aparentemente se aplicaba. Pero no; fue la segunda opción, la que consideró aplicable el profesor Escarrá, argumentando que la sentencia del Tribunal Supremo de 9 de enero de 2013 había dicho que "Chávez era un Presidente reelecto que nunca estuvo ausente, 'por lo que debía entonces aplicarse el Artículo 233 de la Constitución.' [...] El Vicepresidente queda encargado, puesto que aunque el Presidente no se juramentó, de conformidad a la sentencia, estaba en el cargo cumpliendo sus funciones." Agregó además, el profesor Escarrá, que "Maduro dejó de ser vicepresidente en el momento en que se supo de la muerte del presidente Chávez y se decretó la falta absoluta. Una vez que opera la falta absoluta asume el poder el vicepresidente." Véase "Hermann Escarrá: Maduro es Presidente encargado desde que se anunció la muerte de Chávez," en Globovisión.com, 6-3-2013, en http://globovision.com/articulo/hermann-escarra-maduro-es-presidente-encargado-desde-que-se-anuncio-la-muerte-de-chavez quier momento entre esta fecha y la de la elección, no puede ser elegido Presidente. Y como el Vicepresidente no puede abandonar su cargo de Vicepresidente al encargarse de la Presidencia, simplemente no puede ser candidato a Presidente.

Esa debió haber comenzado a ser la situación constitucional del Vicepresidente Maduro después de haberse "encargado de la Presidencia" el día 5 de marzo de 2013. Sin embargo, no fue así, y el anuncio antes mencionado de la Procuradora General de la República, de que el Vicepresidente Maduro había pasado a ser "Presidente encargado de la República," mostraba otra realidad, inconstitucional, a lo que se agregaba la situación inconstitucional derivada de la declaración dada por el Ministro de la Defensa al afirmar, pocas horas después de darse a conocer oficialmente la muerte del Presidente Chávez, que "Ahora más que nunca, la FAN debe estar unida para llevar a Maduro a ser el próximo presidente electo de todos los venezolanos."[369] Para una institución como la Fuerza Armada, "sin militancia política" y que "está al servicio exclusivo de la Nación y en ningún caso al de persona o parcialidad política alguna" (art. 328, Constitución), esa manifestación violaba abiertamente el texto fundamental.

Luego le correspondería a la Sala Constitucional del Tribunal Supremo de Justicia, en sentencia N° 141 de 8 de marzo de 2013, que se comenta más adelante, consolidar todo este fraude constitucional.

Pero volvamos a la situación el día 5 de marzo. Nicolás Maduro, como Vicepresidente encargado de hecho de la Presidencia (porque ello correspondía al Presidente de la Asamblea Nacional), y como "Presidente encargado de la República" como se autodenominó, en todo caso, tenía entre sus atribuciones inmediatas velar por que se procediera "a una nueva elección universal, directa y secreta dentro de los treinta días consecutivos siguientes" contados a partir de la falta absoluta del Presidente, es decir, contados a partir del 5 de marzo de 2013.[370]

Esto significaba que la elección presidencial conforme a la Constitución, debía necesariamente efectuarse en ese lapso, para lo cual el Consejo Nacional Electoral debía adoptar todos los actos y realizar todas diligencias necesarias, como la convo-

369 Véase en "Ministro de la Defensa venezolano: "La Fuerza Armada Nacional debe estar unida para llevar a Maduro a ser presidente", en Vínculocrítico.com Diario de América, España y Europa, en http://www.vinculocritico.com/politica/venezuela/elecciones-venezuela/fuerzas-militares-venezolanas/muere-chavez/muerte-chavez/anuncio-muerte-chavez/ministro-defensa/vtv-/apoyo-de-militares-maduro-/294618 . En la nota publicada en ese diario se concluía con la siguiente reflexión "La clara posición expresada por el Ministro de la Defensa resulta preocupante para muchos ciudadanos, toda vez que bajo sus órdenes se encuentra la Fuerza Armada Nacional que debe velar por la seguridad de Venezuela, pero no obedecer a la voluntad de una sola persona y menos aún en materia electoral. Su posición no presagia una situación de imparcialidad, con la gravedad que ello conlleva para el futuro en democracia de dicha nación latinoamericana."

370 No es correcta la afirmación del diputado Calixto Ortega en el sentido de afirmar que "tras los actos fúnebres, la Asamblea Nacional debe reunirse y declarar formalmente "la ausencia de derecho del presidente", tras lo cual el CNE pasa a organizar y convocar las elecciones dentro de un plazo estimado de 30 días que pudiera extenderse." Ello es contrario a la Constitución, no sólo porque en la misma la falta absoluta del Presidente por muerte no requiere de declaración formal alguna, sino porque los treinta días consecutivos para que se proceda a realzar la elección deben contarse a partir de dicha falta absoluta. Véase la reseña de la declaración en "Oposición venezolana trabaja en escenario electoral", ABC color, 7-3-2013, en http://www.abc.com.py/internacionales/oposicion-venezolana-trabaja-en-escenario-electoral-546632.html

catoria, postulación, y organización electoral.[371] Y en ese proceso electoral, en ningún caso el Vicepresidente podía ser candidato a la Presidencia, primero, porque la Constitución expresamente establece que quien esté en ejercicio del cargo de Vicepresidente para el momento de la postulación, es inelegible (art. 229); y segundo, porque el Vicepresidente, en este caso de haberse encargado de la Presidencia, así ello hubiera sido ilegítimo, no podía separarse de su cargo, pues era en tal carácter de Vicepresidente que se encargó de la Presidencia. Si lo hacía crearía un vacío en el Poder Ejecutivo al dejar acéfala la jefatura del Estado. Quizás por ello, en vez de encargarse de la Presidencia, Nicolás Maduro procedió el 5 de marzo de 2013 a autonombrarse "Presidente encargado de la República," para así, seguramente, proceder en el futuro a nombrar un Ministro como "encargado" de la Vicepresidencia, como ya lo había hecho durante el mes de diciembre de 2012.

En todo caso, y aún en el supuesto de que se pretendiera que el Vicepresidente no era tal "Vicepresidente encargado de la Presidencia" sino que era "Presidente encargado de la República," tampoco podía ser candidato a la Presidencia en las elecciones a realizarse en breve, ya que el único funcionario en la Constitución que puede participar en un proceso electoral sin separarse de su cargo es el Presidente de la República cuando una vez ya electo popularmente, acude a la reelección, es decir, cuando ya ha sido previamente electo en una elección anterior. Ningún otro funcionario, ni siquiera cuando se autodenomine "Presidente encargado de la República" podría ser considerado Presidente a tales efectos de reelección sin separarse de su cargo, pues no ha sido electo popularmente.

Pero el tema de la sucesión presidencial por la anunciada falta absoluta del Presidente Chávez, a pesar de todo lo que disponía la Constitución, para el mismo día 5 de marzo de 2013, al anunciarse su fallecimiento, ya estaba de hecho resuelto al haberse encargado de la Presidencia de la República el Vicepresidente Nicolás Maduro, bien en contra de lo previsto en la Constitución, y ante el silencio del Presidente de la Asamblea Nacional, quien debió hacerlo; y haberlo hecho ni siquiera como "Vicepresidente encargado de la Presidencia," sino como consta del Decreto antes mencionado que dictó ese mismo día como "Presidente encargado de la República," carácter que no tenía pues sólo era "Vicepresidente encargado de la Presidencia."

Por ello, al inicio causó extrañeza el anuncio que hizo el Presidente de la Asamblea Nacional, Diosdado Cabello, en horas de la noche del día 7 de marzo, en el sentido de que "el vicepresidente Nicolás Maduro será juramentado este viernes a las 7:00 de la noche como Presidente de la República encargado," indicando además, que "una vez juramentado, corresponderá a Maduro convocar a nuevas elecciones para elegir al próximo jefe de Estado."[372] Era extraño porque quien ya se

371 Sin embargo, el día 8 de marzo se anunciaba en la prensa que el Consejo Nacional Electoral estaría listo para las elecciones presidenciales a partir del día 14 de abril de 2013. Véase en *El Universal*, Caracas 8-3-2013, en http://www.eluniversal.com/nacional-y-politica/130307/cne-listo-para-presidenciales-a-partir-del-14-de-abril

372 Véase Alejandra M. Hernández, "Maduro será juramentado mañana como Presidente encargado," *El Universal*, 7-3-2013, en http://www.eluniversal.com/nacional-y-politica/hugo-chavez-1954-2013/130307/maduro-sera-juramentado-manana-como-presidente-encargado; y "Nicolás Maduro asumirá hoy como Presidente," en http://www.eluniversal.com/nacional-y-politica/130308/nicolas-maduro-asumira-hoy-como-presidente

había encargado de hecho de la Presidencia, y ya había dictado un Decreto presidencial en uso de la atribución presidencial de "dirigir la acción de gobierno," (arts. 226 y 236.2 de la Constitución que son los que se citan en el decreto) como Presidente encargado de la República, iba a juramentarse *ex post facto*, para el cargo que ya había comenzado a ejercer.

Ello lo que puso en evidencia fue la tremenda inseguridad que debía existir en las esferas de gobierno sobre la "encargaduría" de la Presidencia a la muerte del Presidente Chávez. El arte del desconcierto que tanto aplicó el fallecido durante su mandato, siguió guiando el comportamiento del gobierno en su "continuidad administrativa" de tiempo indefinido. Sin embargo, con el anuncio, al menos ya quedaba expresada por primera vez la opinión de quien constitucionalmente debió encargarse de la Presidencia, y no lo hizo.[373]

Ese anuncio ponía fin, momentáneamente, a las "interpretaciones" de las normas constitucionales a conveniencia, quedando acordada la situación políticamente en el seno del gobierno, pues lo que había pasado en el país respecto de la situación constitucional originada con motivo del inicio del período constitucional presidencial 2013-2019, dada la situación de ausencia del territorio nacional del Presidente electo a partir del 9 de diciembre de 2012, su permanencia en Cuba hasta su supuesta reclusión hospitalaria en Caracas a partir del 18 de febrero de 2013; y el anuncio de su fallecimiento el 5 de marzo de 2013, no fue lo que debió pasar.[374]

En realidad, lo que pasó desde el 10 de diciembre de 2012, al margen de la Constitución, fue que el Vicepresidente Maduro se negó a suplir la falta temporal del Presidente ausente; el Presidente ausente no pudo comparecer el 10 de enero de 2013 ante la Asamblea Nacional para jurar el cargo y tomar posesión del mismo para el período 2013-2019, situación en la cual, en lugar de que el Presidente de la

---

373 Diosdado Cabello destacó "que la juramentación se efectuará de conformidad con lo establecido en el artículo 233 de la Constitución, el cual establece que cuando "la falta absoluta del Presidente de la República se produce durante los primeros cuatro años del período constitucional (...) mientras se elige y toma posesión el nuevo Presidente, se encargará de la Presidencia de la República el Vicepresidente Ejecutivo." "Cabello aclaró que no le corresponde a él como presidente de la AN, sino a Maduro como vicepresidente asumir la jefatura de Estado, ya que se produjo la falta absoluta del presidente de la República." "Recordó que Hugo Chávez, quien falleció el pasado martes, era un mandatario en posesión de su cargo y no un Jefe de Estado electo que por primera vez iba a cumplir funciones." "Agregó que se cumplirán las órdenes dadas por Chávez." Véase Alejandra M. Hernández, "Nicolás Maduro asumirá hoy como Presidente," en http://www.eluniversal.com/nacional-y-politica/130308/nicolas-maduro-asumira-hoy-como-presidente

374 Como lo resumió con toda precisión Gerardo Blyde al responder la pregunta ¿Qué debió ocurrir?: "Cuando el Presidente solicitó ausentarse del país para tratarse en Cuba *debió declararse la ausencia temporal y encargarse el Vicepresidente hasta el fin de ese período constitucional*. / Al no regresar para el 10 de enero, fecha constitucional para la juramentación, *debió encargarse de la Presidencia el presidente de la Asamblea Nacional para el nuevo período hasta tanto el Presidente electo pudiera juramentarse y asumir*. / Al regresar, el Presidente electo *debió ser juramentado por el TSJ*. Si no era posible, el TSJ *ha debido nombrar una junta médica* que determinara si había causas que le impedían asumir la Presidencia y si éstas serían permanentes o temporales. En caso de haberse determinado que eran permanentes, el TSJ *debió enviar el informe a la Asamblea Nacional para que se declarara la falta absoluta*. / Una vez declarada la falta absoluta, el CNE *debía convocar a nuevas elecciones presidenciales* y, una vez elegido el nuevo Presidente, el presidente de la AN debía entregarle para que éste culminara el período presidencial en curso." Véase en Gerardo Blyde, "Lo que pasó y no debió pasar. El Vicepresidente encargado de la Presidencia no puede nombrar a otro Vicepresidente," en *El Universal*, 8-3-2013, en http://www.eluniversal.com/opinion/130308/lo-que-paso-y-no-debio-pasar

Asamblea Nacional se encargara de la Presidencia, el Tribunal Supremo decidió mediante la sentencia Nº 2 de 9 de enero de 2013 que el Presidente reelecto, ausente y enfermo, su Vicepresidente y sus Ministros, seguían en ejercicio de sus funciones, hasta que el Presidente se juramentase ante el propio Tribunal; que una vez anunciado el fallecimiento del Presidente Chávez, y producida su falta absoluta antes de tomar posesión efectiva y formalmente de su cargo, a pesar de haber cesado el régimen de "continuidad administrativa" impuesto por el Tribunal Supremo, en lugar de que el Presidente de la Asamblea Nacional se encargara de la Presidencia, el Vicepresidente Maduro asumió el cargo de "Presidente encargado de la República."

Contrastado lo que pasó[375] con lo que debía haber pasado, constitucionalmente hablando, la situación de incertidumbre sólo podía quedar resuelta, de hecho, razón por la cual se anunció el acto mediante el cual el Presidente de la Asamblea Nacional, quien era quien debía estar encargado de la Presidencia, iba a tomar el juramento del Vicepresidente, pero no sólo como encargado de la Presidencia, sino como "Presidente encargado de Venezuela," cuando ya desde el 5 de marzo éste ya estaba "ejerciendo" dicho cargo

Todo lo anterior se consolidó luego, mediante la sentencia Nº 141 de la Sala Constitucional del Tribunal Supremo de Justicia de 8 de marzo de 2013, dictada al resolver un nuevo recurso de interpretación que se había interpuesto (por Otoniel Pautt Andrade) el día 6 de marzo de 2013 sobre la aplicación del artículo 233 de la Constitución a la situación concreta derivada de la anunciada falta absoluta del Presidente Chávez.[376]

En esta nueva decisión, la Sala comenzó con un error de interpretación de la norma cuya interpretación se había requerido, cuyo texto hemos transcrito anteriormente, al concluir, después de transcribirla íntegramente, que "De la lectura de dicho precepto se observa que cuando se produce la falta absoluta del Presidente de la República se habrá de realizar una nueva elección y *se encargará de la Presidencia de la República el Vicepresidente Ejecutivo o la Vicepresidenta Ejecutiva*", cuando ello no es correcto, porque en el primer supuesto de falta absoluta regulado en la norma (de los tres que regula), quien se encarga de la Presidencia es el Presidente de la Asamblea Nacional. Esa parte de la norma fue completamente ignorada en la sentencia.[377]

---

375 Véase igualmente los comentarios de Gerardo Blyde en *Idem*, "Lo que pasó y no debió pasar. El Vicepresidente encargado de la Presidencia no puede nombrar a otro Vicepresidente," en *El Universal*, 8-3-2013, en http://www.eluniversal.com/opinion/130308/lo-que-paso-y-no-debio-pasar

376 Véase el texto de la sentencia en http://www.tsj.gov.ve.decisioes/scon/Marzo/141-9313-2013-13-0196.html

377 Días después de dictada la sentencia, el 12 de marzo de 2013, en un programa de televisión, la Presidente del Tribunal Supremo diría lo siguiente según la reseña : "La Constitución debemos leerla muy claramente, a mi una de las cosas que más me preocupa es la falta de lectura por parte de algunas personas, o no diría falta de lectura (…) sino la falta gravísima y el engaño que hacen al pueblo cuando se refieren al texto constitucional saltándose párrafos para que se malinterprete el resultado," detalló durante el programa Contragolpe que transmite Venezolana de Televisión. / La magistrada cuestionó que hay quienes pretenden irrespetar la Constitución, al afirmar que debe ser el presidente de la Asamblea Nacional, en este caso Diosdado Cabello, quien debió asumir la Presidencia Encargada. / Refirió que el artículo 233 expresa que "mientras se elige y toma posesión el nuevo Presidente o nueva Presidenta se encargará de la Presidencia de la República el Vicepresidente Ejecutivo o la Vicepresidenta Ejecutiva. Yo estoy leyendo la Constitución, no estoy diciendo algo que a mi se me ocurre." Véase la reseña en

Aparte de este error, la sentencia de 8 de marzo de 2013, en definitiva, resolvió que como en la sentencia anterior de la misma Sala Constitucional N° 2 de 9 de enero de 2013, ya se había dispuesto que a pesar de que el período constitucional 2013-2019 comenzó el 10 de enero dc 2013, en virtud de que el Presidente Chávez había sido reelecto y que en relación con el mismo "no era necesaria una nueva toma de posesión [...] en virtud de no existir interrupción en ejercicio del cargo," entonces dijo la Sala:

> "se desprende que el Presidente reelecto inició su nuevo mandato el 10 de enero de 2013, que se configuró una continuidad entre el período constitucional que finalizaba y el que habría de comenzar y que por lo tanto, se entendía que el Presidente reelecto, a pesar de no juramentarse dicho día, continuaba en funciones."

Ello, por supuesto, fue una falacia, pues el Presidente Chávez, desde el 10 de diciembre de 2013 nunca más salió de un Hospital. Sin embargo, de allí la Sala concluyó que al momento de anunciarse la falta absoluta del Presidente Chávez el 5 de marzo de 2013, en virtud de que el mismo "se encontraba en el ejercicio del cargo de Presidente de la República, es decir, había comenzado a ejercer un nuevo período constitucional," lo que era totalmente falso e irreal, entonces, como la falta absoluta se produjo dentro de los primeros cuatro años del período constitucional:

> "es aplicable a dicha situación lo previsto en el segundo aparte del artículo 233 de la Constitución, esto es, debe convocarse a una elección universal, directa y secreta, y se encarga de la Presidencia de la República el ciudadano Nicolás Maduro Moros, quien para ese entonces ejercía el cargo de Vicepresidente Ejecutivo."

Estableció la Sala Constitucional, adicionalmente que "dicha encargaduría comenzó inmediatamente después de que se produjo el supuesto de hecho que dio lugar a la falta absoluta," consolidando así lo que efectivamente había ocurrido el 5 de marzo de 2013. Agregó además la Sala que "El Presidente Encargado debe juramentarse ante la Asamblea Nacional," ratificando así, también, lo que de hecho ya había sido anunciado en el gobierno, a pesar de que la misma Sala antes había dicho que el Vicepresidente ya se había encargado desde el 5 de marzo de 2013 de la Presidencia.

Quedaron así muy convenientemente resueltas por el Juez Constitucional todas las dudas e incertidumbres pasadas, que ya habían sido resueltas políticamente entre

---

http://www.vive.gob.ve/actualidad/noticias/designaci%C3%B3n-de-nicol%C3%A1s-maduro-como-presidente-e-es-constitucional; y en http://www.el-nacional.com/politica/Luisa-Estella-Morales-Maduro-Constitucion_0_152387380.html Por lo visto no se percató la magistrada que quien analizó la Constitución "saltándose párrafos para que se malinterprete el resultado," fue ella misma y la Sala Constitucional que dictó la sentencia bajo su Ponencia, al ignorar (o saltarse) el primer párrafo sobre la falta absoluta del Presidente del artículo 233 que dispone que "Cuando se produzca la falta absoluta del Presidente electo o Presidenta electa antes de tomar posesión, se procederá a una nueva elección universal, directa y secreta dentro de los treinta días consecutivos siguientes. Mientras se elige y toma posesión el nuevo Presidente o la nueva Presidenta, se encargará de la Presidencia de la República el Presidente o Presidenta de la Asamblea Nacional." Tan esa parte fue "saltada" por la Sala que luego de copiar el texto íntegro del artículo la sentencia expresa, pura y simplemente que: "De la lectura de dicho precepto se observa que cuando se produce la falta absoluta del Presidente de la República se habrá de realizar una nueva elección y *se encargará de la Presidencia de la República el Vicepresidente Ejecutivo o la Vicepresidenta Ejecutiva.*" Basta comparar los dos textos para saber quién se saltó un párrafo de la norma para malinterpretarla.

los órganos del Poder Ejecutivo y del Poder Legislativo. La Sala Constitucional, una vez más, interpretó la Constitución a la medida del régimen autoritario, pero distorsionándola.

Sobre el futuro que en ee momento era cercano, la Sala Constitucional también pasó a resolver de antemano todas las dudas que podían presentarse en el funcionamiento del nuevo gobierno de transición sin legitimidad democrática, declarando que al encargarse el Vicepresidente Ejecutivo Nicolás Maduro "de la Presidencia de la República [...] deja de ejercer dicho cargo para asumir la tarea que el referido precepto le encomienda." Es decir, ni más ni menos, dejbaa de ser Vicepresidente encargado de la Presidencia y pasaba a ser "Presidente encargado"

De ello derivó la Sala Constitucional, que en cuanto a la previsión de la condición de inelegibilidad establecida en el artículo 229 de la Constitución, según el cual no puede ser elegido Presidente de la República quien esté en ejercicio del cargo de Vicepresidente Ejecutivo en el día de su postulación o en cualquier momento entre esta fecha y la de la elección; la misma –dijo la Sala–, sólo se aplica "mientras el Vicepresidente Ejecutivo o la Vicepresidenta Ejecutiva esté en el ejercicio de dicho cargo," considerando que en dicho "supuesto de incompatibilidad" previsto en la norma, "no está comprendido el Presidente Encargado de la República."

Por tanto, estableció la Sala, que como "el ahora Presidente Encargado no sigue ejerciendo el cargo de Vicepresidente, el órgano electoral competente, una vez verificado el cumplimiento de los requisitos establecidos por la ley, puede admitir su postulación para participar en el proceso que lleve a la elección del Presidente de la República, sin separarse de su cargo," de manera que "durante dicho proceso electoral, el Presidente Encargado está facultado para realizar las altas funciones que dicha investidura trae aparejadas como Jefe del Estado, Jefe de Gobierno y Comandante en Jefe de la Fuerza Armada Nacional Bolivariana, de acuerdo con la Constitución y las leyes."

Y nada más.[378] El Tribunal Supremo de Justicia, de nuevo, "legitimó" lo que el gobierno autoritario ya había dispuesto, para lo cual mutó ilegítimamente la Constitución, cambiando materialmente la condición de inelegibilidad establecida en la Constitución para la elección del cargo de Presidente de la República, y además, permitiendo de antemano, también ilegítimamente, que el "Presidente encargado de la República" en el período de sucesión presidencial, pudiera participar en la campaña electoral sin separarse del cargo, situación que como se dijo, está reservada a los Presientes electos que buscan la reelección, y no es aplicable a un Vicepresiden-

---

378 La Sala Constitucional, en su sentencia, procedió a "sistematizar las conclusiones vertidas a lo largo de esta decisión," de manera resumida, así: a) Ocurrido el supuesto de hecho de la muerte del Presidente de la República en funciones, el Vicepresidente Ejecutivo deviene Presidente Encargado y cesa en el ejercicio de su cargo anterior. En su condición de Presidente Encargado, ejerce todas las atribuciones constitucionales y legales como Jefe del Estado, Jefe de Gobierno y Comandante en Jefe de la Fuerza Armada Nacional Bolivariana; / b) Verificada la falta absoluta indicada debe convocarse a una elección universal, directa y secreta; / c) El órgano electoral competente, siempre que se cumpla con los requisitos establecidos en la normativa electoral, puede admitir la postulación del Presidente Encargado para participar en el proceso para elegir al Presidente de la República por no estar comprendido en los supuestos de incompatibilidad previstos en el artículo 229 constitucional; / d) Durante el proceso electoral para la elección del Presidente de la República, el Presidente Encargado no está obligado a separarse del cargo." Véase en http://www.tsj.gov.ve.decisioes/scon/Marzo/141-9313-2013-13-0196.html

te encargado de la Presidencia o a un Presidente encargado que no ha sido a su vez ya electo popularmente.

La decisión de la Sala Constitucional, como lo expresó Jesús María Casal, "se construyó a partir de la ficción de que Chávez ejercía su cargo, lo cual sabemos que es falso,"[379] y como lo consideró Enrique Sánchez Falcón, "atenta contra la Constitución, el Estado de Derecho, la Democracia y la paz ciudadana, [...] porque ella dice que el Vicepresidente no puede participar en las elecciones presidenciales, a menos que se separe de ese cargo; y no se puede decir que puede participar porque ya no es Vicepresidente, porque él es el encargado de la Presidencia precisamente porque estaba en la Vicepresidencia." Consideró Sánchez Falcón que la decisión violaba, además, la democracia, en lo que coincidió Jesús María Casal, al expresar que "enrarecía" el clima político, pues "parece ir destinada a favorecer o reforzar el ventajismo electoral del que venía haciendo gala el Gobierno Nacional en los últimos años y eso obviamente genera desconfianza en el proceso electoral."[380]

Lo que es cierto, de la polémica, inconstitucional, distorsionante y mutante decisión de la Sala Constitucional es que después de ella, sin duda, el Secretario General de la Organización de Estados Americanos José Miguel Insulza tendría de nuevo ocasión para decir que *"El tema ha sido ya resuelto por los tres poderes del Estado de Venezuela: lo planteó el Ejecutivo, lo consideró el Legislativo, y lo resolvió el Judicial";* y podría concluir de nuevo que "Las instancias están agotadas y por lo tanto, el proceso que se llevará a cabo en ese país es el que han decidido los tres poderes,"[381] así esos tres poderes no sean independientes ni autónomos entre sí, lo que es indispensable para el funcionamiento de un régimen democrático. Eso, por lo visto, no le importaba a dicho funcionario internacional.!!

Lo que siguió, en todo caso, se ajustó al libreto ya escrito, de manera que una vez juramentado ante la Asamblea Nacional como Presidente encargado de la República el día 8 de marzo de 2013, incluso mediante la colocación de la banda presiden-

---

379 No es cierto, por tanto, como lo expresó la profesora Hildegard Rondón de Sansó, que "el presidente Chávez al momento de fallecer era un Presidente reelecto y no electo por primera vez, pero además estaba en posesión del cargo. Era un Presidente electo que estaba en posesión del cargo para ser precisos, pero por esa condición de la posesión del cargo no era esencial la juramentación." Véase en Juan Francisco Alonso, "Acusan al TSJ de alentar la desobediencia ciudadana," en *El Universal*, 10-3-2013, en http://www.eluniversal.com/nacional-y-politica/130310/acusan-al-tsj-de-alentar-la-desobediencia-ciudadana . El Presidente Chávez estaba en posesión del cargo para el cual fue electo en 2007 y que duraba hasta el 10 de enero de 2013. En esta fecha, para tomar posesión del cargo de Presidente para el período constitucional 2013-2019, tenía que juramentarse ante la Asamblea nacional o ante el Tribunal Supremo, y no o hizo. No se puede afirmar seriamente que porque hubiera sido electo, estaba "en posesión de su cargo." Eso, por lo demás, no fue lo que decidió la sala Constitucional, que lo que hizo fue declarar que estaba en ejercicio de sus funciones desde el período anterior, ratificando, por lo demás el acto de juramentación como un requisito esencial para la toma de posesión el cargo.-

380 Véase Juan Francisco Alonso, "Acusan al TSJ de alentar la desobediencia ciudadana," en *El Universal*, 10-3-2013, en http://www.eluniversal.com/nacional-y-politica/130310/acusan-al-tsj-de-alentar-la-desobediencia-ciudadana

381 Véase en "J. M. Insulza: OEA respeta decisión de los poderes constitucionales sobre la toma de posesión del presidente Chávez," 11-1-2013, en http://www.noticierovenevision.net/politi-ca/2013/enero/11/51405=oea-respeta-decision-de-los-poderes-constitucionales-sobre-la-toma-de-posesion-del-presidente-chavez; y en http://globovision.com/articulo/oea-respeta-cabalmente-decision-del-tsj-sobre-toma-de-posesion-de-chavez

cial;[382] el mismo día, el "Presidente encargado" Nicolás Maduro dictó su segundo Decreto N° 9.401, nombrando como Vicepresidente Ejecutivo a quien hasta ese momento había sido Ministro de Ciencia Tecnología, Jorge Arreaza, yerno del fallecido Presidente Chávez;[383] el día 9 de marzo de 2013, la Presidenta del Consejo Nacional Electoral convocó las elecciones presidenciales fijando el 14 de abril para su realización;[384] el 11 de marzo de 2013, el "Presidente encarado" inscribió su candidatura para dichas elecciones;[385] y el mismo día dictó el Decreto N° 9.402 delegando en el Vicepresidente recién nombrado un conjunto de atribuciones presidenciales,[386] con lo cual quedaba más libre para participar en la campaña presidencial sin separarse del cargo.

Si efectuó así en Venezuela, una campaña electoral para la elección presidencial, con un candidato del Estado, el Presidente encargado Maduro, apoyado abiertamente por todos los poderes del Estado incluyendo el Poder Judicial y financiado groseramente con acceso ilimitado a los recursos públicos, a quien se enfrentó el candidato de la oposición, Henrique Capriles. Este último ganó la elección el 14 de abril de 2013, aún cuando no para el Consejo Nacional Electoral el cual a pesar de todos los cuestionamientos que afectaban de nulidad el proceso procedió de inmediato a proclamar a Maduro como Presidente para el período 2013-2019 con una diferencia de menos de un punto[387]. Y en cuanto al Juez Constitucional, la Presidenta de la Sala Constitucional de inmediato, a los dos días después de las votaciones y antes de que se formalizaran las impugnaciones, el 17 de abril de 2013 ya declaraba en la prensa, emitiendo opinión anticipada, que en Venezuela "se eliminó la forma manual de los

382 En esa oportunidad, el Presidente de la Asamblea Nacional, que "a pesar de ser un acto necesario, el Gobierno hubiera preferido no tener que celebrarlo" Luego de leer el artículo 233 de la Constitución sobre las faltas absolutas del Presidente, "Añadió que el vicepresidente de la República debe tomar el cargo cuando la falta absoluta se produzca mientras el primer mandatario está e funciones. En ese sentido, dijo que Chávez "tenía 14 años mandando", por lo que se justifica la continuidad del período presidencial." Véase en *El Universal*, 9-3-2013, en http://www.eluniversal.com/nacional-y-politica/hugo-chavez-1954-2013/130308/maduro-se-juramento-como-presidente-encargado

383 Véase en *El Universal*, 9-3-2013, en http://www.eluniversal.com/nacional-y-politica/hugo-chavez-1954-2013/130308/juramentado-jorge-arreaza-como-vicepresidente-de-la-republica . Véase Decreto N° 9401 de 8-3-2013 en *Gaceta Oficial* N° 40.126 de 11-3-2013.

384 Véase la reseña de Alicia de la Rosa, "CNE convoca elecciones presidenciales para el 14 de abril,"en *El Universal*, Caracas 9-3-2013, en http://www.eluniversal.com/nacional-y-politica/130309/cne-convoca-elecciones-presidenciales-para-el-14-de-abril

385 Véase en http://www.eluniversal.com/nacional-y-politica/elecciones-2013/130311/nicolas-maduro-formaliza-inscripcion-de-su-candidatura-ante-el-cne

386 En el artículo 1 de dicho decreto se enumeraron las siguientes atribuciones que se delegaron:1. Traspasos de partidas presupuestarias; 2. Rectificaciones al presupuesto; 3. Prórroga para la liquidación de órganos o entes públicos; 4. Nombramiento de algunos altos funcionarios públicos; 5. Afectación para expropiación; 6. Reforma organizacional de entes descentralizados; 7. Puntos de cuenta ministeriales sobre las anteriores materias; 8. Dictar decretos y actos autorizados por el Presidente de la República y el Consejo de Ministros; 9. Las actuaciones presidenciales como parte de cuerpos colegiados; 10. Jubilaciones especiales a funcionarios; 11. Puntos de cuenta ministeriales sobre adquisición de divisas; 12. Puntos de cuentas sobre presupuestos de los entes descentralizados; 13. Insubsistencias presupuestarias; 14. Exoneraciones del Impuesto al Valor Agregado; 15 Exoneraciones del Impuesto sobre la renta. Véase en *Gaceta Oficial* N° 40.126 de 11-3-2013.

387 El resultado anunciado fue NICOLAS MADURO, 7.575.704 (50,78%) y HENRIQUE CAPRILES RADONSKI, 7.302.648 (48,95%). Véase en http://www.cne.gob.ve/resultado_presidencial_2013/r/1/reg_000000.html

procesos electorales y en el país el sistema es absolutamente sistematizado, por cuya razón el conteo manual no existe."[388].

Era el anuncio anticipado de que el Juez Constitucional en Venezuela nada decidiría que pudiese modificar la decisión ya tomada por las otras ramas del Poder Público.

388 Véase las declaraciones de Luisa Estela Morales, Presidenta del Tribunal Supremo de Justicia, el 17 de abril de 2013 en http://www.eluniversal.com/nacional-y-politica/elecciones-2013/130417/para-la-presidenta-del-tsj-no-existe-el-conteo-manual ; y en http://globovision.com/articulo/presidenta-del-tsj-en-venezuela-el-sistema-manual-no-existe-se-ha-enganado-a-la-poblacion

DÉCIMA SEGUNDA PARTE

EL RÉGIMEN TRANSITORIO EN LA CONSTITUCIÓN DE 1999

El texto de la Constitución de 1999, lamentablemente no contuvo un adecuado régimen transitorio para asegurar su entrada en vigencia y, a la vez, la sustitución inmediata de las instituciones previstas en la Constitución de 1961 por las nuevas creadas en la misma.

En efecto, la *Disposición Final* de la Constitución de 1999 dispuso:

> ***Única.*** Esta Constitución entrará en vigencia el mismo día de su publicación en la *Gaceta Oficial* de la República de Venezuela, después de su aprobación por el pueblo mediante referendo.

El pueblo aprobó la Constitución en el referéndum del 15 de diciembre de 1999 y la Constitución se publicó en la *Gaceta Oficial* N° 36.860 de fecha 30-12-99.

En consecuencia, a partir del día 30-12-99 cuando entró formalmente en vigencia la Constitución de 1999, conforme a la *Disposición Derogatoria* de la Constitución.

> ***Única.*** Queda derogada la Constitución de la República de Venezuela decretada el veintitrés de enero de mil novecientos sesenta y uno. El resto del ordenamiento jurídico mantendrá su vigencia en todo lo que no contradiga a esta Constitución.

La consecuencia de esta norma, que gozaba de supremacía (art. 7), fue el poder derogatorio tácito del cual gozó la nueva Constitución respecto de todo el ordenamiento jurídico dictado precedentemente (preconstitucional), de la naturaleza que fuera, que "contradijera" lo dispuesto en la nueva Constitución.

Ahora bien, para asegurar la supervivencia de algunas normas del ordenamiento jurídico precedentemente dictado, y no considerarlas tácitamente derogadas, mientras se dictaban las nuevas normas conforme a la nueva Constitución, es que en las Constituciones se regula un régimen transitorio. El mismo, además, tiene por objeto no sólo asegurar el cumplimiento inmediato de determinadas normas de la nueva Constitución, sin esperar que se dicten las nuevas regulaciones que ella prevé; o la posposición en el tiempo de la entrada en vigencia de algunas normas de la nueva Constitución; sino establecer cuál debía ser el régimen de transición relativo a los órganos del Poder Publico actuantes conforme a la Constitución anterior, en relación con las nuevas regulaciones.

La Constitución, en esta materia, sin duda fue deficiente para que se produjese una sustitución inmediata de los titulares de los Poderes Públicos; por lo que ese "vacío" constitucional creado por la Asamblea Nacional Constituyente al someter a referéndum aprobatorio un texto insuficiente, pretendió ser llenado posteriormente por la propia Asamblea dictando otro Régimen Transitorio, sin autoridad alguna para ello y sin aprobación popular.

I. EL RÉGIMEN CONSTITUCIONAL DE LAS DISPOSICIONES TRANSITORIAS DE LA CONSTITUCIÓN

Analizadas las *Disposiciones Transitorias* de la Constitución[1], sin embargo, se observa que no todas las normas de la misma tuvieron el carácter transitorio señalado, y muchas contenían, más bien, directrices del programa legislativo que debía dictarse por la Asamblea Nacional en ejecución de la nueva Constitución, que escapaban a la naturaleza del régimen transitorio. Además, como se dijo, materialmente nada se previó en las mismas sobre la transición entre los órganos del Poder Público electos en 1998 y la nueva organización política que ella establecía.

En cuanto a las disposiciones efectivamente "transigtorias" se destacan, en primer lugar, se destacan un conjunto de Disposiciones Transitorias que tenían por objeto regular la sobrevivencia de normas preconstitucionales, que hubieran quedado derogadas tácitamente al entrar en vigencia la nueva Constitución, hasta tanto se dictase el nuevo régimen previsto en la Constitución. Ese régimen se refirió, específicamente al régimen del Distrito Federal mientras se regulaba el Distrito Capital; al régimen de prestaciones sociales mientas se reformase la Ley Orgánica del Trabajo; el régimen municipal mientras se dictase la ley Orgánica del Poder Público Municipal; el régimen de los procesos electorales, mientras se dictaba la ley Orgánica de los Procesos Electorales; el régimen del Ministerio Público y de la Contraloría General de la República mientras se dictaban las Leyes Orgánicas relativas a dichos órganos; el régimen de administración de las tierras baldías por el Poder Nacional hasta tanto se dictase la legislación nacional relativa al régimen de las tierras baldías; el régimen de los impuestos de papel sellado, timbres y estampillas, hasta tanto los Estados asumieran por ley estadal las competencias respectivas; el régimen de las profesiones liberales hasta tanto se aprobase la legislación respectiva.

En segundo lugar, estuvieron el régimen transitorio para posponer la vigencia de nuevas normas constitucionales, específicamente las relativas a la inversión del Situado Constitucional, hasta el primero de enero de 2001.

En tercer lugar, estuvo el régimen transitorio para asegurar la vigencia inmediata de nuevas normas constitucionales, como las relativas a la nueva denominación de la República como República Bolivariana de Venezuela; al régimen sobre domicilio para las naturalizaciones de extranjeros; al delito de desaparición forzada de personas; al servicio de Defensa Pública para a cargo de una "Comisión de Funcionamiento y Reestructuración del Sistema Judicial;" al régimen de elección de los representantes indígenas a los cuerpos representativos; y al régimen del Defensor del Pueblo.

---

1 Véase en general, Hildegard Rondón de Sansó, *Análisis de la Constitución venezolana de 1999*. Editorial Ex Libris, Caracas, 2001, pp. 377 y ss.

Pero aparte de las verdaderas anteriores que podían considerarse como Disposiciones Transitorias, las otras así llamadas, en realidad, lo que hicieron fue desarrollar un programa de legislación a futuro que debía cumplir la Asamblea Nacional después de electa. Así se dispusieron normas para guiar la legislación a dictarse en relación con el órgano estatal para el control de los monopolios, en sustitución de la Superintendencia para Proteger y Promover la Libre Competencia; para la legislación que debía dictar la Asamblea Nacional dentro de los primeros seis meses desde su instalación (reforma parcial del Código Penal para incluir el delito de desaparición forzada de personas; ley orgánica sobre estados de excepción; ley especial para establecer las condiciones y características de un Régimen especial para los Municipios José Antonio Páez y Rómulo Gallegos, del Estado Apure (Distrito del Alto Apure); para la legislación que debía dictar la Asamblea Nacional dentro del primer año desde su instalación (legislación sobre la sanción a la tortura; ley orgánica sobre refugiados y asilados; reforma de la Ley Orgánica del Trabajo con un nuevo régimen para el derecho a prestaciones sociales; ley orgánica procesal del trabajo; legislación sobre el Sistema Judicial, la Administración Pública Nacional, el Poder Ciudadano, el Poder Electoral, la legislación tributaria, Ley de Régimen Presupuestario y Ley de Crédito Público; ley que desarrollase la hacienda pública estadal, estableciendo, con apego a los principios y normas de esta Constitución, los tributos que la componen, los mecanismos de su aplicación y las disposiciones que la regulen, la cual nunca se dictó; legislación Régimen Municipal; ley sobre el Banco Central de Venezuela; ley del cuerpo de policía nacional; reforma del Código Orgánico Tributario); para la legislación que debía dictar la Asamblea Nacional dentro de los dos años desde su instalación que eran todas las materias relacionadas con la Constitución, dando prioridad a las leyes orgánicas sobre pueblos indígenas, educación y fronteras.

Entre las llamadas Disposiciones Transitorias, también se le fijó un programa de acción al Ejecutivo Nacional para proceder en un lapso de dos años a la demarcación de los territorios indígenas; y se previó que debía procederse a salvaguardar los documentos de la Asamblea Nacional Constituyente que debían quedar bajo la protección del Archivo General de la Nación.

II. EL RÉGIMEN DE TRANSICIÓN DE LOS PODERES PÚBLICOS CON MOTIVO DE LA ENTRADA EN VIGENCIA DE LA NUEVA CONSTITUCIÓN EN 1999

Como se puede apreciar del régimen de las *Disposiciones Transitorias* de la Constitución de 1999, las mismas fueron redactadas en una forma totalmente insuficiente a los efectos de la inmediata transición entre el régimen de los órganos del Poder Público regulado en la Constitución de 1961, cuyos titulares, incluso, habían sido electos en noviembre y diciembre de 1998; y el nuevo régimen de los nuevos órganos del Poder Público previstos en la Constitución de 1999. Algún intento de preverlo en la Constitución, sin embargo, se efectuó.

En efecto, el 19 de noviembre de 1999, el mismo día de la firma del Proyecto de Constitución por los Constituyentes, la Asamblea Nacional Constituyente había aprobado un Decreto convocando a un "referendo consultivo" que debía realizarse el mismo día fijado para el referendo aprobatorio de la Constitución (15-12-99), el cual tenía por objeto que:

El pueblo venezolano se pronuncie sobre la permanencia o no, de la Presidencia de la República y a las gobernaciones de cada una de las 23 entidades, sujetas a elección popular en ejercicio de sus funciones[2].

Se pretendía, así, convertir el referendo destinado a la aprobación de la Constitución, que establecía la base comicial novena del referendo de 25 de abril de 1999, en un plebiscito sobre la permanencia del Presidente de la República, lo cual no sólo era inaceptable, sino que distorsionaba el sentido de la aprobación refrendaria de la Constitución.

En una forma por demás confusa, la Asamblea, días después, en la sesión del 9 de diciembre de 1999, escasos días antes de la realización del referendo aprobatorio y consultivo (plebiscito) que había sido aprobado, revocó este último, sin mayores motivaciones, señalándose incluso en la propuesta de revocación que supuestamente habría habido una "revocación por una plenaria" anterior, lo cual era falso[3].

En todo caso, el primer intento de modificar las Disposiciones Transitorias de la Constitución elaborada, y cuyo proyecto había sido difundido para el referendo aprobatorio, que como se ha dicho no tenía disposición alguna sobre terminación del mandato de los titulares de los órganos del poder público, había quedado frustrado, pero sólo por poco tiempo[4].

En efecto, en la sesión ordinaria siguiente de la Asamblea, celebrada el 20 de diciembre de 1999, y luego de la proclamación de la Constitución que ya había sido aprobada por el pueblo mediante el referendo de 15-12-99, la Asamblea Nacional Constituyente, la cual técnicamente había concluido su misión con ese acto de proclamación conforme a las bases comiciales del referéndum del 24 de abril de 1999[5], procedió a dictar un Decreto en el cual, al constatar que el lapso máximo de funcionamiento de la Asamblea fijado por la base comicial del referendo de abril de 1999, había sido de 180 días, resolvió convocar para el 30 de enero de 2000 la sesión de clausura de la Asamblea[6].

En los "Considerandos" del Decreto, sin embargo, se puso en evidencia la intención de la Asamblea, que no era otra que seguir ejerciendo el poder constituyente "originario" que se había auto atribuido, al margen incluso del texto de la nueva Constitución, con lo que se institucionalizó el golpe de Estado, ahora contra la nue-

2 *Gaceta Constituyente (Diario de Debates), Noviembre 1999-Enero 2000, cit.*, Sesión 19-11-99, Nº 46, p. 3.

3 *Gaceta Constituyente (Diario de Debates), Noviembre 1999-Enero 2000, cit.*, Sesión 09-12-99, Nº 48, p. 5.

4 Debe destacarse que el constituyente Hermánn Escarrá Malavé, en la sesión de la Asamblea de 15-11-99, distinguía entre las Disposiciones Transitorias y un supuesto "Régimen Transitorio" que debía ser aprobado por referendo y sobre el cual dijo que no se le preguntara. Véase *Gaceta Constituyente (Diario de Debates), Noviembre 1999-Enero 2000, cit.*, Sesión de 15-11-99, Nº 45, p. 9.

5 Por eso a partir de esa Sesión no acudimos a ninguna otra Sesión de la Asamblea salvo la realizada para ejecutar la Disposición Transitoria Primera de la Constitución consistente en la aprobación de la Ley Especial del Distrito Metropolitano de Caracas. Véase *Gaceta Constituyente (Diario de Debates), Noviembre 1999-Enero 2000, cit.*, Sesión de 25-04-00, Nº 58, pp. 8 y ss.

6 *Gaceta Constituyente (Diario de Debates), Noviembre 1999-Enero 2000, cit.* Sesión de 20-12-99, Nº 49, p. 6.

va Constitución[7]. En dichos "Considerandos" para fijar la sesión de clausura de la Asamblea para el 30-1-00, la Asamblea declaró que:

> Los poderes otorgados a la Asamblea Nacional Constituyente han sido reconocidos por la Corte Suprema de Justicia, en sentencia, como *originario y supraconstitucional.*

En esta forma, se recurría nuevamente a la doctrina de la Corte Suprema de Justicia, supuestamente contenida en la sentencia de 14 de octubre de 1999 (Caso: *Decreto de regulación de funcionamiento del Poder Legislativo)*[8], alegando la Asamblea que sus "poderes" no sólo eran "originarios" sino "supraconstitucionales", es decir, por encima de la propia Constitución recién aprobada y promulgada. Con base en ese "Considerando", en el siguiente, la Asamblea Nacional Constituyente anunció su plan de violación constitucional, al constatar que:

> Se requiere decretar los actos constitucionales necesarios para la transición hacía el nuevo Estado previsto en la Constitución aprobada por el pueblo de Venezuela.

La verdad es que la "Constitución aprobada por el pueblo de Venezuela" era la única que podía disponer el régimen para "la transición hacía el nuevo Estado", pero en sus Disposiciones Transitorias elaboradas por la propia Asamblea Nacional Constituyente, como se ha dicho, nada disponian sobre ello.

La Asamblea, en cierta forma había engañado al pueblo: sancionó una Constitución y la sometió a aprobación popular y el mismo día que la proclamó, decretó su violación mediante el anuncio de su permanencia por algo más de un mes, con poderes "supraconstitucionales", es decir, por encima de la Constitución, para dictar "actos constitucionales" no autorizados en las Disposiciones Transitorias de la Constitución y que contrariaron sus normas.

Ahora bien, la no previsión de normas expresas en las Disposiciones Transitorias de la Constitución, originaba, en consecuencia, la siguiente situación constitucional en un régimen democrático:

En cuanto a los órganos del Poder Público Nacional, la nueva Constitución estableció una Asamblea Nacional unicameral. Sin embargo, en ausencia de una Disposición Transitoria expresa, mientras se elegía la nueva *Asamblea Nacional*, las Cámaras Legislativas (Senado y Cámara de Diputados), que habían sido electas en noviembre de 1998, debían continuar funcionando, y los Diputados y Senadores no podían dejar sus funciones. Nada en contrario se establecía en la Constitución aprobada popularmente, y de lo contrario se podía producir un vacío institucional insalvable en la propia Constitución, totalmente inaceptable. La elección de los nuevos diputados a la Asamblea, por otra parte, debía realizarse conforme a las leyes electorales vigentes, adaptadas a la Constitución por el Consejo Supremo Electoral, conforme a lo dispuesto en la Disposición Transitoria Octava y a sus competencias para

7 Por Véase Allan R. Brewer-Carías, *Golpe de Estado y Proceso Constituyente en Venezuela*, UNAM México 2002, p. 346. Por ello, además, Lolymar Hernández Camargo señaló que la Constitución de 1999 era de "observancia dudosa", preguntándose "si en Venezuela existe válidamente la Constitución y el Estado de Derecho", en *La Teoría del Poder Constituyente. Un caso de estudio: El proceso constituyente de 1999,* Táchira Siglo XXI, N° 15, Universidad Católica del Táchira, San Cristóbal 2000, p. 76.

8 Véanse los comentarios en pp. 218 y ss. de este libro.

resolver las dudas y vacíos que susciten las leyes (art. 293, ord. 1°) y a la interpretación del Tribunal Supremo de Justicia.

En todo caso, la permanencia de los diputados y senadores derivaba del principio elemental del funcionamiento del Estado, de que mientras un nuevo funcionario no tome posesión de un cargo, el funcionario anterior está obligado a permanecer en el mismo. De lo contrario, podría incurrir en el delito de abandono de funciones (art. 209 Código Penal).

Por ello, también, en relación con el Presidente de la República electo en diciembre de 1998, éste debía permanecer en su cargo hasta que se produjese la elección del nuevo Presidente de la República conforme a la nueva Constitución. Nada en contrario se resolvió en la Constitución aprobada por el pueblo.

En cuanto a los Magistrados de la Corte Suprema de Justicia, también debían permanecer en sus cargos hasta tanto la nueva *Asamblea Nacional* que se eligiera, nombrara a los nuevos Magistrados del nuevo Tribunal Supremo de Justicia y sus nuevas Salas, conforme a los nuevos criterios previstos en cuanto a la transparencia para la postulación y selección por la nueva Constitución. Nada en contrario se disponía en la Constitución aprobada por el pueblo.

En lo que se refería al Fiscal General de la República, al Contralor General de la República, y a los miembros del Consejo Nacional Electoral, también debían permanecer en sus cargos, hasta tanto la nueva *Asamblea Nacional* que se eligiese, designara sus sustitutos conforme al procedimiento y criterios de transparencia de postulación y selección previstos en la nueva Constitución. Nada en contrario se disponía en la Constitución aprobada por el pueblo.

Por su parte, en cuanto al pronunciamiento del Defensor del Pueblo, que era una creación de la nueva Constitución, fue la única solución constitucional que con razón se previó en las Disposiciones Transitorias (Novena) de la Constitución aprobada por el pueblo, atribuyéndole a la Asamblea Nacional Constituyente su nombramiento provisional, hasta tanto la nueva Asamblea Nacional que se eligiese designe definitivamente a dicho funcionario.

En cuanto a los órganos del Poder Estadal, los Diputados a las Asambleas Legislativas electos en noviembre de 1999, en ausencia de Disposición Transitoria constitucional que dijera lo contrario, debían continuar en sus cargos y dichos órganos funcionando, hasta tanto se eligieran, conforme a la nueva Constitución, a los miembros de los nuevos Consejos Legislativos Estadales.

En igual forma, en cuanto a los Gobernadores que habían sido electos en noviembre de 1998, en ausencia de alguna disposición en contrario en la Constitución aprobada por el pueblo, también debían permanecer en sus cargos hasta que se eligieran los nuevos Gobernadores conforme a la nueva Constitución.

En cuanto a los órganos del Poder Municipal, tanto los Alcaldes como los Concejales miembros de los Concejos Municipales, conforme a lo previsto en el Decreto de la Asamblea Nacional Constituyente de 26 de agosto de 1999[9], cuyo período además, estaba vencido, debían permanecer en sus cargos, hasta que fueran elegidos los nuevos Concejales y Alcaldes conforme a las previsiones de la nueva Constitución, la cual nada preveía en contrario.

---

9 Véase en *G.O.* N° 36.776 de 31-08-99.

El anterior debía ser, en un régimen democrático, en estricta lógica constitucional y en ausencia de previsiones expresas en las Disposiciones Transitorias de la Constitución aprobada por el pueblo en referéndum, el régimen de transición de los órganos del Poder Público. Este es el sentido de la regulación contenida, por ejemplo, en el Decreto de la Asamblea Nacional Constituyente de "Régimen de Transición del Poder Público", dictado el 22-12-99[10] pero referida sólo a la transición respecto de los órganos del Poder Ejecutivo Nacional, Estadal y Municipal, así:

> *Artículo 16:* El actual Presidente de la República, los actuales Gobernadores de los Estados y Alcaldes de los Municipios *continuarán en el ejercicio de sus funciones hasta tanto se produzca su elección mediante comicios populares.*

Un régimen similar, en ausencia de Disposiciones Transitorias en la Constitución, era la que el principio democrático exigía respecto de todos los otros cargos electivos para regular la transición de los órganos del Poder Público.

III. EL RÉGIMEN TRANSITORIO SOBRE LOS PODERES PÚBLICOS ESTABLECIDO POR LA ASAMBLEA NACIONAL CONSTITUYENTE DESPUÉS DE LA APROBACIÓN POPULAR DE LA NUEVA CONSTITUCIÓN Y NO PREVISTO EN ELLA, QUE NO FUE APROBADO POR EL PUEBLO

La primera violación a la Constitución de 1999, luego de su aprobación por el pueblo en el referendo de 15 de diciembre de 1999, fue realizada por la propia Asamblea Nacional Constituyente en los días posteriores a esa fecha, precisamente en medio de la conmoción nacional que había provocado el dramático y masivo deslave ocurrido ese mismo día (15-12-99) del referendo aprobatorio de la Constitución, en el Litoral Central del país (Estado Vargas); y ello se hizo mediante la emisión de un nuevo Decreto, el de "Régimen de Transición del Poder Público", el 22 de diciembre de 1999[11], dos días después de la "proclamación" de la Constitución y antes de su entrada en vigencia, cuya publicación fue deliberadamente demorada hasta el 30-12-99[12].

En efecto, ante la ausencia de alguna regulación en las Disposiciones Transitorias de la nueva Constitución que se refiriera a cesación en sus cargos de los titulares de los órganos del Poder Público y al nombramiento de nuevos funcionarios para ello, y ante el afán sobrevenido en el nuevo poder de sustituir a todos los titulares de los órganos del Estado sin esperar la elección de la nueva Asamblea Nacional; la Asamblea Nacional Constituyente, antes de la publicación de la nueva Constitución, con fecha 22-12-99, sin tener competencia constitucional alguna para ello y, por tanto, en forma ilegítima, dictó el mencionado Decreto de "Régimen de Transición del Poder Público" disponiendo así lo que el pueblo, una semana antes, el 15 de diciembre de 1999 no había querido resolver de esa forma a propuesta de la misma Asamblea.

Para dictar ese Decreto, de nuevo, la Asamblea se fundamentó en los supuestos poderes que se había auto atribuido en el artículo 1° de su Estatuto de Funciona-

10 Véase en *G.O.* N° 36.859 de 29-12-99.

11 Véase en *G.O.* N° 36.859 de 29-12-99.

12 Véase en *Gaceta Constituyente (Diario de Debates), Noviembre 1999-Enero 2000, cit.* Sesión de 22-12-9, N° 51, pp. 2 y ss. Véase *G.O.* N° 36.859 de 29-12-99; y *G.O.* N° 36.860 de 30-12-99.

miento, respecto de la potestad de decidir la cesación de las autoridades de los órganos del Poder Público; supuestos poderes que también consideró como derivados del referendo del 25 de abril de 1999 "para hacer efectivo el proceso de transición hacia el régimen establecido en la Constitución de 1999", lo que no estaba escrito en norma alguna; y, finalmente, en el "carácter presupuesto y supraconstitucional" de las normas que aprobase la Asamblea, para lo cual de nuevo invocó la sentencia del 6 de octubre de 19999 (publicada el 14-10-99) de la Corte Suprema de Justicia, que había resuelto el recurso de nulidad intentado contra el Decreto de la Regulación del Poder Legislativo, en la cual sólo se le había atribuido rango supraconstitucional a las previsiones de las bases comiciales del *referendo* del 25-4-99, pero no a los actos de la Asamblea Nacional Constituyente.

Dicho "Régimen de Transición del Poder Público", como se precisó en el Capítulo I del Decreto, tenía por objeto establecer un régimen de transición para "permitir la vigencia inmediata de la Constitución" (art. 1). La verdad es que nada impedía dicha vigencia inmediata y habían sido las Disposiciones Transitorias de la Constitución aprobada por el pueblo, las que habían dispuesto los aspectos concernientes a los efectos inmediatos o mediatos, según los casos, de las normas de la Constitución.

La Asamblea, sin autoridad alguna, resolvió dictar el mencionado régimen de transición cuyas previsiones, como se señaló en su texto, supuestamente "desarrollan y complementan las Disposiciones Transitorias" (art. 2) de la nueva Constitución. Nada de esto había sido autorizado en el nuevo texto constitucional, aprobado por el pueblo, por lo que la Asamblea Nacional Constituyente no tenía competencia alguna para ello; y si la Constitución tenía lagunas sobre ello, había sido la propia Asamblea la que las había concebido al sancionar el proyecto de Constitución.

Es decir, la Asamblea, sin ningún poder derivado del pueblo, ilegítimamente, decidió dictar por sí misma y al margen de la nueva Constitución que ella misma había redactado, sancionado y proclamado dos días antes (20-12-99) un régimen constitucional transitorio no establecido en el texto de la nueva Constitución y sin someterlo a aprobación popular por la vía de referendo.

Supuestamente, para suplir los vacíos que la misma Asamblea había originado al no prever, el régimen de transición del Poder en las Disposiciones Transitorias de la Constitución, la Asamblea, en lugar de aplicar, en general, el mencionado principio de continuidad del Poder que se reflejó en el artículo 16 del Decreto, incurrió en usurpación de autoridad, la del poder constituyente originario del pueblo, quien era el que habría podido aprobar ese régimen transitorio en el referendo del 15 de diciembre de 1999; y lo estableció una semana después (22-12-99), en el antes mencionado Decreto, con lo cual violó, además, las bases comiciales del referendo del 25 de abril de 1999. La Asamblea Nacional Constituyente había continuado con su táctica del golpe de Estado.

En este Decreto, fundamentalmente, la Asamblea Nacional Constituyente tomó el siguiente conjunto de decisiones en cuanto a los órganos del Poder Público:

En primer lugar, la eliminación del Congreso y el nombramiento de una Comisión Legislativa Nacional, después de decidir la cesación en sus funciones de los Senadores y Diputados (art. 4) que habían sido electos un año antes, lo que sin duda, violó el principio democrático, creando un vacío constitucional, pues con ello, hasta que se produjera la elección de los nuevos miembros de la nueva Asamblea Nacional, la República podía carecer de órgano legislativo nacional.

Por ello, para "suplir" el vacío que la misma Asamblea Nacional Constituyente creaba, tomó otra decisión, que fue la de "crear" un nuevo órgano no previsto en la nueva Constitución aprobada por el pueblo, ni en la de 1961, para lo cual no tenía poder ni autoridad alguna, siendo en consecuencia, totalmente ilegítimo. Se trató de una "Comisión Legislativa Nacional" (denominada "Congresillo"), a la cual le asignó el Poder Legislativo Nacional "hasta tanto se elijan y tomen posesión los diputados integrantes de la Asamblea Nacional" (art. 5), y cuyos miembros también fueron designados por la Asamblea (art. 5), a dedo, con integrantes afectos al nuevo poder y a los partidos de gobierno. Posteriormente, mediante otro acto constituyente de 28 de enero de 2000, la Asamblea Nacional Constituyente también "en ejercicio del poder constituyente originario" que se había arrogado, nombró a otro miembro de la referida Comisión Legislativa Nacional[13].

Esta Comisión Legislativa Nacional debía funcionar "en forma permanente" desde su instalación el día 1° de febrero de 2000 (art. 7), hasta la fecha de "la reunión efectiva de la Asamblea Nacional" (art. 8); y debía asumir todos "los derechos y obligaciones" del Congreso de la República (art. 9).

Por supuesto, estas decisiones de la Asamblea Nacional Constituyente violaban las bases comiciales establecidas en el referendo del 25 de abril de 1999, pues la decisión de dar por terminado un mandato popular resultado de una elección democrática, y nombrar para integrar un órgano legislativo, así fuera temporalmente, a un conjunto de personas que no había sido electas popularmente para que legislasen y controlasen sin tener la representación popular, violaba el principio democrático representativo (la garantía democrática), el principio de progresividad del derecho político a la participación y elección, y los tratados internacionales que obligan a la República a asegurar el ejercicio efectivo de la democracia representativa (Carta de la OEA y Convención Americana de Derechos Humanos, art. 23.[14]

En consecuencia, esta "Comisión Legislativa Nacional", creada por la Asamblea, con "representantes" no electos popularmente, era absolutamente ilegítima, y constituyó una grotesca burla a la nueva Constitución.

Con posterioridad, la Asamblea Nacional Constituyente, en fecha 30-01-2000, dictó un Decreto de Ampliación de las Competencias de la Comisión Legislativa Nacional[15], en el cual asignó a dicha Comisión una serie de competencias especiales para considerar diversas materias y dictar legislación al respecto. La Asamblea dictó el Decreto nuevamente "en ejercicio del poder soberano constituyente originario", con lo cual ya no era posible asignarle ningún otro calificativo al poder que se había otorgado a la Asamblea; habiendo sido calificado dicho Decreto por sentencia N° 1454 de fecha 18 de febrero de 2001 de la Sala Constitucional del Tribunal Supremo de Justicia, (*Caso: C.A. Good Year de Venezuela*) como de "rango constitucional"[16].

En efecto, las inconstitucionalidades de la Asamblea y las violaciones a la Constitución fueron sucesivas y lamentablemente "avaladas" por el nuevo Tribunal Su-

---

13 *G.O.* N° 36.903 de 01-03-00.

14 Véase lo que expusimos en Allan R. Brewer-Carías, *Debate Constituyente, (Aportes a la Asamblea Nacional Constituyente),* Tomo I, (8 agosto-8 septiembre), Fundación de Derecho Público-Editorial Jurídica Venezolana, Caracas, 1999, p. 76 a 81.

15 *G.O.* N° 36.884 de 03-02-00.

16 Véase en *Revista de Derecho Público,* N° 85-88, Editorial Jurídica Venezolana, Caracas, 2001.

premo, el cual había sido precisamente designado a dedo para ello, conforme al referido régimen transitorio. En consecuencia, con ocasión de la impugnación del "Acuerdo mediante el cual se recomienda la reincorporación a sus puestos de trabajo de los dirigentes sindicales y trabajadores injusta e inconstitucionalmente despedidos en las diferentes regiones del país", que había dictado la Comisión Legislativa Nacional en fecha 19 de mayo de 2000[17] en ejercicio de las atribuciones que le otorgó la Asamblea Nacional Constituyente mediante el antes referido Decreto de Ampliación de Competencias, la Sala Constitucional señaló:

> Siendo en fecha 14 de octubre de 1999 la entonces Corte Suprema de Justicia en Pleno, dictaminó que las bases comiciales consultadas mediante Referendo de 25 de abril del mismo año, ostentaban *rango supraconstitucional* respecto a la Constitución de 1961, es por lo que se ha concluido que los actos normativos u organizativos dictados por la Asamblea Nacional Constituyente, en ejecución de dichas bases comiciales, tienen *rango constitucional.* Visto que en el encabezamiento del "Decreto de Ampliación de las competencias de la Comisión Legislativa Nacional", dicha Asamblea hace referencia implícita a las referidas bases comiciales, al fundar sus potestades en el "*referendo aprobado democráticamente el veinticinco de abril de mil novecientos noventa y nueve*", es por lo que el mencionado Decreto de ampliación tendría, en rigor, *rango constitucional*[18].

Por último, debe mencionarse que la Junta Directiva de la Asamblea Nacional Constituyente, mediante Resolución del 19 de enero de 2000[19], también había resuelto la reestructuración de los servicios administrativos del Poder Legislativo Nacional, y había creado al efecto una Comisión de Reestructuración del Poder Legislativo Nacional.

1. *La disolución de las Asambleas Legislativas de los Estados y el nombramiento de Comisiones Legislativas Estadales*

La Asamblea Nacional Constituyente, en el Decreto del 22 diciembre de 1999, también violentó la nueva Constitución, cuando declaró la "disolución de las Asambleas Legislativas de los Estados" (art. 11), para lo cual no tenía autoridad alguna de carácter constitucional, al no haberse resuelto ello en esa forma en las Disposiciones Transitorias de la Constitución aprobada por el pueblo; pues ni siquiera ello estaba establecido en su Estatuto de Funcionamiento. Además, la Asamblea decidió la cesación en sus funciones, de los diputados que integraban las Asambleas (art. 11).

Pero la Asamblea Nacional Constituyente, al igual que lo que ocurrió con el Poder Legislativo Nacional, a nivel estadal también creó, sin competencia alguna, sendas "Comisiones Legislativas Estadales", atribuyendo el nombramiento de sus miembros, incluso, a la "Comisión Coordinadora de la Asamblea Nacional Constituyente" (art. 12). Ello no sólo era ilegítimo, al no estar prevista esa facultad en norma alguna, sino que también era violatorio de las bases comiciales aprobadas en el referendo del 25 de abril de 1999, así como de la antes mencionada garantía democrática, que era uno de sus límites supraconstitucionales.

---

17 *G.O.* Nº 36.965 de 05-06-00.

18 Véase la cita en Allan R. Brewer-Carías, *Golpe de Estado y Proceso Constituyente, en Venezuela,* México, 2002, pp. 348-349

19 *G.O.* N° 36.880 de 28-01-00.

La Constitución de 1999 sigue el principio democrático representativo, y no admitía ni admite que se pueda atribuir el poder de legislar en representación del pueblo a unos órganos integrados por personas no electas popularmente, en esos casos, designadas por la propia Asamblea Nacional Constituyente, sin poder constitucional alguno para ello.

Posteriormente, la Comisión de Coordinación de la Asamblea Nacional Constituyente, supuestamente "de conformidad con las facultades otorgadas por dicha Asamblea en sesión del 22-12-99", las cuales no se identificaban, resolvió el 4 de enero de 2000 dictar un "Régimen para la integración de las Comisiones Legislativas de los Estados"[20], para lo cual creó una "Comisión Receptora Nacional" para la selección de los candidatos a dichas Comisiones Legislativas, atribuyéndoles competencias a las Comisiones Legislativas de los Estados, lo que no había hecho el Régimen Transitorio del Poder Público, "usurpando", además, en consecuencia, dicha Comisión Coordinadora, las "potestades" de regulación constitucional que se había "autoatribuido" la Asamblea Nacional Constituyente.

2. *El control de Alcaldías y Concejos Municipales*

En cuanto a los órganos del Poder Municipal, el artículo 15 del Decreto de la Asamblea de fecha 22 de diciembre de 1999[21] estableció que los Concejos Municipales y los Alcaldes "actuales", ejercerían sus funciones "bajo la supervisión y control de la Asamblea Nacional Constituyente o de la Comisión Legislativa Nacional" hasta tanto se eligieran popularmente sus nuevos integrantes; atribuyendo a la Comisión Coordinadora de la Asamblea Nacional Constituyente o la Comisión Legislativa Nacional la potestad de sustituir parcial o totalmente la integración de los Concejos Municipales, así como sustituir a los Alcaldes, en los casos de graves irregularidades administrativos.

Esta norma también constituyó una violación a la nueva Constitución, pues vulneraba en su totalidad la garantía de la autonomía municipal prevista en la Constitución, así como el principio democrático respecto de las autoridades municipales que impone que las mismas sólo pueden ser electas popularmente.

3. *La eliminación de la Corte Suprema de Justicia, la creación del Tribunal Supremo y de sus Salas, la designación de los Magistrados y la creación de la Comisión de Funcionamiento y Reestructuración del Poder Judicial*

El artículo 17 del Decreto dispuso, además, que la Corte Suprema de Justicia, sus Salas y dependencias desaparecían y pasaban a conformar el nuevo Tribunal Supremo de Justicia, por lo que, además de las Salas Político Administrativa, de Casación Penal y de Casación Civil de la Corte Suprema de Justicia, cuya extinción se decretó, la Asamblea creó las Salas Constitucional, Social y Electoral que preveía la nueva Constitución y que aún no había entrado en vigencia. En la Constitución aprobada por el pueblo nada de ello se establecía.

20 *G.O.* N° 36.865 de 07-01-00.

21 Véase *Gaceta Constituyente (Diario de Debates), Noviembre 1999-Enero 2000, cit.*, Sesión de 22-12-99, N° 51, p. 5.

En el artículo 19 del Decreto, la Asamblea, además, designó los Magistrados que pasaban a integrar el Tribunal Supremo de Justicia, sin sujetarse a las condiciones establecidas en la nueva Constitución para dichos cargos, entre los cuales estaba quien en los dos últimos meses había sido el Presidente de la Corte Suprema de Justicia. Fue ese Tribunal Supremo, con sus integrantes así designados, el que luego se encargaría de avalar *ex post facto*, la constitucionalidad del mismo régimen transitorio mediante el cual habían sido nombrados y todos los actos de la Asamblea dictados al margen de la nueva Constitución.

En materia de funcionamiento del Poder Judicial, por otra parte, era patente la ausencia de Disposiciones Transitorias en la nueva Constitución, pero esa había sido la voluntad de la Asamblea Nacional Constituyente hasta el 15 de diciembre de 1999 y la del pueblo al aprobar la Constitución mediante el referendo de esa fecha. Dichas Disposiciones Transitorias, en efecto, sólo contenían una mención en la *Disposición Transitoria Cuarta,* en relación con una "Comisión de Funcionamiento y Reestructuración del Sistema Judicial" únicamente a los efectos de que desarrollase transitoriamente el "sistema de defensa pública" hasta que se dictase la ley respectiva. Y nada más. Incluso, dicha Comisión prevista en dicha Disposición Transitoria, no existía al redactarse y someterse a referendo la Constitución el 15-12-99 y sólo fue posteriormente, en el Decreto de la Asamblea Nacional Constituyente del 22-12-99, que se creó "la Comisión de Funcionamiento y Reestructuración del Sistema Judicial" (art. 27). Ese órgano, sin embargo, constitucionalmente sólo tenía la competencia prevista en la mencionada Disposición Transitoria Cuarta de la Constitución de 1999, de desarrollar el sistema de defensa pública.

Ahora bien, en esta materia, la Asamblea Nacional Constituyente tomó diversas decisiones[22] totalmente incongruentes. Como se ha dicho, comenzó en el Decreto, antes de entrar en vigencia la nueva Constitución, nombrando provisionalmente (art. 20) a los Magistrados del Tribunal Supremo de Justicia (art. 19) y de las nuevas Salas (art. 17) que para ese momento ni siquiera existían por no estar en vigencia el nuevo texto constitucional, y "creó", incluso, las Salas, (art. 17), para lo cual no tenía competencia constitucional alguna.

Por otra parte, la Asamblea adopto diversas normas transitorias no previstas en la nueva Constitución para asegurar la "vigencia inmediata" de la misma que aún no estaba en vigencia (por no haber sido aún publicada), y dispuso que el Consejo de la Judicatura pasaría a conformar la Dirección Ejecutiva de la Magistratura del Tribunal Supremo de Justicia, conforme a lo dispuesto en el artículo 267 de la Constitución que aún no estaba en vigencia, a cuyo fin dispuso la cesación en sus funciones de los consejeros del Consejo de la Judicatura (art. 26).

A renglón seguido, dispuso otro nuevo régimen transitorio, con relación al anterior, también transitorio, sin competencia alguna para ello, al señalar que mientras el Tribunal Supremo no organizase la referida Dirección Ejecutiva, el gobierno y administración, la inspección y vigilancia de los Tribunales, y todas las competencias que la legislación para ese momento vigente atribuía al Consejo de la Judicatura,

---

22 Véase Astrid Hernández Zambrano, "El Poder Judicial y la Constitución de 1999 con especial referencia a su régimen transitorio", en *El Derecho Público a comienzos del siglo XXI. Estudios homenaje al Profesor Allan R. Brewer-Carías,* Tomo I, Instituto de Derecho Público, UCV, Civitas Ediciones, Madrid, 2003, pp. 893-897.

serían ejercidas por la "Comisión de Funcionamiento y Reestructuración del Sistema Judicial" (art. 21).

La Asamblea Nacional Constituyente así, incluso para después de que la nueva Constitución entrara en vigencia, pretendió confiscarle una de sus nuevas funciones al Tribunal Supremo de Justicia, cuyos miembros designó, y atribuírsela a una "Comisión" creada y designada por la propia Asamblea y ni siquiera por el nuevo Tribunal Supremo; situación irregular que el propio Tribunal Supremo de Justicia aceptó resignada o complacientemente. Para finales de 2003 la mencionada Comisión, por ejemplo, destituiría a los Magistrados de la Corte Primera de lo Contencioso Administrativo.

Por otra parte, la disposición del artículo 23 del Decreto del 22-12-99 constituía una verdadera Disposición Transitoria que debió haber sido incorporada en las de la Constitución, y que dictó la Asamblea, en evidente usurpación de autoridad, la del pueblo, disponiendo que la competencia disciplinaria judicial que correspondía a los tribunales disciplinarios de conformidad con el artículo 267 de la Constitución aprobada, sería ejercida por la Comisión de Funcionamiento y Reestructuración del Sistema Judicial:

> ... de acuerdo con el presente régimen de *transición y hasta* que la Asamblea Nacional *apruebe la legislación* que determine los *procesos y tribunales* disciplinarios.

Conforme a la nueva Constitución sólo los jueces pueden ejercer la función judicial (art. 253), por lo que era totalmente ilegítimo y contrario a la garantía del debido proceso (art. 49), el atribuir funciones judiciales a una Comisión como la mencionada, que no era un Tribunal. Si se trataba de establecer, así fuera arbitrariamente, un régimen transitorio para la jurisdicción disciplinaria, las funciones judiciales que implica debieron atribuirse a tribunales o jueces preexistentes, y no a una "Comisión" *ad hoc*, pues ello, además, violaba la garantía del debido proceso y del juez natural que la nueva Constitución regulaba expresamente (art. 49).

ÍNDICE GENERAL

SEGUNDA PARTE

LA CONSTITUCIÓN Y SU SUPREMACÍA

TERCERA PARTE

LA CONSTITUCIÓN Y EL ESTADO: LOS PRINCIPIOS FUNDAMENTALES DE LA ORGANIZACIÓN DEL ESTADO Y DEL SISTEMA POLÍTICO

CUARTA PARTE

LA CONSTITUCIÓN DEL PODER PÚBLICO

QUINTA PARTE

LA CONSTITUCIÓN FEDERAL: LA DISTRIBUCIÓN DEL PODER PÚBLICO EN UN MARCO CENTRALISTA

SEXTA PARTE

LA CONSTITUCIÓN POLÍTICA DE LA REPÚBLICA: LA SEPARACIÓN ORGÁNICA DE PODERES Y SUS LIMITANTES

SÉPTIMA PARTE

LA CONSTITUCIÓN DE LAS PERSONAS: LOS DERECHOS, LIBERTADES Y DEBERES

OCTAVA PARTE

LA CONSTITUCIÓN DE LAS GARANTÍAS

NOVENA PARTE

LA CONSTITUCIÓN SOCIAL

DÉCIMA PARTE

LA CONSTITUCIÓN ECONÓMICA Y FINANCIERA

DÉCIMA PRIMERA PARTE

LA CONSTITUCIÓN GARANTIZADORA DE LA CONSTITUCIÓN: LA JUSTICIA CONSTITUCIONAL

DÉCIMA SEGUNDA PARTE

EL RÉGIMEN TRANSITORIO EN LA CONSTITUCIÓN DE 1999

www.ingramcontent.com/pod-product-compliance
Lightning Source LLC
LaVergne TN
LVHW080059011026
849160LV00013B/987